JOSEF KULISCHER

Allgemeine Wirtschaftsgeschichte

Band II

JOSEF KULISCHER

Allgemeine Wirtschaftsgeschichte des Mittelalters und der Neuzeit

BAND II

DIE NEUZEIT

MIT REGISTER ZU BAND I–II

SECHSTE, UNVERÄNDERTE AUFLAGE

1988

R. OLDENBOURG VERLAG MÜNCHEN

Unveränderter reprografischer Nachdruck der 1. Auflage,
München und Berlin 1929
(aus: Handbuch der mittelalterlichen und neueren Geschichte, Abteilung III)

CIP-Kurztitelaufnahme der Deutschen Bibliothek

Kulischer, Josef:
Allgemeine Wirtschaftsgeschichte des Mittelalters
und der Neuzeit / Josef Kulischer. – Nachdr. –
München; Wien: Oldenbourg
ISBN 3-486-41976-5
Bd. 2. Die Neuzeit: mit Reg. zu Bd. I–II. –
6., unveränd. Aufl., unveränd. reprograf. Nachdr.
d. 1. Aufl., München u. Berlin 1928. – 1988.

1 2 3 4 5

6., unveränderte Auflage 1988

Druck und Einband: Wissenschaftliche Buchgesellschaft, Darmstadt

ISBN 3-486-41976-5

Vorwort.

Beim Erscheinen des zweiten Bandes pflegt der Verfasser sich zumeist dafür zu entschuldigen, daß derselbe viel später, als er hoffen konnte und versprochen hatte, herausgegeben wird, da der Umfang des Bandes, infolge der Fülle des Materials, die beabsichtigte Bogenzahl weit überschritten habe. Letzteres trifft allerdings auch hier zu. Statt der 50 Druckbogen, die für beide Bände zusammen vorgesehen waren, sind es mehr als 55 geworden. Es muß deswegen dem Verlag besonders hoch angerechnet werden, daß es ihm trotzdem gelungen ist, den zweiten Band rechtzeitig, bereits wenige Monate nach Erscheinen des ersten fertigzustellen, wobei noch der durch die Übersendung der Korrekturbogen nach Leningrad entstandene Zeitverlust zu berücksichtigen ist. Um den Umfang des zweiten Bandes jedoch nicht noch mehr anwachsen zu lassen, hat der Verfasser zahlreiche Kürzungen vornehmen müssen, weshalb freilich manche Fragen nur summarisch behandelt werden konnten und insbesondere die Darstellung der Agrargeschichte der neuesten Zeit auf die wichtigsten Länder beschränkt werden mußte.

November 1928.

Inhaltsverzeichnis.

DRITTES BUCH.

Die Neuzeit (16. bis 18. Jahrh.).

VIERTES BUCH.

Allgemeine Übersicht der Periode von 1789 bis 1870.

DRITTES BUCH.

Die Neuzeit.

Der Zeitraum, welcher das 16., 17. und den größten Teil des 18. Jahrhunderts (bis 1789 oder auch bis 1780) umfaßt, wird als Periode der Verkehrswirtschaft, der Territorialwirtschaft oder der Volkswirtschaft bezeichnet. Da eine Verkehrswirtschaft in den vorhergehenden Jahrhunderten (wenn auch im Rahmen der Stadtwirtschaft) bereits bestanden hat und da der Begriff Territorialwirtschaft hauptsächlich auf die deutschen Verhältnisse zugeschnitten ist und für andere Staaten weniger paßt, auch von mancher Seite, namentlich von v. Below zurückgewiesen worden ist[1]), so möchten wir dem Ausdruck „Volkswirtschaft" den Vorzug geben. Nicht daß wir die von uns für das frühere und das Hoch- und Spätmittelalter (wenn auch in etwas abgeänderter Fassung) angenommenen Bücherschen Wirtschaftsstufen der geschlossenen Hauswirtschaft und der Stadtwirtschaft durch seine dritte Wirtschaftsstufe der Volkswirtschaft folgerichtig ergänzen zu müssen erachteten.[2]) Denn für uns handelt es sich ja nicht darum, Wirtschaftsstufen oder Wirtschaftssysteme aufzustellen. Unsere Aufgabe ist einfacher, wir können uns mit der Charakterisierung der betreffenden Perioden, mit der Hervorhebung der für sie jeweils wichtigsten Merkmale begnügen. Für die angegebene Periode lassen sie sich in der Weise formulieren, daß der regelmäßige Verkehr, der sich früher meist innerhalb der Stadt und ihrer näheren Umgebung abspielte, sich nun zu einem Fernverkehr ausbildet, den Charakter eines interlokalen Verkehrs annimmt, eines Verkehrs mit anderen Städten und Gebieten, auch wohl mit anderen Ländern. Nun hat es ja freilich — wie im ersten Bande ausgeführt worden ist — einen Fernverkehr auch im Mittelalter gegeben, der schon damals eine notwendige Ergänzung zum herrschenden System des direkten Austausches bildete, doch haben wir dort zugleich betont, daß zu jener Zeit der unmittelbare Verkehr innerhalb eines bestimmten Umkreises rings um die Stadt als das hervorstechende Merkmal zu betrachten ist, während die Verknüpfung mit anderen wirtschaftlichen Zentren erst an zweiter Stelle hinzukommt. Der Unterschied zwischen der mittelalterlichen Wirtschaft und der der folgenden Jahrhunderte kommt nun darin zum Ausdruck, daß dieser

---

[1]) v. Below, Der Untergang der mittelalterlichen Stadtwirtschaft (über den Begriff der Territorialwirtschaft) (Probleme der Wirtschaftsgeschichte VIII).

[2]) Bücher, Entstehung der Volkswirtschaft, 2. Aufl., S. 58, 108 ff.

Fernverkehr in der hier behandelten Periode den Austausch innerhalb der Stadt und ihrer Umgebung nicht mehr bloß ergänzt, wie das früher der Fall war, sondern nun an die erste Stelle tritt, ihn in seiner Bedeutung zu überholen sucht. Es kommt eine Erweiterung des Marktes zustande, Stadt und Land beginnen für andere, entfernter liegende Landesteile zu produzieren.

Man mißverstehe uns nicht. Wenn wir von einer Volkswirtschaft seit dem 16. Jahrhundert reden, so soll damit noch keineswegs behauptet werden, daß schon um diese Zeit die einzelnen Staaten ein abgeschlossenes wirtschaftliches Leben führen. Eine Volkswirtschaft in diesem Sinne hat sich erst allmählich herausgebildet, zuerst in England, Frankreich, Spanien, den Niederlanden, später in Preußen, Österreich und anderen deutschen Territorialstaaten. Zunächst ist eine gemeinsame Wirtschaft auf dem Boden größerer, über die Stadt und ihre Umgebung hinausgehender Landesteile erwachsen; es hat eine Zusammenfassung einzelner Stadtbezirke zu größeren Territorien, in Frankreich unter Colbert eines größeren, Nord- und Mittelfrankreich umfassenden Gebietes (provinces de cinq grosses fermes) stattgefunden. Erst nach einem längeren Kampfe mit dem Adel, den Provinzen, in Deutschland aber vornehmlich mit den Städten konnte der Staat die nötigen Voraussetzungen für eine gemeinsame Wirtschaft innerhalb desselben schaffen. Doch die Hauptsache liegt eben darin, daß hier doch allmählich eine Ausweitung der ehemaligen Stadtwirtschaft sich durchsetzt, um schließlich die Tendenz zur Verwirklichung einer das Gebiet des ganzen Staates umfassenden Volkswirtschaft durchzusetzen. Wenn diese Idee allmählich und Schritt für Schritt selbst in der Landwirtschaft aufkommt, die ihr Getreide auch außerhalb der nächsten Stadt absetzt, so produziert die Hausindustrie (Verlagssystem), deren Bedeutung für diese Periode oft zu niedrig angesetzt wird (sowie die zentralisierte Manufaktur) erst recht für einen erweiterten Markt und noch mehr wachsen Handel und Verkehr über die engen Grenzen des Stadtgebietes hinaus, wenn auch freilich ihre Bedeutung und geographische Ausweitung für einzelne Länder verschieden geartet ist.

In engstem Zusammenhang mit der Wirtschaft steht auch in dieser Periode die Wirtschaftspolitik. Wir sind ja heute weit über jene Auffassung des Merkantilsystems hinausgekommen, welche davon ausging, daß man im Grunde nichts weiter bezweckte, als möglichst viel bares Geld als Ausdruck des Reichtums innerhalb des Landes anzusammeln. Nun suchte freilich der Staat des 16.—18. Jahrhunderts sich einen größeren Geldvorrat anzuschaffen, aber dazu war eben die Entwicklung einer für den Export produzierenden Industrie, eines auswärtigen Handels, einer leistungsfähigen Handelsmarine, ebenso wie der Erwerb von Kolonien nötig. Auf diese Weise wurde die Politik des Merkantilismus zu einer Politik der Wirtschaftsförderung, welche neben der Schaffung von privilegierten Industrieunternehmungen und Handelskompagnien für die Aufhebung der Binnenzölle und Wegegelder und Einführung eines einheitlichen Grenzzollsystems, für die Vereinheitlichung des Münz- und Gewichtswesens, für die Anlegung von Seehäfen, Kanälen, Straßen und manches andere zu sorgen hatte. Es ist mit Recht betont worden[1]), daß das Merkantilsystem im Grunde nichts anderes war, als „eine auf ein größeres Territorium ausgedehnte Wirtschaftspolitik der Stadt“, daß die Staatskunst hier „ihre eigenartigen Ziele im wesentlichen auf den Wegen zu erreichen suchte, die vorher schon von den städtischen Obrigkeiten begangen worden waren“.[2]) Aber zugleich ist der Staat Gegner der „mittelalterlich-städtisch-feudalen Gewalten“ und im Kampfe mit ihnen strebt er nicht bloß nach der Vernichtung ihrer politischen Macht, sondern auch nach der Ersetzung ihrer wirtschaftlichen Selbständigkeit durch einen Zusammenschluß der einzelnen Landesteile in wirtschaftlicher Hinsicht, durch die Schaffung einer den ganzen Staat umfassenden, in sich abgeschlossenen Wirtschaftseinheit.

Sombart nennt das 16. bis 18. Jahrhundert die Periode des Frühkapitalismus, die, im Gegensatz zur feudal-handwerksmäßigen Bedarfsdeckungswirtschaft des Mittelalters durch das Auftreten des Erwerbsprinzips und des ökonomischen Rationalismus charakterisiert wird. Er möchte somit den bereits von Marx gebrauchten Begriff des Kapitalismus, der seit dem so oft mißbraucht worden ist und unter dem man so verschiedenes verstanden hat („er schillert in allen Farben“ — sagt Schmoller), in die Wissenschaft wiedereinführen, freilich in einem neuen klar und fest umschriebenen Sinne. Gegen Sombarts Terminologie wäre eigentlich nichts einzuwenden, doch da wir den Begriff der Volkswirtschaft als den umfassenderen, das ganze Wirtschaftsleben der hier behandelten Periode umspannenden betrachten, während der des Kapitalismus (insbesondere nach unserer etwas abweichender, wenn auch von Sombarts Darlegungen ausgehender und auf ihnen fußender Auffassung) u. E. nur eine, wenn auch überaus wichtige, Seite der Wirtschaft jener Zeit hervorhebt, so wollen wir das 16.—18. Jahrhundert als die Periode der Volkswirtschaft (in dem oben betonten Sinne) bezeichnen. Die Bedeutung des Kapitalismus in dieser Periode soll in einem besonderen (letzten) Abschnitt (des dritten Buches) behandelt werden.

---

[1]) Schmoller, Das Merkantilsystem in seiner historischen Bedeutung (Umrisse und Untersuchungen). v. Below, Der Untergang der mittelalterlichen Stadtwirtschaft (Probleme usw.). Sombart, Moderner Kapitalismus, 2. Aufl., I, 1.

[2]) Sombart I, 1, S. 363, 367, 369.

I. ABSCHNITT.

Bevölkerung. Konsumtion.

Quellen. Sterbetafeln von Halley (abgedruckt in Philosophical Transactions of the Royal Society. 1693. Vol. 17), Price (Observation on reversionary payments, zuerst veröff. 1769), Kersseboom (1737 und später), Wargentin (Abhandl. der kgl. schwed. Akad. der Wiss., übers. von Kästner. 1754. 1755). Moheau, Récherches et considérations sur la population de la France. 1778 (Collection des Economistes etc.). Necker, De l'administration des Finances de la France. 1784. Süßmilch, Die göttliche Ordnung in denen Veränderungen des menschlichen Geschlechts usw. 1740. 4. Aufl. von Baumann. 1775—1776.

Literatur. Dieterici, Über die Vermehrung der Bevölkerung in Europa seit der Mitte des 17. Jahrhunderts. 1850 (Abhandl. der Preuß. Akad. der Wissensch.). v. Inama-Sternegg, Die Quellen der historischen Bevölkerungsstatistik (Stat. Monatsschr. XII). Levasseur, La population française. Histoire de la population avant 1789. I. II. 1889. 1891. Baudrillart, La population de la France au XVIII siècle (Journ. des Econ. 1885). Weiß, Histoire des réfugiés protestants en France. 1885. Schmoller, Die preußische Einwanderung und ländliche Kolonisation im 17. und 18. Jahrhundert (Umrisse und Untersuchungen zur Verfassungs- Verwaltungs- und Wirtschaftsgeschichte. 1898). Sundbärg, Bevölkerungsstatistik Schwedens 1750—1900. (XIV. Intern. Kongreß für Hygiene und Demographie. 1907.) Faust, Das Deutschtum in den Vereinigten Staaten in seiner geschichtlichen Entwicklung. 1912. Eheberg, Straßburgs Bevölkerungszahl seit Ende des 15. Jahrhunderts. (Jahrb. für Nat.-Ök. N. F. VII. VIII.) Gmelin, Bevölkerungsbewegung im Hallischen seit Mitte des 16. Jahrhunderts. (Allg. Stat. Arch. VI, 1. 1902.) Roller, Die Einwohnerschaft der Stadt Durlach in ihren wirtschaftlichen und kulturgeschichtlichen Verhältnissen. 1907. Hanauer, Der Gang der Sterblichkeit in Frankfurt a. M. vom Mittelalter bis zur Mitte des 19. Jahrhunderts. (Soziale Medizin und Hygiene. II. 1907.) Beyhoff, Stadt und Festung Gießen im Zeitalter des Dreißigjährigen Krieges. I. 1915. Helbok, Bevölkerung der Stadt Bregenz am Bodensee vom 14. bis zum Beginne des 18. Jahrhunderts. 1912. Mallet, Recherches historiques et statistiques sur la population de Genève (1549—1833). 1837. (Annales d'hygiène publ. XVIII.) Daszynska, Zürichs Bevölkerung im 17. Jahrhundert. (Z. f. schweizer. Statist. 1889.) Burchardt, Demographie und Epidemiologie der Stadt Basel während der letzten drei Jahrhunderte. 1908. Ders., Die Kinderzahl und jugendliche Sterblichkeit in früheren Jahrhunderten. (Z. f. schweizer. Statist. 1907.) Baudrillart, La population de la France au XVIII siècle. (Journ. des Econ. 1885.) Nicolaï, Essai statistique sur le mouvement de la population à Bordeaux au XVIII siècle (1700—1800). 1909. Cahen, Recherches sur l'agglomération parisienne au XVIII siècle. 1922. Braesch, Essai de statistique de la population ouvrière de Paris vers 1791. (Révolution Française. 1912.) Beloch, Bevölkerungsgeschichte der Republik Venedig. (Jahrb. für Nat.-Ök. III. F. XVIII. 1899.) Ders., La popolazione d'Italia nei secoli 16, 17, 18. (Bull. de l'Institut Internat. de statist. 1888. Salvioli, La colonisazione in Sicilia nei secoli XVI—XVII. (Viert. für Soz.- u. W.-G. I.)

Außerdem Conrad. Statistik. T. I. (Grundr. zum Stud. der pol. Ökon. IV.) Rümelin, Statistik. (Schoenbergs Handb. der polit. Ökon. I.) John, Geschichte der Statistik. I. 1884. Prinzing, Handbuch der medizinischen Statistik. 1906.

Behre, Geschichte der Statistik in Brandenburg-Preußen bis zur Gründung des kgl. preußischen Bureaus. 1905 (bes. S. 151—207. Preußens Bevölkerung im 17. und 18. Jahrhundert). Werminghoff, Unsere Volkszahl in Vergangenheit und Gegenwart. 1917.

Troeltsch, Die Calwer Zeughandlungskompagnie und ihre Arbeiter. 1897 (bes. S. 394—430, Bevölkerung Württembergs im 17. und 18. Jahrhundert). Bein, Die Industrie des sächsischen Voigtlandes. II. 1884. (S. 111 ff., S. 207 ff. Bevölkerung des Voigtlandes am Ende des 18. Jahrhunderts). Häbler, Die wirtschaftliche Blüte Spaniens im 16. Jahrhundert und ihr Verfall. 1888 (S. 144 ff. Spaniens Bevölkerung im 16. und 17. Jahrhundert). Rogers, Six Centuries of Work and Wages. (Kap. XII Englands Bevölkerung im 16. und 17. Jahrhundert.) Toynbee, Industrial Revolution. 1884. (Kap. über die Bevölkerung.) Mantoux, La révolution industrielle en Angleterre au XVIII siècle. 1906. (S. 346—376 Englands Bevölkerung im 18. Jahrhundert.) Sée, Les classes rurales en Bretagne du XVI siècle à la Révolution. 1906. (S. 469—492.) Ders., Les classes sociales et la vie économique dans une ville de l'ancienne France. (Rennes au XVIII siècle) in: La vie économique et les classes sociales en France au XVIII siècle. 1924. Ders., La vie économique et les classes sociales à Saint-Malo à la veille de la Révolution. (Hayem. Mémoires et documents pour servir à l'histoire du commerce et de l'industrie en France. 9e série. 1925.) Brutails, Economie rurale de Roussillon à la fin de l'ancien régime. 1889. (Ch. VI. Demographie.) Dutil, Etat économique du Languedoc à la fin de l'ancien régime. 1911. (S. 55 ff.) Roupnel, La ville et la campagne au XVII siècle; études sur la population du pays dijonnais. 1922. Blanchard, Grénoble. Etudes de géographie urbaine. 1913. Saint-Léger, La vie à Lille de 1667 à 1789. (Révue du Nord. 1920, 1921). Richard, La vie privée dans une province d'ouest. Laval. au XVII et XVIII siècle. 1922.

Franklin, La vie privée d'autrefois (Art et métiers, modes, usages des Parisiens du XIII au XVIII siècle d'après les documents originaux ou inédits). Eine Reihe von Bänden. 1887—1895. Alw. Schultz, Das häusliche Leben der europäischen Kulturvölker (vom Mittelalter bis zur zweiten Hälfte des 18. Jahrhunderts). 1903. (Handb. der mitt. u. neueren Gesch.). Baudrillart, Histoire du luxe privé et public. III—IV. 1880. Sombart, Luxus und Kapitalismus. 1913. Macaulay, The history of England from the accession of James the Second. I. Ch. 3.

Weitere Lit. insbes. über **Seuchen**, den **Dreißigjährigen Krieg**, über **Konsumtion** von Kaffee, Tee, Kakao, Tabak, über die **Zustände in den Städten** (Straßen, Beleuchtung usw.) s. unten.

Kapitel 1.

Die Bevölkerung.

Wir verfügen für diese Periode über zahlreichere, die Bevölkerungszahlen der einzelnen Länder betreffende Angaben, als dieses für das Mittelalter der Fall war. Freilich, auf Genauigkeit dürfen dieselben keinen Anspruch erheben. Noch im Jahre 1753 wurde ein im englischen Parlamente gestellter Antrag, eine Volkszählung vorzunehmen, von demselben unter der Begründung abgelehnt, ein solches Unternehmen würde „Englands Feinden dessen Schwäche bloßstellen, es wäre dem völligen Untergange der letzten Reste englischer Freiheit gleichbedeutend". Ja, ein Mitglied des Parlaments äußerte sein Befremden darüber, daß es menschliche Wesen geben könne, frech und schamlos genug, um derartige Vorschläge zu machen. Da es somit an zuverlässigen Zahlen fehlte, so ist es nicht zu verwundern, daß über die Bevölkerungszahl die widersprechendsten Vermutungen geäußert wurden. 1696 versicherte Gregory King, daß die Bevölkerung Englands im Jahre 2300 sich verdoppeln, also die Zahl von 11 Mill., erreichen würde. Tatsächlich aber zählte England bereits 1906 36½ Mill. Einw. King aber war noch sehr optimistisch gestimmt, im Vergleich zu Pryce (1773) und dessen zahlreichen Anhängern, die sämtlich behaupteten, die Einwohnerzahl Englands sei seit dem Ausgang des 17. Jahrhunderts im Abnehmen begriffen. Es lassen sich zahlreiche Belege dafür beibringen, daß, im Gegensatz zum Mittelalter, wo die Bevölkerungszahl Englands stationär geblieben war (Rogers stellt sowohl für das 14. als auch für das 16. Jahrhundert die gleiche Zahl von 2½ Mill. fest), im 17. Jahrhundert mit dem raschen Aufschwung des Wirtschaftslebens auch eine bedeutende Bevölkerungszunahme eingesetzt hatte. Nach Rogers hätte die Bevölkerung Englands im Laufe des 17. Jahrhunderts sich verdoppelt, besonders stark aber war diese Zunahme im 18. Jahrhundert. Den Berechnungen Finlaysons zufolge, die auf den Angaben über Taufen und Beerdigungen fußen, soll sich die Bevölkerung im Laufe der ersten Hälfte des 18. Jahrhunderts beinahe um 1 Mill., d. i. um 17%, vermehrt haben, in der zweiten Hälfte desselben mochte die Zunahme 3 Mill., also über 50%, betragen haben. Die diesbezüglichen Einwohnerzahlen machen für 1720 5,1 Mill., für 1750 6 Mill. und für 1801 9,18 Mill. aus. Außerdem waren infolge des Aufschwunges, den die Industrie genommen hatte, Veränderungen in der Verteilung der Bevölkerung auf die verschiedenen Landesteile eingetreten (Toynbee). Eine besonders starke Bevölkerungszunahme weisen die neu aufgekommenen Mittelpunkte der Baumwollindustrie (Lancashire), des Kohlenbergbaues (Durham und Northumberland) auf, sowie die Standorte der Metall- und Töpferwarenindustrie (Staffordshire, Warwikshire).

Auch in Frankreich machte sich seit Anfang des 17. Jahrhunderts eine Zunahme der Bevölkerung bemerkbar, während seit Ende desselben infolge von religiösen Verfolgungen, Kriegen und Hungersnöten eine weitere Zunahme unmöglich wurde. Zu Beginn des 18. Jahrhunderts zählte Frankreich nur 18 Mill. Einwohner, um, nach den Berechnungen Levasseurs, erst vor der großen Revolution 26 Mill. zu erreichen.

In Preußen fand der politische und wirtschaftliche Aufschwung, den das Land im 18. Jahrhundert genommen hatte, in der Einwohnerzahl deutlichen Ausdruck. Dieselbe hatte sich von 1688 bis 1740 mehr als verdoppelt. 1688 zählte Preußen 1,11 Mill., 1715 1,67 Mill., 1740 2,38 Mill. Einwohner. Unter der Regierung Friedrichs d. Gr. fand eine neue Verdoppelung statt — von 2,38 Mill. 1740 stieg die Bevölkerungszahl auf 5,63 Mill. 1786.[1])

[1]) Nach Schmoller betrug die Bevölkerungszahl Deutschlands 1620 15 Mill., um darauf erheblich zurückzugehen und erst 1700 wieder ihre frühere Höhe zu erreichen. 1800 zählte Deutschland bereits 22 Mill. Einwohner. (S. auch Werminghoff, Unsere Volkszahl in Vergangenheit und Gegenwart. 1917.)

Auch für andere Teile Deutschlands läßt sich nach der starken Abnahme der Bevölkerung während des Dreißigjährigen Krieges (Rümelin schätzt dieselbe nur noch auf die Hälfte des früheren Bestandes) eine bedeutende Bevölkerungszunahme feststellen. Besonders in Württemberg hatte sich die Bevölkerung während des 17. Jahrhunderts beinahe verdoppelt, ohne jedoch die Zahl erreicht zu haben, welche sie vor dem Dreißigjährigen Kriege aufwies. Das rasche Tempo, in dem das Bevölkerungswachstum in den ersten drei Jahrzehnten des 18. Jahrhunderts vor sich gegangen war, verlangsamte sich, nach Troeltsch, in der folgenden Periode. Freilich kommen zu Ende des 18. Jahrhunderts auf einen Quadratkilometer Bodenfläche 70 Einwohner statt 40 zu Ausgang des 17. Jahrhunderts.

Auf der Iberischen Halbinsel dagegen nahm die Bevölkerung bloß im Laufe des 16. Jahrhunderts zu. Während sie nämlich von 4,25 Mill. zu Beginn des 16. Jahrhunderts auf 8,4 Mill. zum Schluß desselben gestiegen war, sich demnach verdoppelt hatte — es war dies die Zeit der wirtschaftlichen Blüte Spaniens —, verminderte sie sich im folgenden Jahrhundert. Nach Häbler zählte Spanien 1723 nur noch 5,8 Mill. Einwohner, also um 2,6 Mill. weniger als 1594, ein Beweis für den Niedergang des Wirtschaftslebens infolge der schlechten Verwaltung. Für Italien hat Inama-Sternegg Berechnungen für die einzelnen, damals selbständigen Landgebiete angestellt, wobei er die von den Gemeinden geführten Register der Einwohner und Herdstellen benutzte. Es ergab sich für die zweite Hälfte des 16. Jahrhunderts eine Einwohnerzahl von ca. 11 Mill.; die gleiche Zahl auch für den Beginn des 17. Jahrhunderts. Sie wies also im Laufe von 1½ Jahrhunderten keinerlei Änderungen auf, wuchs jedoch daraufhin bis auf 17 Mill. zu Beginn des 19. Jahrhunderts (1800) an.

Die Gesamteinwohnerzahl Europas war von 95 Mill. 1600 auf 130 Mill. 1700 und auf 188 Mill. 1800 angewachsen, wovon auf Westeuropa 1800 122 Mill. kamen.

Allgemein hatte sich in Europa im Laufe des 18. Jahrhunderts die Bevölkerungsdichte stark vermehrt. 1700 kamen in England weniger als 36, in den Niederlanden etwas mehr, in Württemberg 40, nur in Frankreich 45 Einwohner pro Quadratkilometer, in Dänemark und Schottland nur 15 bis 16. Hundert Jahre später wiesen England und die Niederlande 65, Württemberg 72, ja sogar Sachsen 50 Einwohner pro Quadratkilometer auf. In Preußen war die Bevölkerungsdichte zu Ende des 18. Jahrhunderts geringer als anderwärts (30 Einwohner pro Quadratkilometer), jedoch kam diese Zahl dem zweieinhalbfachen der zu Beginn des Jahrhunderts bestehenden gleich. In Böhmen war sie ebenfalls von 27 Einwohnern pro Quadratkilometer auf 58 gestiegen.

Auch in der Bevölkerungsverteilung auf Stadt und Land hatten Veränderungen stattgefunden. Arthur Young behauptete, freilich übertreibend, daß in blühenden Staaten wie England die Hälfte der Bevölkerung die Städte bewohne, in Frankreich dagegen nur der vierte Teil. Auch nach den Zeugnissen Lavoisiers und de Pomells bildeten die Stadtbewohner in Frankreich bloß ⅓ bis ¼ der Gesamtbevölkerung. Jedenfalls ist aus den Angaben Youngs ersichtlich, daß in England die städtische Bevölkerung weit zahlreicher war als anderwärts. In Württemberg bildete sie nur ¼ der Gesamtbevölkerung, in Hessen und Schlesien $^1/_5$ derselben. Wenn die Zahl der Stadtbewohner in einzelnen Teilen Preußens bis 40% der Gesamtbevölkerung ausmachte, so wird der Grund dieser Erscheinung nicht so sehr im Wachstum der Städte als im Vorhandensein ausgedehnter, unbesiedelter Bodenflächen zu suchen sein. In Preußen lebten 1748 27,1% der Einwohner in den Städten, und ebenso hoch war diese Zahl 40 Jahre später. 1787 belief sie sich auf 27,8%.

1773 erklärt der Engländer Arbuthnot das Wachstum der großen Städte aus drei Ursachen: Handel, Parlament, Hof und „anderen" Vergnügungen.[1]) Er spricht von „großen Städten", meint aber dabei vorzugsweise London, von dem schon Grount 1662 behauptet hatte, daß der Kopf (London) zu groß für den Rumpf Englands sei, und daß er dreimal so stark zunehme. London hatte nach Gregory King ½ Mill. Einwohner, also nach Macaulay siebzehnmal soviel als Bristol oder Norwich. Am Ausgang des 18. Jahrhunderts konzentrierte sich in London, nach Eden, der zehnte, nach Joung der fünfte Teil der Gesamtbevölkerung Englands. Von den übrigen Städten besaßen nur wenige 10000 Einwohner. Hundert Jahre später, also noch vor Anbruch des Maschinenzeitalters, hatten sich die Mittelpunkte der Industrie, Manchester, Birmingham, Sheffield, Liverpool aus unansehnlichen, 4- bis 5000 Einwohner zählenden Landstädten zu größeren Städten mit einer Einwohnerzahl von 20- bis 40000 emporgeschwungen, ja Bristol hatte bereits 100000 Einwohner. Zu Großstädten entwickelten sich jedoch diese und andere Orte wie Leeds, Halifax, Norwich erst um die Wende des 18. Jahrhunderts, als die Spinnmaschine und das Fabrikwesen die Einwohner der umliegenden Dörfer zu Tausenden in die Städte getrieben hatte.

In Frankreich zählte man vor der Revolution ca. 80 (100 Jahre darauf 255 Städte) mit über 10000 Einwohnern, in denen über 2 Mill. (100 Jahre später 3½ Mill.) Menschen lebten. Den ersten Platz nahm Paris mit 600000 ein, ihm folgte Lyon mit 135000 Einwohnern.[2]) Rennes hatte nur 30000 Einwohner, Bordeaux 1770 75000, 1790 110000, Dijon und Grénoble ca. 20000.[3]) Wien, Rom und Amsterdam zählten im 18. Jahrhundert je 150000 bis 200000 Einwohner, Venedig und Mailand etwas weniger. Die für Palermo angegebenen Zahlen (300000 bis 350000) sind zweifellos übertrieben. Berlin besaß noch um die Mitte des 17. Jahrhunderts weniger als 10000 Einwohner, erst 100 Jahre später erreichte seine Einwohnerzahl 100000.

Was die Bevölkerungsbewegung (Geburten, Heiraten, Sterbefälle) betrifft, so ergeben sich aus dem Vergleich zwischen dem 17. bis 18. und dem 19. Jahrhundert bedeutende Unterschiede. Sowohl die Geburtenfrequenz, als auch die Sterblichkeit und die Zahl der Eheschließungen scheinen damals bedeutend höher gewesen zu sein als im 19. Jahrhundert.

---

[1]) Zit. bei Hasbach, Die englischen Landarbeiter. S. 11.

[2]) Necker, Administration des finances. Bd. I, S. 228 f.

[3]) Sée, Une ville de l'ancienne France. (La vie économ. S. 122.) Nicolaï, Essai statist. etc. S. 119. Blanchard, Grénoble (1913). Roupnel, La ville et la campagne (1922).

So kamen auf 1000 Einwohner in Frankreich in der zweiten Hälfte des 18. Jahrhunderts 8,8 Eheschließungen (im Roussillon 9) gegen 7,9 in der zweiten Hälfte des 19. Jahrhunderts, in Schweden 1771 bis 1780 8,9, dagegen 1896 bis 1900 6,0, in Oldenburg 1760 bis 1769 10,0 gegen 8,2 in den Jahren 1891 bis 1909. In Preußen machten zur Zeit Friedrichs d. Gr. nach Süßmilch die Eheschließungen in 20 kurmärkischen Städten 10,2, in 1050 kurmärkischen Dörfern 9,2 aus, während 1867 bis 1886 (in Preußen überhaupt) die entsprechenden Zahlen für die Städte 9,2, für die Dörfer 8,0 betragen, in den Jahren 1896 bis 1900 8,4.

Auch die Geburtenzahl war damals erheblich größer. In Frankreich fielen in der zweiten Hälfte des 18. Jahrhunderts auf 1000 Einwohner 37 bis 39 Geburten (im Roussillon 42), dagegen 1841 bis 1850 27,4, 1896 bis 1900 22. Auf jede Ehe kamen in der zweiten Hälfte des 18. Jahrhunderts durchschnittlich 4 bis 4½ Geburten gegen 3 zu Ausgang des 19. Jahrhunderts; in Schweden ergeben sich auf je 1000 Einwohner 1750 bis 1760 36,2 Geburten, 1841 bis 1850 31,1, 1896 bis 1900 26,9, in Oldenburg 1760 bis 1769 36,6 Geburten, 1841 bis 1850 30,5, 1891 bis 1900 35,2. Für Preußen sind folgende Zahlen vorhanden: Nach Krome und Troeltsch für das ganze Königreich 1784 bis 1788 40 Geburten auf 1000 Einwohner, 1896 bis 1900 38,1, für die Kurmark nach Süßmilch 33,5 in den Dörfern und 36 in den Städten. Wernicke ändert diese Zahlen in 40,5 bzw. 41 bis 42; für das Herzogtum Magdeburg sind die Zahlen 34,6 1783 bis 1789 und 1752 bis 1756 39. Fast dieselben Zahlen wie Preußen weist Württemberg für die zweite Hälfte des 18. Jahrhunderts auf (1715 bis 1755 = 39,6, 1757 bis 1761 = 41, 1780 bis 1786 = 42 bis 42,5, 1794 bis 1799 = 41,2); dagegen 1887 bis 1891 33,9 (1879 bis 1888 = 38,7). Süßmilch setzt die Durchschnittsfrequenz von 4 Geburten pro Ehe an, was durch die Berechnungen Behrs bestätigt wird, der für Preußen für 1688 bis 1756 3,9, für 1757 bis 1805 4,6 festgestellt hat. Im Voigtland (Sachsen) betrug die Geburtenfrequenz nach Bein 1777 bis 1796 4,6 in den Städten, 1782 bis 1791 bloß 3,15 bis 3,48. Nach Albrecht Burchardt, der die Geschichte eines Baseler Patriziergeschlechts von 1550 bis 1875 verfolgt hat, belief sich die Zahl der Angehörigen desselben in der ganzen Periode auf 1500 Personen, jedoch kamen auf eine Ehe im 16. Jahrhundert 9,6 lebendgeborene Kinder, im 17. Jahrhundert 5,9, im 18. 4,7 und im 19. 3, 7. Er gelangte ferner zu dem Schluß, daß es im 16. Jahrhundert keine kinderlosen Ehen gegeben habe, während dieselben im 17. und 18. Jahrhundert 9 bzw. 4% aller Ehen bildeten und dieser Prozentsatz sich im 19. Jahrhundert auf 16 erhöht hat.[1])

Der Gegensatz zwischen den beiden Perioden tritt noch klarer zutage beim Vergleiche der Sterblichkeitsziffern. In Frankreich kamen unter Ludwig XVI. auf 1000 Einwohner 30 bis 33 Sterbefälle[2]), 1841 bis 1858 23,3, 1896 bis 1900 20,7; in Schweden 1751 bis 1770 auf 1000 Einwohner 28,8 Sterbefälle (für Männer) und 26,5 (für Frauen), 1841 bis 1860 21,7 bzw. 20,1, 1891 bis 1889 waren es 16,1 bzw. 15,9 in Oldenburg 1760 bis 1769 29,7, 1841 bis 1860 22,6 und 1891 bis 1900 20,5. Süßmilch berechnet für die Großstädte auf 1000 Einwohner (in Normaljahren) 40 Sterbefälle, im Durchschnitt für die Städte überhaupt 33, für das platte Land 26, im Durchschnitt für den ganzen Staat 28. Diese Zahlen sind zu niedrig gegriffen. Behr erbrachte für Preußen die Durchschnittszahl von 33,3 (1748 bis 1755) und 29,2 (1765 bis 1786) Sterbefällen pro 1000 Einwohner, während 1891 bis 1900 dieselbe 24,6 nicht überstieg (1841 bis 1850 erhöhte sie sich übrigens auf 29,1). In Württemberg kamen 1749 bis 1755 auf 1000 Einwohner 31,7 Sterbefälle, 1757 bis 1761 36,8, 1780 bis 1785 26,3—28, 1794 bis 1799 34,6 gegen 29,3 1874 bis 1883 bzw. 24,2 1884 bis 1893.

---

[1]) Burchardt, Zeitschr. für schweizerische Statistik 1907, II, 58.

[2]) Die nördlichen Provinzen Frankreichs ergeben 1786 bis 1788 eine Sterblichkeit von 22 bis 26‰ in den Dörfern, in den Dörfern und Städten zusammen 27 bis 33‰. (Lefebvre, Les paysans du Nord de la France pendant la Révolution. 1924. I. S. 315.)

Für die städtische Bevölkerung ergeben sich folgende Sterblichkeitsziffern[1]):

London (exkl. totgeborene)		Paris (exkl. totgeborene)		Genf (inkl. totgeborene)		Berlin (inkl. totgeborene)	
1620 bis 1643	70,0	1750 bis 1759	34,5	1551 bis 1600	39,7	1721 bis 1730	40,6
1728 „ 1757	52,0	1780 „ 1789	33,3	1601 „ 1650	37,1	1731 „ 1740	44,7
1800 „ 1810	29,0	1892 „ 1901	20,8	1651 „ 1700	35,9	1741 „ 1750	37,9
1891 „ 1900	19,1			1701 „ 1750	33,5	1751 „ 1760	40,5
				1751 „ 1800	29,5	1761 „ 1770	37,4
				1851 „ 1890	24,8	1771 „ 1780	40,1
						1781 „ 1790	35,6
						1791 „ 1800	34,6
						1891 „ 1900	20,3

Frankfurt a. M.		Basel	
1561 bis 1600	51	1601 bis 1670	33,6
1600 „ 1650	68	1671 „ 1740	21,9
1651 „ 1700	45	1741 „ 1800	24,3
1700 „ 1800	34	1860 „ 1900	19,6
1891 „ 1900	17		

Die hohe Sterblichkeitsziffer mußte besonders in der Kindersterblichkeit ihren Ausdruck finden. Es wurden (im 18. Jahrhundert) zahlreiche Kinder geboren, ein Drittel bzw. ein Fünftel der Neugeborenen vollendeten jedoch nicht einmal ihr erstes Lebensjahr. So starben z. B. von 1000 Neugeborenen im ersten Lebensjahre in Leipzig 355, in Preußen nach Süßmilch 250, in Schweden 205, in Breslau nach Halley 295, in Genf im 16. Jahrhundert 260, im 17. Jahrhundert 237, im 18. Jahrhundert 202; während heutzutage die Sterblichkeitsziffer für das erste Lebensjahr von einem Fünftel bis zu einem Zehntel der Gesamtzahl der Neugeborenen schwankt. Nur die Hälfte der Bevölkerung erreichte ein Alter von 10 Jahren (in Frankreich nach Dupré de St. Maur 490, nach Duvillard 551 von 1000, nach Halley 495, nach Baumann 532, nach Wargentin 611), während es heutzutage von drei Vierteln der Gesamtbevölkerung erreicht wird. Nach Burchardt erlebten in Basel bloß 68 bzw. 65% der Bevölkerung im 17. bzw. 18. Jahrhundert ihr 15. Lebensjahr, im 19. Jahrhundert hingegen 82%.

Necker behauptete, daß der vierte Teil der gesamten Bevölkerung aussterbe, ohne das Alter von 3 Jahren erreicht zu haben, das zweite Viertel bevor es 25 Jahre alt geworden ist, das dritte im Alter von weniger als 50 Jahren. Auch die von anderen Statistikern (Duvillard u. a.) zusammengestellten Sterblichkeitstabellen bestätigen diese Angaben. Im Laufe von 50 Jahren starben im 18. Jahrhundert drei Viertel einer Generation aus. Nach Dupré de St. Maur erreichten von 1000 Personen nur 242 das Alter von 50 Jahren, nach Pryce waren es 286, nach Duvillard 297, nach Wargentin 385. Ein Alter von 25 Jahren erreichten (nach Baumann, Süßmilch, Dupré, Duvillard, Pryce) 419 bis 428, nach Kersseboom 550 von 1000. Gegenwärtig bleibt nach Ablauf von 50 Jahren noch die Hälfte einer Generation am Leben. Die durchschnittliche Lebensdauer machte in Frankreich 25 bis 27 Jahre aus, gegenwärtig beträgt dieselbe 40 Jahre und darüber.

Bei der Vergleichung von Zahlenreihen für längere Perioden und für ganze Länder ergibt sich beispielsweise für Preußen, daß die Geburtenfrequenz die Sterblichkeitsziffer um 30% überstieg. So kamen 1688—1766 sowohl als 1757—1805 auf 100 Todesfälle 130 Geburten. Im sächsischen Voigtland ergibt sich ein Geburtenüberschuß von 28—50% (1782—91), in Frankreich hingegen nur 8½% (1086 Geburten gegen 1000 Sterbefälle). In einzelnen Landesteilen jedoch (so für Frankreich in der Bretagne, im Orléans, Burgund, in der Normandie), hauptsächlich aber gerade in den Städten, wo die Sterblichkeitsziffern heutzutage

[1]) Prinzing, Handb. der medizin. Statistik. S. 529. Mallet, S. 51. Levasseur, II. S. 395.

besonders niedrig sind, war die Sterblichkeit höher als die Geburtenzahl. Daher behaupteten Halley, Baumann, auch andere Statistiker, daß die Quelle der eigentlichen Bevölkerungsvermehrung in den Dörfern zu suchen sei, die Städte hingegen sich nur durch den Zuzug vom platten Lande her nährten. Grount benutzt ziffernmäßige Angaben des 17. Jahrhunderts, um zu beweisen, daß in den Londoner Pfarreiregistern ein Überschuß der Toten über die Getauften zu verzeichnen sei; der trotzdem ununterbrochen stattfindende Bevölkerungszuwachs sei ein Beweis für die Zuwanderung von auswärts. Nach Süßmilch kamen im 18. Jahrhundert in Berlin, Dresden, Augsburg auf 100 Tote 96 bis 85 Neugeborene, in Wien und Rom deren nur 80, ja in Salzburg sogar bloß 78. Anderson führt eine Reihe von Zahlenangaben über Taufen und Begräbnisse in verschiedenen Städten (für die 30er bis 60er Jahre des 18. Jahrhunderts) an. Fast überall ergibt sich ein Überschuß der Todesfälle über die Taufen (Geburten), so für London, Norwich, York, Dublin, Stockholm, Venedig. Anders war es nur in Paris, Liverpool, Newcastle am Tyne.[1]) Nach den jüngsten Berechnungen Burchardts, Hanauers u. a. überstieg in Frankfurt a. M. im Zeitraume von der Mitte des 16. bis zum Ausgang des 18. Jahrhunderts die Sterblichkeitsziffer stets (mit Ausnahme von vier Jahrzehnten) die Geburtenfrequenz, während in Basel, wo die Sterblichkeit besonders niedrig war, für 1600 bis 1740 weniger Sterbefälle als Geburten festgestellt wurden; 1740 bis 1800 jedoch ist auch hier ein Überschuß der Sterbefälle über die Geburten vorhanden.[2]) In Bordeaux ist für 1741 bis 1783 ein Überschuß der Geburten über die Sterbefälle zu verzeichnen.[3])

Die Ursachen dieser Erscheinung sind in den gesundheitlichen Verhältnissen jener Zeit begründet. Die Wohnräume waren voll von mancherlei Ungeziefer, das besonders in den der Reinigung schwer zugänglichen Baldachinen, welche doch gerade zum Schutz gegen das an der Zimmerdecke nistende Ungeziefer über den Betten errichtet wurden, einen bequemen Unterschlupf fand. Bei den Beschreibungen von Schlafräumen, die aus dem 18. Jahrhundert herrühren, ist ebensowenig von Waschtischen, wie von Waschbecken oder Handtüchern die Rede. Es gab nur Krüge, aus denen Wasser über die Hände gegossen und das Gesicht benetzt wurde. Den französischen Königen wurden am Morgen nasse Handtücher gereicht, womit sie sich Gesicht und Hände abwischten. Der glänzende Hofhalt Ludwigs XIV. würde bei einer eingehenden Betrachtung vom Standpunkte der Reinlichkeit aus viel von seinem Schimmer einbüßen. Personen, die sich großer Reinlichkeit

---

[1]) Anderson, Origin of Commerce. Deutsche Übers. VII (1779) 252, 256, 260, 278, 289, 319, 535, 553, 572.

[2]) Burchardt, Demographie und Epidemiologie der Stadt Basel 1601 bis 1900 (1908). Hanauer, Der Gang der Sterblichkeit in Frankfurt a. M. (Soz. Mediz. und Hygiene. 1907. II.)

[3]) Nicolaï, Essai statist. etc. S. 118.

befleißigten, wurden als Ausnahmen, besondere Achtung würdig, betrachtet.[1])

In den Städten finden sich noch keine Wasserleitungen. Das Trinkwasser war oftmals ungenießbar (Paris, Dijon, Perpignan). In Kiel wurden in den städtischen Wasserbehältern verweste Katzen und Ratten aufgefunden. Es gab weder Bürgersteige (in Paris wurden dieselben erst 1782 angelegt), noch Pflaster (in Marseille wurde erst 1780 der Beschluß gefaßt, eine der Straßen zu pflastern). Soweit Pflaster vorhanden war, war es von solcher Beschaffenheit, daß die Bewohner, z. B. der schlesischen Städte, geneigt waren zu wünschen, daß lieber gar keines vorhanden sein möchte. Es gab in demselben zahlreiche Löcher, in denen Menschen, Tiere und Fuhrwerke versanken (Erfurt). Nach einem Regen aber verwandelten sich die Straßen in unpassierbare Sümpfe (Amsterdam). Das Gehen auf den holprigen, unbeleuchteten Straßen war bei Anbruch der Dunkelheit mit Gefahren verbunden. Der Magistrat von Breslau gab noch um die Wende des 18. Jahrhunderts selbst zu, daß das Publikum „Arm und Bein zu brechen riskierte“. In der Mitte der Straßen liefen Rinnsale, welche widerliche Gerüche ausströmten und beständige Ansteckungsherde darstellten. Abtritte fehlten vollständig; die Bevölkerung bediente sich der Höfe zu diesem Zwecke und benutzte die Straßen als Ablager für Unrat. Der Louvre, das königliche Schloß in Madrid waren über alle Maßen verunreinigt. Arthur Young schreibt über Clermont-Ferrand, die Hauptstadt der Auvergne, daß seine Straßen „durch ihren Schmutz und ihren Gestank an Laufgräben erinnern, die man in Misthaufen angelegt hätte“; die Bewohner jedoch fühlten sich sehr wohl in dieser Atmosphäre. Die französischen Städte — Montpellier, Besançon, Amiens, Bordeaux — entfalten in der zweiten Hälfte des 18. Jahrhunderts eine rege Bautätigkeit; die Städte werden mit prunkvollen Gebäuden, Theatern, Justizpalästen, gedeckten Markthallen, Rathäusern geschmückt; öffentliche Gärten, Springbrunnen werden angelegt, Statuen werden errichtet. Im übrigen bleibt es jedoch beim Alten. Sogar ein russischer Reisender Vonwisin schreibt aus Frankreich 1777 in seine Heimat, die Straßen seien „dermaßen schmutzig und schlecht gehalten, daß man staunen muß, wie Wesen, die mit den fünf menschlichen Sinnen bedacht sind, in solchem Schmutze leben könnten“.[2])

---

[1]) Franklin, La vie privée d'autrefois. Les soins de toilette. S. 26 ff. Alw. Schulz, Häusl. Leben. S. 140 f., 337. Vgl. Sombart, Luxus und Kapitalismus, S. 68.

[2]) Franklin, l. c. Macaulay, History I., Trautmann, Kiels Ratsverfassung und Ratswirtschaft v. Beginn des 17. Jahrhunderts (1909), S. 204 ff., 222 ff. Horn, Erfurts Stadtverfassung (1904), S. 101. Gebauer, Breslaus kommunale Wirtschaft um die Wende des 18. Jahrhunderts (1906), S. 178 ff., 183. Hilgert, Finanzen der Stadt Münster in Westfalen von 1816 bis 1908 (1910), S. 135. Behre S. 149. Roupnel, La ville et la campagne au XVIIIe siècle, S. 112 f. Ardaschew, Die Provinzialverwaltung in Frankreich zu Ausgang des ancien régime (russ.), II, S. 279 ff.

Es ist daher nicht zu verwundern, wenn Rousseau die Stadt „einen Abgrund, der das Menschengeschlecht verschlingt", nennt, wenn er erklärt, „die Menschen sind nicht dazu geschaffen, in Ameisenhaufen zusammengedrängt zu werden". Krankheiten des Körpers wie der Seele sind — seinen Ausführungen nach — die unausbleiblichen Folgen einer allzu starken Anhäufung von Menschen. Das Landleben ist es, nach Rousseaus Ansicht, welches das Menschengeschlecht erneuert.

Franklin führt in seinem Werke „La vie privée d'autrefois" interessante Tatsachen über den Zustand von Paris in hygienischer Beziehung an. 1531 wurde angeordnet, die Bewohner sollten in ihren Häusern Abtritte einrichten, damit die Straßen nicht mehr verunreinigt würden. Jedoch noch zur Regierungszeit Ludwigs XIV. hatten nur wenige Bürger in ihren Häusern Abtritte, deren Inhalt übrigens von Zeit zu Zeit in den Garten geschüttet wurde. Noch im 18. Jahrhundert waren sie so schlecht eingerichtet, daß der Schmutz aus ihnen in die nahegelegenen Brunnen durchsickerte. In den Straßen erscholl oft der Ausruf: „gare l'eau!" Und wehe dem zerstreuten Fußgänger, der diese Warnung außer acht ließ oder nicht schnell genug zur Seite trat. Aus dem geöffneten Fenster ergoß sich der Inhalt eines Nachtgeschirrs oder eines Eimers mit Unrat über ihn. In ganz Paris herrschte ein unerträglicher Geruch von dem auf diese Weise auf die Straße beförderten Unrat. Erst 1777 erließ die Polizei ein Verbot dagegen. Von Zeit zu Zeit mußte die Stadt gründlich gereinigt werden. Als eine solche Reinigung infolge ununterbrochen auftretender Pestepidemien 1666 vorgenommen worden war, wurden ihr zu Ehren Gedichte verfaßt und zur Verewigung des denkwürdigen Ereignisses Denkmünzen geprägt — so außergewöhnlich erschien dieses. Nicht nur in den Straßen, selbst in Gebäuden, die öffentlichen Zwecken dienten, ja in den Kirchen befriedigten die Menschen ihre Bedürfnisse. Auf den Treppen, vor den Türen lagen sogar in den königlichen Schlössern Haufen von Unrat. Obwohl bereits Heinrich III. 1578 befohlen hatte, am Morgen, bevor er sich erhob, die Säle seines Schlosses davon zu reinigen, so herrschte doch noch zur Zeit Ludwigs XIV. im Schlosse eine verpestete Luft. Als bei Gelegenheit der Krönung Ludwigs XVI. in der Kathedrale von Reims ein Abtritt „à l'angloise" eingerichtet worden war, d. h. mit der in England bereits im 17. Jahrhundert üblichen Spülvorrichtung, erblickte man in Frankreich darin eine besondere Kriecherei. Der Arzt Maret schildert 1773 in grellen Farben den fürchterlichen Schaden, den die Begrabung von Toten in den mitten in der Stadt gelegenen Kirchen der Bevölkerung anrichten muß. Erst 1777 wurden diesem Brauch Schranken gesetzt. Ein vollständiges Verbot dagegen hatte man jedoch nicht erlassen und auch weiterhin wurden „durch die Ausdünstungen der Toten die Lebenden getötet". Der Friedhof „des Inocents" in Paris war in einer solchen Verfassung, daß infolge der ihm entströmenden Ausdünstungen in den nahegelegenen Häusern die Nahrungsmittel binnen weniger Stunden verdarben.[1])

Kein Wunder, daß bei derartigen Gesundheitsverhältnissen, gegen welche die Ärzte seit dem 16. Jahrhundert anzukämpfen suchten, indem

---

[1]) Franklin, La vie privée d'autrefois. L'hygiène. S. 122 ff., 133 ff., 149 ff., 197 ff. In Würzburg wurden die innerhalb der Stadt gelegenen Friedhöfe erst zu Anfang des 19. Jahrhunderts geschlossen (Meisner, Entwickl. des Würzburger Stadthaushalts, 1912, S. 88). Die Armenfürsorgeanstalt („Hôpital") zu Bordeaux hatte ihren eigenen Friedhof, der in ihrer unmittelbaren Nähe, nur durch einen Zaun von den Gebäuden getrennt, gelegen war (Guitard i. d. Mém. et documents publiés par Hayem, 4e série, 1916, S. 151). Hingegen wies das Hôpital bereits am Ausgang des 17. Jahrhunderts Abflußröhren und Abtritte auf. Vgl. Roupnel, La ville et la campagne au XVIIe siècle. S. 115.

sie vergeblich die Notwendigkeit frischer Luft und reinen Wassers predigten, die Städte beständig von Epidemien heimgesucht wurden. Pest, Typhus, Blutdurchfall, Masern forderten unzählige Opfer. Auch die zahllosen Kriege verursachten eine erhöhte Sterblichkeit. Haeser, welcher die Geschichte der epidemischen Krankheiten eingehend erforscht hat, stellt fest, daß diese Krankheiten (insbesondere der sog. „Lagertyphus") von den Truppen aus auf die Bevölkerung übertragen wurden, häufig immer weiter um sich griffen und große Teile Europas heimsuchten, so daß die Kriegszüge die Verbreitung verschiedener epidemischer Krankheiten zur Folge hatten. Die Sterblichkeitsziffer war infolgedessen in manchen Ländern zuweilen im Laufe ganzer Dezennien höher als die Geburtenzahl. So z. B. drückte sich in Deutschland zur Zeit des Dreißigjährigen Krieges das Verhältnis zwischen Verstorbenen und Neugeborenen wie 100 zu 96,7 aus. In Württemberg nahm die Bevölkerung nach den Berechnungen Rümelins 1634 bis 1639 jährlich um 15,4% ab.

Im 16. Jahrhundert, während der Belagerung Neapels durch die Franzosen (1528), brach im französischen Lager eine Typhusepidemie aus, der die Mehrzahl der Truppen und der Oberbefehlshaber selber erlagen. In den siebziger Jahren des gleichen Jahrhunderts wurden die von den Spaniern belagerten niederländischen Städte, wie auch die sie umzingelnden spanischen Truppen von Epidemien heimgesucht, die sich weit über den Bereich des Kriegsschauplatzes hinaus verbreiteten. Die Ruhr war es, die die Vernichtung der niederländischen Flotte durch die Spanier verhinderte; an ihr gingen der Admiral und zahlreiche Mannschaften zugrunde. In Ungarn wütete während der Feldzüge Maximilians I. gegen die Türken unter seinen Truppen die sog. „Ungarische Krankheit", eine Art Typhuserkrankung, von welcher Einheimische und Türken verschont blieben. Nach Beendigung des Feldzuges wurde diese Krankheit durch die heimkehrenden Soldaten nach Deutschland, Belgien, Böhmen und Italien, ja sogar nach England verschleppt. Noch schlimmer wüteten die Epidemien zur Zeit des Dreißigjährigen Krieges: Skorbut, Ruhr, besonders aber Typhus herrschten auf dem gesamten Kriegsschauplatze. In Sachsen und Württemberg, in Pommern und Mecklenburg, im schwedischen Lager vor den Toren Nürnbergs, in Augsburg und Magdeburg, bei den kaiserlichen Regimentern wie bei den Schweden forderten diese Krankheiten ihre Opfer. In der zweiten Hälfte des 17. Jahrhunderts läßt sich für den größten Teil Europas ein zeitweiliges Nachlassen der Epidemien feststellen, mit Ausnahme der Gegenden, welche während der Kriege Ludwigs XIV. von den französischen Truppen besetzt wurden. In den ersten zwei Jahrzehnten des 18. Jahrhunderts verbreiteten sich während des Devolutionskrieges und des Nordischen Krieges Pest- und Typhusepidemien über weite Landgebiete. Die beiden nächsten, verhältnismäßig friedlichen Jahrzehnte blieben hingegen von ihnen verschont. Erst die Kriege Friedrichs d. Gr. versetzten Europa in den früheren Zustand zurück. Die Jahre 1750 bis 1775 sind durch die furchtbarsten Epidemien ausgefüllt, unter welchen den während des Siebenjährigen Krieges (1757 bis 1764) ausgebrochenen, von der Malaria an bis zu den schlimmsten Arten der Typhuserkrankungen, die erste Stelle gebührt. Nach einer Ruhepause brachen die Revolutionskriege aus, in deren Verlauf Ruhr und Typhus ganz Mitteleuropa bis nach Italien heimsuchten, wo diese Krankheiten sowohl die einheimische Bevölkerung als auch die französischen Truppen zugrunde richteten.[1])

[1]) J. Haeser, Gesch. der Medizin, Bd. III, 3. Aufl. 1882, S. 349, 358, 377 ff., 399 ff., 404 ff., 454 ff. Creighton, A History of Epid. in Britain (1891). Roupnel, S. 37 f., 463, 478, 481 ff., 494, 533 ff.

Dennoch hebt Haeser hervor, daß in der Zeit vom 16. bis zum 18. Jahrhundert die epidemischen Krankheiten eine geringere Verbreitung aufweisen, als dies im Mittelalter der Fall gewesen zu sein scheint. Der Grund dieses Fortschrittes ist einerseits in der seit dem 17. Jahrhundert eingetretenen Besserung in den Ernährungsverhältnissen zu suchen. Beim wohlhabenden Mittelstande bürgert sich der Genuß von Wein, Tee, Kaffee ein. Die Hungersnöte gehörten nicht mehr zu so häufigen Erscheinungen, als dies früher gewesen zu sein scheint; Brot und andere Nahrungsmittel waren von besserer Beschaffenheit als ehedem. Auch der Organismus des Menschen hatte an Anpassungsfähigkeit, an Widerstandskraft gewonnen. In der Behandlung der Krankheiten waren ebenfalls Fortschritte gemacht worden; vor allem waren die früheren, bestenfalls untauglichen, oft aber geradezu schädlichen Arzneimittel durch neue ersetzt worden. Zu diesen gehörte vor allem das von Holländern und Engländern aus Indien importierte Opium, der Rhabarber, welcher über Rußland (wo sein Vertrieb lange Zeit hindurch ein Monopol des Fiskus bildete) eingeführt wurde, die aus Amerika stammende Ipecacuañhawurzel. Von besonderer Wichtigkeit war aber die ebenfalls aus Amerika importierte Chinarinde. Chinin wurde von der Mitte des 17. Jahrhunderts an bei allen möglichen Krankheitsfällen in großen Dosen verordnet und seine Anwendung zeitigte überraschende Erfolge. Endlich sind verschiedene neue, allmählich zur Bekämpfung der epidemischen Krankheiten in Übung kommende Maßregeln, als da sind: Isolierung der Kranken, Absperrung der verseuchten Orte, Desinfektion der Räume usw. für die Abnahme der Sterblichkeit nicht hoch genug anzuschlagen.[1])

Auch jetzt noch rief der Ausbruch von Epidemien bei der Bevölkerung Entsetzen hervor; besonders war dies bei der Pest der Fall, deren Verbreitung an Schnelligkeit mit einem „in einen Strohhaufen geratenen Funken“ verglichen wurde. Die Eigentümer von Schlössern und Landsitzen verließen fluchtartig ihre Wohnsitze, in langen Reihen zogen Fuhrwerke aus den verseuchten Städten. Sogar die Vertreter der Obrigkeit, Ratmänner, Richter, folgten diesem Beispiele, selbst Apotheker und Ärzte mieden ihren Wohnort, ohne der gerade in solchen Zeiten besonders dringlich erforderlichen Erfüllung ihrer Pflichten eingedenk zu sein. Während einer in London im 17. Jahrhundert wütenden Pestepidemie verließ einer der bedeutendsten Ärzte die Hauptstadt und den Zeitgenossen erschien diese Handlungsweise ganz natürlich. König Heinrich IV. flüchtete vor einer in Paris ausgebrochenen Epidemie nach Rouen, ebenso benahmen sich Kaiser Ferdinand II., Christian IV. von Dänemark, Herzöge und Landgrafen. Allerdings gab es auch solche, die auf ihrem Posten blieben, ihre Pflicht aufopfernd erfüllten und dabei größtenteils den Tod fanden. Man wandte verschiedene Maßregeln an, um den

---

[1]) Allerdings herrschten noch im 18. Jahrhundert in den Krankenhäusern schlimme Zustände, weshalb die Bevölkerung sie nur im äußersten Notfalle aufsuchte (s. Franklin, L'hygiène, S. 177 f.). Zu drei bis vier wurden die Kranken — ohne Rücksicht auf die Art der Erkrankung — in einem Bette untergebracht (Besnard, Mémoires d'un nonagénaire). Mit besonderem Stolz wird von der königlichen Segeltuchmanufaktur in Augers die Tatsache erwähnt, jedem erkrankten Arbeiter werde im Krankenhause ein besonderes Bett angewiesen (Dauphin, Recherches pour servir à l'histoire de l'ind. textile en Anjou, S. 121).

Epidemien vorzubeugen. Quarantänen (nosocomium) insbesondere für die aus der Levante kommenden Schiffe wurden eingeführt (in Marseille, Toulon, Genua, Livorno), Listen der verseuchten Orte veröffentlicht und den aus denselben ankommenden Reisenden und Waren anderwärts der Zutritt verweigert.

Auch verschiedene sanitäre Maßregeln wie Reinigung der Straßen, Wegführung von Unrat und Kehricht, Bestimmungen über die Reinhaltung der feilgebotenen Nahrungsmittel wurden angewandt. Leider fand dies alles bloß in außergewöhnlichen Fällen statt, wenn eine Epidemie bereits ausgebrochen war. Und doch bemerkte bereits Malthus, daß die planmäßige Durchführung einiger weniger vernünftiger Maßregeln dieser Art, wie die Anlegung neuer und Erweiterung alter Straßen, die Errichtung großer, luftiger Häuser, die Trockenlegung von Sümpfen, sich als ausreichend erwies, um Epidemien zu verhüten und die Wohlfahrt der Bevölkerung bedeutend zu fördern. Die Erkrankten, insbesonders die von auswärts zugezogenen, aber auch die einheimischen wurden aus der Stadt entfernt und außerhalb derselben in rasch zusammengezimmerten, strohgedeckten Baracken untergebracht, die sie nicht verlassen durften; bei Übertretung dieses Verbotes wurde auf sie geschossen. Erst im Laufe der Zeit begann man größere Gebäude für solche Zwecke zu errichten, die für gewöhnlich unbenutzt standen und nur beim Auftreten epidemischer Krankheiten ihrer Bestimmung zugeführt wurden. Bettzeug, Wäsche, Kleider des Kranken wurden gewöhnlich verbrannt, eine Desinfektion mittels stark riechender Pflanzenstoffe und chemischer Substanzen vorgenommen. Zu diesem Zwecke dienten Galläpfel, Salpeter, Terpentin, ungelöschter Kalk, Scammonium, verschiedene Sorten Teer. Der dadurch erzeugte Geruch war sogar für Ratten tödlich.[1])

Im 17. Jahrhundert verschwindet die Lepra; in Italien, wo der Kulturfortschritt früher eingesetzt hatte, war dies bereits seit dem Ausgang des 15. Jahrhunderts der Fall. Die Syphilis verliert seit dem Ausgang des 15. und dem Anfang des 16. Jahrhunderts, wo sie noch furchtbare Verheerungen anrichtete, allmählich ihren epidemischen Charakter. Im 18. Jahrhundert nahmen auch die Ruhrepidemien, die ehedem unter der Bevölkerung gewütet hatten, ab. Das wichtigste Ereignis auf diesem Gebiete bildete jedoch seit dem 16. Jahrhundert die allmähliche Abnahme der Pestepidemien und im Zusammenhange damit der Rückgang der Sterblichkeit. Der zugleich auftretende Petechial- (d. i. pestartiger) Typhus wird überhaupt als abgeschwächte Form der Pest betrachtet. Doch erst im 18. Jahrhundert verlor die Pest den ersten Platz unter den epidemischen Krankheiten. 1666 wurde England zum letzten Male von ihr heimgesucht, zu Anfang des 18. Jahrhunderts trat sie noch in Italien, Holland, Deutschland, den skandinavischen Ländern auf, um daraufhin auch hier zu verschwinden.[2])

Starke Verheerungen hatte namentlich der Dreißigjährige Krieg angerichtet.

Nun darf man freilich die ungünstigen Wirkungen des Krieges nicht überschätzen. Mit Recht ist von Erdmannsdörfer, v. Below, Steinhausen und anderen davor gewarnt worden.[3]) Obwohl im Kriege unzählige Dörfer in

---

[1]) Lallemand, Hist. de la charité IV, 1. S. 60 ff.

[2]) Haeser III, S. 234 f., 299 ff., 313 ff., 347 ff., 444 ff., 539, 573 f., 584 ff.

[3]) Erdmannsdörfer, Deutsche Gesch. I 100 ff. v. Below, Die Frage des Rückgangs der wirtschaftlichen Verhältnisse Deutschlands vor dem Dreißigjährigen Krieg. Viert. Soz. u. W.-G. 1909. Ders., Z. f. S. u. W.-G. IV,119 ff. Ders., Z. f. Sozialwiss. 1904, S. 313. Ders., Die Ursachen der Reformation (1917), S. 138.

Flammen aufgingen und verödeten und furchtbare Greueltaten verübt worden sind, welche in Verbindung mit Pest und Hunger die Bevölkerung stark dezimiert haben, so ist doch anderseits zu berücksichtigen, daß die Wüstungen, die in der zweiten Hälfte des 17. und im 18. Jahrhundert vorhanden waren, keineswegs allein auf die Verheerungen des Dreißigjährigen Krieges zurückzuführen sind. Es ist nachgewiesen worden, daß schon im 13. bis 15. Jahrhundert ehemalige Dörfer vom Erdboden verschwunden waren.[1] Doch auch soweit Dörfer während des Krieges niedergebrannt oder von ihren Bewohnern verlassen worden sind, sind sie trotzdem nicht immer zu Wüstungen geworden, sondern haben sich allmählich wieder belebt und bevölkert.[2] Noch viel weniger wird man den wirtschaftlichen Rückgang Deutschlands überhaupt mit dem Dreißigjährigen Kriege allein in Verbindung bringen können. Vieles von dem, was man ihm zur Last legt, ist älteren Datums. Der Rückstand Deutschlands gegenüber seinen reicheren und mächtigeren Nachbarn im Gewerbe und Handel beruht auf einer Reihe von Ursachen sowohl wirtschaftlichen (Verlegung der Handelsstraßen, Fehlen von Kolonien usw.) als politischen (Zersplitterung!) Charakters, unter denen der Dreißigjährige Krieg nur eine bildet. Wie v. Below betont, hat man aus Bequemlichkeit den Krieg angeklagt, wo der Schuldige ein anderer war, wenn er auch hinzufügt, daß man nicht ins andere Extrem fallen und ihn ganz entlasten darf.[3]

Jedenfalls hat der Krieg und die mit ihm zusammenhängenden Verheerungen, sowie die Bevölkerungsabnahme den Zustand noch erheblich verschärft und erst allmählich konnte sich Deutschland von ihren Folgen erholen. Das Volk — sagt Gustav Freytag — erreichte die letzte Tiefe des Unglücks, ein dumpfes apathisches Brüten wurde allgemein. Von den Landleuten ist aus dieser Zeit wenig zu berichten. Sie vegetieren verwildert und hoffnungslos. Wo ein Heer verwüstet hatte und der Hunger wütete, fraßen Menschen und Hunde von demselben Leichnam, Kinder wurden aufgefangen und geschlachtet.[4] Auch Erdmannsdörfer und Haendtke entwerfen ein düsteres Bild damaliger Zustände.[5] Höniger dagegen sucht sie weniger furchtbar darzustellen, indem er hervorhebt, daß die Zeitgenossen eine möglichst grelle Färbung ihrer Leiden und Verluste zu geben suchen. Es galt, Mitleid zu erwecken, die Unfähigkeit zu weiteren Leistungen zu erweisen, Zahlungsaufschub zu erreichen, Zinsnachlaß zu erlangen. Viele schildern Dinge, die sie nur gehört und nicht gesehen haben, und die Schreckensberichte schwollen lawinenartig an. Als besonders unglaubwürdig betrachtet Höniger die Darstellungen, die Scherr wiedergibt von Leuten, die Gräber nach Menschenfleisch umwühlten und die Leichen aufzehrten, von Eltern, die ihre Kinder mordeten, um sie aufzufressen, von Banden, die auf Menschen, als wären es wilde Tiere, Jagd machten. Er hält Erzählungen von der ruchlosen Soldateska, die unmenschliche Greueltaten an der friedlichen Bevölkerung verübte, für stark übertrieben. „Zweifellos sind Mord und Todschlag, Raub und Plünderung, Erpressung und Notzucht hundert- und tausendfach verübt worden. Aber alle diese Delikte in demselben Augenblick auf einen einzigen Wohnraum zusammengedrängt, das ist doch offensichtlich ein

---

Ders., Probl. d. Wirtsch. S. 429. Steinhausen, Arch. f. Kulturgesch. 1910. Dürr, Zur Frage der wirtschaftlichen Wirkungen des Dreißigjährigen Krieges. V. f. Soz. u. W.-G. XIII. Ders., Hat der Dreißigjähriges Krieg die deutsche Kultur vernichtet? Württ. Viert. 1914. Kaphahn, 1648 und 1919 (Viert. S. u. W.-G. XV).

[1] v. Below, Probl. S. 73, s. dort Lit.

[2] Beschorner, Über den Wiederaufbau der meisten im Dreißigjährigen Kriege zerstörten Dörfer. Studium Lipsiense (1909). S. 73 ff.

[3] v. Below, V. f. Soz. u. W.-G. VII, 160 ff. Ders., Ursach. d. Reform. S. 139 ff. Ders., Probleme, s. 429. Vgl. Riezler, Gesch. Bayerns VII (1913). S. 107 ff. Zycha, V. f. Soz. u. W.-G. 1918. S. 97. Vgl. auch unten Kap. 6.

[4] Freytag, Bilder aus der deutschen Vergangenheit.

[5] Erdmannsdörfer, I, S. 101 f. Haendtke, Deutsche Kultur im Zeitalter des Dreißigjährigen Krieges, S. 144 f.

Phantasiegemälde.“ Auch die Angaben über das Schwinden der Bevölkerung auf ein Viertel der deutschen Volkszahl vor dem Kriege sind einfach aus der Luft gegriffen. Da nach ein paar Jahrzehnten von allen diesen Verheerungen keine Spuren zu finden waren, so konnte der Bevölkerungsrückgang unmöglich so groß gewesen sein.[1])

Nun gibt Lammert in den von ihm zusammengestellten Chroniken der Zeitgenossen ausführliche Schilderungen der damaligen Zustände, die ein ganz anderes Bild vor unseren Augen entwerfen und eher Freytag, als Höniger recht geben. Jahr für Jahr sind in denselben die durch die Epidemien, den Petechialtyphus („Soldatenkrankheit“), Ruhr, Pest, „Ungarisches Fieber“ angerichteten Verheerungen verzeichnet. Täglich starben Hunderte von Menschen in den Städten, ganze Dörfer gingen an Epidemien, die von den vorbeiziehenden Truppen eingeschleppt wurden, zugrunde, alte Friedhöfe wurden erweitert und neue angelegt, außerdem jedoch die Toten auch bei ihren Häusern beerdigt; die Menschen ergriffen aus Angst vor dem furchtbaren Sterben die Flucht, es wurden in Feldern und Wäldern von ihnen Zelte aufgeschlagen. Die von Lammert angegebenen Sterblichkeitsziffern sind sehr hoch — selbst bei einer Reduzierung ergeben sich noch sehr bedeutende Zahlen.[2])

In den von Lammert veröffentlichten Chroniken ist außerdem beständig von Teuerungen und Hungersnöten die Rede, die hauptsächlich als Folge der Belagerung und Okkupation von Städten sowie der Einquartierung von Truppen anzusehen sind. Die Soldaten brandschatzten, raubten und verwüsteten die Felder, vernichteten ganze Dörfer. Schweden, Bayern, Kroaten, Spanier, alle suchten darin einander zu übertrumpfen. Keiner wollte dem anderen darin nachstehen. In München z. B. wurden 1632 Frauen vergewaltigt, während Männer langsam zu Tode gemartert wurden. Man band sie an Roßschweifen fest oder goß ihnen geschmolzenes Blei in die Kehle. Noch häufiger aber sind in diesen Chroniken Berichte über Hungersnöte zu finden. Die von ihnen heimgesuchte Bevölkerung ging soweit, Katzen und Hunde, Baumrinde, Ratten und Mäuse zu verschlingen, ja sogar vor menschlichen Leichnamen scheute man nicht zurück. In Neustadt in der Pfalz mußte 1635 der Friedhof bewacht werden, um das Ausgraben der Leichname zu verhindern. Von Augsburg wird unter 1634 berichtet, daß Eltern mit den Leichen ihrer eben verstorbenen Kinder den Hunger zu stillen suchten. Ja, eine Frau tötete ihr Kind, legte den Leichnam in Salz ein und verzehrte ihn. Sie starb im Kerker. Aus Saarbrücken wird für 1635 von einem Menschenfresser berichtet, der Menschen mordete und fraß.

Nicht weniger Unheil richtete der Dreißigjährige Krieg auch in den ostfranzösischen Gebieten (Burgund, Champagne, Franche-Comté) an. Feind und Freund brandschatzten und marterten die Bevölkerung auf gleiche Weise. Von den Truppen Bernhards von Sachsen-Weimar, die Frankreich zu schützen hatten, wurde die Bevölkerung nicht minder mißhandelt, als von den feindlich gesinnten Kaiserlichen (Kroaten). Irgendwelche Versuche, die Soldateska zu beschwichtigen, waren ausgeschlossen, die Mutigsten büßten ihren Protest mit dem Tode. Auch mit dem Ausgange des Dreißigjährigen Krieges nahmen diese Zustände noch bei weitem kein Ende. Während der Kriege der Fronden und Ludwigs XIV. (bis zu den siebziger Jahren des 17. Jahrhunderts) wurde die Bevölkerung nicht minder als vorher von den durchziehenden Truppen und den flüchtigen Soldaten mißhandelt. Dazu kam dann noch zuerst die Pest, später der Petechialtyphus (Mal des armées), der durch

---

[1]) Höniger, Der Dreißigjährige Krieg und die deutsche Kultur. Preuß. Jahrb. 1909.

[2]) So für Bremen (1627) 10000, für Kolberg (1630) 3500, für Leipzig (1633) 8000, Straßburg (1833) 8000, Breslau (1633) 8000, Nürnberg (1634) 18000, Frankfurt a. M. (1625 bis 1646) 34600, Olmütz (1624) 14000, Goslar (1625) 3000, Hamburg (ein einziges Stadtviertel) 1628 4200 Tote. Lammert, Gesch. der Seuchen, Hungers- und Kriegsnot zur Zeit des Dreißigjährigen Krieges (1890).

die Choleramorbus — abgelöst wurde, die, von den abgezogenen Besatzungen hinterlassen, nun die noch übriggebliebene Bevölkerung ums Leben brachten. Und zu alledem als notwendige Folge (die Felder waren ja unbestellt, das Vieh hingeschlachtet) gesellte sich die Hungersnot mit allen ihren Greueln, Menschenfresserei nicht ausgenommen.[1])

Für einige Städte lassen sich genauere Angaben über die Folgen des Dreißigjährigen Krieges beibringen. Frankfurt a. M. war bis 1634 vom Kriege verschont worden, erst in diesem Jahre beginnt mit dem Einzug der Schweden, welche die Felder der Umgegend verheerten, eine furchtbare Leidenszeit. Hungersnot und Pest wüteten in Stadt und Land und vernichteten, was den verrotteten Truppen noch nicht zum Opfer gefallen war. Die Stadtbevölkerung war mindestens um ein Drittel zusammengeschrumpft. Während in Frankfurt 1618 2470 und 1629 2140 Steuerzahler vorhanden waren, war ihre Zahl 1648 auf 1450 zurückgegangen. Höchstbesteuerte zählte man 1618 125, 1629 140, 1648 dagegen nur 87. Noch lange nach Kriegsbeendigung hatte die Stadt unter den Folgen des Krieges zu leiden. Nur dank fortgesetztem Zuzug aus Köln, Worms, Frankental, Hanau, wie aus den Niederlanden waren die durch Tod und Auswanderung entstandenen Lücken in der Kaufmannschaft bald wieder ausgefüllt.[2]) In Freiburg i. Br. waren 1632 1765 Haushaltungen vorhanden, darunter 1590 von Zunftmitgliedern, 175 von Geistlichen und anderen Bürgern. 1650 betrug ihre Zahl nur noch 725 (615 bzw. 110), um nach zwei Jahrzehnten wieder auf 985 zu steigen, erreichte also etwas mehr als die Hälfte der von 1632.[3]) In Erfurt verzeichnete die Zählung von 1624 13884 Einwohner; dann machte sich ein starker Überschuß der Sterblichkeit bemerkbar, so daß die Bevölkerung abnahm. Erst 1681 wurde die Zahl von 15000 Einwohnern wieder erreicht.[4]) Für Bregenz erhält man auf Grund der Steuerrollen für 1620 435 Haushaltungen mit 1522 Einwohnern, während um 1648 bloß 300 Haushaltungen mit 975 Einwohnern verzeichnet sind; bis zum Ausgang des 17. Jahrhunderts waren die Zahlen von 1620 noch nicht wieder erreicht worden.[5]) Was die Wirkungen des Dreißigjährigen Krieges auf die wirtschaftliche Lage Gießens, die Beyhoff eingehend untersucht hat, betrifft, so waren dieselben zu Beginn des Krieges nur wenig zu spüren, während 1635 in der Stadt eine Typhusepidemie ausbrach, welche eine bedeutende Erhöhung der Sterblichkeit brachte. Erst seit 1640 hatte Gießen unmittelbar unter den Kriegsnöten zu leiden. Es wurden der Stadt große Lasten zum Unterhalte der hessischen Armee auferlegt, Heerscharen durchzogen sie und nahmen dort Quartier, plünderten sie und legten ihr Kontributionen auf. Im Laufe von wenigen Jahren kam die Stadt in Verfall. Der Wert des in den Steuer-

---

[1]) Roupnel, La ville et la campagne au XVII siècle. (1922), S. 24 ff., 27 ff., 32 ff., 37 ff., 42 ff., 53 ff., 61 ff.

[2]) Dietz, Frankfurter Handelsgeschichte II (1921), S. 45. IV, 1 (1925), S. 13.

[3]) Auer, Das Finanzwesen der Stadt Freiburg von 1648 bis 1806. B. I, S. 12 f.

[4]) Horn, Erfurts Stadtverfassung und Stadtwirtschaft (1904), S. 31.

[5]) Helbok, Bevölkerung der Stadt Bregenz am Bodensee (1912), S. 59f. u. Tab. II.

rollen aufgenommenen Vermögens war von 117000 Fl. 1632 auf 40000 1648 gesunken; 1617 betrug das ansehnlichste Vermögen 3000 Fl., 1648 nur noch 700 Fl. Eine 1648 vorgenommene Zählung ergab bloß 589 Haushaltungen. Beyhoff folgert daraus, daß Gießen damals nur noch 2700 Einwohner zählte, während deren Zahl 1617 3600 betragen hatte, demnach eine Verminderung um 25% stattgefunden hatte. Erst 1669 erreichte sie, wie aus einer abermaligen Volkszählung hervorgeht, dieselbe Höhe, wie vor dem Kriege, nämlich 3531 Haushaltungen. Die Bede brachte 1663 mehr ein als 1610 (1352 Fl. gegen 1300 Fl.), woraus ersichtlich ist, daß die Stadt sich verhältnismäßig rasch von den ausgestandenen Mißgeschicken erholt hatte.[1]

Die Abwanderung vom Lande nach den Städten war notwendig, da, wie gesagt, in letzteren die Sterblichkeitsziffer die Zahl der Geburten beständig überstieg.[2] Für manche Länder war die Heranziehung von Einwanderern eine Lebensfrage, wie sie andrerseits die Auswanderung ihrer eigenen Bewohner mit aller Macht verhindern mußten. In Baden, Sachsen, Österreich, Savoyen, Polen suchte der Staat mit allen Mitteln der Auswanderung der Untertanen entgegenzuwirken; es wurden Verträge über die gegenseitige Auslieferung der Ausgewanderten abgeschlossen. Freilich ließen die Resultate aller dieser Maßregeln viel zu wünschen übrig. Sehr streng wurden diese Verbote der gewerbetreibenden Bevölkerung gegenüber gehandhabt; handelte es sich doch in diesen Fällen darum, die Verbreitung neuer Erfindungen und neuer Gewerbezweige im Auslande zu verhindern. Daher wurde 1698 in Belgien den Spitzenarbeiterinnen die Abwanderung untersagt. Das gleiche galt in Österreich für die böhmischen Glaser und für die Strumpfwirker in Preußen unter Friedrich d. Gr. Wenn die Ausgewanderten dem an sie ergangenen Befehl zur Rückkehr nicht Folge leisteten, so wurden (dieses Mittel wurde besonders in Venedig angewandt) Leute ausgesandt mit dem Auftrage, den Meister, der seine Kunstfertigkeit fremden Ländern preisgegeben hatte, aus der Welt zu schaffen, was am häufigsten durch Vergiftung ausgeführt wurde. Der bloße Verdacht, dieser oder jener Meister beabsichtige auszuwandern, genügte, um von ihm die Hinterlegung einer Geldsumme zu verlangen. Diese Bestimmung war in England in der Woll- wie in der Metallindustrie vorhanden, vom Jahre 1750 an wurde sie auf alle Gewerbezweige ausgedehnt. Den Agenten, die englische Meister zur Auswanderung zu verlocken suchten, drohte eine Gefängnisstrafe von 15 Monaten sowie eine Geldbuße von 300 Pfd. Sterl.[3]

---

[1] Beyhoff, Stadt und Festung Gießen im Zeitalter des Dreißigjährigen Krieges. Bd. I (1915).

[2] So z. B. überstieg in Danzig in der Periode von 1601 bis 1750 die Zahl der Sterbefälle diejenige der Geburten um 82500. In Paris kamen 1670 bis 1684 auf 18000 Geburten 20000 Sterbefälle.

[3] S. meinen Artikel, Die Ursachen des Übergangs von der Handarbeit zur maschinellen Betriebsweise (Schmollers Jahrb. 1906). S. 73 f. S. unten, Kap. 17. Vgl. I S. 173.

Dessenungeachtet wanderten während des 16.—18. Jahrh. zahlreiche Gewerbetreibende aus verschiedenen Ländern Europas in andere aus. Man könnte beinahe von einer gewerblichen Völkerwanderung sprechen. Infolge dieser Wanderungen fanden neue, bisher unbekannte Industriezweige überall Verbreitung. Im 16. Jahrhundert wanderten die von Königin Maria verfolgten englischen Protestanten, die aus Spanien vertriebenen Juden, die unter der Schreckensherrschaft Albas bedrängten Holländer, die Italiener aus Locarno aus ihrer Heimat aus. Die Italiener verpflanzten die Seidenindustrie und die Spiegelfabrikation, die Flamländer ihre kunstreiche Spitzenerzeugung nach Frankreich. In Deutschland flößten die Niederländer und die Juden dem Handel neues Leben ein (Frankfurter und Leipziger Messen). Auch später siedelten Brabanter und Wallonen, Juden, Italiener nach Nürnberg und Köln, nach Aachen, Straßburg und Basel, insbesonders aber nach Frankfurt a. M. über.[1]) In der zweiten Hälfte des 17. Jahrhunderts, nach der Aufhebung des Edikts von Nantes, begann die Auswanderung der Hugenotten aus Frankreich. Gegen 50000 Familien, die zusammen 290000 bis 300000 Personen zählten, verließen ihre Heimat, um in die Niederlande, wo man 1687 bereits an 75000 Franzosen zählte, nach Preußen (1720 waren ihrer dort 17000 angesiedelt), nach Österreich, den Rheinlanden, nach England (London zählte Ende des 17. Jahrhunderts gegen 60000 Hugenotten), in die Schweiz auszuwandern. Alle diese Länder erhielten durch die Hugenotten neue Gewerbezweige: die Erzeugung von Glas, Seife, Seidenstoffen, feinen Tuch- und Ledersorten, Uhren, Bändern (vermittelst des neuen Bandstuhles), auch der neue Strumpfwirkerstuhl stammte von ihnen her.

In Frankreich hingegen verfiel infolge der Auswanderung der gewerbetreibenden Bevölkerung der Handel von Lyon und Marseille, die Papierfabrikation des Limousin und der Provence. Die Hutmacherei der Normandie, deren Erzeugnisse früher nicht bloß nach Paris, sondern auch nach England und Holland ausgeführt wurden, ging vollständig ein, da die Arbeiter ins Ausland abgewandert waren.[2]) In Reims stand die Hälfte der Webstühle ohne Beschäftigung, aus Nîmes flohen die Seidenweber nach verschiedenen Richtungen; während die einen sich in Avignon ansiedelten, begaben sich andere nach Amsterdam, wohin sie die Seidenbandproduktion, in der sich Nimes hervorgetan hatte, verpflanzten, manche wiederum nach London, wo sie eine eigene Gilde bildeten; auch in Lausanne waren die Seidenarbeiter sämtlich ehemalige Bürger von Nimes.[3]) Ein harter Schlag war die Aufhebung des Edikts von Nantes auch für die französische Spitzenindustrie, die vornehmlich von Protestanten betrieben worden war. Der wichtigste Standort derselben, Alençon, verlor seine besten Industriellen und Arbeiter, die die Geheimnisse nach dem Norden brachten, die Lyoner Spitzenarbeiter wan-

[1]) Dietz, Frankfurter Handelsgeschichte II, S. 13, IV, 1, S. 239.
[2]) Sion, Les paysans de la Normandie Orientale (1909), S. 167.
[3]) Dutil, L'industrie de la soie à Nîmes. Rev. d'hist. mod. X, S. 321.

derten nach Genf aus und begründeten dort die neue Industrie. Während Colbert die französische Spitzenindustrie geschaffen hatte, wurde Frankreich nun wiederum vom Auslande, insbesonders von den Niederlanden abhängig.

Italiener waren es, die die französische Industrie, die sich durch die Schönheit ihrer Erzeugnisse und erlesenen Geschmack auszeichnete, ins Leben gerufen hatte, Hugenotten hatte die preußische und schweizerische Industrie ihre Blüte zu verdanken. In der Entstehung und Entwicklung der englischen Tuchindustrie, deren Produkte in ganz Europa berühmt waren, gebührte Holländern und Flamländern eine hervorragende Stellung. Vom 11. bis ins 18. Jahrhundert hinein hatten Einwanderungen derselben in England stattgefunden; sie waren es, die England sowohl die ersten Kenntnisse in der Erzeugung von Wollstoffen vermittelten, als auch die Herstellung der „New draperies" — feiner, mit Seide und Flachs vermischter Gewebe, die sich durch Farbenreichtum und schöne Muster auszeichneten — eingeführt hatten. Es waren dies sowohl feine Stoffe, die für die englische bessere Gesellschaft bestimmt waren, als leichte Gewebe, die nach den tropischen Ländern ausgeführt wurden. Auf allen Gebieten, in Seefahrt und Schiffbau, im Bank- und Börsenwesen, im Anbau von Futterkräutern, ja in der Erzeugung von Baumwollstoffen, welche im 19. Jahrhundert die Grundlage von Englands Großindustrie schaffen sollten, waren die niederländischen Einwanderer die Lehrmeister der Engländer gewesen. Die blühende schweizerische Industrie des 17. und 18. Jahrh. rührte fast ganz von eingewanderten Fremden her, und zwar war die Zürcher Seidenindustrie von den Protestanten aus Locarno geschaffen worden, während alle anderen so wichtigen Industriezweige von den nach der Aufhebung des Edikts von Nantes eingewanderten Hugenotten herrührten, so die Baseler Bandweberei und die Neuenburger Wirkerei, so auch die berühmte Genfer Uhrenindustrie, die im ganzen Lande verbreitete Baumwollspinnerei und -weberei und die neu aufgekommene Zeugdruckerei.

Nach Holland — damals „La grande arche des fugitifs" genannt — flüchteten vor den Greueltaten der Spanier im 16. Jahrhundert Wallonen, Flamländer, Brabanter. Die Juden hatten bereits seit ihrer Vertreibung aus Spanien in Holland Unterkunft gefunden, viele Deutsche suchten hier während des Dreißigjährigen Krieges Zuflucht. Unter Maria Tudore waren 30000 englische Protestanten aus England nach Holland abgewandert. Dasselbe taten die französischen Protestanten, deren Zahl in Holland gegen Ende des 17. Jahrhunderts auf 55000 bis 75000 geschätzt wurde und die über 20 neue Gewerbezweige einbürgerten. In London zählte man 1568 6704 Ausländer, darunter 5225 Holländer, in Norwich lebten 1571 3925 Holländer und Wallonen, 1587 bildeten dieselben die Mehrzahl der Bevölkerung. Holländer hatten in England die Glasfabrikation begründet (an Anthony Been und John Care war für 21 Jahre ein Privileg erteilt worden, „um Glas nach Art des französischen, burgundischen und holländischen zu machen"). Durch sie

---

[1]) Laprade, Le poinct de France et les centres dentelliers au XVII et XVIII siècle. (1905), S. 244 f.

[2]) Rappard, La révol. industr. etc. en Suisse. S. 54, 75, 88, 92, 96, 105.

war die Erzeugung von Eisendraht (1662), die Scharlachweberei, die Fabrikation von Pendeluhren (Dutch clocks) eingeführt, das Färben der Wollstoffe (durch den Flämen Bauer) gefördert und auch der Grund zur Messerindustrie Sheffields gelegt worden.[1])

Nach Preußen waren von 1685 bis 1805, vor allem unter der toleranten Regierung Friedrichs d. Gr., gegen 350000 Kolonisten eingewandert. Es waren dies die vor den Religionsverfolgungen geflüchteten Protestanten aus der Pfalz (7000 in den Jahren 1680 bis 1690), dem Erzbistum Salzburg (20000 im Jahre 1732), aus der Schweiz (6700), aus Böhmen, aus Württemberg, vor allem aber französische Hugenotten (gegen 20000). In Preußen wurde die Ansiedlung der Flüchtlinge planmäßig in Angriff genommen, sie erhielten Zuschüsse für die Reise an ihren neuen Wohnort und für die Begründung ihres Hauswesens. Für die Dauer von 2 bis 15 Jahren wurden sie von Abgaben und Steuern eximiert; von besonderer Bedeutung aber war die Vergebung von Land an die Einwanderer, deren Mehrzahl aus Bauern bestand. Die Hugenotten hingegen, fast ausschließlich Gewerbetreibende, ließen sich in den Städten nieder, wo sie die in der Heimat betriebenen Gewerbezweige einführten. Die eingewanderten Bauern waren teils in Schlesien auf gutsherrlichem Boden angesiedelt worden, wobei dem Gutsherrn je 150 Taler für jede neubegründete Bauernstelle ausgezahlt wurden; in besonders großer Anzahl jedoch wurden sie nach den Domanialgütern der Kurmark versetzt. Auch in Ostpreußen wurden an sie zahlreiche brachliegende oder neu urbar gemachte Ländereien ausgeteilt. Nach Behaim-Schwarzbach bestand gegen Ende der Regierungszeit Friedrichs d. Gr. die Bevölkerung fast zu einem Drittel, was ungefähr 1 Mill. Menschen gleichkam, aus Einwanderern, welche sich von der Regierungszeit des Großen Kurfürsten an in Preußen angesiedelt hatten, und deren Nachkommen. Davon entfielen ca. 400000 (285000 waren eingewandert) auf die Regierungszeit Friedrichs d. Gr. Zu derselben Zeit vollzog sich eine Abwanderung von Deutschen nach Ungarn (1712 waren ca. 14000, 1763 bis 1776 gegen 80000 dorthin abgewandert), sowie nach Polen (Provinz Posen).[2])

Andrerseits wanderten Franzosen, Holländer, vor allem aber Engländer nach Amerika aus. Nach den Berechnungen von Levasseur zählte Amerika zu Ende des 18. Jahrhunderts gegen 9 Mill. Einwohner europäischer Abstammung. Davon entfielen 6,7 Mill. auf Nordamerika (4½ davon auf die Vereinigten Staaten), 2,7 Mill. auf Südamerika, und zwar lebten 1,7 Mill. in den spanischen Besitzungen und ca. 1 Mill. in Brasilien.

In einem Briefe an Voltaire (1741) spricht Friedrich d. Gr. von den Menschen als von einer „Heerde von Hirschen, welche im Wildparke eines großen Herrn weidet, um sich zu mehren und den Park zu füllen".[3]) „Gleich wie eine Schwalbe

---

[1]) Sombart, Der Bourgeois. S. 38 ff. Campbell, The Puritans. I, S. 269, 489. Cunningham, Alien Immigrants. S. 178 ff., 212 f. Weiß, Histoire des Réfugiés II, S. 135.

[2]) Vgl. Schmoller, Umrisse u. Untersuch., Gehre, Stadelmann I, II.

[3]) Voltaire, Oeuvres. Vol. XXII, S. 80.

keinen Sommer macht — sagt Becher —, also macht auch ein Mensch keine Gemein. Je volkreicher eine Stadt ist, je mächtiger ist sie auch." Es können „weder der Landesfürst, Städte und Länder consyderabel seyn, wenn sie arm von Volk seyen, denn sie können sich nicht defendieren aus Mangel an Menschen".[1]) Bei dem Vorherrschen solcher Ansichten darf es nicht wundernehmen, wenn neben Maßregeln, die die Einwanderung von Ausländern durch die Verleihung verschiedener Vergünstigungen zu fördern, die Abwanderung der Landesbewohner hingegen durch Androhung schwerer Strafen, sogar der Todesstrafe, zu hindern suchten, ein energischer Kampf gegen die Ehelosigkeit geführt wurde. Den Hagestolzen war der Zutritt zu verschiedenen öffentlichen Ämtern untersagt, es wurde ihnen zuweilen verboten, ein Handwerk zu betreiben, es sei denn, daß sie eine besondere Erlaubnis dazu erhielten.[2]) Es finden sich besondere Hagestolzensteuern, so in Thüringen für alle unverheirateten Männer und Frauen aller Stände im Alter von über 25 Jahren; frühe Ehen (vor 20 Jahren) wurden durch Abgabenfreiheit auf eine Anzahl von Jahren, kinderreiche Familien (10 bis 12 Kinder) durch Prämien begünstigt. Ja, in krassem Widerspruch zu den Anschauungen jener Zeit wurden zur Vorbeugung von Kindesmord und Fruchtabtreibung die Strafen gegen außerehelichen Geburten erlassen (Edikte Friedrichs d. Gr. von 1746 und 1756).

Über die Belohnungen, die für Eheschließung und Kinderzeugung gesetzt wurde, bemerkt Filangieri, man habe jene Hemmnisse nicht beseitigt, welche den größten Teil der Männer zurückhielten, Weiber zu nehmen und Kinder zu zeugen. Das sei ebenso, als wenn man den Erdboden begieße, ihn aber nicht besäen wolle. „Wo wir mit einer Hand die Menschen unterdrücken und erniedrigen, ist es umsonst, gleich Octavius in der anderen Hand den Köder zur Ehe oder die Peitsche für die Unfruchtbaren zu halten. Es ist umsonst, neue Einwohner aus dem Ausland herbeizuziehen, solange jene, welche wir bereits haben, ihres Besitzes nicht in Sicherheit froh werden und nicht allein vor der Aussicht auf eine zahlreiche Familie zittern, sondern sogar vor derjenigen auf einen ungewissen und zweifelhaften Unterhalt für sich selbst." Das heißt „Gift verabreichen, wo man auf ein Heilmittel sann, und die Lebensprinzipien schwächen und hemmen, indem man sich bemüht, durch die äußere Anwendung von Hautsalben die Blüte eines zerstörten und siechen Leibes wieder herzustellen". Nichtsdestoweniger wurden in Frankreich noch unter Napoleon aus der Staatskasse an Familienväter anläßlich der Geburt des siebenten Kindes Prämien ausgezahlt, in Deutschland war dies noch später Sitte.

Dieselben Maßnahmen wurden auch in Amerika angewandt; jedoch war die Art und Weise ihrer Durchführung in der Neuen Welt, welche keine Tradition besaß, nicht mit den Sitten und Gepflogenheiten von Jahrhunderten zu rechnen hatten, eine weit schroffere. Im 17. und 18. Jahrhundert galt es, die neuerworbenen Gebiete rasch und dauernd zu besiedeln, falls ihr Besitz gesichert sein sollte. Die Franzosen sandten aus Europa ganze Ladungen von Mädchen nach Kanada und gingen beinahe soweit, die Junggesellen mit Gewalt zum Heiraten zu zwingen. Jedoch brachten diese Maßnahmen wenig Erfolg. Auf dem von ihnen okkupierten ausgedehnten Gebiet Nordamerikas (dem heutigen Kanada und den angrenzenden Landstrichen) war die Zahl der Ansiedler verschwindend gering. Sie betrug 1642, d. i. 34 Jahre nach der Gründung der Stadt Quebeck, nur etwas über 200, während New-England 24000 Einwohner zählte. Sogar 1668 überstieg die Zahl der Franzosen keine 6000. Dagegen besaßen die englischen Kolonien, die später von der Metropole abfielen und die Vereinigten Staaten bildeten, 1688 180000, nach anderen Angaben sogar 200000 Einwohner. Um die Mitte des 18. Jahrhunderts schätzte Winsor die weiße Bevölkerung der französischen Kolonien Nordamerikas auf 90000, der englischen

---

[1]) Elster, Bevölkerungslehre und Bevölkerungspolitik (Hdw. d. Staatswiss. 3. Aufl., B. II).

[2]) Vgl. v. Brunneck, Zur Gesch. des Hagestolzenrechts. Z. f. Rechtsgesch. G. A. 35.

hingegen auf $1^1/_5$ bis $1^1/_3$ Mill. Ja, er meinte, auch die Zahl von $1\frac{1}{2}$ Mill. würde nicht zu hoch gegriffen sein. Es ist daher nicht zu verwundern, wenn unter diesen Umständen die Franzosen ihre Kolonien nicht zu behaupten vermochten und aus Nordamerika gänzlich verdrängt wurden.[1][2]

Kapitel 2.

Die Konsumtion.

Aus Mangel an Tatsachenmaterial ist es schwer zu sagen, inwieweit der Konsum von Nahrungsmitteln überhaupt, der Fleischverbrauch insbesondere in dieser Periode Veränderungen aufwies. Macaulay weist darauf hin, daß noch gegen Ende des 17. Jahrhunderts die Bevölkerung notgedrungen, da es zu schwer war, das Vieh im Winter durchzufüttern, dasselbe massenhaft schlachtete und das Fleisch einpökelte. Sogar die Gentry gebrauchte viele Monate lang kein frisches Fleisch, außer Wildbret. Zur Regierungszeit Heinrichs VII. wurde frisches Fleisch nur im Laufe von 2 bis 3 Monaten im Jahre genossen; unter Karl II wurde es im November eingepökelt. Macaulay berichtet ferner, daß das Brot von sehr schlechter Beschaffenheit war; gegen Ende des 17. Jahrhunderts genossen Pächter und Kaufleute Brot von derartiger Qualität, daß sein Anblick allein im 19. Jahrhundert in einem englischen Arbeitshause eine Meuterei hervorgerufen haben würde.[3])

Mehr Angaben sind über den Konsum von Getränken erhalten. Über den Verbrauch von Wein, Bier, Branntwein, über die Trunksucht finden sich bei den Zeitgenossen interessante Berichte. „Wir Deutsche vertrinken unsere Habe, unser leibliches und selbst unser himmlisches Wohl", so drückte sich Melanchton aus. Zweifelhaft ist es jedoch, ob die Reformatoren selbst durch Abstinenz glänzten. „Merry old England" stand in dieser Beziehung Deutschland nicht nach. An den Tavernen waren Schilder angebracht, welche die Vorübergehenden zum Trinken einladen sollten, wobei ihnen die lockende Aussicht geboten wurde, für die bescheidene Summe von 2 Penny nicht nur Getränke genug zu erhalten, um sich vollständig zu betrinken, sondern auch Stroh, um ihren Rausch auszuschlafen. Es waren in der Tat in den Schenken besondere Räume vorhanden, wo die Wirte ihre berauschten Gäste unterbrachten. Karl V. pflegte zu sagen, der deutsche Soldat sei ein Trunkenbold, der spanische ein Dieb. Doch auch in den höchsten Kreisen der Gesellschaft sah es nicht besser aus. Sowohl Ludwig XIV., als auch der Regent Philipp v. Orleans pflegten sich oftmals zu betrinken. Beim Schluß des Mahles mußten die Gäste gewöhnlich fortgetragen werden, da sie nicht mehr gehen konnten. Pöllnitz berichtet von einem Besuch bei dem Bischof von Würzburg und zollt den Weinkellern des Domkapitels, „dem Arsenal des Bacchus", höchstes Lob. 1529 erschien ein Buch, welches einen Lobgesang auf den Branntwein enthielt — ursprünglich ein Arzneimittel, wurde es später als berauschendes Getränk gebraucht. Noch im 17. Jahrhundert wurde von Ärzten die Frage aufgeworfen und ernsthaft erörtert, ob es nicht vielleicht der Gesundheit zuträglich wäre, sich von Zeit zu Zeit zu betrinken

---

[1]) Supan, Die territoriale Entwicklung d. europ. Kolonien, S. 67, 95 f., 124.

[2]) Elster, Bevölkerungswesen (Bevölkerungslehre und Bevölkerungspolitik. Handw. der Staatswiss. 3. Aufl. Vgl. Fergusson, The history of civil society. Voltaire, Siècle de Louis XIV. Forbonnais, Recherches et Considérations sur les finances de France. 1758. I, S. 391. II, S. 351.

[3]) Macaulay, History Bd. I, Kap. 3.

(Aufgaben der Pariser medizinischen Fakultät in den Jahren 1643, 1658, 1665: An singulis mensibus repetita semel ebrietas salubris? An curandae quartanae conveniat ebrietas?). Manche Ärzte fanden es für den menschlichen Organismus sehr ratsam, sich ein bis zweimal monatlich zu betrinken, „um die Magensäfte zu stärken“.[1])

Eine größere Verbreitung finden die im Mittelalter so teueren und seltenen Gewürze und Spezereien, wie Pfeffer, Muskatnuß, Muskatblüte, Zimt, Gewürznelken, die nunmehr, nach der Entdeckung des Seeweges nach Indien, wohlfeiler und zugänglicher geworden waren. Sie wurden auch außerhalb Indiens, insbesondere auf den Antillen, angepflanzt. Infolge der Ausbreitung der Rohrzuckerkultur fand auch der Verbrauch von Zucker, der im Abendlande schon seit der Zeit der Kreuzzüge bekannt war, jedoch bis zum 15. Jahrhundert nur wenig konsumiert wurde (bis dahin vertrat seine Stelle der Honig), jetzt mehr Verbreitung.[2]) Daneben kamen neueingeführte Gewürze (Kolonialwaren) auf — Kaffee, Tee, Kakao.

In den höheren Kreisen wurde der Genuß des Zuckers oft soweit getrieben, daß alle Arten Früchte und Gewürze kandiert, aus Zucker allerhand Figuren, kunstvolle Nachbildungen von Vögeln, Tieren, Schlössern und Schiffen gegossen, Zucker überall zugesetzt wurde, ob es sich um Wein, Wasser, Fleisch oder Fischspeisen handelte.

Der Kaffee[3]) als Getränk scheint im Orient erst Mitte des 15. Jahrhunderts aufgekommen zu sein (die afrikanischen Stämme aßen die gerösteten Bohnen), er gelangte um diese Zeit nach Arabien und Syrien und um die Mitte des 16. Jahrhunderts wurde das erste Kaffeehaus in Konstantinopel eröffnet. Die europäischen Kaufleute, welche aus der Levante zurückkehrten, berichteten, es gäbe bei Türken und Arabern ein Getränk, Caova, Cahua oder Copha genannt, das ihnen den vom Koran verpönten Weingenuß zu ersetzen habe und wie in Europa Wein in Tavernen getrunken würde, nur tranken sie ihn nicht während des Mahles, sondern nach demselben. Die Kaufleute behaupteten, Kaffee stärke den Magen und verjage den Trübsinn, sei jedoch besonders notwendig für jene, die nachts aufbleiben, denn er verscheuche den Schlummer. Schon 1580 brachten die Venetianer den Kaffee nach Italien, 1640—1660 erscheint er in England und Frankreich, zuerst in Marseille, wohin die Kaffeebohnen wohl von französischen Kaufleuten, die den Levantehandel betrieben und sich dort an den Kaffeegenuß gewöhnt hatten, eingeführt worden waren. 1670 wurde die an den Hof Ludwigs XIV. von Sultan Mahomed IV. abgeschickte Gesandtschaft von dem König mit Kaffee bewirtet, und daraufhin kam der Kaffee am Hofe in Aufnahme. Kaffeebohnen kamen pfundweise in Paris, London, Amsterdam in den Handel (in Frankfurt a. M. seit 1680—1690), sie wurden zur Herstellung von Konfekt und Likören verwandt. Die Ärzte waren anfangs gegen den Genuß desselben eingenommen, nach ihrer Ansicht würde der Kaffeegenuß für die Konsumenten „zu einer furchtbaren Leiden-

---

[1]) Baer, Der Alkoholismus. 1878. Franklin, La vie privée d'autrefois. Les repas. S. 121 ff., 175 ff. Alwin Schulz, S. 181 ff., 319, 324 f. Gruber, Geschichtliches über den Alkoholismus. 1910. Schulze, Gesch. des Weins und der Trinkgelage. 1866.

[2]) Kriegk, Deutsch. Bürgert. 390, 573 (A. 363). Bothe, Entwickl. d. direkten Besteuer. in der Reichsstadt Frankfurt, S. 101. Schulte, Mittelalterl. Hand. u. Verk. I, S. 111. Dietz, Frankf. Handelsgesch. II, (1921), S. 143.

[3]) Das Wort Kaffee wurde früher von der Landschaft Kaffa in Abessinien abgeleitet, während man es jetzt vom arab. gahwa, eigentlich Wein, dann aus Beeren gekochter Trank ableitet. (Dietz, Etymolog. Wörterb. der roman. Sprachen. 5. A. 1887. S. 76.)

schaft, einer tyrannischen Gewohnheit". Sie behaupteten, Kaffee verkürze das Leben, Colbert hätte sich den Magen damit verbrannt, da er gezwungen gewesen wäre, viel Kaffee zu trinken, um sich bei seiner angestrengten nächtlichen Arbeit wachzuerhalten. Auch in Deutschland, wo im 19. Jahrhundert am meisten Kaffee verbraucht wurde, zählte derselbe noch um die Mitte des 18. Jahrhunderts viele Gegner. Sie wiesen auf das traurige Beispiel von Paris hin, wo die Familien in der dritten Generation ausstürben und meinten, dieses sei nur durch den übermäßigen Kaffeegenuß zu erklären. Es wurde berechnet, daß in Westfalen durchschnittlich jährlich 5 Taler pro Familie für Kaffee, Zucker und Tee verausgabt würden, d. i. insgesamt 150000 Taler aus dem Lande flössen, eine Summe, die zur Ausstattung von 150 armen Bräuten genügt hätte, wie eine ehrsame Jungfrau Justus Möser gegenüber sich bitter beklagte. Friedrich d. Gr., der bei Biersuppen aufgezogen worden war, war ein Gegner des Kaffees. Biersuppen, meinte er, seien viel gesünder. Derselben Ansicht war auch Elisabeth von Orléans (Liselotte von der Pfalz). Sie verglich Kaffee mit Ruß und gebrannten Feigen, Tee mit Heu, Schokolade war für ihren Geschmack zu süß. Allen diesen Delikatessen zog auch sie Sauerkraut und Biersuppen vor. In manchen Städten Deutschlands war Kaffee verboten, Kaffeegeschirr wurde bei den Bürgern beschlagnahmt, die Eintreibung der bei Kaffeegeschäften eingegangenen Schulden wurde verweigert. Auch in England war der Kaffee Verfolgungen ausgesetzt. Die Geistlichkeit vor allem war dem „türkischen Getränke" feindlich gesinnt. Aber alle diese Bemühungen blieben erfolglos. Der Kaffeeverbrauch wuchs stetig, um so mehr, da er auch unter den Ärzten („im Interesse der leidenden Menschheit und der holländischen Kaufleute") Anhänger zu finden begann, die die Ansicht verfochten, der Genuß von Kaffee sei für die geistige Arbeit überaus anregend. Ein Pariser Arzt vertrat 1718 vor der medizinischen Fakultät den Grundsatz, Kaffee beseitige die durch übermäßigen Weingenuß verursachte Trunkenheit. In Kantaten und Gedichten wie „Chanson sur le café" (1711), „Le Café" im „Voyage de Parnasse", „Caffeum" (1715) wurde der Kaffee verherrlicht.[1])

Die ersten Nachrichten über den Tee[2]) gelangten nach Europa um die Mitte des 17. Jahrhunderts. Es wurde berichtet, daß die Japaner aus einem Kraute, chia oder chaa genannt, ein Getränk bereiteten, das der Gesundheit zuträglich sei und ein langes Leben sichere. Holländische Kaufleute, die den Tee von ihren Reisen nach China, Japan oder Siam her kannten, führten denselben in Europa ein. Später begann die niederländische ostindische Kompagnie den Tee aus Macao nach Europa einzuführen. Dem Tee rühmte man nach, daß er die Verdauung fördere und den Liebhabern geistiger Getränke neue Kräfte für ihre Trinkgelage zuführe. Oft war es allerdings die ostindische Kompagnie, auf deren Veranlassung und Kosten diese Dithyramben auf den Tee verfaßt wurden, um dessen Absatz zu erweitern. Der Tee wird hier eine „göttliche" Pflanze genannt, mit Ambrosia verglichen, es wurde angeraten, bis 40—50 Tassen täglich davon zu genießen. Ein in Hamburg ansässiger holländischer Arzt, der, in der Absicht, seinen Patienten den Genuß geistiger Getränke zu entziehen, ihnen große Quantitäten Tee verordnete, wurde ebenfalls der Bestechung von seiten der Teehändler verdächtigt. Um die Mitte des 17. Jahrhunderts konsumierte man bereits Tee in Holland, London, Lyon, Paris, den italienischen Städten, doch war derselbe recht teuer, und nur die oberen Klassen konnten sich diesen Luxus leisten. 1766 wurde aus China 17½ Mill. Pfd. Tee exportiert, davon 6 Mill. von Engländern und 4 Mill. von Holländern.[3])

---

[1]) Franklin, Le café, le thé et le chocolat. S. 1 ff., 76 ff. Justus Möser, Patriotische Phantasien. I[4], S. 19, 118 ff. Dietz, Frankfurter Handelsgesch. IV, 1, (1925), S. 205. Seiler, Deutsche Kultur etc. III, 1. 2. Aufl. S. 129. Vgl. unten, Kap. 17.

[2]) Das Wort, zuerst niederländ. thee, stammt aus dem Südchinesischen, während es in Nordchina tschâ heißt, dhr. russ. tschai (Seiler, S. 129 f.).

[3]) Franklin, 109 ff. Vgl. unten, Kap, 17.

Der Kakao ist ein Geschenk Amerikas. Die Kakaobohnen (mexikanisch kakahuat), die 1528 aus Mexiko nach Europa gebracht worden waren, dienten dort bis zur Mitte des 19. Jahrhunderts als Münze. Den Namen Schokolade (mexikanisch chocolatl von choco = Kakao, latl = Wasser) führte dort ein Gemisch aus Kakao, Mais, Pfeffer und anderen Gewürzen. Obwohl die Europäer anfangs geringschätzig meinten, dieses Getränk sei mehr für Schweine als für Menschen geeignet, begann die Schokolade schon um die Mitte des 16. Jahrhunderts in Spanien in Aufnahme zu kommen, wo freilich eine neue Art ihrer Bereitung eingeführt worden war: Dem Kakao wurde anstatt Pfeffer Vanille oder Zimt, Honig oder Zucker beigemischt. Sie bildete anfangs ein Geheimnis Spaniens, kam aber dann nach Italien und gegen Mitte des 17. Jahrhunderts ließen in Frankreich der Kardinal Mazarin und der Marschall Grammont aus Italien zwei kunstreiche Köche kommen, die speziell in der Bereitung von Tee, Kaffee und Schokolade bewandert waren. Die Schokolade hatte bei ihrem Aufkommen keinen solchen Kampf zu bestehen gehabt, wie dies bei dem Kaffee der Fall gewesen. Sie wurde als Heilmittel geschätzt bei Rheumatismus, Halsschmerzen, Schlaflosigkeit, Dysenterie, Cholera, Koliken empfohlen. Zwar verhielten verschiedene Ärzte sich ihr ablehnend gegenüber, indem sie behaupteten, Schokolade sei unverdaulich, nur für Indianermagen geeignet. Die Geistlichkeit dagegen begünstigte ihren Genuß, indem sie denselben an Fasttagen gestattete. „Heutzutage — lesen wir bei Héquet 1709 — wird die Schokolade als Königin aller Getränke betrachtet, als ein göttlicher Trank.“ Bald wurde ihr Konsum zur Mode, welche sich bei der vornehmen Welt fest einbürgerte. „Dank seinen Eigenschaften übertrifft sie den Tee der Chinesen und den Kaffee der Perser und Türken“ (Oexmelin, 1764).[1])

Aus Amerika war auch — zuerst durch Christobal Kolumbus — der Tabak gebracht worden. Gleich anderen Erzeugnissen der Kolonien wurde auch er zunächst als Arzneimittel angewandt, dem man eine besondere Heilkraft beilegte. Bereits im 16. Jahrhundert in Spanien, dann in Frankreich begann man die aus Amerika eingeführten Tabaksamen erst als Zierpflanze in Gärten zu ziehen, dann, nachdem seine berauschenden Eigenschaften bekannt geworden waren (durch den Arzt Jean Nicot, daher Nikotin), ging man zum Tabakgenuß (zuerst zum Schnupfen, dann zum Rauchen mit Pfeifen, auch zum Kauen) über. Bereits zu Beginn des 17. Jahrhunderts „wurde in der Alten Welt von Lissabon bis Peking und von Island bis an das Kap der Guten Hoffnung geraucht und geschnupft“. Die Matrosen, die Amerikareisen mitgemacht hatten, brachten diese Sitte in Aufnahme. 1685 kamen in England die „tabakhouses“ auf, und diese „übelriechende, gotteslästernde Pflanze“ begann sich nicht bloß bei der vornehmen Welt, sondern auch in weiteren Kreisen einzubürgern. Die englischen Geistlichen erklärten den Tabak für gesundheitsschädlich, predigten über seine ungünstige Wirkung auf die geistigen Eigenschaften des Menschen. In Deutschland behaupteten die Theologen, die Tabakkonsumenten gingen ihres Seelenheils verlustig, er sei ein Werk des Teufels. Nach dem Gebote „Du sollst nicht ehebrechen“ kam ein neues „Du sollst keinen Tabak gebrauchen“. Jakob I. von England schrieb zwei Traktate gegen den Tabakgebrauch, die Tabakraucher und -schnupfer wurden in London auf den Straßen mißhandelt. Die Adeligen, welche dieser Todsünde überführt worden waren, sollten aus London verwiesen werden. In der Schweiz wurden die Raucher an den Pranger gestellt. Doch die strengen Tabakverbote richteten nicht viel aus. Man mußte sie bald mildern und suchte statt dessen den Tabakkonsum fiskalisch auszubeuten. Es wurden Tabakmonopole eingeführt, zuerst als prohibitive Maßregeln, bald als rein fiskalische, als eine Art der Besteuerung.

Bereits im 17. Jahrhundert erscheint eine Reihe von Schriften über die neu aufgekommenen Getränke, so die von Colmenero 1631 und von Dupont 1661 über Schokolade, von Dufour 1671 und 1685 und Blegny 1687 über Kaffee, Tee und

---

[1]) Seiler III, 1, S. 130. Franklin, S. 156 ff. Bondois, Le monopole du chocolat (Mém. et docum., publ. par Hayem. VII. 1922. 171 ff., 180 ff., 189).

Schokolade. Besonders starke Verbreitung erfuhr sowohl Tee und Kaffee, als auch Tabak (selbst in Norwegen tranken die Kaufleute seit Ende des 17. Jahrhunderts Kaffee und rauchten ihre Pfeife) durch die gegen Mitte des 17. Jahrhunderts in England, Frankreich, Holland aufgekommenen Kaffeehäuser. Dieselben scheinen aus der Levante herübergenommen worden zu sein, wo die Männer in Kaffeehäusern viele Stunden täglich verbrachten. 1652 wurde in London das erste Kaffeehaus gegründet[1], und bald darauf wurden sie dort zu einer Einrichtung, die London vor allen anderen Städten auszeichnete. Sie wurden zum zweiten Heim für den Londoner. Suchte man jemand von Bekannten, so fragte man nicht nach der Straße, wo dieser oder jener wohne, sondern danach, ob er das „griechische Kaffeehaus" oder den „Regenbogen" besuche. Jeder Stand und Beruf, jede religiöse und politische Richtung hatte ihr Kaffeehaus, wo wichtige politische und literarische Fragen erörtert wurden, wo bekannte Redner auftraten, die neuesten Nachrichten, welche die Zeitungen ersetzten, von Hand zu Hand liefen, wo ärztliche Konsultationen gegeben und Handelsgeschäfte abgeschlossen wurden. Fremde, die nach London kamen, staunten darüber, wie Leute aus freien Stücken ihr Heim verlassen, um Stunden in schwülen, von Tabaksqualm erfüllten Räumen zuzubringen, wo eifrig geraucht und geschnupft wurde. Die Regierung, welche die Kaffeehäuser mit argwöhnischem Auge betrachtete, suchte sie anfangs zu bekämpfen, jedoch war sie bald gezwungen, auf die gegen dieselben ergriffenen Maßregeln zu verzichten. Zu Ende des 17. Jahrhunderts zählte man in London nach den Angaben von Zetzner über 1000 Kaffeehäuser, Kaffee wurde mit und ohne Zucker verschenkt, zugleich auch eine Pfeife gereicht, auch Schokolade war zu haben.[2])

Die Pariser Polizei war den Kaffeehäusern, die nachts offen waren, ebenfalls feindlich gesinnt. In der Ordonnanz von 1695 wurde ausgeführt, daß dieselben Sammelpunkte für Diebe und andere dunkle Existenzen seien, daß die Laternen, welche die Kaffeehäuser kenntlich machten, diesem lichtscheuen Gesindel als Signal dienten. Die politische Bedeutung der Kaffeehäuser in Paris war nicht so groß wie in London. Doch vereinigten sie in ihren Räumen zahlreiche Literaten; Rousseau schrieb im Kaffeehause manches Traktat, Voltaire erwähnt sie vielfach. 1723 zählte Paris, nach den Angaben von Savary, 380 Kaffeehäuser.[3])

Auch in anderen Beziehungen sind im Konsum bedeutende Änderungen zu verzeichnen, die sich allmählich und langsam vollzogen haben.

Franklin stellt in seiner „Vie privée d'autrefois" fest, daß in Frankreich bis zum 17. Jahrhundert alle Schichten der Gesellschaft zum Essen sich ausschließlich der Finger bedienten, daß der Gebrauch von Gabeln — und auch dieses nur in den oberen Gesellschaftsschicht — erst zu Beginn des 17. Jahrhunderts aufkam, und daß diese Sitte bei der Stadtbevölkerung im allgemeinen erst im Laufe des 17. Jahrhunderts sich einbürgerte. Es ist in der Tat aus den von ihm angeführten Angaben ersichtlich, daß noch zu Beginn des 17. Jahrhunderts jeder Tischgenosse mit den Händen in die Schüssel fuhr, ihr einige Stücke entnahm und diese daraufhin mit den Fingern in kleinere Bissen zerteilte (im 17. Jahr-

---

[1]) Noch früher (1650) in Oxford, Paris folgte etwa 1669, Hamburg (von englischen Kaufleuten gegründet) 1677, Wien 1683, Frankfurt a. M. 1689, Berlin 1721. (Seiler III, 1, S. 130. Dietz IV, 1, S. 207 f.)

[2]) Macaulay I, 97 ff. 257 f. Reiß-Journal von Glücks- und Unglücksfällen von Joh. Eberh. Zetzner, hrsg. v. Reuß. (Beitr. zur Landes- und Volkskunde von Elsaß-Lothringen. B. 49, S. 33 f.)

[3]) Franklin, Le café, le thé et le chocolat. S. 43 ff., 61 ff., 73 ff., 224 ff.2 16 ff.,

hundert kamen Teller auf, früher wurden anstatt derselben große runde Brotstücke gebraucht, auf welche Fleisch und andere Speisen gelegt wurden). Es gehörte deshalb zu den Anstandsregeln jener Zeit, die rechte Hand, die dazu diente, die Speisen zum Munde zu führen, nicht zum Schneuzen zu benutzen (Taschentücher kannte man noch nicht). Der englische Reisende Thomas Koryate berichtet 1608, in Italien „bestehe eine Sitte, die andere christliche Länder nicht kennen": Beim Essen bedienten sich die Italiener kleiner Hacken aus Eisen oder Stahl, ja mitunter aus Silber. Sonderbar findet er es, daß die Italiener nicht dazu zu bewegen sind, mit den Händen zu essen; es ist, als glaubten sie, nicht alle Menschen hätten reine Hände. Nach seiner Rückkehr nach England wollte er die von ihm in Italien angenommene Gewohnheit pflegen und gebrauchte die Gabel auch weiter. Doch lachten seine Freunde ihn aus und gaben ihm den Beinamen „furciferus". Noch 1651 nahm Königin Anna von Österreich keinen Anstoß daran, „mit ihren schönen Händen in die Fleischschüssel hineinzugreifen", 100 Jahre später galt dies bereits für unschlicklich.[1])

Messer wurden allerdings viel gebraucht. Ein Franzose berichtete 1560, daß in Italien und in der Schweiz beim Mittagessen jeder Tischgenosse mit einem Messer versehen sei; auch Montaigne bemerkt, daß die Schweizer nicht mit den Händen in die Schüssel hineingriffen, sondern sich die Stücke mit dem Messer herausholten. In Frankreich dagegen gab es bis zum 18. Jahrhundert für eine ganze Tafelrunde nur 2 bis 3 Messer, so daß die Gäste sich gegenseitig damit aushelfen mußten.

Nicht besser war es mit dem Genuß flüssiger Speisen bestellt. Erst zu Ende des 17. Jahrhunderts kam die Sitte auf, Suppe aus der Terrine in Teller einzufüllen. Auch Gläser waren spärlich vorhanden, so daß der Anstand erheischte, daß man sein Glas bis auf den Grund leerte, ehe es zur Benutzung an den Nachbarn weitergegeben wurde. Doch bemerkt Young während seiner Reise durch Frankreich, daß sogar in den minderbemittelten Klassen, bei Zimmerern, Schmieden usw., es nicht Sitte sei, das Glas eines anderen zu benutzen.[2])

Als Heinrich IV. zum König von Frankreich wurde, besaß er nur ein Dutzend Hemden, darunter einige zerrissen waren, und fünf Taschentücher. Erst im Laufe des 16. bis 17. Jahrhunderts kam allmählich die Gewohnheit auf (jedoch nur in den wohlhabenderen Kreisen), mit einem Hemde bekleidet zu Bett zu gehen. Freilich fragte man auch noch im 17. Jahrhundert, wozu solle man das Hemd, das man den ganzen Tag hindurch anhatte, noch nachts auf dem Leibe behalten und es nicht vielmehr gleich den anderen Kleidungsstücken ablegen; wozu das darin enthaltene Ungeziefer mit sich ins Bett nehmen?

Nicht anders urteilte man über die Taschentücher: Soll man denn ein besonderes Privileg jenem Schmutz erteilen, der aus der Nase kommt, ihn in feine

---

[1]) Vgl. Beckmann, Beyträge zur Gesch. der Erfindungen V (1805), S. 297.

[2]) Franklin, Les répas. S. 35 ff., 104 ff. Ders., Variétés gastronomiques. S. 62 ff., Ders., Les soins de la toilette. S. 26 ff.

Leinwand einwickeln und in der Tasche aufbewahren, anstatt einfach wegzuwerfen? Sebastian Mercier berichtet in seinen — gegen Ende des 18. Jahrhunderts abgefaßten Memoiren — von Pariser Bürgern, die Sonntags am frühen Morgen in der Seine ihr einziges Hemd oder ihr einziges Tuch wuschen, um es dann an einem Stocke aufzuhängen und geduldig zu warten, bis die Sonne es getrocknet hatte. „Beamte, Musiker, Dichter, Künstler — fährt er fort — schaffen sich Tuch, ja Spitzen an, aber keine Wäsche. Sie kleiden sich in Samt und befestigen Spitzenmanschetten an schmutzigen Hemden. So ist der Pariser. Den Friseur braucht er täglich, die Waschfrau aber einmal im Monat. Ein Pariser, der ein Einkommen unter 10000 Livres besitzt, hat gewöhnlich weder Bett- noch Tisch- noch Leibwäsche, dafür aber Uhren, Spiegel, Spitzen und seidene Strümpfe." Diesen Mangel an Wäsche — und dabei ist es aus seinen Schilderungen doch ersichtlich, daß auf dieselbe doch bereits in verschiedenen Schichten der Bevölkerung Wert gelegt wurde — schreibt er der schlimmen Zurichtung derselben durch unerfahrene und unvorsichtige Waschfrauen zu.[1])

Aus dem Angeführten ergibt sich wohl, daß, obwohl auch in diesem Zeitalter noch minder wichtigen Gegenständen des täglichen Gebrauches ungleich größere Bedeutung beigemessen wurde als solchen, die wirklich unentbehrlich waren, so schroffe Mißverhältnisse, wie sie im Mittelalter häufig waren, im 17. bis 18. Jahrhundert doch nicht mehr vorkamen.

Spitzen werden vielfach verwandt, sie schmücken sowohl Frauen- als Männerkleider. Um sich davon zu überzeugen, genügt es, die Bilder jener Zeit, vornehmlich die das Hofleben schildernden, zu betrachten. Spitzen begleiten den Menschen durchs Leben, von der Spitzendecke des Kindleins in der Taufe bis zu dem spitzengeschmückten Bette des reichen Verstorbenen. Der Brautschleier, das Haarnetz der verheirateten Frau ebenso wie Manschetten, Kragen, Jabots wurden reich mit Spitzen geschmückt. Spitzen rieselten über Messegewänder, Altardecken, Kleider, Röcke, Bademäntel, Mantillen, Vorhänge waren mit Spitzen besetzt. Der Spitzenkonsum in Frankreich wurde zu Anfang des 18. Jahrhunderts auf 8 Mill. Francs jährlich geschätzt. Mit dem Triumph der Spitzen hatte eine neue Richtung in der Geschichte der Kleidung eingesetzt. Die Wäsche, die früher wenig beachtet wurde, kam jetzt zur Geltung.[2])

Neben der Verbreitung von Spitzen und seidenen Kleidern und Strümpfen, die sowohl von Männern als von Frauen getragen wurden, neben dem Gebrauch von Gold- und Silberschmuck, kamen auch andere Luxusgegenstände auf. Neue Formen der Wohnungseinrichtung, schöne Möbel, Spiegel, Vasen, Bilder, Teppiche, Glasscheiben (seit dem 17. Jahrhundert), Papiertapeten dienten zur Befriedigung neuer Bedürfnisse, trugen dem Hang zur Bequemlichkeit und zum Wohlleben, ja auch der Nützlichkeit, wie Spiegel und Uhren, Rechnung.

Bis ins 16. Jahrhundert hinein waren nur Sanduhren in Gestalt von Wand- oder Turmuhren bekannt, die man hauptsächlich in Nürnberg verfertigte. Gegen die Mitte des 16. Jahrhunderts kamen Taschenuhren auf, die aber einen Luxusartikel bildeten, weshalb sie gewöhnlich mit Edelsteinen bedeckt und offen an einer

---

[1]) Franklin, Les magasins de nouveautés. Le vêtement. S. 186 ff. La lingerie. Mercier, Tableau de Paris. T. VII. 1783. L'art de la lingerie (1771). Vgl. Seiler III, 1., S. 113.

[2]) Alwin Schulz, S. 128 ff., 230, 255 u. a. Baudrillart IV, S. 275 ff., 283 ff., 420 ff. Laprade, Le poinct de France et les centres dentelliers au XVII et XVIII siècle (1905), S. 177. S. unten, Kap. 12.

Kette, so daß jedermann sie bewundern konnte, getragen wurden. Der eigentliche Uhrmechanismus war von Huygens in der Mitte des 17. Jahrhunderts erfunden worden und erst seitdem fand die Uhr allmählich unter den oberen Schichten der Bevölkerung Verbreitung. London, Paris, nach der Aufhebung des Edikts von Nantes, Genf, wohin Hugenotten abgewandert waren, später Neuchatel in der Schweiz und der Schwarzwald wurden im 17. bis 18. Jahrhundert (in England wurden Taschenuhren seit 1658 erzeugt) zu Mittelpunkten der Uhrenfabrikation.[1])

Spiegel erzeugte man bis zum 17. Jahrhundert nur in Murano bei Venedig, und die Technik dieses Betriebes wurde streng geheim gehalten. Diese Spiegel waren konvex und gaben deshalb eine schlechte Abbildung. Seit dem 16. Jahrhundert kamen auch flache Spiegel auf, die jedoch selten und teuer waren. Erst um die Wende des 17. Jahrhunderts wurde das Fabrikationsgeheimnis in Frankreich bekannt und dort vervollkommnet. Die Reichen schmückten ihre Räume mit Spiegeln, dieselben wurden an allerhand Möbeln angebracht, als „appartement ornés de glaces" bezeichnete man besonders elegante Wohnungen. Jedoch waren diese Spiegel von kleineren Dimensionen. Bis zum 19. Jahrhundert gelang es nur selten, große Spiegel zu fabrizieren, denn das Glas war zu dünn und erhielt schon bei dem Blasen und Erkalten leicht Sprünge.[2])

Durch die Einführung von Glasscheiben änderte sich die Stubenbeleuchtung — in die Wohnräume kam Licht und Sonnenschein. Um die künstliche Beleuchtung aber war es nicht viel besser bestellt, als vordem. Nachts, wenn der Mond seine Pflicht, die Straßen zu beleuchten, vernachlässigte, war es auf ihnen stockfinster, was bei dem Fehlen von Bürgersteigen und dem auf die Straßen ausgeschütteten Spülicht, das im Winter zu Eis erstarrte, doppelt gefährlich war. In London war Ende des 17. Jahrhunderts einem Unternehmer ein Patent für das Recht der Straßenbeleuchtung erteilt worden. Für eine geringe Vergütung verpflichtete er sich, in mondlosen Nächten von 6 bis 12 Uhr an jeder zehnten Haustür eine Laterne anzuzünden. Diese Idee „rief Jubel hervor bei manchen, die Archimeds' Entdeckungen für gering einschätzten im Vergleich zum Verdienst des Mannes, der die Nacht zum Tage machte, und Widerspruch bei anderen, die die Finsternis verteidigten" (Macaulay). Anderwärts, insbesonders in deutschen Städten, kam die Straßenbeleuchtung erst viel später auf, und auch dann wurden nur einzelne Stadtteile beleuchtet. Bei Feuersbrünsten, Aufruhren, Truppendurchzug wurde vom Magistrat angeordnet, die Stadt mit Kien- oder Pechfackeln zu beleuchten. Für gewöhnlich trug aber jeder, der abends auf der Straße erschien, eine Fackel oder nahm einen Jungen mit, der ihm dieselbe vorantrug. Die Benutzung dieser Fackeln führte oft zu Feuersbrünsten, sodaß der Magistrat ihren Gebrauch zu Zeiten verbot, dann herrschte auf den Straßen völlige Finsternis (so 1723 in Kiel), Wagen und Karren stießen zusammen und kippten um. Eine regelmäßige Stadtbeleuchtung kam in vielen Städten (Danzig, Nürnberg, Würzburg, Münster, Osnabrück) erst in den sechziger bis neunziger Jahren des 18. Jahrhundert auf, ja in anderen (Erfurt, Magdeburg) bloß am Anfang des 19. Jahrhunderts. An den Wänden der Häuser wurden Öl-(Tran-)lampen angebracht, die jedoch nur während der Herbst- und Wintermonate und auch alsdann nur insoweit brannten, wenn der Kalender nicht etwa Mondschein ankündigte. In manchen Städten (Kiel, Halle, Weimar, Breslau) war die Straßenbeleuchtung bereits 1720 bis 1740 eingeführt worden, aber die Zahl der Lampen war nur gering, es gab ihrer z. B. in ganz Kiel bloß 141. Diese Zahl erhielt sich unverändert im Laufe eines Jahrhunderts. In Breslau wurde ihre Zahl zu Ende des 18. Jahrhunderts auf 1400 gebracht. Auch in Frankreich erscheint die Straßenbeleuchtung erst in den sechziger und siebziger Jahren des 18. Jahrhunderts

---

[1]) Franklin, La vie privée d'autrefois. La mésure du temps. Pfleghart, Die Schweizer Uhrenindustrie, ihre gesch. Entwickl. und Organisation. S. auch unten Kap. 12.

[2]) Fremy, Hist. de la manufacture royale des glaces de France au XVII—XVIII siècle, S. 71 ff., 199 ff. Alwin Schulz, S. 21, 44, 131. S. unten Kap. 12

(Toulouse, Besançon, Troyes, Orléans), in Marseille erst in den achtziger Jahren. Ebenso dunkel wie in den Straßen war es auch auf den Häusertreppen. In den Wohnräumen endlich brannten rauchende und schwälende Öllampen, häufiger aber Talglichter, die, ein Umstand, über den Goethe häufig klagte, unaufhörlich gereinigt werden mußten, wozu spezielle Scheren dienten.[1])

---

[1]) Gebauer, Breslaus kommunale Wirtschaft, S. 184 f. Horn, Erfurts Stadtverfassung, S. 104. Trautmann, Kiels Ratsverfassung und Ratswirtschaft, S. 237f. Foltz, Gesch. des Danziger Stadthaushalts, S. 153 (Quellen und Darstell. zur Gesch. Westpreußens, 8). Allendorf, Das Finanzwesen der Stadt Halle a. S. im 19. Jahrhundert (Sammlung nationalök. u. stat. Abhandl. hrsg. v. Conrad, 44, S. 88). Sunder, Das Finanzwesen der Stadt Osnabrück von 1648 bis 1900 (ibid. 47, S. 75). Hilgert, Finanzen der Stadt Münster, S. 135. Meisner, Die Entwicklung des Würzburger Stadthaushalts (Wirtsch.- u. Verwaltungsstud., hrsg. v. Schanz. 42, S. 18). Bing, Die Entwicklung des Nürnberger Stadthaushalts (ibid. 31, S. 20), Macaulay I, Kap. 3, Babeau, La ville. II, S. 126. Ardaschew, II, S. 284.

II. ABSCHNITT.

Landwirtschaft und Agrarverfassung.

Quellen.[1] **England.** Fitzherbert, Book of Husbandrie (XVI. Jahrhundert, hrsg. English Dialect Society. 1882). Coke, Complet copyholder. 1650. Norden, Surveyor's dialogue. 1607. Chamberleyne, Angliae Notitiae or the present state of England. 1669 ff. Laurence, A new system of agriculture. 1727. Defoe, A Tour through the whole island of the Great-Britain. 3 vols. 1724—1727. Blackstone, Consideration on copyhold in the Law tracts. 1771. Marshall, On the appropriation and inclosure of commonable and intermited landes. 1801. Arthur Young, A six weeks' tour through the Southern counties of England and Wales. 1769. Ders., A six months' tour through the North of England. 1771. Ders., The Farmers' tour through the East of England. 1771. Ders., The Farmers Letters to the People of England. 3 ed. 1771. Thaer, Einleitung zur Kenntnis der englischen Landwirtschaft. 1798.

Frankreich. Arthur Joung, Voyages en France pendant les années 1787, 1788, 1789, franz. Ausg. Guillaumin. 1860. Die vielbändige Sammlung der Cahiers de doléances pour les Etats-généraux etc. de 1789 (die einzelnen Bände von verschiedenen Herausgebern, jeder Band enthält die Cahiers für einen bestimmten Bezirk, meist sénéchaussée. Vgl. Darmstädter, Hist. Z. 105).

Belgien. Shaw, Essai sur les Pays-Bas autrichiens (aus dem Engl. 1788). Mann, Mémoire sur les moyens d'augmenter la population et de perfectionner la culture dans les Pays-Bas autrichiens. 1775 (Mém. de l'Acad.). Lichtervelde, Mémoire sur les Fonds ruraux de l'Escaut. 1815. Schwerz, Anleitung zur Kenntnis der belgischen Landwirtschaft. I—III. 1802.

Deutschland. Der sächsische Landwirt in seiner Landwirtschaft. 1788—1791. Schwerz, Beschreibung der Landwirtschaft Westfalens und der Rheinprovinz. 1836. Justi, Von denen Hindernissen einer blühenden Landwirtschaft (Ökonomische Schriften II, 1760). Möser, Patriotische Phantasien. 3. Aufl. I—IV. 1804.

Literatur.[1] **England.** Ssawin, Das englische Dorf zur Zeit der Tudors. 1903 (russ.). Hasbach, Die englischen Landarbeiter in den letzten hundert Jahren und die Einhegungen. 1894. Ders., Der Untergang des englischen Bauernstandes in neuer Beleuchtung (Arch. für Sozialwiss. 1907). Gay, Zur Geschichte der Einhegungen in England. 1903. Ders., The inquisitions of depopulation in 1517 and the Domesday of Inclosures (Transact. of the R. Hist. Soc. N. S. XIV. 1900). Ders., Inclosures in England in the sixteenth century (Quart. Journ. of Econ. XVII. 1903). Nasse, Über die mittelalterliche Feldgemeinschaft und die Einhegungen des 16. Jahrhunderts in England. 1869. Mantoux, La révolution industrielle au XVIII siècle. 1906. Scrutton, Commons and common fields or the history and policy of the laws relating to commons and inclosures in England. 1887. Brodrick, English Land and English Landlords. 1881. Green, Inclosures since 1760 (Econ. Rev. VI). Ashley, The Destruction of the village Community (Econ. Rev. 1891). Ders., Englische Wirtschaftsgeschichte II. 1896. Rae, Why have the Yeomanry perished? (Contempor. Review. 1883). Levy, Der Untergang kleinbäuerlicher Betriebe in England (Jahrb. für Nat.-Ök. 1903). Ders., Ent-

[1]) Vgl. die Bibliographie bei Sombart, Mod. Kapit. 2. Aufl. II, S. 589 ff.

stehung und Rückgang des landwirtsch. Großbetriebes in England. 1904. Slater, The English Peasantry and the Inclosure of common fields. 1907. Granat, Zur Frage der Landenteignung der englischen Bauernschaft. 1908 (russ.). Johnson, The Disappearance of Small Landowner. 1909. Hammond, The Village Labourer 1760—1832. 1911. Gonner, Common Land and Inclosure. 1912. Tawney, The Agrarian Problem in the Sixteenth Century. 1912. Leadam, The Domesday of Inclosures. I—II. 1890. Cheyney, Social Changes in England in the Sixteenth Century. Gray, English Field Systems (Harvard Univ. Press). 1915. Gras, The Evolution of the English Corn Market. (Ibid.) 1915. Bradley, English Inclosures. 1918. Curtler, Short History of English Agriculture. The Enclosure and redistribution of our Land. 1920. Sée, L'évolution du régime agraire en Angleterre depuis le moyen-âge (Rev. de synth. hist. 38, 1924). Rogers, History of Agriculture and Prices, insbes. B. VII. Ders., Geschichte der englischen Arbeit, deutsch von Pannwitz-Kautzky. 1896. Prothero, English Farming Past and Present. 1912. Marx, Das Kapital I. Peake, The english village, the origin and decay of its community. 1922. Moffit, England on the eve of industrial revolution (1740—1760). 1925. Brentano, Wirtschaftliche Entwicklung Englands II. 1927.

Frankreich. Loutchisky, La petite propriété paysanne en France à la veille de la Révolution, principalement dans le Limousin. 1912. Ders., L'état des classes agricoles en France à la veille de la Révolution 1911. Ders., Die Agrarverhältnisse in Frankreich vor der Revolution („Russkoje Bogatstwo." 1913. II, III, russ.). Karéiew, Les paysans et la question paysanne en France dans le dernier quart du XVIII siècle. 1899. Ders., Die französische Revolution nach der russischen Forschung des letzten Jahrzehnts. 1912. Ders., Bemerkungen zur Wirtschaftsgeschichte Frankreichs. 1. u. 2. Sér. 1912, 1915. Kovalewski, La France économique et sociale à la veille de la Révolution. I. Les campagnes. 1909. Ders., Die ökonomische Entwicklung Europas. VII. Sée, La portée du régime seignorial au XVIII siècle (Révue d'hist. mod. 1908). Ders., L'agriculture en France à la fin de l'ancien régime (Le régime économique et les classes sociales en France au XVIII s. 1924). Chenon, Les démembrements de la propriété foncière en France avant et après la Révolution. 2 éd. 1923. Foville, Le morcellement. 1885. Wolters, Studien über Agrarzustände und Agrarprobleme in Frankreich von 1700 bis 1790. 1905. Levasseur, Des progrès de l'agriculture française dans la seconde moitié du XVIII siècle (Revue d'écon. polit. 1898). Labiche, Les sociétés d'agriculture au XVIII siècle. 1908. Dienne, Histoire du desséchement des lacs et marais en France avant 1789. 1891. Musset, L'administration des haras et l'élevage du cheval en France au XVIII siècle. (Rev. d'hist. mod. 1909—1910). Ardaschew, Die Provinzialverwaltung Frankreichs am Ende des Ancien régime. II. 1906 (russ.). D'Avenel, Histoire économique de la propriété, des salaires, des denrées et de tous les prix en général. I. 1894. Zolla, Des variations du revenu et du prix des terres en France aux XVII et XVIII siècles (Annales de l'école libre des sciences politique. 1893—1894). Champion, La France d'après les Cahiers de 1789. 2-e éd. 1904. Onou, Die Wahlen von 1789 in Frankreich und die Cahiers des dritten Standes I. 1908 (russ.). Darmstädter, Die Verteilung des Grundeigentums in Frankreich vor 1789 (Festg. für Heigel. 1903). Sagnac, La propriété foncière au XVIII siècle. (Rev. d'hist. mod. et contemp. 1901. Rev. de synth. hist. 1906). Cherest, La chute de l'ancien régime. Babeau, La vie rurale dans l'ancienne France. 2 éd. 1885. Ders., Le village sous l'ancien régime. 3 éd. Hermes, Der Teilbau in Frankreich. 1907. Lavergne, Economie rurale de la France depuis 1789. 1860. Baudrillart, Les populations agricoles de la France. 1885—1893. Boiteau, Etat de la France en 1789. 2 éd. 1889. Moreau de Jonnès, Etat économique et social de la France depuis Henri IV jusqu'à Louis XIV. 1868. Taine, Les origines de la France contemporaine. 2 éd. 1880. Toqueville, L'ancien régime et la Révolution. Doniol, Histoire des classes rurales en France. 1857. Bonnemère, Histoire des paysans. 4 éd. 1889. III. Dareste de la Chavanne, Histoire des classes agricoles en France. 1859. Jaurès, La Constituante. 1901

(Hist. Socialiste. I). Levasseur, La population française. I. Wahl, Vorgesch. der französischen Revolution. 1905.

Sée, Les classes rurales en Bretagne du XVI siècle à la Révolution. 1906. Dubreuil, Le paysan bréton au XVIII siècle (Rev. d'hist. écon. 1924). Bernier, Essai sur le Tiers-Etat et les paysans de Basse-Normandie au XVIII siècle. 1892. Sion, Les paysans de la Normandie Orientale. 1909. Calonne, La vie agricole sous l'ancien régime dans le nord de la France. 2 éd. 1885. Lefebvre, Les paysans du Nord pendant la Révolution. 1924. Laude, Les classes rurales en Artois à la fin de l'ancien régime. 1914. Demangeon, La Picardie et les rayons voisines. 1905. Minon, La vie dans le nord de la France au XVIII siècle. 1903. Raveau, L'agriculture et les classes paysannes, la transformation de la propriété dans le Haut-Poitou au XVI siècle. 1926. Dénis, Lectures sur l'histoire de l'agriculture dans le departement de Seine-et-Marne. 1881. Musset, Le Bas-Maine. 1917. Lafarge, L'agriculture en Limousin et l'administration de Turgot. 1902. Marion, Les classes rurales en Bordelais au XVIII siècle (Rev. des études histor. 1902). Bloch, Etudes sur l'histoire économique de la France (1760—1789). 1900 (Orléanais). Roupnel, La ville et la campagne au XVII siècle. 1922 (Dijonnais). Dutil, L'état économique du Languedoc à la fin de l'ancien régime. 1911. Brutails, Note sur l'économie rurale du Roussillon à la fin de l'ancien régime. 1889. Vermale, Les classes rurales en Savoie au XVIII siècle. 1911. Darmstaedter, Die Befreiung der Leibeigenen in Savoyen, der Schweiz und Lothringen. 1897.

Deutschland. v. Below, Der Osten und der Westen Deutschlands (Hist. Bibl. XI. 1900). Ders., Die Haupttatsachen der deutschen Agrargeschichte (Problt der Wirtschaftsgesch. 1926). Ders., Die Fürsorge des Staates für die Landwirtschaf. (ibid.). Caro, Probleme der deutschen Agrargeschichte (Viert. f. S. u. W.-G. V. 1907). Jordan-Rozwadowski, Die Bauern des 18. Jahrhunderts und ihre Herren im Lichte der neuesten deutschen Forschungen (Jahrb. f. Nat.-Ök. III. F. XX. 1900). Fuchs, Die Epochen der deutschen Agrargeschichte und Agrarpolitik. 1898. Hanssen, Agrarhistorische Abhandlungen. I, II. 1874, 1880. Lamprecht, Deutsche Geschichte, bes. B. VI, VII, IX. Schröder, Lehrbuch der deutschen Rechtsgeschichte. 6. Aufl. 1922. v. d. Goltz, Geschichte der deutschen Landwirtschaft. I. 1902. Stadelmann, Preußens Könige in ihrer Tätigkeit für die Landeskultur, insbes. B. II (Friedrich d. Gr.). Aubin, Der Einfluß der Rezeption des römischen Rechtes auf den deutschen Bauernstand (Jahrb. Nat.-Ök. III. F. 44. 1912). Thansing, Gründe für die agrarische Sonderentwicklung des deutschen Ostens (ibid. 43. 1912). Georg Knapp, Die Bauernbefreiung und der Ursprung der Landarbeiter in den ältesten Teilen Preußens. 1887. Ders., Grundherrschaft und Rittergut. 1897. Ders., Die Landarbeiter in Knechtschaft und Freiheit. 1891. Schmoller, Der Kampf des preußischen Königtums um die Erhaltung des Bauernstandes (in seinem Jahrb. 1888). Rumler, Bestrebungen zur Befreiung der Privatbauern in Preußen 1797—1816 (Forsch. z. brand.-preuß. Gesch. 33, 1920). Grünberg, Die Bauernbefreiung und die Auflösung der gutsherrlich-bäuerlichen Verhältnisse in Böhmen, Mähren, Schlesien. 1893. Ders., Studien zur österreichischen Agrargeschichte. 1901. Redlich, Leibeigenschaft und Bauernbefreiung in Österreich (Z. f. Soz.- u. W.-G. III). Korn, Geschichte der bäuerlichen Rechtsverhältnisse in der Mark Brandenburg (Z. f. Rechtsgesch. 1873). Großmann, Über die gutsherrlich-bäuerlichen Verhältnisse in der Mark Brandenburg vom 16. bis zum 18. Jahrhundert. 1890 (Schmollers Forsch.). Fuchs, Zur Geschichte der gutsherrlich-bäuerlichen Verhältnisse in der Mark Brandenburg (Z. d. Sav.-St., G. A. XII. 1891). Ders., Der Untergang des Bauernstandes und das Aufkommen der Grundherrschaften. 1888 (Pommern und Rügen). Brünneck, Die Leibeigenschaft in Pommern (Z. d. Sav.-St., G. A. IX. 1888). Ders., Die Aufhebung der Leibeigenschaft durch die Gesetzgebung Friedrich d. Gr. (ibid. X, XI. 1889, 1890). Ders., Die Leibeigenschaft in Ostpreußen (ibid. VIII. 1887). Stein, Die ländliche Verfassung in Ostpreußen am Ende des 18. Jahrhunderts. 1918. Aubin, Zur Geschichte des gutsherrlich-bäuerlichen Verhältnisses in Ostpreußen.

1910. Knothe, Die Stellung der Gutsuntertanen in der Oberlausitz zu ihren Grundherrschaften (N. Lausitzer Magazin. 1885). Deßmann, Geschichte der schlesischen Agrarverfassung. 1904. Ziekursch, Hundert Jahre schlesischer Agrargeschichte bis zum Abschluß der Bauernbefreiung. 1926. Böhlau, Ursprung und Wesen der Leibeigenschaft in Mecklenburg (Z. f. Rechtsgesch. X. 1872). Maybaum, Die Entstehung der Gutsherrschaft im nordwestlichen Mecklenburg (Beih. f. V. f. S. u. W.-G. VI. 1926). Hanssen, Die Aufhebung der Leibeigenschaft usw. in den Herzogtümern Schleswig und Holstein. 1861. Sering, Erbrecht und Agrarverfassung in Schleswig-Holstein auf geschichtlicher Grundlage. 1908. Rachfahl, Schleswig-Holstein in der deutschen Agrargeschichte (Jahrb. Nat.-Ök. III. F. 38. 1909). Swart, Zur friesischen Agrargeschichte. 1910 (Schmollers Forsch.). Skalweit, Gutsherrschaft und Landarbeiter in Ostdeutschland (Schmollers Jahrb. 1911). Th. Knapp, Gesammelte Beiträge zur Rechts- und Wirtschaftsgesch. vorn. des deutschen Bauernstandes. 1902. Ders., Neue Beiträge zur Rechts- und Wirtschaftsgesch. des württ. Bauernstandes. 1919. Bosch, Die wirtschaftlichen Bedingungen der Befreiung des Bauernstandes im Herzogtum Cleve und in der Grafschaft Mark im Rahmen der Agrargeschichte Westdeutschlands. 1920 (Tübinger staatswiss. Abh.). Ludwig, Der badische Bauer im 18. Jahrhundert. 1896. Moericke, Die Agrarpolitik des Markgrafen Karl Friedrich von Baden. 1905. Hausmann, Die Grundentlastung in Bayern. 1892. Schmelzle, Der Staatshaushalt im Herzogtum Bayern im 18. Jahrhundert. 1900. Memminger, Zur Gesch. der Bauernlasten mit bes. Beziehung auf Bayern. Diss. 1900. Riezler, Gesch. Bayerns. VI. Kraaz, Bauerngut und Frondienste in Anhalt vom 16. bis 19. Jahrhundert. 1898 (Conrads Samml.). Haun, Bauer und Gutsherr in Kursachsen. 1891. Meyer, Guts- und Leibeigentum im Fürstentum Lippe (Jahrb. Nat.-Ök. III. F. XII. 1896). Hesse, Entwicklung der agrarrechtlichen Verhältnisse im Stifte, späterem Herzogtum Verden. 1900 (Conrads Sammlung). Ehrler, Agrargeschichte der Johanniterherrschaft Heitersheim. Wuttke, Gesindeordnungen und Gesindezwangsdienste in Sachsen bis zum Jahre 1835. 1893. Könnecke, Rechtsgeschichte des Gesindes in West- und Süddeutschland. 1912. Lennhoff, Ländlicher Gesindedienst in Brandenburg vom 16. bis 19. Jahrhundert. 1906 (Gierkes Unters. 79). Schiff, Die deutschen Bauernaufstände von 1525 bis 1789 (Hist. Z. 1924), das. weitere Liter. über Bauernaufstände.

Belgien. Brants, Essai historique sur la condition des classes rurales en Belgique jusqu'au XVIII siècle. 1880 (Mém. de l'Acad. royale). Verriest, Le régime seigneurial dans le Hainaut du XI siècle à la Révolution. 1916—1917. Pirenne, Geschichte Belgiens IV. Piot, Le règne de Marie-Therèse dans les Pays-Bas Autrichiens. Van Houtte, La théorie de la population et le mouvement en faveur de la petite culture dans les Pays-Bas à la fin de l'ancien régime (Mélanges Moeller. H. 1914). Ders., Histoire économique de la Belgique à la fin de l'ancien régime. 1920.

Schweiz. Darmstädter, Die Befreiung der Leibeigenen in Savoyen, der Schweiz und Lothringen. 1897. Claassen, Schweizerische Bauernpolitik im Zeitalter Zwinglis. 1899. Rappard, Le facteur économique dans l'avénement de la démocratie moderne en Suisse. I. L'agriculture à la fin de l'ancien régime. 1912. Dierauer, Geschichte der Schweizer Eidgenossenschaft. Bögli, Der bernische Bauernkrieg in den Jahren 1641 und 1653. 1888. Glättli, Geschichte der Unruhen auf der Landschaft Zürich in den Jahren 1645 und 1646. 1898.

Italien. Sartorius v. Waltershausen, Die sizilianische Agrarverfassung und ihre Wandlungen 1780—1912. 1913. Prato, La vita economica in Piemonte a mezzo il secolo XVIII. 1908. Vgl. Sismondi, Tableau de l'agriculture toscane. 1801.

Spanien. Leonhard, Agrarpolitik und Agrarreform in Spanien unter Carl III. 1909. Häbler, Die wirtschaftliche Blüte Spaniens im 16. Jahrhundert und ihr Verfall. 1886. Moses, Economie condition of Spain 1500—1600 (Journ. of politecon. 1893). Desdevises du Dezert, L'Espagne de l'ancien régime. La richesse et la civilisation. 1904.

Vgl. auch die Schriften allgemeineren Inhalts: Sugenheim, Geschichte der Aufhebung der Leibeigenschaft und Hörigkeit in Europa. 1861. Sée, Esquisse d'une histoire du régime agraire en Europe en XVIII et XIX siècle. 1921. Naudé, Getreidehandelspolitik europäischer Staaten vom 13. bis 18. Jahrhundert 1896. (Acta Borussica). Sombart, Mod. Kapitalismus. 2. Aufl. II, 2.

Kapitel 3.

Neuerungen in der Landwirtschaft.

Im 17.—18. Jahrhundert macht sich in der Landwirtschaft eine rege Tätigkeit bemerkbar. Die jahrhundertelang herrschenden Anbausysteme werden als unzureichend und veraltet verworfen. Das Bestreben, von der Dreifelderwirtschaft zu einer intensiveren Bodenkultur überzugehen, die altväterlichen Grundsätze, auf denen die Landwirtschaft aufgebaut war, durch eine rationellere Wirtschaftsorganisation zu ersetzen, sucht sich Geltung zu verschaffen.

Die Änderung äußerte sich vor allem im Aufkommen einer reichhaltigen landwirtschaftlichen Literatur. Es erschienen sowohl Originalwerke als Übersetzungen, in Form von Enzyklopädien, Zeitschriften und Monographien, die von Viehzucht und Pflanzenanbau, von landwirtschaftlicher Chemie und Ökonomie der Landwirtschaft handelten. Alle diese Gebiete waren damals aufs engste miteinander verbunden und wurden zum Gegenstand derselben Werke gemacht. Die ersten Schriften über den Landbau erschienen bereits im 13. Jahrhundert in Italien (Petrus de Crescentiis), im 16. Jahrhundert in Frankreich (Charles Etienne, „Maison Rustique") und Deutschland (Heresbach, Coler); außerdem Übersetzungen von römischen Agrarschriftstellern (Varro, Columella, Palladius). Diese Werke sind meistenteils in Form von Zwiegesprächen über verschiedene landwirtschaftliche Fragen abgefaßt. Es wurden im 17. Jahrhundert auch landwirtschaftliche Kalender und Almanache herausgegeben, in denen neben nützlichen Kenntnissen auch noch alter Volksaberglaube, wie z. B. über den Einfluß des Mondes auf Pflanzen und Tiere, Aufnahme fand. Endlich erschienen auch systematische Anleitungen zum Landbau. In Deutschland kam eine reichhaltige Literatur auf, die sog. „Hausväterliteratur", Anleitungen zur Führung der Hauswirtschaft. Es finden sich darin Rezepte für die Zubereitung von Brot und anderen Speisen, verschiedene medizinische Ratschläge, populäre Erörterungen religiöser und ethischer Fragen. Daneben enthalten sie Winke und Ratschläge für den Landbau, die, wie es damals üblich war, mit Zitaten aus lateinischen Schriftstellern und mit historischen Exkursen, von Adam und Eva an, geschmückt waren. Das Interesse für agronomische Fragen war in der damaligen Gesellschaft überaus rege, was dadurch bezeugt wird, daß die von ihnen handelnden Bücher in zahlreichen Ausgaben Verbreitung fanden.[1])

---

[1]) v. d. Goltz, I, S. 290 ff., 305, 316. Getreidehandelspolitik. Acta Boruss. III, S. 15 ff. Wolters, S. 146 ff.

Doch würde man umsonst in allen diesen Werken, die vor dem 18. Jahrhundert abgefaßt worden waren, nach neuen Kultursystemen suchen; es wurde nur auf die Notwendigkeit verschiedener teilweiser Änderungen hingewiesen. Erst später begann die Verkündung neuer agronomischer Ideen, die zu durchgreifenden Reformen auf dem Gebiete der Landwirtschaft führen sollten. Hand in Hand mit dem Erscheinen von Schriften, die sich mit landwirtschaftlichen Fragen befaßten, geht die Gründung zahlreicher landwirtschaftlicher Gesellschaften in allen europäischen Staaten einher. Die Regierungen, welche die Gründung derselben förderten, wandten auch mancherlei andere Maßregeln zur Hebung der Landwirtschaft an. Samen von neuen, bei der Bevölkerung noch nicht eingeführten Pflanzen wurden an die Bauern verteilt, auch Zuchtvieh vergeben, Baumschulen und Versuchsstationen gegründet, die Anpflanzung des Maulbeerbaumes begünstigt, Prämien für den Anbau neuer Pflanzen und die Anwendung neuer Düngarten ausgestellt, endlich landwirtschaftliche Kreditanstalten geschaffen.

Diese neue Strömung ging von den Niederlanden aus, wo bereits im 16. Jahrhundert der Anbau von Turneps und Klee in großem Maßstabe zur Anwendung gelangte und durch die Besäung der Brache mit Futterpflanzen der Übergang von der Dreifelder- zur Fruchtwechselwirtschaft vorbereitet wurde. Aus den Niederlanden ging dieses Anbausystem dann nach England weiter. „Wir verdanken Holland die Fortschritte in der englischen Landwirtschaft“, sagt Rogers. „Von diesem Lande entlehnten wir im Anfang des 17. Jahrhunderts den Anbau von Winterwurzeln und im Beginn des 18. die Anpflanzung von Futterpflanzen. Die Holländer — führt er aus — betrieben den Ackerbau mit der Geduld und Sorgsamkeit von Handelsgärtnern. Mit Erfolg suchten sie die Kultur aller Pflanzen, die zur menschlichen Nahrung dienen oder einen entwickelten Geschmack befriedigen konnten, aufs höchste zu entwickeln. Sie lehrten den Feldbau und die Gartenkunst. Sie waren das erste Volk, das seine Wohnungen mit Blumenbeeten, mit Baumgruppen, mit schmucken Anlagen, mit dem feinsten Rasen umgab, das Obstbäume veredelte, eßbare Wurzeln und Kräuter für Menschen und Vieh aufsuchte und verbesserte. Den Holländern schulden wir Dank dafür, daß Skorbut und Aussatz aus England verschwunden, daß ununterbrochene Ernten an Stelle der Brachfelder traten, daß die richtige Fruchtfolge entdeckt und vervollkommnet wurde, daß sich die Volkszahl der englischen Inseln vermehrte, und Rindvieh und Schafe heute an Zahl um das Zehnfache und an Größe und Güte um das Dreifache zugenommen haben.“[1])

Schon die englischen landwirtschaftlichen Schriftsteller des 17. Jahrhunderts, darunter an erster Stelle der in England naturalisierte Holländer Hartlib, ein Freund Miltons, und Plattes, der gleichfalls holländischer Abstammung war, suchten ihren Landsleuten die landwirt-

[1]) Rogers, Six Cent. Deutsch. S. 357 f.

schaftlichen Fortschritte der Holländer näherzubringen. Sie waren bestrebt, das neue, rationelle, auf der abwechselnden Bestellung mit Getreide- und Futterpflanzen gegründete Kultursystem einzubürgern. Im 18. Jahrhundert wurden diese Grundsätze weiter ausgebaut durch Jethro Tull, „den gentleman aus Berkshire", der seit 1701 die Reihenkultur anzuwenden begann. 1731 verfaßte er ein Werk über den Landanbau, in dem er die Grundsätze des neuen Kultursystems darlegte. Die verschiedenen Pflanzengattungen sollten einander gewissermaßen den Boden vorbereiten, ohne denselben zu erschöpfen, wie dies bei ausschließlichem Körnerbau der Fall war. Die von Tull aufgestellten Grundsätze fanden weitere Verbreitung. Zahlreiche Gutsbesitzer nahmen seine Lehren auf und wandten sie auf ihren Gütern praktisch an, um auf diese Weise ihre Einnahmen zu steigern. Am bekanntesten dürfte wohl unter ihnen Lord Townshend sein, der nach seinem Streit mit Walpole und seinem Rücktritt aus dem öffentlichen Leben die Hauptstadt verließ und auf seinem Gute in der Grafschaft Norfolk das neue rationelle Anbausystem, dessen Anwendung er noch in Holland, wo er als Gesandter geweilt hatte, schätzen gelernt hatte, anwandte. Die Entsumpfung von Morästen, die Düngung durch Mergel, künstlicher Wiesenbau, die Einführung der berühmten „Norfolker Vierfelderwirtschaft", d. h. der abwechselnden Feldbestellung mit Turneps, Gerste, Klee und Weizen, alle diese Maßnahmen schufen die Norfolker Musterwirtschaft, deren Ruhm weit über die Grenzen Englands sich verbreitete und die ihrem Urheber den rühmlichen Beinamen „Turnip-Townshend" einbrachte.[1])

Andere Großgrundbesitzer (Lord Halifax, der Herzog von Bedford, der Marquis von Rockingham) folgten seinem Beispiel. Der Landbau wurde zur Modebeschäftigung. Jeder Gutsbesitzer hielt sich für befähigt, seinen landwirtschaftlichen Betrieb selbst zu leiten, Versuche anzustellen und Neuerungen einzuführen. Die Schriftsteller jener Zeit bemerken, daß sich die Landedelleute „über den Boden und seine Güte, die Vorteilhaftigkeit der verschiedenen Fruchtfolgen, über die Zucht von Rindvieh, Schafen und Schweinen mit demselben Interesse unterhielten, das ihre Väter und Großväter nur für den Pferde- und Hundestall zu zeigen pflegten". Dieses Interesse für den Landbau verbreitete sich auch in anderen Bevölkerungsschichten. „Die Zunft der Landwirte — spottet Young — umfaßt nun alle Stände, vom Herzog bis zum Lehrjungen." Londoner, die fünf Tage in der Woche in Geschäften steckten, widmeten die beiden verbleibenden Tage der Landwirtschaft. Ärzte, Advokaten, Geistliche, Soldaten und Kaufleute waren nebenbei auch noch Landwirte.[2])

Bald fand diese Leidenschaft auch jenseits des Kanals, in Frankreich, Verbreitung. Gegen 1750 — schreibt Voltaire — „machte die Nation, übersättigt mit Versen, Tragödien, Komödien, Opern, Romanen und noch romantischeren Reflexionen über die Moral und die theologischen Streitereien, über die Gnade und die Verzückungen, machte die Nation sich endlich daran, über das Getreide nachzudenken. Man vergaß selbst

---

[1]) Mantoux, La révolution industrielle. S. 148 f. Rogers, S. 362 ff.

[2]) Rogers, S. 370 f.

die Weinberge, um nur von Weizen und Roggen zu sprechen. Man schrieb nützliche Dinge über die Landwirtschaft; alle Welt las sie, mit Ausnahme der Bauern. Man stellte fest, wenn man aus der Opéra Comique kam, daß Frankreich Getreide in Hülle und Fülle zu verkaufen hätte.“ Der Antrieb ging von England aus. Wie die Engländer bestrebt gewesen waren, den Holländern ihre vervollkommneten landwirtschaftlichen Kultursysteme zu entlehnen, so beobachteten die Franzosen die Vorgänge in England und konnten sich nicht genug darüber wundern, daß England infolge des Aufschwunges der Landwirtschaft den Brotbedarf des Landes durch eigene Produktion zu decken vermochte, während Frankreich 1715—1755 gezwungen war, noch für 200 Mill. Livres Weizen zu beziehen.[1])

Die französischen Schriften über den Landbau enthielten zu Anfang des 18. Jahrhunderts noch eine Reihe von abergläubischen Rezepten, in der Art von Laperrières „Geheimnis der Geheimnisse“, um die Getreideernte wundersam zu vermehren. Dann trat für die Dauer eines halben Jahrhunderts ein Stillstand auf diesem Gebiete ein. Von 1750 an jedoch wurde Frankreich von einer Flut landwirtschaftlicher Schriften überschwemmt; darunter waren Originalwerke und Übersetzungen, Monographien, Lexika, Zeitschriften, Almanache. Es wurde energisch Propaganda gemacht für die Notwendigkeit, in Englands Spuren zu treten und die landwirtschaftliche Kultur zu fördern.

Vor allem wurden Übersetzungen von Werken englischer Schriftsteller veröffentlicht, darunter derjenigen von Hall, die auf Veranlassung der Intendanten an die Bauern verteilt wurden, und Tull, dessen Buch 1751 in Duhamels Umarbeitung erschien. Im ersten Bande der Enzyklopädie, der im selben Jahre erschien, ist bereits ein großer Artikel Diderots über „Agronomie“ zu finden, wo die Prinzipien dieser neuen Wissenschaft eingehend dargelegt und neben dem herrschenden alten Kultursystem auch das neue Anbausystem von Tull geschildert wurde. Dann gingen die Franzosen zu einer selbständigen Erforschung der landwirtschaftlichen Probleme über. Vor allem wies man auf die Notwendigkeit der Urbarmachung wüster Ländereien und Weiden hin. Urbarmachungen „bedeuten Zuwachs der Bevölkerung, Erweiterung des Gebietes, Vermehrung des Volkswohlstandes, Steigerung der staatlichen Macht“. Durch Patullos kurzgefaßtes, einfach und klar geschriebenes Werk über die Fruchtwechselwirtschaft (Essay sur l'amélioration des terres, 1758) wurde das neue, rationelle Ackerbausystem breiten Schichten der Bevölkerung bekannt. Patullo geht noch weiter, als seine englischen Lehrmeister. Er möchte die Hälfte oder gar zwei Drittel der Äcker in „künstliche Wiesen“ (prairies artificielles) verwandelt sehen, sie dem künstlichen Futterbau zuwenden. Die Franzosen suchen auch in der Beziehung einen Schritt weiter zu machen als ihre Lehrmeister, daß sie die Zusammenhänge der neuen agronomischen Wissenschaft mit Chemie und Physik zu erkunden, derselben eine streng wissenschaftliche Grundlage zu geben wünschen, indem sie die Ernährung der Pflanzen, die Verknüpfung zwischen ihrem Gedeihen und den anorganischen Bodensubstanzen erforschen.[2])

In der zweiten Hälfte des 18. Jahrhunderts wurde demnach in Frankreich der Landwirtschaft die größte Aufmerksamkeit gezollt. Am Vorabend der Revolution beschäftigte sie die Gemüter nicht weniger, als politische und religiöse Fragen. Die Landwirtschaft — hieß es im Journal économique 1763 — darf nicht länger ausschließlich denjenigen

---

[1]) Voltaire, Dict. philosophique. IV. Wolters, S. 158, 165 ff., 201.
[2]) Wolters, S. 170, 200 ff.

überlassen werden, deren Gesichtskreis beschränkt ist, die nicht imstande sind, sich über die Interessen des Alltags zu erheben und das Richtige vom Falschen zu unterscheiden.

Die besten Geister der Zeit wurden zum Dienste der Landwirtschaft aufgerufen. Das Beispiel der hervorragenden Männer der Antike trieb die Menschen des 18. Jahrhunderts zur Nachahmung an: „Choiseul est agricole et Voltaire est fermier" wurde zum Sprichwort. Parmentier führte den Anbau der Kartoffeln ein, 1779 brachte er dem Könige „ausschließlich aus Kartoffel hergestelltes" Brot dar. Um den Kartoffelbau zu fördern, wurde von den Bischöfen den Landpfarrern verordnet, den Anbau derselben von der Kanzel herab zu predigen. Daubenton führte die Merinoszucht ein und widmete seine 1784 in der Pariser Akademie der Wissenschaften gehaltene Festrede der Frage der Veredelung der Wollsorten. Als Preisfragen wurden von den Akademien nicht mehr historische, literarische, ethische Aufgaben ausgeschrieben, sondern solche, wie „die Gründe des Verderbens von Saatkorn" (Akad. v. Bordeaux 1755), „Erforschung der Frage, ob alle Bodenarten zur alljährlichen Besäung geeignet sind" (Akad. v. Arras), „Die geeignetste und zweckmäßigste Art der Verbreitung des künstlichen Wiesenbaues" (Akad. v. Amiens). Eine Reihe von landwirtschaftlichen Gesellschaften (in Rennes, Lyon, Orléans, Tours, Toulouse, Limoges) wurden gegründet. Labiche zählt ihrer über 40 auf. Zu ihren Mitgliedern gehören Schriftsteller, Priester, Bischöfe, Ingenieure. Diese Gesellschaften begutachteten die ihnen unterbreiteten Untersuchungen über Land- und Weinbau, über Viehzucht, Seidenraupenzucht, sammelten Angaben über den Zustand der Landwirtschaft in anderen Ländern, veranstalteten Proben neuer Ackergeräte. Die Pariser landwirtschaftliche Gesellschaft gab die „Mémoires d'agriculture" heraus, zu deren Mitarbeitern Arthur Young selbst, das Orakel der englischen Landwirtschaft. zählte.[1])

Auch in Deutschland wächst das Interesse für die Landwirtschaft in der zweiten Hälfte des 18. Jahrhunderts. Preußen insbesonder suchte alle auf dem Gebiete der Landwirtschaft aufkommenden Neuerungen zu verwerten. Friedrich d. Gr. sagte mit Recht nach der Entsumpfung des Oderbruches 1753, er hätte „im Frieden eine Provinz erobert". Die den Morästen abgewonnene Bodenfläche betrug 225000 Morgen. Derselbe Erfolg wurde in den an der Warthe gelegenen Morästen erreicht. Nach der Entsumpfung der Brüche wurden sie von dem König besiedelt. An der Oder wurden 43 Siedelungen mit 1200 Familien angelegt, an der Warthe, wo früher auf 122000 Morgen Bodenfläche nur Wölfe und Bären gehaust hatten, hatte man 1785 95 Siedlungen gegründet. Die Ansiedler — Einwanderer aus Frankreich, Böhmen, Holland und der Pfalz — wandten neue Kultursysteme an; sie vervollkommneten die Viehzucht, gründeten namentlich Molkereien, nach den ihnen zum Vorbilde dienenden holländischen Einrichtungen „Holländereien" genannt. Ferner schickte die Regierung Söhne der Domänenpächter nach England, um dort die Landwirtschaft zu erlernen, sie mußten genaue Berichte über den Gang ihrer Studien in die Heimat senden; auch Engländer berief man nach Deutschland. Friedrich d. Gr. wandte dem Flachs-, Hopfen- und Tabakbau viel Aufmerksamkeit zu, suchte so-

[1]) Labiche, Les sociétés d'agriculture au XVIIIe siècle. S. 35 ff. Sée, Les sociétés d'agriculture (La vie économique et les classes sociales en France au XVIII siécle. 1924).

wohl auf Vermehrung des Rindviehs, als auf bessere Fütterung desselben einzuwirken, wobei er Stallfütterung empfahl. Durch reichlichere Futterproduktion, insbesondere durch Lupinenbau wollte er namentlich den geringen Sandboden (den „abscheulichen" Boden, wie ihn der König öfters nannte) Brandenburgs und Pommerns verbessern, denn — schrieb er an Voltaire 1776 — „ich gestehe zu, daß, Libyen ausgenommen, wenige Staaten sich rühmen können, es uns an Sand gleichzutun." Auf den königlichen Domänen wurde Kartoffelbau betrieben, die Zucht der Merinosschafe wurde gefördert. Noch wichtiger vielleicht aber wurde die von Friedrich d. Gr. begründete Organisation des Bodenkredits (die „Landschaften"). Wie Justus Möser sich ausdrückte, war vor deren Gründung die „Krankheit" des adeligen Grundbesitzes, die Verschuldung desselben, deutlich erkennbar, das „Heilmittel" dagegen jedoch noch unbekannt.[1])

Von 1727 an wurden an fast allen Universitäten Deutschlands Lehrstühle für Kameralien gegründet, zu denen auch die Landwirtschaft gerechnet wurde. In der zweiten Hälfte des 18. Jahrhunderts blühte in Deutschland eine reichhaltige landwirtschaftliche Literatur auf. Sie beruhte auf genauer Kenntnis der Werke ihrer englischen und französischen Vorgänger und übte, durch Vermittelung der Kameralisten, einen nachhaltigen Einfluß auf Landesfürsten, Staatsmänner und Grundbesitzer aus.

Im Gegensatz zu den im 17. Jahrhundert veröffentlichten Werken, die Ratschläge an fleißige Hausväter und Landwirte erteilen, wird in diesen Schriften eine systematische Anleitung zur planmäßigen und ertragreichen Führung des landwirtschaftlichen Betriebes gegeben. Als Beispiele können die Werke von Pfeiffer, Justi, ferner die von dem Herausgeber der sechzehnbändigen „Leipziger Sammlungen" Zincke und die von Krünitz (dem Verfasser einer — unvollendet gebliebenen — Lexika in 72 Bänden) dienen. Anton verfaßte eine Geschichte der deutschen Landwirtschaft in 5 Bänden, die bis zum 15. Jahrhundert fortgeführt wurde. Nach ihm wurde die schwierige Aufgabe, die Geschichte der deutschen Landwirtschaft zu schreiben, nur zweimal unternommen — von Langethal und von v. d. Goltz.

Noch größer war aber der Einfluß der praktischen Landwirte, welche die Landwirtschaft nicht nur in Deutschland, sondern auch in England, den Niederlanden, zum Teil auch in Frankreich erlernt hatten. Besondere Beachtung verdient unter ihnen Johann Christian Schubart, „der Wohltäter der Menschheit", wie ihn Thaer nennt. Nach mehrfachen gutgelungenen Versuchen des Anbaues von Klee, Zuckerrüben, Tabak, Maräne wurde er zum überzeugten Anhänger der Fruchtwechselwirtschaft. Unter dem Einflusse seiner Arbeiten wurden auf den ausgedehnten Gütern reicher Grundbesitzer die Anbausysteme vervollkommnet. Vom Kaiser Joseph II. erhielt Schubart in Anerkennung seiner Verdienste um die Verbreitung des Futterbaues den Titel eines

---

[1]) Stadelmann, Preußens Könige in ihrer Tätigkeit für die Landeskultur II (1882). 38 ff., 124 ff., 164 ff., 188 ff.

„Ritters des Heiligen Römischen Reiches von dem Kleefelde".[1]) In Deutschland machte sich unter den Landwirten eine „krankhafte Leidenschaft" für die Erweiterung der angebauten Bodenfläche kund. Es wurden Stimmen laut, welche Brachfelder und Gemeindeweiden energisch verurteilten. Auch hier trat bei den Grundbesitzern ein lebhaftes Interesse für Viehzucht an Stelle der Leidenschaft für „Reitpferde, Jagdhunde und Maitressen", es wurde „nur der für einen tüchtigen Landwirt gehalten, der Tag und Nacht über Vieh redete".[2])

Welches waren nun die Ergebnisse der Umsetzung der neuen Ideen in die Praxis, inwiefern kann von einer Anwendung der rationellen Anbausysteme die Rede sein? Nun waren vor allem die Resultate in den einzelnen Ländern von verschiedener Bedeutung. Die besten Erfolge waren in Flandern erzielt worden, dem Lande, das Hartlib schon 1651 den Engländern als nachahmenswertes Beispiel hinstellte; dort wurden schon zu jener Zeit Gartenpflanzen und Futterkräuter gezüchtet. Die Landwirtschaft — sagt der Engländer Shaw um 1788 — steht in hoher Blüte in Brabant und im Hennegau, doch zur höchsten Entwicklung ist diese Kunst in Flandern gelangt. Der Franzose Derival behauptet (1782) ebenfalls, er kenne kein Land, wo der Boden besser angebaut würde, als in den österreichischen Niederlanden. Zum gleichen Ergebnis kommt der deutsche landwirtschaftliche Schriftsteller Schwerz (um die Wende des 18. Jahrhunderts), indem er die Ernten Belgiens denen England gegenüberstellt. In Belgien beträgt nämlich der Ertrag 11,80 Scheffel pro Morgen Weizen, 12,98 für Roggen, 17,95 für Wintergerste 24,76 für Hafer und 12,90 für Bohnen, während in England die entsprechenden Zahlen 9,39, 9,58, 12,60, 14,38, 11,54 ausmachen, so daß der Ertrag im ganzen in Belgien zu dem in England erzielten sich wie 4:3 verhält; überhaupt verliert der Engländer wegen seines Feldbausystems 38% gegenüber dem Belgier.[3]) Auch der berühmte Thaer gibt zu, daß „der Fleiß der Landwirte und der Ertrag des Grund und Bodens vielleicht im ganzen nirgends höher wie hier getrieben sind."[4])

In den flandrischen Gebieten des heutigen Belgien verschwindet seit Ende des 17. Jahrhunderts die Brache, und die ehemalige Körnerwirtschaft wird durch Fruchtwechselwirtschaft mit Anbau von Futter- und Handelspflanzen ersetzt. Üblich war insbesonders ein zwölfjähriger Turnus, wobei in zwölf Jahren zweimal Klee, zweimal Flachs und einmal Kartoffeln vorkamen, außerdem Hanf und Rüben. Daneben

[1]) Goltz I, S. 319 bis 389.

[2]) Acta Bor., Getreidehandelspol. II, S. 22 ff. Ähnliche Strömungen in der Landwirtschaft (neue Literatur, neue Versuche, Gründung von landwirtschaftlichen Gesellschaften) hatte auch Spanien damals aufzuweisen (vgl. Desdevises du Dezert, S. 26 ff., Leonhard, S. 165 ff.).

[3]) Schwerz, Anleit. zur Kenntn. der belgischen Landwirtschaft (1802), I, S. 318, 322.

[4]) Thaer, Einleit.

pflanzte man auch Raps und Tabak an. In anderen Teilen Belgiens kommen Brachfelder noch in der ersten Hälfte des 18. Jahrhunderts vielfach vor, doch seit Mitte des Jahrhunderts sind sie auch hier nicht mehr anzutreffen. In Flandern werden um diese Zeit bereits zwei Erträge jährlich dem Boden abgewonnen, Gerste und Rüben oder Flachs und Klee bzw. Flachs und Karotten.

War Belgien sowohl im 16. und 17., als im 19. Jahrhundert ein Getreideeinfuhrland, so scheinen die Zahlen der Handelsstatistik für die zweite Hälfte des 18. Jahrhunderts uns eines anderen zu belehren, daß nämlich in dieser Periode ein Überschuß der Getreideausfuhr über die Einfuhr zu verzeichnen ist. In den vorhergehenden Jahrhunderten war der Ackerbau ja wenig entwickelt, im 19. Jahrhundert genügten die Erträge des Bodens bei dem raschen Anwachsen der Bevölkerung (Belgien war ja das am dichtesten besiedelte Land) nicht mehr; im dazwischenliegenden Zeitraum hingegen, wo bereits, wie im 19. Jahrhundert, 26 hl auf 1 ha kamen, das Bevölkerungswachstum jedoch noch ein viel langsameres war, gehörte Belgien zu den Getreideausfuhrländern — freilich nicht in Roggen und Hafer; jedoch stieg die Ernte in Weizen, Gerste, Spelz, Erbsen, Bohnen, Hopfen, Buchweizen das für die Konsumtion im Lande benötigte Quantum und es wurde sogar Kornausfuhr nach Nordamerika geplant.

Ferner zeichnen sich namentlich die flandrischen Gebiete durch namhaften Viehstand aus. Die Zeitgenossen zollen der flandrischen Viehwirtschaft ein überschwengliches Lob. An manchen Orten sollen die Kühe zweimal jährlich kalben, die Schafe drei bis vier, ja fünf bis sechs Junge im Jahre werfen. Auf eine Wirtschaft von 18 ha kommen mindestens 2 Pferde, 14 Kühe, 8 Kälber und 2 Schweine, was abgesehen von Pferden den Durchschnitt für den Anfang des 20. Jahrhunderts um ein Doppeltes übersteigen dürfte. Sollten sich diese Angaben auch nur auf einzelne Teile Flanderns beziehen und für andere übertrieben sein, so scheint jedenfalls in der Pferde- und Rindviehzucht in bezug auf Quantität wie Qualität der Tiere viel erreicht worden zu sein. Der Anbau von Futterpflanzen ermöglichte nämlich die Stallfütterung, somit eine größere und bessere Viehhaltung, was wiederum dem Felde zugute kam, das eine reichlichere Düngung erhalten konnte. Auch die Schweinezucht wurde eifrig betrieben und bloß die Schäfereien ließen viel zu wünschen übrig. Mit der Ausdehnung des angebauten Areals trat ein Verfall der Schafzucht ein.

Die Schilderungen und Zeichnungen der landwirtschaftlichen Geräte aus den Jahren 1788, 1809 und 1815 erweisen, daß schon damals die gleichen Werkzeuge in Gebrauch waren, die man noch in den sechziger Jahren des 19. Jahrhunderts benutzte. Erst die seitdem eingetretene Verdrängung der Holzgeräte durch eiserne Instrumente brachte darin eine Änderung. Ähnlich stand es mit dem Verfahren beim Bodenanbau. Würde man die Jahresangaben vom Anfang des 19. Jahrhunderts durch die aus den achtziger Jahren ersetzen, so könnte, nach Van Houtte, selbst ein wissenschaftlich gebildeter Landwirt den Irrtum kaum erkennen, so wenig Änderungen darin sind seitdem bis in die letzten Jahrzehnte des Jahrhunderts hinein hier eingetreten. Tiefpflügen, Entfernung des Unkrauts, Anwendung von Egge und Walze, reichliches Düngen des Bodens mit Pech, Salz, Mergel, Viehhörnern, Abfällen der Gerberei, auch städtischem Mist (seltener mit Kalk) sicherten namentlich im 18. Jahrhundert der flandrischen Landwirtschaft die erste Stelle in Europa.[1])

Doch auch die anderen Gebiete Belgiens, die Schwerz kennengelernt hatte (er bereiste auch einen Teil von Brabant und das Waes-

[1]) Schwerz, Anleitung, I, S. 307 ff. Brants, Essai histor., S. 209 ff. Van Houtte, Hist. économique de la Belgique (1920), S. 401 ff. Vgl. die Schriften von Mann, Derival, Lichtervelde.

land), machten ihn zu einem überzeugten Anhänger des belgischen Ackerbaues, wo „die Allmacht des Fleißes, der Ordnung und der Beharrlichkeit den dürren Sand in blühende Gefilde umgewandelt hatte". „Wir fangen an, an Kunst zu glauben." „Der Brabanter behandelt sein Land wie sein Pferd: er fordert von beiden eine beständige Arbeit, dagegen füttert und besorgt er sie aber auch in demselben Verhältnisse. Ein mageres Roß und ein ausgesogenes Land sind bei ihm Wunderdinge." „Er ackert tief", „er ackert mit Sachkenntnis", „er reinigt sein Feld ohne Unterlaß, wie seinen Garten", „es gebricht ihm nicht an Mist". An einer anderen Stelle heißt es bei Schwerz: „Die Auswahl der jeder Bodenart am meisten angemessenen Früchte ist die erste, der Reichtum an Dünger die zweite, eine fleißige, keine Mühen und Kosten sparende Feldbereitung und Wartung der Saaten die dritte und eine dem Lokale, der Zeit und der Wirtschaft angepaßte Fruchtfolge die vierte Bedingung eines guten Ackerbaues. Ein Volk, bei dem diese vier Hauptstücke zusammentreffen, von dem darf man rühmen, daß es die höchste Stufe eines guten Ackerbaues erreicht habe. Dieses seltene Zusammentreffen aber habe ich, meiner Meinung nach, bei den Belgen gefunden."[1])

Der belgische Pflug hat, nach Schwerz, „so große Vorzüge, daß es schwer fallen dürfte, sich ein vollkommeneres Ideal zu denken". Er lernte hier auch die Nützlichkeit des Jätens auf offenem Felde kennen, wobei das Unkraut nicht hingeworfen, sondern dem Vieh als erste grüne Nahrung gereicht wurde. Denn der Belge spricht nicht nach der Aussaat wie ein anderer Bauer: „Nun magst du wachsen", sondern: „Nun will ich sorgen, daß du auch wachsen und gedeihen kannst." Er bewundert ferner die große Verbreitung des Anbaues von Rüben (der sechste Teil der angebauten Bodenfläche ist im Spätjahr mit Rüben bedeckt), ohne die der Belge ebensowenig wie der Engländer sein Vieh erhalten zu können glaubt, die er jedoch, im Gegensatz zum englischen Farmer, als Nebenfrucht baut, so daß sie ihm nur ein Viertel davon kostet, was sie dem Engländer zu stehen kommt. Als die Basis des Ackerbaues wird hier jedoch der Klee angesehen. Schwerz erzählt, daß die Leute in einer Entfernung von 3 bis 4 Meilen von ihrem Wohnsitze Klee säen, „dann des Nachts hinfahren und eine grüne Ladung davon holen, um die Kühe damit im Stalle zu füttern". Er fügt hinzu: „Das scheint nur in einem ökonomischen Roman ausführbar und ich kann's niemandem verargen, wenn er es nicht glaubt.[2])

Weiden gibt es hier nicht. Auf seiner Reise traf Schwerz (außer auf den Poldern) im Sommer nie eine weidende Kuh an, wenn nicht ausnahmsweise irgendein armer Mann die seine an der Landstraße grasen ließ. Die Stallfütterung gewährte reichlichen Dünger; „Fleiß und Dünger allein können aber auf dem Felde das Unmögliche möglich machen". „So unschätzbar ist der animalische Dünger, daß er beinahe zu keinem Preise zu teuer angeschafft werden kann." Schwerz erzählt, wie sorgfältig in Belgien der Dünger aufbewahrt wird, wie er hier zum Gegenstand eines wichtigen Handelszweiges geworden ist, wie die Ware nach Gegend, Alter und Güte klassifiziert und in besonderen Warenlagern untergebracht wird. Er führt auch „Düngeranekdoten", wie er sie selber nennt, an, denn es klingt in der Tat anekdotisch, daß niedlich gekleidete Frauen auf der Straße sorgfältig Pferdeäpfel einsammeln, kleine Mädchen hinter einer Schafherde einhergehen, um gewisse

---

[1]) Schwerz, Anleitung usw. I, S. 1, 118, 210, 252.

[2]) Ibid. I, S. 58, 89, 265, 275.

Dinge aufzulesen, „die keine Blumen waren", daß in der Nacht Handwerksburschen sich mit Zusammenbringen von Straßenkot beschäftigen und daher die städtischen Straßen ungewöhnlich rein aussehen.[1])

An zweiter Stelle steht in bezug auf landwirtschaftlichen Fortschritt England, wo der künstliche Futterbau ebenfalls frühzeitig, wenn auch später als dies in Flandern der Fall war, eingeführt wurde und wo im 18. Jahrhundert der Übergang von der althergebrachten Dreifelderwirtschaft zum verbesserten Körnerbau sich vollzog. Wie Rogers ausführt, herrschte bis zum 17. Jahrhundert in der englischen Landwirtschaft Stillstand. Seit dieser Zeit jedoch machte sich ein bedeutender Fortschritt bemerkbar, der sich im Anbau von Futterpflanzen und Wurzelfrüchten kundgab. Schon zu Ende des 17. Jahrhunderts sind in allen Preisverzeichnissen, und zwar nicht nur in denen des Londoner Marktes, Angaben für Kleesamen zu finden.[2]) Es wäre jedoch verfehlt, anzunehmen, England wäre bereits im 18. Jahrhundert vollständig zur Fruchtwechselwirtschaft übergegangen. „So klein der Umfang Englands — sagt Thaer in seinem 1798 erschienenen Werke — gegen das Deutsche Reich ist, so gibt es doch in diesem kaum so viele, noch so auffallende Verschiedenheiten in der Wirtschaftsart, wie in jenem ... Auch muß man nicht glauben, daß die Landwirtschaft in ihrer wirklichen Ausübung daselbst allgemein schon einen hohen Grad von Kultur erreicht hätte. Keineswegs. Vielmehr schreien die wahren Kenner (gemeint ist zweifelsohne Young) oft über die Barbarei, worin sie den Ackerbau in manchen Distrikten angetroffen." Doch fügt er gleich hinzu: „Dieser wirklich existierenden Verschiedenheiten unerachtet, gibt es aber in England eine gewisse, allgemein anerkannte höhere Landwirtschaft, die, modifiziert nach dem Boden und der Lage, größtenteils wirklich ausgeübt wird und die alles, was wir sonst von Ackerbau im großen kennen, übertrifft."[3])

Aus den Reisebeschreibungen Youngs[4]) ergibt sich, daß in den sechziger Jahren des 18. Jahrhunderts der Anbau von Klee, Bohnen, Rüben (Turneps), auch Raigras weit verbreitet war. Nun ist freilich Young mit dem Erreichten noch lange nicht zufrieden. Er behauptet z. B., daß die Klee- und Wickenkultur im Westen von England noch nicht allgemein ist, wenn auch beide Wurzelgewächse zu Hauptbestandteilen des dortigen Ackerbaus geworden sind. Auf seiner Reise durch die nördlichen Grafschaften fand er, daß an manchen Orten der Klee unbekannt war, doch im allgemeinen war dessen Anbau viel häufiger, als Young erwartet hatte. Der Wickenanbau war in einigen Grafschaften des Nordens allgemein im Gebrauch, der Rübenbau dagegen nicht so sehr gepflegt, wie dies sein sollte, auch die Kartoffel fehlte oft, trotzdem sie den Boden verbessert; man berief sich auf den geringen Absatz derselben. Im Süden gab es Kleefelder überall, von der Nordgrenze der Grafschaft Norfolk bis zum äußersten Ende von Glamorgan, auch Raigras war fast überall angebaut. Doch fällt dabei der große Unterschied auf zwischen

---

[1]) Schwerz, I, S. 55 ff., 203. II, S. 213, 226 ff.

[2]) Rogers, S. 348, 368, 374, 380.

[3]) Thaer, Einleit. zur Kenntnis der engl. Landwirtsch. 2. Aufl. (1801), I, S. 675. Vgl. S. 11 f., 71, 295, 298.

[4]) S. die betr. Schriften (Reisen im Süden, Norden und Westen von England) auf S. 34 (unter „Quellen").

der ausgezeichneten Art der Kleekultur in Norfolk, Suffolk und Essex und der in einigen Teilen von Wallis;[1]) auch ist der Klee als Schweinsfutter noch wenig bekannt. Obgleich die Farmer die Notwendigkeit des Anbaus dieser Wurzelgewächse zum Zwecke reichlicher Getreideernten bereits anerkannt haben, so ist doch die nicht besäte Brache (über ihre Zweckmäßigkeit herrschte noch unter den englischen Landwirten ein Streit) noch weit verbreitet und nur zum Teil durch den Anbau dieser verbessernden Brachfrüchte ersetzt. Andrerseits sind viele Landwirte geneigt, den Anbau erschöpfender Pflanzen (Getreide) mehrere Jahre hintereinander folgen zu lassen. Der Nutzen guter Düngung ist ebenfalls zum Grundsatz geworden. An manchen Orten wird neben Stallviehdünger Ton, Mergel, Kalk, Meerschlamm zum Düngen gebraucht, auch holen die Farmer Mist aus den benachbarten Städten. In solchen Grafschaften wie Norfolk, Suffolk, Ilford, Essex, Kent, werden verschiedene Düngersorten miteinander vermischt und trotzdem der Boden an sich hier arm ist, hat durch ausgiebiges Düngen die Landwirtschaft hier dennoch beinahe die Vollkommenheit erreicht, an anderen Orten hingegen liegen die den Einwohnern zugänglichen Düngerarten noch unbenutzt da. Doch die beste Art, reichlichen und guten Dünger zu erhalten — die Stallfütterung —, findet bei den englischen Farmern wenig Gehör, oft herrscht noch immer der schlimme Brauch, die Tiere selbst im Winter auf den Feldern grasen zu lassen. Was jedoch am meisten Youngs Unwillen herausfordert, ist der Umstand, daß man bei der Bestellung des Bodens die Qualität desselben gar nicht berücksichtigt, insofern als überall ebensoviel Vieh, nämlich im Durchschnitt 3 bis 3½ Pferde pro acre angewandt und ebensoviel Boden an einem Tage beackert wird, was zweifelsohne von einer ganz unmöglichen Routine in der Landwirtschaft zeugt und einen großen Teil des Ertrags zunichte machen muß. Denn es genügen meist zwei Pferde pro acre, während öfters ihre Zahl, nach der Väter Art, bis auf sechs steigt, weswegen viel Ackerland, das Menschen ernähren könnte, zur Nahrung ganz unnützer Pferde dienen muß.

Weit geringer waren die in Frankreich erzielten Ergebnisse.

Im 16.—17. und in der ersten Hälfte des 18. Jahrhunderts befand sich die Landwirtschaft in Frankreich — wie Henry Sée mit Recht ausführt — noch in einem recht niedrigen Entwicklungsstadium.[2]) Seit dem Mittelalter, wo ein Feld eingesät, das andere als Weide benutzt, das dritte brachgelegt wurde, hatte sich fast nichts verändert. Wie es im späteren Mittelalter nicht selten vorkam, daß Bauern „den Boden mit den Händen aufrissen", so waren noch in der geschilderten Zeit Fälle nicht selten, wo Grundstücke von 7 bis 8 arpents (1 arpent = ½ ha) mit der Spitzhacke oder dem Spaten bearbeitet wurden. „Ein Paradies für Pferde und eine Hölle für Menschen" nannte man die Gegenden, wo solcher Hackbau noch angewandt wurde. Überhaupt war auch in der Periode des 16.—18. Jahrhunderts das verbreitetste Ackergerät die hölzerne Pflugschar, von derartig primitiver Beschaffenheit, daß sie an die von Vergil beschriebene erinnerte. Mittelst der

---

[1]) Den Grund für den hohen Stand der Norfolker Landwirtschaft, wo doch der Boden der Grafschaft in den dreißiger Jahren des 18. Jahrhunderts meist aus unfruchtbarem Weideland bestand, findet Young neben den Einhegungen, den langfristigen Pachtverträgen und dem Vorherrschen großer Farmen in dem fast allgemeinen Gebrauch von Mergel und Ton als Dünger, im Anbau von Turneps mit zweimaligem Pflügen, von Klee und Raigras und in einer ausgezeichneten Fruchtfolge. Diese besteht zumeist aus vier Schlägen: Rüben (Turneps), Gerste, Klee oder Raigras, Weizen.

[2]) Sée, Les classes rurales en Brétagne du XVI siècle à la Révolution (1906), S. 379—413. Vgl. d'Avenel, Hist. de la propriété etc. I, S. 298.

selben konnte der Boden nur gefurcht, nicht aber locker gemacht werden. Die Aussaat wurde zu spät begonnen, das Unkraut nachlässig gejätet, dadurch wurde nicht nur die Ernte des laufenden Jahres, sondern auch die des darauffolgenden geschädigt. Dünger war nur spärlich vorhanden, da die Kühe zu schlecht genährt waren, und der Bauer war daher gezwungen, viel Zeit auf das Sammeln von Blättern, Farrenkraut und Schilf zu verwenden, welche er nachher als Düngemittel verwertete. Die Gemeindeweiden reichten nicht aus, um das Vieh ausreichend zu ernähren, sie gaben kaum Futter genug her, um es nicht vor Hunger umkommen zu lassen. Die Bauern suchten die Raupenplage, die die jungen Pflanzen vernichtete, durch Zaubersprüche zu bannen, sie ließen über die Tiere, welche die angepflanzten Gemüse schädigten, den Kirchenbann verhängen, wofür die Geistlichen alljährlich bestimmte Summen ausgezahlt erhielten. Für das Wohlergehen der dem Landmanne nützlichen Tiere dagegen wurden Bittgottesdienste abgehalten.

Zieht man zum Vergleich die Schilderungen hinzu, die sich in den aus den 80er Jahren des 18. Jahrhunderts stammenden Reiseaufzeichnungen desselben Arthur Youngs finden, so dürfte daraus gefolgert werden, daß, obwohl in dem vorhergehenden halben Jahrhundert unzweifelhaft Fortschritte gemacht worden waren, sie doch nur als teilweise, auf einzelne Gebiete beschränkte bezeichnet werden müssen. Sie bedeuteten nur Änderungen des früheren Betriebssystems, doch keineswegs eine durchgreifende Umgestaltung desselben. Arthur Young ist z. B. von der französischen Pflugschar gar nicht entzückt, besonders, wenn er sie mit der englischen vergleicht. Selbst 1800 bildete die vervollkommnete Pflugschar eine Ausnahme. In vielen Gegenden Frankreichs — meinte er — steht die landwirtschaftliche Kultur nicht höher, als bei den Huronen.[1]) Freilich darf andrerseits nicht übergangen werden, daß bereits zu Anfang der 60er Jahre des 18. Jahrhunderts das „Journal économique" berichtete, die „prairies artificielles" mehrten sich in den meisten Provinzen von Jahr zu Jahr, die Kultur von Turneps, Futterklee, Esparsette wäre sowohl in Nord- als auch in Mittelfrankreich vorhanden. Den Anbau der Kartoffel hatte man von England, der Schweiz und Flandern her übernommen.[2])

Doch hielt man sie anfangs noch für eine schädliche Pflanze, man behauptete, der Genuß ihrer Knollen riefe Fieber hervor, in manchen Gegenden war ihr Anbau verboten. Diesen Widerstand suchte vor allem Turgot zu bekämpfen. Als er (in den sechziger Jahren des 18. Jahrhunderts) Intendant von Limousin war, verteilte

---

[1]) A. Young, I, S. 116, 146.

[2]) In Belgien (den österreichischen Niederlanden) wurde die Kartoffel um 1700 bloß als Gartenpflanze in den Städten gepflegt. Später trugen zu ihrem Anbau viel die Äbte des St. Peters-Klosters bei Gent bei, die ihre Pächter in Kartoffeln, welche die Mönche gern genossen, zinsen ließen. Um die Mitte des 18. Jahrhunderts waren Kartoffeln auf den Märkten Flanderns überall anzutreffen und sie wurden bald zur Alltagsspeise der flandrischen Bevölkerung, obwohl dieser Pflanze weniger Land zum Anbau überlassen wurde als dem Klee oder der Rübe (Van Houtte, Hist. écon., S. 452).

er in ausgiebigster Weise an Landpfarrer und Landwirte Kartoffeln zur Aussaat. Wenn er Reisen durch die umliegenden Dörfer unternahm, ließ er sich in Gegenwart der mißtrauischen Bauern Kartoffelspeisen reichen und verzehrte sie vor ihren Augen. Es gelang ihm endlich, ihren Argwohn durch diese anschaulichen Argumente zu besiegen, jedoch nur zum Teil. Sie begannen wohl Kartoffeln anzubauen, aber nur. um das Vieh damit zu füttern. Zu Anhängern der Kartoffel wurden zuallererst die Bauernkinder. Sie fanden, daß dieselbe „ihrem Aussehen und Geschmack nach der Kastanie ähnle".[1])

Dank den Bemühungen Parmentiers[2]) und der Begünstigung durch den Hof kam der Kartoffelbau rasch vorwärts. Pflegte ja Marie Antoinette an ihrem Gewande Kartoffelblüten zu tragen, an der Hoftafel wurde auf Befehl des Königs Tag für Tag irgendeine Kartoffelspeise gereicht. Bald wurde die Kartoffel, besonders in Jahren des Mißwachses, zur gewöhnlichen „Nahrung der Armen"[3]), wie sie damals schon genannt wurde, obzwar Young meinte, „$^{99}/_{100}$ der Menschheit würden kaum damit einverstanden sein, Kartoffeln zu genießen".[4]) Sonst aber waren keine erheblichen Fortschritte zu verzeichnen; der Acker wurde nach wie vor schlecht bestellt, nicht tief genug gepflügt, die Unkräuter nur nachlässig gejätet, der Boden zu spät besät und die Saatkörner waren von minderwertiger Beschaffenheit; auch benutzte man mangels Viehdünger Blätter und Farnkraut, die man verfaulen ließ, als Dünger.

Doch glaubte Young ein charakteristisches Merkmal der französischen Bodenkultur darin zu erblicken, daß „alles in der französischen Landwirtschaft Beachtenswerte entweder in besonders fruchtbaren Landstrichen wie Flandern, Elsaß, das Garonnetal zu finden sei, oder dem Anbau besonderer Pflanzenarten, die dem Klima Zentral- und Südfrankreichs angepaßt sind, z. B. des Mais, ihr Entstehen verdanke. Ist es nicht staunenswert — fügt er hinzu —, daß in England die am wenigsten fruchtbaren Ländereien am sorgfältigsten — oder jedenfalls ebenso sorgfältig wie alle anderen — angebaut, in Frankreich dagegen nur die fruchtbarsten Ackerflächen in richtiger Weise ausgenutzt werden.[5]) Der Landbau in Flandern, Artois, Elsaß machte auf Young einen recht günstigen Eindruck. Bei dem Übergang in die benachbarten Provinzen — Picardie und Franche Comté — „gerät man dagegen in ein ganz anderes Reich, man überschreitet die Grenze, die Vernunft von Unverstand trennt. Dort befand man sich in einem blühenden

---

[1]) Ardaschew, Provinzialverwalt. II, S. 569. Beaurepaire, Renseignements statistiques sur l'ètat de l'agriculture vers 1789 (1889), S. 59, 63 f. Sion, Les paysans de la Normandie Orient., S. 253.

[2]) Die Kartoffel war freilich nicht bloß anderwärts, sondern auch in Frankreich noch vor Parmentier bekannt (Beaurepaire, S. 63. Brunhesvallot, La géographie de l'histoire. 2 éd. 1921. S. 92).

[3]) Labiche, Les sociétés d'agricult. au XVIII siècle, S. 135 ff.

[4]) Dagegen behauptete der Abt Mann (Hist. natur., S. 125) um 1775, daß, obwohl die Kartoffel für den Armen am nützlichsten und vorteilhaftesten sei, sie doch von Leuten aller Stände genossen und geschätzt würde.

[5]) Young II, S. 135.

Garten; hat man den Fluß passiert, so kommt man auf die Fluren träger und unverständiger Menschen. Dort ist der menschliche Geist tätig und erfinderisch, hier befindet er sich in einem Zustande von Stillstand und Untätigkeit". In bezug auf West- und Südfrankreich fielen freilich seine Urteile wieder günstiger aus.[1]) Von neuem traf sein Blick mit Esparzette und Luzernenklee besäte Felder; mancherorts fiel ihm das völlige Fehlen der leeren Brache auf (die im Norden Frankreichs sogar auf den fruchtbarsten Bodenflächen noch zu finden war). Im Süden (besonders in der Provence und dem Languedoc) notiert er eine zweckmäßig angelegte Berieselung der Felder. Im Zusammenhang damit bemerkt er jedoch über die landwirtschaftlichen Gesellschaften: „Was ist über sie zu sagen, wenn man sieht, daß sie Zeit und Geld auf die Verbreitung von Pferdehacken und Färbepflanzen verwenden, während zwei Drittel der Bauernschaft keine Ahnung von der Bewässerung der Fluren haben?"[2]) Zum Schluß hebt Young die weite Verbreitung der Brachfelder in Frankreich hervor und bemerkt: „Anstatt sein Volk zu ruinieren, um seinen Enkel auf den spanischen Thron zu setzen und Flandern und Elsaß zu erobern, hätte Ludwig XIV. sein Reich viel glücklicher, reicher und mächtiger machen können, wenn er in einigen seiner Provinzen die leere Brache beseitigt und in den anderen den Anbau von Turneps eingeführt hätte."[3])

Auch andere Angaben bestätigen die Annahme, daß die Landwirtschaft in den einzelnen Teilen Frankreichs mancherlei Verschiedenheiten aufzuweisen hatte. Am höchsten stand die Kultur im französischen Flandern, das auch in dieser Beziehung eine Fortsetzung Belgiens bildete. In der Gegend von Lille, die man als das beste Land von ganz Europa, die Lombardei nicht ausgenommen, bezeichnete, gab es das ganze Jahr hindurch nur Stallfütterung, alles anbaufähige Land wurde Jahr für Jahr bestellt, die Brache fehlte fast vollständig. Nur ein Drittel des Bodens wurde mit Weizen bestellt, die übrigen Getreidearten hatten weniger Bedeutung, so daß Halmfrüchte im ganzen nicht mehr als die Hälfte des Bodens einnahmen, während die andere Hälfte den Hülsenfrüchten, Futter- und Handelspflanzen, unter denen an erster Stelle Klee stand, eingeräumt war. Auch Kartoffeln, Rüben, Raps, Hopfen, Flachs, Krapp wurden angebaut, in Kleinbetrieben findet sich auch Tabak, dessen Kultur für Großbetriebe zu umständlich war, da sie viel und sorgfältige Arbeit erheischte. In größeren Wirtschaften wurde ungefähr der achte Teil des Bodens der Brache überlassen, doch war dies keine richtige Brache, sondern eine bebaute, da man auf dem Brachfelde Colsa und Rüben säte, die dann, zur Zeit der Frühlingssaat, dem Hafer zu weichen hatten. Den Samen schenkte man besondere Aufmerksamkeit, ließ sie zum Teil aus Belgien und Riga kommen. Weniger vervollkommnet waren die landwirtschaftlichen Geräte; bei der Bestellung des Bodens hatte die menschliche Kraft fast die ganze Arbeit zu leisten, selbst Egge und Walze mußte der Landmann in kleineren Betrieben selber ziehen. Nur dem

---

1) Joung II, S. 118, 122.

2) Ibid. II, S. 150 ff. Am Vorabend der Revolution gab es nur einige wenige landwirtschaftliche Gesellschaften, die ihre Tätigkeit nicht aufgegeben hatten, doch fällt auch ihre Blüte in die Jahre 1761 bis 1770, und auch zu dieser Zeit konnten die Anregungen der Gesellschaften nur auf den Großgrundbesitz eine gewisse Wirkung ausüben, während ihre Mahnungen bei den Bauern kein Gehör fanden (Sée, La vie économique. S. 20).

3) Young II, S. 140.

Pflug wurden Pferde vorgespannt. Dagegen wurde der Boden tüchtig gedüngt, nannte man doch den Dünger den Gott der Landwirtschaft. Man benutzte zum Düngen, außer dem von der eigenen Wirtschaft hervorgebrachten, sowohl Ölkuchen als Taubenmist, Asche, Kaminruß usw.; auch die Bedeutung des menschlichen Düngers, für den man sonst in dieser Periode noch keine Verwendung fand, hatte man hier früh kennen gelernt und brachte ihn in kleinen Fässern nach Hause, um ihn in Zisternen aufzubewahren, wo man ihm auch Vogelmist beimischte. Die Ausgaben für den Dünger machten insgesamt nicht weniger als ein Neuntel der Betriebskosten aus. Obwohl man vor allem den Ackerbau pflegte, wurde doch auch die Viehzucht nicht vernachlässigt. Die flandrischen Tierrassen standen in hohem Ansehen, besonders zog der Bauer Schweine und Kühe auf, denen er, soviel er auch an seiner eigenen Nahrung sparen mochte, die sorgfältigste Pflege angedeihen ließ.

Allerdings gilt das oben Angeführte nur für einen Teil des französischen Flanderns, nur für die Gegend von Lille, während man in anderen Teilen der Provinz den Boden weniger reichlich düngte und die Düngerarten nicht so mannigfaltig waren, auch Stallfütterung war hier öfters bloß im Winter gebräuchlich. Doch benutzte man auch hier seit Mitte des 18. Jahrhunderts Mergel zum Düngen, baute Hanf, betrieb Pferde- und Schafzucht; der Bauer hielt auch neben Mastschweinen Mastochsen und der Ertrag der Landwirtschaft war ein befriedigender. Die anderen (südlichen) Teile des heutigen Département du Nord bildeten bis zur Mitte des 18. Jahrhunderts einen direkten Gegensatz zu Flandern, während dann die flämische Kultur auch hier (in Hennegau und Cambrésis) eindrang, um sich vor der Revolution einen vollständigen Sieg zu erkämpfen. Der Anbau von Klee, Wicken, Luzerne, Rüben, Kartoffeln breitete sich immer mehr aus, in manchen Gegenden fand auch die Flachs- und Tabakkultur Eingang, jährliche Düngung — darunter auch mit Kalk und Asche — kommt auf, die reine Brache mußte immer mehr weichen und dies bedeutete auch einen Rückgang der Schafzucht, die nur dort sich erhalten konnte, wo noch Gemeinweiden vorhanden waren. Immerhin stand der Süden auch jetzt noch den nördlicher gelegenen Distrikten von Flandern nach.[1])

In der Normandie werden seit Anfang des 18. Jahrhunderts Versuche gemacht, die altüberlieferte Dreifelderwirtschaft aufzugeben und die Brache vor allem mit Klee zu bestellen. Freilich fand das neue Verfahren nur langsam Eingang, es hatte mit zu großen Vorurteilen zu kämpfen, die insbesondere in den Pachtverträgen, welche die Brache vorsahen, ihren Ausdruck fanden und dadurch jeden Fortschritt hemmen mußten. Trotzdem wiesen die Brachfelder während des 18. Jahrhunderts eine stetige Abnahme auf, und in verschiedenen Teilen der Provinz nahmen sie um die Wende des Jahrhunderts nicht über ein Neuntel, — ja noch weniger — der bebauten Fläche ein. Man beklagte sich freilich noch um 1789 darüber, daß die Ausbreitung der künstlichen Wiesen nicht bloß die Weiden vermindere, sondern auch die Getreideernten, woraus allerdings bloß die Folgerung gemacht werde, daß die Heiden und wüsten Ländereien urbar gemacht werden müßten. Doch waren die Gegner der Futterpflanzen im Irrtum. Der Anbau von Klee, zu dem teilweise auch Rübsaat und Luzerne hinzukamen, ermöglichte wenigstens eine Stallfütterung im Winter. Nur war diese Periode zu kurz, im besten Falle dauerte sie von November bis April, öfters noch weniger. Doch suchte man die Kühe während dieser Zeit reichlich zu füttern. Paris bot ja einen guten Absatzmarkt für die Produkte der Viehzucht. Neben den Futterpflanzen wurde auch Flachs, Tabak und Kartoffeln angebaut, teilweise auch Krapp, der aus Flandern übernommen war. Doch auch Getreide lieferten die mit Mergel und dem Mist der zahlreichen Tiere gedüngten Felder nicht bloß für den eigenen Bedarf, sondern auch für die Pariser Markthallen. Nur während der nicht selten vorkommenden Jahre

---

[1]) Lefebvre, Les paysans du Nord pendant la Revolution (1924). I, S. 191 ff., 203 ff.

des Mißwachses mußte dieser Absatz eingestellt werden und trotzdem hatte dann die Bevölkerung unter Teuerung und Mangel an Korn zu leiden.[1])

In den anderen Provinzen waren die Fortschritte in der landwirtschaftlichen Kultur viel geringer. Die Bepflanzung der Brache war meist nur wenig verbreitet, in der Bretagne, Anjou, Maine herrschte noch zu Anfang des 19. Jahrhunderts die Dreifelderwirtschaft. Es ist nicht leicht — sagte man in der Bretagne —, die hiesigen Landwirte zur Änderung des alten Anbausystems zu veranlassen. Öfters ruhten hier die Felder nach einem Anbaujahre zwei Jahre hindurch aus, arme Böden bestellte man auch noch viel seltener, einmal in acht bis zehn, ja einmal in zwanzig Jahren. Nicht anders war es in Bas-Maine, wo der größte Teil der Bodenfläche aus Heide bestand, die bloß als Viehweide dienten. Man behauptet mit Recht, daß der Bauer den Grund und Boden nur für sich bestelle, ohne an sein Vieh zu denken, das ihm doch bei seiner Feldarbeit behilflich sei und ihm einen Teil der Nahrung und Kleidung verschaffe. Die Ernährung des Viehes war noch zu Anfang des 19. Jahrhunderts so mangelhaft, daß es am Ende des Winters sich kaum mehr auf den Beinen halten konnte und am Schwanz nach der Weide gezogen werden mußte. Doch auch die Weide konnte den Tieren nicht viel Futter gewähren. In der Picardie z. B. waren die Gemeindeweiden nur armselig, stellten mit Heidekraut und Gestrüpp bewachsene Ödländereien dar, welche nur infolge ihrer erheblichen Ausdehnung einer geringen Anzahl von Tieren, wenn auch dürftigen Schlags, die Möglichkeit zu existieren oder vielmehr nicht zu verenden gewährten.[2]) Was die südlichen Provinzen, wie z. B. Languedoc, betrifft, so waren dort die Ackergeräte seit Jahrhunderten unverändert, sie ermöglichten eine nur dürftige und oberflächliche Bearbeitung des Bodens. Neben der Dreifelderwirtschaft waren dort Ansätze zum Anbau von Mais und Hanf, sowie zum Gemüsebau zu finden. Andrerseits aber waren nicht selten Felder anzutreffen, die nach einer oder zwei Ernten 6 bis 7, ja 15 Jahre lang in Brache lagen und von Heidekraut überwuchert wurden; dieses wurde verbrannt und die Asche als Düngemittel benutzt. Arthur Young freilich scheint in dem von ihm der Berieselung der dortigen Felder gespendeten Lob zu überschwenglich zu sein; wäre seine Behauptung, daß es hier kein Stückchen unbewässertes Land gibt, richtig, so hätte wohl kaum der Intendant Balainvilliers den Wunsch geäußert, „diese Art der Bewässerung, wobei das Wasser aus kleinen Flüssen und Bächen hergeleitet wird, sollte möglichst weite Verbreitung in der Provinz finden“. Die Bewunderung der Berieselungskanäle des Languedoc „findet ihre Erklärung nur darin, daß die Provinz in dieser Beziehung damals doch eine Ausnahme bildete“. 1785 waren, um den künstlichen Wiesenbau zu fördern, nach dem Languedoc Turnepssamen geschickt worden; sie sollten an solche Landbewohner, die weniger als 50 Livres Grundsteuer (taille) zahlten, umsonst, an die übrigen zu 15 Sous pro Pfund verteilt werden. Jedoch waren in der Hälfte aller Kirchspiele keine Liebhaber dafür zu finden, in den anderen wurde das Anrecht auf kostenlosen Bezug der Samen nur von einem geringen Bruchteil der dazu Berechtigten ausgenutzt. Die meisten Samen wurden unter denjenigen abgesetzt, die mehr als 50 Livres Grundsteuer zu zahlen hatten, den landbesitzenden Stadtbewohnern, wie Advokaten, Kaufleute, Richter. Die Bauern fürchten es, Experimente anzustellen, meldete ein Beamter. Eine Folge dieser Rückständigkeit war die geringe Ausdehnung der Weiden, die nur ungenügende Viehherden ernähren konnten. Die Zahl der Pferde war so klein, daß sogar die Post ihren Bedarf daran nur mit genauer Not decken konnte. Die Versuche, die Viehgattungen durch Kreuzung mit den aus der Schweiz und Flandern herbeigeschafften Exemplaren besseren

---

[1]) Sion, Les paysans de la Normandie orientale (1909), S. 225 ff., 229 ff., 235 ff., 245 ff., 253 ff.

[2]) Sée, Brétagne, S. 430 ff. Musset, Le Bas-Maine (1917), S. 283 ff., 288ff., 299, 307. Demangeon, La plaine Picarde (1905). Vgl. Sée, Hist. du régime agraire en Europe au XVIII siècle (1924). Lafarge, L'agriculture en Limousin et l'administration de Turgot (1902).

Schlages zu veredeln, waren von so geringem Erfolg, daß schließlich von ihnen Abstand genommen wurde. Von großer Bedeutung für das Languedoc wie für den Süden Frankreichs im allgemeinen war die Schafzucht, sowohl infolge des starken Konsums von Hammelfleisch, als auch insbesondere wegen der in diesen Gebieten weitverbreiteten Wollindustrie. Die Trockenheit des Bodens, die Dürftigkeit der Weiden bildeten für die Schafzucht kein Hindernis, und der Kalkgehalt des Bodens war derselben jedenfalls zuträglich. Doch die Unterernährung der Schafe, sowie der Umstand, daß sie recht schmutzig gehalten wurden, brachte es mit sich, daß ihre Wolle nur minderwertig war, da sie von Unratklumpen bedeckt, verfilzt und grau war. Darum kümmerten sich jedoch die Besitzer der Schafherden nicht. Sie konnten im Gegenteil dadurch nur am Gewicht der Wolle gewinnen, zu welchem Zwecke die Schafe sogar eigens vor der Schafschur in Schweiß gebracht und dann auf sandigem, staubigem Boden geweidet wurden, damit der Sand in die Wolle eindringe und an ihr haften bleibe.[1]

Im allgemeinen wird man behaupten können, daß die Landwirtschaft vieler Provinzen von der neuen Bewegung im Grunde genommen nur wenig berührt worden war. Die Bauern standen den neuen Ideen teilnahmslos gegenüber; ihre Armut, die mannigfachen Mißgeschicke, die sie Jahr um Jahr betrafen, nahmen ihnen jeden Mut, Meliorationen zu versuchen. Ein Fortschritt ließ sich demnach noch nicht erkennen. Freilich aber gab sich dennoch — wie Dutil hervorhebt — ein gewisses Aufleben, ein Erwachen kund, das die Gewähr für kommende Neuerungen gab.[2]

Das Bestreben ging dahin, die Landwirtschaft nicht so sehr intensiver, als vielmehr extensiver als früher zu betreiben. Wüste, mit Wald und Morästen bedeckte Bodenflächen wurden anbaufähig gemacht. Während noch zu Anfang des 18. Jahrhunderts die Regierung im Lichten der Wälder eine Gefahr für die Bevölkerung erblickte, da ein Mangel an Brennholz eintreten könnte, änderte sie bald ihre Ansicht und gewährte für den Anbau neuer Ländereien eine 10-, 15-, ja 20jährige Freiheit von Steuern und Zehnten. Freilich darf die neu urbargemachte Bodenfläche nicht überschätzt werden. Es sind allerdings ziffernmäßige Angaben über die Zahl der Anmeldungen zur Erschließung unbebauter Ländereien erhalten. Jedoch stimmen sie nicht immer mit der Zahl der daraufhin tatsächlich ausgeführten Urbarmachungen überein, um so mehr, da die durch gesetzliche Bestimmungen für diese Fälle festgelegten Begünstigungen nicht immer verwirklicht wurden. Obwohl solche Ländereien auch von dem Zehent frei sein sollten, wurde letzterer in der Regel doch erhoben. Noch vor der Revolution schien die frühere Begeisterung, Wälder zu roden und Land urbar zu machen, erloschen zu sein und eine Reaktion eingesetzt zu haben. Ja in manchen Gegenden war sogar die bereits seit langem angebaute Ackerfläche zurückgegangen, was mit der unerträglichen Steuerlast zusammenhing. In den Cahiers von 1789 wird vielfach darüber Klage geführt, daß viele neu urbar-

---

[1]) Dutil, L'état économique du Languedoc à la fin de l'ancien régime (1911) S. 90 ff., 230 ff., 254 ff. Über Roussillon vgl. Brutails, Note sur le régime rural de Roussillon à la fin de l'ancien régime (1889), S. 65 ff.

[2]) Dutil, S. 271.

gemachte Ländereien bald wieder verlassen würden, da sie sich als zum Anbau ungeeignet erwiesen; infolge der zahlreichen Urbarmachungen fehle es an Viehweiden, auch werde das Land dadurch entwaldet.[1]) Die Ergebnisse der ganzen Urbarmachungsbewegung waren demnach mehr negativer Art. Insbesonders stand ihnen die Bauernschaft nicht selten feindlich gegenüber, denn die Ödländereien wie auch der Wald hatten als Viehweide zu dienen. Auf Morästen wurde ebenfalls Vieh geweidet, aus welchem Grunde die Trockenlegung derselben, die freilich an manchen Orten eifrig betrieben wurde, anderwärts durch Proteste der Bauernschaft, ja durch Angriffe seitens der Bauern verhindert wurde. So kehrt jedesmal die gleiche Frage wieder, wie man an einen Fortschritt im Ackerbau oder auch nur an eine Ausdehnung des angebauten Areals denken könne, angesichts der Tatsache, daß die meisten Ländereien der Viehzucht vorbehalten werden müßten.[2])

Bis zur Mitte des 18. Jahrhunderts — sagt v. d. Golz — wurde (in Deutschland) am althergebrachten Anbausystem festgehalten. Es konnte nicht genügend Futter für das Vieh produziert werden, es war daher unmöglich, die Viehhaltung zu vermehren. Es war nichts ganz Seltenes, daß Kühe wegen mangelhafter Ernährung im Winter so schwach wurden, daß sie bei beginnendem Weidegang nicht allein aufstehen und gehen konnten, sondern mit dem Schwanz auf eine Schleife gezogen und so auf die Weide geschleppt werden mußten. Man nannte solche Tiere „Schwanzvieh“.[3]) Doch auch die Gemeindeweiden, auf denen das Vieh den größeren Teil des Jahres hindurch weidete, boten demselben nur ungenügende Nahrung. Der dadurch entstandene Mangel an Düngemitteln konnte auf das Anbausystem nur ungünstig einwirken. Die Felder wurden nicht tief genug gepflügt, sie wurden in Furchen zerteilt, auf deren Mitte der Stallmist abgeladen wurde, da dessen Menge ja für die ganze Flur nicht hingereicht hätte; infolge dieser unzweckmäßigen Verteilung der Düngemittel war der Ernteertrag an Getreide und Stroh nur gering. Dazu kam die „reine“ Brache, die man wegen „der Ruhe des Landes“ für nötig hielt; dadurch blieb ein größerer Teil der Ackerflur ungenutzt. Erst durch die Besömmerung der Brache,

---

[1]) Selbst in den südlichen Teilen des heutigen Département du Nord, wo man mittelst Urbarmachung und Trockenlegung zur Verdrängung der extensiven Viehwirtschaft durch die aus Flandern sich ausbreitende vollkommenere Kultur unzweifelhaft viel beigetragen hatte, rief dies dennoch, da Aufhebung der Gemeindeländereien und Einhegungen damit Hand in Hand gingen, eine zeitweilige Krise hervor, da die kleinen Landwirte ihr Vieh nicht mehr wie früher ernähren konnten (Lefebvre I, S. 80 ff., 122).

[2]) Sée, La vie écon., S. 94 ff. Ders., Les classes rurales en Bretagne, S. 439 ff. Karéjew, S. 220 ff. Dutil, L'état écon. du Languedoc. S. 106 ff., 113 ff., 117 ff. Brutails, Note sur l'économie rurale du Roussillon, S. 17, 20 ff. Musset, Le Bas-Maine. S. 274 ff. Demangeon, La Picardie et les rayons voisines. S. 217 ff. Sion, Les paysans de la Normandie Orientale. S. 202 ff., 338 ff. Lefebvre, Les paysans du Nord I, S. 217 ff.

[3]) Wie in manchen Teilen Frankreichs. S. oben S. 53.

durch den Anbau derselben mit Futterpflanzen sollten durchgreifende Änderungen im landwirtschaftlichen Betrieb geschaffen werden. Denn auf diese Weise erfuhr der Rohertrag der Felder, die nicht mehr ungenutzt dalagen, eine Vermehrung, insbesondere weil die Futterkräuter durch ihre tiefgehenden Wurzeln nicht bloß die in den unteren Bodenschichten vorhandenen Pflanzennährstoffe ausnutzten, sondern auch die chemische wie die physikalische Beschaffenheit des Bodens verbesserten und dadurch der Ertrag der nachfolgenden Getreidefrüchte eine Zunahme erfuhr. Vor allem aber lieferten die auf dem Felde ge bauten Futterpflanzen und Gräser eine erhebliche Vermehrung der für das Vieh zur Verfügung stehenden Futtermenge, was eine Ausdehnung der Viehhaltung, bessere Ernährung der Tiere möglich machte. Namentlich ergab sich dies bei der Sommerstallfütterung, wenn die Tiere nicht auf den mit Klee und Gras angesäten Feldern weideten, sondern das abgemähte Grünfutter im Stall erhielten. Dadurch hob sich auch die Düngerproduktion nach Menge und Beschaffenheit und es konnte dem Mangel an Düngemitteln, der die Wurzel alles Übels war, abgeholfen werden.[1])

Nun gelangte man allerdings zu einer so radikalen Umgestaltung des landwirtschaftlichen Betriebes in Deutschland auch in der zweiten Hälfte des 18. Jahrhunderts noch nicht. Es wurden zwar Reformen angebahnt, doch kamen sie vorläufig nur teilweise zur Ausführung. Der Anbau von Klee und Stallfütterung fanden namentlich Verbreitung in Baden, der Pfalz, Nassau und anderen Rheingegenden, anderwärts jedoch wurden noch bis zum Ende des 18. Jahrhunderts erhebliche Zweifel an der Richtigkeit der neuen Lehre erhoben. Die Mehrzahl der Gutsbesitzer behauptete, daß die Weide dem Vieh eine naturgemäße Nahrung liefere, das Kleefutter ihm dagegen schädlich sei, Fleisch, Milch und Wolle verderbe. Auch würde das Land, wenn man keine reine Brache hielte, niemals zur Ruhe kommen, man könnte in diesem Falle weder das Feld richtig bearbeiten, noch auch zeitgemäß düngen, so daß die Stallfütterung auf Kosten des Getreidebaues ginge. Erst nach Schubarts Tode, d. i. im letzten Jahrzehnt des 18. Jahrhunderts, gewann der Anbau von Klee, auch von Luzerne und Esparsette eine stärkere Verbreitung.[2])

So wurde der Anbau von Esparsette in Thüringen viel geübt; die Luzerne wurde nicht bloß in den Rheingegenden, sondern auch in Schwaben, und zwar nicht nur auf Feldern erster Güte, sondern auch auf geringeren Böden angebaut. Viel Aufmerksamkeit schenkte man aber jetzt überall dem Kleebau. Doch da man die Schubartschen Lehren oft einseitig auffaßte, den Kleebau öfters übermäßig ausdehnte und auf ungeeigneten Böden betrieb, auch die Beackerung vernachlässigte, insbesonders die Reinigung der Felder unterließ, konnten die

---

[1]) v. d. Goltz, I, S. 461 f.
[2]) Langethal IV, S. 345, 361 f., 449 f.

erwünschten Resultate nicht erzielt werden, was bei den Landwirten an der Zweckmäßigkeit der Reformen Zweifel erregen mußte.[1])

Eine größere Bedeutung erreichte auch der Kartoffelbau. In Baden wurden auf Weiden und Brachen überall, wo sich die Möglichkeit dazu bot, Kartoffeln angebaut. Doch auch in Pommern hatte die Kartoffel Eingang gefunden und Friedrich d. Gr. hatte sich selber davon überzeugt, daß „gerade in den schlechtesten Distrikten die Untertanen mit dem Kartoffelbau sich zu helfen wußten". Auch in der Kurmark ging es damit vorwärts, während in anderen Provinzen trotz der Forderung des Königs, man solle durch Landdragoner die Kartoffelpflanzungen revidieren, nur geringe Fortschritte zu verzeichnen waren. Dies änderte sich erst in den siebziger Jahren des 18. Jahrhunderts, als man die Kartoffel als Ersatzmittel des mangelnden Getreides schätzen lernte. Nach diesen Notjahren erlangte der Kartoffelbau eine schnelle Verbreitung. Allerdings hatte die Kartoffel noch mit starken Vorurteilen zu kämpfen.[2]) Noch Thaer, der in den letzten Jahren des 18. Jahrhunderts schrieb, mußte der Ansicht von der schädlichen Wirkung der Kartoffel auf die menschliche Gesundheit entgegentreten[3]), indem er auf Grund seiner füheren ärztlichen Praxis nachzuweisen suchte, daß weder bei Erwachsenen, noch bei Kindern ein reichlicher Genuß der Kartoffel, die namentlich bei den unteren Klassen der städtischen Bevölkerung viel verzehrt werde, ungünstige Folgen hervorriefe; sie errege im Gegenteil weniger Gärung, Aufblähung und Säure als jede andere Nahrung.[4])

Nur soweit, als feldmäßiger Futterbau und Stallfütterung sich einbürgerten, konnte auch eine Ausdehnung der Viehhaltung und eine größere Produktion an Butter und Wolle stattfinden. Da jedoch die Besömmerung der Brache außerhalb der Rheingebiete nur ganz allmählich Eingang fand, so sah es mit der Viehzucht öfters kläglich aus. Da man kein Futter auf Feldern baute, so ging es gewöhnlich schon im März zu Ende und man mußte auf Brachen und Saatfeldern für die Kühe junges Futter zusammensuchen, das jedoch nur eben hinreichte, um die Tiere am Leben zu erhalten; die Schafe aber mußten sich, sofort nach der Schneeschmelze, ihr spärliches Futter auf Wiesen suchen. Die Schäfereien starben dadurch bis zu einem Viertel, einem Drittel und

---

[1]) Schwerz II, S. 23. Langethal IV, S. 446.

[2]) Stadelmann II, S. 176 f.

[3]) Die einen „haben gesagt: alles Unheil, welches Amerika durch sein Geld, durch seine Krankheiten und vielleicht gar neulichst durch seine Freiheitsgrundsätze über Europa verbreitet habe, würde durch das Geschenk, welches es uns mit der Kartoffel gemacht hatte, reichlich aufgewogen. Dagegen zählen andere diese Frucht mit in der Reihe von Übeln auf, die wir der Entdeckung schuldig sind." Skrofeln, Abzehrungen, englische Krankheit, Hautausschläge, Bleichsucht, Gicht, Krämpfe, Rheumatismus, kurz alle Krankheiten sollen von dem häufigen Genusse der Kartoffel herrühren (Thaer I, 2. Aufl., S. 404 f.).

[4]) Thaer I, 2. Aufl., S. 407 ff.

noch mehr aus.[1]) Erst seit der Jahrhundertwende ist dies anders geworden.

In Ostpreußen herrschte noch in den siebziger Jahren des 18. Jahrhunderts ausnahmslos die mit Flurzwang verbundene Dreifelderwirtschaft. Erst um diese Zeit dringt die Kartoffel in der bäuerlichen Wirtschaft allgemein vor. Weit geringer dagegen war die Aussaat an Bohnen, Raps, Lein, Hanf und Rübsamen. Doch auch im gutsherrlichen Großbetrieb vollzog sich erst um 1790 der Übergang von der Dreifelder- zur Mehrfelder- und Koppelwirtschaft, was eine starke Steigerung der Ertragsfähigkeit zur Folge hatte. Ein bedeutsamer Aufschwung in der Schaf- und Pferdezucht beginnt dagegen erst nach 1815, in der Rindviehzucht sogar erst nach 1830.[2]) In Hannover war, soweit man nach den Goertz-Wrisbergschen Gütern urteilen kann, zu Ende des 18. Jahrhunderts die reine Brache fast ganz aufgegeben, sie wurde mit Wicken, Erbsen, Linsen, Kartoffeln, Hanf besömmert, zuweilen auch mit Klee oder Kohl. Doch mußten sich dabei für die Bauern Schwierigkeiten einstellen, da nach der Zehntordnung nur ein bestimmter Teil der Brache besät werden durfte. Deswegen sind auch in der Viehhaltung vor Ende des Jahrhunderts keine Änderungen hervorgetreten, insbesonders war die Schaffütterung 1603 und 1783 völlig die gleiche, von Kraftfutter war außer Erbsen nicht die Rede.[3]) Auch auf den Stolberg-Wernigeroder Domänen im Magdeburgischen beginnen erst im letzten Jahrzehnt des 18. Jahrhunderts neben Bohnen und Wicken auch Buchweizen, Linsen, Lein, Kartoffeln und Klee eine, wenn auch bescheidene Rolle zu spielen. Ein Teil der Brache wird damit besömmert, während ca. $^1/_4$ der Ackerfläche auch jetzt noch reine Brache bleibt. Auf diesen Gütern weist die Gesamternte 1770 bis 1790 noch keine Steigerung gegenüber 1720 bis 1740 auf, vielmehr einen Rückgang. Erst 1810 bis 1820 läßt sich eine erhebliche Zunahme feststellen.[4]) Für die Schaffgottschen Güterkomplexe in Schlesien ergibt sich (Herrschaft Kynast) eine Erhöhung der landwirtschaftlichen Einnahmen (Vorwerksnutzung) seit 1780, während die Reinerträge bloß von 1840 an die von 1730 bis 1740 übersteigen, dagegen selbst in den günstigsten dazwischen liegenden Jahren (1791 bis 1800) an letztere nicht heranreichen.[5])

Trotz der Blüte der landwirtschaftlichen Literatur im 18. Jahrhundert, trotz der Mitwirkung von Staat und Gesellschaft an der Verbreitung neuer landwirtschaftlicher Kultursysteme ist doch in der Lebenswirklichkeit im allgemeinen also nur wenig erzielt worden. Die Ursachen sind nach verschiedenen Richtungen zu suchen. Hier sollen nur einige der wichtigsten Momente hervorgehoben werden. Zunächst die alten Gerechtsame, die den landwirtschaftlichen Fortschritt hemmen mußten. „Ein acre eingehegten Bodens ist vier acres Gemeindeboden wert“, sagt ein englischer landwirtschaftlicher Schriftsteller des 17. Jahrhunderts. In Frankreich führte das Bestehen der Gemeindehütungen zur Vernichtung neuangebauter Weinberge durch das weidende Vieh.

---

[1]) Langethal IV, S. 359 f.

[2]) Carl Böhme, Gutsherrlich-bäuerliche Verhältnisse in Ostpreußen während der Reformzeit von 1770 bis 1830 (1892), S. 34 f., 38.

[3]) Goertz-Wrisberg, Die Entwicklung der Landwirtschaft auf den Goertz-Wrisbergschen Gütern in der Prov. Hannover (1880), S. 21.

[4]) Wendorff, Zwei Jahrhunderte landwirtschaftlicher Entwicklung auf den gräfl. Stolberg-Wernigeroder Domänen (1890), S. 71 ff., 79 ff., 83 f. Backhaus, Entwicklung der Landwirtschaft auf den gräfl. Stolberg-Wernigerodischen Domänen (1888), S. 94.

[5]) Heisig, Entwicklung der landwirtschaftlichen Verhältnisse auf den Schaffgottschischen Güterkomplexen in der Provinz Schlesien (1884), S. 34 f.

Noch 1753 und 1756 wurde, zur Wahrung der Gemeindegerechtsame, ein Verbot der Benutzung verbesserter Erntegeräte erlassen, denn dadurch „würde der arme Mann um das Stroh gebracht werden, womit er seine Hütte deckt und seine erstarrten Glieder wärmt". Justi lenkt in seinem Werke „Von denen Hindernissen einer blühenden Landwirtschaft" die Aufmerksamkeit auf eine andere Tatsache, auf die Unmöglichkeit, Verbesserungen bei dem Fortdauern eines Zustandes einzuführen, wo der Bauer sich notdürftig durchschlägt und mit großer Mühe die zur Bezahlung der Steuern notwendigen Mittel zusammenbringt. Noch weiter gehen die Schriftsteller des 18. Jahrhunderts, welche ohne Umschweife „die Aufhebung der usurpierten Rechte und der Hörigkeit" verlangen; mit letzterem Terminus waren überhaupt alle Einschränkungen der persönlichen Freiheit der Bauern und der Verfügungsrechte über ihr Vermögen gemeint. Am schroffsten wird dieser Gedanke von Arthur Joung an vielen Stellen seines Tagebuches ausgedrückt. Folgende Bemerkungen sind charakteristisch für seine Ansichten: „Trifft man irgendwo auf wüstliegende, obwohl zum Anbau völlig geeignete Ländereien, so unterliegt es keinem Zweifel, daß dieselben einem mächtigen Seigneur gehören." Und weiter: „Schlechte Beackerung, armselige Wohnhütten, sicher gehört dieser Boden einem der glänzenden Höflinge, die ich gestern im Schloß von Versailles sah." Oder: „Als Merkmal der Erhabenheit von Prinzen und hochgestellten Persönlichkeiten dienen von Heidekraut wuchernde Einöden, ihre Residenzen sind von Wäldern umgeben, die mit Hirschen, Wölfen und Ebern bevölkert sind".

„Ohne durchgreifende Reformen in den Agrarverhältnissen — sagt Karéiew — blieb die damalige Landwirtschaftswissenschaft in den meisten Fällen nichts weiter als eine Spielerei für Müßiggänger; ihre agronomischen Versuche, mit Ausnahme der mit dem Kartoffelbau angestellten, ähnelten oftmals der Modelaune der Mme de Pompadour, sich als Milchmädchen zu kleiden. Ihre landwirtschaftlichen Traktate brachten ebensowenig Nutzen, wie die unter dem Einfluß der Landwirtschaftsmode entstandene, das Landleben verherrlichende Poesie."[1]) Allerdings darf nicht unerwähnt bleiben, daß die landwirtschaftlichen Gesellschaften Frankreichs diesen letzten Gründen der Rückständigkeit in der Landwirtschaft oft sehr nahe kamen, durch ihre Arbeiten auf die Feudallasten und das „antisoziale" Steuersystem geradezu hingedrängt wurden, als auf die Ursachen, welche den Bauern daran hinderten, seine Viehhaltung zu verbessern; hatte sich der Bauer ein zweites Pferd angeschafft, so war es vorauszusehen, daß bei der nächsten Steuerumlage der Einnehmer seinen Steueranteil erhöhen würde. Jedoch suchten die Gesellschaften diese heiklen und gefährlichen Probleme zu umgehen und auf dem gefahrloseren und festeren Boden rein technischer Meliorierungen zu bleiben.

---

[1]) Karéiew, Les paysans, S. 262 ff., 267.

Damit treten wir direkt an die Frage über die Agrarverfassung und die gutsherrlich-bäuerlichen Verhältnisse im 16. bis 18. Jahrhundert heran. Inwiefern hatte sich das Maß der persönlichen Unfreiheit der Bauern, ihre Rechte und Pflichten in bezug auf Grund und Boden in dieser Zeit geändert? Es muß vor allem hervorgehoben werden, daß die, besonders in älteren agrargeschichtlichen Werken oft vertretene Lehrmeinung, die Lage der Bauern hätte sich in diesem Zeitabschnitte (16.—18. Jahrhundert) verschlimmert, durch die neuesten Untersuchungen auf diesem Gebiete nur teilweise bestätigt wird. Es ist bereits oben ausgeführt worden, daß, im Vergleich zum früheren Mittelalter, schon im 13.—14. Jahrhundert sich in der Befreiung der Bauern von der Unfreiheit Fortschritte bemerkbar machten. In England wurde die Unfreiheit bereits im Spätmittelalter größtenteils abgeschafft und die Bauern erwarben Rechte auf den Boden. Auch in anderen Ländern — in Norditalien, in manchen Gebieten Spaniens (Catalonien, Navarra, Majorca) und in einer Reihe von schweizerischen Kantonen (Schwyz, Uri, Unterwalden, Glarus, Appenzell) — waren die Bauern bereits zu Ausgang des Mittelalters von Leibeigenschaft, Gerichtsherrschaft und den mit dem Boden zusammenhängenden Frondiensten befreit. Zum Teil hatten sie sich zu Freibauern im eigentlichen Sinne hinaufgeschwungen, teilweise waren sie zu persönlich freien Erbpächtern gutsherrlichen Bodens geworden. Während der folgenden Periode machte die Bauernbefreiung auch in anderen Ländern Fortschritte. Es war dies hauptsächlich in Frankreich und der französischen Schweiz der Fall. Was Westdeutschland betrifft, so war auch hier im Spätmittelalter eine Besserung zu verzeichnen, doch war dann ein Stillstand eingetreten, und die Agrarverfassung verblieb namentlich seit dem Bauernkriege dauernd in den nunmehr festgelegten Formen.

Die Behauptung, die Lage der Bauernschaft hätte sich verschlimmert, kann nur in bezug auf die Gebiete Deutschlands östlich der Elbe aufrechterhalten werden. Dieser Rückschritt, der sich in einer strengeren Schollengebundenheit, in der Vermehrung der Frondienste und der Verschlechterung des bäuerlichen Besitzrechtes kundgab, hatte schon seit dem 15. Jahrhundert begonnen, vollzog sich aber vornehmlich im Zeitalter des Dreißigjährigen Krieges und in den darauffolgenden Jahrzehnten. Von der Mitte des 18. Jahrhunderts an sind dagegen bereits Maßnahmen zu verzeichnen, welche auf eine allmähliche, freilich recht langsam von statten gehende Befreiung der Bauern hinausgehen. In Preußen, Österreich, Mecklenburg, Holstein begann diese Bewegung recht spät, daher wurde dort die Bauernbefreiung bis in die Mitte des 19. Jahrhunderts hinausgezogen. In anderen Ländern war sie bereits gegen Ende des 18. und zu Anfang des 19. Jahrhunderts vollzogen worden. Hier hatte dem Werke der Bauernbefreiung die letzte Vollendung schon damals gegeben werden können, da die abgestufte Milderung der Unfreiheit bereits viel früher — 100 bis 200 Jahre vor der französischen Revolution — eingesetzt hatte. Würde man von der Ansicht, die Unfreiheit wäre im 16.—18. Jahrhundert verschärft worden, ausgehen, so müßte die zu Ende des 18. Jahrhunderts vollzogene Bauernbefreiung als eine gänzlich unvermittelt auftretende, durch den vorhergehenden Entwicklungsgang nicht zu rechtfertigende Tatsache erscheinen. Man könnte sie jedenfalls keineswegs als den Endpunkt eines jahrhundertelang währenden, allmählich sich vollziehenden Entwicklungsprozesses begreifen.

Daraus, daß in England die Unfreiheit schon am Ausgang des Mittelalters im Verschwinden begriffen war, daß sie in Frankreich und Westdeutschland nach einer Periode allmählicher Abschwächung zu Ausgang des 18. und zu Anfang des 19. Jahrhunderts aufgehoben, in Preußen und Österreich nach einer zeitweiligen Verschärfung zu Anfang des 19. Jahrhunderts abgeschafft wurde, kann noch eine andere Schlußfolgerung gezogen werden: In der Bauernbefreiung, wie auch in der Verbreitung anderer freiheitlicher Institute ging die Bewegung von Westen aus und verbreitete sich nach Osten hin. Freilich scheinen es keine schroffen Übergänge gewesen zu sein. Der Unterschied zwischen den einzelnen Teilen Europas besteht vielmehr darin, daß Institute, welche in gewissen Ländern zur völligen Ausbildung gelangt waren, in anderen Landgebieten in ihrer Entwicklung auf halbem Wege stehen blieben oder daß Erscheinungen, die in einem gewissen Gebiet zu charakteristischen Merkmalen gehören, im Nachbargebiete keine solche Verbreitung erhalten und nur sporadisch auftreten.

Der hier angegebene Verlauf der Bauernbefreiung von Westen nach Osten und der allmählich abgestufte Übergang zur Freiheit werden durch die genaue Untersuchung des (persönlichen) Abhängigkeitsverhältnisses der Bauernschaft, das durch die Bezeichnung villainage, servage, Leibeigenschaft, Leibherrschaft ausgedrückt wird (das Recht des Grundherrn über die Person des Bauern, Beschränkungen der Freizügigkeit, der Heiratsfreiheit, des Erbrechtes, der Berufswahl), bestätigt. Die gleiche Schlußfolgerung ergibt sich jedoch auch bei der Untersuchung der Besitzrechte des Bauern am Grund und Boden, der Institute des Sachrechtes, der Grundherrschaft, seigneurie (Recht des Grundherrn auf Frondienste, Grundzins). Diese Rechte können sehr verschieden geartet sein, vom Bodenbesitz „bis weiter“ (bis auf weiteres), d. h. solange es dem Grundherrn beliebt, bis zu der an das Eigentumsrecht grenzenden erblichen Emphyteuse.

Kapitel 4.

Die Agrarverhältnisse in England.

Die agrarische Entwicklung Englands im 15. bis 16. Jahrhundert wird durch Tatsachen zweierlei Art charakterisiert: Durch die Ausdehnung der Schafzucht und durch die Aufteilung der Gemeinheiten. Eine Folge dieser beiden Momente war die Bildung großer Gutskomplexe. Wie wir oben gesehen haben, hatte in England bereits im Mittelalter die Wollproduktion einen bedeutenden Umfang angenommen. Nach

Rogers wurden die durch die zahlreichen Kriege der englischen Herrscher verursachten Ausgaben in erster Linie aus den Erträgen der Wollaus fuhrzölle gedeckt. Die großen Zahlungen, die von England im 13.—15. Jahrhundert an die römische Kurie und an verschiedene Prälaten geleistet wurden, erfolgten in der Weise, daß die lombardischen Bankiers zunächst große Mengen von Wolle nach Flandern sandten und daraufhin den Erlös nach Italien überwiesen. 1541 wurde von dem Hause der Gemeinen eine Liste der zur Ausfuhr aus England zugelassenen Wollgattungen aufgestellt, in der 44 verschiedene Sorten mit Beifügung der entsprechenden Preise, die zwischen 13 und 2½ Pfd. Sterl. für das Bund von 364 Pfd. Wolle schwanken, aufgezählt werden. Es müssen 44 verschiedene Marken gewesen sein, die den Gegenstand eines lebhaften Handelsverkehrs auf den flandrischen Märkten bildeten und die zum großen Teile nur in bestimmten Gebieten Englands erzeugt wurden. Seit der Mitte des 15. Jahrhunderts gewann die Schafzucht in England noch weiter an Ausdehnung. Cunningham sucht diese Erscheinung mit dem Bauernaufstand von 1381 in Verbindung zu bringen. Nach seiner Ansicht dürften einerseits die dienstpflichtigen Bauern nach dem mißglückten Aufstande wohl kaum zu anhaltender, fleißiger Arbeit zu bewegen gewesen sein. Andrerseits konnten aber auch die Versuche, das Hofland durch gedungene freie Arbeitskräfte bearbeiten zu lassen, infolge der hohen Arbeitslöhne zu keinen günstigen Ergebnissen geführt haben. Den Ausweg aus dieser schwierigen Lage erblickten die Gutsherren wohl in der Verwandlung des Ackerlandes in Weideland, zu dessen Bewirtschaftung weit weniger Arbeitskräfte erforderlich waren, als dies beim Ackerbau der Fall war. Von der Mitte des 15. Jahrhunderts an setzte auch, wie Rogers gleichfalls hervorhebt, die rapide Aufwärtsbewegung der Wollpreise ein, ein weiterer Antrieb zur Ausbreitung der Schafzucht, die außerdem eine „absatzfähigere, haltbarere und leichter versendbare Ware lieferte“.[1]) Die Schafzucht dehnte sich vor allem auf den „eingehegten“ Bodenflächen aus, auf den aus der gemeinsamen Nutzung ausgeschiedenen, aus der Gemengelage ausgesonderten Grundstücken. Die auf der offenen Flur zerstreut liegenden Grundstücke aller Wirte eines Gutsbezirkes wurden zusammengelegt, jeder erhielt zusammenliegende Grundstücke; darauf fand die Teilung der Wiesen, Weiden und ungeurbarten Gemeinheiten statt. Die Aufteilung der Gemeinheiten und Zusammenlegung der Grundstücke wurde durch die Einhegung der ausgesonderten Anteile vollendet und diesem letzten Vorgange nach, der dem Volksbewußtsein als der wichtigste erschien, wurde die Gesamtheit aller dieser Prozesse unter der Bezeichnung „Einhegung“ („inclosure“) zusammengefaßt. Nur die Einhegung — so meinten die Zeitgenossen — wäre imstande, es zu verhindern, daß „das Vieh des Ärmeren auf Kosten des Reicheren ernährt werde, und

[1]) Vgl. Leonard, Inclosure of Common Fields. (Royal Hist. Soc. Trans. N. S. 1905. XIX). Levett and Ballard, The Black Death etc. 1916, S. 142. Anders Bradley, The Enclosures in Engl., 1918, S. 18ff.

nur aufdiese Weise würde jedem die Möglichkeit gegeben werden, das eingehegte Grundstück nach seinem Gutdünken zu verwerten".

Die Ausbreitung der Weidewirtschaft und die Einhegungen riefen zahlreiche Klagen hervor. Es wurden Beschwerden darüber laut, daß Wohnhäuser und Kirchen in Schäfereien verwandelt würden, daß dort, wo früher blühende Dörfer lagen, nunmehr nur ein Schäfer und sein Hund zu finden sei. „Früher — so heißt es in einer Flugschrift — waren Hunde erforderlich, um die Schafe vor Füchsen zu schützen. Besser wäre es jedoch gewesen, die Füchse hätten diese Schafe gefressen, denn ganze Städte und Dörfer werden um ihretwillen vernichtet, und auch der Staat wird an ihnen zugrunde gehen."

Es erschien eine Reihe von Gesetzen, um das weitere Zusammenlegen kleinerer Pachthöfe zu großen Pachtgütern zu verhindern. Nach einem 1498 für die Insel Wight erlassenen Gesetz sollen Güter, deren Jahreszins 10 Mark übersteigt, nicht in Pacht vergeben werden. Verschiedene Bestimmungen bekämpften die Ausbreitung der Schafzucht (ein 1535 erlassenes Gesetz verbietet den Grundbesitzern, mehr als 2000 Schafe zu halten). Andere Verordnungen richteten sich gegen die durch das Umsichgreifen der Schafzucht veranlaßte Zerstörung der landwirtschaftlichen Gebäude (Gesetz von 1489). Als jedoch Kardinal Wolsey noch weiterging, die Wiederherstellung der bereits niedergerissenen Baulichkeiten, sowie die Rückverwandlung von Weideland in Ackerland anordnete (Gesetz von 1517—1518) und diese Bestimmungen auch tatsächlich durchzuführen suchte, indem er die Entfernung der bereits errichteten Hecken verfügte, war ein klägliches Mißlingen die Folge. Nach seinem Sturze machten seine Nachfolger keine Versuche mehr, seine Politik fortzusetzen. Auch später erließ die Regierung wiederholt gegen die Einhegungen gerichtete Gesetze oder die früheren werden, z. B. in der Periode von 1563 bis 1593, jahraus, jahrein erneuert. Insbesonders waren sie durch Hungersnöte und hohe Getreidepreise veranlaßt, da dieselben von der Bevölkerung als direkte Folgen der Einhegungen betrachtet wurden. So folgte dem Aufstand von 1549 und den Hungersnöten von 1550 das Gesetz von 1552, die Erhaltung des Ackerbaues betreffend. Die Mißernten und Hungersnöte von 1594—1597 hatten die Veröffentlichung des Statuts von 1598 zur Folge. Doch scheint der Gesetzgeber um die praktische Durchführung aller dieser Bestimmungen sich nur wenig gekümmert zu haben. 1623 aber wurden alle früheren (vor dem Statut von 1563 erlassenen Gesetze, dieses Statut inbegriffen) mit der Begründung aufgehoben, sie stellten „ein dermaßen verwirrendes Labyrinth" dar, daß sie ohnehin von keinerlei Nutzen sein könnten und nur zwecklos Raum im Gesetzbuch einnähmen[1]).

Den zahlreichen Klagen über die Einhegungen darf jedoch nicht unbedingt Glauben geschenkt werden. Es liegen keine genügenden Gründe zur Annahme vor, die Verdrängung des Ackerbaues durch die Schafzucht hätte eine allgemeine, sich nicht nur auf einzelne Gebiete Englands erstreckende Erscheinung gebildet. Am einträglichsten erwies sich die Schafzucht in den mittleren Grafschaften Englands, den Midland Counties, wo die Wollpreise am höchsten standen, die Getreidepreise dagegen nur gering waren. Die Getreideerzeugung für den Absatz nach dem Auslande war in diesen Teilen Englands, infolge des schlechten Zustandes der Landstraßen und der weiten Entfernung von den Häfen unrentabel, da die Transportkosten die Produktionskosten überstiegen. Im Zusammenhang damit gewinnt an Wahrscheinlichkeit die Vermutung

---

[1]) Gay, Quart. Journ. XVII. Lipson, Econ. Hist. I. 3. Aufl., S. 153ff.

von Gay, daß die Einhegungen in diesen — und zwar nur in diesen — Grafschaften Mittelenglands stattgefunden hätten. Diese Behauptung, die zu der früher herrschenden Ansicht, die Einhegungen des 15. bis 16. Jahrhunderts hätten sich auf die Hälfte, ja auf zwei Drittel Englands erstreckt, in krassem Widerspruch steht, bekräftigt Gay folgendermaßen. Bereits um die Mitte des 15. Jahrhunderts erwähnt Rowse Einhegungen von Gemeindeländereien und die Ausbreitung der Schafzucht; doch ist bei ihm dabei nur von den Midlands die Rede. Ferner erstreckte sich das gegen die Einhegungen gerichtete Gesetz von 1597 weder auf die nordöstlichen, noch auf die östlichen und südlichen Grafschaften, da in diesen Gebieten die Einhegungen keinen größeren Umfang angenommen hatten. Endlich ist in Betracht zu ziehen, daß im 17. Jahrhundert die über die Einhegungen geführten Beschwerden hauptsächlich aus dem Warwikshire, Somersetshire, Leicestershire, Bedfordshire, Buckinghamshire stammen.

Jedenfalls ist es übertrieben, die Wirkung der Einhegungen dieser Periode den verheerenden Folgen des Schwarzen Todes gleichzustellen, und zwar nicht nur aus dem Grunde, weil die Einhegungen damals nur in vereinzelten Grafschaften stattgefunden hatten, sondern auch, weil dieselben wohl kaum einen beträchtlichen Umfang angenommen haben können. Wie aus den Erhebungen der königlichen Kommission von 1517 bis 1519 erhellt, zählte man die Opfer der von 1485 bis 1517 vollzogenen Agrarumwälzung nicht nach Hunderten von Tausend, sondern es waren ihrer bloß ca. 7000. Im Laufe dieser Zeit waren insgesamt nur 100000 acres eingehegt worden, in dem Zeitabschnitte von 1588 bis 1607 erstreckten sich die Einhegungen — wie aus den Akten einer anderen Kommission ersichtlich — auf eine noch geringere Bodenfläche (insgesamt 70000 acres), ein Vorgang, der 2200 Bauern geschädigt hatte. Zieht man in Betracht, daß in den ersten drei Jahrzehnten des 19. Jahrhunderts 3½ Mill. acres eingehegt worden waren, so ergibt sich — selbst wenn man annimmt, daß die Erhebungen der beiden Kommissionen unvollständig waren und sich nicht auf alle tatsächlich stattgefundenen Einhegungen erstreckten —, daß „dieselben jedenfalls nur die ersten Ansätze zu einer Umwälzung der Agrarverhältnisse darstellten“.[1]

Auch die von Prothero und Marx her überkommene Darstellung dieser Einhegungen[2]), derzufolge sie „die gewaltsame Enteignung der Bauern durch die Lords“ dargestellt haben sollen, muß einer gründlichen Revision unterzogen werden. Die neueren Forscher, die diesem Problem nähergetreten sind (Hasbach, Leadam, Ashley, Ssawin), sind zu dem Ergebnis gekommen, daß die Einhegungen im allgemeinen ohne direkte Verletzung des geltenden Privatrechts sich vollzogen haben. Gab es ja noch im 16. Jahrhundert eine zahlreiche Schicht der Bauernschaft, deren Besitzrechte an Grund und Boden recht unsichere waren.

[1]) Gay, Quart. Journ. of Economics. XVII. Ashley II, S. 302 ff. Granat, S. 89 ff. (russ.). Johnson, Disapp., S. 164. Lipson I, S. 158 ff.

[2]) Prothero, Pioneers and Progress of English Farming (1912). Marx I, Kap. 24,

Ashley geht so weit, alle copyholder in diese Kategorie einzubeziehen. Sie hätten dem formell geltenden Rechte nach keinen Anspruch auf gerichtlichen Schutz ihres Grundbesitzes genossen.[1])

In der Tat hatte die in England im 14.—15. Jahrhundert vor sich gegangene Bauernbefreiung ihren Ausdruck in dem Verschwinden der villains gefunden, der hörigen, sowohl zu Fronden als zu persönlichen Leistungen verpflichteten Bauern.[2]) Allmählich wird aus dem schlechteren Besitzrecht der villains das bessere Besitzrecht der copyholder, das auf der Copy of the Court roll beruhte, einer Kopie, die der manorialen Eintragung über die Verleihung der Bauernstelle durch den Lord an ihren Inhaber entsprach. Obwohl das Copyhold-Land als freier, mit keinen lehensrechtlichen Verpflichtungen belasteter Grundbesitz galt, so war dennoch die persönliche Freiheit des Copyholders noch mancherlei Einschränkungen unterworfen. Bei jeder Besitzveränderung, bei Erbfall mußte eine bestimmte Abgabe an den Lord entrichtet werden, zuweilen hatte sich auch das Herriot erhalten, der Anspruch des Lords auf das Besthaupt als Erbbestandsabgabe.[3])

Noch mehr Beachtung verdient jedoch der Umstand, daß das Besitzrecht des copyholders an Grund und Boden ein unsicheres war. Das Rechtsverhältnis zwischen copyholder und Lord war theoretisch als ein rein persönliches Abkommen konstruiert. Jede in der Besetzung des copyholds eintretende Unterbrechung hatte also nach formellem Recht den Heimfall desselben an den Lord zur Folge, der es daraufhin von neuem, sei es an den Erben des früheren Besitzers, sei es an einen anderen Bewerber, verleihen konnte. Aus den Schriften Littletons, die aus dem letzten Jahrzehnt des 15. und dem Beginn des 16. Jahrhunderts herrühren, ist es ersichtlich, daß zu dieser Zeit für die Willkür der Lords ein ausgiebiger Spielraum vorhanden war. Der copyholder besaß keine formellrechtlichen Garantien, die ihn gegen die Enteignung durch den Lord hätten sichern können. Bloß das bestehende Gewohnheitsrecht gewährte ihm einigen Rückhalt. Der Lord mochte sich oftmals scheuen, dasselbe zu verletzen, sei es aus Achtung vor überliefertem Herkommen, sei es aus Furcht vor Rache oder vor dem passiven Widerstand der Bevölkerung. Erhob der von der Bauernstelle vertriebene Erbe des verstorbenen copyholders Klage gegen den Lord, so wurde er von den königlichen Gerichten in der Regel abgewiesen. War es ihm jedoch geglückt, sich mit Gewalt auf der Stelle zu behaupten und strengte daraufhin der Lord eine Klage gegen ihn an, so kam es vor, daß das Gericht das Gewohnheitsrecht, worauf sich der Beklagte berief, einer genauen Prüfung unterzog und die Klage des Lords daraufhin abwies. Auch Kitchin, dessen Schrift 1580 erschien und der den copyholdern gegenüber eine wohlwollende Stellung einnahm, äußert trotzdem Bedenken darüber, ob sie berechtigt seien, gegen den Lord Klagen anzustrengen. Erst im 17. Jahrhundert wurde durch das Eingreifen der staatlichen Gerichte im Interesse der copyholder die Willkür der Lords allmählich eingeschränkt. Anders im 16. Jahrhundert, wo der Grundbesitzer jedenfalls noch imstande war, den Bauern von seiner Stelle zu entfernen, ohne weder durch das manoriale Gewohnheitsrecht, noch durch die königlichen Gerichte in seinen Handlungen gehemmt zu werden. Neben den Erbpachten gab es zahlreiche Pachten, die auf Lebenszeit oder auch auf die Dauer von einigen Leibern vergeben

---

[1]) Ashley, II, S. 291, 297. Hasbach, S. 26, 29. Ssawin, S. 142

[2]) Vgl. I, S. 114 ff., 139 ff.

[3]) Cunningham I, S. 458 f. Hasbach, S. 70 f. Ssawin, S. 58ff., 77 ff., 124 ff. In einzelnen, allerdings seltenen Fällen hatten sich noch im 17., ja bis ins 18. Jahrhundert hinein Abgaben wie die Heiratsgebühr sowie mancherlei Fronden erhalten (s. Ssawin, S. 136, 139, 420 f. Hasbach, S. 71).

wurden. In beiden Fällen fiel die Bauernstelle letzten Endes an den Lord heim, der sie nach seinem Belieben aufs neue vergeben oder zu seinem Hofland (demesne) schlagen konnte. Selbst wenn er sie alsdann nicht zum Hoflande legte, sondern nach den Grundsätzen des gemeinen Rechtes als freehold, nicht als copyhold vergab, so stand ihm dennoch stets die Möglichkeit offen, nach Ablauf der Pachtfrist die Stelle wieder an sich zu bringen.[1])

Die Einhegungen erwiesen sich freilich als nicht nur für die Lords, sondern auch für die wohlhabenderen Schichten der Bauernschaft vorteilhaft. Auch für sie galt der Satz, daß „die Schafe Sand in Gold verwandelten". Einerseits wurden zahlreiche Bauern zu Pächtern von Weideland — die Pachtung dieser Ländereien fand große Verbreitung —, anderseits aber erhoben sich Bauernwirtschaften infolge der Einhegungen und des Ankaufs neuer Grundstücke, die dem Wirtschaftsbetriebe einverleibt wurden, zu Erwerbswirtschaften mittleren Umfangs. Die Größe der Bauernstellen ergibt durchschnittlich eine bedeutende Zunahme. Bereits im 14. Jahrhundert wies ein Viertel aller Bauernstellen das volle Ausmaß von 30 acres auf; im 17. Jahrhundert besaß ein noch erheblicherer Prozentsatz der Bauernstellen einen Umfang von über 40 acres. Der Bauer hält es nunmehr vorteilhafter, Schafe statt Tagelöhner zu halten. Wo früher 30, 40 ja 50 Tagelöhner beschäftigt waren, finden sich nunmehr 3 bis 4.[2])

Nicht nur die von den Lords, sondern auch die von den begüterten Bauern betriebenen Einhegungen waren es also, die die zahllosen Klagen über die Zerstörung von Dörfern und Häusern veranlaßten, über die Ausbreitung von Landstreicherei, Mord und Diebstahl infolge der Erwerbslosigkeit der früheren Ackerbauer, über den durch die Verwandlung von Ackerland in Weideland gezeitigten Müßiggang, „den Anfang aller Laster". Auch die Bauern „sind eifrig bestrebt, eingehegte, ja auch uneingehegte, aber zusammenliegende, zur Einhegung und Verwandlung zu Weideland geeignete Bodenflächen an sich zu bringen. Die Aufteilung der Gemeinheiten wird häufig auf Grund von Gemeindebeschlüssen vollzogen". Nur die am wenigsten Land besitzenden Bauern, die cotters, hatten unter der Umwälzung der Agrarverhältnisse zu leiden, soweit — dies muß hervorgehoben werden — die damals vollzogenen Einhegungen überhaupt als eine solche Umwälzung zu betrachten sind.[3])

Nach Ashley umfaßt die Periode der Einhegungen den Zeitabschnitt von 1470—1600, und zwar verlangsamte sich von 1530 an ihr Tempo. Auch Cunningham, Cheyney und Prothero nehmen für die Ein hegungen eine Dauer von anderthalb Jahrhunderten an. Vom Ausgang des 16. Jahrhunderts an, meinen diese Forscher, wurden dieselben ein gestellt, um erst zu Beginn des 18. Jahrhunderts von neuem fortgesetzt zu werden.[4]) Hasbach und Gay dagegen führen aus, die Einhegungen wären im 17. Jahrhundert doch nicht zum Stillstand gekommen. Das Schweigen, das die zeitgenössischen Schriftsteller darüber bewahren,

---

[1]) Ssavin, Das engl. Dorf etc. (russ.), S. 78, 92, 100, 106f., 142ff., 206, 402f. Ders., Quart. Journ. of Econ. XVII, XIX. Leadam in Trans. Roy. Hist. Soc. N. S. VI. Ders., Engl. Hist. Rev. VIII. Lipson I, S. 135ff.

[2]) Tawney, S. 151 f., 167 f.

[3]) Granat, S. 95, 166, 176, 180 f.

[4]) Cheyney, Social Changes in England, S. 103 f. Prothero, The Pioneers and Progress of English Farming. 2. Aufl. Cunningham II, S. 53.

lasse noch keineswegs einen Schluß über ihr Fehlen zu.[1]) Die Einhegungen bildeten eben für sie eine bereits gewohnte Erscheinung, die nicht mehr besonders hervorgehoben zu werden brauchte. Die Literatur des vorhergehenden Jahrhunderts hätte eben ihre ganze Aufmerksamkeit den durch die Einhegungen hervorgerufenen Mißständen zugewandt, hätte den Umfang des dadurch veranlaßten Elends übertrieben. Die Literatur des 17. Jahrhunderts dagegen hätte diese Fragen größtenteils mit Stillschweigen übergangen, um ihre Aufmerksamkeit anderen Interessen zuzuwenden.

Doch sind auch im 17. Jahrhundert zuweilen Angriffe gegen die Einhegungen erhoben worden. In einer Predigt heißt es: „Der Einheger ist ein blutiger Eber, er hat zwei verfluchte Häuer: Geld, um Freunde zu erwerben und das Auge des Gesetzes zuzudrücken, und ein böses Gewissen, das sich nicht scheut, in einem Meer von Blut nach der Hölle zu schwimmen." Auch damals war von „entzückenden Feldern" die Rede, die „durch die schrecklichen Einheger", die so vorgingen „als wären sie bestrebt, die Armen dem Hungertode zu überliefern", in trostlose Wüsten verwandelt worden waren. Es wurden die ihnen in der Hölle bevorstehenden Qualen geschildert. 1607 riefen die Einhegungen in den Midland Counties sogar einen Aufstand hervor.

Trotz alledem ging die Landenteignung des Bauernstandes in England bis zum 18. Jahrhundert nur langsam von statten. Erst im 18. Jahrhundert sollte dieselbe einen erheblichen Umfang annehmen. Marx schreibt darüber: Noch in den letzten Dezennien des 17. Jahrhunderts war die yeomanry, eine unabhängige Bauernschaft, zahlreicher als die Klasse der Pächter. Sie hatte die Hauptstärke Cromwells gebildet. Ungefähr 1750 war die yeomanry verschwunden und in den letzten Dezennien des 18. Jahrhunderts die letzte Spur von Gemeindeeigentum der Ackerbauer.[2]) Toynbee setzt die Landenteignung der Freeholder (yeomen) auf einen etwas späteren Zeitpunkt an: „Die zahlreiche, im 15. Jahrhundert wohlhabende Schicht der Freisassen — so führt er aus — hatte zum Teil unter den Einhegungen des 16. Jahrhunderts zu leiden gehabt. Obwohl jedoch auch im 17. Jahrhundert von Zeit zu Zeit Klagen über das Zusammenschlagen der Pachtgüter laut werden, so liegt doch kein Anlaß vor anzunehmen, die Zahl der Freisassen hätte sich in dieser Periode bedeutend verringert. Zu Ausgang des 17. Jahrhunderts gab es noch, nach den Berechnungen Gregory Kings, in England 180000 Freisassen, kaum ein Jahrhundert später sprachen die Pamphletisten, ja selbst ein so vorsichtig urteilender Schriftsteller wie Arthur Young von den Kleingrundbesitzern, als von einer tatsächlich nicht mehr bestehenden Erscheinung ... Jemand, der mit der Geschichte Englands im dazwischenliegenden Zeitraume nicht bekannt wäre, müßte annehmen, es hätte ein verheerender Krieg, eine gewaltsame soziale Umwälzung stattgefunden, die die Verschiebung des Grundeigentums von einer Klasse an eine andere bewirkt hätte. ... Obzwar nun eine derartige

[1]) Gay, Einhegungen, S. 54 ff. Ders., Inclosure Movement in England (Publ. Amer. Econ. Assoc. 3 Ser. 1905. VI, N 2, S. 146ff.). Ebenso Leonard in Trans. Roy. Hist. Soc. 1905. Bradley, Stud. Columbia Univ, S. 36ff. Gonner, Common Land and Inclosure, S. 152ff., 180ff., 326.

[2]) Marx, Kapital, I. 2. Aufl. S. 253 f.

Annahme irrtümlich ist, so können wir dennoch mit vollem Rechte behaupten, es hätte in der Tat eine Umwälzung von ungeheuerer Tragweite stattgefunden. Von 1700 an setzte das allmähliche Dahinschwinden des Standes der Freeholder ein, das ungefähr von 1770 an einen beschleunigten Verlauf annahm. Es sind unstreitige Belege dafür vorhanden, daß noch 1770 zahlreiche yeomen zu finden waren, 1787 jedoch gibt Arthur Young zu, die yeomen wären im weitaus größeren Teile Englands tatsächlich verschwunden."

Nach Marx hätte die Verdrängung der yeomanry in der ersten Hälfte des 18. Jahrhunderts stattgefunden, nach Toynbee in der zweiten Hälfte desselben Jahrhunderts. Rae behauptet in seinem Aufsatz: „Why have the yeomanry perished", am verhängnisvollsten wäre für die yeomen die erste Hälfte des 19. Jahrhunderts gewesen.[1]) Wie dem auch sei, selbst wenn man annimmt, daß die endgültige Verdrängung der yeomanry erst ins 19. Jahrhundert fällt, so muß dennoch anerkannt werden, daß der entscheidende Schlag gegen sie bereits im 18. Jahrhundert geführt worden war[2]), und zwar war es der veränderte Artcharakter der Einhegungen, durch den sie so empfindlich getroffen wurden. In den vorhergehenden Jahrhunderten waren die Einhegungen von einzelnen Grundherren vorgenommen worden, die zum Großpachtbetrieb übergingen, oder von vereinzelten Gemeinden. Im 18. Jahrhundert hingegen nahmen sie den Charakter eines planmäßig durchgeführten Massenvorganges an. Vordem äußerten sich die Einhegungen darin, daß die Lords mehr oder minder große Teile der Gemeindeweide oder des bäuerlichen Ackerlandes an sich brachten und auch darin, daß die wohlhabenderen Bauern zur Weidewirtschaft übergingen. Die nunmehr stattfindenden Einhegungen aber waren gleichbedeutend mit der Aufhebung der Überreste der früheren Agrarverfassung, mit der Einführung des Sondereigentums an Grund und Boden in vollem Umfange. Es bildeten sich zahlreiche, abgerundete, miteinander in keinerlei Weise zusammenhängende Besitztümer, die gleichsam als Wahrzeichen ihrer Abschließung von Hecken umgeben wurden. Die bis zu diesem Zeitpunkte erhalten gebliebenen Überreste der alten, längst entschwundenen Gemeinschaftsverfassung waren es aber, auf denen der Wirtschaftsbetrieb der yeomen, der freeholder beruhte. Ihre ganze Existenz war an das Bestehen der Gemeindeweide, an das Recht der Stoppelweide nach der Ernte geknüpft. Mit ihrer Aufhebung wurde ihre Lebensfähigkeit gelähmt, sie waren nicht mehr imstande, sich der neuen Agrarverfassung anzupassen.

Diese neue Agrarverfassung aber bezweckte die Einführung neuer, rationeller Kultursysteme, für deren Vordringen jene versteinerten Überreste aus vergangenen Zeiten ein unüberwindliches Hindernis waren. Die Fortschritte in der Landwirtschaft erforderten vor allem die Aufhebung der Gemengelage, die Beseitigung der sog. offenen Flur (open fields),

---

1) Toynbee, Ind. Revol. (1884). Rae in Contemp. Rev. 1883.

2) Vgl. Levy in Jahrb. f. Nat.-Ök. 1903.

der uneingezäunten Felder, die nach der Ernte zum Auftrieb des Gemeindeviehes dienten. Die offene Flur war es, die den Flurzwang notwendig machte, die Landwirte an ein gemeinsames, für alle Zeiten unwandelbar festgesetztes, für alle gleichartiges Anbausystem fesselte, die Vornahme der verschiedenen landwirtschaftlichen Arbeiten nur zu genau festgesetzten Zeiten zuließ. Bereits Fitzherbert hatte 1539 die Zusammenlegung der in Gemengelage liegenden Grundstücke mit der Begründung befürwortet, 1 acre uneingehegten Bodens, das bisher 6 pence eingebracht hätte, würde nach erfolgter Einhegung 8 pence ergeben, da „das Tag und Nacht darauf weidende Vieh ausgiebige Düngung verschaffen würde". Die landwirtschaftlichen Schriftsteller des 17. Jahrhunderts meinten, ein armer Mann würde mit 2 acres eingehegten Bodens reicher sein, als mit 20 acres offenen Feldes.

Im Zusammenhang damit stand auch das Bestreben, das landwirtschaftlich genutzte Areal durch Urbarmachung der „commons", weit dahingestreckter, unfruchtbarer Landstriche, die als Gemeinweide benutzt wurden, zu erweitern. Sollten jedoch auch auf diesen Ländereien die neuen, rationellen Betriebssysteme in Anwendung kommen, so war auch ihr Übergang in Sondereigentum unvermeidlich. Noch im 16. Jahrhundert waren in den meisten Grafschaften weite, sandige, mit Gestrüpp und Heidekraut bewachsene Flächen vorhanden, ja zuweilen waren es ausgedehnte Moräste, wo nur Wildenten hausten. Es waren dies einsame Landstriche, wo die Wildrehe, wie in den Wäldern Amerikas, in Herden hausten, wo nachts die Wildkatze ihr Klagegeschrei ertönen ließ, wo Adler in Schwärmen von 50 und 60 erschienen und Fische im Wasser erbeuteten (Macaulay). Im äußersten Norden Englands erblickte das Auge in einem Umkreise von 150 Meilen keinen Streifen angebautes Land. In der zweiten Hälfte des 18. Jahrhunderts waren diese im Gemeindebesitz befindlichen Sümpfe in einer Reihe von Grafschaften trockengelegt worden. Im ganzen waren im Laufe des 18. Jahrhunderts über 3 Mill. acres an Gemeindeländereien (Gemeindeweiden) eingehegt und urbar gemacht worden, die landwirtschaftlich genutzte Bodenfläche hatte sich infolgedessen bedeutend erweitert.

Wie die Landwirtschaft, so hatte auch die Viehzucht erhebliche Fortschritte aufzuweisen.

An Stelle der Schafzucht und der Wollerzeugung war die Mastviehzucht getreten, die Aufzucht von Ochsen, Kühen, Hammeln zum Absatz von Fleisch, Milch, Butter und Käse. Waren ehedem nur minderwertige Viehrassen aufgezogen worden, kleine, schlecht genährte Tiere, so wurden im Laufe des 18. Jahrhunderts durch Kreuzung verschiedener Gattungen die Viehrassen veredelt. Die charakteristischen Merkmale der hierdurch erzielten Exemplare ließen den bei solchen Kreuzungen angestrebten Zweck deutlich erkennen. Der kleine Kopf, die kurzen Gliedmaßen, der zierliche Knochenbau, alles wies darauf hin, daß die Züchter nur einen Zweck verfolgten, die größtmöglichsten Fleischmengen bester Beschaffenheit zu erlangen; alles, was diesem Zwecke nicht dienen konnte, war für sie Nebensache. London insbesonders war es, wo eine riesige Nachfrage nach tierischen Produkten bestand. In London war über ein Zehntel der Gesamtbevölkerung Englands zusammengedrängt und zwar die wohlhabendsten Schichten, das Parlament, der Hof, die

Besitzer von Staatspapieren. Nach Eden wurden in London 1732 28 Mill. Pfd. Ochsenfleisch und 14 Mill. Pfd. Hammelfleisch konsumiert, ein halbes Jahrhundert später, 1794, 50 Mill. Pfd. Ochsenfleisch und 25 Mill. Pfd. Hammelfleisch, also beinahe das doppelte Quantum. Selbst für entfernt von London gelegene Grafschaften war durch die neuangelegten Chausseen die Möglichkeit geboten, Fleisch und andere landwirtschaftliche Produkte auf dem Londoner Markt abzusetzen.[1])

Alle diese Erscheinungen, das Bestreben, die Landwirtschaft zu rationalisieren, die Viehzucht zu vervollkommnen, die Anbaufläche zu erweitern, hatten zur Grundlage die Aufwärtsbewegung der Preise für Brot und andere landwirtschaftliche Produkte wie Fleisch, Milch, Butter. Der Getreidepreis, der in den Jahren 1740 und 1750 durchschnittlich 29 bzw. 37 sh. pro Quarter betragen hatte, machte in den folgenden Jahrzehnten im Durchschnitt 51 sh. aus (s. u.) (1 Quarter = ca. 12 kg).

Der veränderte Artcharakter der Einhegungen läßt es begreiflich erscheinen, daß das Verhalten der Staatsgewalt ihnen gegenüber sich nunmehr ganz anders gestaltete als ehedem. Jedenfalls war dies in formellrechtlicher Hinsicht der Fall. In Wirklichkeit hatte sie dieselben ja auch früher nicht zu verhindern vermocht. Nunmehr lag für den Staat um so weniger Grund vor, den Einhegungen hemmend entgegenzuwirken, als diese im 18. Jahrhundert nicht mehr von vereinzelten Grundbesitzern, sondern von allen Einwohnern ganzer Kirchspiele nach gemeinsamer Übereinkunft veranlaßt wurden. Das bezeichnende Merkmal der im 18. Jahrhundert vorgenommenen Einhegungen bildet eben der Umstand, daß sie nicht, wie im 15.—17. Jahrhundert, „als individuelle Gewalttat" (Marx) vollzogen wurden, sondern auf rechtlicher Grundlage beruhten. Marx spricht daher von der im 18. Jahrhundert herrschenden „parlamentarischen Form des Raubes". Durch die „bills of inclosure of commons", die Gesetze für Einhegung des Gemeinlandes, konnten „die Landlords sich selbst Volkseigentum als Privateigentum schenken", „das Gesetz selbst wird zum Vehikel des Raubes an Volksland".[2]) Nun fanden die Einhegungen freilich auf verschiedene Weise statt, teilweise durch Übereinkommen zwischen Grundherr und Bauern oder indem der Grundherr seine Felder ohne Widerspruch der Bauern zusammenlegte.[3]) Meist war jedoch ein Spezialgesetz dazu erforderlich. In diesem Falle beriefen zunächst die an der Aufhebung der Gemengelage und der „offenen Flur", an der Aufteilung der Gemeinheiten interessierten Grundbesitzer Versammlungen, wo die Besitzer von vier Fünfteln der Gesamtbodenfläche, die in Sondereigentum umgewandelt werden sollte, ihre Zustimmung zu dieser Maßregel gaben. Daraufhin wurde eine entsprechende Petition an das Parlament eingereicht und — in manchen

---

[1]) Hasbach, S. 13 f.

[2]) Marx, Kapital. 2. Aufl. I, S. 253.

[3]) Vgl. Gonner, Common Land and Inclosure (1912) S. 187ff. Moffit, England on the eve of industrial revolution (1925). Brentano, Wirtschaftl. Entwickl. Englands II (1927).

Fällen nach einer vorhergehenden Prüfung derselben — durch Parlamentsbill die Einhegung für den betreffenden Bezirk genehmigt. Im 18. Jahrhundert wurden insgesamt über 1700 derartige Spezialgesetze (Private Acts) erlassen. Auf das Gesetz folgte die eigentliche Zusammenlegung der Grundstücke, die Teilung der Gemeinheiten und die Separation auf der Flur, die von den vom Parlamente hierzu ernannten Kommissaren (3 bis 7 an der Zahl) vollstreckt wurde, denen weitgehende Befugnisse zustanden. Obwohl diese Einhegungen also dem äußeren Scheine nach ein durchaus rechtmäßiges Gepräge trugen, so lagen sie doch tatsächlich — wie auch die vorhergehenden — nur im Interesse der Großgrundbesitzer und der begüterten Bauernschaft. Den übrigen Bauern gereichten sie nur zum Schaden. Sie verloren das Recht, ihr Vieh auf der Gemeindeweide, sowie auf den Feldern der Dorfgenossen nach vollendeter Ernte weiden zu lassen. Als Ersatz erhielten sie nur eine kleine Parzelle Weideland und waren infolgedessen genötigt, ihre Viehhaltung zu verringern. Die vom Parlament, das gleichfalls aus Großgrundbesitzern bestand, ernannten Kommissare gingen entweder selbst aus dieser sozialen Schicht hervor, oder es waren Leute, die den Lords ergeben waren und gleichfalls ihre Interessen vertraten.[1]) Erst 1801 erschien ein Gesetz, kraft dessen solche Personen, die irgendwelches Anrecht an den einzuhegenden Ländereien besassen, sowie solche, die im Dienste der Besitzer dieser Ländereien standen oder gestanden hatten, nicht als Kommissare zugelassen werden dürften. Bis dahin — also in der Periode von 1760—1797, wo die Einhegungen in besonders großem Umfange stattfanden — war durch die Art und Weise der Ernennung der Kommissare den Großgrundbesitzern die Besitznahme der besten Ländereien gesichert, ja überhaupt die Möglichkeit gewährleistet, die Einhegungen unter den für sie günstigsten Bedingungen zu vollziehen.

Erwägt man alle diese Verhältnisse, sowie den Umstand, daß ein Teil der durch die Eingabe der Petition an das Parlament verursachten beträchtlichen Kosten (dieselben betrugen von 180 bis 300 Pf.), sowie die mit der eigentlichen Einhegung der ihnen zugeteilten Grundstücke verbundenen Ausgaben schwer auf den Kleingrundbesitzern, den yeomen, lasteten, so wird es wohl nicht verwunderlich erscheinen, daß ihnen die Einhegungen nicht erwünscht waren. Doch wagten sie es nicht, den Kampf gegen die mächtigen Großgrundbesitzer aufzunehmen; öfters wurden sie auch durch Drohungen gezwungen, die Petition an das Parlament zu unterzeichnen. In vielen Fällen aber war ihr Grundbesitz so gering, daß er, so zahlreich sie auch sein mochten, weniger als ein Fünftel des Gesamtareals ausmachte, so daß ihre Zustimmung nicht einmal nötig war. Nur selten fanden die yeomen den Mut, einen

[1]) Hammond, The Village Labourer (1911). Gonner, Common Land and Inclosure (1912), S. 58 ff. Slater, The English Peasantry and the Inclosure (1907). Mantoux, La rév. industr. au XVIII siècle (1906). Sée, Rev. de synth. hist. 1924. XII, S. 70 ff.

Protest gegen die Petition einzureichen; es war dies mit zu großen Auslagen verbunden und führte dennoch zu keinem Ergebnis, da die Mitglieder des Parlaments den Petitionen ihrer Freunde und Verwandten gegenüber sich stets wohlwollend verhielten und nur, um den Schein zu wahren, eine Untersuchung vornehmen ließen, nach deren Abschluß die bereits vorbereitete Bill in Kraft zu treten hatte. Der Widerstand der yeomen äußerte sich nur in den Unruhen, die oft bei der Vornahme der eigentlichen Einhegungen ausbrachen. Volkshaufen sammelten sich an, die das Anschlagen von Bekanntmachungen über die bevorstehenden Einhegungen zu verhindern, sowie die Kommissare zu verjagen suchten.

Viele yeomen gingen verarmt und verschuldet aus den Einhegungen hervor. Die ihnen bei der Separation zugewiesenen Grundstücke waren von geringerer Beschaffenheit, als die von ihnen vordem besessenen. Auch ihre Viehhaltung mußten sie einschränken. Sie waren daher gezwungen, ihre Ländereien an die Großgrundbesitzer, die ihren Besitz zu erweitern suchten, zu verkaufen. Gelang es ihnen, aus dem Verkauf ihres Grundstückes eine erhebliche Summe zu lösen, die als Betriebskapital genügte, so wurden sie Großpächter auf den Gütern derselben Grundbesitzer. Manche erachteten die Großpacht für gewinnbringender als den Kleinbetrieb auf eigenem Grund und Boden und fügten sich mit Leichtigkeit in die Stellung des Pächters. Oft kam es auch vor, daß die yeomen ihren alten Wohnort verließen, um in die Stadt zu ziehen. Diejenigen, die einiges Vermögen besaßen, suchten ihr Glück als Fabrikunternehmer in der neuentstandenen Fabrikindustrie. Die am wenigsten bemittelten, ferner die Kötter, die Landlosen, die nunmehr wegen der Einhegung der Gemeinweiden kein Vieh mehr halten konnten, wurden zu Lohnarbeitern, strömten der neuaufkommenden Großindustrie zu. Sie bildeten das Heer der Fabrikarbeiter.[1]) Die Bevölkerung von Manchester war von 1773 bis 1801 von 27000 auf 95000 angewachsen, die von Boulton von 5000 auf 17000, von Leeds von 17000 auf 53000, von Birmingham von 30000 1760 auf 73000 1801. Die Bevölkerung zog vom platten Lande in die Städte, von allen Seiten strömte sie den Industriezentren zu. Die Enteignung der Bauern erwies sich gewissermaßen als notwendig für die Schaffung der neuen Großindustrie, für ihre Versorgung mit Arbeitskräften.

Kapitel 5.

Die Agrarverhältnisse in Frankreich.

Die Änderungen in der Agrarverfassung, die wir in England beobachten konnten, kehren auch anderwärts wieder. So die Zunahme der

[1]) Slater, S. 117f. Hammond, S. 47ff., 54ff., 71. Gonner, S. 295, 361ff. 272ff. Mantoux, S. 155ff. Vgl. Moffit, England on the eve of industr. evol., 1925, S. 104f.

Schafzucht[1]), wie die Urbarmachung von Ödländereien, Brüchen und Seen.[2])

Die Erweiterung der angebauten Bodenfläche[3]) mußte auch in Frankreich notwendig zu einem Kampfe gegen die Überreste des agrarischen Gemeinschaftsbesitzes führen. Auch hier machte sich das Bestreben geltend, die Gemeinheiten (communaux) aufzuteilen. Im 16. und 17. Jahrhundert wurde auf Verlangen der Seigneurs zur Teilung geschritten, wobei ihnen der dritte Teil des Bodens überlassen wurde (weshalb die Teilung als „triage“ bezeichnet wurde). In manchen Fällen erhielt der Seigneur sogar zwei Drittel des Gemeindelandes (cantonnement). Mit dem Seigneur gemeinsame Interessen hatten auch die wohlhabenderen unter den Bauern; erhielten sie doch nunmehr die Möglichkeit, die dem Seigneur zugeteilten, eingehegten, oft ausgedehnten Ländereien pachtweise zu übernehmen. Dagegen waren die ärmeren unter den Bauern, für welche die Möglichkeit, auf der Gemeinweide einige Stücke Vieh durchzufüttern, die Grundlage ihrer Existenz bildete, durch die Aufteilung der Gemeinheiten schwer betroffen.

Die Gesetzgebung trat seit 1576 für die Interessen der Bauernschaft ein. Sowohl die Ausübung des triage, als der Verkauf von Gemeindegütern durch die Bauerngemeinden an den Seigneur wurde ihnen untersagt, mit der Begründung, die Gemeinheiten seien den Bauern gegeben worden, „damit sie ihr Vieh ernähren und durch gute Düngung ihre Äcker fruchtbarer machen sollen. Eine Ordonnanz von 1659 erklärt alle seit 1620 stattgefundenen die Enteignungen von Gemeindegütern betreffenden Abkommen für ungültig, ungeachtet der Vergleiche, Dekrete, Gerichtsurteile, auf welchen diese Abkommen begründet waren.[4])

Doch abgesehen davon, daß die meisten Aufteilungen in die Zeit vor 1620 fielen, war es der Bauernschaft nicht leicht, die aufgeteilten

---

[1]) In Deutschland ebenfalls im 16. Jahrhundert, wo auch Verbote gegen das Halten zu großer Schafherden erlassen wurden, ferner in Spanien, wo im 16. Jahrhundert zahlreiche wandernde Herden feinwolliger Schafe vorhanden waren (Merinos, Transhumantes). Sie gehörten Bischöfen, Klöstern, auch dem König (Stolze, Vorgeschichte des Bauernkrieges, S. 48. Wiebe, Zur Geschichte der Preisrevolution im 16. bis 17. Jahrhundert, S. 231. Naudé, Getreidehandelspolitik, S. 201 f. Sugenheim, S. 43 ff.)

[2]) In Preußen unter Friedrich d. Gr. Brüche an der Oder, der Havel und der Warthe (Stadelmann II). In den nördlichen Provinzen Hollands waren von 1612 bis 1631 fünf Seen trockengelegt, in der Periode von 1540 bis 1785 in den Niederlanden nördlich der Maas dem Meere über 85000 ha abgenommen worden.

[3]) Wolters, S. 197f. Sée, Brétagne, S. 367f., 434f. Brutails, S. 233f. Levasseur (Rev. d'écon. polit.). Alle diese Forscher sind über die grundlegende Bedeutung dieser Verordnungen für die Lebenswirklichkeit einig. Karéiew hingegen verhält. sich dieser Ansicht gegenüber recht skeptisch (Paysans, S. 222 f.), so auch Dutil, S. 117ff. (s. auch Sée, La vie économ. etc., S. 120, 140). Vgl. oben S. 54f., 59.

[4]) Cauchy, De la propriété communale en France. Renauldon, Traité historique et pratique des droits seigneuriaux, S. 532 ff. Laveleye, La propriété, S. 246f. Jaurès, S. 202 ff. Babeau, Le village sous l'ancien régime. Roger Graffin, Les biens communaux en France. Bourgin, Les communaux et la Révol. française (Nouv. Rev. d'Hist. de droit. 1908).

Ländereien zurückzuerhalten. Durch Drohungen und Einschüchterungen, ja selbst durch direkte Gewaltakte wurden die Bauern öfters gezwungen, auf ihr Recht zu verzichten; eine Mitteilung den Behörden über etwaige stattgefundenen Aufteilungen konnte dem betreffenden Bauern das Leben kosten. Auch die Verschuldung der Kommunen führte nicht bloß zu weiteren Aufteilungen der Gemeinheiten, sondern auch dazu, daß die Grundherren sich auch noch die anderen zwei Dritteile zur Begleichung der ihnen geschuldeten Summen anzueignen suchten.

In der zweiten Hälfte des 18. Jahrhunderts änderte die Regierung ihren Standpunkt in dieser Frage. In verschiedenen Schriften wird, unter Hinweis auf die günstigen Folgen der Einhegungen für die englische Landwirtschaft, der Vorschlag gemacht, das gleiche Verfahren auch in Frankreich anzuwenden, da die Gemeindeländereien der Landwirtschaft nur schädlich seien, Faulheit und andere Laster begünstigten. Nur die Begüterten, die große Herden besitzen, zögen daraus Vorteil. während bei gleicher Aufteilung des Landes pro Kopf der Bevölkerung die ärmeren Bauern daran nur gewinnen könnten. Dieser Ansicht sich anschließend, erläßt die Regierung seit 1769 eine Reihe von Dekreten, die freilich nicht für das ganze Land bestimmt waren, jedoch in einer Reihe von Provinzen die Aufteilung der Gemeinheiten gestatteten. Doch wurden sie nur teilweise verwirklicht, denn die Interessen der ärmeren Bauernschaft, die eine Aufteilung pro Hof forderten, und die der reicheren, die mit Vieh ausgestattet waren, gingen zu weit auseinander, als daß eine Verständigung möglich gewesen wäre.[1]) So war noch gegen Ende des 18. Jahrhunderts ein großer Teil der Gemeinheiten erhalten geblieben.

Noch weniger Erfolg hatte der Kampf gegen andere Überreste der alten Agrarverfassung. Zu diesen gehörte das „droit de glanage", das „allen Alten und Gebrechlichen, kleinen Kindern und solchen, die zur Arbeit untauglich waren", zustehende Recht, die nach der Ernte auf dem Stoppelfelde gebliebenen Ähren aufzulesen. Ebenso alt war die „vaine pâture" — das Gewohnheitsrecht, das Vieh nach der Ernte gemeinsam auf den Feldern der Gemeinde weiden lassen zu dürfen, und das „droit de parcours", welches die vaine pâture auf die benachbarten Dorfgemeinden ausdehnte. Diese althergebrachten Rechte hielten die Einführung neuer vervollkommneter Anbausysteme auf, da auf den Ländereien, welche den Flurzwang nicht einhielten, die Anpflanzungen durch das weidende Vieh vernichtet wurden.

Die Seigneurs führten darüber Klage, das droit de glanage sei den Arbeitsscheuen förderlich, welche die Ausübung dieses Rechtes gewerbsmäßig betrieben. Ihre Keckheit ginge so weit, daß sie nicht einmal abwarteten, bis das Getreide zu Garben gebunden und vom Acker fortgeschafft wurde, sondern die Ähren aus den im Felde stehenden Garben herauslasen. Ja die Grundherren behaupteten, der Mangel an Landarbeitern sei dadurch zu erklären, daß das Ährensammeln eine viel leichtere und einträglichere Beschäftigung sei. Sie verlangten daher, die Fluren sollten während der Erntezeit durch Wächter geschützt werden, die nur solche Personen, welche einen von den Lokalbehörden ausgefertigten Ausweis zum Ährenlesen (glanage) vorweisen würden, zulassen sollten; Zuwiderhandelnde sollten mit

---

[1]) Karéiew, Paysans, S. 83 ff., 143 ff., 152. Jaurès, S. 202, 210 ff. Sée, Bretagne, S. 235 f., 310. Ders. L'Agriculture à la fin de l'ancien régime. (La vie économ. et les classes sociales. 1924). Calonne, S. 136 f. Demangeon, S. 336. Roupnel, La ville et le village au XVII siècle. (1922.) S. 225 f. Wolters, a. a. O. Lefebvre I, S. 62 ff.

Gefängnis bestraft werden. Manche Grundbesitzer verfuhren einfacher. Sie entfernten die Zäune, mit denen sie die angebauten Felder umgaben, erst wenn das Vieh zur gemeinsamen Weide dorthin auszog, so daß überhaupt keine Zwischenzeit für das Ährenlesen verblieb. Man suchte auch bessere Werkzeuge beim Abmähen des Getreides anzuwenden, damit nur recht wenig Ähren auf dem Felde übrig blieben, doch wurden die sie benutzenden Schnitter von den Bauern verjagt, da sie sich das droit de glanage nicht rauben lassen wollten.[1])

Das Hütungsrecht auf den Stoppelfeldern nach der Ernte hatte sich — wie Sée in seinen dieser Frage gewidmeten Untersuchungen ausgeführt hat — in der Mehrzahl der Provinzen Frankreichs bis zur Revolution erhalten, trotzdem die Regierung mehrmals versucht hat, es aufzuheben. Nur in einigen Provinzen, insbesonders in Nordfrankreich (Bretagne, Normandie, Flandern), wie auch in einzelnen Bezirken des Südens war die Einhegung der Felder in größerem Umfange durchgeführt worden. Sie wurden durch Zäune, Gräben, Mörtelmauern vor der vaine pâture geschützt. Es gab sowohl Anhänger als Gegner dieser Institute. Während jene behaupteten, man könne althergebrachte Einrichtungen nicht ohne weiteres aufheben, um so mehr, als die Einhegungen nur die Grundherren sich zunutze machten, die Bauernschaft dagegen dadurch ihrer Viehweiden beraubt würde, wendeten diese demgegenüber ein, daß nur die Beseitigung der vaine pâture und des droit de parcours die Möglichkeit einer Ausbreitung der prairies artificielles gewähre, die eben für die Viehzucht vonnöten seien. Eine allgemeine Verordnung, die diese Gewohnheitsrechte aufgehoben hätte, kam auch hier nicht zustande, sondern es wurde, wie auch in betreff der Aufteilung der Gemeinheiten, nur einzelnen, und zwar den gleichen Provinzen wie in jenem Falle, anheimgestellt, die gemeinsame Viehweidung nach der Ernte abzuschaffen und die Felder einzuhegen. Wie Karéiew betont, trat jedoch dem auch hier die ärmere Bauernschaft entgegen, einen erbitterten Kampf gegen die Grundherren führend, und schließlich gelang es ihr meistens, die Durchführung der Dekrete zu hintertreiben. Vergleicht man die beiden amtlichen Untersuchungen, die um 1767 vorgenommene und die um 1787 angestellte, so ergibt sich, daß in dem dazwischenliegenden 20jährigen Zeitraum nur das droit de parcours in seiner Ausdehnung teilweise eingeschränkt worden war, während die vaine pâture ihren früheren Platz fast vollständig beibehalten hatte. Das Haupthindernis, das ihrer Beseitigung im Wege stand, scheint die Gemengelage des Grundeigentums und die Zersplitterung der Grundstücke gebildet zu haben, infolge deren die Bauern nicht in der Lage waren, die Einzäunungen, soweit dieselben genehmigt wurden, durchzuführen. Nur die Großgrundbesitzer hatten die Möglichkeit, ihre Felder einzuzäunen. Es ist daher nicht zu verwundern, wenn diese Bestimmungen sich unter der Bauernschaft keiner Beliebtheit erfreuten. Die Bauern verloren in diesem Falle die Stoppelweide, welche sie früher auf den Feldern der Großgrundbesitzer ausgeübt hatten, sie mußten ihren Viehbestand verringern und dabei waren sie selbst nicht imstande, ihre Felder vor der vaine pâture zu schützen, welche auch durch dieselben Großgrundbesitzer ausgeübt wurde, die ihren eigenen Grund und Boden eingezäunt hatten.

So war denn in Frankreich im großen und ganzen die ältere Agrarverfassung — mit den Gemeinheiten, mit der Gemengelage, den Hütungsrechten, dem Rechte des Ährenlesens — bis zur Revolution bestehen geblieben. Der Grund dafür ist nach Sée in den geringen Fortschritten zu suchen, die die französische Landwirtschaft aufzuweisen hatte. Denn der Mangel an Futterpflanzen erforderte weite Weideflächen und machte die Gemeinheitsteilungen, die Aufhebung der vaine pâture, auch die Urbarmachung neuer Ländereien in größerem Maßstabe unmöglich. Dies alles jedoch verhinderte die Ausbreitung der künstlichen Wiesen,

---

[1]) Jaurès I, S. 187 f. Lefebvre I, S. 92 f. Sée, La vie écon. (1924).

die die verbesserte Viehzucht erforderte. Es entstand ein Circulus vitiosus. Zugleich trat ein Interessengegensatz zwischen Grundherren und Bauern, zwischen ärmeren und begüterten Bauern zutage.[1])

Doch dem Bestehen der alten Agrarverfassung hatte Frankreich zum guten Teil auch die Erhaltung seines Bauernstandes zu verdanken. Lutchiski weist mit Recht auf den Umstand hin, daß, während in England das Großpachtsystem bereits zur vorherrschenden landwirtschaftlichen Betriebsform geworden war, dasselbe in Frankreich am Vorabend der Revolution erst im Entstehen begriffen war. Es hatte sich nur auf den Kirchen- und Klostergütern eingebürgert, und zwar nur im Norden Frankreichs. Allein auch hier war dieses Besitzverhältnis keineswegs vorherrschend. Die Bauern wirkten seiner Ausdehnung, durch ihre lebhafte Nachfrage nach kleinen Grundstücken entgegen Im Gegensatz zu England und Preußen war Frankreich (ähnlich Westdeutschland) ein Land des bäuerlichen Kleingrundeigentums.[2])

Die Seigneurie hatte sich in Frankreich bis ins 18. Jahrhundert hinein erhalten. König, Adel und Klerus besaßen noch immer das dominium directum, d. h. das Obereigentumsrecht an allen Bodengütern; daraus entsprang die Gerichtsherrlichkeit, das Recht auf mannigfache Abgaben und Dienste. Obzwar jedoch die seigneurialen Rechte mit wenigen Ausnahmen für alle Bodengüter Frankreichs Geltung besaßen, bildete nur ein Teil derselben tatsächlich das Eigentum der Seigneurs. Alle übrigen, im Bereiche der Seigneurien befindlichen Güter waren Eigentum anderer Personen und waren von den Seigneurs bloß abhängig, mit Feudalrechten belastet, die an den Lehnsherrn zu entrichten waren. „Seigneurie (Grundherrlichkeit) und Grundbesitz sind zwei verschiedene, nicht identische Institute. Es ist oft der Fall, daß der Seigneur kein Stückchen Land sein eigen nennt.“ Sehr häufig ist dies aus den Quellen ersichtlich. „Der Seigneur ... hat im Kirchspiel weder Schloß, noch Ländereien zu eigen, er bezieht nur Zins.“ „Der Seigneur ... hat kein Stückchen Land, nicht einmal einen Ort, an dem er residiert, er bezieht nur Renten.“[3])

Der Grund und Boden, das Land, an dem den Seigneurs das oberste Besitzrecht zustand, befand sich zum größeren Teile im Besitze von Bauern. Diese besaßen die von ihnen angebauten Ländereien zu ewiger Erbzinspacht (Emphyteuse) und hatten für sie Zinse und Renten zu leisten. Diese Erbpacht jedoch, die mit dem freien Verfügungsrecht über das Grundstück, dem Rechte, dasselbe zu veräußern, in Afterpacht zu vergeben, zu verschenken, zu verpfänden ver-

[1]) Sée, Une enquête sur la vaine pâture et le droit de parcours à la fin du règne de Louis XV (Rev. d'hist. du XVIII siècle. 1913). Ders., L'agriculture à la fin de l'ancien régime. (1924). Bourgin, La révolution et l'agriculture (Rev. des doctr. écon. et soc. 1911). Karéiew, Bemerk. zur franz. Wirtschaftsgesch. II. Lefebvre I, S. 81 ff.

[2]) Loutchisky, Etat des classes agricoles S. 30ff. Ders., La petite propziètè paysanne, S. 192 ff., 225 ff., 247 f.

[3]) Ders., Etat des classes agric., S. 45 ff., 51 ff.

bunden war, kam einem Besitz zu Eigentumsrecht sehr nahe[1]), und wurde von den Rechtsgelehrten des 18. Jahrhunderts vielfach als ein solcher angesehen. Die Bauern, welchen dieser Grund und Boden gehörte, wurden häufig als „propriétaires cultivateurs", „tenanciers en propre" bezeichnet im Unterschied zu den kein eigenes Land bewirtschaftenden Zeitpächtern und Landarbeitern.[2]) Es war dies ein bedingtes, beschränktes, lehensrechtlich belastetes, dennoch aber ein tatsächlich bestehendes Eigentumsrecht. Wie Karéiew hervorhebt, hatte „der Seigneur kein Recht, diesen bedingten Eigentümer, diesen Zinsmann von seinem Boden zu vertreiben, solange derselbe Zins und Champart regelmäßig entrichtete, während er den Halbpartpächter verjagen konnte, sobald es ihm beliebte."[3]) Es ist eben diese Schicht ländlicher Eigentümer mit bedingtem Eigentumsrecht, die von Arthur Young gemeint wird, wenn er die Verbreitung des bäuerlichen Kleingrundbesitzes in Frankreich erwähnt, welcher nach seinen Angaben ein Dritteil aller Bodengüter des Königreichs umfaßte, oder wenn er das Eigentum an Grund und Boden verherrlicht, indem er es der Zeitpacht gegenüberstellt.[4]) Wie Loutchisky festgestellt hat, waren die Bauern in Nordfrankreich Eigentümer eines Dritteils der gesamten Bodenfläche (das gleiche behauptet Lefebvre); dagegen umfaßte in Mittelfrankreich und im Süden der bäuerliche Kleingrundbesitz ungefähr die Hälfte, in manchen Bezirken sogar noch mehr als die Hälfte alles Grund und Bodens.[5])[6])

Auf Grund der Katasteraufnahmen und Grundsteuerrollen ergibt sich nach Loutchisky folgende Verteilung des Grundeigentums in Frankreich im 18. Jahrhundert. Es befanden sich im Besitz (in Prozenten der Gesamtbodenfläche berechnet):

	des Adels	des Klerus	des Adels und des Klerus zusammen	der Bauern
Artois	29,0	22,0	51,0	33,0
Picardie	33,4	14,6	48,0	36,7
Burgund	35,1	11,6	46,7	33,1
Limousin	15,3	2,4	17,7	59,2
Ob. Auvergne	11,0	2,1	13,1	50,0
Quercy	15,5	2,0	17,9	54,0
Dauphiné	12,0	2,0	14,0	40,8
Béarn	20,0	1,11	21,0	60,0
Toulousain	28,7	4,0	32,7	35,0
Roussillon	32,0	10,4	42,4	40,0
Landes	22,3	1,0	23,3	52,0

1) Brutails, S. 149.

2) Young II, S. 198, 214.

3) Karéiew, Les paysans, S. 36 ff. Ders., Bemerkungen I.

4) Young I, S. 64.

5) Loutchisky, Etat des classes agric., S. 18 ff., 42 f. S. auch Sée, S. 63. Lefebvre I, S. 10 f., 15, 20, 23 ff. Bloch, S. 106. Marion, S. 3 ff. Nach Lècarpentier (La vente des biens ecclés. pend. la Rév.) eignete der Klerus 6% der Bodengüter, nach Loutchisky 12%. Die seigneurialen Bodengüter bestanden größtenteils in Waldungen.

6) Während Boiteau (Etat de la France en 1789, S. 49) behauptete, der Grund und Boden hätte sich im Besitze nur weniger Personen befunden und nach

Wie bereits oben ausgeführt worden ist, bildete der Bauernstand keine homogene Masse. Wie Bernier hinweist, hebt sich aus demselben die Schicht der bäuerlichen Großgrundeigentümer, der Aristokraten unter den Bauern, hervor. Neben dem gentilhomme erscheint der honnête homme, der vavasseur, der, wie über ihn gespottet wurde, „nicht so sehr auf seine Ahnen, als auf seine Nachkommen stolz ist“. Allmählich bringt er die Ländereien der benachbarten Seigneurs in seinen Besitz und wird gewissermaßen selbst zum Seigneur ihrer Bauern.[1]) Daneben bestand im 17. bis 18. Jahrhundert eine ansehnliche Schicht bäuerlicher Kleingrundbesitzer. In der Bretagne besaßen die meisten unter ihnen (46%) weniger als 5 ha, manche nur 1 bis 2 ha. Ähnlich war es in Cambrésis, in Poitou, in der Franche-Comté. Arthur Young war erstaunt über die außerordentliche Zersplitterung des Bodenbesitzes, welche nicht selten soweit ging, daß ein Obstbaum mit dem ihn umgebenden arpent eine selbständige Bauernstelle bildete. „Die Zahl der bäuerlichen Kleinbetriebe — schreibt er — ist so groß, daß Engländer sich kaum einen Begriff davon machen können.“[2])

In Mittelfrankreich — führt Loutchisky aus — gab es neben Kirchspielen, wo nur 1 bis 2% der Bevölkerung kein Land besaßen, auch solche, wo 20 bis 50, sogar 80% derselben landlos waren. Im Durchschnitt bilden jedoch in ganz Mittel und Südfrankreich die Landbesitzlosen bloß 17,6% der landwirtschaftlichen Bevölkerung, nur für Westfrankreich ist ihr Prozentsatz höher. Dennoch — fährt er fort — gab es in der ländlichen Bevölkerung, so verschiedenartig ihre Zusammensetzung auch sein mochte, keine einzige Schicht, die vollständig vom Boden losgelöst gewesen wäre, die kein Land besessen hätte. Eine Klasse von Nur-Lohnarbeitern auf dem Lande, wie dies in England

---

Taine bloß $^1/_5$ der Bodenfläche den Bauern gehört hatte, haben Tocqueville (L'ancien régime, S. 11), wie auch Lavergne, Babeau, Calonne u. a. die Ansicht ausgesprochen, die Hälfte, ja zwei Drittel der Bauern, seien Grundeigentümer gewesen, ihr Besitz hätte die Hälfte der gesamten Ländereien des Königreiches gebildet. Vgl. Wolters, S. 27. Den Standpunkt Tocquevilles teilen auch die russischen Forscher Loutchisky und Karéiew, ebenso wie Sée, die (auch Brutails, Febvre, Chénon, Raveau) mit Recht das domaine proche, das wirkliche Eigentum des Grundherrn einerseits und die mouvance, über welche er nur das Obereigentum besaß, während das tatsächliche (wenn auch nicht vollständige) Eigentumsrecht (darunter auch das Veräußerungsrecht) ausschließlich dem Bauern zustand, auseinanderzuhalten suchen. Anderer Ansicht ist Kovalewsky, der ein Überwiegen des bäuerlichen Grundbesitzes vor der Revolution nicht zugeben will. Als bäuerlichen Besitz will er nur die allodialen Güter anerkennen, während er das mit Zinsen und Diensten belastete Grundeigentum nur als Erbzinspacht, nicht als Eigentum bezeichnet.

[1]) S. die Charakteristik dieses Bauern bei Bernier, S. 172 ff.

[2]) Vgl. Wolters, S. 5 ff. Baudrillart, Les popul. agricoles de la France I. Marion, Les rôles du vingtième dans le pays Toulousain. Révol. Franç., S. 413 f. Sée, Hist. du régime agr., S. 66 ff. Ders., Les Classes rurales en Bretagne. (1906). Vermale, Les classes rurales en Savoie. S. 69 f. Tocqueville, S. 36. Raveau, L'agriculture et les classes sociales dans le Haut-Poitou (Rev. d'hist. écon. 1924). Febvre, Philipp II. et la Franche-Comté. 1911.

bereits der Fall war, wäre demnach hier vergebens zu suchen. Freilich — im Gegensatz zu den laboureurs, der am besten mit Land ausgestatteten Schicht der Bauernschaft, hatten die manouvriers oder journaliers weit weniger Land in ihrem Besitz.[1]) Durch die recht ungleichmäßige Verteilung des Grund und Bodens unter der landwirtschaftlichen Bevölkerung wurde die Verbreitung der Pachtverhältnisse veranlaßt, wodurch jedoch das Gesamtareal der von den Bauern bewirtschafteten Ländereien eine weitere Ausdehnung erfuhr.

Im Gegensatz zu den Ansichten von Marion, Rameau und anderen Forschern, welche eine „Konzentration des Grundbesitzes" in den Händen der privilegierten Stände zu erkennen glaubten, kommt Loutchisky auf Grund sorgfältiger Untersuchungen zu dem Ergebnis, daß sowohl in Nord- als auch in Mittel- und Südfrankreich die Verschiebung der Eigentumsverhältnisse in der der Revolution unmittelbar vorhergehenden Periode nicht im Sinne einer Konzentration, sondern in dem einer Zersplitterung des Bodeneigentums vor sich ging. Dies wird auch durch die Studien Lefebvres (für den Norden) bestätigt. Eine andere von Loutchisky aufgestellte Behauptung ist die, daß in dieser Verschiebung sich eine, je nach den verschiedenen Gebieten mehr oder minder ausgeprägte Tendenz zur Ausbreitung des bäuerlichen Grundeigentums auf Kosten der adeligen Ländereien und (insbesonders) derjenigen des städtischen Bürgertums geltend machte.[2]) Der französische Adel legte kein Interesse für die Selbstbewirtschaftung seiner Güter an den Tag. Sie wurden von ihm an die Bauern in Pacht ausgetan. Teilweise geschah dies in der Form der Erbzinspacht, d. h. mit erblichem Besitzrecht, aber ohne freies Verfügungsrecht, teilweise — und dieser Fall war der häufigere — als Zeitpacht auf 3 bis 4, später (im 18. Jahrhundert) auf 6 bis 9 Jahre. Im Berry, Quercy, in der Picardie, im Artois, im Limousin wurden nur 2 bis 4% der adeligen Güter von ihren Besitzern für eigene Rechnung bebaut.[3])[4])

---

[1]) Loutchisky, Etat des classes agr., S. 30 ff., Karéiew, Les paysans, S. 122 ff., 128 ff. Ders., Bemerk. Kap. VIII. Im Norden Frankreichs hatten 10—20% der ländlichen Bevölkerung weder eigenes noch gepachtetes Land, während die Zahl jener, die kein Eigentum an Land besaßen (darunter sind auch Pächter begriffen) nach einzelnen Gegenden des Nordens von 15—20 bis auf 60—70% stieg (Lefebvre I, 45 f.).

[2]) Loutchisky, Petite propr., S. 206 ff., 218 ff., 221 ff., 225 f. Ders., Etat des classes agr., S. 25. Onou, S. 632. Lefebvre I, S. 31 ff., 46 ff. Zahlreiche Bodengüter gingen in den Besitz der städtischen Bourgeoisie über, die sie den ruinierten Adeligen abkaufte. Vgl. Roupnel, La ville et la campagne au XVII siècle, S. 203 ff., 208 ff. Marion, Les classes rurales en Bordelais au XVIII siècle (Rev. des études hist. 1902). Sée, Bretagne, S 64. Lefebvre I, S. 10 ff. Sion, S. 264 ff.

[3]) Young, II, S. 200 f. Loutschisky, Petite propr., S. 174 ff., 190 ff. Sée, Bretagne. S. 241 f., 255 f. Brutails, S. 114 ff., 134. Calonne, S. 60 ff. Lefebvre I, pass.

[4]) Wie aus den Untersuchungen von d'Avenel und Zolla hervorgeht, vollzog sich 1640—1670 (1650—1675) eine bedeutende Steigerung der Pachten, die alsdann durch eine bis 1740—1750 währende Herabsetzung derselben abgelöst wurde. Darauf begannen die Pachten wieder rasch in die Höhe zu gehen. Nach d'Avenel bildete der Pachtpreis pro Hektar Ackerland 1651—1675 19,2 Fr., 1726—1750 $13^2/_3$ Fr., 1766—1800 26 Fr. Für Wiesenland betrugen die entsprechenden Zahlen 48 bzw. 35 und 44 Fr. Für Poitou stellt Raveau eine erhebliche Preissteigerung während des 16. Jahrhunderts, insbesondere in den letzten 25 Jahren für Ackerland, Weinberge, Wiesen fest (Rev. d'hist. écon., S. 373 ff.). Diese Zahlen stehen anscheinend in einem bestimmten Verhältnis zu den Getreidepreisen; auf eine Periode niedriger Getreidepreise (1660 bis 1750) folgte in Frank-

Es ist bereits ausgeführt worden, daß die Bauern, welche auf zinspflichtigem Boden saßen, ihn tatsächlich zu eigen besaßen, obwohl ihr Eigentumsrecht ein beschränktes und bedingtes war. Doch auch der Grund und Boden des Adels (die „terres nobles“) war ein abhängiger und auch dessen Besitzer waren in ihren Rechten beschränkt. Wie Loutchisky hervorhebt, bestand im Frankreich des 18. Jahrhunderts noch die alte lehensrechtliche Verfassung fort, die ehemalige hierarchische Stufenfolge der verschiedenen Lehen und Afterlehen. Wie früher, wurde nämlich eine Anzahl Lehen zu einem Ganzen zusammengefaßt, das auch jetzt noch von einer befestigten Burg abhängig war, zu einer châtellenie gehörte, deren Inhaber dem Seigneur als seine Vasallen untergeordnet waren. Einige Châtellenien bildeten eine Baronnie. Baronnien waren zu Grafschaften, Grafschaften zu Herzogtümern verbunden, die unmittelbar vom Könige abhängig waren. An der Spitze dieser einzelnen Verbände standen Seigneure, welchen die ihnen untergeordneten Vasallen den Lehenseid zu leisten und bestimmte Dienste und Abgaben zu entrichten hatten. Diese hierarchische Stufenordnung von Lehen und Afterlehen war keine bloße Formalität. Die Seigneure verlangten nämlich von den ihnen unmittelbar unterstellten Vasallen die genaue Einhaltung aller ihrer Verpflichtungen. Der Unterschied zwischen dieser Periode und dem Spätmittelalter bestand nur darin, daß die Feudalverfassung ihre Bedeutung in politischer Hinsicht eingebüßt hatte, daß die Verpflichtungen der Vasallen nunmehr auf die Entrichtung von Geldleistungen sich beschränkten, zu einer Rentenbezugsquelle geworden waren, so daß die Feudalverfassung nunmehr ausschließlich auf einem fiskalischen Prinzip beruhte. Auf diesem Prinzip war auch das Verhältnis der Seigneure zu der letzten, der niedersten Stufe der feudalen Stufenleiter aufgebaut, zu den zinspflichtigen Hintersassen. Es waren dies in der Mehrzahl Bauern, doch gab es unter den Zinsleuten auch adelige Aftervasallen, sowie Bürger und Geistliche, welchen, ebenso wie den Bauern und unter denselben Voraussetzungen, verschiedene Abgaben und Dienstleistungen auferlegt waren.[1])

Es bestand also kein grundsätzlicher Unterschied zwischen dem bäuerlichen Grundbesitz und den übrigen lehensrechtlich belasteten Formen des Grundbesitzes. „Alle diese Arten des Grundbesitzes — der adelige, der bürgerliche, der bäuerliche — sind untereinander eng verflochten.“ Der französische Bauer war vom 16. Jahrhundert an fast überall persönlich frei. Wenn sich in einigen Coutumes noch Leibeigene,

---

reich — wie ja auch in England — eine Zeit hoher Preise, sowohl für Getreide, als auch für andere landwirtschaftlichen Produkte, Fleisch, Milch, Butter. Nach Zolla hatte für diese Produkte eine Preiserhöhung um 60 bis 85%, nach Bienaimé (für Paris) um 150 bis 200% stattgefunden. (Zolla, Des variations du revenu et du prix des terres en France au XVII et XVIII siècle. Annales de l'ecole libre des Sc. polit. 1893.) D'Avenel I. Levasseur (Rev. d'écon. polit. 1898). Sée, S. 260 ff. Denis, Hist. de l'agriculture dans le départ. de Seine et Marne.

[1]) Loutchisky, Agrarverhältn. in Frankr. vor der Revol. (1913, N 2, S. 164 ff. ruß.) Sée, S. 31. Boucomont, S. 54.

die sog. gens de main-morte oder gens de poste, erhalten hatten, so war dies im 18. Jahrhundert eine Ausnahmeerscheinung.[1])

In West- und Nordfrankreich, d. i. in den England bzw. den Niederlanden am nächsten gelegenen Gebieten, war die persönliche Unfreiheit bereits seit dem späteren Mittelalter größtenteils verschwunden.[2]) Im Osten Frankreichs und in den angrenzenden Gebieten, in Savoyen, der französischen Schweiz, in manchen Bezirken Lothringens und Luxemburgs war noch, obwohl nicht entfernt überall, die main-morte anzutreffen, jedoch gewöhnlich in gemilderter Form.[3]) Die Beschränkungen der persönlichen Freiheit waren unerheblich. Die ursprüngliche Unfähigkeit des Leibeigenen, Vermögen zu vererben, äußerte sich darin, daß im Falle, wo der Verstorbene keine Erben hinterließ, die mit ihm zusammen hausgehalten hatten, das Erbe an den Seigneur heimfiel.[4]) Von Necker war 1779 die main-morte auf den königlichen Domänen aufgehoben worden. Doch die übrigen Grundbesitzer folgten seinem Beispiele nicht. In den Provinzen des Ostens sind auch die anderthalb Millionen serfs zu suchen, welche in Frankreich vor der Revolution gezählt wurden.[5])

Wie Sée nachgewiesen hat, war der durch die lehensrechtliche Verfassung ausgeübte Druck im 18. Jahrhundert in den verschiedenen Gebieten Frankreichs in sehr verschiedenem Maße fühlbar. Er lastete auf den Hintersassen bald stärker, bald schwächer. Am schwersten empfand ihn die Bevölkerung in der Bretagne, in der Auvergne, auch im Bezirk von Bordeaux. Im Maine, in der Normandie, der Champagne, führte die Bevölkerung vor allem über die Steuern, nicht aber über die Feudalrechte Klage. Noch weniger stark als hier wurden die Feudallasten im Orléans, Angoulême, Artois empfunden. In Flandern werden sie von den Cahiers fast gar nicht erwähnt. Es kann also nicht bestritten werden, daß im großen und ganzen die Feudalverfassung wesentlich gemilderte Formen angenommen hatte.[6])

Die Hauptabgabe, der Zins, die (vom Grund und Boden erhobene) rente seigneuriale, mit welcher der Grund und Boden belastet war, bestand in einer Geldabgabe, deren Höhe im Laufe des 16. bis 17. Jahrhunderts nur wenige Veränderungen aufzuweisen hatte, sich folglich, bei der erheblichen Minderung des Geldwertes in dieser Periode, verringert hatte.

Gewöhnlich bildete der Zins eine geringfügige Summe, ja zuweilen fehlte er überhaupt. Schwerer lastete die Naturalabgabe, die in Form

[1]) Brutails, Économie rurale du Roussillon. S. 6. Sée, Les classes rur. en Bretagne du XVIe siècle, S. 7. Boucomont, La main-morte personelle et réelle en Nivernais, S. 112. Bernier, Tiers-Etat etc. en Basse-Normandie au XVIII siècle, S. 66.

[2]) Derartige Überreste entschwundener Institute stellen die sog. mottiers (oder motoyers) und quévaisiers dar, die in der Bretagne in geringer Anzahl anzutreffen waren (Sée, Bretagne, S. 8 ff.).

[3]) Vgl. Bd. I, S. 151f.

[4]) Darmstädter, Befreiung der Leibeigenen in Savoyen, der Schweiz und Lothringen, S. 17 f., 28 ff., 83 ff., 96 ff., 107 f., 119. Boucomont, S. 107 ff. Vermale, Les classes rurales en Savoie au XVIIIe siècle (1911).

[5]) Aulard hält übrigens die oben angegebene Zahl der Serfs für zu hoch gegriffen (Aulard, La féodalité sous Louis XVI. Révol. Franç. 1913.)

[6]) Sée, Rev. d'hist. mod. X, S. 174 ff. Ders. Hist. du régime agraire (1921). Lefebvre I, S. 126 ff., 136 ff., 163. Roupnel, S. 242 ff.

des Champart" zu leisten war. Als Champart wurde im Bezirk von Châlons von der Ernte die vierzehnte Getreidegarbe eingefordert, in der Aisne die neunte, in Seine-et-Oise die sechste. Doch auch für diese Abgabe läßt sich im 16.—18. Jahrhundert keine Erhöhung nachweisen. Die persönlichen Dienste, wie die Taille personnelle, aide u. a. m., wurden auch fast gar nicht verlangt; ungemessene Frondienste gab es schon lange nicht mehr. Soweit Frondienste noch vorhanden waren, waren sie den Bauern nur wenig fühlbar. Sie überstiegen keine 2 bis 3 Tage jährlich, da ja die Seigneurs fast keine Eigenwirtschaft führten und daher keine Verwendung für die Arbeitskraft der Bauern hatten. In vielen Fällen waren die Frondienste durch eine sehr geringe, jahrhundertelang unverändert bleibende Geldleistung abgelöst worden. Von weit größerer Bedeutung waren die sog. droits casuels, welche bei besonderen Anlässen zu leisten waren. Zu diesen gehörte das droit de rachat, eine Abgabe, welche beim Antritte einer Erbschaft erhoben wurde und der Höhe des Zinses gleichkam, so daß im betreffenden Jahre ein doppelter Zins erlegt wurde. Was ferner die Handänderungsgebühren bei Umsatz von Grund und Boden (lods et ventes) betrifft, so bildeten sie im Roussillon $^1/_6$ (tatsächlich $^1/_9$), in der Bretagne und Bordeaux $^1/_8$, in den meisten Provinzen $^1/_{10}$ oder $^1/_{12}$, in der Auvergne $^1/_{20}$ des Bodenwertes. Diese droit casuels, zu denen im 18. Jahrhundert noch eine staatliche Erbschaftssteuer hinzugekommen war, lasteten schwer auf dem Bauern, weit schwerer, als dies bei Grundzins, Frondiensten und anderen Feudalrechten der Fall war. Doch auch der privilegierte Landbesitz war ihnen unterworfen. Auch von den adeligen Gütern waren die quints et reliefs, welche den droit de lods et ventes des nichtadeligen Grundbesitzes entsprachen, zu zahlen, ebenso das droit de rachat, das in manchen Fällen dem Jahresertrag des Bodenbesitzes gleichkam.[1])

Die Notlage des Bauernstandes wurde nicht so sehr durch die Höhe dieser ein für allemal festgesetzten grundherrlichen Lasten verursacht, als vielmehr durch die im Lande herrschende Willkür, durch die weitgehenden Befugnisse, die den Seigneurs zustanden und die sie nach ihren Belieben ausnutzen konnten. Die an und für sich geringen Renten wurden durch das bei ihrer Erhebung angewandte Verfahren zu schweren Lasten. Die Inhaber einzelner ehemals zusammengehöriger, nunmehr zerteilter Grundstücke hafteten dem Seigneur für den gesamten Betrag des Grundzinses. An jeden von ihnen konnte vom Seigneur die Forderung ergehen, die ganze Zinssumme zu erlegen, und der Zahler konnte dann selbst zusehen, wie er von den einzelnen Teilpflichtigen die auf jeden entfallende Summe eintrieb. Häufig kam es vor, daß der Seigneur den Grundzins 15, 20, ja 29 Jahre lang nicht erhob, um dann plötzlich die gesamten Rückstände auf einmal einzufordern, was noch

1) Brutails, S. 160 f. Marion, S. 57 ff., 65. Sée, Bretagne, S. 31, 83, 118. Ders., La portée du régime, S. 175 ff. Lefebvre I, S. 146 ff.

obendrein zu den für die Bauern ungelegensten Zeiten geschehen mochte. Solche Fälle kamen in der Bretagne, im Bezirk von Bordeaux, in der Auvergne, in Maine, Angoulême u. a. m. öfters vor. Dies ist der Grund für die in den Cahiers von 1789 häufig wiederkehrende Forderung der Bauern, für den Grundzins solle eine Verjährungsfrist von höchstens 10, ja 5 Jahren eingeführt werden. Auch sonst litt der Bauer unter der Willkürherrschaft der Seigneurs. Hatte man z. B. die Abgaben in natura zu entrichten, so wurden dabei falsche Maße gebraucht; waren sie in Geld umgewandelt, so geschah die Berechnung zu den Höchstpreisen. Es wurden auch häufig nur Lebensmittel von bester Qualität angenommen, die von den Bauern gelieferten wies der Grundherr als untauglich zurück, man verlangte Getreidearten, die der Bauer überhaupt nicht bestellte. Neben den althergebrachten Frondiensten, die fast gar nicht mehr abgeleistet wurden, gab es sog. corvées extraordinaires, Frondienste, die von Zeit zu Zeit verlangt wurden. Von dieser Art war z. B. die Verpflichtung, das niedergebrannte seigneuriale Schloß wieder aufzurichten, die Mühle auszubessern, den herrschaftlichen Teich zu reinigen, einen Weg zu bauen. Es waren dies ungemessene Dienste. Anfänglich wurden die Bauern wohl selten zu denselben herangezogen. Seit dem Ausgang des 17. Jahrhunderts jedoch, als der Bau zahlreicher Kanäle, Häfen, Brücken usw. in Angriff genommen wurde, mußten sie zu einer wahren Plage für die ländliche Bevölkerung werden.[1])

Zahlreiche Klagen wurden auch (in den Cahiers von 1789) über die Bannrechte (banalités) laut, kraft deren die Bauernschaft noch immer verpflichtet war, sich der dem Seigneur gehörenden Mühlen (gewöhnlich erhob der Seigneur $^1/_{16}$ des gemahlenen Getreides als Mahlmetze), Backöfen, Weinkeltern usw. zu bedienen. Der Verkehr war durch seigneuriale Abgaben (péages, pontonnages, passages) belastet. Es wurde der Zehent erhoben, und zwar nicht bloß vom Getreide, sondern auch von Flachs, Hanf, Bohnen, Obst (menues dîmes), Lämmern, Ferkeln (dîme de carnage), zuweilen von Schafen und Wolle zu gleicher Zeit. Es kam wohl vor, daß der Zehent alle übrigen Abgaben um ein bedeutendes überstieg, und zwar fiel er nicht, wie sonst, der Kirche, sondern dem weltlichen Grundherrn zu (dîme inféodée).[2]) Von den Seigneurs wurden aus Liebhaberei Taubenschläge unterhalten, und die Tauben vernichteten die Aussaat. Die größte Empörung aber scheint, sogar in denjenigen Landgebieten, wo die Feudalrechte bedeutend milder gehandhabt wurden, das Jagdrecht (droit de chasse) hervorgerufen zu haben.[3]) Im 15. Jahrhundert war es den Bauern noch erlaubt, auf Füchse und Dachse Jagd zu machen, den Fang von Lerchen und anderen Vögeln zu betreiben. Im 16. Jahrhundert wurden sie, falls man sie dabei ertappte, zur Galeerenstrafe verurteilt, es wurden ihnen die Ohren abgeschnitten. Das Jagdrecht, sowohl auf seigneurialem als auf Bauernland gehörte ausschließlich den Seigneurs.[4]) „Die Ernte — sagt Arthur Young — ist eben der Art, wie sie auf Gütern, deren Eigentümer von prinzlichem Geblüt sind, sein muß, d. h. sie besteht aus Hasen, Fasanen, Hirschen und anderen wilden Tieren. ... Die Seigneurs umgeben sich mit Wäldern und Wild, nicht aber mit gutangebauten

---

[1]) „Die Straße ... würde mich in Entzücken versetzt haben, hätte ich nicht um die drückenden Lasten der unglücklichen Ackerbauer gewußt, deren Zwangsarbeit diese Pracht geschaffen hat" (Young, I, S. 7 f.).

[2]) Sée, Hist. du régime agraire, S. 28. Roupnel, S. 240 ff.

[3]) Taine, Ancien régime, S. 71 ff.

[4]) D'Avenel, Bd. I. S. 219 ff. Lefebvre, I, S. 133 ff.

Farmen."[1]) Um des Vergnügens willen, das den Seigneurs durch das edle Weidwerk bereitet wurde, mußten die Bauern untätig zusehen, wie Vögel ihre Saaten vernichteten und Wölfe ihr Vieh raubten. Ja, vielfach wurde die Einzäunung der Felder verboten, denn sie hätte die Jagd stören und die Mehrung des Wildbestandes hindern können. Es war den Bauern nicht erlaubt, das Unkraut zu jäten und das Heu abzumähen, ehe die Brutzeit der Feldhühner beendet war, denn diese legten ihre Eier mit Vorliebe ins Gras hinein. Die Bauern mußten sich sogar die Vernichtung ihrer Katzen und Hunde gefallen lassen, da sie dem Wild gefährlich werden konnten. Oft ging die Willkür der Seigneurs soweit, daß sie auf den bereits bestellten Äckern jagten, Aussaat und Weinberge vernichteten, die sich dagegen auflehnenden Bauern aber mit dem Tode bedrohten.[2])

Die zahlreichen Mißbräuche, die sich die Bauernschaft von den Grundherren gefallen lassen mußte, welche oft ein grausames Vergnügen darin zu finden schienen, ihre „Untertanen" zu peinigen, sowie die Erpressungen seitens ihrer Angestellten sind charakteristische Züge der mit dem Namen „ancien régime" bezeichneten Periode. Dazu kam die seigneuriale Gerichtsbarkeit, die Straflosigkeit der Grundherren zu bedeuten hatte, selbst in den Fällen, wo sie geradezu verbrecherische Handlungen begingen. Erst allmählich wurde ihnen die Rechtsprechung in Kriminalsachen entzogen. Doch übten sie dieselbe mancherorts im 17.—18. Jahrhundert noch in Kapitalverbrechen aus. Die „feudale" Justiz, d. h. die gerichtliche Untersuchung aller Fälle, welche die grund herrlich-bäuerlichen Verhältnisse, bäuerliche Pflichtleistungen betrafen, blieb jedenfalls in vollem Umfange aufrechterhalten. Diese war für die Seigneurs besonders einträglich. Willkürlich auferlegte Dienste und Abgaben, Sporteln, welche mit der Gerichtsverhandlung verbunden waren, die als Strafe verhängte Beschlagnahme des bäuerlichen Besitzes, alle diese Einnahmen flossen in die Taschen der Seigneurs. Ist es da zu verwundern, daß sie mit aller Kraft die Gerichtsherrlichkeit in ihren Händen zu behalten suchten?[3])

Obwohl also die seigneuriale Verfassung als eine Gesamtheit bestimmter Abgaben und Dienste im Absterben begriffen war, so blieben doch die mit ihr verbundene Willkür und verschiedene Mißbräuche bestehen. Die wirtschaftliche Lage der Bauern war im allgemeinen eine ungünstige, erst in der zweiten Hälfte des 18. Jahrhunderts scheint sie sich gebessert zu haben.

Gewiß waren auch wohlhabende Bauern zu finden, deren fahrende Habe bei Aufnahmen, die anläßlich von Erbfällen gemacht waren, auf 1100, 1800, 1900, 2100, 3400, ja 8500 Livres geschätzt wurde. Meist erreichte sie freilich einen Wert von höchstens 100 Livres, überstieg oft auch keine 20 Livres. Sée gibt an, daß in einer Seigneurie in 24 Erbfällen die Erbschaftsmasse einen Wert von weniger als 100 Livres hatte (darunter solche von 9, 11, 22, 23, 30, 35 Livres).[4]) In manchen Gegenden trafen Reisende wie Chateaubriand, Guibert, Young aus Holz oder auch ausnahmsweise aus Stein errichtete Bauernhäuser an, die mit Schindeln oder mit

---

[1]) Young, I, S. 91, 124.

[2]) Sée, Bretagne. Ders., Le régime agraire, S. 153 ff. Karéiew, S. 61 ff. Bernier, S. 134. Lefebvre I, S. 193 ff.

[3]) Sée, S. 117 ff. Bernier, S. 144 f. Lefebvre, I, S. 117 f., 124 f.S. 61 ff.

[4]) Sée, S. 463 ff. Brutails, S. 216 ff. Bernier, S. 206 ff.

Schiefer gedeckt waren.[1]) Doch selbst im Norden, wo der Wohlstand größer war, machten die aus Backsteinen erbauten Hütten mit einem Ziegeldach nicht über ein Viertel aller Bauernhäuser aus, nicht viel besser sah es übrigens in den Landstädten aus.[2]) Gewöhnlich bestand die Wohnstätte aus einer aus Lehm gebauten, mit Rasen gedeckten Hütte, daher auch die Bezeichnung chaumière. Oft ähnelte sie mehr einem Keller als einer menschlichen Behausung, so wenig ragte sie über dem Boden hervor. Menschen, Kleinvieh, Geflügel lebten alle zusammen in dem nur durch eine Bretterwand geteilten, von tierischen Ausdünstungen erfüllten, verunreinigten Raume. In Nordfrankreich waren freilich Wohnhaus und Stall voneinander getrennt, wenn sie sich auch meist unter einem Dache befanden. Bloß reichere Bauern bauten besondere Behausungen für Pferde und Vieh, ihre Wohnung bestand aus zwei Stuben. Doch selbst dann, wenn die Hütte in drei Teile, Wohnstube, Stall und Scheune, geteilt war, siedelten die Bauern für den Winter in den Stall über, da es dort wärmer war. Locke in den siebziger Jahren des 17. Jahrhunderts, wie auch 100 Jahre später Chateaubriand heben den Umstand hervor, daß die Hütten vor Schmutz starrten, weder Fenster noch Öfen hatten. Für den Herdrauch gab es nur einen Ausweg, die Tür. Die Hütte wurde von allen Seiten mit Mist umgeben zum Schutz vor der durch die Öffnungen, welche die Stelle von Fenstern vertraten, eindringenden Kälte. Diese Öffnungen waren unentbehrlich, sonst hätte in den Hütten völlige Finsternis geherrscht.[3]) Fensterscheiben gab es nämlich nicht, selbst dann nicht, wenn die Behausung aus besseren Materialien gezimmert war. Young bemerkt, dies sei ein für den Engländer ganz ungewohnter Anblick. „Die Wohnstätten sind gut," sagt er weiter, „aber kein einziges Fenster, das Scheiben hätte".[4]) Fensterglas galt als ein besonderer Luxus: Als Beweis für den Wohlstand Lothringens vor dem Dreißigjährigen Kriege führte man an, daß die Bauernhäuser dort Fensterscheiben hatten.[5]) In den Städten war dies bereits eine alltägliche Erscheinung.

Ein anderer Umstand, der Young in Staunen versetzte, war das Fehlen der Fußbekleidung. Die Bauern kannten weder Schuhe, noch Strümpfe, oft genug trugen sie nicht einmal Holzschuhe. Doch konnten sie — wie Young hinzufügt — sich darauf etwas zugute tun, daß ihre bloßen Füße auf einer vortrefflich angelegten Chaussee wandelten.[6]) Dagegen sind in den Aufnahmen der Erbbestände Kleider und Stoffe (sowohl Wollstoffe, als grobes Leinen) oft in ansehnlichen Mengen verzeichnet. Was die Nahrung der Bauern betrifft, so wurden Weizen und Roggen zum Teil verkauft, um die Steuern und seigneurialen Renten zu zahlen, teilweise zur Entrichtung der Naturalabgaben verwendet. Als Nahrung verblieben dem Bauern die minderwertigeren Roggensorten, deren Annahme der Seigneur verweigerte, Gerste und Hafer. Ferner wurden Fische, Speck, Butter, Eier, Gemüse genossen. Fleisch erschien fast ebenso selten auf seinem Tisch wie im Mittelalter, gewöhnlich nur an Sonn- und Feiertagen, weshalb der Sonntagsstaat des Bauern „habit à la viande" hieß.[7])

---

[1]) Young, I, S. 21, 32, 34, 72. Guibert, Voyages dans diverses parties de la France en 1775, S. 151, 279.

[2]) Lefebvre, I, S. 310 f.

[3]) Babeau, La vie rurale, S. 13 f. Calonne, S. 189 ff. Bernier, S. 49 f. Sée, Bretagne, S. 458 ff. Théron de Montaugé, L'agricult. dans le pays Toulousain, S. 59. Brutails, S. 224. Lefebvre, I, S. 310 ff. Musset, S. 394 f. Dubreuil, Le paysan breton au XVIIIe siècle (Rev. d'hist. econ. 1924).

[4]) Young, I, S. 28, 32, 34 f., 59, 332.

[5]) Babeau, S. 20.

[6]) Young, I, S. 31, 38, 53, 69, 148.

[7]) Calonne, S. 211 ff. Sée, S. 466 f. Bernier, S. 26, 51 f. Babeau S. 102 ff., 112 f. Lefebvre, I, S. 313. Young (I, S. 37, 77) bemerkt, der Fleischkonsum in Frankreich sei nur gering. Er wohnte auf einer Farm dem Abendessen bei, das aus Brot, Kohl, Speck und Wasser bestand. Fleisch wurde nur in geringer Menge gereicht.

So standen die Dinge in Durchschnittsjahren. Ist es da zu verwundern, daß in Jahren der Mißernte die Bauern, wie La Bruyère auf Grund eigener Erfahrungen bezeugt, sich von Gras nährten, daß Typhus-, Ruhr-, Blatternepidemien ununterbrochen wüteten, daß in schlechten Jahren ein Viertel bis ein Fünftel der Bevölkerung von Almosen lebte, daß in vielen Gegenden die Sterblichkeit die Geburtenfrequenz beständig überstieg, daß die Lebensdauer im Durchschnitt 25 Jahre nicht überschritt.[1]) In diesen Jahren glich das französische Volk, nach Taines Vergleich, einem Menschen, der bis zum Halse im Wasser watete und bei jedem Schritte den Boden unter den Füßen zu verlieren und zu ertrinken drohte.

Taine entwirft bei der Schilderung des Lebens der französischen Bauern im 18. Jahrhundert ein düsteres Bild, voll Hunger und Elend. Den gleichen Standpunkt nehmen Karéiew und Kowalewsky ein. Dagegen sind die Ansichten Babeaus, auch Ardaschews weit günstiger. „Wohlstand wird zu einem immer häufigeren Gast in den Dörfern." Sie berufen sich dabei vor allem auf den Engländer Walpole, welcher „eine außerordentliche Hebung" des Volkswohlstandes verzeichnete, und bemerkte, „selbst kleine Dörfer tragen ein Gepräge von Wohlhabenheit", und auf Voltaire, der behauptete, der Bauer erfreue sich nirgends in der Welt solchen Wohlstandes, wie in einigen Provinzen Frankreichs, nur England könne ihm den Vorrang streitig machen. Ardašeff betont, man müsse die Quellen, welche vor Klagen über Elend und Not der Bauern strotzen, mit großer Vorsicht benutzen. Dies sei nicht nur infolge der zu jener Zeit verbreiteten Vorliebe für hyperbolische Ausdrücke angeraten, sondern auch daher, weil die Bauern aus fiskalischen Erwägungen, um Steuererhöhungen vorzubeugen, ihre Klagen über ihre schlimme Lage übertrieben und die äußeren Anzeichen ihrer Armut und Dürftigkeit absichtlich zu mehren und bloßzustellen suchten. Rousseaus bekannte, in den „Confessions" enthaltene Erzählung vom Bauern, der aus Angst vor dem Steuereinnehmer möglichst arm zu erscheinen trachtete, bestätigt diese Vermutung, ebenso wie der von Taine angeführte Fall, in dem die Bauern auf den Ersatz ihrer Strohdächer durch Schindeldächer auf Kosten des Gutsherrn verzichteten, da sie fürchteten, es würde darauf eine Steuererhöhung folgen. „Sollte man allen in den Cahiers von 1789 enthaltenen Klagen über das Elend dieser oder jener Provinz Glauben schenken, so müßte jede Provinz als ‚die ärmste', ‚die am schwersten mit Steuern belastete im ganzen Königreich' anerkannt werden." Doch gibt auch Ardaschew zu, daß gegen Ende des 18. Jahrhunderts „Armut und Elend noch immer den Grund des Gemäldes abgaben", und hält es daher nicht für geboten, die Mitteilungen der Zeitgenossen, den Wohlstand der ländlichen Bevölkerung betreffend, welche nur auf einzelne Landesteil Bezug haben können, für ganz Frankreich zu verallgemeinern. Anderseits erkennt jedoch auch Taine an, daß, trotz aller Leiden, „das Elend der Bauernschaft sich unter Ludwig XVI. unzweifelhaft gemildert hatte".[2])

In der zweiten Hälfte des 18. Jahrhunderts wurden von den Seigneurs Versuche unternommen, ihre alten Rechte auf Grundzinse und Renten, die sie vielfach seit Jahren nicht mehr beansprucht hatten und die infolgedessen verjährt und in Vergessenheit geraten waren, wieder geltend zu machen. Demgegenüber wurde

---

[1]) Levasseur, La population française, I, S. 258 ff., 278. Babeau, S. 120. Calonne, S. 227 ff. Sée, S. 471, 489 ff. Brutails, S. 41, 103. Bernier, S. 30 ff., 43 ff., 64 ff.

[2]) Taine, L'ancien régime, S. 437 ff. Babeau, Le village, S. 60, 135. Ardaschew, Provinzialverwaltung, II, S. 288 (russ.). Marion, Les classes rurales à Bordeaux. S. 74 ff. Sée, Bretagne, S. 198 ff. Ders. Le régime agraire au XVIII siècle, S. 31 ff. Aulard, La Révolution française et le régime féodal. Ch. I.

in den meisten Fällen von den Bauern behauptet, sie wüßten überhaupt nicht, wem das oberste Eigentumsrecht am Grund und Boden, auf dem sie seit vielen Jahren ansässig waren, gehöre. Seit Jahrzehnten hätten sie keine Rente mehr gezahlt, keine Dienste geleistet. Die Seigneure hätten es von ihnen nicht verlangt, da diese Abgaben bereits an ihre Vorfahren nicht mehr entrichtet worden waren. Die Feudalverfassung, deren ganzes Gepräge sich im Laufe der Zeit bedeutend modifiziert hatte und die allmählich dahinschwand, schien ihrer endgültigen Auflösung entgegenzugehen. Doch sollten die Dinge einen anderen Verlauf nehmen. Die Seigneurs machten sich eifrig daran, die im Laufe vieler Jahre angesammelten Rückstände einzufordern, ihre alten Rechte wieder aufleben zu lassen, längst in Vergessenheit geratene Abgaben wiederherzustellen (feudale Reaktion). „Von einem Ende Frankreichs bis zum anderen, sagt Chérest, begannen die Seigneurs, alte Aktenbände zu untersuchen, ihre terriers zu erneuern, Rechte auszugraben, auf die zu verzichten ihre Vorfahren einsichtig genug gewesen waren, und neue zu erfinden, endlose Prozesse gegen die mit ihren Zahlungen rückständigen Bauern anzustrengen, erbitterte Kämpfe mit ihnen auszufechten."[1]) Die Cahiers von 1789 geben ein anschauliches Bild dieser feodalen Reaktion wieder, wie auch der hierdurch hervorgerufenen Empörung. Es ist jedoch bezeichnend, daß diese Empörung nicht nur bei den Bauern um sich griff, sondern auch bei den Inhabern der übrigen lehensrechtlich belasteten Bodengüter, daß das Verlangen nach Aufhebung aller Einschränkungen des Eigentumsrechtes sowohl an den bäuerlichen, als an den vom Adel und dem städtischen Bürgertum besessenen Ländereien laut wurde. Die Agrarfrage war eben nicht mehr ausschließlich eine Frage des bäuerlichen Grundbesitzes.

Kapitel 6.

Die Agrarverhältnisse in Deutschland.

Bei der Untersuchung der Agrarverfassung Deutschlands im 16.—18. Jahrhundert muß stets die von Georg Knapp eingehend untersuchte und dargelegte Unterscheidung zwischen Grundherrschaft und Gutsherrschaft zum Ausgangspunkt genommen werden. Als Grundherrschaft bezeichnet Knapp diejenige Form der Agrarverfassung, die ausschließlich auf dem Bezuge bestimmter Renten, Grundzinse und Geldabgaben beruht, bei welcher der Grundherr keine Eigenwirtschaft betreibt, neben den Bauernwirtschaften keine Gutswirtschaft vorhanden ist. Anders liegen die Dinge bei der Gutsherrschaft. Auch hier haben die Bauern Geldabgaben zu zahlen. Doch liegt hier der Nachdruck nicht auf diesen von den selbstbewirtschaftenden Bauern entrichteten Abgaben, sondern auf ihrer in Form von Diensten geleisteten Arbeit, mit der der Grundherr seine Gutswirtschaft bestellt. Hier ist der Grundherr Gutsherr im eigentlichen Sinne, d. h. der seinen Grundbesitz auf eigene Rechnung und Gefahr mit der Zwangsarbeit der von ihm abhängigen Bauern bewirtschaftende Landwirt.

Die Scheidelinie zwischen den beiden Formen der Agrarverfassung verläuft in der Richtung von Westen nach Osten. Für Frankreich sowie Westdeutschland ist die auf dem Rentenbezug beruhende Grund-

---

[1]) Cherest, Chute de l'ancien régime. I, S. 50. Wolters, S. 260 ff. Loutchisky, L'état etc., S. 93ff. Sagnac, La propriété foncière au XVIIIe siècle (Rev. d'hist. mod. 1901, S. 170). Sée, Ibid. 1908. S. 183 ff. Lefebvre, I, S. 148 ff. S. auch Karéiew, Bemerkungen II, 1915.

herrschaft die herrschende Form der ländlichen Verfassung. In Deutschland östlich der Elbe, weiter nach Osten hin, in Polen, erscheint hingegen die Gutswirtschaft, der selbstbewirtschaftende Gutsherr.[1])

Diese Unterscheidung zweier verschiedener Formen der Agrarverfassung ist unzweifelhaft von grundlegender Bedeutung für die Forschung. Geht man bei dem Studium der Agrarverfassung Deutschlands von ihr aus, so gewinnt man bedeutsame Einblicke in den historischen Entwicklungsgang, als dessen Auswirkung zwischen den westlich und östlich der Elbe gelegenen Gebieten Deutschlands, zwischen Westdeutschland — Baden, Württemberg, den Rheinlanden u. a. m. — einerseits und Ostdeutschland — vornehmlich Ostpreußen, Mecklenburg, Pommern, Holstein — anderseits tiefgehende Verschiedenheiten der wirtschaftlichen Verhältnisse und Interessen sich ausbilden konnten. Westdeutschland bildet im 16.—18. Jahrhundert in bezug auf die Agrarzustände gewissermaßen eine Fortsetzung Frankreichs. Wie dort, so vollzog sich auch hier die Ausbildung der Agrarverfassung, die bereits vom 12.—13. Jahrhundert an eingesetzt hatte, auch weiterhin in der einmal eingeschlagenen Richtung. Die Villikationsverfassung des früheren Mittelalters war zerfallen. Das Band zwischen den Bauernstellen und der grundherrlichen Verwaltung wurde immer lockerer, die von dem Grundherrn betriebene Eigenwirtschaft verschwand allmählich. Mit dem Dahinschwinden derselben verminderten sich auch die bäuerlichen Frondienste, das Abhängigkeitsverhältnis der Bauernstellen veränderte allmählich sein Gepräge, beschränkte sich auf die Leistung bestimmter Zinse und Abgaben, löste sich in einfache Rentenrechte auf.

Als Beispiel kann Baden genommen werden. In Baden vereinigte der Markgraf im ganzen Landgebiet die grundherrlichen Herrschaftsrechte in seinen Händen. Ihm gehörte sowohl das oberste Eigentumsrecht an Grund und Boden als auch die Gerichtsherrschaft und Leibherrschaft. Nur hier und da fanden sich Örtlichkeiten verstreut, wo andere Herren Rechte besaßen. Die Bauern saßen auf ihren Stellen zu fast uneingeschränktem Eigentumsrecht. Sie konnten dieselben veräußern, verpfänden, ja sogar bis zu einem gewissen Masse teilen, auch verschulden. Die Bauernstellen waren mit genau bestimmten Leistungen in Geld und Naturalien (diese bestanden vornehmlich in Hühnern) belastet, ferner waren Handänderungsgebühren (bei Verkauf, Tausch, Erbfall) zu entrichten, die $^1/_3$ bis $^1/_5$ des Wertes betrugen und den französischen lods et ventes und dem rachat entsprachen. Es wurden auch Frondienste eingefordert, die aber 2 bis 4 Wochen im Jahre nicht überstiegen.[2]) Die Einschränkungen der persönlichen Freiheit waren auf

[1]) Georg Knapp, Bauernbefreiung I, Einleitung. Fuchs, Epochen der deutschen Agrargesch. (1898). Caro, Probleme der deutsch. Agrargesch. (Viert. f. Soz.- u. W.-G. 1907). Jordan-Rozwadowski, Die Bauern des 18. Jahrhunderts (Jahrb. f. Nat.-Ök. 1900). Lamprecht, Deutsche Gesch. IX, S. 217 ff. v. Below, Probl. d. Wirtsch., Abh. II.

[2]) Ludwig, Der badische Bauer, S. 18 ff., 52 ff., 85 f.

die Entrichtung bestimmter Summen für die bei verschiedenen Anlässen einzuholende Genehmigung reduziert, so z. B. für die Heiratserlaubnis (Verehelichungsabgabe); auch fiel beim Tode des Bauern das beste Stück Vieh (Besthaupt) oder 1 bis 5% der fahrenden Habe an den Grundherrn (Erbfallabgabe). Ja, durch die Leistung einer bestimmten, allerdings zuweilen recht hohen Summe konnte die Aufhebung jeder persönlichen Abhängigkeit — die Freilassung — erwirkt werden.[1])

Betrachtet man den nordwestlichen Teil Deutschlands, der in zahlreiche kleine Fürstentümer und Grafschaften wie Braunschweig-Wolfenbüttel, Göttingen-Grubenhagen, Werden, Hildesheim, Lüneburg, Hannover usw. zerfiel, so kann auch hier festgestellt werden, daß vom 14. bis 15. Jahrh. an die Bauern allmählich in den erblichen Besitz ihrer Stellen gelangten. Zu Ende des 15. und zu Anfang des 16. Jahrh. besaß der Grundherr noch formell das Recht, dem Inhaber einer Bauernstelle, selbst wenn er seinen Grundzins regelmäßig entrichtete, seine Stelle zu kündigen. Tatsächlich behielt aber der Bauer in den meisten Fällen seine Stelle lebenslänglich, oft vererbte er sie an seine Kinder. Zu Ausgang des 16. und zu Beginn des 17. Jahrh. wurde diese tatsächlich bereits stattfindende Vererbung durch staatliche Maßregeln, wie Festsetzung der Höhe der Zinse, die nicht erhöht werden durften, durch das Verbot, Bauern willkürlich von ihren Stellen abzusetzen, in manchen Gebieten auch durch die ausdrückliche Anerkennung der Erblichkeit der Bauernstellen gefestigt. Das Bauernland wurde zum Eigentume der Bauern; es war bloß mit Grundzins und Zehent, selten mit Frondiensten belastet, das Eigentumsrecht nur durch die Verpflichtung eingeschränkt, bei der Veräußerung des Gutes die Genehmigung des Grundherrn einzuholen.[2])[3])

Allerdings gab die urgens et improvisa necessitas, der Fall, daß der Grundherr das betreffende Grundstück dringend benötigte, ihm das Recht auf Einziehung desselben. In manchen Teilen Nordwestdeutschlands suchten die Gutsherren ihre Wirtschaft auf diese Weise zu erweitern. In den meisten Fällen waren sie jedoch verpflichtet, die Steuerlasten des auf diese Weise erworbenen Bauernlandes zu übernehmen,

---

[1]) Ludwig, S. 33 ff. Ähnlich lagen die Verhältnisse in Württemberg (Th. Knapp, Zeitschr. für Rechtgesch. XII u. in seinen „Beiträgen"). In Baden (vgl. Frankreich oben S. 83f.) wurden die Bauern durch die Jagdlust des Markgrafen schwer geschädigt. Die ihnen im übrigen freundlich gesinnten Landesherren verboten die Wildschweine zu vernichten, die am hellen Tage die Weinberge verwüsteten (Ludwig, S. 92).

[2]) Wittich, Grundherrschaft. S. 21, 26, 32 ff., 44, 63 ff., 82 f., 358, 377 ff. 409 ff.

[3]) Auch in Mitteldeutschland (Anhalt, Lippe, Kursachsen u. a. m.) überwog die aus der Pacht auf Lebenszeit hervorgegangene Erbpacht, mit weitgehendem Verfügungsrechte des Bauern, dem Rechte, das Land zu verschulden, es nach vorhergehender Anmeldung beim Grundherrn oder auch ohne dieselbe zu veräußern. Die Absetzung des Bauern von seiner Stelle war nur in bestimmten Fällen zulässig, hauptsächlich bei Nichtzahlung des Zinses im Laufe einer Reihe von Jahren, bei schlechter Bewirtschaftung, nach begangenen Verbrechen.

was ihrer Aneignungslust Schranken setzte. In Nordhannover jedoch bestand diese Verpflichtung nicht, weshalb dort auch die Bildung großer adeliger und geistlicher Güter während der durch den Dreißigjährigen Krieg hervorgerufenen Verödung des flachen Landes in bedeutendem Umfange stattgefunden hat.[1]) Auf den solchermaßen entstandenen großen Gütern wurde vom Gutsherrn ansehnliche Eigenwirtschaft betrieben, wobei er Getreide zum Absatz auf entfernteren Märkten produzierte. Daher bestanden auf ihnen Frondienste, sowohl Spann- als Handdienste, Wagendienste zur Bestellung des gutsherrlichen Ackerlandes. Doch waren dies gemessene Frondienste (1 bis 2 oder 1 bis 3 Tage der Woche), die willkürlich zu mehren der Gutsherr kein Recht hatte. Überhaupt ist der enge Zusammenhang zwischen der Selbstbewirtschaftung des Gutslandes und den Frondiensten deutlich erkennbar. Nur in den Gegenden, wo die Grundbesitzer einen eigenen Großbetrieb besaßen, waren die Frondienste nicht in Geldzahlungen umgewandelt worden. Doch hatten in Westdeutschland die großen Gutswirtschaften lange nicht jene Bedeutung, die sie in Nordostdeutschland erlangten. Die Ländereien des Grundherrn lagen in Westdeutschland in Streubesitz; es bildeten sich keine einheitlichen Güterkomplexe; die Grundherren trachteten auch nicht danach, ihre Besitzungen zu solchen zu vereinigen.[2]) „Wie man nicht alle Aktien einer Fabrik besitzen muß, sagt G. Knapp, so braucht man auch nicht Grundherr aller Bauern einer Gemeinde zu sein".[3])

Der Übergang von Frankreich über Westdeutschland zu Preußen, Österreich, Mecklenburg und Holstein weist sowohl hinsichtlich der Agrarverfassung als auch in bezug auf die Einschränkungen der persönlichen Freiheit der Bauernschaft verschiedene Abstufungen auf. Als eine solche Durchgangsstufe kann vor allem Bayern betrachtet werden. Dort waren neben erblichen und lebenslänglichen bäuerlichen Besitzrechten („Erbstift" und „Leibgedinge") auch solche Bauernstellen zu finden, die dem Bauern nach Belieben des Herrn jedes Jahr gekündigt werden konnten („Freistift"). Allerdings mußte der Herr einen triftigen Grund für diese Kündigung beibringen. Infolgedessen waren in Bayern die ansehnlichen Gutswirtschaften weit zahlreicher als in anderen Teilen Westdeutschlands. Das Landrecht von 1616 hatte die Frondienste erheblich verringert, wodurch für die Gutsherren ein bedeutender Ausfall an der zum Großbetrieb notwendigen Arbeitskraft entstand. Vom 16. Jahrhundert an hatten hier die als „Bauernlegen", bezeichneten Vorgänge eingesetzt.[4]) Waren die Besitzrechte, zu welchen der Bauer auf seiner Stelle saß, weder erbliche noch lebenslängliche, d. h. gehörten sie zu den sog. „schlechten" Besitzrechten, so hatte der Gutsherr das Recht, solche Stellen seinem Lande einzuverleiben. Es

---

[1]) Wittich, S. 57, 61, 393 ff., 406 ff.

[2]) Ibid., S. 14 ff., 185 ff., 217 ff.

[3]) Georg Knapp, Grundherrschaft, S. 85.

[4]) Hausmann, S. 34 ff., 54 ff., 65 f.

bestand also, wie an dem Beispiel Bayerns nachgewiesen werden kann, ein enger Zusammenhang zwischen dem Charakter der bäuerlichen Bodenrechte und der Ausbreitung der gutsherrlichen Großbetriebe.

Auch in bezug auf die persönliche Unfreiheit der Bauernschaft lagen die Verhältnisse in Bayern weniger günstig, als dies in Westdeutschland der Fall war. Wie Hausmann allerdings mit Recht hinweist, war die Leibeigenschaft, der noch im Landrecht von 1756 ein ganzer Titel gewidmet war, ihrem Namen nach viel schlimmer, als die so bezeichneten Verhältnisse es in Wirklichkeit waren. Dennoch steht es fest, daß das persönliche Abhängigkeitsverhältnis auf dem bayerischen Bauern drükkender lastete, als auf dem württemberger oder dem badener. Außer den Heiratsabgaben bestand der Zwangsgesindedienst der Bauernkinder (dies erinnert an ostdeutsche Verhältnisse); der Heimfall des Vermögens an den Grundherrn beim Tode des Bauern war allerdings durch Geldabgaben abgelöst worden, die aber recht hoch waren und auf den Erben schwer lasteten.[1])

In den östlich der Elbe gelegenen Gebieten Deutschlands war der gutsherrliche Großbetrieb das herrschende Betriebssystem. Die in Mitteldeutschland hier und da zerstreuten Gutsherrschaften, wie sie z. B. in Lippe-Detmold, Anhalt, Bayern anzutreffen waren, sind erst Vorboten der jenseits der Elbe herrschenden Agrarverfassung.

Ein charakteristisches Merkmal der Verhältnisse in Westdeutschland, im Unterschiede zu Ostdeutschland, bildete der Umstand, daß sowohl die Gerichtsherrschaft, als zum Teil auch die Grundherrschaft den Landesherren (dem Markgrafen von Baden, dem Herzog von Württemberg, dem Grafen von Lippe-Detmold usf.) gehörte. In Ostdeutschland hingegen war jeder Gutsherr zugleich Grund-, Leib- und Gerichtsherr. Der Gutsherr war sozusagen Landesherr in seinem Dorfe. Dieser Übergang der staatlichen Hoheitsrechte auf den Grundherrn machte die Bauern zu ihren Privatuntertanen. Ansätze dazu sind bereits im 14. Jahrhundert vorhanden[2]), in einem viel größeren Umfange bildet sich jedoch die Hintersässigkeit erst später aus. In Westdeutschland bestand ferner zwischen dem vom Gutsherrn selbst bewirtschafteten Lande, dem Gutslande, und dem Bauernlande fast gar keine Verbindung. Das Gutsland war im Grunde genommen nichts anderes als ein bevorrechtetes (von Steuern eximiertes) Bodengut, das seinem Umfange nach oftmals das gewöhnliche Ausmaß der Bauernstellen nur um ein weniges überstieg.[3]) In Ostdeutschland hingegen umfaßt das Gebiet des herrschaftlichen Gutes zwei miteinander eng verknüpfte Teile, die zu einem Ganzen zusammengefaßt sind, die von dem Gutsherrn unmittelbar bewirtschaftete Bodenfläche und das Bauernland, das die zur Bestel-

[1]) Hausmann, S. 7, 16 f., 20, 23 ff. Schmelzle, S. 46. Theod. Knapp, Zeitschr., S. 24 ff.

[2]) Großmann, S. 5. Deßmann, S. 18. Knothe, S. 209, 221. Aubin, Jahrb. 1912, S. 732.

[3]) Wittich, S. 18 f.

lung der Gutswirtschaft notwendigen Arbeitskräfte lieferte. Schon seit dem 14. Jahrhundert übertrifft der ritterliche Grundbesitz den bäuerlichen um ein Vielfaches, der Ritter betreibt Landwirtschaft, wird Gutsherr.[1]) Später wird das Gutsland immer mehr auf Kosten des Bauernlandes erweitert. Als die Möglichkeit, durch Kriegszüge und Überfälle seinen Besitz zu erweitern, dahinschwand, begann der Adel, seine Besitzungen teils durch Aneignung von Gemeindeland, Wald und unbebautem Ödlande zu erweitern, hauptsächlich aber durch Enteignung von Bauernland und dessen Einverleibung zum Gutslande.[2])

Im Kurfürstentum Brandenburg, in der Kurmark wurden in dem dem Dreißigjährigen Kriege vorausgehenden halben Jahrhundert 426 Bauernhöfe ausgekauft, mit einem Gesamtumfange von 1563½ Hufen. Die Bodenfläche der gutsherrlichen Wirtschaften hatte sich veranderthalbfacht, war von 3228 auf 4792 Hufen angewachsen.[3]) In Böhmen bildeten sich in der zweiten Hälfte des 17. Jahrhunderts Güterkomplexe, die je 20- bis 30000 Morgen Ackerland, Wiesen und Weiden umfaßten.[4]) In Mecklenburg waren von den 12500 Bauernhöfen, die dort zur Zeit des Dreißigjährigen Krieges gezählt wurden, 1848 nur 1213 vorhanden. Die Wohnung des mecklenburgischen Edelmannes verglich Freiherr vom Stein mit „der Höhle eines Raubtieres, das alles um sich verödet und sich mit der Stille des Grabes umgibt“.[5])

Anfangs ging die Einverleibung von Bauernland in gesetzmäßiger Weise vor sich. Dieselbe fand infolge des Abwanderns von Bauern nach den Städten statt, wodurch Hofstellen erledigt wurden, durch Auskauf von Bauern, die gutwillig damit einverstanden waren, durch Absetzung (Relegierung) von Bauern, die ihre Wirtschaft vernachlässigten und die ihnen obliegenden Dienste nicht leisteten. Bald jedoch gesellte sich hierzu die Einziehung von Bauernstellen, wenn auch allerdings mit Entschädigung (Auskaufsrecht) der darauf ansässigen Bauern. Dies erfolgte in den Fällen, wo der Gutsherr selbst hier seinen Hof zu errichten und zu wirtschaften gedachte. Diese Art der Enteignung wurde, da die sie begründende Voraussetzung mannigfache Auslegungen zuließ, zu einer Quelle des Bauernlegens in großem Maßstabe. Schon 1540 und 1572 wurde von den Kurfürsten Joachim II. und Johann Georg die Enteignung der Bauern „nach altem Brauch“ für den Fall gestattet, daß der Gutsherr die Bauerngüter „selbst bewohnen“, d. h., wie Knapp hierzu bemerkt, wohl dem Gute, das er bewohnt, einverleiben will.[6])

---

[1]) Aubin, Ostpreußen, S. 59, 63, 66. Jahrb., S. 732 f. Großmann, S. 6. Deßmann, S. 47. Schulze, Kolonisierung, S. 338. Fuchs, S. 30. Ders., Z. d. Sav.-St., G. A., 1891.

[2]) Brünneck, Z. d. Sav.-St., G. A., IX.

[3]) Großmann, S. 28.

[4]) Grünberg, Bauernbefreiung, S. 39, 106.

[5]) Sugenheim, S. 443.

[6]) Georg Knapp, Bauernbefreiung, S. 37 ff. Großmann, S. 15. Aubin, Ostpreußen, S. 130. Ders., Jahrb., S. 734 ff. Fuchs, S. 59.

Die Verpflichtung, die auf den enteigneten Bauernhöfen ansässig gewesenen Bauern auszukaufen, zeugt jedenfalls davon, daß die Bauern damals, in der Periode vor dem Dreißigjährigen Kriege, gewisse Besitzrechte an Grund und Boden noch hatten. Später, während des Dreißigjährigen Krieges, als das platte Land verödete, war den Gutsherren nicht nur die Möglichkeit geboten, die zahlreichen verlassenen, unbesetzten Bauernstellen ihren Gütern zuzulegen, sondern sie konnten dieselben auch an neue Ansiedler austun, und zwar zu einem Besitzrechte, das ihnen die Möglichkeit gewährte, den neuen Inhabern nach Belieben ihre Stellen zu kündigen. Dieser Umstand war für die Bildung der gutsherrlichen Großbetriebe Ostdeutschlands von großer Tragweite. Selbst in den Fällen, wo in Preußen erbliche Besitzrechte der Bauern am Grund und Boden bestanden, waren sie von der in Westdeutschland herrschenden Erbpacht recht verschieden. Der Bauer, der vom Gutsherrn während des Dreißigjährigen Krieges auf einem verödeten Bauernhof mit einigem Inventar umsonst angesiedelt worden war, hatte gewissermaßen keine Besitzrechte an demselben. Er konnte das Grundstück weder veräußern noch verschulden, ja er hatte kein Verfügungsrecht über das Haus und das lebende Inventar. Nur über die Ernte konnte er verfügen. In dieser Beziehung waren der erbliche und der unerbliche, jederzeit kündbare Laßbesitz (wie diese Besitzform genannt wird) einander annähernd gleichgestellt. Der Unterschied zwischen ihnen bestand nur darin, daß bei erblichem Laßbesitz der Bauernhof dem Erben des Bauern übertragen wurde, wobei allerdings der Gutsherr seine Auswahl zwischen seinen Kindern treffen und den Erben bestimmen konnte. Bei unerblichem Laßbesitze hingegen war der Bauer im Grunde genommen nichts anderes als ein Landarbeiter, der als Entschädigung für seine Arbeit, für die von ihm geleisteten Frondienste, eine Wohnstätte und ein Stück Ackerland zur Nutzung erhielt. In Mecklenburg, Holstein, Livland, Böhmen (die sog. „uneingekauften Rustikalisten"), Mähren, Pommern, Ostpreußen war der unerbliche lassitische Besitz in der zweiten Hälfte des 17. und in der ersten Hälfte des 18. Jahrhunderts zur herrschenden Form des bäuerlichen Besitzrechtes geworden. Tatsächlich wurden die Bauernstellen oft an die Erben des Lassiten vererbt; jedoch war dies durchaus nicht die Regel und hing stets vom Belieben des Gutsherrn ab. Als Regel galt der Grundsatz, der Lassit dürfe am Tage seine Bettstatt nicht herrichten, da er nicht wissen könne, ob er noch an derselben Stelle übernachten würde.[1])

Beim Obwalten derartiger Verhältnisse besaß der Grundherr natürlich die Möglichkeit, seinen Gütern ganze Dörfer zuzuschlagen, wie dies

[1]) Hanssen, Die Aufhebung der Leibeigenschaft usw. in Schleswig und Holstein, S. 17. Georg Knapp, S. 47 ff. Grünberg, S. 55 ff., 70. Großmann, S. 7, 90 ff. Brünneck, Die Leibeigenschaft in Pommern, S. 104 f. Fuchs, Der Untergang des Bauernstandes, S. 2.

in Mecklenburg, Pommern, Schlesien denn auch stattfand.[1]) Durch derartige Bestimmungen wie die 1616 für Pommern erlassene Verordnung, oder die die 1621, 1633, 1654 für Mecklenburg veröffentlichten, welche ein uneingeschränktes „Abschlachten der Bauern“ zuließen, war ja den Bauern jedes Besitzrecht am Grund und Boden abgesprochen. Wie hier, so auch in Schleswig-Holstein wurden bis zum Anfang des 19. Jahrhunderts keinerlei Anstalten zum Schutze der Bauernschaft getroffen.

Anders in Preußen und Österreich. Hier wurden Versuche unternommen, das Bauernlegen zu beseitigen. Sie waren durch fiskalische Erwägungen veranlaßt. Da das gutsherrliche Land (Rittergut) von der Grundsteuer eximiert war, so hatte die Regierung ein unmittelbares Interesse daran, die Ausbreitung desselben auf Kosten von Bauernland einzudämmen. Doch beschränkte sich das Eingreifen der Regierung anfänglich auf die Bestimmung, daß der veränderte Besitzstand keine Veränderung der Katastrierung nach sich ziehen solle, daß folglich die Grundsteuer auf dem in Ritterbesitz übergegangenen Bauernlande beruhen bleibe (Verordnung vom Jahre 1669 für Mähren, von 1717 für Böhmen). Damit war allerdings das Recht der Bauernlegung vom Staate anerkannt. Auch wurde dadurch bei der Zulegung von Bauernland zum Rittergute die auf das enteignete Land entfallende Steuerquote auf das übrige, verminderte Bauernland umgelegt, das infolgedessen in stärkerem Ausmaße belastet wurde. Der Staat griff infolgedessen zu neuen Verordnungen, welche nun bestimmten, auf Bauernland dürften nur Bauern ansässig sein (für Böhmen 1751, für Mähren und Schlesien 1768 und 1771, Edikte Friedrichs I. von 1709 und Friedrich Wilhelms von 1714 und 1717). Doch auch hier erstreckte sich die obrigkeitliche Fürsorge nicht auf den einzelnen Bauern, sondern auf die Bauernschaft als Ganzes. Ob dieser oder jener Bauer auf der betreffenden Stelle saß, war der Regierung gleichgültig, wenn nur die Gesamtzahl der Bauernstellen sich nicht verminderte. So gemäßigt jedoch diese Verordnungen auch waren, so erreichten auch sie ihren Zweck nicht. Friedrich Wilhelm I., empört über die Handlungsweise seines Anverwandten, des Markgrafen v. Schwedt, erließ 1739 die Verordnung, „daß kein Landesvasall, von denen Markgrafen an bis auf den Geringsten, er sei wer er wolle, einen Bauern ohne gegründete Raison und ohne den Hof zugleich wieder zu besetzen, aus dem Hofe werfe“. Der ostpreußische Adel jedoch widersetzte sich der Ausführung dieser Verordnung und führte zur Bekräftigung seines Widerstandes an, auf den königlichen Domänen würde das Bauernlegen genau ebenso getrieben wie auf den Rittergütern. Auf Ansuchen des Adels wurde der Befehl des Königs dahin abgeändert, daß, im Falle der Gutsherr keinen geeigneten Bauern auffinden könnte, um die erledigte Bauernstelle neu zu besetzen, sie nicht besetzt zu

---

[1]) Böhlau, Die Leibeigenschaft in Mecklenburg, S. 409 f. Georg Knapp, II, S. 21. Lamprecht, Deutsche Geschichte, IX, S. 260. Fuchs, S. 17 f., 43 ff., 68 ff.

werden brauchte. Dadurch war der Verordnung natürlich jede Bedeutung für die tatsächliche Besserung der bestehenden Verhältnisse genommen.

Noch schwieriger gestaltete sich die praktische Durchführung jener Maßregeln, die sich nicht darauf beschränkten, das Bauernlegen für die Zukunft zu verhindern, sondern dahin gingen, die Wiederherstellung der enteigneten Bauernstellen, ob dieselben nun mit anderen Bauernstellen zusammengelegt oder dem herrschaftlichen Lande einverleibt worden waren, zu bewirken. Dieser Zweck wurde durch die Gesetzgebung Maria-Theresias und Friedrichs d. Gr. angestrebt. Die Bauernstellen, welche in Schlesien bis 1733, in Böhmen bis 1751, in Mähren bis 1776, in Preußen bis zum Siebenjährigen Kriege (1756) von Bauern besetzt und darauf eingezogen worden waren, mußten herausgegeben und aufs neue mit Bauern besetzt werden. Doch stellte es sich 1806 heraus, daß diese Verordnung Friedrichs d. Gr. in Ostpreußen überhaupt nicht zur Ausführung gekommen war. Daraufhin wurde für den Bestand der Bauernstellen ein späteres Normaljahr, 1772, festgesetzt. In Westpreußen, das erst 1772 erworben wurde, gelangte dieses Gesetz erst bedeutend später zur Ausführung. Streng und rücksichtslos, mochte der Gutsherr noch so hochgestellt sein, wurde es nur in Schlesien gehandhabt, wo auch die Zahl der wiederbesetzten Bauernhöfe 3½% ihrer Gesamtzahl erreichte. Von 1807, endgültig aber von 1816 an, wurde der Bauernschutz in Preußen jedoch aufgehoben; in Österreich bestand er bis 1848 fort.[1])

Nicht besser als mit dem Besitzrecht stand es östlich der Elbe mit anderen Bauernrechten. Nun gehören freilich Ansätze zu einer Umwandlung der Agrarverfassung im Sinne der Verschlechterung der Bauernlage bereits dem 15. und 16. Jahrh. an. In Ostpreußen bahnt sich die Schollenpflichtigkeit der Bauern schon im 15. Jahrh. an, das pommernsche Recht zeigt um 1550 die weitere Ausbildung der Erbuntertänigkeit zur Hörigkeit und Schollenpflichtigkeit. Schon der Anfang des 15. Jahrh. kannte eine subsidiäre Gesindedienstpflicht der Bauernkinder in Pommern, auch in Ostpreußen bilden sich Ansätze des Gesindezwangdienstes im 15. Jahrh. aus, in der Mark Brandenburg ist die Gesindevormiete 1518 gesetzlich statuiert, in der Oberlausitz ist der Gesindedienstzwang um die Mitte des 15. Jahrh. sanktioniert, die täglichen Frondienste sind hier bereits 1614 als landesüblich anerkannt. Die pommernsche Landesordnung von 1616 erklärte die Bauern für homines proprii et coloni glebae adscripti.[2])

Das 17. und die erste Hälfte des 18. Jahrh. weisen dann eine weitere Verschlimmerung auf und gestalten die bäuerlichen Verhältnissezu einem grauen, düsteren Bilde. Die Bauern wurden nun als zum Gute zugehörig, als Pertinenz desselben betrachtet.[3]) In Pommern galten sie als Immobiliarvermögen, als ein in den Gutsbetrieb gestecktes und mit demselben zusammen abzuschätzendes Kapital.[4]) Ihre ganze Arbeitskraft mußte der

---

[1]) Deßmann, S. 95 ff. Grünberg, I, S. 56, 121 ff., 242 ff. G. Knapp, I, S. 51 ff. Großmann, S. 88. Goltz, I, S. 421.

[2]) Aubin, Gutsherrl.-bäuerl. Verh. in Ostpreußen, S. 41 f., 95, 129 f., 133. Ders., Jahrb. f. Nat.-Ök. 1912, S. 734 ff. Fuchs, S. 50, 54, 68, 71. Großmann, S. 14, 36. Knothe, S. 246, 261 f. Böhme, Gutsherrl.-bäuerl. Verhältn., S. 5.

[3]) Böhlau, S. 413.

[4]) Fuchs, S. 174 ff.

Gutswirtschaft zur Verfügung gestellt werden. Die ungemessenen Frondienste galten als „das schönste Kleinod der Rittergüter".[1]) Im günstigsten Falle, wenn die Dienste gemessen waren, betrugen sie (in Ostpreußen) 3 bis 4, öfters aber 5 bis 6 Tage wöchentlich.[2]) Mit der Erweiterung der Gutswirtschaft mehrten sich die Frondienste. Sagte ja ein böhmisches Sprichwort: „Die Felder mit gedungenen Leuten bebauen, hieße Wasser mit dem Siebe schöpfen."[3]) In manchen Gebieten, wie in Ostpreußen, gab es auch zahlreiche persönlich freie, von dem Gutsherrn zeitweise gemietete Landarbeiter (Insten). Doch auch hier bildeten die Frondienste die Grundlage des Betriebs.[4]) Seine ganze Zeit brachte der Bauer auf dem gutsherrlichen Acker zu, von den mit Peitschen versehenen Aufsehern zur Arbeit angetrieben, daher auch diese Aufseher in Österreich als „Karabačniky" bezeichnet wurden.[5]) Für die Bearbeitung des eigenen Ackers blieben zuweilen dem Bauern nur die Nächte, die er nun mit erschöpften Tieren beim Mondschein durcharbeitete. Dies wurde in einigen Fällen von Augenzeugen berichtet, die solches in Pommern und Holstein gesehen hatten.[6]) Nicht nur der Bauer selbst, auch seine Kinder mußten jetzt regelmäßig ihre Arbeitskraft der Gutswirtschaft zur Verfügung stellen. Sie waren überall zum Zwangsgesindedienst verpflichtet. Ohne Einwilligung des Gutsherrn durfte keiner von seinen Untertanen ein Gewerbe erlernen, eine Ehe eingehen usw. Ja, schlimmer als das, die Bauern wurden zuweilen auch ohne Land veräußert, auf Zeit verdungen, ausgetauscht und verpfändet. Solche Fälle waren in Brandenburg, Ostpreußen, Schleswig-Holstein zu verzeichnen, 1757 wurde in Mecklenburg die Veräußerung der Bauern als Ware, ohne das Gut, gesetzlich anerkannt.[7]) Bauern wurden von den Rittergutsbesitzern beim Kartenspiel verloren und gewonnen, meistbietend veräußert. Es wurde vom Handel mit Bauern wie von einem wahren Sklavenhandel gesprochen.[8])

Meine Intention geht dahin — schrieb Friedrich d. Gr. —, daß die Bauern freie Leute und keine Sklaven sein sollen. Die Landstände in Pommern und anderwärts wollten jedoch von der Leibeigenschaft nichts wissen, sie erwiderten, es bestände nur Gutspflichtigkeit (Erbuntertänigkeit). Der Bauer dürfe bloß nicht ohne Bewilligung des Gutsherrn vom Gute gehen; die Abschaffung dieser Bestimmung würde

---

[1]) Grünberg I, a. a. O. Grossmann, S. 60.

[2]) Aubin, Ostpreußen, S. 168.

[3]) Grünberg, I, S. 38.

[4]) Aubin, Ostpreußen, S. 157 ff.

[5]) Grünberg, I, S. 107.

[6]) Hanssen, S. 25. Knapp, I, S. 70.

[7]) Großmann, S. 54. Korn, Forsch. z. Brand.-preuß. Gesch., B. 14. Brünneck, Leibeigenschaft in Ostpreußen, S. 54, 59. Hanssen, Die Aufhebung der Leibeigenschaft usw. (1861) Sering, Erbrecht und Agrarverfassung. (1908) Böhlau, a. a. O.

[8]) Transche-Roseneck, S. 163. Fuchs, Der Untergang des Bauernstandes, S. 170.

zur Entvölkerung führen.[1]) Recht hatte jedoch der König, nicht die Landstände. Die Bauern galten in der Tat als „Sklaven in dem Sinne, wie dieser Terminus im römischen Recht gebräuchlich ist". Man behauptete, „ihr Leben und Gut sei Eigentum des Herrn".[2]) Die Frondienste hatten sich öfters zu „ägyptischen Plagen" verwandelt, zu Peinigungen, wie sie sich „selbst Türken und andere Heiden nicht erlauben". Nichts blieb dem Bauern als „das nackte Leben in Hunger und Elend", das von Zeit zu Zeit Aufstände hervorrief, die von seiten der Bauern wie der Gutsherren zu grausamen Ausschreitungen führten.[3])

Kapitel 7.

Die Agrarverhältnisse in anderen Ländern.[4])

In Belgien scheint ein zahlreicher Bauernstand meist bäuerlicher Erbpächter vorhanden gewesen zu sein, woneben freilich auch die Zeitpacht (auf 3 bis 12 Jahre) verbreitet war. Oft pachtete der Bauer zu seinem Gute noch Grund und Boden hinzu, der Bauer suchte eben auf jede Weise Land zu erwerben. Dagegen führten die Großgrundeigentümer nur selten eine eigene Wirtschaft, sie zogen es vor ihren Besitz zu verpachten. In der zweiten Hälfte des 18. Jahrhunderts weist der Bauernstand eine große Zunahme selbst dort auf, wo bäuerlicher Grundbesitz bereits früher vorherrschend war, während nach der bearbeiteten Bodenfläche, namentlich in Flandern und Brabant, die Zeitpacht am meisten an Ausdehnung gewann. Die überwiegende Mehrzahl der Bauern war im 18. Jahrhundert persönlich frei, das Besthaupt (meilleur cattel) war mit Ausnahme einiger Landesteile (Hennegau) fast ganz verschwunden, oft in jährliche Renten umgewandelt, auch Fronden scheinen nur ausnahmsweise sich erhalten zu haben. Auf den Domanialgütern war die Zahlung von Zinsen und Renten oft eingestellt worden, da ihr rechtzeitiger Eingang meist nicht überwacht wurde. Seit Maria Theresia sollte die Ablösung der Geld- und Naturalzinse erfolgen. Die privaten Grundbesitzer ließen wohl viel seltener, als dies in Frankreich der Fall war, Zinse und Renten verfallen, dagegen nahm der Loskauf auch hier immer mehr zu. Daneben gab es freilich in allen Teilen des Landes noch zahlreiche Bauern wie Pächter, die die Feudallasten in Form von Geld- und Naturalrenten selbst zu Ende des ancien régime zu entrichten hatten.

In Norditalien war bereits im Mittelalter — wie wir oben gesehen haben — eine Befreiung der bäuerlichen Bevölkerung von den Feudallasten und die Begründung des gutsherrlich-bäuerlichen Verhältnisses auf einem Vertrag eingetreten, zugleich aber auch die Pacht (Teilbau) zum herrschenden Arbeitssystem geworden. In anderen Teilen des Landes verschwand die Bindung an den Boden erst später, doch im 18. Jahrhundert war sie selbst in Süditalien nicht mehr vorhanden. Sogar in einem so zurückgebliebenen Gebiet, wie es Sizilien war, gab es Beschränkungen der Freizügigkeit mittels grundherrlicher Rechte im 18. Jahrhundert nicht mehr, die landwirtschaftliche Bevölkerung konnte bewegliches und unbewegliches freies Eigentum haben und es frei veräußern, auch Frondienste kannte man nicht mehr. Dagegen haben sich in Sizilien Zwangs- und Bannrechte, wie die höhere und niedere Gerichtsbarkeit der Barone noch erhalten. Der größte Teil der Insel befand sich in den Händen von Großgrundbesitzern (Adel, Kirche, Stiftungen, städtische Bürger), daneben besaßen auch Bauern Privateigentum an Grund und Boden, doch es waren

---

[1]) Stadelmann, II, S. 103.

[2]) Großmann, S. 94. Transche-Roseneck, S. 263.

[3]) G. Knapp, I, S. 41; II, S. 44. Grünberg, I, S. 102, 108 ff.

[4]) Lit. s. oben.

Parzellenbesitzer. Am meisten verbreitet war jedoch die Erbpacht; von der Kirche wie von den Baronen wurden die Güter in Erbleihe ausgegeben. Öfters verpachteten die Grundherrn das Land an Großpächter (gabellotti), von denen dasselbe dann ganz oder zu einem Teil an kleine Unterpächter weitergegeben wurde. Es bestand in diesen Fällen oft die Teilpacht (mezzadria, masseria, colonia, borghesata), die auf 1 bis 5 Jahre abgeschlossen werden konnte.

Auch in Spanien waren die Bauern persönlich frei und teilweise emphytentische Pächter (so im Lande der Basken, in Valencia, Murcia), teilweise Zeitpächter, die zugleich Geldleistungen, welche aus früheren Feudallasten hervorgegangen waren, zu entrichten hatten. Öfters wurde auch hier das Land an Generalpächter verpachtet, die es dann ihrerseits zu erhöhten Preisen an die einzelnen Bauern in Pacht weitergaben. In Castilien z. B. (wo es auch eine Erbpacht gab) lief die Zeitpacht meist nur 7 bis 9 Jahre lang, weil man bei längerer Zeitdauer die Entstehung eines Eigentumsrechts der Kolonen fürchtete. In den meisten Provinzen stand Großgrundbesitzern, in deren Händen sich der größte Teil des Bodens befand, weltlichen Magnaten, reichen Stiftern und Klöstern ein Stand von gedrückten Pächtern gegenüber, daneben gab es auch Landarbeiter, die keinen Grund und Boden besaßen. Für die Pächter waren besonders schädlich die in einer Reihe von Provinzen zahlreich vorkommenden Majorate (der älteste Sohn erbt allen Besitz), da dem Majoratsbesitzer meist nur gestattet war, Pachtverträge auf Lebenszeit abzuschließen. Auch diese Bestimmung war durch die Furcht veranlaßt, daß bei über Generationen sich erstreckenden Erbpachtverträgen die Pacht in freies Eigentum übergeführt werden könnte. Dies führte jedoch dazu, daß der Tod des Majoratsherrn den festesten Pachtvertrag auflöste.

III. ABSCHNITT.

Das Gewerbewesen.

Quellen.[1]) Hayem, Mémoires et documents pour servir à l'histoire du commerce et de l'industrie en France. Sér. 1—9 (1911—1925), darunter insbes. Le mémoire de l'inspecteur Tribert sur la généralité d'Orléans (2e sér.). Garsonnet, La manufacture de toiles peintes d'Orléans (3e sér.). Bondois, Colbert et l'industrie de la dentelle (6e et 7e sér.). Mathieu, Documents inédits pour servir à l'histoire de l'industrie etc. en Bas-Limousin (3e sér.). Ders., Contrats d'apprentissage rélatifs à différents métiers dans le Bas-Limousin au XVII et XVIII siècle (3e sér.). Guitard, Un grand atelier de charité sous Louis XIV. L'Hôpital Général de la manufacture de Bordeau (4 sér.).

Rouff, Tubeuf, un grand industriel français au XVIII siècle. 1922 (Bergbau). Sée, Documents sur l'histoire de l'industrie au XVIII siècle (Rev. d'hist. écon. 1923). Frémy, La manufacture des glaces en France en XVII et XVIII siècle. 1909. Dauphin, Recherches pour servir à l'histoire de l'industrie textile en Anjou. 1916. (Beschreibung zweier Unternehmungen der Leinenindustrie.) Courtecuisse, La manufacture de draps fins Vanrobais au XVII et XVIII siècle. 1920. Trois mémoires rélatifs à l'amélioration des manufactures en France sous l'administration de Trudaine (Rev. d'hist. écon. 1914—1919). Die preuss. Seidenindustrie im 18. Jahrh. II—III (Urkunden). 1892. Hatschek, Das Manufacturhaus auf dem Tabor in Wien. 1887. Hecht, Die Spiegelfabrik zu Neuhaus in Niederösterreich 1701—1844 (Stud. zur Soz.-Wirtschafts- und Verwaltungsgesch. IV. 1909). Hofmann, Die Wollenzeugfabrik zu Linz (Beitr. zur neueren österr. Wirtschaftsgesch. Arch. für österr. Gesch.-F. 1920). Stieda, Die Porzellanfabrik zu Volkstedt. 1910.

Jars, Voyages métallurgiques. 1774 ff. Nemnich, Neueste Reise durch England, Schottland und Ireland usw. 1807 (Englische Industrie). Ders., Tagebuch einer der Kultur und Industrie gewidmeten Reise. 1809 (Deutsche Industrie). Beckmann, Beyträge zur Geschichte der Erfindungen. I—V. 1783—1805. Encyclopédie Methodique. Arts et Manufactures (1783—1790). Eden, The State of the poor. I—III. 1797. Hornigk, Österreich über alles, wenn es nur will usw. 1684. Joh. Joach. Becher, Politische Discurs usw. 1673. Wilh. Schröder, Die fürstliche Schatz- und Rentenkammer. 1713. Justus Möser, Patriotische Phantasien. B. I. 1775. Lamprecht, Von der Kameralverfassung und Verwaltung der Handwerke, Fabriken und Manufakturen in den preußischen Staaten. 1797.

Zunftrollen: Mylius, Corpus Constitutionum Marchicarum. 1755 ff. Ortloff, Corpus iuris opificarii. 1804. Krumbholz, Die Gewerbe der Stadt Münster bis zum Jahre 1616. 1898. (Publ. aus den Preuß. Staatsarchiven. 70.) Schmidt, Frankfurter Amts- und Zunfturkunden bis zum Jahre 1612. I—II. 1914—1915. Schmoller, Die Straßburger Tucher- und Weberzunft. 1879. Flemming, Die Dresdner Innungen von ihrer Entstehung bis zum Ausgang des 17. Jahrhunderts. 1896. Siegl, Die Egerer Zunftordnungen. 1909.

Clément, Lettres, instructions et mémoires de Colbert. 1861 ff.

Literatur.[1]) Karmarsch, Geschichte der Technologie. 1872. Beck, Gesch. des Eisens in geschichtlicher und kulturgeschichtlicher Beziehung. II—III. Som-

---

[1]) Vgl. die Bibliographie bei Sombart II, 2, S. 601 ff.

bart, Der mod. Kapitalismus II, 2. Renard-Weulersse, Le travail dans l'Europe moderne. 1920.

England. Baines, History of the Cotton Manufacture in Great-Britain. 1835. Ellison, Handbook of Cotton Trade. 1854. James, History of the Worsted manufacture in England. 1857. Scrivenor, A comprehensive history of the Iron Trade. 2. A. 1854. Smiles, Industrial Biography: iron workers and tool-makers. 1863. Timmins, Industrial History of Birmingham. 1866. Rogers, Six Centuries of Work und Wages. 1884. Cooke Taylor, Introduction to a history of the factory system. 1886. Mantoux, La révolution industrielle au XVIII siècle. 1906. Clapham, Woollen and Worsted Industries. 1907. Lohmann, Die staatliche Regelung der englischen Wollindustrie vom 15. bis zum 18. Jahrhundert. 1900. Lipson, History of the woollen and worsted industries. 1921. Dechesne, L'évolution économique et sociale de l'industrie de la laine en Angleterre. 1900. Schulze-Gaevernitz, Der Großbetrieb. 1892. Daniels, The Early English Cotton Industry. 1920. Ashton, Iron and Steel in the Industrial Revolution. 1924. Hammond, The Town Labourer 1760—1832, 1920. Ders., The rise of modern industry. 2 ed. 1926. Chapman, The Lancashire cotton industry. 1904. Heaton, Yorkshire Woollen and Worsted industry. 1920. Grothe, Bilder und Stud. aus der Geschichte vom Weben, Spinnen, Nähen. 1875. Held, Zwei Bücher zur sozialen Geschichte Englands. 1881. Cunningham, The Growth of English Industry and Commerce in Modern Times. 1892. Unwin, Industrial Organisation in the sixteenth and seventeenth centuries. 1904. Ders., The Gilds and Companies of London. 1908. Ashley, Early History of the English Woollen Industry. Ders., The economic organisation of England. 8. ed. 1924. Ders., Surveys Historic and Economic. 1900. Ders., Introduction to English Economic History and Theory. T. II (deutsch 1896). Toynbee, Lectures on the industrial revolution in England. 1884. Moffit, England on the eve of Industrial Revolution. 1925. Hobson, The evolution of modern capitalism. 1894. Marx, Das Kapital. I. Traill, Social England. 6 vol. 1893—1896. Levy, Monopole, Kartelle und Trusts. 1909. (2. A. 1926). Steffen, Geschichte der englischen Lohnarbeiter. II. 1904. Brentano, Die Arbeitergilden der Gegenwart. I. Ders., Wirtsch. Entwicklung Englands. II (1927).

Deutschland. Biedermann, Deutschland im 18. Jahrhundert. B. I. 1854. Schmoller, Die Hausindustrie und ihre älteren Ordnungen und Reglements (Jahrbuch für Gesetzgebung usw. 1887). Das Recht und die Verbände der Hausindustrie (ibid. 1891). Ders., Studien über die Wirtschaftspolitik Friedrichs d. Gr. usw. Jahrbuch für Gesetzgebung usw. XI ff. Stieda, Literatur, heutige Zustände und Entstehung der deutschen Hausindustrie (Schriften des Vereins für Sozialpolitik. 1889). Troeltsch, Die Calwer Zeughandlungskompagnie und ihre Arbeiter. 1897. Schanz, Kolonisation und Industrie in Franken. 1880. Herkner, Die oberelsässische Baumwollindustrie und ihre Arbeiter. Gothein, Wirtschaftsgeschichte des Schwarzwaldes. 1891. Bein, Die Industrie des sächsischen Voigtlandes. B. II. Textilindustrie. 1886. Thun, Die Industrie am Niederrhein und ihre Arbeiter. 1880. I—II. Zimmermann, Blüte und Verfall des Leinengewerbes in Schlesien. Dirr, Augsburgs Textilindustrie im 18. Jahrhnndert. 1911. Reuther, Die Entwicklung der Augsburger Textilindustrie. 1915. Fechner, Die Fabrikgründungen in Schlesien nach dem Siebenjährigen Kriege (Z. für ges. Staatswiss. 1901). Dransfeld, Solinger Industrieverhältnisse im 18. Jahrhundert. 1914. Juckenberg, Das Aufkommen der Großindustrie in Leipzig. 1913. König, Die sächsische Baumwollindustrie. 1899. Böckelmann, Das Aufkommen der Großindustrie im sächs. Wollgewerbe. 1906. Strieder, Studien zur Geschichte der kapitalistischen Organisationsformen. Kartelle, Monopole und Aktiengesellschaften im Mittelalter und zu Beginn der Neuzeit. 2. A. 1925. Matschoß, Friedrich d. Gr. als Beförderer des Gewerbefleißes. 1912. Witzel, Gewerbegesch. Studien zur niederländ. Einwanderung in Deutschland im 16. Jahrhundert (Westdeut. Z. für Gesch. 1910). Stieda, Die keramische Industrie in Bayern während des 18. Jahrhunderts. 1906 (Abhandl. der phil.-hist. Klasse der Sächs. Gesellsch. der Wiss. B. 24). Ders,

Die Porzellanfabrikation auf dem Thüringer Walde. 1902. Hintze und Schmoller, Die preuß. Seidenindustrie im 18. Jahrhundert. B. I—III. 1892 (Acta Borussica). Vopelius, Entwicklungsgeschichte der Glasindustrie Bayerns. Schmelzle, Der Staatshaushalt Bayerns im 18. Jahrhundert. 1900. Bräuer, Neuere Studien zur Geschichte der Industrie (Jahrb. für Nationalök. 1911. III, 42). Koch, Geschichte des Seidengewerbes in Köln. 1907. Konr. Hinze, Die Arbeiterfrage in Brandenburg-Preußen im Zeitalter des Frühkapitalismus. 1927.

Österreich. Max Adler, Die Anfänge der merkantilistischen Gewerbepolitik in Österreich. 1903 (Wiener staatswiss. Studien. IV). Pribram, Geschichte der österreichischen Gewerbepolitik. I. 1908. Beer, Studien zur Geschichte der österreichischen Volkswirtschaft unter Maria-Theresia. I. 1894. Salz, Geschichte der Böhmischen Industrie in der Neuzeit. 1913. Srbik, Der staatliche Exporthandel Österreichs von Leopold I. bis Maria-Theresia. 1907. Rizzi, Das österreichische Gewerbe im Zeitalter des Merkantilismus. Zeitschr. für Volkswirtsch. 1903. Hatschek, Das Manufakturhaus auf dem Tabor in Wien. 1887 (Schmollers Forschungen). Franz Mayer, Die Anfänge des Handels und der Industrie in Österreich. 1882. Hallwich, Die Anfänge der Großindustrie in Österreich. 1898. Bujatti, Die Geschichte der Seidenindustrie in Österreich. 1893. Deutsch, Die Entwicklung der Seidenindustrie in Österreich. 1660—1840. 1908 (Stud. zur sozial. Gesch. III). Schebek, Böhmens Glasindustrie und Glashandel. 1878.

Frankreich. Levasseur, Histoire des classes ouvrières. 2e éd. T. II. 1901. Martin (Germain), La grande industrie sous le règne de Louis XIV. 1898. Ders., La grande industrie sous Louis XV. 1900. Mosnier, Origines et développement de la grande industrie en France du XV siècle à la Révolution. 1898. Sée, L'évolution commerciale et industrielle de la France sous l'ancien régime. 1924. Ders., Le caractère de l'industrie rurale en France au XVIII siècle (Revue Histor. 1923. I). Ders., Les origines de l'industrie capitaliste en France (ibid. Nov. 1923). Ders., Remarques sur l'évolution du capitalisme (Revue de synth. hist. 1924). Des Cilleuls, Histoire et régime de la grande industrie en France au XVII et XVIII siècles. 1898. Hauser, Les ouvriers du temps passé. 1899. 2. Aufl. 1906. Ders., Des divers modes d'organisation du travail dans l'ancienne France (Revue d'hist. moderne. 1909). Ders., Travailleurs et marchands de l'ancienne France. 1920. Ders., Les débuts du capitalisme. 1927. Sagnac, L'industrie et le commerce de la draperie en France à la fin du XVII siècle (Rev. d'hist. mod. IX). Dépitre, La toile peinte en France au XVII et au XVIII siècle. 1912. Lévy, Histoire économique de l'industrie cotonnière en Alsace. 1912. Laprade, Le poinct de France et les centres dentelliers au XVII et au XVIII siècle. 1905. Godart, L'ouvrier en soie. 1899. Pariset, Histoire de la fabrique Lyonnaise. 1901. Mellottée, Histoire économique de l'imprimerie sous l'ancien régime. 1905. Ballot, L'introduction du machinisme dans l'industrie française. 1923. Dutil, L'état économique du Languedoc à la fin de l'ancien régime. 1911. Clément, Histoire de Colbert et de son administration. 1874. Gomien, La politique douanière de Colbert. 1903. Joubleau, Etudes sur Colbert. 1856. Neymarck, Colbert et son temps. 1877. Hausindustrie auf dem Lande: Musset, Le Bas-Maine. 1917. Demangeon, La Picardie et les régions voisines. 1905. Saint-Léger, La rivalité industrielle entre la ville de Lille et le plat pays. 1906. Martin, Le tissage du ruban à domicile dans les campagnes de Velay. 1913. Sion, Les paysans de la Normandie Orientale. 1909. Roupnel, La ville et la campagne au XVIIe siècle. 1922. Lefebvre, Les paysans du Nord pendant la Révolution. 1924. Kovalewski, La France économique et sociale à la veille de la Révolution. 1909. Tarlé, L'industrie dans les campagnes de France. 1910. Ders., Studien zur Geschichte der Arbeiterklasse in Frankreich. 1905. Ders., Die Arbeiterklasse in Frankreich zur Zeit der Revolution. I—II. 1908—1911 (russ.). Ders., Le Blocus continental et le royaume d'Italie. 1928.

Schweiz. Rappard, La révolution industrielle et les origines de la protection légale du travail en Suisse. 1914. Bürkli, Gesch. der zürcherischen Seidenindustrie. 1884. Künzle, Die Züricher Baumwollindustrie von ihren Anfängen bis zur

Einführung des Fabrikbetriebes. 1906. Malinniak, Die Entstehung der Exportindustrie und des Unternehmerstandes in Zürich im 16. und 17. Jahrhundert. 1913. Pfleghart, Die schweizer Uhrenindustrie, ihre Gesch., Entwickl. und Organisation. 1908. Jenny-Trümpy, Handel und Industrie des Kantons Glarus. 1898. 1902. Wartmann, Industrie und Handel des Kantons St. Gallen. 1875.

Belgien und Holland. Julin, Les grandes fabriques en Belgique vers le milieu du XVIII siècle (Mém. de l'Acad. royale de Belgique LXIII). Pringsheim, Die wirtschaftliche Entwickelung der Vereinigten Niederlande in 17. und 18. Jahrhund. (Schmollers Forschungen). Lewinsky, L'évolution industrielle de la Belgique. 1911. Pirenne, Geschichte Belgiens. IV. 1913. Ders., Périodes de l'histoire sociale du capitalisme (Bull. de l'acad. royale de Belgique. 1904). Vanhaeck, Histoire de la sayetterie à Lille. 1910. Willemsen, Contribution à l'historie de l'industrie linière en Flandre au XVIII siècle. 1907 (Annales de la société d'hist. et d'archéol. de Gand. VII). Barlet, Histoire de l'industrie et du commerce de la Belgique. Crapet, L'organisation du travail dans la Flandre vallonne (Rev. d'hist. mod. XII). Van Houtte, Histoire économique de la Belgique à la fin de l'ancien régime. 1920. Brants, La politique industrielle aux Pays-Bas sous Albert et Isabelle (Bullet. de l'Acad. 1909). Benier, Histoire de l'industrie drapière au pays de Liège. 1881. Baasch, Holländische Wirtschaftsgeschichte 1927.

Spanien. Häbler, Die wirtschaftliche Blüte Spaniens im 16. Jahrhundert undihr Verfall. Desdevises du Désert, L'Espagne de l'ancien régime. 1904. Leonhardt, Über Handwerkergilden und Verbrüderungen in Spanien (Jahrb. für Nat.-Ök. 1909). Ansiaux, Histoire économique de l'Espagne au XVI et au XVII siècle (Rev. d'écon. polit. 1893). Moses, Economic condition of Spain 1500—1600. (Journ. of political economy. 1893) Mouniers, Les faits et la doctrine économique en Espagne sous Philippe V. 1919.

Lit. über **Zunftwesen** und **Gesellenverbände** s. Kap. 10, über **einzelne Industriezweige** Kap. 12, über **Bergbau** Kap. 9.

Kapitel 8.

Die Gewerbepolitik im Zeitalter des Merkantilismus.

Die Gewerbepolitik des 16.—18. Jahrhunderts bietet in ihrem Wesen — wie bereits oben ausgeführt worden — nichts dem Mittelalter grundsätzlich Fremdes dar. Sie bedeutet größtenteils weiter nichts, als die Anwendung jener Grundsätze des Gewerbe- und Handelsschutzes, die früher von den einzelnen Städten durchgeführt wurden, auf das ganze Staatsgebiet. Nur ihr Wirkungskreis erweitert sich von der Stadtwirtschaft auf die Volkswirtschaft. Suchte die mittelalterliche, ihre eigenen Gewerbe wachsam schützende Stadt die Einfuhr gewerblicher Erzeugnisse von auswärts möglichst einzuschränken, so verfuhr im 16.—18. Jahrhundert auch der Staat nicht anders, indem er Einfuhrvebote und Prohibitionszölle anwandte. Der Wettbewerb im Lande selbst wurde hingegen gefördert. Man könnte sogar geneigt sein, zu behaupten, wenn auch mit gewissen Einschränkungen, daß, je früher die Verkehrsfreiheit innerhalb eines Staates durchgeführt wurde, je eher die den Verkehr hemmenden Binnenschranken fielen, um so eher auch der staatliche Industrieschutz in Erscheinung trat, und zwar in Gestalt von Einfuhrbeschränkungen. Die Binnenzölle waren also eigentlich nicht aufgehoben, sondern bloß an die Grenzen des Staatsgebietes verlegt, durch Grenzzölle und Einfuhrverbote ersetzt worden.

In England wurde bereits in der zweiten Hälfte des 13. Jahrhunderts das erste (temporäre) Verbot der Einfuhr ausländischer Fabrikate — nämlich fremder Tuche — erlassen. Im 14. Jahrhundert gesellte sich hierzu das Verbot der Einfuhr von Eisen aus dem Auslande (1355), in der Mitte des 15. Jahrhunderts das Verbot der Einfuhr von Seidenwaren, endlich 1464 ein Einfuhrverbot, das sich beinahe auf alle gewerblichen Erzeugnisse erstreckte. Es ist demnach in England bereits im 14.—15. Jahrhundert eine ausgeprägte Schutzzollpolitik erkennbar; sie tritt keineswegs, wie vielfach behauptet wird, erst im 17. bis 18. Jahrhundert auf. Auch in Frankreich wurden im 15. bis 16. Jahrhundert temporäre Einfuhrverbote für englisches Tuch und ostindische Seide erlassen. Colbert vereinigte ganz Nord- und Mittelfrankreich zu einem einheitlichen, mit dem Namen „provinces des cinq grosses fermes“ bezeichneten Gebiete und beseitigte den größeren Teil der Binnenzölle, an deren Stelle 1664 ein einheitlicher Tarif trat, dessen Sätze bedeutend niedriger waren als die Summe der früher gezahlten Binnenzölle. Im 17. Jahrhundert (1671) wurde die Einfuhr venezianischer Spiegel und Spitzen verboten; das System der Einfuhrverbote kam in seiner ganzen Ausdehnung jedoch erst seit dem 18. Jahrhundert zur Anwendung, seit der Vereinigung aller Provinzen zu einem einheitlichen Wirtschaftsgebiet, was in der Aufhebung der die einzelnen Landesteile voneinander abschließenden Binnenzölle, der Fluß- und Wegemauten seinen Ausdruck fand. Von 1724 bis 1786 wurden ca. 4000 péages aufgehoben, die den Verkehr so stark gehemmt hatten.[1]) In Österreich wurden bereits 1713 die Grenzzölle durch Einfuhrverbote ersetzt, welche sich jedoch für die einzelnen Landesteile auf verschiedene Waren erstreckten, je nach den Erzeugnissen, die in dem betreffenden Gebiete selbst produziert wurden. Zugleich wurden in Österreich Versuche gemacht, die Wegezölle abzuschaffen und, wenn auch noch nicht ganz Österreich, so doch wenigstens jede einzelne Provinz zu einem einheitlichen Zollgebiete abzurunden, innerhalb dessen die Binnenzölle aufgehoben und die Waren nur einmal, an der Grenze verzollt werden sollten. Seit 1775 trat dann der einheitliche Zolltarif für alle deutschen und slawischen Gebiete in Kraft, der bald auch auf Galizien in Anwendung kam. Bei Einführung desselben wurden alle Stadt-, Land- und übrigen Binnenzölle beseitigt; zur selben Zeit, unter der Regierung Maria-Theresias, waren die Einfuhrverbote in voller Blüte. In Brandenburg-Preußen hatte man im 17. Jahrhundert Einfuhrverbote für Erzeugnisse aus Kupfer und Blei (1654), für Eisenwaren (1665), für Glas (1658), auch für Tuch erlassen; im 18. Jahrhundert wurde die Einfuhr aller derjenigen Waren verboten, die in den von Friedrich d. Gr. in Preußen neu eingeführten Gewerben erzeugt wurden.[2])

---

[1]) Ardaschew, II, S. 278.

[2]) Lexis, Einfuhrzölle, Einfuhrverbote, Schutzzollsystem. Handw. d. Staatswiss. 3. Aufl. Cunningham, Growth etc. 1892. Levasseur. Hist. des classes ouvr. avant 1789. 2 éd. I—II (1900—1901). Schanz, Engl. Handelspolitik. (1881). Ashley,

Charakteristisch für die Periode des 16.—18. Jahrhunderts sind die zahlreichen überall vorhandenen Einfuhrverbote für Gewerbeprodukte. Sobald ein neues Gewerbe aufkam, wurde es nicht nur mit mancherlei Vorrechten ausgestattet, sondern es erging gleichzeitig ein Einfuhrverbot für diejenigen Warenarten, die in den betreffenden Unternehmungen erzeugt wurden. Diese Einfuhrverbote wurden freilich zuweilen von Kaufleuten umgangen, denen es gelang, die Behörden zu überreden, die von ihnen eingeführten ausländischen Erzeugnisse seien von anderer Art, Gattung und Beschaffenheit, als die im Inlande verfertigten. Zur Umgehung derselben dienten auch die sog. „Lizenzen" für die Einfuhr ausländischer Erzeugnisse, deren Gewährung von der Einwilligung der Unternehmer des betreffenden Gewerbes abhing und die gegen Entgelt unschwer zu erlangen waren.

Neben den Einfuhr- wurden auch Ausfuhrverbote erlassen, die die Ausfuhr von Rohhäuten, Eisenerz, Kupfer, Holz, Pottasche, Hanf, Flachs, Talg, besonders aber von Wolle, auch Leinen- und Wollgarn verhindern sollten, um die Versorgung der verschiedenen Industrien mit Rohstoffen zu sichern. In Brandenburg war freilich dem Klerus und dem Adel die Wollausfuhr gestattet, in Baden mußte in jedem Falle um eine besondere Genehmigung nachgesucht werden. Allgemein geltend war der Grundsatz, die Wollhändler müßten in erster Linie die inländischen Tuchmacher mit Rohmaterial versorgen, die Tuchmacher aber sollten keinen Handel damit treiben. In Frankreich wurden Ausfuhrverbote für Wolle bereits im 13. Jahrhundert erlassen; zahlreich wurden sie erst seit dem 16. Jahrh., und zwar erstreckten sie sich nicht mehr auf Wolle allein, sondern auch auf Flachs, Garn, Farbstoffe. In England war die Einfuhr von Wolle seit dem 16. Jahrh. verboten, die Wollausfuhr seit der Mitte des 17. Jahrh.

Neben dem Schutz der eigenen Gewerbe vor fremder Konkurrenz verfolgte die mittelalterliche städtische Gewerbepolitik noch ein anderes Ziel: alles Nötige sollte innerhalb der Stadt erzeugt werden. Daher war die Stadt, falls irgendein Gewerbe fehlte, bestrebt, auswärtige Meister des betreffenden Gewerbezweiges in ihre Mauern zu ziehen. Ebenso suchten auch die Territorialstaaten des 17.—18. Jahrh. neue, bis dahin fehlende Industriezweige einzuführen, ausländische Meister durch verschiedene Vorrechte und Vergünstigungen anzulocken, um die Fabrikation von Seiden- und Baumwollstoffen, von Teppichen, Wirkwaren, Spitzen, Glaswaren, Spiegeln, Porzellan, Tabak, Uhren, Papier, Tapeten, Seife zu begründen. Diese neuen Unternehmungen wurden mit zahlreichen Vorrechten ausgestattet, wie Befreiung von

---

Introduction II. Clamageran, Hist. de l'impôt en France. II, S. 16, 27, 234, 643 ff. Brandt, Beitr. zur Gesch. der französ. Handelspolitik (1896), S. 40, 56. Falke, Gesch. des deutsch. Zollwesens, S. 60 ff., 268. Beer, Studien zur Gesch. der österr. Volkswirtsch. (1894), S. 67, 77 ff. Mayer, Anfänge des Handels und der Industrie in Österreich, S. 90 ff. James, Worsted Manufactures, S. 301. Jahn, Zur Gewerbepolitik der deutschen Landesfürsten, S. 161 ff.

Steuern und von der Einquartierung, Gewährung von Geldvorschüssen, Gebäuden, Ausfuhrprämien. Von besonderer Bedeutung war das ihnen gewöhnlich verliehene Alleinrecht für die Erzeugung und den Absatz ihrer Fabrikate in einem bestimmten Umkreise, ein den mittelalterlichen Zunftmonopolen im Stadtbereiche entsprechendes Recht. Dazu gesellte sich das Verbot, den betreffenden privilegierten Unternehmungen ihre Arbeiter abspenstig zu machen und die Verfolgung der flüchtigen Arbeiter, die die neuen Industrien nach anderen Ländern zu verpflanzen suchten.

Während der Verwaltungszeit Colberts waren allein zur Förderung der Seiden-, Spitzen- und Teppichindustrie 5½ Mill. L. ausgegeben worden, gegen 2 Mill. für die Tuchindustrie. Die unter Colbert gegründete Teppichmanufaktur in Beauvais erhielt auf 30 Jahre das ausschließliche Privileg für die Teppichfabrikation. Der Gesellschaft für die Erzeugung venezianischer Spitzen war ein Privileg auf neun Jahre verliehen worden und das Recht, die Spitzenfabrikation in ganz Frankreich zu betreiben. Die Unternehmer, welche die in Frankreich ehedem unbekannt gewesene Fabrikation von Kreppstoffen sowie von Seidenstrümpfen einführten, die Begründer der Seidenindustrie, die Tuchmanufaktur des Holländers Van Robais u. a. m. — alle erhielten sie ausschließliche Privilegien auf eine Reihe von Jahren hinaus. Unternehmern wie Arbeitern wurden mannigfache Vergünstigungen gewährt, sowohl hinsichtlich ihrer materiellen als ihrer rechtlichen Lage. Alle diese Maßnahmen sollten einem Zwecke dienen, der Einführung neuer Industrien.[1]) „Im Verlaufe von 20 Jahren — sagt Chaptal — hatte sich Frankreich in der Tuchindustrie zu dem gleichen Range emporgeschwungen, den Spanien und Holland einnahmen, in der Spitzenproduktion Brabant, in der Seidenindustrie Italien eingeholt, in der Wirkerei kam es England, in der Metallwarenerzeugung Deutschland, in der Leinwandproduktion Holland gleich.“[2])

In derselben Weise wurden von Friedrich d. Gr. in Preußen neue Industrien ins Leben gerufen. Unter Mitwirkung der eingewanderten Hugenotten hatte man die Erzeugung der verschiedensten Wirkwaren mittels des damals eben aufgekommenen Strumpfwirkerstuhles eingeführt. Strümpfe, Teppiche, Hüte, Handschuhe usw. wurden verfertigt, die Tuchindustrie produzierte Tuche besonderer Art und in neuen Farben. Seidenwaren wurden jetzt erzeugt, teilweise auf dem neuen Bandstuhle gearbeitet. Tapeten-, Seifen-, Porzellanerzeugung wurde neubegründet. Die Unternehmer, die alle diese Gewerbezweige neu einführten, erhielten reichlich Subsidien, Vorschüsse, Baumaterialien, Ausfuhrprämien und Geschenke.[3])

Irrtümlich ist die zuweilen ausgesprochene Ansicht, England hätte seiner Industrie keinen solchen Schutz angedeihen lassen. Bereits im 14. Jahrhundert suchte England flämische und brabanter Weber zu gewinnen; 1337 wurde allen ausländischen Tuchern der Schutz des Königs und verschiedene Vorrechte zugesichert. Ihnen wurde „gutes Bier, guter Braten, gute Betten und noch bessere Bettgenossinnen versprochen“ — denn die Schönheit der englischen Mädchen war berühmt. Zur Regierungszeit Eduard III. hatte man holländische Uhrmacher, im Laufe des 15. Jahrhunderts holländische Salzsieder und böhmische Bergleute nach England berufen. Im 16. Jahrhundert wanderten deutsche Waffenschmiede und italienische Glaser in England ein. Italienische Weber, die atlas- und halbbaumwollene Zeuge verfertigten, erhielten in England ein Monopol. Ausländer hatten in England unter Königin Elisabeth viele neue Gewerbezweige eingeführt: die Seifenfabrikation,

---

[1]) Levasseur, Hist. des classes ouvr. 2 éd. II, S. 238 ff.

[2]) Chaptal, De l'industrie française (1809). Introd.

[3]) Schmoller, Studien über die wirtsch. Politik Friedrichs d. Gr. (in seinem Jahrb. XI, S. 805 ff.). Matschoß, Friedrich d. Gr. als Beförderer des Gewerbefleißes (1912).

die Erzeugung von Salpeter, die Produktion des sog. „spanischen“ (gelben) Leders, des Segeltuches, die Erzeugung von Fensterglas u. a. m.[1]) Den Ausländern, die sie begründeten, wurde das Alleinrecht der Fabrikation verliehen. Es waren dies entweder für England gänzlich neue Gewerbezweige, oder sie konnten jedenfalls insofern für neu gelten, als neue Verfahren bei der Produktion angewandt wurden und die Erzeugnisse von besserer Beschaffenheit waren. In diesem Sinne konnte — wie Damme[2]) mit Recht hinweist — von Erfindungen (inventions) gesprochen werden. Doch auch Colbert, Friedrich d. Gr., Maria-Theresia, andere Staatsmänner und Landesherren verfuhren nicht anders, suchten neue, früher in ihren Ländern unbekannte Industrien einzuführen und zur Blüte zu bringen. Nur Geldzuschüsse und Darlehen wurden in England, im Gegensatz zu anderen Staaten, nicht gewährt, die neue Industrie bedurfte dessen nicht.[3])

Die mittelalterlichen Städte schränkten gewöhnlich die Ausfuhr von Getreide nach anderen Gebieten ein, um die Stadtbewohner hinreichend mit billigen Lebensmitteln versorgen zu können. Auch hinderte die städtische Gewerbepolitik das Aufkommen von Gewerben auf dem platten Lande; die Einwohner der umliegenden Dörfer waren gezwungen, die von ihnen benötigten gewerblichen Erzeugnisse in der Stadt zu erzn erwerben. An dieser Politik hielt auch die Volkswirtschaft des 16.—18. Jahrh. fest. In der gleichen Weise wurde die Getreideausfuhr aus dem Lande behindert. Denn billiges Brot mußte auch billige Löhne nach sich ziehen, es war dies also im Interesse der nationalen Industrie. Ferner untersagte man — wie bereits oben hingewiesen worden ist[4]) — die Ausfuhr der für die Industrie des Landes notwendigen Rohstoffe, insbesondere die Ausfuhr von Wolle und Flachs. Mit allen Mitteln wurde dem Aufkommen von Gewerben in den Dörfern entgegengearbeitet. In Frankreich wurde erst durch das Edikt von 1762 volle Freiheit in dieser Hinsicht anerkannt, wenn auch tatsächlich die gewerbliche Tätigkeit auf dem Lande bereits viel früher stark verbreitet war. In Preußen war noch 1718 die Anzahl von Meistern verschiedener Gewerbe, die in den Dörfern sich ansiedeln durften, genau bestimmt. Doch fand im Laufe des 17. Jahrh. die Landweberei in Pommern, Brandenburg und anderen Teilen Preußens weite Verbreitung. In England war ebenfalls die Wollweberei auf dem Lande eingeschränkt. Freilich wurden hier im Laufe des 17. Jahrh. keine Versuche mehr unternommen, die Entwicklung der Industrie auf dem Lande zu hemmen; ein Edikt von 1694 hob die im 16. Jahrh. für die Landweber eingeführte Beschränkung der Lehrlingszahl auf. Die Kolonialgebiete endlich, welche von der Metropole als ein erweitertes Hinterland betrachtet wurden, mußten sie mit Rohstoffen sowohl für ihren unmittelbaren Konsum als auch für die Bedürfnisse ihrer Industrie versorgen, selbst durften sie jedoch keine eigenen Industrien gründen. Diese den Kolonien gegenüber durchgeführte Politik bewirkte letzten Endes den Krieg zwischen England

---

[1]) Vgl. oben S. 20ff.

[2]) Damme, Gesch. des Ursprungs des modernen Patentwesens in England (Schmollers Jahrb. 1907, S. 985 ff.).

[3]) S. unten Kap. 24.

[4]) S. oben S. 104.

und den amerikanischen Kolonien, der mit dem Abfall der 13 Kolonien endete.

Im Mittelalter war die Regelung von Produktion und Absatz hauptsächlich Sache der einzelnen Zünfte. Nun wurde sie vom Staate übernommen; er regelte die Qualität der Rohstoffe und der Fabrikate, ihre Maße und Gewichte, schaffte behördliche Stellen zur obligatorischen Beschau der erzeugten Fabrikate und zu ihrer Stempelung. Auch die zur Fabrikation benutzten Werkzeuge wurden vom Staate genau bestimmt: Instrumente, die den Vorschriften nicht entsprachen, sollten — so lautete ein Edikt Colberts — in Gegenwart des Inspektors der Manufakturen vernichtet werden. Ebenso war die Zahl der Webstühle, die der Unternehmer beschäftigen konnte, die Zahl der Lehrlinge und der Arbeiter, öfters auch der Arbeitslohn durch genaue Vorschriften geregelt.

Der Übergang von der Stadt- zur Staatswirtschaftspolitik, zum Merkantilismus, war kein plötzlicher; er trat nur allmählich und langsam ein. In einigen Staaten, so in England, den italienischen Territorien, hatte derselbe früher, bereits im 15. Jahrhundert, stattgefunden; in den nachfolgenden Jahrhunderten vollzog sich dieser Übergang in den Niederlanden, in Frankreich, später in Preußen, Österreich. Die endgültige Vereinigung ganz Frankreichs zu einem in wirtschaftlicher Beziehung einheitlichen Staate gehört erst dem Zeitalter der Revolution an, während ein großer Teil des Landes bereits viel früher zu einer wirtschaftlichen Einheit sich herausgebildet hatte. Die vollständige Zusammenfassung Preußens und Österreichs fällt in eine noch spätere Zeit, ins 19. Jahrhundert, obwohl wichtige Fortschritte in dieser Richtung bereits im 18. Jahrhundert gemacht worden waren. Der Kampf der zentralen Staatsgewalt mit Städten, Zünften, kleinen Landesfürsten, die ihre Vorrechte verteidigten, war langwierig und hartnäckig. Auch die Kaufleute hatten harte Kämpfe mit den Zünften auszufechten, die auf dem ihnen ausschließlich zustehenden Verkaufsrecht gewerblicher Erzeugnisse beharrten, bis sie endlich das Recht erlangten, die außerhalb der Stadt erzeugten Gewerbeprodukte auf dem städtischen Markte abzusetzen. Und doch tritt bereits seit Ausgang des Mittelalters eine erhöhte Regsamkeit im Handelsverkehr auf, „eine Möglichkeit, die Produkte anderer Städte und Länder zu konsumieren, den Rohstoff für die Gewerbe von weit her zu beziehen entstand, die früher in dem Maß nicht vorhanden gewesen war“.[1]) In Paris verkaufte man Kämme aus Limoges, Eisenartikel von Toulouse, Etaminzeug aus der Auvergne, Sarsche von Arras, Tuch aus der Champagne und Normandie. Besonders schwunghaft war der Tuchhandel. In Tours, dessen Tuchfabrikation keineswegs zu den ersten des Landes gehörte, strömten Kaufleute von allen Seiten zum Einkauf desselben zusammen. Levasseur nennt 15 Städte, welche unter den Kaufleuten in Tours vertreten waren.

---

[1]) Schmoller, Straßb. Tucher- und Weberzunft, S. 500.

„Die Könige begünstigten den Handel, sie bestätigten die Handelsverträge, welche von den Städten untereinander abgeschlossen waren, sie erlaubten den Kaufleuten, im Lande frei, ohne Gebühren, zu handeln.“[1]) Die Straßburger Kaufhausordnungen zeigen in schlagendster Weise den zunehmenden Luxus, den steigenden Bezug von kostbaren und gewöhnlichen Tuchen aus der Ferne und der Nähe. Wenn 1401 von seidenen Tüchern schlechtweg die Rede ist, so werden 1477 8 bis 9 Arten seidener Stoffe unterschieden; wenn 1401 6 bis 8 deutsche Orte erwähnt werden, die Straßburg Tuch liefern, so werden 1477 allein 22 Arten rheinischer Tuche genannt; vom Niederrhein, von Magdeburg, aus Schwaben kommen die Wollstoffe auf den Straßburger Markt; neben den zahlreichen flämischen und brabanter Geweben treten französische, englische und italienische auf. Englische Wolle, Garn aus Reims, Köln und Erfurt, gestreifte Baumwollstoffe aus Mailand spielen eine Rolle.[2])

In Lübeck sind im Mittelalter Kollisionen zwischen Handwerkern und Krämern nur Ausnahmen, denn es kam selten vor, daß Dinge, die man in der Stadt verfertigte, auch von auswärts eingeführt wurden. Nur Gewürze und Kurzwaren wurden aus der Fremde gebracht. Erst vom 16. Jahrhundert an werden diese Kollisionen häufiger. „Als der Geschäftsbetrieb der Krämer sich überhaupt erweiterte, als sie selbständig auswärtige Verbindungen anknüpften und zugleich die sich mehrende Zahl der Bönhasen ihnen Gelegenheit gab, sich manche Waren aus der Umgegend zu verschaffen, entstand ein vielfacher Konflikt zwischen den Interessen der Handwerker und denen der Krämer, in welchem die Konsumenten, das Publikum sich meistenteils auf seiten der letzteren befanden.“ Denn größere Auswahl und billigere Preise waren die Folgen dieser Konkurrenz. Die Zahl der Artikel, welche die Krämer verkauften, waren in beständiger Vermehrung begriffen. Selbst die mehreren Ämtern zustehenden unbedingten Verbietungsrechte waren nicht in allen Fällen durchzuführen; manches mußten die Ämter, den veränderten Verhältnissen nachgebend, im Wege des Vertrages einräumen, manches Recht erwarben die Krämer, durch die Umstände begünstigt, faktisch, und es konnte ihnen dann nicht wieder genommen werden.[3]) Schwerter, Hüte, Haardecken werden von fremden Kaufleuten nach Lübeck gebracht, auch Waren aus Eisen, Stahl, Blech, Zinn, Blei, Messing, Holz und Glas.[4])

In Zusammenhang damit bildete sich allmählich seit dem 16. Jahrhundert eine geographische Arbeitsteilung aus, das Gegenteil von der früheren lokalen Produktionsweise, die von dem Grundsatz durchdrungen war, alle Gewerbeprodukte müßten in der Stadt selbst erzeugt werden. Fehlten geeignete Handwerker, so galt es im Mittelalter, daß

---

[1]) Levasseur, Hist. des cl. ouvrières I, S. 552 f.
[2]) Schmoller, Tucher- und Weberzunft, S. 507.
[3]) Wehrmann, Die ältesten lübeckischen Zunftrollen, S. 102 f.
[4]) Ibid. Nr. 59, S. 456; Nr. 61, S. 475; Nr. 19, S. 231.

jene Handwerker selbst, nicht aber ihre Produkte aus der Fremde geholt werden müßten. Nur dann, wenn eine solche Übersiedlung von Handwerkern nicht gelang, gestattete man, die fehlenden Waren in die Stadt hineinzuführen. Daher fanden sich Gewerbeprodukte auch so selten unter den Waren, die in den Kaufhäusern abgeladen wurden, und führte der Kaufmann solche, so rührten sie wohl meist von sehr fernen Gegenden her. Auch jetzt suchte man — wie oben erwähnt — fremde Industrien ins Land zu ziehen, doch innerhalb desselben ergaben sich für einzelne Städte und Landesteile größere Unterschiede in bezug auf die Verbreitung der verschiedenen Gewerbezweige. Dies mußte eben einen steigenden Handelsverkehr in gewerblichen Erzeugnissen mit sich bringen. Der Umschwung, der sich zunächst vollzog, war freilich scheinbar noch nicht so bedeutend, denn er begann vorläufig nur damit, daß der Händler Waren derselben Art, nicht aber derselben Sorte mit sich führte. Er brachte gewöhnlich feinere, bessere Ware: solche, die in der Stadt gefertigt wurden, hielt er noch nicht; erst allmählich kamen auch diese heran. Doch auch eine solche Veränderung war von Wichtigkeit und imstande, die gesamte städtische Wirtschaftsweise umzugestalten, denn jene besseren Sorten verdrängten leicht die gröberen, sie dienten dem feineren Geschmacke der Renaissance, der jetzt mit anderen Ansprüchen, als es früher der Fall war, an die Anfertigung der Waren herantrat. Das Studium der Kunsthandwerke jener Zeit — sagt Geering — vermag am besten die Verfeinerung der Bedürfnisse an den täglichen Gebrauchsgegenständen darzutun. Das kostbar geschnitzte Tisch- und Hausgerät, die Glasfenster, insbesondere aber die Kleidertracht, die Durchbrechung und Lüftung derselben, die Abwechslung von glatten und krausen, von glänzenden und matten, hauptsächlich aber von verschiedenfarbigen Stoffen — alles zeigt das Zeitalter der Renaissance an.[1]) „Die bunten Farben und feineren Stoffe drangen bis in die unteren Klassen. Sebastian Frank klagt über die elsässischen Bauern, daß sie nicht mehr Zwilch tragen mögen, sondern lündisch und mechlisch Tuch verlangen.“[2]) Gewerbe, die früher überall betrieben worden waren, wurden an manchen Orten eingeschränkt, da sie die Konkurrenz der von auswärts eingeführten Waren derselben Art nicht bestehen konnten. An anderen Orten hingegen produzierte die Industrie nunmehr nicht mehr ausschließlich für den beschränkten Lokalmarkt, sondern für einen bedeutend größeren Markt: so die englische Tuchindustrie, die Lyoner Seidenindustrie, die Solinger Metallwarenindustrie.

Diese für ein erweitertes Absatzgebiet arbeitenden Industrien nahmen verschiedene Betriebsformen an. Zuweilen waren es Manufakturen — zentralisierte Unternehmungen, wo die Waren in der Werkstätte des Unternehmers und unter seiner Leitung hergestellt wurden.

---

[1]) Geering, Handel und Industrie der Stadt Basel, S. 352 f.

[2]) Schmoller, S. 499.

Weit häufiger aber war eine andere Form der gewerblichen Produktion, die Hausindustrie oder das Verlagssystem, anzutreffen, bei der der Vertrieb der fertigen Erzeugnisse in den Händen des Verlegers lag, in dessen Auftrag die Arbeiter (Kleinmeister, Heimarbeiter) in ihren eigenen Wohnstätten produzierten.

In den bekannten, die Geschichte der englischen Industrie schildernden Werken von Baines, James, Ellison, Rogers wird das Verlagssystem oder die Hausindustrie gewöhnlich gar nicht erwähnt. Alles, was nicht in die fabrikmäßige oder wie sie auch häufig genannt wird, kapitalistische Produktionsweise hineingehört, wird als Handwerk oder als Kleingewerbe betrachtet, das als die bis zum Ende des 18. Jahrhunderts, also bis zum Aufkommen der Fabriken, herrschende gewerbliche Unternehmungsform angesehen wird. Dieser Standpunkt wurde lange auch von der deutschen Wissenschaft vertreten. Justus Möser bezeichnet nicht nur die für den Verleger produzierenden Heimarbeiter als „Handwerker", sondern auch die die Erzeugnisse dieser Heimarbeiter vertreibenden Verleger werden von ihm „handeltreibende Handwerker" genannt. Schon 1828 erwähnte allerdings Moritz v. Mohl eine Produktionsform, bei der der Meister bei sich zu Hause, im Auftrage des Verlegers, arbeitet und die erzeugten Waren zum Absatz auf dem erweiterten Markte bestimmt sind.[1] Jedoch sprachen die deutschen Forscher, die sich mit den Fragen der gewerblichen Organisationsformen befaßten, auch noch später nur von Handwerk und Kleingewerbe, aber weder von Hausindustrie noch von Verlagssystem. Die Periode, wo das Handwerk vorherrschte, fällt für sie mit der Zeit des Bestehens der Zunftverfassung zusammen. Die äußere Form, die zunftmäßige Organisation des Gewerbes, wurde eben als mit der Betriebsform des Handwerks gleichbedeutend aufgefaßt. Es konnte jedoch sowohl das Handwerk, als auch die Hausindustrie zunftmäßig organisiert sein. Erst die neueren Forscher (Schmoller, Thun, Bein, Troeltsch, Stieda) haben die Bedeutung der Hausindustrie als einer eigenständigen Betriebsform hervorgehoben. Was die französischen Gelehrten betrifft, so erwähnt nicht bloß Levasseur, sondern auch andere Forscher auch jetzt noch diese Betriebsform öfters gar nicht. Besonders wenn es sich um frühere Perioden handelt, gebrauchen sie — wie Babeau, Saint-Léon, Boissonnade u. a. — die Bezeichnungen Handwerk und Fabrik.[1] Eine scharfe Trennung zwischen Handwerk, Verlagssystem und zentralisierter Manufaktur in der Geschichte der französischen Industrie wurde erst von Tarlé in seinem Werke über die Arbeiterklasse in Frankreich zur Zeit der Revolution durchgeführt. Auch Sée betont in einer Reihe seiner Schriften, daß in Frankreich, ebenso wie in England, dem industriellen Kapital das Handelskapital vorangeht, das die Produktion der Kleinmeister in seinen Händen zusammenzufassen sucht.[2] Dagegen ist die Auffassung Van Houttes[3], der bloß korporative Gewerbe und Großindustrie unterscheidet, nicht stichhaltig, denn das Vorhandensein von Zünften schließt eine Hausindustrie noch keineswegs aus; nur sind die Zunftmeister in diesem Falle nicht selbständige Handwerker, sondern vom Verleger abhängige Heimarbeiter. Auch was er mit „petite industrie familiale" auf dem Lande bezeichnet, war in Wirklichkeit meistenteils nicht Hausfleiß, sondern für den Markt produzierende Hausindustrie.

Der Freiheit der neuentstandenen Konkurrenz wurden jedoch erhebliche Schranken gesetzt, sowohl dadurch, daß verschiedene Gewerbe-

[1]) Spezielle Monographien werden dagegen der heutigen Hausindustrie (travail à domicile, industrie dispersée) gewidmet.

[2]) Sée, Origines de l'industrie capitaliste en France. Rev. Hist., 1923. Ders., Evol. commerciale et industr. de la France (1924). Ders., Rev. de Synth. Histor. 1923.

[3]) Van Houtte, Hist. économique de la Belgique à la fin de l'ancien régime (1920), S. 42.

zweige Monopole des Staates, einzelner Privatpersonen oder Gesellschaften bildeten, als auch durch die staatliche Regulierung der Produktion und des Absatzes der gewerblichen Erzeugnisse. Auch genossen ja die Zünfte noch immer das Alleinrecht der Erzeugung bestimmter Waren. Besonders wurde durch die Zunftprivilegien jeder Fortschritt der gewerblichen Technik gehemmt, das Aufkommen neuer Warenarten und neuer Produktionsverfahren gehindert. In jeder Neuerung sahen die Zünfte eine Verletzung ihrer Vorrechte. Die Behörden standen entweder auf ihrer Seite oder sie leisteten, wenn sie auch grundsätzlich den neuen Verbesserungen und Erfindungen günstig gesonnen waren, den Erfindern in ihrem Kampfe mit den Zünften doch nur wenig Beistand. Bekannt ist z. B. der erbitterte Kampf, den die Zünfte in England, den Niederlanden, Frankreich, Deutschland gegen den im 16. Jahrhundert aufgekommenen Bandstuhl und den im 17. Jahrhundert erfundenen Strumpfwirkerstuhl führten.[1]) Dieser Kampf war für die Zünfte erfolgreich und führte zu Verboten der Benutzung der neuen Werkzeuge, deren Verbreitung infolgedessen erheblich verlangsamt wurde. Der Erfinder des Bandstuhls wurde im Jahre 1586 in Danzig in die Weichsel geworfen, wo er ertrunken sein soll.[2]) Der Erfinder des Strumpfwirkerstuhls mußte aus England fliehen. Als der Erfinder der Plattmühle, Bauvat, in Frankreich geplättetes Blei in den Handel bringen wollte, schritt die Zunft der Bleiarbeiter, die geschliffenes Blei fabrizierten, dagegen ein. Zwei Akademien, das Pariser Parlament, Minister, der englische Botschafter beteiligten sich am Kampfe, und der Erfinder wäre wohl kaum trotz königlichen Patents zur Anwendung seiner Methode gelangt, wäre er nicht imstande gewesen nachzuweisen, daß diese Vervollkommnung schon 30 Jahre lang in England guten Erfolg hatte.[3])

Doch außer diesen — auf zünftigen Vorrechten — beruhenden Einschränkungen wirkten auch noch alte Grundsätze kaufmännischer Moral mit, die freilich auf ungeschriebenen Gesetzen beruhten und doch den Unternehmer vollständig fesselten. Die kaufmännische Moral jener Zeit ging von dem Grundsatze aus, daß jedem Händler ein bestimmter Kundenkreis, ein genau umgrenztes Tätigkeitsfeld zustehe, in das einzugreifen kein anderer Kaufmann befugt sei. „Ein Kunde darf weder mündlich, noch schriftlich abspenstig gemacht werden."[4])

Kundenfang ist in keinem Falle, sei es durch Anlocken in den Laden oder durch den Besuch der Wirtshäuser, wo die auswärtigen Reisenden Quartier nehmen, zulässig; auch der gefällige Schmuck der Warenauslage, die öffentliche Anzeige der

---

[1]) Vgl. unten Kap. 12.

[2]) Bei Beckmann, Beyträge zur Gesch. der Erfindungen, I, 1783, S. 125, lesen wir, Anton Moller (den man zuweilen als den Erfinder des Bandstuhles ansieht) habe erzählt, er hätte in Danzig eine Bandmühle gesehen, deren Erfinder ersäuft worden sei.

[3]) Levasseur, II, 2 éd., S. 505.

[4]) Sombart, Die Juden und das Wirtschaftsleben, S. 144. Ders., Mod. Kapit., II, 1, S. 36 ff.

feilgebotenen Waren — der Kundenfang im übertragenen Sinne — galten als unzulässig, ja als unsittlich. Durch Anzeigen durfte wohl das Publikum von den verschiedensten Dingen in Kenntnis gesetzt werden, von dem Erscheinen neuer Bücher, dem Zeitpunkt der Ankunft und der Abfahrt von Schiffen und Postkutschen, von Auktionen, von Bodenverkäufen und Verpachtungen. Der Kaufmann jedoch sollte keinesfalls diesen Weg zur Feilbietung seiner Ware, ja nicht einmal zur Angabe des Ladens, wo sie verkauft wird, einschlagen. Als besonders verwerflich aber wurden Anzeigen erachtet, in denen der Kaufmann kundgab, seine Warenpreise seien niedriger als die anderer Händler. Es wurde dies als eine Verzweiflungstat angesehen, als das letzte Rettungsmittel eines am Rande des Ruins stehenden Kaufmanns. In diesem Falle vereinigten sich, nach den damals herrschenden Ansichten, zwei gleich anstößige, eines ehrsamen Kaufmannes unwürdige Handlungen: die unzulässige Zeitungsanzeige, die manchmal durch Verteilung von Zetteln mit der Adresse des angepriesenen Geschäftes ersetzt wurde, und die Preisunterbietung, der Verkauf „zu solchen Preisen, bei welchen der ehrsame Kaufmann nicht bestehen kann“. Als die nach Basel aus Italien und den Niederlanden eingewanderten Kaufleute durch herabgesetzte Preise einen großen Kundenkreis erwarben, waren die alteingesessenen Kaufleute höchst empört darüber. Denn der damals herrschende Grundsatz lautete: „Kleiner Umsatz, großer Nutzen.“ Und das Bestreben, den Warenumsatz durch verringerten Nutzen zu beschleunigen, der Wunsch, auf diese Weise den Markt zu erobern, erschien als etwas gänzlich Neues, rief Befremden, ja Empörung hervor. Dieses Bestreben stand zu den damals herrschenden traditionellen Ansichten in krassem Widerspruche — zu der Regel, der Händler dürfe seinen Nutzen nicht nach seinem eigenen Gutdünken bestimmen, keineswegs nach seinem eigenen Belieben und in seinem eigenen Interesse die Frage entscheiden, ob er nicht vielleicht eine Zeitlang ohne Gewinn verkaufen solle, um auf diese Weise seinen Kundenkreis zu erweitern und seine Konkurrenten aus dem Felde zu schlagen.

Nach allem Dargelegten wird es wohl verständlich sein, warum die Unternehmung des 16.—18. Jahrhunderts meist nicht minder unbeweglich und starr war, als Gewerbe und Handel im Mittelalter. Nicht bloß der Handwerker, auch der Verleger und der Eigentümer einer zentralisierten Manufaktur waren, obwohl die beiden letzten neue Betriebsformen verkörperten, vom alten Zunftgeiste und zünftigem Konservatismus durchdrungen. Ihre wirtschaftliche Gesinnung und Fähigkeit war nicht anders als die ihrer Vorfahren. Altüberlieferte Kenntnisse, althergebrachte Erfahrungen wurden von ihnen verwertet. Für Neuerungen im Sinne einer Erweiterung der Unternehmung, einer Vervollkommnung des Warenabsatzes, einer Verbesserung der Produktionstechnik waren sie wenig zugänglich. Die Produktion bewegte sich in den ein- für allemal festgelegten Bahnen, in den Schranken, die ihr von der Gesetzgebung durch die Bestimmungen über Monopole und Privilegien, über Betriebstechnik und Absatzweise gesetzt waren und die durch die nicht minder strengen und ebenso verbindlichen Grundregeln der kaufmännischen Moral noch schärfer umgrenzt wurden.

Erst gegen Ende dieser Periode erscheint eine neue Strömung im Wirtschaftsleben, die den Geist des Traditionalismus verneint und die altüberlieferte kaufmännische Moral von sich weist. In Holland und in England brechen sich auf dem Gebiete des Handels und Industrie neue Ideen Bahn. Eine neue wirtschaftliche Moral bildet sich aus, die mit den althergebrachten Sitten und Gepflogenheiten, mit der vom Geiste ausschließlicher Privilegien und kleinlicher Reglementierung erfüllten Gesetzgebung, mit der alten Zunftverfassung und dem Zunftgeist den Kampf aufnimmt. Die neue, auf den Grundsätzen des wirtschaftlichen Rationalismus und der freien Konkurrenz aufgebaute Unternehmung stellt den Übergang zum 19. Jahrhundert, zur Periode des Freihandels dar.[1])

Kapitel 9.

Die Hausindustrie (das Verlagssystem).

Hand in Hand mit dem Umschwung im Wirtschaftsleben überhaupt, mit der Erweiterung des Marktes insbesondere, geht ein anderer Entwicklungsprozeß einher, eine Umbildung der gewerblichen Betriebsformen. Auch früher gab es, wie dies namentlich Sombart betont hat, Handwerker, die für den Fernabsatz arbeiteten. Doch eine derartige Produktion für entferntere Märkte konnte wohl kaum auf die Dauer sich ausbilden, ohne eine Änderung des betreffenden Handwerks herbeizuführen. Zog der Gewerbetreibende nicht bloß ausnahmsweise nach entfernter liegenden Märkten, so hatte dies eine wiederholte Einstellung des Betriebs für kürzere oder längere Zeit zur Folge. Anderseits erforderten die neuen Absatzmärkte eine Kenntnis der lokalen Verhältnisse, die man sich nur durch längere Übung aneignen konnte. Die neuaufgekommene Konkurrenz unter den einzelnen, voneinander ehemals streng abgesonderten Stadtgebieten stellte an den Handwerker Anforderungen in bezug auf Beweglichkeit und Rührigkeit, kommerziellen Sinn und Anpassungsfähigkeit an den Bedarf, denen er nur dann gerecht werden konnte, wenn er den Handel, der ja stets bloß Nebenbeschäftigung des Handwerkers gewesen war, zu seinem Hauptberuf erhob. Und dies hatte eine notwendige Spaltung der ehemaligen Tätigkeit des Handwerkers, die ursprünglich Produktion und Absatz zugleich umfaßte, in zwei selbständige, voneinander allmählich sich absondernde Berufe zu bedeuten. Diejenigen unter ihnen, die sich einige Ersparnisse zurückgelegt hatten und eine gewisse kaufmännische Schulung besaßen, stellten allmählich den eigenen Betrieb ein, um sich ausschließlich dem Absatze der Gewerbeprodukte zu widmen. Sie wurden zu kaufmännischen Unternehmern, zu hausindustriellen Verlegern. Zunächst waren wohl ihre Handelsgeschäfte noch von geringem Umfange. Wenn sie nach einer Messe zogen, so nahmen sie mit den selbstproduzierten Waren auch die von anderen Zunftmeistern hergestellten vorläufig wohl noch aus Gefälligkeit mit. Nach der Rückkehr wurde aber die Arbeit auch wieder aufgenommen. Dieses änderte sich mit der Erweiterung ihrer Handelstätigkeit, indem sie die eigene Produktion immer mehr einzuschränken gezwungen waren, um sie zuletzt vollständig aufzugeben und sich ausschließlich mit dem Absatz von Waren, die andere, nunmehr in ihrem Auftrage arbeitende Meister produzierten, zu befassen. Diese anderen

[1]) S. unten Kap. 25.

Handwerker, die weitaus in der Mehrzahl sich befanden, wurden im Verlauf dieser Entwicklung immer mehr zu bloßen Warenerzeugern herabgedrückt. Immer seltener traten sie in unmittelbare Beziehungen zum Kunden. Auf den direkten Absatz mußten sie verzichten, um endlich ausschließlich für den Verleger zu produzieren.

Auf diese Weise entstand in zahlreichen Gewerben die Hausindustrie oder das Verlagssystem, wo der Meister, wie ja auch früher, bei sich zu Hause, in seiner Werkstätte, mit Hilfe von Gesellen und Lehrlingen produziert, seine Waren jedoch nicht mehr direkt an den Konsumenten absetzt, sondern sie dem Verleger, dem Mittelsmanne zwischen dem Produzenten und dem Kunden, abliefert. Ein interessantes Beispiel des Aufkommens der Hausindustrie bildet die Schwertfabrikation Solingens. Waren anfänglich die Händler, die die fertigen Waffen vertrieben, zugleich auch Handwerksmeister gewesen, die, wenn sie von den Märkten heimkehrten, die gewohnte Arbeit wieder aufnahmen, so änderte sich dies mit der Zeit. In dem Maße, wie die Verbindungen Solingens sich ausdehnten und einzelne Handwerker mit mehr Energie, größerem Glücke und größeren Ersparnissen sich ausschließlich dem Handel widmeten, bildete sich nach und nach ein selbständiger Kaufmannsstand aus. Zu gleicher Zeit ging allmählich der handwerksmäßige Betrieb in die Hausindustrie über. Immer seltener wurde es, daß die Schmiede selbst ihre Schwerter verhandelten, immer allgemeiner arbeiteten sie, wie die übrigen Handwerker, nach den Angaben der Kaufleute. Dieser Wechsel des Betriebssystems hat sich hier im 17. Jahrhundert vollzogen. Es waren nämlich in der Solinger Waffenfabrikation die Handwerker in drei voneinander getrennten Bruderschaften vereinigt. Die eine bildeten die Schwertschmiede, die andere die Härter und Schleifer, die dritte die Schwertfeger und Reider. Da sich in den Händen der Mitglieder der letzten Bruderschaft einerseits die Schwerter zum Fertigmachen ansammelten (den Schmieden war es verboten, die Klingen in unfertigem Zustand, als „schwarze Klingen“ abzusetzen) und da nur sie andrerseits auf Reisen gehen durften, während die übrigen Meister einen Schwur leisten mußten, das Land nicht zu verlassen, um das Geheimnis der Fabrikation nicht nach anderwärts zu bringen, so waren die Reider eben zu Kaufleuten geworden.[1])

Wie man aus dem angeführten Beispiel ersieht, wurde der Übergang vom Handwerk zur Hausindustrie durch die seit Ende des Mittelalters auftretende Produktionsteilung begünstigt, bei welcher der Produktionsprozeß in mehrere selbständige Abschnitte zerlegt wurde und ein Gut die Werkstätten mehrerer Gewerbetreibender zu durchlaufen hatte, ehe es zur Vollendung gelangen konnte. Eine unter den an der Produktion desselben teilnehmenden Innungen bemächtigt sich nun des Absatzes der fertigen Waren. Meist sind es, wie hier, die Fertigmacher, diejenigen, die die letzten Produktionsprozesse vornehmen oder

---

[1]) Thun, Die Industrie am Niederrhein, II, S. 7 ff.

die erzeugten Fabrikate zusammenfassen. Sie besorgen nun den Verkauf der zum Gebrauche fertiggestellten, in ihren Händen sich ansammelnden Waren und werden auf diese Weise aus zünftigen Handwerkern zu Verlegern, bilden auch wohl mit der Zeit eine besondere Verlegerkorporation.

So war es z. B. auch in der Solinger Messerfabrikation der Fall, wo die Fertigmacher sich zu Verlegern emporschwingen konnten. Solange die Beschaffenheit der Messer eine einfache war, konnte es wirkliche Messermacher geben, in der Art, daß ein und derselbe Handwerker Schmied, Reider und Fertigmacher zu gleicher Zeit war; bloß das Schleifen ließ er gegen Lohn besorgen. Als nun im 16. Jahrhundert die Arten der Messer mannigfacher und komplizierter wurden, bahnte sich eine immer weitergehende Arbeitsteilung an. Es trat ein neuer Faktor in der Produktion hervor, der sie leitete und die in den zerstreut liegenden Werkstätten erzeugten Fabrikate zu einem Ganzen zusammenfaßte. Es war dies der Fertigmacher. Er nahm den Messerschmieden, den Hefte- und Bändemachern ihre an sich unverkäuflichen Waren ab und setzte sie zu Messern zusammen. Da unter jenen Arbeitern viele arme Leute vorhanden waren, die sich das Material nicht aus eigenen Mitteln anschaffen konnten, kaufte er selbst den Rohstoff oder das Halbfabrikat ein und ließ nun gegen Lohn die einzelnen Verrichtungen ausführen.[1])

Auch in der Schwabacher Nadelindustrie lassen sich ähnliche Vorgänge beobachten. Auch hier brachte die Erweiterung des Absatzes den Übergang zur Hausindustrie mit sich. Denn nun konnten die Stecknadeln und Nähnadeln nicht mehr am Orte selbst oder in nächster Nähe durch die Handwerker abgesetzt werden, sondern es mußte der Verleger aufkommen, dem die Nadelarbeiter die Ware übergaben und der auf sein Risiko hin den Vertrieb der Nadeln übernahm. Es war dies der Fertigmacher. Noch im 18. Jahrhundert wurden dem Verleger die halbfertigen Nadeln abgeliefert, und es fielen ihm die letzten Produktionsprozesse wie das Härten, das An- und Ablassen, das Polieren oder Scheuern, das Sortieren der Nadeln, das Packen u. a. m. zu. Nichthandwerker durften das Verlagsgeschäft nicht betreiben. Die Meister sanken schließlich zu „reinen Heimarbeitern" herab, die vom Verleger den zugespitzten Draht zur Verarbeitung erhielten.[2])

Den gleichen Verlauf der Entwicklung können wir in Ruhla (Thüringen) wahrnehmen, wo ebenfalls allmählich eine Arbeitsteilung zwischen den Schmieden und den Fertigmachern eintrat und letztere sich zu Verlegern emporschwangen, während die Schmiede nun für sie gegen Lohn zu arbeiten hatten.[3])

Nicht anders gestalteten sich die Dinge in der Siegener Eisenindustrie, wo der gesamte Eisenhandel seit Ausgang des 16. Jahrhunderts den Reidtmeistern zufiel (die Verordnung von 1585 verbot den Schmelzern und Schmieden, für fremde Kaufleute zu arbeiten).[4])

Für die im 17.—18. Jahrhundert weithin bekannte Kleineisenindustrie von Sheffield und Birmingham fehlt es an Angaben darüber, welchen Handwerken die Verleger entstammen. Doch steht es fest, daß es auch hier zunächst Handwerksmeister waren, die mit der Erweiterung des Marktes den Vertrieb übernahmen. Für die meisten unter ihnen freilich war der Absatz ihrer Erzeugnisse auf entfernter gelegenen Märkten mit zu großen Unkosten und Gefahren verbunden, als daß sie sich darauf hätten einlassen können, und doch drohte ihnen Überproduktion und Absatzstockung. Nur wenige kapitalkräftigere und unternehmungslustige Meister brachten die Eisenwaren nach London, ja sogar nach den Märkten des Festlandes.

---

[1]) Thun, II, S. 24 ff.

[2]) Schanz, Kolonisation und Industrie in Franken, S. 300 ff.

[3]) Sax, Die Hausindustrie in Thüringen, II. Ruhla und das Eisenacher Oberland (1884).

[4]) Stein, Die Zunft der Hammerschläger und der Massenbläser zu Siegen von 1516 bis 1830. Diss. 1896.

So schwangen sie sich denn zu Kaufleuten empor, in deren Auftrag die übrigen Meister tätig waren, und wurden zu einem wichtigen Faktor im Gewerbe.

Was das Wollengewerbe anbetrifft, so ist es in den französischen Städten der Wollschläger, der sich zum wohlhabenden Drapier aufschwingt. So war es bereits im Mittelalter in Paris, in Amiens, in Straßburg, auch anderwärts der Fall. Für den Wollschläger, der hier im Mittelpunkt der Produktion steht (foulon-drapier), arbeitet die fileresse, die paigneresse, dann der tisserand und der pareur (Walker).[1] Hier sind demnach die Tuchhändler ebenfalls aus den Fertigmachern (da die Wollschläger die Endprozesse in der Produktion vornahmen) hervorgegangen. Vielleicht war dasselbe auch in England der Fall. Die Tuchmachergilde (drapers) wird zuerst um 1364 in London erwähnt, und zwar erhellt es aus der betreffenden Urkunde, daß die Tuchhändler damals auch noch Produzenten waren, nämlich als letzte die Hand an die Ware anlegten, ehe sie dem Handel zugeführt wurde, darunter auch die Wollschlägerei besorgten. Nach Lipson waren die clothiers ursprünglich wenigstens zum Teil shearmen or clothfinishers. In späterer Zeit befaßten sich wohl die Wollhändler mit dem Absatz der Tuche; doch die noch im 16. Jahrhundert bestehende siebenjährige obligatorische Lehrzeit, welche für den Clothier, den Verleger, vorgeschrieben war, beweist, daß man eben die nicht dem Gewerbe angehörigen Leute vom Tuchabsatz fernzuhalten suchte.[1]

Klarer liegen die Verhältnisse in Deutschland. Hier sind es vor allem die Färber, die als Fertigmacher den Handel mit Textilwaren in ihre Hände nehmen und die übrigen Handwerksmeister als ihre Lohnarbeiter beschäftigen. Bereits in der ersten Hälfte des 15. Jahrhunderts fing ein konstanzer Färber, Ulrich im Holz, einen Geschäftsbetrieb an, der sich von allen bisher gewohnten unterschied. Er kaufte und bestellte in Konstanz und anderwärts, selber und durch Beauftragte, Leinengarn im großen und kleinen und ließ es ebenfalls, wo und wie er es wollte, verweben, um es dann selber zu färben und auf den Markt zu bringen.[2] Im 16. Jahrhundert findet sich die gleiche Erscheinung im Schwarzwald vor, wo in der Zeugmacherei „der leitende Geschäftsinhaber den Einkauf feiner Wollen besorgte, die weitere Verarbeitung ländlichen Webern oder den Hilfskräften in eigener Werkstatt anvertraute und für sich Kunstfertigkeit im Färben und Geschicklichkeit im Absatz erwarb“.[3] Nach dem Dreißigjährigen Kriege war Calw zum Hauptsitz der württembergischen Textilindustrie geworden. Da neben der kaufmännischen Beweglichkeit auch die Technik der Stoffveredelung der Ware den Absatz in die Ferne eröffnete, traten auch hier die Färber, die das Geheimnis der eben neu aufkommenden Schönfärberei beherrschten, unter den Verlegern besonders hervor. „Es war hier dieselbe Entwicklung — sagt Troeltsch — wie in Solingen, wo im 16. Jahrhundert die Schwert- und Messerschmiede in Abhängigkeit von den Personen gerieten, die die einzelnen Teile dieser Waren miteinander verbanden, sie fertigmachten und damit erst ein marktfähiges Erzeugnis herstellten.“ Auch später betrieben die Verleger, die zu einer Färberzunft, darauf zu einer Kompagnie zusammengefaßt wurden, die Färberei, so daß sie, wie auch in der Schwabacher Nadelindustrie, ihr ehemaliges Gewerbe nicht verlassen hatten, obwohl die Kompagnie eine rein kommerzielle war.[4]

Anders verhielt es sich freilich in der Seidenindustrie, wo die Kaufleute den Handel mit Rohseide mit dem Absatz der fertigen Waren verbanden. Zu Konstantinopel scheint dies bereits im 10. Jahrhundert der Fall gewesen zu sein, dann in den italienischen Städten des 13.—15. Jahrhunderts, später in Basel, Antwerpen, Lyon, in Krefeld und Berlin. Die Seidenindustrie, die stets für den Fernabsatz

---

[1]) Fagniez, Etudes sur l'industrie à Paris au XIII et XIV siècles, S. 339. Schmoller, Tucher- und Weberzunft, S. 411 ff. Ashley, Introd., deutsch II, S. 221 ff. Lipson, Econ. Hist. 3. Aufl. (1923), S. 414. Herbert, Livery Companies I, S. 480.

[2]) Gothein, I, S. 523.

[3]) Ibid. S. 552 ff.

[4]) Troeltsch, Calwer Zeughandlungscompagnie, S. 20, 31, 55 ff.

arbeitete, scheint eben überall von Anfang an (s. unten) hausindustriell betrieben worden zu sein, und die Oberhand besaßen hier immer die Kaufleute, da die Seidenweber und -färber zu arm waren, um sich den teueren Rohstoff selber anschaffen zu können.[1])

Die Anfänge der neuen hausindustriellen Betriebsform sind bereits im Mittelalter zu finden, indem in manchen Fällen der zünftige Handwerker auf Bestellung (im Auftrage) anderer Meister oder Kaufleute produzierte. Solange es sich aber um vereinzelte Fälle handelte, und es die Regel war, daß der Handwerksmeister unmittelbar für den Konsumenten produzierte, war immer noch das Handwerk, nicht aber das Verlagssystem vorherrschend. Freilich, in einzelnen Städten und in bestimmten Gewerben war diese Entwicklung bereits im Mittelalter weiter fortgeschritten und die Arbeit des Kleinmeisters für den Verleger zur herrschenden Betriebsform geworden. Dieser Übergang vollzog sich in denjenigen Gewerben, die für einen größeren Absatzmarkt produzierten, da das betreffende Gewerbe anderwärts fehlte, so daß die Produktionsorte gewissermaßen ein Monopol besaßen. Das Verlagsystem entstand daher bereits im 14. Jahrhundert in der italienischen Seidenindustrie, indem in Lucca, Genua, Venedig Seidenstoffe für ganz Europa produziert wurden, im flandrischen und italienischen Wollengewerbe, die die gesamte europäische wohlhabende Bevölkerung mit feinen und farbenprächtigen Tuchsorten versorgten (Brügge, Gent, Ypres, Saint-Omer, Lille, Douai, Arras, Florenz, Mailand, Venedig), wohl auch in der Barchentfabrikation von Ulm, Regensburg, vielleicht auch von Augsburg und Konstanz, im Lausitzer Leinengewerbe, später im englischen Wollengewerbe. In diesen Städten wurden die Gewerbeprodukte nicht nur für den Lokalmarkt, sondern auch — und zwar dies in erster Linie — für die Ausfuhr erzeugt. Es bildete sich daher eine Klasse von Verlegern aus. Dasselbe kann in der Metallwarenerzeugung Nürnbergs, in der Waffenfabrikation Mailands und Brescias beobachtet werden, die im Mittelalter sozusagen ein Monopol in diesen Gewerbezweigen besaßen.[2])

Jedoch mit Ausnahme dieser und vielleicht noch einiger weniger Fälle fehlte das Verlagssystem im Mittelalter und fand damals auch keinen geeigneten Boden für sich, da in der Regel ein größerer Absatzmarkt sich noch nicht ausgebildet hatte. Erst mit den in den folgenden Jahrhunderten eingetretenen Veränderungen der Wirtschaftsverfassung konnte diese Betriebsform sich ausbreiten. Sie entsprach nunmehr den neuen Verhältnissen des Warenabsatzes. Dabei behielt das Verlags-

---

[1]) Vgl. Kap. 17. Allerdings wurden in der Frankfurter Seidenindustrie die Verleger auch Seidenbereiter und Seidenfärber genannt und waren zugleich gelernte Mitglieder des Posamentierhandwerks. (Dietz, Frankf. Handelsgesch., II, S. 295). In diesem Falle ist also ein Unterschied zwischen dem Seidengewerbe und den anderen Industrien nicht vorhanden.

[2]) S. Bd. I, Kap. 21. Vgl. Furger, Zum Verlagssystem als Organisationsform des Frühkapitalismus im Textilgewerbe (1927), Aubin, Zur Gesch. des Verlagssystems in der Periode des Frühkapitalismus (Jahrb. f. Nat.-Ök. 1927. III. F. 72).

system die ausgeprägten Merkmale des Kleingewerbes und der handwerksmäßigen Technik bei. Es fand hier kein schroffer Übergang vom Handwerk zur Großindustrie statt. Die neue Betriebsform begnügte sich bloß damit, den Absatz großbetrieblich zu organisieren.

Deshalb erschien das Verlagssystem den Zeitgenossen meist nicht anders denn als das althergebrachte Handwerk. Der schwerwiegende Unterschied, daß die Vermittlung des Händlers in Anspruch genommen wurde, trat dagegen öfters nicht klar genug zutage. Diese äußere Ähnlichkeit beider Betriebsformen erleichterte zweifelsohne die Ausbreitung der Hausindustrie, die Überwindung der durch die Zunftverfassung gestellten Schranken. Die Hindernisse, welche ihr im Wege standen, bestanden nämlich in erster Linie darin, daß, nach den mittelalterlichen Zunftordnungen, der Zunftmeister die von ihm erzeugten Waren auch selbst an den Konsumenten abzusetzen hatte. Noch im 16.— 17. Jahrh. hielten die Zünfte öfters an dieser Forderung fest. Erst ganz allmählich mußten sie angesichts der zahlreichen unbemittelten Handwerker, die für ihre Erzeugnisse keinen Absatz fanden, von diesem Grundsatze ablassen und den Ankauf ihrer Produkte durch vermögendere Handwerksmeister gestatten. Bald sollten diesen auch weitere Zugeständnisse folgen. Die Zünfte mußten es nämlich ruhig mit ansehen, daß die einen Zunftmeister den anderen Bestellungen erteilten, wobei sie selber die Produktion gänzlich einstellten und sich ausschließlich dem Handel zuwandten. In Paris durften nach der Zunftordnung von 1575 nur diejenigen Handwerker in ihren Werkstätten von anderen Zunftmeistern beschäftigt werden, die verarmt waren und keine Mittel hatten, den eigenen Betrieb fortzusetzen. „In diesem Falle dürfen ihnen Aufträge erteilt werden, damit sie sich ernähren können."[1]) Eine englische Zunftsatzung von 1548 verbietet es den vermögenderen Meistern der Gerberzunft, die unbemittelten Mitglieder derselben mit Rohstoff, das in ihrem Auftrage verarbeitet werden sollte, zu versorgen. Diese Bestimmung wurde jedoch bereits im folgenden Jahre aufgehoben, mit der Begründung, daß es unmöglich sei, sie aufrechtzuerhalten.[2]) In der Nürnberger Metallwarenindustrie galt noch im 16. Jahrhundert als allgemeingültige Regel die Verordnung, kein Meister dürfe einem anderen seiner Mitmeister irgendwelche Arbeit zur Fertigstellung oder Ausführung geben, bei Strafe von 2 Pfund neuer Heller. Eine Ausnahme bildeten die Zunftordnungen der Feingoldschläger und der Rotschmiede, wo von Stückwerkern, „sie seyen Meister oder nit", die Rede ist, und wo es den Meistern nur verboten war, sich „außerhalb seines Handwerks" von jemand verlegen zu lassen.[3]) Freilich, wie wir oben an zahlreichen Beispielen verfolgen konnten, wurde es trotzdem schließlich in einer Reihe von Gewerben beinahe zur Regel, daß die Handwerker von ihren frü-

---

[1]) Hauser, Les ouvriers du temps passé, S. 86.
[2]) Unwin, Industrial Organization, S. 56 ff.
[3]) Schoenlank, Soziale Kämpfe, S. 47, 161.

heren Mitmeistern, die sich zu Verlegern emporgeschwungen hatten, beschäftigt wurden. „Verlag durch Mitmeister ist sicher in den meisten Tuchmacherstädten die Regel gewesen, sobald einmal die Produktion über den lokalen Markt hinauswuchs".[1])

Doch so zahlreich die den Zünften entstammenden Verleger auch sein mochten, ihre Anzahl erwies sich doch als viel zu gering im Verhältnis zum Bedarf an Händlern, die den Vertrieb der hausindustriellen Produktion übernehmen könnten. Von allen Seiten erschallen Klagen der Meister über die Unmöglichkeit, ihre Waren abzusetzen und als Folge davon über Arbeitslosigkeit. In Straßburg z. B. fanden die Sergenweber bereits um die Mitte des 16. Jahrh. keinen Absatz für ihre Erzeugnisse, und da sie „arm und nicht imstande sind, von Markt zu Markt zu warten, so kommen sie mehrmals im Jahre zu den Altgewändern ins Haus, um ihnen die Ware abzusetzen". In späterer Zeit wurde in der Magdeburger Strumpfindustrie geklagt, ihr Fehler sei der, daß es an kaufmännischen Verlegern für die Kleinmeister mangele.[2]) In Lille waren zu Anfang des 17. Jahrh. die Meister der Tucherzunft gezwungen, infolge mangelnden Absatzes ihre eigenen Kleider und die ihrer Frauen und Kinder auf den städtischen Leihämtern zu verpfänden, ja selbst Almosen zu erheischen. Als einziger Ausweg bestand für sie die Möglichkeit, zu den Kaufleuten ihre Zuflucht zu nehmen und die von ihnen gestellten Bedingungen anzunehmen.[3]) Daher erkannten auch die merkantilistisch gesinnten Staatsleute und Schriftsteller das Verlegertum (dem sie grundsätzlich ablehnend gegenüberstanden) dennoch als eine zur Förderung der Industrie überaus wichtige Institution an; „die Arbeiter müssen eben schnell Kaufleute finden, welche ihnen ihre Arbeit abkaufen, damit sie nicht mit derselben von Haus zu Haus zu gehen gezwungen sind".[4])

Auf diese Weise wuchs die Zahl der Verleger. Zu den früheren Zunftmeistern, die ihre Produktion aufgegeben hatten, um Händler zu werden, gesellten sich nun auch ehemalige Händler von Beruf, die zuvor fast ausschließlich Handel mit Rohprodukten getrieben hatten und ihm nunmehr den Absatz verschiedener, bei den Meistern angekaufter gewerblicher Erzeugnisse hinzufügten.

Ihnen traten jedoch die Zünfte weit feindseliger gegenüber, als dies in bezug auf ehemalige Zunftmeister der Fall war. Hatten ja diese Händler nie zu den Zünften gehört, keine Lehrlingsjahre abgedient, keine Meisterprüfung bestanden, keine Wanderjahre durchgemacht, auch mit der Warenproduktion hatten sie sich nie befaßt. Soweit die Zünfte überhaupt die in den gewerblichen Betriebsformen erfolgten Umbildungen anerkannt hatten, hielten sie deshalb auch weiter an dem Grundsatze fest, nur Zunftmitglieder seien befugt, die von anderen zünftigen Mei-

---

[1]) Aubin, Zur Gesch. des Verlagssystems in der Periode des Frühkapitalismus. Jahrb. f. Nat.-Ök. III. F. 72 (1927), S. 340.

[2]) Schmoller, Tucher und Weberzunft. Urkund. 77. Ders., Wirtschaftspolitik Friedrich d. Gr. Jahrb. XI, S. 807, 812.

[3]) Pirenne, Gesch. Belgiens IV, S. 581 f.

[4]) Schröder, zit. bei Stieda, Hausindustrie, S. 131.

stern hergestellten Erzeugnisse zu vertreiben. Zünftige Handwerker durften nur von Zünftigen, nicht aber von Kaufleuten beschäftigt werden. Zwischen Zünften und Händlern entbrannten langwierige Kämpfe. In England fanden dieselben ihren Ausdruck in dem Streite um die Frage der Abhängigkeit des Rechtes zum Gewerbebetrieb von der siebenjährigen Lehrzeit, der über zwei Jahrhunderte lang währte. Es handelte sich hier eben darum, ob Nichtmeister, die daher auch nicht die Lehrzeit durchgemacht hatten, also die Kaufleute, als Verleger zugelassen werden sollten.[1])

Nachdem jedoch nicht nur den eigentlichen Zunftmeistern, die freilich ihre Produktion bereits eingestellt hatten — obwohl sie Mitglieder der Zunft geblieben waren — sondern auch solchen unter ihnen, die nicht mehr zur Zunft gehörten, aus derselben ausgeschieden waren, der Handel mit den Erzeugnissen anderer Zünftiger gestattet worden war, konnte auch der weitere Schritt, die Zulassung von Leuten zum Verlage, die nie das betreffende Gewerbe ausgeübt hatten, der eigentlichen Kaufleute, nur eine Frage der Zeit sein. Andrerseits hatten dieselben ihr Ziel bereits indirekt erreicht, durch geschickte Umgehung der bestehenden Verbote. Sie beliehen nämlich bedürftige Meister mit Geld oder Rohstoffen und bedangen sich die Abtragung der Schuld in fertigen Waren aus. Auf solche Weise suchten sie den Absatz dieser Erzeugnisse an sich zu bringen. In bezug auf die württembergische Wollindustrie z. B. kamen die Regierungskreise zu der Überzeugung, daß die Notlage der Gewerbetreibenden zum Abschluß derartiger Leihgeschäfte drängte und gestatteten dieselben daher, wenn sie mit inländischen Kapitalisten abgeschlossen wurden.[2]) Es kam auch vor, daß Kaufleute in den Zünften Aufnahme fanden und als Mitglieder derselben das Recht erwarben, die von ihren Zunftgenossen verfertigten Waren zu vertreiben. So z. B. bestimmte eine 1619 für Lyon erlassene Ordonnance, nur zünftige Meister dürften sich mit dem Absatz von Seidenstoffen befassen. 1667 jedoch wurden auch Kaufleute in die Seidenweberzunft aufgenommen und erwarben demnach auf diese Weise das Recht, den Handel mit Seidenwaren zu betreiben.[3])

Es hatte sich somit einerseits eine Trennung zwischen dem Produzenten und dem Verkäufer vollzogen, die früher in einer Person vereinigt waren, und andrerseits war eine Verbindung zwischen Gewerbe und Handel zustande gekommen. Während im Mittelalter der Händler mit wenigen Ausnahmen Rohprodukte vertrieb, der Gewerbetreibende seine Erzeugnisse selbst auf den Markt brachte, war jetzt in die Hände des Händlers auch der Absatz von Fabrikaten übergegangen, dem Gewerbetreibenden dagegen nur die Produktion verblieben.

Zugleich mit dem Anwachsen der Zahl der Verleger vermehrte sich auch der Arbeiterstand. Im Mittelalter bestand er fast ausschließlich aus den zünftigen Gesellen, nunmehr waren auch die früher selbständigen Meister auf diese Stufe herabgedrückt worden. Die Zahl der von einem Meister beschäftigten Gesellen stieg von 1 bis 2 zuweilen auf 6 bis 8, ja auf 10 und darüber. Es kamen neue Elemente hinzu, die die Arbeiterklasse anwachsen ließen. Hierzu gehörten privilegierte Hofmeister, denen von König, Fürst oder Stadt eine besonderes Patent ausgestellt worden war, ferner Ausländer, besonders Hugenotten, die aus anderen Ländern zugewandert waren und die Erlaubnis erhalten hatten, ihr Gewerbe frei zu betreiben, endlich Landbewohner, die in die

[1]) Lohmann, Engl. Wollengew., S. 22. Cunningham, II, S. 38 ff., 354 ff.
[2]) Stieda, Hausindustrie, S. 143 ff.
[3]) Godart, L'ouvrier en soie, I, S. 91.

Städte übergesiedelt waren, wo das Leben freier und die Erwerbsaussichten besser waren, und die in den Zünften keine Aufnahme gefunden hatten. Es waren dies demnach sämtlich Personen, die die Vorrechte der Zünfte tatsächlich (wenn auch nicht immer formell) verletzten. Doch hatte sich allmählich die Ansicht eingebürgert, daß die Verleger auch solche Leute beschäftigen dürften, die keiner Zunft angehörten. Sie ließen für sich auch Frauen arbeiten, die ja gewöhnlich in die Zünfte nicht aufgenommen wurden und daher nur dann sich gewerblich betätigen konnten, wenn sie hausindustriell tätig waren. Die Bedeutung der Frauenarbeit für die Entwicklung der neuen Betriebsform war außerordentlich groß, besonders in ihrem Anfangsstadium, als der Erwerb der von zünftigen Handwerkern erzeugten Waren den Händlern noch erschwert wurde. Sie konnten nun allenfalls Frauen beschäftigen, und auf diese Weise konnte sich der Brauch ausbilden, Arbeitern außerhalb der eigenen Werkstätte Aufträge zu erteilen. In der Baseler Seidenindustrie wird bereits 1599 ein Fall erwähnt, wo 16 Kleinmeister für einen Verleger produzierten, doch scheint dies damals noch zu den Seltenheiten gehört zu haben; 1646 dagegen wurde bereits die Höchstzahl der Webstühle, die ein Verleger beschäftigen durfte, festgesetzt, und zwar auf 50 (15 in der Stadt und 35 in den umliegenden Dörfern).[1])

Die Hauptrolle in der Entwicklung des Verlagssystems spielte jedoch nicht die städtische, sondern die ländliche Bevölkerung, wobei wiederum der Anteil der Frauen überwog. In zahlreichen Fällen entstand die Hausindustrie auf dem platten Lande aus der Arbeit für den Eigenbedarf des Hauses (Hausfleiß), um von dort aus in den Städten Eingang zu finden. Jedoch auch dort, wo die Hausindustrie zuerst in den Städten aufkam, breitete sie sich bald nach den umliegenden Dörfern aus. Soweit diese Betriebsform eine größere Ausdehnung erfahren hatte, befand sich fast stets ihr Schwerpunkt auf dem Lande, indem die Dorfbewohner die Hauptmasse ihrer Arbeiter bildeten. Da die Landwirtschaft die Bevölkerung nicht ausreichend ernähren konnte, wandte sie sich der Heimarbeit als einer wichtigen Nebenbeschäftigung zu. Dies war bereits im Mittelalter der Fall, überall, wo sich schon damals eine Hausindustrie ausgebildet hatte.

So wurden die Leinen- und Barchentgewebe in Konstanz, Ravensburg, Augsburg, Ulm im 15. Jahrhundert von den Dorfbewohnern der Landschaft produziert, um in die Stadt zur Schau und Stempelung und zum Absatz an die städtischen Händler gebracht zu werden. Auch in Florenz, Venedig, Como, teilweise auch in der flandrischen Tuchindustrie wurden manche Produktionsprozesse auf dem Lande vollzogen. Für die Verleger war der Umstand von nicht zu unterschätzendem Vorteil, daß die Landbevölkerung, die ihren Unterhalt hauptsächlich aus der Landwirtschaft bestritt, sich mit niedrigeren Löhnen begnügen konnte. Die Verleger konnten dieselbe daher als Werkzeug ausspielen, um die Löhne der städtischen Kleinmeister herabzusetzen. Noch viel mehr Bedeutung gewann jedoch die ländliche Arbeiterschaft für die sich ausbreitende Industrie des 16.—18. Jahrhunderts.

---

[1]) Geering, Basels Handel und Industrie, S. 604.

Für Frankreich hat Tarlé auf Grund von reichem Quellenmaterial festgestellt, daß die Hausindustrie daselbst im 18. Jahrhundert ein überwiegend ländliches Gepräge trug. Die aus der Regierungszeit Ludwigs XVI. stammenden Urkunden bezeugen die große Ausbreitung der ländlichen Hausindustrien nicht nur im Nordosten und Nordwesten Frankreichs, sondern auch im Süden, in dem industriell vorgeschrittensten Teile des Landes. Jeder Landbewohner ist „fabricant“, die Hausindustrie bildet für den Bauern eine nützliche Ergänzung des Ackerbaues. Da der Ackerbau wenig einbringt, so befassen sich die Einwohner der im Umkreise der Stadt gelegenen Dörfer, manchmal um 15 Lieux in die Runde, mit Warenproduktion. In manchen Gegenden bilden die Hausindustrien das Hauptverdienst. Frauen und Kinder betreiben sie acht Monate im Jahre hindurch.[1]) Aber auch in denjenigen Teilen Frankreichs, wo der Grund und Boden fruchtbarer und der Ackerbau einträglicher war, wurde, wie aus den Quellen hervorgeht, die Bedeutung der Hausindustrie, die Vorzüge der Verbindung von Ackerbau und Gewerbe hervorgehoben. Zuweilen ertönen freilich Klagen darüber, daß die Bauern von der schweren landwirtschaftlichen Arbeit abgelenkt werden, um sich an die leichtere gewerbliche Tätigkeit zu gewöhnen. In manchen Gegenden, wie Picardie und Artois, gab es Dörfer, wo unter 100 Herdstellen kaum 10 Landarbeiter vorhanden waren.

„In der französischen Wollindustrie herrschte zu Ende des 18. Jahrh. — sagt Ballot — die ländliche Hausindustrie. Die sog. Fabrikstädte sind gewöhnlich nicht Orte, wo die Arbeiter in besonderen Werkstätten vereinigt werden, sondern Mittelpunkte, für die die Arbeiter eines größeren Umkreises produzieren. Rouen läßt seine Wolle in den Dörfern von Elbeuf verspinnen, Louviers beschäftigt Spinner auf 4 Meilen in der Runde, Lille und Roubaix erteilen Aufträge an Dorfleute im Artois und in der Picardie, Sédan sucht seine Arbeiter außerhalb Frankreichs, in den Grafschaften von Bouillon und Luxemburg, für Reims arbeiten Dorfbewohner der Umgegend. Le Mans ist um 1760 Mittelpunkt einer ausgedehnten Produktion von mancherlei Wollstoffen, welche 35000 Arbeiter beschäftigt, die bis nach den départements von Mayenne, Maine-et-Loire, Eure-et-Loire zerstreut sind. Ähnlich war es in der Umgegend von Vienne, Lodéve und von Südstädten, die Wolle im Gebirge verspinnen ließen.“[2]) [3]) Im Cahier des fabricants de soie, laine, fil et coton der Stadt Troyes von 1789 heißt es, daß die städtischen Händler das Dorfgewerbe zu fördern suchen, indem sie in ihren Händen den Absatz desselben zusammenfassen, wodurch für die städtische Industrie eine verderbliche Konkurrenz gezeitigt wird, welche die Arbeiterschaft an den Bettelstab bringt.[4]) Das Hauptgewerbe der Bretagne war die Leinenindustrie, die ausschließlich auf dem Lande betrieben wurde; sie bildete eine wichtige Nebenbeschäftigung für die Dorfbevölkerung und diente

[1]) Tarlé, Die Arbeiterklasse in Frankreich (russ.), Bd. II, S. 78 ff.

[2]) Ballot, L'introduction du machinisme dans l'industrie française, S. 164 f., 170 f.

[3]) Vgl. Sée, L'évolut. industr. et commerciale, S. 136 f., 272 ff. Ders., La vie écon. et les classes sociales, S. 128, 145. Ders., Remarques sur l'évol. du capitalisme (Rev. de synth. hist. 1924, XI, S. 53). Ders., Remarques sur le caractère de l'industrie rurale en France (Rev. Hist. Janv. 1923). Roupnel, S. 91, 143. Musset, Le Bas-Maine, S. 256 f. Levy, Hist. de l'ind. cotonnière en Alsace (1912). Lefebvre, Les paysans du Nord, S. 283 ff.

[4]) Vermer, Cahiers de doléance du bailliage de Troyes, I, S. 81 ff. Sée, La vie écon., S. 128.

zur Bereicherung der Händler der Stadt Rennes.[1]) In Flandern, der Picardie, der oberen Normandie stand es mit dem Ackerbau gut, und doch arbeiteten auch hier die Bauern, soweit sie nur spärlich mit Landbesitz ausgestattet waren, im Auftrage der Verleger, letztere lieferten ihnen auch Rohstoffe und Werkzeuge.[2]) Die Heimarbeiter auf den Dörfern um Rouen erhielten vom städtischen Händler vorschußweise die Mittel zum Ankauf des Rohstoffes und mußten ihm dafür die verarbeitete Ware abliefern. Der Händler verkaufte sie weiter, merzte jedoch dabei den an der Ware angebrachten Namen des Meisters aus, damit der Käufer sich nicht direkt an ihn wenden könnte. In manchen Cahiers (der Normandie) von 1789 wurde auf die schädliche Wirkung hingewiesen, welche das Überhandnehmen der Industrie auf dem Lande auf die Landwirtschaft ausübe, da alle jüngeren Leute Gewebe anfertigten und für den Feldbau wie für wichtige Handwerksarbeit (namentlich Bauarbeit) nur Greise übrig blieben. Man schlug vor, für jede Pfarrei eine Höchstzahl von Spinnern und Webern festzusetzen oder in dem Falle, daß ein Spinner sich weigern sollte, eine landwirtschaftliche Arbeit zu übernehmen, ihn eine hohe Extrasteuer zahlen zu lassen.[3]) Unter den Industriestädten Frankreichs ragte Orléans als Mittelpunkt eines größeren Industriegebietes hervor. So liefen z. B. für die 55 städtischen Verleger im Strickerei- und Wollengewerbe 400 Stühle in der Stadt und auf dem Lande, von anderen 45 Verlegern wurden 12000 Dorfbewohner beschäftigt, die ihnen jedoch nur einen Teil ihrer Zeit zur Verfügung stellten, denn im Sommer ließen sie sich als Erntearbeiter dingen. Der Rohstoff wurde auf dem Lande von Faktoren ausgeteilt und von ihnen auch wieder im fertigen Zustande eingesammelt und veredelt.[4])

In Belgien machte sich im 17. Jahrhundert ein Verfall der Industrie in den Städten erkennbar, in den Dörfern dagegen breitete sich die Erzeugung von Tuchen, Leinen, Spitzen, Waffen aus und zwar auf Bestellung von Verlegern, die häufig sowohl Rohstoffe als auch Muster für die Produktion der bestellten Waren lieferten.[5])

Desgleichen trugen auch in Deutschland im 17., besonders aber im 18. Jahrhundert die Gewerbe, soweit sie nicht ausschließlich für den Lokalmarkt produzierten, überwiegend das Gepräge ländlicher Hausindustrien. Lamprecht weist auf den Umstand hin, daß in Deutschland die Hausindustrie sich vornehmlich in den wenig fruchtbaren Landstrichen ausbreitete, wo die Arbeitslöhne niedrig waren, und die Dorfbevölkerung während der langen Wintermonate über viel freie Zeit verfügte. „Zu Stätten einer neuen Hausindustrie wurden daher das Riesengebirge, das Erzgebirge, der Frankenwald, der Thüringerwald, das westfälische Bergland mit ihren unfruchtbaren Höhen und rauhen Jahreszeiten. Hier entstanden jene neuen Textilgewerbe des Strickens, Wirkens und Klöppelns, jene Industrien der Holzbearbeitung und der Bearbeitung von Metallen und Erden, die noch heute für sie bezeichnend sind.“[6])

---

[1]) Sée, Bretagne, S. 447 ff.

[2]) Lefebvre, I, S. 35, 46. Demangeon, S. 278, 283 ff., 287 ff.

[3]) Sion, S. 162 ff., 171 ff., 175 ff., 182 ff., 186 ff.

[4]) Mémoire de Tribert sur l'état des manufactures dans la généralité d'Orléans, S. 258 f. (Mém. et doc. publiés par Hayem, 2e série, 1912). Hardy, La localisation des industries dans la généralité d'Orléans au XVIIIe siècle, S. 42 f. (Mém. et doc. 3e série. 1913).

[5]) Pirenne, Gesch. Belgiens IV, S. 578 ff.

[6]) Lamprecht, Zur jüngsten deutschen Vergangenheit, II, T. I, S. 295 f.

Die Pforzheimer Textilindustrie nimmt ihren Aufschwung seit dem 16. Jahrhundert, als die Hausindustrie aufgekommen war und die Pforzheimer Händler die Weber der umliegenden Dörfer zu beschäftigen begannen, um deren Produktion in anderen Städten abzusetzen. Die für die Calwer Zeughandlungscompagnie arbeitende Bevölkerung war in einer ganzen Reihe von Landstädten und Dörfern zerstreut. Fast der dritte Teil derselben gehörte den Landbewohnern an. Im 17. Jahrhundert hatte die Hälfte der Heimarbeiter Landbesitz, unter den Städtern ca. 30%, unter der ländlichen Bevölkerung über 80%, im 18. Jahrhundert waren 72% der Hausindustriellen mit Land ausgestattet. Freilich spielte für die überwiegende Mehrheit der Feldbesitz eine ganz untergeordnete Rolle, und zwar bei den Städtern noch mehr als bei den ländlichen Arbeitern. Das sächsische Voigtland wurde im 17. bis 18. Jahrhundert ein ausgesprochenes Industriegebiet. Rein ackerbautreibende Gegenden waren selten anzutreffen, die Dörfer hatten ein nicht weniger industrielles Gepräge als die Städte; der Unterschied zwischen beiden verwischte sich mit der Zeit. Zwar gestattete das Statut von 1715 bloß die Spinnerei in den Dörfern, dagegen nicht die Weberei, doch wurde auch letztere eifrig betrieben und 1764 mußte die Regierung auch dieses Gewerbe für frei erklären und Männern wie Frauen, Städtern wie Landbewohnern, Zünftigen wie Unzünftigen das Weben erlauben. Im Erzgebirge wurden 1797 in der Umgegend von Chemnitz 15000 Personen gezählt, die die Spinnerei als Heimarbeit betrieben, sie bildeten den dritten Teil der Gesamtbevölkerung. Recht ansehnlich waren in der Landbevölkerung Sachsens auch die Spitzenklöpplerinnen vertreten. In Böhmen bezogen mehr als 200000 Landbewohner ihren Unterhalt aus der Verspinnung von Flachs. Allein die Linzer Zeugmanufaktur, die der orientalischen Kompagnie gehörte, beschäftigte über 10000 Dorfweber in verschiedenen österreichischen Ländern. Nicht anders war es in Preußen, wo ebenfalls die Verbote der Gewerbetätigkeit auf dem Lande umgangen wurden und schließlich auch die Regierung sich damit abfinden mußte, daß die ländliche Bevölkerung von den Unternehmern beschäftigt wurde, insbesonders da es sich um ausländische Kaufleute handelte, die die neue Industrie in Preußen begründen sollten. Dies war bereits im 17. Jahrhundert der Fall, und zu Ende des 18. Jahrhunderts war in Pommern und Brandenburg die Leinenweberei auf dem Lande nicht minder verbreitet als in den Städten, im Magdeburgischen gab es dreimal und in Minden-Ravensburg sogar sechsmal soviel ländliche als städtische Weber.[1]) Ein ausgesprochen ländliches Gewerbe war auch die schlesische Leinenindustrie, deren Produkte im 18. Jahrhundert nach allen Himmelsrichtungen abgesetzt wurden.

Vom 17. Jahrhundert an drang in England die Mützenindustrie und Strumpfwirkerei in der Form des hausindustriellen Verlagssystems auf dem platten Lande vor. Sie fand besonders in den südöstlichen Teilen des Landes weite Ausbreitung; die Meister auf dem Lande sind von den Händlern abhängig; letztere beschaffen ihnen das Rohmaterial und nehmen die fertigen Tucheab, um die Appretur derselben zu vollziehen.[2]) Desgleichen betrieben die Heimarbeiter in den Mittelpunkten der englischen Metallwarenindustrie, wie Bromwich und Sheffield, neben ihrem Gewerbe auch Ackerbau. Jene feindliche Haltung der städtischen Zunftmeister gegenüber der aufkommenden Industrie auf dem Lande, die überall sich kundgibt, kommt besonders klar zur Geltung in der englischen Gesetzgebung über das Wollengewerbe, das sich hier bereits sehr früh, seit dem

---

[1]) Gothein, Wirtschaftsgesch. des Schwarzwaldes, S. 552 ff., 715 ff. Troeltsch, Die Calwer Zeughandlungscomp., S. 257. Bein, Die Ind. des sächs. Voigtlandes, S. 47 f., 62. König, Sächs. Baumwollind., S. 84. Hoffmann, Die Wollenzeugfabrik zu Linz. Arch. f. österr. Gesch. 1920. Schmoller, Wirtschaftspol. Friedrich d. Gr. Jahrb. XI, S. 808, 826. Zimmermann, Blüte und Verfall des Leinengewerbes in Schlesien, S. 5ff., 60 ff.

[2]) Ashley, Econom. Organisation, S. 88 ff. Lipson, History of the woollen und worsted Industries (1921).

15. und insbes. 16. Jahrh. auf dem Lande entwickelt und zwar als Nebengewerbe; der Heimarbeiter besaß einen cottage und bebaute ein kleinesStückchen Land. Das Gesetz von 1555 suchte das Vordringen der ländlichen Industrie wenigstens aufzuhalten. Doch die Verordnung, daß die Weber nicht mehr als 2 Stühle und 2 Lehrlinge halten sollten, war nicht von Belang, und die weitere Bestimmung, daß solche Personen, welche die Tuchmacherei bisher überhaupt noch nicht betrieben haben, das Gewerbe auf dem platten Lande nur dann etablieren dürften, wenn in der betreffenden Ortschaft schon mindestens seit 10 Jahren Tuche gemacht worden sind, war „in Wirklichkeit nichts anderes, als eine sehr liberale Sanktion des Bestehenden". Denn alle schon vorhandenen Betriebe blieben unbehelligt; Verleger, die bisher ihr Gewerbe betrieben hatten, konnten sich überall auch neu etablieren, und bloß für die Anfänger unter den Verlegern galt die Niederlassungsbeschränkung in bezug auf Ortschaften, wo die Industrie noch nicht 10 Jahre lang bestand, während für ihre Arbeiterschaft auch diese Bestimmung keine Geltung besaß. Damit war also die gesamte weitverbreitete Tuchmacherei in ihrem Bestande rechtlich gesichert, und auch ihrer weiteren Verbreitung waren nur ganz geringe Schranken gezogen. Auch die anderen Verordnungen aus dem 16. Jahrh. konnten der Weiterentwicklung des englischen Wollengewerbes keinen Abbruch tun,und im 17. Jahrh. wurden keine weiteren Versuche dieser Art unternommen. Ja, ein Gesetz von 1694 beseitigte sogar für die ländliche Tuchindustrie die Beschränkungen des 16. Jahrh., die die Anzahl der Lehrlinge betrafen, so daß die Gesetzgebung jetzt das Dorfgewerbe sogar zu fördern schien.[1])

Die schweizerische Textilindustrie, die im europäischen Wirtschaftsleben des 18. Jahrh. eine angesehene Stellung einnahm, war ebenfalls ein ausgesprochen ländliches Gewerbe. Ob wir uns dem unfruchtbaren gebirgigen Teil des Kantons Zürich mit seinen buchstäblich wimmelnden Baumwollspinnern zuwenden oder dem Strickereigewerbe St. Gallens oder die Bandindustrie Basels untersuchen, überall beruht das Schwergewicht auf den ländlichen Arbeitskräften. Im letzterwähnten Gewerbe finden sich 1786 unter 2268 Bandstühlen 2246 auf dem Lande. Im Kanton Glarus wurden 1798 auf dem platten Lande 34075 Spinnerinnen gezählt. Öfters spannen und webten Frauen, während die männliche Bevölkerung sich mit Ackerbau befaßte.[2])

Wie oben gesagt, wies das Verlagssystem als Betriebsform dem Handwerk gegenüber scheinbar keine grundlegenden Unterschiede auf. Die Veränderungen beschränkten sich auf den Charakter des Warenabsatzes. Doch eben dieser Umstand, der Übergang des Absatzes an den Verleger, war gleichbedeutend mit einer Umwälzung in der wirtschaftlichen und sozialen Lage des produzierenden Meisters. Aus einem selbständigen, unmittelbar für den Kunden arbeitenden Handwerker war er zu einem vom Verleger abhängigen Arbeiter geworden. Die Verleger waren von Anfang an bestrebt, die Heimarbeiter in ihre Gewalt zu bringen. Dieses Bestreben gibt sich bereits im Mittelalter in den Fällen, wo schon zu jener Zeit Anfänge des Verlagssystems erkennbar sind, deutlich kund. Sehr bezeichnend in dieser Beziehung z. B. sind die Verträge, die von dem Augsburger Kaufmann Ott Ruland

---

[1]) Lohmann, S. 21, 24 f. Cunningham, I, S. 518 ff. Ashley, Bd. II, Kap. III. Lipson, Econ. Hist. I. 3 ed. (1923), Ch. IX. Ders., Hist. of the worsted and woollen ind. (1921). Mantoux, S. 26, 40 ff. Dechesne, Evol. économique de l'ind. de la laine, S. 26 ff., 54 ff.

[2]) Rappard, La rév. ind., S. 43 ff., 51, 89 f., 93 f. Wartmann, Ind. und Handel des Kantons St. Gallen, S. 89 ff., 94, 100, 150 ff., 160. Geering, S. 593, 599 ff.

mit Wiener und Salzburger Paternostermachern 1449—1453 abgeschlossen wurden. Alle Paternoster, die innerhalb einer ausbedungenen Frist von ihnen produziert werden, sollten in den Besitz von Ruland gelangen. Die Handwerker müssen in den Verträgen sich sogar verpflichten, daß sie ihre Erzeugnisse an niemand als an Ruland verkaufen werden. Er nimmt sie gleichsam für die angegebene Zeit in seinen Dienst.[1]) Nürnberger Kaufleute schließen im 16. Jahrhundert in Oberlausitzer Städten Kollektivverträge mit der gesamten Leineweberzunft ab und strecken ihnen Summen zur Anschaffung von Rohstoff vor. Die Weber verpflichten sich für keine anderen Kaufleute zu arbeiten.[2]) In der italienischen Seidenindustrie durften die Meister bereits im 14.—15. Jahrhundert ihre Erzeugnisse nur an Verleger absetzen; hatten sie jedoch von einem Verleger Rohstoff geliefert erhalten oder einen Geldvorschuß, so mußte das fertige Produkt eben an diesen Verleger und an niemand anders abgeliefert werden.[3]) Anfangs scheinen freilich die Hausindustriellen meist darin noch mancherlei Freiheit genossen zu haben. Sie hatten die Möglichkeit, ihre gewerblichen Erzeugnisse nach Gutdünken auf dem Markte an Händler zu vertreiben, sie befanden sich vorläufig noch in keinem — meist durch Verschuldung bewirkten — Abhängigkeitsverhältnis bestimmten Verlegern gegenüber. Diese Abhängigkeit scheint sich erst allmählich eingestellt zu haben. In manchen Gegenden und Gewerben waren sie jedenfalls vom 17. Jahrhundert an genötigt, „dem Händler die Wünsche von den Augen abzulesen, nach seiner Pfeife zu tanzen“, sonst verloren sie ihren Verdienst und „wurden in die schwarzen Listen eingetragen“. Um Beschäftigung bei einem Verleger zu finden, mußte der Heimarbeiter ihm ein Zeugnis seines früheren Verlegers vorweisen, denn unter den Verlegern bestand öfters ein Abkommen, demzufolge keiner von ihnen einen Meister beschäftigen durfte, der nicht in Frieden von seinem früheren Brotherrn geschieden war. Wenn ein Heimarbeiter seinen Verleger nicht zufriedengestellt hatte, wurde er also auf lange Zeit hinaus arbeitslos.[4])

Verschiedene Umstände trugen dazu bei, die Abhängigkeit des Heimarbeiters vom Verleger zu verstärken. So führen im 17. Jahrhundert die Weber in der Um-

---

[1]) Stieda, Hausind., S. 119. Ott Rulands Handlungsbuch, S. 15, 19. Vgl. Stieda, Hildebrand Veckinchusen, Einl., S. 53.

[2]) Aubin, Aus der Frühzeit des deutschen Kapitalismus (Z. f. Handelsr. 1922. Bd. 84, S. 438 ff.).

[3]) Ajano, Venetian. Seidenindustrie, S. 49. Sieveking, Genues. Seidenind. (Schmollers Jahrb. XXI, S. 106, 110 f.). Doren, Florent. Wollengew., S. 264ff.

[4]) Nun folgt daraus freilich nicht, daß die Heimarbeiter sich stets in einer solchen Abhängigkeit befanden, denn abgesehen von denjenigen, die auch die Arbeit für den Lokalmarkt nicht aufgegeben hatten, finden sich oft insbesonders auf dem Lande Arbeiter, welche nicht bloß den Rohstoff selbständig einkauften, sondern auch die fertige Ware auf dem Markte anboten, also ihre Selbständigkeit gegenüber den Händlern wahren konnten. Doch scheinen solche Fälle jedenfalls mit der Entwicklung der Hausindustrie abgenommen und schließlich nur eine Ausnahme gebildet zu haben.

gegend von Lille Klage darüber, daß die Verleger die den Webern notwendige Wolle im großen aufkaufen, daß infolgedessen auf dem Markte keine Wolle erhältlich sei und daher die Händler die Möglichkeit haben, den Meistern ihren Willen aufzuzwingen und sie nach ihrem Gutdünken arbeiten zu lassen. Auch in Brandenburg kauften die Verleger die Wolle auf; die besseren Wollsorten wurden ausgeführt, die Weber mußten also wohl oder übel die minderwertigeren Sorten verarbeiten. Um das Heft noch sicherer in ihre Hand zu bekommen, überredeten die Verleger die Händler, die früher den Webern die fertigen Erzeugnisse abgenommen hatten, sie würden ihnen dieselben billiger und besser liefern. So wurden die Weber um ihre bisherigen Kunden gebracht und mußten sich den Forderungen der Verleger bedingungslos unterwerfen.

In den hier angeführten Fällen war die Abhängigkeit der Heimarbeiter aus der Unmöglichkeit hervorgegangen, Rohstoffe anders als durch den Verleger zu beschaffen. In manchen anderen Fällen lag die Ursache des Abhängigkeitsverhältnisses in der Mittellosigkeit des Heimarbeiters, die ihn zwang, bei dem Verleger Vorschüsse und Darlehen aufzunehmen, Rohstoffe auf Borg zu beziehen. Die Augsburger Weber waren im 18. Jahrhundert bei Verlegern und Färbern verschuldet, sie konnten ohne Borg nicht existieren. Sie waren gezwungen, bei den Verlegern Wolle zu Preisen zu beziehen, die die Marktpreise um ein bedeutendes überstiegen. In Schlesien führte der Kredit, den die Weber bei dem Garnhändler genossen, oft zu ihrer vollständigen Verarmung; der Weber mußte das Garn über den gewöhnlichen Preis bezahlen und bekam noch dazu schlechte und ungleiche Ware, was der Weber mit barem Gelde nicht nehmen mochte. In der Metallwarenindustrie wurde gewöhnlich der Meister, der mit einigen Gesellen in seiner Schmiede auf dem platten Lande arbeitete, von dem Stadthändler beschäftigt, der ihm Vorschüsse gab und seine Erzeugnisse ankaufte. Häufig war in England der Kleinmeister genötigt, bei dem Eisenhändler bedeutende Vorschüsse aufzunehmen, um Werkzeuge und Roheisen anzuschaffen. Die hieraus verfertigten Waren wurden von ihm an denselben Händler abgeliefert, der ihm darauf bei der Abrechnung den Preis von Werkzeugen und Materialien abzog.[1])

Wie das Handwerk durch die Zunftrollen reguliert wurde, so entstanden auch in der Hausindustrie Ordnungen und Reglements, die sowohl die technischen Bedingungen der Produktion, als auch den Absatz der fertigen Produkte und das Verhältnis zwischen Unternehmern und Arbeitern regelten. Doch wird man wohl kaum der vielfach geäußerten Ansicht beistimmen können, diese Statute hätten, soweit sie von den gegenseitigen Rechten und Verpflichtungen von Arbeitnehmern und Arbeitgebern handelten, die Interessen beider Parteien in gleicher Weise berücksichtigt. An der Hand des (weiter unten angeführten) Tatsachenmaterials kann nachgewiesen werden, daß diese Ordnungen tatsächlich fast ausschließlich das Interesse der Verleger wahrten, während die Bedürfnisse der Heimarbeiter von ihnen nur wenig berücksichtigt wurden. Der Unterschied, der in dieser Beziehung zwischen ihnen und der Fabrikgesetzgebung des 19. Jahrhunderts besteht, tritt klar zutage.

Schon die durch diese Bestimmungen geschaffene gewerbliche Organisation gereichte den Heimarbeitern durchaus nicht zum Vorteil. In manchen Fällen gehörten sowohl Verleger als Heimarbeiter einer und

---

[1]) Sombart, II, T. 2, S. 716, 720. Vanhaek, Hist. de la sayetterie à Lille, I, S. 106. Bein, II, S. 38, 539. Boissonade, Hist. de l'organis. du travail en Poitou, II, S. 139. Westerfield, Middlemen in English Business, S. 362. Rappard, Rév. Ind., S. 79, 86. Bürkli-Meyer, Zürcher Fabrikgesetzgebung, S. 56.

derselben Innung an, wobei aber ein bedeutender Unterschied in der Höhe der Eintrittsgebühren gemacht wurde. Diejenigen, die nicht imstande waren, diese hohen Gebühren (in Frankreich zuweilen mehrere hundert Livres) zu entrichten, konnten nur als Kleinmeister (in Frankreich maîtres-ouvriers genannt) in die Innung aufgenommen werden und verloren dadurch das Recht, ihre Erzeugnisse an andere als an die derselben Innung angehörenden Verleger (maîtres-marchands) abzusetzen. Auch die öfters für die Verleger festgesetzten Beschränkungen, wie z. B. das Verbot, mehr als 1 bis 2 Webstühle im eigenen Betriebe zu halten (Lyon) sowie Gesellen und Lehrlinge zu beschäftigen (Venedig), kamen gleichfalls den Verlegern zugute, denn sie nahmen den Kleinmeistern die Möglichkeit der Aufnahme in den Verlegerstand, des selbständigen Warenabsatzes. In anderen Fällen hinwieder hatte sich eine vollständige, nicht nur tatsächliche, sondern auch rechtliche Scheidung zwischen Meistern und Verlegern vollzogen, indem sich diese zu besonderen Kompagnien zusammentaten. Der Zutritt zu ihnen wurde tunlichst erschwert. Es wurden nur diejenigen Meister zugelassen, die bestimmte — recht ansehnliche — Warenmengen abzusetzen imstande waren, so z. B. in der Strumpfwirkerei, deren Mittelpunkt Apolda und Erlangen waren, solche Personen, die 12 Strumpfwirkerstühle beständig beschäftigten[1]), in der Wollweberei des sächsischen Voigtlandes nur diejenigen, die zur Leipziger Messe nicht weniger als 600 Stück Zeuge mitbrachten.[2]) Auch die Eintrittsgebühren waren größtenteils recht hoch. Andrerseits aber wurden alle diejenigen Meister, die in der Verlegerinnung keine Aufnahme fanden, die also zur Arbeiterinnung, zur Zunft (diese Organisationsform wurde des öfteren beibehalten) gehörten, durch die Verpflichtung gebunden, ihre Waren ausschließlich an die aus wenigen Mitgliedern bestehende Verlegerkompagnie abzuliefern. „Es soll keinen Strumpffwürcker ferner erlaubet seyn, weder einem auswärtigen, noch einheimischen Kaufmann, noch weniger einem Juden oder einem anderen, sondern nur allein denen Mitmeistern des Strumpffwürckerhandwerks zu arbeiten, von ihnen Wolle, Garn oder andere Waaren zu nehmen und dargegen Strümpffe und Hauben zu liefern oder an Zahlungsstatt zu versprechen. . . .“[3]) In jedem einzelnen Landesteile herrschte in manchen Gewerben gewissermaßen eine bestimmte Verlegerkompagnie, von der die gewerbetreibende Bevölkerung abhängig war. Das Land war zuweilen sozusagen unter den verschiedenen Verlegerkompagnien aufgeteilt.

In der Seidenindustrie Lyons waren 1667 die Händler, die Seidenwaren absetzten, in die Seidenweberzunft aufgenommen und dadurch den Meistern, die Seidenstoffe, Samte, Brokate erzeugten, gleichgestellt worden. Doch damit gaben sie sich noch nicht zufrieden. In die nämliche Ordnung von 1667 wurden Bestimmungen eingetragen, durch welche die selbsterzeugenden Meister sozusagen zu Ge-

---

[1]) Schanz, Industrie und Kolonisation in Franken, II, S. 188, 272.
[2]) Bein, Industrie des sächs. Voigtlandes, II, S. 41 ff., 72 ff.
[3]) Schanz, II, Urk. 127 u. Urk. 123, Art. 4.

sellen herabgedrückt, der Willkür der Verleger vollständig ausgeliefert waren. Sie hatten nunmehr nicht mehr das Recht, die Arbeit für den Verleger einzustellen, ohne ihn einen Monat im voraus hiervon in Kenntnis gesetzt, die begonnene Arbeit vollendet und den erhaltenen Vorschuß zurückerstattet zu haben. Falls der Meister mittellos und nicht imstande war, der letzten Verpflichtung zu genügen, konnte der Verleger für den er nunmehr zu arbeiten gedachte, sie an seiner Statt erfüllen. Wenn es sich aber um eine größere Summe handelte, dürfte es dem Meister wohl kaum gelingen, einen Verleger zu finden, der sich hierzu verstanden hätte, und er stand vor der drohenden Aussicht, lange Zeit hindurch arbeitslos zu bleiben. Wohl oder übel mußte er sich unterwerfen und die Arbeit für den früheren Verleger fortsetzen, so ungünstig die von ihm gestellten Bedingungen auch sein mochten. Die gleiche Ordnung enthielt eine Bestimmung, laut deren der Meister, der einen anderen Meister beschäftigte, ohne sich vergewissert zu haben, ob sein früherer Auftraggeber mit ihm zufrieden war, eine Strafe von 60 Livres zu erlegen hatte. Die Heimarbeiter klagten, es könnte kein Meister Beschäftigung finden, der nicht durch Kriecherei und Unterwürfigkeit seinen Auftraggeber günstig gestimmt hatte. Konnte der Meister keine Verständigung mit dem Verleger erzielen und fiel das verlangte Arbeitsattest ungünstig aus, so blieb ihm vorerst noch ein Ausweg — die erzeugten Produkte auf eigene Rechnung und Gefahr hin zu vertreiben. Doch bald wurde auch das Recht, für den Eigenverkauf zu produzieren, den Kleinmeistern genommen; die Meister, die um Lohn arbeiten ließen, bemühten sich eifrig darum. 1707 wurden in Lyon die Zunftmeister in zwei Gruppen geschieden. Zur ersten gehörten solche, die für eigene Rechnung arbeiteten oder andere beschäftigten, zur zweiten dagegen alle diejenigen, die ausschließlich von anderen beschäftigt wurden und denen das Recht, ihre Erzeugnisse selbst abzusetzen, nun abgesprochen wurde. Um der ersten Gruppe beitreten zu können, mußten anfänglich 12, vier Jahre später bereits 300 Livres eingezahlt werden. Es war dies eine für die damaligen Verhältnisse sehr erhebliche Summe, die aufzubringen die unvermögenden Kleinmeister außerstande waren. Das Statut von 1712 unterscheidet im Seidengewerbe bereits drei Kategorien, nämlich die Verleger, welche zur Selbsterzeugung von Seidenwaren nicht berechtigt sind, ferner die für eigene Rechnung produzierenden Meister, endlich die Kleinmeister (Heimarbeiter). Die erste Gruppe zählte 200 Mitglieder, von der zweiten heißt es in der Ordnung, die Zahl ihrer Mitglieder schwanke von einem Tage zum anderen, denn sobald sich die Verhältnisse ungünstig gestalten, werden die selbständigen Meister zu Heimarbeitern. Die Zahl der letztgenannten betrug zwischen 3000 bis 4000, so daß jeder Verleger ca. 15 bis 20 Meister beschäftigte, manche freilich bis zu 100. Hieraus ersieht man, daß es den Verlegern gelungen war, einerseits den Konkurrenzkampf unter sich zu unterbinden und anderseits die selbstproduzierenden Meister, die anfangs mit ihnen gleichberechtigt waren, sogar gewisse Vorrechte genossen hatten, sich zu unterwerfen.[1])

Die Händler in Calw (in Württemberg) hatten bereits zu Ende des 16. Jahrhundert den Ausschluß der ausländischen Händler durchgesetzt, um die Herrschaft in der Zeugmacherei an sich zu reißen. Besondere Bedeutung erlangten unter ihnen diejenigen, die zugleich mit dem Absatz der Zeuge auch die Färberei betrieben, denn die ersten Verleger waren aus den Färbern hervorgegangen. Doch bei der Festsetzung der Arbeitslöhne machten die Färber stets mit den Händlern gemeinsame Sache, um jede Konkurrenz auf dem Arbeitsmarkte zu beseitigen. Zu Anfang des 16. Jahrhunderts gelang es den Verlegern, sich noch einen anderen Vorteil zu erkämpfen, nämlich ein Verbot der Färberei gegen alle nicht gelernten Färber durchzusetzen. Da aber auf den Messen nur gefärbte Zeugwaren vertrieben werden konnten, so wurden hierdurch die Zeugmacher von den Färbern, die zugleich Verleger waren, abhängig, denn sie waren genötigt, ihre Erzeugnisse denselben abzuliefern, während sie die Zeuge nicht mehr selbständig vertreiben konnten. So war denn schon in der ersten Hälfte des 17. Jahrhunderts der Heimarbeiter in Abhängig-

---

[1]) Godart, L'ouvrier en soie, I, S. 89 ff., 180 ff.

keit vom Verleger geraten. Diese steigerte sich noch mehr von 1650 an, als die Verleger sich zu einer Kompagnie zusammenschlossen, die eine offene Handelsgesellschaft darstellte, sich aber bis 1665 noch Färberzunft nannte. Von diesem Zeitpunkte an war das tatsächliche Monopol der Verlegerkompagnie fest begründet. Sie erhielt das ausschließliche Absatzrecht für diejenigen Zeuge, die auf dem Markte besonders bekannt und beliebt waren. Allen anderen Händlern Württembergs sowie den Zeugmachern war der Vertrieb derselben untersagt. Auch durften die Zeugmacher ihre Erzeugnisse nur dann an Händler absetzen, die nicht zur Kompagnie gehörten, falls diese Händler außerhalb des „Moderationsbezirkes" Calw (d. h. der Distrikte, in denen die Zeugmacher an die Kompagnie gebunden waren) lebten. Endlich wurde ihr Selbstverkaufsrecht möglichst eingeschränkt, bis es 1658 ganz aufgehoben wurde. Die Zeugmacher waren verpflichtet, alle ihre Erzeugnisse der Kompagnie zum Kauf anzubieten. Nur diejenigen Zeuge, die von der Gesellschaft nicht angenommen wurden, durften stück- oder ellenweise im In- und Auslande verkauft werden. Von 1705 an wurde diese Bestimmung dadurch bekräftigt, daß die Kompagnie das Recht erhielt, die von ihr abgelehnten Stücke mit einem Stempel zu bezeichnen; nur die derart kenntlich gemachten Waren durften von den Zeugmachern vertrieben werden. Wie Troeltsch ausführt, „wurden die entferntesten Weber gezwungen, die Ware nach Calw zu tragen, selbst dann, wenn eine Ablehnung ganz sicher war. Das bedeutete, bei dem erbärmlichen Zustande der lokalen Verbindungswege, für viele einen Zeitverlust von mindestens einem Tag, wozu noch im Falle der Abweisung der Aufwand bis zum definitiven Absatz kam." Minder widerstandskräftige Naturen wurden dadurch zum Zechen während der Reise verführt und verloren den mühsam gewonnenen Verdienst wieder, außerdem schloß das für alle die Gefahr ein, unter Vorwänden einen Preisdruck in Kauf nehmen zu müssen, um nur größeren Unbequemlichkeiten zu entgehen. Weiter wurde die von der Kompagnie freigegebene Ware durch den Aufdruck eines Stempels überall gebrandmarkt. Mit bitterem Hohn auf seine Bedeutung nannte das Volk ihn den „voulez-vous". Einmal einem Stück aufgedruckt, entwertete er dasselbe mit oder ohne Grund. Endlich fiel die materielle Beschränkung sehr ins Gewicht, daß die Zeugmacher ihre Waren nur stück- oder ellenweise verkaufen, aber nicht versenden durften. Denn sie verhinderte, daß die Zeugmacher das Recht des Selbstverkaufs in einer ihnen wirklich förderlichen Weise ausnutzen konnten."

Auch in betreff der Spinnerei wurden von der Kompagnie eine Reihe von Zwangsmaßregeln angewandt. Die Spinnerinnen, die im Moderationsbezirk Calw ansässig waren, durften das Gespinst nicht nach dem Auslande verkaufen. Sie mußten es an die für die Kompagnie arbeitenden Zeugmacher abliefern und durften es nur in dem Falle, daß keine Nachfrage nach ihm bestand und das „Oberamt" seine Genehmigung erteilte, nach auswärts absetzen. Im Moderationsbezirk ließ die Kompagnie keine andere gleichartige Unternehmung aufkommen. Sie wachte über ihr Alleinrecht, das ihr die Möglichkeit gab, die Arbeits- und Lohnverhältnisse einseitig zu regeln, ohne auf irgendwelche Konkurrenz Rücksicht nehmen zu müssen. Dieses Ziel wurde von ihr vollständig erreicht. Die Zeugmacher waren rechtlich sowohl als wirtschaftlich vollständig an die Kompagnie gebunden, sie waren so sehr an ihre traurige Lage gewöhnt, daß sie keine Änderung derselben anstrebten, keinen Widerspruch laut werden ließen.[1])

Sehr schön wird die Übermacht der Verleger bei Zimmermann dargestellt. „Unter den die Marktplätze der schlesischen Städte umgebenden offenen Hallen saßen auf ziemlich hohen Stühlen die Kaufleute. Meilenweit kamen am Markttag die Weber zur Stadt und boten dann oft dichtgedrängt dem über ihnen thronenden Händler ihre schockweis gerollte Leinwand dar. Der Kaufmann prüfte die Schocke flüchtig und bot dem Weber einen Preis. War dieser damit zufrieden, so schrieb der Händler mittelst Kreide des Webers Namen darauf, um jenen heranziehen zu

---

[1]) Troeltsch, Die Calwer Zeughandlungskompagnie und ihre Arbeiter, S. 19 f., 27 f., 49, 55 f., 74 f., 83, 89 ff., 125 ff.

können, wenn etwa ein Fehler sich vorfand. Es lag außerordentlich nahe, eine derartige Einrichtung zu ungunsten des Webers auszubeuten, wenn derselbe mit dem vom Kaufmann gestellten Gebot nicht zufrieden war und vielleicht sogar seine Stellung als unabhängiger Meister geltend machen wollte. Ein tüchtiger Kreidestrich war aus der Leinwand nur durch sorgfältiges Auswaschen zu entfernen, dazu fehlte dem Weber, der meist Geld brauchte und seine Ware sobald als möglich losschlagen mußte, die Zeit. Die Händler brauchten also nun jedes ihnen gefallende Stück zu zeichnen und sich zu verabreden, daß keiner die von einem anderen beschriebene Ware kaufe, so waren die Weber völlig in ihren Händen. In der Tat hat sich denn sehr früh diese unlautere Praxis eingebürgert."[1])

In der Holz- und Spielwarenindustrie des Meininger Oberlandes waren die Produzenten an eine Handvoll Kaufleute gefesselt, deren Wahlspruch war: Freie Konkurrenz unter den Arbeitern, Monopol für die Kaufmannschaft! Wohl sollte die Kaufmannschaft verpflichtet sein, „an den jetzigen und künftighin nach Beschaffenheit der Handlung zu regulierenden Preis" alljährlich ein volles Jahresproduktionsquantum Oberländer Waren nach und nach auf Lager zu kaufen; um dieser Verpflichtung nachkommen zu können, wurde ihr aus Landesmitteln ein Darlehen von 10000 Talern gewährt. Doch blieb tatsächlich diese Bestimmung auf dem Papier. Die Kaufmannschaft, welcher das ausschließliche Handlungsmonopol für alle von den Arbeitern gefertigten Waren übertragen war und welche eine geschlossene Korporation von 26 namentlich aufgeführten Sonneberger und 4 ländlichen Firmen bildete, hatte keinen Anlaß, sich um die Verordnung zu kümmern. Bei flottem Geschäftsgang vermochten die Produzenten doch nicht dem Ring der privilegierten Kaufleute gegenüber standzuhalten und bei eintretender Stockung wurde ihnen überhaupt nichts abgekauft.[2])

In Österreich wurde das Verhältnis zwischen Verleger und Hausindustriellen durch die Regeln bestimmt, welche zur Durchführung der Trennung von Warenerzeugung und Warenverkauf galten. Nicht nur war es den Kleinmeistern verboten, die Erzeugnisse ihrer Gewerbegenossen zu vertreiben, ja auch das Recht des Eigenverkaufs war ihnen entzogen, damit das Interesse der Händler nicht beeinträchtigt würde. Sie durften keine öffentlichen Gewölbe zum Detailhandel mit ihren Waren errichten. Dabei mangelte es in den Erblanden fast durchgängig an einem kapitalkräftigen und unternehmungslustigen Kaufmannsstande. Die wenigen Verleger, die vorhanden waren, befanden sich infolgedessen in einer recht günstigen Lage, die Meister gerieten in völlige Abhängigkeit von ihnen; „der Verleger suchte vorher das Fett wegzunehmen". In einigen Teilen Österreichs freilich fanden diese Bestimmungen keine Anwendung. So wird den Leinwebern Niederösterreichs der Einzelverschleiß der eigenen und sogar der auf ihre Rechnung von anderen Mitmeistern verfertigten Leinwand gestattet, freilich mit der Beschränkung, daß ein Meister, der den Leinwandhandel treibt, wenigstens „3 Werkstühle mit Arbeit fördern" müsse. Diese Bedingung, deren Zweck es war, der Meister solle den Eigenbetrieb nicht einstellen und nicht ausschließlich Handel treiben, war für viele von ihnen gänzlich unerfüllbar. Im allgemeinen stand es den Kleinmeistern jedoch frei, ihre eigene Ware zu Hause „stückweise" zu verkaufen, die Jahrmärkte zu besuchen und dort „auszuschneiden". Bei den Behörden herrschte die Idee, daß Handel und Industrie getrennt werden müssen. Die Kleinmeister sollen ihre Verleger vielmehr „mit tüchtiger Ware versehen", denn die wenigsten von ihnen seien imstande, „eine Speculation zu machen oder die Correspondenz auswärts zu führen, noch weniger aber ein ansehnliches Sortiment für fremde Abnehmer herzustellen". Der Fabrikant (so nannte man den Meister), der sich gleichzeitig mit dem Handel befasse, entziehe dem Kaufmann seinen Erwerb, verhindere sein Aufkommen und beseitige durch den unmittelbaren Verkehr mit dem „letzten Abnehmer" zum Nachteile des Staates „ein zwischen beyden hafftendes Nahrungsgewerbe". Er

---

[1]) Zimmermann, Blüte und Verfall des Leinengewerbes in Schlesien, S. 56f.

[2]) Sax, Die Hausindustrie in Thüringen. I. Das Meininger Oberland, S. 12ff.

schädige aber auch sich selbst; der Handel nehme ihm mehr Zeit, als es „die Ob- und Einsicht in sein Fabrikaturswerk" ihm gestatte, und verleite ihn, sich auf ein „geringeres Fabrikatum" zu verlegen. Anderseits jedoch wies man darauf hin, daß die Handelsleute sich weigern, die von den Meistern verfertigten Waren abzunehmen.

Die Frage über den Kleinverkauf ihrer Waren wurde wieder erörtert, als 1779 die Iglauer Tuchmacherschaft um Aufhebung des der Tuchhandlungsbrüderschaft in Iglau allein zustehenden Rechtes zum Kleinverschleiße der Tücher bat und ihr Ansuchen mit der schädlichen Abhängigkeit begründete, in die die ohne Zurechnung der Gesellen und Gehilfen 300 Köpfe starke Tuchmacherschaft durch jenes Privileg den 8 Kaufleuten gegenüber geraten sei.

Die Hofkanzlei hielt es nun für geboten, einen Antrag auf Beseitigung derartiger Beschränkungen zu stellen. Alle Völker — so führte sie aus —, alle Regierungen verehrten die Freiheit im Kaufe und Verkaufe als die Seele der Handlung. Noch nie habe man sich beifallen lassen, den Urproduzenten gesetzmäßig zu verpflichten, sein Korn, seine Wolle usw. an diese oder jene „monopolische zunftgenossene dritte Hand" zu verkaufen. Noch nie sei man auf den Gedanken geraten, den Polizeiprofessionisten (Handwerkern) den Selbstverkauf auch nur der geringsten ihrer Erzeugnisse zu verbieten und sie gesetzlich an eigene Kaufleute anzuweisen. Sei es da nicht eine „himmelschreiende Unbilligkeit", daß der „Fabrikant", wenn der Kaufmann eine bestellte Ware ablehnt, weil sie nicht vollkommen nach seinem Sinne ausgefallen sei, unter Konfiskationsstrafe seine Ware nicht, so gut es gehe, im Kleinen verkaufen dürfe? Der Kaufmann sei vom „Fabrikanten" ganz unabhängig, dieser aber sei an jenen gebunden: „Welch eine Ungleichheit von dem sklavischen Zustande des einen zur despotischen Herrschaft des anderen." Es ist „ein gewaltsamer Fürgang gegen die bürgerliche Freyheit". Allerdings mache man geltend, daß niemand ein doppeltes Gewerbe treiben solle. Doch je vielfältiger die Nahrungszweige seien, desto leichter werde die Erhaltung ganzer Familien und in anderen Fällen werde eine Vereinigung verschiedener Erwerbszweige gestattet, wie z. B. von Landwirtschaft und Hausindustrie, von Spinnerei und Weberei. Außerdem sei die Produktion vom Verkauf „unabsonderlich" und es sei gar nicht zu befürchten, der Meister würde die Produktion vernachlässigen.

Doch die Hofkanzlei wurde von der Monarchin abschlägig beschieden. „Der Handelsstand leydet ohnedem so viel", es soll also alles beim alten bleiben. Erst zwei Jahre später, unter Josef II., als die Hofkanzlei dieselben Gründe geltend machte, erhielt ihr Antrag die kaiserliche Genehmigung. Der „Fabrikant" wurde von der „sklavischen Bindung an den Kaufmann" befreit. Es wurde den Meistern „der Kleinverkauf ihrer selbsterzeugten Waren . . . auch bey Hause mit oder ohne Aushängung des Schildes . . . in und außer Jahrmarktszeiten" gestattet. Der Verkauf in offenen Gewölben blieb noch dem Kaufmann vorbehalten, bald wurde jedoch den „Fabrikanten" auch diese Erlaubnis erteilt.[1] [2]

Neben der Ausweitung des Marktes und der Verarmung der Handwerker war der Übergang zur Hausindustrie auch — wie Sombart nachgewiesen hat — durch die Massenproduktion hervorgerufen, die die ewigen Kriege erforderten. Das Aufkommen großer stehender Heere, die allerdings anfänglich aus Söldnern bestanden, bedeutete, besonders

[1] Přibram, S. 84 ff., 187 ff., 238, 333 ff., 382.

[2] Über die Schweizer Hausind. s. Rappard, La Rév. ind., S. 43 f., 51, 76 f., 83, 92 f. Ders., Le facteur écon., I, S. 138. Bürkli-Meyer, Gesch. d. Zürcher Seidenind., S. 176. Künzle, Die Zürcher Baumwollind. von ihren Anfängen, S. 45 f. Jenny-Trümpy, Hand. und Ind. des Kant. Glarus, I, S. 78. Thürkauf, Verlag und Heimarbeit i. d. Basler Seidenbandindustrie, S. 42. Über die englische Wollindustrie s. unten Kap. 12, über das Florentiner Wollengewerbe Bd. I, Kap. 21.

vom 16. Jahrhundert an, einen Massenbedarf an den von ihnen benötigten Gebrauchsgütern. Es entstand infolgedessen die Massenproduktion, sowie eine neue Organisationsform der Befriedigung des Güterbedarfs, das Lieferungswesen, die Herstellung von Gebrauchsgütern im Auftrage von Lieferanten, denen vom Staate die Beschaffung von Waffen, Munition, Kleidung übertragen wurde. Für diese Massenproduktion aber ist das Streben nach Gleichartigkeit, nach Einheitlichkeit der erzeugten Güter — Waffen, Kleidung (Uniform) charakteristisch, sowie die Forderung einer raschen, zuweilen sofortigen Beschaffung großer Mengen von Gütern. Diese Umstände mußten notwendigerweise zur Überleitung des Handwerksbetriebes zu dem vom Heereslieferanten, der zugleich Händler war, geleiteten Großbetrieb führen, wobei der Produktionsprozeß sich jedoch nach wie vor in der Werkstätte des Erzeugers, des Kleinmeisters, vollzog.

„Man ermesse — führt Sombart aus —, was es für einen mittelalterlichen Menschen, der als Produzent ein Handwerker war, bedeutete, wenn z. B. im März und April 1652 die englische Regierung sofort 335 Kanonen verlangte, im Dezember desselben Jahres gar ankündigte, daß sofort 1500 eiserne Geschütze im Gewicht von 2330 Tonnen zu 26 Livres die Tonne bedurft würden und außerdem noch ebensoviel Wagen, 117000 Schußkugeln, 5000 Handgranaten, 12000 Barrels gekörntes Pulver zu 4 Livres 10 Sh. Sofort! Und die Agenten liefen durch das Land und klopften an alle Türen und konnten die plötzliche und riesige Nachfrage nicht befriedigen.“[1])

Welche Umwälzungen mußten durch diese plötzliche Massennachfrage in der Produktionsweise der Waffenmeister hervorgerufen werden! Nicht nur in der Waffenfabrikation allein mußten diese neuen Anforderungen bedeutsame Rückwirkungen auslösen. Die Erhöhung des Bedarfes an Flinten, Pistolen, Kanonen, Hellebarden, Kürassen, Piken, Geschossen, an Salpeter, Pulver, Granaten, das Aufkommen von Geschütz- und Kugelgießereien, von Pulverfabriken rief einen erhöhten Bedarf an den zur Herstellung dieser Güter notwendigen Rohstoffen hervor, also an Metallen wie Eisen, Kupfer, Zinn. Die Verarbeitung derselben wurde vervollkommnet, insbesondere die Umwandlung der Eisenerze in Guß- und Schmiedeeisen. Die Heere wurden zu namhaften Konsumenten von Eisen, ja eigentlich waren sie die einzigen, die Eisen für den Massenverbrauch beanspruchten.[2]) Im Zusammenhang damit steht der allenthalben zu verzeichnende Fortschritt des Bergbaues seit dem 16. Jahrhundert. Die Gewinnung von Eisen nahm erheblich zu; in England wurden Zinn-, Kupfer-, Bleigruben ausgebeutet. Die Hochöfen kamen auf und gewannen Verbreitung. Nur mittelst derselben konnte das zur Herstellung von Kanonen und Kugelröhren unentbehrliche Gußeisen gewonnen werden. In manchen Ländern errichtete man die Hochöfen ausschließlich zur Erzeugung von Kanonen und Geschossen. Zu diesen Zwecken wurden auch neue Werkzeuge angewandt. „Die Dreh- und Bohrbänke, sagt Beck, kamen zuerst in der Herstellung von Geschützen auf. Das Bohren von Kanonen war das Problem, an dem sich die Bohrtechnik hauptsächlich vervollkommnete.“[3])

In der Spinnerei und in der Weberei hatte sich das Verlagssystem unabhängig von den Anforderungen des Massenbedarfes der stehenden Heere ausgebildet. Woll- und Leinenstoffe wurden sowohl für die einheimische Bevölkerung als auch für die Ausfuhr nach den amerikanischen Kolonien und nach dem Orient erzeugt. Doch auch hier waren die durch den Massenkonsum von Heer und Flotte gestellten

---

[1]) Sombart, Krieg und Kapitalismus, S. 89.

[2]) Sombart, a. a. O. u. Mod. Kapit. I, 2.

[3]) Beck, Gesch. des Eisens, III, S. 601.

Anforderungen von Bedeutung und zwar insofern, als der Massenbedarf an gleichartigen, einheitlichen Erzeugnissen hier ebenfalls die Entwicklung dieser gewerblichen Unternehmungsform beschleunigte. Dieser Massenbedarf griff auch auf solche Gewerbe über, die im großen Ganzen die handwerksmäßige Betriebsform gewahrt hatten, wie die Schuhmacherei, die Sattlerei, die Stellmacherei, die Schmiederei. Die Herstellung der von den Heeren benötigten Massengüter wie Stiefel, Sattel, Hufeisen, Karren rief neben den Handwerksbetrieben auch großbetriebliche Formen hervor. Wenn die Regierung überall neben der Begründung von Spiegel-, Porzellan-, Spitzen- und Seidenindustrie besonders den Bergbau und das Hüttenwesen förderte, sowie die Verspinnung und Verwebung von Wolle und Flachs zu verbreiten suchte, so geschah dies einerseits, um die Luxusbedürfnisse der Höfe zu befriedigen, anderseits, um die Heere mit Munition, Waffen und Kleidung zu versehen. Auch die Einführung der Spinnerei in den Arbeitshäusern, Waisenhäusern, Strafanstalten, das Anhalten von verabschiedeten Soldaten, von Soldatenfrauen, von Kindern und allen, die irgendwie dazu gebracht werden konnten, zur Spinnerei, sollte dem Zwecke dienen, die Ausrüstung der Heere mit den nötigen Uniformen zu sichern.

Es handelt sich hier freilich nicht um eine Produktion für den Markt, der Käufer mußte nicht erst aufgesucht werden. Doch war es eine Massenproduktion von Bedarfsgütern. Sie mußte daher die Betriebsformen des Verlags (zuweilen der Manufaktur) annehmen, da der Konsument nicht zu den verschiedenen kleinen Produzenten in unmittelbare Beziehungen treten konnte. Die Verträge wurden mit einer Anzahl Lieferanten abgeschlossen, die dann Aufträge von sich aus verteilten, den Behörden für die Qualität der Erzeugnisse, die Einheitlichkeit ihrer Beschaffenheit und die Pünktlichkeit ihrer Lieferung hafteten. Der solche Verträge abschließende Händler hatte einen hartnäckigen Kampf mit den selbständigen Handwerksmeistern auszufechten, zu allen ihm zu Gebote stehenden Mitteln zu greifen, um bei den Kleinmeistern die Anpassung an die neuen Forderungen durchzusetzen, die Herstellung großer Mengen gleichartiger Güter zu bewerkstelligen. Es war dies keine leichte Aufgabe. Die Behörden klagten fortwährend darüber, die gelieferten Waren seien von ungleicher Beschaffenheit. Ein Stück Tuch sei heller, das andere dunkler, die Breite falle verschieden aus, vereinzelte Stücke seien gröber, andere feiner. Alle diese Mängel mußten behoben werden. Die Aufgabe fiel den Großhändlern (Contractors) zu. Doch in dem Maße, als die von ihnen übernommenen Verpflichtungen verantwortungsreich waren, mußten ihnen auch bedeutende Rechte den Produzenten gegenüber eingeräumt, die Ausübung weitgehender Machtbefugnisse zugestanden werden, denn nur unter dieser Voraussetzung waren sie imstande, die eingegangenen Verpflichtungen pünktlich zu erfüllen.[1]

Auf dem Gebiete des Berg- und Hüttenwesens[2] fanden ebenfalls, als Auswirkung des obengeschilderten Aufschwunges, wichtige Ände-

---

[1] Sombart, Krieg und Kapitalismus, S. 106 ff.

[2] S. dazu Strieder, Studien zur Geschichte kapitalistischer Organisationsformen. 2. Aufl. (1926). Beck, Geschichte des Eisens, II, III. Mück, Der Mansfelder Kupferschieferbergbau (1910). Salz, Geschichte der böhmischen Industrie in der Neuzeit (1913). Schmoller, Gesch. Entwickl. der Unternehmung in seinem Jahrb. 1891. Hué, Der Bergarbeiter (1910). Srbik, Der staatl. Exporthandel Österreichs von Leopold I. (1907). Wolfstrigl-Wolfskron, Die Tiroler Erzbergbaue 1301 bis 1665 (1903). Fechner, Gesch. des schlesischen Berg- und Hüttenwesens 1741 bis 1806 (1911). Steinbeck, Gesch. des schlesischen Bergbaues (1857). Levy, Monopole, Kartelle und Trusts, 2. Aufl. (1926). Ders., Englische Kartelle der Vergangenheit (Schm. Jahrb. 1907). Stieda, Ältere deutsche Kartelle (Ibid. 1913). Unwin, Industrial Organization (1904). Lewis, The Stannaries (1908). Rouff, Les mines de charbon en France au XVIII siècle (1922). S. auch Lit. über die Fugger (Strieder, Jansen, Ehrenberg, Dobbel u. a.), Kap. 16.

rungen statt. Bereits im 15. Jahrhundert hatte das Verlegertum vielfach im Bergbau Eingang gefunden. Die Notwendigkeit, kostspielige Anlagen zur Wasserabfuhr aus den Stollen, sowie zur Ventilation anzulegen, zwang die Gewerkschaften, sich an Händler zu wenden, die ihnen das nötige Kapital vorstreckten, dafür aber das Recht erhielten, während einer bestimmten Anzahl von Jahren die gesamte Ausbeute an Erzen zu einem im voraus bestimmten Preise zu beziehen. So z. B. stockte der Betrieb der Kupfergruben Ungarns im 15. Jahrhundert, da der Andrang des Wassers nicht bewältigt werden konnte. Es bildete sich daraufhin 1475 eine Genossenschaft reicher Krakauer Bürger, an deren Spitze Hans Thurzo stand. Sie übernahm die Abfuhr des Wassers und erhielt für jedes Kehrrad einen Gulden die Woche und obendrein den sechsten Teil der Gesamtausbeute an Erz. Ähnliche Abkommen fanden in Sachsen in den Zinnbergwerken statt, 1523 auch in Goslar (Bleivitriolgewinnung), ferner im Mansfelder Kupferschieferbergbau. Solche Abkommen wurden damit begründet, sie lägen im Interesse der ärmeren Mitglieder der Gewerkschaften, die nicht imstande wären, ihren Anteil an der Erzgewinnung ohne die Mitwirkung der Verleger abzusetzen. In Steiermark erwarben die Händler das Erz bei den vermögenderen Gewerken, die ärmeren fanden für ihren Anteil keinen Absatz. Daher wurde 1583 eine Verordnung erlassen, wonach jeder Gewerke einen Verleger haben sollte, der ihm seinen Anteil an der Ausbeute abnehmen könnte. Der Stadtrat von Steyr sollte dafür sorgen, daß diese Bestimmung zur Ausführung kam.

Diese Vorgänge führten dazu, daß die Gewerken zu von den Erzhändlern abhängigen Arbeitern herabgedrückt wurden. Die minderbemittelten unter ihnen sahen sich gezwungen, ihre Anteile an reichere Genossen oder auch an Außenstehende zu verkaufen, da sie nicht imstande waren, ihre Hilfsarbeiter rechtzeitig zu entlohnen. Sie gingen ihrer „Kuxe" verlustig und sanken zu einfachen Lohnarbeitern herab. In den englischen Bleibergwerken waren zu Ende des 16. Jahrhunderts die formell selbständigen Gießer und „Meister" (small independent miners), die selbst Bergarbeiter beschäftigten, tatsächlich vollständig den Erzhändlern unterworfen, die ihnen das nötige Geld zur Wasserabfuhr aus den Stollen vorstreckten, sie „verlegten".

Die Händler erwarben auch Bergwerksanteile[1]); so die Fugger 1502 im schlesischen Bergbau, wo ihre Beteiligung ein rasches Wachstum aufwies. 1529 war ein bedeutender Teil der Reichensteiner Bergwerke in ihrem Besitz, 1522 brachten sie in Tirol die früher von Baumgartner, einem Kaufherrn, der seine Zahlungen eingestellt hatte, erworbenen Anteile als dessen Gläubiger an sich, sie führten ihre Tätigkeit in dieser Richtung immer weiter fort. In Kärnten hatten sie bereits zu Ausgang des 15. Jahrhunderts größere Bergwerksanteile erworben.

---

1) S. insbes. Strieder, pass.

Andere Handelshäuser verfuhren in derselben Weise. Auch im Bergbau vollzog sich die Vereinigung von Handel und Gewerbe.

Jedoch wurde der Bergbau auch nach der Vereinigung der Anteile in den Händen großer Handelsherren als Kleinbetrieb weitergeführt, die Anteile sicherten ihnen nur die Teilnahme an zahlreichen Bergwerken. So waren 1527 die Fugger in Tirol allein in Gossensaß an 13 Bergwerken beteiligt, in Schneeberg an 19, in Falkenstein an 45. Erst allmählich vollzog sich im Verlauf des 16. Jahrhunderts infolge der Streitigkeiten, die sich unter den einzelnen Bergwerken um die Verteilung der Reviere erhoben, sowie wegen der großen Aufwendungen, die jedes einzelne Bergwerk für Wasserabfuhr und Erzförderung machen mußte, die Vereinigung der kleineren unbedeutenden Bergwerke zu größeren Komplexen.

Häufig gehörte das Vorkaufsrecht für die gesamte Ausbeute an Mineralien, besonders an Edelmetallen wie Gold und Silber, aber auch an Eisen, Blei, Bernstein, den Landesherren, die daraufhin mit Händlern Abkommen zwecks Übernahme derselben abschlossen. Die Fürsten wurden durch ihre beständigen Geldnöte dazu angetrieben; für die Überlassung der geförderten Erze waren bei den Händlern bedeutende Vorschüsse zu erlangen. So streckte die Kompagnie Meuting 1546 Herzog Sigismund von Tirol größere Kapitalien vor, gegen die Verpflichtung, ihr das gesamte in den Tiroler Bergwerken geförderte Silber bis zur vollständigen Tilgung der geleisteten Vorschüsse zu überlassen. Unter den gleichen Bedingungen ging 1488 die Silberausbeute der Tiroler Bergwerke an die Fugger über, die durch ähnliche Kreditgeschäfte die Goldausbeute Ungarns und die Quecksilbergruben Spaniens an sich gebracht hatten. Ähnliche Geschäfte, die Kreditoperationen mit der Monopolisierung der Ausbeute verbanden, wurden in betreff der Goslarer Bleibergwerke zwischen dem Herzog von Braunschweig und Leipziger Händlern abgeschlossen. Für die Überlassung der Gesamtausbeute an Bernstein zu einem festbestimmten Preise erhielt der Markgraf Albrecht von Brandenburg 1518 von Lübecker Kaufleuten ein zinsloses Darlehen von 10000 Mark. 1557 wurde von dem Handelshause Manlich dem Grafen von Mansfeld ein Darlehen von 300000 Fl. bewilligt gegen Verpfändung ihrer drei Bergwerksfünfteile der Mansfelder Kupfergruben. Unter derselben Sicherung nahmen die Landesherren Darlehen bei der Firma Fürer in Nürnberg (1561) in der Höhe von 140000 Fl., sowie bei dem Handelshause Lindenau und Mertens in Leipzig auf (150000 Fl.). Als die Frist des Abkommens abgelaufen war, waren die Grafen nicht imstande, das Darlehen zurückzuerstatten, und das Anrecht der Kaufleute auf die Ausbeute mußte verlängert werden.

Es ist bereits dargelegt worden, daß im Gewerbe zwischen den Kaufleuten Vereinbarungen abgeschlossen wurden, die die Regulierung von Produktion und Absatz bezweckten. Im Bergbau waren derartige Vereinbarungen weit umfassender, ja sie erinnern in manchen Fällen an die Kartelle der Jetztzeit, obschon die Entwicklung sich ja noch im Anfangsstadium befand. Die italienischen Kaufleute, die sich bereits im Mittelalter die an Könige und Herzöge gewährten Darlehen in Waren zurückerstatten ließen, machten auch hier den Anfang. 1301 schlossen die bekannten Florentiner Handelshäuser der Bardi und der Francesi einen Vertrag miteinander ab — die Bardi im Namen des Königs von Neapel, die Francesi im Namen des Königs von Frankreich, denn das Abkommen betraf die diesen Staaten gehörenden Salinen in der Provence und in Aigues-Mortes, die von den Bardi bzw. den Francesi gepachtet waren. Es handelte sich darum, im Interesse des Fiskus die Konkurrenz bei dem Salzvertrieb zu beseitigen (magna utilitas utriusque curiae). 1470 wurde ein Abkommen zwischen der päpstlichen Kurie und dem König von Neapel abgeschlossen, den Absatz des in den päpstlichen und neapolitanischen Gruben gewonnenen Alauns betreffend. Dieses Abkommen (welches societas, compagnia, intelligentia, aber auch conventio, unione bezeichnet und „pro communi utilitate" eingegangen wurde) sollte dem Zwecke dienen, aus den beiden Unternehmungen „uno corpo overo anima" zu schaffen. Der Absatz des Alauns sollte zu bestimmten, im voraus angesetzten Preisen stattfinden; bei jedem Verkauf von Alaun sollte eine Hälfte der verlangten Alaunmenge aus der päpstlichen, die andere aus der neapolitanischen Ausbeute gedeckt werden. Um die Ausführung des Vertrages zu überwachen, war bei jedem Alaunlager ein Kommissar der Gegenpartei angestellt, der Schlüssel zu allen Lagern hatte und dem genaue Rechnungen über die Mengen des gewonnenen und abgesetzten Alauns vorgelegt werden mußten. In den nächsten Jahrhunderten kommen vielfach weitere Fälle kartellartiger Vereinbarungen vor. So in Mansfeld zu Anfang des 16. Jahrhunderts über den Absatz von Kupfer, in Schweden um die Mitte des 18. Jahrhunderts über den Absatz von Eisen.[1]) Am bezeichnendsten in dieser Hinsicht ist jedoch die um die Mitte des 18. Jahrhunderts getroffene Vereinbarung der englischen Kohlenbergwerke. Es bestanden dort damals neben den alten auch neue, Gruben, wie die von Newcastle, die weit ergiebiger und wertvoller als die anderen und mit allen technischen Neueinrichtungen ausgestattet waren. Nach langem Streite um den Absatzmarkt schlossen die Grubenbesitzer ein Abkommen, das einem Monopol gleichkam. Der Londoner Markt wurde von ihnen kraft dieses Abkommens vollständig beherrscht, die Preise wurden von den Besitzern der Kohlengruben in der Weise festgesetzt, daß die Herbeischaffung von Kohle zur Versorgung von London aus denjenigen Gruben, die nicht zum Kartell gehörten — Schottland, Wales, Yorkshire — sich als unrentabel erweisen mußte. Auch der Umfang der Produktion wurde reguliert und alljährlich festgesetzt. Der Produktionsanteil der Gruben von Newcastle betrug stets $^3/_5$, der der anderen Gruben $^2/_5$ der Gesamtproduktion; gingen die Gruben über ihre Anteilquote hinaus, so wurden ihnen Geldbußen auferlegt.[2])

Jedoch darf die Anzahl solcher Vereinbarungen und ihre Verbreitung im 16.—18. Jahrhundert nicht überschätzt werden. Manche Abkommen (wie die den Absatz von Kupfer betreffenden, von den Fuggern in Venedig mit anderen Handelshäusern zu Ausgang des 15. Jahrhunderts abgeschlossenen) besaßen oftmals nur für kurze Zeit Gültigkeit. Auch führten bisweilen die zwecks dergleichen Abkommen geführten Unterhandlungen (so z. B. im sächsischen Bleibergbau) zu keinem Ergebnis. Endlich trugen diese Verträge vielfach das Gepräge jener Abkünfte, durch welche die Mitglieder von Zünften und Handelsgesellschaften die Preise festsetzten, an denen die Beteiligten festzuhalten verpflichtet waren. Diese altüberlieferten Formen müssen von den neuen kartellartigen Übereinkommen streng auseinandergehalten werden.[3])

---

[1]) Levy, Monopole, Kartelle und Trusts, 1. A. S. 97 ff., 110 f.

[2]) Strieder, S. 159 ff., 172 f., 193 ff., 272 ff., 279 ff.

[3]) S. hierüber ferner Stieda, Ältere deutsche Kartelle (Schmollers Jahrb. 1913). Sayoos, Les ententes des producteurs et des commerçants au XVIIe siècle (Mém. lu à l'Acad. des sc. morales et polit. 1908). Mück, Der Mansfelder Kupferschieferbergbau, I, S. 288. Ehrenberg, Das Zeitalter der Fugger, I, S. 396, 417. Davidsohn, Forschungen zur Gesch. von Florenz, III, Nr. 382. Beck, Gesch. des Eisens, III, S. 1103 ff.

Kapitel 10.

Das Handwerk.

Neben dem neuen, immer weiter sich ausbreitenden Verlagssystem bestehen im 16.—18. Jahrhundert noch zwei andere Betriebsformen im Gewerbe: das aus dem Mittelalter überkommene Handwerk und die zur fabrikmäßigen Produktionsweise hinüberführende Manufaktur.

Das Handwerk hatte in zahlreichen Gewerbezweigen seine frühere Bedeutung beibehalten und zwar hauptsächlich in denjenigen Gewerbegruppen, wo zum unmittelbaren Gebrauch bestimmte Güter erzeugt wurden. Während Güter wie verschiedene Arten von Textilien, Leder, Metalle, Glas in der Hausindustrie und in zentralisierten Manufakturen produziert wurden, wurde ihre Verarbeitung zu gebrauchsfertigen Gütern als da Kleidung, Wäsche, Hüte, Schuhwerk, verschiedene andere Lederwaren, Möbel, Werkzeuge, Holz- und Metallgeschirr sogar in großen Städten vornehmlich von Handwerkern betrieben. Ja auf dem platten Lande und in kleinen Städten fand sie oft in der Eigenwirtschaft statt. Nur diejenigen Gebrauchsgüter, die dem Luxusbedarfe dienten, wie Spitzen, Bänder, Seiden- und Samtstoffe, Teppiche, Porzellan, Spiegel, kostbare Waffen, Kunstmöbel aus Mahagoni und anderen farbigen Hölzern, aus Schildkrot und Elfenbein verfertigte Gegenstände, Uhren, Handschuhe, wurden vornehmlich in der Hausindustrie und in den Manufakturen produziert. Ähnlich stand es mit der Erzeugung von Papier, Seife, Tapeten, Tabakwaren, Spielsachen, die ja ebenfalls damals zu den Luxusgütern gehörten. Es vollzog sich demnach in der Erzeugung von Waren, die dem unmittelbaren Gebrauche dienten, eine Scheidung der Produktionsgebiete zwischen dem Handwerk und den großbetrieblichen Formen. Diesen fiel die Produktion derjenigen Güter zu, die dem Luxusbedarf dienten und zwar hauptsächlich von solchen, die neu aufgekommen und ehedem von Handwerkern nicht erzeugt worden waren. Handelte es sich ja stets um Industrien, die über den lokalen Markt hinaus produzierten. Ein Konkurrenzkampf zwischen Groß- und Kleinbetrieb entstand nur in bezug auf die Produktion von verschiedenen Geweben, so von Woll- und Leinenstoffen, von baumwollenen und halbbaumwollenen Tuchen, zum Teil von Leder- und Wirkwaren, auch im Messer- und Nadlergewerbe, wo die Hausindustrie allmählich die Oberhand gewann und das Handwerk verdrängte. Neben der Erweiterung des Marktes ist der Grund dafür in der Massenproduktion dieser Waren für die Heere zu suchen.[1])

Für das Handwerk war natürlich der Verlust bedeutender und ausgedehnter Gewerbezweige, die ihm allerdings nicht überall und nicht in vollem Maße entrissen wurden, um so empfindlicher, als die Erzeugung der neuaufgekommenen Gebrauchsgüter bereits großbetrieblich

---

[1]) S. oben. Kap. 9.

organisiert und dem Handwerk schwer zugänglich war. Daher die zahllosen Beschwerden, die die Handwerker über die Verleger und die Händler im allgemeinen, insbesonders über diejenigen, welche Tuch-, Leinen-, Metallwaren u. a. m. vertrieben, führten.

Im Zusammenhang hiermit steht die allmähliche Umbildung der handwerksmäßigen Betriebsweise. Im 18. Jahrhundert vor allem stellt der Handwerker eine größere Anzahl Gesellen an, als vordem, beschäftigt auch mittellose Zunftgenossen. Er erzeugt infolgedessen weit größere Warenmengen als früher und hält des öfteren einen Laden zum Verkauf dieser Erzeugnisse. Im 18. Jahrhundert klagt Bergius in seinen Schriften darüber, daß der Meister seine Zeit größtenteils im Laden verbringe; an erster Stelle stehe für ihn der Handel, die Warenerzeugung würde von Gesellen und Lehrlingen in der Werkstätte ohne Aufsicht des Meisters betrieben, und das Gewerbe leide unter diesen Zuständen.[1]) Ferner gehörte das Alleinrecht des Detailverkaufs vieler, von auswärts eingeführter Erzeugnisse der Hausindustrie bestimmten Zünften, je nachdem, aus welchen Rohstoffen diese Waren erzeugt waren, während die Kleinhändler nicht zum Vertriebe derselben berechtigt waren. So z. B. hatten in Frankfurt a. M. die zünftigen Handwerker das Alleinrecht des Detailhandels mit Gold- und Silberwaren, Messerwaren, Glaswaren, ferner mit Pelzwaren und Knöpfen, Posamentier- und Drechslerwaren inne. Alle übrigen Waren konnten gegen Ende des 18. Jahrhunderts sowohl von Handwerkern, als auch von Kleinhändlern vertrieben werden.[2]) Diesen war es also gelungen, ihre tatsächliche Zulassung zum Kleinhandel mit den verschiedensten Warenarten daraufhin auch rechtlich durchzusetzen. „Der Eisenkram — sagt Justus Möser — hat den Kleinschmied, der Bureau- und Stuhlkram den Tischler, der Goldkram den Bortenwirker, der goldene, härene,

---

[1]) Bergius, Polizei- und Kameralmagazin, VI (1786), S. 392.

[2]) Kanter, Die Entwicklung des Handels mit gebrauchsfertigen Waren von der Mitte des 18. Jahrhunderts bis zum Jahre 1866 in Frankfurt a. M., S. 14 f. Ein anschauliches Bild darüber geben uns die Beschwerden und Verhandlungen des Jahres 1713 vor der eingesetzten Kaiserlichen Kommission über die Abgrenzung zwischen den freien Handelswaren und den den Metallhandwerkern (in Frankfurt a. M.) vorbehaltenen Artikeln. Der Schlosser wegen durften die Eisenhändler keine Strang-, Baum-, Spann-, Brunnen- und Schiffsketten, sowie keine Radnägel, Schloßbänder, Fensterbeschläge, Windeisen und andere Bauarbeit verkaufen, der Messerschmiede und Schwertfeger wegen keine Schwerter, Säbel, Degen, Klingen und dergleichen, der Büchsenmacher wegen keine Büchsen, der Gürtler wegen keine messingne Knöpfe, Bänder, Klinken für Kutschen, der Spohrer wegen keine Spohren, Reitstangen, Steigbügel, Striegel usw. Auch die Geschäftstätigkeit der Silber- und Galanteriewarenhändler suchte das Handwerk möglichst zu hintertreiben. Auf die Beschwerden der Frankfurter Gold- und Silberarbeiter (1779) darüber, daß der Händler Graumann ein Schild mit der Inschrift „Bijouterie-Magazin und Horlogerie" ausgehängt habe, verwies Graumann auf die Tatsache, daß er nicht der einzige sei, der mit Bijouterie, Quinquaillerie und Horlogerie handle und erklärte weiterhin, daß seine Handlung bloß in goldenen Dosen, Stockgriffen, Knöpfen, Etuis, Uhrketten, Bracelets und Berloquen bestehe, die hier gar nicht angefertigt werden könnten (Dietz, Frankfurter Handelsgesch. IV, 1, S. 263, 279).

gelbe und weiße Knopf den Knopfmacher und Gelbgießer verdorben. Und kann man sich eine Sache gedenken, womit der Krämer jetzt nicht heimlich oder öffentlich handelt ?“[1]) Andrerseits setzten die Händler mancherorts häufig, vornehmlich für den Vertrieb von Erzeugnissen der Textilindustrie, für den Absatz von Tuchen, Leinen, Kammgarnen usf. ihr ausschließliches Recht auf den Kleinhandel mit diesen Erzeugnissen durch. So durften in Österreich weder Handwerker, noch Kleinmeister, noch Verleger Läden halten. Sie konnten ihre Erzeugnisse nur von ihren Warenlagern aus an die Händler verkaufen.[2])

Besonders weit war die Zersetzung des Handwerks in den Großstädten gediehen, vor allem in London. Wie aus den aus der Mitte des 18. Jahrhunderts herrührenden Quellen ersichtlich ist, hatte in London zu jener Zeit das Handwerk auch in der Erzeugung von Gütern, die zum unmittelbaren Gebrauche bestimmt waren, den großbetrieblichen Formen das Feld räumen müssen.

Dieses ergibt sich zunächst aus den Angaben über das zur Eröffnung von verschiedenen Betrieben, so von Brauereien (2000 bis 10000 Livres), Brennereien (500 bis 5000 L.), von Zuckerbäckereien (1000 bis 5000 L.) erforderliche, ansehnliche Kapital. Freilich gab es in London noch selbständige Schlosser, auch Klempner, die neben ihren Werkstätten oftmals auch Läden hielten, Hutmacher, Schmiede. Doch weisen die Quellen bereits auf Schmiede hin, die von Sattlern bei der Verfertigung der Metallteile von Satteln und Zäumen beschäftigt werden (Sattel- und Zaumschmiede). Unter den Sattlermeistern hinwieder sind neben solchen, die Läden halten, wo sie teils selbstgefertigte Waren, teils Waren fremden Ursprungs feilbieten, auch heimarbeitende Meister zu finden. „Der Kutschfabrikant (offenbar Verleger) versieht die Geschirrmacher mit Materialien, um selbige stückweise für ihn zu bearbeiten.“[3]) Heimarbeiter, größtenteils Frauen, werden von Kürschnern, Schneidern, Handschuhmachern, Schustern, Uhrmachern, die nicht mehr Handwerker, sondern Verleger sind, beschäftigt. Schneider halten bereits um die Mitte des 17. Jahrhunderts eigene Läden, wo fertige Kleider feilgehalten werden. Der Uhrmacher (watch-maker), der von einer Anzahl Handwerker die von ihnen hergestellten Uhren geliefert bekommt, wobei der Herstellungsprozeß in einzelne Arbeitsverrichtungen zerlegt wird, setzt bloß seinen Namen auf die Uhr. Die Nadelschmiede arbeiten für Geschäfte, deren Inhaber nur noch die Nadeln auf Papier stecken und ihre Namen auf den Umschlägen der Päckchen drucken lassen. Die Besenmacher erteilen Aufträge Frauen und ungelernte Arbeiter, auch die Verfertiger von mathematischen und optischen Instrumenten und Fernrohren beschäftigen verschiedene Arbeiter und halten ihre Instrumente in eigenen Läden feil. Tapezierer werden zu Dekorateuren, die ganze Wohnungseinrichtungen übernehmen und zahlreiche Handwerker — Möbeltischler, Glasschleifer, Schrankmacher, Spiegelrahmenschnitzer — für sich arbeiten lassen. Auch die „cabinetmakers“ (Kunsttischler) „hängen meistens von den Bestellungen der Tapezierer ab“. Letztere „unterhalten viele Arbeiter in den verschiedenen Teilen von England“.[4])

---

[1]) Justus Möser, Patriotische Phantasien (1775). 4. Aufl. I, S. 23. Gedanken über den Verfall der Handlung in den Landstädten.

[2]) Landau, Die Entwicklung des Warenhandels in Österreich, S. 26, 41 f. Vgl. oben.

[3]) Nemnich, Neueste Reise durch England, Schottland und Ireland (1807), S. 136 f.

[4]) Sombart, Mod. Kapit., II, 2, S. 694 ff. Vgl. Campbell, The London Tradesman. 1747. Defoe, A General Descript. (1747). Postlethwayt, Diction. (1754). Nemnich, S. 111.

Im Gegensatz zum Mittelalter fiel im 16.—18. Jahrhundert nicht nur der Begriff des Gewerbes mit dem des Handwerks nicht mehr zusammen, sondern auch das Handwerk selbst war nicht mehr mit dem Zunfthandwerk identisch. Wie d'Avenel treffend bemerkt, waren die Ausnahmen häufiger als die Regel.[1]) In Wien gehörten 1734 von 7809 Meistern nur 2640, also nur ein Drittel, den Zünften an.[2]) Außer den Ausländern, unter denen nicht nur Verleger und Heimarbeiter, sondern auch Handwerker zahlreich vertreten waren, bestand eine besondere Schicht privilegierter Handwerker, die nicht zu den Zünften gehörten (Freimeister), jedoch auf besondere Genehmigung der Stadt oder des Landesherrn hin (weshalb sie auch „Hofhandwerker" genannt wurden) und gegen Entrichtung besonderer Gebühren zum Gewerbebetrieb zugelassen waren. So wurden in Frankreich von der Mitte des 15. Jahrhunderts an bei besonders festlichen Anlässen, wie Thronbesteigungen und Prinzengeburten, sog. „lettres de maîtrise" (patentes) verliehen, deren Inhaber die Befugnis zum Gewerbebetriebe erhielten. Die Zahl dieser Patente wurde immer größer, da aus fiskalischen Erwägungen jede passende Gelegenheit zu ihrer Veröffentlichung benutzt wurde. Zeitweise wurde sogar den Zünften die Aufnahme neuer Meister untersagt, solange alle neuerlassenen Patente noch nicht ausverkauft waren. Auch die sog. „ouvriers suivant la cour", die Hofmeister, deren man in Frankreich zu Anfang des 18. Jahrhunderts 377 zählte, waren tatsächlich Handwerker. Nur eine kleine Anzahl derselben arbeitete für den König und seine Familie, in der Mehrzahl jedoch waren es privilegierte Meister, die gegen Zahlung einer bestimmten Summe an den Fiskus das Recht erhielten, ein Gewerbe zu betreiben, ohne an die Zünfte gebunden zu sein.

Es ist daher nicht zu verwundern, daß die Zünfte ihre Politik der Abschließunggis zum äußersten verschärften.[3]) Die Eintrittsgebühren, die Höhe der an das Meisterstück gestellten Anforderungen wurden stets gesteigert und führten dazu, daß die Aufnahme in die Zünfte, die

---

[1]) d'Avenel, Hist. de la propr. etc. III, S. 456.

[2]) Max Adler, Österr. Gewerbepolitik, S. 82 f.

[3]) S. über die Zünfte des 16.—18. Jahrhunderts außer den oben S. 99 angegebenen Sammlungen von Zunfturkunden, Schmoller, Zur Gesch. der deutsch. Kleingewerbe im 19. Jahrhundert (1870). Ders., Das brandenburgisch-preußische Innungswesen von 1640 bis 1806 (Umrisse und Untersuchungen 1898). Kaizl, Der Kampf um Gewerbereform und Gewerbefreiheit in Bayern von 1799 bis 1868 (1879). Tyszka, Handwerk und Handwerker in Bayern im 18. Jahrhundert (1907). Mascher, Das deutsche Gewerbewesen (1867). M. Meyer, Gesch. der preußischen Handwerkerpolitik I, II (1884, 1888). Rohrscheidt, Vom Zunftzwange zur Gewerbefreiheit. Adler, Die Epochen der deutschen Handwerkerpolitik (1903). Roehl, Beiträge zur preuß. Handwerkerpolitik (1900). Schütz, Die altwürttemberg Gewerbeverfassung in den letzten drei Jahrhunderten (Z. f. ges. Staatswiss. 1850). Brauns, Kurhessische Gewerbepolitik im 17. und 18. Jahrhundert (1911). Jahn, Zur Gewerbepolitik der deutschen Landesfürsten im 17. und 18. Jahrhundert. v. Below, Probleme der Wirtschaftsgesch. (1926). Max Adler, Die Anfänge der

formell jedermann offen stand, tatsächlich nur den Söhnen und Schwiegersöhnen der Zunftmitglieder ermöglicht war.

Aus einer Zunft wurde ein Meister entfernt, da die Großmutter seiner Frau angeblich eine Schäferstochter gewesen sei, obwohl die Falschheit dieser „furchtbaren" Anklage durch Zeugenaussagen erwiesen worden war. In einem anderen Falle wurde ein Meister ausgeschlossen, der ein Pferd geritten hatte, das, ohne daß er davon wußte, dem Scharfrichter gehörte. In Sommerfeld fand in einem Falle der Ausschluß deswegen statt, weil der betreffende Handwerker mit dem Henker (den er nicht erkannt hatte) zusammen gezecht hatte. Als „unrein" fand ferner derjenige in der Zunft keine Aufnahme, der Aas berührt, einen Gehängten vom Strick herabgenommen hatte usw. 1764 verweigerte die Braunschweiger Posamentiererzunft einem Gesellen wegen seiner Heirat mit einer vorehelich Geschwängerten die Aufnahme. Als die Behörden ihn dennoch als „Freimeister" zum Gewerbebetrieb zuließen, klagten die Meister, solche Maßnahmen würden „zum gänzlichen Ruin der Zunft" führen und wiesen darauf hin, daß diese Bestimmung in anderen Staaten eingehalten werde.[1]) Es bildeten sich Zustände heran, bei deren Obwalten „Männer, die in der Heeres- oder Zivilverwaltung die höchsten Posten bekleiden könnten, in der Schuhmacher- oder Schneiderzunft keine Aufnahme finden würden". Dermaßen unduldsam war die zünftige Auffassung von der Standesehre, der Grundsatz, „die Zunft müsse so rein sein, als ob die Tauben sie zusammengetragen hätten".

Im 18. Jahrhundert wurde die Schließung der Zünfte zu einer allgemeinen Erscheinung. Für jede Zunft war eine bestimmte Höchstzahl von Meistern aufgestellt, und nur in dem Falle, wo durch einen Sterbefall eine Meisterstelle frei wurde, konnte ein neuer Meister in die Zunft aufgenommen werden. Ausnahmen machte man nur für Meisterssöhne und Schwiegersöhne. Es gab daher für den Gesellen nur einen Weg, um das Meisterrecht zu erlangen, eine Meisterstochter oder -witwe zu

---

merkantilistischen Gewerbepolitik in Österreich (Wiener staatswiss. Stud. IV, 1903.) Přibram, Geschichte der österr. Gewerbepolitik I (1908). Rizzi, Das österr. Gewerbe im Zeitalter des Merkantilismus (Z. f. Volkswirtsch. Sozialpol. 103). Reschauer, Gesch. des Kampfes der Handwerkerzünfte und der Kaufmannsgremien mit der österr. Bureaukratie (1882). Levasseur, Histoire des classes ouvrières et de l'industrie en France jusqu'à 1789. 2 ed. II (1901). Martin Saint-Léon, Histoire des corporations de métiers (2. Aufl. 1910). Hauser, Travailleurs et marchands de l'ancienne France (1920), Ders., Les débuts du capitalisme (1927). Gueneau, L'organisation du travail en Nivernais au XVII et XVIII siècles (1919). Brissonade, Etude sur l'organisation du travail en Poitou I—II (1899). Rebillon, Les anciennes corporations de Rennes (1902). Aclocque, Les corporations à Chartres du XI siècle à la Révolution (1917). Goetstouwers, Les métiers de Namur sous l'ancien régime. (1908). Leonhard, Über Handwerkergilden und Verbrüderungen in Spanien (Jahrb. f. Nat.-Ök. 1909). Rodocanachi, Les corporations ouvrières à Rome (1894). Cunningham, Growth of English Industry and Commerce in modern times. 3. Aufl. (1903).

[1]) Brauns, S. 78.

heiraten. Gelang ihm dieses nicht, so war er gezwungen, sein Gewerbe auf dem platten Lande, wo es keine Zünfte gab, auszuüben. Aber auch dort wurden ihm Hindernisse in den Weg gelegt. In Preußen war die Zahl der Landmeister bedeutend eingeschränkt, in Bayern waren die Beschränkungen nicht so streng, in Frankreich hingegen war die Ausübung von Gewerben auf dem platten Lande vollständig verboten. Handwerker und Heimarbeiter suchten allerdings diese Bestimmungen zu umgehen. Auf dem Lande hatte das Gewerbe trotz jener Hindernisse — wie wir oben gesehen haben — überall eine erhebliche Ausdehnung erfahren. Anders war es freilich in den Städten. Zuweilen fanden hier Gesellen in den Manufakturen Beschäftigung, doch gelang dieses nur einer Minderzahl unter ihnen. Nur wenige waren auch imstande, sich das Patent eines Freimeisters zu erwerben. Endlich — dieser Ausweg wurde von vielen ergriffen — entschlossen sich die Gesellen oftmals, ihr Gewerbe als unzünftige Meister (Störer, Simpler, Pfuscher, Bönhasen) auszuüben. Da sie hierdurch die Zunftprivilegien verletzten, war in diesem Falle ihre Lage eine recht schwierige. Sie mußten ihr Gewerbe heimlich betreiben, denn sobald die Zunft von einem solchen Handwerker erfuhr, war er heftigen Verfolgungen ausgesetzt. Und doch war in München zu Ausgang des 18. Jahrhunderts die Zahl dieser heimlichen Gewerbetreibenden fast ebenso groß als die der zünftigen Handwerksmeister.

Schon diese Tatsache kann als Beleg dafür dienen, daß das von den Zünften angestrebte Ziel bei weitem nicht erreicht wurde. Die Schließung der Zünfte war weder imstande, die Einfuhr auswärtiger und ausländischer Gewerbeprodukte zu verhindern noch das Anwachsen der Zahl der unzünftigen Handwerker aufzuhalten. In den brandenburgischen Städten machten im 18. Jahrhundert die Handwerker über 40% der Bevölkerung aus, in den Städten Württembergs in manchen Fällen sogar zwei Drittel der Gesamteinwohnerzahl.[1]) Doch auch in Bayern, wo der Anteil der Stadthandwerker 12% im Durchschnitt nicht überstieg, war die wirtschaftliche Lage des Handwerks eine recht ungünstige. Die Zünfte klagten über Überfüllung, über die allzugroße Zahl von Landmeistern, über Mangel an Rohstoffen und über die Konkurrenz der Einfuhrwaren.[2])

Als Rückwirkung dieses hartnäckigen Festhaltens der Zünfte an ihren Monopolen entbrannten zwischen denjenigen Zünften, deren Produktionsgebiete sich berührten, erbitterte Kämpfe, in denen eine Zunft die andere des unbefugten Eindringens in das ihr zustehende Tätigkeitsgebiet bezichtigte. So stritten die Pariser Schneider mit den Knopfmachern um die Frage, welcher von beiden Zünften das Recht zustehe, Knöpfe aus dem Stoffe anzufertigen, aus dem das betreffende Kleidungsstück verfertigt wurde.[3]) In Preußen durfte der Schreiner die notwendigen Metallteile an die von ihm verfertigten Möbelstücke nicht selbst anbringen, der Hufschmied durfte die Nägel, deren er zu seinem Gewerbe bedurfte, nicht selbst

---

[1]) Troeltsch, S. 93 f.

[2]) Tyszka, S. 93 f.

[3]) Levasseur II, S. 412.

produzieren, der Brotbäcker durfte keinen Kuchen backen, dieses stand dem Zuckerbäcker zu. Um einen Ofen zu errichten, mußten zehn verschiedene Handwerker hinzugezogen werden. Wegen einer kleinen Reparatur hatte der Bürger von einem Handwerker zum anderen zu laufen und erhielt überall abschlägigen Bescheid, da jeder von ihnen fürchten mußte, der Übertretung des ihm zustehenden gewerblichen Produktionsgebietes bezichtigt zu werden.[1])

Im Handwerk äußerte sich die Einwirkung des Überganges von der Stadtwirtschaft zur Volkswirtschaft nicht nur in der Entstehung der durch die Ausweitung des Absatzmarktes für gewerbliche Erzeugnisse bedingten Konkurrenz, sondern auch in der Ablösung der städtischen Gewerbepolitik durch die staatliche Gewerbepolitik. Jedoch suchten nunmehr auch die Zünfte selbst ihre Tätigkeit zu vereinheitlichen und sie nach allgemein gültigen Grundsätzen zu regeln. Schmiede, Schlosser, Messerschmiede, Töpfer, Tucher, Steinmetzen, Färber, Gerber, alle waren sie bestrebt, ihre Kräfte in interlokalen Verbindungen zusammenzufassen. Dieses Bestreben nach einheitlicher Organisation fand seinen Ausdruck teils darin, daß die an verschiedenen Orten zerstreut lebenden, das gleiche Handwerk ausübenden Gewerbetreibenden sich zu ausgedehnteren, über größere Territorien sich erstreckenden Innungen mit gemeinsamer Kasse, gemeinsamen Vorstehern und Richtern zusammenschlossen, ihre Zusammenkünfte an einem bestimmten Orte und zu bestimmten Zeiten abhielten. In anderen Fällen blieben die lokalen Zünfte erhalten, wurden jedoch zu größeren Verbänden mit einem (oder auch mehreren) Mittelpunkte zusammengefaßt, wo die Delegierten der diesem Bündnisse angehörenden lokalen Zünfte zusammenkamen und die Tagungen der Verbände stattfanden. Bei solchen Tagungen wurden Fragen, die ein allgemeines Interesse für die Mitglieder besaßen, hauptsächlich die das Verhältnis zwischen Meister und Gesellen betreffenden, verhandelt. Es wurden ferner Abkommen über die Verkaufspreise geschlossen, sowie Gericht abgehalten über die die Zunftverfassung verletzenden Mitglieder.[2])

Solche Bündnisse lokaler Innungen („Landesinnungen") bestanden in Württemberg, wo dieselben über das gesamte Landesgebiet sich ausdehnten, ferner in Baden. Brandenburger Zünfte vereinigten sich mit sächsischen, anhaltischen, lüneburger Zünften. Der Verband der Messerschmiede umschloß bayrische, österreichische, schweizer Städte. Die Brandenburger Seifensieder vereinigten sich zu Landesinnungen, ebenso die Tuchscherer und die Seiler. Besonders bekannt unter diesen interlokalen Innungen war die in der zweiten Hälfte des 15. Jahrh. entstandene Steinmetzeninnung, deren Hauptstätten („Hauptladen") im 16.—17. Jahrh. Straßburg, Wien, Regensburg, Bern, Magdeburg, Dresden waren. Im 18. Jahrh. war Straßburg („die Straßburger Bauhütte") seine oberste Instanz.[3])

Eine noch bedeutendere Ausdehnung hatten jedoch die interlokalen Gesellenverbände genommen.[4]) Die lokalen Gesellenverbände, die bereits im Mittelalter

---

[1]) Kaizl, S. 16. Vgl. Möser, Patriot. Phant. I. Art. XXXII.

[2]) Schmoller, Das brandenb.-preuß. Innungswesen von 1640 bis 1800. Umrisse u. Unters., S. 329 ff.

[3]) Schmoller, S. 332 ff. Jahn, Gewerbepol. d. deutsch. Landesfürsten, S. 130 ff.

[4]) Schönlank, Handw. der Staatswiss. 3. A. Art. Gesellenverbände. IV, S. 669.

in Gestalt von kirchlichen Gesellenbrüderschaften entstanden waren, nahmen im Laufe der Zeit mit der Zunahme der Zahl der Gesellen, immer mehr an Bedeutung zu; ja, sie waren zum Teil von den Behörden anerkannt worden. Die für die Gesellen als unumgängliche Bedingung zur Erlangung der Meisterschaft eingeführte Wanderpflicht, die sich bereits seit dem 14—.15. Jahrhundert eingebürgert hatte, ermöglichte die Anknüpfung von Verbindungen zwischen den örtlichen Gesellenverbänden und führte zur Bildung von ausgedehnten, den interlokalen Zunftbündnissen entsprechenden Zusammenschlüssen derselben. Diese Bündnisse wurden von den Gesellen vor allen Dingen im Kampfe mit den Meistern ausgenutzt. Bei Arbeitsniederlegungen unterstützten die Gesellenverbände der verschiedenen Orte einander in recht wirksamer Weise. Die Gesellen, welche die von den Gesellenverbänden gefaßten Beschlüsse verletzten, wurden „geschmäht", „gescholten". In keiner von den Städten, deren Gesellen dem Landesverbande angehörten, konnte ein „in Verruf erklärter" Geselle Arbeit finden. In Deutschland wie auch in Frankreich zetteln die Gesellen Verschwörungen (Kabalen) gegen die Meister an, veranstalten Gesellenaufstände, erklären die Meister, die sich gegen Verbandsgenossen vergangen hatten, für „unredlich" und tun sie „in den Bann", so daß kein Geselle bei ihnen Arbeit nehmen konnte („Auftreiben", „Schmähen"). In Dijon besaßen derartige Verrufserklärungen für eine Frist von 2 bis 6 Monaten Geltung, ja, zuweilen bis auf 2 Jahre. Die Gesellen teilten solche Maßnahmen durch wandernde Verbandsgenossen den auswärtigen Verbänden mit. Wenn ein wandernder Geselle in eine fremde Stadt kam, so begab er sich zur „Herberge", wo der lokale Gesellenverband seinen Sitz hatte. Dort wurde ihm Nahrung, Trunk, Nachtquartier und auch gewöhnlich eine kleine Geldgabe, das sog. „Geschenk", zuteil. In der Herberge fand er ein Verzeichnis der Meister vor, die Gesellen benötigten. War in der Stadt ein Gesellenstreit ausgebrochen, so wurden die fremden Gesellen von Verbandsgenossen erwartet, die sie, oft nur durch Geheimzeichen, die unter den Gesellen vereinbart und ihnen bei der Aufnahme in den Verband mitgeteilt wurden, von dem sofortigen Verlassen der Stadt verständigten. In Frankreich ging dieses geschlossene Vorgehen der Gesellen weit über die Grenzen der einzelnen Handwerke hinaus. Die Gesellen der verschiedensten Zünfte „traten wie ein Mann auf, wenn es galt, die den Meistern gestellten Forderungen zu bekräftigen".[1])

Andrerseits übernahm nunmehr der Staat die Oberaufsicht über die Zünfte und die Regelung der von ihnen ausgeübten gewerbepolizeilichen Befugnisse. In Frankreich führte die Zunftordnung von 1581 die Zünfte selbst in denjenigen Städten und Gewerben ein, wo diese tatsächlich bereits bestanden, aber keine entsprechende rechtliche Organisation besaßen. Es wurden hierbei verschiedene Mißbräuche, das Meisterstück betreffend, abgeschafft; die Herstellungsfrist desselben durfte nunmehr drei Monate nicht übersteigen u. a. m. Diese Zunftordnung wurde unter Colbert 1671—1674 einer erneuten Durchsicht unterworfen, und dieser neuen Fassung nach wurden die Zünfte vollständig dem Staate untergeordnet. Desgleichen wurde in den verschiedenen deutschen Staaten im Laufe des 18. Jahrh. eine einheit-

---

[1]) Hauser, Les compagnonnages d'arts et métiers à Dijon au XVII e et XVIIIe siécle. Des Marez, Le compagnonnage des chapeliers bruxellois. (1909) Tyszka, Handwerker in Bayern. Kap. II. Schönlank, Gesellenverbände. Handw. d. Staatswiss. Jahn, Gewerbepol. der deutsch. Landesfürsten, S. 40 ff. Martin-Saint-Léon, Le compagnonnage (1902). Gueneau, L'organisat. du travail en Nivernais. (1919) Fagniez, Le compagnonnage au XVIIIe siècle. Hayem, La repression des grèves (Mem. et doc. 6-e sér.). Kovalewski, La France écon. et soc. à la veille de la Révol. (1909).

liche Gesetzgebung in bezug auf die Zünfte durchgeführt. So kam 1771 ein Abkommen zwischen Österreich, Preußen, Sachsen und anderen Staaten zustande, demzufolge die Zunftautonomie abgeschafft wurde und die Zünfte vollständig der zentralen Staatsgewalt untergeordnet wurden, welche „die gewerblichen Verbände zu einer Polizeianstalt im Dienste einer zentralisierenden Regierungspolitik zu organisieren sucht". (v. Below.) Die Gesetzgebung nahm den Kampf mit den Mißbräuchen auf, die die Zünfte sich zuschulden kommen ließen. Die Bedingungen des „Meisterstückes" wurden geregelt, der Abschluß von Vergleichen zwecks Festsetzung der Preise untersagt, der Begriff der „ehrlosen" Handwerke aufgehoben. Doch auch den Verbindungen der Gesellen wurde vom Staate der Kampf erklärt. Ihre Verbände und Bündnisse wurden verboten, Arbeitseinstellungen, Verrufserklärungen von Meistern und Gesellen, sogar das Feiern des „blauen Montags" untersagt.[1]) Doch konnten diese Regeln in der Praxis nicht eingehalten werden. Sowohl Zunftmeister als Gesellen kämpften für die Aufrechterhaltung ihrer Privilegien. Diesen Bestimmungen allgemeineren Charakters folgte die Neuordnung der Innungsstatute und Zunftprivilegien. In Preußen hatte man 1734—1738 über 70 erneuerte Zunftordnungen erlassen, die nun mit mehr Nachdruck durchgeführt wurden. Eine Regelung des Zunftwesens fand in Österreich unter Maria-Theresia statt, das gleiche war im 18. Jahrh in Baden und Württemberg der Fall.

Kapitel 11.

Die (zentralisierten) Manufakturen.

Neben der Hausindustrie (Verlag) kommt auch der gesellschaftliche Großbetrieb, und zwar in Form von Manufakturen auf. Es sind dies Betriebe, in denen eine größere Anzahl von Arbeitern von Unternehmern außerhalb ihrer Wohnung in eigener Betriebsstätte beschäftigt werden. Die Manufaktur bildet eine Zwischenstufe, die von der Hausindustrie, dem dezentralisierten Betrieb (fabrique dispersée), zur Fabrik hinüberleitet. Von der ersten unterscheidet sie sich dadurch, daß die Produktion in den Werkstätten des Unternehmers und unter dessen Leitung erfolgt, so daß nicht bloß der Warenabsatz, sondern auch der Produktionsprozeß in dessen Hand zusammengefaßt wird; von der zweiten dadurch, daß „wesentliche Teile des Produktionsprozesses mit der Hand ausgeführt werden".

Doch war im 17.—18. Jahrhundert der Sprachgebrauch ein anderer. Damals verstand man sowohl unter Manufaktur wie unter Fabrik das Gewerbe überhaupt, ungeachtet dessen, welche Betriebsform es annehmen mochte, ob Handwerk, Verlag oder zentralisierten Betrieb;

---

[1]) Die Repressivmaßregeln den Gesellenverbänden gegenüber waren insbesonders durch die Unruhen und Ausstände veranlaßt worden, die 1724 in Wien, Mainz, Stuttgart, Würzburg, Augsburg unter den Gesellen ausgebrochen waren.

oder man bezeichnete mit Manufaktur die Textilindustrie, im Gegensatz zur Fabrik, welche mittels Feuer und Hammer produzierte, also die Metallverarbeitung zu bedeuten hatte, so daß man auch in diesem Falle vom Industriezweig, nicht von der Betriebsform ausging.

So werden in den französischen Quellen alle diejenigen, die in irgendwelcher Weise an der gewerblichen Produktion beteiligt sind, als Fabrikanten bezeichnet. „Fabriquant" wird sowohl der selbständige Handwerker (maître-artisan), als auch der vom Verleger beschäftigte hausindustrielle Dorfmeister genannt.[1]) Die Werkstätten der Kleinmeister finden unter der Bezeichnung „fabrique" Erwähnung. Auch der Händler, der die Kleinmeister verlegt, wird als „fabriquant" angesprochen. Ja, im damaligen Sprachgebrauch diente „fabrique" zur Bezeichnung eines ganzen Gewerbezweiges oder der gesamten gewerblichen Tätigkeit eines bestimmten Bezirkes. „La fabrique de soie", so wird die Seidenindustrie genannt; unter „fabrique de Rouen" wurde die Gesamtheit der gewerblichen Betriebe der Stadt Rouen zusammengefaßt. Ebenso schwankend und verschwommen ist die Bedeutung der Ausdrücke: „Manufaktur", „Manufakturist". Sowohl die Verleger als auch die Leiter von Werkstättenbetrieben (ateliers réunis) nennen sich so, zuweilen wurden auch den in denselben beschäftigten Arbeitern, die gewöhnlich als „ouvriers-fabriquants" bezeichnet wurden, diese Benennung beigelegt.[2])

Justi unterscheidet drei Gewerbeformen. Zur ersten rechnet er sowohl die zentralisierten Manufakturen, als auch diejenigen Betriebsformen, die wir mit „Hausindustrie" bezeichnen würden. Die zweite umfaßt die gleichen Betriebsformen, soweit sie Kollektivunternehmungen (Gesellschaften) darstellen. Zu der dritten endlich gehören die handwerksmäßigen Betriebe.[3]) In dem für die sächsische Baumwollindustrie, die verlagsmäßig organisiert war (die Waren wurden von Kleinmeistern für Verleger erzeugt) erlassenen Reglement von 1755—1764 wird die Industrie selbst als „Manufaktur" bezeichnet, und es heißt in demselben, das Wohl „der Fabrique" erfordere es, daß „nebst den feinen Gespinsten auch die Waren selber von Zeit zu Zeit nach neuer Invention und einem guten Gusto gefertigt werden".[4]) In Österreich wurde im 18. Jahrhundert die Benennung „Fabrikant" auf alle diejenigen angewandt, die in irgendwelcher Weise an der gewerblichen Produktion beteiligt waren. Im damaligen Sprachgebrauch wurden also sowohl Hausindustrielle als auch Handwerker und Verleger als „Fabrikanten" angesprochen, im Gegensatz zu denen, deren Tätigkeit sich nur auf die Distribuierung von Gewerbeprodukten erstreckte.[5]) Auch in Nemnichs Reise durch England von 1807 lesen wir, daß „London fast keine einzige Fabrik hat, von der man sagen könnte, daß sie sonst nirgends im Lande anzutreffen wäre". Fabrik bedeutet hier soviel als Gewerbeart. Unter „Manufacturers" versteht Nemnich ebenfalls die Produzenten überhaupt, nur möchte er diese Bezeichnung nicht auf die Verleger angewandt wissen, die keine Fabrikanten (d. i. keine Produzenten) sind, denn die meisten von

---

[1]) In der Schweizer Industrie nennen sich die Verleger stets Fabrikanten oder Fabrikherren (s. die oben gen. Schriften von Wartmann, Jenny-Trümpy, Furger u. a.).

[2]) Tarlé, Die Arbeiterkl. usw., II, S. 58 ff., 81, 85, 107.

[3]) Justi, Von denen Manufakturen und Fabriken (1758).

[4]) Bein, S. 536, 547 (Beilage VII).

[5]) Landau, Entwicklung des Warenhandels in Österreich, S. 30.

ihnen „wissen nicht das mindeste davon, wie die verschiedenen Artikel ihres Handels fabriziert werden“.[1])

Bei anderen Autoren jener Zeit wird ein Unterschied zwischen Manufaktur und Fabrik gemacht, je nach der Art des Gewerbes. So lesen wir bei Masperger: „Fabriquateurs werden diejenigen genannt, welche aus Eysen, Stahl, Kupfer oder Messing Manufakturen verfertigen lassen, daß also diejenigen sehr irren, welche ohne Unterschied auch in Seide und Wolle angelegte Manufakturen Fabriquen heißen“, denn bei letzteren werden „Beile, Hammer und dergleichen Instrumente gebraucht“, so daß dies Wort nicht auf „weiche und harte Materien, als Seyde und Wolle seyn“, angewandt werden kann.[2]) Ebenso heißen in Hübners Handlungslexikon vom Jahre 1722 nur die Metallwaren produzierenden Betriebe Fabriken.[3]) Der Franzose Rolland bezeichnet als „fabriques“ Betriebe, die vermittelst Wasserkraft in Bewegung gesetzt werden: Als Beispiele führt er die großen Schmieden und Schmelzwerke an, die Betriebe ferner, wo Anker, Kanonen usw. erzeugt werden — also ausschließlich Betriebe der Metallindustrie.[4])

Es ist daher unumgänglich, da, wo in den Quellen von „Manufakturen“ und „Fabriken“ die Rede ist, auf Grund einer genauen Prüfung der in ihnen enthaltenen Darstellung der erwähnten Betriebe in jedem einzelnen Falle zu entscheiden, um welche gewerbliche Betriebsform es sich eigentlich handelt. Eine derartige eingehende Erforschung führt zu dem Ergebnis, daß zu dieser Zeit überhaupt noch von keinen Fabriken die Rede sein konnte, denn bis zu Ende des 18. Jahrhunderts gab es bekanntlich weder Maschinen noch Motoren. Manufakturen in dem Sinne, wie das Wort jetzt gebraucht wird, d. h. Werkstättenbetriebe ohne Anwendung von Maschinen, entstanden allerdings vereinzelt bereits im 16. Jahrhundert; zahlreicher wurden sie von der zweiten Hälfte des 17. Jahrhunderts an, doch war ihre Zahl verhältnismäßig gering, und sie hatten für die gewerbliche Produktion bei weitem nicht die Bedeutung, die die Hausindustrie besaß. Wenn die Quellen „Manufakturen“ erwähnen, so stellt es sich gewöhnlich heraus, daß diese sog. „Manufakturen“ Bestellungen an städtische, besonders aber an ländliche Heimarbeiter verteilten, daß es sich also nicht um Manufakturen, sondern um hausindustrielle Betriebe handelt.

Soweit wir eine zentralisierte Produktion finden, sind es vor allem und am meisten Betriebe, die mit unfreien Arbeitskräften arbeiten, in Zucht-, Arbeits-, Armen-, Waisen- usw. Häusern eingerichtet sind. Machte sich nämlich einerseits ein Mangel nicht bloß an gelernten Arbeitern fühlbar, die man aus dem Auslande heranzuziehen suchte, sondern

---

[1]) Nemnich, Neueste Reise durch England etc. (1807). S. 111.

[2]) Marperger, Nothwendig und nützliche Fragen über die Kauffmannschafft (1714), S. 75.

[3]) Vgl. Seiler, Deutsche Kulturgesch. im Spiegel etc. III, 1, S. 190.

[4]) Vgl. Ballot, L'introduction de la fonte à coke en France (Rev. d'hist. écon. 1912), Sée, Les origines de l'industrie capitaliste (Rev. Hist. T. 144, 1923, S. 193).

auch an ungelernter Arbeitskraft, z. B. an Spinnerinnen (obwohl das Spinnen damals eine sehr einfache Sache war und jede Bauernfrau recht wohl Flachs oder Wolle zu verspinnen imstande war), so erschollen anderseits überall Klagen über den Massenbettel, über die ungeheuere Anzahl von arbeitslosen Vagabunden, die sich auf den Straßen herumtrieben und Stadt und Land unsicher machten. Unter diesen Bettlern und Landstreichern waren die verschiedensten Bevölkerungsschichten vertreten. Es fanden sich darunter Abgebrannte, Schiffbrüchige, verabschiedete Soldaten und Matrosen, Kriegsbeschädigte, verarmte Handwerker und Schankwirte, wandernde Studenten, verstoßene Prediger, ehemalige Schulmeister, Gesellen, die nicht Meister geworden waren, Blinde, Lahme u. a. m. Viele von ihnen, die ihre gewohnte Arbeit aufgegeben hatten, waren nicht mehr imstande, einen anderen Beruf zu ergreifen. Andere waren der Ansicht, Betteln sei einträglicher als Arbeiten. Manche unter ihnen nahmen von Zeit zu Zeit irgendeine Beschäftigung an; nachdem sie jedoch eine gewisse, gewöhnlich nicht allzu lange, Spanne Zeit hindurch gearbeitet und Lohn erhalten hatten, zogen sie es vor, die Arbeit einzustellen und solange müßig zu bleiben, bis der bei ihren geringen Bedürfnissen ziemlich lange reichende Verdienst vertan und vertrunken war.[1])

Die Staaten des 17.—18. Jahrhunderts trafen zahlreiche Maßnahmen, um diese müßig in den Tag hinein lebenden Menschen zur Arbeit in den neu begründeten Unternehmungen anzuhalten, ja um sie dazu zu zwingen. Hierdurch sollte die Entwicklung der Industrie im Lande gefördert werden. Der Landgraf von Hessen ordnete 1616 an, „alle arbeitsfähigen Bettler und Trunkenbolde, die von Schenke zu Schenke ziehen, alle Müßiggänger, die das Almosenheischen von unseren Untertanen als Beruf betreiben, sollen zur Arbeit in unseren Bergwerken gegen angemessenen Lohn eingestellt werden.“ Wenn sie sich weigern, sollen sie in Fesseln geschmiedet in die Bergwerke gebracht werden. Meist jedoch wurden zur Beschäftigung für dieselben besondere Anstalten begründet, die man als Arbeitshäuser, Zuchthäuser, Werkhäuser (workhouse, hôpital) bezeichnete.[2]) In solchen Anstalten entstanden eben zentralisierte Manufakturen. Diese Zwangsarbeitshäuser waren häufig mit Waisen- und Irrenhäusern verbunden (Nürnberg, Regensburg, Frankfurt, Basel, Pforzheim). Et improbis coercendis et quos deseruit sanae mentis usura custodiendis — lautet eine für diese Verbindung von Zwangsarbeits- und Besserungsanstalt charakteristische Inschrift über dem Portale des Arbeitshauses in Leipzig.[3]) Die berühmte Pforzheimer Waisenanstalt, wo Spinnerei getrieben wurde, war mit dem Irren- und

[1]) Vgl. die diesbez. Stellen bei Schriftstell. des 17. Jahrhunderts. S. dar. bei Sombart II, S. 789ff. u. I, Kap. 53—54.

[2]) Über Preußen vgl. Konr. Hinze, Die Arbeiterfrage in Brand.-Preuß. im Zeit. des Frühkapitalismus (1927).

[3]) Hippel, Beiträge zur Gesch. der Freiheitsstrafe (Zeitschr. f. ges. Strafrechtswiss. 1898).

Zuchthaus vereinigt. Sie war Blinden-, Taubstummen-, Idiotenanstalt, Säuglingsstation und Zuchthaus zugleich.[1]) Der Staat zwang die Insassen dieser Anstalten zur gewerblichen Arbeit, um keine Geldmittel für ihren Unterhalt aufwenden zu müssen. Es wurden daher in denselben verschiedene Industrien, wie Strumpfwirkerei und Tucherzeugung eingeführt. Besonders häufig jedoch ließ man hier Wolle, Hanf, Flachs verspinnen, weshalb die Zuchthäuser auch „Spinnhäuser", „netoria domus", „Spinhuis" genannt wurden.[2])

Der Staat hatte dabei zweifellos auch die Absicht, die Bevölkerung von den zahlreichen Bettlern und Vagabunden, die ihr zur Last fielen, zu befreien. Arbeitsscheue Bevölkerungselemente, die nicht gewillt waren zu arbeiten oder auch keine Arbeit finden konnten, wurden unschwer dazu gebracht, indem sie als Vagabunden und Sträflinge aufgegriffen und in den eigens hierzu errichteten Manufakturen untergebracht wurden. In Graz hatte man 1721 beschlossen, eine „Tuchfabrik" zu begründen, da „Hunderte von Menschen Hunger leiden und ihre Zeit müßig verbringen". Zur Beschaffung der nötigen Arbeitskräfte sollte eine entsprechende Anzahl der Bettler, die die Straßen von Graz überfüllten, „aufgefangen und eingesperrt" werden. Auf diese Weise würden nicht nur die für die Errichtung der Fabrikunternehmung erforderlichen Arbeitskräfte gewonnen, sondern auch die Stadt von den Bettlern gesäubert werden, die aus Angst, von dem gleichen Schicksal wie ihre aufgegriffenen Genossen betroffen zu werden, sich „retirieren" würden. Die Bürger würden daher der Fabriksunternehmung zu Dank verpflichtet sein und dieses durch reichliche Beträge für dasselbe bekunden. Es wurde auch vorgeschlagen, der Fabrik die Summen zuzuwenden, die früher für Almosen verausgabt worden waren.[3]) Die Zucht- und Waisenhäuser sollten Schulen der Künste und Gewerbe, Pflanzstätten der Industrie werden, viele nützliche Dinge über das ganze Land verbreiten. Schon daraus ersieht man, daß der Staat die in den Zwangsarbeitshäusern errichteten Betriebe zu gleicher Zeit und vor allem unter dem Gesichtspunkte der Förderung der Landesindustrie betrachtete. Man wird die Arbeit in denselben deswegen keineswegs bloß im Sinne der heutigen Strafrechtswissenschaft auffassen dürfen, welche die arbeitsscheuen Sträflinge zur Arbeit erziehen möchte und sie deswegen in der Anstalt ein Gewerbe erlernen läßt. Hier handelte es sich vielmehr um regelrechte Industriebetriebe, die auch in der Tat von Unternehmern in Pacht genommen und kommerziell ausgenutzt wurden. Die in ihnen beschäftigten Leute wurden auch wirklich als Arbeiter angesehen, die auch entlohnt werden sollten. So pachtete zu Breisach in Baden ein Unternehmer das Zuchthaus, wo er eine Hanf- und Leinen-

[1]) Gothein, Wirtschaftsgesch. des Schwarzwaldes S. 699.

[2]) S. meine Entwicklungsgesch. des Kapitalzinses. III. Abh. Jahrb. f. Nat.-Ök. 1903, S. 187 f.

[3]) Fr. Mayr, Anfänge des Handels und der Industrie in Österreich. S. 64 f. Max Adler, Österr. Gewerbepolitik, S. 90.

spinnerei einrichtete. Ein anderer, und zwar ein Italiener, pachtete das Zuchthaus zu Hüfingen im Schwarzwald, wo Wolle, später Seide versponnen wurde. Man ließ sogar aus dem Auslande Meister holen, um die Insassen solcher Anstalten in verschiedenen Gewerben zu unterweisen.[1])

In Amsterdam erwog der Rat 1695 auf Antrag der Armenpfleger und der Schöffen, „ob es nicht angezeigt wäre, einen geeigneten Platz für ein Spinnhaus zu suchen, worin junge Mädchen und andere, welche sich an Betteln und Müßiggang gewöhnen, mit Wollspinnen beschäftigt werden und den Unterhalt verdienen könnten“. Da einige Kaufleute, welche die Wollenfabrikation betrieben, hierfür günstige Bedingungen boten und die Herren vom Rate es für „ein sehr gutes und christliches Werk hielten“, so ersuchten und ermächtigten sie den Bürgermeister, in der Sache vorzugehen. Im folgenden Jahre wurde in den Räumen des bisherigen Ursula-Nonnenklosters die Anstalt eingerichtet.[2]) Zu Ausgang des 18. Jahrhunderts bereiste der bekannte englische Philanthrop John Howard die Staaten Europas, um die Zucht-, Arbeits- und Waisenhäuser zu besichtigen. In der Amsterdamer Anstalt, in der Bettler und Vagabunden untergebracht waren, fand er die Frauen beim Spinnen, Weben, Haspeln; Männer und Knaben waren zum Teil mit Spinnen, teilweise mit der Verfertigung von Werg zum Kalfatern der Schiffe beschäftigt, welche letztere Arbeit im Auftrage der Admiralität und der Ostindischen Kompagnie ausgeführt wurde. Howard bemerkt hierzu, diese Anstalt verdiene „besondere Beachtung, da sie ebenso umsichtig verwaltet werde, wie irgendeine Manufaktur oder eine gewerbliche Unternehmung“.[3]) Auch in Würzburg waren — wie aus Howards Berichten ebenfalls ersichtlich ist — in der dortigen Strafanstalt (1778) betriebsmäßig 54 Männer und 36 Frauen mit den gleichen Arbeiten beschäftigt, wie sie in den Wollmanufakturen mit freien Arbeitskräften betrieben wurden. Es wurde dort nämlich Wolle gekämmt, versponnen, verwebt, Strümpfe und Kamisolen gewebt. Auch der Absatz der erzeugten Produkte war umsichtig organisiert: Es bestand ein Warenlager, wo der Verwalter der Anstalt den Kunden Tuch von verschiedener Beschaffenheit — für Artillerie-, Infanterie-, Unteroffiziersuniformen — vorlegen konnte.[4]) 1618 wurden vom Großen Kurfürsten ein Edikt erlassen, das die Errichtung von „Zuchthäusern, Spinnhäusern und Manufakturen“ anordnete, wo auch alle Arbeitslosen und ihre Kinder — nötigenfalls sogar zwangsweise — untergebracht werden sollten. Wie man aus den einleitenden Sätzen des Edikts ersehen kann, sollte diese Maßregel einerseits dem Gedeihen der Tuchindustrie, andrerseits der Erziehung der Arbeitsscheuen zur Arbeit dienen. Noch früher waren verschiedene Meister aus Hamburg und Holland berufen worden, um die in den Strafanstalten für arbeitsfähige Erwachsene und Kinder eingerichteten Gewerbebetriebe zu leiten.[5]) In Erfurt war zu Beginn des 18. Jahrhunderts ein Arbeitshaus, verbunden mit einem Zuchthause, sowohl für Bettler von Profession, als für Verbrecher eingerichtet worden. Es bestand hier eine Manufaktur für wol-

---

[1]) Gothein, Wirtschaftsgesch., S. 756.

[2]) Wagenar, Amsterdam in zyne opkomst etc. 1765. T. VIII. Hippel, Beitr. zur Gesch. d. Freiheitsstrafe. Zeitschr. f. ges. Strafrechtswiss. 1898. S. 443. Über die Begründung von Gewerbebetrieben in derartigen Anstalten (in Tours, Rouen u. a. O.) s. Mémoire tendant à perfectionner les fabriques de France. 1754 (bei Boissonade, Trois mémoires relatifs à l'amélioration des manufactures de France. Rev. d'hist. écon. VII. 1914. Nr. 1, S. 77 ff.). Diese Gründungen bezweckten die Förderung der Industrie, die Vervollkommnung der Gewerbetechnik. Es sollten hierzu Baumwollspinnerinnen aus England und Indien (aus Indien stammten ja die schönsten Baumwollgewebe, s. unten Kap. 12) herbeigeschafft werden.

[3]) Howard, Etat des prisons, des hôpitaux et des maisons de force (1797), I, S. 122.

[4]) Ibid. I, S. 194.

[5]) Hippel, S. 436 f.

lene Strümpfe und Mützen. Der Verwalter dieser Anstalt war nach Horns Ausführungen eigentlich als Fabrikherr anzusehen. Allerdings wurden die erforderlichen Werkzeuge auf Kosten der Stadt angeschafft, doch die nötigen Rohmaterialien und die Lebensmittel zum Unterhalt der Arbeitshäusler wurden von ihm geliefert, wogegen ihm der Erlös der Arbeitsprodukte zustand.[1]) Im Kopenhagener Zuchthaus, Spinhuis genannt, ließ man zu Ende des 18. Jahrhunderts von den 300 bis 400 Insassen Wolle für die Tuchmanufakturen Kopenhagens, die die Armee mit Tuchwaren versorgten, kämmen und spinnen. Die gesamte in den dänischen Strafanstalten versponnene Wolle sollte diesen Manufakturen zugeführt werden.[2])

1656 war in Paris das Hôpital géneral eröffnet worden. Solche „hôpitaux généraux" wurden seit Anfang des 17. Jahrhunderts in einer Reihe französischer Städte errichtet, so, um nur die wichtigsten Städte zu nennen, in Lyon (1613), Reims (1632), Marseille (1639), Dijon (1643), Montpellier (1646), Toulouse und Béziers (1647), Nantes und Rennes (1650). Das Edikt von 1662 forderte ihre Gründung in jeder Stadt und jedem Marktflecken. Eine Reihe der hôpitaux führte den bezeichnenden Namen „hôpital général de manufacture"[3]). Wir besitzen eine ausführliche Schilderung eines derartigen 1662 ins Leben gerufenen hôpital in Bordeaux. Es sollten alle Armen von Bordeaux und Umgebung, beiderlei Geschlechts und jeden Alters, hier untergebracht werden, um verschiedene Gewerbe zu betreiben, je nach ihrer Befähigung. Die Anzahl der Armen, die anfangs 267 betrug, stieg dann bis auf 700, ja bis auf 900. Es wurden nun im hôpital Unternehmungen (factures statt manufactures) begründet, so eine Stickereimanufaktur, eine Spitzenmanufaktur, eine Wirkwaren-, eine Seiden-, eine Passementerie-, eine Seifenmanufaktur. Auch andere Gewerbebetriebe wie Hutmacherei, Schuhmacherei, Nagelschmiederei gab es im hôpital. Man machte endlich auch Versuche, Woll- und Baumwolltuch zu produzieren, die jedoch mißlangen. Und doch war trotz der zahlreichen und mannigfachen Betriebe ur ein Teil der Innsassen des Spitals beschäftigt, während viele andere sich beschäftigungslos herumtrieben. Einen Teil derjenigen, welche nicht arbeiten wollten, hatte freilich die Direktion ausgewiesen. Von der Armenhausverwaltung wurden Verträge mit einer Reihe von Unternehmern abgeschlossen. Meistenteils führte der Unternehmer den Betrieb auf eigene Rechnung; die nötigen Werkzeuge und Rohmaterialien mußte ihm freilich die Verwaltung liefern, doch nicht umsonst, sondern zum Anschaffungspreise. Das Armenhaus hatte die in der Unternehmung arbeitenden Armen zu verpflegen, doch wurde für sie auch ein Arbeitslohn bestimmt, der beinahe den der freien Arbeiter erreichte. Der Unternehmer verfügte demnach keineswegs über unbezahlte Arbeitskräfte, wenn auch der größere Teil des von ihm bezahlten Arbeitslohnes in die Kasse des hôpitals floß, da ja die betreffenden Armen von letzterem unterhalten wurden. Der Unternehmer sollte entweder eine bestimmte Besoldung erhalten, oder er durfte einen Teil des Reingewinnes für sich behalten, während der übrige (oder im ersten Falle der gesamte Überschuß) vom Armenhaus beansprucht wurde. Manche Gewerbe, wie die Wirkwaren- und Stickereiproduktion, waren wenigstens zeitweise als Monopol des Armenhauses für das Gebiet von Bordeaux und Umgebung erklärt worden, doch wurde dies von den städtischen Meistern wenig beachtet. Die im hôpital betriebene Schuhwarenfabrikation erregte den Unwillen der Schuhmacher, denen die Konkurrenz nur unangenehm sein konnte. Für manche Werkstätten des Spitals, wie die Stickereimanufaktur, wurden auch freie städtische Arbeiter zugezogen, die neben den Armen des Spitals daselbst arbeiteten. Anderseits mußten die Verleger von Metallwaren sich verpflichten, dem Armenhause Aufträge zu erteilen, insbesonders sollten hier verschiedene Produktionsprozesse in der Nadelfabrikation ausgeführt werden. Bei der

---

1) Horn, Erfurts Stadtverfassung, S. 90.

2) Howard, S. 216 f.

3) Mathieu, Note sur l'industrie en Bas-Limousin dans la seconde moitié du XVIIIe siècle (Manuf. de l'hôpital de Tulle). Mém. et doc. publ. par Hayem, 2e sér., S. 108 ff.

Begründung der Spitzenfabrikation im hôpital erbot sich die Verwaltung, der Unternehmerin 150 Mädchen im Alter von nicht unter 12 Jahren zur Arbeit zur Verfügung zu stellen; sie sollten von 10 Meisterinnen in der Spitzenfabrikation unterwiesen werden. Doch es gelang der Direktion, nur 100 dazu geeignete Mädchen aufzubringen, unter denen außerdem viele das 10. Lebensjahr noch nicht erreicht hatten. Die Verwaltung mußte sich deshalb damit einverstanden erklären, daß die Unternehmerin noch eine andere Werkstatt in der Stadt eröffnete. Dagegen sah die Direktion es als unbefugte Konkurrenz an, wenn die Meisterinnen der Unternehmung, die im Armenhaus betrieben wurde, auch den Frauen der Stadt und der Umgegend Unterricht in der Spitzenfabrikation erteilten. Der neue Unternehmer, der später an Stelle des früheren die Spitzenfabrikation übernahm, beklagte sich seinerseits darüber, daß die Mädchen, die bei ihm angestellt waren, in ihrer freien Zeit im Auftrage von Privatpersonen arbeiteten. Noch schlimmer war es jedoch für das Spital, daß viele Arme, sobald sie ein Gewerbe erlernt hatten, das Haus verließen — eine streng verbotene Handlung — und in der Flucht ihr Heil suchten. Obwohl die Verwaltung sie verfolgte und zurückbrachte, auch bestrafte, wollte das Unwesen dennoch kein Ende nehmen.[1])

Am bekanntesten war das zu Paris 1656 eröffnete Hôpital, das Armen-, Arbeits-, Zucht- und Waisenhaus zugleich war und aus einer Reihe von Anstalten bestand, in denen gewerbliche Arbeiten verschiedener Art betrieben wurden. Es waren hier 562 Mädchen untergebracht, die mit Spinnen, Sticken, Stricken, Teppichweben, Posamentierarbeit, Wäscheanfertigung beschäftigt wurden. Auch Knaben ließ man dorthin bringen, und die Handwerker und Bürgersleute der Stadt wandten sich an die Anstalt, wenn sie Knaben als Lehrlinge oder zur Verrichtung von häuslichen Arbeiten brauchten. In einer anderen, ebenfalls zum Spital gehörigen Anstalt, der Salpetrière, spannen 770 alte und kranke Frauen, 290 Mädchen im Alter von über 30 Jahren verfertigten Handschuhe, Teppiche, Wäsche, Kleider, Strümpfe. 1690 hatte die Salpetrière über 3000 Insassen, darunter 103 Knaben im Alter von 6 bis 10 Jahren, die mit Stricken beschäftigt wurden, 286 Mädchen von 8 bis 10 Jahren, die in der Wäscheanfertigung und Teppichwirkerei verwandt wurden. Durch den Artikel 55 des Edikts von 1656 wurde den Vorstehern des hôpital die Verpflichtung auferlegt, in demselben „alle Arten von Manufakturen einzuführen". Es wurde ihnen „gestattet und anheimgestellt, im hôpital und in den mit ihm verbundenen Anstalten alle Arten von gewerblichen Erzeugnissen herzustellen und zu verkaufen". In der Tat verfügte das Spital über zahlreiche Werkstätten. Wie in einer 1665 abgefaßten Schrift berichtet wird, „soll es in den Anstalten des hôpital trotz aller im Wege stehenden Hindernisse gegenwärtig keine unbeschäftigten Armen mehr geben, mit Ausnahme von solchen nur, die zeitweise krank oder wegen ihres hohen Alters und kümmerlichen Gesundheitszustandes arbeitsunfähig sind. Selbst Greise, Krüppel und Lahme sind bei der Arbeit. Seitdem die Arbeit als allgemeine Pflicht eingeführt worden ist, herrscht unter den Armen strengere Zucht und größere Frömmigkeit. In diesen Anstalten — heißt es weiter — sind Näherinnen und Schneiderinnen zu finden, Spitzenmacherinnen, deren Arbeit der der venezianischen kaum nachstehen dürfte, Posamentiererinnen, die sich mit den Holländerinnen messen könnten, eine Unzahl von Wirkerinnen aller Arten, deren Erzeugnisse wohl den englischen gleichkommen". Besondere Aufmerksamkeit wurde im hôpital géneral der Strickerei zugewandt. Die Direktion hatte mit den Vorstehern der Zunft der Wirkwarenhändler ein Abkommen getroffen, demzufolge die Händler die erforderlichen Rohstoffe beschafften und die fertigen Erzeugnisse geliefert erhielten. In den Werkstätten des Hôpital wurde die ehedem in Frankreich unbekannte Fabrikation von englischem Trikot eingeführt. Die zur Unterweisung in der Arbeit erforderlichen Meisterinnen ließ man aus England kommen, zum Absatz der fertigen Erzeug-

[1]) Guitard, Un grand atelier de charité sous Louis XIV. L'hôpital général de la manufacture à Bordeaux (1658—1775), S. 90 f., 100 f., 122 f (Hayem, Mém. et doc. pour serv. à l'hist. du comm. et de l'ind. en France. 4e sér. 1916.)

nisse wurde eine Gesellschaft gegründet, an der 4 Händler, die sich mit dem Vertriebe von englischem Trikot befaßten, teilnahmen. Die Vorsteher des hôpital général empfahlen auch den Leitern der in den Provinzstädten befindlichen Anstalten der gleichen Art die Einführung dieses Gewerbezweiges, wobei sie sich erboten, ihnen die nötige Wolle zu liefern, die Beförderung der fertigen Produkte nach Paris auf eigene Kosten zu übernehmen und die Erzeugnisse ihrer Art und Beschaffenheit entsprechend zu bezahlen. Unter den Kaufleuten, die Verträge mit dem hôpital abgeschlossen hatten, befanden sich Seidenwaren-, Spitzen-, Teppich- und Bandwarenhändler.[1])

Die Bevölkerung der englischen Arbeitshäuser war eine äußerst bunte; da finden wir Falschspieler, kleine Holzdiebe, Bärenführer, Wahrsager, bettelnde Seeleute, die Schiffsunfälle vorschützten, Schüler aus Oxford und Cambridge, die bettelnd herumzogen. Dazu kamen noch beschäftigungslose Arbeiter, welche nicht zu den vom Friedensrichter festgesetzten Löhnen arbeiten wollten, und arbeitsfähige Müßiggänger, welche weder Land noch Geld oder irgendeine erlaubte Beschäftigung hatten.[2]) Zu Anfang des 18. Jahrhunderts waren in den 40 Londoner work-houses 4000 Personen mit der Ausführung von Aufträgen für Händler beschäftigt. Daneben wurden auch Arbeiter, insbesonders aber Kinder aus Arbeits- und Waisenhäusern den Unternehmern überlassen. Dieser Brauch bestand in England, Holland (Middelburg), Preußen.[3])

Auch in den Städten Italiens, Belgiens und anderer Staaten gab es ähnliche Manufakturen. Anläßlich der im Genter Zuchthause errichteten Manufaktur bemerkt John Howard, die dort verfertigten Stoffe legten Zeugnis ab wider den großen Irrtum derjenigen, die da behaupten, keine gewerbliche Unternehmung könne nutzbringend sein und gedeihen, die auf Arbeitskräften beruhe, „die in Ketten geschmiedet und zur Arbeit gezwungen werden“.[4])

Der Wunsch, an Mittelspersonen (Faktoren) zu sparen, die das Material unter den Hausindustriellen verteilten und das Produzierte einsammelten, ferner das Bestreben, die Rohstoffunterschlagungen, die in der Hausindustrie so große Dimensionen angenommen hatten[5]), einzuschränken, ja, vielleicht ganz beseitigen zu können, dies alles und manches andere veranlaßte den Verleger, die zerstreuten Heimarbeiter in einer und derselben Werkstätte arbeiten zu lassen und die unmittelbare Leitung der Produktion zu übernehmen. In solchen zentralisierten Werkstätten war jene Zerlegung des Arbeitsprozesses in Teilverrichtungen möglich, wie sie Adam Smith in der von ihm besuchten Nadelmanufaktur beobachtet und geschildert hat, und die sich als recht erfolgreich erwiesen hatte. Obwohl demnach die Manufaktur vor der Hausindustrie die angegebenen Vorzüge voraus hatte, fand diese Betriebsform nur geringe Ausbreitung. Nehmen wir z. B. die gesamte Textilindustrie, in welcher der größte Teil der Arbeiterschaft eines jeden Landes Beschäftigung fand, so werden in keinem der zahlreichen hierher

---

[1]) Paultre, De la répression de la mendicité et du vagabondage en France sous l'ancien régime, S. 158 ff. Andere Beispiele s. Dutil, L'industrie de la soie à Nimes (Rev. d'hist. mod. X, S. 318), Hauser, Les pouvoirs publics et l'organisation du travail dans l'ancienne France (ibid. IX, S. 186). Vgl. Hofmann, Beitr. zur neuen österr. Wirtschaftsgesch. I (Arch. österr. Gesch. 1920).

[2]) Hippel, S. 101, 427.

[3]) S. unten Kap. 13.

[4]) Howard, I, S. 339.

[5]) S. unten Kap. 12 u. 13.

gehörigen Gewerbezweige (Verarbeitung von Wolle, Flachs, Hanf, Baumwolle, Seide usw.), und zwar weder in der Spinnerei noch in der Weberei (mit wenigen Ausnahmen) zentralisierte Werkstätten sich feststellen lassen. Anders war es nur im Zeugdruck, mit dem zuweilen noch andere Endprozesse der Baumwollwarenverarbeitung verbunden waren, wie Bleicherei, Färberei usw., die man unter der Bezeichnung Appretur zusammenfaßte. Auch vereinzelt vorkommende Seidenzwirnereien waren häufig Manufakturen.

Der Schweizer Bürger Streiff legte um die Mitte des 18. Jahrhunderts die erste Zeugdruckerei in Glarus an. In Venedig kaufte er Baumwolle aus Cypern ein, ließ sie unter die Heimarbeiter zum Spinnen und Weben verteilen, um dann die fertigen Tuche in eigenen Werkstätten bedrucken und färben zu lassen und sie daraufhin an Kaufleute zur Ausfuhr nach Deutschland, Rußland, Österreich, Italien abzusetzen. Die Schweiz gehörte zu jenen Staaten, wo der Zeugdruck rasch zur Blüte kam; am Ausgang des 18. Jahrhunderts zählte man dort 50 Manufakturen mit je 50 bis 100 Arbeitern, zuweilen stieg die Arbeiterzahl bis auf mehrere hundert an; die Drucktische wurden öfters durch Wasserkraft in Bewegung gesetzt. Die Inhaber der Manufakturen erwarben bereits fertige Tuche zum Bedrucken, oder es waren auch Lohndruckereien, denen die Tuche von Händlern zum Bedrucken und zur Appretur geliefert wurden.[1]) Solche Zeugdruckereien mit 200 und mehr Arbeitern lassen sich zu jener Zeit auch in Frankreich, Sachsen, den Niederlanden, im Elsaß finden.

Was jedoch alle übrigen schweizerischen Gewerbe betrifft, so hatten sich dort zentralisierte Betriebe nur wenig eingebürgert. Es lassen sich weder Gründungen von Spinnereien noch von Webereien, in denen Arbeiter unter der Aufsicht des Unternehmers bzw. seiner Werkmeister zusammengefaßt worden wären, nachweisen. Es kommen freilich Bezeichnungen wie „Baumwollfabriken" oder „Cottonfabriken" in den Quellen vor, doch hat das noch nichts zu besagen, denn, wie oben erwähnt, verstand man damals unter „Fabriken" alles mögliche. Auch die Nachricht von einem Religionsflüchtigen namens Brunel, der 1736 im Schloß Schafisheim bei Lensburg eine Zeugdruckerei errichtete und der auch spinnen und weben ließ, läßt noch nicht darauf schließen, daß auch diese Produktionsprozesse in seinen eigenen Werkstätten vorgenommen worden seien. Wir haben im Gegenteil allen Grund, anzunehmen, daß auch in diesem Falle die übliche Heimarbeit vorhanden war. Gab es doch in der Schweiz, insbesonders auf dem Lande, über 200000 Spinner und Weber, richtiger Spinnerinnen und Weberinnen; auch Stickerinnen und Bandwirkerinnen waren in großer Zahl anzutreffen. Bloß zum Seidenzwirnen waren zentralisierte Werkstätten errichtet worden, in denen oftmals bis zu 30 bis 40 Personen arbeiteten, wobei die Zwirnmühlen von Taubstummen, Blinden oder Idioten in Bewegung gesetzt wurden. Später ersetzte man sie durch Wasserkraft. Doch auch in der Seidenindustrie scheint die Manufaktur über diese ersten Stadien nicht hinausgekommen zu sein. Die übrigen Produktionsprozesse, namentlich die Seidenweberei, waren, wie alles übrige, Heimarbeit. Eine Ausnahme bildeten die feineren Stoffarten, die ihres größeren Wertes wegen nur unter Aufsicht des Unternehmers auf ihm gehörigen Stühlen, die teuerer und komplizierter waren als die für die gewöhnlichen glatten Seidenstoffe gebrauchten, verarbeitet werden konnten.[2]) Auch in der schweizerischen Uhrenindustrie finden sich (neben handwerksmäßigen) wohl nur hausindustrielle Betriebe, dagegen keine zentralisierten Manufakturen.[3])

---

[1]) Geering, Die Entstehung des Zeugdruckes im Abendlande (Viert. f. Soz.- u. W.-G., I, S. 419 ff.). Rappard, S. 47 f., 105 f. Jenny-Trümpy, Hand. u. Ind. des Kant. Glarus, I, S. 50; II, S. 94, 107. Chapuisat, Le commerce et l'industrie à Genève pendant la domination française, S. 140.

[2]) Bürkli-Meyer, Züricher Seidenind., S. 80 ff., 162 ff. Rappard, S. 89 ff.

[3]) S. unten Kap. 12.

An dem Beispiel der schweizerischen Industrie läßt sich bereits verfolgen, wie weit der zentralisierte Betrieb bis zum Schluß des 18. Jahrhunderts fortgeschritten war und welchen Umständen er seine Haupterrungenschaften zu verdanken hatte. Wie man sieht, können seine Eroberungen keinesfalls als groß und revolutionierend bezeichnet werden. Es waren — wie es sich auch weiter zeigen wird — teilweise durch Anwendung mechanischer Hilfsmittel (wie beim Zeugdruck) betriebene Anfangs- oder Endprozesse (Zwirnen und Haspeln, Waschen, Zurichten und Sortieren des Rohstoffes, Druck und Apretur der Tuche), die manufakturmäßig betrieben wurden, während die Mittelstadien des Produktionsprozesses in der Werkstätte des Heimarbeiters znr Ausführung kamen. Nur für bessere und feinere Tuchsorten ließ der Unternehmer Stühle im eigenen Gebäude aufstellen, obwohl man auch in diesen Fällen vielfach statt dessen die Arbeit zuverlässigen Webern nach Hause anvertraute. Hindernisse mancher Art standen der Ausbreitung von zentralisierten Betrieben im Wege. Das Festhalten der Kleinmeister an den althergebrachten Betriebsformen, die von ihnen an den Tag gelegte Unlust, ihr Heim mit der Werkstätte des Unternehmers zu vertauschen, wo sie sich seinen Anordnungen und deren seiner Werkmeister in bezug auf Beginn und Schluß der Arbeit, auf Arbeitspausen und Arbeitsweise zu fügen hatten, mußten das Vordringen der Manufakturen nicht minder verlangsamen, als die Notwendigkeit größerer Kapitalanlagen für Betriebsstätten und Werkzeuge sowie für die Wohnungen der Arbeiter und ihrer Familien, und als das Fehlen geprüfter Werkmeister. Hieß es doch, sagt Gothein, es sei „ein unbestrittener, obgleich trauriger Erfahrungssatz, daß große Fabriken das Grab der Moralität sind".[1]) „Die Handwerker und kleinen Bürger hielten sich für viel zu gut, um in der Manufaktur zu arbeiten", behauptet Matschoß in betreff der preußischen Seidenindustrie, die Waisenhäuser mußten daher den Unternehmungen die nötigen Arbeitskräfte liefern.[2]) Die französischen Seidenindustriellen begründeten ihre Vorliebe für Heimarbeit damit, daß es nicht leicht sei, in einem Gebäude eine größere Anzahl von Arbeitern unterzubringen, da ja nicht bloß Werkstätten, sondern auch Wohnräume für dieselben zu beschaffen seien und zwar für den Arbeiter, seine Frau, 3 bis 4 Kinder und die Haustiere, die er mitzunehmen pflege.[3]) In der bekannten französischen Tuchmanufaktur Van Robais (begründet bereits von Colbert) in Abbeville arbeiteten nicht nur 1000 bis 1200 Spinnerinnen in den Gebäuden des Unternehmers, sondern auch ihre Wohnstätten befanden sich ebenfalls dort.[4])

---

[1]) Gothein, S. 701 u. a.

[2]) Matschoß, Friedrich d. Gr., S. 44.

[3]) Tarlé, II, S. 73.

[4]) Nun haben freilich neuere Forschungen ergeben, daß ein Teil der Webstühle bei Van Robais ursprünglich (am Ende des 17. Jahrhunderts) in verschiedenen Teilen der Stadt Abbéville untergebracht war, außerhalb der eigentlichen Manufaktur (und zwar befanden sich in einzelnen Häusern je 1, 2, 5 bzw. 10 Stühle,

Savary rühmt diese große Textilmanufaktur, die über 1000 Spinnerinnen in den Räumen der Unternehmung beschäftige; doch fügt er hinzu, in ganz Frankreich gäbe es kein anderes Unternehmen dieser Art. In der zweiten Hälfte des 18. Jahrhunderts bestand noch eine andere bedeutende Manufaktur, die Seidenmanufaktur von Vaucanson, die von den Zeitgenossen als etwas ganz Außergewöhnliches angesehen wurde. Die Tatsache, daß in einer einzigen Werkstätte 120 Webstühle vereinigt waren, erregte allgemeines Staunen. Tarlé, der diese Frage einem gründlichen Studium unterzogen hat, stellt die Tatsache des Bestehens verschiedener anderer Werkstättenbetriebe mit je 10 bis 20 Arbeitern fest. Besonders war dies in der Papierindustrie der Fall, wo der Artcharakter der Produktion, die Benutzung der gleichen Pressen und Geräte, diese Betriebsform förderte. In allen anderen Fällen, wo von „Manufakturen“ die Rede ist, handelt es sich in Wirklichkeit um Ausgabe der Arbeit an Hausindustrielle. Dieses geschah selbst in solchen Industrien, wie die Spiegelerzeugung, die ihrer ganzen Art nach die Konzentration der Arbeit in zentralisierten Werkstätten erheischte. Auch hier wurde die Ausführung derjenigen Teilverrichtungen, die die Anfangsstadien der Spiegelproduktion bildeten, Heimarbeitern überlassen.[1]) Ähnlich war es in der Glasindustrie. In den um Reims liegenden Dörfern erzeugte man Glas im Auftrage der städtischen Händler. Die Waffenmanufaktur zu Maubeuge beschäftigte 1789 418 Arbeiter, darunter zahlreiche Dorfbewohner. In der Metallverarbeitung überhaupt betrug die Arbeiterzahl in diesem Distrikt 800 bis 900 Heimarbeiter, unter denen die ländlichen Arbeiter über die Hälfte ausmachten.[2])

Nun werden freilich in der französischen Literatur manche Fälle von zentralisierter Betriebsweise angeführt, doch ergibt es sich auch hier, daß es entweder Zeugdruckereien sind, wie namentlich im Elsaß, oder gemischte Betriebe, wo nur einzelne Produktionsprozesse in den Behausungen des Unternehmers untergebracht waren, während alles übrige Heimarbeit verblieb. So gab es zwei Unternehmungen zur Erzeugung von Segeltuch für die königliche Marine und die Ostindische Handelskompagnie, die eine befand sich in Beaufort, die andere in Angers. Doch der, der Untrsuchung von Dauphin beigegebene Plan der Manufaktur zu Beaufort weist nur für Webstühle Werkstätten auf, dagegen nicht zum Verspinnen von Hanf, das eben, wie man auch aus anderen Angaben ersehen kann, an Heimarbeiterinnen überlassen wurde. In bezug auf die Leinenmanufaktur zu Angers wird freilich erwähnt, sie beschäftige 5000 bis 6000 Personen, vornehmlich Spinnerinnen, die dadurch der traurigen Notwendigkeit entgehen, Almosen zu erbitten, doch auch dies scheinen Hausindustrielle gewesen zu sein. Dies ergibt auch der Bericht von 1783, der beide, nunmehr unter einer Direktion vereinigten Manufakturen (zu Beaufort und zu Angers) behandelt und besagt, sie zählten insgesamt bloß 800 Ar-

---

in einem Falle 30 Stühle), wenn die Arbeiter auch unter Aufsicht von Werkmeistern produzierten. Später scheint die Weberei bereits in einer und derselben Werkstätte zentralisiert gewesen zu sein, während das Spinnen auch dann noch in vier großen Häusern in der Stadt unter Aufsicht von Werkmeistern und Werkmeisterinnen stattfand. (Courtecuisse, La manuf. de draps fins Vanrobais au XVIIe et XVIIIe siècles, S. 71 ff., 76.)

[1]) Tarlé, Bd. II, S. 67 f., 74.

[2]) Lefebvre, Les paysans du Nord, I, S. 283.

beiter verschiedenen Alters, von 10jährigen Kindern an bis zu Greisen. Nach Angaben von 1800 wurden in beiden 642 Personen beschäftigt, darunter 452 Männer (Bleicher, Weber usw.), 140 Frauen (Spulerinnen, Hasplerinnen u. a.) sowie 50 Minderjährige im Alter von 9 bis 16 Jahren. Dagegen wurde das für die Manufaktur benötigte Gespinst von 6000 hausindustriell tätigen Frauen besorgt, die zum Teil (so die auf dem platten Lande Ansässigen) nur die Hälfte des Jahres spannen[1]), so daß auch hier nur ein geringer Teil sämtlicher Arbeiter (weniger als $^1/_{10}$) in der eigentlichen Manufaktur vereinigt war. Die von Melville zu Orléans begründete Unternehmung wies bloß 20 Graveure, 40 Zeugdrucker, 25 Färber, 50 Frauen zum Zurichten der Farben, 20 Bleicher usw. auf, die in den Gebäuden der Unternehmung die Arbeit zu verrichten hatten, während nicht nur die Spinnerei, sondern auch die Weberei in üblicher hausindustrieller Weise ihren Fortgang nahm.[2]) In Orléans bestand auch eine Strumpfwirkerei, die 800 Personen in ihren eigenen Betriebsräumen beschäftigte, jedoch an die doppelte Anzahl von Heimarbeitern Aufträge erteilte.[3]) Nicht anders war es in anderen Fällen. Die zwölf königlichen Tuchmanufakturen, die in Frankreich um die Mitte des 18. Jahrhunderts bestanden, sollen nach Ballot meist wirklich zentralisierte Unternehmungen gewesen sein. Doch fügt er sofort hinzu, daß keineswegs alle Produktionsprozesse innerhalb derselben vorgenommen wurden. Das Verspinnen der Wolle wurde den Bäuerinnen der umliegenden Dörfer übertragen, auch die Weberei ließ man zum weitaus größeren Teil von Dorfbewohnern besorgen, so daß die in den Gebäuden der Manufaktur sich vollziehenden Prozesse vorwiegend auf die Appretur der Zeuge beschränkt waren.[4])

Daneben finden sich freilich in den Luxusindustrien Frankreichs auch Beispiele von zentralisierten Betrieben die jedoch durch besondere Umstände hervorgerufen gewesen zu sein scheinen. Es handelt sich nämlich um neue, von Fremden begründete Gewerbe. Durch die Feindschaft der Zünfte bedroht, welche in ihrem Aufkommen eine Verletzung ihrer Privilegien erblickten, konnten dieselben nur in den Vorstädten (faubourgs) von Paris, die der Aufsicht der Zünfte entzogen waren, oder in besonderen, mit dem königlichen Wappen geschützten Häusern Unterkunft finden und in Ruhe betrieben werden. Zu Beginn des 17. Jahrhunderts wurden die „Galerien" im Louvre errichtet, die den, außerhalb der Zünfte stehenden Meistern als Zufluchtsstätte zu dienen hatten. „Wir haben — so lautet das königliche Dekret von 1607 — das Gebäude in der Weise einrichten lassen, daß daselbst die besten Handwerker und Meister eine Wohnstätte finden und sich mit Malerei, Skulptur, Gold- und Silberarbeit, Uhrenerzeugung, Diamantschleiferei, wie auch anderen Künsten befassen könnten, sowohl für unseren Hof, als für unsere Untertanen produzierend." Aus einem Dekret des nächstfolgenden Jahres ist es ersichtlich, daß auch Waffen, Möbel, Parfümerien, Springbrunnenröhren, Teppiche usw. dort verfertigt wurden. Die Meister, die im Louvre wohnten — unter ihnen gab es Italiener, Flämen, Holländer usw. —, waren sämtlich von der Zunftkontrolle frei und standen unter dem Schutze des Königs. Niemand konnte sie daran

---

[1]) Dauphin, Recherches pour servir à l'histoire de l'industrie textile en Anjou, S. 106 ff., 109, 121, 143, 161.

[2]) Garsonnin, La manufacture de toile peinte d'Orléans (Hayem, Mém. et doc. 3e sér.).

[3]) Levasseur, II, S. 766.

[4]) Ballot, L'introd. du machinisme dans l'ind. en France, S. 164, 168.

verhindern, Arbeiten für die Bevölkerung zu übernehmen, Lehrlinge auszubilden usw.; die Zünfte mußten sich mit dem Ausspruche begnügen, „kein anständiger Meister würde im Louvre arbeiten". Nach einem halben Jahrhundert seit der Begründung des Louvre war die Zahl der dort wohnenden Meister bedeutend angewachsen, wobei die talentvollsten unter ihnen hervortraten und nunmehr an der Spitze der Produktion standen. Es bildeten sich Werkstätten für Teppich-, Waffen-, Möbel-, Goldsachenproduktion. Die Leitung einer unter diesen Werkstätten übernahm André Charles Boulle mit seinen 4 Söhnen. Es standen hier 18 Tischlerbänke zur Anfertigung von Möbeln aus Ebenholz; andere Arbeiter befaßten sich daselbst mit Holzschneiden, mit dem Einfassen der Möbel mit Bronze, mit dem Zusammenfassen und Fertigmachen der einzelnen Teile. Schon die Werkstatt von Boulle allein bildete somit eine Manufaktur, wo die verschiedensten Luxuswaren aus Holz und Bronze angefertigt wurden, wie Tische und Bureaus mit Mosaik, Schildkrot und Kupfer eingelegt, Bücherschränke mit Spiegelglas, Uhrengehäuse, Kronleuchter usw. Auf gleiche Weise müssen wohl auch die Luxusmanufakturen in der „manufactures des Gobelins" entstanden sein. Die Flamländer, die um 1599 nach Paris herbeigerufen worden waren, um dort mit Gold und Silber durchwirkte Teppiche zu verfertigen, wurden von den einheimischen Teppichwirkern stark angefeindet, die gegen die fremden Konkurrenten Einspruch erhoben. Doch blieb dieser Protest fruchtlos, da der König die Fremden in seinen Schutz nahm. Während sie anfangs in der Stadt zerstreut lebten, wurde ihnen später ein Haus angewiesen, das der Familie Gobelin gehört hatte, und ihre Werkstätten legten den Grund zur königlichen Manufaktur der Gobelins. Um die Mitte des 17. Jahrhunderts scheinen die Gobelins bereits einen zentralisierten Betrieb gebildet zu haben, der 250 Arbeiter — fast ausschließlich Fremde — zählte und in dem man die verschiedensten Luxuswaren aus Gold und Silber, Edelsteinen, Mahagoniholz, Schildkröte, ferner Teppiche, Vasen, Mosaikarbeiten usw. anfertigte.[1] [2]

---

[1]) Levasseur, Hist. des classes ouvr. et de l'ind. av. 1789, II, S. 171 ff., 175 ff.

[2]) Ein interessantes Beispiel in dieser Hinsicht dürfte wohl auch das bekannte, 1676 nach Bechers Entwurf begründete „Manufakturhaus auf dem Tabor" in Wien bilden, das aus mehreren Abteilungen bestand: einem alchemischen Laboratorium, einer Werkstatt zur Herstellung von Majolika, einer Apotheke, einer Seidenabteilung mit drei Bandstühlen, einer venezianischen Glashütte, endlich einer Gold- und Silberschmelze. Doch in dieser ursprünglichen Gestalt wurde das Manufakturhaus, das viele Anfeindungen erfuhr, nicht lange betrieben; es ist auch ungewiß, ob sämtliche Abteilungen eröffnet und in Betrieb gesetzt worden waren. Der Brand von 1683 machte jedenfalls ein neues Projekt nötig. An die Stelle Bechers war nunmehr Schröder getreten, der — es ist dies von Interesse — das Hauptziel der Manufaktur darin sah, daß dadurch dem Unwesen „der narrischen Handwerksordnungen" ein Riegel vorgeschoben werde. Gleich dem Louvre in Paris sollte dieses Haus eine Freistätte sein für alle unzünftigen Handwerker, wo sie auch herstammen mochten. Dazu sollte es genügen, den im Hause beschäftigten Handwerkern das Recht zu erteilen, das Handwerk ungehindert im Hause zu lehren und ihre Lehr-

Für Belgien gewinnt man einen Einblick in die zentralisierten Betriebe an der Hand einer 1764 veranstalteten (von Julin bearbeiteten) Erhebung. Wie Julin darlegt, wurde die Textilindustrie größtenteils verlagsmäßig betrieben. Es waren nur 10 bis 12 Manufakturen vorhanden. Bedeutender war ihre Anzahl in der Metall- und Glaserzeugung. Doch war die Zahl der darin beschäftigten Arbeiter unerheblich. Sie schwankte zwischen 18 bzw. 30 Arbeitern; Manufakturen mit 45 Arbeitern bildeten eine Ausnahme. Daneben gab es ein paar größere Porzellan- und Tabakmanufakturen. Außerdem wurden von den Manufakturen auch Hausindustrielle verlegt. Die Wollmanufaktur zu Malines beschäftigte 175 Arbeiter in ihren Werkstätten und 250 Heimarbeiter. In der Kamelotmanufaktur von Tournais arbeiteten 62 Arbeiter; das erforderliche Garn wurde von 80 Dorfmeistern versponnen; für die Tuchmanufaktur in Brügge, die 80 Arbeiter, und die Leinenmanufaktur in Tournais, die 277 Personen in ihren Werkstätten beschäftigte, wurde von 66 bzw. 535 Heimarbeitern Garn geliefert.[1]) Auch in England erwähnt Defoe nur gemischte Betriebe in der Textilindustrie und auch Arthur Young nennt nur einige zentralisierte Großbetriebe. Die hausindustrielle Produktionsform hat sich auch noch nach dem Aufkommen der ersten Spinnmaschinen erhalten. Sie waren ja von geringen Dimensionen und konnten in der Werkstätte des Kleinmeisters Raum finden. Erst die ihnen folgenden, komplizierteren und umfangreicheren Apparate bewirkten die Zusammenfassung der Arbeiter in denselben Betriebsräumen.[2])

In bezug auf Deutschland, Österreich usw. finden die oben aufgestellten Behauptungen volle Bestätigung. So lassen sich bei Gothein in seiner ausgezeichneten Industriegeschichte des Badischen Schwarzwaldes und der angrenzenden Landschaften trotz der klingenden Bezeichnungen „Fabrik und „Manufaktur“ auf Schritt und Tritt nur Hausindustrie, Verleger, Heimarbeiter, Ferger usw. feststellen. Als Ausnahmen treten nur ein paar Unternehmungen auf, wie die Zeugdruckereien in Lörrach (Baden) und Landshut (Bayern), sowie eine Manufaktur (mit 60 Arbeitern) für Kleineisenwaren, Werkzeuge, Waffen, von England verpflanzt und nach englischer Art errichtet. Außerdem wurden zahlreiche Manufakturen in den Waisen- und Zuchthäusern von Pforzheim, Breisach, Hüfingen usw. errichtet, um an Unternehmer verpachtet zu werden. Zu Pforzheim ließ der Markgraf freilich neben dem Waisenhause und unabhängig von ihm eine Webereimanufaktur begründen, doch sollte sie das im Zuchthaus gesponnene Garn verweben, war also doch eng an dasselbe angelehnt, und — wohl im Zusammenhang damit — ließ sich kein Pforzheimer Bürger dazu herbei, als Arbeiter in dieselbe einzutreten.[2]) Das 1714 gegründete königliche Berliner Lagerhaus, die größte deutsche Tuchmanu-

---

linge, „sobald sie zur Perfection kommen“, ohne Rücksicht auf die Zahl der Lehrjahre freizusprechen. Die Freigesprochenen sollten befugt sein, sich im ganzen Lande, wo immer ihnen beliebte, niederzulassen, ihr Handwerk frei auszuüben und Lehrlinge auszubilden; vom Wanderzwang waren sie befreit. Damit jedoch — so führt Schröder weiter aus — die Handwerker ihr Handwerk im Manufakturhause frei betreiben könnten, müsse die Manufaktur den Titel „das hoffbefreyte Haus“ führen (analog den „hoffbefreyten“ Meistern), sowie dem Hofmarschall untergeordnet sein, der sie unter seinen Schutz nimmt. Ist es doch bekannt, daß die Bürgerschaft „solchen Befreyungen feind ist und ihnen in den Weg leget, was sie kann“. Somit handelte es sich in diesem Falle keineswegs um die Errichtung einer zentralisierten Manufaktur, sondern die Absichten Schröders gingen bloß dahin — ähnlich wie Heinrich IV. es in Paris bei der Begründung des Louvre bezweckte —, eine Freistätte für unzünftige Handwerker ins Leben zu rufen. In Wirklichkeit scheint freilich die Manufaktur nicht wieder errichtet worden zu sein (s. Hatschek, Das Manufakturhaus auf dem Tabor in Wien. 1887. Adler, S. 36 f.).

[1]) Julin, Les grandes fabriques en Belgique vers le milieu du XVIIIe siècle (Mém. Acad. Roy. de Belg., 68, S. 32 ff., 63 ff., 72 ff.). Van Houtte, Hist. écon. de la Belgique, S. 39, 42. Lewinski, L'évol. industr. de la Belgique, S. 26, 43.

[2]) Gothein, S. 701 u. a.

faktur, eine Musteranstalt, die die Armee mit Tuch versorgte, ließ die Arbeit von hausindustriellen Meistern verrichten; 1785 wurden von dem Lagerhaus aus etwa 1400 Arbeiter als Heimarbeiter beschäftigt. Auch die Wollzeugfabrik in Luckenwalde, die „große Fabrik" (später Parisersche Fabrik), umfaßte eine Wollsortierstube, eine Wollkämmerstube, eine Garnkammer, Färberei, Preßstube, Appreturwerkstatt und ein Wohnhaus für den Verleger, d. h. gemeinsam wurden die Vorarbeiten und die Endprozesse der Produktion organisiert. Dagegen wurde die Spinnerei und Weberei hausindustriell betrieben und zwar von Geraer und Rönneburger Zeugmachermeistern und Spinnern, die „der Entrepreneur . . . in beständigem Verlag zu unterhalten verbunden ist, damit solche niemals gegründete Veranlassung haben, über Mangel der Arbeit" zu klagen.[1]) Die in Neustadt-Eberswalde von Friedrich d. Gr. angelegte Stahl- und Eisenwarenfabrik war ebenfalls in der Weise organisiert, daß die Leitung die Rohstoffe anzuschaffen und sie den Meistern zu genau festgesetzten Preisen zu überlassen hatte und die Arbeiter dann die fertigen Waren zu bestimmten Preisen an das Fabriken- und Kontorhaus liefern mußten.[2]) Die 1679 in der Au bei München eingerichtete Tuchfabrik verlegte die Erzeugnisse der Wollweber in München und Umgebung. Ebenso mußten für den zweiten ärarischen Betrieb auf der Prausnitz bei Landshut die Zeugmacher des ganzen Landes arbeiten.[3]) Die Zizfabrik zu Sulz am Neckar, begründet 1757, befaßte sich zunächst mit hausindustrieller Erzeugung von Baumwollstoffen, wobei an Fabrikarbeitern samt Aufsehern (aber ohne Bureaupersonal) in Sulz 1760 26 Personen beschäftigt waren, während 112 Weber und 556 Spinnerinnen verlegt wurden; vier Jahre später (1764) war die Zahl der Fabrikarbeiter in den eigenen Betriebsräumen auf 130 die der hausindustriell Arbeitenden auf 225 Weber und 1292 Spinnerinnen angewachsen. Erst seitdem die Gesellschaft (seit 1772) sich mehr und mehr auf das bloße Veredeln der rohen Baumwollzeuge beschränkte, wurden in ihren eigenen Betriebsräumen mehr Arbeiter angestellt (1777 162 Personen, worunter freilich 34 Schulkinder und 32 13 bis 17 Jahre alte jugendliche Personen).[4])

Wie langsam die Konzentration der Arbeiterschaft in den eigenen Betriebsräumen der Unternehmung fortschritt, können wir aus der Entwicklung einer anderen Gesellschaft, der bekannten Calwer Zeughandlungskompagnie, ersehen. Sie war bereits um die Mitte des 17. Jahrhunderts begründet worden; erst 100 Jahre später (seit 1765) taucht in den Handlungsbüchern der Kompagnie der Ausdruck „Fabriquenconto" auf, der jedoch, nach Troeltsch, „ein ebenso farbloser ist, wie es überhaupt die Bezeichnung „Fabrik" im 18. Jahrhundert war." Es handelte sich nämlich erst „um eine möglichst sorgfältige Auswahl von Spinnerinnen und Webern, denen dann in ihre Wohnung besonders feine Sorten von Wolle bzw. Garn zur Verarbeitung unter der fortlaufenden Aufsicht einzelner Kompagnieteilhaber und nach bestimmten technischen Vorschriften anvertraut werden". „Das wesentliche Merkmal der Betriebskonzentration fehlte noch auf Jahre." Erst 1774 hatte man eine mit Pferdekraft getriebene Zwirnmühle eingerichtet, eine Preßmaschine mit zylindrischer Metallwalze bezogen, auch Räume zum Zurichten und Kämmen der Wolle geschaffen, daneben einige Stühle zum Weben geblümter Zeuge aufgestellt. Später, 1787, wurden in den Betriebsräumen der Unternehmer 35 Kämmer und 6 Sortierer beschäftigt, während die Spinnerei wie bisher dezentralisiert blieb (ca. 700 Spinnerinnen in verschiedenen Oberämtern). Was die Weberei betrifft, so arbeiteten neben 9 Fabrikwebern 1787 46 Zeugmacher in Calw und 50 außerhalb an der Verfertigung der „Fabrik"-Waren, d. i. der neuen feineren Warensorten. Dieselben stellten jedoch nur einen geringen ($^1/_5$ bis $^1/_6$) Teil aller von der Kompagnie abgesetzten Waren dar. Die übrigen Wollenzeuge wurden ausschließlich

---

[1]) Matschoß, S. 63 f.

[2]) Ibid., S. 74.

[3]) Schmelzle, S. 98 f.

[4]) Troeltsch, Calwer Zeughandlungskompagnie, S. 229 ff.

von hausindustriellen Webern, deren Anzahl sich auf mehrere Hundert belief, hergestellt[1].)

„Es handelte sich bei jenen Fabriken — sagt Pribram in bezug auf Österreich — nur ausnahmsweise um eine Produktion im großen unter Vereinigung der gewerblichen Hilfsarbeiter in gemeinsamen Betriebsstätten. Vielmehr fand die Produktion, da gerade die bedeutendsten Unternehmungen jener Zeit der Textilindustrie angehörten, regelmäßig in den Formen der Beschäftigung verlegter Kleinmeister und Hausindustrieller statt, und nur die letzte Appretur der Waren erfolgte in besonderen Fabrikgebäuden. Dies gilt von der Schwechater Cottonfabrik, ebenso wie von der Linzer Wollenzeugfabrik, während die Tuchfabrik des Grafen Waldstein zu Oberleutensdorf, die Spiegelfabrik zu Neuhaus in Niederösterreich, die Porzellanfabrik zu Wien tatsächlich ihre Arbeiter in gemeinsamen, dem Unternehmer gehörenden Fabrikstätten vereinigten."[2]) Doch hat eine neue Untersuchung ergeben, daß letzteres für die Spiegelmanufaktur zu Neuhaus nicht ganz zutrifft, denn auch hier (wie in der französischen Glas- und Spiegelfabrikation) blieb es teilweise, nämlich soweit dies der Produktionsprozeß gestattete, bei der alten Hausindustrie. So z. B. beschäftigt die Politur auch 12 Heimarbeiter in ihren Wohnungen. Desgleichen sind alle in der Fabrik arbeitenden Frauen Heimarbeiterinnen. Im ganzen entfielen ca. 15% der Arbeiterschaft auf Heimarbeiter.[3]) Was die Textilindustrie betrifft, so könnte man außer den von Přibram erwähnten auch noch andere Betriebe anführen, wo ebenfalls fast nur die Appretur zentralisiert war. So war die „Fabrik" des Grafen Bolza auf dem böhmischen Dominium Cosmanos, die 1763 eröffnet wurde und Kattun, Barchent, baumwollene Strümpfe und Hauben herstellen sollte, derart eingerichtet, daß neben einer Weberei, Druckerei, Färberei und Bleiche in Cosmanos mit 30 Stühlen 400 Weber teils im Orte selbst, teils in der Umgebung verlegt wurden, welche Ganz- und Halbkattune, Schnüre und Futterbarchent, Leinwand und Leinentücher produzierten. Der Garnlieferungsrayon der Fabrik dehnte sich bis über die mährische und österreichische Grenze aus, und Graf Kinsky behauptete, die Fabrik hätte zwei Jahre nach ihrer Begründung bereits 4000 Menschen unterhalten.[4]) Eine andere große Unternehmung in der böhmischen Baumwollindustrie, die von Leitenberger begründet worden war, war in derselben Weise konstruiert. 1791 weist Leitenberger in dem von ihm eingereichten Gesuch um das Fabrikprivilegium darauf hin, daß in Neureichsstadt bei ihm auf 40 Drucktischen gearbeitet werde und über 400 Fabrikanten bei der Druckerei beschäftigt würden, daneben bei der Spinnerei und Weberei über 5000 Menschen Nahrung fänden, wobei Salz auf den hier gemachten Unterschied zwischen „Fabrikanten", d. i. den Arbeitern in den geschlossenen Räumen des Unternehmers, und den außerhalb derselben beschäftigten „Menschen" aufmerksam macht. Auch die „Textil"-Fabrik von Johann Frieß in Friedau zählte 56 in der Werkstatt arbeitende „Fabrikanten" und ca. 2000 Hausindustrielle in Friedau und anderwärts.[5])

Sombart nennt mit Recht den von Marx aufgestellten Stufengang Manufaktur — Fabrik einen schweren Irrtum, denn die Ansicht von Marx, die Manufakturen seien später in Fabriken umgewandelt worden, und die Zeit etwa von der Mitte des 16. bis zur Mitte des 18. Jahrhunderts sei als eine besondere Manufakturperiode anzusehen, ist in der Tat nicht aufrechtzuerhalten. Es hat sich eben in der überwiegenden Mehrzahl der Fälle der Übergang direkt von der Hausindustrie zur

---

[1]) Troeltsch, S. 167 ff.

[2]) Přibram, Gesch. d. österr. Gewerbepolitik von 1740 bis 1860, I, S. 16.

[3]) Hecht, Die k. k. Spiegelfabrik zu Neuhaus in Niederösterreich 1701 bis 1744, S. 74.

[4]) Salz, Gesch. der böhmischen Ind. in der Neuzeit, S. 351 f.

[5]) Ibid., S. 355, 481.

Fabrik (die seit Ende des 18. Jahrhunderts aufkommt) unter Umgehung der Manufaktur vollzogen. Und nicht bloß in sämtlichen Zweigen der Textilindustrie (Leinen-, Wollen-, Baumwollen-, Seidenindustrie) beschränkte sich die Manufaktur im Grunde nur auf die Appretur. Auch sonst[1]) z. B. in der Uhren und Spitzenfabrikation war die Hausindustrie vorherrschend.[2]) Auch im Eisenwarengewerbe waren zentralisierte Betriebe (neben dem Verlag) wohl nur in England vorhanden, während in Solingen, Ruhla, Siegen, Neustadt-Eberswalde, Schwechat, im Lütticher Land Messer, Klingen, Nadeln, Scheren, Nägel usw. (auch die Feuerwaffen zu Lüttich) nur hausindustriell produziert wurden.[3]) Für die Erkenntnis der gewerblichen Betriebsformen ist es zweifelsohne von Belang, Manufaktur und Fabrik auseinanderzuhalten. Die Manufaktur ist theoretisch als Übergangsform zur Fabrik aufzufassen. Doch wird man dabei stets betonen müssen, daß quantitativ die Manufaktur als Betriebsform nie eine erhebliche Rolle gespielt hat und — wie gesagt — der Übergang meist direkt vom Verlag (und Handwerk) zur Fabrik stattgefunden hat. Nun finden sich freilich Tabak-, Porzellan- und Kunstmöbelmanufakturen, wie auch zentralisierte Sägemühlen, Zuckerraffinerien, Brauereien (während die Glas- und Spiegelfabrikation teilweise hausindustriell betrieben wurde). Jedoch — wie Tarlé, Sée, Van Houtte und andere hervorheben — waren sie in so geringer Anzahl vertreten, daß dadurch jene Schlußfolgerung eine nur teilweise Einschränkung erfahren kann und man von einem Aufkommen der zentralisierten Großindustrie bis zum Ende des 18. Jahrh. doch schwerlich wird reden können. Daß es endlich in den genannten Industrien nicht bloß Manufakturen, sondern auch Fabriken gegeben hat (und zwar sowohl mechanische, als chemische), von denen freilich manche Arten nur vereinzelt vorkamen, wird man nach der Darstellung von Sombart wohl nicht anzweifeln dürfen[4]), doch würde man gerade im Sinne der Sombartschen Auffassung sagen müssen, daß die Fabrik ganz der Periode des Hochkapitalismus angehört und früher nur eine seltene Ausnahme gebildet hat.

---

[1]) Marx führt als Beispiel des manufakturmäßigen Kleinbetriebes nur beiläufig die Tuchindustrie an, dagegen behandelt er ausführlich die Kutschen-, Nadel- und Uhrenmanufakturen. Nun waren aber Kutschenmanufakturen gewiß nur selten vorhanden; meist wurde die Kutsche von einer Reihe selbständiger Handwerker gefertigt. Die Nadeln wurden ebenfalls hauptsächlich hausindustriell produziert (s. oben S. 115), und auch in bezug auf Uhrenmanufakturen gibt Marx eigentlich selbst zu, daß das Beispiel schlecht gewählt ist, denn überall dort, wo die einzelnen Teile des Produktes nicht durch verschiedene Hände laufen, sondern unabhängig voneinander erzeugt und erst zum Schluß in einer Hand zusammengefaßt werden („heterogene" Manufaktur, wie er sie nennt, und das war eben in der Uhrenindustrie der Fall), tritt „die Kombination der Teilarbeiter in derselben Werkstatt nur zufällig auf und dem manufakturmäßigen Betrieb zieht der Kapitalist die „zerstreute Fabrikation" vor, bei der er die Auslagen für Arbeitsgebäude usw. erspart" (Marx, Das Kapital, I, 2. Aufl., S. 345 ff., 353 ff.).

[2]) S. unten, S. 174 f.

[3]) S. oben, S. 114 ff., 118, 161.

[4]) Sombart, Mod. Kap. II, 2. Kap. 46 u. S. 731 f.

Kapitel 12.

Die vornehmsten Gewerbezweige.

Unter den über den Lokalmarkt hinaus produzierenden Industrien des 16. bis 18. Jahrhunderts ist vor allem das englische Wollengewerbe zu nennen.[1]) Bereits seit dem 15. Jahrhundert wurde es hausindustriell betrieben; im 17. bis 18. Jahrhundert bildeten seine Erzeugnisse den wichtigsten Posten der englischen Ausfuhr. Diejenige Bedeutung, die im Mittelalter die flandrischen und italienischen Städte für die Wollindustrie besessen hatten, ging nunmehr, und zwar in noch höherem Maße, an England über.

Im Laufe des 15. Jahrhunderts verminderte sich die englische Rohwollausfuhr. Nach Misselden waren 1354 aus England 31500 Säcke Wolle ausgeführt worden, während zur Regierungszeit Heinrichs VII. (1485 bis 1509) die Durchschnittszahl der jährlichen Ausfuhr (ohne die Ausfuhr nach den Levanteländern) nur ca. 7000 Säcke betrug. 1509 bis 1521 machte sie durchschnittlich 8500 Säcke aus, 1522 bis 1531 ca. 5000, 1532 bis 1539 ca. 3500, 1540 bis 1547 ca. 5000. Dagegen hatte sich die Ausfuhr der fertigen Tuchwaren und der Halbfabrikate erheblich gesteigert, was man aus Folgendem ersehen kann: 1354 wurden gegen 5000 Stücke Tuch ausgeführt, 1505 bis 1590 dagegen durchschnittlich ca. 85000 Stücke jährlich, 1520 bis 1529 91000, 1530 bis 1535 103000, 1536 bis 1547 122000. Die Abnahme der englischen Rohwollausfuhr war gleichbedeutend mit dem Verfall der flandrischen Tuchindustrie, da die von ihr benutzte spanische Wolle, ehe sie verarbeitet wurde, mit der englischen Wolle vermischt werden mußte. Mit Recht behaupteten die Engländer, „in Flandern lebt das Volk von der Verarbeitung unserer Wolle und kann nicht ohne sie auskommen“.

Die Hauptstätten der flämischen Tuchindustrie, die Städte Gent, Ypern, Brügge, wachten, wie ja die mittelalterlichen Städte überhaupt, eifersüchtig darüber, daß die Tuchmacherei auf dem platten Lande keine Ausbreitung gewinne.[2]) Die in Dörfern und Weilern aufgefundenen Webstühle und Walkkufen wurden von den städtischen Zunftbehörden kraft der ihnen zustehenden Zwangs- und Bannrechte beschlagnahmt, verbrannt oder sonstwie untauglich gemacht. Die auf solche Weise bedrängten Dorfmeister suchten ihr Heil in der Übersiedlung nach England. Unter Eduard III. entstanden in den Grafschaften Norfolk, Sussex und Essex (der Hauptmarkt für Tuchwaren war die Stadt Norwich), auch in anderen Bezirken Ostenglands Niederlassungen flämischer Wollweber, Walker und Färber. Sie standen unter dem Schutze des Königs, der ihre Einwanderung begünstigte. Seit dieser Zeit begann die Ausfuhr

---

[1]) S. die oben genannten Werke von Cunningham, James, Baines, Bischoff, Ashley, Clapham, Lipson, Heaton, Burnley, Held, Lohmann, Dechesne, Mantoux.

[2]) Vgl. Bd. I, S. 217f., 245, 263. Espinas, La draperie dans la Flandre française. (1921). Taisserenc, L'industrie lainière dans l'Hérault. (1908).

von fertigen englischen Tuchwaren, vor allem von Kammgarnstoffen, deren Erzeugung eben in den östlichen Grafschaften, wo sich die eingewanderten Flämen niedergelassen hatten, in Blüte kam. Zugleich machte sich aber auch der Verfall des Tuchgewerbes in Flandern bemerkbar. Infolge des Ausfalls an englischer Rohwolle verschlechterte sich die Qualität der erzeugten Fabrikate, die allmählich durch die englischen Waren verdrängt wurden. Die Einfuhr von englischen Tuchen bezeichnete man in den Niederlanden als „eine vom Meere kommende Überschwemmung". Zu Anfang des 16. Jahrhunderts suchte Brügge, wo die Unmöglichkeit, mit den englischen Erzeugnissen in Wettbewerb zu treten, eingesehen worden war, die Engländer wenigstens zur Begründung eines Stapelplatzes für die englischen Tuchwaren zu veranlassen. Doch auch dieser Versuch, den Verfall der Stadt aufzuhalten, mißlang. Es war schon zu spät, die Engländer hatten bereits in Antwerpen ihre Niederlage errichtet. Freilich war damit die flämische Tuchindustrie noch nicht dem Untergange verfallen. Das städtische Gewerbe war zwar eingegangen und die Erzeugung feiner Stoffe mußte eingestellt werden, da auf diesem Gebiet der Wettbewerb mit den Engländern aussichtslos war. Doch gewann ein anderer Zweig der Tuchindustrie, die Produktion einfacherer, billigerer Stoffarten aus spanischer Rohwolle, weite Verbreitung. Dieses neue Gewerbe bürgerte sich auf dem platten Lande ein, und die Abwanderung der städtischen Meister nach dem Lande nahm einen erheblichen Umfang an. Zu Hauptstätten der neuen Industrie wurden Bergues, Hondschoote, Armentières, Verviers. Wie dies für die städtische Tuchindustrie Flanderns im 14.—15. Jahrhundert festgestellt werden konnte, so trug auch die neue ländliche Industrie ein ausgesprochen verlagsmäßiges Gepräge. Der Unterschied bestand nur darin, daß in diesem Falle die Zunftverfassung fehlte und Gewerbefreiheit herrschte.[1])

Seit Ausgang des 16. Jahrhunderts war jedoch auch dieser neue Zweig der flandrischen Textilindustrie im Niedergang begriffen. Im 17. Jahrhundert hatte er bereits viel von seinem ehemaligen Glanze verloren. Das Land war durch die Truppen des Herzogs Alba verwüstet worden, die Stätten der neuen Industrie hatten darunter stark gelitten. Diese Zerstörungen waren es, die eine erneute Abwanderung flandrischer Weber nach England veranlaßten. Unter der Regierung der Königin Elisabeth erhielten 1565 30 eingewanderte flandrische und wallonische Tuchmacher, die sich in Norwich angesiedelt hatten, Freibriefe. 1583 zählte die neue Kolonie bereits ca. 5000 Mitglieder. Ihnen war das Recht verliehen worden, „bays, says, tapestry, mockadoes" und ähnliche Zeuge zu produzieren, also eben diejenigen Stoffarten, die die Spezialität der neuen ländlichen Wollindustrie Flanderns bildeten. Auch in Colchester, Southampton und anderen Städten erschienen flämische Einwanderer. Auch hier wurden ihnen verschiedene Vor-

[1]) Pirenne, Une crise industrielle au XVIe siècle. La draperie urbaine et la nouvelle draperie en Flandre (Bullet. de l'Acad. royale de Belgique. 1905).

rechte für die Erzeugung ausländischer Stoffe eingeräumt. Auf diese Weise war auch die Fabrikation der weniger feinen, doch billigeren Stoffarten nach England verpflanzt worden. Es war die „New drapery", die nunmehr aufkam. Neue Kombinationen wurden ersonnen, das Wollgarn wurde mit Leinen oder Seide verwoben, leichte, feine Stoffarten, neue Muster, neue Farben erschienen auf dem Markte. Alle Fortschritte auf diesem Gebiete hatte England den niederländischen Einwanderern zu verdanken. Sie waren es auch, die England von der Notwendigkeit entbanden, die Erzeugnisse seiner Wollindustrie zur Veredelung (Färbung und Appretur) nach den Niederlanden und Frankreich senden zu müssen. 1669 erhielt der nach England abgewanderte Holländer Georges Herriot ein Patent für die Appretur nach einem neuen, in Holland erfundenen Verfahren. Im 18. Jahrhundert wurde Tuch in rohweißem Zustande in großen Mengen nach London gebracht, wo es in eigens dazu hergerichteten Betriebsräumen der Ostindischen Kompagnie gefärbt und appretiert wurde.

Die englische Wollindustrie war demnach seit dem 17. Jahrhundert zu hoher Blüte gelangt. Im 17.—18. Jahrhundert war sie über ganz England verbreitet, im Zentrum allerdings weniger als in den östlichen und westlichen Grafschaften. Ihre Hauptstätten waren die Grafschaften Yorkshire (mit den Mittelpunkten Leeds und Halifax), Norfolk, dessen Zentrum Norwich war, und der südöstliche, zwischen La Manche und dem Bristolkanal gelegene Teil Englands. In jedem dieser Bezirke war wiederum dieses Gewerbe über eine Unzahl von Dörfern, Weilern und Flecken zerstreut, wo Wollindustrie und Landwirtschaft gleichzeitig betrieben wurden. In den Dörfern ertönte fast aus jedem Hause das Summen des Spinnrades und das Geräusch des Webstuhles. Die Häuser waren niedrig, mit kleinen Fenstern spärlich versehen, der einzige Wohnraum diente als Küche, Schlaf- und Arbeitsstube zugleich. Die ganze Familie war an der gewerblichen Produktion beteiligt. Mutter und Töchter spannen, die Knaben kämmten das Garn, der Vater saß am Webstuhl. Die Arbeit war nicht leicht, die Arbeitszeit lang, die Kinder wurden von klein auf zur Arbeit herangezogen. Der Lohn war gering, die Lebensweise überaus dürftig, nur Sonntags erschien Fleisch auf dem Tische des Webers. Die produzierten Rohzeuge wurden in den Marktflecken an Verleger (clothiers, manufacturers) abgesetzt, die sie darauf zur Veredelung weitergaben. Häufig gehörte auch die Rohwolle dem Verleger und wurde von ihm an Dorfmeister ausgegeben, wodurch die Abhängigkeit des Meisters dem Verleger gegenüber weit drückender wurde. Besonders seit Ende des 17. Jahrhunderts waren sowohl die Wolle, als auch das Garn, der Webstuhl, die Walkmühle Eigentum des Verlegers. Die Produktion fand jedoch wie ehedem im Hause des Kleinmeisters statt. Manufakturen in der Wollindustrie gehören noch im Laufe des 18. Jahrhunderts zu den Ausnahmen, wie dies aus einer 1806 unternommenen parlamentarischen Untersuchung ersichtlich ist. Sie bestanden, und zwar auch hier erst seit kurzem, nur in westlichen

Teilen der Grafschaft York (West-Riding). Verhältnismäßig gering war auch die Ausbreitung derjenigen hausindustriellen Unternehmungsform, die man als „domestic system" bezeichnete und für die das Merkmal charakteristisch ist, daß der Erzeuger zugleich Eigentümer der von ihm angefertigten Ware ist. Die größte Ausbreitung besaß das System der „master clothiers", so genannt nach dem Verleger, dem „master clothier" oder kurzweg „clothier", der den ihm gehörenden Rohstoff an verschiedene Kategorien von Kleinmeistern, die von ihm in ihren Häusern beschäftigt wurden, zur Verarbeitung ausgab.

Die englische Gewerbepolitik des 15.—18. Jahrhunderts befaßte sich eingehend mit allen, diese für das Land so wichtige Industrie berührenden Fragen. Das Arbeitsverhältnis wurde eingehend geregelt. Um die Unterschlagung des Materials zu bekämpfen, wird es den Arbeitern verboten, Reste von Wolle, Garn usw. bei sich zu behalten. Hatten doch diese Unterschlagungen zur Entstehung eines förmlichen Gewerbes, des der „endgatherers", geführt. Um diese Mißbräuche auszurotten, räumte man den Verlegern das Recht ein, in den Arbeiterwohnungen Haussuchungen vorzunehmen. Falls sich ein Arbeiter dieser Kontrolle widersetzte, wurde über ihn eine Geldstrafe von 20 Livres Sterling verhängt. So fiel sogar das heiligste Recht des Engländers, Fremden den Zutritt zu seinem Hause zu verwehren, den Interessen der Unternehmerschaft zum Opfer. Alle Vereinigungen von Arbeitern waren untersagt. Ein Gesetz von 1725 erklärte alle Statute, Bekanntmachungen und Vereinigungen von Wollwebern, Wollkämmern und Strumpfwirkern, welche Änderungen von Löhnen und anderen Arbeitsbedingungen anstrebten, für ungesetzlich und nichtig. Arbeiter, die solche sog. „Clubs" begründen, zu ihren Mitgliedern zählen oder ihnen Unterstützung leisten, werden mit 3 Jahren Zuchthaus (hard labour) bestraft. Für die Zerstörung von Wollstoffen auf Webstühlen, von Werkzeugen oder Rohmaterial war Todesstrafe angesetzt. Die Bedrohung oder körperliche Verletzung von Personen, die sich den Bestimmungen der Clubs widersetzten, hatte 7 Jahre Deportation zur Folge.

Auch andere Fragen waren gesetzlich geregelt. Der Arbeitslohn sollte durch die Friedensrichter festgesetzt werden; es durften weder geringere, noch höhere Löhne als die von ihnen bestimmten gezahlt werden. Die Herstellung und Qualität der Stoffe war staatlicher Kontrolle unterworfen. Besondere Kontrollbeamte (overseers) waren eingesetzt, um zu prüfen, ob Ausmaß und Gewicht derselben den behördlichen Vorschriften entsprächen und um die Stempelung der Waren vorzunehmen. Die Oberaufsicht und die Ernennung der Beamten lag den Friedensrichtern ob. Diese wurden jedoch von den Unternehmern in hohem Grade beeinflußt. Man wird leicht erkennen können, welche Einwirkung dieser Umstand auf die Höhe der von ihnen festgesetzten Löhne, sowie auf die ihnen übertragene Kontrolle der Produktion ausüben mußte. In manchen Fällen wußten die Unternehmer sogar die Stempel an sich zu bringen.

Im Laufe des 17. Jahrhunderts hatte sich die Ausfuhr der englischen Wollstoffe verdreifacht. Zu Anfang des 17. Jahrhunderts betrug der Wert der ausgeführten Wollwaren (es wurden $^2/_5$ der Gesamtproduktion ausgeführt) ca. 3 Mill. Pfd. Sterl. Im Laufe des 18. Jahrhunderts verdoppelte sich die Ausfuhr wiederum. Besonders groß war die Nachfrage in Spanien, Portugal, Italien, den Niederlanden. An zweiter Stelle kam der Export nach den amerikanischen Kolonien. Der Rohwollbedarf der englischen Industrie wurde fast gänzlich, außer einem geringen etwa $^1/_{20}$ des Gesamtverbrauchs an Rohwolle ausmachenden Teile desselben, der aus dem Auslande, hauptsächlich aus Spanien, bezogen wurde, von der einheimischen Schafzucht gedeckt.

Neben der Wollindustrie, die auch auf dem Kontinent im 17.—18. Jahrhundert eine Reihe von Standorten aufzuweisen hatte (Brandenburg, Schlesien, Niederrhein, Sachsen, Böhmen, Kanton Zürich, eine

Reihe französischer Provinzen), hat auch das Leinengewerbe, das bereits im Spätmittelalter in Oberdeutschland (Ulm, Augsburg, Basel, Konstanz, St. Gallen, Memmingen, Ravensburg), wie in kursächsischen Städten, teilweise in der Form der Hausindustrie, sich verbreitet hatte, insbesondere im 16. Jahrhundert eine weitere Entwicklung erfahren, indem Nürnberger und Leipziger Kaufleute in der Lausitz, in Böhmen und Schlesien den Verlag übernahmen. Es sind vollständige Verlagskontrakte der Nürnberger und Leipziger Kaufleute mit Oberlausitzer Webern aus dem 16. Jahrhundert vorhanden; später, um 1600, hat das Haus Viatis und Peller das Iser- und Riesengebirge und ihr Vorland mit einem dichten Netz von Verlagsverträgen (mehr als ein Dutzend Orte) umspannt. Weit über die Grenzen des Landes hinaus war jedoch insbesondere die schlesische Leinenindustrie (Verlag der ländlichen Bevölkerung) bekannt, die ihre Gewebe sowohl in ganz Europa (England, Italien, Schweiz, Portugal, Spanien), als jenseits des Ozeans, insbesondere in den spanischen Kolonien absetzte. 1748/49 betrug die Ausfuhr von Leinen aus Schlesien $3^1/_2$ Mill. Taler, 1778/79 4,4 Mill. Deutschland bezahlte seine Kolonialwaren mit Leinwand. Die Vereinigten Staaten von Nordamerika eröffneten ihr nach ihrem Abfall vom Mutterlande einen neuen großen Markt. Im 18. Jahrhundert erlebte eine Blütezeit auch die Leinenindustrie in Westfalen, in St. Gallen, vor allem aber in Nordfrankreich (Flandern, Hennegau, Cambrésis, Bretagne, zum Teil auch Picardie und Maine, Normandie) und in den Niederlanden, aus welchen beiden Ländern man ebenfalls die Leinwand nach Spanien und seinen Kolonien ausführte. Die nordfranzösische und holländische Ware findet sich überall, wird in allen Schiffsregistern erwähnt. Mit Leinwand (wie auch mit Baumwollgeweben) werden insbesondere Sklaven bezahlt, und im Sklavenhandel rückt sie fast zur Rolle von Geld auf. „Das ozeanische Klima Nordfrankreichs und der Niederlande begünstigte die Erzielung eines sehr feinen Fadens sowie seine Verwebung zu leichten Geweben und gestattete dem Garn und der fertigen Leinwand auf der Rasenbleiche eine glänzend weiße Farbe zu geben“ (Aubin).[1])

[1]) Zimmermann, Blüte und Verfall des Leinengewerbes in Schlesien. Aubin, Aus der Frühzeit des deutschen Kapitalismus (Z. f. Handelsr. 1922, S. 423 ff.). Ders., Jahrb. d. deutsch. Riesengebirgsvereins für das Jahr 1924. Ders., Leineweberzechen in Zittau, Bautzen und Görlitz (Jahrb. f. Nat.-Ök. 1915. III. F. 49, S. 577 ff.) Ders., Zur Geschichte des Verlagssystems in der Periode des Frühkapitalismus. (Ibid. 72, S. 336 ff.). Musäus, Die Leinenindustrie in der Niederlausitz (1922). Kunze, Die nordböhmisch-sächsische Leinwand und der Nürnberger Großhandel (1926). Hohls, Der Leinwandhandel in Norddeut. vom Mitt. bis zum 17. Jahrh. (Hans. Gesch.-Bl. 31, 1926.) Wartmann, Handel und Industrie des Kantons St. Gallen (1875). Furger, Zum Verlagssystem als Organisationsform des Frühkapit. (1927), S. 58 ff., 76 ff. Willemsen, Contribution à l'histoire de l'industrie linière en Flandre (1907), S. 228 ff., 338. (Annales de la société d'hist. et d'archéolog. de Gand VII, 2). Lefebvre, Les paysans du Nord (1924), I, S. 285 ff. Sion, Les paysans de la Normandie orientale (1909), S. 170 ff. Musset, Le Bas-Maine (1917), S. 264 ff. Sée, Les classes rurales en Bretagne (1906), S. 446 ff. Van Houtte, Hist. écon. de la Belg. (1920), S. 24 ff.

Dagegen war die Baumwollindustrie erst verhältnismäßig wenig vorgeschritten. Im Mittelalter wurden Baumwollstoffe hauptsächlich aus dem Orient (Kleinasien) bezogen. Unter Beimischungen von Flachs erzeugte Baumwollzeuge (sog. Barchent) produzierte man im 14.—15. Jahrhundert auch in Ulm und anderen Städten Süddeutschlands. Später entstand die Fabrikation derselben auch in den Niederlanden und verbreitete sich vornehmlich im Laufe des 18. Jahrhunderts von dort aus im Elsaß, am Niederrhein (Barmen, Elberfeld), in Sachsen (Plauen), in Augsburg, in der Schweiz (Kantone Aargau und St. Gallen), in Nordfrankreich (Flandern, Normandie)[1]). Auch nach England war dieser Zweig der Textilindustrie, und zwar bereits im Laufe des 16. Jahrhunderts, von den Niederlanden aus verpflanzt worden, besaß aber bis zu den sechziger Jahren des 18. Jahrhunderts auch hier eine nur untergeordnete Bedeutung. Im Gegensatz zu den in Europa hergestellten halbbaumwollenen Zeugen wurden aus Indien rein baumwollene, bedruckte Zeuge, die sog. indiennes oder calicoes (so benannt nach der indischen Stadt Kalkutta) eingeführt. Durch ihre Wohlfeilheit, die Schönheit ihrer Farben und Muster eroberten sie rasch den Markt, sowohl in England als in Frankreich. Es wurden daraus Frauen- und Kinderkleider, Gardinen, Möbelbezüge, Wandverkleidungen gefertigt. Die einheimische Wollindustrie Englands fühlte sich durch diese, immer wachsende, Konkurrenz gefährdet. Unter den Webern, die anscheinend von den Wollzüchtern aufgereizt und aufgehetzt worden waren, kam es zu Tumulten. Die Geschäftslokale der Ostindischen Kompagnie, die diese Zeuge aus Indien einführte, wurden von ihnen erstürmt und ruiniert. Infolge dieser Konkurrenz und unter dem unmittelbaren Eindrucke dieser Revolten erließ man zahlreiche Verbote gegen das Tragen der bedruckten, aus Indien, Persien, China kommenden Zeuge. In Frankreich erging ein derartiges Verbot 1686, in England 1700, ihnen folgten Preußen und Spanien.

Gleichzeitig jedoch mit dem Aufkommen der Einfuhr bedruckter Baumwollstoffe und gefördert durch ihren Erfolg, entstand auch in Europa der Zeugdruck; sowohl halbbaumwollene, als auch die aus Indien stammenden weißen Baumwollgewebe, auf deren Einfuhr sich die Verbote nicht erstreckten, wurden bedruckt, und diese europäischen Zeuge (toiles imprimées) erfreuten sich bald einer stets steigenden Beliebtheit, insbesondere bei der minderbegüterten Bevölkerung, die das Tragen farbenprächtiger Gewänder den höheren Klassen gern nachgeahmt hätte, doch nicht die Mittel besaß, teuere ausländische (seidene) Kleiderstoffe zu erwerben. Für Frankreich wurde jedoch durch das gleiche Dekret von 1686, das die Einfuhr solcher Stoffe aus Indien untersagte, auch das Bedrucken von halb- und rein-

[1]) Über die Baumwollindustrie in Deutschland s. die oben (S. 100) angegebenen Werke von Thun, Bein, König, Dirr, Reuther, Herkner, über Frankreich die das. gen. Schriften von Demangeon, Musset, Lefebvre, Sée, Dépitre, über England und die Schweiz s. unten, S. 171.

baumwollenen Stoffen verboten. Über alle Zeugdruckereien wurde die Schließung verhängt, der Gebrauch der fraglichen Stoffe war ausnahmslos prohibiert. 1720 erließ auch die englische Regierung ein ähnliches Verbot des Tragens von im Inlande angefertigten Druckzeugen, deren Erzeugung seit dem, 1700 ergangenen, Einfuhrverbot für indische calicoes in England zur Blüte gelangt war. Solche Zeuge sollten nunmehr ausschließlich für die Ausfuhr hergestellt werden. Auf diese Verbote folgte eine Periode andauernder Verfolgungen von Zuwiderhandelnden sowohl in England, als auch in Frankreich, Preußen und anderen Ländern, die einerseits gegen den Schleichhandel mit bedruckten Zeugen, andrerseits gegen das Tragen und den Gebrauch derselben, ob sie nun in- oder ausländischer Herkunft sein mochten, gerichtet waren. In Frankreich wurden die Schmuggler, die solche Zeuge über die Grenze brachten, gehängt und gerädert. Frauen, die auf der Straße in Mousselin- und Kattunkleidern erschienen, wurden belästigt, die Kleider wurden ihnen vom Leibe gerissen. Es wurden Haussuchungen vorgenommen und die dabei vorgefundenen Zeuge beschlagnahmt. Trotz alledem scheint der Gebrauch dieser Stoffe sich behauptet zu haben. Teilweise muß diese Tatsache wohl mit dem Umstande im Zusammenhang stehen, daß ihre Erzeugung (z. B. in England) für die Ausfuhr gestattet oder (in Frankreich) die Einfuhr bestimmter Mengen zur Wiederausfuhr nach anderen Ländern zugelassen war. Eine genaue Ermittelung, inwieweit die eingeführten oder im Lande selbst erzeugten Stoffe auch tatsächlich ins Ausland abgesetzt wurden, war nun aber mit großen Schwierigkeiten verbunden. Auch muß der Umstand berücksichtigt werden, daß der Zeugdruck in der Schweiz und in zahlreichen Kleinstaaten Deutschlands, wohin er von den aus Frankreich eingewanderten Hugenotten verpflanzt worden war, eine große Ausdehnung gewonnen hatte. Die im Elsaß und in anderen Gegenden erzeugten Stoffe wurden von den Schmugglern offen in den angrenzenden Bezirken Frankreichs zum Kaufe feilgeboten. Trotz aller Drohungen und Strafen kleideten sich die Damen in „persische und indische Stoffe“. In einem Erlaß heißt es: „Diejenigen Damen der Stadt Calais, die bedruckte Stoffe tragen — damit sind alle Damen und Jungfrauen der Stadt gemeint, da sie ja alle dies tun.“ Schließlich mußten die französischen Behörden die Erfolglosigkeit aller Erlasse und Dekrete einsehen und sich darüber klar werden, daß das Verbot der bedruckten Zeuge nur die von französischen Emigranten ins Werk gesetzte Entstehung und Förderung des Zeugdrucks im Auslande zur Folge hatte. Nach langwierigen Erörterungen über die möglichen Wirkungen der Zulassung der Produktion, Einfuhr und Konsumtion von Druckstoffen, an der die namhaftesten Gelehrten jener Zeit — Forbonnais, Gournay, der Abbé Morrellet — teilnahmen, erfolgte endlich 1759 die Aufhebung aller hierauf bezüglichen Verbote. 1774 folgte auch in England die Freigabe des Gebrauchs von Druckzeugen; in Preußen war dies noch früher (1735) geschehen. Seit dieser Zeit, die ja bereits mit dem Aufkommen der Maschinen in England zusammenfällt, wurde der Fortschritt der Baumwollindustrie durch nichts mehr aufgehalten.[1])

Im Laufe des 18. Jahrhunderts machte der Zeugdruck bedeutende Fortschritte. Zu den Hauptstätten desselben wurden die Niederlande, die Schweiz (Genf, Glarus, Neuenburg, Zürich, Basel), das Elsaß, verschiedene Gebiete Deutschlands wie Sachsen, Augsburg und Umgegend usf.

Die Anfänge der schweizerischen Baumwollindustrie fallen ins Mittelalter; für Basel gehen sie bis auf das Ende des 14., für Zürich bis auf das Ende des 15. Jahrhunderts zurück. Doch ihre Entfaltung beginnt erst vom Ausgang des 17. Jahrhunderts an, denn erst von den französischen Hugenotten wurde die Spinnerei und Weberei feiner Zeuge nach der helvetischen Republik gebracht. Um die Wende des 18. Jahrhunderts zählte sie zu den wichtigsten Gewerben des Landes, so daß ein zeitgenössischer Schriftsteller sogar behaupten konnte, „die Schweiz besitzt nur eine Industrie — die baumwollverarbeitende". Diese Industrie war in der Ostschweiz konzentriert, wo ca. 200000 Personen, vornehmlich auf dem platten Lande ansässige Frauen, mit Spinnerei, Weberei und Stickerei beschäftigt waren, während die Verleger, die gewöhnlich durch Mittelspersonen ihnen den Rohstoff verteilen und darauf die Erzeugnisse einsammeln ließen, Großstädte bewohnten, um dort den Import von Baumwolle und die Ausfuhr der fertigen Tuche zu betreiben. Es gab ca. 60 solcher Firmen in St. Gallen, 30 in Appenzell, 30 bis 50 in Zürich, 20 in Winterthur. Allein im Auftrage von St. Gallener Verlegern arbeiteten ca. 80000 Heimarbeiter, für die Züricher Händler ca. 40000 Spinnerinnen und Weber, die in einem großen Umkreise zerstreut wohnten. Die von den Heimarbeitern benutzen Werkzeuge, Spinnräder, Webstühle, Stickereitamboure waren von einfacher Art, von den Meistern selbst oder von Schreinern aus Holz gefertigt. In den Behausungen der Arbeiter standen Spinnräder und Webstühle nebeneinander oder letztere, 4 bis 6 an der Zahl, wurden im Erdgeschoß untergebracht. Zuweilen zählte die Familienwerkstatt 10 bis 20 Spindeln und mehrere Webstühle, wobei man neben Familienmitgliedern auch fremde, insbesondere nicht zur Familie gehörende Kinder aufnahm.[2])

Die Stellung, welche in der Seidenindustrie im Mittelalter und im 16. Jahrhundert den italienischen Städten zukam (im 16. Jahrhundert blühte sie noch in Genua, Mailand, Florenz), hatte sich seit dem 17. Jahrhundert Lyon angeeignet. Die blühende Seiden-, Sammet-, Band- und Brokatindustrie Lyons (darunter auch Verarbeitung von Gold- und Silberfäden zu Borten, Tressen, Fransen, Schleifen usw.) wurde

---

[1]) Dépître, La toile peinte en France au XVII et XVIIIe siècles. (1912). Dépierre, L'impression des tissus, spécialement l'impression à la main, à travers les âges. (1910.) Kaeppelin, La compagnie des Indes Orientales. (1908.) Baines, History of the Cotton Manufacture. (1835.) Geering, Entst. des Zeugdrucks im Abendlande (Viert. f. Soz. u. W.-G. I). Sombart, Der mod. Kapitalismus, Bd. II, T. 2. Lévy, Hist. économ. de l'ind. cotonnière en Alsace (1912). Garsonnin, La manuf. de toiles peintes d'Orléans (Mém. et doc. publ. par Hayem, III, S. 1ff.). Chapman, Lancashire cotton industry (1904). Thomas, The Beginning of Calico Printing in England (Engl. Hist. Rev. 39, 1924). Dambell, Beginnings of Liverpool Cotton Trade (Econ. Journ. 34, 1924). Ders. Ibid. 1923. Vgl. Schulze-Gävernitz, Ellison. Chapuisat, Le comm. et l'ind. à Genève. (1908.) Rappard, La révol. industr. en Suisse (1914).

[2]) Künzle, Zürich. Baumwollind. (1906). Wartmann, Ind. u. Handel St. Gallens (1875). Rappard, Révol. industr. (1914). Jenny-Trümpy, Ind. u. Hand. des Kant. Glarus (1902). Maliniak, Entst. der Exportindustrie und d. Unternehmerstandes in Zürich (1903). Bürkli-Meyer, Zurcherische Fabrikgesetzgebung vom Beginn des 14. Jahrhunderts (1884). Furger, Zum Verlagssystem als Organisationsform des Frühkapitalismus (1927). S. auch üb. die schweizerische Baumwollind. die Schilderung bei Goethe in „Wilhelm Meisters Wanderjahre", III, Kap. 8, 13, 14.

ausschließlich hausindustriell betrieben; Manufakturen waren nicht vorhanden. In Lyon wurde ungefähr die Hälfte der gesamten in Frankreich produzierten Seidenwaren erzeugt. Ca. $1/4$ bis $1/3$ derselben waren für den Export bestimmt. Neben Lyon war auch die Seidenindustrie von Paris, Nîmes, Avignon von Bedeutung. Doch auch in anderen Ländern suchte man diese Industrie einzubürgern. Bereits im 16. Jahrhundert kam sie in Antwerpen, Basel und Zürich und einigen deutschen Städten (Frankfurt a. M., noch früher in Köln) auf. Um die Wende des 17. Jahrhunderts fand sie in Amsterdam, Krefeld und Berlin Eingang, am Anfang des 18. Jahrhunderts auch in Schweden und Rußland. In der Seidenindustrie kam von Anbeginn dem Händler ausschlaggebende Bedeutung zu. Allerdings war vom 13. bis zum 18. Jahrhundert das Seidengewerbe meist zunftmäßig organisiert. Doch war es stets hausindustriell; die Anzahl der selbständigen, für eigene Rechnung produzierenden Meister war nie groß gewesen, als Produzenten dürften sie erst in zweiter Linie in Betracht kommen. So war es bereits im Mittelalter in Venedig, Genua, Florenz und anderen italienischen Städten, auch wohl in Konstantinopel im Frühmittelalter. Dasselbe finden wir im 16.—18. Jahrhundert. In der Frankfurter Seidenindustrie des 16. Jahrhunderts sind drei Gruppen zu unterscheiden, Verleger, welche Seidengarn gegen Lohn verarbeiten ließen, selbständige Posamentiere, endlich die große Menge der unselbständigen Meister, welche in guten Zeiten soviel Arbeit auf sich nahmen, daß sie Unterakkorde mit anderen Arbeitern abschlossen. Aus den Angaben einer in Basel 1599 vorgenommenen Untersuchung ersieht man, daß von 173 im Seidengewerbe vorhandenen Meistern nur 10—12 weder von Mitmeistern beschäftigt wurden, noch anderen Meistern Aufträge erteilten. 1648 war es in Antwerpen noch verboten, über 8 Webstühle in einer Werkstätte zu halten; ein Verleger beklagte sich bitter darüber, daß er keine Arbeit an Kleinmeister austeilen könne, da andere Meister seine Muster nachahmten. Nur das Zwirnen und Haspeln war überall bereits früh in besonderen Betrieben zentralisiert worden.[1])

Zu Ausgang des 16. Jahrhunderts war ein neuer Webstuhl, der sog. Bandstuhl (Kunststuhl, Mühlstuhl, Schnurmühle) zur Verfertigung von Bändern, Schnüren, Spitzen erfunden worden. Für die Vermutung, daß die Erfindung in Holland gemacht worden ist, wird der Umstand angeführt, daß der Stuhl in England „dutch loom“ genannt wurde; doch ist diese Erklärung nicht zwingend, vielleicht stammt er aus Danzig.

---

[1]) Geering, Handel u. Ind. der Stadt Basel, S. 454 ff. Godart, L'ouvrier en soie. (1899.) Pariset, Histoire de la fabrique lyonnaise. (1901.) Dutil, L'industrie de la soie à Nîmes jusqu'à 1789 (Rev. d'hist. mod. 1908). Bürkli-Meyer, Gesch. der Zürcher Seidenind. (1884). Deutsch, Die Entw. der Seidenind. in Österreich. (1908.) Dietz, Frankfurter Handelsgeschichte, II, S. 295 f. Schmoller, Die preuß. Seidenind. im 18. Jahrhundert (Umrisse u. Untersuch.). Schmoller-Hintze, Die preuß. Seidenind. (Acta Borussica). Thürkauf, Verlag und Heimarbeit in der Basler Seidenbandindustrie (Basler Volkswirtsch. Arb. I, 1909). Ranke, Viert. f. Soz. u. W.-G. 1923, S. 90f. Ballot, L'introduction du machinisme (1923.) Hertz, English Silk Industry in the 18. Cent. (Engl. Hist. Rev. 24, 1907.) Sombart, Mod. Kap. II, 2.

Von den Niederlanden aus verbreitete er sich auch nach Köln, Straßburg, Iserlohn, Elberfeld-Barmen, Frankfurt a. M., Nürnberg. Ulm und Augsburg kannten dagegen 1645 die neue Erfindung noch nicht. Mittelst des Bandstuhles, der bald wesentliche Verbesserungen erfuhr, konnten von einem einzigen Arbeiter 10 bis 20, ja noch mehr Bänder gleichzeitig verwebt werden, jedes von anderer Farbe. Diese Erfindung bedeutete eine vollständige Umwälzung des Produktionsprozesses, sie machte zahlreiche Arbeitskräfte überflüssig. Daher widersetzten sich die Zünfte aufs heftigste ihrer Anwendung und suchten sie auf jede Weise zu hintertreiben. Sie erreichten den Erlaß von Verboten, die gegen die Benutzung der neuen Bandmühle gerichtet waren.[1]) Doch wurden diese Verbote übertreten, und die Bandmühle kam trotzdem in Gebrauch. Auch wurden sie zuweilen (z. B. in Köln) aufgehoben, weil die Meister in benachbarte Orte übersiedelten, um sie dort ungestört anwenden zu können. Manche Landesherrn, wie der Kurfürst von Brandenburg, der Landgraf von Hessen-Kassel, bemühten sich sogar die neue Industrie durch Erteilung von Privilegien in ihren Staaten einzuführen. In Kursachsen wurden besondere Prämien erteilt. Schließlich erlahmte der Widerstand der Zünfte, und die Erzeugung von Seidenwaren vermittelst des Bandstuhles gewann immer mehr an Ausbreitung. In Frankreich kam der Mühlstuhl zuerst in Saint-Etienne auf, wohin er von dem Schweizer Timme erst in den sechziger Jahren des 18. Jahrhunderts gebracht worden war, weshalb er dort auch der „zürcher" Webstuhl genannt wurde. Auch hier suchte die Regierung seine Verbreitung zu fördern, indem sie eine Prämie von 150 Livres auf jeden in Betrieb befindlichen Bandstuhl aussetzte. Freilich traten auch die französischen Arbeiter gegen die neue Erfindung auf, die neuen Kunststühle wurden von ihnen beschädigt, ja sogar vollständig vernichtet. Die Bandmacherzunft aber strengte einen Prozeß an gegen diejenigen, die Bandmühlen im Betriebe hatten. Erst nachdem die Behörden in diesem Kampfe zugunsten der Anwendung des neuen Werkzeuges eingetreten waren, konnte es sich endgültig einbürgern. In den achtziger Jahren des 18. Jahrhunderts waren ihrer über 3000 in Betrieb.[2])

Auch eine andere, neu aufgekommene Industrie, die mittels des vom Engländer William Lee am Ausgang des 16. Jahrhunderts erfundenen Strumpfwirkerstuhles betriebene Wirkerei war anfangs Verfolgungen ausgesetzt. Der Erfinder mußte England verlassen. Die erste „manufacture de bas aux métiers" war 1656 in Frankreich begründet worden. Bald jedoch fand der Stuhl, auf dem man wollene Strumpfwaren, Hosen, Röcke, Hausschuhe, Hauben, Mützen fertigte, auch in England Eingang, er verdrängte die Handarbeit und schuf eine neue Industrie (als Verlagssystem), die auch für den Export nach Italien,

---

[1]) S. oben, S. 111.

[2]) Beckmann, Beitr. zur Gesch. der Erfindungen, Bd. I, S. 127 f. Geering, Basels Hand. usw., S. 613 f. Tarlé, Die Arbeiterklasse usw., Bd. II, S. 165 f. Dietz, Frankf. Handelsgesch., IV, 1, S. 79 ff.

Holland usw. arbeitete. In Preußen wurden unter Friedrich d. Gr. zahlreiche Unternehmungen dieser Art begründet und die Ausfuhr von Strumpfwirkerstühlen verboten.[1])

Von Flandern und Brabant aus einerseits, aus Venedig andrerseits verbreitete sich die Spitzenerzeugung, die früher nur von Nonnen und hochgestellten Damen, wie Königin Katharina von Medici, Maria Stuart, ausgeübt worden war. Colbert verwandte viel Mühe darauf, der Spitzenindustrie in Frankreich Eingang zu verschaffen. Zu ihrer Hauptstätte wurde Alençon, wo die Musterzeichnungen hergestellt wurden. Die früheren, gegen das Spitzentragen gerichteten Verbote wurden aufgehoben, ja noch mehr, ihr Tragen wurde bei Hofe vorgeschrieben. Durch die Hugenotten fand die Spitzenindustrie in Deutschland, hauptsächlich aber in Böhmen, Eingang. Das Tragen von Spitzen fand weite Verbreitung. Erst die französische Revolution, die das Hofleben vernichtet und den ganzen Stil der Kleidung, der sie einen ernsten, uniformen Anstrich gab, verändert hat, mußte auch auf die weitere Entwicklung der Spitzenindustrie hemmend einwirken.[2])

In Frankreich, wo die Spitzenfabrikation eine hohe Blüte erreichen sollte, beschäftigte sie bereits vor Colbert zahlreiche Frauen auf dem Lande. Colbert suchte nun diese ältere Industrie durch die schöneren, aber auch viel teuereren ausländischen Spitzen, genannt points de France, zu verdrängen, was ihm freilich nicht gelingen konnte. Dies hätte nämlich zahlreiche Leute, die an die alte Fabrikationsweise gewohnt waren, brotlos gemacht und die Konsumenten, die außerstande waren sich die teueren Spitzen anzuschaffen, der Möglichkeit beraubt, ihre Kleider damit zu schmücken. Die von Colbert an zahlreichen Orten begründeten „manufactures de point de France" beschäftigten stets nur einen geringen Prozentsatz der Frauen, die sich in der betreffenden Gegend mit Spitzenproduktion befaßten. Doch auch in diesem Falle handelte es sich wohl hauptsächlich um die hausindustrielle Betriebsweise. Spitzenmanufakturen waren freilich in Klöstern und Spitälern eingerichtet worden, außerhalb derselben nur selten oder doch nur in der Weise, daß neben einer geringen Anzahl in der Manufaktur arbeitender Frauen und Mädchen noch viel zahlreichere, zuweilen Tausende von Arbeiterinnen in der Stadt wie insbesondere auf dem Lande von ihr verlegt wurden. Öfters bestand die Tätigkeit der Manufaktur bloß darin, daß sie durch Zwischenmeisterinnen für sich Spitzen anfertigen ließ. Oder es wird direkt berichtet, daß in der Manufaktur nur die Muster von den Arbeiterinnen abgeholt und die fertigen Spitzen geliefert werden. Wir lesen auch, daß die Manufaktur viele Hunderte armer Frauen und Mädchen auf ihre Kosten hat die Spitzenerzeugung erlernen lassen und nun die städtischen Spitzenhändlerinnen ihr die Leute abspenstig machen, so daß aufs neue Mädchen aus dem Hôpital zur Ausbildung genommen werden müssen. Zuweilen geht auf diese Weise die neugeschaffene königliche Manufaktur ein und es wird, wie früher, bloß für private Verleger gearbeitet.[3])

---

[1]) Beckmann, Bd. V, S. 197ff. Grothe, Bilder u. Stud. zur Gesch. vom Spinnen, Weben, Nähen, 2. Aufl., S. 86. Fournier, Le Vieux-Neuf, Bd. II, S. 240ff. Hayem, Les inspecteurs de manufactures et le mémoire de Tribert sur la généralité d'Orléans (Hayem, Mém. etc., Bd. II, S. 258 f.). Dietz, II, S. 324 ff.

[2]) Vgl. oben S. 21 f., 31.

[3]) Carlier, La Belgique dentellière (1898). Dreger, Entwicklungsgesch. der Spitze (1901). Finck, Barbara Ulmann, die Begründerin der Spitzenindustrie im Erzgebirge (1886). Laprade, Le poinct de France et les centres dentelliers au XVII et XVIIIe siècles (1905). Bondois, Colbert et l'industrie de la dentelle (Hayem, Mém. et doc., sér. VI et VII. 1921. 1922. u. Rev. d'hist. écon. 1925. N 4).

Zu den in dieser Periode neu aufgekommenen Gewerben gehört die Uhrenindustrie, die bald an eine der ersten Stellen im schweizerischen Wirtscheftsleben treten sollte.

Die Hauptproduktionsgebiete der schweizerischen Uhrenindustrie lagen in Genf und in Neuenburg; beide Mittelpunkte waren von einer Reihe von Ansiedelungen umringt, die fast ausschließlich von Uhrmachern bewohnt waren. Nach Genf war die Uhrenindustrie bereits im 16. Jahrhundert gekommen; im 17. Jahrhundert hatte sie dort einen bedeutenden Umfang angenommen; in eine etwas spätere Zeit fällt ihre Entwicklung im Kanton Neuenburg, dessen Uhrmacher ursprünglich noch gewisse Werkzeuge und Teile von Uhren aus London, Paris, insbesondere aber aus Genf einführten; seit Mitte des 18. Jahrhunderts gelang es ihnen jedoch, auch hier eine selbständige Uhrenindustrie zu begründen. Die Zeitgenossen stimmen darin überein, daß in der Genfer Uhrenindustrie am Schluß des 18. Jahrhunderts ca. $^1/_3$ der Bevölkerung beschäftigt war, in Neuenburg soll sich die Zahl auf 4000 belaufen haben. Ursprünglich, solange die Industrie noch wenig verbreitet und der Produktionsprozeß im allgemeinen einfach war, fertigte wohl der Meister mit seinen Gehilfen die Uhr vom Anfang bis zum Ende an. Dies änderte sich mit der Zeit, mit der Erweiterung des Marktes, als eine bedeutende Arbeitsteilung eintrat und nunmehr der Händler an die Spitze des Produktionsprozesses trat. Dieser erwarb die Gehäuse außerhalb der Stadt bei Heimarbeitern, die gewöhnlich im Winter sich mit der Produktion derselben befaßten, um sie dann an die städtischen Meister zur Weiterverarbeitung zu übergeben. Er wandte sich daraufhin an eine Reihe anderer Arbeiter, von denen jeder einzelne nur die Herstellung eines Teiles der Uhr oder die Ausführung eines einzigen Produktionsprozesses übernahm. So fertigte der eine Räder, der andere Zeiger, andere wiederum Federn, Zylinder, Gesperre, Hemmungen; besondere Arbeiter setzten Räder und Triebe in das Werk ein, befestigten die Räder an den Trieben, härteten Stellung und Gesperr usw. Schließlich wurden sämtliche Teile dem Uhrmacher zur Zusammenfassung übergeben. Es kam freilich auch vor, daß der Händler bereits fertige Uhren beim Meister ankaufte, doch dies konnte nur verhältnismäßig seltener geschehen, wohl nur in dem Falle, daß der Uhrmacher Mittel genug besaß, um sämtliche Teile zu erwerben und sämtliche Arbeiter, die in ihren eigenen Behausungen oder in kleineren Werkstätten beschäftigt waren, sofort bezahlen zu können, was ihm ohne Zweifel schwer fallen mußte; denn bis sich die Ware bezahlt machte, hatte er gewöhnlich ein Jahr und darüber zu warten. Die Genfer und Neuenburger Uhren fanden auf den Messen von Frankfurt, Leipzig, Beaucaire (Languedoc) Absatz, auch in den europäischen Hauptstädten besaßen die Schweizer Händler ihre Agenten. Uhren exportierte man ferner nach Spanien und Portugal, nach den skandinavischen Staaten, nach dem Orient, ja selbst nach der Neuen Welt; überall war eine rege Nachfrage nach ihnen vorhanden. Nach Frankreich wurden sie mittels Schleichhandel eingeführt; von den Vermittlern wurden sie für den Fall der Ertappung versichert.[1])

Die Spiegelindustrie bildete bis zur Mitte des 17. Jahrhunderts das Monopol Venedigs. Alle von Frankreich unternommenen Versuche, das Geheimnis der Spiegelfabrikation zu erfahren, scheiterten, denn jeder, der es verraten hätte, hätte es mit dem Leben büßen müssen. Die venezianische Regierung überwachte eifersüchtig die Wahrung des Geheim-

---

[1]) Fallet-Scheurer, Etude hist. sur la statistique de la production et exportation horlogères suisses (Journ. de stat. suisse. 1914). Ders., Le travail à domicile dans l'horlogerie suisse (1912). Thury, Notice hist. sur l'horlogerie suisse (1878). Pfleghart, Die Schweizer Uhrenindustrie (1908). Rappard, Révolution industrielle (1914).

nisses, und durch eine Reihe von Maßregeln suchte man der Abwanderung der in dieser Industrie beschäftigten Arbeiter vorzubeugen. Erst Colbert gelang es, durch eigens dazu beauftragte Emissäre einige venezianische Spiegelarbeiter zur Auswanderung nach Frankreich zu bestimmen. Sie flohen nachts auf einem mit bewaffneter Mannschaft ausgerüsteten Schiffe. Es wurde mit ihnen ein Vertrag abgeschlossen, wonach sie für die Dauer von vier Jahren zur Arbeit in der eben errichteten königlichen Spiegelmanufaktur verpflichtet wurden, wofür ihnen hoher Lohn zugesichert war. Colbert suchte die Venezianer mit allen Mitteln an die neue Heimat zu fesseln. Er beabsichtigte die Ledigen unter ihnen mit Französinnen zu verheiraten, wobei er jedem von ihnen 25000 Ecus als Hochzeitsgeschenk versprach. Für diejenigen, die Familien in Venedig zurückgelassen hatten, war er bemüht, die Übersiedelung derselben nach Frankreich herbeizuführen. Es gelang ihm in der Tat, sie nach Frankreich zu bringen, obwohl die Frauen der flüchtigen Arbeiter von den venezianischen Behörden streng bewacht wurden und sich sogar hatten verpflichten müssen, die Stadt nicht zu verlassen. Von der venezianischen Regierung waren eine Reihe von Versuchen gemacht worden, die flüchtigen „verbrecherischen Glaser" („scelerati vitrieri") zur Rückkehr zu veranlassen; doch sie mißlangen und nun griff Venedig zu anderen Mitteln, deren Folgen sich nur zu bald einstellen sollten. Die Arbeiter starben nämlich einer nach dem anderen nach kurzem Krankenlager dahin, und die auf Colberts Anordnung vorgenommene Obduktion ergab, daß sie vergiftet waren. Dies veranlaßte die am Leben gebliebenen Arbeiter, in die Heimat zurückzukehren, nachdem ihnen von Venedig aus Straflosigkeit zugesichert worden war. Die Leiter der Manufaktur machten keine weiteren Versuche, sie zum Bleiben zu bewegen, denn das Betragen der Venezianer war trotzig und herausfordernd, alles sollte nach ihrem Willen geschehen. Erkrankte einer von ihnen, so stellten auch die übrigen die Arbeit ein, so daß der Betrieb stockte. Bei jeder Gelegenheit forderten sie Lohnerhöhungen, bei deren Nichtbewilligung sie abzureisen drohten. Anderseits hatte ihr Aufenthalt in Frankreich den Franzosen mittlerweile die Aufdeckung des Geheimnisses der Spiegelfabrikation ermöglicht; sie konnten nunmehr den Betrieb ohne die Venezianer weiterführen. Die königliche Manufaktur, der das ausschließliche Privileg der Erzeugung von Spiegeln — besonders von Spiegeln größerer Dimensionen — verliehen worden war, war nunmehr imstande, die Nachfrage zu befriedigen. Die königlichen Schlösser Versailles, Fontainebleau, der Louvre wurden von ihr reich mit Spiegeln verziert. Colbert war imstande, endlich den französischen Markt für die venezianische Spiegelindustrie vollständig zu sperren, was einen bedeutenden Niedergang derselben — wie ja auch, und zwar aus dem gleichen Grunde, der Spitzenindustrie — verursachte. Nunmehr suchten aber auch Deutsche, Engländer, Spanier die streng geheimgehaltene Technik der Spiegelproduktion zu ergründen, die von den Franzosen dazu noch bedeutend vervollkommnet worden war, denn sie hatten neue Verfahren, neue Werkzeuge erfunden.[1]) So haben französische Arbeiter die kurbrandenburgische Spiegelmanufaktur zu Neustadt a. d. Dosse 1695, die zu Offenbach 1699, auch die kurfürstlich mainzische Manufaktur angelegt.[2])[3]) Die Franzosen wachten jedoch ebenso eifersüchtig über das Geheimnis, wie die Venezianer es einst getan hatten. Arbeiter, die das Land verließen, um in fremden Ländern in den neubegründeten Spiegelmanufakturen Arbeit zu suchen oder gar um diesen Industriezweig im Auslande neu einzuführen, wurden mit Galeerenstrafe bedroht. Diese Strafe traf auch diejenigen, die ihnen bei der Ausführung ihres Vorhabens Beihilfe leisteten. Sie wurden daher beständig überwacht, ihre Briefe wurden aufgefangen und nicht selten wurden sie, gerade wenn sie zur Abreise fertig waren, von der Polizei festgenommen.[4])

Die Verpflanzung der Spiegelindustrie nach Frankreich ist nur ein Beispiel unter vielen dafür, wie man zu jener Zeit überall einerseits die eigenen Fabrikationsgeheimnisse zu wahren und demgemäß das Auswandern der Arbeiter zu verhindern, andrerseits fremde Industrien bei sich einzubürgern und fremde Arbeiter zur Auswanderung zu bewegen suchte. Auswanderungsverbote ebenso wie Verbote der Ausfuhr von Strumpfwirkerstühlen und anderen Werkzeugen finden sich sowohl in England als in Preußen, insbesondere aber in Frankreich, das durch die herbeigezogenen flandrischen und italienischen Arbeiter seine Teppich-, Spiegel-, Seiden-, Spitzenindustrie, durch Schweden den Bergbau und die Eisengießerei ins Leben gerufen hatte und nun, nachdem dies alles erreicht war, jeden, der diese Industrien weiterverbreiten wollte, mit grausamen Strafen bedrohte. Doch ebensowenig, wie anderwärts, konnte es Frankreich gelingen, den weiteren Übergang der neuen Industrien nach anderen Ländern aufzuhalten; im Gegenteil, gerade weil die Industrien in Frankreich bereits sämtlich vorhanden waren, wurde es das Land, wo man sich die nötigen Facharbeiter zu holen pflegte.

Im Bergbau suchte man allmählich zum Tiefbau überzugehen, doch mußte hierbei ein schwerer Kampf mit dem andringenden Wasser aufgenommen werden. Das Wasserheben wurde zunächst durch Menschenkraft besorgt und erfolgte mittels lederner Kübel. Seit dem 16. Jahrhundert kamen auch die Wasserbeförderungsmaschinen auf, die durch

---

[1]) Frémy, Hist. de la manufacture royale des glaces en France au XVIIe et au XVIIIe siècle (1909).

[2]) Dietz, Frankfurter Handelsgesch., II, S. 202.

[3]) Über die Entwicklung der Keramik s. Boch, Gesch. der Töpferarbeiter von Staffordshire im 19. Jahrhundert (1898). Stieda, Die Anfänge der Porzellanfabrikation auf dem Thüringerwalde (1902). Ders., Die keramische Industrie in Bayern im 18. Jahrhundert (Abh. d. sächs. Gesellsch. der Wissensch. 1806). Ders., Die Porzellanfabrik zu Volkstedt (1910). Greiller, L'industrie de la porcelaine au Limousin (1908).

[4]) Vgl. Sombart, I, S. 825 ff.

Pferdegöpel in Bewegung gesetzt wurden. Doch scheinen sich die Anlagen nur langsam eingebürgert zu haben, in Frankreich z. B. erst im 18. Jahrhundert. Eine solche Anlage benötigte öfters 20 Menschen und 50 Pferde, die Tag und Nacht zu arbeiten hatten, da sonst das Bergwerk in Gefahr stand, ersäuft zu werden. Doch war es jedenfalls ein erheblicher Fortschritt gegenüber dem Wasserheben durch Handarbeit und noch mehr im Vergleich zur ehedem geübten gänzlichen Aufgabe des Bergwerks infolge zu starken Wasserandranges.[1])

Weit bedeutender war der technische Fortschritt in der Eisenerzeugung, der in der Erfindung des Eisengusses und dem Übergang zum Hochofenbetrieb bestand, also von dem direkten Rennverfahren zur indirekten Eisenbereitung, zur Roheisenerzeugung, auf welche dann der Frischprozeß, die Produktion von Eisen und Stahl folgte. Den Ausgangspunkt sowohl für die Erfindung des Eisengusses als für den Übergang zur Roheisenherstellung bildete die Benutzung der Wasserkraft, sowohl um die eisernen Hämmer als die Blasebälge in Bewegung zu setzen.[2])

Beck erklärt die Entstehung des neuen Verfahrens folgendermaßen: Als man dazu überging, die Wasserkraft zur Bewegung der Blasebälge der Schmelzöfen zu benutzen, konnte es geschehen und geschah gewiß recht oft, daß, da man kein Maß und keine Erfahrung über die Leistungen der Wasserräder zu diesem Zwecke hatte, man zuviel und zu stark gepreßten Wind in die alten Öfen einblies. Die Folge davon war eine so gesteigerte Temperatur, daß Roheisenbildung eintrat und man statt der Luppe flüssiges Eisen erhielt, welches wie die Schlacke abfloß. Dies war dem Schmelzer jener Zeit nicht erwünscht, und er betrachtete es als ein verdorbenes Produkt (pig-iron, d. i. Schweineeisen). Man fand aber allmählich, daß, wenn man dieses flüssige Eisen für sich vor dem Winde einschmolz, ein viel gleichmäßigeres Produkt, sei es Eisen oder Stahl, ausfiel, und so wurde man dazu geführt, flüssiges Eisen absichtlich herzustellen und dieses in einem zweiten Prozeß durch Einschmelzen vor dem Wind in einem Herde in weiches Eisen umzuwandeln („zwiegeschmolzenes Eisen", wie man es nannte). Dabei ergab sich, daß man um so günstigere Ergebnisse erzielte, je stärker man die Bälge und je höher man die Öfen machte. Aus den alten Stuck- und Wolfsöfen entwickelten sich die neuen Hochöfen.[3])

Der Hochofenbetrieb ermöglichte die Verhütung schwerer schmelzbarer Erze, was eine außerordentlich große Ausweitung des Produktionsspielraumes bedeutete, die zudem durch die größeren Ausmaße des Hochofens noch weiter gesteigert wurde. Die stattlichen Öfen mit Hüttengebäuden, Wasserrädern, schweren Hämmern usw. erforderten viel größere Anlagen als früher, wodurch jedoch die Einbürgerung des neuen Verfahrens sehr verlangsamt wurde. Es war bereits zu Ende des 15. Jahrhunderts bekannt, doch selbst im 17. Jahrhundert war das alte Rennverfahren durch den Hochofenbetrieb noch nicht verdrängt worden.

Frankreich und England produzierten jedoch nur Eisenmengen, die für ihren Bedarf nicht genügten und mußten die fehlenden Quantitäten

[1]) Ballot, S. 347. Vgl. Sombart, I, S. 490ff. II, S. 790.
[2]) Beck, Gesch. des Eisens, II, S. 12 f.
[3]) Ibid. I, S. 964 f.

aus Schweden und Rußland, auch aus Deutschland und Österreich beziehen. Nach Anderson ist England (um 1720) genötigt, ca. 20000 t Eisen einzuführen.[1]) Nemnich behauptet, noch 1781 seien von Petersburg nach Großbritannien 50000 t Eisen befördert worden.[2])[3])

Die zunehmende Waldverwüstung, die besonders nach dem Übergang zum Hochofenbetrieb sich geltend machte, und der Mangel an Holz, das gerade England für seine große Flotte benötigte, führte dazu, daß man Eisenwerke eingehen ließ, so daß auch die Produktion abnehmen mußte. Nach verschiedenen Berechnungen (Scrivenor, Meade, Ashton) geht die Produktion von Roheisen von 17—25 Taus. t. um 1720 auf 12—17 Taus. um 1740 und sogar auf 10 Taus. 1750 zurück. Man behauptete, daß die Erzeugung nicht vermehrt werden könne, weil die Waldungen in England schon so sehr erschöpft seien, dader Preis des Holzes dadurch ungemein gesteigert würde.[4]) Nun wurde freilich Steinkohle sowohl in England als in Belgien, Frankreich, seit dem 17. Jahrhundert auch in manchen Teilen Deutschlands gefördert und verwandt; die Verschmelzung der Metalle unter Verwendung von Steinkohle war jedoch damals noch unbekannt. Auch war der Kohlenbergbau noch in seinen Anfängen; in Frankreich z. B. wurde er bis zur Mitte des 18. Jahrhunderts von Bauern, Handwerkern usw. betrieben, die nur die an der Oberfläche liegende Kohle unter Anwendung von ganz primitiven Verfahren und Werkzeugen zumeist nur zum eigenen Gebrauch förderten (man nannte dies „gratter la terre"), um die Grube sofort zu verlassen, sobald ein Andrang des Wassers sich bemerkbar machte.[5])

Standorte der Metallwarenindustrie waren die Rheingegend, hauptsächlich Solingen, und Ruhla, wo die Produktion von Messerwaren, Sensen, Schwertern betrieben wurde, sowie verschiedene Bezirke Belgiens und die englischen Städte Birmingham und Sheffield, die sich besonders durch Schlosserei und Nagelschmiederei und durch die Anfertigung verschiedener Quincaillerie auszeichneten, die zum Teil bereits in Manufakturen erzeugt wurde. Ihnen hatte Adam Smith seine

---

[1]) Anderson, VII, S. 4. Vgl. Scrivenor, Hist. of the iron trade, 2. A. App. T. I., V., Ashton, Iron and Steel in the Industrial Revolution (1924), S. 111, 147, 238.

[2]) Nemnich, S. 46. (Davon nach Ashton, App. B., ¾ aus Schweden.)

[3]) Nach russischen Quellen betrug die Ausfuhr von Eisen 1762 1,15 Mill. Pud (1 Tonne = 61 Pud), 1766 2,3, 1773 2,7 Pud, 1779 3, 1794 3,9, um zu Anfang des 19. Jahrh. (1814) auf durchschnittlich 1.8 Mill. herabzugehen. Das Eisen wurde zum größten Teil nach England, teilweise auch nach Frankreich ausgeführt.

[4]) Anderson, VII, S. 271.

[5]) Rouff, Les mines de charbon en France au XVIIIe siècle (1922), S. 36 ff., 112, 334 ff., 347. Vgl. Ballot, L'introduction de la fonte à coke en France (Rev. d'hist. économ. 1912). Bourgin, L'industrie sidérurgique en France au début de la Révol. (Documents économique de la Révol. 1920). Levainville, L'industrie de fer en France (1922). Gueneau, L'organisation du travail dans le Nivernais (1919), S. 332 ff. Sée, Les origines de l'industrie capitaliste en France, S. 194 f. Ders., S. 194 f. Meade. The coal and iron industries, S. 829 ff., 295 ff. Scrivenor, Hist. of the iron trade, S. 57, Ashton, Iron and Steel, S. 235 f.

bekannte Darstellung der Arbeitszerlegung in der Stecknadelerzeugung entnommen.

Im 17.—18. Jahrhundert standen als Industrieländer an erster Stelle Frankreich, England, die Niederlande, die Schweiz. Die italienischen Städte dagegen, deren Industrie im Mittelalter einen so großen Aufschwung genommen hatte, hatten jetzt viel von ihrem ehemaligen Reichtum und Glanz verloren, ihre einstige Monopolstellung (in der Spiegel-, Glas-, Tuch-, Seidenindustrie) hatten sie eingebüßt. Diese Gewerbe waren nunmehr auch anderwärts aufgekommen und zur Blüte gelangt. Auch Süddeutschland hatte seinen früheren Platz in der Industrie nicht mehr behaupten können. Von einzelnen Gegenden (Elsaß, Sachsen, Schlesien, zum Teil Württemberg) abgesehen, stand Deutschland (und Österreich) darin dem Westen erheblich nach und war daher, nach Leibnitzs Berechnungen, gezwungen, etwa $^1/_{10}$ des gesamten Nationaleinkommens, nach den Angaben Bechers 4 Mill. Taler nach Frankreich abfließen zu lassen, um dort seinen Bedarf an Waren decken zu können. Am Ende des 18. Jahrhunderts wurden die hierauf verwendeten Summen sogar auf 32 Mill. Mark geschätzt. Genfer, Straßburger, Metzer, insbesonders aber Frankfurter Kaufleute brachten (nach dem Dreißigjährigen Kriege) französische Waren nach Deutschland; feine Tuchsorten, Leinenwaren, Hutfedern, feine Posamentierarbeiten, Galanterie- und Quincailleriewaren, wie Fächer, Tabatièren, Haarkämme, Degengefäße, auch feine Schreinerarbeiten (Stühle, Ruhebetten, Taburetts usw.). Der Frankfurter Tuchmarkt war mit englischen, französischen, flandrischen, holländischen Stoffen überschwemmt, dagegen spielten die deutschen eine klägliche Rolle. In den Tuchlagern zu Frankfurt a. M. waren sie entweder überhaupt nicht zu finden oder es waren Tuche aus Aachen und den belgischen Flüchtlingssitzen Hanau und Frankenthal.[1]) Justus Möser spottet in seinen „Patriotischen Phantasien" über die Auslandsmanie seiner Landsleute. „Wir wollen nach Bremen reisen, um den dortigen Kaufleuten den Sand in ihre Schiffe schieben zu helfen, welchen sie als Ballast einladen; wir wollen uns von den Franzosen zu Nantes auf die Sandberge führen lassen, welche dort am Hafen von den Bremensern wieder ausgeschoben werden und unter dem Titel: „Les produits de l'Allemagne" bekannt sind.[2]) Becher macht sich lustig über die Deutschen, die da meinen, „frantzösische Scheren und Zangen schneiden besser die Nägel und reißen die Haare aus, als unsere, ihrer Weiber Aufsätze, Garnitur, Bänder, Ketten, Perlen, Schuhe, Strümpfe, endlich gar die Hemden seyen besser wann sie die frantzösische Lufft ein wenig parfümirt hat; die frantzösischen Peruquen schicken sich besser auf die teutschen Köpfe als der Teutschen Haare selbsten und das teutsche Geld lasse sich nicht anders als mit frantzösischen Karten verspielen und anders als in frantzösische Beutel und Kästlein aufheben."[3])

Hörnigk beklagt sich darüber, Österreich schicke die Rohstoffe ins Ausland, und dieses verkaufe die daraus verarbeiteten Industrieprodukte um teueres Geld wiederum den Österreichern. Der Wiener Hof allein war ein namhafter Konsument holländischer Fabrikate. Offiziere, Pagen, Diener waren in Uniformen aus holländischem und englischem Tuch gekleidet, die Erzherzoginnen wurden mit holländischem Leinen und Brabanter Spitzen ausgestattet, die Hofjuweliere kauften in den weltberühmten Schleifereien Amsterdams für große Summen Edelsteine ein. Sogar das aus Amerika kommende Silber wurde in Holland für den österreichischen Münzhof und für Geschenke, die dem Sultan dargebracht wurden, angekauft, obwohl Österreich eigene Silbergruben in Tirol besaß. Das in Holland eingekaufte Silber brachte man von dort, da dessen Ausfuhr verboten war, in Tonnen, mit einer Schicht Pfeffer verdeckt. Holland lieferte auch das zur Kriegführung nötige Pulver, Salpeter, Gewehre, Kanonen, später auch die für den Bau und die Ausrüstung von Schiffen nötigen Materialien, so daß große Summen aus dem Kriegsetat dorthin

---

[1]) Dietz, Frankfurter Handelsgesch., IV, 1 (1925), S. 72, 348.

[2]) Justus Möser, Patriot. Phantasien I (1775).

[3]) Becher, Politische Discurs etc. (1673).

abflossen.[1]) Über die Schätzung, die der deutschen Industrie noch um die Wende des 18. Jahrhunderts entgegengebracht wurde, belehrt uns die Darstellung Campes (Reise von Braunschweig nach Paris im Heumonat 1789). Als er in Paris einer Marquise eine gewöhnliche lackierte Tabakdose reichte, fragte sie: Diese Dose ist doch nicht in Deutschland gemacht? Auf seine bejahende Antwort „brach sie zu wiederholten Malen in den possierlichen Ausruf aus: et cela ce fait en Allemagne! Gerade wie bei uns jemand, der ein solches Ding in den Händen eines Samojeden sähe, ausrufen würde: Und so was macht man im Samojedenlande." In einem anderen Falle, als ihn ein Franzose, ein Mann von Verdienst, „ein Mitglied von ich weiß nicht wieviel Akademien" besuchte, wunderte er sich, ihn ebenso wie die Franzosen gekleidet zu sehen und fragte mit Staunen: „Um Verzeihung, mein Herr. geht man so in Deutschland gekleidet?" Er konnte sich nicht denken, daß man „so tief im Norden" wie in Frankreich gekleidet ginge. Derselbe Campe erzählt, daß, als er die Nationalversammlung in Paris besuchte und der Sekretär am Anfang der Sitzung die seit gestern eingelaufenen Briefe und Sachen anzeigte, sich darunter ein Buch befand, „de la Navigation" betitelt, „par un allemand". „Indem nun der Sekretär das Wort allemand aussprach, brach die Versammlung in Gelächter aus, so unglaublich erschien es ihr, daß ein Deutscher ein Buch über die Schiffahrt habe schreiben können.[2])

Von der Mitte des 17. Jahrhunderts bricht, nach Lamprecht, ein Zeitalter an, wo „ein allgemeiner Erfindungseifer, man möchte fast sagen, ein wahres Erfindungsfieber sich erhebt. „Man ging dem perpetuum mobile nach, man liebte allerlei krause mechanische Veranstaltungen, ein überraschendes Durcheinander künstlicher Wasserstrahlen in Gärten und Hausanlagen oder Uhren mit allerlei Musik und der Erscheinung gewisser Figuren zu bestimmten Stunden. ... Spielend und überquellend, phantasiereich zunächst, ergoß sich der neue mechanische Trieb in die Gefilde der Erfindung."[3]) Sombart bemerkt in seinen geistvollen Ausführungen über „die Technik im Zeitalter des Frühkapitalismus", daß diese bis zur Mitte des 17. Jahrhunderts nach wie vor empirisch begründet war, sich nicht auf wissenschaftlicher Naturerkenntnis aufbaute. Nur ausnahmsweise verbündeten sich, wie dies bei Leonardo da Vinci der Fall war, technische Ideen mit naturwissenschaftlicher Erkenntnis. Nur ein Leonardo verhöhnte die, die das perpetuum mobile suchen, ebenso wie die Alchemiker. „Theoretische Forscher und Erfinder gingen ihre getrennten Wege; einerseits wandeln die Galilei, Newton, Leibniz, andrerseits die Becher, Hautsch, Papin." Die Magie spielt in der Technik noch eine bedeutende Rolle. Der Glaube an die Beseeltheit der Natur, an die lebendigen Wesen, die in der Natur hausen, auf dem Astrologie, Alchemie und Hexenwahn erwuchsen, förderte das Entstehen der Auffassung, die Erfinderkunst müsse als ein geheimnisvoller Vorgang betrachtet werden, sie könne nicht gelernt werden, sondern stelle eine als Gnade des Himmels anzusehende Befähigung dar. Becher führt aus, es könnten alle, „ohne Ansehen der Person noch Profession" — Könige und Bauern, Gelehrte und Ungelehrte, Heiden und Christen, Fromme und Böse damit begabt sein. In der Tat sind unter den Erfindern die verschiedensten Berufe und sozialen Schichten vertreten, Fürsten, Adelige, Beamte, Ärzte, Geistliche, Mönche, Handwerker, Arbeiter, nur eine fehlt, nämlich die der wissenschaftlich ausgebildeten Berufstechniker. Teilweise wohl im Zusammenhang damit haben sich nur wenige unter den damals gemachten Erfindungen in der Praxis bewährt. Erst die folgende Periode, seit Mitte des 18. Jahrhunderts, sollte darin einen vollständigen Wandel schaffen.[4])

---

[1]) Srbik, S. 71 ff.

[2]) Zit. bei Wolf, Das deutsche Reich und der Weltmarkt, S. 20 ff.

[3]) Lamprecht, Zur jüngsten deutschen Vergangenheit, II, S. 100.

[4]) Sombart, Die Technik im Zeitalter des Frühkapitalismus (Archiv f. Sozialwiss. 1912), S. 721 f. Ders., Mod. Kapit. I, S. 463 ff., 480 ff. Vgl. Salz, Industrie Böhmens in der Neuzeit (1913) u. unten, S. 454 ff.

Kapitel 13.

Die Arbeiterverhältnisse.

Die neu aufkommende Industrie mußte nicht bloß mit Ein- und Ausfuhrzöllen und -verboten beschützt und mit den nötigen Geldmitteln versorgt, sondern auch mit billiger Arbeitskraft ausgestattet werden. Erst in diesem Falle war sie konkurrenzfähig und konnte sich die fremden Märkte erobern, den Geldabfluß ins Ausland beseitigen. Demnach stand es für den Staat fest, daß im Interesse der neuen Industrie, die mit möglichst niedrigen Produktionskosten arbeiten sollte, auf Niedrighaltung der Arbeitslöhne und Verlängerung des Arbeitstages hinzuwirken war. Auch mußte man dem Unternehmer billige Frauen- und Kinderarbeit zur Verfügung stellen, sowie in Zucht- und Arbeitshäusern arbeiten lassen. Nun fehlte es freilich nicht an Männern, denen das Wohl und Wehe der Arbeiter am Herzen lag, doch auch von diesem Standpunkte aus gelangte man zu denselben Ergebnissen. Denn zu hohe Löhne ermöglicht Müßiggang und Unterbrechung der Arbeit, eine Verkürzung des Arbeitstages führte zum Faulenzen und Trunk; die Kinder sollten recht früh an die Arbeit gewöhnt werden. So ging schließlich das Interesse der Unternehmer und der Arbeiter Hand in Hand; für jene waren es Gewinnrücksichten, für diese ethisch-moralische Ursachen, welche recht viel Arbeitsleistung erforderten.

Der preußische Fabrikdirektor Majet betont in seinem „Mémoire sur les manufactures de Lyon“ von 1786, die Macht der Lyoner Industrie und der Grund ihrer niedrigen Preise sei in dem geringen Arbeitslohn zu suchen und dieser wiederum werde durch zweierlei Tatsachen ermöglicht, durch den Fleiß und die Genügsamkeit der Lyoner Arbeiter. Damit die Manufaktur (d. i. die Industrie) gedeihe — fährt er fort —, darf der Arbeiter nie reich werden, er muß nur genau soviel verdienen, als er zur Ernährung und Bekleidung nötig hat, doch niemals mehr. Der Wohlstand schläfert die Arbeitslust ein, ruft Faulheit und alle damit verbundenen Laster hervor. Je besser seine materielle Lage, desto schwieriger ist es, ihn arbeiten zu lassen und einen desto höheren Lohn fordert er. Ist der Lohn aber einmal gestiegen, so steigt er auch weiter, er wird zu einem Strome, der alle sich ihm entgegenstellenden Hindernisse niederreißt. Hier wird eben die Ansicht betont, daß der Arbeitslohn das Minimum der Lebenshaltung nicht übersteigen dürfe, da sonst die Macht des Unternehmers eine Einbuße erleide und zugleich eine Preissteigerung stattfinde, demnach die Industrie an Konkurrenzfähigkeit verliere. Die Unternehmer dürfen daher nie vergessen, daß niedrige Arbeitslöhne ihnen nicht nur an und für sich vorteilhaft sind, sondern auch dadurch, daß bei den geringen Löhnen der Arbeiter fleißiger, fügsamer, bescheidener ist.[1]) Noch krasser traten dieselben Anschauungen in der Wissenschaft hervor, nämlich bei einer Reihe englischer Schrift-

[1]) Godart, L'ouvrier en soie, S. 266 f.

steller des 17.—18. Jahrhunderts. Die Behauptung, man wäre damals allgemein für niedrige Getreidepreise eingetreten, da sie die Herabsetzung der Arbeitslöhne ermöglichten, ist irrig. Im Gegenteil forderte man gewöhnlich hohe Preise, denn dadurch würden die Arbeiter stärker angetrieben, für den eigenen Unterhalt zu arbeiten. Infolgedessen steige das Angebot an Arbeitskräften, wodurch die Herabsetzung der Arbeitslöhne bewirkt würde.

So führt William Petty in seiner „Political Arithmetic" (1631) aus, die Verlängerung der Arbeitszeit, die Verkürzung der Mittagspausen, die Erhöhung der Getreidepreise, kurz die Erschwerung der Erwerbsmöglichkeiten sei notwendig, um den wirtschaftlichen Aufschwung des Landes zu fördern. William Temple (Essay on the Trade of Ireland) vertritt die Ansicht, es müsse in Irland eine Besteuerung der Lebensmittel eingeführt werden. Bei billigen Lebensmittelpreisen könne „die Industrie nicht gedeihen, denn dieser Umstand ermöglicht dem Arbeiter, die Arbeit zurückzuhalten und dadurch ihren Preis zu erhöhen. Beide, Petty sowohl als Temple, berufen sich auf die Lehren der Holländer, besonders auf de Witt, der obrigkeitliche Herabsetzung der Löhne forderte. Auch John Houghton tritt (in seinem „Improvement of Husbandry and Trade", 1683) für hohe Getreidepreise ein, da dadurch die Arbeitslöhne verringert und die Arbeiter zu untertänigen Dienern der Unternehmer gemacht würden. „Wenn die Löhne der Stricker und der Seidenstrumpfmacher hoch sind, dann sieht man sie selten Montag und Dienstag, sie verbringen diese Tage lieber in der Taverne. Die Weber sind gewöhnlich berauscht am Montag, am Dienstag schmerzt ihnen der Kopf und am Mittwoch fehlt es ihnen an den nötigen Gerätschaften. Und die Schuster werden eher ihr Leben opfern, als die Montagsfeier zu Ehren des heiligen Krispin aufgeben; und das dauert solange, bis sie noch einen Penny in der Tasche oder für einen Penny Kredit besitzen." Dasselbe wiederholt der anonyme Verfasser der Schrift „Consideration on Taxes". Die Getreidepreise müßten so hoch sein, daß eine sechstägige Arbeit dem Arbeiter nicht mehr einbringe, als ihm zum baren Lebensunterhalt nötig sei. Ferner verlangt er einen Maximallohn, welcher nicht überschritten und eine Minimalarbeitszeit (14 Stunden), unter die nicht herabgegangen werden dürfe. „Wenn die englische Industrie, sagt Thomas Manley (1669), der niederländischen nachsteht, so liegt der Grund in den hohen Löhnen. Dieselben bringen dem Arbeiter gar keinen Vorteil; er verdient nur soviel, um sein Leben fristen zu können und ist ärmer, als er bei geringen Löhnen war. Er arbeitet dagegen desto weniger Tage in der Woche, je höher sein Lohn steigt." Auch Arthur Young spricht verschiedentlich in seinen Schriften die Ansicht aus, obrigkeitliche Lebensmittelverteuerung und Lohnherabsetzung sei im Interesse des englischen Handels und der Industrie.[1])

Es finden sich denn auch mancherlei Fälle, wo der Staat in den Arbeitsvertrag zum Zwecke der Lohnregulierung einzugreifen suchte und das Prinzip niedriger Löhne durchführen wollte. Insbesondere war die englische Gesetzgebung darum bemüht. Nach dem Gesetz der Elisabeth von 1562 (5. Eliz c. 4) sollten alljährlich innerhalb 6 Wochen nach Ostern die Friedensrichter auf dem Lande und die Magistrate (sheriffs, bailiffs) in den Städten unter Berücksichtigung der jeweiligen Preise die Löhne für Gesinde, Arbeiter und Handwerker beschränken und festsetzen (declaration and limitation). Den Unternehmern war es bei 10 Tagen Gefängnis und 5 Pfd. Geldbuße verboten, höhere Löhne als die festgesetzten zu zahlen. Arbeiter und Gesellen, welche höhere

---

[1]) Vgl. Schulze-Gövernitz, Der Großbetrieb (1892), Einl.

Löhne annehmen würden, wurden mit 21 Tagen Gefängnis bedroht. Dagegen war das Anbieten und Annehmen geringerer Löhne gestattet, jedenfalls stand darauf keine Strafe. In der Tat wurde der von den Friedensrichtern bestimmte Lohn als Maximallohn betrachtet. In ihren Lohntaxen heißt es: Der Arbeiter bzw. Handwerker darf höchstens so und soviel erhalten. In der Tuchindustrie freilich scheinen die Lohntaxen auch Minimallöhne gewesen zu sein, denn im Gesetz von 1603 (I James) heißt es, daß der Unternehmer (clothier), der Webern, Spinnern und anderen Arbeitern und Arbeiterinnen weniger als den festgesetzten Lohn zahlt, mit 10 Sh. bestraft wird. Von wie geringer Bedeutung jedoch dieser Zusatz war, ersieht man aus einer weiteren Bestimmung desselben Gesetzes, wonach ein Unternehmer der Tuchbranche (clothier), der zugleich Friedensrichter ist, nicht an der Lohnregulierung für Weber, Walker, Spinner und andere im Tuchgewerbe arbeitende Leute teilnehmen dürfe. Nun wird wohl diese Bestimmung kaum eingehalten worden sein. Unter den Einwendungen, die das Statut (der Elisabeth) herausfordert, sagt nämlich Frederic Eden, nimmt nicht die letzte Stelle diejenige ein, welche darin besteht, daß, indem es die Macht der Friedensrichter erhöhte und ihnen die Festsetzung der Löhne für Arbeiter und Arbeiterinnen übertrug, es die Gewalt der Unternehmer (master-manufacturers) gegenüber ihren Arbeitern bedeutend steigerte. In denjenigen Teilen Englands, wo der Reichtum dieser Personen es ihnen ermöglicht, den Rang eines Friedensrichters zu erwerben, müssen wohl die Arbeiter in vollkommener Abhängigkeit von ihren Arbeitgebern sich befinden. Zu den Friedensrichtern gehörten somit nicht bloß Grundbesitzer, sondern auch, wie man aus einer Reihe späterer, hiergegen erlassener Gesetze ersehen kann, auch Verleger in der Tuchindustrie. In beiden Fällen wurden die Löhne für landwirtschaftliche oder gewerbliche Arbeiter von ihren eigenen Arbeitgebern „beschränkt und festgesetzt". Die tatsächlich bezahlten Wochenlöhne, die Rogers für zehn Gewerbearten (Baugewerbe und Feldarbeiter) berechnet hat, waren denn auch höher, als die von den Friedensrichtern bestimmten.[1] [2]

Soweit man aus verschiedenen Angaben ersehen kann, hat die Erhöhung der Geldlöhne mit der großen Preissteigerung der Lebensmittel im 16. bis 17. Jahrhundert nicht Schritt gehalten. Der Reallohn war infolgedessen bedeutend gesunken. Nach Wiebe waren die Löhne der

---

[1]) Tawney, The assessment of wages in Engl. bey the Justices of the Peace (Viert. f. Soz. u. W.-G. 1903; Heaton, Assessment of wages in Yorkshire (Econ. Journ. 24). Vgl. die oben gen. Schriften von Eden, Rogers (Hist. of Agric. VII), Lipson, Clapham, Moffit, Steffen (Bd. II), Heaton, (Oxford hist. and liter. Stud. X) Cunningham, Lohmann.

[2]) Maximallohntaxen finden wir auch anderwärts, wie z. B. in der oberpfälzischen Eisenhüttenordnung von 1694, bei den Pariser und Lyoner Buchdruckern, bei Pariser Bauarbeitern (s. Hué, I, S. 300. Levasseur, II, S. 831. Hauser, Les ouvriers du Temps passé, 1. Aufl. S. 93, 96, 99. Melottée, Hist. de l'imprimerie, S. 30ff.) Vgl. Matschoß, Friedrich d. Gr., S. 60.

Bauarbeiter in Frankreich und im Elsaß im 16. und 17. Jahrhundert um 30 bis 40% gestiegen, während die Warenpreise im Durchschnitt sich verdoppelt hatten. In England betrug die Erhöhung der Geldlöhne 100, die Warenpreise 150%. Wie Wiebe ausführt, war der Reallohn schon vom Anfang des 16. Jahrhunderts an im Sinken begriffen. Von der zweiten Hälfte des Jahrhunderts an begann diese Abnahme in drohendem Maße fühlbar zu werden. Im 17. Jahrhundert stieg der Geldlohn, doch nur soweit, um ein weiteres Fallen des Reallohnes aufzuhalten Zu Ende des 17. Jahrhunderts kam der Reallohn nur noch der Hälfte des zu Ausgang des Mittelalters üblichen gleich.[1]) Nach Rogers brauchte der englische Arbeiter, um die zur Deckung seines jährlichen Brotbedarfes erforderliche Summe zu verdienen, 1495 10 Wochen, 1533 14 bis 15 Wochen, 1564 20 Wochen, 1593 40 Wochen, 1610 bzw. 1653 43 Wochen, 1684 48 Wochen, 1726 aber reichte sein Jahresverdienst eben nur aus, um das notwendige Brot zu beschaffen.[2])

Dazu kamen dann noch Mißbräuche bei der Lohnzahlung, die ja in England (wie in Flandern) in der Wollindustrie bereits im Spätmittelalter, also sobald das Verlagssystem sich herausbildete, zu verzeichnen sind und das Einschreiten des Staates erforderten. Truckverbote treten in England bereits 1465 und 1511 auf, doch als das letztere Gesetz nach drei Jahren abgelaufen war, fehlte bei der Erneuerung desselben das Verbot der Entlöhnung in Waren. Es wurde also damit als erloschen betrachtet, und in dem ganzen fast 200 Jahre währenden Zeitraum bis 1701 ist ein derartiges Verbot auch nicht wieder erlassen, also keine Versuche mehr zur Bekämpfung des Trucksystems gemacht worden.[3]) Das Trucksystem bildete überhaupt eine charakteristische Erscheinung der Hausindustrie, mußte daher gerade in jenen Jahrhunderten, wo sie an Ausdehnung gewann, sich besonders häufig einstellen, da die Händler, die mit mancherlei Waren handelten, die Gelegenheit nicht unbenutzt lassen wollten, die weniger marktgängigen Waren ihren Arbeitern aufzudrängen. Eine Nürnberger Verordnung aus der Mitte des 16. Jahrhunderts legt es den Kaufleuten nahe, „die Handwerker mit barem Geld und nicht mit verbotenem beschnittenem Geld oder mit anderen Sachen in übermäßigem Anschlag zu bezahlen".[4]) In der Ruhlaer Messerfabrikation klagte das Handwerk übereinstimmend über den Druck der Kaufleute, die den Meistern Stahl und Eisen, sowie andere Materialien und Viktualien zu teueren Preisen anhingen, dabei die Messerwaren niedrig bezahlten, „bis daß die Meister kein Brot hätten und noch alles zu Boden gehen müsse".[5]) Ähnlich lagen die Verhältnisse in der Solinger und in der Erlanger Hausindustrie[6]). Die Calwer Zeughandlungskompagnie drängte eine Zeitlang den Webern Schmalz (zum Einfetten der Wolle) um hohen Preis auf, sowie minderwertige Sorten gefärbter Zeuge. In 3½ Jahren brachte sie auf diese Weise Zeuge im Werte von über 30000 Fl. unter, fast 10% der im gleichen Zeitraume an die Zeugmacher ausgezahlten Betrages. Da diese die Zeuge nicht gebrauchen konnten, mußten sie sie zu Schleuderpreisen verkaufen. Die meisten Zeuge wanderten in die Hände der Bäcker und Wirte, von da weiter an deren Lieferanten, bis die Kompagnie sie wieder, noch immer mit Vorteil, zurückerwarb.[7])

---

[1]) Wiebe, Zur Gesch. der Preisrevolution im 16. und 17. Jahrhundert, S. 177ff.

[2]) Rogers, Six Centur., Kap. XIV.

[3]) Lohmann, S. 35ff. Vgl. Ochenkowski, S. 125.

[4]) Stockbauer, Nürnberg. Handwerksrecht des 16. Jahrhunderts (1879), S. 56.

[5]) Sax, Hausind. in Thüringen, II, S. 13ff.

[6]) Thun, II, S. 39f. Schanz, Ind. u. Kolonis., I, S. 72ff.

[7]) Troeltsch, S. 45, 99f., 123ff.

Dieser Auswucherung durch die Unternehmer setzten freilich die Arbeiter ihrerseits den Betrug, die Veruntreuung des Rohstoffes entgegen. Wie bereits erwähnt, war in der englischen Wollindustrie auf dem Boden der ständigen Unterschlagungen ein förmliches Gewerbe, das der „endgatherers", erwachsen.[1]) Im Schwarzwald verstanden es die Spinnerinnen bis zu zwei Drittel grobes Garn unter das feine zu mischen, ließen das Garn feucht werden über siedendem Wasser und die äußeren Lagen wieder trocknen, selbst zwei bis drei Lot Sand brachten sie in das Pfund, wodurch die Baumwollwaren öfters unverkäuflich wurden.[2]) Ähnliche Zustände finden sich in Aachen, wo eine besondere Art von Tüchern vorhanden war, die aus gestohlener Wolle gefertigt waren,[3]) in Krefeld, wo man ganze Banden entdeckte, die sich mit dem Verkauf veruntreuter Seide befaßten,[4]) in der Frankfurter Seidenindustrie, wo über die Arbeiter (um 1595) viel geklagt wurde: Sie mischten und packten unter die ihnen anvertraute gute Rohware andere schlechte, lieferten sie statt trocken und sauber befeuchtet und beschwert ab, mengten unter reine Seide Leinengarn.[5]) In der Züricher Seiden-, Wollen- und Baumwollindustrie (Anfang des 18. Jahrhunderts) wird durch mehrfache Mandate verboten, den erhaltenen Rohstoff zu verkaufen, zu verpfänden oder Geld darauf zu entleihen, auch sollen die Arbeiter „am Gewicht und an der Gattung, in ihrer Natur und Eigenschaft, ohne Verfälschung und Betrug, auch in keiner anderen ungebührenden Weise" einliefern.[6])

Der ohnedies geringe Lohnverdienst der Heimarbeiter wurde auch durch die Abzüge geschmälert, die sie sich von den Faktoren oder Fergern, welche das Material unter die Arbeiterschaft zu verteilen und die fertigen Produkte abzuholen hatten, gefallen lassen mußten. Diese Vermittler waren gewöhnlich, da die Hausindustrie auf dem Lande zerstreut war, nicht zu umgehen, und da vielfach wucherische Elemente diese Rolle übernahmen, so mußte häufig eine Ausbeutung der Arbeiter stattfinden.[7]) Die Gewalt dieser Leute, sagt Schmoller, ist immer eine große; sie wollen durch Geschenke, Eier- und Hühnerlieferungen bestochen werden, um den Leuten überhaupt Arbeit zu geben, guten statt schlechten Rohstoff zu liefern.[8]) In der französischen Spitzenindustrie, welche eine weithin zerstreute Bevölkerung auf dem Lande beschäftigte, gab es eine ganze Armee von Frauen, welche sich zwischen den Verlegern und den Heimarbeiterinnen eingeschoben hatten. Diese „Leveuses de dentelles", die in Berg und Tal mit ihrem kleinen Wagen herumzogen, um unter den Arbeiterinnen den Rohstoff zu verteilen, ließen sich ihre Dienste hoch bezahlen. Außer einer hohen Kommission forderten sie Zinsen und entrichteten den Lohn in Waren, so daß ein erheblicher Teil des Arbeitslohnes in ihren Taschen verblieb.[9])

Der Arbeitstag dauerte im 17. und 18. Jahrhundert 13—14 Stunden und darüber. Wie aus einer englischen, 1747 veröffentlichten Schrift erhellt, wurde in 100 Unternehmungen Londons (im ganzen enthält die Schrift Berichte über 118 Unternehmungen) von 6 Uhr früh bis 8 bis 9 Uhr abends, also mit Abzug der Mahlzeiten wohl 12 bis 13 Stunden täglich gearbeitet.[10]) Im französischen Handwerk arbeiteten die Gesellen zuweilen noch länger, wobei man in besonders dringlichen Fällen auch nachts und an Feiertagen die Arbeit fortsetzen ließ. Frauenarbeit wurde in

---

[1]) S. oben S. 67. [2]) Gothein, I, S. 747. [3]) Thun, I, S. 17. [4]) Ibid. I, S. 95.

[5]) Dietz, Frankfurt. Handelsgesch., II, S. 296.

[6]) Furger, S. 90.

[7]) Vgl. z. B. Bein, II, S. 40 f. Gothein, I, S. 745.

[8]) Schmoller, Gesch. Entw. d. Unternehmung. Jahrb. XIV, S. 1065.

[9]) Laprade, Le poinct de France, S. 153 f.

[10]) Zit. bei Webb, Labour in the longest reign. 1897. Vgl. Moffit, S. 254 ff, Hewins, S. 118 ff. In der Spitzenmanufaktur zu Reims betrug der Arbeitstag 12 bis 13 Std. (Bondois, Colbert et l'industrie de la dentelle. Revue d'hist. écon. 1925. Nr. 4. S. 386.)

größerem Umfange nicht nur in der Hausindustrie, wo ihre Bedeutung sehr erheblich war, sondern auch in Manufakturen angewandt, wo die Zahl der beschäftigten Frauen die der Männer oft überstieg.[1]) Die Frauen arbeiteten auch in schweren und ungesunden Gewerben, so beim Salzsieden, beim Lumpenzerreißen (in der Papierindustrie), beim Ziegelbrennen, im Bergbau (beim Zermalmen und Reinigen der aus den Gruben beförderten Erze).[2]) Die Kinderarbeit wurde mit allen Mitteln begünstigt, und zwar vom zartesten Alter, von 5—7 Jahren an. „Es sind durchweg die Besten jener Generation, sagt Gothein, die eifrigsten Philantropen, die in diesem Fahrwasser steuern", die Kinderarbeit mit allen Mitteln zu fördern suchen. Waren sie doch der Ansicht, Arbeit bewahre die Kinder vor Müßiggang und erleichtere den Eltern die Sorge um das tägliche Brot. Wie sehr man sich zu jenen Zeiten freute, äußert sich Herkner, Kinder möglichst frühe so nützlich beschäftigen zu können, erhellt zur Genüge daraus, daß der Friedenskongreß von Rastatt (vom Jahre 1714) die Errichtung einer Spinnschule für die armen Kinder des Ortes als das edelste, würdigste Denkmal betrachtete, das er sich überhaupt stiften könnte.[3]) Nach Justi müssen Kinder vom frühesten Alter an zur gewerblichen Arbeit angehalten werden; er meint, es gäbe hunderte von Gewerben, in denen Kinder bereits von 5 bis 6 Jahren an beschäftigt werden könnten; hierdurch würde ihnen die Arbeit gewissermaßen zur zweiten Natur, der Müßiggang bliebe ihnen unbekannt. Als nachahmenswertes Beispiel führt Justi England und Holland an, wo die Kinder bereits im Alter von 4 bis 6 Jahren zur gewerblichen Arbeit herangezogen würden, während sie in anderen industriell weniger vorgeschrittenen Staaten ihre Zeit mit Spiel und Nichtstun vergeuden. Die Kaiserin Maria Theresia legte großes Gewicht auf die Verwendung von „müßiger und billiger" Frauen-, Kinder- und Greisenarbeit. Die Schule soll deshalb zugleich eine Werkstatt sein, wo die Kinder das Spinnen, Stricken, Weben erlernen. Viele Eltern sind außerstande, ihre Kinder in die Schule zu schicken, weil sie dieselben bei der Hausarbeit nötiger haben. Doch die Sache ändert sich vollständig, sobald dieselben Kinder aus der Schule das von ihnen erarbeitete Geld mitbringen. Nur darf die Anwendung der Kinderarbeit nicht zu spät beginnen, denn ein Junge oder ein Mädchen, die erst mit 14 Jahren zur Arbeit angehalten werden, können wohl kaum die Hälfte von dem produzieren, wie zwei Kinder von gleichen Fähigkeiten und Kräften leisten, die bereits mit 6 Jahren mit der Arbeit beginnen.[4]) Auch Friedrich d. Gr. hält die Kinderbeschäftigung für so wichtig, daß er bei seiner Anwesenheit in Hirschberg in

[1]) Levasseur, II, S. 117, 385, 795f. Hauser, Ouvriers, 1. Aufl., S. 78, 80, 83ff. Vgl. meine Abh. Zur Entwicklungsgesch. des Kapitalzinses III. (Jahrb. f. Nat.-Ök. 1903).

[2]) Pringsheim, S. 54f. Julin, Grandes fabriques en Belgique, S. 47ff. Hué, Die Bergarbeiter, I, S. 154, 286.

[3]) Gothein, S. 712f., 728, 742. Herkner, S. 63.

[4]) Beer, Gesch. der österr. Volksw. I, S. 13, 54ff. Max Adler, S. 92. Vgl. Hörnigk, Österreich über alles, S. 268.

Schlesien 1766 den Kaufleuten eine Sendung von 1000 Kindern im Alter von 10 bis 12 Jahren anbietet, um sie zum Spinnen zu verwenden; die Ablehnung dieses Angebotes erweckt sein höchstes Mißfallen.[1])

Die tatsächlichen Verhältnisse entsprachen diesem Streben nach möglichster Verbreitung der Kinderarbeit. Marx befand sich in einem großen Irrtum, als er die Behauptung aufstellte, die Kinderarbeit habe vor dem Aufkommen der maschinellen Betriebsweise eine Ausnahmeerscheinung gebildet. In England wurde, wie Held darlegt, um die Mitte des 18. Jahrhunderts, also vor dem Aufkommen der Maschinen, die Arbeit fünf- bis siebenjähriger Kinder in der Baumwoll-, Seiden-, der Birminghamer Metallwarenindustrie, in der Segeltuchmacherei, in der Strumpfstrickerei zu Norwich ausgiebig angewandt. Sobald die Kinder nur einigermaßen imstande waren, im Gewerbe Verwendung zu finden, wurden sie zu demselben herangezogen.[2])

George Crompton, der Erfinder der Spinnmühle, schildert folgendermaßen seine Kindheit: „Sobald ich überhaupt nur laufen konnte, wurde ich bei der Baumwollweberei mitbeschäftigt. Meine Mutter pflegte das Garn in einem Drahtsieb zu schlagen, worauf es mit einem starken Seifenaufguß in einen tiefen braunen Trog getan wurde. Dann schürzte mir meine Mutter die Röckchen und stellte mich in den Trog hinein, damit ich das Garn treten sollte. War dann die zweite Lage fertig, so wurde ich herausgenommen, es wurde Wasser zugegossen und ich begann wieder zu treten. Das wurde solange fortgesetzt, bis der Trog so voll war, daß ich nicht mehr sicher in ihm stehen konnte. Dann stellte man einen Stuhl daneben, an dessen Lehne ich mich festhielt."[3])

Daniel Defoe rühmt den Gewerbefleiß verschiedener Bezirke, wo die Kinderarbeit weit verbreitet war. Die Armenaufseher der Kirchspiele waren verpflichtet, die Knaben bis zum 24., die Mädchen bis zum 21. Jahr als Lehrlinge auszutun. Anfangs wurden sie an hausindustrielle Meister, später in Fabriken ausgetan. Diese Verwendung von Kindern wurde von den Zeitgenossen mit Genugtuung begrüßt und gefördert. Die Unternehmer, die nicht nur diese billigen Arbeitskräfte unentgeltlich oder gegen geringen Lehrlingslohn ausnutzten, sondern auch noch Prämien für jeden Lehrling erhielten, wurden als Wohltäter, als Philantropen angesehen. „Ein Bezirk, ein Gewerbe, in dem jedermann von 5 Jahren an seinen Unterhalt selbst bestreiten kann, wird als ideal gepriesen."[4]) Auch in Frankreich beriefen sich die Unternehmer, wenn sie um Privilegien nachsuchten, darauf, daß sie selbst bei ungünstigen Absatzverhältnissen ihre Arbeiter im Alter von 6 bis 90 Jahren beschäftigten.[5]) In den zentralisierten Werkstätten von Angersound Beaufort arbeiteten im 18. Jahrhundert Kinder vom zartesten Alter an.[6]) In der französischen Hausindustrie waren überall zahlreiche Kinder beschäftigt.[7]) In der Wollenindustrie zu Sedan zählte man im dritten Jahre der Republik ca. 10000 Kinder

---

[1]) Zimmermann, S. 117.

[2]) Held, Zwei Bücher zur sozialen Geschichte Englands, S. 557 f., 561 f., 592. Mantoux, S. 428. Macaulay, I, Kap. 3.

[3]) French, Life of Crompton, S. 43. Zit. bei Brodnitz, Vergleich. Stud. über Betriebsstat. u. Betriebsformen der engl. Textilind. (1902), S. 9 f.

[4]) Lipson, Worsted and woollen ind., S. 69 ff. Heaton, S. 336 ff. Mantoux, S. 429. Schwittau, Qualifizierte Arbeit, I (1915), S. 170 ff., 220 (russ.). Hutchins-Harrison, History of Factory Legislation (1907) S. 4.

[5]) Vgl. z. B. Courtecuisse, La manufacture de draps van Robais, S. 28.

[6]) S. Dauphin, Recherches pour servir à l'histoire de l'industrie en Anjou, S. 143, 161. Hayem, Les inspecteurs de manufact. et le mém. de l'inspect. Tribert sur la généralité d'Orléans (Mém. et doc. 2e sér.).

[7]) Lefebvre, I, S. 284 ff., 287. Sion, S. 184 ff.

im Alter von 4 Jahren an; es waren dies teilweise hausindustrielle Betriebe, teilweise Manufakturen. Maschinen gab es noch keine.[1]) In Österreich wurden von der Regierung an die Leiter der Manufakturen „25 Florin Remuneration für jeden Jungen oder jedes Mägdlein" gezahlt, die in ihren Manufakturen beschäftigt wurden.[2]) Fast jede Manufaktur besaß außer den zur Unterbringung der erwachsenen Arbeiter bestimmten Räumen besondere Räume für die in ihr beschäftigten Kinder, die sog. „Kinderhäuser". Da die Eltern sich oft der Anstellung ihrer Kinder in den Manufakturen, die eine vollständige Loslösung derselben von der Familie bedeutete, widersetzten, so wurden die Kinder oft auf Anordnung der lokalen Behörden zwangsweise den Unternehmern zugeführt. Da die Kinder aber häufig Fluchtversuche unternahmen, so wurden die Behörden angewiesen, den Unternehmern bei der Aufgreifung und Rückbringung solcher widerspenstiger Kinder Beistand zu leisten. Wie aus einem Erlaß von 1786, einer Periode also, wo von Maschinenbetrieb in Österreich noch nicht die Rede sein konnte, erhellt, waren die Kinder in den österreichischen Manufakturen von 5 bis 6 Uhr früh bis 7 Uhr abends, also 13 bis 14 Stunden, zuweilen noch länger beschäftigt; selbst Kinder unter 9 Jahren ließ man in den Manufakturen unterbringen. 4 bis 5 Kinder schliefen zusammen in einem Bett.[3]) In der Baseler Seidenbandindustrie arbeitete die ganze Familie, darunter Kinder von 4 Jahren an. In der Schweizer Baumwollspinnerei und in den Zeugdruckereien wurden 5jährige Kinder zur Arbeit angehhalten; auch in der Uhrenindustrie benutzte man Kinder.[4])

Auch waren mit den Arbeitshäusern und Strafanstalten, wo Manufakturen eingerichtet waren, Waisenhäuser verbunden (so z. B. in Pforzheim, Basel), deren Insassen ebenfalls gewerblich beschäftigt wurden. Zuweilen gründete die Regierung in Waisenhäusern selbständige Manufakturen, um die Kinder an Arbeitszucht zu gewöhnen.[5]) Oder die Waisenhäuser lieferten auch den Unternehmern Kinder für die Arbeit in ihren Manufakturen. Diese Maßregel fand bei den Behörden volle Zustimmung. Der Unternehmer Hirsch, der 1731 in Potsdam eine Sammetmanufaktur begründet hatte, klagt darüber, daß die von ihm aus dem Auslande (Holland, Dänemark) herangezogenen Arbeiter ihm Mühe und Verdruß bereiten. Daher sucht er um die Genehmigung nach, Kinder aus dem Potsdamer Waisenhause beschäftigen zu dürfen. Friedrich d. Gr. war damit einverstanden, die Genehmigung wurde erteilt und die Waisenkinder dem Unternehmer überlassen. Ein anderer Erlaß von 1748 ordnet die Überweisung von Kindern aus dem Potsdamer Waisenhause an den Seiden- und Damastproduzenten Rieß an, der ihrer zum Seidenwinden bedurfte.[6])

Hier also, in der Hausindustrie und in der Manufaktur, sind die Kinderarbeit, der übermäßig lange Arbeitstag und viele andere Mißstände aufgekommen. Von hier aus gingen sie auf den Fabrikbetrieb über. Die Fabrik hat demnach diese Übel nicht erst neu geschaffen, wie dies Marx behauptete und viele andere, die sonst seine Ansichten gar nicht teilen, ihm nachgesprochen haben.

Im Bergbau hatte freilich das böhmische Reglement von 1494 und das ungarische von 1575 die Anwendung der Kinderarbeit verboten. Diese Verbote wurden jedoch nicht eingehalten. Agricola berichtet im 16. Jahrhundert über Kinder-

[1]) Ballot, S. 170 f.

[2]) Beer, Gesch. der österr. Volkswirtschaft, I, S. 107, 117.

[3]) Mises, Zur Gesch. d. österr. Fabrikgesetzgebung (Z. f. Volksw. 1905).

[4]) Rappard, Rév. ind., S. 80, 86, 93 ff., 101, 237 ff. Jenny-Trümpy, Hand. und Ind. des Kant. Glarus, I, S. 33, 49. Chapuisat, Le comm. et l'ind. à Genève (1908), S. 143. Furger, Verlagssystem, pass.

[5]) S. oben, S. 148.

[6]) Acta Borussica. Die preuß. Seidenindustrie im 18. Jahrhundert, Bd. I, N 146 u. a.

arbeit sowohl über als unter Tage im Bergbau des Erzgebirges. Kinder hatten in den Stollen Schleppkörbe, Tonnen, Ledersäcke mit Erz anzufüllen. Durch den Arzt Zückert (1762) sind wir über die Arbeit von Knaben von 8 bis 16 Jahren in den harzischen Werken unterrichtet. „Sobald der Junge 7 bis 9 Jahre alt ist, muß er sich sein bißchen Brot allein verdienen, weil der Vater selbst ihm von seinem wenigen Sold unmöglich den hinlänglichen Unterhalt verschaffen kann." Zuweilen werden die Jungen mit der Peitsche angetrieben. Ein anderer Arzt Scheffler (1770), welcher es im allgemeinen für billig hält, daß Kinder frühzeitig zur Arbeit angehalten werden, meint doch, daß vor dem 14. oder 15. Lebensjahr die schwere Bergarbeit ihre Kräfte übersteige. In dieser Schrift erwähnt er den Umstand, daß in Sachsen Kinder von klein auf als „Bergjungen" beschäftigt werden. Von der Kinderarbeit auf der Scheidebank — der Zerklopfung und Sonderung des Erzes — meint er, daß sie sie zu einem raschen Tode führe. 8- bis 9jährige Kinder müßten das Erz mit schweren Hämmern zerkleinern, der Staub umhüllt sie in dichten Wolken. Die Kinder atmen den mit winzigen Metallteilen durchsetzten Staub, die giftigen Schwefel- und Arsengase ein.[1]) Auch in den französischen Kohlengruben des 18. Jahrhunderts wurde die Kohle nur selten vermittelst kleiner, mit Pferden bespannter Wagen an die Oberfläche gebracht; gewöhnlich mußten die mit Kohlen gefüllten Säcke von Frauen, Knaben und Mädchen, an Kopf, Hals und Rücken befestigt — eine Last von 100 bis 150 Pfd. — durch den dunklen Gang hinaufgeschleppt werden.[2])

Es ist bereits oben ausgeführt worden, daß in der Hausindustrie die Arbeiter meist nur für einen bestimmten Verleger oder eine Kompagnie von Verlegern zu arbeiten hatten und ihre Waren nicht nach auswärts absetzen durften. Auch die in den zentralisierten Manufakturen beschäftigten Arbeiter konnten nicht ohne Zustimmung des Besitzers den Betrieb verlassen; ein Abspenstigmachen derselben war aufs strengste untersagt, da dadurch die Unternehmung geschädigt werden könnte. Diese Verhältnisse waren mit einer starken Beeinträchtigung ihrer Freiheit verbunden. Doch an Freizügigkeit und einen freien Arbeitsvertrag dachte man damals noch nicht; es war ja das Zeitalter der gebundenen Wirtschaft, wo alles reglementiert werden sollte und das Interesse des einzelnen nicht berücksichtigt werden konnte.[3])

[1]) Agricola, Vom Bergwergk. XII Bücher (1557). Scheffler, Abhandlung von der Gesundheit der Bergleute (1770). Zückert, Die Naturgeschichte und Bergwerksverfassung des Oberharzes (1762). Zit. bei Hué, S. 153, 236, 285 f., 303.

[2]) Rouff, Les mines de charbon en France au XVIIIe siècle, S. 44.

[3]) In Frankreich werden Arbeitsniederlegungen im 18. Jahrhundert als Aufruhr (Revolte) bezeichnet. Es war verboten und mit Gefängnisstrafen geahndet, Ansammlungen von Arbeitern außerhalb der Werkstätten zu veranlassen, Versammlungen abzuhalten, andere zum Ausstande zu verführen, wie auch Verbände zu bilden, welche die Arbeitgeber zur Erfüllung der Forderungen ihrer Arbeiter zwingen sollten (z. B. die Patente von 1749, 1781). Ähnliche Verbote finden sich in den Reichszunftordnungen (z. B. von 1731), in englischen Gesetzen des 18. Jahrhunderts. „Das Gefängnis war das Hauptargument." In der Tat wurden die Arbeiter bei jedem Ungehorsam in Haft genommen und ins Gefängnis gebracht. Nach Martin hätte man in Toulouse Versammlungen und Zusammenrottungen, die die öffentliche Ruhe zu stören geeignet waren, mit Todesstrafe bedroht. Vgl. Hayem, La répression des grèves au XVIIIe siècle (Hayem, Mém. I), S. 107, 111, 114, 127, 135. Funck-Brentano, La question ouvrière sous l'Ancien Régime. Martin, Associations ouvrières au XVIIIe siècle. Courtecuisse, La manufact. de draps fins Vanrobais (1920). Zycha, Viert. f. Soz. u. W.-G. V, S. 258.

1767 äußert Turgot freilich seine Ansicht über einen Fall, wo ein Unternehmer einen Farbendrucker in seiner Indienne-Manufaktur zurückzuhalten suchte: „Der Arbeiter muß ebenso wie der Unternehmer die Möglichkeit besitzen, seinem Interesse nachzugehen; die Sklaverei, die durch Reglements dem Arbeiter auferlegt wird, ist eher nachteilig als vorteilhaft für die Industrie.“ Dies war offenbar für jene Zeit eine ganz neue Anschauung. Die französischen Arbeiter, sagt Rouff, waren vollständig der Macht der Unternehmer ausgeliefert und der Staat befaßte sich damit nur, um ihre Sklaverei noch härter und vollständiger zu machen (z. B. durch die Einführung der Zeugnisse). In Österreich mußte man noch zu Ende des 17. Jahrhunderts besonders betonen, der Zwang, der den Arbeiter wider Willen zum Verbleiben in einer Manufaktur nötige, bedeute „eine Art der Sklaverey“.[1]) Es handelt sich hier bloß um die ersten Schritte auf dem Wege zu einem freien Arbeitsvertrag, der jedoch erst in der nächsten Periode seine Ausbildung erhält.

Während die Verleger sich meist in gesicherter materieller Lage befanden, größere Gewinne sich aneignen konnten, war die Stellung der Arbeiter eine traurige. Selbst bei den bescheidensten Lebensansprüchen war ein Defizit in ihrem Haushalt unvermeidbar.

„Mit innerlichem Grimm und tiefem Neid — sagt Nübling — sah ein großer Teil der zünftigen Stadtweber schon längst, wie die Ulmer Wollherren sich mehr und mehr bereicherten, wie die Anzahl der Gülten und Zehnten, der Burgen und Schlösser sich vermehrte, welche dieselben in der Nachbarschaft mit dem Ertrag der Ulmer Barchente ohne irgendwelche sonderliche Mühewaltungen erwarben, während sie selbst, die Weber, sich jahraus, jahrein am Webstuhl plagten, alle Mühen und Sorgen des Geschäftes zu tragen hatten und am Ende des Jahres froh sein mußten, wenn sie mit Weib und Kind sich redlich durchgeschlagen hatten.[2])

Daß der Gewinn der Kaufleute im schlesischen Leinengewerbe nicht unbedeutend gewesen ist, dafür spricht die große Zahl der durch diesen Handel reich gewordenen Männer. Als Friedrich d. Gr. Schlesien eroberte, gab es in den vier Gebirgsstädten Hirschberg, Schmiedeberg, Landeshut, Greifenberg 110 sehr wohlhabende Leinwand- und Garnhändler. Zugleich verdienten die Weber und Spinner nicht mehr, als zum ärmlichsten Leben notwendig war. Zu Anfang des 18. Jahrhunderts belief sich der tägliche Erwerb eines Webers auf kaum 5 Groschen. Das Spinnen warf nur wenige Pfennige täglich ab. Auch in den vorhergehenden Jahrhunderten scheint der Lohn des Durchschnittsarbeiters nie höher gewesen zu sein.[3]) Auch sonst waren in Schle-

---

[1]) Mathieu, Notes sur l'industrie en Bas-Limousin dans la seconde moitié du XVIIIe siècle (Hayem, I, S. 57). Vgl. auch Max Adler, S. 90, Frémy, pass. Mantoux, S. 54, Levasseur, II, S. 803, Rouff, Les mines de charbon (1922). Die schottischen Gruben- und Salinenarbeiter wurden sogar bis Ende des 18. Jahrhunderts mit der Unternehmung zusammen verkauft, als ein Bestandteil derselben, und trugen Abzeichen mit dem Namen ihres Herrn. In Preußen und Österreich findet sich Beschäftigung von Hörigen auf den vom Gutsherrn eingerichteten Manufakturen oder die Verpflichtung der Ablieferung von Garn für dieselben; auch bestanden zuweilen die Frondienste in Holzfuhren für die Hüttenwerke, in Anfahren von Grubenerz oder Kalk, auch wohl in der Bergwerksarbeit (Vgl. Mantoux, S. 54. Grünberg, Bauernbefreiung, I, S. 86. Hué, Die Bergarbeiter, I, S. 338. Grünhagen, Über den grundherrsch. Charakter des hausind. Leinengewerbes in Schlesien. Zeitschrift f. Soz.- u. W.-G. II, S. 242).

[2]) Nübling, S. 147. Nicht minder kläglich war die Arbeiterlage in der Florentiner und Genueser Wollen- und Seidenindustrie (Doren, S. 238 ff., 462 ff. Sieveking, S. 121, 171). Vgl. Bd. I, S. 219 f.

[3]) Zimmermann, S. 56 ff., 63. Die Tücher, welche der russischen Kompagnie in Berlin von den armen Bewohnern der kleinen Landstädte geliefert wurden, bezeichnete sogar die Gesetzgebung als „Weinelaken“, an denen Tränen der Not kleben. (Schmoller, Umrisse und Unters. 1898.)

sien im 18. Jahrhundert 36 bis 50 Reichstaler für den (eingewanderten) Weber schon eine gute Jahreseinnahme. Rechnet man nun, daß eine Familie von 6 Köpfen im Jahre etwa 36 Reichstaler allein an Brot brauchte, so fragt man sich, wie sie nur existieren konnte. Auch die alteingesessenen Gewerbetreibenden standen sich nicht besser, in der Leinweberei, Leder- und Spitzenfabrikation sogar schlechter als die neuen. Doch besaßen sie wenigstens eigene Häuschen mit Gärten, auch ein paar Stück Vieh, während die Eingewanderten zur Miete wohnen mußten[1].)

In Württemberg belief sich in der zweiten Hälfte des 18. Jahrhunderts die für einen aus Mann und Frau bestehenden Haushalt erforderliche Mindestsumme auf 115 bis 120 Fl. Die Ausgaben einer aus fünf Köpfen bestehenden Familie machten 190 bis 200 Fl. aus. Der tatsächliche Jahresverdienst eines Webers überstieg indessen keine 75, ja 60 bis 50 Fl. Die anderen Familienmitglieder verdienten höchstens 20 bis 25 Fl., so daß der Verdienst der ganzen Familie sich insgesamt auf ca. 100 Fl. belief, demnach nicht einmal die Hälfte des zum Lebensunterhalt Notwendigen ausmachte. Dieses große Defizit wurde nun zum größten Teil durch eine weitere Herabsetzung der Lebenshaltung, vornehmlich an Kleidung und Nahrung gedeckt, zum Teil auch durch die Anspruchnahme privater und öffentlicher Wohltätigkeit, endlich aber auch durch Bettel. Wie schlimm mußte dieses Mißverhältnis zwischen Einnahmen und Ausgaben werden, wenn letztere sich in teueren Zeiten erhöhten, ohne eine Vermehrung des Verdienstes herbeizuführen![2]) Einen schroffen Gegensatz zur Stellung der Zeugmacher bildete die glänzende Lage der Kompagnieteilhaber, die sich im zunehmenden Luxus in Calw offenbarte.

Die Einnahmen eines älteren Teilhabers beliefen sich nach Troeltsch auf 2000 bis 2500 Fl. jährlich, die Bezüge aus der Beteiligung an anderen Geschäften sowie die aus Grundbesitz fließenden Erträge ungerechnet. Wie erheblich dieses Einkommen war, ergibt sich daraus, daß damals der Präsident des Regierungsratskollegiums 3000 Fl., ein adeliger Regierungsrat 1000 Fl., ein Gelehrter nur 750 Fl. bezog. Die Besoldung der württembergischen Pfarrer ohne Naturalien und Akzidenzien betrug durchschnittlich 260, höchstens 520 Fl., die der Lehrer 104 bis 190 Fl. (letzteres am Stuttgarter Gymnasium). „Hieraus ist es begreiflich, mit welchen souveränen Gefühlen die Calwer Unternehmer auf das ganze Beamtentum herabblickten.“[3])

Ein ähnlicher Vergleich läßt sich für die Lyoner Seidenindustrie des 18. Jahrhunderts ziehen. So ist es einerseits bekannt, daß unter den sehr reichen Kaufleuten der Stadt Lyon um 1677 17 Seidenwarenhändler, dagegen nur 15 Tuchmacher und 14 Kolonialwarenhändler gezählt wurden; in den übrigen Korporationen fanden sich noch weniger sehr reiche Leute. 1789 gaben die Verleger der Seidenindustrie selber an, daß ihre Zahl 400 betrage und sie an Mobilien und Immobilien 60 Mill. Livres besitzen. Andrerseits ergeben die mehrfach am Ende des 18. Jahrhunderts berechneten Lebenshaltungskosten der Lyoner Seidenweber, daß der Abstand zwischen den Einnahmen und den normalen Ausgaben sich auf 249, 356, 506 Livres belief, im besten Falle auf

[1]) Fechner, Z. f. Staatswiss. 1901, S. 648.

[2]) Troeltsch, S. 235 ff.

[3]) Ibid., S. 39, 151 ff.

53 Livres. Godard erblickt in diesen Zahlen einen Beweis der zähen Ausdauer der Arbeiter. Sie lebten weiter, während sie allen Berechnungen nach längst hätten Hungers sterben müssen. Der den Unternehmern recht freundlich gesinnte Abbé Berthélemy behauptet, es könnten nirgends solche Manufakturen wie in Lyon begründet werden, es müßten denn dazu Arbeiter aufgefunden werden wie die von Lyon, die weder schlafen noch essen.[1])

Der Arzt Zückert berichtet über den Bergmann des Oberharzes: „Einige irdene Töpfe und Teller sind der ganze Hausrat, der Kleidervorrat besteht aus einer einzigen Puffjacke. Betten kennt er nicht; er liegt auf Stroh, deckt sich mit der Puffjacke zu. Sonntags kocht die Frau Fleisch mit Kohl, Erbsen oder Wurzelwerk, soviel, daß die ganze Hausgenossenschaft die Woche über genug hat. Reicht dieses nicht bis zu Ende der Woche, so ist alsdann ein Stück Brot mit Harzkäse oder Salz des Bergmanns beste Speise". Von Interesse für die Kenntnis der Lage der Bergarbeiter ist es, daß die Hessen-Darmstädtische Bergordnung von 1716 den Frauen und Kindern der Bergarbeiter das Betteln verbietet und eine Hannoversche Verordnung von 1758 darauf hinweist, daß, obgleich reichlich Almosen gegeben würden, doch die Anzahl der Armen so zunimmt, daß für die Zukunft den Bergleuten verboten werden müsse, sich zu verehelichen, bevor sie genügend verdienten, um Weib und Kind ernähren zu können.[2])

Noch schlimmer gestaltete sich die Lage der Arbeiter durch den Mangel an Arbeit, in den häufig auftretenden Krisenzeiten. In den hausindustriellen Ordnungen und Reglements des 17.—18. Jahrhunderts (wie z. B. in der Apoldaer Strumpfwirkerei, der Baumwollindustrie des sächsischen Vogtlandes, der Calwer Zeugmacherei, der Thüringischen Holz- und Spielwarenindustrie, der Schwabacher Nadelfabrikation) suchte man jener Arbeitslosigkeit, welche in der Hausindustrie periodisch eintrat und die Meister in großes Elend versetzte, wenn auch nur teilweise dadurch vorzubeugen, daß nicht nur die Arbeiter ausschließlich auf die Verleger angewiesen wurden, sondern auch die Verleger verpflichtet wurden, den Heimarbeitern alle produzierte Ware abzunehmen. Doch war die Durchführung derartiger Verordnungen in Anbetracht der monopolistischen Stellung der Verleger geradezu unmöglich. Die abgeschlossenen Verträge, die den Hausindustriellen eine regelmäßige Beschäftigung sichern sollten, wurden von den Verlegern nicht eingehalten, die eingelieferte Ware nur teilweise angenommen; bei einer Absatzstockung wurde ihnen überhaupt nichts abgekauft. Die Folgen jeder ungünstigen Konjunktur suchten die Unternehmer auf die Arbeiter abzuwälzen.[3])

---

[1]) Godart, S. 20, 405 ff. Die Arbeiter, die allein von ihrer Hände Arbeit leben — sagt ein anderer Zeitgenosse, Roland (Encycl. méthod., Arts et manuf., I, S. 18) — mögen sie auch noch so fleißig sein, leben immer in Armut, wenn man hier überhaupt von einem Leben reden darf.

[2]) Hué, S. 300 f.

[3]) Während die Kaufleute, klagten die Strumpfwirker der Baseler Landschaft, selbst die Ursache sind, daß unserer so viele sind, so geben sie uns doch viel zu wenig Arbeit und noch schlechteren Lohn. Früher haben wir ihnen kaum genug arbeiten können, jetzt aber sehen sie uns über die Achsel an, lassen uns am Hungertuche nagen und müßig gehen (Geering, S. 622 f.).

In der Lyoner Seidenindustrie standen 1628 unter 1698 Stühlen 350, d. i. der fünfte Teil, still, 1739 ebenfalls $^1/_5$, während 1788 sogar $^1/_3$ der Webstühle arbeitslos war.[1]) In der Pariser Buchdruckerei waren im 17. Jahrhundert nur ¼ bis ½ der Druckpressen beschäftigt, nach einem Mémoire von 1755 fand die Hälfte der Druckereigesellen ein halbes Jahr hindurch keine Arbeit. Nach Vauban sollen die Weber wegen zahlreicher Unterbrechungen in der Produktion durchschnittlich nur 180 Tage im Jahr Beschäftigung haben.[2])

Lohmann bemerkt von der englischen Wollenindustrie, daß „bereits im 16. Jahrhundert ganze Grafschaften in ihren unteren und mittleren Volksschichten von jeder Schwankung des großen Marktes aufs härteste betroffen werden konnten". Sobald der Absatz der Waren stockte, erteilten die Verleger keine Aufträge mehr, da sie fürchteten, die Waren würden auf ihren Lagern liegen bleiben. Unter den notleidenden Arbeitern brachen Unruhen aus, so in England 1520 und 1560, besonders aber im Laufe des 17. Jahrhunderts. Die in der Wollindustrie ausgebrochene Krise hielt ein ganzes Jahrzehnt an.[3]) In der Regel bildeten jedoch Auflehnungen seitens der Arbeiter, Aufstände und Unruhen seltene Erscheinungen. Die Arbeiter waren dermaßen an ihr trauriges Los und an ihr Leiden gewöhnt, daß sie ihr Joch willig trugen.[4]) Sogar solche Mißstände, wie das Trucksystem und die ungesetzlichen Abzüge von ihrem kärglichen Lohne waren nicht imstande, sie aufzurütteln.

---

[1]) Godart, S. 26, 41 ff., 206 ff.

[2]) Levasseur, II, S. 778. Germ. Martin, Grande industrie, S. 317. Mellottée, Hist. écon. de l'imprimerie, I (1905), S. 279, 297, 455.

[3]) Lohmann, S. 17 ff., 37.

[4]) Vgl. Troeltsch, S. 95 ff., 102 ff., 113ff.

IV. ABSCHNITT.

Handel und Handelspolitik.

Quellen.[1]) Le Moine de l'Epine, De Koophandel. van Amsterdam (vom Anfang des 18. Jahrhunderts, zugleich in französischer Sprache erschienen und dann von Ricard umgearbeitet unter dem Titel „Le négoce d'Amsterdam contenant tout ce qui doivent savoir les marchands et banquiers tant ceux qui sont établis à Amsterdam, qui ceux des pays étrangers), zit. nach der Ausgabe von 1723. Savary des Bruslons, Le parfait négociant ou instruction générale pour ce qui regarde le commerce des marchandises en France et de pays étrangers (zit. nach der französisch-deutschen Ausg. v. 1675). Savary (Söhne), Dictionnaire universel de commerce usw. 1726, mit Zusätzen von 1732. Malachy Postlethwayt, The Universal Dictionnary of Trade and Commerce. 1754 (zit. nach der Aufl. v. 1766). Defoe, The Complett English Tradesman. 1725. Campbell, A General Description of all Trades. 1747. Marperger, Nothwendig und nützliche Fragen über die Kauffmannschafft. 1714. Ders., Beschreibung der Messen und Jahrmärkte. 1711. Sperander, Sorgfältiger Negociant und Wechsler. 1712. Ludovici, Grundriß eines vollständigen Kaufmannssystems. 2. Aufl. 1768. Büsch, Theoretisch-praktische Darstellung der Handlung, besonders I und II (zit. nach der 2. Aufl. 1799 und Zusätzen zu I und II 1797).

Reiß-Journal und Glücks- und Unglücksfälle von Johann Eberhard Zetzner (aus dem Ende des 17. und dem Anfang des 18. Jahrhunderts), hrsg. von Reuß. 1913 (Beiträge zur Landes- und Volkskunde von Elsaß-Lothringen, 43). Wanderjahre des Joh. Phil. Münch als Kaufmannsjunge und Handlungsdiener (aus dem Ende des 18. Jahrhunderts), hrsg. von Schnapper-Arndt. 1895 (Archiv für Frankfurts Geschichte und Kunst. III. F. V). Mémoires de Jean Maillefer, marchand bourgeois de Reims, hrsg. Jadart. 1890.

Massip, Une maison de mercerie à Narbonne en 1757. 1892. Decharme, Le comptoire d'un marchand au XVII siècle. 1910 (Lion zu Honfleur). Sée, Le commerce de St. Malo au XVIII siècle d'après les papiers des Magons (Hayem, Mémoires et documents. 9e sér. 1925). Guillon, André Vanderheyde courtier lorientais et ses opérations (1756—1764/65). Annales de Bretagne. 1918. Moriz-Eichborn, Das Soll und Haben von Eichborn Co. in 175 Jahren. 1903. Lenz-Unholz, Die Geschichte des Bankhauses Gebr. Schickler. 1913.

Anderson, History of Commerce. 1764 (deutsch: Historische und chronologische Geschichte des Handels, besonders V—VII. 1777—1779). Macpherson, Anals of Commerce I—IV (1805). Lüder, Geschichte des holländischen Handels. 1788. Saalfeld, Geschichte des holländischen Kolonialwesens. 1812. Nemnich, Neueste Reise durch England, Schottland und Ireland. 1807. Tolosan, Mémoire sur le commerce de la France. 1789. Vgl. auch die Werke von Petty, Child, Dudley North, Thomas Mun, Boisguillebert, Galiani, Forbonnais, Adam Smith.

Hauterive-Cussy, Recueil des traités de commerce et de navigation. 1834 ff. Clement, Lettres, instructions et mémoires de Colbert. 1861—1865. Getreidehandelspolitik und Kriegsmagazinverwaltung Brandenburg-Preußens, hrsg. von Schmoller und Naudé (Akten). 1901. 1910.

Literatur.[2]) Scherer, Allgemeine Geschichte des Welthandels. II. 1853. Beer, Geschichte des Welthandels. III. Mayr, Lehrbuch der Handelsgeschichte.

---

[1]) Vgl. Sombart II, 1.

[2]) Nur Schriften allgemeineren Charakters.

4. Aufl. 1908. Noël, Histoire du commerce du monde. II. 1894. Peschel, Geschichte des Zeitalters der Entdeckungen. 2. Aufl. 1877. Roscher-Jannasch, Kolonien, Kolonialpolitik und Auswanderung. 3. Aufl. 1885. Leroy-Beaulieu, De la colonisation chez les peuples modernes. 5. Aufl. 1902. Zimmermann, Die europäischen Kolonien. I—VI. 1896—1903. Lannoy et Van der Linden, Histoire de l'expansion coloniale des peuples européens. 1907—1911. Supan, Die territoriale Entwicklung der europäischen Kolonien. 1906. Roloff, Geschichte der europäischen Kolonisation. 1913. Schmoller, Allgemeine Volkswirtschaftslehre. II. Bd. 4. Sombart, Die Juden und das Wirtschaftsleben. 1910. Ders., Luxus und Kapitalismus. 1912. Ders., Krieg und Kapitalismus. 1911. Ders., Der Bourgeois. 1913. Ders., Der moderne Kapitalismus. 2. Aufl. II, 1 u. 2.

England. Leon Levi, History of British Commerce. 2. Aufl. 1880. Hewins, English Trade and Finance chiefly in the XVIII century. 1891. Scott, The Constitution and Finance of English and Irish Joint Stock Companies to 1720. I—III. 1910—1912. Schanz, Englische Handelspolitik. 1881. Häpke, Die Handelspolitik der Tudors (Hans. Gesch.-Bl. 1914). Williams, Maritime Entreprise 1485—1553. 1913. Seeley, Expansion of England. Lingelbach, The Merchant adventurers of England (1902). Sten Konow, Indien unter der englischen Herrschaft. 1915. Bal Krishna, Commercial Relations between India and England 1601—1757. 1924. Thomas, Mercantilism and the East-India Trade. 1926. Marks, England und Amerika. 1926. Beer, The commercial policy of England toward the American Colonies. 1893. Ders., The origine of the British Colonial System 1578—1660. 1922. Ashley, The economic legislation of England and the American Colonies 1660—1760 (Quart. Journ. of Economics. 1900). Cunningham, Growth of english industry and commerce in modern times. 3. Aufl. 1903. Baines, History of commerce and town of Liverpool. 1852. Ljubimenko, Geschichte des russisch-englischen Handels. I (16. Jahrhundert). 1912. Meine Russische Wirtschaftsgeschichte. I (Jena). 1925. Ostrouchow, Der russisch-englische Handelsvertrag von 1734. 1914. Lohmann, Die amtliche Handelsstatistik Englands und Frankreichs im 18. Jahrhundert (Sitz. d. Preuß. Akad. 1908).

Frankreich. Chaptal, De l'industrie française. I. 1819. Clement, Histoire de la vie et de l'administration de Colbert. 1846. Pigeonneau, Histoire du commerce de la France. II. 1889. Levasseur, Histoire du commerce de la France. I. Avant 1789. 1911. Sée, L'évolution commerciale et industrielle de la France sous l'ancien régime. 1925. Foville, Le commerce exterieur de la France depuis 1716 (Bullet. de statist. et législation comparée. 1883). Masson, Histoire du commerce français dans le Levant au XVII siècle. 1896. Ders., Histoire du commerce français dans le Levant au XVIII siècle. 1911. Sagnac, La politique commerciale de la France avec l'étranger de la paix de Ryswick à la paix d'Utrecht (Rev. Hist. 1910). Dahlgren, Les rélations commerciales entre la France et les côtés de l'Océan Pacifique. I. Le commerce de la mer du Sud jusqu'à la paix d'Utrecht. 1909. Brandt, Geschichte der französischen Handelspolitik. 1894. Boissonade, Histoire de prémiers essays des rélations économiques entre la France et l'état prussien pendant le régne de Louis XIV. 1912.

Deutschland und Österreich. Falke, Geschichte des deutschen Handels. II. 1860. Ders., Geschichte des deutschen Zollwesens. 1869. Schmoller, Studien über die wirtschaftliche Politik Friedrichs d. Gr. (Jahrb. VIII). Rachel, Handels-, Zoll- und Accisepolitik Brandenburg-Preußens bis 1713. I—II. 1912. 1922 (Acta Borussica). Schmoller-Naudé, Getreidehandelspolitik Brandenburg-Preußens. 1901. 1910. Acta Bor. Ehrenberg, Das Zeitalter der Fugger. I—II. 1896. Beer, Österreichische Handelspolitik unter Maria Theresia. Landau, Die Entwicklung des Warenhandels in Österreich. 1906. Srbik, Der staatliche Exporthandel Österreichs von Leopold I. bis Maria Theresia. 1907. Peez-Raudnitz, Geschichte des Maria-Theresientalers. 1898. Fischel, Le thaler de Marie-Thérèse. 1912. S. auch die unten angegebenen Schriften von Jülg, Lippert, Ebenthall über die Entwicklung der österreichischen Handelsmarine.

Niederlande. Pringsheim, Wirtschaftliche Entwicklung der Vereinigten Niederlande im 17. bis 18. Jahrhundert. 1890 (Schmollers Forsch.). Wätjen, Die Niederländer im Mittelmeergebiet zur Zeit ihrer höchsten Weltstellung. 1900. Ders. Zur Statistik der holländischen Heringsfischerei im 17. und 18. Jahrhundert (Hans. Gesch.-Bl. 1910). Ders., Zur Geschichte des holländischen Wallfischfanges von der zweiten Hälfte des 17. bis zum Beginn des 19. Jahrhunderts (ibid. 1919). Ders., Das holländische Kolonialreich in Brasilien. 1921. Baasch, Hamburg und Holland im 17. und 18. Jahrhundert (Hans. Gesch.-Bl. 1910). Ders., Holländische Wirtschaftsgeschichte. 1927. Laspeyres, Geschichte der volkswirtschaftlichen Anschauungen der Niederländer und ihrer Literatur zur Zeit der Republik. 1863. Rachfahl, Wilhelm von Oranien und der Niederländische Aufstand I (1906). Ders., Die holl. See- und Handelsmacht vor und nach dem Ausbruch des niederl. Aufst. (Stud. u. Vers. zur neuer. Gesch. gewidm. Max Lenz, 1910). Diferee, Die ökonomischen Verwicklungen zwischen England und den Niederlanden im 17. Jahrhundert (Viert. f. Soz. u. W.-G. IX, 1911). Klerk de Reus, Geschichtlicher Überblick der administrativen, rechtlichen und finanziellen Entwicklung der niederländisch-ostindischen Kompagnie. 1895. Bockemeyer, Die Molukken. Geschichte und quellenmäßige Darstellung der Eroberung und Verwaltung der ostindischen Gewürzinseln durch die Niederländer. 1888. Blok, Geschichte der Niederlande. IV, V (1609—1648 und 1649—1702. Heeren-Uckert. Gesch. der europäischen Staaten. 1910. 1912).

Spanien. Häbler, Die wirtschaftliche Blüte Spaniens im 16. Jahrhundert und ihr Verfall. 1888. Ders., Geschichte Spaniens. I. 1907. Ders., Zur Geschichte des spanischen Kolonialhandels im 16. und 17. Jahrhundert (Z. f. Soz.- u. W.-G. VII). Bonn, Spaniens Niedergang während der Preisrevolution des 16. Jahrhunderts. 1896. Haring, Trade and navigation between Spain and the Indies in the times of the Hapsburgs. 1918. (Harward economic studies. XIX). Vignols, L'ancien concepte monopole et la contrebande universelle (Rev. d'hist. écon. 1925). Ansiaux, Histoire économique de l'Espagne au XVI et XVII siècle (Rev. d'économie polit. 1893). Desdevises du Desert, L'Espagne de l'ancien régime. 1904. Daenell, Die Spanier in Nordamerika von 1513—1824 (1911). Sayous, Les échanges de l'Espagne sur l'Amérique au XVIs. Revue d'écon. polit. 1927.

Skandinavien. Stavenow, Geschichte Schwedens VII 1718—1772 (Heeren-Uckert. Gesch. der europäischen Staaten. 1908). Bosse, Norwegens Volkswirtschaft vom Ausgang der Hansaperiode bis zur Gegenwart. I. 1916. Kretzschmer, Schwedische Handelskompagnien und Kolonisationsversuche im 16. und 17. Jahrhundert (Hans. Gesch.-Bl. XVII).

Lit. über einzelne **Handelsstädte, Handelszweige** und **Handelsformen** (insbes. über Getreidehandel, Sklavenhandel, Messen, Börsen, Überseegesellschaften, Hausierhandel usw.) s. unten in den betr. Kap. Über **Schiffahrt** Abschn. V, bes. S. 328, 388f.

Kapitel 14.

Handels- und Kolonialpolitik der europäischen Staaten (mit Ausnahme von England).[1])

Im 16. Jahrhundert erfährt der Welthandelsverkehr einen gewaltigen Umschwung. 1498 erreichte Vasco da Gama, nachdem er das Kap der Guten Hoffnung umschifft hatte, nach zehnmonatlicher Seefahrt den an der Malabarküste gelegenen Hafen von Kalikut. Der Seeweg nach Indien war nunmehr gefunden. Die Landreisen nach dem Orient, die, insbesondere seit dem siegreichen Vordringen der Osmanen im 15. Jahrhundert, mit großen Gefahren verbunden waren, wurden

[1]) Literatur s. oben, S. 195 ff.

nunmehr durch die Seereisen abgelöst. Diese hatten den Vorzug, daß sie weniger Zeit beanspruchten, daß die Schiffe weit größere Warenmengen aufnehmen konnten, als dies auf dem Landwege der Fall war. Beinahe gleichzeitig mit dieser folgenschweren Entdeckung entdeckte Christofor Kolumbus (Colon) die Antillen und daraufhin das Festland Amerikas. Diese beiden Ereignisse werden von Adam Smith als die wichtigsten Tatsachen der Neueren Geschichte hingestellt, die nach ihm beide auf die Anwendung des Kompasses zurückzuführen sind. Diese epochemachenden Ereignisse hatten einen völligen Umschwung im Handelsverkehr zu bedeuten. Er beschränkte sich nicht mehr auf die engumgrenzte Sphäre der Binnenmeere, der Ostsee, der Nordsee und des Mittelmeeres; er wurde zum Welthandel, der auf neuen Bahnen wandelte, sich auf den die einzelnen Weltteile verbindenden Ozeanen, dem Atlantischen und dem Indischen, abspielte. Es waren jedoch nicht mehr Hansen und Italiener, die die Führung im Handel besaßen. Sie gehörte nunmehr den an den Küsten des Atlantischen Ozeans ansässigen Völkern: Portugiesen, Spaniern, Holländern, Engländern, Franzosen. Drei Jahrhunderte lang ringen diese Völker miteinander um die Vorherrschaft im Welthandel, um das Zepter, das den Händen der Italiener entfallen war.

Diese Kämpfe spielen sich in neuen, dem Mittelalter unbekannten Formen ab, die dem gänzlich veränderten Gepräge des gesamten Wirtschaftslebens angepaßt sind. Es sind nicht mehr einzelne Städte oder Städtebünde, die um die Handelshegemonie ringen, sondern Staat kämpft gegen Staat, Nation gegen Nation. Zum Teil war die nationale Handelspolitik von dem im Interesse der Förderung der nationalen Industrie durchgeführten Industrieschutz diktiert, sie war also nichts weiter als eine Fortsetzung der mittelalterlichen städtischen Handelspolitik. Diesem Grundsatze entsprangen die Beschränkungen der Einfuhr ausländischer Fabrikate, sowie der Rohstoffausfuhr (von Wolle, Flachs, Häuten), deren die eigene Industrie bedurfte. Auch solche, uns sonderbar anmutende Bestimmungen wie die Forderung, Kaufleute sollten die in den neuerrichteten Manufakturen erzeugten Waren erwerben, oder (in England) die Toten dürften nur in wollenen Gewändern beerdigt werden, waren dazu bestimmt, die nationale Industrie zu fördern und zu begünstigen. Im Einklang damit steht die Begünstigung des Außenhandels, der Ausfuhr eigener Fabrikate, während dem Binnenhandel gegenüber ein gewisses Mißtrauen, eine gewisse Zurückhaltung nicht zu verkennen ist; bringt doch der Binnenhandel keine neuen Reichtümer ins Land, sondern ermöglicht es nur einzelnen Bevölkerungsschichten, sich auf Kosten anderer Landesbewohner zu bereichern.

Freilich ist diese Förderung der Ausfuhr von Fabrikaten bereits ein neuer, dem Mittelalter unbekannter Zug der neueren Handelspolitik und noch mehr wird man als Neuerung die Begünstigung des Außenhandels als solchen, nicht bloß der Ausfuhr von Gewerbeprodukten hervorheben müssen. Während im Mittelalter nur wenige Handelsstädte dieses Ziel verfolgten, das allen anderen gänzlich fremd war, ja ihrer Wirtschaftspolitik widersprach, wird es jetzt zum Grundsatz jeder nationalen Handelspolitik erhoben, freilich nur insoweit der Handel die aufkommende Industrie nicht zu schädigen vermag; die fremden Gewerbeprodukte sollten deswegen von der Einfuhr möglichst ausgeschlossen bleiben. Die Förderung des auswärtigen Handels fand ihren Ausdruck vor allem in der staatlichen Monopolisierung des Handelsverkehrs und der Schiffahrt zwischen der Metropole und ihren Kolonien, sowie der Küstenschiffahrt. Sie äußerte sich ferner in der Begünstigung von Schiffsbau und Schiffahrt durch Austeilung von Prämien für die im Inlande erbauten Schiffe, durch Zoll- und Flaggenzuschläge für ausländische Schiffe und auf ihnen verfrachtete Waren. Doch man begnügte sich auch damit nicht: England, Frankreich, Spanien, Schweden gestatteten die Einfuhr fremder Waren nur auf nationalen Schiffen oder auf Schiffen des Ursprungslandes (d. h. des Landes, in dem die betreffenden Waren erzeugt waren. Auch der Drang, Kolonien in Amerika und Indien zu erwerben, und zwar nicht bloß, wie dies anfangs der Fall war, zur Ausbeutung von Gold- und Silbergruben, sondern zum Zwecke des Warenabsatzes, war zugleich ein Versuch, dem Handel neue Bahnen zu weisen. Die Kämpfe der europäischen Staaten um die Vorherrschaft im Handel wurden hauptsächlich auf den ferngelegenen überseeischen Schauplätzen ausgefochten. Dort vollzog sich die Eroberung fremder Länder und die Unterwerfung, Versklavung oder Ausrottung der Eingeborenen und der Raub ihrer Schätze, Gold, Silber und Juwelen, die die Europäer in Tempeln, Gräbern und Wohnungen vorfanden, sowie die Erpressung hoher Lösegelder und Abgaben, auch die Einführung des Zwangshandels mit den Eingeborenen, während ihnen verboten war, andere Gewerbeprodukte als die des Mutterlandes zu erwerben.

Endlos waren auch die Kriege, die die europäischen Mächte in Europa um ihre überseeischen Kolonien führten, sowie um die Vormacht in Handel und Schiffahrt, indem jeder Staat den eigenen Handel zu fördern, fremden Handel und Schiffahrt zu schädigen suchte. Diese erbitterten, blutigen Kämpfe füllen das ganze 17. und 18. Jahrhundert aus. In der zweiten Hälfte des 17. Jahrhunderts fochten Holland und England um die Suprematie im Welthandel. Das 18. Jahrhundert ist das Zeitalter der Kriege zwischen England und Frankreich, England und Holland, Holland und Frankreich, deren Ursache vor allem in dem Widerstreit der Handelsinteressen zu suchen ist. Nach Büsch hatte England in den 150 Jahren von 1640 bis 1790 66 Jahre lang Krieg geführt, um die Vernichtung seines Konkurrenten im Welthandel herbeizuführen.

Eine hohe Bedeutung für das Wirtschaftsleben dieser Periode besitzen die Kolonien auch in anderer Hinsicht, nämlich ihre Plantagenwirtschaft. Nicht als ob es früher keine Pflanzungen in den Kolonien gegeben hätte. Auch die Italiener hatten im Mittelalter Kolonien in der Levante erworben und Plantagen eingerichtet, doch treten dieselben an Bedeutung ganz zurück gegenüber jenen ausgedehnten, ganze Weltteile umfassenden Territorien, welche die Spanier und Portugiesen, dann die Franzosen, Holländer, insbesonders aber die Engländer seit dem 16. Jahrhundert erobert und besiedelt hatten. Überall, in Amerika, Indien, den Inseln Afrikas, kamen Zucker-, Gewürz-, Kaffee-, Tabak-, Indigo-, Kakao-, Baumwollplantagen auf, die mit halbfreier und unfreier Arbeitskraft betrieben wurden. An erster Stelle standen die Negersklaven, die aus Afrika geholt und nach den Antillen und dem amerikanischen Festlande gebracht wurden und auf denen die Kolonialwirtschaft vorzüglich basiert war.

Die Geschichte des Welthandels vom 16. bis zum 18. Jahrhundert wird gewöhnlich in zwei Perioden zergliedert. In der ersten (16. Jahrhundert) gehört die See- und Handelsherrschaft den Portugiesen und Spaniern, in der zweiten (17. bis 18. Jahrhundert) den Holländern und Engländern. Den Sieg trug schließlich England davon; um die Wende des 18. Jahrhunderts gehört ihm unstreitig der erste Platz in Welthandel und Schiffahrt.

Die Portugiesen waren es, die unter dem Infanten Don Henrique, „dem Seefahrer", die ersten Seezüge unternahmen, die sie an die Küste Westafrikas, in weiterem Vordringen an die Küsten Indiens (Malabar-, Koromandel-, Kambayküste) führten. Sie begründeten ihre Herrschaft auf Ceylon, Malakka, den Sunda-Inseln (Sumatra, Java, Celebes), auf den Molukken, den sog. Gewürzinseln. 1563 drangen sie bis nach Makao in China vor. Im Laufe von 50 Jahren hatten sie Faktoreien von Madeira bis Japan auf einem Gebiet von 150 geographischen Längengraden begründet. Es war ein gewaltiges Kolonialreich emporgewachsen, dessen Entstehen die Portugiesen hauptsächlich Alfons von Albuquerque, dem „Napoleon Indiens", wie er später genannt wurde, zu verdanken hatten. Der Handel mit Gewürzen und Drogen, mit Zucker und Baumwolle lag nunmehr in den Händen der Portugiesen. Lissabon war zum Mittelpunkte des Welthandels geworden, der den gesamten Handelsverkehr zwischen Europa und Indien vermittelte. Portugal beherrschte den Indischen Ozean. Der Handel der Araber war vollständig lahmgelegt, denn die von den Portugiesen erbauten Forts beherrschten den Verkehrsweg, der von Iran nach Indien führte. Kein Schiff konnte ohne ihre Erlaubnis an ihren Forts vorbeisegeln, es wurde sonst als Seeräuberschiff betrachtet und entsprechend behandelt. Mit den indischen Fürsten hatten die Portugiesen Verträge abgeschlossen, die ihnen das Handelsmonopol sicherten. An den ersten portugiesischen Fahrten nach Indien hatten auch italienische und oberdeutsche Kaufleute teilgenommen. Später wurden die Ausländer aus diesem Handel gänzlich ausgeschaltet, der Handel mit Indien, der rechtlich allen Portugiesen offenstand, wurde tatsächlich vom König immer mehr an sich gezogen — der Gewürzhandel (Pfeffer, Zimt, Ingwer, Muskatnuß, Muskatblüte, Gewürznägel, Brasilholz) war zum Kronregal erhoben worden. Freilich war „das Heldenepos der überseeischen Eroberungen Portugals" zu einem raschen Zusammenbruch verurteilt. War doch kaum irgendein anderer unter den europäischen Staaten so wenig zu einer umfassenden, weitsichtigen kolonisatorischen Tätigkeit geeignet, als eben Portugal. Die von den Portugiesen ausgeübte Herrschaft war im Grunde nichts weiter, denn eine Raubherrschaft, die am besten durch den indischen Ausspruch charakterisiert wird, es sei „ein Glück, daß Gott nicht mehr Portugiesen geschaffen habe als Löwen und Tiger, denn sonst würden sie das ganze Menschengeschlecht vernichten". Das Erscheinen der Holländer in Indien genügte, um das portugiesische „Kolonialreich" binnen weniger Jahrzehnte verschwinden zu lassen. Die Portugiesen wurden durch die Holländer abgelöst, zu denen dann in Indien noch die Engländer hinzukamen.

Nach dem Verluste Indiens übertrugen die Portugiesen ihre koloniale Betätigung nach Amerika, wo sie Brasilien besiedelten. Dort wurden von ihnen Zucker-, Kaffee- und Tabakplantagen angelegt, später begann die Ausbeutung der so reichen Goldminen. Die Bedeutung Brasiliens für Portugal, das wirtschaftlich allmählich in Verfall geraten war, wurde sehr hoch bemessen; von dort erhoffte man Rettung für das Mutterland. Zu Ende des 17. Jahrhunderts bildeten die aus Brasilien bezogenen Einkünfte ein Viertel der Gesamteinnahmen Portugals; der Handelsverkehr mit dieser Kolonie kam dem gesamten Handelsverkehr Portugals mit den übrigen Ländern gleich. 1822 erkämpfte sich das wirtschaftlich und politisch zur Reife gekommene Brasilien die Unabhängigkeit und fiel vom Mutterlande ab „wie die am Baume gereifte und gediehene Frucht von ihm abfällt".

Durch die viel begehrten Gewürze wurden die Portugiesen nach Indien angelockt. Amerika hingegen zog die Spanier durch seine Goldschätze an. Bereits auf der ersten von Kolumbus erschlossenen Insel — Guanahani (San Salvador) — bemerkte er, daß die Eingeborenen an Ohren und Nasen goldenen Schmuck trugen, die er und seine Mannschaft gegen allerhand Tand einzutauschen suchten. Der weitere Gang der Kolonisierung Amerikas durch die Spanier wurde durch ihren ungestümen Drang nach Edelmetallen bestimmt. „Amerika wurde und blieb soweit spanisch, als es Gold- und Silberminen aufwies." Darum eroberten die Spanier Mexiko, Panama (von ihnen als „das goldene Castilien" bezeichnet), Chile, Peru; die spanischen Kanonen vernichteten die uralte Zivilisation von Mexiko und Peru. Überall wurden die von Gold strotzenden Paläste und Tempel geplündert. Der Inka von Peru zahlte den Spaniern für seine Freigabe ein Lösegeld, das sich nach heutiger Währung auf 88 Mill. Frank belief — soviel Gold, als der Raum, in dem er gefangen gehalten wurde, zu fassen vermochte, und dennoch wurde er von den blutdürstigen Spaniern hingerichtet. Auf der Jagd nach Gold drangen die Spanier südlich und westlich von Chile vor, sie zerstreuten sich über ganz Südamerika (Argentinien, Venezuela, Paraguai), sie siedelten sich auf Cuba, Florida, den Philippinen (so benannt zu Ehren Philipps II.) an. Die fruchtbaren, im Südosten der heutigen Vereinigten Staaten gelegenen Gebiete hingegen wurden von ihnen als „wertlos“ betrachtet; „Tierras de Ningun Provecho“ wurden sie auf den Karten bezeichnet.

Papst Julius II. bestätigte 1506 das 1494 zwischen Spanien und Portugal abgeschlossene Abkommen von Tordesillas, demzufolge der Erdball, einem Apfel gleich, in zwei Hälften geteilt wurde, einer meridionalen Demarkationslinie durch den Atlantischen Ozean folgend. Auf Grund dieses Vertrags wurde Amerika an Spanien vollständig überlassen. Die Spanier führten in ihren Kolonien das Monopolsystem restlos durch. Alle Produkte der Kolonien mußten nach Spanien fließen und nur von Spanien durften sie die nötigen europäischen Waren beziehen. Sogar der Handelsverkehr der Kolonien untereinander hatte ausschließlich durch Vermittelung spanischer Kaufleute stattzufinden. Der Handel mit Amerika stand nur den Castillanern frei und durfte bloß über den Hafen von Sevilla (später über Cadix) betrieben werden.

Dieses streng durchgeführte Monopolsystem wurde jedoch in Wirklichkeit bereits seit der Mitte des 16. Jahrhunderts durchbrochen, da Schleichhandel in größtem Umfange betrieben wurde. Derselbe wurde besonders durch den Umstand gefördert, daß die Kaufleute von Sevilla, die den Handel mit Amerika beherrschten, ihr Interesse fast ausschließlich den Edelmetallen zuwandten, während der Ausfuhr anderer Naturprodukte aus den Kolonien von ihnen ebensowenig Beachtung zuteil wurde, wie der Einfuhr der den Kolonien nötigen Waren. Bereits unter Philipp II. waren $^{9}/_{10}$ der Einfuhr nach den Kolonien fremden Ursprungs. Im 17. Jahrhundert bildete sich der Schmuggelhandel zu einem politischen System aus, dessen sich andere Staaten, Frankreich, dann Holland und England, im Kampfe gegen Spanien bedienten. Die holländischen Waren gelangten nach Amerika durch die Kolonie Curaçao, die englischen durch Jamaika. Am Schmuggel nach den spanischen Kolonien nahmen alle teil, vom König von England oder Frankreich bis zum letzten Zollwächter an den amerikanischen Küsten, der Rat von Indien in Madrid, wie der Vizekönig in Spanisch-Amerika.

Von Frankreich aus wurden Kriegsschiffe nach Sevilla geschickt, um diejenigen Schiffe der sog. „Silberflotte“ (d. h. die mit amerikanischem Silber befrachteten spanischen Schiffe) zu eskortieren, deren Ladung der Bezahlung der französischen Kaufleute dienen sollte. Denn die Franzosen setzten ihr Tuch nach den spanischen Kolonien ab, indem sie spanische Sorten und Marken nachahmten. Manche von ihnen lebten in Kadiz und durch Abkommen, die sie mit spanischen Kaufleuten abschlossen und mittelst deren Beihilfe gelang es ihnen auch häufig, in unmittelbaren Handelsverkehr mit den Kolonien zu treten. Außer ihrem Konsulat hatten die Franzosen einen speziellen Agenten (defenseur) am spanischen Hofe, der öfters Kriegsschiffe ausrüstete und Spanien in seinen Kolonien bedrohte, wenn sie den französischen geheimen Handel beeinträchtigten. Große Summen flossen durch diese Handelsgeschäfte nach Frankreich ab. Die Engländer klagten, daß eben dieser Zustrom an Geld es Frankreich ermögliche, den Krieg gegen England weiterzuführen. Doch auch die Engländer selber, sowie die Niederländer führten ihre Waren nach Amerika sowohl mittelst Schmuggel, als im Namen spanischer Händler ein. Sie hatten in Sevilla oder Cadiz einen „treuen Freund", einen Spanier, der ihre Konossemente und Fakturen zeichnete und bei der Zollbehörde die Waren deklarierte, die sie nach den Kolonien abschicken wollten. Dies geschah schon zu Ende des 16. Jahrhunderts und dauerte dann zwei Jahrhunderte lang an. Noch zu Anfang des 18. Jahrhunderts waren die spanischen Kaufleute nichts anderes als Kommissionäre der Fremden.

Dies alles hing mit dem Verfall der spanischen Volkswirtschaft seit Ende des 16. Jahrhunderts zusammen.

Der spanische Binnenhandel sowie der Geldverkehr und das Gewerbe waren von Ausländern an sich gezogen. Das Augsburger Handelshaus der Fugger beutete die spanischen Bergwerke aus und besaß das Monopol im Quecksilberhandel. Genuesische Kaufleute hatten in Spanien — nach Angaben der Cortes von 1542 — eine tatsächliche Monopolstellung im Handel mit Lebensmitteln, Wolle, Seide und Eisen inne. Bis zur Mitte des 17. Jahrhunderts waren es süddeutsche und genuesische Firmen, die als Bankiers der spanischen Krone auftraten. Die Steuern wurden diesen Fremden verpachtet, trotzdem die Cortes wiederholt Einspruch dagegen erhoben. Auch fremde, namentlich französische Arbeitskräfte fanden in größerem Umfange in Spanien Verwendung. Bereits Bodin bemerkt, die Hauptmasse der Arbeiter in Spanien bildeten Franzosen, Einwanderer aus der Auvergne und dem Limousin; in Navarra und Arragon seien fast alle Winzer, Ackerbauer, Tischler, Maurer, Drechsler, Wagner, Seiler, Steinbrecher, Sattler, Franzosen. Um die Mitte des 17. Jahrhunderts zählte Madrid allein über 40000 Ausländer, die verschiedene Gewerbe ausübten. Ein Reisender, der Spanien 1609 bereiste, machte die Beobachtung, die Handwerker seien größtenteils Ausländer, da die Spanier die Arbeit verachten. Ein anderer schrieb 1693 — 1695, die Spanier hielten es „mit ihrer spanischen Würde für unvereinbart, zu arbeiten und für die Zukunft zu sorgen". Ein dritter Beobachter versichert um 1679, für den Spanier sei es viel leichter, Hunger und andere Leiden zu ertragen, als sich zur Arbeit herbeizulassen, da die Spanier die Arbeiter als den Sklaven gleich erachteten.[1]) Unter diesen Umständen darf es nicht wundernehmen, daß die spanische Industrie darniederlag und die Fabrikate, die von den spanischen Kaufleuten nach den Kolonien ausgeführt wurden, fremden Ursprungs waren. Daher flossen die in Sevilla geprägten Dukaten, auch die Pesos aus Mexiko und Lima nach Holland, Frankreich und England ab; nur das Kupfergeld blieb in Spanien. „Durch das amerikanische Gold ist Spanien verarmt"; diese paradoxe Redewendung entspricht dem wirklichen Sachverhalt. Colbert schätzte die Lage richtig ein, als er meinte, je bedeutender der Handel eines Staates mit Spanien sei, desto mehr Geld bringe ihm der Handel überhaupt ein.

Im 18. Jahrhundert trat eine weitere Verschlimmerung der wirtschaftlichen Lage Spaniens ein. Es kam soweit, daß kaum noch der zwanzigste Teil der von den Kolonien verbrauchten Güter in Spanien hergestellt wurde; alles übrige lieferten Holländer, Franzosen, Eng-

---

[1]) Wie Ricard (Le Négoce d'Amsterdam, 1723, S. 519) bemerkt, ziehen es die Spanier vor, Waren, die sie selbst erzeugen könnten, aus fremden Ländern zu beziehen, als zu arbeiten. Auch Tetzner (Reiß-Journal, S. 157), der 1717 in Spanien sich aufhielt, berichtet: „Ein Bettler, so ein allmosen begehret, kann es nicht ertragen, wann man ihn nicht einen signor nennt. Viel, so das brot nicht zu essen haben, schämen sich doch, ein handtwerck zu treiben oder den Ackerbau zu führen.

länder. Geschah es einmal, daß die Spanier ihre Erzeugnisse dorthin einführten, so fanden sie alle Lagerräume mit Kisten und Ballen französischer Waren besetzt.[1])

Zu Ende des 18. Jahrhunderts zählte die spanische Flotte insgesamt bloß 400 bis 500 Schiffe aller Größen. Als 1728 die königliche spanische Kompagnie in Guipuzcoa für den Handel mit Venezuela begründet wurde, konnten trotz aller Mühe die erforderlichen Schiffsmannschaften nicht aufgetrieben werden. Wie ein Zeitgenosse bezeugt, waren die spanischen Schiffe schlecht gebaut, die Schiffsoffiziere waren mehr Händler als Schiffer, ebenso minderwertig die Mannschaft, viele Fahrzeuge erlitten Schiffbruch, noch zahlreichere wurden gefangen genommen, ohne sich zu wehren. Es ist daher nicht zu verwundern, daß auch die Küstenschiffahrt Spaniens fast ausschließlich von Fremden betrieben wurde. Einen Handelszweig hatte Spanien von Anfang an in sein Handelsmonopol nicht einbezogen. Es war der Negerhandel.[2]) Spanien war nämlich außerstande, die von ihren Kolonien benötigten Negersklaven einzuführen. Es fehlten die hierzu erforderlichen Kapitalien und Schiffe wie die zum Eintausch der Sklaven in Afrika nötigen Waren. Daher war Spanien gezwungen, das Recht, seine Kolonien mit Negersklaven zu versorgen, an Fremde zu verpachten, die daraus hohe Gewinne erzielten. Durch den Utrechter Frieden wurde dieses Monopol, das sog. Assiento de Negros, den Engländern verliehen, die sich außerdem das Recht ausbedangen, alljährlich ein Schiff von 500 t nach Porto-Bello zu senden. Durch diese äußerlich so anspruchslose Berechtigung wurde jedoch in Wirklichkeit das Monopolsystem Spaniens durchbrochen, denn das Permissionsschiff, wie es hieß, wurde zu einem schwimmenden Warenlager. Sechs Monate im Jahre brachte es auf der Reede von Porto Bello zu; sobald seine Warenvorräte erschöpft waren, wurden sie aufs neue durch Vermittelung kleinerer Fahrzeuge ergänzt, die das Schiff begleiteten und den Verkehr mit dem Festlande besorgten.

Erst 1778 machte Spanien die ersten Ansätze zur Befreiung des Amerikahandels von dem ihn hemmenden Fesseln. Der Handel zwischen Spanien und dem Westindischen Archipel wurde freigegeben, während der direkte Handelsverkehr mit dem Festlande Amerikas Ausländern nach wie vor untersagt war. Freilich durften von 13 spanischen Häfen aus Handelsbeziehungen mit 20 amerikanischen Häfen unterhalten werden. Dadurch wurde der Handelsverkehr zwischen Amerika und Spanien gesteigert, die Ausfuhr von Kaffee, Kakao, Zucker, Indigo auf spanischen Schiffen erheblich gefördert. Trotzdem wurden 1789 aus Frankreich nach Spanien Waren im Gesamtwerte von 87,4 Mill. Frank ausgeführt, während die Einfuhr von Waren aus Spanien nach Frankreich nur 21,1 Mill. Fr. betrug. Zu der Zeit, als Spanien die Fesseln, die seinen Eigenhandel mit den Kolonien hemmten, zu lockern begann, hatte es jedoch seine Kolonien zum großen Teile bereits verloren. Nicht nur Haiti und Florida, auch die blühenden, reichen Gebiete Südamerikas, Chile, Venezuela, Neu-Granada, Bolivia, Peru, gehörten bald nicht mehr zum spanischen Kolonialreiche. Von

---

[1]) Der Schmuggel, den England mit den spanischen Kolonien unterhielt, war so bedeutend, daß im 18. Jahrhundert ernsthaft die Frage erhoben wurde, ob es für England nicht vorteilhafter sei, den Schleichhandel auch weiterhin fortzusetzen, als die gesetzliche Anerkennung des englischen Handels seitens der spanischen Krone anzustreben, was die Regierung forderte.

[2]) S. unten.

$14\frac{1}{2}$ Mill. qkm, die den Kolonialbesitz Spaniens noch im 18. Jahrhundert ausmachten, verblieb 1830 der Metropole nur noch eine halbe Million.

Der Ausdehnungsdrang der Niederländer, das auch hier aufgetauchte Streben, wie dies bei Spaniern und Portugiesen der Fall war, Gold- und Gewürzländer aufzusuchen, führte auch sie bald nach Indien, nach der Heimat der kostbaren Spezereien.

1585, während des Krieges Spaniens mit den Niederlanden, als die Kunde von der Einnahme Antwerpens jeden Augenblick zu erwarten stand, gab Philipp II. auf Vorschlag des Kardinals Granvella den Befehl, die in den portugiesischen Häfen (seit 1581 war Portugal mit der spanischen Krone vereinigt) liegenden niederländischen Schiffe mit Beschlag zu belegen. Freilich war der Schlag nicht so fürchterlich, wie ihn der holländische Historiker Robert Fruins (und andere nach ihm) darstellt: Die spanischen Staatsmänner warnten Philipp vor zu schroffen Maßnahmen. Die Schließung der Häfen und die Beschlagnahme der ausländischen Schiffe würde, ihren Vorstellungen nach, das von dem Handel der Rebellen „mit tausend Fasern umklammerte Spanien" viel schlimmer treffen als den Gegner, der seinen Kurs nach Indien lenken könne, um so auf direktem Wege die viel begehrten Gewürze zu erlangen. So wurde denn das Dekret von 1585 nur lässig gehandhabt und die angehaltenen Fahrzeuge und arretierten Bemannungen erhielten bald ihre Freiheit wieder. Doch wiederholte Philipp II. zehn Jahre später seinen Versuch, dem auch diesesmal die Rückgabe der Schiffe auf dem Fuße folgte. Nun war es, wie gesagt, schon längst ein sehnlicher Wunsch der Niederländer gewesen, nach der Heimat der indischen Gewürze zu segeln, aber die Anknüpfung direkter Beziehungen war so lange nicht nötig, als man diese Güter in dem leicht zu erreichenden Lissabon beziehen konnte. Jetzt, nach wiederholter Beschlagnahme der Schiffe, denen bald (1598) die Sperrung der iberischen Märkte für die Aufständischen folgte, mußte dieser Ausweg versucht und die gefahrvollen indischen Expeditionen gewagt werden. Allerdings war bereits 1594, d. i. noch vor der zweiten Konfiskation der Schiffe — wie Georg Preuß nachgewiesen hat —, die indische Expedition in Holland und Zeeland vorbereitet und noch vor 1598 waren direkte Beziehungen zu Indien angeknüpft worden. Damit fällt auch zum Teil der Vorwurf fort, der gewöhnlich gegen den spanischen König erhoben wurde, er hätte die Niederländer nach Indien getrieben, und die Behauptung, der Versuch Philipps II., den Niederlanden einen tödlichen Schlag zu versetzen, hätte im Gegenteil ihre Macht und ihren Reichtum geschaffen, erweist sich als nicht stichhaltig. Wird man demnach mit Preuß (und Wätjen) zugeben müssen, daß die Indienfahrt „das genaue Gegenteil einer Verzweiflungstat gewesen war", so dürfen doch jene von Philipp II. veranlaßten Handelsstörungen nicht unbeachtet gelassen werden. Die in den Niederlanden „erwachte Lust, auf Abenteuer auszuziehen", wurde jedenfalls durch den Nationalkrieg, sowie durch die wachsende Schwierigkeit, die indischen Gewürze in Portugal zu erhalten, erheblich gefördert.[1])

Die Fahrten der Holländer bedeuteten einen harten Schlag für Portugal. In der Tat wurden die Portugiesen bald durch die Holländer aus dem Kontinent Indiens und den Inseln der Südsee verdrängt. Bereits 1600 meldete der französische Gesandte in Holland dem König Heinrich IV., es bestehe „Gefahr für die Portugiesen, daß sie nicht mehr lange über die Reichtümer des Orients herrschen werden". 1581 hatte sich Portugal mit Spanien vereinigt; als es sich 1640 wieder loslöste, befand sich der gesamte Indienhandel, von Cochinchina bis nach den

---

1) Preuß, Philipp II., die Niederländer und ihre erste Indienfahrt (1911). Vgl. Wätjen, Hans. Gesch.-Bl. XVII, S. 455, XVIII, S. 279 ff.

Sundainseln, in den Händen der Holländer. Der Vizekönig von Portugal war nicht mehr imstande, Schiffe von Indien nach Lissabon auszurüsten, da hierzu sowohl Geldmittel, als auch die erforderliche Besatzung fehlte. Im Laufe eines halben Jahrhunderts war Holland zur einflußreichsten Macht in Ostindien geworden. Überall waren holländische Faktoreien begründet, die holländische Flotte beherrschte die Meere. Die Holländer behielten in ihrer Kolonialwirtschaft das gleiche Monopolsystem bei, das ehedem von den Portugiesen durchgeführt worden war. Der Handelsverkehr zwischen Europa und Indien, ebensowie zwischen Indien und anderen Ländern Asiens befand sich nunmehr in den Händen der Holländer oder vielmehr der 1602 gegründeten Ostindischen Kompagnie,[1]) die nicht nur das Alleinrecht des Handels in allen Ländern und auf allen Meeren, vom Kap der Guten Hoffnung bis zum Kap Horn, innehatte, sondern auch mit Hoheitsrechten, wie das Recht, Krieg zu erklären und Frieden zu schließen, ausgestattet war. In allen diesen Gebieten, also vor allem in Ostindien, war ihr das Recht überlassen, im Namen der Generalstaaten von Holland Faktoreien und Festungen anzulegen, Münzen zu prägen, die Gerichtsbarkeit in Zivil- und Kriminalsachen auszuüben, Beamte zu ernennen, Bündnisse und Vereinbarungen mit den inländischen Herrschern einzugehen. Den Zeitgenossen erschien diese außergewöhnliche Machtentfaltung als eine Art Monstrum, das mit dem „Leviathan" des Hobbes verglichen wurde, als ein von den Generalstaaten als Ergänzung ihres Reiches künstlich geschaffener Staat auf kapitalistischer Grundlage, dessen Territorium die den Portugiesen abgewonnenen Kolonien und die auf hoher See segelnden Schiffe bildeten. Das ganze Inselarchipel des Indischen Ozeans befand sich unter ihrer Oberhoheit, so die Molukken (Amboina, Banda), die Nelken und Muskatnüsse lieferten, die Sundainseln, Java, an deren Nordküste die Stadt Batavia begründet wurde, Celebes mit der Siedelung Makassar, Sumatra, von wo hauptsächlich Pfeffer ausgeführt wurde und wo außerdem die Kompagnie den Anbau von Kaffee in großem Umfange betreiben ließ. Auch Ceylon, von wo Zimt exportiert wurde, war unter ihrer Herrschaft. Auf dem Festlande Indiens faßten die Holländer an der Malabarküste (Atzin, Kalikut) festen Fuß; auch nach Siam und Malakka drangen sie vor. Es gelang ihnen sogar, Handelsbeziehungen mit China und Japan anzubahnen. In Japan erhielten sie das ausschließliche Recht, Handel zu treiben; den anderen europäischen Völkern war der Zutritt zu den japanischen Häfen verwehrt. Doch nicht allein in den Gewässern Asiens herrschten sie, auch der Zugang zu diesen Meeren gehörte ihnen. Waren doch die Inseln St. Helena und Mauritius wie das Kap der Guten Hoffnung holländischer Besitz, so daß die Niederländisch-Ostindische Kompagnie den gesamten Handel und Verkehr Asiens in ihrer Gewalt zusammenfassen konnte.

---

[1]) S. dar. unten, S. 301ff., 306ff.

Die Art und Weise, in der der Handel mit Nelken, Muskatblüten und Muskatnüssen, die von den Molukken ausgeführt wurden und wohl die wichtigsten Objekte ihres Ausfuhrhandels bildeten, von der Kompagnie betrieben wurde, wirft ein grelles Licht auf den Charakter ihrer Handelstätigkeit und ist für dieselbe überaus bezeichnend. Die Kompagnie war nämlich bestrebt, die Versorgung Europas mit diesen Gewürzen als ihr ausschließliches Monopol beizubehalten und fürchtete den Wettbewerb der Engländer, die Borneo besetzt hatten. Es bestand ja die Möglichkeit, die Eingeborenen könnten diese Gewürze an Engländer oder an außerhalb der Kompagnie stehende Holländer absetzen. Diese Befürchtungen waren wohl begründet, denn die Kompagnie hielt die von ihr mit den Eingeborenen abgeschlossenen Verträge nicht ein und zahlte willkürlich bemessene Preise, die hinter den von anderen Kaufleuten gebotenen weit zurückblieben.[1]) Um sich für die Zukunft sicherzustellen, wurden von der Kompagnie die Muskatnußbäume auf allen Molukkeninseln ausgerottet, außer auf der kleinen Gruppe der Bandainseln, wo jedoch die Muskatnußwälder unter den ehemaligen Soldaten und kleineren Beamten der Kompagnie aufgeteilt wurden. Die Eingeborenen wurden teils versklavt, teils ausgerottet. Auch die Nelkenbäume durften nur auf der Insel Amboina angebaut werden, auf allen anderen Inseln ließ man sie vernichten, ohne Rücksicht auf die Besitzer, aus dem einfachen Grunde, weil, wie der die Kompagnie repräsentierende Gouverneur der Insel erklärte, „die ganze Welt, wie sie Gott erschaffen hat, nicht imstande ist, mehr als 1500 Bahar (1 Bahar = 500 bis 600 Pfd.) Nelken zu konsumieren. Doch auch dies genügte der Kompagnie nicht. Damit die von ihr im europäischen Gewürzhandel festgesetzten hohen Preise erzielt werden konnten, mußte ein Teil der eingeführten Gewürzladungen vernichtet werden. Wie Wilkox mitteilt, wurden in Middelburg solche Mengen von Nelken, Muskatnüssen und Zimt verbrannt, daß ihr Duft die Luft auf viele Meilen im Umkreise erfüllte.[2])

1621 wurde von den Generalstaaten noch eine zweite Übersee-Aktiengesellschaft gestiftet, die Holländisch-Westindische Kompagnie, die das Handelsmonopol für die Westküste Afrikas, für ganz Amerika und die Inselwelt des Stillen Ozeans (östlich von Neu-Guinea) erhielt und nach dem Vorbild der Ostindischen Gesellschaft geschaffen (5 Kammern) war. Sie befaßte sich mit Kaperei der spanischen Silberflotten, suchte aber auch Kolonien zu erwerben, und zwar gleich der Schwestergesellschaft, vornehmlich durch Verdrängung der Portugiesen. Sie hatte auch in der Tat die Inseln St. Thomé mit ihren ausgedehnten Zuckerplantagen, San Paolo de Loanda in Angola, insbesonders aber Brasilien den Portugiesen weggenommen, doch gelang es ihr nicht, diese Besitzungen zu behalten, sie wurden von Portugal zurückerobert. Bloß Guayana, die Inseln Curaçao, Tabago und St. Eustatius und einige Häfen in Guinea gingen dauernd in holländischen Besitz über. 1674 wurde die Kompagnie aufgelöst.[3])

---

[1]) S. unten, S. 306ff.

[2]) Warburg, Die Muskatnuß (1897). Bockemeyer, Die Molukken (1888). Klerk de Reus, Gesch. Überbl. usw. (1894).

[3]) Netscher, Les Hollandais au Brésil. 1854. Wätjen, Holland und Brasilien im 17. Jahrhundert. Hans. Gesch.-Bl. 1911. Zimmermann, Europ. Kolonien I, V. Ehrenberg, Zeitalter der Fugger II, 1896.

Der Handel mit Ostindien spielte im Gesamthandel der Niederlande eine bedeutende Rolle, doch überstieg ihn der europäische Seehandel Hollands. Zu Ende des 18. Jahrhunderts wenigstens belief sich die Gesamtbilanz im holländischen Überseehandel auf 65 Mill. Fl., während der Umsatz im Handel mit europäischen Staaten sich auf 157 Mill. bezifferte. Auch der Umfang der holländischen Schifffahrt in den europäischen Gewässern übertraf bei weitem den überseeischen Schiffsverkehr.[1]) Freilich muß hierbei berücksichtigt werden, daß die Umsätze im europäischen Handel Hollands auch einen großen Teil des Handels mit den Kolonien mit enthalten. Die aus letzteren ausgeführten Produkte wurden ja von den Niederlanden aus in größeren Mengen nach anderen Staaten Europas befördert. Die erste Stelle im europäischen Handel Hollands nahm der Handelsverkehr auf der Nord- und Ostsee ein, wo die Niederlande bereits seit dem 15. Jahrhundert den Hansen ihre Herrschaft streitig zu machen suchten.

Der Süden hatte aufgehört, „das Herz der Welt zu sein", die Nordsee war zur „Mutter der Kommerzien" geworden. Trotzdem wurde auch die Schiffahrt im Mittelmeere von den Niederländern nicht unbeachtet gelassen. Sie sind bald die Frachtschiffer der meisten am südlichen Handel teilnehmenden Völker geworden. Genuesen und Venezianer, Franzosen und Spanier, Griechen und Levantejuden, sie alle nahmen ihre Dienste in Anspruch. Durch billige Frachtsätze, durch prompte Erledigung der erhaltenen Aufträge, durch Ordnung und Zuverlässigkeit wußten die rührigen Niederländer die Schiffahrt an sich zu ziehen, sich unentbehrlich zu machen. In ihrem Bestreben, die Frachtschiffahrt ganz in ihre Hand zu bekommen, schreckten sie vor keiner Gefahr zurück, kein Opfer war ihnen zu groß. Sie gaben ihre Fahrzeuge selbst zu den gewagtesten Unternehmungen her, die Kapitäne riskierten ihr und ihrer Mannschaft Leben. Die Niederländer stellten ihre Schiffe Freund und Feind zur Verfügung, da sie die Schiffahrt als eine internationale Angelegenheit ansahen: „Ich frage nicht nach Gott, nicht nach Papst, Teufel oder König" — wie sich ein holländischer Schiffer ausdrückte.

Im Gegensatz zum Ostindienhandel war der Mittelmeerhandel durch keine monopolistische Kompagnie gehemmt, er sollte allen Niederländern freistehen. Doch um den großen Schiffsverlusten, die durch die Kaperei der Barbaresken und der christlichen Piraten veranlaßt wurden, vorzubeugen, wurde auf Betreiben der aus Spanien vertriebenen und in den toleranten Niederlanden aufgenommenen Juden in Amsterdam eine Aufsichtsbehörde, „das Direktorium des Levantehandels", geschaffen, deren Aufgabe es war, die Schiffahrt zu regeln und zu organisieren. Es war bestimmt, daß die Schiffe nicht einzeln, sondern in Flotten, den sog. Admiralschaften, bestehend aus einer Reihe bewaffneter Schiffe, zu bestimmten Zeiten und in Begleitung von Kriegsschiffen (convois) auslaufen und segeln sollten.[2])

Die Niederländer unterhielten rege Handelsbeziehungen mit den Küsten des Mittelmeeres. Freilich war Aleppo nicht mehr das „kleine Indien" des 14. und 15. Jahrhunderts, aber als Endpunkt alter, nach Innerasien und Mesopotamien führender Handelsstraßen war es noch immer ein Schauplatz regen Austausches von morgen- und abendländischen Waren; insbesonders levantinische Baumwolle und persische Seide lockten den Europäer auch jetzt noch nach der syrischen Metropole.

---

[1]) Pringsheim, Wirtsch. Entwickl. der Ver. Niederlande (1890).
[2]) Wätjen, Die Niederländer im Mittelmeergebiet (1900).

Tunis und Algier, „die Feinde der Christenheit", wurden von Niederländern wie von Engländern mit Pulver, Flinten, Masten und Takelwerk versehen, trotzdem die niederländische Regierung dies mit Todesstrafe bedrohte; dienten doch diese Waren zur Ausrüstung der berüchtigten Korsarenschiffe, die die niederländischen Fahrzeuge überfielen und beraubten und die Besatzung in die Sklaverei verkauften. Noch zahlreicher waren die Niederländer, die Smyrna und Konstantinopel aufsuchten, wo sie ihre Stoffe und die von Ostindien nach Amsterdam eingeführten Gewürze und Spezereien absetzten. Auch in Livorno, Genua, Messina, Marseille und anderen Handelsplätzen unterhielten sie rege Beziehungen. Selbst Venedig wurde alljährlich von 10 bis 12 stattlichen holländischen Schiffen besucht, obwohl die stolze Signoria ihr möglichstes tat, den Niederländern, ihren Nebenbuhlern, den Aufenthalt an der Adria zu verleiden. Doch Handelsneid und Mißgunst vermochten die holländischen Kaufleute nicht davon abzuschrecken, sich immer wieder in der Markusstadt einzustellen.

Im 17. Jahrhundert waren die Niederlande zur ersten Handelsmacht der Welt geworden; sie beherrschten die Meere. „Der Handel ist die Seele ihres Staates." Die holländischen Kaufleute „sind Königen gleich, sie haben die See bezwungen". Hatten doch, nach Ranke, die holländischen Kaufleute den Ruhm, sich eher zu verbrennen als zu ergeben. Richelieu nannte die Niederländer „ein Häuflein Menschen, die einen Fetzen Boden, bestehend aus Gewässern und Weiden, besitzen und die europäischen Völker mit dem größten Teile der von ihnen benötigten Waren versorgen". Holland war der Mittelpunkt des Handels mit Getreide, Fischen, Salz, Baumaterialien, Tuchen, mit allen Kolonialwaren wie Pfeffer, Zimt, Nelken, Tee, Kaffee, Tabak. Walter Raleigh charakterisiert (1603) den Handel Hollands wie folgt. Amsterdam hat, außer den zur jährlichen Ausfuhr bestimmten Mengen, stets 700000 Quarter Brotkorn auf Lager, von denen nicht ein einziger in Holland selbst erzeugt worden ist. Ein Jahr des Mißwachses in England, Frankreich, Spanien, Portugal genügt, um Holland für 7 Jahre hinaus zu bereichern. Der bedeutendste Fischfang wird an den Küsten Englands, Schottlands und Irlands betrieben. Im Fischhandel jedoch ist Holland allen anderen Staaten voraus, da es Rußland, die Skandinavischen Staaten, das Baltikum, Frankreich mit Heringen versorgt. Die Hauptniederlagen für die aus Frankreich und Spanien stammenden Weine und für Salz befinden sich in den Niederlanden, die den Vertrieb dieser Güter nach den Ostseeküsten vermitteln. Das aus den Wäldern der Ostseeländer kommende Bau- und Schiffsholz wird in Holland aufgestapelt, das keine eigenen Wälder besitzt. Wollen- und Tuchwaren werden in England erzeugt, jedoch in halbfertigem Zustande und ungefärbt nach Holland ausgeführt, wo die erforderlichen Appreturbetriebe vorhanden sind und von wo die appretierten Tuche als holländische Erzeugnisse nach Spanien und Portugal versandt werden. Alljährlich baut Holland über 1000 Schiffe, obwohl das Land selbst keinen einzigen Baumstamm zu ihrer Herstellung liefert und obwohl zur Ausfuhr der in Holland erzeugten Güter 100 Schiffe reichlich genügen würden. Die Zahl ihrer Schiffe ist gleich der Gesamtzahl der Fahrzeuge von elf christlichen Staaten, England inbegriffen.[1]) Dieses ungeheuere

---

[1]) Ähnlich äußert sich ein anderer Zeitgenosse, Abraham Wicquefort, wenn er sagt, daß die Holländer gleich den Bienen den Saft aus allen Ländern schöpfen. Norwegen nennt man ihren Wald, die Ufer der Rhone und der Dordogne ihre Weinstöcke, Deutschland, Spanien und Irland ihre Schafweiden, Indien und Arabien ihre Gärten (zit. bei Lefèvre-Pontalis, Vingt années de republique parlementaire. Jean de Witt, grand pensionnaire, I, 1884, S. 11).

Anschwellen der Handelsmacht Hollands schrieb Raleigh ihrer Duldsamkeit den Ausländern gegenüber zu, sowie der in Holland herrschenden Handelsfreiheit, den niedrigen Zöllen, den billigen Frachten und der Förderung, die der Staat auf mannigfache Art dem Aufkommen neuer Handelszweige angedeihen läßt.[1])

Thomas Mun geißelt die „lasterhaften und ausschweifenden Engländer" mit ihrem „glänzenden Gepränge, ungeheuerlichen Moden und unnötigen Bedürfnissen". Diesem Volke, das „aus Faulheit und Liederlichkeit betrügt, lärmt, stiehlt, raubt, müßiggeht, bettelt, gaunert, verhungert und zugrunde geht", stellt er „die rührigen Holländer gegenüber, die es verstanden haben, die Verhältnisse zu ihrem Vorteile auszunutzen". „Unsere Körper sind verweichlicht, unsere Kenntnisse armselig, unser Reichtum unzureichend, unsere Macht im Sinken begriffen, unsere Unternehmungen unglücklich und unser Ansehen bei den Feinden gering." Dagegen „sind die Vereinigten Staaten der Niederlande von größtem Ansehen. Die Niederlande, deren Land bar jedweden Reichtums ist, kamen dessenungeachtet durch eifrigen Handel mit dem Auslande zu Reichtum und Macht. Es scheint wunderbar, daß ein so kleines Land, das nicht ganz soviel Ausdehnung hat wie zwei unserer großen Grafschaften, ohne selber viel natürlichen Reichtum, Lebensmittel, Holz und ähnliches mehr, weder für den Krieg, noch für den Frieden zu besitzen, all das dessenungeachtet in so außerordentlichem Maße zur Verfügung haben soll, daß sie nach Deckung ihres eigenen Bedarfes imstande sind, noch andere Länder mit Schiffen, Geschütz, Tauwerk, Korn, Schießpulver und allem übrigen, was sie aus allen Teilen der Erde in ihrem lebhaften Handel zusammenbringen, versehen zu können." Die Grundlage ihrer Unternehmungen und ihrer Macht erblickt Mun in der „Fischerei von Heringen, Dorsch und Kabeljau, die ihnen in den königlichen (d. i. englischen) Gewässern erlaubt ist. Besonders Segel- und Ruderschiffahrt erfreut sich dadurch in und außer dem Lande des größten Ansehens. Durch das Wachstum des Reichtums steigen die Quellen des Gewinstes. Die Schutztruppen können vermehrt werden, die Zölle und öffentlichen Einnahmen steigen". Doch bleiben die Holländer von England abhängig, denn „die Vereinigten Provinzen sind gleich einem schönen Vogel, der aber bloß mit erborgten Federn geziert ist. Wenn aber alles Geflügel nur sein eigenes Gefieder tragen dürfte, würde dieser Vogel beinahe nackt bleiben.... Es gibt in der ganzen Christenheit kein zweites Volk, das sich so sehr bemüht, im Auslande und daheim uns zu schädigen, zu benachteiligen und zu verdrängen, und zwar nicht nur in der Schiffahrt, dem Handel und der so ergiebigen Fischerei, sondern auch unseren Innenhandel von Stadt zu Stadt zu unterbinden sucht. Man könnte — schließt Mun — noch mehr über die Beutegier und die ehrgeizigen Unternehmungen der Holländer sagen. Denn sie werden mit der Zeit reich und mächtig werden, wenn man ihnen nicht zur rechten Stunde Einhalt tut".[2])

Die Franzosen waren darüber aufgebracht, daß die Holländer ihren Handel schädigten, indem sie insbesonders den Handelsverkehr mit dem Westindischen Archipel an sich rissen („die Franzosen besitzen eine Reihe von Inseln und Holländer haben den Handel in ihren Händen" — sagte Colbert) und beschuldigten sie der verschiedensten Mißbräuche, wie des Segelns unter fremder Flagge, der Warenfälschung usw.: „Das niederländische Volk kennt nur eine Gottheit — den Gewinn — und schreckt vor nichts zurück, wenn es sich nur bereichern kann."[3]) Doch wird in Savarys Dictionaire ihre „franchise et bonne foy" zugegeben.[4])

---

[1]) W. Raleigh, Observations touching Trade and Commerce with the Hollander and other Nations (1603).

[2]) Th. Mun, Englands Treasury by Foraign Trade or The Ballance of our Foraign Trade is The Rule of our Treasure (1664), Chap. XIX.

[3]) Sehr drastisch drückte sich ein Franzose jener Zeit aus: „C'est un proverbe que, où le Hollandois pisse, il n'y croist rien, c'est à dire qu'il n'y a plus rien à faire après eux et qu'ils tuent toute la quintescence du commerce" (zit. bei Bondois, Colbert et la question des sucres. Rev. d'hist. écon. 1923, Nr. 1, Anm. 17).

[4]) Savary, Dictionn. I (1726), S. 964.

Als „anerkannte Frachtführer Europas“ vermittelten die Holländer auf ihren Schiffen den europäischen Verkehr, sowohl mit den überseeischen Ländern, als auch zwischen den einzelnen Staaten Europas, England, Frankreich, Spanien, Preußen; auch die Küstenschiffahrt der verschiedenen Länder wurde von ihnen ausgeübt. Die von Colbert und dem Großen Kurfürsten unternommenen Versuche, direkten Handelsverkehr zwischen Frankreich und Preußen unter Ausschaltung der holländischen Vermittelung anzubahnen (1669 gründete Colbert, im Einverständnis mit Preußen die „Nordische Kompagnie“ für den französisch-preußischen Handel), blieben erfolglos.

Holland belegte nämlich die für Preußen bestimmten Transitwaren mit hohen Zöllen, und durch diese und andere Schikanen machte es den direkten Tauschverkehr zwischen beiden Ländern unmöglich. Die Nordische Kompagnie ging nach kurzem Bestehen ein und auch weitere Versuche, sie wiederherzustellen, mißlangen. Auch später blieben derartige Bemühungen Colberts und nach dessen Tode der preußischen Könige fruchtlos. Es kam nur ein unbedeutender direkter Handelsverkehr zwischen preußischen und pommerschen Häfen einerseits und kleinen südfranzösischen Hafenplätzen (wie Hyènes und St. Ocol zustande). Der 1713 geplante Abschluß eines französisch-preußischen Handelsvertrages ist nicht zur Ausführung gekommen. Unmöglich war es, das Monopol der Holländer in der Ostsee zu durchbrechen, zu machtvoll war ihre Stellung, die auf einer zahlreichen Handelsflotte, auf Kapital, Kredit, Unternehmungslust beruhte, während sowohl Frankreich wie Preußen Anfänger waren, die weder Unternehmungsgeist, noch Erfahrung im Handel, noch die erforderliche bedeutende, niedrige Frachten ermöglichende Anzahl von Kauffahrteischiffen besaßen, auch mangelte es ihnen an Kapital. Konnten sie es denn unter diesen Umständen wagen, den Kampf mit den Niederländern aufzunehmen?[1])

Die holländische Ausfuhr belief sich in der zweiten Hälfte des 17. Jahrhunderts nach Petty auf 12 Mill. Pfd. Sterl. Diese Ziffer ist von England erst in den dreißiger Jahren des 18. Jahrhunderts erreicht worden. Demgegenüber überstieg die Ein- und Ausfuhr Lübecks im 15. Jahrhundert keine 250 000 Pfd., die Genuas. betrug im 15. Jahrhundert ca. 1 Mill. Pfd., Englands Handel belief sich im ersten Viertel des 17. Jahrhunderts auf nur 5 Mill. Auch der Vergleich der holländischen Schiffahrt mit der ihrer Vorläufer im Seeverkehr, der Italiener und Hansen ergibt den großen Fortschritt, den sie zu verzeichnen hatte. Die Genuesen wiesen am Ausgang des 13. Jahrhunderts mit besonderem Stolz auf die 70 größeren Galeeren hin, welche — alle anderen Schiffe ungerechnet — ausschließlich für größere Seereisen bestimmt waren. Im Lübecker Hafen liefen 1368 423 Schiffe ein, 871 verließen ihn. In den Danziger Hafen liefen jährlich 400 — 634 Schiffe ein, 1490 — 1492 waren 562—720 Schiffe im Jahre von dort ausgelaufen. Die gesamte deutsche (hansische) Handelsflotte zählte Ende des 15. Jahrh. 1000 Schiffe und ihre Tragfähigkeit betrug 60 Taus. t, zu Ende des 16. Jahrh. war sie bis auf 110 Taus. t angewachsen, um 100 Jahre später einen, wenn auch nicht großen, Niedergang aufzuweisen. Dagegen stieg die Tragfähigkeit der niederländischen Handelsflotte von (ebenfalls) 60 Taus. t zu Ende des 16. Jahrh. auf 232 Taus. 100 Jahre später und zählte um 1670 3510 Schiffe mit 600 Taus. t, d. i. sechsmal soviel als Deutschland und England (selbst 1702 besaß England erst 3300 Schiffe mit 260 Taus. t und 1761 mit 460 Taus. t). Freilich hat erst Vogel die angeführten 600 Taus. t herausgerechnet, während man früher mindestens 900 Taus. t, öfters 1400 oder sogar 1900 Taus. t und 10—22 Taus. Schiffe annahm (auch für England waren die Zahlen stark übertrieben). Von den 3510 Schiffen entfielen 735 mit 200 Taus. t auf den Ostseehandel (inkl. Verkehr

[1]) Boissonade, Histoire des prémiers essais de rélations économiques directes entre la France et l'état Prussien (1912).

mit Frankreich, England, aber ausgeschl. Norwegenfahrt mit 200 Schiffen), während der Überseehandel (Guinea- und Westindienfahrt und Ostindienfahrt) einen viel geringeren Anteil hatte, gemessen an der Zahl der Schiffe (200, d. i. weniger als ein Drittel der Ostseefahrt). Dieser Anteil erhöht sich jedoch, wenn man die Tonnenzahl berücksichtigt (100000, d. i. die Hälfte), und seine Bedeutung steigt noch mehr, wenn man den Wert der Ladung in Betracht zieht. Bestand doch die Ladung der Indienfahrer aus hochwertigen Waren von geringem spezifischen Gewicht. Dabei ergibt sich ferner, daß die den Handelsverkehr vermittelnden Schiffe auf den verschiedenen Meeren von sehr ungleichen Dimensionen waren. Die Überseeschiffe faßten durchschnittlich 500 t, die nach Südeuropa und der Levante segelnden 360, die in der Ostsee, im Handelsverkehr mit England, Frankreich, Norwegen verkehrenden Schiffe dagegen trugen nicht mehr als 150—200 t.[1])

Zu gleicher Zeit wurde Holland zum Mittelpunkte des Geldverkehrs, wohin sich alle europäischen Staaten wandten, wenn sie Kapital nötig hatten. Schon 1672 meinte der Kaiser, Europa könne nicht ohne holländisches Geld auskommen. 100 Jahre später wurden die holländischen, in ausländischen Staatsanleihen angelegten Kapitalien auf 150 Mill. L. geschätzt.[2])

Auch im 18. Jahrhundert hatte Holland seine Seeherrschaft noch keineswegs verloren, obwohl seine Vormachtstellung auf der Ostsee von Schweden und Dänemark, auf dem Mittelmeere von Frankreich, in Indien von England streitig gemacht wurde. Der niederländische Außenhandel, der in absoluten Zahlen seinen früheren Umfang beibehalten hatte, machte freilich in der Mitte des 18. Jahrhunderts, in Prozenten berechnet, einen weit geringeren Teil des Welthandels aus als früher. Der Grund lag in der außerordentlichen Steigerung des englischen Handels. Am Ausgange des 18. Jahrhunderts hatte sich der holländische Ostseehandel, insbesonders der Handelsverkehr mit Rußland, infolge der steigenden Teilnahme Englands und der skandinavischen Staaten bedeutend verringert (1783 betrug er nur noch die Hälfte des früheren Umsatzes). Der 1780 bis 1783 mit England geführte Krieg untergrub vollends die Handelsmacht der Freistaaten.[3]) Seit Beginn des 19. Jahrhunderts mußten sie auch ihre dominierende Stellung als „Bankier Europas“, ihre Bedeutung eines internationalen Geldmarktes für öffentliche Anleihen an England abtreten.

Frankreich war im Laufe des 16. Jahrhunderts noch von Ausländern, besonders von italienischen Händlern und Bankiers überschwemmt; die französischen Könige nahmen Anleihen bei ihnen auf, die Fremden

---

[1]) Vogel, Zur Größe der europ. Handelsflotten im 15., 16. u. 17. Jahrh. (Festschrift f. Schäfer, 1915). In den 80 Jahren 1578 bis 1657 belief sich die Zahl der den Sund passierenden holländischen Schiffe im Durchschnitt 60% aller Schiffe (Baasch, Holländische Wirtschaftsgesch., 1927, S. 163). Vgl. auch unten, S. 384.

[2]) Vgl. Sartorius von Waltershausen, Die Kapitalanlage im Auslande (1907). S. das Kap. „Aus Hollands Vergangenheit“.

[3]) Auch in der Fischerei, welche einen wichtigen Erwerbszweig für Holland bildete, macht sich im 18. Jahrhundert ein Niedergang geltend, und zwar sowohl in der Heringsfischerei als im Walfischfang (Wätjen, Zur Statist. der holl. Heringsfischerei im 17. bis 18. Jahrhundert Hans. Gesch.-Bl. 1910. Ders., Zur Gesch. des holländ. Wallfischfanges von der zweiten Hälfte des 17. bis zum Beginn des 19. Jahrhunderts. Ibid. 1919).

versorgten auch die Bevölkerung mit ausländischen Waren. Die ersten französischen Kolonisierungsversuche wurden zu Anfang des 17. Jahrhunderts in Kanada unternommen, jedoch bald wieder aufgegeben, auch in diesem Falle wohl aus dem Grunde, da diese Gegenden keine Edelmetallminen aufwiesen. Doch suchte Lescarbot seine Landsleute schon damals zu überreden, daß „Getreide, Wein und Viehfutter die besten Goldminen" seien. Sully kam zu der Überzeugung, die Erschließung neuer Länder widerspreche der Eigenart der Franzosen. Auch unter Richelieu ging die Kolonisierung Kanadas (Neu-Frankreichs) und der Antillen (Guadeloupe, Martinique) nur langsam von statten. Wie Zeitgenossen bemerkten, soll der Aufschwung des Überseehandels dadurch aufgehalten worden sein, daß die Franzosen eine Abneigung gegen langandauernde Reisen hegen. Jedoch waren, auf Richelieus Betreiben, mehrere französische Handelsgesellschaften ins Leben gerufen worden, die die Kolonisation afrikanischer (Senegal, Guinea, Madagaskar, Kapvert) und amerikanischer (Antillen, San-Domingo, Neu-Frankreich) Gebiete, sowie die Förderung des Handels mit den neuerschlossenen Landstrichen bezweckten. Er begünstigte auch die Kaperei auf dem Atlantischen Ozean, die den Spaniern erheblichen Schaden zufügte, besonders, wenn die für Spanien bestimmten, mit Silber beladenen Überseeschiffe überfallen und nach den französischen Häfen abgeführt wurden. Die Küstenschiffahrt Frankreichs wurde von Richelieu zum Monopol der französischen Marine erklärt, die auch das Alleinrecht der Warenausfuhr aus französischen Häfen erhielt. Unter Richelieu wurde eine Anzahl französischer Häfen, in erster Linie Marseille und Havre, erweitert und verbessert, auch neue Häfen angelegt. Auf diese Weise hatte Richelieu Frankreich die Bahn zu jener regen Handelstätigkeit eröffnet, die seit Colbert einsetzen sollte.

Nur in der Levante hatte Frankreich schon früher festen Fuß gefaßt, da es ihr 1555 gelungen war, einen vorteilhaften Handelsvertrag mit Soliman dem Prächtigen abzuschließen und sich auf diese Weise eine Vorzugsstellung zu sichern. Bloß die französische und venezianische Flagge durften in den levantinischen Gewässern sich zeigen. Frankreich wurde von der Türkei bei der 1581 erfolgten Erneuerung des Vertrages das Protektorat über alle mit dem Osmanischen Reiche im Handelsverkehr stehenden Christen übertragen; alle durften sie, Genuesen, Engländer, Spanier, Portugiesen, Sizilianer, nur unter französischer Flagge segeln. 1610 besaßen die Franzosen fünf Konsulate in den Levanteländern, das Mittelmeer „wimmelte von französischen Seglern", deren Zahl bis zu 1000 ging und die nicht nur die Häfen Syriens und Ägyptens, sondern auch Mazedoniens und Moreas besuchten. Freilich erhielten bald auch die Engländer das Recht, unter eigener Flagge zu segeln, das dann auch den Holländern eingeräumt wurde; beide Völker entfalteten einen regen Handelsverkehr mit den Levanteländern. Doch überstiegen noch in den zwanziger und dreißiger Jahren des 17. Jahrhunderts die Umsätze der französischen Kaufleute in der Levante diejenigen der Engländer und Venezianer um das Doppelte. In Port-Said und anderen syrischen Häfen besaßen nur Franzosen Faktoreien und Konsulate.[1])

Masson schildert in lebhaften Farben das Leben der europäischen Kaufleute in den Levantestädten des 17. Jahrhunderts. Die Faktoreien der einzelnen Nationen stellten gewissermaßen Republiken im kleinen dar, an deren Spitze der Konsul stand, der für die Kaufleute gleichzeitig den Vertreter ihres Landesherrn, den Richter und Anwalt den lokalen Behörden gegenüber repräsentierte. In manchen Städten, so z. B. in Kairo und Smyrna, besaßen die französischen Kaufleute eigene Wohnhäuser, die aber alle in einem bestimmten Stadtviertel, der sog. „Contrée française", gelegen waren. An anderen Orten hinwieder (Alexandria, Aleppo, Port-Said, Beyruth) waren sie in einem besonderen Gebäude untergebracht (gleich dem mittelalterlichen Fondaco); sie waren auf diese Weise von der einheimischen Bevölkerung abgesondert und befanden sich während der häufigen Pestepidemien, sowie wenn Unruhen unter der Bevölkerung ausbrachen, in Sicherheit. Doch waren die französischen Kaufleute in diesen Höfen (camps) in ihrer Bewegungsfreiheit gehemmt. Die Tore derselben wurden abends geschlossen, die Schlüssel nahm ein türkischer Beamter in Gewahrsam, um sie am Morgen wieder abzuliefern. Auch während des festlichen Morgengebetes der Muselmanen am Freitag durften die Kaufleute ihren Hof nicht verlassen, da nach einem unter den Türken verbreiteten Aberglauben die Europäer eben diese Zeit benutzen würden, um sich ihrer Städte zu bemächtigen. Die Konsuln verließen ihre Häuser nur in Begleitung eines bewaffneten Gefolges. Die Kaufleute, Franzosen, Engländer, Holländer, waren gezwungen, Kleidung und Haartracht der Eingeborenen anzunehmen, um ungehindert ihren Geschäften nachgehen zu können. Erst seit dem Ende des 18. Jahrhunderts, als das feindliche Verhalten der einheimischen Bevölkerung den Fremden gegenüber nachgelassen hatte, konnten sie das Äußere eines Europäers annehmen, insbesonder in Smyrna und Konstantinopel; in Ägypten jedoch wäre dies ein Wagnis gewesen.

Allmählich drangen Holländer und Engländer in jenen Handelspunkten vor, wo früher die Franzosen allein geherrscht hatten. Der französische Handel im Mittelmeergebiet ging zurück; von 554 Schiffen, die 1633 in den provençalischen Häfen lagen, waren nur 182 zur Fahrt nach der Levante bestimmt (die übrigen dienten bloß zur Küstenschiffahrt), 1664 bloß 30. Im Laufe eines halben Jahrhunderts war der Wert des französischen Levantehandels von 30 Mill. auf 4 Mill. gesunken. Das Mittelmeer verlor für den internationalen Handel immer mehr an Bedeutung, da England und Holland die Erzeugnisse Ostindiens ausschließlich nach ihren Häfen zu leiten suchten, auch die Ausfuhr persischer Seidenstoffe, deren Bedeutung für den Handel von Marseille nicht hoch genug angeschlagen werden kann, nicht mehr über Smyrna, sondern über Ormus ging. Frankreich war gezwungen, gleich den anderen Handelsstaaten, den direkten Verkehr mit Indien anzubahnen. Es war dies keine leichte Sache; die erste für den Ostindienhandel im Jahre 1604 gegründete französische Gesellschaft konnte die dazu erforderlichen Schiffe sich nur in Holland anschaffen, wo auch die Mann-

---

[1]) Masson, Hist. du commerce français dans le Lévant au XVIIe siècle (1906), S. 445 ff. Über den Handel der Levantestädte s. Ricard, Le négoce d'Amsterdam, 1723, S. 556 ff. Am meisten Bedeutung besaßen im Handelsverkehr Aleppo, Konstantinopel, Smyrna, während der Handel von Alexandria im Rückgang begriffen war. Vgl. auch Wätjen, Die Niederländer im Mittelmeergebiet (1900).

schaften angeworben werden mußten. Die Holländer taten jedoch ihr möglichstes, um das Unternehmen zu hintertreiben, sie drohten die französischen Schiffe in den Grund zu bohren und die für sie geheuerten Matrosen an den Masten zu hängen. Trotz dieser Hindernisse wurden bereits in der ersten Hälfte des 17. Jahrhunderts von der Indischen Kompagnie, d. h. eigentlich von den drei Kompagnien, die einander im Laufe der Zeit ablösten, verschiedentlich Schiffe nach Indien ausgerüstet.

Die Zeit Colberts war auch das große Zeitalter französischer Seemacht und Kolonisation. Es wurde vor allem die Kolonisierung Amerikas gefördert. Die Franzosen waren überzeugt, man könne, dem Stromlaufe des Mississippi folgend, einen Wasserweg zum Stillen Ozean finden, der Mississippi müsse nämlich in den Golf von Kalifornien münden. Nachdem diese Annahme sich als irrig erwiesen hatte, setzten sie dennoch die Erschließung des riesigen, zu Ehren des Königs „Louisiana" benannten Stromgebietes fort. Der großartige Gedanke eines französischen Kolonialreiches, das sich vom mexikanischen Golf bis zur Mündung des Laurentiusstromes erstrecken sollte, war bis in die Mitte des 18. Jahrhunderts hinein das Ziel der französischen Kolonialpolitik. Doch konnte die französische Kolonisation in Amerika sich an Intensität bei weitem nicht mit derjenigen der Engländer messen, zählte man doch um die Mitte des 18. Jahrhundert im gesamten, unter französischer Oberherrschaft stehenden Gebiet nur 90000 Franzosen, während im englischen die erste Million bereits erheblich überschritten war. So konnte denn der Kampf der beiden Mächte um den Kolonialbesitz in Nordamerika nicht anders denn zum Verlust der französischen Ansiedelungen führen.[1])

Bereits nach dem Utrechter Frieden von 1713 mußte Frankreich Akadien (Neu-Schottland), Neufoundland und das an der Houdsonbay gelegene Gebiet an England abtreten. Der zweite Akt des „großen Dramas, das die Kolonialgeschichte der europäischen Staaten darstellt", spielte sich im Laufe des Siebenjährigen Krieges ab, als auf den sächsischen Schlachtfeldern das Schicksal Kanadas entschieden wurde. Der Siebenjährige Krieg bot England die ersehnte Gelegenheit, Kanada zu erobern und Frankreich seine Friedensbedingungen zu diktieren. Es mußte auf Kanada und den östlichen Teil Luisianas verzichten, es blieben ihm nur seine unbedeutenden Besitzungen in Guayana, sowie einige Inseln des Westindischen Archipels (Guadeloupe, Marie-Galante, Sainte-Lucie, Martinique). Auch Senegambien fiel England zu. Frankreich waren mit einem Schlage fast alle seine Kolonien entrissen und unwiederbringlich der Zugang zu denjenigen Teilen der Neuen Welt versperrt worden, mit deren Namen Frankreichs Ruhm in der Geschichte der Erschließung und Erforschung weiter, bisher unbekannter Gebiete auf immer verknüpft ist. Sein Handel und Schiffahrt beschränkte sich von diesem Zeitpunkte an hauptsächlich auf die Antillen, wobei Frank-

[1]) Vgl. Supan, Die territoriale Entwickl. der europ. Kolonien (1906), Bogart, An economic history of the United States (1924) u. oben S. 24 f.

reichs Handelsmonopol freilich auch hier durch die Engländer durchbrochen wurde. Daneben unterhielten die Franzosen auch rege Handelsbeziehungen mit Südamerika, wenn auch nicht direkt (dies war angesichts des spanischen Monopols ausgeschlossen), sondern indem sie sich der spanischen Kaufleute in Cadix als Kommissionäre bedienten.

Die Tätigkeit der Franzosen in Indien war ebenfalls zunächst erfolgreich; seit Colbert waren sie unablässig bemüht, ihren Handelsverkehr mit Indien zu entfalten. Anfangs wurden aus Indien Baumwollzeuge in größeren Mengen eingeführt, deren Hauptbezugsmarkt Surate war. Später, als gegen ihre Einfuhr von den französischen Manufakturen Einspruch erhoben war, wurden Gewürze zum Hauptgegenstand der Indienausfuhr. Bis zum 18. Jahrhundert hatten sich die Franzosen damit begnügt, vereinzelte Faktoreien in Bengal und an der Koromandelküste in Besitz zu nehmen. Im 18. Jahrhundert jedoch setzte Frankreich seine ganze Tatkraft zur Erlangung der Herrschaft über Indien ein, wie dies später die Engländer taten. Die gute Behandlung der Eingeborenen war der Verwirklichung ihrer Pläne günstig und gewährte ihnen eine Zeitlang Überlegenheit über England. Dank der rastlosen Tätigkeit Dupleix' gelang es den Franzosen, beinahe den gesamten Dekan in ihre Machtsphäre zu ziehen, im Bengal festen Fuß zu fassen, sogar für kurze Zeit den Engländern Madras fortzunehmen. Erst nach der Abberufung Dupleix' wurden sie von den Engländern zurückgedrängt. Der Handel der französischen „Compagnie des Indes Orientales“ reichte jedoch niemals an den der niederländischen bzw. der englischen Ostindischen Kompagnie heran.

Französische Spitzen, Seidenwaren, Gobelins, Spiegel und Galanteriewaren, d. h. die in den durch Colbert ins Leben gerufenen Industrien erzeugten Luxuswaren („französische Waren“) fanden in Europa weite Verbreitung. Nach Bruahr hatte sich der Gesamtumsatz des französischen Handels im Laufe des 18. Jahrhunderts (1716 bis 1789) beinahe verzehnfacht (von 80 bis 750 Mill. Fr.). Doch ist es für die französische Ausfuhr jener Zeit charakteristisch, daß der Wert der ausgeführten Parfümeriewaren (Schminken, Seifen, Puder usw.) dem Werte der ausgeführten Wollstoffe gleichkommt.

Kapitel 15.

Englische Handels- und Kolonialpolitik.[1]

Später, als andere europäische Staaten, trat England in den Kampf um die Vorherrschaft im Handel ein. Die Insellage Großbritanniens, die große Anzahl herrlicher, eisfreier Häfen, von Dover bis Plymouth, schufen eine geographische Lage, wie sie für die Entfaltung der Seeschiffahrt und des Seehandels günstiger kaum gedacht werden konnte. Im Mittelalter freilich lagen die Britischen Inseln noch am Rande der

[1]) Literatur s. oben, S. 196.

zivilisierten Welt, ferne vom Mittelmeere und der Ostsee, den Brennpunkten des damaligen Handelsverkehrs. Die natürlichen Vorzüge Englands konnten damals noch nicht recht zur Geltung kommen; England führte noch keinen Eigenhandel, die hansischen und italienischen Kaufleute mußten die Vermittlerrolle übernehmen. Die Hansen brachten russisches Pelzwerk, flämisches Tuch und verschiedene, den Niederungen Preußens und Skandinavien entstammende Rohprodukte. Venezianer, Genueser und Florentiner lieferten dem englischen Adel die hochgeschätzten Gewürze des Orients. Diese wie jene führten die englische Wolle aus. Von Zeit zu Zeit unternahmen freilich die Engländer Versuche, sich von der fremden Bevormundung zu befreien, eigenen Handelsverkehr mit fremden Ländern anzubahnen. Den Hansen und den Italienern jedoch war dies nichts weniger als angenehm. Zeigten sich an den Küsten Norwegens englische Schiffe, so wurden sie von den Hansen verfolgt und beraubt, und wagten sie sich ins Mittelmeer, so liefen sie Gefahr, von den Genuesen in den Grund gebohrt zu werden. Die ersten erfolgreichen Schritte zur Befreiung des englischen Außenhandels von fremder Herrschaft fallen ins 15. Jahrhundert, und zwar handelt es sich um den Tuchexport. Während bis dahin die in England erzeugten Stoffe durch Vermittelung von Ausländer ausgeführt worden waren, bildete sich nunmehr die Englische Kompagnie der Merchant Adventurers, die sich mit dem Export englischer Tuche befaßte. Die Kompagnie begründete eine Niederlage in Brügge, später in Antwerpen, das im 16. Jahrhundert zum Mittelpunkte des englischen Außenhandels wurde, der freilich im großen und ganzen zunächst noch auf dieses Gebiet beschränkt blieb. Da die Entfernung von England nach den Niederlanden nur gering, der Seeweg kurz war, so war damit für die Entfaltung der englischen Schiffahrt noch nicht viel gewonnen. Der Gesamtwert des englischen Ausfuhrhandels überstieg um die Mitte des 16. Jahrhunderts kaum 1 Mill. Pfd., und zwar entfiel um diese Zeit die Ausfuhr noch immer hauptsächlich auf fremde Kaufleute; 42% der ausgeführten Tuche, 54% der Häute gingen durch die Hände der Hansen, die auch fast das gesamte in England verbrauchte Wachs einführten. Auch die englischen Staatsanleihen wurden in Antwerpen aufgenommen, da das Land noch zu arm war, um dem Staate die nötigen Geldmittel vorstrecken zu können.

In der zweiten Hälfte des 16. Jahrhunderts, im Zeitalter der Königin Elisabeth, trat hierin ein Umschwung ein. An Stelle von nur 169 reichen Kaufleuten, die England im 14. Jahrhundert aufweisen konnte, werden (nach Schanz) 1601 allein 3500 Kaufleute genannt, die mit den Niederlanden Handel treiben. Die Italiener als Geldgeber verschwinden aus England, bereits unter der Regierung Königin Elisabeths konnten Anleihen im Inlande aufgebracht werden. Der von Gresham aufgestellte Grundsatz, die Regierung müsse die eingegangenen Verpflichtungen gewissenhaft erfüllen, kam allerdings erst im Laufe des 18. Jahrhunderts zur Anwendung. Auch auf dem Gebiete des Warenhandels machte sich ein Umschwung bemerkbar; die venezianischen Galeeren blieben nunmehr den englischen Küsten ferne, da die Engländer ihrer Vermittelung nicht mehr bedurften. Seit der Entdeckung des Seeweges nach Indien konnte man die orientalischen Güter in Lissabon und in Antwerpen beziehen. Die Levanteprodukte holte man mittelst englischer Schiffe aus den Mittelmeerhäfen ab. Zur Förderung dieses Handels wurden in Venedig und anderen italienischen Staaten englische Konsulatvertretungen unterhalten. England trat hier in den Wettbewerb um die Führerschaft im Handel ein und nahm den Kampf mit den Italienern in eben den Gewässern auf, wo letztere sich bisher als unumschränkte Gebieter betrachtet hatten. Auch in den Beziehungen Englands zu den Hansen fand ein Umschwung statt. Die Aufhebung der weitgehenden Handelsprivilegien der Hanse in England und die Schließung ihres Stalhofes in London (1598) hatten das Ende des hansischen Aktivhandels in England zu bedeuten; die Hansen mußten England verlassen. Hand in Hand damit ging das aktive Vordringen des englischen Handels in das deutsche Handelsgebiet, die Niederlassung englischer Kaufleute an verschiedenen Punkten der Nordseeküste, vor allem aber in Hamburg, und die Hanse konnte sich nicht mehr dieser Konkurrenz erwehren. Es war ein Einbruch in ihr ureigenstes Handelsgebiet.[1])

Immer einflußreicher gestaltete sich die Stellung Englands im Welthandel. Königin Elisabeth weigerte sich, den zwischen Portugal und Spanien abgeschlossenen Vertrag anzuerkennen, durch den sie den Erdball unter sich aufgeteilt hatten, denn nur die wirkliche Besitzergreifung eines Landes — so lautete ihre Antwort — könne ein Anrecht auf dasselbe begründen (prescription whithout possession availed nothing). Somit trat England als die Rivalin der beiden Entdeckervölker auf, im Kampfe um den Handel und den Besitz der Neuen Welt. Es suchte selbständig einen neuen Nordweg ausfindig zu machen, auf dem es die Schätze des Orients ungehindert erreichen könnte. Eine Reihe von Expeditionen wurden mit dem deutlichen Ziel unternommen, die Nordwestdurchfahrt nach Asien zu suchen. Die Forschungen nach diesem Seewege führten bereits 1497 zur Entdeckung der Küsten Nordamerikas durch Cabot. Eine Reihe anderer kühner Seefahrer folgten ihm, darunter Francis Drake, der 1577 — 1580 als erster Engländer die Welt umschiffte und reiche, durch Seeraub erlangte Beute mitbrachte. Zu gleicher Zeit wurde in England die Handelsgesellschaft (mystery) der „merchant-adventurers“ begründet, die 1553 eine Expedition nach den Polarländern ausrüstete. Die Schiffe, die die nördliche Durchfahrt nach Indien erschließen sollten, gerieten in das Weiße Meer, worauf Handelsbeziehungen mit dem Moskoviterreiche angeknüpft wurden. Walter Raleigh, der als „Vater der englischen Kolonialpolitik“ gepriesen wurde, war es beschieden, 1584 die erste englische Kolonie an der Küste Nordamerikas anzulegen, der er zu Ehren der „jungfräulichen“ Königin den Namen

1) S. unten, S. 240.

Virginien verlieh. Obwohl das Bestehen dieser Kolonie nicht von langer Dauer war (schon nach 6 Jahren ging sie wieder ein), so war doch damit der Grund zur Kolonisierung Nordamerikas durch die Engländer gelegt worden. 1591 wurde auch die erste englische Expedition nach Indien ausgerüstet, an deren Spitze John Lancaster stand; 1600 vollzog sich die Gründung der privilegierten Ostindischen Handelskompagnie, die bereits in den ersten Jahren ihres Bestehens Faktoreien an der Malabar- und der Koromandelküste anlegte.

Freilich waren dies alles nur Anfänge, die aber den Keim der kommenden kommerziellen Machtentfaltung Englands in sich trugen. Nach allen Richtungen der Windrose hin erstreckten sich die Versuche Englands, neue Beziehungen anzubahnen; in Nordamerika wie in Indien, im Moskoviterreich wie im Mittelmeergebiet kam ihr Bestreben zur Geltung, Fuß zu fassen und am Welthandel teilzunehmen. Als unter dem Nachfolger Elisabeths, König Jakob I., es zu Friedensverhandlungen mit Spanien kam und Spanien von England eine Verzichtleistung auf den Eigenhandel mit „Beiden Indien“ verlangte, konnte Lord Burleigh wohl die stolze Antwort geben, daß (wie wir bei Ranke lesen) „England, durch seine insuläre Lage auf den Welthandel angewiesen, sich unmöglich jene Regionen verschließen lassen könne. Schon stehe es mit Landschaften in Verbindung, auf welche niemals ein Spanier seinen Fuß gesetzt habe und noch sei ein weites Feld für fernere Entdeckungen offen“.

Die Handelsmacht Spaniens und Portugals war bereits seit der ersten Hälfte des 17. Jahrhunderts im Niedergang begriffen. Nach der Vernichtung der spanischen Armada stand England der Weg zu den Überseebesitzungen Spaniens frei. Auf Grund der 1635 zwischen England und Portugal geschlossenen Friedens mußten die portugiesischen Häfen in Indien den englischen Schiffen geöffnet werden. Doch hatte England in seinem Vordringen mit einer anderen Konkurrenz, mit Holland zu rechnen. Das 17. Jahrhundert stellt eine Reihe von Kämpfen zwischen beiden Mächten dar; Cromwells Navigationsakte (1651) war in erster Linie gegen Holland gerichtet. Vom 15. Jahrhundert an war von der englischen Regierung eine Reihe von Verordnungen erlassen worden, die nach dem Vorbilde der italienischen Seestädte, der Hanse und Spaniens zum Schutze der nationalen Schiffahrt und des nationalen Schiffsbaues bestimmt waren. Elisabeth ersetzte alle früheren, zahlreichen, teilweise einander widersprechenden Bestimmungen dieser Art durch zwei Gesetze von 1559 und 1563, welche die fremden Schiffe mit Zuschlagszöllen belegten und die Küstenschiffahrt ausschließlich den englischen Fahrzeugen vorbehielten. Die 1651 erlassene, 1660 und 1665 ergänzte Navigationsakte bestimmte, daß die Küstenschiffahrt und der Handelsverkehr mit den Kolonien ausschließlich englischen Schiffen gestattet sei, wobei als solche nur diejenigen Segler anerkannt wurden, die in England erbaut worden und auf denen sowohl der Kapitän als $3/4$ der Bemannung Engländer waren;

ferner, daß Waren europäischer Herkunft nach England nur auf englischen Schiffen oder auf Schiffen des Ursprungslandes eingeführt werden durften. Auch in letzterem Falle unterlagen freilich die Waren doppelten Zöllen. Jedoch auch die Einfuhr europäischer Waren auf englischen Schiffen war insofern Beschränkungen unterworfen, als sie nur unmittelbar aus dem Ursprungslande, nicht aber aus anderen (z. B. aus holländischen) Niederlagen erfolgen durfte. Auch die Fischerei und die Fischeinfuhr auf den ausländischen Schiffen waren erhöhten Zöllen unterworfen.

Durch die Navigationsakte wurde die niederländische Schiffahrt, deren Stärke gerade im Zwischenhandel lag, aufs empfindlichste getroffen. Die Akte entzog den Vereinigten Provinzen das Recht des Fischfanges an den englischen Küsten; die Einfuhr von Kolonialwaren sowohl als von Erzeugnissen europäischer Länder über holländische Häfen und auf holländischen Schiffen war unmöglich gemacht. Wie groß ehedem die Bedeutung des holländischen Zwischenhandels war, erhellt daraus, daß bis in die Mitte des 17. Jahrhunderts die Hälfte der nach England importierten schwedischen Waren durch Vermittelung der Holländer eingeführt wurde, während ihnen 1769—1776 nur $^1/_6$ dieser Einfuhr zufiel. Um diese Zeit ging $^1/_3$ der Ausfuhr Schwedens nach England und nur $^1/_{10}$ nach den Niederlanden. Die Navigationsakte rief eine Reihe von Kriegen zwischen England und Holland hervor, bis schließlich Holland seine Rechtmäßigkeit anzuerkennen gezwungen war.[1]) Seitdem beginnt das rasche Wachstum der englischen Handelsmarine, der Hauptstütze der wirtschaftlichen Machtentfaltung Englands; der Satz, Englands Zukunft liege auf den Meeren, wurde zur Wirklichkeit („Rule Britannia, rule the waves"). 1708 konnte bereits Chamberlain behaupten, England sei durch seine insuläre Lage, die dort herrschende Freiheit und seine vorzüglichen staatlichen Einrichtungen mehr als irgendein anderer Staat dazu berufen, seinen Handel in großem Umfange auszubauen. Noch früher meinte Defoe, die Beschäftigung mit Handel und Industrie mindere keineswegs die Stellung eines gentleman. Im Gegenteil, diese Tätigkeit sei es eben, die den gentleman schaffe. Swift hob den Umstand hervor, die bisher mit dem Grundbesitze verbundene Macht sei nunmehr an den Geldbesitz übergegangen. Young berechnet 1770, daß von $8^1/_2$ Mill., die die Einwohnerschaft Englands bildeten, nur 3,6 Mill. auf die landwirtschaftliche Bevölkerung entfielen, während 3,7 Mill. Handel und Gewerbe trieben.

Die Handelsmacht Englands kam auf mancherlei Wegen zustande. Waren einerseits die Engländer bestrebt, sich die Vorherrschaft im Handel auf friedlichem Wege zu schaffen, so schreckten sie andrerseits auch vor erbitterten Kämpfen nicht zurück, um sie sich zu erringen und zu behaupten. Auf friedlichem Wege ging England in Portugal erfolgreich

[1]) Vgl. Diferee, Die ökonomischen Verwicklungen zwischen England und den Niederlanden im 17. Jahrhundert. Viert. f. Soz.- u. W.-G. 1911, IX.

vor. 1654 wurde von Cromwell ein Friedens- und Allianzvertrag mit Portugal abgeschlossen, der von außergewöhnlich langer Dauer war (bis 1810) und durch den die englische Handelsherrschaft in Portugal festgelegt wurde.

Den Engländern wurde die Freiheit des Handels in allen Gebieten des Königs von Portugal, Brasilien und Westindien inbegriffen, verliehen, sie wurden hierin den portugiesischen Landesangehörigen vollständig gleichgestellt. Die Portugiesen wurden verpflichtet, sich im Überseeverkehr englischer Schiffe zu bedienen und hatten kein Recht, Schiffe anderer Nationen zu befrachten, solange England imstande war, ihren Bedarf an Schiffen zu befriedigen. Endlich wurde die sog. Meistbegünstigungsklausel in den Vertrag aufgenommen, doch in einseitiger Beschränkung, sie war nur für England vorgesehen. Alle von Portugal an irgendeinen Staat zugestandenen Vergünstigungen sollten auf England Anwendung finden.

Dieser Vertrag wurde durch den 1703 abgeschlossenen Methuen-Vertrag ergänzt (so genannt nach dem englischen Unterhändler John Methuen, der zwecks seiner Abschließung nach Portugal abgesandt worden war). Durch den Methuen-Vertrag wurde das in Portugal 1684 erlassene Verbot der Einfuhr ausländischer Wollwaren zugunsten Englands aufgehoben, wogegen England die Verpflichtung übernahm, portugiesische Weine stets mit einem gegenüber französischen Weinen um ein Drittel niedrigeren Zollsatz zu belegen.

In der nationalökonomischen Literatur wird dem Methuen-Vertrag ein wichtiger Platz eingeräumt. Oncken charakterisiert ihn als den bedeutsamsten Handelsvertrag der protektionistischen Ära, Schmoller erblickt darin das glänzendste Beispiel einer zielbewußten Handelspolitik, Friedrich List behauptet, die vollständige Verdrängung der Holländer und der Deutschen aus dem portugiesischen Außenhandel und die Unterordnung Portugals unter den englischen Einfluß seien Folgen dieses Vertrages. Nach Schäfer soll er in Portugal den Niedergang von Industrie und Landwirtschaft veranlaßt haben. Adam Smith dagegen vertrat die Ansicht, der Vertrag wäre für die Portugiesen weit günstiger gewesen als für England.

Auch im damaligen England waren die Ansichten der Zeitgenossen über die Vorteile des Vertrages geteilt. Die einen zollten seinem Urheber Methuen das überschwenglichste Lob, wollten ihm dafür ein Denkmal in jeder Handelsstadt errichtet wissen. Es sei ihm gelungen, die Portugiesen davon zu überzeugen, nicht ihnen, die unter freiem Himmel und im Sonnenlichte leben, komme die Verfertigung von Wollwaren zu, sondern sie müßten dies den Engländern überlassen, die doch ihr feuchtes und kaltes Klima dazu verurteile, unter Dach und in dumpfer Luft zu arbeiten. Es wurden aber auch entrüstete Stimmen laut, weil Methuen den Vertrag unter Umgehung des Parlaments abgeschlossen hatte. „Wer zu einem so offenen, frechen Attentat auf die englische Freiheit den Arm geliehen hat, der sollte es mit dem Kopfe büßen müssen“ (glücklicherweise war er damals schon tot).

In Wirklichkeit aber war die Vorherrschaft Englands in Portugal nicht durch den Methuenvertrag, sondern (wie man aus dem oben angeführten ersehen kann) durch den bereits 1654 abgeschlossenen Vertrag begründet worden. Der Methuenvertrag war nichts weiter als eine Klausel, die dem Traktat von 1654 beigefügt wurde und die die Sachlage nicht viel ändern konnte. Portugiesischer Portwein war bereits früher zum „Nationalgetränk“ der Engländer geworden, da infolge ihres Hasses gegen Frankreich der Konsum französischer Weine erheblich gesunken war. „Die Höhe der Einfuhrzölle für portugiesische Weine ist der Thermometerstand, welcher die jeweilige Stärke jener Gluthitze anzeigt, welche der englische Franzosenhaß in feindseligen handelspolitischen Maßnahmen entwickelt.“ In erster Linie gehörten hierzu die Differentialzölle, mit denen französische Weine belegt wurden. Noch ehe der Methuenvertrag zustande gekommen war, wurden die portugiesischen Weine um $\frac{1}{3}$ oder sogar um die Hälfte niedriger verzollt, als die französischen. In dieser Beziehung wurden durch den Vertrag die bereits bestehenden Verhältnisse bloß festgelegt, er hatte für die portugiesische Weinausfuhr nach England dauernde feste Bestimmungen geschaffen, die häufigen, durch die Änderungen in den englisch-portugiesischen Beziehungen hervorgerufenen Schwankungen beseitigt, die Vorzugsstellung Portugals im Vergleich zu derjenigen Frankreichs befestigt. Auch die von England erreichten Vorteile waren nicht so erheblich, wie dies auf den ersten Blick scheinen mochte. Das Verbot der Wollwareneinfuhr war erst 1684 ergangen, bis dahin waren größere Mengen englischer Wollwaren nach Portugal ausgeführt worden. Durch den Methuenvertrag hatte sich Portugal keineswegs verpflichtet, die Aufhebung dieses Verbotes ausschließlich auf England zu beschränken, einige Jahre später hatte es diese Vergünstigung auch aus freien Stücken auf Holland und Frankreich ausgedehnt. Wenn England dennoch die Hauptmasse der in Portugal verbrauchten Wollwaren lieferte, so lag der Grund in der größeren Billigkeit der englischen Erzeugnisse. Das wichtigste von England durch den Methuenvertrag erreichte Ziel bestand ja darin, daß die englische Wollwareneinfuhr nach Portugal für die Zukunft frei war, daß die Genehmigung hierzu nicht mehr, wie dies für die Einfuhr aus anderen Ländern der Fall war, durch eine willkürliche Verordnung des Königs von Portugal zurückgezogen werden konnte. Der Methuenvertrag stellt somit einen der ersten, noch im Zeitalter des Protektionismus unternommenen Versuche dar, in den Handelsbeziehungen eine gewisse Stabilität zu schaffen, für die wichtigsten Ausfuhrgüter sich einen ständigen Markt zu sichern.[1])

Dem Methuen-Vertrag folgten bald eine Reihe neuer Verträge, die zur Förderung der Wollindustrie bestimmt waren; so der mit Österreich 1715 abgeschlossene, der die Einfuhrzölle für englische, nach den österreichischen Niederlanden eingeführte Wollwaren ermäßigte, der mit Spanien (1713) unterzeichnete, der England das Recht der Meistbegünstigung gewährte.

Mit Frankreich war bereits im Jahre 1572 ein Vertrag zustandegekommen, der den Engländern das Recht verlieh, Niederlagen für Tuch und andere Waren anzulegen, sowie Häuser für die Unterbringung ihrer Konsulate zu erwerben. Es wurde „gestattet, festgesetzt und bestimmt, daß die genannten englischen Kaufleute ihre Waren ausstellen und verkaufen, sowie Waren jeder Art, bei wem es auch sei, welcher Nation er auch sein möge, erwerben oder eintauschen dürfen, und zwar an allen Tagen, außer Sonn- und Feiertagen.“ Doch auch dieser Vertrag war ziemlich einseitig gehalten, die Franzosen hatten sich nämlich nur geringe Vorrechte auszubedingen gewußt. Die französischen Kaufleute waren verpflichtet, Kaution zu hinterlegen, den Gelderlös des Verkaufs im Ankauf englischer Waren wieder festzulegen, ihre Güter auf englischen Schiffen zu befördern. Freilich wurde 1606 dieses Abkommen durch ein anderes ersetzt, das beide vertragschließende Parteien einander gleichstellte. Das wichtigste Zugeständnis, zu dem die Engländer zu bewegen waren, bestand darin, daß nunmehr die Schiffe der Franzosen freien Zutritt nach London erhielten, und daß sie in bezug auf die Befrachtung von Fahrzeugen die gleichen Freiheiten genießen sollten, wie die Engländer in Frankreich.

---

[1]) Schorer, Der Methuenvertrag. Z. f. ges. Staatswiss., 1903, S. 597 ff.

Dieser 1623 aufs neue bestätigte Vertrag wurde jedoch von den Engländern nicht eingehalten, die freilich auf der Erfüllung der ihnen eingeräumten Vorrechte bestanden, diejenigen der französischen Kaufleute jedoch auf Schritt und Tritt verletzten. Am Ausgang des 17. Jahrhunderts klagte Savary, in keinem anderen Lande Europas würden die Franzosen in ihrer Handelstätigkeit dermaßen behindert und so schlecht behandelt, als in England, während kein zweites Volk die Engländer so gastlich aufnehme und ihnen so freundschaftlich begegne, wie die Franzosen. In 15 Punkten zählt Savary die die Franzosen in England schädigenden Beschränkungen auf, darunter die Differentialzölle für die von ihnen eingeführten Waren, das Verbot der Tucheinfuhr nach England (während die Engländer in Frankreich ihre Tuche frei verkaufen konnten), das Verbot der Spitzeneinfuhr (die freilich auf Schleichwegen dahin gebracht wurden), die Verpflichtung, die eingeführten französischen Weine ausschließlich an eine bestimmte Handelsgesellschaft zu den von ihr festgesetzten Preisen abzusetzen u. a. m.

Durch einen neuen 1713 abgeschlossenen Vertrag erkannten England und Frankreich einander gegenseitig als „amicissima gens" an und garantierten einander das Meistbegünstigungsrecht. Sie verpflichteten sich gegenseitig, „keiner anderen Nation irgendwelche Vergünstigungen, Handel und Schiffahrt betreffend, zu verleihen, die nicht sofort der vertragschließenden Partei eingeräumt würden". Das Meistbegünstigungsrecht sollte auch in bezug auf „alle Zölle, Steuern und Abgaben, die von Personen, Vermögen und Waren erhoben werden", in Anwendung kommen. Doch eben diese Artikel des Vertrages wurden von seiten englischer Handels- und Industriekreise in Form von Flugschriften und Beschwerden heftig angegriffen. In 46 dem Parlament eingereichten Petitionen wurde Einspruch gegen die Zulassung französischer Weine erhoben, da dies den Handel mit Spanien, Portugal und Italien schädigen könne, sowie gegen die Einfuhr französischer Tuchwaren, weil Frankreich darin als Konkurrent Englands auftrete, der Arbeitslohn der französischen Tuchmacher jedoch kaum zwei Drittel der englischen Arbeitslöhne erreiche. „Als die Hauptstadt in Flammen stand, schrieb zu Ausgang des 17. Jahrhunderts" der „British Merchant", indem er auf den Brand Londons anspielte, war dennoch das Land nicht von der Verzweiflung erfüllt, die die Bevölkerung im Falle der Ratifizierung des Vertrages ergreifen würde, da dadurch die Arbeiter in tiefes Elend gestürzt und gezwungen sein würden, in anderen Ländern ihren Lebensunterhalt zu suchen." Das Parlament verweigerte die Annahme des Vertrages.[1])

Im Moskovitischen Reiche befand sich die zum Zwecke des Handels mit Rußland gestiftete englische Handelskompagnie seit Mitte des 16. Jahrhunderts im Besitz umfangreicher Vorrechte.

Sie besaß das Recht, zollfrei sowohl in Rußland selbst, als über Rußland hinaus mit dem Orient, insbesonders mit Persien Handel zu treiben, in Rußland Kaufhöfe und Niederlagen zu errichten. Ferner wurde ihr das Alleinrecht der Benutzung des nordischen Verkehrsweges nach Rußland über die Häfen des Eismeeres und des Weißen Meeres verliehen. Die Engländer durften für ihre Handelsfahrten die Postpferde der Regierungspost benutzen. Es war ihnen ferner gestattet, überall „nach eigenem Rechte zu leben". Für Schulden hafteten die Engländer nicht persönlich, sondern nur mit ihrem Vermögen. Iwan der Schreckliche war den Engländern wohlgesinnt, obwohl er in einem Zornanfalle seine geliebte Schwester, Königin Elisabeth „ein liederliches Frauenzimmer" schalt, da sie „ihr Reich nicht allein regiert, sondern andere Leute, und noch dazu Handelsleute, herrschen läßt". Nach dem Tode dieses „englischen Zaren", wie er von einem dem Throne nahestehenden Legisten

[1]) Levasseur, Hist. du comm. I (1911), S. 400—409. Sée, L'évol. commerc. et industr. de la France (1924), S. 220ff. Schorer, Der englisch-französische Handelsvertrag von 1713 (1900). Vgl. auch Dumas, Etude sur le traité de commerce de 1786 entre la France et l'Angleterre (1904). Ch. Schmidt, La crise industrielle de 1788 (Rev. Hist. 1908). Bloch, Etudes d'hist. écon. (1900), S. 239ff.

genannt wurde, erfuhren die Vorrechte der Engländer mancherlei Kürzungen, obwohl unter der Regierung Fedors der einflußreiche Boris Godunow, der „Lordprotector" des Moskovitischen Reiches, wie die Engländer ihn nannten, ihnen seinen Schutz angedeihen ließ. Die Berechtigung zum Kleinhandel wurde ihnen entzogen. Auch hatten sie das Recht des Alleinhandels im Weißen Meere eingebüßt, die nördliche Durchfahrt stand nunmehr allen Engländern offen, auch denen, die nicht Mitglieder der Kompagnie waren. Außerdem hatten aber auch die Kaufleute anderer Nationen den Weg nach dem Norden Rußlands gefunden, und es konnte ihnen nicht verwehrt werden, ihn ebenfalls zu benutzen. Eine starke Konkurrenz machten den Engländern vor allem die Niederländer. Unter den beiden Nationen entspann sich ein heftiger Kampf um den russischen Markt, in dem es den Holländern allmählich gelang, den ersten Platz im Handel mit Rußland zu erobern, insbesonders nachdem 1649 der Zar in der Hinrichtung König Karls I. den langersehnten Vorwand fand, um den Engländern, die „alle insgesamt eine böse Tat vollbracht, ihren König Karolus totgeschlagen hatten", aller ihrer bisherigen Privilegien verlustig zu erklären.[1])

Dennoch spielten auch weiterhin die Engländer eine nicht unbedeutende Rolle im Außenhandel Rußlands, um denselben seit den ersten Jahrzehnten des 18. Jahrhunderts wieder zu beherrschen. Vor allem wurde die Ausfuhr der von der englischen Flotte benötigten Waren wie Holz, Schiffstaue, Segeltuch von englischen Kaufleuten betrieben; nicht minder wichtig war die englische Ausfuhr von Leinen und Eisen, an denen es damals in England mangelte. Um die Mitte des 18. Jahrhundert (1756) betrug die englische Ausfuhr 70% des russischen Gesamtexports, während ihre Einfuhr kaum ein Drittel der Gesamteinfuhr erreichte; zu Ende des Jahrhunderts waren die entsprechenden Zahlen 64 und 29%. Die englische Handelsbilanz war demnach im Handel mit Rußland passiv; doch ist dabei zu berücksichtigen, daß England mit den aus Rußland exportierten Waren seinen Schiffsbau und seine Schiffahrt förderte. Auch führten Engländer einen erheblichen Zwischenhandel in russischen Waren, indem sie andere europäische Staaten damit versorgten (Südeuropa bestellte russische Waren bei den englischen Firmen), sie auch in die spanischen Kolonien einschmuggelten. Insbesondere wurde Rhabarber nicht nur nach England, sondern auch nach den Niederlanden und nach Hamburg ausschließlich vom englischen Residenten in St. Petersburg abgesetzt. Freilich durften sie in Rußland keinen Detailhandel treiben, auch die Geschäfte mit anderen Ausländern waren ihnen untersagt, da, wie das neue 1667 abgefaßte Handelsstatut zu dieser Bestimmung erklärend hinzufügt, „russischen Kaufleuten dadurch in ihrer Handlung viel Schaden und Verwirrung zugefügt wird". Doch viel schwerer traf sie die Unredlichkeit der russischen Kaufleute, die sich häufig weigerten, die von ihren Angestellten übernommenen Verpflichtungen anzuerkennen oder betrügerische Bankrotte ankündigten, wodurch der Kredit, „die Seele der Handlung", geschädigt würde. Diesen und anderen Mißständen sollte durch ein „Freundschafts- und Handelstraktat", das 1734 auf die Dauer von 15 Jahren zustande kam, abgeholfen werden. Es beruhte auf dem Grundsatze der gegenseitigen Meistbegünstigung englischer- wie russischerseits; die ein- und ausgeführten Waren sollten keinen höheren Zöllen unterliegen, als es für die Untertanen anderer Mächte bestimmt war. Außerdem aber hatte England auf Grund desselben eine Herabsetzung der Zölle für Tuche, die wichtigsten englischen Ausfuhrartikel, durchgesetzt. Auch hier, wie anderwärts, in Spanien und Belgien, verfolgte England dasselbe Ziel, den Absatz seiner Tuchwaren zu erweitern.[2])

Am Handelsverkehr mit der Türkei und den Levanteländern hatte englischer Unternehmungsgeist bereits seit dem Ende des 16. Jahrhunderts Anteil zu gewinnen gesucht und bald eine nicht zu unterschätzende Stellung erreicht. Gleich dem niederländischen sollte sein

---

[1]) S. meine Russ. Wirtschaftsgesch., I, Jena 1925, S. 420 ff., 425 ff., 431 ff.

[2]) Meine Russ. Handelsgeschichte (1923, russ.), S. 190ff., 202ff., 216ff.

Handel mit den Mittelmeerländern auf Kosten der Franzosen erweitert werden. Durch eine gewissenhafte Erledigung der erhaltenen Aufträge, sowie durch die vorzügliche Qualität der gelieferten Waren (es waren dies Erzeugnisse der new drapery, leichte, feine Gewebe, die den Bedürfnissen des Orients angepaßt waren) wußten sie die levantinischen Märkte in ihre Hand zu bekommen.

Auch kam diesem Handel die Gründung einer Kompagnie für den Levantehandel (1606) zu statten, auf deren Schiffen dreimal so große Warenmengen verfrachtet werden konnten, als die französischen Fahrzeuge beförderten, während die Bemannung nicht zahlreicher war. Diese Schiffe segelten flottenweise, wodurch den Überfällen der Piraten, von denen das Mittelmeer geradezu wimmelte, vorgebeugt werden konnte. Der Mittelpunkt des englischen Handels war Livorno, von wo aus die englischen Fahrzeuge Konstantinopel, Venedig, Smyrna besuchten. Dabei unterlagen sie einem geringeren Einfuhrzoll (statt 5 bloß 3% vom Warenwerte) als die französischen Kaufleute.

Nach Savarys Ansicht wäre der englische Levantehandel, in dem die Engländer nicht nur die Erzeugnisse ihrer Wollindustrie, sondern auch die im Lande gewonnenen Metalle (Blei, Zinn) sowie Pfeffer und Cochenille aus ihren Kolonien absetzten, für sie nicht minder hoch anzuschlagen, als der Handel mit Indien und Amerika, ja er übertreffe sogar den Überseehandel an Bedeutung, da nach der Levante Industrieerzeugnisse in größeren Mengen ausgeführt würden, während nach den überseeischen Kolonien nur Edelmetall abfließe.

Man wird jedoch sein Augenmerk vorzüglich auf einen anderen Unterschied zu richten haben, der Englands Handel mit dem Moskovitischen Reiche, auf der Iberischen Halbinsel, in der Levante, in Deutschland (Hamburg) von jenem mit der Übersee trennte. Im ersten Falle lagen ihm Handelsverträge zugrunde, die den Engländern genau umgrenzte Vorrechte verliehen, der Warenvertrieb vollzog sich von Niederlagen aus, die von ihnen mit Zustimmung der einheimischen Behörden errichtet worden waren. In diesen Staaten galten die Engländer als Fremde, denen ihre Vorrechte entzogen werden konnten, denen vielfach durch Schikanen, sowie durch die feindselige Haltung der Bevölkerung der Aufenthalt verleidet wurde. Anders lagen die Dinge in Indien und Amerika, wo sie als Eroberer und Kolonisatoren auftraten, weite Landstriche beherrschten, Festungen errichteten und Truppen unterhielten. In ihren überseeischen Niederlassungen fühlten sie sich nicht als einfache Kaufleute sondern als Herren, als politische Macht und die rücksichtslose Behandlung der einheimischen Bevölkerung äußerte sich in der eigenmächtigen Festsetzung der Preise für die verkauften und eingekauften Waren, in der Unterdrückung verschiedener Industriezweige, in dem Anspruch Englands auf das Alleinrecht, ihre Kolonien mit europäischen Waren zu versorgen.

In Amerika setzte sich das englische Kolonialreich aus Gebieten zusammen, die es anderen europäischen Staaten abgenommen hatte. Kanada, Neu-Schottland (Akadien), Louisiana waren 1713 bzw. 1763 von Frankreich abgetreten worden; auf Neu-Amsterdam (von den Engländern New York benannt) mußte Holland verzichten (1667), bereits 1655 war das ehemals spanische Jamaika in die Hände Englands gelangt. Zu diesem riesigen Landbesitz kamen dann noch die von den Engländern angelegten landwirtschaftlichen Kolonien hinzu: Massachusetts, das von Puritanern begründet worden war, Maryland, wo sich Katholiken angesiedelt hatten, die Quäkerkolonie Pennsylvania. Hier kamen Tabak- und Reisplantagen, die von aus Afrika importierten Negersklaven angebaut wurden, zur Blüte. Von diesem unermeßlichen Kolonialbesitz, der den ganzen Kontinent Nordamerikas umfaßte, indem er sich von den Alleghanies bis zur Küste des Atlantischen Ozeans und von der Houdsonbay bis zum Golf von Mexiko erstreckte, verblieb dem englischen Staate nur Kanada. Dreizehn Kolonien erhoben sich gegen die von England ausgeübte Politik der Bevormundung und Bedrückung[1]), fielen vom Mutterlande ab und bildeten ein neues Reich, die Vereinigten Staaten Nordamerikas. 1783 mußte England ihnen die Unabhängigkeit zuerkennen, es behielt demnach, außer dem dünn besiedelten Kanada in Nordamerika in der Neuen Welt nur noch Jamaika, die Bahama-Inseln, eine Reihe der kleinen Antillen und eine unbedeutende Niederlassung in Honduras.

Das Schwergewicht des britischen Kolonialbesitzes ruhte in Indien. Zwar hatten hier die Niederländer, die das reiche Erbe der Portugiesen angetreten hatten, einen großen Vorsprung vor den Engländern, und die ersten Versuche Englands, sich in ihren Kolonialgebieten, auf den so wertvollen Gewürzinseln, den Molukken, festzusetzen, führten zum Blutbade von Amboina (1620). Günstiger lagen dagegen die Verhältnisse auf dem Kontinent Indiens. Zunächst wurden hier von der englischen Ostindischen Kompagnie, die das Monopol für Kolonisation und Handel in Indien besaß, eine Reihe von Niederlassungen an der Küste (Bombay, Madras) gegründet. Allmählich drang sie dann in Vorderindien ein.[2]) Robert Clive und Warren — Hastings gelang es, die Hauptrivalen, die Franzosen, aus Indien zu verdrängen. Sie verloren hier ihre wichtigsten Stützpunkte und mußten auf ihre Herrschaft in Bengal verzichten; nur fünf Niederlassungen wurden ihnen belassen, doch durften sie weder befestigt, noch mit Truppen besetzt werden. Darauf begann die planmäßige Unterwerfung des Reiches des Groß-Moguls und um die Wende des 18. Jahrhunderts war der Einfluß Englands schon so groß, daß man Vorderindien füglich zum englischen Machtgebiet rechnen konnte.

---

[1]) Als in der Nacht vom 16. Dez. 1773 Kolonisten das erste angelangte Teeschiff erklettert und den Inhalt von 342 Teekisten ins Meer geschüttet hatten, behauptete man mit Recht (denn das war der Anfang des Aufstandes): „In dieser Nacht wurde mehr als der Tee der Ostindischen Gesellschaft verloren, es wurde die britische Souveränität ins Meer versenkt." (Brentano, Wirtsch. Entwickl. Englands II, 1927, S. 335.)

[2]) 1698 entstand am Delta des Ganges Kalkutta, das bald alle anderen Häfen des Indischen Ozeans überflügeln sollte.

Im Kampfe um die Aufteilung der fremden Erdteile hatte England schon überall an entscheidenden Punkten festen Fuß gefaßt. Am Ausgang des 18. Jahrhunderts war es unumstritten nicht bloß der erste Industriestaat, sondern auch die erste See-, Handels- und Kolonialmacht der Welt.

Kapitel 16.

Die wichtigsten Handelsstädte.

Der Umschwung im Welthandel, der mit der Verschiebung der Welthandelsstraßen zusammenhing, brachte notwendig eine Änderung in den Haupthandelspunkten mit sich, das Zurücktreten der alten Handelssitze, die ihren Platz neu aufblühenden Rivalen räumen mußten. Nach Götz waren es nur einige Plätze, welche eine zunehmend überlegene Führerschaft gewannen, insbesondere dadurch, daß da und dort vorhandene geographische Vorbedingungen, als wären sie schlummernde Keime, zu rasch gedeihender Wirksamkeit gebracht wurden. Aber viele Städte schwanden auch in ihrer Lebenskraft dahin, weil der Welthandel aus Mediterranmeeren zu Weltmeeren, aus dem Bereich eines schwachen Dritteils der Weltmeere in das ihrer Vollständigkeit überging.[1])

Zum „angestaunten Welthandelsplatz" war im 16. Jahrhundert Lissabon emporgestiegen, der Mittelpunkt des gesamten Handelsverkehrs mit Indien, die Niederlage der vielbegehrten Gewürze; wurde es doch im Orient „die Residenz Europas" genannt. Doch war die Blüte Lissabons von nur kurzer Dauer; der Niedergang begann, als die Portugiesen in Indien den Holländern den Platz räumen mußten. Ricard (1723) zählt Lissabon noch zu den wichtigsten Handelsstädten Europas, doch nennt er unter den dort verkehrenden Schiffen nur solche, die aus Brasilien und den portugiesischen Besitzungen in Afrika (Goa, Azoren, Madeira, Kapverden-Inseln) ankommen.[2]) Ferner kommt Sevilla auf, der Ausgangshafen für den Verkehr mit Amerika, wo die aus Neu-Spanien ankommenden „Silberflotten" einliefen. Hier, in der „Casa de Contratation", wurden Verzeichnisse der Ladungen der aus den Kolonien heimkehrenden Segler angelegt, ehe sie gelöscht werden durften. Freilich machte schon gegen Ausgang des 16. Jahrhunderts die fortschreitende Versandung des Guadalquivir den schwerbeladenen Schiffen der „Indischen Flotte" das Passieren der Barre von St. Lucar unmöglich. Infolgedessen mußte es einen Teil seines Handelsverkehrs an Kadiz mit seiner bequemeren und sichereren Meereslage abtreten. Kadiz war im 17.—18. Jahrhundert der Schnittpunkt, wo die Verkehrsstraßen aus den amerikanischen Kolonien, aus Afrika, aus dem Mittelmeergebiete zusammentrafen. Englische und holländische Schiffe nahmen dort Aufenthalt, sowohl um sich mit spanischen Münzen, den im Levantehandel gangbaren Piastern, zu versehen, wie auch, um von Kadiz aus

---

[1]) Götz, Die Verkehrswege im Dienste des Welthandels (1891). S. 713 f.

[2]) Ricard, Négoce d'Amsterdam (1723), S. 534.

Handel mit Marokko zu treiben. Da es nämlich zu gewagt war, nach Marokko, wo die Kaufleute ihres Lebens und ihrer Habe nicht sicher waren, große Warenmengen mitzunehmen, so diente Kadiz als Warenniederlage; die Kaufleute jeder einzelnen Nation hatten im Hafen je ein Schiff liegen, das ihnen als Stapelplatz für ihre Ware diente und von Zöllen eximiert war. Vor allem aber war Kadiz der Ausgangs- und Endpunkt für den Handel mit Spanisch-Amerika, von dem aus die Gallionen nach Havanna, Vera-Cruz und Porto-Bello ausliefen. Die Kaufleute von Kadiz waren Kommissionäre der Handelsfirmen sämtlicher Handelsplätze Europas, die ihnen Waren zum Absatz nach den spanischen Kolonien hinschickten (direkt durften sie ja dorthin nicht importieren), um dann von ihnen den Gegenwert in Piastern oder in verschiedenen aus den Kolonien gebrachten Waren zu erhalten.[1])

Eine Zeitlang (im 16. Jahrhundert) erlangten die kastilischen Messen in Medina del Campo, Villalon und Medina del Rioseco durch ihre Geld- und Wechselumsätze höhere wirtschaftliche Bedeutung. Auf diesen Messen, die man Anfang und Schlußstein des ganzen spanischen Zahlungswesens nannte, nahmen die Unterhändler der stets in Finanznöten befindlichen spanischen Krone Anleihen bei ausländischen Geldverleihern, meistenteils bei Genuesen, auf, um den Kampf gegen die Niederlande weiterführen zu können. Hier wurden Handelsabrechnungen über beträchtliche Summen vorgenommen, und zwar ohne Barzahlungen, mittelst Giro und Überweisungen. Spanien litt nämlich, trotz der unerschöpflichen Silberschätze Perus, an zunehmendem Mangel an Bargeld; nur für kurze Zeit erquickten die ankommenden Silberflotten den ausgedörrten Boden. Auf diesen Messen nahmen die Gläubiger der Krone das eingetroffene Silber in Empfang, wenn — was durchaus nicht immer der Fall war — die Staatsschulden bezahlt wurden. (Ehrenberg).

In Frankreich kam im 16. bis 18. Jahrhundert für den Handelsverkehr in erster Linie Paris, der Brennpunkt des europäischen Kulturlebens jener Zeit, die „moralische Hauptstadt Europas", in Betracht, gewissermaßen „die Zentralniederlage des Königreichs, das öffentliche Magazin, wo die Erzeugnisse der verschiedenen Provinzen gegeneinander ausgetauscht werden" (Savary). Ferner Lyon, wohin bereits seit dem ausgehenden 15. Jahrhundert der den Warenaustausch zwischen Frankreich, Italien und Süddeutschland vermittelnde Verkehrsstrom (dessen Mittelpunkt vordem Genf war) sich gewandt hatte und wohin nun, dank der Freigabe des Geld- und Wechselgeschäfts, auch dieses geleitet wurde (Lyoner Börse im 16. Jahrhundert). Von Bedeutung war ferner eine Reihe französischer Häfen, Marseille, der Mittelpunkt des französischen Mittelmeerhandels, Le Havre, der Hafen von Paris, wo auf Befehl Richelieus 1628 zum erstenmal in Europa mit Schleusen versehene Hafenanlagen eingerichtet wurden. Durch seine geographische Lage begünstigt — es war der nächste europäische Hafen für Amerika — konnte Havre besonders den Verkehr mit Zentralamerika und den Antillen leicht an sich ziehen. Einen lebhaften Verkehr Havres mit Südamerika und Afrika können wir bereits für das Ende des 16. Jahrhunderts fest-

---

[1]) Ricard, S. 525, 528. Haring, Trade and Navigation, I. Kap. I—V.

stellen[1]), und 1615 behaupteten die Echevins der Stadt, Havre bilde das Ein- und Ausgangstor Frankreichs, da die Mehrzahl der nach Frankreich gelangenden und von dort exportierten Waren diesen Hafen passiere. Hierzu trat noch der rege Stockfischfang, der von den Stadtbewohnern „mit viel Mühe und Sorge“ betrieben wurde. Im 18. Jahrhundert kommt auch Bordeaux, wo sich Irländer und portugiesische Juden, auch hansische Kaufleute angesiedelt hatten, vorwärts, vorzüglich im Überseehandel, im Wein- und Negerhandel. Bordeaux, Nantes, Havre, teilweise La Rochelle, auch wohl Saint-Malo entwickelten einen schwunghaften Handel mit den Antillen, von wo Zucker bezogen wurde, um in Frankreich raffiniert zu werden, und wohin Neger aus Afrika eingeführt wurden. Freilich waren die Hafenanlagen noch unzureichend. Weder Bordeaux, noch Nantes oder La Rochelle konnten Schiffe mit einem Raumgehalt von über 200 t in ihrem Hafen aufnehmen. Nun ging ja die überwiegende Mehrzahl der Segler nicht darüber hinaus, doch gab es auch Schiffe mit einem Raumgehalt von 300 bis 500 t, und diese konnten nur in den Hafen von Le Havre einlaufen, während man auf der Fahrt nach Nantes in Painboeuf anhalten mußte, um von dort die Waren auf kleinen Leichterschiffen weiterzutransportieren.[2])

In der ersten Hälfte des 18. Jahrhunderts liefen aus dem Hafen von Bordeaux im Jahresdurchschnitt gegen 100 Schiffe nach den Kolonien aus; die Umsätze Bordeaux' stiegen von 12 Mill. Fr. 1717 auf 75 Mill. 1749. Freilich kam noch 1749—1756 die Zahl der von Havre nach den Kolonien ausgelaufenen Schiffe der Gesamtzahl der aus Bordeaux und Marseille abgegangenen gleich. Im Durchschnitt wurden 1749—1755 aus Bordeaux jährlich 163, aus Nantes 103, aus La Rochelle 41, aus Marseille 29 Schiffe nach den Kolonien abgesandt. Zu Ende des Jahrhunderts erreichten die Umsätze von Bordeaux 250 Mill. Fr., was einem Viertel des französischen Seehandels gleichkam. Neben ihm stand Havre, dessen (1787 ausgelaufene) Segler, 141 an der Zahl, die nach den Kolonien abgingen oder den Negerhandel betrieben, insgesamt 34000 t zählten. Von 1768 bis 1789 hatte sich der Baumwoll- und Zuckerimport über Havre verdoppelt, der Kaffeeimport sogar verfünffacht (von 19000 auf 100000 Säcke). Im Kaffeehandel nahm Havre unter den

---

[1]) Bereits 1562, als Havre von den Engländern besetzt worden war, fanden sich dort 157 französische Schiffe mit einem Raumgehalt von 13000 t — Segler, die von Havre, Rouen und Dieppe ausliefen, um Brasilien, Afrika, die Antillen und Neu-Fundland aufzusuchen. Von Havre aus wurden insbesondere Reisen nach Amerika unternommen, doch wurden dabei auch die Häfen Afrikas angelaufen. als Reiseziel der Amerikafahrten wird neben Brasilien besonders oft Peru bezeichnet; doch verstand man damals unter Peru wohl Nordamerika und den Norden Südamerikas, jedenfalls die am Atlantischen Ozean gelegenen Gebiete, nicht aber das heutige Peru, denn der Stille Ozean wurde von den Franzosen weder im 16. noch im 17. Jahrhundert besucht (Barrey bei Hayem, Mém. et Doc., 1902, S. 42 ff., 66 ff.).

[2]) Malvezin, Hist. du comm. de Bordeau, III, S. 140 f., 185, 193, 203 f. Dainville, Les relations commerciales de Bordeaux avec les villes hanséatiques, au XVIIe et XVIIIe siècles (Hayem, Mém. et Doc., 4e sér.). Jullian, Hist. de Bordeaux. 1895. Nicolaï, La population de Bordeaux au XVIIIe siècle. (1906) Garnoult, Le commerce rochelais au XVIIe siècle. (1887.) Barrey, Le Havre transatlantique (Hayem, Mém. et doc. 1917). Gabory, La marine et le commerce de Nantes au XVII et XVIII siècle (1902). Sée, Evol. commerc. et industr., S. 230 ff.

französischen Häfen den zweiten (1775 12 Mill. L.), im Zuckerhandel den vierten Platz ein.[1])

In Frankreich gab es seit dem 17. Jahrhundert vier sog. Freihäfen (Ports-francs) oder richtiger Freihafenstädte, die als außerhalb der Zollgrenze Frankreichs gelegen angesehen wurden und in denen infolgedessen die zur See ankommenden Waren weder Zöllen noch sonstigen Verkehrsabgaben unterlagen (soweit sie nicht weiter ins Innere des Landes geführt wurden). Es waren dies Marseille, Bayonne, Lorient, Dunquerque.[2])

Unter ihnen trat vor allem Marseille in den Vordergrund, „die Königin des Mittelmeeres", wie der stolze Beiname der Stadt lautete. Vom Mittelalter her, als es eine freie Stadtgemeinde gewesen, die ihre eigenen Kaufleute, im Gegensatz zu den Ausländern, von allen Abgaben befreite, hatte Marseille auch nach seiner Einverleibung an Frankreich seine Freiheiten beibehalten; auch die Einführung von Staatszöllen, die Verlegung der Zollämter an die Landesgrenze änderten daran nicht viel, denn Marseille war nach wie vor außerhalb der Zollgrenze Frankreichs belassen worden, so daß die zahlreichen, von den ein- und ausgeführten Waren erhobenen Zölle auf den Warenverkehr Marseilles nicht zur Anwendung kamen. Als die Stadt nun zur Zeit Colberts ihre alten Vorrechte verlor und statt dessen zum Freihafen erhoben wurde, hatte dies für die fremden Kaufleute eine Befreiung von Ein- und Ausfuhrzöllen zu bedeuten, sie wurden also den Bewohnern Marseilles gleichgestellt. Doch wurde auf Veranlassung der einheimischen Kaufmannschaft, die in höherem Maße protektionistisch gesinnt war als Colbert selbst, der Vater des Protektionismus, nach dem Vorbilde von Cromwells Navigationsakte von Waren fremder Kaufleute, falls sie nicht aus ihrem eigenen Lande stammten, ein 20% hoher Zoll erhoben. Auf diese Weise suchte sich Marseille den Levantehandel auch weiter zu sichern; Fremde sollten von diesem Zwischenhandel ausgeschlossen bleiben (für den Verkehr mit Amerika galt der Freihafen nicht). Außerdem wurde die Einfuhr dieser Güter durch das Edikt von 1699 ausschließlich nach Marseille und Lorient, dessen Levantehandel aber sehr gering war, nicht aber nach anderen französischen Häfen gestattet. Dadurch war Marseille zum einzigen Hafen Frankreichs für den Verkehr mit der Levante geworden, zu einem gefährlichen Nebenbuhler Venedigs. Freilich das von Colbert in erster Linie angestrebte Ziel, Marseille zum Hauptstapelplatz für die zum Levantehandel bestimmten Waren, zum Treffpunkt für die internationale Schiffahrt des Mittelmeeres zu erheben und auf diese Weise Engländer und Holländer aus dem Levantehandel zu verdrängen, hat er nicht erreicht. Der 20% hohe Zoll führte dazu, daß niederländische und französische Segler, anstatt ihre Fahrt nach Marseille zu richten, Livorno, Messina oder Genua anliefen. Nur Dänen, Schweden, Hansen suchten Marseille auf, um dort ihre Schiffe mit den Levantewaren, Baumwolle, Zucker, Kaffee, zu befrachten. Die in Marseille ansässigen Genfer Kaufleute, die einzigen Ausländer, deren Tätigkeit in Marseille keine Hindernisse in den Weg gelegt wurden, betrieben ferner einen schwunghaften Zwischenhandel mit diesen Waren, die sie nach Oberdeutschland und der

---

[1]) Barrey, Le Havre transatlantique de 1571 à 1610 (Hayem, Mém. et doc. 5e série, 1917), S. 42 ff., 66 f. Ders., Le Havre et la navigation aux Antilles sous l'ancien régime (Mém. et doc., 5e sér.), S. 220, 224 f., 227, 229.

[2]) Auch Saint-Malo bewarb sich wiederholt um die Erhebung zum port-franc, mit der Begründung, seine Bevölkerung ernähre sich ausschließlich von der Schifffahrt. Doch erhoben andere Hafenstädte (Nantes, Le Havre, Larochelle, Bordeaux) hiergegen Einspruch; sie erklärten, die Gewährung dieser Freiheiten an St. Malo würde ihrem Verfall gleichkommen, die Gesuche wurden daher abschlägig beschieden. (Sée, Saint-Malo et la question des ports-francs (Hayem, Mém. et doc. 9e sér., 1925, S. 131 f.).

Schweiz versandten. Allerdings trat in diesem Handel auch Genua als Konkurrent auf. Es kam ferner in Marseille, und zwar ohne Zutun der Stadt und Colberts eine Reihe von Industrien auf: Seifenfabrikation, Zuckerraffinerie, die Erzeugung von Hüten, von Schmucksachen aus Korallen, ja die Fabrikation von Seidenstoffen und Brokaten, die mit der Seidenindustrie Lyons in Wettbewerb trat. Sämtliche genannte Industriezweige fanden hier günstige Vorbedingungen zu ihrer Entfaltung, da die entsprechenden Rohstoffe (Zucker, Korallen, Seide usw.) zollfrei waren, also mit geringeren Herstellungskosten, als dies im Inneren des Landes möglich war, gearbeitet werden konnte. Die fertigen Erzeugnisse exportierte man dann unmittelbar und zollfrei nach dem Auslande. Bei der Einfuhr nach den innerhalb des Zollgebietes gelegenen Teilen Frankreichs wurde ihnen die Vergünstigung zuteil, niedriger verzollt zu werden als ausländische Waren.[1] [2] [3]

In immer steigendem Maße verlegte jedoch der Welthandel seinen Mittelpunkt nach Nordwesten, dorthin, wo der aus dem Randmeere des Mittelalters zum Mittelpunkte des Völkerverkehrs aufgestiegene Atlantische Ozean seine Wellen mit den Fluten der Nordsee vereint, wo die Seewege vom Süden her (aus Südeuropa, Indien, Amerika) und den nordöstlichen Gebieten Europas mit den vom Südosten her führenden Festlandstraßen sich zusammentrafen. Gleichzeitig mit Lissabon und Lyon, die im Südwesten Europas in den Vordergrund getreten waren, war hier Antwerpen emporgekommen, das die Erbschaft Brügges antrat und bald auch den portugiesischen Welthandelsplatz in den Schatten stellte.

Die Antwerpener Börse ist nach Ehrenberg die erste internationale Börse in vollem Sinne des Wortes. „Man hörte dort ein verworrenes Geräusch aller Sprachen, man sah dort ein buntes Gemenge aller möglichen Kleidertrachten, kurz, die Antwerpener Börse schien eine kleine Welt zu sein, in der alle Teile der großen vereinigt waren“, schreibt über Antwerpen ein Zeitgenosse. Die Engländer klagten, Antwerpen hätte „die Kaufleute aller anderen Staaten mitsamt ihrem Handel verschlungen“. Guicciardini nennt Antwerpen „eine immerwährende Messe“.[4][5]

Sein Aufstieg fällt mit der Eröffnung des Seeweges nach Indien um Afrika herum zusammen, als der Markt für die ostasiatischen Spezereien nach Lissabon verlegt wurde. Von dort aus wurde die Wasserfahrt

---

[1]) Masson, Les ports-francs d'autrefois et d'aujourd'hui (1904). Ders., Marseille et la colonisation française (1912). Ders., Les compagnies de corail (1908). Über Marseille s. auch Zeller, Handel und Schiffahrt von Marseille (1926).

[2]) Marseille hatte stark unter den aus der Levante eingeschleppten Pestepidemien zu leiden, welche eine Flucht der Stadtbevölkerung zur Folge hatten, sowie die Verbrennung der aus Marseille eingeführten Waren, zum großen Schaden sowohl für die Eigentümer, als auch für die (Amsterdamer) Versicherer derselben (s. Ricard, S. 518).

[3]) Besondere Bedeutung erlangte die Seifenindustrie von Marseille (Tarlé, Arbeiterklasse usw., II, S. 324 f.). S. auch Masson, Les ports-francs d'autrefois et d'aujourd'hui (1904).

[4]) Ehrenberg, Zeitalter der Fugger, II, S. 12.

[5]) Nach einem Dialog von 1642, der sich aber im 16. Jahrhundert abspielt, hat Antwerpen den besonderen Vorzug, daß dort die Post, Fuhrleute und Schiffer von allen Ländern herströmen (aus England, Frankreich, Spanien, beiden Indien, Italien, Deutschland, Dänemark, Levante), weswegen die fremden Kaufleute nicht bloß Nachrichten aus ihrem Lande erhalten, sondern mit verschiedenen Waren Handel treiben können, die von hier über ganz Europa verbreitet werden (Goris, Etude sur les colonies march. à Anvers, 1925, S. 133).

bis nach Antwerpen ausgedehnt. Bereits 1507 kaufte die große Ravensburger Gesellschaft[1]) ihren Pfeffer in Antwerpen ein, und im selben Jahre wurden von deutschen Kaufleuten, die an der Fahrt nach Indien teilgenommen hatten, ein Teil der heimgesandten Waren, insbesonders Pfeffer, nach Antwerpen weitergeschickt, wobei das Schiff unterwegs Schiffbruch erlitt. Wie schon erwähnt, wurde bald der Pfefferbezug erster Hand zum Regal des Königs von Portugal erhoben, der „die Ladungen der Ostindischen Flotten jeweilig an große Consortien in Antwerpen verkaufte", wobei die Waren schon schwimmend gekauft und dem stets geldbedürftigen König große Vorschüsse gewährt wurden. Ein anderer großer Antwerpener Handelszweig war der Absatz englischer Tuche, der ebenfalls in den Händen einiger großer Handelshäuser konzentriert war. Diese beiden vornehmsten Geschäftszweige Antwerpens drückten dem dortigen Handel ihr Gepräge auf, und mit ihrer Einführung ließen sich Portugiesen, Spanier, Oberdeutsche, Italiener in rasch wachsender Zahl nieder, während sie früher nur die dortigen Messen vorübergehend besucht hatten. Doch auch Geld- und Wechselverkehr blühte in Antwerpen, und der Kreditverkehr sollte bald den Warenhandel überwuchern. Die niederländische Regierung, die englischen Könige, die spanische Krone machten hier ihre Finanzgeschäfte und dies führte zu einer gewaltigen Konzentration flüssiger Geldkapitalien. Daneben kamen in Antwerpen eine Reihe neuer, von Ausländern eingeführter Industriezweige auf, wie Buchdruck, Edelsteinschleiferei, Glasbläserei, Atlasfabrikation, Stickerei, Tuchappretur.[2])

Antwerpen erhielt sein Gepräge durch die Fremden, denen eine große Handelsfreiheit gesichert war. Es gab nur wenig Eigenhandel der Landesbewohner, wie dies ja auch früher in Brügge war. Als die Fremden zur Zeit der niederländischen Wirren, mit der Eroberung und Zerstörung der Stadt durch Herzog Alba und mit der Schließung der Scheldemündung, wodurch Antwerpen seine Bedeutung als Seehafen verlor, die Stadt verließen, war es auch mit seiner wirtschaftlichen Blüte vorbei. Bereits seit 1566 reisten zahlreiche fremde Kaufleute ab, 1609 befanden sich in Antwerpen nur zwei Genueser Kaufleute und ein Händler aus Lucca; Florentiner suchten die Stadt überhaupt nicht mehr auf. Die Börse von Antwerpen stand verödet da, in ihren Wandelgängen wurde die Stadtbibliothek untergebracht, später wurde dort eine Teppichweberei eingerichtet.[3])

Der rege Verkehr Antwerpens verteilte sich nach seinem Niedergange auf eine ganze Reihe von Städten, doch bald war es klar, daß sein Ruhm und Ansehen an Amsterdam übergegangen war, das „seine ursprüngliche Bedeutung der geographischen Lage, der für Seeschiffe früher zugänglichen, durch die vorgelagerten Inseln aber gedeckten Zuidersee verdankte". Während für die Entfaltung von Antwerpens Ansehen und Macht die Entdeckung des Seeweges nach Indien und die Verlegung des Gewürzhandels nach Lissabon den Anstoß gegeben hatte,

---

[1]) Schulte, Die Große Ravensburger Gesellschaft (1923) II, S. 65 ff.

[2]) Ders., I, S. 415. Vgl Goris, S. 433 ff.

[3]) Ehrenberg, Das Zeitalter der Fugger II (1896). Goris, Les colonies marchandes méridionales (portugais, éspagnols, italiens) à Anvers de 1488 à 1557 (1925).

hängt das Emporkommen Amsterdams aufs engste mit dem Umschwung im Welthandel zusammen, der durch den Übergang der Vorherrschaft von Portugal und Spanien zur Republik der Niederlande charakterisiert wird. Amsterdam — so schrieb Ricard 1723 — ist der Hauptstapelplatz nicht nur für Europa, sondern auch für alle vier Weltteile, denn man kann sagen, daß weder Natur noch Kunst irgendetwas erzeugen, was nicht in Fülle in dieser Stadt vorhanden wäre. Sie gleicht darin dem Meere, das durch Flüsse alle Gewässer aufnimmt, welche der Erde entströmen.[1]) Hier konzentrierte sich der Handel, den die Holländer mit der ganzen Welt betrieben und der sich sowohl auf die überseeischen Waren, als auch auf europäische Erzeugnisse erstreckte. Dazu gesellte sich ein neuer Zweig der Handelstätigkeit, das Börsenspiel in den Aktien der privilegierten Handelsgesellschaften. Im Gegensatz zu Antwerpen jedoch waren die Holländer wie ihre Vorgänger in der Nord- und Ostsee, die Hansen, bestrebt, ihren Eigenhandel möglichst zu fördern. Holländische Kaufleute hatten sowohl den Handel mit den Erzeugnissen der Ostseeküsten als mit den aus Ost- und Westindien stammenden Waren an sich gezogen.

Auch London und Liverpool schwingen sich allmählich empor, um bald eine immer einflußreichere Stellung im Welthandel zu gewinnen. Ihr Aufstieg ist recht wohl geeignet, das Wachstum der kommerziellen Machtentfaltung Englands zu illustrieren.

Schon ein Gesetz von 1559 bezeichnete im Londoner Hafen 22 „legal quays“, wo „von Sonnenaufgang bis Sonnenuntergang Schiffe befrachtet und ausgeladen werden durften“. 1696 war im Londoner Hafen das erste von der Seeseite durch Schleusen gedeckte Dock angelegt worden, das vom Herzog von Bedford in Pacht genommen wurde. Schon am Ausgang des 17. Jahrhunderts wiesen die Engländer stolz auf die Riesensummen hin, die im Londoner Zollhause entrichtet wurden, sowie auf die Wälder von Masten, die die Themse bis zum Tower bedeckten. Die Schiffahrt Londons, die sich nur auf 70000 t belief, kam ihnen nämlich als sehr bedeutend vor, machte sie doch ein Dritteil des gesamten Tonnengehalts der englischen Segler aus. Dagegen wies um die Wende des 18. Jahrhunderts die englische Handelsmarine insgesamt die stattliche Zahl von 1,3 Mill. auf, wovon ½ Mill. auf London entfiel. Hier vereinigte sich der Handel Englands sowohl mit dem Kontinent als auch mit Indien. Auch der durch die Navigationsakte England vorbehaltene Handelsverkehr mit den Kolonien konzentrierte sich in London, wo die privilegierten Handelsgesellschaften für den Überseehandel ihren Sitz hatten. Verschiedene andere, später zur Blüte gelangte Städte (Manchester, Birmingham) waren noch nicht hervorgetreten, Dublin und Boston dagegen setzten ihren Aufstieg fort, auch Newcastle schwang sich empor. Liverpool wird bereits unter Karl II. als Handelsplatz erwähnt, der im Aufblühen begriffen ist und bedeutenden Handelsverkehr mit den „Zuckerkolonien“ entwickelt. Die kommerzielle Bedeutung Bostons und Liverpools beruhte auf ihren Handelsbeziehungen mit Westafrika und Amerika, hauptsächlich auf dem Negerhandel. Aus diesen Häfen wurden die Erzeugnisse der Hauptstätten der Metallwarenindustrie, Sheffields und Birminghams, wie Messer, Nadeln, Schnallen, Knöpfe, Nägel nach der westafrikanischen Küste ausgeführt, um gegen Sklaven eingetauscht zu werden, die nach den Plantagen Brasiliens und der Westindischen Inseln gebracht und dort wiederum gegen

[1]) Ricard, S. 40.

Kolonialwaren abgesetzt wurden. 1709 war das erste, 1737 das zweite Dock errichtet worden, dem 1767 das dritte folgte; der Hafen wurde erweitert, so daß seine Länge anderthalb Meilen betrug.[1]) Zu Ende des 18. Jahrhunderts wurde Boston von Liverpool überflügelt, besonders seitdem Brasilien zum Hauptlieferanten des Rohstoffes für die in der Nähe von London aufblühende Baumwollindustrie des durch den Bridgewaterkanal sowohl mit London, als mit Liverpool verbundenen Manchester geworden war. Von den 1783 bis 1793 aus Westafrika nach Westindien ausgeführten 814000 Negern soll (nach Baines) die Hälfte auf Liverpooler Schiffen transportiert worden sein.

Indem mit der Entdeckung der neuen Fahrstraße nach Indien und dem daraufhin erfolgten Niedergange der spanischen Seemacht eine Reihe neuer, um den Atlantischen Ozean gelegener Stätten des Welthandels emporkam, veränderte sich das Bild in den alten Handelsstädten des Mittelmeergebietes vollständig. Die Verlegung des Weges nach Ostindien, deren Wirkung durch die über ganz Vorderasien sich verbreitenden Türken noch verstärkt wurde, war ein schwerer Schlag für die italienischen Stadtrepubliken. Während die ersten drei nach Indien abgegangenen portugiesischen Flotten nur wenig Gewürze heimbrachten, führte die große Flotte der zweiten Fahrt Vascos 32000 bis 35000 Quintal Spezereien, darunter 26000 Quintal Pfeffer ein. Die Kaufleute ersahen sofort die Tragweite der weltgeschichtlichen Entdeckung. Bereits 1503 schrieb der Faktor der Großen Ravensburger Gesellschaft an die Zentrale: „Wir wollen den Nagel (Gewürznelken) nur mit Gewinn hingeben. Es käme denn, daß die Schiffer von Kalikut viel bringen, so müssen wir es gleich anderen leiden. Ebenso mit der Mazis (Muskatblüte). Spezerei hat ganz keine Frage, denn jeder Mann will Zeitung aus Portugal erwarten.“ Ganz dieselbe Stimmung herrschte in Frankfurt a. M.: „Auf die Spezerei — berichtet der dortige Faktor der Gesellschaft — wagt sich niemand grob zu legen, denn man besorgt sich vor der, so von Kalikut kommen möchte.“ Wenn 1503 der Faktor in Frankfurt noch meinte, man könne zu rechtem Preise in Genua noch Pfeffer und Ingwer kaufen, so war 1510 wohl schon die Verschiebung klar, die Gesellschaft kaufte 1507 ihren Pfeffer, den sie auf den Frankfurter Messen verkaufte, bereits in Antwerpen ein.[2]) 1512—1513 führten die Wiener Kaufleute beim Kaiser Maximilian Klage über die Unmöglichkeit, in Venedig die erforderlichen Mengen von Pfeffer zu beschaffen und ersuchten um die Zulassung ausländischer Kaufleute nach Wien, die Pfeffer aus Antwerpen, Frankfurt a. M. und Nürnberg importieren sollten. 1515 waren bereits die Venezianer genötigt, Pfeffer in Lissabon einzukaufen.[3])

So wurde — um mit Wiedenfeld zu reden — „in wenigen Jahrzehnten, weltgeschichtlich gemessen, wie mit einem Schlage das Mittelmeergebiet aus seiner durch Jahrtausende festgehaltenen Stellung im Weltverkehr hinausgeworfen und für Jahrhunderte zur Rolle eines

---

[1]) Wiedenfeld, Die nordwesteurop. Welthäfen (1903), S. 81, 105. Nemnich, S. 92.

[2]) Schulte, Große Ravensburger Gesellsch., I, S. 277 ff.

[3]) Heyd, Gesch. d. Levantehandels, I, S. 531 f., 538 f. Vgl. Goris, S. 195 ff.

lokalen Gewässers herabgedrückt".[1]) Ein Sieg der Atlantischen Küste über das Mittelmeer folgte dem andern. Zunächst kamen die Gewürze, die sich früher von Venedig und Genua aus strahlenförmig über Europa verteilt hatten, sämtlich nach Lissabon, dann riß die Scheldestadt den Gewürzhandel an sich, um ihn schließlich an die niederländische und englische Metropole abzutreten. Im 17. Jahrhundert wurde nach den italienischen und französischen Häfen des Mittelmeeres der Pfeffer, ihr ehemaliger Haupthandelsartikel, von Holländern gebracht und bildete den Hauptartikel ihrer Einfuhr nach diesen Städten, indem er ein Viertel ihrer Gesamtausfuhr nach den Mittelmeerländern ausmachte. Die Holländer führten nämlich den Pfeffer aus Ostindien nach Amsterdam ein, um ihn von dort nach den Südländern zu exportieren. Freilich muß die in älteren Werken der Handelsgeschichte vielfach wiederkehrende Annahme, Venedig habe mit der Erschließung des Seeweges nach Indien mit einem Schlage seine frühere Bedeutung vollständig eingebüßt, als nicht mehr dem heutigen Stande der Wissenschaft entsprechend zurückgewiesen werden.[2])

Der allmähliche Verfall von Venedigs Handel hatte bereits seit der Mitte des 15. Jahrhunderts eingesetzt, seit der Eroberung Kleinasiens, Griechenlands und Ägyptens durch die Osmanen, die die damaligen Verkehrsstraßen nach dem Schwarzen Meere und nach Indien in ihre Gewalt brachten. Die Venezianer gingen hierdurch ihrer Faktoreien in der Levante verlustig. Später gesellte sich die Verlegung des Handelsverkehrs zwischen Europa und Indien vom Mittelmeere nach dem Indischen und dem Atlantischen Ozean hinzu, sowie die zwangsweise Ausschaltung des schwunghaften Zwischenhandels der Araber, der Indien mit Ägypten verband, durch die Portugiesen. Der letzte Stoß jedoch wurde der bereits in bedenklichem Niedergange begriffenen Handelsmacht der Signoria versetzt, als Holländer, Franzosen und Engländer im Mittelmeer erschienen und die stolze Republik von San Marco, anstatt wie früher ihre eigenen Galeeren nach den Niederlanden und England zu entsenden, es mit ansehen mußte, daß in Konstantinopel, Kleinasien und Ägypten holländische, französische und englische Faktoreien entstanden. Dies alles trat jedoch nicht vor dem Ausgange des 16. Jahrhunderts ein. Erst seit dieser Zeit waren die Venezianer endgültig aus dem Handelsverkehr zwischen Westeuropa und dem Osten ausgeschaltet worden, hatten sie auf den Zwischenhandel mit indischen Erzeugnissen, ja sogar mit den aus Kleinasien und Ägypten stammenden Waren verzichten müssen. Die Republik an der Adria mußte sich vom Ausgang des 16. Jahrhunderts ab damit begnügen, den Handelsverkehr Oberdeutschlands und der slawischen, an der Mittelmeerküste gelegenen Länder mit den Levantemärkten zu vermitteln. Der Sultan Soliman gewährte ihr das Recht, in den Levanteländern Handel zu treiben und unter eigener Flagge segeln zu dürfen. Die dort angekauften Waren wurden teilweise an oberdeutsche Kaufleute abgesetzt, die Venedig nach wie vor aufsuchten und für die an Stelle des durch eine Feuersbrunst vernichteten alten ein neues, von Titian mit Fresken geschmücktes Fondaco erbaut worden war, teils beförderte man sie nach anderen Gebieten Italiens, sowie nach Istrien und Dal-

---

[1]) Wiedenfeld, S. 2.

[2]) Selbst der Spezereihandel blieb anfänglich nach der Entdeckung des direkten Seeweges nach Indien den Italienern zum Teil noch erhalten, und zwar infolge des weitverbreiteten, von ihnen absichtlich unterhaltenen Vorurteils, der Transport zur See sei für die Spezereien nachteilig, da er ihren Wohlgeruch schwäche (Roth, Geschichte des Nürnberger Handels, I, S. 252. Brinkmann, Der Beginn der neueren Handelsgeschichte. Hist. Z. 1914).

matien. Noch in der Zeit seines Niederganges, zu Beginn des 18. Jahrhunderts, fiel Venedig die erste handelspolitische Rolle im Adriatischen Meere zu, freilich nicht mehr als das.

Ricard behauptet noch 1723, Venedig betreibe einen sehr großen Handel, sowohl zur See als zu Lande und sei die reichste Stadt Italiens, weshalb man es Venedig das Reiche nenne. Als Ausfuhrwaren Venedigs nennt er sowohl Seidenstoffe verschiedener Art, Spitzen, Spiegeglas, und Kristall, Korallen, Seife, als auch Oliven, Drogen aus der Levlante Reis, Korinthen.[1]) Dagegen zählt Malachy Postlethwayt (1756) nur vier Handelsplätze am Mittelmeere auf, wo der englische Handel seine Kommissionäre haben sollte; nämlich Marseille, Livorno, Messina und Genua. Venedig ist nicht genannt.[2])

Der Venezianer Giogalli berichtet 1675 in einer an den Rat der Signoria gerichteten Denkschrift, die Seeschiffahrt werde nach allen Richtungen („nach Osten wie nach Westen") durch die Konkurrenz der Engländer und Holländer gehemmt, die die Frachtsätze weit billiger berechnen. „Ihre Schiffe dringen bis nach Indien sowie durch den Gibraltar nach dem Mittelmeere vor, wo sie den venezianischen Handel an sich zu ziehen suchen. ... Gott gäbe es, daß ich mich irren möge — so schließt er seine Denkschrift —, aber unter den obwaltenden Umständen erscheint mir der Aufschwung der venezianischen Seeschiffahrt unmöglich." Giogalli erteilt ferner den Venezianern den Rat, ihre unerfüllbaren Phantasien über die Wiederherstellung des Seehandels der Signoria in seinem früheren Umfange aufzugeben und sich damit zu begnügen, das ihnen noch verbliebene sich zu erhalten. Hierzu müßten die veralteten, für ausländische Schiffe und Händler lästigen Beschränkungen beseitigt werden. Während diese Maßnahmen damals, als das Meer noch in der Gewalt der Venezianer war, wohl ihre Berechtigung hatten, seien sie nunmehr geeignet, die Republik bloß zu schädigen. Wenigstens müßte Venedig die Stellung als Hafen, wo ausländische Schiffe anlaufen und Aufenthalt nehmen würden, erhalten bleiben. Der Hafen müsse ausländischen Schiffen geöffnet und allen Ausländern das Recht verliehen werden, mit beliebigen Waren Handel zu treiben. Auch die hohen, von den eingeführten Waren erhobenen Zölle sollten abgeschafft werden.[3]) Montesquieu, der Venedig ein halbes Jahrhundert später (1728) besuchte, schreibt, die Lagune werde von Tag zu Tag seichter, der Hafen sei dermaßen versandet, daß die Schiffe vier Meilen vor der Stadt halten müßten. Die hohen von den ausländischen Schiffen erhobenen Zölle führten dazu, daß nicht mehr als 20 französische Schiffe jährlich im Hafen ankämen, daß der Handel mit England und sogar mit verschiedenen italienischen Kleinstaaten im Sinken begriffen sei. Allgemein würde infolge dieser Verhältnisse dem Hafen von Livorno der Vorzug gegeben. Ja die Venezianer selbst beförderten die für die Levante bestimmten Waren über Livorno, da die veralteten Verordnungen der Signoria einen direkten Verkehr mit der Levante unmöglich machten.[4])

Noch im 17. Jahrhundert betrachtete sich die Republik von San Marco als unumschränkte Gebieterin der Adria; nur unter venezianischer und päpstlicher Flagge durfte die Adria befahren werden. Durch Galeeren, die den Wachtdienst ausübten, wurde von der Signoria ein strenges Visitationsrecht ausgeübt unter Einhebung von Seezöllen, selbst unter Beschlagnahme von Schiff und Ladung, falls sich an Bord verbotene Waren befanden. Seit Beginn des 18. Jahrhunderts trat

[1]) Ricard S. 550.

[2]) Postlethwayt, Dictionary of Commerce (1756), I, S. 756 (s. v. „Factor").

[3]) Zit. bei Kowalewski, Die Entstehung der modernen Demokratie, IV (1897), S. 42 ff. (russ.). Vgl. Wätjen, Die Niederländer im Mittelmeergebiet, S. 92 ff., 119 ff.

[4]) Voyages de Montesquieu, I, S. 40 ff.

nun Österreich diesen Anmaßungen Venedigs energisch entgegen. Karl VI. erließ 1717 das denkwürdige Patent, in welchem er erklärte, jede den Schiffen seiner Untertanen zugefügte Beleidigung würde von ihm ebenso geahndet werden, als ob sie einer seiner Provinzen selbst widerfahren wäre. Venedig mußte notgedrungen nachgeben und der österreichischen Flagge freie Schiffahrt auf der Adria gewähren. Doch darauf beschränkte sich Österreich nicht, es suchte dem Beispiele der Westmächte zu folgen, nationalen Handel und nationale Schiffahrt ins Leben zu rufen. Zu diesem Zwecke wurde eine Reihe von Handelsverträgen mit verschiedenen Levanteländern (der Türkei, Tripolis, Algier) abgeschlossen (freie Schiffahrt, Bestallung von Konsuln, freies Geleit). Ferner wurde die Orientalische Kompagnie für den Handel mit diesen Ländern errichtet (1710). Um den Strom des Handelsverkehrs von Venedig nach seinen Staaten abzulenken, erklärte Kaiser Karl VI. Triest und Fiume zu Freihäfen. Sein Beispiel ahmte dann der Papst in dem zum Kirchenstaat gehörenden Ancona nach, das gleichfalls zum Freihafen gemacht wurde. Freilich waren nicht alle handelspolitischen Maßnahmen Österreichs gleich glücklich. Es besaß noch keine eigene Handelsmarine und auch später bediente sich die Triester Kaufmannschaft mit Vorliebe fremder Schiffe, da hierdurch höhere Sicherheit auf See gewährleistet war. Die Orientalische Kompagnie ging nach kurzem Bestehen ein, der Handel Österreichs mit der Levante machte nur langsame Fortschritte. Trotzdem wuchs Triest zu einem Rivalen Venedigs heran. Obwohl sein Hafen viele Mängel aufwies, wurde er in der zweiten Hälfte des 18. Jahrhunderts zum zweitgrößten Stapelplatz des nordöstlichen Mittelmeergebietes, wo insbesondere bedeutende Mengen von Tabak, Kaffee und Zucker gelagert wurden. Da die nach Triest eingeführten Waren keinen Zöllen unterlagen, so wurde dieser Hafen zur Zwischenstation für die die Küstenschiffahrt vermittelnden Schiffe.[1])

Auch Genuas kommerzielle Bedeutung war vom Ausgang des 16. Jahrhunderts an im Niedergang begriffen. Wie aus den Angaben über die Zollerträge erhellt, war der Handel Genuas, nachdem er im Laufe des 15. Jahrhunderts eine Periode des Rückganges durchgemacht hatte, im 16. Jahrhundert, vornehmlich in dessen zweiter Hälfte, wiederum zur Blüte gelangt.[2]) Vom Beginn des 17. Jahrhunderts an jedoch beschränkte sich die Rolle Genuas im Handel auf den Verkehr im Mittelmeere und auf die Versorgung der spanischen, nach Amerika abgehenden Flotten mit dem von ihnen benötigten Ausfuhrwaren. Zur Förderung des Levantehandels waren in Genua mehrere Handelsgesellschaften nach dem Vorbilde der englischen und holländischen Kompagnien errichtet worden, die die Holländer und Franzosen aus dem Handel mit der Türkei und Nordafrika zurückzudrängen suchten. Dieser Kampf überstieg jedoch die Kräfte Genuas. Auch die Wahrung der bisherigen einflußreichen Stellung im Mittelmeerverkehr wurde angesichts des Emporkommens anderer Häfen, insbesondere Marseilles und Livornos, immer schwieriger. Marseille war der Mittelpunkt des rasch aufblühenden französischen Handels mit Südeuropa und der Türkei, Livorno kam seine ausnehmend günstige zentrale Lage zu statten, dank welcher es

---

[1]) Jülg, Die geschichtl. Entwicklung der österr. Seeschiffahrt, S. 21 ff. (Schr. d. Ver. f. Sozialpol. B. 104.) Vgl. Ebenthall, Maria-Theresia und die Handelsmarine (1888). Lippert, Die Entwickl. der österr. Handelsmarine (Z. f. Volkswirtsch. X).

[2]) Sieveking, Aus Genueser Rechnungs- und Steuerbüchern, 1909 (Sitz. d. Akad. d. Wiss. in Wien, 162), S. 52 f.

von den Schiffen der fremden Nationen, die im Mittelmeere verkehrten, aufgesucht wurde.

Wie Marseille, so war auch Livorno seit Anfang des 17. Jahrhunderts, endgültig seit 1675, zum Freihafen erklärt worden. Dadurch, wie durch seine vorteilhafte Lage und die vorzüglichen Hafenanlagen, die die Lagerung großer Warenvorräte, insbesondere beträchtlicher Mengen von Olivenöl und Korn ermöglichten (jedem Kaufherrn standen im Hafen abgeschlossene Behälter und Speicher zur Verfügung), wurde der Aufschwung Livornos gefördert. Ricard nennt Livorno die wichtigste unter den am Mittelmeer gelegenen Handelsstädten.[1])

Die englischen und holländischen Handelsschiffe, die alljährlich in ganzen Flotten (Admiralschaften) nach der Levante segelten, nahmen regelmäßig in Livorno Aufenthalt, um ihre Warenladungen durch Südfrüchte und italienische Gewerbeprodukte zu ergänzen. Auf dem Rückwege von Smyrna, Alexandrien und anderen Levantehäfen machten sie wiederum in Livorno Station, um die für Oberdeutschland und die Schweiz, sowie für den Norden Europas bestimmten Erzeugnisse der Levante dort auszuladen, deren weitere Beförderung entweder zu Lande vollzogen oder (nach dem Norden) von den gleichfalls in Livorno eintreffenden dänischen, schwedischen, hansischen Schiffen übernommen wurde. Die Erklärung Livornos zum Freihafen brachte es mit sich, daß alle diese zur Ausfuhr auf dem Seewege nach anderen Ländern bestimmten Waren an ihren Bestimmungsort gelangten, ohne in Livorno durch Entrichtung von Ein- und Ausfuhrzöllen verteuert zu werden. Im Gegensatz zu Marseille lag nämlich die kommerzielle Bedeutung Livornos nicht im Eigenhandel, sondern in seiner Stellung als wichtigster Umschlagshafen und Treffpunkt fremder Schiffe. Besaß doch Toscana keine eigene Handelsmarine. Zu jener Zollfreiheit kamen noch manche andere, Livorno eigentümliche Freiheiten hinzu. Der Hafen war als politisch-neutral erklärt worden, so daß in Kriegszeiten Schiffe aller Nationen dort Zuflucht finden konnten, allen Konfessionen wurde Religionsfreiheit gewährt. Es war dies der einzige Ort Italiens, wo Mohammedaner, Juden, Engländer, Holländer, Anhänger der verschiedensten Religionsbekenntnisse und Sekten sich sowohl niederlassen, als Handel und Gewerbe treiben konnten, im Gegensatz zu Marseille, das nichts weniger als freidenkend war. Diese Religionsfreiheit war im Zeitalter der Religionskriege und -verfolgungen nicht hoch genug anzuschlagen, sie machte die Stadt zum Zufluchtsort für anderwärts verfolgte, zum Niederlassungsort von Kaufleuten verschiedener Nationen und Bekenntnisse. Endlich kamen hier, wie auch in Marseille, neue blühende Industrien empor; aus den in den Hafen zollfrei eingeführten Rohstoffen wurden mancherlei Erzeugnisse, insbesondere Seifen, Korallenschmuck, Seidenstoffe, Porzellan (also ähnliche Produkte wie in Marseille) angefertigt.[2])

Die italienischen Städte, darunter vornehmlich Florenz und Genua,[3]) traten auch später im internationalen Verkehr hervor, doch bloß im Geld-, Kredit- und Wechselgeschäft, das sie in ihrer altüberkommenen Eigenschaft als erprobte Bankiers von Kaisern und Königen fortführten. Auf den Börsen Antwerpens und Lyons, auf den Messen Kastiliens blieb der Einfluß der italienischen Geldverleiher auch fernerhin tonangebend. Sie waren es, die im Auftrage Philipps II. in den Niederlanden, in Italien und anderwärts die dort (insbesondere für die Besoldung der Truppen)

---

[1]) Ricard, Négoce d'Amsterdam, S. 544.

[2]) Masson, Les ports-francs, S. 160 ff. Wätjen, S. 35 ff.

[3]) In bezug auf Rom sagt Ricard (S. 543), es treibe Handel hauptsächlich in päpstlichen Bullen, Ablaßbriefen und Reliquien.

nötigen großen Zahlungen auf eigene Rechnung und Gefahr leisteten, um sich dann nach Ankunft reicher Silberflotten aus Peru die entsprechenden Beträge zurückzahlen zu lassen. Diese Geldgeschäfte (assiento genannt) wurden auf den sog. Genueser Messen abgewickelt, die viermal jährlich in Besançon, später in Chambéry (Savoyen) abgehalten wurden und dann immer weiter südwärts wanderten, nach Rivoli, Asti, Piacenza.[1])

Als Genueser Messen wurden sie bezeichnet, da die 30 (später 60) Bankiers, die hier hervortraten, nur ausnahmsweise Nichtgenuesen zählten. Die Erklärung des eigenartigen Umstandes, daß sie nicht in Genua selbst stattfanden, ist wohl darin zu suchen, daß die kanonistische Wucherlehre Wechselgeschäfte nur bei Ortsverschiedenheit von Zahlungsversprechen und Zahlungserfüllung für zulässig erklärte. Der Gesamtumsatz der von den Genuesen auf den Messen von Besançon abgewickelten Geldgeschäfte belief sich zu Ende des 16. Jahrhunderts auf 20 bis 30 Mill. Fr. Auch die Assekuranzgeschäfte derselben waren erheblich angewachsen.[2]) Im Gegensatz zu allen anderen Messen waren diese Messen reine Zahlungs- und Kreditmessen, die dem internationalen Wechselarbitragegeschäft dienten, in der Weise, daß die Zahlungen auf den Messen mittelst Kompensation der Zahlungsverpflichtungen geleistet und nur von denen, deren Soll ihr Haben überstieg, ihren Gläubigern Wechsel ausgestellt wurden.

Die Genueser Messen, deren kurze Blüte in die Zeit von 1550 bis 1620 fällt und die ein vollendetes, seitdem nirgends erreichtes, geschweige denn übertroffenes Muster einer Konzentration des Geld- und Kreditverkehrs darstellten,[3]) waren die letzte Schöpfung der italienischen Handelstechnik. Mit der Verdrängung der Italiener aus dem Geldverkehr verloren auch diese ihre Errungenschaften ihre Bedeutung.

In England und den Niederlanden hatten die Florentiner bereits um die Mitte des 16. Jahrhunderts ihre Stellung als Bankiers der Könige bzw. der Generalstaaten eingebüßt. 1600 starb der Genuese Pallavicino, der letzte italienische Geldverleiher, der an den Geschäften der englischen Krone lebhaften Anteil genommen hatte; ihren Platz mußten die Italiener den einheimischen Geldverleihern räumen. Im Laufe des 16. Jahrhunderts drangen auch französische Bankiers in das bisher den Italienern vorbehaltene Gebiet des Staatskredites ein. Der französische Staatsbankrott (1648) bildet den Schlußstein in der Tätigkeit der fremden, d. i. italienischen Geldverleiher in Frankreich. Nur in dem wirtschaftlich rückständigen Spanien harrten die Genuesen wacker auf ihrem Posten aus. Trotzdem der König seinen Verpflichtungen wiederholt nicht nachkam, das für die Gläubiger bestimmte amerikanische Silber beschlagnahmen ließ, ließen sie sich doch im Laufe des 17. Jahrhunderts dazu herbei, ihm gegen außerordentlich hohe (bis 40%!) Zinsen Anleihen zu gewähren.[4])

Das oben Dargelegte gewährt uns einen Einblick in den Entwicklungsprozeß, dessen Verlauf nichts weiter als eine Verdrängung der italienischen Kaufleute und Geldverleiher bedeutet. Und zwar vollzieht er sich in dem Maße, als die anderen europäischen Staaten eine selbständige

---

[1]) Ehrenberg, II, S. 223, 231, 241.

[2]) Sieveking, Aus Genueser Rechnungs- und Steuerbüchern, S. 58.

[3]) „Die Wechselmessen sind das Herz, welches dem geheimnisvollen Körper der Politik Nahrung, Bewegung und Leben gibt." Sie sind „der Ozean, von dem alle Gewässer des Geschäftslebens ausgehen und zu dem sie auch sämtlich wieder zurückkehren" (Ehrenberg II, S. 229).

[4]) Ehrenberg, Zeitalter der Fugger, I (1896), S. 282ff., 322, 350ff., 355.

Tätigkeit auf dem Gebiete des Handels- und Kreditverkehrs zu entfalten suchen. Das Aufkommen eines inländischen Händlerstandes und das Entstehen des Handelskapitals nimmt den Italienern allmählich ihre frühere Bedeutung sowohl im Warenhandel, als auch im Geld- und Kreditverkehr.

Demselben Schicksal konnten auch die Hansen, die im mittelalterlichen Handelsverkehr eine den italienischen Kaufleuten analoge Stellung eingenommen hatten, schließlich nicht entgehen. In England wurden ihnen unter der Regierung der Königin Elisabeth ihre Privilegien endgültig entzogen und (1598) der hansische Stalhof in London geschlossen. Die Politik der Privilegierung fremder Kaufleute, deren das Land bisher bedurfte, wurde nunmehr durch die Förderung des nationalen Handels abgelöst.

Noch der Utrechter Vertrag von 1474 (wonach sie nur die alten Zölle tragen, also weniger als die Engländer selbst zu zahlen hatten) sichert den Hansen ihre privilegierte Stellung in England. Auch unter Heinrich VIII. waren ihre Rechte noch im wesentlichen unangetastet. Erst seit der Thronbesteigung der Königin Elisabeth trat hierin eine Änderung ein. Das Aufkommen der Fellowship of the Merchant Adventurers, denen das Monopol der Ausfuhr englischer Tuche nach Antwerpen gewährt worden war, mußte Beschränkungen der Hanse in ihrer Tuchausfuhr nach den Niederlanden nach sich ziehen. Doch dies war bloß der erste Schritt, auf den weitere Maßnahmen folgen sollten. Waren doch die Merchant Adventurers die Geldgeber der englischen Krone und der mit allen Geschäften der Gilde betraute Großkaufmann Thomas Gresham seit 1551 Finanzagent der Königin in Antwerpen. Nun tritt die Gilde der Merchant Adventurers, die Rivalin der Hanse im deutschen Handel, als Vorkämpferin im Kampfe Englands um die Befreiung vom hansischen Monopol und um die Erringung einer gesicherten Stellung auf dem Kontinent auf. Beide Bestrebungen gingen Hand in Hand miteinander. Die Hansen wurden zunächst (seit 1556) mit den Engländern auf gleiche Stufe gestellt, um bald (1579) ihre Vorrechte ganz einzubüßen und ebenso wie die anderen fremden Kaufleute behandelt zu werden. Als die Hansen die Wiederherstellung ihrer Privilegien forderten, wurde dies davon abhängig gemacht, daß auch den Engländern dieselben Rechte in Hamburg und anderen Hansestädten gewährt würden, welche die hansischen Kaufleute in England genossen. Doch war letzteres für die Hanse ganz unausführbar, es hatte den von ihr jahrhundertelang eingehaltenen Grundsätzen widersprochen, welche die Gleichberechtigung in der Handelspolitik vollständig ausschlossen. Freilich war schon durch die Zulassung der englischen Faktorei zuerst in Emden (1564), dann in Hamburg (1567) die hansische Tradition durchbrochen; nicht zu verwundern, daß die Hanse, um ihr Handelsmonopol aufrechtzuerhalten, auf der Auflösung der englischen Niederlassung bestand. Doch der Mangel an Einigkeit ermöglichte den Engländern den Sieg über die Hanse. Die einzelnen Städte waren nur auf ihren augenblicklichen Vorteil bedacht und bereit, die Interessen der Gesamtheit zu opfern. Als Hamburg 1578 den Engländern den ferneren Aufenthalt wegen der zunehmenden Schikanen gegen den deutschen Stalhof aufgesagt hatte, war die Sache der Engländer noch lange nicht verloren, denn Emden, Elbing, später auch Stade, waren gern bereit, der Königin entgegenzukommen. In diesen Städten befand sich nun abwechselnd oder auch zu gleicher Zeit der englische Stapel. So hatten die Engländer 1580 bis 1587 und dann wieder 1599 bis 1602 ihre Niederlassung in Emden, in der Zwischenzeit (1587 bis 1599) in Stade, 1611 zogen sie wieder nach Hamburg; für die Eastland Company wurde zum Stapelort Elbing gewählt. Ja sie reisten mit ihren Tuchballen auch weiter nach Köln und auf die Frankfurter Messe, liefen auch auf den Dörfern und kleinen Städten herum und bezogen dort Rohprodukte und Fabrikate, zeitweilig unterhielten sie in Nürnberg eine Niederlassung, nach der gewaltige Tuchmengen von Emden überführt wurden. Damit war nicht bloß die Stellung der Hanse aufs ärgste bedroht, der deutsche Kaufmann überhaupt „sollte seinen Platz dem Engländer räumen, Handel und Schiffahrt aus der Hand der Deutschen in die der Engländer übergehen“ (Hagedorn). Auf Ansuchen der Hansestädte beschlossen nun die Reichsstände (1582), die Engländer sofort aus dem Deutschen Reich auszuweisen. Doch das kaiserliche Dekret wurde nicht ausgeführt, die Merchant Adventurers blieben in Emden. Denn Selbstsucht und Abfall spalteten den Bund, die einen Städte wollten den englischen Stapel keineswegs aufheben, die anderen sannen bloß danach, die englische Niederlassung wieder zu bekommen; die Hamburger erklärten sogar, man wolle lieber auf die Hanse als auf die Engländer verzichten. Erst 1597 wurde eine Verordnung erlassen, welche die englischen Kaufleute vom Boden des Deutschen Reiches ausschloß. Die Engländer antworteten freilich darauf mit dem Verbot des hansischen Handels in England, doch sie selber dachten gar nicht daran, ihren Handel in Deutschland aufzugeben. Kaum hatte nämlich der Emder Rat vernommen, daß die Merchant Adventurers Stade wegen des kaiserlichen Mandates räumen mußten, als er die Gilde trotz des Mandats in aller Form nach Emden einlud. Bald gingen englische Schiffe auch nach Stade wieder und 1607 geschah sogar das Unerhörte, daß der Kaiser die Stader Residenz bestätigte. Der Kampf der Hanse gegen England war ihr Todeskampf. Während sie früher jahrhundertelang in England die umfangreichsten Vorrechte besessen hatte, ohne dieselben ihrerseits den Engländern zu gewähren, trat jetzt das Umgekehrte ein, jene Privilegien, die der Hanse eben entzogen waren, räumten nun die Stapelstädte den Engländern ein, die hier eine Vorzugsbehandlung nicht bloß vor den anderen Fremden, sondern auch vor den eigenen Bürgern genossen.[1])

Derselbe Entwicklungsprozeß wie in England vollzog sich in den skandinavischen Ländern. Die Dänen traten im Seewesen hervor, besonders seitdem der Hering — wie es hieß — „aus ihm allein bekannten Gründen“ anstatt wie früher an der Küste Pommerns zu laichen, zu diesem Zwecke die Südküste Schwedens aufzusuchen begann. Der einträgliche Heringsfang lockte die Dänen auf hohe See, ja sie verstiegen sich sogar zur Behauptung, ihnen komme das dominium maris Baltici zu. Christian IV. erklärte den Hansen ohne Umstände, als er ihnen die Bestätigung ihrer früheren Privilegien verweigerte, er bedürfe ihrer Dienste nicht mehr, denn es gebe genug Kaufleute im Lande, um die Versorgung Dänemarks mit den erforderlichen Waren zu übernehmen. Auch die Vorherrschaft der Hansen in Schweden nahm zu Ausgang des 16. Jahrhunderts, als auch dieser Staat Eigenhandel und Schiffahrt zu betreiben suchte, ein trauriges Ende.[2]) In Bergen endlich waren die

---

[1]) Ehrenberg, Hamburg und England im Zeitalter der Königin Elisabeth (1896). Marcks, Königin Elisabeth von England und ihre Zeit (1897). Schäfer, Deutschland und England im Welthandel des 16. Jahrhunderts (Preuß. Jahrb. 83). Häpke, Die Handelspolitik der Tudors (Hans. Gesch.-Bl. 1914). Szelagowski-Gras, The Eastland Company in Prussia (Transact. of the Royal Hist. Soc. III s., VI. 1912). Simson, Die Handelsniederlassung englischer Kaufleute in Elbing (Hans. Gesch.-Bl. 1916). Hagedorn, Ostfrieslands Handel und Schiffahrt im 16. Jahrhundert (1910). Ders., Ostfrieslands Handel und Schiffahrt vom Ausgang des 16. Jahrhunderts bis zum Westfälischen Frieden (1912). Marcus, Die handelspolitischen Beziehungen zwischen England und Deutschland in den Jahren 1576—1585 (1925).

[2]) Die Königin Elisabeth rechtfertigte die Abschaffung der hansischen Vorrechte damit, daß auch Dänemark und Schweden ein gleiches getan hatten (Marcus, Die handelspol. Beziehungen zwischen England und Deutschland 1576—1585, S. 46, Anm.).

Hansen von Engländern, Holländern, Dänen verdrängt worden. Bis zum Ende des 16. Jahrhunderts wies die hansische Seehandelsmacht in Norwegen ein andauerndes Wachstum auf. Der Oeresund wurde 1574 von 154, 1585 von 269 hansischen Schiffen passiert. Vom Beginn des 17. Jahrhunderts jedoch begann ihre Zahl zu sinken. Sie fiel von 168 (1610—1611) auf 142 (1619—1620), 87 (1627—1628) endlich auf 25 (1639—1640). 1763 wurde das hansische Kontor in Bergen endgültig geschlossen.[1]) Was endlich den Hansehandel mit dem Moskoviterreiche betrifft, so sank auch er dahin. Nach der von Iwan III. verfügten Schließung des hansischen Kontors zu Novgorod waren allerdings die Handelsbeziehungen wiederhergestellt worden; noch unter dem Zaren Fedor besuchten Hansen Novgorod, Pskow, Archangel. Doch der Handel kam nicht mehr zu alter Blüte. Das hansische Monopol in Rußland war durchbrochen, es traten Engländer und Niederländer hervor. Freilich hatte Rußland, im Gegensatz zu England und den skandinavichen Staaten, Vermittler noch immer nötig. Doch da die anderen hansischen Kontore geschlossen waren, so konnte das Novgoroder Kontors allein nicht weiterleben; die Hanse ging notwendig ihrem Verfall entgegen.[2])

Die letzte Tagung der Hansestädte fand 1669 statt, und auch die wenigen Städte, die dort vertreten waren, konnten zu keinem einheitlichen Entschlusse kommen. Die formelle Auflösung des Bundes stellte nur den letzten Akt dar, in dem seine Geschichte ausklingt. Der eigentliche Niedergang hatte jedoch bereits viel früher begonnen. Gleichwie die Gründung des Hansabundes, das Emporkommen des Hansehandels bereits lange Zeit vor den formellen (im 14. Jahrhundert abgeschlossenen) Städteverträgen stattgefunden hatte, so war es auch vor seiner Auflösung im 16. Jahrhundert mit der kommerziellen Bedeutung der wichtigsten Bundesmitglieder bereits zu Ende.

Schäfer hat auf Grund der „Sundzollisten", der Eintragungen über die von den den Sund passierenden Schiffen erhobenen Zölle berechnet,[3]) daß die Zahl dieser Schiffe im Laufe des 16. Jahrh. fast auf das Siebenfache der am Ausgang des 15. Jahrh. eingetragenen Zahl angewachsen war. 1497 wurde der Sund von 792 Schiffen passiert, 1536—1547 im Jahresdurchschnitt von 1421 Schiffen, 1574—1580 von 4232, 1591—1600 von 5554. Die deutschen Schiffe waren an diesem Anwachsen der Schiffszahl in geringerem Maße beteiligt als die niederländischen. Die Zahl der ersten hatte sich im Laufe des 16. Jahrh. kaum verdreifacht, gegen die Mitte des 17. Jahrh. war sie sogar auf die um die Mitte des 16. Jahrh. erreichte herabgesunken, während die Zahl der holländischen von der Mitte des 16. bis zum Beginn des 17. Jahrh. sich verfünffacht hatte. Zu Ausgang des 15. Jahrh. machte der Anteil Deutschlands an diesem Verkehr ca. 40% aus, der Anteil Hollands 51%, zu Beginn des 17. Jahrh. war jener auf 17,5% herabgesunken, während dieser bis auf 70% angewachsen war.[4])

---

[1]) Bosse, Norwegens Volkswirtschaft, I, S. 2.

[2]) Meine Russ. Wirtschaftsgesch., I, S. 155 f.

[3]) Schäfer, Die Sundzoll-Listen. Hans. Gesch.-Bl. 1908.

[4]) 1767 kamen auf 6495 Schiffe, die den Sund passierten, 2273 niederländische, 1431 englische und 2779 schwedische, dänische usw. (auch 10 französische und 2 spanische); deutsche Schiffe fehlen ganz. (Dainville, Les rélations commerciales de Bordeaux avec les villes hanséatiques. Hayem, Mémoires et documents, 4e sér., S. 234.)

Der Niedergang sowohl der norddeutschen, als auch der rheinischen Städte steht in engem Zusammenhange damit, daß die Mündungen der deutschen Ströme unter die Herrschaft fremder Mächte gekommen waren. Die Rheinmündung war für die deutsche Schiffahrt von den Niederländern versperrt; über die Schelde war nach dem westfälischen Frieden eine Sperre verhängt, die bis 1792 andauerte und den Handelsverkehr gänzlich lahmlegte. Für die Dauer von beinahe zwei Jahrhunderten kam infolgedessen der Handelsverkehr der rheinischen Städte unter holländische Herrschaft, ihr Absatzmarkt ging nicht über die Grenzen Hollands hinaus. Köln und Mainz begnügten sich damit, ihren Kommissionshandel festzuhalten, an einen Eigenhandel war gar nicht zu denken.[1]) Durch den Westfälischen Frieden waren außerdem die Mündungen der Weser (das Bistum Bremen, mit Ausnahme der Stadt) und der Oder (Stettin) unter schwedische Hoheit gekommen. Der durch die dänische Handelspolitik bewirkte Niedergang des ehedem regen Stettiner Seeverkehrs im östlichen Teile der Ostsee, das Aufhören des Heringsfanges an der Küste von Schonen, die unaufhörlichen, das 17. und 18. Jahrhundert ausfüllenden nordischen Kriege, alle diese Umstände trugen zum Verfall des Stettiner Handels bei.[2]) Nicht besser standen die Dinge in Königsberg, das noch im 16. Jahrhundert eine, wenn auch wenig ansehnliche Handelsmarine besessen hatte, im 17. Jahrhundert jedoch infolge der Konkurrenz Hollands seinen Seehandel aufgeben mußte. Schon 1675 zählte Königsberg nicht mehr als 23 Schiffe, auf denen Salz aus Frankreich eingeführt wurde, 1704 waren daselbst keine für die Seeschiffahrt geeigneten Segler mehr vorhanden.[3]) Auch die ehedem blühende Seeschiffahrt Danzigs wurde durch die Niederlande zurückgedrängt.[4]) Zwar führte man aus Danzig, das der Haupthafen für die nordische Getreideausfuhr war, noch im 18. Jahrhundert gegen 60000 t Korn jährlich aus, doch fand dessen Beförderung auf holländischen Schiffen und für Rechnung von Holländern statt. Die Deutschen führten keinen Eigenhandel mehr, sie traten nur als Kommissionäre, Agenten, Faktoren von Holländern und Engländern auf. Daher stammt die unwillige Äußerung Friedrich Wilhelms I., der ganze preußische Handel tauge zu nichts, die Engländer und Holländer schöpften den Rahm ab.[5])

Viel früher jedoch als in Norddeutschland und den Rheinlanden machten sich die Verschiebungen in den Welthandelsstraßen in den

---

[1]) Gothein, Geschichtliche Entwicklung der Rheinschiffahrt im 19. Jahrhundert (Schr. des Ver. f. Sozialpol. 1903, Bd. 101, S. 2 ff.).

[2]) Rachel, Die Handels-, Zoll- und Akzisepolitik Brandenburg-Preußens bis 1713, I (Acta Borussica, 1911), S. 162, 337. Vgl. Setzefand, Der Handel Stettins unter Friedrich Wilhelm I. (1927).

[3]) Baasch, Beiträge zur Geschichte des deutschen Schiffsbaues und der Schiffsbaupolitik, S. 232 f. Rachel, I, S. 451, 457. Ebenso Memel (Vogel in Festschrift f. Schäfer, S. 300).

[4]) Rachel, I, S. 451.

[5]) Baasch, S. 239. Behre, Gesch. der Statistik in Brandenburg-Preußen bis zur Gründung des königl. preußischen Bureaus (1905).

oberdeutschen Handelsstädten fühlbar. Schon die Entdeckung des Seeweges nach Indien hatte ihre kommerzielle Stellung stark erschüttert. Die ostasiatischen Spezereien, deren Markt nach Lissabon und später nach Antwerpen verlegt wurde, konnten natürlich nicht mehr auf dem Umwege über Venedig auf die deutschen Märkte gelangen, sondern sie kamen nun von Antwerpen aus nach den Messen von Frankfurt a. M.[1]) Dennoch wurde im 16. und 17. Jahrhundert der Handelsverkehr Oberdeutschlands nach Venedig in größerem Umfange noch fortgesetzt. Die Kaufherren, die die Tragweite der weltgeschichtlichen Entdeckung einsahen, suchten sich den veränderten Verhältnissen anzupassen. Sie waren nicht nur bestrebt, die alten Handelsverbindungen mit Italien aufrechtzuerhalten, sondern auch ihrem Handel neue Bahnen zu erschließen, die sich in den neuentdeckten Ländern bietenden Einnahmequellen auszunutzen. So taten sich Nürnberger und Augsburger Firmen zusammen, um sich an den ersten Fahrten der Portugiesen nach Indien zu beteiligen. Es waren z. B. zur Teilnahme an der siebenten portugiesischen Expedition die Fugger, Welser, Höchstätter, Gossembrot, Imhof, Vöhlin zugelassen worden. Von den sechs Schiffen der Expedition waren drei von ihnen ausgerüstet worden.[2]) Später, als die Portugiesen den direkten Handelsverkehr mit Indien gänzlich an sich gezogen hatten, verlegten die Kaufleute ihre Tätigkeit nach dem damals im vollen Glanze seiner Macht erstrahlenden Antwerpen, wo die Fugger, Welser, Tucher, die Höchstätter, Manlich, Haug alsbald eine führende Stellung im Handel mit ostindischen Spezereien, insbesondere mit Pfeffer, Safran, Alaun, sowie auch mit Kupfer einnahmen. Auch auf der Lyoner Börse war ihre Bedeutung fast ebenso groß wie die der Florentiner.

Bereits in der zweiten Hälfte des 16. Jahrhunderts gelang es dem Augsburger Handelshaus der Kraffter, mittelst seiner in Marseille gegründeten Niederlage am Levantehandel direkt Anteil zu nehmen. Noch früher, zu Anfang des 16. Jahrhunderts erwarben die Welser Grundeigentum auf den Kanarischen Inseln und legten dort Zuckerplantagen an, um sie freilich bald an zwei Kölner Kaufleute zu verkaufen, die sie bis zur Mitte des Jahrhunderts in ihrem Besitz behielten. Sie erlangten ferner von der spanischen Krone das Recht, „aus Sevilla nach Neu-Spanien auf eigene Rechnung und Gefahr Schiffe ausrüsten zu dürfen, wann und soviel es ihnen beliebt, als wenn sie Spanier wären". In Sevilla und in St. Domingo auf Española begründeten sie Niederlassungen und führten im Verein mit den Ehinger einen regen Handel mit dem Festlande Amerikas; ihre Schiffe segelten bis zur Mündung des La-Platastromes. Auf Grund neuer mit der spanischen Regierung abgeschlos-

---

[1]) Schulte, Ravensb. Gesell. I, S. 277.

[2]) Hümmerich, Vasco da Gama und die Entdeckung des Seeweges nach Ostindien (1898). Ders., Quellen und Untersuchungen zur Fahrt der ersten Deutschen nach dem portugiesischen Indien (1918). Ders., Die erste deutsche Handelsfahrt nach Indien 1505—1506. Ein Unternehmen der Fugger, sowie anderer Augsburger und Nürnberger Häuser (1922).

sener Vereinbarungen brachten die Welser Bergarbeiter aus Tirol nach Amerika, führten dorthin Neger ein. Endlich erwarben sie ausgedehnte Landflächen in Südamerika zwecks Erforschung und Besiedelung derselben. Sie drangen tief ins Innere des Landes hinein, das sie Venezuela (d. i. Klein-Venedig) nannten und trieben von dort aus Handel in Kolonialwaren mit anderen spanischen Besitzungen in Amerika sowie mit Europa. Es war und blieb dies der erste und einzige Fall der Besitzergreifung ansehnlicher amerikanischer Territorien durch Deutsche. Erst die Zerstörnug Antwerpens, besonders aber der Übergang des ostindischen Handels an die Holländer führte die Ausschaltung der oberdeutschen Kaufleute aus dem überseeischen Warenverkehr herbei.

Weit größer freilich als im Warenhandel war im 16. Jahrhundert die Bedeutung der Oberdeutschen im Kreditgeschäft. Da sie über Geldkapital verfügten, waren sie imstande, viele Jahrzehnte hindurch nicht nur den Kaiser, sondern auch seine Feinde, die englische und die niederländische Regierung, sowie die Krone von Frankreich mit den zur Kriegführung und zum Heeresunterhalt nötigen Summen und Gütermengen zu versorgen. So lieferte Herwart an Kaiser Ferdinand große Mengen von Tuch- und Leinenstoffen; die Höchstätter versahen die Regierung zu Brüssel mit Quecksilber, besorgten Wechseltransaktionen an den Börsen von Lyon und Antwerpen. Waren im Mittelalter die Italiener die Kreditgeber der Könige und Fürsten, so mußten im 16. Jahrhundert Genuesen und Florentiner diese ihre Rolle mit den Oberdeutschen teilen. In den Händen dieser Bankiers lag das Schicksal der Könige; für den Ausgang der Kriege war der Umstand ausschlaggebend, wer von den kriegführenden Mächten den größten Kredit genoß, um sein Söldnerheer rechtzeitig entlohnen zu können.

In engem Zusammenhang mit den Kreditgeschäften der Oberdeutschen befand sich auch ihre nicht minder rege Tätigkeit auf dem Gebiete des Bergbaues. Augsburger Handelsgesellschaften gewährten den Herzögen von Tirol Darlehen, zu deren Tilgung ihnen der landesherrliche Anteil an der Ausbeute der Tiroler Silbergruben, dieses „Californiens des 16. Jahrhunderts“, für eine Anzahl von Jahren unter günstigen Bedingungen überwiesen wurden. Später gingen sie zur selbständigen Ausbeute von Bergwerken und zum Handel mit den gewonnenen Erzen über. In Tirol, Kärnten, Schlesien, Ungarn, Sachsen beuteten die Fugger Gold-, Silber-, Kupfer-, Bleigruben aus. In Spanien übernahmen sie die Ausbeutung der Quecksilbergruben von Almadena und der Silbergruben von Guadalkanal. Ihrem Beispiel folgten andere Augsburger und Nürnberger Handelsherrn. In Tirol nahmen die Paumgartner und Höchstätter Bergwerke in Pacht, in Ungarn übernahmen die Haug das Erbe der Fugger. Eine Anzahl oberdeutscher Handelshäuser, die die Kupfergruben erworben hatten, die Fugger, Gossembrot, Paumgartner und Herwart, bildeten eine Gesellschaft zum Vertriebe von Kupfer (es war ja das Hauptmaterial für den Kanonenguß), ein Kupfersyndikat, wie es heutzutage heißen würde und benutzten ihre Monopolstellung, um die Preise willkürlich festzusetzen. Endlich verlegten die Welser ihre Tätigkeit auf diesem Gebiete auch nach der Neuen Welt, sie übernahmen die Ausbeutung von Kupfergruben auf Espanola, die Silberschmelzung in Venezuela.[1])

Den ersten Platz unter diesen oberdeutschen Handelsherren nahmen zweifelsohne die Fugger ein; hat doch Ehrenberg seinem das Wirtschaftsleben des 16. Jahrhunderts behandelnden klassischen Werke mit Recht den bezeichnenden Titel „Das Zeitalter der Fugger" gegeben. Wie die anderen Kaufleute dieser Zeit, so hatten auch die Fugger ihre Tätigkeit mit dem Warenhandel, dem Handel mit Spezereien, Seiden- und Wollstoffen begonnen, die von ihnen hauptsächlich in Venedig erworben wurden. Kaiser Friedrich III. wurde Ulrich Fugger 1473 empfohlen als „ein redlicher und habhafter Mann, der Ihre Majestät mit gutem Tuche und Seidengewand versehen könne". Doch mußten bereits diese Waren auf Borg geliefert werden, denn Friedrich besaß keine Mittel, um das Entnommene zu bezahlen. War er doch während seines Aufenthaltes in Augsburg dermaßen bei den dortigen Gewerbetreibenden — Bäckern, Fleischern, Fischern — in Schulden geraten, daß sie bei seiner Abreise Ketten um den Pferdestall schlangen und die Pferde nicht fortlassen wollten, da sie auf sofortige Bezahlung drangen. Ja ein Schmied griff sogar den Pferden der kaiserlichen Karosse in die Zügel. Bald begannen die Fugger, mit Kaiser Maximilian Kreditgeschäfte abzuschließen. Sie streckten ihm Kapital vor, wobei ihnen als Sicherung Ländereien, die Ausbeute der Salinen und Kupfergruben Tirols und Ungarns, sogar Kronjuwelen verpfändet wurden. 1508 wurde von ihnen die für die damaligen Verhältnisse riesenhafte Summe von 170000 Dukaten im Laufe von acht Wochen (ein Teil der Summe im Laufe von 14 Tagen, der Rest in weiteren sechs Wochen) aufgebracht, indem sie sie durch Wechseltransaktionen nach Augsburg schafften. Dabei wußten sie durch sachkundige Ausnutzung der Wechselkurse, durch Arbitrage (cambio arbitrio, wie sie bereits damals genannt wurde) ihren Gewinn zu erhöhen. Dieses von ihnen in so kurzer Zeit ausgeführte Geldgeschäft erregte allgemeine Beachtung und trug nicht wenig zu ihrem Ansehen in der Handelswelt bei. Der Beginn der Kirchenreformation ist mit dem Namen Fugger aufs engste verknüpft. Albrecht von Brandenburg, der von ihnen 30000 Dukaten entliehen hatte, um den erzbischöflichen Sitz in Mainz von der Kurie zu erkaufen, überließ den Fuggern, um diese Schuld zu tilgen, die Erträge des Ablaßhandels. Der Ablaßprediger Tetzel wurde auf seinen Reisen stets von einem Vertreter der Fugger begleitet, der die Schlüssel zum Ablaßkasten in Händen hatte. Am gewaltigsten gab sich jedoch ihre Geldmacht 1519 kund, als sie Karl von Spanien ihr Kapital vorstreckten, das in dem zwischen den Häusern Habsburg und Valois um die Kaiserkrone entbrannten Kämpfe den Ausschlag gab. Der Preis der Krone mußte recht hoch sein, denn die Kurfürsten gaben demjenigen Kandidaten den Vorzug, der ihre Stimmen teuerer bezahlen konnte. Die Anforderungen der Kurfürsten stiegen von Tag zu Tag, und zwar wollten sie sich nicht mit verheißenden Worten zufrieden geben (König Franz I. von Frankreich versprach 3 Mill. L. zu zahlen, jedoch erst nach der Wahl), sondern verlangten sofortige Barzahlung oder die Bürgschaft erstklassiger deutscher Kaufleute. Nun warfen in dem Kampfe zwischen Karl V. und

[1]) Worms, Schwazer Bergbau im 15. Jahrhundert (1904), S. 69, 71, 86 f. Jansen, Studien zur Fuggergeschichte, I (1907), S. 54 ff. Haebler, Die überseeischen Unternehmungen der Welser (1903), S. 50, 64, 68 f. Ders., Gesch. der Fuggerschen Handlung in Spanien, S. 94 f., 144. Strieder, Die Inventur der Firma Fugger aus dem Jahre 1525 (Erg.-Hefte z. Z. f. Staatswiss. 17). Ders., Die levantinischen Handelsfahrten deut. Kaufleute d. 16. Jahrh. (1909). Krag, Die Paumgartner von Nürnberg und Augsburg (1919). Welser, Die Welser (1917). Herwarth, Die Brüder Barth. u. Joh. Herwarth (Z. d. hist. Ver. f. Schwab. u. Neub., 1874). Schöningh, Die Rehlinger von Augsburg (1927). Humbert, L'occupation allem. de Venezuela (1905).

Franz I. die Fugger ihr Gold in die Wagschale, indem sie für Karl eintraten und 543000 Fl. (die von den Kurfürsten geforderte Summe betrug insgesamt 850000 Fl.) hergaben; der noch fehlende Rest wurde von den Welsern, von Florentiner und Genueser Bankiers erlegt. Jedem einzelnen Wähler wurden die Wechsel der Kaufleute gegen Übergabe des Wahldekrets eingehändigt, worauf der feierliche Wahlakt, eine „für das Volk bestimmte Komödie", stattfand. Über das ganze Geschäft hat das Haus Fugger eine genaue Abrechnung aufgestellt, mit dem Titel: „Was Carolus V. die römische Königswahl kostete." Die Kaiserwahl Karls richtete jedoch erneute Anforderungen an den Kredit der Fugger. Die Feindschaft des in seinen Hoffnungen getäuschten Königs von Frankreich führte zu einer Reihe von Kriegen. Ungeheuere Summen wurden durch die Anwerbung von Soldtruppen und durch die Kriegführung verschlungen, daher konnte der Kaiser auch seinen Zahlungsverpflichtungen den Fuggern und Welsern gegenüber nicht nachkommen. In einem recht beachtenswerten Briefe erlaubte sich Jakob Fugger den Kaiser daran zu mahnen, es sei auch „bekannt und liegt am Tage, daß Eure Kaiserliche Majestät die römische Krone ohne meine Hülfe nicht hätten erlangen können; wenn — so fährt er fort — ich hätte vom Hause Österreich abstehen und Frankreich fördern wollen, so hätte ich viel Geld und Gut erlangt, wie mir denn solches auch angeboten worden ist". Doch waren die Geschicke der Fugger nunmehr mit denjenigen Karls V. zu eng verknüpft, und immer neue Dienste mußten sie, wie auch die Welser, ihm leisten. Noch in den letzten trüben Jahren Karls V., als er sich in einer verzweifelten Lage befand, seine Feinde, Kurfürst Moritz von Sachsen an der Spitze, Deutschland in ihrer Macht hielten und seine Truppen, die seit langem keinen Sold erhielten, der Auflösung entgegengingen, erschien (1552) Anton Fugger als „der letzte Rettungsanker für das steuerlos treibende Schiff des alten, kranken und müde gehetzten Kaisers. . . . Wie am Anfange seiner Regierung, so ist ihr Name auch an deren Ende mit unauslöschlichen Zügen eingegraben" (Ehrenberg).

Damals befanden sich die Fugger im Zenith ihrer Macht- und Reichtumsentfaltung. Ihr Handlungskapital betrug rd. 5 Mill. Gulden, kein anderes Handelshaus konnte sich mit ihnen messen. (Die Welser und die Paumgartner besaßen insgesamt ein Kapital von 2—3 Mill. Gulden.) Mit Recht schrieb der Augsburger Chronist Clemens Sender: „Jakob Fuggers und seiner Söhne Namen sind in allen Königreichen und Landen, auch in der Heidenschaft bekannt gewesen. Kaiser, Könige, Fürsten und Herren haben zu ihm ihre Botschaft geschickt, der Papst hat ihn als seinen lieben Sohn begrüßt und umfangen, die Kardinäle sind vor ihm aufgestanden." Vom Volke jedoch wurden die Fugger gehaßt, im Volksmunde wurde ihr Name als Gattungsbezeichnung den großen Monopolisten beigelegt. Zur Benennung der von diesen Monopolisten betriebenen, für das Volk neue Lasten und Mühsale bedeutenden Geschäfte wurden hiervon Neubildungen wie „Fuckerei, fuckern" abgeleitet. Im Flämischen bürgerte sich der Ausdruck „Fokker" ein, im Wallonischen „Fouckeur", im Spanischen „Fucar".[1])

Die Hochblüte des Erwerbslebens, die zur damaligen Zeit in den oberdeutschen Städten zur Entfaltung kam und im Aufstiege der Fugger ihren prägnantesten Ausdruck fand, war von verhältnismäßig kurzer Dauer. Bereits am Ausgang des 16. Jahrhunderts gaben sich Anzeichen drohenden Verfalls kund. Die Kreditgeschäfte der oberdeutschen Handelsherren waren allzu gewagt. Insbesonders trugen die wiederholten Zahlungseinstellungen der Herrscher zum Niedergang derselben bei. Die Bankrotterklärungen der regierenden Häupter mußten den Bankrott ihrer Darlehensgeber herbeiführen.

---

[1]) Ehrenberg, Das Zeitalter der Fugger, I (1896). Vgl. Jansen, Jacob Fugger der Reiche (1910). Strieder, Jacob Fugger der Reiche (1926). Peterka, Zum handelsrechtl. Inhalt der Handelsverträge Jacob Fugger des Reichen (Z. f. Handelsr. 1913). Kirch. Die Fugger und der Schmalkald. Krieg (1915).

Auch für den nunmehr folgenden Zeitabschnitt, in dem der Verfall der oberdeutschen Geldmächte eintrat, geben die Geschicke der Fugger ein charakteristisches Bild der erfolgten Wandlungen wieder.

In den fünfziger Jahren des 16. Jahrhunderts trug sich das damalige Oberhaupt des Hauses, Anton Fugger, ernstlich mit dem Gedanken, die Geschäfte abzuwickeln, die Handlung „zu Ende und ausgehen zu lassen“. Doch gelang es ihm nicht, sein Vorhaben auszuführen, im Gegenteil, es wurden neue große Geldgeschäfte unternommen. Immer wieder wurde ihr Kredit vom Kaiser für die Weiterführung der endlosen, ungeheuere Summen verschlingenden Kriege in Anspruch genommen. Zur Tilgung dieser Darlehen wurden den Fuggern die aus „Neu-India“ erwarteten Edelmetalle angewiesen, die Sendungen liefen jedoch unpünktlich ein. Es mußten große Summen fremder Gelder sowohl gegen Wechsel, als auch in Depositen aufgenommen werden. „Es sollte diesen großen Herren billig die Lust zum Kriegen vergehen“, so äußert sich Anton Fugger 1554 in einem Geschäftsbriefe. Eine große Rolle hatte in den Geschäften der Fugger die Antwerpener Börse gespielt, wo von ihnen Kreditgeschäfte mit der englischen Krone, mit dem niederländischen Hofe, mit der Stadt Antwerpen abgeschlossen wurden. Nun stellte jedoch König Philipp 1557 sowohl in Spanien als in den Niederlanden alle Zahlungen an seine Gläubiger ein. Erst fünf Jahre später kam zwischen den Fuggern und der spanischen Krone ein Vergleich über die Tilgung der riesigen, bei ihnen aufgenommenen Darlehen zustande. Die Zinsen wurden herabgesetzt; auch die durch den Vertrag erfolgte Anweisung spanischer Renten und liegender Güter war für die Fugger mit großen Geldverlusten verknüpft. Außerdem mußten sie von neuem die Pacht der maestrazgos (der Einkünfte der spanischen Krone aus den drei großen geistlichen Ritterorden Spaniens) übernehmen, und zwar unter ungünstigen Bedingungen. Bei dem spanischen Staatsbankrott von 1575 erlitten sie erneute Verluste, doch verlangte man von ihnen schon im nächsten Jahre die Überweisung von 200000 Kronen nach den Niederlanden, um die meuternde, seit Monaten unbezahlte Soldateska zu beschwichtigen. Wie hoch damals noch das Ansehen der Fugger stand, geht aus den Äußerungen der die Verhandlungen führenden Spanier hervor, die erklärten, „sobald die Soldaten die Wechsel der Fugger sähen, würden sie von Stund an schweigen und warten, bis das Geld darauf zusammengebracht sein werde“. Als noch die Drohung hinzugefügt wurde, wenn die Niederländischen Provinzen verloren gingen, so würden die Fugger die Schuld daran tragen, mußten sie sich fügen und die verlangte Summe unter großen Schwierigkeiten durch Wechseltransaktionen nach Antwerpen schaffen. Bekanntlich vermochte ihr Eingreifen den Lauf der Dinge nicht aufzuhalten, der Abfall der Niederlande kam trotzdem zustande. An dem 1607 erfolgten (dritten) spanischen Staatsbankrott waren die Fugger mit 3¼ Mill. Duk. beteiligt. Ihr Handlungskapital schloß um jene Zeit 2 Mill. fremder Gelder ein, die zur Verzinsung derselben nötigen Summen wurden nur mit großer Mühe aufgebracht. 1630 tat ein italienischer Handelsherr die früher undenkbare Äußerung, der Reichtum der Fugger sei „pure Einbildung“. In der Tat ist es für die damalige Lage des Hauses bezeichnend, daß ein Wechsel von 5000 Kronen nur diskontiert werden konnte, als der Genuese Spinola seine Unterschrift hergab. 1637 kam die Fuggersche Masse in Spanien unter Verwaltung der genuesischen Bankherren, der Hauptgläubiger war der obengenannte Bartolomeo Spinola. Die Gesamtforderungen der Fugger an die spanische Krone beliefen sich auf ungefähr 4 Mill. Duk., dazu kamen noch die niederländischen Rentmeisterbriefe, die teilweise unbezahlt gebliebene Schuld der Staaten von Brabant, endlich die „Friesländische Schuld“, eine auf die Einkünfte der königlichen Domänen in Friesland angewiesene Rente, die nach dem Abfall dieser Provinz von den Staaten nicht ausgezahlt wurde, da die Fugger das ihnen verhaßte Spanien stets unterstützt hatten. Im ganzen bezifferten sich die von den Fuggern an den Habsburgern erlittenen Verluste auf ca. 8 Mill. Gulden. Es verblieb ihnen von allem ihrem Glanz und Reichtum nur ein verwüsteter und verschuldeter Grundbesitz. (Ehrenberg).

In dieselbe Zeit (1614) fällt der Zusammenbruch des zweitgrößten oberdeutschen Handelshauses, der Welser, in den eine große Anzahl Augsburger Bürger, sowie auswärtiger Kreditoren mit hineingezogen wurde. Der Verfall des Hauses Welser hatte bereits seit den siebziger Jahren des 16. Jahrhunderts eingesetzt.[1]) Paumgartner, das Haupt einer anderen angesehenen Firma, mußte infolge von Zahlungsstockungen fünf Jahre (von 1565 an) in Schuldhaft verbringen. In den siebziger Jahren des 16. Jahrhunderts stellten noch andere, zu den bedeutendsten Handelshäusern Oberdeutschlands zählende Gesellschaften ihre Zahlungen ein, die Neidhart, Manlich, Haug, Rem, Zangmeister, Krafter, Schorer. Besonders erheblich waren die von ihnen an den Anleihen der französischen Krone erlittenen Verluste. In Nürnberg wie auch in München, Straßburg, in den italienischen Städten folgte eine Bankrotterklärung auf die andere. Alles was im Laufe eines Jahrhunderts erworben worden war, schwand wieder dahin.[2])

Seit dem Ausgang des 16. und dem Beginn des 17. Jahrhunderts beginnt der Niedergang der oberdeutschen Handelsemporien. Nicht die Entdeckung Amerikas und des Seeweges nach Indien hat, wie irrtümlich angenommen wurde, diesen Verfall verursacht, sondern der Untergang der von den oberdeutschen Handelshäusern angesammelten großen Kapitalien, die sie in Frankreich, Spanien und den Niederlanden verloren haben. Auch der vor allem seit dem Beginn des 17. Jahrhunderts zunehmende Niedergang Venedigs, infolgedessen der Handelsverkehr zwischen Oberdeutschland und Italien seine ehemalige Bedeutung größtenteils eingebüßt hat, vor allem aber die Zerstörung Antwerpens, sowie der Übergang der portugiesischen Niederlassungen in Indien und des Überseeverkehrs an die Holländer haben neben dem Dreißigjährigen Kriege und der Zerrüttung der politischen Verhältnisse in Deutschland zur Beschleunigung dieses Prozesses beigetragen. Im Gegensatz zur portugiesischen Regierung wurden die Dienste der deutschen und italienischen Kaufleute von den Holländern nicht benötigt. Der von diesen Firmen betriebene schwunghafte Warenhandel, insbesonders der seit der Mitte des 16. Jahrhunderts ausgeübte Handel mit Kolonialwaren, den sie später in dem Maße, als sie sich mehr und mehr auf Kreditgeschäfte verlegten, einschränkten, verfiel infolgedessen oder wurde zum Handel zweiter Hand mit den von den Holländern eingeführten Waren.

Und doch hätte die Zerstörung Antwerpens, die für den deutschen Handel von so verhängnisvollen Folgen begleitet war, demselben auch in mancher Hinsicht zum Vorteile gereichen und ihm zu neuem Aufschwunge verhelfen können, wenn die Städte nur eine weniger engherzige Politik durchgeführt hätten. Wanderten doch die niederländischen Protestanten (besonders seit den sechziger Jahren des 16. Jahr-

---

[1]) Müller, Der Zusammenbruch des Welserschen Handelshauses (Viert. Soz.- u. W.-G., VII, S. 196 ff.). Welser, Die Welser (1917).

[2]) Ehrenberg, I, S. 193, 224, 227, 234, 243 ff.; II, S. 342.

hunderts) massenhaft nach anderen Ländern, auch nach Deutschland aus. Nationale und religiöse Unduldsamkeit jedoch hinderte viele deutsche Städte daran, sich die Kapitalien, den Unternehmungsgeist und den Gewerbefleiß der aus Frankreich, Italien, den Niederlanden herbeiströmenden Religionsflüchtlinge sich zunutze zu machen. Köln führte in der ersten Hälfte des 16. Jahrhunderts einen regen Handel mit den Niederlanden. Um 1566 waren viele niederländische Protestanten nach Köln eingewandert. Die Anlegung einer Börse in demselben Jahre ist wohl von ihnen veranlaßt worden.[1]) Der Zuzug der Fremden belebte sowohl den Handel als die Seidenindustrie, in der sie manche Verbesserungen einzuführen suchten. Freilich begann bereits 1568 die Bevölkerung sich über die Einwanderer zu beklagen, die Steigerung von Wohnungsmieten, Waren- und Lebensmittelpreisen sollte durch den Zustrom der Flüchtlinge veranlaßt worden sein. Auf Verlangen des Kölner Rates mußten die eingewanderten Protestanten die Stadt verlassen, die wenigen, welche trotzdem in Köln bleiben wollten, suchte man mit Gewalt zur Abreise zu zwingen. Um 1578—1585 findet auch eine Einwanderung von Italienern nach Köln statt, die auch früher ihre Seidengewebe (Atlas, Samt, Brokat, Taffet) dorthin zu bringen pflegten. Die Kölner Mäklerordnung wurde zugleich in deutscher und in italienischer Sprache abgefaßt, was für die hohe Bedeutung der Italiener im Kölner Handel spricht. Doch erfolgte zu gleicher Zeit, seit den achtziger Jahren des 16. Jahrhunderts, eine Abwanderung der namhaftesten Kölner Kaufleute nach Frankfurt a. M.; 1594—1637 verließen über 100 der reichsten Handelsleute Köln, um sich in Frankfurt anzusiedeln.[2]) Dies zeugt von einem Niedergange des Kölner Handels, der offenbar auch durch die Italiener nicht aufgehalten werden konnte. Allerdings gab es auch später niederländische Flüchtlinge in Köln, doch die protestantischen Kaufleute waren und blieben Fremde in der Stadt und konnten das Bürgerrecht ebensowenig erlangen, als ihnen der Erwerb von Grundbesitz gestattet war. In ihren Handelsbefugnissen wurden sie aufs äußerste beschränkt. Der Detailhandel war ihnen gänzlich verboten, 1711 nahm man ihnen das Recht, Tuch oder Laken selbst in ganzen Stücken in den Tuchhallen zu handeln. Überhaupt war ihnen der Verkauf nur an qualifizierte Bürger gestattet, der Verkauf an Fremde war damit ausgeschlossen. Den Speditions- und Kommissionshandel hatte man ihnen 1713 gänzlich genommen. Ihre eigenen Waren konnten die Protestanten fortan weder selber versenden, noch durften sie sie

[1]) Witzel, Gewerbegeschichtliche Studien zur niederländischen Einwanderung in Deutschland am Ende des 16. Jahrhunderts (Westd. Z. 39, S. 128 ff.) Banck, Bevölkerungszahl der Stadt Köln in der zweiten Hälfte des 16. Jahrhunderts (Beitr. zur Gesch. vorm. Kölns und der Rheinlande. 1895). Koch, Geschichte des Seidengewerbes in Köln, S. 79.

[2]) Dietz, Frankfurter Handelsgesch., II, S. 45, 72 ff. Thimme, Der Handel Kölns am Ende des 16. Jahrhunderts (Westd. Z. 1912, S. 10 ff.). Ranke, Die wirtsch. Beziehungen Kölns zu Frankfurt a. M., Süddeutschland und Italien im 16. und 17. Jahrhundert (Viert. f. Soz.- u. W.-G. XVII, 1923, S. 90 f., 94).

verschicken lassen.[1]) Das Ergebnis dieser fremdenfeindlichen Politik war, daß Köln seine Stellung als Handels- und Industriestätte zum größten Teile einbüßte. Mit Nürnberg, Ulm, Genf und einigen anderen Städten wurden freilich Handelsbeziehungen unterhalten, doch nur indirekt, indem man sich auf der Frankfurter Messe traf. Nur über Augsburg nach Venedig reisten noch Kölner Kaufleute oder ihre Faktoren. Doch auch den Verkehr mit Italien erwähnen die Quellen immer seltener. Je mehr Amsterdam sich seine Vormachtstellung im internationalen Handel erringt, desto mehr bringt es auch den Handel Süd- und Mitteldeutschlands mit Italien an sich. Von Amsterdam aus werden nun auch die italienischen Waren nach Köln gebracht. Im 18. Jahrhundert macht sich ein weiterer Verfall seines Handels bemerkbar. Ein Augenzeuge (der Kaufmann Schnüll) äußert sich gegen Ausgang des 18. Jahrhunderts folgendermaßen: „Zöge man den Speditionshandel einmal von dem Kölner Handel ab, so bliebe nur ein ganz unbedeutendes Geschäft übrig, das im Inneren von einem Dutzend von Mäklern besorgt werden könnte und nach dem Auslande nur den zehnten Teil der Schiffe bedürfte, die nach Köln kommen.“ In den Gassen und auf den Märkten herrsche eine Leere, wie man sie in keiner anderen Stadt von Kölns Größe antreffe: „Die Stadt ist in Schmutz versunken, die Straßen wimmeln von Bettlern und Mönchen.“[2])

Auch Nürnberg kann als Beispiel der Unfähigkeit, die neuen, aus den Niederlanden, Italien und anderen Ländern herbeiströmenden Kräfte auszunutzen, angeführt werden. Bereits 1499 waren die Juden aus Nürnberg vertrieben worden, die sich daraufhin in dem nahegelegenen Fürth ansiedelten[3]). Im 16. Jahrhundert brachten italienische Religionsflüchtlinge die Sammet-, Seiden- und Brokatindustrie ihrer Heimat nach Nürnberg. Auch Emigranten aus den Niederlanden und andere Fremde siedelten sich in Nürnberg an. Doch wurden den Einwanderern alle möglichen Hindernisse in den Weg gelegt, besonders wurden sie mit hohen Steuern, Mauten und Handelsabgaben belastet. Die Gewerbe- und Handelstätigkeit der Ausländer konnte sich unter diesen Umständen nicht entfalten und der Verfall Nürnbergs war unausbleiblich. Die Beteiligung der Stadt am Welthandelsverkehr hörte vollständig auf, der gesamte Nürnberger Handel war nunmehr auf Kommissionsgeschäfte beschränkt, auf den Besuch von Messen zu Leipzig, Frankfurt a. M., Naumburg. „Ein nicht mehr aufzuhaltender Niedergang gibt sich

[1]) Schwann, Geschichte der Kölner Handelskammer I, S. 28 ff.

[2]) Schwering, Die Auswanderung protestantischer Kaufleute aus Köln nach Mülheim a. Rh. (Westd. Z. 26). Schwann, Gesch. der Kölner Handelskammer, I, S. 28 f., 39, 41. Koch, Gesch. d. Seidengewerbes in Köln, S. 80, 83, 91. Ranke, Viert. Soz.- u. W.-G. 1923, S. 64, 68, 76 ff., 80, 87. Dies. in Hans. Gesch.-Bl. 1924. Vgl. Kuske, Das rhein. Wirtschaftsleben (Gesch. d. Rheinlandes, 1922). Brinkmann, Der Beginn der neueren Handelsgesch. (Hist. Z. 1914).

[3]) Vgl. Morgenstern, Die Fürther Metallschlägerei (1890).

kund.“[1]) Noch im 16. Jahrhundert war Nürnberg eine bedeutende Industriestätte gewesen, von wo Barchent, Messer, kupferne Leuchter, Metallgeschirr, Spielzeug und manches andere exportiert wurde. Später sah sich die Stadt jedoch durch die benachbarten Landstädte Ansbach, Bayreuth, Erlangen, wo sich Hugenotten angesiedelt hatten, überflügelt. Nur geringe Überreste der früheren gewerblichen Größe erhielten sich noch, so die Zeug- und Kurzwarenindustrie, der Landkartendruck, sowie die Anfertigung von Kunstarbeiten aus Holz, Metall, Elfenbein.[2]) „Sie spielen die Venezianer im kleinen — schrieb 1730 Pöllnitz über die Nürnberger Patrizier — und blähen sich auf wie die Frösche, während der gesunkene Wohlstand der Stadt sich in den devoten Bücklingen verrät, womit Gastwirte und Krämer den Fremden aufwarten, welche sie in Nahrung setzen.“[3])

Auch die anderen oberdeutschen Städte waren erheblich zurückgegangen. Ulm hatte nur noch einige Überreste des früheren Leinwandhandels nach Italien beibehalten, Regensburg nährte sich kümmerlich von den Mitgliedern des Reichstages, der in seinen Mauern tagte. „Wohin wir uns wenden — so schließt Lamprecht seine Schilderung der Städte Oberdeutschlands — dringt uns aus den großen Emporien selbst noch des 16. Jahrhunderts nunmehr Modergeruch entgegen.“[4]) Eine Ausnahme scheint bloß Augsburg gebildet zu haben, das freilich durch den Dreißigjährigen Krieg stark heruntergekommen war und seinen Barchenthandel verloren hatte, doch auch später einen bedeutenden Geldverkehr aufweisen konnte und durch seine Kattunindustrie, namentlich durch Zeugdruckerei seine wirtschaftliche Stellung befestigt hatte.[5]) Ricard nennt freilich unter den Gewerbe- und Handelszweigen Augsburgs bloß die Gold- und Silberwarenproduktion und den Absatz von Bijouterien und Quincaillerien auf den deutschen Messen, während Augsburg von Amsterdam nicht bloß Drogerien und Fabwaren, sondern auch Tuche und bedruckte Baumwollwaren, die wohl aus Indien stammten, erhalte.[6])

Dagegen wurde der Aufstieg der schweizerischen Städte, insbesonders Basels und Zürichs, durch die dort herrschende politische und reli-

[1]) Müller, Die Finanzpolitik des Nürnberger Rates in der zweiten Hälfte des 16. Jahrhunderts. Viert. f. Soz.- u. W.-G., VII, S. 5, 52, 57 ff. Sander, Der reichsstädtische Haushalt Nürnbergs, S. 121 ff., 890. Nürnberg zählte 1431 22800 Einwohner, 1449 20200, 1662 40300, 1806 25200 und 1818 26700. Zu Beginn des 19. Jahrhunderts war also die Bevölkerungszahl bis auf die im 15. Jahrhundert verzeichnete zurückgegangen. (Ott, Bevölkerungsstatistik in der Stadt und Landschaft Nürnberg in der ersten Hälfte des 15. Jahrhunderts, 1907, S. 47.)

[2]) Ricard (1723) nennt noch Quincaillerie- und Merceriewaren, die in großer Anzahl sowohl nach Amsterdam als nach allen Teilen der Welt exportiert werden.

[3]) Lamprecht, Deutsche Geschichte, VIII, S. 127 f.

[4]) Lamprecht, ibid. Vgl. M. Mayer, Bayerns Handel im Mitt u. i. d. Neuzeit (1892). Baumann, Das bayer. Handelswesen im 18. Jahrh. (Kult. Stud. 1898), Schmelzle, Bayerns Staatshaushalt (1900).

[5]) Reuther, Die Entwicklung der Augsburger Textilindustrie (1915).

[6]) Ricard, S. 488 ff.

giöse Duldsamkeit sehr gefördert. Niederländische, besonders aber italienische (aus Locarno eingewanderte) Flüchtlinge, sowie Hugenotten begründeten hier die Sammet-, Tressen-, Passementerie- und Seidenbandindustrie, die Leder- und Wirkwarenerzeugung. Die Baseler Seidenwarenhändler, fast durchweg Ausländer, besaßen auf dem Rhein 360 Schiffe, welche ihre Waren nach Frankfurt a. M. beförderten.[1])

Frankfurt a. M. verdankt seinen Aufschwung seiner günstigen natürlichen Lage am Kreuzungspunkt der aus der Schweiz, aus Holland, Frankreich, Oberdeutschland, ferner aus Ostdeutschland (Halle und Erfurt) führenden Verkehrsstraßen, sowie dem Unternehmungsgeist der während der Religionswirren aus der Heimat ausgewanderten Niederländer und der aus Spanien vertriebenen Juden. Nach der Zerstörung Antwerpens konzentrierte sich der bisher von diesem Handelsplatze aus mit Deutschland betriebene Warenhandel, soweit er nicht nach Hamburg hinübergeleitet wurde, in Frankfurt. Zum Warenhandel gesellte sich ein ansehnlicher Geld- und Kreditverkehr hinzu.

Noch 1577 sprachen die Fugger von Frankfurt als von einem Platze, „allda man wenig mit Bargeld, sondern meist mit Waren handelt". Aenäus Silvius Piccolomini bezeichnet Frankfurt als „commune emporium inter inferiores et superiores teutones". König Franz von Frankreich nannte die Stadt den berühmtesten Handelsplatz nicht bloß Deutschlands, sondern fast des ganzen Erdballs. Luther behauptet freilich, „Frankfurt wäre das Silber- und Goldloch, dadurch aus Deutschland fließt, was nur quillt und wächst, bei uns umgeschlagen wird. Alle Welt macht man reich, um selbst Bettler zu bleiben."

Im 16.—17. Jahrhundert reisten nach Frankfurt Kaufleute aus Köln, Nürnberg, Augsburg, Ulm, München, Genf, um hier mit Genuesen, Florentinern, Niederländern zusammenzutreffen. Zur Frankfurter Messe brachte man englische und niederländische Wollstoffe, italienische Seidenwaren, ferner Salz, Heringe und Käse, wie auch Kolonialwaren und Edelsteine aus den Niederlanden, Kupfer und Ochsenhäute aus Ungarn, Barchent aus Augsburg, Metallwaren von Nürnberg. Frankfurt stand in direkten Handelsbeziehungen nicht bloß mit der Schweiz und Holland, sondern auch mit allen anderen europäischen Staaten. Niederländische Tücher und deutsche Leinwand werden von Frankfurtern nach Livorno, Genua, Kadiz, Malaga, Cartagena, nach den Kanarischen Inseln exportiert, Einkäufe in Paris gemacht, französische Mode- und Galanteriewaren nach Spanien verkauft. Mit der Zunahme der internationalen Bedeutung des Amsterdamer Marktes nahm freilich auch die Abhängigkeit Frankfurts von Amsterdam zu. Erst zu Ende des 18. Jahrhunderts gelang es der Stadt, ihre Selbständigkeit wieder zu erlangen. Mannheim und Basel waren zu unmittelbaren Konkurrenten Frankfurts geworden, denn die Eng-

[1]) Geering, Handel und Ind. der Stadt Basel usw., S. 440 f., 457 f., 471 f. Bürkli-Meyer, Gesch. d. Zürcher Seidenind., S. 75 f. Maliniak, Entsteh. der Exportind. u. des Unternehmerstandes in Zürich im 16. u. 17. Jahrhundert, S. 60 f. Thürkauf, Verlag u. Heimarbeit in der Basler Seidenbandind., S. 9 f. Sieveking, Zur zürcher. Handelsgesch. Jahrb. f. Schweizerische Geschichte, 1910, S. 71 ff.

länder und Niederländer waren den Rhein weiter heraufgegangen und errichteten dort ihre Niederlagen. Trotz dieses Wettbewerbs war Frankfurt auch im 18. Jahrhundert ein wichtiger Meßplatz. Es wurde auch zu einem bedeutenden Kapitalmarkt, als das Bankhaus Bethmann und dann die Firma Rothschild sich zu einer führenden Stellung auf dem Gebiete des Staatskredits aufgeschwungen hatten. Dagegen war Frankfurts Bedeutung als Industriestadt nur von kurzer Dauer. Unter den in den sechziger Jahren des 16. Jahrhunderts eingewanderten Religionsflüchtlingen befanden sich zahlreiche Arbeiter der Textilindustrie, die insbesonder neue Sorten von Wollgeweben erzeugten. Es waren dieselben leichten und dünnen (ungewalkten) Zeuge — burschet, wursit, das gleiche wie das engl. worsted —, deren Produktion von ihnen in England erfolgreich eingeführt worden war. Doch sowohl das Wollengewerbe, als die von den Niederländern gebrachte Seidenindustrie erlebte nur eine kurze Blütezeit, ebenso die Diamantschleiferei. Während vor dem Dreißigjährigen Kriege aus Antwerpen rohe Diamanten bezogen wurden (das Handelshaus Briers kaufte auch Edelsteine direkt in Batavia und Goa, Vorderindien, ein), um geschliffen und eingefaßt zu werden, wurden sie später bereits als fertig geschliffene, ja als verkaufsfertige Schmuckgegenstände aus Antwerpen, Amsterdam, später auch Genf eingeführt, so daß es sich für Frankfurt nur um ein reines Handelsgeschäft handelte.[1])

Während die katholischen Reichsstädte Aachen und Köln — sagt Dietz — sich selbst durch die Austreibung der protestantischen Fremden ihrer besten Kräfte beraubten, ist Frankfurt im Binnenlande zum Hauptsitz aller welschen Protestanten und ihres Handels geworden, wozu sich auch die zahlreichen Judengemeinden gesellten. Die seit Mitte des 15. Jahrhunderts vertriebenen Juden aus Nürnberg, Nördlingen, Ulm, Augsburg, Mainz, Köln und anderen Städten in der Rheingegend sammelten sich in Frankfurt an. Gleich Amsterdam und Hamburg war es eine blühende Kolonialstadt, ein Klein-Antwerpen geworden. Als regelmäßige Meßgäste mußten ja die Fremden Frankfurt sehr gut kennen. Die Einwanderung aus den Niederlanden beginnt um 1554 und dauert bis etwa 1590. Besonders groß war der Zuzug anfangs und nach Eroberung Antwerpens 1585. Unter den Einwanderern stehen an der Spitze die vier wallonischen Städte Valenciennes, Tournay, Lille und Mons mit der Hälfte, Antwerpen mit einem weiteren Viertel aller Einwanderer. Unter den welschen Kaufleuten machten die Tuch- und Seidenhändler 70% aus. Wohl führten die Verbote des reformierten Gottesdienstes zur Übersiedelung eines Teiles der Niederländer nach Hanau und Frankenthal, doch ein Teil von ihnen kehrte bald zurück und außerdem erhielt Frankfurt, als Zufluchtsstätte aller Verfolgten, fast die ganze belgische Kolonie zu Köln. Es wurde nun die Stadt des Reichtums, des Luxus und der Eleganz, der beliebte Sitz der Fremden und Juden. Der nie versiegende Zuzug von fremden Kolonisten brachte es mit sich, daß trotz

---

[1]) Witzel, Gewerbegesch. Studien zur niederl. Einwanderung in Deutschland, S. 134 ff. Bothe, Entwickl. der direkten Besteuerung in Frankfurt (1906), S. 225ff., 244 ff. Dietz, Frankfurter Handelsgeschichte, II (1921), S. 2, 13 ff., 41 ff., 66 ff., 213f. 231ff.; IV, 1 (1925), S. 30ff., 84, 152ff., 286. Ranke, Wirtsch. Bez. Kölns zu Frankfurt a. M. usw. im 16. und 17. Jahrhundert (Viert. f. Soz.- u. W.-G., 1923). Lamprecht, Deutsche Gesch., VIII, S. 122 ff., 149 ff. Kanter, Der Handel mit gebrauchsfertigen Waren in Frankfurt a. M. Geschichte der Frankfurter Handelskammer. (1908.)

der Gründung von Neu-Hanau und des Beginnes des Dreißigjährigen Krieges bis 1630 die Entwicklung des Frankfurter Handels eine vorwärtsschreitende war. Seit Mitte des 17. Jahrhunderts erhält Frankfurt wieder zahlreiche Einwanderer, besonders aus der Kurpfalz, Speyer, Worms, Straßburg, Basel, auch Lothringer und Franzosen, namentlich aber Italiener vom Comersee.[1])

Von anderen deutschen Städten genoß Leipzig die Vorteile einer besonders günstigen geographischen Lage. Die Verkehrsstraße von Oberdeutschland nach Hamburg, dem großen Seehafen Deutschlands, die Straßenzüge, die von Ungarn aus die Donau hinauf über Regensburg und vom Niederrhein nach Breslau führen, trafen und kreuzten sich in Leipzig. So wurde denn Leipzig zum Knotenpunkte der bedeutendsten Handelsstraßen Mitteleuropas. Auf seinen Messen vereinigte sich der Handelsverkehr der Nordseehäfen und der Adria, Ungarns, Rußlands, Polens. Im 18. Jahrhundert wurde der Frankfurter Meßverkehr von dem Leipzigs in den Schatten gestellt. Zum Aufschwunge des Leipziger Messehandels trug der Umstand viel bei, daß der Handelsverkehr sich von allen Hemmungen und Schikanen frei abspielen konnte, daß die Ausländer für die Dauer der Messe den einheimischen Kaufleuten gleichgestellt waren, sogar von Messe zu Messe Handel treiben durften. Diese günstigen Verhältnisse lockten zahlreiche ausländische Kaufleute zu den Messen heran. Ihre Zahl wurde auf 3000 bis 7000 geschätzt; größtenteils waren es Engländer, Holländer, Griechen und polnische Juden (wobei letztere 13—25 % der Gesamtzahl der Meßbesucher ausmachten). Die Umsätze des Meßhandels ergeben eine Steigerung seit dem Ausgange des 16. Jahrhunderts, um im 18. Jahrhundert 7,5—13,5 Mill. Mark, ja 14—24 Mill. jährlich zu erreichen.

Im Gegensatz zu Geldhandelsplätzen wie Amsterdam und Frankfurt a. M. blieb der Leipziger Kreditverkehr von lokaler Bedeutung, er bildete nur eine Ergänzung des Warenhandels. Die Bedeutung der Leipziger Wechsel im internationalen Kreditverkehr war gering, während ausländische Wechselbriefe auf den Leipziger Messen als Zahlungsmittel ausgiebige Verwendung fanden. Bis zum Dreißigjährigen Kriege waren es vornehmlich auf die oberdeutschen Städte, nach dem Kriege auf Frankfurt a. M., Amsterdam (im Handelsverkehr mit Rußland), Wien (im Levantehandel), zu Ausgang des 18. Jahrhunderts auf England und Hamburg gezogene Wechsel.

Die günstige Lage Leipzigs wurde schon durch die niederländischen Refugianten erkannt, die sich in der Stadt einfanden und denen Leipzig die Hebung seiner Textilindustrie zu verdanken hatte. Doch stand um die Mitte des 15. Jahrhunderts der Leipziger Handel vorerst noch bedeutend dem von Erfurt, Magdeburg und Halle nach. Halle war neben den mit Leipzig gemeinsamen Vorzügen einer außerordentlich günstigen Lage als Kreuzungspunkt mehrerer Straßen auch noch im Besitz der aus der unmittelbaren Nähe eines schiffbaren Stromes entstehenden Vorteile. Derselben Stellung erfreute sich Magdeburg. Leipzig mußte einen hartnäckigen Kampf mit diesen Städten, sowie mit Naumburg a. S., Braunschweig u. a. m. ausfechten, bis es ihm gelang, sie zu überwinden, das Verbot ihrer Messen und Jahrmärkte, die Ungültigkeitserklärung ihrer Stapelrechte durchzusetzen und ihren Handel zu sich herüberzuleiten. Die Leipziger Messen wurden dreimal im Jahre abgehalten. Im 15. Jahrhundert dauerten sie je eine Woche, später wurden zwei von ihnen auf je drei Wochen ausgedehnt. Viele ausländische Kaufleute ver-

---

[1]) Dietz, II, S. 13, 41 ff., 66 ff.

blieben aber von Messe zu Messe in Leipzig oder ließen Vertreter und Faktoren zurück. Es kam infolgedessen ein direkter Handelsverkehr zwischen den Ausländern auf, der, gleich dem von ihnen geübten Detailhandel, von der Stadt ursprünglich untersagte „Handel von Gast zu Gast“. Die einheimischen Kaufleute führten wiederholt Klage darüber, doch wagten die Behörden es nicht, aus Furcht vor dem Abzuge der Ausländer gegen diese Übertretungen einzuschreiten. Man beschwerte sich auch darüber, daß die aus London, Hamburg, Polen eintreffenden Kaufleute unter dem Vorwande des Auspackens der mitgebrachten Waren dieselben bereits drei Wochen vor der Eröffnung der Messen zur Schau stellten und feilboten. Es wurde daraufhin der Versuch gemacht, solche Handelsgeschäfte, sowie das die Umgehung der Messebestimmungen ermöglichende frühzeitige Auspacken der Waren zu untersagen. Doch legten die fremden Kaufleute dagegen Beschwerde ein, mit der Begründung, das Reinigen, Klopfen und Sortieren der nach Leipzig gebrachten, sowie der von früheren Messen her dort zurückgelassenen Pelzwaren müsse sofort nach der Ankunft erfolgen und könne nicht erst auf die nach der Eröffnung folgenden Tage aufgeschoben werden. Letzteres würde außerdem — so führten sie aus — den Verlust einer ganzen zum Handel bestimmten Meßwoche bedeuten. Aus den Berichten der „Commerzien-Deputation“ ist ersichtlich, daß auf den Besuch jüdischer Kaufleute großer Wert gelegt wurde. Die Abnahme ihrer Zahl wurde als bedauerliches Ereignis hingestellt und dadurch erklärt, daß Frankfurt a. O. und Breslau, wo kein Unterschied zwischen jüdischen und christlichen Kaufleuten gemacht würde, sie zu sich hinüberzögen, während in Sachsen die Juden eine hohe und entwürdigende Kopfsteuer zu zahlen hatten.[1])

Zum ersten Handelsplatz Deutschlands war Hamburg aufgestiegen. Den Mittelpunkt des mittelalterlichen Hansehandels hatte die Ostsee gebildet; an ihren Küsten befanden sich die Haupthandelsstädte. Der Aufstieg Hamburgs begann erst seit dem 16. Jahrhundert, als infolge der Verlegung des Welthandels an die Westränder Europas, mit dem Emporkommen neuer Handelsmächte, Englands und Hollands, die Nordseeküste größere Bedeutung erhielt. Im Mittelalter stand Hamburg, seiner Bedeutung nach, weit hinter Lübeck, Rostock, Danzig zurück. Im 16. Jahrhundert jedoch wurde Hamburg bereits das „florentissimum emporium totius germaniae“ genannt. Die vorteilhafte Lage Hamburgs an der Elbemündung, wo Ebbe und Flut auch tiefgehenden Schiffen den Zugang den Fluß hinauf ermöglichte, die günstigen Verbindungen, die Hamburg gewissermaßen zum Seehafen Berlins und der Mark Brandenburg machten, der Umstand, daß das weitere Elbgebiet bis hinauf nach Böhmen und darüber hinaus nach Mähren und Wien führte, dies alles bewirkte, daß Hamburg nach der Verschiebung der Handelswege den Handel der Ostseestädte an sich ziehen und nächst Amsterdam zum bedeutendsten Seehafenplatz des europäischen Kontinents sich ausbilden konnte. In der zweiten Hälfte des 18. Jahrhunderts verkehrten in Hamburg jährlich ca. 2000 Schiffe, darunter freilich nur 150

---

[1]) Hasse, Gesch. der Leipziger Messen (1885). Kroker, Handelsgeschichte der Stadt Leipzig (1925). Vgl. Netta, Die Handelsbeziehungen zwischen Leipzig und Ost- und Südosteuropa bis zum Verfall der Warenmessen (1920). Straßburger, Gesch. des Leipziger Tuchhandels (1915). Moltke, Urkunden zur Entstehungsgeschichte der ersten Leipziger Großhandelsvertretung (1904). Wasserstrom, Die Entwicklung des Bankwesens in Leipzig (1911). Markgraf, Zur Gesch. der Juden auf den Messen in Leipzig von 1604 bis 1839 (1894). Freudenthal, Die jüdischen Besucher der Leipziger Messe in den Jahren 1675 bis 1699 (1902).

bis 160 eigene, während die Schiffahrtsbewegung im Lübecker Hafen zur selben Zeit auf 800 bis 950, im Bremer Hafen auf nur 480 geschätzt wurde.[1])

Der Aufschwung Hamburgs knüpfte zunächst an den Warenhandel, vornehmlich mit Rohprodukten an. Bereits 1558 (vier Jahre nach Antwerpen) erhielt die Stadt eine Börse, während Lübeck erst 1607, Bremen 1614 Börsenplätze geworden waren. Es kam nun auch das Geld- und Wechselgeschäft auf, das sich freilich erst dann entfalten konnte, als 1618 in Hamburg nach Amsterdamer Muster eine Girobank begründet wurde. Durch die Einwanderungen nach dem Falle Antwerpens ergab sich eine Zunahme an Lebhaftigkeit des Handels mit den Niederlanden. Um 1625 war der dritte Teil der Hamburger Handelsmarine im Frachtverkehr mit den Niederlanden beschäftigt. Obwohl Hamburg zunächst noch durch die Vermittelung der Niederlande Handel betrieb, keinen direkten Überseehandel pflegte, so kam hier doch ein lebhafter Zwischenhandel mit Kolonialwaren auf, die auf dem Wege über Amsterdam nach Hamburg gelangten. Im 18. Jahrhundert besuchten auch die Hamburger Schiffe in großer Anzahl Bordeaux und andere französische Häfen und nahmen neben Wein, Zucker, Kaffee auch Indigo und andere Erzeugnisse der französischen Kolonien als Frachtgut mit, die über Hamburg nach Deutschland eingeführt wurden. Durch die nach Hamburg eingewanderten portugiesischen Juden wurde der Handel Hamburgs mit der Iberischen Halbinsel und den Mittelmeerhäfen emporgebracht. Noch früher, bereits 1567, verlegte die englische Kompagnie der Merchant-adventurers ihre Faktorei aus Antwerpen nach Hamburg, wo sie bedeutende Vergünstigungen erwarb. Die Entrüstung der Hanse hierüber war freilich so groß, daß Hamburg sich genötigt sah, die Engländer auszuweisen. Doch wiederholten sie 1611 einen neuen Versuch, eine Faktorei in Hamburg zu errichten, und seit dieser Zeit wurde Hamburg zum wichtigsten Stützpunkt des englischen Handels auf dem Kontinent. Vor allem waren es englische Tuche, die von hier aus in ganz Europa Verbreitung fanden; der Handel mit Gewerbeprodukten kam zu rascher Blüte. Da Hamburg in den Kämpfen des 17.—18. Jahrhunderts fast immer seine Neutralität zu erhalten wußte und es verstand, gute Beziehungen zu beiden Parteien aufrechtzuerhalten, so gewann es wachsende Bedeutung im internationalen Handelsverkehr. Sogar durch den Siebenjährigen Krieg wurde seine Stellung nicht betroffen, und es gelang Hamburg, in dem Wettbewerb mit England und Holland auf der Iberischen Halbinsel (und in den Skandinavischen Staaten) erfolgreich einzutreten. Im 17., insbesondere aber im 18. Jahrhundert wurde eine Reihe für Hamburg günstiger Handelsverträge mit verschiedenen Staaten abgeschlossen. Besondere Beachtung verdient das 1661 mit England eingegangene Abkommen, demzufolge die (übrigens ja in der Hauptsache gegen Holland gerichtete) Navigationsakte auf Hamburg keine Anwendung finden sollte. In der zweiten Hälfte des 18. Jahrhunderts, nach dem Abfalle der nordamerikanischen Kolonien von England, wurden von Hamburg aus direkte Handelsbeziehungen zu den Vereinigten Staaten angeknüpft. 1796 liefen 239 amerikanische Schiffe im Hamburger Hafen ein. Um dieselbe Zeit war Hamburg auch zum Hauptvermittler der Getreideausfuhr geworden, die aus Archangel und den Ostseehäfen nach England erfolgte. Mit dem Beginn der Revolutionskriege wurde ein beträchtlicher Teil des Amsterdamer Handels nach Hamburg herübergeleitet und die Stadt gewann die Stellung des mächtigsten kontinentalen Handelsplatzes.

Das Hamburger Leben des 17.—18. Jahrhunderts ist in allen seinen Kundgebungen von den Interessen und Bestrebungen des Handels durchdrungen. Literatur wie bildende Künste räumen der Darstellung des Kaufmanns, der Börse, der Seefahrt einen bedeutenden Platz ein, verherrlichen das Wirken des Kaufmanns. Wenn mitunter auch unter diesen Lobpreisungen Tadel laut wird, so bezieht sich derselbe auf die „Auswüchse“ des Handels, auf die Geldgier, die Jagd

---

[1]) Lamprecht, VIII, S. 137.

nach Reichtum. Dichter besangen den Geldverkehr, den Handelsherrn, der „Treu und Ehre sucht“ (Friedrich v. Hagedorn), prägen Sentenzen wie die, daß „sich jedoch die ganze Welt — durch Geld und Mist allein erhält“. Auch die Kirche wurde durch den Handel beeinflußt. Sowohl portugiesische Juden, als Katholiken und aus den Niederlanden zugezogene Kalvinisten wurden von der Geistlichkeit den Interessen des Handels zuliebe geduldet. In ihren Predigten befaßten sich die Hamburger Pastoren mit dem Handel, in ihren Gebeten riefen sie den Segen des Herrn auf die „ehrliche Handlung“ herab. Ein Pastor nannte die Schiffahrt „ein recht gott-christliches und nützliches Werk“, das für die „liebe Kauf- und Handelschaft notwendig sei und den Menschen das Beten lehre“ (qui nescit orare, discat navigare). Auf dem Titelblatte eines aus dem 17. Jahrhundert stammenden Gebetbuches ist die Börse mit Börsenbesuchern abgebildet. 1608 wurde von einem Pastor ein Erbauungsbuch für Schiffer, „das Kleinod der Seefahrenden“, veröffentlicht. Im 18. Jahrhundert erschien die praktisch-theologische Schrift des Pastors Fabricius, Hydrotheologie betitelt, in der auf theologisch-naturwissenschaftlicher Grundlage die Bedeutung des Wassers für die Menschheit geschildert wurde.[1])

Kapitel 17.

Die Waren.

Unter den Waren standen im Welthandel nach wie vor an erster Stelle die Gewürze, die aus den portugiesischen, niederländischen, englischen, französischen Kolonien importiert und daher als „Kolonialwaren“ bezeichnet wurden. Während der Handel mit diesen Waren im Mittelalter von den Arabern beherrscht war, die die Erzeugnisse Indiens nach Ormuz, Aden oder Mekka und von dort nach Ägypten brachten, wurden sie nunmehr, nach der Entdeckung des direkten Seeweges nach Ostindien, zunächst von den Portugiesen und nach ihrer Verdrängung aus Indien von den Holländern unmittelbar in ihren Ursprungsländern erworben, in jenen Landstrichen, die im Mittelalter als sagenumwoben, den europäischen Reisenden unzugänglich erschienen. Den Pfeffer führten Portugiesen, später Holländer von der Malabar küste, sowie von Sumatra und Bantam nach Europa ein. Zimt wurde von Portugiesen, Holländern, später von Engländern aus Ceylon gebracht, dessen Reichtum an diesem Gewürz den Hauptgrund für die

---

[1]) Ehrenberg, Hamburg und England im Zeitalter der Königin Elisabeth (1896). Baasch, Hamburg und Holland im 17. und 18. Jahrhundert. Hans. Gesch.-Bl. 1910. Ders., Der Einfluß des Handels auf das Geistesleben Hamburgs (1909). Ders., Hamburgs Seeschiffahrt und Warenhandel vom Ende des 16. bis zur Mitte des 17. Jahrhunderts. Z. d. Ver. f. hamb. Gesch. (1893). Ders., Hamburgs Convoyschiffahrt und Convoywesen (1896). Ders., Die Handelskammer zu Hamburg, I, 1665 bis 1814 (1915). Halle, Der freie Handelsmakler in Hamburg (Schmollers Jahrb. 1892). Vgl. Kiesselbach, Die wirtschaftliche und rechtsgeschichtliche Entwicklung der Seeversicherung in Hamburg (1901). Armsinck, Die ersten hamburg. Assekuranzkompagnien (Zeitschr. d. Ver. f. hamb. Gesch. IX). Dainville, Les relations commerciales de Bordeaux avec les villes Hanséatiques au XVII et XVIII siècle (Hayem, Mém. et docum 4e sér.) Hagedorn, Ostfrieslands Handel und Schiffahrt I, VI (Abh zur Verkehrs- u Seegesch. III, VI. 1909, 1912). Lamprecht, Deutsche Gesch., VIII, S. 132 ff.

Besetzung der Insel durch die Portugiesen gebildet zu haben scheint. Nelken und Muskatnüsse kamen von den Molukken (die Ternate-, Amboina-, Banda-Inseln). Der Streit um ihren Besitz führte zu erbitterten Kämpfen, die zuerst zwischen Portugiesen und Holländern, dann zwischen Holländern und Engländern ausgefochten wurden. Um das Monopol der Holländer auf diesem Gebiete zu durchbrechen, wurden Nelkenbäume von den Franzosen heimlich nach den Antillen, Muskatbäume von den Engländern nach der Mauritius-Insel geschafft und dort angepflanzt. Zu diesen aus den Kolonien von altersher eingeführten Gütern gesellten sich nunmehr auch andere Kolonialwaren: so Reis (arab. aroz), der von den Arabern bereits im Mittelalter angebaut und dann von den Spaniern nach Mailand und weiter überall hin nach Italien gebracht worden war, nun jedoch hauptsächlich aus Indien und von den Großen Sunda-Inseln, wo er im Überfluß vorhanden war, eingeführt wurde. Ferner Kaffee, den Franzosen und Venezianer aus Kleinasien und Ägypten ausführten und der von den Holländern erfolgreich auf Java, später auch auf Ceylon und in Surinam, von den Engländern im Dekan angebaut wurde. Auch die Franzosen legten auf den Kleinen Antillen sowie in Guayana und auf den Mascarenen Kaffeeplantagen an. 1770 erschien auch brasilianischer Kaffee im Handel, der seit dem Anfange des 19. Jahrhunderts die erste Stelle einnimmt. Opium aus Bengalen wurde eingeführt, sowie Tee, der zum erstenmal 1610 nach den Niederlanden exportiert worden war. Allerdings bezogen ihn die Holländer nicht direkt aus China, sondern aus Indien, wohin er von den Chinesen gebracht wurde. Erst seit dem Anfang des 18. Jahrhunderts begannen die Engländer, Tee unmittelbar in China einzukaufen. Aus Amerika führte man seit dem 16. Jahrhundert Tabak, Kakao (zunächst aus Mexico, dann aus Brasilien, wohin die Pflanze gebracht worden war), Cochenille und Arzneimittel wie Chinarinde und Ipekakuanha, ein. Das Zuckerrohr (Zucker vom arab. sukkar) wurde jetzt nicht mehr wie im Mittelalter bloß in der Levante (Ägypten, Syrien, Arabien), sondern auch in den indischen, besonders aber in den amerikanischen Kolonien angebaut. Seine Heimat ist wohl in Bengalen zu suchen, von wo aus es in den ersten Jahrhunderten n. Chr. nach China, Persien und Mesopotamien wanderte. Nach der Eroberung der beiden letztgenannten Länder durch die Araber wurde durch sie sein Anbau nach Ägypten, Unteritalien, Sizilien und Nordafrika verpflanzt. Die Nordküste Afrikas wies bereits im 11. Jahrhundert zahlreiche Zuckerplantagen auf. Auch nach Andalusien gelangte das Rohr (aus Sizilien) durch die Araber. In ihren ersten Expeditionen brachten dann die Portugiesen die Zuckerrohrkultur nach Madeira, den Kapverden, den Azoren und den Kanarieninseln, wo große, von Negern bearbeitete Zuckerrohrplantagen entstanden. Von dort fand das Zuckerrohr seinen Weg nach Haiti (durch Kolumbus), im 16. Jahrhundert nach Kuba, Mexiko und Peru. Seit 1532 bürgerte sich der Zuckerrohrbau in Brasilien ein. Seit der Mitte des 17. Jahrhunderts begannen die aus Brasilien vertriebenen Holländer seine Kultur auf den

Kleinen Antillen zu betreiben, Amerika wurde zum Hauptlieferanten für Zucker.[1])

Die nach Europa aus den Kolonien eingeführten Gütermengen ergeben eine erhebliche Vergrößerung; ihre Preise erfuhren seit dem Ausgang des 16. und dem Anfang des 17. Jahrhunderts eine Abnahme, so daß trotz des gesunkenen Geldwertes die Preise für Kolonialwaren nur um ein geringes höher waren (oder überhaupt nicht gestiegen waren), als vor der Entdeckung des direkten Seeweges nach Indien. Reis und Pfeffer waren sogar billiger als im 15. Jahrhundert. Nach den Angaben d'Avenels gingen im 18. Jahrhundert in Frankreich die Preise für Zucker, Pfeffer und Ingwer noch weiter herab.[2]) Dieser Umstand brachte es mit sich, daß die verschiedenen Spezereien nicht nur, wie dies im Mittelalter der Fall war, bei besonders festlichen Gelegenheiten gebraucht, sondern bei den bemittelten Klassen als gewöhnliches Konsummittel auf den Tisch kamen. Pfeffer, Kalgan, Muskat, Nelken, Ingwer sollten den Appetit reizen, verdorbenen Eßwaren einen guten Geschmack verleihen. Insbesondere nahm der Zuckerkonsum zu. Während bis 1600 der Zucker lotweise in der Apotheke gekauft wurde, wurde er später als Zukost zu allen möglichen Speisen verwandt.[3]) Im Volke wurden alle diese Spezereien als Arzneimittel verwandt, die zur Bekämpfung aller möglichen Krankheiten bis zu Cholera und Pest zu dienen hatten.[4]) Der Kaffee-, Tee-, Tabakkonsum fand trotz der hierfür erlassenen Verbote und Strafen[5]) unter den begüterten Klassen rasche Verbreitung.[6]) Für die Masse der Bevölkerung waren freilich diese wie die anderen Kolonialwaren ein noch unerschwinglicher Luxus.

Der Kaffee, der ursprünglich in Mokka angebaut wurde, wurde von dort über Djedda und Suez nach Alexandria gebracht, wo er auf europäische Schiffe verladen

---

[1]) Lippmann, Geschichte des Zuckers (1890). Surface, The story of Sugar (1920). Boizard et Tardieu, Historique de la législation des sucres (1891). Dorveaux, Le sucre au moyen-âge (1911). Paasche, Zuckerindustrie und Zuckerhandel der Welt. Seiler, Deutsch. Kulturgesch. II, 3. Aufl., S. 179f. Prutz, Kulturgesch. d. Kreuzzüge, S. 320, 407. Sombart, Mod. Kapit., I, S. 132; II, S. 1015. Bondois, Colbert et la question des sucres (Rev. d'hist. écon. 1923). S. auch oben, S. 26.

[2]) d'Avenel, Histoire de la propriété des prix etc., IV, S. 598.

[3]) Nach dem Erzeugungslande wurden neben dem ostindischen Kristallzucker im 16. Jahrhundert als weitere Sorten unterschieden der Melis-(Malta-)Zucker, der Canari-, der geringe Cassun-(Cassonade-)Zucker, d. i. ein in Fässern aus Brasilien kommender Roh- oder Puderzucker und als billigste Sorte der braune Thomaszucker. 1624 kostete in Straßburg in Fl. der Candit (Kristall) per Zentner weiß 60 bis 68, braun 36 bis 38, Canari und Melis 40 bis 44 und 35 bis 36, Cassun in Fässern weiß 35, braun 20 (Dietz, Frankf. Handelsgesch, II, S. 143 f.).

[4]) Warburg, Die Muskatnuß (1897), S. 510, 552 ff., 578 ff.

[5]) Über den Kampf gegen Tabak und Kaffee, über die im 17. Jahrhundert aufgekommenen Kaffeehäuser (wo auch Aktienspekulation, wie zu Amsterdam, Paris, Hamburg, Wien betrieben wurde, vgl. Samuel, Die Effektenspekulation im 17. u. 18. Jahrh., 1924, S. 22, 128, 169, 176. Ehrenberg, Zeit. der Fugger II) und über den Konsum von Kolonialwaren s. oben S. 26 ff.

[6]) Nach Moreau de Jonnès erhielt England 1775 bis 1780 aus seinen amerikanischen Besitzungen durchschnittlich für 95 Mill. Fr. Waren jährlich, davon für

wurde. Den Holländern gelang es, in Jemen einige Kaffebäume zu erlangen, die in Batavia (auf Java) mit Erfolg angebaut wurden, so daß Java zu Ausgang des 17. Jahrhunderts von Kaffeeplantagen bedeckt war. Ja, sie machten Versuche, den Anbau von Kaffee in Holland einzuführen, die jedoch infolge des hierzu gänzlich ungeeigneten Klimas notwendig scheitern mußten. Einer von den mit größter Behutsamkeit nach Amsterdam transportierten Kaffeebäumen wurde als Geschenk an Ludwig XIV. gesandt und im Pariser Jardin des Plantes angepflanzt. Ein Sprößling dieses Baumes wurde 1723 vom Kapitän de Clieu nach der Martinique-Insel gebracht. Die Reise wurde unter großen Schwierigkeiten vollbracht. Seeräuber überfielen das Schiff, Stürme gefährdeten es, der Süßwasservorrat erwies sich als ungenügend, so daß die Trinkwasserrationen der Besatzung verkleinert werden mußten; de Clieu aber teilte seine Ration mit dem Kaffeebaum. Nach allen diesen Mühsalen brachte er doch den Baum wohlerhalten nach der Martinique; nach zwei Jahren trug er reiche Früchte; einige Jahre darauf wurden auf der Insel (die sich vordem zum Anbau von Kakao als ungeeignet erwiesen hatte) große Mengen Kaffee erzeugt. Kaffeeplantagen entstanden auch auf Guadeloupe und San-Domingo. Im Jahre 1789 wurde auf den drei Inseln für 88 Mill. Francs Kaffee erzeugt. Für seine Verdienste um die Schaffung des Kaffebaues in den französischen Besitzungen, wodurch ihr Reichtum begründet wurde, wurde de Clieu zum Gouverneur von Guadeloupe ernannt; nach seinem Tode wurde ihm ein Denkmal gesetzt. Unter großen Schwierigkeiten gelang es den Franzosen, auch die von ihnen heimlich aus Surinam hinausgeschmuggelten Kaffeesamen (die Ausfuhr derselben wurde von den Holländern mit der Todesstrafe geahndet) nach Guayana auszuführen. Darauf wurde in Cayenne der Anbau von Kaffee versuchsweise unternommen; die erzielten Erfolge waren auch hier vorzüglich.[1])

Auch die Kakaokultur hatten die Franzosen auf den Antillen (Martinique, St. Domingo, Guadeloupe, St. Lucie), wie in Guayana (Cayenne) und manchen anderen Gebieten Amerikas (Caracas, Guatemala) heimisch gemacht, eigentlich überall da, wo sie auch den Kaffeeanbau betrieben. Die Kakaokultur war mit geringeren Schwierigkeiten verbunden und erforderte weniger Vorbereitungen als der Anbau anderer Kolonialwaren. Nach Labat, der 1742 schrieb, machte das Zuckerrohr mehr Kosten und lieferte nicht so hohe Erträge wie der Kakao. Auch auf den Kakaoplantagen ließ man Neger arbeiten und die Franzosen beschuldigten die Holländer, daß sie bei der Bekehrung der Neger zum Christentum in Caracas in die unter dieselben verteilten Bibelexemplare die Erlaubnis zur Polygamie, zu Diebstahl und Trunkenheit einfügten, um das Gewissen der Neubekehrten, die

---

64 Mill. Zucker, für 13 Mill. Baumwolle, für je 3,6 Mill. Kaffee und Rum, für 740000 Pfeffer, für 250000 Kakao. 1716 betrug die Einfuhr von Gewürzen, Kaffee, Kakao und Zucker nach Frankreich 16,7 Mill. L., die von Tabak in Blättern 5,3 Mill. 1787 belief sich der Gesamtwert dieser Kolonialwaren, zu denen noch Tee hinzukam, auf 179 Mill. L., es ergibt sich also eine kolossale Steigerung. 1716 wurden für 400000 L. Drogen für Heilzwecke nach Frankreich gebracht, 1787 für 3,6 Mill. Der Zuckerkonsum Englands beschränkte sich noch um 1700 auf 10000t, um 1734 auf 42000, 1770 bis 1775 im Jahresdurchschnitt auf 72500 t zu steigen. 1668 wurden in England erst 100 Pfd. Tee verbraucht, dagegen 1711 schon 142000 Pfd., 1730 537000, 1760 sogar 2,3 Mill. und 1786 14 Mill. Pfd. (Sombart, II, S. 1015 f.).

[1]) Franklin, La vie privée d'autrefois. Le café, le thé et le chocolat (1893), S. 98 ff. Man unterschied mehrere Sorten Kaffee, den levantinischen oder arabischen (Mokka) als den feinsten (der nach dem Preiskurant des Maklers Fulda in Frankfurt a. M. 1769 58 Kreutzer das Pfund kostete), javaischen (holländischen, 39 Kr.), bourbonischen als den besten französischen von den Mascarenen (33 bis 37 Kr.), amerikanischen oder westindischen (3 Hauptsorten — Martinique franz. 30 Kr., St. Domingo franz. und Surinam holl. 29 Kr.). Dietz, Frankf. Handelsgesch. IV,1, S. 209. Vgl. oben S. 26 f.

diesen Sünden ergeben waren, zu beschwichtigen und sie zum Verkauf gestohlenen Kakaos an die Holländer zu veranlassen.[1][2])

Ein neuer Farbstoff, das Indigo, im Volksmunde „Teufelsfarbe" genannt — kam in dieser Periode auf und wurde zum gefährlichen Konkurrenten des ehedem gebrauchten Waides. Obwohl auf seinen Gebrauch, ebenso wie auf den von Tee und Kaffee hohe Strafen angesetzt waren, da Indigo als ein Gift bezeichnet wurde, so wurde er doch seit Anfang des 17. Jahrhunderts in großen Mengen nach Europa gebracht, und zwar zunächst von den Holländern, dann auch von der Englischen Ostindischen Kompagnie. Im Jahrzehnt 1773 bis 1782 wurden bereits über 11 Mill. Pfd. Indigo nach England eingeführt, von denen 4,2 Mill. Pfd. ins Ausland weiter gingen. Es wurden auch Farb- und Nutzhölzer importiert, (aus Afrika) Elfenbein und Gummi, endlich Gold und Silber.[3]) Zu diesen nach Europa eingeführten Gütern kam noch die Einfuhr ostindischer Baumwollzeuge hinzu, deren Gebrauch freilich noch lange untersagt blieb.[4]) Die Baumwolle stammte aus Ägypten, Kleinasien, Syrien und Mazedonien, später kamen noch die französischen Antillen, Brasilien und Guayana hinzu. Doch wurde sie auch zu Anfang des 18. Jahrhunderts noch in geringen Mengen eingeführt. Bis zur Mitte des 18. Jahrhunderts belief sich die gesamte Einfuhr von Rohbaumwolle nach England auf kaum 1000 t. Erst seit dem Ausgang des 18. Jahrhunderts stieg die Einfuhr, und zwar erfolgte sie nun aus Nordamerika.[5])

Einen eigenartigen Handelsartikel im Verkehr mit den Kolonien bildete der Menschen-(Sklaven-)Handel.

Die ältere Ansicht, das Mittelalter hätte eine von Sklaverei und Sklavenhandel freie Periode gebildet, die Sklaverei, die im Altertum geherrscht hatte, wäre erst in der Neuzeit, seit der Entdeckung Amerikas, wieder ins Leben gerufen worden, hält den Tatsachen nicht stand. Nicht bloß im früheren Mittelalter[6]), sondern auch in den späteren Jahrhunderten hat es Sklaven gegeben, und zwar nicht nur in der Levante und in den von den Arabern eroberten Teilen Spaniens, sondern auch in den italienischen Städten, welche eifrig Sklavenhandel betrieben haben. In Genua gab es im 15. Jahrhundert eine Steuer auf den Verkauf und das Halten von Sklaven.[7]) „Daher vor allem — sagt Sombart — das heiße Bemühen der Venezianer und

[1]) Labat, Nouveaux voyages aux Iles VI (1742), S. 413. Joinville, Le commerce de Bordeaux au XVIII siècle (1908), S. 215. Dahlgren, Le commerce de la France et des côtes de l'Océan Pacifique, I, S. 683. Bondois, Le monopole du chocolat, S. 180, 183 (Hayem, Mémoires et documents, VII sér. 1922). S. auch oben, S. 28.

[2]) Der Kakao, vornehmlich Carracas-Kakao, wurde zuerst in Spanien gehandelt, dann wurde Haupthandelsplatz Amsterdam. In Frankfurt a. M. hatte 1703 die italienische Spezereiwarenhandlung Brentano & Forno 60 Pfd. Amsterdamer Schokolade auf Lager. Bald entstanden Schokolademanufakturen in Spanien, dann auch in Italien und Holland (Dietz, Frankf. Handelsgesch., IV, 1, 1925, S. 210).

[3]) Über Gold und Silber s. Kap. 21.

[4]) S. oben, S. 169ff.

[5]) Sombart, II, S. 1029.

[6]) Vgl. I, S. 84 f.

[7]) Sieveking, Aus Genueser Rechnungs- und Steuerbüchern (1909), S. 61.

Genuesen, am Schwarzen Meer Fuß zu fassen, die Byzantiner zu verdrängen, um die dort gelegenen Sklavenmärkte völlig zu beherrschen. Und viel mehr als der Verlust des Sklavenhandels — führt er weiter aus — hat insbesonders Venedig die Abdrängung von dem einträglichen Sklavenhandel nach Ägypten geschädigt, wie sie sich als notwendige Folge der Eroberung der kleinasiatischen Gebiete durch die Türken einstellte."[1]) Sklaven arbeiteten auf den den Italienern gehörenden Plantagen in der Levante, so daß die Entdeckung Amerikas in dieser Hinsicht eigentlich nichts neues bedeutete, sondern nur quantitativ die Ausbeutung der unfreien Arbeit in den Kolonien und im Zusammenhang damit auch den Sklavenhandel steigerte.

Nunmehr nahm der Sklavenhandel vorzüglich den Charakter des Negerhandels an, obwohl neben Negern auch andere Sklaven vorhanden waren. Freilich befaßten sich bereits im Mittelalter die Mauren mit Negerhandel und seit 1445 traten im Handel mit der schwarzen Ware die Portugiesen an ihre Stelle. Um 1500 wurden von ihnen Neger von den Kapverdischen Inseln, wo sich die portugiesischen Niederlagen befanden, nach den Antillen gebracht. 1510 führte man Neger über Lissabon nach der Neuen Welt aus, um sie in den amerikanischen Bergwerken arbeiten zu lassen und um 1520 war die Menge der Negersklaven auf San-Domingo dermaßen angewachsen, daß die Kolonisten mit Grauen an die Möglichkeit einer Negerrevolte dachten. Aus dem Angeführten wird man schließen können, daß ein Negerhandel noch vor dem 1543 erlassenen Verbote der „roten" Sklaverei und der Erklärung der Indianer für freie Untertanen des spanischen Königs bestanden hatte. Und doch war er anfangs noch eine Ausnahme, denn zunächst war auf eine Versklavung der roten Rasse abgesehen worden. Bereits Kolumbus (dessen Hoffnung, das Zipang Marco Polos wiedergefunden zu haben, sich als trügerisch erwies) beschloß, seine Unternehmungen nach portugiesischem Vorbild durch Sklavenhandel gewinnbringend zu gestalten und brachte gefangene Indianer mit, die in Sevilla als Sklaven verkauft werden sollten. Rücksichtslos wurde die Sklavenjagd auf Kuba und Haiti betrieben, und weil dadurch sowie durch die von den Europäern eingeschleppten Krankheiten die Indianerbevölkerung dieser Inseln rasch abnahm, so begannen die Spanier, Rothäute von den Kleinen Antillen nach den Großen zu versetzen und vermehrten auf diese Weise unaufhörlich die Zahl der roten Sklaven. Doch die Eingeborenen des Westindischen Archipels zeigten wenig Neigung zu harter Arbeit, die schwache Besiedlung Amerikas durch die Spanier machte aber die Anwendung weißer Arbeitskräfte in den Zuckerplantagen und Goldwäschereien der Neuen Welt unmöglich. Was war da einfacher, als die bereits bestehende Negereinfuhr energisch ins Werk zu setzen. Es entspann sich freilich ein Kampf zwischen den Franziskaner- und den Dominikanermönchen um die Ersetzung der Rothäute durch die Neger, der nach einer vorläufigen Niederlage schließlich zum Siege der Dominikaner mit Bartholomeo de Las Casas an der Spitze führte. Die rote Sklaverei wurde abgeschafft und das zeitweilige Verbot der Negereinfuhr nach Westindien aufgehoben. Bewährten sich doch die Neger als Landarbeiter und Goldgräber viel besser als die Eingeborenen. Die Dominikaner selber, die für den Schutz der Indianer eingetreten waren, erklärten, ein Neger könne die vierfache Arbeit eines Indianers leisten. Dazu kam die Verbreitung des Zuckerrohrs, wie überhaupt des Plantagengroßbetriebs, für den sich die Eingeborenen als ungeeignet erwiesen. Erst mit der Negersklaverei gewann die Zuckerkultur in Amerika an Ausdehnung. „Wohin das Rohr kam, zog es den Menschenhandel nach sich."[2])

---

[1]) Sombart, Mod. Kapit. I, 1. Aufl., S. 352 ff.; 2. Aufl., S. 687 ff. u. 704. Vgl. Langer, Sklaverei in Europa während der letzten Jahrh. d. Mitt. (1891). Hüllmann, Städtewesen im Mitt. I, S. 83 ff. Wattenbach, Sklavenhandel im Mitt. (Anzeig. für Kunde der deutsch. Vorzeit. 1874). Heyd, Gesch. des Levantehandels, II, S. 543. Piton, Les lombards en France (1891), S. 46, 50 ff. Vgl. meine Allg. Wirtsch. I, S. 85, Anm. 1.

[2]) Knapp, Der Ursprung der Sklaverei in den Kolonien (Landarbeiter in Knechtschaft und Freiheit. 1891). Wätjen, Der Negerhandel in Westindien (Hans.

Das Monopol des Sklavenhandels für „Neu-Indien" wie ja des gesamten Handelsverkehrs mit den spanischen Kolonien gehörte der spanischen Krone. Doch übertrug sie seine Ausübung auf Grund von besonderen Verträgen (den sog. „asiento de negros") gegen Erlegung einer bestimmten Summe an Privatgesellschaften. Der Negerhandel nach den Kolonien, der stets dem Meistbietenden überlassen wurde, wurde im 16. Jahrhundert von einigen Genuesen und Deutschen, später von Portugiesen betrieben, in deren Händen das Monopol des Negertransports bis zum Beginn des 18. Jahrhunderts verblieb. An ihre Stelle trat dann die französische Guinea-Kompagnie, zu deren Teilhabern der König selbst zählte. Doch aus Mangel an Schiffen sowie an Leuten, die Erfahrung im Negerhandel besaßen, konnte die Kompagnie kaum mehr als tausend Schwarze im Jahre den spanischen Kolonien zuführen und war außerstande des von Holländern und namentlich von Engländern betriebenen Sklavenschmuggels Herr zu werden. Die Engländer benutzten ihre Insel Jamaika gleichsam als Negerreservoir und brachten auf dem Wege des Schleichhandels soviele Schwarze nach den umliegenden spanischen Häfen, daß diese Plätze eigentlich von ihnen und nicht von den Franzosen mit Negern versorgt wurden.[1])

Im Frieden von Utrecht (1713) gelangte auch das asiento in die Hände Großbritanniens. Durch dieses Privileg suchte Spanien die englische Regierung leichter zum Frieden zu stimmen, ein Beweis für die hohe Bedeutung, die dem Sklavenhandel beigelegt wurde. Der englischen Südseekompagnie wurde auf die Dauer von dreißig Jahren das Recht eingeräumt, dem spanischen Kolonialreich alljährlich 4800 Neger zu liefern. Tatsächlich war die Einfuhrziffer viel größer. Nach Edwards führten englische Schiffe 1680 bis 1786 ca. 2130000 Sklaven nach Amerika ein, d. i. durchschnittlich jährlich 20000 Stück. Großbritannien war im 18. Jahrhundert der Mittelpunkt des Sklavenhandels, und in England selbst stellte Liverpool wiederum seine Hauptstätte dar. Von 192 englischen Sklavenschiffen liefen 1771 aus Liverpool 107 aus, von London 58, von Bristol 23. Die nordamerikanischen Kolonien Englands zählten 1715 60000 Neger, 1754 260000, 1776 460000. Nun ging freilich bei der Überfahrt wegen der jammervollen hygienischen Zustände an Bord, der spärlichen Nahrung und des Wassermangels, ein

---

Gesch.-Bl. XVIII, 1913). Häbler, Die Anfänge der Sklaverei in Amerika (Z. f. Soz.- u. W.-G. IV). Scelle, Théories relatives à l'esclavage en Espagne au XVIIe siècle (Rév. d'hist. des doctrines économ. et sociales), 1912. Sombart, Bd. I, T. 2, S. 693 ff.

[1]) Zu den französischen Häfen, die aus dem Negerhandel viel Gewinn gezogen haben, gehört außer Le Havre und Bordeaux auch Nantes, und die prächtigen Paläste, die noch heute die Inseln und die Stadtkais schmücken, bezeugen die großen Reichtümer, die das „Ebenholz" einbrachte. (Martin, Le système de Law et la prospérité du port de Nantes. Rev. d'hist. écon. 1924, Nr. 4.) Barrey, Le Havre et la navigation aux Antilles sous l'ancien régime (Hayem, Mém. et docum., V. sér. 1917). Sée, Le commerce maritime de la Bretagne au XVIII siècle. (Ibid. IX. sér. 1925). Vgl. oben S. 229.

erheblicher Teil der schwarzen Ware zugrunde. Doch seit Anfang des 18. Jahrhunderts zwang das eigene Interesse die Händler, bessere sanitäre Maßnahmen zu treffen. So sollte auf jedem französischen Negerschiff ein Arzt anwesend sein, die kranken Sklaven sollten eine richtige Pflege erhalten, der Schiffskapitän war verpflichtet, ihnen genügend Nahrung zu reichen, die Neger sollten sogar mit Tanz und Musik belustigt werden. Der Kapitän erhielt 5 Livres für jeden an seinem Bestimmungsort gesund angelangten Neger. Ähnliche Prämien für Kapitän und Schiffsarzt (wenn sie auf der Überfahrt nicht mehr als 2 bis 3% Verluste hatten) wurden in England 1788 festgesetzt. Daß der Sklavenhandel recht einträglich war, ersieht man daraus, daß beim Ankauf eines Angolasklaven Tauschartikel im Werte von 40 bis 50 Fl. genügten (für wenige Kannen Branntwein, für einige Ellen groben Tuches oder gar für ein Paar eiserne Nägel mit Messingköpfen konnte man einen ausgewachsenen Sklaven erstehen), während derselbe Mann, dessen Transport ja nicht viel kostete, in Brasilien für 200 bis 800 Fl. seinen Abnehmer fand. Die holländische westindische Kompagnie verkaufte 1636—1645 23000 Neger für 6,7 Mill. Gulden, was ca. 300 Gulden pro Mann ausmacht. 1728—1760 wurden von den aus Havre abgelaufenen Schiffen 203000 Neger aus dem Senegal, der Goldküste, Loango usw. nach den Antillen (San-Domingo) für 202 Mill. L. abgesetzt (1768 bis 1776 21000 Neger für 35 Mill. L.[1])

Die Frage, ob die Anwendung der Sklavenarbeit und der Betrieb des Negerhandels statthaft und nicht vielmehr als Sünde zu betrachten seien, wurde mehrfach von den Schriftstellern des 16.—10. Jahrhunderts aufgeworfen, namentlich in Spanien, das ja am meisten der Neger für seine Kolonien bedurfte und über das asiento verfügte. Den Ausgangspunkt bildete der Grundsatz, daß Christen sich der Sklavenarbeit bedienen könnten, soweit die betreffenden Sklaven in jenen Ländern, wo Sklaverei herrscht, auf rechtmäßigem Wege ihre Freiheit verloren haben, d. i. namentlich im Kriege gefangen genommen oder wegen begangener Verbrechen versklavt worden sind. Soweit nicht das Gegenteil erwiesen sei — so lautete diese Beweisführung weiter — ist ein derartiger, rechtmäßig vor sich gegangener Freiheitsverlust anzunehmen. Wollte man freilich den Negern selber Glauben schenken, so wären sie sämtlich ungesetzlich ihrer Freiheit beraubt worden; doch auf ihre Angaben könne sich ja niemand verlassen. Auch wäre es ja unmöglich, unter der massenhaft eingeführten schwarzen Ware die widerrechtlich Versklavten von den übrigen zu scheiden. Jedenfalls hätten doch die Händler dieselben bona

---

[1]) Johnston, The Negro in the New World (1910). Blake, The History of Slavery (1859). Egerton, History of British Colonial Policy (1897). Moreau de Jonnès, Recherches statistiques sur l'esclavage colonial (1842). Hochstetter, Die wirtsch. und politischen Motive für die Abschaffung des britischen Sklavenhandels (Schmollers Forsch. XXV, 1905). Wätjen, Holland und Brasilien im 17. Jahrh. (Hans. Gesch.-Bl. XVII). Ders., Der Negerhandel in Westindien und Südamerika (ibid XVIII) Ders., Das holländische Kolonialreich in Brasilien (1921). Ders., Zur Geschichte des Tauschhandels an der Goldküste um die Mitte des 17. Jahrh. (Festschrift für Schäfer, 1915). Halle, Baumwollproduktion und Pflanzungswirtschaft in den nordamerikanischen Südstaaten, I (Schmollers Forsch. 1897). Scelle, Histoire politique de la traite negrière aux Indes de Castille, I (1906). Barrey, Le Havre et la navigation aux Antilles (1917). Vgl. Savary, Le Parfait Negociant (1675), II, S. 262.

fide erworben, um so mehr die Kolonisten, so daß die einen wie die anderen sich ein reines Gewissen erhalten hätten.

Doch gab es auch Gegner der Negersklaverei, welche die Unrichtigkeit jener Voraussetzung zu erweisen suchten, indem sie behaupteten, viele Neger hätten ihre Freiheit zweifellos ungesetzlich eingebüßt, indem die Negerfürsten einfach ihre Untertanen oder Eltern ihre Kinder, ohne durch Not dazu gezwungen zu sein, den Europäern verkauften. Sie wiesen auch auf den Kauf von Frauen und Kindern hin, die weder Kriegsgefangene sein konnten, noch irgendwelche Verbrechen begangen hatten. Freilich würden die exportierten Neger dem Christentum zugeführt, jedoch erheische der christliche Glaube wohl kaum, daß die Freiheit der Seele durch die Versklavung des Körpers erkauft werde. Doch waren diese Predigten gegen die Negersklaverei erfolglos. Man konnte ihren Gegnern leicht vor Augen führen, daß ihre Aufhebung die Kolonisierung Amerikas zugrunde richten, ja Christentum und Zivilisation gefährden könnte;[1]) auch sei die schwarze Rasse zur Sklaverei bestimmt. Die katholische Kirche interessierte sich weit mehr dafür, ob nicht durch Abschließung des asiento mit Protestanten oder mit solchen Katholiken, bei denen protestantische Angestellte, zuweilen auch Juden, in Dienst waren, der richtige, d. i. der katholische Glaube gefährdet werde; denn indem der Einkauf, Transport und Absatz der schwarzen Ware Protestanten anvertraut würde, könnten dieselben unter den eben zum katholischen Christentum bekehrten, doch in ihrem neuen Glauben noch wenig gefestigten Negern leicht den Samen des Unglaubens ausstreuen. Aber gegen diese Gefahr konnte die spanische Regierung nichts ausrichten, denn sie war außerstande, den Negerhandel in ihre eigenen Hände zu nehmen.[2])

Auch in Frankreich und England eiferten schon früh edelgesinnte Missionare, Gelehrte, Dichter, Weltreisende gegen den Sklavenhandel, später bildeten sich auch (in England) Abolitionskomitees, welche dem Parlament entsprechende Petitionen einreichten. Doch waren ihre Forderungen zunächst noch aussichtslos. War doch das englische Kapital am Negerhandel und am Plantagenbau in den Kolonien stark beteiligt. Der New Royal African Company, welche bis 1688 den Sklavenhandel betrieb, gehörten der Herzog von York, der Graf von Shaftesbury und sein berühmter Freund John Locke an, ja der König selbst nahm daran teil, wie auch später die Könige von England und Spanien je ein Viertel des Reingewinnes am asiento bezogen. Die Anträge auf Abolition wurden denn auch mit der Erklärung abgewiesen, daß der Sklavenhandel dem Wohlstande der Nation zugute komme und seine Abschaffung die westindischen Kolonien ruinieren müßte. Man war eben damals der Ansicht, daß ohne diese „schwarzen Diamanten" die Produktion der kostbaren Kolonialwaren ebenso unmöglich sei, wie heutzutage ein Fabrikbetrieb ohne Dampfmaschine und Kohlen. Auch stärkten die im Sklavenhandel beschäftigten 4000 bis 5000 Seeleute die nationale Wehrkraft Großbritanniens in jedem Seekriege um ebenso viele ausgebildete und seetüchtige Mannschaften. Erst später erwies sich diese Behauptung als unhaltbar. Zum Sklavenhandel an der Küste Afrikas, den die Matrosen häufig selbst besorgten, gehörten nämlich mehr Leute, als nachher zur Überfahrt nach Westindien, weshalb die Kapitäne ihre Mannschaften unterwegs barbarisch behandelten („sie wüten wie wahnsinnige römische Cäsaren"), um alle überflüssigen Matrosen zur Desertion zu treiben und möglichst wenig Lohn zu zahlen. Auch der monatelange Aufenthalt an den heißen, sumpfigen Küstenniederungen, das verdorbene Essen und Wasser usw. erzeugten Fieber, Ruhr, Skorbut unter den Mannschaften. So kam es, daß der Sklavenhandel nicht eine Pflanzschule, sondern das Grab der britischen Marine wurde; 23% der beteiligten

---

[1]) Selbst Savary (Parf. Negotiant, II, S. 262) beruft sich darauf, daß die Neger dem christlichen Glauben zugeführt werden, wenn er auch eine gute Behandlung derselben fordert.

[2]) Scelle, Histoire polit. de la traite negrière aux Indes de Castille, I (1906). Ders., Théories rélatives à l'esclavage en Espagne au XVII siècle (Rev. d'hist. des doctr. écon. 1912).

Matrosen kamen in diesem Handel um, gegen 1½% im übrigen westindischen Handel. Man behauptete sogar, England sollte seinen Anteil an diesem Handel Frankreich überlassen, weil auf diese Weise die französische Flotte am sichersten zugrunde gerichtet würde. Es kamen noch andere Umstände hinzu, welche für die Abschaffung des Sklavenhandels zu Ende des 18. Jahrhunderts mitsprachen, wie die hohen Einkaufspreise für Neger, welche mit der steigenden Nachfrage in die Höhe gingen, furchtbare Negeraufstände in den westindischen Besitzungen, endlich der Abfall der 13 nordamerikanischen Kolonien, welche den größten Vorteil aus der Sklaverei in Westindien bezogen hatten, da sie den Schwesterkolonien die Negernahrung lieferten; nun war dieser wichtige Umstand fortgefallen. Schließlich hat England 1806 den Sklavenhandel abgeschafft, nachdem schon früher Dänemark (1803) ihm darin vorangegangen war und auch andere Staaten ihren Anteil am Menschenhandel verloren und ihn teils durch ein Gesetz, teils tatsächlich eingestellt hatten.[1])

Auch im Umfang des Getreidehandels war eine erhebliche Erweiterung eingetreten. Nach wie vor wurde der Kornhandel fast ausschließlich als Seehandel betrieben, denn die Beförderung von Massengütern zu Lande war auch jetzt mit zu hohen Frachtspesen verbunden. Ostdeutschland und Polen mit ihren zahlreichen landwirtschaftlichen Großbetrieben waren es, die (wie auch früher) Getreide in großem Maßstabe ausführten. Diese beiden Länder, zu denen noch Dänemark und später Rußland, hinzukamen übernahmen nun die regelmäßige Versorgung anderer Länder, der Niederlande, Frankreichs, besonders aber Südeuropas, nämlich Italiens und der Iberischen Halbinsel mit Getreide. Die Vermittlerrolle im Handelsverkehr zwischen den Überschuß- und den Bedarfsländern wurde, nachdem die Hanse aus ihm verdrängt worden war, von den Holländern an sich gezogen, in deren Handel (wie bereits oben dargelegt worden) der Ostseeverkehr an erster Stelle stand. Die wichtigsten Handelsobjekte desselben waren Getreide, Bauholz und andere Rohprodukte. Nur in Mißwachsjahren wurde von italienischen und französischen Kaufleuten Korn unmittelbar von den Handelsplätzen der Ostseeküsten bezogen. Dauernde direkte Handelsbeziehungen wurden jedoch von ihnen nicht angeknüpft, denn weder Italien und Spanien, noch die Ostseehäfen (Danzig, Stettin, Königsberg) verfügten über eigene Schiffe in genügender Anzahl. Sie mußten, statt den Getreidehandel selbst zu betreiben, ihn den Holländern überlassen, die Schiffbau und Seeschiffahrt zur Blüte gebracht und den Getreidehandel sachkundig organisiert hatten. Die Holländer unterhielten an allen bedeutenden Ostseeplätzen ständig angestellte Faktoren und Kommissionäre, die den Ankauf des Getreides zu besorgen hatten und in guten Erntejahren zu billigen Preisen große Getreidemengen aufzukaufen suchten. Sie wurden dann nach Amsterdam befördert, wo sie aufgespeichert und nach solchen Gegenden verfrachtet wurden, wo Mißernten die Kornpreise in die Höhe getrieben hatten. Amsterdam wurde zum Kornspeicher Europas, die an der Amsterdamer Börse fixierten Getreidepreise waren maßgebend für die Getreidepreise ganz Europas, für

[1]) Hochstetter, Wirtsch. und polit. Motive für die Abschaffung des brit. Sklavenhandels (1905), S. 5 ff., 9, 12, 15, 21, 70 ff.

Genua, Madrid, Lissabon ebensosehr wie für London, Hamburg und Danzig.

Die Getreidehandelspolitik der europäischen Staaten trug auch jetzt (wie dies im Mittelalter der Fall war) ein zwiespältiges Gepräge zur Schau. Einerseits wurde (wie dies auch die mittelalterlichen Städte getan hatten) in Mißwachsjahren, die eine Steigerung der Kornpreise im Lande hervorriefen, die Getreideausfuhr durch Verbote gesperrt. Zu diesen Maßnahmen, die im Interesse der Bevölkerung angeordnet wurden, griff besonders häufig Colbert. Andrerseits aber setzten Könige und Päpste ihre fiskalische Politik fort, indem sie freilich den Getreideexport untersagten, jedoch gegen Entrichtung hoher Abgaben Ausfuhrlizenzen erteilten. So wurde auch in Frankreich nach dem Tode Colberts verfahren. Ja die Regierungen betrieben vielfach Getreidehandel auf eigene Rechnung, so die Päpste, die Herzöge von Toscana, die Könige von Schweden. Karl XI. wurde „der größte Getreidehändler Schwedens" genannt. Im Kirchenstaat, in Neapel, Sizilien, Piemont usw. wurden diese Machenschaften auf folgende Weise bewerkstelligt. Die Getreideausfuhr wurde gesperrt unter dem Vorgeben, es sei in den Magazinen nicht genügend Korn für den Fall einer Hungersnot aufgespeichert. Sobald infolge des Ausfuhrverbotes die Preise gesunken waren, kauften diejenigen, die die betreffende Verordnung erlassen hatten, ihre einflußreichen Günstlinge oder die mit ihnen im Einverständnis handelnden (und den Gewinn teilenden) Kaufleute das Getreide billig auf und führten es (unter Benutzung der Lizenzen) nach Gegenden mit hohen Kornpreisen aus.

Daneben finden sich aber auch in manchen Staaten im 17.—18. Jahrhundert, vornehmlich in England und den Niederlanden, teilweise jedoch auch in Sachsen, Anläufe zu einer Politik des Agrarschutzes, wenn es auch freilich noch keine eigentlichen Getreideschutzzölle waren. Als Vorstufe dazu ist wohl die allmähliche Erleichterung der Getreideausfuhr zu betrachten, die in der Abschaffung aller die Ausfuhr hemmender Beschränkungen ihren Abschluß fand. Man tat dann wohl noch einen weiteren Schritt, die Getreideausfuhr wurde mitunter sogar positiv durch Ausfuhrprämien gefördert. Dies bedeutete bereits eine Begünstigung der Landwirtschaft, die ihre Fortsetzung in der Einführung von Einfuhrzöllen fand.

In den Niederlanden wurden bereits vom Ende des 16. Jahrhunderts an in einzelnen Provinzen vom eingeführten Getreide Zölle erhoben. Daneben aber waren freilich noch die aus den früheren Erlaubnisscheinen (Lizenzen) hervorgegangenen Ausfuhrzölle beibehalten worden, die die Einfuhrzölle um das 4- bis 5fache überstiegen. Man war eben der Ansicht, der Welthandel Amsterdams bedeute mehr und verdiene größere Berücksichtigung als der unbedeutende Kornbau Hollands. Erst im Tarif von 1725 kamen die agrarischen Interessen der ackerbauenden Provinz Zeeland zur Geltung. Die Ausfuhrzölle fielen ganz fort, die Einfuhrzölle wurden verdreifacht. Freilich waren es noch keine wirksamen Schutzzölle, doch war jedenfalls ein bedeutender Schritt auf dem Wege zum Agrarschutz damit gemacht worden. Zu Anfang des 19. Jahrhunderts kam dann auch ein wirklicher Getreideschutzzoll zustande.[1])

In England sucht bereits seit dem 15. Jahrhundert das Parlament die Getreideausfuhrverbote und königlichen Ausfuhrlizenzen zu beseitigen, um letztere durch einen für alle Exporteure gleichen Ausfuhrzoll zu ersetzen. Dies gelingt ihm freilich erst seit dem 16. Jahrhundert, und zwar auch dann nur in der Weise, daß die Ausfuhr nur so lange frei bleibt, als die Getreidepreise eine bestimmte Maximalhöhe nicht übersteigen (d. h. im Lande ein genügender Vorrat an Getreide vorhanden ist). Diese Maximalgrenze wird nun im Laufe des 16. und 17. Jahrhunderts jedesmal erhöht, so daß die Ausfuhr eigentlich zunehmen müßte. Tatsächlich war sie noch immer gesperrt, denn der wirkliche Getreidepreis war stets höher als der Maximalsatz, bis zu dessen Erreichung die Ausfuhr gestattet war; der Marktpreis war jenem Satze immer voraus. Erst als 1663 die Höchstgrenze für die Ausfuhr auf 48 sh. für den Quarter Weizen erhöht wurde und die Getreidepreise 1663—1672 36 sh. nicht überstiegen, war der Getreideexport möglich geworden.

Doch die Grundbesitzer begnügten sich damit nicht. Auf ihr Drängen hin wurde 1670 der Maximalpreis für die Ausfuhr überhaupt fallen gelassen und 1689 nicht bloß die Ausfuhrzölle fast ganz beseitigt (vollständig aufgehoben wurden sie 1700), sondern auch eine Ausfuhrprämie von 6 sh. für das Quarter des exportierten Weizens (3,5 sh. für Roggen und 2,5 sh. für Gerste) eingeführt. Die früheren Ausfuhrbeschränkungen waren somit durch eine staatliche Ausfuhrförderung ersetzt worden. Das Gesetz, welches dies bestimmte, wurde in Frankreich von den Physiokraten als ein nachahmenswertes Beispiel gerühmt, dem England den Aufschwung seiner Landwirtschaft zu verdanken hätte. Es wurde zum Ausgangspunkt des im 18. Jahrhundert in England aufkommenden Agrarschutzes. Denn bereits 1660 war noch ein anderer Schritt im Interesse des englischen Ackerbaues getan worden. Man griff zu Einfuhrzöllen auf Getreide, wobei auch hier eine obere Preisgrenze festgesetzt wurde; nur solange sie nicht erreicht ist (d. i. kein Mangel an Getreide vorhanden ist), gelten die Schutzzölle. In Wirklichkeit standen die Preise unter dieser Grenze, so daß die Zölle auch tatsächlich erhoben werden konnten.[2])

---

[1]) S. unten Kap. 31.

[2]) Rivière, Précis historique et critique de la législation sur le commerce des céréales (1899). Araskhaniantz, Die französische Getreidehandelspolitik bis 1789. 1883 (Schmollers Forschungen). Afanassiev, Le commerce des céréales en France au XVIII siècle (1894). Dutil, L'état économique du Languedoc à la fin de l'ancien régime (1911). Aclocque, Les corporations, l'industrie et le commerce à Chartres du XI siècle à la Révolution (1917), P. II. Usher, History of the grain trade in France (1913). Faber, Die Entstehung des Agrarschutzes in England (1888). Gras, The evolution of the english corn market from the 12. to the 18. century (1915). Naudé, Getreidehandelspolitik der europäischen Staaten vom

Im Vergleich zur mittelalterlichen Stadtwirtschaft, wo nur wenige Gewerbeprodukte einen ständigen Handelsartikel bildeten, hatte im 16.—18. Jahrhundert der Handel mit Fertigfabrikaten trotz der Einfuhrverbote und hohen Zölle[1]) eine bedeutende Zunahme erfahren. An erster Stelle unter den Gewerbeartikeln standen die Erzeugnisse Englands, insbesondere Tuch[2]), und Frankreichs, das Luxusgüter wie Seidenstoffe, Teppiche, Handschuhe, Hüte, Kurzwaren, Seife und Parfümerie lieferte.[3]) Auch die Produkte des Schweizer Gewerbes kamen auf den Markt. Dagegen hatten die im Mittelalter für den Export produzierenden Industrien der norditalienischen und der oberdeutschen Städte ihre einstige Bedeutung eingebüßt. Nur in Sachsen und Baden waren Industriestätten vorhanden.[4]) Preußens Ausfuhr bestand in landwirtschaftlichen Rohprodukten wie Korn, Holz, Vieh, Häute, Pottasche. Von fertigen Fabrikaten wurden fast ausschließlich die Leinenzeuge Schlesiens und Westfalens ausgeführt. Die Skandinavischen Staaten, Rußland, Spanien, Italien, wie auch Deutschland und Österreich waren aufnahmefähige Absatzgebiete für die gewerblichen Erzeugnisse Englands, Frankreichs, der Niederlande.[5]) Die Erbauung der Land- und Wasserstraßen (Kanäle) und die Einführung der Postverbindungen hatte den Handel in gewerblichen Erzeugnissen auch innerhalb der einzelnen Länder belebt. Ferner hatte eine größere Bedeutung für den Handelsverkehr die Ausfuhr nach den Kolonien erlangt, die das Hauptabsatzgebiet für das englische Gewerbe bildeten und auch für Frankreichs Industrie nicht unwichtig waren. Frankreich versorgte auch die Levanteländer, Marokko, die Türkei usw. mit seinen Fabrikaten. Unter den von England nach Westindien zu Ausgang des 18. Jahrhunderts ausgeführten Waren machten Fertigfabrikate 78% der Gesamtausfuhr aus. Davon entfiel fast die Hälfte auf Textil-

---

13. bis 18. Jahrhundert (1896). Schmoller-Naudé, Getreidehandelspolitik usw. Brandenburg-Preußens. (1910). Rachel, Handels-, Zoll- und Akzisepolitik Brandenburg-Preußens, I, II (1912, 1922). Baasch, Holländ. Wirtsch. (1927).

[1]) Vgl. oben, S. 102ff.

[2]) In verschiedenen Staaten, Rußland, Portugal, Belgien, hatten die Engländer besondere Vergünstigungen für die Einfuhr ihrer Wollentücher erreicht (s. oben, S. 221ff.). Von großer Bedeutung war ihre Tuchausfuhr nach Antwerpen, Hamburg, Köln, Frankfurt (s. oben, S. 237, 240f.).

[3]) Zu Anfang des 18. Jahrhunderts hatte die Warenausfuhr aus Frankreich nach den Niederlanden einen Gesamtwert von jährlich 39,5 Mill. Fr. erreicht; davon entfiel ein Drittel (13 Mill.) auf die Ausfuhr von Wein, Oliven, Mandeln, Früchten; die übrigen zwei Drittel (26,5 Mill.) bestanden aus Fertigfabrikaten, davon für 6 Mill. Samt, Plüsch, gold- und silberdurchwirkte Zeuge, Taffet, für 5 Mill. Segeltuch, für weitere 5 Mill. Bettdecken und Matratzen, für 2 Mill. Bänder ausgeführt, für 2 Mill. Gürtel, Schirme, Spiegel, Uhren, für 2 Mill. Papier verschiedener Art. Der Rest schloß Hüte, Handschuhe, Wollgarn, Nadeln, Elfenbeinkämme, Galanteriewaren ein. Es waren also fast ausschließlich Luxuswaren, die ausgeführt wurden (Sombart, Luxus u. Kapit., S. 151 f.).

[4]) S. oben Kap. 12.

[5]) England und Frankreich deckten ihren hauptsächlich dem Schiffsbau dienenden Bedarf an Eisen und Kupfer durch die aus Skandinavien, Preußen, Rußland, Österreich erfolgende Einfuhr (s. oben, S. 179).

waren, Woll- und Leinenstoffe. Von der französischen Gesamtausfuhr an Fertigfabrikaten (1787) wurden 31% von den Kolonien verbraucht.[1]) Baumwoll- und Leinengewerbe spielten eine wichtige Rolle im Sklavenhan del, waren die üblichsten Zahlungsmittel beim Ankauf von Sklaven Die geringe Qualität der gröberen deutschen Leinwandsorten „vertrug. sich aufs beste mit dem Geschmack jener Gegenden, die eine Leinwand in schreienden bunten Farben bevorzugte und so gestattete, Fehler in Garn und Gewebe zu einem guten Teil mit der Farbe zuzudecken".[2]) Savary nennt als für den Negerhandel nötige Waren Eisen- und Kupferstangen, Messer, Schüsseln aus Zinn, Stein- und Glaswaren in allerlei Farben, minderwertiges rotes Tuch und andere Zeuge in verschiedenen Farben.[3]) Das waren wohl alles Gegenstände, gegen die man bei den Negerhäuptlingen die schwarze Ware eintauschte. Im englischen Sklavenhandel mit Afrika „wurden Eisenwaren, Messer, Flinten, Schießpulver, Töpfe und sonstige Gefäße aus Kupfer, Zinn, Blei und Messing an die Neger verhandelt", ferner Tücher, Woll- und Leinwaren, Kleider, Branntwein und billige Schmuckgegenstände. Birmingham fabrizierte nur Schußwaffen für die Neger, andere Plätze nur Ketten und Folterinstrumente.[4]) Hierbei ist der Umstand zu beachten, daß über den Ozean nicht nur große Mengen gewöhnlicher, ja minderwertiger Gebrauchsgüter für den Einkauf von Negern in Afrika und für den Gebrauch derselben in den Kolonien, sondern auch zur Bedarfsdeckung der reichgewordenen Pflanzer die verschiedensten Gattungen von Luxusgütern ausgeführt wurden, denn die Plantagenbesitzer entfalteten überall einen geradezu überschwenglichen Luxus.[5])

---

[1]) Sombart, Mod. Kapit. 2. Aufl. I, 2, S. 776 ff.; II, 2, S. 1000 ff.

[2]) Aubin, Aus der Frühzeit d. deutsch. Kapitalismus (Z. f. Handelsr. 84, 1922, S. 426 f.). Freilich wußten die Neger in Guinea gute und schlechte Qualitäten zu unterscheiden und pflegten die Gewebe mit der Elle nachzumessen, weshalb die Verwaltung der holländischen Westindischen Kompagnie sich lebhaft über die Versuche beschwerte, Schundwaren dorthin zu schicken (Wätjen, Zur Gesch. des Tauschhandels an der Goldküste um die Mitte des 17. Jahrh. Forsch. und Versuche zur Gesch. d. Mitt. u. der Neuzeit. Festschr. für Schäfer. 1915. S. 549.).

[3]) Savary, Parf. Négoc., II, S. 262 f. Die holländische Westindische Kompagnie schickte nach Guinea zum Eintausch gegen Sklaven vor allem schlesische Leinwand, daneben auch andere Textilwaren, ferner Metallwaren, Spiegel und Glasperlen, Tonwaren, z. B. kleine Näpfe, die von den Negern als Behälter für Öl benutzt wurden, große Gefäße, die als Grabschmuck dienten (auch Barbierbecken waren beliebt), Messer, Kupferstäbchen, Messingringe. Besonders beliebte Tauschartikel waren Glasperlen, Madrigetten, die man in den Niederlanden nach venetianischem Muster in allen Sorten und Farben fabrizierte (zitronengelbe, grüne, violette und mit rosa Streifen, olivenförmige und spitzgeschliffene). Die Neger schmückten damit Arme, Beine, Ohren, Haare (Wätjen in Festschrift für Schäfer. 1915. S. 540 ff.).

[4]) Hochstetter, Wirtsch. u. polit. Motive für die Abschaffung des britischen Sklavenhandels, S. 10 f.

[5]) Sombart, II, 2, S. 713. Vgl. Savary, Dict., V, S. 376. Vignols, L'ancien concepte monopole (Rev. d'hist. écon. 1925, S. 243). Handelmann, Gesch. von Brasilien, S. 344.

Die französische Spitzenindustrie machte ihre besten Geschäfte in Spanien und den spanischen Kolonien, wo die Nachfrage nach feinen Spitzen besonders groß war.[1]) Barrey erwähnt Luxusartikel, die schon im 16. Jahrhundert von Havre aus nach den Antillen exportiert werden (gelbes und grünes Tuch, rote Sarsche, weißes Leinen usw., verschiedene „Articles de Rouen", heutigentags „Articles de Paris" genannt.[2]) Nach Savary (1674) werden aus Frankreich nach Spanien und von dort nach Südamerika Seiden- und Samtstoffe, Plüsch, Taffet, gold- und silberdurchwirkte Gewebe, Spitzen, Kastor- und Vigognehüte, Leinenzeuge ausgeführt, während die Einfuhr aus den Kolonien größtenteils aus Rohprodukten, Rohwolle, Gold, den sog. Kolonialwaren (Kakao, Arzneimittel, Cochenille usw.) besteht.[3]) Ricard (1723) gibt eine lange Aufzählung von Waren, die man aus verschiedenen Ländern Europas nach den spanischen Kolonien exportierte. Es finden sich darunter Bänder, Hüte, Spitzen, Strümpfe aus Seide usw., Messer mit elfenbeinernem Griff; die überwiegende Mehrzahl der Waren bilden Stoffe mannigfacher Art (Tuch, Seide, Samt), in den mannigfachsten Farben (couleur d'olive, bleu clair, bleu céleste, vert de perroquet, violet très fin).[4]) Die Aufzeichnung des Kaufmanns Magon zu St. Malo (18. Jahrh.) ergeben, daß er nach den Kolonien Hüte, Spitzen, Seidenbänder und -strümpfe, Zeuge mancher Art verfrachten ließ, wobei die betreffenden Waren vor allem von bestimmten Farben sein mußten, da sonst der Absatz erschwert war.[5])[6])

Auch der Schleichhandel war erfolgreich bemüht, die durch die Einfuhrverbote und Prohibitivzölle für den Verkehr errichteten Schranken zu durchbrechen.

Im Vergleich zum Mittelalter boten sich nunmehr dem Schleichhandel weit mehr Möglichkeiten dar. Sowohl die wegen der ausgedehnteren Grenzlinie mit größeren Schwierigkeiten, als dies früher der Fall war, verbundene Beaufsichtigung der Einfuhr, als auch die Ersetzung der Zünfte durch staatlich angestellte Beamte, die an der Erschwerung der Wareneinfuhr nicht interessiert waren und sich leicht bestechen ließen, erleichterten den Schmuggel. Soweit keine Einfuhrverbote, sondern Einfuhrzölle bestanden, waren die früheren einfachen Tarife mit wenigen gleichartigen Zollsätzen durch detaillierte und komplizierte Zolltarife mit mehrfachen Positionen, je nach dem Ursprung der Waren, nach den Schiffen, auf denen sie eingeführt wurden, ersetzt worden, was die Berechnung der Zollbeträge bedeutend erschweren mußte. Die der Waren öfters wenig kundigen Zollbeamten mußten sich auf die Angaben der Kaufleute verlassen, die den Eid abzulegen hatten, was freilich die Richtigkeit ihrer Aussagen noch keineswegs sicherte.

„Die technische Unvollkommenheit der Zollverwaltung, die Rolle des Schmuggels, die Bestechlichkeit der Zollbeamten, die Unsicherheit der Zollhöhe, die Zu-

---

[1]) Laprade, Le poinct de France, S. 121, 151, 244.

[2]) Barrey, Le Havre transatlantique (Hayem, Mém. et docum., V, 1917).

[3]) Savary, Le Parfait négociant, II, S. 334 ff.

[4]) Ricard, Le négoce d'Amsterdam, S. 529 ff.

[5]) Sée, Le commerce maritime de la Bretagne au XVIIIe siècle. (Mém. et doc. éd. par Hayem, 9e série, 1925), S. 12 ff., 16 ff., 68 ff., 75 ff., 162. Auch nach Afrika wurde Gold- und Silberbrokat, Tressen, seidene Bänder und Strümpfe, Teppiche usw. geschickt (Wätjen in Festschr. f. Schäfer, S. 541).

[6]) In den Kolonien gab es keine eigene Industrie, da die Ausbeutung der Sklavenarbeit im Anbau von Zucker, Tabak, Baumwolle, Kaffee, Kakao, Gewürzen weit größere Gewinne abwarf, als dies bei der Produktion von Bedarfsgütern hätte erzielt werden können. Dabei zählten allein die unter englischer Herrschaft stehenden westindischen Besitzungen 65000 Weiße und 456000 Schwarze (die Hälfte dieser Zahlen kam auf die Einwohnerschaft von Jamaika). Vgl. Sombart, I, S. 780 ff

sammensetzung der Abgaben aus vielen Posten, Zuschlägen, Sondergebühren, die Kompliziertheit des ganzen, unklaren, unübersichtlichen, durch tausend Ausnahmen durchbrochenen Systems", endlich das System der ad valorem auf Grund der unkontrollierten, eidlichen Aussagen der Kaufleute erhobenen Zölle, dies alles führte in England im 17.—18. Jahrhundert zu den schlimmsten Auswüchsen, vor allem dazu, daß der Schleichhandel einen kolossalen Umfang annahm. 1617 setzte man einen Kaufmann in die oberste Zollbehörde, da er „mit allen Geheimnissen des Schmuggels vertraut sei". Erst nach der Durchführung der Zollreformen Pitts (um 1785) ließ der Schleichhandel etwas nach. Infolge des „Schmuggelbills" wurde die Überwachung der Küstenlinie verstärkt. Pitt verbot ferner die Benutzung bestimmter Schiffsarten, die zum Schmuggel besonders tauglich waren, weil sie überall landen konnten, und ordnete die Vernichtung jedes konfiszierten Schmugglerschiffes an. Auch sollte die Feststellung des Warenwertes unter Eid des Verzollenden aufgehoben werden.[1]) In Frankreich wurde noch in der zweiten Hälfte des 18. Jahrhunderts sowohl von der Wareneinfuhr unter Umgehung von Zöllen, auf Schleichwegen, als auch von der Verheimlichung des tatsächlichen Wertes der eingeführten Waren ausgiebiger Gebrauch gemacht. Die Unkenntnis, die die Zollbeamten über die verschiedenen Warengattungen, -preise und -arten an den Tag legten, war so groß, daß die ungesetzlichen Handlungen der Kaufleute unentdeckt und ungestraft bleiben konnten. Nicht allein englische Fabrikate, insbesondere Tuche, sondern auch die sächsischen und schweizerischen Baumwollwaren fanden trotz der Einfuhrverbote ihren Weg nach Frankreich. Sie passierten nämlich die französische Grenze als ostindische Mousseline. Die Waren wurden bald über Frankfurt a. M. und Hamburg, bald über einen französischen Seehafen eingeschmuggelt, je nachdem, wo der Schleichhandel gefahrloser zu bewerkstelligen war. Überhaupt beruhte der sächsische Baumwollwarenexport zu einem guten Teil auf einem schwunghaft betriebenen Schleichhandel, denn die Einfuhr der Zeuge war entweder verboten oder mit hohen Zöllen belegt. Sowohl nach den Niederlanden, als nach Rußland und Polen wurden die Tuche von Schmugglern eingeführt. Nur die ungünstigen Witterungsverhältnisse, die die Schleichwege grundlos und unpassierbar machten, erschwerten zeitweilig den Schmuggel. Sobald jedoch die Wege wieder befahrbar waren, lebte der gewohnheitsgemäß betriebene Schleichhandel wieder auf.[2]) Auch die von Friedrich d. Gr. begründeten Industrien hatten trotz zahlreicher Einfuhrverbote und Prohibitionszölle unter ausländischer Konkurrenz zu leiden. So war es z. B. in der Seidenindustrie. Obwohl in den siebziger Jahren des 18. Jahrhunderts, seit der Einführung einer besseren Grenzbewachung der Schmuggel wesentlich abnahm, so behauptete man doch auch später, die geschmuggelte Ware decke $^1/_3$ des inländischen Konsums. Insbesondere machte sich zeitweise die Konkurrenz der Lyoner Seidenzeuge äußerst unangenehm bemerkbar, denn in den Zeiten, wo der Absatz in Frankreich stockte, ergab es sich, daß die französischen Waren durch ihre Spottpreise den Schmuggel immer neu belebten.[3]) Ähnlich stand es mit den Ausfuhrverboten, die ebenfalls durch ausgedehnten Schleichhandel umgangen wurden. So war in Schlesien der Garnschmuggel über die Grenze wohl organisiert und nicht zu bewältigen. „Die Händler füllten die Wagen einfach in den Dörfern und fuhren auf Nebenwegen ungehindert über die Grenze. Bei der mangelhaften Organisation der Grenzbewachung

---

[1]) Hewins, English Trade and Finance chiefly in the XVIII century (1891). Schmoller, Die englische Handelspolitik des 17. und 18. Jahrhunderts (in seinem Jahrb. 1899, S. 1224, 1234). Grothe, Gesch. vom Spinnen, Weben, Nähen, 2. Aufl. (1875), S. 96, 222.

[2]) Malvezin, Hist. du comm. de Bordeaux, III, S. 59 u. a. Dupître, Toile peinte, S. 135 ff. Bein, Ind. des sächs. Voigtlandes, II, S. 88 ff. Brandt, Gesch. der franz. Handelspolit., S. 52 ff.

[3]) Hintze, Die preuß. Seidenindustrie des 18. Jahrhunderts (Schmollers Jahrb. 1893, S. 41). Schmoller, Die preuß. Seidenindustrie (Umrisse u. Untersuch., S. 544, 550, 553, 556).

war dagegen fast nichts zu machen."[1]) In Österreich „liefern ganze Stöße von Kontrebandeakten einen besseren Einblick in die Menge der Einfuhr, als die offiziellen, fast durchweg auf unsicheren Grundlagen beruhenden Tabellen; so erfinderisch man auch mit Vorkehrungen gegen die Einfuhr fremder Waren war — die Behörden wurden doch überlistet und die angestellten Zollbeamten drückten mehr als ein Auge gegen ein gutes Douceur zu."[2]) Noch lohnender scheint das Geschäft des Schmuggelns in Spanien gewesen zu sein, und es hatte in Sevilla im 16. Jahrhundert „einen solchen Umfang erreicht und so feste Wurzeln geschlagen, daß man längst daran verzweifelt hatte, der Schmuggler Herr zu werden". Auch im 18. Jahrhundert war es „das klassische Land der Contrabandistas". Im Süden erschienen die Schmuggler oft zu Hunderten, bewaffnet und beritten, ja sogar mit Kanonen. Townshend erlebte, daß sie eine ganze Stadt mit Vertreibung des Militärs eine Zeitlang besetzt hielten.[3])

Kapitel 18.

Die Formen des Handels.[4])

Nur langsam und Schritt für Schritt bildete sich die Spezialisation auf dem Gebiete des Handels aus. Erst allmählich schälte sich aus dem Warenhandel und „Kommissionsgeschäft" das reine Bankgewerbe heraus. Bis um die Mitte des 18. Jahrhunderts hinein befaßte sich in den Provinzstädten Englands und Schottlands der ortsansässige Händler auch mit Kreditgeschäften. Er gab seinen Kunden Darlehen und diskontierte ihre Wechsel. Landleute, Farmer, die auf dem platten Lande vor Raubüberfällen nicht sicher waren, legten ihre Ersparnisse als verzinsbare Depositen beim Tuchfabrikanten Smith an, der mit diesem Gelde Kreditgeschäfte betrieb, die allmählich zu seinem eigentlichen vornehmsten Gewerbe wurden, bis endlich die stolze Inschrift: „Bank" über seiner Türe prangte.[5]) So entstand die Bank von Nottingham. So verlief auch bis zur Mitte des 18. Jahrhunderts der Werdegang zahlreicher anderer Banken, darunter der bekannten, 1746 privilegierten schottischen Bank in Edinburgh, die sich, wie aus ihrer Benennung „British Linen Company" erhellt, nur allmählich aus einer den Leinwandhandel treibenden Gesellschaft zu einer Kreditanstalt umgewandelt hatte. Die Tätigkeit dieser Kompagnie bestand anfänglich nur im

---

[1]) Zimmermann, Blüte und Verfall des Leinengewerbes in Schlesien. 2. Aufl. S. 32, 48, 85, 92, 169, 249 f.

[2]) Beer, Studien zur Gesch. d. österr. Volkswirtsch. I (1894), S. 78.

[3]) Zit. bei Roscher-Gerlach, Finanzwiss., II, 5. Aufl., S. 9, Anm. 7; vgl. Häbler, Spaniens wirtsch. Blüte im 16. Jahrh. (1888), S. 80.

[4]) Formen und Charakter des inneren Handels sind bisher sehr stiefmütterlich behandelt worden (vgl. Eulenburg, Ideen und Probleme der Handelsgeschichtsforschung in der Festschrift für Schmoller II, 1908), was für die Neuzeit noch mehr als für das Mittelalter zutrifft (ich habe ein Kapitel den Formen des inneren Handels in der 4. u. ff. russ. Aufl. meiner Allg. Wirtschaftsgesch. 1916 u. ff. gewidmet). Erst Sombarts Mod. Kapitalismus (2. u. ff. Aufl.) enthält eine grund legende meisterhaft geschriebene Darstellung dieser Probleme. Über Rußland s. meine Russ. Wirtschaftsgeschichte, Bd. I, Jena, 1925. Kap. III § 8; bes. S. 340ff.

[5]) Schmidt, Gesch. des engl. Geldwesens, S. 180 ff., 190 ff.

Absatz von Leinenzeugen. Den mit der Anfertigung derselben beschäftigten Heimarbeitern gewährte sie Vorschüsse. Später wurden für empfangene Waren Noten in Zahlung gegeben, auf denen gedruckt war: „Den Wert in Waren erhalten"; die Notenemission fand vorläufig nur zu diesem Zwecke statt. Erst später begann die Kompagnie auch Bankgeschäfte, insbesondere Wechselgeschäfte zu betreiben. In verschiedenen Teilen des Landes ernannte sie Agenten, und zu Ausgang des 18. Jahrhunderts hatte sie bereits über das ganze Land hin Filialen und war hierin den anderen Banken überlegen.[1])

Auf dem europäischen Festlande vollzog sich die Trennung zwischen Kredit- und Handelsgeschäften bedeutend langsamer.[2]) Savary macht die Bemerkung, daß bloß die Ausländer in Frankreich das Bankgewerbe betreiben, ohne zugleich in Waren zu handeln, während die Franzosen gewöhnlich beiderlei Geschäfte zu gleicher Zeit verrichten.[3]) Die 1787 in Wien gegründete „Wiener Kommerzial-, Leih- und Wechselbank" befaßte sich neben Lombard- und Wechselgeschäften auch mit Großhandel in verschiedenen Waren. Ferner veranstaltete die Bank alle drei Monate eine zweiwöchentliche Aution zum Detailvertrieb der von ihr in Kommission übernommenen Waren.[4]) Die Fugger, Welser, wie auch manche anderen großen oberdeutschen Handelsherrn des 16. Jahrhunderts haben freilich den Warenhandel immer mehr aufgegeben, um sich ganz auf den Geldhandel zu verlegen, doch handelte es sich auch hier vornehmlich um die Einstellung des früheren „soliden" Handels mit Venedig, während sie ja auch später in Kupfer, Quecksilber usw. spekulierten, was aufs engste mit ihrem Bergbaubetrieb zusammenhing. Und doch wird man sie mit Fug und Recht als Bankiers ansprechen dürfen, da bei ihnen der Warenhandel hinter das so groß angelegte Geldgeschäft ganz zurücktrat.[5]) Dies waren allerdings für Jahrhunderte hinaus noch Ausnahmen. Denn bis in die Mitte des verflossenen Jahrhunderts — sagt mit Recht Dietz — haben sich die Bankiers keineswegs auf Bankgeschäfte beschränkt, sondern sich teils mit Handel auf eigene Rechnung, teils als Kommissionäre an Spekulationen in verschiedenartigsten Waren wie Wein, Juwelen, Kolonialwaren, Rohwolle, Seide und Tücher, Getreide und Holz, beteiligt und bald auch im Zusammenhang hiermit die Spedition solcher Güter übernommen. Ihre Tätig-

---

[1]) Lawson, History of Banking, S. 260 ff., 416. Graham, Progress of Banking in Scotland, S. 42, 79 u. a. Cunningham, S. 350. Mamroth, Die schottischen Banken (Jahrb. f. Nat.-Oek. 1902), S. 5 ff.

[2]) Im Mittelalter war die Vereinigung beider eine Notwendigkeit. S. dar. meine „Warenhändler und Geldausleiher im Mitt." (Zeitschr. f. Volkswirtsch., Sozialpol. u. Verwalt. 1908) u. meine Allg. Wirtschaftsgesch. I, S. 269 ff. Vgl. Sombart I, S. 612. Landmann, Entwicklungsgesch. der Formen des öffentl. Kredits (Finanzarchiv. 1912. S. 49 ff.).

[3]) Savary, Parfait Négociant, II, S. 316.

[4]) Rager, Die Wiener Commerzial-, Leih- und Wechselbank (1918).

[5]) Vgl. oben die Schriften von Ehrenberg, Jansen, Strieder, Müller, Welser, Schoeningh u. a.

keit wurde deshalb mit Wechsel, Kommission und Spedition bezeichnet.[1]) Bei vielen von ihnen konnte man kaum sagen, ob sie mehr Warenhändler oder mehr Geldleute seien. Manche wurden, wie das ja auch im Mittelalter der Fall war, zu Geschäften in Waren dadurch gedrängt, daß sie von Schuldnern solche übernehmen oder in Verträge über solche eintreten mußten, um ihre Guthaben zu retten.[2]) So tilgte der Kaiser von Österreich im 17. Jahrhundert die von ihm an der Amsterdamer Börse, wie auch bei Privatfirmen aufgenommenen Darlehen, indem er seinen Geldgebern das aus den ungarischen Gruben gewonnene Kupfer und Quecksilber überließ. Daher betrieben die Agenten des Kaisers in Amsterdam (Deutz), in Venedig (Rezonico) u. a. m. neben Kreditgeschäften auch Kupfer- und Quecksilberhandel.[3]) Die Vereinigung von Spedition und Kommission mit dem Bankgewerbe, d. i. mit dem Wechselgeschäft, war anderseits dadurch bedingt, daß der für seinen Auftraggeber Waren einkaufende Kommissionär wie der die Fracht-, Zoll-, Ladespesen entrichtende Spediteur in die Notwendigkeit versetzt waren, Wechsel auf den Kaufmann zu ziehen, für dessen Rechnung sie diese Geschäfte abwickelten, um auf diese Weise die ausgelegten Summen wieder einzuziehen. Wenn wiederum der Kaufmann seinem Kommissionär Waren zum Absatze schickte, so zog er Wechsel auf ihn. In gleicher Weise verfuhren die Kaufleute, bei denen der Kommissionär Waren für seinen Auftraggeber einkaufte. Der „ausländische Bankier" war für Kaufleute, die Waren nach anderen Ländern ausführten, unentbehrlich. Durch ihn zogen sie die ihnen geschuldeten Summen ein. Er gab den Kaufleuten wertvolle Aufschlüsse über die jeweilige Marktlage, er vertrat ihre Interessen bei Zollstreitigkeiten.[4])

Wie Ludovici noch 1768 bemerkt, ist „das Wort Banquiers nicht eben so genau an solche Leute zu binden, die bloß von Wechseln profession machen; sondern es kann gar füglich auch andern vornehmen Kaufleuten beygelegt werden, immassen heutiges Tages viele unserer Herren, Kaufleute, sonderlich Grossirer, sich der Wechselhandlung ja so stark, als ihrer Waarenhandlung annehmen".[5])

Die Firma Engels-Richey (holländischen Ursprungs) in Hamburg bezog mancherlei Waren in Kommission, um sie möglichst bald und vorteilhaft zu verkaufen, führte ein Export- und Importgeschäft mit Portugal, Spanien, Rußland (Archangel), Dünkirchen, Magdeburg. Daneben finden sich Geld- und Wechselgeschäfte, darunter insbesonders mit Kopenhagen, einem wichtigen Wechselplatz für den nordischen Handel jener Zeit, sowie mit London und Amsterdam.[6]) Auch

---

[1]) Im Frankfurter „Merkantil-Schema" (d. i. Verzeichnis aller in Frankfurt befindlichen Handelsherren) für 1774 ist zu lesen: „Bei diesen Herren kann man Wechsel auf alle europäischen Plätze bekommen und sich wegen Geldübermachungen und Remisen an dieselben adressieren; sie nehmen auch sonstige Kommissionen an und beschäftigen sich mit Speditionen und Spekulationen in Waren en gros." (Meltzer, Stud. zur Gesch. des deutsch. Effektenbankwesens, S. 75.)

[2]) Dietz, Frankf. Handelsgesch., III, S. 253. Sombart, Mod. Kapit., I, 2, S. 625.

[3]) Srbik, Der staatliche Exporthandel Österreichs (1907), S. 238 ff., 263 ff.

[4]) Poppelreuter, Industrie und Bankgewerbe (Schmollers Jahrb. 1915).

[5]) Ludovici, Grundriß eines vollständigen Kaufmanns-Systems, S. 252.

[6]) Baasch, Aus der Geschäftskorrespondenz eines Hamburger Kaufmanns zur Zeit des Dreißigjährigen Krieges (Jahrb. f. Nat.-Ök. 1920, I, S. 48 ff.).

von einer anderen Hamburger Firma Parish wurde (noch zu Ende des 18. Jahrhunderts) neben bedeutenden Wechselgeschäften auch der Kolonialwarenhandel fortgeführt.[1]) Die Breslauer Firma Moritz Eichborn befaßte sich ebenfalls mit Wechselgeschäften, Warenhandel auf eigene Rechnung und Kommission in verschiedenen Waren.[2]) Johann Zetzner erwähnt in seinem „Reiß-Journal" zwei Firmen, bei denen er (in den letzten Jahren des 17. Jahrhunderts) angestellt war, Schifflin & Pelloutier in Leipzig und Etienne Le Jay in Amsterdam; jene handelten in Seidenwaren, englischem Tuch „und auch in Wechseln", diese führte ebenfalls „sowohl in Waaren als in Wechseln eine große Handlung". Auch Zetzner selber handelte, als er ein selbständiges Geschäft in Straßburg begründete, mit allerlei Kolonialwaren (Pfeffer, Indigo, Kaffee), mit Seife, Mandeln, Branntwein, versuchte sein Glück jedoch auch in Geld- und Wechselgeschäften. „Meine Handlung — schrieb er 1706 — besteht meistenteils in Wechseln und Waren kommissiones und ist meine vornehmste Korrespondentz auf folgende Handelsplätz als London, Amsterdam, Paris, Lyon, Genève, La Rochelle, Orléans, Nantes, Marseille, Dijon, Reims, Troyes, Metz, Besançon, Frankfurt, Mainz, Cölln, Basel etc. gerichtet." Doch die Geldgeschäfte richteten ihn schließlich zugrunde.[3]) Das Bankhaus Gebr. Schickler (Splitgeber und Daum) in Berlin, das zahlreichen Fürstlichkeiten Darlehen gewährte (König von Polen, Kronprinzessin von Preußen, Herzog von Weimar, Fürst von Koburg-Gotha), übernahm Lieferungen für Hof und Staat (Heer) und handelte mit den verschiedensten Waren. Es stand mit einer Reihe von Berliner, Hamburger und Amsterdamer Geschäften in einem lebhaften Geld- und Warenhandel. Die Firma betrieb bis 1822 eigenen Warenhandel, bis Mitte des 19. Jahrhunderts Kommissions- und Speditionsgeschäfte, daneben besaß die Firma noch industrielle Betriebe (Zuckersiedereien, Gewehrfabrik).[4])

Der erste große Frankfurter Bankier war Johann v. Bodeck, der zugleich an Bergbauunternehmungen und Hüttenbetrieben beteiligt war, Geschäfte in Pfeffer, Muskatnüssen, Wolle, Seide, Wachs, auch in Roggen machte. Die in Venedig eingekauften Materialwaren verkaufte er meistens in Nürnberg, Frankfurt und Amsterdam, Roggen wurde in Danzig eingekauft und nach Genua geschickt, auch in Sevilla machte er Warengeschäfte.[5]) Das Handelshaus Münch (17. Jahrhundert) war ein großes internationales Warenimport- und Exporthaus, das durch seine Vertreter in Amsterdam von Cadix und den Kanarischen Inseln Südweine, von den westindischen Inseln Indigo und Farbhölzer bezog, auch an einer Handlung auf der holländischen Insel Curaçao beteiligt war. Zugleich aber war es ein Bankhaus, das mit allen europäischen Börsenplätzen, mit London, Breslau, Augsburg, Basel, Genf, Genua, besonders aber mit Venedig Geschäfte machte.[6]) Die hervorragende Frankfurter Kaufmannsfamilie Neufville (belgischen Ursprungs) verdankte ihren Reichtum dem Handel in belgischen Wollzeugen, doch auch in Seide, Juwelen und Geldgeschäften, befaßte sich mit Spedition und Kommission und wandelte sich allmählich in ein Bankhaus um.[7]) Auch Städel, der Stifter des nach ihm benannten Kunstinstituts, betrieb zunächst neben Hingabe von Darlehen gegen Wechsel einen ausgedehnten Warenhandel in verschiedenartigen Waren, so z. B. in Dominico- und Javakaffee, Songlotee, Pfeffer, Zimt und Näglein, in Waid, Gallus, Indigo, Cochenille, Weinstein, Bleiweiß, Vitriol, daneben in Metallen, welche er meistens als Vertreter der königlich hannöverschen Berghandlung zu Goslar verkaufte, in Blei, Kupfer, Kristallen usw., ferner in englischem Zinn, auch in Salpeter und Wachs, über-

---

[1]) Ehrenberg, Das Haus Parish in Hamburg (2. A. 1925).

[2]) Das Soll und Haben der Firma Moritz Eichborn in 175 Jahren (1903).

[3]) Reiß-Journal Johann Zetzners, S. 10, 23, 102, 107 f., 207.

[4]) Die Geschichte des Bankhauses Gebr. Schickler von Lentz-Unholz (1911), S. 7ff., 17ff., 52ff., 99.

[5]) Dietz, Frankfurter Handelsgesch., IV, 1 (1925), S. 367.

[6]) Ibid. IV, 1, S. 219.

[7]) Ibid. III, S. 265; IV, 2, S. 641.

nahm auch Fouragelieferungen, vermutlich für die französische Armee. Allmählich ließ er jedoch seinen Warenhandel eingehen. Ende 1784 betrug sein Warenkonto ca. 22000 Fl., 1800 nur noch 624 Fl. Er wurde ausschließlich Bankier.[1]) Außerdem gab es noch eine Reihe anderer Frankfurter Bankhäuser, die vom Warenhandel und Geldgeschäften ausgingen und dann jenen verlassen hatten, um sich ausschließlich diesen zu widmen. Andere dagegen betrieben noch lange neben Bankgeschäften auch Spedition und Warenhandel (Leinen- und Baumwollenhandel, Wollhandel, Tuchhandel, Seidenhandel, Spezereihandel, Farbwarenhandel, Handel in Metallen und Beteiligung an Bergwerksunternehmungen, oft wurde eine ganze Reihe von Handelszweigen zugleich betrieben), kommissionsweise oder auf eigene Rechnung.[2]) Selbst das weithin bekannte Frankfurter Bankhaus Gebrüder Bethmann, das 1793 ein Vermögen von 5,2 Mill. Fl. besaß, wohl das größte Vermögen eines Handelshauses jener Zeit, machte darin keine Ausnahme. Die Firma war vom Handel in Spezerei- und Farbwaren ausgegangen und betrieb auch später neben Wechsel-, Kredit- und anderen reinen Geldgeschäften alle erdenklichen Warengeschäfte teils für fremde, teils für eigene Rechnung.[3]) Endlich begann der Stammvater des Rothschildschen Hauses, Meyer Amschel Rothschild seine Tätigkeit um 1760 als Münz- und Medaillenhändler und machte bis zum Ende des 18. Jahrhunderts Geschäfte in Kleidern, englischen Manufakturwaren, Wein, Fruchtlieferungen für die Armee, verband damit auch Darlehen an Kavaliere zu hohem Zinsfuß und Wechseldiskontierungen. Sein dritter Sohn Nathan ließ sich in Manchester nieder und begann dort nicht nur als Händler, sondern auch als Verleger ein Exportgeschäft in Manufakturwaren. Erst um die Wende des Jahrhunderts nehmen bei ihnen die Bankgeschäfte, namentlich die Beteiligung an Anleihen, überhand.[4])

Auch in Leipzig war eine Verbindung von Bank-(Wechsel-)Geschäften mit dem Warenhandel (öfters zugleich mit Spedition oder Kommission) üblich. So seien angeführt die Handelshäuser des 18. Jahrhunderts: Hohmann, Richter, Winckler, Curtius & Clodius, Schnürbein, Ernst Küstner, Joh. Küstner, Treitschke u. a. Vier der größten Banken übernahmen Kommissionen und Speditionen, das Bankhaus Dumont handelte außerdem mit inländischem Blech en gros und Anton Melly führte außer seiner Beteiligung an dieser Bank eine eigene Handlung mit goldenen Uhren und Galanteriewaren.[5])

Die beiden Nebenfunktionen des Handelsgewerbes, Kommission und Spedition, haben sich allmählich zu selbständigen Zweigen der Handelstätigkeit ausgebildet.

Neben den bereits im Mittelalter vorhandenen Handelsgesellschaften, deren Mitglieder die einzelnen Funktionen unter sich verteilten und den sog. Faktoren (z. B. bei den Fuggern), Angestellten, denen die Ausführung verschiedener Handelsgeschäfte übertragen wurde und die später als Gesellschafter ins Geschäft eintraten, wurden auch Fremde mit dem Ein- und Verkauf von Waren der Firma beauftragt. Aus diesen anfangs gelegentlichen Diensten, die einen mehr freundschaftlichen als

---

[1]) Dietz, IV, 1, S. 226 f.

[2]) Ibid. III, S. 271; IV, 1, S. 53, 67, 115, 175, 201, 266, 297, 383, 405, 408, 411 ff.; IV, 2, S. 636, 642 f., 647, 665, 681, 683, 689, 692 f., 705 ff. Vgl. Brentano, Anfänge des mod. Kapitalismus, S. 133.

[3]) Dietz, IV, 2, S. 620 ff., 625, 632. Vgl. Palmann, Simon Moritz von Bethmann und seine Vorfahren (1898). Gesch. der Frankfurter Handelskammer (1908), S. 1091 ff.

[4]) Dietz, IV, 2, S. 725, 730. Vgl. Ehrenberg, Große Vermögen (1902), Kap. 2. Berghoeffer, Meyer Amschel Rothschild (1922). Gesch. der Frankfurter Handelskammer (1908), S. 1097 ff.

[5]) Kroker, Handelsgeschichte der Stadt Leipzig (1925), S. 144, 149 f., 157, 183.

geschäftsmäßigen Charakter trugen, bildete sich im Laufe der Zeit ein selbständiges Gewerbe heraus, die kaufmännische Vertretung. Aus dem Frachtfuhrgewerbe, das ursprünglich mit dem eigentlichen Warentransport auch andere damit in Zusammenhang stehende Verrichtungen (Wägen der Waren, Entrichtung der Zölle, Aufsicht über Auf- und Abladen, Heuern der Frachtwagen) übernahm, sonderte sich ferner diese letztere Tätigkeit zu einem besonderen Gewerbe des Güterbestätters, des Spediteurs, ab, der sich auf die genannten Verrichtungen beschränkt, dagegen die Beförderung nicht mehr persönlich ausführt[1].) Nach Ricard gibt es in Amsterdam reiche Leute, die man Expediteurs nennt und an welche die Kaufleute sich bloß zu wenden haben, wenn sie Waren nach anderen Orten abschicken wollen. Während sie sonst besondere Korrespondenten in anderen Ländern haben müßten, um dort Zölle zu zahlen und die Waren umladen zu lassen, wird dies von den Expediteurs besorgt, in deren Dienste Frachtführer mit eigenen Wagen stehen, die nur in ihrem Auftrage reisen. Auch unterhalten sie regelmäßige Beziehungen mit den Expediteurs, die in anderen Städten wohnen, welche die Waren zu passieren haben. Die Fracht kommt ihnen viel billiger zu stehen, als dies der Fall wäre, wenn der Kaufmann die Waren selber expedieren wollte.[2])

In Italien hatten sich diese Nebenfunktionen des Handels, die Kommission und die Spedition, bereits im späteren Mittelalter verselbständigt, wenn sie auch noch von denselben Firmen betrieben wurden. Die venezianische Firma Badoer befaßte sich nicht nur mit Warenhandel für eigene Rechnung, sowohl allein als in Gemeinschaft mit anderen Handelshäusern, sondern übernahm auch Kommissions- und Assekuranzgeschäfte, Warenbeförderungsaufträge (z. B. nach Alexandria), auch Spedition. Anderwärts kamen diese neuen Berufsarten erst später auf, und die einzelnen Funktionen, Kommission, Spedition, Warentransport, waren noch nicht scharf umgrenzt, flossen öfters ineinander über.

Den Wareneinkauf durch einen Kommissionär hält Savary für unzweckmäßig, da man ihm nicht genau genug beschreiben könne, was er einkaufen sollte. Deswegen behauptete er, wer seine Einkäufe durch Vermittelung eines Kommissionärs besorge, der gehe schon persönlich ins Armenhaus, welche Worte ihm Ludovici nachgesprochen hat. Doch dürfte man kaum daraus folgern dürfen, daß die Einkaufskommission eine seltene Erscheinung war,[3]) denn Savary scheint nur den Einkauf einiger Warenarten im Auge gehabt zu haben, mit denen nämlich er selbst gehandelt hatte. Es waren dies besonders wertvolle Stoffe, wie Samt, Brokat, Taffet usw., und seine Worte wird man wohl kaum auf andere Waren, nicht bloß Rohstoffe, sondern auch Fertigfabrikate, beziehen können. Hält doch auch Büsch gerade den Wareneinkauf durch einen Kommissionär bei dem „Manufakturisten" für richtig, da die Aufträge einem Manne gegeben werden, „der neben mehreren Manufakturisten einer Art wohnt, in ihren Werkstätten die Ware aufsucht und den Versuch, welchen mancher unter ihnen wagen möchte, den Ausländer mit schlechter Ware zu hintergehen, gleich zur Stelle niederschlägt". Büsch nennt die Einkaufskommissionen „ein wichtiges Geschäft in vielen großen Manufaktur-Städten" sowohl in England wie in Deutschland, z. B. in Elberfeld und Remscheid.[4]) Doch auch in bezug auf Luxuswaren, die Savary im Auge gehabt zu haben scheint, muß er wohl stark übertrieben haben, denn wir wissen, daß Magon de la Balue zu Saint-Malo zu Anfang des 18. Jahrhunderts weiße Hüte, mit Atlas verschiedener Farben besetzt, durch Kommissionäre einkaufen ließ. In derselben Weise wurden für ihn Spitzen und Seidenwaren (auch mit Gold und Silber durchwirkt) in Lyon besorgt, die freilich nicht immer seinen Anforderungen entsprachen und deshalb nicht leicht jenseits des Ozeans abzusetzen waren. Er forderte die Zusendung von Proben, doch die Produzenten, bei denen die Bestellungen gemacht wurden, ließen sich dazu nur selten

[1]) Sombart, II, 1, S. 549 f.
[2]) Ricard, S. 118.
[3]) Vgl. Sombart, II, 1, S. 554.
[4]) Büsch, Darstellung der Handlung, I. 2. Aufl. (1799), S. 243.

herbei. Anderseits erhielt Magon auch selber Aufträge von Londoner und Amsterdamer Kaufleuten in bezug auf Einkauf von Tuch und Leinenwaren verschiedener Sorten.[1] [2]

Besonders notwendig war der Kommissionshandel in jenen Ländern (und Städten), wo, wie dies öfters der Fall war, die fremden Kaufleute in ihrer Tätigkeit erheblichen Beschränkungen unterworfen waren. Dies war — wie bereits oben ausgeführt worden — im Handel mit den spanischen Kolonien der Fall, weshalb die Franzosen, Niederländer, Engländer, auch Frankfurter und andere deutsche Kaufleute ihre Waren durch Vermittlung von Spaniern nach Amerika absetzten und die spanischen Kaufleute schließlich nichts weiter waren als Kommissionäre im Handel zwischen Europa und Amerika.[3] Dasselbe findet sich im französisch-englischen Handel, da England den Franzosen zahlreiche Beschränkungen auferlegt hatte (Verbot des Detailhandels, des Handels mit anderen Fremden usw.); die französischen Händler ließen den Ein- und Verkauf von Waren in England durch Einheimische besorgen, die in eigenem Namen, aber auf Rechnung der Franzosen die Geschäfte abwickelten.[4] Auch im Moskowitischen Reiche bedienten sich die Fremden, Holländer, Schweden usw., der russischen Kommissionäre, da sie nur auf diese Weise den Handel im ganzen Staate, den Ein- und Verkauf im kleinen und außerhalb der Städte usw. betreiben konnten.[5]

Auch zwischen Großhandel und Einzelhandel hatte sich noch keine definitive Trennung vollzogen. In Österreich bestand seit Anfang des 16. Jahrhunderts eine Genossenschaft ausländischer Kaufleute, deren Mitglieder das Vorrecht besaßen, in Wien und anderen großen Städten Österreichs Warenniederlagen zu halten (daher ihre Bezeichnung als „Niederlagsverwandte"). Doch waren diese Vorrechte insofern Einschränkungen unterworfen, als die Ausländer „nur ausländische Waren und nur „all' in grosso" verkaufen durften, während die österreichischen Kaufleute ihre Waren sowohl in grosso absetzen als auch „auf offenen Läden mit Zeichen und Schild" verkaufen, d. h. im kleinen vertreiben durften. In der zweiten Hälfte des 18. Jahrhunderts wurde jedoch bestimmt, daß keinem fremden Niederleger mehr „die Niederlagsfreiheit"

---

[1] Sée, Le commerce maritime de la Bretagne au XVIII siècle (1725), S. 14ff.

[2] Auch Savary selbst sagt ja an einer anderen Stelle (II, S. 268), daß es für den Handel nichts Wichtigeres gebe, als das Vorhandensein von Kommissionären und Korrespondenten, denn durch ihre Vermittelung können die Kaufleute und Bankiers, ohne ihre Magazine und Kontore zu verlassen, in der ganzen Welt Handel treiben, und zwar sowohl Warenein- und -verkauf, als Geschäfte in Tratten und Rimessen. Und in der Tat — fährt er fort — befassen sich die vornehmsten Kaufleute bloß damit, daß sie durch Kommissionäre Waren dort, wo sie im Überfluß vorhanden sind, einkaufen und dort, wo an ihnen Mangel herrscht, verkaufen lassen. Viele Kaufleute sind nichts weiter als Kommissionäre, die für ihre Kommittenten Waren ein- und verkaufen.

[3] Vignols (Rev. d'hist. écon. 1925, S. 245, 252). Dahlgren, Les rélations commerciales entre la France etc., I, S. 29, 37, 70. S. auch oben 202ff.

[4] Savary, Parfait negoc., II, S. 114. Vgl. oben 224f.

[5] Meine Russ. Wirtschaftsgesch., I, S. 356.

erteilt werden solle. An ihre Stelle sollte nunmehr „ein ansehnliches Gremium der Großhändler treten“ (in Wien), die die ausschließliche Berechtigung zum Handel im großen mit allen im Verkehr erlaubten Warengattungen, sowie zu allen Wechsel- und Kommissionsgeschäften erhalten sollten. Auch hier also wurden alle drei Geschäftszweige, Warenhandel, Kommission, Wechselgeschäft nebeneinander geführt. Nur das Halten offener Läden war ihnen nicht gestattet. Freilich wurden solche „Großhändlergremien“ nur in Wien und in Prag gebildet, während in anderen Städten, z. B. in Graz, man sich ihnen gegenüber durchaus ablehnend verhielt, denn „kein Handelsmann würde allhier mit bloßem Großhandel bestehen können“, aus dem Grunde, da „der Umkehr deren Waaren allhier nicht so wie in Wien bestellet ist und zur Handlungsunterhaltung der à la minute Handel seyn muß“.[1]) Die Provinzstädte gaben dem alten Brauch den Vorzug, wo der Kaufmann den Handel sowohl en detail, als en gros betreiben konnte, wenn er auch nicht alle Warengattungen gleichzeitig führen durfte. Man versuchte demnach bereits, den Großhandel vom Einzelhandel zu trennen, doch erwies sich dieses nur in den Großstädten als möglich, während anderwärts der Handelsverkehr dafür noch nicht weit genug vorgeschritten war. Auch in Breslau führten die im 17. Jahrhundert unternommenen Versuche, eine reinliche Scheidung zwischen Groß- und Detailhandel zu vollziehen, indem jener der Kaufmannsgilde (den mercatores), dieser (Handel al minuta, „nach der Elle geschnitten oder mit dem Pfunde gewogen“) den Detailhändlern (institores, Krämer) zugeteilt werden sollte, noch zu keinem Ergebnis. Es mußte derjenige, der gleichzeitig en gros und en detail handeln wollte, sich unter gewissen Voraussetzungen auch in die andere Zunft rezipieren lassen.[2]) In der preußischen Seidenindustrie betrieben die „Manufakturisten“ (gewerbliche Unternehmer) den Verkauf der verschiedensten ausländischen Stoffe, sowohl en gros, als en detail. Die Kaufleute beschwerten sich darüber, daß die Unternehmer, die offene Läden zum Absatz sowohl selbsterzeugter, als auch importierter Fabrikate hielten, ihnen schlechtere Sorten zu denselben Preisen absetzten, die sie selbst im Detailverkaufe nahmen. Selbst die größten Firmen der preußischen Seidenindustrie verschleißten ihre Fabrikate im kleinen.[3])

Die aus Italien nach Deutschland eingewanderten Händler befaßten sich zunächst mit dem Herumtragen von Südfrüchten, um bald auch Gewürze und Spezereien verschiedener Art, sowie Zucker, Seife, Baumöl, Würste, Heringe, Tabak, Wein, Papier, Baumwolle, Lichter in ihren Läden abzusetzen. Seit Anfang des 18. Jahrhunderts erreichte ihr Handel eine große Ausdehnung, namentlich die Geschäfte der Familien Brentano (ca. 30 Mitglieder) und Guaita (13 Guaita) erstreckten sich über ganz Süddeutschland und rheinabwärts bis nach Amsterdam.

---

[1]) Landau, S. 30, 66 f.

[2]) Bergius, Wandlungen im mod. Detailhandel. Arch. f. soz. Gesetzgeb., 1899, S. 44 ff.

[3]) Acta Borussica, Gesch. der preuß. Seidenindustrie im 18. Jahrhundert, I, S. 88, 99, 273, 410 u. a.

Diese italienischen Familien, die von Amsterdam, Venedig, Genua, Marseille ihre Waren bezogen, waren die Lieferanten der übrigen kleineren italienischen Kaufleute in Deutschland. Doch scheinen sie noch lange auch das ehemalige Detailgeschäft nicht aufgegeben zu haben. In Frankfurt a. M. z. B. besaßen sie auch später offene Läden, in denen bei Aufnahmen oft manche Waren in nur ganz geringen Mengen vorgefunden wurden, z. B. 3 Ballen Baumwolle, 1 Faß Indigo, 1 Kistlein Cochenille, 2 Pipen spanischen Weins usw. Die einheimischen Spezereihändler beklagten sich darüber, und der Frankfurter Rat gestattete ihnen nur den Engroshandel, doch die Italiener kehrten sich nicht daran.[1]) Das Frankfurter Bankhaus Hassel, das in lebhaften Geldgeschäften mit dem kurtrierischen Hof wie mit dem Fürsten Georg Albrecht von Ostfriesland stand, verband damit auch Wein- und Juwelenhandel en gros, setzte jedoch Waren auch im kleinen ab. So lieferte Hassel einmal an den kurfürstlichen Hof einen wilden Schweinskopf, einen Rehziemer mit Hinterlauf, ein Fäßchen Sauerkraut, Zitronen, Perrücken, englisches Tuch; er wurde in größeren Mengen Wein bezahlt. Die Geschäftsverbindungen der Bankiers mit fürstlichen Höfen führten offenbar nicht bloß zum Warenhandel im großen, da sie verschiedene Erzeugnisse an zahlungsstatt annehmen mußten, sondern auch zum Detailhandel in Waren, die vom Hofe öfters in ganz geringen Mengen bestellt wurden.[2]) Auch das Warenhaus Münch zu Frankfurt a. M. betrieb noch zu Ende des 18. Jahrhunderts die Handlung in Spezerei-, Öl- und Farbwaren en gros wie en detail fort.[3])

Marperger äußert (zu Anfang des 18. Jahrhunderts) die Ansicht, „Kaufleute, die ins Groß oder bey gantzen Stücken handeln, sollen sich soviel möglich hüten, ihre Waaren keinen anderen als denen Krämern, sonderlich aber nicht ins Kleine zu verkaufen, weil sonst solche Krämer, wann sie sehen, daß der Grossierer am anderen ins Kleine verkauffet und ihnen dadurch den Profit des Hand-Kauffs entziehet, darüber mißvergnügt werden und ihm hinfüro nicht mehr abkauffen möchten".[4]) Dies wiederholt auch Ludovici (1768), wobei er freilich bemerkt, daß dennoch „selten ein Grossirer zu finden ist, welcher nicht unterweilen eine oder andere seiner Waaren vereinzeln sollte".[5]) Die Notwendigkeit der Scheidung von Groß- und Kleinhandel war also bereits erkannt worden, doch mußte ihre Durchführung noch auf große Schwierigkeiten stoßen.[6])[7])

---

1) Dietz, Frankfurter Handelsgesch., IV, 1, S. 238 ff.

2) Ibid., IV, 1, S. 412 f.

3) Ibid., IV, 1, S. 219.

4) Marperger, Nothwendig und nützliche Fragen über die Kauffmannschafft (1714), S. 202.

5) Ludovici, Grundriß eines vollständigen Kauffmanns-Systems. 2. Aufl. (1768), S. 120, 141f., 242.

6) Bei Ricard (S. 51 f.) lesen wir, in Amsterdam würde kein Unterschied zwischen Groß- und Kleinhandel gemacht, mit Ausnahme nur des Weinhandels, indem die Weinhändler, falls sie nicht zu einer Weinhändlerkorporation gehören, die das Recht besitzt, Wein sowohl in Fässern, als auch im kleinen zu verkaufen, mindestens zwei Fässer Wein auf einmal absetzen müssen.

7) Wie die Fugger, als sie beinahe auf dem Zenith ihrer Macht und ihres Reichtums angelangt waren, Seide und Samt, wenn auch bloß ausnahmsweise und nur für königliche Hofhaltungen, ausschnitten, so war auch der englische Seidenhändler alten Stils (noch im 17. Jahrhundert) Grossist und Detaillist in einer Person. Zugleich aber bildet sich hier der Begriff des Überseekaufmanns im Gegensatz hauptsächlich zum Detaillisten früh aus und die Levante-Kompagnie (Statut von 1605) verbietet ihren Mitgliedern, Detailhandel zu treiben. Im 18. Jahrhundert steht die Unterscheidung der Überseekaufleute, der Inlandsgrossisten und der Detailhändler schon fest, wenn auch Defoe (1727) den Namen „Tradesman" für beide letzteren Gruppen ohne Unterschied verwendet. (Sombart, Luxus und Kapitalismus, S. 154. Ders., Mod. Kapit. 2. Aufl. II, S. 535. Vgl. Defoe, The Complet English Tradesman, 1725, S. 27. Herbert, Twelve Livery Companies, I, S. 230 ff.)

In Frankreich hatte sich jedenfalls bereits im 17. Jahrhundert eine Trennung von Groß- und Detailhandel teilweise vollzogen. Darüber belehrt uns Savary in seinem „Parfait Négociant“.

Der Großhandel wird nach ihm sowohl von Edlen, als von Bürgern in vielen Königreichen und Städten getrieben. Während er den Großhandel, der auch von Edelleuten betrieben wird, als ehrbar preist, findet er, daß dem Detailhandel etwas Knechtisches anhaftet, so daß Leute von Stande sich nie mit demselben befassen. Das Verkaufsverfahren im Großhandel ist kurz, es besteht in „ja“ oder „nein“. Im Kleinhandel aber liegen die Dinge anders: Es gehört ein großer Redeschwall dazu, den Käufer zu überreden. Diesen Unterschied erklärt Savary durch den Umstand, daß die Großhändler ihre Waren an Detaillisten absetzen, die oft infolge ihrer größeren Erfahrung bessere Warenkenntnis besitzen als die Grossisten selbst. Die Detaillisten hingegen setzen ihre Waren größtenteils an solche Personen ab, die selbst weder ihre Qualität, noch ihren Wert richtig zu beurteilen vermögen.[1]) Savary gibt den Detailhändlern manche praktische Winke. Er rät ihnen, die Waren in Ordnung zu halten, sie derartig zu disponieren, daß die gewünschte Warengattung leicht zu finden sei und der Käufer nicht lange warten müsse. Auch die Straßen von Paris gibt er an, die für den Detailhandel dieser oder jener Branche vorzuziehen sind.[2]) In bezug auf den Ankauf der Waren empfiehlt er den Detailhändlern, die Waren nicht unmittelbar bei den Erzeugern (den „Manufakturisten“), sondern bei den Grossisten zu erwerben. Zwar stellen sich dabei die Waren teurer, jedoch biete diese Art des Einkaufs erhebliche Vorzüge. Erstens müßten die Manufakturisten in bar bezahlt werden, während die Grossisten Kredit gewähren. Zweitens halten die Grossisten stets Warenvorräte, so daß der Detaillist, der bei ihnen ständig einkauft, sich auch dann Waren verschaffen kann, wenn allgemeine Knappheit an solchen herrscht; stets werden sie von den Grossisten vorgezogen werden, während sie solche Käufer, die gewöhnlich „in Manufakturen“ einkaufen und nur aus Not sich an sie wenden, nur ungern versorgten.[3]) [4])

Wie man aus Savary ersieht, befaßte sich der Großhändler also auch mit dem Ankaufe der von hausindustriellen Kleinmeistern erzeugten Waren und setzte teilweise auch Waren in Detail ab. Andrerseits bezog auch der Detailhändler die Erzeugnisse der Heimarbeiter und betrieb zu gleicher Zeit Großhandel mit verschiedenen Waren. In manchen Fällen kauften Händler bei Verlegern Waren ein oder ließen durch Kommissionäre verschiedene Fabrikate beschaffen. Es herrschte demnach auf diesem Gebiete ein Übergangszustand. Die Verhältnisse waren noch verschwommen, zwischen den einzelnen Handelsgebieten waren noch keine festen Grenzen gezogen. Doch machten sich jedenfalls im Vergleich zum Mittelalter Veränderungen bemerkbar, das Bestreben, den Großhandel vom Einzelhandel zu sondern, sowie auch das hauptsächlich in Wechselgeschäften bestehende Bankgewerbe zu verselbständigen. Diese Differenzierung wurde bereits als etwas Notwendiges und Zweckmäßiges erkannt, von dem abzuweichen nicht wünschenswert schien. In England vor allem, auch in Frankreich machte sie im Laufe des 18. Jahrhunderts große Fortschritte.

---

[1]) Savary des Bruslons, Le Parfait Négociant, II, S. 2, 60.

[2]) Ibid., I, S. 446.

[3]) Ibid., I, S. 568.

[4]) Nach dem Gewohnheitsrecht von Marseille (17. Jahrhundert) war es den Händlern en detail gestattet, sowohl Überseehandel als Wechselgeschäfte zu betreiben (Zeller, Z. f. Handelsr. 84, 1921, S. 392).

Dies bezieht sich auch auf die Spezialisierung nach den einzelnen Warenbranchen, die nur allmählich, zuerst in England, dann auch anderwärts eintrat, doch sich noch lange nicht vollständig vollzogen hatte. Der Frankfurter Hans von Bingen, genannt Würzhans, hielt 1516 in seinem Kramladen sowohl holländischen Käse, Safran, Zucker, Seife, Wachs und Weinstein, als auch Epinaler Tuch, Augsburger und Ulmer Barchent und gelben Zwillich feil. Und die gleiche, nur viel reichhaltigere Zusammenstellung der verschiedenartigsten Waren findet sich im Geschäftsinventar der Krämersfrau Pithan von 1557. Aus diesem wie aus anderen Inventaren jener Zeit erfahren wir, daß die größeren Frankfurter Krämer außer den angeführten Waren auch Reis, Korinthen, Wein, Branntwein, Pfeffer, Muskat und andere Gewürze, Stärke, Baumwolle, Flachs, Papier, Alaun, Waid, Sandelholz und andere Farb- und Gerbstoffe, auch Metalle, wie Gold, Silber, Kupfer, Zinn, Blei verkauften, wozu noch Tuchwaren hinzukamen.[1][2]

Später finden sich Anläufe zu einer Trennung und Verselbständigung der bisher vereinigten Warengattungen. Doch auch im 17. Jahrhundert führten die Frankfurter Spezereihändler neben Gewürzen, Südfrüchten, Spirituosen, Fettwaren, Seefischen und Ölen auch Gerb- und Farbstoffe, Baumwolle, Juchtenleder, rohe und verarbeitete Metalle und waren oft am Bergbau beteiligt. Zuweilen war der Handel in Gewürzen, Farbhölzern, Fetten, Weinen, Tabak mit dem Absatz von seidenen Bändern, Strümpfen, Spitzen, Schuhschnallen, Handschuhen usw. verbunden.[3] Nach Marperger handeln in den Kleinstädten die Seidenhändler nicht nur mit verschiedenen Arten von Stoffen, sondern auch mit Spezerei- und anderen Waren, weil nämlich „die Seidenhandlung allein die völlige Nahrung ihnen nicht abtragen kann". Auch die Eisenwarenhändler halten zuweilen wollene Strümpfe, Seiden- und Florettband, Leinwand und Papier.[4]

Auch in Frankreich war der Handel in den Provinzstädten noch immer wenig spezialisiert. So wurden in Poitiers von Detailhändlern, den sog. merciers, in Buden, Hallen, auf Marktplätzen nicht nur verschiedene Stoffe und Kleidungsstücke, Strümpfe, Hüte, Schuhwerk vertrieben, sondern auch Rauchwerk, Kolonial-, Quincaillerie-, Galanteriewaren, kurz und gut alles mögliche abgesetzt.[5] Anders lagen die Dinge

---

[1] Dietz, Frankfurter Handelsgesch., II, S. 126, 129 f.

[2] Wie man aus dem (im Jahrbuch der Vereinigung niederländischer Weinhändler 1920 abgedruckten) Rechnungsbuch des Middelburger Weinhändlers Caigniart (von 1541—1561) ersehen kann, handelte er nicht bloß mit Wein, Branntwein, Essig, sondern auch mit Hering, Salz, aber auch mit Kleiderstücken aller Art, mit Kupferdraht und Nägeln. (Häpke, Hans. Gesch.-Bl. 1920—21, S. 239). Man hätte ihn demnach ebensogut als Fisch-, Metall- oder Textilwarenhändler ansprechen (er war eben alles zusammen) und sein Handelsbuch in den Publikationen einer anderen kaufmännischen Organisation veröffentlichen können.

[3] Dietz, II, S. 357; III, S. 35; IV, 1, S. 32 f., 35, 201, 213 ff., 229 f., 233, 250, 254.

[4] Marperger, S. 81 ff.

[5] Boissonade, Essai sur l'organisation du travail en Poitou (1900), I, S. 287.

wohl in Paris. Aus den bei Savary (Ende des 17. Jahrhunderts) angeführten Angaben ersieht man, daß der Pariser Handel in bedeutendem Maße spezialisiert war; es wird von ihm der Handel mit Seidenstoffen, mit Tuchwaren, mit Spitzen erwähnt. Doch ist bei Savary weiter von Gemischtwarenhandlungen die Rede, wo neben Zeugen auch Rauchwerk, Gewürze und andere Waren geführt werden.[1])

Noch weiter ging die Spezialisation in London. Wie der Londoner Handel überhaupt, so waren auch in dieser Hinsicht die Dinge hier am weitesten vorgeschritten. Im 18. Jahrhundert waren in London über 20 verschiedene Gruppen von Detailhandlungen zu finden, die Kolonialwarenhandlung, die Tabakhandlung, die Butter- und Käsehandlung, die Fischhandlung, die Seidenwarenhandlung, die Wollwarenhandlung, der Altkleider-, der Wirkwaren-, der Putzwaren-, der Eisenwaren-, der Chinawarenhändler und viele andere.[2]) Besonders hatte sich in London seit dem Ausgange des 17. Jahrhunderts der Luxuswarenhandel entfaltet. Der reiche Adel hatte vielfach bereits die Gepflogenheit aufgegeben, Wäsche, Schuhwerk usw. bei Handwerkern zu bestellen. Er kaufte sie nun in gebrauchsfertigem Zustande in den von kapitalistischen Unternehmern (Verlegern) gehaltenen Kaufläden. Nach Justus Möser ist „in einem Londoner Schuhwarenladen ein Vorrat an Schuhwerk zu finden, der für ein ganzes Regiment genügen würde, im Wohnungseinrichtungsgeschäft Möbel vorhanden, um ein königliches Schloß damit auszustatten; der Juwelier hält mehr Silber feil, als auf den Tafeln aller deutschen Fürsten zusammengerechnet zu sehen ist. Der Eisenwarenhändler beschäftigt hunderte von Dorfschmieden, um die ihm gelieferten Erzeugnisse den Endprozessen zu unterwerfen und sie mit dem Firmenstempel zu versehen“.[3])

Auch im Großhandel war noch keine Spezialisation eingetreten. Nun hing das freilich öfters damit zusammen, daß Export und Import aufs engste miteinander verbunden waren, was insbesondere bei Anlage von Faktoreien im Überseehandel üblich war, da die europäischen Waren öfters nur zu dem Zwecke ausgeführt wurden, um gegen einheimische Produkte eingetauscht zu werden. Doch ist hierbei zu berücksichtigen, daß der Außenhandel von derselben Firma nach den verschiedensten Ländern betrieben und auch im Großhandel zweiter Hand der Kaufmann die mannigfachsten Waren zu gleicher Zeit abzusetzen pflegte. Das Hamburger Handelshaus Engels-Richey (17. Jahrh.) bezog aus Norwegen (Bergen) Fische und Fette, Tran, Teer, Talg, Butter, importierte nach Portugal Stahl, Kupfer, Pulver, Musketen, doch auch Weizen und holte von dort Zucker (aus den Kolonien), schickte nach Spanien Nürnberger Waren, Schweinsborsten, Leinwand, kaufte in Amsterdam Gewürze, in Frankfurt Wein ein, beteiligte sich an den Messen von Archangel, wo vornehmlich schwarzer Satin und Kesselwaren verkauft und Juchten sowie Rhabarber eingekauft wurden.[4]) In den Aufzeichnungen des Kaufmanns Magon de la Balue zu Saint-Malo (18. Jahrh.) finden sich neben Kolonialwaren (Kaffee, Zucker, Indigo, Zimt) Leinen, Seidenwaren, Spitzen, Hüte,

[1]) Savary, Parfait Négociant, I, S. 466, 504.

[2]) Sombart, Mod. Kapit. 2. Aufl. II, T. 1, S. 452 f.

[3]) Justus Möser, Patriot. Phantas. I. 4. Aufl. (1775).

[4]) Baasch, Aus der Geschäftskorrespondenz eines Hamburger Kaufmanns zur Zeit des Dreißigjährigen Krieges, S. 48 ff.

Seife, Papier, sogar Getreide. Er machte Geschäfte mit London, Amsterdam, Lyon, Rouen, vorzüglich aber mit Lissabon, Cadiz und den Antillen. Nach den Kolonien führte Magon auch Neger aus Afrika ein.[1]) Die Breslauer Firma Moritz Eichborn (18. Jahrh.) besorgte ebenfalls neben Kreditgeschäften den Vertrieb von schlesischem Leinen und Tuch, von französischen und spanischen Weinen, von Zink, Zucker, Wachs, Salpeter. In ihren Niederlagen waren Wolle, Häute, Rauchwerk aller Art, Samen, Mais, Nüsse, Kaffee, Pottasche, Eisen aufgespeichert.[2]) Auch die Warenvorräte des holländischen Kaufmanns van der Leyen, eines der Begründer der Krefelder Seidenindustrie, wiesen die größte Mannigfaltigkeit auf, wobei er allem Anscheine nach nicht nur Groß-, sondern auch Detailhandel betrieb. So kaufte er Seiden- und Samtstoffe, Leinenzeuge und Tuchwaren, Posamente und Bänder ein (oft wurden dieselben auf seine Bestellung hin angefertigt), um sie in Köln und Frankfurt abzusetzen. Doch verkaufte er auch Nadeln, Fingerhüte, Knöpfe, Schnallen, Kämme, ja sogar Flöten, Papier, Tintenfässer, Bibeln und Katechismen.[3]) In Leipzig lassen sich zahlreiche Kaufleute anführen, die gelegentlich mit den verschiedensten Waren handelten, die ihnen unter die Hand kamen. So handelt Kramer (im 16. Jahrhundert) mit niederländischen Tuchen, Seidenwaren, Kleinodien, bezieht Wachs, Talg, Rauchwerk aus Moskau, Warschau und Krakau, befaßt sich auch mit dem Absatz von Goslarer Blei und Vitriol, ist an Mansfelder Kupfergruben beteiligt; Lebzelter handelte mit Erzen, besaß einen Eisenhammer, führte aber zugleich auch Rauchwaren, Leder, Leinwand und Tuche, für die er 1594 eine Bleiche und 1611 eine Walkmühle anlegte; er betrieb ferner umfangreiche Geld- und Wechselgeschäfte für den kurfürstlichen Hof in Dresden und auf eigene Rechnung. Doch auch die 1747 gegründete Seiden- und Garnhandlung Limburger und Frosch, eine der bedeutendsten in Leipzig, war mit einer Handlung mit feinem Tabak verbunden. Die Buchhändler hatten auf Lager Wolle, Tuch, Leder, Zinn, Wachs.[4]) Das Berliner Bankhaus Splitgerber und Daum (später Gebr. Schickler) handelte mit Sevilla und Cadiz, mit Rouen und Bordeaux, mit der Schweiz usw. vornehmlich überall in Wolle, Leder, Leinwand, Holz, Talg, Metallen, daneben aber auch in Weizen und Gerste, Pfeffer und Tabak, seidenen Hüten und Strümpfen, Uhren und Bomben.[5])[6]) Bezeichnend ist auch der Umstand, daß der von Friedrich d. Gr. 1772 begründeten „Société de Commerce Maritime", der Seehandlungsgesellschaft, sowohl die Aufgabe zugedacht war, die Überseeschiffahrt zu betreiben und den Seehandel im Baltischen Meere neu zu beleben, als auch den Salzhandel nach Polen zu übernehmen und die Ausfuhr von polnischem Holz, Wachs und Getreide an sich zu ziehen. Auch war der Handel mit Spanien, insbesondere der Absatz schlesischer Leinenwaren nach den amerikanischen Kolonien vorgesehen.[7])

Soweit eine Spezialisierung im Warenhandel vorhanden war, läßt sie sich jedenfalls nur für die großen Städte feststellen. In Kleinstädten und Flecken, ja auch in den Vorstädten war überhaupt eine Differen-

---

[1]) Sée, Le comm. marit. de la Bretagne (Hayem, Mém. et doc. 9e sér.).

[2]) Soll und Haben der Firma Moritz Eichborn, S. 48, 58, 80 f.

[3]) Keussen, Geschichte der Stadt Krefeld (1885). Bötzkes, Die Seidenwarenproduktion und der Seidenwarenhandel in Deutschland (1909).

[4]) Kroker, Handelsgesch. der Stadt Leipzig (1925), S. 50, 93, 109, 189 f.

[5]) Gesch. des Bankhauses Gebr. Schickler, S. 8 ff., 99 ff.

[6]) Vgl. auch andere Beispiele oben S. 277 f. Freilich bemerkt Ludovici (Grundr. eines vollständig. Kaufmanns-Systems, S. 88), daß es zahlreiche Kaufleute gibt, die nur mit einer einzigen Ware handeln.

[7]) Schrader, Die Geschichte der kgl. Seehandlung (1911). Schleutker, Die volkswirtschaftliche Bedeutung der königlichen Seehandlung von 1772 bis 1820 (1920). Vgl. Lexis, Die Seehandlung (Handw. d. Staatsw. 3. Aufl.). Poschinger, Bankwesen und Bankpolitik in Preußen, I.

zierung noch nicht eingetreten. Die „Gemischtwarenhandlung", der Detailvertrieb von allen möglichen Waren, sowohl von solchen, die nach Pfunden gewogen (Pfundwaren), als auch von solchen, die nach Ellen gemessen (Ellenwaren, mercerie) wurden, in einem und demselben Laden, war hier erhalten geblieben. Freilich wird man auch hier eine bedeutsame Umbildung auf dem Gebiete des Handels bemerken können, das Emporkommen und die Ausbreitung des bisher auf die großen Bevölkerungszentren beschränkten seßhaften Handels. Gab es doch auf dem platten Lande bis zum 17. Jahrhundert überhaupt noch keinen seßhaften Handel.[1] Die Versorgung der Bevölkerung mit Waren erfolgte durch Hausierer, in England pedlar (von ped-corb, also eigentlich Korbmann) oder hawker genannt, in Deutschland Herumträger, Landfahrer, Tabulettkrämer, Winkelkrämer, Kolporteure[2]) usw., die ihren Warenkorb auf dem Rücken trugen oder wohl auch (insbesondere in England) auf einem Pferde, Esel oder Maultier, manchmal auch auf größeren Wagen (zuweilen im Auftrage von Kaufleuten) beförderten.[3])

Erst im Laufe des 18. Jahrhunderts kam der seßhafte Detailhandel in den Dörfern auf. Die Klagen, die von den städtischen Händlern darüber angestimmt wurden, daß „hunderte von Leuten sich auf dem Landen niedergelassen und die Krämerei ergriffen haben, ohne sie jemals erlernt zu haben" (d. h. ohne die zünftige Lehrzeit durchgemacht und den Bestimmungen der Zunftordnungen genügt zu haben), ertönten immer häufiger. Um die Zulassung des seßhaften Detailhandels in den Dörfern entbrannte ein heftiger Streit. Ebenso wie das Handwerk wurde auch der Handel von den Interessenten als ein der städtischen Bevölkerung vorbehaltener Gewerbezweig angesehen („die Krämerei ist eine Stadtnahrung"), dessen Ausübung nur in den Städten zulässig sei. Der Handel ist eine bürgerliche Beschäftigung, die Landleute haben kein natürliches Recht dazu; sie sind von der Natur zum Landbau bestimmt. Doch mußten Abweichungen von diesem Grundsatze zugelassen werden. Den Detailhändlern wurde unter gewissen Einschränkungen das Recht zugestanden, sich in Dörfern niederzulassen.[4]) Noch feindlicher standen die seßhaften städtischen Händler, die „ehrsamen" Kaufleute, wie sie sich selbstbewußt nannten, dem „Unwesen"

---

[1]) Rogers, Six Centuries, deutsch, S. 144.

[2]) Tablett latinisiert aus ital. tavoletta, am Halse getragener Bretterkasten. Kolportieren von ital. collo = Hals, auf dem Nacken herumtragen (Seiler, Deutsch. Kultur im Spiegel des Lehnworts, III, 1. 2. Aufl., S. 198).

[3]) Auch in Bayern und Württemberg gab es Hausierer, die einen Wagen mit 2 bis 3 Pferden und mehrere (3 bis 4) Gehilfen hatten (Rößger, Jahrb. f. Nat.-Ök. 1897. III. F. XIV).

[4]) Nach dem Beschluß des Bernischen Kommerzienrates von 1762 sollen in einem Umfange von 2 Stunden um die Hauptstadt und 1 Stunde um die anderen Städte keine Kramläden bestehen. Auch wurden neue Bewerber, die in Bern um die Erlaubnis zum Detailhandel auf dem Lande nachsuchten, abgewiesen (Lerch, Der Berner Commerzienrat im 18. Jahrhundert, S. 133 ff., 149 f.).

des Hausierens gegenüber, da ihnen dadurch „Nahrung und Brot vor dem Maule abgeschnitten werde“. Nicht beim Hausierer, sondern beim Händler in der Stadt sollten sich die Landleute ihren Bedarf holen.[1]) Der Staat suchte in der Tat mit „heilsamen und nützlichen Verordnungen“ das Hausierertum zu bekämpfen. Waren es doch meist Ausländer, die fremde Waren ins Land brachten, also dem Landesgewerbe schädlich sein konnten. Auch handelten sie häufig mit eingeschmuggelten Waren oder mit solchen, deren Vertrieb verboten war. Italiener aus dem Piemont, der Lombardei, Savoyen hausierten in Süddeutschland, der Schweiz, Österreich, Schwarzwälder in Frankreich und der Schweiz, Holländer, Franzosen und Wallonen in England; in den Rheinlanden wie auch in Brandenburg zogen Franzosen, Tiroler, Italiener herum, vielfach findet man in Österreich und in Deutschland Schotten, insbesondere aber hier wie anderwärts Juden, die sich durch dieses Gewerbe ernährten. Oft vertrieben die Wanderhändler selbstgefertigte Waren, so die Italiener Mäusefallen und Barometer, die Tiroler minderwertige Schmucksachen (Ringe, Ketten usw.). Oder sie führten Fabrikate, deren Erzeugung die Spezialität ihrer Heimat bildete. So verschleißten die Böhmen Glaswaren, die Tiroler Lederwaren, die Schweizer und Schwarzwälder Uhren, die Sheffielder Hausierer Kleineisenwaren, die von Staffordshire irdene Geschirre, die Hausierer in Nordfrankreich Töpferwaren, Siebe, Holzschuhe. An manchen Orten ruhte der Absatz ganzer Industriezweige auf den überall umherziehenden Hausierern. Wurden doch auf diese Weise die böhmischen Glaswaren bis nach Schweden, England, Holland, der Türkei, Spanien gebracht, um von Cadiz aus über den Ozean transportiert zu werden.[2]) Auf den Messen, die sie besuchten, kauften sie billige, dem Geschmack der Dorfschönen angepaßte Waren ein, wie farbige Hals- und Umschlagetücher, Zeuge, Spitzen, Nadeln, ferner Kleineisenwaren, Schnallen, Tabakspfeifen, „alles, was der Dorfschmied oder der Dorftagelöhner braucht“. Oft erschienen sie als wandernde Musikanten und Sänger; besonders häufig traten die Franzosen in dieser Eigenschaft auf, diese „lustigen Packenträger, die eine Oper im Kopfe und kein Geld in der Tasche haben“.[3]) Man beschuldigte die „Tablettkrämer“, daß sie „List und Betrugs voll“ den „einfältigen Landmann unnötigerweise zum Kaufen anreizen“, um ihn dann jämmerlich zu betrügen und hinters Licht zu führen. Man behauptete sogar, sie verbreiteten Seuchen im Lande, beteiligten sich an Raub und Plünderung.[4])

[1]) Zuweilen beklagten sich auch die auf den Dörfern ansässigen Händler über die herumziehenden Hausierer (Lefebvre, Les paysans du Nord, S. 279).

[2]) Schebeck, Böhmische Glasind. pass. Salz, Gesch. der böhm. Industrie, S. 236ff., 256ff. Lefebvre, Les paysans du Nord, S. 288. Vgl. Sombart, II, S. 443ff.

[3]) Justus Möser, I, 4. Aufl., S. 222ff. XXXVI. Klage wider die Packenträger. XXXVII. Schutzrede der Packenträger. XXXVIII. Urteil über die Packenträger.

[4]) Im Poitou z. B. genossen die herumziehenden Hausierer einen besonders schlechten Ruf. Sie bildeten ganze Gesellschaften, deren Mitglieder durch besondere, nur den Eingeweihten bekannte Bräuche und Zeremonien verbunden waren,

Die Packenträger (Tablettkrämer, Kolporteurs) — sagt Marperger — sind „gemeiniglich Italiener, Franzosen oder Juden, die in der Stadt alle Wirths- und Bürgershäuser, auf dem Lande aber alle Flecken, Dörfer und Schlösser durchlaufen, Schnupftabak, Kämme, Zahnpulver, Schönpflaster und andere Kleinigkeiten mehr verkaufen". Manche unter ihnen, „die noch etwas mehr seyn wollen", haben einen von einem Pferde gezogenen Karren und führen Seiden-, Leinen-, Baumwollzeuge, Bänder, Handschuhe, Schürzen, Röcke, Strümpfe, auch häufig Tee, Kaffee, Schokolade. Marperger beschuldigt sie, daß sie „der Obrigkeit keine Schatzung noch Zoll entrichten", „das bare Geld aus dem Lande schleppen", „dazu noch spionieren und zuweilen auch unter dem Prätext eines solchen Krams die Gelegenheit zum filoutieren absehen, denen Krämern in der Stadt großen Schaden zufügen".[1])

Doch die Dorfbevölkerung stand auf seiten der rührigen Krämer, die sie mit allerlei Sachen versorgten, weswegen die staatlichen Verbote des Hausierens meist ergebnislos blieben.

In England insbesondere sind, obwohl die Flashmen (so genannt nach dem Bezirk von Flash, aus dem viele Hausierer stammten) in dem Rufe standen, Hausierer und Räuber zugleich zu sein, die Schilderungen der Zeitgenossen des Lobes über den Hausierer voll. Überall wird er gastlich aufgenommen, in der Literatur kehrt der Typus des wandernden Händlers oft wieder, sein Bild schmückt Kirchenfenster, ebenso lebt er auf zahlreichen Glasfenstern in Schenken und Wirtshäusern der Stadt fort. In der Weltkenntnis außerordentlich bewandert, genießt er im Volke eine hohe Achtung und bleibt eine über das Gewöhnliche hinausragende interessante Erscheinung. Gebildete Hausierer kennt die englische Literatur. Der Inhalt seiner Hucke wird auf 20 Pfd. Sterl. geschätzt. Er hat Spitzen, Bänder in allen Regenbogenfarben, Batist, Garne, Leinen usf. Der von Wordsworth (am Ausgang des 18. Jahrhunderts) dargestellte Hausierer empfindet allerdings schon, daß die Handelsbedingungen bereits andere geworden und ihm nicht mehr günstig sind. Dennoch wurde die Hausiererei durch das Aufkommen der Großindustrie in gewisser Hinsicht sogar gefördert. Die neuen, dicht bevölkerten Industriebezirke des Lancashire durchzogen zahlreiche Hausierer, vornehmlich Schotten, die Tee und andere Kolonialwaren unter der Arbeiterbevölkerung absetzten (der sog. teetrade).[2])

Die angeführten Klagen und Beschwerden der seßhaften Kaufleute über den Hausierhandel und die Hausierer führten in Deutschland überall zu zahlreichen Verordnungen, in denen „solchem Unwesen nachdrücklich verboten" war.[3]) Die Hausierer wurden mit schweren Strafen und

---

einen eigenen, unverständlichen Jargon sprachen. In ganzen Banden zogen sie von Messe zu Messe, schnitten Beutel ab, plünderten Bauernhöfe und Mühlen, stahlen Federvieh, erbrachen Kisten und Truhen und verschwanden dann spurlos. Seit der Mitte des 17. Jahrhunderts scheint freilich ihre Tätigkeit einen anderen Charakter angenommen zu haben; doch beklagten sich die seßhaften Detailhändler auch später wiederholt darüber, daß sie auch außer der Jahrmarktszeit in den Städten hausierten und ihre Waren in Häusern, Schenken, Wirtschaften austrugen (Boissonade, Organisation du travail en Poitou, I, S. 290 ff.).

[1]) Marperger, Nothwendig und nützliche Fragen über die Kauffmannschafft (1714), S. 92 f.

[2]) Schr. d. Ver. f. Sozialpol. 83. Untersuch. über die Lage des Hausiergewerb. (1899), S. 55ff. Mantoux, La révol. industrielle, S. 96. S. auch Rößger, Untersuch. über den Gewerbebetrieb im Umherziehen (Jahrb. f. Nat.-Ök. III. F. XIV, 1897).

[3]) Jahn, Zur Gewerbepolitik der deutsch. Landesfürsten, S. 122 ff. Gothein, Wirtschaftsgesch. des Schwarzwaldes, Bd. I, S. 738 ff., 845 ff.

Konfiskation der Waren bedroht, die Bewohner zur Denunziation aufgefordert und ihnen hohe Belohnungen ($^1/_4$ bis $^1/_2$ der konfiszierten Waren) in Aussicht gestellt. Strafen wurden auch über den Käufer verhängt. Doch war alles vergebens, die Polizei und die Dorfobrigkeiten sahen den Hausierern durch die Finger, wurden von ihnen direkt bestochen oder erhielten die Ware zum Einkaufspreis.[1]) Doch ging man anderwärts (später auch in Deutschland) zu einer anderen Politik über, die den Hausierhandel nicht unterdrücken, sondern bloß regeln und teilweise (nur in bezug auf inländische Waren) einschränken sollte.

So wurde in England trotz der vielen Klagen über die fremden Hausierer, Holländer, Franzosen, Vallonen, ihr Handel nur insofern eingeschränkt, als das Gesetz von 1697 sie verpflichtete, sich ein Patent für 4 Pfd. zu lösen. Die gleiche Summe mußte für jedes Pferd, Esel, Maultier entrichtet werden, das mit Packen beladen wurde oder zum Umherführen der Waren diente.[2]) Freilich bedeutete dies eine erhebliche Einschränkung des Hausierhandels, doch der Versuch der ortsansässigen Händler, ein vollständiges Verbot der Hausiererei durchzusetzen, mißlang. Zu Ausgang des 18. Jahrhunderts wurden auch durch die österreichischen Behörden die großen Vorteile betont, die der Hausierhandel, besonders auf dem Lande, dem Publikum verschaffe, insbesondere aber müsse dem Staate daran gelegen sein, daß „der Erzeuger, als die wichtigste Klasse der Untertanen ... sich den schnellen und guten Absatz seiner Produktion versichern könne“. Man änderte und milderte daher die gegen das Hausieren erlassenen Verbote insofern, als sie nur noch auf Fremde in Anwendung kamen, während den Landesuntertanen der Verkauf der erbländischen Fabrikate in den Städten wie auch auf dem platten Lande freigegeben wurde (Hausierpatent von 1787). Die Bedeutung des Hausierhandels für die einheimische Industrie war hiermit anerkannt worden. Die Aufhebung der früheren Verbote begründete man damit, daß die Händler doch selber es wären, die unreelle, aus der Mode gekommene Waren durch die Hausierer absetzten. Für den kleinen „Manufakturisten“ der Vorstädte aber, der nicht imstande war, dem Kaufmann die üblichen Zahlungsfristen zuzugestehen, bedeutete der Hausierer vielfach die Rettung von dem Preisdrucke des „befugten“ Händlers.[3]) Schließlich mußten auch die deutschen Staaten diesen Weg betreten und die Politik der Unterdrückung des Hausierhandels aufgeben. Er blieb auch hier nur insofern verboten, als es sich um Ausländer und fremde Waren handelte, während der Hausierhandel, der im Inlande erzeugte Waren zum Gegenstand hatte, freigegeben war, soweit er von Landesuntertanen ausgeübt wurde. Sie mußten sich nur mit Hausierpatenten versehen. Es wurde unter anderem darauf hingewiesen, daß die Verbreitung des Hausierhandels durch den seßhaften Handel selber verschuldet sei, der nicht selten minderwertige Ware verkaufe, die Waren zu hoch im Preise anschlage und den Käufer mit unrichtigem Maß und Gewicht übervorteile.[4])

Die vielen Einschränkungen des Detailhandels[5]) traten jedoch für die Dauer der verschiedenen Jahrmärkte und Messen außer Kraft. Hier trat der freie Wettbewerb im Handel ein. Auf Märkten und Messen konkurrierten ausländische Händler, Handwerker, Heimarbeiter, Hau-

---

[1]) Rößger, S. 23 ff.

[2]) Unwin, The Gilds and Companies of London (1908), S. 335.

[3]) Přibram, Gesch. d. österr. Gewerbepolitik, I, S. 92, 236, 381, 578.

[4]) Rößger, S. 27 ff.

[5]) Vgl. Dutil, L'état économique du Languedoc, S. 744. Levasseur, Hist. des classes ouvrières, II, S. 655. Lerch, Der Berner Commerzienrat, S. 133 ff. Geering, Basels Handel und Industrie, S. 458 ff. Landau, Entw. des Warenhandels in Österreich, S. 12 ff., 53 ff.

sierer mit den ortsansässigen Kaufleuten. Hier ließ man sie ruhig gewähren, sowohl selbsterzeugte, als auch eingekaufte Waren in- und ausländischen Ursprungs vertreiben, und zwar en gros wie en detail. Hier wurden gewerbliche Erzeugnisse, deren Vertrieb in der Regel nur den selbsterzeugenden Handwerkern gestattet war, auch von Händlern abgesetzt. Selbst Waren, deren Einfuhr sonst verboten war, konnten hier verkauft werden. In jeder einigermaßen bedeutenden Stadt wurde ein- oder zweimal im Jahre zu festgesetzten Zeiten, je nachdem es die ihr verliehenen Privilegien zuließen, ein Jahrmarkt abgehalten, der 1 bis 4 Wochen lang dauerte. Für diese Zeit waren die im Interesse von „Ordnung und guten Sitten" vorhandenen Beschränkungen des Handels ungültig. Es fand eine zeitliche und örtliche Konzentrierung von Nachfrage und Angebot statt. Der Bauer, der das ganze Jahr hindurch für seine Bedarfsdeckung auf den benachbarten zünftigen Handwerker angewiesen war, der Gutsherr, der viele Waren entweder gar nicht oder nur in minderwertiger Ausführung erhalten konnte, fanden auf den Jahrmärkten Gelegenheit, Gebrauchsartikel in reicher Auswahl und zu billigeren Preisen zu erwerben, wie auch ihre eigenen Erzeugnisse, Korn, Vieh usw. abzusetzen.[1])

In manchen Ländern (Deutschland, Österreich, den skandinavischen Staaten) behielten diese Jahrmärkte bis in die Mitte des 19. Jahrhunderts hinein ihre Bedeutung bei, da der Handel auf dem platten Lande hier erst wenig entwickelt war. Dagegen wurde in England und Frankreich durch die Zunahme des seßhaften Detailhandels und der Hausiererei bereits viel früher ihr Niedergang herbeigeführt. Noch früher aber setzte der Verfall der meisten unter den Jahrmärkten ein, die dem Großhandel dienten, der großen Messen, zu denen Kaufleute aus den verschiedensten Ländern zusammenströmten und auf denen beträchtliche Warenmengen im großen (an Händler und Produzenten) umgesetzt wurden.[2]) Von diesen behielten im 18. Jahrhundert nur die deutschen Messen in Leipzig und Frankfurt a. M. ihre frühere Größe bei, die sogar noch eine Steigerung erfuhr,[3]) auch die Messe in Frankfurt a. O., die zu Ausgang des 18. Jahrhunderts beträchtliche Warenumsätze aufwies. Sonst ragten nur noch die Messen von Antwerpen, Lyon, besonders aber die von Beaucaire hervor. Die Gesamtumsätze auf den Messen von Beaucaire erreichten zu Ausgang des 17. Jahrhunderts die Summe von 6 Mill. Fr., um ein Jahrhundert später auf über 40 Mill. anzuwachsen. Doch verlor diese Messe im Laufe der Zeit ihren internationalen Cha-

---

[1]) Schmoller, Zur Gesch. der deutschen Kleingewerbe, S. 217 ff. Philippi, Die Messen der Stadt Frankfurt a. O., S. 69 ff. Toynbee, S. 55. Mantoux, S. 94 ff. Moffit, England on the eve of industrial Revolution (Lancashire) (1925) S. 216 ff. Heatone, Yorkshire wollen and worsted industry (1922), S. 143 ff. 359 ff.

[2]) Vgl. Sombart, II, S. 461 ff., 479 ff. Sée, Evol. comm., S. 210. Cherrière (Hayem III).

[3]) S. oben S. 253 ff.

rakter. Nur die Spanier fuhren fort, zahlreich in Beaucaire zu erscheinen. In England war die Messe zu Sturbridge berühmt, Postlethwayt nennt sie „unzweifelhaft die größte Messe Englands, ja vielleicht der ganzen Welt".[1]) Sie fand von Ende August bis Mitte September statt. Die Produzenten der verschiedensten Branchen strömten hierher zusammen. Aus den östlichen Grafschaften brachten die Händler ihre Wollwaren, Birmingham schickte seine Kleineisenwaren, große Mengen von Rohwolle wurden feilgeboten und von Londoner Großhändlern angekauft. Doch begann bereits um die Mitte des 18. Jahrhunderts der Verfall der Sturbridge-Messe.[2])[3])

Aus einem Briefe, den ein Bürger von Beaucaire 1771 an einen in Toulouse ansässigen Freund richtete, entnimmt Dutil eine anschauliche Schilderung der in Beaucaire stattfindenden Messen, wie sie sich gegen Ende des 18. Jahrhunderts abgespielt haben mögen. Von Anfang Juli an beginnt in der Stadt ein lebhaftes Treiben. Die Einwohner vermieten ihre Häuser an zugereiste Kaufleute, auf allen Straßen werden Buden und Verkaufsstände aufgeschlagen, auf der 9 ha umfassenden Magdalenenwiese, die sich zwischen Stadt und Fluß erstreckt, wird eine ganz neue, aus Brettern gezimmerte Stadt mit Straßen, Plätzen, ja einer Kapelle errichtet. Bald erscheinen die Flußkähne, die auf dem Strome in einer bestimmten Reihenfolge Aufstellung nehmen und eine dritte, diesmal eine schwimmende Ansiedelung bilden. Zuerst kommen die breiten Flußkähne, von der Rhône und der Saone, dann die spanischen und katalonischen Zwei- und Dreimaster, dann die kleinen, mit grellen Farben bemalten Flußschiffe der Genuesen, endlich die mit Holz beladenen Prahmen, die oberhalb der Brücke, gegenüber der Kapelle, haltmachen. Zuletzt erscheinen (3 bis 4 Tage vor dem Beginn der Messe) die französischen Schuten, die sog. „Tartanen", die in Arles zwecks Revision ihrer Warenladungen aufgehalten wurden und nun um die Wette eilen, um den Hammel zu erringen, den die Stadt Beaucaire von altersher der zuerst ankommenden Schute spendet. Während dieser Zeit langen auch Tausende von Frachtkarren an, welche diejenigen Waren führen, die jederzeit zollfrei nach Beaucaire eingeführt werden dürfen. Die mit anderen Waren befrachteten Fuhrwerke nehmen an den Grenzen des Stadtgebietes Aufenthalt, um sie sofort nach Verkündung der Meßfreiheit überschreiten zu können.

Für jede der hauptsächlichsten Warengattungen werden bestimmte Straßen angewiesen. Zwei Straßen werden von Wollhändlern und Tuchmachern eingenommen, neben ihnen sind die Verkaufsstände der Juweliere, der Lederhändler, Seidenwarenhändler, Kurzwarenhändler, sie alle haben ihre besonderen Plätze. Auf der großen Wiese dienen zwei große Speicher als Niederlagen für die aus Lyon gebrachten Waren, in der Nähe befinden sich die Warenlager der Genuesen. In den Hauptstraßen dieser provisorischen Jahrmarktstadt werden die von den provençalischen Händlern eingeführten Seifen, Spezereien, Arzneimittel feilgehalten, Kolonialwaren, Liköre, Parfüms, die Kaufleute aus Montpellier, Nîmes und Narbonne vertreiben. In Nebenstraßen stellen Kesselwarenhändler ihre in der Sonne glänzenden kupfernen Geräte zur Schau. Am Fuße des Berges findet der Pferdemarkt statt und weiter gegen den Wiesenrand hin schließen die Zelte der Seiltänzer und wandernden Komödianten dieses bunte, bewegte Schauspiel ab.

---

[1]) Daneben zählt er noch vier andere englische Messen auf, zu Bristol, Exeter, Winchester und Edinburgh und eine Reihe von Spezialmessen für einzelne Waren (Pferde, Butter, Wolle, Tuch, Heringe). Postlethwayt, s. v. Fair.

[2]) Vgl. Moffit, S. 222 ff. Ashton, Iron and Steel in Industrial Revolution (1924).

[3]) Wechselgeschäfte werden von Amsterdam aus, nach Ricard, bloß auf den Messen von Frankfurt a. M., Leipzig, Lyon und Naumburg gemacht.

Am 21. Juli abends wurde die Messe von den Konsuln feierlich eröffnet, die Marktfreiheit trat in Wirksamkeit. Tatsächlich aber begann der Handelsverkehr bereits einige Tage vorher. Oft wurden die Waren verkauft, noch ehe sie an Ort und Stelle angelangt waren. Die beiden ersten Tage waren für den Handel mit Tuch, Seidenwaren, Leinwand, sowie mit Kurz- und Eisenwaren, überhaupt mit allen bereits zur Messe eingetroffenen Waren bestimmt. Am dritten Tage begann der Verkauf solcher Waren, die nach der Eröffnung der Messe angelangt oder durch die Zollvisitation aufgehalten worden waren, von Kolonialwaren, Baumwolle, Zucker, Ölen. Kaum sind die Frachtkarren ausgeladen worden, so werden sie aufs neue bepackt und eilen aus der Stadt, um den Stadtbezirk beizeiten, noch vor dem Ablaufe der Immunitätsfrist (vor dem 29. Juli), zu verlassen. Am Schlußtage verbleiben nur noch solche Waren in der Stadt, von denen keine Zollabgaben zu entrichten sind.

Die Ausländer, die die Messen von Beaucaire besuchten, waren vornehmlich Catalonier, die gesalzene Fische, Korkeichen, Flechtwaren und spanische Weine brachten. Sie kauften viel mehr Waren ein, als sie ihrer mitbrachten. Trafen sie zur Messe in geringer Anzahl ein, oder fiel ihr Besuch aus, so entstand ein empfindlicher Schaden für den Meßhandel. Von anderen Ausländern werden Schweizer erwähnt. Sonst finden sich nur Angaben über ausländische Waren ohne nähere Bezeichnung der Nationalität der Kaufleute. So wird schwedisches Eisen, bedruckte schweizer Kattune, neapolitanischer Hanf genannt, die von Franzosen vertrieben wurden. Für den französischen Handel (freilich nicht mehr als internationaler Markt) besaß die Messe von Beaucaire auch am Ausgang des 18. Jahrhunderts noch große Bedeutung. Besonders lebhaft war der Handel mit Leinwand und Baumwollzeugen, der $\frac{1}{4}$ bis zu $\frac{1}{3}$ des gesamten Messehandels ausmachte, mit Kurzwaren, Schmuck, Kleineisenwaren, mit Kolonialwaren und Drogen (Reis, Zucker, Kaffee, Pfeffer, gesalzenen Fischen, Farbhölzern), Seife, Korkrinde ($^1/_{10}$ bis $^1/_8$ des Gesamtumsatzes). Der Umsatz in Seidenwaren wies von Jahr zu Jahr beträchtliche Schwankungen auf (von $\frac{1}{4}$ bis zu $^1/_7$) des Gesamtumsatzes). Dann folgten Wolle, Wirkwaren, Seiden- und Halbseidenstoffe, Leder. In der zweiten Hälfte des 18. Jahrhunderts weisen die Umsätze in Woll- und Leinenzeugen sowie in Galanterie- und Wirkwaren eine Steigerung, in Wolle und Leder eine Verminderung auf, während im Absatz von Kolonialwaren keine Änderung eingetreten war.[1])

Während der periodische Messehandel, nach Sombart, bereits im 17. Jahrhundert seinen Höhepunkt erreicht hatte, kamen nun auf und entwickelten sich, wie Sombart ebenfalls ausführt, neue Formen des Großhandels, der das ganze Jahr hindurch stattfand, des „durchjährigen" Großhandels (wie Sombart ihn nennt), der in der Zunahme der Handelstätigkeit und der Verbesserung der Verkehrsverhältnisse seinen Grund hatte, jedoch das Gepräge des alten Großhandels, des persönlichen Markt- und Messehandels beibehielt.[2]) Ihm nahe stand der Auktionshandel, der besonders von den großen Überseegesellschaften, die auf diese Weise die nach Europa importierten Waren absetzten, insbesondere in Amsterdam und London betrieben wurde (seit 1712 z. B. Kaffeeauktionen). Doch auch sonst wurden Waren auktionsweise vertrieben.[3]) Nach Ricard gab es zu Amsterdam 8 oder 10 Herbergen, wo solche Ventes au Bassin (man schlug auf einen kupfernen Becken,

---

[1]) Dutil, L'Etat économique du Languedoc à la fin de l'ancien régime, S. 763 ff.

[2]) Sombart, II, 1, S. 481 ff.

[3]) Kröhne, Die Großhandelsversteigerungen (1909), S. 12 ff., 23, 26 (Z. f. Staatsw., Erg.-H. 32).

bassin, wenn die Ware dem Meistbietenden zuerkannt wurde) stattfanden. Er zählt die verschiedensten Waren auf, die man dort verkaufte: neben Gewürzen, Farben, Früchten, Tabak auch Weine, Fische, Korn, Salz, Holz, Tuche, Seidenwaren, Spitzen, Bänder, wertvolle Möbel, Glas, Quincailleriewaren usw.[1]) Besonders wichtig war der Handel aus den Warenniederlagen (bei Sombart, „Niederlagehandel"), indem die Waren hier nicht nur gelagert, sondern aus den Niederlagen auch gehandelt wurden, und zwar, im Gegensatz zum periodischen Meßhandel, ständig, ununterbrochen. Daneben kommt der Aufkauf beim Produzenten (bei Sombart „Landhandel") auf, der dem Hausierhandel im Einzelhandel entspricht, in dem der Großhandel hier ebenfalls eine aktive Tätigkeit entfaltet. Diese Form gelangt sowohl im Verkehr mit landwirtschaftlichen Produkten als im Handel mit gewerblichen Erzeugnissen zur Anwendung. Wie in Frankreich die Kaufleute die Provinzen durchreisten, um Gewebe einzukaufen, so schickten die Händler von Manchester Wagen und Pferde nach den Farmen zum Wolleinkauf aus und bereisten die Londoner Kaufleute die Webereidistrikte, die Birminghamer Handelsleute die Kleineisenwarenproduzenten. Nun finden sich freilich zwei verschiedene Formen dieses Aufkaufs. Entweder war es der Verleger, der die von den Heimarbeitern gefertigten Waren auf den Märkten und Messen direkt an den Konsumenten absetzte oder es trat der Kaufmann als Mittelsperson zwischen Verleger und Konsumenten auf. So findet sich in der Solinger Klingen- und Messerindustrie neben dem Verleger, der die fertige Ware an den Konsumenten selbst liefert, der Kaufmann, der beim Verleger die Ware erwirbt, um sie an den Konsumenten zu bringen. Auch die „Fabrikanten" (Verleger) in der Berliner Seidenindustrie setzten ihre Waren nur teilweise direkt an den Konsumenten ab, das meiste scheint durch die Hände der Kaufleute gegangen zu sein. Ähnlich war es in Lyon; der maître-marchand (Verleger) ließ den Kaufmann für den Absatz der Seidenwaren sorgen.[2])

Von großer Bedeutung für den Handel des 16.—18. Jahrhunderts war die Buchführung, die zu dieser Zeit sich allmählich eingebürgert hatte. Die Anfänge der Buchführung gehen bereits auf die Araber und die Normannen zurück. Im französischen Staatshaushalt zur Zeit Ludwigs d. Heiligen finden sich Ansätze derselben. Doch enthielten die Rechnungsbücher, die im Mittelalter von hansischen, oberdeutschen und anderen Kaufleuten geführt wurden, nur ungeordnete, in keinem Zusammenhang miteinander stehende Aufzeichnungen vereinzelter Handelsgeschäfte, die mit Eintragungen privaten Inhalts (Mitgift, Hochzeits-

[1]) Ricard, S. 43 f., 47. Vgl. Kaeppelin, La comp. des Indes Orientales, S. 209.

[2]) James, Worsted Manufacture, S. 274. Savary, Le parfait négociant, I, S. 82; II, S. 273. Dransfeld, Solinger Industrieverhältnisse im 18. Jahrhundert, S. 7. Tarlé, Die Arbeiterklasse usw., II. Sombart, Der mod. Kap., 2. Aufl., II, 1, S. 485. Godart, L'ouvrier en soie (1899). Acta Borussica. Schmoller-Hintze, Gesch. der preuß. Seidenindustrie im 18. Jahrh. (1892) I, S. 88, 273. Vgl. Marperger, S. 299. Ludovici, S. 141 f.

ausgaben, Testament) vermischt sind. „Es sind dies ... Notizbücher, die die Stelle der Knoten in den Taschentüchern von Bauern vertreten, die zu Markte in die Stadt ziehen.“[1]) Überhaupt bezogen sich, was besonders zu berücksichtigen ist, die Eintragungen, soweit sie gemacht wurden, nur auf solche Geschäfte, die auf Kredit, nicht gegen Barzahlung abgeschlossen wurden. Von dieser Art sind die Handlungsbücher des Lübecker Kaufmanns Wittenborg (1329—1360), des Hamburgers Viko van Geldersen (1307—1377), des Ulmer Ott Ruland (1444—1462).[2]) Auch die französischen Rechnungsbücher (manuel, grand livre), wie die der Gebr. Bonis in Montauban (1345—1359), des Kaufmanns Jacques Olivier von Narbonne (1381—1392) befaßten sich nur mit Kreditgeschäften und wurden ebenso ungeordnet, unzusammènhängend geführt wie die deutschen. Nicht einmal alle Posten waren in die gleiche Münze umgerechnet, ebensowenig war jede Eintragung notiert.[3]) Doch bedeuten die französischen Rechnungsbücher den deutschen gegenüber insofern einen Fortschritt, als hier bereits besondere Konten vorhanden sind, und zwar nicht bloß Personen,[4]) sondern auch Sachen ein Konto eröffnet wurde (Ölkonto, Schiffskonto, Honigkonto, Reisekonto). Auch begann man die einzelnen Posten aus einem Konto in ein anderes zu übertragen, so daß eine Verknüpfung zwischen den einzelnen Konten sich ergab: Das Soll des einen Konto wurde zum Haben des anderen und umgekehrt. Dieser Brauch bürgerte sich besonders infolge des Umstandes ein, daß die Tilgung von Zahlungsverpflichtungen häufig durch die Übertragung der fraglichen Summe von dem Konto des betreffenden Kaufmanns auf das Konto seines Gläubigers erfolgte. Noch mehr Anwendung fand die Aufstellung gesonderter Konten und die Übertragungen in den florentinischen Handlungsbüchern des 13. und 14. Jahrhunderts. Doch wurden auch hier vorläufig nur selten die verschiedenen einzelnen Posten in zwei gesonderten Rubriken, dem Debet und dem Kredit, gebucht. In der Regel standen Soll und Haben noch untereinander. Häufig finden sich in den mittelalterlichen Handelsbüchern auch von der Hand der Geschäftsfreunde herrührende, zuweilen notariell beglaubigte Eintragungen über die von ihnen eingegangenen Verpflichtungen, so in den Rechnungsbüchern des Ulmer Kaufmanns Ott Ruhland (1444—1462), der florentinischen Handelsgesellschaft der Perucci (1292), des Franzosen Ugo Teral (1330—1332).

---

[1]) Sombart, Mod. Kapit., Bd. I, S. 298 f.; Bd. II, S. 110ff., 118 ff.

[2]) Etwas mehr Ordnung finden wir im Handlungsbuch des Rostocker Kaufmanns Joh. Tölner (1345—1350), wo auch alle Geschäfte (nicht bloß Kreditgeschäfte) verzeichnet sind.

[3]) Vgl. I, S. 228, wo die Handelsbücher angegeben sind, ferner Penndorf, Geschichte der Buchhaltung in Deutschland (1913), S. 3 ff., 18 ff., 36 ff. v. d. Ropp, Hans. Gesch.-Bl. 1924. Stieda, Über die Quellen der Handelsstatist. im Mitt. (Sitz. d. Berl. Akad. 1903). Sieveking in Schmollers Jahrb. 1901. S. auch Schoenberg, Die Technik des Finanzhaushalts der deutschen Städte im Mitt. (1910), S. 89 ff.

[4]) Personenkonti finden sich auch in dem Buch der Regensburger Runtinger (1375—1407).

Zu Anfang des 14. Jahrhunderts wurden bereits die Genueser Handlungsbücher auf der Grundlage der doppelten Buchführung (scrittura doppia) geführt, bei der jeder Posten doppelt gebucht wird, im Soll des einen, im Haben des anderen Konto. Im 15. Jahrhundert kam dieselbe auch in Venedig zur Anwendung, von wo aus sie unter dem Namen der „à-la-venezia-Methode" in Florenz Eingang und Verbreitung fand. In Venedig scheint zuerst die Sitte aufgekommen zu sein, Soll und Haben nicht mehr untereinander zu schreiben, sondern einander gegenüber zu stellen. Doch befand sich damals die „Doppelschreibung" noch im Anfangsstadium ihrer Entwicklung. In den Handlungsbüchern der Soranzo in Venedig (1406—1434) ist freilich bereits ein Gewinn- und Verlustkonto vorhanden, mittels dessen die einzelnen Konten ausgeglichen werden. Doch war dies noch keine allgemein gültige Regel der Buchführung. Die Bilanz wurde nicht alljährlich, sondern nur bei Abschluß des Buches gezogen. Auch die Inventur wurde nicht regelmäßig, sondern von Zeit zu Zeit, in beliebigen Zeitabständen vorgenommen.[1]) In der Genueser Bank (Casa di San Giorgio) fand die Bilanzaufstellung freilich schon alljährlich statt, doch mußte zu diesem Zwecke die Bank alljährlich für zwei Monate hindurch geschlossen werden.[2]) In Flandern kommt die doppelte Buchführung erst zu Beginn des 16. Jahrhunderts auf.[3]) Bei der Großen Ravensburger Gesellschaft findet sich einfache Buchführung; aus den Jahren 1474—1517 sind 38 Handelsbücher der Kompagnie erhalten. Alle drei Jahre wurde eine Abrechnung (Bilanz) gemacht und eine Inventur — teilweise nicht nach dem Einkaufswerte, sondern nach dem augenblicklichen Werte der Bestände durchgeführt, d. i. so, wie es die heutige Buchhaltung fordert.[4])

Trotzdem die Anfänge der Doppelschreibung schon früher bekannt waren, wird doch als Begründer derselben mit Recht Fra Lucas de Burgo, auch Luca Pacioli genannt (ein Minoritenmönch) angesehen, der sie systematisch darstellte und die „Arte della scrittura doppia" weiteren Kreisen zugänglich machte. In einem seiner der Darstellung mathematischer Fragen gewidmeten Werke, das den Titel „Summa di aritmetica, eometria, proporzionie e proporzionalità" trägt und 1494 erschien, ist das berühmte im IX. Abschnitt befindliche elfte Traktat „über die Konten und Eintragungen" enthalten. Es handelt von den drei Hauptbüchern der Kaufmannschaft (Memorial, Journal, Hauptbuch) von der „Art und Weise, in der dieselben sowohl in Venedig, als

---

[1]) Sieveking, Aus venetianischen Rechnungsbüchern (Schmollers Jahrbuch. 1901). Vgl. Penndorf, S. 41 ff.

[2]) Ders., Genueser Finanzwesen, I, S. 118, II, S. 212.

[3]) Auch die Buchführung des Middelburger Kaufmanns Caigniart (Rechnungsbuch 1541—1561) war noch recht einfach und unentwickelt (Häpke in Hans. Gesch.-Bl., Bd. 26, 1920—1921, S. 239).

[4]) Schulte, Große Ravensb. Ges., I, S. 57, 101 ff., 109 ff.

an anderen Orten geführt werden", sowie von den Bilanzabschlüssen. Die einzelnen Konten (conto, ratio, partita), darunter auch die Sachkonten, sind personifiziert, alle Eintragungen werden auf eine und dieselbe Münze zurückgeführt.[1])

Die Buchführung verbreitete sich erst langsam und allmählich. Noch lange zogen die Kaufleute es vor, statt sich dieser „artigen, kurzweiligen und schönen Kunst" zu bedienen, ihre Handlungen auf Zetteln aufzuzeichnen und an die Wände zu kleben, wie der Buchhalter der Firma Fugger Schwarz 1511 berichtet; er beklagt sich darüber, daß diese reichmachende Kunst bei den Deutschen so wenig beliebt ist.[2]) Ein Hindernis für die Verbreitung der Buchführung „bei den Hantierungsleuten" bildete das Rechnen mit römischen Zahlzeichen, die das Addieren durchaus erschwerten. Man bediente sich daher im Mittelalter bei Unkenntnis des Schreibens des Abacus, einer Rechentafel mit Rechenmarken aus Holz oder Metall.[3])

Dem Pisaner Leonardo Fibonaci, Leonardo Pisano genannt, wurde zu Anfang des 13. Jahrhunderts von seiner dankbaren Vaterstadt eine jährliche Rente ausgesetzt und eine Marmorinschrift zu seiner Verherrlichung gestiftet, weil er seinen Landsleuten es beigebracht hatte, Lire, Soldi und Denari dem Stellenwert der Zahlen entsprechend einzutragen und zu addieren. Durch ihn lernten die Pisaner auch den Gebrauch der arabischen (richtiger gesagt indischen) Zahlzeichen kennen. Da jedoch die Form der einzelnen arabischen Zahlzeichen noch keine feststehende war (man konnte sie leichter fälschen als die „kaiserlichen"), so wurde 1299 von der Florentiner Calimalazunft ihr Gebrauch verboten. Noch das Freiburger Stadtrecht von 1520 will kaufmännischen Schuldbüchern nur dann Beweiskraft zuerkennen, wenn die Summen nicht mit „neuen" Ziffern angegeben sind. Auch in Antwerpen kommen die arabischen Ziffern erst Ende des 16. Jahrhunderts in Gebrauch.

Die langsame Verbreitung der Buchführung war ferner zum guten Teil auch durch die geringen Kenntnisse der Bevölkerung im Schreiben und Rechnen verschuldet.

Noch um die Wende des 18. Jahrhunderts gab es wohl wenig ehrsame Bürger und Zünftler, die ein leidliches Deutsch zu schreiben verstanden, und die Mehrzahl der kleinen Leute war überhaupt des Schreibens unkundig. Begegnen wir doch in den Breslauer Akten der Kriegszeit (napoleonische Feldzüge) überall den ominösen drei Kreuzen, da die Bürger selbst ihre Namen nicht zeichnen konnten. Nicht besser stand es mit dem Rechnen.[4]) In den Freiburger i. B. städtischen Jahresrechnungen aus dem 17. Jahrhunderts sind auf jeder Seite Rechenfehler zu finden. Man verzichtete auch wohl notgedrungen auf die Summierung der eingetragenen

---

[1]) 1543 wurde sein Werk von Impyn fast wörtlich ins Flandrische übertragen und mit Beispielen, die dem Antwerpener Handel entlehnt waren, versehen. Die Florentiner Gesellschaft der Affaittati, die in Antwerpen im 16. Jahrhundert Handel trieb, führte das Memorial, das Journal (Manual) und das Großbuch. Alle 2 bis 3 Jahre wurde ein Inventar aufgestellt (Goris, Colonies marchandes méridionales à Anvers de 1488 à 1567. 1925, S. 121 ff.).

[2]) Penndorf, S. 167.

[3]) Schoenberg, Technik des Finanzhaushalts der deutsch. Städte im Mitt., S. 123 ff.

[4]) Gebauer, Breslauer Finanzwesen im 18. Jahrhundert (1906), S. 175.

Posten.[1]) Nicht anders war es auch mit den Rechnungen der großen englischen Überseekompagnien bestellt.[2])

Die Buchführung wurde besonders durch Simon Stévin gefördert, den Verfasser der „Hypomnemata Mathematica" (1605—1608), sowie durch andere Autoren des 17. Jahrhunderts, die vor allem die Fragen des Wechselrechnens erforschten und klarlegten. Holland wurde in dieser Hinsicht zum Musterlande, das man überall als Vorbild für die Erlernung und Anwendung der Buchführung hinstellte. Übrigens erhebt im 17. Jahrhundert auch in Frankreich Savary die Forderung, die auch in der von ihm abgefaßten „Ordonance du Commerce" von 1673 zum Ausdruck kommt, es sollten nicht nur Rechnungsbücher geführt, sondern auch regelmäßig Bilanzen aufgestellt und eine periodisch wiederkehrende effektive Inventarisierung vorgenommen werden. Als obligatorisch wurde die Führung eines einzigen Rechnungsbuches, des „livre journal", verlangt, außerdem sollte von jedem abgesandten Briefe eine Kopie abgenommen und aufbewahrt werden (Tit. III, Art. 1, 7, 8). Doch gibt Savary dem Kaufmann den Rat, auch andere Bücher (er zählt ihrer insgesamt neun auf) zu führen und empfiehlt ihm, die Eintragungen in den Hauptbüchern eigenhändig vorzunehmen, was ihm dazu verhelfen soll, sowohl jederzeit seine Geschäfte übersichtlich vor Augen zu haben, als auch dieselben regelrecht zu führen. Bei geringeren Umsätzen genügten freilich nach ihm drei Bücher: Ein „Kaufbuch" (livre d'achat), wo von Tag zu Tag die eingekauften Waren, ein „Verkaufsbuch" (livre de vente), wo die verkauften Waren eingetragen werden, endlich ein Kassabuch, welches „in Debet und Credit zu halten" sei und worin die empfangenen und ausgezahlten Geldsummen eingetragen werden sollen, außerdem auch alle häuslichen Ausgaben (allerdings summarisch, nicht nach einzelnen Ausgabenposten). Die Hausausgaben sind auch nach der Ordonnance du Commerce von 1673 in den Handelsbüchern zu verzeichnen. Außer diesen drei Büchern empfiehlt Savary die Führung eines „livre extrait oder livre de raison" (Extrakt- oder Schuldbuch), welches es dem Kaufmann ermöglicht, sich über alle seine Geschäfte Rechenschaft zu geben und das nichts enthalten soll, was nicht bereits in den anderen Büchern eingetragen ist. Es gibt dem Kaufmann eine rasche klare Übersicht seines Debet und Kredit. Savary behauptet, auch von Detailhändlern würde dieses Buch geführt und fügt hinzu, daß die Instandhaltung dieser vier Bücher nicht mehr als 3 Stunden wöchentlich beansprucht.[3])

Marperger nennt die Buchführung „einen unparteiischen Zeugen unserer vorteilhaften und schädlichen Handelsgeschäfte, das einzige Hilfsmittel, welches dem schwachen menschlichen Gedächtnis zustatten kommt, ja das heilsame Instrument ist, durch welches (nämlich durch richtiges Anschreiben) die Kammern voll werden. Es ist also auch kein Stand unter der Sonne zu finden, der nur irgend mit Einnahme und Ausgabe umgehet, welcher desselbigen entbehren könnte; vornehmlich bei den Kaufleuten findet man auf wohlbestellten Komptoiren habile Buchhalter, welche täglich vollauf zu tun und so genugsame Occupation schaffen könne, daß auch mancher sogar die Korrespondenz nicht nebenbey versehen kann." Marperger betont, um eine gute Ordnung im Einschreiben seiner Handelsgeschäfte zu halten, müsse man monatlich fleißig bilanzieren. Am Schluß des Jahres soll durch die Generalbilanz „richtige Rede und Antwort gegeben werden", die alten Bücher sollen dann geschlossen und neue angefangen werden. „Solange die Welt aus Zahl, Maß und Gewicht bestehet und mit solchen umgehet, wird man auch das Buchhalten nötig haben".[4])

---

[1]) Auer, Finanzwesen der Stadt Freiburg von 1648 bis 1806, I, S. 35.

[2]) Bei der Nürnberger Girobank wurde (im 17. Jahrh.) die Bilanz vierteljährlich gezogen, doch war während dieser Zeit (wie in Genua im 15. Jahrh., s. oben S. 296) die Bank einige Tage gesperrt. Auch die Venediger Bank war aus diesem Grunde etliche Male im Jahre geschlossen (Sax, Die Nürnberger Girobank. Festgabe für Eheberg. 1925).

[3]) Savary, Parf. Négoc., I, S. 474 ff., 487 ff., 504 ff., 530.

[4]) Marperger, Nützliche Fragen, S. 264.

Die Buchführung, freilich mehr die einfache als die doppelte, scheint in Deutschland zu Anfang des 18. Jahrhunderts bereits große Verbreitung gefunden zu haben. Sagt doch Marperger, das „Buchhalten in doppelten Posten, das nunmehr das italienische genannt wird", müßte „mit größerem Recht das deutsche Buchhalten genannt werden", weil „wir Teutschen alle Künste und Wissenschaften, die vormals nur zerstümmelt bei anderen Nationen gewesen, in ihren rechten Lustre gebracht, in dem sie heutigentags stehen", also auch das Buchhalten „erst recht in Deutschland excolieret und auspolieret worden ist." Doch hält er auch das Buchhalten „in einfachen Posten" für zulässig, weil es „um so leichter sei und natürlicher, als jenes schwerer und künstlicher ist". Viele ziehen es vor, „wobei solche Leute zur Ration setzen, daß ihnen solches leichter, als das andere sei, daß sie keine fremde Hilfe dabei nötig und soviel lange Jahre ihre Handlung in Flor dabei bestanden, auch solches ihnen am allerbegreiflichsten, jenes aber als das Italienische dunkel und verborgen sei". Die Buchhaltung sei unentbehrlich: Ehre und Reputation hängen von wohl oder übel geführten Handelsbüchern ab, vor Gericht haben richtig gehaltene Handelsbücher vollkommenen Glauben.[1]

Bereits im 16. Jahrhundert entwickelt sich in den deutschen Stadtrechten der Satz, daß die Handelsbücher, „wenn sorgfältig nach ehrbarer Kaufleute Brauch" geführt, „halben" und durch den Eid des Kaufmanns „vollen" Beweis liefern.[2] In Holland war im 17. Jahrhundert die Beweiskraft der Handelsbücher im kaufmännischen Verkehre ganz allgemein anerkannt, wenn der Kaufmann einen guten Namen hatte, die Bücher vollständig waren, die Data et Accepta, die Credita et Debita enthielten, die Geschäfte getrennt und jeweils unter ihrer Zeitfolge angeführt und die Eintragungen sofort auf die Fakturen hin gemacht worden waren.[3][4]

Kapitel 19.

Die Überseegesellschaften.[5]

Die Kaufmannsgilden des Mittelalters waren Personenvereinigungen, die zum Zwecke des Handels mit bestimmten Städten und Ländern gebildet wurden und die Handelstätigkeit der einzelnen Kaufleute mittelst der von ihnen aufgestellten gemeinsamen Regeln regulierten. Jedoch wurden von den einzelnen Gildegenossen Handelsgeschäfte selbständig,

---

[1]) Marperger, Nützliche Fragen, S. 264 ff. Penndorf, S. 166 ff., 189 ff.

[2]) Rehme, Gesch. des Handelsrechts, S. 160, 215.

[3]) Kohler-Hecht, Z. f. Handelsr., 52, S. 262 ff.

[4]) Über die Buchführung vgl. auch Jaeger, Beiträge zur Gesch. der Doppelbuchhaltung (1874). Sattler, Handelsrechnungen des deutschen Ordens (1887). Villicus, Die Gesch. der Rechenkunst vom Altertum bis zum 18. Jahrhundert. 3. Aufl. (1897). Ehrenberg, Zeitschr. des Vereins f. Hamb. Gesch., Bd. VIII.

[5]) Über die Überseegesellschaften s. Sombart, Mod. Kapit. II, S. 91 ff, 150 ff. Bonnassieux, Les grandes compagnies de commerce (1892). Schmoller, Gesch. Entwicklung der Unternehmung (in seinem Jahrb. XVII). Lehmann, Gesch. Entwicklung der Aktiengesellschaft bis zum Code de Commerce (1895). Ders., Das Recht der Aktiengesellschaften, I-II (1898). Van Brakel, Neuere Liter, über den Ursprung der Aktiengesellschaft (Viert. Soz.- u. W.-G. X, 1910). Ders., Randglossen zur Gesch. der Handelsgesellschaft (ibid. XIV, 1918). Silberschmidt, Zur Gesch. des Gesellschaftsrechts (ibid. XIV, 1918). Simon, Gesch. der Interimsscheine für Aktien bis zum Code de Comm. (Z. f. Handelsr. 74, 1913). Ehren-

auf eigene Rechnung und Gefahr hin betrieben. Solche Kaufmannsgilden bestanden auch im 16. Jahrhundert als sog. „regulierte Companien" fort, denen jeder Kaufmann, der mit den betreffenden Ländern Handel treiben wollte, beizutreten und deren Bestimmungen in bezug auf die Zeit des Auslaufens der Schiffe, das Land, wohin die Reise unternommen wurde usw. er sich zu fügen hatte. Doch auch hier führte jedes Mitglied seine Geschäfte selbständig. Von dieser Art waren die englischen Handelsgesellschaften, so die Gesellschaft der „Merchant Adventurers", die Levantekompagnie (gegr. 1518), die Afrikanische Kompagnie (gegr. 1536), die Nordamerikanische (Plymouth-) Kompagnie (gegr. 1589). Freilich im Gegensatz zu den mittelalterlichen Kaufmannsgilden und in Übereinstimmung mit der entstehenden Volkswirtschaft wurde nun der Handelsverkehr mit einem bestimmten Lande oder mehreren Ländern nicht mehr wie früher von einer Reihe städtischer Gilden geführt (Bergenfahrer, Rigafahrer, Novgorodfahrer gab es in mehreren hansischen Städten) sondern einer einzigen (für ganz England) eigens zu diesem Zwecke mit Privilegien ausgestatteten Gesellschaft vorbehalten; niemand außer deren Mitgliedern war zum Handel mit diesen Ländern berechtigt.

Daneben schlossen sich teilweise im Rahmen dieser regulierten Kompagnien einzelne Kaufleute und Reeder zu vermögensrechtlichen Vereinigungen zusammen, die auf gemeinsame Rechnung und Gefahr hin Geschäfte unternahmen, gemeinsam ein oder mehrere Schiffe ausrüsteten und befrachteten.[1]) Solche Gelegenheitsgesellschaften bildeten

---

berg, Das Zeitalter der Fugger, II (1896). Ders., Ostindische Handelsgesellschaften (Hdw. d. Staatsw., 3. Aufl.). Zimmermann, Die europ. Kolonien I-V. Roscher-Janasch, Kolonien. 3. Aufl. (1885). Klerk de Reus, Gesch. Überblick der administr., rechtl. u. finanziellen Entwicklung der niederländisch-ostindischen Kompagnie (1895). Bockemeyer, Die Molucken (1888). Van Brakel, Entwicklung und Organisation der Merchant Adventurers (V. f. Soz.- u. W.-G. V. 1907). Scott, The Constitution and Finance of English and Irish Joint Stock Companies to 1720. I-III (1910—1912). Hewins, English Trade and Finance chiefly in the XVIII century (1891). Sten Konow, Indien unter der englischen Herrschaft (1915). Bal Krishna, Commercial Relations between India and England 1601—1757 (1924). Lecky, Geschichte Englands im 18. Jahrhundert, III (1882). Weber, La compagnie française des Indes (1904). Kaeppelin, La compagnie des Indes Orientales et François Martin (1908). Montagne, Histoire de la compagnie des Indes (1899). Masson, Les compagnies de corail (1908). Mims, Colberts West India Policy (Yale Hist. Stud. I. 1912). Clément, Hist. de la vie et de l'administration de Colbert. 1892. Huismans, La Belgique commerciale sous l'empereur Charles VI. La compagnie d'Ostende (1902). Dullinger, Die Handelskompagnien Österreichs nach dem Orient und nach Ostindien (Z. f. Soz.- u. W.-G. VII). Ring, Die asiatischen Handelskompagnien Friedrich d. Gr. (1890). Schück, Brandenburg-Preußens Kolonialpolitik 1641—1721. I-II (1889). Kretzschmer, Schwedische Handelskompagnien im 17. bis 18. Jahrhundert (Hans. G.-Bl. XVII), s. auch unten Kap. 20.

[1]) Dieser Ansicht auch Sombart (II, S. 154) und Silberschmidt: Die Aktiengesellschaft ist eine Kreuzung der regulierten Kompagnie und der Kommenda (Viert. f. Soz.- u. W.-G. XIV, S. 531). Anders Lehmann (Gesch. Entwickl. der Aktienges. 1895). Vgl. Van Brakel (V. f. Soz.- u. W.-G. 1910).

sich im Ostindienhandel sowohl der Niederlande als auch Englands. Die verschiedenen Vereinigungen der Kaufleute sandten voneinander unabhängig Schiffe nach Indien aus, die aber gemeinsam die Fahrt unternahmen, in Indien den dortigen Eingeborenenfürsten gegenüber geschlossen auftraten, sowie zum Schutz vor Seeräubern gemeinsam Sicherheitsmaßregeln anordneten. Erst allmählich vereinigten sich diese einzelnen im Wettbewerb miteinander stehenden und einander dadurch schädigenden Genossenschaften miteinander, verschmolzen zu einem einheitlichen Ganzen. Aus den einzelnen Kapitalien bildete sich ein Gesellschaftskapital, es entstand eine vereinigte Kompagnie. Auch diese Gesellschaften erhielten das Monopol im Handel mit bestimmten Ländern oder Weltteilen. Formalrechtlich stand es freilich auch hier, wie bei den mittelalterlichen Gilden und bei den späteren regulierten Kompagnien jedermann frei, sich an dem Handel der vereinigten Kompagnie zu beteiligen. Sie waren als Aktiengesellschaften organisiert und die Aktien, in die das Gesellschaftskapital zerfiel, konnten von jedermann erworben werden; sie wurden bald zum Gegenstand des Börsenverkehrs. Tatsächlich jedoch befanden sich die Aktien in den Händen weniger Personen, die auch die Direktorenstellen bekleideten. So gehörten die Aktien der Englischen Ostindischen Kompagnie 550 Personen; die meisten davon besaßen 40 Teilhaber. Die Anteile der Holländischen Ostindischen Kompagnie waren unter 550 bis 600 Partizipanten verteilt. $^9/_{10}$ der Aktien der Hudsonkompagnie waren im 18. Jahrhundert in den Händen von 8 bis 9 Personen vereinigt.

Unter den für den Überseehandel gegründeten Aktiengesellschaften standen an erster Stelle die 1602 gegründete Niederländisch-Ostindische Gesellschaft und die ebenfalls zu Beginn des 17. Jahrhunderts entstandene Englisch-Ostindische Kompagnie. Beide Gesellschaften hatten den gesamten Handelsverkehr, der von den Niederlanden bzw. von England mit Ostindien unterhalten wurde, an sich gerissen. Es war eine natürliche Folge ihres Wettbewerbes, daß sie in beständigem Kampfe miteinander lagen; nur zeitweise kamen Vergleiche zwischen ihnen zustande. Die außerhalb der beiden Gesellschaften stehenden Kaufleute, die sich nach Indien wagten, wurden als Seeräuber behandelt, ihre Schiffe wurden beschlagnahmt.

Nach dem Vorbilde dieser beiden Gesellschaften wurden die anderen, damals aufgekommenen Aktiengesellschaften gebildet. So die Holländisch-Westindische Gesellschaft (für den Handel mit Brasilien),[1] die Englisch-Afrikanische Gesellschaft (für den Handel mit Guinea), die Hudsongesellschaft, die Grönlandgesellschaft. In Frankreich wurde 1628 von Richelieu die Kanadische Gesellschaft, sowie die Senegalgesellschaft gegründet. Colbert rief, nach dem Muster der Niederlande, eine Ostindische sowie eine Westindische Gesellschaft ins Leben, eine Nordische Gesellschaft (für den Handel mit den Niederlanden, Schweden, Rußland), eine Levantekompagnie. Um die Wende des 17. Jahrhunderts entstand die Guineakompagnie für den Sklavenhandel. Auch in anderen Ländern — Schweden, Dänemark, Österreich, Preußen — wurden privilegierte Aktiengesellschaften für den

[1]) S. oben, S. 207.

Überseehandel gegründet. Die Struktur dieser Gesellschaften war in den einzelnen Ländern verschieden, teilweise ihrer Staatsverfassung nachgebildet. So war die Holländisch-Ostindische Kompagnie, den Provinzialstaaten analog, in 8 Kammern eingeteilt, an denen die Hauptpartizipanten teilnahmen und aus deren Mitte die 60 Direktoren gewählt wurden (Analogie mit den Generalstaaten!). An der Spitze der Gesellschaft standen dieselben Personen, die die Macht und Herrschaft in den Niederlanden ausübten, so daß alle in Indien eingegangenen Verträge im Namen des Staates abgeschlossen, die Waren von den Faktoren der Generalstaaten eingekauft wurden usw., obwohl die Kompagnie der eigentliche Kontrahent war. Auch in England war die Machtstellung der Ostindischen Gesellschaft auf ihrer engen Verquickung mit der Regierung begründet. An ihrer Spitze stand eine Generalversammlung, analog dem englischen Parlament, wobei entsprechend dem zensitären Wahlrecht im Staate auch an der Generalversammlung nur die größeren Aktionäre teilnahmen. In Frankreich war die Bedeutung der Generalversammlung eine rein formelle. Der Vorsitz und die oberste Leitung der Kompagnie befand sich bei dem Könige und seinen Ministern, also eine Analogie mit dem französischen Absolutismus. Die Höflinge, die, um dem Könige gefällig zu sein, Aktien gezeichnet hatten, nahmen ebenfalls an den Versammlungen teil.

Die Eingangsworte des Oktroi der Niederländisch-Ostindischen Kompagnie von 1602 lauten folgendermaßen: „Da der Wohlstand der Vereinigten Niederlande hauptsächlich in der Schiffahrt, Handel und Commerz bestehet, welche von diesen Provinzen nicht allein mit den benachbarten Reichen und Gegenden, sondern auch mit den entfernteren Ländern in Europa, Asien und Afrika von altersher getrieben und von Zeit zu Zeit rühmlichst vermehrt sind, auch überdies in den letzten zehn Jahren von einigen der vornehmsten Kaufleuten dieser Länder, Liebhaber der Schiffahrt, des Handels und Kommerzes nach fremden Ländern Gesellschaften in der Stadt Amsterdam mit großen Kosten, Bemühungen und Gefahren errichtet worden sind, welche die sehr löbliche Schiffahrt, Handel und Gewerb nach Ostindien mit einem sehr guten und vorteilhaften Anschein unternommen haben, wodurch auch unlängst verschiedene andere Kaufleute in Seeland, auf der Maß, in Nordholland und in Westfriesland angetrieben worden, ähnliche Gesellschaften zu errichten und besagte Schiffahrt, Handel und Kommerz zur Wirksamkeit gebracht haben, so haben wir solches reichlich überlegt und erwogen, wie sehr den Vereinigten Provinzen und ihren guten Einwohnern daran gelegen sei, daß diese Schiffahrt, Handel und Kommerz unter eine gute allgemeine Ordnung, Polizey, Korrespondenz und Gemeinschaft gestellet und daß sie unterhalten und vermehrt werden und daher gutbefunden, Vorsteher (bewindthebbers) dieser Gesellschaft zu ernennen und vorzuschlagen, daß es nicht nur den Vereinigten Provinzen, sondern auch allen denen, welche diese rühmliche Sache unternommen und daran teil hätten, anständig, dienlich und vorteilhaft sein würde, wenn diese Gesellschaften vereinigt und vorbesagte Unternehmung unter eine feste sichere Einigkeit, Ordnung und Polizey verbunden betrieben und vermehrt würden, so daß alle Einwohner der Vereinigten Provinzen, die dazu geneigt wären, daran teilnehmen könnten."[1])

Die auf diese Weise gegründete Ostindische Gesellschaft bestand auch später aus 8 Kammern, von denen jede eine bestimmte Anzahl von Direktoren wählte. Doch wurden Kammern nur dort gebildet, wo vordem Reedereigesellschaften vorhanden waren. Auch kehren unter den Direktoren der einzelnen Kammern häufig dieselben Namen wieder, die bereits an der Spitze ihrer Vorgängerinnen, z. B. der in der Kompagnie aufgegangenen Gesellschaft Van Verre, anzutreffen waren. Die einzelnen Kammern betrieben den Überseehandel selbständig. Jede von

[1]) Lusac, Betrachtung über den Ursprung des Handels und der Macht der Holländer (1788), I, S. 516. Vgl. Lehmann, Gesch. Entw. (1895).

ihnen rüstet die Schiffe aus, befrachtet sie, empfängt die von den Teilnehmern zu erhebenden Einlagen, kauft in Ostindien Waren ein und setzt die zurückgebrachten Erzeugnisse ab, erstattet an die Teilnehmer Bericht über die Geschäfte und verteilt die Gewinne. Die von den Kammern zur Generalversammlung abgesandten Delegierten entscheiden dagegen über die Zahl der auszusendenden Schiffe, den Zeitpunkt ihrer Ausfahrt (die Ausführung dieser Beschlüsse bleibt den einzelnen Kammern überlassen), sowie über die Verteilung des Gewinnes unter den einzelnen Kammern ihrem Anteil am Gesellschaftskapital entsprechend. Darin, und nur darin, kam die Gemeinsamkeit der von der Gesellschaft ausgeübten Handelstätigkeit zum Ausdruck. Es gab jedoch anfänglich weder jährliche Gewinnverteilungen, noch regelmäßig stattfindende Generalversammlungen, noch feste, genau umgrenzte Bilanzjahre. Die Kompagnie wurde zunächst auf 10 Jahre gegründet; nach Ablauf der Frist sollte ein allgemeiner Rechnungsabschluß erfolgen und jedem Teilhaber stand es frei, sich dann zurückzuziehen. Tatsächlich wurde freilich die Gesellschaft jedesmal wieder erneuert.

Auch andere Gesellschaften, z. B. die Holländische Nordische Kompagnie, die Dänisch-Ostindische Kompagnie, trugen das Gepräge solcher Gelegenheitsgesellschaften, die für eine gewisse Anzahl gemeinsamer überseeischer Handelsreisen gegründet wurden. Am besten läßt sich dieser Werdegang, die allmähliche Vereinigung und Verschmelzung einzelner bereits früher vorhandener Gesellschaften bei der Englisch-Ostindischen Kompagnie verfolgen. Sie wurde 1600, also ungefähr gleichzeitig mit der Niederländisch-Ostindischen Kompagnie, begründet, wobei ihr von der Königin Elisabeth eine Charter verliehen wurde, in der sie als „politische und incorporierte Association unter dem Namen der Gesellschaft englischer Kaufleute, die mit Ost-Indien handeln“, bezeichnet wird. In dieser Charter ist jedoch weder von einem Gesellschaftskapital, noch von Aktien der Kompagnie die Rede, es wurde der Gesellschaft freigestellt, sich die ihr erwünschte Verfassung zu geben. Anfangs wurde jedesmal für je eine Reise der erforderliche Gesellschaftsfonds zusammengebracht. Erst seit 1612 kam anstatt der einzelnen Vereinigungen von Kaufleuten, die sich im Rahmen der Gesellschaft zu bestimmten Seereisen zusammentaten, das „Joint Stock“ auf, d. i. alle Teilnehmer schlossen sich nun zusammen, um für gemeinsame Rechnung Schiffe auszurüsten. Doch auch jetzt erfolgte die Abrechnung mit den Aktionären und die Auszahlung des Gesellschaftsfonds an dieselben jedesmal nach Beendigung einer Unternehmung, worauf die Subskription zu einem neuen Gesellschaftsfonds eröffnet wurde. Selbst die Charter von 1661 kennt noch kein dauerndes Gesellschaftsvermögen. Erst zu Ausgang des 17. Jahrhunderts wird durch ein Patent ein „United Joint Stock“ in der Höhe von 756000 (später von 1,5 Mill.) Pfd. Sterl. festgelegt.

Im 17. Jahrhundert besaßen also die überseeischen Handelsgesellschaften noch kein dauerndes Gesellschaftskapital. Sein Aufkommen sowie seine Zerlegung in eine bestimmte Anzahl von gleichwertigen Stücken, von Aktien, fand erst im 18. Jahrhundert statt. Die Anteile der Gesellschafter waren, je nach ihrem Wunsch, von recht verschiedener Höhe; nur ihre Mindesthöhe war zuweilen festgesetzt.

In den Oktrois der Niederländisch-Ostindischen Gesellschaft, sowie der Schwedischen und Dänischen Kompagnien findet sich die beschränkte Haftung noch nicht. Zuerst wurde der Grundsatz der beschränkten Haftung in Frankreich ausgesprochen, die Haftung des Aktionärs sollte auf seinen Anteil beschränkt werden. Doch wurde selbst hier dieser Grundsatz nicht immer in den Statuten der Gesellschaften durchgeführt. In manchen französischen Gesellschaften bestand eine beschränkte oder auch unbegrenzte Nachschußpflicht der Aktionäre fort. Ja, es kam soweit, daß, trotzdem im Patent der Französisch-Ostindischen Kompagnie die beschränkte Haftpflicht ausgesprochen war, 1685 und 1702 ihre Aktionäre vom König gezwungen wurden, Nachschüsse zu leisten. In England vollzog sich der Übergang zur beschränkten Haftung erst im 19. Jahrhundert, selbst die Bank of England verlangte von ihren Aktionären Nachzahlungen.

Anfänglich wurde in den Aktiengesellschaften ein Unterschied zwischen den Hauptpartizipanten und den übrigen, kleineren Aktionären gemacht. Nur jenen stand das aktive, wie das passive Wahlrecht (zur Generalversammlung) zu, diese hingegen besaßen nur das Recht der Einsicht in den Rechnungsabschluß. Die Mehrzahl der Aktionäre nahm somit an der Tätigkeit der Gesellschaft keinen Anteil, sie hatte nur ein Anrecht auf die Dividende, die anfangs ganz oder teilweise in Waren (z. B. in indischen Spezereien) verteilt wurde. Erst seit 1699 wurde von der Niederländisch-Ostindischen Kompagnie die Dividende ausschließlich in Geld ausgezahlt. Diese Form der Dividendenauszahlung wird auch durch die neue (von 1693 datierende) Charter der Englisch-Ostindischen Kompagnie obligatorisch gemacht. Anderson betont ausdrücklich, daß die Südseegesellschaft ihre Dividenden in Geldform verteilt.

Im 17. Jahrhundert waren die Aktien fast durchgängig Namensaktien, deren Übertragung nur mittelst eines umständlichen Umschreibeverfahrens im Verzeichnis der Aktionäre (persönliches Erscheinen des Verkäufers, Einwilligung der Generalversammlung) erfolgen konnte. Im 18. Jahrhundert kamen auch Inhaberaktien auf, die ohne Einhaltung irgendwelcher Formalitäten übertragbar waren. Doch war die Namensaktie auch jetzt noch vorherrschend.[1])

Wie man sieht, sind die der heutigen Aktiengesellschaft eigentümlichen Züge in den älteren Aktiengesellschaften nur schwach ausgeprägt, ihre charakteristischen Merkmale treten nur unklar und verschwommen zutage. Erst allmählich, in dem Maße, als die aus anderen Gesellschaftsformen hervorgegangene Aktiengesellschaft sich von diesen Formen loslöste, konnte sie die ihren speziellen Zwecken und Zielen entsprechende Verfassung erhalten.[2])

---

[1]) Lehmann, Das Recht der Aktiengesellschaften. I—II (1898). Ders., Gesch. Entwicklung des Aktienrechts (1895).

[2]) Nun hat freilich Strieder in seinem ausgezeichneten, soviel Neues bietenden Werke (Studien zur Gesch. kapitalist. Organisationsformen. 2. Aufl. 1926) eine ganze Reihe von deutschen Gesellschaften des 16. Jahrh. dargestellt, die in mancherlei Hinsicht an die Aktiengesellschaften erinnern, wenn sie auch freilich nicht als Vorläufer der später in den Niederlanden, Frankreich und England aufgekommenen Überseekompagnien aufgefaßt werden können, da von einer Einwirkung auf das westeuropäische Gesellschaftsrecht wohl kaum die Rede sein kann. Lehmann und Rehme sprechen allerdings diesen Gesellschaften den Charakter von Aktiengesellschaften ganz ab, da ihnen verschiedene für die rechtliche Natur der Aktiengesell-

Das Wort „Actie“ (daher auch der Name Aktiengesellschaft) ist holländischer Herkunft. Die Bezeichnungen: „Actie“, „Actionist“ wurden zum erstenmal in dem Aufrufe der Niederländisch-Ostindischen Kompagnie vom Jahre 1610 gebraucht, der zur Beteiligung an der Gesellschaft aufforderte. Die Subskribenten erhielten eine Aktie in der Kompagnie, d. h. „ein Recht auf alles, was den Teilnehmern nach der Gesellschaftsverfassung zustand“. 1616 kam diese Benennung auch in Dänemark und in Schweden neben dem althergebrachten Namen „Partie“ auf. In Frankreich wurden erst gegen Mitte des 17. Jahrhunderts die alten Ausdrücke „part“ und „portion“ durch „action“ verdrängt; auch die Bezeichnung „actionnaire“, die dem holländischen „actionist“ entsprach, kam erst gegen Ausgang des 17. Jahrhunderts auf. Nur in England hat sich die dem englischen Sprachgebrauch eigentümliche Benennung „share“ für Aktie bis auf den heutigen Tag erhalten.[1])

Bis zum Anfang des 19. Jahrhunderts war die Aktiengesellschaft überhaupt eine wenig verbreitete Gesellschaftsform. Selbst in England tritt sie nur im Überseehandel (im Bankwesen nur die „Bank of England“), später auch im Versicherungswesen und in einigen Fällen im Bergbau, im Kanal- und Brückenbau auf. Andrerwärts ist sie noch seltener zu finden.

In Frankreich wird sie, wie Sombart mit Recht betont, von keinem der beiden Savarys erwähnt.[2]) Nicht minder wichtig ist aber, was wir noch hinzufügen möchten, die Tatsache, daß Ricard, der neben der offenen Gesellschaft (société générale ou ordinaire) und Kommanditgesellschaft auch eine „société anonyme“ (participe, tacite) kennt, darunter keineswegs das versteht, was man heutzutage mit Compagnie anonyme (d. i. Aktiengesellschaft) bezeichnet, sondern eine reine Gelegenheitsgesellschaft, welche keine Firma hat (deswegen société tacite genannt) und niemandem außer den Teilnehmern bekannt ist. Es handelt sich z. B. um zwei Kaufleute, die auf gemeinsame Rechnung eine Partie Waren einkaufen und verkaufen. Mit deren Verkauf ist die Gesellschaft wieder liquidiert.[3]) Solche Gesellschaften kamen im Mittelalter zahlreich vor; doch auch später wurden sie abgeschlossen. Magon de la Balue zu St. Malo (18. Jahrhundert) hat sich z. B. recht oft an derartigen kurzlebigen Gesellschaften beteiligt.[4]) Nun schildert freilich Ricard ausführlich die Tätigkeit der Niederländisch-Ostindischen (sowie der Westindischen) Kompagnie, doch bei Aufzählung der Gesellschaftsformen gedenkt er ihrer nicht.

Was Deutschland betrifft, so nennt Marperger 1714 die „großen Kaufmannskompagnien“, und zwar in der Absicht, „den dem Publico daraus erwachsenden Nutzen“ zu eröffnen. Doch begnügt er sich mit dem Hinweise darauf, daß „durch solche Compagnien viel stärkere Handlungen als wann jemand allein bliebe“ unternommen werden können und daß die Holländer „sich durch solche Compagnien

---

schaft eigentümliche Eigenschaften fehlen, auch Van Brakel (Viert. f. Soz.- u. W.-G. 1910, S. 553) nennt sie Pseudo-Aktiengesellschaften, da sie noch keinen kapitalistischen Geist aufweisen. Dagegen behauptet Sombart (II, S. 154) m. E. mit Recht, daß Strieder jedenfalls eine Reihe aktiengesellschaftlich-ähnlicher Gebilde für das 16. Jahrhundert nachgewiesen hat. In der Tat, wie wir oben gesehen haben, bildet sich ja die rechtliche Form der Aktiengesellschaft erst allmählich aus und die großen Überseegesellschaften weichen noch in vielem von der späteren Aktiengesellschaft ab.

[1]) Lehmann, Die geschichtliche Entwicklung des Aktienrechts bis zum Code de Commerce (1895), S. 9 ff. Vgl. Simon, Z. f. Handelsr. 1913.

[2]) Sombart, II, 1, S. 155.

[3]) Ricard, S. 366 ff.

[4]) Sée, Le commerce de St. Malo (Doc. publ. par Hayem, IX, 1925).

zu einem souveränen Volk in Europa und in den asiatischen Weltteilen, zu großen Monarchen über viele Königreiche und Provinzien gemacht".[1]) Jedoch erwähnt er keinerlei Merkmale, durch die sich die Verfassung dieser Kompagnien von den übrigen Gesellschaftsformen unterscheidet. Davon ist erst zu Ausgang des 18. Jahrhunderts bei Büsch in seiner „theoretisch-praktischen Darstellung der Handlung in deren mannigfachen Geschäften" die Rede.[2])

Die Monopolstellung der Niederländisch-Ostindischen Kompagnie brachte ihr große Gewinne. Die aus Indien gebrachten Gewürze, Seiden- und Baumwollzeuge, Edelmetalle und Edelsteine wurden in Europa zu hohen Preisen verkauft. In Amsterdam fanden auch Auktionen zum Absatz der ostindischen Waren statt. Ein Teil dieser Waren verblieb in den Niederlanden, alles übrige wurde wiederum durch Holländer nach anderen Ländern verschifft. Der Ankauf dieser Waren am Produktionsort fand unter Bedingungen statt, die für die Kompagnie besonders günstig waren. Vielfach wurden die Waren durch Kaperei und Raub, d. i. unentgeltlich erworben, oder es wurden die Preise von der Kompagnie willkürlich fixiert. Soweit endlich ein regelrechter Tauschverkehr in Betracht kam, wurden von den Agenten der Gesellschaft Spezereien und Gewürze, kostbare Stoffe u. a. m. gegen allen möglichen europäischen Tand oder gegen minderwertige, aus Europa eingeführte Waren eingetauscht, da die Völkerschaften des Malayischen Archipels, Indochinas usw. keine Vorstellung vom Werte ihrer Waren besaßen und gerne große Mengen der bei ihnen im Überflusse vorhandenen Erzeugnisse gegen glänzenden Kram und Tand hingaben.

Gewöhnlich fand in der ersten, auf das Eindringen der Gesellschaft in eine bestimmte Gegend folgenden Zeit die Festsetzung der Preise für die inländischen Erzeugnisse auf Grund eines Übereinkommens zwischen der Gesellschaft und den Eingeborenen statt, wobei diese allerdings auch dann übervorteilt wurden. Sobald aber die Machtstellung der Kompagnie gefestigt und die eingeborene Bevölkerung in ihre Gewalt gebracht worden war, wurde es den Eingeborenen zur Pflicht gemacht, alle Erzeugnisse an die Kompagnie abzuliefern, die sie zu den von ihr festgesetzten Taxpreisen abnahm. Bestimmte Waren mußten der Gesellschaft unter dem Namen „Leverantien" als Kontribution geliefert werden oder zu einem Preise, der zu ihrem Wert in keinerlei Verhältnis stand; andere bezeichnete man als „Kontingent"; endlich wurden gewisse Artikel käuflich erworben. Doch änderten die verschiedenen Benennungen an dem Wesen der Sache nur wenig. Stets blieb das System im Grunde das gleiche, die Kompagnie erwarb zu den geringsten Preisen Waren, um sie in Europa und Asien zu den höchstmöglichen Preisen abzusetzen.

Die Molukkeninseln Ternate und Tidore, insbesonders aber die kleinen Inselgruppen der Banda und Amboina, lockten die Europäer durch ihren üppigen Pflanzenwuchs an, durch ihren Reichtum an Gewürzen, Nelken, Muskatblüte und

---

[1]) Marperger, Nützliche Fragen, S. 238. Ähnlich Ludovici, der noch 1768 bloß von privilegierten oder oktroyrten Kompagnien spricht (S. 290 ff.).

[2]) Büsch, I, 2, Kap. V, S. 285 ff.

Muskatnuß. Bereits im Mittelalter stammten die nach Europa eingeführten Gewürze größtenteils von den Molukken; allerdings war den Europäern ihr Ursprungsland noch unbekannt. Im 16. Jahrhundert wurden die Gewürznelken ausschließlich von dort bezogen. Das zähe Ringen der Holländer um die Entreißung der Molukken aus der portugiesischen Herrschaft und das Blutbad, das sie 1620 den Engländern auf Amboina bereiteten, hatten eben ihren Grund in dem Wunsche, sich die gesamte Ausbeute an Gewürznelken zu sichern. Zu Anfang des 17. Jahrhunderts zahlten sie ca. 180 Gulden für das „Bahar" (zu 625 Amsterd. Pfund) Gewürznelken, um es in den Niederlanden zum Marktpreis von 1200 Gulden, also um das Siebenfache des Kaufpreises abzusetzen.[1]) Beim erstmaligen Erscheinen der Niederländer auf den Molukken wurden von ihnen Nelken und Muskatblüten vorteilhaft gegen alte untaugliche Waffen eingetauscht. Später, als die Kompagnie ständige Faktoreien errichtete, schloß sie einen Vertrag mit dem König von Ternate ab, demzufolge die gesamte Nelkenernte an den Faktor der Kompagnie zum Preise, den die Generalstaaten im Einverständnis mit dem Könige vereinbaren würden, abgeliefert werden sollte. Doch wurde das Abkommen von der Kompagnie nicht eingehalten; sie setzte die Preise willkürlich fest; der König verlangte 100 Taler (pro 625 Pfd.), erhielt aber nur 60, später bloß 50 Taler, während die Spanier 100 bis 120 Taler boten. Auch zahlte die Kompagnie meistenteils nicht in Geld, sondern in Waren, für die die Eingeborenen keine Verwendung fanden. Außerdem verletzte die Kompagnie die Bestimmung des Vertrages, derzufolge die von den Eingeborenen eingesammelten Gewürze durch Vermittelung der Stammeshäuptlinge an die Kompagnie gelangen sollten. Sie verlangte die direkte Ablieferung derselben an ihre Kontore.[2])

Wie bereits oben erwähnt worden ist, ging die Kompagnie später noch weiter; die Einwohner der Molukken wurden versklavt und die Nelken- und Muskatbäume ausgerottet. Nur auf der Insel Amboina verblieben Nelken-, auf den Banda-Inseln Muskatwälder. Auf diese Weise suchte die Kompagnie sich vor dem Aufkommen jedweden Wettbewerbs zu schützen, den Schleichhandel mit Gewürzen zu verhindern.[3]) Auch in ihrer auf den Sunda-Inseln (Java, Sumatra, Celebes, Borneo) geführten Handels- und Kolonialpolitik ließen sich die Holländer von ähnlichen Gesichtspunkten leiten. Die Nord- und Ostküste von Celebes zeichnete sich durch ihren Reichtum an Reis aus; für den geringen Preis von 36 bis 39 Gulden hatten die Holländer die Möglichkeit, eine ganze Last (30 hl) Reis zu erwerben, da sie die Eingeborenen nicht in Bargeld, sondern in Kleidern bezahlten, an denen 100% Gewinn erzielt wurde.[4]) Auch auf Java bildete Reis den Hauptartikel der Ausfuhr. Anfangs hatte die Kompagnie die Eingeborenenfürsten zur Ablieferung bestimmter Reismengen verpflichtet, später jedoch wurde dieses Abkommen dahin abgeändert, daß die Fürsten den gesamten sowohl auf ihren Ländereien angebauten, als ihnen von der Bevölkerung gelieferten Reis zu einem von der Kompagnie bestimmten Preise ihr zu überlassen hatten. Allmählich schaltete die Kompagnie die Obrigkeiten aus und ließ den Reis unmittelbar nach ihren Magazinen schaffen. Sie zahlte für ihn 10 Taler pro Maß (1 Cojan = 3400 Pfd.); die Reismengen, die ihren Bedarf überstiegen, wurden von ihr zu 20 Taler an Privatleute weiterverkauft. Der Sultan von Bantam war genötigt, auch die gesamte Pfefferproduktion zu niedrigen Preisen an die Kompagnie abzuliefern.[5]) Gewöhnlich betrug der von der Kompagnie pro

---

[1]) Bockemeyer, Die Mollucken. Geschichte und quellenmäßige Darstellung der Eroberung und Verwaltung der ostindischen Gewürzinseln durch die Niederländer (1888), S. 99.

[2]) Ibid., S. 89, 107, 141, 162 f., 174, 180.

[3]) Warburg, Die Muskatnuß. Ihre Geschichte, Botanik, Kultur, Handel und Verwertung. Zugleich ein Beitrag zur Kulturgeschichte der Banda-Inseln (1897), S. 124 ff.

[4]) Bockemeyer, S. 258 f.

[5]) Klerk de Reus, Gesch. Überblick der administr., rechtl. u. finanz. Entwicklung der Niederl.-ostind. Komp. (1894), S. 214 ff.

Pfund Pfeffer gezahlte Preis — nach Lüder — auf Java 2¼ bis 2½ Stüber; in Holland wurde das Pfund Pfeffer zu 20 Stüber und mehr verkauft, also um das 8- bis 10fache des Einkaufspreises.[1]) Der Ertrag der Zuckerplantagen, der auch insgesamt an die Kompagnie überwiesen werden mußte, warf ihr gleichfalls beträchtlichen Nutzen ab. Anfangs zahlte sie auf Java 9 Reale (27 Gulden) pro Pikul (125 Pfd.); später, als der Zuckerbau sich ausdehnte, setzte sie den Preis auf 5½ Reale herab. In Persien warf der Verkauf des Zuckers einen Gewinn von über 150% ab. Zu Anfang des 18. Jahrhunderts betrug der von der Kompagnie gezahlte Einkaufspreis für das Pfund Zucker $1^1/_6$ Stüber, in Europa wurde das Pfund zu 13 bis 14 Stüber verkauft.[2]) Anfangs hatte die Kompagnie die Ausfuhr von Kaffee aus Mokka betrieben; das Pfund Kaffee wurde von ihr mit 10 Stübern bezahlt, um in Europa zu 38 Stübern verkauft zu werden. Als in Mokka der Preis bis auf 22 Stüber stieg, begann sie Kaffee in ihren eigenen Besitzungen, vor allem auf Java zu bauen. Auch hier zahlte man 10 Stüber pro Pfund, wobei ein Viertel des Betrages in Kleidern ausgehändigt wurde, während der Verkaufspreis des von der Kompagnie nach Persien eingeführten Kaffees 31 bis 43 Stüber betrug. Später (1725 bis 1726) setzte die Kompagnie den Preis bis auf 5, sogar bis auf 3½ Stüber herab, doch verpflichtete sie sich nunmehr, den Ältesten der Eingeborenen den Preis vollständig in Bargeld auszuzahlen, ohne ihnen Waren aufzunötigen. Anfangs blieben die nach Holland eingeführten Kaffeemengen erheblich hinter der Nachfrage zurück, doch wurden dann die Pflanzungen dermaßen erweitert, daß sich ein Überschuß einstellte und die Kompagnie die auf den Molukken durchgeführten Verheerungsmaßnahmen auch hier anwandte, indem sie die Kaffeebäume ausrotten und durch Pfefferpflanzungen ersetzen ließ. Diese Ausrottung wurde mit solchem Übereifer betrieben, daß an manchen Stellen nur $^1/_8$ des früheren Bestandes an Kaffeebäumen erhalten blieb und die Kompagnie später (wie auf den Molukken) aus Besorgnis, die Nachfrage nicht in vollem Umfange befriedigen zu können, wieder neue Pflanzungen anbauen mußte.[3])

Neben Gewürznelken, Muskatnüssen und -blüten, Reis, Pfeffer, Zucker und Kaffee gehörten zu den Hauptobjekten des Handels der Ostindischen Kompagnie Zimt, Opium und Tee. Zimt wurde von den Holländern, wie von ihren Vorgängern, den Portugiesen, aus Ceylon ausgeführt. Hier wurde er von den zur Kaste der Mahabadden oder Chalier gehörenden, als Leibeigene an die Scholle gebundenen Eingeborenen produziert. Von seinem 20. Jahre an hatte jeder von ihnen der Kompagnie alljährlich eine Pinte (56 Pfd. Zimt) zu liefern; diese Menge wurde später auf 11 Pinten (616 Pfd.) erhöht. Als Entlohnung erhielt er etwas Reis. Unter Aufsicht im Dienste der Kompagnie stehender Apotheker und Ärzte wurde die Zimtrinde sortiert; die besten Sorten führte sie nach Europa aus, dessen Jahresverbrauch an Zimt die Holländer auf 400000 Pfd. schätzten. Nach Lüder kam der Kompagnie das Pfund Zimt auf 10 Stüb. zu stehen, der Verkaufspreis in Holland betrug 100 bis 150 Stüb. Der Handel mit Opium, der aus Bengalen ausgeführt wurde, trug der Kompagnie von 1678 bis 1800 im Jahresdurchschnitt 570000 Gulden ein. Von 1745 bis 1794 war der Opiumhandel von der Kompagnie an eine eigens zu diesem Zwecke gebildete privilegierte Gesellschaft übertragen worden; sie hoffte dadurch des in großem Maßstabe betriebenen Schleichhandels mit Opium Herr zu werden. Chinesischer Tee war zum erstenmal 1610 nach Holland eingeführt worden. Er wurde gewöhnlich in Batavia eingekauft, wohin ihn die Chinesen brachten, wobei die Kompagnie, wie im Handel mit den Eingeborenen Indiens, bestrebt war, die Preise nach ihrem Gutdünken festzusetzen. Zu Beginn des 18. Jahrhunderts kaufte die Kompagnie im Jahresdurchschnitt für 192000 Reichstaler Tee ein, den sie für 272000 absetzte. Seit 1727 kamen regelmäßige direkte Handelsverbindungen mit China zustande; die Schiffe, auf denen der Teeversand

[1]) Lüder, Gesch. des holländ. Handels (1788), S. 255 ff.

[2]) Klerk de Reus, S. 225 f.

[3]) Ibid., S. 226—32.

erfolgte, wurden jedoch von der Kompagnie nicht von Batavia, sondern unmittelbar von Europa aus abgesandt. Die Jahre 1760—1784 ergaben im Durchschnitt im Teehandel einen Gewinn von 90%; in den vorhergehenden zwei Jahrzehnten waren aber Gewinne von ganz unglaublicher Höhe erzielt worden (83000 Reichstaler Ausgaben, 377000 Einnahmen).[1])

Ein eigenartiges Gepräge trug der Handel der Niederländisch-Ostindischen Kompagnie mit Japan. Während die Niederländer sonst überall als Herrscher auftraten und die Eingeborenenfürsten zwangen, ihre Erzeugnisse ausschließlich der Kompagnie zu liefern, waren sie hier genötigt, sich mancherlei Einschränkungen zu unterwerfen, da sonst der Handel mit Japan überhaupt in Frage gestellt war.[2]) Auch in Japan waren die Portugiesen von den Holländern verdrängt worden, und letztere nahmen seit 1640 auch hier eine Monopolstellung ein, da es weder den Spaniern, noch den Engländern gelang, unmittelbare Handelsbeziehungen mit Japan dauernd zu unterhalten. Doch durften auch sie nicht in das Innere des Landes vordringen. Ihre Faktorei befand sich auf der Insel Dezima, in der Nähe von Nagasaki. Nur einmal im Jahre wurde ihnen der Zugang ins Innere des Landes gestattet, und zwar um dem Landesherrn kostbare Geschenke darzubringen. Sonst durften sie die Insel ohne Erlaubnis der japanischen Behörden nicht verlassen. Mit Nagasaki war Dezima durch eine Brücke verbunden; der Zugang zu ihm wurde nachts durch ein Tor versperrt.[3]) Diese Bestimmungen erinnern an die Regeln, denen im 14. bis 15. Jahrhundert die Alexandria besuchenden Venezianer unterworfen waren. Wie in diesem, so wurden auch in jenem Falle den ankommenden Ausländern Waffen sowie Steuer und Ruder abgenommen.[4]) Sie durften ferner Handelsgeschäfte mit japanischen Kaufleuten nicht direkt abschließen, sondern mußten ihre Waren einer besonderen behördlich eingesetzten Korporation überweisen, die sich darauf mit der japanischen Kaufmannsgilde über den Verkaufspreis der Waren einigte, um sie dann so billig als möglich zu erwerben. Formell nahmen auch die niederländischen Kaufleute an der Bestimmung der Preise ihrer Waren teil, tatsächlich aber wurden sie von den Japanern einseitig festgesetzt, da der von der Kompagnie eingelegte Widerspruch unberücksichtigt blieb.

Bis zum Ausgang des 17. Jahrhunderts war Seide ein Hauptartikel der holländischen Einfuhr nach Japan; erzielten jedoch die Holländer dabei anfangs 50 bis 100% Gewinn, so sanken später in Japan die Seidenpreise so sehr, daß die Holländer froh waren, als die japanische Regierung sie von der Verpflichtung, Seide einzuführen, entband. Einen anderen wichtigen Importartikel (dessen Vertrieb 200 bis 400% Gewinn einbrachte) bildeten aus Siam und Kambodge eingeführte Tierfelle, sowie Mahagoniholz. Auch am Zucker-, Kampfer-, Pfeffer-, Safran-, Weihrauch-, Farbstoffhandel ergaben sich bedeutende Gewinne; zu Beginn des 18. Jahrhunderts betrug der Unterschied zwischen Ein- und Verkaufspreis 150 bis 300%, öfters auch noch mehr.[5])

Der Handel der Englisch-Ostindischen Kompagnie trug einen dem der Holländischen Kompagnie ähnlichen Charakter. War sie zunächst bestrebt, die Eingeborenenfürsten durch kostbare Geschenke und Ehrenbezeugungen für sich zu gewinnen, so erfuhr ihre Politik im Laufe des 18. Jahrhunderts, als ganz Bengalen ihrer Macht unterworfen war, eine schroffe Änderung. Der Handel mit allen wichtigeren Waren wurde

---

[1]) Lüder, S. 258, 260. Klerk de Reus, S. 217 ff., 219 ff.

[2]) Vgl. England oben S. 225.

[3]) Münsterberg, Japans auswärtiger Handel von 1542 bis 1854. S. 44, 75, 76, 86 f., 151 f., 172 f.

[4]) Vgl. I, S. 285, Anm. 2.

[5]) Münsterberg, S. 238 ff.

zum Monopol der Kompagnie erklärt. Ja es wurde verboten, die Erzeugnisse Indiens an irgend jemand, außer an die Agenten der Kompagnie abzusetzen. Die Einkaufspreise dieser Waren, ebenso wie die Verkaufspreise der eingeführten europäischen Erzeugnisse wurden von der Kompagnie einseitig festgesetzt; jene wurden willkürlich herabgesetzt, diese möglichst hinaufgeschraubt.

Obwohl diese überseeischen Handelsgesellschaften ausgedehnte Vorrechte genossen und die eingeborene Bevölkerung ihnen zur Ausbeutung vollständig überlassen war, so beruhte ihre Stellung doch auf ziemlich schwankender Grundlage. Die Führung der Geschäfte war den an Ort und Stelle, in Indien und Amerika befindlichen, verschiedene Bezeichnungen (wie Oberkaufleute, Gouverneure, Residenten) führenden Angestellten überlassen. Die Direktoren, die ihren Aufenthalt in Europa hatten, mußten sich damit begnügen, auf Grund der ihnen zugehenden Geschäftsberichte Weisungen zu erteilen. Die Angestellten, die an den Gewinnen der Gesellschaft keinen Anteil hatten und schlecht entlohnt wurden, suchten ihren Verdienst durch Handel auf eigene Rechnung zu erhöhen. Die Fahrt wurde bedeutend verzögert (18 statt 11 Monate) und die Reisespesen erhöht, da die Schiffe auf der Hin- und Rückfahrt zahlreiche Häfen anliefen, damit die Kapitäne und anderen Angestellten der Kompagnie ihre Waren vertreiben könnten. Ähnliche Privatgeschäfte machten sie auch in den Faktoreien. Hierbei machten sie die gewinnbringendsten Handelszweige zu ihrem Monopol, indem sie die Eingeborenen zwangen, die betreffenden Waren ausschließlich bei ihnen zu erwerben. Oft verübten sie an denselben, unter dem Deckmantel der Kompagnie, Erpressungen, unternahmen Raubzüge nach ihren Siedelungen. Nach einigen Dienstjahren kehrten sie dann mit Riesenvermögen, die auf diese Weise angehäuft worden waren, nach Europa zurück, was große Entrüstung bei den Direktoren erregen mußte.[1])

So erzählte der bekannte Reisende Labillardière, der die Molukken 1792 besucht hatte, daß trotz aller Maßnahmen der Niederländisch-Ostindischen Kompagnie zwecks Aufrechterhaltung ihrer Monopolstellung im Gewürzhandel dennoch Jahr für Jahr der fünfte Teil des Ertrages an Gewürznelken und Muskatnüssen ihr entginge; denn soviel Ware würde von den Agenten der Gesellschaft im Schleichhandel abgesetzt. Ein anderer Reisender, Dampierre, berichtet, daß die Kapitäne der Frachtschiffe, die Gewürze von den Molukken befördern, unterwegs einen Teil der Ladung an andere Schiffe absetzten und, um den Ausfall zu verbergen, den Rest derselben durchnäßten. Minderwertige Teesorten, die man nach Batavia brachte, wurden offiziell von der Gesellschaft zurückgewiesen. Tatsächlich aber wurde ein Teil der hochwertigen, für Europa bestimmten Qualitäten durch eben diese Sorten ersetzt, dafür aber die entsprechenden Mengen des besten Tees von den Agenten der Kompagnie an Ort und Stelle behalten und heimlich an private Kaufleute verkauft. Diese Veruntreuungen wurden in der Regel erst viel später auf-

---

[1]) Vgl. Geyer, Das wirtschaftliche System der niederländisch-ostindischen Kompagnie am Kap der Guten Hoffnung 1785 bis 1795 (1923). Hist. Bibl. 50. Baasch, Holländ. Wirtschaftsgesch. (1927), Kap. I, § 9.

gedeckt, so daß die Schuldigen nicht mehr zu finden waren und unbestraft bleiben mußten.[1])

Lecky weist darauf hin, daß die Entlohnung der in Indien tätigen Angestellten der Englisch-Ostindischen Kompagnie[2]) durchaus unzureichend war. Sie war auf europäische Verhältnisse zugeschnitten, nicht aber auf koloniale Zustände berechnet. Selbst bei äußerster Sparsamkeit konnten die Angestellten, wenn sie sich mit ihrem Gehalte begnügen wollten, nur von der Hand in den Mund leben. Und doch trat an sie auf Schritt und Tritt die Versuchung heran, mit unlauteren Mitteln riesige Reichtümer zu häufen. „Wohl in keinem anderen Lande, nicht nur Europas, sondern wohl auch der ganzen Welt, boten sich so zahlreiche lockende Möglichkeiten, auf so leichte Weise zu märchenhaftem Reichtum zu gelangen. Der große Clive, der als armer Assistent nach Indien gekommen war, kehrte mit 34 Jahren nach England mit einem Vermögen zurück, das ihm eine Jahresrente von 40000 Pfd. abwarf; außerdem hatte er seinen Verwandten 50000 Pfd. überwiesen. Und dabei pflegte er zu sagen, er staune selbst über seine Genügsamkeit, er hätte in Indien noch sehr viel mehr gewinnen können. Es gehörte zu den alltäglichen Erscheinungen, daß junge Leute, die ohne einen Penny in der Tasche hinauszogen, nach 10 bis 12 Jahren mit Reichtümern zurückkehrten, die es ihnen ermöglichten, als Rivalen des ältesten englischen Adels aufzutreten, ja ihn an Glanz und Prunk zu übertreffen.“[3])

Der Privathandel der Angestellten war der ergiebigste und kürzeste Weg zu ihrer Bereicherung. Seit dem Entstehen der Gesellschaft war es allen Teilnehmern der Expeditionen gestattet, sich mit einer bestimmten Summe an der Unternehmung zu beteiligen, wobei es ihnen jedoch verboten war, selbständig Handelsgeschäfte zu betreiben. Obwohl dieses Verbot im Laufe des 17. Jahrhunderts mehrfach wiederholt worden ist, so wurde es doch außer acht gelassen, im 18. Jahrhundert mußte schließlich die Gesellschaft den Privathandel ihrer Angestellten zulassen. 1764 erneuerte man freilich das Verbot, die Generalversammlung der Aktionäre jedoch erklärte sich gegen dessen Aufrechterhaltung. Sogar der sonst so energische Lord Clive, der, ehe er zum zweitenmal die Verwaltung Indiens übernahm, dringend zur Abschaffung dieses Mißstandes geraten hatte, hütete sich später, als er an Ort und Stelle war, den empfangenen Auftrag auszuführen, da er sich darüber klar war, daß ohne entsprechende Gehaltserhöhung alle Verbote zwecklos wären. Die Angestellten waren eben genötigt, Privatgeschäfte zu treiben.[4])

Die Agenten der Kompagnie, schrieb Macaulay über die Englisch-Ostindische Gesellschaft, hatten den Binnenhandel fast gänzlich monopolisiert, und zwar nicht im Interesse der Kompagnie, sondern zu ihrem eigenen Vorteil. „Ungestraft beleidigten sie die Gerichte, die Polizei, die Steuereinnehmer des Landes. Sie zwangen die Eingeborenen, billig zu verkaufen und teuer einzukaufen. Sie nahmen eine Bande von Eingeborenen in ihren Schutz, die im Lande umherstreifte, überall Schrecken und Verheerung verbreitend. Jeder Diener eines englischen Agenten ließ die Macht seines Herrn fühlen und jeder Agent wiederum die Macht der Kompagnie. Die Zustände in Indien begannen in England Aufsehen und Besorgnis zu erregen. Die Aufstände im Lande, die Zerrüttung der Verwaltung, die zutage tre-

---

[1]) Zit. bei Warburg, Die Muskatnuß, S. 129 f. Klerk de Reus, S. 221.

[2]) S. dar. Zimmermann, Die europäischen Kolonien, II (1898). James Mill, History of British India, deutsch 1840 (I—V). Cunningham, Growth of English Industry and Commerce in modern times (1892). Bal Krishna, Commercial Relations between India and England 1601—1757 (1924). Brentano, Wirtsch. Entw. Englands, II (1927).

[3]) Lecky, Gesch. Englands, III (1882), S. 501 f. Macaulay, Lord Clive (Works Vol. IV).

[4]) James Mill, III. Zit. bei Roscher-Jannasch, Kolonien, Kolonialpolitik und Auswanderung. 3. Aufl. (1885), S. 275.

tende Verelendung der Eingeborenen, die jedoch nicht zur Bereicherung der Kompagnie beitrug, die Rückkehr früherer Angestellter, die mit leeren Beuteln ausgezogen waren, um nunmehr Herrensitze zu erwerben, während zugleich jede zurückkehrende Flotte immer ungünstigere Berichte über die Lage der Kompagnie heimbrachte, beunruhigten alle diejenigen, die den Zuständen in Indien ihre Aufmerksamkeit schenkten." Zum zweitenmal wurde Clive nach Indien geschickt, nur er war nach Ansicht der Direktion noch der Situation gewachsen. In seinem nach der Ankunft in Indien an die Direktion abgesandten Berichte sah er die Lage als kritisch an und führte aus, es sei nicht zu verwundern, wenn in einem Lande, wo das ganze Verwaltungssystem darauf beruht, der Bevölkerung Furcht einzuflössen, wo Reichtümer in Fülle vorhanden sind, alle möglichen Mittel angewandt werden, um sich zu bereichern. „Die Werkzeuge der Machtentfaltung der Gesellschaft, ihre Angestellten, nutzen ihre Gewalt aus und setzen Erpressungen ins Werk, sobald Bestechung allein ihre räuberischen Gelüste nicht mehr befriedigen kann. Die höheren Beamten der Gesellschaft gehen mit ihrem Beispiele voran, die niederen folgen ihnen. Die Mißbräuche greifen rasch unter der Beamtenschaft und dem Heere um sich. Alle, bis zu Schreibern, Subalternoffizieren und Kaufleuten, sind von ihnen angesteckt".[1])

Es wurde folglich der Gesellschaft bereits durch das oben geschilderte Verfahren ihrer Angestellten bedeutender Schaden zugefügt. Andrerseits waren aber infolge ihrer politischen Machtbefugnisse ihre Ausgaben bedeutend gesteigert. Im Mittelalter hatten die Kaufleute stets nur kaufmännische Vorteile im Auge, und wenn sie Eroberungen in fremden Ländern machten, so geschah dies ausschließlich zur Förderung des Handelsverkehrs. Die großen Überseegesellschaften dagegen unternahmen die Unterwerfung neuer Länder, die Anlegung befestigter Forts, ohne Rücksicht darauf, ob dies mit den Interessen des Handels im Einklang stünde. Die Holländische Ostindische Kompagnie z. B. unterhielt im 18. Jahrhundert in Indien ein 12000 Mann starkes Kriegsheer, außerdem wurden 100000 Eingeborene im Waffendienst ausgebildet, um nötigenfalls Verwendung finden zu können. Ihre Flotte bestand aus 60 Schiffen, deren jedes mit 30 bis 60 Kanonen ausgerüstet war. Durch die von der Englischen Ostindischen Gesellschaft gemachten Eroberungen wurde die britische Herrschaft über Indien begründet. Die Dividenden der Gesellschaft aber sanken infolge der beständigen Kriegszüge zusehends. Thomas Roe, den die Kompagnie 1614 an den Hof des Großmoguls gesandt hatte, um von dem indischen Herrscher die Erlaubnis zur Errichtung eines Forts zu erlangen, suchte die Direktion davon zu überzeugen, daß die Errichtung von Befestigungen dem Handel keinen Vorteil bringe, sondern ihm nur große Unkosten auferlege. Er führte das Beispiel der Portugiesen an, die infolge der zur Erhaltung ihrer Waffenmacht in den Kolonien notwendigen Ausgaben „an ihren reichen Besitzungen arm geworden waren". Doch schenkte die Kompagnie seinen Vorstellungen kein Gehör. 1639 wurde das erste Fort angelegt, 1685 wurden 10 Kriegsschiffe und 6 Abteilungen Infanterie nach Indien gesandt. Die Ausgaben der Gesellschaft für Zivilverwaltung, besonders aber für das Heer, einschließlich der Er-

---

[1]) Macaulay, Lord Clive. Lecky, III, S. 502 f., 506 ff.

richtung von Forts in Bengalen, betrugen 1765 bis 1771 über 9 Mill. Pf. Sterl.[1])

Die meisten der so zahlreich im Laufe des 17. und 18. Jahrhunderts aufgekommenen Überseehandelsgesellschaften fristeten ein nur kümmerliches Dasein, obwohl viele von ihnen sich auf die Kaperei verlegt hatten (z. B. die Holländisch-Westindische Gesellschaft).[2]) In der Regel verteilten die neubegründeten Gesellschaften nur ein paar Jahre lang Dividenden, um dann — meistenteils bald — einzugehen. An ihrer Stelle entstanden neue Gesellschaften für den Handel mit denselben Ländern, die ihn mit ebensowenig Erfolg zu treiben versuchten.[3]) Doch auch die Blütezeit der hervorragendsten unter ihnen, der Holländischen und der Englischen Ostindischen Gesellschaft, die den gesamten Ostindienhandel an sich gezogen hatten und ihn im Verlaufe zweier Jahrhunderte beherrschten, war von nicht allzu langer Dauer. Zunächst wurden hohe Dividenden ausgegeben, eine Folge maßloser Ausbeutung der Eingeborenen. Am Ausgange des 18. Jahrhunderts jedoch hatten auch sie sich infolge der oben dargelegten Verhältnisse bereits überlebt.

Noch weniger Erfolge als die englischen und niederländischen hatten die in Frankreich von Richelieu, vor allem aber von Colbert für den Überseehandel begründeten Gesellschaften zu verzeichnen. In Frankreich fanden sich nur wenige bereit, ihnen beizutreten. Selbst die Anpreisung der Teilnahme an diesen Gesellschaften als „eines gottgefälligen Werkes", da die Verbreitung des Christentums zu ihren Aufgaben gehörte, rief wenig Begeisterung hervor. Nicht viel mehr halfen auch die Berichte über den Goldreichtum Madagaskars, der so groß sei, daß nach einem starken Regen die Goldadern sichtbar würden.

Bei der Gründung der Überseehandelsgesellschaften zeichneten vor allem der König, ferner auch die Königin, der Dauphin, Colbert namhafte Beträge. Den Vorschriften Colberts entsprechend übten die Provinzialintendanten einen starken Druck auf Beamte, Kaufleute, Rentiers aus, indem sie ihnen vorstellten, zugleich mit der Teilnehmerliste würden dem Könige auch die Namen derjenigen mitgeteilt werden, die ihre Teilnahme verweigert hatten.[4]) Es wurde hierbei auf die „Unannehmlichkeiten" hingedeutet, die für solche Personen aus ihrer Weigerung, „eine so günstige Gelegenheit, dem Wohle des Vaterlandes zu dienen, wahrzunehmen", entstehen könnten. Den Mißerfolg der Kompagnien schrieb man verschiedenen Eigenschaften der Franzosen zu; ihrem Streben nach sofortiger müheloser Bereicherung, ihrem Mangel an Disziplin und Ausdauer, sowie der Gewohnheit der Kompagnien, große Summen zu verausgaben, ohne daß ihnen entsprechende Einnahmen

---

[1]) Zimmermann, Die europäischen Kolonien, II, S. 55f., 62, 140, 153ff. Lecky, III, S. 511. Ehrenberg, s. v. Ostind. Handelsgesellsch. (Hdw. d. Staatsw. 3. Aufl.).

[2]) S. oben, S. 207.

[3]) S. Bonnassieux, Les grandes compagnie de commerce (1892). Kaeppelin, La compagnie des Indes Orientales (1908). Scott, England and Irish Joint Stock Compagnies (1910—1912).

[4]) Vgl. unten, S. 406.

folgten, so daß Anleihen aufgenommen werden mußten und in Kürze die Gesellschaften stark verschuldet waren. Auch wurde der Umstand betont, daß die Direktoren der Gesellschaft nie auf See gewesen seien, nie die Kolonialgebiete persönlich bereist hätten und keinerlei Kenntnis des Überseehandels besäßen; alles wurde in Paris beraten und beschlossen.

Kapitel 20.

Börse und Börsenspekulation.

In engem Zusammenhange mit dem Aufkommen der Aktiengesellschaften und des Aktienhandels steht die Entstehung und Entwicklung der Börse, vorwiegend der Effektenbörse, aber auch der Warenbörse. Aus der periodisch stattfindenden wurde die „ewige, immerwährende Messe", die Börse mit internationalem Charakter. Neben dem alten persönlichen Handel, dem Handkauf, kommen auch die ersten Ansätze zum Handel auf Probe (Begriff des „Kaufmannsguts") und des Lieferungshandels (insbesondere in Form von reinen Differenzgeschäften) mit fungiblen Waren auf.[1])

Die ersten Börsen waren Wechselbörsen, die in den italienischen Handelszentren bereits im Spätmittelalter aufgekommen waren. An diesen Hauptstätten des mittelalterlichen Wechselgeschäftes ging der Wechselverkehr ununterbrochen von statten. Jederzeit konnte Geld gegen Wechselbriefe ausgezahlt oder eingezogen werden. Der Wechsel war ja seinem Wesen nach eine fungible Ware, die weder mit großen Kosten und Mühen transportiert und gelagert, noch zur Bestimmung ihrer Menge und Qualität geprüft werden mußte. „Fragst du mich — sagt Fra Luca Pacioli, der Begründer der doppelten Buchhaltung —, wie man den Preis der Wechselbriefe erfahre, so antworte ich, daß man sich, falls man zu Venedig ist, freundschaftlich zu Rialto oder, falls in Florenz, auf dem Neuen Markte über den Preis bespricht."[2]) Die Italiener schufen auch anderwärts, z. B. in London, Ansätze zu Wechselbörsen. Um die Mitte des 15. Jahrhunderts versammelten sich täglich auf der Lombardstreet (so genannt, weil sie von den nach London kommenden Lombarden, den Italienern, bewohnt wurde) die Kaufleute verschiedener Nationen. Es war dies die Hauptstätte ihrer Handelstätigkeit. Durch die Italiener wurde auch die Entstehung einer Börse in Brügge veranlaßt, wo Börsenversammlungen zu Ausgang des 15. Jahrhunderts täglich stattfanden. In Antwerpen und Lyon bildeten sich die großen, mehrmals im Jahre veranstalteten Messen allmählich, un-

[1]) Nach Ehrenberg (Hdw. d. Staatswiss. s. v. Börsenwesen) fehlte das Zeitgeschäft in Effekten bis zum Beginn des 17. Jahrh. (oder es kam im 16. Jahrh. nur gelegentlich vor), nach Sombart (II, S. 562) erscheint die Effektenbörse seit dem Ausgang des 17. Jahrh., doch es sind bis zur zweiten Hälfte des 18. Jahrh. noch die allerersten Entwicklungsansätze. Was die Warenbörse betrifft, so behauptet Sombart (II, S. 494 ff., 499 ff.), daß regelmäßige Lieferungsgeschäfte erst dem 19. Jahrh. angehören, während sie früher entweder Ausnahmen oder reine Differenzgeschäfte waren.

[2]) S. Ehrenberg, Zeitalt. d. Fugger, I, S. 71.

merklich, zu ununterbrochenen, immerwährenden Börsenversammlungen um. Zum Wechselverkehr, dem die Börse anfänglich diente, gesellte sich allmählich im Laufe des 16. Jahrhunderts der Warenhandel hauptsächlich in dem von Indien nach Antwerpen eingeführten Pfeffer und in Heringen. Es waren dies fungible Güter von dermaßen uniformer Beschaffenheit, daß sie ohne vorherige Prüfung der Ware wohl auf Grund des Begriffes von „Kaufmannsgut“ — fester bekannter Typen — verhandelt werden konnten. Die Erfüllungsfrist war auf den Zeitpunkt der Ankunft der ostindischen Flotte angesetzt. Es kamen also, allerdings in rudimentärer Gestalt und vorläufig noch ausnahmsweise, gänzlich neue Handelsformen auf: über fungible Waren abgeschlossene Lieferungsgeschäfte.

Alle diese Transaktionen wurden nun nicht mehr, wie dies anfänglich der Fall war an den „Loggien“ (Konsularhäusern) der italienischen Kaufleute abgeschlossen, die sie, und zwar jede „Nation“ gesondert (noch im 18. Jahrhundert wurden die holländischen Faktoreien in Indien „Logen“ genannt), an den bedeutendsten Handelsplätzen besaßen, sondern an einem gemeinsamen Orte, wo die Kaufleute aller Nationen ihre Versammlungen abhielten. Anfangs waren es, wie in Brügge, nur Zusammenkünfte von Kaufleuten der verschiedenen italienischen Städte (Genuesen, Florentiner, Venetianer), und zwar handelte es sich hier bis zum Anfang des 16. Jahrhunderts nur um Wechselhandel, während der Warenhandel nach wie vor in den Lagerhäusern der einzelnen Nationen betrieben wurde. Die Börse ging hier aus den Versammlungen der Kaufleute dieser drei „Nationen“ hervor, deren Konsularhäuser an dem Platze „de Bursa“ gelegen waren. Auch in London verkehrten auf der Lombardstreet fast ausschließlich Italiener. In Antwerpen dagegen vereinigte die Börse Kaufleute aus den verschiedensten Ländern, obwohl die alte Absonderung nach Nationen sich noch erhalten hatte. 1531 wurde auf dem neuen Börsengebäude die stolze Inschrift: „in usum negotiatorum cuiuscunque nationis ac linguae“ eingemeißelt. Nur die Engländer nahmen an den gemeinsamen Börsenversammlungen nicht teil. Sie hielten ihre eigenen Versammlungen ab, bei denen hauptsächlich Warengeschäfte abgeschlossen wurden und wo auch fremde Kaufleute sich einstellten, um Waren zu verhandeln. An den in den folgenden Jahrhunderten aufgekommenen Börsen zu Amsterdam, Hamburg, trafen Kaufleute aus allen Ländern ein.

Zunächst fanden die Versammlungen, wie ehedem der Jahrmarkts- und Meßverkehr, unter freiem Himmel statt, in Brügge in den überdeckten Säulengängen der Loggien, in Amsterdam auf einer Brücke, in Lyon auf einem offenen Platze, der später für die Dauer der Versammlungen abgesperrt wurde. Erst viel später errichtete man eigentliche Börsengebäude: in Lyon erst 1653, obwohl die Börsenversammlungen bereits seit 100 Jahren stattfanden, in Amsterdam 1613. Auch in Lyon (wie in Brügge) wurde die Börse auf dem Platze errichtet, wo die „Loggien“ der Italiener sich befanden. In den deutschen Städten, wo die Börsen erst später nach dem Muster der niederländischen entstanden und lange nicht die Bedeutung der genannten Börsen besaßen, scheinen sie aus der Vereinigung verschiedener Kaufmannsgilden hervorgegangen zu sein. So bildeten in Hamburg die England-,

Schonen- und Flandernfahrer 1558 eine kaufmännische Korporation (Meenen Kopmann). In Berlin entstand die Börse aus der 1716 gebildeten „Gilde“ der deutschen und französischen Kaufleute.

Auch die eigentliche Benennung „Börse“ im Unterschied zu den früher üblichen Ausdrücken „Markt“ („mercato“), „Platz“ (piazza), „Loge“ (Loggia), womit man ehedem den Versammlungsort der Kaufleute bezeichnete, kam zuerst in Brügge auf. Wie der Italiener Guicciardini, der einen großen Teil seines Lebens als Kaufmann in den Niederlanden verbracht hatte, in seiner 1567 erschienenen „Descrittione di tutti i Paesi Bassi“ angibt, stammt das Wort Börse von dem Platze in Brügge, an dem „das große, alte Haus, das der Patrizierfamilie van der Burse gehörte, stand, die in ihrem Wappen, das in Stein über dem Portal eingemeißelt war, drei Geldbeutel (ter buerse) führte.“ Das Haus „ter Burse“ wurde zum Konsularhause (zur Loge) der Venezianer und unmittelbar dabei errichteten auch die Genuesen und Florentiner ihre Logen, die „Bolsa“ genannt wurden. Dieser Platz diente den Italienern als Ort ihrer täglichen geschäftlichen Versammlungen. Wenn ursprünglich die Bezeichnung dieser Versammlungen als „Börse“ auch nur in einem zufälligen Zusammenhang mit der Benennung des Platzes, auf dem sie stattfanden, stand, so wurde ihre Verbreitung und Einbürgerung im Sprachgebrauch durch den Umstand gefördert, daß sie der Bedeutung des Wortes „Börse“ entsprach. „Bursa“ (niederländ. „beurs“ oder „börs“, woher „Börse“ aus dem Griech. βύρσα = Haut, Fell, im althochdeutsch. Burissa = Täschchen) bedeutete soviel als lederner Geldbeutel; im übertragenen Sinne wurden darunter bereits im Mittelalter Geldsummen verstanden, später gemeinschaftliche Kassen (Bursen der Weltgeistlichen in Paris um 1250), „bourses communes“, kaufmännische Vereinigungen („bourses communes des marchands qui fréquentent les rives de Garonne etc.“), auch gemeinschaftliche Studentenkosthäuser (bursae scolarum) — daher stammt „Bursche“ = Student. Jedenfalls war anfangs die Bezeichnung einer Versammlung von Kaufleuten als „Börse“ auf einen einzigen Platz beschränkt, nämlich auf Brügge; später wurde sie auch auf Antwerpen übertragen. In der „coutume“ von Marseille heißt es im 17. Jahrhundert: Der Platz, wo sich die Kaufleute zum Abschluß von Handelsgeschäften versammeln, heißt „la Loge“, wie er in Lyon „la Loge du change“, in den Niederlanden „la Bourse“ genannt wird (in manchen Orten „le Marché“, in der Levante „le Bazar“).[1])

Nach dem Vorbilde Brügges, wo die (Wechsel-)Börse entstanden war, wurde diese Einrichtung im 16. Jahrhundert nach Antwerpen[2]) übertragen. Hier entstand sowohl eine Wechsel- als eine Fondsbörse; es wurden Geschäfte in Staatspapieren gemacht. In Antwerpen, dem Mittelpunkt des Warenhandels und Wechselgeschäfts, strömten anlagesuchende Kapitalien zusammen, und den großen Handelshäusern war stets die Möglichkeit geboten, die nötigen Geldsummen aufzunehmen. Auch die häufig in Geldverlegenheit befindlichen Kaiser und Könige wandten sich an die Antwerpener Börse, um dort Anleihen aufzunehmen, und für die Anleihen des Kaisers, der niederländischen Regierung, des Königs von Portugal, des Königs von England (letztere waren durch

---

[1]) Ehrenberg, Zeitalter der Fugger, I (1896). Seiler, Entwickl. der deutsch. Kultur im Spiegel des Lehnworts, II, 3. Aufl. (1921), S. 212 ff. Zeller, Z. f. Handelsrecht. 1921. (Gewohnheitsrecht von Marseille, L. VI, Ch. 5).

[2]) S. dar. Ehrenberg, II, Goris, Les colonies marchandes méridionales à Anvers de 1488 à 1567 (1925). Castelot, Les bourses financières d'Anvers et de Lyon au XVI siècle (Journ. des Econ. 1898). Hauser, Travailleurs et marchands de l'ancienne France (1920). Sayous, La spéculation dans les Pays-Bas au XVI siècle (Journ. des Econ. 1901).

die Bürgschaft des Geheimen Rates garantiert) usw. lieferte der Antwerpener Geldmarkt die für jene Zeit bedeutenden Mittel. Freilich mußten die Fürsten anfänglich sich zur Zahlung recht hoher Zinsen bequemen und auch unter dieser Bedingung gelang es ihnen nicht immer, die erforderlichen Summen zu erhalten; es fehlte eben öfters das Vertrauen in ihre Zahlungsfähigkeit. Daneben gab es in Antwerpen eine Warenbörse, der Kommissionshandel gelangte zu großer Bedeutung. Zahlreiche Kaufleute hatten hier ihren Aufenthalt genommen, die jetzt im Auftrage nicht nur von Landesgenossen, wie dies im Mittelalter der Fall war, sondern auch von Handelshäusern anderer Nationen Geschäfte betrieben. Über Lazarus Tucher schreibt ein Nürnberger Faktor an seine Firma: „Nicht weiß ich, ob ihm damit (gemeint ist hier eine von Tucher an der Börse gemachte Äußerung) ernst ist, oder ob er seinen Spott treibt. Ist er auch oft selber der Makler und Käufer und Verkäufer miteinander.“[1])

Die Antwerpener Börse begann anfangs um 11, später um 10 Uhr morgens, um kurz nach 12 geschlossen zu werden. Daneben gab es noch eine Abendbörse um 6 Uhr nachmittags. Jede Nation hatte ihren besonderen Platz auf der Börse. Doch wurden die meisten Geschäfte außerhalb derselben, in den Bureaus der Notare und in den Kontoren der Kaufleute abgeschlossen. Es war verboten, an der Börse bewaffnet zu erscheinen, da sonst leicht zwischen den einzelnen Nationen blutige Zusammenstöße vorkommen könnten. Doch war es nicht leicht, diese Bestimmung zur Durchführung zu bringen. Namentlich bot der Faktor des Königs von Portugal den andern ein schlechtes Beispiel, da er als königlicher Bevollmächtigter sich weigerte, seinen Degen abzulegen. Die Stadt mußte ihn ruhig gewähren lassen. Und doch kamen in der Tat auf der Börse nicht bloß Beschimpfungen, sondern auch Fälle vor, wo die Besucher blank zogen und einander Dolchstiche versetzten.[2])

Die Zerstörung Antwerpens und der Niedergang der Antwerpener Börse — auch der Verfall der im 16. Jahrhundert aufgekommenen Wechsel- und Fondsbörse von Lyon trat ungefähr zu gleicher Zeit ein — bildet den Abschluß der ersten, das 16. Jahrhundert umfassenden Periode des Börsenverkehrs. Darauf beginnt die zweite, die mit der Amsterdamer Börse[3]) eng verknüpft ist. Als Hauptobjekte der Börsengeschäfte erscheinen in Amsterdam Effekten, nämlich die Aktien der Niederländisch-Ostindischen Kompagnie. Dieselben wurden hier zuerst zum Gegenstand eines regelmäßigen Börsenhandels. Obwohl anfangs die

[1]) Ehrenberg, II, S. 8.

[2]) Goris, S. 108 ff.

[3]) S. dar. Don Joseph de la Vega, Die Verwirrung der Verwirrungen. Vier Dialoge über die Börse in Amsterdam. Übers. u. eingel. v. Pringsheim (1919). Ricard, Le Négoce d'Amsterdam (1723). Pinto, Traité de la circulation et du crédit (1771). Lusac, Betrachtung über den Handel und die Macht der Holländer (deutsch. 1788). Ehrenberg, Die Amsterdamer Aktienspekulation im 17. Jahrhundert (Jahrb. f. Nat.-Ök. 1891). Ders., Zeitalter der Fugger, II. Großmann, Die Amsterdamer Börse vor 200 Jahren. 1876. Baasch, Holländ. Wirtschaftsgesch. (1927). Wirt, Geschichte der Handelskrisen. 4. Aufl. (1890). Sayous, La bourse d'Amsterdam au XVII siècle (Revue de Paris. 1900). Ders., Les ententes de producteurs et de commerçants en Hollande au XVII siècle (Mém. de l'Acad. des sciences mor. et polit. 1901). Samuel, Die Effektenspekulation im 17. und 18. Jahrh. (1924).

Aktien der Gesellschaft noch nicht in gleichartige, abgerundete Beträge zerlegt waren, erwiesen sie sich doch als ein zur Börsenspekulation geeignetes Objekt. Freilich führte das dem Börsenverkehr innewohnende Streben nach möglichst vollkommener Fungibilität seiner Objekte dazu, daß sich eine feste Einheit von 500 Pfd. Flämisch oder 3000 Fl. im Handel bildete, die nunmehr an der Börse als eine Aktie galt. Neben den Kassageschäften, die darin bestanden, daß Aktien auf den Namen ihres Käufers umgeschrieben wurden, der den Kaufpreis durch die Girobank von Amsterdam dem Verkäufer überwies, kamen in Kürze auch Geschäfte anderer Art auf: der Käufer, der die Aktien erworben hatte, verkaufte sie vor dem Erfüllungstage weiter, wobei er auf die Differenz spekulierte; oder er ließ die Aktien (im Betrage von $^4/_5$ ihres Wertes) beleihen; oder endlich verzichtete er auf die Erfüllung des Geschäftes, wobei er eine Prämie zu zahlen hatte. Die Zeitgeschäfte riefen rasch eine lebhafte Börsenspekulation hervor. Sie hat ausführlich de la Vega in seinem 1688 erschienenen Buche „Confuzion de confuziones", später (1771) auch Pinto beschrieben.[1]) Der Aktienhandel, der sich ursprünglich in den Händen von etwa 20 Personen befand, hatte am Ausgang des 17. Jahrhunderts einen großen Umfang angenommen. Nach den Angaben der Zeitgenossen sollen am Börsenspiele selbst Frauen, Kinder, Greise teilgenommen haben. Erst später, wohl nicht vor 1673, begann an der Amsterdamer Börse auch der Verkehr in Staatsanleihen, vornehmlich in Obligationen der niederländischen Regierung. Da jedoch, im Gegensatz zur Gleichartigkeit der Aktien, die Staatspapiere ihrem Werte und ihrem Betrage nach untereinander erhebliche Unterschiede aufwiesen, so konnten sie im Börsenverkehr nicht die Bedeutung erlangen, die die Aktien besaßen. Am Ausgang des 17. Jahrhunderts war die Amsterdamer Börse zu einem internationalen Effektenmarkt geworden; um die Mitte des 18. Jahrhunderts wurden hier, wie aus dem ersten auf uns gekommenen Kurszettel erhellt, bereits 44 verschiedene Papiere gehandelt, drei niederländische Aktienarten, dreierlei englische Aktien, 25 verschiedene Sorten von Staats- und Provinzialobligationen inländischer Anleihen. Am Ausgang des 18. Jahrhunderts zählte man über 100 Fondsarten. Frankreich, Österreich, Dänemark, Rußland schlossen in Amsterdam ihre Anleihen ab.[2])

Daneben wurde an der Amsterdamer Börse eine schwunghafte Warenspekulation betrieben. Nach Ricard waren in Amsterdam Differenz- (Termin-, Zeit-) Geschäfte von dreierlei Art üblich. Erstens Verkauf einer Warenpartie im voraus, die der Verkäufer noch nicht besitzt, die er jedoch erwartet (marché conditionnel). Der Verkäufer schützt sich dabei gegen einen möglichen Preisfall, der vor Eintreffen der Waren eintreten kann, während der Käufer auf eine Preissteigerung vor Ankunft der Ware hofft. Ferner Prämiengeschäfte (marché à option oder marché en primes), indem eine Warenpartie bestellt wird und zu

[1]) S. vorhergeh. Anm.

[2]) Lusac, II, S. 363 ff.

einem festgesetzten Preise jederzeit innerhalb einer bestimmten Frist zu liefern ist, wobei dem Lieferer eine Prämie bezahlt wird. Falls der Besteller es für vorteilhafter fand (da eben der Preis innerhalb jener Zeit gesunken sein mochte), die Ware nicht anzunehmen, so konnte der Lieferer nach Ablauf der Frist über die Ware frei verfügen und behielt die Prämie für sich. Am riskantesten war die dritte Geschäftsart, die darin bestand, daß man in der Hoffnung auf Preissteigerung eine Warenpartie kaufte, mit Lieferung an einem bestimmten Termin (marché ferme). Der Verkäufer forderte nur eine kleine Erhöhung des gegenwärtigen Preises als Zins für die Zeit, innerhalb deren er die Ware auf Lager zu halten hatte, der Käufer bezahlte den Preis gern, da er eine viel größere Preissteigerung erwartete. Diese Hoffnung beruhte auf der Erwartung eines Krieges, einer Mißernte, eines Ausfuhrverbotes oder auch bloß auf einer Einbildung, der Preis müsse eben in die Höhe gehen und man könne dadurch große Gewinne erzielen. Besonders häufig wurden solche Geschäfte (nach Ricard „eine unglaublich große Menge") in Kaffee abgeschlossen, doch auch in Branntwein, in Pfeffer, Kakao, Cochenille, Salpeter, Korn, Walfischtran, Borax, Stärke und vielen anderen Waren. Die Leute, die sich mit solchen Geschäften abgeben — sagt Ricard —, werden von dieser Spekulationsart gänzlich in Anspruch genommen und sie stehen davon nicht eher ab, als bis sie vollständig ruiniert sind. Doch wird dieser Handel — so fährt er fort — meist nicht zu dem Zwecke betrieben, die Waren auch wirklich zu liefern oder zu beziehen, sondern nur um zu gewinnen, ohne auch einen Sou auszulegen, und eine Masse von Leuten, die über keine 10000 Fl. verfügen, kaufen oft für über 100000 Fl. Waren, die alle auf denselben Termin lauten, wobei die Mäkler, die bei diesen Geschäften als Vermittler tätig sind, die Leute möglichst dazu anzuspornen suchen, indem sie dieses oder jenes Gerücht verbreiten, auch wohl falsche Nachrichten erdichten. Dadurch kommt eine unglaubliche Anzahl von Geschäften zustande, die nach Anlauf der Frist durch Zahlung der Differenz abgewickelt werden; dies nennt man rescontrer oder rencontrer les parties.[1])

In den dreißiger Jahren des 17. Jahrhunderts fand das Spekulationsfieber im „Tulpenschwindel" einen prägnanten Ausdruck. Die Tulpe war aus der Türkei nach Europa gekommen und bald in den Niederlanden zur beliebtesten Pflanze geworden. Es wurden neue, seltene, besonders beliebte Prachtexemplare gezüchtet. Die Tulpe wurde zum Objekt des Börsenspiels; alle an der Börse im Aktienhandel üblich gewordenen Kniffe und Kombinationen wandte man auch hier an, nur daß die Aktie durch die Tulpe ersetzt war. Es wurden Geschäfte abgeschlossen und Tausende bezahlt für Tulpen, die überhaupt nicht existierten. Handelte es sich ja bloß um die Differenz zwischen dem Preise, zu dem das Geschäft gemacht war, und dem am Erfüllungstage notierten Preise. Das Tulpenfieber brachte den Tulpenpreis zu einer außerordentlichen Höhe; sie wurden buchstäblich mit Gold aufgewogen. Für eine Tulpenzwiebel — und zwar nicht einmal der besten Sorte — bot man einen neuen Wagen mit Pferden. Im Laufe von 2—3 Jahren sollen in einer einzigen holländischen Stadt über 10 Mill. in Tulpen umgesetzt worden sein. Alle, die

[1]) Ricard, S. 52 ff.

es nur vermochten, machten ihr Vermögen flüssig oder verpfändeten es, um Tulpen zu kaufen. 1637 brach die Tulpenmanie in einer Krise zusammen, die Preise der Tulpen fielen, niemand wollte sie mehr kaufen, das Vertrauen des Publikums war vernichtet. Es folgte der Ruin weiterer Kreise, die an der Spekulation teilgenommen hatten, und eine langanhaltende Depression im Handel, von der sich Amsterdam nicht so bald erholen sollte.

Auch in London haben Aktien den Anlaß zur Entstehung der Fondsbörse gegeben,[1]) Aktien waren es, nicht Staatspapiere, die hier die Grundlage des Börsenverkehrs abgaben. Bis zum Ausgang des 17. Jahrhunderts gab es in England nur drei größere Aktiengesellschaften. In den letzten Jahren des 17. Jahrhunderts, als mit der Einwanderung der Hugenotten ein neuer Aufschwung im englischen Wirtschaftsleben eintrat, entstand eine Reihe neuer Gesellschaften, darunter auch die Bank of England. Um diese Zeit wurden auch die verschiedenen Arten schwebender Schuldtitel bereits zum Gegenstand eines Börsenverkehrs, der sich jedoch vom Aktienhandel nicht wesentlich unterschied. Die Engländer, die überall die Holländer sich zum Vorbilde nahmen, entlehnten auch die in Amsterdam angewandte Börsentechnik. Es kam dieselbe Fondsspekulation in Form des Differenzgeschäfts (Prämiengeschäfts) auf. Sie ist von Hughton (1727), Mortimer (1762) und Pinto (1771), später auch von Francis und Macaulay beschrieben worden.[2])

Der Besucherkreis war ganz international. Dort sah man — wie Francis schildert — den Flamen und den Venetier, den lebhaften Franzosen und den stolzen Spanier, den Engländer in seinem kurzen Mantel und den Türken in seiner orientalischen Tracht, eine Szene, die ein Malerauge angezogen hätte. Der nüchterne Bürger und der Höfling mit seiner leeren Börse, der Jude und der Quäker trafen hier zusammen, man konnte hier die unruhige Haltung des Gewohnheitsspielers und das kalte Benehmen des Betrügers beobachten, die Ruhe des Gewinners und die Verzweiflung des Verlierers.[3])

Exchange Alley, wo sich die Börse befand, bezeichnete man als eine Banditenhöhle, wo sogar ein besonderer Diebesjargon im Gebrauche wäre und wo das Publikum mittelst falscher Nachrichten und trügerischer Kurse um sein Geld gebracht würde.

Ihren Höhepunkt erreichte die Spekulation in den ersten Jahrzehnten des 18. Jahrhunderts, vor allem nach der Gründung der Südsee-Kompagnie (1713), bis sie in der Börsenkrise von 1720 zusammenbrach.

Die neugegründete Südseekompagnie erhielt das Alleinrecht des Handels mit Südamerika, sowie die Herrschaft über alle neuerschlossenen Landstriche. Als Gegenleistung hatte sie, gleich der Bank of England und der Ostindischen Kompagnie, ihr Kapital in der Höhe von 12 Mill. Pfd. dem Staate zu überweisen. Für diese Summe wurden Aktien emittiert. Doch ihr Kapital sollte weiter bis auf 28 Mill. Pfd. ansteigen, da die Kompagnie die schwebende Staatsschuld (redeemable debt) übernahm, wodurch die Besitzer der Schuldverschreibungen in Aktionäre der Südseegesellschaft umgewandelt wurden. Sollte jedoch auch die fundierte (unein-

[1]) S. dar. Hughton, Collection for the Improvement of husbandry and trade (1727). Mortimer, Every man his own broker (1762). Pinto, Traité de la circulation et du crédit (1771). Defoe, An Essay on Projects (1697, deutsch 1890). Postlethwayt, Dictionnary of Commerce (1766), s. v. Projector, Stock-Jobbing. Francis, Chronicles and Characters of the Stock Exchange (1849). Diguid, The Story of the stock exchange (1901) und die Schriften unten S. 322.

[2]) S. vorhergeh. Anm.

[3]) Francis, S. 21, 25.

lösbare) Staatsschuld (irredeemable debt, terminable annuities) auf die Kompagnie übergehen, was nur mit Zustimmung der Gläubiger geschehen konnte, so würde ihr Kapital noch weiter bis auf 43½ Mill. Pfd. anwachsen, und sie würde dann zum alleinigen Gläubiger des Staates werden. Die Kompagnie hoffte von vornherein auf eine Steigerung ihres Aktienkurses, der in der Tat schon auf das bloße Gerücht hin, daß sie die Staatsschulden einziehen wolle, auf 126 Pfd. hinaufschnellte (der Nennwert der Aktie betrug 100 Pfd.). Übrigens wurde auch darauf gerechnet, daß die Konzentration so großer Beträge bei einer einzigen Unternehmung das gesamte Wirtschaftsleben anregen, das Hinzuströmen flüssiger Mittel nach Handel und Industrie steigern würde. Jedenfalls zweifelte niemand daran, daß die Kompagnie alle Ausgaben decken und hohe Dividenden verteilen würde. Amerika erschien als ein von märchenhaften Goldschätzen strotzendes Land, dessen Erwähnung genügte, um die Phantasie zu reizen. Nun rief freilich das Projekt, die Nation von ihrer Schuldenlast zu befreien, auch Widerspruch hervor, man behauptete, es werde zur Bereicherung einiger weniger und zum Verderben vieler gereichen, auch den gefährlichen und betrügerischen Aktienhandel begünstigen. Doch es war zu verlockend. In der Tat, kaum war es vom Parlament angenommen, als die Spekulation die Aktien rasch in die Höhe trieb, ihr Kurs erreichte 300 und 400 Pfd.; bei den folgenden Emissionen wurden sie sofort vergriffen (obwohl man ohne besondere Empfehlung nicht zur Subskription gelangen konnte) und stiegen bis auf 1000. Die Direktoren der Kompagnie trugen das Ihre zu diesem Taumel bei. Sie gewährten nämlich bereitwillig Kredit bei Aktienkäufen und beeinflußten die öffentliche Meinung auf verschiedene Weise. Die Aktien wurden erworben, weil ihr Kurs stieg — und der Kurs stieg, weil man Aktien kaufte. Diese Käufer wurden jedoch nicht mehr durch die Aussicht auf hohe Dividenden angelockt. Wie ein Franzose damals bemerkte, waren wohl nur wenige unter ihnen zu finden, die geneigt waren, das Wagnis zu Ende zu führen. Die überwiegende Mehrheit sann nur darauf, die Aktien bald weiterzuverkaufen. Es handelte sich also ausschließlich um Differenzgeschäfte — die Bereicherungssucht hatte alle Schichten der Bevölkerung, „vom blauen Hosenbandorden bis zur blauen Schürze", wie ein Zeitgenosse sich ausdrückte, ergriffen, alle gerieten sie in das engmaschige Netz des von der Regierung entworfenen Planes.

Im Zusammenhang mit der Begründung der Südseegesellschaft und der erfolgreichen Verbreitung ihrer Aktien kamen auch zahlreiche andere Aktiengesellschaften auf, die sog. „Seifenblasen" (bubbles). Es war nicht das erstemal, daß eine allgemeine Manie zur Bildung von Aktiengesellschaften eintrat. Schon in den neunziger Jahren des 17. Jahrhunderts begegnet man ihr, wenn auch in kleinerem Maßstabe. Nun erlebte das Projektenmachen eine besonders hohe Blüte. Anderson zählt 200 bubbles auf. Die von den neuerrichteten Gesellschaften emittierten Aktien wurden infolge des Spekulationsfiebers, das die Bevölkerung ergriffen hatte und das an Wahnsinn grenzte, zu hohen Preisen abgesetzt. Diejenigen, die als erste die soeben erschienenen Aktien erwarben, fanden leicht wieder Käufer, die sie ihnen mit einem bedeutenden Preisaufschlag wieder abnahmen. Es kam so weit, daß eine und dieselbe Aktie an einem Ende der Exchange Alley um 10% teuerer verkauft wurde als am anderen. Man gründete Aktiengesellschaften, die die Verwirklichung der phantastischsten Aufgaben als ihren Zweck angaben, wie die Erfindung des perpetuum mobile, die Verwandlung von Seewasser in Süßwasser, die Gewinnung von Silber aus Blei. Doch an die Ausführung der Projekte dachten weder die Gründer noch die Subskribenten, für jene handelte es sich nur um die erste Einzahlung, für diese um Spielmaterial, um Erzielung von Prämien, woraus sich die allgemeine Sucht nach neuen Subskriptionen erklärt. Das Vertrauen auf die Verblendung des Publikums ging so weit, daß die Emission von Aktien einer Unternehmung angekündigt wurde, deren Zweck überhaupt nicht angegeben war. Jedem, der zwei Guineen einzuzahlen bereit war, wurde die Versicherung abgegeben, er würde mit der Zeit eine Aktie im Werte von 100 Guineen erhalten und dann den Zweck der Unternehmung erfahren. Manche von den unbekannten Buchhaltern, welche die Zeichnungen annahmen, fand man am Nachmittag desselben Tages nicht mehr wieder; der Platz war für einen Tag gemietet worden und nun leer und die Leute hatten sich mit ihren Büchern aus dem Staube gemacht. Doch das Publikum ließ sich durch die Lockmittel ködern — der Ruf, die Losung dieser Haussezeit lautete „um Himmels willen, laßt uns nur zeichnen, was es auch sein möge".

Dieser Taumel endete in einem allgemeinen Zusammenbruch, einer kolossalen Panik. Die Südseegesellschaft war nämlich gegen die neugegründeten Aktiengesellschaften, ihre Konkurrenten, eingeschritten und hatte bei der Regierung den Erlaß des sog. Bubble-Akt durchgesetzt, kraft dessen diese Gesellschaften, die zum Schaden der Untertanen gereichen, aufgelöst werden sollten, da sie ihre Aktien auf Grund veralteter und nicht mehr gültiger Patente oder überhaupt ohne staatliche Genehmigung ausgegeben hatten. Das erste Gesetz dieser Art vom 11. Juni 1720 konnte jedoch dem Aktienschwindel noch keinen Einhalt tun; erst als ihm am 18. August ein zweites folgte, das eine Reihe von Gesellschaften namentlich aufzählte und ein gerichtliches Einschreiten gegen dieselben forderte, jagte es den Urhebern der Bubbles Schrecken ein und es begann nun eine furchtbare Börsenpanik. Jeder, der sich im Besitz solcher Aktien befand, suchte sich ihrer zu entäußern. Nun griff diese Panik aber auch auf die Aktien der Südseegesellschaft selber über, deren Kurs nun ebenfalls ein starkes Sinken aufwies. Die Verluste waren enorm. Auch das Versprechen der Kompagnie, zu Weihnachten dieses Jahres 30% des Nennwertes der Aktien als Dividende zu verteilen und darauf im Laufe von 12 Jahren alljährlich mindestens je 50% auszuzahlen, vermochte nicht die Lage zu bessern, denn für die zahlreichen Aktieninhaber, die ihre Aktien für 1000 Pfd. erworben hatten, war diese Dividende viel zu gering. Sie begannen, sich ihrer Aktien zu entledigen; bald wurde es auch bekannt, daß die Direktoren der Kompagnie selber bemüht waren, ihre eigenen Aktien loszuwerden.[1])

Die englische Regierung unternahm, wie dies ja auch in Holland der Fall gewesen, verschiedene erfolglose Versuche, um die Börsenspekulation zu bekämpfen. Freilich lag wohl dem Spekulationsfieber, das England im zweiten Jahrzehnt des 18. Jahrhunderts ergriffen hatte, der „großartig kühne" Gedanke zugrunde, fast die gesamte englische Staatsschuld in ein Aktienkapital zu konvertieren. Waren doch aus den Kapitalien der drei bedeutendsten englischen Aktiengesellschaften (der Bank von England, der Ost-Indischen Gesellschaft und der Südsee-Kompagnie) große Summen, die insgesamt über 16,5 Mill. Pfd. ausmachten, der Regierung überwiesen worden und zur Staatsschuld geworden (für diese Summe befanden sich Aktien im Umlaufe, die die Staatsschuld bildeten). Warum, meinten die Verfechter dieses Planes, sollten nicht auch die übrigen 30 bis 35 Mill. der Nationalschuld in Aktien umgewandelt werden? Selbst nach dem Scheitern dieses Planes wurde die Idee an und für sich noch keineswegs verdammt und aufgegeben, sondern nur der Versuch als mißglückt betrachtet.[2])

In Paris waren Ansätze zur Effektenspekulation, zur „Agiotage", wie sie dort genannt wurde (mit den Scheinen der Caisse des Emprunts), bereits zu Anfang des 18. Jahrhunderts vorhanden.[3]) Schon damals wur-

---

[1]) Eine ausführliche Beschreibung bei Anderson, Origin of Commerce, III. deutsch. Übers., VI (1778), S. 623—681. Wirth, Geschichte der Handelskrisen. 4. Aufl. 1890. Bouniatian, Geschichte der Handelskrisen in England. 1908. S. 86ff. Michael, Der Südseeschwindel vom Jahre 1720 (Viert. f. Soz.- u. W.-G., VI). Samuel, Die Effektenspekul. im 17. u. 18. Jahrh. (1924).

[2]) Kaufmann, Geschichte der englischen Staatsschuld (ruß.) S. 59f.

[3]) Hautchamps, Histoire du Système des Finances sous la minorité de Louis XV (1739) I, S. 184.

den von den Bankiers größere Geldsummen stundenweise gegen enorme (bis zu 1% pro Stunde) Zinsen ausgeliehen, um das Börsenspiel anzufachen. Einen besonders großen Umfang nahm jedoch das Börsenspiel an, als Law sein „System“ begründete. Damals geschah es, daß der früher in den Häusern der Rue Quinquempoix betriebene Börsenverkehr sich öffentlich auf der Straße abzuspielen begann.

John Law ist ein typischer Repräsentant der in diesem Zeitalter zahlreichen Glücksjäger (Projektenmacher), die von Land zu Land, von Residenz zu Residenz zogen, von der Hoffnung beseelt, Leute zu finden, die ihnen als Werkzeuge zur Verwirklichung ihrer phantastischen, zwecks rascher Bereicherung ersonnenen Pläne dienen könnten. Nachdem Law England, wo er keinen Erfolg gehabt, verlassen und daraufhin sein Glück in Amsterdam, Brüssel und Italien versucht hatte, kam er nach Paris, wo er eine Aktienbank gründete, die mit Wechseldiskont, Aufnahme von Depositen, sowie mit Banknotenemission sich befassen sollte; es waren dies damals ganz neue Operationen. Bald darauf gelang es ihm, die Bank in eine staatliche Unternehmung umzuwandeln — die Noten der Bank wurden als Steuerzahlungsmittel angenommen — und die Westindische Gesellschaft, auch Mississippi-Gesellschaft genannt, zu begründen, die die Kolonisation der eben von den Franzosen erworbenen, am Mississippistrome gelegenen Landstriche ins Werk setzen sollte. Diese Gesellschaft (darin der englischen Südsee-Gesellschaft ähnlich) erhielt weitgehende Privilegien, sowohl das Handelsmonopol in jenen Gebieten, als auch die Hoheitsrechte über die in Louisiana bereits erschlossenen und die noch zu erschließenden Landgebiete. Mit allen möglichen Reiz- und Lockmitteln wurde die Unternehmung dem Publikum angepriesen. Die Reichtümer der neuentdeckten Länder malte man in den prächtigsten Farben aus. Es wurden Bilder öffentlich ausgestellt, auf denen Indianer und Indianerinnen abgebildet waren, die die Franzosen freudig begrüßten. Man teilte dabei verschiedene Kenntnisse über das Wunderland Amerika mit, so z. B., daß die Berge Amerikas vor Gold, Silber und anderen Metallen strotzten. 1719 wurden zwei andere Gesellschaften mit der Westindischen Kompagnie vereinigt. Es waren dies die Ostindische Kompagnie, die das Handelsmonopol mit allen Häfen des Stillen und des Indischen Ozeans vom Kap der Guten Hoffnung bis zur Straße von Magalhães genoß, und die Afrikanische Kompagnie. Law hatte auf diese Weise das Alleinrecht des Handels mit allen Ländern, wo französische Kolonien und Faktoreien vorhanden waren, an sich gezogen. Endlich übernahm Law das Münzregal und die Generalpacht der Steuern, wogegen er der Regierung ein zu 3% verzinsliches, 1500 Mill. betragendes Darlehen hergab, mittelst dessen sämtliche Staatsschulden getilgt werden sollten. Der Plan Laws gipfelte darin, die ganze Nation zu einer riesenhaften Korporation zu machen, deren Leitung bei der Westindischen Kompagnie (Compagnie d'Occident), d. h. in seinen Händen sich zu befinden, als deren Kasse die von ihm begründete königliche Bank zu dienen hatte.

Nun war die Verwirklichung dieser großartigen Pläne (Law's „Système“) nur durch Vermittelung der Börse möglich. Law gelang es, eine starke Spekulation, einen wilden Aktientaumel zu entfachen. Trotzdem eine ungeheuere Anzahl von Aktien emittiert worden war, stieg ihr Kurs immer höher. Bei einem Nominalwerte von 550, 1000 und 5000 Livres schnellte der Kurs einer Aktie bis auf 18000 L. hinauf, so daß 300000 Aktien, die einen Nennwert von 150 Mill. repräsentierten, an der Börse einen Wert von 3000 Mill. besaßen. Nicht nur aus den entlegensten Teilen Frankreichs, auch aus dem Auslande begann eine wahre Völkerwanderung nach den Seineufern. Durch die Bereicherungssucht verlockt, strömten die Menschen nach der Rue Quinquempoix, wo sich die Börse, der Mittelpunkt der europäischen Spekulation, befand. Man erzählte sich, daß an den Tagen, wo Aktiensubskriptionen stattfanden, jedesmal vor den Geschäftsräumen der Kompagnie Menschen im Gedränge zu Tode getreten wurden. Dieses Spekulationsfieber konnte jedoch nicht lange anhalten. Freilich versprach die Kompagnie, deren Gewinne in Wirklichkeit nur gering waren, hohe Dividenden (am

Nennwert der Aktien berechnet); infolge des überaus hohen Aktienkurses erwiesen sie sich jedoch als gering; statt 40% machten sie nur $1^2/_3$% aus. Als diese Berechnung von den Aktionären vorgenommen worden war, begannen sie, sich ihrer Aktien zu entäußern und der Aktienkurs mußte sinken. Obwohl Law die größten Anstrengungen machte, seine Höhe mittelst 1 Milliarde emittierter Banknoten (Assignaten) aufrechtzuerhalten, ja zu verschiedenen Zwangsmaßnahmen seine Zuflucht nahm, griff die Panik dennoch immer weiter um sich. Das ganze von Law kunstvoll errichtete „Système" brach zusammen (1720) und auf den Bankrott der Bank folgte der Staatsbankrott.[1])

Im Gegensatz zu London, wo durch die Spekulation der ersten Jahrzehnte des 18. Jahrhunderts die Effektenbörse ins Leben gerufen ward und die Aktie zu einem Gegenstande des täglichen Börsenverkehrs wurde, hinterließ die Schwindelperiode Laws an der Pariser Börse keine bleibenden Spuren. Erst in einem Edikt von 1785 heißt es, die Kunde von dem vor einiger Zeit stattgefundenen Aufkommen einer neuen Art von Geschäften, des Terminhandels in Effekten, sei zur Kenntnis des Königs gelangt. Die Technik des Prämiengeschäfts stand zur Zeit Laws in Paris noch erheblich gegen Amsterdam und London zurück, erst später während des 18. Jahrh. ist ihre weitere Ausbildung erfolgt.

Es ist möglich, daß die Südseegesellschaft in ihrer ursprünglichen Form Law bei der Gründung der Compagnie d'occident als Vorbild gedient hat, während andrerseits das Lawsche „System", welches 1719 den Gipfelpunkt seines Ansehens erreicht hatte, wohl zur Annahme des Südseeprojekts beigetragen hat. Als Ausgangspunkt erschienen hier wie dort gleichartige Projekte einer Fundierung der Staatsschuld durch Gründung von Aktiengesellschaften. Nach dem Zusammenbruch der von Law ins Leben gerufenen Unternehmungen wanderten die anlagesuchenden Kapitalien nach England aus. Überhaupt nahm das Börsenspiel einen durchaus internationalen Charakter an. Engländer spielten in Frankreich, Franzosen in England (der Besitz der Franzosen an Südseeaktien wurde zum Kurse von 1000 auf 5 Mill. Pfd. geschätzt), Holländer diesseits und jenseits des Kanals.[2]) Zu

---

[1]) Hautchamps, Histoire du Système des Finances sous la minorité de Louis XV (1739). Dutot, Réflexions politiques sur le commerce et les finances (1738). Melon, Essai politique sur le commerce (1742). Boisguillebert, Le Detail de la France (Daire. Econ. Financiers). Forbonnais, Recherches et considérations sur les finances de France (1758). Levasseur, Recherches historiques sur le Système de Law (1854). Ders., Law et son système jugés par un contemporain (Rev. d'hist. des doctrines écon. et soc. 1908). Ders., Histoire du commerce de la France I. (1911). Heymann, Law und sein System (1853). Horn, Jean Law, ein finanzgeschichtlicher Versuch (1858). Kurtzyel, Geschichte der Lawschen Finanzoperationen (Hist. Taschenbuch. N.F. VII). Thiers, Histoire de Law (1858). Strub, Laws Handels- und Kolonialpolitik (Zürcher. Volkswirtsch. Studien, hrsg. von Sieveking, H. 7. 1913). Wiston-Glynn, John Law of Lawriston, Financier and Statesman (1907), Alexi, John Law und sein System (1885). Mann, Justification du Système de Law (Rev. d'hist. écon. 1913). Wirth, Geschichte der Handelskrisen. 4. Aufl. (1890). Cochut, Law, son Système et son époque (1853). Davis, An Historical Study of Laws System (1887). Urseau, La banque de Law d'après un chroniqueur angevin. (1901). Bonnassieux, Les grandes compagnies de commerce (1892). Adler, J. v. Law (Handw. d. Staatswiss.).

[2]) Auch die Schweiz nahm daran teil. (Vgl. Sieveking, Die Verflechtung der Schweiz in die Lawsche Krise, 1914). Ausläufer des Lawschen Taumels und des Südseeschwindels waren auch die gleichzeitige (1720) Spekulation in Holland (wo ebenfalls schwindelhafte Unternehmungen entstanden, vgl. Samuel, S. 50 ff.) und die Spekulation in Hamburg (s. unten, S. 325).

gleicher Zeit, als die englische Regierung die Fehler des Lawschen Systems zu ergründen bemüht war und der Minister Lord Stanhope dem Kardinal Dubois den wohlgemeinten Rat gab, sich eingehend mit dem Studium der Finanzen zu beschäftigen, um dergleichen Fehler in Zukunft vermeiden zu können, ließ sie selbst sich mit dem gleichen Lockmittel ködern. Anstatt aus dem Zusammenbruch der Mississippi-Gesellschaft eine Lehre zu ziehen und die Widerstandsfähigkeit der Südseekompagnie zu festigen, begrüßten die einflußreichen Kreise Englands freudig den französischen Börsenkrach, der den gefährlichsten Rivalen aus der Welt schaffte. Als Rückwirkung des Zusammenbruches des Lawschen Systems erfolgte eine Steigerung der Kurse der Südseegesellschaft. Die französische Regierung ihrerseits spottete über die Londoner Spekulation. Die Meinung, die englische Gesellschaft würde sich nicht lange halten können, war vorherrschend, und die Höflinge gingen in Versailles Wetten darüber ein, ob die Südseeaktien noch weiter im Kurse steigen würden oder nicht.[1])

Später als in anderen Staaten kam die Börse in Deutschland auf, wo auch ihre Entwicklung am langsamsten vor sich ging. Der Zerstückelung Deutschlands in eine Reihe von Kleinstaaten entsprechend, bestanden im 17.—18. Jahrhundert in verschiedenen deutschen Städten Börsen, die aber nirgends Bedeutung erlangen konnten. Den Hauptgegenstand des Börsenverkehrs bildeten Wechsel, teilweise auch Waren und Seeassekuranzen. Im Jahre 1720 begann auch in Hamburg eine Börsenspekulation, die wohl in Zusammenhang mit dem Lawschen System und dem Südseeschwindel in England stand. Doch sie erlosch bald. Als nämlich der Rat „mit großer Befremdung und Mißfallen" vernommen, „welcher Gestalt einige Privati unter dem Prätext einer Assekuranzen-Kompagnie sich eigenmächtig unternommen, einen sog. Aktienhandel zu veranlassen und anzufangen", wurde dieser Handel nachdrücklich verboten. Übrigens fehlte für solche Börsengeschäfte der geeignete Boden, denn bis zur zweiten Hälfte des 18. Jahrhunderts waren in Deutschland fast gar keine Aktiengesellschaften vorhanden, und als sie dann gegründet wurden, geschah dies ohne Mitwirkung der Börse. Die Zeichnung der Aktien fand nicht eher statt, als bis die Gesellschaft schon vollständig konstituiert war. Auch der Verkehr in Staatspapieren entwickelte sich nur langsam. In den Berliner Börsenkurszetteln erscheinen erst seit 1800 die Kurse preußischer Staatspapiere, während dieselben bereits früher an der Amsterdamer und Frankfurter Börse notiert wurden. In Wien entstand die Börse erst 1771, ihre Statuten waren den französischen von 1724 nachgebildet. Der Frankfurter Börsenverkehr hatte sich am Ausgang des 18. Jahrhunderts erheblich gesteigert — Österreich, Preußen, Dänemark wandten sich wegen Aufnahme von Anleihen nach Frankfurt a. M. Nach Dietz hat das Bankhaus Bethmann die von ihm eingeführten kaiserlichen Anleihen (1778) durch Zerlegung in Partialobligationen zu 1000 Gulden handels- und börsenfähig gemacht und durch seine großen in- und ausländischen Emissionen die Frankfurter Börse, die bisher im wesentlichen eine Wechselbörse gewesen war, zugleich zu einer Effektenbörse von internationaler Bedeutung entwickelt. Doch wurden auch hier 1804 nur 26 Papiere

[1]) Vgl. Michael. Viert. Soz.- u. W.-G. VI.

verhandelt, und bloß 6 unter ihnen standen im Kurszettel. Erst seit dem 19. Jahrhundert, vom Emporkommen des Hauses Rothschild mit seinen umfangreichen Kreditgeschäften datiert der eigentliche Aufschwung der Frankfurter Börse.[1])

Nicht nur in Deutschland, sondern auch in anderen in wirtschaftlicher Hinsicht weiter vorgeschrittenen Staaten wollten sogar die führenden Handelskreise von dem „verderblichen und verhängnisvollen" Aktien- und Effektenhandel, von den „empörenden Börsengeschäften" nichts wissen.[2]) Doch der Kampf war fruchtlos. Im Börsenspiel fand der im Menschen innewohnende Trieb zum Glückspiel seine Betätigung, der in diesem Zeitalter die mannigfachsten Formen annahm. Die einen befaßten sich mit Schatzgräberei, andere gingen Wettverträge ein, die die verschiedensten Ereignisse, z. B. das Geschlecht der noch im Mutterleibe befindlichen Kinder, zum Gegenstand hatten. Oder man suchte gar Gold zu machen, wandte sich der Alchemie zu. Im Palast wie in der Hütte, ja selbst hinter Klostermauern arbeitete die Hexenküche. Wer aber schon Geldmittel besaß, brauchte seine Zuflucht nicht mehr zu Zaubermitteln zu nehmen, ihm bot sich Gelegenheit, mittels des Börsenspiels sein Geld zu mehren. Die Börse war dazu bestimmt, die Spielsucht und Spielwut zu entfachen. Doch war sie auch für die zahlreichen Projektenmacher mit ihren bizarren grotesken Ideen, unter ihnen vor allem für John Law nötig. „Der Börsenschacher zog das Projektenmachen groß." Endlich konnten ohne die Börse weder die neuaufgekommenen Überseeaktiengesellschaften sich entfalten, noch der moderne Staat mit seinem Schuldenwesen aufkommen. Daher die Ohnmacht der Gesetzgebung gegen die Fondsspekulation.[3])

Erst das 19. Jahrhundert hat das Börsenwesen ausgebildet, aber die Grundlagen dazu waren schon in den vorhergehenden Jahrhunderten gelegt worden.

---

[1]) Cibbini, Untersuchung über die Bestimmung einer Börse (Wien. 1817). Coffinière, Die Stockbörse und der Handel in Staatspapieren. Aus dem Franz. mit einem Nachtrage von Schmalz (1824). Amsinck, Die ersten hamburgischen Assekuranzkompagnien und der Aktienhandel im Jahre 1720 (Z. d. Ver. f. Hamb. Gesch. IX. 1894). Ehrenberg, Zeitalter der Fugger (1896). Trumpler, Zur Geschichte der Frankfurter Börse (Bankarchiv. IX. 1909). Geschichte der Frankfurter Handelskammer (1908). Hilgert, Das erste Jahrhundert der Wiener Börse (1890). Lazarus, Geschichte der Berliner Börse (Mitt. d. Vereins für die Gesch. Berlins, 1911). Samuel, Effektenspekulation im 17. u. 18. Jahrh. (1924).

[2]) Sombart, Die Juden und das Wirtsch., S. 108 ff. Dietz, Frankf. Handelsgeschichte III, S. 219; IV, 2, S. 620.

[3]) Sombart, Der Bourgeois, S. 50 f., 52 f., 60 f. Ders., Die Juden u. das Wirtsch. Vgl. Goris, S. 425 ff. Samuel, S. 52 ff., 106 ff., 160 ff.

V. ABSCHNITT.

Geld, Kredit und Verkehrswesen.

Quellen und Literatur. Geld- und Münzwesen. Forbonnais, Recherches et considérations sur les finances de la France. 1758. Humboldt, Essai politique sur le royaume de la Nouvelle Espagne. 2 éd. 1825 ff. Vol. I—IV. Soetbeer, Edelmetallproduktion und Wertverhältnis zwischen Gold und Silber seit der Entdeckung Amerikas. 1879. Ders., Beiträge zur Gesch. des Geld- und Münzwesens in Deutschl. Wiebe, Zur Geschichte der Preisrevolution des 16. und 17. Jahrhunderts. 1896. Bonn, Spaniens Niedergang während der Preisrevolution des 16. Jahrhund. (Münch. volksw. Stud. XII). 1896. Liautey, La hausse des prix et la lutte contre la cherté en France au XVI siècle. 1921. Deloche, La crise économique au XVI siècle et la crise actuelle. 1922. Haring, Trade and navigation between Spain and the Indies in the times of the Hapsburgs. 1918. Ders., American gold and silver production in the first half of the XVI cent. (Quart. Journ. of Econ. XXIX. 1915). Martin G., La monnaie et le crédit privé en France au XVI—XVII siècles (Rev. d'hist. des doctrines écon. 1909). Helfferich, Von den periodischen Schwankungen im Wert der edlen Metalle von der Entdeckung Amerikas bis zum Jahre 1830. 1843. Shaw, The History of Currency 1252 to 1894. 1894. Engel-Serrure, Traité de numismatique moderne et contemporaine. 1897. Luschin von Ebengreuth, Allg. Münzkunde und Geldgeschichte. 2. Aufl. 1926. Weyhmann, Die merkant. Währungspolitik Herzog Leopolds von Lothringen 1697—1729 mit bes. Berücksichtigung der Geschichte John Laws. 1910 (Jahrb. der Gesellsch. für lothring. Gesch. Erg.-Bd. III). Acta Boruss., Das preußische Münzwesen im 18. Jahrhundert. Münzgesch. Teil. 3 Bde. 1904—1911. D'Avenel, Hist. de la propriété etc. T. I—II. Hanauer, Etudes économiques sur l'Alsace. I. Les monnaies. 1876. Schmoller, Über die Ausbildung einer richtigen Scheidemünzpolitik vom 14. bis 19. Jahrhundert (Jahrbuch für Gesetzgebung usw. 1900). Schwinkowski, Die Reichsmünzreformbestrebungen in den Jahren 1665—1670 und der Vertrag zu Zinna 1667 (Viert. Soz.- u. W.-G. XIV. 1916). Dana Horton, The silver pound and English monetary policy since the restoration. 1887. Liverpool, A treatise on the coins of the Realm. 1880. Kalkmann, Englands Übergang zur Goldwährung im 18. Jahrhundert. 1895. A. Schmidt, Geschichte des englischen Geldwesens im 17. und 18. Jahrhundert. 1914 (Abhandl. aus dem Staatswiss. Seminar zu Straßburg). Art. von Lexis im Handw. der Staatswiss. Ders., Beiträge zur Statistik der Edelmetalle (Jahrb. f. Nat.-Ök. 34, 1879). Helfferich, Die geschichtliche Entwicklung der Münzsysteme (Jahrb. f. Nat.-Ök. 1895. Bd. IX). Landry, Essai économique sur les mutations des monnaies dans l'ancienne France. 1910. Friedensburg, Die Münze in der Kulturgeschichte. 1909. Ders., Münzkunde und Geldgeschichte der Einzelstaaten. 1926. Salz, Industrie Böhmens. 1913 (Anhang). Menadier, Eine Münzgeschichte der europäischen Staaten. 1919 (Die Schausammlung des Münzkabinetts im Kaiser-Friedrich-Museum).

Kredit- und Bankwesen. Marperger, Beschreibung der Banken, 1717, und die oben (S. 195) erwähnten Schriften des 17.—18. Jahrhunderts von Savary, Sperander, Ludovici, Büsch, Defoe, Postlethwayt, Pinto, sowie die das. angeführten Beschreibungen einzelner (Bank-)Firmen (von Moriz-Eichborn, Lenz-Unholz, Sée, Guillou). Art. Banken im Handw. der Staatswiss. Cohen,

Die Verschuldung des bäuerlichen Grundbesitzes in Bayern (1598 bis 1745). 1906. Ders., Bayer. Klöster im Dreißigjähr. Kriege. Notlage und Verschuldung (Schmollers Jahrbuch. 1916). Levy von Halle, Die Hamburger Girobank und ihr Ausgang. 1891. Soetbeer, Die Hamburger Bank. Viert. f. Volkswirtsch., Politik usw. 1866—1867. Limburg, Die kgl. bayerische Bank von Nürnberg in ihrer Entwicklung seit ihrer Gründung. 1903. Sax, Die Nürnberger Bank (Festschr. f. Eheberg. 1925). Dietz, Frankfurter Handelsgeschichte. II—IV. 1921—1925. Burckhardt, Zur Gesch. der Privatbankiers in der Schweiz. 1914. (Starger), Das Versatzamt in Wien von 1707 bis 1900. 1901. Biderman, Die Wiener Stadtbank (Arch. für österr. Gesch. Bd. 20). Rager, Die Wiener Kommerzial-, Leih- und Wechselbank. 1918. Vührer, Histoire de la dette publique. Besançon, Histoire financière de la France· II. G. Martin & M. Besançon, L'histoire du crédit en France sous le règne de Louis XIV. T. I. Le crédit public. 1913. Bouchard, Système financier de l'ancienne monarchie. 1891. Jannet, Le crédit populaire et les banques en Italie du XV au XVIII siècle. 1885. Vigne, La banque à Lyon du XV au XVIII siècle. 1903. Sagnac, Le crédit de l'état et les banquiers à la fin du XVII et au commencem. du XVIII siècle (Revue d'hist. mod. 1908). Wyler, Die Tontinen in Frankreich. 1916. Ehrenberg, Das Zeitalter der Fugger. 1896. Hilton Price, Handbook of London Bankers. 1890. Mac Leod, Theory and Practice of Banking. 1892. Rogers, The first nine years of the Bank of England. 1887. Philippovich, Die Bank von England im Dienste der Finanzverwaltung des Staates. 1885. Andreadès, Histoire de la Banque d'Angleterre. T. I. 1904. Bischop, The Rise of the London Money Market. 1910. Caphahn, Der Zusammenbruch der deutschen Kreditwirtschaft und der Dreißigjähr. Krieg (Deutsch. Geschichtsbl. 1912). Jäger, Die ältesten Banken. 1876. Landmann, Entwicklungsgesch. der Formen des öffentlichen Kredites (Finanzarchiv. 1912). Metzler, Studien zur Geschichte des deutsch. Effektenbankwesens. 1911. J. Kaufmann, Die englische Staatsschuld von 1688 bis 1890. 1893 (russ.). Stiefelzieher, Studien über die Entwicklung des englischen Kredits von 1660—1714 (Finanz-Archiv. 1927). Thorsch, Materialien zu einer Geschichte der österreichischen Staatsschulden vor dem 18. Jahrhundert. 1891. Reinitz, Das österr. Staatsschuldenwesen von seinen Anfängen bis zur Jetztzeit. 1913. Mensi, Die Finanzen Österreichs 1701—1740. 1890. Srbic, Der staatliche Exporthandel Österreichs von Franz I. bis Maria Theresia 1907. Däbritz, Die Staatsschulden Sachsens von 1763—1837. 1906. Scott, The Constitution and Finance of English Companies. I—III. 1910—1912. Schaps, Gesch. des Wechselindossaments. 1892. Fedorow, Geschichte des Wechsels. 1895 (russ.). Katkow, Das Wechselindossament, 1909 (russ.). Vgl. auch die Schriften in Kap. 20 über Börse und Börsenspekulation.

Das Verkehrswesen.[1]) Marperger, Neueröffnete Wasserfahrt auf Flüssen und Kanälen. 1723. Sombart, Der mod. Kapitalismus 2. Aufl. II, 1 Götz, Die Verkehrswege im Dienste des Welthandels. 1891. Sax, Die Verkehrsmittel. I. 1878. Mummenhoff, Der Nachrichtendienst zwischen Deutschland und Italien im 16. Jahrhundert. 1911. Jähns, Roß und Reiter in Leben und Sprache, Glauben und Geschichte. Bd. II. 1872. Hartmann, Entwickelungsgeschichte der Posten. 1868. Rothschild, Histoire de la poste. 1873. Pratt, History of Inland Transport and Communication of England. 1910. Moffit, England on the eve of Industrial Revolution (1925). Letaconnoux, Les transports en France au XVIII siècle (Rev. d'hist. mod. XI). Smiles, Lives of the engineers. I—II. 1861—1862. Debauve, Les travaux publics et les ingenieurs des ponts et chaussées depuis le XVII siècle. 1893. Joyce, The history of the Post office. 1893. Huber, Die gesch. Entwicklung des modernen Verkehrs. 1893. Stephan, Geschichte der preußisch. Post. wesens und die Taxis. 1909.

Lit. über **Seeschiffahrt** und **Versicherungswesen** s. unten.

---

[1]) Vgl. Sombart, II, 1, S. 231, 236, 277, 325, 346, 364.

Kapitel 21.

Geld- und Münzwesen.[1])

Die Folgen der Entdeckung Amerikas für das Wirtschaftsleben der europäischen Völker traten nicht nur in der Verschiebung der Welthandelsstraßen, sowie im Aufschwung des Überseehandels zutage, sondern auch in einer ungeheuren Vermehrung der in Europa umlaufenden Gold- und Silbermengen durch die aus Amerika strömenden Edelmetalle. Dieser Umstand war von großer Tragweite. Nun hatte die Ausbeute an Edelmetall bereits seit der Mitte des 15. Jahrhunderts, als in verschiedenen Gegenden Deutschlands und Österreichs neue Lager derselben erschlossen worden waren, bedeutend zugenommen. Es wurde Silber in großer Menge in Tirol (Schwaz), Sachsen (Schneeberg, Freiberg, Annaberg), Böhmen (Joachimstal) gewonnen, Gold im Salzburgischen gefördert. Vom Ausgang des 15. Jahrhunderts an kam auch afrikanisches Gold vom Senegal und Sofala (Ostafrika) nach Europa. Doch waren die Produktionserträge, sowohl der europäischen, als auch der afrikanischen Gruben von der Mitte des 16. Jahrhunderts an wieder im Abnehmen begriffen, und das aus Amerika hereinströmende Gold und Silber mußte den Ausfall ersetzen. In der Tat lieferte Amerika der Alten Welt Edelmetalle in früher nie gekannten Mengen. Die durchschnittliche Jahresproduktion der Welt stieg von 90000 kg Silber 1521—1544 auf 419000 kg 1581—1600; das Silber stammte aus den Minen von Peru, Mexiko, hauptsächlich aber aus Bolivia (Potosi). In Mexiko stieg die Ausbeute von 3400 kg jährlich (1521—1544) auf 74300 1581—1600, in Potosi von 183000 kg (1545—1560) auf 254000 kg 1581—1600. Während der gesamte Vorrat an Edelmetallen zu Ausgang des 15. Jahrhunderts (nach Lexis) 7 Mill. kg nicht überstiegen hatte, wurde im Laufe des 16. Jahrhunderts (1493—1600), nach Soetbeers Berechnungen, gegen 23 Mill. kg Silber und 755000 kg Gold gewonnen — d. h. der Edelmetallvorrat war quantitativ auf das dreifache, ja dreieinhalbfache seiner früheren Höhe angewachsen. Doch auch der Wert der Ausbeute hatte sich in gleichem Maße gesteigert. Er betrug für dieselbe Periode über $7^1/_2$ Milliarden G.M. gegen 2 Milliarden um die Wende des 15. Jahrhunderts.

Eine noch bedeutendere Steigerung erfuhr die Edelmetallproduktion in den folgenden Jahrhunderten. Im Laufe des 17. und 18. Jahrhunderts wurden 93 Mill. kg Silber und ca. 3 Mill. kg Gold gewonnen, die insgesamt einen Wert von 26 Milliarden G.M. repräsentierten. Bereits seit Mitte des 16. Jahrhunderts an entfielen drei Viertel, im 17. Jahrhundert sogar fünf Sechstel der Gesamtproduktion an Edelmetallen auf Amerika. Seit Mitte des 16. Jahrhunderts wurde in den amerikanischen Minen das Amalgamierungsverfahren angewandt, wodurch die

---

[1]) Liter. s. oben.

Silbergewinnung wesentlich gesteigert wurde. Nach den von Soetbeer angeführten ziffernmäßigen Angaben betrug die Silberausbeute im Jahresdurchschnitt bis zur Mitte des 15. Jahrhunderts 27000 kg, in der zweiten Hälfte des 15. Jahrhunderts 44000 kg, von der Mitte des 16. Jahrhunderts an 300000—400000 kg. In der zweiten Hälfte des 18. Jahrhunderts endlich stieg sie bis auf 500000—800000 kg; an erster Stelle in der Silbergewinnung stand Mexiko. Gold wurde nicht nur in den Minen von Mexiko, Peru, Chile, Neu-Granada gefördert, sondern auch durch Raub und Plünderung von Tempeln, Fürstengräbern, Palästen (während des gewaltsamen Vordringens der Eroberer in Amerika) gewonnen, auch als Lösegeld für die gefangen gesetzten Herrscher der Eingeborenen (Montezuma in Mexiko, der Inka von Peru) abgenommen. Die Goldproduktion war bedeutend geringer als die an Silber, doch erfuhr sie ebenfalls im Laufe des 16. und 17. Jahrhunderts eine Steigerung, und zwar von 6000 kg jährlich auf 8000 bzw. 10000 kg. Im 18. Jahrhundert schnellte die Goldproduktion der Welt auf 19000 kg jährlich empor, da in Brasilien neue Goldfelder erschlossen worden waren (ihre Ausbeute begann bereits am Ausgang des 17. Jahrhunderts). Europas Anteil an der Goldproduktion war noch geringer, als an der Silbergewinnung. Gold wurde nur in Siebenbürgen, im Salzburgischen, von der Mitte des 18. Jahrhunderts an auch im Uralgebirge gefördert.

Das Wertverhältnis zwischen Silber und Gold hatte sich zunächst nur wenig geändert. Es war auch im 16. Jahrhundert gleich 1 : 11 bzw. 1 : 11,8. Seit Beginn des 17. Jahrhunderts jedoch bewirkte das viel raschere Anwachsen der Silber- (im Vergleich zur Gold-) Produktion und die Verminderung der Produktionskosten des Silbers eine Verschiebung zugunsten des Goldes. Das Wertverhältnis von Silber zu Gold, das nunmehr gleich 1 : 14,7—15,2 war, blieb in dieser Höhe bis zum Ausgang des 18. Jahrhunderts, ja bis zum Beginn des 19. Jahrhunderts bestehen. Nur für kürzere Zeiträume fand (im 18. Jahrhundert) infolge zeitweiliger bedeutender Steigerung der Goldzufuhr, ein Sinken des Tauschwertes des Goldes statt (1701—1710 = 1 : 15,27; 1751—1760 = 1 : 14,56). Eine weit einschneidendere Veränderung erfuhr jedoch der Geldwert, die in Warenpreisen ausgedrückte Kaufkraft des Geldes. Es ist eine Steigerung des Preisniveaus im 16. und 17. Jahrhundert um 100 bis 150% anzunehmen, wobei die Preiserhöhungen vor allem in das 16. Jahrhundert zu fallen scheinen. Die Getreidepreise waren bereits im 16. Jahrhundert in einzelnen europäischen Ländern um 150—200% gestiegen; im Laufe des nächsten Jahrhunderts erfuhren sie eine weitere Steigerung. Doch auch verschiedene Rohprodukte, Salz, Holz, Metalle, sowie Fertigfabrikate stiegen im Preise. Selbst die Preise derjenigen unter ihnen, die von der Preissteigerung bis zur Mitte des 16. Jahrhunderts noch nicht erfaßt worden waren, schnellten im Laufe der zweiten Hälfte dieses Jahrhunderts überall um 100% und mehr in die Höhe.

Die Zeitgenossen, die diese Preissteigerungen beobachteten und sich klar zu machen suchten, führten sie auf die verschiedensten Tatsachen zurück, und zwar sowohl auf natürliche Ursachen, wie Bevölkerungszuwachs, Mißernten, Kriege, als auch auf künstlich erzeugte, wie die Spekulationen der Handelsgesellschaften, die Münzverschlechterung, ferner (speziell in England) die Einhegungen. Jean Bodin jedoch sprach in seinem 1568 erschienenen Werke den Gedanken aus, daß die Gründe in erster Linie in dem Überfluß an Edelmetallen zu suchen seien, der (freilich neben Monopolen, Getreide- und Weinausfuhr und dem großen Luxus) „die wichtigste und fast einzige Ursache der Preissteigerung bilde".[1]) Diese Erklärung eigneten sich dann auch andere Schriftsteller an und Adam Smith konnte bereits den Satz aufstellen, daß „die Entdeckung der reichen amerikanischen Gruben die einzige Ursache der Verringerung des Silberwertes im Verhältnis zum Getreidewerte (von 1570 bis 1640) zu sein scheint. So wird die Sache von jedermann erklärt und es erhob sich weder über das Faktum selbst, noch über seine Ursache jemals ein Streit."[2])

Nun ist freilich auch der Umstand zu berücksichtigen, auf den die späteren Forscher hingewiesen haben, daß nämlich die Fortschritte der Geldwirtschaft eine beträchtliche Erhöhung der Nachfrage nach Geld bewirken mußten. Das Aufkommen der Söldnerheere und der Berufsbeamtenschaft, die Ersetzung von Naturalabgaben durch ständige Geldsteuern, die Zunahme des Handelsverkehrs erforderten eine viel größere Geldmasse als Zahlungsmittel, als es früher der Fall war. Jedoch wies die Nachfrage nach Geld lange nicht die Steigerung auf, die sich im Anwachsen der Gold- und Silbervorräte bemerkbar machte. Denn während 1500 der Edelmetallvorrat einen Gesamtwert von bloß 2 bis 2⅓ Milliarden hatte, wurden im Laufe des 16.—18. Jahrhunderts Edelmetalle im Werte von über 33 Milliarden gewonnen. Dazu kommt noch, daß in dieser Periode der weitaus größere Teil des Edelmetallvorrates zur Münzprägung verwendet wurde. Nach Lexis bestanden von dem zu Ausgang des 16. Jahrhunderts vorhandenen Gesamtvorrat an Edelmetallen im Werte von 7½ Mill. G.M 4,2 Mill. in Münzgeld. Nur in einzelnen Ländern und für einzelne Jahrzehnte konnten die Preissteigerungen durch andere Ursachen, wie Mißwachs, Kriege, Bevölkerungszuwachs bewirkt worden sein. Auch konnten diese Momente nur die Preise von Massenbedarfsgütern beeinflussen. Die Richtigkeit der Annahme, daß die Ursachen der Preisrevolution nicht in Veränderungen der Warenproduktion, sondern auf seiten der Edelmetalle zu suchen sind, daß sie durch das Überwiegen des Geldangebots über die Nachfrage nach Geld (im letzten Grunde durch die Verminderung der Produktionskosten der Edelmetalle) hervorgerufen war, wird auch dadurch erwiesen, daß die Preissteigerung zu allererst in

---

[1]) Jean Bodin, Discours sur les causes de l'extrême cherté qui est aujourd'hui en France. 1574.

[2]) Ad. Smith, Wealth of Nations, B. I, Ch. 5.

denjenigen Ländern einsetzte, wo die neuen Edelmetallmengen am frühesten hinströmten. Die Erhöhung der Preise begann in Spanien, dem ersten Einfuhrlande für das amerikanische Silber. In dem Maße, als die nach Spanien eingeführten Edelmetallmengen sich von dort aus über die anderen europäischen Länder ergossen, ließ auch die Preissteigerung in Spanien merklich an Intensität nach. In denjenigen Ländern hingegen, wo, wie z. B. in England, das neugewonnene Edelmetall erst verhältnismäßig spät auftrat, wo aber dessen Zustrom, infolge des lebhaften Ausfuhrhandels, eine fortgesetzte Steigerung erfuhr, dauerte die viel später begonnene Preissteigerung im Laufe zweier Jahrhunderte fort.

Der Zustrom von Edelmetallen aus der Neuen Welt ermöglichte eine bedeutende Steigerung der Münzausprägung, insbesondere der Prägung von Silbermünzen. Die Silbermünze, die am Ausgang des Mittelalters infolge des Aufkommens der Goldmünzen, Dukaten, Gulden Florine, ihre Bedeutung (wenn auch nicht überall) teilweise eingebüßt hatte, erlangte nunmehr infolge der großen Silbereinfuhr aus Amerika ihre frühere Herrschaft im Münzwesen wieder. Sowohl die Amsterdamer, als die Hamburger Bank erkannten nur Silber als Zahlungsmittel an.[1]) Anders im 18. Jahrhundert, als mit dem Zustrom des brasilianischen Goldes auch die Ausprägung der Goldmünzen einen größeren Umfang annahm. Nun begann auch Gold eine bedeutende Rolle im Verkehr zu spielen. In England vollzog sich im 18. Jahrhundert sogar der Übergang zur Goldwährung. Bloß in Preußen prägte man auch zu Anfang des 18. Jahrhunderts noch keine Goldmünze aus, sondern man benützte französische und holländische Goldmünzen.[2])

Freilich wurde auch noch im 18. Jahrhundert Silbergeld als das rechtmäßige Geld angesehen. Man behauptete, „Silber sei im Handel gebräuchlicher und nützlicher als Gold“. Die Londoner Handelskammer erklärte 1699, Silber sei nach allgemeiner Übereinkunft in der ganzen Welt als das gesetzliche Zahlungsmittel anerkannt worden, es sei undenkbar, daß diese Eigenschaft zwei Metallen zugleich verliehen werden könne. Locke führte aus, Gold sei nicht dazu geeignet, als ein allgemein gültiger Wertmesser Verwendung zu finden, da die Wertrelation von Gold zu Silber Schwankungen unterworfen sei. Es müsse daher, obwohl auch Goldmünzen geprägt werden sollen, Silber als Wertmesser angenommen werden, Gold hingegen sei eine ebensolche Ware wie z. B. Blei. Duteaux meint, obwohl Münzen aus Gold wie auch aus Silber und Kupfer geprägt würden, wiese Silber doch den Vorzug auf, daß es den Preis sowohl von Gold als von Kupfer bestimme und den Maßstab abgebe, an dem die übrigen Waren gemessen würden.[3])

Zu den verschiedenen bereits im Umlauf befindlichen Münzsorten kamen seit dem Ende des 15. Jahrhunderts infolge der Ausprägung neuer großer Silberkurantmünzen neue Münzsorten hinzu. Der vom Ende des 13. Jahrhunderts an in Italien ausgeprägte Goldgulden (Fiorin, Dukat) wurde seit dem Ausgang des 15. Jahrhunderts, als die

---

[1]) S. unten, S. 345.

[2]) Acta Boruss. Das preuß. Münzwesen im 18. Jahrhundert, Bd. I, S. 178 f., 237 f.; Bd. II, S. 38 f.

[3]) Kalkmann, S. 12 f.

Silberproduktion der deutschen und österreichischen Gruben (in Tirol, Böhmen) bedeutend zugenommen hatte, in Silber dargestellt, und zwar zuerst von Erzherzog Sigismund (seit 1484), in Münzen von 2 Lot Gewicht. Diese neue große Münze, die an Wert dem Gulden entsprechen sollte, erhielt zum Unterschied von den bisher in Silber allein ausgeschlagenen Groschen die Benennung Guldengroschen. Da sie vornehmlich aus dem in den Tiroler Silbergruben gewonnenen Silber in der Münzstätte zu Joachimstal geprägt wurde, wurde sie als Joachimstaler (Joachimstaler Groschen), später abgekürzt als Taler (lateinisch: vallensis, auch joachimicus) bezeichnet.

Das Aufkommen des Talers, der in Kreuzer eingeteilt wurde (schon früher zählte in den Rheinlanden der Gulden 60 Kreuzer zu 4 Pf.), dieser neuen Weltsilbermünze, bedeutete einen neuen Abschnitt in der Münzgeschichte. Der Taler wird nunmehr zu einem neuen, überall geschlagenen Münztypus. Bereits am Ausgang des 15. Jahrhunderts wurde er in Lothringen, Ungarn, vom Beginn des 16. Jahrhunderts an in verschiedenen schweizerischen Kantonen (Bern, Zürich, Luzern, Soloturn), in deutschen Territorien (Brandenburg, Württemberg, Hessen, Mecklenburg, Braunschweig) geschlagen, später in Lübeck, im Bistum Werden, in Lüttich, Cambrai. In den 30er Jahren des 16. Jahrhunderts begann die Ausprägung von Talern in Schweden und später (unter der Benennung „corona danica") in Dänemark, zu gleicher Zeit unter Karl V. und seinem Nachfolger Philipp II. in den Niederlanden (doalder d. i. Taler). Die Generalstaaten prägten die sog. „leeuwendalders", die besonders gern in den Levanteländern angenommen wurden, auch die „Burgundertaler"; von 1612 an kommen sie auch in Brüssel und Antwerpen auf. Um die Mitte des 16. Jahrhunderts wurde in England zum erstenmal der Wert der Goldkrone in Silber ausgeprägt, so daß die neue Münze dem deutschen Taler entspricht.[1]) Schließlich wurde er (freilich erst von 1641 an) unter dem Namen „Louis d'argent" oder „écu blanc", der in 60 Sous geteilt wurde, auch nach Frankreich herübergenommen. In Spanien erscheint seit dem Zustrom des amerikanischen Silbers, also seit dem Beginn des 16. Jahrhunderts, der Taler unter dem Namen Piaster (real oder peso duro), der, da er insbesondere für den Handel mit den Kolonien diente, auch in den silberproduzierenden Kolonien (Mexiko, Lima) selbst hergestellt wurde. Von dem holländischen daalder rührt endlich der amerikanische Dollar her.

Übrigens ist auch die Annahme nicht von der Hand zu weisen, daß, wie dies auch in bezug auf die mittelalterlichen Münzen der Fall war[2]), den Ausgangspunkt für die Ausprägung der großen silbernen Kurantmünze die italienischen Stadtrepubliken bildeten. Noch vor Beginn der Ausprägung der Tiroler Guldengroschen wurde in Venedig 1472 unter dem Dogen Niccolo Trono die Lira, eine große, 6,5 g schwere

---

[1]) Menadier, S. 398.
[2]) Vgl. I, S. 320f.

Silbermünze, deren Wert der venezianischen Libra (240 Pf.) gleichkam, geprägt, auf der das Brustbild des Dogen, der Marcuslöwe und ein Lorbeerkranz dargestellt waren. Für ganz Italien war damit ein neues Muster aufgestellt, das man in regstem Wetteifer zu überbieten suchte.[1]) Schon zwei Jahre nach Aufkommen der Lira schuf nämlich der Herzog von Mailand, Galeazzo Maria Sforza, silberne Münzen im Gewicht von 9,8 g (dem anderthalbfachen der Lira), die sog. „grossone" (Großmünzen), auch „testone" genannt, — von „testoner", frisieren, da auf ihnen das Lockenhaupt des Herzogs abgebildet war. Diese „testoni", die freilich den Taler an Stärke lange nicht erreichten, wurden auch in deutschen Territorien, sowie in den Niederlanden und Frankreich am Ausgang des 15. und zu Beginn des 16. Jahrhunderts ausgemünzt. Talerähnliche Münzen waren auch der silberne neapolitanische „scudo" (1525), der Mailänder, 100 Solidi enthaltende „Ducat", der venezianische „Silberdukat" (1562). In anderen norditalienischen Kleinstaaten und in Savoyen wurden sie sogar „Talleri" genannt und nach deutschem (österreichischem) Muster geprägt.

Am längsten behaupteten sich die österreichischen Maria-Theresiataler, die die im Levantehandel beliebteste Münze darstellten und daher als „Levantetaler" bezeichnet wurden, weshalb sie in Venedig und Preußen genau nachgebildet wurden. In Wien wurden diese Levantetaler mit dem Bildnis Maria Theresias für den Verkehr mit dem Orient unverändert bis 1914 weitergeprägt. Ebenso stand es mit den in Paris für Abessinien noch zu Ausgang des 19. Jahrhunderts geprägten „talari".

Im Laufe des 17. Jahrhunderts erschien, mit der Steigerung der Goldproduktion, neben den in Ungarn und den Niederlanden, sowie nach wie vor in Venedig, insbesondere seit Mitte des 17. Jahrhunderts auch in zahlreichen deutschen Städten ausgemünzten, in ganz Europa und in Asien im Umlauf befindlichen Dukaten, auch eine neue große Goldmünze, die Pistole, auch „dobles escudos" genannt. Allem Anschein nach wurde sie zuerst in Spanien unter Philipp II. geschaffen. Unter diesem Namen (in Deutschland, der Schweiz) oder unter anderen Bezeichnungen machte auch diese neue Münze die Runde durch Europa und wurde zur Goldweltmünze der beiden folgenden Jahrhunderte. Die Pistole kam nämlich im Wert dem französischen (seit 1640 geprägten) Louisd'or gleich, der zuweilen ebenfalls Pistole genannt wurde. In Deutschland bediente man sich zunächst spanischer und französischer Pistolen, später (seit dem 18. Jahrhundert) suchten namentlich die kleineren deutschen Fürsten ihre Hofhaltung mit dem Glanz einer Goldprägung (hauptsächlich als Schau- und Prunkmünzen) auszustatten und ihrer Nacheiferung von Versailles auf allen Gebieten entsprechend, auch den Louis d'or (Pistole) nachzuahmen und mit ihrem Namen geschmückt erscheinen zu lassen. Begonnen hatte damit Kurfürst Maximilian II. Emanuel von Bayern, der schon 1715 den Max d'or im Ge-

---

[1]) Menadier, S. 316.

wicht von 3,8 g und im Werte von 2 Goldgulden (nebst Doppelt- und Halbstück) hatte prägen lassen. Doch erst nachdem 1732 Karl Philipp von der Pfalz mit der Schöpfung der Karolinen im Werte von 3 Goldgulden, ihren Hälften und Vierteln vorgegangen und Ludwig Ernst von Darmstadt im folgenden Jahr die Ernst d'or zum Werte von 10 und 5 Gulden ausgegeben hatte, wurde der Vorgang zur Mode. Brandenburg, Ansbach, Württemberg, Baden-Durlach, Hohenzollern, das Erzbistum Köln, die Abtei Fulda gingen in derselben Weise vor. Die Entscheidung aber brachte die Tatsache, daß auch König Friedrich Wilhelm von Preußen neben Dukaten (freilich nur für seine persönliche Verwendung) Wilhelmsd'or herstellen ließ, welche der Doppelpistole (doublone) entsprachen. Seine Halbstücke waren unter Friedrich d. Gr. unter dem Namen Friedrichsd'or berufen, die Dukaten vollständig zu ersetzen und wurden zur anderthalb Jahrhunderte in Preußen und Deutschland herrschenden Goldmünze.[1]) In Portugal wurde aus dem brasilianischen Golde, die „crusada" hergestellt, in England aus dem afrikanischen Golde, die „guinea".

Neben den großen Gold- und Silbermünzen kam auch Kupfergeld in Umlauf, das im Mittelalter nur ausnahmsweise im Verkehr vorkam, so im 9.—11. Jahrhundert in Neapel, in Sizilien (unter den Normannen, mit arabischen Inschriften), zeitweise in Ungarn, im 14. Jahrhundert in Dänemark, wo Denare ausschließlich aus Kupfer hergestellt wurden (denari cuprii danici).[2]) Nun trat die Kupfermünze an Stelle der als Silbermünze geltenden, tatsächlich zu 3/4 ihres Gehaltes aus Kupfer bestehenden und nur oben versilberten Kleinmünze. Eine Kupfermünze findet man seit dem Ende des 15. Jahrhunderts, und zwar in den Niederlanden („Myte" von minuta = klein), insbesonders aber in italienischen Stadtrepubliken, in Venedig (die „bagattini"), im Kirchenstaat (die „quatrini"), in Neapel (die „cavalli"), auch in Mantua, Urbino, Ferrara usw. Manche dieser Münzen entschuldigen in der Legende ihr Erscheinen durch die „publicae commoditas", die „equitas regni", die „leticia populi". Die italienischen Republiken ahmten damit nur Byzanz nach und sind zugleich die Lehrmeister des übrigen Abendlandes geworden, das jedoch in einem großen Zeitabstande gefolgt ist.[3]) In Deutschland hat Münster 1560 den Anfang gemacht. Ihm folgten weitere westfälische Städte, dann auch Aachen, Lübeck, das Erzbistum Köln, Lippe, schließlich übertrug sich die Kupferprägung auch auf alle anderen deutschen Länder (Braunschweig, Bayern, Thüringen usw.), wobei sie unter Verwendung der alten Bezeichnungen der kleinen Silbermünzen auftraten, freilich ihren Nominalwert im Verkehr keineswegs aufrechtzuerhalten vermochten. Hierbei wurden die Kupfermünzen nicht selten in übermäßigen Mengen und zu einem Nominalwerte ausgegeben, der den Preis des in ihnen enthaltenen Kupfers bei weitem überstieg, wodurch die Einkünfte des Fiskus gemehrt werden sollten. In Schweden soll die Herstellung des Kupfergeldes dem Fiskus in den Jahren 1715—1719 im Jahresdurchschnitte 3—5 Mill. Taler eingebracht haben. Doch wurden überall durch diese Währungspolitik Preissteigerungen, Handelsstockungen, Volksrevolten hervorgerufen.[4]) In Spanien setzt die Prägung von Kupfermünzen (sie preisen sich als donum dei) im 16. Jahrhundert ein; seit 1602 wurden Riesenmengen der Kupfermünze, der „moneda gruessa"

---

[1]) Menadier, S. 318.

[2]) Menadier, S. 270, 284, 317 f., 347, 349, 367.

[3]) Buchenau, Grundr. d. Münzkunde, II, S. 88 ff.

[4]) Über den Münzkrawall in Rußland s. meine russ. Wirtschaftsgesch., Bd. I (Jena 1925), S. 375 f.

ausgegeben, die wiederholt eingezogen und umgeprägt werden mußte, wobei sowohl Wert als Prägung geändert wurden. In Frankreich wird die neue Kupfermünze (deniers und doubles deniers tournois und ogméliards) im Jahre 1575 ausgegeben. Ihr Erscheinen bildete den Abschluß der langandauernden, durch die fortgesetzte Verminderung des Silbergehaltes der Silbermünze charakterisierten Entwicklung, die so lange währte, bis die Münze überhaupt keinen Silbergehalt mehr aufwies. 1719 wurden kupferne Sous geprägt, die nach dem 12 Denare enthaltenden Solidus so genannt wurden.

In England kamen infolge des Mangels an silberner Kleinmünze bereits im Laufe des 16. Jahrhunderts halbe Pfennige (half-pence und farthings = $\frac{1}{4}$ pence) aus Blei, Kupfer, Zinn, Bronze, mitunter auch aus Leder auf, die sowohl von Privatleuten als von Händlern, Zapfern, Bäckern, hergestellt wurden. In London allein soll es (um 1609) 3000 Personen gegeben haben, die insgesamt für 15000 L. St. solcher Zeichen, der sog. „tokens", wie sie geringschätzig genannt wurden, ausgaben. Häufig wurde das Abhängigkeitsverhältnis mancher Kunden vom Händler benutzt, um sie ihnen aufzudrängen. Große Mengen derselben gingen jährlich verloren, den Gewinn hatte der Händler; starb er oder machte bankrott, so waren oft alle tokens verloren; staatliche Kassen nahmen sie nur gelegentlich in Zahlung an. 1613 wurde die Ausgabe der privaten tokens verboten und das Patent zur Herstellung und Emission derselben an Lord Harrington verliehen, später an andere Lords, endlich an eine Kusine Karls I., die Herzogin-Witwe von Richmond. Sie sollten nunmehr ausschließlich aus Kupfer hergestellt werden und ein bestimmtes Gepräge haben, doch waren sie ein nur fakultatives Zahlungsmittel; für ihre Einlösung in Silber oder Gold wurde ein besonderes Wechselamt geschaffen. Später wurden sie zu einem gesetzlichen Zahlungsmittel, aber als Scheidegeld, indem sie nur bei Zahlungen bis zu 6 Pence genommen werden mußten. Doch wurden die tokens häufig gefälscht, man nahm sie daher nur ungern an. Privatpersonen und Städte schritten wiederum zur Ausgabe lokaler tokens. Die auf solche Weise entstandene Verwirrung war heillos und dauerte bis zum Ende des 18. Jahrhunderts an, als (1797) der Staat endgültig die Ausgabe des Kupfergeldes übernahm und solches im Werte von 2 Pence, 1 Pence, $\frac{1}{2}$ und $\frac{1}{4}$ Pence auszuprägen begann.[1]

Das Kupfergeld war dazu bestimmt, der Staatskasse jenen Dienst zu leisten, den später das Papiergeld übernahm. Auch dieses ist bereits im 18. Jahrhundert zu finden. John Law insbesondere plante die Ersetzung des Metallgeldes durch Papiergeld. Er versicherte, nur das Oberhaupt des Staates brauche Hartgeld, für die Untertanen genügten Kreditbillets. Ihre Emission, verbunden mit anderen Unternehmungen, die von Law ins Werk gesetzt wurden, führte zu der bereits geschilderten Krise.[2]

Abgesehen vom Auftreten neuer Geldarten war so ziemlich alles beim alten geblieben. Es herrschte dasselbe Münzelend, wie im Mittelalter, das im Zeitalter des so viel mehr erweiterten Handels und Verkehrs und der fortschreitenden Geldwirtschaft noch viel schlimmere Wirkungen als ehedem haben mußte. Auf Handel und Geldwirtschaft, wie auf die Kapitalakkumulation mußten die zahlreichen Geldkrisen und Geldwirren hemmend einwirken. Besonders traurig sah es, wie dies nicht anders zu erwarten war, im deutschen Geldwesen aus, wo die politische Zersplitterung ihren Höhepunkt erreicht hatte. Während England und Frankreich damit längst aufgeräumt hatten und zugleich mit der politischen Einheit ein einheitliches Geldwesen und Münzregal geschaffen hatten (seit 1707 zirkulierte die englische Münze auch

---

[1] Schmidt, Gesch. des engl. Geldwesens im 17. und 18. Jahrhundert, S. 127ff.
[2] S. oben, S. 323.

in Schottland)[1]), wurden in Deutschland nach wie vor in jedem der zahllosen Territorialstaaten, wie auch in den Städten, eigene Münzen geprägt. Manche Landesherren, insbesondere die kleinsten unter ihnen, schlugen systematisch nur minderwertige Münze. Andere, wie z. B. der Kurfürst von Brandenburg, führten einen erbitterten Kampf dagegen, doch bestand der Unterschied zwischen ihnen und jenen, den sog. „Heckenmünzern", nur darin, daß sie neben minderwertigen auch andere vollwertige Münzsorten prägen ließen, die jedoch sehr bald aus dem Verkehre verschwanden, da sie entweder nach dem Auslande geschmuggelt oder von gewinnlustigen Händlern eingeschmolzen wurden. So kam es dahin, daß auf den Goldgulden und den gleichwertigen Reichstaler, die 1510 in Bremen mit 36 Groten ausgeglichen worden waren, 1618 ihrer 70 gerechnet wurden, daß die Zahl der 68 Kreuzer, die 1582 in Wien auf den Taler gingen, 1618 von 68 auf 100 Kreuzer angewachsen war.[2])

Der Unterschied zwischen Kupfer- und Silbermünzen war vielfach nur ein Schein, handelte es sich doch auch bei diesen nur um weißgesottene Kupfermünzen. Besonders schlimm stand es während des Dreißigjährigen Krieges, wo die vollwertigen Münzen aus dem Verkehr verschwanden, durch wertlose verdrängt wurden. Es ist dies die Periode der sog. Kipper und Wipper, die die schweren und guthaltigen Stücke „auskippten" und von der Wage „wippten", um sie einzuschmelzen und immer elenderes Geld daraus zu prägen. „Die Ärzte verlassen ihre Kranken — heißt es in einer Schrift jener Zeit — und denken viel mehr an den Wucher, als an Hippokrates und Gallenus, die Juristen vergessen ihre Akten, nehmen die Wucherei zur Hand und lassen über Bartolus und Baldus lesen, wer da will; die Kaufleute, Krämer und Handelsleute treiben jetziger Zeit ihr größtes Gewerbe mit der kurzen Ware, die mit dem Münzstempel bezeichnet ist." Da wurden, sagt ein Chronist, die Blasen, Kessel, Röhren, Rinnen und was sonst von Kupfer war, ausgehoben, in die Münzen getragen und zu Geld gemacht. Wo eine Kirche ein altes kupfernes Taufbecken hatte, das mußte fort zur Münze und half ihm keine Heiligkeit; es verkauften es, die darin getauft waren. Nicht bloß die Städte, die irgendein altes Münzprivileg besaßen, sondern auch Orte, wo früher einmal gemünzt worden war, setzten den Münzhammer wieder in Tätigkeit. Geistliche Stände und Laienfürsten haben um die Wette schlechtes Geld gemünzt, auch die Städte sind hinter den Herren nicht zurückgeblieben.[3]) Die Führung fiel aber den silbergesegneten Bergherren zu. So zählte man im Gebiet des Herzogs Friedrich-Ulrich von Braunschweig 1622 32 Münzstätten, die einen Gewinn von 2 Mill. Reichstaler gebracht haben sollen. Der schamloseste Unfug der Kipperei wurde jedoch in den Landen Kaiser Ferdinands II. geübt, insbesondere 1620—1621; ja noch 1622 überlieferte Ferdinand nochmals das ganze Münzwesen in Österreich, Böhmen und Mähren einem Konsortium, an dem Fürsten, Herzöge, Freiherren und kaiserliche Hofkammerräte teilnahmen und das die Prägung ungeheurer Mengen geringhaltiger grober Sorten ins Werk gesetzt hat. Trotzdem ein in Wien dieserhalb drohender Aufstand nur mit Mühe hintangehalten worden war, verlängerte doch der Kaiser

---

[1]) Allerdings waren in England auch bedeutende Mengen ausländischer Münzen im Umlaufe (besonders französische Louisd'ors und spanische Pistolen). Vom Schatzamte wurde ein bestimmter Kurs festgesetzt, zu dem diese Münzen von ihm angenommen wurden. Infolgedessen erhielten sie eine der Landesmünze gleiche Zirkulationsfähigkeit im Lande und die Verwirrung im damaligen Geldwesen wurde dadurch nur gesteigert (Schmidt, S. 81 ff.).

[2]) Menadier, S. 244.

[3]) Friedensburg, Die Münze, S. 123.

den Vertrag und mit dem daraus erzielten Gewinn kauften die Herren die Güter des geächteten böhmischen Adels evangelischen Bekenntnisses, stellte Wallenstein seine ersten Regimenter auf. Schließlich mußte dies alles zu einem gewaltigen Zusammenbruche führen, zur Verrufung der geringhaltigen Münzen bzw. zur Herabsetzung ihres Nominalwertes, die ungeheure Verluste mit sich brachte. So wurde z. B. in den Kronländern der Habsburger 1623 der Wert der 75 Kreuzer auf 10 Kr., der 48 Kr. auf 6 Kr., der 12 Kr. auf 6 Pfg. herabgesetzt. Der Verlust der kurfürstlichen Kasse in Dresden belief sich 1622—1623 auf ca. 1 Mill. Taler, die württembergische Landesverwaltung buchte einen solchen von 250000; das gleiche traf sowohl einzelne Leute, als Territorien, Dörfer, Städte im ganzen Reiche. Die Unzufriedenheit über die Kipperei war groß; die Bauern weigerten sich, ihre Erzeugnisse gegen schlechtes Geld einzutauschen, es kamen Unruhen und Zusammenrottungen vor, die Münzer mußten zur Sicherung ihres Lebens mit Musketen bewaffnet werden.

Doch damit hatte der Münzunfug noch keineswegs ein Ende genommen. Am Schluß des Dreißigjährigen Krieges waren die alten Münzpraktiken, guthaltige Münzen auszuführen und einzuschmelzen und unterwertige zu prägen und einzuschmuggeln, aller Orten wieder im Gange und trotz aller Verabredungen der vereinigten Kurfürsten über den Münzfuß nahm das Elend übergroßer Massen „nichtswürdiger Scheidemünzen" nicht ab.[1] [2]

Nicht nur in Deutschland freilich, sondern auch in anderen Staaten, wo das Übel der Zersplitterung des Münzrechts fehlte, befand sich das Geldwesen in einem Zustande heilloser Verwirrung, weil man auch hier durch Ausgabe schlechteren Geldes fiskalischen Gewinn zu schaffen suchte. So hatte in Frankreich am 1. Januar 1700 der Ecu den Wert von 71 Sous, der Louisd'or einen Wert von 13 livres 15 sous. Doch wurde derselbe bald darauf herabgesetzt, und zwar für jenen auf 65 Sous, für diesen auf 12 Livres. Ein Jahr darauf wurden diese beiden Münzarten verrufen und in die Staatskassen zur Umprägung eingezogen. Als sie nach vollzogener Umprägung wieder in Umlauf gesetzt wurden, galt der Ecu nunmehr gleich 76 Sous, der Louisd'or gleich 14 Livres.

---

[1]) Zu Ende des 17. Jahrhunderts mußte eine Reihe von Städten (Nordhausen, Worms, Erfurt, Quedlinburg, Magdeburg, Straßburg) den Münzschlag einstellen, doch erfuhr andrerseits im 17. Jahrhundert in den kaiserlichen Landen der Kreis der Münzberechtigten eine erhebliche Erweiterung (Menadier, S. 268 f.).

[2]) Auch fremde Münze war in Deutschland und Österreich in großer Menge im Umlaufe. Es wurden wiederholt Verbote erlassen wider die Benutzung der „schlechten, falschen ausländischen Münze" und nur bestimmte Münzsorten wurden davon ausgenommen. Allerdings war die Liste der Münzen, für die diese Ausnahme Geltung besaß, eine recht lange, 1559 wurde von Ferdinand I. auf dem Reichstage zu Augsburg eine allgemeine Reichsmünzordnung erlassen, nach welcher „kein frembd Gold, so außerhalb teutschen Nation geschlagen, im Reich ausgegeben und genommen werden solle", außer einer bestimmten Anzahl von Münzsorten, die mit einem gesetzlichen Kurse (in „guten rheinischen Goldgulden") versehen waren. Und zwar waren dies Doppeldukaten (neapolitanische, sizilische, mailändische, französische usw.), Dukaten (spanische, kastilische, neapolitanische, aragonische, polnische, augsburgische, hamburgische, lübische, portugiesische), Kronen (burgundische, niederländische, französische, spanische, kastilische, päpstliche). Nach dieser langen Aufstellung der zugelassenen fremden Münzsorten kann man eine Vorstellung davon gewinnen, wie zahlreich fremde Münzen tatsächlich im Umlauf waren (Acta Bor., Preuß. Münzwesen im 18. Jahrhundert, S. 44 ff., 78 ff. Salz, Gesch. d. böhmischen Industrie. Anhang S. 487 ff.).

Auf diese Weise verfügte der Staat für die von ihm an Beamte, Söldnerheere, Heereslieferanten usw. zu leistenden Zahlungen bei gleichem Metallwert über nominell höhere Geldbeträge, als dies vor der Umprägung der Fall war. Überhaupt wurden in Frankreich bis um die Mitte des 18. Jahrhunderts hinein fortgesetzt verschiedene fiskalische Münzmanipulationen vorgenommen, die bald eine Steigerung, bald eine Minderung des Münzwertes bezweckten. Besonders häufig nahm der Fiskus unter der Regierung Ludwigs XIV. seine Zuflucht dazu. Es wurde alle 6, ja alle 3 Jahre das Münzgeld bei der Bevölkerung eingezogen und zur Umprägung einberufen, worauf die mit unwesentlichen Änderungen umgestempelten Münzen, doch in geringerer Menge, wieder ausgezahlt wurden. Wenn man die immerwährenden geringeren Schwankungen des Münzwertes unberücksichtigt läßt, und sich bloß auf die Änderungen, wie sie in größeren Perioden zutage treten, beschränkt, so ergibt sich eine andauernde Senkung des Münzwertes. Aus einer Mark Silber prägte man um die Wende des 15. Jahrhunderts 10 Livres (tournois), zu Anfang des 16. Jahrhunderts bereits $12^1/_2$ L., am Ausgang des Jahrhunderts 17 L., 100 Jahre später 29, zu Beginn des 18. Jahrhunderts (1713) 43, ja 1720 sogar 98.[1])

Die zeitgenössische merkantilistische Literatur hielt es für ganz in der Ordnung, wenn der Staat sein Münzrecht unter einem rein fiskalischen Gesichtspunkte behandelte. Nun ist freilich die große Differenz zwischen dem Nominalwert der Münzen und ihrem tatsächlichen Edelmetallgehalt nicht bloß durch den Wunsch des Fiskus, in der schlimmen Finanznot aus der Prägung minderwertiger Münze Tausende herauszuschlagen, zu erklären; die leichtere Prägung war nämlich auch durch die Unvollkommenheit der Münzherstellung veranlaßt. Zwar wurden (in England bereits seit dem 16. Jahrhundert, in Frankreich vom 17. Jahrhundert an, dagegen in Dänemark, Schweden, Preußen, Österreich erst im 18. Jahrhundert) Münzen mit erhabenem Rand geprägt, um das Beschneiden unmöglich zu machen. Doch waren noch im 18. Jahrhundert zwei Sorten von Dukaten mit erhobenem Rand und ohne solchen im Umlauf und häufig wurde Zahlung in Dukaten erster Art ausbedungen. Der Umstand, daß die Königsberger und holländischen Dukaten häufiger beschnitten wurden, als die in Berlin geprägten, ist wohl dadurch zu erklären, daß das Fehlen einer Rändelung bei jenen diesen Mißbrauch wesentlich erleichterte. Was das eigentliche Prägen betrifft, so kannte man nach wie vor nur Hammer und Schere als Handwerkszeug in der Münzstätte. Nach der Ausprägung wurde die Münze nicht einzeln nachgewogen, sondern man achtete nur darauf, daß eine bestimmte Anzahl von Stücken insgesamt das Gewicht einer Mark Silber darstellte. Daher wiesen einzelne Münzen derselben Sorte untereinander Abweichungen im Gewicht auf, die wiederum das Beschneiden der vollwertigeren Münze förderten. Soweit

---

[1]) Landry, Essai écon. sur les mutations des monnaies, pass.

dagegen jede einzelne Münze nachgewogen wurde, war ein Remedium (d. i. zulässige Abweichungen vom Normalgewicht) unbekannt, und wies die eine Münze eine Abweichung vom Sollgewicht auf, so mußte dies dadurch korrigiert werden, daß die nächste entsprechend dicker oder dünner geschlagen wurde.[1]) Erst im Laufe des 17. und 18. Jahrhunderts fanden verbesserte mechanische Prägevorrichtungen Eingang, die Walze (le moulin), insbesondere aber der Balancierer oder die Spindelpresse, die durch Wasserkraft oder durch Pferdegöpel in Betrieb gesetzt wurden. Ihr Gebrauch bedeutete eine erhebliche Ermäßigung der Prägekosten und ermöglichte die Herstellung gleichwertiger und gleichförmiger Münzstücke.[2]) Doch wurde ihre Verbreitung durch den Widerstand der Münzer, die sich ihrer Einführung (in den Niederlanden, in Österreich) widersetzten, und durch die an ihrer Tauglichkeit erhobenen Bedenken (der Bau war bisweilen fehlerhaft) aufgehalten. Selbst in England hat man erst 1663 den Hammer ganz beiseite gelegt, und die Metallplatten erhielten durch eine von Pferden in Bewegung gesetzte Walze eine gleichmäßige Dicke, worauf aus ihnen Münzen gestanzt, auf ihr Gewicht hin geprüft und schließlich mit der Stempelpresse geprägt wurden. Doch auch hier verblieb noch im Laufe von ungefähr 60 Jahren (bis es 1723 endgültig dem Verkehr entzogen wurde) neben diesem neuen „gewalzten" Gelde, dem „schönen" Gelde, wie es von den Zeitgenossen bezeichnet wurde, das in der Tat noch nirgends seinesgleichen an Vollkommenheit hatte, das alte „gehämmerte" Geld im Umlauf. Hieraus entsprang eine Verwirrung im Geldverkehr, die im 17. und zu Anfang des 18. Jahrhunderts verschiedentlich zu schweren Krisen führte. Dabei zog der englische Fiskus, im Gegensatz zu dem aller anderen Länder, aus dem Münzregal keinerlei Gewinn. Ja, von 1666 an wurde der Schlagschatz aufgehoben, die Prägekosten vom Staat übernommen, eine Einrichtung, die in anderen Staaten unbekannt war. Auf diese Weise wurde erreicht, daß der Nominalwert der Münzen ihrem tatsächlichen Metallwert vollständig entsprach. Der Münzumlauf erlitt jedoch Störungen, weil die alten, mittels des Hammers hergestellten Münzen, die nicht ganz rund und nicht vollständig gleich im Gewicht waren, leichter beschnitten und nachgeahmt werden konnten. Diese unterwertige Münze verdrängte die neue vollwertige, „gewalzte" Münze, die aus dem Verkehr verschwand, die Falschmünzer schmolzen sie mit Vorliebe ein.[3]) Im Verkehr blieb infolgedessen die minderwertige, beschnittene, abgeschleißte Münze, die im Durchschnitt nur 40 bis 50% ihres Nennwertes darstellte, in einzelnen Fällen sogar $^3/_4$ bis zu $^5/_6$ desselben eingebüßt hatte. 1696 ging die Verwirrung im Münzwesen so weit, daß „selbst die Kaufleute den Kopf verloren, und die Pächter es mit Leuten zu tun bekamen, die ihre Zahlungen nach dem Nominalwert der Münzen leisteten, dagegen selber die Münzen nur ihrem Ge-

---

[1]) Preußisches Münzwesen im 18. Jahrhundert, I, S. 7—18.

[2]) Menadier, S. 249 f., 341.

[3]) Schmidt, S. 21.

wichte nach (also ungefähr nur zur Hälfte ihres Nominalwertes) annahmen."

Macaulay schildert folgendermaßen den Zustand des englischen Münzwesens in den neunziger Jahren des 17. Jahrhunderts. „Das Pferd im Tower, das die Mühle in Bewegung setzte, setzte seine Runden fort, neue Wagenladungen vortrefflichen Geldes gingen ohne Unterbrechung aus der Mühle hervor und wie bisher verschwanden sie ebenso schnell als sie erschienen waren. Große Massen wurden eingeschmolzen, große Massen ausgeführt, große Massen in den Kasten gelegt. Aber kaum ein einziges neues Geldstück fand sich in der Kasse eines Ladens oder in dem ledernen Geldbeutel, welchen der Pächter vom Viehmarkt heimbrachte. In den Eingängen und Zahlungen der Schatzkammer machte das gewalzte Geld nicht über 10 Shill. in 100 Pfd. Die Scheren der Münzbeschneider bearbeiteten — während das vollwertige, gewalzte Geld aus dem Verkehr verschwand — unermüdlich das alte, im Verkehr vorherrschende, „gehämmerte" Geld. Obwohl die Münzdelikte als Hochverrat behandelt und mit Todesstrafe geahndet wurden, obwohl in den Berichten der Zeitgenossen wieder und wieder Schilderungen der an Münzverbrechern vorgenommenen Exekutionen anzutreffen sind, war das Übel nicht auszurotten. Die Beschneidung einer Silberkrone um ein Drittel brachte einen Gewinn von 20%; gesetzt, daß 100 Pfd. täglich beschnitten wurden, einen Jahresverdienst von 6000 Pfd., ein Profit, der, wie ein Zeitgenosse treffend bemerkte, genügte, um alle Gewissensbisse zu stillen. Die Bevölkerung stand auf seiten der Münzverbrecher. „Constabler verhafteten mit Widerstreben die Verbrecher, die Richter schickten sie mit Widerstreben ins Gefängnis, die Zeugen sagten mit Widerstreben die Wahrheit, Geschworene sprachen mit Widerstreben das ‚Schuldig' aus. In Wort und Schrift sagte man dem gemeinen Volke, daß die Verstümmler der Münze viel mehr Elend und Unheil anrichteten als Straßenräuber und gefährliche Diebe, alle Bemühungen fruchteten nichts. Es bestand eine allgemeine Verschwörung, den Lauf der Gerechtigkeit zu hemmen." Wie Macaulay weiter bemerkt, waren die Schuldigen selbst der Meinung, daß ihre Sünde, wenn es Sünde wäre, so verzeihlich sei wie die eines Schulknaben, der im Walde eines Nachbarn Nüsse pflücke.

Als 1695 Prüfungen des Durchschnittsgewichts des Silbergeldes vorgenommen wurden, ergab sich, daß 57200 Pfd., die in die Staatshauptkasse (Exchequer) eingezahlt worden waren, anstatt eines Sollgewichtes von 221418 Unzen ein tatsächliches Gewicht von 113771 Unzen aufwiesen, also ein Fehlgewicht von 107647 Unzen bestand. 100 Pf. Sterl., die ein Sollgewicht von 400 Unzen darzustellen hatten, wiesen in Bristol ein tatsächliches Gewicht von 240 Unzen, in Cambridge ein solches von 203 Unzen, in Oxford 116 Unzen, in Exon 180 Unzen auf. Besonders niedrig sank das tatsächliche Gewicht der Silbermünzen in den neunziger Jahren des 17. Jahrhunderts. Auch hier entwirft Macaulay eine packende Schilderung der englischen Zustände. Er äußert seine Zweifel darüber, ob „alles Elend, welches während eines Vierteljahrhunderts durch schlechte Könige, schlechte Minister, schlechte Parlamente und schlechte Richter über die Nation gebracht ward, dem Elende gleichkam, welches durch schlechte Kronen und schlechte Shillinge verursacht ward. Die Mißregierung Karls und Jakobs, so drückend sie auch gewesen war, hatte niemals die gewöhnlichen Geschäfte des Lebens daran gehindert, ihren stetigen und gedeihlichen Gang zu nehmen. Während die Ehre und die Unabhängigkeit des Staates an eine auswärtige Macht verkauft, während verbriefte Rechte mit Füßen getreten, Grundgesetze verletzt wurden, arbeiteten und verkauften Hunderttausende von ruhigen, achtbaren und fleißigen Familien, setzten sich zu Tisch und legten sich zur Ruhe, alles in Wohlsein und Sicherheit. Mochten Whigs oder Tories, Protestanten oder Jesuiten die Oberhand haben — der Viehzüchter trieb seine Ochsen zu Markte, der Krämer wog seine Waren ab, der Tuchhändler maß seine Zeuge aus, das Treiben der Käufer und Verkäufer war so laut, wie jemals in den Städten, das Erntefest so fröhlich wie jemals auf den Dörfern. Aber als das große Tauschmittel gänzlich in Unordnung geriet, wurden Handel und Industrie gelähmt.

Das Übel ward täglich und stündlich an fast allen Orten und von fast jeder Klasse gefühlt, in der Meierei und auf der Dreschtenne, bei dem Ambos und dem Webstuhl, auf den Fluten des Weltmeeres und in den Tiefen der Erde. Nichts konnte ohne Streit gekauft werden. An jedem Ladentische zankte man sich vom Morgen bis zum Abend. Der Arbeiter und der Arbeitgeber stritten sich regelmäßig an jedem Sonnabend. Auf der Messe und auf dem Marktplatze lärmte, keifte, schimpfte, fluchte man unaufhörlich, und es war ein besonderes Glück, wenn keine Bude umgestürzt ward und kein Leben zum Opfer fiel."

Als einziger Ausweg aus diesem trostlosen Zustande der Geldverfassung erschien die Münzreform. Der Verdienst ihrer Ausarbeitung und praktischen Durchführung gebührt vier großen Männern: Zwei unter ihnen — Somers und Montague — waren „Staatsmänner, welche mitten in amtlichen und parlamentarischen Geschäften niemals aufgehört hatten, die Wissenschaft zu lieben und zu ehren." Die beiden anderen — Locke und Newton — waren Philosophen, denen die Vertiefung in das Reich des Gedankens niemals den schlichten gesunden Verstand beschädigt hatte, ohne welchen selbst das Genie in der Politik unheilbringend ist." Das ursprüngliche Umprägungsprojekt wurde längere Zeit hindurch beraten. Anfänglich bestand der Plan — die Anregung dazu war von Locke und Somers ausgegangen —, von einem bestimmten, durch Proklamation festzusetzenden Termine an die Annahme von gehämmerten Silberstücken bei allen Zahlungen ausschließlich nach dem Gewicht anzuordnen. Durch diese Maßnahme wäre jede weitere Münzbeschneidung und Falschmünzerei mit einem Schlage wirksam vereitelt worden, da die minderwertigen Silberstücke nunmehr ausschließlich nach ihrem Gewichte bewertet worden wären. Die bisher verborgen gehaltenen, in Kisten und Truhen aufgehobenen großen Mengen vollwertiger Münzen würden zum Vorschein kommen. Schritt für Schritt wäre auf diese Weise der gesamte Landesvorrat an minderwertigen Silbermünzen eingezogen worden, und die Umprägung in der Münzstätte hätte allmählich stattfinden können, ohne daß sich im Verkehr jemals Geldmangel eingestellt hätte. Ein gewichtiger Einwand drängte sich aber auf: Die Bevölkerung als Ganzes würde wohl großen Nutzen aus der Umprägung ziehen, wer sollte aber den aus der Einziehung der Münzen nach ihrem Gewicht erwachsenden Schaden tragen?" „Allerdings — führt hierzu Macaulay aus — war es notwendig, daß die Worte „Pfund" und „Shilling" wieder eine bestimmte Bedeutung erhielten, daß ein jeder genau wüßte, welches der Inhalt seiner Kontrakte und wie groß der Wert seines Eigentums sei. Aber wie war es mit der Gerechtigkeit zu vereinigen, diesen vortrefflichen Zweck durch Mittel erreichen zu wollen, deren Erfolg sein würde, daß jeder Farmer, welcher 100 Pfd. gespart hätte, um seine Pacht zu bezahlen, jeder Händler, der 100 Pfd. zusammengespart hätte, um seine Akzepte einzulösen, plötzlich seine 100 Pfd. in einem Augenblick auf 60 oder 50 sich verringern sah? Es war nicht die Schuld des Pächters oder des Händlers, wenn Kronen und Halfkronen nicht mehr vollwichtig waren, die Regierung selbst war deshalb zu tadeln. Das Übel, welches der Staat verursacht hatte, war der Staat wieder gutzumachen verpflichtet. Es wäre ebenso vernünftig gewesen, von den Bauholzhändlern zu verlangen, daß sie die Gesamtkosten der Ausrüstung der Kanalflotte, oder von den Büchsenmachern, daß sie die Kosten der Versorgung der flandrischen Regimenter mit Waffen trügen, als die Währung auf Kosten derjenigen Individuen wieder herzustellen, in deren Händen sich das beschnittene Silbergeld zufällig zu einem gegebenen Augenblicke gerade befand.'

Aus allen diesen Gründen erging eine Proklamation, durch die die Einziehung des beschnittenen („gehämmerten") Silbergeldes angeordnet wurde. Es sollte in die Staatskassen abgeliefert, daselbst gewogen und, den früheren Bestimmungen über den Münzfuß gemäß, mittelst der Walze umgeprägt werden. Der Bevölkerung wurde eine bestimmte Frist bekannt gegeben, innerhalb deren die beschnittene Münze von den Staatskassen nach ihrer Geltung angenommen wurde, so daß diejenigen, die sich durch Zufall gerade während dieser Zeit im Besitze solcher Münze befanden, keinen Verlust erlitten. Zur Deckung der durch die Umprägung verursachten Kosten wurde von dem Parlament eine Fenstertaxe bewilligt, durch welche das der Bevölkerung verhaßte Rauchfanggeld ersetzt wurde. Während der Umprägung entstand ein erheblicher Mangel an Silbergeld. Da die angegebene Umlaufszeit recht kurz bemessen war, so suchte die Bevölkerung das beschnittene Geld möglichst rasch in die Staatskassen abzuliefern, die Umprägung der eingelieferten Münzen aber ging recht langsam von statten. Erst nachdem Sir Isaak Newton zum Wärter der Münzstätte ernannt worden war, schritt die Umprägung rasch vorwärts. Es wurden neue Münzstätten errichtet, wobei die ankommenden Arbeiter und Maschinen von der Bevölkerung mit Kanonendonner, Glockengeläute und Freudenfeuern empfangen wurden — eine Tatsache, die recht bezeichnend ist für den Mangel an Verkehrsgeld, den man nach Möglichkeit durch Banknoten, Wechsel, Giroüberweisungen zu beheben suchte. Erst allmählich strömte das Silbergeld aufs neue den Kanälen des Geldverkehrs zu. Die Kosten der Umprägung beliefen sich auf 2,7 Mill. Pfd. Sterl., überstiegen also um ein Erhebliches die jährlichen ordentlichen Einkünfte des Staates, die ca. 2 Mill. Pfd. betrugen.[1])

Was den Charakter der Währung betrifft, so weist sie in Deutschland noch primitive Formen auf. Bis zur Mitte des 18. Jahrhunderts wurde bei Zahlungen nicht nur ausbedungen, ob sie in Gold oder in Silber zu leisten seien, sondern sie sollten auch in einer bestimmten Gold- bzw. Silbermünze erfolgen. Es bestand also keine gesetzlich festgelegte Wertrelation zwischen den verschiedenen Münzsorten, selbst wenn es gleichmetallische waren, sie war vielmehr fortwährenden Schwankungen unterworfen. Diesen Zustand, wo die verschiedenen Münzsorten des gleichen Metalls einander bei Zahlungen nicht vertreten konnten, nennt Helfferich die Herrschaft des Sortengeldes.

So z. B. wurden im Edelmetallgehalt des „Reichsspeziestalers" im Laufe zweier Jahrhunderte (1566—1748) offiziell keinerlei Änderungen vorgenommen, tatsächlich aber war seine Relation zu anderen Silbermünzstücken fortgesetzten Schwankungen unterworfen. Ein Taler galt bald 72, bald 74 Kreuzer oder 24 Groschen, bald wieder 90 Kreuzer (24 „gute" Groschen — 1623), dann wieder 105 Kreuzer oder 28 gute Groschen (nach dem im Jahre 1677 zu Zinna zwischen Brandenburg, Kursachsen und Braunschweig-Lüneburg abgeschlossenen Vertrag), endlich 120 Kreuzer oder 32 gute Groschen (Leipziger Münzfuß von 1690). Diese Schwankungen rührten davon her, daß der Silbergehalt der Kreuzer und Groschen fortgesetzt sank, während der Taler keine Gehaltsverminderung erlitt. Aus diesem Grunde war es offensichtlich unmöglich bei Zahlungen eine Münzsorte durch eine andere zu ersetzen, ohne dies vorher ausdrücklich ausbedungen zu haben.

Auch die Wertrelation der Goldmünzen, des Guldens und des Dukaten, zueinander war eine schwankende. 1559 wurde sie durch eine Reichsmünzordnung festgelegt, indem 100 Dukaten gleich $136^2/_3$ Goldgulden gesetzt wurden. 1737 wurde sie ebenfalls durch eine Reichsmünzordnung geändert: aus einer feinen Mark Gold sollten nunmehr 93 Gulden oder 68 Dukaten gemünzt werden, also 100 Dukaten gleich 137 Gulden. Doch galten in verschiedenen Jahren 100 Duk. gleich

---

[1]) Macaulay, History, Kap. 21, deutsch IX, S. 264 bis 290. Vgl. die Schriften von Dana Horton, Liverpool, Schmidt.

136, 120, 140, 135, 128, 165 Gulden; nach dem „Leipziger Münzfuß" galten 100 Dukaten gleich 133⅓ Gulden.

Erst Schritt für Schritt vollzog sich in Deutschland der Übergang zur Parallelwährung. Allmählich vereinheitlichte sich die frühere Buntheit der Münzsorten; die verschiedenen Sorten von Silbermünzen einerseits, von Goldmünzen andrerseits bildeten je ein System, von allen Münzunterschieden blieb nur der eine, freilich sehr wesentliche, der des zu ihrer Herstellung verwandten Edelmetalls bestehen, der infolge der beständigen Schwankungen, denen die Wertrelation von Gold zu Silber unterworfen war, noch immer verbleiben mußte.

In Preußen versuchte freilich Friedrich d. Gr. bereits 1750 vom Sortengeld unmittelbar zur Doppelwährung überzugehen. Es wurde nämlich eine gesetzliche Wertrelation zwischen Gold und Silber aufgestellt. Jedoch bestimmte das die Relation fixierende Dekret, daß alle auf Goldmünzen lautenden Zahlungen in Friedrichd'ors, alle auf Silbermünzen lautenden in Silbergeld zu leisten seien. Dem Schuldner stand also keinesfalls das Recht zu, nach seinem Ermessen die Auswahl des Edelmetalls zu treffen, in dem er seine Zahlung zu leisten gewillt war. Diese ein wichtiges Merkmal der Doppelwährung darstellende alternative Wahl des Zahlungsmittels wurde also durch das Edikt von 1750 nicht zugestanden. Auch in der Folgezeit hielt man an der Vertretbarkeit der gleichmetallischen Münzen konsequent fest, während zwischen dem Friedrichsd'or und dem Silberkurant ein Agio verstattet war, also doch eine Parallelwährung bestand.[1])

Dagegen hatte in England das Währungssystem bereits frühzeitig einen hohen Grad der Vollkommenheit erreicht. Schon seit Ausgang des 17. Jahrhunderts war die Goldwährung zur tatsächlichen Vorherrschaft gelangt. Es wurden sowohl Gold- als auch Silbermünzen geprägt und formell bestand Parallelwährung. Doch war das Silbergeld von recht minderwertiger Beschaffenheit; infolgedessen steigerte sich der Marktpreis der Goldmünze, der Guinea, um 1695 eine Höhe von 30 Sh. (statt 20 Sh.) zu erreichen. Später setzte man für die Guinea einen Maximalkurs von 21½ Sh. fest, doch war auch noch zu diesem Kurse die Geltung der Guinea bedeutend höher, als dies der tatsächlichen Wertrelation von Gold zu Silber entsprach und überstieg den Kaufpreis der Guinea im Auslande um 1 Sh. Die Folge davon war, daß der Einkauf von Gold im Auslande zu Preisen stattfand, die bedeutend hinter den englischen zurückblieben und der Goldimport nach England zwecks Ausprägung in den englischen Münzstätten zu einem recht einträglichen Geschäfte wurde. Das aus Amerika nach Europa strömende Gold wurde größtenteils nach England geschafft, wo 1695—1717 für 10½ Mill. Pfd. Guineas geprägt worden waren. Zu Anfang des 18. Jahrhunderts war England mit Gold übersättigt (overstocked). Das englische Silbergeld nämlich wurde, da Silber auf dem Kontinent weit höher bewertet wurde als in England, in Barren eingeschmolzen und dorthin gebracht; 1710—1717 betrug die Ausfuhr von Silber aus England einen Wert von 18 Mill. Pfd. 1717 setzte die Regierung den Kurs der Guinea aufs neue herab und fixierte ihn auf 21 Sh.; es wurde ein Annahmezwang für sie dekretiert, so daß Bimetallismus eintrat. Tatsächlich aber machte 1714 bis 1773 infolge des Mangels an Silber der Gesamtwert der ausgeprägten Goldmünze das Sechzig-

---

[1]) Helfferich, Geschichtl. Entwickl. der Münzsysteme. Jahrb. für Nat.-Ök. 1895, S. 811 ff.

fache der Silbermünze aus. Seit der Mitte des 18. Jahrhunderts hörte die Ausprägung von Silbergeld de facto vollständig auf, die Goldwährung war aufgekommen. Ihre gesetzliche Anerkennung gehört dem Jahre 1774 an, wo man das Silbergeld als Scheidegeld erklärte, dessen Annahme nur bis zur Höhe von 25 Pfd. obligatorisch war, während es bei größeren Zahlungen nur nach Gewicht genommen werden sollte.[1])

Kapitel 22.

Kredit und Bankwesen.

Die Mängel, unter denen das Geldwesen zu leiden hatte, mußten bei der Kaufmannschaft den lebhaften Wunsch hervorrufen, bei der Abwicklung ihrer Geschäfte die Verwendung von Münzgeld tunlichst einzuschränken. Diesem Zwecke diente die mittels Vergleichung (Skontrierung) der Rechnungsbücher erfolgende Kompensation der Zahlungsverpflichtungen (fare in riscontro), wobei die Saldi nicht in Hartgeld, sondern vermittelst Ausstellung von Wechselbriefen beglichen wurden.[2]) Derartige Clearing-Operationen wurden im 16. Jahrhundert auf den Lyoner, Genueser und Kastilischen Messen in größerem Maßstabe betrieben; dienten doch diese Messen vornehmlich der Erleichterung des internationalen Geldverkehrs. Doch machten die Kaufleute darin noch einen Schritt weiter und führten für das gesamte Zahlungswesen der Messen eine allgemein gültige, vollkommen feste, von den vielfachen Schwankungen im Kurse und Realwerte der einzelnen Münzsorten unabhängige Währung ein. Es war dies eine bloße Rechnungseinheit, eine imaginäre Werteinheit, der sog. Markenscudo, „écu de marc", „scudo de marchi", von dem 100 Scudi gleich 99 Scudi der besten Goldmünzsorten gerechnet wurden. In diese Währung wurden die effektiven Münzsorten umgerechnet, in ihr wurden alle auf den Messen zu leistenden Zahlungen beglichen. Diese ideale Währung, dieses „Bankgeld", wie es genannt wurde, herrschte bereits auf den Messen des 16. und 17. Jahrhunderts vor. Das Bestreben, dasselbe zu einer ständigen Einrichtung zu erheben, deren Benutzung die Kaufleute der Notwendigkeit, Münzgeld zu verwenden, überheben sollte, scheint im 16. und 17. Jahrhundert den hauptsächlichen Antrieb zur Gründung der zu dieser Zeit entstehenden öffentlichen Banken gebildet zu haben. Nach dem Vorbilde der bereits zu Beginn des 15. Jahrhunderts gegründeten St. Georgsbank zu Genua und der Bank von Barcelona entstand in den folgenden Jahrhunderten, insbesondere im 17. Jahrhundert, eine Anzahl öffentlicher (staatlicher) Banken — die Bank von Venedig (Banco del Giro) 1619, die Bank von Amsterdam (Amsterdaamsche Wisselbank) 1600, die Hamburger Girobank 1619, die Nürnberger Giro-

[1]) Über den Übergang Englands zur Goldwährung s. Liverpool, A treatise on the coins of the realm (1880). Kalkmann, Englands Übergang zur Goldwährung im 18. Jahrhundert (1895). Schmidt, Gesch. des engl. Geldwesens im 17. und 18. Jahrhundert (1914). Lexis, Goldwährung. Hdw.-B. der Staatswiss. 3. A., III. S. 558 f.

[2]) Ehrenberg, II, S. 76 ff., 232 ff.

bank 1621, die Bank von England 1694. Ein wichtiges Merkmal der Tätigkeit der vier erstgenannten Banken besteht darin, daß der Zahlungsverkehr der Kaufleute der betreffenden Städte untereinander ausschließlich durch Vermittelung der Bank vollzogen werden sollte. Das Bancogeld war in der Bank von Hamburg durch die „Mark Banco", die ⅓ des vollwertigen Reichstalers ausmachte, später nur durch Silberbarren dargestellt, in der Amsterdamer Wisselbank durch den Bankflorin, der 211,91 ass Silber enthielt, in Venedig durch die vollwertigste Münze, in Nürnberg durch den guten Gulden. Die von den Kunden in verschiedenen Münzsorten deponierten Beträge wurden in Bancogeld verrechnet und gebucht und dem betreffenden Kaufmann ein seinem Guthaben in Bancogeld entsprechender Kredit eröffnet.

Was England betrifft, so wurden hier seit dem 16. Jahrhundert Zahlungen auf dem Wege der Giroüberweisung durch Vermittelung der Goldschmiede geleistet, wodurch die Benutzung des minderwertigen, beschnittenen Münzgeldes ausgeschaltet werden sollte. Die Goldschmiede betrieben nämlich außer ihrem Gewerbe auch den Geldwechsel, nahmen außerdem Depositen an, die sie verzinsten, wodurch sie bereits zu Beginn des 17. Jahrhunderts über bedeutende Kapitalien verfügen konnten. Über die bei ihnen hinterlegten Depositen stellten sie Schuldscheine aus, die sog. „Goldsmith notes", später, seit Mitte des 17. Jahrhunderts, als die Goldschmiede sich als Bankiers bezeichneten, auch „banker's notes" genannt. Wurde ein Teil der deponierten Summe abgehoben, so versah der Goldschmied den Schuldschein mit einem diesbezüglichen Vermerk, für den Rest der Summe behielt der Schein seine Gültigkeit. Später wurden von den Goldschmieden statt einer einzigen Quittung mehrere auf kleinere Beträge lautende Scheine ausgegeben, deren Gesamtbetrag dem Depositum des betreffenden Kunden gleichkam. Hatte der Deponent Zahlungen für von ihm angekaufte Waren oder an ihn geleistete Dienste zu erledigen, so benutzte er, anstatt sich minderwertiger beschnittener Münze zu bedienen, diese Goldschmiednoten, indem er sie an seine Gläubiger weitergab, so daß der englische Zahlungsverkehr noch vor der Gründung der Bank von England in weitgehendem Maße ohne Inanspruchnahme von Bargeld vonstatten gehen konnte.

Anderwärts wurde durch die oben erwähnten öffentlichen Banken nur für einen beschränkten Kreis, nämlich für solche Kaufleute, die Einlagen bei der Bank gemacht hatten, der Zahlungsverkehr ohne Verwendung von Bargeld, mittels Überweisungen von einem Bankkonto auf das andere, ermöglicht. In England hingegen wurden die Goldschmiednoten auch von solchen Personen an Zahlungsstatt angenommen, die bei dem betreffenden Goldschmied kein Depositum hinterlegt hatten, und in keinerlei geschäftlichen Beziehungen zu ihm standen. Denn es war ja allgemein bekannt, daß bei Vorweisung eines solchen Scheines der Bankier, der ihn ausgestellt hatte, ihn einlösen würde. Infolgedessen wurde von den Goldschmiednoten im Zahlungsverkehr ausgedehnter Gebrauch gemacht — hatte doch 1666 ein einziger Goldschmied für 1,2 Mill. Pfd. St. Noten im Umlauf. Natürlich besaß keiner von ihnen so viel Geld, daß er sämtliche von ihm ausgegebene Noten, falls sie alle auf einmal zur Zahlung präsentiert worden wären, hätte einlösen können. Dieselben waren zu Banknoten im eigentlichen Sinne geworden, die den Bankiers, die sie ausgaben, einen zinslosen Kredit gewährten. Die Bankiers hatten infolgedessen die Möglichkeit, sowohl Kaufleuten Darlehen zu gewähren, als auch dem Staate in der Not zu Hilfe zu kommen. Sogar Cromwell wandte sich bei Geldnöten an die Goldschmiede. Von ihnen stammt auch eine andere Neuerung im Zahlungsverkehr, — der Scheck — „bankers draft", der an den Bankier des Deponenten erteilte Auftrag, dem Übergeber des Schecks einen bestimmten Betrag aus den auf Konto des Einlegers vorhandenen Summen auszuzahlen. „Bitte an Mister Thomas Dikenson oder an seine Ordre die Summe von 30 Pfd. St. für Rechnung ihres Freundes Whichkott auszuzahlen", — lautet ein Scheck, der aus dem Jahre 1683 datiert und mit dem Siegel des genannten Whichkott versehen ist. Im Laufe des 18. Jahrhunderts gewann der Scheckverkehr in London eine derartige Verbreitung, daß 1775 die Londoner Bankiers ein Clearing-House zur Verrechnung der Schecks begründeten.

Die Gründung der Bank von England (1694) war durch die Kreditbedürfnisse des Staates hervorgerufen. Diejenigen Kapitalisten, welche der Regierung die zur Finanzierung des Krieges mit Frankreich erforderliche Summe zu leihen bereit waren, sollten das Privileg zur Gründung einer Bank erhalten. Schon in dieser Hinsicht bestand also ein Unterschied zwischen der Bank von England und den anderen obenerwähnten öffentlichen Banken, die im 17. Jahrhundert aufgekommen waren, während die St. Georgsbank eine Genossenschaft von Staatsgläubigern war, also als Vorgängerin der Bank von England in dieser Hinsicht aufzufassen ist. Allerdings muß erwähnt werden, daß sowohl die venezianische, als auch die holländische Regierung tatsächlich die in Depositen bestehenden Kapitalien der venezianischen Banco del Giro bzw. der Amsterdamer Wisselbank für ihre Zwecke ausnutzten, obwohl diese Handlungsweise zu den Statuten dieser Banken in direktem Widerspruch stand. Ein noch wesentlicherer Unterschied zwischen der Bank of England und jenen Banken äußert sich jedoch darin, daß zu ihren Aufgaben, außer der Kreditgewährung an die Regierung, auch die Förderung von Handel und Gewerbe gehörte, was bereits zum Teil von den Goldschmieden angestrebt worden war. Die Bank nahm Depositen nicht nur zur Aufbewahrung an, sondern um sie tunlichst zu verwerten, sie sollten aktive Operationen ermöglichen, nämlich Wechseldiskont und Darlehensgewährung gegen Hinterlegung (Lombardierung) von Waren und Verpfändung von Grund und Boden. Endlich — und dies war das weitaus charakteristischste Merkmal der Bank von England — wurden ihre Einleger keineswegs verpflichtet, ihre Zahlungen in einer bestimmten Münzsorte oder durch Giroüberweisungen von einem Bankkonto auf das andere zu leisten, sondern sie gab Banknoten aus, die noch ausgedehntere Verbreitung im Zahlungsverkehr fanden, als dies bei den Goldschmiednoten der Fall war und tatsächlich zu einem das Hartgeld vertretenden Zahlungsmittel wurden, denn auch das Schatzamt nahm sie an. Gleich den Goldschmiednoten waren es anfangs geschriebene, nicht gedruckte Noten und die auf der Note bezeichnete Summe konnte partiell abgehoben werden. Es ist noch eine solche auf die Summe von 555 Pfd. St. lautende Note von 1699 erhalten, mit dem Vermerk, daß davon zuerst 131 Pfd. und dann noch 360 Pfd. ausgezahlt worden seien. Später wurden diese Noten durch solche ersetzt, die auf abgerundete kleinere Beträge lauteten (5, 10, 15 Pfd.).

Macaulay schildert in folgenden Worten die Entstehung der Banken in England und die Begründung der Bank of England.

„Noch zur Regierungszeit Wilhelms III., also am Ausgang des 17. Jahrhunderts, war beim alteingesessenen Londoner Bürger die Erinnerung lebendig an jene Zeit, als es in der Londoner City noch kein einziges Bankhaus gab. Jeder Händler bewahrte seine Barschaft bei sich auf, hatte seine Cassa in seinem Hause. Wurden ihm Wechsel präsentiert, so zahlte er sie in barer Münze aus. Doch kam im Laufe der Zeit bei den Kaufleuten die Sitte auf, ihre Barschaften und Wertsachen zur Aufbewahrung den Goldschmieden zu übergeben, deren Gewölbe zur Aufbewahrung von Wertobjekten geeignet waren. Diese Neuerung rief viel Aufsehen und Ärgernis hervor. Alte, allem Neuen abholde Kaufleute beklagten sich bitter darüber, daß diejenigen, die vor 30 Jahren sich darauf beschränkt hatten, die Goldschmiedekunst zu betreiben und Nutzen zu ziehen aus der Verfertigung von Bechern und Pokalen, aus der Einfassung von Juwelen, die für schöne Frauen bestimmt waren, und aus dem Verkaufe von Pistolen und Talern an solche Reisende, die sich nach dem europäischen Kontinente begaben, nun zu Schatzmeistern, beinahe zu Herren der ganzen City geworden waren. Sie klagten diese „Wucherer“ an, mit den Summen, die andere durch Fleiß erworben und durch Sparsamkeit vermehrt hatten, ein gefährliches Spiel zu treiben. Auf der anderen Seite wurden die Vorteile der neueren Praxis in belebter Sprache hervorgehoben. Das neue System, sagte man, spare Arbeit und Geld; zwei Kommis, welche in einem Kontor säßen, verrichteten ebensoviel, als nach dem alten Systeme zwanzig Kommis in zwanzig verschiedenen Geschäftslokalen hätten verrichten können. Die Note eines Goldschmieds könnte zehnmal an einem Morgen von einer Hand in die andere gehen und auf diese Weise verrichteten 100 Guineen, welche unter seinem Verschluß in der Nähe der Börse lägen, ebensoviel, als früher 1000 Guineen, welche in vielen Schiebläden zerstreut gelegen hätten. Selbst die, die am lautesten gegen die Neuerung gemurrt hatten, gaben allmählich nach und fügten sich der herrschenden Sitte.“ Am heftigsten kämpfte Sir Dudley North gegen das neue System an. Er behauptete, „daß er nicht nach der Börse gehen konnte, ohne sich durch den Säulengang von Goldschmieden verfolgt zu sehen, welche sich mit tiefen Bücklingen die Ehre erbaten, ihm zu dienen.“ „Mit Mühe ward er dazu vermocht, sein Geld in die Hände eines der Lombard-Street-Männer, wie sie genannt wurden, zu geben. Unglücklicherweise machte der betreffende Goldschmied bankrott. Dudley North verlor allerdings nur 50 Pfd., aber dieser Verlust bestärkte ihn in seiner Abneigung gegen das ganze Mysterium des Bankwesens. Doch stand er allein der ganzen Genossenschaft gegenüber. Die Vorteile des neuen Systems wurden zu jeder Tagesstunde in jedem Teile von London empfunden, und die Leute waren ebensowenig geneigt, diese Vorteile aus Furcht vor Unglücksfällen aufzugeben, welche in langen Zwischenräumen eintraten, als aufzuhören, Häuser zu bauen aus Furcht vor Feuersgefahr, oder Schiffe zu bauen aus Furcht vor Stürmen.“

„Als das Bankgeschäft zu einem wichtigen und selbständigen Geschäftszweige sich ausgebildet hatte, wurde die Notwendigkeit der Errichtung einer Nationalbank nach dem Vorbilde der beiden berühmten öffentlichen Banken, der St. Georgsbank in Genua und der Bank von Amsterdam, erörtert. Es wurde darauf hingewiesen, daß die St. Georgsbank seit drei Jahrhunderten bestand, daß dieselbe Depositen entgegengenommen und Darlehen gemacht hatte, bevor Kolumbus das Atlantische Weltmeer durchkreuzt, bevor Gama das Kap umschifft hatte, als ein christlicher Kaiser zu Konstantinopel und ein mohammedanischer Sultan zu Granada regierte, als Florenz eine Republik war und Holland einem erblichen Fürsten gehorchte. Alle diese Dinge waren jetzt verändert; neue Meere waren entdeckt, der Türke war in Konstantinopel, der Kastilianer in Granada, Florenz hatte seinen erblichen Fürsten, Holland war eine Republik: aber die St. Georgsbank nahm noch immer Depositen entgegen und machte noch immer Darlehen. Die Bank von Amsterdam zählte wenig mehr als 80 Jahre, aber ihre Zahlungsfähigkeit hatte schwere Proben bestanden. Selbst in der schrecklichen Krisis von 1672, als das ganze Rheindelta von französischen Armeen überflutet war, als man von der Spitze des Stadthauses die weißen Fahnen erblickte, gab es mitten in der allgemeinen Bestürzung und Verwirrung einen Ort, wo ohne Unterbrechung Ruhe und Ordnung herrschte, und dieser Ort war die Bank. Weshalb sollte nicht die Bank von London ebenso groß und dauerhaft sein, als die Banken von Genua und Amsterdam?"

In einer Anzahl von Plänen wurde das Projekt der Gründung einer Nationalbank erörtert. Einige Flugschriftsteller schlugen vor, die Nationalbank solle unter der Leitung des Königs stehen, andere meinten, die Aufsicht über dieselbe müsse dem Lord-Major, dem Aldermen und dem Gemeinderat der Hauptstadt anvertraut werden. „Viele von diesen Projekten glichen den Phantasien eines Kindes oder den Träumen eines Fieberkranken." Zwei unter diesen „politischen Marktschreiern, die man täglich in dem Vorzimmer des Hauses der Gemeinen erblickte, John Briscoe und Hugh Chamberlayne, behaupteten, das einzige Mittel gegen jede Krankheit des Staates bestehe in einer Landbank. Eine Landbank würde für England Wunder hervorbringen, wie sie niemals für Israel geschehen wären, Wunder, welche die Wachtelschwärme und den täglichen Mannaregen noch übertreffen würden. Es würde keine Steuern geben und doch würden die Schatzkammern voll sein bis zum Überfließen; es würde keine Armenlasten mehr geben, weil die Armen verschwinden würden. Das Einkommen jedes Besitzers von Ländereien würde verdoppelt werden, die Gewinne jedes Kaufmanns würden sich vergrößern, kurz, die Insel würde das Paradies der Welt werden. Nur die Geldleute würden verlieren, diese ärgsten Feinde der Nation, welche der Gentry und den Freisassen mehr Unglück zugefügt hätten, als eine französische Invasionsarmee zuzufügen das Herz gehabt haben würde." Einer unter diesen Planmachern, William Patterson, „war ein geistreicher, wenngleich nicht immer verständiger Spekulant. Von seinem Vorleben war nur bekannt, daß er von Geburt ein Schotte war und sich in Westindien aufgehalten hatte. Seine Freunde sagten, daß er Missionär, seine Feinde, daß er Seeräuber gewesen sei." Das von ihm erdachte Projekt wurde unter der Bezeichnung einer Tonnageact dem Parlament vorgelegt und von ihm beifällig aufgenommen. Die Regierung brauchte Geld zur Kriegführung und hatte daher den Beschluß gefaßt, denjenigen Personen, die ihr die Summe von anderhalb Mill. Pfd. Sterl. vorschießen würden, die von Schiffen und Booten zu erhebende Tonnenabgabe zu verpfänden. Der Plan Pattersons bestand darin, die Kapitalisten, die diese Summe vorzuschießen gewillt waren, zu einer in Form einer Aktiengesellschaft zu begründenden Bank zu inkorporieren, die mit der Regierung einen Darlehensvertrag über diese Summe abschließen sollte.

Jedoch hatte Patterson viele Gegner, und als der Plan bekannt geworden war, „brach ein Federkrieg aus, der ebenso wütend war als der zwischen den Schwörern und Nichtschwörern oder zwischen der alten und neuen Ostindischen Kompagnie. Die Projektenmacher, denen es nicht gelungen war, das Ohr der Regierung zu gewinnen, fielen wie wahnsinnig über ihren glücklicheren Kollegen her. Alle Goldschmiede und Pfandverleiher erhoben ein Wutgeheul, einige unzufriedene Tories weissagten den Sturz der Monarchie. Es sei bemerkenswert, sagten sie, daß Banken und Könige niemals nebeneinander existiert hätten; Banken wären republikanische Einrichtungen. Es gäbe blühende Banken zu Venedig, zu Genua, zu Amsterdam und Hamburg, aber wer hätte jemals von einer Bank von Frankreich oder von einer Bank von Spanien gehört? Einige unzufriedene Whigs weissagten den Ruin der englischen Freiheiten. Hier, sagten sie, ist ein Werkzeug der Tyrannei, furchtbarer als die Hohe Kommission, als die Sternkammer, ja als die 50000 Soldaten Olivers. Das ganze Vermögen der Nation wird sich in den Händen der Tonnengeld-Bank (so war der damals gebräuchliche Spottname) befinden, und die Tonnengeld-Bank wird in den Händen des Souveräns sein." Die Regierung war jedoch in dringendsten Geldnöten: Erhielt sie die Summe von 1,2 Mill. Pfd. nicht, so hätte sie die Verantwortung auf sich geladen, den Kanal ohne Flotte zu lassen. Diese Erwägung war ausschlaggebend. Durch Parlamentsbeschluß wurde die die Eröffnung einer Subskription im Betrage von 1,2 Mill. Pfd. genehmigende Bill angenommen.[1]) Die Subskribenten — der von jedem einzelnen unter ihnen gezeichnete Beitrag durfte die Summe von 20000 Pfd. nicht übersteigen — wurden durch königlichen Freibrief als eine staatlich privilegierte Aktiengesellschaft inkorporiert unter der Bezeichnung „The Governor and Company of the Bank of England". Das ganze Kapital der Bank wurde dem Staate geliehen, der sich verpflichtete, darauf jährlich 8% Zinsen zu zahlen, ein für die damaligen Kreditverhältnisse nicht übermäßig hoher Zinsfuß.[1])

Bei der Begründung der Bank von England war derselben kein Monopol verliehen worden, ja, sie genoß nicht einmal das ausschließliche Privileg der Notenemission. Erst durch ein Gesetz von 1707 wurde bestimmt, daß während des Bestehens der Bank von England keine Gesellschaft oder Korporation von mehr als sechs Personen (also keine Aktiengesellschaft) in England Bills oder Noten ausgeben dürfe. Diese Verfügung bedeutete eigentlich ein Verbot der Gründung neuer Banken überhaupt, und in der Tat fanden während eines längeren Zeitraumes keine Bankgründungen von Compagnien statt. Nur Privatbankiers durften nach wie vor Noten emittieren. Doch gaben auch sie die Notenemission in London bald auf, da angesichts der Übermacht der Bank von England auf dem Geldmarkt sie ihre frühere Bedeutung verloren. In den Provinzstädten jedoch entstand — während bis zur Mitte des 18. Jahrhunderts die Bank von England keine Filialen besaß — eine Reihe kleinerer Banken. Diese Provinzbanken kamen gewöhnlich im Anschluß an Handelsgeschäfte auf die mit der Gewährung von Darlehen an die Kunden und mit der Annahme von Depositen eng verbunden waren.[2]) Auf diese Weise wuchsen die Provinzbanken bis zur Mitte des 18. Jahrhunderts empor. Erst 1755 fand, im Gegensatz zu diesen, nur allmählich entstandenen Banken, die spontane Gründung einer Landbank statt. Doch auch 1750 zählte man in England nur noch zwölf Provinzbanken, bloß 1776 erhöhte sich ihre Zahl bis auf 150, um bis 1790 auf 300 emporzusteigen.[2]) Die Landbanken gaben Noten aus, die sie besonders auf dem Wege des Wechsel-

---

[1]) Macaulay, Hist., Kap. 20 (deutsch IX, S. 122—135).

[2]) S. oben, S. 274.

diskonts in Umlauf brachten, so daß in der Provinz, im Unterschied zu London, die Noten in weit höherem Maße als Mittel der Kreditgewährung, denn als Bescheinigungen über hinterlegte Depositen dienten. Das Depositengeschäft war hier nämlich noch wenig ausgebildet, so daß die Bankiers, hätten sie nicht zur Notenausgabe ihre Zuflucht genommen, keine Möglichkeit gehabt hätten, ihre Kunden zu kreditieren.[1])

Anders lagen die Dinge auf dem Festlande. Die dort bestehenden öffentlichen Banken befaßten sich nicht mit der Kreditierung von Handel und Gewerbe, Privatbanken gab es fast gar keine. Marperger bezeichnet in seiner (1717 erschienenen) „Beschreibung der Banquen“ als Banquier „einen solchen Kaufmann oder Wechsler, welcher viel mit Wechseln auf ausländische Wechselplätze zu tun hat.“ Für die Abwicklung von Wechselgeschäften, die Leistung und Einziehung von Zahlungen durch Wechsel wandten sich die Kaufleute an den „Meßbankier“ oder an den „ausländischen“, „fremden“ Bankier, der seine Geschäfte an einem der bedeutenden Handelszentren, wie Amsterdam, Mailand, Frankfurt a. M., betrieb. Erst zu Ausgang des 18. Jahrhunderts begannen sie, zur Abwickelung derartiger Geschäfte die Dienste lokaler Bankiers in Anspruch zu nehmen. Gewöhnlich gewährte ihnen jedoch der Bankier keinen Kredit aus eigenen Mitteln, sondern seine Rolle beschränkte sich auf die Einziehung und Honorierung ihrer Wechsel.[2]) Freilich kommen seit Beginn, insbesondere aber seit Mitte des 18. Jahrhunderts, an verschiedenen Handelsplätzen Lehnbanken auf, die den Kaufleuten Darlehen gegen Hinterlegung von Waren gewähren; so die (1751 gegr.) Brünner Lehnsbank, die 1752 entstandene St. Gallener „Leinwand-Bankkassa“, wo der Kaufmann seine Leinwandstücke hinterlegte und darauf Geld zu weiterem Betriebe erheben konnte, bis er mit den Vorräten zur Messe fuhr. Ludovici erwähnt derartige Lehnsbanken (oder Lombardbanken) nicht nur in Italien, England und Holland, sondern auch in Hamburg und Berlin.[3])

In Österreich wurde noch 1785 das von einigen Personen dem Kaiser Josef II. unterbreitete Gesuch, eine öffentliche Bank begründen zu dürfen, abschlägig beschieden, und zwar, wie die Antwort nachdrücklich lautete, „endgültig und auf immer“. Nach zwei Jahren freilich gelang es dem dänischen Bankier Bargum, in Verbindung mit mehreren angesehenen Großhändlern das Patent zur Errichtung einer „Kommerzial-, Leih- und Wechselbank“ zu erlangen, deren Kapital zu einem guten Teil vom höheren österreichischen Adel zusammengebracht wurde, woher auch der Erfolg der Begründer zu erklären ist. Der neueröffneten Bank wurde die Erlaubnis erteilt, Großhandel in allerlei Waren, sowie Wechselgeschäfte im In- und Auslande, den Wechseldiskont und die Lombardierung von Waren zu betreiben. Die Lombard- sowie die Diskontgeschäfte der Bank gediehen und dehnten sich aus; doch nahm Bargum Wechselfälschungen vor, und als diese entdeckt wurden, ergriff er 1789 die Flucht, worauf das ihm erteilte Privileg zurückgezogen wurde. Zwei

---

[1]) Lawson, History of Banking, S. 260 ff. Francis, History of the Bank of England, I, S. 205 ff. Jaffé, Das englische Bankwesen, S. 105 f.

[2]) Poppelreuter in Schmollers Jahrb. 1915.

[3]) Ludovici, Grundriß eines vollst. Kaufmanns-Systems, S. 362.

Jahre darauf erlangten aber wieder einige Mitglieder des hohen Adels (die Fürsten Schwarzenberg, Colloredo, Graf Nostitz und andere) ein Privileg zur Gründung einer neuen Bank. Sie wiesen insbesondere darauf hin, die frühere Bank hätte während der kurzen Frist ihres Bestehens den Wucher erfolgreich bekämpft (was freilich von den Behörden bestritten wurde). Von der neuen Bank wurde die Warenlombardierung nicht mehr betrieben, dagegen Warenhandel und die Gründung von gewerblichen Unternehmungen. Nach dem Staatsbankrott war auch die Bank gezwungen, ihre Tätigkeit einzustellen.[1])

Der kaufmännische Kredit war auf dem Festlande auch im 18. Jahrhundert noch wenig entwickelt.

Die Weltfirmen (des 16. Jahrhunderts), die Fugger, Welser, Höchstätter, nahmen bei ihren umfangreichen Geschäften den Kredit nur wenig in Anspruch. Diese großen Handelshäuser waren gewöhnlich Familienvereinigungen, wobei die Mitglieder in der Regel nicht bloß mit ihrem Vermögen beteiligt, sondern auch persönlich im Geschäft tätig waren. Mitglieder, die aus der Gesellschaft ausschieden, erhielten das Recht, ihren Anteil am Gesellschaftskapital im Geschäft als Depositum zu belassen, d. h. als festverzinsliche Einlage, von der sie, unabhängig vom jeweiligen Gewinn oder Verlust, ihre Zinsen abhoben. Es waren dies also Depositen von Familienmitgliedern, denen auf diese Weise eine besondere Vergünstigung gewährt wurde. An Außenstehende wandte man sich nicht, diese konnten ihre Kapitalien hier nicht anlegen. Freilich waren daneben bereits im 16. Jahrhundert fest- — und zwar zu 5% — verzinsliche Depositen in oberdeutschen Städten bekannt; italienische Handelshäuser hatten solche auch schon in früheren Jahrhunderten angenommen.[2]) Doch 1522 wurde es von den Reichsständen verboten, Depositen anzunehmen, die Gesellschaften sollten ausschließlich ihr eigenes Kapital verwenden. In der Tat gehörten auch jetzt selbst in einer Handelsstadt wie Augsburg die Depositen zu den Ausnahmen. Berichtet doch der Chronist aus dem Anfang des 16. Jahrhunderts mit Staunen, zu Ambrosius Höchstätter hätten „Grafen Edelleute, Bürger, Bauern, Dienstknechte und Dienstmägde gelegt, was sie an Geld gehabt haben, und er hat ihnen dafür 5 vH gezahlt . . . So soll er eine Zeitlang 1 Million Fl. verzinset haben.“ Doch „kein Mensch hat gewußt, daß er so viel Geld verzinset hat.“[3])

Die in Amberg zum Vertriebe von Zinnblech gebildete Handelsgesellschaft nahm Depositen an, die erst nach fünf Jahren von den Gläubigern rückforderbar waren, hingegen seitens der Kompagnie nach vorangegangener vierteljährlicher Kündigung aufgesagt werden konnten. Dieses Recht, sich jederzeit der Depositen entlasten zu können, war

[1]) Rager, Die Wiener Kommerzial-, Leih- und Wechselbank. (1918). Srbik, Der staatl. Exporthandel Österreichs, S. 234. Ehrenberg, Jahrb. f. Nat.-Ök., III. F., Bd. 3, S. 809. Silberschmidt, Die werdende Aktienbank in Österreich. Viert. f. Soz.- u. W.-G., XV, 1919, S. 272 f.

[2]) Vgl. Bd. I, S. 343, 346.

[3]) Ehrenberg, I, S. 212 f. Vgl. I, S. 295.

für die Gesellschaft von großer Bedeutung.[1][2]) 1614 verfügte sie außer dem eingezahlten Grundkapital von 25000 Gulden, das aus den von 25 bis 450 Gulden betragenden Einschüssen der 117 Teilhaber gebildet war, auch über festverzinsliche Depositen im Gesamtbetrag von 12000 G. Die Höhe dieser Einlagen schwankte zwischen 250 und 5000 G. Das größte Depositum war von dem kurfürstlichen Finanzministerium eingelegt worden.[3]) Im 18. Jahrhundert forderte die bekannte württembergische Zeughandlungskompagnie zu Calw von ihren Mitgliedern neben der Einzahlung ihres Anteils am eigentlichen Handelskapital auch die Gewährung von Darlehen gegen einen festen Zins von 6%. Wie Troeltsch ausführt, „mußten wahrscheinlich die Teilhaber Quoten des verteilten Gewinns in dieser Form der Gesellschaft zur Verfügung stellen." Ferner nahm die Kompagnie auch von außenstehenden Depositen an, deren Gesamtbetrag eine beträchtliche Höhe erreichte. „Private, Stiftungen, öffentliche Kassen, Lokal- und Staatsbeamte, bis in die höchsten Stufen" legten ihr Geld bei der Kompagnie an, die ihnen einen Zinsfuß von 4—5% dafür zahlte. Diese Maßnahmen der Kompagnie waren jedoch nicht so sehr darin begründet, ihren Tätigkeitskreis möglichst zu erweitern; vielmehr bezweckte sie damit, die Interessen weiterer, insbesondere aber einflußreicher Kreise der Bevölkerung (vor allem der Beamtenschaft) mit dem Gedeihen der Kompagnie eng zu verknüpfen und sie zu Anhängern derselben zu machen. Als sich ihre Stellung gefestigt hatte, begann die Kompagnie die bei ihr angelegten Depositen, in denen sie augenscheinlich eine Last erblickte und der sie sich möglichst rasch zu entledigen wünschte, auszuzahlen. Diese von Troeltsch angeführten Tatsachen sind sehr bezeichnend für die Verhältnisse jener Zeit, wo die Unternehmungen keineswegs durch Kreditbenutzung ihre Tätigkeit zu erweitern suchten.[4])

Freilich kam — insbesonders bei Errichtung neuer Unternehmungen — die Staatskasse sowohl in Preußen, als in Österreich und anderwärts zu Hilfe. Neben Zuschüssen, die nicht zurückgezahlt zu werden brauchten, gewährte der Staat auch verzinsliche oder auch zinslose Darlehen. In Frankreich war zu diesem Zwecke eine besondere Kasse vorhanden, die ursprünglich Kasse der „Einhalbprozent-Abgabe" hieß (es war dies ein Zuschlag zur 3prozentigen Abgabe, die von den aus Westindien eingeführten Waren erhoben wurde) und später den Namen „Caisse de commerce" erhielt. Die Kasse, die anfangs zur Bekämpfung des Schleichhandels mit den französischen Kolonien bestimmt war, änderte bald ihren Zweck und befaßte sich nun mit Gewährung von Darlehen an Industrie- und Handelsunter-

---

[1]) Strieder, S. 153.

[2]) Anders war es freilich bei der Iglauer Tuchhandelskompagnie, die sich (zu Ausgang des 16. Jahrhunderts) „umb Lehenschaft bewerben" mußte (Strieder, a. a. O.) und sich zu diesem Zwecke an Kaufleute von Prag, Steyr und anderen Städten wandte, oder bei einer Unternehmung wie das 1712 gegründete Handelshaus „Splitgerber und Daun", das Anleihen bei Berliner Kaufleuten aufnahm. (Lenz-Unholtz, S. 7 ff.). Doch gehörten sie wohl zu den Ausnahmen und im allgemeinen scheint man im Gewerbe und Handel mit eigenem Kapital ausgekommen zu sein.

[3]) Strieder, S. 149.

[4]) Troeltsch, Die Calwer Zeughandlungskompagnie, S. 140 ff.

nehmungen. In der 50jährigen Periode 1739—1789 betrugen die Darlehen insgesamt 1,3 Mill. Frcs. Es waren entweder zinslose Darlehen oder zu niedrigem Zinsfuß (höchstens zu 5%) ausgegebene; ihre Frist betrug 1 bis 6 (selten mehr) Jahre; zuweilen wurde Bürgschaft gefordert, doch in den meisten Fällen ging es auch ohne sie ab, weshalb ca. ¼ der kreditierten Summen nicht zurückgezahlt wurden.[1])

Wenn der Privatkredit von Handel und Industrie nur wenig in Anspruch genommen wurde, so lag der Grund zum Teil auch darin, daß die Privatkapitalisten keine Neigung äußerten, ihr Geld in dieser Weise anzulegen. Die Anlage war eben zu unsicher. Gewöhnlich wurden überschüssige Summen in Kisten und Truhen aufbewahrt oder zum Erwerb von Grund und Boden verwandt. Leihweise wurde Geld nur an Verwandte und gute Bekannte ausgegeben, allenfalls inserierte man in den neuaufgekommenen Zeitungen („Intelligenzzetteln"), um eine sichere Kapitalanlage — jedoch nicht im Handel und Gewerbe, sondern als Hypothek — ausfindig zu machen.

In Preußen war zu Ausgang des 17. Jahrhunderts im Interesse des adeligen Grundbesitzes eine ständische Bodenkreditanstalt — die „Churmärkische Landschaft" — gegründet worden, die Depositen zu einem festen Zins von 6% aufnahm, jedoch bald ihre Zahlungen einstellen mußte. Obwohl ihre Tätigkeit später von neuem aufgenommen wurde, genoß sie doch kein unbedingtes Vertrauen, so daß der Zufluß an Geldern vorläufig nur gering war.[2]) Dies änderte sich um die Mitte des 18. Jahrhunderts, als sich bei verschiedenen Bevölkerungsschichten Preußens das Bestreben geltend machte, ihre flüssigen Geldmittel auf Zins anzulegen. Der Hofadel, die Beamtenschaft, vor allem aber die Witwen und Waisen, die Hospitäler und geistlichen Stiftungen empfanden ein dringendes Bedürfnis daran, besonders die letztangeführten Gruppen von Geldbesitzern, die für gewöhnlich auf Zinsen als einzige Einnahme angewiesen waren und mangels Zinseinnahmen vom Kapital zehren mußten.

Die (obenerwähnte) Churmärkische Landschaft und andere für den adligen Bodenkredit ins Leben gerufene Anstalten nahmen anlagesuchende Kapitalien nur in recht beschränktem Maße als Depositen an. Der Umfang ihrer aktiven Geschäfte war zu gering, als daß sie in der Lage gewesen wären, selbst die ihnen angebotenen unbedeutenden Kapitalien anzunehmen und für sie eine geeignete Verwendung zu finden. Sie waren daher genötigt, von Zeit zu Zeit einen Teil der überflüssigen Depositen zurückzuzahlen, und zwar geschah dies in einer bestimmten, nach der Reihenfolge der Einzahlungen sich richtenden Ordnung, in der Weise also, daß die am längsten bei der Anstalt liegenden Depositen zu allererst gekündigt wurden. Den charitativen Anstalten gelang es allerdings, eine Vergünstigung zu erlangen, indem ihre Kapitalien überhaupt nicht aufgekündigt, sondern stets zur Verzinsung angenommen und behalten werden sollten. Dadurch wurde nicht bloß die Annahme der von Privaten angebotenen Gelder noch mehr beschränkt, sondern die Landschaften wurden auch bei Kündigungen ausschließlich auf Privatdepositen angewiesen. Doch auch deren Besitzer beschwerten sich häufig beim König über die Unmöglichkeit, ihre Ersparnisse anderwärts anzulegen und ersuchten ihn, er möchte der betreffenden Bank oder der Landschaft die Annahme der von ihnen

---

[1]) Depître, Prêts au commerce et aux manufactures (Rev. d'hist. écon., VII, 1914—1919).

[2]) Weyermann, Zur Gesch. des Immobiliarkreditwesens in Preußen, S. 1ff.

angebotenen Einlagen anordnen. Derartige Gesuche wurden zahlreich eingereicht, sie rührten von Militärpersonen, von verabschiedeten Beamten, von Geistlichen her. Die einen begründeten sie damit, daß sie über keinerlei andere Einkünfte verfügten, andere machten die treuen Dienste geltend, die sie dem Vaterlande geleistet hatten, wieder andere — eingewanderte Ausländer — beriefen sich darauf, man hätte ihnen bei ihrer Zuwanderung für die dauernde Anlage ihrer Gelder bei der Landschaft zu sorgen versprochen. Sie waren bereit, sich mit dem von den öffentlichen Kreditanstalten gezahlten Zins von 5% zu begnügen, da sie die von diesen gebotene Sicherheit der Anlage hochschätzten. Oft ordnete in der Tat der König die Annahme der Depositen von hohen Beamten an und es mußten zu diesem Zwecke andere Depositen gekündigt werden. 1786 gehörten von insgesamt $3^1/_2$ Mill. Talern, die als Depositen bei der Churmärkischen Landschaft angelegt waren, 227000 Mitgliedern des Königshauses, 1,4 Mill. den pia corpora, 800000 Witwen und Waisen und nur 1,1 Mill. anderen Privatpersonen.[1])

Auch andere öffentliche Kreditinstitute hatten unter diesem Mißverhältnis zwischen ihren Aktiv- und Passivgeschäften zu leiden. Die Preußische Bank wurde 1765 als „Königliche Giro- und Lehnbanko“ in Berlin gegründet. Sie sollte auch Noten ausgeben. Doch kam weder das Noten- noch das Girogeschäft zur Entfaltung. An erster Stelle stand das Wechsel- und Lombardgeschäft und die Annahme verzinslicher Depositen (von Gerichten, Vormundschaftsbehörden, Kirchen, Stiftungen) war zu ihrem Hauptpassivgeschäft geworden. Doch für kaufmännische Kreditgewährung fehlte es an Gelegenheit, und da sich keine passende Anlage für die immer wachsende Menge der bei der Bank hinterlegten Kapitalien fand, so verwendete sie dieselben mehr und mehr zu hypothekarischen Darlehen und zu Darlehen an den Staat, was ihre Zahlungseinstellung im Jahre 1806 vorbereitete. Zeitweise scheint auch die Preußische Bank die Annahme von Depositen beschränkt zu haben, denn als König Friedrich Wilhelm II. 1791 der Stadt Breslau 400000 Taler überließ, bestimmte er: „soll und muß die Kgl. Banco die Gelder annehmen und mit 2% verzinsen, bis nach und nach Pfandbriefe dafür gekauft sind.“ Als 1780 in Ansbach die spätere königl. Bank zu Nürnberg gegründet wurde, wurde als eine ihrer Hauptaufgaben hingestellt, „jenem Teil unserer nützlichen Untertanen und Einwohner, die sich öfter in Verlegenheit befinden, ihre eingegangenen Kapitalien und baren Gelder nicht sogleich wiederum sicher und nützlich unterzubringen, soviel wie möglich unter die Arme zu greifen.“ Dagegen behaupteten die Kaufleute und Gewerbetreibenden, sie brauchten kein Institut zur Kreditgewährung, und es kam vor, daß man einzelnen von ihnen zur Vergrößerung ihrer Geschäfte Geld von seiten der Bank offerierte, daß sie es aber ausschlugen, „weil ihr Kredit

[1]) Mauer, Die private Kapitalanlage in Preußen im 18. Jahrhundert, S. 6, 12, 21 f., 28 f.

dadurch litte.“ Freilich war die Bank bei der Kreditgewährung nicht immer glücklich und da die zweifelhaften Ausstände stiegen, so begann sie größere Sicherheit zu fordern. Ihr Aktivkonto fiel deswegen, während ihre Passivzinsenlast immer größer wurde, da anlagesuchende Gelder ihr zahlreich zuströmten und niemand dabei abgewiesen werden sollte.[1])[2])

Auch in Frankreich scheint auf den ersten Blick ein Überfluß an freien, anlagesuchenden Kapitalien geherrscht zu haben. Doch auch hier hängt dies damit zusammen, daß es bei Gewerbetreibenden und Kaufleuten noch nicht gebräuchlich war, mit fremden Betriebsmitteln zu wirtschaften und die Kreditierung von Handel und Industrie als eine zu unsichere Kapitalanlage betrachtet wurde. Das Kapital wird immobilisiert. Die reichgewordene städtische Bevölkerung sucht Grundbesitz entweder direkt zu erwerben oder auf indirektem Wege, indem adeligen Grundbesitzern und Bauerngemeinden Darlehen gewährt werden, und die Geldgeber, da die Schuldner sich als zahlungsunfähig erweisen, sich ihren Grund und Bodenan eignen.[3])

Daneben galten als gute Kapitalanlage die städtischen Anleihen, sowie die Darlehen, die von Erwerbern von Beamtenstellen aufgenommen wurden. Ein wichtiges Ereignis bildete daher der Tod oder Rücktritt eines hohen Beamten, da der Aspirant auf die freigewordene Stelle über eine größere Geldsumme verfügen und deshalb Geld aufnehmen mußte. Es handelte sich hier um einen sehr zahlungsfähigen Schuldner, da ihm die betreffende Beamtenstelle ja sichere Einnahmen versprach. Deswegen wurden derartige Möglichkeiten im voraus besprochen, man wartete auf die vakante Stelle und öffnete dem neuen Erwerber seine Börsen. Man bat ihn direkt, Geld anzunehmen, bestimmte Personen in die Liste seiner Gläubiger eintragen zu wollen. Das Geld sollte er möglichst lange bei sich behalten, man wollte lieber sich mit einem niedrigeren Zinsfuß begnügen, als sein Kapital zurückgezahlt erhalten.[4])

In weit höherem Maße als Handel und Gewerbe nahm der Grundbesitz den Kredit in Anspruch. Es war dies jedoch Konsumtiv-, nicht Produktivkredit; trotzdem galt der Immobilienkredit, da der Grund und Boden als Pfand diente, als sichere Kapitalanlage. Wie in Schottland im 18. Jahrhundert, so war auch in Frankreich vor der Revolution der adlige Grundbesitz stark verschuldet. Der Adel war gezwungen, seine Güter wieder und wieder zu verpfänden, und sie dann zur Schuldentilgung bruchweise oder im ganzen zu veräußern.[5]) In Deutschland war der adlige Grundbesitz bereits am Ausgang des 16. Jahrhunderts tief verschuldet. Zur Zeit des Dreißigjährigen Krieges war die Verschuldung so weit gestiegen, daß die Schulden des Adels um viele

---

[1]) Limburg, Die kgl. Bank zu Nürnberg (1903), S. 3, 7, 10.

[2]) In der deutschen Romanliteratur des 18. Jahrh. werden nicht deutsche Banken, sondern ausländische, vornehmlich die Amsterdamer Wechselbank, erwähnt (Baasch. „Aus Sozial- und Wirtschaftsgesch.“ Gedächtnisschr. f. v. Below, 1928, S. 294).

[3]) Ähnlich war es in Rußland noch bis zur Mitte des 19. Jahrhunderts. Es gab hier nur staatliche Kreditanstalten, denen Depositen vermögender Leute in großer Anzahl zuflossen. Eine Anlage dafür war jedoch in Handel und Gewerbe noch nicht vorhanden, die Banken konnten die ihnen anvertrauten Gelder nur als Hypotheken anlegen oder dem Staate ausleihen. Hauptsächlich hat sie der Staat für seinen Bedarf ausgenutzt.

[4]) Roupnel, La ville et le village au XVII siècle (1922), S. 211 ff.

[5]) Ibid., S. 214 f.

Tausende von Gulden den Wert ihres Besitzes überstiegen und daß selbst unter den vermögenden Adelsfamilien nur schwer solche zu finden waren, deren Grundbesitz nicht mit hohen Schulden belastet wäre.[1])

So hatte z. B. in Bayern im Laufe des Dreißigjährigen Krieges der Adel durch Freund und Feind so starke Verluste erlitten, daß ihm nichts anderes übrig blieb, als „von seinen Schulden zu leben"; konnte er doch nicht, wie dies andere Stände taten, sich von Arbeit oder von Almosen nähren. Nach dem Westfälischen Frieden trat in den Grundeigentumsverhältnissen eine Verschiebung ein. Die verschuldeten Bodengüter gingen allmählich in andere Hände über. Nur die Truppenführer hatten es verstanden, sich während der allgemeinen Verarmung zu bereichern. Aus dem Besitze des alten Adels gingen die Güter an Kirchen und Klöster über oder wurden vom neuen Adel erworben, von den „homines novi", die teils aus Ausländern, teils aus Leuten bestanden, die den Adel im Zivil- oder Militärdienst erworben hatten.

Die Annahme, es hätte damals noch keine Verschuldung des bäuerlichen Grundbesitzes gegeben, diese hätte erst mit der Aufhebung der Hörigkeit eingesetzt, da früher die Bauern noch nicht über den Grund und Boden frei hätten verfügen können, hat sich als irrig erwiesen. Im Bistum Straßburg tritt bereits im 16. Jahrhundert eine bedeutende Verschuldung des Bauernstandes zutage.[2]) In Tirol erreichte sie (auf Grund der Verlassenschaftsinventare aus den Jahren 1539—1554 und 1587—1599) 50% im Landgericht Bozen und 59% im Landgericht Michelsburg.[3]) Das grundherrliche Konsensrecht hat also die Verschuldung, ja Überschuldung des Bauerngutes nicht zu verhindern vermocht. Auch für Bayern gelangt Arthur Cohen, der das Material für die Zeit von 1598 bis 1745 eingehend untersucht hat, zu dem Ergebnis, daß zu dieser Zeit die Veräußerung, Verpfändung und zwangsweise Versteigerung bäuerlichen Grundbesitzes zu einer alltäglichen Erscheinung geworden war. War der Bauer genötigt, sein Grundstück zu verpfänden, so konnte der Gutsherr dieses nicht verhindern. Noch weniger konnte er sich der Zwangsveräußerung des verpfändeten Grundeigentums widersetzen, das, unabhängig von seiner Einwilligung, an den Meistbietenden überging. Auf Grund des Studiums der Inventurverzeichnisse von 30 Bauernstellen kommt Cohen zu dem Schluß, daß die Bauerngüter durchschnittlich zu 28% ihres Wertes mit Schulden belastet waren. Dabei war die Verschuldung der größeren Bauerngüter geringer als die der kleineren. Die Verschuldung des Bauernbesitzes entstand infolge der hohen Steuer und grundherrlichen Lasten, der Erbgefälle, der in der Wirtschaft vorkommenden Ausfälle, der häufigen Feuersbrünste, Überschwemmungen, Kriegsnöte. Die Unmöglichkeit für den Bauern, die Schuldenlast abzuzahlen, brachte es mit sich, daß sich dieselbe von einer Generation auf die andere weiterwälzte und von Anbeginn als eine schwere Last auf dem neuen Inhaber ruhte. In 54 von 60 bei Cohen angeführten Fällen, in denen Bauern Kredit in Anspruch nahmen, erhielten sie Darlehen gegen Verpfändung ihres gesamten Eigentums oder eines Teiles desselben. Als Darlehensgeber erscheinen auch hier, wie dies auch für den Adel der Fall war, Kirchen und Klöster. Gewährten sie aber dem Bauern keinen Kredit, so wandte er sich an Privatpersonen, nicht selten an seine eigenen Dorfgenossen; allem Anscheine nach gab es Familien, die die Geldleihe gewerbsmäßig betrieben.[4])

---

[1]) Cohen, Der Kampf um die adeligen Güter in Bayern nach dem Dreißigjährigen Kriege. Z. f. Staatswiss. 1903. Ein Neu, Nutzlich und Lustigs Colloquium, hrsg. v. Gothein, Einl. (Die deutschen Kreditverhältnisse und der Dreißigjährige Krieg.) Vgl. Taine, L'ancien régime, S. 38 ff., 68 ff. Roupnel, S. 216 ff.

[2]) Kiener, Zur Vorgesch. des Bauernkrieges (Z. f. Gesch. des Oberrheins. N. F. XIX, 1904).

[3]) Wopfner, Die Lage Tirols zu Ausgang des Mitt. (1908), S. 53.

[4]) Cohen, Die Verschuldung des bäuerlichen Grundbesitzes in Bayern von der Entstehung der Hypothek bis zum Beginn der Aufklärungsperiode, S. 128, 141, 148, 183 ff., 240 ff., 298, 360 ff., 406 ff.

Für manche Teile Frankreichs gewinnt man ebenfalls den Eindruck, daß eine starke Verschuldung der Bauernschaft bereits früh eingetreten war. Dies erweisen namentlich die zahlreichen Notariatsakten aus dem 16. Jahrhundert, die Raveau für Poitou bearbeitet hat. Städtische Kaufleute, Beamte und andere Stadtbürger erscheinen als Darlehensgeber der Bauern, um dann bei Zahlungsunfähigkeit derselben ihre Güter an sich zu bringen. Manche von ihnen legen hierbei eine planmäßige Tätigkeit an den Tag und es gelingt ihnen, zahlreiche Ländereien in ihren Händen anzusammeln. Zuweilen behielt sich freilich der Veräußerer das Rückkaufsrecht vor, das er innerhalb einer bestimmten Zeit (eines Jahres) ausüben konnte. In manchen Fällen waren freilich solche Verkäufe mit Rückkaufsrecht nichts anderes als verkappte Darlehensverträge, indem der Darlehensgeber das Recht erwarb, die Einkünfte des Gutes (als Zinsen) zu beziehen, bis die Rückerstattung der Summe erfolgte. Daneben zwingt der Geldmangel auch ganze Bauerngemeinden, wie man aus den Akten von Burgund aus dem 17. Jahrhundert ersieht, zur Aufnahme von Darlehen, die sie dann nicht abzahlen können und deswegen ihre Wälder, Hütungen, Wiesen, Gewässer, Mühlen entweder dem Gläubiger überlassen oder anderweitig verkaufen müssen. Nicht selten war es der Seigneur, an den das Vermögen der Gemeinden überging und falls es zur Schuldentilgung nicht genügte, wurden den verschuldeten Gemeinden jährliche Abgaben auferlegt, eine besondere Art der taille oder neue (seigneuriale, nicht kirchliche) dîmes, die die Bauernschaft schwer belasteten.[1])

Die größte Bedeutung unter allen Arten des Kredits hatte auch jetzt der öffentliche Kredit, der auch seine früheren Eigenschaften noch vorläufig zum guten Teil beibehalten hatte.

Noch immer war derselbe kein Staatskredit, sondern Kredit, der einzelnen Fürsten gewährt wurde; selbst in England wurden erst 1716 die Schulden des Königs als Staatsschuld anerkannt. Noch 1665 wollte Kaiser Leopold I. die von seinen Vorgängern gemachten Schulden nicht anerkennen. Nur seinem guten Willen war es zu verdanken, daß er sich bereit erklärte, drei Jahre lang Zinsen für dieselben zu zahlen.[2]) In Bayern erörterte man noch in den sechziger Jahren des 18. Jahrhunderts die Frage, ob der Landesherr verpflichtet sei, die von seinem Vorgänger aufgenommenen Anleihen zu übernehmen.[3]) Auch jetzt wurden von den Fürsten kurzfristige Anleihen gegen Anweisung bestimmter Einkünfte oder als Vorschüsse auf zu erwartende Steuereingänge aufgenommen. Noch immer wurden Domänen verpfändet und gingen sofort in den Besitz der Gläubiger über, die sich später — namentlich der Adel — weigerten, auf die ihnen verpfändeten Krongüter zu verzichten. Friedrich d. Gr. war schließlich genötigt, die hierdurch hervorgerufenen endlosen Prozesse zwischen Fiskus und Adel einzustellen. Auch Ludwig XIV. war außerstande, die um eine geringe Summe verpfändeten Krongüter einzulösen.[4]) Besonders häufig wurden im 16. Jahrhundert den Fürsten Darlehen gewährt gegen Verpfändung der Ausbeute

[1]) Raveau, L'agriculture et les classes paysannes dans le Bas-Poitou au XVIe siècle (Rev. d'hist. écon., 1924, Nr. 1, 3). Roupnel, La ville et le village au XVIIe siècle. S. 216 ff., 222 ff., 230 ff., 235 ff.

[2]) Thorsch, Materialien zu einer Gesch. der österr. Staatsschulden, S. 59.

[3]) Schmelzle, Staatshaushalt Bayerns im 18. Jahrhundert, S. 243.

[4]) Däbritz, Staatsschulden Sachsens, S. 50. Bresson, Hist. financière de la France, II, S. 36. Landmann (Finanzarchiv 1912, S. 31 ff.). Ehrenberg, I, S. 23.

der ihnen gehörenden Silber-, Kupfer-, Quecksilber- und Bleigruben, sowie gegen Überlassung von verschiedenen Waren, in denen dann die Gläubiger befriedigt werden sollten, so z. B. von Bernstein, von Perlen, die aus Amerika stammten (Darlehen an Karl V.), von Pfeffer aus Indien (Darlehen Antwerpener Handelsherren an den König von Portugal.)[1])

Die Anleihen wurden im 16. Jahrhundert mit ausländischen, vor allem italienischen und oberdeutschen, Bankherren an der Antwerpener Börse abgeschlossen. Um die Mitte dieses Jahrhunderts zahlte Gresham, der Finanzagent der Königin Elisabeth, bei Aufnahme von Anleihen in Antwerpen 10—12, auch 13—14%. Die Schuldscheine waren nicht nur von der Königin (die sich „mit ihrem königlichen Worte für sich und ihre Erben" verpflichtete), sondern auch vom geheimen Rate unterzeichnet; außerdem mußten der Lord-Major und die Bürger von London solidarisch mit ihrer Person und ihrer ganzen Habe, sowie ihren in- und außerhalb Englands befindlichen Warenbeständen die Haftung übernehmen. Später wandte man sich insbesonders an die Amsterdamer Börse. In anderen Fällen wurden von den Fürsten bei ihren eigenen Untertanen Zwangsanleihen aufgenommen. In Frankreich ist im 16. und 17. Jahrhundert mehrfach die Aufnahme derartiger Zwangsanleihen zu verzeichnen; besonders häufig wurden dieselben von der Stadt Lyon eingefordert. In England fanden Zwangsanleihen unter Königin Elisabeth und unter Jakob I. (1625) statt. In der Finanznot wandte sich die Regierung auch direkt an einzelne Privatpersonen um Geld. So sandte in England die Krone an angesehene Leute, Mitglieder des Adels, sog. „privy seals" um Geld zu erhalten (daher „privy seal loans"). In Preußen wurden von dem Großen Kurfürsten die von ihm benötigten Geldsummen unter den reicheren Offizieren und Beamten umgelegt. In Österreich erhielten noch im 18. Jahrhundert vor jedem Feldzuge die reichen Adligen vom Kaiser persönlich unterzeichnete Sendschreiben, die unter dem Hinweis auf die Geldnot des Staates die Forderung enthielten, ihm bestimmte Summen zu überlassen.[2])

Oft fehlte es an Mitteln zur Rückzahlung der Schulden; wurden doch die zur Zinszahlung und zur (partiellen) Tilgung der Schuldenlast bestimmten Summen für andere Zwecke, besonders für neue und immer neue Kriegszüge aufgewandt. Die Fürsten, besonders die Könige von Spanien, griffen oft, um sich ihrer finanziellen Verpflichtungen zu entledigen, zum altbewährten Mittel des Staatsbankrotts, wobei sie sich öfters (wie auch in früheren Jahrhunderten) auf das kanonistische Wucherverbot beriefen. Sie entzogen ihren Gläubigern die ihnen angewiesenen Kroneinkünfte (so z. B. wurde in Spanien den Fuggern die Anweisung auf das „aus Indien" kommende Silber genommen) und es wurde eine Zwangskonsolidation vorgenommen, indem die Regierung ihren Gläubigern eine Rente überließ, die jedoch weit unter Pari stand. Besonders oft und gern griff man in Spanien zu diesem Mittel; im Laufe des 16. und 17., ja auch noch des 18. Jahrhunderts und später folgte durchschnittlich in Abständen von etwa 20 Jahren ein Staatsbankrott auf den anderen.[3]) In Frankreich wurde der Staatsbankrott ebenfalls häufig ins

[1]) Strieder, Stud. zur Gesch. kapitalist. Organisationsformen, S. 31 ff. Ehrenberg, I, S. 166, 253 ff. Philippovich, Die Bank von England, S. 27. Thorsch, S. 71. Breysig, Brandenb. Staatshaushalt, S. 499. Landmann, S. 57 f.

[2]) Vgl. Sinclair, Breysig, Srbik, Landmann.

[3]) Ehrenberg, II, S. 155, 266, 273.

Werk gesetzt, zuweilen gleichfalls in Form einer Zwangskonsolidation der schwebenden Schuld vorgenommen, zuweilen aber wurden auch (so verfuhr man 1557) die Zahlungen ohne weiteres eingestellt, alle Vorstellungen und alles Drängen der Gläubiger blieb erfolglos. In anderen Fällen hinwieder wurde in Frankreich der Zinsfuß der Staatsrenten zwangsweise herabgesetzt oder Staatsschulden im Betrage von vielen Millionen für ungültig erklärt. Derartige Maßregeln wurden getroffen, als Sully die Verwaltung der Finanzen übernahm; auch Colbert reduzierte 1664 die Rentenschuld und setzte den gesetzlichen Zinsfuß auf 5% herab.[1]) In den deutschen Staaten übernahmen die Landstände bereits seit Ausgang des 15. bzw. Anfang des 16. Jahrhunderts die Haftung für die vom Kaiser eingegangenen Schulden. Doch bedeutete „diese Teilung der Verantwortlichkeit nur eine Verminderung derselben und eine Steigerung der heillosen Verwirrung der Finanzen.“ Zinsen blieben unbezahlt, Schulden ungetilgt, Abkommen wurden nicht eingehalten, neue Vereinbarungen, auf Grund deren die Schuldsumme reduziert wurde, abgeschlossen. Schließlich waren zur Zeit des Dreißigjährigen Krieges sowohl Brandenburg als Bayern und Württemberg dem Bankrott nahe. Unter dem Großen Kurfürsten annullierte man die im Laufe vieler Jahrzehnte unausgezahlt gebliebenen und daher stark angewachsenen Zinsen, und auch die Kapitalsumme war so stark herabgesetzt, daß die Gläubiger der Krone nicht mehr als 20—25% der ursprünglichen Anleihen erhielten.[2]) In dieser Weise verfuhren auch andere deutsche Staaten im Laufe des 17. Jahrhunderts, nur Bayern und Sachsen beschränkten sich darauf, die Zinsen zu annullieren, ohne die Kapitalsumme zu kürzen. Die zwangsmäßige Herabsetzung des Zinsfußes und die Einstellung der Tilgung alter Schulden fand auch im 18. Jahrhundert ihre Fortsetzung.[3]) Dies hatte auch für den Fiskus seine schlimmen Folgen. In den sechziger Jahren des 17. Jahrhunderts konnte z. B. der Kaiser von Österreich trotz aller Bemühungen keine Anleihe aufnehmen. Selbst die holländischen Kaufleute waren nicht geneigt, Geld gegen Anweisung von Zoll- und Domäneneinkünften vorzuschießen. Auch die portugiesischen Juden, welche sonst gern Kredit gegen Verpfändung von Juwelen gewährten, zeigten hier keine Lust dazu, denn wenn es mit „fürnehmen Herren“ zu tun war, so konnte das Vermögen des Schuldners nicht mit Beschlag belegt werden.[4]) Nur die Niederlande und England, wo der Staat seit Anfang des 18. Jahrhunderts seinen Verpflichtungen gewissenhaft nachkam, bildeten nun Ausnahmen unter den Staaten Europas.

---

[1]) Vührer, Hist. de la dette publique, S. 39 ff.

[2]) Kaphuhn, Der Zusammenbruch der deutsch. Kreditwirtschaft im 17. Jahrhundert. Deutsch. Gesch.-Bl. XIII, S. 158 ff.

[3]) Däbritz, Staatsschulden Sachsens, S. 11 f., 41, 67. Landmann, Entwicklung und Formen des öffentl. Kredits, S. 38.

[4]) Srbik, Der staatl. Exporthandel Österreichs, S. 26, 187.

Zu den deutschen Fürsten des 18. Jahrhunderts, die es mit ihren Zahlungsversprechungen nur allzu leicht nahmen, gehörte z. B. der Landgraf Ernst Ludwig von Hessen-Darmstadt, den in seinem Größenwahn eine maßlose Bauwut ergriffen hatte; gleich den anderen deutschen Landesherren jener Zeit, selbst den kleinsten, wollte er ein eigenes Versailles besitzen. Er beschränkte sich jedoch nicht darauf, mit dem Bau eines Riesenschlosses zu beginnen, in welchem, nach einer spöttischen Äußerung des Kaisers, dieser samt allen Kurfürsten und ihrem Hofstaat Platz hätte finden können, sondern baute noch außerdem für seine wüsten Jagdfeste über ein Dutzend Gebäude. Das dazu nötige Geld mußte der Frankfurter Bankier Jacob Bernus hergeben, dem der Fürst über 1 Mill. Fl. schuldig war. „Gleich vielen anderen Kapitalisten mußte er die schmerzliche Erfahrung machen, daß es bei den damaligen Rechtszuständen im Deutschen Reich keine Macht gäbe, einen gewissenlosen Fürsten zur Erfüllung seiner mit Handschrift und Insiegel bekräftigten Versprechungen anzuhalten. Was half ihm ein in Wien erlangtes rechtskräftiges Urteil, was die verschiedenen Vollstreckungsaufträge, welche der Kaiser den Kurfürsten von Trier und der Pfalz erteilte, um den Landgrafen zur Rückzahlung zu zwingen? Die beiden Kurfürsten rührten sich nicht, und der Landgraf starb 1739, ohne einen Pfennig bezahlt zu haben.“ Selbst aus den ihm zur Sicherheit angewiesenen Baugeldern und sonstigen Pfändern, aus dem Kupferzehnten und den Erträgnissen der Eisenhütten hat er nichts erhalten. Auch der Nachfolger Ernst Ludwigs, Ludwig VIII., weigerte sich zu zahlen, da er für die Kabinettschulden seines Vorgängers nicht aufzukommen habe. Und doch hatte er als Erbprinz seine ausdrückliche Einwilligung zu den Bernus'schen Anleihen gegeben und in manchen Fällen sogar feierlich versprochen, beim Ableben seines Vaters als Selbstzahler für die Schuld einzustehen. Freilich flossen ihm seitdem die Darlehensgelder der Frankfurter Kapitalisten immer spärlicher zu, und der regierende Landgraf war fortgesetzt auf der Jagd nach Geld und bettelte nicht nur Messe für Messe in Frankfurt um solches, sondern nahm auch schonungslos jeden Spargroschen seiner Landeskinder bis zu den Hoflakaien, Musikern und Förstern hinab in Anspruch. Erst 1778 ließ sich Ludwig IX. herbei, den Erben und Gläubigern des Jacob Bernus etwa 28% des ursprünglichen Kapitals ohne irgendwelche Zinsen in 3 proz. Schuldverschreibungen zurückzuzahlen.[1])

Das Anwachsen der Staatsschulden war vornehmlich durch die kein Ende nehmenden Kriege hervorgerufen. Die durch dieselben verursachten Kosten nahmen noch infolge des damals herrschenden Systems der Söldnerheere zu. Das Fehlen der zur Besoldung und zum Unterhalte der Söldnertruppen erforderlichen Summen, die Unmöglichkeit, neue Darlehen aufzunehmen, da die zu ihrer Sicherung nötigen Einnahmequellen, wie Bergwerke, Domänen, Steuern bereits verpfändet waren, insbesondere aber der auf den Staatsbankrott folgende Verlust des Kredits führten nicht selten zu Niederlagen und zum Friedensschluß. Die Weigerung der Gläubiger, weitere Darlehen zu gewähren, war es, die 1525 die Niederlage des Königs von Ungarn in der Schlacht bei Mohacs verursachte. Durch Geldmangel wurde die Plünderung Oberitaliens durch die unbesoldeten Truppen veranlaßt und den kriegslustigen Fürsten die Friedensschlüsse von Cambrai (1529), von Cateau-Cambrésis (1558), von Vervins (1598) und der zwölfjährige Waffenstillstand mit den Niederlanden (1609) aufgezwungen. Kreditmangel führte auch 1527 zur Plünderung Roms durch die Truppen Karls V., 1576 zur Brandschatzung Antwerpens, da auch in letzterem Falle die zur Besoldung der Truppen erforderlichen Gelder fehlten, denn nach dem 1575 dekretierten spanischen Staatsbankrott mußten alle neuen Anleiheversuche ergebnislos verlaufen. Auch der Aufstand in Paris von 1588 steht im Zusammenhang mit der Einstellung der Zahlung der auf das Hôtel de Ville ausgestellten Renten. Der Unwillen, der die Bevölkerung angesichts dieser Tatsache, die sie um ihre Ersparnisse brachte, ergriffen hatte, trug viel dazu bei, sie auf seiten der Ligue hinüberzuziehen.[2])

[1]) Dietz, Frankf. Handelsgesch., IV, 1, S. 388 ff., Vgl. S. 171.

[2]) Ehrenberg, I, S. 9 f., 120 f., 126; II, S. 147, 183, 205 f., 259 f., 264.

Während das im vorstehenden Dargelegte im Grunde nichts weiter als eine Fortsetzung mittelalterlicher Zustände darstellt, sind daneben in den staatlichen Kreditverhältnissen, namentlich des 17. und 18. Jahrhunderts, auch Neuerungen zu verzeichnen.

Vor allem handelt es sich jetzt um viel größere Anleihesummen, als dies im Mittelalter der Fall war. Ferner waren an Stelle der ausländischen Bankiers, die früher als Darlehensgeber aufgetreten waren, und die ihr Vermögen zu verlieren bei den spanischen und französischen Staatsbankrotts reichlich Gelegenheit gehabt hatten, nunmehr einheimische Geldgeber getreten. Seit Mitte des 16. Jahrhunderts wurden in England, seit Mitte des 17. Jahrhunderts in Frankreich Anleihen bei englischen bzw. französischen Bankiers aufgenommen. Eine Änderung im Kreditwesen war auch insofern eingetreten, als Anleihen nicht mehr bei den einzelnen Bankiers, sondern (im 16. Jahrh.) an der Lyoner oder Antwerpener (im 17. Jahrh. an der Amsterdamer) Börse abgeschlossen wurden. Hier bildete sich eine bestimmte Börsenmeinung in betreff der Zahlungsfähigkeit dieses oder jenes Landesherren aus, und zwar im allgemeinen, abgesehen von einzelnen von ihm zur Sicherung der betreffenden Anleihe an die Gläubiger zu überweisenden Einnahmequellen. War diese Börsenmeinung, die seitens der von den Fürsten an den wichtigsten Börsenplätzen unterhaltenen Agenten durch geschickte Manöver, ja oft durch gefälschte Nachrichten unterhalten wurde, eine günstige, so bewirkte sie eine Haussestimmung an der Börse und eine Kurssteigerung der neu emittierten Anleihen. Wurden hingegen Zweifel an der Zahlungsfähigkeit des Fürsten wach, so setzte eine Baissebewegung ein.[1]) Eine Neuerung war es auch, wenn Anleihen auf dem Wege öffentlicher Zeichnung ausgegeben wurden. In England wie in Frankreich war dies bereits in der zweiten Hälfte des 17. Jahrhunderts der Fall, und dadurch konnte man auch die Provinzen zur Beteiligung an den Staatsanleihen heranziehen. In England wurde die öffentliche Zeichnung durch die Bank von England vermittelt. In den Niederlanden konnten die Anleihen unter Ausschaltung aller Mittelspersonen direkt bei staatlichen „Comptoiren“ gezeichnet werden. Auch in Österreich verfuhr man zum Teil in dieser Weise, während die Fürsten der deutschen Kleinstaaten noch im 18. Jahrhundert persönlich zu jeder Frankfurter Messe reisen oder ihre Leute dahin senden mußten, um Darlehen bei den Frankfurter Bankiers aufzunehmen, denen sie individuelle, auf kleinere Summen lautende Scheine einhändigten. In Amsterdam, Frankfurt a. M., Genua, Genf finden wir Bankiers, die als Kommissionäre verschiedener Regierungen auftreten und sich eigens mit der Plazierung von Staatsanleihen in weiteren Kreisen befassen, so daß die Emission der Anleihen nicht auf einmal, sondern allmählich von statten ging.[2])

---

[1]) Ehrenberg II pass., Samuel, Die Effektenspekulation im 17. und 18. Jahrh. (1924), S. 28ff., 86ff. S. dar. insbes. die oben S. 317 u. 320 angegebenen Schriften der Zeitgenossen, Vega, Pinto, Mortimmer, Hughton.

[2]) Landmann, S. 50f.

Am weitesten war der öffentliche Kredit in den Niederlanden und in England vorgeschritten. Die Reduktion des Zinsfußes der Anleihen fand hier nicht zwangsweise, wie in Deutschland und Frankreich, sondern auf dem Wege freiwilliger Übereinkunft statt. Den Staatsgläubigern war die Wahl zwischen der Rückzahlung der Schuld und der Reduktion des Zinsfußes (Konversion) freigestellt. In den Niederlanden gelang es auf diese Weise um die Mitte des 17. Jahrhunderts den Zinsfuß von 6 auf 4% zu reduzieren, in England ein Jahrhundert später ihn von 4 auf 3,5 bzw. 3% zu ermäßigen. Ferner waren in den Niederlanden die Staatsanleihen nicht mehr jedesmal auf bestimmte Einkünfte fundiert, sondern durch das gesamte Staatsvermögen garantiert, während man in Deutschland und Österreich noch zu Anfang des 19. Jahrhunderts spezielle Einnahmequellen zur Zinszahlung und Anleihetilgung anwies. Auch vollzog sich allmählich die Umbildung der kurzfristigen, schwebenden Anleihen zur fundierten, ewigen Rentenschuld. In England brach diese neue Periode in der Geschichte des öffentlichen Kredits 1715 an, als ewige Staatsrenten zu einem Zinsfuß von 5% emittiert wurden. Allmählich wurden dort alle bisher gebräuchlichen Formen der schwebenden Schuld zu ewigen Renten konsolidiert, wobei der Zinsfuß für diese konsolidierten Schulden erheblich (bis auf 3%) ermäßigt wurde, ein Vorgang, der in Frankreich erst zu Beginn, in Preußen und Österreich erst um die Mitte des 19. Jahrhunderts stattfand.[1])

Bis zur Mitte des 18. Jahrhunderts wurde der öffentliche Kredit von der englischen Regierung nur in mäßigem Umfange in Anspruch genommen, sie zog zu ihrer Bedarfsdeckung den Anleihen die Einführung neuer Steuern vor. Auf Walpoles Betreiben hin wurde ein spezieller Amortisationsfonds gegründet, nach dessen Vorbild später, zu Beginn des 19. Jahrhunderts, ähnliche zur Rückzahlung von Staatsschulden bestimmte Fonds in Preußen, Bayern, Baden, Württemberg (in Sachsen schon seit 1763) geschaffen wurden. Von der zweiten Hälfte des 18. Jahrhunderts an wird in England der öffentliche Kredit viel mehr in Anspruch genommen. Der Tilgungsfonds war seiner früheren Bestimmung entzogen und nicht mehr zur Schuldenabzahlung, sondern zur Zahlung der Zinsen der ewigen Renten verwandt. Die englische Staatsschuld wächst rasch an, um in kurzer Zeit eine nie und nirgends vorher bekannte Höhe zu erreichen, was bei Adam Smith und David Hume ernste Befürchtungen hervorrief.

Isaac de Pinto ist für die englische Staatsschuld des Lobes voll. Sie vergrößert die Menge der Umlaufsmittel, belebt Englands Außenhandel, führt dazu, daß die Steuern größtenteils in dieselben Taschen zurückgelangen, aus denen sie herausgekommen sind. England gleicht einem Menschen, dessen Gesundheitszustand ausgezeichnet ist, der jedoch zu wenig Anatomie kennt, um sich eine Rechenschaft über die Ursachen davon zu geben. Wenn nun jemand ihm einredet, sein gutes Aussehen verberge in Wirklichkeit eine Krankheit, so bekommt er Angst, erregt sich, wird unruhig und sorgenvoll. England hat nichts von der Staatsschuld zu befürchten, die Staatsschuld hat die Nation bereichert. Unrecht haben auch die, welche die Besitzer der Staatspapiere als schlechte Bürger ansehen, als Tiere, die den von den Bienen angesammelten Honig verzehren, als Gegner des Grundbesitzes und des Pfluges, als furchtbare Pest, denn Tag und Nacht seien sie bloß darauf bedacht, ihr Geld zu vermehren, um neue Staatspapiere

---

[1]) J. Kaufmann, Gesch. der engl. Staatsschuld (1893, russ.).

zu erwerben und die Last des Staates zu erhöhen. Das ist ein ganz falsches Bild der Wirklichkeit. Selbst wenn es eine solche von der Nation abgesonderte Rasse gäbe, die dem Staate Jahr für Jahr 12 Mill. Pfd. Sterl. zu geben imstande ist, zuerst zu 4%, dann zu einem etwas höheren Zinssatz, so verdiente sie doch vielmehr Anerkennung, denn Tadel. Es handelt sich aber gar nicht um eine kleine Gruppe von Leuten, die nichts tun, um auf Kosten der Nation zu leben. Nein, die Staatsschuld ist unter der ganzen Nation verteilt, alle Klassen der Gesellschaft haben an ihr Teil. Und die Spekulanten sind die Hebel, welche die Maschine in Bewegung setzen, ohne die Spekulation wäre es dem Staate niemals möglich, so große Summen aufzubringen. Der Staatskredit in England steht fest, drei Kriege, die es seit Anfang des Jahrhunderts (das Buch ist geschrieben 1771) glücklich ausgehalten hat, sind der beste Beweis dafür. Doch hält es auch Pinto für heilsam, in Anbetracht der Notwendigkeit öfters Krieg zu führen, während der Friedenszeit sich von den Schulden möglichst frei zu machen. Man soll vom Tilgungsfonds Gebrauch machen, um ein Drittel der Schuld loszuwerden und auf diese Weise die Steuern zu erleichtern. Freilich darf man auch darin nicht zu weit gehen, denn zuviel zurückzuzahlen ist nutzlos, insbesondere wenn der Kredit auf so solider Grundlage gestützt ist.[1] [2]

Das Fehlen von Banken, die sich mit der Beschaffung von Geldmitteln für Handel und Industrie befaßt hätten, mußte notwendigerweise dazu führen, daß die Handelsumsätze jener Zeit zu einem großen Teile nicht in bar, sondern als Kreditgeschäfte stattfanden. Savary behauptet (17. Jahrhundert), die auf den Messen abgesetzten Waren würden größtenteils auf Kredit verkauft und erst bei der nächstfolgenden Messe bezahlt.

Nach ihm ist es für den Großhändler vorteilhafter und weniger gefährlich, mit denjenigen Detailhändlern Geschäfte zu machen, die in derselben Stadt wohnen, als die Waren an Kleinhändler anderer Städte oder auf Messen und Märkten abzusetzen. Denn im ersten Falle ist ihnen die Geschäftsführung jener Kaufleute mehr bekannt und es ist leichter, von an Ort und Stelle wohnenden Händlern die Schulden beizutreiben und im Falle ihrer Zahlungsunfähigkeit sich Befriedigung zu verschaffen. Ferner soll der Großhändler, falls er Detailhändler kreditiert, einem und demselben Kaufmann einen nicht zu großen Kredit eröffnen, bei Zahlungsversäumnis ihm nicht das Messer an die Kehle setzen, denn das könnte ihn leicht zugrunde richten. Auch mag er sich nicht darauf verlassen, daß der Kaufmann aus guter Familie stammt und Sohn reicher Eltern ist, denn die Eltern weigern sich oft, die Schulden ihrer Kinder zu bezahlen.

Büsch weist auf den Umstand hin, daß der Grossist genötigt ist, den bei ihm Waren einkaufenden Detaillisten und Manufakturisten Zahlungsaufschub zu gewähren, da dieselben im Unterschied zu den Grossisten ihre Waren nicht sogleich absetzen können. Unter der Bezeichnung „Manufakturist“ ist bei ihm der Unter-

---

[1] Pinto, Traité de la circulation et du crédit (1771), S. 33ff., 44ff., 63ff., 74ff.

[2] In Amsterdam wurde während des Krieges, den England mit dem amerikanischen Kolonien führte, ernsthaft die Frage erhoben, wie lange es noch imstande sein würde, die Zinsen seiner riesigen Staatsschuld zu zahlen. In den achtziger Jahren des 18. Jahrhunderts behauptete ein Zeitgenosse, die Nation müsse ihre Schulden vernichten, falls sie nicht selbst von ihnen vernichtet werden wolle. Zwanzig Jahre nach dieser Weissagung schrieb der Historiker Sinclair die prophetischen Worte, die Nachkommen „würden über die Torheit unserer Staatsmänner lachen, die zu behaupten wagten, die Einnahmequellen Englands seien erschöpft“. Bereits seit Mitte des 18. Jahrhunderts ruhte der englische Staatskredit, wie auch das gesamte Finanzwesen Englands auf festen Grundlagen (Sinclair, History of the Public Revenue of the British Empire. 3 ed. 1803).

nehmer gemeint, der Rohstoffe einkauft, um sie an Heimarbeiter zwecks ihrer Verarbeitung zu verteilen und erst einige Monate nachdem er sie an diese ausgegeben die Möglichkeit hat, die fertigen Erzeugnisse abzusetzen. Es bildete sich bei den Grossisten, anscheinend zu allererst in den Niederlanden, die Sitte aus, den Detaillisten und Manufakturisten bei der Gewährung von Kredit einen Zuschlag in der Höhe von $^2/_3$% des Warenpreises pro Monat zu berechnen; wollten sie den Kredit, der für die Dauer von 4, 7, ja bis zu 13 Monaten gewährt wurde, benutzen, so mußten sie diesen Preisaufschlag zahlen; bei Kauf gegen Barzahlung wurde ihnen derselbe erlassen. Büsch bemerkt, daß diese Verhältnisse für die von ihm geschilderte Periode, d. h. für den Ausgang des 18. Jahrhunderts, nicht mehr zutreffend seien; es würde niemanden einfallen, solche Zinsen zu zahlen, wo doch die Möglichkeit geboten sei, Geld zu einem jährlichen Zinsfuß von 4 bis 6% aufzunehmen. Eine Monatsfrist würde unter Kaufleuten bei jeder Zahlung gewährt, vor Ablauf eines Monats schicke kein Kaufmann dem anderen die Rechnung zu. In betreff der Gewährung von langfristigem Kredit bemerkt Büsch, dermaßen ausgedehnte Fristen (4 bis 7, ja 13 Monate), wie sie früher üblich gewesen, würden im allgemeinen nicht mehr festgesetzt, doch käme es vor, daß die Zahlungen auch jetzt zu lange hinausgeschoben würden, so z. B., daß in Hamburg „der Kattunfabrikant für den Kaufmann auf Jahrrechnung arbeite". Allerdings räumt er ein, daß „letzterer ebenfalls an seinen Kunden Kredit geben muß". Er meint jedoch, seine Lage sei dennoch günstiger als die des Manufakturisten, „der wenigstens wöchentlich Auslohnung hat und nicht auf sein Geld Jahr und Tag warten kann".[1])

Auch die Konsumenten entnahmen beim Kaufmann Waren auf Borg, was für den Kaufmann schlimme Folgen haben konnte, weil insbesondere die großen Herrn schlechte Zahler waren.

Savary warnt die Kaufleute ausdrücklich vor dem Verkauf ihrer Waren auf Borg an Edelleute. Er sieht derartige Geschäfte als für den Händler besonders gefährlich an und rät ihnen dringlichst, bei dem Verkauf von Waren auf Kredit an „Fürsten, große Herren, Edelleute und andere vornehme Landespersonen vor allem zu erforschen, ob ihre Häuser nicht mit großen Schulden behaftet, ob ihre Güter nicht bereits verpfändet" usf., denn — so führt er aus — die meisten Fallissements, welche die Kaufleute betreffen, kämen daher, daß diese Umstände von ihnen nicht berücksichtigt würden. Man solle deswegen solchen „Standes-Personen", die die von ihnen auf Kredit entnommenen Waren nach Jahresfrist nicht bezahlt haben, keinen Kredit mehr gewähren. Man solle doch bedenken, daß die Bezahlung von großen Herren häufig „drei oder vier, ja oft zehn Jahre lang ausbleibe". Darum solle man sich „durch großer Herren Liebkosen und verzuckerte Worte, ihnen alles, was sie nur wollen, zu geben, nicht bereden lassen, sondern ehrerbietig, hingegen aber beständig und beherzt sein, ihnen, was sie begehren, abzuschlagen, wann es an richtiger Zahlung mangelt". Allerdings gibt er wohl zu, daß bei Bezahlung der Waren in bar kein so großer Gewinn erzielt werden könne als bei der Abgabe von Waren auf Kredit. Doch gibt er zu bedenken, daß der kleine Gewinn beim Barverkauf „das Glück der Kaufleute besser versichert", als der große Gewinn, „den man sich einbildet, aber die Zahlung ungewiß bleibt. Das hieße nur im Sinne sein Gut vermehren und reich sein".[2])

In einem besonderen Kapitel läßt sich Savary über das Verfahren bei der Einforderung von Schulden „bei Standes-Personen" aus. Der Kaufmann müsse zu diesem Zwecke „einen seiner Bedienten, welchen er für den geschicktesten hält, erwählen", von dem „Kühnheit, Fürsichtigkeit, Sorgfalt, Emsigkeit und Geduld" erfordert wird. Die Kühnheit bestehe darin, „die Schuld mit Standhaftigkeit und Anhalten, doch aber mit Ehrerbietung, wenn es bei vornehmen Leuten ist", zu fordern. Falls der Schuldner nicht dazu bewogen werden kann, wenn nicht die

---

[1]) Büsch, Theor.-prakt. Darst. I. 2 Aufl. (1799), S. 197f.

[2]) Savary, Parfait Négociant, II, S. 62 ff.

ganze Schuld, so doch zumindest einen Teil davon zu zahlen, soll der Diener „so es befohlen, sagen, daß man Bezahlung gerichtlich fordern werde“. Die Vorsichtigkeit bestehe darin, daß dieser Diener „Tinte, Feder und Papier bei sich trage, damit die Schuldner, um ihr Konto nicht zu bezahlen, nicht die Ausflucht verwenden, daß sie keine Tinte, Papier, noch Federn hätten. Endlich ist die Geduld denen, welche die Schuld fordern sollen, sehr notwendig“.

Bei allen diesen Ratschlägen hat Savary vornehmlich, wie aus verschiedenen Stellen seines Buches erhellt, den Handel mit hochwertigen Waren wie Seiden- und Samtstoffe, Brokate, feine Tuche, gold- und silberdurchwirkte Gewebe, Spitzen im Auge. Daher werden an erster Stelle als Abnehmer dieser Luxuswaren die „vornehmen Herren“, die „Standespersonen“ erwähnt. Wie er bezeugt, waren dieselben gewohnt, alle diese Luxusgüter auf Borg zu entnehmen, und es fiel dem Kaufmann nicht leicht, sich nachher bei ihnen Bezahlung zu verschaffen. Doch ist es aus seinen Worten ersichtlich, daß nicht nur sie, sondern auch andere Konsumenten und Kaufleute vom Kredit ausgiebigen Gebrauch machten. Diese Annahme wird durch den (bei Savary angeführten) Art. 7, Tit. 1 der Ordonanz von 1673 bestätigt, in der es heißt, daß die Kaufleute ebenso wie Maurer, Zimmerleute, Dachdecker, Schlosser, Glaser, Bleigießer und andere dergleichen Art ihre Anforderungen „binnen eines Jahres nach der Lieferung tun sollen“.[1])

Über die Verbreitung des Warenverkaufs auf Kredit in Deutschland kann man sich nach den zeitgenössischen Darstellungen Marpergers und Ludovicis einen Begriff machen, die den Verkauf auf Kredit, im Gegensatz zum Verkauf gegen Barzahlung, als eine sehr schwierige Sache ansehen und dem Kaufmann empfehlen, in solchen Fällen ein Faustpfand oder eine sichere Bürgschaft zu verlangen. Auch sie behaupten, es sei es ratsamer, einfachen Leuten oder Angehörigen des Mittelstandes Kredit zu gewähren, als vornehmen Leuten, da es weit schwerer halte, bei letzteren Bezahlung zu erreichen, ja, solche hochgestellten Persönlichkeiten wären auch noch imstande, den Kaufmann zu drangsalieren.[2])

Treten wir nun an die Frage heran, auf welche Weise die Zahlungen abgewickelt wurden, so ersieht man, daß beim Kreditkauf verschiedene Zahlungsformen in Anwendung kommen konnten. Entweder erfolgte die Zahlung nach Ablauf der Frist in Bargeld, und zwar geschah dies meistens auf der nächsten Messe. Oder man zahlte vermittelst Kompensation (Verrechnung) der gegenseitigen Zahlungsverpflichtungen, durch die Skontrierung (das „Clearing“, die „Reskontra“). Erst allmählich fanden die Zahlungen mittelst des Wechsels eine größere Verbreitung. Zwar wurde seit dem 15. und noch mehr dem 16. Jahrhundert (in Italien noch früher) der (gezogene) Wechsel vielfach bei der Erfüllung von Zahlungsverpflichtungen, die infolge von Wareneinkauf entstanden waren, angewandt. Doch war sein Gebrauch durch den Umstand erschwert, daß der Wechsel lange Zeit hindurch nicht indossabel war, so daß der Empfänger (Remittent) persönlich den Bezogenen (Trassaten) aufsuchen mußte, um die Summe, auf die der Wechsel ausgestellt war, in Empfang zu nehmen.[3]) Auf diesen Umstand ist es zurückzufüh-

---

[1]) Savary, I, S. 580 ff.

[2]) Marperger, Nothwendige und nützliche Fragen (1714), S. 53, 74, 196. Ludovici, Grundriß eines vollständigen Kaufmannssystems usw., S. 74f., 114f.

[3]) Der Kaufmann Lion in Honfleur (Südfrankreich) z. B. erhält einen Wechsel auf einen Kaufmann in Dieppe. Er schickt ihn zurück, „da er gegenwärtig in Dieppe kein Geld braucht“ (Decharme, Le comptoire d'un marchand au XVII siècle. 1910, S. 166).

ren, daß die damaligen Wechsel vornehmlich als „Meßwechsel“ ausgestellt waren, daß der Wechselverkehr sich auf den Messen konzentrierte. Wurden ja die Messen sowohl vom Trassaten, auf den der Wechsel gezogen, als auch vom Remittenten, der ihn einzuziehen hatte, besucht. Auf den Messen trafen sie zusammen, hier konnte auch die Skontrierung der Wechselforderungen vorgenommen werden. Doch kamen auch Fälle vor, wo Trassaten und Remittenten nicht zur selben Messe reisten. Auch mußten häufig Wechselzahlungen außerhalb der Meßorte und außer den Meßzeiten vorgenommen werden. Die Interessenten mußten sich also an Vermittler wenden, die Beziehungen zu zahlreichen Handelsplätzen unterhielten und denen es daher wohl möglich war, an verschiedenen Plätzen Wechsel einzuziehen und sie an anderen Orten zu honorieren. Diese Vermittlerfunktion übte der „Bankier“ aus, auf dessen Namen Wechsel trassiert wurden, die er daraufhin honorierte und der seinerseits Wechsel auf andere Personen trassierte. Darin bestand damals die Rolle des Bankiers, wie ihn Marperger definiert. Zu diesem Zwecke mußten die Bankiers weitverzweigte Beziehungen pflegen, und es wandten sich die Kaufleute deshalb mit Vorliebe an diejenigen Bankiers, die ihre Geschäfte an bedeutenden Handelsplätzen betrieben.

Diese Verhältnisse erfuhren eine wesentliche Umwandlung und der Wechselverkehr gewann erheblich an Umfang, als das Indossament aufkam (das Girata, Endossement), so genannt, da es in Frankreich auf der Rückseite des Wechsels (en dos, in dorso) gemacht wurde. Durch die Indossierung konnte das Recht des Remittenten auf die Zahlung an eine andere Person übertragen werden. Infolgedessen waren nunmehr, statt eines einzigen Akzeptanten, mehrere (je nach der Zahl der Indossanten) für die Honorierung des Wechsels verantwortlich. Außerdem ging der indossierte Wechsel, bevor seine Einziehung erfolgte, mehrmals von Hand zu Hand und diente auf diese Weise als Zahlungsmittel. In Venedig war das Indossament noch 1593 verboten; nach Goldschmidt datiert der erste indossierte (neapolitanische) Wechsel aus dem Jahre 1600. Doch wird durch die neapolitanische Wechselordnung von 1607 nur eine einmalige Indossierung gestattet, außerdem mußte die Unterschrift des Indossanten durch einen Notar beglaubigt werden. Diese Einschränkungen legten dem Wechselumlauf bedeutende Hindernisse in den Weg und wurden allem Anscheine nach auf Betreiben der Bankiers erlassen, die dieser Neuerung, welche ihre Vermittlung überflüssig machte, feindlich gegenüberstanden. Doch wurde das Indossament im Laufe der Zeit überall anerkannt, so 1651 in der Amsterdamer Willkür bedingungslos, ohne irgendwelche Einschränkungen. Im 17. Jahrhundert kommt es in Lyon auf und das französische Dekret von 1654, dann die Ordonnanz von 1673 (Tit. V — über die Wechsel) setzte die für das Indossament geltenden Regeln fest.

Freilich scheint es sich, insbesondere in Deutschland, erst allmählich eingebürgert zu haben, denn noch zu Anfang des 18. Jahrhunderts fordert Sperander

„ein Wechselbrief sollte über drey Mal nicht indossiret sein". Außerdem sollte, nach ihm, kein „girirter Wechselbrieff an eine fremde Person, die dem Acceptanten unbekand, gezahlet werden, sondern da ein frembder einen solchen girirt- oder indossirten Wechselbrieff hätte, müßte er sich durch andere in der Stadt wohnhafte gute Leute bekannt machen, welche mit Wahrheitsgrund bezeugeten, daß diese Person derjenige wäre, an dene der Wechselbrieff zu zahlen indossiret".[1])

Wohl konnte der Kaufmann, noch ehe das Indossament in Aufnahme gekommen war, falls er nicht die Möglichkeit hatte, den Fälligkeitstag des Wechsels abzuwarten, sein Recht an demselben an eine andere Person übertragen. Vor allem konnte dies geschehen, wenn der Text des Wechsels die Orderklausel enthielt, durch die die Zahlung an die Ordre des Remittenten vorgesehen war. In diesem Falle wurde dem Remittenten von demjenigen, dem er den Wechsel zedierte, sofort die Wechselsumme ausgezahlt, unter Abzug eines gewissen Prozents, dessen Höhe der Länge der Frist zwischen der Zedierung des Wechsels und dem Fälligkeitstage desselben entsprach. Doch selbst das Vorhandensein der Orderklausel ermöglichte nur eine einmalige Wechselübertragung. Es war daher nicht leicht, jemanden zu finden, der sich zu dessen Übernahme erbot. Konnte doch ein solcher Wechsel darauf nicht weiter in Umlauf gesetzt, sondern es mußte sein Fälligkeitstag abgewartet werden, wobei häufig eine Reise zu seiner Einziehung nötig war. Außerdem durfte eine solche Zedierung nur auf Grund eines notariellen Aktes stattfinden, in dem genau angegeben werden mußte, ob dieselbe nur zwecks Einziehung der Zahlung erfolgte oder ob damit eine Übertragung der Besitzrechte bezweckt werde.[2])

Das Indossament mußte jedenfalls zur Verbreitung des Gebrauchs von Wechseln viel beitragen. Der Engländer Malynes zählt in seiner „Lex Mercatoria" (1636) 24 Wunder auf, die durch die Einrichtung des Wechselbriefes bewirkt würden. Dazu rechnet er unter anderem die Möglichkeit, „ein ruhiges Leben zu führen, ohne sich den Gefahren weiter Seereisen auszusetzen und sich doch bereichern zu können", sowie die, „an jeder beliebigen Stelle des Erdballs, mit der Wechselbeziehungen bestehen, Geld anzuleihen und Handelsgeschäfte auf Kredit, ohne eigene Kapitalien zu besitzen, zu betreiben und Geldsummen dorthin zu überweisen, wo der Herrscher sie gerade benötigt". Ein anderer Zeitgenosse, Thomas Mun, untersucht in seinem „Treasury of Foreign Trade" (1664 Kap. 14) diese „Wunder die den Bankier allmächtig machen und den Wechsel in ein Zauberwerkzeug verwandeln sollen".

England war es auch, wo der Wechseldiskont zuerst in Aufnahme kam, die durch den Bankier erfolgende Auszahlung der im Wechsel bezeichneten Summe, unter Abzug eines bestimmten Prozentsatzes und unter Übertragung des Wechsels — mittelst Indossaments — auf den Namen des Bankiers. Dadurch wurde es dem Händler, der Waren auf Kredit abgesetzt hatte, ermöglicht, die in denselben angelegten Mittel vor dem Fälligkeitstage des auf den Warenabnehmer gezogenen Wechsels zurückzuerhalten.

Der Wechseldiskont gehörte zu den Geschäften der Englischen Bank. Sie berechnete $4^1/_2$% für englische Wechsel und 6 für ausländische. Viel später findet der Wechseldiskont auf dem Festlande Eingang, in Deutschland erst zu Ende des 18. Jahrhunderts. „Es ist noch gar nicht lange", sagt Büsch, „da ein Kaufmann es als seinem Kredit schädlich ansah, wenn er einen Wechsel diskontieren ließ und ihn deswegen gewöhnlich bis zur Verfallzeit aufbewahrte, nachdem er akzeptiert war. ... Aber seit 50 Jahren ist die Handlung überall so lebhaft geworden,

[1]) Sperander, Der sorgfältige Negoziant (1712), S. 11.
[2]) Schaps, Zur Gesch. des Wechselindossaments, S. 78 ff., 86 ff.

daß auch der solide Kaufmann für jeden Tag es als Verlust ansieht, wenn sein Geld müßig steht. Das Diskontieren der Wechsel ist also ein sehr gewöhnliches Geschäft der Reichen, die von Zinsen leben und selbst des Kaufmanns geworden, wenn er in dem Gange seiner nicht immer gleich lebhaften Handlung von Zeit zu Zeit Geld müssig stehen hat.“[1])

Die Abneigung gegen den Diskont war umso verständlicher, als er mit mancherlei Mißbräuchen verbunden war. Es kamen z. B. die sog. „Kellerwechsel“ in Umlauf. Sie wurden in der Weise ausgestellt, als ob sie an einem anderen Platze auf Hamburg gezogen worden wären. Die Namen von Trassanten und Remittenten waren erfunden, die Teilnehmer an der Sache setzten ihre Unterschriften als Indossanten darauf und fanden dann leicht einen Diskonteur. Der Wechsel wurde vor dem Verfallstage eingelöst und vorher ein ähnliches Papier fabriziert. Der damit getriebene Unfug ging so weit, daß Kellerwechsel aufkamen, die, obwohl sie an einem entfernteren Ort gezogen worden sein sollten, nicht einmal eine Falte aufwiesen, die darauf hindeutete, daß sie in einem Briefe angekommen wären. Wechsel, die angeblich in Bordeaux ausgestellt waren, wurden in Hamburg vier Tage nach dem daraufgesetzten Datum präsentiert, obwohl die Post von Bordeaux nach Hamburg viel mehr Zeit in Anspruch nahm. Auf diese Weise gelang es denjenigen Kaufleuten, die keinen Kredit hatten, sich denselben mittelst Indossierung von Wechseln zu verschaffen.[2])

Für die Entwicklung des Kredits waren auch die Änderungen von Bedeutung, die sich in der Gesetzgebung über den Zins allmählich vollzogen hatten. Während im Mittelalter der Zins als sündhaft verpönt und nicht nur von der Kirche, sondern auch vom Staate verboten, wenn er auch tatsächlich (wie oben ausgeführt worden)[3]) weit verbreitet war, ist jetzt ein Fortschritt darin insofern zu verzeichnen, als das Zinsnehmen grundsätzlich für zulässig erklärt wird. Man ging davon aus, daß der Gläubiger bei eigener Verwendung des Kapitals, insbesondere bei Investierung desselben in den Grund und Boden, einen Gewinn erhalten hätte. Es sei deswegen nur recht und billig, daß er bei der Ausleihe dieses Kapitals an einen Dritten sich einen Zins ausbedingt, einen Teil jenes Gewinns, den der Schuldner mit dem von ihm erhaltenen Geld herauswirtschaften kann. Freilich wird mit der Beseitigung des Zinsverbots doch eine Höchstgrenze des zu erhebenden Zinsfußes festgesetzt. In den Niederlanden wurde der gesetzlich zugelassene Zinsfuß 1640 auf 5% bestimmt, 1655 auf 4% herabgesetzt. In England war das Maximum seit 1545 10%, um 1624 auf 8% und 1652 auf 6% ermäßigt zu werden. Auch in Frankreich war es 1601 bzw. 1627 verboten worden, über 6% zu nehmen, widrigenfalls Konfiskation der Kapitalsumme drohte. Übrigens verstand man es, alle diese Bestimmungen auf verschiedene Weise zu umgehen.[4]) Wie Locke hinweist, konnten zu seiner Zeit in den Niederlanden für Darlehen beliebig hohe Zinsen gefordert werden.

---

[1]) Vgl. Sombart II, S. 531.

[1]) Büsch, Darstellung der Handlung, I, S. 93 ff.

[3]) Bd. I, S. 348 ff.

[4]) Vgl. Böhm-Bawerk, Kapital und Kapitalzins I. 4. Aufl. 1921, S. 20 ff., insbes. S. 50 ff. Wünsch, Evangelische Wirtschaftsethik (1927). Sée, Les origines du capitalisme moderne (1926).

In England nahmen die Goldschmiede (Bankiers), von deren Tätigkeit bereits die Rede war, im 16. Jahrhundert bei Privatpersonen 33 und mehr Prozent; selbst der Staat mußte ihnen 12% und darüber zahlen.

Kapitel 23.

Das Verkehrswesen.

Auf dem Gebiete des Verkehrswesens sind im 16.—18. Jahrhundert bedeutende Fortschritte zu verzeichnen, die jedoch nach einzelnen Ländern und nach verschiedenen Verkehrsarten erhebliche Abweichungen von einander aufweisen. Am wenigsten hatten sich die Landstraßen vervollkommnet; sowohl in England als in Deutschland waren sie noch immer höchst mangelhaft geblieben. Sie waren so eng, daß auf ihnen häufig nicht einmal zwei Pferde, geschweige denn zwei Wagen einander ausweichen konnten. Infolgedessen stauten sich oft zahlreiche Frachtwagen auf den Straßen an, der Verkehr stockte, da keiner dem anderen den Vortritt lassen wollte. Die Wege waren mit tiefen Mulden durchsät, die die Reisenden häufig an der Fortsetzung ihrer Route hinderten. Es mußten zur Aushilfe Pferde aus den umliegenden Dörfern herangeschafft werden, um den steckengebliebenen Frachtwagen oder die Kutsche herauszuziehen. Daher kommt auch die Gepflogenheit, sechsspännig zu reisen, die nicht dem Hange, einen möglichst großen Luxus zu entfalten, entspringt, sondern durch die schlechte Beschaffenheit der Wege hervorgerufen war. Doch auch dies konnte es nicht verhindern, daß der Wagen zuweilen im Morast versank und seine Insassen sich nur mit genauer Not retten konnten.[1]) Der unbedeutende Handelsverkehr, der im 18. Jahrhundert — vor der Erbauung der Kanäle — zwischen den einzelnen Teilen Englands bestand, vollzog sich auf Wegen, die eher als Pfade bezeichnet zu werden verdienten, unter Beförderung der Güter auf Lastpferden, die in langer Reihe hintereinander folgten. Die Kaufleute machten ihre Reisen zu Pferde, in Säcken führten sie Waren mit sich. Gewöhnlich reisten sie, der größeren Sicherheit halber, in ganzen Trupps.[2]) Nach den englischen Reisebeschreibungen des 17. Jahrhunderts waren die Reisen im Inneren Englands mit solchen Schwierigkeiten und Gefahren verbunden, wie sie, um mit Macaulay zu reden, „heutzutage (d. i. um die Mitte des 19. Jahrhunderts) nur bei einer Reise nach der Sahara oder ans Eismeer begegnen könnten. . . .“[3]) „Das Reisen wurde als eine beklagenswerte Notwendigkeit und als ein großes Wagnis angesehen.“ Die Frachtspesen beim Landtransport

---

[1]) Jähns, Roß und Reiter, II, S. 183 ff., 302 ff. Huber, Gesch. des mod. Verkehrs, passim.

[2]) Toynbee, S. 52ff. Mantoux, 98ff. vgl. Smiles, Lives of the Engineers, I, S. 175. Moffit, Lancashire in the eve of industrial revolution, S. 96 ff. Heaton, Yorkshire Woollen and Worsted Industries, 1920 (Oxford Historical and Literary Studies, Vol. 10), S. 395 ff.

[3]) Macaulay, I, Kap. 3 (deutsch II, S. 102 ff.).

waren so hoch, daß ihre Wirkung der von Prohibitivzöllen gleichkam. Noch im 18. Jahrhundert wurde die Kohle von Newcastle nach London, das Vieh von Schottland nach Norfolk auf dem Seewege befördert. Arthur Young erzählt (zu Ausgang des 18. Jahrhunderts) von einer von ihm gemachten Reise, wo auf einer Strecke von 18 Meilen 3 Wagen nacheinander zusammengebrochen waren. Er rät jedermann dringend an, diese „höllische Landstraße wie den Teufel zu meiden", die zwei Grafschaften verbindet und auf der man dennoch mit Leichtigkeit umstürzen und sich den Hals brechen kann.[1]) Auf seiner Reise im Süden Englands hat er nur eine wirklich gute Straße in Salisbury angetroffen, wo drei Wagen zu gleicher Zeit passieren können und es keine Löcher gibt, sondern das Regenwasser dank einer leichten Erhebung in der Mitte zu beiden Seiten des Weges abfließt. Noch ein paar Wege waren in annehmbarem Zustand, was alle übrigen dagegen betrifft, so ist es „eine Prostituierung der Sprache, wenn man sie turnpikes (Straßen) nennt". So sieht es z. B. in der Grafschaft Norfolk aus, obwohl die Einwohner derselben ihnen den klingenden Namen Karls II. beigelegt haben, noch schlimmer ist aber die Straße in Suffolk, wo Haufen von Steinen und quer durch den Weg angelegte Wassergräben sowie große mit fließendem Kot angefüllte Löcher das Reisen ganz unmöglich machen. Nur die nach London führenden Straßen waren von besserer Beschaffenheit.[2])

Von den französischen Landstraßen dagegen ist Young aufs höchste entzückt. Jedesmal, wenn er von ihnen spricht, gebraucht er überschwengliche Ausdrücke. „Eine herrliche Straße, die schönste Straße der Welt" ... ruft er auf Schritt und Tritt aus. Jedoch setzt ihn die auf ihnen herrschende Öde in Staunen. Auf einer Strecke von 36 Meilen begegneten ihm nur wenige Frachtwagen, ein Cabriolet und einige Frauen mit Mauleseln. Selbst auf den nach Paris führenden Straßen, ja an den Toren der Hauptstadt war der Verkehr, im Gegensatz zu dem in der Nähe von London herrschenden bunten Treiben, nur gering.[3])

Doch beziehen sich die Schilderungen Youngs (ebenso wie die der Enzyklopädie)[4]) auf die französischen Zustände unmittelbar vor der Revolution. Früher waren die Wegeverhältnisse lange nicht so glänzend. Allerdings gab es bereits seit dem 16. Jahrhundert sog. „große Straßen" („grands chemins", „chemins royaux"), die teilweise, wie die Straße

[1]) Young, A six months' tour through the North of England, (1771).

[2]) Ders., A six weeks' tour through the Southern Counties (1769), VIII.

[3]) Ders., Voyages en France, pass.

[4]) Artikel „Landstraßen". „So, wie die Dinge sich nunmehr gestaltet haben, heißt es dort, werden die Straßen Frankreichs bald als die schönsten und bequemsten Europas gelten können und zwar ist dieses bewunderungswürdige Werk bereits weit vorgeschritten. Von welcher Seite man auch die Hauptstadt verlassen mag, überall gelangt man auf breite und vorzüglich angelegte Chausseen. Selbst in den entferntesten Landesteilen sind dieselben zu finden, von jeder dieser Chausseen zweigen Wege ab, die selbst die unbedeutendsten Städte verbinden und für den Handelsverkehr von großem Vorteile sind." (Vgl. Sombart II, S. 249 f.)

von Paris nach Orléans, beschottert und gepflastert waren. Auch sonst kamen um diese Zeit Chausseen auf.[1]) Zu Beginn des 18. Jahrhunderts gerieten jedoch auch die bereits bestehenden Kunststraßen in Verfall. Sogar die beste unter ihnen, die Straße von Paris nach Orléans, war, wie man aus einer Ordonnanz von 1718 ersehen kann, unfahrbar geworden. Über den schlimmen Zustand der Wege beklagte man sich zu Anfang des 18. Jahrhunderts sowohl im Süden wie im Norden, der Intendant von Provins (1706) nicht minder als der Bürger von Hennegau.[2]) In der zweiten Hälfte des 18. Jahrhunderts setzte eine gesteigerte Tätigkeit auf dem Gebiete des Straßenbaues ein. Zu Ausgang des 17. Jahrhunderts wurden in Frankreich ungefähr $1^1/_2$ Mill. Fr. jährlich für Straßen und Brücken verausgabt, unter Ludwig XV. erhöhte sich dieser Posten auf 4 bis 5 Mill.; zu Ausgang des 18. Jahrhunderts verfügte Frankreich über ein Straßennetz von 25000 km.

Nun will dies freilich noch nicht besagen, daß selbst am Ausgang des 18. Jahrhunderts die Straßen Frankreichs überall von gleich guter Beschaffenheit waren, daß ein genügend verzweigtes Netz von Lokalwegen ausgebaut worden wäre, deren Bestimmung es war, die einzelnen Ortschaften miteinander zu verbinden. Derartige Nebenstraßen fehlten fast vollständig, wie auch überhaupt alle Straßen, die für den Verkehr eine untergeordnete Bedeutung besaßen, sich häufig in einem verwahrlosten Zustande befanden. Oft wurden Klagen darüber laut, daß infolge dieses Zustandes der Wege selbst benachbarte Kirchspiele keine Verbindung miteinander unterhalten könnten, daß über dem Riesenaufwande, der für die Verschönerung der Großstädte getrieben würde, die Landwege ganz vergessen und vernachlässigt würden. Allem Anscheine nach hatte also Adam Smith recht, wenn er die Behauptung aufstellte, in Frankreich würden nur die großen Poststraßen, die Straßen, welche die Verbindung zwischen den Hauptstädten des Reiches herstellen, ziemlich gut unterhalten und seien in manchen Provinzen um vieles besser als der größte Teil der Landstraßen in England, auf welchen Wegzoll erhoben wird. Nach Smith wird aber „das, was wir Querstraße nennen, d. h. der bei weitem größte Teil der Straßen eines Landes, gänzlich vernachlässigt und ist an vielen Stellen für schweres Fuhrwerk schlechterdings unfahrbar. An manchen Orten ist es sogar gefährlich, zu Pferde zu reisen, und die einzige sichere Art des Fortkommens und Transportes ist die auf Mauleseln.“[3]) In den Cahiers von 1789 findet sich zuweilen geradezu der Wunsch ausgesprochen, man möge endlich ein-

[1]) Die Bedeutung des Wortes „chaussée“ im Sprachgebrauch war allerdings noch unbestimmt: „chaussée“ bedeutete anfangs soviel als aufgeschütteter Damm. (Vgl. Sombart, II, S. 245 f.).

[2]) Babeau, La Province II, S. 171. Caffiaux, Essai sur le régime économique du Hainaut (1873), S. 269. Ardaschew, Die Provinzialverwaltung in Frankreich (russ.), II, S. 274.

[3]) Smith, Wealth of Nations, Bd. V, Kap. 1, T. III, 1, I (Kröners Volksausg., I, S. 183). Vgl. Rouff, Les mines de charbon en France au XVIII siècle, S. 374. Musset, S. 323 f. (1917), S. 323.

mal aufhören, neue große Poststraßen anzulegen und das dazu bestimmte Geld vielmehr auf den Bau von Wegen verwenden, die die einzelnen Orte miteinander verbinden.[1]) Der seit Mitte des 18. Jahrhunderts in Frankreich emporstrebende Bergbau hatte stark unter dem Mangel an Nebenwegen zu leiden. Das Schicksal einer Grube hing in erster Linie von der Transportmöglichkeit ihrer Erzeugnisse ab. Die an einem schiffbaren Fluß oder Kanal gelegenen Bergwerke hatten stets einen Vorsprung vor allen anderen. Manche Gruben suchten in ihrer Nähe andere ihre Produkte verarbeitende Betriebe anzulegen, da eine Beförderung derselben fast ausgeschlossen war. Städte wie Paris, Bordeaux oder Lyon litten Mangel an Kohle oder mußten sie von England kommen lassen, während in derselben Provinz die Niederlagen der Bergwerke von unbenutzter Kohle strotzten. Bei der Beförderung der Kohle nach der Großstadt mußte sich notwendig ein Verlust für den Unternehmer ergeben.[2])

In den Provinzen Nordfrankreichs waren zu Ende des Ancien régime die Verkehrsverhältnisse im allgemeinen günstig. Solche Städte wie Lille oder Douai waren mit allen Flecken der Provinz und mit angrenzenden Gebieten durch Chausseen, die auf Staatskosten bepflastert waren, verbunden, und der Bau von Vizinalwegen wurde hier von den Provinzialstaaten begünstigt, die Sandsteine für denselben lieferten. Von Lille ging ein Dutzend von Chausseen aus, die nach Artois, insbesondere aber nach Paris führten. Doch in anderen Gegenden des Nordens fehlten Querstraßen oder es gab nur Feldwege, manche Provinzen hatten selbst mit Belgien, das doch für ihre Wirtschaft besonders wichtig war, nur ungenügende Verbindungen. Öfters war eine Straße wohl geplant, jedoch das Vorhaben vorläufig nur teilweise ausgeführt. Ist es da zu verwundern, wenn einer der nördlichen Distrikte 1790 darüber Klage führte, daß die Beförderung von Dünger bloß im Spätherbst möglich sei und daß Nahrungsmittel und Holz nur von Zeit zu Zeit transportiert werden können, und zwar vornehmlich bloß an den schönsten Sommertagen, welche die Bauern zur Bestellung ihrer Felder nötig haben. Doch war die bäuerliche Bevölkerung teilweise selber daran schuld. Denn während sie selbst es betonte, daß sie ihr Getreide und ihre Düngemittel aus Mangel an Chausseen nicht absetzen könne, hielt sie doch, wenn es sich darum handelte, eine Straße auch wirklich anzulegen, dies für unnötig, falls die Straße ihr Dorf nicht passierte. Ihre Abneigung gegen den Straßenbau war überhaupt nicht bloß durch die Unkosten des Wegebaues und die Wegefronen verursacht, sondern auch dadurch, daß die meisten Bauern die Stadt überhaupt nicht besuchten.[3])

So war es im Norden. Wie stand es nun im Süden, wo die wirtschaftlichen Verhältnisse überhaupt viel weniger günstig waren? Was speziell die Verkehrswege von Languedoc betrifft, so wurden hier in den vierziger Jahren des 18. Jahrhunderts noch allgemein Klagen laut über die schlechten ungangbaren Wege, die Unmöglichkeit, sie im Winter und während der regnerischen Jahreszeit zu benutzen. Erst seit Mitte des Jahrhunderts entfalteten die Provinzialbehörden eine rege Tätigkeit im Straßenbau, die Gemeinden verwandten größere Summen zu diesem Zwecke. Zu Ausgang des 18. Jahrhunderts war das Straßennetz in Languedoc folgendermaßen ausgebaut. Die große Poststraße, die die Provinz durchquerte, war größtenteils gepflastert und mit Basalt eingefaßt. Auf ihre Instandhaltung wurde große Sorgfalt verwandt, sie wurde häufig ausgebessert. Was die anderen Verbindungen von Languedoc aus nach der Auvergne und weiter nach Süden betraf, so gab es

---

[1]) Musset, Le Bas-Maine (1917), S. 323.

[2]) Rouff, Mines de charbon, S. 368 ff.

[3]) Lefebvre, Les paysans du Nord (1924), S. 230 ff., 234 ff., 237 f.

mehrere dorthin führende Wege, ja es war eine Bergstraße durch die Felsblöcke hindurch angelegt worden, deren Errichtung als höchste Errungenschaft der Wegebaukunst gepriesen wurde. Doch waren diese Straßen teilweise nicht vollendet, teilweise noch nicht mit Brücken versehen, an vielen Wegestellen wurden sie so schlecht instand gehalten, daß die aus Toulouse abgesandten Boten ihre Reise häufig abbrechen mußten. Auch viele Lokalstraßen, die zur Verbindung der einzelnen Gemeinden untereinander bestimmt waren, waren in Bau genommen worden. Allerdings ist die von Duclos, dem Direktor der öffentlichen Arbeiten des Languedoc, 1790 gezeichnete Karte nicht unbedingt zuverlässig, da der Bau vieler von den auf ihr verzeichneten Straßen erst begonnen oder überhaupt noch nicht in Angriff genommen worden war. Daher gab es, neben Gebieten, die über gute Straßen im Überfluß verfügten, auch solche, wo die Bevölkerung infolge des Fehlens von Landstraßen nicht imstande war, ihre Ernte zur nächstgelegenen Stadt zu bringen, da jeder Regen die Straße in einen Sumpf verwandelte, jede Wasserflut die Brücken fortschwemmte und die Bewohner von der Umwelt isolierte. Nur in wenigen Fällen gab es steinerne Brücken, oft waren sie durch Fähren ersetzt. Die im damaligen Zustande des französischen Verkehrswesens überhaupt hervorstechenden Züge kehren hier also wieder, nämlich das Vorhandensein einiger vorzüglicher Chausseen (sie waren es eben, die Arthur Young in Entzücken versetzten), ferner einer Anzahl von Landwegen, aber ein fast vollständiges Fehlen jenes Netzes weit verzweigter, den lokalen Verkehr vermittelnder kommunaler Straßen, dessen Bestehen für das heutige Frankreich eben charakteristisoh und für die Belebung des Verkehrs auf den großen Landstraßen unentbehrlich ist.[1] Doch gehörte auch Languedoc zu denjenigen Gebieten, die verhältnismäßig gut mit Verkehrswegen ausgestattet waren, denn anderwärts, wie in der Normandie, in der Bretagne, im Maine, hatte die Bevölkerung viel mehr unter dem Mangel an einem Straßennetz zu leiden.[2]

Und doch war Frankreich in dieser Periode hinsichtlich des Straßenwesens allen anderen Ländern Europas weit voraus. In anderen Staaten bildeten die Chausseen Ausnahmeerscheinungen. Im 18. Jahrhundert wurde auch in Deutschland der Bau von Chausseen in Angriff genommen (in Hessen 1720, in Baden 1733), doch standen sie den französischen um vieles nach. Der Sachgütertransport von Basel nach Frankfurt a. M. verursachte auf deutschem Gebiete weit höhere Spesen, als auf der französischen Seite des Rheins. Sie betrugen für einen sechsspännigen Frachtwagen 131 Fl. gegen 60 Fl., freilich nicht bloß deswegen, weil die eigentlichen Beförderungskosten sich höher stellten, sondern hauptsächlich aus dem Grunde, weil in Deutschland noch zahlreichere Wegegelder erhoben wurden, als in Frankreich (allein in dem hier angegebenen Falle betrugen sie 60 Fl.).[3]

Wie im Mittelalter, so wurde auch zu dieser Zeit das Reisen nicht nur durch den mangelhaften Zustand der Landstraßen, sondern auch durch das Treiben der Straßenräuber behindert. Die Reisenden riskierten stets, geplündert zu werden, falls sie sich nicht in größerer Gesellschaft und gut bewaffnet auf die Reise be-

---

[1]) Dutil, L'Etat économique du Languedoc à la fin de l'ancien régime, S. 653 ff.

[2]) Sion, Les paysans de la Normandie orientale (1909), S. 249 f. Bernier, Le tiers-état rural ou les paysans de Basse Normandie (1892), S. 36. Musset, Le Bas-Maine (1917), S. 321. Sée, Les classes rurales en Bretagne du XVI siècle (1906), S. 405 ff. Ders., L'évolution du comm. et de l'industrie (1925), S. 207 ff.

[3]) Kanter, Die Entwickl. des Handels mit gebrauchsfert. Waren, S. 7 Über Österreich vgl. insbes. Srbik, Der staatl. Exporthandel Österr. (1907).

gaben. „Der berittene Straßenräuber, den unsere Generation nur aus Büchern kennt — sagt Macaulay — war auf jeder Hauptstraße zu finden. Den Behörden fiel es recht schwer, dieselben zu bekämpfen.“ Macaulay führt den Fall an, „wo in den englischen Zeitungen bekanntgemacht wurde, daß verschiedene Personen, die höchst verdächtig wären, Straßenräuber zu sein, aber gegen die keine hinreichenden Beweise vorlägen, zu Newgate in Reitanzügen paradieren sollten, ihre Pferde würden ebenfalls gezeigt werden und alle Herren, welche beraubt wären, würden eingeladen, diese eigentümliche Ausstellung in Augenschein zu nehmen“. Bei einer anderen Gelegenheit wurde in England eine Proklamation erlassen, welche die Gastwirte darauf aufmerksam machte, daß das Auge der Regierung auf sie gerichtet sei, ihre verbrecherische Hehlerei sei es, die es den Banditen möglich mache, die Landstraßen ungestraft zu beunruhigen. Oft stammten die Straßenräuber von guten Familien ab und hatten eine gute Erziehung genossen, an ihre Namen knüpfte sich ein romantisches Interesse. Von einem von ihnen wurde erzählt, daß er vierteljährlich einen Tribut von allen Ochsentreibern des Nordens erhob und sie dafür gegen andere Räuber verteidigte.[1]) Noch ärger als in England und anderwärts muß es auf den spanischen Wegen ausgesehen haben, wo der Straßburger Kaufmann Zetzner (zu Anfang des 18. Jahrhunderts) nur mit einer Eskorte von bewaffneten Leuten vor und hinter dem Wagen reisen konnte. Am unsichersten waren die Straßen vor der Ankunft der amerikanischen Silberflotte in Cadix. Eine Menge von Leuten reisten dorthin, ihre Renten, Besoldungen oder Zahlungsanweisungen einzukassieren und das Raubgesindel lauerte daher auf allen Wegen auf, um die Heimkehrenden ihrer Schätze zu entledigen.[2])

Trotzdem das Straßenwesen so viel zu wünschen übrig ließ, war der Postbetrieb — die Beförderung von Nachrichten, Personen und Sachgütern — zur Entwicklung gelangt (Post = Station, Rast oder Relaisstation, „positae stationes“, „dispositae equi“). Schon zu Anfang des 15. Jahrhunderts — wie sich aus der von Stieda veröffentlichten Korrespondenz von Hildebrand Veckinhusen ergibt — muß der Briefwechsel unter den (deutschen) Kaufleuten ein überaus reger gewesen sein. „Beständig eilten die Läufer zwischen den einzelnen Städten hin und her, und obgleich es ein gutes Stück Geld gekostet haben mag, diesen Verkehr zu pflegen, so scheint hierbei nicht gespart worden zu sein.“ Sivert Veckinhusen rühmt sich, in Köln viele Briefe aus Venedig und Augsburg erhalten zu haben und mahnt seinen Bruder, mit Briefen an den Geschäftsfreund in Venedig nicht karg zu sein. Mit allen Läufern, die von Brügge nach Venedig reisen, soll er Nachrichten mitschicken.[3]) Es handelt sich hier also, wiewohl auch um Privatpersonen, so doch um Leute, die nicht im Dienste der einzelnen Kaufleute standen, sondern den Kaufleuten überhaupt sich zur Verfügung stellten, wenn sie eine bestimmte, vielleicht schon regelmäßig wiederholte Reise unternahmen, demnach um Post im Sinne Sombarts als einer Anstalt, von der Briefe gesammelt werden zwecks gemeinsamer Beförderung.[4]) Auch die Große Ravensburger Gesellschaft, die ebenfalls einen regen Briefverkehr unterhielt (in ca. 300 Tagen des Jahres 1477—1478 sind 95 mal Briefe in Brügge angekommen und abgegangen), bediente sich nicht bloß

---

[1]) Macaulay, I, 3 (deutsch III, S. 112).
[2]) Zetzners Reiß-Journal, S. 131 f, 138 f.
[3]) Stieda, Hild. Veckinchusen. Briefwechsel, S. 16 f., 19.
[4]) Sombart II, S. 367 ff.

unentgeltlicher Dienste befreundeter Kaufleute, sondern auch, und zwar meistenteils, besonderer Boten, die regelmäßig den Briefverkehr vermittelten und Briefe sammelten.[1]) Fügt man jedoch zum Einsammeln von Briefen mit Schulte (und Ohmann) noch ein anderes Merkmal als für die Post charakteristisch hinzu, nämlich eine Organisation, die die Briefe nicht vom Absender bis zum Empfänger direkt befördert, sondern einen Wechsel der Besteller (Einrichtung von Relais) vorsieht, so wird es in den oben angeführten Fällen dahingestellt bleiben müssen, ob eine Post in diesem Sinne bereits vorhanden war; denn es verlautet nichts davon, ob das Felleisen bereits durch mehrere Hände wanderte oder ob derselbe Läufer bzw. Reiter, der den Brief entgegennahm, ihn auch ablieferte. Aber auch dies muß jedenfalls früh eingetreten sein, denn nicht bloß der Wechsel der Pferde, sondern auch der der Reiter war eigentlich — wie Schulte hervorhebt — die technische Vorbedingung der Post.[2])

Im 16. und 17. Jahrhundert bestanden verschiedene Arten von Posten. Erstens die Kaufmannsposten. Die Kaufleute der verschiedenen Handelsstädte knüpften Postverbindungen mit anderen Handelsplätzen an, indem sie in bestimmten Zeitabständen auf gemeinsame Rechnung Boten aussandten, die Briefe hin und zurück zu besorgen hatten.[3]) Es gab ferner sog. Metzgerposten. Die Metzger, die zum Vieheinkauf von Ort zu Ort reisten, übernahmen — anfangs aus Gefälligkeit — die Beförderung von Briefen, sowie von unbedeutenden Warenmengen. Später bildete sich aus dieser gelegentlichen Beförderung eine ständige Einrichtung aus. Manche Städte erteilten der Metzgerzunft besondere Privilegien, wogegen diese sich verpflichten mußte, bestimmte Postverbindungen zu unterhalten. Auch nach der Einrichtung der Staatsposten behielt diese Metzgerpost ihre Bedeutung für die kleineren Ortschaften, wohin keine großen Poststraßen führten. Endlich kommen die städtischen Posten auf, die bis ins 18. Jahrhundert sich erhalten und eine bedeutende Rolle gespielt haben. Die Handelsstädte unterhielten laufende oder reitende Boten, die Briefe und Pakete beförderten, auch den privaten Briefverkehr vermittelten. Der Zeitpunkt ihrer Abreise wurde auf dem Markte bekannt gegeben.[4])

---

[1]) Schulte, Die große Ravensb. Ges.. I, S. 127.

[2]) Schulte, Gesch. des mitt. Handels u. Verkehrs I, S. 500 ff. Ohmann, Die Anfänge der Post und die Taxis (1909).

[3]) Um 1516 legte die Brüsseler Kaufmannspost die Strecke nach Paris je nach der Jahreszeit in 36 bis 40 Stunden zurück, nach Lyon in 3½ bis 4 Tagen, nach Innsbruck in 5 bis 6 Tagen, nach Rom in 12 Tagen, die Antwerpener Post brauchte zur selben Zeit für die Reise nach Amsterdam 5 Tage, nach Leipzig 13, nach Lissabon 39. (Goris, Les colonies marchandes méridionales à Anvers, S. 136.)

[4]) Die Augsburger Botenordnung schreibt vor: Alle Samstag abends soll ein Bote der Augsburger Zunft zu Augsburg wie zu Venedig die Briefe einsammeln und am anderen Samstag an seinem wechselseitigen Bestimmungsort abliefern, und zwar im Sommer spätestens um 8, im Winter um 10 Uhr (Huber, S. 163).

An die erste Stelle rückten jedoch im Laufe der Zeit im Postverkehr die staatlichen Posten, die von der Regierung ins Leben gerufen (ihre Anfänge reichen bereits in das 15., in Italien sogar in das 14. Jahrhundert zurück) und zum Staatsregal erklärt worden waren. Ein erbitterter Kampf entbrannte nun zwischen den Staatsposten und allen anderen postalischen Einrichtungen wie Kaufmannsposten, Metzgerposten, städtischen Posten, die ja alle ihr Monopol verletzten. Bereits im 16. Jahrhundert war die Organisation und der (staatliche) Betrieb der Postverbindungen für das ganze habsburgische Reich an die einflußreiche Familie der Taxis (Tassis) überwiesen worden. Auch in Frankreich, in der Schweiz, in England wurde die Post zum Kronregal erklärt. 1568 entzog man den in England ansässigen deutschen Kaufleuten das Recht, eigene Postverbindungen mit dem Festlande zu unterhalten, 1619 wurde ein spezieller Postmeister für den Dienst mit dem Festlande ernannt. 1665 wurden die aus der Post fließenden Einkünfte dem Herzog von York überlassen. Der Relaisdienst der Staatsposten war anfangs nur im Verwaltungsinteresse des Staates eingeführt worden, wenn auch Posthalter und Kuriere daneben auch Briefe Privater beförderten, was ihnen freilich nicht selten untersagt war. Bald jedoch wurde die Post auch dem privaten Verkehr zur Verfügung gestellt, in Frankreich z. B. seit 1576, obwohl auch jetzt die private Korrespondenz nur eine Nebenfunktion bildete und für die richtige Ablieferung derselben keine Garantie übernommen war. Dagegen finden sich seit Anfang des 17. Jahrhunderts — in Deutschland seit 1599, in Frankreich seit 1627 — auch Posttarife, was darauf schließen läßt, daß die Bedürfnisse der Privatpersonen jetzt an die erste Stelle getreten waren. Dies wird auch durch das Erscheinen zahlreicher „Itinerarien" (Reisebücher) seit dieser Zeit bezeugt, von denen manche eine Reihe von Auflagen erlebt haben.[1])

Bald nahm das Postwesen einen internationalen Charakter an, was natürlich eine wesentliche Förderung des Verkehrs zu bedeuten hatte. Dies wurde durch den Umstand erleichtert, daß in verschiedenen europäischen Staaten die Verwaltung des Postwesens in den Händen von Mitgliedern der weitverzweigten Familie der Taxis ruhte. Bereits zu Anfang des 17. Jahrhunderts waren ständige Postkurse zwischen Rom und den oberdeutschen Städten einerseits, Spanien und den Niederlanden andrerseits eingerichtet worden; 1633 trafen die Taxis ein Abkommen mit dem englischen Generalpostmeister über die Einrichtung von Briefkursen von Antwerpen nach London; 1601 wurde von ihnen mit Frankreich eine Abmachung betreffs einer weiteren Abfertigung von Briefen getroffen.

Seit der zweiten Hälfte des 17. Jahrhunderts beginnt der Aufschwung des Postwesens; die postalischen Einrichtungen wurden jetzt in zunehmendem Maße von der Bevölkerung in Anspruch genommen.[2])

[1]) Huber, Gesch. d. modern. Verkehrs, S. 61, 74ff., 103, 112, 160, 178ff.

[2]) Im Jahre 1700 gingen aus Amsterdam viermal wöchentlich Posten nach verschiedenen Richtungen ab (Zetzners Reiß-Journal, S. 23).

Als die Kaufleute — wie Beust sagt — einsahen, daß sie gegen ein geringes Entgelt den Wechselkurs und die Warenpreise durch die Post erfahren könnten, ohne nach Antwerpen reisen zu müssen, sammelten sich große Mengen von Briefen bei der Post an. Anfangs verbanden die Postkurse nur diejenigen Plätze, die in wirtschaftlicher und politischer Hinsicht von großer Bedeutung waren. Im Laufe der Zeit weiteten sich jedoch die Postverbindungen aus; die Kaufmanns-, Fuhrmanns-, Stadtposten beförderten Briefe aus den kleineren Ortschaften und vom platten Lande nach den größeren Städten, von denen aus sie wiederum Briefe zur Verteilung mitnahmen. Besonders weitete sich das Netz der Postverbindungen in England aus, wo bereits seit Mitte des 18. Jahrhunderts an kein größerer Marktflecken der Postverbindung entbehrte. „Ah! quelle belle invention que la poste!" ruft die schreibselige M-me de Sévigné aus. Die Zeitgenossen waren entzückt von dieser Einrichtung und gingen mit Leichtigkeit über die vielen Schattenseiten und Unvollkommenheiten derselben hinweg; wurden doch die Postboten oft überfallen und geplündert, Briefe von ihnen selbst unterschlagen, Petschaften gefälscht, Geldpakete erbrochen. Selbst der größte mit der Benutzung der Post verbundene Mißbrauch, die „schwarzen Kabinette", wurden gerne mit in den Kauf genommen. Durch ein solches „Kabinett" erfuhr z. B. der Wiener Hof die Pläne Frankreichs, der deutschen Staaten und anderer Regierungen. Privatpersonen hatten freilich weniger darunter zu leiden.

Neben dem Briefverkehr übernahm die Post (freilich Post in anderem Sinne, als Sombart es auffaßt) auch den Personenverkehr. Es gab eine Reitpost, so daß der Kaufmann nicht mehr zum Besuch der Messe eigene Pferde zu halten brauchte, dann auch eine Fahrpost, die den Reisenden Mietpferde und Mietwagen zur Verfügung stellte. Reitpost wie Fahrpost gingen ebenfalls bald an den Staat über, der auch Stellwagen- (Diligencen-)verkehr einrichtete mit regelmäßigem Kurs (Ordinari-Post), was den ganzen Reiseverkehr auf eine neue Grundlage stellte.[1])

In Frankreich waren im 18. Jahrhundert verschiedene Arten von Fuhrwerk zur postalischen Personenbeförderung vorhanden — fourgons, carosses, diligences. Die fourgons waren sehr unbequem, mehr für den Warentransport als zur Personenbeförderung geeignet. Doch auch die carosses waren äußerst schwerfällig und für die Reisenden unbequem, die noch dazu im Winter von der Kälte, im Sommer von der Hitze zu leiden hatten. Zu Ausgang des 18. Jahrhunderts wurden sie auf Turgots Betreiben durch die nach ihm benannten sog. „turgotines" ersetzt, 8-, 6- und 4sitzige, bequeme, leichte, auf Federn gebaute Wagen. Doch konnten sie sich nicht einbürgern, da sie durch die beständigen Stöße auf den holperigen Straßen rasch abgenutzt wurden. Eine andere von Turgot eingeführte Neuerung griff dagegen rasch um sich. Auf seinen Befehl wurden auf allen großen Landstraßen Stellwagen eingeführt, die vordem nur auf der Route von Paris nach Lyon kursiert hatten und eine für jene Zeit bedeutende Schnelligkeit entfalteten. Sie legten 2 Meilen stündlich zurück, die anderen Fuhrwerke dagegen nur 8 bis 10 Meilen pro Tag. Die Reisezeit wurde dadurch beinahe um die Hälfte verkürzt. Alle diese Postwagen, die sog. messageries, fuhren an bestimmten Tagen ab und hielten eine bestimmte Reiseroute ein; soweit möglich fuhren sie auf den großen Landstraßen, doch befanden sich diese häufig in einem dermaßen verwahrlosten Zustande, daß große Umwege gemacht werden mußten. Daher kam, besonders im Winter bei regnerischem Wetter, ihr unpünktliches, spätes Eintreffen am Bestimmungsort. Deswegen waren auch für einen sechsspännigen Wagen zwei Kutscher nötig; der zweite, Postillon genannt, ritt voraus und hielt Umschau nach Morastlöchern, Gräben und anderen gefährlichen Stellen, die gemieden und um

---

[1]) Sombart, Bd. II, S. 263. Huber, S. 77, 189.

die ein Bogen gemacht werden mußte. Zu Ende des 18. Jahrhunderts war die Zahl der Stellwagenverbindungen erheblich gestiegen, an viele Plätze (Le Havre) wurden von Paris täglich Stellwagen abgefertigt, an andere 4-, 5mal in der Woche (Lyon, Bordeaux); Besançon, Dijon, Amiens, Rennes hatten 1- bis 2mal wöchentlich Stellwagenverbindung. Paris war am Ausgange des 18. Jahrhunderts mit allen großen Städten durch Stellwagenverkehr verbunden, doch wurden dabei in weit höherem Maße die Interessen der Verwaltung, als die von Handel und Industrie berücksichtigt, denn der Stellwagenverkehr bestand mit den Hauptstädten der Provinzen, mit den Residenzen von Bischöfen und Intendanten, während die weniger bedeutenden Provinzstädte weder Verbindungen mit den anderen Städten derselben Provinz, noch mit dem übrigen Staatsgebiet besaßen. Zum Fehlen lokaler Zweiglinien kam dann noch der Mißstand hinzu, daß das Monopol der Personenbeförderung an Privatleute verpachtet war, die eifersüchtig darüber wachten, daß die von ihren Stellwagen benutzten Wege von keinem Privatwagen befahren würden. Wer auf diesen Straßen reisen wollte, ohne Stellwagen zu benutzen, mußte bei der Verwaltungsstelle der Messageries eine spezielle Genehmigung dazu einholen, die oft mehr kostete als ein Platz im Stellwagen. Ein langwieriger Prozeß wurde dadurch hervorgerufen, daß die Tuchhändler von Rouen, ehe sie sich zu den Jahrmärkten der Bretagne begaben, das platte Land zum Einkauf von Tuch mit eigenem Fuhrwerk bereisten. Als der Pächter des Stellwagendienstes Wagen und Pferde eines dieser Kaufleute mit Beschlag belegte, beschwerten sich die Händler beim Intendanten der Provinz, indem sie ausführten, sie müßten häufig solche Ortschaften aufsuchen, mit denen überhaupt kein Stellwagenverkehr bestünde. Der Intendant gab zu, daß die Fahrten der Händler von Rouen nicht regelmäßig genug stattfänden, als daß sie mit der geregelten Abfertigung der öffentlichen Stellwagen in Übereinstimmung gebracht werden könnten.[1])

Bedeutende Fortschritte hatte namentlich der Personenverkehr in England in der zweiten Hälfte des 18. Jahrhunderts gemacht. Als man 1754 eine sog. „fliegende Postkutsche", die die Route zwischen London und Manchester zurücklegen sollte, einführte, wurde sie mit folgenden Worten empfohlen: „So unglaublich es auch scheinen mag, so wird doch diese Kutsche, Unglücksfälle ausgenommen, in der Zeit von fünfthalb Tagen, nachdem sie Manchester verlassen hat, in London ankommen." Wie sehr hat es sich seitdem verändert! ruft Nemnich 1807 aus. „Vor einigen Jahren, als zwischen England und Frankreich Friede wurde, kamen die Defiance- und Telegraph-Kutschen in weniger als 20 Stunden von London nach Manchester; und die jetzigen Mail-coaches legen beständig diesen Weg gerade in 28 Stunden zurück."[2])

Als 1669 der Versuch gemacht wurde, von Oxford nach London eine Diligence einzurichten, welche die Reise in einem Tage, von Sonnenaufgang bis Sonnenuntergang, zurücklegen sollte, erregte dieses von der Universität Oxford sanktionierte Unternehmen dasselbe Interesse, das sich später bei der Eröffnung einer neuen Eisenbahn zeigte. Der Versuch gelang glänzend: „Um 6 Uhr früh setzte sich das Fuhrwerk in Bewegung, um 7 Uhr abends langten die Abenteurer, welche sich zuerst der Gefahr ausgesetzt hatten, in London an." Diese Art zu reisen „erschien den Engländern jener Zeit als bewunderungswürdig und zum Erschrecken schnell". Jedoch wurden von vielen Leuten gegen die neue Beförderungsweise Einwände von der gleichen Art geltend gemacht, wie die, mit denen man später die Errichtung von Eisenbahnen bekämpfte. Man behauptete, daß dadurch „die Pferdezucht und die

---

[1]) Letaconnoux, Les transports en France au XVIIIe siècle (Rev. d'hist. mod. 1908—1909).

[2]) Nemnich, Neueste Reise durch England, S. 375.

edle Reitkunst vernichtet würden, daß die Themse, welche lange eine wichtige Pflanzschule für Matrosen gewesen sei, aufhören würde, der Hauptweg von London nach Windsor und weiter nach Gravesend zu sein; daß Sattler und Sporer hundertweise ruiniert werden würden; daß die neuen Fuhrwerke im Sommer zu heiß und im Winter zu kalt wären, daß die Passagiere durch Krüppel und schreiende Kinder abscheulich belästigt würden". Es wurden deshalb dem Könige Petitionen eingereicht, in denen ersucht wurde, es solle keinem öffentlichen Fuhrwerk gestattet werden, mit mehr als 4 Pferden zu fahren, häufiger als einmal wöchentlich die Reise anzutreten und mehr als 30 Meilen zurückzulegen.[1])

Endlich wurde von der Post „gegen geringfügige Bezahlung und mit großer Geschwindigkeit" auch die Beförderung verschiedener Stückgüter übernommen. In Frankreich genossen die Messageries das Alleinrecht des Transports von Gold und Silber und von Paketen bis zu 50 Pfd. Gewicht. Die Übertretung dieser Bestimmung wurde mit einer Strafe von 500 Livres und der Konfiskation von Waren und Pferden bestraft. Zum Transport größerer Frachten wurden Lastwagen verwandt und besondere Fuhrleute gemietet. In Frankreich betrieb vornehmlich die ländliche Bevölkerung die Warenbeförderung in den von Feldarbeiten freien Monaten, besonders dort, wo der unfruchtbare Boden nur geringe Erträge brachte. Die Einwohner ganzer Dörfer verließen ihre Höfe, um diesem Gewerbe nachzugehen, es wurden vielfach Klagen laut, der Ackerbau würde darüber vernachlässigt. In der Tat suchten sie mancherorts möglichst schnell die Feldarbeit los zu werden, um mit ihren Saumtieren an den Kohlengruben zu erscheinen und aus den Speichern die Ware zu entnehmen.[2]) Neben Kohle wurde von ihnen auch Getreide, Wein, Eisen, Holz, Salz befördert, und zwar auch auf Karren oder vierrädrigen Fuhren. In Paris und Umgebung blühte das Frachtfuhrgewerbe. Neben den Bauern, die es als Nebenberuf ausübten, gab es viele gewerbsmäßig damit sich befassende Leute. In anderen Gegenden hingegen fiel es schwer, Fuhrleute zu finden, und die Kaufleute, die ihrer bedurften, mußten in einem Umkreise von 20 Meilen nach geeigneten Leuten suchen; dabei waren auch sie nur sechs Monate im Jahre zu haben.[3])

Die im Warentransport auf dem Landwege erzielten Fortschritte waren jedenfalls bedeutend. Während zu Ausgang des Mittelalters bei der Beförderung von Sachgütern höchstens 5 Meilen täglich zurückgelegt wurden und 6 bis 7 Meilen eine Seltenheit waren, brachte man es im 17. bis 18. Jahrhundert bei der Beförderung von Frachtgütern in England auf 7 bis 8, in Deutschland (bei Pferdewechsel) sogar auf 9 bis 10 Meilen täglich. Die Frachtgüterbeförderung von Straßburg nach Augsburg nahm 1590 8 Tage in Anspruch, 1690 5 Tage. Von Magdeburg nach Hamburg wurden zum Gütertransport 1560 6 Tage, 100 Jahre später 3 bis 4 Tage gebraucht, von Wien nach Triest gehörten dazu 1590 14 Tage, zu Ausgang des 17. Jahrhunderts 11 bis 12 Tage. In Frankreich konnte ein mit 5 Pferden bespannter Lastwagen mit einer Ladung von 6000 Pfd. 8 Meilen täglich zurücklegen, ja 9 Meilen, wenn die Wege in gutem Zustande waren und frische Pferde auf den

---

[1]) Macaulay, I, 3 (deutsch II, S. 108 ff.).

[2]) Rouff, S. 373, 378 f.

[3]) Vignon, Etudes hist. sur l'admin. des voies publiques en France au XVII—XVIIIe siècles. S. 49, 178. Letaconnoux, S. 105 f.

Relais zur Verfügung standen. Doch hatten die meisten Fuhrleute nicht mehr als 4 Pferde, und die Wege waren mangelhaft, so daß im Durchschnitt nur ungefähr 7 Meilen täglich zurückgelegt wurden. Der Weg von Paris nach Lyon, eine Strecke von 95 Meilen, wurde von den Frachtwagen in 12 bis 15 Tagen gemacht, im Winter dauerte es noch länger.[1])

Auf dem Gebiete der Binnenschiffahrt waren die verschiedensten Beförderungsarten zu finden, sowohl Flösse, als Kähne, die teilweise gerudert, teilweise getreidelt wurden, wobei die Leine entweder von Pferden oder von Menschen gezogen wurde. Auf dem Rhein verkehrten zu Ausgang des 18. Jahrhunderts riesige Flösse, auf denen Sachgüter im Werte bis zu 400000 Fl. befördert wurden und die von ca. 900 Ruderknechten und Arbeitern bedient wurden. Die Kähne waren kleiner, doch auch zur Beförderung von 2000 Zentner mußten sich 56 Menschen vorspannen. „Es war eine Vergeudung von Arbeitskraft, die ihresgleichen sucht.“[2]) Auf den französischen Flüssen wurde die Flösserei mit Vorliebe bei der Beförderung von Holz angewandt; für viele in der Nähe schiffbarer Flüsse gelegene Gemeinden bildeten sie die Hauptnahrungsquelle. Auf Kähnen kamen hauptsächlich Massengüter zur Beförderung, für die der Wassertransport bequemer war als der zu Lande.[3])

Viele Flüsse waren der Schiffahrt nur schwer zugänglich. Oft wurde der Wasserlauf von Steinen und Baumstämmen gehemmt, die den Verkehr gefährdeten, besonders, da sie oft unter dem Wasser verborgen waren. Nicht selten mußte sogar die Treidelung unterbrochen werden, die Leute mußten ins Wasser steigen und einen Weg zwischen all den Hindernissen freimachen, die den Flußlauf versperrten. Besonders die Mühlen waren es, die die Schiffer zur Verzweiflung brachten. Von 100 Fällen, in denen Kähne Schiffbruch erlitten, waren 90 den Mühlen zu verdanken. „Wenn man nicht wüßte — sagten die Franzosen —, daß das Eigeninteresse mehr Schaden zufügt als die Roheit der Wilden, so müßte man glauben, die Huronen hätten den Fluß aufgestaut und die Schiffahrt auf ihm unmöglich gemacht.“

Manche großen Flüsse Frankreichs, wie z. B. die Garonne, waren, da sie mehrere Provinzen durchströmten, verschiedenen Provinzialbehörden unterstellt, die nur schwer zur Verständigung über die zur Hebung der Schiffahrt und zur Forträumung aller Weghemmnisse erforderlichen Maßnahmen gelangen konnten. Bei der Bergfahrt auf der Saône konnten die Kähne nur selten voll beladen werden. Die Bergfahrt auf der Marne konnte nur von unbeladenen Kähnen gewagt werden. Auf der Loire war die Bergfahrt dermaßen gefährlich, daß nur geringwertige Waren, deren Transport zu Lande infolge der hohen Spesen den ganzen Gewinn aufgesaugt hätte, auf diesem Wege transportiert wurden. Die Bergfahrt auf der Seine wurde auf flachen, rohgezimmerten Kähnen unternommen, die nach der Ankunft in Paris auf Abbruch verkauft wurden.[4])

---

[1]) Götz, Verkehrswege, S. 728, 731. Huber, Entwickl. des modernen Verkehrs, S. 222. Letaconnoux, S. 113.

[2]) Gothein, Gesch. Entwicklung der Rheinschiffahrt, S. 146. Sombart, II, S. 347.

[3]) Sion, Les paysans de la Normandie Orientale, S. 259. Letaconnoux, a.a.O.

[4]) Letaconnoux, a. a. O.

Der Warenverkehr zu Wasser wurde auch durch die aufrechterhaltene zünftige Organisation der Schiffergilden gehemmt. Die Tätigkeitssphäre der einzelnen Schifferzünfte war streckenweise abgegrenzt. Infolgedessen mußten vielfach die Frachtgüter von den Kähnen der einen auf die anderer Gilden umgeladen werden. Freilich war dies auch bei dem Landtransport der Fall, wo dieselben ebenfalls, infolge ähnlicher Privilegien der Fuhrleute oder der unter ihnen getroffenen Vereinbarungen etappenweise von Stadt zu Stadt befördert wurden. Dennoch konnte der Landtransport auch von nichtzünftigen Fuhrleuten ausgeübt werden, während die Schiffer eifersüchtig über ihr Alleinrecht wachten. Die Schiffahrt auf dem Bodensee und rheinabwärts bis Schaffhausen lag in Händen der Konstanzer Schifferzunft, dann folgten die Schaffhausener, die Lauffener und von Säckingen bis Grenzach bei Basel verschiedene Schifferschaften, welche als Rheingenossenschaft organisiert waren.[1]) Auf dem Rhein finden sich dann eine Reihe von Schiffergilden, die den Schiffsbetrieb streckenweise voneinander abgegrenzt hatten. Die wichtigste war die niederrheinische, die ganz in die Hände der Holländer gekommen war.[2]) In Dünkirchen besaß die dortige Schiffergilde das Alleinrecht der Beförderung der im Hafen ausgeladenen Waren. Im Hennegau hatten sich das Privileg des Kohlentransportes die Schiffer von Conde angeeignet und forderten dafür so hohe Preise, daß man die aus den Gruben von Anzin geförderten Kohlen in der Provinz Cambresis nicht beziehen konnte.[3]) Außerdem war die Tätigkeit der einzelnen Schiffer durch die Einrichtung der sog. „Reihefahrt" in der Weise geregelt, daß jeder von ihnen nur, wenn die Reihe an ihn kam, die Fahrt antreten durfte, so daß der Kaufmann nicht berechtigt war, die Beförderung seiner Güter dem von ihm hierzu ausersehenen Schiffer zu übertragen. Die Reihefahrt ist in den Niederlanden zu finden, wo sie den Namen „Beurt" führte[4]), auf dem Rhein, in Straßburg, Mainz, auf den Flüssen Frankreichs. In manchen Fällen wurde sie zum Ausgangspunkt für die Entstehung regelmäßiger Linien, indem der betreffende Schiffer an einem bestimmten Zeitpunkte abfährt, gleichgültig, ob er die ganze Fracht hat oder nicht (früher wartete er ab, bis das Schiff voll befrachtet war). So ging die Fahrt von Amsterdam nach fast allen Städten der sieben Provinzen täglich zu einer bestimmten Stunde vonstatten.[5])

Die Folge von alledem war die, daß der Transport zu Wasser nur langsam von statten gehen konnte. Sogar die Zeitgenossen äußerten ihr Befremden darüber, daß die Warenbeförderung von Paris nach London — wie Leroy 1790 hervorhob — infolge der Langsamkeit des Stellwagenverkehrs und der durch den mehrmaligen Schiffswechsel hervorgerufenen Verspätungen mehr Zeit in Anspruch nahm als eine Fahrt von Europa nach Amerika. Die aus Orléans abgesandten Weine kamen erst nach einer zweimonatlichen Reise in Paris an, vielfach in verdorbenem Zustande. Die Sommeschiffer sollten die Route von St. Valéry nach Amiens in drei Tagen machen, tatsächlich brauchten sie 8 bis 10 Tage und mehr dazu. Noch mehr wurde jedoch die Fahrt durch die Erhebung verschiedener Wegezölle und Abgaben verlangsamt, die auf Flüssen und Kanälen noch zahlreicher waren als auf den Landstraßen. Bei jedem Binnenzollamte waren die Schiffe genötigt anzuhalten, dessen Öffnung abzuwarten, sich von seiten der Beamten einer peinlichen Revision zu unterziehen und verschiedene Übergriffe sich gefallen zu lassen; die Zollsätze wurden nicht ausgehängt, und da die Schiffer keine genaue Kenntnis derselben besaßen, so erhoben die Beamten größere Beträge als sie sollten, wobei sie keine Quittungen ausstellten und Gelder veruntreuten.

Diese Abgaben überstiegen in der Regel die Frachtsätze; sie machten bis zu $^2/_3$ und mehr des Einkaufspreises der transportierten Güter aus. Von 30 L., die der

[1]) Dietz, Frankfurt. Handelsgesch., III, S. 310.
[2]) Gothein, Rheinschiff., S. 140 ff.
[3]) Lefebvre, Les paysans du Nord, S. 242.
[4]) Ricard, Négoce d'Amsterdam, S. 127 ff.
[5]) Ibid., S. 140.

Transport einer Warenpartie von Lyon nach Auxonne kostete, kamen 2 L. 4 S. auf das mehrmals zu wiederholende Auf-, Um- und Ausladen der Güter, 4 L. 13 S. auf die eigentlichen Schiffsfrachten und 23 L. 3 S. auf die Wegeabgaben. Zu Ausgang des 18. Jahrhunderts stellte sich eine zum Preise von 12 L. eingekaufte Warenpartie an ihrem vom Einkaufsort nur wenig entfernt gelegenen Bestimmungsort auf 27 L. 6 S. Daher wurde dem Transport zu Schiff oft der Landtransport vorgezogen, obwohl die Frachtsätze bei letzterem — wie Savary betont — weit höher waren. Dazu gesellte sich endlich die Unredlichkeit der Schiffer, die Weinfässer erbrachen und sie, nachdem sie den Wein ausgetrunken, mit Wasser auffüllten, Mehl- und Salzladungen veruntreuten. Diese Mißbräuche waren so häufig, daß die Kaufleute die dadurch verursachten Verluste als einen stehenden Ausgabeposten berechneten. Schickten die Kaufleute jemanden zur Beaufsichtigung des Warentransportes mit, so wurde er entweder zum Mitschuldigen bei den Diebstählen der Schiffer oder er wurde, wenn er sich den Unterschleifen widersetzte, von ihnen ins Wasser geworfen.[1])

Im 17. und 18. Jahrhundert wurde der Kanalbau in Frankreich eifrig betrieben. Das Kanalnetz versechsfachte sich, von 156 km wuchs es auf 1004 km an. Auch in Preußen nahm es zu, statt 530 km 1678 wies es 1787 bereits 1272 km auf. Es erfolgte dadurch eine Verbindung der Stromgebiete der großen Flüsse miteinander (Canal du Languedoc, Canal de Briare, Canal d'Orléans). Man hatte auf diese Weise Wasserstraßen geschaffen, die vom Mittelmeer bis zur Nordsee und zum Atlantischen Ozean führten. Doch hafteten auch den Kanälen noch lange verschiedene Mängel an, ihre Bedeutung darf nicht überschätzt werden.

So stand z. B. der Canal du Languedoc, der nach dem Zeugnis Arthur Youngs das schönste war, was er auf seinen Reisen in Frankreich gesehen hatte, bei weitem nicht das ganze Jahr hindurch der Schiffahrt zur Verfügung. Mit dem Beginn des Sommers trat auf demselben Wassermangel ein und die Kähne durften nicht mehr voll beladen werden. Ende Juli erreichte das Wasser einen derartigen Tiefstand, daß der Verkehr überhaupt eingestellt werden mußte, es wurden um diese Zeit die zur Instandhaltung des Kanals notwendigen Arbeiten vorgenommen und der Zustrom des Wassers abgewartet. Oft wurde der Kanal erst im Oktober aufs neue dem Verkehr eröffnet, was für die Kaufleute, die nach der Messe von Bordeaux reisten, unbequem war. Dabei war die Durchfahrt aus der Garonne in den Kanal durch Schlamm- und Sandbänke behindert; von der entgegengesetzten Seite war die Anlage nicht vollendet worden, so daß die Kähne, um nach dem Hafen von Cette zu gelangen, auf Segeln den See von Than zu passieren hatten, was bei günstigem Wetter drei Stunden beanspruchte, bei Süd- und Westwind aber gefährlich war. Der mehrfach geäußerte Wunsch, den Kanal bis Cette fortzusetzen, kam jedoch nicht zur Ausführung. Doch auch sonst fanden an manchen Stellen plötzliche Verkehrsunterbrechungen statt, hauptsächlich durch Sand- und Schlammmassen veranlaßt, die aus den mit dem Kanal verbundenen, infolge starker Regengüsse aus ihren Ufern getretenen Flüssen herangeschwemmt wurden. Dadurch wurde auch die Leinstraße für die Treidler sowie Teile der Kanaleinfassung fortgerissen. So wurden z. B. im November 1779 infolge hohen Wasserstandes 112 mit 150000 Quintals Getreide beladene Kähne, die man in der Provence sehnlichst erwartete, 17 Tage lang aufgehalten, bis sie ihren Weg fortsetzen konnten.[2])

---

[1]) Letaconnoux, Les voies de communication en France au XVIIIe siècle (Viert. Soz.- u. W.-G. 1910). Ders., Les transports en France au XVIIIe siècle (Rev. d'hist. mod. XI, S. 269 ff.). Savary, Parf. Négoc. II, S. 334. Lefebvre, Les paysans du Nord, S. 240 ff.

[2]) Dutil, S. 700 ff.

Mit Recht weisen daher die französischen Schriftsteller des 18. Jahrhunderts darauf hin, daß der Landtransport eine viel größere Rolle spiele, als der Verkehr zu Wasser, wenn sie auch die Bedeutung des letzteren wohl zu gering anschlagen. Speziell in bezug auf den Steinkohlentransport behauptet Rouff, daß trotz der soviel höheren Frachtkosten bei der Verführung zu Lande und der zahlreichen Versuche, dieselbe durch den Transport zu Wasser zu ersetzen, weswegen die Grubenbesitzer zum Kanalbau und zur Schiffbarmachung der Ströme beisteuerten, an vielen Orten dennoch der Achsverkehr die erste Stelle einnahm.[1]) Die unerträgliche Tyrannie der Schiffergilden, ferner die mangelhafte Beschaffenheit der Flußläufe, die für den Verkehr auf größeren Strecken noch wenig geeignet waren, die langsame Beförderung endlich gaben doch dem Transport zu Lande den Vorrang, um so mehr, als die geringeren Frachtkosten durch die Höhe anderer Spesen wie Zölle, Leinziehen, auch häufige Raubüberfälle viel an Bedeutung verloren.

Auch in Deutschland standen, nach den Berechnungen Sombarts, den 500 Mill. Tonnenkilometern, die die theoretische Leistungsfähigkeit des Landtransports bildeten, nur 80 bis 90 Mill. Tonnenkilometer, die die Schiffahrt leistete, gegenüber.[2]) Nur in Holland, diesem „von Kanälen durchschnittenen Lande“, wurden — nach Ricard — „die meisten nach Amsterdam gebrachten oder von dort ausgeführten Waren auf den Wasserstraßen transportiert. Frachtwagen bildeten eine seltene Erscheinung, außer wie im Winter, wo das Eis den Schiffsverkehr hemmte“. Dies war so bequem und bedeutete eine solche Kostenersparnis, daß die Kaufleute, die ihre Einkäufe in Amsterdam besorgten, dorthin im November oder Anfang Dezember reisten, um die Waren zu Wasser, ehe es gefriert, wegführen zu können.[3]) Zu Ausgang des 18. Jahrhunderts brach auch in England die „Kanalära“ an, die jedoch bereits der Periode der Maschinen und Fabriken angehört.

Die aufs engste mit der Handelspolitik des 16.—18. Jahrhunderts verbundene Seeschiffahrtspolitik, die sich in der Begünstigung des Schiffsbaues und der Schiffahrt unter nationaler Flagge äußerte, führte vor allem zur Vermehrung der Zahl der Seeschiffe und ihres Tonnengehalts. Wie oben erwähnt, war letzterer in den Niederlanden von 232000 t um 1570 auf 600000 t ein Jahrhundert später gestiegen.[4]) Davenant berichtet auf Grund von Angaben erfahrener englischer Kaufleute, daß England seine Handelsschiffstonnage von 1666—1688 nahezu verdoppelt habe, was eine Erhöhung von 80 auf ca. 150000 t ergeben würde. Eine offizielle Statistik der englischen Zollbehörde gibt den Bestand der Handelsflotte 1702 auf 3281 Schiffe mit 261000 t und

---

[1]) Rouff, S. 379 ff.

[2]) Sombart, II, S. 360.

[3]) Ricard, S. 118.

[4]) Vogel hat die stark übertriebenen Zahlen der Zeitgenossen, die dann von den Historikern meist einfach herübergenommen wurden und bis auf heute wiederholt werden, auf ihre richtige Größe zurückgeführt (Vogel, Zur Größe der europäischen Handelsflotten im 15., 16. und 17. Jahrh. Forsch. u. Versuche zur Gesch. des Mitt. u. der Neuzeit. Festschr. für Schäfer, 1915).

27000 Mann Besatzung an.[1]) Ein besonders schnelles Wachstum hat die Handelsmarine im Vereinigten Königreich während des 18. Jahrh. erfahren. Ihre Tragfähigkeit machte 1761 460000 t aus, um dann 1775 700000, 1790 1,3 Mill. und 1800 sogar 1,8—1,9 Mill. zu erreichen.[2]) Im Mittelalter betrug die Tragfähigkeit der größten venezianischen Schiffe selten über 400 t, nunmehr bauten die Holländer große Seeschiffe mit einem Gehalt von 500—650 t und darüber. Ihre Vorherrschaft im Handel mit Kolonialwaren ist zu einem guten Teil auf die Verwendung solcher Schiffe im indischen Handel zurückzuführen. Ihrem Beispiele folgten die Engländer. 1770 hatte man in Liverpool bereits Schiffe mit einem Gehalt von 900 t, 1610 war für die Ostindische Kompagnie gar ein Schiff von 1100 t erbaut worden. Im Handel mit Amerika überstiegen die spanischen Schiffe zu Ende des 16. Jahrh. nur selten 500 t, während in der zweiten Hälfte des 17. Jahrh. die Galeonen oft 700 und sogar 1000 t erreichten. Doch waren auch in dieser Periode oft die Segler von weit geringerer Tragfähigkeit, da große, tiefsitzende Schiffe viele Häfen nicht anlaufen konnten (so Rouen, Nantes, Bordeaux nur Schiffe bis zu 200 t)[3]), ebenso Sevilla wegen der Sandbank von San Lucar, und da ihre Betakelung, Auf- und Entladung, Ankerung und Steuerung bei dem Fehlen mechanischer Vorrichtungen desto größere Schwierigkeiten mit sich brachte, je größer das Ausmaß der Schiffe war, weshalb ja auch eine im Vergleich zu den Verhältnissen der Jetztzeit sehr zahlreiche Bemannung erforderlich war. Zuweilen sogar „un tonneau, un homme".)[4]) Auch kam es vor, daß die zur Beförderung auf diesen großen Schiffen bestimmten Waren verdarben, ehe die langandauernde Beladung des ganzen Schiffsraumes vollendet war. Denn ob der Segler dem Kaufmann selber oder eigens einem Reeder (bzw. mehreren Kaufleuten oder Reedern — Schiffspartnerschaft) gehörte, jedenfalls lief er gewöhnlich nur dann aus, wenn er volle Fracht hatte.

Freilich finden sich schon in den Niederlanden und in England die Anfänge der regelmäßigen Linien, wobei das Schiff allein aus der Initiative des Reeders abfährt, d. i. an einem bestimmten Tage und unabhängig davon, ob es voll beladen ist oder nicht. Dabei ist allerdings stillschweigende Voraussetzung, daß in der überwiegenden Mehrzahl der Fälle ge-

---

[1]) Davenant, Discourses on the public revenue II (1698), S. 29. Macpherson, Annales of commerce II (1805), S. 719. Etwas höhere Zahlen bei Anderson. Vgl. Moffit, S. 295.

[2]) Vogel, S. 322, 333.

[3]) Haring, Trade and navigation, S. 261 ff. Sée, Evolut. commerc. et industr., S. 239. Barrey (Mém. et doc. éd. par Hayem). Goris, Les colonies marchandes méridionales à Anvers de 1488 à 1567 (1925), S. 143 ff.

[4]) Barrey (Mém. et docum.), S. 244 ff. Sombart, II, S. 296 ff. In Spanien waren um 1552 bei Reisen nach Amerika für Schiffe von 100 bis 170 t 30 Matrosen, für 170 bis 220 t 48, für 220 bis 320 t 61 Schiffer bestimmt, bei Reisen nach Antwerpen 1563 für 40 bis 50 t 8 Matrosen, für 100 bis 150 bloß 20, für 250 bis 300 t 36 (Haring, Trade and navigation between Spain and the Indies, S. 274, 343. Goris, Colonies marchandes méridionales à Anvers, S. 150).

nügend Fracht vorhanden ist. So lesen wir bei Ricard, daß neben der Reihefahrt (Beurt-Chepen), welche für die (privilegierten) Schiffer vorgeschrieben ist (nur diese dürfen, und zwar in einer bestimmten Reihenfolge, nach Rouen, St. Vallèry, London, Hamburg, Bremen, sowie nach Middelburg und anderen Häfen der sieben Provinzen Waren übernehmen), auch regelmäßig zu bestimmten Zeiten abfahrende Segler vorhanden sind; nach Rouen geht ein Schiff alle 8 Tage, nach London alle 10 Tage ab, doch auch früher, wenn sie volle Ladung haben[1]). Wenn jedoch zur Abfahrtszeit das Schiff noch nicht voll ist, so darf der Reeder selber Waren einkaufen bis zur vollen Befrachtung des Schiffes.

Die von Baasch untersuchten Lübecker Lastadienbücher ergeben, daß von 1560 bis 1600 in Lübeck 2450 Schiffe erbaut worden waren, unter denen 2437 insgesamt eine Tragfähigkeit von 149000 Last besaßen, was einen Durchschnitt von 60 Last (oder 120 t) pro Schiff ausmacht. Die Anteile der Schiffseigner waren von recht verschiedener Höhe, die Hälfte der Partizipanten (und darüber) hatten ein Besitzrecht an $\frac{1}{4}$ bzw. $\frac{1}{8}$ des Schiffsraumes; doch gab es auch Leute, die über $\frac{1}{16}$ (11%), ja über noch geringere Anteile verfügten. Nur wenige Schiffe gehörten einem einzigen Eigentümer, und zwar waren dies nur Schiffe geringen Tonnengehalts. Zahlreich waren die Schiffsführer, die am Besitz des Schiffes gar keinen Anteil hatten. Die Zahl dieser Schiffe machte anfänglich 3, später (1661 bis 1700) 22% der Gesamtzahl aus; zu Ende des 18. Jahrhunderts bildeten solche Schiffe die Hälfte des gesamten Tonnengehaltes. Der Anteil des Schiffers betrug im Durchschnitt 18% des Tonnengehaltes.[2])

Zu Havre zerfiel gewöhnlich die Teilhaberschaft am Schiff und demgemäß auch an dem aus dem Warenabsatz stammenden Erlös in drei Teile. Ein Drittel gehörte dem Reeder oder den Reedern, die das Schiff für die Reise vollständig auszurüsten hatten, ein weiteres Drittel denjenigen Teilnehmern, die die Ladung lieferten und die Mannschaft mit Proviant versorgten, das letzte Drittel endlich denen, welche die Besoldung der Schiffer und alle übrigen Spesen übernahmen. Doch war die dritte Gruppe der Teilnehmer meist außerstande, ihren Anteil zu liefern, so daß die beiden ersten Gruppen an ihre Stelle treten mußten, wogegen sie sich einen erhöhten Anteil am Gewinn, der nach der Rückkehr des Schiffes zur Verteilung kam, versprechen ließen; oder sie streckten die betreffende Summe gegen einen hohen (Ende des 16. Jahrhunderts 40 bis 60%) Zins vor. Auf eine bestimmte Gewinnquote hatte der Schiffer (Kapitän) Anspruch, außerdem stand ihm wie der Mannschaft das Recht zu, auf eigene Rechnung Waren (pacotille, Führung) mitzunehmen. Letzteres scheint ein vorteilhaftes Geschäft gewesen zu sein, denn zum Wareneinkauf nahmen die Matrosen Geld beim Kapitän oder bei Stadtbürgern gegen einen Zins von 40 bis 55% auf. Auch der Kapitän entlieh Geld in der Stadt, um es zu höherem Prozentsatz an die Mannschaft wieder auszugeben.

Die einzelnen Bürger von Havre sind zugleich an einer Reihe von Schiffen beteiligt. Die Anteile waren auch hier zuweilen sehr zersplittert, indem sie bis auf $\frac{1}{32}$, $\frac{1}{64}$, $\frac{1}{128}$ herabgingen. Auf diese Weise, sowie durch die Beleihung von Schiff und Ladung, die Pacotille usw., war fast die ganze Bevölkerung von Havre an der Seeschiffahrt beteiligt, nicht bloß die Händlerschaft, sondern auch andere Bevölkerungskreise. Es mochte wohl kaum einen noch so geringen Handwerker in der Stadt geben, der nicht daran interessiert wäre. Aus einer Urkunde von 1584 ersieht man z. B., daß ein Handelshaus an 19 Schiffen zu gleicher Zeit Parten hatte, und zwar von $\frac{1}{6}$ bis $\frac{1}{8}$ (zuweilen $\frac{1}{4}$ und darüber) des Schiffes; für 1571—1588 hatte ein Kaufmann an 50 Schiffen Anteile, zwei an 45, weitere zwei an 29, drei an

---

[1]) Ricard, S. 127 ff.

[2]) Baasch, Zur Statistik des Schiffspartenwesens (Viert. Soz.- u. W.-G., 1919, XX).

21, zwei an 19 Schiffen usw. So war es sowohl im 16., als in den späteren Jahrhunderten. Daher stammt auch die Forderung, das Handelsmonopol mit den Kolonien solle durchaus Frankreich gewahrt bleiben. „Die Kolonien gehören dem Mutterlande und dürfen nur mit dessen Bewohnern Handel treiben", erklärte noch 1784 die Handelskammer der Normandie. Mit Handel und Schiffahrt nach den Kolonien als Nebenberuf befaßten sich Chirurgen und Apotheker, Richter und Advokaten, Beamte, Offiziere und Soldaten, nicht zu reden von Schiffskapitänen und Matrosen.[1]

Neben den im 16. Jahrhundert vervollkommneten Instrumenten, Kompaß und Astrolabium, die bereits von Columbus und Vasco da Gama benutzt wurden, kamen im 16. Jahrhundert die verbesserten Seekarten des Holländers Mercator (deren erste 1569 erschien) auf.[2] Zu Anfang des 17. Jahrhunderts war von dem Holländer Metius das Fernrohr erfunden und 1608 wurde zum erstenmal ein solches auf der Frankfurter Messe ausgeboten; ein Jahr darauf waren die Fernrohre in London bereits in großer Auswahl zu haben.[3] Dank der Anwendung dieser Erfindungen, zu denen sich im 18. Jahrhundert noch der Chronometer und der Sextant gesellten, konnten die Seefahrten nunmehr rascher vollbracht werden. Anstatt 18—20 Meilen, die im 14.—15. Jahrhundert zurückgelegt wurden, war die Geschwindigkeit bei günstigem Wetter bis auf 30—40 Meilen gestiegen. Eine größere Fahrtgeschwindigkeit konnte freilich bei Segelschiffen nicht erreicht werden, denn es waren hölzerne, breite, plumpe, tiefsitzende Schiffe, Dickbäuche mit großen Laderäumen, mit Kanonen und schweren Masten versehen. Die Langsamkeit der Fahrt wurde auch dadurch bewirkt, daß die Schiffe sowohl bei Ozean-, als bei Ost- und Nordsee-, wie auch bei Mittelmeerfahrten in Admiralschaften segelten und daher dem Gange der langsameren Schiffe alle anderen sich anzupassen hatten. Noch mehr wurde die Reise durch die Notwendigkeit, einen günstigen Wind abzuwarten, aufgehalten.[4] Dazu kam der Umstand hinzu, daß z. B. in Antwerpen im 16. Jahrhundert die geringe Länge der Hafenquais die Schiffe

[1]) Barrey, Le Havre transatlantique de 1571 à 1610 (Mém. et doc. éd. par Hayem. 5e sér. 1917), S. 98, 108 ff. Ders., Le Havre et la Navigation aux Antilles sous l'ancien régime (ibid., S. 231).

[2]) Vgl. E. Mayer, Die Hilfsmittel der Schiffahrtskunde zur Zeit der großen Entdeckungen (1879). Bensaude, L'astronomie nautique au Portugal à l'époque des grandes découvertes (1912). Haring, Trade and navigation between Spain and the Indies in the time of Hapsburgs (1918. Harvard Economic Studies, XIX), Chap. XI, XII.

[3]) Reuleaux, Das Buch der Erfindungen. 8. Aufl. II, S. 270 f.

[4]) Während Génard (Anvers à travers les âges, II, S. 367) und Rachfahl (Wilhelm von Oranien und der niederländische Aufstand, 1906. I, S. 320) für eine Fahrt von Antwerpen nach Lissabon (im 16. Jahrhundert) 10 Tage, nach Spanien 9 bis 15 Tage annehmen, behauptet Goris (nach Depping), daß eine Reise von Antwerpen nach Katalonien und zurück 5 bis 6, nach Genua 6 bis 7 Monate in Anspruch nahm. Er betont dabei den Umstand, daß die Schiffe oft monatelang einen günstigen Wind abzuwarten hatten und zuweilen, statt die belgische Küste anzulaufen, ihren Weg nach England nehmen mußten, um dort vor Anker zu liegen, bis der Nordost ihnen die Reise nach Antwerpen möglich machte (Goris, Colon. march. mérid., S. 155 f.).

wochenlange warten ließ, bis sie ausgeladen werden konnten und dann die Ausladung oft einen Monat in Anspruch nahm. Größere Schiffe waren gezwungen, 3 bis 4 Monate lang hier zu überwintern.[1]) Auch die nach Amsterdam von der See kommenden großen Schiffe hatten in Texel zu ankern und zu warten, bis die Flut ihnen gestattete, durch den Zuidersee zu fahren.[2])

Das Fahren in ganzen Flotten hing nun aber damit zusammen, daß die Meere von Seeräubern wimmelten. Deshalb wurden auch die Segler bewaffnet und von Kriegsschiffen begleitet. „Der Seemann jener Tage — sagt Wätjen — mußte ein kaltblütiger und entschlossener Mann sein, der das Wort Furcht nicht kennen durfte. Denn überall, selbst dicht vor den Toren der Heimat, lauerte der Feind. War der Schiffer den Dünkirchener Kapern glücklich entronnen, so erwarteten ihn neue Gefahren, wenn er in die Nähe der spanischen Häfen kam. Hier kreuzten immer Freibeuterschiffe aus Tunis und Algier.“[3]) Oft gingen sie soweit, daß sie den Zugang zum Hafen versperrten und die Ausfahrt der Schiffe unmöglich machten. Auf der Fahrt nach Amerika und Indien machten die Forbans der Antillen, die Malaien und Chinesen, die als Piraten berüchtigt waren, das Meer unsicher.[4])

Die Seeräuberei bildete ein in allen Schichten der englischen Gesellschaft verbreitetes Gewerbe. Zur Regierungszeit der Königin Maria, während der religiösen Verfolgungen, ergriffen viele Edelleute diesen „Beruf“; zu ihnen gesellten sich arbeitslose Fischer hinzu. Auch später hielten diese wie jene an dieser ihrer Tätigkeit fest. „Fast jeder Gentleman an der Westküste Englands — sagt Campbell — nahm an der Seeräuberei teil. Die Lords leisteten den Piraten bei der Ausrüstung von Schiffen Beistand.“ Colbert faßte den Plan, die Korsaren von Dunquerque zu einer besonderen Flotte unter dem Befehl eines dieser „Capitaines-Corsaires“ zusammenzuschließen. Die berühmten Seefahrer, die unbekannte Gewässer und Länder erschlossen, waren zugeich Seeräuber, so Walter Raleigh, der die Siedlung Virginia begründete, der „in gleichem Maße Mars und Merkur diente“, Francis Drake, „der edle Seeräuber“ genannt, Frobisher, „in dessen Brust zwei Seelen — die eines Gelehrten und die eines Piraten — wohnten“, Cavendish, der „auf einem Schiffe mit vergoldeten Masten, mit Segeln aus Damast, mit Matrosen, die in Samt und Seide gekleidet waren“, heimkehrte. Wie bereits oben dargelegt worden ist, betrieben die großen überseeischen Handelsgesellschaften ebenso eifrig wie den eigentlichen Handel auch Krieg und Raub zu Wasser und zu Lande. „Krieg, Handel und Piraterie“ — dreieinig sind sie, nicht zu trennen“, sagt Mephistopheles im Faust. Diese Gewalttaten stellten zu jener Zeit noch eine wichtige Quelle der Vermögensbildung dar.[5])

---

[1]) Goris, S. 156 f.

[2]) Baasch, Holländ. Wirtschaftsgesch., S. 169.

[3]) Wätjen, S. 203.

[4]) Christian, Hist. des pirates et corsaires de l'Océan et de la Méditerranée. Hayem, La navigation et le commerce français dans la Méditerranée durant la 1-re moitié du XVIIe siècle (Mém. et doc., I. série). Vignols, L'ancien concepte monopole et la contrebande universelle (Rev. d'hist. écon. 1925, S. 258, 266 f.). Haring, The Bucaneers in the West Indies in the Seventeenth Century (1910). Marcel, Les corsaires français au XVI siècle dans les Antilles (1902).

[5]) Sombart, Krieg und Kapitalismus. Kap. VI. Ders., Der Bourgeois. Kap. VII. Ders., Der mod. Kapitalismus. 2. Aufl. I, S. 673 ff. Campbell, The Puritans in England, Holland and America I—II (1892). Über Piraterie vgl. noch William-

Aus den Reisebeschreibungen der Zeitgenossen ist es bekannt, daß kaum ein Schiff vor den Überfällen der Seeräuber verschont blieb, wie ja auch die Seereisen selten ohne Schiffbruch verliefen.[1])

Einen Begriff davon, mit welchen Gefahren eine Seereise zu jener Zeit verbunden war, gibt die Beschreibung der Reise auf einer verhältnismäßig kurzen Strecke, von Cadix bis Marseille, die der Straßburger Kaufmann Johann Eberhard Zetzner in seinem „Reiß-Journal" niedergeschrieben hat. Am 25. Oktober 1718 bestieg er in Cadix eines von den drei Schiffen (den mit 30 Kanonen bewaffneten „Duc d'Orléans"), die nach Marseille segelten und mit Cochenille, Indigo und anderen Waren, auch mit Piastern beladen waren, obwohl die Ausfuhr letzterer aus Spanien verboten war. Die Abfahrt wurde jedoch durch ungünstigen Wind zwei Tage lang aufgehalten, so daß das Schiff ohne große Gefahr die Bucht nicht verlassen konnte. Später, als die Fahrt begonnen hatte, trat Windstille ein, dann ein heftiger Sturm, bei dem der kleine Segel, „die kleine maîtresse" genannt, in Stücke ging. Doch das schlimmste begann, als die Stadt Gibraltar passiert war und der Berg Ceuta in Sicht kam. Es nahten drei Schiffe, die zwar die holländische Flagge trugen, jedoch in Wirklichkeit Seeräuber aus Algier waren, die, wie es sich später ergab, seit 14 Tagen auf See waren und in dieser Zeit drei spanische und zwei holländische Kauffahrteischiffe aufgebracht und bis 500 Sklaven gemacht hatten. Der Kapitän des Duc d'Orléans ließ sofort die französische weiße Flagge hissen, weil Frankreich zu den Barbareskenstaaten in guten Beziehungen stand, suchte aber doch dem „Gesindel" zu entfliehen, denn sie pflegten auch französische Schiffe zu visitieren, um sich zu überzeugen, ob keine Spanier, Holländer, Engländer oder andere Nationen, mit denen sie im Kriege stehen, sich auf denselben befinden, und falls sie Bargeld auf dem Schiffe entdeckten, „ohnerachtet des Friedens (mit Frankreich) solches unter sich austeilen und daß solches verschwiegen bleibe, so binden sie die Christen alle zusammen, massacrieren sie und bohren alsdann unterschiedliche Löcher in das Schiff". Doch der Versuch zu entgehen mißlang; eines von den Piratenschiffen, „die Perle" genannt (mit 50 Kanonen), machte einen Kanonenschuß; der Duc d'Orléans mußte darauf die Segel fallen lassen. Der Seeräuber forderte den Schiffspaß (sonst drohte er alle zu Sklaven zu machen), und

---

son, Maritime Entreprises 1485—1553 (1913). Corbett, Drake and the Tudor Navy (1898). Ders., The successors of Drake (1900). Barbour, Privateers and Pirates of the West Indies (American Hist. Review, XVI, 3. 1911). Bréard, Documents rélatifs à la marine normande et à ses armements au XVI et XVII siècles (Rev. d'hist. mod. XI). Dahlgren, Les relations commerciales entre la France et les côtés de l'Océan Pacifique, I (1909).

[1]) Über die Schiffahrt vgl. Sombart, Krieg und Kapitalismus. Kap. VI. Ders., Der mod. Kapitalismus. 2. Aufl. II, Kap. 42. Götz, Verkehrswege, S. 681 ff. Masson, Le commerce français dans le Levant au XVIIe siècle, S. 475 ff. Wätjen, Die Niederländer im Mittelmeergebiet, S. 189 ff. Malvezin, Hist. du comm. de Bordeaux, II, S. 159 ff., 362 ff.; III, S. 157 ff., 693 f. Zeller, Handel und Schiffahrt von Marseille. (1927). Haring, Trade and navigation between Spain and the Indies (1918). Hagedorn, Die Entwicklung der wichtigsten Schiffstypen (1914). Goris, Les colonies marchandes méridionales à Anvers (1925), S. 143 ff. Baasch, Holländ. Wirtschaftsgesch. (1927), S. 160 ff. Levasseur, Hist. du commerce, I, (1911) pass. Sée, L'évolution commerciale et industrielle de la France, S. 239 ff. Fitger, Die wirtschaftliche und technische Entwicklung der Seeschiffahrt (1902. Schr. Ver. f. Sozialpol. 103). Lippert, Die Entwicklung der österreichischen Handelsmarine (Z. f. Volksw. X). Ebenthall, Maria-Theresia und die Handelsmarine (1888). Jülg, Die gesch. Entwicklung der österr. Seeschiffahrt (1904). Scott, The Constitution and Finance of English and Irish Joint-Stock Companies (1910—1912). Vogel, Zur Größe der europ. Handelsflotten im 15., 16. und 17. Jahrhundert (Festschr. f. Schäfer, 1915).

als er erfuhr, das Schiff komme aus Cadix, behauptete er, es hätte spanisches Geld an Bord und befahl 200 Mann, sich bewaffnet nach der Seite des Kauffahrteischiffes aufzustellen. Die Passagiere gerieten in Todesangst, man hörte „Heulen und Weinen“, manche wollten „aus Desperation“ ins Meer springen, um sich „lieber den Fischen aufzuopfern“, als in die Hände der Räuber zu fallen. Anderthalb Stunden dauerte dieser Zustand, doch dank dem Dolmetscher des Piratenschiffes, der ein Christenfreund war, wurden sie entlassen. Der Kapitän sandte zum Dank dem Seeräuber namens Teneriffales 6 Flaschen Branntwein, 2 Dutzend Segelnadeln und 1 Faß frisches Wasser, dem Dolmetscher 1 Pfd. Tabak, 2 Flaschen Branntwein und 6 Piaster. Der Dolmetscher wünschte den Passagieren durch das Sprachrohr glückliche Reise. „Sobald wir nun — schreibt Zetzner — diesen sehr erfreulichen Zeitungsschall hörten, waren wir alle wie neugeborene Menschen und fielen die meisten auf die Knie und dankten Gott. . . . Ja, ich gestehe, daß ich zuvor . . . von den lieben Meinigen zu Haus bereits meinen Abschied genommen hatte.“

Die Fahrt ging weiter, aber neue Stürme trieben unsere Reisenden nach Gibraltar zurück und als am nächsten Tage das Schiff wieder in See ging, sah man wieder in der Ferne 2 Piratenschiffe aus Fez auftauchen, und da die Kompagnieschiffe verschwunden waren, forderten die Matrosen die Rückkehr nach Gibraltar und alle Passagiere „beteten aus andächtigem Herzen, daß Gott ihnen einen stärkeren Wind bescheren solle“, um den Corsaren zu entgehen. Da ihnen Sklaverei drohte, so wollten sie sich bis auf den letzten Mann wehren, allen wurden Gewehre, Säbel und Pistolen ausgeteilt, und der Kapitän erklärte, wer seine Schuldigkeit nicht tun werde, den wolle er selbst erschießen oder über Bord werfen. Glücklicherweise war der Wind günstig und bald lag das Schiff wieder in Gibraltar vor Anker. Nun war es für Zetzner genug, er wollte die Seereise nicht mehr fortsetzen, sondern zu Lande, über Valencia nach Marseille reisen. Doch sowohl der Kapitän als ein französischer Kaufmann, dessen Bekanntschaft er in Gibraltar gemacht hatte, rieten ihm der vielen Straßenräuber wegen davon ab. Der Kaufmann zeigte ihm freilich auch ein französisches Buch, worin ein Verzeichnis der berüchtigtsten Piraten des Mittelmeeres stand und erzählt wurde, daß der grausame Sultan Muley-Ismaël zu seiner Ergötzung von den Corsaren zu Sklaven gemachte Christen nackt auf seinen Vorhof bringen und sie an Pfähle anbinden lasse, um dann mit der Lanze auf sie zu werfen oder, zu Pferde sitzend, ihnen Arme und Kopf abzuhauen. Man kann sich denken, wie es dem Zetzner nun nach allem Erlebten und über die Piraten Gelesenen zumute war, als er doch wieder in See stach. Das Schiff lief aus „mit Fürchten und Zittern“ und in Erwartung von neuen Corsarenschiffen wurden alle bewaffnet und waren fest entschlossen, sich ritterlich zu wehren. So wurde die ganze Nacht verbracht, doch Piraten traf man nicht mehr. Nun nahte freilich eine andere Gefahr, stürmische See, und da der Kapitän, des Krieges wegen, den man mit Spanien befürchtete, in keinen Hafen der Halbinsel anlaufen wollte, so mußte er einen Hafen in den Barbareskenstaaten aufsuchen. Es war Algier, mit dem Frankreich in Frieden stand, freilich traute man sich doch nicht in die Stadt zu gehen. Dort sollte es damals ca. 15000 Christensklaven gegeben haben. Zetzner selber sah auf einem türkischen Schiffe holländische und spanische Sklaven, auch einen Dolmetscher, aus Gent gebürtig, der den „türkischen“ Glauben angenommen hatte, also nach damaliger Bezeichnung ein „Renegat“ war. Da man einen „favorablen“ Westwind bekam, so lief das Schiff wieder aus. Doch bald erhob sich ein Sturm, „daß wir nicht anders vermeinten, wir würden alle versinken“. „Man hatte ganze drei Stunden am Auspumpen zu tun, ich mußte auch stark Hand anlegen.“ Endlich gelang es bei der Insel Minorka zu landen, nach zweitägigem Aufenthalt ging es weiter, aber bald kam wieder „in dem gefährlichen Golf von Lyon“ ein neuer Sturm; „die großen Ängsten, die man in Seegefahr auszustehen hat, sind nicht zu beschreiben.“ Schließlich tauchten die „Gebirge der Provence“ am Horizont auf, doch vollständige Windstille hinderte daran, den Hafen anzulaufen. Erst am 30. November, nach 36 Tagen, war endlich die Reise von Cadix nach Marseille vollbracht. „Die Menge der Kaufleute — so schließt er — vor der Change oder

Loge war sehr groß, welche alle mit Frohlocken und Freuden unsere glückliche Ankunft ansahen, denen unsere reiche Ladung zuvor in ganz Marseille bekannt war."[1])

Nun hat derselbe Zetzner nicht weniger Gefahren überstanden, als er in seiner Jugend, im Auftrag eines Amsterdamer Weinhändlers, spanische, französische und Rheinweine, auch mehrere Sorten Branntwein nach Danzig bringen sollte; einige Waren nahm er auch „kommissionsweise" mit. Am 29. Oktober 1699 bestieg er das Schiff zu Amsterdam, „es lief ein Geschwader von 9 Schiffen aus", doch wegen ungünstigen Windes begann die eigentliche Reise erst 6 Tage später und bald wurde das Wetter so schlecht, daß der Schiffskapitän sich in den Hafen Texel flüchtete und dort mehrere Tage liegen blieb. Man ging wieder in See und wurde von neuem von den Ostwinden zurückgetrieben, bis in die Vlie, und erst am 4. Dezember, d. i. 36 Tage nach Besteigen des Schiffes, lief das Schiff wieder — zum viertenmal — in See, arg vom Sturme geschüttelt. Es war eine grausame Kälte, doch wegen des Sturmes konnte man kein Feuer machen. Man mußte sich zu Boden legen oder „sonst kümmerlich an einem Strick halten". Die Wellen wurden „immer größer und toller und unsere Herzen immer verzagter". Das Schiff war mit Wein, Heringen, Tuch beladen, und „da sollte man den erbärmlichen Zustand gesehen haben, wie die Reiff von den Fässern herabgesprungen, die Waren herumgestürzt, der Wein, die Hering untereinander geschwommen". Alle beteten, „damit wir nicht unbereit untergehen möchten". Da brach der große Mast ab, und da er noch an Stricken hing, drohte er das Schiff umzuwerfen. Als er auf wiederholten Befehl des Kapitäns abgehauen wurde, fielen dabei zwei Matrosen den Meereswellen zum Opfer. Erst nach mehreren Tagen legte sich der Sturm, man konnte wieder Feuer anzünden und Wein trinken, „worinnen die Hering im Schiff herumgeschwommen sind". Das Schiff war vom Sturm gegen Norwegen getrieben worden und „man sah auch viel Fässer, Bretter, Proviant auf der See herumschwimmen, daraus wir ersahen, daß einige Schiffe verunglückt seyn müßten." Freilich die Küste Norwegens konnte man auch nicht erreichen, denn ein neuer Sturm trieb das Schiff wieder auf offene See hinaus und erst am 23. Dezember konnte es in den Hafen von Ahrendal einlaufen. Als die norwegischen Lotsen das zerschmetterte Schiff erblickten, wunderten sie sich, daß es noch glücklich angelangt war. Sie erzählten, daß in den letzten acht Tagen zwölf Schiffe mit Besatzung und Passagieren untergegangen waren. Hier, in Südnorwegen (am Skagerrak), mußte man überwintern. Elf Schiffe mit 900 Mann hatten sich im Hafen von Ahrendal versammelt. Die dortige Bevölkerung war dadurch wenig erfreut, denn sie war schon einmal von der Mannschaft der überwinternden Schiffe „rein ausgeplündert" worden; die „Bootsleute" waren „ungehalten barsch und nicht zu bändigen". Auch jetzt kamen Zusammenstöße vor, Schlägereien, man stach und schnitt sich gegenseitig, die Einwohner versammelten sich vor den Wohnungen der Passagiere „mit lästerlichem Geschrey". Erst am 11. März, als der Hafen von Eis frei war, konnte man wieder unter Segel gehen. Wieder hemmten konträre Winde die Fahrt, die Reisenden erlebten abermals einen Sturm, daß die „Meereswellen das Schiff hin und her schmeisseten", und erst am 4. April, nach 5 Monaten und 8 Tagen seit der Ausfahrt von Amsterdam, war Danzig erreicht worden. Besonders auch vom kaufmännischen Standpunkt war diese Verzögerung bedauernswert, denn, sagt Zetzner, „die Zeit über, als wir unterwegs waren, seind dergleichen Sorten Wein, als ich überführte, in großen Abschlag kommen, so daß sie ohne großen Schaden nicht an den Mann zu bringen waren.[2]) So stand es mit dem Handel zu jener Zeit. Die damaligen Verkehrsverhältnisse konnten die Pläne des Kaufmanns vollständig auf den Kopf stellen.

Von Italien und dem Mittelmeergebiet überhaupt aus, wo die Seeversicherung bereits im Mittelalter bestanden hatte, gelangte sie dann nach den Niederlanden, um hier mit dem Aufschwung der holländischen

---

[1]) Reiß-Journal usw. von Joh. Zetzner. Kap. XVI, S. 160 ff.

[2]) Reiß-Journal, Kap. 3—4.

Schiffahrt eine weitere Entwicklung und Verbreitung zu gewinnen. Doch liegt auch hier noch zunächst das Versicherungsgewerbe fast ausschließlich in den Händen von Genuesen, Florentinern, Venezianern, auch Spaniern und Portugiesen, wodurch auch italienisches Versicherungsrecht nach dem Norden vordringt.[1]) Erst im 17. Jahrhundert wird die Seeversicherung in den Niederlanden von den einheimischen Handelsleuten selber ausgeübt, und zwar wurde sie von Kaufleuten und Reedern neben ihren anderen Geschäften betrieben (um 1720 hatte Amsterdam etwa 100 Assekuranzmäkler).[2]) Die Einrichtung wird im 17. Jahrhundert auch nach Frankreich und in die deutschen Seestädte, namentlich nach Hamburg,[3]) übertragen, während auf dem Rhein noch bis Anfang des 19. Jahrhunderts niemand an eine Versicherung dachte.[4]) Da nur beim Abschluß einer größeren Anzahl von Versicherungsverträgen die Unfallchancen sich ausgleichen konnten, das Kapital des einzelnen jedoch nur gering war, so suchten die Assekuradeure auch jetzt, wie dies bereits in den italienischen Städten im Mittelalter der Fall war, sich an jedem Vertrage nur mit einer bestimmten Quote zu beteiligen. Selbst in den Niederlanden, wo die Seeversicherung am meisten ausgebildet war, finden wir gewöhnlich eine Beteiligung mehrerer an einem Geschäft, wobei jeder bloß für seinen Teil und nicht darüber hinaus die Verantwortung übernimmt.[5]) Neben Privatassekuradeuren kommen auch Versicherungsgesellschaften auf. Der Kaufmann Lyon zu Honfleur (zu Ende des 17. Jahrhunderts) versichert seine Waren teilweise bei Privatpersonen (in La Rochelle, Rouen, St. Malo, Marseille), teilweise bei der um diese Zeit in Paris gegründeten „Compagnie générale des assurances et grosses aventures de France", wobei er eine nach heutigen Begriffen sehr hohe Prämie von 6 bis 10%, zuweilen (für gewisse Reisen) auch bis zu 25% zahlt und dabei doch die Versicherer die Zahlungsfrist nicht einhalten.[6]) Ein anderer französischer Kaufmann, Magon de la Balue zu St. Malo, der auch als Assekuradeur auftritt oder als Kommissionär für andere Assekuradeure, denen er Versicherungen verschafft, und der sich über die Konkurrenz der Pariser Versicherungsgesellschaft beklagt, schließt Verträge zu verschiedenen

---

[1]) Vgl. Bd. I, S. 310 ff.

[2]) Baasch, Holländ. Wirtschaftsgesch. (1927), S. 243 f.

[3]) Vgl. Kiesselbach, Die wirtsch. und rechtsgesch. Entwicklung der Seeversicherung in Hamburg (1901). Plaß, Gesch. der Assekuranz und der hanseatischen Seeversicherungsbörsen (1902). Amsinck, Die ersten Hamburgischen Assekuranz-Compagnien und der Aktienhandel im Jahre 1720 (Zeitschr. des Ver. f. Hamb. Gesch. IX, 1894).

[4]) Gothein, Rheinschiffahrt, S. 146.

[5]) In Antwerpen beteiligten sich 1531 an der Versicherung eines Schiffes 42 Personen, 1542 an zwei Schiffen 50, es lebten hier von Versicherungsgeschäften (um 1564) über 600 Menschen. Die Geschäfte wurden durch Vermittlung von Mäklern abgeschlossen, die öfters zweimal dasselbe Schiff oder auch Schiff und Ladung über ihren Wert hinaus versicherten, Unterschriften fälschten und andere Betrügereien verübten, ohne sich dafür verantworten zu müssen. (Goris, S. 181 ff.)

[6]) Decharme, Le comptoir d'un marchand au XVII siècle (1910), S. 201 ff.

Sätzen ab. Wir erfahren hier, daß man zu Ende des 17. Jahrhunderts für Waren, die nach anderen französischen Häfen des Atlantischen Ozeans bestimmt waren, $2^1/_2$% Prämie zahlte, dagegen bei Fahrten nach Marseille wie auch nach Amsterdam, Königsberg, Bilbao die Prämie 4%, nach Cadix und Konstantinopel 5% betrug und nach St. Domingo und Newfoundland bis auf 9% stieg. Später sinken die Raten bedeutend — für die Reisen nach den französischen Häfen auf $1^1/_4$ bis $1^1/_2$%, nach Cadix auf $1^1/_2$ bis 2%, für die transozeanische Fahrt machen sie $3^1/_2$%, zuweilen jedoch bis 5% aus; im Kriegsfalle steigt die Prämie dagegen bis auf 25%.[1])

Die hohen Prämienzahlungen[2]) machen es begreiflich, daß man selbst im 18. Jahrhundert in Frankreich wie in den Niederlanden möglichst ohne Versicherung der Schiffe und Waren auszukommen suchte, sie nur bei wirklich vorhandener Gefahr für notwendig hielt. Insbesonders wollte man bei kurzen Strecken diese Spesen vermeiden. Im übrigen bediente man sich des alten Brauches, seine Waren auf möglichst zahlreiche Schiffe zu verteilen.[3]) Dies taten nicht bloß Kölner Kaufleute, wenn sie ihre Waren nach der Frankfurter Messe sandten,[4]) sondern auch die Niederländer, die „die Seeversicherung als eine Art Notbehelf betrachteten und ihre Waren nur dann assekurierten, wenn größere Partien auf ein und dasselbe Fahrzeug geladen werden mußten und keine Gelegenheit vorhanden war, die Güter auf verschiedene Schiffe zu verteilen.“[5])

Defoe hält es (1697) noch für nötig, nachzuweisen, daß die Seeversicherung nichts Ungesetzliches enthält, denn „wenn ich genötigt bin, in diesem oder jenem Fahrzeug eine größere Warenladung zu haben, als mein Vermögen mir zu verlieren gestattet, so kann sich doch gewiß ein anderer dazu erbieten, mit mir zu gehen und natürlich ist es nur billig, daß, wenn er Teil an einem Risiko nimmt, er auch Teil am Gewinne haben muß“.[6]) Er betont dabei, daß die Versicherung darin ihren Grund hat, daß man in einem einzigen Schiffe die ganze Warenladung verfrachtet — offenbar im Gegensatz zur älteren Gewohnheit, sie auf eine Reihe von Fahrzeugen zu verteilen. Savary dagegen stellt bei Betrachtung des Handels mit Spanien und Amerika als einen von sieben Grundsätzen die Forderung auf, die Waren zu versichern, da in den letzten 15 bis 20 Jahren zahlreiche Pariser Kaufleute, die ein Vermögen von 6 bis 700000 L. besessen hatten, durch Verlust ihrer Waren (Seeraub, Schiffsbruch) vollständig zugrunde gerichtet worden sind.[7])

---

[1]) Sée, Le commerce de Saint-Malo au XVIII siècle d'après les papiers des Magons (Hayem, Mém. et docum. 1925), S. 87, 105, 120.

[2]) Der Frankfurter Kaufmann Bodeck zahlte (1607) für eine Fracht Getreide, das er in Danzig einkaufen und per Schiff nach Genua befördern ließ, 6% Assekuranz. Die Fracht betrug 40%, der Zoll 8% des Warenwerts, dabe machte er doch einen Reingewinn von 20 bis 40% (Dietz, Frankfurt. Handelsgesch., III, S. 254).

[3]) Sée, Le commerce de Saint-Malo, S. 47, 88, 197.

[4]) Ranke, Die wirtsch. Beziehungen Kölns zu Frankfurt a. M. usw. (Viert. Soz. u. W.-G., XVII, 1923, S. 56).

[5]) Wätjen, S. 202.

[6]) Defoe, An Essay on Projects (1697). Deutsch (Soziale Fragen vor zweihundert Jahren, übers. v. Fischer, 1890), S. 55.

[7]) Savary, Le Parfait Négociant II (1675).

Die anderen Versicherungsarten treten erst viel später als die Seeversicherung und nur allmählich auf.[1]) Namentlich die Feuerversicherung war, solange bei größeren Bränden ganze Städte dem Feuer erlagen, eigentlich unmöglich, und die im 18. Jahrhundert vorhandenen Feuerkassen waren oft außerstande, die von der Katastrophe Betroffenen zu entschädigen. Nur in England gab es schon damals Assekuranzgesellschaften, und zwar sowohl Feuer- als Lebensversicherungskompagnien. 1696 bis 1719 waren sieben solcher Kompagnien begründet worden.[2]) Freilich behauptete auch hier Defoe noch 1697, „Lebensversicherungen kann ich nicht bewundern. In Italien allerdings, wo Dolch und Gift so im Schwunge sind, mag manches für etwas Derartiges sprechen, ebenso wie für etwaige Leibrenten. Doch habe ich keins von beiden loben hören".[3]) Die Lebensversicherung auf kurze Zeit, für die Dauer einer Reise, kommt freilich in Antwerpen bereits im 16. Jahrhundert auf. Doch die dortigen Notare, die als Vermittler auftraten, versicherten meist alte, kranke und gebrechliche Leute, die noch vor Ablauf der Versicherungsfrist starben (eine Reise unternahmen sie überhaupt nicht), oder sie verstanden es, die Versicherten möglichst bald durch Gift oder Mißhandlung aus der Welt zu schaffen. Zahlreiche Prozesse bestätigen dies. Die Feststellung dieser Tatbestände befreite die Assekuradeure von der Notwendigkeit zu zahlen, dagegen wurden Strafprozesse gegen die Schuldigen, meist angesehene Ausländer, nicht angestrengt.[4]) Eine eigentliche Lebensversicherung scheint (neben den Leibrenten und Staatsanleihen in Form von Annuitäten und Tontinen) im Anfang, namentlich in den Niederlanden, als Freiheitsversicherung, als Auslösungssumme für den Fall der Versklavung, aufgekommen zu sein, während sie sonst verboten war.[5]) Die holländischen Schiffskapitäne weigerten sich, nach Ricard, ins Mittelmeer, das von türkischen Corsaren wimmelte, Fahrten zu unternehmen, wenn die Reeder sie nicht für 3 bis 4000 Fl. versicherten, um sie nötigenfalls aus der Sklaverei auslösen zu können.[6]) Diese Gefahr war ja damals bei Seereisen angesichts der Piraten, die die Reisenden zu Sklaven machten, recht groß. Freilich war es nicht leicht, solche Verträge von der Versicherung auf das Leben einer dritten Person, d. i. von der viel mißbrauchten und verbotenen Wette, zu scheiden. Die niederländische Rechtsprechung fand jedoch den Unterschied darin, daß, während bei Wetten auf das Leben eines Dritten der eine nach dem Unglück des anderen trachtet, bei dem erlaubten Versicherungsvertrag beide Kontrahenten auf einen guten Ausgang rechnen; bei Versicherung des Lösegeldes nämlich haben die Versicherten doch Gründe, möglichst darnach zu trachten, nicht in die Sklaverei zu geraten.[7]) Auch in Frankreich war es noch durch die Ordonnanz von 1681 verboten, neben der Versicherung von Schiff und Waren auch das Leben der Mannschaften und Passagiere mitzuversichern. Erst in der zweiten Hälfte des 18. Jahrhunderts kommt hier die Lebens- und Feuerversicherung auf. 1754 wurde nämlich eine Gesellschaft zum Zwecke der Immobiliarversicherung begründet, während Mobiliargut zur Versicherung nicht angenommen wurde, damit die Hausbesitzer und Wohnungsmieter Verhütungsmaßregeln gegen Feuerschaden ergreifen sollten. Erst die zweite, 1787 aufgekommene Kompagnie befaßte sich auch mit der Mobilienversicherung. In dieses Jahr

---

[1]) Ludovici (S. 158 ff.) kennt (noch 1768) bloß eine Transportversicherung.

[2]) Nemnich, Neueste Reise durch England (1807), S. 101. Vgl. Anderson, VI, S. 646 ff., 652. Postlethwayt, Dict. s. v. Assurance.

[3]) Defoe, S. 57.

[4]) Goris, S. 385 ff.

[5]) Ricard (S. 259) erzählt allerdings, daß in Amsterdam, wo man auf alle mögliche Weise Geld zu gewinnen suche, es Leute gäbe, die ihr Leben versichern, damit im Falle ihres Todes ihre Familie eine Zeitlang ein Einkommen beziehe. Doch bezeichnet er solche Vereinbarungen als „fort scabreuses".

[6]) Ricard, S. 274.

[7]) Kohler-Hecht, Niederländ. Handelsrecht in der Blütezeit des Freistaates (Z. f. Handelsr. 59. 1907. S. 505, 509).

fällt auch die Gründung einer Lebensassekuranzgesellschaft in Paris.[1]) Die ersten deutschen Gesellschaften dieser Art gehören erst dem Anfang des 19. Jahrhunderts an.[2]) 1827 wurde die älteste deutsche Lebensversicherungsanstalt, die Gothaer Lebensversicherungsbank, begründet.[3])

---

[1]) Blum, Les assurances terrestres en France sous l'ancien régime (Rev. d'hist. écon. VIII, 1920, No. 1).

[2]) Marperger (S. 76) kennt bloß die Versicherung von Schiff und Waren.

[3]) A. Emminghaus, Gesch. der Lebensversicherungsbank für Deutschland zu Gotha (1877). B. Emminghaus, An der Wiege der deutschen Lebensversicherung (Jahrb. f. Nat.-Ök. III. F. 72. 1927). — Über das Versicherungswesen jener Zeit vgl. noch: Sombart, Der mod. Kap., I, S. 309 ff. Rehme, Gesch. des Handelsrechts, S. 226. Martin, The History of Lloyds and of Marine Insurance in Great Britain (1876). Masson, Hist. du comm. français dans le Levant au XVIIe siècle, S. 482. Alw. Schultz, Das häusl. Leben (1903), S. 106 ff. Hamon, Hist. générale des assurances. Sée, L'évolution commerciale et industrielle de la France, S. 103.

VI. ABSCHNITT.

Kapital und Kapitalismus.

Kapitel 24.

Das Kapital.

Wann und wo ist das Kapital entstanden? Die herrschende Ansicht gipfelt darin, daß die vom 15.—16. Jahrhundert an zuerst in Italien, dann insbesondere in oberdeutschen Städten aufkommenden Kapitalvermögen akkumulierte Handels- und Kreditprofite darstellten. Im Gegensatz dazu hat Sombart eine neue Theorie aufgestellt, die Vermögensmassen hätten sich nur in den Händen der städtischen und ländlichen Grundeigentümer bilden können, als Resultat der Akkumulation von Grundrenten, die dann in Handels- und Kreditgeschäften investiert wurden. Die Kritik hat in einer Reihe von Untersuchungen über die Entstehung des Kapitalismus zu Sombarts Auffassung Stellung genommen und ist in den meisten Fällen zu anderen Ergebnissen gelangt. Nun hat freilich Sombart in der neuen Auflage seines „Modernen Kapitalismus" seinen Kritikern einige Zugeständnisse gemacht. Er hat die Bedeutung auch anderer Quellen (neben dem Grundbesitz) für die ursprüngliche Vermögensbildung anerkannt; „es sind auch im Rahmen der handwerksmäßigen Wirtschaft Vermögen angehäuft worden, es sind gewerbliche Handwerker und handwerksmäßige Händler im Laufe des Mittelalters zu Reichtum gelangt."[1]) Doch betont Sombart auch jetzt die wichtige Rolle, die der Grundrentenakkumulation zukommt. In der Tat hat nicht bloß v. Below darauf hingewiesen, daß „die Einwohner der alten Städte, die über großen Grundbesitz verfügten, bei dem schnellen Wachstum der Gemeinden, wie wir es im 12. und 13. Jahrhundert bemerken, mühelos zu Reichtum gelangen",[2]) sondern auch die Kritik, die durch Sombarts, um mit seinen eigenen Worten zu reden, „etwas provozierende Behandlung des Gegenstandes und die allzu scharf zugespitzte Problemstellung" (in der ersten Auflage seines Werkes) hervorgerufen war, hat „gerade erst recht die Bedeutung" dieser Form der Vermögensbildung klargestellt.[3]) Trotz ihrer Einwendungen müssen Sombarts Gegner doch zugeben, daß eine Wertsteigerung des Grundbesitzes in der Stadt und auf dem Lande öfters stattgefunden hat, daß die Kaufleute zugleich Grundbesitzer waren. Beruhte doch selbst in

---

[1]) Sombart, I, 2, S. 608 ff.

[2]) v. Below, Das ältere deutsche Städtewesen, S. 116.

[3]) Sombart, I, S. 649.

Genua die Macht der Nobili außer auf ihrem Handel auch auf ihrem Grundbesitz in Ligurien.[1]) Nur brauchte freilich das Unternehmertum nicht immer aus den Kreisen der Grundbesitzer hervorzugehen, wenn das auch oft der Fall war. Was Frankfurt a. M. betrifft, so behauptet Bothe, daß „zur Bildung großer Vermögen viele Momente beigetragen haben, unter denen die Einnahmen aus der Grundrente und der Bodenwertzuwachs keine geringe Rolle gespielt haben". Einerseits sind hier „gerade aus den Kreisen der wohlhabenden grundbesitzenden Patrizier die reichsten Kaufleute hervorgegangen" und andrerseits haben „die handeltreibenden Familien durch ihr Handelsgeschäft ihre Vermögen ganz bedeutend vergrößert, so daß sie die ganz bei der Landwirtschaft verbliebenen überflügelten".[2]) In solchen Städten endlich, die, wie z. B. Mülhausen i. Th., keinen regeren Handelsverkehr aufzuweisen hatten, scheinen die Kapitalien nichts anderes als akkumulierte Grundrente gewesen zu sein, denn die Bildung derselben war eben auf keinem anderen Wege möglich.[3])

Kommt man somit zu dem Ergebnis, daß aus Grundrentenbezügen Vermögensbildung möglich war, wenn es auch daneben andere, nicht minder wichtige Formen der Kapitalakkumulation gegeben hat, so weist Sombart weiter auf den Umstand hin, daß, soweit es sich um diese anderen Quellen handelt, um Warenhandel, Geldleihe und Handwerk, dieselben Formen der abgeleiteten, nicht der originären Vermögensbildung waren, denn das Vermögen dieser Leute bildete sich im Verkehr mit reichen Leuten, d. i. mit feudalen Grundbesitzern, von denen jene Profite gezahlt wurden. „Drei Viertel aller Kolonialprodukte und aller gewerblichen Erzeugnisse, die von dem vorkapitalistischen Handel abgesetzt wurden, hatten als Abnehmer Rentenbezieher: nämlich Fürsten, Ritter, Kirchen, Klöster, Stifte." Dasselbe war auch bei der Geldleihe der Fall. Doch betont zugleich Sombart, daß die Geldleihe doch „auch wirklich vermögenbildende Kraft im großen Stile besessen hat", und daß „Teile des (schon vorhandenen) feudalen Reichtums in den Händen von Handwerkern (offenbar bezieht Sombart dies auch auf die Händler) sich zu größeren Beträgen wieder zusammenballten."[4])

Als kapitalbildende Faktoren werden wir jedenfalls für das Mittelalter neben dem Grundbesitz Warenhandel und Geldleihe, ferner Raub und Piraterie und auch die Plantagenwirtschaft in der Levante ansehen müssen. Besonders reichlich fließen jedoch alle genannten Quellen der Vermögensbildung seit dem 16. Jahrhundert, wo außerdem noch neue

[1]) Sieveking, Genues. Finanzwesen. Für Venedig vgl. Kretschmayr, Gesch. von Venedig II (1920). Merores, Der venezianische Adel (Viert. Soz - u. W.-G., XIX, 1926. S. 202 ff., 228 ff.).

[2]) Bothe, Die Entwicklung der direkten Besteuer. in der Reichsstadt Frankfurt (1906). Excurs.

[3]) Vgl. Vetter, Bevölkerungsverhältnisse Mülhausens im 15. und 16. Jahrhundert (Leipz. Hist. Abh. XVII).

[4]) Sombart, Mod. Kapit., I, 2, S. 634.

Momente hinzukommen, wie Bergbau auf Edelmetalle, zunächst (seit Mitte des 15. Jahrhunderts) in der Alten Welt, dann in Amerika (auch anderwärts) und verschiedene Formen der Ausbeutung der Bevölkerung in den Kolonien (Sklaverei, Zwangshandel).

Im 15. Jahrhundert versteuerte der reichste Bürger Basels ein Vermögen von 14500 Fl. (1446). 1453 lebten in Basel 26 Personen mit einem Vermögen von mehr als 5000 Fl. Das Gesamtvermögen des Zürcher Bürger Hans Waldmann wurde nach seinem Tode auf 33000 Fl. geschätzt. In Konstanz war das Vermögen der reichsten unter den Stadtbewohnern, des Lüttfried Muntprat und seines Bruders, von 37500 Pfund Heller 1418 auf 95000 1433 gestiegen, um 1447 auf 132500 anzuwachsen. In Pisa gab es 1427 fünf Vermögen von 10000 Fl. und mehr, vier von 5 bis 10000 Fl., von den Genuesen wiesen 1440 90 ein Gesamtvermögen von je 20000 Fl. und darüber auf. In Florenz hatten 31 von den der Vermögenssteuer unterliegenden Bürgern ein Vermögen von 20000 Fl., 44 von 10 bis 20000, 116 von 5 bis 10000. Zur ersten Gruppe gehörte Cosimo Medici mit einem Vermögen von 115000 Fl. (1458), während 1469 Pietro Medici ein Vermögen von 238000 Scudi hinterließ. Das Vermögen von Pietro Spinola belief sich 1440 auf 227000 Pfd. Die reichsten Italiener waren der venezianische Patriarch Aquileo Patavino (200000 Dukaten 1460) und Andrea Vendramini (170000 Dukaten 1476). Die das Vermögen der Fugger repräsentierenden Zahlen sind weit höher. 1527 belief sich ihr Handlungskapital auf 3 Mill. Fl., 1546 auf 5 Mill. Fl. Auch die Vermögen der reichen Genuesen waren infolge der einträglichen Kreditgeschäfte mit der spanischen Krone bedeutend angewachsen. Wie aus den Angaben über die Vermögenssteuer ersichtlich ist, waren 1636 in Genua 14 Vermögen von mehr als 1 Mill. Lire vorhanden; Stephano Doria besaß ca. 4 Mill., vier andere Genuesen hatten je 2 Mill.[1])

Das Großkapital tritt zuerst in den oberdeutschen (teilweise auch in italienischen) Städten im 16. Jahrhundert, im „Zeitalter der Fugger" auf. In welcher Weise hat sich nun dieses Kapital gebildet? Auf Grund der Forschungen Strieders, der die Vermögensbildung in Augsburg, dem Zentrum des Handels- und Kreditkapitals des 16. Jahrhunderts, einer eingehenden Betrachtung unterzogen hat, können wir behaupten, daß an erster Stelle die Kapitalbildung im Handel (auch im Gewerbe) gestanden hat, wenn sie auch nur als eine abgeleitete Form der Vermögensbildung (im Sinne Sombarts) zu betrachten ist.

Strieder verfolgt nämlich an der Hand der in den Steuerbüchern enthaltenen Angaben über die Vermögensbesteuerung die Vermögensentwicklung der von ihm in zwei Gruppen eingeteilten Augsburger Patrizierfamilien und weist nach, daß von der ersten Personengruppe, von den 42 Familien nämlich, die sich dem Handel fern hielten, „keine mit Ausnahme der Familie Rehinger es über eine im damaligen Augsburg auch unter den zünftigen Handel- und Gewerbetreibenden ungemein häufige Wohlhabenheit gebracht hat". Aus der zweiten Gruppe hingegen, derjenigen Familien, die sich dem Handel zuwandten, gingen acht der bedeutendsten Handelshäuser des 16. Jahrhunderts hervor, die Welser, Gossembrot, Herwart, Meuting, Laufinger, Pfister, Rehm, Sulzer, die an den ersten Expeditionen der Portugiesen nach Ostindien, später am Handel mit Lissabon und Antwerpen sich rege beteiligt und auch in den hervorragendsten Kreditgeschäften (Staatsanleihen)

---

[1]) Schulte, Gesch. des Handels und Verkehrs zwischen Westdeutschland und Italien, I, S. 610 ff., 614, 647, 663. Keller-Escher, Das Steuerwesen der Stadt Zürich im 13., 14. und 15. Jahrhundert, S. 77. Burckhardt, Die Kultur der Renaissance in Italien, Exkurs V. Sieveking, Aus Genueser Rechnungs- und Steuerbüchern, S. 108 ff. Ehrenberg, Zeit. der Fugger, I, S. 122, 149.

jener Zeit eine bedeutsame Rolle gespielt haben.[1]) Im 15. Jahrhundert betrieben sie alle den Handel nach Venedig; allem Anscheine nach war es diese Handelstätigkeit, der sie die Bildung ihrer Vermögen verdankten, die im 16. Jahrhundert zutage traten. Bis zum Beginn ihrer Handelstätigkeit wiesen die Vermögen dieser zur zweiten Gruppe gehörenden Patrizier einen nur geringen Umfang auf, sie „überstiegen keinesfalls die Vermögen jener Patrizierfamilien, die nach wie vor nur von ihren Grundrenten und Gülten lebten". Im Laufe der Zeit findet jedoch in dem Maße, wie ihre Handelstätigkeit an Umfang zunimmt, ein Anwachsen ihrer Vermögen statt, eine Erscheinung, die bei den keinen Handel treibenden Patriziern ausbleibt. Wie Strieder folgert, konnte also das differenzierende Moment einzig in dem beruhen, was beide Gruppen seitdem unterscheidet, nämlich im Handel. Die großen Kapitalvermögen bildeten sich jedoch nicht nur in dem über Venedig sich vollziehenden Handel mit Gewürzen und anderen orientalischen Erzeugnissen, sondern auch infolge des Übergangs zu der in Augsburg bereits im 15. Jahrhundert vorhandenen Hausindustrie. Eine Anzahl der bedeutendsten Handelshäuser Augsburgs, darunter weltberühmte wie die Höchstätter und insbesonders die Fugger, handelten im 15. Jahrhundert nicht nur mit Baumwolle, sondern auch mit den in der Umgegend von Augsburg daraus hergestellten Fertigfabrikaten, mit Zeugen, sowie mit den ebenfalls in Augsburg verarbeiteten Kürschnerwaren.[2])

Im Gegensatz zum 16. Jahrhundert macht sich in den darauffolgenden Jahrhunderten, nach dem Zusammenbruch der oberdeutschen Kapitalvermögen[3]), in Deutschland ein chronischer Kapitalmangel fühlbar. Diese Kapitalarmut ging so weit, daß es an den zur Anschaffung von Rohstoffen und zur Entlohnung der Heimarbeiter nötigen Mitteln fehlte, also an einem verhältnismäßig geringen Betriebskapital; stehendes Kapital war damals noch nicht erforderlich. Die im 16. Jahrhundert in den oberdeutschen Städten akkumulierten bedeutenden Kapitalvermögen (die Millionen der Fugger!) gingen bereits zu Ausgang dieses Jahrhunderts zugrunde, da die spanischen und französischen Herrscher, in deren Anleihen diese Vermögen angelegt waren, wiederholt Bankerott erklärten und ihre Zahlungen einstellten.[4]) In den beiden folgenden Jahrhunderten wurden Deutschland und Österreich durch die Religionskriege verwüstet und nahmen am Welthandel keinen Anteil mehr. Sie erhielten ihre Waren (Kolonialwaren!) erst aus zweiter Hand, von Holländern und Franzosen; der Strom des amerikanischen Silbers und Goldes, der über Spanien hinweg die Niederlande, England, Frankreich bereicherte, ging an ihnen vorbei. Dadurch war die Kapitalansammlung in Deutschland bedeutend erschwert, und die Industrie konnte nur mit Hilfe des Staates ins Leben gerufen werden; doch auch dessen Bemühungen führten nicht immer zu einem bleibenden Ergebnis.

In Preußen wurde unter Friedrich d. Gr. eine staatliche Bank in Berlin, sowie staatliche Handelskompagnien gegründet. Von insgesamt 2400 Aktien der Seehandlungsgesellschaft gehörten 2100 dem Könige.

---

[1]) S. oben S. 244f.

[2]) Strieder, Zur Genesis des modernen Kapitalismus (1904).

[3]) S. oben S. 247 ff.

[4]) Nach Dietz (Frankfurter Handelsgesch., IV, 2, 1925 S. 620) hat erst das Bankhaus Gebr. Bethmann in Frankfurt a. M. zu Ende des 18. Jahrhunderts wieder einen solchen Reichtum wie die Fugger erworben. Sein Kapital wurde auf 2½ Mill. Fl., das Gesamtvermögen auf 5,2 Mill. geschätzt. Vgl. oben S. 247.

In den Händen des Staates befand sich der Bergbau und die Metallindustrie. In staatliche Verwaltung waren genommen worden die Werke zu Neustadt, zu Peutz bei Kottbus, wo Munition erzeugt wurde, zu Zehdenick an der Havel (Eisenhütten), zu Malapan, zu Crossen (Eisenhammer), zu Tarnowitz (Stahlerzeugung), zu Braunschweig, zu Mansfeld (Kupferwerke), die Steinkohlengruben von Wettin, die Salzwerke von Königsborn, auf die 150000 Tal. aufgewandt worden waren, und von Schönebeck (ein Aufwand von 350000 Tal.). Auch die Berliner Porzellanmanufaktur übernahm der König für 225000 Tal. Andere Industriezweige beruhten freilich auf Privatunternehmungen, doch konnten sie zumeist ohne staatliche Unterstützung nicht auskommen.

So war es z. B. in der von Friedrich d. Gr. begründeten Seidenindustrie. Zur Erweiterung seines Betriebes erhielt Hirsch David einen Kapitalvorschuß von 8000 Tal., anderen Unternehmern dieser Branche wurden sowohl Zuschüsse als Prämien bewilligt, der Zahl der von ihnen beschäftigten Webstühle entsprechend. Besonders großer Summen erfreute sich Gotzkowsky, der ein besonderes Vertrauen des Königs genoß, dasselbe jedoch nicht rechtfertigte und schließlich bankrott machte. 72000 Tal. verwandte der König auf die Einrichtung einer Tuchmanufaktur. Sie wurde einem Unternehmer überlassen, dem weitgehende Privilegien verliehen wurden, sowie Vorschüsse von 18000, dann nochmals 8000 Tal., die später als nicht rückzahlbar erklärt wurden. Einem Franzosen namens Dubois wurde eine von der Regierung für 4550 Tal. erworbene Mahl- und Schneidemühle nebst dazugehörigen Ländereien zur Begründung einer Papiermanufaktur in Erbpacht übergeben. Als Reise- und Transportkosten für seine Familie und für die herbeizuschaffenden Arbeiter erhielt Dubois 5400 Tal., ferner 2000 Taler als Gratifikationsgeld und 36800 Tal. für die Bauarbeiten und die innere Einrichtung der Manufaktur. Für die Eisen- und Stahlindustrie von Breslau, welche Schlesien vom Bezug steirischer Waren wie Messer, Sensen usw. unabhängig machen sollte, hat der König zahlreiche Privilegien verliehen und Zuschüsse zahlen lassen; auch unter den Nachfolgern des großen Königs wurden derselben wiederholt Zuwendungen gemacht.[1])

Was war nun das Ergebnis dieser Maßnahmen zur Förderung der Gewerbe? Es ist bekannt, daß die Seidenindustrie, auf deren Schaffung soviel Geld und Mühe verwandt worden war, sich als eine künstlich gezüchtete, nicht lebensfähige Pflanze erwies, die allmählich verdorren mußte, ohne Früchte gezeitigt zu haben. Eine Reihe von Unternehmungen dieses Industriezweiges ging schon zur Regierungszeit Friedrichs d. Gr. ein, andere wurden von diesem Geschicke bald nach seinem Tode betroffen. Nicht anders erging es einer Reihe anderer Gewerbe.

Als Beispiel wollen wir die Industriegründungen in Schlesien nehmen. Hat doch Friedrich d. Gr., nachdem er diese Provinz erworben hatte, gerade ihr seine besondere Gunst zugewandt und den Versuch gemacht, hier eine Großindustrie ins Leben zu rufen. Es wurden hier in der Tat 1741 bis 1756 die verschiedensten Unternehmungen gegründet, so zur Erzeugung von Tuch, Kattun, Leinwand, Zwirn, Strümpfen, Plüsch, Leinenbändern, Leder, Nadeln, Posament, Stärke, Hüten,

---

[1]) Koser, König Friedrich d. Gr. 3. Aufl. I—II (1904). Matschoß, Friedrich d. Gr. als Beförderer des Gewerbefleißes (1912). Hintze und Schmoller, Die preußische Seidenindustrie I—III (Acta Boruss.). Schmoller, Wirtschaftspolitik Friedrichs d. Gr. (in seinem Jahrb. XI ff.). Vgl. auch Biedermann, Deutschl. im 18. Jahrhundert, I (1854).

Glas u. a. m. Auch Frisch- und Lupenfeuer, Eisenhämmer, Kupfer-, Blei- und Silberschmelzhütten wurden angelegt. Später kamen Salpetersiedereien, Ölmühlen, Pottaschesiedereien, Zucker-, Essig-, Spiegel- usw. Fabriken (im Sinne jener Zeit) hinzu. Im ganzen wurde bis zum Tode Friedrichs d. Gr. die staunenswerte Zahl von 1302 Etablissements errichtet. Den Weisungen des Königs folgend, forderte sein Minister von Schlabrendorff Adel und Landstände, Klöster und geistliche Stiftungen, Städte, Kaufleute und Judenschaft zur Gründung industrieller Unternehmungen auf. Die meisten Stifter setzten den Anordnungen einen zähen, mitunter hartnäckigen Widerstand entgegen, wobei sie in Ausflüchten höchst erfinderisch waren. Höchstens bequemten sie sich dazu, an Dorfweber Aufträge zu erteilen. Auf einigen Grundherrschaften suchte man die Waldungen und Erzlager zu verwerten, indem Hochöfen, Eisenhämmer und Glashütten angelegt wurden. Besonders unzufrieden war Schlabrendorff mit der Kaufmannschaft, die sich der Gründung neuer Unternehmungen gegenüber gänzlich ablehnend verhielt. Geringen Erfolg hatte er auch bei den Juden. Alljährlich wurden dem König Berichte über die Zahl der neugegründeten Unternehmungen und der von ihnen beschäftigten Arbeiter gesandt. Die Zahl derselben wies nach den Berichten von Jahrzehnt zu Jahrzehnt eine erhebliche Steigerung auf: 1765 betrug die Arbeiterzahl 2000, 1775 12000, 1785 16500, 1765 zählte man 397 Stühle, 1775 1454, 1782 1565. Doch entsprachen die Zahlen den Tatsachen nicht. Die Unternehmungen, die inzwischen eingegangen waren (ihre Zahl betrug bis zum Tode Friedrichs d. Gr. über 35%), wurden nicht berücksichtigt. Als Arbeiter wurden auch Soldaten, ferner die schon vor der Einverleibung Schlesiens vorhandenen Personen mitgezählt, ja selbst die Insassen der Armen-, Zucht- und Arbeitshäuser, so daß die Zahl der Arbeiter stieg, wenn mehr Züchtlinge eingeliefert wurden. Der König erhielt dadurch eine ganz falsche Vorstellung von der Lage der schlesischen Industrie. Niemand wagte es, ihn über den wirklichen Sachverhalt aufzuklären. Und doch fristeten selbst diejenigen Unternehmungen, die auch weiterhin in Betrieb blieben, nur ein prekäres Dasein. Trotz der zu Vorschüssen, Geschenken und Ankäufen von Webstühlen oder Rohstoffen aufgewandten großen Mittel, trotz der vielen Mühe und Arbeit war sehr wenig erreicht worden; insbesondere von den seit 1763 neueingeführten Industriezweigen hat sich (außer der Stahl-, Blech- und Drahtfabrikation) kaum eine behauptet. Sie warfen einen nur geringen Gewinn ab, große Mengen ihrer Fabrikate blieben unverkauft liegen.[1])

In Österreich beliefen sich die bis 1785 an verschiedene Unternehmer, hauptsächlich in der Textilindustrie, als Darlehen gewährten und von ihnen geschuldeten Gelder auf 680000 Fl. Große Vorschüsse wurden namentlich an hohe Adelige für ihre industriellen Unternehmungen gewährt, so an die Grafen Waldstein, Colowrat, Klary, Kinsky, Starhemberg.

Der Unternehmer Thys erhielt neben einer Reihe von Privilegien zum Betrieb seiner Tuchfabrik und zur Verbreitung der Spinnerei 100000 Fl. Nach seinem Tode gingen seine Unternehmungen ein. Die Poneggersche Strumpfwirkerei hatte Vorschüsse in der Höhe von 50000 Fl. erhalten, außerdem erhielt sie einen Florin für jedes Dutzend fertiger Strümpfe. Fallzorger, dem Begründer einer Krausflorfabrik, wurden 2000 Fl. für die ersten 20 Stühle bewilligt, ferner 150 für zwei Filatorien, außerdem 25 Fl. Remuneration für jedes Kind, das in seiner Unternehmung beschäftigt wurde. Valero erhielt einen Zuschuß von 9700 Fl. zur Anschaffung von Gerätschaften für ein Etablissement der gleichen Art, Monfort einen

---

[1]) Fechner, Gesch. des schlesischen Berg- und Hüttenwesens 1741 bis 1806 (1901). Ders., Die industriellen Etablissements der geistlichen Stifter in Schlesien unter Friedrich d. Gr. (Jahrb. f. Nat.-Ök. III. F. IV. 1892). Ders., Die Fabrikgründungen in Schlesien nach dem Siebenjährigen Kriege unter Friedrich d. Gr. (Z. f. Staatswiss. 1901). Zimmermann, Blüte und Verfall des Leinengewerbes in Schlesien.

zu 2% verzinslichen Vorschuß von 3000 Fl., die Penzinger Fabrik anfangs 30000, dann noch 20000 Fl. Große Kosten verursachte dem Fiskus, sowohl bei ihrer Begründung, als auch in den folgenden Jahren, die Tuchmanufaktur in Brünn. 1762 schuldete sie dem Fiskus bereits 22000 Fl., später wurden weitere 12000 für die Erweiterung der Unternehmung verausgabt, dann abermals ein Zuschuß von 25000 Fl. gewährt. Dabei fanden die erzeugten Waren keinen Absatz, und die Regierung sah sich schließlich genötigt, um die Fabrik von ihrem Verfalle zu retten, die aufgestapelten Tuchvorräte im Werte von 80000 Gulden zu erwerben.[1]

Eine Reihe anderer Unternehmungen wurden in Österreich entweder vom Staat selber ins Leben gerufen oder von Privatleuten her übernommen, da bei diesen der Betrieb aus Mangel an Kapital stockte.

So ging die Nähnadel- und Drahtfabrik des Christian Zug im Jahre 1751 an den Fiskus über. Die im Jahre 1672 begründete Wollmanufaktur in Linz wechselte mehrmals den Besitzer, wobei die Unternehmer vom Staate Unterstützungen erhielten, sie wurde dann vom Soldatenspital und Armenhaus angekauft, später von der Orientalischen Kompagnie erworben, um schließlich (1754) für 930000 Fl. vom Staate übernommen zu werden; doch erging es ihr auch jetzt nicht besser. Für die Spinnerei in Meidlingen zahlte der Fiskus 63000 Fl. Dem Etablissement von Schmidt und Fries, welches das Privileg zur Erzeugung von sog. „Nürnberger Waren" erhielt, wurde ein Vorschuß von 4000 Fl. erteilt, einige Jahre darauf (1754) ging es jedoch an den Staat über, wobei Schmidt eine Entschädigung von 10000 Fl. erhielt. Fries sollte für den Absatz der erzeugten Nähnadeln sorgen, deren Vorrat einen Wert von 50000 Fl. erreichte, die jedoch keinen rechten Vertrieb hatten, da die Nadeln aus Mannheim und Schwabach billiger eingeführt wurden. Die Regierung übernahm nun auch den Verschleiß und zahlte ihm eine Entschädigung von 12000 Fl. Auch die Spiegelmanufaktur in Tarnfeld sowie die Wiener Porzellanmanufaktur wurden vom Staate erworben.[1]

Ähnlich lagen die Dinge in den übrigen deutschen Staaten. Ja, der Kapitalmangel und das hierdurch veranlaßte Fehlen privater Initiative und Unternehmungslust mußten in diesen Kleinstaaten mit kleinen Wirtschaftsgebieten, denen nur ein beschränkter lokaler Absatzmarkt zu Gebote stand, in noch stärkerem Maße hervortreten. So war z. B. in Hessen der Landgraf der größte Unternehmer im Lande.

Ihm gehörten Eisen-, Messing-, Weißblechwerke, Farbwerke, eine Spiegel- und Glasmanufaktur. Aus den Versuchen dagegen, aus privater Initiative heraus industrielle Unternehmungen ins Leben zu rufen, „ist nicht viel Bedeutsames oder gar Dauerhaftes" hervorgegangen. Trotzdem die Regierung durch Bekanntmachungen fremde Unternehmer ins Land zu ziehen suchte, trotzdem ihnen Privilegien und Vorschüsse versprochen wurden, war doch der Erfolg nur gering. Außer der Kapitalarmut wirkte hier auch die geringe Aufnahmefähigkeit des inneren Absatzmarktes mit. Außerdem kamen ungeachtet der Grenzbewachung, der Schutzzölle und Einfuhrverbote ausländische — bei weitem billigere und bessere Erzeugnisse — in großen Mengen ins Land. Die Ausfuhr der einheimischen Waren dagegen war infolge der hohen Produktionskosten und der überall vorhandenen Einfuhrhemmnisse mit großen Schwierigkeiten verbunden. Zu Anfang des 19. Jahrhunderts waren von den industriellen Züchtungsversuchen nur wenig noch übriggeblieben. Eine Zitz-, eine Wachslichter-, eine Tabak- und eine Tapetenfabrik (Fabrik stets in damaligem Sinne) — das war alles. Eine Steingutfabrik lag wegen mangelnden Absatzes still, andere waren längst eingegangen oder konnten sich nicht recht entwickeln. Und

---

[1]) Beer, Stud. zur Gesch. der österr. Volkswirtschaft unter Maria Theresia I. (1894), S. 102, 107 ff., 116 ff. Vgl. Přibram, Gesch. der österr. Gewerbepolitik I (1908). Hofmann, Beiträge zur neueren österr. Wirtschaftsgeschichte I—II (Arch. f. öst. Gesch.-F., 108, 110).

doch hatte man Privilegien nicht bloß in der Textil-, sondern auch in der Hut-, Leder-, Tapeten-, Seifen-, Talglichter-, Stärkeindustrie erteilt. 1802 wurde offiziell berichtet, daß das „Fabrikwesen" von Jahr zu Jahr sinke.[1])

Auch in Württemberg waren außer der Calwer Zeughandlungskompagnie und einer bedeutenden Zitzfabrik in Sulz zwar zahlreiche Versuche von Neugründungen gemacht worden, es blieb aber eben bei Versuchen.[2]) In Bayern „gründete man Fabriken auf Staatskosten und stattete sie mit allerhand Privilegien aus, oder man begünstigte derartige Unternehmungen von privilegierten Gesellschaften oder einzelnen". Doch war der Erfolg unbefriedigend. Keine von den Privatunternehmungen „gelangte zu besonderer Blüte, nur wenige vermochten sich zu halten, trotz Monopolen und Privilegien." „Ich sah — schreibt ein Zeitgenosse — wenn es erlaubt ist, in einem Bilde zu reden, große Schiffe bauen, sah sie mit Waren aller Art befrachten, aber ganz vergeblich auf die Ankunft eines Windes warten."[3])

Ganz anders gestaltete sich die Kapitalakkumulation in jenen Staaten, bei denen der Überseehandel ruhte. Dort sammelten sich die im Kolonialwaren- und Sklavenhandel wie im Bergbau auf Edelmetalle gemachten Gewinne an. Sie wurden teils auf dem Wege friedlichen Handels erzielt, teils durch Raub, Zwangshandel und Zwangsarbeit. Die Eingeborenen wurden gezwungen, ihre Erzeugnisse zu Spottpreisen herzugeben, Gold und Silber wurden ihnen einfach geraubt. Dazu kam Sklavenarbeit auf den Zucker-, Kaffee- usw. Plantagen und in den Bergwerken und eine regelrecht betriebene Piraterie. Es waren daher die Niederlande und England, wo sich die größten Vermögen jener Zeit bildeten und wo sie bald die verhältnismäßig unbedeutende Nachfrage nach Kapital in Handel und Industrie überstiegen. Der Außenhandel bildete das Monopol einiger Kompagnien; für alle Außenstehenden war der Handel sowohl nach Ostindien, als nach Amerika und anderen Kolonien vollständig gesperrt. Bis zum Ausgang des 17. Jahrhunderts waren in England auch Produktion und Binnenhandel für eine Reihe von Waren in wenigen Händen monopolisiert (erst zu Beginn des 18. Jahrhunderts wurden die letzten noch bestehenden Industriemonopole aufgehoben) und die herrschende Hausindustrie erforderte überhaupt kein größeres Kapital.

In den Niederlanden sowohl als in England waren daher im 18. Jahrhundert erhebliche anlagesuchende Kapitalvermögen vorhanden. Aus dem Handel mit Spanien bezogen die Holländer große Silbermengen. Sie schickten ihre Waren nach Spanien, von wo aus sie als spanische Erzeugnisse nach den Kolonien weitergingen, oder schmuggelten sie über Curaçao direkt in die Kolonien ein. Nach den Berechnungen eines Zeitgenossen brachten die Holländer bei jeder Rückfracht 5 Mill. Fl. heim für die auf ihre Rechnung (unter spanischer Flagge) nach Amerika

---

[1]) Brauns, Kurhessische Gewerbepolitik, S. 96, 101 ff., 105.

[2]) Troeltsch, Die Calwer Zeughandlungskompagnie (1897). Gothein, Wirtsch. des Schwarzwaldes (1890).

[3]) Schmelzle, Der bayerische Staatshaushalt im 18. Jahrhundert, S. 93, 99.

geschickten Waren und ebensoviel für die in Cadix verkauften, ungerechnet den Schmuggelhandel. Bereits zu Ausgang des 17. Jahrhunderts muß wohl in Holland anlagesuchendes Kapital im Überfluß vorhanden gewesen sein. Die Stadt Amsterdam setzte 1680 den Zinsfuß für ihre Anleihen von 3,5 auf 3% herab, auch sonst mußte man aus Mangel an Anlagen das Geld gegen einfache Obligation zu 3% und gegen Unterpfand zu 2,5 ausleihen. Die Holländer investierten ihre Vermögen als Darlehen gegen Verpfändung von Pflanzungen in den englischen, französischen, dänischen Kolonien; auch legten sie dieselben in verschiedenen englischen Unternehmungen, insbesondere im Überseehandel an.[1]) Um die Mitte des 18. Jahrhunderts besaßen sie den dritten Teil der Aktien der Bank of England, erhebliche Mengen von Aktien der Englisch-Ostindischen Kompagnie, der Südseegesellschaft; auch an deutschen Bergwerken waren sie beteiligt. Auf dem internationalen Leihkapitalienmarkt war Holland das führende Land. Die Holländer waren die Geldgeber der europäischen Staaten. „Europa kann der Holländer Geld nicht entbehren.“ Besonders beliebt war in Holland die Kapitalanlage in heimischen Staatspapieren, so daß es „oft als Gunst betrachtet wurde, in ihnen Geld anlegen zu dürfen“ und daß „Rückzahlungen das Bedauern, ja manchesmal tränenreiche Vorstellungen der Gläubiger hervorriefen, weil man nirgends sonst das Geld so rasch und sicher unterbringen konnte“.[2])

Nach den Zollbüchern erzielte England von 1710—1780 im Handelsverkehr mit Spanien einen Reingewinn von 25 Mill. Pfd., im Handel mit Portugal, dank dem Methuenvertrag, einen Überschuß von 45 Mill. Die Bedeutung des Handels mit Portugal war so groß, daß zu Ausgang des 18. Jahrhunderts behauptet wurde, alles in England im Umlaufe befindliche Gold stamme aus Portugal. Dabei wurde jedoch Afrika übersehen, dessen Gold (worauf schon die Benennung des Pfunds als „Guinea“ hinwies), infolge eines anderen, ebenfalls geschickt abgeschlossenen Vertrages, des „Assiento“ von 1713, nach England strömte. Das Aktivsaldo des englischen Afrikahandels betrug für 1710—1792 über 20 Mill. Pfd.[3]) Neben dem „landed interest“, der grundbesitzenden Aristokratie, war in England auch das „monied interest“, das Geldkapital, zahlreich vertreten. Jene verzehrten, diese erwarben. Hier, wie in den Niederlanden, war im 17.—18. Jahrhundert, im Unterschied zu Deutschland und Österreich, durch den Kapitalreichtum die Möglichkeit gegeben, eine Industrie ohne staatliche Zuwendungen ins Leben zu rufen. Es ist eben ein charakteristisches Merkmal der englischen (und holländischen) Volkswirtschaft, daß im Zeitalter des Merkantilismus die Industrie, wenn sie auch sonst auf die überall übliche Weise gefördert wurde[4]), doch ausschließlich vom Privatkapital ge-

[1]) Sombart, Mod. Kapit., II, 2, S. 973, 975, 982 ff., 991.
[2]) Ehrenberg, Zeit. d. Fugger, II, S. 281 f., 342. Vgl. oben S. 212, 318, 362 f.
[3]) Sombart, II, 2, S. 967, 975 ff., 979, 986, 991.
[4]) S. oben S. 105 f., 220.

schaffen wurde. Staatliche Betriebe, mit Ausnahme von ein paar Waffen- usw. Unternehmungen für Heer und Flotte, gab es hier nicht, wie auch von Vorschüssen, Darlehen, Prämien (für hergestellte Waren) usw. nichts verlautet. Auch die Überseehandelskompagnien und Banken wurden ohne staatliche Beihilfe begründet; ja sie waren es im Gegenteil (Englisch-Ostindische Kompagnie, Südseegesellschaft, Bank von England), die die Regierung mit bedeutenden Geldmitteln versahen, ihr Kapital hergaben. Der Überfluß an anlagesuchendem Kapital kommt auch in dem in den zwanziger Jahren des 18. Jahrhunderts ausbrechenden Spekulationsfieber zum Ausdruck, in den zahlreichen „bubbles". Man haschte nach jeder Gelegenheit, sein Geld anzulegen; die phantastischsten, seltsamsten Unternehmungen fanden willige Teilnehmer, die sofort Aktien zeichneten, wenn auch der Zweck der betreffenden Gesellschaft noch so wunderlich erscheinen mochte, ja sogar noch ganz unbekannt war. Mit Recht bemerkte Walpole bereits 1737, jede Konversion von Staatsschulden (Herabsetzung des Zinsfußes) geschehe nur dem Anscheine nach freiwillig; tatsächlich sei sie immer mit Zwang verbunden, denn die den Staatsgläubigern drohende Rückzahlung der Kapitalsumme käme dem Zwange gleich, sich mit einem niedrigeren Zinsfuß abzufinden.[1])

Auch nach Frankreich strömten im Laufe des 16.—18. Jahrhunderts beträchtliche Mengen spanischen Silbers, die sowohl aus dem direkten Handelsverkehr mit Spanien, als auch aus dem eifrig betriebenen Schmuggel nach den spanischen Kolonien herrührten. Besonders stark steigerte sich die französische Ausfuhr nach den Kolonien von Anfang des 18. Jahrhunderts an. Während Spanien nach seinen Kolonien nur wenige Schiffe abfertigte, gingen zahlreiche französische Schiffe (unter spanischer Flagge) dorthin ab.[2]) Zur Zeit des John Law-Schwindels gab es zweifellos auch in Frankreich Kapitalüberfluß. Das im Lande ausgebrochene Spekulationsfieber, der alles und alle beherrschende Trieb, sich durch Börsenspiel zu bereichern, legen hiervon Zeugnis ab. Dieser Kapitalreichtum hielt jedoch nicht lange an. Die großen Gewinne, die im Überseehandel, aus den Staatsanleihen und der Pachtung von Zöllen und indirekten Steuern (die Steuerpächter, die Finanziers, Partisans, Fermiers généraux häuften große Vermögen an) erzielt worden waren, wurden durch die periodisch stattfindenden Staatsbankrotte, bei denen die Staatsgläubiger große Summen einbüßten, sowie durch die „chambres ardentes", die gerichtlichen Verfolgungen der Finanziers und die Konfiskation der von ihnen angehäuften Reichtümer (nach Forbonnais wußte Richelieu auf diese Weise 11 Mill. Livres, Colbert 1662—1665 70 Mill. Livres den reich gewordenen Finanziers abzupressen) aufs neue den Staatskassen zugeführt.

Soweit jedoch die akkumulierten Geldsummen bei ihren Besitzern verblieben, wurden sie hauptsächlich im Erwerb von Grund und Boden

[1]) S. oben S. 321f. Ehrenberg II, 303. Kaufmann, Gesch. der engl. Staatsschuld (1893, russ.).

[2]) S. oben S. 202ff.

wie von Beamtenstellen (noblesse de robe) angelegt. Der von den reich gewordenen Bürgern sehnlichst gehegte Wunsch, in den Adel aufgenommen zu werden, konnte am leichtesten durch den Ankauf adligen Grundbesitzes verwirklicht werden. Seit 1614 war der Übergang feudalen Grundbesitzes in die Hände der Nichtadligen, der „rôture", auch gesetzlich anerkannt. „Diese Form des Adelserwerbes hat für Frankreich eine ganz besonders große Bedeutung gehabt; im 18. Jahrhundert wimmelt es von neugebackenen Seigneurs, die zu ihrer Würde einfach durch den Ankauf eines adeligen Gutes gelangt waren. Die Reichen schmücken sich mit Seigneurien, wie heute etwa mit exotischen Orden."[1]) „Sobald — sagt Savary — ein französischer Kaufmann es im Handel zu größerem Reichtum gebracht hat, verlassen seine Kinder das Gewerbe des Vaters, während in den Niederlanden die Söhne gewöhnlich die Handelstätigkeit des Vaters fortsetzen." Das mußte natürlich die Akkumulation von Geldkapital in Frankreich verlangsamen; der akkumulierte Gewinn wurde vom Grundbesitz aufgesaugt. Die neugegründeten industriellen Unternehmungen bedurften daher staatlicher Unterstützung; ohne Vorschüsse, Geschenke, Darlehen seitens der Regierung konnten sie weder aufkommen, noch der Betrieb fortgesetzt werden. Die Caisse de commerce gewährte Industriellen und Händlern 1739 bis 1789 neben 1,3 Mill. Livres Darlehen 5,5 Mill. Livres (d. i. viermal soviel) Geldunterstützungen als Geschenk. Überhaupt wurde in Frankreich die Ansicht geäußert, daß in der ersten Periode der industriellen Entwicklung die Unternehmungen auf Kosten des Staates begründet werden müßten.[2]) Auch das für die Überseehandelsgesellschaften nötige Kapital strömte nur spärlich zu; die Beteiligung des Publikums an der Aktienzeichnung war gering. Der Staat mußte einen erheblichen Teil des Kapitals liefern. Bei der Gründung der Französisch-Ostindischen Kompagnie (1664) wurde ein Teil des Kapitals von der Regierung hergegeben und später als Geschenk betrachtet. Auch die zu gleicher Zeit ins Leben gerufene Westindische Gesellschaft erhielt vom König den 10. Teil des Kapitals. 1746—1756 empfing die für den Indienhandel gegründete Kompagnie vom König 90 Mill. Livres. Bei der Gründung der Nordischen Kompagnie versprach der König, ein Drittel des Kapitals einzuzahlen; ferner übernahm er es, die während der ersten sechs Jahre entstehenden Verluste zu tragen. Auch das übrige Kapital der Kompagnien wurde hauptsächlich von Ministern, Höflingen oder solchen Kaufleuten, die dem König gefällig sein wollten, zusammengebracht.[3]) Nekker wies zu Ausgang des 18. Jahrhunderts auf den geringen Umfang des Geldkapitals in Frankreich hin.

---

[1]) Sombart, Luxus und Kapitalismus, S. 9 ff.

[2]) Savary, Le Parfait Négociant II, S. 198 ff. Depître, Prêts au commerce et aux manufactures 1740—1789 (Rev. d'hist. écon. 1914—1919. VII. Nr. 2).

[3]) S. Bonassieux, Kaeppelin, Weber, Montagne (oben S. 300). Vgl. oben S. 302, 313.

Kapitel 25.

Der Frühkapitalismus.

Die Zeit vom 16.—18. Jahrhundert wird man auch als Periode des Frühkapitalismus bezeichnen können. Neben der oben dargestellten Akkumulation des Geldkapitals ist für die frühkapitalistische Epoche als zweiter ausschlaggebender Faktor ein besonderer Geist charakteristisch, die Wirtschaftsgesinnung. Sombart gebührt die Ehre, zuerst in seinem „Bourgeois", dann in der neuen Auflage seines Hauptwerkes den kapitalistischen Geist entdeckt und erklärt zu haben.[1]) Worin bestand er im frühkapitalistischen Zeitalter? Es sind hier vor allem (nach Sombart) zwei verschiedene Ströme vorhanden, in denen der kapitalistische Geist dahinfließt. Es waren „die mittelalterlich-zünftige Idee des Gemeinschaftshandels und die Herrenidee des Beuterechts, die Gewaltsidee gewesen", die die eine der beiden Quellen bildeten, aus denen der romantisch-kapitalistische Geist hervorgegangen war. Es handelt sich hier insbesondere um Seeräuberei, um freibeuterische Entdeckerfahrten, vor allem um die Überseehandelsgesellschaften des 17. und 18. Jahrhunderts. Neben dieser älteren Geistesrichtung erwuchs eine neue, umstürzlerische „aus den einer grundsätzlich verschiedenen, ja entgegengesetzten Weltbetrachtung entstammenden Ideen der Einzelverantwortlichkeit und der vertragshaften Bindung der Individuen untereinander". Dieser bürgerliche Geist kommt in den neuen Tugenden der Vertragstreue und Wirtschaftlichkeit (Fleiß und Sparsamkeit) zum Ausdruck. Der Bürgergeist ist rational, zweckbedacht, die Rationalisierung der Wirtschaft tritt in der Rechenhaftigkeit aller Vorgänge auf, in der doppelten Buchhaltung, welche über Erfolg und Nichterfolg jeder einzelnen Maßnahme rechnerischen Aufschluß gewährt, die Mängel, die dem Geschäftsbetrieb anhaften, entdeckt und dadurch eine fortschreitende Verbesserung desselben ermöglicht, überhaupt erst eine Planmäßigkeit der Unternehmung verbürgt.

Neben dem romantisch-kapitalistischen und dem bürgerlichen Zug ist jedoch (nach Sombart) noch ein dritter Bestandteil des frühkapitalistischen Geistes zu berücksichtigen, nämlich die Idee des ehrenhaften Erwerbes, das religiöse oder sittliche Gebot, das dem Unternehmer die Richtschnur gab oder wenigstens sein Handeln begrenzte. Der Reichtum sollte auf anständige Weise erworben sein; im Zusammenhang hiermit stand die Lehre vom gerechten Preise, wie die Verpönung der Konkurrenz, der Kundenabwendung und des Kundenfangs. War das Ruinieren des Nachbars durch Absatzerweiterung unstatthaft, so folgte daraus auch die ablehnende Haltung gegenüber dem technischen Fortschritt, der ja dieselben Folgen haben konnte, daher auch die Abneigung gegen

[1]) Sombart, Der Bourgeois (1913). Ders., Mod. Kapit., 2. Aufl. II, 1, Kap. IV—VI. Vgl. Weber, Die protestantische Ethik und der Geist des Kapitalismus. (Arch. f. Sozialwiss. 1904—1905. XX, XXI, abgedr. auch in Ges. Aufsätze zur Religionssoziologie. 1920.)

arbeitsparende Maschinen, die Verurteilung des rücksichtslos nur auf seinen Vorteil bedachten Unternehmers, der die Menschen brotlos machen wollte.

Bei einer näheren Betrachtung der dargelegten Sombartschen Ausführungen müssen wir vor allem, wenn wir neben dem Aufkommen des Geldkapitals den neuen kapitalistischen Geist untersuchen wollen, die beiden so grundverschiedenen Ideenrichtungen, das alte und das neue auseinanderhalten. Dem Mittelalter gehört die zünftige Idee und die Gewaltidee an; in bezug auf jene möchten wir lieber sagen — der Zunft- und Monopolgeist, der in den Zünften und Gilden, in den privilegierten Verlegerkompagnien und königlichen Manufakturen, sowie in den privilegierten Handelsgesellschaften, in den mannigfachsten Handels- und Gewerbemonopolen hervortrat. Im auswärtigen Handel sowohl des Mittelalters, als der späteren Jahrhunderte geht dieser Monopolgeist Hand in Hand mit der Gewaltidee, mit der Ausraubung anderer Völker einher, während das Gewerbe (und der Binnenhandel) die Zunft- und Monopolidee rein zum Ausdruck bringen. Zu den hervorstechenden Merkmalen des zünftigen Handwerks wie der privilegierten Unternehmungen gehört das langsame Tempo der wirtschaftlichen Tätigkeit, die enorme Zahl der Feiertage, der blaue Montag, der Traditionalismus, die Abneigung gegen jede Neuerung in der Technik wie im Absatz der Waren. Auf diesem Boden bildet sich eben die alte wirtschaftliche Moral aus, die Lehre vom gerechten Preis, die Verpönung der Kundenabwendung durch billigere und bessere Waren, durch Geschäftsanzeige usw., wie die Feindschaft gegenüber den Maschinen. Denn die ausschließlichen Privilegien der Zunfthandwerker, wie der Verlegerkompagnien und der Besitzer von Manufakturen sicherten ihnen einen genügenden Gewinn auch ohne daß sie Fleiß und Sparsamkeit oder Rechenhaftigkeit an den Tag zu legen oder irgendwelche Verbesserungen in der Produktion oder im Absatz vorzunehmen brauchten.

Von ganz anderer Art ist der seit dem 17. Jahrhundert neu aufkommende bürgerliche Geist, er steht in schroffem Gegensatz sowohl zum Zunft- und Monopolgeist, als zur Raub- und Gewaltidee. Er sucht die Unternehmung auf ganz anderen Grundlagen zu begründen und auszubauen. Statt der langsamen Arbeit und des Feierns kommt der Grundsatz auf: „time is money“, die Forderung, der Kaufmann soll fleißig sein („meidet den Müßiggang“), soll mit dem Gelde wie mit der Zeit sparen. Während man früher und auch später noch dort, wo der alte Geist herrschte, sich um die Ausgaben wenig bekümmerte, heißt es nun für den neuen Unternehmer „weniger auszugeben, als einzunehmen“, Meidung aller nicht unbedingt notwendigen Ausgaben. Die „heilige Wirtschaftlichkeit“ wird zum obersten Grundsatz, Franklin freut sich „über den allgemein ausgesprochenen Sinn für Ökonomie“, die er „außerordentlich liebt“.

In engstem Zusammenhang mit der Änderung in der wirtschaftlichen Tätigkeit ändert sich auch die Geschäftsmoral. Es bildet sich ein neuer Begriff der kaufmännischen Solidität aus. Zu den Tugenden des Fleißes und der Sparsamkeit kommt die Tugend der Wohlanständigkeit, der Treue und Ehrlichkeit. Auch sie ist durch Geschäftsrücksichten bedingt. Die Solidität in der Geschäftsführung ebenso wie die Enthaltung von allen Ausschweifungen ist für den Unternehmer vorteilhaft, sie hebt den Kredit.

Das Glück der Kaufleute hängt nach Savary von einer Reihe ihrer Eigenschaften ab: Von ihrer Branchekenntnis; von der Erfahrung, die sie sich bei anderen Kaufleuten, bei denen sie vor ihrer Selbständigmachung gedient, verschafft haben; von der guten Ordnung ihrer Bücher; von der Vorsicht, die sie gebrauchen, um sich nicht zusehr mit Waren zu überladen und nicht über ihre Kräfte hinaus zu borgen, sowie von der Sorgfalt bei der Einforderung ihrer Schulden; von dem Fleiß, den sie in ihrem Gewerbe an den Tag legen, und von der Aufsicht über ihre Gehilfen und Diener; von der Sparsamkeit, der guten Wirtschaft des Hauses; von dem guten Ruf, dessen sie sich erfreuen als ehrenhafte Leute, die ihr Wort halten, selbst wenn sie dabei verlieren sollten; von ihrer Standhaftigkeit und ihrem Mut, den sie bei Schwierigkeiten und Unglücksfällen offenbaren, die ihnen zustoßen und die sie bei aller Ordnung im Geschäft nicht abwenden konnten. Hier ist eben alles aufgezählt: Fleiß, Sparsamkeit, Ordnung, Treue, guter Ruf usw.[1])

Der neue bürgerliche Geist findet seinen Rückhalt und seine Unterlage in der protestantischen Ethik, in der Berufsidee des Puritanismus. Der asketische Protestantismus verleiht dem Erwerbstrieb, dem Reichtumserwerb die religiöse Fundamentierung. Während die kanonistische Lehre die Wirtschaft, insbesondere den Handel, als ein Übel ansah, das freilich nicht zu vermeiden sei, ist hier die geschäftliche Tätigkeit und das Streben nach Reichtum als Ausübung der Berufspflicht sittlich nicht nur gestattet, sondern sogar geboten.

Der weltliche Beruf wird geradezu als Gottes Gebot aufgefaßt, die Berufsarbeit wird zu einer religiösen Pflicht an sich, zu einem der Betätigung des Glaubens dienenden Selbstzweck erhoben; der redliche Gewinn wird als göttliche Auszeichnung betrachtet. „Wenn Gott Euch einen Weg zeigt, auf dem Ihr ohne Schaden für Eure Seele oder für andere in gesetzmäßiger Weise mehr verdienen könnt, als auf einem anderen Wege, und Ihr dies zurückweist, und den minder gewinnbringenden Weg verfolgt, dann kreuzt Ihr einen der Zwecke Eurer Berufung. Ihr weigert Euch, Gottes Verwalter zu sein, und Seine Gaben anzunehmen, um sie für Ihn gebrauchen zu können, wenn Er es verlangen sollte. Nicht freilich für Zwecke der Fleischeslust und Sünde, wohl aber für Gott dürft Ihr arbeiten, um reif zu sein."[2]) Das Geschäft wird hier verklärt, dagegen der Luxus, die Vergnügungssucht verpönt. In der protestantischen Askese geht die Entfesselung des Erwerbsstrebens Hand in Hand mit der Einschnürung der Konsumtion und das Ergebnis ist Kapitalbildung durch asketischen Sparzwang. Die Hemmungen, die dem konsumtiven Verbrauch des Erworbenen entgegenstanden, konnten dadurch seiner produktiven Verwendung als Anlagekapital zugute kommen.[3])

---

[1]) Savary, Le Parfait Négociant (1675),I, S. 70.

[2]) In den Ratschlägen Franklins für junge Geschäftsleute wird Sparsamkeit und Pünktlichkeit in Zahlungsverpflichtungen empfohlen, vor Zeitvergeudung gewarnt, sowie vor allem, was den Kredit schaden könne, wie Unfleiß, Billardspiel und Kneipen während der Arbeitsstunden.

[3]) Weber, Die protestant. Ethik und der Geist des Kapitalismus (Arch. f. Sozialwiss., XXI, S. 86, 101 f.). Vgl. Troeltsch, Die Soziallehren der christlichen Kirchen und Gruppen (1912). Rachfahl, Kalvinismus und Kapitalismus (Internat. Wochenschr. für Wiss., Kunst u. Techn. III. 1909).

Die Folgen dieser christlichen Lehren für die Entwicklung des Kapitalismus mußten außerordentlich bedeutsam sein. Für den „Mechaniker, Handwerker, Manufakturbesitzer" (das waren nämlich nach Wood, der 1719 schrieb, die Dissenters) sowie für den Händler galt es nun, gemäß dem Gebot Gottes zu handeln und durch systematische Ausnutzung der Zeit und solide Geschäftsführung zu möglichster Steigerung des christlichen Gewinns zu gelangen.[1]) In Holland und England, wo die neue protestantische Lehre Eingang fand, bricht sich auch der bürgerlich gefärbte Geist Bahn. Zuerst wohl in Holland. Rühmt doch Defoe den Holländern nach, daß bei einem Einkommen, bei dem der Engländer nur gerade leben kann, der Holländer reich wird und seine Kinder in guten Umständen hinterläßt. Petty und Temple betonen immer wieder den nüchternen Sinn der Holländer, die ihre Interessen fast ausschließlich auf die Vermehrung des Reichtums lenken. In Holland blieben in der Tat „die Reichen mäßig und sparsam, wie denn mancher, der das feinste Tuch verkaufte, sich selbst in grobes kleidete". „Die in den religiös ernsteren Kreisen herrschende größere Einfachheit des Lebens führte in Holland bei enormen Reichtümern zu einer exzessiven Kapitalaufsammlungssucht."[2]) Der Deutsche Zetzner, der 1699 Amsterdam besuchte, lobt die Holländer, daß sie, wiewohl klug und scharfsinnig in der Handlung, dabei doch höchst anspruchslos seien. Ein Kaufmann, „so eine Tonne Goldes hat, kann sehr wohl in einem schwarzen Linnenrock daherkommen und im Essen und Trinken sich als ein schlechter, armer Mann behelfen."[3])

War Holland das Musterland für alles, was bürgerliche Tugend hieß, wie für kaufmännische Bildung, für Rechenhaftigkeit,[4]) so wurden nicht minder die niederländischen (und anderen) Immigranten in England mit ihren bürgerlichen Tugenden den „faulen", „verschwenderi-

---

[1]) Auch Brentano, der gegenüber Max Weber besonders betont, daß die puritanische Berufslehre aus kleinbürgerlichen Verhältnissen herausgewachsen sei und dieselben widerspiegele (Anfänge des mod. Kapitalismus, S. 145 ff.), gibt doch zu (S. 154), daß die protestantische Askese „die der Ausbreitung des kapitalistischen Geistes bei religiös Gesinnten etwa entgegenstehenden inneren Hemmnisse beseitigt und damit seiner Ausbreitung mächtigen Vorschub geleistet hat".

[2]) Levy, Die Grundlagen des ökonom. Liberalismus in der Gesch. der engl. Volkswirtschaft (1912), S. 70, 108 f. Sombart, Der Bourgeois, S. 187. Weber, Z. f. Soz., XXI, S. 102.

[3]) Reiß-Journal, S. 18. In Hermes' Roman, „Sophiens Reise nach Memel", erschienen 1770, schütteln Holländer, die nach Königsberg kommen, den Kopf über den Aufwand der dortigen Kaufleute. „Der Mann ist nicht solide" lautete die Äußerung über jene Kaufleute. (Baasch, Der Kaufmann in der deut. Romanlit. des 18. Jahrh. Gedächtnisschr. f. v. Below, 1928, S. 289.)

[4]) Franklin erzählt, daß die Buchhaltung selbst einen Bestandteil des weiblichen Unterrichts bildet (Sombart, Der Bourgeois, S. 168). Junge Engländer wurden von ihren Eltern nach den Handelsstädten Gent, Rotterdam und Amsterdam geschickt, um sich die Eigenart des auswärtigen Handels anzueignen und die Buchführung zu erlernen oder die Glasmalerei und Töpferei. (Meteyard, The Life of Josiah Wedgwood, 1865, S. 110, bei Levy, S. 106, Anm. 2. Vgl. Sombart, Der Bourgeois, S. 168.)

schen“ und „zügellosen“ Engländern gegenübergestellt. Alle Städte, in denen Immigranten wohnten, behauptet Manley 1699, sind durch ihren Fleiß und ihr Gewerbe die Geschäftszentren der Nation geworden und so einfach und regelmäßig ist ihre Lebensweise, daß es schwer fallen dürfte, ihnen einen Bettler nachzuweisen. „Ehrlich wie ein Hugenotte“ wurde ein geflügeltes Wort. Ihnen folgte freilich auch der einheimische Unternehmer, der Engländer, insbesondere der Puritaner. Nach Petty beherrschen die Dissenter den Handel in den größten Handelsstädten Englands.[1]) Die englische Wirtschaft wird in allen ihren Zweigen rationalisiert. In der Landwirtschaft sucht man die Brache zu bestellen, sumpfige Ländereien urbar zu machen, neue nützliche (Futter-)Pflanzen anzubauen, Schlachtvieh zu züchten. Nicht anders war es im Gewerbe. Hier handelte es sich um die Gewinnung neuer Absatzmärkte für die Wollindustrie in Deutschland, Frankreich, Spanien, Portugal, den österreichischen Niederlanden, Rußland, endlich in der Levante, und zwar sollte die Konkurrenz durch bessere Qualität und pünktliche Ausführung der übernommenen Bestellungen verdrängt werden. Auch Fleiß und Sparsamkeit der Unternehmer, jene Eigenschaften, die die neue Wirtschaftslehre wie die protestantische Askese zu ihren Hauptgrundsätzen erhoben, sollten der englischen Industrie zum Ziele verhelfen.

Aikin, der 1795 eine Schrift über Manchester veröffentlichte, teilt die Geschichte der Industrie von Manchester (vornehmlich der Baumwollindustrie, die hier am schnellsten emporgekommen war) in vier Perioden ein. In der ersten waren die Unternehmer gezwungen, hart für ihren Unterhalt zu arbeiten; sie übten dabei große Sparsamkeit. In der zweiten Periode hatten sie begonnen, kleine Vermögen zu erwerben, arbeiteten aber ebenso hart wie zuvor und lebten nach wie vor in demselben frugalen Stil. Auch in der dritten Periode änderte sich daran nur wenig. „Noch in den ersten Dezennien des 18. Jahrhunderts setzte sich ein Manchester Fabrikant, der seinen Gästen eine Pinte ausländischen Weines vorsetzte, den Glossen und dem Kopfschütteln aller seiner Nachbarn aus. Vor dem Aufkommen der Maschinerie betrug der abendliche Konsum der Fabrikanten in den Kneipen, wo sie zusammenkamen, nie mehr als 6 Pence für ein Glas Punsch und 1 Pence für eine Rolle Tabak.[2])

Fleiß und Sparsamkeit waren eben die für die Ansammlung des Kapitals nötigen, dem Kapitalisten in der Periode des Frühkapitalismus eigentümlichen Charaktereigenschaften. Wenn Malthus „die Leidenschaft für Ausgaben“ und „die Leidenschaft für Akkumulation“ auseinanderhält und jene der Landaristokratie, diese den Kapitalisten zuweist, so wiederholt er eigentlich dasselbe, was schon vor ihm David Hume behauptet hatte. Für den Kaufmann gibt es nach ihm keine größere Freude, als täglich sein Vermögen zu vergrößern, und darin eben liegt der Grund dessen, daß geizige Leute unter den Kaufleuten ebenso häufig anzutreffen sind als Verschwender unter den Grundbesitzern. Die ersten wirklichen englischen Fabrikbesitzer (nicht Fabrikanten im Sinne des 18. Jahrhunderts), die mit Maschinen zu arbeiten begannen, waren meist aus kleinen Vermögens- (Produktions- und Konsumtions-) Verhältnissen emporgekommen, hatten sich „ohne einen Pfennig in der Tasche hin-

---

[1]) Levy, S. 47, 54, 63. Vgl. Cunningham, Allien Immigrants to England (1897). Campbell, The puritans in England, Holland and Amerika (1892).

[2]) Aikin, Description of the Country from 30 to 40 miles round Manchester (1795), S. 182 ff. (Marx, Das Kapital, I, 2. Aufl., S. 616 f.)

aufgearbeitet"; mit den kleinen Ersparnissen, die sie als Arbeiter angesammelt hatten, begannen sie häufig ihr Geschäft, wobei sie auch selber hart mitzuarbeiten pflegten.[1][2]

Nun war eigentlich die neue kapitalistische Ethik — das möchten wir gerade gegenüber Sombart hervorheben — nur bei einer ganz anders als früher gearteten Wirtschaftsverfassung denkbar, auch mit der alten Geschäftsmoral war sie wohl kaum zu vereinbaren. Es sind deswegen zwei einander entgegengesetzte Wirtschafts- und Moralauffassungen auseinanderzuhalten. Die eine, die wir (das ist eben zu betonen) nicht (wie Sombart) als kapitalistische, sondern gerade als vorkapitalistische bezeichnen möchten, da sie aus dem Mittelalter herübergenommen war, und die in der zünftigen Monopolidee und in der Gewaltidee ihren Ausdruck fand, und die andere neu aufgekommene echtkapitalistische, die auf Vertragstreue, auf Betriebsamkeit und Sparsamkeit beruhte, zugleich aber auch die Forderung der Gewerbe- und Handelsfreiheit nach sich ziehen mußte. Waren nämlich die Grundsätze vom gerechten Preise und von der Verpönung der Konkurrenz ein Ausfluß der mittelalterlichen Zunft- und Monopolverfassung, so liefen sie, soviel man sie auch später beibehalten mochte, den Grundsätzen der neuen, auf Energie, Sparsamkeit und geschäftlicher Solidität aufbauenden Unternehmung zuwider, konnten nicht mehr standhalten, soweit die neuen bürgerlichen Tugenden wirklich zum Durchbruch kamen. Nur der langsamen Ausbreitung dieses neuen kapitalistischen Geistes sowie dem zähen Festhalten am Alten hatten sie ein weiteres Fortleben zu verdanken. Was konnten sämtliche von der neuen Geschäftsmoral gepredigten Tugenden dem Unternehmer nützen, wenn er daneben auch die alten Geschäftsgrundsätze zu beobachten hatte, wenn seiner Tätigkeit, seinem Arbeitsdrange Schranken gezogen wurden, die es ihm unmöglich machten, seinen Absatz auszudehnen und die Technik im Betriebe zu vervollkommnen? Sie waren nur für denjenigen geeignet, der vom alten Schlendrian, von der geringen Solidität, vom Mangel an „bürgerlicher Wohlanständigkeit" im Leben

---

[1]) Steffen, Gesch. der englischen Lohnarbeiter, II, S. 161. Mantoux, La révolution industr., S. 380 f., 401, 403. Hume, Essays, éd. Daire (1847), S. 51.

[2]) Nicht anders war es auch anderwärts in den Anfängen der Industrie. Einer der Begründer der deutschen Industrie, Nathusius, der ebenfalls aus kleinsten Verhältnissen emporgekommen war, „wußte mit Klugheit den so notwendigen Kredit zu erhalten, und die große Sparsamkeit und Einfachheit der Sitten, in der er auferzogen war, half ihm dazu". Als er sich später schon gestattete, seinen Geburtstag mit einigen guten Freunden bei einer Flasche Wein zu feiern und dabei einer seiner Hauptgläubiger hereintrat, „stellte er sofort die Flasche heimlich unter den Tisch, damit jener im Vertrauen an seinen Schuldner nicht irre werden möchte". (Gottlob Nathusius, ein Pionier deutscher Industrie, von E. v. Nathusius, 2. Aufl. 1915, zit. bei Brentano, Anfänge des Kapitalismus, S. 149, Anm.) Auch die ersten russischen Kapitalisten auf dem Ural, die im 18. Jahrhundert den Bergbau und die Metallindustrie daselbst begründeten, zeichneten sich durch große Energie, Erwerbstrieb und Akkumulationsfähigkeit aus. Indem sie kolossale Reichtümer erwarben, fuhren sie fort, rastlos ohne Unterbrechung weiterzuarbeiten, und dabei legten sie eine außerordentliche Sparsamkeit, ja Geiz an den Tag, gönnten sich für den eigenen Unterhalt nur die geringsten Mittel.

wie im Geschäft auch ferner nicht lassen wollte. Der neue kapitalistische („bürgerliche“) Unternehmer mußte deswegen den Kampf sowohl mit jener alten Geschäftsmoral, wie mit dem damit aufs engste verbundenen Zunft- und Monopolwesen aufnehmen.

Kein Zufall ist es denn, daß gerade die Juden, bei denen, wie Sombart nachgewiesen hat, sich die kapitalistische Wirtschaftsgesinnung zuerst herangebildet hat, die Fähigkeit, „gute Unternehmer“ und „gute Händler“ zu sein, die früh die Erwerbsidee mit dem ökonomischen Rationalismus vereinigten, zugleich das neue auch in der Geschäftsmoral besonders früh vertreten. Sie suchen die Ideen des Freihandels, der freien Konkurrenz durchzusetzen. Sie werden daher überall als Störer der Nahrung betrachtet, die die zunftmäßige Abgrenzung der Gewerbe- und Handelsbetriebe mißachten, durch billige Preise (Herabsetzung der Herstellungskosten, sowie der Gewinnrate), durch Beschleunigung des Absatzes, durch Einführung von Surrogaten sowie durch Reklame ihr Geschäft zu erweitern, die christlichen Konkurrenten aus dem Felde zu schlagen suchen.[1])

Diese von neuem Geist beseelte rücksichtslose Durchführung des Erwerbstriebes hing damit zusammen, daß die Juden unter den europäischen Völkern Fremde waren und als solche behandelt wurden. Die Grundsätze des Freihandels bildeten sie im Verkehr mit den Nichtjuden aus und der Verkehr mit Nichtgenossen war stets ein rücksichtsloserer als mit den Angehörigen des eigenen Volkes. Fremde waren aber auch die religionsverfolgten Christen, die im 16.—18. Jahrhundert zahlreich nach den verschiedenen Ländern einwanderten, insbesondere waren es die Protestanten. Wie wir oben gesehen haben, waren ja diese protestantischen Refugiés die ersten, die sich die neuen, vom kapitalistischen Geiste durchtränkten bürgerlichen Tugenden angeeignet hatten. Und für sie als Fremde stand das Erwerbsinteresse an erster Stelle, während die alte Geschäftsmoral ganz zurücktreten mußte. Den Immigranten haftete die „Entschlossenheit zur vollendeten Ausbildung des ökonomisch-technischen Rationalismus an“. Für sie gab es weder eine Vergangenheit noch eine Gegenwart, sondern nur eine Zukunft, und der Gelderwerb war das Mittel, mit Hilfe dessen sie sich ihre Zukunft erbauen konnten. In der Entfaltung ihres Unternehmungsgeistes waren sie durch keine Schranken, durch keine persönlichen Rücksichten gehemmt.[2]) Konnten sie sich denn unter diesen Umständen an die alten Anschauungen und Grundsätze halten, die sie auf Schritt und Tritt in der Entfaltung ihres Erwerbstriebes hemmen mußten?

Wir besitzen leider keine Untersuchung über die neuen Praktiken, die seitens der Immigranten gepflegt wurden und die ihrerseits die Durchführung der Idee der freien Konkurrenz bedeuteten, wie dies Sombart in bezug auf die Juden so glänzend dargestellt hat. Wir können bloß feststellen, daß gerade in den Niederlanden und in England, wo die

[1]) Sombart, Die Juden und das Wirtschaftsleben, S. 136ff., 186ff., 198ff., 206.
[2]) Sombart, Der Bourgeois, S. 395 ff.

Einwanderungen von besonders großer Bedeutung für das Wirtschaftsleben waren und wo die protestantische Askese festen Fuß gefaßt hatte, auch zuerst eine Ablehnung der alten zünftigen Moral erfolgt, bald nach Aufkommen der Idee der „Solidität" auch die andere, sicher mit ihr in engstem Zusammenhange stehende Idee der freien Konkurrenz auftritt, wenn auch freilich nur ganz allmählich und zaghaft, denn zu tief waren die alten Anschauungen im Bewußtsein der Geschäftswelt eingewurzelt, als daß man sie sofort hätte beseitigen können.

Behauptet doch Sombart selbst an anderer Stelle, daß in London bereits seit Mitte des 17. Jahrhunderts das Detailhandelsgeschäft auf den Boden der ökonomischen Ratio gestellt war, die Notwendigkeit erkannt wurde, den Konkurrenzkampf mit den Nachbarn aufzunehmen, die zweckmäßigsten Methoden zur Herbeiholung der Kunden auszusinnen und anzuwenden.[1]) Er gibt demnach zu, daß der ökonomische Rationalismus nicht bloß mit Sparsamkeit und Rechenhaftigkeit gleichbedeutend ist, sondern auch mit dem Streben nach Erweiterung des Absatzgebietes und nach Vermehrung der Absatzmengen, das ja der alten Geschäftsmoral so sehr zuwiderlief.

Die elegante Ausstattung der Läden in Großstädten, die Ausstellung von Waren in den Schaufenstern und andere Mittel zur Vergrößerung des Absatzes, die den Zweck verfolgten, die Aufmerksamkeit und die Kauflust der Kunden zu erregen, scheinen in London bereits seit Ende des 17. Jahrhunderts aufzukommen, um dann, insbesondere im Laufe des folgenden Jahrhunderts, eine weitere Entwicklung zu erfahren.

1739 fiel es Harding in London auf, daß die dortigen Kaufleute in kleinen gläsernen Kasten Waren zur Schau stellten, um die Vorübergehenden zum Kaufe zu veranlassen. „Der Kleinhändler — sagt Nemnich in seiner Beschreibung Londons — verlangt, daß die Augen aller Vorbeygehenden auf seinen Laden gerichtet sein mögen. Diese Läden sind mit den schönsten Spiegelscheiben versehen und hinter denselben erblickt man die mannigfaltigsten Artikel, aufs niedlichste und geschmackvollste geordnet und ausgestellt. Oft haben die Juweliere, Goldschmiede, Galanteriewarenhändler usw. die Fensterposten inwendig mit Spiegeln bekleidet, um ihre Kostbarkeiten dem Auge zu vervielfältigen".[2])

Den Anfang mit dieser Art von Kundenanlockung machten natürlich die Luxusgeschäfte, und zwar müssen sich diese Methoden hier früh eingenistet haben, denn — wie aus einer Eingabe der Engländer an die russische Regierung von 1732 hervorgeht — dieselben haben auch in Petersburg und Moskau Verkaufsläden für ihre Waren (Gold- und Silbergeschirr, Juwelen usw.) eingerichtet, wo sie ihre Kostbarkeiten (wie es scheint auch Uhren, teuere Möbel, eingeführte Weine usw.) zur Herbeiziehung der Kundschaft auszustellen pflegten.[3])

---

[1]) Sombart, Luxus und Kapit., S. 156.

[2]) Nemnich, Neueste Reise durch England (1807), S. 180f.

[3]) Mit der Notwendigkeit, derartige Waren zur Schau zu stellen, begründeten sie in Rußland die Nichtbeachtung des Verbotes, ihre Waren außerhalb des Kaufhauses zu verkaufen; der Absatz en gros aus den Gewölben desselben sei eben für Waren dieser Art unmöglich und könne nur aus besonders dazu eingerichteten Läden im einzelnen betrieben werden. Dieses Recht wurde ihnen auch in der Tat gewährt nnd am Ende des 18. Jahrhunderts werden zahlreiche, von Ausländern (vorzüglich wohl von Engländern) eingerichtete Mode- und Luxuswarenhandlungen erwähnt. (Meine Russ. Handelsgesch. 1923, russ., S. 252).

In London scheint jedoch diese Art der Reklame auch außerhalb der eigentlichen Luxusgeschäfte Eingang gefunden zu haben, denn nach Nemnich „machen die prächtigen Läden in den Hauptstraßen eine ununterbrochene Reihe aus" und „unendliche Artikel des Bedürfnisses und des Luxus im vollkommensten, saubersten und geschmackvollsten Grade verarbeitet erschienen hier; es waren die verschiedensten Manufakturgegenstände, insbesondere riefen sie das Staunen des Fremden hervor, „des ungeübten Ausländers", da sie offenbar in anderen Großstädten noch fehlten. Stundenlang verweilte er bei der Besichtigung der schönausgestellten Waren [1])

Andere Arten von Reklame, wie z. B. Geschäftsanzeigen, die auf den Straßen verteilt, als Plakate angebracht oder später in den Zeitungen annonciert wurden, scheinen später aufgekommen zu sein. Doch finden sich die ersten Spuren davon in Holland wie in England bereits im 17. Jahrhundert, und in Frankreich werden sie zu Anfang des 18. Jahrhunderts erwähnt.[2]) In einem offiziellen Schreiben d'Argensons von 1707 heißt es, daß in den Pariser Vorstädten die verbotenen bedruckten Tuche öffentlich ausgestellt und mittels gedruckter Annoncen dem Publikum der Verkauf derselben bekannt gemacht wird.[3]) Bei Postlethwayt lesen wir 1754 (1766): „Das Annoncieren in den Zeitungen, in gewerblichen und Handelsangelegenheiten ist heutzutage im ganzen Königreich England, Schottland und Irland fast allgemein gebräuchlich. Es scheint dies für Geschäftsleute der natürlichste Weg zu sein, dem Publikum mitzuteilen, was sie ihm anzubieten haben. ... Noch vor einigen Jahren wurde es von angesehenen Geschäftsleuten als herabwürdigend betrachtet, sich mittels Zeitungsinserate an das Publikum zu wenden. Gegenwärtig scheint man es ganz anders aufzufassen. Hochangesehene Handelsleute halten es für das beste, einfachste und billigste Mittel, die von ihnen zu bietenden Waren zur Kenntnis des gesamten Königreiches zu bringen."[4])

Auch der Vertrieb von Waren durch Handlungsreisende, wodurch man (das widersprach eben der alten kaufmännischen Auffassung) mit den an anderen Orten angesiedelten Produzenten und Händlern in Wettbewerb trat, findet schon seit Mitte des 18. Jahrhunderts statt. Die „Musterkartenreiter", wie man sie nannte, bereisten verschiedene Länder mit ihren Proben, um von den dortigen Handlungshäusern Bestellungen anzunehmen. Justus Möser berichtet von Engländern, welche Deutschland bereisen, und nach Büsch schicken Franzosen und Engländer ihre Bedienten in der Welt umher, um ihre Textilwaren unter Vorzeigung mannigfaltiger Muster zu empfehlen. Nicolai (1781) hat selber Leute gesehen, welche Proben von Birminghamschen Eisen- und Stahlwaren mit sich führten, die eine ganze Wagenladung ausmachten, obwohl von jeder Art nur ein Stück vorhanden war. Freilich spricht er von einem „sonderbaren Denkmal der ausländischen Industrie". Jedoch scheinen schon um 1750 die Handlungsreisenden von Lennep

---

[1]) Nemnich, S. 181.

[2]) Vgl. Sampson, A History of Advertising (1875).

[3]) Depître, La toile peinte en France au XVII et XVIII s. (1912), S. 125.

[4]) Postlethwayt, I, s. v. to advertise.

und Burtscheid mit ihren Probekästen bis zur Seine und Themse gezogen zu sein.[1])

Die Forderung der freien Konkurrenz setzte sich bald auch in der Gesetzgebung zum Teil durch. Bereits seit Anfang des 17. Jahrhunderts war man nämlich in England den Industriemonopolen feindlich gesinnt, und 1641 wurden vier Inhaber von Produktions- und Handelsmonopolen als „Blutsauger" und „Ungeheuer" aus dem Parlament entfernt. Zu Ende des 17. Jahrhunderts war das Parlament für inländische Monopole nicht mehr zu haben und seit Anfang des 18. Jahrhunderts gab es keine Industriemonopole mehr, wenn auch andere Monopole (der städtischen Korporationen, der Handelskompagnien) auch weiterbestanden.[2])

Damit soll freilich noch gar nicht behauptet werden, daß die neuen Anschauungen sich bereits im 18. Jahrhundert durchsetzen konnten. Es war bloß der Anfang einer Bewegung, die erst im 19. Jahrhundert ihren Höhepunkt erreichen und die alte kaufmännische Moral vollständig verdrängen sollte. Die neuen freiheitlichen Geschäftsgrundsätze und die neue, auf freier Konkurrenz beruhende Wirtschaftsverfassung konnten nur allmählich als Auswirkung der neuen bürgerlichen Tugenden die alten Ideen des Monopols und der Verpönung von Kundenfang verdrängen. Diese folgten erst jenen nach. Aber sie mußten jenen eben folgen, sie waren die logische Schlußfolgerung, die man aus der bürgerlichen Wirtschaftsgesinnung notwendig ziehen mußte, beide waren aufs innigste miteinander verknüpft.

---

[1]) Wölfel, Der Handlungsreisende (1913), S. 21 ff. Möser, Patriot. Phant. 3. Aufl., I, S. 21.

[2]) Levy, Monopole, Kartelle und Trusts, 1. Aufl. (1909), S. 19—40, 56—68.

VIERTES BUCH.

Allgemeine Übersicht der Periode von 1789 bis 1870.[1]

Nicht leicht ist es, für die Periode 1789 (1780)[2] — 1870 eine Bezeichnung zu finden, welche die wichtigsten Merkmale der Wirtschaft jener Zeit zum Ausdruck bringen würde. Bücher hat es abgelehnt, sie als Weltwirtschaft zu bezeichnen,[3] während Harms behauptet, daß die Weltwirtschaft den Abschluß seiner Stufentheorie notwendig bilden müsse.[4] Doch sagt Bücher selbst: „Gewiß sehen wir heute in Europa eine Reihe von Staaten, welche der nationalen Selbständigkeit in ihrer Güterversorgung insofern entbehren, als sie erhebliche Mengen ihrer Nahrungs- und Genußmittel aus dem Auslande zu beziehen genötigt sind, während ihre industrielle Produktionsfähigkeit weit über das nationale Bedürfnis hinaus gewachsen ist und dauernd Überschüsse liefert, die auf fremden Konsumtionsgebieten ihre Verwertung finden müssen."[5] Freilich gehört die Ausbildung einer Weltwirtschaft erst einer späteren Periode an, die nicht vor den siebziger und achtziger Jahren beginnt, während der vorhergehende Zeitraum bloß als eine Übergangsperiode von der Volks- zur Weltwirtschaft bezeichnet werden kann. Die Volkswirtschaft setzt sich vollständig durch und es machen sich nament-

---

[1] Schriften allgemeineren Inhalts: Sombart, Mod. Kapit., 1. Aufl. I, II. 2. Aufl. III. Ders., Die deutsche Volkswirtschaft im 19. Jahrhundert, 3. Aufl. (1913). Sartorius von Waltershausen, Deutsche Wirtschaftsgeschichte von 1815 bis 1914, 2. Aufl. (1923). Lamprecht, Zur jüngsten deutschen Vergangenheit, II, 1. Clapham, Economic Development of France and Germany 1815—1914 (1921). Sée, Esquisse d'une histoire du régime agraire en Europe au XVIII et au XIX siècles (1921). Ders., La vie économique de la France sous la monarchie censitaire 1815—1848 (1926). Baasch, Holländische Wirtschaftsgeschichte (1927). Renard et Dulac, L'evolution industrielle et agricole depuis cent cinquante ans (1914). Meine Grundfragen der internationalen Handelspolitik, 3. Aufl. (1928, russ.). Trevelyan, British History in the Nineteenth Century (1924). Bogart, Economic History of United States (1924). Leukart, Geschichte der Vereinigten Staaten.

Die weitere Literatur siehe unter den einzelnen Kapiteln.

[2] Von 1789 datiert die französische Revolution, doch wäre es vielleicht richtiger als Ausgangspunkt der Periode 1780 zu wählen, weil seit dieser Zeit die Spinnmaschinen in England eine größere Verbreitung gefunden haben und damit die Periode der Fabrikindustrie beginnt.

[3] Bücher, Entstehung der Volkswirtschaft, 6. Aufl., S. 141. Auch die Schmollersche Stufenfolge kennt keine Weltwirtschaft.

[4] Harms, Volkswirtschaft und Weltwirtschaft, 3. Aufl. (1925).

[5] Bücher, S. 142.

lich seit Mitte des Jahrhunderts die ersten Anzeichen der Weltwirtschaft geltend. Denn erst um diese Zeit kommen die Voraussetzungen der Weltwirtschaft, die die einzelnen Staaten und Weltteile verbindenden neuen Transportmittel auf, es wird das Eisenbahnnetz ausgebaut, es beginnt die Ozeanschiffahrt. Die weitere Voraussetzung dazu bildet die neue Technik in der Industrie, dann auch in der Landwirtschaft und die Befreiung der Wirtschaft von den sie hemmenden Fesseln, die Durchführung der Gewerbe- und Handelsfreiheit und die Bauernbefreiung. Erst auf diesen Grundlagen, die erst Mitte des 19. Jahrh. ausgebaut waren, konnte dann die Entwicklung des Welthandels und der Fabrikindustrie, welche für den Weltmarkt produziert, erfolgen, auch die Landwirtschaft schafft sich nun, dank der Herabsetzung der Frachten, einen Weltgetreidemarkt. Doch fällt dies, wie gesagt, erst in die letzten Jahrzehnte des verflossenen Jahrhunderts.

Nicht anders steht es mit dem Hochkapitalismus, wie Sombart das 19. und den Anfang des 20. Jahrhunderts nennt. Die im Zeitalter des Frühkapitalismus vorhandenen Hemmungen der kapitalistischen Entwicklung fallen jetzt fort und die Charaktereigenschaften des Kapitalismus können sich vollständig durchsetzen. Der Begriff des Kapitalismus umfaßt in der Tat für das 19. Jahrhundert das Wirtschaftsleben als Ganzes, nicht bloß wie in der vorhergehenden Periode eine Seite desselben. Andrerseits ist jedoch zu berücksichtigen, daß, wie nicht bloß aus dem dritten Bande von Sombarts „Modernem Kapitalismus", sondern noch mehr aus der ersten Auflage dieses Werkes und aus seiner „Deutschen Volkswirtschaft" erhellt, der Hochkapitalismus im 19. Jahrhundert erst Schritt für Schritt zur Reife gelangt. Vor allem in Deutschland, zum Teil aber auch in anderen Ländern, bricht sich der kapitalistische Geist im 19. Jahrhundert in Handel und Verkehr, wie im Gewerbe nur allmählich Bahn. Die Fabrikindustrie beschränkt sich ja fast überall bis zur Mitte des Jahrhunderts auf das Textil- (vornehmlich Baumwollspinnerei und -weberei und Wollspinnerei) und Eisengewerbe, das Handwerk verliert erst seit dieser Zeit seine ehemalige Bedeutung, erst jetzt kommen die neuen Transportmittel wie das moderne Bankwesen (außerhalb Englands) auf; auch die Börse in ihrer heutigen Gestalt datiert erst aus der Mitte des vorigen Jahrhunderts. Noch langsamer gewinnt die Landwirtschaft ein kapitalistisches Gepräge; hier, wo der Kapitalismus am spätesten eindringt, tritt die Abhängigkeit vom Weltmarkt erst in den letzten Jahrzehnten des 19. Jahrhunderts ein. Man wird demnach für die Zeit von 1789 (1780)—1870 auch bloß von einer Übergangsperiode zum Hochkapitalismus reden dürfen, von einem Übergang zu der Periode, wo nach Sombarts Definition „die gesamte Leitung im Wirtschaftsleben auf die kapitalistischen Unternehmer übergeht", diese „einzige treibende Kraft in der kapitalistischen Wirtschaft".

Kapitel 26.

Die Bevölkerung.[1])

Seit Ausgang des 18. Jahrhunderts setzt in Europa ein rascher Bevölkerungszuwachs ein. Während sich die Bevölkerung Europas im Laufe des 18. Jahrhunderts nur um 58 Mill. vermehrt hatte, von 130 auf 188 Mill. gestiegen war, was einen Zuwachs von 45% ausmacht, ist für den Zeitraum von 1800 bis 1850, also für ein halbes Jahrhundert, ein beinahe ebenso starker Zuwachs zu verzeichnen (von 188 bis auf 267 Mill., also über 40%). 1870 belief sich die Bevölkerung Europas bereits auf 308 Mill.; von 1800 bis 1870 hatte sie sich um zwei Drittel vermehrt. Im Laufe von 70 Jahren hatte demnach ein weit rascherer Zuwachs stattgefunden, als vordem während eines ganzen Jahrhunderts. Am raschesten war die Bevölkerungsvermehrung in dem führenden Industrielande, in England, vor sich gegangen, wo der Bevölkerungszuwachs pro Jahrzehnt in der ersten Hälfte des 18. Jahrhunderts 3%, in den Jahren 1750 bis 1780 6%, in den achtziger Jahren 9%, in den neunziger Jahren 11%, im Jahrzehnt 1801 bis 1811 14%, im Jahrzehnt 1811 bis 1821 18% betrug. Von 1821 an war der Bevölkerungszuwachs infolge der bedeutenden Auswanderung weniger rasch. Doch bildete er auch von 1821 bis 1871, nach Jahrzehnten berechnet, 16, 14, 13, 12, 13%. Während die Gesamtbevölkerung Europas im Zeitraume von 1800 bis 1850 auf weniger als das Anderthalbfache angewachsen war, hatte sich die Bevölkerung Englands in derselben Periode verdoppelt (von 8,9 auf 17,9 Mill.). Auch in dem industriell vorgeschrittenen Sachsen war sie von 1815 bis 1867 auf das Doppelte gestiegen (von 1,2 auf 2,4 Mill.).

---

[1]) Wappäus, Allgemeine Bevölkerungsstatistik (1859). Mac Culloch, A statistical account of the British Empire (1 ed. 1837, 4 ed. 1854). Ders., A Dictionary geographical, statistical and historical etc. (1 ed. 1841—1842). Reden, Vergleichende Kulturstatistik (1848). Dieterici, Über die Vermehrung der Bevölkerung in Europa seit der Mitte des 17. Jahrhunderts. 1850 (Sitz. der preuß. Akad.). Brachelli, Die Staaten Europas. Vergleichende Statistik, II, 1, 3. Aufl. (1875). Legout, Du progrès des agglomérations urbaines et de l'émigration rurale en Europa et particulièrement en France (1870). Bertillon, La démographie figurée en France (1874). Levasseur, La population française I—III (1889—1892). Meuriot, Des agglomerations urbaines dans l'Europe contemporaine (1898). Sundbärg, Bevölkerungsstatistik Schwedens 1750—1900 (1907). Conrad-Hesse, Statistik. 5. A. (1923). Prinzing, Handbuch der medizinischen Statistik. 1906. Goldstein, Berufsgliederung und Reichtum (1897). Ders., Die Bevölkerungsprobleme in Frankreich (1903, russ.). Weber, The growth of Cities in the Nineteenth Century (1899). Griffith, Population problems on the age of Malthus (1925). Münckmaier, Die deutsche überseeische Auswanderung (1912). Gonnard, L'émigration européenne (1906). Philippovich, Auswanderung (Hdw d Staatsw , 3 Aufl). Mulhall, The Dictionary of Statistics (1892).

Besonders rapid war hier der Zuwachs in den zwanziger Jahren des 19. Jahrhunderts (21% pro Jahrzehnt), während in Deutschland überhaupt die Bevölkerung sich in 54 Jahren (1816 bis 1870) um zwei Drittel vermehrt hatte (von 24,8 auf 40,8 Mill.). In Italien hatte sich die Bevölkerungsziffer von 1812 bis 1861 um ein Viertel erhöht (19,8 bis 25 Mill.), in Frankreich von 1800 bis 1851 um ein Drittel.

Die Bevölkerungsdichte war am stärksten in Belgien. 1831 zählte man dort anläßlich der ersten damals durchgeführten Volkszählung 123 Einwohner pro Geviertkilometer. In England und Sachsen kamen 92 bis 94 Einwohner auf den Geviertkilometer. Um die Mitte des 19. Jahrhunderts ergaben sich in England auf den Geviertkilometer 119 (1851) bzw. 133 (1861) Einwohner, in Sachsen 126 (1849) bzw. 133 (1858). in Belgien 140 (1846) bzw. 147 (1856), in Deutschland überhaupt 66 (1850) und 70 (1860) Einwohner, in Italien (1861) 87, in Frankreich 67, in Österreich (1857) und der Schweiz (1860) 61, in den Niederlanden (1850) 100 Einwohner.

Diese rasch wachsende Bevölkerung fand auf dem platten Lande keine ausreichende Erwerbsgelegenheit mehr. Bereits vom Ausgang des 18. Jahrhunderts an beginnt in England der Zustrom der Landbewohner nach den Städten, der seinen Höhepunkt in den ersten Jahrzehnten des 19. Jahrhunderts mit dem Siege der Fabrikindustrie erreicht. 1831 wohnte bereits über ein Viertel der Bevölkerung Englands in Städten mit über 20000 Einwohnern, nach 20 Jahren bildete die städtische Bevölkerung die Hälfte, nach Verlauf von weiteren 20 Jahren 62% der Gesamtbevölkerung Englands. Dagegen wohnte in Frankreich 1846 nur der vierte Teil der Bevölkerung in Städten mit einer Einwohnerzahl von über 2000 Einwohnern, selbst ein Vierteljahrhundert später (1868) überstieg der Anteil der Städte 31% nicht. England wies 1800 nur eine große Stadt auf, London, mit einer Einwohnerzahl über 100000; ein halbes Jahrhundert später bildete die Einwohnerschaft der Großstädte den fünften Teil der Gesamtbevölkerung (22,6%). Frankreich zählte 1801 3 Großstädte, Paris, Marseille und Lyon, die 2,8% der Bevölkerung umfaßten, doch bildete auch 50 Jahre später die Einwohnerschaft ihrer Großstädte bloß 4,6% der Gesamtbevölkerung; zu den drei oben aufgezählten Großstädten war nur eine vierte — Bordeaux — hinzugekommen.[1]) Doch ging auch in Frankreich das Wachstum der städtischen Bevölkerung weit rascher vor sich, als dies bei der Bevölkerungszunahme im allgemeinen der Fall war; auch hier fand mit anderen Worten eine Konzentration der Bevölkerung statt. Von 1836 bis 1851 wies die Bevölkerung in Städten mit einer Einwohnerzahl von über 10000 eine Vermehrung um 25% auf, in den Städten mit einer Einwohnerzahl von 3- bis 10000 um 10%, in den Ortschaften mit weniger als 3000 Einwohnern um 2,5%. 1841—1851 hatte sich die Bevölkerung der 12 größten Städte Frankreichs um 19% vermehrt, war also viermal so rasch gewachsen als die Be-

---

[1]) Bordeaux zählte freilich zeitweise schon im 18. Jahrh. über 100000 Einw.

völkerung Frankreichs überhaupt; 1851—1861 bildete der Bevölkerungszuwachs in den Städten 33%; die Stadtbevölkerung hatte sich demnach zwölfmal so rasch vermehrt als die Gesamtbevölkerung Frankreichs.

Nur in Preußen blieben die Zahlen der städtischen Bevölkerung in der ersten Hälfte des 19. Jahrhunderts beinahe stationär (26,4% 1800, 28% 1849). Selbst Sachsen zählte 1849 nur 5 Städte mit einer Einwohnerzahl von über 10000; allerdings bildete die städtische Bevölkerung Sachsens fast den dritten Teil der Gesamtbevölkerung des Landes, während sie in anderen deutschen Staaten um die Mitte des 19. Jahrhunderts höchstens $^1/_5$ der Gesamtbevölkerung ausmachte, d. h. gegenüber dem Ausgang des 18. und dem Anfang des 19. Jahrhunderts fast gar keine Veränderung aufwies. Erst seit Mitte des 19. Jahrhunderts machte sich auch in Deutschland ein beträchtlicher Zuzug der überschüssigen ländlichen Bevölkerung nach den Städten bemerkbar. 1871 bildete die städtische Bevölkerung bereits 36% der Gesamteinwohnerzahl des Deutschen Reiches, hatte also den für Frankreich festgestellten Prozentsatz der städtischen Bevölkerung überholt.

Bereits im 17.—18. Jahrhundert wurden Klagen darüber laut, daß die Bewohner des platten Landes nach den Städten strömten; es wurden unheilvolle Prophezeiungen geäußert, denen zufolge die großen Städte bestimmt wären, „zur Grabstätte von Königreichen und Nationen" zu werden. Es sei — so meinte man — notwendig, „Dämme zu errichten, um die Provinz zu hindern, Paris zu überfluten". Um die Mitte des 19. Jahrhunderts erregte das beschleunigte Wachstum der Städte auf Kosten des platten Landes von neuem die öffentliche Aufmerksamkeit in Frankreich, auf diesen Umstand wurde die Verlangsamung des Bevölkerungszuwachses zurückgeführt. Die Worte Rousseaus über die Großstädte, diese Menschenansammlungen, die von ihm als für die Bevölkerung in physischer wie in moralischer Hinsicht verderblich verdammt worden, wurden häufig wiederholt, obwohl das für die Städte in den vorangegangenen Jahrhunderten charakteristische Merkmal eines Überschusses der Sterbefälle über die Geburtenzahl nunmehr nicht mehr vorhanden war. Doch war die Fortführung des Kampfes mit der Anziehungskraft der Städte, wo „die Bevölkerung sozusagen immer über einem Abgrund schwebt, während sie im Grund und Boden ein unwandelbares, stetig wachsendes Kapital findet", von Anbeginn der Periode, wo die Städte zu Mittelpunkten der Industrie geworden waren, wohl kaum mehr möglich.

In England ist der Zusammenhang zwischen dem Bevölkerungszuwachs und der fortschreitenden Entwicklung der Industrie deutlich erkennbar. Wenn man (nach Goldstein) die Grafschaften Englands in drei ihrer Bodenfläche nach ungefähr gleiche Gruppen einteilt, je nach der Bedeutung der Landwirtschaft für die verschiedenen Grafschaften, so ergibt sich, daß 1801 bis 1831 in den Grafschaften mit fortgeschrittener Industrie die Bevölkerung einen Zuwachs von 71% aufwies, von 1831 bis 1861 64%; dagegen beträgt in den Grafschaften mit vorwiegend landwirtschaftlicher Bevölkerung für die gleichen Zeitabschnitte der Zuwachs 41 bzw. 18%, in der mittleren Grafschaftsgruppe 46 bzw. 26%. Überhaupt war der Anteil der landwirtschaftlichen Bevölkerung an der Gesamtbevölkerung Englands in allmählicher Abnahme begriffen: 1811 bildete sie 35%, 1831 28%, 1861 nur noch 21%. Doch die Gesamtzahl der in der Landwirtschaft beschäftigten Personen hatte eine nicht nur relative, sondern auch eine absolute Verminderung erfahren. Diese Abnahme war bereits in den dreißiger und vierziger Jahren des 19. Jahrhunderts bemerkbar. 1851 bis 1871 drückte sie sich in der stattlichen Zahl von 400000 Personen, d. i. 20% aus. Dagegen machte die landwirtschaftliche Bevölkerung Frankreichs um die Mitte des 19. Jahrhunderts immer noch mehr als die Hälfte (57%) der Gesamtbevölkerung aus. Allerdings bedeutete diese Zahl eine Abnahme im Vergleich zum früheren Zahlenverhältnis. In den folgenden Jahrzehnten sank der Prozentsatz der landwirtschaftlichen Bevölkerung, wenn auch nur langsam: 1850—1870 bildete derselbe immer noch 53—51% der Gesamtbevölkerung. In Preußen betrug die landwirtschaftliche Bevölkerung zu Anfang des 19. Jahrhunderts zwei Drittel der gesamten Bevölkerung; auch um die Mitte des 19. Jahrhunderts blieb dieser Satz erhalten. Erst 1867 war er auf 48% herabgesunken, so daß nun auf die landwirtschaftliche Bevölkerung ein geringerer Teil der Gesamtbevölkerung kam, als dies in Frankreich der Fall war.

Die rasche Vermehrung der Bevölkerung Europas war das Ergebnis der Abnahme der Sterblichkeit bei einer nur unerheblich veränderten Geburtenziffer. Bloß Frankreich bildete, was die Geburtenfrequenz anbetraf, schon damals eine Ausnahme. Während in Preußen und in Württemberg die Geburtenfrequenz 1840—1850 38—40 auf 1000 Einwohner betrug, in Schweden 30—32, war dieselbe in Frankreich von der in den ersten Dezennien des 19. Jahrhunderts verzeichneten Zahl von 32 Geburten auf 1000 Einwohner 1851—1860 bis auf 26 gesunken. Der durchschnittliche Geburtenüberschuß auf 1000 Einwohner war in Frankreich 1821—1840 gleich 5 (30 Geburten gegen 25 Sterbefälle), 1841 bis 1860 nur 3,2 (26,9 Geburten gegen 23,7 Sterbefälle). Die Wahrscheinlichkeitsfrist für die Verdoppelung der Bevölkerung war hier viermal so lang, als in England oder Preußen (190 Jahre gegen 49 bzw. 54).

Die Bevölkerung, die auf dem platten Lande keine Nahrung mehr fand, wandte sich nicht nur nach den Städten, sondern wanderte auch nach den überseeischen Ländern aus, vornehmlich nach Amerika. Wäre diese Auswanderung nicht vorhanden, so hätte die Bevölkerungszunahme in Europa noch weit beträchtlichere Zahlen aufzuweisen. Das halbe Jahrhundert von 1815—1866 bildet eine ruhige Zeit, wo die Völker ihr Schwert abgelegt und sich der friedlichen Arbeit gewidmet hatten. Der Krieg mit seiner Zerstörung und Einäscherung von Haus und Hof machte friedlichen Wanderungen Platz, dem Austausch von Menschen und Waren unter den einzelnen Völkern. Die Wanderung ging vor allem nach Amerika, dem gelobten Lande, wo Grund und Boden noch in Hülle und Fülle vorhanden war. Die Auswanderung nach den Vereinigten Staaten wie die Auswanderung aus Europa im allgemeinen, die in den dreißiger Jahren des 19. Jahrhunderts vorerst noch in geringem Maße stattfand, stieg mit der Vervollkommnung des Verkehrswesens 1831—1840 auf ½ Mill. an, um in den vierziger Jahren 1½ Mill., in den fünfziger Jahren 2½ Mill. zu erreichen. Die Gesamtzahl der 1820—1870 Ausgewanderten bildete 7½ Mill. An erster Stelle unter den Auswanderungsländern stehen Irland und Deutschland mit (1820—1870) je 2,4 Mill. Auswanderern (daher die stetige Bevölkerungsabnahme, die Irland als einziges unter den europäischen Ländern bei seiner spärlichen Bevölkerung aufweist) und England, das von 1,4 Mill. Einwohnern, die nach den Vereinigten Staaten auswanderten, verlassen wurde; außerdem wanderten zahlreiche Engländer nach Kanada, Australien, Südafrika aus. Aus diesen Ländern, Irland, Deutschland, England, stammten bis zu den siebziger Jahren des 19. Jahrhunderts $^6/_7$ aller nach Übersee ziehender europäischer Auswanderer.

Kapitel 27.

Landwirtschaft und Agrarzustände.

Von allen Ländern Europas war England dasjenige, wo die Befreiung der Bauern am frühesten, schon zu Ende des Mittelalters und jedenfalls seit dem 16. Jahrhundert sich vollzogen hatte. Auch das Land gehörte dem Bauern zu vollem Eigentumsrecht, freilich soweit sich in England ein Bauernstand überhaupt erhalten hatte. War ja England zugleich dasjenige Land, wo die Landenteignung der Bauern in größtem Umfange stattgefunden hatte. Wie bereits oben dargelegt worden ist, ging Hand in Hand mit der Aufteilung der Gemeinheiten und der Durchführung der Separation auf der Flur (den Einhegungen) im Laufe des 18. Jahrhunderts der Untergang der bäuerlichen Kleingrundeigentümer, der Freisassen, einher. Es bildeten sich große Güter aus, die als Ganzes oder zu einzelnen Teilen an Großpächter verpachtet wurden. Die Einhegungen des 18. Jahrhunderts waren vornehmlich durch das Bestreben veranlaßt worden, die landwirtschaftlich genutzte Bodenfläche zu erweitern, das Betriebssystem zu rationalisieren, ein Bestreben, das durch die hohen Preise für Korn und die Produkte der Viehzucht noch besonders gefördert wurde und in den beiden ersten Dezennien des 19. Jahrhunderts, als eine äußerst rasche Bevölkerungszunahme einsetzte[1]),

[1]) Report from the select comittee on the corn trade (1804). Report relating to the corn laws (1814). Report on the state of agriculture (1821, 1833, 1836). Prothero, The pioneers and progress of english farming (1888). Neue Aufl.: English Farming Past and Present (1912). Porter, The progress of nation (1851). Caird, English agriculture (1852). Ders., The Landed Interest and the Supply of food (1878). Tuckett, A History of the Past and Present State of the Labouring Population (1846). Took-Newmarch, A History of Prices, deutsch von Asher I—II (1862). Brodrick, English Land and English Landlords (1881). Ferner die oben S. 34 angeführten Schriften von Rae, Hasbach, Levy, Hammond, Slater, Gonner, Johnson, Curtler, Moffit, Brentano (Bd. III). Bowley, Statistics of Wages in the United Kingdom during the last hundred Years (Journ. of the Royal Statistical Society, LXI—LXII. 1898. Agricultural Wages). Vgl. auch die Schriften von Ricardo (deutsch: David Ricardos Schriften über Getreidezölle, hrsg. von Leser, Samml. älterer und neuerer staatswiss. Schriften, hrsg. von Brentano und Leser. IX) und Malthus (deutsch: Drei Schriften über Getreidezölle, hrsg. von Leser, ibid. VI).

sich in verstärktem Maße Geltung verschaffte. In dem Zeitabschnitte von 1750 bis 1800 hatte die englische Landwirtschaft es nicht vermocht, mit der Bevölkerungszunahme Schritt zu halten. Aus einem getreideausführenden Lande hatte sich England bereits zu Ausgang des 18. Jahrhunderts in ein Land verwandelt, das der Getreideeinfuhr dringend bedurfte. 1741—1750 wurden aus England noch im Jahresdurchschnitt 850000 Quarter Getreide ausgeführt, 1773—1792 überstieg die Getreideeinfuhr die Getreideausfuhr pro Jahr um 430000 Quarter.

Durch die Steigerung des Getreidebedarfs waren nun die ausgedehnten Einhegungen hervorgerufen worden, die zu Ausgang des 18. und in den ersten Jahrzehnten des 19. Jahrhunderts stattfanden. Von 1797 bis 1820 wurden wiederum 3,3 Mill. Acres Bodenfläche neu eingehegt. Brach- und Ödländereien, worunter große Flächen wenig fruchtbaren, sandigen, geringe Erträge abwerfenden Grund und Bodens sich befanden, waren urbar gemacht worden. Der Anbau solcher Böden war nur unter der Voraussetzung hoher Getreidepreise lohnend. Daher suchten die Großgrundeigentümer, die Landlords, die hohen, seit der zweiten Hälfte des 18. Jahrhunderts herrschenden Preise auf der gleichen Höhe festzuhalten, womöglich noch eine weitere Steigerung derselben zu erreichen. Zu diesem Zwecke wurden 1791 hohe Einfuhrzölle festgesetzt, die die Getreideeinfuhr aus dem Auslande stark behinderten. In der Tat schnellten die Kornpreise nunmehr in die Höhe, von 51 Sh. pro Quarter (in den Jahren 1770 und 1780) auf 68 Sh. im letzten Jahrzehnt des 18. Jahrhunderts, ja bis auf 80 Sh. 1804—1813. Der Preis, der vom Gesetzgeber als wünschenswert angesehen und dessen Aufrechterhaltung angestrebt wurde, wurde nicht nur erreicht, sondern infolge der häufigen Mißernten, sowie der Kriege mit Frankreich, die die Kornzufuhr bedeutend erschwerten, in einem Maße überschritten, das alle Erwartungen sowohl der Regierung als der Bodeneigentümer weit übertraf.

Von 1814 an jedoch, von dem Zeitpunkte nämlich, wo die Kriege mit Frankreich ihren Abschluß gefunden hatten, änderte sich die Sachlage: Eine Periode niedriger Getreidepreise setzte ein. Das Zollgesetz von 1814 machte freilich die Getreideeinfuhr beinahe unmöglich; sie wurde nur dann gestattet, wenn der einheimische Preis nicht unter 82 Sh. pro Quarter betrug, dieses Gesetz sicherte also sozusagen den Bodeneigentümern den hohen Getreidepreis von 82 Sh. Tatsächlich jedoch betrug der Durchschnittspreis für den Quarter 1815—1824 statt der angegebenen 82 Sh. und statt der 90 Sh., die er im vorhergehenden Jahrzehnt erreicht hatte, nur 64 Sh., in den darauffolgenden Jahrzehnten war er noch niedriger (1829—1838 nur noch 56 Sh., 1839—1848 nur 59 Sh.). Unter diesen Umständen trat es klar zutage, daß die hohen Getreidezölle, die „Getreidegesetze" (Corn-laws), wie sie genannt wurden, der Landwirtschaft nicht nur keinen Nutzen brachten, sondern schließlich nur zu Schaden gereichen mußten. Der Umstand, daß die tatsächlich bestehenden Getreidepreise zu den an die Kornzölle geknüpften Erwartungen in krassem Mißverhältnis standen, brachte notwendigerweise eine völlige Zerrüttung der Landwirtschaft mit sich. Die Bodeneigentümer und Pächter, die auf hohe Getreidepreise rechneten, hatten weit größere Verbesserungen vorgenommen, als dies bei niedrigen Getreidepreisen lohnend sein konnte. Die Großpächter befanden sich in einer schwierigen Lage, denn von der Voraussetzung ausgehend, daß die früheren hohen Getreidepreise sich auch weiter erhalten, ja noch steigen würden, hatten sie langfristige Pachtverträge abgeschlossen und eine beträchtliche Erhöhung der Pachtrenten zugestanden. Beim Niedergang der Getreidepreise waren sie außerstande, die verdoppelten und verdreifachten Pachtrenten zu zahlen. Noch schlimmer war die Lage der kleinen Bodeneigentümer, der yeomen. Soweit diese bäuerlichen Grundbesitzer sich noch trotz der Einhegungen erhalten, sich damals ihrer Ländereien nicht entäußert hatten, gingen sie in der auf das Jahr 1815 folgenden Periode zugrunde. Zur Zeit der hohen Getreidepreise hatten, wie das „Report of Agriculture“ von 1833 eingehend ausführt, die kleinen Grundeigentümer ihre Güter mit Schulden belastet, die sie aufnahmen, um Meliorationen vornehmen zu können, ein Vorgehen, das durchaus nicht als leichtsinnig angesehen werden konnte, da man auf eine weitere Preissteigerung hoffen durfte. Als nun aber ein Preisrückgang eintrat, war es für sie nicht mehr möglich, die Zinsen zu zahlen und die Produktionskosten zu decken; sie waren genötigt, ihren Grund und Boden zu veräußern. In einem anderen Report von 1836 heißt es, der Bauernstand existiere überhaupt nicht mehr.

Mit der Periode der niedrigen Getreidepreise setzt ein Stillstand in der Entwicklung der englischen Landwirtschaft ein. Nach 1814 wurden keine neuen Anbauflächen mehr erschlossen, die Einhegungen wurden beinahe gänzlich eingestellt (1820—1840 wurden nur 600000 Acres eingehegt, gegen 3,3 Mill. in den vorhergegangenen zwei Jahrzehnten). Niemand unter der neuen Generation war berufen, die Stelle von Lord Townshend und von Graf Leicester auszufüllen, ihren Spuren folgend auf großen Landgütern landwirtschaftliche Versuche anzustellen und vervollkommnete Anbausysteme einzuführen. Arthur Young hatte seine Tätigkeit aufgegeben, die von ihm herausgegebenen „Annalen“ gingen ein. Erst seit Mitte der dreißiger Jahre, als die Grundeigentümer sich dem niedrigen Preisstande angepaßt hatten und nicht mehr an die alleinseligmachende Macht der Getreidezölle glaubten, gab sich in der Landwirtschaft von neuem eine regere Tätigkeit bemerkbar. 1837 wurde die Royal Agricultural Society gegründet, die die im 18. Jahrhundert gepflegten Traditionen neu zu beleben suchte und vermittelst Ausstellungen und Kongresse durch Verbreitung von Flug- und Zeitschriften bemüht war, Verbesserungen im Saat- und Düngeverfahren herbeizuführen, die Zucht von veredelten Viehrassen, die Verbreitung der Drainage zu popularisieren. Die Fortschritte der Chemie, die seit Davie in der Landwirtschaft zur Anwendung kam, die von Parkes in der Drainierung eingeführten rationellen Verbesserungen, der Ausbau des den Samen- und Düngertransport bedeutend verbilligenden Eisenbahnnetzes, alle diese Ursachen übten einen mächtigen Einfluß auf die Hebung der Landwirtschaft aus. In vielen Gegenden wurde seit Ausgang der dreißiger Jahre die Trockenlegung von Morästen unter Anwendung von Dampfmaschinen vorgenommen. Die Einfuhr von Düngemitteln, insbesondere von Knochen- und Gipsmehl, wies eine bedeutende Steigerung auf.

Doch waren dies nur die ersten Ansätze zu der heutzutage herrschenden rationellen Landwirtschaft. Erst seit der Aufhebung der „Korngesetze“ und seit der Freigabe der Getreideeinfuhr, was 1846 bzw. 1849 stattfand, strömten von neuem beträchtliche, anlagesuchende Kapitalien der Landwirtschaft zu; die auf dem Gebiete der landwirtschaftlichen Chemie, der Viehzucht, des Maschinenbaues gemachten Erfindungen und Entdeckungen wirkten befruchtend und fördernd auf die Landwirtschaft ein. Nach den Berechnungen Cairds wurden von 1848 bis 1878 in den landwirtschaftlichen Betrieben Großbritanniens und Irlands 15 Mill. Pfd. für Meliorationen aufgewandt; zwei Drittel dieser Summe betrugen die Drainierungskosten. 1860 betrug die Einfuhr von Guano nach Großbritannien 140000 t im Werte von 1½ Mill. Pfd. Sterl., 10 Jahre später die doppelte Menge (280000 t im Werte von 3,5 Mill. Pfd.). Es wurden ferner 1860 37000 t stickstoffhaltige Düngemittel im Werte von 500000 Pfd. eingeführt, 1870 56000 t im Werte von 880000 Pfd. Die Bodenrente steigerte sich im Zeitraume von 1850 bis 1870 von 27 auf 30 sh. pro Acre.

Es erhellt daraus, daß die englische Landwirtschaft nach Aufhebung der hohen Getreidezölle sich in einer durchaus günstigen Lage befand; die den Grund und Boden bewirtschaftenden Pächter gingen unter dem Drucke der ausländischen Konkurrenz nunmehr zu modernen Anbaumethoden über. Sie rechneten nicht mehr auf hohe Preise für die Erzeugnisse von Getreidebau und Viehzucht, sondern waren unablässig bestrebt, die Hebung der Rentabilität durch Verminderung der Produktionskosten herbeizuführen. Diesem Zwecke diente auch die Anwendung der neuen, technisch vollkommeneren Geräte, der Mähmaschine, des Dampfpfluges, der Dreschmaschine. „Die bei der Aufnahme von 1873 befragten Gutspächter, sagt Caird, die als Sachverständige auf dem Gebiete des Meliorationswesens galten, bezeugten, daß sie die bei Meliorationen aufgewandten Summen im Ertrag von Grund und Boden nicht bloß mit Zinsen zurückerhalten, sondern auch einen erheblichen Überschuß erzielt haben. Auch der Anbau von Futterpflanzen, von Hopfen und Flachs erwies sich als gewinnbringend, insbesonders aber die Zucht veredelter Viehrassen, und zwar letzteres infolge der bedeutenden Erhöhung der Fleischpreise, die 1843—1863 eine Steigerung um 30—35%, 1843—1873 um 66—75% und darüber aufwiesen. Die Erhöhung der Fleischpreise war durch die zunehmende Nachfrage veranlaßt. Während, um mit Giffen zu reden, noch um die Mitte des 19. Jahrhunderts die Fleischpreise für den Arbeiter ebensowenig Interesse besaßen, wie die Preise von Edelsteinen, hatte der Arbeiter von den sechziger Jahren des 19. Jahrhunderts an, infolge des erhöhten Arbeitslohnes die Möglichkeit, regelmäßig Fleisch und andere Produkte der Viehzucht zu konsumieren. Die Lage der Landarbeiter verbesserte sich ebenfalls beträchtlich. Es sind hier mehrere Perioden zu unterscheiden. Zu Ende des 18. und zu Anfang des 19. Jahrhunderts war der Geldlohn bedeutend gestiegen, zugleich hatte aber eine starke Erhöhung der Preise für Brot und die übrigen Lebensmittel stattgefunden. Als von 1815 an die Brotpreise zu fallen begannen, sank auch der Arbeitslohn (in den zwanziger Jahren) und blieb bis zur Mitte der vierziger Jahre nahezu stationär. Seit dieser Zeit setzt aber, nach Bowley, ein rasches Steigen der Geldlöhne der landwirtschaftlichen Arbeiter ein. Diese Erhöhung machte in dem Vierteljahrhundert von 1845—1870 in England 32%, in Großbritannien überhaupt beinahe 60% aus, Zahlen, die, wenn man berücksichtigt, daß das Preisniveau im allgemeinen nur geringe Veränderungen erfahren hatte, eine bedeutende Hebung der Lebenshaltung der landwirtschaftlichen Arbeiterbevölkerung zu bedeuten hatten.

Hatte in England im Grunde genommen keine Bauernbefreiung im eigentlichen Sinne stattgefunden, denn die Dienste und Abgaben starben allmählich von selbst kraft des Gewohnheitsrechtes ab, so brachte in Frankreich[1]) die Revolution mit einem Schlage die Aufhebung der

[1]) S. die Cahiers de doléances pour les états Généraux, ferner die oben (S. 35) angeführten Schriften von Loutchisky, Kareiew, Kowalewsky, Foville. Außerdem Loutchisky, Quelques rémarques sur la vente des biens nationaux (1913), Petroff, Die Aufhebung der seigneurialen Verfassung in Frankreich

seigneurialen Verfassung, wenn auch, wie wir oben gesehen haben, schon die vorhergehende Periode dem vorgearbeitet hatte.

Bereits als die Einberufung der Generalstände erfolgte (am 24. Januar 1789 wurde das diesbezügliche Edikt des Königs veröffentlicht), war die Erbitterung der Bauern über die grundherrliche Verfassung stark. Die Einberufung der Generalstände wurde von ihnen als gleichbedeutend mit der Aufhebung der seigneurialen Gerechtigkeiten aufgefaßt. Doch standen in der neueinberufenen Versammlung die politischen Fragen im Mittelpunkt des Interesses; die Bauernfrage wurde vorläufig gänzlich unberücksichtigt gelassen. Überhaupt vertrat der Tiers-état in seinen Cahiers denselben Standpunkt, den die Regierung einnahm, den Standpunkt nämlich, daß die seigneurialen Gerechtigkeiten als unantastbare Eigentumsrechte zu betrachten seien. Bald mußte jedoch diese Auffassung geändert werden. Die Bauern begannen die Schlösser der Seigneurs zu plündern und zu brandschatzen, die Urkundenverzeichnisse (terriers) zu vernichten, um sich von der seigneurialen Tyrannei zu befreien. Wie ein Zeitgenosse schrieb, „hatte das französische Volk allem Anscheine nach den festen Entschluß gefaßt, sich von allen mit der persönlichen Freiheit unvereinbaren feudalen Gerechtigkeiten freizumachen".

Nachdem die Bauern „mit den Schlössern der Seigneurs ebenso aufgeräumt hatten wie die Pariser Bevölkerung mit der Bastille", wurde die Frage der seigneurialen Rechte in der Konstituierenden Versammlung (Constituante) an die Tagesordnung gestellt. In der berühmten Nacht vom 4. August 1789 wurde die Aufhebung der persönlichen Unfreiheit, soweit dieselbe noch erhalten geblieben war, der main-morte, der seigneurialen Gerichtsbarkeit, der Jagdrechte und die Ablösung der Grundgerechtigkeiten und des Zehents beschlossen. Zwar sah sich der König genötigt, diese Beschlüsse durch Dekret vom 11. August zu sanktionieren, doch handelte es sich ja erst um allgemeine Grundsätze,

---

auf Grund der von Sagnac und Caron herausgegebenen Quellen (1915 russ.). Onu, Zur Geschichte der Seugneurie und der Agrarverhältnisse in Frankreich zur Zeit der Revolution (Hist. wiss. Zeitschr. 1914, III, russ.). Doniol, La révolution française et la féodalité (1874). Olivier, La France avant et pendant la Révolution (1889). Jaurès, La Constituante (1901). Thiébault, Le principe de propriété individuelle devant l'Assemblée Constituante (1899). Coulon, La nuit du 4 août 1789 (1902). Bourgin, L'agriculture, la classe paysanne et la Révolution française (Rev. d'hist. des doctr. écon. 1911). Ders., Le partage des biens communaux (1908). Minzes, Die Nationalgüterveräußerungen während der französischen Revolution (1890). Lefebvre, Les paysans du Nord pendant la Révolution, I—II (1924). Vialay, La vente des biens nationaux pendant la révolution (1908). Sagnac, La législation civile de la Révolution Française (1898). Ders., Les Comités des droits féodaux et de législation et l'abolition du régime seigneurial (Révolution Française, 1905). Champion, Les biens du Clergé et la Révolution (ibid. 1894). Aulard, La féodalité sous la Révolution (ibid. 1913). Ders., La nuit du 4 août (ibid. 1913). Mathiez, La question sociale pendant la Révolution française (ibid. 1905). Chénon, Les demembrements de la propriété foncière en France avant et après la Révolution. 2 éd. (1923). Bauchet, L'abolition des droits seigneriaux en Savoie (1762—1793). Docum. (1908).

die zu ihrer praktischen Verwirklichung noch einer genaueren Formulierung bedurften.

Die Annahme dieser Beschlüsse durch die Versammlung am 4. August war im Grunde genommen nur die Aufwallung einer vorübergehenden Stimmung, ein Zugeständnis, das von der Aristokratie dem entschlossen gegen ihre Rechte auftretenden Volke gemacht worden war. Doch nur zu bald verflog die Begeisterung, von der der Adel in diesem entscheidenden Augenblicke fortgerissen worden war, die Grundeigentümer ließen das neuerlassene Dekret gänzlich unberücksichtigt und fuhren fort, die kraft desselben aufgehobenen Abgaben von ihren Hintersassen einzufordern. Auf die theoretische Formulierung der Grundsätze, denen entsprechend die Auflösung der seigneurialen Verfassung vollzogen werden sollte, folgte — trotzdem aus den Provinzen zahlreiche Beschwerden und Petitionen einliefen, aus denen klar zutage trat, wie abstrakt diese Grundsätze waren, wie wenig sie den Anforderungen der Lebenswirklichkeit entsprachen — keine weitere Ausarbeitung der Ablösungsbedingungen, keine eingehendere Untersuchung der hiermit verbundenen Probleme. In ihren zahlreichen sich auf diese Fragen beziehenden Dekreten hält die Konstituierende Versammlung streng an den von ihr einmal festgelegten Grundsätzen fest; ihre praktische Durchführung jedoch kam keinen Schritt vorwärts. Durch Dekret vom 15. März 1790 wurde die Ablösung der Grundlasten für fakultativ erklärt; weder Seigneurs, noch Bauern stand das Recht zu, dieselbe von der Gegenpartei zu fordern. Außerdem wurde nicht nur der Grundzins, sondern auch die Besitzveränderungsabgaben (lods et ventes) und die sog. „droits casuels" für ablösungspflichtig erklärt, wodurch die Ablösungssumme auf eine für die Mehrzahl der Bauern unerschwingliche Höhe hinaufgeschraubt wurde. Endlich wurde bestimmt, daß die Bauern, bevor die eigentliche Ablösung vorgenommen werden konnte, erst alle im Laufe der Zeit angesammelten Rückstände zu erlegen hätten. Durch die Festlegung von zwei verschiedenen Kategorien, die Unterscheidung zwischen den ohne Entschädigung abzuschaffenden und den ablösungspflichtigen Feudalrechten wurde die Durchführung der Reform von Anfang an außerordentlich erschwert. Es war an sich schon beinahe ein Ding der Unmöglichkeit, eine reinliche Scheidung zwischen diesen beiden Kategorien durchzuführen, und diese Undeutlichkeit und Verwirrung wurde von den Seigneurs zu mannigfachen Übergriffen ausgenutzt. Die für die Ablösung festgesetzten hohen Geldbeträge machten dieselbe beinahe illusorisch. Nur die eindrucksvolle Fassade der Agrarreform blieb aufrechterhalten, das Gebäude selbst war dem Zusammenbruche nahe. In einer der zahlreichen Eingaben an die Versammlung wurde dieser Zustand in treffenden Worten charakterisiert: „Die Freiheit der Rentenablösung — hieß es dort — wird für den Armen stets nur eine unerfüllbare Hoffnung auf den friedlichen Besitz seines kleinen Grundstückes bleiben; woher kann er soviel Geld auf einmal hernehmen?" Die Bauern klagten, daß „alle Vorteile auf seiten der Grundeigentümer, alle Nachteile auf seiten der Hintersassen" seien.

Die Folge dieser Zustände war, daß die im Prinzip am 4. August aufgehobene seigneuriale Verfassung tatsächlich in voller Kraft weiter bestehen blieb. Das Gesetz vom 15. März hatte nur die Wirkung, daß es die Bevölkerung erbitterte, daß die Bauern, welche immer mehr in ihrem Argwohn, sie seien von der Versammlung „vergessen worden", bestärkt wurden, ihrer Erbitterung, ihrer Enttäuschung in Verzweiflungstaten, in Revolten und Brandschatzungen seigneurialer Schlösser Ausdruck gaben. Die Bauern begannen, die Konstituierende Versammlung mit Klagen und Bittschriften zu überfluten, in denen sie um Herabsetzung der für die Ablösung der Feudalrechte festgesetzten, letztere zu hoch einschätzenden Summen nachsuchten. Ja sie begannen, die Leistung dieser für ablösungspflichtig erklärten Gerechtigkeiten einzustellen. Die Konstituierende Versammlung schrieb darauf den Gerichten vor, gegen diejenigen, die die Leistung der Feudallasten vor stattgehabter Ablösung verweigerten, vorzugehen und sie exemplarisch zu bestrafen. Trotz alledem muß die Tatsache anerkannt werden, daß die Constituante die Aufhebung der seigneurialen Verfassung an die Tagesordnung gestellt und den Anfang zu diesem großen Werke gelegt hat, dessen Notwendigkeit und Zeitgemäßheit sie richtig erkannt hatte. Die Deklaration vom 4. August war der erste Schritt auf diesem Wege, nach dem ein Zurückweichen nicht mehr möglich war. Die Konstituierende Versammlung „hatte dem Lande, im Namen der gesetzgebenden Staatsgewalt, einen Wechsel ausgestellt, der früher oder später honoriert werden mußte."

Auch die Gesetzgebende Versammlung (Législative) wagte es anfangs nicht, irgendwelche praktische Maßregeln zur Befriedigung der stetig wachsenden Forderungen der Bauern zu ergreifen. Nur allmählich, durch das Bestreben veranlaßt, die Bevölkerung auf seiten der Revolution hinüberzuziehen, änderte sie das von der Konstituierenden Versammlung her in dieser Frage überkommene Verhalten, indem sie, in Übereinstimmung mit den im Bauernstande herrschenden Strömungen, die von ihrer Vorgängerin erlassenen Dekrete als „verbrecherisch", als „von einer ungeheuerlichen Unkonsequenz durchdrungen" charakterisierte, als „in einer Weise abgefaßt, die die Vermutung nahelegen könnte, sie wären von den Seigneurs selbst diktiert worden", brandmarkte.

Die Konstituierende Versammlung faßte, von der feudalen Rechtslehre ausgehend, die Feudalrechte als Eigentumsrechte auf und erachtete daher den Auskauf derselben für notwendig. Die Gesetzgebende Versammlung dagegen verkündigte, die seigneurialen Rechte beruhten einzig und allein auf gewaltsamer Besitzergreifung und Usurpation. Sie behauptete, ihre Vorgängerin hätte diesen verhaßten Rechten zuviel Achtung entgegengebracht, sie hätte dem französischen Volke „nur ein Phantom der Freiheit gezeigt". Sie erklärte ferner, daß die seigneuriale Verfassung tatsächlich noch immer fortbestünde, obwohl sie vom Gesetze abgeschafft worden sei, und daß es „keine dringlichere Aufgabe gebe, als diese Überreste der Sklaverei, die das Eigentumsrecht bedrücken, auszurotten". Im Gegensatz zu den Mitgliedern der Constituante hatten die zur Legislative erwählten, die bis zum Oktober 1791 mitten im tief aufgewühlten Lande, in seinen verschiedenen Provinzen gelebt hatten, Gelegenheit gehabt, aus eigener Anschauung die Mängel der für die Bodenreform der Konstituierenden Versammlung maßgebenden Gesichtspunkte kennen zu lernen. Sie konnten mit Fug und Recht die Petitionen der Bauern bestätigen, in denen angegeben wurde, daß in zahlreichen Gemeinden auch nicht ein einziger Bauer imstande war, die zur Ablösung der verhaßten Feudalrechte notwendige Summe aufzubringen. Sie unterstützten die von den Bauern aufgestellte Forderung, die Seigneurs sollten zur Bestätigung der ihnen zustehenden Rechte die in ihrem Besitze befindlichen Urkunden vorweisen, widrigenfalls diese Rechte als aufgehoben zu gelten hätten.

In bezug auf die am schwersten auf dem Bauernstande lastenden feudalen Gerechtigkeiten, die sog. „droits casuels", geht die Gesetzgebende Versammlung in dem von ihr am 18. Juni 1792 erlassenen Dekret von dem Grundsatze aus, daß alle hierzu gehörenden Abgaben ohne Entschädigung aufzuheben seien. Eine Ablösung derselben wurde nur in solchen Fällen für zulässig erklärt, wo diese Rechte durch authentische Verleihungsurkunden bewiesen werden konnten, wobei es dem Seigneur oblag, die geforderten Beweise herbeizuschaffen und außerdem in den Urkunden der Zeitpunkt der Verleihung dieser Rechte genau angegeben sein mußte. Diese Einschränkungen reduzierten die Zahl der Fälle, in denen die Ablösbarkeit der kasuellen Rechte bewiesen werden konnte, auf ein Mindestmaß und waren tatsächlich mit einer vollständigen Abschaffung derselben gleichbedeutend. Doch ging die Legislative noch weiter, das Dekret vom 25.—28. August 1792 dehnte die Anwendung dieser Grundsätze auch auf die feudalen Bodenzinse und Grundrenten, sowie auf alle übrigen jährlichen Leistungen aus; auch hier wurde es den Seigneurs zur Pflicht gemacht, ihre Berechtigung durch Beibringung der ursprünglichen Rechtstitel zu beweisen. Für die Einreichung dieser Verleihungsurkunden wurde eine einjährige Frist angesetzt, wodurch ihre Beibringung beinahe unmöglich gemacht war. Erst durch diese Dekrete — vom 18. Juni bzw. 25. August 1792, beinahe drei Jahre nach der „Nacht des 4. August“ — war die seigneuriale Verfassung tatsächlich abgeschafft worden. Die so oft wiederholte Forderung, die Wurzeln des Feudalismus sollten ausgerottet werden, war endlich erfüllt worden.

Nun war aber die Bauernschaft selbst durch diese Lösung der Agrarfrage nicht mehr zu befriedigen. Das Dekret vom 25. August hob ja die Feudalverfassung nicht mit einem Schlage auf, sondern verfügte eine in jedem einzelnen Falle vorzunehmende vorherige Prüfung der Rechtstitel des Seigneurs, um zu entscheiden, in welchen Fällen die Feudalrechte ohne Entschädigung aufzuheben, in welchen hingegen sie ablösungspflichtig seien; letzteres fand im Falle der Vorweisung ursprünglicher Urkunden durch den Seigneur statt. Dabei war die Gesetzgebende Versammlung in bezug auf die Gebiete, wo solche Urkunden während der 1789 stattgehabten Bauernunruhen vernichtet worden waren, auf dem bereits beschrittenen Wege noch einen Schritt weiter gegangen, indem sie die Bauern hier einfach von allen Feudalrechten freimachte.

Wohl wäre es folgerichtig gewesen, diese Maßnahme auch auf das übrige Frankreich auszudehnen, sonst kam sie ja einer Gutheißung der Gewalttätigkeiten und Revolten gleich. Das Werk der Bodenreform mußte zu seinem logischen Abschluß gebracht werden. Die Bauern forderten die sofortige Abschaffung der seigneurialen Verfassung. Endlich, als die Beschwerden von allen Seiten einzulaufen begannen und die Bauernunruhen mit zunehmender Kraft einsetzten, als sich zu dieser schwierigen Lage im Innern des Landes noch die Gefahr einer ausländischen Intervention gesellte, die die Wiederherstellung der Monarchie nach sich führen mußte, erfüllte der Konvent, der am 21. September 1792 die Legislative abgelöst hatte, die Forderungen der Bauernschaft. Mit einem Schlage wurden sämtliche Feudalrechte aufgehoben. Das Dekret vom 17. Juli 1793 erklärte „sämtliche Leistungen und Zahlungen, alle Feudal- und Zinsrechte, sowohl die ständigen als die gelegentlichen, sogar diejenigen, welche durch das Dekret vom 28. August 1792 noch beibehalten worden waren", ohne Entschädigung für aufgehoben. Alle Prozesse, die die Rechte am Grund und Boden oder Rückstände in der Leistung seigneurialer Abgaben betrafen, sollten eingestellt werden. Die Bauern wurden, ohne daß sie irgendwelche Ablösungssummen zu zahlen hätten, zu vollen Eigentümern des Grund und Bodens erklärt, auf dem sie saßen.

Doch man begnügte sich nicht damit, „die Äste des feudalen Baumes abzuhauen"; man erachtete es für notwendig, „ihn mitsamt seinen Wurzeln auszurotten, zu verbrennen und die Asche in alle Winde zu zerstreuen". Die ehemaligen Grundherren hatten alle auf die Feudal- und Zinsrechte bezüglichen Besitzrechtstitel innerhalb einer dreimonatlichen Frist abzuliefern; darauf wurde die Verbrennung derselben angeordnet, die erst im Januar 1794 eingestellt wurde. Das Dekret vom 7. September 1794 verbot allen Franzosen, in welchem Punkte der Welt sie sich auch aufhalten mochten, irgendwelche Feudalleistungen zu erheben. Die seigneuriale Verfassung war vollständig abgeschafft, dermaßen, daß sämtliche Versuche ihrer Wiederherstellung, die man unter Napoleon I. machte, notwendig scheitern mußten.

Durch die Aufhebung der seigneurialen Rechte erhielten die Bauern, wie gesagt, das vollständige, uneingeschränkte Eigentumsrecht an den von ihnen vordem angebauten Grundstücken. Allerdings war damit auch die früher bestehende Ungleichmäßigkeit in der Verteilung des Bodenbesitzes, die Unzulänglichkeit der den verschiedenen Gruppen des Bauernstandes gehörenden Bodenfläche für die Zukunft fixiert. Doch verfügte der Staat über einen bedeutenden Bodenfonds, der aus den Gemeindeländereien und dem den Emigranten und der Kirche entzogenen Grundeigentum gebildet worden war. In bezug auf die Gemeindeländereien erklärte erst die Gesetzgebende Versammlung — die Konstituierende Versammlung hatte auch in dieser Frage nicht den Mut gehabt, mit den bisherigen Verhältnissen von Grund auf aufzuräumen — alle diejenigen Rechtstitel für ungültig, kraft deren solche Ländereien seit 1669 in den Besitz der Seigneurs übergegangen waren. Eine Ausnahme wurde nur in den Fällen gemacht, wo der Seigneur den Nachweis erbringen konnte, daß diese Grundstücke im Laufe von 40 Jahren ununterbrochen in seinem Besitz verblieben waren. Doch gingen die im Namen „des Gedeihens und des Ruhmes der Republik", „des Wohles des Vaterlandes und der Beruhigung der Gemüter" von der Bevölkerung erhobenen Forderungen auch in diesem Punkte weit über die von der Versammlung aufgestellten Leitsätze hinaus. Der Konvent war es, der auch hier den Wünschen der Bauernschaft entgegenkam und durch seine Dekrete in bezug auf die Gemeinheiten, ebenso wie er es in bezug auf die seigneuriale Verfassung bestimmt hatte, die Anerkennung des vollen Eigentumsrechtes der Gemeinden bewirkte. Von den Grundherren wurde die Vorweisung der ursprünglichen Rechtstitel gefordert, auf Grund derer die fraglichen Ländereien in ihren Besitz übergegangen waren. Da sie nun gewöhnlich außerstande waren, diese Forderung zu erfüllen, so mußten alle ihnen gehörenden, früher im Besitz der Gemeinden befindlichen Ländereien wieder an diese abgetreten werden; durch Dekret vom 10. Juni 1793 wurde die von der Gesetzgebenden Versammlung eingesetzte und anerkannte vierzigjährige Besitzfrist aufgehoben.

Anfänglich bestand der Plan, diese Ländereien unter allen Gemeindemitgliedern zu Eigentumsrechten aufzuteilen. Das Beispiel Englands, seiner vorgeschrittenen Landwirtschaft, seiner Einhegungen imponierte den Franzosen. In der Gesetzgebenden Versammlung wurden die zu Eigentum besessenen blühenden, üppigen Felder Englands den verwahrlosten Gemeindeländereien Frankreichs gegenübergestellt, die sofortige Aufteilung aller Gemeinheiten (die Wälder ausgenommen) wurde beschlossen und für obligatorisch erklärt. Doch wurde von der Gesetzgebenden Versammlung die Lösung der zahlreichen, für die praktische Durchführung der Aufteilung bedeutsamen Probleme nicht in Angriff genommen, sondern diese Aufgabe blieb dem Konvent vorbehalten, der ja in dieser Frage im Prinzip denselben Standpunkt einnahm, wie die Gesetzgebende Versammlung. Es wurde von ihm die Aufteilung der Gemeinheiten, der Zahl der Gemeindemitglieder entsprechend, dekretiert, mit der Abänderung jedoch, daß zur Vornahme einer derartigen Aufteilung die Beantragung derselben seitens eines Drittels der Gesamtzahl der Gemeindemitglieder erforderlich war. Doch kam in der Praxis dieses am 10. Juni 1793 erlassene Dekret nur in wenigen Gemeinden zur Ausführung. Die Aufteilung selbst ging nur langsam von statten, sie führte zu zahlreichen Streitigkeiten und Mißverständnissen. In den folgenden Jahren wurde das Gesetz abgeändert, wobei vor allem die Erwägung maßgebend war, daß die Zuteilung von Land an größere Bevölkerungsmassen einen Mangel an Arbeitskräften sowohl in der Industrie, als auch in der Landwirtschaft hervorrufen würde. In der Tat waren bereits derartige Klagen laut geworden. Daher wurde die Aufteilung der Gemeindeländereien verschiedenen Einschränkungen unterworfen, um später gänzlich eingestellt zu werden; infolge dieser Bestimmung verblieb der größere Teil der Gemeinheiten im Gemeindebesitz. Wie Loutchisky sagt, „machte die Bodenkultur in Frankreich, nachdem weitgehende Freiheiten errungen und die feudalen Lasten abgeschafft worden waren, rapide Fortschritte, trotzdem das Gemeindeland und die Gemengelage erhalten blieben“.

Auch der Verkauf der Kirchengüter, sowie der dem während der Revolution nach dem Auslande geflüchteten Adel gehörenden Ländereien hatte keine wesentliche Bedeutung für die Landversorgung des Bauernstandes. Allerdings bildeten die während der Revolution zum Eigentum der Nation erklärten und darauf veräußerten Güter $^1/_5$, ja bis zu $\frac{1}{4}$ der Gesamtbodenfläche Frankreichs (ihr Wert wurde auf 5,5 Mill. Fr. geschätzt). Doch waren für die Regierung bei der Einziehung und der darauffolgenden öffentlichen Veräußerung dieser Güter fiskalische Gesichtspunkte ausschlaggebend. Es handelte sich in erster Linie darum, die zur Fortführung des Krieges notwendigen Mittel aufzubringen. Hierzu gesellten sich dann auch politische Erwägungen. Durch die Veräußerung von Kirchengütern sollte die Rückkehr zur früheren Gesellschaftsordnung unmöglich gemacht werden, da ja diese Güter in den Besitz zahlreicher kleiner Grundeigentümer gelangen würden. Aus diesen Erwägungen ergab sich die Notwendigkeit, die Bedingungen des Ankaufs von Kirchengütern solchermaßen zu gestalten, daß breitere Schichten der ländlichen Bevölkerung desselben teilhaftig werden könnten. Ursprünglich hatte man in der Tat denjenigen, die kleinere Grundstücke zu erwerben wünschten, den Vorzug gegeben; die Zahlungen sollten (Dekret von 1790) ratenweise auf 12 Jahre verteilt werden. Freilich wurden im selben Jahre diese — für die unbemittelten Schichten günstigen — Bedingungen aufgehoben, um die Veräußerung rascher zu bewerkstelligen. Das Vorzugsrecht erhielten nunmehr diejenigen Käufer, die die ganze Kaufsumme sofort erlegten, es wurde die Auktionierung bei dem Verkaufe der Kirchengüter eingeführt. Die Möglichkeit, ratenweise zu zahlen, wurde eingeschränkt, die Großpachten und Meiereien (métaieries) durften nicht mehr in kleine Anteile parzelliert, sondern konnten nur im ganzen verkauft werden. Das Ergebnis dieser Maßnahmen war, daß diese Bodengüter hauptsächlich in den Besitz der Bourgeoisie übergingen, dem Erwerb solcher Ländereien durch die Bauern wurden zahlreiche Hindernisse entgegengestellt. Wohl nahmen die Bauern, trotz aller Schwierigkeiten, dennoch an demselben teil, doch war der Anteil der städtischen Bourgeoisie weit beträchtlicher. Die Güter der Kirche und des Adels gingen vorwiegend in ihren Besitz über. Allerdings blieb der frühere Großgrundbesitz nicht erhalten, da diese Güter zerschlagen wurden. Kaufleute, Handwerker, Angehörige der liberalen Berufe, alle suchten Grundbesitz zu erwerben.[1])

Die im 18. Jahrhundert im Besitze der Bauern befindliche Bodenfläche hatte also während der Revolution nur wenig zugenommen. doch Frankreich war bereits vor der Revolution das Land des bäuerlichen Kleinbesitzes; dieses charakteristische Merkmal blieb ihm auch weiter erhalten.

Bis zu den vierziger Jahren des 19. Jahrhunderts scheint auch die französische Landwirtschaft[2]) nur wenig Fortschritte aufgewiesen zu haben. Sie hing noch überwiegend an einer veralteten Technik. Man findet die alten landwirtschaftlichen Werkzeuge, den Pflug in wenig veränderter Gestalt, die Sichel, noch immer vor, auch das Eggen war noch immer ungenügend. Mangel an Dünger herrschte auch jetzt noch; auch war derselbe von minderwertiger Qualität, Kalk oder Mergel wurden nur spärlich angewandt. Das alte Ackerbausystem mit der Brache lebte auch weiter fort, die künstlichen Wiesen waren noch wenig verbreitet. Noch um 1840 machten sie bloß 1,5 Mill. ha aus, während die Brachfelder fast 7 Mill. erreichten. Die ödliegenden Ländereien (landes) wurden auch zu dieser Zeit noch bloß als Weide benutzt und das darauf wachsende Heide- und Farrenkraut, mit Viehmist vermengt, zum Düngen verwandt. Bloß in manchen Gegenden hatte man sie in Anbau genommen. In fruchtbareren Provinzen wurden Futtergewächse bestellt, auch wies hier die Viehzucht (insbesonders die Mästung der Schafe) Verbesserungen auf, während das Vieh im übrigen nur unansehnlich und von mangelhafter Beschaffenheit war. Ein Fortschritt läßt sich freilich im Anbau von Kartoffeln verzeichnen, der bedeutend an Ausdehnung gewonnen hatte.

Seit den vierziger Jahren kommt neues Leben in die französische Landwirtschaft; ein Aufschwung in mancher Hinsicht ist nicht zu verkennen. Die Ackerbaufläche weist eine Zunahme auf von 5,4 Mill. ha um 1831—1841 auf 6,9 Mill. ha 1862—1871; die Ernte im gleichen Zeitabschnitt eine Steigerung von 68 auf 98 Mill. hl bzw. von 12,8 auf 14,3 hl pro ha. Die Brache war 1840—1862 von 6,8 auf 5,1 Mill. ha heruntergegangen, d. i. von 47,5 auf 33% des mit Getreide bebauten Areals. Ein größerer Fortschritt war auch in der Viehwirtschaft ein-

---

[1]) In Nordfrankreich freilich gingen nach Lefebvre (S. 495 ff.) 52% des verkauften Grund und Bodens (71400 ha) an (17600) Bauern über, während die Bürger bloß 48% (65800 ha 5500 Bürger) erwarben, so daß dreimal soviel Bauern als Bürger am Kaufe teilnahmen. Die späteren Verkäufe der Bauernschaft führten dazu, daß schließlich die biens nationaux zu gleichen Teilen unter Bauern und Bürgern verteilt wurden (68700 ha Bauernland und 68400 ha bei der städtischen Bourgeoisie).

[2]) Lavergne, Economie rurale de la France depuis 1789 (1800), Romeuf, La crise agricole sous la Restauration (1902). Sée, La vie économique de la France de 1815 à 1848 (1926). Lewitsky, Die Agrarkrise in Frankreich (1899, russ.). Sion, Les paysans de la Normandie Orientale (1909). Musset, Le Bas-Maine (1917). Demangeon, La Picardie et les régions voisines (1905). Renard et Dulac, L'évolution industrielle et agricole depuis 150 ans (1914). Baudrillart, Les populations agricoles de la France I—III (1885—1893).

getreten. Von 1840—1862 hatte das Gewicht der Tiere eine Steigerung von 670 auf 945 Mill. kg erfahren, ihr Wert hatte sich verdoppelt — von 537 auf 1100 Mill. Fr. Anstatt 11,8 zählte man 12,8 Mill. Stück Rindvieh; die Zahl der Schweine war von 4,9 auf 6 Mill. gestiegen, während die Zahl der Pferde sich nur wenig erhöht und die Schafzucht sogar einen Rückgang erfahren hatte.

In Deutschland[1]) übte der oben (Kap. 6) dargelegte Unterschied zwischen der Agrarverfassung des Westens (Grundherrschaft) und des Ostens (Gutsherrschaft) einen bedeutsamen Einfluß aus, sowohl auf den Verlauf der Bauernbefreiung, als auch auf die Bedingungen, unter welchen man dieselbe durchgeführt hat. Obwohl auch in Westdeutschland die Bauernbefreiung sich nur stufenweise im Laufe eines langen Zeitraumes vollzog, so fand sie doch unter weit geringeren Reibungen und mit viel weniger erheblichen Schwierigkeiten statt, als dies in den Gebieten östlich der Elbe der Fall war. In bezug auf die persönliche Unfreiheit handelte es sich ja eigentlich nur darum, den „Namen der Sklaverei“ auszumerzen, der „wie ein Schandfleck“ auf dem Bauernstande lastete. In dem weitaus größeren Teile Badens war die Leibeigenschaft bereits 1783 aufgehoben worden, in Bayern war ihre Aufhebung 1808 vollzogen worden, in Hessen 1811, in Württemberg 1819. Das Obereigentum des Grundherrn an Grund und Boden wurde durch die Zahlung einer bestimmten, auf Grund verschiedener Berechnungen festgesetzten Pauschalsumme abgelöst; die vordem jährlich entrichteten Renten und Zinsen wurden auf diese Weise kapitalisiert. Die Lage der süddeutschen Gutsbesitzer erlitt im Grunde genommen dadurch keine erhebliche Veränderung, denn ihre Wirtschaft war ja seit langem eine reine Rentenwirtschaft gewesen. Es handelte sich nun bloß um eine Anlage der erhaltenen Kapitalsumme, die dem Besitzer dauernd ein ebenso sicheres Einkommen wie die nun aufgehobenen Zinsen und Renten garantieren könnte. Freilich hatte andrerseits die Ablösung der Bauernzinse den Verlust der grundherrlichen Hoheitsrechte zu bedeuten und war somit doch mit einer Umwälzung der Agrarverhältnisse verbunden. Alle darauf hinaus-

[1]) S. die oben (S. 36) angeführten Schriften von G. Knapp, Grünberg, Hanssen, Hausmann, Ludwig, Aubin, Ziekursch, Wuttke, Lennhoff. Ferner Böhme, Gutsherrlich-bäuerliche Verhältnisse in Ostpreußen während der Reformzeit 1770 bis 1830 (Schmollers Forsch., 20, 1902). Rumler, Bestrebungen zur Befreiung der Privatbauern in Preußen 1797—1816 (Forsch. z. Brand.-Preuß. Gesch., 1920). Redlich, Leibeigenschaft und Bauernbefreiung in Österreich (Z. f. Soz. u. W.-G. III). Schotte, Rechtliche und wirtsch. Entwicklung des westfälischen Bauernstandes bis 1815 (Beitr. zur Gesch. des westfälischen Bauernstandes. 1912). Brentano, Die Agrarreform in Preußen (1897). Goltz, Die ländliche Arbeiterklasse und der preußische Staat (1893). Wismüller, Geschichte der Teilung der Gemeindeländereien in Bayern (Münch. volksw. Stud. 62, 1903). Reinhard, Die Grundentlastung in Württemberg (1910). Kraaz, Bauerngut und Frondienste in Anhalt vom 16. bis 19. Jahrhundert (Conrads Samml., 1898). Art. Bauernbefreiung. Hdw. d. Staatswiss. 3. Aufl. Sugenheim, Gesch. der Aufhebung der Leibeigenschaft und Hörigkeit in Europa (1801). Sartorius von Waltershausen, Deutsche Wirtschaftsgeschichte von 1815 bis 1914. 2. Aufl. (1923).

gehenden Maßnahmen mußten daher lebhaften Widerspruch seitens der Grundherren hervorrufen. Die Aufhebung der grundherrlichen Agrarverfassung sowie der grundherrlichen Gerichtsbarkeit war bereits 1818—1820 (in Baden noch früher) eingeleitet worden, vollendet wurde sie jedoch erst nach der Julirevolution (1830), als die Regierung (Hessen, Württemberg, Hannover) die Ablösung der bauerlichen Lasten und die Konsolidation des vollen Eigentums der Bauern an Grund und Boden vornahm und den Grundherren aus der Staatskasse Entschädigungsrenten auszahlte. Endlich führte die Revolution von 1848 (in Hessen, Baden, Württemberg) die Beseitigung der letzten Überreste der grundherrlichen Rechtsverfassung herbei.

Weit schwieriger gestaltete sich die Durchführung der Bauernbefreiung in den östlich der Elbe gelegenen Gebieten. Hier mußten die Verhältnisse von Grund aus umgestaltet werden, der Bauer vor allem aus seiner persönlichen Unfreiheit erlöst, aus einem beinahe völlig rechtlosen Pächter zu einem freien Landeigner gemacht werden. Auch die notwendige Umwandlung der Frondienste in Geldleistungen war mit großen Schwierigkeiten verbunden. Der Gutsbesitzer konnte seinen Betrieb nur dann weiterführen, wenn ihm Arbeitskräfte, die über keinen Eigenbesitz an Grund und Boden verfügten, zu Gebote standen. Nur in diesem Falle vermochte er die zwangsmäßig genutzte Arbeitskraft, nämlich die bisher von den Bauern geleisteten Frondienste, durch freie Lohnarbeit zu ersetzten. Daher beschränkten sich hier die Reformen lange Zeit hindurch auf die Staatsdomänen, ohne die im Privatbesitz befindlichen Güter zu berühren.

Bereits in Bayern, wo Großbetriebe in größerer Anzahl vorhanden und die Frondienste meist üblich waren, gestaltete sich die Bauernbefreiung dermaßen schwierig, daß erst 1848 die Ablösung der Grundlasten dekretiert und die Bauern zu freien Bodeneigentümern erklärt werden konnten.

In Bayern war die persönliche Unfreiheit und die auf ihr beruhenden Abgaben 1808 ohne irgendwelche Entschädigung aufgehoben worden. Diese Maßnahmen trafen auf keinen erheblichen Widerstand von seiten der Grundherren, da sie im Grunde genommen nur die tatsächlich bereits größtenteils bestehenden Verhältnisse gesetzlich regelten und denselben allgemeine Geltung verschafften. 1825 verfügte man die Ablösung der Frondienste und der übrigen Grundlasten und Abgaben auf den staatlichen Domänen. Zugleich wurde auch den Grundherren nahegelegt, freiwillig auf ihre Patrimonialgerichtsbarkeit zu verzichten, doch blieb dieser Vorschlag ohne jede praktische Wirkung. Zur Aufhebung der grundherrlichen Agrarverfassung auf den Privatgütern wurde bis 1848 überhaupt nicht geschritten. Bis zu dieser Zeit wurde höchstens die Möglichkeit in Erwägung gezogen, die ungemessenen Frondienste in gemessene umzuwandeln oder die bäuerlichen Besitzrechte an Grund und Boden durch die Umwandlung von Zeitpacht und Pacht auf Lebensfrist in Erbpacht zu verbessern. Erst die (besonders in München stattgehabten) Volksunruhen von 1848 zwangen die Regierung, sowohl mit der grundherrlichen Gerichtsbarkeit, als mit der grundherrlichen Agrarverfassung überhaupt aufzuräumen. Ein diesbezüglicher Gesetzentwurf wurde bereits im April 1848 eingebracht und nach Verlauf von kaum zwei Monaten trat er schon in Kraft. Alles, was Jahrzehnte lang erörtert worden war und worüber man solange hin- und hergestritten hatte, wurde nun mit einem

Schlage verwirklicht, die Bauern erhielten gegen Zahlung bestimmter Ablösungsgelder den Grund und Boden zu vollem Eigentumsrecht.

Wie im Mittelalter und im 16. Jahrhundert die Könige von Frankreich und Spanien aus eigener Machtbefugnis die auf ihren Domänen ansässigen Bauern von der Leibeigenschaft befreit hatten, wie dies später von den Markgrafen von Baden und den Königen von Bayern vollbracht worden war, so wurde auch in Österreich von Kaiserin Maria-Theresia die vordem herrschende Agrarverfassung auf den Domänen aufgehoben. Dieselben wurden in kleinere Grundstücke zerschlagen und an persönlich freie Pächter in Erbpacht ausgetan. Da es nun hier einen Großbetrieb nicht mehr gab, so fiel auch die Notwendigkeit der Frondienste fort. Josef II. machte 1789 den Versuch, auch auf den Privatgütern alle Schuldigkeiten, die in Naturalien geleistet wurden, sowie die Frondienste in Geldabgaben umzuwandeln, die bis zu 18% des jährlichen Bruttoertrages von Grund und Boden betragen durften. Doch scheiterten diese Reformversuche an der Unmöglichkeit, den Großbetrieb mit den erforderlichen freien Arbeitskräften zu versehen. Das alte System blieb bis 1848 fortbestehen. Erst durch die Revolution wurde die Verwirklichung der Pläne Josefs II. erzwungen, die Frondienste und Abgaben durch Geldleistungen abgelöst. Hier hatten die Bauern nur ein Drittel der Ablösungssumme zu entrichten, ein weiteres Drittel sollte aus der Staatskasse bestritten werden, das letzte Drittel ließ man überhaupt fallen. Der Zwangsgesindedienst war bereits von Josef II. (durch das „Leibeigenschaftsaufhebungspatent" von 1781) abgeschafft worden. Sowohl den Domanial-, als den Privatbauern hat er durch dasselbe die persönliche Freiheit, das Recht der freien Berufswahl, der Freizügigkeit, die Freiheit der Eheschließung verliehen.

Preußen folgte mit seiner Gesetzgebung erst viel später nach, nämlich 1807. Die Verwirklichung der lange geplanten und erörterten Reformen wurde erst nach der französischen Revolution, nach dem Zusammenbruch der Monarchie Friedrich d. Gr. in Angriff genommen. Zunächst wurde durch Edikt vom 9. Oktober 1807 die Erbuntertänigkeit aufgehoben. Nur langsam wurden in Preußen in dem darauffolgenden langen Zeitraume von 1807—1850 die diesbezügliche Gesetzgebung weiter ausgebaut. Maßgebend waren dabei in erster Linie die Interessen der Gutsbesitzer, die zur Weiterführung ihrer landwirtschaftlichen Großbetriebe zahlreiche landlose Arbeiter benötigten. Die Zahl derselben mehrte sich fortgesetzt; war doch 1807 der bisher durchgeführte Schutz des Bauernlandes gegen das „Bauernlegen" aufgehoben worden. Die Einziehung von Bauernland, das die Gutsherrn zum Herrenlande schlugen, wurde von der Gesetzgebung begünstigt. Die Idee, die Grundbesitzer für die Überlassung der Bauernstellen an ihre Inhaber zu vollem Eigentum nicht durch Geldleistungen, sondern durch Überweisung eines Teiles des Bauernlandes zu entschädigen, war freilich nicht neu. Bereits in anderen Ländern, in Savoyen, in Baden, hatte man ähnliches schon früher geplant. Ihre Verwirklichung sollte sie jedoch erst in den östlich der Elbe gelegenen Gebieten finden. Den Bauern wurde nunmehr das volle Eigentumsrecht an den von ihnen innegehabten Stellen zugestanden, auch die Frondienste, Naturalschuldigkeiten und Geldabgaben waren für aufgehoben erklärt worden. Dafür hatten sie jedoch von erblichen Bauerngütern ein Drittel, von unerblichen (lebenslänglicher Laßbesitz und Zeitpacht) die Hälfte des Landes dem Gutsherrn abzutreten (Regulierungsedikt vom 14. September 1811).

Auf Betreiben der Gutsbesitzer hatte man jedoch durch die Deklaration vom 29. Mai 1816 den Kreis der Bauern, welche der „Regulierung“ unterlagen, bedeutend eingeschränkt, so daß nunmehr nur eine Minderzahl der Bauerngüter regulierbar war. „Die Regulierung der gutsherrlich-bäuerlichen Verhältnisse“ oder, anders ausgedrückt, die Abschaffung der gutsherrlichen Agrarverfassung hatte, dieser Deklaration zufolge, nur bei spanndienstpflichtigen Bauernstellen stattzufinden, sie erstreckte sich also nur auf die vermögendere Schicht der Bauernschaft. Die Zahl der regulierbaren Bauernstellen wurde dadurch mit einem Schlage ungefähr um die Hälfte verringert. Ferner waren auch unter den spanndienstpflichtigen Bauernstellen nur diejenigen regulierbar, die bereits 1763 bestanden hatten, d. h. noch ehe der Kampf der Könige von Preußen gegen das „Bauernlegen“ begann. Die Regulierung mußte vom Gutsherrn oder vom Bauern beantragt werden. Es konnte dies auch gegen den Willen einer von den beiden Parteien geschehen. Hatte ein solcher Antrag nicht stattgefunden, so blieben die alten Verhältnisse auch weiter fortbestehen. Die Regierung griff eben nur auf Antrag ein. Daher kam es, daß die Durchführung der Reform sich so lange hinschleppte; noch 30 Jahre, nachdem die Deklaration von 1816 veröffentlicht worden war, unterstand ein beträchtlicher Teil der Bauernstellen der alten Agrarverfassung. Für die Gutsbesitzer war nun der Umstand überaus vorteilhaft, daß die Bauernstellen bis zur Regulierung keinerlei Schutz mehr genossen. Die Verkehrsfreiheit von Grund und Boden war nämlich zugelassen worden, ehe die Verleihung des vollen Eigentumsrechts an die Bauern erfolgt war. Es war daher den Gutsbesitzern die Möglichkeit geboten, sich mit den Inhabern der Bauernhöfe über ihre Rechte und Ansprüche „gütlich“ auseinanderzusetzen und von ihnen das Land zu erwerben, das ja gerade ihr Eigentum werden sollte. Der Bauer ging in diesem Falle seines Grundstückes verlustig und wurde zum schollenentwurzelten Landarbeiter.

Was die übrigen bäuerlichen Ländereien anbelangt, so durften die Grundherren die wüstliegenden Bauernhöfe einfach zu ihren Gütern schlagen. Dasselbe geschah jedoch häufig auch in bezug auf diejenigen Stellen, die nach den von der Deklaration vom 29. Mai 1816 aufgestellten Bedingungen nicht zur Regulierung zugelassen waren. Selbst wenn deren Inhaber nicht verdrängt wurden, so verschlechterten die Gutsherren ihr Besitzrecht, indem sie dieselben in Zeitpächter verwandelten, mit denen Pachtverträge auf bestimmte Fristen abgeschlossen wurden. Nur eine Minderzahl derartiger Bauernstellen erhielt sich bis 1850, dem

Zeitpunkte nämlich, wo alle Bauernstellen, sowohl die Spann- als auch die Handdienstpflichtigen, für regulierbar erklärt, alle früher in dieser Beziehung geltenden Ausnahmen aufgehoben wurden. Doch war zur Regulierung einer Bauernstelle das Bestehen eines gutsherrlich-bäuerlichen Verhältnisses erforderlich. Regulierbar waren demnach nur die Bauernstellen, die noch in gutsherrlichem Verbande standen, Dienste oder Abgaben leisteten. Diejenigen, die also bis zu dieser Zeit in der früheren Agrarverfassung verblieben waren, erhielten einen Teil ihres Grundbesitzes zu vollem Eigentum verliehen. Ihre Lage war folglich eine weit günstigere, als dies für diejenigen Bauern der Fall war, die in dem Zeitraume 1816—1850 sich mit den Gutsherren vertragsmäßig geeinigt hatten und nunmehr als freie Pächter ohne Verpflichtung zur Leistung gutsherrlicher Dienste oder Abgaben auf ihren Stellen saßen; sie konnten keinen Anspruch auf Verleihung der von ihnen innegehabten Stellen zu Eigentum erheben. So hatte das Gesetz von 1850 tatsächlich nur für eine unansehnliche Schicht der Bauernschaft Geltung, für diejenigen allein, die in dem alten Verhältnisse verblieben waren. Das Ergebnis dieser Gesetzgebung war schließlich eine bedeutende Erweiterung des gutsherrlichen Bodenbesitzes in der ersten Hälfte des 19. Jahrhunderts. Die östlich der Elbe gelegenen Teile Preußens, die bereits früher, im Gegensatz zum übrigen Deutschland, Großgrundbesitz aufgewiesen hatten, trugen von nun an diesen Charakter in noch ausgeprägterem Maße.

Auch auf einem anderen Gebiete der Agrargesetzgebung, nämlich in den auf das Gemeindeland bezüglichen Maßnahmen, besteht ein markanter Gegensatz zwischen West- und Ostdeutschland. In Westdeutschland, hauptsächlich in den südwestlichen Ländern, waren die in Frankreich leitenden Gesichtspunkte vorherrschend, es bestand eine ausgesprochene Tendenz zur Erhaltung der Gemeinheiten. In Ostdeutschland hingegen, insbesonders in Preußen, war das Bestreben des Gesetzgebers darauf gerichtet, die Aufteilung der Gemeinheiten, den Übergang derselben in Sondereigentum herbeizuführen.

Bereits im Laufe des 18. Jahrhunderts wurden in Preußen, Hannover, Baden, Braunschweig, Bayern Ansätze zu einer Aufteilung der Gemeinheiten unternommen, die zuweilen mit der Separation der auf der Flur in Gemengelage liegenden Grundstücke und der Aufhebung der Wald- und Weidegerechtsame (Servituten) einherging. Der Ausgangspunkt war hierbei der Wunsch, im Interesse der Hebung der landwirtschaftlichen Kultur alles, was auf die freie wirtschaftliche Tätigkeit des einzelnen hemmend und einschränkend einwirken könnte, aus dem Wege zu räumen. Die Ideen der Physiokraten und Adam Smiths, das voranleuchtende Beispiel der intensiven Landwirtschaft Englands übten hierbei einen entscheidenden Einfluß aus. In Bayern machte man sie sich dermaßen zu eigen, daß man die Umwandlung der Gemeinheiten in Sondereigentum (laut Gesetz von 1803) nicht allein auf Antrag eines Gemeindemitgliedes gestattete, sondern es konnten auch Fremde Anspruch auf Zuteilung von Grundstücken aus dem Gemeindelande in Sondereigentum erheben. Doch stießen überall (Sachsen, Braunschweig, Hessen) die auf die Aufteilung der Gemeinheiten bezüglichen Gesetze bei ihrer Durchführung auf Widerstand von seiten der allen Neuerungen abholden Bauern; in Bayern fanden Bauernaufstände statt; in Preußen war Friedrich d. Gr. genötigt, mit bewaffneter Macht einzuschreiten. Die Aufteilung ging überaus langsam von statten; besonders wenn die Separation der in Gemengelage befindlichen Grundstücke mit ihr einherging, machte sie große Schwierigkeiten.

Nun verließen freilich die süddeutschen Staaten bald den von ihnen anfangs eingeschlagenen Weg. Die in Baden und in Württemberg zu Beginn des 19. Jahrhunderts erlassenen Verordnungen streben nicht mehr die Aufteilung, sondern die ungeteilte Erhaltung des Gemeindelandes an. Ihr Übergang in Sondereigentum wurde an eine behördliche Genehmigung geknüpft, die jedoch in Kürze überhaupt nicht mehr erteilt wurde. Erst später wurde auch von Bayern, wo noch zu Anfang des 19. Jahrhunderts der Aufteilung der Gemeinheiten Lobpreisungen gesungen wurden, wo diese Maßnahme als das beste Mittel gerühmt wurde „anstatt regelloser Viehzucht blühende Felder zu schaffen und den Wohlstand von Tausenden zu begründen“, die neue Richtung eingeschlagen. Bereits seit 1812—1815 wurde auch hier die Aufteilung der Gemeinheiten mancherlei Einschränkungen unterworfen. 1834 fand eine durchgreifende Änderung statt, indem die Aufteilung nur noch auf Mehrheitsbeschluß (3/4 der Stimmenzahl der Gemeindemitglieder) und auch dann nur auf Grund staatlicher Genehmigung erfolgen durfte. Diese Genehmigung wurde jedoch fast durchgehend verweigert. Der Aufteilung wurde Einhalt geboten; die Regierung war nunmehr bestrebt, die landwirtschaftliche Kultur der ungeteilt bleibenden Gemeindeländereien zu heben. Doch war die Viehzucht infolge der zahlreichen, in den ersten drei Jahrzehnten des 19. Jahrhunderts erfolgten Aufteilungen erheblich zurückgegangen. „Nach dem Übergange der Gemeinheiten in Sondereigentum wandten sich die Bauern nämlich nicht dem Futterbau zu, sondern sie blieben bei der alten Dreifelderwirtschaft; nur die Anbaufläche für Getreide war erweitert worden. Oft blieb auch nicht ein Stückchen Gemeinweide erhalten.“

Auch in dieser Hinsicht nimmt Bayern eine vermittelnde Stellung ein zwischen den süddeutschen Landgebieten mit überwiegendem bäuerlichem Kleingrundbesitz und ungeteilt erhaltenen Gemeinheiten und den nördlichen Gebieten Deutschlands mit ihren festbegründeten großbetrieblichen Gutswirtschaften, für die die Aufteilung der Gemeinheiten große Vorteile mit sich bringen mußte. In Hannover, Oldenburg, Braunschweig fanden die Aufteilungen in weit beträchtlicherem Umfange statt, als dies in Bayern der Fall war. Noch bedeutender waren die in Sachsen vorgenommenen Aufteilungen. Vor allem kommen sie jedoch in Preußen in Betracht, wo durch ein 1821 erlassenes Gesetz die Aufteilung von Gemeindeland in weitgehendstem Maße für zulässig erklärt worden war. Sie hat auf Antrag einzelner, wenn auch nur eines einzigen Gemeindemitgliedes zu erfolgen und erstreckt sich auf das gesamte Gemeindeland. Die zur Aufteilung ungeeigneten Weide- und Waldgrundstücke sollen öffentlich versteigert und der Erlös ebenfalls verteilt werden. 1828 wurden der Aufteilung freilich gewisse Schranken gesetzt, doch hatte die Gesamtbodenfläche der Gemeinheiten auch schon damals bedeutend abgenommen. Dagegen schränkte das leider viel zu spät erlassene Gesetz von 1847 die Aufteilungen erheblich ein. Bis 1848 waren für 11 Mill. ha die Aufteilung und Separation durchgeführt worden, bis 1905 für insgesamt 17 Mill. ha; an der Aufteilung hatte ungefähr 1 Mill. Grundeigentümer teilgenommen.

Nun unterliegt es freilich keinem Zweifel, daß die, durch die Separation erfolgte Aufhebung der Gemengelage, sowie die Aufteilung der Gemeinheiten, ebenso wie die Abschaffung der grundherrlichen Verfassung und die persönliche Befreiung der Bauern viel zur Hebung der bäuerlichen Wirtschaft beigetragen haben. Die landwirtschaftlich genutzte Bodenfläche war erweitert worden, der Anbau wurde besser und intensiver betrieben. Doch ist andrerseits auch wohl zu berücksichtigen, daß man gleichzeitig die Wälder schonungslos ausrodete, auf den ehemals zu den Gemeinheiten gehörigen, nunmehr aufgeteilten Torfmooren Raubwirtschaft betrieb. Von noch größerer Tragweite jedoch waren die traurigen Folgen der Aufteilung der Gemeinheiten und der Aufhebung der Wald- und Weidegerechtsame in sozialer Hinsicht. Wie v. d. Goltz mit Recht hinweist, war das Aufteilungsgesetz von 1821 wie auch die 1811 bzw. 1816 erlassenen Gesetze die Bauernbefreiung betreffend, nur für die Gutsbesitzer und die vermögenden unter den Bauern von Vorteil; die Interessen der Kleinbauern sowie der landlosen Bevölkerung, der Häusler, waren vollständig außer acht gelassen worden. Vordem hatten alle diejenigen, die im Gebiete der betreffenden Gemeinde lebten, an der Nutzung des Wald- und Weidelandes teilgenommen, darunter auch solche, die weder Land noch Hof besaßen. Nach der Aufteilung der Gemeinheiten änderte sich dies. Die einen, die Häusler, hatten die Nutzung, zu der sie, wenn auch nicht gerade berechtigt, so doch zugelassen waren, ohne jede Abfindung eingebüßt. Sie waren bei der Aufteilung des Weidelandes leer ausgegangen und mußten auf das Halten von Vieh verzichten. Andere wiederum mochten dermaßen geringe Anteile erhalten haben, daß der Ausfall der Nutzung des ehedem ungeteilten Wald- und Weidelandes dadurch keineswegs aufgewogen werden konnte. So waren sie denn gezwungen, sich ihres Grundbesitzes zu entäußern und in die Städte zu ziehen.[1])

V. d. Goltz weist auf die in dieser neuentstandenen Schicht ländlicher Arbeiter gärende, durch ihre Loslösung von Grund und Boden hervorgerufene Unzufriedenheit als auf die Hauptursache der revolutionären Bewegungen von 1848 hin.

Das größte Verdienst um die Hebung der deutschen Landwirtschaft[2]) gebührt zweifellos Thaer, der in seinen „Grundzügen einer rationellen Landwirtschaft" (1809 bis 1812) zur Fruchtwechselwirtschaft drängte, indem er sie als allen anderen

---

[1]) „Früher besaß fast jeder Häusler (in Pommern) einige Schafe, die auf den weitläufigen Feldern der Grundbesitzer und Pächter mitgeweidet wurden und in den wenigen Monaten, wo der Schnee die Auftrift verhinderte, von den Abgängen des Strohes aus der gutsherrlichen Scheune einen Teil ihrer Fütterung erhielten. Die Wolle dieser Schafe war ausreichend für die Strümpfe und das selbstgemachte Zeug. Als aber der Grundsatz zur Geltung kam, daß, wer kein Land besitze, auch an der Weide keinen Teil haben dürfe, wurden die Schafe verkauft oder geschlachtet und die Wolle mußte aus dem Tagelohn angeschafft werden. Ebenso war es früher gebräuchlich, daß der Häusler seine Schweine oder seine Gänse auf gutsherrlichem oder bäuerlichem Lande mithüten ließ. Auch dies kam in Abgang, und nun war es kaum mehr möglich, Bettfedern zu beschaffen und das Fett für die Küche wurde ebenfalls selten. Am schwersten aber trifft den kleinen Mann, wenn er auf diese Weise verhindert wird, eine Kuh zu halten; er muß nun auch die Milch entbehren oder aus dem baren Tagelohn bestreiten. So . . . ist der kleine Mann auf Kartoffeln mit Salz gekommen. Nicht minder drückend . . . ist die Holznot. Ist ein Wald in der Nähe, so ist der kleine Mann oft in der unglücklichen Notwendigkeit, sich seinen Feuerungsbedarf mit Gefahr seiner Gesundheit und selbst seines Lebens zu stehlen." (G. Knapp, Bauernbefreiung I, S. 304 f.)

[2]) Thaer, Grundsätze der rationellen Landwirtschaft I—IV (1809—1812). Schwerz, Anleitung zum praktischen Ackerbau I—III (1823—1828). Koppe, Unterricht im Ackerbau und in der Viehzucht (1812). v. d. Goltz, Geschichte der deutschen Landwirtschaft II (1903). Böhme, Entwicklung der Landwirtschaft auf den sächsischen Domänen (1890). Graf Goertz-Wrisberg, Entwicklung der Landwirtschaft auf den Goertz-Wrisbergschen Gütern in der Provinz Hannover

Ackerbausystemen überlegen pries. In den Zeitabschnitt 1830 bis 1850 fällt in der Tat der Übergang zur Fruchtwechselwirtschaft. Der künstliche Futterbau fand weite Verbreitung. In vollem Umfang wurde die Fruchtwechselwirtschaft (mit systematisch betriebenem Wiesenbau) freilich nur in manchen, meist großen Wirtschaften eingeführt. Bedeutend waren auch die Verdienste Thaers, sowie eines anderen landwirtschaftlichen Schriftstellers, Schwertz', um die Verbesserung der landwirtschaftlichen Produktionstechnik. Sie befürworteten in ihren Schriften die Notwendigkeit einer tieferen Pflügung, einer reichlicheren Düngung, die Anwendung vervollkommneter, von England und den Niederlanden übernommener landwirtschaftlicher Gerätschaften. Natürlich kamen alle diese Ideen nur langsam zur praktischen Ausführung; doch waren in der Mitte des 19. Jahrhunderts bereits die Ergebnisse der Arbeiten Thaers recht wohl sichtbar: auf gutgeführten Betrieben wurde der Boden tiefer gepflügt (7 bis 8 statt 3 bis 4 Zoll tief), neben den gewöhnlichen Haken und Pflügen kamen vervollkommnete, von Pferden in Bewegung gesetzte Ackergeräte auf. Zu Beginn der vierziger Jahre des 19. Jahrhunderts begann die Einfuhr künstlicher Düngemittel nach Deutschland. 1842 wurde nach Sachsen für 22,5 Taler Guano eingeführt, 1859 für 272000 Taler. Die von Weide- und Brachland eingenommene Fläche hatte im Laufe des Jahrzehnts von 1849—1858 beinahe um die Hälfte (von 8,5 bis 4,4 Mill. ha) abgenommen. Vergleicht man den Bodenertrag in verschiedenen Getreidearten (für Westpreußen und Sachsen) im Jahrzehnt 1820—1830 mit den entsprechenden Zahlen für das Jahrzehnt 1840—1850, so stellte es sich heraus, daß in diesen 20 Jahren die Ernteerträge an Gerste eine Zunahme um 30—50%, an Hafer um 50—70, sogar um 100%, an Roggen um 30—40%, an Weizen freilich höchstens um 15% aufweisen.

Die Viehzucht in Preußen nahm 1816—1849 um 42% zu, d. i. fast ebenso rasch, wie die Bevölkerung (der Bevölkerungszuwachs betrug 44%). Die Schafzucht speziell weist eine noch beträchtlichere Steigerung auf, die auch qualitativ (Zucht feinwolliger Schafe) bedeutend war. Auch das Gewicht der Tiere hatte sich um 30—40% gesteigert.

Günstig waren für die Landwirte jener Zeit auch die Preise der landwirtschaftlichen Erzeugnisse. Für 1841—1850 wiesen die Preise für Getreide und für die Produkte der Viehzucht eine Erhöhung um 25% gegenüber dem Jahrzehnt 1821—1830 auf; in den fünfziger und sechziger Jahren erfuhren sie eine weitere Steigerung. Doch war dieses Anziehen der Preise bloß für die Gutswirtschaften von Interesse, da die Bauern nur wenig für den Markt produzierten. Für die Großgrundbesitzer aber war dies um so vorteilhafter, als die Arbeitslöhne fast unverändert geblieben waren; zum größeren Teile wurden sie in Naturalien ausgezahlt; soweit sie jedoch in Geld bestanden, übte das Vorhandensein einer großen Anzahl überschüssiger, infolge des Entstehens einer Klasse landloser Arbeiter verfügbarer Arbeitskräfte einen Preisdruck aus. Nach den Aufnahmen von Anna Neumann betrug in Preußen der Geldlohn der ländlichen Arbeiter durchschnittlich für Männer im Jahrzehnt 1821—1830 66,4 Pfg., 1831—1840 68,5 Pfg., 1841—1850 71,3 Pfg,

---

(1880). Backhaus, Entwicklung der Landwirtschaft auf den Gräflich Stolberg-Wernigerodischen Domänen (1888). Wendorff, Zwei Jahrhunderte landwirtschaftliche Entwicklung auf drei gräflich Stolberg-Wernigeroder Domänen (1890). Heisig, Die Entwicklung der landwirtschaftlichen Verhältnisse auf den Schaffgottschen Güterkomplexen (Diss. 1883). Paasche, Die Entwicklung der Kaufpreise des ritterschaftlichen Grundbesitzes in Mecklenburg-Schwerin von 1770 bis 1878 (Jahrb. f. Nat.-Ök. 1891). Ucke, Die Agrarkrisis während der zwanziger Jahre dieses Jahrhunderts (1888). Westphal, Die Agrarkrisis in Mecklenburg in den zwanziger Jahren des vorigen Jahrhunderts (1925). Anna Neumann, Die Bewegung der Löhne der ländlichen „freien" Arbeiter usw. im Königreich Preußen bis 1850 (Landwirtsch. Jahrb., Erg.-Bd. 1901). Conrad, Die Stellung der landwirtschaftlichen Zölle in den 1903 zu schließenden Handelsverträgen Deutschlands (Schr. des Ver. f. Sozialpol. 90).

für Frauen entsprechend 37, 49 und 48,4 Pfg. Vergleicht man den Zeitabschnitt 1801—1810 mit dem von 1841—1850, so ergibt es sich, daß in beiden Perioden im großen Ganzen der Geldlohn sich ungefähr in gleicher Höhe hielt. An den Getreidepreisen gemessen weist der Lohn eine Erhöhung von 36% (Männerlöhne) bzw. 52% (Frauenlöhne) auf, wobei freilich eine Steigerung der Löhne bloß in das dritte Jahrzehnt fällt, während in den darauffolgenden zwei Jahrzehnten von neuem ein Sinken derselben zu verzeichnen ist.

Daß eine erhebliche Zunahme nicht nur des Brutto-, sondern auch des Nettobodenertrages der gutswirtschaftlichen Betriebe, und zwar sowohl in Naturalien als noch mehr in Geld berechnet stattgefunden hat, ersieht man aus den Preisen für ländlichen Grundbesitz. So stieg z. B. in Mecklenburg-Schwerin der Wert einer Hufe Allodialland von 63000 M. 1830—1839 bis auf 180000 1860—1869, der Wert einer Hufe Lehngüter von 56 auf 152000 M. In der Provinz Posen wiesen die Bodenpreise pro ha für kleinere Güter eine Erhöhung von 113 (1821—1830) auf 412 M. (1861—1870), für mittlere von 133 auf 450 und für große Güter von 210 auf 516 M. auf. In der Provinz Sachsen waren die Preise der Rittergüter von 1801—1860 um zwei Drittel gestiegen. Doch barg diese rapide Steigerung des Bodenwertes auch Gefahren in sich. Einerseits erwarben die neuen Besitzer den Grund und Boden zu übermäßig hohen Preisen, die in der Hoffnung auf immer weiteres Anziehen der Preise für landwirtschaftliche Erzeugnisse gezahlt wurden. Infolgedessen fanden überaus häufige Besitzveränderungen statt, hatte doch in Preußen jedes Gut von 1835—1864 durchschnittlich zweimal den Besitzer gewechselt. Anderseits wuchs die Verschuldung des ländlichen Grundbesitzes. Die hypothekarische Belastung der preußischen Güter hatte sich im Laufe von 20 Jahren (von 1837—1859) verdoppelt, sie war von 5,5 auf 11,5 Mill. Taler angewachsen. Auch diese Schulden wurden im Vertrauen auf eine weitere Preissteigerung aufgenommen. Solange die Kornpreise in der Tat fortgesetzt stiegen und infolgedessen der Ertragswert der Güter auch weiter anwuchs, konnte dies alles ohne Schaden geschehen. Sobald jedoch die Aufwärtsbewegung der Kornpreise ihr Ende nahm und sich sogar eine Tendenz zur Senkung offenbarte, mußten die üblen Folgen dieses Vorgehens sich sofort einstellen.

Kapitel 28.

Der Übergang zur Gewerbefreiheit.

Auch für die Gewerbegeschichte dieser Periode ist die Befreiung von den hemmenden Fesseln charakteristisch. Einerseits war ja früher in der Manufaktur- und in der Hausindustrie das System der exklusiven Monopole vorherrschend. Einzelnen Unternehmern oder Verlegerkompagnien wurde das ausschließliche Privileg zur Erzeugung und zum Absatz bestimmter Waren innerhalb eines bestimmten Bezirkes, zuweilen auch eines ganzen Landes verliehen. Andrerseits bestand nach wie vor das Zunftwesen fort. Die Befugnis zur Ausübung eines Gewerbes war durch die Zugehörigkeit zur entsprechenden Zunft bedingt. Der Zutritt zu den Zünften war aber ausnehmend erschwert, die Zahl ihrer Mitglieder stark beschränkt. Den Verlegern in der Hausindustrie, den Besitzern der Manufakturen gelang es freilich, mittelst verschiedener Vergünstigungen diese Hindernisse zu umgehen. Der gewöhnliche Handwerker jedoch wurde durch die von den Zünften ausgeübte Gewerbepolizei in seiner gewerblichen Tätigkeit durchaus behindert und gehemmt, indem dieselbe ihm als Außenstehendem entweder vollständig untersagt oder er sich verschiedenen Einschränkungen zu unterwerfen hatte. So durften z. B. nicht zwei Handwerke gleichzeitig betrieben, es konnte nur eine bestimmte Anzahl von Gesellen gehalten werden, eine Maßnahme, die der Ausweitung der Unternehmungen entgegenwirkte u. a. m. Schon diese zünftigen Vorschriften waren dazu angetan, die Entwicklung des Großbetriebs aufzuhalten. Noch lästiger aber machten sich gerade für den Großbetrieb die Zunftreglements fühlbar, die auf den eigentlichen Produktionsprozeß sich bezogen, und die Qualität der zur Verarbeitung gelangenden Rohstoffe, Breite, Länge und Gewicht des Fertigfabrikates oder den Gebrauch bestimmter Werkzeuge vorschrieben.

In England hatten freilich zu Ausgang des 18. Jahrhunderts diese Einschränkungen nur mehr geringe Bedeutung. Die hier im Bergbau und in der Industrie ehemals so zahlreichen Monopole gehörten bereits vom Beginn des 18. Jahrhunderts der Vergangenheit an. Daher werden von Adam Smith ausschließliche, an einzelne Unternehmer oder Unternehmerverbände erteilte Privilegien nicht mehr erwähnt. Seine Angriffe richten sich bloß gegen die Beschränkungen, welche durch die Zünfte ausgeübt werden, gegen die von den städtischen gewerblichen Korporationen genossenen Vorrechte. Während Smith in Glasgow weilte, arbeitete hier James Watt an dem Modell seiner Dampfmaschine. Als die Zunft der Blechschmiede, die ihn nicht zu ihren Mitgliedern zählte, davon erfuhr, verbot sie ihm, seine Arbeiten fortzusetzen. Nur der Umstand, daß Watt als Universitätsmechaniker angestellt war, ermöglichte ihm, seine Versuche im Bereiche der Universität, auf deren Räume sich die Befugnisse der Zünfte nicht erstreckten, weiterzuführen und der Menschheit seine epochemachende Erfindung zu schenken. Allerdings kamen derartige Eingriffe seitens der Zünfte um die Mitte des 18. Jahrhunderts nur mehr vereinzelt vor, obwohl die Aufhebung der Zunftprivilegien nur allmählich vor sich ging. Zu Anfang des 18. Jahrhunderts klagte Lord Molsworth noch bitter über die durch die Vorrechte der Zünfte hervorgerufenen Mißstände. Dagegen äußert in den achtziger Jahren des 18. Jahrhunderts Tucker die Ansicht, daß „die Privilegien der städtischen Zünfte und Handelskorporationen gegenwärtig nur noch geringe Bedeutung besitzen und daher nicht mehr so großen Schaden anzurichten imstande sind, wie dies früher der Fall war“. Das Recht der Zünfte, Beitrittsgelder zu erheben, die Fabrikate einer Prüfung zu unterziehen usw. wurde tatsächlich nur wenig beachtet. Doch auch diejenigen Artikel der Zunftreglements, welche die Beschränkung der Gesellen- und Lehrlingszahl, die obligatorische siebenjährige Lehrzeit, sowie die Festsetzung des Arbeitslohnes durch die Friedensrichter betrafen, wurden immer weniger streng eingehalten und hatten ihre praktische Bedeutung so gut wie vollständig eingebüßt. In den neuaufgekommenen Gewerbezweigen, wie z. B. in der Baumwollindustrie, die an keine althergebrachte, aus früheren Zeiten überkommene Gewerbeverfassung gebunden war, herrschte bereits im 18. Jahrhundert der freie, durch keinerlei die Handlungsfreiheit des einzelnen Unternehmers behindernde Reglements gehemmte Wettwerb. Formell räumte schließlich mit diesen Einschränkungen ein 1814 erlassenes Gesetz auf, das den tatsächlich bestehenden Zuständen rechtlich Sanktion erteilte. Durch dieses Gesetz wurde die obligatorische siebenjährige Lehrfrist, die Verpflichtung, auf je drei Lehrlinge einen erwachsenen Arbeiter zu halten, sowie die Festsetzung des Arbeitslohnes durch die Friedensrichter aufgehoben. Dies Gesetz setzte also das sog. „Lehrlingsgesetz der Elisabeth“ von 1562 außer Kraft. Die letzten Überreste der ehemaligen zünftigen Vorrechte, die tatsächlich längst nur auf dem Papier standen, wurden 1835 abgeschafft.

In Frankreich führten die Zünfte bereits im Laufe des 17. Jahrhunderts darüber Beschwerde, daß die Gewerbebetreibenden die von den Zunftreglements festgesetzten Bestimmungen über Qualität und Ausmaß der verschiedenen Stoffe nicht befolgten. Besonders rasch verloren die Reglements jedoch an Bedeutung infolge des rapiden Aufschwunges der ländlichen Industrie, deren Anfänge, wie oben ausgeführt worden, auf viel frühere Zeiten zurückgehen und die 1762 rechtlich anerkannt worden war. Wie Tarlé sich treffend ausdrückt, „untergrub die Dorfindustrie schon durch die bloße Tatsache ihres Bestehens rasch und unmerklich, ohne lange Redensarten, ohne Gewaltakte die beiden damals vorherrschenden Institute: die Zunftverfassung und die Reglementierung der Industrie“. Obwohl nämlich die ländlichen „Fabrikanten“ („fabriquants“), d. i. die hausindustriellen Kleinmeister des platten Landes, kraft des Gesetzes von 1762 den für die städtischen Zünfte geltenden Reglements unterstellt waren, so unterließen sie es dennoch, die von ihnen angefertigten Erzeugnisse, insbesondere die fertigen Stoffe, den lokalen Kontrollbehörden zwecks Prüfung und Stempelung vorzulegen; bei der Herstellung ihrer Waren ergaben sich daher bedeutende Abweichungen von den in den Zunftstatuten festgesetzten Regeln. Außerhalb der Städte ansässige, den Händlerzünften nicht angehörige Kaufleute erwarben von den ländlichen Kleinmeistern derartige „ungesetzmäßige“, „unvorschriftsmäßige“ Waren. Diese Vorgänge lösten ihre Wirkung auch im städtischen zünftigen Gewerbe aus. Von der Unbotmäßigkeit des platten Landes wurden auch die Städte angesteckt. Die städtischen Gewerbetreibenden mußten mit ihren Konkurrenten, den ländlichen Kleinmeistern, Schritt halten; sie begannen, offen und unverhohlen den Zunftreglements zuwiderzuhandeln. Wie die Behörden klagend einwandten, „erkannten sie weder die Zünfte an, noch irgendwelche Einschränkungen, von welcher Art diese auch sein mochten“. Seit 1774, als Turgot zum Minister berufen worden, begann die rechtliche Aufhebung von Zunftreglements und Zünften. Jene wurden durch eine Verordnung von 1775 außer Kraft gesetzt, diese 1776 beseitigt. Die Handwerkerkorporationen wurden verboten, es wurde jedermann freigestellt, ein beliebiges Gewerbe auszuüben. Damit war vollständige Gewerbefreiheit proklamiert. Freilich hob man nach dem zwei Jahre später erfolgten Rücktritt Turgots das die Abschaffung der Zünfte verfügende Edikt wieder auf; doch wurden diejenigen Zünfte, die inzwischen bereits aufgelöst waren, nicht wieder eingesetzt. Außerdem hatte man bei dieser Neuordnung, soweit Zünfte noch verblieben waren, den Zutritt zu ihnen bedeutend erleichtert und ihre Verfassung überhaupt wesentlichen Änderungen unterworfen. Doch waren die Handwerker auch einer solchen Zunftreform durchaus abgeneigt, und infolge ihres Widerstandes rückte dieselbe nur langsam vorwärts. Bei Anbruch der Revolution wurde von der Konstituierenden Versammlung zugleich mit der Aufhebung der seigneurialen Verfassung auch die Abschaffung der Zünfte dekretiert. Der Nationale Konvent, der die Freiheit des Eigentums verwirklichte und die Bauern von der Ablösung der Feudallasten befreite, setzte auch hier die theoretische Formulierung in Tatsachen um. Es wurde allen französischen Bürgern freigestellt, sich gewerblich zu betätigen; erforderlich war nur der Erwerb eines Gewerbepatents (patente) gegen Entrichtung einer bestimmten Gebühr („taxe de patente"). Endlich wurde in demselben Jahre durch diesbezügliche Dekrete das Amt der „inspecteurs des manufactures" abgeschafft, sowie die zur Schau und Stempelung der Fabrikate dienenden Kontrollämter aufgehoben. Diese Dekrete dienten jedoch nur dazu, den Zuständen, die sich bereits seit langem eingebürgert hatten, eine rechtliche Grundlage zu verleihen.

Allerdings wurden unter dem Konsulat und der Regierung Napoleons I. sowohl auf dem Gebiete der Agrar-, als auch auf dem der Gewerbeverfassung Versuche gemacht, die ehemaligen Beschränkungen von neuem einzuführen, doch sollten sie erfolglos bleiben. Nur das Bäcker- und Fleischergewerbe wurde aufs neue zünftig geordnet; es wurden Preistaxen für Brot und Fleisch eingeführt und die Ausübung dieser Gewerbe von der Erlangung einer behördlichen Konzession abhängig gemacht. Unter Napoleon I. hatte man ferner eine Zeitlang für die Waffenindustrie, außerdem (in Paris) für die Bierbrauerei, die Buchdruckerei, das Baugewerbe Beschränkungen eingeführt. Doch waren dies nur zeitweilige, unwesentliche Abweichungen von dem einmal beschrittenen Wege. Im großen ganzen ist auch für diesen späteren Zeitabschnitt die Freiheit der gewerblichen Produktion und der Berufswahl charakteristisch. Es waren nunmehr weder ausschließliche Privilegien, noch Zünfte oder Reglements vorhanden.

Der nämliche Entwicklungsgang vollzog sich auch in Deutschland,[1]) freilich in einem langsameren Tempo. In der Gewerbepolitik marschierte Preußen an der Spitze. Bereits zu Ausgang des 18. Jahrhunderts hatten hier die Ideen der Physiokraten und Adam Smiths weite Verbreitung gefunden. Die von ihnen vertretenen Grundsätze, daß die Arbeit frei sein müsse, daß es das heiligste Gut des Menschen verletzen hieße, wollte

---

[1]) Schmoller, Zur Geschichte der deutschen Kleingewerbe im 19. Jahrhundert (1870). Kaizl, Der Kampf um Gewerbereform und Gewerbefreiheit in Bayern (1879). Adler, Über die Epochen der deutschen Handwerkerpolitik (1903). Roehl, Beiträge zur preußischen Handwerkerpolitik vom Allgemeinen Landrecht bis zur Allgemeinen Gewerbeordnung (1900). Schütz, Die altwürttemb. Gewerbeverfassung in den letzten drei Jahrhunderten (Z. f. ges. Staatswiss. 1850). Rohrscheidt, Vom Zunftzwang zur Gewerbefreiheit (1908). Reschauer, Geschichte des Kampfes der Handwerkerzünfte und Kaufmannsgremien mit der österreichischen Bureaukratie (1882).

man ihn an der Ausnutzung seiner Arbeitskraft hindern und einschränken, hatten auch auf deutschem Boden Anhänger erworben. Aus diesen Ansichten heraus ergab sich folgerichtig die Notwendigkeit der Aufhebung der Zünfte, welche zahlreichen Personen die Ausübung einer gewerblichen Tätigkeit unmöglich machte, sowie die Abschaffung aller Privilegien und jeglicher Bevormundung. Es wurde von zeitgenössischen Schriftstellern die Ansicht geäußert, die Vorfahren hätten eine große Torheit begangen, als sie die Zünfte begründeten, diese sinnlose Einrichtung, eine Ausgeburt barbarischer Zeiten, eine von Egoismus und Neid gezeitigte Erfindung. Die Einführung der Gewerbefreiheit in Frankreich 1791 übte einen entscheidenden Einfluß in dieser Hinsicht aus. Doch hegten noch zu Beginn des 19. Jahrhunderts viele gelehrte Forscher, sowie auch bedeutende Staatsmänner Preußens ernste Bedenken gegen eine rasch zugreifende, mit einem Schlag zu erfolgende Aufhebung der Zunftverfassung. Sie wiesen auf die Lichtseiten dieser Einrichtung hin und beschränkten sich darauf, eine Reform derselben, dem liberalen Geiste der Zeit entsprechend, anzuraten. Für das Erstrebenswerte hielten sie die goldene Mittelstraße, eine teilweise Beibehaltung der Zunftverfassung oder Einführung einer beschränkten Gewerbefreiheit. Aus diesem Zustande des Schwankens und der Ungewißheit ward Preußen durch die über das Land hereingebrochene Katastrophe von 1806 herausgerissen, als es nach dem Tilsiter Frieden zu beträchtlichen Gebietsabtretungen gezwungen war. 1806 bis 1810 war die Gewerbereform nur teilweise in Angriff genommen worden, der Beitrittszwang zu den Zünften wurde bloß für einige Gewerbezweige aufgehoben. Erst dann folgte das Edikt von 1810, das dem Beispiele Frankreichs folgend volle Gewerbefreiheit unter der Verpflichtung zur Lösung eines Gewerbepatents einführte. Die Zünfte sollen freilich, wie es im Gesetz von 1811 heißt, auch weiter beibehalten bleiben, doch wird der Zunftzwang abgeschafft. Jeder Handwerker war befugt, aus der Zunft auszutreten und dennoch sein Gewerbe weiter fortzuführen, die Zunftmitglieder genossen keinerlei Vorrechte mehr. Durch einen Mehrheitsbeschluß der Zunftmitglieder konnte die Auflösung der betreffenden Zunft verfügt werden. Die Preistaxen wurden aufgehoben, jeder gewerbepolizeiliche Unterschied zwischen Stadt und Land aus der Welt geschafft.

Wie zu erwarten war, nahmen die zünftigen Handwerker dem Gesetz von 1810 gegenüber eine durchaus ablehnende Stellung ein. Jahraus jahrein reichten sie Bittschriften ein, in denen sie die Regierung um Wiederherstellung der früheren Gewerbeverfassung ersuchten. Die jedermann gebotene Möglichkeit, sich gewerblich zu betätigen, würde, wie sie behaupteten, „den Verfall von Ordnung, Fleiß und guten Sitten“ im Handwerk herbeiführen. Auch manche Städte traten ihnen bei. Der Magistrat von Königsberg gab der Befürchtung Ausdruck, die Städte würden veröden, und zwar nicht infolge von Krieg und Plünderung, sondern wegen der Aufhebung der rechtlichen Ordnung des Gewerbewesens. Noch lange Zeit hindurch leisteten die zünftigen Handwerker der Verwirklichung der Gewerbefreiheit erfolgreichen Widerstand, indem sie keinen als Gesellen annehmen wollten, der seine Lehrzeit bei unzünftigen Handwerkern durchgemacht hatte. Das Ergebnis dieses „passiven Widerstandes“ war, daß die Unzünftigen nur schwer Lehrlinge und Gesellen bekommen konnten. Doch blieb das Gesetz bis 1845 in Kraft. Jetzt setzte ein Rückgang auf dem Gebiete der Gewerbegesetzgebung ein. Der Handwerkerkongreß („das Handwerkerparlament", wie es damals oft bezeichnet wurde), der 1848 in Frankfurt tagte, erhob im Namen von „Millionen Unglücklicher" Einspruch gegen die Gewerbefreiheit und verlangte die Wiederherstellung der obligatorischen Zünfte mit öffentlich-rechtlichen Befugnissen, des Beitrittszwanges, die Beschränkung der Lehrlingszahl auf zwei Lehrlinge. Ferner sollte niemand mehr als ein Gewerbe betreiben, die Berechtigung zum Gewerbebetrieb sollte den Städten vorbehalten, endlich die Fabriken zugunsten des Handwerks besteuert werden. Die Beschlüsse des Frankfurter Handwerkertages, sowie verschiedener, in den nachfolgenden Jahren stattgefundener Handwerkerversammlungen, übten einen starken Einfluß auf die Haltung der Regierung aus. Die 1849 erlassene Gewerbenovelle, die die Erhaltung und Festigung des Handwerks bezweckte, suchte diesem Ziele durch erhebliche Beschränkungen der Gewerbefreiheit nahezukommen. Das Recht zum Gewerbebetriebe wurde von neuem an die Zugehörigkeit zu einer Zunft geknüpft. Der Aufnahme in dieselbe mußte eine Prüfung vorangehen, zu der jedoch nur solche Bewerber zugelassen wurden, die eine dreijährige Gesellenzeit durchgemacht hatten. Es wurde eine Anzahl anderer Beschränkungen eingesetzt, so z. B. in bezug auf gleichzeitigen Betrieb mehrerer Gewerbe, auf den Verkauf von Handwerkererzeugnissen usw. Doch war es schon zu spät: Nachdem 40 Jahre lang Gewerbefreiheit geherrscht hatte, war die Rückkehr zur Zunftverfassung nunmehr, wo in Deutschland Fabriken und Maschinen größere Verbreitung gefunden hatten, wo der Eisenbahnbau begonnen hatte und der Weltmarkt sich ausweitete, nicht mehr möglich. Von den Behörden wurde das Gesetz von 1849 nur lax gehandhabt. Die zu seiner Durchführung notwendigen Einrichtungen, die Gewerbekammern, wurden überhaupt nicht ins Leben gerufen. Auch in den Handwerkerkreisen mußte allmählich, infolge der günstigeren Wirtschaftskonjunktur der fünfziger Jahre, der unduldsame Geist der zünftigen Abschließung und der Glaube an die Wunderkräfte des Zunftwesens nachlassen.

In anderen deutschen Staaten fällt die Einführung der Gewerbefreiheit in eine viel spätere Zeit; der Gang dieses Entwicklungsprozesses war hier ein langsamerer, die getroffenen Maßnahmen weniger schroff und einschneidend. Teilweise herrschte hier noch das Konzessionssystem; die Zulassung zum Gewerbebetrieb war an eine behördliche Genehmigung geknüpft, die erst nach Bestehen einer Prüfung erteilt wurde. So standen die Dinge in Bayern (Ges. von 1811 und 1825). In anderen Staaten waren die Zünfte beibehalten worden, doch bestand nur insofern Zunftzwang, als derjenige, der in der betreffenden Gemeinde ein Gewerbe auszuüben beabsichtigte, ihr als Mitglied beizutreten und sich einer Prüfung zu unterziehen hatte; diese Verhältnisse herrschten in Württemberg (Ges. von 1828 bzw. 1836). In Baden und Sachsen wurde bis zu den sechziger Jahren des 19. Jahrhunderts die Zunftordnung in voller Kraft aufrechterhalten, nur daß der Beitritt zu den Innungen erleichtert und verschiedene Zunftmißbräuche abgeschafft worden waren. Erst 1861—1862 erfolgte die allgemeine Einführung der Gewerbefreiheit (Oldenburg, Sachsen, Württemberg, Baden). 1869 wurde sie durch die Gewerbeordnung des Norddeutschen Bundes festgelegt, um 1871 zum Reichsgesetz erhoben zu werden. 1859 wurde die Gewerbefreiheit auch in Österreich eingeführt. Während hier in der ersten Hälfte des 19. Jahrhunderts die Befugnis zur Ausübung der weitaus meisten Gewerbe von der Erlangung einer Konzession abhängig gemacht war, bildeten nunmehr die Gewerbe, zu deren Betriebe eine behördliche Konzession erforderlich war, eine Minderzahl. Alle anderen Gewerbe waren freigegeben; jeder konnte sie betreiben. Man verlangte nur die Eingabe einer entsprechenden Deklaration und die Lösung eines Gewerbescheines.

Kapitel 29.

Das Aufkommen der Maschinen und Fabriken und die Fabrikarbeiter in England.[1]

Viel früher jedoch als die Gewerbefreiheit eingeführt worden war, hatte das Fabrikwesen, das durch die Anwendung von Kraft- und Arbeitsmaschinen und chemischen Prozessen charakterisiert wird, sich siegreich den Weg gebahnt. Überall kam der fabrikmäßige Großbetrieb auf, überall fand er, trotz allerhand Beschränkungen und Hindernissen, Verbreitung. Das charakteristische Merkmal der neuen Produktionsform bildet die Verwendung von Maschinen und Motoren, welche die menschliche Arbeitskraft ersetzen. Das Aufkommen der Maschinen in England in den siebziger Jahren des 18. Jahrhunderts, der Übergang zur neuen Technik in den verschiedenen Staaten Europas und Amerikas war es, der eine Revolution auf wirtschaftlichem Gebiete bewirkte, wie sie gewaltiger kaum gedacht werden kann.

Das Bedürfnis nach Ersetzung der Handarbeit durch die maschinelle Betriebsweise machte sich in England bereits von der Mitte des 18. Jahrhunderts an fühlbar. Sowohl die Baumwollen-, als auch die Wollenindustrie bedurften dringend einer Vervollkommnung des Spinnprozesses, die das Quantum des von den Spinnern an die Weber gelieferten Garnes vergrößern und dem herrschenden Garnmangel steuern sollte. Waren ja die Spinner nicht imstande, die Weber mit den von ihnen benötigten Garnmengen zu versorgen. Dieses Mißverhältnis gab

---

[1]) Für England die oben (S. 100) genannten Werke von Baines, James, Scrivenor, Smiles, Toynbee, Hobson, Marx, Cunningham, Mantoux, Dechesne, Chapman, Clapham, Lipson, Heaton, Daniels, Ashton, Hammond, Moffit, Perris, Steffen, Held, Grothe, Schulze-Gaevernitz, Sombart, II, 2, III, 1; ferner Ure, Philosophy of manufactures. Matschoß, Geschichte der Dampfmaschine (1901). Ders., Die Dampfmaschine I—II. Gaskell, The Manufacturing Population (1833). Burnley, History of Wool and Woollen kombing (1889). Cooke Taylor, The Modern Factory System (1891). Hirst, History of the Woollen Trade during the past sixty years (1844). Forsted, History of the Worsted Manufacture in England (1851, Exhibition Lectures II). Bros, Wool and Woollen Manufacture of Great Britain (1859). Bischoff, Comprehensive History of Woollen and Worsted Manufacture I—II (1842). Unwin, Hulme, Taylor, Samuel Oldknow and the Arkwrights (1924). Lord, Capital and Steam Power. 1750—1800 (1923). Meade, The Coal and Iron Industries of the United Kingdom (1882). Wood, Industrial England in the Middle of the eighteenth century (1909). Tugan-Baranowsky, Zur Theorie und Gesch. der Handelskrisen in England (1901). Meine Entwicklungsgeschichte des Kapitalzinses III (Jahrb. f. Nat.-Ök. 1903) und meine Ursachen des Überganges von der Handarbeit zur maschinellen Betriebsweise usw. (Schmollers Jahrbuch 1905).

sich besonders deutlich kund, als die Mode für leichte bedruckte Gewebe aufgekommen war, für die sog. „Indiennes“, die ja anfangs, wie ihr Name besagt, aus Indien importiert, später aber in Europa produziert wurden.[1]) Die Nachfrage nach bedruckten Baumwollzeugen, die zur Herstellung von Kleidern, Vorhängen, Tüchern, Decken, zu Möbelbezügen usw. Verwendung fanden, wurde immer größer, und das Zeugdruckgewerbe gewann in der Schweiz, im Elsaß, in Sachsen, insbesonders aber in England rasche Ausbreitung. In der Weberei wurde durch den 1760 von Kay erfundenen Schnellschützen das Arbeitsquantum, welches der Weber täglich liefern konnte, verdoppelt. Dagegen stand die Spinnerei in technischer Hinsicht noch auf einer äußerst niedrigen Stufe. Da aber in jeder Industrie, die in mehrere, ungefähr gleich wichtige Teilprozesse zerfällt, die Gesamtproduktivität durch die Produktivität des rückständigsten unter diesen Teilprozessen bedingt wird, so hemmte die geringe Leistungsfähigkeit der Spinnerei den Aufschwung der Textilindustrie im allgemeinen, und die in anderen Teilprozessen derselben Industrie erzielten technischen Vervollkommnungen konnten diesen Mangel nicht ausgleichen. Um den erforderlichen Rohstoff für das Arbeitsquantum, das der Weber täglich produzieren konnte, zu liefern, mußten 8 bis 10 Spinner voll beschäftigt werden. Um dem Garnmangel abzuhelfen, wurden schon seit dem 17. Jahrhundert überall Spinnschulen gegründet, die Insassen der Zucht-, Armen- und Waisenhäuser zum Spinnen angehalten, Prämien für die Verbreitung der Spinnerei auf dem platten Lande eingesetzt.[2]) Doch dies alles konnte die Unzulänglichkeit der Garnversorgung nicht beheben. Das Quantum des zur Verwebung gelieferten Garnes überstieg nicht gewisse, ziemlich eng gezogene Grenzen und blieb jedenfalls stets erheblich hinter der sich immer steigernden Nachfrage zurück. Man führte erbitterte Kämpfe um das verfügbare Gespinst, die Verleger suchten mit allen ihnen zu Gebote stehenden Mitteln die Anlage neuer garnverarbeitender Betriebe zu verhindern, waren ja ganze Bezirke mit Spinnen beschäftigt, um den Bedarf größerer Unternehmungen, wie z. B. der Calwer Zeughandlungskompagnie, zu decken.

Die durch dieses wirtschaftliche Bedürfnis, den Garnmangel, veranlaßte Erfindung der Spinnmaschine bedeutete den Anbruch einer neuen Ära, der Verdrängung der Handarbeit durch die Maschine. Der Ruhm der Erfindung der Spinnmaschine ist unauflöslich verbunden mit den Namen von Lewis Paul, John Wyatt, James Arkwright, Hargreaves und Crompton. Die von Paul und Wyatt in den dreißiger Jahren des 18. Jahrhunderts unternommenen Versuche, eine Spinnmaschine mit einer Reihe von Spindeln zu konstruieren, fanden erst in den achtziger Jahren des 18. Jahrhunderts ihren Abschluß und ihre praktische Verwendung, als ihre Erfindung von Arkwright vervollkommnet und voll-

---

[1]) S. oben S. 169 ff.
[2]) S. oben S. 149 ff.

endet worden war. Doch erwies sich die von Arkwright konstruierte Spinnmaschine, genannt water-frame (da sie mittels Wasserkraft angetrieben wurde), als ungeeignet zur Erzeugung des für feinere Gewebe benötigten Gespinstes, da der darauf hergestellte Faden zu grob war. Die zur Herstellung feinerer Fäden nötige Maschine wurde von Hargreaves erfunden und von ihm, seiner Tochter zu Ehren, Jenny benannt. Den Abschluß dieser Bemühungen und Erfolge bildete Cromptons Werk, die „Mule-Maschine" (1775), die zugleich die Vorzüge von Arkwrights water-frame und von Hargreaves Jenny in sich vereinte; der erzeugte Faden war so fein wie der von der Jenny gelieferte, dabei aber ebenso widerstandsfähig wie der auf der water-frame hergestellte. Crompton gab seiner Erfindung den Namen „Mule-jenny" (mule = Maultier); war sie doch eine Verbindung von zweierlei verschiedenen Konstruktionen. Die von Arkwright erfundene water-frame ermöglichte die Herstellung der rein baumwollenen Stoffe, der vordem aus Indien eingeführten Calicoes (Kattune). Dank der mule-jenny aber wurde von den englischen Erzeugern die sagenhafte Kunstfertigkeit der Inder überflügelt; es konnten mittels derselben Musselinstoffe von besonderer bis dahin nie gekannter, ungeahnter Feinheit und Durchsichtigkeit erzeugt werden. Ein neuer Zweig der Textilindustrie, die Fabrikation von Musselin, kam nun auf und gelangte in Lancashire bald zur Blüte. 1785 wurden im Vereinigten Königreich nicht weniger als 50000 Stück Musselin produziert.

Nun, mit der Erfindung der Spinnmaschine hatte das Verhältnis zwischen Spinnerei und Weberei eine radikale Umwälzung erfahren. War früher Garnmangel vorhanden, so war jetzt der Bedarf an Garn nicht nur gedeckt, da mit dem Aufkommen der Jennymaschine der Spinner 200mal mehr produzierte als vordem, sondern es machte sich ein neues Mißverhältnis bemerkbar: die Weberei war von der Spinnerei stark überholt worden, es fehlte an Webern zur Verarbeitung des mittels der neuen Maschinen massenweise hergestellten Gespinstes. Das Gleichgewicht war wiederum gestört; das neu eingetretene, in der Rückständigkeit der Weberei liegende Hemmnis war ebenso lästig und bedeutete eine ebensolche Minderung der Leistungsfähigkeit für die Textilindustrie, wie das ehedem vorhandene, in der technischen Unvollkommenheit der Spinnerei begründete. Dieser Umstand veranlaßte eine Reihe von Versuchen auf dem Gebiete der Weberei zum Zwecke der Vervollkommnung ihrer Technik. Schließlich hat der englische Landpfarrer Cartwright den mechanischen Webstuhl erfunden. Ein Weber produzierte auf ihm täglich die gleiche Ellenzahl, wie 40 Handweber. Doch konnte seine praktische Anwendung und Verbreitung erst nach geraumer Zeit stattfinden, nachdem er von Radcliff und Horrocks vervollkommnet worden war. Erst ungefähr seit 1813 wurde die Anwendung der neuen Erfindung in den Fabrikbetrieben allgemeiner; die neue Arbeitsmaschine sollte nunmehr auch auf dem Gebiete der Weberei die Handarbeit verdrängen. Doch glaubten selbst damals die Fabrikanten noch allgemein daran, daß die Zahl der Handweber keineswegs sinken, sondern sogar noch weiter steigen müsse.

Die ersten Spinnmaschinen wurden von Menschen oder Tieren, Eseln und Pferden in Bewegung gesetzt, auch durch Wasserkraft angetrieben. Für die späteren größeren Fabriken jedoch mit zahlreichen Arbeitsmaschinen war die Anwendung der Dampfkraft eine wichtige Voraussetzung ihrer Blüte. Der rapide Aufschwung der englischen Baumwollspinnerei vollzieht sich unter gleichzeitiger Verbreitung sowohl der Arbeitsmaschine, als des von Watt erfundenen Dampfmotors. Auch hier waren es wichtige Bedürfnisse, welche den Menschen zur Erfindung der Dampfmaschine und zur Anwendung der Dampfkraft anspornten. „Klein und unscheinbar — sagt Matschoß — und kaum beachtet besteht schon seit Jahrtausenden das Pflänzchen, aus dem die neue Kraftmaschine entstehen sollte. Ab und zu gibt sich wohl ein Gelehrter damit ab, es etwas zu pflegen; auch Fürsten schenken zuweilen seinem Gedeihen wohlwollendes Interesse. Aber erst die Not des wirtschaftlichen Lebens erzwingt ein wirkliches Wachstum.“ Doch wäre es verfehlt, anzunehmen, das Bedürfnis nach der neuen Kraftmaschine hätte sich zuerst in der Baumwollindustrie offenbart. Der Kraftmangel war zuerst auf einem anderen wichtigen Gebiet des Wirtschaftslebens fühlbar geworden, nämlich im Bergbau. Durch die Not in den Bergwerken wurde das Zustandekommen der ersten praktisch angewandten Dampfmaschine veranlaßt, der Maschine von Thomas Savery, patentiert 1698.

Bis zu den achtziger Jahren des 18. Jahrhunderts konnte man sich eine Dampfmaschine nicht anders denken, denn als ein Pumpwerk zur Entleerung der Gruben. In den Gruben war der Wasserzufluß kaum zu bewältigen, mit der Tiefe wuchsen die Schwierigkeiten. Nicht selten wurden auf einer Grube 500 Pferde allein zur Bewältigung des Wasserandranges verwandt. Doch auch dies vermochte dem Mangel an Kraft nicht abzuhelfen, viele Gruben wurden vom Wasser ersäuft und mußten aufgegeben werden. Savery war die Notlage der Grubenbesitzer bekannt, die des drohenden Wasserzuflusses in ihren Gruben kaum noch Herr zu werden vermochten. Durch eine Maschine, die auf dem Prinzip der Erzielung eines luftleeren Raumes durch Kondensation des Wasserdampfes beruhte, sollte dem Übelstande abgeholfen werden. Im Patent wird sie als eine Erfindung bezeichnet „betreffend das Wasserheben und den Betrieb von allerlei Mühlen, durch die treibende Kraft des Feuers, welche von großem Nutzen sein wird zur Entwässerung der Bergwerke, zur Wasserversorgung der Städte und zum Betrieb der Mühlen, sofern diese nicht die Benutzung des Wassers oder beständigen Windes haben“. Die Maschine wurde von Savery „des Bergmanns Freund“ benannt. Doch erwies sie sich bald als zur Verwendung im Bergbau ungeeignet. Die Explosionsgefahr war zu groß, die Leistungsfähigkeit dagegen zu gering, und der Brennstoffverbrauch erreichte eine solche Höhe, daß ein dauernder Betrieb der Maschine in großen Anlagen sich aus wirtschaftlichen Gründen von selbst verbot. Sie fand daher nur für unbedeutende, gleichmäßige Leistungen hie und da Anwendung, insbesondere „bei Springbrunnen, Wasch- und Badeeinrichtungen, in herrschaftlichen Wohnungen und Gärten“.

Zum „Freunde des Bergmanns“ wurde Saverys Maschine erst in der von Newcomen und Cawley verbesserten Gestalt, wo Pumpe und Kraftmaschine, die in Saverys Konstruktion noch in einem Apparat vereinigt waren, bereits getrennt erschienen. In den zwanziger Jahren des 18. Jahrhunderts herrschte in den Grubenbezirken Cornwalls bereits eine starke Nachfrage nach Newcomens Maschine, da es durch sie möglich wurde, die Schächte doppelt so tief wie früher abzuteufen. Vollkommen war jedoch auch die Newcomensche Dampfmaschine nicht. Bei großen Wasserzuflüssen reichte auch ihre Kraft nicht aus, und von einer gewissen Tiefe an war eine wirksamere Maschine nötig. In Cornwall mußten Gruben bereits aufgegeben werden, weil die Maschinen das Wasser nicht mehr bewältigen konnten.

Erst die neue, von Watt erfundene Dampfmaschine, die ihren Vorgängerinnen bedeutend überlegen war, konnte den Mißständen im Bergbau steuern. Alles wartete voller Spannung, wie sich die neue Kraftmaschine bewähren würde. Und der Erfolg übertraf alle Erwartungen. Gleich bei der ersten Anwendung der Maschine in den Gruben Cornwalls 1777 konnten sich alle von der Überlegenheit der neuen Erfindung über die bisherigen „Feuermaschinen", wie sie genannt wurden, vollständig überzeugen. Watt schreibt darüber an seinen Kompagnon Boulton: „Geschwindigkeit, Kraft, Größe und der furchtbare Lärm der Maschine haben jetzt alle, die sie sahen, ob Freund oder Feind, zufriedengestellt. Ich hatte sie ein- oder zweimal so eingestellt, daß ihr Gang ruhiger war und sie weniger Lärm machte. Aber M-r Wilson (der Grubenbesitzer) kann nicht schlafen, wenn sie nicht tobt. Nebenbei gesagt, die Leute scheinen von der Größe des Lärms auf die Kraft der Maschine zu schließen. Das bescheidene Verdienst wird hier ebensowenig anerkannt, wie bei den Menschen." (Matschoß.) Drei Jahre darauf hatte die Firma Boulton und Watt bereits 20 Maschinen nach Cornwall geliefert und etwa die doppelte Anzahl überhaupt produziert. 1790 gab es in ganz Cornwall keine Maschine des Savery-Newcomensystems mehr; die einst so gepriesene atmosphärische Maschine war durch Watts Erfindung verdrängt worden.

Nur mit großer Mühe gelang es Boulton, Watt von der Notwendigkeit zu überzeugen, die Dampfmaschine durch verschiedene Änderungen den Bedürfnissen der verarbeitenden Industrien anzupassen, um auch bei diesen die Anwendung der Dampfkraft zu ermöglichen. In den achtziger Jahren des 18. Jahrhunderts wurde der Mangel an Kraft sowohl in der Textil-, als in der Metallindustrie bereits empfunden, dort nämlich, wo die maschinenmäßige Produktionsweise bereits Eingang gefunden hatte. Denn auch die Arbeitswerkzeuge des Schmiedes — Blasebalg und Zanghammer — und die bei der Gewinnung des Eisens verwandte Holzkohle machten der Gebläsemaschine, dem mit mineralischen Brennstoffen gespeisten Hochofen und dem Walzwerk Platz, diesen vom menschlichen Geiste geschaffenen automatischen Vorrichtungen. Bis zu den achtziger Jahren des 18. Jahrhunderts war der Aufstieg der Eisenindustrie durch den ungeheueren Holzverbrauch, der die Wälder ganz auszurotten drohte, erheblich gehemmt. War ja das Holz damals der zur Befriedigung der mannigfachsten Kulturbedürfnisse des Menschen dienende Rohstoff. Die Häuser wurden fast ausschließlich aus Holz erbaut; infolge davon fanden häufig große Brände statt, denen ganze Stadtviertel, ja ganze Städte zum Opfer fielen, wodurch jedesmal

Neubauten erforderlich waren und der Holzbedarf sich steigerte. Aus Holz wurden auch die verschiedenartigsten Geräte und Werkzeuge hergestellt wie Spinnräder, Webstühle, Gebläsemaschinen, Wasserhaltungsmaschinen. Aus Holz waren die Schäfte und Ladestöcke der Gewehre, die Kanonenlafetten, die Brücken, Wagen, Schiffe, zu deren Herstellung besonders große Holzmengen verwandt wurden, selbst die ersten Dampfmaschinen. Endlich verbrauchten auch verschiedene Industrien, wie die Glas- und Porzellanindustrie, sowie die Ziegelbrennerei große Quantitäten Holz. Den weitaus größten Holzkonsum wies jedoch die Eisenindustrie auf, insbesondere die Verhüttung des Eisens. Selbst solche Hütten, die nur eine geringe Anzahl von Arbeitern beschäftigten, verbrauchten ungeheuere Holzmengen.

Seit dem 17. Jahrhundert nahm die Entwaldung einen beängstigenden Umfang an. Bei den dazumal verbreiteten Produktionsverfahren mußte ein unverhältnismäßig großes Holzquantum verbraucht werden, um aus Erzen Eisen zu gewinnen. Zur Gewinnung von einer Tonne Eisen mußten vier Klafter Bauholz aufgewandt werden. Nun war freilich die Ausrottung der Wälder insofern nicht ohne Nutzen, als die landwirtschaftlich genutzte Bodenfläche durch den Anbau des gerodeten Grund und Bodens einen bedeutenden Zuwachs erfuhr. Doch verschwanden Wälder um Wälder, von den „gefräßigen“ Hüttenwerken verschlungen, von der Erdoberfläche; viele Jahre vergingen, bis neue Waldungen an ihrer Stelle emporwuchsen. Infolge der immer fühlbarer werdenden Entwaldung wurden in aller Herren Ländern zahlreiche Verordnungen erlassen, welche die Hüttenzeit beschränkten sowie das Quantum des zu verbrauchenden Holzes und dessen Beschaffenheit genau regelten, auch die Errichtung neuer Werke nicht mehr gestatteten. Aus ihnen ersieht man, daß zu Ausgang des 18. Jahrhunderts die Gemüter von der drohenden Entwaldungsgefahr aufs heftigste erregt waren, daß, wie Sombart sich treffend ausdrückt, „der Mangel an Holz die Frage der europäischen Kultur war, deren Entscheidung für diese vielleicht bedeutsamer war als die andere, die die Zeit bewegte: ob Napoleon Sieger bleiben werde oder die verbündeten europäischen Mächte.“

Der einzige Ausweg aus dieser kritischen Lage bestand im Ersatz des als Brennstoff benutzten Holzes durch Steinkohle. Diese war schon früher in verschiedenen Industriezweigen, in der Ziegelei, der Bierbrauerei, ebenso wie als Hausbrand verwandt worden. Die größte Schwierigkeit lag aber darin, die Steinkohle zur Verhüttung des Eisens verwendbar zu machen. Um dieser Aufgabe — denn dies war die holzfressende Industrie par excellence — gerecht zu werden, mußte die Produktionstechnik von Grund auf umgestaltet werden. Bereits zu Beginn des 17. Jahrhunderts waren einige Produktionsverfahren patentiert worden, die die Herstellung von Roheisen ohne Anwendung von Holzkohle bezweckten, aber ohne praktische Bedeutung blieben. Erst 1735 wurde dieses Problem von Abraham Derby gelöst. Zugleich wurde die Verkokung der Kohle erreicht. Doch dauerte es noch ein halbes

Jahrhundert, bis die Roheisengewinnung mittels Steinkohle größere Verbreitung fand. Die Verallgemeinerung des neuen Verfahrens konnte erst dann eintreten, als auch die weiteren Produktionsstufen, die Verwandlung des Roheisens zu Stabeisen, vervollkommnet und ebenfalls unter Anwendung von Steinkohle (Koks) betrieben wurde. Dieses Ziel war in den achtziger Jahren des 18. Jahrhunderts von Corts erreicht worden. Es kam nun ein neues mechanisches Verfahren in der Eisenindustrie auf, das Puddeln, das seitdem im Laufe nahezu eines Jahrhunderts herrschend war und auch später noch nicht ganz verdrängt wurde. Das Ergebnis dieser technischen Neuerungen war, daß man in England, anstatt der 12—17000 t Roheisen, die um die Mitte des 18. Jahrhunderts produziert wurden, schon 1788 68000 (davon 54000 mittelst Koks), 1806 244000, 1823 455000 t erzeugte.[1]) Um die Mitte des 18. Jahrhunderts behauptete man hier, das Land könne ohne eigene Eisenindustrie bestehen, es wäre vorteilhafter, aus Spanien eingeführtes Eisen zu verwenden, als es im Inlande zu erzeugen, wo diese Industrie zur Entwaldung führe. In der Tat wurden nicht nur aus Spanien, sondern auch von anderwärts, aus Schweden und Rußland, große Mengen Eisen eingeführt.[2]) Zu Beginn des 19. Jahrhunderts hatte sich jedoch England von jeder Abhängigkeit dem Auslande gegenüber in dieser Hinsicht freigemacht. Es produzierte die zur Erzeugung von Maschinen und Werkzeugen nötigen Eisenmengen und außerdem konnten noch größere Quantitäten zur Ausfuhr gelangen. Die Roheisenausfuhr stieg von 8900 t 1829 auf 23000 1833 und 50000 1840.[3]) Zu gleicher Zeit erfolgte eine Steigerung der Kohlenproduktion von 2600 t 1700 (eine nur geringe Erhöhung gegenüber 1660 — 2100) auf 4800 1750, 6200 1770, 10100 1800, 27000 1816.[4])

Nun ist freilich zu beachten, daß der Grund des Aufkommens von Maschinen und Motoren eben in der zweiten Hälfte des 18. Jahrhunderts nicht nur in dem Bedarf liegt, der zu jener Zeit besonders rege wurde, sondern auch darin, daß die Naturwissenschaft damals den für die großen Erfindungen nötigen Reifegrad erreicht hatte. In einer früheren Periode wären diese unmöglich gewesen, da die Naturwissenschaften und die Technik noch nicht so weit waren, um die Produktionsweise revolutionieren zu können.

So war die Erfindung der Dampfmaschine das Ergebnis der wissenschaftlichen Anschauungen, die sich im Laufe des 17. und 18. Jahrhunderts ausgebildet hatten. Ihre allmähliche Vervollkommnung verlief parallel mit dem Ausbau der Naturwissenschaften. Savery und Newcomen gingen bei dem Bau der ersten Dampf-

---

[1]) Die weitere Steigerung betrug: 1830 677000, 1840 1,4 Mill., 1852 2,7 Mill., 1860 3,8 Mill., 1870 6 Mill. (Meade, The Coal and Iron Industries of the United Kingdom. 1882, App. II, S. 829 ff.)

[2]) S. oben S. 179.

[3]) Die Ausfuhr von Roheisen machte 1850 142000, 1860 343000, 1870 753000 t aus (Meade, ibid.).

[4]) 1854 hatte sich die Kohlenproduktion auf 64700 und 1870 auf 110000 t erhöht (Meade, S. 295 f.).

maschinen von der epochemachenden (1643) Erfindung Torricellis von der Schwere der atmosphärischen Luft aus; ihre Maschine beruhte auf dem Prinzip der Erzielung eines luftleeren Raumes durch Kondensation des Wasserdampfes. Die Unvollkommenheit der von ihnen konstruierten Dampfmaschinen war jedoch in dem Mangel exakter naturwissenschaftlicher Kenntnisse über die Wärme und ihre Benutzung begründet. Es fehlte an einem zuverlässigen Hilfsmittel zum Wärmemessen. „Dieses bildete sich, von dem Kupferlösungsthermometer an, welches der Holländer Drebbel 1650 erfand, langsam aus, bis 1714 der Danziger Fahrenheit das Quecksilber als Meßflüssigkeit anwandte. Ihm folgte 1730 der Franzose Réaumur mit einer anderen Einteilungsart und endlich 1741 der Schwede Celsius mit dem hundertteiligen Thermometer. Um 1760 wurde auch endlich durch Joseph Black, Professor an der Universität Glasgow, die Wärmetheorie ausgebaut, die Lehre von der freien und gebundenen (sensiblen und latenten) Wärme, sowie von der spezifischen Wärme aufgestellt und von 1763 an vor einer zahlreichen Zuhörerschaft an der Universität Glasgow vorgetragen. Unter seinen eifrigsten Schülern befand sich der Mann, der alsbald die neue Lehre siegreich ins Leben einführen sollte, James Watt." (Reuleaux.) Mit ausgiebigen Kenntnissen in der Thermophysik ausgerüstet, ging Watt an das Werk der Vervollkommnung der Dampfmaschine heran; seine Leistung wäre ohne die auf dem Gebiete der Physik erreichten Fortschritte undenkbar gewesen.

Bei den anderen in der zweiten Hälfte des 18. Jahrhunderts gemachten Erfindungen tritt der Zusammenhang mit den Ergebnissen der naturwissenschaftlichen Erkenntnis nicht so klar zutage, wie bei der Dampfmaschine, doch auch hier kann diese Verbindung verfolgt und nachgewiesen werden.

Man behauptet ja freilich, daß die Arbeitsmaschinen von unwissenden, naturwissenschaftlich gänzlich ungebildeten Menschen erfunden worden seien; „Hargreaves, der Erfinder der Jenny, war ein Weber, Arkwright, der Erfinder der Water-Frame, ein Barbier, Cartwright, der Erfinder des mechanischen Webstuhls, ein Landpfarrer." In der Tat waren es keine wissenschaftlich geschulten Männer vom Schlage Watts, des Schöpfers der Dampfmaschine, die diese Erfindungen gemacht haben. Doch waren sie auch nicht bloß Barbiere, Landpfarrer oder einfache Arbeiter, es hatte sich doch eine Änderung in der „Zunft" der Erfinder gegenüber den vorhergehenden Jahrhunderten vollzogen. Die Erfinder dieser Periode hatten sich vorher mit Arbeiten befaßt, die ihnen praktische Kenntnisse auf dem Gebiete der Mechanik vermitteln konnten. Die meisten von ihnen waren nämlich — dies wird gewöhnlich viel zu wenig beachtet — zugleich Uhrmacher gewesen. So Arkwright, der ursprünglich Uhrmach war und im Volksmund auch noch später „der Uhrmacher von Nottingham" hieß. Das Modell seiner Spinnmaschine baute er zusammen mit dem Uhrmacher Kay, wobei ihnen noch ein Schmid und ein anderer Uhrmacher behilflich waren. Ebenso war Cartwright nicht bloß Landpfarrer: zusammen mit Fulton, dem Erfinder der Dampfmaschine, konstruierte er ein Bootsmodell, welches durch Seitenräder, die durch Uhrwerk bewegt wurden, vorwärts ging. Fulton war auch ursprünglich Uhrmacher gewesen. Wohl gab er diesen Beruf bald auf, doch hatte er später reichlich Gelegenheit, die bei seiner Ausübung erworbenen Kenntnisse zu verwerten. Auch Hargreaves war nicht bloß Weber sondern auch Mechaniker; er gehörte zu jenen improvisierten Ingenieuren, die zu jener Zeit, als es allgemein an geschulten technischen Kräften fehlte, Wind- und Wassermühlen erbauten, Pumpen und Wasserkünste konstruierten, die verschiedensten mechanischen Konstruktionen ausführten und Reparaturen an ihnen vornahmen. Diese Leute waren Autodidakten, die sich ihre Kenntnisse bald hier, bald da, auf zufällige Weise, angeeignet hatten; sie waren gewöhnlich mit der Rechenkunst gut vertraut; sie verstanden es, Pläne zu entwerfen und zu zeichnen, die Kraft und Geschwindigkeit eines Mechanismus zu kalkulieren.

Der Umstand nun, daß die Erfinder, die sich auf dem Gebiete der Textilindustrie auszeichneten, mit der feinen Arbeit des Uhrmechanikers wohl vertraut waren, ist für das Verständnis der Vorbedingungen, unter denen die neuen Erfindungen gemacht wurden, von größtem Belange. Die Kompliziertheit, Genauigkeit und

Feinheit des Uhrmechanismus, das Studium des Getriebes mit seiner verschieden gestalteten Zusammensetzung aus Zahnrädern und Riemenscheiben, Reibungsrädern und Kettentrommeln, Schrauben und Hebeln, Kurbeln und Krummzapfen, die Notwendigkeit, mannigfache Werkzeuge zu handhaben, alles dies bildete eine gute Schule für die zukünftigen Erfinder der Spinnmaschine und des mechanischen Webstuhles. Dasselbe Schwungrad nämlich, das sich zuerst in der Uhrmacherkunst des 16. Jahrhunderts als Hemmittel vorfand, wurde später in der Maschinentechnik des 18. Jahrhunderts als Fördermittel eingeschaltet. Somit stehen aber die mit der Uhrmacherkunst eng verbundenen Erfindungen auf dem Gebiete der Textilindustrie auch im Zusammenhang mit den in der Naturwissenschaft gewonnenen Erkenntnissen; beruhten ja bereits die ersten in der Herstellung der Uhren gemachten Fortschritte auf den neuen Errungenschaften der Physik, auf der im 17. Jahrhundert von Galilei und Huyghens gefundenen Lösung des Problems des zusammengesetzten Pendels, den neuaufgefundenen Gesetzen der Bewegung, ihrer Gesetzmäßigkeit und damit Zwangsläufigkeit. Von der Mitte des 17. Jahrhunderts an wurde die Uhr zu einem genauen Instrument, zu einem auf wissenschaftlicher Erkenntnis beruhenden Mechanismus[1]). Es ist somit klar, daß neben dem Bedarf auch die Entdeckungen in den Naturwissenschaften von Belang waren und früher das Aufkommen der Maschinen und Motore, selbst wenn das technisch-gewerbliche Bedürfnis auch noch so empfindlich fühlbar geworden wäre, unmöglich gewesen wäre, da die Naturwissenschaften, die Thermophysik und die Mechanik noch nicht so weit waren, um die neuen Erfindungen hervorzubringen.

Im 18. Jahrhundert erlebte Englands Handel und Industrie einen großen Aufschwung, und als die Fortschritte der Naturwissenschaften die Umgestaltung der Produktionsweise ermöglichten, war England bereits hinreichend ausgerüstet, um das immer fühlbarer werdende wirtschaftliche Bedürfnis nach Neuerungen und Vervollkommnungen der Betriebstechnik befriedigen zu können. Das hierzu erforderliche Kapital war ja vorhanden. Das Vorhandensein großen, anlagesuchenden Kapitals wird sowohl durch die im Laufe des 18. Jahrhunderts stattgefundene Steigerung des Bergbaues, als auch durch das Anwachsen der fundierten Staatsschuld und durch den niedrigen Stand des Zinsfußes, zu dem die Anleihen abgeschlossen wurden, bezeugt. Einen Beleg dafür bietet auch der Spekulationstaumel der ersten Jahrzehnte des 18. Jahrhunderts.[2]) Infolge der Enteignung des Bauernstandes war eine zweite unumgängliche Voraussetzung für das Aufkommen der Großindustrie geschaffen worden, ein großes Angebot an Arbeitskraft. Durch die

---

[1]) Die Uhr stellt ebenso wie die Dampfmaschine ein Hemmwerk dar, nur mit dem Unterschiede, daß die Kolbendampfmaschine, angesichts der mittelst derselben übertragenen Kräfte, ein Krafthemmwerk ist, die Uhr dagegen ein Genauigkeitshemmwerk. „Im höchsten Grade bemerkenswert ist,“ sagt Reuleaux, „daß die Hemmnisse der Uhren ... von 1700 an neben der Dampfmaschine zu hoch gesteigerter Vollkommenheit gebracht wurden. Die Erfinder an beiden Stellen arbeiteten, ohne voneinander zu wissen, nebeneinander, die einen am Genauigkeits-, die anderen am Krafthemmwerk. Zwei Menschenalter gingen dahin, bis durch Watt der neue helle Weg durch die Hindernisse geschlagen war, zwei Menschenalter auch, bis durch Harrison im Jahre 1761 der schon um 1700 ausgesetzte Preis auf eine genaue Seeuhr errungen wurde. Diese Gleichheit und dieses Zusammentreffen sind nicht Zufall, sondern bedeuten das allgemeine Reifen menschlicher Denkvorgänge.“ Beide Erfindungen waren durch sichtbare und unsichtbare Fäden verbunden mit der Gesamtentwicklung des Zeitalters, welches sie hervorbrachte.

[2]) S. oben S. 403ff.

Einhegungen des 18. Jahrhunderts waren nämlich die bäuerlichen Kleineigentümer gezwungen worden, ihre Grundstücke zu veräußern und als Industriearbeiter in die Städte zu ziehen. Vom 18. Jahrhundert an verschwinden ferner die Industriemonopole. Auch die Reglementierung der Produktion hatte, obwohl rechtlich noch nicht aufgehoben, ihre tatsächliche Bedeutung eingebüßt. Es hatte sich in England ein neuer Unternehmertypus ausgebildet, der obenerwähnte „bürgerliche" Unternehmer, der zu rechnen, zu arbeiten und zu sparen verstand und der sich an die alte, vorkapitalistische Geschäftsmoral nicht mehr kehrte. Es galt, den Absatz durch Aussenden von Reisenden, durch Anlocken von Kunden usw. zu erweitern, die Betriebsorganisation und die technische Ausstattung durch Anwendung der neuesten Fortschritte zu vervollkommnen. Die Verhältnisse, die im englischen Wirtschaftsleben zu Ausgang des 18. Jahrhunderts herrschten, waren, wie man sieht, geeignet, den großen Umschwung in der Produktionsweise vorzubereiten. Nur noch ein letzter Ansporn war erforderlich, um eine vollständige Umwälzung auf wirtschaftlichem Gebiet hervorzurufen. Die Maschinen waren es, denen diese Rolle zufiel.

Zunächst konnten einige Jenny- oder Mulemaschinen, die durch Menschenkraft in Bewegung gesetzt wurden, überall untergebracht werden, die Arbeit konnte in den Wohnräumen der hausindustriellen Meister fortgeführt werden. Es waren zu diesem Zwecke noch keine besonderen Gebäude erforderlich. Im Laufe der Zeit aber, als die Zahl der Maschinen zunahm, die Produktion sich erweiterte, Dampfmotore und neue Arbeitsmaschinen angeschafft wurden, wurde die Umbildung der ehemaligen Werkstätte zur Fabrik zur Notwendigkeit. Den ersten Maschinen standen sowohl die Verleger als auch die Handwerker und die Hausindustriellen durchaus feindlich gegenüber, überhaupt Leute alten Schlages, die alle Neuerungen für unzulässig hielten, an den althergebrachten, im Laufe vieler Jahrhunderte bewährten Produktionsverfahren festhielten und alles Neue haßten und bekämpften. Die Erfinder wurden von ihnen verfolgt, ja in ihren Wohnstätten aufgesucht, wo die wütende Menge, die von einer neuen Erfindung Kunde erhalten hatte, die neukonstruierten Maschinen oder deren Modelle zerstörte und in Brand setzte. Oft waren die Erfinder (so Arkwright und Hargreaves) genötigt, den Wohnort zu wechseln.

Mit der Zeit jedoch änderte sich das Verhalten der Unternehmer den neuen Erfindungen gegenüber. Sie erkannten, daß durch die Anwendung der neuen, technisch vollkommeneren Verfahren bedeutende Gewinne erzielt werden könnten, daß dieselben daher nicht bekämpft und gehemmt, sondern im Gegenteil möglichst rasch ausgekundschaftet und erforscht, nachgeahmt und angewandt werden müßten. Jeder von ihnen suchte die neuen Erfindungen zu seinem Vorteil auszunutzen, ohne ihre Urheber irgendwie hierfür zu entschädigen; die Rechte der Erfinder wurden in rücksichtslosester Weise verletzt. So verfuhren z. B. die Besitzer der Hüttenwerke Cort gegenüber; auch Watt und Boulton mußten zahlreiche Prozesse gegen die Unternehmer anstrengen, die unbefugterweise die Dampfmaschine in Anwendung brachten. Manche Erfinder unterließen es, die Erzeugnisse ihres Geistes patentieren zu lassen und stellten gutwillig ihre Benutzung jedermann frei. Doch auch diejenigen unter ihnen, die sich Patente erworben hatten, genossen die dadurch gebotenen Vorteile nur kurze Zeit. Dies war z. B. bei Arkwrights Erfindung der Fall; die Fabrikbesitzer wußten es durchzusetzen, daß Arkwright sein Patent 1785 entzogen wurde. Nachdem aber der Erfinder für die Benutzung der von ihm konstruierten Maschine keine Entschädigung mehr zu beanspruchen hatte, fand dieselbe weitgehende Verbreitung.

Die Ausdehnung der fabrikmäßigen Produktion in der Textilindustrie setzte in einem außerordentlichen raschen, ja fieberhaften Tempo ein. „Jeder, der etwas Vermögen besaß, wandte sich diesem Berufe zu, Ladeninhaber, Schankwirte, Frachtführer wurden zu Unternehmern." Viele von ihnen hatten kein Glück und waren genötigt, zu ihrer früheren Beschäftigung zurückzukehren oder das Heer der Fabrikarbeiter zu vermehren. Andere erreichten das ersehnte Ziel und erwarben größere Vermögen, obschon sie keine Ahnung von der Industrie besaßen, durch die sie sich bereichert hatten.

Ein Teil der Fabrikbesitzer ging aus dem yeomen hervor, aus den Kreisen der kleinbäuerlichen Eigentümer, die durch die Einhegungen zum Verlassen ihres Bodenbesitzes gezwungen waren. Sie legten in ihrer industriellen Tätigkeit einen regen Unternehmungsgeist an den Tag und benutzten häufig das von ihnen angesammelte Vermögen zum Rückkauf der von ihren Vorfahren geeigneten Ländereien. Auch zahlreiche hausindustrielle Verleger, die früher Rohstoffe an Kleinmeister zur Verarbeitung verteilten, stellten nun in eigenen, rasch zusammengezimmerten Gebäuden Maschinen auf. Endlich verwandten auch hausindustrielle Kleinmeister die Summen, die sie im Laufe vieler Jahre von ihrem bescheidenen Arbeitslohne erübrigt hatten, zur Gründung von Fabrikunternehmungen. Sowohl in der Textilindustrie, als in der Töpferei und in der Kleineisenindustrie sind zahlreiche Fälle zu verzeichnen, wo Arbeiter zu Unternehmern emporgestiegen sind. Ursprünglich war die Lebenshaltung der Fabrikbesitzer eine sehr bescheidene: sie suchten nicht, es den Großgrundbesitzern an Verschwendung gleichzutun. Die Sparsamkeit, die Enthaltsamkeit der dem neuen Unternehmerstande angehörenden Fabrikbesitzer hatte zur Folge, daß die erzielten Gewinne nicht konsumiert, sondern von neuem im Betriebe angelegt, zu dessen Ausweitung verwandt wurden. Erst nachdem dem Wohlstande der Familie eine sichere Grundlage gegeben worden war, nachdem die Fabrikbesitzer sich an ihre neue Vermögenslage gewöhnt hatten, erstand in ihren Kindern und Enkelkindern eine neue Generation, mit neuen Gewohnheiten und Ansprüchen, mit einem anderen Maßstab der Lebenshaltung.

Die schwierigste Aufgabe des Fabrikbesitzers bildete die Organisation der Unternehmung. Es war dies eine gänzlich neue Aufgabe, die die hausindustriellen Verleger noch nicht kannten. Die Schwierigkeit lag besonders darin, daß die hausindustriellen Kleinmeister sich nicht dazu verstehen wollten, ihr Heim zu verlassen und in die Fabrik zu gehen. Ja, sie brachten denjenigen, die ihre Kinder in die Fabrik schickten, Verachtung entgegen. Die Fabrikarbeit wurde als entwürdigend, als herabsetzend für einen Meister angesehen. Daher mußten die erforderlichen Arbeitskräfte aus anderen Bevölkerungsschichten rekrutiert werden: Bauern, die das platte Land infolge der Einhegungen verlassen hatten, entlassene Soldaten, Arme, die der Gemeindefürsorge zur Last fielen, kurz „der Abschaum aller Klassen" war es, der in der ersten Periode der Fabrikindustrie die Reihen der Fabrikarbeiter ausfüllte. Es waren dies an keine Disziplin gewohnte, zur Fabrikarbeit gänzlich unvorbereitete Leute, die sich erst vor allen Dingen an regelmäßige Arbeit gewöhnen, der maschinellen Produktionsweise anpassen mußten. Es war keine leichte Aufgabe, sie soweit zu bringen. Nicht nur wurden beträchtliche Mengen von Rohstoffen von den Arbeitern vergeudet, nicht nur oft die Maschinen beschädigt, sondern auch ihrem ganzen Wesen nach waren diese Leute einer Betriebsorganisation, die von ihnen Unterordnung und angestrengte Arbeit erheischte, feindselig gesinnt. Die in den Fabriken herrschende Disziplin war für sie unerträglich. Dazu kam, daß der Arbeiter den Maschinen die Schuld an dem Sinken seines Lohnes beimaß; die in ihm gärende Mißstimmung, die Feindschaft machte sich Luft, indem er sie zertrümmerte. Bereits 1769 hatten die auf ihre Vernichtung abzielenden Gewaltakte der Arbeiter den Erlaß eines Gesetzes bewirkt, demzufolge die Zerstörung von Gebäuden, in denen Maschinen aufgestellt waren, seitens eines einzelnen oder einer „aufrührerischen und unbotmäßigen Menge" durch Todesstrafe geahndet wurde. Sobald Unruhen ausbrachen, mit denen in der Regel die Zertrümmerung von Maschinen durch die Arbeiter einherging, schickte die Regierung Truppen, um gegen die Aufrührer einzuschreiten. Blutige Unterdrückung und Deportation der Anstifter nach den Kolonien bildeten den Abschluß dieser Revolten. Der Mehrzahl ihrer Teilnehmer gelang es jedoch, der Strafe zu entgehen, da die Bevölkerung in diesem Kampfe auf seiten der Arbeiter stand und ihnen Beihilfe leistete.

Obwohl diese Unruhen und Revolten einzelnen Unternehmern erheblichen Schaden zufügten, konnten sie doch den siegreichen Zug der Fabrikindustrie nicht aufhalten. Die Fabriken mehrten sich von Tag zu Tag und wurden erweitert, die gewerbliche Bevölkerung nahm stetig zu auf Kosten der landwirtschaftlichen. Zu einer bedeutenden Industriestätte stieg vor allem Manchester empor; diese Stadt und ihre Umgebung, Lancashire, wurde zum Mittelpunkt der Textilindustrie Englands. 1727 bezeichnete Defoe Manchester als eine bedeutende, ja vielleicht die bedeutendste Landstadt Englands. Ein halbes Jahrhundert später zählte Manchester bereits 3400 Häuser und 22000 Einwohner; die Anlage des Bridgewaterkanals erleichterte die Kohlenversorgung von Manchester und seinen Verkehr mit Liverpool. Der rapide Aufschwung von Manchester begann jedoch erst später: 1790 zählte die Stadt 50000 Einwohner, nach 10 Jahren bereits 95000, 1841 war sie auf 350000 gestiegen. 1786 ragte, den Aussagen der Zeitgenossen zufolge, nur ein Fabrikschornstein über den Häusern empor, welcher der Arkwrightschen Fabrik angehörte, 15 Jahre darauf wies Manchester über 50 Textilfabriken auf, die größtenteils mit Dampfkraft betrieben wurden.

Die Wirkungen der neuen Technik kamen recht bald zur Geltung. 1788 machte der Aufwand des Unternehmers für Rohstoff und Arbeitslohn bei der Erzeugung von einem Pfund Baumwollgarn 12 Sh. aus, 1800 war er infolge der Anwendung der Spinnmaschine auf 3 Sh. herabgesunken, bildete also nur noch den vierten Teil der früheren Produktionskosten, 1830 endlich kam er fast 1 Sh. gleich[1]). Eine so gewaltige Verminderung der Produktionskosten war gleichbedeutend mit der Erzielung großer Ersparnisse im Gewerbebetriebe. Hand in Hand damit ging eine erhebliche Verbilligung des Garnes einher: Der Preis für ein Pfund Garn sank von 35 Sh. 1788 auf 9 Sh. 1800 und auf 3 Sh. 1830. Die Bevölkerung zahlte folglich seit 1800 für ein Pfund Garn nur den vierten Teil des früheren Preises und 1830 nur den zwölften Teil davon. Infolge dieser Verbilligung steigerte sich die Nachfrage nach Baumwollzeugen ganz außerordentlich. Nach Ellison wies die Produktion von Baumwollgarn in England eine Steigerung von 106 Mill. Pfd. 1819—1821 auf 216 Mill. 1829—1831 auf, sie hatte sich demnach im Laufe eines Jahrzehnts beinahe verdoppelt. 1844—1846 wuchs dieselbe wiederum auf 523 Mill. an, 1859—1861 betrug sie 910 Mill., was eine Verachtfachung, ja Verneunfachung im Laufe von 40 Jahren bedeutete. In der Fabrikation von Baumwollzeugen trat ebenfalls eine bedeutende Steigerung zutage; 1819—1821 wurden nur 80 Mill. Pfd. Fertigfabrikate produziert (damals war die Handweberei noch vorherrschend), um 1829—1831 143 Mill. Pfd., ja 1844—1846, als der mechanische Webstuhl bereits allgemein zur Anwendung kam, 348 Mill. zu betragen; 1859—1861 waren es bereits 650 Mill. Diejenigen, welche früher nicht imstande gewesen waren, sich die verhältnismäßig kostspieligen Baumwollzeuge zu kaufen, konnten sich nunmehr die verbilligten Fabrikate anschaffen. Die billigen leicht waschbaren Baumwollhemden sollen einen vollständigen Umschwung in den Gesundheitsverhältnissen der Bevölkerung erzeugt haben, da erst mit ihrem Aufkommen die Reinhaltung des menschlichen Körpers ermöglicht wurde. Diese Reinlichkeit bewirkte eine starke Abnahme der Sterblichkeit in England und als Folge davon ein rasches Bevölkerungswachstum (Griffith). Doch neben diesen nicht hoch genug anzuschlagenden Wirkungen der Maschine sind auch ihre Schattenseiten nicht zu verkennen. Wurde doch die Handarbeit dadurch schwer geschädigt. Infolge des Aufkommens der Maschinerie waren die Löhne der Handweber bedeutend gesunken, im Laufe einer verhältnismäßig kurzen Spanne Zeit war in England die Handarbeit in der Spinnerei unmöglich geworden.

Es wäre freilich ein Irrtum, anzunehmen, der Entwicklungsgang der Großindustrie hätte sich ohne alle Abweichungen und Unterbrechungen in einer stetig aufsteigenden Linie vollzogen. Bereits von den ersten Dezennien des 19. Jahrhunderts an ist die Produktion bedeutenden Schwankungen unterworfen, heftige Krisen finden statt, auf Perioden einer aufsteigenden, ausnehmend günstigen Konjunktur folgen in raschem Wechsel Zeiten der Depression. Allerdings bilden die Krisen keineswegs eine gänzlich neue, dem 19. Jahrhundert, dem Zeitalter der maschinellen Betriebsweise ausschließlich eigentümliche Erscheinung. Sie können bereits in der vorhergehenden Periode festgestellt werden, zu der Zeit, als die Stadtwirtschaft sich zur Volkswirtschaft umgestaltete und Industrien, die nunmehr einen größeren Markt zu versorgen hatten, ihre Produktion nur schwer der jeweilig vorhandenen Nachfrage anzupassen vermochten. Doch waren damals, infolge der nur wenig vorgeschrittenen Produktionstechnik sowie des Umstandes, daß ein bedeutendes Betriebskapital noch nicht vorhanden und der Kreditverkehr erst schwach entwickelt war, der Steigerung der gewerblichen Produktion ziemlich enge Grenzen gezogen. Daher konnte auch die auf die Erweiterung der Produktion folgende, durch Überproduktion hervorgerufene Einschränkung derselben niemals einen dermaßen

[1]) Auch in der Wollindustrie waren die Produktionskosten (Kosten der Lohnarbeit) von 178 sh. (für 1 Stück super fine broad cloth) 1781—1796 auf 87 sh. im Jahre 1828 heruntergegangen (Lipson, The History of the Woollen and Worsted Industries, 1921, S. 258 ff.).

heftigen Charakter annehmen, als dies später, im Zeitalter der Maschinen, der Fall war. Wohl kannte die Periode des 16.—18. Jahrhunderts Krisen, die durch Kriege und Aufstände, durch Mißernten und Rohstoffmangel, durch Zahlungseinstellungen von Fürsten, Börsenspekulation und Geldwirren verursacht waren, zu Produktions- und Absatzstockungen führten; doch lagen alle diese Gründe außerhalb der Produktionssphäre. Jene Krisenursachen verloren nun im 19. Jahrhundert, wenn auch nur allmählich, an Bedeutung. Das Fabrikwesen jedoch, sowie die Entwicklung des freien Wettbewerbs und des Weltmarktes, die Ausbildung des Kreditverkehrs und des Transportwesens bedingten die Entstehung einer neuen Form industrieller Krisen, die einen genau umschriebenen Zyklus von Erscheinungen umfaßt. Zunächst kommt eine Periode der Hochkonjunktur — Produktionssteigerung, Erweiterung bereits bestehender, Gründung neuer Unternehmungen, erhöhte Inanspruchnahme des Kredits, Erhöhung der Preise. Darauf folgt ein heftiger Krach (Depression, Niederschlag), zuerst an der Börse, dann in der Industrie; ein jähes Sinken der Preise, zahlreiche Zahlungseinstellungen, starke Einschränkung des Kredits, Geldmangel, Schließung zahlreicher Fabriken und Entlassung der Arbeiter, Arbeitslosigkeit und Not. Diesen ausgeprägten Charakter trugen die Krisen in England bis zu den siebziger Jahren des 19. Jahrhunderts. Waren die Krisen von 1811, 1815, 1818 noch eine Auswirkung der Napoleonischen Kriege, so sind die periodisch in Zeiträumen von ca. 10 Jahren in England eintretenden Krisen der Jahre 1825, 1836, 1847, 1857 und 1866 durch die neue Produktionstechnik, den Großbetrieb, die neue Wirtschaftsverfassung in ihrer Gesamtheit bedingt und mußten Zweifel daran wachrufen, ob denn auch die gesteigerte Entwicklung der produktiven Kräfte segensbringend sei, wenn sie dermaßen schwere Erschütterungen im Leben breiter Volksmassen mit sich bringe und mehr Verwüstungen anzurichten imstande sei, als selbst die erschöpfendsten Kriege.

Doch auch von den Krisen abgesehen, herrschten in der englischen Fabrikindustrie durchaus unerfreuliche Zustände. Die Fabrikarbeiter[1]) stellten eine physisch heruntergekommene, unwissende, verwahrloste Bevölkerungsschicht dar, ihre Lebensverhältnisse waren die denkbar ungünstigsten. Der Arbeitstag dauerte 12—13 Stunden und darüber, die Löhne waren niedrig, die Arbeiter lebten bei mangelhafter Ernährung in schmutzigen Behausungen zusammengepfercht, Frauen- und Kinderarbeit fand weitgehende Verwendung, halbwüchsige Kinder arbeiteten 10—12 Stunden täglich. Allerdings wäre es falsch, auf Grund dieser Tatsachen, wie es so oft geschieht, die Behauptung aufzustellen, die industrielle Umwälzung, die Maschine und Fabrik hätten alle diese Mißstände ins Leben gerufen. Eine richtige Lösung dieser Frage ist nur dann möglich, wenn man sich nicht damit begnügt, die angeführten

---

[1]) Ludlow and Jones, Progress of the working class (1867). Plener, Die englische Fabrikgesetzgebung (1881). Marx, Das Kapital, I. Engels, Die Lage der arbeitenden Klasse in England, 2. Aufl. (1892). Herkner, Die Arbeiterfrage, 8. Aufl. (1923). Weyer, Die englische Fabrikinspektion (1888). Hutchins-Harrison, History of Factory Legislation (1907). Nostitz, Das Aufsteigen der Arbeiterklasse in England (1900). Schwittau, Die qualifizierte Arbeit, I (1915, russ.). Brentano, Die Arbeitergilden der Gegenwart I—II (1871—1872). Webb, The History of Trade-Unionism (1894). Levy, Wages and Earnings of the Working Classes (1867, 1885). Bowley, Wages in the United Kingdom in the XIX century (1900). Ders. im Journal of the Royal Statistical Society, vol. 63—65, 68—69. Ferner die oben (S. 100 u. 448) angeführten Werke von Steffen, Hobson, Clapham, Lipson, Heaton, Moffit, Hammond, Dechesne, Tugan-Baranowsky, Schulze-Gaevernitz u. a.

Tatsachen aufzuzählen, die die traurige Arbeiterlage nach Aufkommen der neuen Technik beleuchten sollen, sondern sie den Arbeiterverhältnissen der vorhergehenden Periode gegenüberstellt. Erst ein solches Verfahren kann Aufschluß darüber geben, ob die Verdrängung der Handarbeit durch die Maschine die Lage der Arbeiter verschlimmert hat.

Was vor allem den Hauptfaktor, den Arbeitslohn, betrifft, so kann nicht bestritten werden, daß in dieser Beziehung eine erhebliche Verschlechterung eingetreten war. Zwar hat sich der Geldlohn nicht nur nicht verringert, sondern sogar gesteigert, doch fand zugleich ein weit rascheres und bedeutenderes Anziehen der Lebensmittelpreise statt, so daß der erhöhte Geldlohn tatsächlich einem verminderten Reallohn gleichkam, mit dem man nur geringere Gütermengen anschaffen konnte, als dies früher der Fall war. Der jährliche Durchschnittslohn eines Maschinenspinners betrug 1819—1821 26 Pfd. Sterl., nach 25 Jahren (1844—1846) 28 Pfd. 12 Sh., 1859—1861 32 Pfd. 10 Sh. Dagegen erhielt im Laufe des 18. Jahrhunderts, nach den Berechnungen von Rogers, der gewerbliche Arbeiter, wenn er 52 Wochen hindurch regelmäßig arbeitete, einen Durchschnittslohn von höchstens 15 Pfd. 13 Sh. In der Baumwollindustrie machte (nach Ellison) der Durchschnittslohn 1819—1821 20 Pfd. 18 Sh., 1829—1831 19 Pfd., 1844—1846 24 Pfd. 10 Sh., 1851—1861 30 Pfd. 15 Sh. aus. In den Wollspinnereien war, nach Baines, der Arbeitslohn von 1795 bis 1805 erheblich gestiegen: von 16 Sh. 9 Pence auf 24 Sh. 8 P. pro Woche; von 1805 bis 1815 erhöhte sich derselbe bis auf 31 Sh. 8 P., um dann (1815 bis 1825) bis auf 20 Sh. 1 P. herabzugehen und schließlich (1835) wieder zu der Durchschnittshöhe des Jahres 1805, also zu 25 Sh., zurückzukehren.

Die Geldlöhne waren, wie aus diesen Angaben zutage tritt, im Zeitalter der Maschinen keineswegs gesunken, ja im Gegenteil sogar teilweise gestiegen. Doch fand zu gleicher Zeit eine Veränderung der Kornpreise statt. Ihre von der Mitte des 19. Jahrhunderts an einsetzende Steigerung ging in beschleunigtem Tempo vorwärts. Arthur Young kommt zu dem Ergebnis, die Kornpreise hätten sich 1760—1812 verdoppelt, und auch der Geldlohn sei in gleichem Maße gestiegen. Doch fügt er hinzu, zugleich mit der Erhöhung des Geldlohnes und der Kornpreise um je 100% seien die Preise für andere Lebensmittel weit mehr, um 134%, gestiegen, so die Fleischpreise um 146%, die Butterpreise um 140%, die Käsepreise um 153%. Der von den Arbeitern empfangene Reallohn war also geringer (wenn auch nicht um ein Drittel, denn die Hauptnahrung bildete Brot), als ein halbes Jahrhundert zuvor. Auch ein anderer Umstand ist noch in Erwägung zu ziehen. Selbst wenn man ausschließlich Getreidepreise und Löhne vergleicht, muß stets berücksichtigt werden, daß die Steigerungen derselben nur für größere Zeiträume einander entsprechen, für einzelne Jahre hingegen kann ein solcher Parallelismus der Lohn- und Preissteigerung nicht festgestellt werden. Während der Arbeitslohn im Laufe eines bestimmten Jahrzehnts keine erheblichen Schwankungen aufwies, schnellten innerhalb desselben Zeitraumes die Brotpreise in einzelnen Jahren fast um das Doppelte empor; die Bevölkerung mußte Hunger und Not leiden; erst nach einigen Jahren sanken dann wieder die Preise auf das frühere Niveau herab. So betrug für das Jahrzehnt 1805—1814 der Getreidepreis im Durchschnitt 90 Sh. pro Quarter, 1815—1824 64 Sh. Auch für den Geldlohn ist eine entsprechende Änderung zu verzeichnen, in einzelnen Jahren jedoch, so z. B. 1800—1801, 1809—1813, 1816—1817 überstiegen die Brotpreise diesen Durchschnitt um ein Erhebliches, sie wuchsen bis auf 135 Sh. an, während der Arbeitslohn unverändert blieb. Groß war in solchen Jahren das Arbeiterelend; die Pfarreien mußten zu Hilfe kommen und Millionen für die Unterstützung der notleidenden Bevölkerung verausgaben. Die Erhöhung der Geldlöhne war also unzureichend, weder der Erhöhung der Getreidepreise in den einzelnen Jahren, noch der Preissteigerung der anderen Lebensmittel angepaßt. Doch ist der Grund davon wohl kaum in der technischen Umwälzung des Produktionsprozesses zu suchen. Es wird häufig darauf hingewiesen, die Änderung der Technik sei vor allem darin zum Ausdruck gekommen, daß Tausende hausindustrieller Kleinmeister brotlos geworden seien, diese Tatsache hätte ein rasches Sinken der Arbeitslöhne bewirkt. Nun ist oben ausgeführt worden, daß bald nach dem Aufkommen der Spinnmaschine die Spinnerei sich zur Fabrikindustrie ausgestaltet hatte; bereits zu Beginn des 19. Jahrhunderts war die Handarbeit in der englischen Baumwollspinnerei nahezu verschwunden. Doch trifft dies nur für die Baumwollspinnerei zu. In der Wollspinnerei kamen die ersten Maschinen erst gegen 1815 auf, größere Verbreitung fanden sie jedoch erst viel später. Noch bedeutsamer ist der Umstand, daß der Maschinenwebstuhl erst in den zwanziger Jahren des 19. Jahrhunderts in Anwendung kam. 1813 zählte man in England bloß 2400 Maschinenwebstühle, dagegen 200000 Handwebstühle. Der Übergang der Handweber in die Fabriken erfolgt erst in den dreißiger und vierziger Jahren des 19. Jahrhunderts. In der Baumwollweberei wie in der Wollindustrie überhaupt konnte also bis in die zwanziger Jahre des 19. Jahrhunderts die Einwirkung der maschinellen Betriebsweise, die Verdrängung der Heimarbeit, sich noch kaum geltend machen. Und doch war die Lage der Arbeiter eben in dieser Zeitspanne, in den letzten Dezennien des 18. und in den beiden ersten Jahrzehnten des 19. Jahrhunderts, am traurigsten. Ja, noch mehr, gerade die Anwendung der Spinnmaschine in der Baumwollindustrie trug zum Aufschwung der Handweberei bei, es stellte sich eben ein Mangel an Webern ein, derer man zur Verarbeitung der großen, von den neuen Spinnmaschinen gelieferten Garnmengen bedurfte. Diejenigen Arbeiter, die in der Periode von 1780—1820 durch die Spinnmaschine verdrängt worden waren, nämlich die Baumwollspinner (und nur diese waren es), konnten also leicht in der Weberei Beschäftigung finden.

Man kommt demnach zu dem Ergebnis, daß die Nachfrage nach Arbeitskraft sich am Ausgang des 18. und im ersten Viertel des 19. Jahrhunderts nicht vermindert hat. Wenn trotzdem die Arbeiter es nicht vermochten, eine der Steigerung der Lebensmittelpreise entsprechende Lohnerhöhung durchzusetzen, so ist die Erklärung dieser Tatsache in anderen Ursachen zu suchen.

Das Prinzip der freien Konkurrenz, demzufolge der Arbeiter bei dem Eingehen des Arbeitsvertrages dem Unternehmer als gleichberechtigt anerkannt war, die Freiheit der Vertragsschließung, konnte die Lage des Arbeiters nicht mit einem Schlage ändern. Obwohl der Arbeiter nunmehr, seit der Aufhebung der früheren Bestimmungen, seinen Arbeitgeber jederzeit verlassen, in einem anderen Betrieb am gleichen Orte oder auch anderwärts Beschäftigung suchen durfte, so konnte er dieses Recht nur in der Minderzahl der Fälle auch wirklich ausnutzen. Meist war er außerstande, zu erfahren, wo er günstigere Arbeitsbedingungen finden könnte, auch fehlten ihm die Mittel, einen anderen Ort aufzusuchen. Das wesentlichste Recht, die Koalitionsfreiheit, war dem Arbeiter nicht gewährt worden, infolge der Vorenthaltung desselben blieb der Arbeitsvertrag nach wie vor eine einseitig bestimmte Vereinbarung, die dem Interesse des Arbeitgebers entsprach, dem der Arbeiter in althergebrachter Weise unbedingten Gehorsam zu leisten hatte. Besonders ungünstig gestaltete sich die Lage des englischen Arbeiters infolge des raschen Bevölkerungszuwachses in den Jahren 1781—1821, der in den beiden letzten Jahrzehnten des 18. Jahrhunderts 9 bzw. 11%, in den ersten zwei Jahrzehnten des 19. Jahrhunderts sogar 14 bzw. 18% pro Jahrzehnt betrug. Es mußte sich daher in England ein Überangebot an Arbeitskräften einstellen, die keine Verwendung finden konnten und auch die anderen Arbeiter hinderten, eine der Erhöhung der Lebensmittelpreise entsprechende Steigerung der Löhne durchzusetzen.

Der Arbeitstag war, wie bereits oben dargelegt worden ist, im 17.—18. Jahrhundert sehr lang. In London wurde im Jahre 1774 in den weitaus meisten Betrieben von 6 Uhr früh bis 8 bis 9 Uhr abends gearbeitet. Wie Sidney Webb hinweist, „arbeitete 1797 der englische Arbeiter gewöhnlich 72 Stunden wöchentlich; es war dies bereits ein Fortschritt im Vergleich zu 1747, wo die meisten Arbeiter 75 bis 80 Stunden zu arbeiten hatten“. In den folgenden Jahrzehnten jedoch wurde die Arbeitszeit verlängert (1804 betrug sie in den Baumwollspinnereien 74 bis 80 Stunden wöchentlich), kam also der Arbeitszeit gleich, die in der ersten Hälfte des 18. Jahrhunderts, vor dem Aufkommen der Maschinen, in den mittels Handarbeit produzierenden Betrieben geherrscht hatte. 1814 jedoch wurde die Arbeitszeit in den Baumwollspinnereien auf 74 Stunden wöchentlich herabgesetzt, in den zwanziger und dreißiger Jahren des 18. Jahrhunderts auf 69—70 Stunden; der Arbeitstag war also von 14—15 auf 12 Stunden herabgegangen. Auch in den Baumwollwebereien herrschte die 14- bis 15stündige Arbeitszeit noch 1814 vor, als der Maschinenstuhl erst geringe Verbreitung gefunden hatte, 1832 jedoch, als die Handarbeit auch in diesem Zweige der Textilindustrie durch die Maschine ersetzt worden war, überstieg die Arbeitszeit keine 12 Stunden täglich (72 Stunden wöchentlich). Natürlich ist dies eine sehr lange Arbeitszeit, verglichen mit dem in England zu Beginn des 20. Jahrhunderts herrschenden Neun-, ja Achtstundentage. Bereits in den sechziger und siebziger Jahren des 19. Jahrhunderts stellten daher verschiedene Autoren die Behauptung auf, die Einführung der Maschinerie sei es eben gewesen, durch die eine bedeutende Verlängerung der Arbeitszeit bewirkt worden sei. Demgegenüber muß nachdrücklich darauf hingewiesen werden, daß, wie aus den Erhebungen über die Arbeitszeit in der der industriellen Umwälzung vorausgehenden Periode erhellt (s. Rogers, Toynbee, Webb, Hammond, Heaton, Moffit u. a.) die Verbreitung der Maschinen durchaus keine Verschlimmerung in dieser Hinsicht, sondern vielleicht eher einen gewissen Fortschritt zu bedeuten hatte.

Diese Behauptung dürfte auch in bezug auf die Frage der Anwendung der Frauen- und Kinderarbeit in der Industrie aufrechterhalten werden.[1]) Aus den vom Parlament veranstalteten Erhebungen erfahren wir über die schrankenlose Ausbeutung von Kindern in Fabriken und Bergwerken, von Kindern, die im Alter von 6 bis 7 Jahren Tage, ja Nächte hindurch arbeiten, denen nicht einmal eine Ruhepause zum Essen gewährt wird, so daß sie ihre karge Nahrung während der Arbeit herunterschlingen müssen. So betrübend aber diese Schilderungen auch sein mögen, so stellen sie doch nichts gänzlich Neues dar. Wie oben dargelegt worden ist, wurde bereits im 17. und 18. Jahrhundert, lange ehe die fabrikmäßige Großindustrie aufgekommen war, in England wie im übrigen Europa die Kinderarbeit in weitgehendem Maße angewandt; eben damals waren alle Bestrebungen darauf gerichtet, diese billige Arbeitskraft möglichst weitgehend auszunutzen.

Am entsetzlichsten wurden diejenigen Kinder ausgebeutet, die den Fabrikanten von den Armenhäusern (Gemeindepflegeanstalten) überwiesen wurden. Sir Francis Eden, dessen Schriften 1797 erschienen, weist darauf hin, daß in England mit dem Aufkommen der durch Wasserkraft angetriebenen Maschinen sich eine bedeutende Nachfrage nach Kinderarbeit an solchen Orten geltend machte, die an Wasserläufen gelegen waren. Nach diesen Industriestätten wurden Tausende von Armenkindern im Alter von 7 bis 13 Jahren aus den Pfarrwaisenhäusern Londons, Birminghams und anderer Städte gebracht. Noch 1815 erörterte man im Parlament Fälle, wo dieses System die empörendsten Mißstände gezeitigt hatte. Ein Fabrikbesitzer in Lancashire schloß z. B. mit einer Londoner Pfarrei einen Vertrag ab, kraft dessen er sich verpflichtete, auf je 20 gesunde Kinder, die ihm geliefert wurden, ein schwachsinniges Kind zu übernehmen. Ein anderer Fabrikant erhielt von einem Londoner Kirchspiel eine Anzahl Knaben, die er aber nicht selbst beschäftigte, sondern an einen anderen Fabrikanten abschob, der sie auf das Gewissenloseste ausbeutete.

Auch diese Art der Kinderausbeutung, dieser „Kinderraub", wie Marx dieses System nennt, so entsetzlich sie uns auch erscheinen mag, ist nicht ausschließlich dem Zeitalter der Maschinen eigentümlich. Auch früher suchten in England die Kirchspiele die mit der Fürsorge für Waisenkinder verbundenen Ausgaben zu mindern, indem sie diese Kinder an Heimarbeiter und Handwerker in die Lehre austaten. Nach dem „Lehrlingsgesetz" der Elisabeth von 1601 waren die Armenaufseher in den Pfarreien verpflichtet, die Armenkinder in die Lehre zu geben, und das Gesetz von 1697 machte es den Gewerbetreibenden zur Pflicht, auf Anordnung der Friedensrichter Armenkinder, die sog. Kirchspiellehrlinge, in die Lehre zu nehmen. Die Knaben mußten bis zum vollendeten 24., die Mädchen bis zu ihrem 21. Lebensjahre in der Lehre bleiben. Zu Beginn des 18. Jahrhunderts nahmen in verschiedenen Gewerbezweigen, vor allem in der Strumpfwirkerei, die Meister Kinder in so großer Anzahl auf, daß häufig (trotz aller Verbote) auf einen erwachsenen Arbeiter 10 Kinder und darüber kamen. Der Grund dieser Erscheinung lag darin,

---

[1]) Vgl. oben, S. 187ff.

daß die Meister für jedes Kind, das von ihnen in die Lehre genommen wurde und daher dem Kirchspiel nicht mehr zur Last fiel, von letzterem 5 Pfd. Sterl. ausgezahlt erhielten. Die Lage dieser Kinder war entsetzlich, sie waren dem Hungertode nahe. Häufig war in der Werkstätte für alle in ihr beschäftigten Kinder nur ein Rock vorhanden, den sie abwechselnd bei ihren Ausgängen trugen.

Solange die Industrie noch nicht fabrikmäßig organisiert war, arbeiteten die Kinder vorzüglich im Hause, in der Familie. Erst seit dem Übergang zur Benutzung mechanischer Kräfte waren sie gezwungen, die geschlossenen Werkstätten der Unternehmer aufzusuchen, wo die Arbeitsverhältnisse in sanitärer und moralischer Hinsicht womöglich noch schlimmer waren. Durch das Aufkommen der Maschinen wurde die Einträglichkeit und Verwendbarkeit der Kinderarbeit für den Fabrikanten noch gesteigert, er war infolgedessen in noch stärkerem Maße als früher bestrebt, von derselben Gebrauch zu machen. Oft konnten erwachsene Arbeiter durch Kinder ersetzt werden, für die Maschinenarbeit war ihre Kraft und Befähigung ausreichend. Dennoch muß hervorgehoben werden, daß die letzten Gründe für die Heranziehung der Frauen- und Kinderarbeit weit tiefer lagen, in den im 17. und 18. Jahrhundert herrschenden und für die damalige Gewerbepolitik bestimmenden Anschauungen wurzelten, wo man bestrebt war, das eine Ziel zu erreichen, die Förderung der Industrie und die Steigerung der Ausfuhr gewerblicher Erzeugnisse. Zu diesem Zwecke mußten die Produktionskosten möglichst verringert werden. Daher wurde vom Staate die Dauer der Arbeitszeit bestimmt, Maximallöhne festgesetzt, die Verwendung der Kinderarbeit gefördert, die ja billiger war als die Arbeit Erwachsener; außerdem wurden die Kinder vom zartesten Alter an an Arbeit gewöhnt.

Diese Grundsätze wurden auch nach dem Aufkommen des Fabriksystems am Ausgange des 18. Jahrhunderts beibehalten. Erst allmählich, seit dem Beginn des 19. Jahrhunderts, trat ein Wandel in den Ansichten ein. Man bekämpfte nun die Kinderarbeit als eine schädliche, für die physische und geistige Entwicklung künftiger Generationen gefahrbringende Erscheinung ebenso wie übermäßig lange Arbeitszeiten und andere die Gesundheit des Arbeiters gefährdende Arbeitsverhältnisse. Die Interessen des Arbeiters, der nunmehr als eine vollwertige Persönlichkeit betrachtet wurde, sollten über die Billigkeit der Warenproduktion gestellt werden, über das Bestreben, die in dem Wettbewerb mit der Landesindustrie eintretenden fremden Nationen aus dem Felde zu schlagen. Allmählich gesellte sich dazu auch die Erkenntnis, daß die billigste Arbeit durchaus nicht immer mit der vorteilhaftesten gleichbedeutend sei.

Es muß allerdings erwähnt werden, daß die ersten Ansätze zu dieser neuen Richtung sich bereits vor dem Aufkommen der Maschinerie kundgaben, als eine Auswirkung jener humanitären Lehren, die in der zweiten Hälfte des 18. Jahrhunderts immer mehr zum Bewußtsein einflußreicher Schichten der Öffentlichkeit kamen. Später spielte hierbei auch der Umstand mit, daß in dem Maße, wie die Technik sich vervollkommnete, die Verwendung der Kinderarbeit weit geringere Vorteile bot, als dies ehedem der Fall gewesen. Die komplizierten Maschinen erforderten erfahrene, sachkundige Arbeiter zu ihrer Bedienung. Die Ausbeutung, der die Kinder, namentlich die Pfarrlehrlinge, von seiten der Meister ausgesetzt waren, zu denen sie nach althergebrachter Sitte, wie dies seit dem 16. Jahrhundert üblich war, in die Lehre gegeben wurden, rief in weiten sozialen Schichten die Forderung einer staatlichen Einmischung in die Frage der Kinderarbeit hervor. Bereits 1747, also noch lange, ehe die maschinelle Betriebsweise in Anwendung gekommen war, wurde den Friedensrichtern die Befugnis eingeräumt, in Fällen, wo die Meister die ihnen überwiesenen Kirchspiellehrlinge schlecht behandeln sollten, ihnen dieselben zu entziehen. Ähnliche, nur erweiterte Bestimmungen wiederholen sich auch in den 1792 bzw. 1802 erlassenen Gesetzen. Von der Akte vom Jahre 1802 an wird der Beginn der Arbeiterschutzgesetzgebung datiert, obwohl sie eigentlich nur eine Fortsetzung der früheren Maßnahmen, den Schutz der Kirchspiellehrlinge betreffend, darstellt und, gleich den vorhergehenden Gesetzen, sich ausschließlich mit den Kirchspiellehrlingen befaßt. Bereits 1784, als in manchen Industriezentren, insbesonders unter den jugendlichen Arbeitern, eine Typhusepidemie ausgebrochen war, machte der von der Stadt Manchester mit der Untersuchung der Ursachen der Epidemie betraute Arzt Percival in seiner Eingabe an die Stadtverwaltung auf die gesundheitsschädlichen Arbeitsverhältnisse aufmerksam. Insbesondere betonte er die Notwendigkeit einer Verkürzung der Arbeitszeit für die Jugendlichen unter 14 Jahren sowie einer größeren Mittagspause und eines Elementarunterrichts für dieselben. Die Stadtverwaltung faßte denn auch einen Beschluß, für die als „Lehrlinge“ beschäftigten Pfarrkinder den Arbeitstag auf 10 Stunden zu beschränken. Hier ist eigentlich zum erstenmal eine Maximalarbeitszeit festgesetzt, was dann später in der Akte von 1802 wiederholt wurde. Derselben ging jedoch noch eine andere Akte voraus, die von 1792, welche die Kirchspielämter mit der Aufsicht über die Unternehmungen betraut, woselbst Kinder in der Lehre stehen und die noch 1747 ihnen erteilte Befugnis wiederholt, die Lehrlinge im Falle schlechter Behandlung anderwärts unterzubringen. Im Zusammenhang mit dieser Fürsorgetätigkeit in bezug auf die Pfarrlehrlinge, die durch Mißstände veranlaßt worden war, welche die Kirchspielbehörden und die die Kinder „in Pflege“ nehmenden Unternehmer sich zuschulden kommen ließen, steht auch die bekannte Akte von 1802. Sie beschränkt die Arbeitszeit der Kirchspiellehrlinge auf 12 Stunden (die Stadt Manchester hatte schon früher — wie wir gesehen haben — einen zehnstündigen Arbeitstag angenommen), verbot die Nachtarbeit für dieselben und verordnete, daß die „Lehrlinge“ im Lesen, Schreiben und Rechnen unterrichtet und mindestens zweimal jährlich mit Kleidung versorgt werden sollten.

Obwohl auch die Akte von 1802 sich ausschließlich auf die Kirchspiellehrlinge bezog, so war sie doch insofern von grundlegender Bedeutung, als sie im Unterschied zu den früher erlassenen Bestimmungen zum erstenmal ihre Arbeitszeit regelte. Dadurch wurde dieses Gesetz zum Ausgangspunkt für die spätere Fabrikgesetzgebung, die die Arbeitszeit der verschiedenen Kategorien von Fabrikarbeitern betraf. Auf das Gesetz von 1802 folgte das Gesetz von 1816, das wiederum ausschließlich für die Kirchspiellehrlinge Geltung besaß. Es mußten nunmehr jedesmal über den Unternehmer, zu dem die Kinder in die Lehre getan wurden, genaue Erkundigungen eingezogen werden. Auch durften sie nur in solchen Betrieben untergebracht werden, die nicht allzuweit von dem betreffenden Kirchspiel entfernt lagen. Es war nämlich die Erfahrung gemacht worden, daß die Kirchenräte die Kinder an moralisch minderwertige Personen überwiesen, auch an solche, die entfernte Bezirke bewohnten und nicht überwacht werden konnten. Zum erstenmal wird durch dieses Gesetz ein Mindestalter für die in die Lehre kommenden Kinder festgesetzt (die Akte von 1802 setzte nur die Arbeitsdauer fest), und zwar wurde es auf neun Jahre bestimmt.

Diese gesetzliche Bestimmung, das Aufnahmealter betreffend, wurde drei Jahre darauf (1819) auf alle in den Baumwollspinnereien arbeitenden Kinder ausgedehnt. Das Gesetz von 1819, das sich auf alle jugendlichen Arbeiter erstreckte, stand also ebenfalls in engem Zusammenhange mit der die Arbeitsverhältnisse der Pfarrlehrlinge regelnden Gesetzgebung. Der Übergang von den „Kirchspielkindern“, den Kindern der „Paupers“, zu den anderen jugendlichen Arbeitern war jedoch gar nicht leicht zu bewerkstelligen. Wohl gaben die mit der Aufsicht über die Arbeitsverhältnisse der Kinder betrauten Persönlichkeiten zu, daß die Arbeitsbedingungen in den Fabriken recht ungünstige wären, doch hielten sie es für unzulässig, in diese Verhältnisse einzugreifen, für die Abschaffung der herrschenden Mißstände einzutreten, insofern sie nicht die „Kirchspiellehrlinge“, sondern die „anderen“ Kinder betrafen. Während das Gesetz von 1802 keinen Widerspruch hervorgerufen hatte, da es nur eine Fortsetzung und Vollendung der staatlichen Maßnahmen zum Schutze der Pauperkinder darstellte, änderte sich dies, sobald die Frage einer wirksamen Einschränkung der Kinderarbeit im allgemeinen aufgeworfen wurde. Es brach ein erbitterter Kampf zwischen den Anhängern und den Gegnern der neuen Richtung aus; das Gesetz von 1819 bildete nun das Ergebnis eines Ausgleichs zwischen dem großen Robert Owen und den Fabrikunternehmern. Es erfaßt alle Kategorien jugendlicher Arbeiter. Den Kindern unter 9 Jahren wurde die Arbeit in den Baumwollspinnereien gänzlich untersagt. Die Jugendlichen unter 16 Jahren (durch Akte von 1831 unter 18 Jahren) fielen ebenfalls unter das Gesetz, die Arbeitszeit wurde für sie auf 12 Stunden beschränkt, das Verbot der Nachtarbeit auch auf sie ausgedehnt. Das Gesetz von 1819 beschränkte sich demnach nicht mehr auf die Kinder allein, sondern fand, darüber hinausgehend, auch auf andere Schichten der Arbeiterbevölkerung Anwendung und wurde damit zum Ausgangspunkt der bald einsetzenden Bewegung für den Zehnstundentag.

Anfang der dreißiger Jahre wurden vom Parlament Erhebungen (Enqueten) veranstaltet über die Arbeitsverhältnisse von Kindern und Jugendlichen in den Fabrikbetrieben. Eine von diesen Enqueten wurde unter der Leitung des Abgeordneten Sadler durchgeführt. Der auf Grund derselben dem Parlament vorgelegte Bericht, der ein erschreckendes Bild der Arbeitsverhältnisse enthüllte, trug jedoch, wie selbst Engels zugibt, einen ausgesprochen tendenziösen Charakter, war von Feinden des Fabriksystems abgefaßt worden. Nach Engels' Ansicht bringt Sadler in dieser Enquete durchaus falsche, unbegründete Ansichten zum Ausdruck. Auf diese erste Enquete folgte dann eine zweite, von den Fabrikbesitzern veranlaßte. Dieselben sahen nämlich ein, daß eine sachgemäße, die tatsächlichen Zustände unparteiisch beleuchtende Schilderung ihnen nunmehr, nachdem die erste

Enquete sie als Unmenschen und Ungeheuer dargestellt hatte, nur von Nutzen sein könnte; doch deckte auch die zweite, zu diesem Zwecke eingesetzte Kommission eine Reihe von Mißständen auf. Man wies darauf hin, daß eine zwölfstündige Arbeitszeit für Jugendliche jedenfalls zu lang sei, daß die Arbeit ohne Unterbrechungen vor sich gehe, bloß die kurze Mittagspause ausgenommen, während der auch die Maschinen geputzt werden müssen, daß durch Übermüdung Krankheiten hervorgerufen würden, daß die Behandlung der Kinder, wenn auch etwas milder als früher, doch auch jetzt eine harte sei. Die Folge davon war das Gesetz von 1833, das nicht nur die Baumwollspinnereien (wie die Akte von 1819), sondern auch alle anderen Zweige der Textilindustrie erfaßte und die Beschäftigung von Kindern unter 9 Jahren vollständig untersagte, die Arbeitszeit für Kinder im Alter von 9 bis 13 Jahren auf 8, diejenige für Jugendliche von 13 bis 18 Jahren auf 12 Stunden festsetzte. Die Nachtarbeit wurde für beide Gruppen verboten. Jugendliche im Alter von 9 bis 13 Jahren müssen wenigstens für die Dauer von 2 Stunden täglich zum Schulbesuch angehalten werden.

Das Jahr 1833 ist für die Geschichte des Arbeiterschutzes in England (Marx beginnt erst mit diesem Jahre seine Darstellung der Geschichte der englischen Fabrikgesetzgebung) nicht bloß deswegen von Bedeutung, weil es — wie gesagt — für die gesamte Textilindustrie Geltung besaß, sondern noch mehr aus dem Grunde, weil die Fabrikinspektion geschaffen worden war. Die Fabrikinspektoren traten an Stelle der früher tätigen, für die Aufsicht über die Durchführung des Arbeiterschutzes als untauglich erkannten Friedensrichter. Es wurde ihnen die Befugnis eingeräumt, die Betriebe jederzeit bei Tag und Nacht zu besuchen und diejenigen Besitzer, die sich Übertretungen der Schutzgesetzgebung zuschulden kommen lassen würden, zur Rechenschaft zu ziehen. Infolgedessen waren die Bestimmungen des Gesetzes von 1833 die ersten unter den zum Schutz der Arbeiter erlassenen, die nicht mehr bloß auf dem Papier blieben, wie dies vorher der Fall war, sondern auch wirklich berücksichtigt werden mußten. Nun wollten sich freilich die Unternehmer zunächst noch mit der Arbeiterschutzgesetzgebung keineswegs befreunden. Sie suchten die neuen Bestimmungen zu umgehen, die Aufsicht unmöglich zu machen. Sie führten z. B. die sog. „schichtweise" Beschäftigung der Jugendlichen ein: zwischen $5^1/_2$ Uhr früh und $8^1/_2$ Uhr abends, d. i. in den Stunden, die gesetzlich für den Anfang und den Schluß der Arbeit festgesetzt waren, wurden für Kinder und Jugendliche individuelle Arbeitszeiten eingeführt. Die einen unter ihnen mußten ihre Arbeit früher anfangen, die anderen später; es wurden große Pausen in der Arbeit gemacht, um sie dann von neuem aufzunehmen. Das Ergebnis dieses Systems war, daß die Kinder volle 15 Stunden (von $5^1/_2$ Uhr früh bis $8^1/_2$ Uhr abends) in den Werkstätten der Unternehmer zubringen mußten, ohne je bestimmt zu wissen, wann sie ihre Beschäftigung zu beginnen bzw. zu unterbrechen und wann wieder fortzusetzen und zu beendigen hätten. Die Fabrikinspektion aber war bei diesen komplizierten Berechnungen der Arbeitszeit für jeden einzelnen Jugendlichen nicht imstande, die Einhaltung der gesetzlich bestimmten Arbeitsdauer und fester Ruhepausen zu erzwingen.

Infolge dieser Mißstände wurde das Gesetz von 1844 erlassen, nach welchem als Anfangszeit für alle Kinder und Jugendliche jene Zeit zu gelten hatte, um welche auch nur ein Teil von ihnen die Arbeit begonnen hatte, so daß doch alle zu gleicher Zeit entlassen werden mußten. Außerdem wurde die Arbeitsdauer für Kinder von 8 bis 13 Jahren von 8 auf $6^1/_2$ Stunden herabgesetzt, endlich wurde zum erstenmal die Arbeit der erwachsenen Arbeiterinnen in Schutz genommen. Frauen im Alter von über 18 Jahren stellte man in jeder Beziehung den Jugendlichen gleich; ihre Arbeitszeit wurde auf 12 Stunden festgesetzt, mit den gleichen Pausen, die Nachtarbeit verboten usw. Es war hiermit ein bedeutender Fortschritt erreicht, eine neue Kategorie von Arbeitern in die Zahl derjenigen einbezogen worden, denen gesetzlicher Schutz gewährt war. Allmählich drang die Auffassung durch, daß auch die erwachsenen Arbeiter nicht ausschließlich auf ihre eigenen schwachen Kräfte verwiesen werden könnten. Ja, noch mehr, das Gesetz hatte auch die Einschränkung der Arbeitsdauer für die erwachsenen männlichen Arbeiter zur Folge, da sie gewöhnlich die Mitwirkung von Frauen, Jugendlichen und Kindern bei ihrer Arbeit nötig hatten. Infolge davon hatte sich von 1844—1847 im großen Ganzen der Zwölfstundentag tatsächlich eingebürgert, und zwar für alle Arbeiter in den von der Fabrikgesetzgebung erfaßten Betrieben. Von 1848 trat dann der Zehnstundentag in Kraft, der gleichfalls für alle Kategorien der Textilarbeiter zur Anwendung kam.

Doch erstreckten sich vorläufig noch sämtliche Bestimmungen nur auf die Textilindustrie, während in einer Reihe anderer Industriezweige, in denen nicht der Fabrikbetrieb, sondern die Hausindustrie herrschte (Spitzenklöppelei, Tonwarenerzeugung, Schwefelhölzerproduktion, Bäkkerei, Schmiedegewerbe, Putzmacherei, Strohflechterei) die denkbar ungünstigsten Arbeitsverhältnisse bestanden, es bedurfte offenbar gar nicht der Maschinen, um sie zu schaffen. Die Arbeitszeit betrug hier viel mehr als 12 Stunden, Nacht- und Sonntagsarbeit war üblich, die Kinder wurden vom zartesten Alter an beschäftigt, Siechtum und frühzeitiges Hinsterben waren die Folge davon. Seit den sechziger Jahren des 19. Jahrhunderts jedoch (1860—1864) ging die Arbeiterschutzgesetzgebung weit über die Sphäre der fabrikmäßigen Industrie hinaus, man hat sie auf die Arbeit von Kindern, Jugendlichen und Frauen in den handwerksmäßig und hausindustriell betriebenen Industriezweigen sowie auf den Bergbau ausgedehnt. In manchen unter diesen Gewerben wie in der Töpferei, der Spitzen-, der Tapetenerzeugung stieß sie freilich, wie Marx hervorhebt, anfangs auf lebhaften Widerstand von seiten der Unternehmer. Besonders heftig traten sie gegen die Arbeitspausen auf, die ihrer Ansicht nach den „natürlichen“ Produktionsverhältnissen widersprachen. Doch wurden sie durch die neue

Gesetzgebung in die Notwendigkeit versetzt, die neuen Errungenschaften der Gewerbetechnik sich anzueignen und schon dies allein übte einen wohltätigen Einfluß auf die Gesundheit der Arbeiter aus. Von großer Bedeutung war z. B. in dieser Hinsicht die Einführung neuer Ofenkonstruktionen in der Töpferei, wodurch eine Herabsetzung der hohen, die Gesundheit der Arbeiter schädigenden Temperatur bewirkt wurde. Ebenso erzwang die Fabrikakte von 1864 mit der Notwendigkeit, an Zeit zu sparen, die Einführung einer Eintauchungsmaschine in der Schwefelhölzerproduktion, so daß die giftigen Phosphordämpfe, die früher dem Arbeiter ins Gesicht stiegen, ihn nicht mehr erreichen konnten.

Den Höhepunkt der Arbeiterschutzgesetzgebung Englands bezeichnet die Akte von 1867, die den Arbeiterschutz auf die Montan- und die Maschinenbauindustrie ausdehnte sowie auch auf die Papierfabrikation und überhaupt auf alle Betriebe mit mindestens 50 Arbeitern. Hierdurch wurde ein neuer leitender Grundsatz aufgestellt, derjenige nämlich, daß jede Arbeit überhaupt, von welcher Art sie auch sein möge, geschützt werden müsse.

Natürlich traf die Durchführung aller dieser Maßnahmen auf heftigen Widerstand der Fabrikanten, auf deren Seite damals auch die Vertreter der Wissenschaft standen. Die staatliche Einmischung in das Arbeitsverhältnis, in den Arbeitsvertrag wurde als eine den Grundsatz der Vertragsfreiheit verletzendes Vorgehen betrachtet, denn dadurch würde — so führte man aus — die Freiheit des Arbeiters beeinträchtigt und demnach seine Interessen geschädigt. Der Arbeiterschutz wurde als eine Rückkehr zum staatlichen Bevormundungssystem in der Industrie bezeichnet, das in früheren Jahrhunderten geherrscht hatte. Dies war jedoch ganz unzutreffend, denn der Arbeiterschutz stellte etwas wesentlich Neues, seinem ganzen Wesen nach den früher herrschenden Verhältnissen Entgegengesetztes dar, bedeutete den Anbruch eines neuen Zeitalters für die arbeitenden Klassen. Von den im Interesse des Unternehmers erlassenen Gesetzen, die Maximallöhne festsetzten, die Arbeitszeit zu verlängern, das Abhängigkeitsverhältnis des Arbeiters vom Unternehmer zu verstärken suchten, ging England nach einer kurzen Periode, wo der Arbeiter ganz sich selbst überlassen war, wo rechtlich (nicht tatsächlich) der freie Arbeitsvertrag herrschte, zur Arbeiterschutzgesetzgebung über, die der Ausbeutung der Arbeit Schranken setzen sollte. Die Nationalökonomie vermochte damals den grundlegenden Unterschied zwischen diesem staatlichen Eingreifen in die Arbeitsverhältnisse und der Reglementierung früherer Jahrhunderte noch nicht zu erfassen und unterstützte nur dadurch die Unternehmer in ihrem erbitterten Kampfe gegen die Einschränkungen der „Freiheit der Arbeit“, gab ihnen erneuten Anlaß dazu, zu versichern, die neue Gesetzgebung würde die englische Industrie außerstand setzen, mit anderen Ländern zu konkurrieren, würde den Verlust der Absatzmärkte herbeiführen.

Mit der Entwicklung der Großindustrie wurde in England auch ein anderer Grundsatz, der lange geherrscht hatte, aufgegeben, die Idee der Unzulässigkeit der Arbeiterkoalitionen. Nicht erst mit dem Aufkommen der Maschinen, wie oft irrtümlich behauptet wird, sondern noch lange vorher waren zahlreiche Verbote gegen den Zusammenschluß von Arbeitern zum gemeinsamen Kampfe gegen die Arbeitgeber erlassen worden. Derartige Bestimmungen hatte man 1720 (die Schneiderverbände betreffend) erlassen, 1725 wurden die Wollenweber durch ein solches Verbot getroffen, 1744 wurde die Bildung von Arbeiterverbänden für eine Reihe von Gewerben, Textilgewerbe, Gerberei, Mützenmacherei,

Eisengewerbe, Kürschnerei verboten. Diese Verbote wurden wiederholt erneuert und definitiv im Gesetz von 1799 zusammengefaßt, dessen Veröffentlichung (wie in den einleitenden Sätzen ausgeführt wird) dadurch bewirkt worden war, daß Arbeiter sich zu ungesetzlichen Verbänden zusammengeschlossen hätten, um Lohnerhöhungen zu erzwingen, und daß die bereits bestehenden Gesetze sich als ungenügend zur Bekämpfung dieser „verbrecherischen" Handlungen erwiesen hätten. Strafbar waren sowohl diejenigen, die Lohnerhöhungen oder Verkürzungen der Arbeitszeit anstrebten, als auch diejenigen, die andere Arbeiter dazu verleiteten, keine Arbeit anzunehmen oder ihre Arbeit einzustellen. Es waren also nicht nur Streiks untersagt, sondern auch die bloße Forderung einer Lohnerhöhung oder einer Kürzung der Arbeitszeit für unzulässig erklärt.

Erst in den zwanziger Jahren des 19. Jahrhunderts gab sich eine Wandlung in dieser Beziehung kund; eine Bewegung zugunsten der Aufhebung des Koalitionsverbotes setzte ein. Durch die Akte von 1824 wurde die frühere Gesetzgebung, das Koalitionsrecht betreffend, aufgehoben und die Zugehörigkeit zu Arbeiterverbänden als nicht mehr strafbar erklärt. Strafbar war nur die Anwendung von Gewalt, von Drohungen oder Einschüchterungen zwecks Änderung der Arbeitsbedingungen. Dieses Gesetz wurde damit begründet, daß das Koalitionsverbot von den Arbeitern doch fortwährend übertreten würde und die Arbeiter dafür bestraft würden, während die Unternehmer solche Handlungen ungestraft vornähmen, sich ungehindert zu Verbänden zusammenschließen dürften, eine Ungleichheit, die nur Zwietracht und Haß bewirke.

Doch war kaum ein Jahr nach der Veröffentlichung dieses Gesetzes vergangen, als die Unternehmer, die sich auf die ihrer Behauptung nach durch dasselbe zahlreich hervorgerufenen Streiks beriefen, eine erhebliche Einschränkung des eben erst errungenen Koalitions- und Streikrechtes durchzusetzen wußten. Sowohl alle Abkommen unter den Arbeitern zwecks Arbeitseinstellung, als auch die Verleitung dritter Personen dazu, keine Arbeit anzunehmen, wurden als Verschwörungen und demnach als strafbar erklärt. Theoretisch war der Zusammenschluß der Arbeiter anerkannt, praktisch jedoch wurde die Möglichkeit, frei über ihre Arbeitskraft zu verfügen, als Verstoß gegen die Gewerbefreiheit unterdrückt. In dieser Lage befand sich die Frage der Koalitionsfreiheit bis 1871.

Obwohl demnach für die Arbeiter durch die Gesetze von 1824 (1825) noch wenig erreicht worden war, obwohl sowohl die Staatsgewalt, als auch die öffentliche Meinung den trade-unions (Gewerkvereinen) gegenüber noch lange ablehnend sich verhielt, bedeuten diese Gesetze doch, wie dies auch bei den ersten Fabrikgesetzen der Fall war, einen Wendepunkt in der Geschichte des englischen Koalitionsrechts, den Übergang zu einem grundsätzlich neuen System.

Anfangs waren die Streiks von Gewalttätigkeiten begleitet, sie trugen das Gepräge von Verschwörungen. Sie waren vornehmlich gegen die Einführung der Maschinen gerichtet, in denen die Arbeiter ihre Hauptfeinde erblickten. Doch waren diese Streiks in den weitaus meisten Fällen erfolglos, da sie infolge des Fehlens dauernder Vereinigungen (Gewerkvereine) und verfügbarer Geldmittel äußerst mangelhaft organisiert waren. Erst seit den fünfziger Jahren des 19. Jahrhunderts wurde die Erklärung der Streiks erst nach vorheriger genauer Prüfung der Produktionsverhältnisse und der jeweiligen Lage des Arbeitsmarktes beschlossen und dieselben in ruhiger, friedlicher Weise durchgeführt. Dieser Wandel muß mit dem Aufkommen ständiger Gewerkvereine in Zusammenhang gebracht werden, deren Tätigkeit vornehmlich in der Unterstützung streikender Arbeiter ihren Ausdruck fand. Die hauptsächlichen Forderungen der Streikenden hatten freilich noch keine Änderung erfahren. Sie liefen auf die Beschränkung der Arbeiterzahl hinaus, auf ein Verbot der Anwendung von Maschinen, auf die Rückkehr zur Bestimmung der Arbeitslöhne durch den Staat usw., alles Forderungen, die mit den neuen Produktionsverhältnissen in Widerspruch standen. Praktische Bedeutung erlangten die Gewerkvereine erst seit den vierziger Jahren; in früheren Jahrzehnten — besonders in den dreißiger Jahren — zerfielen die Verbände ebenso rasch, als sie entstanden waren. Als bedeutsame Daten in der Geschichte des „Trade-Unionismus" sind die Gründung des Gewerkvereins der Bergarbeiter 1844 mit einer größeren Mitgliederzahl, insbesonders aber die Gründung der vereinigten (amalgamated) Gewerkschaften der Maschinenbauer 1851 hervorzuheben; ihnen folgte die Bildung des Bauarbeiterverbandes. 1867 waren auf dem Kongreß der Trade-Unions 155000 Arbeiter vertreten, 4 Jahre später 280000.

Kapitel 30.

Die Fabrikindustrie und die Fabrikarbeiter in anderen Staaten.

Ganz andere Verhältnisse herrschten zu Ausgang des 18. und zu Anfang des 19. Jahrhunderts auf dem europäischen Festlande.[1]) Auch dort war bereits im Laufe des 18. Jahrhunderts das Bedürfnis nach Ersatz des Holzes als Feuerungsmittel durch Mineralfeuerung lebhaft fühlbar geworden. Bezeichnend hierfür sind das belgische Dekret von

[1]) Tarlé, Die Arbeiterklasse in Frankreich während der Revolution (russ.). Ders., Le Blocus continental et le royaume d'Italie (1928). Sée, La vie économique de la France de 1815 à 1848 (1927). Ders., L'évolution du commerce et de l'industrie en France pendant l'ancien régime (1925). Ch. Schmidt, Les débuts de l'industrie cotonnière en France 1760—1800 (Rev. d'hist. écon. 1913. 1914). Houdoy, La filature de cotton dans le nord de la France (1913). Ballot, L'introduction du machinisme dans l'industrie française (1923). Ders., L'introduction de la fonte du coke en France (Rev. d'hist. écon. 1912). Levasseur, Histoire des classes ouvrières et de l'industrie en France de 1789 à 1870. 2 éd. (1901). Sombart III. Geering, Wirtschaftsgeschichte der Schweiz (1912). Die oben S. 100ff. angeführten Schriften von Matschoß, Beck, Thun, Zimmermann, Herkner, Bein, König, Juckenburg, Rappard, Jenny-Trümpy, Künzle, Wartmann und meine beiden oben (S. 448) zit. Art.

1723, die in Frankreich ertönenden Klagen, das Verbot des Holzfällens in Preußen und verschiedenen anderen deutschen Staaten im 18. Jahrhundert. Noch mehr aber als in England wurde im 18. Jahrhundert der Gespinstmangel in den Hauptstätten der Textilindustrie des Festlandes empfunden, in Sachsen, im Elsaß, im Schweizer Kanton St. Gallen. Die Woll- und Leinengarnausfuhr war verboten, den Handwerkerfrauen, Höckerweibern, Soldaten war in Preußen das Spinnen anbefohlen worden. Alljährlich wurden Prämien an fleißige Spinner verteilt, ganze Spinnerkolonien wurden gegründet. In Arbeits-, Waisen- und Zuchthäusern führte man das Spinnen als Hauptbeschäftigung ein. Trotz alledem fehlte es an Gespinst, da infolge der technischen Rückständigkeit der Spinnerei zahlreiche Spinner erforderlich waren, um einen einzigen Weber mit dem nötigen Quantum Garn zu versehen.

Das Bedürfnis nach technischen Neuerungen war demnach auch hier nicht minder akut als in England; und doch erblickten die Maschinen das Licht der Welt nicht hier, sondern in England. Und selbst nachdem sie in England erstanden waren, fanden sie im übrigen Europa nur langsam Eingang. Diese beiden Tatsachen sind durch die Rückständigkeit des Kontinents auf dem Gebiete der gewerblichen Technik zu erklären. Es erschienen Autodidakten, Leute ohne technische Schulung, sog. „Künstler", die sich bereit erklärten, die bestehenden Mängel im Gewerbe abzustellen und Maschinen von mancherlei Art zu konstruieren. Soweit jedoch ihre Erfindungen nicht in das Bereich der Phantasie gehörten, sondern tatsächlich zur praktischen Verwendung geeignet erschienen, waren es bereits bekannte englische Maschinen, die von ihnen hergestellt wurden. Doch waren die Mechaniker auf dem Festlande oftmals nicht einmal imstande, die englischen Modelle zu verwerten und nach ihrem Muster neue Maschinen zu konstruieren, ja, sie erwiesen sich oft geradezu als unfähig, an den nach englischen Modellen hergestellten Maschinen die notwendigsten Reparaturen vorzunehmen. Es mußten daher aus England nicht nur die Modelle der neuerfundenen Maschinen, sondern auch diese selbst, wie Dampfmaschinen (Dampfkessel), mechanische Webstühle usw. eingeführt werden, auch Mechaniker zur Aufsicht über ihre Verwendung und zur Vornahme der etwaigen Reparaturen mußte man aus England kommen lassen. Es war dies jedoch eine recht schwierige Aufgabe, denn die englische Regierung hatte gegen die Ausfuhr der Maschinen strenge Verbote erlassen; auf die Auswanderung von Mechanikern und Industriearbeitern waren ebenfalls hohe Strafen angesetzt. Das Geheimnis der neuen Erfindungen sollte zum ausschließlichen Nutz und Frommen Englands gewahrt werden. Wie Tarlé hervorhebt, waren in Frankreich noch zur Zeit der Revolution die neuen englischen Erfindungen der weitaus größeren Zahl der Unternehmer unbekannt, obwohl die Industriellen, die englische Maschinen in Anwendung brachten, Subsidien von der Regierung erhielten und den Unternehmern von amtlicher Stelle aus öfters das Anerbieten gemacht wurde, ihnen auf Schleichwegen

Maschinen aus England zukommen zu lassen. Zur Zeit der Napoleonischen Kriege wandten sich die Unternehmer an die Regierung mit der Bitte, ihnen gefangene Engländer zu überweisen, die auch mit Französinnen verheiratet werden sollten, „um sie fester an das Land zu ketten“; es handelte sich hierbei nicht einmal um Mechaniker, sondern um gewöhnliche Arbeiter, deren Überlegenheit bloß darin bestand, daß sie in englischen Fabriken gearbeitet hatten.

Fügt man noch hinzu, daß in Deutschland nach 1815 als Nachwehen der Napoleonischen Kriege mit ihren Verlusten eine auffallende Kapitalarmut herrschte (Lamprecht), daß sowohl in Preußen wie in Frankreich nur langsam eine landlose Arbeiterklasse sich bildete, daß noch immer, wie dies in früheren Jahrhunderten der Fall war, ausschließliche Privilegien für einzelne Unternehmer bestanden, ja, daß in Süddeutschland auch die Zunftverfassung noch herrschte, so wird es wohl verständlich, daß die Verbreitung der Maschinentechnik auf dem Festlande nur langsam vor sich gehen konnte. Bis zur Mitte des 19. Jahrhunderts hatte die Dampfmaschine auf dem Kontinent nur geringe Verbreitung gefunden.

Während sie in England seit den achtziger Jahren des 18. Jahrhunderts in der Industrie aufgekommen war und man 1840 in den Fabriken ca. 5000 im Betrieb befindliche Dampfmotore zählte, wurde in Preußen, nachdem die erste Dampfmaschine 1788 eingeführt worden war, die zweite erst 1822 aufgestellt. 1837 waren in Preußen nur 300 Kraftmaschinen vorhanden, in den Jahren 1849—1851 gab es in den Fabriken Preußens 1100 Dampfmaschinen mit insgesamt 16000 Pferdekräften, in Ungarn 100, in Österreich 647 (mit insgesamt 8500 Pferdekräften), Belgien wies 1840 insgesamt in Landwirtschaft und Industrie ca. 1000 Dampfmotore (25000 Pferdekräfte) auf. In Paris kamen nach den Erhebungen von 1860 auf einen Betrieb kaum 4 Arbeiter, insgesamt waren hier nur etwas über 1000 Dampfmaschinen in Betrieb. Die Zählung von 1847 ergab für 63 Departements 2494 Dampfmotore; in Wirklichkeit soll es freilich mehr, ca. 5000 (mit 60000 Pferdekräften) gegeben haben, während 60 Jahre später ihre Zahl auf über 100000 (mit $2\frac{1}{2}$ Mill. Pferdekräften) gestiegen war. Andere Zahlen teilt Mulhall mit. Darnach gab es 1840 in der Welt bloß 830 feststehende Dampfmaschinen, wovon auf Großbritannien 350, auf das Kontinent Europas insgesamt nur 100 fallen. 1850 steigt die Anzahl der Dampfmaschinen auf 1360, Großbritannien zählt 500, das Festland bloß 220, die Vereinigten Staaten von Nordamerika dagegen 600.

In engstem Zusammenhang mit dem Fehlen von Kraftmaschinen stand die langsame Verbreitung auch der Arbeitsmaschinen, die durch Menschen- oder Pferdekraft angetrieben werden mußten. In England (mit Schottland zusammen) soll es um 1788 schon 142 Baumwollspinnereien gegeben haben mit 2 Mill. Spindeln. „Das Festland von Europa und Amerika — sagt Ure — besaß dagegen bis einige Zeit nach dem Frieden von 1814 Fabriken nur in so kleinem Maßstabe, daß sie überhaupt als Konkurrenten auf dem Weltmarkte nicht betrachtet werden konnten.“ Und zwar sind es vornehmlich das sächsische Voigtland und Erzgebirge, der Kanton St. Gallen und Oberelsaß (Departement du Haut-Rhin), welche zuerst mit der mechanischen Produktionsweise vorgehen, also dieselben Länder, welche vor Aufkommen der Maschinen, als die englische Baumwollindustrie noch wenig Bedeutung hatte, die eigentlichen Produktionszentren gebildet und den europäischen wie außereuropäischen Absatz besessen hatten. Hier wurden jene kleinen Fabriken begründet, von denen Ure spricht, und bis in die zwanziger Jahre kamen keine kräftigeren Betriebe auf.

Nach Sachsen kam ein gewisser Karl Friedrich Bernard, welcher zu Manchester eine eigene Spinnerei besessen und in Leipzig mit seinem Bruder einen Garnhandel betrieben hatte, und brachte Zeichnungen aus England, wonach er 1797 Spinnmaschinen bauen ließ. Alsdann wandte er sich an die Regierung mit dem Gesuche, ihm zur Anlage und zum Betriebe einer Mulegarnspinnerei mittelst neuer Maschinen eigener (?) Erfindung[1]) ein Privilegium exclusivum für ganz Sachsen zu erteilen. Es wurde ihm ein Privileg für die Dauer von 10 Jahren zugesprochen. Bernard errichtete eine Spinnerei in Harthau bei Chemnitz. Er ließ sich einen englischen Mechaniker namens Watson kommen, später auch einen englischen Spinnmeister, Evans, der auch im Spinnmaschinenbau wohlerfahren war. Unter ihrer Leitung befand sich sowohl die Spinnerei, als auch die Maschinenbauwerkstatt, in welcher die für die Fabrik nötigen Mulemaschinen konstruiert wurden. Fast gleichzeitig (1799) erhielt der Kaufmann Wöhler zu Chemnitz, welcher den englischen Maschinenbauer William Whitfield aus Halifax heranzog, um den Bau und die Leitung einer Maschinenspinnerei und die Konstruktion der Watermaschinen zu übernehmen, ebenfalls ein Privilegium exclusivum für 10 Jahre, jedoch um den früheren Konzessionär nicht zu beeinträchtigen, für die Spinnerei von Water Twist. In den folgenden Jahren wurden den beiden sächsischen Fabrikanten wiederholt Zuschüsse gegen eine Verzinsung von 2% von der Regierung genehmigt (Wöhler erhielt 15000 Taler, Bernard 30000), den Maschinenbauern und Spinnmeistern, die sie aus England kommen ließen, Gehälter, Prämien und Pensionen aus den Staatskassen gezahlt. Die ersten sächsischen Fabrikanten befanden sich also in einer noch vorteilhafteren Lage als die englischen Maschinenspinner. Abgesehen davon, daß sie für die Anwendung der neuen (englischen) Erfindungen auch nicht einen Heller zu zahlen hatten, wurden ja, wie wir sehen, auch die Techniker, die für Maschinenbau und Reparaturen aus England gekommen waren, auf Staatskosten erhalten. Und während andrerseits die Engländer sich mit dem faktischen Monopol begnügten, das der wenig verbreitete Maschinenbetrieb ihnen verschaffte, wollten die sächsischen Spinner noch dazu ein künstliches haben. Die Regierung willfahrte ihnen, ging man doch damals von dem Grundsatze aus, daß ein Privileg nicht demjenigen, der die neue Erfindung geschaffen, sondern demjenigen, der sie zuerst in die Produktion einführte, zu erteilen sei.

Das gleiche können wir auch in der Schweiz beobachten. Auch in St. Gallen bildete sich um 1800 eine Aktiengesellschaft, welche Maschinen aus England kommen ließ und zuerst im Zucht- und Waisenhaus, dann in einem leerstehenden Klostergebäude eine mechanische Baumwollspinnerei errichtete. Außer der unentgeltlichen Benutzung der (Kloster-)Gebäude erhielt auch hier die Gesellschaft ein Privilegium exclusivum für die Dauer von 7 Jahren.

Erst nach Ablauf der Privilegien konnten weitere Fabriken aufkommen. Jedoch gab es in St. Gallen auch um 1810 bloß 5 Spinnereien, und zwar waren dies noch kleinere Betriebe, als die zuerst gegründete Aktienspinnerei. Zwischen 1815 und 1825 vergrößerte sich ihre Anzahl, doch waren sie alle nur mangelhaft ausgerüstet und betrieben, als Anhängsel von Mühlen oder auf verfügbaren Dachböden eingerichtet. In Sachsen wurde, nach Erlöschen des Privilegs, die Errichtung von Spinnereien durch Prämien begünstigt, welche die sächsische Staatsprämienkasse

---

[1]) Es ist den sächsischen Mechanikern nicht gelungen, eine eigene Erfindung zu machen. Was sie zustande gebracht haben, sind Nachahmungen englischer Maschinen gewesen: 1786 der Jennymaschine, 1799 der Mulemaschine, 1800 der Watermaschine. Die Konstruktion der beiden letzteren gelang erst unter der Oberleitung von Männern englischer Nationalität (König, Baumwollind. in Sachsen, S. 88).

1807 bis 1810 für jede in Gang gesetzte Feinspindel gewährte. In dieser Zeit erwarben sich mehrere Spinnereibesitzer wie Gössel, Kauz, Schmidt in Plauen bedeutende Vermögen. Trotzdem brachte die Aufhebung der Kontinentalsperre die sächsische ebenso wie die schweizerische Spinnerei in eine schwierige Lage. Ungeheuere Massen von Gespinsten, unter weit günstigeren Bedingungen angefertigt, ergossen sich nun über die wiedergeöffneten Kontinentalstaaten und wurden zu spottbilligen Preisen auf den Markt geworfen. Wohin sich die Spinner auch wenden mochten, überall waren die Lager mit englischen Baumwollwaren gefüllt.

Auch die elsässische Industrie hatte darunter zu leiden. 1803 war hier die erste Maschinenspinnerei gebaut worden. Während der Kontinentalsperre kamen noch einige Fabriken auf. Schon früher erklärten die französischen Unternehmer den Vorzug, den die französischen Konsumenten den englischen Waren gaben, damit, daß der Konsument an Anglomanie leide, der französische Kaufmann aber, dem es an Patriotismus mangle, durch die schnöde Aussicht auf zeitlichen Gewinn sich leiten lasse. Sie vergaßen freilich, die Billigkeit und bessere Qualität der englischen Waren zu erwähnen. Auch während der Kontinentalsperre gelangten nach Frankreich englische Waren in größeren Mengen. Der Schleichhandel hatte den Umfang und das Gepräge eines regelmäßigen Handels angenommen. Es waren zahlreiche Versicherungsgesellschaften entstanden, die nicht nur für die Beförderung der Ware über die französische Grenze, sondern auch für ihre Ablieferung die Verantwortung übernahmen. Nach dem Falle der Kontinentalsperre wurde das Land erst recht mit englischen Waren überflutet und die ganze industrielle Tätigkeit lahmgelegt. „Eine wahre Sturmflut britischer Erzeugnisse wälzte sich gegen die Industrien heran, die hinter den schützenden Mauern der Kontinentalsperre ihre Produktionsstätten errichtet hatten.“ „Für bedruckte Tücher, die vordem mit 4 bis 5 Frcs. per Elle verkauft worden waren, löste man nun kaum 65 bis 75 Centimes!“ Der gewaltige Preissturz war zweifelsohne durch die Überproduktion in England verursacht, wo trotz eines gutorganisierten Schleichhandels sich eine große Warenmasse angehäuft hatte und nun mit allen Mitteln abgesetzt werden mußte. Jedoch auch bei höheren Preisen konnte das Festland nicht mehr mit Gewinn produzieren, wenn es die Betriebsweise nicht änderte. Es gab nur einen Ausweg, den Übergang zur mechanischen Produktionsweise. Nur in der Verdrängung des Handgespinstes durch Anlage großer Fabrikbetriebe konnte Rettung gefunden werden. Und dieser Weg wurde in den zwanziger Jahren eingeschlagen; noch mehr wird nach diesem Ziele in den dreißiger Jahren hingearbeitet.

In Frankreich gab es um 1790, nach dem Bericht von Tolosan, erst 900 Jennies, während England damals schon 20000 zählte, ungerechnet die 7 bis 8000 Watermaschinen von Arkwright; und zwar waren die Jennies in hausindustriellen Betrieben, teilweise auf dem Lande, aufgestellt. Freilich kamen 1786—1806 auch einzelne Großbetriebe auf, wo auch die Waterframe, in einigen Fällen selbst die Mulejennies in Anwendung waren. Die Unternehmer erwarben für Spottpreise die bei der Säkularisation der geistlichen Ländereien verlassenen Klostergebäude, erhielten Prämien, Zuschüsse und zinslose Darlehen, beschäftigten mit Vorliebe Waisen- und Findelkinder, wie sie das ja auch früher zu tun pflegten. Auch Greise, Schwachsinnige, sogar Blinde wurden zur Arbeit (z. B. bei Milne) herangezogen. Nur die Herbeischaffung der Maschinen aus England machte Schwierigkeiten. Lecler, Martin, Albert, Bauwens unternahmen Reisen nach England, die mit großen Gefahren verknüpft waren. Sie wurden nicht selten bei dem Versuch, Maschinen und Arbeiter aus dem Lande zu führen, ertappt und festgenommen oder nachträglich, nachdem sie glücklich entkommen waren, zu schweren Strafen verurteilt. Der Übergang zur Maschinenspinnerei wurde auch hier durch das feindselige Verhalten der Arbeiter der neuen Technik gegenüber aufgehalten, auf deren Seite auch die öffentliche Meinung stand. Bis zur Aufhebung der Kontinentalsperre gab es Maschinenspinnereien nur in einigen Gegenden Frankreichs, die Baumwollfabriken waren namentlich in mehreren Großstädten und ihrer Umgebung konzentriert; neben Paris und Lyon waren es vorzüglich Mülhausen im Elsaß und einige Städte Nordfrankreichs, wie Rouen, Amiens, St. Quentin. Doch auch in diesen Gebieten war die Maschinenspinnerei noch keineswegs vorherrschend, selbst im Elsaß wurden drei Viertel der Baumwolle mittelst Spinnrad produziert. Die Fabriken selber waren meist unansehnliche Betriebe, insbesonders auf dem Lande findet man kleine Spinnereien, die mit Jennymaschinen arbeiteten.

Erst seit den zwanziger und dreißiger Jahren bricht sich der fabrikmäßige Großbetrieb in der französischen Baumwollspinnerei Bahn, und die hausindustrielle Produktion, insbesondere die Spinnerei auf dem Lande, wird fast vollständig verdrängt. Es kommen neue Fabrikzentren auf; besonders große Fortschritte macht die Großindustrie im Oberelsaß, wo man Jahr für Jahr immer feinere Nummern zu verspinnen beginnt. Freilich stand auch jetzt noch Frankreich England bedeutend nach. Während man um 1847—1850 in der Baumwollindustrie Großbritanniens und Irlands ca. 14,5 Mill. Spindeln zählte, erreichte ihre Anzahl in Frankreich kaum 3,5 Mill.; nach anderen Angaben soll sie freilich allein im Elsaß 1834—1844 von 2,5 auf 3,5 Mill. emporgestiegen sein.

Der Zollverein wies um diese Zeit erst 1 Mill. Spindeln auf. Den ersten Platz nahm hier die Baumwollindustrie Sachsens ein, während Preußen noch in den vierziger Jahren fast keine eigene Spinnerei besaß und fremden Imports bedurfte. Das Garn wurde aus Sachsen und aus der Schweiz eingeführt. In Gladbach am Niederrhein, einem wichtigen Industriezentrum, wurde die erste mechanische Baumwollspinnerei 1845 eingerichtet.

Der mechanische Webstuhl ist ungefähr um dieselbe Zeit erfunden, wie die Spinnmaschine. Doch wurde er — wie oben gezeigt — selbst in England erst seit 1813 mehr angewandt; seit 1820 erfreute er sich einer größeren Aufnahme, obwohl noch 1830 etwa 250000 Handstühle gegen 50- bis 80000 Kraftstühle standen und die Fabrikanten noch damals der Ansicht waren, daß der Handstuhl, insbesondere für Mustergewebe, nie durch den Kraftstuhl werde ersetzt werden können, vielmehr die Zahl der Hausweber dauernd wachsen müsse. „Die ersten Besitzer von Kraftstühlen — sagt Schulze-Gävernitz — machten ähnlich den ersten Spinnern riesige Gewinne; mit dem Allgemeinwerden der mechanischen Weberei gingen Preise wie Gewinne schnell herab.“ Auf dem Kontinent gelang es der Maschine erst in den sechziger Jahren, die Handweberei zu verdrängen. „Über die schweizerische Baumwollweberei — lesen wir bei Wartmann — brach durch die Erfindung des mechanischen Webstuhls in England Anfang der dreißiger Jahre eine ähnliche Krise herein, wie früher über die Handspinnerei durch die Erfindung der Spinnmaschine. Unaufhaltsam nahm seit Ende der zwanziger Jahre die Einfuhr wohlfeiler, weit gleichmäßiger gewobener, glatter Baumwolltücher zu, welche gleichzeitig das schweizerische Fabrikat von den auswärtigen Märkten verdrängten. Diese Tücher waren das Produkt des neuen mechanischen englischen Webstuhls. Immer dringender empfand man dessen Einführung als absolute Notwendigkeit, wenn man nicht den wichtigen Stapelartikel ganz verlieren wollte.“

Doch kamen die mechanischen Webereien sehr langsam auf. Im Kanton St. Gallen entstanden zwar in den dreißiger und vierziger Jahren die ersten mechanischen Baumwollwebereien, doch wurden dieselben bald aufgegeben und erst seit 1853 verbreitete sich allmählich der Kraftstuhl, ein gutes Jahrzehnt bis zu seiner Einbürgerung in Anspruch nehmend. Um die Mitte des Jahrhunderts gab es in der Schweiz nicht über 3000 mechanische Webstühle. Im Voigtland wurde die erste Weberei 1861 begründet, in anderen Teilen Sachsens um 1847—1850, in Gladbach um 1856 (damals gab es an letzterem Orte 300 Webstühle), wie ja Preußen überhaupt 1861 erst 7000 Kraftstühle für Baumwolle besaß, während in England 1820 zwar auch nur das Doppelte davon, 1835 aber schon 116000 vorhanden waren. In Frankreich kommen die Webereifabriken erst seit 1825 auf; 1834 zählte man bloß 5000 Kraftstühle und sogar im Oberelsaß erreichte die Anzahl derselben 1846 kaum die Menge der im Betrieb befindlichen Handstühle. Noch in den vierziger Jahren herrschte der Betrieb in zahlreichen kleinen Werkstätten auf dem Lande vor, die dunkel und feucht waren und nur Handstühle besaßen. In Holland sind erst in den fünfziger Jahren 2000 mechanische Webstühle aufgestellt worden. In Österreich finden wir selbst zu Anfang der sechziger Jahre bloß 15000 Kraftstühle, d. i. soviel wie in England um 1820; das herrschende Betriebssystem bildete auch hier noch der hausindustrielle Verlag, dessen Arbeiter neben der Hauptbeschäftigung mit Landwirtschaft sich auch mit der Weberei befaßten.

Auf die Baumwollfabrikation folgen die anderen Zweige der Textilindustrie, das Wollen-, Leinen- und Seidengewerbe, wobei auch hier die Spinnerei gegenüber der Weberei stets die ältere ist. Bei ihr hat der Übergang zur maschinellen Produktionsweise zuerst begonnen, bei ihr hat er sich auch früher vollzogen. Nur werden dieselben Spinnmaschinen und Kraftstühle in der Wollfabrikation und in der Leinenindustrie später als im Baumwollengewerbe angewandt, in der Wollenindustrie später als in der Baumwollenbranche, im Leinengewerbe später als bei Bearbeitung der Wolle. Daher wird auch der ganze Entwicklungsprozeß in diesen Industrien in viel spätere Zeitperioden gerückt.

Erst um 1815 finden nämlich die Spinnmaschinen mehr Eingang in der englischen Wollindustrie, zwischen 1825 und 1835 die Cartwrightschen Kraftstühle. Für das Festland hat der Engländer William Cockerill ohne Zweifel Bedeutendes geleistet, der englische Spinnmaschinen auf den Kontinent brachte und zuerst 1798 in Verviers in Belgien, später 1806 in Düren am Rhein, endlich auch in der Niederlausitz, in Guben und Grünberg 1816 mechanische Wollspinnereien begründete. In England wurde er dafür bürgerlich tot erklärt und ein Preis auf seinen Kopf gesetzt. Trotzdem sollten noch viele Jahrzehnte verstreichen, ehe andere seinem Beispiele folgten. In der Niederlausitzer Wollspinnerei gab es auch 1840 bloß zwei Betriebe mit 4000 Spindeln und wurde erst in den vierziger Jahren die Jenny-Feinspinnmaschine eingeführt, noch später die Cromptonsche Mulejenny. Dieselbe Lausitzer Tuchindustrie zählte 1852 einen mechanischen Webstuhl, 1858 37 Stühle, selbst 1870 nur 525. Auch am Niederrhein, in Aachen und Burtscheid, stellte Cockerill seit 1821 englische Spinnmaschinen auf und siedelte 1833 selbst nach Aachen über. In den vierziger Jahren kamen hier die Mulejennies in den Spinnereien auf; dagegen begann die dortige Handweberei erst seit den fünfziger Jahren allmählich, vorzüglich in den glatten Stoffen, von der mechanischen verdrängt zu werden. Sie hat sich jedoch für die gemusterten Stoffe auch später erhalten, und die Gewerbezählung von 1875 ergab im Regierungsbezirk Aachen noch 2910 Handstühle ohne und 2420 Handstühle mit Jacquard, wie ja auch das Zollvereinsbureau 1861 für den ganzen Zollverein nur 6000 Maschinenstühle zählte unter 78000 Webstühlen für Wolle überhaupt.

In Frankreich wurden die ersten Spinnmaschinen in der Wollindustrie noch zur Zeit der Kontinentalsperre aufgestellt, doch waren dies nur Ausnahmen, in der überwiegenden Mehrzahl der Fälle wurde Wolle von Frauen und Kindern auf dem Lande versponnen. Erst ganz allmählich trat dann eine Änderung ein, nämlich in den dreißiger und vierziger Jahren; in der Wollweberei fand die Maschine erst nach 1850 in größerem Maße Anwendung.

Um 1830 gab es in Schlesien, einem wichtigen Zentrum der Leinenindustrie, nur eine mechanische Flachsspinnerei, 1852 10 Spinnereien, in der Hauptsache wurde auch jetzt noch mit der Hand gesponnen. Und während England 1861 140 Leinenfabriken mit 12000 Webstühlen besaß, zählte Preußen 1861 258, der Zollverein 350 Kraftstühle, auch die Schweiz (3 Fabriken) und Österreich hatten damals nur wenige Leinenfabriken. In Frankreich dagegen machte seit 1834 die mechanische Leinenspinnerei bedeutende Fortschritte und in den 50er Jahren folgte ihr auch die Weberei.

Während in England seit Anfang des 19. Jahrhunderts die Roheisen- und Stahlproduktion mittelst Steinkohlen zur Herrschaft gelangt war, war in Frankreich nicht bloß zur Zeit der Aufhebung der Kontinentalsperre, sondern auch noch viel später fast nur Holzkohle in Gebrauch. Zu Saint-Etienne z. B. gab es 1830 bloß 29 Kokshochöfen unter 408, 10 Jahre später 41 unter 462; erst in den vierziger und insbesondere in den fünfziger Jahren wird die Holzkohle durch Mineralfeuerung verdrängt. Um 1864 feiert diese ihren Triumph: Drei Viertel aller Hochöfen werden nun mit Koks gespeist, bloß die waldigen Gegenden bleiben beim alten Verfahren. Früher scheint die Umwälzung sich in der deutschen Eisenindustrie vollzogen zu haben. In Oberschlesien, wo bereits seit der Mitte des 18. Jahrhunderts große Unternehmungen dieser Branche vorhanden waren, wurde in den dreißiger Jahren, als schottisches Eisen auch hierher massenhaft eindrang, mit Hilfe englischer Ingenieure und nach englischem Muster ein großes Hochofen-, Puddel- und Walzwerk erbaut, dem bald auch andere folgten. Seit den vierziger Jahren traten auch die rheinischen und westfälischen Hüttenwerke mit dem Roheisen und großen Puddlingsblechen der englischen Konkurrenz erfolgreich entgegen.

In Deutschland hatte sich bis in die dreißiger und sogar vierziger Jahre das Handwerk[1]) in seiner ehemaligen Art und Ausdehnung[2]) fast vollständig erhalten. Noch bis zu dieser Zeit war selbst die Eigenproduktion im Hause verbreitet, und der Handwerker wurde nur aushilfs-

---

[1]) Schmoller, Zur Gesch. der deutschen Kleingewerbe (1870). Sombart, Der mod. Kapitalismus. 1. Aufl. I. (1902). Hoffmann, Die Befugnis zum Gewerbebetrieb (1841). Kiesselbach, Drei Generationen. Deut. Viert. 1860. Rehlen, Gesch. der Handwerke und Gewerbe 2. Aufl. (1856). Wiedfeldt, Statistische Studien zur Geschichte der Berliner Industrie (1896). Mendelson, Die Stellung des Handwerks in den hauptsächlichsten der ehemals zünftigen Gewerbe. (1899. Conrads Abhandl. XXII.)

[2]) Es handelt sich um jene Gewerbe, in denen im 17.—18. Jahrh. das Handwerk (im Gegensatz zu Hausindustrie und Manufaktur) eine herrschende Stellung besessen hatte. (S. oben S. 138.)

weise zu manchen Arbeiten zugezogen. Er hatte nur das Handwerkzeug und einige Hilfsstoffe zu liefern und seine Arbeit unter Aufsicht der Hausfrau zu verrichten. Oder es wurde ihm der Rohstoff gegen Lohn zur Verarbeitung übergeben, er arbeitete in eigener Werkstatt auf Bestellung. In manchen Gewerben endlich gehörte ihm auch das Rohmaterial, aber größere Vorräte an Rohstoffen brauchte er auch in diesen Fällen nicht zu halten, noch weniger an fertigen Waren. Daneben hielten auch manche Handwerker ein Warenlager zum Verkauf, sie mieteten sich einen Laden, in dem auf Vorrat gearbeitete Waren ausgestellt wurden, aber groß war das Lager nicht. Endlich kamen hier und da wohl einzelne Läden vor, in den von hausindustriellen Meistern hergestellte Waren feilgehalten wurden, das waren Ausnahmen, die die Herrschaft der handwerksmäßigen Bedarfsbefriedigung nicht durchbrechen konnten, vielmehr dieselbe um so mehr hervortreten ließen.

So war die Spindel noch immer das Symbol der Hausfrau, selbstgesponnenes Linnen zu tragen war Ehre und Stolz. Bloß das fertige Garn wurde dem Weber überliefert, der die Leinwand zu fertigen hatte, für die Bleiche sorgte wieder die Hausfrau. Aber nicht nur an Leinwand, auch an Tuch hielt man eigene sorgfältig bereitete oder gewählte Vorräte. Das Weißzeug, die Kleider, die Beschuhung wurden öfters im Hause gefertigt, der Schneider, der Schuster kam dazu als technischer Gehilfe. Insbesondere wurde die Anfertigung der Frauenkleidung im Rahmen der Familienwirtschaft unter Zuhilfenahme einer Schneiderin besorgt. Die Verfertigung der Herrenkleidung erfolgte dagegen in der Weise, daß der Konsument den Stoff und die Zutaten beim Manufakturwarenhändler ankaufte, um sie dann zum Schneider zu bringen, bei dem das zu fertigende Kleidungsstück bestellt wurde. Nur sehr wenige der wohlhabendsten Schneider in verkehrsreichen Städten hielten, nach Hoffmann, Vorräte von fertigen Kleidern oder Lager von Zeugen zur Auswahl für ihre Kunden. Auch der Schuhmacher, der meist auch Gerber war, lieferte Maßarbeit aus den von ihm hergerichteten Fellen. Es gab auch Schuhmacher, die in besonderen Geschäftslokalen außerhalb der Wohnung ihre Ware absetzten. Das taten auch manche Hutmacher. Doch hier wie dort war die Betriebsform auch jetzt noch Handwerk. Auch in manchen anderen Gewerben lebte das Handwerk meist noch ungeschmälert fort. Der Tischler wurde beauftragt, Stühle und Tische, Bettstellen und Schränke nach Maß und Vorschrift zu fertigen, während der Tapezierer unter dem Auge der Hausfrau die Füllung der Bettstücke, der Matratzen und Sofas vorzunehmen hatte. Da die Reinigung der Wäsche im Hause besorgt wurde und für den Winter Vorräte an Würsten, Sauerkraut, Wein usw. gemacht wurden, so wurde nicht bloß der Fleischer, Küfer, auch Bäcker (dem die Brotlaibe zum Backen gebracht wurden) hinzugezogen, sondern auch der Klempner hatte Eimer, Schüsseln, Bleidosen und andere Wirtschaftsutensilien (auch Lampen), der Böttcher hölzerne Badewannen, Waschfässer, Kannen, auch Eimer zu liefern. Der Drechsler produzierte Spinnrocken und Spulräder, Haspeln, Tabakpfeifen, Perückenstöcke, Tafelaufsätze, der Seiler Stricke, Bindfäden, Netze, Seile, der Sattler Sattel und Geschirre, mit dem Stellmacher, Schmied und Lackierer zusammen den Reisewagen und die Kutsche, obwohl daneben auch größere Etablissements zum Wagenbau (Manufakturen) vorhanden waren. Beim Hausbau wurden vom Bauherrn zahlreiche selbständige Handwerker beschäftigt, Maurer und Zimmerer, Dachdecker und Maler, Tischler und Schlosser usw.

Seit den vierziger Jahren trat nun darin eine bedeutende Änderung ein. In den alten handwerksmäßig ausgeübten Gewerben kam der Großbetrieb in Form der Manufakturen, teilweise auch der Fabriken auf, vor allem aber städtische Magazine, welche Möbel, Gerätschaften,

Kleider, Schuhe, Modewaren, Wäsche, Hüte, Handschuhe, auch Fleisch- und Delikatessenwaren in großer Auswahl auf Lager hielten und mit ihren kolossalen Schaufenstern und glänzender Ausstattung, gut geleiteter Reklame, gewandtem Eingehen auf die Wünsche des Publikums Städter wie Landbewohner anzuziehen wußten. Die hausgewerbliche Produktion wurde durch die Läden verdrängt. Man hatte sie nicht mehr nötig, da man ja alles in Handlungen aller Art fertig kaufen konnte. Auch das Waschen im Hause, die Besorgung der Wintervorräte, kam außer Übung. Das alles bedeutete eine große Gefahr für den Handwerker, die Verringerung des Bedarfs an zahlreichen von ihm früher hergestellten Waren einerseits, die Umwandlung des selbständigen Handwerkers in einen für das Magazin arbeitenden abhängigen Heimarbeiter.

So wurde das Produktionsgebiet einer Reihe von Handwerkern, des Drechslers, des Böttchers, des Klempners, des Seilers bedeutend eingeschränkt, da die Eimer, Schüsseln, Badewannen, Fässer und Krüge aus Holz und Weißblech teilweise überhaupt nicht mehr benötigt, teilweise durch Haus- und Küchenutensilien, Lampen usw. aus Zink, Kupfer, Messing, Email, Bronze, Porzellan ersetzt wurden, da ferner im Hause nicht mehr gesponnen und keine Perücken mehr getragen wurden, statt der Stricke Ketten und Drahtseile in Verwendung kamen, auch Tabakspfeifen nicht mehr benutzt wurden. Die Eisenbahn verdrängte den Reisewagen, führte auch zur Abnahme des Bedarfs an Sätteln und Geschirren, worunter eine Reihe von Handwerkern, insbesondere der Sattler zu leiden hatte. Daneben kamen seit den vierziger Jahren Seilmaschinen und Seilfabriken auf (1849 7 Fabriken mit durchschnittlich 31 Arbeitern), und schon am Ende der sechziger Jahre waren sehr viele der sog. Seilermeister nur noch Detailhändler, die Seilerwaren in der Regel zusammen mit Schnaps, mit Salzgurken, teilweise auch mit Kolonialwaren verkauften. Dem Klempner machten auch die Lampenfabriken Konkurrenz, die in den fünfziger und sechziger Jahren für interlokalen und internationalen Absatz produzierten. Und wenn Brennereien und Brauereien, Zucker- und Ölindustrie hölzerne Fässer auch jetzt noch, und zwar in erhöhtem Maße gebrauchten, so mußte dies doch die Selbständigkeit des Böttchermeisters schmälern und schließlich zur Eingliederung seiner Werkstätte in die betreffenden Fabriken führen.

Der Bekleidung und verwandter Waren (Hüte, Handschuhe, Krawatten, künstliche Blumen), sowie der Schuhwaren hat sich das neu aufgekommene Magazin bemächtigt, das nun die früheren Handwerker für sich arbeiten ließ. Es waren vor allem Frauen, welche in der neu aufgekommenen Konfektionsindustrie beschäftigt wurden, sie fertigten Damen- und Herrenkleider, arbeiteten für Weißwaren-, Handschuh-, Modewarengeschäfte, fertigten Hüte, künstliche Blumen usw. an. Häufig sind frühere Tuchmagazine durch Annahme eines Zuschneiders und einer Anzahl Schneidergesellen zu Kleidermagazinen geworden. 1842 war das erste Geschäft in Berlin, das hauptsächlich Damenmäntel, -wäsche, sowie Modewaren aller Art führte, gegründet worden, was damals großes Aufsehen erregte. Zehn Jahre später arbeiteten für dieses Geschäft in der Werkstatt 120 bis 140 Arbeiterinnen und 150 Meister mit je 10 Gesellen außer dem Hause. Zu Ende der vierziger Jahre kauften jedoch auch in Schlesien bereits ganze Klassen der Gesellschaft ihre Kleider in den Kleiderhandlungen, um 1850 kommen die ersten Konfektionsgeschäfte in München auf. In der Schuhmacherei gab es seit den vierziger Jahren verarmte Meister, welche nicht die Mittel besaßen, Leder zu kaufen und deshalb für die Magazine arbeiten mußten, die ihnen den Stoff lieferten. Zu Ende der vierziger Jahre kamen auch in Erfurt, Mainz, Frankfurt a. M. und anderwärts Leder- und Schuhfabriken auf, welche die aus Amerika importierten Maschinen anzuwenden begannen. Doch handelte es sich vorläufig bloß um einzelne Arten von Maschinen, während die meisten derselben selbst um 1870 in der deutschen Schuhmacherei noch kaum bekannt waren.

Während demnach das Handwerk in zahlreichen Gewerben seine frühere Stellung verliert, gewinnt die Hausindustrie zusehends an Spielraum. Was ihr durch den Übergang der Spinnerei, teilweise auch der Weberei, der Erzeugung von Geräten und anderen Eisenwaren zur fabrikmäßigen Produktionsweise entzogen worden war, konnte durch das Aufkommen neuer, vornehmlich städtischer (insbesondere die Konfektion) Zweige der Hausindustrie wieder wettgemacht werden. Zu den früheren Hausindustrien, wie Spielwarenfabrikation, Bürstenbinderei, Holzschnitzerei, Kleineisenindustrie, Produktion von Strohwaren, Stickereien, Uhren kamen nun auch die genannten neuen Gewerbe hinzu, in denen der Handwerker gegen die Hausindustrie die Waffen strecken mußte. Der Verlag, zum Teil auch (zentralisierte) Manufakturen kamen auch in der Tapeten-, Knopf-, Schirm-, Stock-, Seifen-, Lichterfabrikation auf, ebenso im Drechsler- und Klempnergewerbe; Blech- und Schmiedewaren, Waffen, Geräte, landwirtschaftliche Maschinen, Nadeln, musikalische und optische Instrumente produzierte man in großen Etablissements. In den vierziger Jahren gab es in Wien schon eine Reihe von größeren Möbelmanufakturen, während freilich die neuen um die Mitte des Jahrhunderts aufgekommenen technischen Erfindungen sich vorerst nur langsam einbürgerten.

Nun war freilich das Handwerk noch bis zum Schluß der hier behandelten Periode (bis 1870) noch lange nicht von der Hausindustrie verdrängt worden, noch weniger von den erst aufkommenden Manufakturen und Fabriken. In manchen Gewerben, wie in der Gerberei, Kürschnerei, Handschuhmacherei, in der Schlosserei, Klempnerei hatte sich das Handwerk noch zum Teil erhalten, noch mehr in den Nahrungsmittelgewerben und im Baugewerbe. Dagegen waren die Nagelschmiede fast verschwunden, die Mützenmacher gehörten zu den ärmsten Handwerkern und die kleinen Schneider konnten sich oft nur als Flickschneider und als Hausarbeiter in den Häusern der Kunden halten. Auch andere Handwerker (Kürschner, Uhrmacher usw.) lebten nicht selten mehr von Handel und Reparaturen, als von der Verfertigung neuer Waren. Alles war eben in der Umwandlung begriffen, die Dinge änderten sich von Tag zu Tag, Hand in Hand mit dem radikalen Umschwung in der Produktionstechnik, in den Absatzverhältnissen, im Verkehrswesen ging auch eine vollständige Umgestaltung in den Betriebsformen vor sich. (Schmoller.) Nur auf dem Lande hatte vorläufig die Stellung des Handwerks noch wenig Änderungen erfahren.

Früher als in Deutschland hatte sich in Frankreich und England[1]) der Übergang vom Handwerk zur Hausindustrie in einer Reihe von Gewerben, die jahrhun-

[1]) d'Avenel, Le mécanisme de la vie moderne, I (1902). Martin Saint-Léon, Le petit commerce. Engels, Die Lage der arbeitenden Klasse in England. (2. A. 1892). Smith, Das Sweating-system in England (Arch. f. soz. Gesetzgeb. 1896). Felkin, History of the machine-wrought hosiery and lace manufactures (1867). Vgl. die Lit. S. 448.

dertelang jenem vorbehalten waren, namentlich in der Schneiderei, Schuhmacherei, Putzmacherei vollzogen. Zu Ende der zwanziger Jahre hatte bereits Parissot in Paris ein Konfektionsgeschäft eröffnet, wo er einfache wie Sonntagskleider für Arbeiter absetzte und für welches Heimarbeiter beschäftigt wurden. Auch in bezug auf die Schuhwarenbranche schildert der Berichterstatter der Pariser Ausstellung von 1855 das hausindustriell betriebene Pariser Gewerbe im Gegensatz zu der noch handwerksmäßigen deutschen Schusterei. In England beginnen die Klagen über das sweating-system im Schneidergewerbe schon in der ersten Hälfte des 19. Jahrhunderts. Der sweater beschäftigte die Arbeiter entweder in seiner ungesunden Werkstätte oder auch in ihren eigenen elenden Behausungen, wo im selben Raume gearbeitet, geschlafen, gekocht und gegessen wurde. Ansteckende Krankheiten traten auf, wo Schneider arbeiteten. In den vierziger Jahren erkrankte die Tochter des Premierministers Peel an einem bösartigen Fieber, weil die Schneider, die für sie das Reitkleid angefertigt hatten, mit dem langen und warmen Rock das Bett eines Kindes zugedeckt hatten, das an derselben Krankheit litt. Im Jahre 1863 erregte nach Marx der Tod einer Putzmacherin Aufsehen, als dessen Ursache lange Arbeitsstunden (sie hatte zuletzt 26½ Stunden ohne Aufhören gearbeitet) in einem überfüllten Arbeitsraume und ein sehr enger, schlecht gelüfteter Schlafraum bezeichnet wurden. Auch in der Wäscheindustrie, wie in einer Reihe anderer Gewerbe Englands wurden schon in den vierziger Jahren Näherinnen zu Hause oder in kleinen Werkstätten von Unternehmern mit der Anfertigung von Hemden, Schnürleibchen, Halsbinden beschäftigt. Sie lebten in großem Elend, arbeiteten vom Morgen bis Mitternacht und verwüsteten ihre Gesundheit. Erst die Arbeiterschutzgesetzgebung hat dieser Ausbeutung ein Ende gemacht.

Die Ausbeutung von Kindern,[1]) die auch in den kontinentalen Fabriken um sich griff, war, wie oben gezeigt worden, auch hier nichts Neues; doch allmählich hatte sich auch auf dem Festlande eine Wandlung in den Ansichten vollzogen. Auch hier mußte die Erkenntnis durchdringen, daß es Pflicht des Staates sei, in das Arbeitsverhältnis einzugreifen. Ferner mußte man auch außerhalb Englands die Notwendigkeit von Koalitionsfreiheit und Gewerkvereinen einsehen, deren Fehlen es bewirkte, daß der Arbeiter dem Unternehmer nur formell, nicht aber tatsächlich als gleichberechtigt gegenüberstand. Doch konnten die neuen Grundsätze auf dem Festlande, angesichts des hier so viel späteren Aufkommens und Aufschwunges der Fabrikindustrie, auch nur weit später als in England zur Verwirklichung gelangen. Denn die auch hier durch staatliche Enqueten und Berichte festgestellten Mißstände, wie übermäßig lange Arbeitsdauer, Ausbeutung jugendlicher Arbeitskräfte usw. gehörten — was meist übersehen wird — auf dem Kontinent noch fast ausschließlich dem Gebiete der Hausindustrie und den zentralisierten Manufakturen an. Waren ja Fabriken damals noch fast gar nicht vorhanden. So ertönen in Preußen Klagen über die Zu-

[1]) Über die Arbeiterlage vgl. Levasseur, Histoire des classes ouvrières et de l'industrie en France de 1789 à 1870. 2 éd. 1901. Schoenberg, Gewerbe, I (Handbuch der polit. Ök. 4. Aufl. II, 1). P. Louis, Histoire de la classe ouvrière en France depuis la Revolution jusqu'à nos jours (1927). Anton, Geschichte der preußischen Fabrikgesetzgebung (1891). Tyszka, Löhne und Lebenskosten Westeuropas im 19. Jahrhundert (1914). Herkner, Die Arbeiterfrage, I, II. 8. Aufl. (1923). Rappard, La révolutionindustrielle et les origines de la protection légale du travail en Suisse (1914). Arbeiterschutzgesetzgebung im Hdw. d. Staatswiss. (4. A. I). Stieda, s. v. Koalition und Koalitionsverbote (Ibid. 3. A. IV), Wissell (Ibid. 4. A. V).

stände in Betrieben, wo Stecknadeln, Nähnadeln, Papier hergestellt wurden, in der Tabak-, Glas- und Bronzeerzeugung, lauter Industriezweige, wo auch noch mehrere Jahrzehnte später keine Maschinen Verwendung fanden. Auch Webereien werden erwähnt, doch hatten in Preußen auch in dieser Industrie die Maschinen noch nicht Eingang gefunden; nur in Spinnereien, und auch hier nicht überall, waren dieselben zu finden. Die Aufmerksamkeit der Regierungsorgane richtete sich also vornehmlich auf die in den zentralisierten Manufakturen mit Handarbeit und in der Hausindustrie stattfindende Ausbeutung der Kinder.

Die deutsche Schule trat zuerst für den Schutz der Kinder ein. Von den kulturellen Bedürfnissen der Nation und den pädagogischen Grundsätzen ausgehend, unterwarf man die schwierige Frage der Regelung der Kinderarbeit einem eingehenden Studium und stellte daraufhin die Forderung des obligatorischen Schulbesuchs bis zu einem bestimmten Alter auf, die das Verbot der gewerblichen Arbeit für die schulpflichtigen Kinder nach sich ziehen mußte. Doch erwiesen sich die althergebrachten Ansichten über die Notwendigkeit billiger Arbeitskräfte für das Gedeihen der Industrie als zäh und widerstandsfähig; sie waren stark genug, um die neuen Ideen erfolgreich zu bekämpfen und ihren Sieg zu verzögern. Aus Furcht, den Manufakturen Schaden zuzufügen, scheute man sich, energisch vorzugehen. Eine wirksame Unterstützung wurde den Anhängern der neuen Richtung von seiten der Militärbehörden zuteil, die auf die alljährlich in den Industriebezirken bei der Rekrutenaushebung sich ergebenden hohen Zahlen der Dienstuntauglichen verwiesen (1828). Diese Berichte sollten eine weit nachhaltigere Wirkung auf die Regierung ausüben, als die Klagen der Schulbehörden. Wären sie nicht laut geworden, so hätte sich wohl die Verwirklichung der Arbeiterschutzgesetzgebung noch lange Zeit hingezogen.

Die ersten Ansätze zu einer Arbeiterschutzgesetzgebung datieren in Preußen, Österreich und Frankreich aus den Jahren 1839—1842; freilich war die Bedeutung dieser ersten, den Kinderschutz bezweckenden Gesetze für die Praxis nur gering. So wurde z. B. das preußische Gesetz von 1839, das die Beschäftigung von Kindern unter 9 Jahren in Fabrikbetrieben und im Bergbau untersagte und für die Jugendlichen bis zu 16 Jahren eine Arbeitszeit von 10 Stunden bestimmte, fast gar nicht in Anwendung gebracht. Praktische Bedeutung erhielt erst das Gesetz von 1853, das die Beschäftigung von Jugendlichen bloß vom vollendeten zwölften Jahre an zuließ und die Arbeitsdauer für Kinder bis zu 14 Jahren auf 6 Stunden täglich herabsetzte. Diese Bestimmungen kamen auch tatsächlich zur Ausführung, da im selben Jahre die Fabrikinspektion eingeführt wurde. Doch darf man die vorläufige Bedeutung dieses Instituts auch nicht überschätzen, da die Fabrikinspektion noch nicht in vollem Umfange durchgeführt war, sondern die Inspektoren überhaupt bloß von Fall zu Fall, je nachdem sich das Bedürfnis darnach ergab, angestellt wurden. Den wenigen in den ersten Jahren vorhandenen Inspektoren wurden von den Fabrikanten alle möglichen Hindernisse in den Weg gelegt. Bei ihrem Erscheinen in der Fabrik suchte man die arbeitenden Kinder zu verbergen, es wurde sogar die Arbeit überhaupt eingestellt, um die Revision zu verhindern. Die Arbeiter, deren Kinder in den Fabriken beschäftigt wurden, standen in diesem Kampfe auf seiten der Unternehmer. Sie erblickten in dem neuen Gesetz eine Verletzung ihrer elterlichen Rechte und waren über den Ausfall in ihrem Einkommen, den das Verbot der Kinderarbeit (unter 12 Jahren) veranlaßte, erbittert. Es bildete sich ein stillschweigendes Einvernehmen zwischen Eltern und Unternehmern heran, die in gleicher Weise das Gesetz zu umgehen suchten. Trotz alledem wurden doch manche Erfolge erzielt, was sich schon daraus ergibt, daß bereits 1840 80% der schulpflichtigen Kinder tatsächlich die Schule besuchten, wobei es gerade die industriellen Bezirke waren, die am wenigsten Analphabeten aufzuweisen hatten (in den Rheinlanden 7%, in Westfalen sogar nur 1%).

Dieselben Arbeiter aber, die den Fabrikherren in der Umgehung der Gesetze über die Arbeit Jugendlicher Vorschub leisteten, überwachten streng die Befolgung der das Trucksystem verbietenden Bestimmungen. Von Fabrikanten wie von Verlegern forderten sie Entlohnung in Bargeld. Die mit der Lohnzahlung verbundenen, noch aus dem 17.—18. Jahrhundert überkommenen Mißbräuche (Trucksystem) waren auch noch in den dreißiger und vierziger Jahren des 19. Jahrhunderts, als sie die Aufmerksamkeit weiterer Kreise der Öffentlichkeit auf sich lenkten, weit verbreitet. Insbesonders war dies in der Hausindustrie der Fall, wo die Heimarbeiter in Schnaps, Tabak, teuren Kolonialwaren, aus der Mode gekommenen Seidenzeugen usw. entlohnt wurden, auch ihren Bedarf in Läden zu decken gezwungen waren, die von ihrem Arbeitgeber oder dessen Angehörigen gehalten wurden. In der Fabrikindustrie waren freilich, wie sich dies aus den Erhebungen ergab, derartige Mißstände nicht so häufig zu verzeichnen. Allgemein war es bekannt, daß die Verleger durch diese Machenschaften bis zu 20%, ja darüber, des Arbeitslohnes ersparten: Das Pfund Kaffee im Werte von 5—6,5 Silbergroschen verkauften sie zu 10 bis 12 Sgr., die Elle Leinwand, die höchstens 3 Sgr. wert war, zu 4,5 Sgr. Doch vertrat die Regierung noch lange Zeit hindurch den Standpunkt, der Arbeiter müsse bei dem Eingehen des Arbeitsvertrags sich ausdrücklich ausbedingen, daß die Entlohnung in Geld zu erfolgen habe; tut er dies nicht, so ist er offenbar mit der Zahlungsweise einverstanden. Erst 1849 ließ sich die Regierung dazu herbei, ein gegen das Trucksystem gerichtetes Gesetz zu veröffentlichen. Obwohl auch in der Folgezeit der Unternehmer nicht selten den an seine Arbeiter ausgezahlten Lohn, der in die von seinen Mittelsmännern gehaltenen Kramläden und Wirtshäuser wanderte, zum größeren Teile wieder zurückerhielt, so scheint doch das Trucksystem allmählich abgenommen zu haben, da die Arbeiter selber, wie gesagt, darüber wachten, daß ihr Lohn nicht verkürzt werde.

Ähnliche Gesetze, sowohl zum Schutze der Kinderarbeit, als zur Bekämpfung des Trucksystems, wurden auch in anderen deutschen Staaten erlassen (Bayern, Württemberg, Sachsen 1854—1861). Allerdings gingen sie nicht so weit, wie das preußische Gesetz von 1853. Die Kinderarbeit war nur bis zu 10 Jahren verboten, die Arbeitszeit für Jugendliche auf 9—10, nicht auf 6 Stunden beschränkt. Erst 1869 bzw. 1871 wurde das diesbezügliche preußische Gesetz auf ganz Deutschland ausgedehnt.

Die Arbeiterschutzgesetzgebung in Österreich kann als ein weiterer Beleg dafür dienen, daß diese Gesetzgebung nicht erst durch das Fabriksystem ins Leben gerufen worden war, sondern daß bereits vor dem Aufkommen der Maschinen die altüberkommenen Mißstände in der Hausindustrie und den Manufakturen die Aufmerksamkeit der Öffentlichkeit auf sich gezogen hatten. Bereits 1786, als von Fabriken in Österreich noch nicht die Rede sein konnte, wurde eine Reihe von Bestimmungen erlassen, die Fabrikslehrlinge betreffend.[1]) Es wurden (Kinder wie Erwachsene waren ja in den Manufakturgebäuden untergebracht) gesonderte Schlafräume für Knaben und Mädchen und für jedes Kind ein Bett angeordnet, die Bettwäsche sollte allwöchentlich gewechselt werden. Die Aufsicht über die Befolgung dieser Bestimmungen wurde 1816 — Maschinen gab es auch damals noch nicht — den Bezirksärzten übertragen, da, wie erläuternd hinzugefügt wurde, in den Fabriken (d. i.

---

[1]) Wie bereits oben ausgeführt worden ist, wurden im damaligen Sprachgebrauch die Manufakturen als Fabriken bezeichnet.

Manufakturen) die Gefahr der Verkrüppelung und Verwahrlosung der Kinder doppelt groß ist. Schon damals, wo noch ausschließlich Handarbeit herrschte, wurde auch die Meinung laut, bis zu einem gewissen Alter sei die Beschäftigung der Kinder in Manufakturen unzulässig. Den damaligen Ansichten gemäß konnte man es jedoch noch nicht wagen, weder den Unternehmern die nötigen Arbeitskräfte zu nehmen, noch den unbemittelten Bevölkerungsschichten ihren Verdienst zu schmälern. Als Auswirkung des Streites dieser beiden einander entgegengesetzten Richtungen erschien 1787 ein Zwitterding, eine Verordnung, derzufolge die Kinder bis zu ihrem neunten Jahre „nicht ohne Not zur Fabrikarbeit aufgenommen" werden sollten. Doch die Not konnte man schließlich immer nachweisen. Erst 1842 erhielt auch Österreich ein Fabrikgesetz, welches das Mindestalter der zur Fabrikarbeit zugelassenen Kinder auf 12 Jahre (wenn sie schon 3 Jahre lang die Schule besucht hatten, auf 9 Jahre) festsetzte. Da es jedoch an entsprechenden Aufsichtsorganen fehlte, scheint das Gesetz tatsächlich nicht zur Durchführung gekommen zu sein.

In Frankreich wurden 1840 die Ergebnisse der Enquete über die physischen und moralischen Verhältnisse der arbeitenden Klassen veröffentlicht, die den Erlaß des Gesetzes von 1841 zur Folge hatten. Dasselbe untersagte (allerdings bloß für Unternehmungen mit über 20 Arbeitern) die Beschäftigung von Kindern unter 8 Jahren vollständig und beschränkte die Arbeitsdauer für Kinder von 8 bis 12 Jahren auf 8 Stunden, die für Jugendliche von 12 bis 16 Jahren auf 12 Stunden. Wohl erhoben die Gegner des Gesetzes den Einwand, die nicht mehr zur Beschäftigung in den Fabriken zugelassenen Kinder würden hierdurch der Not und dem Elend preisgegeben werden; auch suchte man nachzuweisen, die Arbeitsdauer müsse für alle Kategorien von Arbeitern die gleiche sein, da in vielen Industrien der erwachsene Arbeiter der Mitwirkung Jugendlicher bedürfe. Doch die öffentliche Meinung wies auf das Beispiel Englands hin, dem Preußen und Österreich gefolgt seien und hinter dem auch Frankreich nicht zurückbleiben dürfe, denn die Gesellschaft habe das Recht, für die Kinder eine gesunde körperliche Entwicklung zu fordern, und wenn sie bestrebt sei, Mißstände in der Industrie zu beseitigen, so bedeute das noch gar nicht ein Aufhalten ihres Fortschrittes. Die Gesellschaft, sagte Dupin in der Deputiertenkammer, hat nicht bloß das Recht, einzuschreiten, sondern es ist ihre Pflicht, es ist eine Schuld, und zwar eine ausstehende, die sie abzustatten hat. Leider wurde auch hier das andere Beispiel Englands, die Einführung der Fabrikinspektion, nicht befolgt; ein besonderes Kontrollorgan sollte nur im Falle, wenn seine Notwendigkeit sich erweisen würde, eingesetzt werden. Deswegen war die praktische Bedeutung der Maßregel nur gering. Die radikale Arbeiterbewegung von 1848 veranlaßte im gleichen Jahre das Erscheinen eines Dekretes, das, von dem Grundsatze ausgehend, daß eine allzulange Arbeitsdauer nicht nur die Gesundheit des Arbeiters schädige, sondern auch seine Menschenwürde herabsetze, indem sie die Befriedigung seiner geistigen Bedürfnisse hemme, die Arbeitszeit für alle Kategorien von Arbeitern, auch für die erwachsenen männlichen Arbeiter, für Paris auf 10 Stunden, für die Provinz auf 11 Stunden festsetzt. Dieses Gesetz stellte zuerst den bedeutsamen Grundsatz auf, daß nicht bloß die schwächeren Arbeitskräfte, Frauen und Kinder, sondern auch die erwachsenen Männer eines Arbeitsschutzes bedürfen. Doch war das Gesetz unklar und seine Lebensdauer nur kurz. Besondere Umstände hatten es veranlaßt und sobald sich die Verhältnisse geändert hatten, wurden energische Proteste und die Forderung seiner Aufhebung laut. Kaum hatte die politische Lage sich verändert, so wurde es, wenn auch nicht außer Kraft gesetzt, so doch durch ein anderes ersetzt, das einen Arbeitstag von 12 Stunden einführte und außerdem auch von dieser Regel zahlreiche Ausnahmen zuließ, so daß seine Durchführung als ebenso mangelhaft sich erwies, wie die des Gesetzes von 1841.

Bezeichnend für die damals herrschende Auffassung ist der Umstand, daß es nicht nur in vielen europäischen Staaten wie Belgien, Italien, den Niederlanden, überhaupt noch keinen Arbeiterschutz gab und daß derselbe anderwärts auf Bestimmungen über Arbeit von Kindern und Jugendlichen sich beschränkte, sondern auch die Tatsache, daß im Gegensatz zu England die Regierungen mit dem Erlaß des entsprechenden Gesetzes ihre Rolle als beendet ansahen, während doch die Tätigkeit der Verwaltungsorgane gerade hier eben erst hätte einsetzen müssen. Überhaupt war die Staatsgewalt viel zu sehr von dem Bestreben erfüllt, den durch die Arbeiterschutzgesetzgebung unangenehm berührten Unternehmern möglichst entgegenzukommen, als daß sie auf die genaue Befolgung der Gesetze, auf die Schaffung einer unabhängigen Fabrikinspektion, deren Bestehen die Voraussetzung eines wirksamen Arbeiterschutzes bildet, ihre Aufmerksamkeit hätte wenden können.

Das für die Arbeiter seit altersher bestehende Koalitionsverbot war nunmehr — der Idee des freien Arbeitsvertrages gemäß — auch auf die Unternehmer ausgedehnt worden. Tatsächlich aber blieben die Unternehmerverbände auch weiter fortbestehen, wenn auch heimlich, und das Koalitionsverbot wurde ihnen gegenüber von den Behörden nur lax gehandhabt, während die Arbeiter für jeden Versuch, sich untereinander zu verständigen oder gar zu vereinigen, streng bestraft wurden. Die alte Ansicht, die in den Arbeitern ein aufrührerisches Element erblickte, in den Unternehmern hingegen die die Bevölkerung beglückenden Förderer der Industrie verherrlichte, lebte noch immer fort. Immer noch war die staatliche Zentralgewalt außerstande, sich die Auffassung anzueignen, daß Arbeitgeber und Arbeitnehmer als gleichberechtigte Parteien zu betrachten seien, daß die althergebrachte Unterordnung des Arbeiters unter den Willen des Unternehmers, seine Verpflichtung, ihm unbedingten Gehorsam zu leisten, überlebt sei. Die Gesellenunruhen früherer Zeiten waren den Regierungen ein abschreckendes Beispiel. Man fürchtete, die Arbeiter würden, wollte man ihnen das Recht einräumen, gemeinsam aufzutreten, geschlossen auf ihren Forderungen zu beharren, die öffentliche Sicherheit und Ordnung verletzen. In die preußische Gewerbeordnung von 1845 wurden noch die alten Verbote aufgenommen. Die Bildung von Verbindungen unter Fabrikarbeitern, Gesellen, Gehilfen oder Lehrlingen war bei hohen Strafen untersagt, insbesondere die Verabredung einer Einstellung oder Verhinderung der Arbeit, um die Gewerbetreibenden zu gewissen Handlungen oder Zugeständnissen zu bestimmen. Auch die Unternehmer waren strafbar, falls sie sich verbanden, um einen Druck auf die Arbeiter auszuüben. Selbst das württembergische Gesetz von 1862, das damals für das liberalste in Deutschland galt, setzte Strafen für Arbeiter an, die durch Verabredung einer Arbeitseinstellung die Unternehmer zu zwingen suchen würden, ihren Forderungen nachzugeben, sie „zu gewissen Handlungen oder Zugeständnissen zu nötigen suchen würden"; hierdurch wurde jeder Versuch, bessere Lohn- oder Arbeitsverhältnisse durchzusetzen, unmöglich gemacht.

Es verdient Beachtung, daß zur Zeit der französischen Revolution jeder Streik als „ein Verbrechen gegen die Gesellschaftsordnung", als „ein Attentat auf die

Ruhe, die in den Werkstätten herrschen soll", gebrandmarkt wurde. Der Munizipalrat von Bordeaux behauptete sogar, „der Unterschied zwischen streikenden Arbeitern und den Feinden der neuen Gesellschaftsordnung" bestehe nur darin, daß diese „um gewisser politischer Überzeugungen willen handelten, jene aber nur ihre persönlichen Vorteile im Auge hätten". Infolge der Ausstände in Paris wurde am 14. Juli 1791 die sog. „Loi Le Chapelier" erlassen, die die fachgenossenschaftlichen Organisationen den bereits früher aufgehobenen Zünften gleichsetzte und es den Arbeitern untersagte, Forderungen, „ihre sogenannten gemeinsamen Interessen betreffend", aufzustellen. Selbst Arbeitervereinigungen zwecks Unterstützung kranker und arbeitsloser Genossen wurden verboten, da „die Nation selbst es ist, die durch Vermittlung der Behörden denjenigen, die Arbeit brauchen, Arbeit, denjenigen, die krank sind, Hilfe verschaffen muß". Von Interesse ist es auch — dieser Umstand wird von Tarlé besonders hervorgehoben, der den Ursprung und die Bedeutung der Loi Le Chapelier eingehend untersucht hat —, daß dieselbe von keiner Seite Widerspruch hervorrief; entsprach sie doch vollkommen den damals herrschenden Anschauungen. Die Arbeiter selbst vertraten den Standpunkt, daß „die Abschließung der Interessen den Egoismus wachruft, den der Solidarität feindlichen Korporationsgeist zum Leben erweckt", und daß daher berufliche Vereinigungen unzulässig seien. Allerdings weisen sie ihrerseits bei diesem Anlaß auf die politisch unzuverlässige Gesinnung der Arbeitgeber hin, auf ihr Bestreben, die Zünfte neu aufleben zu lassen. Auch in anderen Bestimmungen der Revolutionszeit trat dasselbe, für die Arbeitergesetzgebung früherer Jahrhunderte charakteristische Bestreben hervor, das Abhängigkeitsverhältnis des Arbeiters dem Unternehmer gegenüber nicht nur aufrechtzuerhalten, sondern sogar noch zu verschärfen. Wie Tarlé bemerkt, „unterschieden sich, ihren leitenden Grundsätzen nach, die Arbeitergesetzgebung des Ancien Régime, der Revolution und der napoleonischen Ära in nichts voneinander".

Dieselbe Versammlung also, die soeben, um der Freiheitsidee willen, die Zünfte und alle anderen die gewerbliche Produktion hemmenden Einschränkungen aufgehoben hatte, nahm nunmehr den Bürgern Frankreichs die Koalitionsfreiheit. Doch war dies im Grunde genommen nur folgerichtig, da man die Wiederherstellung der Zünfte zu befürchten hatte und die Vereinigungen, von welcher Art sie auch sein mochten, sich als Verschwörungen gegen die neue gesellschaftliche Verfassung entpuppen konnten. Das Koalitionsverbot war auch dazu bestimmt, die Freiheit der Arbeit zu sichern, dem einzelnen die Möglichkeit zu geben, über seine Arbeitskraft frei zu verfügen, ohne daß irgendwelcher Druck, von welcher Seite es auch sein mochte, auf ihn ausgeübt werden konnte. Von gleichem Geist war auch die napoleonische Gesetzgebung erfüllt, das Gesetz vom Jahre 1803, der Code Criminel von 1810, ja sogar das spätere Gesetz von 1849, das Arbeitgeber und Arbeitnehmer rechtlich einander gleichstellte. Sowohl diese als jene wurden, im Falle sie sich zu Vereinigungen zusammenschlossen, Vereinbarungen untereinander trafen usw., mit Gefängnisstrafen bis zu 3 Monaten (für die Rädelsführer von 3 bis 5 Jahren) belegt. Wie erläuternd hinzugefügt wurde, war das Gesetz „im Interesse der Arbeiter erlassen worden". Es hätte sonst, wäre ihnen nämlich die Koalitionsfreiheit gewährt worden, durch die auf diesem Wege erzwungene Lohnerhöhung eine Verdrängung der menschlichen Arbeitskraft durch Maschinen und der französischen Arbeiter durch Ausländer eintreten müssen.

Doch allen diesen Verboten, allen für ihre Übertretung angesetzten schweren Strafen zum Trotz fanden auch außerhalb Englands beständig Arbeitseinstellungen statt. Dauernde berufliche Verbände fehlten jedoch vorläufig; die Verhältnisse waren dafür noch zu ungünstig, man suchte sie durch Vereinigungen anderer Art zu ersetzen. So gab es in Frankreich zahlreiche gegenseitige Hilfsgenossenschaften, von denen manche beruflichen Charakter trugen. In Paris zählte man 1823 160 solcher Genossenschaften, darunter 132 fachgenossenschaftliche Vereine mit über 11 000 Mitgliedern; um 1840 war ihre Zahl auf über 200 angewachsen, 1847 besaßen über 2000 gegenseitige Hilfsgenossenschaften ihre Guthaben in der Caisse d'épargne.

Manche von ihnen hatten in Wirklichkeit (im geheimen) den Charakter von Kampfvereinen angenommen, indem sie Fonds für den Fall von Arbeitslosigkeit angesammelt und besondere Kontrollorgane zur Entscheidung von Streitigkeiten zwischen Unternehmern und Arbeitern ins Leben gerufen hatten. Mit ihrer Hilfe gelang es den Arbeitern, an manchen Orten höhere Löhne zu erzwingen oder wenigstens eine Herabsetzung derselben unmöglich zu machen. Von der Regierung wurde die Tätigkeit der Hilfskassen energisch bekämpft, auch besondere Gesetze gegen dieselben erlassen (so z. B. 1834), auf Grund deren eine Reihe der Hilfskassen geschlossen, die Arbeiter, die das Koalitionsverbot übertraten, zu Gefängnisstrafen verurteilt wurden.

Auch in Deutschland weisen die vierziger Jahre sowohl zahlreiche Arbeitseinstellungen auf, als auch Versuche, gewerkschaftliche Vereine zu begründen. Der namhafteste unter ihnen jedoch, der Buchdruckerverband, umfaßte noch sowohl Arbeiter, als auch Unternehmer, ist demnach noch nicht als ein Gewerkverein im eigentlichen Sinne des Wortes (der nur Lohnarbeiter in sich schließt) anzusprechen. Erst seit den sechziger Jahren werden die Koalitionsverbote wenigstens prinzipiell aufgehoben: in Frankreich 1864, in Belgien 1866, in Österreich 1870, in den Niederlanden 1872, in Sachsen schon 1861, in Preußen 1869, in ganz Duetschland 1871. Eine wirkliche Koalitionsfreiheit war damit freilich noch lange nicht erreicht. Seit dieser Zeit datiert auch eigentlich die Geschichte des Gewerkvereinswesens.

Für Deutschland besitzen wir zu wenig Anhaltspunkte, um über die Arbeiterlage in der ersten Hälfte des 19. Jahrhunderts urteilen zu können. Etwas reichlicher fließen die Quellen für Frankreich. Eine wichtige Ursache jenes Umstandes, daß die Löhne (während des Konsulats und des Kaiserreichs) — sagt Levasseur — nicht bloß keine Verminderung erfuhren, sondern sich sogar steigerten, bildete die Aushebung des Heeres. Sie machte den Werkstätten heftige Konkurrenz, indem sie sie der heranwachsenden Bevölkerung beraubte, sie zu Soldaten machte und seit 1808 dem Gewerbe nicht mehr wiedergab. Zuerst wurde die Bevölkerung, die im Alter von 20—25 Jahren stand, genommen, dann auch die jüngere Generation bis 18 Jahre und noch darunter. Bei einer solchen Sachlage, wo der Krieg einen großen Teil der Bevölkerung in Anspruch nahm, konnte der Arbeitslohn eine Steigerung erfahren, und er ist in der Tat noch mehr gestiegen, als die Preise der Nahrungsmittel. Im Verhältnis zur Arbeiterlage um die Mitte des 18. Jahrhunderts tritt zu Ende dieses Jahrhunderts und zu Anfang des 19. eine Besserung ein, weil die zwar bedeutende Preissteigerung der Lebensmittel von der gleichzeitigen Lohnerhöhung übertroffen wird. In Jahren großen Mißwachses, wo derselbe überall eintrat, standen sich auch hier die Arbeiter recht schlecht, aber es waren dies vorzüglich Handarbeiter, nicht Fabrikarbeiter, welche davon betroffen wurden. In den Jahren 1812—1813 brach in Paris infolge hoher Getreidepreise und Arbeitslosigkeit eine Hungersnot aus (von ca. 67000 Arbeitern der Stadt waren 30000 arbeitslos).

Doch auch später tritt ein nur langsames Wachstum der Bevölkerung in Frankreich ein. Sie zählte 1789 26 Mill., 1801 26,9, 1821 29,9, 1841 33,4 Mill., die Zunahme (3 bis 7% pro Jahrzehnt) überstieg demnach diejenige nicht, die England vor 1780, d. i. vor dem Aufkommen der Großindustrie, aufweist. Damit hängen wohl auch die günstigeren Arbeitsverhältnisse in Frankreich zusammen. Nach den Angaben des „Office de Travail" waren die Ausgaben einer Arbeiterfamilie in Paris für Nahrung, Heizung und Beleuchtung von 1810—1830 von 890 auf 985 Fr. angewachsen, da der Brotpreis eine weitere Steigerung erfahren hatte; dann waren die Ausgaben etwas heruntergegangen, um bis 1860 auf 1060 Fr. zu steigen (während die Erhöhung der Getreidepreise aufhört, steigen die Preise für Fleisch, Butter, Eier usw.), die Wohnungsausgaben wiesen in demselben halben Jahrhundert eine stetige Erhöhung von 100 bis auf 225 Fr. an. Nimmt man alle Ausgaben zusammen, so kommt man auf folgende Zahlen: für 1810 auf 990 Fr., für 1860 auf 1285 Fr., was eine Steigerung von 30% ergibt. Da jedoch auch der Geldlohn angewachsen war, so stellt sich eine Herabminderung des Reallohnes bloß für 1810—1830 heraus, während seit 1830 der Geldlohn die Preissteigerung überholt. Den Reallohn von 1900 = 100 gesetzt, erhält man: 1810 55,5, 1820 53,5, 1830 54, 1840 57, 1850 59,5, 1860 63. (Tyszka.) Dies wird auch durch die Erhöhung des Verbrauchs an Nahrungs- und Genußmitteln bestätigt. Von 1831 bis 1861 findet eine Verdoppelung des Teekonsums (von 0,3 auf 0,6 kg auf 100 Einwohner), eine nahezu Verdreifachung des Zuckerkonsums (von 2,3 auf 6,4 kg), eine Vervierfachung des Kaffeekonsums (von 25,3 auf 100,3 kg) und sogar eine Versechsfachung des Kakaokonsums (von 2 auf 12,9 kg) statt. Der Fleischverbrauch ergibt ein Anwachsen von 17 kg pro Einwohner 1812 auf 21 kg 1829, d. i. um fast 25%, im folgenden Jahrzehnt tritt keine Änderung ein, während 1839—1852 wieder eine Erhöhung von 20 auf 23 kg, d. i. auf 15%, zu verzeichnen ist.

Kapitel 31.

Die Handelspolitik.

Im Jahre 1814 war in England das sog. Lehrlingsgesetz der Königin Elisabeth außer Kraft gesetzt worden. Mit dessen Aufhebung — es bestand übrigens seit langem nur auf dem Papier — waren die letzten, die freie Entfaltung der Industrie hindernden Fesseln gelöst worden. Anders lagen die Dinge auf dem Gebiete des auswärtigen Handels und der Seeschiffahrt.[1]) Hier waren noch immer die Monopole in voller Blüte, es herrschte ein scharf ausgeprägtes Schutzzollsystem, das den Außenhandel lähmte. Wohl hatte bereits zu Ausgang des 18. Jahrhunderts der Schleichhandel, der ja wegen der Insellage Englands hier besonders schwer zu bekämpfen war, eine so gewaltige Ausdehnung angenommen, daß Pitt sich genötigt sah, verschiedene Sätze des Zolltarifs herabzusetzen und die Zollverwaltung zu vereinfachen. Im großen ganzen jedoch wurde der Schutzzolltarif weiter beibehalten. Ja, am Schluß des Jahrhunderts (seit 1791) gesellten sich noch die (oben erwähnten) hohen Kornzölle hinzu. Von 1814 an wurde die Getreideeinfuhr erst gestattet, wenn der Preis in England die Höhe von 82 Sh. pro Quarter Weizen erreicht hatte. In demselben Jahre also, als die letzten Überreste der zünftigen Gewerbegesetzgebung abgeschafft worden waren, war zum Industrieschutzzollsystem auch ein ausgeprägter Agrarschutz hinzugekommen.

Doch allmählich sollte sich auch in der Handelspolitik eine radikale Änderung vollziehen. 1820 wurde dem Parlament die bekannte Petition der Londoner Kaufleute eingereicht, die die Notwendigkeit der Handelsfreiheit befürwortete. Der Handelsverkehr mit dem Auslande — wurde

[1]) Tarlé, Le Blocus Continental et le royaume d'Italie. (1928). Heckscher, The Continental System, an economic interpretation (1922). Hauterive-Cussy, Recueil des traités de commerce et de navigation. T. I—IX (1834—1844). Tooke-Newmarch, History of Prices. Leone Levi, History of British Commerce. Richelot, Histoire de la réforme douanière en Angleterre (1853). Vocke, Geschichte der Steuern des britischen Reiches (1866). Dowell, History of Taxation and Taxes (1888). Janschul, Der englische Freihandel II (1882, russ.). Morley, The life of Cobden (1881). Torrens, Tracts on finance and trade (1852). Schulze-Gävernitz, Britischer Imperialismus und englischer Freihandel. 2. Aufl. (1921). Vgl. die oben angeg. Schriften von Ashton Moffit Heaton, Lipson u. a.

in der Eingabe ausgeführt — bildet für England eine Lebensfrage. Der Außenhandel schafft die Möglichkeit, solche Güter einzuführen, die in den verschiedenen hierzu durch Boden, Klima, Arbeitsverhältnisse am besten geeigneten fremden Ländern erzeugt werden. Andrerseits wird durch den Außenhandel die Möglichkeit gegeben, aus dem Heimatlande diejenigen Waren zu exportieren, zu deren Erzeugung die günstigsten Produktionsbedingungen vorhanden sind. Die Aufhebung jeglichen staatlichen Eingreifens — hieß es weiter — würde einen raschen Aufschwung des Außenhandels herbeiführen. Die Regel, die sich der einzelne Kaufmann zum Leitsatz nimmt, nämlich auf dem billigsten Markte einzukaufen und auf dem teuersten zu verkaufen, findet auch auf den Handel einer Nation in ihrer Gesamtheit Anwendung. Die Petition weist mit Nachdruck auf das Unheil hin, das das Schutzzollsystem über die englische Industrie hinaufbeschwört, auf die drohende Ausschließung ihrer Erzeugnisse von den Märkten des Auslandes, was ihren Wohlstand untergraben muß. Sie betont mehrfach, daß der Übergang zum Freihandel für England eine unumgängliche Notwendigkeit sei, die einzig vernünftige und zweckmäßige Politik, die allein imstande sei, die dem Handel bisher zugefügten Schäden wieder gutzumachen.

Diese Petition der Londoner City, auf die unmittelbar eine von gleichem Geiste erfüllte Eingabe der Kaufmannschaft Edinburgs folgte, war von größter Bedeutung. Mit ihr beginnt eine neue Ära in der englischen Handelspolitik. Ihre Einwirkung auf die Anschauungen weiter Kreise der Öffentlichkeit in Großbritannien ist kaum hoch genug anzuschlagen. Mit diesen Petitionen sagten sich ja die englischen Kaufleute und gewerblichen Unternehmer von den Grundsätzen los, an denen sie jahrhundertelang festgehalten hatten. Es verging aber noch geraume Zeit, bis in England die Ideale des Freihandels, wie sie von Adam Smith, dem Begründer der modernen Volkswirtschaftslehre, verkündet worden waren, in vollem Umfange zur Verwirklichung gelangten. Noch riefen die handelspolitischen Fragen viele erbitterte Parlamentsdebatten hervor, noch oft fand das Schutzzollsystem überzeugte und redegewandte Verteidiger. Doch muß dessenungeachtet die Petition von 1820 als ein Wendepunkt in der englischen Handelspolitik betrachtet werden, denn seit dieser Zeit bürgert sich die Idee der Handelsfreiheit nicht nur in der Fachliteratur, sondern auch im Leben ein. Immer weitere Verbreitung fand sie; ja sie wurde, durch die Verhältnisse begünstigt, sozusagen zum Dogma der englischen Regierung.

Die Einwirkung der neuen handelspolitischen Ideen tritt bereits in der Gesetzgebung der zwanziger Jahre des 19. Jahrhunderts zutage. Vor allem drang bald der freihändlerische Geist in die Schiffahrtsgesetzgebung ein, die ja bisher auf der berühmten Navigationsakte Cromwells beruhte. Freilich waren bereits im letzten Jahrzehnt des 18. und in den ersten Jahren des 19. Jahrhunderts einige Ausnahmen von den Bestimmungen derselben zugelassen worden. Doch waren es zunächst nur vereinzelte Maßnahmen, deren Bedeutung im großen ganzen nur gering sein konnte. Dagegen wurden in den Jahren 1822, 1823 und 1824 drei neue Navigationsakte erlassen, durch welche die den Handel zwischen England, seinen Kolonien und dem übrigen Auslande regelnden Bestimmungen zum großen Teil aufgehoben wurden. Bisher konnten nämlich Waren aus den englischen Kolonien nur nach dem Mutterlande verschifft werden, wie ja auch andrerseits die Kolonien nur aus England Waren beziehen durften. Nunmehr galt diese Beschränkung für eine Reihe von Waren nicht mehr. Für ca. 100 verschiedene Arten von Waren gab man die Einfuhr aus Europa und Afrika nach den englischen Kolonien frei. Ebenso brauchten jetzt die Erzeugnisse der Kolonien nicht mehr ausschließlich nach England eingeführt zu werden, sondern es war ihr Export auch nach den übrigen Staaten Europas und nach Afrika gestattet. Ja, es wurden noch weitergehende Konzessionen gemacht, indem nicht nur englische Schiffe, sondern auch die unter einer fremden Flagge segelnden zum Verkehr mit den englischen Kolonien zugelassen wurden. Diese Bestimmungen, durch die England seine Kolonien den Schiffen der fremden Nationen geöffnet hatte, riefen auch in anderen Staaten Nachahmung hervor, um so mehr, als England volle Gegenseitigkeit zur Voraussetzung dieser Vergünstigung machte. Diejenigen Staaten, die sich in den Genuß der von England gewährten Zugeständnisse zu setzen wünschten, mußten ihrerseits der englischen Flagge Zutritt zu ihren Kolonien gewähren. Freilich hatte England noch nicht alle, sondern nur bestimmte Kolonialhäfen für den internationalen Verkehr freigegeben. So z. B. wurde in Ostindien Singapore zum Freihafen (port-franc) erklärt, den alle ausländischen Schiffe anlaufen konnten, ohne Zöllen oder Abgaben unterworfen zu sein. Bald wurde Singapore zu dem Zwischenhafen, wo die nach dem fernen Osten gehenden Schiffe Aufenthalt nahmen, zu einem belebten Verkehrsmittelpunkt mit rasch zunehmender Bevölkerung, wo zwei Zivilisationen, zwei Welten, die europäische und die asiatische, einander begegneten. Eine Reihe solcher Freihäfen wurde von England auch in Afrika, Amerika, auf den Antillen geschaffen.

Den zwanziger Jahren des 19. Jahrhunderts gehört auch die energische Tätigkeit Huskissons an, der eine Reform des Zolltarifs ins Werk zu setzen wußte. Es gelang ihm, die Einfuhr verschiedener Gewerbeerzeugnisse nach England bedeutend zu erleichtern. Der Import von Wollwaren, der vordem völlig untersagt war, war bereits 1819 gestattet worden, wobei ein Einfuhrzoll von 50% des Wertes erhoben wurde. Huskisson setzte die Ermäßigung dieses Zolles auf 15% durch. Der Zoll für Baumwollstoffe, der ebenfalls 50% betragen hatte, wurde auf 10% herabgesetzt. An Stelle des Verbotes der Einfuhr von Seidenzeugen trat ein Zoll in der Höhe von 25 bis 30%. Als seine Gegner ihm die Gefahren klarzumachen suchten, die die Konkurrenz der ausländischen Industrie mit sich bringen müsse, erwiderte ihnen Huskisson, daß seine Handlungsweise nicht nur prinzipiell, sondern auch in den gegenwärtig in England herrschenden Verhältnissen begründet sei: „Unser Reichtum und unsere Industrie, unser Können und unsere Geschicklichkeit erfordern freien Verkehr mit fremden Ländern.“ Besondere Aufmerksamkeit schenkte Huskisson jedoch den bei der Einfuhr verschiedener Rohstoffe erhobenen Zöllen, die er als die Industrie besonders schädigend ansah, da der von Rohstoffen erhobene Zoll die aus denselben erzeugten Fertigfabrikate verteuere, daher z. B. die Zölle für eingeführte Rohmetalle die Produktionskosten der fertigen Metallwaren steigern müßten. Aus diesem Grunde wurde der Einfuhrzoll für Kupfer um die Hälfte ermäßigt, die Einfuhrzölle für Zink, Blei, Wolle, Holz ebenfalls bedeutend herabgesetzt. Im Durchschnitt waren die Zölle für Industrieerzeugnisse von 50 auf 20% ermäßigt worden, für die übrigen Waren von 20 bis auf 10%. Diese Änderungen des Zolltarifs wurden dann zu Anfang der dreißiger Jahre durch andere, nicht minder wichtige ergänzt. Hierher gehört namentlich die 1833 erfolgte Ermäßigung des Zolles für Rohbaumwolle um die Hälfte, was für die Baumwollindustrie, die an erster Stelle stehende Industrie des Landes, von Bedeutung war.

In dem gleichen Jahre (1833) fand ein anderes epochemachendes Ereignis statt, das einen weiteren Fortschritt auf dem Wege zur Verwirklichung der Handelsfreiheit bedeutete. In dieses Jahr fällt nämlich die Aufhebung des Handelsmonopols der ostindischen Kompagnie. Schon seit langem wurden Stimmen laut, die die ausschließlichen Vorrechte der privilegierten Handelskompagnien angriffen; doch erst 1814 gelang es den Gegnern der ostindischen Kompagnie, eine Beschränkung ihres Monopols zu erwirken. Laut der neuen, der Kompagnie verliehenen Charter, bildete nunmehr nur noch der Handel mit China ihr ausschließliches Monopol, während der Indienhandel allen freigegeben werden sollte. Der Kompagnie wurde es zur Pflichtge macht, Waren, die Privatpersonen nach Indien abzusenden wünschten, auf ihren Schiffen zu befördern, wozu sie alljährlich einen Mindestraum von 3000 t ihnen zur Verfügung stellen mußte. Freilich suchte die Kompagnie diese Bestimmung zu umgehen, indem sie für die Waren, die auf ihren Schiffen befördert werden mußten (andere Frachtschiffe als die der Kompagnie waren zum Verkehr mit Ostindien noch nicht zugelassen), außerordentlich hohe Frachten erhob. Doch gleichsam allen Hindernissen zum Trotz wuchs der Privathandel mit Indien in raschem Tempo, zum Schaden der Kompagnie. Die von ihr im Handel mit Ostindien erzielten Gewinne sanken bis auf 4% per annum herab, während der nach wie vor das ausschließliche Monopol der Kompagnie darstellende Chinahandel in den gleichen Jahren ca. 40% Gewinn abwarf. Die Preise für die aus Indien importierten Güter wiesen eine rapide Abnahme auf. So wurde das Pfund Muskatnüsse, das vordem in London mit 12 Sh. bezahlt wurde, nunmehr dort für 3 Sh. verkauft. Der Tee jedoch, der aus China sowohl vor als nach 1814 ausschließlich durch Vermittlung der Kompagnie eingeführt wurde, war übermäßig teuer. Durch eine 1824 veranstaltete Erhebung, die die Teepreise in England denen in New York und Hamburg gegenüberstellte, kam man zu dem überraschenden Ergebnis, daß durch die hohen Teepreise aus den Taschen der Bevölkerung Englands alljährlich ca. 2 Mill. Pfd. Sterl. der Kompagnie zufließe. 1833 wurde auch dies letzte, der Kompagnie bis dahin verbliebene Monopol aufgehoben. Nunmehr durfte jedermann auch mit China Handel treiben, die Kompagnie stellte ihre Handelstätigkeit vollständig ein. Die Folgen der Akte von 1833 machten sich rasch bemerkbar. In dem letzten Jahre vor der Aufhebung des Privilegs der Kompagnie betrug die Teeinfuhr nach Großbritannien 29,5 Mill. Pfd., im ersten Jahre nach dessen Aufhebung bereits 42 Mill. Pfd., 1853 über 70 Mill.

Den vollständigen Sieg über alle seine Widersacher trug der Freihandel in den vierziger Jahren des 19. Jahrhunderts davon, als Peel den entscheidenden Schritt unternahm und eine grundlegende Reform des englischen Zolltarifes durchsetzte. Es wurden fast sämtliche Zölle für Rohmaterialien wie Baumwolle, Wolle, Flachs, Rohseide, deren die englische Industrie bedurfte, aufgehoben. Die Zölle für eingeführte Fabrikate erfuhren eine bedeutende Ermäßigung. Mit den Ausfuhrzöllen wurde gänzlich aufgeräumt. Noch 1842 wies der englische Zolltarif 1090 Positionen auf, 1846 war deren Zahl auf ca. 500 reduziert worden.

1849 schlug endlich die Todesstunde für die Navigationsakte. War sie schon seit den zwanziger Jahren stark durchlöchert, so sollten nun alle noch geltenden Einschränkungen, Schiffahrt und Handel mit den Kolonien betreffend, aufgehoben werden. Bloß das Recht der Küstenschiffahrt (Cabotage) sollte allein den englischen Schiffen vorbehalten bleiben. Von diesem Zeitpunkte an hatte die englische Schiffahrt ihre Monopolstellung eingebüßt, ihre Konkurrenten waren in den Genuß der gleichen Rechte gesetzt worden. In dem folgenden Jahrzehnt, 1850—1860, wies die Zahl der in die Häfen Großbritanniens einlaufenden ausländischen Schiffe eine bedeutende Zunahme auf. Insgesamt hatten diese Schiffe einen Tonnengehalt von 10,5 Mill. statt der früheren 5 Mill.

In das Jahr 1849 fällt auch die Freigabe der Getreideeinfuhr.[1])

Wie bereits oben ausgeführt worden ist, hatte seit dem Jahre 1815, seit Aufhebung des Kontinentalsystems, ein Sinken der Kornpreise eingesetzt. Die Landwirte waren in den großen Erwartungen, die sie an die hohen Getreidezölle der vorhergehenden Periode geknüpft hatten, getäuscht worden, was einen großen Schaden für ihre Wirtschaft nach sich ziehen mußte. Als ebenso verhängnisvoll erwiesen sich für die Landwirtschaft die durch die Kornzölle bewirkten starken Schwankungen, denen die Getreidepreise unterworfen waren; die Getreidespekulanten erachteten es für vorteilhaft, abzuwarten, bis die einheimischen Getreidepreise vorübergehend die Höhe erreicht hatten, bei

---

[1]) Nicholson, The History of English Corn Laws (1904). Levy, Die Not der englischen Landwirte zur Zeit der hohen Getreidezölle (1902). Raumer, Die Korngesetze Englands. Diehl, Über die Frage der Einführung beweglicher Getreidezölle (Jahrb. f. Nat.-Ök. 1900). Henningsen, Die gleitende Skala für Getreidezölle (1912).

der die Einfuhr aus dem Auslande zugelassen wurde. Sobald sich darauf die Häfen öffneten und große Mengen ausländischen Getreides auf den Markt kamen, trat ein rasches Sinken der Getreidepreise ein.

Angesichts dieser Tatsachen wurden 1828 die Kornzölle umgestaltet. Es wurde das System der sog. „gleitenden Skala" eingeführt, das für die Dauer zweier Dezennien in Wirksamkeit trat und in einer Reihe von Staaten des europäischen Festlandes Nachahmung fand. Auch in den früher erlassenen „Korngesetzen" waren verschiedene Zollsätze vorgesehen, je nach der Höhe des jeweiligen Weizenpreises. Die Zahl dieser einzelnen Zollsätze war jedoch nur gering. So z. B. sah das Gesetz von 1791, neben einem Prohibitivzoll bei einem Weizenpreise bis zu 64 Sh., nur einen unbedeutenden Zoll für den Fall vor, daß der Preis von 64 bis 68 Sh. betragen sollte; überstieg derselbe jedoch 68 Sh., so wurde die Einfuhr vollständig freigegeben. Der Übergang von dem Einfuhrverbote zur freien Getreideeinfuhr war also diesen Gesetzen nach ein fast unvermittelter. Die „gleitende Skala" dagegen setzte eine Stufenleiter von Zollsätzen fest, und zwar in der Weise, daß jedem Sinken des Weizenpreises eine Steigerung des Zolles entsprach, so daß der Übergang von einem Zollsatze zum anderen sich langsam und allmählich gestaltete. Auf diese Weise hoffte man eine größere Beständigkeit der Getreidepreise herbeizuführen; die gleitende Skala war dazu bestimmt, die Einfuhr stetig und gleichmäßig zu gestalten, sie dem jeweiligen Bedarf anzupassen, ohne daß der Markt von allzu großen Kornmengen überflutet würde. Die gleitende Skala — so hieß es — sollte eine Höhe der Getreidepreise sichern, die eine stetige Fortentwickelung der Landwirtschaft ermöglichen, zugleich aber übermäßigen Preissteigerungen entgegenwirken würde. Ja, es wurden die Grenzen der künftigen Schwankungen der Kornpreise annähernd bestimmt. Auf dem Getreidemarkt, so meinte man, würde eine solche Stetigkeit herrschen, daß die Kornpreise nicht, wie dies früher der Fall war, zwischen 38 und 112, sondern nur noch zwischen 55 und 65 Sh. sich bewegen würden.

In Wirklichkeit aber brachte das neue System ganz andere Folgen. Der Durchschnittspreis für Weizen betrug in den beiden Jahrzehnten, in denen die gleitende Skala sich behauptete, nur 57,5 Sh., war also niedriger als er es vorher gewesen; doch war er dabei beträchtlichen Schwankungen unterworfen. Im Laufe der Jahre 1831—1839 war der Preis erstmals von 75 auf 36 Sh. gesunken, um dann wiederum bis auf 81 Sh. zu steigen und die Grenzen, in denen die Preisschwankungen sich in diesem Jahrzehnte bewegten, waren nicht, wie man versichert hatte, 55 und 65, sondern 36 und 90 Sh. Die Spekulation in ausländischem Getreide war durch die Einführung der gleitenden Skala „mit auf- und niedersteigender Zollstufenleiter" nicht eingedämmt, sondern im Gegenteil noch gefördert worden. Zur Zeit der alten Korngesetze war die Korneinfuhr mit einem bedeutenden Risiko verbunden. Waren nämlich die Preise in England bis auf ein bestimmtes Niveau herabgesunken, so wurde die Einfuhr durch Prohibitivzölle unmöglich gemacht, und es mußte eine geraume Zeit abgewartet werden, bis der Kornpreis von neuem eine bestimmte Höhe erreicht hatte. Seit der Einführung der gleitenden Skala hatte sich das Risiko erheblich verringert, da das Sinken des Kornpreises nur eine unbedeutende Erhöhung des Zollsatzes nach sich zog; die früher eintretenden schroffen Übergänge waren in dem neuen System nicht mehr vorhanden. Bei dem Bestehen der gleitenden Skala hatte jede Preissteigerung eine bedeutende Zunahme des Gewinns des Getreidehändlers zur Folge. Hatte er einige Zeit hindurch das Getreide in seinen Speichern zurückgehalten, so machte sich eine Aufwärtsbewegung der Preise bemerkbar, aus der er doppelten Gewinn zog: neben einem hohen Verkaufspreise war auch noch die Möglichkeit der Getreideeinfuhr nach einem ermäßigten Zolltarif vorhanden. Führte der Getreidehändler, der das Korn auf dem Festlande (in Mecklenburg, Preußen, Polen, den Ostseeprovinzen, Rußland) zu 40 Sh. eingekauft hatte, dasselbe nach England ein, wenn der dortige Preis 66 Sh. betrug, so erzielte er nur einen Gewinn von $5^1/_3$ Sh., da er einen Zollsatz von $20^2/_3$ Sh. zu entrichten hatte. Wartete er jedoch ab, bis der Preis auf 73 Sh. stieg, so betrug der von ihm erzielte Gewinn 32 Sh., also bei einem Preisunterschied von nur 7 Sh. um $26^2/_3$ Sh. mehr als im ersten Falle, da er nunmehr nicht $20^2/_3$, sondern nur 1 Sh. Zoll zu zahlen hatte. Dieser Unterschied in den Zollsätzen trug ihm also einen Reingewinn von fast 20 Sh. ein.

Kein Wunder daher, daß die Kornhändler das Getreide zurückhielten, bis der Preis infolge des Kornmangels eine bedeutende Höhe, der zu zahlende Zollsatz aber aus demselben Grunde die Mindestgrenze erreicht hatte. Öfters griffen sie auch zu einem eigenartigen Mittel, um ihr Ziel zu erreichen: Man fälschte einfach die Preise. Als Grundlage für die Berechnung des einheimischen Durchschnittspreises, dem entsprechend der jeweilig zu zahlende Zollsatz bestimmt wurde, wurden nämlich die Preise angenommen, zu denen im Verlaufe der letzten sechs Wochen auf den 155 Getreidemärkten Englands Geschäfte abgeschlossen worden waren. Um zu einem hohen Durchschnittspreis zu gelangen, verlegten sich die Getreidehändler auf folgendes Mittel: Sie schlossen auf zahlreichen Lokalmärkten Getreidegeschäfte ab, wobei sie auf jedem einzelnen Markte geringe Mengen einkauften, dabei aber absichtlich überall höhere Preise zahlten. Sobald auf Grund dieser Abschlüsse offiziell ein hoher Durchschnittspreis berechnet worden war, wurden die Zollsätze ermäßigt und große Mengen von Korn überfluteten den Markt. Hunderttausende von Quartern Weizen kamen in kurzer Zeit aus den Docks und Speichern hervor, wodurch ein erneuter Preissturz veranlaßt wurde. Meist fand ein solcher Preisniedergang während der Erntezeit statt und verursachte ungeheuere Verluste für die Pächter, die nicht imstande waren, eine Steigerung der Preise abzuwarten, sondern notgedrungen ihr Getreide sofort nach der Ernte zu niedrigen Preisen losschlagen mußten. Aus offiziellen Erhebungen geht hervor, daß 1829—1842 in den Monaten Juli, August und September im ganzen 12 Mill. Quarter Getreide eingeführt worden waren, im Laufe der übrigen 9 Monate jedoch nur 6 Mill. Auf jeden von den 3 Erntemonaten kam also eine Getreideeinfuhr von durchschnittlich 300000 Quarter, auf jeden übrigen Monat nur der sechste Teil davon, ca. 50000 Quarter. Daher war der Markt von der Erntezeit bis zu Weihnachten mit Getreide übersättigt, also gerade während der Zeit, wo der Farmer seine Ernteerträge zu Markte bringen mußte.

Ebenso wie der Landwirt und der Pächter hatte auch die Arbeiterklasse unter diesem Zollsystem zu leiden. In den Zeiten, wo die Kornvorräte von den Getreidehändlern zurückgehalten wurden und hierdurch eine Preissteigerung veranlaßt wurde, gerieten die Arbeiter in eine trostlose Lage; Hunger und Seuchen brachen unter ihnen aus. Jede Mißernte brachte in England Teuerung mit sich; wäre die Getreideeinfuhr frei gewesen, so hätte der Handel durch rechtzeitige Getreidezufuhr vom Festlande aus das Anziehen der Preise verhindern können. Bei dem Bestehen der gleitenden Skala jedoch war dies unmöglich. Erst nach dem Teuerung eingetreten war, wurde der Zollsatz ermäßigt und die Getreideeinfuhr konnte stattfinden. Die Entlohnung der Arbeiter war nur gering und die periodischen Steigerungen der Preise für Korn, ihren hauptsächlichsten Konsumartikel, verschlechterten ihre Lage in erheblichem Maße. Unter diesen Verhältnissen mußte eine gegen die „Corn Laws“ gerichtete Bewegung Erfolg haben; war ja der Boden für dieselbe längst vorbereitet.

Schon seit langem wurden die Corn Laws abfällig beurteilt. Besonders aber machte sich die feindselige Stimmung am Ausgang der dreißiger Jahre bemerkbar. Das Jahr 1837 brachte eine schwere Industriekrise. In Manchester, London, Liverpool waren zahlreiche Fabriken geschlossen worden, Tausende von Arbeitern waren brotlos und in tiefstes Elend gestürzt. Viele einflußreiche Männer erblickten die Ursache dieser Kalamität in den Corn Laws; man äußerte die Ansicht, diese schwere Krise wäre nicht hereingebrochen, wenn Freiheit der Getreideeinfuhr bestanden hätte. Die Handelskammer von Manchester, deren Vorsitzender Richard Cobden war, beschloß, dem Parlament eine Petition einzureichen, in der die Freigabe der Getreideeinfuhr gefordert wurde. Die Petition wies darauf hin, daß ohne die sofortige Aufhebung der Kornzölle der Verfall der Fabrikindustrie unausbleiblich eintreten müsse, daß nur die Anwendung der Grundsätze der Handelsfreiheit imstande sei, das weitere Gedeihen der Industrie und die Ruhe im Lande zu gewährleisten. Diese Petition rief einen nachhaltigen Eindruck in der Öffentlichkeit hervor. Doch war sich ihr Urheber Cobden klar bewußt, daß zuvor noch eine lebhafte Propaganda betrieben werden müsse, um die Beseitigung der Kornzölle durchzusetzen, für deren Beibehaltung die Großgrundeigentümer ihre ganze Macht einsetzen würden. „Wenn, sagte er, die englischen Gesetze, Handel und Zölle betreffend, allein, ohne irgendwelche Erläuterungen, auf den Mond gelangt wären, so hätten die Bewohner des Mondes dennoch sofort erkannt, daß diese Gesetze eine Schöpfung der Grundeigentümer, der Landlords, darstellten.“ Cobden, von John Bright unterstützt, führte den Kampf gegen die Kornzölle unermüdlich weiter; er suchte die Unternehmer, zuerst die von Manchester, dann auch die anderer Industriestädte, auf seine Seite zu bringen. Obwohl das letzte Ziel Cobdens und seiner Anhänger die volle Freiheit des Handelsverkehrs zwischen England und dem Auslande war, so beschränkte er sich dennoch vorläufig auf den Kampf gegen die Kornzölle. Nur auf diese Weise konnte er sich ja die Unterstützung der Industriellen sichern, denn selbst diejenigen unter ihnen, die, soweit die Einfuhr von Fertigfabrikaten in Frage kam, zu den Gegnern des Freihandels gehörten, waren von der Notwendigkeit der Aufhebung der Kornzölle überzeugt. Für Cobden aber waren die Kornzölle „der Grundstein und die Basis des gesamten Schutzzollsystems“.

Auf einem der zahlreichen und viel besuchten Meetings geschah es, daß Cobden den Anwesenden die Organisation der Hanse darlegte, des mittelalterlichen „zur Abwehr der Übergriffe der Fürsten und zum Schutz der gewerblichen Bevölkerung“ ins Leben gerufenen Städtebundes. Er schlug die Bildung eines gleichartigen Bundes der englischen Städte gegen die Aristokratie vor, einer „Anti-corn-law-league“, wie einer von den Anwesenden sie zu nennen vorschlug. Die Liga zählte nach kurzer Zeit Hunderttausende von Anhängern in allen Teilen Englands; sie veranstaltete zahlreiche Meetings, sammelte kolossale Fonds an, die nach Hunderttausenden von Pfund Sterling zählten, um den Kampf weiterzuführen. Um die Ideen der Gesellschaft im Volk zu verbreiten, wurde eine Zeitung (das Anti-breadtax circular) herausgegeben, die in 20000 Exemplaren gedruckt wurde, sowie zahlreiche Broschüren und Flugblätter. Bis 1843 waren über 9 Mill. Exemplare solcher Schriften veröffentlicht worden.

Die Liga trug denn auch schließlich den Sieg davon. Nach der Kartoffelmißernte von 1843, als bei den damals herrschenden hohen Getreidepreisen der Ausfall dieses wichtigsten Nahrungsmittels der Arbeiter eine Hungersnot herbeizuführen drohte, nahm das Haus der Gemeinen (1846) den Antrag Sir Robert Peels auf Abänderung der gleitenden Skala an. Vom Jahre 1849 an sollte dieselbe gänzlich beseitigt und durch eine Abgabe von 1 Sh. pro Quarter ersetzt werden. Das Oberhaus suchte anfangs die eingebrachte Bill zum Scheitern zu bringen, doch mußte es dieselbe wohl oder übel annehmen, nachdem ihm bedeutet worden war, es wäre besser, das Oberhaus gäbe seine Einwilligung freiwillig her, als daß ihm die Bill durch die Königin und das Haus der Gemeinen aufgezwungen würde. 1869 wurde auch der Einshillingzoll aufgehoben.

Den Schlußakkord in der Geschichte des englischen Freihandels bilden die in den fünfziger Jahren von Gladstone durchgeführten Reformen, durch die die letzten Überreste des Schutzzollsystems beseitigt wurden. Seit dieser Zeit blieben im englischen Zolltarif nur einige fiskalische Zölle erhalten, d. h. Zölle, die nicht zum Schutze bestimmter Industriezweige, sondern ausschließlich zur Mehrung der Staatseinkünfte bestimmt waren. Es waren dies Zölle für Kakao, Tee, Kaffee, Südfrüchte, Spezereien, Tabak, also für solche Waren, die in England nicht erzeugt wurden (auch Tabak wurde nicht produziert) und (außer Tabak) auch nicht erzeugt werden konnten oder, wie Wein, Spiritus, Spielkarten usw., die bei der Fabrikation im Inlande mit entsprechenden Akzisen oder Stempelabgaben belegt waren, so daß auch hier die einheimischen Produkte keinen Vorsprung vor der importierten Ware besaßen. Die bei der Einfuhr von Gewerbeprodukten oder solchen Erzeugnissen der Landwirtschaft, die auch in England produziert wurden (Korn, Vieh usw.), erhobenen Zölle waren dagegen 1860 gänzlich beseitigt worden. 1854 war auch der letzte Überrest der Navigationsakte, das den englischen Schiffen vorbehaltene Vorrecht der Küstenschiffahrt, aufgehoben worden.

Dem britischen Inselreiche folgte bald auch das festländische Europa.[1]) Doch galt es hier, bevor man den ausländischen Waren Zutritt ver-

---

[3]) List, Das nationale System der politischen Ökonomie (1840, Ausg. von Waentig 1904). Brinkmann, Die preußische Handelspolitik vor dem Zollverein und der Wiederaufbau vor hundert Jahren (1922). Derselbe, Weltpolitik und Weltwirtschaft im 19. Jahrhundert (1921). Krökel, Das preußisch-deutsche Zolltarifsystem in seiner historischen Entwicklung seit 1818 (1881). Freymark, Die Reform der preußischen Handels- und Zollpolitik von 1800 bis 1821 (Conrads Samml. 1898). Schmoller, Über das preußische Handels- und Zollgesetz von 1818 (1898). Gerloff, Die deutsche Zoll- und Handelspolitik von der Gründung des Zollvereins bis zum Frieden von Versailles (1920). Zimmermann, Geschichte der preußisch-deutschen Handelspolitik (1892). Schippel, Grundzüge der Handelspolitik (1902). Lotz, Die Ideen der deutschen Handelspolitik (1892). Weber, Der deutsche Zollverein. 2. Aufl. (1871). Junghans, Der Fortschritt des Zollvereins (1848). Dittmar, Der deutsche Zollverein, I—II (1866—1867). Emminghaus, Entwicklung, Krisis und Zukunft des deutschen Zollvereins (1863). Festenberg-Pakisch, Geschichte des deutschen Zollvereins (1809). Robolsky, Der deutsche Zollverein (1870). Sommerlad, s. v. Zollverein (Handw. d. Staatswiss.). Beer, Die österreichische Handelspolitik im 19. Jahrhundert (1891). Neumann, Österreichs Handelspolitik in Vergangenheit, Gegenwart und Zukunft (1864). Peez, Die österreichische Handelspolitik in den letzten 25 Jahren (1892. Schr. d. Ver. f. Sozialpol. 49). Matlekowits, Die Zollpolitik der österreich-ungarischen Monarchie (1877). Mamroth, Die Entwicklung der österreichisch-deutschen Handelsbeziehungen (1887). Wolowsky, La liberté commerciale et les résultats du traité de commerce de 1860 (1869). Amé, Etudes sur les tarifs de douane et sur les traités de commerce, I (1876). Arnauné, Le commerce extérieur et les tarifs de douane (1911). Levasseur, Histoire du commerce de la France II (1912). Devers, La politique commerciale de la France (1892. Schr. d. Ver. f. Sozialpol. 49). Brandt, Beiträge zur Geschichte der französischen Handelspolitik (1894). Lexis, Die französischen Ausfuhrprämien (1870). Schriften des Vereins für Sozialpolitik, 49 (Handelspolitik von Italien, Belgien, der Niederlande, der Schweiz usw.). Lang, Hundert Jahre Zollpolitik (1906). Glier, Die Meistbegünstigungsklausel (1905). Mason, Tariff History of United States to the present time (1884). Taussig, The Tariff history of the United States (1923). James, Studien über den amerikanischen Zolltarif (1877). Deuster, Die Entwicklung des amerikanischen Zolltarifsystems (1887). Bryce, The American Commonwealth (1889). Viallate, L'industrie américaine (1908).

schaffte, den eigenen Erzeugnissen einen freien Markt zu gewähren, da mit Ausnahme Frankreichs, das seit 1790 ein einheitliches Zollgebiet bildete, hier überall die einzelnen Landesteile, Provinzen, Kantone usw. mit verschiedenen Rechten, Zöllen, Akzisen sich gegenüberstanden.

In Deutschland gab es noch um 1790 ca. 1800 Zollgrenzen; „die Deutschen treiben Handel wie die Gefangenen durch das Gitter des Gefängnisses“ — so äußerte sich ein Franzose. Selbst zu Beginn des 19. Jahrhunderts hatte Preußen noch 67 lokale Zolltarife und ebensoviele Zollgrenzen; allein auf der Strecke von Dresden bis Magdeburg hatte der Reisende 16 Zollstätten zu passieren. In den beiden nächsten Jahrzehnten wurde es zum Teil besser, denn in mehreren Staaten wurden die inneren Zollschranken aufgehoben und die Zollinie an die Grenze des Landes verlegt. Dies geschah in Bayern 1807 (teilweise schon 1765), in Württemberg 1810, in Baden 1812; von besonderer Bedeutung war es jedoch, daß Preußen 1818 die zahlreichen, früher nebeneinander bestehenden Zolltarife durch einen einzigen ersetzte, der an den Grenzen des Staates in Anwendung gebracht wurde. Durch diese Gesetze, insbesondere durch das preußische Handels- und Zollgesetz von 1818, wurde wenigstens der Verkehr innerhalb der einzelnen Länder von Binnenzöllen freigemacht; Preußen hatte für sein Gebiet, also für den größten Teil Deutschlands, einen einheitlichen Markt geschaffen. Zum erstenmal war in Deutschland für 5000 Quadratmeilen und 10,5 Mill. Menschen ein einheitliches Wirtschaftsgebiet entstanden. Doch das genügte dem deutschen Handel und Verkehr noch lange nicht, denn jeder deutsche Staat sah seinen Nachbarstaat als Ausland an und die in Deutschland vorhandenen 38 Zoll- und Mautlinien mußten, nach List, den Verkehr im Inneren ganz lähmen und dieselbe Wirkung hervorbringen, wie wenn jedes Glied des menschlichen Körpers unterbunden würde, damit das Blut nicht in ein anderes hinüberfließe. „Von allen Seiten in ihrem Absatz auf kleine Länderstriche beschränkt und sogar unter sich selbst wieder durch kleinere Douanenlinien voneinander getrennt“, waren die Händler der mittleren und kleineren deutschen Staaten der Verzweiflung nahe. „Mit neidischen Blicken sahen (nach List) die Deutschen über den Rhein hinüber, wo ein großes Volk vom Kanal bis an das Mittelländische Meer, vom Rhein bis an die Pyrenäen, von der Grenze Hollands bis Italien auf freien Flüssen und offenen Landstraßen Handel treibt, ohne einem Mautner zu begegnen.“

Erst seit Ende der zwanziger Jahre fallen allmählich die Schlagbäume, die den Deutschen von dem Deutschen trennen; Schritt für Schritt kommt die zollpolitische Einigung Deutschlands zustande. Die Linie der preußischen Grenzzölle rückt immer weiter hinaus, bis sie ganz Deutschland umschließt. Den Ausgangspunkt bildet das Jahr 1828, wo drei Zollbündnisse zustande gekommen waren: der Bund zwischen Bayern und Württemberg (der süddeutsche Zollbund), ferner der Bund Sachsens mit Kurhessen, Braunschweig, Hannover, Oldenburg und den thüringischen Staaten, sowie Bremen und Frankfurt (der mitteldeutsche Zollverein), endlich die Aufnahme Hessen-Darmstadts in das preußische Zollsystem (der nordische Zollbund). Im nächsten Jahre folgte dann auf Betreiben von Motz und Cotta der Abschluß eines Handelsvertrages zwischen dem preußisch-hessischen und dem süddeutschen Verein, indem beide Bünde sich teilweise gegenseitige Zollfreiheit (bis 1841), teilweise eine Zollermäßigung um 25% und eine allmähliche Anpassung der beiderseitigen Zollsysteme garantierten. Der Vertrag bedeutete eine Gefahr für die übrigen, namentlich die mitteldeutschen, zwischen ihnen eingeschalteten Staaten, drohte sie vom Auslande abzuschneiden. Sachsen wie die thüringischen Staaten (letztere hatten sich eben zu einem „Zoll- und Handelsverein" zusammengeschlossen) mußten wohl oder übel dem Zollverbande beitreten. Dies geschah 1833 und im darauffolgenden Jahre (1834) trat der große Handelsbund unter dem Namen des „Deutschen Zoll vereins" ins Leben, der ein Gebiet von 18 Staaten mit 7719 Geviertmeilen und 23 Mill. Einwohnern umfaßte und sich nahezu vollständiger Verkehrsfreiheit und eines einheitlichen Tarifs für den Außenhandel erfreute. Im nächsten Jahre schlossen sich ihm Baden und Nassau an, dann (in den vierziger Jahren) traten auch die übrigen Staaten aus ihrer Isoliertheit heraus.

Außerhalb des Zollvereins verblieben bloß (wie ehedem in Frankreich) die Küstenstriche und die Seestädte — Hannover, Oldenburg, Schleswig, Holstein, Mecklenburg, die Hansestädte, deren Handelsinteressen ihnen den Weg über das Meer, nach England und Amerika wiesen. Der Zollverein ohne Küstenhäfen „glich einem menschlichen Organismus, dem die Beine fehlen"; es schob sich gleichsam ein Mittelstaat zwischen Deutschland und dem Auslande ein. List haßte diese „Trödler der englischen Industrie", beschuldigte sie der Verfinsterung durch „Partikularismus, Egoismus und Fremdeninteressen". Erst 1851 gelang es, den von Hannover und Oldenburg gegründeten Steuerverein, dem besondere Vorrechte versprochen wurden, dem Zollverein einzuverleiben; ihnen folgten auch die übrigen, noch außerhalb desselben stehenden Staaten und in den fünfziger und sechziger Jahren wurde Deutschland zu einer „nationalen Handelseinheit", zu einem einheitlichen Zollgebiet, das sich bis an die Meeresküsten erstreckte, das nur an einzelnen Punkten durch die Hansestädte, diese „souveränen Kirchspiele", die ihre Sonderinteressen verfolgten, durchbrochen wurde; erst in den achtziger Jahren ließen auch diese sich in die Zollinie einschalten. Um diese Zeit gab es jedoch keinen Zollverein mehr; 33 Jahre lang hatte er gelebt und konnte dann gehen, da er seine Rolle ausgespielt hatte. Die Geschichte des Zollvereins kennt drei Krisen, ungezählt einer Reihe weniger bedeutender Zwischenfälle; mehrfach stand er am Abgrund, doch gelang es Preußen, das die Führerrolle im Zollverein übernommen hatte, jedesmal, ihn vor dem Untergange zu retten und den Vertrag zu erneuern, um ihn zuletzt durch eine Vereinigung des Norddeutschen Bundes mit den süddeutschen Staaten (1867) zu ersetzen und 1871 im Deutschen Reiche aufgehen zu lassen.

In Österreich bildeten seit 1775 alle deutschen Länder (doch nur diese) ein einheitliches Zollgebiet; in diese Zollgrenze wurde 1796 auch Galizien aufgenommen. 1827 folgte ein weiterer bedeutsamer Schritt, als ganz Österreich zu einem einzigen Wirtschaftsgebiet zusammengeschlossen wurde: Die Zollinien, durch die die deutschen Länder von den übrigen Gebieten, Tirol, Vorarlberg, Lombardei, Venetien, Dalmatien, getrennt waren, hatte man nun aufgehoben. Endlich schuf das Jahr 1851 einen einheitlichen österreich-ungarischen Markt (bereits 1777 war eine Vereinigung Ungarns mit Slavonien, Transylvanien und dem Banat zustandegekommen); ein Zollbündnis Österreichs und Ungarns garantierte innerhalb des ganzen Reiches vollständige Verkehrsfreiheit.

Viel länger sollte es dauern, bis Italien es zu einer Vereinheitlichung seines Zoll- und Handelsgebietes bringen konnte. Seit den vierziger Jahren des 19. Jahrhunderts werden die Klagen, sowohl der Theoretiker, als der Praktiker über die herrschenden Handelsverhältnisse immer dringlicher, denn das Land zerfiel in sieben voneinander durch Zollinien getrennte, ineinander einschneidende, eine selbständige Handelspolitik führende Zollgebiete. Wie einst die Deutschen Frankreich beneidet hatten, so rühmte man nun in Italien die große in Deutschland verwirklichte Idee und träumte von einer ähnlichen „Lega doganale" in Italien. Einen Zollverein haben die italienischen Staaten freilich nie gebildet, sondern die 1859 erfolgte politische Einigung Italiens bedeutete zugleich ein Ende der früheren wirtschaftlichen Isolierung der einzelnen Landesteile. Im selben Jahre fielen die Zollschranken, die bisher die Nordgebiete voneinander trennten (Toscana von Romagna und Modena, Piemont von der Lombardei, Piacenza, Parma und Modena), worauf dann im nächsten Jahre auch die übrigen Teile des neuen Königreichs Italien (Umbrien, die Beiden Sizilien usw.) in die einheitliche Zollinie einbezogen wurden.

Auch die schweizerischen Kantone waren bis 1848 selbständige Zollgebiete. Erst in diesem Jahre wurde die Zollgesetzgebung Bundessache; der Bund hob nun sowohl die kantonalen, als die noch nicht ganz ausgestorbenen Fluß-, Brücken- und Wegemauten auf und führte einen einzigen, für den ganzen Staat geltenden Grenzzolltarif ein. Eine vollständige Zolleinheit bildete die Schweiz jedoch erst seit 1874.

Die neue Freihandelslehre wurde von England aus auch auf den Kontinent verpflanzt und fand hier zahlreiche eifrige Anhänger und Vorkämpfer. Doch erst allmählich und langsam gelang es ihnen, wenigstens mit den größten Hindernissen, die dem Handel im Wege standen, aufzuräumen. Der erste einheitliche französische Zolltarif von 1790 kannte freilich keine Einfuhrverbote mehr, doch die alten Ideen des ancien régime, die während der Revolution wieder auflebten, und der dauernde Haß gegen England brachten ein allgemeines Verbot aller englischen Waren mit sich, das seinen Höhepunkt in dem großartigen Plan Napoleons erreichte, England durch die Kontinentalsperre den

Lebensnerv abzuschneiden, seinen Handel und Verkehr mit der übrigen Welt vollständig zu unterbinden. In der Furcht, die englischen Waren könnten doch unter dem Deckmantel von Erzeugnissen anderer Länder hindurchschlüpfen, zerschnitt Napoleon den gordischen Knoten, indem er das Einfuhrverbot auch auf alle übrigen fremden Waren ausdehnte. Nach Aufhebung der Kontinentalsperre und nach Wiederherstellung des Friedens mit England hätten auch die Einfuhrverbote ein Ende nehmen müssen. In Wirklichkeit blieb es im großen und ganzen beim alten. Insbesondere wurden an den Einfuhrverboten für Fabrikate keine Änderungen vorgenommen, auch Rohstoffe und Lebensmittel waren mit hohen Zöllen belegt. Die französischen Schutzzöllner, die sich als die „Aristokratie der Julimonarchie, die Begründer der neuen Dynastie" bezeichneten, wollten ihre Industrie der englischen Konkurrenz keineswegs preisgeben, obwohl ihnen von anderer Seite entgegengehalten wurde, daß das französische Volk, das eine Revolution zum Zwecke der Aufhebung aller Privilegien ins Werk gesetzt hatte, sich mit einer derartigen Ausnahmestellung der Industrie nicht befreunden könne. Die dem Parlament vorgelegten Entwürfe einer Beseitigung der Einfuhrverbote waren wegen des Widerstandes der Industriellen aussichtslos, um so mehr die Versuche, die hohen Schutzzölle zu ermäßigen.

Nun hatte freilich Napoleon III. einen anderen Ausweg, den er auch benutzte. Das Gesetz von 1814 verlieh der Regierung das Recht, in Dringlichkeitsfällen Lebensmittel- und Rohstoffzölle herabzusetzen; die betreffenden Dekrete wurden nachträglich dem Parlament vorgelegt. Durch eine Reihe von Dekreten gelang es ihm in der Tat, in den fünfziger und Anfang der sechziger Jahre über das Parlament hinweg eine Herabsetzung der Zölle auf zahlreiche Rohstoffe und Halbfabrikate, wie Wolle, Flachs, Hanf, Leder, Haare, Roheisen und andere Metalle, Kohle usw., sowie auch Fleisch, Wein und andere Lebens- und Genußmittel durchzuführen, auch die Getreidezölle zu suspendieren. Das Parlament, an das die betreffenden Dekrete erst hinterdrein, manchmal erst nach mehreren Jahren zur Bestätigung gelangten, mußte wohl oder übel sich damit einverstanden erklären; die früheren Bestimmungen waren ja längst vergessen, und es war nicht mehr möglich, die Zölle wieder ins Leben zu rufen. Die meisten Einfuhrverbote für Fabrikate hatten sich jedoch noch bis in die fünfziger Jahre hinein aufrechterhalten. Durch sein scharfes Prohibitionssystem ragte Frankreich unter den Staaten Europas besonders hervor. Auf der Liste der verbotenen Waren standen Garn und Gewebe, aller Art Kleider, Metall-, Leder-, Glaswaren, Chemikalien, raffinierter Zucker, Wagen, Schiffe und noch viele andere Gewerbeerzeugnisse. Ein damals populäres Scherzwort lautete, das Kamel ginge eher durch das Nadelöhr, als die Nadel selber über die französische Grenze. Noch 1855 weigerte sich das Parlament, einen ihm von der Regierung vorgelegten Entwurf der Abschaffung von Einfuhrverboten zu diskutieren. Wir Franzosen — äußerte sich Napoleon III. darüber — können Revolutionen machen, aber Reformen durchzuführen, das verstehen wir nicht. Doch die Freihändler machten ihn darauf aufmerksam, daß ihm nach der Verfassung noch ein anderes Recht zustehe: er könne auch Handelsverträge abschließen, ohne die Zustimmung des Parlaments einzuholen. In der Tat erfolgte 1860, unter Ausschaltung des gesetzgebenden Apparates, ein Vertrag mit England. Als die Regierung dies bekanntmachte, war der Eindruck in der Öffentlichkeit ungeheuer. Obwohl das Parlament darüber entrüstet war, kam der Vertrag trotzdem zustande. Er bedeutete eine schroffe Änderung in der französischen Handelspolitik, denn alle Einfuhrverbote wurden für aufgehoben erklärt und die Zölle durften 30%, seit 1864 25% des Warenwertes nicht übersteigen. Tatsächlich wurden die Sätze dann bei der Ausarbeitung des Zolltarifs noch niedriger angesetzt, manche Rohstoffe gingen ganz zollfrei ins Land. Die Freihändler hatten vorläufig einen entscheidenden Sieg davongetragen.

In Deutschland war schon das preußische Zollgesetz (Zoll- und Verbrauchssteuertarif) von 1818, das Schmoller mit zu den „gesetzgeberischen Höhepunkten und Großtaten Preußens jener Zeit" zählt, von freihändlerischem Geist beherrscht; sollten doch die Zölle für Gewerbeerzeugnisse 10% des Wertes nicht übersteigen. Jedenfalls war es „schutzzöllnerisch nur gegenüber den Tarifen der Kleinstaaten", dagegen „freihändlerisch gegenüber den Tarifen aller damaligen Großstaaten". Die Freihandelseingabe der Londoner City von 1820 wies auf „das glänzende Beispiel" hin, das „Preußen der Welt gegeben hatte". War die Tarifpolitik des Zollvereins in der Folge auf dem preußischen Gesetz von 1818 aufgebaut, so wurden doch in den vierziger Jahren manche Abänderungen desselben in schutzzöllnerischem Sinne vorgenommen. Erst der Abschluß des Handelsvertrages mit Frankreich (1862) gab Preußen die Möglichkeit, analog dem Vertrage Frankreichs mit England wieder die freihändlerische Richtung einzuschlagen. Die übrigen Zollvereinsstaaten mußten wohl oder übel den Handelsvertrag annehmen. Dadurch wurde nicht bloß der Zollvereinstarif bedeutend vereinfacht, sondern auch für manche Rohstoffe Zollfreiheit angesetzt, die Zölle auf Fabrikate bedeutend ermäßigt, worauf bald auch die Beseitigung der allgemeinen Eingangsabgabe folgte.

Der Wunsch Österreichs, sich Eintritt in den Zollverein zu schaffen, führte 1851 zur Aufhebung der in den vierziger Jahren noch zahlreichen Einfuhrverbote. Dann kam es 1853 zu einem Handelsvertrag mit Preußen, der bedeutende Zollherabsetzungen im österreichischen Tarif vereinbarte. Doch einen weiteren Schritt auf dem Wege des Freihandels zu machen, dazu wollte sich Österreich vorläufig noch nicht entschließen. Der Abschluß des Handelsvertrags mit Frankreich gab Preußen die Möglichkeit, die 1853 vorgesehene deutsch-österreichische Zolleinigung unmöglich zu machen, da Österreich den französischen Vertragstarif nicht annehmen konnte. Dadurch war der Plan des „großdeutschen" Zollvereins unter Beteiligung Österreichs vollständig zum Scheitern gekommen. Freilich mußte sich Österreich bald doch zu weiteren Zugeständnissen in seinem Zolltarif bequemen, denn als sich 1865 der am Rande des Bankrotts stehende Staat nach London um Hilfe wandte, wurde ihm eine Anleihe nur unter der Bedingung zugesagt, daß es einen Handelsvertrag mit England abschließen sollte, und zwar mit der Bestimmung, daß die Zölle 25% (seit 1870 sogar 20%) des Warenwertes nicht übersteigen sollten.

Noch viel schroffer war der Übergang vom Schutzzoll zum Freihandel, den Italien durchmachte. Nur im Piemont hatte Cavour schon in den fünfziger Jahren freihändlerische Ideen durchgeführt, um sie dann, nach Begründung des Königreichs, auf ganz Italien auszudehnen. Obwohl Cavour von einem nur schrittweisen und vorsichtigen Übergang zum Freihandel sprach, so bedeutete doch der neue Zolltarif Italiens von 1861 und der darauffolgende Handelsvertrag mit Frankreich einen vollständigen Bruch mit dem ehemaligen Schutzzollsystem, um dem Grundsatze des Freihandels Platz zu machen.

So feierte der Freihandel in den sechziger Jahren seine größten Triumphe. Alle Staaten Europas eigneten sich die freihändlerischen Ideen an, die einen als überzeugte Anhänger der neuen Lehre, die den Verkehr von allen Fesseln befreien wollte, andere nur zaghaft und unwillig sich ins Unvermeidliche fügend, um hinter den anderen nicht zurückzubleiben. Außer den obengenannten Ländern verfuhren in dieser Weise auch die übrigen, Belgien, die Niederlande, die Schweiz usw. Viel hatte dabei der Freihandel — wie man aus dem oben Angeführten ersehen kann — den Handelsverträgen zu verdanken. Sie verhalfen ihm zum Siege, denn indem sie dem vertragschließenden Staate die Eröffnung neuer Märkte für seine Industrie in Aussicht stellten, veranlaßten sie auch Zugeständnisse seinerseits, zu denen man sich um so leichter herbeilassen mochte, als vom freihändlerischen Standpunkte die versprochenen Zollermäßigungen gar kein Opfer darstellten, sondern im Gegenteil dem Staate die Möglichkeit boten, die den eigenen Verbrauch verteuernden Zölle loszuwerden. Der Wert der Handelsverträge wurde noch durch die darin enthaltene Meistbegünstigungsklausel gesteigert. Als Preußen und der Zollverein 1862 den Vertrag mit Frankreich unterzeichneten, erlangten sie nicht nur alle die Vergünstigungen, die Frankreich an England und Belgien bereits zugesagt hatte, sondern erhielten auch als meistbegünstigste Nation das Recht auf sämtliche Zollherabsetzungen und andere Freiheiten, die Frankreich in Zukunft diesen oder anderen Staaten zugestehen würde. Das Abkommen beruhte auf Gegenseitigkeit, so daß auch Frankreich sämtliche Vergünstigungen genießen sollte, die der Zollverein anderen Staaten verleihen würde. Österreich erblickte in diesen Bestimmungen mit Recht ein großes Hindernis für das Zustandekommen eines 1853 geplanten deutsch-österreichischen Zollvereins, denn die Meistbegünstigungsklausel schloß ja die Gewährung besonderer Vorrechte an Österreich aus; jede Ermäßigung des Zolltarifs für Österreich mußte sofort verallgemeinert werden, auch auf alle anderen meistbegünstigten Staaten Anwendung finden. Nachdem das Differentialabkommen mit Österreich abgelaufen war, wurde es denn auch nicht mehr erneuert.

Die freihändlerische Strömung führte zum Abschluß neuer Handelsverträge. Auf den Vertrag des Zollvereins mit Frankreich folgten dann Abkommen mit Belgien, Großbritannien, Österreich-Ungarn, Italien, der Schweiz. Überall waren Zollermäßigungen und -bindungen vorgesehen, die gegenseitige Meistbegünstigung festgelegt, so daß jedes Recht, das einem Staate gewährt wurde, in Wirklichkeit „sofort und ohne weiteres“ den meistbegünstigten Staaten zufallen sollte, gleich einem elektrischen Funken von einem Lande zum anderen sich verbreitete. In gleicher Weise verfuhren auch die anderen mitteleuropäischen Staaten, Frankreich, Belgien, Österreich-Ungarn, die Schweiz, Italien. Von allen ihnen wurden zahlreiche Handelsverträge sowohl miteinander, als mit anderen europäischen und außereuropäischen Mächten eingegangen. Das Jahrzehnt 1861—1870 weist ca. 120 Verträge auf, davon kamen auf Deutschland (Zollverein, Norddeutscher Bund, hansische Städte) 21, auf Österreich-Ungarn 14, auf Italien sogar 24. Europa bedeckte sich mit einem Netz von Handelsverträgen, welche Tarifermäßigungen und die Meistbegünstigungsklausel enthielten. Letztere wirkte als ein Magnet, durch den jeder Staat jede einem anderen Staate gebotene Begünstigung an sich ziehen konnte. Hierdurch wurde nicht bloß die Gleichberechtigung aller auf jedem Markte proklamiert, sondern jede Zollermäßigung verzehn- und verzwanzigfacht. Die Ära der Handelsverträge wurde dadurch zur Ära des Freihandels.

War die Handels- und Zollpolitik der kontinentalen Staaten überhaupt von England beeinflußt, so machte sich dieser Einfluß besonders stark auf dem Gebiete des Getreidehandels und der Getreidezölle[1]) geltend. Wurde ja schon das englische Gesetz von 1689, das Getreideausfuhrprämien und Getreideeinfuhrzölle bestimmte und beides von dem Stand der Kornpreise abhängig machte, überall als die größte Wohltat für die Landwirtschaft gerühmt und eine Nachahmung der englischen Getreidehandelspolitik den Regierungen empfohlen. Die anderwärts herrschenden Beschränkungen des Getreideexports sollten ebenfalls durch Freigabe der Ausfuhr und durch Einfuhrzölle bei niedrigen Kornpreisen ersetzt werden. Karl August Struensee und Albrecht Thaer in Deutschland, ebenso wie Genovesi in Italien führten die Blüte der englischen Landwirtschaft auf die englischen Korngesetze zurück. Noch mehr Verehrer erwarben sie sich in Frankreich, wo Boisguillebert (1706), Melon (1734), Dupin (1745), Forbonnais, Galiani, auch

[1]) Pietsch, Die Wirkung der veränderlichen Getreidezölle in Frankreich (Diss. 1902). De Launay, De l'échelle mobile (Journ. des Econ. 1859, 21). Borie, La société centrale d'agriculture et la loi des céréales (ibid. 22). L'échelle mobile des droits sur les blés (ibid. 21). Roulleaux, Réflexions sur l'enquête concernant l'échelle mobile (ibid. 22). Gülich, Geschichtl. Darstell. des Handels, der Gewerbe und des Ackerbaues. (1830). Ersch und Gruber (Allgem. Enzykl. der Wiss., I, B. 65 s. v. Getreidepreise).

Quesnay (Art. „Grains“ in der Grande Encyclopédie) als entschiedene Anhänger der englischen Getreidehandelspolitik auftraten. Hatte auf diese Weise die Wissenschaft den Boden gewissermaßen geebnet, so boten zu Anfang des 19. Jahrhunderts auch auf dem Festlande die Getreidepreise eine günstige Gelegenheit zu einer Änderung der Getreidehandelspolitik. Denn nach den hohen Getreidepreisen der ersten zwei Jahrzehnte des 19. Jahrhunderts trat seit 1820 ein jäher Preisfall ein und der niedrige Preisstand erhielt sich während der zwanziger Jahre. Dies war, wie oben erwähnt, in England der Fall; einen noch größeren Rückgang weisen jedoch die Getreidepreise seit 1820 in Berlin, Hamburg, Königsberg (wie auch in Halle, Jena, Gotha) auf, ebenso wie in Antwerpen, Dortrecht, Stockholm, in Frankreich und Portugal. Der Preisfall hatte demnach einen allgemeinen Charakter angenommen und ebenso allgemein mußte auch die Änderung in der Getreidehandelspolitik, die Nachahmung Englands sein. Dem Preisniedergang konnte man nur durch Freigabe der Ausfuhr und durch Festsetzung von Einfuhrzöllen steuern.

In Frankreich wurde erst 1814 das Getreideausfuhrverbot durch einen Ausfuhrzoll von 23, 21 und 19 Fr. für 100 kg, je nach dem Gebiet, woher der Export erfolgte, ersetzt. Doch, wie ehemals in England und den Niederlanden, begnügten sich die Landwirte damit nicht, sondern forderten zugleich einen Einfuhrzoll, der ihnen jedoch erst nach dem Preisrückgang von 1819 gewährt wurde (seit 1816 bestand nur eine recht geringfügige Abgabe), obwohl die Getreideeinfuhr nach Frankreich, wie sie selber zugeben mußten, nur gering war. Der Staat wurde (wie für die Ausfuhrzölle) den Getreideproduktionskosten entsprechend in drei (seit 1821 in vier) Rayons eingeteilt; der Einfuhrzoll bei 20, 18 und 16 Fr. je nach dem Rayon, wurde in ein Einfuhrverbot umgewandelt. Dagegen trat bei 23, 21 und 19 Fr. das Ausfuhrverbot ein. In den beiden nächsten Jahren wurden die Schutzzölle noch verschärft. In Preußen hatte man ebenfalls 1818 mit den Getreideausfuhrzöllen aufgeräumt und Einfuhrzölle (0,187 für den Scheffel Weizen und 0,062 für Roggen und Gerste) festgesetzt, die unter der Einwirkung der Agrarkrise der zwanziger Jahre 1824 auf 0.50 Mark (an der Ostgrenze, seit 1827 auch an der Westgrenze) für alle Getreidearten, d. i. auf das Drei- bis Achtfache erhöht wurden. Auch jetzt waren sie freilich nicht hoch; doch der Agrarkrise, die keineswegs durch Getreideeinfuhr aus dem Auslande, sondern eher (jedenfalls zum Teil) durch verminderten Export, insbesonders nach England (zur Zeit der Korngesetze) veranlaßt war, konnten sie wohl kaum Abhilfe schaffen. Auch in Schweden, den Niederlanden, Spanien, Portugal wurden in den zwanziger Jahren Getreidezölle eingeführt bzw. die schon früher vorhandenen erhöht, die teilweise den Getreideimport ganz unmöglich machten.

Doch darauf beschränkte sich die Nachahmung Englands keineswegs. Kaum hatte England 1828 seine „gleitende Skala“ (sliding-scale) ins Leben gerufen, als man auch dann Englands Beispiel überall folgte, so 1830 in Schweden, 1832 in Frankreich, 1834 in Belgien, 1835 in den

Niederlanden, 1837 in Portugal. Nun waren freilich schon früher die Zollsätze von den Getreidepreisen abhängig gemacht worden, doch, wie in England vor 1828, waren die Zollbestimmungen jedenfalls viel einfacher und erst jetzt waren sie durch eine gleitende Skala ersetzt worden; in Portugal, den Niederlanden, Belgien gab es vordem überhaupt nur einen festen Zollsatz für jede Getreideart, der unabhängig vom Preisstande erhoben wurde. Nach dem französischen Gesetz von 1832 war der Einfuhrzoll bei Getreidepreisen von 28, 26, 24 und 22 Fr. (je nach dem Rayon) auf bloß $\frac{1}{4}$ Fr. angesetzt, um bei weiterem Preisniedergang um je 1 Fr. zuerst um 1 Fr., dann aber jedesmal um $1\frac{1}{2}$ Fr. (also schneller als die Preise zurückgingen) zu steigen. Beim Preise von 25 bis 19 Fr. traten dagegen Ausfuhrzölle in Wirksamkeit, die (ebenfalls) mit der Zunahme der Preise steigen sollten. In Schweden betrug der Einfuhrzoll 5 Taler bei einem Weizenpreise von 10 Tal. für die Tonne, um mit der Getreidepreiserhöhung bis auf 1 Tal. zu fallen und, wenn der Getreidepreis noch weiter stieg, in Ausfuhrzölle umgewandelt zu werden. Ähnlich war es in den Niederlanden und in den anderen genannten Staaten. In den Niederlanden wurde der feste Zollsatz von $7\frac{1}{2}$ Fl. pro Last Weizen (analog für Roggen) durch gleitende Zollsätze ersetzt: $\frac{1}{4}$ Fl. Zoll bei einem Preise von 9 Fl., $\frac{1}{2}$ Fl. bei 8 Fl., 1 Fl. bei 7 Fl. usw. bis auf 3 Fl. Zoll bei einem Weizenpreise von 4 Fl. Bloß Preußen behielt sein früheres Getreidezollsystem bei.

Nun hatten die Getreidezölle für die Staaten des Festlandes überhaupt viel weniger Sinn als für England, dessen Beispiel sie damit folgten. Entweder waren es, wie Preußen und Schweden, Getreideausfuhrländer, oder sie bedurften jedenfalls nur wenig einer Getreideeinfuhr. Holland führte Korn nur zur Wiederausfuhr nach England ein. Auch der französische Getreideimport war nur gering. Von 1815—1835 betrug hier der durchschnittliche jährliche Einfuhrüberschuß bloß 346000 hl, 1832—1852 560000 hl bei einem Jahreskonsum von 60 Mill. hl, so daß kaum 1% des Verbrauches durch fremdes Getreide gedeckt wurde. Unter diesen Umständen konnte die gleitende Skala auch als preisregulierender Faktor nicht eingreifen. Preisbestimmend wirkte allein der Ernteertrag. Jedenfalls ergibt die Getreidepreisbewegung sowohl in Frankreich wie in Belgien, Portugal usw., daß die Getreidepreise zur Zeit der gleitenden Skala keine Steigerung erfahren hatten und somit ihr Ziel nicht erreicht worden war. Dagegen äußerte die Skala ihre nachteilige Wirkung in den Jahren des Mißwachses, da sie das Aufkommen eines regelmäßig betriebenen Getreidehandels verhinderte und daher bei schlechtem Ernteausfall ein rasches Eingreifen durch Zufuhr fremden Kornes nicht möglich war. In Frankreich konnte man dies in den vierziger Jahren mehrfach feststellen.

Unter diesen Umständen mußte man auch auf dem Kontinent zur Aufhebung der gleitenden Zollsätze und des Getreideschutzzollsystems schreiten. Höchst bezeichnend ist es, daß auch dies unter dem Einfluß der Abschaffung der Korngesetze in England geschah. Bereits ein Jahr nach der Aufhebung der gleitenden Scala in England folgten (1847) die Niederlande, indem sie die Skala durch einen unbedeutenden festen Zoll ersetzten. Zwei Jahre vorher, als in England die Agitation gegen die Kornzölle schon in vollem Gang war, tat man das gleiche in Belgien. In den fünfziger Jahren tritt Zollfreiheit für Getreide in beiden Ländern ein. In Portugal wurden die gleitenden Zölle seit 1854 suspendiert, in den fünfziger Jahren auch in Schweden, Sardinien, dem Kirchenstaate aufgehoben. Seit 1865 war auch in Deutschland die Getreideeinfuhr vollständig frei. In Frankreich wurde bereits im Mißwachs- und Teuerungsjahr 1846 die gleitende Skala vorläufig suspendiert, dann wieder in Kraft gesetzt, 1853 mußte man wiederum infolge ungünstiger Ernte freie Getreideeinfuhr zulassen und erst 1859, als die Getreidepreise wieder stark gefallen waren und die Landwirte den Grund dafür im Mangel an Zollschutz erblickten, wurde sie wiederhergestellt, um jedoch nach zwei Jahren schon wieder, nun aber endgültig, beseitigt zu werden, indem ein fester Zoll von 0,60 Fr. pro hl festgesetzt wurde. Auch auf dem Gebiete des Getreidehandels konnte jetzt der Freihandel seinen Sieg feiern.

Den größten Gewinn aus dem Freihandel zog England mit seiner hochentwickelten Fabrikindustrie; sowohl in der Industrie, als in Handel und Schiffahrt, Kredit und Bankwesen nahm es die erste Stelle ein. London, das bereits seit Ende des 18. Jahrhunderts zum Mittelpunkt des Weltverkehrs geworden war, blieb noch während der ganzen hier behandelten Periode der beherrschende Umschlagsplatz, in dem aus allen Ländern die verschiedensten Erzeugnisse zusammenströmten, um dann wieder nach allen Richtungen verteilt zu werden. Erst seit den siebziger und achtziger Jahren machten ihm eine Reihe von Häfen des europäischen Festlandes, wie Nordamerikas seine Stellung streitig; als Mittelpunkt des Kredit- und Zahlungsverkehrs konnte London sich freilich auch noch später bezeichnen.

Der Kolonialbesitz der europäischen Staaten erfuhr erhebliche Wandlungen. Einerseits war er zurückgegangen, da die spanischen Kolonien in Amerika sich (um 1825) ihre Unabhängigkeit erkämpft hatten und auch Brasilien von Portugal (1822) unabhängig geworden war. Dem standen jedoch andererseits neue große Erwerbungen, die Frankreich und England in Asien, noch mehr aber in Afrika machten, gegenüber. Während nämlich Spanien von seinem riesigen Kolonialreich nur Kuba und Portorico in Amerika, die Philippinen in Asien verblieben waren (1898 sollte es auch diesen Rest an Nordamerika abtreten) und Portugals Kolonien sich nun auf seinen afrikanischen Besitz beschränkten, auch die Niederlande Ceylon, Singapore, das Kap der Guten Hoffnung und einen Teil ihrer Niederlassungen in Guayana (sie beschränkten sich hier nun auf Surinam) zu Anfang des 19. Jahrh. an England verloren hatten dehnten Frankreich und England ihren Kolonialbesitz bedeutend aus. Frankreich, das den größten Teil seines ehemaligen Kolonialbesitzes im 18. Jahrh. hatte aufgeben müssen und dem zu Anfang des 19. Jahrh.

auch einige westindische Inseln von England entrissen worden waren, hatte seit den 30er Jahren des 19. Jahrh. große Erfolge in der Neuerrichtung seiner Kolonialmacht aufzuweisen. Vor allem wurde Algerien erobert (1830), dann der größte Teil des Landes zwischen Senegal und Gambia in Besitz genommen, später auch Tunis (1881). Zu diesen Eroberungen in Afrika kam die Besetzung von Annam in Ostasien hinzu (1867), in der Südsee Tahiti, Moores und Neukaledonien (1847—1853). Das waren alles neue, von den Europäern erst jetzt erschlossene Gebiete, die den Kolonialbesitz Europas bedeutend erweitern sollten. In derselben Weise verfuhr auch England bei der weiteren Entwicklung seiner schon früher großen Kolonialmacht, das freilich, wie wir gesehen haben, außer der Annexion neuer Gebiete auch solche, wo europäische Niederlassungen bereits bestanden hatten, den andern Staaten, Frankreich, Holland, Spanien entriß. Neben der Weiterbesiedlung Australiens und neuen Eroberungen in Indien war es auch hier wiederum der Schwarze Kontinent, wo England die größten Erfolge zu verzeichnen hatte. Im Westen wurde die Goldküste und Sierra Leone britischer Besitz, im Süden wurde die Kapkolonie erweitert, Natal, Basutoland und Griqualand annektiert, später auch im Norden Afrikas Ägypten unter englische Kontrolle genommen. Dem Vorbilde Frankreichs und Englands suchten auch andere europäische Staaten zu folgen, auch sie wollten an der Verteilung des neu erschlossenen Weltteils teilnehmen. Doch das Eingreifen von Belgien (Kongostaat) und Deutschland (Südwestafrika, Kamerun, Togo, Ostafrika) gehört erst den 80er Jahren an.

Kapitel 32.

Wandlungen im Handel.

Ein bedeutender Umschwung war nicht bloß in der Handelspolitik, sondern auch im Handel[1]) selbst eingetreten. Der Detailhandel war noch in der ersten Hälfte des 19. Jahrhunderts nur wenig entwickelt. In Deutschland insbesondere, wo, wie wir gesehen haben, das Handwerk noch bis zu dieser Zeit in einer Reihe von Gewerbezweigen (dort, wo fertige Fabrikate für den unmittelbaren Bedarf produziert wurden) sich erhalten hatte, gab es noch viele Warengattungen, für deren Absatz überhaupt keine Handlungen vorhanden waren, da die entsprechenden Waren fast ausschließlich von Handwerkern vertrieben wurden, von

[1]) Borgius, Wandlungen im modernen Detailhandel (Arch. f. Soziale Gesetzg., 13, 1899). Landauer, Handel und Produktion in der Baumwollindustrie (Arch. f. Sozialwiss., Erg.-Bd. 7). Sering, Gesch. der preußisch-deutschen Eisenzölle von 1818 bis zur Gegenwart (1882 Schmollers Forsch.). Kanter, Der Handel mit gebrauchsfertigen Waren in Frankfurt a. M. Hirsch, Die Filialbetriebe im Detailhandel. (1913). Ders., Der moderne Handel. 2. Aufl. (1925). Sombart, Mod. Kapitalismus, 1. Aufl. II. (1902). d'Avenel, Le mécanisme de la vie moderne, I. 3. éd. (1902). Martin Saint Léon, Le petit commerce français. Sa lutte pour la vie (1911).

Bäckern, Fleischern, Schustern, Schneidern, Hutmachern, Sattlern, Tischlern, Drechslern, Böttchern, Kürschnern, Klempnern, die auch häufig kleine Läden zum Verschleiß der wenigen selbsterzeugten Waren, wie auch ähnlicher angekaufter Fabrikate besaßen. Handelsbetriebe finden wir nur für Kleineisenwaren, Galanteriewaren, Glas-, Porzellan und Steingutwaren, Kolonialwaren (von Übersee eingeführte Waren), endlich war der Altwarenhandel von Bedeutung. Es fehlten jedoch (auf dem europäischen Festlande) noch sowohl Möbel- als Kleider-, Schuhwaren-, Hutläden usw.

Wie aus einem Leipziger Adreßkalender aus dem Anfang des 19. Jahrhunderts ersichtlich ist, war dort der Branchenhandel nur schwach ausgebildet. Nur Läden mit irdenem Geschirr und Steingut, mit Schnupf- und Rauchtabak, mit Konditoreiwaren, namentlich aber Schnittwarenhandlungen hoben sich heraus; letztere waren fast die einzigen, die Gewerbeprodukte vertrieben, und zwar solche, die nur an bestimmten Orten produziert wurden. (Bücher). In Breslau gab es zu Anfang des 19. Jahrhunderts sieben verschiedene Handelsbranchen (Eisenwaren, Textilwaren, Altwaren). (Borgius). In Aachen finden wir um dieselbe Zeit drei Tuchwarenläden, zwei Seidenwaren- und Posamenterieläden, vier Eisenwarenläden, sechs Kolonialwarenhandlungen. (Hirsch.)

Nur allmählich kommt ja die Konfektion von Damen- und Herrenkleidern auf, wie die Erzeugung von Wäsche außer dem Hause durch Heimarbeiter, von Schuhen für das Magazin usw. Erst um die Mitte des Jahrhunderts konnten wir das Vorhandensein von „großen“ Magazinen verzeichnen, die den Handwerker verdrängten und dem Publikum fertige Waren in reicherer Auswahl anboten.[1])

Dabei war in jeder der wenigen damals bestehenden Handelsbranchen der Absatz sehr verschiedener Waren vereinigt, die Spezialisation war in dieser Hinsicht auch jetzt nur wenig vorgeschritten. Die Waren wurden gewöhnlich nach der Art der zu ihrer Erzeugung dienenden Rohstoffe in Gruppen geschieden. So umfaßte der Handel mit Galanteriewaren den Vertrieb verschiedener Luxusgegenstände aus Gold, Silber, Stahl, Schildpatt, Elfenbein, Leder, Holz. Im Kleineisenhandel wurden alle möglichen aus Eisen, Stahl, Blei und anderen unedlen Metallen erzeugten Waren vertrieben. Andere Gruppen waren auf Grund des Ursprungs der betreffenden Waren zusammengefaßt. So fanden sich im Kolonial- oder „Materialwaren“-Laden die verschiedensten überseeischen Waren, wie Spezereien, Farbstoffe, Zucker, Pflanzenöle.

Auch hierin tritt allmählich eine Wandlung ein. Das Prinzip des gleichen Rohstoffs oder des gleichen Ursprungs wird durch ein neues Prinzip, das des Bedarfs, ersetzt, der Gebrauchszweck der Waren wird zum unterscheidenden Merkmal. So erwuchs seit den sechziger Jahren aus dem alten Eisenwarenhandel das Haus- und Küchenwarengeschäft, das nun sowohl aus Metall wie aus Glas, Porzellan, Holz usw. gefertigte Haushaltungsartikel führte. Ebenso entstand aus dem Kolonialwarenhandel das Lebensmittel- und Delikateßgeschäft, das alles für den Tisch Nötige lieferte, ob es nun exotische, andere ausländische oder einheimische Produkte waren, jedoch weder Samen, noch Farbstoffe, noch Perlen, wie das früher der Fall war. Das neu aufgekommene Konfektionsgeschäft fügt bald zu Kleidern auch Wäsche, Hüte, Mode- und Galanteriewaren hinzu, es kommt das Prinzip der Warenkumulierung auf, das bald seine Fortsetzung in der Idee der Erweiterung des Warenkreises

---

[1]) S. oben S. 481ff.

findet, die zuerst als grand magazin, bazar in Paris (La Belle Jardinière seit 1826, Grands Magazins du Louvre, gegr. 1854), seit Mitte des Jahrhunderts auch in den Vereinigten Staaten (erst seit den achtziger Jahren in Deutschland) verwirklicht wird.

Der neue Charakter des Detailhandels wie die zunehmende Spezialisierung der Produktion brachten es mit sich, daß der Detaillist nicht mehr in der Lage war, seine Waren direkt vom Fabrikanten zu beziehen; endlos wäre die Zahl der Fabriken, die er für seine in die verschiedensten Produktionszweige gehörenden Artikel aufzusuchen hätte. Deshalb entstand seit den sechziger Jahren der Großsortimenter, der sich zwischen beide Parteien als Mittelglied einschob. Er scheint aus dem Typus des kapitalkräftigen Detaillisten erwachsen zu sein, dessen umfangreiches Lager und günstige Geschäftsverbindungen kleinere Detaillisten veranlaßten, ihren Warenbedarf en gros und demgemäß zu ermäßigtem Preise zu beziehen. Allmählich wird das Nebengeschäft zum Hauptgeschäft, der Grossist schließt sein offenes Geschäft und arbeitet nun lediglich noch für Wiederverkäufer.

Ist hier der Großhandel, der zum Vermittler zwischen Fabrikant und Detaillist wurde, neu aufgekommen, so hat er sich auch in manchen anderen Handelszweigen oft wohl nicht um vieles früher herausgebildet. Die wichtigste Branche des heutigen Großhandels bildet ohne Zweifel der weitverzweigte Weltgetreidehandel. Und doch konnte ein regelrechter Getreidehandel erst dann emporkommen, als die fast überall bestehenden[1]) gleitenden Zölle beseitigt waren, da sie wohl eine auf dem Schwanken der Zölle basierte Spekulation, jedoch keine regelmäßige, auf rationeller Grundlage beruhende Kornein- und -ausfuhr möglich machten. In England tritt dieser Zustand erst in den vierziger Jahren ein und erst seit dieser Zeit datiert eigentlich der englische Getreidehandel. Die russische Getreideausfuhr, die vornehmlich nach England ging, erfuhr nach Aufhebung der englischen Skala sofort eine Steigerung um fast 90% (1841—1845 27 Mill. Pud à 16 kg, 1846—1850 51 Mill.). In eine noch spätere Zeit fällt das Aufkommen des französischen Kornhandels. „In England, insbesonders in London,“ behauptete man noch 1859 in der Pariser Société d'économie politique, „sind große Firmen für Getreidehandel vorhanden, auch in Livorno gibt es solche, namentlich griechische Handelshäuser, in Frankreich fehlen sie dagegen selbst in einer Hafenstadt wie Le Havre, etwas besser sieht es in Marseille aus, aber auch diese Handelsstadt kann keinen Vergleich mit London oder Liverpool aushalten.“ „Diese geringe Ausbildung des französischen Getreidehandels“ — wurde weiter ausgeführt — „macht sich besonders fühlbar in schlechten Erntejahren, denn das dazu nötige Kapital und geübte Arbeitskräfte, an denen es sonst mangelt, können nicht in solchen Jahren plötzlich auftauchen, dazu bedarf es eines längeren Zeitraumes, während das Volk bei hohen Getreidepreisen nicht darauf warten kann.“ Der Weltgetreidehandel entwickelt sich eigentlich erst seit den sechziger, insbesondere aber seit den siebziger Jahren, als die Zufuhr aus den Überseegebieten, vor allem aus den Vereinigten Staaten, dank dem Dampfschiff und dem dadurch verursachten Niedergang der Frachtsätze große Getreidemassen auf den europäischen Markt werfen konnte.

Auch der Kolonialwarenhandel, der allerdings seit dem Mittelalter im Handelsverkehr an erster Stelle stand (Gewürze und Spezereien), kommt doch in seiner heutigen Bedeutung erst allmählich während des 19. Jahrhunderts auf, da erst jetzt seine Hauptartikel, Kaffee, Tee, Zucker, Kakao in den Volkskonsum übergehen[2]), der Textilwarenhandel erst dann, als die billigen Fabrikwaren (deren Absatz Vermittler übernehmen mußten) den Weg zum Arbeiter und Bauern finden konnten und die im Hause produzierten Gewebe verdrängten, der Metallwarenhandel mit der Ersetzung von Holz und anderen organischen Rohstoffen durch Eisen und Stahl, mit dem Bau von Eisenbahnen und Schiffen aus Eisen (später aus Stahl), mit der Konstruktion von Maschinen, Eisendächern, Utensilien mancherlei Art aus Eisen.

---

[1]) S. oben S. 508 ff.

[2]) S. oben S. 260.

Die Aktiengesellschaft gehört eigentlich erst dieser Periode an, früher sind nur Anfänge festzustellen; Aktiengesellschaften wurden meist nur für Aufgaben außergewöhnlicher Art begründet, zunächst für den Überseehandel, dann auch für Bank- und Versicherungswesen, zum Bau von Brücken und Kanälen. „Im ganzen wird man sagen können — behauptet mit Recht Steinitzer —, daß in England bis zum Jahrhundertanfang, in Frankreich bis zum Beginn des zweiten und in Deutschland bis zum Beginn des dritten Drittels des 19. Säkulums die Aktiengesellschaft ein außergewöhnlicher Apparat war, dessen man sich nur zur Bewältigung besonderer Aufgaben bediente, und daß sie nach jener Zeit anfängt, ein gewöhnliches Werkzeug für alltägliche Geschäfte zu werden."[1] In Zusammenhang damit steht die Entwicklung der Börse, für die ja die Aktie die Hauptnahrung bildet, erst mit der Entwicklung der neuen Unternehmungsform konnte auch die heutige Effektenbörse aufkommen.[2] Doch auch die Warenbörse hat erst das 19. Jahrhundert geschaffen, früher hatte sie eigentlich noch geringere Anfänge aufzuweisen als die Effektenbörse. Erst jetzt bildet sich das Lieferungsgeschäft aus; freilich wird noch kein Standard geschaffen, es wird vorläufig nur nach Proben gehandelt, doch auch dies bedeutete einen gewaltigen Fortschritt, denn auf Grund von Mustern konnten größere Warenpartien, die oft noch auf der See sich befanden, gekauft und verkauft werden.

Endlich werden nun zu einem stehenden Faktor des Wirtschaftslebens eine Reihe von Mitteln, die eine Brücke zwischen dem Produzenten und dem Konsumenten schlagen sollen. Die Geschäftsreisenden begegnen uns bereits in der zweiten Hälfte des 18. Jahrhunderts. Eine unumgängliche Voraussetzung der Verallgemeinerung dieses Instituts bildete jedoch das Aufkommen der Maschinen, denn erst die neue Betriebsweise rief einen starken Konkurrenzkampf und die Notwendigkeit größtmöglichster Absatzerweiterung hervor. Sie ermöglichte es aber auch erst, den Kunden Muster der von der Maschine erzeugten gleichförmigen Massenwaren vorzulegen und die Garantie dafür zu übernehmen, daß die gelieferten Waren dem Muster gemäß hergestellt werden würden. Andrerseits wurde durch die neuen Verkehrsmittel die Möglichkeit geboten, ganze Musterkoffer mit sich zu führen und die nach Mustern

---

[1] Steinitzer, Ökonom. Theorie der Aktiengesellschaft (1908), S. 34 ff., 41. Sombart, Mod. Kapit., II, 1, S. 162, 494 ff. Ders., Deut. Volkswirtsch., S. 205 ff. Vgl. oben S. 304 f., 522 f., 539 ff.

[2] S. Brockhage, Zur Entwicklung des preußisch-deutschen Kapitalmarkts I (1910, Schmollers Forsch. 148). Wormser, Die Frankfurter Börse (1919). Trumpler, Zur Gesch. der Frankfurter Börse (Bankarchiv 1909). Lazarus, Gesch. der Berliner Börse. Gebhard, Die Berliner Börse von den Anfängen bis 1896 (1928). Coffinière, Die Stockbörse, übers. von Schmalz (1824). Cibbini, Untersuchung über die Bestimmung der Börse (1817). Hilberg, Das erste Jahrhundert der Wiener Börse (1890). Hübner, Die Banken I—II (1854). Moser, Die Kapitalanlage in Wertpapieren (1862). Sartorius, Das volkswirtschaftliche System der Kapitalanlage im Auslande (1907).

bestellten Waren schnell, billig und pünktlich zu liefern. Nun erst waren die Reisenden imstande, ihre Kundschaft oft zu besuchen, sich mit ihrem Bedarf vertraut zu machen, neue Muster vorzulegen und Bestellungen entgegenzunehmen. Die Handlungsreisenden wurden nun zu einem wichtigen Faktor im internationalen Handelsverkehr, zu Absatzvermittlern, die den Markt zu bearbeiten hatten. Zu Ausgang der fünfziger Jahre kursierten sie bereits zwischen London und Alexandria ebenso zahlreich wie zwischen Hamburg und Leipzig; in allen Weltteilen waren sie zu finden (Wölfel).

In England zählte man schon in den fünfziger Jahren über 2000 dieser „wandernden Gesellen der Handelswelt", der von Industrie und Eisenbahnen ins Leben gerufenen „Wandervögel", wie man sie treffend bezeichnet hat. In diesem Zeitalter, wo englischer Handel und englische Industrie ihren Vorrang behaupteten und kein anderer Staat England auch nur annähernd erreichen konnte, waren auch diese Reisenden allenthalben vorzüglich Engländer. Freilich bedienten sich auch die Industriellen anderer Länder der Handlungsreisenden, doch waren dieselben hier hauptsächlich nur dazu bestimmt, das Inland zu bereisen, ohne jedoch das Ausland zu besuchen. Von allen Seiten wurden (besonders in Deutschland) Klagen der eingesessenen Kaufleute über ihre Konkurrenz laut. Man ging so weit, den Ausschluß derjenigen Kaufleute, die mit Handlungsreisenden in Verbindung treten, aus den kaufmännischen Verbänden zu verlangen. Ja, die Reisediener, wie man sie nannte, sollten, wenn sie die deutschen Städte besuchten, von dort ausgewiesen werden. Besonders nachteilig erwies sich ihre Tätigkeit für den Messehandel, denn der mit seinen Musterkoffern reisende „Handlungsdiener" machte das persönliche Erscheinen des Bestellers zur Messe überflüssig. Der Mißerfolg der Leipziger Messe von 1821 wurde von den interessierten Kaufmannskreisen erklärt durch die „von den Engländern aus Not eingeführte und sodann von deutschen Fabrikanten und Zwischenhändlern nachgeahmte Gewohnheit, ihre Waren überall, in den Kleinstädten, Provinzstädten und selbst an Dorfkrämer durch ausgesandte zahlreiche Reisediener oder sog. Musterreiter direkt ins Haus zu schicken, wodurch die Einkäufer je länger, je mehr von dem Besuche der Messen und Märkte zurückgehalten werden".

Auch die Reklame, deren Anfänge bis ins 18. Jahrhundert zurückgehen,[1]) findet allmählich Verbreitung.[2]) Zuerst wurden die Inserate in besonderen Anzeigenblättern, den sog. Intelligenzblättern (petites affiches), veröffentlicht, später in den politischen Zeitungen, bei denen die aus Anzeigen erzielten Einkünfte oft die Grundlage ihres Bestehens ausmachten. Bei manchen deutschen Zeitungen bildeten schon im 2. Jahrzehnt des 19. Jahrhunderts die Inserate die Quelle des Gewinnes für den Zeitungsunternehmer, während der Abonnementsertrag gerade die Produktionskosten deckte (Munzinger). Um 1835 brachten dem „Journal des Débats" die Anzeigen 20000 Fr. jährlich ein, die vierte Seite der „Presse" wurde 1838 für 150000 Fr., sieben Jahre später für die doppelte Summe verpachtet. Denselben Zweck wie die Inserate verfolgten die an den Mauern angebrachten Plakate. In Frankreich wurden

---

[1]) S. oben S. 415.

[2]) Vgl. Kellen, Studien über das Zeitungswesen (1907). Munzinger, Die Entwicklung des Inseratenwesens in den deutschen Zeitungen (1901). Cronau, Das Buch der Reklame, 2. A. (1889). Sampson, A History of Advertising (1875). Mermet, La publicité en France (1879). d'Avenel, Le mecanisme de la vie moderne, 4e sèr. (1902). Datz, Histoire de la publicité I (1894).

in diesen Anschlagzetteln die Vorzüge der angepriesenen Waren ausführlich dargelegt. Die Buchstaben waren von verschiedener Farbe, das Plakat schillerte in allen Regenbogenfarben.[1])

Zu den neuen Einrichtungen gehörten auch die Ausstellungen, welche die (gleich der Eisenbahn und dem Dampfschiff) den Produzenten vom Konsumenten trennende Entfernung auszuschalten, sie miteinander in unmittelbare Verbindung zu bringen suchten. Die Verbindung wurde in diesem Falle durch die in Augenscheinnahme der Fabrikate selbst bewerkstelligt. Hierdurch unterscheidet sich die Ausstellung von der durch Zeichnungen, Abbildungen, Beschreibungen erfolgenden Kenntnisnahme, sowie von der Ankündigung durch Zeitungsinserate, Plakate, Kataloge und andere Reklamemittel. Allerdings ist ja jede Ausstellung an und für sich eine Art Reklame, und zwar die vollkommenste Verwirklichung derselben, da sie durch die unmittelbare Präsentation der Ware erfolgt. Die Ausstellung der Waren fand sowohl in der Weise statt, daß dieselben in den Lädenfenstern ständig zur Schau gestellt wurden, als auch in Gestalt von großartigen, periodisch an bestimmten Orten veranstalteten Schaustellungen von Waren mannigfacher Art und verschiedener Provenienz, dabei nicht von Massen- und Durchschnittswaren, sondern von dem Besten, Neuesten, Vollkommensten, das die Industrie bieten konnte, von Gegenständen, die die Aufmerksamkeit aller auf sich lenken mußten. Die Ausstellungen sind auf den Zustrom einer möglichst großen Menge von Besuchern zugeschnitten, alles Streben, alles Bemühen der Aussteller ist auf eine kurze Spanne Zeit gerichtet. In diesem Moment sollen alle Blicke gleichsam an Einen Punkt gefesselt werden, daher tragen die Ausstellungen den Stempel des Unbeständigen, Schnellvergänglichen an sich.[2])

Die ersten Ausstellungen waren lokaler Art. In Paris kamen sie bereits seit Ende des 18. Jahrhunderts auf und betrafen zunächst nur die eigentlichen Kunstwerke, um dann auch gewerbliche Erzeugnisse überhaupt heranzuziehen.

Es handelte sich vorerst nur um die Pariser Industrie, während seit Napoleon I. man bereits darüber hinausging, auch die Départements aufgefordert wurden, sich zu beteiligen, und solche Landesausstellungen wiederholte man in Frankreich in der ersten Hälfte des 19. Jahrhunderts in kurzen Zwischenräumen von einigen Jahren. Für die besten Leistungen wurden Ehrenpreise erteilt.

Ein glänzendes Bild einer solchen Industrieausstellung in Paris von 1823 findet sich in den „Schilderungen von Paris" von Ludwig Börne. „Die französischen Blätter — lesen wir hier — malten wohlgefällig, glänzend genug, doch freilich auf ihre Art, das Bild aus, wie in den Spielen der Völker sich immer der Ernst ihres Lebens verrate. So bei den Griechen in den Olympischen, Isthmischen und Nemäischen

---

[1]) Vgl. die Mitteilungen über „Anschlagzettel" in Paris um 1820 bei Börne, Schilderungen aus Paris XXII (Gesamm. Schr. III).

[2]) Exner, Die Aussteller und Ausstellungen (1873). Histoire des expositions universelles (1867). Lessing, Das halbe Jahrhundert der Weltausstellungen (1900). Paquet, Das Ausstellungsproblem in der Volkswirtschaft (1908). Reuleaux, Die Entwicklung des Ausstellungswesens. (1900). Brandt, Zur Geschichte und Würdigung der Weltausstellungen (Z. f. Sozialwiss. 1904).

Spielen, so bei den Römern in ihren Gladiatorenkämpfen, so in den Ritterspielen des Mittelalters, so in den spanischen Ketzergerichten, so im venezianischen Karneval, so endlich in den Wettkämpfen des Gewerbefleißes, welche seit 20 Jahren Frankreich eingeführt und deren Schauspiele in dieser letzten Zeit erneuert worden." Doch darf man — so fährt Börne fort — auch den Unterschied nicht übersehen. Als die Söhne des Diagoras von Rhodos auf den Olympischen Spielen den Preis gewannen, setzten sie die erlangte Krone auf das Haupt des alten Vaters, hoben ihn auf die Schultern und trugen ihn unter der jauchzenden Menge herum, und die Leute warfen Blumen unter Vater und Söhne und riefen: Stirb Diagoras, du hast nichts mehr zu wünschen, und auf dieses Gebot starb der Greis, niedergedrückt von der Last seines Entzückens. Ein anderer, der im Wettrennen gesiegt, aber, da er seinem Mitbewerber ein Bein untergestellt hatte, den Kranz nicht erhalten hatte, verlor den Verstand, stürzte im Wahnsinn in eine Kinderschule, warf die Säule um, die das Dach trug und sechzig Kinder wurden zerquetscht. „Nun haben mehr als hundert französische Fabrikanten Ehrenkreuze oder goldene Medaillen erhalten, aber gewiß hatte keiner unter ihnen einen Vater, den aus Entzücken, daß sein Sohn et Compagnie im Wollentücher-Wettbewerb den Preis gewonnen, der Schlag gerührt. Tausend andere Fabrikanten, die sich um den Preis bewarben, haben ihn nicht erhalten, und man hat nicht gehört, daß einer von ihnen den Verstand verloren und in seinem bedauernswürdigen Wahnsinne unter dem Fabrikpreise verkauft hätte. Das ist der Maßstab für Einst und Jetzt."

Die Ausstellung fand im Louvre statt, in diesem Louvre, „das Jahrhundertelang die mächtigsten Könige der Welt bewohnten, das nie ein bürgerlicher Fuß betreten, er müßte denn gekommen sein, dankend oder bettelnd hinzuknien". Hunderttausende von Bürgern gingen nun mit staubigen Füßen in den königlichen Sälen auf und ab und „sahen von dort auf den Platz hinab, von welchem fünf Menschengeschlechter nur immer ehrfurchtsvoll hinaufgesehen". Das ganze Erdgeschoß war den Industrieerzeugnissen eingeräumt, die 52 größere und kleinere Säle ausfüllten. Die Erzeugnisse waren längst der Wände aufgestellt und über dem Eingang eines jeden Zimmers hing eine Tafel mit der Bezeichnung der Warengattungen, die hier zusammengestellt waren; es gab auch einen gedruckten systematischen Katalog. „Die Verzierung der Warenbuden — sagt Börne — blieb den ästhetischen Grundsätzen jedes einzelnen Fabrikanten überlassen, und hier zeigte sich überall die Gefallsucht und der gute Geschmack, welche dem Franzosen so eigen sind. Sie hatten ihre Buden wie Tempelchen, wie Heiligenkapellen, wie Thronhimmel mit dem gehörigen Unterbau ganz theatralisch ausgestattet. Kein Produkt war so schön, daß sie es nicht durch eine schickliche Umgebung noch zu verschönern wußten, keines war so unbedeutend, daß sie nicht verstanden, ihm durch eine gewisse Anordnung einen Glanz zu geben. Bis auf die Nähnadeln, die man zu großen strahlenden Sonnen um einen Mittelpunkt vereinigt, war alles eingerichtet, die Sinne zu bestechen und das Urteil zu gewinnen. Die Zeuge zur Bekleidung waren auf das Verführerischste drapiert und manche schöne unschuldige Frau mochte die Qualen des Tantalus gefühlt haben."[1])

Auf der Ausstellung von 1823 fand Börne alles mögliche, wobei jeder Produzent sein Bestes einzusetzen suchte. Allerlei Kunststücke, wie Puppen, in verschiedene Landestrachten gekleidet, die ja und nein sagen, Uhren in einem Blumenkorbe aus Bronze, wo die Stundenzahl sich im Kelch einer halbgeöffneten Rose zeigte, Postwagen für Ammen und Findelkinder. Die Feuerspritzen und manches andere, was hier ausgestellt war, hatte er schon früher in Deutschland gesehen und der Pflug war dem aus den Zeiten Hesiods und Vergils fast ganz gleich. In anderen Sälen konnte man Prachtwerke der Buchdruckerkunst bewundern, Möbel, Wachskerzen, die man sehr verbessert hatte, Parfümerien, Bäckereien, ein neuentdecktes Metall, das Palladium, staunenerregende „impermeable" Schuhe, die kein Wasser durchlassen (schon drei Wochen schwimmt ein solcher Schuh im Wasser und ist nicht

[1]) Börne, Gesamm. Schriften, III (1868). Schilderungen aus Paris XXVI.

im mindesten feucht geworden), das neuaufgekommene Gaslicht („es ist zu rein für das menschliche Auge und unsere Enkel werden blind werden"). Besonders zahlreich waren jedoch die Textilwaren vertreten, an denen „eine so verwegene Mischung von Wolle, Baumwolle, Seide, Leinen- und Ziegenhaaren, die Mesallianzen zwischen Kette und Einschlag so häufig waren, daß eine Absonderung nach Geburt und Herkunft gar nicht möglich war". Hier haben die Produzenten an Gewinnsucht und Eitelkeit gewetteifert. Aufsehen erregten insbesonders die cachemirs des bekannten Industriellen Ternaux, die mancher nicht zu sehen bekommen konnte, weil sie sechs Wochen lang, von Morgen bis Abend, von andächtigen Zuschauerinnen umstellt waren.

Die französischen Landesausstellungen fanden auch anderwärts Nachahmung, und in den dreißiger und vierziger Jahren wurden sie in allen Kulturstaaten Europas abgehalten. Hierher gehören auch die Ausstellungen in Berlin von 1834 und 1844, die als ein glänzendes Zeugnis der erwachsenden preußischen Industrie betrachtet wurden. Die Ausstellung zu Mainz 1842 vereinigte sogar die Erzeugnisse von ganz Deutschland und wurde als ein Ereignis, ein Hinweis auf die wirtschaftliche Einigung Deutschlands gefeiert.

Doch der eigentliche Aufschwung des Ausstellungswesens gehört erst in die spätere Zeit — seit dem Aufkommen der internationalen Verkehrsmittel, der Eisenbahnen und der Dampfschiffahrt, sowie des Telegraphen und der für den Weltmarkt produzierenden Fabrikindustrie, die eine Umwälzung auch im Ausstellungswesen brachten. Auf diesem Boden ist die erste und wohl glänzendste Weltausstellung in London 1851 erwachsen. Sie wurde von den Zeitgenossen mit jenen prunkvollen Festen verglichen, die man in den Jubiläumsjahren in Rom zu veranstalten pflegte und zu denen Pilger von allen Enden der Christenheit herbei strömten. Gegen die Riesenmengen der dort zusammengebrachten Waren, so meinte man, würden selbst die Beutemassen verschwindend gering erscheinen, die die römischen Kaiser aus dem Orient zusammengeschleppt hatten.

Welche kulturhistorische Bedeutung man dieser Ausstellung beimaß, als einem „Jubiläum der Arbeit", als einer großen Vereinigung des Menschengeschlechts, das sich hier in friedlicher Arbeit als eine einzige große Familie fühlen sollte, kann man aus den Worten Lothar Buchers entnehmen: „Es gibt Ereignisse in der Geschichte des Menschengeschlechts — so schrieb er aus London —, in denen das stille Wachstum, welches selbst Stürme und Ungewitter nicht zu hindern vermögen, plötzlich, wie das Pflanzenleben im Aufbruch zur Blüte, zur prachtvollen Entwicklung, zum gebieterischen Beweise seines Daseins kommt. Dies sind Knotenpunkte des Geschichtslaufes. Sie scheiden ein Zeitalter vom anderen, indem sie die Leistungen einer abschließenden Periode zur Anerkennung und zum Bewußtsein des Geschlechtes, das aus ihr hervorgeht, bringen und in Kopf und Herz desselben zugleich den Samen für die Zukunft ausstreuen." Für die Ausstellung war ein kolossaler Palast aus Glas und Eisen erbaut worden, eine bis dahin nie verwirklichte Verbindung, die einen phantastischen Reiz auf die Gemüter ausübte, die Erinnerung wachrief an die Prinzessin im gläsernen Sarg, an Elfen, die in kristallenen Häusern wohnten. Es war „der erste große Vorstoß auf dem Gebiete der neuen Formengebung". Dem großen Zuge des Kristallpalastes entsprach der glänzende Erfolg der Ausstellung. Das ihr von den Zeitgenossen vorgezeichnete Ziel, „eine kulturhistorische Bilanz" zu ziehen, war erreicht worden, sie stellte wohl den wichtigsten Merkstein in der industriellen Entwicklung des 19. Jahrhunderts dar. Den Anhängern des Freihandels war die Möglichkeit geboten, der Welt die von England erzielten Erfolge vorzuweisen, die von England befolgten Grundsätze des Freihandels durch Tatsachen zu erhärten. Seit dieser Zeit begann die Ära der Weltausstellungen, der glänzenden internationalen Jahrmärkte, dieser Feste, in denen ein ganzes Volk die Früchte seiner Arbeit zur Schau stellt. Man nannte sie ein praktisches, eine Reise um die Welt ersetzendes Lehrbuch der Wirtschaftsgeographie.

Zur Hauptstätte dieser „internationalen Feuerwerke“ wurde Paris, wo sie alle zehn Jahre stattfanden. In den dazwischenliegenden Jahren folgten seinem Beispiele auch andere Städte mit ihren Weltausstellungen (1873 Wien, 1878 Philadelphia). Jede derartige „Völkerschau“ umfaßte die Erzeugnisse der Großindustrien aller Länder, aller Weltteile, verlieh der Idee der neuentstandenen Weltwirtschaft, der Annäherung der Völker auf dem Gebiete friedlichen schöpferischen Zusammenwirkens sowie dem Aufschwunge des neuen, auf der Maschinentechnik beruhenden Großbetriebes einen prägnanten Ausdruck.

Kapitel 33.

Das Verkehrswesen.

Erst die Umwälzung auf dem Gebiete des Verkehrswesens[1]) war es, die das Aufkommen und die Entwicklung des internationalen Handelsverkehrs möglich machte. In früheren Jahrhunderten wäre ein lebhafter Güteraustausch zwischen verschiedenen, voneinander weitentfernten Gebieten selbst unter der Voraussetzung größter Handelsfreiheit unmöglich gewesen.

Vom Ausgang des 18. Jahrhunderts an waren an den Wasserstraßen bedeutende Verbesserungen vorgenommen worden. In England wurde bereits seit 1755, als der Liverpool mit Manchester verbindende Bridgewaterkanal angelegt worden war, der Kanalbau in Angriff genommen. Am lebhaftesten gestaltete sich derselbe in der Periode von 1790—1825. Im Lancashire, dem Zentrum der Baumwollindustrie, im Umkreise Birminghams, wo die Kleineisenindustrie zur Blüte gelangt war, wurde ein weitverzweigtes Kanalnetz ausgebaut, das in der ersten Periode zur Beförderung der Erzeugnisse der englischen Fabrikindustrie diente. 1825, als das erste Gesuch um die Genehmigung des Baues einer Eisenbahn dem Parlament eingereicht wurde, wiesen Englands Kanäle eine Ausdehnung von insgesamt 500 Meilen auf; das im Kanalbau angelegte Kapital stellte die stattliche Summe von 13 Mill. Pfd. Sterl. dar. Auch in Frankreich wurde von 1824—1847 eine rege Tätigkeit im Kanalbau entfaltet. In Preußen wurden während eines Jahrhunderts, von 1688—1786, 742 km Wasserstraßen angelegt, während der folgenden 50 Jahre (1786—1836) bereits 782 km. In den dreißiger bis fünfziger Jahren des 19. Jahrhunderts war der Verkehr auf den Hauptströmen, dem Rhein, der Elbe, der Oder, überaus lebhaft, große Kauffahrteischiffe waren hier zahlreich vertreten. Gleichzeitig mit den Wasserstraßen wurden auf dem Kontinent auch Chausseen nach dem Verfahren von MacAdam angelegt. 1816 wies Preußen

[1]) Sax, Die Verkehrsmittel I—III (1920). Theo Wolf, Vom Ochsenwagen zum Automobil. Matschoß, Geschichte der Dampfmaschine (1901). Das Buch der Erfindungen usw. Huber, Die Entwicklung des modernen Verkehrs. Fitger, Die wirtschaftliche und technische Entwicklung der Seeschiffahrt (Schr. d. Ver. f. Sozialpol., 103). Peters, Die Entwicklung der deutschen Reederei (1899, 1905). Colin, La navigation commerciale au XIX siècle (1901).

nur 420 Meilen derartiger Landwege auf, 1848 mehr als 1500, in England gab es bereits zu Ausgang des 18. Jahrhunderts gute Landstraßen (turnpike-roads). Allgemein fällt die Blütezeit der Personenpost in die zwanziger und dreißiger Jahre des 19. Jahrhunderts; der Verkehr auf den Landstraßen war in diesem, dem Aufkommen der Eisenbahnen unmittelbar vorangehenden Zeitabschnitte so lebhaft gewesen wie noch nie. 1838 fuhren aus London täglich über 30 Schnellposten ab; eine Strecke von 80 englischen Meilen, zu deren Zurücklegung vor 40 Jahren 19 Stunden erforderlich waren, wurde nunmehr von der Schnellpost in 8 Stunden bewältigt.

Durch die neuangelegten Land- und Wasserstraßen wurde der Warenverkehr innerhalb der verschiedenen Länder beschleunigt, die einzelnen bisher voneinander getrennten Landesteile miteinander verbunden; jedes Staatsgebiet wurde zu einem einheitlichen Wirtschaftsgebiet zusammengeschlossen. Die Eisenbahnen bedeuteten einen weiteren Schritt vorwärts. Indem sie nicht bloß einzelne Landesteile, sondern ganze Länder miteinander in Verbindung brachten, suchten sie aus Europa ein einheitliches Ganzes zu schaffen. Dieses Ziel verfolgte man von Anfang an. Waren beim Eisenbahnbau in erster Linie strategische Erwägungen ausschlaggebend, so wurde doch zugleich der Zusammenschluß Europas in volkswirtschaftlicher Beziehung erstrebt und erreicht. Die erste Eisenbahn auf dem Kontinent war 1826 in Belgien angelegt worden, um die Mitte der dreißiger Jahre begann der Bau auch anderwärts. In Frankreich wurde beim Ausbau des Eisenbahnnetzes vor allem die Verbindung Frankreichs mit dem Kanal, also mit England, und mit Belgien bezweckt. In südlicher Richtung suchte man die Verbindung mit dem Mittelmeere herzustellen. Nachdem diese Aufgabe gelöst war, wurde durch den Bau einer Rheinbrücke bei Straßburg die Schaffung einer direkten Verbindung mit Italien, durch den Durchbruch des Mont-Cenis-Tunnels und die Anlegung von Eisenbahnen, die Paris über die Pyrenäen hinweg mit Spanien verbanden, die Möglichkeit eines lebhaften, ununterbrochenen Verkehrs mit den jenseits dieser Grenzen gelegenen Staaten gegeben. Doch wurden bei der Anlage der Eisenbahnlinien in erster Linie die Interessen der Hauptstadt ins Auge gefaßt; häufig geschah dies zum Nachteile ganzer Provinzen. Besonders die Verbindungen zwischen den Häfen des Atlantischen Ozeans und der Schweiz, sowie Italien waren noch unzulänglich, da das Eisenbahnnetz Südfrankreichs, dessen Verdichtung eine bedeutende Steigerung des Handelsverkehrs bewirkt haben könnte, nur ungenügend ausgebaut war. In Deutschland begann nach der in den dreißiger und vierziger Jahren des 19. Jahrhunderts erfolgten Anlage der ersten Eisenbahnen, die die größten Bevölkerungszentren miteinander verbanden, der planmäßige Ausbau eines Eisenbahnnetzes, das die Großstädte mit dem Zentrum, das Zentrum wiederum mit den Grenzgebieten verband und Deutschland wirtschaftlich mit den anderen europäischen Staaten immer fester zusammenschließen sollte.

Bereits im 17. Jahrhundert, in dem Zeitalter der verschiedensten, oft phantastischen Experimente und Erfindungen, in der Periode, wo Wasserkünste, Musikuhren mit Figuren konstruiert wurden, wo man das Perpetuum mobile zu verwirklichen suchte, waren auch Versuche unternommen worden, die Naturkräfte für den Transport zu Lande dienstbar zu machen, „selbstfahrende Wagen" zu konstruieren. In diesem Zeitalter war es, als der holländische Mathematiker Stavinus ein Fahrzeug herstellte, das mit Masten und Segeln versehen und durch die Kraft des Windes in Bewegung gesetzt wurde. Die von ihm auf diesem „Haager Wunderding", wie es genannt wurde, unternommene Reise rief in der europäischen Kulturwelt allgemeines Aufsehen hervor: „Jeder, sagte man, der mit eigenen Augen sah, wie dieses Fahrzeug nicht durch Pferdekraft, sondern durch Menschenverstand in Bewegung gesetzt wurde, mußte dieses nicht der Kunstfertigkeit, sondern den Teufelskünsten zuschreiben."

In England, wo die Dampfmaschine erfunden worden war, wurden bereits im 18. Jahrhundert Versuche unternommen, ein durch Dampf in Bewegung zu setzendes Fahrzeug zu konstruieren. Von der Regierung wurden mehrere Patente für diese Erfindung verliehen. Die neuen mittelst des Dampfes angetriebenen Fahrzeuge stellten nichts anderes dar als gewöhnliche Lastwagen, an denen die von James Watt für den Bedarf der Industrie ins Leben gerufene Dampfmaschine angebracht wurde. Ein unüberwindliches Hindernis für ihre Benutzung stellten jedoch die schlechten, holperigen Wege dar. Sie hemmten ihre Vorwärtsbewegung. Durch die fortwährenden Stöße und Erschütterungen mußte der Mechanismus beschädigt werden, so daß die Erfinder schließlich zu dem Ergebnis gelangten, daß diese Fahrzeuge auf den englischen Wegen nicht zu benutzen seien; die Schnellpost hatte keine Konkurrenz zu befürchten.

Dies änderte sich erst, als die Verbindung der Dampfkraft mit dem Schienenwege bewerkstelligt worden war. Bereits vom 16. Jahrhundert an waren in den Bergwerken des Harzes hölzerne Schienen im Gebrauch, auf denen das Erz von den Gruben zu den Hütten befördert wurde. Um sie vor der Abnutzung zu bewahren, begann man im Laufe der Zeit sie mit dünnen Metallplatten zu bedecken, die nach Bedarf entfernt werden konnten, während die Holzschienen unbeschädigt blieben. In den sechziger Jahren des 18. Jahrhunderts kamen in den englischen Bergwerken auch Eisenschienen in Gebrauch. Auf diesen Schienen wurde das Erz in kleinen von Pferden gezogenen Karren transportiert. Bald machte man auch Versuche, hierbei die Pferdekraft durch Dampfkraft zu ersetzen, die jedoch längere Zeit hindurch mißglückten. Erst Stephenson gelang es, 1812 diese Aufgabe zu lösen. Die von ihm konstruierte, in den Kohlengruben von Newcastle eingestellte Lokomotive erwies sich nicht nur als geeignet, sich stetig fortzubewegen, sondern auch 8 mit 30 t Fracht beladene Wagen mit einer Schnelligkeit von 6 km pro Stunde zu befördern. Die ersten durch Dampfkraft in Bewegung gesetzten Fahrzeuge waren nach dem Vorbilde der von Pferden gezogenen Last- und Personenwagen konstruiert. Stephenson dagegen führte eine vollständige Trennung durch zwischen dem zur Aufnahme von Personen und Lasten bestimmten Wagen und der das Ganze antreibenden Maschine, die von ihm in einem gesonderten Fahrzeug, der

Lokomotive, untergebracht wurde. Doch wurden noch ziemlich lange Zeit, nachdem diese Erfindung gemacht worden, die in England konstruierten Eisenbahnen mittelst Pferdekraft ausgenutzt. Die Bahnen waren zum Frachtentransport bestimmt, und zwar geschah die Beförderung in der Weise, daß es jedermann zu einem bestimmten Preise freigestellt wurde, den Schienenweg mit eigenen Fahrzeugen, soweit sie den festgesetzten Regeln entsprachen, und eigenen Pferden zu benutzen.

Anfangs war die Stimmung der Öffentlichkeit den Eisenbahnen gegenüber eine feindliche. Staatsmänner hielten sie für ein Spielzeug, das zu ernsthaften Zwecken keine Verwendung finden könnte, für ein „höchst beschränktes, untergeordnetes Kommunikationsmittel". Gelehrte, Mediziner gaben Gutachten dahin ab, der Dampfbetrieb müßte bei den Reisenden wie bei den Zuschauern schwere Gehirnerkrankungen erzeugen und empfahlen, die Bahn wenigstens zum Schutz friedlicher Passanten mit hohen Bretterzäunen zu umgeben. 1825, als dem englischen Parlament der Entwurf der ersten Eisenbahn vorgelegt wurde, wurden zahlreiche Stimmen laut, die den Vorzug der Pferdekraft vor der Dampfkraft damit befürworteten, die Passagiere könnten bei Anwendung der letzteren in den Tunnels ersticken, die Felder würden von den Funken der Lokomotive in Brand gesetzt werden, auch müßten die Tiere aus Angst vor den schrillen Pfiffen der Lokomotive umkommen und die Hühner würden keine Eier mehr legen. Die bekannte englische Zeitschrift „Quarterly Review" stellte die Frage, „was wohl noch lächerlicher und alberner sein könne, als eine Lokomotive zu versprechen, die doppelt so schnell als die Postkutsche fahren solle". Alle diese Befürchtungen und Bedenken gingen hauptsächlich von den Besitzern der neuerbauten Kanäle aus. Diese befanden sich in den Händen einiger Kompagnien, die kolossale Gewinne erzielten und daher durch den Eisenbahnbau in große Angst versetzt wurden. Auch die Unternehmer der Schnellposten sahen in den Eisenbahnen gefährliche Konkurrenten, ja, sie suchten dem Eisenbahnbau entgegenzuwirken; beim Bau derselben kam es zu blutigen Zusammenstößen, so daß mit bewaffneter Macht vorgegangen werden mußte. Bald wurde auch auf dem Festlande Europas die Zweckmäßigkeit der Anlage von Eisenbahnlinien in Erwägung gezogen. Doch die Haltung war zunächst noch ablehnend. Der berühmte Thiers meinte selbst 1835, nachdem er die Eisenbahn von Liverpool nach Manchester aus eigener Anschauung kennengelernt hatte, daß eine Eisenbahn allenfalls für Passagiere tauge und sich für wenige, nach der Hauptstadt führende Hauptlinien rentieren könne, für ein ganzes Land aber niemals. 1830 sagte er: „Wenn mir jemand die Versicherung geben wollte, daß man in ganz Frankreich jährlich fünf Meilen Eisenbahnen zu bauen imstande sei, so würde ich das für ein großes Glück halten." Auch in Preußen sprach sich am Ausgang der dreißiger Jahre Postdirektor Nagler gegen die Errichtung der Eisenbahnlinie Berlin—Potsdam aus, mit der Begründung, daß ja selbst die nach Potsdam gehenden Sechssitzposten häufig nur halbbesetzt abfuhren. Auch in Deutschland brachen bei dem Bau der ersten Eisenbahnlinien die Grundbesitzer in Klagen aus. Sie befürchteten, dieselben würden die Pferdezucht ruinieren, Heu und Hafer entwerten. Die Eigentümer von Kanälen und Schnellposten hetzten die Bevölkerung gegen die beim Eisenbahnbau beschäftigten Arbeiter auf. Auch religiöse Bedenken wurden laut. Es sei Sünde, die Dampfkraft zur Beförderung zu benutzen, wo doch Gott Pferde und andere Tiere hierzu geschaffen habe, die Eisenbahn sei eine Erfindung des Teufels. In Belgien, wo die erste Eisenbahnlinie des Kontinents erbaut worden war, wurde 1839, anläßlich einer Vorlage für die Anlegung einer Reihe von Eisenbahnlinien, im Parlament die Ansicht geäußert, durch die für dieselben benötigten Riesenmengen von Eisen würden die Bergwerke erschöpft werden, ihr Bau wäre ebenso sinnlos wie der Bau von Pyramiden.

Die ersten sowohl in England als auf dem Festlande Europas angelegten Eisenbahnen wurden — wie oben dargelegt — zum Teil mittelst Pferdekraft angetrieben, teilweise waren es Bahnen mit gemischtem, Pferde- und Dampfbetrieb. Erst später (in England von 1829 an, nachdem Stephenson seine Lokomotive bedeutend vervollkommnet hatte, in Frankreich seit 1837, in Österreich von der Mitte der vierziger Jahre an) kamen ausschließlich Eisenbahnen mit Dampfbetrieb auf. Doch waren dies nur die Anfänge des großartigen Eisenbahnbaues, der in den fünfziger Jahren zur Zeit des rapiden Aufschwunges der Fabrikindustrie, der Verdrängung der Handarbeit durch die maschinelle Betriebsweise sich entfaltete, damals, als die großen Aktienbanken entstanden, welche den Bau und die Verwaltung der neuen Bahnen in die Hand nehmen, sie mit den notwendigen Kapitalien versehen konnten. In Frankreich waren 1852—1857 sechs Eisenbahnnetze ausgebaut worden, deren Verzweigungen ganz Frankreich bedeckten und es mit den angrenzenden Staaten verbanden. Zu derselben Zeit (1853—1857) waren in Preußen verschiedene Eisenbahnaktiengesellschaften mit einem Gesamtkapital von 420 Mill. M. gegründet worden, eine Summe, die ungefähr den fünften bis sechsten Teil des Kapitals aller in Preußen von 1851—1870 gegründeten Aktiengesellschaften ausmachte. In ganz Deutschland wurden von 1855—1865 im Jahresdurchschnitt ca. 600 km Schienenwege angelegt, während die entsprechende Zahl für die Jahre 1835—1855 nur 390 km betragen hatte. Schon aus diesen Zahlen ist zu entnehmen, welche riesige Umwälzung im gesamten Wirtschaftsleben durch den Eisenbahnbau herbeigeführt worden war, welchen Aufschwung derselbe auf allen Gebieten des Wirtschaftslebens, in der Industrie, dem Bankgeschäft usw. hervorrufen mußte. Besonders lebhaft konnte man dies an der Börse erkennen, wo neue Werte, Eisenbahnaktien und -obligationen, aufkamen. Vordem waren an der Börse nur wenige Wertpapiere notiert worden (in Paris 1826 nur 24 Papiere, in Wien noch 1848 nur 20), und zwar waren es fast ausschließlich Staatsanleihen. Nunmehr nahmen die erste Stelle die Aktien ein, unter denen die Aktien der Eisenbahngesellschaften die größte Bedeutung besaßen. In Paris kamen 1850 von insgesamt 9 Milliarden Francs, die die Börsenwerte repräsentierten, zwei Drittel auf Staatsrenten, 1869 hingegen entfielen auf dieselben von insgesamt 26 Milliarden nur noch 11,5, während die übrigen notierten Papiere zu zwei Dritteln aus Eisenbahnaktien- und -obligationen bestanden. An der Berliner Börse bildeten Eisenbahnpapiere 1870 die Hälfte aller Wertpapiere (177 von 359), dagegen wurden nur 9 verschiedene Aktien und Obligationen von Industriegesellschaften notiert[1]. Die Börse ist zu einem guten Teil durch den Eisenbahnbau geschaffen worden, erst später gesellten sich zu den Eisenbahnwerten die der industriellen Unternehmungen hinzu.

In den fünfziger Jahren wandte die Öffentlichkeit den Banken, den Aktiengesellschaften, den Eisenbahnunternehmungen ein brennendes Interesse zu. Alle anderen Fragen waren durch sie verdrängt worden. Alles, was bisher im Mittelpunkte der Interessen weiter Kreise gestanden hatte, Theater, Literatur, sogar Politik (der Krimkrieg!), wurden von den Zeitungen nur im Vorübergehen gestreift. Natürlich hatte diese fieberhafte Tätigkeit auch ihre Kehrseite, eine übermäßige Spekulation und die hierdurch gezeitigten Krisen.

Auf die Eisenbahn folgte das Dampfschiff, dessen Bedeutung für die Entwicklung des Welthandels und die Entstehung des Weltmarktes nicht minder hoch anzuschlagen ist, besonders wenn man berücksichtigt, daß die wasserbedeckte Erdoberfläche einen weit größeren Raum ausfüllt, als der wasserfreie Teil des Erdballs, und daß die Tragfähigkeit der Dampfschiffe die der Eisenbahnen bedeutend übersteigt. Hier handelte es sich nicht mehr um die Zusammenschweißung einzelner Länder miteinander, sondern um die Verbindung ganzer Weltteile, die zum Teil — besonders zu Beginn der Dampfschiffahrt — nur wenig bevölkert, ja überhaupt noch nicht einmal erforscht waren, so daß die Aufgabe noch bevorstand, bei der einheimischen Bevölkerung Kulturbedürfnisse zu erwecken, um sich auf diese Weise neue, umfassende Absatzmärkte zu schaffen. Fulton, der Erfinder des Dampfschiffes, ließ bereits 1805 den „Clermont" auf dem Hudsonstrom kursieren. Von 1814 an wurden auf den Flüssen Englands regelmäßige Dampfschiffverbindungen eingeführt, dann auch Dampfschifflinien zwischen England und Irland, England und dem Kontinent eingerichtet. Auch im Mittelmeer fand das Dampfschiff bald Eingang. Doch war noch längere Zeit hindurch die Ansicht verbreitet, das Dampfschiff sei nur für den Verkehr auf Flüssen und Binnenseen geeignet, dagegen im Ozean höchstens für die Küstenschiffahrt verwendbar, weshalb es in der Kauffahrtei nur langsam Bedeutung erlangen konnte. Man sah es als ein kostspieliges Spielzeug an; die Reise von Liverpool nach New York per Dampfschiff betrachtete man als ebenso phantastisch, wie eine Fahrt nach dem Mond. Bei der 1818 vom Dampfboot „Savannah" in 25 Tagen zurückgelegten Reise von Amerika nach Liverpool wurden zugleich mit dem Dampfmotor auch Segel angewandt. Anfangs waren es Schiffe dieses gemischten Typus, die man anwandte; erst nachdem die Raddampfer durch Schraubendampfer ersetzt worden waren, begann (und zwar erst seit den sechziger und siebziger Jahren), die Vorherrschaft des Dampfschiffes in der ozeanischen Schiffahrt, wobei freilich daneben auch Segelschiffe sich noch immer behaupteten.

Alle diese Umwälzungen bewirkten es, daß die Gesamtbilanz des Welthandels, die 1800 auf 6 Milliarden M. sich bezifferte, 1850 17 Milliarden, 1860 30 Milliarden M. erreichte. Der vierte Teil des Welthandels kam 1860 auf England.

Kapitel 34.

Geldwesen, Kredit und Banken.

Der Zeitabschnitt, der den Ausgang des 18. und den Beginn des 19. Jahrh. umfaßt, der folglich die Französische Revolution und die Napoleonischen Kriege in sich schließt, stellt eine Periode großzügiger, kühner Experimente dar, die mit dem vom Staate emittierten Papiergelde, das ja eine neue Quelle staatlicher Einnahmen bilden sollte, vorgenommen wurden und die vordem geübte Prägung minderwertiger Münze zu ersetzen bestimmt waren.[1]) Das emittierte Papiergeld wurde für uneinlösbar erklärt, d. h. der Staat weigerte sich, der von ihm bei der Emission übernommenen Verpflichtung, das Papiergeld seinem Nennwert entsprechend in Hartgeld einzulösen, nachzukommen. Unter solchen Verhältnissen war es dem Staate recht wohl möglich, beträchtliche Mengen von Papiergeld zu emittieren, das jedoch, aus dem gleichen Grunde, rasch entwertet wurde. Die erheblichsten Einnahmen wurden auf diese Weise von Frankreich erzielt, wo bereits 1789 die Emission von Assignaten ins Werk gesetzt wurde. Schon nach vier Jahren jedoch, als Assignaten für 4 Milliarden Frcs. im Umlauf waren, sank ihr Kurs bis auf 22 v. H. ihres Nennwertes herab. Wohl trat darauf eine Kurssteigerung ein, die jedoch nicht lange anhielt; ein neuer, unaufhaltsamer Sturz setzte ein. Als die Emission eine für jene Zeit unerhörte, in keinem anderen Lande damals mögliche Höhe erreicht hatte (es waren für 8,3 Milliarden Frcs. Papiergeld im Umlauf), war der Franc nur noch 10 Centimes wert. Trotzdem wurde im Laufe von kaum anderthalb Jahren (vom 1. April 1795 bis zum 1. September 1796) für weitere 37 Milliarden Frcs. Papiergeld emittiert, ein Betrag, der die Emission der vorhergegangenen $5^1/_2$ Jahre um das Vier- bis Fünffache überstieg, eine Transaktion, die nach dem treffenden Ausdruck von I. Kaufmann „einem mutwilligen Bubenstreich, offensichtlich darauf berechnet, den Wert der Assignate vollständig zu vernichten, glich oder, mit anderen Worten, einem böswilligen, rücksichtslosen Bankrott“. Kein Wunder, daß diese für eine kolossale Summe emittierten Assignate allen Wert einbüßten, kaum 0,5 v. H. ihres Nennwertes repräsentierten.

Ähnliche Experimente wurden im Finanzwesen Österreichs vorgenommen, wo die 17 Jahre früher als in Frankreich begonnene Emission von Papiergeld nicht nur während der Kriege der Revolutionszeit, sondern auch während des Kampfes mit Napoleon fortgesetzt wurde. 1816 war Papiergeld für 4 Milliarden Frcs. im Umlauf, eine Summe, die hinter

[1]) Über das Geldwesen der Periode von 1789—1870 s. I. Kaufmann, Die uneinlösbaren Banknoten in England. 2. Aufl. 1915 (russ.). Ders., Das Papiergeld in Österreich. 1913 (russ.). Falkner, Das Papiergeld der Französischen Revolution. 1919 (russ., eine deutsche Ausg. in den Schr. des Vereins für Sozialpol., B. 165, 1924). Smirnow, Die Geldkrise während der Französischen Revolution. 1921 (russ.). Maclaren, History of the Currency. 1858. Mac Culloch, A treatise on metallic and paper money and banks (1858). Jevons, Money and the Mechanism of Exchange. 1875. Cleynmann, Materialien für Münzgesetzgebung. 1822. J. Helfferich, Die Einheit im Deutschen Münzwesen. Zeitschr. f. ges. Staatswiss. 1850. K. Helfferich, Geschichte der deutschen Geldreform. 1898. Ders., Beiträge zur Geschichte der deutschen Geldreform. 1898. Hoffmann, Die Lehre vom Geld. 1888. Wagner, System der Zettelbank-Politik. 1873. Menadier, Eine Münzgeschichte der europäischen Staaten. 1919. (Schausamml. des Münzkabin. im Kais.-Friedrich-Museum). Shaw, The History of Currency. 1894. Soetbeer, Edelmetallproduktion und Wertverhältnis zwischen Gold und Silber seit der Entdeckung Amerikas. 1879.

der Emission Frankreichs weit zurückblieb. Dennoch war bereits 1810 das österreichische Papiergeld auf 10 v. H. seines Nennwertes gesunken, so daß eine Devalvation vorgenommen werden mußte, die Einlösung des Papiergeldes zu 20 v. H. des Nennwertes (für 500 Gulden in alten Bankozetteln erhielt man 100 Gulden in neuen, den sog. Einlösungsscheinen). Doch büßten auch diese nach wenigen Jahren über $^3/_5$ ihres Nennwertes ein: 1815 wurden wieder für $333^1/_3$ Papiergulden bloß 100 Hartgulden gegeben.

Derartige Verhältnisse herrschten auch in anderen Festlandstaaten, so z. B. in Rußland, wo 1810 das Papiergeld ebenfalls nur 20 v. H. des Nennwertes repräsentierte. Selbst auf England, das ja dem übrigen Europa in wirtschaftlicher Hinsicht weit vorausgeeilt war, blieben sie nicht ohne Einfluß: auch hier wurde die Einlösung von Papiergeld in Hartgeld zeitweise eingestellt.

Der Unterschied zwischen dem Kontinent und England bestand jedoch darin, daß es sich hier nicht um staatliches Papiergeld handelte, sondern um Banknoten, die durch den Privatkredit einer Aktiengesellschaft, der Bank of England, gesichert waren, und deren Bestimmung es war, nicht nur dem staatlichen Bedarf, sondern auch den Erfordernissen von Handel und Gewerbe zu dienen. Die englischen Privatbanken mußten vielfach, wenn sog. „Runs“ der Deponenten stattfanden, die auf einmal massenhaft Banknoten zur Einlösung präsentierten, ihre Zahlungen einstellen: Sie waren nicht imstande, die von ihnen emittierten Banknoten einzulösen. Zu Ausgang des 18. Jahrh. faillierten auf diese Weise zahlreiche Banken, die Bank of England jedoch setzte ihre Zahlungen und die Umwechslung ihrer Banknoten selbst während der schwersten Krisen fort. Alle Bemühungen ihrer Feinde, ihre Stellung zu untergraben (allerdings suchte auch die Bank of England die anderen Banken durch gleichzeitige Präsentierung großer Summen von Banknoten zur Einlösung in Gefahr zu bringen), waren vergeblich. Erst zu Ausgang des 18. Jahrh., in der Zeit der schlimmsten Kriegsnot (1797), sah sich die Bank, deren Goldvorrat erheblich zusammengeschrumpft war, gezwungen, „dem Publikum die Tür vor der Nase zuzuschlagen“, die Einlösung ihrer Banknoten in Hartgeld einzustellen. Obwohl die Noten der Bank of England keinen Zwangskurs hatten (d. h. keine Verpflichtung bestand, sie an Zahlungsstatt anzunehmen), so erklärten sich doch die angesehensten Kaufleute dazu bereit, nach wie vor Zahlungen in beliebiger Höhe in Noten der Bank of England anzunehmen. Diese „hochpatriotische Aufopferung“ büßt jedoch etwas von ihrem Glanze ein, wenn man bedenkt, daß ihnen ja außer diesen Banknoten kein anderes Zahlungsmittel zu Gebote stand. So wurde der gesamte Zahlungsverkehr nach wie vor nicht in Hartgeld, sondern in diesen Banknoten erledigt, es kam anfänglich zu keinem Agio. Erst im Laufe des ersten Jahrzehnts des 19. Jahrh. kam ein Unterschied im Werte von Banknoten und Hartgeld auf, der jedoch zumeist 10 v. H. nicht überstieg und 1813 seinen Höhepunkt erreichte: 100 Pfd. in Banknoten galten gleich 71 Pfd. Hartgeld, während auf dem Festlande das Papiergeld in kurzer Zeit 80—90 v. H. des Nennwertes einbüßte. Im Unterschied zum Festlande hatte sich also in England das dramatische Schauspiel des Währungswesens nicht zu einem für Staatsschatz und Bevölkerung gleich verhängnisvollen Trauerspiel verwandelt. Auch die Einstellung des Notenwechsels währte nur kurze Zeit. Gleich nach Friedensschluß besserte sich der Notenkurs soweit, daß der Paristand beinahe erreicht wurde: 1817 repräsentierten die Banknoten bereits 98 v. H. ihres Nennwertes. Obwohl (laut Akte von 1819) die Einlösung in Hartgeld erst 1822 wieder aufgenommen werden sollte, wurde sie tatsächlich bereits seit Mai 1821 vorgenommen. Seit dieser Zeit kennt England keinerlei Ersatzmittel für Hartgeld mehr, weder uneinlösbare Banknoten, noch staatliches Papiergeld, es herrscht die tatsächlich bereits vom Ausgang des 18. Jahrh. an bestehende, formell rechtlich durch die Akte von 1816 eingeführte Goldwährung (freie Ausprägung von Goldmünze, Silbermünze dagegen nur auf Veranlassung des Staates, beschränkte Annahmepflicht für Silbermünze).

Auf dem europäischen Festlande hingegen wurde auch später wiederholt von verschiedenen Staaten die Ausgabe von uneinlösbarem Papiergeld vorgenommen. Besonders schlimm standen die Dinge in Österreich (und in Rußland), wo das Papiergeld das Hartgeld verdrängt hatte und zum herrschenden Zahlungsmittel geworden war. In Frankreich bestand eine Doppelwährung (Bimetallismus), ein System, bei welchem das Wertverhältnis von Gold- und Silbermünzen zueinander gesetzlich festgelegt wird (nach dem Gesetz von 1813 wurde es gleich 15,5:1 bestimmt) und es jedem freisteht, Zahlungen nach Belieben in Gold- oder in Silbermünze zu leisten. Vor dem Papiergelde jedoch empfanden die Franzosen nach den von ihnen während der Revolution gemachten Erfahrungen eine heilige Angst. Erst viel später wurde (einlösbares) Papiergeld ausgegeben; doch selbst 1870 war nur für 192 Mill. Frcs. Papiergeld im Umlauf.

Weit bedeutender war die Menge der Geldersatzmittel in Deutschland; 1870 waren ihrer für 630 Mill. Mark im Umlauf. Es waren dies sowohl von verschiedenen Banken emittierte Banknoten, als auch staatliches Papiergeld, das formell als einlösbar galt, dessen Einlösung jedoch durch keinerlei eigens hierzu bestimmten Fonds garantiert war, so daß beim Eintreten einer Krise die Möglichkeit, ihm seinen Nennwert zu erhalten, sehr zweifelhaft erschien.[1]) Die Ausgabe dieser Ersatzmittel war in gewissem Maße durch das Fehlen von Goldmünze im Geldverkehr bedingt. Es hatte sich nämlich die früher herrschende Parallelwährung durch das allmähliche Verschwinden der Goldmünze zur Silberwährung umgestaltet. Daher gab es in Deutschland bis zu der in den siebziger Jahren des 19. Jahrh. vorgenommenen Währungsreform

[1]) Ein großer Teil der Banknoten war dabei derart zerrissen und beschmutzt, daß man die Aufschrift nicht mehr lesen konnte. Die Banken machten sich das zunutze, indem sie sich weigerten, solche Noten einzulösen.

kein einheitliches Münzwesen. Wohl hatten im Geldverkehr, und zwar nicht nur im Gebiete des Zollvereins, sondern auch außerhalb desselben, Taler und Doppeltaler die Vorherrschaft, doch waren daneben in den süddeutschen Staaten auch Gulden, die dort mit den Talern zugleich geprägt wurden, im Umlauf. In diesen Staaten wurden vom Fiskus auch ältere Münzsorten, sowie fremde — französische, österreichische, englische — Münzen in Zahlung genommen.

So stand es mit dem Münzwesen, als die Kunde von den Ereignissen erscholl, die in Kalifornien und Australien Anfang der fünfziger Jahre stattgefunden hatten. Goldfelder waren entdeckt worden, in Wildnissen, wo nur selten eine menschliche Stimme vernommen worden, wuchsen plötzlich, wie von Feenhand hervorgezaubert, Städte empor. Eine fieberhafte Tätigkeit begann, Menschen verließen Haus, Hof, Heimat, um in dem neuen gelobten Lande ihr Glück zu suchen. Die Goldausbeute des Erdballes, die 1831—1840 3 v. H. der Gesamtausbeute an Edelmetallen ausmachte, steigerte sich in dem kurzen Zeitraum von 1851 bis 1855 auf 18 v. H. In zwei Dezennien, 1850—1870, war mehr Gold gewonnen worden, als in den letzten zwei Jahrhunderten (1650—1850). Infolge dieses Aufkommens beträchtlicher Goldmengen aus Kalifornien und Australien beantragte Österreich bereits 1854 auf der Wiener Münzkonferenz bei den Staaten des Deutschen Zollvereins den Abschluß einer Münzkonvention auf Grundlage der Goldwährung; auch die in Frankreich in den fünfziger und sechziger Jahren wiederholt veranstalteten Konferenzen und Enqueten befürworteten in ihren Beschlüssen die Einführung der Goldwährung. Der Kongreß für Münzwesen, der auf der Pariser Weltausstellung von 1867 tagte, beantragte die Bildung eines Weltmünzbundes auf Grundlage der Goldwährung. Wohl blieben alle diese frommen Wünsche und Beschlüsse in der Lebenspraxis ergebnislos, denn die Wiener Münzkonvention verhielt sich dem österreichischen Antrag gegenüber ablehnend, der Weltmünzbund kam nicht zustande, auch Frankreich blieb infolge des 1870 ausgebrochenen Krieges bei seiner Doppelwährung. 1865 hatte es mit den anderen Ländern, wo Doppelwährung herrschte und der Franc als Münzeinheit diente, mit Italien, Belgien und der Schweiz den Lateinischen Münzbund geschlossen. Kraft dieses Vertrages waren die in den Ländern des Bundes geprägten Gold- und Silbermünzen in allen diesen Ländern bei allen Zahlungen zulässig, was übrigens tatsächlich auch vordem der Fall war. Jedenfalls waren durch alle diese Verhandlungen und Versuche die Richtlinien der weiteren Entwicklung des Geldwesens bereits vorgezeichnet.

Auch im Kredit- und Bankwesen[1]) macht sich zwischen England und dem Kontinent ein durchgreifender Unterschied bemerkbar, der

---

[1]) Hübner, Die Banken. I—II. 1854. Wirth, Handbuch des Bankwesens. 1870. Landmann, Entwicklungsgesch. der Formen des öff. Kredits (Finanzarchiv. 1912). Mac Culloch, Historical Sketch of the Bank of England. 1831. Ders., A treatise on metallic and paper money and banks. 1858. Macleod, The Theory and Practice of Banking. 5. Aufl. 1892. History of the Banking of all Nations. Bagehot,

dem verschiedenen Entwicklungsstadium von Handel und Gewerbe in England und auf dem Festlande entspricht. Während Englands hochentwickelte Industrie bereits in der ersten Hälfte des 19. Jahrh. ein ausgebildetes Kreditwesen brauchte und über bedeutende anlagesuchende Kapitalien verfügte, befand sich auf dem Festlande das Bankwesen bis zum Aufkommen der Großindustrie und des Eisenbahnbaues, d. i. also bis zur Mitte des 19. Jahrh., noch in seinen Anfängen. Bis zum Jahre 1844 wurden in England von den privaten Provinzialbankne, ebenso wie von der Bank of England Noten ausgegeben, und zwar führte die übermäßige Notenausgabe nicht nur den Zusammenbruch zahlreicher Privatbanken herbei (so stellten 1814—1816 240 Banken ihre Zahlungen ein, während der 1825 ausgebrochenen Krise gingen im Laufe von 6 Wochen über 70 Banken zugrunde), sondern sie machte häufig auch die Bemühungen der Bank of England zunichte, die bestrebt war, in den Fällen, wo die Menge der Zahlungsmittel zu groß war und der Wechselkurs dies erheischte, die Zahl der im Umlauf befindlichen Banknoten zu verringern.

Aus dem zu Anfang des 19. Jahrh. von einer Kommission gesammelten Tatsachenmaterial ersieht man, daß 1793 mehr als 100 englische Provinzialbanken ihre Zahlungen eingestellt hatten, von 1810—1817 schlossen 600 Banken ihre Türen. In alten englischen Romanen werden häufig gewissenlose Bankdirektoren geschil-

---

Lombard-Street. 1873. Withers, The Meaning of Money. 1909. Nasse, Das englische Bankwesen. Z. f. ges. Staatswiss. 1859. Jaffé, Das englische Bankwesen. 1904. Andreadès, Histoire de la Banque d'Angleterre. 1904. Philippovich, Die Bank von England im Dienste der Finanzverwaltung des Staates. 1885. Warren, The Story of the Bank of England. 1903. Kerr, Scottish Banking. 1898. Mamroth, Die schottischen Banken. Jahrb. f. Nat.-Ök. 1894. B. 24. Wolowski, La Banque d'Angleterre et les Banques d'Ecosse. 1867. Noël, Les banques d'emission en Europe. 1887. Ulens, Les banques d'emission. 1908 (Acad. Royale de Belg. Mém. 2. sér. IV). Kaufmann, Die Staatsschuld Englands von 1688 bis 1890 (russ.). 1893. Vührer, Histoire de la dette publique. Lavergne, La Banque de France et les banques départementales. 1865. Courtois, Histoire des banques en France. 1881. Plenge, Gründung und Geschichte des Crédit Mobilier. 1903. Mehrens, Entstehung und Entwicklung der großen französischen Kreditinstitute. 1911. Poschinger, Bankwesen und Bankpolitik in Preußen I. 1878. Ders., Bankgeschichte des Königreichs Bayern. (Niebuhr), Gesch. der kgl. Bank in Berlin. 1854. W. Heer, Bemerkungen über Zettelbanken und Papiergeld. 1845. Limburg, Die kgl. bayerische Bank von Nürnberg. 1903. Riesser, Die deutschen Großbanken und ihre Konzentration. 4. Aufl. 1922. Metzler, Studien zur Geschichte des deutschen Effektenbankwesens. 1911. Model, Die großen Berliner Effektenbanken. 1896. Nacht, Bankwesen und Bankpolitik in den süddeutschen Staaten. 1875. Loewenstein, Geschichte des württembergischen Kreditbankwesens. 1912. Kaulla, Die Organisation des Bankwesens im Kgr. Württemberg in ihrer geschichtlichen Entwicklung. 1908. Korach, Das deutsche Privatbankgeschäft. Studien zu seiner Gesch. u. heut. Stellung (Diss. 1910). Schuhmann, Die Privatnotenbanken. 1909. Nebenius, Der öffentliche Kredit. 1820. Ders., Über die Natur und die Ursachen des öffentlichen Kredits. 1829. Richter, Das preuß. Staatsschuldenwesen und die preuß. Staatspapiere. 1869. Krug, Gesch. der preuß. Staatsschulden. 1861. Däbritz, Die Staatsschulden Sachsens von 1763—1837. 1906. Reinitz, Das österreichische Staatsschuldenwesen von seinen Anfängen bis zur Jetztzeit. 1913. Steiner, Die Entwicklung des Mobilbankwesens in Österreich. 1913. Burckhardt, Zur Geschichte der Privatbankiers in der Schweiz. 1914.

dert, die Lebenswirklichkeit jedoch war noch viel romantischer. Die Bankdirektoren reisten nach London, um dort Gold zu beschaffen, auf der Rückreise fielen sie jedoch häufig Räubern in die Hände, die sie ausplünderten. Da die Nachricht von ihrer Abreise die Klienten beunruhigen und leicht zu einem Run auf die Bank führen konnte, so suchten sie sie zu verheimlichen; sie fuhren im Einspänner, als handle es sich darum, den Landsitz eines Freundes zu besuchen und vertauschten ihn erst in einiger Entfernung von der Stadt mit einer mit vier Pferden bespannten Postkutsche (Withers). In den Fällen, wo die Deponenten, wie z. B. bei Krisen, massenhaft die Rückzahlung ihrer Einlagen in Hartgeld forderten, nahm die Bank of England zu recht spitzfindigen Mitteln ihre Zuflucht. An bewährte Freunde der Bank wurden bedeutende Summen ausgezahlt, welche sie sofort an Geschäftsfreunde weitergaben, die sie darauf wiederum vor den Augen der mißtrauischen Klienten als Depositen einzahlten. Außerdem wurden die Depositen in Scheidemünze zu 1 Shill., ja zu Six-pence, ausgezahlt, so daß jede Auszahlung viele Stunden beanspruchte. Auf diese Weise gelang es, einige Tage zu gewinnen, unterdessen beruhigte sich das Publikum allmählich (Andreadès).

In den dreißiger Jahren des 19. Jahrh. wurden ansehnliche Privataktienbanken in der Provinz gegründet, die in den Jahren 1835—1836 für 1,7 Mill. Pfd. Sterl. Banknoten emittierten. Es wurde daher beschlossen (Gesetz von 1844), das Recht der Notenausgabe nunmehr ausschließlich der Bank of England zu überlassen, welche ja imstande war, dieselbe jederzeit dem Bedarf des Geldmarktes anzupassen. Die Noten der übrigen bereits bestehenden Banken behielten ihre Gültigkeit, nur sollte die Menge der zu dieser Zeit im Umlaufe befindlichen Noten dieser Banken die Höchstgrenze bilden, die sie nicht überschreiten durften. Doch auch für die Bank of England waren Beschränkungen eingeführt. Der Wert der von ihr emittierten (durch Staatskonsols gedeckten) Banknoten durfte 14 Mill. Pfd. Sterl. nicht übersteigen. Darüber hinaus mußte die Notenausgabe durch Hartgeld gedeckt sein. Sollte irgendeine der Provinzialbanken auf ihr Recht der Notenausgabe (innerhalb der angegebenen Grenze) verzichten, so erhöhte sich der Betrag von 14 Mill. Pfd. Sterl. um die entsprechende Summe. Endlich wurde eine vollständige Trennung vorgenommen zwischen der Notenausgabe der Bank of England und den übrigen von ihr betriebenen Bankgeschäften. Die Emission wurde dem Issue Department der Bank übertragen, während alle übrigen Geschäftszweige im Banking Department zusammengefaßt waren.

Diese von Peel herrührende Akte ist verschieden beurteilt worden. Die einen priesen sie als den Ausdruck höchster Weisheit, die anderen nannten sie das Prokrustesbett des Handelsverkehrs und schrieben ihr die Schuld an allen nachfolgenden Krisen zu. Manche endlich waren der Ansicht, diese Maßregel hätte in der Lebenspraxis überhaupt wenig Bedeutung gehabt. Die Banknoten, so meinten sie, hätten unter den Zahlungsmitteln keine erhebliche Rolle gespielt; sie seien durch Wechsel, Schecks, Giroüberweisungen erfolgreich vertreten worden. Die ausgiebige Benutzung aller dieser Umlaufsmittel durch die Geschäftswelt seit 1844 hätte, so behaupteten sie, die Absichten des Gesetzgebers vereitelt. Jedenfalls hatte Peels Akte, kraft deren die Bank of England das ausschließliche Recht der Notenemission erhielt, die Monopolstellung der Bank gefestigt und sie in den Augen der Bevölkerung zu einem staatlichen Institut umgewandelt, um so mehr, als der Staat sie zu seinem Schatzmeister ernannte. Die Noten der Bank waren zum obligatorischen Zahlungsmittel erhoben und in allen Fällen, wo die Bank mit Schwierigkeiten zu kämpfen hatte, war die Regierung mit ihr solidarisch. Alle diese Umstände, sowie die durch dasselbe Gesetz für die Bank festgelegte Verpflichtung, allwöchentlich Berichte auszugeben und die Notwendigkeit, einen verhältnismäßig bedeutenden Goldvorrat bereitzuhalten, haben es bewirkt, daß keine Bank der Welt so unbedingtes Vertrauen genießt, wie die Bank of England. In diesem unbedingten Vertrauen ist die Erklärung zu suchen für die Stellung, die sie seit Mitte des 19. Jahrh. einnimmt. In den dreißiger Jahren führten die häufigen Zahlungseinstellungen von Aktien- und Privatbanken dazu, daß das Publikum sein Geld ausschließlich bei der Bank of England anlegte; diejenigen Aktienbanken, die Depositen anzuziehen suchten, mußten wohl oder übel, um sich das Vertrauen der Bevölkerung zu sichern, ihre Barmittel der Bank of England überlassen, die hierfür die sicherste Anlage bot. Je mehr die Aktienbanken sich auf Depositengeschäfte verlegten, desto mehr wurde daher die Bank of England zu dem Mittelpunkt, wohin die gesamten verfügbaren Barmittel des Landes flossen; in diesem zentralen Institut deponieren alle Banken Englands ihre Reservefonds. Es entstand hierdurch das System des „vereinigten Reservefonds", die Bank of England wurde zur „Bank der Banken".

Die oben erwähnten Depositenbanken kommen in England seit Mitte der dreißiger Jahre auf, nachdem ein 1833 erlassenes Gesetz bestimmt hatte, daß das 1708 verfügte Monopol der Bank of England sich nur auf die Notenemission erstreckt, nicht aber auf die übrigen Bankgeschäfte. Allmählich hatte man eingesehen, daß die Notenemission durchaus nicht die wichtigste Branche des Bankgeschäftes bildet und daß — im Gegensatz zu früheren Ansichten — Banken recht wohl bestehen könnten, ohne diese Emission auszuüben. Von den 1875 in England vorhandenen Banken waren 64 in der Zeit von 1830—1841 gegründet worden. Die Bedeutung dieser Depositenbanken darf keinesfalls unterschätzt werden. Ihnen strömten, vor allem seit den fünfziger Jahren, die im Lande verfügbaren Gelder als Depositen zu, um von ihnen hierauf den rasch emporstrebenden Industriezweigen, der Baumwoll-, Woll-, Steinkohlen-, Metallindustrie zugeführt zu werden. Anfänglich pflegten die Depositenbanken der landwirtschaftlichen Bezirke Süd- und Südostenglands die bei ihnen deponierten, aus Pachtzahlungen und Ernteerlösen fließenden Geldsummen in den nördlichen gewerbetreibenden Grafschaften anzulegen, wo der Bedarf an Kapitalien zu groß war, als daß er aus den Ersparnissen der Bevölkerung dieser Bezirke allein hätte gedeckt werden können. In der Folge jedoch wurden alle diese Kapitalien von den Provinzialbanken nach London abgeführt und von dort aus über das ganze Land verteilt.

Die Depositenbanken hatten mit vielen Schwierigkeiten zu kämpfen, denn die Bank of England suchte die neuen Konkurrenten zu vernichten. Es wurden von ihr besondere Maßregeln ersonnen, um sie zu bekämpfen; so wurde ihnen u. a. verboten, Wechsel zu akzeptieren, sie waren daher genötigt, Wechsel ohne Akzept zu honorieren. Dabei war das englische Aktiengesellschaftsrecht noch sehr wenig ausgebildet, die Aktiengesellschaften besaßen keine Rechtspersönlichkeit; eine Aktienbank als solche konnte daher keine Klage vor Gericht anstrengen, diese mußte im

Namen aller Aktionäre eingereicht werden. Zählte die Gesellschaft einen Geistlichen unter ihren Mitgliedern, so wurde, dem englischen Gesetz gemäß, die Unternehmung und alle ihre Geschäfte für illegal erklärt. Diese Klausel wurde häufig von solchen Personen mißbraucht, die Wechselschulden bei der Bank hatten. Zu Ausgang der dreißiger Jahre hatte wiederum eine Anzahl neu ins Leben gerufener Banken (etwa 140 Banken hatten sich als Aktienbanken konstituiert) ihre Zahlungen eingestellt. Für Pitt war dies ein willkommener Anlaß, die Gründung neuer Banken zu erschweren. Durch ein 1845 erlassenes Gesetz wurde der Mindestpreis einer Aktie auf 100 Pfd. Sterl. festgelegt, so daß den vor Erscheinen dieses Gesetzes gegründeten Banken tatsächlich eine Monopolstellung eingeräumt wurde. In der Tat waren von den 118 Depositenbanken, die 1875 bestanden, bloß 4 in den Jahren 1841—1860 gegründet worden. Als jedoch 1862 ein neues Gesetz die Freiheit der Gründung von Aktiengesellschaften verkündete und für sie eine nur beschränkte Haftung bestimmte, wurden nun allein in der kurzen Zeitspanne 1861—1866 26 Banken neu gegründet.

So war bereits um die Mitte des 19. Jahrh. London zum Reservoir geworden, das alle flüssigen Gelder des Landes aufsog, zugleich aber auch zum internationalen Geldmarkt. Seit 1815 war England mit seinem Reichtum an Kapitalien an Stelle der Niederlande getreten; nunmehr war England der Markt, wo die europäischen Staaten ihre Anleihen abschlossen, denn anderwärts konnten die hierzu erforderlichen, immer höher anschwellenden Summen nicht aufgetrieben werden. Auch im kaufmännischen Kredit war England der Weltbankier. Stellte es doch damals den Frachtführer des Erdballs dar, der die Güter der ganzen Welt auf seinen Schiffen über See trug, wie auch den universalen Zentralmarkt, den Mittelpunkt des Handels, wohin sowohl aus den englischen Kolonien, als auch aus allen anderen Ländern und Weltteilen Warengüter hinströmten, um von London und Liverpool aus allenthalben verteilt zu werden. Es wurden daher bei Englands Kapitalreichtum alle diese Handelsgeschäfte durch englischen Kredit erledigt. Selbst in Fällen, wo man Überseegüter unmittelbar nach den Häfen des Festlandes verschiffen ließ, wurde die Verrechnung in London vorgenommen, Wechsel wurden auf London gezogen und in Pfd. Sterl. berechnet. Die Londoner Banken hatten stets eine vollständige Übersicht des Handelsverkehrs des europäischen Festlandes. Der Kontinent aber besaß weder die von Staat, Handel und Gewerbe benötigten Kapitalien, noch die Kreditinstitute, die es vermocht hätten, Kreditgeschäfte großzügig zu organisieren.

Erst 1850—1860 kommen hier ansehnliche Banken auf, während sie bis 1848 noch seltene Ausnahmen bilden. So blieb in Österreich die 1816 gegründete Nationalbank drei Jahrzehnte hindurch die einzige ihrer Art. Eine ähnliche Monopolstellung nahm in Frankreich die 1800 gegründete Banque de France ein. In Frankreich wurden Banken (außer drei kleineren Provinzbanken von nur lokaler Bedeutung) erst zu Ausgang der dreißiger und zu Beginn der vierziger Jahre gegründet; während der Krise von 1848 jedoch fallierten die bedeutenderen unter ihnen, die übrigen wurde zu Filialen der Französischen Bank, die dadurch ihre frühere Monopolstellung wiedergewann. Wie die österreichische Nationalbank, so war auch die Banque de France vornehmlich zu dem Zwecke gegründet worden, dem Staat die erforderlichen Geldmittel zu beschaffen. Daher befand sich der weitaus größere Teil ihrer Kapitalien beim Fiskus, und die Bank geriet oft in eine recht mißliche Lage, wiederholt konnte die Einlösung der Banknoten nur unter Umgehung des Reglements vorgenommen werden. Für die Gewährung von Krediten an Handel und Gewerbe behielten diese Banken nur geringe Summen übrig. Außerdem beschränkte sich ihre Tätigkeit ausschließlich auf die Hauptstadt, die Provinz hatte überhaupt keine Kreditanstalten. Die ersten Provinzialfilialen der Banque de France wurden nach 1835 eröffnet, die der österreichischen Nationalbank 1848. Dagegen besaß Belgien zwei 1822 bzw. 1825 gegründete Banken, deren Aufgabe die Förderung der gewerblichen Entwicklung sein sollte; die 1822 gegründete nannte sich sogar Société générale pour favoriser l'industrie nationale. In anderen Ländern kamen solche Banken erst in den fünfziger Jahren auf. Jedoch zeugte ihre geschäftliche Tätigkeit davon, wie wenig man damals in der Leitung von Kreditgeschäften bewandert war, wie die elementarsten Grundsätze der Bankpolitik außer acht gelassen wurden. Einerseits legten nämlich diese Banken ihre Kapitalien auf lange Fristen in Unternehmungen und Immobilien fest, andrerseits aber nahmen sie kurzbefristete Depositen an und emittierten Banknoten, die auf Sicht einlösbar waren. Daher mußten bereits 1848 die beiden belgischen Banken die Einwechslung der Banknoten einstellen. Der Staat verwandelte dann die von ihnen ausgegebenen Noten in Papiergeld, indem er ihre obligatorische Annahme bei Zahlungen dekretierte (Zwangskurs).

Wie man aus dem oben Dargelegten ersehen kann, waren alle diese Banken Emissionsbanken, d. h. sie besaßen das Recht der Notenausgabe. Den gleichen Artcharakter weisen auch alle deutschen Banken auf, so die Königliche Bank in Berlin (später Preußische Bank, aus der 1875 die Reichsbank entstand) und noch drei 1824 bzw. 1834—1838 gegründete Banken, ferner die italienischen Banken und die in Frankreich 1834—1845 aufgekommenen und bald darauf eingegangenen Banken. „Bank" und „Emissionsbank" waren damals gleichbedeutend, man konnte sich keine Bank ohne das Recht der Notenausgabe, keine, wie es damals hieß, „Metallbank" vorstellen. Alle übrigen Bankgeschäfte bildeten nur die Ergänzung des Hauptgeschäftes, der Notenausgabe. Noch 1854 sagte man in Paris von der neugegründeten Eisenbahnbau- und Industrieunternehmungen finanzierenden Bank für Mobiliarkredit, die keine Banknoten emittierte, sie betreibe keine Bankgeschäfte.

In den ersten Jahrzehnten des 19. Jahrh. waren eben keine anderen als Emissionsbanken denkbar; gab es doch keine sonstigen Quellen, aus denen die Banken ihren Geldbedarf hätten decken können. Der Zufluß an Depositen konnte infolge des geringen Wohlstandes der Bevölkerung nur unbedeutend sein. Doch auch später, in den dreißiger und vierziger Jahren, als der Volkswohlstand, insbesondere in Frankreich, teilweise auch Österreich sich gesteigert hatte, waren die das Recht der Notenemission ausübenden Banken nicht sonderlich bestrebt, die anlagesuchenden Kapitalien herbeizuziehen, das Depositengeschäft zu erweitern. Und doch hätte in dieser Beziehung eine rege Tätigkeit entfaltet werden müssen, um die Rückständigkeit der Bevölkerung zu überwinden, die es gewohnt war, die flüssigen Gelder im Hause zu behalten. Selbst Kaufleute bewahrten die für unvorhergesehene Ausgaben zurückgelegten Summen oder solche, für die sie gerade keine Verwendung hatten, in ihrer Kasse auf. Die häufigen Zahlungseinstellungen der Banken waren nicht dazu angetan, diesen Brauch zu ändern.

Durch diese Verhältnisse wurde die Entwicklung des Bankwesens auf dem Kontinent erheblich verlangsamt. Hierzu gesellte sich auch die Abneigung der Banken, Filialen in der Provinz zu eröffnen. Wie im 18. Jahrh. die Bank of England, so zögerte nunmehr die Banque de France wie auch die österreichische Nationalbank, ihre Bestände Filialleitern zu überlassen, die ja große Selbständigkeit genießen mußten. Gab es doch damals noch keine telegraphischen Verbindungen; es wäre daher sehr schwierig gewesen, ihre Tätigkeit von der Zentralstelle aus zu überwachen und zu leiten. In der Zeit, die die Post brauchte, um den Bericht des Filialleiters an die Direktion und deren Antwort darauf zu übermitteln, konnte sich die Sachlage vollkommen geändert haben. Während aber die Banken keine Filialen eröffneten, suchten sie zu gleicher Zeit (z. B. die Banque de France) das Aufkommen anderer Emissionsbanken zu verhindern. Um nicht den Unwillen der mächtigen Französischen Bank zu erregen, nannten sich die 1834—1845 in Frankreich gegründeten Banken bescheiden „Caisse“ oder „Comptoir“.

In diesem Mangel an Banken, insbesondere außerhalb der Hauptstädte, und in der geringen Ausdehnung ihrer Geschäfte ist die Erklärung zu suchen für die wichtige Stellung, die Privatbankiers und -bankhäuser in der ersten Hälfte des 19. Jahrhunderts behaupten konnten. Auch jetzt noch verbanden sie nicht selten Kreditgeschäfte mit Warenhandel und Kommission, um erst allmählich, wie dies in England bereits früher der Fall gewesen, diese Branchen aufzugeben.[1]) Doch auch dann kam es zuweilen vor, daß der Bankier nur in einer Handelsbranche Wechsel diskontierte, in derjenigen nämlich, in der er selbst vordem tätig gewesen war; war er doch nur hier imstande, die Solvenz des Kunden richtig zu beurteilen. Noch in den zwanziger Jahren wandte man sich deshalb in Wien und Paris beim Abschluß von Staatsanleihen an fremde Bankiers, nach den Niederlanden oder nach England, erst

[1]) Dies bezeugt z. B. auch die Geschichte der schweizerischen Privatbankiers; die Wurzeln des schweizerischen Bankwesens sind im Warenhandel zu suchen. Sowohl Basler als Berner, Genfer, Züricher Bankfirmen des 19. Jahrh. waren ursprünglich Warenhändler, gewöhnlich auch Kommissionäre und Spediteure, verbanden damit auch das Wechselgeschäft, um dann, öfters erst in der ersten Hälfte des 19. Jahrh., mit der Ausdehnung ihrer Kreditoperationen den Warenhandel allmählich aufzugeben und das reine Bankgeschäft zu pflegen (Burckhardt). Vgl. oben S. 274ff.

später an einheimische, hauptsächlich schweizerischer Abstammung (in Österreich waren es die Nachkommen von Schweizer Immigranten, in Frankreich die von Hugenotten, die in Genf Zuflucht gesucht hatten). Alle wurden sie jedoch von dem Hause der Rothschild in den Schatten gestellt, welches, wie ja auch der Kredit, den sie vollständig an sich brachten, ein internationales Gepräge trug. Da das Bankhaus in den bedeutendsten Hauptstädten Filialen besaß (die fünf Söhne des Begründers der Firma leiteten Filialen in London, Paris, Wien, Neapel und das Stammhaus in Frankfurt), so trugen die von verschiedenen Staaten bei der Firma aufgenommenen Anleihen stets das Gepräge inländischer Anleihen. Ihre Zeichner konnten die Zinsen an jedem beliebigen unter den fünf Plätzen ausgezahlt erhalten, also nach Wunsch in ihrer Heimat und in ihrer Münze. In diesem internationalen Charakter der Organisation, wie in einer bisher unerreichten Vortrefflichkeit der Information über alle vorkommenden Ereignisse[1]) war die fast unbeschränkte, ein halbes Jahrhundert lang währende Herrschaft der Rothschild über die Börse begründet, die sich vor allem im Gebiete des staatlichen Kredits kundgab. Allein in den $1^1/_2$ Dezennien 1818—1832 hatte das Londoner Haus der Rothschild für ca. 25 Mill. Pfd. Sterl. Obligationen emittiert, eine Summe, die den Gesamtwert der an der Amsterdamer Börse im Laufe des 18. Jahrh. abgeschlossenen Anleihen übersteigt. Es kam vor, daß die Rothschilds irgendeinen Staat aufs „schwarze Brett“ setzten, d. h. ihm den Wechseldiskont sperrten. Dies war mit dem finanziellen Zusammenbruch des Staates gleichbedeutend. Später befaßten sie sich mit der Finanzierung von verschiedenen Unternehmungen, anfangs von Versicherungsgesellschaften, dann (in den vierziger Jahren) hauptsächlich von Bahnbaugesellschaften. In Österreich, Frankreich und anderen Ländern wurde von diesen „ersten Eisenbahnkönigen“ eine Reihe von Eisenbahnlinien erbaut. „Rothschild und nicht dem Staate gehören die Bahnen“ — hieß es damals.

Das Bankhaus der Rothschild betrieb also diejenigen Geschäfte, die später, nach dem Aufkommen der Aktienbanken, von diesen ausgeübt wurden. Doch war in der, der Begründung dieser Banken unmittelbar vorhergehenden Periode ein starker Kreditmangel fühlbar, vor allem beim gewerbe- und handeltreibenden Mittelstande. Diesen Bedarf vermochten die Privatbankiers nicht zu decken. Durch die von ihnen betriebenen Spekulationsgeschäfte, sowie durch ihren Gold- und Silberhandel wurden die zur Kreditierung von Kaufleuten verfügbaren Summen noch verringert. Es blieb den Kaufleuten nichts übrig, als sich an Wucherer zu wenden. In Frankreich befaßten sich die Steuereinnehmer (trésoriers généraux) mit Kreditgeschäften. Die sich bei ihnen ansammelnden Steuerbeträge benutzten sie zur

---

[1]) Die Börsenspekulanten bedienten sich, ehe der Telegraph erfunden war, ihrer eigenen Kuriere. Die des Hauses Rothschild waren durch ihre Schnelligkeit berühmt. Es wird ferner berichtet, Nathan Rothschild hätte 1814, nach der Schlacht von Waterloo, London als erster erreicht. Er war dem Kurier der Regierung vorausgeeilt, als die Hauptstadt vom Siege Wellingtons über Napoleon noch nichts ahnte. Durch diesen Vorsprung gewann er Millionen — er kaufte massenhaft englische Staatspapiere auf, die am nächsten Tage, als der Sieg bekannt wurde, kolossal in die Höhe stiegen.

Diskontierung von Wechseln. Bis zu den fünfziger Jahren des 19. Jahrh. stellten sie gleichsam „die Nationalbank Frankreichs“ dar.

Auch die Notare kamen der Bevölkerung zur Hilfe. Hatten sie doch von jeher verzinsbare Depositen angenommen und auf diese Weise ihre Kontore zu regelrechten Sparkassen umgestaltet. Außerdem gaben sie auch Darlehen aus, sowohl an ihre Kunden, als auch an die übrige Bevölkerung. Später begannen sie Wechsel zu diskontieren und an Börsengeschäften teilzunehmen. Nachdem zu Anfang der vierziger Jahre zahlreiche Notare falliert hatten, wurde ihnen 1843 die Vornahme aller dieser Transaktionen untersagt. Dennoch legte die Bevölkerung, nach wie vor, ihre Ersparnisse bei ihnen an, ohne ihre Geschäftstätigkeit irgendwie zu kontrollieren. Bücher wurden von den Notaren nicht geführt, ja nicht einmal Quittungen über die empfangenen Geldsummen ausgestellt.

Erst nach der Revolution von 1848 werden auf dem Kontinent überall Banken gegründet, die sowohl an Eigentümer von Immobilien, als auch an Fabrik- und Bergwerksunternehmungen Kredit gewährten, den Eisenbahnbau finanzierten oder auch direkt unternahmen. Doch auch in der Periode 1850—1870 standen der Bankgründung und der erfolgreichen Entwicklung der Bankgeschäfte zahlreiche Hindernisse im Wege. So dauerte es — selbst in Frankreich — geraume Zeit, bis die Banken das Grundprinzip der Bankpolitik, das Prinzip des Gleichgewichts zwischen Aktiv- und Passivgeschäften zu ihrem Grundsatz gemacht hatten. Auch die Bevölkerung blieb noch viele Jahre hindurch der Regel getreu, ihr Geld zu Hause zu behalten; noch in den fünfziger Jahren waren die Klienten der französischen Banken nur schwer zu bewegen, ihre Zahlungen durch Vermittlung der Bank zu leisten, sie zogen es vor, zu diesem Zwecke ihr Geld von der Bank abzuheben. Durch das Konzessionssystem, das bis in die sechziger Jahre hinein für die Gründung von Aktiengesellschaften in Kraft war, wurde von den Regierungen die Gründung von Banken nach Möglichkeit erschwert.

Besonders rückständig waren die Zustände in Deutschland, wo der Wechseldiskont (außer in Hamburg und einigen anderen Handelsstädten) nur wenig gebräuchlich war, das Depositengeschäft aber von den Banken nicht nur nicht erweitert, sondern im Gegenteil zuweilen absichtlich eingeschränkt wurde; nicht selten setzten sie die Zinsen für Depositengelder herab, um (wie im 18. Jahrh.) dem übermäßigen Andrang derselben entgegenzuwirken. Der Giroverkehr und das Kontokorrentgeschäft waren in Deutschland fast unbekannt. Daher konnte man selbst in den Straßen eines so bedeutenden Handelsplatzes wie Frankfurt a. M., dessen Börse damals als die bedeutendste Deutschlands galt, noch in den fünfziger Jahren am Vormittag Frachtwagen, mit Tonnen Silber schwer beladen, dahinziehen sehen und zahlreiche Lastträger erblicken, die mit Silbermünze gefüllte Säcke schleppten. Während die deutschen Kleinstaaten die Gründung von Banken begünstigten, weshalb fast alle neuen Banken eben hier aufkamen, verhielt sich Preußen dieser Entwicklung gegenüber recht ablehnend; den Banken wurde hier die Gründung von Filialen und Agenturen wie auch die Annahme von Depositen verboten, zuweilen auch die Genehmigung zur Gründung einer Aktienbank kurzerhand verweigert.[1]) Die Regierung befürchtete, ein bedeutendes Kreditinstitut könnte gegebenenfalls den ihm unerwünschten Unternehmungen seine Unterstützung verweigern und hierdurch verschiedene staatliche Maßnahmen wirkungslos machen (Poschinger). Sie berief sich bei der Verweigerung von Konzessionen auf die Gefahr der Gründung neuer Banken in einer Zeit, wo sich auch ohnedem eine bedenkliche, übermäßige Lust offenbare, neue Unternehmungen ins Leben zu rufen.[2])

Doch ungeachtet alle rdieser Schwierigkeiten fällt in die Zeit 1850—1870 das Aufkommen zahlreicher Großbanken sowohl in Frankreich, als in Österreich, der Schweiz, Belgien, ja selbst im rückständigen Deutschland und deren erfolgreiche Entwicklung. Vornehmlich waren es Mobiliarkreditinstitute, die die Finanzierung von Industrie- und Eisenbahnunternehmungen bezweckten.

Die Bewegung ging von Frankreich aus, wo 1852 die Brüder Isaak und Emil Péreire die Société Générale de Crédit Mobilier begründet hatten, deren Aufgabe die Finanzierung verschiedener Unternehmungen — hauptsächlich Eisenbahnbau — sein sollte. Die Begründer dieses Institutes waren stark beeinflußt durch die Lehren des Sozialisten Saint-Simon, der der kommerziellen Tätigkeit keineswegs abhold war. Aus den Reihen seiner Jünger gingen die bedeutendsten Bankdirektoren und Bankiers Frankreichs hervor, darunter eben die Brüder Péreire, welchen, ihren eigenen Worten zufolge, Saint-Simon „neues Leben eingehaucht“, in ihnen „die Flamme des Saint-Simonismus entfacht“ hatte.

Die Saint-Simonistische Doktrin predigte die Gründung eines Institutes, dessen Aufgabe die Leitung der Produktion sein sollte, die Schaffung eines „système général des banques“, an dessen Spitze eine die Regierung im Wirtschaftsleben („le gouvernement dans le monde matériel“) repräsentierende Zentralbank zu stehen hatte, die die Produktionsmittel bei sich konzentrieren und sie verteilen sollte. Während, so lauteten die Ausführungen Saint-Simons, bei der bestehenden Gesellschaftsordnung alle Produktionsmittel bei den Grundbesitzern und den Kapitalisten sich befinden, die durch den blinden Zufall der Geburt über sie verfügen, werden sie nunmehr denjenigen übergeben, die dessen am würdigsten sind. Die Hauptrolle in der Entwicklung der Industrie wird also in dieser Doktrin den Banken zugewiesen; der Begriff der „classe industrielle“ umfaßt für Saint-

---

[1]) Als Beispiel kann die Stellungnahme Preußens zum Schaafhausenschen Bankverein, zum ersten Gesuch der Gründung der Diskontogesellschaft, sowie zur (1856 eingereichten) Vorlage der Gründung einer Bank zur Förderung von Handel, Gewerbe und Landwirtschaft (in Berlin) dienen.

[2]) Auch in Württemberg, wo schon von 1849 an Konzessionsgesuche zur Gründung von Banken zahlreich eingereicht wurden, wurde in zwanzig Jahren kein einziges von ihnen bewilligt. Während der in den fünfziger Jahren im Bankwesen ausgebrochenen Krise äußerte die württembergische Regierung ihre Genugtuung darüber, daß das Land keine einzige Bank besitze, also auch nichts für sie zu befürchten habe. Erst 1869 wurde dort die erste Bank gegründet.

Simon Unternehmer und Arbeiter, Kaufleute, Gelehrte, Künstler. Das „Haupt" dieser Klasse stellen die Bankiers dar, die an ihrer Spitze stehen und sie durch den großzügigen Grundgedanken zu einem Ganzen zusammenschließen.

Im Einklang mit dieser Lehre beabsichtigten die Brüder Péreire nicht bloß, eine Bank ins Leben zu rufen, sondern das gesamte Kreditwesen dem Saint-Simonismus gemäß zu organisieren. Es sollte ein „Crédit Foncier" für die Eigentümer von Liegenschaften, ein „Crédit Mutuel" für Handwerker und Kaufleute und ein „Crédit Mobilier" für Großunternehmungen geschaffen werden. Das letztgenannte Institut war zum Mittelpunkte bestimmt, dem die Mittel der Bevölkerung zuströmen sollten, um von dort aus in die Kanäle der Volkswirtschaft hinübergeleitet zu werden. Dieser gigantische, in der Saint-Simonistischen Ideenfabrik entstandene, im sozialistischen Organ „Le Producteur" geschmiedete, von echt französischem Zentralisationsgeist beseelte Plan erregte allgemeines Staunen. Sollte doch diese Bank die gesamte Produktion unter ihre Leitung bringen. Die Gründung der Bank sollte durch die Ausgabe von dreiprozentigen langfristigen (nach 50 Jahren rückzahlbaren) Obligationen ermöglicht werden, zu deren Deckung leicht realisierbare Effekten (valeurs mobilières) dienen sollten. Auf diese Weise würden allmählich die Papiere aller Unternehmungen in das Portefeuille der Bank hinübergeleitet werden.

Doch gelangte dieses großzügige Experiment nicht zur Verwirklichung, denn die Regierung verweigerte die Genehmigung zur Ausgabe der Obligationen. Hierdurch änderte sich die Lage des Crédit Mobilier vollkommen. Das Institut war genötigt, in der Börsenspekulation einen Ausweg zu suchen und wurde durch sie ruiniert. Seine Aktienkurse waren den stärksten Schwankungen unterworfen. Sie wurden daher als „die gefährlichsten Papiere" gebrandmarkt, die Bank wurde bezeichnet als „eine Spielhölle, wo mit gefälschten Karten gespielt wird". Erst später sahen die Péreire ihren Fehler ein und suchten ihn wieder gutzumachen, durch Auszahlung gleichmäßiger Dividenden ihre Aktien in eine sichere Sparanlage, in eine sog. „valeur de père de famille" zu verwandeln. Doch war es schon zu spät; nach fünfzehnjährigem Bestehen ging die Bank 1867 ein.

Zahlreiche Unternehmungen — Kanäle, Gasanstalten, Omnibusse, Baugesellschaften — waren von ihr ins Leben gerufen worden, besonders aber Eisenbahnen, so daß sie sozusagen eine „Eisenbahnbank" war. Es wurde von ihr der Eisenbahnbau nicht nur in Frankreich, wo durch die Tätigkeit des „Crédit mobilier" allein im Jahrzehnt 1850—1860 das Eisenbahnnetz einen Zuwachs von über 6000 km erfuhr, sondern auch in anderen Ländern, in Österreich-Ungarn, Spanien, Rußland, der Schweiz finanziert. In Italien, Spanien, den Niederlanden wurden von den Brüdern Péreire Banken gegründet, die die gleichen Ziele anstrebten, vor allem den Eisenbahnbau. Ihre Tätigkeit ging also weit über die Grenzen Frankreichs hinaus. Am bedeutsamsten jedoch für die Folgezeit war das Prinzip, welches dem Crédit Mobilier zugrunde lag, die eigentliche Idee einer Neuorganisation des Kreditwesens. Hatte es bis dahin als selbstverständlich gegolten, daß die Banken eine nur passive Rolle zu erfüllen hätten, daß sie „der Entwicklung der Industrie folgen, nicht aber ihr vorauseilen“, so war es den Brüdern Péreire gelungen, eine neue kühne Idee zu verwirklichen, die Idee der aktiven Einwirkung der Banken auf das Wirtschaftsleben.

Verschiedene unter den neuen nach dem Muster des Crédit Mobilier überall ins Leben gerufenen Banken existierten nur kurze Zeit; die Börsenspekulation richtete auch sie zugrunde. Andere, gediegenere Unternehmungen suchten die von den Brüdern Péreire gemachten Fehler zu vermeiden und vermochten sich zu behaupten. Sie verdankten dies hauptsächlich dem Umstande, daß sie neben der Finanzierung von Industrie- und Eisenbahnunternehmungen auch andere, größere Sicherheit bietende Geschäfte betrieben, wie die Emission von Staatsanleihen. Auch suchten sie die sog. „regulären“ Bankgeschäfte zu erweitern, wie das Lombardgeschäft, den Wechseldiskont, den Kontokorrentverkehr. Durch die Entwicklung dieser Operationen, wie auch durch die Finanzierung, insbesondere von Eisenbahnbauunternehmungen haben sie die Volkswirtschaft bedeutend gefördert. Der Ausbau des Eisenbahnnetzes in allen europäischen Staaten ist vornehmlich durch die nach dem Vorbild des Crédit Mobilier gegründeten Banken ins Werk gesetzt worden.

Die erste der französischen Großbanken war das 1849 aufgekommene Comptoir d'Escompte, das sich anfänglich auf den Wechseldiskont beschränkte. In den sechziger Jahren erweiterte es sein Tätigkeitsgebiet, indem es dem französischen Außenhandel tatkräftig beistand, um England, das bisher die Vermittlerrolle in der Einfuhr von Rohstoffen nach Frankreich und in der Ausfuhr französischer Fertigfabrikate ausgeübt hatte, aus dieser Stellung zu verdrängen. Zu diesem Zwecke wurden in Indien, China, Japan, wo das „Comptoir“ als „die French Bank“ weithin bekannt war, in Alexandria, im Westindischen Archipel Filialen eröffnet. Anderwärts (Senegal, Martinique, Guayana) traf die Bank Abkommen mit den lokalen Banken, wonach es ihnen Kredit gewährte und Wechsel auf alle Plätze der Welt zu trassieren sich bereit erklärte, ein Verfahren, das bisher nur bei englischen Banken üblich war. Zwar gelang es der Bank nicht, England als den Vermittler im Verkehr zwischen Frankreich und den Überseeländern gänzlich auszuschalten, doch wurde der Einfluß Frankreichs in Ostasien und in Amerika bedeutend gesteigert. Eine andere Bank, die 1859 gegründete Société Générale de Crédit Industriel et Commercial, begann alsbald mit dem Crédit Mobilier in der Finanzierung der verschiedensten Unternehmungen zu wetteifern (wobei auch hier die Ausgabe von Obligationen beabsichtigt war). Im Unterschied zu den anderen Banken stellte sich jedoch die „Société“ nicht nur die Finanzierung des Eisenbahnbaues, sondern auch die von industriellen (Maschinenbau-, Bergbau-, Hütten-

u. a. Unternehmungen) zur Aufgabe, wie auch die Förderung des Handels. Zugleich aber war sie erstmals bestrebt, das Depositengeschäft zu erweitern, die verfügbaren Kapitalien anzuziehen. Diese, in England nicht geübte Vereinigung von Spekulativ- und Depositengeschäften in einem Institut erregte mancherlei Bedenken. Noch größere Aufmerksamkeit wandte dem Depositengeschäft die dritte unter den damals gegründeten Banken zu, der Crédit Lyonnais, unter dessen Gründern gleichfalls Anhänger des Saint-Simonismus sich befanden. Anfänglich trug das Institut das Gepräge einer Lokalbank, bestimmt, dem Bedarf eines der zahlreichen, von Paris vernachlässigten Gebieten Frankreichs zu genügen. War doch Lyon die bedeutendste Industriestätte des Landes, wo flüssige Kapitalien in Fülle vorhanden waren, und wo sie infolge des der Bevölkerung von altersher innewohnenden Erwerbsgeistes von ihr gerne bei den Banken als Depositen eingezahlt wurden. Um nun diese Depositen gewinnbringend anzulegen, mußte die Bank notgedrungen die Finanzierung verschiedener Unternehmungen vornehmen, wenngleich sie sich hauptsächlich den regulären Bankgeschäften widmete.

In Österreich wurde die erste Bank für Mobiliarkredit, die Österreichische Kreditanstalt für Handel und Gewerbe, 1855 gegründet unter lebhaftem Interesse und regster Beteiligung weiterer Kreise. Auf das neue Institut wurden die größten Erwartungen, die überschwenglichsten Hoffnungen gesetzt, von der Regulierung des Geldwesens an bis zur Neubelebung der Ausfuhr, des Außenhandels und der Schiffahrt. Gleich dem Crédit Mobilier hatte die Bank sich die Aufgabe gestellt, die gesamten Aktiengesellschaften Österreichs zusammenzufassen und auf diese Weise Kapital und Kredit zu konzentrieren. Doch wurde bei jeder Gelegenheit von ihren Leitern betont, daß sie mit dem Crédit Mobilier, der Bank der Gebrüder Péreire, nichts gemein haben. In den Berichten der Bank wurde stets „die Tugend der österreichischen Tochter" hervorgehoben, im Gegensatz zu ihrer „französischen Mutter, die dem Laster des Börsenspiels ergeben war". Im Jahrzehnt 1855—1865 wurden in Wien unter erheblicher Beteiligung englischen und französischen Kapitals mehrere Banken gegründet. Teils waren es Mobiliarkredit-, teils Hypothekenbanken. In den österreichischen Provinzen gab es bis 1859—1860 weder Provinzialbanken, noch Filialen von Wiener Banken (außer Filialen der Nationalbank). Dies darf nicht wundernehmen, wenn man bedenkt, daß noch 1856 gegen den Vorschlag, in Prag eine Börse zu eröffnen, der Einwand erhoben wurde, es könnten hierdurch „die guten Sitten verdorben und das Hazardspiel begünstigt werden". Von Interesse ist es, daß sowohl die ersten, Anfang der sechziger Jahre aufgekommenen Provinzialbanken, die dem Gründertum und den Börsengeschäften recht skeptisch gegenüberstanden, als auch die aus dieser Zeit stammenden Wiener Banken sich als sehr solide und widerstandsfähig erwiesen haben, während die in der folgenden Periode (1867—1873) massenhaft entstandenen Banken, ca. 150 an der Zahl, meistenteils bald zugrunde gingen. Aus der Krise von 1873, in welcher der Gründungsschwindel der vorhergehenden Jahre seinen Abschluß fand, gingen die sechs vor 1868 gegründeten Banken Wiens unversehrt hervor, während von den 1868—1873 aufgekommenen 70 Banken nur der zehnte Teil (8 Banken) die Krise und die nachfolgenden schweren Jahre überstanden haben. Auch unter den sieben vor 1868 gegründeten Provinzialbanken fallierte nur eine, von den den Jahren 1868—1873 angehörenden dagegen zwei Drittel (44 von 65).

In Deutschland wurden Banken (zuerst Emissions-, dann Mobiliarkreditbanken), wie gesagt, vornehmlich in den Kleinstaaten gegründet, während Preußen sich dieser Entwicklung gegenüber ablehnend verhielt. Besonders zahlreich waren solche Gründungen 1856 (1852—1857 waren Aktienbanken mit einem Gesamtkapital von 600 Mill. M. aufgekommen), worauf die Krise von 1857 und den nachfolgenden Jahren ausbrechen mußte, die nur von wenigen, besonders soliden Banken überstanden wurde. Von 1866 ab setzen die Bankgründungen wiederum ein, vor allem 1871—1873, worauf eine neue Krise folgte, die für zwei Drittel der 76 in diesen Jahren ins Leben gerufenen Banken verhängnisvoll wurde: Von insgesamt 780 Mill. Aktienkapital waren 475 verloren. Auch diejenigen Banken, die aus der Krise heil hervorgingen, mußten größtenteils ihr Kapital erheblich herabsetzen. Wie man sich noch damals dem neuen Bankwesen gegenüber in Deutschland verhielt, ersieht man aus der Haltung des Publikums bei der Entstehung der „Deutschen Bank“ um 1870. Die Nachricht davon wurde sehr skeptisch aufgenommen, und man sagte, der Geburtsakt der Bank könne sich noch immer nicht vollziehen, trotz der Hilfe zahlreicher Doktoren. Freilich sollten sich die Ansichten darüber sehr bald ändern; schon einen Monat nach der Begründung der Bank wurden ihre Aktien als das einzige solide Papier bezeichnet.

Register zu Bd. I und II.

(I u. II bezeichnet die Bände.)

JOSEF KULISCHER

Allgemeine Wirtschaftsgeschichte

Band I

JOSEF KULISCHER

Allgemeine Wirtschaftsgeschichte des Mittelalters und der Neuzeit

BAND I

DAS MITTELALTER

SECHSTE, UNVERÄNDERTE AUFLAGE

1988

R. OLDENBOURG VERLAG MÜNCHEN

Unveränderter reprografischer Nachdruck der 1. Auflage,
München und Berlin 1928
(aus: Handbuch der mittelalterlichen und neueren Geschichte, Abteilung III)

CIP-Kurztitelaufnahme der Deutschen Bibliothek

Kulischer, Josef:
Allgemeine Wirtschaftsgeschichte des Mittelalters und der Neuzeit / Josef Kulischer. – Nachdr. – München; Wien: Oldenbourg
ISBN 3-486-41976-5
Bd. 1. Das Mittelalter. – 6., unveränd. Aufl., unveränd. reprograf. Nachdr. d. 1. Aufl., München u. Berlin 1928. – 1988.

1 2 3 4 5

6., unveränderte Auflage 1988

Druck und Einband: Wissenschaftliche Buchgesellschaft, Darmstadt

ISBN 3-486-41976-5

Vorwort.

Seit 22 Jahren halte ich an der Universität Petersburg (z. Z. Leningrad) sowie an anderen Hochschulen daselbst u. a. Vorlesungen über allgemeine Wirtschaftsgeschichte, die ich wiederholt ganz neu ausgearbeitet und in russischer Sprache veröffentlicht habe (7. Aufl. 1926). Nun übergebe ich hiermit das Resultat meiner vieljährigen Studien dem deutschen Leser.

Das Werk ist teilweise aus dem Russischen von meiner Frau Anna übertragen und dann von mir revidiert und bearbeitet, teilweise, insbesondere das ganze erste Buch über das frühere Mittelalter, von mir neu in deutscher Sprache hingeschrieben worden. Wenn ich dabei gerade in diesem ersten Buch doch an manchen älteren, zuweilen als überholt bezeichneten Anschauungen festhalten zu müssen glaubte, so habe ich das — ich möchte dies gegenüber den Gegnern derselben betonen — nach einer wiederholten Prüfung der Quellen und der für und wider beigebrachten Gründe getan.

In meiner Darstellung suchte ich eine Geschichte des wirtschaftlichen Lebens und nicht der wirtschaftlichen Verfassungsordnung zu geben, und zwar dabei das Allgemeine, Typische, den Hauptvölkern des Abendlandes gemeinsame in den Vordergrund zu stellen. Nur soweit, als es die Notwendigkeit gebot, bin ich von diesen Leitsätzen abgewichen. In der Agrargeschichte insbesondere war es nämlich unmöglich, die mit der Wirtschaftsgeschichte aufs engste verknüpften Rechts- und Verfassungsfragen zu umgehen; im Zusammenhang damit mußte hier neben dem Übereinstimmenden auch das den einzelnen Völkern Eigentümliche hervorgehoben und behandelt werden. Ein andres Verfahren hätte kein auch nur einigermaßen klares Bild ergeben können.

Mit großer Dankbarkeit gedenke ich des vor kurzem leider dahingegangenen hervorragenden deutschen Historikers G. v. Belows, auf dessen Anregung meine Schrift im „Handbuch" Aufnahme gefunden hat.

Zum Schluß möchte ich mich im voraus beim Leser entschuldigen, wenn er möglicherweise in einzelnen (hoffentlich nur wenigen) Fällen in den Anmerkungen Ungenauigkeiten in der Angabe von Seitenzahlen (oder auch ein Fehlen des Quellennachweises überhaupt) finden sollte. Dies könnte dadurch verursacht sein, daß mir bei der Revidierung der Zitate hier, in Leningrad, mancherlei Schriften nicht mehr zur Hand waren, die ich seinerzeit während meines Aufenthaltes in Deutschland benutzen konnte.

Der zweite Band, der die Neuzeit enthält, liegt auch bereits druckfertig vor und soll gleich nach Erscheinen des ersten ihm nachfolgen. Er wird auch ein Register zum ganzen Werke enthalten.

Januar 1928.

Inhalt.

ERSTES BUCH.

Das frühere Mittelalter (von Julius Cäsar bis zum 11. Jahrh.)

ZWEITES BUCH.

Das Hoch- und Spätmittelalter (12.—15. Jahrh.)

Am. Hist. R. = American Historical Review.
Arch. soz. Ges. = Archiv für soziale Gesetzgebung und Statistik.
Arch. Sozialw. = Archiv für Sozialwissenschaft und Sozialpolitik.
Arch. Weltw. = Weltwirtschaftliches Archiv.
Fortn. Rev. = The Fortnightly Review.
Gierkes Untersuch. = Untersuchungen zur deutschen Staats- und Rechtsgeschichte, hrsg. von v. Gierke.
Hist. Viert. = Historische Vierteljahrschrift.
Hist. Z. = Historische Zeitschrift.
Jahrb. Nat.-Ök. = Jahrbücher für Nationalökonomie und Statistik.
Mém. Acad. roy. de Belg. = Académie royale de Belgique. Classe des lettres et des sciences morales et politiques. Mémoires.
Mitt. Inst. öst. Gesch. = Mitteilungen des Instituts für österreichische Geschichtsforschung.
Münch. Stud. = Münchener volkswirtschaftliche Studien, hrsg. von Brentano und Lotz.
Rev. d'hist. écon. = Revue d'histoire économique et sociale.
Rev. hist. = Revue historique.
Rev. quest. hist. = Revue des questions historiques.
Rev. synth. = Revue de synthèse historique.
Schm. Forsch. = Staats- und sozialwissenschaftliche Forschungen, hrsg. von Schmoller bzw. von Schmoller und Sering.
Schm. Jahrb. = Jahrbuch für Gesetzgebung, Verwaltung und Volkswirtschaft, hrsg. von Schmoller (Schmollers Jahrbuch).
Sitz. d. Bayer. Ak. = Sitzungsberichte der Kgl. Bayerischen Akademie der Wissenschaften.
Sitz. d. Preuß. Akad. = Sitzungsberichte der Kgl. Preußischen Akademie der Wissenschaften. Philosophisch-historische Klasse.
Sitz. d. Wien. Akad. = Sitzungsberichte der kais. Akademie der Wissenschaften (Wien). Philosophisch-historische Klasse.
Viert. Soz.- u. W.-G. = Vierteljahrschrift für Sozial- und Wirtschaftsgeschichte
Z. f. Handelsr. = Zeitschrift für das gesamte Handelsrecht und Konkursrecht.
Z. d. Sav.-St. G. A. = Zeitschrift der Savigny-Stiftung für Rechtsgeschichte. Germanistische Abteilung.
Z. Soz.- u. W.-G. = Zeitschrift für Sozial- und Wirtschaftsgeschichte.
Z. Sozialw. = Zeitschrift für Sozialwissenschaft.
Z. Staatsw. = Zeitschrift für die gesamte Staatswissenschaft.
Z. Volksw. = Zeitschrift für Volkswirtschaft, Sozialpolitik und Verwaltung.

ERSTES BUCH.

Das frühere Mittelalter.

Das frühere Mittelalter hat Bücher als die Stufe der geschlossenen Hauswirtschaft bezeichnet, der reinen Eigenproduktion, der tauschlosen Wirtschaft, auf welcher die Güter in derselben Wirtschaft verbraucht werden, in der sie entstanden sind. Charakteristisch für diese Periode ist die geringe Entwicklung des Verkehrs. Freilich betont Bücher, daß die geschlossene Hauswirtschaft „doch mancherlei Verkehrserscheinungen aufweist“, „Maß und Gewicht, Personen-, Nachrichten- und Gütertransport, Herbergswesen, Übertragung von Gütern und Leistungen, aber allen fehlt das Charakteristische des tauschwirtschaftlichen Verkehrs: der spezielle Rapport jeder einzelnen Leistung mit ihrer Gegenleistung und die freie Selbstbestimmung der miteinander verkehrenden Sonderwirtschaften“. Es „treten aber auch eigentliche Tauschhandlungen auf“. Der Handel weist nur wenige Warenarten auf, bloß „seltene Naturprodukte, gewerbliche Erzeugnisse von hohem spezifischem Wert“. Doch fügt Bücher weiter die Bemerkung hinzu, daß solche Artikel teilweise auch in den allgemeinen Konsum „übergehen können, wie im Mittelalter Wein, Salz, getrocknete Fische, Wollenzeug“. In diesem Falle treten schon auf der Stufe der geschlossenen Hauswirtschaft Wirtschaften auf, welche eine „Überschußproduktion in diesen Dingen sich zur Aufgabe machen, und das wird die weitere Folge haben, daß die anderen Wirtschaften die Tauschäquivalente jener Artikel in einer den Eigenbedarf übersteigenden Menge hervorbringen“. Ja noch mehr: „Es entsteht das Geld, die Märkte, der Hausierhandel treten auf, es zeigen sich Spuren des entgeltlichen Kreditverkehrs.“ Dort, „wo die Bevölkerung in städtischen Mittelpunkten sich verdichtet, kann sogar ein lebhafter Marktverkehr in Lebensmitteln Platz greifen... Es ist selbst ein berufsmäßiger Gewerbe- und Handelsbetrieb in gewissem Umfange möglich.“[1])

Wie man sieht, ist Büchers geschlossene Hauswirtschaft eigentlich gar nicht so geschlossen, wie es auf den ersten Blick erscheinen mag. Das Vorhandensein von Handel und Gewerbe wird, wenn auch nur in geringem Maße, zugegeben. Wer freilich für das frühere Mittelalter einen regen Handelsverkehr und zahlreiche Berufshandwerker annimmt, von einer Geldwirtschaft oder gar von „Kapitalismus“ spricht, wer wird die Büchersche Auffassung als unrichtig ablehnen müssen. Doch die überwiegende Mehrzahl der Forscher geht von der Anschauung aus, daß in jener Zeit

---

[1]) Bücher, Entstehung der Volkswirtschaft, 2. Aufl., S. 58, 78ff.

die Einzelwirtschaft vorwiegend für den Eigenbedarf ihrer Angehörigen arbeitete, das von ihr Benötigte meist auch selbst produzierte und bloß die Lücken durch den Tausch auszufüllen suchte. Das ist es aber, was Bücher besonders hervorhebt; Geld und Marktverkehr, Handel und Gewerbe berühren die geschlossene Hauswirtschaft „nur an der Oberfläche".[1]) v. Below möchte allerdings dem Handel im Frühmittelalter eine etwas größere Bedeutung beilegen, als dies von Bücher getan wird, denn mancherlei Tatsachen sprechen gegen einen starken Abschluß der Grundherrschaft nach außen; sowohl der Fronherr wie die Bauern „standen in wirtschaftlichen Beziehungen zu auswärtigen Stellen". Doch verwirft er „die Kategorie der geschlossenen Wirtschaft nicht". „Wir halten uns gegenwärtig," — faßt v. Below zusammen — „daß sie einen Idealtypus darstellt und daß wir es mit Dingen zu tun haben, die ihn lediglich annähernd, verhältnismäßig verwirklichen."[2]) Auch Sander gibt zu, daß „es der Grundzug des wirtschaftlichen Strebens war, die Einzelwirtschaft vom Verkehr so unabhängig wie nur möglich zu machen". Doch „darf man die Lehre von der geschlossenen Hauswirtschaft nicht übertreiben". Denn einerseits gab es einen Verkehr in Luxuswaren, „dem sich auch die selbstgenügsamste Hauswirtschaft kaum ganz entziehen konnte", daneben aber auch „schon einen Handel mit wirklichen Bedarfsgütern, ohne den in manchen Gegenden die Bevölkerung wirtschaftlich sich überhaupt nicht hätte behaupten können".[3])

Bei Sombart wird der Begriff „geschlossene Hauswirtschaft" durch den der Eigenwirtschaft ersetzt. Die Eigenwirtschaft erscheint in ihrer doppelten Gestalt, als bäuerliche und als grundherrliche Eigenwirtschaft. Doch wird dies Wirtschaftssystem eigentlich fast durch dieselben Merkmale charakterisiert, die der geschlossenen Hauswirtschaft eigentümlich sind: „Im großen ganzen sollte der gesamte Güterbedarf, der innerhalb der grundherrschaftlichen Konsumtionswirtschaft entstand, aus den Erträgnissen des eigenen Vermögens auf dem Wege der Eigenproduktion gedeckt werden." „Der Bedarf der Grundherrschaft an gewerblichen Erzeugnissen (genau wie der an landwirtschaftlichen Produkten) wurde durch ein Zusammenwirken der eigenen (Fronhofs-) Wirtschaft mit den bäuerlichen Wirtschaften im Dorfe gedeckt".[4])

---

[1]) Manche übernehmen nicht bloß den Ausdruck „geschlossene Hauswirtschaft", sondern auch (vollständig) die von Bücher aufgestellten Merkmale derselben. So Mitscherlich, Der wirtschaftliche Fortschritt (1910), S. 26ff., 33; Poehlmann in Roschers Grundlagen der Nationalökonomie, 24. Aufl., S. 157f. (für das Mittelalter, nicht für das Altertum); Reichesberg, Die Entstehung der modernen Verkehrswirtschaft (1916), S. 8. („Die Betriebsweise der Grundherrschaft war die der geschlossenen Hauswirtschaft: der ganze Wirtschaftsprozeß vollzog sich innerhalb der Grenzen ein und desselben Haushaltes.")

[2]) v. Below, Probleme der Wirtschaftsgeschichte. 2. Aufl., (1926), S. 173, 178f., 194ff.

[3]) Sander, Gesch. des deutsch. Städtewesens (1922), S. 73f.

[4]) Sombart, Der moderne Kapitalismus. 2ff. Aufl. I., 1. T., S. 23, 50. 60, 66, 73.

An der seit Bücher üblich gewordenen Bezeichnung des früheren Mittelalters als der Periode der geschlossenen Hauswirtschaft wollen auch wir festhalten. Ohne uns darauf einzulassen, inwieweit das Büchersche Entwicklungsschema überhaupt zutrifft (Bedenken dagegen sind insbesondere von Sombart erhoben worden), und ohne die Frage, ob auch im Altertum eine geschlossene Hauswirtschaft bestanden hat[1]), zu prüfen, beschränken wir uns darauf, die Wirtschaft des Frühmittelalters, und zwar sowohl die bäuerliche als die grundherrliche, als eine geschlossene Hauswirtschaft in dem Sinne zu bezeichnen, daß der Tauschverkehr hier gegenüber der Eigenproduktion zurücktritt, eine nur untergeordnete Bedeutung besitzt. Während die nächste Periode auf dem Tausche basiert, der Tauschverkehr dort das Hauptmerkmal und die Grundlage der Wirtschaft bildet, empfängt in der Periode des früheren Mittelalters die Einzelwirtschaft „Anstoß und Richtung durch den Eigenbedarf der Angehörigen", Handel und berufsmäßiger Gewerbebetrieb kommen dagegen erst in zweiter Linie in Betracht.

Es ist nicht leicht, eine zeitliche Grenze zwischen beiden Perioden zu ziehen. Wir nehmen als solche das Ende des 11. Jahrhunderts, den Beginn der Kreuzzüge, an, da eine ausgebildete Stadtwirtschaft in den meisten Ländern wohl nicht vor dem 12. Jahrhundert aufkommt. Doch könnte man sich die erste Periode ebenso gut mit dem Beginn des neuen Jahrtausends als abgeschlossen denken. Jedenfalls ist das 11. Jahrhundert eine Übergangszeit, in welcher der Tauschverkehr eine viel größere Rolle als früher zu spielen beginnt.

---

[1]) Für das Altertum müßte man jedenfalls bedeutende Einschränkungen der Bücherschen Betrachtungsweise machen. Doch sind m. E. seine Gegner darin viel zu weit gegangen; eine ausgebildete Verkehrswirtschaft hier vorzufinden, heißt doch stark modernisieren und die Besonderheiten des Altertums gänzlich verkennen. Viel Richtiges darüber in dem anderen Werke von Bücher: „Zur griech. Wirtschaftsgeschichte" (Beiträge zur Wirtschaftsgesch. 1922).

I. ABSCHNITT.

Die Agrarzustände.

Quellen. Cäsar, De bello Gallico. Tacitus, Germania. Leges Barbarorum, insbes. Lex Salica (hrsg. von Geffcken, 1898). Lex Ribuaria (hrsg. von Sohm. Monumenta Germaniae historica. Legum sectio I, tom. V). Lex Visigothorum (hrsg. von Zeumer. Ibid. tom. I, 1892). Lex Baiuwariorum (hrsg. von Merkel. Ibid. III). Lex Alamanorum (hrsg. von Lehmann. Ibid. tom. V, 1888, 1). Formulae Merovingici et Karolini aevi (hrsg. von Zeumer. Ibid. sect. V, 1882—1886). Capitularia regum Francorum (hrsg. von Boretius und Krause. Ibid. Legum sectio II, tom. I, II; 1883, 1887). Polyptique de l'abbé Irminon ou dénom brement des manses, des serfs et des revenus de l'abbaye de Saint-Germain des Près sous le règne de Charlemagne (hrsg. von Guérard, 1844). Neue Ausg. von Longnon, 1895. Codex diplomaticus Fuldensis, ed. Dronke, 1844. Traditiones possessionesque Vizenburgenses, ed. Zeuss, 1842. Traditiones Frisingenses, ed. Bitterauf. 1905. (Quellen und Erörterungen zur bayerischen und deutschen Geschichte. N. F. IV.) Traditiones Corbeienses, ed. Wigant, 1843. Urkundenbuch für die Geschichte des Niederrheins (hrsg. von Lacomblet, 1840ff.). Urkundenbuch der Abtei Sanct Gallen (hrsg. von Wartmann, I.—III., 1863ff.). Urbare des Klosters Werden a. d. Ruhr (hrsg. von Koetzschke. Publikationen der Gesellsch. für Rheinische Geschichte). Brevis des Abts Adalbert von Corbie (Levillain. Le moyen-âge, 1900). Regesta Imperii. I. Die Regesten des Kaiserreichs unter den Karolingern 751—918 (nach Boehmer neu bearb. von Mühlbacher. 2. Aufl, I., II.; 1899, 1908). Kemble, Codex diplomaticus aevi Saxonici, 1839—1848 Batson, Borough Customs I—II. 1904—1906 (Selden Society). Birch, Cartularium Saxonicum I—III. 1885—1893. Liebermann, Die Gesetze der Angelsachsen I—III, 1910—1913. Domesday-Book (hrsg. von Ellis). Thévenin, Textes rlatifs aux institutions publiques et privées des époques Merovingienne et Carolingienne. Institutions privées. 1887.

Literatur. Hanssen, Agrarhistorische Abhandlungen I. 1880. Landau, Die deutschen Territorien. 1854. Eichhorn, Deutsche Staats- und Rechtsgeschichte. 5. Aufl., 1843. v. Sybel, Entstehung des deutschen Königtums. 2. Aufl., 1881. Waitz, Deutsche Verfassungsgeschichte I, 3. Aufl.; II, 1. T., 3. Aufl.; III, 2. Aufl.; IV, 2. Aufl. 1880—1885. Ders., Abhandlungen zur deutschen Verfassungsgeschichte I. 1896. v. Maurer, Einleitung zur Geschichte der Mark-, Hof-, Dorf- und Stadtverfassung und der öffentlichen Gewalt. 1854. Ders., Geschichte der Markenverfassung in Deutschland. 1856. Ders., Geschichte der Fronhöfe, der Bauernhöfe und der Hofverfassung in Deutschland. 4 Bde. 1862—1863. Ders., Geschichte der Dorfverfassung in Deutschland. 2 Bde. 1865—1866. Thudichum, Gau- und Markverfassung in Deutschland. 1860. Ders., Der altdeutsche Staat. 1862. Gierke, Rechtsgeschichte der deutschen Genossenschaft. 1868. Ders., Erbrecht und Vicinenrecht im Edict Chilperichs. (Z. f. Rechtsg. XII.) Arnold, Ansiedelungen und Wanderungen deutscher Stämme. 1875. Ders., Die deutsche Urzeit. 1879. Schröder, Die Ausbreitung der salischen Franken. 1879. (Forschungen zur deutschen Geschichte. Bd. XIX.) Ders., Die Franken und ihr Recht. 1881. Ders., Lehrbuch der deutschen Rechtsgeschichte. (6. Aufl. v. Künßberg. 1922). Ders., Der altsächsische Volksadel und die grundherrliche Theorie. (Z. d. Sav.-St. f. Rechtsg. G. A. 1903.) v. Inama-Sternegg, Deutsche Wirtschaftsgeschichte I. 2. Aufl.,

1909; II, 1891. Ders., Die Ausbildung der großen Grundherrschaften in Deutschland während der Karolingerzeit. 1878. Ders., Saallandstudien. (Festgabe für Hanssen. 1889). Lamprecht, Deutsches Wirtschaftsleben im Mittelalter. 4 Bde. 1885—1886. Ders., Deutsche Geschichte I—III. Ders., Beiträge zur französischen Wirtschaftsgeschichte des 11. Jahrhunderts. 1879. Brunner, Deutsche Rechtsgeschichte I. 2. Aufl., 1906. II, 1892. Ders., Forschungen zur Geschichte des deutschen und französischen Rechtes. 1894. Meitzen, Siedelung und Agrarwesen der Westgermanen und Ostgermanen, der Kelten, Römer, Finnen und Slaven. 3 Bde., 1895. Ders., Die Feldgemeinschaft. Handwört. der Staatswiss. 3. Aufl. Ders., Volkshufe und Königshufe (Festg. f. Hanssen). Hübner, Grundzüge des deutschen Privatrechts. 4. Aufl., 1922. Heusler, Institutionen des deutschen Privatrechts. I—II. 1885—1886. E. Mayer, Deutsche und französische Verfassungsgeschichte I—II, 1889. Kowalewsky, Die ökonomische Entwicklung Europas bis zum Beginn der kapitalistischen Wirtschaftsform. Deutsche Ausg. I—III, 1901—1905. R. Hildebrand, Recht und Sitte auf den primitiven wirtschaftlichen Kulturstufen. 2. Aufl., 1907. v. Below, Die Entstehung der deutschen Stadtgemeinde, 1889. Ders., Territorium und Stadt. 1900. Ders., Probleme der Wirtschaftsgeschichte. 2. Aufl., 1926. Ders., Der deutsche Staat im Mittelalter. 1914. Ders., Agrargeschichichte. (Handw. d. Staatswiss., 4. Aufl. I). Hoops, Waldbäume und Kulturpflanzen im germanischen Altertum. 1905. Ders., s. v. Ackerbau. (Hoops, Reallexicon der german. Altertumskunde I.) v. Amira, Recht. (Paul, Grundriß der germanischen Philologie. 2. Aufl., III, 1900.) Ders. Grundriß des germ. Rechts. 3. Aufl. 1913. Koetzschke, Grundzüge der deutschen Wirtschaftsgeschichte. 2. Aufl., 1921. Ders., Studien zur Verwaltungsgeschichte der Großgrundherrschaft Werden a. d. Ruhr. 1901. Ders., Allgemeine Wirtschaftsgeschichte des Mittelalters. 1924. Ders., Die Gliederung der Gesellschaft bei den alten Deutschen. (Deutsche Zeitschr. f. Geschichtswiss. II, 1897—98.) Dopsch, Wirtschaftliche und soziale Grundlagen der europäischen Kulturentwicklung. 2 Bde., 2. Aufl., 1923—1924. Ders., Die Wirtschaftsentwicklung der Karolingerzeit I, II. Ders., Die Markgenossenschaft der Karolingerzeit. (Mitteil. des Instituts für österr. Geschichtsforsch. Bd. 34.) Sombart, Der moderne Kapitalismus. 2. ff. Aufl., I, 1. T. Laveleye, De la propriété et de ses formes primitives. 1874. (Laveleye-Bücher, Das Ureigentum. 1879.) Fustel de Coulanges, Histoire des institutions politiques de l'ancienne France. 1889—1890. Ders., Recherches sur quelques problèmes d'histoire. 1885. Ders., Questions historiques. 1893. Glasson, Histoire du droit et des institutions de la France I—III, 1888. Ders., Les communaux et le domaine rural à l'époque franque. 1890. Flach, Les origines de l'ancienne France. T. I—II, 1886. 1893. Garsonnet, Histoire des locations perpetuelles et des baux à longue durée. 1878. Esmein, Cours élementaire d'histoire du droit français. 11. Aufl., 1912. Ders., Mélanges d'histoire du droit et de critique, 1886. Viollet, Caractère collectif des premières proprietés immobilières. (Bibliothèque de l'Ecole des Chartes XXXIII, 1872.) Ders., Histoire du droit civil français. 3. Aufl., 1895. Ders., Histoire des institutions politiques et administratives de la France. 1890—1903. Brissaud, Histoire générale du droit français public et privé. 1904. Declareuil, Histoire générale du droit français. 1925. Séances et travaux de l'Académie des sciences morales et politiques, T. CXXIII—CXXIV. 1885. (Fustel de Coulanges, Geffroy, Glasson, Aucoc, Ravaisson.) Maine, Village communities in the East and West. 1871. Pollock and Maitland, History of English Law I—II. 1895. Denman-Ross, The early History of Landholding among the Germans. 1883. Kemble, The Saxons in England, 1849. Stubbs, Constitutional History of England I, 6. Aufl. II, 4. Aufl., 1896. Seebohm, The english Village-Community. 1883. (Deutsch von Bunsen, Engl. Dorfgemeinde. 1885.) Vinogradoff, Villainage in England. 1892. Ders., The Growth of the Manor. 1905. Ders., Der Ursprung der Feodalität im langobardischen Italien. 1880 (russ.). Nasse, Über mittelalterliche Feldgemeinschaft in England. 1869. Lacombe, L'appropriation du sol. 1902. Brentano, Eine Geschichte der wirtschaftlichen Entwicklung Englands. Bd. I, 1927.

Roscher, Über die Landwirtschaft der ältesten Deutschen. (Ansichten der Volkswirtschaft. 1861.) v. Bethmann-Hollweg, Über die Germanen vor der Völkerwanderung. 1850. Arndt, Einige Bemerkungen zu Cäsars und Tacitus' Berichten über die Feldordnung und den Ackerbau der alten Germanen. (Z. für Geschichtswiss. III. 1845.) Hostmann, Über altgermanische Landwirtschaft. 1855. M. Much, Über den Ackerbau der Germanen. (Mitteil. der anthropol. Gesellschaft Wien VIII. 1879.) R. Much, Waren die Germanen Wanderhirten? (Z. für deutsch. Altertum. 1892.) Erhardt, Staat und Wirtschaft der Germanen zur Zeit Cäsars. (Hist. Z. 1897.) Wittich, Die wirtschaftliche Kultur der Deutschen zur Zeit Cäsars. (Hist. Z. 1897.) Ders., Die Grundherrschaft in Nordwestdeutschland. 1896. Ders., Die Frage der Freibauern. (Z. d. Sav.-St. f. Rechtsg. G. A. 1901.) Max Weber, Der Streit um den Charakter der altgermanischen Socialverfassung. (Jahrb. für Nat.-Oek. 1904. III. F. XXVIII.) Rachfahl, Zur Geschichte des Grundeigentums. (Das. 1900. III. F. XIX.) Ders., Zur ältesten Sozial- und Wirtschaftsgeschichte der Germanen. (Schmollers Jahrb. 1907.) Klotz, Cäsarstudien. 1910. Norden, Die germanische Urgeschichte in Tacitus' Germania. 3. Aufl., 1923. Müllenhoff, Deutsche Altertumskunde IV. Die Germania des Tacitus. 1900. O. Schultz, Über die wirtschaftlichen und politischen Verhältnisse der Germanen zur Zeit Cäsars. (Klio. Jahrg. 1911.) Fleischmann, Altgermanische und altrömische Agrarverhältnisse in ihren Beziehungen und Gegensätzen. 1906. Ders., Cäsar, Tacitus, Karl d. Gr. und die deutsche Landwirtschaft. 1911. Ders., Über die landwirtschaftlichen Verhältnisse Germaniens um den Beginn unserer Zeitrechnung. (Journal für Landwirtschaft. 1903.) Ders., Bemerkungen zu den über altgermanische Wirtschaftsverhältnisse herrschenden Lehrmeinungen. (Das. 1911.)

v. Bethmann-Hollweg, Der germanisch-romanische Zivilprozeß im Mittelalter IV. 1868. Sohm, Die altdeutsche Reichs- und Gerichtsverfassung I. 1871. Ders., Der Prozeß der Lex Salica. Halban-Blumenstok, Die Entstehung des deutschen Immobiliareigentums I. 1894. Arbois de Jubainville, Recherches sur l'origine de la propriété foncière. 1890. Platon, Le droit de la propriété dans la société franque et en Germanie. (Revue d'économie politique. 1887, 1888, 1890.) Thévenin, Etude sur la propriété au moyen-age. Les „communia". (Mélanges Renier, Bibl. de l'Ecole des Hautes Etudes. Fasc. 73. 1887.) Des Marez, Le problème de la colonisation franque et du régime agraire en Belgique. 1926. (Mém. de l'Acad. royale. 2-e sér., IX.) Wopfner, Beiträge zur Geschichte der älteren Markgenossenschaft. (Mitt. des Instit. für öst. Geschichtsforsch. XXXIII, XXXIV.) Stäbler, Zum Streit über die ältere deutsche Markgenossenschaft. (Neues Archiv für ältere deutsche Geschichtsforschung. 1914.) Stein, Des Tiberius Constantinus Novelle περὶ ἐπιβολῆς und der Edictus des Chilperici regis. (Klio. 1919.) Rhamm, Die Großhufen der Nordgermanen. 1905. Rübel, Die Franken, ihr Eroberungs- und Siedelungssystem im deutschen Volkslande. 1904. Riezler, Die Landnahme der Bajuvaren. (Sitzungsber. der bayer. Akad. d. Wiss. 1920.) Schumacher, Siedelungs- und Kulturgeschichte der Rheinlande von der Urzeit bis in das Mittelalter I—III. 1912—1925. (Handbücher des röm.-germ. Centralmuseums.) Varrentrapp, Rechtsgeschichte und Recht der gemeinen Marken in Hessen, Bd. I, 1909. Schotte, Studien zur Geschichte der westfälischen Mark und Markgenossenschaft. 1908. (Münsterische Beitr. zur Geschichtsforsch. XXIX. 1908.) Haff, Markgenossenschaft und Stadtgemeinde in Westfalen. (Viert. für Soz.- und Wirtschaftsgesch. VIII. 1910.) Reichel, Die Hufenverfassung zur Zeit der Merowinger. 1907. Weimann, Mark- und Walderbengenossenschaften des Niederrheins. (Gierkes Untersuchungen zur deutschen Staats- und Rechtsgeschichte CVI.) Deermann, Ländliche Siedelungs-, Verfassungs- und Wirtschaftsgeschichte des Venkigaus und der späteren Grafschaft Lingen bis zum Ausgang des 16. Jahrhunderts. (Forschungen zur Gesch. Niedersachsens IV, 2.) Sickel, Der deutsche Freistaat. 1879. Ders., Lehen und Pfründen. (Z. d. Sav.-St. f. Rechtsg. G. A. XXXIII. 1899.) Ernst, Zur Geschichte des deutschen Grundeigentums. 1925. Ders., Mittelfreie. 1920. Heck, Altfriesische Gerichtsverfassung. 1894. Ders., Die Gemeinfreien der karolingischen Volksrechte. 1900. Ders., Die kleinen Grundbesitzer der Brevium Exempla. (Viert. f. Soz. und Wirtsch.-G. 1906.) Gutmann, Die soziale Gliederung der Bayern zur Zeit des Volksrechtes. 1906. Vormoor, Soziale Gliederung im Frankenreich, 1907 (Leipzig. Hist. Abh. VI). Grosch, Markgenossenschaft und Großgrundherrschaft im früheren Mittelalter. 1901. Janda, Die Barschalken. 1926.

v. d. Goltz, Geschichte der deutschen Landwirtschaft I. 1902. Schmidt, Geschichte der deutschen Stämme bis zum Ausgang der Völkerwanderung I—II. 1904—1911. Dahn, Die Könige der Germanen. 1861—1909. Mühlbacher, Deutsche Geschichte unter den Karolingern. 1896. Hauck, Kirchengeschichte Deutschlands I. 3. Aufl., 1904; II, 2. Aufl., 1900. Rettberg, Kirchengeschichte I—II. 1867ff. Roth, Geschichte des Benefizialwesens. 1850. Ders., Feudalität und Untertanenverband. 1863. Stutz, Geschichte des kirchlichen Benefizialwesens. 1895. Sommerlad, Die wirtschaftliche Tätigkeit der Kirche in Deutschland I, II, 1901, 1905. Fastlinger, Die wirtschaftliche Bedeutung der bayerischen Klöster zur Zeit der Agilulfinger. 1903. Lesne, La propriété ecclésiastique en France aux époques romaine et mérovingienne. I, 1910; II, 1. Seeliger, Die soziale und politische Bedeutung der Grundherrschaft im frühen Mittelalter. 1903. (Abh. d. kgl. sächs. Gesellsch. d. Wiss. XXII.) Ders., Forschungen zur Geschichte der Grundherrschaft im früheren Mittelalter. (Hist. Viert. 1907.) Ders., Landleihen, Hofrecht und Immunität. (Hist. Viert. 1903.) Ders., Hist. Viert. 1907. Rietschel, Die Entstehung der freien Erbleihe. (Z. d. Sav.-Stift. G. A. XXII. 1901.) Ders., Landleihen, Hofrecht und Immunität. (Mitt. d. Inst. f. österr. Gesch.-Forsch. XXVIII.) Ders., Hist. Viert. 1907.

Eggers, Der königliche Grundbesitz im 10. und beginnenden 11. Jahrhundert. 1908. (Zeumers Quellen und Stud. zur Verf.-Gesch. III.) Steinitz, Organisation der Krongüter unter Karl d. Gr. (Viert. f. Soz.- u. W.-G. 1911.) Schill-Krämer, Organisation und Größenverhältnisse des ländlichen Grundbesitzes in der Karolingerzeit. (Viert. f. Soz.- u. W.-G. 1924.) Caro, Beiträge zur deutschen Wirtschafts- und Verfassungsgeschichte. 1905. Ders., Neue Beiträge. 1911. Döberl, Die Grundherrschaft in Bayern vom 10. bis 13. Jahrhundert. (Forsch. z. Gesch. Bayerns XII.) Fehr, Die Grundherrschaft im Sachsenspiegel. (Z. d. Savigny-St. G. A. XLIII.) v. Schwind, Zur Entstehung der freien Erbleihen in den Rheingegenden. (Gierkes Untersuch. LXVII.) Haff, Die königlichen Prekarien. (Z. d. Savigny-St. G. A. XXXIII.) Ilwof, Karl d. Große als Volkswirt. (Zeitschr. f. ges. Staatswiss. XLVII. 1891.) Halphen, Etudes critiques sur l'histoire de Charlemagne. 1921. Imbart de La Tour, Les colonies agricoles et l'occupation des terres désertes à l'epoque carolingienne (Mélanges Fabre). Ders., Questions d'histoire sociale et religieuse. 1907. Hartmann, Geschichte Italiens im Mittelalter I, II, III. 1. T. 1897—1908. Ders., Zur Wirtschaftsgeschichte Italiens. 1904. Ficker, Forschungen zur Reichs- und Rechtsgeschichte Italiens. Darmstädter, Das Reichsgut in der Lombardei und Piémont. 1896. Schneider, Die Reichsverwaltung in Toscana. 1914. Kiener, Verfassungsgeschichte der Provence seit der Ostgotenherrschaft bis zur Errichtung der Konsulate. 1900. Bikel, Wirtschaftsverhältnisse des Klosters St. Gallen. 1914. Valous, Le domaine de l'abbaie de Cluny aux X et XI s. 1923.

Literatur über den römischen Grundbesitz zur Kaiserzeit und über das Capitulare de villis s. unten.

Kapitel 1.

Die Agrarverhältnisse zur Zeit Cäsars und Tacitus'.

Als die ältesten Quellen, die uns Anhaltspunkte über die Agrarzustände bei den Germanen liefern, kommen vor allem Cäsar (1. Jahrhundert v. Chr.) und Tacitus (1. Jahrhundert n. Chr.) in Betracht.

Die Ansichten darüber, inwieweit man den Schriften von Cäsar und Tacitus Glauben schenken darf, sind geteilt. Eine Reihe älterer Forscher (Landau, Waitz, Arndt, Eichhorn, Kemble) meinten, Cäsar hätte bloß die Sueben gekannt, und das dieselben Betreffende wäre von ihm dann auch auf andere germanische Stämme übertragen worden, oder sie behaupteten, er hätte überhaupt flüchtig beobachtet oder seine germanischen Berichterstatter mißverstanden.[1]) Demgegenüber haben andere (insbes. Bethmann-Hollweg und Sybel) den Einwand erhoben, Cäsar hätte auch andere Stämme besucht und ihre Einrichtungen erforscht und sich genau über die Verhältnisse der Germanen erkundigt.[2]) Dieser Ansicht sind Hanssen, Thudichum, Maurer, Roscher, Arnold, Gierke, Roth, Glasson, Fustel de Coulanges beigetreten.[3]) Von einigen neueren Schriftstellern wird die Zuverlässigkeit Cäsars freilich deswegen angefochten, weil er für die Gesamtheit der Gebildeten seinen Bericht abgefaßt haben soll und daher die Genauigkeit der Tatsachen für ihn nicht an erster Stelle stand, vielmehr er sich auf solche Darstellungen beschränkte, die wie ein fesselnder Roman gelesen werden konnten.[4]) Auch „nützt er seine schriftstellerischen Gaben nur aus, um seine politischen Ziele zu fördern".[5]) Die Tatsache einer ungenügenden Bebauung des Bodens diene ihm als Grund, auf ein weiteres Vordringen zu verzichten, der Rückzug aus Deutschland werde mit der Schwierigkeit der Verproviantierung gerechtfertigt.[6]) Doch wird seine Glaubwürdigkeit von den meisten neueren Forschern anerkannt (Meitzen, Esmein, Hoops, Max Weber, Rachfahl, Inama, Ebert, Koetzchke).[7]) „Cäsars Berichte" — sagt Otto Schultz — „sind unbedingt bindend, weil er Augenzeuge, wissenschaftlich interessiert und, wie wir aus allem übrigen sonst tausendfach wissen, von höchster Intelligenz, einer der schärfsten und

---

[1]) Landau, Territ. S. 64f. Waitz, Verfass.-Gesch. I, 3. Aufl., S. 103. Arndt, Z. f. Geschichtswiss. III. Eichhorn, Rechtsgesch. § 14a. Kemble I, S. 39.

[2]) Bethmann-Hollweg, Die Deutschen vor der Völkerwanderung. S. 8. Sybel, Königtum. 2. Aufl., S. 9.

[3]) Hanssen, Agrarhist. Abhandl. I, S. 77f. Thudichum, Altdeutsch. Staat. S. 108, 132ff. v. Maurer, Einl. S. 6. Roscher, Ansichten. S. 60ff. Arnold, Urzeit. S. 207. Gierke, Genoss. I, S. 57. Roth, Benefiz.-Wes. S. 42. Séances et Travaux de l'Académie des Sciences Mor. et Polit. T. 124, S. 8ff., 108.

[4]) Müllenhoff, Deutsche Altertumskunde IV, S. 31ff.

[5]) Klotz, Cäsarst. (1910). S. 25ff.

[6]) Norden, German. Urgesch. in Tacitus' Germania. S. 86. Vgl. Fleischmann, Altgerm. u. altröm. Agrarverh. S. 1. Dopsch, Grundlagen I. 2. Aufl., S. 64.

[7]) Meitzen, Siedel. I, S. 132. Esmein, Hist. du droit. 9. Aufl., S. 36. Hoops, Waldbäume. S. 513. Weber, Jahrb. 441ff. Rachfahl, Jahrb. 164ff. v. Inama, D. Wirtsch.-G. I. 2. Aufl., S. 9. Ebert, Über die Entstehung von Cäsars Bellum Gallic. (1909). S. 79f. Koetzschke, Allg. Wirtsch.-G. S. 67.

kühlsten Köpfe des Altertums überhaupt war und nicht der geringste Grund vorliegt noch irgendein Anzeichen sich finden läßt, daß er bei den ethnographischen Untersuchungen über die Germanen habe täuschen wollen".[1])

In bezug auf Tacitus meint Norden, seine Angaben seien mit Herodot nicht in Einklang zu bringen, ebensowenig mit den Schriften eines unbekannten Verfassers aus dem 5. Jahrhundert[2]), und Rachfahl hält den vielberufenen Abschnitt des Tacitus über die altdeutsche Agrarverfassung lediglich für „eine ziemlich oberflächliche und wenig korrekte Kompilation aus Cäsars Kommentarien".[3]) Und doch betont Norden die „beispielslose Wichtigkeit" der Germania für eine Reihe von Disziplinen, darunter für die Wirtschaftsgeschichte; für sie alle „ist sie — neben der ethnographischen Skizze in Cäsars gallischen Memoiren — die Primärquelle".[4]) Müllenhoff[5]) und Fleischmann[6]) weisen auf die schlichte Klarheit des Tacitus hin, der sowohl mit den zahlreichen Schriften über die Germanen (Livius, Strabo, Pomponius Mela) bekannt war, als auch mündliche Berichte der Römer, die am Rhein und an der Donau im Dienst waren, sowie der Germanen, die in Rom lebten oder dorthin Reisen unternahmen, benutzen konnte, um ein klares Bild vom Leben der Germanen entwerfen zu können, in dem das gesamte Material von ihm kritisch bearbeitet und zu einer wertvollen literarischen Gesamtdarstellung zusammengefaßt worden ist. Auch die meisten anderen Schriftsteller betrachten Tacitus als einen zuverlässigen, gut unterrichteten Gewährsmann.[7])

Was zunächst Cäsar betrifft, so heißt es bei ihm, daß die Germanen „sich nur wenig mit Ackerbau befassen (agriculturae non student), sondern sich hauptsächlich von Milch, Käse und Fleisch nähren". Speziell in bezug auf die Sueben fügt er noch hinzu, daß ihre Nahrung nur wenig aus Getreide besteht, zum größeren Teil dagegen aus Milch und Vieh (Fleisch?), daneben wird auch die Jagd viel gepflegt.[8]) Nomaden im technischen Sinne des Wortes waren sie demnach nicht, denn neben Viehzucht trieben sie auch einigen Ackerbau. So sind auch die Worte Strabos, „*τὸ μὴ γεωργεῖν*" (entsprechend „agriculturae non student") aufzufassen, der die Germanen wegen ihrer Wanderlust mit den Nomaden wohl vergleicht (*καθάπερ τοῖς νομάσιν* und *ἐκείνους μιμούμενοι*), jedoch sie keineswegs als solche hinstellt.[9]) Für den Ackerbau zeugen auch archäologische Funde (hölzerner Hackenpflug).

Aus Cäsars Worten „agriculturae non student" folgt eben noch gar nicht, daß die Germanen keinen Ackerbau betreiben, wie dies M. Much

---

1) Schultz (Klio. 1911). S. 51.
2) Norden, S. 56ff. Dopsch I, 2. Aufl., S. 65f.
3) Rachfahl, Jahrb. S. 181ff.
4) Norden. 3. Aufl., S. 5.
5) Müllenhoff IV, S. 99.
6) Fleischmann, Journ. f. Landwirtschaft Bd. 51, S. 101ff.
7) So Brunner, Deutsche Rechtsgesch. I, 2. Aufl., S. 154f. Hoops S. 521. Esmein, Hist. du droit. 9. Aufl., S. 36. Rich. Hildebrand, Recht u. Sitte. 2. Aufl., S. 115. Koetzschke, Allgem. Wirtschaftsgesch. S. 69. Schröder. 6. Aufl., S. 59.
8) Caesar, De bello gallico VI, 22: Agriculturae non student maiorque pars eorum victus in lacte, caseo, carne consistit. Ibid. VI, 29: Utsupra demonstravimus minime omnes germani agriculturae student. Ibid. IV, 1: Neque multum frumento, sed maximam partem lacte atque pecore vivunt multumque sunt in venationibus.
9) Strabon, Geographic. VII, 1, 3.

und Wittich zu deuten suchen[1]): sie bezeugen vielmehr eine nur geringe Entwicklung des Feldbaues im Gegensatz zur Viehzucht, die im Vordergrund des Interesses stand.[2]) („Auf den Ackerbau legen sie keinen Wert" — Hoops, „um den Ackerbau kümmern sie sich nicht" — O. Schultz, „die Bebauung des Bodens ist unzulänglich" — Norden.) Daß eine Feldbestellung bei den Germanen in der Tat bereits vorhanden war, ergibt sich aus einer Reihe von Stellen bei Cäsar: der Krieg hinderte die Sueben am Landbau (agriculturae prohibebantur. IV, 1). Ein Teil von ihnen rückt jährlich ins Feld aus, die übrigen bleiben zu Hause, damit weder ihr Ackerbau (agricultura), noch ihre kriegerische Tätigkeit eine Unterbrechung erleide (IV, 1). Cäsar läßt die Ansiedelungen der Sugambrer niederbrennen und ihre Felder abmähen (frumentisque succisis. IV, 19). Es werden von Cäsar selbst Fälle von Wanderungen erwähnt, die durch die Güte des Ackerbodens veranlaßt sind (propter bonitatem agrorum. I, 28; propter loci fertilitatem, ibi consedisse. II, 4).

Dies wird auch durch Kap. 6 bestätigt, wo es heißt: Auch besitzt niemand ein bestimmt abgegrenztes Maß an Äckern oder eigene Feldfluren, sondern die Obrigkeiten weisen alljährlich den Sippen und Geschlechtsverbänden, wie sie sich jedesmal zusammengetan haben, so viel und an der Stelle Ackerland an, wie es ihnen gutdünkt und zwingen sie ein Jahr später, anderswohin überzugehen.[3]) Es gab demnach bei den Germanen kein privates Grundeigentum, der Grund und Boden war Volkseigentum, das von den einzelnen Sippen bebaut wurde, doch jährlich trat ein allgemeiner Flurwechsel ein.[4])

---

[1]) M. Much, Mitteil. VIII, S. 223. Wittich, Hist. Zeitschr. LXXIX, S. 60.

[2]) So Arndt (Zeitschr. III), S. 232. Waitz I, 3. Aufl., S. 99, 101. Müllenhoff IV, S. 372. R. Much, S. 118. Fustel de Coulanges, Séances et trav. S. 8. Hoops, S. 490f. Rachfahl, Jahrb. XIX, S. 176f. O. Schulz, S. 52. Norden, 3. Aufl., S. 84, 86. Weber, Jahrb., S. 444. Schrader, Reallex. s. v. Ackerbau. S. 15. Kretzschmer, Hist. Geogr. S. 152. Fleischmann, Journ. 1903, S. 91f. Dopsch, Grundlagen I, 61. Lacombe, L'appropr. du sol. S. 18f.

[3]) Über die Sueben (IV, 1): Privati ac separati agri apud eos nihil est, neque longius anno remanere uno in loco incolendi causa licet. Über die Germanen im allgemeinen (VI, 22): Neque quisquam agri modum certum aut fines habet proprios, sed magistratus ac principes in annos singulis gentibus cognationibusque hominum, qui tum una coierunt, quantum et quo loco visum est agri attribuunt atque anno post alio transire cogunt.

[4]) Wittich, der von einer sozialen Übermacht der großen Herdenbesitzer über die Besitzlosen spricht, betrachtet auch die „magistratus ac principes" (im Gegensatz zu allen anderen Forschern) nicht als Behörden (nach Lamprecht, „Herzog und Häuptlinge"; Deutsche Gesch. I, 2. Aufl., S. 137), sondern als „die angesehensten und reichsten Mitglieder" der einzelnen Sippen. Nach Fleischmann schildere Cäsar einen Despotismus der Verwaltungsorgane und Fürsten, wie er roher kaum gedacht werden kann, weil sie die Leute zwingen, Jahr für Jahr wo anders Korn zu bauen. Ja, Fleischmann geht in seinen Behauptungen noch weiter und stellt sogar die sonderbare Frage, ob „die Weiber und Kinder ebenfalls wanderten, nur weil es die Despoten so befahlen, oder blieben die Weiber an einer Stelle wohnen und wurden ihnen jährlich neue Männer zugewiesen"? (Journ. für Landw. 1903, S. 93, 99; ibid. 1911, S. 218.)

Stand der Sippe nur das Recht der Nutzung zu, so entsteht freilich die Frage, ob wir uns dieselbe innerhalb der Sippe als Gesamt- oder als Sondernutzung zu denken haben. Die Ansichten darüber gehen auseinander. Es ist möglich, da Cäsar keine weitere Verteilung des Bodens unter den Einzelfamilien erwähnt, daß auch Bestellung und Ernte von der Sippe gemeinsam vorgenommen wurden.[1]) Sicher jedoch ist diese Annahme nicht.

Eine weitere Frage ist die, wie ist der jährliche Wechsel der Fluren aufzufassen? Nach Hanssen handelt es sich um einen Austausch der Acker- und Weideflächen, so daß dieselben Feldmarken jedes Jahr von einer anderen Sippe benutzt wurden.[2]) Dagegen nehmen Waitz, Arndt, Schröder und andere an, daß man jedes Jahr immer neues Land zur Urbarmachung und Bebauung nahm, die alten Feldmarken demnach aufgegeben wurden.[3]) Haben wir uns die Ausbreitung der Germanen (nach Hoops) als „langsame, etappenweise Wanderungen mit kurzen oder längeren Ruhepausen und Niederlassungen zu denken", so würde das für die zweite Auffassung sprechen, da ja eben bei den Wanderungen jedesmal neues Land mit Beschlag belegt und urbar gemacht werden mußte. Doch ist auch die erste Ansicht nicht ausgeschlossen.

Im Einklang damit stünde auch die Annahme, daß die Wohnhäuser abgebrochen wurden (nach Cäsar waren ja die Häuser leicht gebaut)[4]), und dies scheint auch aus Strabo hervorzugehen (sie hausen in Hütten). Doch kann das gleiche auch bei einem Wechsel der Feldmarken angenommen werden. Hanssen behauptet dagegen, daß es feste Haus- und Hofstätten (Hütten und Schuppen) gegeben habe, obwohl die Häuser noch in bedeutend späterer Zeit von höchst primitiver Konstruktion waren und leicht abgerissen und wieder aufgebaut werden konnten.[5])

Jedenfalls folgt auch aus dem jährlichen Flurwechsel, daß es sich hier nicht um Nomadenvölker handeln kann[6]), da der Weidewechsel innerhalb des Jahres je nach den Jahreszeiten zu verlaufen hat, oft auch im

---

[1]) So Hanssen I, S. 90. Lamprecht, D. Gesch. I, 2. Aufl., S. 138. Brunner I, 2. Aufl., S. 84. Bethmann, Zivilprozeß IV, S. 79. Thudichum, Staat S. 126. Weber, Jahrb. 451. Rachfahl S. 174, 176. Hübner 115. Dagegen Wittich S. 64f. Dopsch, Grundl. I, 2. Aufl., S. 76.

[2]) Hanssen I, S. 84, 92. Derselben Ansicht Sybel, Königtum. 2. Aufl., S. 12f. Hoops S. 510ff.

[3]) So Waitz I, 3. Aufl., S. 101. Arndt S. 231f. v. Maurer, Einl. S. 6. Erhardt, Gött. Gel.-Anz. 1882, S. 1230. Hildebrand 2. Aufl., S. 60ff. Schroeder 6. Aufl., S. 57.

[4]) Waitz I, 3. Aufl., S. 102. Schröder 6. Aufl., S. 58. Hoops S. 510.

[5]) Hanssen I, S. 88. Vgl. Lex sal. XXVII.

[6]) In dem Hirtendasein ohne festes Kulturland — sagt Meitzen (Siedel. I, S. 134, 139f.) —, wie es Cäsar für die Germanen und für die Sueven insbesondere schildert, läßt sich entweder reines Nomadentum oder ein gewisser halbnomadischer Zustand von etwas beengterem Weidebetrieb und deshalb ausgedehnterem sporadischem Anbau sehen. Nach Meitzen zerfielen die Germanen in vornehme und reiche Herdenbesitzer und die Masse der ärmeren Freien, die die schwere Ackerarbeit auf sich nehmen mußten, da die Weidegründe in Deutschland, obgleich sie

Laufe desselben Sommers vollzogen werden muß, nicht aber von einem Jahre zum andern, während der Ackerbau den ganzen Sommer hindurch eine seßhafte Lebensweise voraussetzt, nach Ablauf eines Jahres aber (so lange der Boden noch nicht künstlich gedüngt wird) einen Flurwechsel erforderlich macht.[1])

Dieses Agrarsystem[2]) hängt zweifellos mit den Verhältnissen des Kriegslebens zusammen, ist für den „höchstens von vorübergehenden Ruhepausen ununterbrochenen Kriegszustand" charakteristisch.[3]) Wie haben wir uns nun die Agrarzustände in friedlichen Verhältnissen zu denken? Darüber gibt uns Tacitus' „Germania" Aufschluß.

Auch zur Zeit Tacitus', den 150 Jahre von Cäsar trennen, stand der Ackerbau noch nicht an erster Stelle, die Hauptsache war noch immer Viehzucht und Jagd, sowie Pflanzenlese. Denn obwohl es bei Tacitus heißt, daß die Germanen Bier aus Gerste und Weizen zubereiten[4]), auch die Unfreien dem Herrn neben Vieh Weizen zu liefern haben[5]), so bestand doch die Nahrung vorwiegend aus wildwachsenden Baumfrüchten, Wild und geronnener Milch (Käse).[6]) In anderer Hinsicht sind dagegen erhebliche Änderungen eingetreten. In dem berühmten Kap. 26 lesen wir näm-

---

durchschnittlich reiche Nahrung boten, dennoch schon früh sich als zu beschränkt erwiesen und Ergänzung durch Getreidebau erforderten. Während diese bald die Vorteile der festen Ansiedelung für die persönliche Selbständigkeit und für regelmäßigere Erträge erkannten, suchten jene sie zu bestimmen, die bisherige Lebensweise nicht aufzugeben, da ihr Herdenreichtum und ihre ganze Lebensstellung dadurch in Gefahr kamen. Als sie die Umwälzung doch nicht mehr hintanhalten konnten, suchten sie beim Übergang zur festen Ansiedelung ein Verfahren zur Durchführung zu bringen, welches die Hauptmasse der Gemeinfreien auf verhältnismäßig kleinem Raume befriedigte und hinreichend große Landstrecken der bisherigen Nutzungsweise, der Viehzucht, nach wie vor offen ließ. Auch Wittich (Hist. Zeitschr. S. 66) behauptet, daß die Institutionen der Germanen jener Zeit „auf der wirtschaftlichen Kultur des Halbnomadentums beruhten, d. h. auf einer wirtschaftlichen Kulturstufe, auf der die Viehzucht noch die Hauptnahrungsquelle des Volkes bildete, der Ackerbau dagegen erst aufkam. Infolge dieser wirtschaftlichen Voraussetzungen fand ein öfterer Wechsel der Ansiedlungen und Wohnplätze statt".

[1]) R. Much S. 102, 118. Hildebrand S. 27, 61. Koetzschke, Hist. Z. S. 278. Weber, Jahrb. S. 447. Hoops S. 492f. Rachfahl S. 175. v. Below, Probl. d. Wirtschaftsgesch. S. 27. Garsonnet S. 38.

[2]) Hoops bezeichnet es als „wirtschaftlich entschieden irrationell", weil es von der Annahme ausgeht, daß jede Sippe jährlich ihre Feldmark aufgeben und eine neue beziehen mußte, die im Jahre vorher von einer anderen ausgebeutet worden war. Faßt man jedoch den jährlichen Wechsel in dem anderen obenerwähnten Sinne auf — daß nämlich die alten Feldmarken ganz verlassen wurden, um jedesmal durch neue ersetzt zu werden, so erscheint dies viel weniger irrationell.

[3]) M. Much S. 231. Koetzschke, Zeitschr. S. 296, 300. Erhardt, Hist. Z. S. 292. Hoops S. 511ff., 520. Hoops nennt ihn einen Ausnahmezustand im Gegensatz zu normalen friedlichen Verhältnissen. (Ähnlich Dopsch I, 2. Aufl., S. 62; v. Below, Probl. d. Wirtsch.-G. S. 27; noch früher Arndt III, S. 231ff.; Hostmann S. 6). Wird man jedoch nicht vielmehr Krieg und Wanderung als „im Urleben des Volkes gewurzelte" Einrichtungen betrachten dürfen?

[4]) Potui humor ex hordeo aut frumento (Cap. 23).

[5]) Frumenti modum dominus aut pecoris aut vestis ut colono iniungit (Cap. 25).

[6]) Cibi simplices: agrestia poma, recens fera aut lac concretum (Cap. 23).

lich, daß von dem anbaufähigen Land (agri) jeweils ein Teil, dessen Größe sich nach der Zahl der Bebauer richtete, von der gesamten Markgenossenschaft (ab universis) abwechselnd (in vices) unter Kultur genommen wurde. Das Ackerland wurde unter die einzelnen Bebauer ihrer Würde entsprechend (secundum dignationem) verteilt. Die Teilung machte keine Schwierigkeiten, da Land genug da war. Die Äcker wurden jährlich gewechselt, und es blieb immer ein Teil des Landes unbestellt.[1], [2]). Es ergibt sich daraus, daß, wenn auch hier noch kein Privateigentum an Grund und Boden vorhanden war, es doch nicht mehr der Gau ist, der — wie zu Cäsars Zeiten — das Land den einzelnen Sippen zur Bewirtschaftung anweist, sondern das dauernde Besitzrecht haftete jetzt an der Markgenossenschaft, die aus der Sippe „als ein räumlich begrenzter wirtschaftlicher Verband herauswuchs", und von der der Boden temporär zur Nutzung an die einzelnen verteilt wurde. Demnach kann es sich auch nicht mehr um gemeinsame Bestellung der Felder handeln, wie dies bei Cäsar noch womöglich der Fall war. Auch einen jährlichen Wechsel der bebauten Fläche dürfen wir nicht mehr annehmen, es sind stabilere Zustände mit (mehr oder weniger) festen Feldmarken, festen Haus- und Hofstätten vorhanden.[3]) Betont doch Tacitus gerade die Seßhaftigkeit der Germanen, die er den wandernden Sarmaten gegenüberstellt. Nicht bloß der freie Germane, sondern auch der Unfreie hat eine eigene feste Wohnstätte.[4]) Wir haben an eine primitive wilde Feldgraswirtschaft zu denken, an einen Wechsel von Ackerland und Dreesch, wobei das Land, nachdem es eine Anzahl Jahre bebaut worden war, dann wieder auf viele Jahre dem Graswuchs übergeben wurde. Während die älteren Schriftsteller[5]) in den Worten: „arva per annos mutant et superest ager" eine Dreifelderwirtschaft angedeutet fanden, haben Roscher[6]), insbesondere aber Hanssen diese Ansicht entschieden zurückgewiesen: wie wäre Tacitus dazu gekommen, auf eine dermaßen unverständliche und vage Weise

---

[1]) Agri pro numero cultorum ab universis in vices (invicem) recupantur, qui mox inter se secundum dignationem partiuntur. Iacilitatem partiendi camporum spatia praestant, arva per annos mutant et superest ager (Cap. 26).

[2]) Vgl. Hoops S. 521.

[3]) Waitz I, 3. Aufl., S. 107 (wenn er auch bemerkt, daß noch immer eine gewisse Leichtigkeit die Sitze zu wechseln herrscht). Viollet, Biblioth. S. 462. Glasson, Travaux et Séances usw. S. 108. Koetzschke, Jahrb. S. 298. Hoops S. 524f. Dopsch, Grundlagen I, 2. Aufl., S. 68f. Anderer Ansicht: R. Hildebrand. 2. Aufl., S. 132.

[4]) Peucini ... sed ac dimiciliis ut germani agunt... Venedi inter Germanos potiis referuntur, quia et domos figunt ... quae omnia diversa sarmatis sunt in plaustro quoque viventibus (Cap. 46). Suam quisque domum spatio circumdat ne caementarum quidem apud eos aut tegularum usus: materia ad omnia utuntur informi (Cap. 16). Suam quisque (servus) sedem suos penatos regit, frumenti modum dominus aut pecoris aut vestis ut coloni iniungit (Cap. 25).

[5]) Landau, Die Territorien. S. 61f. Zimmerle, Das deutsche Stammgutssystem. S. 7f. Eichhorn. 5. Aufl., S. 49. Jakob Grimm, Gesch. d. deutsch. Spr. 4. Aufl., S. 4. Hostmann S. 20. M. Much S. 260.

[6]) Roscher, Ansichten. S. 47.

die Dreifelderwirtschaft zu schildern, die wir bei griechischen und römischen Klassikern sonst ganz deutlich beschrieben finden, die zu seiner Zeit in römischen Provinzen betrieben wurde und die ihm daher nicht als ein den Germanen eigentümlicher Feldbetrieb — und einen solchen will er offenbar darstellen — hätte auffällig sein können? Vielmehr haben wir uns nach Hanssen die Sache so zu denken, daß das Ackerland „gewissermaßen die Feldmark durchläuft, die auf ein oder einige Jahre zur Saat benutzten Felder bleiben dann wieder viele Jahre in Gras (Dreesch) liegen, und das älteste Grasland wird dafür wieder vorübergehend unter den Pflug genommen. Die ganze so genutzte Fläche ist der ager, wovon die ‚pro tempore arva' den geringsten Teil einnehmen."[1]) Dieser Auffassung haben sich die meisten späteren Forscher angeschlossen.[2]) Eine wichtige Bemerkung dazu macht v. d. Goltz: diese Betriebsart hatte einige Verwandtschaft mit einer sehr primitiven Form der Feldgraswirtschaft, doch war es „eine ganz eigentümliche Wirtschaftsweise", aus der dann sowohl die Dreifelderwirtschaft, als auch die Feldgraswirtschaft hervorgegangen sind, denn „es ist zu berücksichtigen, daß das auf den ehemaligen Ackerstücken gewachsene Gras durch die von selbst sich einfindenden Holzgewächse unterdrückt und jene zu Waldland werden mußten". Eine wilde Feldgraswirtschaft war in dem Falle möglich, wenn der Wechsel zwischen Feldbau und Graswuchs häufig wiederkehrte.[3])

Und zwar geht aus dem ganzen Zusammenhang hervor, daß es sich nicht bloß um die erste Besitznahme herrenlosen Landes handelt, wie Waitz behauptet hat[4]), sondern um eine periodisch wiederkehrende Verteilung, um eine dauernde Einrichtung, wie dies gewöhnlich auch aufgefaßt worden ist.[5])

Bis hierher scheint alles klar zu sein, doch beginnen hier schon die Schwierigkeiten. Denn wenn „arva per annos mutant" den Wechsel der Äcker bedeutet, und „quos mox inter se partiuntur" eine Verteilung des Landes unter die einzelnen Bebauer ausdrückt, was soll dann noch mit „in vices" gemeint sein? Offenbar, daß auch die Markgenossenschaften denselben Grund und Boden abwechselnd (wenn auch nicht mehr jährlich) in Besitz nehmen, wenn man eben — nach Hildebrand — davon ausgeht, daß bei Tacitus „kein Wörtchen bedeutungslos" ist und Tacitus in „agri occupantur" nicht von der nämlichen wilden Feldgraswirtschaft spricht, deren Vorhandensein darauf in den Worten „arva per annos mutant" noch einmal wiederholt wird. Jedenfalls liegt in dem „in vices" eine große Unsicherheit. Von den meisten Forschern wird nun die Stelle im Sinne einer abwechselnden Bestellung der ver-

---

[1]) Hanssen, Agrarh. Abh. I, S. 111f., 128f.

[2]) Bethmann-Hollweg, Zivilprozeß IV, S. 78. v. Inama-Sternegg I, 2. Aufl., S. 11. Sybel, Königtum. 2. Aufl., S. 23. Schroeder 6. Aufl., S. 59. Hoops S. 522. v. Below, Probleme. S. 30. Dopsch, Grundlagen I, 2. Aufl., S. 72. Wopfner S. 11ff. Nach Waitz I, 3. Aufl., S. 118, ist Dreifelder- wie Feldgraswirtschaft möglich. An der Annahme der Dreifelderwirtschaft möchte dagegen Fleischmann (Journal für Landwirtsch. LIX, S. 235) festhalten.

[3]) v. d. Goltz, Gesch. d. deutsch. Landwirtschaft I, S. 40, 52.

[4]) Waitz I, 3. Aufl., S. 110, 143. Ebenso Hildebrand. 2. Aufl., S. 120. Dopsch, Grundlagen I, 2. Aufl., S. 70.

[5]) Vgl. Hoops S. 521.

schiedenen Teile der Feldmark aufgefaßt[1]), so daß sie dann mit „arva per annos" zusammenfällt. Oder man interpretiert sie in der Weise, daß außer dem jährlichen Wechsel innerhalb der einzelnen Ackerfluren noch ein periodischer Wechsel der Ackerfluren selbst stattfand, und zwar ein Wechsel zwischen Ackerland und Wildland, jedoch nicht mehr von Jahr zu Jahr, sondern jenach den örtlichen Verhältnissen in kürzeren oder längeren Zeitabschnitten.[2]) Manche erklären die Worte „in vices" überhaupt für unannehmbar, so schon Waitz (auch Hanssen hatte auf ihren dunklen Charakter hingewiesen), dann Weber (mit den Worten „in vices" ist schlechterdings nichts anzufangen), Hildebrand („man mag das ‚in vices' drehen und wenden, wie man will, es gibt keinen Ton von sich"), auch Meitzen[3]), während Rachfahl den in Frage stehenden Satz für eine Nachbildung von Cäsars Bericht über den Wechsel zwischen Kriegsdienst und Ackerbau bei den Sueben erklärt und der Darstellung von Tacitus daher jeden selbständigen Wert abspricht.[4]) Waitz schlägt statt „in vices" „ab universis vices" vor[5]), während Hildebrand „ab universis vicinis" lesen möchte.[6]) Auch Meitzen hält die Lesart „ab universis vicis" oder „ab universis Germanis in vicis" für möglich oder auch — nach Cäsar — „ab universis hominibus, qui una coierunt, in vices occupantur".[7])

Während nach der herrschenden Ansicht Tacitus, gleich Cäsar, noch kein Privateigentum an Grund und Boden kennt, sondern Ackerland wie Weide Gemeingut sind, hat sich Fustel de Coulanges dagegen ausgesprochen. Die angeführte Stelle — „ab universis occupantur" — will er durch eine Konjektur „ab universis cultoribus" verbessern, was dann in der Weise zu deuten ist, daß jedesmal soviel Land in Besitz genommen wird, als Bebauer vorhanden sind, wobei sie, der Bequemlichkeit halber, das Land gemeinsam bestellen. Sie bilden zwar gewisse Verbände, doch hat dabei jeder seinen eigenen Anteil am Grund und Boden. Jedesmal nehmen sie neues Land in Anbau, aber wegen der geringen Zahl der Bebauer bleibt immer viel freies Land übrig.[8]) Abgesehen davon, daß hier von Fustel ganz willkürlich hineininterpretiert wird, wird man geneigt sein zu fragen, was wohl das für Verbände gewesen sein mögen, die da den Boden bearbeitet haben sollen? Hierauf gibt er die sonderbare Antwort, daß die Bebauer des Grund und Bodens dabei ein tatsächliches Privateigentum[8]) daran besitzen konnten, wobei freilich ihr Eigentumsrecht

---

[1]) So Bethmann-Hollweg, Zivilprozeß IV, S. 81. Thudichum S. 97. Hanssen I, S. 129. Brunner I, 2. Aufl., S. 86f. Hoops S. 521ff. Wopfner, Mitt. des Inst. f. österr. Gesch.-F. XXXII, S. 595.

[2]) Schröder. 6. Aufl., S. 59f. Wopfner, Mitt. d. Inst. f. österr. Gesch. XXXIII, S. 595. Ravaisson, Travaux et Séances. S. 148.

[3]) Waitz I, 3. Aufl., S. 140ff. Hanssen I, S. 129. Weber, Jahrb. S. 462. Hildebrand, S. 114. Meitzen s. Feldgemeinschaft Handw. d. Staatswiss. 3. Aufl. Hildebrand findet einen Wechsel der Ackerfluren von Jahr zu Jahr mit einem Wechsel zwischen Ackerland und Wildnis unvereinbar, m. E. mit Unrecht (s. Hildebrand 2. Aufl., S. 113).

[4]) Rachfahl, Jahrb. f. Nationalök. S. 179ff. Seine Ansicht wird von Weber, Jahrb. S. 461, 463; Hoops S. 521; Hildebrand 2. Aufl., S. 114 Anm.; Brunner I, 2. Aufl., S. 86, Anm. 21; Schröder, 6. Aufl., S. 59 abgelehnt. Vgl. Meitzen, Feldgemeinsch. S. 69.

[5]) Waitz I, 3. Aufl., S. 145. Dagegen wenden sich Bethmann-Hollweg, Germanen usw. S. 10. Baumstark, Urdeutsch. Staatsaltert. S. 846ff. R. Much S. 104. Sybel 2. Aufl., S. 19. Giercke, Genoss. S. 58 Anm. 12. Hoops S. 521 Anm. 2. Hildebrand 2. Aufl., S. 114 Anm.

[6]) Hildebrand 2. Aufl., S. 115f. Dagegen Rachfahl, Jahrb. f. N. S. 179. Hoops S. 521.

[7]) Meitzen, s. v. Feldgemeinschaft. S. 69.

[8]) Oder vielmehr ein Eigentum, denn Fustel de Coulanges kennt überhaupt kein Gesamteigentum, sondern bloß die Alternative: entweder es gibt ein Eigentum, d. i. ein Privateigentum, oder das Eigentumsrecht fehlt überhaupt.

sich nicht auf diesen oder jenen Acker bezieht, sondern an ihrer Person selber haftet und abwechselnd auf die einzelnen Ackerteile in Anwendung gebracht wird. Fustel de Coulanges muß nun selber zugeben, daß „das Vorhandensein von Grundeigentum solcher Art uns etwas sonderbar anmuten muß, doch auch Tacitus scheint sich darüber gewundert zu haben, und die Ursache dieser Institution wird wohl in der Bildung gewisser primitiver Verbände zu suchen sein, die durch gleiches Interesse, insbesondere aber durch mangelhafte Bodenkultur hervorgerufen worden sind". Schließlich bleibt er uns eine Erklärung doch schuldig. Die fabelhaften Verbände, die ihm so unverständlich bleiben, sind nun aber schließlich nichts weiter als die Markgenossenschaften, denen doch die in Anbau genommene Feldmark gehört.[1])

Es ist behauptet worden, die freien Germanen des Tacitus seien keine selbständigen Bauern, sondern Grundherren gewesen, die ihr Land von Unfreien bebauen ließen. Man beruft sich dabei auf die Worte des Tacitus, daß jeder Sklave eine eigene Wohnstätte und eigenen Hausstand habe und daß der Herr ihm wie einem Kolonen (also im Gegensatz zu den Sklaven in Rom) bestimmte Lieferungen an Getreide oder Vieh oder Bekleidungsstoffen auferlege.[2])

So spricht Seebohm von Grundherrschaften zur Zeit des Tacitus, von Grundherren, welchen die „Manors", die von Hörigen besiedelt waren, gehörten. Er weist darauf hin, daß ja nach Tacitus eine Vereinzelung der Wohnstätten auftritt, da die Deutschen es nicht ertrügen, in eng beisammen liegenden Orten zu wohnen: sie siedeln sich zerstreut an, wo eine Quelle, ein Feld, ein Hain ihnen gefällt. Doch erwähnt Tacitus daneben auch Dörfer, die ebenfalls nicht nach römischer Art in verbundenen und zusammenhängenden Gebäuden errichtet sind.[3]) Es gab demnach, nach Seebohm, neben vereinzelt liegenden Wohnstätten, auch Dörfer. Jene lagen offenbar außerhalb der Dörfer und gehörten den Fürsten und freien Germanen, die sich ihre Wohnstätten nach ihrem Belieben auswählen konnten: sie eigneten sich den Grund und Boden an und siedelten in den Dörfern ihre Sklaven an, die selbständig ihre eigene Wirtschaft führten.[4]) Nun erwähnt aber Tacitus mit keiner Silbe den Umstand, daß die freien Germanen sich nur an zerstreut liegenden Wohnstätten ansiedelten, während die Unfreien in Dörfern wohnten (auch in diesem Falle schloß ja jeder sein Haus mit freiem Raume ab), noch weniger, daß ganze Dörfer Fürsten und freien Germanen gehörten; vielmehr hatte im Dorfe jeder Hauswirt sein eigenes Haus.

Ähnlich behauptet Denmann Roß, daß die Deutschen Grundherren waren, die von ihren Renten lebten, wobei jeder von ihnen soviel Land in Besitz nahm, als er durch seine Sklaven bebauen lassen konnte. Pro numero cultorum soll nämlich heißen: je nach der Anzahl seiner Sklaven.[5]) Bedeutet aber cultor — Sklave und nicht vielmehr Bebauer?

„Blondlockige Müssiggänger" — sagt Knapp —, „Bärenhäuter im wahren Sinne des Wortes, die nur selten was tun, außer trinken, jagen, kämpfen, diese ungesunden Tugendspiegel Taciteischer Sittenpredigten sollen Bauern gewesen sein? Sie sind es sicher nicht gewesen. Es waren vielmehr kleine Grundherren, eine Art sozialen Adels, die im Gericht und in der Volksversammlung mitredeten, die aber — wenn auch ihre Frauen den Haushalt führten — niemals die Hand an den knechtischen Pflug legten. Sie hatten vielmehr angesiedelte Knechte, und

---

[1]) Fustel de Coulanges, Recherches. S. 261ff. Questions historiques. S. 105. Travaux et Séances. S. 36. Vgl. darüber auch bei Lacombe S. 23ff.

[2]) S. o. S. 13 Anm. 4.

[3]) Colunt discreti ac diversi ut fons, ut campus, ut nemus placuit. Vicos locant non in nostrum morem connexis et cohaerentibus aedificiis (Cap. XVI).

[4]) Seebohm, Village-Community. Ch. IX, § 1.

[5]) Ross, Early History. S. 2ff.

diese Knechte waren Bauern, die für ihren Herrn dem Boden die Nahrung abgewinnen mußten".[1])

Eine ausführliche Darlegung und Begründung erfuhr dann die Theorie von der Grundherrschaft in den Arbeiten Wittichs. Auch er geht davon aus, daß der Deutsche im Frieden seine Zeit mit Trinken, Essen und Schlafen verbringt und dann sogar zu träge ist, um häufig auf die Jagd zu gehen. Nun heißt es bei Tacitus freilich weiter, der Haushalt des freien Deutschen würde von seiner Frau und seinen Kindern geführt[2]), doch kann man, nach Wittich, die von Frauen, Kindern und Greisen geführte Landwirtschaft nur als einen Nebenbetrieb betrachten. Die Existenz des Freien beruhte offenbar nicht auf den Erträgen seiner Landwirtschaft, sondern auf den Abgaben seiner auf seinem Grundbesitz angesiedelten Sklaven. Die Schilderung der sozialen Stellung der Frau bei Tacitus — fügt Wittich hinzu — ist ganz unvereinbar mit der Annahme von der Verwendung der Frau als Arbeitssklavin des freien Mannes. Aus seinen Worten folgt bloß die Beaufsichtigung, die Leitung des Haushalts und der ganzen Wirtschaft durch die Frau, wobei Unfreie die eigentliche schwere Handarbeit leisteten. Für Tacitus als Römer war, nach Wittich, der Sklavenbesitz etwas so selbstverständliches, daß er es gar nicht für nötig hielt, den Sklavenbesitz der Freien besonders zu erwähnen. Der freie Markgenosse erhielt denn auch so viele Hufen, als ihm Arbeitskräfte zur Verfügung standen, mit anderen Worten, als er Unfreie besaß. „Secundum dignationem" ist als „nach der Zahl der dem Markgenossen gehörigen Unfreien"[3]) zu übersetzen. Jede andere Art der Zuteilung hätte entweder eine Verschleuderung der Arbeitskraft oder eine Zuweisung gänzlich unverwendbaren Landes bedeutet.[4])

Auch nach Fleischmann waren die Germanen Grundherren, welche Gemeinschaften von unfreien Bauern Ländereien zur Besiedelung anwiesen: so übersetzt er „agri pro numero cultorum ab universis occupantur". Die freien Germanen sollen ihre Zeit verbracht haben wie „die Lebemänner der Gegenwart". „Sie schliefen bis lang in den Tag hinein, nahmen dann ein Bad im Winter und wenn's kühl war ein warmes, und frühstückten darnach kräftig." Sie nahmen „Einladungen zu Gastmählern an"; dann wird von Fleischmann ein reicher Speisezettel der Germanen zusammengestellt.[5]) Nur steht leider von alledem bei Tacitus kein Wort.

Wittichs Hypothese hat vielfach entschiedenen Widerspruch erfahren. „Tacitus" — sagt Hildebrand — „deutet nirgends auch nur mit einem Worte an, daß alle Freien servi gehabt hätten", während er neben der libertas gerade die inopia als charakteristisch für die Germanen hervorhebt. Es ist vielmehr anzunehmen, daß nur die Reichen oder Vornehmen, die „proceres" oder „principes" und „nobiles" überhaupt servi hatten.[6]) Die Ansicht Wittichs, die Frauen hätten die eigentliche schwere Arbeit nicht geleistet, sondern dürften nur die Leitung des Haushaltes übernommen haben, widerlegt Hildebrand durch zahlreiche Beispiele aus dem Leben der Naturvölker, bei denen die Feldarbeit stets Sache der Weiber ist: Sie

---

[1]) Knapp, Grundherrschaft und Rittergut. S. 82f.

[2]) Quotiens bella non ineunt, venatibus plus per otium transigunt, dediti somno ciboque, fortissimus quisque ac bellicosissimus nihil agens, delegata domus et penatium et agrorum cura feminis senibusque et infirmissimo cuique ex familia (Cap. 15).

[3]) Ross (s. o. S. 16) deutet in dieser Weise die Worte: „pro numero cultorum" (nicht „secundum dignationem"). Vgl. auch Anton, Gesch. d. deutsch. Landwirtsch. I, S. 24. (invicem — abwechselnde Bebauung des Landes durch hörige Bauern.)

[4]) Wittich, Grundherrschaft. Anl. S. 109ff. Die Frage der Freibauern S. 252ff.

[5]) Fleischmann, Journ. f. Landwirtsch. LI, S. 102ff., 106ff., 116ff.; LIX, S. 233f., 239f.

[6]) Hildebrand. 2. Aufl., S. 101ff.

säen, pflanzen und bringen die Ernte nach Hause.[1]) Auch Schröder meint, auf den einfachen Bauernhöfen der Germanen sei kein Platz für Sklaven dagewesen. Für besonders unhaltbar hält Schröder die Wiedergabe der Worte „secundum dignationem“ mit „nach der Anzahl der Sklaven“. „Dem Latein des großen Römers ist schon so manche sprachwidrige Auslegung zuteil geworden, aber diese Übersetzung übersteigt doch alles bisher Dagewesene, einer Widerlegung bedarf sie nicht.“[2])

Dopsch betont ebenfalls, Wittich gehe zu weit und generalisiere zu sehr, wenn er den Standpunkt vertritt, der freie Germane zur Zeit des Tacitus sei nicht selbständiger, freier Ackerbauer, sondern kleiner Grundherr gewesen. Seine eigene Ansicht geht dahin, daß die Germanen zum Teil selbsttätige Ackerbauer waren, teilweise freilich auch Grundherren, die von ihren unfreien Hintersassen ernährt wurden, oder auch beides in einer Person vereinigten. Jene Erzählung vom Nichtstun gelte nur für die Führer, denn nur die Tapfersten und Kriegerischsten hätten es vermocht, sich im Frieden eine solche Lebensweise zu verstatten. Die Schilderung von der gemeinsamen Erziehung Freier und Unfreier (inter eadem pecora, in eadem humo) „stimmt nicht recht säuberlich zu den Grundrentnern“ Wittichs, „welche jede wirtschaftliche Tätigkeit als minderwertig verabscheuen“.[3])

Wenn die Germanen im allgemeinen, wie Tacitus betont, ein ärmliches, hartes Dasein geführt haben, so kann es wohl nur auf Fürstenhöfen und bei den Vornehmen unfreie Arbeitskräfte gegeben haben.[4]) Doch wird man, auch soweit die Bewirtschaftung des Grundbesitzes durch Hörige vorkam, gut tun, mit Koetzschke, v. Schwerin und Wopfner den Ausdruck „Grundherrschaft“ im eigentlichen Sinne zu vermeiden. Es war noch keine Grundherrschaft im technischen Sinne, vielmehr bloß eine Vorgängerin derselben, aus der sich erst später grundherrliche Verhältnisse entwickeln sollten.[5])

Kapitel 2.

Die Markgenossenschaft.

In den auf Cäsar und Tacitus folgenden Jahrhunderten muß allmählich eine Änderung in der Wirtschaftsweise und den Grundbesitzverhältnissen der Germanen eingetreten sein, die man allerdings aus Mangel an Quellenangaben mehr vermuten als feststellen kann. Das Zurück-

---

[1]) Hildebrand. 2. Aufl., S. 42f. Ebenso Weber, J. f. Nat.-Ök. S. 456. Rachfahl, Ibid. S. 15. Über die eigene Hypothese Hildebrands s. das. S. 119f.

[2]) Schröder, Der altsächs. Volksadel. Z. d. Sav.-St. G. A. S. 373f., 376.

[3]) Dopsch, Grundlagen I, 2. Aufl., S. 88ff.

[4]) Thudichum (S. 114) behauptet, daß derjenige, der Leibeigene besaß, bei der jährlichen Teilung auch für sie Land zugewiesen erhielt, während nach Bethmann-Hollweg (Zivilprozeß IV, S. 81) es jedem Hausvater überlassen blieb, wieviel von seiner Hufe er an Unfreie übergeben und wieviel zur eigenen Bestellung mit ihrer Hilfe zurückbehalten wollte. Da das Land „secundum dignationem“ verteilt wurde, so wird man nach seiner Ansicht annehmen dürfen, daß die Vornehmen, die Hörige besaßen, auch genügend Land zugewiesen erhielten, um einen Teil davon ihren Unfreien überlassen zu können.

[5]) Koetzschke, Deutsch. Wirtschaftsgesch. S. 29, Anm. 1. Ders., Allg. Wirtschaftsgesch. S. 72 Anm. v. Schwerin, Grundherrsch. in Hoops Reallexikon der germanischen Altertumskunde II, S. 331. Wopfner, Hist. Viert. XX (1920), S. 52.

treten der Viehzucht gegenüber dem Ackerbau, der Übergang zu intensiverem Feldbau, die endgültige Seßhaftmachung, das Aufkommen des Privateigentums an Grund und Boden sind die wichtigsten, eng miteinander verknüpften Tatsachen, die wir für diese Periode zu verzeichnen haben.[1])

Aus der Lex Salica, die sich freilich mit den Interessen des Viehzüchters viel befaßt, gewinnt man den Eindruck von dem allmählichen Überhandnehmen des Ackerbaus über die Weidewirtschaft. Im Zusammenhang damit mußte aus dem Rechte des einzelnen an dem Nießbrauche des Ackers das Eigentumsrecht am Grund und Boden hervorgehen. Je häufiger nämlich ein Wechsel zwischen Feldbau und Grasnutzung wiederkehrte, und man nicht mehr die in Kultur genommenen Grundstücke viele Jahre lang unbebaut liegen ließ, desto mehr wurde dadurch die Entwicklung des Sondereigentums gefördert, da die Dauer der Sondernutzung der Flur sich auf Kosten der gemeinsamen Nutzung im Weidebetrieb auf dem Dreeschland und als Waldfläche (welche teilweise ebenfalls als Weide diente, insbesondere für Schweine, die in der Lex Salica an zahlreichen Stellen erwähnt werden), sich ausdehnen mußte.[2])

Doch hatte sich diese Umwandlung selbst zur Zeit der Abfassung der Lex Salica noch lange nicht ganz vollzogen. Wir finden hier noch zahlreiche Anklänge an das ehemals herrschende Gesamteigentum an Grund und Boden, woraus der Schluß erlaubt sein wird, daß neben dem Grundbesitz, der bereits das Sondereigen des einzelnen bildete, auch solche Grundstücke vorhanden waren, an denen eine Verfügungsbeschränkung des einzelnen durch das Obereigentumsrecht der Gesamtheit bestand. Dies wird vor allem durch die Tatsache bezeugt, daß Immobiliarprozesse und Immobiliarexekutionen der Lex Salica noch fremd sind, Rechtsgeschäfte über Liegenschaften nur unter ganz bestimmten Voraussetzungen vorkamen.[3])

---

[1]) Über Gewerbe und Handel s. unten S. 65ff.

[2]) Brunner I, 2. Aufl., S. 87. Wopfner, Hist. Viert. XX, S. 53. Vgl. Heusler, Instit. I, S. 263.

[3]) Diese Tatsache wird allgemein anerkannt (Thudichum, Staat S. 113; Maibom, Deutsch. Pfandrecht S. 56f.; Sohm, Prozeß der Lex Salica S. 24, A. 11, 172f. A. 20; Ders., Reichs- u. Gerichtsverf. S. 117f.; Waitz, Verf.-Gesch. II 1, 2. Aufl., S. 92; v. Bethmann-Hollweg, Zivilprozeß IV, S. 489; Sybel, Königt. 2. Aufl., S. 25; Halban-Blumenstok I, S. 284; v. Inama-Sternegg I, 2. Aufl.; Viollet, Bibl. de l'Ecole des Chartes S. 493; Geffcken, Lex Sal. S. 180; Brunner I, 2. Aufl., S. 409; Schröder, Lehrbuch 6. Aufl., S. 223). Demgegenüber meint Dopsch (Grundl. I, 2. Aufl., S. 234), das Fehlen des Immobiliarprozesses beweise noch nicht sein Nichtvorhandensein, denn auch andere Rechte würden in der Lex Salica nicht erwähnt: er beruft sich dabei auf Gierke (Erbrecht und Vicinenrecht, Zeitschr. für Rechtsgesch. XII, S. 439), der (mit v. Amira, Pardessus u. a.) annimmt, daß im Titel de alodis keineswegs eine vollständige Aufzeichnung der salischen Erbfolgeordnung beabsichtigt ist, sondern nur eine strittige und ungewisse Institution fixiert wird. Man wird jedoch bezweifeln können, daß die Lex Salica nicht bloß die Grundzüge des Erbrechts als allgemein bekannt voraussetzt, son-

Im Einklang damit steht der Tit. 45 der Lex Salica, de migrantibus, der von der Übersiedelung jemandes auf den Hof eines anderen (super alterum) handelt, und jedem Dorfinsassen das Recht einräumt, gegen seinen Einzug Widerspruch zu erheben.[1]) Aus der Extravagante zum salischen Gesetz erfahren wir auch den Grund des Einspruchrechts. Es stand nämlich dem neuen Ansiedler das Recht der Marknutzung zu, das Recht der Teilnahme an Weide und Wasser, an der Benutzung der Dorfwege, das hierdurch der Gesamtheit geschmälert werden konnte.[2])

Die Worte „super alterum" sind offenbar keineswegs „gegen den Willen eines Markgenossen" zu übersetzen, wie Sohm, Pardessus und andere[3]) meinen, denn weiter ist ja von dem Einspruchsrecht der Genossen die Rede. Noch weniger haben wir es mit einem Überfall auf die Siedlung eines Abwesenden zu tun, wie Fustel de Coulanges behauptet[4]), denn es wäre doch unbegreiflich, wenn der Gesetzgeber die Verteidigung seiner Rechte vom Belieben des Nachbarn abhängig machen wollte. Nach Schröder heißt „super alterum" vielmehr wörtlich „auf einen anderen einziehen", wobei das Gesetz keinen Unterschied macht, „ob der fragliche Hof durch den Tod des bisherigen Besitzers freigeworden ist, oder ob es sich um eine Abtretung unter Lebenden handelt".[5])

Daß das Objekt der Besetzung ferner nicht (bloß) ungerodetes Land, wie Waitz, Sohm, Maurer annehmen[6]), sondern (nach Schröder,

---

dern ebenso den Rechtsstreit an Grund und Boden, das Immobiliarpfandrecht, die Exekution an Grundstücken, Rechtsgeschäfte über Liegenschaften vollständig übergeht, Sollen das alles allbekannte Rechtssätze gewesen sein, die man gar nicht zu erwähnen brauchte?

[1]) Si quis super alterum in villa migrare voluerit, si unus vel aliqui de ipsis qui in villa consistunt, eum suscipere voluerit, si vel unus exteterit qui contradicat migrandi ibidem licentiam non habebit. Si vero contra interdicto unius vel duorum in villa ipsa adsedere praesumpserit, tunc ei testare debet et si noluerit inde exire, ille qui testat cum testibus sic ei debet testare: hic tibi testo in hac nocte proxima in hoc quo lex Saliga habet sedeas et testo tibi ut in X noctes de villa ipsa egredire debeas ... Si vero quis migraverit et infra XII menses nullus testatus fuerit sic ut et alli vicini maneat (Tit. 45).

[2]) Non potest homo migrare nisi convicinia et herba et aquam et via (concedente). S. dar. Wopfner, Hist. Viert. S. 51. Mitt. d. Inst. für österr. Gesch.-F. S. 12f. Halban S. 255. Viollet, Histoire des inst. pol. I, S. 313. Brunner I, 2. Aufl., S. 283. Kowalewsky I, S. 81. Vgl. auch Stäbler, Viert. S. 749.

[3]) Sohm, Reichs- u. Gerichtsverfassung I, S. 61 u. A. 13. Pardessus, Loi Salique. S. 389.

[4]) Fustel de Coulanges, Quest. hist. S. 327ff.

[5]) Schröder, Die Franken. S. 55ff. Derselben Ansicht ist Gierke (Genoss. I, S. 76f.), Lamprecht (Deutsch. Wirtsch.-L. I, S. 46), Geffcken (S. 173), v. Inama (I, 2. Aufl., S. 131), Brunner I, 2. Aufl., S. 281; Halban-Blumenstok S. 251f. Vgl. Wopfner S. 11f; Meitzen I, S. 588; Kowalewsky I, S. 96ff. Dagegen liest Waitz (I, 3. Aufl., S. 134 Anm., ebenso Esmein 9. Aufl., S. 36): „Mit Zustimmung des Besitzers." Nach Hermann (Die Ständegliederung bei den alten Sachsen und Angelsachsen; Gierkes Untersuch. XVII, S. 108ff., 112) handelt es sich nicht um Übernahme der Hofstelle, sondern um Zuziehn bei einem andern, um fahrende Leute, die Behausung und Dienst suchen.

[6]) Waitz I, 3. Aufl., S. 134. Maurer, Einl. S. 144. Sohm, Prozeß. S. 14,

Geffken, Gierke, Halban, Kowalewsky, Wopfner, Hermann) (auch) die bereits urbargemachte und besiedelte Hufe des Dorfgenossen ist[1]), ergibt sich nicht nur aus den Worten „super alterum", sondern auch aus der Variante „villam alterius occupaverit", was offenbar identisch mit „super alterum migrare voluerit" ist, sowie aus einem späteren Zusatz, „si vero alium in villa aliena migrare rogaverit". Hier wird derjenige, welcher einen Fremden auf seinen Hof heranzieht, noch bevor ein Beschluß von der Gemeindeversammlung (Märkerding) gefaßt worden ist, streng bestraft.[2])

Gegen die herrschende Ansicht, daß es sich hier um eine Markgenossenschaft handelt (auch Waitz gibt zu, daß dieser Titel auf das Bestehen einer Feldgemeinschaft hinweist[3]), und Flach, der die villa als Grundherrschaft auffaßt, räumt doch ein, daß die Hintersassen in gewissem Sinne eine Gesamtheit bilden, da sie ein Gesamtrecht an der Hufe und deren Pertinenzen besitzen[4])), ist Fustel de Coulanges aufgetreten, welcher „mit der ihm eigenen Gabe, germanische Quellen allen Inhaltes zu berauben" (wie Halban-Blumenstok sich ausdrückt)[5]), darauf hinweist, daß das Wort „omnes" doch fehlt: es wird nichts von der Zustimmung aller erwähnt, kein Ausdruck findet sich, der die Bedeutung von Mark, Genossenschaft (communauté) hätte, denn die Worte „einer oder mehrere" könne man doch nicht in diesem Sinne deuten. Fustel kann sich überhaupt nicht denken, daß jemand, der auf gesetzliche Weise sich angesiedelt und Land erhalten hat, von anderen daran gehindert werden könnte, noch weniger, daß ein einziger dies tun dürfte, wenn alle anderen nichts einzuwenden hätten. Es verlautet — sagt Fustel — nichts von irgendwelchen Versammlungen der Markgenossen, bei denen der Einzug des Fremden zur Sprache gebracht worden wäre. Es tritt immer nur einer handelnd auf, und sein Wille genügt, um den Willen aller anderen aufzuheben, was doch einer freien Gemeinde gegenüber recht seltsam erscheinen muß.[6]) Glasson hat Fustels Ansicht einer eingehenden Kritik unterzogen. Fustels Einwendung, das Wort „alle" käme nirgends vor, wird von ihm geradezu als „kindisch" bezeichnet, denn die Bestimmung, daß schon der Widerspruch eines Genossen den Fremden zum Verlassen der Hufe zwinge, ist gleichbedeutend mit der Forderung der Einstimmigkeit.[7]) Eine selbständige Interpretation gibt Fustel nicht, wenn man von seiner durch nichts erwiesenen Vermutung, es handele sich um eine widerrechtliche Aneignung der Hufe, absieht.

Dagegen findet sich eine ganz eigenartige Interpretation des Titels de migrantibus bei Hildebrand: „Qui in Villa consistunt" seien keine Bauern, sondern vielmehr Grundherren, und zwar sei hier ein Gut im Wege der Erbteilung in mehrere kleinere Güter zerfallen, während ein Teil jedoch in gemeinschaftlicher Nutzung verblieben sei. Da nun bei Aufnahme eines Fremden derselbe in die Rechte eines

---

[1]) Schröder, Franken. S. 55ff. Ders., Forschungen XIX, S. 146. Ders.. Lehrb. 6. Aufl., S. 224. Geffken S. 173. Gierke, Genoss. I, S. 77. Halban S. 253f. Kowalewsky I. 96. Wopfner, Mitt. XXXIV, S. 13. Hermann S. 107f.

[2]) Si vero alium in villa aliena migrare rogaverit, antequam conventum fuerit ... culpabilis iudicetur. (Vgl. Schröder, Franken, S. 57; Halban I, S. 253; Wopfner, Mitt. XXXIV, S. 13.)

[3]) Waitz I, 3. Aufl., S. 134.

[4]) Flach, Orig. II, S. 51.

[5]) Halban I, S. 257.

[6]) Fustel de Coulanges, Nouv. Rech. S. 327ff. Quest. hist. S. 90f. L'alleu S. 187ff. Vgl. Dopsch, Karolinger I, S. 349. Ders., Markgenoss. Mitt. d. Öst. Inst. XXXIV, S. 410.

[7]) Glasson, Les Communaux. S. 39ff. Ders., Hist. du droit III, S. 75ff. Vgl. Halban S. 257ff. Viollet, Précis. d'hist. du droit. S. 474ff. Varrentrapp, Recht der german. Marken I, S. 243.

Verwandten eintritt, so darf keiner seinen Anteil veräußern, außer wenn alle damit einverstanden sind. Im Gegensatz zu Fustel de Coulanges gibt somit Hildebrand zu, daß es sich hier um eine Veräußerung des Besitzes an einen Fremden handelt, und daß die Zustimmung aller anderen erforderlich ist.[1]) Nur möchte er diese anderen nicht als Markgenossen, sondern als Verwandte, als Erben eines Grundherrn auffassen, wozu das salische Gesetz freilich gar keinen Anlaß gibt. Ja noch mehr, diese Erklärung steht in entschiedenem Widerspruch zu dem Artcharakter der vicini (um welche es sich auch hier handelt), die im (weiter zu erörternden) Edikte Chilperichs gerade den Verwandten des Erblassers entgegengestellt werden.

Eine scharfsinnige Auslegung des Tit. 45 findet sich bei Dopsch, der die Einspruchsbefugnis, die hier erwähnt wird, mit der spätrömischen Institution der junctio — ἐπίβολή in Verbindung bringt. Behufs Erzielung möglichst günstiger Steuererträge wurden nämlich die römischen Kleinpächter von den Grundherrschaften gezwungen, zugleich mit ihrem Ackerlos auch einen Zuschlag, ein Stück vom benachbarten Gelände mit zu übernehmen, zu bebauen und zu versteuern. Im Zusammenhang damit hatte sich ein Einspruchsrecht gegen den Einzug von Ausmärkern im Dorfe ausgebildet: proximis consortibusque concessum erat, ut extraneos ab emtione removerent.[2]) Gewiß hat die Hypothese von Dopsch etwas sehr Bestechendes an sich[3]); und doch hat sie, nicht ohne Grund, mancherlei Einwendungen hervorgerufen. Einerseits ist geltend gemacht worden, daß die Lex Salica den Nachbarn viel weitere Befugnisse einräumt, denn sie begnügt sich nicht mit der Feststellung ihres Einspruchsrechts, sondern sie sichert den zum markgenossenschaftlichen Verbande zusammengeschlossenen Nachbarn die Ausübung der wichtigsten markgenossenschaftlichen Rechte zu. Andrerseits hat man hervorgehoben, daß die Bestimmungen des griechisch-römischen Rechts über das Vorkaufsrecht der Nachbarn und die Befugnisse der Markgenossen im fränkischen Reich sich aus ganz verschiedener Grundlage heraus entwickelt haben. Es handelt sich dort um ein Zwangsverhältnis, das dem deutschen Recht vollständig fremd ist, nirgends wird ein Bauer gezwungen, ein Stück Land zu bebauen, damit der Grundherr Steuern erhält.[4])

Pest und Hunger verwüsteten ganze Provinzen des Römischen Reiches, dezimierten die ländliche Bevölkerung. Unter diesen Umständen sah sich die Regierung gezwungen, die übriggebliebene Bevölkerung für ihre verstorbenen oder ausgewanderten Nachbarn zahlen zu lassen, um die Steuerrückstände einzuholen. Auch für die zahlungsunfähigen Grundeigner hatten die übrigen aufzukommen. Nun nannte man freilich diese Einrichtung selbst eine Pest, die sich über das Land ausbreitet und die Bevölkerung tötet, derselben jede Hoffnung nimmt, ihr Leben weiter fristen zu können. Doch wollte der Fiskus davon nicht lassen. Nur wurde der Adjektio ἐπιβολή ein anderes Institut, die prälatio — πϱοτίμησις beigefügt, welches die von der ἐπίβολή betroffenen teilweise entschädigen sollte. Jeder Grundbesitzer hatte ja für die anderen Grundeigentümer desselben territorium oder derselben civitas Steuern zu entrichten. Da war es nicht mehr als folgerichtig, daß, falls einer unter ihnen sein Gut verkaufen wollte, den übrigen das Vorkaufsrecht gewährt wurde, damit sie dadurch den Übergang des Grundbesitzes in die Hände von zahlungs-

---

[1]) Hildebrand, Recht und Sitte. 2. Aufl., S. 155ff.

[2]) Dopsch, Grundlagen I, 2. Aufl., S. 354, 366. Vgl. Stein, Klio. 1919. Ders., Viert. Soz.- u. W.-G. 1922.

[3]) Auf diese Analogie hat bereits Monnier aufmerksam gemacht (Études sur le droit byzantin. L' ἐπιβολή. Nouv. Rev. hist. du droit français et étranger T. XVI, 1892, S. 655). Doch sieht er auch in der πϱοτίμησις eine Verletzung des römischen Rechts in bezug auf das Privateigentum; in beiden Fällen ist nach ihm das Institut durch das Gesamteigentum hervorgerufen.

[4]) v. Below, Hist. Viert. CXX, 1920, S. 329. Koetzschke, Allgem. Wirtsch.-Gesch. S. 215. Wopfner, Hist. Viert. S. 51.

unfähigen oder ihre Wirtschaft mangelhaft führenden Leuten hindern könnten, da sie ja sonst die Steuern für dieselben zu übernehmen hätten.[1]) Nun hören wir im fränkischen Reich nichts von verlassenen und öde daliegenden Feldern, ebensowenig von einem Zwange für die Nachbarn, Steuern für die verstorbenen oder flüchtigen Grundbesitzer zu zahlen. Demgemäß handelt der Tit. de migrantibus auch nicht von dem Vorkaufsrecht der Nachbarn, die im Falle des Überganges des Grundstücks an einen Nichtleistungsfähigen die Steuer für denselben zu tragen hätten, sondern um ein Einspruchsrecht gegen einen neuen Ansiedler, der ihre Rechte schmälern könnte. Ob man hier von einer Dorfgenossenschaft oder von einer Markgemeinde reden will, bleibt sich schließlich gleich, wenn dabei nur im Auge behalten wird, daß es sich nicht einfach um Bauern desselben Dorfes handelt, sondern um eine Gesamtheit, die ein höheres Recht am Grund und Boden des Dorfes besitzt.

Die Befugnis jedes einzelnen vicinus, gegen die Ansiedlung eines Fremden einzuschreiten[2]) beruht auch auf dem Heimfallsrecht der Markgenossenschaft, falls keine männlichen Erben vorhanden sind. Eine Intestaterbfolge der Immobilien kennt freilich die Lex Salica, doch die Frauen sind von der Erbschaft ausgeschlossen.[3]) Demgegenüber schafft das Edikt Chilperichs auch die weibliche Erbfolge am Grund und Boden[4]), während nach dem salischen Recht beim Fehlen von männlichen Erben das Heimfallsrecht der Vicinen eintrat: Chilperich hebt ihr Heimfallsrecht auf.[5]) Offenbar sind diese vicini keine bloßen Nachbarn im heutigen Sinne, sondern Leute, denen ein Recht am Grundbesitz der einzelnen Bauern des Dorfes zustand.

Ob die Lex Salica bloß eine Erbfolge der männlichen Deszendenten (Söhne und Enkel) kennt, wie Gierke behauptet („die männlichen Nachkommen, die Brüder sind"), dem auch eine Reihe anderer Forscher

---

[1]) Vgl. Monnier, Nouv. Rev. XVI, S. 130, 654.

[2]) Man hat nun allerdings den Einwand erhoben, daß in den zahlreichen Verkaufs- und Schenkungsurkunden nirgends vom Zustimmungs- oder Widerspruchsrecht der vicini die Rede sei (v. Inama I, 2. Aufl., S. 102f.; Schotte S. 25; Rübel S. 170); doch ist hierbei zu berücksichtigen, daß in der Öffentlichkeit der Veräußerung (in loco publice) eine stillschweigende Zustimmung der Markgenossen lag, denn jeder von ihnen hatte doch die Möglichkeit das Einspruchsrecht auszuüben. Außerdem ist ja in die Traditionsurkunden (s. dar. Dopsch, Karolinger I, S. 185ff.) nur das Allerwichtigste eingetragen worden, die gerichtlichen Formalitäten interessierten den Schreiber nicht (Wopfner, Mitt. XXXIV, S. 19; Weimann S. 71f.; Stäbler S. 737f.).

[3]) De terra vero nulla in muliere hereditas non pertinebit, sed ad virilem sexum qui fratres fuerint tota terra pertineat (C. 59).

[4]) Simili modu placuit atque convenit, ut quicumque vicinos habens aut filios aut filias post obitum suum superstius fuerit, quamdiu filii advixerint, terra habeant, sicut et lex Salica habet. Et si subito filios defuncti fuerint filia modo accipiant terras ipsas, sicut et filii si vivi fuissent aut habuissent. Et si moritur, frater alter superstius fuerit, frater terras accipiant non vicini. Et subito frater moriens, frater non derelinquerit superstitem, tunc soror ad terra ipsa accedat possidenda (Capit. V).

[5]) Denn, wie man aus der Markulfschen Formelnsammlung ersehen kann, wurde die Ausschließung der Tochter als barbarisch angesehen (diuturna sed impia inter nos consuetudo tenetur ut de terra paterna sorores cum fratribus portionem non habeant). Vgl. Dareste, Etudes d'histoire du droit S. 414.

beigetreten sind[1]), oder schon damals der Heimfall erst dann eintrat, wenn auch keine Brüder des Erblassers vorhanden waren, wie Bethmann-Hollweg, Geffcken, Dareste, die Stelle auffassen[2]), jedenfalls wird von der überwiegenden Mehrzahl der Forscher anerkannt, daß es sich hier um ein Heimfallsrecht der Vicini handelt, die einen Verband darstellen, eine Bauernschaft, Dorfgenossenschaft, Markgemeinde, durch deren Rechte das Erbrecht der Verwandten eingeschränkt wird.[3]) Auch Inama gibt zu, daß daraus „wenigstens auf ein ursprüngliches Gesamteigentum geschlossen werden könnte". Die Idee des Sondereigens — sagt er — setzt sich immer mehr in den Anschauungen und Gewohnheiten des Volkes fest, doch „die Ausübung desselben unterlag jedenfalls weitgehenden Beschränkungen".[4])

Bloß Fustel de Coulanges will auch hier keine Spuren der Feldgemeinschaft vorhanden wissen, denn die vicini seien keine Markgenossen. Das Edikt erwähne nirgends, daß früher beim Fehlen von Söhnen die vicini den Grund und Boden geerbt hätten, und der Hinweis darauf, die vicini dürften sich in diesem Falle das Grundstück nicht aneignen, hätte den Zweck, etwaige Mißbräuche, die möglicherweise vorkommen könnten, zu verhüten. Dabei weiß er auch hier eigentlich keine eigene Erklärung an Stelle der herrschenden Ansicht zu setzen, denn die Worte: vicinos habens, — derjenige, welcher Nachbarn hat, seien ganz unklar: wer hat denn keine Nachbarn?[5]) Die Erklärung Gierkes, es hätte daneben auch Grundbesitzer gegeben, die keinem Nachbarverbande angehörten, deren Grundbesitz daher in keiner Agrargemeinschaft stand, im Gegensatz zu dem vicinos habens, der einem Gemeindeverbande angehörte, paßt ihm natürlich nicht. Glasson betont in seiner Kritik der Ausführungen von Fustel de Coulanges, es sei hier der elementare Grundsatz nicht beachtet worden, daß die Edikte ausschließlich die Abänderung der bestehenden Verhältnisse bezweckten, demnach die Worte „non vicini" nicht anders zu verstehen sind, als daß vordem die vicini als Erben auftraten. Dies wird ja auch durch die Lex Salica, die nur eine männliche Erbfolge kennt, hinreichend bestätigt.[6]) Auch andere Autoren — Thévenin, Schotte[7]), insbesondere aber Dopsch[8]) — haben angenommen, daß die vicini nur als Nachbarn im Wortsinne,

---

1) Gierke, Zeitschr. f. Rechtsgesch. XII, S. 436. Heusler, Instit. II, S. 574 (nach ihm bedeutet „ad virilem sexum qui fratres fuerint" es fällt vom Vater an die Söhne und unter diesen von Bruder an Bruder bis die Hausgemeinderschaft erloschen ist und damit der Heimfall an die Dorfgenossenschaft eintritt). Sybel, Königtum, 2. Aufl., S. 46ff. Esmein, Cours élém., 9. Aufl., S. 89. Brunner, Rechtsgesch. I, 2. Aufl., S. 281. Schröder, Franken S. 54. Lehrb., 6. Aufl., S. 224, 357. Halban S. 266ff. Glasson, Communaux. S. 47. Huber, Deutsch. Privatrecht. § 109.

2) Bethmann-Hollweg, Zivilproz. IV, S. 488, A. 43. Geffcken S. 270. Dareste S. 410.

3) Außer den Genannten s. auch Waitz, Verfassungsgesch. I, 3. Aufl., S. 135. v. Maurer, Einl. S. 8. Dorfverf. I, S. 325. Meitzen, Siedel. I, S. 588f. Thudichum, Gau- und Markverf. S. 184f. Lamprecht, Deutsch. Wirtsch. I, S. 43f. Glasson, Histoire III, S. 75ff. Viollet, Bibl. S. 492. v. Amira. Recht. 2. Aufl., S. 170. Wopfner, Mitt. d. Inst. XXXIV, S. 26, 46f., 734. Stäbler S. 699, 750. Brissaud I, S. 448. Kowalewsky I, S. 98f.

4) v. Inama I, 2. Aufl., S. 129, 133.

5) Fustel de Coulanges, L'alleu. S. 190f. Quest. hist. S. 33.

6) Glasson, Communaux. S. 44ff.

7) Thévenin S. 138. Schotte S. 27.

8) Dopsch, Mitt. XXXIV, S. 414ff.

d. h. örtlich, gedacht sind. Im Gegensatz zu Fustel de Coulanges erkennt jedoch Dopsch an, daß es sich hier um eine wichtige Änderung handelt, um die Abschaffung des Vicinenerbrechts, und daß es in der Tat auch Grundbesitzer gegeben haben müsse, die keine unmittelbaren Nachbarn gehabt hätten, da ja noch viel Ödland vorhanden war, das erst gerodet werden mußte. Die wirtschaftliche Hilfe, welche in jener Frühzeit der großen Kolonisationen die Nachbarn, insbes. bei dem Rodewerk, gewährten, mochte geradezu einen gewissen Anspruch derselben auf das also miterarbeitete Gut begründen und ihnen deshalb ein Erbrecht vor den Kollateralen gewähren. Freilich muß Dopsch schließlich doch zugeben, daß das (spätere) Nachbarrecht manches enthielt, besonders wirtschaftlich, was von der herrschenden Theorie als Gegenstand der Markgenossenschaft betrachtet wird. Wopfner antwortet darauf nun mit Recht, daß, wenn Dopsch unter „Nachbarrecht" jene Rechte begreift, die den Nachbarn im Sinne der spätmittelalterlichen Quellen zustanden, er ja der kritisierten älteren Lehre näher steht als er meint, denn diese „Nachbarn" sind ja vielfach nichts anders als die Markgenossen im Sinne unseres heutigen wissenschaftlichen Sprachgebrauches.[1]) Auch das Vicinenerbrecht möchte Dopsch mit der eben erwähnten römisch-griechischen προτίμησις in Zusammenhang bringen.[2]) Demgegenüber ist auch hier zu betonen, daß es sich im Edikt um ein Erbrecht, nicht um ein Vorkaufsrecht (oder ein Recht der Nichtzulassung zum Kaufe) handelt, und daß dieses Recht sich nicht auf Grundlage der ἐπιβολή, sondern aus ganz anderen Verhältnissen entwickelt hat.[3])

Auch sonst finden sich in der frühfränkischen Zeit Spuren des Gemeindeeigentums an Grund und Boden. Wir wollen hier nicht auf die in den Quellen vorkommenden Ausdrücke, wie marca, communia, commarcani, consortes hinweisen, die, wie man heutigestags vielfach zugibt, keineswegs immer eine Mark bzw. Markgenossen bedeuten[4]), ebensowenig darauf, daß die Bezeichnungen dominus, alienus, suus (extra consilium domini, prato alieno, in messe sua) in der Lex Salica und anderwärts nicht in dem Sinne gemeint sind, den sie im justinianischen Recht haben, nicht als Sondereigentum[5]), sondern nur als Eigentum einer anderen Gemeinde bzw. als Nutzungsrecht einer anderen Person zu verstehen sind.[6]) Auch die Frage, inwieweit man aus den Ortsnamenendungen auf „ing" bzw. „ingen", auf „heim", „weiler", eine ursprüngliche genossenschaftliche Siedelung (Gesamteigen) annehmen darf, ist strittig.[7]) Dagegen ist zu berücksichtigen, daß auch die Lex Ribuaria in ihrem ältesten Teil, aus dem Anfang des 6. Jahrhunderts über den Rechtsstreit um Grundeigentum nichts aussagt.[8]) Der ältere Text der Lex Visigothorum erwähnt ebenfalls als Güter, die veräußert werden können, nur

---

[1]) Wopfner, Mitt. S. 734.

[2]) Dopsch, Grundlagen I, 2. Aufl., S. 86, 364f.

[3]) Vgl. Wopfner, Viert. S. 50. Koetzschke, Allg. Wirtsch.-Gesch. S. 216. Ernst Mayer, Zeitschr. f. Sav.-St. G. A. 1924, S. 66 A.

[4]) Vgl. Waitz II, 1, 3. Aufl., S. 397, A. 4. Wopfner, Mitt. XXXIV, S. 3. Dopsch, Karolinger I, S. 347, 354. Anders v. Maurer, Einl. 45.

[5]) So v. Inama I, S. 96f. Waitz II, 3. Aufl., S. 91. Fustel de Coulanges, L'alleu. S. 101ff.

[6]) Halban I, S. 245ff., 282. Kowalewsky I, Cap. 3. Vgl. Geffcken S. 174.

[7]) S. dar. Dopsch, Grundl. I, 2. Aufl., Kap. IV. Riezler, Gesch. Bayerns I. u. Sitzungsber. d. bayer. Akad. 1920. Lennard s. v. Engl. Siedlungswes. in Hoops, Reallex. Weller im Württ. Viertj. III.

[8]) v. Bethmann-Hollweg IV, S. 489f.

Sklaven und Vieh[1]), während in einem späteren Text auch Land hinzukommt.[2]) Im Zusammenhang damit durfte auch nach langobardischem Recht (Ed. Rothari) nur das Inventar des Grundstücks, Sklaven, Vieh, gepfändet werden, dagegen nicht der Grund und Boden selbst.[3]) Ferner wird in der Lex Alamannorum (Tit. 81) der Streit über die Flurgrenze zweier Dörfer noch als Angelegenheit der beiden Gemeinden (genealogiae) betrachtet, während die einzelnen Interessenten am Grenzprozeß keinen Teil haben.[4]) [5])

Mit der Ausbildung der Grundherrschaft ist die Markgenossenschaft keineswegs verschwunden. Es gab auch später freie Markgenossenschaften, die von der Grundherrschaft unabhängig waren und die in der Allmendenutzung sich frei bewegen konnten, doch auch soweit es sich um abhängige Gemeinden (wie v. Below sie nennt) handelt, ist ihre Autonomie durch den Grundherrn als Obermärker nur eingeschränkt; die Rodung im Gemeindeland kann nur mit seiner Zustimmung vorgenommen werden. Auch ist er zu einer stärkeren Nutzung der Allmende berechtigt als die übrigen Gemeindegenossen. Doch ist damit die Markgenossenschaft noch gar nicht aufgehoben, den grundherrlichen Einfluß darf man nicht überschätzen. Vor allem an der Dorfverfassung als einer Wirtschaftsgemeinde hat die Grundherrschaft nicht viel geändert; für die wirtschaftliche Tätigkeit der Bauernschaften insbesondere war es prinzipiell unerheblich, ob sie unter einem Grundherrn standen oder nicht.[6]) Und zwar regelten sie nicht bloß die Nutzung der gemeinen Mark, der Allmende (Wald, Weide, Heide, Gewässer), sondern auch den Ackerbau, was insbesondere mit dem Aufkommen der Dreifelderwirtschaft, deren Vorhandensein für das 8. Jahrhundert bereits urkundlich bezeugt ist[7]), eine große Bedeutung erlangt haben mußte. Die einzelnen konnten das

---

[1]) Sive mancipia seu quodlibet animalium genus venditur.

[2]) Seu res aliquae sive terrae vel mancipia vel quodlibet animalium genus venditur. (Vgl. Viollet, Bibl. S. 494.)

[3]) Nulli leceat pro quolebit debitum casa ordinata tributaria loco pigneris tollere nisi servûs, ancillas, vaccas, pecoras. (Ed. Roth 252 vgl. 245. MG. LL. IV, S. 60f.)

[4]) Schröder 6. Aufl., S. 223. Brunner I, 2. Aufl., S. 117. Dopsch, Grundl. I, 2. Aufl., S. 263. Hübner, Privatrecht. § 16.

[5]) Im Diplom von 815 (Codex dipl. allemann. I, Nr. 282) werden „anales terras“ genannt, die v. Maurer (er liest annales) als Ländereien bezeichnet, welche der jährlichen Verteilung unterlagen. (Einl. 8. Ebenso Glasson, Instit. III, S. 72.) Wenig stichhaltig sind dagegen die Einwendungen von Fustel de Coulanges (Alleu S. 181f., Questions S. 34f.) und dessen Vorschlag areales oder ariales zu lesen.

[6]) v. Below, Entstehung d. deutsch. Stadtgem. S. 3, 10, 17. Heusler, Instit. I, S. 285f. Max Weber, Jahrb. f. Nat.-Oek. Stäbler S. 733f. Dopsch, Karolinger I, S. 337. Varrentrapp S. 45. Wopfner, Mitteil. XXXIII, S. 602; XXXIV, S. 1ff. Weimann, Mark- u. Walderbengenoss. S. 24ff.

[7]) A. 765: in mense junio brachare id terum (Hoops s. v. Ackerbau, Reallex. d. deutsch. Altert. I, 1911). A. 771: de terrae araturia 27 iurnales in tribus locis sitos (Cod. Laouresham. Nr. 662). Hanssen I, S. 154. Meitzen, Siedel. I, S. 461, 614. Weimann S. 42f.

Ackerland nur nutzen, wenn sie sich den Bestimmungen der Gemeinschaft unterordneten, daher Flurzwang, der durch die Zusammensetzung des Eigentums aus mehreren, in verschiedenen Gewannen liegenden Einzelteilen bedingt wird.[1]) Das Weiderecht erstreckte sich nämlich — wie man aus den Volksrechten ersieht — nicht bloß auf Gemeindewaldungen und Weiden[2]); nach der Ernte wurde es auch auf Felder und Wiesen ausgeübt (wenn sie frei von Früchten und für jedermann offen sind, campi aperti et vacantes)[3]); ut pascua communia in agris habeamus, wie es in einem Dipl. von 849 heißt.[4]) Bis zur Erntezeit ist ihre Beweidnng verboten (defension tempore — Bannzeit)[5]), Gemengelage und Flurzwang, ebenso wie Überfahrtsrechte und Weiderechte setzen eine Markverfassung voraus.[6])

Bei den Angelsachsen werden nach Ines Gesetzen nach der Ernte die Zäune fortgeschafft und alle Bauern können ihr Vieh gemeinsam weiden. Das Land liegt im Gemengelage unter Flurzwang. Nur jedes Gewann (Schlag, Zelge) wird allseitig umzäunt, während jeder Acker vom Nachbaracker nur durch einen Rain getrennt ist. Es handelt sich dabei — wie Liebermann betont — um ein genossenschaftliches Freidorf ohne Gutsherren und um Zäunen des Feldes kraft genossenschaftlicher Anordnung. „Die Bauern umzäunen gemeinschaftlich gegen das Weidevieh Ackerflur und Wiese (weder ein Herrschaftsbefehl noch die Teilnahme einer Domäne ist erwähnt). Wer den ihm obliegenden Zaunteil nicht herstellt, haftet den anderen Bauern für den Flurschaden durch dorther eingedrungenes Vieh (er zahlt nicht etwa einem Gutsherrn Strafe): dieses pfänden die Nachbarn (nicht etwa mit obrigkeitlicher Genehmigung)".[7]) Daß einer Gemeinde auch Saatflur gehörte, folgt — nach Liebermann — daraus, daß im Domesday-Book (II, 24) Äcker an die Kirche von den vicini geschenkt werden.[8])

Auch in den späteren Quellen erscheinen Spuren des Obereigentums der Sippe am Grund und Boden. So wenn die Sippe um Land verklagt und durch drei Männer vertreten wird (Urkunde v. 895), oder wenn über das Land (Volkland) nicht testiert werden kann ohne Einwilligung des Königs und der Sippe (Urkunden 871, 889, 996—1006). Die Sippe besitzt ein Einspruchsrecht gegen Veräußerung von Land an Fremde (Urk. 798, 972—992). Doch wenn der Besitzer durch Armut dazu gezwungen ist, sein Land zu veräußern und die Sippe ihm dasselbe nicht abkaufen will, so kann sie dem nicht widersprechen, daß das Land an Dritte übergeht. Selbst

[1]) Gemengelage im 9. Jahrhundert: Döring, Beitr. z. ältest. Gesch. d. Bistums Metz (1886) S. 24. Bitterauf, Tradit. d. Hochstifts Freising I, Nr. 546, Einl. S. 86. S. dar. Stäbler, Neues Archiv (1914) S. 702ff.

[2]) L. Burg. add. I, l. c. 6. L. Wisig. VIII 4, c. 27; 5, c. 2 (Maurer, Einl. S. 150).

[3]) L. Wisig. VIII, 3, c. 9, 4, c. 26. 5, c. 2, 5 (Maurer, ibid.).

[4]) Neugard, Cod. dipl. I, 263.

[5]) Nemo alterius erbam defensionis tempore tollere praesumat (Brev. missor. Aquitan. a. 789, c. 18, Capit. N 24, I, S. 66). Si messes vel prata defensionis tempore devastaverint (Cap. Haristall. c. 17, I, S. 51). Vgl. Capit. singill. trad. Hlotar vel Hludow II. adscr. n. 3 (II, S. 97.).

[6]) Vgl. auch den interessanten Versuch Stäblers (N. Archiv S. 700ff.) aus den Weistümern des späteren Mittelalters die Einzelzüge herauszulesen, welche der ältesten Zeit angehören, und auf diese Weise die Tätigkeit der fränkischen Markgenossenschaft zu rekonstruieren.

[7]) Liebermann, Gesetze der Angelsachsen II, 2 (1912) s. v. Bauern (S. 277f.) Gemeinheit (S. 443f.).

[8]) Ibid. S. 443.

„ererbtes Land konnte wahrscheinlich nur dann ohne Beistimmung der Sippe unter Lebenden veräußert oder von Todes wegen vermacht werden, wenn es zum Bocland umgewandelt ward, d. h. durch Königsurkunde verbrieftes Land geworden war“.[1][2]

Das Sondereigentum an der Ackerflur wie an Haus und Hof mit den Pertinenzen, dem Anteil am ungeteilt verbliebenen Ödlande, an Heide, Wald, Weide, sowie Gewässern, bildet den mansus (mansa, meix mois, mas) oder die Hufe (hoba, huoba, huba). Die Hufe, als Bezeichnung seit Mitte des 7. Jahrhunderts gebräuchlich, hängt mit „haben“ zusammen, d. i. das, was einer hat, besitzt, oder mit „Behuf“, d. h. was jemand zukommt, der Anteil, das Anrecht, sein Los (dem entspricht lat. sors, pars, portio, auch accepta). Nach Waitz ist die Hufe der Komplex von Land und dazu gehörigen Rechten, den „regelmäßig der einzelne hat und dessen er für seine Bedürfnisse als Landbauer bedarf.“ Es ist dasjenige Land, das mit einem Pfluge bestellt werden kann und demnach der Arbeitskraft einer Familie entspricht, zugleic haber auch „ihn und die seinen ausreichend, wie es die Gewohnheit forderte, zu ernähren imstande ist“. Die Hufe ist demnach kein festes Maß, sie gehört in dieselbe Kategorie wie der Morgen, der einen Teil einer Hufe bildet, und der ursprünglich nichts weiter bedeutet als eine Fläche, die an einem Morgen gepflügt werden kann; oder wie das Tagwerk — jurnale, iugerum, d. i. der Acker, der an einem Tage (bis Mittag) bestellt wird. Alle diese Maße sind von der bebauten Fläche (oder auch von der Aussaat) hergenommen, konnten deswegen je nach der Gegend etwas Verschiedenes bedeuten, während sie für den einzelnen Ort (Dorf) ein gleiches nach dem Herkommen bestimmtes Maß darstellten. Demgemäß werden die Hufen auch in einer verschiedenen Anzahl von Morgen oder Jochen ausgedrückt (20, 30, 40, doch auch 160 Morgen), die ja ebenfalls in ihrer Größe von Ort zu Ort wechselten.[3]) Da der Begriff der Hufe für die einzelnen Gegenden auf dem Herkommen beruhte und darunter ein (für die betreffende Gegend) allgemein bekanntes Ausmaß verstanden wurde, so konnte die Hufe auch zur Steuereinheit werden, wie zur Belastungseinheit für die grundherrlichen Zinse und Dienste; doch verstand man darunter auch eine Bauernstelle überhaupt. Dabei konnte bereits der Bauer auch mehrere Hufen besitzen: in den Traditionen kommen nämlich Inhaber mehrerer Hufen vor und bei der Regelung des Heerbannes wird der Besitz von

---

1) Liebermann, s.v. Bocland (S. 325f.), Erbgang (S. 390), Vorkaufsrecht (S. 723f.). Vgl. Vinogradoff, Growth of the Manor, 143f., 175, 208f. Brentano, Wirtsch. Entw. Englands I, 93f. 100.

2) Über Gemeineigentum bei den Kelten s. die Schriften von Skene (Celtic Scotland), D' Arbois de Jubainville (Recherches sur l'origine de la propriété foncière und Etudes sur le droit celtique), Vinogradoff (Growth of the Manor), Brentano (Wirtsch. Entwickl. Englands I).

3) Müllenhoff, Deutsch. Alt. IV, S. 369. Hanssen, Agrarhist. Abh. II, S. 179ff. v. Maurer, Einl. S. 129f. Waitz, Abh. zur deutsch. Verf.-Gesch. S. 133ff. Ders., Verf.-Gesch. I, 3. Aufl., S. 120. Meitzen, Siedelungen I, S. 72ff., 532f. Ders., Volkshufe und Königshufe (Festgabe für Hanssen). Dopsch, Karol. I, S. 314f. Koetzschke, Allg. Wirtsch.-Gesch. S. 260ff. v. Below, Probl. d. Wirtschaftsgesch. S. 28. Schröder 6. Aufl., S. 221.

mehreren Hufen bei dem Pflichtigen zum Ausgangspunkt genommen. Andrerseits konnte der Besitz auch weniger als eine Hufe ausmachen (z. B. der Besitz der Kötter), da die Hufen teilbar waren.[1] [2]

Kapitel 3.

Die Lehre vom ursprünglichen Gemeineigentum.

Die Theorie vom ursprünglichen Gesamteigentum bei den Germanen (Theorie der Feldgemeinschaft, der Markgenossenschaft)[3] ist durch die Untersuchungen des dänischen Feldmessers (später Professor und Mitglied der Akademie der Wissenschaften) Oluffsen angebahnt worden (seine Vorträge gehören d. J. 1821 an), der bei den, von ihm zahlreich vorgenommenen Flurvermessungen in Dänemark, überall für die Vorzeit geschlossene Dörfer vorfand, wobei der Grund und Boden Gesamtbesitz eines jeden Dorfes war und in eine bestimmte Anzahl untereinander gleich großer Hufen zerfiel; das Feldareal wurde von Zeit zu Zeit neu vermessen, und durch Losen von neuem aufgeteilt.[4] Auf seine Entdeckungen machte nun 1835 und 1837 Hanssen aufmerksam, der die Angaben Oluffsens durch seine eigenen Untersuchungen über die sog. Gehöferschaften im Trierschen bereicherte. Er stellte hier fest, daß die Dorffluren seit alter Zeit periodisch in Gewanne eingeteilt und

---

[1]) v. Maurer, Einl. S. 212. Meitzen, Siedel. S. 74. Dopsch, Karol. I, S. 305ff. Koetzschke, Allgem. Wirtsch.Gesch. S. 260f. Wittich, Grundherrsch. S. 120. Ders., Zeitschr. d. Sav.-St. S. 260f. Gutmann, 38ff. Über d. Hufe vgl. auch Reichel, Hufenverfass. zur Zeit d. Karol. 1907. Crome, Hof und Hufe. 1901. Rietschel, Unters. z. Gesch. d. germ. Hundertschaft. 1907. Caro, Die Hufe; Deutsch. Geschichtsbl. IV. 1903. Rhamm, Die Großhufen d. Nordgerm. 1905. v. Inama, Wirtschaftsgesch. I. Lamprecht, Deut. Wirtsch.-L. I. Brunner I, 2. Aufl., S. 284f. Nach Wittich, Knapp (Grundherrsch. u. Rittergut), Caro, Reichel soll die Hufe erst eine grundherrliche Schöpfung gewesen sein, während die ältere Theorie (v. Maurer, Guérard, v. Inama, Brunner) sie als Anteil der einzelnen gleichberechtigten Freien an Grund und Boden auffaßte und von der Gleichheit der Anteile ausging. Zu beiden Ansichten nimmt Dopsch, Karolinger I, S. 301ff., Stellung. Vgl. Stutz, Zeitschr. d. Savigny-Stift. für Rechtsg. G. A. XXXIX.

Dopsch (Grundl. I, 2. Aufl., S. 352) und Kötzschke (Allgem. Wirtsch.-Gesch. S. 262) weisen auf den Zusammenhang der Hufe mit der römischen Bezeichnung „accepta" hin, die den Anteil bei der Zuweisung von Ländereien bezeichnete. Doch gibt Dopsch zu, daß auch ein von der römischen unabhängiger Ursprung dieser Bezeichnung angenommen werden kann, da sie eben in dem Wesen der Sache natürlich begründet erscheint.

[2]) Von gleicher Art, wie die Hufe, war auch die angelsächsische Hide (hida), die ebenfalls je nach dem Gebiete eine verschiedene Anzahl von acres aufweist, welche wiederum in den einzelnen Grafschaften verschieden groß waren. Auch hier tritt sie als Steuereinheit auf. Vinogradoff S. 151, 155f., 160ff. Dopsch, Karol. I, S. 314, 316, 319. Vgl. Rhamm, Großhufen. S. 175, 189, 242.

[3]) S. dar. Meitzen, Siedel. u. Agrarw. I, S. 20ff. Rachfahl, Jahrb. f. Nat.-Ök. S. 3ff. Fleischmann, Journ. f. Landw. 1911, S. 212ff. Wopfner, Mitt. d. Inst. XXXIII, S. 553ff. Dopsch, Grundl. I, 2. Aufl., S. 1ff. v. Below, Probleme. S. 1ff. Vinogradoff, Villainage in England, 25ff.

[4]) Vgl. Hanssen, Abh. I, S. 4ff., 68ff.

innerhalb jedes Gewannes den Berechtigten nach Maßgabe des Loses zum Anbau zugewiesen wurden. Hanssen behauptete nun, die älteste Form des Eigentums an Grund und Boden sei bei den Germanen die Feldgemeinschaft (Markverfassung) gewesen; der einzelne war nur Nutznießer seiner Ackerländereien, während der Gemeinde das Eigentumsrecht an der ganzen Feldmark zustand. v. Haxthausen, der bereits 1829 bei seinen Studien über die westfälische Agrarverfassung zu einer ähnlichen Auffassung über die älteste Gestaltung des bäuerlichen Grundbesitzrechts gelangt war, wie Oluffsen für Dänemark[1]), und der 1834 Rußland bereiste, machte dann auf den russischen Gemeindebesitz an Grund und Boden mit periodischer Landverteilung aufmerksam.[2]) Auf Grund dieses Tatsachenmaterials sowie anderer aus den verschiedensten Gegenden Europas und anderer Erdteile beigebrachter Beispiele wurde nun die Lehre vom ursprünglichen Gesamteigentum bei den Germanen verallgemeinert und als eine für alle Völker gültige Stufe in der Geschichte des Grundeigentums aufgefaßt. Es handelt sich hier — nach Roscher — „um ein allgemeines soziales Prinzip, um eine Kulturstufe zwischen Nomadentum und fester Ansiedlung mit Privateigentum". Roscher (1850), Sumner Maine (1861), Laveleye (1872) und Morgan (1877) haben diesen Gedanken ausgeführt, während Maurer (1854), nicht bloß spätere deutsche Quellen (Weistümer) benutzend, sondern ebenfalls auf ausländische Analogien verweisend, die Theorie von der deutschen Markgenossenschaft eingehend zu begründen suchte.

Die Lehre vom ursprünglichen Gemeindeeigentum wurde allgemein angenommen, zu einem Dogma der Rechts- und Wirtschaftsgeschichte und der Soziologie erhoben. Die hervorragendsten Historiker und Rechtshistoriker aller Länder haben das Gemeindeeigentum „als eine urgeschichtliche Institution von allgemeiner Verbreitung" angenommen. Andere sind freilich nicht so weit gegangen, doch haben sie sich jedenfalls für Anhänger der markgenossenschaftlichen Theorie Hanssens und Maurers erklärt. Wir nennen hier nur Gierke, Lamprecht, Brunner, Schröder, Glasson, Viollet, Esmein, Garçonnet, Vinogradoff, Kowalewsky. Auch Waitz, Inama-Sternegg, Meitzen, die sich viel vorsichtiger ausdrückten, konnten schließlich die Möglichkeit eines gewissen Obereigentums der Mark nicht bestreiten.

Erst in den 80er Jahren des vorigen Jahrhunderts sind Denman-Ross, Thévenin, insbesondere aber Fustel de Coulanges der herrschenden Lehre entgegengetreten, dann R. Hildebrand, Wittich, Rübel, Schotte und vor allem Dopsch. Dagegen verfechten auch jetzt, trotz der von den Genannten beigebrachten Einwendungen, die alte Lehre von der deutschen Markgenossenschaft (wenn auch nicht mehr die Idee von einem Universalgesetz in der Entwicklung der Grund-

---

[1]) Haxthausen, Über d. Agrarverf. in d. Fürstbistümern Paderborn und Corvey. 1829.

[2]) Ders., Studien über die inneren Zustände, das Volksleben und insbesondere die ländlichen Einrichtungen Rußlands I—III, 1847—1852.

eigentumsformen) Brentano, v. Below, Hübner, Brissaud, Varrentrapp, Wopfner, Stäbler, auch Koetzschke u. a.

Nun ist ja nicht zu leugnen, daß manche Bausteine aus dem anfangs so stattlich aufgeführten Bau herausgefallen sind; so die Trierer Gehöferschaften und die Siegener Hauberggenossenschaften (die sich, nach den Untersuchungen von Lamprecht und Philippi, als Einrichtungen aus späterer Zeit erwiesen haben).[1]) Es ist ferner gezeigt worden, daß die Bezeichnungen marca, communia usw. eine verschiedene Bedeutung besitzen.[2]) Auch über die Endungen in den Ortschaftsnamen, die die dorfweise Siedelung bezeugen sollten, sind die Philologen nicht mehr einig.[3]) Endlich sind mit Recht Analogieschlüsse auf Grund von Nachrichten über das Eigentumsrecht bei anderen Völkern zurückgewiesen worden.[4]) Und doch wird man, eben wenn man von den Angaben der unmittelbaren Quellen, den Berichten der Römer, den Volksrechten und anderen fränkischen und angelsächsischen Denkmälern ausgeht, trotz mancherlei Unklarheiten und Zweifel, zugeben müssen, daß weder in den Angaben der römischen Schriftsteller, noch in den fränkischen Volksrechten ein wirkliches Sondereigentum an Grund und Boden (mit Ausnahme von Haus- und Hofstätte) bestanden zu haben scheint. Vielmehr dürfte bei Cäsar und Tacitus bloß Sondernutzung zu finden sein. Daraus bildet sich freilich später ein Privateigentum an Grundstücken aus, das jedoch von dem römisch-rechtlichen Eigentumsbegriff noch weit entfernt ist, vielmehr Verfügungsbeschränkungen aufweist, die wohl nicht anders, als ein gewisses Obereigentumsrecht einer Gesamtheit und als Überreste des Gemeindeeigentums aufgefaßt werden können. Die Tatsache, daß daneben auch auf dem von den Germanen besetzten Lande vollständiges Sondereigen an Grund und Boden — zum Teil wohl unter römischem Einflusse — bereits früh vorhanden war, steht hierzu keinesfalls in Widerspruch.

Fleischmann und Dopsch haben neuerdings, neben anderen von ihnen gemachten Einwendungen, noch den Umstand hervorgehoben, die Vorstellung von einer markgenossenschaftlichen Wirtschaft freier Bauern sei an sich ganz unmöglich. Nach Fleischmann wären Feldgemeinschaft und Flurzwang nicht zum Vorteil des einzelnen Bauern bestimmt gewesen, sondern sie hätten dazu gedient, die Bauernarbeit in den Dienst weitumfassender Zwecke, in den Dienst anderer Stände und der Allgemeinheit zu stellen. „Trifft dies zu — fährt Fleischmann fort — so ist es ausgeschlossen, daß die Dreifelderwirtschaft von freien Bauern, die ihre Kraft und ihr Können in freier Entfaltung für sich zur Geltung bringen durften, erfunden und eingerichtet wurde.“ Sie erscheint vielmehr als eine auf den Nutzen großer Grundherrschaften abzielende Einrichtung.[5]) Dopsch fügt dem hinzu, solche Zustände hätten eine Bindung und Behinderung freier wirtschaftlicher Betätigung in jeder Hinsicht zu bedeuten: bei der Ansiedelung selbst, bei der Auswahl

---

[1]) Lamprecht, D. Wirtsch.-L. I, S. 442ff. Vgl. Rörig, Entst. d. Landeshoheit des Trierer Erzbischofs. S. 70ff. Philippi, Siegener Urk.-Buch I, Einl.

[2]) S. oben S. 25.

[3]) S. oben S. 25.

[4]) v. Below, Probleme. S. 19ff. Dopsch, Grundl. I, 2. Aufl., S. 39ff.

[5]) Fleischmann, Journ. f. Landwirtsch. LIX (1911), S. 227.

und Einrichtung der einzelnen Hufe, wie im Wirtschaftsbetrieb (Flurzwang!) und schließlich in der Möglichkeit einer Erweiterung und Ausdehnung desselben. Innerhalb eines Wirtschaftsverbandes gleichberechtigter freier Leute wäre diese Form nichts anderes gewesen als eine Prämie für die ökonomische Rückständigkeit und Minderwertigkeit.[1])

Doch wird man wohl kaum Einrichtungen und Gebräuche vergangener Zeiten vom Standpunkte ihrer Rationalität betrachten dürfen. Vieles, was uns heutzutage als unzweckmäßig, schädlich, ja unsinnig erscheint, wurde von den Zeitgenossen ganz anders aufgefaßt. Man könnte eine ganze Reihe von Wirtschaftsinstituten anführen, die nach unserer Ansicht dem Interesse vieler unter den Beteiligten zweifelsohne widersprachen und doch von ihnen selber ins Leben gerufen und jahrhundertelang beibehalten wurden. Um unter vielen nur eins zu nennen, wollen wir die Zunftverfassung erwähnen. Denn für sie trifft gerade das zu, was Fleischmann und Dopsch als für die Markgenossenschaft (Feldgemeinschaft) charakteristisch hinstellen. Auch die Zunftordnungen brachten „Bindungen und Behinderungen der freien wirtschaftlichen Betätigung“ in großer Anzahl. Der Zunftmeister konnte nur das betreffende Handwerk betreiben, er durfte nicht in den Bereich seiner Tätigkeit auch andere angrenzende Gewerbe hereinziehen, er sollte nur bestimmte Werkzeuge benutzen, keine neuen Gerätschaften, auch keine besseren Produktionsweisen anwenden, seinen Betrieb durfte er nicht ausdehnen, denn die Anzahl der Gesellen und Lehrlinge, die jeder Meister halten konnte, war fest begrenzt u. a. m. Wenn Dopsch behauptet, daß die Markgenossenschaft nichts anderes gewesen wäre „als eine Prämie für die ökonomische Rückständigkeit und Minderwertigkeit“, so ist ganz dasselbe in bezug auf das Zunftwesen zu sagen, denn auch hier war jeder Fortschritt, jede Erfindungstätigkeit, jede Verbesserung der Produktionsverhältnisse ausgeschlossen. Die Feldgemeinschaft soll von der Grundherrschaft in ihrem Interesse ausgebildet worden sein. Wie war es aber mit dem Zunftwesen? Ist es nicht von freien Handwerkern geschaffen und haben nicht eben die freien Handwerker bis zur letzten Stunde für seine Beibehaltung gekämpft, selbst dann, als es sich bereits überlebt hatte? Die Feldgemeinschaft wie das Zunftwesen zogen freilich dem Strebsamen und Unternehmenden enge Schranken, doch dem Interesse des Durchschnittsbauern und des Massenhandwerkers waren sie vollkommen angepaßt, die sich dabei gar nicht behindert fühlten, vielmehr gerade die wenigen vorwärtsstrebenden, hintanzuhalten suchten. Den meisten Genossen bot Markgenossenschaft wie Zunft eine Rückendeckung, die freilich nicht ewig andauern konnte; schließlich verloren die Mitglieder mit der Änderung der wirtschaftlichen Verhältnisse hier wie dort ihre ökonomische Selbständigkeit. Doch das erlaubt in keiner Weise, die Bedeutung beider Einrichtungen zu unterschätzen.

Kapitel 4.

Das Aufkommen und die Entwicklung der Grundherrschaft.

Das wichtigste Element frühmittelalterlicher Agrarverfassung ist die Grundherrschaft.

In Rom kommt größerer Grundbesitz neben mittlerem und Kleingrundbesitz schon früh auf, und das von Cato (um die Mitte des 2. Jahrhunderts v. Chr.) beschriebene Gut scheint bereits von erheblichem Umfang gewesen zu sein. Es wurde von Gutssklaven (familia rustica) bebaut, an deren Spitze der villicus, ebenfalls ein Sklave, stand; ihm waren die Pflüger (bubulci), Eseltreiber und Schweinehirten untergeordnet. Wer jedoch — wie Mommsen betont — sich einen größeren Grundbesitz

[1]) Dopsch, Grundlagen I, 2. Aufl., S. 84f.

erwerben wollte, vergrößerte nicht sein Gut, sondern erwarb mehrere Güter. Was aber noch wichtiger war — die Bauernwirtschaft war von der des Gutsbesitzers ihrem Artcharakter nach nicht verschieden, bloß der Maßstab war dort kleiner, der Eigentümer selbst und seine Kinder arbeiteten mit den Sklaven zusammen. Im letzten Jahrhundert der Republik und zu Beginn des Kaiserreichs, d. i. eben in jener Periode, in welche der größte wirtschaftliche Aufschwung Roms fällt, wurde dies anders. Der Großgrundbesitz nahm an Umfang zu, seine Bedeutung im Wirtschaftsleben weist ein stetiges Wachstum auf, auch seine Organisation wurde viel komplizierter, als sie es ehedem gewesen. Nannte man zur Zeit Catos schon ein Gut von 200 Jugera Großgrundbesitz, so wurde im 1. Jahrhundert v. Chr. erst ein Besitztum von 1000 Jugera darunter verstanden und Columellas (1. Jahrhundert n. Chr.) Gut von 1500 Jugera (ca. 400 ha) galt nur als ein mittelgroßes. Bald bildeten sich, sowohl in Italien, als überall in den Provinzen (Afrika, Kleinasien, Sizilien, Sardinien, Gallien) Latifundien aus, der Großgrundbesitz wird zur herrschenden Besitzart, umfangreiche, von Sklaven unter Aufsicht des villicus bebaute Ländereien werden in wenigen Händen vereinigt. Freilich hat sich zum Teil auch der Kleinbesitz, die Bauernwirtschaft erhalten, doch muß sie gegenüber dem Überhandnehmen der Latifundien in ihrer Bedeutung erheblich zurückgetreten sein.[1])

Bei Horaz lesen wir in zahlreichen Dichtungen von Besitzern umfangreicher Fluren, vielköpfiger Schafherden, großer, von der Fülle des Weins strotzender Keller. Die Latifundien sind dem Dichter etwas Wohlbekanntes, Geläufiges, sie bieten ihm die passenden Vergleiche und Antithesen.[2]) So wird die „fette Saat aus sardinischen Fruchtgefilden, das stattliche Hornvieh des schwülen Kalabriens, die Äcker, die der stille Liris naget[3]), ebenso wie Indiens Gold und Elfenbein und die goldenen Pokale, aus denen der reiche Kaufmann schlürft, dem einfachen Leben des Dichters gegenübergestellt, der sich mit Oliven, Salat und leichter Malve begnügt. Derselbe Kontrast findet sich in einer Ode an Mäcenas, wo der Dichter sich bei seinem kleinen Acker und hellrinnenden Bach glücklicher fühlt, als wenn er in

---

[1]) Mommsen, Röm. Gesch. I, 6. Aufl., S. 441f., 827ff., 834. Ders., Die ital. Bodenteilung u. d. Alimentartafeln (Ges. Schrift. V). Gummerus, Der röm. Gutsbetrieb. S. 17ff., 79ff. Max Weber s. v. Agrargesch. d. Altert. (Handw. d. Staatswiss. 3. A., Bd. I). Rostowzew, Kolonat (ibid. V, S. 917). Ders., Studien zur Gesch. d. röm. Kolonats (1910), S. 121ff., 285ff., 318ff. Ders., The Social and Economic History of the Roman Empire. 1926. Grevs, Stud. z. Gesch. d. röm. Grundbes. (russ.). S. 132ff., 178ff. Kromayer, Die wirtsch. Entw. Ital. im 2. u. 1. Jahrhundert v. Chr. (Neue Jahrb. f. klass. Altert. 1914, S. 149ff., 156ff.). Kornemann s. v. Bauernstand. Realenz. d. klass. Altertumswiss. Suppl.-Bd. IV. Carl, Die Agrarlehre Kolumellas. Viert. f. Soz.- u. W.-G. XIX, S. 24, 28, 32f.

[2]) S. Grevs, Stud. z. röm. Agrargesch. S. 134ff. Friedländer, Sittengesch. Roms I, 6. Aufl., S. 246.

[3]) Non opimae
Sardiniae segetes feraces
Non aestuosae grata Calabriae
Armenta, non aurum aut ebur Indicum
Non rura quae Liris quieta
Mordet aqua taciturnus amnis. Carm. I. 31, 3.

seiner Hand Alyattes Reich und das Mygdonerland vereinigt hätte.[1]) Er will keine Scheuern, in die durch emsiger Apulier Arbeit Getreide geschafft wird[2]), auch nach großen Viehherden und Weinstöcken hat er kein Verlangen. Im Gegensatz zu anderen wünscht er sich keine weiten Fluren, auf denen zahlreiche Stiere mit schwerem Pfluge sich abmühen, auch keine großen Viehherden, die er im Sommer aus dem heißen Kalabrien nach den Lucanertriften bringen lassen müßte.[3]) Ein gewisser Grosphus erscheint vor uns mit seinem großen Reichtum, mit seinen Besitzungen in Sizilien, wo ihn zahlreiche Herden feinwolliger Schafe und Kühe umbrüllen und Rennpferde anwiehern.[4]) In der Epistel an Julius Florus kommt ein anderer Großgrundbesitzer vor, der sich ein Gut für mehr als 300000 Sesterzien erworben hatte.[5]) Andere wieder kaufen Grundstücke in der Umgebung von Veji und Aricia[6]) auf, vereinigen Lucaner Waldungen mit denen Calabriens.[7]) Doch was nützt ihnen der große Reichtum, wenn der Tod sie doch ereilt! Auch sonst erwähnt der Dichter häufig Leute, die tausend Juger im Falernergebiet (Campanien) ihr eigen nennen können[8]), ausgedehnte Weinpflanzungen, große Getreidespeicher und Tausende von Fässern Falernerweins besitzen.[9]) Wir hören von Grundbesitzern, die in ihren Scheunen das gesamte Korn aufspeichern, das von den lybischen Feldern stammt.[10]) Ähnliche Bilder entrollen auch andere Dichter häufig vor unseren Augen. Auch sie zeichnen Latifundienbesitzer und Latifundienwirtschaften, Leute, die große Flächen Landes zusammenkaufen, um reiche Ernten einzuheimsen, reiche Grundbesitzer, die Crösus an Reichtum zu überflügeln suchen, deren Besitztümer so ausgedehnt sind, daß selbst der schnelle Geier sie kaum zu umfliegen vermag. Solche Schilderungen finden wir bei Tibull, Juvenal, Martial.[11]) Seneca behauptet, daß es manchem nicht genügt, wenn „sein Gutsverwalter Flächen Landes zu beiden Seiten des Adriatischen, Ionischen und Ägäischen Meeres beherrscht ... so breitet denn

---

[1]) Quam si Mygdoniis regnum Alyattei
Campis continuem ... Carm. III. 16, 41.

[2]) Quam si quidquid arat inpiger Appulus
Occultare meis dicerer horreis ... Carm. III. 16, 25.

[3]) Non ut iuvencis inligata pluribus
Aratra nitantur meis
Pecusve Calabris ante sidus fervidum
Lucana mutet pascuis Epod. 1, 25.

[4]) Te greges centum Siculaeque circum
Mugiunt vaccae, tibi tollit hinnitum
Apta quadrigis equa Carm. II. 16, 26.

[5]) Nempe modo esto
Paulatim mercares agrum fortasse trecentis
Aut etiam supra nummorum milibus emptum
Epist. II. 2, 163.

[6]) Emptor Aricini quoniam Vejentis et arvi
Epist. II. 2, 167.

[7]) Quid vici prosunt aut horrea? Quidve Callabris
Saltibus adiecti Lucani ... Epist. II. 2, 177.

[8]) Arat Falerni mille fundi iugera. Epod. 4, 13.

[9]) Carm. III. 1, 9; Sat. II. 3, 111, 115.

[10]) Illum si proprio condidit horreo
Quidquid de Libycis verritur areis. Carm. I. 1, 9.

[11]) Ut multo innumeram iugete pascat ovem praedator cupit immensos obsidere campos (Tibull. II, 3, 42f.); arvaque si findant pinguia mille oves (ibid. auch III, 3, 11). Juvenal., Sat. IX, 54ff. Martial. IV, 37, 4; V. 6 u. a. Columellae rei rustic. I, S. 3. Sallust, Catill. 12, 13. Quintil., Declam. XII, 2, 11. Vgl. Grevs S. 146ff.

eure Besitzungen immer weiter aus, mag Gut heißen, was früher Königreich genannt wurde".[1])

Viel seltener wird dagegen von den römischen Dichtern der Kleingrundbesitz erwähnt; bei Horaz eigentlich nur in der zweiten Epode, wo er den glücklich preist, der sein väterliches Feld mit eignen Stieren pflügt[2]), während in Ode 18 des zweiten Buches geschildert wird, wie der habsüchtige Großgrundbesitzer sich das Grundstück seines armen Nachbarn aneignet, indem er die Grenzsteine verrückt; die ganze Bauernfamilie wird auf diese Weise von der väterlichen Scholle verjagt.[3]) Ähnliche Bilder, die den Mißbrauch der Macht seitens der großen Grundbesitzer der Bauernschaft gegenüber schildern, sind auch bei anderen römischen Schriftstellern zu finden.[4])

Die Grundbedingung der römischen Plantagenwirtschaft war eine reichliche Sklavenzufuhr. Als jedoch, mit dem Aufhören der großen Kriege — seit Beginn der Kaiserzeit — das Angebot an Sklaven immer mehr abnahm, war auch die frühere Arbeitsverfassung unmöglich geworden. Die Großgrundherrschaft hat sich allerdings auch weiterhin erhalten, doch die Sklavenkolonnen mußten aufgelöst und der Übergang zum Pachtsystem vollzogen werden. Auch früher war Grund und Boden an Pächter (coloni) ausgetan worden, doch scheint dieses Wirtschaftssystem damals wohl eine Ausnahme gebildet zu haben und nur insofern angewandt worden sein, als es sich um vom Gutshof entfernter liegende Ländereien handelte, da es weniger vorteilhaft erschien, dieselben mit Sklaventrupps zu bewirtschaften. Zur Kaiserzeit dagegen vollzieht sich die Entwicklung in der Richtung der Verdrängung der Sklavenwirtschaft durch das Kolonat, das hauptsächlich die Form der Teilpacht (partiarius colonus) annimmt. Wurden auch Sklaven auf gutsherrlichem Boden angesiedelt, so daß sie eine eigene Wirtschaft führen konnten, so waren doch die meisten Kolonen ursprünglich freie Pächter, die dem Grundherrn bloß zu zinsen hatten. Erst allmählich gerieten sie in stärkere Abhängigkeit, insbesondere durch das jahrzehntelange (20—40 Jahre) Verbleiben auf demselben Grund und Boden, was schließlich ihre Bindung an die Scholle zur Folge hatte. Die Gewohnheit, den Grundherrn nicht zu verlassen, wurde zur Pflicht erhoben. Eine andere Ursache der Schollenbindung der Kolonen war ihre steigende Verschuldung, die es ihnen unmöglich machte, den einmal in Pacht genommenen Boden zu verlassen.

---

[1]) Parum sit nisi trans Hadriam et Ionium Aegeumque vester villicus regnet . . . Quam vultis late possidete; sit fundus, quod aliquando imperium vocabatur (Senec. Epist. 89, 20). Vgl. Plin. Hist. natur., XVIII, 7. Cicero, De officiis, II. 21.

[2]) Beatus ille qui procul negotiis
Ut prisca gens mortalium
Paterna rura bobus exercet suis . . . Ep. 2, 1.
Vgl. übrigens auch Carm. I. 1, 11; Sat. II. 6, 9.

[3]) Quid quod usque proximos
Revellis agri terminos et ultra
Limites clientium
Salis avarus? Pellitur paternos
In sinu ferens deos
Et uxor et vir sordidosque natos. Carm. II. 18, 22.

[4]) S. z. B. Sallust, Jugurtha 41. Senec. Epist. XC,39. Vgl. Grevs, S. 164ff.

Dazu kam endlich die Verödung des Bodens, die Landflucht, gegen die der Staat anzukämpfen suchte, insbesondere weil die Verödung des platten Landes einen Ausfall an Steuern verursachte. Da der Grundbesitzer dem Staat gegenüber für die Steuerleistung der Kolonen verantwortlich war, so mußte auch der Kolone an den Grundherrn gebunden werden. So ergeht denn unter Kaiser Konstantin (4. Jahrhundert) die Verordnung, daß ein Grundbesitzer, bei dem ein fremder Kolone sich aufhält, nicht bloß zur Auslieferung desselben verpflichtet ist, sondern auch zur Steuerzahlung für die Zeit, die der Kolone bei ihm verbracht hat. Und im 5. Jahrhundert wird ganz allgemein verfügt, daß ein dreißigjähriger Aufenthalt den Kolonen an die Scholle bindet.[1]) Auf diese Weise kommt im römischen Reiche ein neuer Stand höriger Bauern auf, die tributarii, adscripticii oder censiti, der für das Mittelalter vorbildlich geworden ist.[2])

Teilweise knüpft nun die Entwickelung direkt an die spätrömischen Grundherrschaften an, die dann freilich in ihrer Gestaltung mancherlei Änderungen erfahren. Doch auch bei den Germanen hat sich die Grundherrschaft frühzeitig ausgebildet. Grundherrschaftsähnliche Verhältnisse konnten wir ja schon zu Tacitus' Zeit feststellen. In denfolgenden Jahrhunderten kommt, unter römischem Einfluß, die Grundherrschaft im eigentlichen Sinne des Wortes auch hier auf, im Eroberungsgebiet wie im alten Volkslande. Dopsch hat mit Recht, nicht bloß auf diesen Umstand, auf ein hohes Alter der germanischen Grundherrschaft, sondern auch auf die früh eintretende Ungleichheit der Besitzverhältnisse hingewiesen. Lesen wir doch bei Tacitus, daß die Verteilung des Grund und Bodens nicht zu gleichem Recht, sondern nach dem Ansehen des einzelnen (secundum dignationem) erfolgte.[3]) Wenn Brunner das Vorhandensein eines Geburtsadels bei den Franken auch verneint, so gibt er doch jedenfalls zu, daß die sich bei ihnen ausbildende Aristokratie auch auf dem Grundbesitz beruhte. Der Adel wird in den Quellen als potentes optimates, proceres, priores, als meliores, nobiles oder nobiliores bezeichnet. Ihm werden die geringeren, mit kleinerem Grundbesitz ausgestatteten Freien (inferiores, humiliores, minofledi, minores, viliores) entgegengesetzt.[4])

---

[1]) Tempore annorum triginta coloni fiunt (L. 18. C. J. XI, 48/47).

[2]) Fustel de Coulanges, Le colonat romain. (Rech. sur quelques probl. d'histoire. 1885.) Wallon, Hist. de l'esclavage de l'antiquité. T. II (1879). Esmain, Mélanges. S. 293ff., Ders., Nouv. revue hist. de droit français et étr. 1889. Ders., Cours élém. S. 22ff. Allard, Les origines du servage en France. S. 11ff. Weber s. v. Agrargesch. Hdw. d. St. Rostowzew s. v. Kolonat. Seeck s. v. Colonatus, Realenzykl. d. klass. Altert. IV. Humbert s. v. Colonus, Dict. des antiquités usw. T. I, 2-e part. Lécrivain, Le sénat romain depuis Dioclétien à Rome et à Constantinople. (1888). Kübler, Sklaven u. Kolonen in der röm. Kaiserzeit (Festschr. f. Vahlen, 1900). Petruševsky, Studien zur Gesch. d. mittelalterl. Gesell. 1907. (russ.) Koetzschke, Allgem. Wirtsch.-G. S. 52ff. Brentano, Wirtsch. Entw. Englands I (1927) 29ff.

[3]) Dopsch II, 2. Aufl., S. 102ff., 126f., 129ff.

[4]) Brunner I, 2. Aufl., S. 349. Vgl. Schröder, 6. Aufl., S. 227, 234f.

Als großer Grundbesitzer tritt vor allem der fränkische König auf, dem die zahlreichen und umfangreichen Fiskalgüter, sowie die ausgedehnten Waldungen und das wüstliegende Land gehörten. Dazu kamen dann noch die neueroberten und die der Konfiskation unterworfenen Ländereien. Doch behielt der König seinen ausgedehnten Grundbesitz nicht in eigener Hand, sondern ein erheblicher Teil desselben gelangte in den Besitz von Kirche und Laien.[1]) Und zwar waren diese Landschenkungen der Könige, wie Dopsch betont, ebenso alt, wie das Königtum selbst: neben dem König und den Stammesherzögen müssen schon früh auch andere Großgrundbesitzer — Aristokraten und Klöster — aufgekommen sein, durch die der königliche Grundbesitz wohl empfindlich geschmälert worden ist.[2]) Soll doch schon König Hilperich (561—584) sich über das rasche Dahinschwinden des königlichen Grundbesitzes infolge der Schenkungen an die Kirche beklagt haben.[3]) Doch auch die Laien hatten sich, nach dem Ausspruch König Dagoberts I. (gest. 638) königliches Eigentum in großem Umfange angeeignet.[4])

Auch sonst konnten durch Eingreifen des Königs bedeutende Verschiebungen in den Grundbesitzverhältnissen zustande kommen. So erfahren wir aus einer St. Galler Formel, daß durch Übertragung an den Fiskus Ländereien der Gemeinnutzung entzogen werden konnten[5]), aus einer Formel Marculfs — daß alles, was in Gegenwart des Königs oder durch königliche Hand übertragen wird, auf immer fest und unverbrüchlich zu gelten hat.[6]) Aus der Lex Ribuaria ergibt sich, daß in der Tat Widerspruch gegen Übertragung des Erbgutes aufkommen konnte. Durch die Übergabe desselben in Gegenwart des Königs wird er aufgehoben.[7]) Ebenso hatte der König das Recht, jedermann die Ansiedlung auf Markboden zu bewilligen. Auf diese Weise verlor das Einspruchsrecht der Vicinen (L. Sal., Tit. 45) seine Gültigkeit; die Genehmigung des Königs genügte zu seiner Beseitigung.[8]) Durch die Akte,

---

[1]) v. Maurer, Einl. S. 95, 108, 112f. Brunner I, 2. Aufl., S. 293f. Schröder, Franken. S. 64. Lehrb. 6. Aufl., S. 224f. v. Inama I, 2. Aufl., S. 156ff.; II, S. 112ff. v. Amira, 2. Aufl., S. 171. Thudichum, Gau- u. Markverf. S. 133. Dopsch, Grundl. I, 2. Aufl., S. 229; II, 2. Aufl., S. 126f.

[2]) Dopsch II, 2. Aufl., S. 127.

[3]) Ecce pauper est fiscus noster, ecce divitiae nostrae ad ecclesias translatae (M. G. SS. rer. Merov. I, 286).

[4]) Duces mihi et domestici spatiosas subripiunt villas (ibid. IV, S. 683).

[5]) Ut eadem possessio solis regibus hereditario iure subiecta sit in perpetuum et nullus de pagensibus ibi aliqua commune habeat nisi forte precario (M. G. Form. 399, Nr. 5).

[6]) Quicquid enim in praesentiam nostram agetur vel per manu nostra videtur esse transvulsum volumus et iubemus, ut maneat in posterum robustissimo iure firmissimo (Marc. Form. I, Nr. 13).

[7]) Si quis procreatione filiorum vel filiarum non habuerit, omnem facultatem suam in praesentia regis . . . licentiam habeant (L. Rib. Tit. 48).

[8]) Si quis hominem, qui migrare voluerit et de rege habuerit praeceptum et abundivit in malum publico, et aliquis contra ordinationem regis testare presumpserit, 8000 din. qui faciunt sol. 200 culpabilis iudicetur (Lex Sal. Tit. 14, § 4). Vgl. Schrö-

die „in palatio nostro“, „per manu nostra“ (d. i. des Königs), oder auf Grund eines „praeceptum regis“ stattfanden, wurden demnach die Verfügungsbeschränkungen in bezug auf Grund und Boden beseitigt, der Immobiliarverkehr und die Zusammenfassung von großen Güterkomplexen in einer Hand begünstigt. Insbesondere geschah dies zugunsten der Kirche, die das germanische Erbrecht zu ihrem Vorteil umzugestalten und römisch-rechtliche Bestimmungen durchzuführen suchte.[1]) Nach der Lex Ribuaria konnte das Vermögen unter Umgehung der gesetzlichen Erben der Kirche zum Seelenheil übertragen werden.[2]) In der Lex Saxonum werden Kirche und Fiskus in bezug auf Freiheit der Annahme von Schenkungen gleichgestellt.[3]) Andere Volksrechte sehen bei Schenkungen an die Kirche von der Forderung einer Zustimmung des Königs ab, ja sie erklären geradezu, daß niemand, ja nicht einmal Herzog oder König die Schenkung verhindern kann.[4]) So wetteiferten denn die Mächtigen und die Kleinen darin, durch Hingabe ihres Besitzes an die Kirche sich das Heil ihrer Seele zu sichern, denn die Schenkung an die Kirche galt als gottgefälliges Werk, durch das man sich des himmlischen Lohnes versicherte, sich, wie es in fränkischen und langobardischen Urkunden heißt, hundertfache Belohnung und, was noch wichtiger ist, ewiges Leben erkaufte. Das „remedium salutis animae“ wird geradezu als die Gegengabe des Beschenkten bezeichnet. Unter den Karolingern kehren dann in einer Masse von Urkunden über Landübereignungen an die Kirche stets dieselben Formeln wieder: „pro mercede animae“, „pro aeterna remissione“, „pro animarum nostrarum refrigerio“.

Der Schenkungseifer von Königen wie von Privatpersonen scheint zu dieser Zeit seinen Höhepunkt erreicht zu haben.[5]) Der Grundbesitz der Klöster und Bistümer ist enorm angewachsen. Soll doch Benediktbeuren schon bei der Stiftung 6700 Mansen, Gandersheim 11000 Hufen

---

der, Die Franken. S. 62. Sickel, Westdeutsch. Zeitschr. XV, S. 162. Stäbler, Neues Archiv XXXIX, S. 741f., auch Wopfner, Mitteilungen XXXIV, S. 17.

[1]) Sickel, Privatherrschaften im fränkisch. Reich. S. 149, 162. Stäbler, S. 739ff. Sybel 2. Aufl., S. 435.

[2]) Quod si adfatimus fuerit inter virum et mulierem, post discessum amborum ad legitimus heredes revestatur, nisi tantum, quae pare suo superviferit, in elemosina vel in sua necessitate expenderit (L. Rib. Tit. 49).

[3]) Nulli liceat traditionem hereditatis suae facere praeter ad ecclesiam vel regi ut heredem suum exheredem faciat nisi forte famis necessitate coactus (M. G. LL. V, 79). L. Saxon. 62.

[4]) Ut si quis liber res suas semet ipse ad ecclesiam tradere voluerit, nullus habeat licentiam contradicentem ei non dux, non comes nec ulla persona, sed spuntania voluntate liceat christiano homino Deo servire et de proprias res suas et semet ipsum redemere (L. Alamann I, 1). Ut si quis liber persona voluerit et dederit res suas ad ecclesiam pro redemptione animae suae, licentiam habeat de portione sua postquam cum filiis suis partivit. Nullus eum prohibeat, non rex, non dux, nec ulla persona habeat potestatem prohibendi ei (L. Baj. I, 1).

[5]) Maurer S. 207. Brunner I, 2. Aufl., S. 295. v. Inama I, S. 398f. Lamprecht I, S. 672ff. Hauck II, S. 764. Fastlinger S. 34. Sommerlad II, S. 46. Dopsch, Karol. II, S. 181ff.

erhalten haben, die älteste Korveyer Heberolle zählt gegen 200 Ortschaften auf, die dem Kloster Gefälle zahlten. Über das Bonifatiuskloster zu Fulda, sowie über Luxeuil wird sogar berichtet, daß sie je 15000 Hufen besessen haben[1]), während St. Gallen als ein ärmliches Stift bezeichnet wird, weil es nicht mehr als 4000 Hufen hat.[2]) Karl d. Gr. suchte der Spekulation der Kirche auf fromme gläubige Einfalt Einhalt zu tun[3]), indem er auf dem Reichstage zu Aachen (811) an die Bischöfe und Äbte die heikle Frage richtete, ob denn derjenige der Welt entsagt habe, der an nichts anderes denke, als wie er auf jede mögliche Art und Weise seinen Besitz vermehren könnte, sei es durch Verheißung himmlischen Lohnes, sei es durch Androhung der Höllenpein, wobei die rechtmäßigen Erben um ihr Erbe gebracht und durch Notlage veranlaßt würden, ihre Zuflucht zu Diebstahl und Raub zu nehmen.[4]) Ludwig der Fromme begnügt sich nicht mehr mit der Geißelung dieser Tätigkeit des Klerus, sondern verbietet einfach die Enterbung der Erben durch die Kirche; sollte dies doch geschehen sein, so müssen die betreffenden Güter den rechtmäßigen Erben zurückerstattet werden.[5]) Auch die Konzilien fordern den Klerus auf, seine Gepflogenheit, sich Schenkungen zu erbitten, aufzugeben, denn die Gaben sollen freiwillig sein, und die

---

[1]) v. Inama, Ausbild. d. groß. Grundherrsch. S. 32ff. Ders., Deutsche Wirtsch. I, S. 405f. Mühlbacher, Deutsch. Gesch. unter den Karol. S. 45. Lamprecht I, S. 702f. Stutz, Benefizialwesen I, S. 180ff. Sommerlad II, S. 38ff. Dopsch,, Karol. II, S. 181f.

[2]) Cunctis locis imperii latissimi pauperior visu est et angustior (M. G. SS. II, 752).

[3]) Vgl. z. B. Conc. Mogunt. a. 813, c. 44 (M. G. Concilia II, S. 262).

[4]) Capitula de causis cum episcopis et abbatibus tractandis a. 811, c. 5: inquirendum est si ille seculum dimissum habeat, qui cotidie possessiones suas augere quolibet modo qualibet arte non cessat, suadendo de coelestis regni beatitudine, comminando de aeterni supplicio interni, et sub nomine Dei aut cuiuslibet sancti tam divitem quam pauperem, qui cimpliciores natura sunt et minus docti atque cauti inveniuntur, sic rebus suis expoliant et legitimos heredes eorum exheredant, ac pro hoc plerosque ad flagitia et scelera propter inopiam, ad quam per hoc fuerint devoluti perpetranda compellunt, ut quasi necessario furti et latrocinia exerceant, cui paternarum hereditas, ne ad eum perveniret, ab alio praerepta est (I, S. 162).

C. 7: quid de his dicendum, qui, quasi ad amorem Dei et sanctorum sive martyrum sive confessorum ossa et reliquias sanctorum corporum de loco ad locum transferunt ibique novas basilicas construunt et quoscumque potuerint ut res suas illum tradant, instantissime adhortantur (Capit. I, S. 163). Vgl. Fastlinger, Die wirtschaftliche Bedeutung der bayerischen Klöster zur Zeit der Agilulfinger (1903), S. 37.

[5]) Capit. ecclesiast. a. 818, 819, c. 7: ut nullus quilibet ecclesiasticus ab his personis res deinceps accipere praesumat, quarum liberi aut propinqui hac inconsulta oblatione possent rerum propriarum exheredari. Quos si aliquis deinceps hoc facere temptaverit, ut et acceptor sinodali vel imperiali sententia districte feriatur et res ad exheredatos redeant (I, S. 277). Capit. Conc. Mog. VI, a. 826: si alicubi inventi fuerint quos patres vel matres propter traditiones eorum exheredes fecerunt, aliorum scilicet suasionibus aut petitionibus vel aliquo ingenio, omnino volumus atque invenimus emendari (I, S. 312).

Kirche darf niemanden seines Gutes berauben, sie soll im Gegenteil den Armen, den Witwen und Waisen zur Hilfe kommen.[1])

Viel wirksamer war jedoch ein anderes, bereits unter den Merovingern angewandtes Mittel, das ein allzurasches Anwachsen des Kirchengutes aufhalten konnte, nämlich die mehrfach stattfindenden Säkularisationen. Während nach Brunner Einziehungen des Kirchengutes in der Merovingerzeit nur vereinzelt und gelegentlich vorgekommen seien, haben andere Forscher (Loening, Hauck, vor allem Dopsch) nachgewiesen, daß bereits seit dem 6. Jahrhundert (Chlotar I., Dagobert) eine regelrechte Durchführung dieser Einziehungen (divisio) sich erweisen läßt; schon damals sind Landvergabungen aus Kirchengut, auf Geheiß des Königs (precariae verbo regis) keineswegs bloß vereinzelt vorgekommen. Die Säkularisationen (auf welche teilweise Restitutionen folgten) dauern dann unter Karl Martell und Pippin, unter Karl d. Gr. und selbst unter Ludwig dem Frommen fort, um dann im 10. Jahrhundert, wie es scheint, besonders große Dimensionen anzunehmen.[2])

Die beiden Arten des aristokratischen Grundbesitzes, der kirchliche und der weltliche, sind in ihrer Entwicklung miteinander aufs engste verknüpft. Über die weltlichen Grundherrschaften erfahren wir vor allem aus den Traditionsaufzeichnungen zugunsten der Kirche. Aus den Schenkungen ersieht man, daß dieselben nur einen Teil des Besitzes des Tradenten bilden, und doch an zahlreichen Orten verstreut liegen, 50, 100, 150 und mehr Mancipien zählen. Andererseits aber sind es neben Okkupation und Rodung von wüstem Lande die Vergabungen aus königlichem und kirchlichem Grundbesitz, durch welche die Großen des Reiches ihre Grundherrschaft ausgedehnt haben.[3])

Die königlichen Schenkungen, sowohl die der Merovinger, als der Agilulfinger, der Burgunder und Angelsachsen wurden als zu beschränktem Eigentumsrecht erfolgte betrachtet, denn in den Urkunden war die Vererbung nur an Nachkommen in direkter Linie (Söhne) und nicht an jemand anders ausdrücklich ausgesprochen und die Entäußerung bei Lebenszeit durfte nur mit Zustimmung des Schenkers erfolgen. Die von den Merovingern tradierten Grundstücke kehrten öfters an den Fiskus zurück; auch verfügt der König über Grundstücke, die früher im Besitze anderer Personen waren, ohne daß die Übergabe an den König auf Grund irgendeines Rechtstitels erfolgt wäre. Andere Schenkungen werden

---

[1]) Concil. Cabillonn. a. 813, c. 6 (M. G. Concil. II, S. 275).

[2]) Brunner II, S. 246. Roth, Benefiz. S. 315, 321, 327ff., 335ff. Ders., Feudalität. S. 70ff. Schröder 6. Aufl., S. 172. Loening, Gesch. des deutsch. Kirchenrechts II, S. 693. Hauck I, S. 398. Waitz II, 2., S. 331f. v. Inama I, 2. Aufl., S. 390; II, S. 133. Dopsch, Grundl. II, 2. Aufl., S. 312ff. Sommerlad II, S. 48ff., 54ff. Stutz, Gesch. d. kirchl. Benefiz. I, S. 182ff. Vgl. Ribbeck, Die sog. divisio d. fränk. Kirchengutes in ihrem Verlauf unter Karl Martell und seinen Söhnen. (1883).

[3]) v. Inama I, 2. Aufl., S. 394ff. Dopsch, Karolinger I, S. 268ff. Schill-Krämer, Organisation und Größenverhältnisse des ländlichen Grundbesitzes in der Karolingerzeit. (Viert. f. Soz.- u. Wirtsch.-Gesch. 1924.)

schon zu dieser Zeit an die Bedingung geknüpft, dem König oder Herzog die Treue (fides) zu wahren und in seinen Dienst zu treten; sowohl vom bayerischen Herzog Tassilo, als auch von den Merovingern und den angelsächsischen Königen wurden Ländereien bloß für die Dauer des Dienstverhältnisses verliehen.[1]) Vassalität und Benefizialwesen stehen demnach in Zusammenhang miteinander. Die Vasallen werden mit Land ausgestattet, das Lehenswesen mit seiner hierarchischen Ordnung und der bedingten Landverleihung bildet sich aus. Freilich suchten die Beschenkten das Besitzrecht in unbeschränktes Eigentum zu verwandeln. Karl d. Gr. war es nämlich bekannt geworden, daß sie das Benefizialgut zum Allod verwandelten und er wünscht solchen Mißbrauch fernerhin zu verhüten; doch konnte er dieser Entwicklung nicht mehr Einhalt tun. Es tritt doch eine tatsächliche Erblichkeit der Benefizien ein, indem der Sohn mit dem väterlichen Gut belehnt wird.[2])

Hand in Hand mit der Ausdehnung des geistlichen und weltlichen Großgrundbesitzes schrumpft das Eigengut der Gemeinfreien zusammen, es geht in den großen Besitztümern auf. Der Verlust des Grundbesitzes aber bedeutet öfters auch den Verlust der persönlichen Freiheit. Bereits unter den Merovingern fanden zahlreiche Verknechtungen und Bedrückungen der Freien statt.[3]) Sowohl die Kapitularien, als die Konzilienbeschlüsse des 6. Jahrhunderts bezeugen, daß die Grafen sich zu Unrecht fremdes Gut aneignen, daß die Armen, die kleinen Leute von den Richtern und den großen Grundherren bedrückt und sowohl ihrer Äcker als ihrer Häuser beraubt werden, daß man freie Leute zu überreden sucht, ihre Freiheit aufzugeben.[4]) Auch aus den Volksrechten erfahren wir, daß die mit dem Aufgebot betrauten Beamten des Königs die Abwesenheit der ins Feld gerückten benutzten, um sich an deren Habe zu bereichern.[5]) Eine Zersetzung der Besitzverhältnisse mußten auch die in den Volksrechten vorkommenden hohen Wergelder und Bußen herbeiführen, die bis auf 800 Solidi stiegen, während ein Ochse, den der Schuldner für eine Bußschuld in Zahlung gab, oft nur zu 1—3 Solidi in Schätzung kam.[6]) Dies konnte zum Verlust von Habe und Gut führen und scheint

[1]) Brunner, Die Landschenkungen d. Merovinger u. d. Agilulfinger. Sitzungsber. d. Kgl. preuß. Akad. d. Wiss. 1885, S. 1173 ff. Waitz II, 3. Aufl., S. 310 ff. Dopsch, Karoling. I, S. 270. Vgl. Garsonnet, Locat. perpét. S. 474. Roth, Gesch. d. Benefiz.-Wes. S. 203 ff.

[2]) Brunner, Landschenkungen, S. 1187. Dopsch, Grundl. II, 2. Aufl., S. 305 ff., 328.

[3]) Dopsch, Grundl. II, 2. Aufl., S. 127 f., 134. Ders., Karoling. II, S. 15 ff.

[4]) Et si graphio super pretium aut extra legem aliquid tollere praesumpserit (M. G. Capit. I, 9; c. 8). Ut iudices aut potentes si pauperes oppremunt ... excommunicentur (Conc. Turon a. 567; M. G. Concilia I, S. 135, c. 27). Miseros non solum de agris sed etiam de domibus propriis exolare (ibid. I, S. 168, c. 8; I, S. 170, c. 14). Si quis ingenuum aut libertum ad servitium inclinare voluerit (ibid. I, S. 199, c. 19). Dopsch, Karolinger II, S. 15 f.

[5]) L. Visigot IX, 2, S. 2. Dopsch, Grundl. I, 2. Aufl., S. 135.

[6]) Brunner I, 2. Aufl., S. 297. Waitz II, 3. Aufl., S. 279 f. Wittich, Zur Frage d. Freibauern. Z. d. Sav.-St. G. A. XXII, S. 335.

zahlreiche Freie in Armut und Elend gestürzt zu haben.[1]) Die Unmöglichkeit, ihre Schuld zu bezahlen, brachte sie in die Verknechtung.[2]) Zur Karolingerzeit muß die Bedrückung und Beraubung der kleinen Grundbesitzer einen noch größeren Umfang angenommen haben.[3]) Die Quellen, die hier reichlicher fließen, zeugen von den Ungerechtigkeiten und Gewalttaten, die die Grafen, wie die Bischöfe und Äbte an den geringeren Freien verübten. Sie mißbrauchten ihre Macht, um sich von den Kleingrundbesitzern deren Eigentum schenken oder verkaufen zu lassen, um sie zu verknechten und von Haus und Hof zu verjagen, ihr Vermögen sich durch Zwang anzueignen.[4]) Unter Ludwig dem Frommen wurden zahlreiche Fälle von Bedrückungen bekannt, die von Gaugrafen und anderen Machthabern ausgingen; die kleinen Leute hatten Vermögen und Freiheit eingebüßt.[5]) Auch der Heerbann wurde zu Erpressungen mißbraucht, indem Bischöfe, Äbte, Grafen, Richter, Zentenare jene Ärmeren, welche ihr Gut ihnen nicht freiwillig überlassen wollten, so lange Kriegsdienste ableisten ließen, bis sie, vollständig verarmt, gezwungen waren, ihr Eigentum den Großen zu verkaufen, ja es ihnen unentgeltlich abzutreten.[6])

Um diesen Gewalttätigkeiten zu entgehen, traten die kleinen Grundbesitzer in den Schutz der Großen, insbesondere der Kirche (Kommendation), was mit der Tradition ihres Grund und Bodens verbunden war. Dies bedeutete freilich den Verlust des Eigentums, jedoch nicht des Nießbrauchrechts, denn zumeist wurde dem Tradenten das Gut auf Lebenszeit

---

[1]) L. Sal. 58. (De chrene cruda.) Lege quae paganorum tempore observabant, deinceps numquam valeat quia per ipsam cecidit multorum potestas (Geffcken S. 58).

[2]) Vgl. auch: Quas non habens unde redderet ab abbate Ranerio cum uxore et liberis suis servili jure accipitur. Form. Marculf. (Cit. Délisle, Les classes agricoles en Normandie au moyen-âge. 2e éd., S. 18.)

[3]) Maurer, Einl. S. 210. v. Inama I, 2. Aufl., S. 347. Waitz IV, S. 335ff. Lamprecht I, 1. S. 51ff. Brunner I, 2. Aufl., S. 299. Heusler, Verf.-Gesch. S. 82. Sickel, Westdeutsch. Zeitschr. XV. Dopsch, Karolinger II, S. 11.

[4]) Cap. 805, c. 16: De oppressione pauperum liberorum hominum ut non fiant a potentioribus per aliquod malum ingenium contra iustitiam oppressi, ita ut coacti res eorum vendant vel tradant. Cap. 811, c. 3: Pauperes se reclamant expoliatos esse de eorum proprietate et hoc aequaliter clamant super episcopos et abbates et eorum advocatos et super comites et eorum centenarios. Cap. 816: Qui inter eos maiores et potentiores erant eos qui inter illos minores et infirmiores erant ab eisdem locis depellere aut sibi ad servicium subicere conati sunt. Vgl. Capit. a. 809, c. 12 (Capit. miss. Aquisgran. prim. I, S. 150); Capit. a. 813, c. 21 (Capit. ital. I, S. 220).

[5]) Missi egressi invenerunt innumeratam multitudinem oppressorum aut ablatione patrimonii aut expoliatione libertatis, quod iniqui ministri, comites et locopositi per malum ingenium exercebant (Vita Hludow. I, c. 13).

[6]) Dicunt etiam quicumque proprium suum episcopo, abbati vel comiti, aut iudici vel centenario dare noluerit, occasiones quaerunt super illum pauperem, quomodo eum condempnare possint et illum semper in hostem faciant ire, usque dum pauper factus, nolens-volens suum propriem tradat vel vendat: alii vero qui traditum habent, absque ullius inquietudine domi resideant (Capitula de rebus exercit. in placito tractandis a. 811. I, S. 864, c. 3).

als Prekarie überlassen. Traditionen wie Prekarien sind bereits in der Merovingerperiode vorhanden. Wenn es jedoch den Anschein hat, als ob für diese Zeit freie Schenkungen überwiegen, deren Anzahl erst in späterer Zeit abnehme, um durch bedingte (mit Prekarien verbundene) verdrängt zu werden, so hängt dies damit zusammen, daß man die Prekarien oftmals nicht ins Traditionsbuch eintrug, da sie, im Gegensatz zu den Traditionsurkunden, keinen dauernden Wert hatten, sondern mit dem Tode des Beliehenen ihre Gültigkeit verloren — vim et locum amiserint — wie der Lorscher Mönch sich ausdrückte.[1])

Doch fanden die Ergebungen an die Kirche nicht bloß zwecks Erwerb des Seelenheils und zum Schutz gegen die Willkür der Mächtigen statt, sondern sie wurden auch durch Not veranlaßt, durch das Bedürfnis, Lebensunterhalt und Kleidung sich zu verschaffen.[2]) Zuweilen begnügte sich der Tradent nicht damit, daß er das hingegebene Gut zum Nießbrauch zurückerhielt. Er suchte aus seiner Schenkung Kapital zu schlagen, indem er das Doppelte oder Dreifache dessen, was er tradiert hatte, für sich forderte.[3]) Oder er bedang sich eine auskömmliche, lebenslängliche Versorgung unter dem Schutze des Krummstabs aus. Die Verpflegung sollte in Brot, Bier, Gemüse, Milch, an Festtagen auch in Fleisch bestehen, ferner je zwei leinene und wollene Gewänder jährlich geliefert werden, wozu noch alle drei Jahre ein Mantel und — je nach Bedarf — Schuhwerk, Handschuhe usw. hinzukamen.[4])

War nun die freiwillige Abtretung des Grundbesitzes auch mit der Aufgabe der persönlichen Freiheit verbunden? Es kommen Autotradi-

---

[1]) Dopsch, Karol. I, S. 87ff., 94f; vgl. Caro, Jahrb. f. Schweiz. Gesch. XXVI u. XXVII. Hübner, Die Donationes post obitum und die Schenkungen mit Vorbehalt d. Nießbrauchs im ält. deutsch. Recht. (Gierkes Unters. XXVI.)

[2]) Nulli liceat traditionem hereditatis suae facere ... nisi forte famis necessitate coactus (L. Sax. c. 62). Si liber homo spontanea voluntate vel forte necessitate coactus nobili seu libero seu etiam lito in personam ei servitium liti se subdiderit (L. Fris. XI, S. 1). Ut victum et vestimenta habuissem (Trad. Sangall. a. 795 n. 139; a. 827 n. 311). Sterilitas et inopia precinxit (Form. Andeg. 19). Pro remedio animae suae vel parentorum suorum et propter nutrimentum diebus vitae suae (a. 774). Providens paupertati et opportunitati meae (a. 882).

[3]) Duplum accipiatur ex rebus ecclesiae, in suo tantum qui dederit nomine, si res proprias et ecclesiasticas usufructuario tenere voluerit. Si autem res proprias ad praesens dimiserit ex rebus ecclesiasticis triplum fructuario usu in suo tantum qui nomine sumat (Capit. a. 845 c. 22). Pene nullus est qui res suas ad ecclesiam donet, nisi de rebus ecclesiasticis aut tantum quantum donavit aut duplum aut triplum usu fructuario accipiat (Concil. Turonen a. 813 c. 5). Vgl. Wartmann, Urkundenbuch der Abtei St. Gallen I, S. 72. Dahn, Könige der Germanen I, S. 501ff.

[4]) Collect. Sangall. Nr. 15, M. G. Form. 405. In einem anderen Falle (816) bedingt sich ein Tradent jährlich, solange er Laie bleibt, 8 Solidi, Kleider, Vieh, einen Knecht und eine Magd aus. Reist er nach Italien, so erhält er einen Reiter und ein gut beladenes Roß. Tritt er ins Kloster ein, so gehört ihm eine heizbare Sonderzelle, jährlich ein wollenes oder linnenes Gewand, 6 Paar Schuhe, 2 Paar Handschuhe, eine warme Mütze und Bettzeug (Neugart, Codex Diplomat. I, 187. Vgl. Dahn, Kön. d. Germ. IX, 1, S. 507. Sommerlad II, S. 51 A. 4).

tionen in den Klosterurkunden im allgemeinen nur selten vor, während sie in den Volksrechten und Formelsammlungen häufiger anzutreffen sind.[1]) Auch bedeutet „tradidit se ipsum" noch keineswegs eine Verknechtung, ja es werden die in ein Schutzverhältnis eingetretenen geradezu als ingenuiles bezeichnet, als ingenui, welche auf Klosterland sitzen.[2]) Doch unterliegt es andererseits kaum einem Zweifel, daß, wer sich einem anderen kommendierte, damit zugleich öfters einen Teil seiner Rechte einbüßen mußte, kaum mehr seine volle Freiheit behalten dürfte.[3]) Eine Depression der Gemeinfreien ist jedenfalls sowohl unter den Merovingern, als unter den Karolingern eingetreten, ja vielleicht gehören die Anfangsstadien dieser Depression einer noch früheren Zeit an. Zahlreiche Freie sind besitz- und vermögenslos geworden, die armen und schwachen Leute, die pauperes und miseri wurden in Abhängigkeit von den Großen und Mächtigen gebracht.

Allerdings folgt daraus weder eine vollständige Aufsaugung der kleineren Grundbesitzer durch die großen Grundherrschaften, noch das Herabsinken der Masse von Gemeinfreien (Millionen!) zur Hörigkeit, wie dies von der älteren Lehre behauptet wurde.[4]) Sicherlich ist viel Grund und Boden damals von den Grundherrschaften aufgesogen worden. Zahlreiche Vollfreie haben auch ihre Freiheit verloren, doch ist dies jedenfalls keineswegs so restlos und ganz geschehen, wie man dies früher annahm. Es handelt sich auch in der Karolingerzeit und in den nachfolgenden Jahrhunderten nicht um ein einseitiges Vorwalten der großen Grundherrschaften. Neben ihnen hat sowohl der kleinere und mittlere Grundherr, als auch der freie Bauer einen selbständigen Platz (v. Below). Die Grundbesitzverhältnisse sind stark differenziert und weisen eine mannigfache Abstufung auf.[5]) Von der Grundherrschaft bis zum kleinen Bauern finden sich eine Reihe von Übergängen. Neben dem Kleinbauern, der selber mit seiner Familie seinen Boden bebaut, tritt der größere Besitzer auf, der ebenfalls mit Hand an den Pflug anlegt, jedoch auch einige Unfreie, „mancipia non casata", auf seinem Hofe hat, oder unfreie Hintersassen (servi casati); von da ist es nicht mehr weit bis zur Wirtschaft des kleineren Grundbesitzers, der ausschließlich von Zins und Dien-

[1]) Caro, Jahrb. Nat. XXI, S. 492. Wittich, Z. d. Sav.-St. S. 342. Dopsch, Karol. II, S. 5ff.

[2]) Ingenuili ordine tibi servicium vel obsequium inpendere debeam (Dopsch, Karoling. II, S. 10). Ingenui super terram monasterii commanentes (Caro, Jahrb. XXI, 1901, S. 493).

[3]) Waitz II, 3. Aufl., 1., S. 252; IV, 2. Aufl., S. 335. v. Inama I, 2. Aufl., S. 335f.

[4]) v. Maurer, Einl. S. 211f. Fronhöfe S. 274. v. Inama I, 2. Aufl., S. 350ff. Brunner I, 2. Aufl., S. 299. Lamprecht I, 1, S. 51ff. Stutz, Z. d. Sav.-St. G. A. XX. Sickel, Westd. Z. XV.

[5]) Dopsch, Karol. I, S. 227, 280. v. Below, Probl. S. 35. Vgl. Caro, Jahrb. f. Nationalök. XXI (1901); XXIV (1902). Ders., Jahrb. f. Schweiz. Gesch. XXVII. Wittich, Z. d. Sav.-St. XXII. Bitterauf, Quellen und Erörterungen zur bayer. u. deutsch. Gesch. N. F. IV, Einl.

sten seiner wenigen Hörigen lebt.[1]) Und zwar finden sich solche Verhältnisse nicht bloß in den von den Germanen stark besiedelten Gebieten vor, was Caro, Wittich, Bitterauf, Gutmann nachgewiesen haben, sondern auch in denen mit gallisch-römischer Bevölkerung. Auf Grund von Inschriften, Münzen usw. hat Flach auch hier das Vorhandensein von kleinerem und mittlerem Grundbesitz festgestellt, der sich auch nach der fränkischen Eroberung, neben der Ausbildung von Großgrundherrschaften, erhalten hat.[2]) Aus den Formelsammlungen ersieht man, daß innerhalb des Herrschaftsgebiets eines bestimmten Heiligen (in terraturium sancti illius), oder eines bestimmten Großen (super terraturio vir inluster illo) Leute ansässig sind, die über ihren Besitz frei verfügen können, jedoch nur „salvo jure" des Grundherrn, d. i. unter Berücksichtigung seiner Interessen, ohne ihm Schaden zuzufügen (absque praejudicium sancti illius). Unter dieser Bedingung darf der Besitzer über das Land frei verfügen, wie es das Herkommen anderen freien Leuten (aliis ingenuis) in bezug auf das Zinsland (terra consuetudinaria) gestattet. Die Grundstücke werden von ihm verkauft, verschenkt, als Nutzungspfand bestellt; der Erwerber erhält sie „ad possidendum et hoc est abendi, tenendi seu commutandi posteris tuis, vel ubi tua decreverit voluntas derelinquendi".[3]) Doch auch in späteren Urkunden werden als Inhaber der grundherrlichen Hufen neben unfreien Leuten, die hohe Zinse zu entrichten, wöchentlich einen dreitägigen Frondienst zu leisten haben und über den ihnen zugewiesenen Grund und Boden nicht verfügen dürfen, auch andere genannt, bei denen der Zins gering, das Leiheverhältnis zeitlich unbefristet ist und das Gut frei veräußert werden kann; wer die Urkunde hat und den Zins zahlt, ist rechtmäßiger Inhaber des Gutes, es sind dies also die Erben und andere Rechtsnachfolger des Tradenten.[4])

In bezug auf die wirtschaftliche Abhängigkeit ist vor allem zwischen dienendem und zinsendem Lande zu unterscheiden. Der Bauer, der seiner Herrschaft nur einen geringeren Zins (zuweilen bloß einen Rekognitionszins) zu zahlen hatte, war naturgemäß dem herrschaftlichen Fronhof viel weniger verbunden als derjenige, der nicht allein Zinse lieferte, sondern zur Bestellung des herrschaftlichen Ackers und zu den verschiedensten anderen Arbeiten verpflichtet war. Doch handelt es

---

[1]) Dopsch, Karol. I, S. 281. Caro, Wittich, Bitterauf a. a. O. Gutmann, Die soziale Gliederung d. Bayern z. Zeit d. Volksrechtes. Vormoor, Soz. Gliederung im Frankenreich. Udalzoff, Das freie Dorf im westlichen Neustrien zur Zeit d. Karolinger und Merovinger (Russ. Zeitschr. des Unterr.-Minist. XLI, S. 42).

[2]) Flach II, 52ff.

[3]) Form. Andegavenses u. Turonenses (M. G. LL. V. Ed. Zeumer 1882). Brunner, Die Erbpacht d. Formelsammlungen von Angers. u. Tours. (Forschungen z. Gesch. d. deutsch. u. franz. Rechtes XIII.) Esmein, Les baux perpetuels des formules d'Angers et de Tours (Mélanges d'hist. du droit et de critique). Udalzoff, Das freie Dorf im westlichen Neustrien (russ.)

[4]) Caro, Jahrb. f. Nat.-Ök. XXIV, S. 604 u. a.

sich „nicht einfach um einen schroffen Gegensatz zwischen einer mit vollem Dienst belasteten unfreien Hufe und einem zu einmaligem jährlichem Geldzins verpflichteten Zinsland. Gleitende Übergänge sind vielmehr allenthalben zu beobachten.[1]) Die Kirche insbesondere hat oft ihren Hintersassen wirtschaftlich eine nicht unbedeutende Bewegungsfreiheit verstattet, auch den Erwerb zinsfreien Landes ermöglicht, über das der Kirchenmann ziemlich selbständig verfügen konnte, mit der alleinigen Beschränkung, daß der Kirche nichts verlorengehen dürfe; selbst das Auflassen der herrschaftlichen Hufe ist erlaubt, bloß das Verharren im Fronhofsverband mit einer kleinen Dienst- oder Geldverpflichtung wird gefordert.[2]) Es gab demnach auch noch in späterer Zeit zahlreiche Freie, die sich in einer losen, ihre Freiheit kaum beeinträchtigenden Abhängigkeit befanden.[3]) Abgesehen davon, daß, wie insbesondere Dopsch betont, es sich bei den Traditionen zumeist nur um einen Teil des Grundeigentums des Schenkers, nicht aber um das Ganze handelte, war es vor allem die freie Erbleihe, die die Erhaltung des freien bäuerlichen Eigentums ermöglichte.[4])

Im Gegensatz zur älteren Ansicht, die freie Erbleihe sei dadurch entstanden, daß sich die hofrechtliche Abhängigkeit der grundherrlichen Hintersassen gelockert und schließlich aufgelöst hätte, während ihr erbliches Recht am Grund und Boden bestehen geblieben ist, hat Rietschel die Entstehung der freien Erbleihe aus den älteren freien Leiheverhältnissen, insbesondere aus der Prekarie erklärt. Die ursprünglich zeitlich beschränkte Vitalleihe bildet sich allmählich um. Die Vitalleihe, welche bei der Tradition des Grundbesitzes dem Schenker wenigstens für seine Lebenszeit die Nutzung eines Grundstückes gewährte, wurde bald auf den Ehegatten des Prekaristen ausgedehnt, dann auch auf seine nächsten Erben, die zweite, ja auch die dritte Generation wurde mitbeliehen. Da lag es nahe, statt der Wiederverleihung an den nächsten Erben, schließlich von vornherein das Recht auf die nächsten, dann auch auf fernere, schließlich auch auf alle Erben des Beliehenen auszudehnen. Es gab in der Tat neben widerruflichen Prekarien und solchen auf Lebenszeit des Beliehenen auch Prekarien, die auf mehrere, meist drei Leiber erteilt wurden, auch ausgesprochen erbliche Prekarien.[5])

Nun waren die Leihegüter teils in den wirtschaftlichen Gutsverband einbezogen, teils behielten sie eine selbständige Stellung, wenn sie auch inmitten des Fronhofsbereichs gelegen waren. Letzteres war bei der

---

[1]) Seeliger, H. Viert. S. 313, 325. Flach, II, S. 49. v. Below, Probleme, S. 32.

[2]) Seeliger, S. 325.

[3]) Schröder S. 235.

[4]) Dopsch, Karol. I, S. 227, 280.

[5]) Rietschel, Z. d. Sav.-St. G. A. XXXV, S. 201ff., 206ff. Waitz VI, 2. Aufl., S. 6, 130. Lamprecht, D. Wirt.-L. I, S. 892f. Heusler, Instit. II, S. 170ff. Hübner S. 45. Seeliger, Grundherrschaft S. 15, 50ff. v. Inama I, 2. Aufl., S. 403f. Schröder 6. Aufl , S. 235. Koetzschke, Allg. Wirtsch.-Gesch. S. 233f.. Dopsch, Grundl. II, 2. Aufl., S. 157, 173ff.

freien Leihe regelmäßig der Fall. Sowohl in diesem wie in jenem Falle konnte die wirtschaftliche Abhängigkeit des Besitzers eine geringe bleiben. Der unbedeutende Zins, den er zu zahlen hatte, sowie die teilweisen Veräußerungsbeschränkungen, denen das Grundstück unterlag, hatten wirtschaftlich nicht viel zu bedeuten. Und dies ist eben die Hauptsache, denn nicht so sehr die rechtliche Stellung, auf welche die ältere Lehre nur zu sehr ihr Augenmerk richtete ist es, die für uns in Betracht kommt, als vielmehr der Umstand, inwieweit der Betreffende über seine Kräfte frei verfügen konnte, seine Wirtschaft nach seinem Ermessen einrichten und führen durfte.

Es ist auch zu berücksichtigen, daß mit der teilweisen Depression der Freien eine soziale Aufwärtsbewegung der Unfreien einhergeht; insbesondere wurde die, durch die Kirche begünstigte, Freilassung seitens des Herrn in großem Umfange geübt. Das Vorhandensein einer Masse der Halbfreien und Hörigen ist nicht bloß durch Standesminderung der Freien, sondern auch in nicht geringerem Maße durch das Emporkommen der Unfreien zu erklären.[1]) Noch mehr gleicht sich jedoch der ehemals schroffe Gegensatz zwischen Freien und Unfreien durch die Gleichheit der wirtschaftlichen Stellung innerhalb des Fronhofsverbandes aus.[2]) Mochte der Rechtsgrund der Leistungen Freier und Unfreier auch verschieden sein, standen dem Herrn dem säumigen Unfreien gegenüber andere Zwangsmittel (körperliche Züchtigung) als gegenüber dem Freien (Geldbuße) zur Verfügung, so sind doch die Unterschiede zwischen ihnen schon im 9. Jahrhundert stark verwischt, und dies mußte desto eher eintreten, je mehr das Eigentumsrecht an der Person des Unfreien zurücktrat und zum Recht auf bestimmte Leistungen wurde, zuweilen sogar sich auf einen geringen Zins beschränkte. Oft sind die Verpflichtungen Freier und Unfreier gleich. In dem einen Falle ist es allerdings Tradition, in dem andern Freilassung, die das Abhängigkeitsverhältnis begründet; doch im dienenden Verhältnis zur Herrschaft erscheint der Unterschied geradezu aufgehoben. Es bildet sich eine durch ihre grundherrschaftliche Gebundenheit charakterisierte Bevölkerung aus, die sowohl die Freien als die Unfreien umfaßt; es sind dies die Hintersassen oder Grundholden, die nur noch Unterschiede in Art und Größe der Leistungen aufweisen, die wirtschaftlichen Momente sind stärker als die Forderungen der Standesgegensätze. In den Urbaren (polyptique von St. Germain, von St. Remi usw.) werden servitium ingenuile und servitium servile streng auseinandergehalten, doch es erweist sich dabei, daß persönlich Freie auf wüstliegenden mansi serviles angesiedelt sind, während den Unfreien oder Halbfreien mansi ingenuiles oder mansi lidiles angewiesen sind, so daß Besitz und Stand einander nicht mehr entsprechen; der persönlich freie

[1]) Dopsch, Grundlagen II, 2. Aufl., S. 159. Ders., Karol. II, S. 42ff.

[2]) Das Wort „servus" wird auch in sozial- und wirtschaftstechnischem Sinne gebraucht: dono duos servos unus est liber et alter est servus. Servus ist hier schlechthin der Bauer, der fremden Grund und Boden nutzt. (Seeliger, Hist. Viert. S. 332. Gutmann S. 147.)

Mann wurde hierdurch dem servitium servile, das aus seinem Besitz sich ergab, unterworfen; sicut alii liberi homines servilia opera nobis exhibeant ita et illi.[1])

In Norditalien findet sich bereits im 8. Jahrhundert eine Masse von Bauern, die aus Leuten verschiedenen Standes besteht, aus Unfreien, Aldien (Halbfreien) und Livellarien (libelli = Leiheverträge) oder Freien, die auf fremden Lande sich angesiedelt haben (liberi, qui terra aliena resident). Die früheren servi werden jetzt als massariae bezeichnet, was von massa = Zinshufe stammt, demnach eine Besserung ihrer sozialen Stellung bezeugt, eine Verdrängung der Sklaverei durch Hörigkeit. Die Zinse und Dienste, die ihnen auferlegt sind, unterscheiden sich grundsätzlich nicht von denen persönlich freier Leute. Es ist eine größere Annäherung in der Stellung beider Kategorien eingetreten.[2])

Ähnlich wie im Frankenreich gestaltete sich die Entwicklung auch im angelsächsischen Königreich. Neben Unfreien und Liten treten hier zwei Stände auf — der Adel (die eorls) und die Masse der einfachen Gemeinfreien (die ceorlas), wobei, wie man aus den Gesetzen der Angelsachsen ersehen kann, das Wergeld, das der Adlige zu beanspruchen hat, ursprünglich nur das Doppelte dessen beträgt, das für den einfachen Mann angesetzt ist, um sich dann auf das Drei- ja später Sechsfache hinaufzuschwingen. Auf diese Weise wächst der Standesunterschied, der mit dem Vermögensunterschied aufs engste verknüpft ist. Zu Ende des 10. und zu Anfang des 11. Jahrhunderts ist das Wergeld für den Adligen (den Thane) zehnmal so hoch als für den einfachen Freien. Auch letzterer kann allerdings zum Adel emporsteigen, falls er eben ein entsprechendes Vermögen, fünf Großhufen (Hiden) Land besitzt. Für gewöhnlich verfügten die Gemeinfreien jedoch nur über wenig Land, sie werden deshalb liberi pauperes genannt und aus manchen Ausdrücken erhellt es, daß sie überwiegend abhängiges Land bewirtschaften. Das Domesday-Book vom 11. Jahrhundert erwähnt freilich noch zahlreiche Vollfreie, ca. 8000 Familien, doch wird zwischen ihnen und den socmen, die dem grundherrschaftlichen Gericht unterstanden, kein durchgreifender Unterschied gemacht. Die socmen wiederum fallen öfters mit jenen zusammen, die ihren Besitz den großen Grundherren tradiert und in deren Schutzherrschaft getreten sind. Es kommt die villainage auf, die große Klasse der Hintersassen, die sich einerseits aus früheren Sklaven (das Domesday-Book zählt ca. 25000 Unfreie auf) zusammensetzte, die nun zu Halbfreien auf-

---

[1]) S. Longnon, Polyptique de l'abbé de St. Germain des Près I, S. 88f., 157f., 181f. Trad. Sangall. 271. Seeliger, H. Viert. S. 332ff. Kötzschke, Allg. Wirtsch.-Gesch. S. 235. Brunner a. a. O. Lamprecht I, S. 1148ff. Gutmann S. 138, 147. 271.

[2]) Hartmann. Zur Wirtschaftsgesch. Italiens (1904). Caro, Zur Gesch. de Grundherrsch. in Oberitalien (Jahrb. f. Nat.-Ök. III F. 36). Mommsen, Die Be, wirtschaftung der Kirchengüter unter Papst Gregor I. (Z. f. Soz.- u. W.-G., I, 1893). Vinogradoff, Der Ursprung der Feodalität im langobardischen Italien (russ.) 1880 (auch in Zeitschr. d. Unterr.-Minist. 1880, N. 1, S. 280ff., N. VIII., S. 235ff.).

gestiegen sind, andrerseits aus persönlich Freien, welche ebenfalls nicht bloß zu Zinszahlungen, sondern auch zu Dienstleistungen verpflichtet waren. Das Wort servus wird nunmehr nur ausnahmsweise gebraucht, es gibt nur villani; die persönlich Freien, soweit sie unfreies Land empfangen haben, also tenentes in villenagio sind, stehen auf gleicher Stufe mit den villani. Daneben haben sich freilich auch in England freie Markgenossenschaften erhalten, so daß die selbständig wirtschaftenden Freien keineswegs völlig geschwunden sind.[1])

Die ältere Lehre, die durch Eichhorn, Maurer, Heusler, Brunner, v. Inama-Sternegg, Lamprecht, Sickel vertreten ist, ging davon aus, daß vor der Karolingerzeit die Masse der Bevölkerung aus vollfreien Bauern mit ungefähr gleichen Eigentums- und Betriebsgrößen (Hufen) bestand. Neben ihnen hätte es freilich einen Adel mit größerem Grundbesitz, sowie Minderfreie und Unfreie gegeben. Doch waren diese Stände nicht zahlreich genug, um den Hauptzug der gesellschaftlichen Ordnung, nämlich die bäuerliche Freiheit der großen Masse des Volkes, wesentlich verändern zu können. Diese Gemeinfreien sind dann unter den Karolingern infolge der Verknechtung und Bedrückung durch mächtige Grundherren geschwunden. Die zu dieser Zeit aufkommende Grundherrschaft hatte den freien bäuerlichen Grundbesitz aufgesaugt, die Masse der Gemeinfreien in grundherrliche Hörige verwandelt. Die den Schutz der Bauern bezweckende Gesetzgebung Karls d. Gr. sucht die Mißbräuche und Gewalttätigkeiten der Großen und Mächtigen zu bekämpfen, freilich ohne irgendwelche Erfolge durchgreifender Art zu erzielen.

Die ersten Angriffe gegen diese Lehrmeinung richtete Heck in seiner 1894 erschienenen Schrift über altfriesische Gerichtsverfassung, auf welche dann 1900 eine weitere Untersuchung über die Gemeinfreien der karolingischen Volksrechte folgte. Nun ist freilich Heck im wesentlichen mit der herrschenden Auffassung noch völlig einverstanden, er bekämpft nur einen Bestandteil derselben. Während man nämlich früher annahm, die Franken hätten unter den germanischen Stämmen in der Beziehung eine Ausnahme gebildet, daß sie, im Gegensatz zu den übrigen, keinen Adel besaßen, behauptete Heck, daß auch bei Friesen, Sachsen, Anglowarnen ein Adel gefehlt habe, denn die nobiles dieser Stämme (und der homo francus der chamavischen Franken) seien eben die Gemeinfreien, während der in allen diesen Volksrechten erwähnte liber oder ingenuus ebenfalls eine Stufe niedriger anzusetzen sei, den Minderfreien (Freigelassenen) darstelle. Durch diese Umdeutung der Benennungen wurde die Gliederung aller niederdeutschen Stammesrechte in Übereinstimmung gebracht; sie bestehen jetzt nur noch aus Gemeinfreien, die mit Hilfe einiger Knechte ihre Äcker bestellen.

Die neue Ansicht Hecks hat nun Wittich zum Ausgangspunkt seiner, viel weiter reichenden Theorie gemacht, die sich zunächst nur auf das sächsische Ostfrankenreich bezog. Sind nämlich die liberi, ingenui oder Frilingi der sächsischen Gesetze nicht Vollfreie, sondern Minderfreie, und zwar Freigelassene, so ergibt sich daraus, daß die nobiles oder Edelinge, die zwar, nach Hecks Anschauung, nicht den Adel, sondern die Gemeinfreien bildeten, in überwiegender Mehrzahl nicht freie Bauern, sondern Grundherren waren. Früher sah man sie als den wenig zahlreichen Adel an und betrachtete sie als Grundbesitzer, die mit Hilfe ihrer Knechte Land bebauten. Nun sind sie freilich keine Adligen mehr, doch bleiben sie noch immer Grundherren, die bei ihrem Herrenhof einen Eigenbetrieb haben, in der Hauptsache jedoch von den Abgaben der auf ihren Hufen angesiedelten freien Kolonen (Frilinge), Liten oder Sklaven leben. Auf diese Weise ist Wittich zu dem Schluß gekommen, daß die Masse des Volkes wohl aus freien Männern bestand, jedoch nicht aus Bauern, sondern aus Grundherren, von denen die übrigen, die Minderfreien und die freien

---

[1]) Vinogradoff, Growth of the Manor, 123ff., 143f., 208f., 214ff., 229ff. Ders. Villainage in England, pass.

Bauern in Abhängigkeit gebracht worden waren; dieser Schluß wird dann auch auf das übrige Ostfrankenreich angewandt.

Nun ist allerdings sowohl Hecks als auch Wittichs Ansicht nicht durchgedrungen. Brunner, Schröder, Vinogradoff, Dopsch haben sich mit Entschiedenheit gegen sie ausgesprochen, auch sonst haben die neuen Ideen über Standesgliederung und Grundherrschaft wenig Anklang gefunden. Doch hatten die von Wittich und Heck aufgestellten Hypothesen auch das positive Ergebnis, das sie eine erneute Prüfung der althergebrachten Ansichten veranlaßten, wobei sich neue Beobachtungen ergaben. Insbesondere bestritt Wittich, der ja von dem Vorhandensein der Grundherrschaft seit den ältesten Zeiten ausging (fand er sie doch schon bei Tacitus[1])), daß die Ergebungen Freier in die Hörigkeit zur Karolingerzeit so zahlreich gewesen seien, wie man es früher annahm; man könne folglich von einer Umwälzung in dieser Hinsicht in der Karolingerperiode nicht reden. Es hatte sich nämlich auch zu dieser Zeit eine Klasse freier Bauern erhalten, wenn sie auch nicht den Kern und die Hauptmasse der Freien bildeten.

Gegen die herrschende Lehre hat sich fast zu gleicher Zeit auch Caro gewendet, der ebenfalls die große Krisis, die in der Karolingerzeit eingetreten sein soll, in Abrede stellte, jedoch dabei den Spieß umkehrte: nicht daß schon früher Grundherrschaft und Hörigkeit geherrscht hätten, nein, der Stand der freien Bauern, der früher (im Gegensatz zu Wittich) in überwiegender Mehrzahl war, ist auch später (entgegen der älteren Ansicht) nicht zugrunde gegangen, wenn es auch natürlich daneben kleine und größere (nicht bloß große) Grundherrschaften gegeben hat. Die Darlegungen Caros, die sich vorwiegend auf das Gebiet der Alamannen bezogen, sind nach den Forschungen von Bitterauf, Fastlinger, Gutmann, Kötzschke auch für andere Gebiete bestätigt worden.

Es konnten nun allgemeinere Schlußfolgerungen in betreff der sozialen Entwickelung der germanischen Stämme gezogen werden. Dies war noch viel früher, vor der Entstehung der grundherrlichen Kontroverse, von v. Below angebahnt worden, der bereits seit 1887 die Bedeutung, die man der Fronhofsverfassung und dem Hofrecht seit Nitzsch beigelegt hatte, entschieden bestritt, und den Zug nach der Stadt als eine Abwanderung freier, nicht höriger Leute betrachtete. Es gab nicht nur „Herren und Knechte", es waren auch freie Bauern vorhanden: neben vollkommen autonom gebliebenen Bauerngemeinden finden sich auch abhängige, doch darf man sie nicht als unfreie oder hörige bezeichnen. Wenn auch die Mehrzahl der Bauernschaften in Abhängigkeit von einem Grundherrn geraten war, so hatte dies doch keineswegs die Hörigkeit sämtlicher Gemeindeglieder zur Folge. Ebensowenig hat sie die Wirkung, daß die Grundherrschaft die wirtschaftliche Tätigkeit der Gemeindeglieder absorbiert.[2])

Zur Klärung der Frage hat dann Seeligers Buch über die soziale und politische Bedeutung der Grundherrschaft (1903) viel beigetragen, sowie seine Forschungen zur Geschichte der Grundherrschaft (1907), in denen er die Ansicht vertrat, daß die im Fronhofsverbande liegenden Güter von persönlich Freien besiedelt werden konnten und daß der Eintritt in die Schutzhörigkeit weder einer Standesminderung noch einer wirtschaftlichen Abhängigkeit gleichkommen mußte. Zugleich hat Rietschel in seinen Untersuchungen über die Entstehung der freien Erbleihe und über Landleihe, Hofrecht und Immunität (worüber sich eine Kontroverse zwischen ihm und Seeliger entspann) den Nachweis erbracht, daß die freie Erbleihe des späteren Mittelalters nicht, wie die herrschende Lehre behauptete, ihren Ursprung in der hofrechtlichen Leihe hatte, sondern als eine Fortbildung der älteren freien Leihe zu betrachten ist, die es eben zur Karolingerzeit den kleineren Freien ermöglichte, zu den Grundherren in vermögensrechtliche Beziehungen zu treten, ohne sich dem Hofrecht unterzustellen.

---

[1]) Caro in Jahrb. f. Nat.-Ök. III, F. XXIV, S. 601f.

[2]) v. Below, Entst. d. deutsch. Stadtgemeinde (1889). S. 14, 16, 19.

Das Fazit aus den vorhergehenden Forschungen hat Dopsch in seinen beiden großzügig angelegten Werken über die Wirtschaftsentwicklung der Karolingerzeit und über die wirtschaftlichen und sozialen Grundlagen der europäischen Kulturentwicklung aus der Zeit von Cäsar bis auf Karl d. Gr. gezogen. Dopsch hat den Grundsatz aufgestellt, daß die Karolingerperiode keinen Einschnitt in der wirtschaftlichen und sozialen Entwicklung Europas bedeutet, da bereits viel früher eine Differenzierung des Grundbesitzes und, neben dem Emporsteigen der Unfreien, eine Minderung der Freiheit der Gemeinfreien eingetreten war. Die Karolingerperiode bedeute nur eine Fortsetzung dieses Entwicklungsprozesses. Doch sei die massenhafte Aufsaugung des kleinen freien Grundeigentums weder zur Karolingerzeit noch in der vorhergehenden Periode erweislich: es hätten sich vielmehr auch später Kleinbauern erhalten. Damit war die ältere Lehre vollständig zurückgewiesen. Die Anhänger derselben hielten allerdings teilweise an ihrer früheren Auffassung fest, wie z. B. v. Inama-Sternegg, der freilich in der (1909 erschienenen) zweiten Auflage des ersten Bandes seiner Deutschen Wirtschaftsgeschichte im Anschluß an die Untersuchungen Rietschels das Aufkommen der freien Leihe schon berücksichtigt, im allgemeinen jedoch an seiner früheren Ansicht festhält, und die Behauptung von dem Fortbestand eines breiten Freienstandes als eine „arge Verkennung der ganzen Sachlage und des durch die Quellen tausendfältig bezeugten Prozesses der Zersetzung der altgermanischen Freiheit" bezeichnet. Das Vorkommen zahlreicher Freier in den Urkundenbüchern beweise nichts, da sie „doch immer nur einen winzigen Bestandteil der Bevölkerung bilden" und „gegenüber den massenhaft genannten Unfreien geradezu verschwindend sind".[1]) v. Inama übersieht hier noch immer den Unterschied zwischen der rechtlichen und der wirtschaftlichen Freiheit, den Umstand, daß der Verlust der Vollfreiheit mit einer wirtschaftlich unabhängigen Stellung recht wohl vereinbar war. Mehr Beachtung hat in der zweiten Auflage des ersten Bandes seiner Deutschen Rechtsgeschichte (1906) Brunner der neueren Forschung geschenkt, obwohl auch er sich im allgemeinen gegenüber den Ansichten Caros und anderer zurückhaltend verhält. Dagegen hat sich Schröder, insbesondere nach Erscheinen des ersten grundlegenden Werkes von Dopsch, veranlaßt gesehen, zuzugeben, daß „die früher vorherrschende und auch von ihm (Schröder) vertretene Annahme einer massenhaften Aufsaugung des Freienstandes durch die Grundherrschaften gegenüber der neuen wirtschaftsgeschichtlichen Forschung nicht standgehalten hat". Vielmehr „bildeten die Gemeinfreien auch in der Karolingerzeit den Kern und die große Mehrzahl der Bevölkerung".[2])

Kapitel 5.

Die Organisation der Grundherrschaft.

Den Mittelpunkt der Grundherrschaft bildet der Fronhof oder Herrenhof (mansus oder curtis indominicata oder dominicalis, curtis sala oder salica, salihus, selihus). Das unmittelbar zum Hofe gehörige Land, das herrschaftliche Land, hieß dementsprechend terra dominica, dominicalis, indominicata, terra salica. Es wurde gewöhnlich als das in Eigenwirtschaft befindliche Land von der in den Quellen besonders genannten terra beneficiata, dem Zins- oder Leiheland unterschieden.[3]) In der Tat

[1]) v. Inama I, 2. Aufl., S. 403, 355 A. 1.

[2]) Schröder, Lehrb. 6. Aufl., S. 234f.

[3]) v. Inama I, 2. Aufl., S. 162, 170. Brunner I, 2. Aufl. S. 310. v. Maurer, Einl. S. 16f. Guerard, Polyptique I, S. 483ff. Lamprecht I, S. 745ff. Waitz II, 1, 3. Aufl., S. 284f.

fallen Dominikalgut (Salland) und Eigenwirtschaft häufig zusammen, während in anderen Fällen auch die zu Benefiz oder Prekarie verliehenen Gutsteile zum Dominikalland gehören, unter diesem demnach, auch Land verstanden wird, das nicht in Eigenwirtschaft der Grundherrschaft gehalten ist, soweit es nämlich für den Eigenbedarf des Grundherrn bestimmt ist, ihm gewisse Dienste leistet.[1]) Es sind demnach wirtschaftlich dienende Leihegüter und wirtschaftlich nicht dienende auseinanderzuhalten; je nachdem, ob die Prekarien zu diesen oder zu jenen gehörten, sind sie entweder dem engeren oder dem weiteren Gutsverband zuzurechnen. Jedenfalls konnten die freien Leihen (vornehmlich waren es Prekarien) auch persönlich Unfreien übertragen werden, während andrerseits das Hofrecht auch die mansi ingenuiles umfassen konnte.[2]) Herrschaft und Grundeigentum fallen keineswegs zusammen. Auch außerhalb der Grundherrschaft wohnten Leute, die dem Fronhof verbunden waren und zu Frondiensten angehalten wurden, während andrerseits innerhalb des herrschaftlichen Bezirkes fremdes Grundeigen lag. Es gab nämlich Land, das nicht im Eigentum, sondern nur unter dem Schutze (mithio) des Herrn stand, an welchem der Herr demnach ebenfalls berechtigt war.

Das zum Fronhof gehörende Land zerfiel, wie gesagt, in Zins- und Dienstland. Während die Zinshufen bloß einen — oftmals sehr geringen — Zins zu zahlen hatten, war das Dienstland gewöhnlich, neben Entrichtung des Zinses, mit Fronden belastet, die (wie z. B. nach der L. Baiuv., L. Alam., in Prüm, Staffelsee, St. Germain des Près, im Kloster Bobbio usw.) bis zu drei Tagen in der Woche ausmachen konnten.[3]) Die Zinse (coutume, censive) bestanden gewöhnlich in Naturalleistungen, in Getreide, Schweinen, Hühnern, Eiern, Wolle, nicht selten auch in Gewerbeprodukten, insbesondere in Linnen. Die Diensthufen wurden zu Hand- und Gespanndiensten (servitium, angariae, opera, manuopera, carroperae, curvada, corvées) herangezogen — vor allem zur Feldbestellung, ferner zur Erntearbeit, Schafschur, Holzfällen, zu Weidediensten, Getreidetransport; auch Hüte- und Wachdienst hatten die Grundholden zu besorgen, beim Einzäunen von Hof und Feld, bei Wehranlagen, auch wohl beim Hausbau hatten sie behilflich zu sein. Die gleichen landwirtschaftlichen wie auch gewerblichen Arbeiten wurden von den Knechten und Mägden des Fronhofs verrichtet, jedoch bildeten die obengenannten Leistungen der Hintersassen eine wichtige Ergänzung der wirtschaftlichen Tätigkeit jener. Dazu kamen die Kopfzinse der Hintersassen an den Grundherrn, die staatlichen Abgaben der Grundholden, und der kirch-

---

[1]) Dopsch, Karolinger II, S. 232ff. Roth, Feudal. S. 139. Vgl. Schröder 6. Aufl., S. 228, bes. A. 57.

[2]) Seeliger, Forsch. S. 153f. Waitz, Verf.-Gesch. V, 2. Aufl., S. 271, 308. Rietschel, Zeitschr. d. Sav.-St. (1901). S. 201. Ders., Hist. Viert. (1907). S. 144.

[3]) L. Baiuv. I, 13. L. Alam. Hloth. 22, 3. Brevium Exempla I, c. 9. Maurer, Gesch. d, Fronhöfe I, 378. Meitzen, Siedel. I, S. 606. v. Inama I, 2. Aufl., S. 499. Vormoor S. 60. Hartmann, Analecta. S. 56, 59. Koetzschke, Allg. Wirtsch.-Gesch. S. 236.

liche Zehent, ferner Leistungen, die bei besonderem Anlaß eingefordert wurden, wie z. B. bei der Heirat des Hintersassen, bei seinem Tode, bei Reisen des Grundherrn (Beherbergung und Verpflegung des Herrn und seines Gefolges) usw.[1]) Endlich waren (seit dem 10. Jahrhundert) die Bauern gewöhnlich verpflichtet, die grundherrliche Bannmühle zu benutzen (Mühlenbann), dem entsprach das Verbot, eigene Mühlen zu halten oder sein Getreide nach anderen Mühlen zu fahren. Für das Mahlen auf der herrschaftlichen Mühle war die Malter (multura) in der festgesetzten Höhe zu entrichten. Die Grenzen des Mühlbannbezirkes waren fest bestimmt, öfters freilich in der Weise, daß der Bann sich so weit erstreckte, als ein mit Korn beladener Esel den Weg bis zur Mühle und zurück zu machen imstande war. Die Bannkontravention wurde nicht bloß mit Bußen, sondern auch mit Konfiskation des anderwärts gemahlenen Getreides, ja selbst des damit beladenen Esels geahndet. Dem Mühlenbannrecht (das auch dem Könige gehörte bzw. von den Grundherren als gerichtsherrliches Recht erworben worden war) waren eine ganze Anzahl anderer Rechte nachgebildet, die teilweise mit ihm zugleich, teilweise erst später aufkamen, so insbesondere der Backofenbann und der Brauhausbann, auch der Kelterbann und das Weinschankrecht. Auch Überfahrtsgelder (Fährrecht), Wege-, Fluß- und Brückenzölle, mancherlei besondere Abgaben an den Herrn, z. B. für die Benutzung der herrschaftlichen Waldungen, wären hierher zu rechnen.[2]) Alles in allem gerechnet, konnte die Belastung einer Bauernwirtschaft eine erhebliche Höhe erreichen, während freilich daneben, wie gesagt, auch solche Bauernhufen vorhanden waren, die einen nur minimalen Teil ihres Ertrags an den Grundherrn abzuliefern hatten.

Einen Einblick in die Wirtschaft der geistlichen Grundherrschaften können wir z. B. aus den Angaben über das Kloster Saint-Germain des Près (bei Paris) gewinnen, die in dem von Abt Irminon stammenden Polyptichon aus dem Anfang des 9. Jahrhunderts enthalten sind. Der Besitz der Grundherrschaft betrug nach der Aufstellung Irminons 36,613 Taus. Hektar, wobei sie sich fast gleichmäßig auf den grundherrschaftlichen Eigenbetrieb und die Hufen der Hintersassen verteilen. Diese bestanden aus 1646 mansi, auf denen ca. 10 Taus. Leute ansässig waren. Nach Guérard und Longnon erreichte das Einkommen der Grundherrschaft, in Geld berechnet, 580 Taus. (Gold-) Franken; und zwar lieferte der Eigenbetrieb 200 Taus., die Hufen dagegen 380 Taus. $^7/_8$ aller Hufen, nämlich 1430, waren mansi ingenuiles, bloß 25 lidiles und 191 serviles; doch zu Anfang des 9. Jahrhunderts brauchten (s. o.) Stand und Besitzart nicht mehr zusammenzufallen, und die mansi ingenuiles waren öfters an servi oder liti vergeben. Sie wurden nur mehr nach Art und Höhe der Abgaben und Fronden unterschieden. Die Dienste waren von dreierlei Art:

---

[1]) Lamprecht, Deutsch. Wirtsch.-L. I, 2. Aufl., S. 779. Kötzschke, Allg. Wirtsch.-Gesch. S. 235ff. Sombart, 2. Aufl., Kapit. I, S. 66ff., 72ff.

[2]) Koehne, Das Recht der Mühlen bis zum Ende der Karolingerzeit. 1904. Ders., Studien über die Entstehung der Zwangs- und Bannrechte. Z. d. Sav.-St. G. A. XXXVIII, S. 25. Ders., Viert. f. Soz.- u. W.-G. 1915. Viollet, La communité des moulins et des fours au moyen-âge. Rev. Hist. XXXII (1886). Lamprecht, D. Wirtsch.-L. I, S. 586f., 801, 999ff. Stieda, Zwangs- und Bannrechte. Hdw. d. St. v. Below, Urspr. d. deutsch. Stadtverfass. S. 42. Probl. S. 50f., 64f. v. Inama II, S. 297ff. Sée, Les classes rurales (1901). S. 409ff.

1. Spanndienste bei Feldbestellung (rigae, curvadae); 2. Handdienste (manopera); 3. Gebäudebau und -reparaturen, Einzäunungen (clausurae), Ernte- und Drescharbeiten, Brot- und Bierbereitung, Lastenbeförderung (durch Menschen), Holzfällen (caplim); 4. Transport von Holz, Brot, Wein; letztere Fronden hießen carroperae oder speziell venericia — Weinfuhren, oder auch, nach den Monaten benannt, wo sie stattzufinden hatten — magisca (im Mai), augustaticum (im August). Die Frondienste sind teilweise ungeregelt (manoperas quantum ei jubetur), teilweise ist das Quantum der zu verrichtenden Arbeit angegeben (Bestellung einer bestimmten Bodenfläche), oder endlich die Dauer derselben festgesetzt (soundso viele Tage wöchentlich). In letzterem Falle betrugen die Spann- und Handdienste (außer der Beförderung von Gütern) gewöhnlich 2 oder 3 Tage in der Woche, wobei bei Ableistung von Spannfronden die Handdienste entsprechend herabgesetzt werden; zur Zeit der Dienstleistung wurden die Bauern öfters mit Speise und Trank vom Kloster versorgt.

Die Auflagen waren von mannigfacher Art, so Zinse, Kopf- oder Herdabgaben (carnaticum), Abführung eines Teiles des Ertrages der Bauernhufe (agraria), Zahlung für Waldnutzung (lignaritia, glandaticum), endlich zur Ausstattung der ins Feld Ausrückenden (hostilicium, carnaticum), welch letztere Abgabe allmählich sich aus einer temporären zu einer ständigen Zahlung umgewandelt zu haben scheint. Nicht minder zahlreich waren die Produkte, in denen die Abgaben zu entrichten waren; vor allem zahlte man in Vieh mancherlei Art, so in Ochsen, Schafen, Schweinen (die Schweine zerfielen wiederum in porci maiores und porci minores, soales, d. i. im Wert von einem solidus, und porcelli von geringerem Werte, forreoli — Milchferkel und porci crassi — gemästete Schweine). Ferner bestanden die Zinse in Hühnern und Eiern, und zwar waren 3 Hühner und 15 Eier für die Hufe bestimmt. Es wird auch eine besondere Abgabe unter dem Namen pullus regalis erwähnt, d. i., nach der Annahme Guérards, das Huhn, das bei Reisen des Königs dargebracht wurde, zunächst wohl eine einmalige Abgabe, die sich jedoch später als ständige Zahlung einbürgerte. Dazu kamen größere Weinlieferungen (hostilicium und glandaticum wurden gewöhnlich in Wein abgeführt), denn das Stift (120 Mönche) — benötigte jährlich 2000 Modien Wein (1 Modius = 63 bis 68 Liter). Endlich kommen Zinse in Getreide vor, die freilich nicht von allen Hufen zu entrichten waren, wie auch Zinse in Malz und Hopfen zum Bierbrauen, welche speziell den mansi serviles auferlegt waren. Eine besondere Gruppe von Naturalabgaben bildeten diejenigen, die in Gewerbeprodukten bestanden. Einige Hintersassen, die als faber bezeichnet sind, haben Waffen (blasi) zu liefern, andere Faßreifen, Frauen haben Wolle- und Leinenkleidung für das Kloster aus den von ihm erhaltenen Rohstoffen (Wolle oder Flachs) anzufertigen, endlich waren 32 Hufen verpflichtet, das Stift alle 3 Jahre mit Spaten (30 Stück) zu versorgen.[1])

Die Bedeutung des im Eigenbau des Herrn befindlichen Landes innerhalb der Grundherrschaft konnte eine recht verschiedene sein. Neben Fronhöfen mit ausgedehnter Eigenwirtschaft, wo das Salland mit Hilfe der unfreien Leute und dienstpflichtigen Bauern bewirtschaftet wurde, gab es auch solche, wo der Eigenbetrieb ganz gering war, ja geradezu vollständig fehlte, die Grundherrschaft vielmehr nur zinspflichtige Bauerngüter umfaßte, so daß der Fronhof eigentlich nur eine Sammelstelle für die bäuerlichen Lieferungen bildete. Als Beispiel könnte man das Stift Werden an der Ruhr anführen, das am Ausgang der Karolingerzeit einerseits um Friemersheim 150 Hufen auf einer Fläche von 3½ Geviertmeilen besaß, und daher hier einen großen gutsherrschaftlichen Eigenbetrieb eingerichtet hatte, andrerseits in Westfalen nur Hebestellen

---

[1]) Polyptique de l'abbé Irminon. Ed. Longnon. 1895.

für bäuerliche Lieferungen hatte, da hier ca. 450 Hintersassen des Stiftes in einem Umkreis von 250 Geviertmeilen zerstreut saßen und in einer Bauernschaft (Dorfgemeinde) meist nur 1—2 zinspflichtige Bauerngüter vorhanden waren. Allerdings fügt Koetzschke hinzu, daß auch im ersten Falle (bei Friemersheim), wo die dichte Besitzlage des Stiftsgutes hervortritt, auch andere große und kleinere Grundherren, sowie freie Bauern mit ihren Hufen und Gerechtsamen erscheinen, so daß selbst hier eine Geschlossenheit des Grundbesitzes keineswegs vorliegt.[1])

Im Gegensatz zu Maurer und Inama hat Lamprecht festgestellt, daß der mittelalterliche Fronhof, die einzige durchgreifende Basis der grundherrschaftlichen Verwaltung, im Streubesitz lag und etwa 12—24 zugehörige Hufen, zum großen Teil an anderen Orten, als dem Fronhofsorte, umfaßte.[2]) Ein Korellat hierzu bildet die Tatsache, daß „ein Dutzend und mehr Grundherren am gleichen Orte nebeneinander Grundbesitz haben konnten". Die Richtigkeit dieser Annahme Lamprechts, die er auf Quellenmaterialien aus dem Mosellande begründete, ist dann von anderen Forschern auch für andere Gegenden nachgewiesen worden. Ob wir Württemberg oder Elsaß, Bayern oder Salzburg, Baden oder Sachsen, Hessen oder Nassau nehmen, überall ergibt die beredte Sprache der Traditionen, daß die gleichen Dorffluren Hufen verschiedener Grundbesitzer aufweisen, daß die Besitzungen weithin verstreut nebeneinander und durcheinander liegen.[3]) Gewiß findet sich, wie dies Lamprecht ja auch selbst zugibt, kirchlicher wie weltlicher Grundbesitz von bedeutender und einheitlicher territorialer Ausdehnung, jedoch gehören derartige territorial geschlossene Fronhöfe eben zu relativ seltenen Ausnahmen. Als typisch muß dagegen die Streulage bezeichnet werden; die Verteilung der zu einer Grundherrschaft gehörenden Bauerngüter über mehrere, oft sehr viele (mehrere Dutzend) Ortschaften ist die Regel. Diese wirtschaftlich im höchsten Grade irrationelle Form der Bodenanhäufung hängt damit zusammen, daß die Grundherrschaften nicht das Ergebnis einer von den Grundherren planmäßig geleiteten Rodung und Siedelung waren, sondern aus lauter zufälligen Erwerbungen, aus Kaufakten, Erbschaften zu einem großen Teile (insbesondere bei der Kirche) aus Schenkungen sich zusammensetzten, die wiederum nur Teile des in der betreffenden Gegend liegenden Gutes des Schenkers bzw. Verkäufers waren. Nur teilweise konnte dieser Mangel an Einheitlichkeit durch Tausch, Rodung usw. angrenzenden Grund und Bodens behoben werden.

Die Ansicht von der Streulage des grundherrschaftlichen Besitzes ist gegenwärtig zur herrschenden geworden.[4])

---

[1]) Koetzschke, Verwaltungsgesch. der Großgrundherrsch. Werden. S. 7, 12, 57, 69.

[2]) Lamprecht I, 2., S. 739, 741, 743.

[3]) S. dar. Dopsch, Karol. I, S. 223ff., 241, ferner die Schriften von Caro, Bitterauf, auch Schill-Krämer, Viert. f. Soz.- u. W.-G. 1924.

[4]) Wittich, Z. d. Sav.-St. XXXV, S. 338. Ders., Grundherrschaft Anl. S. 221. Schröder 6. Aufl., S. 228. Seeliger, Forschungen. S. 309. Brunner I,

Schon daraus ersieht man, wie stark Inama die Bedeutung der Grundherrschaft für die wirtschaftliche Entwicklung überschätzt hat. Wenn er nämlich behauptet, daß die Grundherrschaft „dem Grund und Boden die nationale Arbeit als nicht minder wichtig befruchtend an die Seite setzte“, daß hier jede Arbeitskraft „an den Platz gestellt werden konnte, wo sie sich nach ihrer Eigenart am besten zu betätigen vermochte“ und „die Einheitlichkeit des Organisationsplans“ dafür bürgte, „daß auch jede Kraft gehörig ausgenutzt wurde“[1]), so wäre dies alles nur unter der Voraussetzung möglich gewesen, daß die Grundherrschaft einen einheitlichen Güterkomplex dargestellt hätte. Erweist sich jedoch, daß sie sich aus vielen, weit und breit verstreuten Hufen und ebenso weit auseinanderliegenden Fronhöfen mit meist nur geringem Eigenbetrieb zusammensetzte, so war sie eben kein Großbetrieb, wo jene zweckmäßige Arbeitsteilung und Durchführung eines einheitlichen Organisationsplanes stattfinden konnte, sondern ein Konglomerat aus zahlreichen Kleinbetrieben, das weder in technischer, noch in wirtschaftlicher Hinsicht irgendwelche bedeutsamere Fortschritte gegenüber den früheren Zuständen aufweisen konnte. Unterschied sich die Betriebsweise der abhängigen Bauernhufen in keiner Weise von jener der übrigen Bauerngüter, so glichen auch die Herrenhöfe gewöhnlich an Betriebstechnik und Haupterzeugnissen fast völlig den Bauernhöfen. Denn sie waren ja öfters nichts weiter, als etwas größere Bauernhöfe und war „das zu ihnen gehörige Areal umfangreicher, als das es sich von einem solchen Hofe aus bewirtschaften ließ, so wurde nicht etwa die Zentralstelle vergrößert, sondern man griff zu dem Aushilfsmittel der Ausbauten und Vorwerke, welche dann, dem Charakter des Allmendeausbaus gemäß, bald zu Eigenwirtschaften erstarken“.[2])

Eine Vergleichung der Zeit Chlodowegs mit der Karolingerperiode ergibt, daß in der dazwischenliegenden Periode kein neues oder verbessertes Ackerbauinstrument Eingang gefunden hat, ebenso wenig irgend welche bis dahin nicht bekannte oder neu zum Anbau gebrachte Feldfrucht.[3]) Nicht bloß Hafer, sondern auch Spelz und Weizen werden bereits bei Tacitus erwähnt, und wenn der Roggen in den Quellen zum ersten Mal zu Ende des 8. Jahrhunderts erscheint, so folgt daraus noch gar nicht, daß er früher unbekannt war. Obwohl Roggen nicht zu den ältesten Getreidearten gehört, so war er doch jedenfalls in Mitteleuropa schon viel früher eingedrungen, wenn er sich auch wohl nur allmählich über die einzelnen Gegenden verbreitet hat. War doch der Roggen, nach den urkundlich erwähnten Abgaben der Bauern zu urteilen,

---

S. 230, 300. Swart, Fries. Agrargesch. S. 173. Stäbler S. 739, 749. Dopsch, Karol. II, S. 222ff. Max Weber, Jahrb. f. Nat.-Ök. 1904. S. 454. Stäbler S. 739, 749. v. Below, Probl. S. 34, 41. Sombart I, 2. Aufl., S. 65.

[1]) v. Inama I, 2. Aufl., S. 515. Vgl. S. 457f.

[2]) Lamprecht, D. Wirtsch.-Leb. I, 2. S. 754. Wittich, Zeitschr. S. 338. Sombart I, 2. Aufl., S. 68ff.

[3]) Meitzen, Siedel. I, S. 614. Vgl. Wittich.

im Wesertal bei Corvei noch 1060 unbekannt; doch sind wir über das Vordringen der einzelnen Feldfrüchte in der Merovinger- und Karolingerperiode zu wenig unterrichtet, um über die wirtschaftliche Bedeutung derselben für den Ackerbau in den verschiedenen Perioden auch nur einigermaßen sicher urteilen zu können.[1]) Auch die anderen Gewächse sind nicht erst in den grundherrlichen Eigenbetrieben angebaut worden. Plinius und Tacitus bestätigen uns, daß die Germanen den Flachsbau und die Leinenweberei kannten; mancherlei Gemüsearten (wie auch Flachs) kommen schon in den Volksrechten vor (Rüben-, Bohnen-, Erbsen- und Linsenfelder in der Lex Salica), wenn auch der Anbau einzelner von ihnen auf die Herrenhöfe beschränkt gewesen sein mag.[2]) Neu scheinen manche von den Gartenkräutern und Blumen zu sein, die im Capitulare de villis aufgezählt werden, eine tatsächliche wirtschaftliche Bedeutung wird man ihnen jedoch kaum beimessen können.[3]) Anders bei der Weinrebe, die sicher vor allem in den Klosterwirtschaften gepflegt wurde. Allerdings ist der Weinbau am Mittelrhein (bei Andernach) schon im 6., am Bodensee und in der Pfalz im 7. Jahrhundert bezeugt, während er anderwärts (Rheingau, Saarthal) erst im 11. Jahrhundert auftritt und überhaupt eine größere räumliche Ausdehnung im Donau- und Rheingebiet erst seit dem 12. Jahrhundert erfahren zu haben scheint.[4])

Auch eine Veränderung in der Fruchtfolge ist nicht anzunehmen, denn die Dreifelderwirtschaft, die erst 765 und 771 erwähnt wird[5]), konnte einerseits in einzelnen Fällen bereits viel früher aufgetreten sein[6]), andrerseits wird sie selbst zu Ende des 8. Jahrhunderts wohl kaum eine allgemeine Verbreitung erfahren haben, denn im Capitulare de villis ist sie außer Betracht geblieben. Selbst v. Inama, der der Grundherrschaft einen erheblichen Verdienst in Technik und Ökonomik beimißt, muß zugeben, daß neben der aufkommenden Dreifelderwirtschaft „noch immer eine Feldgraswirtschaft besteht, welche in ungeordneter Aneinan-

---

[1]) v. Fischer-Benzon, Altdeutsch. Gartenflora. S. 168. Hehn, Kulturpflanzen und Haustiere. 7. Aufl., S. 551 ff. Schrader, Reallexikon der indogerm. Altertumskunde. S. 11, 291, 692, 949. Hoops, Waldbäume und Kulturpflanzen im germ. Altert. (1905.) S. 411 f., 444 ff., 458 ff. Vgl. v. Inama I, 2. Aufl., S. 557 f. Kretschmer, Hist. Geogr. v. Mitteleuropa. (1904.) S. 201. Knüll, Hist. Geogr. Deutschlands im Mittelalter. (1903.) S. 121. Lamprecht, D. Wirtschaftsleb. I, S. 547 ff.

[2]) Plinius, Nat. Hist. XIX, S. 8. Tacitus, Germ. S. 17. Lex Sal. Tit. XXVII, S. 7, 8, 13. (Si quis in napina, in favaria, in pissaria, vel in lenticlaria infurtum ingressus fuerit. Si quis de campo alieno lino furaverit. Si quis vinea aliena in furtum vindimiaverit.) Vgl. Geffcken S. 138 f. Halban-Blumenstok, Entst. d. deutch. Immobiliareigent. (1894.) S. 135. Meitzen, Siedelungen I, S. 584 f. Hoops S. 462 ff.

[3]) Meitzen I, S. 614. Wittich, Zeitschr. S. 338.

[4]) v. Inama I, 2. Aufl., S. 558 f. Knüll S. 122. Gareis, Von Weingesetzen. (Festgabe für Karl Güterbock. 1910.)

[5]) S. oben S. 26 A. 7.

[6]) Vgl. Weller, Die Besiedel. des Alemannenlandes. Württ. Viert. VII, S. 340. Rübel, Die Franken. S. 186.

derreihung der Feldstücke und ohne erkennbare Einteilung der Schläge dem Boden nur spärlichen Ertrag abgewinnt; selbst die Brennwirtschaft ist in waldreichen Gegenden noch lange nicht verschwunden.“ Dadurch mußte insbesondere die zum Teil von den Grundherrschaften ausgehende Ausbreitung des Feldbaues auf Wald- und Weideland an Bedeutung erheblich verlieren. Denn diese Neubrüche konnten ihrer Entlegenheit und Unregelmäßigkeit wegen nicht leicht in den Turnus der in Gemengelage liegenden Felder eingefügt werden, und es mußte hier auch weiter eine rohe regellose Wirtschaft fortbestehen. Soweit aber ein geregeltes Feldersystem und eine schlagmäßige Einteilung der Dorfflur bereits erfolgte, waren die herrschaftlichen Felder, da sie in Gemengelage mit abhängigen und freien Bauernhufen lagen, dem gleichen Flurzwang unterworfen und konnten keine andere Wirtschaft, als die allgemein bei den Bauern übliche, betreiben.[1])

Auch die anderen Verdienste der Grundherrschaft sind nicht übermäßig hoch anzuschlagen: so in der Ausbildung des Gewerbes, im Ausbau des Landes, wenn auch ihre Bedeutung in anderer Richtung, namentlich auf dem Gebiete der Literatur, Wissenschaft, Kunst und Gewerbetechnik, die von den Klöstern eifrig gepflegt wurden, nicht übersehen werden darf. Was insbesondere die Fortschritte in der Besiedelung betrifft[2]), so ist hier freilich, im Gegensatz zu den vorhergehenden Perioden, seit den Merovingern ein Vordringen in bisher unbewohnte Urwaldgebiete zu beobachten, und die Inangriffnahme größerer Rodungen ist vielfach von den Grundherrschaften ausgegangen, namentlich von den geistlichen, die die Lichtung des Waldes als ein gottgefälliges Werk ansahen. Doch abgesehen davon, daß auch in dieser Beziehung die Karolingerzeit nichts neues geschaffen hat, da die Mönche seit Ende des 6. Jahrhunderts in den Vogesen, Ardennen, im Jura, in der Pikardie und anderwärts gerodet haben, darf ebenso wenig die Tätigkeit sowohl wirtschaftlich ganz selbständiger, als auch nur teilweise von dem Grundherrn abhängiger Bauern außer acht gelassen werden[3]), die meist eben die schwierige Arbeit der Rodung und Anlage neuer Siedelungen auf sich genommen haben, während die Klöster die Bifänge öfters nicht selber angelegt, sondern durch Tausch kultiviertes Land gegen ungerodetes erworben haben.[4])

Lamprecht, der v. Inamas Ansicht von der Geschlossenheit des aristokratischen (geistlichen und weltlichen) Grundbesitzes energisch

---

[1]) v. Inama I, 2. Aufl., S. 538f., 542f., 547.

[2]) Betont von v. Inama I, 2. Aufl. Vgl. Imbart de la Tour, Les colonies agricoles usw. S. 146ff. Ders., Questions d'histoire sociale et relig. S. 31ff.

[3]) Lamprecht I, 2. Aufl., S. 688. Dopsch, Karol. S. 243ff. Caro, Jahrb. Schweiz. Gesch. XXVII (1902). Lesne, Histoire de la propriété éccles. I, S. 92ff. Halphen, Etudes critiques. S. 240ff. v. Below, Beitr. S. 36ff. Knüll, Hist. Geogr. S. 88, 95f. Heusler, Instit. II, S. 171f. Flach II, 142ff,

[4]) Z. B.: dedi omnem proprietatem meam. ... et eo contra accepi 10 ruchos de terra arrativa ... et silvam quantum mihi necesse est extirpanda ... (Tradit. Sangall. a. 912.)

bekämpft hat, stimmt jedoch in einem Punkt mit ihm überein, nämlich in der Charakterisierung der königlichen Grundherrschaft, deren Geschlossenheit, im Gegensatz zum übrigen Grundbesitz, er durchaus anerkennt. Er betont die stramme Organisation und einheitliche Verwaltung des Fiskallandes, das ein festgeschlossenes Territorium von 1—2, ja ausnahmsweise sogar von 5—6 Quadratmeilen darstellte. Dagegen bestreitet Dopsch auch die Geschlossenheit der Krongüter. „Auch das königliche Gut lag vielfach in den Dörfern und Städten verstreut, mitten unter geistlichem und weltlichem Besitz", ja „auch innerhalb der königlichen Villen war Privatgut freier Grundeigner vorhanden".[1]) Auch hier findet Dopsch „keine straffe Zentralisation in abgestufter Abhängigkeit von Haupt- und Nebenhöfen. sondern unabhängige Vielgestaltigkeit in selbständigen und zum Teil unverbundenen Einzelbetrieben".

Im Zusammenhang damit ist Dopsch auch einer anderen herrschenden Ansicht entgegengetreten. Man ging nämlich bei der Annahme einer Zentralisierung der Fiskalverwaltung vom Capitulare de villis aus, das als eine große schöpferische Tat Karls d. Gr. betrachtet wurde, eine allgemeine Neuordnung der Villenverfassung, die jedoch auch von den weltlichen und geistlichen Grundherrschaften als Muster und Vorbild angenommen wurde, bedeutet haben sollte. Diese Auffassung ermöglichte es, das Capitulare als die Magna Charta des Großgrundbesitzes zu betrachten, die daraus bekannte Fiskalorganisation ohne weiteres mit der grundherrlichen Organisation zu identifizieren.[2]) Dazu hatte schon Lamprecht Stellung genommen.[3]) Noch viel entschiedener ist jedoch Dopsch dagegen aufgetreten, der das Capitulare vollständig „entthront" hat, indem er eine starke Überschätzung der Bedeutung dieser Quelle für die Kenntnis der agrarischen Entwicklung nachwies. Vor allem ist, seinen Ausführungen zufolge, die Güterordnung Karls d. Gr. nicht dazu bestimmt, ein „neues System" zu begründen, sondern es wird die Wiederherstellung des alten, hergebrachten, normalen Zustandes in der königlichen Gutsverwaltung angestrebt. Die Tatsache, daß das Capitulare nur in einer einzigen Handschrift erhalten ist, weist darauf hin, daß diese Wirtschaftsordnung keineswegs eine allgemeine Bedeutung gehabt hat, sondern nur für ganz bestimmte, zeitlich und räumlich eng begrenzte Verhältnisse gedacht war, wie dies schon Guérard angenommen hatte. Dopsch führt aus, das Capitulare de villis sei nicht von Karl d. Gr. 812, sondern von seinem Sohne Ludwig 794 oder 795 erlassen worden; es beziehe sich nur auf die königlichen Tafelgüter und sei nur dazu bestimmt, den Lieferungsdienst derselben in entsprechendem Ausmaß sicherzustellen; endlich hätte es nur die Verhältnisse in Aquitanien, das von

---

[1]) Lamprecht, Deutsch. Wirtsch.-L. S. 713, 717. Dopsch, Karol. I, S. 120ff., 133, 142, 163, 177. Rübel, Franken. 260, 367. Steinitz, Viert. S.- u. W.-G. S. 486.

[2]) Maurer, Einl., S. 255, Nitzsch, Ministerialität und Bürgertum, S. 67, Gareis, Die Landgüterordnung Karls d. Gr., S. 3ff. Inama I, 2. Aufl., 444, 509.

[3]) Lamprecht I, S. 718.

Ludwig verwaltet wurde und wo arge Mißwirtschaft eingerissen war, zu regeln gehabt. Letzteres begründet Dopsch damit, daß der Text des Capitulare romanische (und nicht lateinische) Sprachformen aufweise, die für Südfrankreich eigentümlich sind, und insbesondere damit, daß das Verzeichnis der Pflanzen, welche nach dem Capitulare auf den königlichen Domänen gezogen werden sollten, solche enthalte, die nur im Süden frei gedeihen (so z. B. Lorbeer, Meerzwiebel, Koloquinte, Rosmarin, Kastanien-, Mandel-, Maulbeer-, Feigenbaum). Manche Pflanzennamen, wie das arabische costum, pisos mauriscos, silum, d.i. seseli massiliense, deuten auf den Süden hin, auf Gebiete, die an das maurische Spanien und ans Mittelmeer grenzen.[1])

Die neue, von Dopsch vertretene Ansicht hat einen lebhaften Meinungsstreit hervorgerufen. Während Winkler sich seiner Auffassung durchaus anschloß und zu dem Ergebnis gelangte, daß „die Sprache des Capitulare de villis, ebenso wie sachgeschichtliche Erwägungen, keinen Zweifel darüber lassen, daß die Urkunde Südfrankreich zuzuweisen ist"[2]), auch Ettmayer seinen Ausführungen zustimmte[3]), haben andere Philologen, wie Baist[4]) und Jud und Spitzer[5]) die Meinung verfochten, daß sowohl die Sprache des Capitulare als die daselbst erwähnten Pflanzen ebensoviele Anhaltspunkte dafür liefern, daß die Urkunde sich auf Nordfrankreich beziehe, wo sich die Hauptgüter der Karolinger befanden. Widerspruch haben die Darlegungen von Dopsch auch von seiten Gareis' erfahren, der seine einstmals geäußerte Ansicht auch jetzt aufrecht erhalten zu können glaubte.[6]) Trotzdem betonten sowohl Winkler[7]) als auch Dopsch selbst[8]) nochmals ihren Standpunkt, wobei Dopsch neue Argumente zur Begründung seiner Annahme anführte. Eine vermittelnde Stellung nahm Bloch[9]) ein, sowie einige Rezensenten[10]) des Buches von Dopsch.

Was ergibt nun diese Polemik, die eine Reihe von trefflichen Detailuntersuchungen ins Leben gerufen hat? Was zunächst die Sprachformen betrifft, so mußte man zugeben, daß sich daraus kein auch nur halbwegs zuverlässiges Urteil gewinnen läßt. Bei der sprachlichen Beurteilung derselben Wörter tritt eine scharfe Meinungsverschiedenheit unter den Philologen zutage. Heben sie doch selbst die ungeheuren Schwierigkeiten hervor, die der Zuweisung des Capitulare aus rein sprachlichen Gründen nach dem Süden oder dem Norden Frankreichs entgegenstehen. Es erscheinen hier nämlich, nebeneinander, verschiedene Sprachformen

---

[1]) Dopsch, Karol. I, S. 28ff.

[2]) Winkler, Zur Lokalisierung des sog. Capitulare de villis. Zeitschr. f. roman. Philologie XXXVII. 1915.

[3]) Ettmayer, Mitt. des Inst. f. öst. Gesch.-F. XXXV (1914), S. 364ff.

[4]) Baist, Zur Interpretation der Brevium Exempla und des Capit. de villis. Viert. f. Soz.- u. W.-G. (1914), S. 41ff.

[5]) Jud und Spitzer, Wörter und Sachen VI, S. 116ff.

[6]) Gareis, Die Familia des Cap. de villis v. J. 812. (Festschrift für Georg Cohn. 1915. S. 279ff.)

[7]) Winkler, Nochmals zur Lokalisierung des Cap. de villis. (Zeitschr. f. roman. Philologie XXXVIII. 1917. S. 554ff.)

[8]) Dopsch, Das Cap. de villis usw. (Viert. f. Soz.- u. W.-G. 1915, S. 41ff.) und Westgotisches Recht im Cap. de villis (Z. d. Sav.-St. G. A. XXXVI, 1915, S. 1ff.).

[9]) Bloch, L'origine et la date du Cap. de villis (Rev. hist. 1923, T. 143, I, S. 40ff.).

[10]) Haff in der Z. d. Sav.-St. G. A. XXXIII, S. 524. Philippi, Gött. Gel. Anzeig. 1913, S. 227ff.

und Mischungen derselben. Die weitgehende Unsicherheit der sprachlichen Zuweisungen wird noch dadurch erhöht, daß das Capitulare nicht im Original erhalten ist, sondern bloß in einer Abschrift, die nahezu ein Menschenalter jünger ist als das Original, wobei in der Abschrift zahlreiche Korrekturen, Rasuren und Nachträge, ja auch Abschreibefehler enthalten sind. Die mittelalterlichen Abschreiber haben oft das Original sehr rücksichtslos behandelt: sie änderten nicht nur die Schreibweise, sondern auch die Wortformen. Auch Dopsch selbst muß nun zugeben, daß die sprachliche Untersuchung „ins Hintertreffen rückt und höchstens sekundäre Bedeutung für sich in Anspruch nehmen kann".[1])

Nicht viel sicherer fühlt man sich jedoch auch bei der pflanzengeographischen Untersuchung. Baist sucht darzutun, daß eine Reihe der von Dopsch aufgezählten Pflanzen, wie Kastanien-, Mandel- und Feigenbäume, selbst der Lorbeer auch in Nordfrankreich, Süddeutschland, am Rhein und in der Rheinpfalz, ja in Holstein im Freien ausdauern und Früchte hervorbringen können, daß solche ausschließlich südliche Pflanzen, wie Olive und Granatapfel, im Capitulare gar nicht erwähnt werden. Nach Jud und Spitzer sei mit den pflanzengeographischen Angaben überhaupt nicht viel anzufangen. Außerdem wird man, wie dies von Baist und Bloch hervorgehoben wird, die Worte des Capitulare „wir wünschen, daß im Garten alle Kräuter (Pflanzen) vorhanden seien, und zwar . . ." wohl kaum in buchstäblichem Sinne verstehen können. Es ist geradezu ausgeschlossen, daß irgendein königlicher Park oder ein Klostergarten alle hier aufgezählten 95 Arten von Blumen und Bäumen enthielt. Die Erfüllung dieser Forderung war ebenso unmöglich wie eine Reihe anderer im Capitulare vorkommender Bestimmungen, wenn man überhaupt davon ausgeht, daß sein Verfasser eine solche „Ausstellung von Pflanzen" in jeder Villa einrichten wollte, auch abgesehen davon, daß der Abschreiber, ein Pflanzenfreund, auch aus eigenem Antriebe manches hinzugefügt haben konnte, das im Original ursprünglich fehlte. Außerdem wird man die Frage aufwerfen müssen, warum denn diese Pflanzenarten bloß auf den Gütern Ludwigs in Aquitanien gezüchtet werden sollten, da ja Karl d. Gr. auch später eigene Domänen in Südfrankreich, z. B. in der Provence, besaß, wo doch Lorbeer, Rosmarin, Mandelbaum und die übrigen „herbae" zweifelsohne gediehen und Früchte brachten. Dürfte man da die Annahme von sich weisen, das Capitulare sei doch von Karl d. Gr., wenigstens für seine eigenen, in Südfrankreich gelegenen Domänen erlassen worden? Tafelgüter, die für den königlichen Hof zu dienen hatten, gab es ja, neben Benefizialgütern, nicht bloß in Aquitanien. Auch der Umstand, daß, nach der Bestimmung des Capitulare, der judex oder der junior solange „potu vel carne se abstineat" als, bis er zum Könige gelangt und sich gerechtfertigt hat, ist nicht durchaus in der Weise zu deuten, daß die Verordnung eine geringere räumliche Entfernung des Königs von seinen Gütern voraussetzt, da sonst die schuldigen Beamten des Hungertodes sterben müßten, ehe sie den Sitz Karls d. Gr. erreicht hätten. Bereits Guérard hatte die Bemerkung gemacht, daß diese Forderung nichts mehr enthalte, als daß die Schuldigen sofort zu erscheinen hätten, und Bloch fügt dem hinzu, es handle sich bloß um die Enthaltung von Fleisch und Wein, nicht aber von Essen und Trinken überhaupt, um das „auf Wasser und Brot" setzen, eine Strafe, die damals, besonders in den Klöstern, nicht selten angeordnet wurde.

Während nun Baist, wie auch Jud und Spitzer behaupten, es bleibe auch nach den Ausführungen von Dopsch alles beim alten, das Capitulare stamme aus

---

[1]) Dopsch, Viert. f. Soz.- u. W.-G. S. 13, 41 ff. Freilich behauptet er in der zweiten Auflage seines Werkes dennoch, das Vorhandensein nordfranzösischer Wortformen stehe keineswegs der Annahme entgegen, daß das Capitulare in Aquitanien erlassen worden ist, denn am Hofe Ludwigs habe es auch Leute Karls d. Gr. gegeben, während das Vorkommen südfranzösischer Wörter unerklärlich wäre, wollte man annehmen, daß das Capitulare von Karl d. Gr. stamme und für das gesamte Herrschaftsbereich des großen Kaisers oder wenigstens für Nordfrancien bestimmt sei. Woher kämen dann diese Wortformen?

Nordfrankreich und sei von Karl d. Gr. erlassen worden, meinen andere, wie z. B. Bloch, es sei sowohl die frühere Auffassung, als die neue, von Dopsch vertretene, nicht abzulehnen. Denn da wiederholt im Capitulare eine Königin erwähnt wird, so sei der Urheber dieser Ordnung ein König (kein Kaiser), und zwar ein verheirateter. Dies gelte aber (wie bereits Guérard und Boretius behauptet haben) sowohl für Karl d. Gr. von 770 bis 800 (nicht, wie Gareis meint, um 812, denn damals war Karl schon Kaiser und besaß keine legitime Gemahlin mehr), als für Ludwig von 794—813. Jedenfalls bildet, nach seiner Ansicht, das Capitulare eine für jene Zeit nicht ungewöhnliche Verordnung, aus der man herauslesen kann, wie die ersten Karolinger die Wirtschaftsführung auf ihren Gütern geordnet haben wollten, deren Grundlagen wohl überall, im Norden wie im Süden, die gleichen waren.[1]) Auch Mayer meint, daß dem Capitulare zum großen Teil eine weitere Bedeutung zukomme; wenn es auch für ein lokal begrenztes Gebiet erlassen sein mag, so enthalte es doch allgemeingültige Bestimmungen.[2])

Dopsch hat sich nicht bloß ein bleibendes Verdienst erworben, indem er die Güterordnung, die Karl d. Gr. zugeschrieben wurde, einer eingehenden Erforschung unterwarf, sondern auch in seinen Schlußfolgerungen scheint er das richtige getroffen zu haben.[3]) Man wird jetzt nicht mehr von jener einzigartigen Bedeutung des Capitulare de villis reden dürfen, das eine allgemeine Reform der Krongutsverwaltung durch Karl d. Gr. enthalte, noch weniger von dem unmittelbaren Einfluß desselben auf kirchliche wie weltliche Grundherrschaften. Und doch sollte man die Annahme nicht von sich weisen, daß das Capitulare, trotz seiner räumlichen und zeitlichen Begrenztheit, und obgleich es keine Neuerung bedeutet, doch ein Bild von der grundherrschaftlichen Organisation jener Zeit gibt[4]), das, neben einer bis ins einzelne dringenden Regelung der Wirtschaft in möglichst rationeller Weise (teilweise mehr ein Ideal als praktisch ausführbar), doch auch „in sehr vielen Zügen den naiven Standpunkt und die geringe Entwicklung der landwirtschaftlichen Zustände“ offenbart.[5]) Wir haben hier eben eine auf dem Prinzip der unmittelbaren Bedarfsdeckung beruhende Organisation der königlichen Güter vor uns, die den König mit allem nötigen zu versorgen haben. Wird es doch in der Güterordnung bestimmt, daß die mannigfachsten Wirtschaftszweige gepflegt werden sollen — neben Ackerbau und Viehzucht auch Jagd, Fischerei, Bienenzucht, Waldwirtschaft, Gewerbe usw. Es sollen Kuh-, Schweine-, Ziegen-, Schafherden gehalten (C. 23), Zuchthengste, Stuten und Füllen (C. 13, 14, 50), Schweine, Schafe, Enten

[1]) Bloch, Rev. Hist. 1923, I, S. 40ff.

[2]) Mayer, Viert. f. Soz.- u. W.-G. XVII, 1923.

[3]) Die neue, von Dopsch vorgeschlagene Beurteilung des Cap. de villis haben auch v. Below (Probl. d. W.-Gesch. S. 42), Sombart (Mod. Kapitalism. I, 2. Aufl., S. 53), Schröder (Lehrb. 6. Aufl., S. 211), angenommen (nur teilweise Koetzschke, Allg. Wirt.-Gesch. S. 160f.). Vgl. Fleischmann, Landwirtsch. Jahrb. 1919. Halphen, Etudes critiques sur l'hist. de Charlemagne (1921), S. 271.

[4]) Lamprecht I, 2. Aufl., S. 718. Halphen S. 271. „Die Fronhofswirtschaft auf den Grundherrschaften wies tatsächlich keine Unterschiede auf von Sizilien bis Schottland, vom Sorbenland bis zur spanischen Mark.“ (Sombart, Kapit. I, 2. Aufl., S. 52, 56f.).

[5]) Meitzen, Siedel. I. S. 613.

und Hühner gemästet (C. 18, 19, 25, 35, 38), auch Pfaue, Fasane, Tauben usw. aufgezogen (C. 40), Weinbau und Weinproduktion sorgsam betrieben werden (C. 8, 48) usw. Dabei werden alle diese Produkte, und noch zahlreiche andere, an den königlichen Hof abgeführt, so Gemüse, Fische, Butter, Käse, Honig, Essig, Getreide, Rüben usw. (C. 44), sogar die Häute der gefangenen Wölfe sollen dorthin präsentiert werden (C. 15, 69). Dagegen ist von Kauf und Verkauf wenig die Rede, nur Fische werden zum Teil verkauft, während ein andrer Teil derselben vom König konsumiert wird (C. 65), angekauft wird zum Teil Tischwein (C. 8) und Sämereien, doch auch diese werden auch auf andere Weise erworben (C. 32). Wirtschaftsgeräte müssen, wenn sie nicht in genügender Anzahl vorhanden sind, irgendwie beschafft werden (C. 42) (quaerere aut commodare), ob das aber einen Einkauf bedeutet? Ganz allgemein wird freilich gesagt, daß über die Verwendung der Reinerträge jeder Villa der König verfügt, und zwar bestimmt er, was verkauft und was aufbewahrt werden soll (C. 33), doch gewinnt man den Eindruck, daß wohl nicht viel mehr verkauft, als eingekauft wurde, die Wirtschaft alles für den Hof nötige, aber wohl kaum darüber hinaus zu produzieren hatte.

II. ABSCHNITT.

Gewerbe, Handel und Verkehr.

Quellen. S. oben, außerdem Keutgen, Urkunden zur deutschen Verfassungsgeschichte. 1899. Fagniez, Documents sur l'histoire de l'industrie et du commerce en France I. 1898. Jesse, Quellenbuch der Münz- und Geldgeschichte des Mittelalters. 1924.

Literatur. Gewerbe. Inama-Sternegg, Deutsche Wirtschaftsgeschichte I, Buch II, Abschn. 5; II. 1891. Bücher, Entstehung der Volkswirtschaft I, Abh. III, IV. Levasseur, Histoire des classes ouvrières et de l'industrie en France avant 1789, 2e éd., T. I, 1900, Livre II. Cunningham, Growth of English Industry and Commerce in the Middle-Age. Ashley, Englische Wirtschaftsgeschichte. (Übers. von Oppenheim.) T. I. 1896. Kowalewsky, Ökonom. Entwickl. Europas V, 1911, Kap. 1. Sombart, Der moderne Kapitalismus I, T. 1,2. u. ff. Aufl. Heyne, Fünf Bücher deutscher Hausaltertümer von den ältesten geschichtlichen Zeiten bis zum 16. Jahrhundert, insbes. Bd. I. Wohnungswesen. 1899. Abschn. 1, 2. Ders., Das altdeutsche Handwerk. 1908. Dopsch, Die Wirtschaftsentwicklung der Karolingerzeit II, 2 Aufl. 1922. Ders., Wirtsch. u. soziale Grundlagen II, 2. Aufl., 1924. v. Below, Territorium und Stadt. 1900. Ders., Handwerk und Hofrecht: (Viert. f. Soz.- u. W.-G. 1913.) Koehne, Die Gliederung der deutschen Gewerbegeschichte (Z. f. Sozialwiss. 1917). Seeliger, Handwerk und Hofrecht (Hist. Viert. 1913). Philippi, Die erste Industrialisierung Deutschlands. 1901. Hildebrand, Jahrb. f. Nat.-Ök. VI, VII, VIII. Schmoller, Die Straßburger Tucher- und Weberzunft. 1879. (Darst. Kap. I, II.) Klumker, Der friesische Tuchhandel zur Zeit Karls d. Gr. 1899. Häpke, Die Herkunft der friesischen Gewebe. (Hans. Gesch.-Bl. 1906.) Kober, Die Anfänge des deutschen Wollgewerbes. 1908. Beck, Geschichte des Eisens I. 1884. Schrader, Sprachvergleichung und Urgeschichte II, I, 3. Aufl. 1906. (Die Metalle.) Karcher, Das deutsche Goldschmiedehandwerk bis ins 15. Jahrhundert. 1912. (Beitr. zur Kunstgesch., N. F. 37.) Lür-Creutz, Geschichte der Metallkunst. 1909. Grüninger, Das ältere deutsche Schmiedehandwerk auf dem Lande, O. J. (1926.) Schnaase, Geschichte der bildenden Künste im Mittelalter. 1871. Kletler, Nordwesteuropas Verkehr, Handel, Gewerbe im frühen Mittelalter. 1924. Klump, Altenglische Handwerkernamen. 1908. Weinbaum, Beiträge zur älteren englischen Gewerbe- und Handelsgeschichte. (Viert. f. Soz.- u. W.-G. XVIII. 1925.)

Handel. Schulte, Geschichte des mittelalterlichen Handels und Verkehrs zwischen Westdeutschland und Italien. 1900. Buch 1, 2. Schaube, Handelsgeschichte der romanischen Völker des Mittelmeergebietes bis zum Ende der Kreuzzüge. 1906. Erster Hauptteil, vom Anfang des 10. Jahrhunderts bis zum Beginn der Kreuzzüge. Lamprecht, Beiträge zur französischen Wirtschaftsgeschichte des 11. Jahrhunderts. 1879. Kap. IV. Inama-Sternegg, Deutsche Wirtschaftsgesch. I, 1. Buch, Abschn. 5; 2. Buch, Abschnitt 5; II, Abschn. 6. Levasseur, Histoire du commerce de la France. T. I. 1911. Pigeonneau, Histoire du commerce de la France. T. I. 1885. Heyd, Geschichte des Levantehandels I. 1879. Beer, Geschichte des Welthandels I. Stein, s. v. Handel. Reallexikon der germ. Altertumskunde II, 3 1914. Ders., Handels- und Verkehrsgeschichte der deutschen Kaiserzeit. 1922. Dopsch, Grundlagen II, 2. Aufl. 1924. Ders., Wirtschaftsentw. der Karolingerzeit II. Sombart, Der mod. Kapitalismus I, T. I (2.ff. Aufl.). Ashley, Engl. Wirtschaftsgesch. T. I. Cunningham, Growth of engl. Ind. and Commerce I. Goldschmidt,

Universalgeschichte des Handelsrechts I. 1891. Jakob, Ein arabischer Berichterstatter aus dem 10. Jahrhundert über Fulda usw. 1890. Ders., Der nordisch-baltische Handel der Araber im Mittelalter. 1887. Vogel, Ein seefahrender Kaufmann um 1100. (Hans. Gesch.-Bl. 1912.) Ders., Geschichte der deutschen Seeschiffahrt I. 1915. (Buch I.) Bugge, Die nordeuropäischen Verkehrswege im früheren Mittelalter. (Viert. für Soz.- u. W.-G. IV.) Wilkens, Zur Gesch. des niederländ. Handels im Mittelalter. (Hans. Gesch.-Bl. 1908/1909.) Lenel, Zur älteren Gesch. Venedigs. (Hist. Z. 1899.) Hartmann, Die wirtsch. Anfänge Venedigs. (Z. für Soz.- u. W.-G. I.) Dahn, Über Handel und Handelsrecht der Westgoten. (Bausteine. 2. Reihe. 1880.) Jordan, Der Mercennarius der Westgotengesetze und seine Nachkommen (Viert. für Soz.- und W.-G. XVII. 1924.) Scheffer-Boichorst, Zur Geschichte der Syrer im Abendlande. (Kleine Forsch. zur Gesch. des Mittelalters. IV. Mitt. des Inst. f. öst. Gesch.-F. VI.) Rathgen, Die Entstehung der Märkte in Deutschland. 1881. Huvelin, Essai historique sur le droit des foires et des marchés. 1897. Rietschel, Markt und Stadt. 1897. Spiess, Das Marktprivileg. (Deutschrechtl. Beitr., hrsg. von Beyerle. XI. S. 3.) Sohm, Entstehung des deutschen Städtewesens. 1890. Kalischer, Beiträge zur Handelsgeschichte der Klöster zur Zeit der Großgrundherrschaften. 1911. Hahn, Die wirtschaftliche Tätigkeit der Juden im fränkischen und deutschen Reiche bis zum zweiten Kreuzzuge. 1911. Zimmermann, Über direkte Handelsverbindungen Westgalliens mit Irland im Altertum und früheren Mittelalter. (Schr. der Preuß. Akad. 1909.) Hennig, Zur Verkehrsgeschichte Ost- und Nordeuropas im 8. bis 10. Jahrhundert. (Hist. Z. S. 115.) Jorga, Points de vue sur l'histoire du commerce au moyen-âge. 1924. Kletler, Nordwesteuropas Verkehr, Handel und Gewerbe im früh. Mitt. 1924. Addy, Church and Manor. 1913.

Geldwesen. Engel-Serrure, Traité de numismatique du moyen-âge. T. I. 1891. Luschin von Ebengreuth, Allgemeine Münzkunde und Geldgeschichte des Mittelalters und der neueren Zeit. 2. Aufl. 1926. Ders., s. v. Münzwesen. (Hoops, Reallexikon III.) Friedensburg, Die Münze in der Kulturgeschichte. 1926. Ders., Deutsche Münzgeschichte. 1912. (Meisters Grundriß der Geschichtswiss.) Ders., Die Symbolik der Mittelaltermünze. 1922. Ders., Münzkunde und Geldgeschichte der Einzelstaaten. 1926. (Handb. der mittelalterl. u. neueren Gesch.) Mennadier, Münzgeschichte der europäischen Staaten. 1919. (Schausammlung des Münzkabinetts im K.-Friedrich-Museum.) Born, Das Zeitalter des Denars. 1924. Inama-Sternegg, Deutsch. Wirtsch.-G. I, II. Dopsch, Grundlagen II. Ders., Wirtschaftsentw. II. Ashley, Engl. Wirtschaftsgesch. I. Dannenberg, Grundzüge der Münzkunde. 3. Aufl. 1912. E. Mayer. Zum frühmittelalt. Münzwesen (V. f. Soz.- u. W.-G. 1916) Blanchet et Dieudonné, Manuel de numismatique française I. 1912. Prou, Catalogue des monnaies mérovingiennes de la Bibliothèque nationale. 1892. Ders., Catal. des monnaies carolingiènnes. 1896.

Kapitel 6.

Das Gewerbe.

Die Grundherrschaft des früheren Mittelalters konnte im allgemeinen den Bedürfnissen nicht bloß der Bauern, sondern auch des Grundherrn durch eigene Produktion genügen. Diese Deckung des Eigenbedarfs innerhalb der eigenen Wirtschaft wurde durch die geringen und einfachen Bedürfnisse und Ansprüche jener Zeit ermöglicht, die von den Knechten und Mägden des Fronhofes, sowie von den Zins- und Diensthufen befriedigt werden konnten.

So war vor allem die Bauweise der herrschaftlichen Häuser eine sehr einfache. Vorherrschend war selbst bei vornehmen Bauten der Holzbau, daneben gab es einen Flechtwerk-, Reisig- und Stakenbau, auch Lehmbauten. Dachdeckungen werden durch Stroh, Schilf, Reisig, Holzschindeln bewerkstelligt. Steinerne Bauten treten nur ausnahmsweise auf.

Nur Kirchen und Klöster werden des öfteren aus Stein errichtet, wobei eine solche Bauweise besonders hervorgehoben wird, was auf ihre Seltenheit schließen läßt.[1]) Für den Umstand, daß die Gotteshäuser aus Stein erbaut wurden, war sicher nicht bloß die Macht des frommen Gedankens ausschlaggebend, sondern auch der Umstand, daß man dieselben auch zu weltlichen Zwecken benutzte, insbesondere Schatz und Einkünfte dort aufbewahrte. Doch gab es auch Kirchenbauten aus Holz, wie auch hölzerne Schatzhäuser, die dennoch große Mengen von Edelmetallen bargen; auch Steinbauten wiesen vielfach mit Eichenschindeln gedeckte Dächer auf. Damit hängt die Angst vor Feuersbrünsten zusammen, die ja ganze Ortschaften vernichten konnten; das Feuer wird das „grimme, wilde, gierige, gefräßige, bittere" genannt, als der böse Feind dargestellt, der an das Haus heranschleicht, es überfällt und vernichtet!

Es kommt allmählich der Söller, ein oberes Stockwerk, auf, doch scheint seine Konstruktion so mangelhaft gewesen zu sein, daß zahlreiche Bauunglücke vorkamen, von denen uns berichtet wird; in Kirchen, Kathedralen, Schlössern stürzten die Balken zusammen, Könige, Herzöge mit ihrem Gefolge wurden unter ihnen begraben. Nur ein Teil der Hausräume war heizbar; solche Gemächer (Kemenate genannt) in fürstlichen Höfen werden besonders erwähnt, was ihre Vornehmheit und damit ihre Seltenheit beweist. Die Bezeichnung stammt vom römischen Caminus her, einer in solchen Räumen befindlichen Feuerungsanlage, die Feuerstatt und Rauchabzug vereinigte. Doch auch in den heizbaren Räumen war der Zimmerboden meist aus Lehmschlag, weshalb er selbst in der Nähe der Feuerungsanlage nicht erwärmt wurde. Während ursprünglich die über dem Herde angebrachte Dachöffnung nicht bloß für den Rauchabzug zu dienen hatte, sondern auch die Beleuchtung des Raumes vermittelte, erscheinen seit der Merovingerzeit auch kleine seitliche Lichtöffnungen, Fenster. Nur in Kirchen jedoch, teilweise auch in Klostergebäuden waren die Fensteröffnungen verglast, während sie sonst durch hölzerne Läden oder auf andere Weise verdeckt wurden, da das Glas ein seltenes und demgemäß hochgeschätztes Material bildete.[2])

Das übliche Sitzgerät war die Bank, ohne Rücken- oder Seitenlehne, ein einfaches Brett auf vier Füßen. Daneben gab es Tische, ein Stuhl jedoch war nur dem Hausherrn vorbehalten; vor allem ist häufig von dem Stuhle des Königs und des Bischofs die Rede, dann auch anderer vornehmer Personen. Dazu kommt als Möbel die Bettstelle, ein Brettergerüst mit der Bettlade, die aus Stroh und einer Decke darüber, sowie Kissen bestand; öfters kamen noch Federbetten oder Polster hinzu. Karl d. Gr. jedoch ruhte auf einfachem Strohlager ohne Federbetten.

Als Beleuchtung diente vornehmlich die Herdflamme, ferner der Kienspan, daneben kommt die Verwendung von tierischen oder pflanzlichen Fetten als Brennstoff in einem Napfe auf; hierdurch wurden jedoch leicht Feuersbrünste veranlaßt. In der Kirche fanden sich auch kostbare Lichtgefäße, Lampen, die mit Öl gespeist wurden; aber außerhalb der Kirche bleibt die Benutzung von Öl für Brennzwecke unbekannt.[3])

---

[1]) Lamprecht, D. W.-L. I, 544. Schnaase, Gesch. d. bild. Künste im Mitt. S. 341. Heyne, Das deutsche Wohnungswesen im Mittelalter. S. 82, 85. Vgl. Kletler, Nordwesteurop. Verkehr, Handel u. Gewerbe im frühen Mitt. (1924), S. 120ff., 143ff.

[2]) Heyne, Altd. Handw. S. 64. Ders., Wohnungswes. S. 80ff., 85, 89. Kletler S. 120ff. Des Marez, Le problème de la colonisation franque et du régimo agraire en Belgique (1926), S. 142f.

[3]) Heyne, Wohnungswesen. S. 106ff., 111, 117ff. Ders., Das altdeutsche Handwerk. S. 64. Alwin Schulz, Höfisches Leben zur Zeit d. Minnesänger I, S. 8.

Der einfache Bedarf (auch an Kleidern, Gerätschaften usw.) wurde vor allem von den Zinshufen in landwirtschaftlichen und Gewerbeprodukten gedeckt. Besonders häufig wird Linnen unter den zu entrichtenden Zinsen erwähnt (so auf den Fronhöfen der Klöster Prüm, Lorsch, Weißenburg). Auch Wollstoffe (sarcile) werden häufig als Zinsleistung gefordert, z. B. von der Abtei Fulda 600 graue Mäntel, die durch Zahlung von 35 Pfund Silber ersetzt werden konnten. Die Gewebe wurden von den Bauern teils aus eigenem Rohstoff, teils aus dem von der Herrschaft gelieferten verfertigt. Der Zins bestand ferner in Schindeln, hölzernen Eggen, Haken und Pflugscharen, auch eisernen Sicheln und Beilen, so bei der Abtei Weißenburg, bei Saint-Germain des Près, beim Kloster Muri in der Schweiz, auf englischen und italienischen Fronhöfen (Klöster Bobbio, Nonantola).[1]) Endlich kommen Eisenlieferungen vor (solvunt ferrifrusta 32, solvunt ferrifossuras).[2]) Auch die Frondienste waren nicht auf die Feldarbeit beschränkt, sondern erstreckten sich auch auf den Bau des Herrenhauses, der Scheunen und Mühlen, sowie auf die auf dem Herrenhofe benötigten gewerblichen Arbeiten, wie Bierbrauen, Weinkeltern, Herstellung von Kleidung, Schuhwerk und Möbeln[3]), — alles Arbeiten, welche eine bestimmte Anzahl von Tagen hindurch verrichtet werden mußten. Bischof Gebehard von Konstanz verfügte, die Hörigen sollten an den Tagen, wo sie auf dem bischöflichen Fronhofe beschäftigt wurden, auf Kosten des Klosters verpflegt werden, denn „jeder Arbeiter hat sich ein Recht auf Unterhalt erworben".[4])

Nun sollen freilich auf den Herrenhöfen zahlreiche unfreie Handwerker unterhalten worden sein. Man beruft sich insbesondere auf die Bestimmungen des Capitulare de villis, nach welchen auf den Fiskalgütern mannigfache Berufszweige vertreten sein sollten: Eisen-, Gold- und Silberschmiede, Schuster, Drechsler, Zimmerleute, Schildmacher, Netzemacher, Seifensieder, ferner Bäcker, Bierbrauer, Fischer, Vogelsteller.[5]) Doch scheint die Wirklichkeit diesen Bestimmungen nur wenig entsprochen zu haben. Aus den Exempla Brevium ad res ecclesiasticas et fiscales ist es ersichtlich, daß selbst auf den besteingerichteten königlichen Domänen (so z. B. im Fiscus Asnapium) Handwerker fast gänzlich fehlten, über ihr Vorkommen auf anderen fiskalischen Fronhöfen sind

[1]) Dronke, Tradit. Fuldenses. (1844), S. 68. Zeuss, Tradit. possession. Wizenburg. (1842), S. 274. Hartmann, Anal. S. 66. Sombart, Kapit. I, 2. Aufl., S. 78. Kober S. 26. Klumker S. 39ff. Swart, Fries. Agrargesch. S. 175.

[2]) Trad. Fuldenses c. 43 n. 39. Mon. Boica. 29a, S. 226. Cod. Lauresham. S. 3681. Waitz VIII, S. 271. Arndt, Zur Gesch. und Theorie des Bergregals. (1879), S. 212. Zycha, Das Recht des ältesten deutschen Bergbaues. (1899), S. 82f. v. Inama II, S. 332. Hartmann, Anal. S. 66.

[3]) Sombart I, 4ff. 81ff. Heyne, Altdeutsch. Handwerk. S. 18.

[4]) Eo die, quo fratribus deservirent, de annona quoque fratrum in pane reficerentur, quia dignus est operarius cibo suo. (Vita Gebehardi episc. Constant. in Suev. M. G. SS. X, S. 588.)

[5]) Capit. de Villis. 45.

keine Angaben erhalten.[1]) Auch in den Gebäuden des Klosters St. Gallen waren, nach dem von 820 stammenden Bauriß, Räume für Goldschmiede, Schmiede, Weber, Sattler, Drechsler, wie auch Müller, Bäcker und Bierbrauer vorgesehen. Der Bauriß kam aber nicht zur Ausführung und kann als solcher mangels anderer Angaben nichts beweisen.[2]) Die angeblich der Abtei Reichenau von Karl d. Gr. und Heinrich II. verliehenen Privilegien, in denen Schuhmacher, Kürschner, Walker erwähnt werden, haben sich als eine aus dem 12. Jahrhundert stammende Fälschung erwiesen.[3]) In einigen Abteien, für welche Angaben vorliegen (so für Corbie, St. Pères de Chartres) scheinen mancherlei Gewerbezweige vertreten gewesen zu sein.[4]) Auf den meisten geistlichen Fronhöfen jedoch wurden nur wenige Gewerbezweige ausgeübt. So z. B. werden bei der Abtei des Hl. Remigius zu Reims nur Schmiede, Müller, Fischer erwähnt, in St. Germain des-Prés Schmiede und Müller, in den bayrischen Klöstern des 8. Jahrhunderts neben Köchen, Jägern, Fischern, Hirten, von wirklich gewerblichen Arbeitern nur Schmiede, Waffenschmiede, Drechsler, im Kloster Bobbio (9. Jahrhundert) außer Bäckern, Müllern und Fleischhauern nur Holz- und Steinarbeiter und Leute, welche Bekleidungsgewerbe ausübten.[5]) Es mußten daher an anderen Orten Gewerbetreibende entlehnt werden. So tritt der Bischof von Freising (759) einen geübten Meister zeitweise ab.[6]) Bischof Throthar v. Thoul dankt (827) dem Abt der Klosters St. Claude dafür, daß er ihm einen „fidelem virum et artificiis idoneum" zugesandt hat[7]), und zwar lieh man einander nicht nur besonders geschickte Meister (z. B. Glaser), sondern auch einfachere gewerbliche Arbeiter, wie Schmiede. Ludwig der Fromme trat z. B. seinen Schmied (servus faber) an den Erzbischof Eboin von Reims ab.

Doch selbst soweit verschiedene Gewerbe auf den Fronhöfen vertreten waren, wissen wir nicht, ob das betreffende Gewerbe von einem einzigen oder von mehreren Leuten betrieben wurde, ob diese berufsmäßige Gewerbetreibende waren, oder die gewerbliche Tätigkeit auf dem Fronhofe nur zeitweise ausübten. So betrug z. B. im Kloster Staffelsee, wo 24 Frauen mit der Anfertigung von Kleidung beschäftigt waren, der vorhandene Vorrat an verschiedenen Gewändern nur 4—5, woraus wohl gefolgert werden dürfte, daß diese Arbeit den Frauen nur einen Teil

---

1) Ministeriales non invenimus aurifices, neque argentarios, ferrarios neque ad venandum neque in reliquis obsequiis. M. G. Capit. I, S. 254—255.

2) Keller, Der Bauriß von St. Gallen. Keutgen, Ämter und Zünfte. S. 13, 25f. Karcher, Das deutsche Goldschmiedehandwerk. S. 38.

3) Quellen und Forschungen zur Geschichte der Abtei Reichenau I, S. 13, 124. (Brandi, Die Reichenauer Urkundenfälschungen.)

4) Guérard, Polypt. de l'abbé Irminon II, S. 306.

5) Hartmann, Zur Wirtschaftsgesch. Italiens. S. 71. Müller, Zur Frage des Ursprungs der mittelalt. Zünfte. (1910), S. 21ff. Keutgen, Ämter und Zünfte. (1903.) Fastlinger, Wirtsch. Bed. der bayer. Klöster zur Zeit der Algilulfinger (1903).

6) Dronke, Tradit. N 14b.

7) M. G. Epist. V, 284.

des Jahres oblag.[1]) In der Abtei Werden hatten die Hintersassen zum Teil jeden zweiten Tag für die Herrschaft zu arbeiten (2 Bäcker, 2 Köche, 3 Bierbrauer usw.), andere dagegen, wie die Weinschröter und Zimmerleute, bloß jeden dritten oder fünften Tag. Doch wurden sie während der Erntezeit für 2 Wochen überhaupt von der gewerblichen Arbeit befreit, sie haben also auch Ackerbau getrieben.[2]) In anderen Fällen, wie z. B. in Weißenburg, hatten sie in einer bestimmten Reihenfolge oder nach Bedarf zweimal im Laufe des Winters je 14 Tage lang gewerbliche Arbeiten zu verrichten.[3]) Der Bischof Gebehard erklärte die Landanteile der auf dem Klosterhofe arbeitenden Gewerbetreibenden für erblich, um auf diese Weise ihren Fleiß anzuspornen.[4]) Mit Recht betont daher Sander, daß es nur eine seltene Ausnahme war, daß man unfreie Handwerker ständig auf dem Hofe beschäftigte; man holte eben die nötigen Arbeitskräfte aus den geschicktesten unter den Bauern, wenn man ihrer bedurfte, oder man ließ sie einfach die nötigen Gewerbeprodukte liefern.[5])

Auf Grund dieser Tatsachen läßt sich schon hier die Frage nach dem hofrechtlichen Ursprunge der Zünfte teilweise beantworten.[6]) Nach der Auffassung der hofrechtlichen Theorie sollen die auf den Fronhöfen arbeitenden Gewerbetreibenden, je nach der Gewerbeart, zu Verbänden zusammengefaßt worden sein, nach deren Vorbilde später die städtischen Handwerkerzünfte entstanden sein sollen. Es lassen sich jedoch keinerlei positive Anhaltspunkte für das Vorhandensein derartiger Verbände im früheren Mittelalter beibringen. Wohl werden magistri erwähnt, doch sind damit nicht, wie die Anhänger der hofrechtlichen Theorie behaupten, die Ältesten von Verbänden, sondern besonders geübte und kunstfertige Gewerbetreibende bezeichnet. Zuweilen heißen „magistri" auch die den übrigen Gewerbetreibenden vorgesetzten Aufseher, woraus freilich noch keineswegs gefolgert werden darf, daß diese Gewerbetreibenden — den einzelnen Gewerbezweigen nach — in Verbänden vereinigt waren, an deren Spitze die magistri standen. Ja, das Vorhandensein derartiger Verbände ist schon aus dem Grunde kaum anzunehmen, da — wie aus dem oben Ausgeführten erhellt — die Zahl der auf den Fronhöfen gewerblich Tätigen nur gering gewesen sein muß und sie außerdem, soweit sie überhaupt vorhanden waren, meist nicht als berufsmäßige Handwerker angesprochen werden können.[7])

Endlich wurde in den Klöstern auch die Herstellung verschiedener Gebrauchsgegenstände für den Eigenbedarf durch die Mönche betrieben[8]), ja die Ausbildung mancher Gewerbe und Künste scheint recht eigentlich durch den Bedarf der Kirche veranlaßt worden zu sein. Hierher gehört vor allem die Herstellung von Opferschalen, Kreuzen, Kelchen, Kron-

---

[1]) M. G. LL. Sec. II, I, 252.

[2]) Koetzschke, Rhein. Urbare, Werden a. d. Ruhr III, S. 134.

[3]) Tradit. Wizenburg S. 274ff.

[4]) M. G. SS. X, S. 586.

[5]) Sander, Gesch. des deutsch. Städtewesens. (1922), S. 109.

[6]) S. dar. unten.

[7]) v. Below, Territorium und Stadt. S. 299. Probleme S. 260. Zeitschr. f. Soz.- u. W.-G. 1897, V. Sander S. 109, 122.

[8]) Springer, Die Künstlermönche im Mittelalter. Lür-Creutz, Gesch. der Metallkunst II. (1900). Karcher, Das deutsche Goldschmiedehandwerk. Sommerlad, Wirtsch. Tät. der Kirche II. (1905). Dohme, Gesch. der deutsch. Baukunst. S. 16f. Hauck, Kirchengesch. II. 2. Aufl. (1900).

leuchtern, Weihrauchschüsseln, Reliquienschreinen aus Edelmetall, auch goldene und silberne Türen, Säulen, Pfeiler und Bogen kamen in den Kirchen vor.[1]) Ferner die Erzeugung von Glaswaren, von gläsernen Kelchen, Fensterscheiben, gläsernen Lampen und Gefäßen. Dazu kam auch die Buchbinderei, die Herstellung von Pergament, die Glockengießerei, die Mosaikkunst. Die unter dem Schutze der Kirche ausgeübten Künste und Kunstgewerbe gelangten zu hoher Blüte. Mönche werden als Maler, Musiker, Goldschmiede, Elfenbeinschnitzer, Kunstweber und Goldspinner erwähnt.[2]) Waren dies doch alles hochgeschätzte, wunderbare Künste (artes, eximiae artes), die Glaserzeugung wird von Beda „artificium nimirum" genannt.[3]) Der hl. Eligius (7. Jahrhundert) wurde als der erfahrenste und größte Goldschmied im Reiche des Königs Dagobert gepriesen[4]), ein Priester, Siginand (Ende des 9. Jahrhunderts) war zugleich ein berühmter Künstler (illuster artifex).[5]) Besonders im Steinbau zeichnete sich die Geistlichkeit aus. Sowohl in Norditalien und Frankreich, als auch später in Deutschland befand sich diese Kunst bis ins 12. Jahrhundert hinein fast ausschließlich in ihren Händen. Der Hildesheimer Bischof Bernhard befaßte sich mit der Baukunst, sowie mit der Einfassung von Edelsteinen, mit Ziegelbrennerei usw.[6]) Von der Geistlichkeit ging die Baukunst dann auch auf die Laienwelt über.[7]) In manchen Klöstern (Fulda, Hildesheim) wurden sogar Werkstätten eingerichtet, die als Kunstschulen dienten, die „artes leviores quos mechanicas vocant" verbreiteten. Hier wollte man die „ingeniosos pueros" in Künsten und Gewerben unterweisen, geistliche und weltliche Herren sollten dorthin ihre Leute zur Ausbildung in der Goldschmiedekunst, in der Glasmacherei usw. schicken.[8])

Manche „Geheimkünste" waren den Mönchen allein bekannt. Zu Ausgang des 11. Jahrhunderts verfaßte der Benediktinermönch Theophilos Aufzeichnungen über verschiedene in den Klöstern gemachte Erfindungen. Hierzu gehörte vor allem die Glaserzeugung. Da man es noch nicht verstand, Glas in großen Stücken zu produzieren, so fügte man kleinere Gläser durch Bleileisten zusammen und erhielt auf diese Weise die sog. Mosaikfenster. Auch das Brennen der Glasmalereien für die Fenster wird von Theophilos geschildert, sowie die Drahtfabrikation, wobei der Draht nicht mehr mit dem Hammer auf dem Ambos gehämmert, sondern mittels der Ziehscheibe hergestellt wurde. Der mit der Hand vorgeschmiedete Draht wurde an einem Ende zugespitzt, durch die Ziehscheibe gesteckt und dann mittels einer

---

[1]) Heyne, Handw. S. 58ff. Kletler S. 125ff., 146f. Levasseur, Hist. des class. ouvr. I, 2. Aufl., S. 190.

[2]) Fagniez, Doc. rel. à l'hist. de l'industrie et du comm. de la France I, N. 94. Heyne, Handw. S. 54. Sombart I, 2. Aufl., S. 87f.

[3]) Beda, Vitae abb. Wirem. Opp. IV, 366 (ed. Giles).

[4]) Eo quod illo tempore summus aurifex ipse in regno haberetur. Vita Elig. c. 5. Gesta Dagober. c. 20. MG. SS. IV, S. 673; II, S. 407.

[5]) Mühlbacher, Regesta Imper. 1855. Kletler S. 70.

[6]) v. Inama II, S. 303. Kletler S. 149.

[7]) Heyne, Wohnungswesen. S. 87.

[8]) Vita Bernw. MG. SS. IV, S. 760. Dronke. Trad. Fuldens. 63. v. Inama I, 2. Aufl., S. 571. Kletler S. 148f.

Zange auf die gewünschte Dicke ausgezogen, ein Vorgehen, das erst im 14. Jahrhundert allgemein zur Anwendung kam. Das von den Arabern im 8. Jahrhundert entdeckte Verfahren, vermittelst dessen man aus Maulbeerbast, Hanf und Hadern das zum Ersatze des kostbaren Pergaments dienende Papier erhalten konnte, wird von ihm ebenfalls geschildert. In den Aufzeichnungen des Theophilos ist auch das älteste Rezept für Ölfarben enthalten, deren Entdeckung gewöhnlich den Malern Hubert und Jan van Eyck zugeschrieben wird (14. Jahrhundert), sowie Anweisungen zur mechanischen und chemischen Herstellung von Metallbronzen, die hauptsächlich zur Ausmalung der Anfangsbuchstaben in mittelalterlichen Handschriften gebraucht wurden. Die beiden mächtigen Werkzeuge der Kirche, Orgel und Glocke, werden bei ihm eingehend geschildert, sowohl die im Auftrag Ludwigs d. Frommen nach dem Aachener Dom 822 gebrachte Orgel, als auch die Technik des Glockengusses. Nach dieser Anweisung wurden Jahrhunderte lang Glocken gegossen; die „Theophilosglocken" lassen sich noch heute an den aus der von ihm dargestellten Technik des Glockengusses entspringenden Merkmalen unschwer erkennen.[1])

Die Tätigkeit derjenigen Berufshandwerker, die für den freien Markt arbeiteten, ragte bereits über die Grenzen der Grundherrschaft heraus. Doch wurden nur wenige Gewerbe von Berufshandwerkern ausgeübt. Die Verarbeitung von Holz und Metallen zu einfacheren Gebrauchsgegenständen wurde von Hintersassen ausgeführt, und zwar nicht bloß der hölzerne Pflug, die Egge und die Walze, sondern auch Tische und Stühle, die Eisenteile des Pfluges, Hufbeschläge usw.; auch Lehm- und Stakenbau, Schindeldächer, ja einfachere hölzerne Bauten wurden von ihnen errichtet und repariert.[2]) In den Kemenaten des Fronhofes (den „genicia", daher man auch die erzeugten Produkte als „genez" bezeichnete) wurde von den Frauen Flachs und Wolle versponnen und verwoben (als „pannus" und „Laken" werden sowohl Linnen-, als auch Tuchzeuge bezeichnet). Männer befaßten sich gewöhnlich mit diesen Arbeiten nicht.[3]) Auch die Töpferei scheint vornehmlich als Hausfleiß betrieben worden zu sein, wofür, nach Moritz Heyne, „die Vielheit in den allgemeinen Benennungen der Topfgefäße" spricht, welcher „die mancherlei Namen entsprechen, die man dem Verfertiger gegeben hat" (Hafner, Kacheler, Potter, Groper, Ulenbecker) und von denen keiner über größere Landstriche geht, geschweige denn, daß er, wie der Name des Schmiedes, gemeindeutsch sei.[4])

Der Schmied erscheint, wie dies auch bei den außereuropäischen Völkern der Fall war, als der älteste Handwerker, der eben berufsmäßig für den Absatz produziert.[5]) Für die Herstellung von komplizierteren Metallgeräten, wie für die Erzeugung der von ihm häufig noch mit Gold und Edelsteinen verzierten Waffen, ist seine Tätigkeit unentbehrlich. Er vereinigt mit der Gewinnung edler und unedler Metalle die Ver-

---

[1]) Feldhaus, Deutsche Erfinder. (1908), S. 15ff.

[2]) S. o., Zinse und Dienste.

[3]) Klumker, Friesischer Tuchhandel. S. 47. Kober, Anfänge des Wollengewerbes. S. 21.

[4]) Heyne, Altd. Handwerk. S. 39ff., 42.

[5]) Heyne, Handw. S. 19f. Etymologie des Wortes „Schmied" bei Klump, Altengl. Handwerkernamen. S. 101f.

arbeitung derselben zu den verschiedensten Gebrauchsgegenständen.[1]) Dem Schmied gesellt sich häufig der Holzarbeiter, der Zimmermann (lignarius, treowwyrtha) hinzu, der von sich selbst aussagt, daß er Häuser baut und außerdem die verschiedensten Gefäße und auch Schiffe herstellt.[2]) Häufig befaßte sich jedoch auch der Schmied mit der Holzverarbeitung, denn dasselbe Wort bezeichet in ost- wie in westgermanischen alten Dialekten den Holz- und Eisenarbeiter zugleich. Oder der Metallverarbeiter war auch Glaser, er übernahm die Anfertigung von Fensterglas, Glaskelchen und Glasperlen. Es wurden eben noch von einem Handwerker die verschiedensten Gewerbe ausgeübt.[3]) Die Schmiede (fabrica) genießt besonderen Schutz. Die Lex Baiuv. stellt sie auf die gleiche Stufe mit der Kirche, dem herzoglichen Schloß und der Mühle, diese 4 Gebäude werden als öffentliche, jedem zugängliche bezeichnet.[4]) Bereits in den ältesten germanischen Sagen findet der Schmied Erwähnung. Thor, der Gott der Germanen, wird mit einem Eisenhammer, Mjölnir, dargestellt. Wie dies auch heutigentags bei den primitiven Völkerschaften Afrikas der Fall ist, wurde in den germanischen Ländern der Schmied als Zauberer und Geheimkünstler angesehen. In der Edda-Sage erlernt Wieland, der Sohn des Finenkönigs, die feinere Schmiedekunst bei den Zwergen. Die Benutzung von Hammer und Schmiedefeuer flößte den primitiven Völkern ein dunkles Grauen ein. Es knüpfte sich daran die Vorstellung von einer übernatürlichen, dämonischen Macht. Die Annahme ist nicht ausgeschlossen, die ersten Schmiede, die zugleich auch die Erzgewinnung betrieben, hätten, wie dies ja heutzutage auf Ceylon, in Afrika und anderenorts der Fall ist, einem den Germanen fremden Zwergstamme angehört, Reste der Urbewohner Europas dargestellt. Die sog. Heinzelmannshöhlen bei Bad Ems z. B. scheinen auch zu den ältesten Erzgruben gehört zu haben. Zwerge werden in den Sagen als Hüter und Verarbeiter der in der Tiefe ruhenden Erze dargestellt, der Schmied wird als treulos, arglistig, heimtückisch geschildert, es wird ihm die Verbindung mit dem Teufel nachgerühmt. Wie das lat. „faber", so wurde auch das Wort

---

[1]) Siehe dar. Schrader, Sprachvergleichung und Urgeschichte II, 3. Aufl., S. 1. Die Metalle. (1906.) Beck, Gesch. des Eisens I (1885). Heyne, Das altdeutsche Handwerk (1908). Dopsch, Karolinger II. Lindenschmidt, Handbuch der deutsch. Altertumskunde I (1889). Grüninger, Das ältere deutsche Schmiedehandwerk auf dem Lande (1925). Klump, Die altenglischen Handwerkernamen (1908). Montelius, Kulturgesch. Schwedens (1906).

[2]) Lignarius dicit quis vestrum non utitur arte mea, cum domos et diversa vasa et naves omnibus fabrico (Aelfrics Colloquium. Wright-Wülker, Anglo-Saxon and Old-English Vocab. 1884, I, S. 100). Nach Klump (die altengl. Handwerkernamen, S. 39) ist naheliegend anzunehmen, daß der treow-wyrtha außer den genannten Sachen auch noch Wagen, Schilde und Schnitzereien herstellte, so daß dann waen-wyrtha, scip-wyrtha, scyld-wyrtha und grafere nur verschiedene Namen für denselben Handwerker wären, dessen einzelne Tätigkeiten sie hervorheben würden.

[3]) Heynen, Altd. Handwerk. S. 20, 61.

[4]) Lex Baiuv. IX, S. 2. Et si in ecclesia vel infra curte ducis vel in fabrica vel in molino aliquid furaverit, triuniungeldo componat hoc est ter nove reddat; qui istas quatuor domus casas publice sunt et semper patentes.

„Schmied“ ursprünglich nicht nur auf den Metallarbeiter, sondern auf den Handwerker, den Fertiger, Zubereiter überhaupt, den geübten Gewerbetreibenden im allgemeinen angewandt. Im Laufe der Zeit, mit dem Aufkommen anderer Berufshandwerker wurden diese mittelst verschiedener, mit dem Wort „Schmied“ zusammengesetzter Benennungen näher bezeichnet; Benennungen wie Steinschmied, Tuchschmied, Schuhschmied kamen auf (finnisch heißt Schmied „seppa“, „purrenseppa“ ist der Schiffsbauer, „kingsepp“ der Schuster, „rätsepp“ der Schneider). Die Benennung der Schmiedewerkstatt als „potta“ (von Kessel = paja, pudas) ist, nach Schrader, ein Überrest aus der Zeit, wo die Schmiede, wie die Zigeuner es später taten, von Ort zu Ort zogen und überall ihr Handwerk ausübten.[1])

Den Hauptgegenstand der Metallverarbeitung bildeten Waffen, vor allem Schwerter, Helme und Panzer („Brünne“). Doch selbst in merovingischer Zeit wurde der Helm nur von Fürsten und Vornehmen getragen. Bis ins 10. Jahrhundert hinein pflegte das lange, oft zu einem Knoten zusammengebundene Haar die einzige Kopfbedeckung des Kriegers zu sein. Auch der Panzer fand nur langsam Eingang. In der Lex Salica wird er noch nicht genannt, er erscheint erst in der Lex Ribuaria. Auch in späterer Zeit kämpften die Krieger „nackt“, d. i. ungepanzert. Wenn Panzer von Dichtern auch erwähnt werden, so waren sie doch verhältnismäßig selten, denn in den Gräbern finden sich keine Spuren weder von Panzern, noch von ihren Teilen — Schuppen und Ringen, während doch andere Metallgeräte von weit geringerer Stärke vollkommen erkennbar erhalten sind. Offenbar beschränkte sich ihr Gebrauch auf die höchsten Kreise und deren nächste Umgebung. Vor der Karolingerzeit waren auch die Beinschienen selten, die Schilde wurden ursprünglich aus Holztafeln, höchstens mit einem Überzug von Tierhaut, aufs einfachste gefertigt (das gemeingermanische Wort Schild, gotisch skildus, das angelsächsische scyld, das altdeutsche scilt bedeutet abgespaltenes Brett). Doch auch zur Zeit der Merovinger besserten die Krieger selber ihre beschädigten Holzschilde aus und bedurften hierzu der Waffenschmiede nicht. Erst in späterer Zeit begann man, den Holzschild durch Metallplatten zu verstärken, wodurch wiederum ein Bedarf an guten Schwertern hervorgerufen wurde, die noch zur merovingischen Zeit hauptsächlich von den Vornehmen benutzt wurden, während die übrigen Heeresleute mit Speeren, Messern und Äxten bewaffnet waren. Die aus dem 10. Jahrhundert stammenden, bei Ausgrabungen vorgefundenen Pferdegerippe weisen noch keine Hufeisen auf. Häufiger kommen Hufeisen erst vom 11. Jahrhundert ab vor. Zur Zeit Wilhelms des Eroberers finden sie wiederholt Erwähnung.[2]) Der Mönch von St. Gallen gibt uns eine lebhafte Schilderung Karls d. Gr., wie er, förmlich in Eisen starrend, gegen die Langobarden ins Feld zieht. Doch auch sein ganzes

---

[1]) Schrader, Sprachvergleich. II, 1. Aufl., S. 13ff. Heyne S. 22.

[2]) Lindenschmidt S. 241, 264. Beck I, S. 684f., 696, 721ff., 727, 782ff.

Heer sei so gerüstet.[1]) Aus diesem Lobgesang auf das Eisen folgt jedoch gar nicht, daß es eine „eiserne Zeit ist, in der der Chronist lebt"[2]), sondern das gerade Gegenteil — daß Eisenwaffen damals noch sehr selten waren. Deswegen flößte eben das Heer Karls d. Gr. solchen Schrecken den Langobarden ein, die offenbar noch keine Eisenrüstungen besaßen. Auch der Bedarf an Schmieden zur Erzeugung verschiedener Gebrauchsgegenstände war nicht erheblich. Selbst die Benennungen der uralten Handwerksgeräte des Schmiedes — Hammer und Amboß —, die auch erhalten blieben, als deren Herstellung aus Metall erfolgte, weisen darauf hin, daß sie anfänglich aus Stein waren[3]), wie dies ja noch heutzutage bei den afrikanischen Negerstämmen der Fall ist. Wohl werden in verschiedenen Grundherrschaften, so in den Urbarien von Staffelsee, von Bergkirchen, von Freising landwirtschaftliche Geräte aus Eisen erwähnt, es kommen Bohrer und Nägel vor. In Aelfrics „Colloquium" aus dem 10. Jahrhundert fragt der Schmied die anderen Handwerker, woher sie denn ohne ihn ihre Werkzeuge haben könnten: der Schuhmacher (Lederer) die Ahle, der Schneider die Nadel, der Holzarbeiter den Bohrer, wie auch der Bauer die Pflugschar oder den Treibstecken und der Fischer die Angel.[4]) Doch selbst auf den Fiskalgütern waren die landwirtschaftlichen Geräte nur in geringen Mengen vorhanden; so gab es in Staffelsee, wo 47 Ochsen und Kühe, 90 Schweine und Ferkel gezählt wurden, bloß 27 große und kleine Sicheln und 7 Beile, Pflüge sind überhaupt nicht erwähnt. Auch wurden die einfacheren Gebrauchsgegenstände aus Eisen von den Bauern für den Eigenbedarf angefertigt, so daß sie hierzu der gewerbsmäßigen Schmiede nicht bedurften.[5])

Die geringe Entwicklung des frühmittelalterlichen Handwerks ist von Bücher, Inama-Sternegg, Sombart, Keutgen, Seeliger u. a. erwiesen und zur herrschenden Auffassung geworden. Doch werden ab und zu wieder Versuche gemacht, der älteren Ansicht von einem ausgebildeten, für den Markt arbeitenden Handwerk zur Karolingerzeit — und sogar noch früher — wieder Eingang zu verschaffen. Aber die bei den Ausgrabungen zutage geförderten Gegenstände aus Glas, Metall, keramische Erzeugnisse usw. beweisen ebensowenig ein Vorhandensein von Handwerkern der betreffenden Art als die in den Urkunden erwähnten gewerblichen Erzeugnisse, die für den täglichen Gebrauch bestimmt waren. Sie konnten ebensogut (und das ist das wahrscheinlichere) in der Hauswirtschaft für den Eigenbedarf produziert worden sein. Was allerdings Schmucksachen aus Gold, Edelsteinen, Seide betrifft, sowie den Bau und die Ausstattung von Kirchen, so darf Handwerkerarbeit angenommen werden. Doch ist dabei zu betonen, daß Schmucksachen von einer nur ganz kleinen Schicht von Konsumenten erworben werden konnten und deshalb nur von wenigen Handwerkern dieser Art die Rede sein kann[6]).

---

[1]) Gesta Karoli. c. 17. MG. SS. II, S. 759.

[2]) Wie Grüninger, 18, meint. Vgl. Dopsch. Karolinger II., 136.

[3]) Schrader II, I, 3. Aufl., S. 20f. Heyne, Handw. S. 21.

[4]) Unde aratori uomer aut culter, qui nec stimulum habet nisi ex arte mea? O lignarie . . . nec saltem unum foramen sine arte mea vales facere (Wright-Wülker, Vocab. I, S. 99f.). Klump, Altengl. Handwerkernam.

[5]) Sombart, I, 84 ff. Vgl. oben S. 67.

[6]) Beachtung verdient auch der Umstand, daß, soweit in den Quellen vorkarolingischer Zeit wirkliche Gewerbetreibende erwähnt werden, es sich um Rom

Auch später wurde es nicht viel anders. Kletlers Angaben z. B. betreffen fast ausschließlich die Gewerbe, die Prunkstücke für den Kirchenbedarf verfertigten.[1]) Hierher gehört nicht bloß die Produktion von Gegenständen aus Gold, Silber und Edelsteinen, von welcher Art auch manche zum täglichen Gebrauch bestimmte Erzeugnisse waren (silberne Lampen, Schlüssel oder Griffel, goldene Messer, vergoldete Becher), sondern auch die Erzeugung verschiedener Gewebe (Altardecken, Meßgewänder, golddurchwirkte Tuche usw.), Glaswaren, Geräte aus Holz, Bein und Horn von verfeinerter, kunstgewerblicher Art usw. Dazu kam noch — ebenfalls vornehmlich für kirchliche Zwecke — das Baugewerbe und die Glockengießerei; andere Metallgegenstände, außer Glocken, scheinen in den von Kletler benutzten Quellen nur ausnahmsweise vorzukommen. Ob die Schirme, die er erwähnt, damals gewöhnliche Gebrauchsgegenstände waren, scheint uns überaus zweifelhaft. Unter den Bekleidungsgegenständen tritt dagegen auch einfachere Ware (insbes. Mäntel) auf. Im allgemeinen wurde jedoch auch der Bedarf der Grundherrschaften an gewerblichen Erzeugnissen (genau wie der an landwirtschaftlichen Produkten) durch Zusammenwirken der eigenen (Fronhof-) Wirtschaft mit den bäuerlichen Wirtschaften im Dorfe gedeckt. Außerdem gab es noch — freilich nur wenig zahlreiche — Handwerker, hauptsächlich Wanderhandwerker.

Soweit zu jener Zeit berufsmäßige Handwerker vorhanden waren, waren es meist Wanderhandwerker, die von Ort zu Ort gingen, häufig ausgedehnte Landstriche durchwandernd. Die Klöster, so die Abtei von St. Gallen, das Regensburger St.-Emmeran-Kloster, ließen zahlreiche artifices kommen zur Herstellung der Reliquienschreine. Zur Errichtung der großartigen Kirchenbauten, so des Domes zu Speier, zu Aachen und a. O. wurden von allerwärts Stein-, Holz-, Metallarbeiter berufen. Zuweilen waren es byzantinische („griechische") Meister; fremdländische Goldschmiede aus Byzanz und Umbrien verfertigten Schmucksachen. Ein venezianischer Meister erschien am Hofe Karls d. Gr. und errichtete eine mit Wasserkraft angetriebene Mühle. Auch wandernde Glockengießer finden in den Quellen Erwähnung. Aus Italien kommen ferner Baumeister, in der Mosaikkunst und in der Kirchenmalerei wohlbewanderte Leute. Andrerseits üben in Venedig „fränkische Meister" ihre Kunstfertigkeit aus. Der Abt Gutbertus von Wiremuth wendet sich (764) an den Erzbischof Lullus von Mainz mit der Bitte, ihm einen Glaser zu schicken. Sollte im Bereiche seines Episkopats kein solcher Meister zu finden sein, so möge er ihm bei jemand anders einen ausbitten, da „wir keine in dieser Kunstfertigkeit erfahrenen Leute besitzen". Schon früher (um 700) holte sich ein anderer Abt von Wiremuth, Benedikt, Bauhandwerker und Glaser aus Gallien, die ihm eine Kirche nach römischer Art erbauen sollten, wie auch der Piktenkönig Naiton sich vom Abt Ceolfrid von Jarrow in Durham „Architekten" zum Kirchenbau senden läßt. Zum Bau der Abtei Hyde in Hampshire werden (902) zahlreiche Handwerker berufen, die durch Vollendung desselben in zwei Jahren

---

oder solche Gebiete handelt, wo die römischen Zustände auch später geherrscht haben (auch die magistri commacini aus dem Edikt Rotharis stammen aus dem Süden), während für andere Gegenden fast nur Belustigungsarbeiter, Tänzer, Sänger, Zitherspieler, Schauspieler, d. i. keine eigentlichen Handwerker, angeführt werden können. (Vgl. Dopsch, Grundlagen II, 2. Aufl., S. 420ff.)

[1]) Kletler S. 99, 108ff., 128, 141ff., 149.

allgemeines Staunen erregen. Auch in Liutprants Gesetzen (aus der 1. Häfte des 8. Jahrhunderts), wie in der von Otto I. der Stadt Worms verliehenen Urkunde erscheinen wandernde Handwerker, welche innerhalb oder außerhalb der Provinz wandern bzw. nach Worms kommen.[1])

Sind nun die in den Quellen genannten Handwerker als Freie oder als Unfreie aufzufassen? v. Below hatte bereits darauf hingewiesen, daß es „unter den Unfreien der Grundherrschaften auch viele Handwerker gibt, die trotz ihrer persönlichen Unfreiheit sich in ihrer wirtschaftlichen Tätigkeit in der Hauptsache frei bewegen: die zahlen etwa einen festen Zins an ihren Herrn, arbeiten aber im übrigen für das große Publikum. Diese Personen sind als Handwerker nicht unfrei, sondern frei".[2]) Andere Forscher (Karcher, Koehne, Dopsch, Kletler, Grüninger)[3]) haben sich dieser Ansicht angeschlossen; wenigstens deuten sie in zweifelhaften Fällen zugunsten der Freiheit, während Moritz Heyne öfters Unfreiheit annimmt oder die Frage unentschieden läßt. Auch Sombart vermutet (in manchen Fällen) das Vorhandensein freier Handwerker[4]), während Seeliger, ohne freilich das Vorkommen freier Handwerker zu bestreiten, dennoch behauptet, daß in der überwiegenden Mehrzahl der Quellen es sich um abhängige Gewerbetreibende handelt.[5]) Wenn man nach den Volksrechten urteilt, so wurde bei den Burgunden und Franken des 6. Jahrhunderts, bei den Angelsachsen des 7. Jahrhunderts, bei Alemannen und Bajuwaren des 8. Jahrhunderts die Arbeit des Berufshandwerkers als Sklavenarbeit aufgefaßt.[6]) Doch werden in den Leges Barbarorum neben Unfreien, welche für die Herrschaft arbeiten[7]), auch solche erwähnt, die für das große Publikum gegen Entgelt produzieren (in publicum adtributum artificium exercere)[8]), also offenbar eine größere wirtschaftliche Selbständigkeit besitzen, da ihre Tätigkeit sich nicht mehr innerhalb der Grundherrschaft abspielt, sondern sie auch für den Markt arbeiten können. Während im burgundischen Volksrecht noch der Herr für sie verantwortlich gemacht werden kann, fehlt dieser Zusatz in der Lex Visigoth.[9]), sodaß hier die Verantwortung auch auf dem Handwerker selber ruhen konnte. Denselben Sinn, wie in „publico adtributum" dürfte auch der „faber publice probatus"

---

[1]) MG. SS. V, S. 632; VII, S. 744. Bedae Opp. IV, S. 366 (Ed. Giles). Epp. III, n. 116. Vgl. Wackernagel, Die deutsche Glasmalerei. S. 24, 110, 143, 408. Heyne, Deutsch. Handwerk. S. 64, 72. Karcher S. 45ff. Koehne S. 347. Sombart I, 2. Aufl., S. 83, 122. Kletler S. 120f.

[2]) v. Below, Territorium und Stadt. S. 300. Ders., Handwerk und Hofrecht. Iff.

[3]) Karcher S. 17ff. Koehne, Zeitschr. f. Sozialwiss. 1907. Ders. Ibid. 1917. Dopsch, Grundl. II, 2. Aufl., S. 421. Kletler S. 69ff., 129. Grüninger S. 15. Weinbaum, Viert. f. Soz.- u. W.-G. XVIII (1925), S. 293f.

[4]) Heyne, D. Handw. pass. Sombart, Kapitalism. I, 2. Aufl., S. 122.

[5]) Seeliger, Handwerk und Hofrecht. S. 480f.

[6]) Si vero servus cujuscunque occisus fueret ... secundum servi qualitatem infra scripta domino eius pretia cogatur exsolvere (Lex Romana Burgund. II, 6). Si quis servum natione barbarum occiderit (Lex Gundeb. Burg. XXI, 2). Si quis servum aut ancillam ... furaverit aut vendiderit (Lex Sal. Emend.).

[7]) Insbes. werden unfreie Schmiede genannt (faber aurifex, spatarius), auch andere Gewerbetreibende.

[8]) Quicunque vero servum suum aurificem, argentarium, ferrarium fabrum aerarium, sartorem vel sutorem in publicum adtributum artificium exercere permiserit, et id quod ad faciendam operam a quocumque suscepit, fortasse everterit, dominus eius aut pro eodem satisfaciat, aut servi ipsius si maluerit, faciat cessionem (Lex Gund. Burg. XXI, 2).

[9]) Lex Visigoth VII, 6.

der Lex Alamann. haben.[1]) In der Tat sieht Waitz hier, im Gegensatz zu Gfrörer, der von einer öffentlichen Prüfung der unfreien Handwerker sprach (analog wohl dem Meisterstück der späteren Zunftgesellen)[2]) „Knechte und Hörige, die wohl mit Genehmigung ihres Herrn und vielleicht gegen Abgaben anderer Art als die, welche Landbauern zahlten, auch für Fremde arbeiteten".[3]) Seeliger behauptet allerdings, daß, analog der Stelle in der Lex Baiuv., welche die Schmiede stets und für alle zugänglich erklärt, hier an Schmiede zu denken sei, die an einem solchen öffentlichen Orte, doch eben für das Publikum, arbeiteten.[4]) Dagegen begreift Koehne das Wort „probatus" als „approbiert" — von hoher Qualität — und erklärt „publice probatus" demgemäß als öffentlich erprobt, wobei jedoch, nach seiner Ansicht, es auch möglich ist, daß der Schmied nur in der herrschaftlichen Wirtschaft arbeitete.[5]) Darauf erwidert jedoch Karcher mit Recht, daß, obwohl die Lex Alamann. an dieser Stelle von Leuten spricht, die eine höhere Stellung als die übrigen einnehmen, und für sie ein größeres Wergeld bestimmt (wobei für den Schmied eben die öffentliche Anerkennung seiner Kunstfertigkeit es ist, die das erhöhte Wergeld begründet), diese Anerkennung sich doch nur darin äußern konnte, daß man ihm auch die Arbeit für das Publikum anvertraute; sonst hätte sie ja keinen Sinn gehabt.[6])

Eine noch größere wirtschaftliche Unabhängigkeit besitzen offenbar jene (oben genannten). Wanderhandwerker, welche sich von Ort zu Ort bewegen, demnach vollständig frei über ihre Arbeitskraft verfügen können.[7]) Im Edikt Rothari werden sowohl Handwerker überhaupt genannt, welche man von anderwärts holen läßt[8]), als speziell Bauhandwerker aus Como[9]), welche Hausbau oder die Reparatur des Hauses für einen bestimmten Lohn übernehmen, wobei für etwaige von ihnen dabei erlittenen Beschädigungen sie selber, nicht der Eigentümer des Hauses, zu haften haben.[10])

---

[1]) Faber aurifex aut spatarius, qui publice probati sunt, occidantur, 40 solidos conponat (L. Alamann. 74, 5).

[2]) Gfrörer, Zur Gesch. der deutschen Volksrechte II, S. 144.

[3]) Waitz, Verf.-Gesch. II, 1, 3. Aufl., S. 272.

[4]) Seeliger, Handwerk u. Hofrecht. Hist. Viert. S. 483ff.

[5]) Koehne, Viert. f. Soz.- u. W.-G. IV, S. 186f. Vgl. Sombart, Kapit. I, S. 12f.

[6]) Karcher S. 19.

[7]) Auch der Glaser, den der Abt Gutberus von Wiremuth sich vom Erzbischof Lullus zuschicken läßt (Mon. Germ. Epp. I, 406) braucht gar nicht unfrei gewesen zu sein, wie Heyne zu glauben scheint, denn er sollte ja bloß aus der „parochia" des Lullus, oder, falls dort keine Glaser vorhanden sein sollten, „in potestate cuiusdam alterius" — außerhalb seiner Parochie — geholt werden, wobei auch im zweiten Falle „potestas" gar nicht unbedingt Unfreiheit zur Folge haben muß.

[8]) Si operarius ab alio rogatus in opera mortuus fuerit (Edictum Rothari, c. 152).

[9]) Si quis magistrum commacinum unum aut plures rogaverit aut conduxerit (Ed. Roth. c. 145).

[10]) Ed. Roth., c. 144: De magistros commacinos. Si magister commacinus cum collegantes suos cuiuscumque domum aut rastaurandam vel fabricandam super se, placitum finitum de mercedes, susceperit, et contigerit aliquem per ipsam domum aut materiam elapsum aut lapidem muri non requiratur a domino, cuis domus fuerit, nisi magister commacinus cum consortibus suis ipsum homicidium aut damnum conponat, quia postquam fabulam firmam de mercedis pro suo lucro suscepit, non inmerito damnum sustinet.

Kapitel 7.
Handel und Verkehr.

Ein Tauschverkehr entsteht auch in Form des Wanderhandels: zum Wanderhandwerker kommt der mercator cursorius hinzu.

Die Tatsache, daß Gegenstände aus Holz, Stein, Tierknochen, Mineralien häufig an Orten aufgefunden worden sind, die von ihren Ursprungsländern weit entfernt sind, gilt bei den Archäologen als ein Beleg für das Bestehen eines Tauschverkehrs in prähistorischer Zeit. Doch über alles weitere, diesen Tauschhandel betreffende, gehen ihre Ansichten weit auseinander; so zunächst über die Hauptfrage, ob überhaupt, in diesem oder jenem Falle, die betreffenden Gegenstände als lokale Erzeugnisse zu betrachten sind, oder als von auswärts eingeführte, ferner ob es sich um Tauschverkehr handelt, oder ob hingegen Raub in Frage kommt, endlich ob die Erzeugnisse vielleicht von wandernden oder erobernden Völkerschaften zurückgelassen sein mögen. Obwohl sie zugeben müssen, daß sich über Formen und Umfang des prähistorischen Handels nur wenig sicheres ermitteln läßt, halten die Archäologen z. B. doch an der Behauptung fest, daß die auf dem Gräberfelde von Hallstatt gemachten, aus dem 8.—5. Jahrhundert v. Chr. herrührenden Funde das Bestehen eines, sich auf ausgedehnte Gebiete erstreckenden Handelsverkehrs bezeugen. Nun hat der in der Elbemündung gewonnene Bernstein über Skandinavien ganz Mitteleuropa durchwandert und ist bis ans Mittelmeer gelangt. Die Metalle und die aus ihnen verfertigten Erzeugnisse hingegen haben den gleichen Weg in entgegengesetzter Richtung durchgemacht. Als Objekte des Tauschverkehrs werden ferner Glasperlen, aus Muscheln gefertigter Schmuck, Salz, Tongefäße, Elfenbeinwaren erwähnt.[1]) Wie Walter Stein aber selbst betont, gewähren Depot-Funde nur unsichere Maßstäbe. Wohl ergibt sich — nach Stein — eine größere Anhäufung von Waren (z. B. 542 Bronzeringe in Böhmen, über 700 in Schlesien und ca. 1200 in der Schweiz, in Thüringen 297 Bronzeäxte, 84 Bronzesicheln usw.)[2]). Man wird jedoch fragen dürfen, ob in diesen Fällen auch wirklich ein Warenaustausch und nicht einseitige Handlungen vorliegen? Wie Ehrenreich und von den Steinen in ihren Forschungen festgestellt haben, kennen die Indianerstämme Brasiliens keinen Tauschverkehr; dennoch besteht hier ein lebhafter Verkehr von Stamm zu Stamm, bei welchem Töpfe, Steinbeile, Hängematten, Baumwollfäden, Halsketten aus Muschelstücken und ähnliche Erzeugnisse übertragen werden. Wie war das möglich ohne Tausch und Handel? Die Lösung dieses Rätsels — sagt Bücher — ist einfach genug: die Übertragung erfolgte auf dem Wege der Schenkung, unter Umständen auch des Raubes, der Kriegsbeute, des Tributs, der Vermögensstrafe, der Entschädigung,

---

[1]) Stein, s. v. Handel (Reallexikon der germ. Altertumskunde II, 3. Aufl., 1914). Müller, Nord. Altertumskunde I. Ders., Urgeschichte Europas. Montelius, Der Handel in der Vorzeit. Prähist. Zeit. II.

[2]) Stein, s. v. Handel. S. 380, 382.

des Spielgewinnes.[1]) Sollte es in Europa ursprünglich anders gewesen sein?

Zur römischen Kaiserzeit darf ein lebhafter Handelsverkehr unter den einzelnen Provinzen, insbesondere auf dem Mittelmeer, angenommen werden. Doch die römischen Kaufleute drangen auch weiter vor und knüpften auch mit den Germanen einen Warenaustausch an. Süßen berauschenden Wein und glänzende, schimmernde Edelmetalle, d. h. eben jene Waren, die auf den primitiven Menschen eine besondere Anziehungskraft auszuüben pflegen, führten die Römer den Germanen zu. Zum Austausch bezogen die römischen Händler den in Rom so hoch geschätzten Bernstein, ferner Pelze, glänzende Perlen, bunte Vogelfedern und Frauenhaar, sämtlich Luxusgegenstände, die sie zu hohen Preisen an reiche und vornehme Römer absetzen konnten.[2])

Auch später, nach dem Verfall des Weströmischen Reiches ist der Handelsverkehr innerhalb desselben keineswegs vollständig zugrunde gegangen. In den romanischen Ländern — Italien, Südfrankreich, Gallien, Spanien — kommen auch später Kaufleute, Märkte und Handelsschiffe vor, wenn auch dies alles in nur geringem Umfang. In den Quellen werden wandernde Händler erwähnt; zu Rom und Ravenna, in Marseille und Narbonne scheint ein Handel nicht gefehlt zu haben. Im Privileg König Dagoberts für St. Denis bei Paris (aus dem Jahre 629) werden fremde Kaufleute (aus dem Langobardenreiche, aus Spanien, der Provence, auch Sachsen) erwähnt, die zur Dyonisiusmesse dorthin kommen. Es werden überhaupt fast durchweg fremde Kaufleute genannt — Syrer, Juden, andere Orientalen, Griechen, Ägypter oder auch bloß „Ausländer" (ohne nähere Bezeichnung), transmarini negotiatores.[3])

Weniger Belege finden sich für den Handel in den germanischen Ländern; soweit sie vorhanden sind, beziehen sie sich auf eine spätere Zeit. Die friesische Ansiedelung Dorestat kommt als Handelspunkt nicht vor dem Ende des 8. Jahrhunderts auf; früher erscheint Utrecht (= trajectus ad Rhenum), insbesondere aber London: „copia negotiatorum et commeatuum maxime celebre." Dazu kommen noch die Seestadt

---

[1]) Ehrenreich, Beiträge zur Völkerkunde Brasiliens. S. 53. Von den Steinen, Unter den Naturvölkern Zentralbrasiliens. 2. Aufl., S. 287ff. Bücher, Entst. d. Volkswirtsch. 14. bis 15. Aufl. (1920), S. 61f.

[2]) Plin. Hist. nat. X, 27, XIX, 48, 56. Ovid. Amor. I, 14. 45. Wackernagel, Kleine Schr. I, S. 67ff. Rathgen, Entstehung der Märkte in Deutschl. (1881). S. 4, 12.

[3]) Fagniez, Documents I, Nr. 83. Vgl. Nr. 87. Pigeonneau I, S. 62ff. Heyd I, S. 96. Wackernagel, Gewerbe, Handel u. Schiffahrt der Germanen. Zeitschr. f. deutsch. Altert. 1859. Dahn, Über Handel und Handelsrecht der Westgoten (Bausteine, 2. Reihe, S. 301ff.). Scheffer-Boichorst, Zur Gesch. der Syrer im Abendlande (Mitt. d. Inst. f. Öst. Gesch.-F. VI, S. 521ff.). Bréhier, Les colonies d'orientaux en occident au commencement du moyen-âge V—VIII s. (Byzantin. Zeitschr. XII. 1903) Jordan, Der Mercennarius der Westgotengesetze (Viert. f. Soz.- u. W.-G. XVII, S. 336ff.). Dopsch, Grundlagen II, 2. Aufl., S. 446ff., 459.

Quentowik in Nordfrankreich als bedeutender Sklavenmarkt, Schleswig, „wo die Kaufleute von allen Seiten zusammenkamen", Birka, die wichtigste Marktstätte Schwedens u. a. m. Auch der Grenzhandel, der zwischen Römern und Germanen zu Tacitus' Zeit geführt wurde, war wohl auch später nicht vollständig geschwunden. Auf der Donau scheint ein Sklavenhandel betrieben worden zu sein, auch ihr Vieh haben die Alemannen mit den Provinzialen in Noricum ausgetauscht.[1]) Doch sind wir über den Handel, welcher nach dem Zusammenbruch des weströmischen Reiches von Süddeutschland und der Schweiz aus nach Italien betrieben wurde, zu wenig unterrichtet, als daß man sich ein Urteil darüber bilden könnte, inwieweit sich derselbe erhalten hatte. Denn die Quellen melden vom Verkehr über die Alpen (Itinerare), der mit Handelsbeziehungen noch gar nicht identisch ist. Ebenso wenig bezeugen Angaben über Schiffahrt einen Handelsverkehr innerhalb Deutschlands. Auch wird man kaum auf Grund der in den Leges Barbarorum enthaltenen Normen über Kaufgeschäfte, über Haftung des Verkäufers, über Leistung von Schadenersatz, über Sicherung der Vereinbarungen durch Zeugen usw. behaupten dürfen, daß ein Handel im Sinne eines berufsmäßigen Warenwiederverkaufs erwiesen ist. Es konnte ja ein direkter Austausch zwischen Produzenten und Konsumenten ohne Vermittlung des Händlers stattgefunden haben, wobei als Tauschobjekte fast ausschließlich Vieh, Edelmetalle, teure Kleidungsstücke, vor allem aber Sklaven erwähnt werden.

Zum Mittelpunkt des Handelsverkehrs wurde Konstantinopel. Hier trafen Kaufleute aus aller Herren Ländern ein — Bulgaren, Armenier, Russen, Araber, Italiener, um dann die hier eingetauschten Waren weiter über ganz Europa hin zu vertreiben. Um Konstantinopels Monopolstellung im Handelsverkehr zu sichern, verhinderten die byzantinischen Kaiser die Weiterreise der europäischen Händler nach dem Orient, dem Ursprungslande der von ihnen gesuchten Waren. Sie sollten diese Waren in Konstantinopel erwerben, und zwar gewöhnlich durch Vermittlung des Fiskus. Auch der Vertrieb einer Reihe in Byzanz erzeugter Waren war das Monopol des Fiskus. So durften die von der Bevölkerung als Abgaben und Steuern gelieferten Produkte wie Seide, Wein, Getreide, Oliven, Öl nur von den kaiserlichen Lagerhäusern aus bezogen werden.[2])

Von Konstantinopel aus wurden die Erzeugnisse des Morgenlandes zum Teil über das Schwarze Meer nach Kiew und von dort auch wohl noch weiter nach den Ostseeküsten gebracht. Der Weg führte von Kiew den Dnjepr und die Wolga hinauf, dann weiter, die östliche Tiefebene

[1]) Dopsch, Grundlagen II, 2. Aufl., S. 449ff. Vogel, Gesch. d. deutsch. Seeschiffahrt I, S. 77ff., 81, 83. Kletler S. 73ff., 93ff., 157ff. Stein, s. v. Handel, Reallex. II. Vgl. Bugge, Viert. für Soz.- u. Wirt.-Gesch. IV.

[2]) De la Primaudaie, Etudes sur le commerce. Hist. du comm. de la mer noire. S. 48ff. Roth, Byzanz u. seine Verbind. mit d. Occident u. Orient (Beiträge z. Kenntn. d. Orients VII). 1909. Brentano, Die byzantinische Volkswirtschaft. (Schmollers Jahrb. XLI. 1917.)

durchschneidend, ins Nowgoroder Gebiet. Ein anderer Teil der Waren ging von Konstantinopel aus über das Mittelmeer nach Marseille und weiter nach dem heutigen Frankreich, vor allem nach den Messen von St. Denis und Troyes, auch nach Italien zu den Messen von Pavia und Ferrara. Hier erwarben, so erzählt der Chronist, schwäbische Große Pelze und seidene mit Purpur verbrämte Stoffe bei den Venezianern, die aus den transmarinen Gebieten alle Kostbarkeiten des Orients herbeischafften.[1]) Eine wichtige Handelsstraße lief endlich rheinabwärts nach Flandern; hier auf dem Rhein war ein regelmäßiger Handelsverkehr bereits unter den Karolingern zu finden. Im 10.—11. Jahrhundert entwickelten sich die rheinischen Städte weiter fort. Am Osterfest strömten nicht nur aus allen Städten am Rhein, sondern auch aus noch entlegeneren und „überseeischen“ Ländern Menschen in ungezählter Menge zu dem in der ganzen Welt berühmten Jahrmarkt in Köln zusammen (11. Jahrhundert).[2]) Der arabische Reisende des 10. Jahrhunderts, der Mainz (Maganga) besuchte, war nicht wenig darüber erstaunt, in dieser im fernen Westen gelegenen Stadt Spezereien gefunden zu haben, die nur im fernsten Morgenlande vorkommen, wie Pfeffer, Zimt, Gewürznelken.[3]) Es werden in den Quellen auch andere rheinische Städte erwähnt, wie Worms und Speyer; letztere Stadt wird nicht bloß von auswärtigen, sondern auch von fremdländischen Kaufleuten aufgesucht. Unter den westfälischen Städten waren von einiger Bedeutung Dortmund und Soest; weniger Nachrichten sind für Paderborn, sowie für das nördlich von ihm gelegene Utrecht erhalten. Diese Stadt erholte sich nämlich nur langsam von den Verwüstungen der Normannenzeit, Angaben über den Verkehr des Ortes sind selten und kurz. Die andere, ehemals blühende friesische Handelsstadt, Dorestat, war von den Normannen dermaßen zugrunde gerichtet worden, daß sogar der Name des Ortes beinahe in Vergessenheit geriet. Dagegen kommt — insbesondere im Handel mit England — Tiel empor, obwohl auch diese Stadt unter den Normannenstürmen zu leiden gehabt hatte. Über Konstanz finden sich nur wenig Angaben, bloß der Schwank vom Schneekind (10. Jahrhundert) läßt einen Kaufmann aus Konstanz lange und ausgedehnte Handelsreisen nach überseeischen Ländern unternehmen, und ein Brief der Mönche von St. Gallen (Anfang des 11. Jahrhunderts) nennt sechs Konstanzer Kaufleute, in deren Hände ein Teil des dem Kloster entwendeten Schatzes gelangt war. Noch spärlicher fließen die Nachrichten für Basel und Zürich, dagegen erfahren wir, daß Händler aus zahlreichen Orten Würzburg aufsuchten. In Regensburg gab es einen „pagus mercatorum“ und man leitete den Namen der Stadt davon ab, daß die von allen Seiten Waren heranbringenden Schiffe hier im Hafen anlegten (rates in portu ponuntur, daher Ratispona). Ein anderer wichtiger Handelsplatz an der Donau war Passau, obwohl

[1]) Mon. Sangall. MG. 55,II, S. 760. Schulte I, S. 71.

[2]) Stein, Handels- und Verkehrsgeschichte. S. 95.

[3]) Jakob, Ein arabischer Berichterstatter. S. 13f.

wir von ihm nicht viel erfahren; nur vom Zoll zu Passau ist die Rede.[1])

Eine gewisse Ausweitung des Handelsverkehrs läßt sich im 10.—11. Jahrhundert auch darin beobachten, daß er sich nun auch auf östliche Gebiete, bis zur Elbe, ausdehnt (darüber weiter hinaus nach Osten ist er freilich nur selten zu finden). So werden bei der Begründung neuer Märkte als Vorbild neben Mainz und Köln auch solche Marktorte erwähnt, wie Magdeburg oder Goslar, wohin (1073) „Kaufleute fremder Völker" ihre „gewohnten Waren" bringen.[2]) Auch von Bremen heißt es, daß „Kaufleute aus vielen Gegenden mit ihren Waren den Bremer Markt besuchten".[3]) Freilich gehörte dies einer früheren Zeit an, denn als Adam von Bremen dies niederschrieb, war der Bremer Markt schon verödet.[4])

Deutsche und französische Kaufleute besuchten auch England. Die Londoner Statuten vom Anfang des 11. Jahrhunderts enthalten Zölle, die von Kaufleuten aus Rouen, der Normandie, Francien und Flandern und von den „Leuten des Kaisers" entrichtet wurden. Sie bringen Wein und kaufen Wolle ein.[5]) Ein Handel Gotlands und der niederdeutschen Städte mit Nowgorod ist dagegen erst für das Ende des 12. Jahrhunderts quellenmäßig bezeugt.[6])

Doch soll man den Handelsverkehr nicht bloß des 8.—9., sondern auch des 10.—11. Jahrhunderts nicht überschätzen. Bücher, v. Inama, Schulte, Sombart und eine Reihe anderer Forscher haben dies ja genügend betont. W. Stein hat jüngst ebenfalls hervorgehoben, daß wir in den meisten Fällen nicht nur über den Handelsverkehr der einzelnen Orte ungenügend unterrichtet sind, sondern daß auch, soweit Nachrichten vorhanden, dieselben unsicher sind und nicht ohne weiteres Glaubwürdigkeit beanspruchen können, oder sie sind nur kurz und allgemein gehalten.[7]) So werden an den oben zitierten Stellen Kaufleute aus „überseeischen" Ländern genannt, jedoch entbehren die Äußerungen der Quellen „eines jeden Hinweises auf bestimmte Länder und schließen nicht jeden Zweifel an ihrer strengen Zuverlässigkeit aus", es wird daher (z. B. für Köln) „oft schwer sein, die Aussage wörtlich zu verstehen". Hier „liegt, wie es scheint, ein Ausdruck vor, der zum Stil gehörte". Auch Adam von Bremen, der die Händler „aus allen Teilen der Welt den Bremer Markt aufsuchen läßt", will „stilgemäß, nicht buchstäblich verstanden sein". Man wird aus solchen Angaben wohl nur den Schluß

---

[1]) Stein S. 82, 85f., 95, 98, 101ff., 103f. Dopsch, Karolinger II, 191ff. Kletler S. 93ff., 123, 157. v. Inama I, 2. Aufl., S. 607ff.

[2]) Mercatores exterarum gentium ... consuetas merces eo conferrent.

[3]) Negotiatores qui ex omni terrarum parte bremam solitis frequentabant mercibus.

[4]) Stein S. 128ff., 135ff., 140.

[5]) Liebermann, Gesetze der Angelsachsen II, 2. Aufl., S. 493, 731.

[6]) S. meine Russ. Wirtschaftsgesch. I, (Jena. 1925) S. 120.

[7]) Die Münzfunde sind, nach W. Stein, „fast überall für die Feststellung handelsgeschichtlicher Tatsachen eine unzuverlässige und trügerische Quelle". (Stein, S. 141.)

ziehen dürfen, daß Kaufleute in den betreffenden Fällen nicht bloß aus den nächstgelegenen Orten, sondern auch aus etwas entfernteren Gegenden den Markt aufsuchten, ohne den Radius eines damaligen Marktes als besonders bedeutend anzunehmen.[1])

Auch Kletler, der nur zu oft geneigt ist, einen „regen" Warenhandel in „großem" Ausmaß und einen „ausgesprochenen Fernhandel" (für die Zeit vor 900!) anzunehmen, wie auch eine äußerst „häufige" Übermittlung von Bedarfsartikeln (in Form von Geschenken), wo doch nur von hochwertigen Erzeugnissen die Rede ist[2]), sucht doch möglichst Verkehr und Handel auseinander zu halten und weist für das 10. Jahrhundert jedenfalls auf den Rückschritt in der Entwicklung mancher Handelsstädte hin, auf die Spärlichkeit der Nachrichten, die wir für den Handel des Festlands mit England besitzen, wie auf das Fehlen von Angaben über nordische Kaufleute in Bremen oder über deutsche Händler in Skandinavien und den Ostseeländern; auch die zahlreichen Funde deutscher Münzen an der Ostsee beweisen — wie er betont — noch nicht die persönliche Anwesenheit deutscher Händler an jenen Gestaden.[3]) Die Beziehungen der abendländischen Nationen zueinander bis zu Beginn der Kreuzzüge waren so unbedeutend, daß der Bischof Otto von Freising (Sohn des Markgrafen Leopold II. von Österreich und Enkel Kaiser Heinrichs IV.) in seinen, aus der 1. Hälfte des 12. Jahrhunderts herrührenden Aufzeichnungen Aquitanier, Gascogner, Normannen, Engländer, Schotten, Irländer, Franzosen, Flandrer, Lothringer als „ganz unbedeutende" Völker bezeichnen konnte. Über diese Völker waren die abenteuerlichsten Erzählungen im Umlaufe.[4])

Gering war auch die Anzahl der Waren, die in den frühmittelalterlichen Handel kamen. Es waren dies keine Gegenstände des täglichen Gebrauchs, sondern nur Luxusgüter — seltene Naturprodukte und hochwertige gewerbliche Erzeugnisse. Teils waren sie, wie Seidenstoffe, Teppiche, Edelsteine, Glaskelche, Gold- und Silbersachen, zur kirchlichen Ausstattung bestimmt, teils, wie Wein, Weihrauch, Wachs, Öl für den Gottesdienst nötig. Oder sie hatten dem Luxusbedarf der geistlichen und weltlichen Großen zu dienen, so die Spezereien des Orients, hochwertige Stoffe, Bernstein (lucida gemma), kostbare Waffen, Pelzwaren, Wein. Dazu kamen noch Salz und Sklaven. Auch andere Waren — Metalle und einfachere Metallwaren, insbesondere Waffen, gröbere Tuche, Sättel, hölzerne Fässer und Schüsseln erscheinen freilich im 10. und 11. Jahrhundert, aber seltener und nur in einzelnen Gegenden.[5])[6])

---

[1]) Stein S. 106, 126. Vgl. Vogel I, S. 86.

[2]) So z. B. Kletler S. 131; vgl. S. 128.

[3]) Kletler S. 60, 66f., 73, 133, 157ff., 160ff., 165, 174; Anm. 1272, 1276a, 1295.

[4]) Otto von Freising, Chronic. VII, c. 2. Z. Eicken, Gesch. der mittelalterl. Weltanschauung (1887), S. 517.

[5]) Bücher S. 281. Sombart I, 2. Aufl., S. 62, 101, 236ff. Schaube, Handelsgesch. S. 23. Schulte I, S. 68, 70ff. v. Inama I, 2. Aufl., S. 609f. Spiess S. 324. Sander S. 73f. Beck, Gesch. d. liturgisch. Gewänder d. Mittelalters I, S. 25, 32. Alwin Schultz, Das häusliche Leben S. 222. Heyd I, S. 100. Guérard, Polypt. de l'abbé Irminon II, S. 336. Vgl. Dopsch, Karol. II, S. 179. Kletler S. 107.

[6]) In einem englischen Dialog vom 10.—11. Jahrhundert werden folgende Waren aufgezählt, die der Kaufmann nach England brachte: Purpur, Seide, Edelsteine, Gold, Kleidung, Wohlgerüche, Wein, Öl, Elfenbein, Messing, Kupfer, Zinn, Schwefel, Glas. (Ashley I, 70.)

Unter den in Westeuropa erzeugten Gewerbeprodukten waren vor allem die friesischen Tücher hochgeschätzt, die pallia fresonica, fresum, die sich durch ihre Farbenpracht auszeichneten. Karl d. Gr. trug sie mit Vorliebe und schickte sie als Geschenk an den Khalifen Harun al Raschid, da es ihm, wie der Mönch von St. Gallen mitteilt, bekannt war, daß diese Gewebe im Orient recht selten und hochgeschätzt waren.[1]) Sie wurden im fränkischen Reiche von friesischen Kaufleuten vertrieben. Die Frage nach dem Erzeugungsland dieser Tuche ist jedoch eine viel umstrittene. Während anfänglich die Ansicht vorherrschte, sie wären von den Friesen selbst erzeugt worden, sind in neuerer Zeit andere Vermutungen ausgesprochen worden. Manche Forscher sind der Ansicht, sie wären in England angefertigt, jedoch, da sie von friesischen Händlern vertrieben wurden, als saga oder pallia fresonica bezeichnet worden.[2]) Andere (Häpke, Pirenne u. a.) behaupten, sie seien flandrischen Ursprungs, denn es gab in Flandern bereits unter der Römerherrschaft eine Schafzucht und schon im 9.—10. Jahrhundert wurde dort die Tucherzeugung betrieben.[3]) Gegen letztere Auffassung wendet sich Wilkens, der sich der älteren Hypothese über Friesland als Erzeugungsland anschließt.[4]) Auch Swart meint, die friesischen Tuche wären in Friesland selbst erzeugt worden, wobei er auf die, durch die Urbarien der Klöster Werden und Fulda bezeugte, ausgedehnte Verbreitung der Weberei in Friesland im 8. bis 12. Jahrhundert hinweist.[5]) Vogel und Heyne nehmen eine Mittelstellung ein, indem sie verschiedene Ansichten miteinander in Einklang zu bringen suchen: Textilindustrie habe es sowohl in Friesland als in England bzw. in Flandern gegeben.[6])

Zu den wichtigsten und am häufigsten in den Quellen genannten Objekten des frühmittelalterlichen Handelsverkehrs gehören unstreitig die Unfreien. Die Sklaverei war eben noch lange nicht beseitigt, in den Leges barbarorum werden häufig Unfreie erwähnt; insbesondere finden sich Normen in betreff von Verbrechen, die den Verlust der Freiheit nach sich ziehen. So wird, nach dem Langobardischen Recht, der Mörder, der das Wergeld nicht entrichten kann, den Nachkommen des Erschlagenen als Sklave ausgeliefert, nach dem Westgotischen Gesetz wird die Frau für Fruchtabtreibung versklavt usw. In den Volksrechten kommen sowohl Geschäfte, die von Unfreien abgeschlossen werden, als Verkauf der Unfreien vor, bloß der Verkauf von Christen außerhalb des Landes, insbesondere an Heiden, sollte verhindert werden, obwohl (nach der Lex Alamann.) auf Geheiß des Herzogs auch dies geschehen konnte. Im 10.—11. Jahrhundert wurde ein reger Sklavenhandel in der Weise betrieben, daß der slavische Osten die Menschenware lieferte (und zwar waren es hauptsächlich in Gefangenschaft geratene Slaven), die dann von den

---

[1]) Monach. Sangall. MG. SS. II, S. 752.

[2]) Klumker, Der friesische Tuchhandel z. Z. Karls d. Gr. S. 68. Vgl. Dopsch, Wirtschaftsentw. der Karolingerzeit II, S. 144. v. Inama I, 2. Aufl., S. 575.

[3]) Häpke, Die Herkunft der friesischen Gewebe. Hans. Geschichtsbl. 1906, S. 309. Pirenne, Draps de Frise ou draps de Flandre. Viert. für Soz.- u. Wirt.-G. 1909, S. 308ff. Ders., Gesch. Belgiens I, S. 35ff. Schulte, Gesch. des mittelalterl. Handels und Verkehrs zwischen Westdeutschl. u. Italien I, S. 78f. Kober, Die Anfänge des deutsch. Wollengewerbes. S. 49. Espinas, La draperie dans la Flandre française au moyen-âge I, (1923), S. 29.

[4]) Wilkens, Zur Geschichte des niederländischen Handels im Mittelalter. Hans. Gesch.-Bl. 1908.

[5]) Swart, Zur friesisch. Agrargesch. (1910). S. 175.

[6]) Vogel, Gesch. der deutsch. Seeschiffahrt I, S. 79. Heyne, Altdeutsch. Handwerk. Vgl. auch Kletler S. 107ff.

Händlern (teilweise von Juden) nach Spanien abgesetzt wurde. Aus solchen Sklaven bestand die Leibwache des Khalifen. Daneben wurden freilich auch Germanen verkauft. Obwohl die Kirche mehrfach den Handel mit christlichen Sklaven verbot, so erhob sie doch keinen grundsätzlichen Widerspruch gegen die Unfreiheit, ja es arbeiteten Unfreie auf Kirchengütern und Papst Gregor ließ angelsächsische Sklaven zu diesem Zwecke erwerben. Auch die königlichen Verordnungen erkennen — wenigstens indirekt — die Sklaverei an. Nicht bloß in dieser Periode, sondern auch in den späteren Jahrhunderten hat es an einem Sklavenhandel nicht gefehlt.[1])

Wie dies überall in älteren Zeiten der Fall war, so befand sich auch im früheren Mittelalter der Handel vornehmlich in den Händen Fremder.[2])

Als Vermittler im Warenaustausch der einzelnen Länder treten im Frühmittelalter vor allem die Syrer auf. „Bis auf den heutigen Tag — lesen wir bei dem hl. Hieronymus — ist die angeborene Leidenschaft für Geschäfte den Syrern geblieben; ihre Gewinnsucht treibt sie durch die ganze Welt und so weit geht ihre Handelswut, daß sie auch jetzt noch, da Barbaren den römischen Erdkreis inne haben, unter Schwertern und Leichen nach Reichtümern suchen, und, indem sie sich Gefahren aussetzen, über die Armut siegen.“ In einer Erdbeschreibung aus dem 4. Jahrhundert n. Chr. heißt es von Tyrus „omnium negotiorum ferventer agens magnifice felix est, nulla enim forte civitas orientis est ejus spistior in negotio“. Die Männer von Tyrus werden bezeichnet als „ex negotio divites et potentes in omnibus“. Die Kaufleute von Tyrus, Beirut, Heliopolis hatten ihre Niederlassungen sowohl an den wichtigsten Handelsplätzen Italiens (Pozzuoli, Ostia), als in anderen städtischen Ansiedelungen des weiten römischen Reiches. Im Jahre 591 wird ein Kaufmann Eusebius, Syrer von Geburt, genannt. Prokop erzählt von einem Syrer Antiochus, der (im 6. Jahrhundert) zu Neapel lebte und Seehandel betrieb. Aus Gregor von Tours erfahren wir von einem reichen syrischen Kaufmann zu Bordeaux. Die Syrer führten vornehmlich Wein und Gewebe (namentlich Seidenzeuge) ein, durch deren Produktion Syrien sich auszeichnete. Doch befaßten sie sich (z. B. in Ravenna) auch mit dem Geldgeschäft (Wucher).[3])

---

[1]) S. Dopsch, Wirtsch. u. soz. Grundlagen II, 2. Aufl., S. 175, 473. Brunner I, 2. Aufl., S. 368. Schaub, Der Kampf gegen den Zinswucher usw. S. 50. Stein, Handels- und Verkehrsgesch. der deutsch. Kaiserzeit. S. 106—110. Ders., Reallex. s. v. Handel. S. 389. Piton, Les lombards en France et à Paris I, (1891), S. 46, 50, 52. Heyd, Gesch. des Levantehandels II, S. 543ff. Aronius, Regesten zur Gesch. der Juden (1902), Nr. 126, 137, 148. Stobbe, Die Juden in Deutschland während des Mittelalters. S. 200. Schulte, Gesch. des Hand. I, S. 151.

[2]) Schulte I, S. 77f. Rathgen S. 10, 12 ff. Waitz IV, S. 44. Heyd I, S. 24ff. Goldschmidt, Univ. 106. Ashley I, S. 102. Pigeonneau I, S. 68, 104ff. Mühlbacher, Deutsch. Gesch. S. 286. Sombart I, S. 101ff. v. Inama I, 608ff. Rehme, Gesch. des Handelsrechts, 109f. 112. Koetzschke, Allg. Wirtsch. S. 285.

[3]) Scheffer-Boichorst, Zur Gesch. der Syrer im Abendlande. Kleinere Forsch. IV (Mitt. d. Inst. f. Öst. Geschichtsforsch. VI), S. 527f., 531f., 540ff. Bo-

Im Norden haben die Friesen Bedeutung im Handel erlangt. Vogel möchte sogar „die vier Jahrhunderte zwischen 500 und 900 auf dem Gebiete der deutschen Seegeschichte geradezu die Friesenzeit nennen". Die Nordsee hieß damals bei den Umwohnern „das Friesische Meer", die Friesen nannte man „ein widerspenstiges, hartes Seevolk" (gens durissima maritima). Ihre Seefahrten gingen sowohl nach England, als nach Nordfrankreich; friesische Kaufleute werden in London (Anfang des 8. Jahrhunderts) wie in Jork erwähnt, ferner neben den angelsächsischen Händlern, auf den Messen von St. Denis (um 753). Später, im 9. Jahrhundert, wird auch Schweden in ihren Handelsbereich einbezogen. Eine noch größere Bedeutung für den friesischen Handel scheint jedoch der Rhein mit seinen Nebenflüssen besessen zu haben. Von Dorestat, dem Haupthandelsplatz der Friesen, führte eine ganze Kette von Handelsstationen rheinaufwärts. In Mainz bewohnten die Friesen den schönsten Stadtteil[1]), auch in Worms gab es ein Friesenviertel; weiter sind ihre Ansiedelungen in Xanten, Birten, Straßburg, Duisburg und Köln bezeugt. Die „Miracula St. Goaris" (839) schildern uns einen friesischen Kaufmann, wie er mit einem seiner Knechte am Steuerruder steht, während die übrigen, auf dem Leinpfad vorwärtstappend, das Schiff flußaufwärts treideln.[2])

Ferner sind im 8.—9. Jahrhundert die Sachsen (saxones) und Angelsachsen am Handel beteiligt. Neben den Sachsen, die unter Karl d. Gr. als Pilger „cum pace ..... vadant suo itinere, secum necessaria portantes", kommen unter dem Namen von „peregrini" auch solche vor, die „negociandi causa" das Frankenreich aufsuchen „lucra sectantes, non religioni serventes"; sie hintergehen auf diese Weise die Zölle (a. 796). 873 wird ein Vertrag geschlossen, der den Handel zwischen Sachsen und Dänen sicherstellen soll, „ut negotiatores utriusque regni invicem transeuntes et mercimonia deferentes emerent et venderent pacifice". Neben den Friesen erscheinen die Sachsen (Angelsachsen) sowohl auf den Messen von St. Denis (753) als in den Niederlassungen fremder Kaufleute zu Rom (im 9. Jahrhundert). Im Finnischen bezeichnet „saxa" geradezu den Kaufmann.[3])

---

namy, Mém. de l'Acad. des Inscr. XXI, S. 96ff. Friedländer, Sittengesch. Roms II, 5. Aufl., S. 67. Dopsch, Grundlagen II, 2. Aufl., S. 440, 446. Ders., Karolinger II, S. 432, 438.

[1]) Optima pars Mogontiae civitatis, ubi frisiones habitabant. (Ann. Fuld. a. 886.)

[2]) Miracul. s. Goaris MG. SS. XV, S. 370. Schulte, Gesch. d. mitt. Hand. I, 78. Wilkens, Zur Gesch. des niederländ. Handels im Mittelalter. Hans. Gesch.-Bl. 1908, Vogel, Die Normannen und das fränkische Reich (1906), S. 66ff. Ders., Gesch. d. deutsch. Schiffahrt I, S. 73ff., 89. Klumker, S. 52ff. Häpke, Hans. Gesch.-Bl. 1906. S. 320ff. Dopsch, Grundlagen II, 2. Aufl., S. 462. Ders., Karolinger II, S. 185ff. Kletler S. 68, 91f., 95.

[3]) v. Inama I, 2. Aufl., S. 593. Jacob, Der nordisch-baltische Handel der Araber. S. 112. Dopsch, Karolinger II, S. 187ff.

In den Quellen des Frühmittelalters werden ferner oft die Juden als Händler genannt. Als Verkäufer von „spezies" erscheinen die Juden bei Gregor von Tours, als Pelzhändler in Rom zur Zeit Papst Nikolaus' I. Nach Agobard verkaufen sie den Christen Fleisch und Wein. In Deutschland befassen sie sich im 10. Jahrhundert mit dem Verkauf von mancherlei Waren; auf der Kölner Messe, die sie zu dieser Zeit viel besuchten, waren ihre Haupthandelsartikel Wolle, Häute, Pelzwerk verschiedenster Art, Schmucksachen, Perlen und Edelsteine. Aus den Aufzeichnungen Ibn Kordadbeh's entnehmen wir, daß zu seiner Zeit, d. i. um die Mitte des 9. Jahrhunderts, jüdische Kaufleute die ganze Strecke vom Lande der Franken bis nach China bereisten, und zwar teils zur See, teils zu Lande. Wir lesen hier, sagt Heyd, von nicht weniger als vier Routen, auf welchen Kaufleute zwischen dem westlichen Europa und dem Orient hin- und herzureisen pflegten. Auch über die Waren, die auf diesen Wegen durch die jüdischen Kaufleute befördert wurden, unterrichtet uns Ibn Kordadbeh: vom Okzident nach dem Orient brachten sie Seide, Pelzwerk, Säbel, Sklaven, vom Orient in den Okzident verführten sie Moschus, Aloe, Kampfer, Zimt usw.[1])

Die Erzeugnisse des Morgenlandes, Indiens und Chinas, sowie des Khalifats wurden nach Konstantinopel größtenteils von den Arabern gebracht, die zu jener Zeit bereits eine hohe Kulturstufe erreicht hatten. Sowohl in Mathematik, Medizin und Baukunst, als auch in der Landwirtschaft waren von ihnen bedeutende Fortschritte gemacht worden; auch Gewerbe und Handel hatten sie zu hoher Blüte gebracht. Vom Morgenlande war von den Arabern die Reis-, Baumwoll- und Zuckerrohrkultur, wie der Zitronen- und Maulbeerbaum nach dem maurischen Spanien verpflanzt worden. Die Ledererzeugung hatten sie vervollkommnet, die korduanischen (in Cordova hergestellten) Lederarten waren weithin berühmt. Toledo zeichnete sich durch seine Metallwaren aus, es wurden dort auch Majoliken und Seidenstoffe erzeugt. Von der Bedeutung der

[1]) Aronius, Regesten zur Gesch. der Juden im Fränk. und Deutsch. Reiche (1902). Nr. 89, 124, 168. Vita S. Gregorii M. Opp. Greg. IV, S. 151. Brisch, Gesch. der Juden in Köln und Umgebung (1879) I, S. 17. De Goeje, Bibl. Geograph. Arabic. P. VI, S. 115ff. Berliner, Gesch. der Juden in Rom I, T. 1, S. 7. Über den Handel der Juden im Frühmittelalter s. Hahn, Die wirtsch. Tätigkeit der Juden im Fränkischen und Deutschen Reiche (1911). Schipper, Anfänge des Kapitalismus bei den abendländ. Juden (1906). Hoffmann, Der Geldhandel der deutsch. Juden (1910). S. 7ff. Roscher, Stellung der Juden im Mittelalter. Zeitschr. f. ges. Staatswiss. 1875. Stobbe, Die Juden in Deutschland während des Mitt. 1866. Heyd, Gesch. d. Levantehand. I, S. 140ff. Pigeonneau, Hist. du Commerce de la France. T. I, S. 104, 106. Waitz, Deutsche Verfassungsgesch. II, 1, 3. Aufl., S. 270. Lamprecht, Deutsch. Wirtschaftsleben I, S. 1452ff. Während alle Genannten von einer wichtigen Rolle der Juden im Warenhandel dieser Zeit sprechen, meint Bücher (Bevölkerung von Frankfurt a. M. S. 590), daß die Juden im fränkischen Reiche mit Vorliebe Sklavenhandel getrieben haben. „Möglicherweise, fügt er freilich hinzu, haben sie sich hier auch in größerer Ausdehnung am Warenhandel beteiligt." (Vgl. Stieda in Roscher's Nationalökonomie des Handels. 7. Aufl., S. 175.)

Araber für den damaligen Handelsverkehr legen die Handelstermine ein deutliches Zeugnis ab, die die europäischen Völker von ihnen übernommen haben. Aus dem arabischen stammen Bezeichnungen, wie Karawane (arab. cairawan), Magasin (arab. machsin = Warenniederlage), Fondaco (arab. Fondiq = Herberge der Kaufleute), Tara (arab. = entfernt, beseitigt, als wertlos zurückgelassen, von taraha = wegwerfen), Dogana (arab., daher das franz. douane = Zollamt), Admiral (arab. amir-alma = Befehlshaber des Wassers), Arsenal (arab. dar-assinaa = Haus der Fabrikation), Feluke (arab. feluka oder folk = Schiff), Tartane (arab. tarida = Schnellschiff), Haverei (arab. awar = Beschädigung, beschädigte Ware), Sensal (Makler), auch das Wort Risiko, sowie zahlreiche Warennamen.[1]) Den Arabern war bereits der Wechsel, das Maklerwesen, wie auch der später aufkommende Kommissionsvertrag und die Commenda (Gesellschaft) bekannt.[2]) Für die Entwicklung ihres Handels waren die vom Koran den Gläubigen vorgeschriebenen Wallfahrten nach Mekka von Bedeutung. Die Pilgerzüge nach Mekka waren zugleich auch Handelskarawanen, die mit morgenländischen Erzeugnissen beladen waren.

Seinem Charakter nach war der Handel jener Zeit vornehmlich Wanderhandel.[3]) Von solchen Packenträgern, die von Herrensitz zu Herrensitz, von Markt zu Markt herumziehen, handelt die Lex Visigoth, wie auch die späteren Quellen.[4]) Einen solchen Wanderhändler (in England) lernen wir aus der Vita des hl. Godrick von Finchale kennen, der seit dem letzten Jahrzehnt des 11. Jahrhunderts mit Kaufmannschaft sich befaßte. Seine Handelstätigkeit machte mehrere Phasen durch. Als Wanderkrämer kleinsten Stils begann er mit billigem Kram (cum mercibus minutis et rebus pretii inferioris) das platte Land und die Weiler in Lindsay (dem nördlichen Teile von Lincolnshire) zu durchwandern (pervangando circuire), sich „mit müden Füßen" über Land schleppend. Später ging er daran, mit städtischen Händlern Burgen und städtische Ansiedelungen (per castra et castella, munitiones et civitates) zu bereisen und Märkte (nundinas) zu besuchen, und zwar mit Waren, an denen sich schon mehr verdienen ließ (maioris pretii emolumenta). Endlich

---

[1]) Kremer, Kulturgeschichte des Orients unter den Chalifen I, (1875), S. 24ff.; II, (1877), S. 189. Goldschmidt, Universalgesch. d. Handelsrechts I, S. 98. Mez. Die Renaissance des Islams (1922), S. 405ff., 431ff., 441ff. Prutz, Kulturgesch. der Kreuzzüge (1883), S. 44ff. Schrader, Linguist.-hist. Forsch. zur Handelsgesch. 33, 95. Seiler, Die Entwicklung der deutsch. Kultur im Spiegel des deutsch. Lehnworts III, 1, 2. Aufl. (1924), S. 201, 217ff.

[2]) Über das Handelsrecht der Araber siehe Rehme, Gesch. des Handelsrechts. S. 94. Grasshoff, Das Wechselrecht der Araber (1899). Kohler, Die Commenda im islamit. Rechte (1885). Ders., Zeitschr. f. vergl. Rechtswiss. VI, XII. Mez S. 447.

[3]) Schulte, Hand. I, S. 79. Rathgen. Entst. d. Märkte in Deutschl. Sombart I, 2. Aufl., S. 119, 169.

[4]) Jordan, Der mercennarius der Westgotengesetze usw. Viert. f. Soz.- u. W.-G. XVII (1924).

wurde er seefahrender Kaufmann, der mit einigen Händlern zusammen die Hälfte eines Schiffes eignete und Fahrten überallhin nach den Gestaden der Nordsee unternahm; nicht bloß Schottland, sondern auch Dänemark und Flandern besuchte Godric. Ebenso naiv wie sachkundig schildert sein Biograph das Wesen seiner Tätigkeit: „er kaufte in verschiedenen Ländern Waren auf, von denen er wußte, daß sie anderswo selten und daher um so teurer waren und brachte sie nach anderen Gegenden, wo sie den Einwohnern fast unbekannt waren und daher begehrenswerter als Gold dünkten." Auf diese Weise brachte er „im Schweiße seines Angesichts" ein bedeutendes Vermögen zusammen. Er war nicht bloß Händler sondern auch Schiffer, er steuerte sein Schiff selbst. Aus der „Aufeinanderfolge und Stärke der Winde" und „aus dem wechselnden Verlauf der Luftströmungen" berechnete er die kommenden Stürme „mit schlauer Kunst" voraus. Gott behütete ihn vor Schiffbruch, wie auch vor Überfällen der Wegelagerer und vor Angriffen der Seeräuber, ja er entrann sogar den meuchlerischen Anschlägen der eigenen Handelsgenossen.[1])

Doch war im allgemeinen der Tausch den Menschen noch fremd. Nach Lamprecht „kaufte man noch im 11. Jahrhundert nur im Notfall, ausgenommen etwa einige Klöster. Im allgemeinen hielt man es für viel anständiger, sich schenken zu lassen, beziehentlich zu schenken, oder man raubte."[2]) Der Tausch wurde demnach vor allem durch Schenkung ersetzt. Für das 8.—10. Jahrhundert finden sich in den Quellen zahlreiche Angaben über Geschenke, die Könige, Päpste, Bischöfe und Äbte einander machten. Golddurchwirkte Gewebe, kunstgewerbliche Erzeugnisse aus Gold und Silber (z. B. Messer, Becher usw.), Gewürze, Rauchwerk u. a. m. werden als solche munera (dona, xenia, benedictiones) zwischen dem Frankenreich, England, Italien ausgetauscht.[3]) Meist erwartete der Schenker ein Gegengeschenk, bat sich wohl auch eines aus. Der Diakon Gemulus aus Rom hat z. B. von Bischof Bonifacius einen silbernen Becher und ein Stück Tuch erhalten und schickt ihm dafür Zimt, Pfeffer und Rauchwerk. In anderen Fällen enthalten Briefe Wünsche nach bestimmten Gegenständen, und der Empfänger richtet sich auch danach. Die übersandten Waren stammten wohl zum Teil aus dem Besitz oder der Wirtschaft des Schenkers, teils mußten sie von ihm erst noch erworben werden — er solle sie schicken, „wenn es ihm glücke, sie aufzutreiben". Mangels eines regelrechten Handels war es eben meistens nicht leicht, die betreffenden Gegenstände zu beschaffen. Der Austausch von Geschenken, der sich hier allmählich zu einem zweiseitigen Tauschgeschäft (Kauf- und Verkauf) umbildet, war ein Vorläufer des Handels, der sich daraus mit der Zeit entwickeln sollte. Vorläufig fehlten noch Berufs-

[1]) Vogel, Hans. Gesch.-Bl. 1912. Libellus de vita et miraculis s. Godrici Heremitae de Finchale auct. Reginaldo Monacho Dunelmensi. Ed. J. Stevenson. (Public. of the Surtees Soc. 1845.)

[2]) Lamprecht, Franz. Wirtsch. S. 132f. Vgl. Bücher, Entst. 2. Aufl. S. 56, 83.

[3]) Kletler S. 46f., 59f., 114, 116, 118, 128, 146.

kaufleute, und die Konsumenten vollzogen selber den Austausch in Form der gegenseitigen Schenkung.[1] [2])

Daneben herrschte als Ersatz des Tausches auch der Raub. Es ist schwer zu entscheiden, ob die Wikinger mehr Kaufleute oder mehr Räuber waren. Wenn sie in einen Hafen einliefen, hißten sie, als Friedenszeichen einen roten Schild auf den Mast, um ihn nach Beendigung des Tausches herabzulassen und sofort Raub und Plünderung zu beginnen. Sachsen, Dänen, Wenden, alle begannen sie ihre Tätigkeit mit Raub und Piraterie. Gewinn (winnunge) bedeutet ursprünglich Kampfertrag, denselben Sinn hat „lucrum" („Lohn").[3]) Soweit der Tauschverkehr nicht mehr von Gewaltakten begleitet war, war er mit Betrug und Überlistung des Käufers eng verknüpft. Daher ist der Kaufmann, negotiator, mercator (mercender) gleichbedeutendend dem Betrüger, er gilt als ein Mensch, der vor unredlichen Mitteln nicht zurückscheut, um seine minderwertige Ware abzusetzen. „Tauschen und Täuschen sind in der älteren Sprache eins."[4]) Der hl. Hieronymus betrachtet den Handel als „gefährlich für das Seelenheil, da er wohl kaum ohne Betrug betrieben werden könne".[5])

Die zwischen den verschiedenen Volksstämmen bestehende Feindschaft, die jederzeit von neuem ausbrechen konnte, führte dazu, daß der Tauschverkehr in einer neutralen Grenzzone vollzogen wurde. Den Charakter eines Grenzhandels hatte der Tauschverkehr zwischen Römern und Germanen (commercium in ripa). Die römischen Kaufleute wagten es nicht, ins Innere des fremden Landes einzudringen. In Britannien besuchten sie nur die Küsten. Übrigens wurde ihnen von den Einwohnern der Zutritt ins Innere des Landes erschwert; die Nervier verweigerten den römischen Kaufleuten überhaupt den Zutritt zu ihrem Gebiet, und zwar wohl weniger aus dem Grunde, da sie den verweichlichenden Einfluß des

---

[1]) So lesen wir z. B. duo vero pallia subtilissimi operis, unum albi, alter tincti coloris cum libellis et clocam, qualem ad manum habui, tuae paternitati mittere curavimus (M. G. Epp. III. S. Bonif. et Lulli Ep. VI n. 116, S. 406). Oder: misi dilectioni vestrae unam cuppam argenteam et unum closericum et vestitum caprinum camissaleque lineum (M. G. Epp. IV; Alcv. Ep. N. 311, S. 480).

[2]) Eine Übergangsstufe von der Schenkung zum Tausche stellte auch die Schenkung von Grundeigentum an die Kirche dar, wobei die Gegengabe der himmlische Lohn war — Gebete für das Seelenheil des Schenkers und Erlösung der Seele von der Herrschaft des Bösen (redemtio animae).

[3]) Schrader, Linguistisch-historische Forschungen zur Handelsgeschichte. S. 59, 89f. Jordan, Der mercenarius der Westgotengesetze. (Viert. f. Soz.-u. Wirtsch.-Gesch. 1924, S. 341.) Goldschmidt, Universalgesch. des Handelsrechts I, S. 106. Sombart I, 115. Wackernagel, Gewerbe, Handel und Schiffahrt der Germ. Zeitschr. f. deutsch. Alt. IX, S. 530ff. Über Piraterie s. Depping, Histoire des expeditions maritimes des normands. 1844. Cunningham, Growth. of engl. ind. Ch. V. u. a. O.

[4]) Bücher, Entst. d. Volksw. 2. Aufl. S. 59.

[5]) Nach Seiler bedeutet das Wort mangon , d. i. Handel treiben (mangere, mangari), woraus später Eisen-, Fisch-, Fleisch-, Tuchmanger oder -menger entsteht, ursprünglich Menschenhandel, der ja kein eigentlicher Handel, sondern (nach Sombart I, 2. Aufl., S. 115) Raubhandel war, d. i. Absatz erbeuteter Ware (Sklaven). (Seiler, Entwicklung der deutschen Kultur usw. 1925, I, 2. Aufl., S. 86, 88.)

Weines fürchteten, wie Cäsar (II, 15) annimmt, sondern vielmehr, weil sie Feindseligkeiten ihrerseits befürchten konnten.[1]) Auch später wurden Märkte hauptsächlich an den Grenzen gegründet, am „Limes“ Karls d. Gr., so Bardowiek, Magdeburg, Erfurt, Forchheim, Regensburg, Lorch.[2]) Auch Dorestat, die „hochberühmte, weitbekannte Stadt“, wie sie der Chronist nennt, war eine Grenzfeste der Friesen.[3])

Handel und Gottesdienst waren miteinander aufs engste verknüpft: die Worte „Messe“, „feriae“ werden zur Bezeichnung sowohl des Gottesdienstes, als des Jahrmarktes gebraucht. Der Handel knüpfte an die Kirchenfeiern und Prozessionen an, zu denen die Bewohner der umliegenden Orte an bestimmten Tagen zusammenkamen, er machte sich die durch diese Feste veranlaßten Menschenansammlungen zunutze. Neben dem Zusammenströmen der andächtigen Menge war die Furcht vor Feindseligkeiten und Raubüberfällen der Grund dafür, daß der Handel unter dem Schutze des Krummstabs stattfand, wo der „Gottesfrieden“ verkündet wurde, der Tauschverkehr daher ungehindert sich vollziehen konnte, ohne durch Gewalttätigkeiten Unterbrechungen zu leiden. Man wird wohl kaum mit Rietschel annehmen können, daß die Bezeichnung Marktkirche (ecclesia forensis) bloß davon herrührt, daß sie Pfarrkirche einer Marktansiedelung (eines forum) ist.[4]) Diese Kirchen, die auch Kaufmannskirchen (ecclesia mercatorum) hießen, dienten vor allem dem Handel.[5]) Vor der Kirche, ja vielleicht zum Teil in der Kirche selbst spielte sich der Warenaustausch ab.[6]) Waren doch auch noch viel später die hansischen Kirchen vornehmlich Warenlager, da man nur dort die Warengüter sicher bewahren konnte.

Die ältesten Privilegien zur Gründung von Märkten wurden in erster Reihe an Kirchen und Klöster verliehen. Dies war sowohl im Frankenreiche der Fall, als auch in England, wo die Abteien von Westminster, Jork, Durham, Winchester die ersten Märkte gründeten. Von allen, bis zum Ausgang des 12. Jahrhunderts in Deutschland für Marktgründungen erteilten Privilegien, kommen $^9/_{10}$ auf die Geistlichkeit.[7]) Die bedeutendsten mittelalterlichen Handelszentren — Basel, Straßburg, Konstanz, Köln, Aachen, Nürnberg, Prag, Utrecht, Westminster, Deventer, York — verdanken ihr Emporkommen im Handel vor allem ihren Reliquien, die

---

[1]) Aus diesem Grunde verboten — wie Schurtz hinweist — auch die afrikanischen Volksstämme lange Zeit hindurch den Handelskarawanen den Zutritt (Schurtz, Afrikanisches Gewerbe S. 130).

[2]) Capit. 805, c. 7. Kletler S. 167f., 170.

[3]) Vogel I, S. 77.

[4]) Rietschel, Stadt und Markt. S. 171.

[5]) v. Maurer, Gesch. der Städteverfassung I, S. 285. Huvelin, Hist. du droit des foires et marchés. S. 45.

[6]) Während im Chor die feierliche Andacht stattfand, trieben im Schiff Juden und Christen Kauf und Verkauf (Matthias Paris a. 1197, 1200). Vgl. Dithmar v. Merseburg I. Edit. Wagner 9. Hüllmann, Städtewesen des Mittelalters I, S. 287.

[7]) Rathgen. 9f, 15.

Wallfahrten der Gläubigen von nah und fern veranlaßten. Deswegen suchten die Kirchen sich durch Erwerb von Reliquien Ansehen zu verschaffen. Die Kunde von den Wunderzeichen machte den Wallfahrtsort nicht nur zu einem religiösen Verkehrszentrum, sondern auch zu einem viel besuchten Marktorte.[1]) Zuweilen wird als Zweck der Marktgründung am Klosterort direkt angegeben, das zusammenströmende Volk solle die Möglichkeit haben, hier zugleich irdische und himmlische Bedürfnisse zu befriedigen.[2]) Wisby auf Gotland, das sich rasch zu einer wichtigen Handelsstadt emporschwingt, heißt „Stadt des Heiligtums". Ebenso ist Skiringssal-Sandefjord in Norwegen zugleich Tempelstätte, Kaufmarkt und Hafen.[3]) Die Rührigkeit der Venezianer im Handel machte sich schon früh bemerkbar. Sie waren bestrebt, sich um jeden Preis, wenn nötig, durch Gewalt in den Besitz von Reliquien zu setzen. Es gelang ihnen auch, die Hand des hl. Bartholomäus und die Gebeine des hl. Marcus an sich zu bringen.

Der Tauschverkehr war an bestimmten Orten konzentriert, wo er sich zu bestimmten Zeiten vollzog. Und zwar hatte er während der Marktzeit, auf dem Markte (publicum placitum, constituta mercata) stattzufinden, keinesfalls außerhalb desselben, insgeheim oder bei Nacht (ut nullus in abscondo faciat)[4]), [5]). Gewöhnlich fand der Handel an den Sonn- oder Feiertagen statt, wo Festgottesdienst abgehalten wurde, so der Jahrmarkt zu Eßlingen („in festivitate st. Viti Martiris"), zu Bremen („septem dies ante Pentecosten"). Daher galt der Sonntag, trotz aller von der Kirche hiergegen erlassenen Verbote, das ganze Mittelalter hindurch als Markttag. Oder der Jahrmarkt war an den Tagen angesetzt, wo die Handelskarawanen eintrafen (manus negotiatorum). Und zwar durften die Handelsgeschäfte nur innerhalb einer bestimmten, für den Marktverkehr festgelegten Zeit abgeschlossen werden (temporibus praestitutis). Das äußere Wahrzeichen des Marktes und der damit verbundenen Sicherheit stellte das zur Eröffnung desselben aufgerichtete Marktkreuz dar, oder auch die Marktfahne (Strohwisch) — gleichsam ein Symbol des Schutzes, den König und Kirche dem Handel angedeihen ließen. Der Tausch hatte in Gegenwart des Vertreters des Königs, des Grafen oder des Bischofs, oder des die Einhaltung der Marktordnung überwachenden judex forensis vor Zeugen (coram idoneis testibus nobilibus civitatis)

---

[1]) Kletler S. 66f., 89.

[2]) „Quatenus a . . . concurrente populo inter terrena necessaria coelestia petantur subsidia." Marktprivileg für das Kloster Medeshamstede a. 664 (Cart. Saxon I, Nr. 22).

[3]) Vogel I, S. 65, 77.

[4]) Cap. a. 820, n. 143, c. 1, de functionibus publicis. MG. Capit. I, S. 294. Capit. post. a. 805, Nr. 55, I, 142.

[5]) Mayer, Zoll, Kaufmannschaft und Markt usw. (Festgabe für Maurer, S. 396ff.). H. Meyer, Entwerung und Eigentum im deutsch. Fahrnisrecht (1902). S. 103, 108ff., 116, 119, 128. Rietschel S. 31ff. Rathgen S. 32ff. Vgl. v. Below, Ursprung der deutsch. Stadtverfass. S. 16. Dopsch, Karol. I, S. 205.

stattzufinden[1]), Es wurde hierbei von den vertragschließenden Parteien die Erklärung verlangt, das Kaufgeschäft sei rechtmäßig (legitima traditio), nach gegenseitigem Übereinkommen, ohne Nötigung abgeschlossen worden.[2]) Nach den angelsächsischen Gesetzen ist die Öffentlichkeit des Handelsabschlusses und die Anwesenheit von Zeugen erforderlich, falls der Wert des Kaufobjektes 4 denare übersteigt.[3]) Die Marktbesucher standen im besonderen Schutze des Königs und der Kirche (Königsfriede, pax habeatur, pax Dei, St. Petrusfriede, Kauffriede, Marktfahrerfriede), daher ihre Benennung als „königliche" Kaufleute. Dieses Schutzes erfreuten sie sich sowohl während ihres Aufenthaltes am Marktorte selbst (pax in commorando), als auch in einer bestimmten Umgebung (pacem et securitatem in circuitu per spatium milliarii, Bannmeile) sowie während der Hin- und Rückreise (pax in eundo et redeundo); auch auf die zum Marktorte führenden Straßen war dieser Schutz ausgedehnt.[4]) [5]) Die Gültigkeitsfrist des Marktschutzes erstreckte sich gewöhnlich auf die Dauer des Marktes und auf eine bestimmte, meist 40 Tage (England, Flandern) betragende Frist nach dessen Abschluß. Jede Verletzung des Marktfriedens („Kauffriedens") — forum (mercatum) infringere, inquietare, irritare — der Marktfreiheit und Sicherheit (fori violavit libertatem) wurde sofort durch den auf dem Markte anwesenden Vertreter der öffentlichen Gewalt, den Marktrichter, abgeurteilt (in nundinis secundum justiciam emendetur).[6])

Für den Markt wurde Münze geprägt, und zwar durch wandernde Münzer, die, wie die Kaufleute und Handwerker, ursprünglich von Ort zu Ort zogen. Auf dem Markte errichtete der Geldwechsler seinen Stand, auf dem Markte wurden auch die Marktgefälle erhoben. Heißt es doch in den für Marktgründungen erteilten Privilegien stets: donavimus mercatum cum theloneo ac moneta. Das Münzrecht und die Erhebung der Marktgefälle, wie auch das Recht der Marktgründung waren ursprünglich königliches Regal und gingen im Laufe der Zeit an die Lehnsherren über.

---

[1]) In die coram omnibus et coram testibus (Cap. post. a. 805, Nr. 55, I, S. 142), in publico placito coram idoneis testibus (Cap. a. 847. Concil. Mogunt. Nr. 248, c. 18, II, S. 180), in publico cum idoneis testibus (Capitula italica I, 220, Nr. 21), in publico placito coram episcopo (a. 813. Capitula ex canonibus excepta, c. 22, I, S. 174).

[2]) Nulli cogentis. Cod. Fuldens. Nr. 6. Dronke S. 5.

[3]) Liebermann II, 2 s. v. Handel, Markt.

[4]) Omnibus eundem mercatum inquirentibus pacificum aditum ac reditum nostri imperialis banni districtione firmiter sancimus — der gewöhnliche Wortlaut der Marktprivilegien (Salzburg 996, Freising 996, Weinheim 1000, Donauwörth 1030, Bremen 1035), wodurch der Friede für alle Marktbesucher auf der Hin- und Rückreise feierlich verkündet wird. (Keutgen, Urkunden zur deutschen Verfassungsgesch. Nr. 43, 49—52, 54.)

[5]) Rietschel S. 202ff., 209. Koetzschke, Allg. Wirtsch.-Gesch. S. 290. Liebermann s. v. Handel.

[6]) Si quis id ipsum mercatum frangere temptaverit, aut in aliqua re violaverit, sciat se compositurum nostrum imperialem bannum. (Keutgen, Urkunden Nr. 50, 52—54.)

Doch darf man nicht annehmen, daß die hauptsächlichste Bedeutung des Geldes zu jener Zeit in seiner Funktion als Tauschmittel bestanden hätte, denn der Kauf und Verkauf bildete noch keine alltägliche Erscheiuung. Gelddiente vielmehr in erster Linie als Zahlmittel — zur Entrichtung von Zinsen, Abgaben, Tributen, Bußen, Steuern, zur Darbringung von Geschenken, endlich als Wertmaß. Als Geld gebrauchte man nicht nur Edelmetall, sondern auch verschiedene andere Güter. Zins wurde in Korn, Eiern, Hühnern, Schweinen, Wein abgeführt. Bußen zahlte man insbesondere in Melkkühen („gehörnt und gesund"), auch in Stoffen. Steuern wurden in Waffen und Vieh, Handelsgefälle öfters in Pfeffer erhoben; die „Leute des Kaisers" hatten in England (10. Jahrhundert) Abgaben in Tuch, Pfeffer, Handschuhen und Essig zu entrichten. Aus den slavischen Gebieten wurden Tribute in Honig, Vieh, Pelzwerk und Kleidungsstücken gezahlt. Häufig wurden Säcke mit Salz als Geschenk dargebracht.[1]) Soweit Metalle, und zwar nicht nur edle (Silber), sondern auch unedle als Umlaufsmittel benutzt wurden, geschah dies in Form von Schmuckgegenständen und Zierrat, Münze ließ man ursprünglich wohl hauptsächlich nur für die Zeit des Marktverkehrs prägen. Am häufigsten wurde Metall zu Ringen und Armbändern verarbeitet. Im germanischen Heldenepos wird der freigebige Herrscher geschildert, wie er Ringe austeilt. In den alt-isländischen Rechtsaufzeichnungen trägt der von den Bußgeldern handelnde Abschnitt die Bezeichnung „Baugotal" — Verzeichnis der Ringe.[2]) Die Sparschätze (thesaurus) des 10.—11. Jahrhunderts bestanden größtenteils in Prunkgeräten und Zierrat aus Edelmetall, und nur zu einem geringeren Teil in Münzgeld. Die Edelmetalle dienten folglich zu Konsumtionszwecken. Die Einfachheit der Ausführung dieser Gegenstände, die Wohlfeilheit der Arbeit der Fronhandwerker ermöglichte es, im Notfalle eine, mit keinerlei Werteinbuße verbundene, Umwandlung derselben zu Münzgeld vorzunehmen. In dieser Weise verfuhren vornehmlich die Klöster in den Fällen, wo sie größere Zahlungen zu leisten hatten.[3]) Zu diesem Zwecke wurden auch die Münzen ursprünglich aus reinem Silber hergestellt, ohne Beimischung anderer Metalle. Die Ligatur hätte ihre Rückwandlung zu Gebrauchsgegenständen erschwert. Während bei anderen Gütern die Bestimmung von Maß und Gewicht

---

[1]) Schultze, Kolonis. S. 297ff. Liebermann II, 2 s. v. Deutsche S. 348. Kletler S. 151, 160, 170. D'Arbois de Jubeinville. Etudes sur le droit celtique I, S. 87.

[2]) Schrader, Reallexic. s. v. Geld.

[3]) Wie Friedensburg (Die Münze in der Kulturgeschichte) hervorgehoben hat, erhielt sich lange Zeit hindurch die Gepflogenheit, Münzen in Teile zu brechen, ein Überrest des alten Brauches, den Metallklumpen in einzelne Teile zu zerkleinern. Selbst die Art des Gepräges war hierzu geeignet — dieses wurde in der Weise ausgeführt, daß es die Zweiteilung der Münze ohne Verstümmelung der Abbildung ermöglichte. So stellte das Bildnis des Königs ihn mit zwei Schwertern bewaffnet dar, in jeder Hand eines, oder mit zwei Lanzen, zwei Bannern, oder es zeigte die Prägung in der Mitte ein die Scheidelinie markierendes Kreuz, zu dessen Seiten je ein Wappen oder Bildnis des Herrschers prangte.

lange Zeit hindurch eine nur ungefähre und daher eine recht unvollkommene war, Maß- und Wägevorrichtungen hierbei nur wenig gehandhabt wurden, wurden Edelmetalle bei der Leistung von Zahlungen gewogen und dem Gewichte nach in Zahlung genommen. Daneben erfolgten freilich Zahlungen auch in Münzen.

Nach dem Untergange des Römischen Reiches wurden, vornehmlich in Konstantinopel, die früheren Münzen weiter geprägt. Es war dies der Solidus, die Goldmünze, die auch außerhalb ihrer Heimat weite Verbreitung fand und außer in ganzen auch in halben Solidi, bald aber überwiegend in Dritteln (trientes) ausgebracht wurde; ferner die Silbermünze, die ständig sich verschlechternde „siliqua" gleich $^1/_{24}$ Solidus und 250 Kupferstücken. Seit Mitte des 8. Jahrhunderts ähnelt die Silbermünze, auch Miliaresion genannt, dem arabischem Dirhem. In den schüsselförmig gestalteten Münzen äußert sich der neue byzantinische Stil, und die neuen Goldstücke (mancusus, insbesondere aber besanto) spielen in den Staaten des Abendlandes eine große Rolle.

Viel weniger Bedeutung für den Verkehr scheinen die in den germanischen Reichen geprägten Münzen gehabt zu haben, wenn auch allerdings die Münzen nicht bloß zur Schatzbildung benutzt wurden. Man hat hier keine eigenen Prägungen vorgenommen, sondern sich der alten römischen Münzen, insbesondere des Solidus und Trientus bedient und die kaiserlichen Gepräge Ostroms nachgeahmt. Selbst von Chlodowech sind keine eigenen Gepräge bekannt, sondern es wurden Münzen unter dem Namen des oströmischen Kaisers und mit dessen Bild geschlagen. Erst nach Chlodowech kommen auch eigene Gepräge auf, und zwar gab es im Frankenreiche gegen 900 Prägestätten und etwa 2000 verschiedene Münzmeister, deren Namen auf den Münzen genannt sind. Bald tritt auch (wohl seit Mitte des 7. Jahrhunderts) im fränkischen Münzwesen eine wichtige Umgestaltung ein: es erscheint nämlich der Denar, und die neue Rechnungsweise wird eingeführt, nach welcher 12 Denare auf den Silberschilling gingen. Unter Karl d. Gr. kommt dann eine andere Reform zustande, die in einer Erhöhung des Münzgrundgewichts des fränkischen Pfundes (libra) besteht; das (um $\frac{1}{4}$ bis $\frac{1}{2}$) erhöhte Münzpfund muß wohl von den Arabern oder aus Alexandrien herübergenommen worden sein. Das Pfund ist nun 20 Schillingen zu 12 Denar (Pfennigen), d. i. 240 Denar gleich, eine Rechnungsweise, die in England, wie bekannt, sich bis auf unsere Zeit erhalten hat. Die zahlreichen Münzstätten waren bereits unter Pippin auf nur 40 beschränkt worden, später ist ihre Zahl wieder angewachsen. Doch wurde darauf 805 (und 808) verordnet, daß nur in königlichen Pfalzen geprägt werden dürfe (in palatio nostro, daher die Bezeichnung „palatina moneta"). Unter Ludwig dem Frommen und seinen Nachfolgern kommen bereits die ersten Verleihungen von Münzgerechtsamen vor, und zwar zunächst an geistliche Fürsten, wobei freilich die Rechnungsweise bis ins 11. Jahrhundert noch keine Änderungen erfährt.

Ein Kredit fehlt eigentlich noch. Alle Geschäfte sind Bargeschäfte. Doch waren sie von zweierlei Art. In einem Falle war mit der Übergabe des Objekts das

Geschäft fertig, es handelte sich demnach um einen Kauf, ein eigentliches Kaufgeschäft. In dieser Weise verfuhren z. B. die Grundbesitzer, die zur Bestreitung ihres Unterhalts oder zur Erlegung von Wergeldern ihr Gut verkaufen mußten. Anstatt ihren Grund und Boden zu verpfänden, wie dies später Brauch wurde, waren sie gezwungen, ihn zu veräußern. Daneben hatte sich jedoch noch eine andere Form des Kaufgeschäfts ausgebildet, bei welcher die Sache bloß vorläufig an Zahlungsstatt übertragen wurde, dem Eigentümer jedoch das Recht zustand, dasselbe innerhalb einer bestimmten Frist wieder einzulösen — durch eine Geldsumme zu ersetzen. Auch in diesem Falle wurde der Gegenstand sofort dem Darlehensgeber oder vielmehr (da ja Kreditgeschäfte noch unbekannt waren) dem Käufer oder dem, der die Zahlung zu empfangen hatte, übergeben, nur daß dieser noch nicht gleich Eigentümer des Objekts wurde, sondern erst nach Ablauf der Wiedereinlösungsfrist; dann konnte er über die Sache frei verfügen. Es war dies somit bloß eine Abschwächung des Bargeschäfts. Man verlangte sofort eine Leistung, doch die Pfandgabe wurde nur als provisorische Barleistung behandelt, es war nur ein eventuelles Äquivalent, d. h. es war unter die Bedingung gestellt, daß die Zahlung der Schuld nicht erfolge. Dies war der Ausgangspunkt, aus dem sich allmählich der Kredit ausbilden sollte. Ursprünglich wurden bloß Mobilien in dieser Weise — mit Vorbehalt der Wiedereinlösung — übertragen, doch fand auch Selbstpfändung statt, die Übertragung des Menschen selbst, der vom Erwerber in Gewahrsam gehalten wurde und im Falle der Nichteinlösung verkauft usw. werden konnte. Erst später, mit der Einführung der Immobiliarexekution, konnte auch die Hingabe von Grundstücken erfolgen.[1])

Um sich ein richtiges Bild von der Wirtschaft dieser Periode zu machen, ist noch eines zu berücksichtigen, nämlich die Hungersnöte. Curschmann, der die Hungersnöte des 8.—13. Jahrhunderts eingehend untersucht hat, stellt fest, daß im Laufe des 9. Jahrhunderts vier Perioden einer allgemeinen Hungersnot zu verzeichnen sind, deren jede mehrere Jahre andauerte und die den größten Teil West- und Mitteleuropas heimsuchten. Außerdem sind im 9. Jahrhundert 64, im 11. Jahrhundert 60 Jahre als Jahre lokaler Hungersnöte verzeichnet (für das 10. Jahrhundert fehlt es an Angaben), welche jedesmal in bestimmten Gebieten wüteten. Sie waren von Pestepidemien begleitet, Fälle von Kannibalismus bildeten keine Seltenheit. Die Annalisten berichten unter den Jahren 793, 868, 869, 896, 1005 und 1032 von Menschenfresserei, und zwar scheint es sich nicht um vereinzelte Fälle, sondern um Massenerscheinungen zu handeln. „Leichen wurden ausgegraben und verzehrt, die Stärkeren mordeten die Schwächeren, Mütter ihre Kinder, um ihren Hunger zu stillen.“[2]) [3])

---

[1]) Heusler, Instit. II, S. 131ff. Vgl. Meibom, Das deutsche Pfandrecht. Cohen, Die Verschuldung des bäuerl. Grundbesitzes in Bayern (1905). Einleit. Bücher, Entstehung d. Volksw. 2. Aufl., S. 102f.

[2]) Famis vero quae anno priori coepit, in tantum excrevit, ut homines homines, fratres fratres ac matres filios comedere coegit (Annales Mosellani XVI, 498, 23 a. 793). Homines infinitae multitudines fuere a conparibus interempti atque bestiarum more dentibus laniati (Annal. Engolism. XVI, 486, 33, a. 868). Arripiebantur autem vivantes a se prevalentibus, menbratimque dividebantur, igneque decocti vorabantur (Raoul Glaber, Ed. Prou. L. IV, c. 4, a. 1032).

[3]) Curschmann, Hungersnöte im Mittelalter (1900). S. 37—40, 59, 91, 98, 104, 109, 112.

ZWEITES BUCH.

Das Hoch- und Spätmittelalter.

Daß für das Hoch- und Spätmittelalter das Städtewesen, die städtische Wirtschaft, das städtische Handwerk und die Wirtschaftspolitik der Städte die hervorstechendsten Merkmale bilden, wird wohl heutzutage von Niemanden bestritten. Eine Blüte des Städtewesens und der städtischen Kultur hatte weder das Altertum noch Osteuropa aufzuweisen, es ist eben als etwas den mittel- und westeuropäischen Völkern eigentümliches zu betrachten. In der Besonderheit der städtischen Entwicklung liegt die Eigenart, die das Mittelalter von der Antike, das Abendland vom Orient unterscheidet. Doch die meisten Wirtschaftshistoriker gehen noch darüber hinaus und bezeichnen dieses Zeitalter geradezu als die Periode der Stadtwirtschaft. Bereits Bruno Hildebrand hat (1866) darauf aufmerksam gemacht, daß „das Charakteristische des Mittelalters ... das Vorhandensein einer Unzahl in sich abgeschlossener und sich genügender Lebenskreise ist“, und daß „der unendlich dürftige Zustand des öffentlichen Verkehrs jede, auch die kleinste Stadt mit den sie zunächst umschließenden paar Meilen zu einem industriellen und kommerziellen Gebiet abschloß“.[1]) Dann hat Schönberg direkt betont, daß das Mittelalter keine Volkswirtschaft, sondern nur Stadtwirtschaften kannte, jede Stadt „war ein besonderer und in sich abgeschlossener Wirtschaftsorganismus“.[2])

War auf diese Weise bereits der Begriff der Stadtwirtschaft geklärt, so wurde der weitere Schritt von Bücher und Schmoller gemacht, indem beide in ihr Schema der Wirtschaftsstufen eine Periode der Stadtwirtschaft aufnahmen.[3]) Nach Bücher folgt der geschlossenen Hauswirtschaft die Stufe der Stadtwirtschaft, d. i. die Stufe der Kundenproduktion oder des direkten Austausches, auf welcher die Güter aus der produzierenden Wirtschaft unmittelbar in die konsumierende übergehen. Jede Stadt bildete mit ihrer „Landschaft“ eine autonome Wirtschaftseinheit, innerhalb deren sich der ganze Kreislauf des ökonomischen

---

[1]) Hildebrand, Zur Geschichte der deutschen Wollenindustrie (in seinen Jahrbüchern VII, S. 85f.) Vgl. dar. v. Below, Deutsche Geschichtsschreibung von den Befreiungskriegen bis zu unseren Tagen. 2. Aufl. (1924). S. 176. Ders. in Zeitschr. f. Sozialwiss. (1904), S. 226ff. Ders., Jahrb. f. Nat.-Ök. CVI, S. 667ff. Ders., Probleme der Wirtschaftsgesch. S. 149.

[2]) Schönberg, Zur wirtschaftlichen Bedeutung des deutschen Zunftwesens im Mittelalter. 1867.

[3]) Schmoller, Umrisse und Untersuch. zur Verfass.-, Verwaltungs- und Wirtschaftsgesch. S. 1ff. Vgl. v. Below, Probleme. S. 148ff.

Lebens nach eigener Norm selbständig vollzog. „Die Bewohner der Landschaft brachten Lebensmittel und Rohstoffe herein und kauften für den Erlös die Arbeit der städtischen Handwerker... Bürger und Bauer standen also in einem gegenseitigen Kundenverhältnis: was der eine erzeugte, brauchte immer wieder der andere.“ Es war immer ein direkter Absatz des Produzenten an den Konsumenten, nur zum Teil durchbrochen durch Dazwischentreten des Handels, des Kleinhandels mit Pfennwerten und des Großhandels (Markt- und Meßhandels) namentlich mit Luxuswaren, die aus der Ferne geholt wurden. „Noch immer verläßt der größte Teil der Güter die Wirtschaft nicht, in der er entsteht. Ein kleinerer Teil tritt auf dem Wege des Tausches in andere Wirtschaften über; aber der Weg, den er zurücklegt, ist ein sehr kurzer: vom Erzeuger zum Verbraucher. Es gibt keinen Güterumlauf. Ausgenommen sind die wenigen Artikel des auswärtigen Handels und die Pfennwerte; nur sie werden Waren; nur sie müssen mehrfach die Geldform durchlaufen... Aber es handelt sich hier um eine Ausnahme von dem System des direkten Austausches, nicht um ein konstitutives Element der ganzen Wirtschaftsordnung.“[1])

Diese Charakterisierung der Stadtwirtschaft ist dann, wenn auch freilich mit gewissen Einschränkungen, von andern Forschern angenommen worden. So nennt auch Koetzschke das Zeitalter der Kreuzzüge und der folgenden Jahrhunderte des Mittelalters Stadtwirtschaft, wenn er es freilich auch für nicht angebracht hält, damit „eine mittlere Stufe wirtschaftlicher Entwicklung von urgeschichtlichen Zeiten bis zur Gegenwart“ zu bezeichnen. „Die Stadtwirtschaft ist als eine allgemeine Erscheinung mittelalterlicher Kulturentwicklung zu betrachten.“ Sie beruht „auf stetem und regelmäßigem Verkehr von Einzelwirtschaften, welche nicht alle Bedarfsgüter selbst erzeugen und darum auf den Austausch von Gütern untereinander angewiesen sind... Dabei war aller Wirtschaftsverkehr so geartet, daß Erzeuger und Verbraucher möglichst unmittelbar in Beziehung zueinander traten. Es kam freilich vor, daß Produkte vor der Fertigstellung zur Gebrauchsreife mehrere Wirtschaften durchliefen, doch in der Regel war dies nicht der Fall.“ „Der Verkehr bewegte sich zunächst im Bereiche der städtisch bebauten Siedelung: es bestand eine städtische Ortswirtschaft.“ Dazu kam eine „Stadtumlandswirtschaft“, der Verkehr mit den die Stadt umgebenden ländlichen Siedelungen: „die Stadt war der ökonomische Mittelpunkt einer Siedelungsgruppenwirtschaft“. Endlich „pflegte sie darüber hinaus den Fernverkehr mit anderen Städten und fremden Ländern, und zwar als ein wesentliches Stück Stadtwirtschaft“. Koetzschke hebt die zu wenig von Bücher beachtete Tatsache dieses Fernverkehrs hervor. „Den stadtwirtschaftlichen Verkehr hat man sich also nicht ausschließlich als Bewegung innerhalb des Verkehrskreises von einigen Quadratmeilen rings um die Stadt vorzustellen, sondern treffender unter dem Bilde einer Ausstrahlung auf weitere

---

[1]) Bücher 2. Aufl., S. 58, 90, 94ff., 98ff.

oder kürzere Entfernung, je nach der geographischen Lage und der Tatkraft und Umsicht der Bewohnerschaft[1]).“

Noch mehr betont v. Below die Bedeutung des Fernverkehrs im Mittelalter. Zu den von Bücher genannten Gegenständen des Großhandels (Gewürze und Südfrüchte, getrocknete und gesalzene Fische, Pelze, feine Tücher, Salz, Wein) möchte er noch eine Reihe anderer Waren hinzugefügt wissen, wie gröbere Tücher, Getreide, Wachs, Wolle, Waid, mancherlei Waldprodukte (Holz, Pottasche, Teer, Pech) Waffen und Metallwaren, wenn er auch zugibt, daß „die Stadtwirtschaftspolitik den Handel einschränkt, indem sie in erster Linie den städtischen Handwerksmeistern den Absatz sichert“. Auch der Kleinhandel war, nach v. Belows Ansicht, viel erheblicher, als Bücher annimmt. Man dürfe deswegen den Güterumlauf nicht als eine Ausnahme von dem System des direkten Güteraustausches betrachten. Trotzdem hält es auch v. Below für angebracht, an dem Begriff der mittelalterlichen Stadtwirtschaft festzuhalten. „Wenn wir im Gegensatz zu Bücher bestreiten, daß die Stadt annähernd alles, was sie nötig hat, selbst herstellt, annähernd alles, was sie herstellt, verbraucht..., so verwerfen wir darum doch nicht den Begriff der Stadtwirtschaft“. v. Below ist „bereit, die Stadtwirtschaft des Mittelalters ein System des direkten Austausches, der verhältnismäßigen Kundenproduktion zu nennen. Aber ... auch im Mittelalter ... bildet der interlokale Verkehr bereits ein konstitutives Element im wirtschaftlichen Leben... Es ist höchst charakteristisch für das Mittelalter, daß die einzelnen Städte in so weitem Umfang sich selbst genügen. Allein es gibt doch einige große wirtschaftliche Zentren, von denen alle Orte direkt oder indirekt schöpfen. Und es gibt ferner Zentren mittlerer Natur, von denen wieder Gruppen kleiner Orte in mancherlei Richtungen abhängig sind.“[2])

Auch nach Sander bewegt sich die Produktion in der mittelalterlichen Stadt in einem sehr engen Rahmen. „Wenn die mittelalterliche Stadt auch durch den Fernhandel mit weit entlegenen Ländern in Verbindung steht, so ist sie doch mit ihrem regelmäßigen Verkehr durchaus auf sich selbst und ihre nähere Umgebung angewiesen. Denn die Schwierigkeiten des Transportes, das Fehlen von gebesserten Wegen und leistungsfähigen Transportmitteln verteuern den Warenverkehr auf großen Entfernungen derart, daß er nur für hochwertige Güter rentabel bleibt“.[3])

Sombart hat die Büchersche Stufenfolge abgelehnt, weil er das ihr zugrunde liegende Moment der Länge des Weges, welchen die Güter vom Produzenten zum Konsumenten zurücklegen, für unrichtig hält. Namentlich weist er mit Recht darauf hin, daß das „Kundenverhältnis“ ganz heterogenen Wirtschaftsperioden angehören kann. Der Begriff der Stadtwirtschaft wird von ihm durch das Wirtschaftssystem des Hand-

---

[1]) Koetzschke, Allg. Wirtschaftsgesch. des Mittelalters. S. 564ff., 569.
[2]) v. Below, Probleme. S. 207ff., 219ff., 228.
[3]) Sander, Gesch. d. deutsch. Städtewes. S. 112.

werks ersetzt; nicht nur alle berufsmäßige gewerbliche Produktion trug während des Mittelalters handwerksmäßiges Gepräge, auch der berufsmäßig ausgeübte Handel tat es, „auch die Händler waren nichts anderes als handwerksmäßige Existenzen". Nach Sombart hätte das Handwerk teilweise auch für einen interlokalen Markt gearbeitet[1]), so daß „die handwerksmäßige Organisation keineswegs an das Kundenverhältnis gebunden ist". Andrerseits warnt er jedoch vor Überschätzung des mittelalterlichen Handels, dessen Umsätze viel geringer waren, als man anzunehmen pflegt. Auch steht bei Sombart das Handwerk als Wirtschaftssystem mit der Stadtwirtschaft und der Wirtschaftspolitik der Stadt in engster Fühlung, sein Zeitalter der handwerksmäßigen Wirtschaft ist im Grunde genommen auch eine Periode der Stadtwirtschaft. „Darin gerade — sagt Sombart — ist die Eigenart der Stadtwirtschaft verborgen, daß sie dieses System der handwerksmäßigen Wirtschaftsverfassung zu voller Entfaltung brachte. Am Ende des Mittelalters sind es geradezu die Handwerksinteressen, die die Interessen der Stadt schlechthin bilden." Deswegen hat ja auch Sombart einen neuen Begriff der Stadt gegeben und eine neue scharfsinnige Theorie der Städtebildung.[2])

Wenn wir nun nach dem Dargelegten die Periode vom 12. (oder auch vom 11.) bis zum Ende des 15. Jahrhunderts als Stadtwirtschaft bezeichnen, so wollen wir damit vor allem hervorheben, daß im Gegensatz zu den vorhergehenden Jahrhunderten, wo der Tauschverkehr eine nur untergeordnete Rolle spielte, derselbe nun zur Grundlage der Wirtschaft geworden ist (wenn es auch noch immer zahlreiche Einzelwirtschaften gibt, die ihren Bedarf selbst produzieren), und zwar nicht bloß der städtischen, sondern auch der Wirtschaft auf dem Lande, indem sowohl der Grundherr als auch der Bauer für den Markt zu produzieren beginnen. Vorherrschend war der direkte Verkehr zwischen Produzenten und Konsumenten, es war vornehmlich ein Verkehr unter den Stadteinwohnern und zwischen Stadt und Land. Die Stadt mit den ländlichen Siedelungen in ihrem Umkreise bildete in gewissem Sinne ein abgeschlossenes Ganzes. Soweit nehmen wir also die Büchersche Theorie an. Doch im Anschluß an die dazu geäußerten neueren Lehrmeinungen fügen wir gleich hinzu, daß daneben auch der Handel mit einigen Arten landwirtschaftlicher und Gewerbeprodukte eine gewisse, für verschiedene Waren freilich keine gleiche (so war der Getreidehandel sicherlich nur sehr wenig entwickelt) Bedeutung erlangt hatte. In Zusammenhang damit wird man auch dem Geld- und Kreditwesen einen viel größeren Platz einräumen, als dies Bücher tut. Die Rolle dieses Fernverkehrs, der keine Ausnahme, sondern eine notwendige Ergänzung zum System des direkten Austausches bildete, war freilich wiederum für die einzelnen Städte eine durchaus verschiedene; am meisten war wohl die Wirtschaft der italienischen Städte auf den Verkehr mit anderen Städten und Ländern eingestellt,

[1]) S. dar. unten.

[2]) Sombart, Mod. Kapitalismus I, 2. Aufl., 1, S. 187, 233ff., 270, 280ff.

während es andrerseits zahlreiche Städte gab, die über den Lokalverkehr fast gar nicht hinausgingen. Doch wie wir für die vorhergehende Periode als Hauptmerkmal die Produktion für den Eigenbedarf betrachtet haben und erst in zweiter Reihe daneben einen Tauschverkehr gelten ließen, so wird man auch für das Zeitalter der Stadtwirtschaft vor allem den unmittelbaren Verkehr innerhalb eines bestimmten Kreises rings um die Stadt hervorheben müssen, zu dem dann als Zusatz eine Verknüpfung mit anderen wirtschaftlichen Zentren, ein Austausch von Ort zu Ort hinzukommt, der für die einzelnen Städte und Waren eine verschieden geartete Bedeutung gewinnt.

Der Artcharakter der mittelalterlichen Stadtwirtschaft findet eine Wiederspiegelung in der städtischen Wirtschaftspolitik.[1]) Da die Stadt vor allem der Zufuhr von Lebensmitteln bedurfte, so war sie darauf bedacht das Getreide aus den umliegenden Dörfern nach der Stadt zu leiten, um damit die Bürger, je nach ihrem Bedarf, zu versorgen. Dazu diente das Straßen-, Meilen-, Stapel- und Marktrecht, sowie eine Reihe anderer Bestimmungen, wie das Verbot des Aufkaufs auf dem Wege zur Stadt oder vor den Toren, ehe das Getreide auf den Markt gebracht war, die Forderung, daß die Händler erstdann einkaufen sollten, wenn die Konsumenten sich bereits versorgt hätten, die Erlaubnis der Wiederausfuhr erst nach dreitägigem vergeblichem Feilhalten in der Stadt u. a. Andrerseits wurde aber auch die gewerbliche Tätigkeit eingehend geregelt. Produktion und Absatz der Gewerbeprodukte waren dem städtischen Handwerk vorbehalten, der Meister sollte „gerechte" Arbeit liefern, für die Art des Rohstoffs, das Arbeitsverfahren, die zu gebrauchenden Werkzeuge waren besondere Vorschriften erlassen, es waren öffentliche Verkaufsstellen auf dem Markte, Warenschau, Maße und Gewichte, die die Verkäufer zu benutzen hatten, vorgeschrieben. Dabei suchte man stets den Handel möglichst auszuschalten, Produzenten und Konsumenten in einen direkten Verkehr, ohne Einschiebung dritter Personen, treten zu lassen.

Die städtische Wirtschaftspolitik wurde im Interesse des Städters gehandhabt unter Benachteiligung sowohl der Fremden, als der Bauern, die auf den städtischen Markt ihre Waren hereinbrachten. Für die Fremden, worunter meist auch die Angehörigen anderer Städte desselben Territoriums mitbegriffen sind, herrscht ein besonderes Gästerecht, das ihre Tätigkeit zugunsten der städtischen Bürgerschaft erheblich einschränkt. Hierher gehört das Stapelrecht, das sie zwingt, ihre Waren nach der Stadt zu bringen und sie hier abzusetzen, das Verbot des Verkaufs im Kleinen, wie des Handels von Gast zu Gast, die Beschränkung des Aufenthalts in der Stadt nur innerhalb einer gewissen Frist, die obligatorische Heranziehung der Unterkäufer, die Einschränkung (oder gar Verbot) des Absatzes anderwärts erzeugter Gewerbeprodukte, soweit sie das städtische

[1]) S. dar. unten. Vgl. Sombart I, 2. Aufl., S. 180ff. v. Below, Mittelalterliche Stadtwirtschaft und gegenwärtige Kriegswirtschaft (1917). Ders., Probleme. S. 202ff.

Handwerk beeinträchtigen könnten, u. a. m. Auch das Verhältnis zwischen Stadt und Land sucht man zu einem „Zwangsverhältnis wie zwischen Haupt und Gliedern“ zu gestalten. Der Bauer aus der Umgegend sollte sein Getreide nirgendwo anders, als in der Stadt absetzen, ebenso wie er sich in der Stadt mit gewerblichen Erzeugnissen zu versorgen hatte (Bannmeile), der Getreidepreis wurde von der Stadt durch im Interesse der Bürgerschaft erlassene Maximaltaxen geregelt, während die zünftigen Handwerker beim Absatz ihrer Waren sich über einen Minimalpreis verständigen konnten.

Nun wurde freilich sowohl das Gästerecht als die Herrschaft gegenüber dem platten Lande nicht immer folgerichtig ausgeübt, in einzelnen Städten in verschiedenem Maße verwirklicht, wie ja auch die Zurückdrängung des Zwischenhandels doch immer noch einen gewissen Spielraum dem Klein- wie dem Großhandel übrig ließ. Das Gästerecht verwandelte sich zuweilen in sein Gegenteil, in die Bevorzugung der Fremden oder wurde wenigstens durch eine ganze Reihe von Privilegien durchbrochen. Dem umliegenden Lande bot die Stadt nicht bloß die Möglichkeit des Absatzes von landwirtschaftlichen Produkten und des Einkaufs von gewerblichen Erzeugnissen, sondern sie war auch der Zufluchtsort, wohin sich der Bauer wandte, wenn er sich den erdrückenden, von der Grundherrschaft geforderten Lasten, Zinsen und Abgaben zu entziehen suchte. Das Aufkommen der Städte war dadurch zu einem wichtigen Moment in der Besserung der Bauernlage geworden, die Möglichkeit der Abwanderung nach der Stadt war für die Herabsetzung oder gar Abschaffung von mancherlei Diensten und Abgaben, für das Zustandekommen einer gewissen Freizügigkeit mitbestimmend gewesen.

Entsprang die städtische Politik — nach Sombart — der Idee der Gemeinschaft der Stadtbewohner und „der Fremdheit gegenüber allem, was draußen vor den Toren lag“, so ist doch auch andrerseits zu berücksichtigen, daß diese Gemeinschaft wiederum in eine Reihe von Einzelverbänden zerfiel, die sich fremd gegenüberstanden, sich voneinander stark abgeschlossen hatten. Besonders klar tritt dies in der Politik der städtischen Handwerkerzünfte zutage, die sich nicht bloß ein ausschließliches Absatzrecht auf dem Markte zu erkämpfen suchen, sondern von denen jede einzelne Zunft wiederum alle Nichtmitglieder an der Ausübung des betreffenden Handwerks hindert, und zwar sowohl Nichtzünftige als Handwerker andrer Zünfte (strenge Abgrenzung des Tätigkeitsgebiets einzelner Zünfte), endlich bei der Aufnahme in die Zunft einen Unterschied zwischen Familienangehörigen der Meister und Zunftfremden macht. Es ist dies eben ein Ausfluß derselben Politik, die gegenüber Stadtfremden, seien es nun Ausländer oder Landbewohner, durchgeführt wird.

I. ABSCHNITT.

Die Agrarverhältnisse.

Quellen. Die landesfürstlichen Urbare Nieder- und Oberösterreichs aus dem 13. u. 14. Jahrh., hrsg. von Dopsch und Levec. 1904. Die landesfürstlichen Urbare der Steiermark aus dem Mittelalter. 1910. Urbar des Herzogs Otto von Bayern (Monumenta Boica XXXVI). Les Constitutions des Campagnes de l'Alsace au Moyen âge (Recueil des documents inédits), hrsg. v. Hanauer. 1864. Urkundenbuch der Landschaft Basel, hrsg. von Boos. 1881ff. Urkunden der Stadt und Landschaft Zürich, bearb. von Escher und Schweizer. 1888ff. Publikationen der Gesellsch. für Rheinische Geschichte. Bd. XX. (Rheinische Urbare I. St. Pantaleon in Köln, hrsg. von Hilliger; II. Werden a. d. Ruhr, hrsg. von Koetzschke.) Lalore, Collection des principaux cartulaires du diocèse de Troyes I—VII. 1875—1890. Leroux, Chartes des archives départementales et hospitalières de Limoges. 1883. Cartulaire de l'abbaie de St. Père de Chartres, hrsg. von Guérard. 1840. Cartulaire de l'église de Notre-Dame de Paris, hrsg. von Guérard. T. I—IV, 1850. Pirenne, Livre de l'abbé Guillaume de Ryckel. Polyptique et comptes de l' abbaye de Saint-Trond au milieu du XIIIs. 1896. Ders., Le soulèvement de la Flandre maritime de 1323—1328. Documents inédits. 1900. Koetzschke, Zur Geschichte der ostdeutschen Kolonisation des 12. bis 14. Jahrhunderts. 1912. Wopfner, Urkunden zur deutschen Agrargeschichte. 1925.

Literatur. Außer den allgemeinen Werken von Koetzschke, Boissonade, Sieveking, Kowalewsky (Bd. III, IV) sind folgende Schriften wichtig:

England. Rogers, History of Agriculture and Prices. T. I—II. 1866ff. Ders., Six Centuries of Work and Wages, deutsch von Pannwitz-Kautsky. 1896. Ders., Economic Interpretation of History. 1891. Ochenkowski, Englands wirtschaftliche Entwicklung im Ausgang des Mittelalters. 1879. Brodnitz, Englische Wirtschaftsgeschichte I. 1918. Ashley, Introduction in the Economic History and Theory. 1893. Deutsch von Oppenheim. T. I u. II. 1896. Ders., The Economic Organisation of England. 8. Aufl., 1924. Ders., Surveys, historic and economic. 1900. Ders., Comparative economic history and the english landlords. (Economic Journal. 1913.) Vinogradoff, Villainage in England. 1892. Ders., The Growth of the Manor. 1905. Stubbs, The Constitutional History of England. T. II, 1883. Pollock-Maitland, History of English Law I. 1895. Maitland, Domesday-book and beyond. 1897. Ders., Collected Papers I, II. 1911. Lipson, Introduction to the Economic History of England I. 2. Aufl. 1923. Neilson, Customary Rents. (Oxford Studies II. 1910.) Davenport, The Economic Development of a Norfolk Manor. 1906. Feiling, An Essex Manor in the Fourteenth Century. (Engl. Hist. Rev. 1911.) Ballard, Woodstock Manor in the Thirteenth Century. Réville, Le soulèvement des travailleurs d'Angleterre en 1381. (Einleit. von Pétit-Dutaillis.) 1898. Oman, The Great Revolt of 1381. 1906. Page, Die Umwandlung der Frondienste in Geldrenten in den westlichen, mittleren und südlichen Grafschaften Englands. 1899. Ders., End of villainage in England. (Publ. Amer. Econ. Association. 1900.) Denton, England in the fifteenth century. 1888. Powell, The Rising in East Anglia in 1381. 1896. Trevelyan, England in the age of Wycliffe. 1899. Petruševsky, Der Aufstand Wat Taylors (russ.). 2. Aufl., 1915. Granat, Zur Frage über die Landenteignung der englischen Bauern (russ.). 1908. Ssavine, Das englische Dorf zur Zeit der Tudors (russ.). 1903. Mamroth, Die agrarische Entwicklung Englands. (Jahrb. f. Nationalök. 1899.) Putnam, The Enforcement of the Statutes of Labourers (1349—1359). 1909. Coulton. The medieval village. 1925. Brentano, Eine Geschichte der wirtschaftlichen Entwicklung Englands I, 1927.

Frankreich. Sée, Les classes rurales et le régime domanial en France au moyen-âge. 1901. Ders., Etudes sur les classes rurales en Bretagne au moyen-âge. 1896. Ders., Etudes sur les classes serviles en Champagne. (Rev. hist. 1894, 1895.) Délisle, Etudes sur la condition de la classe agricole et l'état de l'agriculture en Normandie au moyen-âge. 2. éd. 1903. Sion, Les paysans de la Normandie Orientale. 1909. Lafonde, Etude sur le servage en Poitou. 1923. Seignobos, Le régime féodal en Bourgogne jusqu'à 1380. 1883. Jeanton, Le servage en Bourgogne. 1906. Boucomont, Des main-mortes personelle et réelle en Nivernais. 1896. Musset, Le Bas-Maine. 1917. Combacal, Recherches sur le servage dans le Midi de la France. 1897. Brutails, Etudes sur la condition des populations rurales du Roussillon au moyen-âge. 1891. Molinier, Etudes sur l'administration féodale dans le Languedoc. (Histoire du Languedoc. T. VII.) Bertain, De la main-morte au moyen-âge. 1896. Réville, Les paysans au moyen-âge. 1896. Bonnemère, Histoire des paysans I, 4 éd. 1886. Flach, Les origines de l'ancienne France II. 1893. Luchaire, Manuel des institutions francaises. Période des Capétiens directs. 1892. D'Avenel, Histoire économique de la propriété etc. I—II. 1894. Luce, Histoire de la Jacquerie. (Nouv. ed. 1895.)

Belgien. Pirenne, Geschichte Belgiens I—II. 1899, 1902. Brants, Essai historique sur la condition des classes rurales en Belgique jusqu'au XVIII siècle. 1880. Vanderkindere, Introduction à l'histoire des institutions de la Belgique au moyen-âge. 1890. Ders., Les tributaires ou serfs d'église en Belgique au moyen-âge. (Bull. de l'Acad. royale de Belgique. 1897.) Ders., Liberté et propriété en Flandre du IX au XII siècle. (Ibid. 1906.) Verriest, Le servage dans le comté de Hainaut. 1909. Ders., Histoire des institutions et du droit belges. Le régime seigneurial dans le comté de Hainaut, du XI siècle à la Révolution. 1916—1917. Blanchard, La Flandre. 1906.

Italien. Salvioli, Storia economica d'Italia nell' alto medio evo. 1914. Bianchi, La proprietà fondiaria e le classi rurali nel medio evo. 1891. Caro, Neue Beiträge. 1911. Kowalewsky, Ökon. Entwickl. Europas III, Kap. 7, 8. IV., Kap. 1. 2. 1905—1909. Poehlmann, Wirtschaftspolitik der Florentiner Renaissance. 1878.

Spanien. Kowalewsky, Ökon. Entwickl. III, Kap. 9. IV. Kap. 3, 4. 1905, 1909. Pisskorsky, Die Leibeigenschaft in Katalonien im Mittelalter. 1901 (russ.)

Deutschland. Inama-Sternegg, Deutsche Wirtschaftsgeschichte III, T. 1, 1899. Lamprecht, Das deutsche Wirtschaftsleben im Mittelalter I. 1885. Ders., Das Schicksal des deutschen Bauernstandes bis zu den agrarischen Unruhen des 15. und 16. Jahrhunderts. (Preuß. Jahrb. 1885.) Ders., Deutsche Geschichte V, T. 1, 2. Aufl. 1896. v. Below, Territorium und Stadt. 1900. Ders., Probleme der Wirtschaftsgeschichte. 2. Aufl. 1926. Ders., Die Ursachen der Rezeption des Römischen Rechts in Deutschland. 1905. Ders., Die Ursachen der Reformation. 1917. Heusler, Institutionen des deutschen Privatrechts I—II. 1885—1886. Schröder, Lehrbuch der deutschen Rechtsgeschichte. 6. Aufl. 1922. v. d. Goltz, Geschichte der deutschen Landwirtschaft I. 1902. Wittich, Die Grundherrschaft in Nordwestdeutschland. 1896. Danneil, Geschichte des magdeburgischen Bauernstandes. 1896. Kühn, Das Bauerngut der alten Grundherrschaft. 1912. Hanauer, Les paysans de l'Alsace au moyen-âge. 1865. Schmidt, Les paysans et la propriété rurale en Alsace au moyen-âge. 1897. Hesse, Die Entwicklung der agrarrechtlichen Verhältnisse im Stifte, späteren Herzogtum Verden. 1900. Hagelstange, Süddeutsches Bauernleben im Mittelalter. 1898. Döberl, Die Grundherrschaft in Bayern vom 10. bis 13. Jahrhundert. (Forsch. zur Gesch. Bayerns XII.) Koetzschke, Studien zur Verwaltungsgeschichte der Großgrundherrschaft Werden a. R. 1900. Schulze, Die Kolonisierung und Germanisierung der Gebiete zwischen Elbe und Saale. 1896. Hasse, Die Besiedelung des deutschen Volksbodens. 1905. Schröder, Die niederländischen Kolonien in Norddeutschland zur Zeit des Mittelalters. 1880. Dessmann, Geschichte der schlesischen Agrarverfassung. 1904. Georg Knapp, Die Bauernbefreiung und der Ursprung der Landarbeiter in den ältesten Teilen Preußens. 1887. Fuchs, Der Untergang des Bauernstandes und das Aufkommen der Gutsherrschaften. 1888. (Pommern und Rügen.) Jegoroff, Die Kolonisierung Mecklenburgs im 13. Jahrhundert I—II. 1915(russ.). Stolze, Zur Vorgeschichte des Bauernkrieges. 1900. Ders., Der deutsche Bauernkrieg. 1908. Ders., Neue Literatur zum Bauernkriege. (Hist. Z. CV. 1910.) Wopfner, Die Lage Tirols zu Ausgang des Mittelalters und die Ursachen des Bauernkrieges. 1908 (Abhandl. zur mittleren und neueren Geschichte IV.) Ders., Beiträge zur Geschichte der freien bäuerlichen Erbleihe Deutschtirols im Mittelalter. (Gierkes Untersuchungen LXVII.) Ders., Das Tiroler Freistiftsrecht. (Forsch. zur Gesch. Tirols und Vorarlbergs III. 1905, 1906.) Ludwig, Der badische Bauer im 18. Jahrhundert. 1896. Kiener, Zur Vorgeschichte des Bauernkrieges am Oberrhein. (Zeitschr. f. Gesch. des Oberrheins. N. F. 19. 1904.) Kaser, Politische und soziale Bewegungen im deutschen Bürgertum zu Beginn des 16. Jahrhunderts. 1899. Ders., Zur Vorgeschichte des Bauernkrieges. (Deutsche Geschichtsblätter IV.) Ders., Neuere Literatur zur Geschichte des Bauernkrieges. (Viert. f. Soz.- u. W.-G. IV.) Ders., Die Ursachen des Bauernkrieges. (Ibid. XI.) Schiff, Forschungen zur Geschichte des Bauernkrieges. (Hist. Viert. XIX.) Aubin, Der Einfluß der Rezeption des Römischen Rechts auf den deutschen Bauernstand. (Jahrb. f. Nat.-Ök. III F., 44 1912.) Th. Knapp, Beiträge zur Rechts- und Wirtschaftsgeschichte des deutschen Bauernstandes. 1902. Caro, Probleme der deutschen Agrargeschichte (Viert. für Soz.- u. W.-G. V. 1907). Eilentrop, Verfassung, Recht und Wirtschaft in Rothenburg o. d. T. zur Zeit des Bauernkrieges. 1909. Eitner, Erfurt und die Bauernaufstände im 16. Jahrhundert. 1903. Riezler, Geschichte Bayerns III, 1889; VI, 1903. Nabholz, Die Bauernbewegung in der Ostschweiz 1524—25. 1898. Bosch, Die wirtsch. Bedingungen der Befreiung des Bauernstandes im Herzogtum Cleve und in der Grafschaft Mark im Rahmen der Agrargeschichte Westdeutschlands. 1920. (Tübing. staatswiss. Abh. 21.)

Außerdem: Haeser, Lehrbuch der Geschichte der Medizin III. Geschichte der epidemischen Krankheiten. 3. Aufl., 1882. Hoeniger, Der Schwarze Tod in Deutschland. Hecker, Die großen Volkskrankheiten des Mittelalters. 1865. Sticker, Die Pest I. Geschichte der Pest. 1908. Gasquet, The Black death. 1908. Creighton, A History of Epidemies in Britain. 1891. Artikel von Rogers (Fortnightly Review II) und von Seebohm (das. II, IV) über den Schwarzen Tod. Dénifle, La désolation des églises, monastères et hôpitaux en France pendant la guerre de cent ans. T. I, II. 1899. Vivier, Une crise économique. (Revue d'hist. écon. 1920.) Levasseur, La population française I. 1899 (L. I). Inama s. v. Bevölkerung. Hdw. d. St.

Hehn, Kulturpflanzen und Haustiere in ihrem Übergang aus Asien nach Europa. 1870. Lelevel, Géographie du moyen-âge. 1852. Wimmer, Historische Kulturlandschaft. 1885. Knüll, Historische Geographie Deutschlands im Mitt. 1903. Kretzschmer, Historische Geographie von Mitteleuropa. 1904. Hock, Die Nährpflanzen Mitteleuropas. 1890. Goltz, Gesch. der deutsch. Landwirtschaft I. Lauenstein, Der deutsche Garten des Mittelalters. 1900. Gothein, Gesch. der Gartenkunst I. 1914. Bassermann-Jordan, Gesch. des Weinbaues. 1907. Berg, Geschichte der deutschen Wälder bis zum Schluß des Mittelalters. 1871. Roth, Gesch. des Forst- und Jagdwesens. 1879. Schwappach, Handbuch des Jagd- und Forstwesens in Deutschland. 1892. Endres, Die Waldbenutzung vom 13. bis Ende des 18. Jahrhunderts. 1888. Prou, La forêt en Angleterre et en France. Journ. des Savants. 1915.

I. Grundherrschaft und Bauerntum.

Kapitel 8.

Grundbesitzverteilung, Auflösung der Villikationen, Übergang zur Geld- und Tauschwirtschaft.

Für die agrarische Entwicklung des Hoch- und Spätmittelalters, des 12.—15. Jahrhunderts, sind in erster Linie die Veränderungen in der Verteilung des Grundbesitzes zwischen den drei Grundmächten des Reiches — dem Königtum, der Kirche und dem weltlichen Adel — wichtig. Bereits seit dem 10., insbesondere aber im 11.—12. Jahrhundert trat ein allmählicher Rückgang des königlichen Grundbesitzes ein. Wohl flossen sowohl in dieser Periode, als auch im 13.—14. Jahrhundert noch immer dle Quellen, die ehedem zu seiner Mehrung beigetragen hatten, als da: Gütereinziehungen, Heimfall erbloser Bodengüter, Eroberungen. Im 11.—12. Jahrhundert war die Bedeutung der Konfiskationen für die Vergrößerung des Domanialbesitzes noch recht erheblich: von der Mitte des 10. bis zum Beginn des 13. Jahrhunderts vor allem sind Konfiskationen von Gütern wegen Untreue und offener Auflehnung gegen den König häufig, wobei nicht nur Lehens-, sondern auch Erbgüter verfielen. Doch ist dieser Besitz häufig durch Verleihung an Kirchen und Klöster, oder durch Belohnung von Getreuen wieder entfremdet worden. Dem königlichen Grundbesitz sind auch die Eroberungen zugute gekommen, durch welche im Laufe von Jahrhunderten ununterbrochen die Erweiterung des Reiches nach Osten hin stattfand. Doch wurde vieles auch von dem hier Hinzugekommenen im Laufe der Zeit wieder vergeben. Vom 13. Jahrhundert an fielen sowohl die erblosen, als auch die beschlagnahmten Güter nicht mehr an das Reich, sondern an die Landesherren. Die im Osten eroberten Landgebiete gehörten dem Deutschen Orden, der einen eigenen Staat begründet hatte. Auch die anderen Vorrechte des Reiches, wie das Berg-, Forst-, Markt-, Münz-, Zollregal, vor allem aber die Gerichtsherrschaft gingen an die einzelnen Landesfürsten über (wie auch das Geleitsrecht, das Grundruhrrecht, das Strandrecht u. a. m.). Hand in Hand mit der Schwächung des Königs als Grundherrn ging eben auch der Verfall seiner Machtbefugnisse einher, was ebenfalls einen materiellen Verlust bedeutete; er mußte den territorialen Landesfürsten den Rang abtreten.

Demgegenüber nahm die Entwicklung des Grundbesitzes der weltlichen Aristokratie einen gänzlich verschiedenen Verlauf. Im 10.—12. Jahrhundert trat eine erhebliche Steigerung der Zahl der Großgrundbesitzer ein, was in verschiedenen Ursachen begründet war. Die Ausbreitung der lehensrechtlichen Verhältnisse, die Ausbildung der Ritterschaft und des Standes der Ministerialen, die sich vor allem aus den ehemaligen Fronhofsverwaltern und den Fiskalbeamten rekrutierten, die Aneignung von Allmenden und die Bildung neuer Grundherrschaften auf den im Osten eroberten Ländereien haben zum Wachstum dieses Grundbesitzes beigetragen. Dabei tritt das ausgesprochene Bestreben der Großgrundherren an den Tag, ihren Bodenbesitz auch fernerhin zu erweitern. Sie lassen keine Gelegenheit unbenutzt, kraft ihrer grundherrlichen Rechte und der von der staatlichen Zentralgewalt auf sie übergegangenen öffentlichen Gewalt neue Ländereien hinzuzuerwerben, sei es durch gutwilligen Vertrag, sei es durch gewaltsame Aneignung. In dem Maße, als die Tätigkeit einzelner Adelsgeschlechter in dieser Richtung von wachsendem Erfolg begleitet war, als ihre politische Bedeutung sich steigerte, hoben sie sich von dem Durchschnitt der übrigen Grundherren ab und schwangen sich zu territorialen Landesfürsten empor, denen sich die übrigen Lehnsherren, Grafen und Barone zu unterwerfen hatten. Diese Landesherren waren zugleich auch die größten Grundbesitzer in ihren Territorien. Dies war z. B. bei den Herzögen von Bayern der Fall, die als die reichsten Landesherren galten (im 13. Jahrhundert) bei den Herzögen von Österreich noch vor dem Aufstieg der Habsburger, bei den Markgrafen von Brandenburg, zum Teil auch bei den Herzögen von Württemberg. War doch ihre Machtstellung im Grundbesitz begründet, auf dem die militärische Organisation, die lehnsrechtliche Verfassung, der gesamte Aufbau der Gesellschaft beruhte. Um sich der Landesherrschaft zu bemächtigen, galt es demnach vor allem, den Grundbesitz an sich zu bringen, mit dessen Eignung die öffentlich-rechtlichen Machtbefugnisse verbunden waren.

Eine Folge davon bildete die Differenzierung des weltlichen Grundbesitzes. Während einzelne Großgrundherren sich zu Landesfürsten emporschwangen, ging zugleich ein anderer Entwicklungsprozeß vonstatten — die Unterwerfung der übrigen unter ihre Gewalt: der Aufstieg der einen war mit dem Niedergang der anderen verbunden. Diese wurden von jenen aufgesaugt, oder ihr Besitz unter Ministerialen und Ritter aufgeteilt. Und das Ergebnis war, daß diejenigen Großgrundbesitzer, die es nicht vermocht hatten, die Landesherrschaft zu erringen, im ungleichen Kampfe mit der neuentstandenen Territorialgewalt, der sie ein Dorn im Auge bei der Begründung ihrer Herrschaft waren, in Verfall geraten mußten, was durch das Sinken der Rentenbezüge und den Verlust der Hoheitsrechte noch beschleunigt wurde. Im 13.—14. Jahrhundert erloschen die alten Herrengeschlechter, an ihre Stelle traten die kleineren Grundbesitzer, die Ritter und Ministerialen. Anders war der Verlauf nur dort, wo, wie z. B. am Rhein, das Bestehen einer beträchtlichen Anzahl, sowohl geistlicher (Trier, Mainz, Würzburg, Köln), als weltlicher Grundherrschaften von sehr großem Ausmaße die von einzelnen Großgrundherren unternommenen Versuche, ihre Machtbefugnisse zu erweitern, vereitelte und die Bildung zahlreicher Fürstentümer bewirkte, denen es gelang, sich zur Landeshoheit durchzuringen. In allen anderen Landgebieten hatte nicht bloß der weltliche, sondern auch der geistliche Großgrundbesitz infolge der Ausbildung der Territorialstaaten beträchtliche Einbußen zu erleiden.

Bereits im 11.—12. Jahrhundert setzt zugleich mit der Abnahme des königlichen Grundbesitzes auch ein Rückgang des kirchlichen Grundeigentums ein. Wohl wurden auch fernerhin der Kirche, sowohl vom König, als auch von den übrigen Grundherren, Ländereien verliehen, doch geschah dies in weit geringerem Umfange, als ehedem. Dagegen erleidet der Grundbesitz der Kirche bedeutende Einbußen sowohl dadurch, daß er von ihr als Lehensgut vergeben wird, als auch infolge gewaltsamer Aneignung durch weltliche Großgrundbesitzer, endlich durch die wiederholt stattfindenden Säkularisationen der Kirchenländereien. So wurden von Otto I. den bayrischen Klöstern gegen 1250 Hufen genommen, im 11.—12. Jahrhundert wurden ausgedehnte Kirchengüter an den weltlichen Adel ausgetan usw. Im 13.—14. Jahrhundert weist der kirchliche Grundbesitz lange nicht mehr den Umfang auf, wie im 9.—10. Jahrhundert. Ein Grundbesitz von 300 Hufen galt bereits als bedeutend, und in der Tat kam es nur selten vor, daß Klöster erheblich mehr besaßen. Im 13. Jahrhundert setzen die Schenkungen zugunsten der Kirche vollständig aus, ihre Einkünfte waren dermaßen gesunken, daß häufig zur Veräußerung von Kirchenländereien gegriffen werden mußte. Hatten sich Kirchen und Klöster in den vorhergehenden Jahrhunderten mit Kreditgeschäften befaßt, indem sie ihre flüssigen Kapitalien ausliehen, so waren sie im ausgehenden Mittelalter hingegen selbst genötigt, zur Aufnahme von Darlehen ihre Zuflucht zu nehmen. Manche Bistümer (Konstanz, Köln, Mainz) waren zu Ausgang des Mittelalters mit recht hohen Schulden belastet. Nur in den neueroberten Landgebieten gelang es den geistlichen Orden, mächtige und reiche Landesherrschaften zu begründen, unter denen der Deutsche Orden die erste Stelle einnahm.

Auch in England fand — vom Ausgang des 12. und dem Beginn des 13. Jahrhunderts an — die Verteilung von Domanialbesitz unter die Barone statt. Wohl erneuern die Könige von England von Zeit zu Zeit das Versprechen, keine Ländereien mehr aus dem Domanialbesitz zu vergeben, ja, die hohen Würdenträger des Reiches geben wiederholt eidesstattliche Versicherungen ab, keine derartigen Verleihungen mehr annehmen zu wollen. Trotzdem erfahren die königlichen Domänen eine stetige Verminderung. Um die Mitte des 15. Jahrhunderts befand sich nahezu die Hälfte des gesamten Grund und Bodens des Königreichs in den Händen des Adels. Erst zu Ausgang des Jahrhunderts wies der Domanialbesitz, infolge der von Eduard IV. und Richard III. vorgenommenen Konfiskationen der Güter der aufständischen Lords, wieder eine gewisse Zunahme auf. Doch auch dann erreichte sein Ausmaß im besten Falle kaum den fünften Teil aller Ländereien. Ferner befand sich um die Mitte des 15. Jahrhunderts, als der königliche Besitz besonders stark zusammengeschrumpft war, nahezu die Hälfte des Grund und Bodens im Besitz der Kirche, und zwar war dieser Grundbesitz — analog der Konzentration des weitaus größeren Teiles der dem weltlichen Adel gehörenden Ländereien bei wenigen vornehmen Grundherren (Herzöge, Grafen, Vizegrafen und Barone) — auch beim geistlichen Adel in den Händen der hohen kirchlichen Würdenträger — der Erzbischöfe, Bischöfe, Priore und Äbte — vereinigt. Der von ihnen an geeignete Grund und Boden stellte ein Drittel der Gesamtbodenfläche des Königreiches dar[1]), während die niedere Geistlichkeit einen verhältnismäßig nur unbedeutenden Grundbesitz ihr Eigen nennen konnte. Der geistliche Grundbesitz hatte demnach in England — im Gegensatz zu Deutschland — bis ins 15. Jahrhundert hinein keine Schmälerung erfahren. Erst im Laufe des 15. Jahrhunderts wurden Versuche gemacht, der Kirche ihre Ländereien zu entziehen, jedoch nur zu dem Zwecke, sie wiederum an den neuaufgekommenen weltlichen Adel lehensweise zu vergeben. Obwohl der Grundbesitz des weltlichen Adels in stetigem Wachsen begriffen war und er in politischer Hinsicht eine bedeutsame Stellung einnahm, so gelang es seinen Vertretern doch nicht, sich — wie dies in Deutschland der Fall war — zu territorialen Landesherren emporzuschwingen.[2])

Auch in der Verfassung der Grundherrschaft hatte sich eine durchgreifende Wandlung vollzogen. Ob wir die Fiskalgüter, die geistlichen Grundherrschaften oder den Besitz des weltlichen Adels ins Auge fassen — überall tritt der Prozeß der Auflösung der ehemaligen Villikationsverfassung, der Zerfall der Villikation in einzelne, nicht mehr miteinander verbundene Teile deutlich zutage. Diese Vorgänge wiederholen sich in allen Ländern, wenn auch nicht überall zu gleicher Zeit und in gleichem Umfang.[3]) Auf den Fiskalgütern wird keine Eigenwirtschaft mehr betrieben. Sie haben nur das für jeden Fiskus festgesetzte Servitium zu liefern, während der übrige Teil des Ertrages beim judex, villicus oder maior verbleibt. Die Selbständigkeitsgelüste dieser Ministerialen sind vom 13. Jahrhundert an in steter Zunahme begriffen. Sie bilden sich zu einem besonderen Stande um. Ihre Ämter, zugleich mit dem ihnen als Leihegut vergebenen Grund und Boden, werden erblich, ja sie suchen sich sogar die Domanialgüter einfach anzueignen. Die vermittelst bäuerlicher Frondienste auf dem Hoflande betriebene Eigenwirtschaft wird entweder gänzlich aufgegeben oder erheblich eingeschränkt.

Der villicus oder major (Meier oder maire, bailliff), ehedem ein aus der Mitte der Hörigen erwählter, im Auftrage des Grundherrn wirkender Verwalter, steigt zu einem mit Ritterwürde bedachten Ministerialen empor. Die nun eine gehobene soziale Stellung einnehmenden Meier benutzen ihre Selbständigkeit, um sich auf Kosten des Grundherrn zu bereichern. Sie suchen sich der Verpflichtung zu entziehen, dem Herrn die im Eigenbetrieb produzierten, wie die von den Grundholden gelieferten Erzeugnisse abzuführen, was ihnen um so leichter

[1]) „Hätte nur der Abt von Glastonbury — sagte man im 15. Jahrhundert — das Recht, die Äbtissin des Frauenklosters von Shaftesbury zu heiraten, ihr Sohn und Erbe besässe mehr Land als der König selber."

[2]) Kowalewsky, Die sozialen Verhältnisse Englands am Ausgang des Mittelalters (russ.). S. 17ff.

[3]) Lamprecht, D. Wirtsch.-L. I, S. 771ff. v. Inama II, S. 152ff.; III, 1. S. 246ff. Wittich, Grundherrschaft. S. 304ff. Schröder, Lehrbuch. 6. Aufl., S. 463. v. Below, Probl. d. Wirtsch. S. 45f. Ernst, Entstehung d. Grundeig. S. 104ff. Bosch, Wirtschl. Beding. S. 29ff., 115ff. Kühn, Bauerngut pass. Koetzschke, Allg. Wirtsch.-Gesch. S. 367ff., 552f. Hübner, Privatrecht. § 45. Sombart, Kapit. I, 2. Aufl., S. 104. Brodnitz, Engl. Wirtsch.-Gesch. S. 95. Sée, Les classes rurales. S. 149ff., 560. Petit-Dutaillis (Réville) XXVIIIff. Flach II, 87ff. 111ff.

fällt, als die Kontrolle der oft zahlreichen Fronhofsvorsteher der großen Grundbesitzer nur schwer ausführbar war. Auch einzelne Hufen der Villikation schlägt der Meier zu seinem Amtsgut und bewirtschaftet sie zum eigenen Vorteil. Zugleich aber geht ihr Bestreben dahin, die Vererblichung ihres ehrenvollen Hofdienstes durchzusetzen. Die Grundherren wehren sich freilich dagegen, sie unternehmen verschiedentlich Versuche, sich das Recht der Ernennung der Meier zu wahren. So behielt sich die Abtei Stablo das Recht vor, den villicus oder major jederzeit absetzen zu dürfen; es wird dabei ausdrücklich betont, nach dem Tode des Vaters hätte der Sohn des Meiers keinen Anspruch auf dieses Amt zu erheben.[1]) Der Abt des Klosters Saints Pères des Chartres verlangt von seinem Fronhofsvorsteher die eidesstattliche Versicherung, das Meieramt (maioratus) nicht als erblich ansehen zu wollen.[2]) Daraus, wie auch aus anderen Quellen (so z. B. aus den Urkunden des Pariser Klosters Notre-Dame)[3]) ist es ersichtlich, daß die Erblichkeit des Meieramtes bereits tiefe Wurzeln gefaßt hatte. Öfters beharrt jedoch der Meier geradezu auf der Erblichkeit seines Amtes[4]). In manchen Fällen bewilligt der Grundherr den Übergang des Meieramtes auf den Sohn, jedoch mit dem Vorbehalt, daß keine weitere Vererblichung stattfinden dürfe (so im 12. Jahrhundert der Graf von Blois). Oder dieses Zugeständnis erstreckt sich selbst bis auf die dritte Generation (Abtei von Cormèry zu Ausgang des 13. Jahrhunderts). Wenn auch in manchen Fällen auf diese Weise der lehensrechtlichen Entwicklung vorgebeugt werden konnte, so war doch meist die Vergebung auf zwei oder drei Hände mit der völligen Entfremdung der Villikationen durch die Meier gleichbedeutend; sie blieben im dauernden Besitz der betreffenden Meierfamilie.[5]) Machte der Grundherr einen Versuch, diese Ministerialen ihrer erblichen Ämter zu entheben und ihnen das damit verbundene Leihegut zu entziehen, so faßte man derartige Maßnahmen gewissermaßen als eine Staatsumwälzung auf.

---

[1]) Nullus villicus, qui vulgariter Maior vocatur, ministerium suum diutius habere et retinere valeat, nisi quamdiu cum gratia abbatis deservire queat, sed quotiescunque iussus fuit reddere, sine contradictione reddat, nec filius post obitum patris per hereditatem repetat (a. 1140).

[2]) In iam dicto maioratu nihil iuris hereditarii reclamabit, sed post eius decessum maioratus noster libere et quiete in nostrum dominium revertetur (a. 1204). Cartulaire des Saint-Pères de Chartres. S. 672. (Guérard, Coll. des Docum. inédits.)

[3]) Abiuravit coram nobis totum ius hereditarium quod confirmabat in maioria de Viriaco (a. 1227). Cart. de Notre-Dame de Paris II, S. 332. (Guérard, ibid.)

[4]) Confinxit . . . praeposituram illam . . . jure sibi hereditario provenire (Anf. 12. Jahrh. Cart. de Notre-Dame de Saintes). Eandem praefecturam jure hereditario sibi reclamabat (Chartes de Rillé v. 1100). Flach II, 112.

[5]) Dictus siquidem guido, maior, partem praedicti viridarii et dictum agripennum dixit ad ius suum feodaliter pertinere cum reliquo feodo quem tenet a capitulo a. 1202. (Cart. de Notre-Dame de Chartres II, 24.) Vgl. quod ministeriales sui curtium suarum ministeria id est iudiciarias potestates et villicationes per feudum et hereditario iure vellent obtinere (a. 1140; Miraeus, Opera diplom. I, S. 688). Wittich, S. 310.

Da konnte sich der Grundherr nur durch Auskauf des Meieramtes aus den Händen des alten Besitzers helfen, um es, in den meisten Fällen, Priestern zu übergeben, bei denen Erblichkeit nicht zu befürchten war; oder (dies wurde von geistlichen Körperschaften geübt) man stellte Geistliche und Laienbrüder der Genossenschaft als Meier an. Oder es wurde auch, um den Selbständigkeitsgelüsten des Meiers entgegenzuwirken, vom Grundherrn das Hofland an den Meier verpachtet und mit ihm ein Vertrag auf eine bestimmte Frist oder auf Lebenszeit abgeschlossen (iure pensionali quod vulgari dicitur pachtrecht). Soweit es endlich gelang, gegen die Vererblichung des Meieramtes noch rechtzeitig einzuschreiten, wurde das im Eigenbetrieb befindliche Land dem Meier entzogen, in Pachtgüter zerschlagen und an verschiedene Personen (Ritter, Stadtbürger, Bauern) in Pacht vergeben, oder das Hofland wurde an Bauerngemeinden verpachtet.

Nun hatte es schon in der vorhergehenden Periode Fronhöfe gegeben, wo ein Eigenbetrieb gänzlich fehlte. Auch freiere Pachtformen konnten wir bereits viel früher feststellen, ein Teil der terra salica war oft in Pacht ausgetan. Doch wurde gewöhnlich wenigstens ein Teil des Dominikallandes in Eigenwirtschaft gehalten, und mit ihm waren die Bauernhöfe aufs engste verbunden. Erst seit dem 12. Jahrhundert beginnt die Zersetzung der Villikationen und im Zusammenhang damit tritt eine bedeutende Verbreitung der Pachtverhältnisse ein (öfters Teilbau). Oft wird die Eigenwirtschaft des Grundherrn gänzlich aufgegeben und durch Verpachtung des Grund und Bodens ersetzt. Dies bedeutete aber eine Loslösung, eine Trennung des Hoflandes von den Bauernhufen, eine Spaltung der früher einheitlichen Villikation. Das Bestreben der Grundherren war vor allem darauf gerichtet, die von den Bauernhufen fließenden Einkünfte sich zu erhalten, die Aufsicht des Meiers über dieselben auszuschalten. Soweit die Meier sich ein erbliches Amts- oder Lehnsrecht noch nicht errungen hatten, konnte dies durch die Absonderung der eigentlichen Fronhofswirtschaft von der Verwaltung der Zinse und Renten erfolgen, welche nun von den Grundholden unmittelbar an die Grundherrschaft abgeführt wurden; zuweilen wurde ihre Verwaltung auch einem eigens hierzu beamteten Vogt übergeben.

Aus einer den Eigenbetrieb des Grundherrn, Pachtland und Bauernhufen umfassenden Wirtschaftseinheit verwandelt sich der Fronhof nahezu ausschließlich in ein Substrat von Rentenberechtigungen, von Leistungen und Abgaben, die von den das Eigentum des Grundherrn bildenden, in einzelne Teile zerschlagenen und zu Pacht ausgetanen Gütern erhoben werden.

Die Auflösung der Eigenwirtschaft der Grundherren und den Übergang zum Pachtsystem können wir überall beobachten, so bei der Reichsabtei Werden, auf den Niederlassungen des Zisterzienserordens, in Westfalen, wie in den Herzogtümern Kleve und Mark, in anderen Teilen des Rheinlandes, in Württemberg, wo z. B. 1238, 1358, 1409, 1455 bisher selbstgebaute Fronhöfe in Pacht übergeben werden.[1]) Nicht anders war es in Frankreich, wo ebenfalls in zahlreichen Fällen Grundherrschaften nicht in Land, sondern bloß in Zahlungen und Leistungen bestanden, wobei Zinse, Taille usw. als solche, losgelöst vom Gute, veräußert wurden, nicht selten dabei in kleine Teile zerfielen und einer Reihe von Personen gehörten.[2])

Die pachtweise Vergebung der Hofländereien (wie auch der Beunde und der freigewordenen Bauernhöfe) brauchte hierbei allerdings nicht immer eine Folge der Übergriffe der Meier zu sein. Sie konnte auch einfach durch die Aussicht auf Erzielung größerer Erträge im Falle der Vermeierung des Hoflandes, wie der Vergebung der Hufen in freie Pacht, bestimmt werden. So verlautet für England nichts über Versuche der Gutsverwalter, sich zu selbständigen Lehensherren emporzuschwingen. Und doch wird auch hier in zahlreichen Fällen das ganze Gut oder ein großer Teil desselben verpachtet, so vom Kloster Ramsay, vom Merton-College in Oxford, vom Trinity-College in Cambridge; das gleiche tat auch die Worcester Priory, der Prior und der Convent von Durham. Zahlreiche Angaben hierüber finden sich im Gloucester Cartulary, wo neben Pachtungen ad voluntatem domini, die der Lord jederzeit kündigen konnte, auch solche auf Lebenszeit (ad terminum vitae) vorkommen, seltener Zeitpacht auf 10 bis 40 Jahre verzeichnet ist.[3]) Zuweilen werden dabei die Abhängigkeitsverhältnisse beseitigt und mit der Loslösung der Bauernhöfe vom Fronhof auch die Grundholden für frei erklärt und als freie Zeitpächter angesetzt. Doch war dies bloß in Italien regelmäßig der Fall, in Deutschland und in England dagegen kam es nur viel seltener vor. Hier bewahrten sich gewöhnlich die früheren Abhängigkeitsverhältnisse, der Pächter hatte die gleichen Lasten zu tragen, wie die übrigen Grundholden.[4])

Und doch ergab sich aus der Auflösung der Villikationen eine wichtige Änderung in der Stellung der Bauernschaft. Mit der vollständigen oder teilweisen Aufhebung der Eigenwirtschaft und der Trennung der früher abhängigen Bauernhufen vom Fronhof mußte das Interesse der Grundherren an den drückenden Frondiensten schwinden; diese hatten oft keinen Zweck mehr und konnten durch leichtere Geldleistungen ersetzt werden.

---

[1]) Koetzschke, Stud. z. Verwaltungsgesch. d. Großgrundherrsch. Werden a. d. Ruhr. 1900. Winter, Die Zisterzienser des nordöstlichen Deutschlands. 1868—71. Wittich S. 317ff. Dopsch, Die landesfürstl. Urbare Nieder- und Oberösterreichs. S. 108ff. Lamprecht, Deutsch. Wirtsch.-Leben I, S. 773f. Bosch S. 30, 115 Ernst, Entst. d. deutsch. Grundeigent. S. 104f. v. Inama III, 1. S. 246ff.

[2]) Sée, Les classes rurales. S. 560ff. Ders., Bretagne. S. 32ff., 53f., 88ff. Boucomont S. 53ff. Verriest S. 20. Flach II, 87ff. 93ff.

[3]) Vinogradoff. Growth of the Manor. pass. Nasse S. 24. Hasbach S. 21. Ashley I, S. 25ff., 300ff. Petruševski. 2. Aufl., S. 312ff. Brodnitz I, S. 81f., 95. Vgl. Neilson S. 70. Davenport S. 52.

[4]) v. Below, Probl. S. 46. Petruševsky. S. 317f.

Eine Umbildung der grundherrschaftlichen Organisation erfolgte auch durch das Aufkommen der Geld- und Tauschwirtschaft. Der Bedarf an Geldmitteln, verursacht sowohl durch die ewigen Kriege, als durch die Beschaffung kostbarer Gebrauchsgüter, drängte die Grundherren sowohl zum Absatz ihrer Überschüsse (die sich namentlich aus den bäuerlichen Lieferungen bildeten) auf dem Markte, als auch zur Umwandlung der bäuerlichen Naturalleistungen in Geldabgaben. Dadurch trat wiederum für die Bauern die Notwendigkeit ein, sich die zur Bezahlung der in Geldform eingeforderten Abgaben, Zinse, Bußen usw. nötigen Geldsummen durch Verkauf ihrer Erzeugnisse zu verschaffen, so daß auch sie in den tauschwirtschaftlichen Nexus hineingezogen wurden, ihre frühere Bedarfswirtschaft, gleich der des Grundherrn, einen tauschwirtschaftlichen Charakter annehmen mußte.[1])

Nun finden sich freilich Ansätze hierzu bereits viel früher. Wie wir oben gesehen haben, erwähnt das Capitulare de Villis Erzeugnisse (Hühner und Eier, Fische u. a. m.), die, soweit sie nach Deckung des Eigenbedarfs übrig bleiben, verkauft werden sollen. Auch in manchen Urbaren wird der Absatz von Überschüssen, namentlich an Salz und Wein, teilweise auch an Wolle und Käse (im Süden an Oliven) geregelt. Von Ein- und Verkauf reden auch die Zollprivilegien der geistlichen Grundherrschaften.[2]) Doch bemerkt W. Stein, daß die Zahl solcher privilegierter Klöster in Deutschland (im 10.—11. Jahrhundert) nur gering ist[3]); häufiger scheinen Zollbefreiungen für italienische Klöster verliehen worden zu sein, für die der Markt bereits früher Bedeutung erlangt haben mag.[4])

Doch erst im Hochmittelalter, namentlich mit dem Aufkommen der Städte und der dadurch hervorgerufenen Arbeitsteilung zwischen Stadt und Land, setzt sich die Tausch- und Geldwirtschaft recht eigentlich durch. Die Stadt wird insbesondere zu einem wichtigen Absatzmarkt, sowohl für grundherrliche als für bäuerliche Erzeugnisse der Landwirtschaft. In England ist diese Wandlung wohl bereits seit dem 12. Jahrhundert eingetreten. Jeder der zahlreichen Accounts, sagt Petruševsky, die von den Verwaltern der englischen Manors aufgestellt wurden, und die sich im Londoner Public Record Office finden, belehrt uns über die tauschwirtschaftliche Organisation der Grundherrschaft jener Zeit. Unter den Einnahmen sind die aus dem Verkauf von Korn, Vieh und anderen landwirtschaftlichen Erzeugnissen erzielten Summen verzeichnet. Diese Produkte sind offenbar auf dem lokalen Markte abgesetzt, zuweilen jedoch auch weiter, bis nach London, transportiert worden.[5]) Insbeson-

---

[1]) Vgl. Sombart, Kapitalismus I, 2. Aufl., S. 103f., 110f.

[2]) v. Inama I, S. 616. Kalischer, Handelsgesch. d. Klöster. S. 30. Sombart I, 2. Aufl., S. 100ff. Dopsch, Karol. II, S. 324ff. Kletler S. 56ff.

[3]) Stein, Handels- und Verkehrsgesch. S. 73f.

[4]) Schaube, Handelsgesch. S. 72f.

[5]) Petruševsky S. 207ff. Vgl. Maitland, The History of a Cambridgeshire Manor. (Collected Papers of Maitland II. 1911.) Davenport, The Economic Development of a Norfolk Manor. 1906.

dere wird diese Tatsache von Rogers betont. „Man kann den Mittwoch- und Samstagsmarkt in Oxford in den Rechnungsbüchern von Holywell, den Markt von Henleye in den Büchern von Cuxham verfolgen. Der Bailiff benutzte den nächstgelegenen Markt sowohl zum Verkauf der grundherrschaftlichen Produkte als zum Einkauf der nötigen Waren.“[1]) Während früher an erster Stelle der Eigenbedarf stand und die terra dominica sogar als Boardland, d. h. als das für den Tisch des Grundherrn („ad mensam suam“) bestimmte Land bezeichnet wurde, tritt seit dem 12.—13. Jahrhundert immer mehr die Bedeutung der Tauschwirtschaft hervor, wenn auch daneben das Bedarfsdeckungsprinzip noch bei weitem nicht verschwunden ist. Es ist bloß hier (in den englischen Grundherrschaften), und zwar früher als anderwärts (mit Ausnahme wohl von Italien mit der frühen wirtschaftlichen Blüte seiner Stadtstaaten) gegenüber der sich entwickelnden Tauschwirtschaft zurückgetreten.

Damit hängt wohl zweifellos die Tatsache zusammen, daß in England (wie in Italien) der Übergang zu freieren Formen des grundherrlich-bäuerlichen Verhältnisses früher einsetzt als in anderen Ländern. Doch hat die Auflösung der Villikationsverfassung, wie der Übergang zur Tausch- und Geldwirtschaft für die Bauernschaft überall die gleichen Folgen mit sich gebracht. Die Ersetzung von Naturalabgaben und Diensten durch Geldzahlungen, das Aufkommen eines freieren Grundstücksverkehrs in der bäuerlichen Wirtschaft, der Übergang zu erblichen Besitzformen, die Radizierung persönlicher Lasten auf Haus und Hof, auch die teilweise Aufhebung mancher Verpflichtungen (formariage) haben zweifelsohne eine Besserung sowohl der rechtlichen, als der wirtschaftlichen Lage der Bauernschaft zur Folge gehabt. Allerdings war es in den meisten Fällen noch lange keine Bauernbefreiung, sondern nur Ansätze zur Lösung der bäuerlichen Gebundenheit, die sich an verschiedenen Orten und für verschiedene Gruppen der bäuerlichen Bevölkerung nicht in gleichem Maße durchgesetzt haben. Andrerseits ist jedoch die Tatsache zu betonen, daß das Hoch- und Spätmittelalter bereits einen wichtigen Schritt auf dem Wege zur Aufhebung der Unfreiheit gemacht hat und damals wohl mehr erreicht worden ist, als während der nachfolgenden zwei Jahrhunderte, die in dieser Richtung nicht viel neues gebracht zu haben scheinen; erst später ist die Befreiungsaktion in schnellerem Tempo zum Durchbruch gelangt.

Kapitel 9.

Erleichterung der bäuerlichen Lasten.

Eine Erleichterung der bäuerlichen Lasten bedeutete vor allem die Umwandlung von Naturalabgaben und Frondiensten in Geldzinse. Sie war für beide Parteien, für den Grundherrn wie für den Bauern in gleicher Weise nur von Vorteil. Der Grundherr erhielt statt der oft minderwerti-

---

[1]) Rogers, Hist. of Agric. I, S. 140. Vgl. Brodnitz I, S. 45, 56.

gen landwirtschaftlichen Erzeugnisse (Korn, Wein) und der wenig produktiven Arbeit seiner Bauern, welche er an den Frontagen zu beköstigen hatte[1]), die ihm nötigen Geldsummen, während der Bauer durch die Fixierung der Geldleistungen nicht bloß von den Mißbräuchen befreit wurde, welche mit der ungenauen und schwankenden Festsetzung der Naturalzinse verbunden waren, sondern auch aus dem Sinken des Geldwertes einen Gewinn ziehen konnte. Noch wichtiger war für den Bauern die Befreiung von der Verpflichtung, seine Arbeitskraft in den Dienst des Grundherrn zu stellen, die oft die Vernachlässigung seiner eigenen Wirtschaft zur Folge hatte. Besonders drückend waren diese Verpflichtungen zur Erntezeit, wo er auf seinem Acker vollauf zu tun hatte und statt dessen sich und seine Familie dem Grundherrn zur Verfügung stellen mußte.[2]) Ja noch mehr, die Ersetzung der Dienste durch Geldleistungen mußte das Abhängigkeitsverhältnis lockern, dem Bauern die Möglichkeit gewähren, in seiner Wirtschaft frei zu schalten und zu walten, ohne sich eine Einmischung des Grundherrn und der Gutsverwalter (letztere suchten aus den bäuerlichen Diensten auch für sich Nutzen zu schlagen) gefallen zu lassen. Aus dem Arbeitswerkzeug seines Herrn stieg er zu einem frei über die eigene Zeit und Arbeitskraft verfügenden Menschen empor, dessen Verpflichtungen dem Grundherrn gegenüber auf eine bloße, genau fixierte Geldleistung beschränkt waren. Wie groß die Bedeutung war, die der Umwandlung der Fronden in Geldzinse beigelegt wurde, ersieht man daraus, daß in England, neben der rechtlich begründeten Unterscheidung des bäuerlichen Besitzes kraft überkommener Gewohnheit (d. h. des durch keinen Rechtstitel gesicherten Besitzes einer Bauernstelle, die dem Inhaber vom Lord jederzeit genommen werden konnte), und des Besitzes auf Grund eines formell abgeschlossenen Vertrages, noch eine andere Unterscheidung durchgeführt wurde, je nachdem, ob die Hufe in der Dienstverfassung verblieben war, oder nunmehr bloß Geldzahlungen unterlag. Diejenigen Stellen, die die Frondienste durch Geldzahlungen abgelöst haben, werden direkt als „frei" angesprochen, während diejenigen, die nach wie vor frondienstpflichtig sind, als „unfrei" (in villainage) bezeichnet werden.

Die Commutation — nach englischer Terminologie — die Ersetzung der Frondienste durch Geldabgaben, ging nur allmählich vonstatten. Als Ausgangspunkt ist die feste Bemessung der Zahl der Frontage anzusehen. In England mußte größtenteils der Bauer zwei oder drei Tage in der Woche für den Lord arbeiten, in der Erntezeit hatte er außerdem, nach Ermessen des Lords, noch wöchentlich zwei bis drei Tage Extraarbeit zu leisten, so daß während dieser Zeit seine Arbeitskraft fast vollständig vom Lord in Anspruch genommen wurde. Und zwar hatte er zu dieser Erntearbeit mit seiner ganzen Familie, mit Ausnahme der Frau,

---

[1]) d'Avenel, Hist. de la propriété usw. I, S. 213f. Hanauer, Paysans. S. 236ff. Hagelstange S. 36. Rogers, Six Cent. Deut. S. 196. Brodnitz, Engl. Wirtsch. I, S. 66.

[2]) Pollock-Maitland I, S. 349. Brodnitz I, S. 38.

mindestens aber mit drei männlichen Hilfspersonen zu erscheinen. Die Arbeitsleistungen wurden vom Gutsverwalter peinlich überwacht, der jedes Versäumnis verzeichnete und in Geld ersetzen ließ. Auf diese Weise bildete sich, im Laufe der Zeit, eine bestimmte Wertskala aus, in der jede Arbeit ihrem Charakter entsprechend eingeschätzt war. Diese Geldzahlungen hatten ursprünglich die Bedeutung von Bußgeldern, die als Strafe für versäumte Frontage erhoben wurden. Im Laufe der Zeit wurden sie zu einer alltäglichen Erscheinung und verwandelten sich auf diese Weise zu den die Frondienste ersetzenden Geldleistungen. Auch später jedoch blieb der Ersatz der Frondienste durch Geldleistungen, trotzdem er bereits häufig vorkam, noch rein fakultativ. In den zahlreichen, im 13. Jahrhundert abgefaßten Katastern (extenta maneriorum) sind sowohl Frondienste als deren Geldwertung angegeben. Die Entscheidung darüber, was zu leisten ist, bleibt gewöhnlich dem Lord vorbehalten; allerdings sollen die Geldzahlungen die im Verzeichnis fixierten Werttaxen nicht übersteigen. In den Hundertschaftslisten (Rotuli Hundredorum) finden sich zahlreiche Fälle, wo die neue Verfassung sich noch nicht fest eingebürgert hatte: während der Lord in diesem Jahre Geldzahlungen bezieht, verlangt er im nächsten die Ableistung der Fronden (onera) in vollem Umfange (araturae, averagia, manuoperationes). Andere, in den gleichen Listen enthaltene Angaben bezeugen hingegen, daß der Übergang von Frondiensten zu Geldleistungen sich bereits öfters vollzogen hatte. Der Lord behielt sich allerdings „ad voluntatem" das Recht der Rückkehr zur Dienstverfassung vor. In solchen Fällen nahmen die Geldzahlungen das Gepräge einer durch das Herkommen sanktionierten, für den Lord bindenden Norm (consuetudo maneri) an, deren Verletzung als ein Akt grundherrlicher Willkür galt. Während in manchen Grundherrschaften die Umwandlung der Fronden zu Geldleistungen sich noch frisch im Gedächtnis der Bevölkerung erhielt, an den Namen des derzeitigen Grundherrn geknüpft war, hatte sich dieselbe anderwärts schon so fest eingebürgert, daß die Vergebung einer Bauernstelle an einen neuen Inhaber „zu Diensten" anstatt „zu Renten" als unrechtmäßig aufgefaßt wurde. Häufig wurde die Ablösung der Dienste durch Geldbezüge nicht nur für einzelne Bauernstellen, sondern für ganze Dorfgemeinden, ja selbst für größere Bezirke durchgeführt, erhielt folglich für größere Gebiete Geltung und bürgerte sich dauernd ein. Dies wurde durch den Abschluß formeller Rechtsverträge zwischen Grundherrn und Bauern bekräftigt, deren Verletzung die Bauern berechtigte, beim Königsgericht Klage anzustrengen.[1])

Allerdings verschwanden die Frondienste, wie Vinogradoff mit Recht hervorhebt, noch lange nicht vollständig. Der Unterschied zwischen den Dienstpflichtigen und den von Diensten befreiten Stellen war vielmehr ein rein quantitativer, in dem Überwiegen dieser oder jener

[1]) Vinogradoff, Villainage in England. S. 171ff., 178ff., 213ff., 295ff., 306ff., 341ff. Ashley I, 27ff. Petruševsky. S. 274ff.

Leistungen begründeter. Es haben sowohl die den Fronden unterliegenden Bauern daneben einen kleinen Geldzins zu zahlen, als auch die zu Geldleistungen Verpflichteten gewisse Fronden abzuarbeiten. Jedenfalls war schon im 13. Jahrhundert — die Umwandlung der Frondienste in Geldzinse beginnt teilweise bereits im 12. Jahrhundert — der alle seine Naturaldienste ableistende villain eine überaus seltene Erscheinung. Nach Petruševsky „ist es durchaus keine Übertreibung, wenn man behauptet, daß in den damals abgefaßten Cartularien auch nicht ein einziger villain Erwähnung findet, dessen Frondienste nicht wenigstens teilweise durch Geldzahlungen abgelöst worden wären". Hand in Hand damit ging auch die Bewertung der Naturalabgaben in Geld und der Ersatz der in natura abgeführten Erzeugnisse durch Geldzahlungen.[1])

Am ehesten scheinen die geschilderten Vorgänge auf den königlichen Domanialgütern stattgefunden zu haben, wo bereits in der ersten Hälfte des 12. Jahrhunderts, unter Heinrich I., die Naturalabgaben der villains in Geldleistungen umgewandelt worden waren. In dem aus dieser Zeit stammenden „Dialogus de Scaccario" wird erzählt, daß der König, als er über See reiste, um den Aufruhr niederzuwerfen, hierzu erheblicher Geldmittel in Münze bedurfte. Nun geschah es häufig, daß die Bauern ihm entgegenkamen, ihre Pflugscharen in den Händen, zum Zeichen, daß die auf ihnen lastende Verpflichtung, Lebensmittel von ihrem Wohnorte aus nach verschiedenen Orten des Königreiches zu schaffen, zum Niedergang des Ackerbaues führe. Der König willfahrte ihren Bitten und wählte die klügsten und gewissenhaftesten Leute des gesamten Königreichs aus, um die Domanialgüter zu bereisen und die jedem von ihnen auferlegten Lebensmittelabgaben in Geld zu bewerten. Obwohl hier Wahrheit und Dichtung miteinander vermengt sind und es überhaupt unsicher bleibt, ob es sich bloß um die Umwandlung der Naturalzinse und der Fuhrleistungen, oder auch der anderen Dienste handelte, so treten doch die beiden, den Ersatz der Naturalabgaben und -leistungen durch Geldzahlungen veranlassenden Hauptmotive hier klar und deutlich hervor: der Geldbedarf des Königs einerseits, der unproduktive, mit der Ableistung von Diensten verbundene Zeitverlust andrerseits. Dem Beispiele des Königs folgten die Lords, dann auch die Klöster. Allerdings ging die Commutation in den geistlichen Grundherrschaften langsamer vor sich, als in den weltlichen.[2])

Die rasche und weitgehende Umwandlung der Dienste in Geldzinse in England in der dem „Schwarzen Tode" von 1349 vorausgehenden Zeit ist von Rogers besonders hervorgehoben worden.[3]) Andere Forscher haben hingegen auf das Vorhandensein von Diensten noch für die zweite zweite Hälfte des 14., stellenweise sogar für das 15. und den Beginn des

---

[1]) Vinogradoff S. 307, 317ff. Petruševsky S. 285ff. Lipson I, 78ff.

[2]) Stubbs, Select Charters. 8. Aufl., 1905, S. 193. Petruševsky S. 280ff. Rogers, Six Centuries. Deutsche Übers. S. 167.

[3]) Rogers, Hist. of Agr. I, S. 12ff. Ders., Six Centuries. Deutsche Übers. S. 196.

16. Jahrhunderts aufmerksam gemacht. Petit-Dutaillis hält die von Rogers aufgestellte Behauptung, es wären bereits damals von fast allen Bauern anstatt der Dienste Geldzahlungen geleistet worden, für übertrieben; dennoch gibt er zu, daß im Laufe des 13. und zu Beginn des 14. Jahrhunderts die Fronden allmählich in Wegfall kommen[1]). Thomas Page weist auf den bereits früh stattfindenden Ersatz der in der Hütung der herrschaftlichen Viehherden bestehenden Fronarbeit durch gedungene Arbeitskräfte hin; die Hütungspflicht wurde ja nur an bestimmten Tagen abgeleistet, und es erwies sich als unzweckmäßig, die Schweine oder Schafe einem Bauern anzuvertrauen, der sie nur zwei bis drei Tage in der Woche hütete. Auf die Abschaffung dieser Dienste folgte dann auch die Ablösung der Ackerfronden und Fuhrleistungen, und bald waren auf diese Weise alle Spanndienste durch Geld ersetzt, was insbesondere dadurch beschleunigt wurde, daß diese Dienste nur von den vermögenderen Bauern zu leisten waren, die, in der überwiegenden Mehrzahl, bereits vor dem „Schwarzen Tode" von 1349 statt der Frondienste Geldzinse zahlen konnten. Was dagegen die minderbegüterten Villains betrifft, so waren sie ofters nicht imstande, sich vonden ihnen obliegenden Handdiensten loszukaufen. Außerdem bestanden diese Handdienste hauptsächlich in den Mäh- und Erntearbeiten, zu deren Verrichtung zu jener Zeit eine genügende Anzahl freier Arbeitskräfte noch fehlte. Deshalb waren bis um die Mitte des 14. Jahrhunderts die Handdienste nur teilweise durch Geldleistungen ersetzt worden. Unter den ca. 80 Manors, auf die sich die Untersuchungen von Page erstrecken, waren in 40 die Handdienste beinahe in vollem Umfange beibehalten worden, und 21 von ihnen weisen nicht weniger als die Hälfte derselben auf.[2])

Was wir hier für England feststellen konnten, kehrt auch in anderen Ländern wieder. War ja auch dort die Villikationsverfassung zum größeren Teile aufgelöst oder in Auflösung begriffen. So waren auch in Katalonien (insbesondere im 14.—15. Jahrhundert) Naturalzinse wie Dienste durch bestimmte, für „ewige Zeiten" oder für einen unbestimmten Zeitraum festgesetzte Geldzahlungen ersetzt worden. Hierbei wurde gewöhnlich außer der jährlich zu entrichtenden Abgabe noch eine einmalige größere Abfindungssumme gezahlt und eben die Aussicht auf dieses Abstandsgeld muß wohl für den in steter Geldnot befindlichen Grundherrn bei dem Verzicht auf Frondienste ausschlaggebend gewesen sein.[3]) Während hier trotz der Zahlung von Abfindungsgeldern auch ein jährlicher Geldzins auf dem Grundholden lastete, scheint in manchen Teilen Italiens eine vollständige Aufhebung sowohl der Zinse, wie der Dienste erfolgt zu sein. In einer Reihe von italienischen Stadtstaaten werden die Bauern sowohl von den operae oder angaria, als auch von Naturalabgaben

---

[1]) Petit-Dutaillis. (Réville, Einleitung.)

[2]) Page, End of Villainage, pass. Vgl. Brodnitz I, S. 64f. Davenport, A Norfolk Manor. S. 29ff.

[3]) Pisskorski, Die Leibeigenschaft in Katalon. i. M.-A. (1901, russ.) S. 134, 142.

für frei erklärt, wogegen sie in den meisten Fällen eine kapitalisierte Ablösungssumme zu leisten hatten.[1])

In Frankreich (und Belgien) wird bereits im 11. Jahrhundert und sogar noch früher ein Teil der Naturalabgaben in Geld bewertet (porcum unum VI denariorum), und die Ableistung derselben alternativ in natura oder in Geld gestattet (porcum unum aut pro porco V solidos). Später wird die Geldzahlung allgemein und ihre Höhe wird fixiert (certa viginti solidos pro carne et piscibus). Dadurch wird die Erlegung des Grundzinses (cens) von den Bauern im Laufe der Zeit, mit dem fortgesetzten Sinken des Geldwertes, immer weniger als eine Last empfunden. Freilich veranlaßte dies den Grundherrn, dem cens eine ihn ergänzende Abgabe, den surcens, hinzuzufügen. Trotzdem hatte der Grundzins eher die Bedeutung einer Rekognitionsabgabe als einer Last. Empfindlicher war für die Bauernwirtschaft der andere, in Naturalien erhobene Teil des Grundzinses (coutumes), der in der Lieferung von Korn (zu Weihnachten), Eiern (zu Ostern), Kleinvieh und Hühnern bestand, oder auch durch Ablieferung eines bestimmten Teiles der Ernte (campipars, champart), der neunten oder zehnten Garbe ersetzt wurde. In letzterem Falle war es dem Bauern untersagt, sein Getreide einzufahren, ehe der grundherrliche Verwalter den Ernteertrag festgestellt und den an den Grundherrn abzuführenden Teil desselben in seine Speicher gebracht hatte; bis dies geschehen war, mußte das Getreide des Bauern bei Wind und Wetter im Felde liegen bleiben, was ihn um das dem Acker mühsam Abgerungene bringen konnte.[2]) Im 13. und 14. Jahrhundert ist jedoch ein wichtiger Fortschritt zu verzeichnen, da diese beiden Lasten, die coutumes und der noch drückendere champart durch fest bemessene Geldleistungen ersetzt wurden. Überall, im Orléanais wie in der Normandie (12. Jahrhundert), im Languedoc und Roussillon wie im Poitou, in Burgund (13. Jahrhundert), werden sie durch unbedeutende Geldzinse abgelöst: „rentes qui ne croissent ni ne décroissent."[3])

Eine Änderung tritt auch in den Frondiensten ein. Während ursprünglich die ungemessenen Fronden (corvées, prières, preces) vorherrschten, wodurch der Willkür des Grundherrn Tür und Tor geöffnet war (corvéables à merci), verwandelten sie sich später in fest bemessene Dienstleistungen. Die Zahl der Arbeitstage ist durch Herkommen oder auch vertragsmäßig festgesetzt, wobei sie stetig zurückgeht, und zwar sowohl im Süden, im Roussillon, wo sie höchstens acht beträgt, im Languedoc, als auch anderwärts, in der Normandie, in Aquitanien, in

---

[1]) Kowalewsky, Ökonom. Entwickl. IV, Kap. I.

[2]) Son blé remaint de l'autre part
Qui est au vent et à la pluie
Au vilein malement ennui
De son blé qui gist par le champ. (Zit. bei Délisle S. 64.)

[3]) Lamprecht, Franz. Wirtschaftsleb., S. 54. Brutails S. 151, 170. Délisle S. 19, 47ff. Seignobos S. 219. Sée, Bretagne. S. 63. Ders., Champagne. S. 25. Ders., Classes rurales. S. 394ff.

Burgund, wo die Frondienste vier Tage im Jahre nicht übersteigen, bis schließlich die Leistungen bis auf ein—drei Tage im Jahr gekürzt werden. Zuweilen werden die Frondienste sogar gänzlich abgeschafft, so z. B. in Flandern, auf den Domanialgütern des Orléanais, in den zu Ausgang des 12. Jahrhunderts neugegründeten Siedelungen der Champagne. Meist wurde nur die Bittarbeit, sowie die Wach- und Transportdienste beibehalten, während man die übrigen Fronden durch Geldzahlungen ersetzte und (besonders im Weinbau) von gedungenen Arbeitern ausführen ließ.[1])

In Deutschland setzt vom Ausgang des 13. Jahrhunderts, infolge der Teilung der Hufen, auch die Zersplitterung der auf ihnen lastenden Dienste ein, die meist wesentlich gemildert wurden. Die Grundherren zogen es vor, dieselben rechtzeitig durch Geldleistungen (redemptio) abzulösen. Die Auflösung der grundherrlichen Eigenwirtschaft führte auch hier zur Abnahme der drückenden Frondienste. Allerdings war, insbesondere im 14. Jahrhundert, die Erweiterung des herrschaftlichen Grundbesitzes durch Ausbau im Marklande eine neue Veranlassung zur Fronarbeit. Im allgemeinen jedoch weisen die Fronden eine Erleichterung auf; auch werden sie öfters nicht so sehr vom Grund-, als vielmehr vom Gerichtsherrn oder dem Vogt beansprucht. Sie betrugen öfters nicht mehr als zwölf Tage im Jahre und wurden nur als Zug- und Baufronden beibehalten, während die übrigen Arbeiten dem Hausgesinde oder auch mehr oder minder freien Lohnarbeitern übertragen waren.[2]) Dagegen bildet die Abschaffung der Naturalzinse in Deutschland eine verhältnismäßig nur seltene Erscheinung. Doch hatte sich auch hier der Grundzins zu einer fixierten, nach dem Ausmaß des Grund und Bodens bemessenen Abgabe umgewandelt. Diese ewigen „festen Gülten“ wurden in den verschiedensten landwirtschaftlichen, oft auch gewerblichen Erzeugnissen, vor allem in Korn erhoben, wozu noch eine kleine Geldabgabe als Anerkennungsgebühr hinzu kam. Beim Vorhandensein von Spezialkulturen waren außerdem besondere Lieferungen vorgesehen, die selbst im Falle der Umwandlung des eigentlichen Grundzinses zu Geldleistungen auch weiterhin in Naturalien erhoben worden zu sein scheinen. Jedenfalls behielten sich die Grundherren stets das Recht vor, nach ihrem Ermessen den Geld- oder den Naturalzins einzufordern.[3])

Von etwas anderer Art sind die rein persönlich begründeten Freiheitsbeschränkungen und Abgaben, die von der Bevölkerung als „mau-

---

[1]) Sée, Classes rurales. S. 378ff. Boucomont S. 27f. Brutails S. 167. Molinier S. 163. Seignobos S. 205, 285. Délisle S. 77ff., 126. Kowalewsky IV, S. 236ff. Verriest, Le servage. S. 34, 52, 129.

[2]) Lamprecht I, S. 778ff., 782ff., 865. v. Inama III, 1. S. 314, 407ff. Wittich S. 321. Riezler III, S. 795ff. Th. Knapp S. 409. Hagelstange S. 31ff., 36f. Wopfner S. 41, 48. v. Below, Probl. d. Wirtsch. S. 56. Koetzschke, Allg. W. S. 553.

[3]) Lamprecht, D. Wirtsch.-Leb. I, 2. S. 787ff., 795f. v. Inama III, 1. S. 386ff. Riezler III, S. 793. Th. Knapp S. 352ff., 404ff.

vaises coutumes, malas consuetidunes, usos" bezeichnet wurden. Ursprünglich wohl in der Unfreiheit eines Teiles der landwirtschaftlichen Bevölkerung begründet, blieben sie auch später bestehen und wurden auch auf die übrigen Hintersassen ehemals freien Standes ausgedehnt. Doch traten auch hier wichtige Änderungen ein. Naturalleistungen wurden in Geldzahlungen verwandelt, persönliche Beschränkungen in Geldabgaben aufgelöst, wie überhaupt den Bauern größere persönliche Freiheit zugestanden wurde. Manche Pflichten und Zahlungen wurden gänzlich aufgehoben, gegen ein Äquivalent oder auch ohne Ablösung.

An erster Stelle unter diesen Lasten stand der, das Kennzeichen der Unfreiheit darstellende, Kopfzins (chevage, capitatio, capitagium, cavagium) und die taille arbitraire, die der Grundherr nach freiem Ermessen bestimmen konnte. In Deutschland wurde nun der Kopfzins öfters radiziert, zu einer dinglichen, auf der Hofraite oder dem Herd ruhenden Last umgewandelt (fumagium, foagium, Herdpfennig, Rauchhuhn, Rauchhafer). In Frankreich und Belgien wird die capitatio (chevage) aufgehoben und aus der nach Willkür des Herrn erhobenen taille à arbitraire, taille à volonté, taille à merci wird eine feste, auf Grund einer Umlage erhobene Abgabe (taille fixe, abonnée), die ebenfalls oft den Charakter einer Grundabgabe (taille réelle) annimmt. Zuweilen kam allerdings noch eine taille extraordinaire hinzu. In England endlich nahmen die Abgaben dieser Art den Charakter reiner, ganz geringfügiger Anerkennungsgebühren an, die einmal jährlich in Form von Ingwer, von einem Kapaun oder einer Rose dargebracht wurden (tallagium, chevagium).[1]

Noch viel weittragender waren die erheblichen Beschränkungen des Unfreien in der Verfügung über sein Vermögen, die ursprünglich in dem Anrecht des Herrn auf den Anfall des gesamten Nachlasses des Hörigen oder eines Teiles desselben gipfelten. Es war dies in der unbeschränkten Herrschaft des Herrn über den Unfreien begründet, der nicht vermögensfähig war, seinen Besitz nur zu lebenslänglichem Nießbrauch eignete, jedoch kein Verfügungsrecht über denselben besaß. Er konnte ihn weder durch Verkauf oder Schenkung veräußern, noch vermachen. Ebenso hatte er das Recht, Grundstücke außerhalb der Grundherrschaft wohl für den Herrn, nicht aber für sich selber hinzuzuerwerben. Im Laufe der Zeit jedoch trat an Stelle des Heimfalles des gesamten Nachlasses die Überlassung des besten Stückes Vieh aus der Herde des Verstorbenen (Besthaupt, Kurmede, Sterbfall, caput optimum, mortuarium, mainmorte), sowie die Zahlung einer bestimmten Geldsumme, zuweilen auch die Geldleistung allein. Die Befugnis zur Veräußerung des Grundbesitzes, sowie zum Erwerb von Grundstücken wurde durch die Zahlung von Handänderungsgebühren, von Besitzwechselabgaben zugunsten des Herrn erkauft.

---

[1]) Lamprecht, D. Wirtsch. I, S. 799. 1181. Heusler, Instit. I, S. 136. Sée, Cl. rur. S. 177f, 355ff. Verriest, Servage. S. 33, 49ff., 125ff.

In England war formell alles Land innerhalb des Manors Eigentum des Lords, woraus sein Recht folgte, dem villain seine Hufe jederzeit entziehen zu können, wie auch sein Erbrecht auf dessen Vermögen und sein Anrecht auf außerhalb der Grundherrschaft erworbenen Grund und Boden. Nun gehörten aber in Wirklichkeit die Fälle, wo der Grundherr diese Rechte geltend machte, zu den Ausnahmen. Es bildete sich nämlich im Bereiche der Grundherrschaft ein ganz anders geartetes Gewohnheitsrecht aus. Allerdings erkannten die königlichen Gerichte demselben keine bindende Kraft zu. Tatsächlich jedoch waren seine Normen in gleichem Maße sowohl für die Hintersassen, als für den Lord selbst bindend; es wurde dadurch eine eigenartige, die bäuerlichen Besitzrechte sichernde, demnach die Willkür des Lords einschränkende Rechtsordnung geschaffen. Unter dem Deckmantel des Herkommens vollzieht sich der Abschluß von Verträgen unter den Bauern, die Ausbildung von Rechten, die den im freien Verkehr üblichen Verträgen und Rechten analog sind. Die Geltendmachung der grundherrlichen Rechte am Bodenbesitz des villain wird allmählich zu einer leeren Form. Bereits im 13. Jahrhundert kommt die Einziehung von Bauernstellen nur vereinzelt vor. Auch die Befugnis zum Erwerb von Grundstücken außerhalb der Grundherrschaft konnte nunmehr durch die eine bloße Formalität darstellende grundherrliche Genehmigung erlangt werden, bei deren Einholung eine bestimmte Geldsumme zu zahlen war. Nach dem Tode des villain fiel sein Grundbesitz ferner nur für so lange an den Lord heim (in manus domini), als bis der rechtmäßige Erbe des Verstorbenen erschien und unbehelligt das Erbe antrat, das „nach Brauch und Herkommen" ihm zu Erbrecht gehörte. Von der nachgelassenen Fahrhabe des villain hatte der Lord nur einen bestimmten, meist unbedeutenden Teil zu beanspruchen, das heriot (herietum). Ursprünglich wurde allerdings beim Tode des villain beinahe die gesamte Fahrniß vom Lord eingezogen, so „alle Pferde, alle Bienen, alle Schweine, außer einem einzigen, alle wollenen Gewänder, alles bessere Hornvieh, ein Kessel". Später erhielt der Lord bloß das beste Stück Vieh; besaß der Verstorbene kein Vieh, so ging der Lord leer aus. Noch häufiger wurde das in natura erhobene Heriet durch eine Geldzahlung ersetzt, die die gleiche Bezeichnung führte. Endlich kam es häufig vor, daß ein Bauer Grund und Boden an einen andern Bauern desselben Manors verpachtete. Diese Bauernpacht fand im 13. Jahrhundert weite Verbreitung. Während anfänglich beim Abschluß derartiger Pachtgeschäfte der bisherige Inhaber vollständig ausgeschaltet war und der Grund und Boden formell an den Grundherrn zurückfiel, von dem er dann an den Pächter vergeben wurde, erfolgte hierin später eine bedeutsame Änderung: der derzeitige Inhaber des abhängigen Gutes brauchte nur beim Herrn um die Genehmigung zur Verpachtung desselben für eine bestimmte Frist nachzusuchen, und diese Genehmigung wurde gegen Zahlung einer Geldsumme erteilt. Der das Gut verpachtende Bauer wurde folglich nunmehr als der eigentliche Eigentümer desselben angesprochen, der auch nach der Verpachtung seine Rechte am Grundstück beibehielt und, falls der Pächter die Bestimmungen des Pachtvertrages verletzte, vor Gericht eine Klage anstrengen konnte.[1])

In Frankreich wurde der Sterbfall, die main-morte (in Spanien intestia oder exorchia genannt), der Anspruch des Seigneurs auf den Heimfall des Besitzes beim Ableben des Unfreien bereits im 13. Jahrhundert öfters dahin abgeändert, daß das Erbe an die Kinder des Verstorbenen fiel, und zwar nicht nur in dem Falle, wo sie in einer Hausgemeinschaft zusammenlebten, sondern auch dann, wenn sie eine gesonderte Haushaltung führten. Der Seigneur aber erhielt das beste Stück Vieh (im Hennegau bezeichnet als meilleur catel, im Brabant als halve-have, in anderen Teilen Belgiens Kurmede genannt), oder das wertvollste Schmuckstück des Nachlasses, und erhob bestimmte Geldabgaben (relief, relevium). Dem Bauern war demnach ein erbliches Besitzrecht am Grund und Boden zuerkannt worden. Nur beim Fehlen direkter Leibeserben gehörte der Nachlaß dem Seigneur. Auch die Veräußerung des Grund und Bodens unter Lebenden wurde bloß von der Zahlung einer durch das Herkommen fixierten, meist einen bestimmten Prozentsatz (6 bis 10) des Wertes betragenden Geldsumme abhängig gemacht (lods et ventes).[2])

In Deutschland verwandelte sich der, ursprünglich die gesamte Habe (so noch 1320 in Minden, 1329 in Bremen) oder wenigstens einen beträchtlichen Teil derselben (in Westfalen im 14. Jahrhundert zuweilen die Hälfte) umfassende Sterbfall (auch Kurmede, Bahrenrecht, Toder, Optimale, manus mortua, mortuarium genannt), wie auch die übrigen, bei Besitzwechsel erhobenen Abgaben (Empfängnis, Vorhure) zu dinglichen Lasten, die auf dem Bauerngute ruhten und von jedem, selbst dem kleinsten Teile desselben zu leisten waren, sogar wenn er so klein war, „daß nur ein Dreifuß darauf Platz finden konnte“. Der Sterbfall wird abgelöst durch die Ablieferung des besten (Besthaupt) oder des nächstbesten Stückes Vieh. Häufig geschah dies in der Weise, daß der herrschaftliche Knecht durch den Stall zu gehen und, mit dem Rücken gegen das Vieh gewandt, irgendein Stück desselben mit einem Stab zu berühren hatte. Statt des besten Stückes Vieh (oder auch außerdem) wurde öfters das beste Kleid abgeliefert, zuweilen auch „all sein Gewand, so wie er zu Markt und zu Ding zu reiten pflegte.“[3]) Doch selbst in dieser Form galt die Kurmede (die öfters nicht bloß dem Grundherrn, sondern auch dem Gerichtsherrn zu leisten war), bereits im 13. Jahrhundert als eine unwürdige Leistung, als Raub einer Sache, die der Herr dem rechtmäßigen Besitzer nach Fug und Recht zurückerstatten müßte. Besthaupt und Kleiderfall wurden denn auch öfters zu einer Geldabgabe umgewandelt;

---

[1]) Petruševsky S. 227ff., 248ff., 362ff.

[2]) Sée, Les classes rurales. S. 178, 387ff. Ders., Bretagne. S. 65. Délisle S. 2, 19, 67. Bloch S. 30ff. Molinier S. 156. Darmstädter S. 217. Verriest S. 33, 56, 117ff. Brissaud, Hist. géner. du droit fr. S. 764.

[3]) Koetzschke, Werden. S. 94.

zuweilen wurde die Leistung ganz illusorisch, hatte nur noch einen symbolischen Charakter. Der Schultheis soll, nach des Mannes Tode, der Frau einen dreistempligen Stuhl nehmen und ihn auf ihrem Hofe verbrennen.[1])

Im Zusammenhang hiermit ändern sich auch sonst die vermögensrechtlichen Verhältnisse der deutschen Bauern. Die günstigeren Besitzrechte, das Erblehen (Erbzinsleihe) überwiegen in manchen Gegenden, wenn freilich daneben auch Fallehen (auf Lebenszeit des Empfängers verliehen) und Neustift (auf Lebenszeit des Grundherrn) noch immer nicht fehlten, ja auch Verleihungen zu Herrendienst oder Freistift (Kellerlehen), wo dem Bauern jedes Jahr aufgekündigt werden konnte, zuweilen vorkamen. Jedenfalls ist eine Tendenz bemerkbar, die Zeitpacht (die auf 3 bis 9, auf 12 bis 15 und mehr Jahre festgesetzt wurde) in Erbpacht zu verwandeln, wenigstens dem Erben das Gut doch wieder zu verleihen. Der Grundsatz: was der Leibeigene erwirbt, erwirbt er seinem Herrn, verliert immer mehr an Boden. Die vom Leibeigenen zu Lebzeiten an sich gebrachten Grundstücke gehen nun auch an seine Erben über. Mit Zustimmung des Grundherrn kann er sein Gut selbst außerhalb des Kreises der Genossen veräußern. Die ursprünglichen Eigentumsrechte des Herrn werden dann noch weiter zurückgedrängt, denn auch sein Zustimmungsrecht wandelt sich in ein bloßes Vorkaufsrecht um, oder auch dieses fällt fort, und der Herr behält nur das Recht auf eine Quote der Verkaufssumme.[2])

Der Unfreie war ursprünglich auch in der Begründung einer Familie beschränkt. Er mußte die Heiratserlaubnis des Herrn einholen, was mit der Entrichtung einer Heiratsabgabe (licentia maritandi, maritagium, formariage, merchetum) verknüpft war. Eine Besserung tritt jedoch auch hier bald ein. Sie äußert sich darin, daß die Zustimmung des Herrn fortfällt und nunmehr nur die Leistung einer Geldzahlung erforderlich ist, die öfters auch nur dann fällig ist, wenn es sich um die Heirat eines Grundholden außerhalb der Grundherrschaft handelt. In diesem Falle konnte ja für den Herrn ein Verlust an Personen und Besitz eintreten. Doch durch Verträge der Grundherren über gegenseitigen freien Zug (intercursus, Unterzug) werden Ehen zwischen Grundholden verschiedener Herren möglich gemacht, was Ansätze zu einer gewissen Freizügigkeit bedeutete. Endlich kommt die Heiratsabgabe zuweilen

---

[1]) Lamprecht, D. Wirtsch.-L. I, 2. S. 1182ff. Waitz V, 2. Aufl., S. 266ff. v. Inama III, 1. S. 231, 390. Wittich S. 223, 322. Heusler, Instit. I, S. 137ff. Hesse S. 16f. Wopfner S. 48. Riezler III, S. 789f. Hagelstange S. 23f. Th. Knapp S. 342ff., 402, 413f., 445. v. Below, Probl. d. Wirtsch.-G. S. 58. Stutz, Zweitbesthaupt. Z. d. Sav.-St. S. 53. Koetzschke, Allg. Wirtsch. S. 553. Vgl. Brunner, Zur Gesch. d. ältesten deutsch. Erbschaftssteuer. (Festschrift der Berl. jurist. Fak. für v. Martitz.) 1911.

[2]) Th. Knapp, Beitr. S. 349, 396ff. v. Below, Probl. d. Wirtsch. S. 59f. Lamprecht, Deutsch. Wirtsch.-L. I, 2. S. 1193f. v. Inama III, 1. S. 208ff. Heusler, Instit. I, S. 136.

vollständig in Wegfall; sie wird durch eine einmalige Abfindung abgelöst.[1])

Die Frage, ob die Heiratsgebühr mit dem ursprünglichen jus primae noctis im Zusammenhang steht und dieses Recht später durch Zahlungen ersetzt worden ist, ist strittig. Während die älteren Forscher[2]) diese Auffassung vertraten, hat Karl Schmidt das Bestehen dieses Rechtes überhaupt vollständig in Abrede gestellt, und die neueren Schriftsteller betrachten die Heiratsabgabe nicht mehr als Überrest des berüchtigten Rechtes des Herrn auf die Neuvermählte. Bei dem heutigen Stande der Forschung dürfte es wohl schwer sein, zu entscheiden, welche Ansicht die richtigere ist. Doch möchten wir auf einige Momente hinweisen, die den Zusammenhang zwischen beiden Einrichtungen andeuten könnten. So die späteren Bräuche, wonach der Herr über das Bett der Neuvermählten schreitet oder ein Bein in ihr Bett legt — jus coxae locandae, droit de jambage; ferner die Bezeichnungen der Heiratsabgabe als redemptio sanguinis, merchet pro carne et sanguine (in England), cullage (payer le cullage de mariage in Frankreich), firma di spoli forzada (in Spanien), Jungfernzins, Hemdschilling (in Deutschland), selbst cunnagium. Nicht zu übersehen sind Entscheidungen wie in der Guyenne von 1318, wo die Neuvermählte geradezu gezwungen wird, gegebenenfalls dem Wunsche des Herrn, sein Recht in natura auszuüben, nachzukommen[3]); oder auch Alternativbestimmungen, wie die in der Normandie 1419: ou je puis et douois sil me plaist, aller couchier avecque l'espousée, en cas ou son mary ou personne de par lui ne me paieroit usw.[4]) Abgesehen vom ersten Falle ist es doch auch im zweiten Falle, wo dem Manne die Wahl gelassen wird, kaum angebracht, die Forderung, die Neuvermählte dem Herrn zu überlassen, als einen Scherz aufzufassen, wie dies Schmidt tut, als ein Mittel, den Mann zur prompten Zahlung zu bewegen, da man ja doch, wie Schmidt ausführt, nicht im Zweifel darüber sein könne, daß er es vorziehen wird, die Abgabe zu entrichten, als sich der Schmach zu unterwerfen.[5]) Scheinen doch die obenangeführten mannigfachen Bezeichnungen der Heiratsabgabe, wie die erwähnten symbolischen Handlungen, auf etwas anderes hinzudeuten. Auch konnte ja der Leibeigene bei seiner prekären Vermögenslage recht wohl außerstande sein, die Geldzahlung zu leisten, oder dieselbe als zu drückend für seine Wirtschaft betrachten. In beiden Fällen war er gezwungen, der Ableistung seiner Pflicht in natura sich zu fügen, was er vielleicht gar nicht als so entwürdigend empfand, wie dies Schmidt meint, der von den sittlichen Begriffen der Gegenwart ausgeht.[6]) Die Auffassung jener Zeit konnte eben eine ganz andere sein, als die gegenwärtig in sexuellen Fragen herrschenden Anschauungen.[7])

Außer den genannten gab es noch eine Reihe anderer Lasten des Grundholden, so seine Verpflichtung, mit dem Dünger seines Viehs die Felder des Herrn zu düngen (Pferchrecht), sein Korn auf der herrschaftlichen Mühle zu mahlen, die herrschaftliche Presse zum Weinkeltern

---

[1]) Lamprecht, Deutsch. Wirtsch. I, S. 1203ff. Ders., Franz. Wirtsch.-L. S. 226. Riezler III, S. 788. Heusler, Instit. I, 143ff. Th. Knapp, S. 354, 413. Hesse S. 15. v. Below S. 57. Bonnemère I, S. 77ff. Délisle S. 69, 72ff. Sée, Cl. rur. S. 181ff. Bloch S. 30. Luchaire, Manuel S. 301ff. Verriest S. 37, 65.

[2]) Die Liste bei Karl Schmidt, Ius primae noctis. 1881.

[3]) Bonnemère I, S. 74.

[4]) Délisle 2. Aufl., S. 75.

[5]) Schmidt S. 254.

[6]) Das. S. 52.

[7]) Siehe darüber Haeser, Gesch. der Medizin III, S. 224. Maurer, Gesch. der Städteverfassung II, S. 110, insbes. aber Kriegk, Deutsch. Bürgertum im Mittelalter, S. 319 u. sonst.

zu benutzen (Bannrechte), die Pflicht der Speisung des Herrn und seines Gesindes, wenn er auf den Bauernhof kam (droit de gîte). Die Beherbergungspflicht wurde im Laufe der Zeit geregelt. Es wurde genau festgelegt, wie oft im Laufe des Jahres der Herr kommen durfte und wer mitgebracht werden konnte („Selbdritt mit zweien Winden und einem Vogelhund" a. 1488). Zuweilen wird diese Naturalabgabe durch geringfügige Geldleistungen abgelöst.[1])

Kapitel 10.

Wodurch sind die Zugeständnisse der Grundherren veranlaßt worden?

Bereits oben (Kap. 8) sind von uns zwei Reihen von Tatsachen hervorgehoben worden, die zur Minderung der bäuerlichen Lasten im Hoch- und Spätmittelalter geführt haben. Es waren dies einmal die Auflösung der Villikationsverfassung, andrerseits der Übergang zur Geld- und Tauschwirtschaft. Namentlich ist hier zu berüsksichtigen, daß für die, stets tief in Geldnöten steckenden Feudalherren sich die verlockende Gelegenheit bot, als Ablösung für manche Leistungen ihrer Grundholden eine größere Summe (die in Frankreich häufig 1300, 3200, 4850 Livres betrug) zu erhalten. Es ist daher nur zu begreiflich, daß der am meisten Geldbedürftige unter den Machthabern, der König (s. unter Kapitel Kreditwesen) hierin stets den anderen voranging. Doch sind daneben noch andere Ursachen zu erwähnen, die den Übergang von der soviel härteren Leibeigenschaft zur viel milderen Hörigkeit und zu besseren Besitzformen nicht nur ermöglichten, sondern auch notwendig machten.

Es muß hier vor allem einerseits das Vorhandensein ausgedehnter Ödländereien, andrerseits die geringe Dichte und langsame Zunahme der Bevölkerung betont werden. Wie in England (insbesondere in den nördlichen Landesteilen), so waren auch in Frankreich große Bodenflächen vorhanden, die durch Trockenlegung von Morästen, durch Rodungen und Ausrottung der auf ihnen hausenden Raubtiere zu Ackerland umgewandelt werden konnten. Solche Urbarmachungen haben denn auch wirklich von 1200 bis 1350 einen größeren Umfang angenommen. Noch ausgedehnter waren die wüstliegenden Bodenflächen, die nach den nördlichen Bezirken Flanderns, Brabants und Hennegaus neue Landsiedler herbeilockten. Bereits früh begann hier die Rodung weiter Ödländereien (solitudines); noch größere Bodenflächen — die Polders — wurden der See und den Sümpfen abgerungen, indem man Deiche und Dämme zum Schutz gegen die Meereswellen errichtete.[2]) Die flandrischen, zee-

---

[1]) Th. Knapp S. 408. Brodnitz I, S. 38. Sée, Classes rurales. S. 363.

[2]) Pirenne, Gesch. Belgiens I, S. 157ff., 328ff. D'Avenel I, S. 272. Flach, Origines II, S. 139ff. Sée, Cl. rur. S. 224ff. Ders., Bretagne. S. 43f. Verriest, S. 20f. Brants S. 108ff. Duvivier, Hospites. Défrichements en Europe et spécialement dans nos contrées aux XI, XII et XIII s. (Rev. d'hist. et d'archéol. I).

ländischen und friesländischen Siedler verwerteten dann ihre im unablässigen Kampfe mit der harten Natur gestählte Energie und Zähigkeit, indem sie nach der Kolonisierung des Bremer Gebietes und Holsteins noch weiter ostwärts drangen, um in Thüringen, Sachsen, der Lausitz, ferner in Brandenburg, Mecklenburg und Lauenburg umfangreiche Ländereien trocken zu legen und zu roden. Auch an den Ostseeküsten, sowie in Böhmen, wurden von ihnen Siedlungen angelegt. Die ersten Kolonisten, die ihre Herren verlassen und sich hier angesiedelt hatten, erlangten dadurch ein größeres Maß persönlicher Freiheit. Die Anerkennung des „flämischen Rechts" galt allerorten als eine bedeutende Verbesserung der Rechtslage der Bauernschaft. In größerem Umfange wurden von ihnen Moräste trocken gelegt und Deiche errichtet. Spuren dieser ihrer Tätigkeit lassen sich, z. B. in Brandenburg, noch heutzutage feststellen. Auch führten sie intensivere Wirtschaftssysteme, den Wiesenbau, ein und vervollkommneten die Viehzucht, indem sie Meiereien (voccarie) und Schäfereien (berquerie) einrichteten.

Den Flämen und Holländern folgten in dem Zuge nach Osten die deutschen Ansiedler. Von Sachsen und Thüringern wurde das Gebiet zwischen Elbe und Saale besiedelt; nach Brandenburg, Mecklenburg und der Lausitz wanderten sächsische und westfälische Bauern aus, nach den Alpen- und Donauländern (Böhmen, Mähren, Schlesien, Tirol) zogen die Einwohner Bayerns und der Rheinlande. Es wird in den Quellen öfters direkt gesagt, daß die schwer auf dem Bauernstande lastenden Dienste und Abgaben es waren, die sie an den Rand des Elends gestürzt und zum Verlassen der Heimat, der väterlichen Scholle bewogen haben (1102), daß die Willkür und Härte der Grundherren die Bauern veranlaßte, ihren Grund und Boden aufzugeben und fremde Länder aufzusuchen (Urk. v. 1141, 1146, 1183 u. a.). Die östlichen Gebiete lockten die Grundholden durch günstige Bedingungen der Bodenleihe an; die Grundstücke wurden den Kolonisten zu Erbzinsleihe verliehen (jure hereditario possidere), als Entgelt für die von ihnen auf denselben vollzogenen Rodungen und Urbarmachungen.[1]) Der Grundzins war fixiert und nicht hoch, der Bauer besaß hier mehr persönliche Freiheit, vor allem Freizügigkeit, die ja im Wesen der Kolonisierung selbst begründet war.[2]) Die im 12. Jahrhundert begonnene Besiedelung der fremden, vornehmlich der slavischen Gebiete durch die germanische Bevölkerung nahm drei Jahrhunderte lang (das 12., 13. und 14. hindurch) ihren Fortgang.

---

[1]) Ut de nemore fiat novale et ut terra inaedificata aedificetur et de non vineata vineata fiat et, ut in summa dicam, ut melioretur. (Arnold, Ansiedelungen. S. 544ff.) Quod sede incerta raro studiosus reperitur agricola, terrae possessoribus possessionem ipsius perpetuavimus — heißt es in einer Urkunde von 1165. (Schulze, Kolonisierung und Germanisierung. S. 167.)

[2]) A. 1180. Quicunque paludem inhabitare voluerint, liberim habebunt exitum et introitum et pacem in rebus et personis. (Schmidt, Urkundenbuch des Hochstifts Halberstadt I, n. 308.)

Im 12. bis 13. Jahrhundert war das heutige Tirol bereits bis zu den Grenzen des venezianischen Gebietes, bis Verona und Vicenza von Deutschen kolonisiert worden. Bis zum 14. Jahrhundert fanden regelmäßige Abwanderungen deutscher Siedler nach Tirol statt. Auch die, gleichfalls im 12. bis 13. Jahrhundert stattfindende, Kolonisierung Böhmens führte dazu, daß bereits zu Ausgang des 14. Jahrhunderts die Grenzgebiete Böhmens und Mährens ein vollkommen deutsches Gepräge aufwiesen. Die Besiedelung Mecklenburgs hatte bereits im 12. Jahrhundert, die Brandenburgs im 13. Jahrhundert ihren Abschluß gefunden. Die anscheinend 1143 begonnene Kolonisierung Brandenburgs griff dann weiter auf die Lausitz, das Meißner Gebiet, Ostthüringen und Ostholstein über, sowie auf das im 13. Jahrhundert besiedelte Pommern. Darauf wurde Schlesien kolonisiert; bis 1350 waren hier gegen 1500 neue Siedelungen entstanden, die von ungefähr 150—180000, aus verschiedenenen Landgebieten Altdeutschlands stammenden Einwanderern bewohnt waren. Auch Posen wurde im 13. und 14. Jahrhundert kolonisiert. Bis ins 14. Jahrhundert hinein dauerte die Landnahme der zwischen Elbe und Saale gelegenen Landgebiete durch deutsche Bauern fort. Erst vom Ausgang des 14. Jahrhunderts an wurde die, die Interessen der Grundherren Altdeutschlands gefährdende Abwanderung nach den neugewonnenen Landgebieten eingestellt.[1])

Der in verschiedenen Ländern durch die Abwanderung der Einwohner nach anderen Gebieten, wo sie größere persönliche Freiheit und bessere Besitzrechte erhielten, verursachte Bevölkerungsrückgang wurde durch den natürlichen Zuwachs derselben keineswegs ausgeglichen. Der Grund hierfür lag in der überaus hohen Sterblichkeit. So sind in England im Laufe des 13. Jahrhunderts eine Reihe von Pestepidemien und Hungersnöten zu verzeichnen (1201, 1247, 1257, 1258, 1259, 1271, 1294), noch häufiger waren sie im vorhergehenden Jahrhundert. In Deutschland fallen in die Periode 1326 bis 1400 32 Jahre, wo Epidemien wüteten. Am verheerendsten war der „Schwarze Tod", die „internationale Pestepidemie", die Europa von 1347 bis 1350 heimsuchte. Ihr Herd war Ostasien, von dort aus breitete sie sich nach dem Kaspischen und Schwarzen Meere aus, nach Syrien und Kleinasien. Zu Ausgang des Jahres 1346 hatte sie bereits den größeren Teil Südosteuropas erfaßt. Aus Syrien und Konstantinopel wurde die Seuche durch die aus dem Morgenlande heimkehrenden Handelsschiffe nach den Handelsstädten der Mittelmeerküsten verschleppt, nach Messina, Genua, Amalfi. Nicht lange währte es, so hatte die Seuche (zu Ausgang des Jahres 1347 und zu Anfang des Jahres 1348) die Küsten Italiens, Spaniens, Frankreichs ergriffen; im August 1348 wurden auch die Handelshäfen Englands von ihr heimgesucht. Von den Hafenstädten und Küstenstrichen aus griff sie weiter im Binnenlande um sich, zunächst in Italien (um die Mitte des Jahres 1348), dann in West- und Mitteleuropa, in Frankreich (1349), auch in England, wo sie zu Anfang Januar 1349 in Norwich ausbrach (bereits im vorhergehenden November waren in London Pestfälle vorgekommen) und darauf nach

---

[1]) Hasse, Besiedelung des deutsch. Volksbodens. S. 19—55, 74ff. Pirenne I, S. 160f. Großmann, Gutsherrl.-bäuerl. Verh. Brandenburgs. S. 7. v. Inama III, 1. S. 1—19. Behre, Gesch. der brand.-preuß. Statistik. Abschn. I. Brants S. 44ff. Schulze, Kolonisierung und Germanisierung. S. 122ff. Dessmann, Gesch. der schles. Agrarverfassung. S. 14ff. Koetzschke, Quellen zur Gesch. der ostdeutschen Kolonis. (1912.)

Norden zog, um erst im Herbste des folgenden Jahres ihr Ende zu nehmen. In Tirol und Bayern brach der schwarze Tod schon 1348 aus, 1349 erschien er in Wien, erreichte jedoch Regensburg erst zu Anfang des nächsten Jahres[1]).

Furchtbar waren die Folgen der Pest. „Damit das von mir Geschriebene nicht mit dem Schreiber zusammen vernichtet werde — schreibt ein irländischer Mönch — und das Werk nicht mit dem, der es vollbracht hat, zugrunde gehe, lasse ich mein Pergament zur Fortsetzung für den Fall, daß jemand von Adams Geschlecht diesem Sterben entgehen sollte und die von mir begonnene Arbeit weiterführen wollte." Starben doch ganze Dörfer und Flecken aus, übertrafen doch die durch die Epidemie angerichteten Verheerungen alles bisher Dagewesene. Die von Angst und Schrecken (obwohl sie schon manches große Sterben miterlebt hatten) überwältigten Annalisten behaupteten, von je zehn Menschen hätte nur einer diese furchtbare Seuche überlebt (vix decima pars hominum fuisset relicta ad vitam).[2])[3]) Diese Annahme ist freilich übertrieben. Doch kommen die Wirtschaftshistoriker darin überein, daß die Pest in Westeuropa nicht weniger als ein Drittel, in Frankreich und England wohl einen noch größeren Teil der Bevölkerung dahingerafft hat.[4]) Nach Rogers hätte daher die Bevölkerungszahl Englands bis ins 16. Jahrhundert hinein jene Höhe nicht überschritten, die sie bereits zu Anfang des 14. Jahrhunderts erreicht hatte.[5]) Auch in Frankreich soll, nach Levasseur, der bereits vom 11. Jahrhundert an einsetzende, bedeutende Bevölkerungszuwachs seit Mitte des 14. Jahrhunderts durch einen Rückgang

---

[1]) Haeser, Gesch. der Medizin III, 3. Aufl. Die epidemischen Krankheiten (1882). S. 91ff., 121ff., 175ff. Kowalewsky V, Kap. 5.

[2]) Creighton, A History of Epidemies in Britain (1891). S. 115. Petruševsky S. 378f. Vivier (Rev. d'hist. écon. 1920).

[3]) En l'an mil trois cent quarante-neuf
De cent ne demeuroit que neuf.
(Denifle, La désolation des églises etc. en France pendant les guerre de cent ans. II, S. 58ff. 1899.) Wie groß die Übertreibungen waren, ersieht man z. B. aus der Behauptung, in Rouen wären 100000 Menschen gestorben (Denifle II, S. 58), während die Stadt wohl nicht mehr als den zehnten Teil davon gezählt haben kann.

[4]) Nach Rogers, The Economic Interpretation of History, S. 22, und England before and after the Black Death (Fortnightly Review II, S. 191ff.) und Seebohm, The Black Death (Fortnightly Review II, S. 199ff., 268ff.) und The population of England before the Black Death (das. IV, S. 87) wäre in England die Hälfte der Bevölkerung an der Pest zugrunde gegangen; dies nehmen an auch Creighton (History of Epidemies in Britain), Gasquet (The Great Pestilence. 1893), Cunningham, Petruševsky S. 381. Nach Kowalewsky schwankte die Zahl der Opfer zwischen einem Drittel und der Hälfte der Gesamtbevölkerung. Bereits Froissart behauptete, der dritte Teil der Bevölkerung sei dahingerafft worden.

[5]) Seebohm (Fortnightly Review II, S. 149ff., IV, S. 87ff.) und Kowalewsky (V 400ff.) nehmen für England sowohl für die dem „Schwarzen Tode" unmittelbar vorhergehende Periode, als auch ein Jahrhundert später, die gleiche Bevölkerungszahl an — nämlich 4—5 Millionen, während der dem „Schwarzen Tode" unmittelbar folgende Zeitraum einen vorübergehenden starken Rückgang bis auf 2—2½ Millionen aufweisen soll.

abgelöst worden sein, so daß auch Frankreich noch zu Ausgang des 16. Jahrhunderts eine geringere Bevölkerungszahl aufwies, als in der dem „Schwarzen Tode“ unmittelbar vorausgehenden Periode.[1])

In aller Herren Ländern trat als Folgewirkung des Aussterbens ganzer Dörfer eine Periode der Verödung ein: Ackerfluren bedeckten sich von neuem mit Wald, die erblosen Bauerngüter fielen massenweise an den Grundherrn zurück. „Nun versiegten die Einkünfte und aus Mangel an Ackerbauern blieben die Fluren unbestellt“[2]), bemerkt der englische Chronist. Da es oft schwer genug fiel, Leute zur Übernahme der verödeten Stellen zu gewinnen, sah sich der Lord genötigt, denjenigen, die sich hierzu bereit erklärten, weitgehende Zugeständnisse zu machen. Vor allem mußte er die Ablösung der Fronden durch Geldleistungen bewilligen; soweit die Frondienste sich überhaupt noch erhalten hatten, wurden sie durch Geldsummen ersetzt, die häufig geringer waren, als dies vor dem „Schwarzen Tode“ üblich war.[3]) Daneben führte der enorme Bevölkerungsrückgang, verbunden mit der Umwandlung zahlreicher Landarbeiter zu Pächtern, die zudem von Frondiensten befreit waren, zu einer Verdoppelung, ja Verdreifachung der vordem gezahlten Arbeitslöhne. Es herrscht in allen Berufen ein Mangel an Arbeitskräften, wie man ihn sich ehedem gar nicht hätte denken können, klagen die Zeitgenossen. „Die Arbeiter, Handwerker und Dienstleute sind seitdem viel arglistiger und heimtückischer geworden, als sie es früher waren,“ fügen sie mit Entrüstung hinzu.[4]) Die dem „Schwarzen Tode“ unmittelbar nachfolgende Periode wird in allen Ländern West- und Mitteleuropas durch den Erlaß zahlreicher Lohntaxen charakterisiert, auf deren Übertretung schwere Strafen, sowohl für Arbeitgeber als für Arbeitnehmer, angesetzt waren. Den Landarbeitern wurde öfters auch die Abwanderung nach den Städten verboten; die bereits Weggezogenen aber sollten auf das platte Land zurückkehren und dort die sich ihnen bietende Arbeitsgelegenheit benutzen.[5])

---

[1]) Zu Ausgang des 16. Jahrhunderts 14 Millionen, unmittelbar vor dem „Schwarzen Tode“ (nach Levasseur) 20 bis 28 Millionen, nach Baudrillart und Martin 25 Millionen, nach Durautde la Malle 34 Millionen. (Vgl. Kowalewsky V. Für Belgien s. Wauters, Bullet. de l'Acad. roy. de Belg. 3e sér. III, 1882. Pirenne II, S. 517f.)

Nach der Anzahl der Herdstellen in Brabant zu schließen (1435, 1464, 1472, 1492) setzte sich der Bevölkerungsrückgang auch im 15. Jahrhundert fort, und zwar vorerst langsam, um dann zu Ausgang des Jahrhunderts ein rascheres Tempo anzunehmen.

[2]) Petruševsky S. 386f.

[3]) So ermäßigte der „Schwarze Prinz“ den von den Hintersassen gezahlten Zins um ein Viertel, „auf daß sie nicht verarmen und ihre Höfe nicht verlassen“. Trotzdem wird noch 1352 von den Zinseinnehmern gemeldet, die Bauernstellen stünden zum großen Teil leer, da es unmöglich sei, Leute zu finden, die zur Übernahme der freigewordenen Bauernstellen bereit wären (s. Granat S. 137).

[4]) Creighton, Hist. of Epidemies. S. 115. Petruševski S. 379.

[5]) Kowalewsky V, Kap. 5ff.

Auch die Kriege jener Zeit verminderten die Bevölkerungszahl, insbesondere war es der Hundertjährige Krieg, der seinen Namen vollauf verdient hat, da er im allgemeinen 112 Jahre und fast nirgends weniger als 80 Jahre gedauert hat. Fast ganz Frankreich ist von den Feinden stark verwüstet worden. Mit fast unglaublicher Schnelligkeit warfen sich die Räuberbanden von einem Ort zum andern, und wenn die Bevölkerung etwas Ruhe zu haben glaubte, mußte sie sich doch bald wiederum davon überzeugen, daß Brand, Raub, Mord, Wegnahme der Ernte und des Viehs noch lange nicht ihr Ende genommen hatten. Der Krieg brachte mit sich Pest und andere Epidemien, Mißernten und Teuerung, die ebenfalls die Bevölkerung dezimierten. 1358 kam noch die unter dem Namen „Jacquerie" bekannte Bauernrevolte hinzu. Ich glaube nicht, sagt Dénifle, der in zwei starken Bänden die Verheerungen des Hundertjährigen Krieges in den einzelnen Gegenden Frankreichs ausführlich behandelt hat, daß es in Frankreich im 14. Jahrhundert auch nur eine Kirche, ein Kloster, eine geistliche Anstalt gegeben hat, die nicht zerstört worden wäre oder wenigstens nicht eine Verheerung ihrer Güter, den Raub ihrer Mobilien oder eine Verminderung ihrer Einkünfte zu beklagen hätte. Kein einziger Ort war verschont worden. Zahlreiche Gegenden wurden vom Feinde sechs- bis zehnmal heimgesucht, manche, insbesondere im Süden gelegene, verließ er während der ganzen Zeit überhaupt nicht. Die städtische Bevölkerung war so sehr herabgegangen, daß sie die Lösungssumme für den König Johann, die innerhalb sechs Jahren zu zahlen war, nicht aufzubringen vermochte. Nun beruhen unsere Kenntnisse von den vom Kriege angerichteten Schäden freilich teilweise auf den Angaben der geistlichen Stiftungen selbst, die sich an den Papst zum Erlaß des Zehnts wandten, worauf gewöhnlich verordnet wurde „detrahatur quia impotens". Obwohl dieselben demnach Grund hatten, ihre Verluste möglichst groß erscheinen zu lassen, so folgt doch aus der überaus großen Zahl von Gegenden, die außerstande waren, den Zehnt abzuliefern, daß die Verheerungen, Menschenverluste und Abwanderungen überaus groß gewesen sein müssen.[1])

Zu alledem kam noch das Aufkommen der Städte hinzu, das ebenfalls den Grundholden in eine günstige Stellung versetzte. Durch den Aufenthalt in der Stadt während einer bestimmten Zeit — gewöhnlich binnen Jahr und Tag, zuweilen auch schon nach Ablauf einer kürzeren Frist — erlangte der Bauer die persönliche Freiheit. Es war gleichsam, als befreie die Stadtluft von der Unfreiheit. „Stadtluft macht frei", dies ist der wichtigste Grundsatz des Stadtrechts, der zu dem, in der Grundherrschaft verkörperten Satz „Luft macht eigen" oder „nulle terre sans seigneur" im Gegensatz steht. Wollte der Herr vor Ablauf der Frist seinen Bauern reklamieren, so mußte er den meist langwierigen und schwierigen Beweis seiner Abhängigkeit antreten, die Tatsache seiner Gebürtigkeit im Bereiche der Grundherrschaft erweisen, und zwar mangels schriftlicher Zeugnisse durch Zeugen, deren Herbeischaffung mit mancherlei Schwierigkeiten verbunden war.[2]) Es genügte demnach für den Unfreien, irgend eine der im 12. und den nachfolgenden Jahrhunderten so zahlreich entstandenen Städte zu er-

[1]) Dénifle, La désolation des églises, monastères et hôpitaux en France pendant la guerre de cents ans, T. I—II pass., insbes. II, S. 1ff., 592ff., 598ff., 603ff., 611ff., 637ff., 647ff., 765ff.

[2]) Sie mußten zum selben Stande wie der Betreffende gehören, oft seine nächsten Verwandten sein, ihre Anzahl war auf 2 bis 5 und mehr angesetzt (Verriest S. 104f.). Verriest hat in den Akten von Hainaut 19 Fälle vorgefunden, in denen Unfreie reklamiert wurden (S. 91ff., 101ff.).

reichen, um innerhalb ihres priviligierten Bereiches ein freier Mann zu werden.[1])

Der Rechtsatz, kraft dessen der Grundholde, der eine bestimmte Zeit an einem mit Stadtrecht ausgestatteten Orte zugebracht hat, die Freiheit erlangt, ist bereits im 12. Jahrhundert in verschiedenen Städten häufig anzutreffen: quicumque hic per annum unum et per diem unum manserit, liber erit — lautet ein flandrisches, 1165 verliehenes Privileg. In diesem Jahrhundert ist dieser Satz nicht nur in flandrischen Privilegien (in Saint-Omer bereits im Statut von 1127, in Poperinghen von 1147), sondern auch in England (Nottingham, Lincoln, Newcastle), in Deutschland (Lübeck, Braunschweig, bayrische Städte), in französischen coutumes (unter Ludwig VI. und Ludwig VII.) zu finden. Was den Ausdruck „Stadtluft macht frei" betrifft, so kommt derselbe in den Quellen nicht vor; er ist vielmehr von der Literatur geprägt worden, im Gegensatz zu dem im Mittelalter geläufigen Satz „Luft macht eigen", der besagen sollte, daß derjenige, der sich unter den Grundholden eines Herrn niederließ, dessen Grundholde wurde.

Beide Rechtssätze sind — nach Brunner — eng miteinander verbunden. Beide beruhen auf dem Grundsatz der Verjährung, die an Sachen besteht. Der Grundholde wird ebenfalls als eine Sache betrachtet, die folglich, gleich jeder anderen, verjähren kann. Etwaige Einspruchsrechte des Herrn sind nach Jahr und Tag erloschen. Er gehört nunmehr dem Herrn des Niederlassungsortes; falls er in die Stadt zog, war es der Stadtherr, der das Recht auf ihn, „eine rechte Gewere" erwarb. Nun tritt aber, mit der fortschreitenden Ausbildung des Städtewesens, an Stelle des Stadtherrn die Stadt, und da der Rechtskreis , dem der Einwanderer sich zugesellt, aus persönlich freien Personen besteht, so wird er auch selber persönlich frei. Somit ist der Rechtssatz: „Luft macht frei" aus dem Rechtssatz: „Luft macht eigen" hervorgegangen, dem er auch nachgebildet ist. Erst mit der gesteigerten Differenzierung von Stadt und Land tritt der Grundsatz „Luft macht frei" in schroffen Gegensatz zu dem Grundsatz „Luft macht eigen", von dem er sich abgespalten hatte.[2])

Dem Satz, daß der Hörige, der eine gewisse Zeit in einer Stadt verbracht hat, die Freiheit erlangt, begegnet man in verschiedener Fassung. In manchen Stadtrechten ist hierzu nur der Aufenthalt binnen Jahr und Tag erforderlich, in anderen (Sizilien) beträgt die Frist ein Jahr, einen Monat, eine Woche und einen Tag, ja zuweilen wird noch eine Stunde hinzugefügt. In anderen Fällen muß der Betreffende jedoch außerdem noch das Bürgerrecht erworben haben. Gewöhnlich verlor der Herr, falls er den Unfreien binnen dieser Frist nicht reklamiert hatte, jeden Anspruch auf ihn, und er erlangte somit die vollkommene Freiheit: si quis homo de corpore . . . ibi manserit per annum et diem non repetitus a domino suo, remaneat liber et immunis a forismaritagio, manu mortua et omni alio debito servitutum. Nach anderen Stadtrechten dagegen erlangt er nur die Freiung von verschiedenen Ab-

[1]) Als der Graf den Versuch machte, von den in Valenciennes wohnenden serfs (Mitte des 15. Jahrhunderts) die main-morte einzufordern, ließ die Stadt einen dazu beauftragten Mann arretieren, der andere wurde ausgewiesen und sein Haus niedergerissen (Verriest S. 100). Bei späteren Reklamationen antwortete die Stadt einfach, es gebe in Valenciennes überhaupt keine serfs.

[2]) Brunner, Stadtluft macht frei. (Festgabe für Gierke. 1910.) Hegel, Städte und Gilden I, S. 58; II, S. 507. Frensdorff in Abh. der Gesellsch. d. Wiss. zu Göttingen. 1906. Rietschel, Hist. Zeitschr. S. 102. Schütze, Die Entstehung des Rechtssatzes „Stadtluft macht frei". 1903. Vgl. Rörig, „Luft macht eigen". (Festgabe für Seeliger. 1920.) Fockema-Andreä, Die Frist von Jahr und Tag und ihre Wirkung in den Niederlanden. (Z. d. Sav.-St. G. A. XIV. 1893.) Brants S. 49. Verriest S. 91ff. Pirenne, Histoire de la constitution de la ville de Dinant au moyen-âge (1889), S. 5. Des Marez, Etudes sur la propriété foncière dans les villes du moyen-âge (1898). S. 117.

gaben, so von der Kopfsteuer, dem Sterbfall usw. Endlich nimmt dieser Satz öfters eine etwas andere Form an, wenn nämlich die Freiheit nicht erst nach Jahr und Tag, sondern sofort mit der Niederlassung erworben wird. Hier handelt es sich um das Asylrecht. Um entvölkerte oder neugegründete Ortschaften zu besiedeln, suchte man durch solche örtliche Vergünstigungen Einwanderer anzulocken; es wird ihnen volle Freiheit oder Straflosigkeit oder beides zugesichert. Solche Freibriefe finden sich in Spanien bereits vom 10.—11. Jahrhundert an. Doch der Asylgedanke ist auch anderwärts zu erkennen. Die italienischen „Borghi franchi" der Stauferzeit, Merseburg, Toulouse, Valenciennes usw. gewähren das Asylrecht.

Die Stadt bot auch weit vorteilhaftere Erwerbsgelegenheiten. Die gewerbliche Arbeit machte sich viel besser bezahlt, als die landwirtschaftliche. In England erreichte im 14. bis 15. Jahrhundert der Verdienst eines gewerblichen Arbeiters den Ertrag eines mit 30 Acres Ackerland und dem entsprechenden Inventar ausgestatteten Bauernhofes, oder das anderthalbfache des Ertrages einer Bauernstelle mittleren Ausmaßes.[1]) Die Abwanderung der Bauern nach den Städten muß wohl denn auch einen erheblichen Umfang erreicht haben.[2]) Selbst im 14.—15. Jahrhundert, als der Bevölkerungszustrom nach den Städten infolge der durch die Zunftverfassung eingeführten Beschränkungen zurückgegangen war, stammten in Deutschland die Hälfte, ja zwei Drittel aller nach den Städten Zuwandernden aus den umliegenden Dörfern.[3]) In England nahm auch nach dem „Schwarzen Tode" von 1348 die Verödung des platten Landes, die infolge der Abwanderung zahlreicher, mit geringem Landbesitz ausgestatteter Bauern nach den Städten eingesetzt hatte, ihren Fortgang.

Mußte der Grundherr, insbesondere nach dem „Schwarzen Tode", schon mit dem Mangel an Arbeitskräften rechnen, so war die Kolonisierung neuer Gebiete und die Abwanderung nach den Städten für ihn erst recht ein Anlaß, seinen Grundholden Zugeständnisse zu machen, um sich wenigstens die noch vorhandenen zu erhalten. Sobald nun die einen diesen Weg beschritten hatten, waren auch die anderen genötigt, ihnen zu folgen. Denn die Bauern wanderten dorthin ab, wo die Lasten am geringsten waren. „Der ‚flüchtige Hörige' und der ‚zugewanderte Siedler' wurden zu alltäglichen Erscheinungen im Leben der feudalen Gesellschaft," die Bezeichnung „serfs manans sour autruy terre" kehrt ständig wieder. Die Schollenbindung der Bevölkerung lockerte sich: zahlreich begannen die villains ihre Herren zu verlassen, um sich auf dem, mitunter in nächster Nähe ihres früheren Wohnsitzes gelegenen, Grund und Boden anderer Herren anzusiedeln, wo bessere Verhältnisse sie anlockten. Die Grundherrn mußten schließlich die tatsächlich eingetretene

---

[1]) Granat S. 124ff.

[2]) Thierry, Essai sur l'histoire de la formation et du progrès du Tiers-Etat. S. 21. Brants S. 48ff. Sée, Classes rurales. S. 280ff. Luchaire, Les communes françaises. S. 72. Verriest, Le servage dans le comté de Hainaut. S. 43f., 71. Pirenne, L'origine des constitutions urbaines. (Rev. Hist. T. 57.)

[3]) Bücher, Bevölk. v. Frankfurt a. M. S. 162ff. v. Inama III, 1. S. 29ff. Cfr. Luchaire, Les communes françaises. S. auch unten.

Freizügigkeit anerkennen.[1]) Die unternehmenderen unter den Grundherren suchten die fremden Grundholden durch die Verheißung verschiedener Vergünstigungen herbeizuziehen.[2]) Die Zugewanderten, welche die Verpflichtung zur Rodung und Trockenlegung von Morästen übernahmen und häufig neue Siedlungen gründeten, traten zu dem neuen Grundherrn in ein vertragsmäßig geregeltes Verhältnis; als Hospites, Hôtes, Laeten, wurden sie den Serfs gegenübergestellt. Die Freiheit — sagt Flach — ist aus dem Dickicht der Wälder hergekommen.[3]) Die Frondienste fehlen für die neuen Ansiedler entweder fast ganz (wie in England) oder sie sind genau bemessen (Frankreich); sie genießen Befreiung von den persönlichen Abgaben, wie Taille, main-morte oder Besthaupt, formariage oder maritagium, und zwar werden diese Freiungen durch besondere Verträge gesichert. Verschiedene Lasten blieben allerdings doch bestehen. Es ist wohl begreiflich, daß die Bildung einer größeren, mit solchen Rechten ausgestatteten Bevölkerungsschicht auch auf die Lage der rechtlosen, mit mannigfachen Abgaben belasteten alteingesessenen Bauernbevölkerung eine Rückwirkung ausüben mußte, daß auch in bezug auf sie die Willkür einer gemäßigteren, vertragsmäßig festgesetzten und durch das Gewohnheitsrecht beschränkten Ausbeutung Platz machen mußte.[4]) Wurde ja der Grundherr beständig daran erinnert, daß der von ihm übermäßig bedrängte Bauer die Scholle verlassen und einen anderen Grundherrn, die Stadt oder den Wald aufsuchen könnte.[5]) Nicht irgendwelche vom König — der sich in das grundherrlich-bäuerliche Verhältnis nicht einmischte — an die Feudalherren gestellten Forderungen, noch das Beispiel, mit dem er voranging, sondern die Abwanderung der Bauern nach den königlichen Domänen, wo ihre rechtliche Lage am frühesten eine Besserung erfuhr, war es, die die Grundherren dazu bewegen mußte, den Maßnahmen des Königs nachzueifern, die Milderung der Unfreiheit, ja zuweilen sogar die beinahe vollständige Aufhebung

---

[1]) „Et doit et puet cescun hommez et femme aller et venir ... partout où il vorra“ (a. 1280). „Ottroions ... qu'ils puissent aller et venir a leur volonté, fors des dittes villes ... demorer.“ (Wauters, De l'origine et des premiers developpements des libertés communales. S. 246.) Vgl. Verriest S. 36, 68, 82.

[2]) So weist z. B. ein Großgrundherr im Nivernais, anläßlich der Befreiung eines Hörigen (1326), direkt darauf hin, daß die Bauern, infolge des Bestehens der main-morte auf seinen Besitzungen, diese verlassen und in das benachbarte Bourbonnais ziehen, wo sie bereits aufgehoben war (Boucomont S. 30). Auch für Flandern sind ähnliche Fälle zu verzeichnen (Brants S. 59f.).

[3]) Flach II, S. 155.

[4]) Page pass. Brodnitz I, S. 70ff. Sée, Classes rur. S. 224ff., 248ff., 254ff., 284ff. Ders., Bretagne. S. 43f. Ders., Champagne. S. 44f. Luchaire, Hist. des instit. II, S. 128ff. Boucomont S. 3, 30. Delisle S. 10ff., 52ff. Seignobos S. 45ff., 219ff. D'Avenel I, S. 272ff. Bonnemère S. 113. Darmstädter S. 22f., 107f. v. Inama III, 1. S. 53. Brants S. 46ff. Verriest S. 31, 44, 81ff. Dareste de la Chavanne S. 75.

[5]) Die Einwohner von Norwich stammten zu Ausgang des 13. Jahrhunderts aus 450 verschiedenen, in den Grafschaften Norfolk und Surrey gelegenen Ortschaften. Cheyney, Engl. Histor. Review. 1900. Brodnitz I, S. 71.

derselben vorzunehmen. Drohte ihnen doch andernfalls der Abzug ihrer Bauern, die Verödung ihrer Güter. Allerdings waren dies die für die Agrarentwicklung im allgemeinen charakteristischen Grundlinien. Doch nahmen die Wandlungen der Agrarverfassung in den verschiedenen Ländern keineswegs den gleichen Verlauf. Das Zusammenwirken der oben untersuchten Faktoren gestaltete sich in jedem einzelnen Lande in verschiedener Weise. Die einen unter ihnen wirkten sich stärker aus, die anderen schwächer; es gesellten sich auch zu den Ursachen allgemeinerer Art lokale Faktoren hinzu, die den Gang der Entwicklung aufhielten oder beschleunigten, oder auch mancherlei Abweichungen in derselben bewirkten.

II. Bauern und Bauernaufstände im Ausgang des Mittelalters.

Kapitel 11.

Italienische Stadtrepubliken.

Der Übergang zu freieren Formen der Bodennutzung scheint sich am frühesten in Norditalien vollzogen zu haben. Die früh emporgekommenen italienischen Städte, wie Lucca, Pisa, Siena, Assisi, Florenz, hatten bereits seit Mitte des 13. Jahrhunderts die in ihre Mauern flüchtenden Bauern in ihren Schutz genommen und sie für persönlich frei erklärt. Für die Bauern ergab sich somit die Möglichkeit, ihre Herren zu verlassen und in der Stadt Zuflucht zu suchen. Diese ihnen tatsächlich zuerkannte Freiheit wurde dann von den italienischen Kommunen auch formell bestätigt, indem sie die Abschaffung der Leib- und Gerichtsherrschaft, des Sterbfalles, der Frondienste, der Geldbußen und der übrigen mannigfachen, willkürlich erhobenen Abgaben verkündeten. Gewöhnlich wurde dies rechtskräftig gemacht durch einen mit dem Herrn abgeschlossenen Vertrag, sowie durch die, unter Vermittlung der Stadtbehörden stattfindende Ablösung der bäuerlichen Abgaben und Leistungen — so z. B. im 13. Jahrhundert in der Romagna, Emilia, Toskana, in Bologna, Assisi, Parma. Die Einschätzung der bäuerlichen Lasten und deren Kapitalisierung wurde von der Stadtobrigkeit vorgenommen. Verweigerte der Grundherr, um die Freilassung seiner Hintersassen zu hintertreiben, unter irgendeinem Vorwande die Annahme des Loskaufgeldes oder weigerte er sich überhaupt, ihnen Entlassungsscheine auszustellen, so übernahm die Stadt selber die Freilassung. Nun konnte freilich der von seinem Herrn abgezogene Bauer, der in den Stadtmauern Zuflucht gefunden und auf diese Weise die Freiheit erlangt hatte, keinen Anspruch auf das von ihm verlassene Grundstück erheben, das ja im Besitz des Herrn verblieb. Öfters wurde jedoch verfügt, daß er seine Hufe behalten sollte. So wird in den Statuten der Stadt Todi (Umbrien) bestimmt, der Befreite verliere nur das Anrecht auf die Hälfte seines Grundstückes; gegen Entrichtung von 30 L. behält er es jedoch vollständig. In Pistoia, Lucca, Romagna ist die Aufhebung der Leibeigenschaft häufig mit der Überlassung von Grund und Boden an den Bauern in Erbpacht gegen Zahlung einer bestimmten Ablösungssumme verbunden. Allerdings war damit eine vollständige Bauernbefreiung selbst in den genannten Stadtstaaten Italiens noch keineswegs erreicht. Denn abgesehen davon, daß der Bauer, soweit er nicht in der Stadt ansässig geworden war, sondern sein Grundstück weiter bebaute, doch einen Grundherrn über sich hatte, wurden die Bestimmungen keineswegs immer folgerichtig zur Durchführung gebracht, und soweit die von den Städten gefaßten Beschlüsse auch tatsächlich verwirklicht wurden, wurde die Bauernfreiheit öfters durch die Städte selber eingeschränkt, die nun mancherlei Zwangsgesetze gegen die Bauern erließen.

Trotzdem war jedenfalls in Italien ein wichtiger Fortschritt im Sinne der Lösung grundherrlicher Bindung bereits früh erreicht worden. Die Befreiung der bäuerlichen Bevölkerung von den Feudallasten und die Begründung des gutsherrlich-bäuerlichen Verhältnisses auf einem Vertrag, der die Rechte und Pflichten beider Parteien bestimmte, hatte in der Lombardei und Toskana ihren Anfang genommen, um dann im 14.—15. Jahrhundert auch auf andere Teile Norditaliens, zuletzt auch auf Venedig, überzugreifen.

Der frühe Aufschwung der Städte, die den Bauern weit günstigere Erwerbsmöglichkeiten in Aussicht stellten, als dies auf dem Lande möglich war, mußte die Grundherren zu einer neuen Form der Bodennutzung zwingen, zur freien Pacht, da sie sonst Gefahr liefen, ihre Hintersassen zu verlieren. Ein Versuch, dieselben durch Lohnarbeiter zu ersetzen, durfte wohl angesichts der großen, durch den Schwarzen Tod verursachten Menschenverluste kaum aussichtsvoll erscheinen. In der Tat waren sowohl in Florenz, als in Genua vor allem die persönlich freigewordenen Bauern zu Bodenpächtern geworden. Die freie Pacht, die in Italien zum Teil schon viel früher üblich war, wurde jetzt in einer Reihe von Stadtstaaten zum herrschenden Arbeitssystem. Es war dies der Teilbau, bei dem die wirtschaftliche Lage des Pächters sich öfters keineswegs gebessert hatte, während er rechtlich meist persönlich frei, auch in seiner Tätigkeit nur vertragsrechtlich eingeschränkt war.[1])

Kapitel 12.

England.

Nicht so einfach und leicht, wie in Italien, ging die Umwandlung der Agrarverfassung in England vonstatten. Die stufenweise Bauernbefreiung, die sich im 13. und in der ersten Hälfte des 14. Jahrhunderts vollzogen hatte, nahm auch während der, dem „Schwarzen Tode“ nachfolgenden Jahrzehnte ihren Fortgang. Zum endgültigen Abschluß kam sie jedoch erst nach der 1381 ausgebrochenen, nach einem der Hauptanführer der aufständischen Bauern als Aufstand des Wat Tyler bezeichneten Bauernerhebung. Die Frage nach den Ursachen, dem Artcharakter

[1]) Kowalewsky, Die ökonomische Entwicklung Europas. Bd. III, Kap. 7—8; Bd. IV, Kap. 1. Poehlmann, Die Wirtschaftspolitik der Florentiner Renaissance. 1878. Caro, Zur Geschichte der Grundherrschaft in Oberitalien. Jahrb. f. Nat.-Ök. III. F., 36. Koetzschke, Allgem. Wirtsch. S. 375 ff., 550 ff. Sombart II, 2. Aufl., S. 651 ff. Dietzel, Über Wesen und Bedeutung des Teilbaues in Italien. Zeitschr. f. ges. Staatswiss. 1884, 1885.

und den Folgen dieser Revolte hat eine reichhaltige Literatur gezeitigt und verdient ganz besonders Beachtung. Umfassen doch eigentlich diese Fragen die gesamte Agrarentwicklung Englands im 14. und 15. Jahrhundert. Die ihrer Erforschung gewidmeten Untersuchungen entrollen das Bild der englischen Agrarverfassung jener Zeit.

Der Aufstand brach im Mai 1381 mit einem Volkstumult in Essex aus; den Anlaß dazu bot die Erhebung einer neuen, vom Parlament genehmigten und zum Heeresunterhalt bestimmten Kopfsteuer. Von Essex griff der Aufruhr auf Kent und andere Grafschaften über, überall „zu größtem Schimpf und Ärgernis" von Verwüstungen und Brandschatzungen begleitet. Eine vieltausendköpfige, notdürftig bewaffnete Menschenmenge zog unter Führung von Wat Tyler, Jack Straw, John Ball und anderen Aufwieglern nach London. „Die einen waren mit Stöcken bewaffnet, die anderen mit Bogen und einem einzigen Pfeil, und mit solchen Waffen wollten sie das Königreich erobern!" Der Aufstand war gegen die feudale Arbeitsverfassung und die grundherrliche Bindung gerichtet. „Als Adam grub und Eva spann, wer war denn da der Edelmann?" („Whanne Adam dalfe und Eve span, who was thanne a gentil man?") Dieser Reim kehrt bei den Aufständischen stets wieder. Sie forderten „gleiches Recht und gleiche Freiheit" für alle. „Nur dann wird alles gut gehen, wenn alles Hab und Gut Gemeinbesitz geworden ist, wenn es weder Hörige, noch Edelleute gibt".[1]) Sie verlangten auch die Konfiskation der Kirchengüter. Ihre endgültige Formulierung erhielten diese Forderungen bei den Lollarden, den „armen Predigern", die die Lehren Wicleffs übernommen hatten und deren Lage sich nur wenig von der der Bauern unterschied. Es waren dies vornehmlich Kaplane, die von den Inhabern der Pfarrstellen, welche wohl die Einkünfte aus ihren fetten Pfründen beziehen, nicht aber ihre Verpflichtungen als Seelsorger erfüllen wollten, als Stellvertreter gedungen wurden. Von dem Bestreben beseelt, die Lehren des Evangeliums zu verwirklichen, übernahmen diese Geistlichen die Führung der Aufständischen: so John Ball „der sich Presbyter nennt (Quidam Johannes Balle presbyterum se pretendens)", John Raw, „der verbrecherische Presbyter" u. a. m. John Ball predigte, ursprünglich hätte die Natur alle Menschen gleich erschaffen; erst später begannen gottlose Menschen, ihre Nächsten zu unterdrücken, die gegen den Willen Gottes gehende Sklaverei kam auf. Wäre die Unfreiheit gottgewollt — führte er aus — so hätte Gott bei der Schöpfung verfügt, wer zur Sklaverei und wer zur Herrschaft bestimmt sei. „Die von Gott zur Abschüttelung des langertragenen Joches bestimmte Stunde ist gekommen, ruft er aus, es ist Zeit, die langersehnte Freiheit zu erringen."

Von Essex, Kent und London griff der Aufstand auf andere Grafschaften über, so daß die Flammen des Aufruhrs über einem großen Teile Englands loderten. Unterdessen hatten in London die Aufständischen von dem König verschiedene, wie der Verfasser einer anonymen Chronik sich ausdrückt, „anstössige" („praejudicilie") Dinge gefordert, und die Ausstellung einer Charte erlangt, auf Grund deren der König nicht nur allen seinen Untertanen Straflosigkeit für die von ihnen begangenen Verbrechen und für die Teilnahme am Aufstande zusicherte und ihnen das Recht des freien Handels in allen Städten, Flecken und Dörfern Englands gewährte, sondern auch jegliche Unfreiheit und alle Dienste aufhob (ab omni bondagio et servitio exuimus et quietos fecimus). Die von den Bauern für den besessenen Grund und Boden geleisteten Dienste und Abgaben wurden durch die Zahlung eines Zinses ersetzt, der 4 Pence pro acre nicht übersteigen durfte. In manchen Grafschaften erreichten die Bauern außerdem bei den Lords die Ausstellung von Urkunden, die ihnen besondere Freiheiten gewährten. So die Berechtigung zu Jagd und Fischfang

---

[1]) Les coses ne poent bien aler en Angleterre, ne yront jusques à tant que li bient yront tout de commun et que il ne sera ne villains, ne gentils homes, que nous ne soions tout ouny. (Froissart).

auf Herrenland, das Recht, Handmühlen zu halten u. a. m. Doch war es ihnen nicht lange vergönnt, die erworbenen Freiheiten zu genießen. Kaum waren die Aufständischen mit der ihnen gewährten Charte von London abgezogen, so begannen die Lords, die einzelnen Bauernbanden zu verfolgen und zu vernichten. Darauf folgte die Gesamtabrechnung mit den Teilnehmern am Aufstande, den „Verrätern", die vom König gewährte Charte wurde von ihm für ungültig erklärt.[1])

Froissart stellte den Aufstand als eine Verschwörung der nicht lange vor seinem Ausbruch entstandenen Sekte der Lollarden hin, die es sich, seiner Ansicht nach, zur Aufgabe gemacht hatte, Kirche und Staat den Grundsätzen von Freiheit und Gleichheit gemäß umzugestalten. Nach Stowe lag der Grund der Empörung hauptsächlich in der ein Jahr vorher eingeführten, von allen Volljährigen erhobenen Kopfsteuer. Der erste, der mit einer wissenschaftlich begründeten Erklärung des Aufstandes hervortrat, war Rogers, der die Hauptursache desselben in dem Bestreben der Lords erkennt, angesichts der nach dem „Schwarzen Tode" von 1348 eingetretenen Änderungen, die im 13. Jahrhundert aufgehobenen Frondienste wieder einzuführen. Rogers faßt den „Schwarzen Tod" von 1348 als das bedeutsamste Ereignis der Geschichte Englands auf, als die folgenschwerste Etappe in der Geschichte des Aufstiegs der englischen Bevölkerung zur Freiheit. Wie Rogers eingehend darlegt, nötigte die Ablösung der Frondienste durch Geldleistungen die Lords, ihren Wirtschaftsbetrieb mit Hilfe gedungener Lohnarbeiter zu führen. Die Arbeitslöhne jedoch waren infolge des, durch den „Schwarzen Tod" verursachten, gewaltigen Bevölkerungsrückganges außerordentlich gestiegen. Waren die von den Lords aus der Landwirtschaft erzielten Einkünfte ohnehin unerheblich, so geriet nunmehr, infolge der Lohnerhöhungen, ihre Wirtschaft erst recht in eine schwierige Lage. Sie suchten Hilfe beim Staat, der auch in der Tat den Kampf gegen die Lohnarbeiter aufnahm. Es wurde verboten, Arbeitslöhne über eine gewisse Höhe hinaus zu zahlen. Doch blieben die Arbeiterstatute wirkungslos, da bei dem starken Mangel an Arbeitskräften ein Steigen der Löhne unmöglich aufgehalten werden konnte. Darauf griffen die Grundherren zu einem anderen Mittel: sie machten den Versuch, zu der früher herrschenden Arbeitsverfassung, zum System der Frondienste zurückzukehren. Dem geltenden formalen Rechte nach waren sie hierzu befugt, da doch die Freiheiten der villains meist nur auf dem, für den Lord schließlich keine bindende Kraft besitzenden, Herkommen beruhten. Der Lord konnte sie jederzeit wieder rückgängig machen, um so mehr, als bei der Ablösung der Frondienste durch Geldabgaben, der Commutation, die Grundherren sich stets das Recht vorbehielten, erforderlichenfalls die früheren Dienste wieder einzufordern. Nun wollten sich aber die Bauern nicht dazu verstehen, und die Verletzung des Herkommens rief eben den Aufstand hervor.[2])

---

[1]) Petruševsky I 1. Aufl.; 2. Aufl. Kap. 1, 2. Kowalewsky IV, Kap. 6—9.

[2]) Rogers, Hist. of Agric. I, S. 77ff. Ders., Six Cent. (Deutsche Ausgabe S. 218ff., 253.)

Von anderen Wirtschaftshistorikern wurden die Ausführungen von Rogers zum Teil durch neue Belege erhärtet, zum Teil verschiedentlich ergänzt und ausgebaut, ohne jedoch die Grundlagen seiner Auffassung im wesentlichen umzugestalten. So betont Ochenkowski vor allem, daß in einem 1378, also drei Jahre vor Ausbruch des Aufstandes, erlassenen Gesetz Klage geführt wird darüber, daß die Bauern von ihrer Abhängigkeit nichts wissen wollen, sich als frei betrachten, Dienste und Abgaben verweigern und denjenigen, die sie dazu zwingen wollen, Widerstand entgegensetzen. Dies Gesetz schließt mit der Bestimmung, daß die Bedingungen des bäuerlichen Grundbesitzes und der Abgaben die gleichen bleiben sollen, wie bisher. Wie Ochenkowski bemerkt, „läßt uns dieses Gesetz klar in den damals herrschenden aufrührerischen Geist der Landbevölkerung, einen Vorläufer des Aufstandes, blicken". Es wird von ihm jedoch noch ein anderer Umstand zur Erklärung des Aufstandes v. 1381 hinzugezogen. Er betont die Wichtigkeit der 1350, 1352, 1389, 1406 und 1445 erlassenen, „nicht gegen eine ganz lose, sondern mitunter sogar gegen eine mit einem kleinen Besitz und Einkommen ausgestattete ärmere Bevölkerung gerichteten" Arbeitsgesetze. In diesen Gesetzen tritt das Bestreben des Staates klar zutage, die Löhne auf das Niveau der vor der Epidemie bestehenden herabzudrücken und die Freizügigkeit erheblich einzuschränken. Es wurde den Landbewohnern untersagt, ihre Wohnsitze zu verlassen, der Landwirtschaft zu entsagen und sich anderen Berufszweigen zuzuwenden. Die Bevölkerung wurde gewissermaßen von neuem an die Scholle gebunden.[1])

Endlich hebt Kowalewsky ein drittes, recht wesentliches, in einer für die zweite Hälfte des 14. Jahrhunderts bezeichnenden Erscheinung begründetes Motiv des Aufstandes hervor. Er weist nämlich auf die Tatsache hin, daß zu dieser Zeit die Gemeindeweiden, die Gemeindeländereien von den Lords vielfach eingehegt und in Pacht ausgetan worden waren. Unter den, gegen die Aufständischen erhobenen Beschuldigungen werden auch Klagen laut über die „Zerstörung der Hecken". Ferner behauptet der Chronist Knighton, der Hauptanführer der Aufständischen hätte einen Protest gegen die Usurpierung des Jagdrechts durch die Grundherren sowie die (auch in den „Zwölf Artikeln" der deutschen Bauern wiederkehrende) Forderung erhoben, die Wildjagd in Wald und Flur solle jedermann freigestellt werden. Sowohl die pachtweise Vergabung der ehemaligen „offenen Felder", als auch die — eine erhebliche Vermehrung des die Bauernäcker schädigenden Wildbestandes herbeiführende — Ausdehnung der Weidewirtschaft wird von Kowalewsky mit der Epidemie von 1348 in Verbindung gebracht, die die Verödung ausgedehnter Bodenflächen zur Folge hatte.

Doch stellt Kowalewsky zugleich die Erforschung der Ursachen des Aufstandes auf eine breitere Basis. Wohl schließt er sich der Ansicht Rogers' von einer „rückschrittlichen" Bewegung an und führt auch neue

[1]) Ochenkowski S. 15ff., 18ff.

Belege an für die Erklärung des Aufstandes aus dem Versuche der Grundherren, die Dienste wiederherzustellen. Zugleich jedoch betont er die Tatsache, daß der Aufstand einen allgemeineren Charakter trug: „Nicht nur die leibeigenen und die zinspflichtigen Bauern waren von der revolutionären Bewegung ergriffen worden, auch die niederen Schichten der städtischen Bevölkerung schlossen sich ihnen an.“ So berichtet der Chronist Knighton, viele Lehrlinge hätten mit den Bauern gemeinsame Sache gemacht, nachdem sie ihren Meistern den Kopf abgehauen hatten. „Die Bewegung war auch gegen die Ausländer gerichtet, sowie gegen alle diejenigen, die auf irgendeine Weise eine Herabsetzung der Arbeitslöhne oder eine Einschränkung der Produktion des Landes herbeiführten.“[1])

Wie Vinogradoff hervorhebt, wird man die unter den Bauern gärende, durch die Versuche der Wiederherstellung der Frondienste und der Abschaffung der Freizügigkeit, sowie durch die Aneignung der Gemeinheiten hervorgerufene Unzufriedenheit als eine unausbleibliche Folge des in der englischen Agrarverfassung herrschenden Zwiespaltes auffassen müssen. Es bestand nämlich ein Widerspruch zwischem dem formalen Recht und der Lebenswirklichkeit, zwischen den Rechten des Grundherrn, die von ihm jederzeit zur Geltung gebracht werden konnten und eine mächtige Unterstützung in den theoretischen Ausführungen der Rechtsgelehrten erhielten, und dem tatsächlich herrschenden, jedoch der Rechtskraft entbehrenden Herkommen, der in Wirklichkeit stattgefundenen Befreiung von den Diensten. Die Ansicht, derzufolge diese Gegensätze im Laufe der Zeit, als die Lords von neuem auf der Ausübung ihrer — tatsächlich seit langem nicht mehr verwirklichten — Rechte zu bestehen begannen, unausbleiblich zu einem schroffen Zusammenstoß führen mußten, sucht Petruševsky durch eine genaue Untersuchung des Tatsachenmaterials zu erhärten. Die von den früheren Forschern beigebrachten Motive werden in seinem Werke einheitlich zusammengefaßt und in dem, von Petruševsky für die Hauptursache des Aufstandes erklärten Streben der Bauern nach Erhaltung der bereits früher erlangten und gewohnheitsrechtlich festgelegten Freiungen begründet.

Die zuerst von Rogers aufgestellte Theorie ist also, mit verschiedenen Ergänzungen, zur allgemeinen Anerkennung durchgedrungen. Sie findet ihre Bestätigung in quellenmäßigen Belegen von zweierlei Art. Einerseits in solchen, die den Kampf des Staates mit den „frechen und eigennützigen Gelüsten“ der vom „Schwarzen Tode“ verschonten Arbeiter bestätigen, welche höhere Löhne als die vor der Epidemie üblichen forderten, die Arbeitsannahme verweigerten, die Arbeitgeber verließen und nach anderen Landesteilen abzogen. Andrerseits bezeugen zahlreiche Angaben auch die von Petruševsky als „feudale Reaktion“ gekennzeichnete Bewegung; diese findet ihren Ausdruck in dem Streben der Grundherren nach höchstmöglicher Ausnutzung ihrer Rechte an den abhängigen Bauern, in der Verweigerung der Anerkennung des in der

---

[1]) Kowalewsky IV a. a. O.

Grundherrschaft vordem befolgten Herkommens, das von alters her sowohl für den Lord, als für die Bauern als bindend gegolten, das geschriebene Recht ersetzt hatte.

Unter den Gegnern der Theorie von Rogers beschränken die einen sich darauf, seine Auffassung von der Bedeutung der in der vorhergehenden Periode stattgefundenen Fortschritte der Bauernbefreiung als übertrieben hinzustellen (Petit-Dutaillis, Cunningham). Von anderen — so von Ashley — wird das von Rogers als das Hauptmotiv des Aufstandes bezeichnete, ausschließlich auf die Erhaltung der erlangten Freiungen gerichtete Streben der Bauern wohl anerkannt, die vornehmste Bedeutung jedoch nicht den Versuchen der Grundherren, die Dienstverfassung wiederaufzurichten, beigemessen, sondern dem von ihnen mit dem Recht, Bußen zu verhängen, getriebenen Mißbrauch. Auch Petruševsky weist auf diesen Umstand hin, erblickt in ihm jedoch nur den Bestandteil eines größeren Ursachenkomplexes. Es werden von diesem Forscher auch die den Bauern bei dem Erwerb von Grundstücken außerhalb der Grundherrschaft gestellten Hindernisse erwähnt, während vordem derartige Geschäfte von ihnen ungehindert vorgenommen werden konnten.[1])

Nur einige unter den Gegnern von Rogers (Hasbach, Page, zum Teil auch Ashley) erklären seine Ansicht, die Grundherren hätten die Rückkehr zur alten Arbeitsverfassung zu erzwingen versucht, für unbegründet. Derartige Versuche hätten überhaupt nicht stattgefunden, die Grundherren wären durch den nach den Verheerungen des „großen Sterbens“ eingetretenen Mangel an Bauern zu noch weiteren Zugeständnissen veranlaßt worden. Sie erblicken daher die Ursachen des Aufstandes von 1381 nicht in dem Bestreben der Bauernschaft, die Rückkehr zu den alten Verhältnissen zu verhindern, sondern in ihrem Drange nach weiteren Freiheiten, nach Abschaffung der noch vorhandenen Reste der Unfreiheit.

Weiterhin ist (teilweise mit Recht) der Versuch gemacht worden, den Aufstand von 1381 als den Ausbruch der im Lande herrschenden allgemeinen Unzufriedenheit aufzufassen, ihn nicht bloß als einen Aufruhr der Bauernschaft darzustellen. Bei der Betrachtung dieses — in den verschiedensten Teilen Englands fast gleichzeitig ausgebrochenen Aufstandes — ergibt sich nämlich, nach Stubbs, nicht der Eindruck einer geschlossenen, einheitliche Ziele anstrebenden Bewegung. Es hat eher den Anschein, als hätte er „alle diejenigen vereinigt, die irgendwelchen Grund zur Unzufriedenheit hatten oder zu haben glaubten“. Dies wird auch von Kowalewsky, Brodnitz, Brentano und anderen hervorgehoben.[2])

Es ist nun vor allem zu betonen, daß die Lage der englischen Bauernschaft auch in der zweiten Hälfte des 14. Jahrhunderts eine günstige war und nach dem „Schwarzen Tode“ einen nur teilweisen Rückgang erfahren hatte. Der Bauernstand, der sich während des vorhergehenden Jahrhunderts eine gehobene Stellung erkämpft hatte, wollte sich jedoch auch mit der partiellen Einschränkung der errungenen Freiheit nicht mehr abfinden, um so mehr, als der Lord das Ehrgefühl und das Rechtsbewußt-

---

[1]) Vgl. Brentano, Wirtsch. Entwicklung Englands I, S. 334f.

[2]) Stubbs a. a. O. Kowalewsky s. o. Brodnitz I, S. 185f. Brentano I, S. 342.

sein der Bauern verletzte. Was den Kampf der Staatsgewalt mit der Arbeiterschaft — oder vielmehr mit den Bauern betrifft, denn es waren eben Bauern, denen der geringe Grundbesitz keine ausreichende Nahrung gewährte und die sich deshalb um Lohn verdingen mußten —, so handelt es sich hierbei um eine Reihe von Verordnungen, die von 1349 bis 1377 erlassen worden sind und mittelst deren die Regierung die infolge des Mangels an Arbeitskräften nach dem „Schwarzen Tode“ aufgekommene soziale Frage zu lösen dachte. Der Kampf gegen die „Böswilligkeit der durch ihre aufrüherischen Forderungen das Volk ruinierenden und ins Elend stürzenden“ Arbeiter begann damit, daß für jede Arbeiterkategorie der Arbeitslohn bestimmt wurde und dem Arbeiter, falls er zum festgesetzten Lohne in seinem Heimatdorfe Arbeit finden konnte, verboten wurde, es zu verlassen, um anderswo Arbeit zu suchen. Trotz der grausamen Strafen, mit denen das Gesetz die Übertreter bedrohte, ertönten jedesmal, wenn das Parlament einberufen wurde, Klagen darüber, daß die Arbeiter „den König und seine Verordnungen mißachten“, „weder göttliche, noch menschliche Gesetze anerkennen, weder arbeiten, noch dienen wollen“. Immer neue und strengere Bestimmungen werden gefordert, worauf jedoch der König wiederholt den Bescheid erteilt, die bereits bestehenden würden genügen, wenn man sie nur befolgen wollte. Doch ist aus diesen Beschwerden ersichtlich, daß nicht nur die Arbeiter, sondern auch die Behörden selber die Gesetze verletzten, indem sie die flüchtigen Arbeiter nicht festnahmen. Vor allem waren es aber die Arbeitgeber, die „aus Gewinnsucht den Arbeitern erhöhte Löhne bewilligten, sie einander, ja selbst dem König abspenstig machten“. Ja es kam so weit, daß die Grundherren, von ihren Leuten begleitet, die Gutshöfe ihrer Nachbarn überfielen, um deren Arbeiter zu entführen.

Wie man sieht, hat die neue Arbeitsgesetzgebung eine Verschlechterung der Lage der Bauern doch nicht gebracht. Sie suchen im Gegenteil aus dem Mangel an Arbeitskräften Kapital zu schlagen und scheinen diesen Zweck wohl auch erreicht zu haben. Aus den Forderungen, die die Bauern bei der Arbeitsannahme stellen, kann ebenfalls nur auf eine günstige Lage derselben geschlossen werden. Wie Johann Gower in seiner Dichtung „Vox Clamantis“ (ed. Coxe 1850) klagt, „verlangt ein einziger Bauer heute mehr, als vordem zwei. Hat man ihn gedungen, so mäkelt er an Essen und Trinken herum, gewöhnliches Essen gefällt ihm nicht. Pökelfleisch ist ihm unbekömmlich, gekochtes schmeckt ihm nicht, man soll ihm Braten reichen. Schwaches Bier befriedigt ihn nicht; braut man ihm für den nächsten Tag kein besseres, so kommt er nicht wieder“. Selbst ein so sozial denkender Zeitgenosse wie William Langland (Langlie) erwähnt in seiner Dichtung „The Vision of William concerning Piers the Plowman“ (ed. Skeat), daß der Arbeiter sich heutzutage weder mit Bier zu einem Penny, noch mit einem Stück Schinken zufrieden gibt und fügt hinzu, daß er sich „gegen Gott auflehnt, gegen den Verstand empört, den König mitsamt seinem Rat für die von ihnen erlassenen Gesetze verflucht“. Ja, die Bestimmungen über Löhne und Abwanderung waren sogar in gewissem Sinne eine neue Errungenschaft für den Bauernstand, da sie einen weiteren Schritt auf dem Wege zur Auflösung der grundherrschaftlichen Verfassung zu bedeuten hatten. Denn dadurch wurden die ehemals dem Lord in bezug auf die Arbeitskraft seiner Bauern zustehenden Rechte erheblich gekürzt. Der Grundherr besitzt bloß das Vorzugsrecht bei der Beschäftigung seiner Bauern, jedoch kein ausschließliches Recht dazu. Die Grundherren dürfen nur so viele Villains in ihrem Dienste behalten, als sie wirklich benötigen, nicht mehr. Den übrigen ist das Abzugsrecht zu gewähren, denn das Interesse der Arbeitgeber als Ganzes geht den Interessen des einzelnen Grundherrn vor. War der Bauer bereits früher tatsächlich frei, so war dies demnach nunmehr auch rechtlich anerkannt worden.

Von anderer Art waren freilich die Maßnahmen, die durch das Bestreben der Lords veranlaßt wurden, ihre Bauern, wie es in den Aufzeichnungen jener Zeit heißt, „zu versklaven", „ihre Untertanen zu tyrannisieren", „von ihnen die ehemaligen Leistungen und Dienste einzufordern", „ihre Leute durch Abgaben, Fronen und Fuhrdienste mehr zu belasten, als dies nach Pflicht und Verstand recht und billig". Nun wird allerdings bezeugt, die Lords hätten selber die „Böswilligkeit und Geldgier" der Arbeiter gefördert, indem sie ihre ungesetzlichen Forderungen bewilligten und ihnen ihre Nachlässigkeit beim Arbeiten hingehen ließen, ja auch fernerhin auf die Ersetzung der Frondienste und anderer Leistungen durch Geldzahlungen und sogar auf Ermäßigung der letzteren eingingen, — alles dies nur, um sich die Bauern um jeden Preis zu erhalten. Die Gegner der Rogersschen Auffassung betonen deshalb mit Recht, die Grundherren wären durch den nach den Verheerungen des „Schwarzen Todes" eingetretenen Bauernmangel zu weiteren Zugeständnissen veranlaßt worden. Insbesondere hat Page wichtige zahlenmäßige Angaben über die weiter vor sich gehende Einschränkung der Frondienste beigebracht, die in die Jahre 1371—1380, d. i. in die dem Aufstand unmittelbar vorhergehende Zeit, fällt. Andrerseits finden sich aber zahlreiche Fälle, die von einer entgegengesetzten Tendenz zeugen. Die Grundherren suchen ihren Bauern leergewordene Stellen aufzuzwingen, zugleich mit der Verpflichtung zur Ableistung der althergebrachten Abgaben und Dienste, und zwar läßt der Lord zwecks Besetzung solcher Stellen die außerhalb der Grundherrschaft sich aufhaltenden Bauern festnehmen und zurückbringen. Ferner wurden Geldbußen verhängt, Bauern im Erwerb von Grundstücken beschränkt, auch andere Willkürakte begangen. Dies alles verstieß gegen das Herkommen, was die Bauern besonders aufreizen mußte.

Doch sollte das Bestreben, nicht nur den Aufstieg der Bauern zur vollständigen Freiheit aufzuhalten, sondern auch das der Bauernschaft früher Gewährte wieder rückgängig zu machen, mißlingen. Trotz der Niederlage der Aufständischen nahm die vordem begonnene Entwicklung ihren weiteren Verlauf. Die Einschränkung der Frondienste machte im 15. Jahrhundert weitere Fortschritte; auch soweit persönliche Unfreiheit noch herrschte, ging auch sie nun ihrem Ende entgegen. Wie Page feststellt, bestanden in den von ihm untersuchten Manors bereits um die Wende des 15. Jahrhunderts nur sehr wenige Fronden. Wohl werden in die Protokolle der manorialen Gerichtstagungen nach wie vor die Namen der außerhalb des Manors lebenden bondsmen oder villains eingetragen; doch stellte das villainage im Zeitalter der Tudors eine bloße rechtliche Fiktion dar, die wohl nur als ein Rechtsaltertum von Interesse sein dürfte. Ebenso kommt Ssavin zu dem Ergebnis, daß „die Mehrzahl der villains vor Anbruch des 16. Jahrhunderts zur Freiheit aufgestiegen" ist; selbst unter den ersten Tudors dürften die Villains kaum mehr als ein Prozent der Gesamtbevölkerung Englands gebildet haben."[1])

Hinsichtlich der wirtschaftlichen Lage der englischen Bauern hob Maitland bereits für die Zeit Wilhelms des Eroberers die große (durch das Domesday-Book bezeugte) Anzahl landloser oder mit geringem Landbesitz ausgestatteter Bauern hervor, der Cotter (bordarii): sie waren genötigt, ihren Unterhalt als Lohnarbeiter bei den mit größerem Grundbesitz ausgestatteten Bauern zu suchen.[2]) Auch Vinogradoff macht auf die im englischen Dorfe des 12.—13. Jahrhunderts herrschende Ungleichheit der Besitzverhältnisse aufmerksam. Er weist auf das Vorhandensein von Reichen und Armen, von Arbeitgebern und Arbeitnehmern innerhalb der Bauernschaft hin. Die letztgenannte Kategorie stellte eine zahlreiche, beinahe landlose, sich auf kümmerlichem Besitz kärglich ernährende Schicht der Bauernschaft dar. Dies wird auch durch den, unter Eduard I. für die fünf Grafschaften Mittelenglands angelegten staatlichen Kataster, sowie durch die zahlreichen, für einzelne Manors im 12.—14. Jahrhundert abgefaßten Rentals bezeugt. Die Zahl der landlosen oder nur geringe (d. h. 5 acres nicht übersteigende) Landanteile besitzenden Bauern, die folglich ihren Unterhalt nicht ausschließlich aus ihrer Wirtschaft bestreiten konnten, war recht bedeutend: sie umfaßte durchschnittlich den dritten Teil der Bauern. Andrerseits war in der Dorfgemeinde eine beträchtliche Anzahl von Bauernstellen zu finden, deren Inhaber sich eines verhältnismäßig hohen Wohlstandes erfreuten, die landlosen Cotter als Lohnarbeiter beschäftigen und sie auch an eigner Statt zur Ableistung von Diensten verwenden konnten. „Zu den Fronden — heißt es in einem Rental — hat er selbst oder seine Frau mit allen Arbeitern, die sie haben, sich einzustellen; sind deren weniger als drei, so hat auch er oder seine Frau mitzuarbeiten, sind ihrer dagegen mehr als drei, so hat er, nicht aber die Frau, bloß den Stock über seine Arbeiter zu schwingen."[3])

---

[1]) Ssavin S. 19. Ders., Bondmen under the Tudors. 1903. (Roy. Hist. Soc. N. S.) Ähnlich bei Rogers, Lidam, Cheney. Vgl. Johnson. The disappareance of the small landowner (1909), S. 34. Brodnitz I, S. 97f., 439. Brentano, Wirtsch. Entw, Engl. I, S. 345.

[2]) Maitland, Domesday-Book and beyond. S. 40f.

[3]) Granat S. 59f.

Kapitel 13.

Spanien.

In Spanien, besonders in Katalonien, war der Gang der Entwicklung teilweise dem für England geschilderten ähnlich. Einerseits hatte noch vor dem „Schwarzen Tode“ die Abwanderung der Bauern nach den Städten den Feudalherren Zugeständnisse abgenötigt. Die Fronden wurden in Geldleistungen umgewandelt und verschiedene sog. „üble Gewohnheiten“ abgeschafft. Andrerseits aber veranlaßte der „Schwarze Tod“ die — zu immer weiteren Zugeständnissen gezwungenen — Feudalherren, beim König den Erlaß von Verordnungen zur Verhinderung des Abzugs nach den Städten und zur Festsetzung von Maximallöhnen zu fordern. Den Erklärungen zufolge, die von den Landständen bei der Versammlung der Cortes in Valladolid abgegeben wurden, waren die Lohnerhöhungen in der Landwirtschaft und den städtischen Gewerben so erheblich, daß sie die Verödung der Ländereien, Lebensmittelteuerung und den Ruin der grundherrlichen Wirtschaftsbetriebe nach sich ziehen mußten. Da jedoch den von der Regierung erlassenen Lohn- und Preistaxen auch hier wohl das gleiche Geschick zuteil ward, wie in anderen Ländern, nämlich in der Wirklichkeit nicht eingehalten zu werden, so machte sich auch in Spanien, wie dies ja in England der Fall war, die Tendenz bemerkbar, die kostspielige, freie Arbeitskraft durch Zwangsarbeit zu ersetzen — in diesem Falle nämlich durch die Arbeitskraft sarazenischer Sklaven. Diese neuen, keine Unkosten verursachenden Konkurrenten drohten die freie Arbeit zu verdrängen. Das Bestreben der Feudalherren, an Stelle der Bauern Sklaven zu setzen, einerseits, der Drang der Bauern, sich endlich von den jahrhundertelang währenden Erpressungen und drückenden (zum Teil bereits formalrechtlich aufgehobenen) Abgaben zu befreien andrerseits, führte allenthalben zu Aufständen. Auf der Insel Mallorka, dieser den Mauren abgerungenen „Perle des Mittelmeeres“, wie ein Chronist sie nennt, brach der Aufstand bereits 1391 aus (die Stadt Palma wurde damals ausgeplündert) und erneuerte sich 1451, in welchem Jahre auch die Steuereinnehmer stark mitgenommen wurden. Die ländliche Bevölkerung wurde hierin von der städtischen Arbeiterschaft unterstützt. Auch in Valencia und Kastilien, in Navarra und Katalonien brachen Aufstände aus. Unter ihrem Eindrucke und infolge der immerwährenden Geldnöte neigten sich zu Ausgang des 14. und zu Beginn des 15. Jahrhunderts die Könige von Arragon — Juan I., besonders aber Martin I. — der Idee des Loskaufs der Bauern von der Leibeigenschaft zu, wobei sie jedoch seitens der geistlichen und weltlichen Grundherren auf hartnäckigen Widerstand stießen. Ja, die Grundherren steigerten nicht selten Zahl und Höhe der bäuerlichen Verpflichtungen und führten die Leibeigenschaft selbst dort ein, wo sie nie bestanden hatte, was die Bauern noch mehr erbitterte. Die Vertreter der Cortes führten 1413 bzw. 1432 darüber Klage, daß die Bauern ihnen Gräber gruben, auf welchen sie als Todesdrohung obendrein noch Kreuze errichteten. Die Dinge nahmen eine drohende Wendung an, um so mehr, als Königin Maria, die mit den Bauern gegen Zahlung einer Abfindungssumme von 54000 fl. die Aufhebung der „üblen Gewohnheiten“ vereinbart hatte, dieses Versprechen nach Empfang des Geldes nicht erfüllte. Eine Handhabe hierfür bot ihr die formalrechtliche Bedingung, die Genehmigung der Cortes einzuholen. Die Feudalherren betrachteten deshalb die „üblen Gewohnheiten“ als weiter bestehend, während sie nach der Auffassung der Bauern, die unter den größten Opfern und Entbehrungen diese Abfindungssumme aufgebracht hatten, als aufgehoben zu gelten hatten. Diese Verwirrung verursachte 1462 den Ausbruch eines Aufstandes in Katalonien. „Jedem, der von uns den Zins einfordern wird, werden wir in Lanzenstichen bezahlen,“ erklärten die Insurgenten. Wie der Loskauf, so scheiterte auch der Aufruhr. Als er sich jedoch 1482 wiederholte, hatte er die durch Ferdinand den Katholischen verfügte Aufhebung der Leibeigenschaft zum Ergebnis (1486). Kraft der „Sentenz“ des Königs hatten die Bauern von jeder Hufe eine einmalige Abfindungssumme in der Höhe von 60 barzelonischen Solidi zu zahlen, oder eine Rente von drei Solidi jährlich für alle sechs, der Aufhebung unterliegenden „üblen Gewohnheiten". Für diejenigen Bauern, die nur einige von ihnen zu leisten hatten, wurde die einmalige Abfindung auf 6 Solidi oder auf je 6 Denare per annum für jedes dieser verhaßten Rechte herabgesetzt. Außerdem wurde die grundherrliche Gerichtsgewalt in Kriminalsachen aufgehoben. Alle Leistungen, die eine Folge des Mißbrauchs der Herrschaftsgewalt darstellten, wie das jus primae noctis, sollten ohne jede Entschädigung abgeschafft werden. Endlich wurden alle diejenigen Fronden und Naturalabgaben für aufgehoben erklärt, die nicht in die Urkunden eingetragen waren, oder deren Eintragung in unrechtmäßiger Weise erfolgt war. Die verschiedenen, für die Bodennutzung zu entrichtenden Abgaben blieben in Kraft, falls der Bauer nicht den Beweis erbringen konnte, daß er ihnen nicht unterliege. In bezug auf die Besitzrechte an Grund und Boden konnten die Bauern nur über die, zu den von ihnen innegehabten freihändig hinzuerworbenen Bodengüter frei verfügen; ihre Hufen durften sie freilich verlassen, und zwar mit der gesamten Fahrnis: jedoch war dies an die Bedingung geknüpft, daß sie alle Rückstände an den Grundherrn bezahlt hatten, an den das Grundstück nunmehr zurückfiel.[1])

Kapitel 14.

Frankreich.

Die französischen Könige aus dem Hause der Kapetinger, von Ludwig V. und Ludwig VII. bis auf Philipp den Schönen und Ludwig X., haben allmählich die main-morte auf den königlichen Domänen abgeschafft. Eine Reihe weltlicher und geistlicher Grundherren folgte ihrem Beispiel. Der Dauphin, die Grafen von Toulouse, von Nivernais, von Blois, das Domkapitel von Notre-Dame zu Paris, der Bischof von Reims, die Kapitel von Saint Denis und Saint Germain hatten die main-morte bereits im 12. Jahrhundert aufgehoben. Die halbfreien Bauern, die Villains-francs waren jedoch in größerer Zahl nur in einigen Teilen Frankreichs zu finden — in der Normandie, der Bretagne, im Poitou, im Languedoc, in der Provence, dem Béarnais, sowie in Flandern und der französischen Schweiz (Neufchâtel). Die einen unter ihnen waren von der main-morte eximiert worden, andere von der taille arbitraire, die durch eine ein für allemal bestimmte Abgabe ersetzt oder auch gänzlich aufgehoben wurde; manche zugleich auch von dem droit de formariage, der für die Erlaubnis zur Ehe überhaupt oder — zuweilen — nur zur Ehe außerhalb der Grundherrschaft erhobenen Heiratsgebühr, oder von den Frondiensten (corvées). Damit trat freilich eine vollständige Lösung des Abhängigkeitsverhältnisses dem Herrn gegenüber noch nicht ein. Auch hatten die freiheitlichen Maßnahmen einen ausgesprochen fiskalischen Charakter; die betreffenden bäuerlichen Lasten mußten zumeist durch Geldzahlungen abgelöst werden.[2]) Wohl wird in der Einleitung zu dem 1315 von Ludwig X. erlassenen Sendschreiben (Mandement) in hochtönenden Redewendungen die Freiheit als „der natürliche Stand" des Menschen gepriesen. „Alle Menschen sind von Natur aus gleich." Jedoch infolge „verschiedener von alters her überkommener Gewohnheiten und

[1]) Pisskorsky S. 149ff. Kowalewsky IV, Kap. 3—4.

[2]) Darmstädter S. 216. Sée, Classes rurales. S. 252. Boucomont S. 3.

Bräuche, die sich bis auf den heutigen Tag in unserem Königreiche erhalten haben .... sind viele Personen unseres gemeinen Volkes in den Banden der Unfreiheit befangen". „In Erwägung dessen, daß unser Königreich Königreich der Franken genannt wird (d. i. der Freien), und da wir wünschen, daß dem auch wirklich so sein möge, verfügen wir, es solle in unserem gesamten Königreich, soweit dies uns und unsere Nachkommen betrifft .... die Unfreiheit durch Freiheit ersetzt werden und allen denjenigen, die von alters her, oder durch Heirat, oder durch Aufenthalt gebunden sind oder gebunden werden könnten, Freiheit zu angemessenen und guten Bedingungen gegeben werden (also gegen Entschädigung!). Und .... unser Volk soll nicht mehr durch main-morte und formariage belastet werden, wie dies bisher geschah. Und die anderen Grundherren, die Leibeigene (hommes de corps) haben, sollen sich an uns ein Beispiel nehmen und sie zur Freiheit zurückführen."

Doch wird, nach all dieser schwunghaften Rhetorik, vom König immerhin der Fall vorgesehen, es könnten wohl manche „schlechtberatene Serven" sich weigern, die Freiheit zu erwerben, und es vorziehen, anstatt von der „großen Gnade" (grant grâce) und dem „großen Vorteile" (grant bénéfice) zu profitieren, „in ihrer kläglichen Sklaverei zu verbleiben". Diese „schlimmen Geister" („mauvais esprits") werden nicht ins Paradies kommen, versichert der König. Die zur Vollziehung der Befreiung entsandten Kommissare werden nun beauftragt, von solchen Personen eine besondere Steuer zu erheben, die nach dem Besitz des einzelnen, sowie nach seinen Abgaben und Diensten bemessen werden sollte, also der für die Freilassung festgesetzten Abfindungssumme entsprach. Wie das Sendschreiben ohne Umschweife zugibt, waren die auf diese Weise erhobenen Summen zur Kriegführung bestimmt.

Der Erlaß von 1315 (bzw. 1318), dessen Einleitung die angeführten Sätze über die natürliche Freiheit und ursprüngliche Gleichheit der Menschen enthält, wurde als eine „Deklaration der Menschenrechte gepriesen" (s. Lenient, La Satire en France au moyen-age). Guizot meinte in den 30er Jahren des 19. Jahrhunderts, Kaiser Alexander hätte es nicht wagen dürfen, für Rußland einen derartigen Ukas zu veröffentlichen. Dagegen bemerkt Bloch, der Brauch, derartige Einleitungen (Arenga) den königlichen Erlassen vorauszuschicken, sei von altersher überliefert und hätte sich das ganze Mittelalter hindurch erhalten. Wie er sich ausdrückt, „bewegen sich diese Einleitungen stets im Kreise der gleichen Gedanken und Gemeinplätze und stehen zur Wirklichkeit in einer nur entfernten Beziehung. Selbst der Form nach zeichnen sie sich nicht durch Originalität aus; es waren dies größtenteils schablonenhafte Redewendungen, geliefert von den zahllosen, von der Ars dictandi handelnden Werken, die als Lehrbücher für den vollkommenen Notar und den vollkommenen Sekretär bestimmt waren, oder Familienrezepten gleich, in den Kanzleien überliefert waren. Die gleichen, rührende Pietät der Kirche gegenüber atmenden Sätze sind zu Beginn der Erlasse aller Könige zu lesen, welcher Art ihre Politik auch gewesen sein mag. Diese Formeln waren keineswegs aufrichtig, doch dürfte man sie auch kaum als unwahr bezeichnen, denn dies hieße ihnen eine Bedeutung beilegen, die ihnen gar nicht zukam ... Die Kirchenväter, beeinflußt zugleich von den Evangelien und von der Philosophie der Griechen und Römer, hatten die natürliche Gleichheit aller Menschen proklamiert. Es erschien daher als ein gottgefälliges Werk, den Sklaven die ursprüngliche Freiheit wiederzugeben. Doch die menschliche Gesellschaft lebt nicht von Almosen ..." Die aus der Unfreiheit fließenden Einnahmen waren für die weltlichen und geistlichen Grundherren überaus wichtig. Daher folgten in den Freibriefen auf die üblichen einleitenden Sätze über die Gottgefälligkeit der Freilassung, der Zusatz: „für die Summe von zweihundert Livres in Denaren". Andere Herren „gestanden beide Beweggründe ein, oder es wurde auch die gegen Zahlung vollzogene Freilassung ihrer äußeren Form nach als eine unentgeltliche Schenkung dargestellt". Wie Bloch geistvoll bemerkt „wird man wohl kaum je sagen können, inwieweit in diesen naiven und etwas rohen Gemütern die Routine der notariellen Akte, die Achtung vor der guten Sitte, ja vielleicht auch eine unbestimmte, dunkle Hoffnung, den Himmel zu hintergehen, teilhatten".[1])

Bloch stellt die Behauptung auf, zu Beginn des 14. Jahrhunderts seien Freilassungen vom König nur in beschränktem Umfange vorgenommen worden, in dieser Hinsicht hätte die prunkvolle Einleitung dem Erlaß von 1315 eine ganz unverdiente Berühmtheit verschafft. Nach Bloch hätten die Könige ihre Zeit keineswegs überholt. Sie „nahmen an einer sozialen Bewegung teil, ohne sie zu leiten". Allerdings erstreckte sich jede der königlichen Freilassungen gewöhnlich auf zahlreiche Bauern, während die geistlichen Körperschaften meist nur einzelnen Leuten Vergünstigungen gewährten. Doch war für den König der gleiche Beweggrund maßgebend, wie für die übrigen Grundherren — nämlich der materielle Nutzen. Die Feststellung der verschiedenen, den Unfreien obliegenden Schuldigkeiten bereitete dem König bedeutende Schwierigkeiten, bildete aber auch eine starke Belastung der Bauern. So ging in der Regel das Vermögen des serf vom Vater an den Sohn über — der Herr hatte also keine Gelegenheit, sein Heimfallsrecht auszuüben. Erst wenn der Fall eintrat, daß direkte Leibeserben fehlten, oder die Hausgemeinschaft sich auflöste, konnte der Seigneur seine Rechte geltend machen. Der Seigneur konnte ferner auch das droit de formariage nur selten beanspruchen, nämlich nur dann, wenn sein serf in eine andere Grundherrschaft hineinheiratete, nicht aber bei Ehen zwischen seinen eigenen Leuten, was die Regel war. Wenn es dem einzelnen Grundherrn nicht schwer fallen mochte, innerhalb seiner Seigneurie alle Todes- und Heiratsfälle zu ermitteln und seine Ansprüche nötigenfalls durchzusetzen, so war dies für die ausgedehnten königlichen Domänen mit großen Schwierigkeiten verbunden. Fortwährend mußte der König Beamte aussenden, die beauftragt waren, das Vermögen der betreffenden Unfreien einzuschätzen und die ihnen obliegenden Leistungen festzusetzen, was, im Vergleich zu den dabei erzielten Einnahmen, allzuhohe Unkosten verursachte. Für den König war es viel vorteilhafter, den serfs die Aufhebung dieser Lasten gegen einmalige Abfindung zu gewähren, wobei für ihn selbstverständlich nicht individuelle, sondern nur Massenfreilassungen als Einnahmequelle in Betracht kommen konnten, zu denen in der Tat auch jedesmal gegriffen wurde, wenn ein Krieg ausbrach. Man kann demnach eigentlich von einer eigenartigen Kriegssteuer reden, die beinahe zu einer regelmäßigen Einnahmequelle geworden war. Bezeichnend ist hierbei auch der Umstand, daß sowohl die die Freilassung der Bauern

---

[1]) Bloch, Rois et serfs (1920), S. 132 ff., 152 ff., 158 ff.

betreffenden Verhandlungen, als auch die Vornahme derselben eben den gleichen florentinischen Bankiers übertragen wurde, bei denen die französischen Könige Darlehen aufnahmen. Zur Deckung dieser Schulden überließ man ihnen sowohl die Erhebung verschiedener Steuern, als auch die für die Freilassung zu leistenden Geldsummen.[1])

Nun haben freilich die Könige von Frankreich keineswegs die Befreiung sämtlicher von ihnen abhängiger Bauern beabsichtigt. Es handelte sich hierbei, z. B. zur Regierungszeit Ludwigs X., stets nur um bestimmte, genau umgrenzte Landgebiete, wohin Beamte entsandt wurden, um die Ablösungen zu vollziehen. Freilassungen werden nur soweit vorgenommen, als die Aufbringung der zur Kriegführung erforderlichen Mittel es erheischte. Dem Beispiel des Königs folgten auch die anderen Seigneurs. Da jedoch durch die Befreiung ihrer serfs der Wert ihrer Güter vermindert wurde, so hatten sie dazu die Genehmigung des Königs einzuholen, die ihnen nur gegen Entgelt gewährt wurde. Die hieraus fließenden Erträge veranlaßten den König, die Bauernbefreiung auf alle mögliche Weise zu begünstigen. Doch vollzogen auch die Feudalherren die Befreiungen keineswegs unentgeltlich. Wohl ließen sie ihre Bauern im Namen des Erlösers frei, jedoch gegen Zahlung.

Jedenfalls war, als Ergebnis dieser Maßnahmen, im 15. Jahrhundert in Nord- und Westfrankreich, vor allem aber in Flandern, im Brabant und dem Hennegau der größere Teil der Bauernschaft zur persönlichen Freiheit aufgestiegen. Anders lagen die Dinge in Mittel- und Ostfrankreich. Hier war die Leibeigenschaft in der überwiegenden Mehrzahl der Fälle erhalten geblieben. In den coutumes wird ihr ein wichtiger Platz eingeräumt (so im Nivernais, im Bourbonnais, Marche, Troyes) oder wenigstens ihrer Erwähnung getan, wie in Meaux, Vitry, der Auvergne. Die Bauern werden sogar zuweilen einfach als „hommes de corps" bezeichnet: „il tient et adheire a sa chaire et aux os."

In Flandern, Hennegau und Brabant wurden Frondienste, Kopfsteuer, Erbanfallsteuer und Heiratsgebühren in vielen Fällen gänzlich aufgehoben oder (bereits vom Beginn des 13. Jahrhunderts an) durch unbedeutende Geldabgaben abgelöst. Zu Ausgang des Mittelalters bestand der weitaus größere Teil der Landbevölkerung des heutigen Belgien aus persönlich freien, auf Zinsgut sitzenden Bauern. Neben ihnen hatten sich freilich, insbes. in Brabant und Hennegau, auch serfs erhalten, die sowohl dem „formariage", als dem „droit de meilleur catel" unterlagen, während sie in Luxemburg wie in Flandern eine nur verschwindende Minderheit ausmachten.[2]) Doch auch im Hennegau haben die vielen Freilassungen aus der Zeit von 1350 bis 1460 dazu geführt, daß sich ein zahlreicher Stand der „sainteurs" gebildet hat, die weder main-morte, noch taille zu zahlen hatten, auch von Frondiensten befreit waren, und weder in bezug auf Vermögensveräußerung, noch auf Freizügigkeit Beschränkungen unterlagen. 1317 bezog der Graf von Hainaut die main-morte von 53 serfs, 1350 bloß von 13, für 1400—1410 betrug diese Zahl nur noch 7 pro Jahr, um dann auf 4 zu fallen. In den 80er Jahren des 15. Jahrhunderts erhielt

---

[1]) Bloch, S. 28ff,, 34ff,, 48ff., 59ff., 71ff.

[2]) Pirenne I, S. 153, 330ff.; II, S. 511ff. Brants S. 66ff. Verriest, Servage etc. S. 136ff., 143ff., 147ff., 163ff. Vgl. Vanderkindere, Les tributaires ou serfs d'Eglise en Belgique au moyen-age (1897).

der Landesherr oft mehrere Jahre hintereinander keinen Anteil mehr an Nachlässen. Als um 1509 eine Untersuchung über die Anzahl der serfs in der Grafschaft vorgenommen wurde, verblieb sie ergebnislos und mußte eingestellt werden, da man nur einzelne serfs entdecken konnte: sie hatten fast sämtlich bereits die Freiheit erlangt.[1] [2]

Delisle behauptet, die letzten Reste der Leibeigenschaft in der Normandie gehörten dem 11. Jahrhundert an, während im 12.—14. Jahrhundert sie bereits verschwunden wären, auch Entlassungsscheine aus dieser Zeit kämen s. E. nicht vor. Und doch weist er selbst auf das Bestehen von Fronden hin, und zwar sowohl von Hand- als von Spanndiensten, die zu Ausgang des 12. und im Laufe des 13. Jahrhunderts durch Geldleistungen ersetzt worden waren, wodurch die Lage der Bauern sich erheblich gebessert hatte. Besonderes Gewicht legt Delisle auf den Umstand, daß in der Normandie weder droit de main-morte noch droit de formariage zu finden seien. Zugleich erhellt aber aus seiner Darstellung, daß im 12. Jahrhundert die Bauern weder Ehen außerhalb der Grundherrschaft eingehen durften, noch die volle Verfügung über ihre Bodengüter (das Recht, dieselben zu verschulden oder zu veräußern) besaßen. Gegen eine geringe Geldabgabe wurde ihnen jedoch von den meisten Herren die Erlaubnis in diesem wie in jenem Falle erteilt. Auch bei Besitzveränderungen von Todeswegen hatten die Erben des Verstorbenen an den Herrn eine Abgabe, den sog. Relief, zu entrichten.[3] Es sind also die gleichen Institute, die main-morte und das formariage, die sich in diesen Leistungen unschwer erkennen lassen, nur daß diese Bezeichnungen hier nicht vorkommen.

Bedeutend früher, als in der Normandie, hatte wohl die Befreiung eines Teils der Bauern von verschiedenen Lasten in der Bretagne eingesetzt, während allerdings andere Gruppen der Bauernschaft erst im Laufe des 13. Jahrhunderts in den Genuß dieser Vergünstigungen gelangten. In manchen Teilen der Bretagne wurde die main-morte und die taille arbitraire (für die mottiers und quevaisiers) erst im Laufe des 15. Jahrhunderts abgeschafft. Reste der Hörigkeiten hatten sich übrigens auch noch in den folgenden Jahrhunderten erhalten.[4] Auch in Poitou wurde die main-morte zu Ausgang des 13. Jahrhunderts aufgehoben.[5]

Ein ganz anderes Bild gewähren die Verhältnisse in Nord- und Ostfrankreich. Im Nivernais und im Bourbonnais durften die Bauern in Strafsachen vor Gericht kein Zeugnis gegen den Seigneur ablegen, sie unterlagen der taille arbitraire (exploitables haut et bas), der nur das überlieferte Herkommen gewisse Schranken auferlegte. Wohl kam im ausgehenden Mittelalter das „droit de poursuite" im eigentlichen Sinne, als das Recht der zwangsmäßigen Rückbringung des schollenflüchtigen Hörigen nicht mehr in Anwendung, doch hatte es insofern Geltung behalten, als der Herr ein Anrecht besaß auf einen Teil des nach dem Tode des Bauern, wo er auch erfolgt sein mochte, zurückbleibenden Vermögens. Außerdem war nach Ablauf einer bestimmten (im Nivernais auf 30, in Burgund, der Marche und der Franchecomté auf 10 Jahre festgelegten) Frist die von dem Abgewanderten verlassene Bauernstelle dem Grundherrn verfallen. Die Frondienste waren allerdings unerheblich (sie betrugen im Bourbonnais vier Tage im Jahre, in der Auvergne zwölf Tage). Dagegen erreichten die zahlreichen Abgaben eine beträchtliche Höhe, sie stiegen bis zur Hälfte des Einkommens des Bauern, ja darüber. Auch Halbfreie (die sog. bor-

[1]) Verriest a. a. O.

[2]) In manchen Bezirken von Neufchâtel war im Laufe des 14. Jahrhunderts das Erbrecht bis auf die Verwandten im 6. Grade ausgedehnt, auch die freie Veräußerlichkeit der Bauerngüter gegen Zahlung des zwölften Teiles ihres Wertes, sowie das Recht der Freizügigkeit gewährt worden (Darmstädter S. 108).

[3]) Delisle S. 2, 12ff., 19, 72, 125ff.

[4]) Borderie, Mém. sur le servage en Bretagne. S. 112. Sée, Etudes sur les classes rurales en Bretagne au moyen-âge. S. 95f., 103.

[5]) Raveau, L'agriculture et les classes sociales dans le Haut-Poitou. (Rev. d'hist. écon. 1924.) Lafonde, Etude sur le servage en Poitou. 1923.

deliers) waren hier nicht zahlreich, obwohl diese Schicht im Laufe des 13. Jahrhunderts infolge von Freilassungen eine rasche Zunahme erfahren hatte. Die bordeliers hatten außer dem jährlichen Zins dem Herrn bei der Veräußerung ihrer Grundstücke ein Drittel des Wertes zu zahlen (die außerhalb der Grundherrschaft erworbenen ausgenommen). Das Vermögen des bordelier konnte nur dann vererbt werden, wenn er Erben hatte, die mit ihm in einer Hausgemeinschaft zusammengelebt hatten („le feu, le sel et le pain partent l'homme morte-main"). In diesem Falle konnte der Nachlaß auch an andere vermacht werden, da ja der Grundherr keinen Anspruch darauf erheben konnte, während beim Fehlen der Hausgemeinschaft das Erbe ihm zufiel. Im Unterschied von den bordeliers hatten die Unfreien bei Besitzveränderungen auch von dem außerhalb der Grundherrschaft erworbenen Vermögen ein Fünftel des Wertes an den Herrn zu entrichten. Im ganzen genommen war freilich die Lage der bordeliers nur um ein weniges günstiger als die der serfs: sie besaßen etwas mehr persönliche Freiheit, und es gab unter ihnen nicht nur Bauern, sondern auch Stadtbürger, später auch Adlige.[1])

Kapitel 15.

Deutschland.

Auch in Frankreich, wie in Flandern und anderwärts sind im späteren Mittelalter Aufstände zu verzeichnen, an denen besonders die Bauernschaft teilnahm (vor allem die Jacquerie).[2]) Doch sind sie für die wirtschaftliche Entwicklung jener Zeit weniger von Belang gewesen, so daß wir sie hier füglich übergehen können. Unsere volle Aufmerksamkeit verdient dagegen der deutsche Bauernkrieg von 1525, dessen Erörterung auch die Frage nach der Lage der deutschen Bauernschaft im ausgehenden Mittelalter klären kann.

In Deutschland kommen seit Mitte des 15. Jahrhunderts zahlreiche Bauernaufstände vor. Die Bauern wollen dem Beispiel der Schweizer folgen, die im Kampfe gegen die Habsburger die Freiheit errungen hatten. Der Ausspruch „schweizerisch werden wollen" wird häufig wiederholt. Auch der in England 1381 so populäre Spruch „als Adam grub und Eva spann, wo war denn da der Edelmann?" war in aller Mund. 1476 stellte sich Hans Behaim aus Niklashausen an Spitze einer die Bauernrevolte. Er predigte den Anbruch eines neuen Gottesreiches, wo es „weder Fürsten, noch Päpste, weder Herrschaften, noch Fronden geben werde". Der Bischof von Würzburg ließ ihn nachts festnehmen und verbrennen, worauf sich die Erregung legte. Ferner brach 1492 in den Niederlanden der „Brot- und Käsekrieg" aus, so genannt, da auf dem Banner der Aufständischen neben einem schimmeligen Gerstenbrote ein grüner Käse abgebildet war. Zu seiner Niederwerfung wurde eine bedeutende Waffenmacht gebraucht. In dasselbe Jahr fällt der Aufstand in der Abtei Kempten. Bezeichnend ist die Äußerung des Abtes von Kempten, „er mache es nur wie andere Herren".

Auf diese lokalen Unruhen folgte 1500 die Bildung einer bäuerlichen Verbrüderung des „Bundschuhs" (weil sie den Bundschuh als Wahrzeichen aufpflanzte), die eine Reihe von Massenaufständen veranlaßte: die 1514 ausgebrochene Bauernrevolte in Württemberg (der „arme Konrad"), die von 1515 in Kärnten und Steiermark u. a. m. Bei allen diesen Aufständen wird die von der hussitischen Ideenwelt stark beeinflußte (in England von den Lollarden ausgegangene), in Deutschland auf

---

[1]) Boucomont, Des main-mortes personelle et réelle en Nivernais. 1896. Jeanton, Le servage en Bourgogne. 1906.

[2]) Luce, Hist. de la Jacquerie. 1895. Pirenne, Le soulèvement de la Flandre maritime de 1323—1328. 1900.

das Evangelium sich berufende Forderung von Freiheit und Gleichheit erhoben. „Nichts, denn die Gerechtigkeit Gottes“ wünschen die Rebellen. Häufig wurde von ihnen auch die Säkularisation der Kirchengüter und die Aufhebung des Zehents verlangt. „Mit meinen Händen säe ich das Korn und der Pfaffe nimmt's an sich.“ Die Bewegung beschränkt sich nicht auf den Bauernstand allein, sondern greift auch auf die Städte über. 1426 finden in Wien, 1477 in Aachen, in den 80er Jahren des 15. Jahrhunderts in Köln, Rostock, Braunschweig, Osnabrück, 1491 in Magdeburg Aufstände statt.

1525 brach endlich die als „Bauernkrieg“ bekannte ungeheure Massenbewegung aus. Bereits in den vorhergehenden Jahren war für sie der Boden vorbereitet worden: fremde vagierende Leute zogen von Dorf zu Dorf, die Bauern in Kirchen und auf Märkten, bei Hochzeiten und in Schänken gegen die Herrschaft aufwiegelnd. Sie predigten, die Gewalt der Herren rühre nicht von Gott, sondern vom Teufel her, sie seien „des Teufels Söldner und Satanas ihr Hauptmann“. Zu Beginn des Jahres 1525 befanden sich die Massen in fieberhafter Erwartung der kommenden Dinge. „Wer im Jahr 1523 nicht stirbt, im Jahre 1524 nicht im Wasser verdirbt und 1525 nicht erschlagen wird, der mag wohl von Wundern sagen“, so hieß es, und die prophezeiten Wasserflüsse verwandelten sich bald in Ströme menschlichen Blutes. Die Agitation wurde auf Grund der sog. 12 Artikel geführt, in denen neben den wirtschaftlichen Forderungen auch religiöse (Wahl der Pfarrer durch die Gemeinde und Freigabe des Evangeliums) niedergelegt worden sind. Anfänglich hatten die Aufständischen große Erfolge zu verzeichnen, sie waren dem Adel gegenüber siegreich vorgedrungen, der sich in manchen Gebieten zu weitgehenden Zugeständnissen bequemen mußte. Der Aufstand verbreitete sich über ganz Schwaben, Elsaß, Thüringen, Franken, Tirol, Salzburg. Die Bauern stellten nun auch politische Ziele auf, den Plan einer Neuordnung der gesamten Reichsverfassung. Es handelte sich um die Stärkung der Reichsgewalt auf Kosten der Landesherrschaft, um die Abschaffung der Feudallasten und die Säkularisation der Kirchengüter. Dazu kam die Forderung der Einheit von Maß, Gewicht und Münze, der Aufhebung der Zölle und Geleite, und der Einführung der Freizügigkeit. Als sich jedoch die Feudalherren vereinigten, vermochten die Bauerntruppen ihren Waffen nicht standzuhalten. Sie erlitten blutige Niederlagen und allmählich wurde der Aufstand vollständig niedergeworfen.

Inwiefern ist nun der Bauernkrieg durch wirtschaftliche Motive veranlaßt worden?

In der Lage des deutschen Bauernstandes war, wie dies ja auch in anderen Ländern der Fall war, im 13. und 14. Jahrhundert zweifellos eine bedeutende Besserung eingetreten. Eine Verallgemeinerung der freien Erbleihe, eine Ermäßigung der Zinse und Verminderung der Fronarbeiten, eine größere Freizügigkeit hatten das Los der Bauern weithin gebessert. Nun soll dann freilich seit dem 15. Jahrhundert eine ungünstige Wendung in den Geschicken des deutschen Bauernstandes eingetreten sein. Doch sind dieser Behauptung v. Below und eine Reihe anderer Forscher[1]) entgegengetreten, die sämtlich die Bauernlage als eine günstige auffassen. So kann z. B. für Tirol von einer Verschlechterung der wirtschaftlichen Lage der Bauernschaft keine Rede sein; die Mehrzahl der Bauern saß hier zu Erbbaurecht, das in seiner Rechtswirkung dem Eigentum sehr nahe

[1]) v. Below, Probl. S. 70. Ders., Territorium u. Stadt. S. 65f. Wopfner, Lage Tirols. S. 7ff., 69ff., 97ff. Hagelstange S. 38ff., 50ff. Stolze, Vorgesch. S. 52. Ders., Bauernkrieg und Reformation. (1926). Kiener, Vorgesch. (Zeitschr. 1904). Vgl. Gothein. (Westdeutsche Zeitschr. IV.) Th. Knapp, Beiträge (1902). Riezler III, S. 186ff. Aubin (Jahrb. f. Nat.-Oek. 1912).

stand. Der Grundbesitz wurde immer mehr als Rentensubstrat angesehen, so daß das Abhängigkeitsverhältnis des Grundholden zurücktrat und das vermögensrechtliche Moment zur Hauptsache wurde. Doch auch die grundherrlichen Lasten waren im weitaus größten Teile des Landes erträglich.[1]) Im Bistum Straßburg herrschte ebenfalls im allgemeinen ein Erbpachtrecht; Leibeigene hatte der Bischof nur noch außerhalb seines Territoriums, während sie innerhalb desselben schon verschwunden waren.[2]) Ein bayerischer zeitgenössischer Beobachter (Aventin) sagt über seine bäuerlichen Landsleute, der Bauer „dient seinem Herrn, der sonst keine Gewalt über ihn hat, jährliche Gilt, Zins und Scharwerk, tut sonst, was er will, sitzt Tag und Nacht beim Wein, schreit, singt, tanzt, kartet, spielt, mag Wehr tragen, Schweinspieß und lange Messer". Wenn er auch freilich übertreibend hinzufügt, es hätte in Bayern keine Leibeigenschaft mehr gegeben („ist er sonst frei, mag auch frei ledig eigen Gut haben"), so erhalten wir doch jedenfalls ein von einem Kenner gezeichnetes günstiges Gesamtbild. Es ist zu beachten, daß die Leibeigenschaft hier, wie auch in anderen, namentlich süddeutschen Ländern damals, im Grunde genommen, nur ein rein persönliches Rechtsverhältnis darstellte, indem der Leibeigene seinen jährlichen geringen Leibzins zahlte und weder ohne Wissen seines Herrn heiraten noch ohne dessen Einwilligung abziehen durfte. Doch äußerte sich auch diese Abhängigkeit schließlich in Geldverpflichtungen, in Heiratsabgaben, im Abzugsgeld, wie im Besthaupt. Dazu kamen dann noch für alle Bauern, für Leibeigene, wie persönlich freie, Zinse, Zehnte und Fronden, letztere meist als geregelte Dienste. Gerade zu Ausgang des 15. Jahrhunderts arbeitete die Landesherrschaft in Bayern auf die Abstellung einzelner Härten und Mißbräuche hin, wie die Häufung von Scharwerkspflichten oder der von den Edelleuten unbillig erhobene Totfall. Nach den Gesetzen von 1508, 1514 und 1516 sollten auch die Heiraten der Eigenleute frei, unbeschränkt und unbesteuert sein.[3])

Für andere Gebiete hat sich ebenfalls keine Verschlechterung der Lage des Bauernstandes zu Ausgang des Mittelalters ergeben. Und doch gab es auch in Deutschland Anlässe genug, um eine bäuerliche Revolution zu entzünden. Nur lagen dieselben nicht, wie dies Lamprecht behauptet, in dem von den Grundherren ausgeübten Druck, nicht in einem Notstand der Bauern.[4]) Wie v. Below betont, braucht ja ein Aufstand nicht durchaus die Folge einer sehr gedrückten Lage der Aufständischen zu sein, er kann ja auch Zeugnis von deren gehobener Stellung ablegen.[5]) Während der Bauer im Aufsteigen begriffen war, fühlte er

[1]) Wopfner S. 71f., 193ff.

[2]) Kiener, Zur Vorgeschichte des Bauernkrieges. (Z. f. Gesch. d. Oberrheins. 1904.)

[3]) Riezler, Gesch. Bayerns III, S. 186ff.; VI, S. 216.

[4]) Lamprecht, Deutsche Gesch. V, T. 1, 2. S. 80ff. Vgl. Inama III, 1, S. 420.

[5]) v. Below, Beiträge S. 75; ebenso Hagelstange S. 38ff., 50ff. und Grupp, Kulturgesch. des Mittelalt. VI (1925), S. 126ff., 129ff.

nun die Bande, die ihn umschlossen, plötzlich schärfer angezogen. Nicht nur, daß die Abgaben des einzelnen stiegen, daß von dem einzelnen neue Leistungen gefordert wurden, auch die Bauernschaft als Ganzes, die Dorfgemeinde sah sich neuen Ansprüchen gegenüber und in ihren alten Rechten beschränkt; alle Schichten der bäuerlichen Bevölkerung fühlten sich angegriffen.[1]) Und zwar war es nicht so sehr der Mißbrauch grundherrlicher, als vielmehr wie v. Below nachgewiesen hat, landesherrlicher Gewalt, der die Bauernschaft erbitterte. Die kleinen territorialen Landesherren steigerten ihre Rechte ins Ungemessene und handhabten sie in schikanöser Weise. „Sie faßten ihre landesherrliche Stellung so auf, als ob ihr Territorium eine private Grundherrschaft wäre.“ Deswegen sind es gerade die kleinen und kleinsten Territorien, die den eigentlichen Schauplatz des Bauernkrieges bilden. Neben Erhöhung der Steuern und Fronlasten kommen insbesondere die Kürzungen der bäuerlichen Rechte an Wald und Weide, an Wasser und Jagd in Betracht, die mit der Ausbildung des landesherrlichen Jagd- und Fischereiregals, der landesherrlichen Allmendeansprüche, der Regulierung der Holznutzung einhergehen.[2])

Nun klagt allerdings schon Freidank (1229), daß die Herren alle Gemeinrechte sich aneignen und die Allmende beschränken. Sie zwingen — sagt er — Feld, Stein, Wasser und Wald, wilde und zahme Tiere und würden auch über die Luft und den Sonnenschein gebieten, wenn sie es vermöchten.[3]) Auch aus manchen Urkunden, z. B. für Württemberg, ergibt sich, daß bereits seit dem 13. Jahrhundert Streitigkeiten über das Recht an der Allmende zwischen Herrschaft und Gemeinde ausgefochten wurden. Doch scheint es sich vorläufig erst darum zu handeln, ob auch ortsfremdes Vieh auf die Weide zugelassen werden darf, ob die Herren Holz für ihre auswärtigen Besitzungen verwenden oder es gar an Fremde verkaufen dürfen.[4]) Erst später mehren sich die Einschränkungen der bäuerlichen Nutzungen an der Allmende; diese Nutzungsrechte werden auch wohl abgeschafft oder Zahlungen für dieselben eingeführt.[5]) Die Beschwerden darüber kehren in den sog. Zwölf Artikeln wieder. Hier lesen wir ja davon, daß dem „armen Mann“ (so nannte man den Bauern) das Recht, „das Willpret, Gefigel oder Fisch in fließendem Wasser zu fangen“, genommen worden ist, was „gantz unzymlich un unbrüderlich dünckt“, ja daß die unvernünftigen Tiere dem Bauern Schaden anrichten und „verfretzen mutwiligklich“ (Art. 4). Ferner heißt es, die Herrschaften

---

[1]) Stolze, Vorgesch. S. 52.

[2]) v. Below, Beiträge. S. 70. Riezler III, S. 780ff, 797. Wopfner, Lage Tirols. S. 193, 199. Kiener, Z. f. Gesch. d. Oberrheins. 1904. Stolze, Vorgesch. S. 48f. Ders., Hist. Z. S. 302. Schröder 6. Aufl., S. 582ff., 885.

[3]) Grupp VI, S. 133.

[4]) Ernst, Entst. d. deutsch. Grundeigentums (1926). S. 61ff. Vgl. S. 64, 92.

[5]) Die neuen Jagdgesetze — sagt Geiler von Kaisersberg (in der zweiten Hälfte des 15. Jahrhunderts) — sind hart für die Bauern, günstig für die Tyrannen und Unterdrücker der Armen.

hätten die Gehölze sich angeeignet, so daß der arme Mann seinen Bedarf an Holz um Geld kaufen muß (Art. 5); die Wiesen und Äcker, die den Gemeinden gehörten, sind ihnen widerrechtlich entzogen worden (Art. 10); endlich werden die Dienste gemehrt (Art. 6). Außer diesen Übelständen und Mißbräuchen soll auch der Totfall aufgehoben werden (Art. 11), ja die Bauern wollen überhaupt frei sein, ihre Ansprüche gipfeln in der Forderung, es solle keine Eigenleute mehr geben, denn Christus hat alle mit seinem Blut erlöst und erkauft, niemanden ausgenommen (Art. 3). Abgesehen von diesem Punkte wird keineswegs die Abschaffung aller Lasten, sondern im Grunde genommen nur die Wiederherstellung des alten Herkommens gefordert. Beklagten sich doch die Bauern schon früher, daß sie beschwert seien wider Herkommen, Billigkeit, verbrieftes Recht. Sie wollen nach dem Herkommen behandelt werden, bei ihren alten guten Bräuchen, Statuten und Rechten, bei ihren „Freiheiten und Ehaften" bleiben. Obwohl die Bauern — irrtümlich oder bewußt — manches als Neuerung bezeichneten, was in Wirklichkeit altes Herrenrecht war, so herrschte bei ihnen jedenfalls die Vorstellung, daß der frühere Rechtszustand erschüttert sei und wieder aufgenommen werden müsse.[1]) Dies bezweckte eben der Bauernkrieg in wirtschaftlicher Hinsicht (neben seinen politischen Zwecken). „Er atmet den konservativen Geist, dem das neue verwerflich ist, schon weil es neu ist."[2]) [3])

Man wird mancherlei Analogien zwischen der englischen Bauernrevolte von 1381 und dem deutschen Bauernkrieg von 1525 finden. In beiden Fällen ist eine im allgemeinen günstige Lage (in England eine bessere, als in Deutschland) anzunehmen, aber auch Versuche, die Rechte der Bauern teilweise zu schmälern und wider das Herkommen zu handeln, wogegen die Bauernschaft sich zur Wehr setzt. Auch ein weiteres Umsichgreifen der Bewegung und die Teilnahme der städtischen Bevölkerung ist für den Bauernkrieg nicht minder charakteristisch als für die Erhebung in England. Andrerseits waren jedoch die wirtschaftlichen Folgen (politisch schloß der Aufruhr in beiden Ländern mit einer Niederlage der Aufständischen ab) hier und dort nicht die gleichen. Während in England auch nach dem Aufstande der Aufstieg der Bauern zur Freiheit in schnellem Tempo vorwärtsschreitet, um bald sein Ziel vollständig zu

---

[1]) Wopfner, Quellen zur Gesch. d. Bauernkrieges in Deutsch-Tirol I. Kaser, Viert. f. Soz.- u. W.-G. XI.

[2]) Götze, Hist. Viert. XII, S. 556.

[3]) Ganz unerwiesen ist Sommerlads Behauptung (Handw. d. Staatsw.), der Bauernkrieg sei u. a. auch durch die nachteilige Einwirkung der Entwicklung der Weltwirtschaft auf die deutsche Landwirtschaft verursacht worden. Das Aufkommen der Weltwirtschaft (von der doch für das 16. Jahrhundert noch keine Rede sein kann) soll sich in der Steigerung der Getreide- und Wollpreise geäußert haben, während doch diese Preissteigerung, die eigentlich für den Bauern als Produzenten nur vorteilhaft sein konnte, vor 1525 nur ganz unbedeutend war und ihre Wirkung in der Landwirtschaft jedenfalls nicht sofort eintreten konnte. (Vgl. dar. Wiebe, Zur Gesch. der Preisrevolution im 16.—17. Jahrhundert. S. 110, 119f.)

erreichen, hatte die deutsche Bauernschaft noch volle drei Jahrhunderte zu warten, bis auch für sie die Stunde der Befreiung schlug. Ja, auch eine teilweise Besserung konnten sich die deutschen Bauern nur ausnahmsweise erkämpfen. Im allgemeinen trat in Deutschland ein vollständiger Stillstand, eine Erstarrung der alten Formen der bäuerlichen Verfassung ein. Neben den politischen hatten sich namentlich die wirtschaftlichen Verhältnisse in Deutschland für den Bauernstand viel ungünstiger als in England gestaltet. Dies hing teilweise auch damit zusammen, daß die Bauernrevolte hier anderthalb Jahrhunderte später ausbrach als in England, zu einer Zeit, als die wirtschaftlichen Zustände in Europa eine für die Bauernschaft überhaupt meist wenig vorteilhafte Wendung angenommen hatten.

In England lag auch nach der Revolte noch viel freies Land unbebaut da, eine Abwanderung überschüssiger Bevölkerung nach den Städten setzte sich noch immer fort und die Entvölkerung, welche die große Pest bewirkt hatte, war bis ins 16. Jahrhundert hinein durch den Bevölkerungszuwachs nicht wettgemacht worden. Auch hatte der Kampf der Weißen und Roten Rose den englischen Adel so sehr geschwächt (ganze Geschlechter waren ja dabei zugrunde gegangen), daß er gar nicht mehr daran denken konnte, den über die Bauern davongetragenen Sieg auszubeuten, sondern vielmehr suchen mußte, mit ihnen in Frieden zu leben. Anders in Deutschland im 16. Jahrhundert, wo die Abwanderung vom platten Lande in die Städte und Kolonialgebiete bereits aufgehört hatte (die Städte hatten sich gegen den Zufluß vom Lande abgeschlossen und die Kolonialgebiete waren seit Ende des 14. Jahrhunderts besiedelt), und wo die Verheerungen des „Schwarzen Todes", der die Bevölkerung stark dezimiert hatte, längst vergessen waren. Auch das Erstarken der Territorialherrschaft, namentlich in den kleineren Territorien, war einer Besserung der bäuerlichen Verhältnisse keineswegs günstig. Unter diesen Umständen konnte sich die deutsche Bauernschaft glücklich nennen, wenn wenigstens keine Verschlechterung in ihrer Lage eintrat und die frühere Verfassung in unverändertem Zustande auch weiter beibehalten wurde. Wenn es dem so blieb, so hatte sie es, neben dem Bestreben derselben Landesherrschaft, zu große Härten und Bedrückungen des „armen Mannes" abzustellen, insbesondere dem Umstande zu verdanken, daß die Grundherrschaft, die oft mit der Territorialherrschaft zusammenfiel, westlich der Elbe bereits seit Ende des Mittelalters sich zumeist auf den Bezug von Renten reduziert, zu einem Substrat von Rentenbezügen umgewandelt hatte, so daß sich das Abhängigkeitsverhältnis öfters nur in Geldleistungen ausdrückte und namentlich die die Bauern besonders belastenden Frondienste durch Geldzahlungen abgelöst wurden.

In der Tat stimmen heute die meisten Schriftsteller (im Gegensatz zur älteren Ansicht) darin überein, daß, wenn auch die Bauernlasten in unmittelbarem Gefolge der Niederwerfung des Aufstandes hie und da erhöht worden sind, im allgemeinen die weitere Folgezeit keine Verschlechterung der Lage des Bauernstandes mit sich gebracht hat.[1]) „Das Ergebnis der großen Empörung ist in Baden — sagt Ludwig — ganz gewiß keine Verschlechterung, eher eine leichte Verbesserung der Lage des Bauernstandes gewesen. Dies war jedoch keineswegs eine besondere Eigentümlichkeit dieses Territoriums, sondern vielmehr ... der allgemeine Ausgang an den meisten Orten ... Der Versuch einer Umgestaltung der südwestdeutschen Agrarverfassung brach sich im Bauernkrieg und wurde darauf von keiner Seite mehr zum zweiten Mal unternommen. Darum blieb sie fortan, aller Veränderungen im Leben der Territorien ungeachtet, unbeweglich, wie sie war."[2]) Doch auch dort, wo die Bauernschaft an der Empörung gar nicht teilgenommen hatte, traten nur wenige Änderungen ein. Hatten sich die Zustände auch hier nicht viel gebessert, so waren sie doch wenigstens auch nicht ungünstiger geworden. „Den bayrischen Bauern — meint Riezler — hatte das Stillsitzen im Bauernkrieg so wenig eine Verbesserung ihrer Lage gebracht wie den Nachbarn der stürmische Aufstand." So lange Gefahr drohte, daß sie den Aufrührern die Hand reichen würden, hatte man ihnen zugesagt, ihren Beschwerden abzuhelfen, doch nach dem wiedergewonnenen Gefühl der Sicherheit wurde das Versprechen keineswegs eingelöst. „Von allem, was den Bauern drückte: Leibeigenschaft, Todfall, Zehnten, Fronden, Wildschaden wurde nichts beseitigt." Nur einige geringere Besserungen, wie die Abschaffung des Gesindezwangs durch das Landrecht von 1553, sind für das 16. Jahrhundert zu verzeichnen.[3]) Ein Fortschritt in den bäuerlichen Besitzrechten findet sich bloß in Niedersachsen, wo das Meierrecht sich zu einem erblichen Rechtsverhältnis ausbildete, ein Rückgang dagegen im deutschen Osten, der vom Bauernkrieg fast gar nicht betroffen worden war. Die Zunahme der Abhängigkeit, wie die Verschlechterung der Besitzrechte im östlichen Deutschland ist demnach dem Ausgang des Bauernkrieges ebensowenig beizumessen, wie als Folge der Rezeption des römischen Rechts aufzufassen.[4])

---

[1]) Gothein, Westdeutsch. Z. IV, S. 21. v. Below, Probl. S. 76f. Th. Knapp, Beitr. S. 368f., 423ff. Bosch S. 184f. Ehrler, Agrargesch. und Agrarwesen der Johanniterherrschaft Heitersheim. S. 39.

[2]) Ludwig S. 117, 119f.

[3]) Riezler VI, S. 215f.

[4]) S. dar. Bd. II.

III. Die Landwirtschaft.

Kapitel 16.

Die Landwirtschaft. Bauernleben.

Das Hoch- und Spätmittelalter hat ohne Zweifel gewisse Fortschritte in der landwirtschaftlichen Produktion aufzuweisen. Sie bestanden hauptsächlich in der Besiedelung neuer Gebiete, wie namentlich der Küstenstriche der Nordsee, Flanderns und der Kolonialgebiete des slawischen Ostens. Auch sonst fand ein heftiger Kampf gegen Wald und Sumpf statt. Die Rodarbeit setzte überall ein, ebenso wie die Trockenlegung von Morästen und die Eindeichung der den Meereswellen ausgesetzten Küstenlinien.[1]) Die landwirtschaftlich genutzte Fläche hat dadurch bis zum 13. Jahrhundert eine erhebliche Ausweitung erfahren, während in den folgenden Jahrhunderten, wenigstens in Altdeutschland (im Gegensatz zum deutschen Osten), eine Erweiterung des Rodgebietes nicht mehr stattfand.[2]) Viel geringer war dagegen die Steigerung der Intensität des Anbaus. Nun ist ja freilich die Dreifelderwirtschaft seit dem 8. Jahrhundert erst allmählich vorgedrungen und auch noch im 12. und 13. Jahrhundert kommt sie in manchen Gegenden erst auf.[3]) Auch der Weinbau erhält im Donau- und besonders im Rheingebiet erst seit der ersten Hälfte des 12. Jahrhunderts, im Zusammenhang mit der Einführung des Terrassenbaus, eine größere räumliche Ausdehnung. Es verbreitet sich die Hanf- und Flachskultur, in manchen Gegenden auch der Anbau von Farbkräutern, wie Waid und Krapp.[4]) Dagegen war die Besömmerung der Brache mit Futterkräutern oder mit Erbsen, Linsen usw., wenigstens in Mittel- und Westeuropa, im Mittelalter wohl eine nur ganz seltene Ausnahme.[5]) Doch abgesehen davon, daß die Dreifelderwirtschaft auch im 12. und 13. Jahrhundert noch lange nicht überall verbreitet war, sondern sich daneben auch die Zweifelderwirtschaft noch teilweise erhalten hatte[6]), mußte ja gerade die Dreifelderwirtschaft mit Gemengelage und Flurzwang zu einem Hemmnis des landwirtschaftlichen Fortschritts werden. Die Brache führte dazu, daß der Acker in drei Jahren nur die

---

[1]) Knüll, Hist. Geogr. Deutschlands im Mittelalter. S. 84ff. (1903).

[2]) v. Below, Probleme. S. 43, 73. Knüll S. 89f. Freilich finden namentlich in der oberrheinischen Tiefebene größere Rodungen auch in der Neuzeit statt (Knüll S. 94).

[3]) Lamprecht, Deutsch. Wirtsch.-L. I, S. 545.

[4]) Knüll S. 122ff. Réville S. 14f.

[5]) Sée, Classes rurales. S. 543. Réville, Les paysans au moyen-âge. S. 7.

[6]) Lamprecht I S. 546.

Hälfte des Ertrags lieferte, den er herzugeben imstande war. Es wurden jahraus jahrein die gleichen, den Boden stark erschöpfenden Saaten angebaut.[1]) Künstlichen Dünger kannte man nicht, Mergel wurde nur in einzelnen Gegenden (z. B. in der Normandie, Maine, Burgund) angewandt, sonst nur Viehmist. Doch auch diesen verstand man öfters nicht auszunutzen, er wurde zuweilen in Flüsse oder gar auf die Straße geworfen, so daß er Luft und Wasser verpestete, dem Landmann aber keinen Nutzen brachte.[2]) Aus den Urkunden des 14. bis 15. Jahrhunderts ist es zu ersehen, daß der Boden häufig bei der Bestellung einfach mit einer Hake aufgerissen wurde. Es galt allgemein, der Pflug sei nur zur Bearbeitung von Grundstücken von mindestens 60 acres notwendig; wie Delisle hinweist, erreichten die bäuerlichen Güter meist diese Größe nicht. Allerdings wurde von den Bauern in manchen Fällen auf gemeinsame Kosten ein Pflug erworben, der dann als Gemeinschaftsbesitz genutzt und mit Ochsen, seltener Pferden, bespannt wurde. Die Egge fehlte gewöhnlich, weshalb die dicht an der Erdoberfläche eingesäten Samen häufig zur Beute der Vögel werden mußten. Auch das Jäten der Unkräuter war nicht üblich, höchstens schnitt man sie mit einer Sichel ab.[3]) Einem besseren Wirtschaften machte endlich der Aberglaube Hindernisse: zahlreiche Zaubersprüche, uralte, aus heidnischer Vorzeit stammende rituelle Bräuche waren dazu bestimmt, einen reichlichen Ernteertrag zu sichern, die dem Landmann feindlichen finsteren Mächte zu bannen.[4])

Der von den Bauern erzielte Bodenertrag war daher gering, und doch hatte er einen beträchtlichen Teil desselben als Zahlung von Zinsen und Abgaben an den Herrn zu entrichten. Die Kirche erhob den Zehent, der König verschiedene Steuern. Nach d'Avenel betrug der Bodenertrag durchschnittlich den zehnten Teil des Grundstückswerts. Dabei wurden ca. 3 bis 4% des Werts an den Herrn entrichtet. Wenn man die übrigen, von dem Bauern zu leistenden Schuldigkeiten hinzurechnet, so bleibt ihm nur der dritte Teil des an sich schon geringen Ertrages. Damit stimmen auch die Berechnungen von v. Inama-Sterneggs überein. Der Bauer behielt nicht mehr als den dritten Teil des Ertrags für sich, denn ca. ein Drittel desselben wurde als Zins vom Grundherrn erhoben, von den übrigen 66% hatte er 6% als Zehent an die Kirche abzugeben.

---

[1]) Réville S. 7f. Musset, Le Bas-Maine (1917), S. 244f.

[2]) Sée, Classes rurales. S. 541. Musset, S. 245. Joubert, La vie agric. dans le Haut-Maine (1886), S. 11ff. Réville S. 8.

[3]) Délisle, Etudes sur la condition de la classe agricole et l'état de l'agriculture de la Normandie au moyen-âge. 2. Aufl. (1903), S. 287, 300ff. Sion, Les paysans de la Normandie orientale. S. 148. Réville S. 9f.

[4]) Die Samen warf man durch einen mit 30 Löchern versehenen, aus einem Wolfsfell gefertigten Sieb, das mußte ihre Qualität erhöhen. Um die Raupenplage loszuwerden, hatte man das Gerippe eines Ochsen auf dem Acker zu vergraben. Beim Weinkeltern mußten bestimmte Sprüche aufgesagt werden. Vor dem Beginn der Ernte wurde dreimal Korn und eine brennende Wachskerze um den Pflug herumgetragen (Réville S. 11).

Es verblieben daraufhin 60%, wovon ein Drittel der Vogt erhielt und 10% auf die Steuern entfielen.[1])

Nach Joh. Boemus und Seb. Franck bestehen die Bauernhütten aus Lehm und Holz und ragen wenig über die Erde empor, gedeckt sind sie mit Stroh.[2]) Andere Angaben ergeben ebenfalls, daß die Baulichkeiten von Holz waren, mit Schilf oder gar mit Stroh gedeckt.[3]) Auch mit dem Aufkommen und der Verbreitung des Ziegelbrennens bleiben Steinhäuser in Bauernkreisen eine Seltenheit. Ebenso selten kommen Glasfenster im Hause vor, gewöhnlich sind es vielmehr kleine viereckige Löcher, glaslos, mit einem hölzernen Laden verschlossen.[4]) Im Erdgeschoß befindet sich die Hausflur, die heizbare große Stube mit einem Ofen und die damit in Verbindung stehende Schlafkammer, auch die Wirtschaftsräume mit dem einfachen Herde. Darüber setzt der Dachstock auf, wo ebenfalls Schlafräume und Vorratskammern angebracht sind. Das Mobiliar des Bauernhauses war sehr einfach. Hauptmöbel waren Tisch und Bänke (Stühle werden seltener erwähnt), ferner ein Schrein zur Aufbewahrung von Kleidern und Kostbarkeiten, endlich eine Bettstelle mit Strohsack, Polster und Kissen sowie Zudecke. „Bettwäsche war aber" sagt Heyne „nicht immer vorhanden, obwohl sie um so nötiger war, als man gänzlich unbekleidet schlief."[5]) Auch in England lebten die Yeomen in Holzhäusern, oft waren die Wände aus Flechtwerk mit Kalk beworfen, einen Kamin gab es hier nicht immer; man schlief auf Stroh, das mit Laken bedeckt war, dazu kam eine grobe Zudecke, oft gab es ein wollenes Polster und ein Strohkissen.[6])

Die Nahrung der Bauern bestand aus Gersten- oder Roggenbrei, aus Brot (in England gebrauchten sie Weizenbrot), ferner aus gesalzenen Fischen (Fastenspeise), aus Gemüsen, Käse, Eiern, Speck. Fleisch aß der Bauer dagegen nur an Feiertagen, die daher auch als Fleischtage bezeichnet wurden; infolge der häufigen Viehseuchen war Fleisch selten.[7]) Die Kleidung bildete eine leinene Joppe oder eine Zwilchjacke, ein Hanfkittel, ein grauer Mantel, ein paar Bundschuhe, ein Filzhut. Andrerseits heißt es in manchen dichterischen Werken jener Zeit, die Bauern kleiden sich nach Ritterart, sie ziehen mit roten Hosen zur Hochzeit, sie übernehmen sich in Putz und Trank, bei ihren Hochzeiten, Kindtaufen und Kirchweihen geht es viel köstlicher zu als auf dem Schlosse, sie sitzen im Wirtshaus und verzehren und verspielen mehr, als der Pflug gewähren kann.[8]) Beide Angaben, sowohl über das einfache Leben der Bauern als auch über die Üppigkeit in Essen und Trinken, über den Hang zum Putz lassen sich miteinander in Einklang bringen. Ein hartes, entbehrungsreiches Leben im allgemeinen und große Ausgaben für Speise und Trank, wie auch für Kleidung, an Festtagen, bei Hochzeiten, Taufen, Kirchweihen, passen recht wohl zusammen. Anläßlich solcher Festlichkeiten wurde eine Unmenge von Speisen und Getränken verbraucht, alle Ersparnisse aufgezehrt; man wandte die Getreidevorräte auf, schlachtete das Vieh ab. Es wurde eine unglaubliche Völlerei und Trunksucht entfaltet, worauf eine noch kärglichere Lebenshaltung als vordem eintrat.

Besonders traurig war die Lage der Bauern zu Kriegszeiten, denn nach der damals herrschenden Auffassung mußte „der Krieg den Krieg nähren", auf Kosten der friedlichen Bevölkerung bestritten werden. Bewaffnete Banden zogen im Lande herum, brandschatzten und plünderten die Bauern. Während des Hundertjährigen

---

[1]) D'Avenel, Histoire de la propriété, des prix etc. T. I. v. Inama III, 1. S. 405

[2]) Grupp, Kulturgesch. d. Mittelalt. VI, S. 26.

[3]) Lamprecht, Deutsch. W.-L. I, S. 544.

[4]) Heyne, Wohnungswesen. S. 160, 162, 168, 200. Sée S. 543f. Réville S. 34f. Hagelstange S. 109.

[5]) Heyne S. 171ff. Sée S. 545. Réville S. 35f.

[6]) Spencer, Descriptive Sociology. (Wohnung, Tab. IV.)

[7]) Réville S. 39ff. Sée, S. 546. Délisle a. a. O. Musset, S. 244, 248.

[8]) Grupp VI, S. 25ff.

Krieges zwischen Frankreich und England war halb Frankreich verheert worden. Leisteten die Bauern Widerstand, so wurden sie auf Scheiterhaufen verbrannt, gevierteilt, den grausamsten Foltern unterworfen. Nach Büchers treffendem Ausdruck übten die mittelalterlichen Herrscher das Regieren als ein „Wandergewerbe“ aus; sie zogen von Ort zu Ort, von dem ihnen zustehenden Recht auf Beherbergung ausgiebigen Gebrauch machend. Der Aufenthalt des Herrschers bedeutete für die Bevölkerung der betreffenden Ortschaft ein großes Unheil. Nicht genug, daß die Bauern verpflichtet waren, ihn und sein Gefolge zu verpflegen, sie wurden von den Mannen des Königs schonungslos geplündert, ihrer Vorräte beraubt; die eingesäten und bestellten Felder wurden verwüstet, so daß die Einwohner es vorzogen, für die Dauer dieser eigenartigen, von den eigenen Landsleuten verübten Raubzüge in die Wälder zu flüchten, ihr geringes Hab und Gut aber dem Schicksal auf Gnade und Ungnade zu überliefern.[1])

Noch schlimmer gestalteten sich die Dinge während der häufig wiederkehrenden Hungersnöte, wo man von Wurzeln und Kräutern, von Baumrinde, ja sogar von Menschenfleisch lebte, um nur nicht Hungers zu sterben. Der bei solchen Anlässen so dringend erforderliche Getreidehandel war nur schwach entwickelt; gelangten Kornvorräte in das von der Hungersnot heimgesuchte Gebiet, so geschah dies in der Regel erst, wenn sie bereits einen derartigen Umfang angenommen hatte, und die Getreidepreise daher dermaßen gestiegen waren, daß die Bevölkerung außerstande war, das angelangte Korn zu erwerben. Die Feudalherren kümmerten sich nur wenig um dieses Elend; nur selten wandten sie diesen traurigen Umständen einige Aufmerksamkeit zu, öfters kamen dagegen die Klöster der notleidenden Bevölkerung zu Hilfe. Für gewöhnlich forderte man von den Bauern „patience et obéissance“; man betrachtete sie mit unverhohlener Verachtung (Jacques bonhomme a bon dos, il souffre tout): „der Bauer ist an Ochsen statt, nur daß er keine Hörner hat“ oder man sagte: „rustica gens optima flens, pessima gaudens“[2]).

---

[1]) Dénifle, La désolation des églises etc. pendant la guerre de cent ans I, II, (1899) pass. Réville S. 27ff. Musset, S. 248.

[2]) Sée S. 557. Rosières, Histoire de la société française au moyen-âge. 3me édit. II. 1884. S. 433.

II. ABSCHNITT.

Das Zunft- und Gewerbewesen.

Quellen. 1. Städtewesen. Oberrheinische Stadtrechte, hrsg. von der Badischen hist. Kommission. I. Abt.: Fränkische Rechte. 2. Abt.: Schwäbische Rechte. 3. Abt.: Elsässische Rechte. Westfälische Stadtrechte, veröffentlicht von der hist. Kommission für Westfalen. 1901ff. Sammlung schweizerischer Rechtsquellen. (Stadtrechte der Kantone Aargau, Bern usw.) Quellen zur Rechts- und Wirtschaftsgeschichte der rheinischen Städte (Kurkölnische Städte, Bergische Städte). Publ. der Gesellsch. für Rhein. Geschichtskunde. Hegel, Chroniken der deutschen Städte. 26 Bde. (1862—1898). Keutgen, Urkunden zur städtischen Verfassungsgeschichte. 1899. Gaupp, Deutsche Stadtrechte des Mittelalters I—II. 1851. Knipping, Die Kölner Stadtrechnungen des Mittelalters I—II. 1897. Koppmann, Kämmereirechnungen der Stadt Hamburg I—VII. 1869ff. Harms, Der Stadthaushalt Basels. Jahresrechnungen 1365—1535. (3 Bde. 1909ff.) Sander, Die reichsstädtische Haushaltung Nürnbergs. 1902. Welti, Die Stadtrechnungen von Bern a. d. J. 1375—1384. 1896. Richebé, Compte de recettes et de dépenses de la ville de Lille 1301—1302. 1894. Ähnliche Ausgaben für Brüssel, Ypern, Dortrecht, Middelburg u. a. flandrische und holländische Städte.

2. Zunftwesen. Zunftrollen, teilweise mit ausführlichen Erläuterungen. Wehrmann, Die älteren lübeckischen Zunftrollen. 2. Aufl. 1872. Rüdiger, Die ältesten hamburgischen Zunftrollen und Bruderschaftsstatuten. 1875. Ders., Ältere hamburgische und hanseatische Handwerksgesellendokumente. 1875. Bodemann, Die älteren Zunfturkunden der Stadt Lüneburg. 1883. Korn, Schlesische Urkunden zur Geschichte des Gewerberechts, insbes. des Innungswesens aus der Zeit vor 1400. 1867. Philippi, Die ältesten osnabrückischen Gildeurkunden bis 1500. 1890. Krause, Die ältesten Zunftrollen der Stadt Greifswald. 1898. v. d. Ropp, Göttinger Statuten. Stieda und Mettig, Schragen der Gilden und Ämter der Stadt Riga bis 1621. 1896. Hartfelder, Die älteren Zunftordnungen der Stadt Freiburg i. Br. 1879. Mone, Zunftorganisation vom 13. bis 16. Jahrhundert. Zeitschr. f. d. Gesch. des Oberrheins XVff. v. Loesch, Die Kölner Zunfturkunden nebst anderen Gewerbeurkunden. 1908. Bücher und Schmidt, Frankfurter Amts- und Zunfturkunden bis zum Jahre 1612. I—II. 1914/15. Schmoller, Die Straßburger Tucher- und Weberzunft. Urkunden und Darstellung. 1879. Siegl, Die Egerer Zunftordnungen. 1909. Brucker, Straßburger Zunft- und Polizeiverordnungen des 14.—15. Jahrhunderts. 1889. Depping, Règlements sur les arts et métiers de Paris au XIIIe siècle. 1837. Thierry, Recueil des monuments inédits de l'histoire du tiers état. Vol. I—III. 1850. Lespinasse, Les métiers et corporations de la ville de Paris. Espinas et Pirenne, Recueil de documents relatifs à l'histoire de l'industrie drapière en Flandre. T. I—III. 1906—1920. Fagniez, Documents rélatifs à l'histoire de l'industrie et au commerce en France. T. I—II. 1900.

Literatur. Städtewesen. Hüllmann, Städtewesen im Mittelalter I—IV. 1825ff. Maurer, Geschichte der Städteverfassung in Deutschland I—IV. 1866—71. Hegel, Entstehung des deutschen Städtewesens. 1898. Ders., Geschichte der Städteverfassung von Italien. Ders., Städte und Gilden der germanischen Völker im Mittelalter I—II. 1891. Gengler, Deutsche Stadtrechtsaltertümer. 1882. Flach, Les origines de l'ancienne France. T. II. 1893. Luchaire, Les communes françaises à l'époque des Capétiens directs. 1890. Ders., Les démocraties italiennes. 1915. Pirenne, Les démocraties urbaines aux Pay-Bas. 1912. Ders., Histoire de la constitution de la ville de Dinant. Ders., Origines des constitutions urbaines au moyen-âge. Revue histor. T. 57. (1895.) Ders., Villes, marchés et marchands au moyen-âge. Ibid. T. 67. v. Below, Die Entstehung der deutschen Stadtgemeinde. 1889. Ders., Der Ursprung der deutschen Stadtverfassung. 1892. Ders., Zur Entstehung der deutschen Stadtverfassung (Hist. Zeitschr. LVIII—LIX). Ders., Stadtgemeinde, Landgemeinde und Gilde. (Viert. f. Soz.- u. W.-G. VII.) Ders., Zur Geschichte der deutschen Stadtverfassung. (Jahrb. f. Nationalök. 1915.) Ders., Die Entstehung des modernen Kapitalismus und die Hauptstädte. Schmollers Jahrb. 1919. Ders. im Arch. f. Weltwirtschaft II. 1917. Ders., Territorium und Stadt. 2. Aufl., 1923. Ders., Probleme der Wirtschaftsgeschichte. 2. Aufl., 1926. Ders., Deutsche Städtegründung im Mittelalter, mit bes. Hinblick auf Freiburg i. Br. 1923. Sohm, Die Entstehung des deutschen Städtewesens. 1890. Rietschel, Markt und Stadt in ihrem rechtlichen Verhältnis. 1897. Keutgen, Untersuchungen über den Ursprung der deutschen Stadtverfassung. 1895. Liesegang, Niederrheinisches Städtewesen im Mittelalter. 1897. Gothein, Wirtschaftsgeschichte des Schwarzwaldes I. 1891. Warnkönig, Flandrische Staats- und Rechtsgeschichte I—III. 1835ff. E. Mayer, Deutsche und französische Verfassungsgeschichte I—II. Germain, Histoire de la commune de Montpellier. 1869. Espinas, La vie urbaine de Douai au moyen-âge. 1913. Bourgin, La commune de Soissons. Bibliothèque de l'école des Hautes Études. Sciences philol. et histor. Nr. 31. Saint-Omer. Nr. 45. Senlis. Nr. 75. Noyon. Kuske, Geschichte der rhein. Städte. 1922. Kurth, La cité de Liège au moyen-âge. 1910. Boos, Geschichte der rheinischen Städtekultur I. 1897. Keussen, Topographie der Stadt Köln im Mittelalter. 1910. Seeliger, Stadtverfassung. (Reallex. der germ. Altertumsk. IV.) Sieveking, Die mittelalterliche Stadt. Viert. f. Soz.- und W.-G. II. Koetzschke, Allg. Wirtschg. 1924. Gross, The Gild Merchant, a contribution to british municipal history. Vol. I—II. 1890. Maitland, Domesday Book and beyond. 1897. Round, The Commune of London. 1889. Handloike, Die lombardischen Städte. 1883. Heinemann, Zur Entstehung der Stadtverfassung in Italien. 1896. Volpe, Questioni fondamentali sull origine e sorgimento dei comuni italiani. 1905.

Sombart, Der moderne Kapitalismus I, 2. ff. Aufl. Sander, Geschichte des deutschen Städtewesens. 1922. Schmoller, Deutsches Städtewesen in älterer Zeit. 1922. Ders., Straßburgs Blüte und die volkswirtsch. Revolution im 13. Jahrhundert. 1875. Ders., Straßburg zur Zeit der Zunftkämpfe. 1875. Weber, Wirtschaft und Gesellschaft. Die Stadt. Maunier, L'origine et la fonction économique des villes. 1910. Arnold, Zur Geschichte des Eigentums in den deutschen Städten. 1861. Beyerle, Grundeigentumsverhältnisse und Bürgerrecht im mittelalterlichen Konstanz. Höniger, Kölner Schreinsurkunden. 1884—94. Des Marez, Étude sur la propriété foncière dans les villes du moyen-âge, spécialement en Flandre. 1898. Caro, Ländlicher Grundbesitz von Stadtbürgern im Mittelalter (Jahrb. für Nat.-Oek. III. B. 31).

Städtische Bevölkerung. Inama-Sternegg, Deutsche Wirtschaftsgeschichte III, T. 1, 1899. Ders., Die Quellen der historischen Bevölkerungsstatistik. (Statistische Monatsschr. XII.) Bücher, Entstehung der Volkswirtschaft. Ders., Bevölkerung von Frankfurt a. M. im 14. und 15. Jahrhundert I. 1885. Ders., Die Berufe der Stadt Frankfurt im Mittelalter. 1914. Schoenberg, Finanzverhältnisse der Stadt Basel im 14. und 15. Jahrhundert. 1879. Bothe, Die Entwicklung der direkten Besteuerung der Reichsstadt Frankfurt. 1906. Ders., Beiträge zur Wirtschafts- und Sozialgeschichte Frankfurts. 1906. Buomberg, Bevölkerung- und Vermögensstatistik der Stadt und Landschaft Freiburg um die Mitte des 15. Jahrhunderts. 1900. Eulenburg, Zur Bevölkerungs- und Vermögensstatistik des 15. Jahrhunderts. (Z. f. Soz.- u. W.-G. III. Heidelberg.) Pirenne, Les dénombrements de la population d'Ypres au XVe s. (Viert. für Soz.- u. W.-G. I.) Jastrow, Die Volkszahl deutscher Städte zu Ende des Mittelalters. 1886. Reisner, Die Einwohnerzahl deutscher Städte in früheren Jahrhunderten. 1902. (Lübeck). Eheberg, Straßburgs Bevölkerungszahl seit Ende des 15. Jahrhunderts. Jahrb. für Nat.-Oek. N. F. VI, VII.) Paasche, Die städtische Bevölkerung früherer Jahrhunderte. (Jahrb. f. Nat.-Oek. N. F. V.) (Rostock.) Helbok, Die Bevölkerung der

Stadt Bregenz vom 14. bis 18. Jahrhundert. (Forsch. zur inneren Geschichte Österreichs VII.) Neubauer, Erfurts wirtsch. Leben im Mittelalter. (Viert. für Soz.- u. W.-G. 1914—1915.) Banck, Die Bevölkerungszahl der Stadt Köln. (Beitr. zur Gesch. vorn. Kölns und der Rheinlande. 1895.) Bungers, Beiträge zur mitt. Topographie, Rechtsgesch. und Sozialstatistik der Stadt Köln. 1899. Otto, Bevölkerung der Stadt Butzbach während des Mittelalters. 1893. Nuglisch, Die wirtsch. Leistungsfähigkeit deutsch. Städte im Mitt. (Z. f. Sozialwiss. 1906.) (Ravensburg, Eßlingen usw.) Hartwig, Der Lübecker Schoß. 1903. (Schmollers Forschungen XXI.) Keller-Escher, Das Steuerwesen der Stadt Zürich im 13., 14. und 15. Jahrhundert. 1904. Vetter, Bevölkerungsverhältnisse Mülhausens im 15.—16. Jahrhundert. (Leipziger hist. Abh. XVII.) Ott, Bevölkerungsstatistik der Stadt und Landschaft Nürnberg in der ersten Hälfte des 15. Jahrhunderts. 1907. Fahlbusch, Die Bevölkerungszahl der Stadt Braunschweig i. Anf. d. 15. Jahrhunderts. (Hans. Gesch.-Bl. XVIII.) Schaefer, Wirtschafts- und Finanzgesch. von Überlingen. (Gierkes Untersuchungen XXXXIV.) Hartung, Die Augsburger Zuschlagssteuer. 1495. Ders., Die Augsburg. Vermögenssteuer und die Entw. der Besitzverhältnisse im 16. Jahrhundert (beides in Schmollers Jahrbuch. 1895.) Martin-Saint-Léon, Histoire des corporations de métiers. 1897.

Zunft- und Gewerbewesen. Wilda, Das Gildewesen im Mittelalter. 1831. Stahl, Das deutsche Handwerk. 1874. Mascher, Das deutsche Gewerbewesen. 1860. Gierke, Rechtsgeschichte der deutschen Genossenschaft. 1868. Hegel, Städte und Gilden. 1891. Maurer, Gesch. der Städteverfass. 1869—71. Neuburg, Zunftgerichtsbarkeit und Zunftverfassung. 1880. Brentano, Die Arbeitergilden der Gegenwart I, 1871. Schmoller, Die Straßburger Tucher- und Weberzunft. 1879. Inama-Sternegg, Deutsche Wirtschaftsgeschichte III, T. 2. 1901. Stieda, Zunftwesen. Handw. der Staatswiss. VIII, 3. Aufl. Schoenberg, Zur wirtsch. Bedeutung des deutschen Zunftwesens im Mitt. 1869. v. Below, Zünfte. Wörterb. d. Volkswirtsch. Sander, Die gesch. Erforschung der stadtwirtschaftlichen Handwerksverfassung in Deutschland. (Die Entwickl. der deutsch. Volkswirtschaftslehre im 19. Jahrhundert II. 1908.) Sombart, Der moderne Kapitalismus I. 1. Aufl., 1902. Ders., 2.ff. Aufl.

Hartmann, Zur Geschichte der Zünfte im frühen Mittelalter. (Z. f. Soz.- u. W.-G. III.) Stöckle, Spätrömische und byzantinische Zünfte. 1911. Gehrig, Das Zunftwesen Konstantinopels im 10. Jahrhundert. (Jahrb. f. Nat.-Oek. XXXVIII.) Nitzsch, Ministerialität und Bürgertum im 10. und 11. Jahrhundert. 1859. Stieda, Zur Entstehung des deutschen Zunftwesens. 1876. Eberstadt, Magisterium und Fraternitas. 1897. Ders., Der Ursprung des Zunftwesens. 2. Aufl., 1915. W. Müller, Zur Frage des Ursprungs der mittelalterlichen Zünfte. 1910. Philippi, Die erste Industrialisierung Deutschlands. 1909. v. Below, Territorium und Stadt. 2. Aufl., 1923. Ders., Probleme der Wirtschaftsgeschichte. 2. Aufl., 1926. Ders., Zur Entstehung der deutsch. Stadtverfassung. (Hist. Zeitschr. 1887.) Ders., Zur Geschichte des Handwerks und der Gilden. (Hist. Zeitschr. 1911.) Ders., Handwerk und Hofrecht. (Viert. f. Soz.- u. W.-G. 1914.) Gothein, Wirtschaftsgesch. des Schwarzwaldes I. 1891. Keutgen, Ämter und Zünfte. 1903. Gallion, Der Ursprung der Zünfte in Paris. 1910. Seeliger, Handwerk und Hofrecht. Hist. Viert. 1913. Sander, Für und wider den hofrechtlichen Ursprung der Zünfte. (Ibid.) Croon, Zur Entstehung des Zunftwesens. 1901.

Höhler, Die Anfänge des Handwerks in Lübeck. 1903. Blümcke, Die Handwerkszünfte im mittelalterl. Stettin. (Balt. Stud. 1884.) Stalmann, Beiträge zur Gesch. der Gewerbe in Braunschweig. 1907. Meister, Die ältesten gewerblichen Verbände von Wernigerode. 1890. Schanz, Zur Geschichte der deutschen Gesellenverbände im Mitt. 1876. Eulenburg, Das Wiener Zunftwesen. (Z. für Soz.- u. W.-G. I, II.) Ders., Drei Jahrhunderte städtischen Gewerbewesens. (Viert. Soz.- u. W.-G. 1904.) Ehrler, Stadtverfassung und Zünfte Freiburgs i. Br. (Jahrb. f. Nat-Oek. III, Bd. 41/42). Flamm, Der wirtschaftl. Niedergang Freiburgs i. B. und die Lage des städtischen Eigentums im 15. Jahrhundert. 1905. Hartmann, Geschichte der Handwerksverbände der Stadt Hildesheim i. Mitt. 1905. Tuckermann, Das Gewerbe der Stadt Hildesheim bis zur Mitte des 15. Jahrhunderts I, 1906. Hermandung, Zunftwesen der Stadt Aachen. Pfeiffer, Das Göttinger Gewerbewesen im 14. und 15. Jahrhundert. 1913. Fecht, Das Gewerbe der Stadt Zürich im Mitt. 1909. Hehmann, Das Zunftwesen der Stadt Fulda. 1909. Uhlirz, Das Gewerbe der Stadt Wien. Boehmert, Beitr. zur Geschichte des Zunftwesens. (Bremer Schusterzunft.) 1867. Dirke, Rechtsverhältnisse der Handwerkslehrlinge und -gesellen nach den deutsch. Stadtrechten und Zunftstatuten des Mitt. 1914. Wagner, Das Gewerbe der Bader und Barbiere im deutsch. Mitt. 1917. Wever, Die Anfänge des deutschen Leinengewerbes bis z. Ausg. des 14. Jahrhunderts. 1918. Lauenstein, Das mitt. Böttcher- und Kupferhandwerk in Deutschl. 1916. Hirsch, Danzigs Handels- und Gewerbsgeschichte. 1858. Nübling, Ulms Handel und Gewerbe i. Mitt. 1892. Fromm, Frankfurts Textilgewerbe i. Mitt. 1897. Geering, Handel und Industrie der Stadt Basel bis zum 17. Jahrhundert. 1886. Schoenlank, Soz. Kämpfe vor dreihundert Jahren. 1894. (Nürnberg.) Heimpel, Die Gewerbe der Stadt Regensburg i. Mitt. 1926. Klaiber, Beiträge zur Wirtschaftspolitik oberschwäbischer Reichsstädte im ausgeh. Mitt. 1926 (Leutkirch, Ulm, Memmingen, Ravensburg). Seeger, Westfalens Handel und Gewerbe vom 9. bis zum 14. Jahrh. 1926. Levasseur, Histoire des classes ouvrières et de l'industrie en France jusqu'à 1789. 2. Aufl., T. I. Martin-Saint-Léon, Histoire des corporations de métiers. 1897. Hauser, Les ouvriers du temps passé. 1899. Ders., Des divers modes d'organisation du travail dans l'ancienne France. (Revue d'hist. moderne. 1905—06.) Ders., Travailleurs et marchands de l'ancienne Françe. 1920. Boissonade, Le travail en Europe chrétienne au moyen-âge. 1921. Ders., Essai sur l'histoire de l'organisation du travail en Poitou. 2 vols. 1900. Eberstadt, Das französische Gewerberecht vom 13. Jahrhundert bis 1581. (Schmollers Forsch.) Fagniez, Études sur l'industrie et la classe industrielle à Paris au XIVe siècle. 1877. Du Bourg, Les corporations ouvri de la ville de Toulouse du XIIIe au XVe siècle. 1884. Toubeau de Maisonneuve, Anciennes Corporations ouvrières à Bourges. 1881. Ouin-Lacroix, Histoire des anciennes corporations d'arts et métiers et de confréries religieuses de la capitale de la Normandie. 1850. (Rouen.) Rébillon, Anciennes corporations de Rennes. 1902. De Ribbes, Hist. des corporations de Provence. Aclocque, Les corporations, l'industrie et le commerce à Chartres du XI s. à la Révolution. 1917. Espinas, La draperie dans la Flandre française au moyen-âge I—II. 1923. Des Marez, L'organisation du travail à Bruxelles au XVe siècle. 1904. Goetstouwers, Les métiers de Namur sous l'ancien régime. 1908. Poncelet, Les bons métiers de la cité de Liège. 1900. Vigne, Moeurs et usages des corporations de Belgique. 1857. Vanderkindere, Le siècle des Artevelde. 1879. Mouillé, Les corporations drapières de la Flandre au moyen-âge. (Rev. des quest. hist. 1914. 1922.) Cunningham, Growth of English Industry and Commerce. Ashley, Introduction into the Economic History. (Deutsch 1896. I—II.) Ochenkowski, Englands wirtschaftliche Entwicklung am Ausgang des Mittelalters. 1879. Unwin, The Gilds and Companies of London. 1908. Brodnitz, Englische Wirtschaftsgeschichte I. 1918. Salzman, English industries in the middle ages. 1923. Lipson, Introduction to the economic history of England. I. 2. Aufl. 1923. Brentano, Eine Geschichte d. wirtsch. Entwickl. Englands. I. 1927. Poehlmann, Wirtschaftspolitik der Florentiner Renaissance. 1878. Doren, Das Florentiner Zunftwesen vom 14. bis 16. Jahrhundert. 1908. (Studien aus der florent. Wirtschaftsgesch. II.) Ders., Deutsche Handwerker und Handwerksbruderschaften in Italien. 1903. Davidsohn, Gesch. von Florenz IV, T. 2, 1925. Renard, Histoire du travail à Florence. 1913. Rodocanachi, Les corporations ouvrières à Rome. 1894. Graf Ajano, Die Venetianer Seidenindustrie und ihre Organisation bis z. Ausg. des Mitt. 1893. Sieveking, Die Genueser Seidenindustrie im 15.—16. Jahrhundert. Schmollers Jahrbuch XXI. Leonhard, Über Handwerksgilden und Verbrüderungen in Spanien. (Jahrb. f. Nationalökon. 1909. Bd. 37.)

Literatur über das **Verlagssystem** im Mittelalter und über den **Bergbau** s. unten.

Kapitel 17.

Die Stadt.

„Wenn wir eine Karte des alten Deutschen Reiches — sagt Bücher — zur Hand nehmen und auf derselben die Orte bezeichnen, welchen bis zu Ende des Mittelalters Stadtrecht verliehen worden ist (es mögen ihrer etwa 3000 gewesen sein), so erblicken wir das ganze Land in Abständen von durchschnittlich 4 bis 5 Wegstunden im Süden und Westen, von 7 bis 8 Stunden im Norden und Osten mit Städten übersät."[1]) Nun dürften freilich noch lange nicht alle Städte im rechtlichen Sinne auch wirtschaftlich betrachtet als solche gelten. Sehr viele von ihnen verblieben auch fernerhin im ökonomischen Sinne Dörfer, nur ein Teil von ihnen waren wirklich Städte, d. i. — nach Sombart — „größere Ansiedlungen von Menschen, die für ihren Unterhalt auf die Erzeugnisse fremder landwirtschaftlicher Arbeit angewiesen waren"[2]), „Sitze von Handel und Gewerbe und bedurften kontinuierlicher Lebensmittelzufuhr von außerhalb" (Max Weber).[3]) Selbst größere Städte waren im ökonomischen Sinne meist nur Halbstädte (wie Sombart sie nennt), denn das städtische Leben bewegte sich noch im späteren Mittelalter in landwirtschaftlicher Atmosphäre, Ratsherrn wie Handwerker besaßen Wirtschaftshöfe in und außerhalb der Stadt, jedenfalls hatten sie Gärten und hielten Vieh, das auf die städtische Weide getrieben wurde.[4])

Es werden meist als Merkmale der mittelalterlichen Stadt einerseits der Markt, wo der Tausch stattfindet, andrerseits die Burg, d. h. ein mit Mauern und Graben befestigter Ort, hervorgehoben. Nun sagt demgegenüber Sombart mit Recht, daß eine Ansiedlung durch Abhaltung eines Marktes noch nicht zur Stadt wird und ebensowenig kann aus einem Dorfe eine Stadt werden, wenn es auch befestigt wird. Doch hat man sich öfter die Sache wohl etwas anders vorgestellt. So betont v. Below neben dem Vorhandensein eines Marktes (und Marktprivilegs) noch andere für das Aufkommen einer Stadt wichtige Momente, wie ein Handelsweg, eine bestimmte Industrie, Schätze des Bodens, allgemeine geographische Verhältnisse.[5]) Ebenso denkt sich Bücher die Entstehung der Stadt aus einem Dorfe in der Weise, daß die Bewohner des platten Landes, denen die Burg zunächst nur zeitweise als Zuflucht und Schutz dient, sich später dauernd hinter den Mauern niederlassen und da bald die Stadtmark nicht mehr ausreicht, um sie zu ernähren, von Landwirtschaft und Viehzucht zum Gewerbe übergehen und nun von den Bauern der Umgegend gegen ihre Gewerbeprodukte die nötigen Nahrungsmittel eintauschen.[6])

Demgegenüber hat Sombart hervorgehoben, daß vor allem die dauernde Niederlassung von Grundherren, die hier ihre Grundrenten verzehren, einen Ort zur

---

[1]) Bücher, Entst. d. Volksw. 2. Aufl., S. 93.

[2]) Sombart I, 2. Aufl., S. 128.

[3]) Weber, Wirtschaftsgesch. S. 273.

[4]) Bücher, Bevölkerung von Frankfurt a. M. S. 261ff. Boos, Gesch. der rhein. Städtekultur III. S. 64. Gothein, Wirtschaftsgesch. des Schwarzwaldes. S. 101ff. Sombart I, 2. Aufl., S. 135ff. Hartwig, Der Lübecker Schoß. S. 39. (Schm. Forsch.) Maunier, L'origine et la fonction économique des villes. S. 77ff.

[5]) v. Below, Ursprung d. Stadtverfass. S. 17f.

[6]) Bücher, Entst. d. Volksw. 2. Aufl. S. 93ff.

Stadt erwachsen läßt.[1]) Allerdings waren die Bischöfe und die geistlichen Anstalten, die von ihren Grundrenten lebten, für manche Städte von erheblicher Bedeutung, für die Städte Italiens auch die Übersiedlung der weltlichen Grundherren. Inwieweit letzteres aber auch für andere Länder, insbesondere für Deutschland zutrifft, wo die Städte dem Adel öfters verboten haben, in ihren Mauern zu wohnen, bedarf noch einer eingehenden Prüfung.[2])

Es wäre auch falsch, anzunehmen, wie dies früher von Arnold, Gierke, Pauli u. a. behauptet worden war, es hätte im Mittelalter große Städte mit einer Bevölkerungszahl von 50—100000 Einwohnern und darüber gegeben. Selbst die angesehensten Handelsstätten wiesen nicht über 8—10000 Einwohner auf; nur in vereinzelten Fällen erreichte die Einwohnerzahl 20000. Die überwiegende Mehrzahl der Städte jedoch zählte wohl weniger als 5000 Einwohner. Dessenungeachtet konnten auch solche, eine nur geringe Einwohnerzahl aufweisende Städte eine erhebliche Bedeutung für Handel und Gewerbe jener Zeit gewinnen, da es sich nicht um zahlreiche Arbeitskräfte erfordernde Exportindustrien handelte, sondern um die Warenerzeugung für den lokalen Markt. Es gab daneben zahlreiche andere Städte, in denen nicht nur ein hochentwickeltes, auf weitgehender Spezialisierung beruhendes Handwerk blühte, die nicht nur am internationalen Handel regen Anteil nahmen (wie z. B. das vielleicht nur 6—7000 Einwohner zählende Hamburg), sondern auch, trotz ihrer nur geringen Einwohnerzahl, eine wichtige Stellung in politischer Hinsicht behaupteten. So z. B. nahm die Stadt Überlingen am Bodensee mit nur 5000 Einwohnern von 1352 bis 1495 an 16 Städtebündnissen teil, ihr Stadtrat, der „große Rat" bestand um die Mitte des 15. Jahrhunderts aus 95 Mitgliedern. Wie Nuglisch richtig hervorhebt, erscheinen überhaupt nur nach unseren jetzigen Begriffen die mittelalterlichen Städte klein; in Wirklichkeit waren Städte mit 8—10000 Einwohnern groß und niemandem würde es einfallen, einen Ort von dieser Größe, wie z. B. das mittelalterliche Basel oder Frankfurt a. M., mit einer heutigen Kleinstadt von 8000 Einwohnern auf eine Stufe zu stellen.

Wir verfügen gegenwärtig über mehr oder weniger zuverlässige ziffernmäßige Angaben über die Bevölkerungszahl der mittelalterlichen Städte. Sie beruhen auf den in manchen Städten im Mittelalter vorgenommenen Einwohnerzählungen (so z. B. für Nürnberg, Straßburg, Freiburg, Nördlingen). Bei solchen Zählungen wurde freilich öfters nur die Bevölkerung einzelner Stadtteile aufgenommen, so z. B. in Ypern. Wertvolle Ergebnisse liefert auch die Benutzung von Steuerbüchern, die die gesamte Bevölkerung erfassen (Dresden, Zürich, Danzig), sowie von verschiedenen anderen, hauptsächlich zu Besteuerungszwecken unternommenen Erhebungen, die wenigstens einen Teil der Bevölkerung vollständig verzeichnen (Frankfurt a. M., Basel, Rostock). Auf Grund dieses Materials konnte mittels Vornahme entsprechender Berechnungen die Einwohnerzahl einer Reihe von Städten ungefähr bestimmt werden. Allerdings müssen auch in diesen Fällen gewisse Annahmen zum Ausgangspunkt genommen werden, die stets mehr oder minder willkürlich erscheinen werden. Wenn man die Bevölkerung auf Grund der Zahl der Haushaltungen zu bestimmen

[1]) Sombart I, 2. Aufl., S. 143ff.

[2]) S. v. Below, Die Entstehung des Kapitals im Mittelalter. Weltwirtsch. Arch. II, 1917, S. 242ff. Ders., Die Entstehung des mod. Kapitalismus und die Hauptstädte. Schm. Jahrb. 1919.

sucht, so entsteht die Frage, wieviel Köpfe durchschnittlich pro Haushaltung anzunehmen sind: ob 5 oder 4, oder noch weniger? Je nach dem Multiplikator ändert sich ja erheblich die Bevölkerungsziffer. Auch die Angaben, die sich auf die erwachsene Bevölkerung allein beziehen, stellen kein unbedingt zuverlässiges Ergebnis dar (Basel, Lübeck), da man ja noch die Kinder hinzurechnen muß und es meist unbekannt ist, von welchem Alter an die Bevölkerung aufgenommen worden ist. Und doch sind die bei derartigen Berechnungen möglichen Irrtümer weit geringer, als diejenigen, welche früher begangen wurden, bei Feststellungen auf Grund so unsicherer Angaben, wie die Anzahl der Herde (Feuerstellen), die Stärke des von der betreffenden Stadt aufgebotenen Heeres, die Ziffer der neu Zugezogenen oder der Kommunizierten.

Als Ergebnis der verschiedentlich vorgenommenen Berechnungen kann eine Einwohnerzahl von ca. 20000 Personen angenommen werden für Nürnberg (1438: 22800, 1449: 20200 Einwohner), Straßburg (1473—1477: 20722 Einwohner, nicht aber 90000 wie früher behauptet wurde), Ulm (ca. 20000 1427 und 1489), Lübeck (20—25000 Einwohner im 15. Jahrhundert, im 14. Jahrhundert war die Einwohnerzahl geringer, jedenfalls nicht 80000, wie Pauli berechnet hatte), Augsburg (1475: 18000 Einwohner), Danzig (ca. 20000 im ersten Drittel des 15. Jahrhunderts), Braunschweig (16 200—18 400 um 1403). Über 20000 hatte wohl (neben Lübeck) nur Köln aufzuweisen (höchstens 30000, jedoch nicht mehrere 100000, wie es früher hieß).[1]) Gegen 10—12000 Einwohner zählten Frankfurt a. M. (7—10000 im 14.—15. Jahrhundert), Rostock (10—13000), Zürich (10—12000), Ypern (9—10000), Reims (10500), Basel (7—12000, nicht aber, wie man früher meinte, 40—50000), Trier (8—9000), Mülhausen in Thüringen (7400—9400 Einwohner).[2]) Gegen 5000 Einwohner besaßen Freiberg in Sachsen, Ravensburg, Heidelberg, Überlingen, Freiburg (Schweiz), Mainz (5700, während man die Bevölkerung früher auf 90000 schätzte), Nördlingen (5—6000). Für Dresden ergibt sich bloß die Zahl von 2500—4000 Einwohnern, für Meißen und Butzbach nur je 2000.[3]) Auch in bezug auf die englischen Städte ist für das 14. Jahrhundert, auf Grund von Angaben über die 1377 erhobene Polltax (eine Art Kopfsteuer, der alle Personen unterlagen, die das 14. Lebensjahr überschritten hatten), festgestellt worden, daß die überwiegende Mehrzahl der Städte weniger als 5000 Einwohner zählte. Nur wenige hatten 5—10000 Einwohner, so York, Bristol, Plymouth, Coventry, Norwich, Lincoln, Salisbury, Lynn, Colchester. London wies ausnahmsweise eine Einwohner-

---

[1]) S. die oben (Liter.) angegebenen Schriften von Otto (Nürnberg), Eheberg (Straßburg), Reisner und Hartwig (Lübeck), Hartung (Augsburg), Fahlbusch (Braunschweig), Banck (Köln). Ferner für Nürnberg Hegel, Chron. d. deutsch. Städte II, S. 25; für Ulm Württemb. Viert.-Hefte f. Landesgesch. 1885; für Danzig Simson, Gesch. d. Stadt Danzig (1913).

[2]) S. die oben angeg. Schriften von Bücher, Paasche, Daczynska, Keller-Escher, Pirenne, Schoenberg, Vetter.

[3]) S. die oben gen. Schriften von Eulenburg, Buomberger, Richter Schäfer; ferner Hegel in Chroniken, Mainz II, S. 2. Dorner, Die Steuern Nördlingens zu Ende des Mitt. (1905). S. 100. Richter, Verfassungs- und Verwaltungsgesch. Dresdens I, S. 191.

zahl von 35—40000 auf.[1]) In Florenz soll sie — nach Davidsohn — im 14. Jahrhundert 28000, ja (1339) sogar 90000 erreicht haben.[2])

Nicht bloß war die Bevölkerungszahl der mittelalterlichen Städte, im Verhältnis zur heutigen, sehr gering — viel geringer als man es früher angenommen hatte —, sondern sie erfuhr noch im Laufe des 14.—15. Jahrhunderts, in vielen bedeutenden Städten eine Abnahme. Dies war z. B. in Frankfurt a. M. der Fall (ca. 10000 Einwohner 1387, dagegen 1406: 7000), in Basel (1446: 7200 Einwohner im Alter von über 14 Jahren, 1454 nur 5500), in Zürich (1350: 12375 Einwohner, 1410: 10570 Einwohner, 1468: 4713 Einwohner), in Ypern (1412: 10736 Einwohner, 1491: 7626), in Freiburg i. Ue. (1390: ca. 9000 Einwohner, 1500: 6000). Und doch war der Zustrom vom Lande nach den Städten, wo persönliche Freiheit herrschte, wo der Wohlstand größer war, sehr bedeutend. Auch fanden im 15. Jahrhundert in beträchtlichem Umfange Übersiedelungen von den kleineren nach den größeren Städten statt.[3]) Die Bevölkerung der Städte hätte also, schon durch den bloßen Zuzug von außen her, eine erhebliche Zunahme aufweisen müssen. Außerdem war auch, allem Anscheine nach (obwohl vorläufig hierüber nur spärliche Angaben vorliegen) die Geburtenfrequenz eine recht hohe. Dem Chronisten des 15. Jahrhunderts, Conrad Stolle zufolge, zählte man in einer Familie gewöhnlich 8, 9, ja 10 Kinder. Bei dem Frankfurter Geschlecht der Rohrbach kamen, nach den Untersuchungen Büchers, 9 Geburten auf eine Familie.

Der Grund für die, trotz des erheblichen Zuzuges von außen her und der hohen Geburtlichkeit, geringe Bevölkerungszahl tritt klar zutage, wenn man die im Verhältnis zur Gesamtbevölkerung geringe Kinderzahl in Erwägung zieht. In den mittelalterlichen Städten kommen auf eine Familie nur 1 bis 2 Kinder (Frankfurt a. M., Basel, Köln, Rostock; 1,64 in Nürnberg, 1,74 in Freiburg, 2 in Ypern). Es ist dies eine Folge der hohen Kindersterblichkeit. Im frühesten Mittelalter wurde ihre Zahl vielleicht auch auf künstliche Weise, durch Kindesmord (Aussetzung), niederge-

---

[1]) Gross. Gild Merchant I, S. 73 u. XVIII. Vgl. Brodnitz I, S. 162. Ashley II, S. 11.

[2]) Davidsohn, Gesch. v. Florenz II, S. 171.

[3]) In Frankfurt a. M. betrug die Zahl der neu ins Bürgerrecht aufgenommenen Fremden (Bürgersöhne sind nicht mitgezählt) von 1430 bis 1500 6252, d. i. im Durchschnitt pro Jahr 48 (Bücher, Bevölker. S. 363); in Bremen von 1289 bis 1519 ca. 13 Tausend (Kohl in Z. f. Kulturgesch. 1872); in Ypern (in der zweiten Hälfte des 14. Jahrhunderts) in einem Zeitraum von 16 Jahren 1800 (Pirenne, Viert. f. S.- u. W.-G. I); in Lübeck im Verlaufe von 35 Jahren (1317—1355) 6251, d. i. durchschnittlich 178 (Reisner S. 70); in Hamburg im Jahresdurchschnitt von 1461 bis 1496 72 (Koppmann, Kämmereirechnungen III, S. XXXVII); in Rostock (1570 bis 1586) im Jahresdurchschnitt 93 (Paasche S. 309); in Zerbst (1460—1510) 28 pro Jahr (Becker, Haushalt. d. Stadt Zerbst. S. 14); in Quedlinburg 20—24 (Hobohm, Der städt. Haushalt Quedlinburgs. Forsch. zur sächs. Gesch. III, S. 23); in Hildesheim zu Anf. d. 15. Jahrhunderts 30—40, später nur 10—20 (Huber, Haushalt d. Stadt Hildesheim am Ende des 14. und in der ersten Hälfte des 15. Jahrhunderts. 1901. S. 53f.).

halten. Es scheint dies sowohl bei den Germanen als bei den Kelten und den Angelsachsen in Gebrauch gewesen zu sein.[1]) Die geringe Kinderzahl wurde jedoch auch durch natürliche Ursachen veranlaßt, durch die, selbst in den wohlhabenderen Bevölkerungsschichten, hohe Kindersterblichkeit[2]), die desto mehr unter den armen Familien wütete. Die Heilkunde war noch sehr unvollkommen — war doch die für sie so wichtige Sezierung der Leichen von der Kirche verboten; dieses Verbot wurde im Laufe des ganzen Mittelalters aufrechterhalten. Erst 1396 wurde es in Frankreich den Ärzten gestattet, jährlich je eine Leiche eines Hingerichteten zu erhalten; in Holland dagegen wurde eine entsprechende Verordnung bloß 1555 erlassen. Schon das Fehlen ärztlicher Hilfe bei der Geburt veranlaßte den Tod zahlreicher Neugeborener. Viele starben während oder nach der Taufe, die in der Kirche bereits 2 bis 3 Tage nach der Geburt vollzogen wurde. Die in den Städten herrschenden Mißstände, die Ansammlung von Unrat, das Halten von Vieh usw. waren es nicht minder[3]), die die Verbreitung epidemischer Krankheiten förderten[4]), und hierdurch in erster Linie eine Erhöhung der Kindersterblichkeit bewirkten.

Die damaligen Ärzte waren vor allen Dingen in den phantastischen Eigenschaften der Edelsteine und den empirisch festgestellten Heilkräften verschiedener Pflanzen wohlbewandert. Der Saphir, so lehrten sie, kühlt das Fieber und reinigt die Augen, heilt Geschwüre; der Smaragd heilt die Epilepsie; Jaspis beseitigt Wassersucht und Fieber und hält den Blutfluß auf; der Onyx heilt Augenkrankheiten; der Opal hilft gegen Verstopfung. Sie waren davon überzeugt, daß das Gehirn, je nach den Phasen des Mondes, an Umfang zunimmt oder abnimmt, daß die Leber der Sitz der Liebe, die Milz der der Heiterkeit ist. Sie glaubten fest, daß es nur vier Tage im Jahre gäbe, wo man die Kranken ohne Gefahr zur Ader lassen könne, nämlich den St. Martins-, den St. Philipps-, den St. Bartholomäus- und den St. Blasiustag. Für alle Krankheiten nahmen sie nur wenige Ursachen an: Veränderungen des Blutes, der übrigen Flüssigkeiten des menschlichen Körpers, Abweichungen vom normalen Bau der verschiedenen Organe. Die Behandlung der Krankheiten richtete sich nach der Bewegung der Himmelskörper. Es wurden ihnen schwer verständliche kabbalistische Bezeichnungen beigelegt. Heilmittel, wie Hundeharn und Krötenleber waren in ständigem Gebrauch. Jeder Arzt hatte seine Lieblingsarznei, die er gegen alle Krankheiten als universales Heilmittel anwandte: bei dem einen war es Zimt und Safran, bei anderen wieder Mandragora, Salbei, Mohn, Pfeffer, Honig. Als zu Beginn des 14. Jahrhunderts Albrecht I. von Österreich beim Mittagessen von einem plötzlichen Unwohlsein befallen wurde und sich vergiftet glaubte, wandten die Ärzte, nachdem die verschiedensten Medizinen sich erfolglos erwiesen hatten,

---

[1]) Grimm, Rechtsaltert. S. 455ff. Weinhold, Deut. Frauen im Mitt. I. 2. Aufl. (1882), S. 91ff. Schrader, Reallex. s. v. Aussetzungsrecht. S. 51ff. Schröder, Rechtgesch. 71. Sutherland, Moral Instinct. Kap. 6.

[2]) Für das Geschlecht der Rohrbach in Frankfurt a. M. betrug die Zahl der Lebendgeborenen — im Laufe von zwei Jahrhunderten — 65. Davon überlebten 18 ihre Väter, 12 gingen Ehen ein. Nur insges. 35 v. H. erlebten die Majorität. s. Bücher, Entst. d. Volkswirtsch., auch v. d. Ropp, Kaufmannsleben zur Zeit der Hanse. 1908.

[3]) Siehe Alwin Schultz, Häusl. Leben. S. 6, 9ff. v. Maurer, Gesch. d. Städteverfassung III, S. 38ff.

[4]) Wie die Annalisten wiederholt hervorheben, trug im Jahre 1348 der auf den Straßen aufgeschichtete Unrat viel zur Ausbreitung des „großen Sterbens“ in Paris, Avignon u. a. Städten bei. (Haeser, Geschichte d. Medizin III, S. 142.)

ein letztes Mittel an: sie hingen ihn mit dem Kopf nach unten auf, damit das Gift aus Augen, Ohren, Nase und Mund ablaufen solle. Und es waren dies die besten Ärzte jener Zeit! Hundert Jahre später mußte Kaiser Sigismund die gleiche Prozedur über sich ergehen lassen; er wurde 24 Stunden lang hängen gelassen und überwand alles — sowohl das Gift als die Kur! Er genas, und die Heilung wurde als ein Meisterstück des ihn behandelnden Arztes gerühmt. Doch wurde die ärztliche Heilkunst von der Bevölkerung im allgemeinen wenig in Anspruch genommen. Die niederen Schichten insbesondere nahmen ihre Zuflucht zu Schwarzkünstlern und Quacksalbern. Sie kauften Salben und Mixturen, die von jenen angepriesen wurden. Die Geistlichkeit führte einen erbitterten Kampf mit Hexen und Zauberern. Selbst aber pries sie die Heilkraft der Heiligenreliquien, denen die seltsamsten Heilerfolge nachgerühmt wurden; so empfahl sie gegen Tollwut das Wasser, womit die Reliquien des hl. Humbert benetzt worden waren, gegen Fieber die Gebeine des hl. Petrus, gegen Epilepsie die Wunderkraft der Gebeine des hl. Valentin. Auch in den damaligen, von den geistlichen Behörden verwalteten Krankenhäusern wurden die Kranken mehr mit Gebeten als mit Medikamenten behandelt. Das größte Krankenhaus Frankreichs, das Hôtel Dieu von Paris, dem von den französischen Königen die verschiedensten Vorrechte verliehen worden waren, glich mehr einem Kloster als einer Krankenanstalt.[1])

Die geringe Ertragsfähigkeit des Grund und Bodens machte im Mittelalter eine Steigerung der Bevölkerungszahl über gewisse Grenzen hinaus unmöglich. Die von Zeit zu Zeit ausbrechenden Hungersnöte und Pestepidemien führten jedesmal die über diese Grenzen hinaus angewachsene Einwohnerzahl wiederum auf das Niveau der vorhandenen Existenzmittel zurück. Nach Bücher zählt man in Deutschland von 1326 bis 1400 32 Epidemiejahre, von 1400 bis 1500 sind ihrer 40 zu verzeichnen. v. Inama-Sternegg behauptet, daß Deutschland nach dem „großen Sterben“ von 1348—1350, im Laufe des 14. Jahrhunderts noch 14 Pestjahre aufweist, wovon die Hälfte ganz Deutschland erfaßte. Ebenso wie eine Familie nicht mehr als zwei Kinder aufzuziehen imstande war, scheinen auch die Städte außerstande gewesen zu sein, eine Bevölkerung von über 5—10000 Personen zu ernähren. Für viele von ihnen war auch diese Zahl wohl zu hoch, sie waren gezwungen, den Überschuß ihrer Bevölkerung zum Teil an andere, sich eines größeren Wohlstandes erfreuende Städte abzugeben, die auf diese Weise die durch die Epidemien angerichteten Verwüstungen wieder gutmachen konnten. Waren doch diese Verwüstungen ungemein groß. Oft wurde in einer Stadt im Laufe einiger Sommermonate der zehnte, sechste, ja der vierte Teil der Bevölkerung dahingerafft — selbst in solchen Jahren, wo keine starken, ganze Gebiete umfassenden Epidemien wüteten.[2])

Die Technik der gewerblichen Produktion war noch primitiv. Die Zünfte legten neuen Erfindungen ja allen „Neuerungen“ gegenüber ein feindseliges Verhalten an den Tag; Abweichungen von den ein für allemal bestimmten Regeln waren streng verpönt. Die Produktions-

---

[1]) Rosières, Hist. de la société française au moyen-âge. 3 éd. T. II, 1884, S. 327ff., 392ff. Kotelmann, Gesundheitspflege im Mittelalter. 1890. S. 197ff., 231ff., 236ff. Kriegk, Deutsches Bürgertum im Mittelalter. S. 1ff. Alwin Schultz, Höfisches Leben. S. 297ff.

[2]) Bücher, Entst. d. Volksw. I, Abh. XI.

weise, die Qualität der Gewerbeerzeugnisse, ihre Länge und Breite, der zu verwendende Rohstoff waren sämtlich durch die Zunftrollen genau vorgeschrieben. Besonders eifrig waren die Zünfte bestrebt, den Ersatz der Handarbeit durch mechanische Vorrichtungen zu verhindern. Die Benutzung des Spinnrades war zu Ende des 13. und in der ersten Hälfte des 14. Jahrhunderts verboten worden; es scheint dann vollständig außer Gebrauch gekommen zu sein, so daß später diese Erfindung einem gewissen Johann Jürgen aus Wattenbüttel, der im 16. Jahrhundert gelebt hat, zugeschrieben wurde. Die älteste Walkmühle ist für Grenoble bereits 1040 nachgewiesen, ihre Erfindung gehört also spätestens dem 11. Jahrhundert an. Trotzdem wurden noch im 15. Jahrhundert in England, Frankreich und anderwärts Verbote gegen ihren Gebrauch erlassen; die Tucher gaben vor, die auf diese neue Art erzeugte Ware stehe an Qualität der mittels der Fußwalke erzeugten nach. Doch wurde auch die Arbeitslosigkeit besonders hervorgehoben, welche als Folge der Benutzung der Walkmühle eintreten könnte, die, wie es hieß, imstande wäre, die Arbeit von 24 Menschen zu verrichten.[1]) In den, allerdings seltenen Fällen aber, wo eine Zunft neue, vervollkommnete Produktionsverfahren annahm, wurden sie den Zünften anderer Städte gegenüber streng geheim gehalten. Die Glaserzeugung in Venedig (dann auch in Böhmen), die Seidenfabrikation in Bologna, Lukka, Florenz, Genua, Venedig und anderen italienischen Städten, die Herstellung von Kleineisenwaren und Sanduhren in Nürnberg, von Waffen und Messern in Solingen gehörten zu solchen, streng gehüteten Geheimnissen, deren Preisgabe an Fremde mit Todesstrafe geahndet wurde. Die gleiche Strafe war für die Ausfuhr der Arbeitswerkzeuge sowie für die Abwanderung der Meister dieser Gewerbe nach auswärts angesetzt. Die Mitglieder der betreffenden Zünfte mußten den Verbleibungseid leisten.

Andrerseits aber wurde den erwerbstätigen Schichten der städtischen Bevölkerung eine schwere Last auferlegt durch das Vorhandensein einer großen Anzahl unproduktiver Elemente, die einen beträchtlichen Teil der Einwohnerschaft ausmachten. Der gegenwärtig in Europa bestehende Überschuß der weiblichen Bevölkerung über die männliche ist nur gering. In den mittelalterlichen Städten aber überstieg die Zahl der Frauen die der Männer um ein Erhebliches: auf 1000 Männer kamen durchschnittlich ca. 1200 Frauen (Freiburg, Nürnberg, Ypern); zuweilen war der Anteil der Frauen noch höher, 1246 auf 1000 Männer in Basel, 1295 in Rostock, nur in Frankfurt a. M. bloß 1100—1140 Frauen. Dabei fanden Frauen in der Regel in den Zünften keine Aufnahme; sie konnten nur in häuslicher Arbeit tätig sein, höchstens dem Manne im Gewerbe helfen. Dieses Überwiegen der Frauen veranlaßte die Gründung zahlreicher Frauenklöster und Frauenhospize, der Beghinen- und Bekhardenhäuser.[2]) Ferner gab

[1]) Siehe meinen Artikel „Die Ursachen des Übergangs von der Handarbeit zur maschinellen Betriebsweise". Schmollers Jahrb. 1906.

[2]) Siehe Kriegk, Deutsches Bürgertum im Mittelalter. Neue Folge S. 268ff. Bücher, Entst. I, Abh. XI.

es in großer Anzahl Leute, die infolge verschiedener körperlicher Gebrechen arbeitsunfähig geworden waren. Hierzu gehörten vor allem die Aussätzigen. „Der Aussatz — schreibt Rosières — ist die Krankheit des feudalen Zeitalters par excellence. Er verseucht Dorf und Stadt. Schloß und Kloster, weder reich noch arm bleibt von ihm verschont, Er liegt in der Luft, fließt mit dem Wasser, saugt sich an allem fest, um alles zu verseuchen. Die Aussätzigen zählten nach Hunderten von Tausenden.“[1]) In jeder, selbst kleinen Stadt gab es besondere Anstalten für die Aussätzigen, die sog. Lazaretti, Siechenhäuser, Léproseries. In Frankreich zählte man im 13. Jahrhundert ca. 2000 Leprosorien. Allein die Diözese von Troyes besaß ihrer 19.[2]) Die Kranken wurden jedoch in diesen Anstalten keiner Behandlung unterzogen; durch ihre Unterbringung daselbst entfernte man sie bloß aus der Gesellschaft ihrer Mitmenschen, was symbolisch darin seinen Ausdruck fand, daß die religiöse Zeremonie des Leichenbegängnisses an ihnen vollzogen wurde.[3]) Ferner muß es viele Blinde gegeben haben; so kamen in Frankfurt a. M. im 14. Jahrhundert auf je 10000 Einwohner ca. 20—42 Blinde, in Ypern 1431—1501 36—39, während heute in Deutschland auf 10000 Einwohner nur 7 Blinde kommen.[4]) Groß war die Zahl der Krüppel, die Almosen heischend umherzogen, eine Folge der immerwährenden Kriege, der blutigen Zusammenstöße, der Unwissenheit der Ärzte (die außerdem oft gänzlich fehlten), sowie der zahlreichen Verstümmelungsstrafen. Endlich bildete der Unterhalt der Irrsinnigen und der „Narren“ (in den Frankfurter Urkunden finden sich nicht weniger als 30 verschiedene Benennungen, mit denen man sie bezeichnete), die sich in Anstalten befanden, einen ständigen Ausgabeposten für manche Städte (in Hamburg z. B. Ausgaben für die „cista stolidorum“). Zuweilen sind die Ausgaben für ihren Unterhalt im Posten „Rechtspflege“ inbegriffen, da sie im Gefängnis untergebracht wurden (z. B. in Danzig).[5]) Die Kinder-

---

[1]) Rosières, Histoire de la société française au moyen-âge II, S. 386, 395ff.

[2]) Haeser, Gesch. der Medizin III, S. 83.

[3]) Über Leprosen- u. andere Spitäler in Florenz s. Davidsohn, Forsch. IV, S. 389ff.

[4]) Bücher, Entst. I, Abh. XI. Kriegk, Deutsch. Bürgertum 132ff. N. F. S. 53ff.

[5]) In Hamburg kommen auch Ausgaben für einen Chirurgus vor. (Koppmann, Kämmereirechn. I, S. LIf.; III, S. LIX, CXXVIIff.) Potthoff, Zeitschr. d. Ver. f. Hamb. Gesch. XVI. Öfters fehlen jedoch diese Ausgaben in den Kämmereirechnungen, da die Armen- und Krankenpflege als kirchliche Aufgaben betrachtet oder der privaten Wohltätigkeit überlassen waren. In Augsburg (Meyer, Altreichsstädtische Kulturstudien. S. 47), Speier (Weiß, Rechnungswesen Speiers. Mitteil. zur Gesch. der Pfalz V, S. 26), Quedlinburg (Hobohm, Forsch. zur thür.-sächs. Gesch. III, S. 88) sind überhaupt keine Kulturausgaben (für Schule, Armenwesen, Sanitätswesen) zu finden; in Braunschweig (Fahlbusch, Finanzverwalt. Braunschweigs 1374—1425) fehlen sie ebenfalls fast ganz. In Nürnberg kommen im 15. Jahrhundert Ausgaben für Stadtärzte und eine Hebamme vor, doch mit anderen Ausgaben (Reinigung der Brunnen, Müllausfuhr, Löschwesen), zusammen machen sie bloß ½ Prozent der Gesamtausgaben aus (Sander, Der Haushalt Nürnbergs 1431—1440. S. 671ff.); ebenso in Köln (Knipping, Kölner Stadtrechnungen II, 1898, S. 420ff. Ders., Ein mittelalterl. Jahreshaushalt Kölns. Beitr. z. Gesch. vorn. Kölns. 1895. S. 133ff., 141ff.).

kreuzzüge, der Veitstanz in den rheinischen Städten, die Massenpsychose nach dem Schwarzen Tode von 1348 und andere Erscheinungen dieser Art waren epidemisch auftretende Geisteskrankheiten, von denen die Bevölkerung ganzer Landstrecken ergriffen wurde. Zu Beginn des 15. Jahrhunderts war ganz Frankreich vom Wahnsinn in den verschiedensten Formen befallen: Megalomanie, Verfolgungswahn, Dämonomanie, Halluzinationen, extatische Zustände, Epilepsie.[1]) „So stark hatte die Gottesfurcht sie ergriffen, daß alt und jung, vornehm und gering, nur notdürftig bedeckt, ja nackt, ohne alle Scham paarweise in Prozessionen die Straßen der Städte durchzogen, lederne Geißeln in den Händen, und unter Stöhnen und Klagen sich unbarmherzig geißelten, bis ihnen das Blut von den Schultern strömte."[2]) Dem Klerus fiel die Aufgabe zu, den Teufel, von dem die Menschen besessen waren, wieder auszutreiben.

Die erwähnten Umstände brachten es mit sich, daß die erwerbstätige Bevölkerung der Städte stark zusammenschrumpfen mußte. Dazu kam noch, daß die Verteilung der — an sich schon unansehnlichen — Gütermengen, die der Bevölkerung zur Verfügung standen, eine recht ungleichmäßige war. Die alte Auffassung von dem Fehlen größerer Vermögensunterschiede in den mittelalterlichen Städten dürfte heute einer eingehenden Untersuchung kaum mehr Stand halten. Soweit Angaben vorhanden sind, scheint der überwiegend größere Teil der Vermögen einer kleinen Bevölkerungsschicht gehört zu haben. Der Mittelstand muß dagegen dem Besitze nach wohl einen nur unbeträchtlichen Umfang aufgewiesen haben, während die Zahl derjenigen, die ein nur geringes Vermögen besaßen oder überhaupt vermögenslos waren, recht groß erscheint. In Basel, Zürich, Freiburg i. Ue., Köln, Frankfurt a. M., Ravensburg, Eßlingen, Dresden, Mülhausen i. Th. waren ein Fünftel bis zwei Fünftel der Einwohnerschaft ganz vermögenslos, in Augsburg machten die Besitzlosen sogar $^2/_3$ aus, in Ypern kam auf je 10 Personen eine, die der öffentlichen Mildtätigkeit zur Last fiel; diese Durchschnittszahl gilt auch für die Brabanter Städte. Diese Angaben stimmen mit den Armut und Verödung hervorhebenden Schilderungen überein, wie wir sie über die mittelalterlichen Städte besitzen. Selbst in solchen Städten, wie Frankfurt a. M., sah es nur in ihren zentralen, um den Markt herum gelegenen Stadtteilen „stattlich und volkreich" aus. Nur dort waren die baulichen Verhältnisse günstig. Anderwärts konnte man zahlreiche öde Stellen, verfallene Häuser sehen.[3])

In Freiburg i. Ue. befand sich mehr als die Hälfte des gesamten Vermögens in den Händen einer Bürgergruppe, die nur 2% der Gesamtbevölkerung ausmachte; der Mittelstand bildete einen weit geringeren Prozentsatz derselben als dies gegen-

---

[1]) Rosières II, S. 384—386.

[2]) Vgl. Florowskaja, Die Flagellanten in Italien zu Ausgang des 13. und zu Anfang des 14. Jahrhunderts (russ.). Zeitschr. d. Unterr.-Min. 1912.

[3]) Bothe, Beiträge zur Wirtschafts- u. Sozialgesch. Frankfurts..

wärtig der Fall ist, und 28% der Einwohnerschaft waren gänzlich vermögenslos.[1]) In Heidelberg macht der Anteil des Mittelstandes am Gesamtvermögen weniger als ein Dritteil desselben aus.[2]) In Erfurt gehörten zwei Drittel des Gesamtvermögens den Reichen, deren Zahl nur 7% der Bevölkerung betrug.[3]) In Basel waren 53 bis 59% des Gesamtvermögens im Besitz einer geringen Anzahl von Leuten, die nur 3—5% der Bevölkerung bildeten. Dagegen erreichten 25,5% (1424) bzw. 32% (1453) nicht das niedrigste steuerpflichtige Vermögen von 10 fl. Weniger als 30 fl. besaßen hier 1446 52% der Bevölkerung, 1453 51%, 1475 44%.[4]) In Frankfurt a. M. zahlten 1354 die 146 Reichsten, d. i. 5,9% der Steuerzahler, 52% der Gesamtsumme der Vermögenssteuer; 1475 dagegen brachten 3% der Gesamtzahl der Steuerzahler 54% der Steuersumme auf, während die Zahl der Vermögenslosen und der Wenigbegüterten von 23,6% (1354) auf 32,5% (1475) und 43,3% (1495) gestiegen ist.[5]) In Augsburg gehörten 1475 2958 von 4485 Steuerzahlern (66%) zu den Armen, die, wie auch anderwärts, zur Vermögenssteuer nicht veranlagt waren, sondern eine Kopfsteuer (stuira minor) zu zahlen hatten. Darunter befanden sich 107 Bettler, 151 Tagwerker und 2700 Habnithandwerker. Wie groß hier der Unterschied zwischen arm und reich war, ergibt sich daraus, daß die 20 Reichsten — d. i. 1,3% der zur Vermögenssteuer Herangezogenen — 23% der ganzen Steuerleistung trugen.[6]) In Zürich zahlte 1357 fast die Hälfte der Steuerzahler (1326 von 2706) bloß die Kopfsteuer; das waren also sämtlich arme Leute; 1467 hatte fast ein Drittel der Steuerzahler (679 von 1969) diese Abgabe zu entrichten.[7]) Auch in Halle besaßen 4,7% der Bevölkerung, also einige wenige Personen, 52% des Gesamtvermögens.[8]) In Ravensburg war es eine, nur 4,6% der Bevölkerung betragende Minderheit, die beinahe drei Viertel des Gesamtvermögens (72,7% desselben) in ihrem Besitz hatte. Dagegen betrug die Zahl derjenigen, die ein Vermögen im Werte von weniger als 100 fl. besaßen, 63% der Bevölkerung.[9]) In Eßlingen besaßen (1362) 31% der Bevölkerung weniger als 10 Pfund Vermögen, viele unter ihnen waren gänzlich vermögenslos.[10]) In Dresden besaßen unter 25 fl. Vermögen 1488 32% der Bevölkerung, 1502 47%.[11]) In Mülhausen i. Th. war 1418 über die Hälfte der Bevölkerung vermögenslos (52%).[12]) In Köln waren unter 1373 Bürgern 900—1000 nicht imstande, eine Steuer von 1 fl. zu erlegen.[13]) In Florenz gab es 1399 von 12727 Steuerzahlern 8673, d. i. über zwei Drittel, die unter 1 fl. zahlten; 1428 zahlten von 10000 Bürgern beinahe 3000 als „miserabili" nur eine Kopfsteuer.[14])

Die von Eulenburg und Buomberg vertretene Ansicht, die Vermögensverteilung in den mittelalterlichen Städten wäre eine sehr

---

[1]) Buomberg, Bevölker. u. Vermögensverh. in Stadt u. Landsch. Freiburg. S. 54, 247. Ders., Entwickl. S. 134.

[2]) Eulenburg, Zur Bevölk.- u. Vermögensstatist. d. 15. Jahrhunderts. Z. f. Soz.- u. W.-G. II.

[3]) Neubauer, Erfurts wirtsch. Leben im Mitt. Viert. f. Soz.- u. W.-G. 1914, 1915.

[4]) Schoenberg, Basels Finanzverh. S. 225ff., 383, 433ff., 459.

[5]) Bothe, Entwickl. der dir. Besteuer. d. Reichsst. Frankfurt. S. 144f.

[6]) Hartung, Augsburger Zuschlagssteuer. Schmollers Jahrb. 1895, S. 96, 102f., 108. Ders., Augsb. Vermögensst. Ibid.

[7]) Keller-Escher, Steuerwesen Zürichs. S. 69, 77.

[8]) Nuglisch, Z. f. Sozialwiss. 1906.

[9]) Ibid.

[10]) Diehl, Verfassungs- u. Finanzgesch. Eßlingens. S. 14, 75. Württemb. Jahrb. 1900.

[11]) Richter, N. Archiv f. sächs. Gesch. II.

[12]) Vetter, Bevölk. Mülhausens. S. 68.

[13]) v. Loesch, Kölner Zunfturk. I, S. 30.

[14]) Sieveking, Viert. f. Soz.- u. W.-G. 1908, S. 88.

ungesunde, eine noch ungleichmäßigere gewesen, als dies heutzutage der Fall ist (dieser Schlußfolgerung stimmt auch Bothe bei) wird durch die angeführten Angaben bestätigt, wenigstens insofern, als das gegenwärtig verfügbare, der Forschung erschlossene Quellenmaterial Schlüsse zuläßt.

Den vermögendsten Teil der städtischen Bevölkerung bildeten die Mitglieder des Stadtrates und die Großgrundbesitzer, die Patrizier. Dies war z. B. in Heidelberg, Basel, Freiburg der Fall. In Paris stehen an der Spitze der reichen Bürger die italienischen Kaufleute, die Lombarden. Einer von ihnen besitzt ein Vermögen von 458000 Livres, ein anderer von 375000, zwei von je über 200000. Die reichen einheimischen Kaufleute kommen erst an zweiter Stelle. Die nächstbedeutendste Vermögensgruppe bilden in den Städten die ortsansässigen Kaufleute, die Ärzte und Geistlichen. Darauf folgen die Kleinhändler, dann die Handwerker, zu allerletzt kommen die Tagelöhner, die selbständig arbeitenden Frauen, die Gesellen u. a. m. Unter den zünftigen Handwerkern waren nur die Fleischer und Bäcker recht wohlhabend (Heidelberg, Basel, Straßburg). Am wenigsten bemittelt hingegen in allen Zünften waren in Basel, Heidelberg und anderen Städten die Weber. Auch unter den verschiedenen Zünften können also bedeutende Vermögensunterschiede festgestellt werden und auch innerhalb der einzelnen Zünfte herrschte eine erhebliche Ungleichmäßigkeit in der Vermögensverteilung.

Während in Paris die Mehrzahl der Handwerker ein Einkommen von weniger als 250 Francs aufwies, hatten einzelne von ihnen mehr als 1000, ja 5000 Francs. Das Einkommen eines reichen Hutmachers betrug 9000, das eines reichen Tuchers 19000 Francs. In Basel besaßen von insgesamt 123 Gewandschneidern und Gerbern zwei Vermögen im Werte von je über 1000 Gulden, 65 dagegen Vermögen von weniger als 50 Gulden. Von 97 Fleischern wiesen 10 Vermögen von über 1000 Gulden auf, 18 von 300—1000 Gulden, 34 von weniger als 50 Gulden. In Heidelberg hatten 9 von insgesamt 91 Schmieden ein ansehnliches Vermögen. In Erfurt waren von 1267 Handwerkern 12,5% gänzlich vermögenslos. Von 88 Wollwebern waren 25 vermögenslos, dagegen waren 89 reiche Fleischer und ebenso viele Bäcker vorhanden. Der reichste Fleischer besaß ein Vermögen im Werte von 1800 Gulden, darunter ein Haus, Ackerland, Weinberge, 4 Läden, Bargeld, Silber, Weinvorräte.[1])

In den Städten waren, im Gegensatz zu den Dörfern, mit Stein untermauerte Häuser zu finden; die Gebäude selbst wurden im Mittelalter vorwiegend aus Holz errichtet. Neben den vielen Holzhäusern verschwanden die Steinhäuser fast vollständig. Schindeldächer fanden gleichfalls erst im Laufe der Zeit Verbreitung. In London wurden im 14. Jahrhundert nur die Grundmauern aus Stein errichtet, die älteren Gebäude

---

[1]) Über Paris s. Martin-Saint-Léon, Les corporations des métiers; über Basel Schoenberg, Basels Finanzverh.; über Heidelberg Eulenburg, Z. f. Soz.- u. W.-G.; über Erfurt Neubauer, Viertjahrschr. für Soz.- u. W.-G. 1915.

waren ausschließlich aus Holz erbaut. In Hameln, Nieuport, Amiens, selbst in Florenz waren noch Strohdächer zu finden. In Göttingen wurde denjenigen, die Strohdächer durch Schindeln ersetzten, vom Magistrat der vierte Teil der Kosten vergütet.[1]) Die Hälfte aller Familien bewohnte eigene Häuser (in Augsburg kommen auf ein bewohntes Haus 2,23 Steuerzahler[2]), in Dresden auf ein Haus 7,2 Bewohner und zwei Haushaltungen — des Besitzers und des Mieters[3]), in Rostock lebten in Miethäusern 51 % der Bevölkerung[4])). In manchen Städten besaß sogar fast die gesamte Bevölkerung eigene Häuser: in Ypern z. B. wurden in einem Stadtteile mit insgesamt 416 Häusern nur 59 mit mehr als einer Haushaltung gezählt.[5]) In Freiburg i. Ue. kommen auf ein Haus durchschnittlich nur 1,23 bis 1,28 Haushaltungen.[6]) Auch in Nürnberg und Köln ist die Zahl der Haushaltungen derjenigen der Häuser beinahe gleich (in Nürnberg kommen 1429—1431 auf ein Haus 1,16 Haushaltungen[7]), in Köln 5 Einwohner[8])). In den städtischen Behausungen sind bereits Holzdielen vorhanden. Gewöhnlich haben die Häuser zwei Stockwerke und Giebelstuben. Das obere Stockwerk wurde in mehrere Zimmer eingeteilt, die jedoch meist klein, eng, niedrig und düster waren, letzteres da die wenigen kleinen Fenster in der kalten Jahreszeit mit Stoff, Pergament, Horn, Glimmer bedeckt werden mußten oder mit Holzläden, was sogar in Ratshäusern vorkam. Glasscheiben wurden noch im 13. bis 14. Jahrhundert als Luxus angesehen. Glasfenster gab es nur in öffentlichen Gebäuden (Rathäusern), in Kirchen, wo sie bereits früher zu finden waren, in den Häusern der vornehmsten Einwohner. 1448 hebt Papst Pius II. als ein Anzeichen besonderer Üppigkeit den Umstand hervor, in Wien hätten die meisten angesehenen Bürger gehörenden Häuser Glasscheiben, während in Italien die Fenster offen standen. Daß Luther auf der Wartburg ein großes, mit Glasfenstern versehenes Gemach erhielt, rühmten die Zeitgenossen als Zeichen besonderer Aufmerksamkeit. Die vorhandenen Fensterscheiben waren jedoch dick und nur wenig durchsichtig. Das Hausgerät, die Möbel, Betten usw. waren in den Städten viel gediegener und bequemer als auf dem platten Lande. Bei reichen Patriziern war häufig kostbares Silbergeschirr, teueres Hausgerät, seidene farbenprächtige, mit Pelz verbrämte, Gewänder zu finden.

Die gegen den Luxus gerichteten Gesetze verbieten das Tragen von Seiden-, Samt-, Atlasgewändern, die Verzierung von Hüten, Kleidern

---

[1]) Grupp, Kulturgesch. d. Mitt. VI, S. 104. Heyne. S. 205, 211ff. Hademann, Z. d. hist. Ver. f. Niedersachsen. 1857.

[2]) Hartung, Augsburg. Vermögensst. Schmollers Jahrb. 1895, S. 881.

[3]) Richter, Verf.- u. Verw.-Gesch. Dresdens I, S. 189.

[4]) Paasche, Jahrb. f. Nat.-Ök. N. F. V, S. 366ff.

[5]) Pirenne, Les dénombrements usw. S. 21.

[6]) Buomberger S. 220.

[7]) Otto, Bevölk. Nürnbergs. S. 70.

[8]) Banck, Beitr. z. Gesch. vorn. Kölns und der Rheinlande. 1895, S. 320f.

usw. mit Perlen. Auch das Tragen versilberter Gürtel, Schwerter, Messer ist untersagt. Weder Gold- noch Silberringe, außer einem einzigen, am Daumen zu tragenden, waren gestattet. In Frankfurt a. M. durfte man (1356) nicht mehr als zwei Ringe, andere Schmuckgegenstände nur im Werte bis 1 Mark Silber, Spangen bis 1 Pf. Heller tragen. 1489 wurde die Wertgrenze erhöht. Zuweilen waren Ausnahmen für die Ratsherren und ihre Familien wie für die Patrizier (im Gegensatz zu den Handwerkern) gemacht (in Köln, Dresden) oder das Tragen von Seidengewändern, von pelzverbrämten Kleidern und Schmucksachen aus Gold und Silber Leuten, die ein bestimmtes Vermögen besaßen, vorbehalten (Wismar). Noch detaillierter waren die Vorschriften über die Tracht der Frauen und Töchter der Bürger. Es wird bis ins kleinste genau bestimmt, wer von ihnen zum Tragen dieser oder jener Haartracht berechtigt sei, wer spitze Schuhe tragen dürfe usw. So waren öfters die Frauen der Ratsherren berechtigt, außer dem Trauringe, dessen Wert 15 Gulden nicht übersteigen durfte, auch noch Ringe im Werte von insgesamt 24 Gulden zu tragen; die Frauen der anderen vornehmen Bürger durften nicht mehr als 3 Ringe im Gesamtwerte von 3 Gulden tragen, die übrigen Frauen nur einen Trauring. Die Länge der Gewänder, ihr Schnitt, die zu ihrer Herstellung zu verwendenden Stoffe, ja die für die Angehörigen der verschiedenen Stände zulässige Anzahl von Kleidern waren genau vorgeschrieben. Galt doch damals die Kleidung, wie Frouwde mit Recht hervorhebt, als Standesabzeichen und wurde daher — ebenso wie die Nahrung — für jede Klasse der Gesellschaft durch besondere Satzungen auf das kleinlichste reglementiert. So wurde nach den, von Eduard IV. gegen den Luxus erlassenen Ordnungen, das Tragen von Seidenstoffen und Scharlachtuchen nur den Mitgliedern des Königshauses gestattet; Goldbrokat durften auch Herzöge tragen, den Lords war das Tragen von gewöhnlichen golddurchwirkten Stoffen erlaubt. Die Ritter durften Samtkamisole und ebensolche Mäntel tragen, die Esquires und Gentlemen — Atlaskamisole und Mäntel aus Kammgarn. Nur der Adel war zum Tragen von ausländischem Tuch und Zobelpelzen berechtigt. Bauern, Tagelöhnern und Handwerkern war es verboten, Tuche zu tragen, deren Preis 2 Shilling pro Yard überstieg. Allerdings wurden die Kleiderordnungen nur wenig befolgt und daher öfters durch Zusätze ergänzt, die für ihre Verletzung besondere Steuern festsetzten. Es kam auch z. B. in Zürich und Venedig vor, daß der Stadtrat der Prunksucht der Bürgersfrauen entgegenzuwirken suchte, indem er es ausschließlich den „fahrenden Weibern" freistellte, Schmuck jeder Art und in beliebiger Menge zu tragen. Doch sind neben den, gegen den Luxus erlassenen, Ordnungen auch solche zu finden, die auf ganz entgegengesetzte Zustände schließen lassen. So wird es z. B. den Handwerkern verboten, zu den Zunftversammlungen ohne Hosen zu erscheinen, wenigstens, heißt es, soll dann das Kamisol so lang sein, daß es die nackten Beine bedecke. Auch Hemden gehörten bei den Stadtbewohnern zu den Seltenheiten; selbst vornehme Damen, die tagsüber golddurchwirkte Gewänder trugen, schliefen oft nackt. Ebenso fehlten

Gabeln, obwohl kostbares Tafelgeschirr vorhanden war. Fleisch und Fisch wurden stets mit der Hand zum Munde geführt.

Im Essen und Trinken trat an Fest- und Feiertagen die größte Unmäßigkeit zutage. So ließ der Augsburger Bäcker Veit Gundlinger bei der Hochzeit seiner Tochter (1493) 20 Ochsen, 49 Zicklein, 500 Stück verschiedenes Federvieh, außerdem 1006 Gänse, 25 Pfauen, 46 Mastkälber, 95 Mastschweine, 15 Truthähne den Gästen vorsetzen. An Kindstaufen, Hochzeiten, Leichenbegängnissen nahmen große Volksmengen teil. Der zünftige Handwerker mußte bei derartigen Anlässen die gesamte Innung, der er angehörte, zu Gaste laden und hatte sie alle ausgiebig zu bewirten. Auch hier suchten die Städte durch Verbote einzuschreiten; es wurde versucht, die Zahl der zu ladenden Gäste zu beschränken; zu weilen wurde dieselbe auf 24 festgesetzt. Auch die Anzahl der zu reichenden Gerichte und ihre Beschaffenheit wurde genau bestimmt. So z. B. bildete in Genua der Genuß von Hammelfleisch ein Vorrecht des Adels. Weiter wurde durch entsprechende Satzungen die Art der Getränke festgesetzt (nur inländische, keine fremden Weine sollten aufgetischt werden). Die Zahl der Fiedler und Gaukler, die bei den Hochzeiten anwesend sein durften, der Wert der Geschenke wurde geregelt. Doch waren alle diese Bestimmungen nicht imstande, die Unmäßigkeit im Essen und Trinken aus der Welt zu schaffen. Denn „die religiösen Vorstellungen wie die poetischen Anschauungen sahen die verschwenderischen, nimmer endenden Gastmähler als Inbegriff der irdischen und himmlischen Freuden an“. Aus demselben Grunde ist es jedoch ganz unmöglich, den durchschnittlichen Fleischverbrauch für jene Zeit zu bestimmen, wie dies Schmoller und Adler versucht haben, denn im Gegensatz zur Gegenwart war im Mittelalter die Verteilung des Fleischkonsums über das ganze Jahr eine sehr ungleichmäßige. Schon das Bestehen der zahlreichen Fastentage (durchschnittlich waren ihrer zwei in der Woche) brachte es mit sich, daß Fleisch nicht tagaus tagein zum Verbrauch gelangte. Wenn einerseits die Stadtbewohner viel Vieh hielten, so darf andrerseits nicht außer acht gelassen werden, daß bei festlichen Anlässen außerordentlich große Fleischmengen konsumiert wurden, so daß nur wenig Fleisch zum Verbrauch während der übrigen Zeit verbleiben konnte. Von auswärts wurde aber nur wenig Fleisch bezogen; die Stadtbewohner mußten sich mit den Fleischmengen begnügen, die innerhalb der Stadt und der umliegenden Dörfer vorhanden waren.[1])

---

[1]) Heyne, Deutsch. Wohnungswes. III, § 2. Maurer, Gesch. der Städteverfass. III, S. 81ff. Kriegk, Deutsch. Bürgert. S. 324. Grupp, Kulturgesch. d. Mitt. VI (1925), S. 105ff. Baudrillart, Hist. du luxe III, S. 162ff., 170ff., 204ff. Spencer, Descr. Sociol. (England). 14, Tab. III, IV; 27, Tab. IV. Dietz, Frankfurter Handelsgesch. II, S. 205f. Techen, Bürgersprachen der Stadt Wismar. Hans. Gesch.-Quell. N. F. III, S. 119ff. Lau, Kölns Verfassung u. Verw. S. 282. Richter, Verf.- u. Verw.-Gesch. Dresdens II, 1., S. 132. Schmoller, Hist. Entwicklung des Fleischkonsums. Z. f. ges. Staatswiss. XXVII. Adler, Fleischteuerungspolitik deutsch. Städte im Mitt. S. 7ff.

Kapitel 18.
Die Entstehung der Zünfte.

Für den Wirtschaftshistoriker stehen unter der städtischen Bevölkerung des Mittelalters an erster Stelle die Handwerker und die Verbände, in denen sie zusammengefaßt waren, die Zünfte, die unter den verschiedensten Bezeichnungen auftreten (Gild, Corporation, Métier, Arte, Officium, Amt, Handwerk, Gilde, Innung, Meisterschaft, Bruderschaft, Gewerk). In den italienischen Städten, wo derartige Verbände früher als anderwärts aufkommen, sind sie bereits im 10. Jahrhundert zu finden, im 11. Jahrhundert ist ihre Zahl in einzelnen Städten schon beträchtlich. In Frankreich hingegen kommen dieselben im 11. Jahrhundert nur ausnahmsweise vor; in den meisten Fällen stammen hier die ersten Zunftbriefe aus dem 12. Jahrhundert. In eine noch spätere Zeit reichen die ersten Zunftrollen aus England und Deutschland. Sie kommen wohl nicht vor dem 12. Jahrhundert vor, in der Regel gehören sie erst dem 13. Jahrhundert an. Auch weisen die einzelnen Städte desselben Landes für das Aufkommen der Zünfte, soweit wir darüber nach der Datierung der Zunftordnungen urteilen können, höchst verschiedene Zeitperioden auf. In Rom fallen die ersten Zunftrollen in eine bedeutend spätere Zeit als in Venedig oder Bologna, in Hamburg und Lübeck erscheinen sie früher als in Frankfurt a. M., Dresden oder Münster. In den flandrischen Städten fand die Zunftbildung eher statt als in Brabant. Auch schlossen sich in derselben Stadt einzelne Handwerke früher als andere zu Innungen zusammen, und zwar betrug in manchen Fällen dieser zeitliche Unterschied zwischen den einzelnen Zunftbildungen ein Jahrhundert und darüber. Aus den — ursprünglich nur wenig zahlreichen — Zünften einer Stadt entstanden öfters, sowohl durch Differenzierung (Spaltung) der bereits bestehenden Innungen und Entstehung neuer Gewerbezweige, als auch infolge des Zusammenschlusses bisher noch nicht zünftig geeinter Gewerbe, im Laufe des 14. und 15. Jahrhunderts einige Dutzende von Verbänden.[1]) Die früher nur wenige Artikel zählenden Zunftrollen nahmen fortschreitend an Umfang und Ausführlichkeit zu. Alle, selbst die unbedeutendsten Umstände, welche das Gewerbe oder das Zunftleben betrafen, wurden in den Zunftbriefen einer genauen Reglementierung unterzogen.

Die erste Frage, die Zünfte betreffend, nämlich die nach ihrer Entstehung, wird von der Wissenschaft verschieden beantwortet. Die darüber herrschenden Auffassungen lassen sich in drei Gruppen zusammenfassen.

Nach Eichhorn knüpften die mittelalterlichen Zünfte an die spätrömischen Handwerkerkorporationen, die collegia, an, die die Markt- und Gewerbepolizei ausübten. Dieser Standpunkt wird noch gegenwärtig teilweise von manchen Forschern — so von Martin Saint-Léon, Fagniez — vertreten. Doch haben andere, wie Wilda, v. Maurer,

[1]) In Köln, Lübeck, Nürnberg waren im 14.—15. Jahrhundert 50 und mehr Zünfte vorhanden, in Wien 1405 gegen 80.

insbesondere aber Hegel und Stieda schon längst auf den Umstand hingewiesen, daß die Marktpolizei bei den Germanen ohne jegliche Anknüpfung an römische Verhältnisse entstanden sein konnte, daß die römischen collegia zu obrigkeitlichen Zwecken geschaffen worden waren; daß endlich die von 600 bis ca. 1200 stattgehabten Umwälzungen zu tiefgehend gewesen seien, und das Gewerbe dieser Zeit zu schwach entwickelt, als daß die römischen Institutionen sich hätten erhalten können.[1])

Martin, Fagniez und Raynouard weisen zur Bekräftigung ihrer Ansicht auf die, übrigens keine Handwerker, sondern Kaufleute zusammenfassende Korporation des marchands de l'eau de Paris hin, die bereits 1121 erwähnt wird. 1170 heißt es von derselben: consuetudines tales sunt ab antiguo. Es ist ferner bekannt, daß noch im alten Lutetia, zu Zeiten Tiberius', eine Korporation der nautes bestanden hatte; die Benennung dieser Genossenschaft endlich als „marchands de l'eau" ist eine wörtliche Übersetzung der römischen Bezeichnung „mercatores aquae".[2]) Doch darf aus diesen Tatsachen wohl kaum der Schluß gezogen werden, die Korporation der „marchands de l'eau" sei aus der entsprechenden spätrömischen Körperschaft entstanden. Es sind, wie dies Picarda in seiner wertvollen Monographie „Les marchands de l'eau" gezeigt hat, für diese Annahme keine Belege vorhanden.[3]) Noch weniger halten die Ausführungen Martins der Kritik stand, der die Pariser Metzgerinnung von dem entsprechenden spätrömischen, im römischen Gallien bestehenden Verbande herleiten zu können glaubt. Als den vornehmsten Beleg dafür führt er die für das 12. Jahrhundert nachgewiesene Vererbung der Fleischbänke an, die auch in Rom erblich waren. Würde man jedoch bei der Beurteilung des Ursprungs der Zünfte von dem Merkmale der Erblichkeit ausgehen, so müßte nicht nur in Frankreich, sondern auch in Deutschland, Flandern und anderen Ländern eine große Anzahl von Handwerkerzünften auf die römischen Innungen zurückgeführt werden, da hier die Erblichkeit des Gewerbes nicht nur im 10.—12. Jahrhundert, sondern auch noch später ziemlich häufig anzutreffen ist. Die Erblichkeit im Handwerk bildet eben überhaupt eine, für die Anfangsstufen der Wirtschaftsentwicklung charakteristische, sich durchaus nicht auf Rom beschränkende Erscheinung. Übrigens fügt Martin zu diesen nach seinem eigenen Geständnisse zum Nachweis seiner Theorie ungenügenden Belegen noch weitere Ausführungen hinzu. Er beruft sich auf die, seines Erachtens feststehende, in Wirklichkeit jedoch nichts weniger als erwiesene[4]) Tatsache der Anknüpfung der fränkischen Stadtverfassung

[1]) Vgl. Hegel, Gesch. der Städteverfassung in Italien II, S. 345ff., 391ff.

[2]) Martin, Hist. des corporations S. 50ff. Fagniez, Études sur l'industrie et la classe industrielle. S. 4. Raynouard, Hist. du droit municipal II, S. 102.

[3]) Picarda, Les marchands de l'eau. 1901.

[4]) Vgl. Brunner II, S. 198. Sombart I, S. 145. Auch Dopsch, der von der Kontinuität in der Entwickelung der frühmittelalterlichen Institutionen ausgeht, gibt zu, daß „die alte römische Munizipalverfassung sich in ihrer ursprünglichen Form sicher nicht erhalten hat", und daß die Spuren der spätrömischen Grundlagen allmählich immer mehr verblassen. (Dopsch, Grundl. II, 2. Aufl., S. 347ff.)

an die römische. Es wäre nun — so führt er aus — ganz unbegreiflich, wenn ein Bestandteil der civitas, die collegia der Handwerker, verschwunden wären. Schließlich begnügt er sich jedoch bloß mit der Bemerkung, daß gewisse, sehr feine und schwer in ihrem Verlaufe zu verfolgende Fäden sich von den römischen Collegia zu den mittelalterlichen Zunftverbänden hinüberziehen.

Viel überzeugender sind die Untersuchungen Hartmanns über den Zusammenhang der byzantinischen Zünfte mit den Collegia von Rom und Ravenna. In diesen Landgebieten, wo germanische Eroberungen gar nicht, oder nur in unbedeutendem Maße stattgefunden hatten und byzantinischer Einfluß sich geltend gemacht hat, war ein Fortbestehen römischer Einrichtungen durchaus möglich. In Ravenna bestanden im 9. Jahrhundert drei Zünfte: die der Fleischer, der Fischer und der Negotiatores. Für die Fischerzunft ist ein von 943 datierender Pachtvertrag erhalten, der nicht nur im Namen aller derzeitigen Mitglieder abgeschlossen worden, sondern auch für ihre Kinder und Kindeskinder bindend war. Wie aus dem Text des Vertrages ersichtlich, stellt derselbe die Erneuerung eines älteren, wohl ebenfalls auf die Dauer von drei Generationen abgeschlossenen Vertrages dar. Ist das der Fall, so muß die Fischerzunft bereits zu Beginn des 9. Jahrhunderts bestanden haben; es liegt daher die Annahme nahe, daß sie an eine der in Italien zur Zeit der byzantinischen Herrschaft, im 8. Jahrhundert, vorhandenen Zünfte anknüpfte. Auch sind in dem, die byzantinischen Zünfte betreffenden, im 9. Jahrhundert von Kaiser Leo d. Weisen erlassenen Edikt Bestimmungen über den An- und Verkauf von Waren und über die Ernennung der Zunftvorsteher enthalten. Endlich sprechen weitere Belege dafür, daß die 943 erwähnte Fischerzunft die gleiche ist wie die 1100 bestehende. An der Spitze der letzteren stand der Capitularius oder Maior, in dessen Namen die Verträge abgeschlossen wurden. Diese Benennung ist herzuleiten von Capitularium, der für das in den römischen Collegia erhobene Beitrittsgeld gebrauchten Bezeichnung. Auch diese Identität der in beiden Fällen gebräuchlichen Benennungen weist auf die Möglichkeit eines Fortbestehens von Organisationen spätrömischer Zeit im mittelalterlichen Italien hin.[1])

Viel länger hat sich eine andere Theorie der Entstehung des Zunftwesens behauptet, die hofrechtliche, die den Ursprung der Zünfte aus den im Frühmittelalter auf den Fronhöfen bestehenden Verbänden der unfreien Handwerker herleitete. Zu ihren namhaftesten Vertretern gehören vor allem Nitzsch, Gierke, doch auch Heusler, Arnold, v. Maurer, Eichhorn, Stieda, für Frankreich Levasseur, Viollet, Lespinasse haben diese Entstehungsweise der Zünfte ganz oder teilweise angenommen. Ihren Ausgangspunkt bildet die Tatsache des Bestehens von hofrechtlichen Werkverbänden. Ursprünglich waren freilich die Handwerker eines Fronhofes nicht genossenschaftlich zusammengefaßt; doch

---

[1]) Hartmann, Wirtschaftsgesch. Ital. im früher. Mitt. S. 16ff., 22ff., 27. Vgl. Dopsch, Grundlagen II, 2. Aufl., S. 431ff.

wurden dieselben bereits früh in verschiedene Abteilungen, je nach dem Gewerbe, gegliedert. An der Spitze einer solchen Abteilung stand ein Vorsteher. Auch die übrigen, auf dem Fronhofe beschäftigten Leute, wie Hirten, Jäger usw. waren in ähnlicher Weise organisiert. Eine solche Abteilung wurde als Ministerium oder auch als Officium bezeichnet, ihr Vorsteher Magister oder praepositus genannt. Er wurde von dem Grundherrn ernannt; die Fronhandwerker erschienen als seine Untergebenen, waren ihm untergeordnet (subjecti, famuli). Sie erhielten keine Löhnung, nur Beköstigung und besaßen keinerlei genossenschaftliche Rechte. Allmählich jedoch trat eine Änderung darin ein. Da der Grundherr ihre Arbeitskraft nicht in vollem Umfange benötigte, so stellte er es ihnen frei, auch für den Markt zu arbeiten. Schließlich wurden sie aus dem Hofdienst ganz entlassen, konnten sich als selbständige Gewerbetreibende etablieren, auch in die Städte ziehen, der Herr behielt sich bloß eine Abgabe vor, die in Erzeugnissen des betreffenden Handwerks zu liefern war. Auf diese Weise milderte sich im Laufe der Zeit ihr Abhängigkeitsverhältnis dem Grundherrn gegenüber; sie gelangten in den Genuß der persönlichen Freiheit. Ferner gesellten sich ihnen neue Elemente hinzu, persönlich freie Handwerker, die sich in den Schutz des Grundherrn begaben. Die Entwicklung führte dazu, daß die hofrechtlichen Handwerkerverbände einen genossenschaftlichen Charakter annahmen und die Handwerker genossenschaftliche Rechte erwarben, die Werkverbände sich zu freien Körperschaften umwandelten, von deren ursprünglichem Gepräge nur noch verschiedene Verpflichtungen der Handwerker an den Stadtherrn zeugten.[1])

Als Belege für diese Theorie werden vor allem die Abgaben und Leistungen herangezogen, die die städtischen Handwerker noch in einer späteren Periode dem Stadtherrn zu entrichten hatten. So unbedeutend dieselben auch sein mochten, so wurden sie dennoch von den Anhängern der hofrechtlichen Theorie als Überreste des ursprünglichen unfreien Standes der Handwerker aufgefaßt. Es wurde von ihnen weiterhin der Umstand geltend gemacht, daß der, später zur Benennung der Zünfte allgemein gebräuchliche Terminus „officium" auch zur Bezeichnung der Handwerkerabteilungen des Fronhofes gedient habe. Die Zunftvorsteher wurden ferner ursprünglich vom Stadtherrn ernannt. Erst später erwarben die Zünfte das Recht, ihre eigenen Kandidaten vorzuschlagen, aus deren Zahl die Zunftältesten ernannt werden sollten, um schließlich dieselben selbst zu wählen. Endlich steht es ja fest, daß bei der Übersiedelung vom Lande nach der Stadt die Hörigen die persönliche Freiheit erlangten; auch gibt es gewisse Anhaltspunkte dafür, daß die Grundherren ihren Hörigen die Ausübung der gewerblichen Tätigkeit für den Markt zugestanden haben.

---

[1]) Gierke I, S. 176ff. Arnold, Verfassungsgesch. I, S. 250. v. Maurer, Städteverfassung II, S. 343. Heusler, Verfassungsgesch. d. Stadt Basel. 1860. Stieda, Zur Entstehung des deutsch. Zunftwesens. 1876.

Die hofrechtliche Theorie der Zunftbildung wurde im Laufe der Zeit wesentlich umgestaltet. In ihrer ursprünglichen reinen Form wurde sie kaum mehr aufrechterhalten. Es wurden in dieselbe neue Elemente einbezogen, indem man (Brentano, Bücher, Schmoller, Geering, Sohm u. a.) die Zunftbildung aus Quellen zweierlei Art herleitete — sowohl aus den hofrechtlichen Verbänden als aus den Einungen freier Handwerker.

Bereits Wilda und Mone äußerten Zweifel an der Beweiskräftigkeit der zur Begründung der hofrechtlichen Theorie beigebrachten Belege. So wurde von ihnen z. B. der Einwand geltend gemacht, die von den städtischen Handwerkern an den Stadtherrn zu entrichtenden Abgaben seien eher als Steuerleistungen denn als grundherrliche Abgaben aufzufassen, um so mehr, als derartige Leistungen an den Stadtherrn öfters solchen Handwerkern auferlegt wurden, die anderen Grundherren untertänig waren. Gfrörer, Mascher, Wilda, Maurer weisen auf das Vorkommen freier Handwerker auf den Grundherrschaften hin. Daher legt v. Maurer den freien Handwerkern weit größere Bedeutung für die Zunftbildung bei als den Unfreien. Auch Gierke erbringt mehrfach den Nachweis, die ihrem ganzen Wesen nach der Fronhofsverfassung entgegengesetzte zünftige Organisation sei nicht nur aus den hofrechtlichen Handwerkerverbänden erwachsen, sondern hätte auch andere Wurzeln. Namentlich hätten auch freie Einungen zum Vorbilde für die Zünfte gedient. Stieda nimmt ebenfalls einen doppelten Ursprung der Zünfte an: sie stammten zum Teil aus dem Hofrecht, daneben kann es aber auch Zünfte gegeben haben, die in keiner Verbindung mit hofrechtlichen Handwerksämtern standen, ferner solche, die sowohl aus Freien wie aus Unfreien bestanden. Die Älterleute wurden von manchen Zünften von Anfang an gewählt, nicht von dem Stadtherrn eingesetzt. Ursprünglich, noch vor der Karolingerzeit, hätten sich die zahlreichen, in den klösterlichen Küchen und Bäckereien Beschäftigten zu solchen Verbänden zusammengeschlossen (magister coquine, juniores), später auch die in anderen Gewerbezweigen tätigen Fronhandwerker. Wie Stieda weiter ausführt, lassen sich unter Karl d. Gr. bereits derartige Verbände nachweisen, die in ihnen zusammengefaßten Gewerbetreibenden verrichteten ihre Arbeiten in eigens ihnen angewiesenen Räumen (pisile, pisum), sie unterstanden besonderen Vorstehern. Seit Ausgang des 12. Jahrhunderts wird ein starker Zug nach der Stadt bemerkbar; die Fronhandwerker ziehen dorthin, sie erlangen daselbst die persönliche Freiheit, ihre Verpflichtungen werden auf einige geringe Leistungen beschränkt. Die nach den Städten abgewanderten Fronhandwerker schließen sich den daselbst bereits bestehenden freien Handwerkerinnungen an.[1])

Doch auch in dieser, bedeutend modifizierten und eingeschränkten Form fand die Fronhofstheorie entschiedene Gegner. Es wurde wiederholt auf das Fehlen von Belegen für den hofrechtlichen Ursprung der

[1]) Stieda, Entstehung des Zunftwesens. 1876.

Zünfte hingewiesen. v. Below insbesondere war es, der dieser Theorie entgegentrat, indem er die von ihren Vertretern angewandte Beweisführung widerlegte und ihr seine eigene Auffassung der Zünfte, als der zwecks Ausübung des Zunftzwanges geschlossenen freien Einungen freier Handwerker entgegenstellte. Vor allem weist v. Below das von den Anhängern der Fronhofstheorie angeführte Argument zurück, die Handwerkerverbände auf den Fronhöfen hätten, ebenso wie die späteren Zunftverbände, die technische Bezeichnung „officium" geführt. In Wirklichkeit wurden die Fronhofsverbände nicht — wie dies bei den Zünften der Fall war — als officium, sondern als ministerium bezeichnet. Ferner betont v. Below, abgesehen davon, daß Zunftvorsteher durch die Obrigkeit auch in Kolonialstädten ernannt werden, wo die Entstehung der Zünfte aus dem Hofrecht direkt ausgeschlossen ist, sei doch zu beachten, daß „so wenig aus der Ernennung eines Richters durch die Obrigkeit folgt, daß die Personen, über welche der Richter zu richten hat, unfrei sind, so wenig aus der Ernennung eines Handwerkervorstehers durch die Obrigkeit folgt, daß die Handwerker es sind". v. Below weist weiter auf den Umstand hin, daß die Immunitäten, die in den Städten gelegenen grundherrlichen Fronhöfe, das ganze Mittelalter hindurch, unabhängig von dem Bestehen städtischer Zünfte, ihre eigenen unfreien Handwerker hatten. Es sind also im späteren Mittelalter zwei — voneinander scharf abgesonderte — Kategorien von Handwerkern zu unterscheiden. Wäre nun — so führt v. Below aus — die Zunft die Fortbildung des Verbandes, in welchem alle Handwerker desselben Gewerbes auf dem Fronhofe zusammengefaßt waren, so müßten, da es z. B. in jeder Bischofsstadt nicht einen, sondern mehrere Fronhöfe gab, mehrere Zünfte des gleichen Handwerks in der Stadt vorhanden sein. Außerdem werden hörige Handwerker in den Quellen erst zu einer Zeit erwähnt, für welche bereits auch Angaben über freie Handwerker vorliegen. In der überwiegenden Mehrzahl von Fällen, wo von unfreien Handwerkern die Rede ist, handelt es sich überhaupt um aus einer späteren Periode, wo bereits Zünfte bestanden haben, stammende Nachrichten. Soweit sich gemeinsame Merkmale zwischen den Zunftverbänden und den Handwerkerverbänden der Fronhöfe des späteren Mittelalters feststellen lassen, sind Gründe zur Annahme vorhanden, daß eben die Fronhofsverbände es waren, die den freien Innungen manche Züge entlehnt haben. Was das frühere Mittelalter betrifft, so waren damals auf den Grundherrschaften nur vereinzelte Handwerker anzutreffen, in manchen Fällen fehlten sie auch ganz.[1])

Ferner ist ja zu beachten, daß soweit Magistri auf den Fronhöfen genannt werden, es sich nicht um eigentliche verarbeitende Gewerbe handelt, sondern vornehmlich um Küchenpersonal, Bäcker, Brauer, Hirten, denen die Magistri vorgesetzt sind. Wir hören von einem Vorsteher der Köche (Magister coquine, princeps coquorum), der Bäcker

---

[1]) v. Below, Territorium und Stadt. S. 308ff. Ders., Hist. Zeitschr. 1911. Vgl. Keutgen, Ämter und Zünfte. 1903. Seeliger, Handwerk und Hofrecht, S. 511 f.

(Magister oder princeps pistorum), der Brauer (qui cervisam bonam ibidem facere debeant), der Hirten (Magister pastorum); auch sind Armenvorsteher (super mendicos et pauperes magistri), wie ein Magister negotiatorum vorhanden.

Überhaupt darf man keineswegs sämtliche grundherrschaftliche Handwerker als hörig betrachten. Es kommen unter ihnen zweifellos auch Freie vor; doch auch sonst spricht manches dafür, daß die Leute, die sich auf den Fronhöfen finden, wirtschaftlich frei waren, da ihre Abhängigkeit sich auf die Entrichtung eines festen Zinses beschränkte, während sie über ihre Arbeit frei verfügen konnten. Die städtischen Abgaben wurden von den Bürgern für Bodennutzung bezahlt, in manchen Fällen wurden sie auch von Geistlichen, Rittern, Kaufleuten geleistet. Das gleiche trifft auch für die Abgaben zu, die auf den Zünften ruhten. Diese stets limitierten Leistungen wurden für überwiesene Grundstücke, für Gewährung von Plätzen zur Aufrichtung von Fleisch- oder Brotbänken entrichtet. Oder es waren Lasten kraft öffentlichen Rechts, steuerähnliche Leistungen, die jedoch, wie dies damals aus Mangel an Geld üblich war, in Naturalien festgesetzt waren, nämlich in Erzeugnissen des betreffenden Gewerbes.[1])

Die Frage nach dem Ursprung der zünftigen Leistungen hat Gothein eingehend behandelt, und zwar betreffen seine Ausführungen gerade jene Städte, wo man besonders klar hervorstechende Reste der ehemaligen hofrechtlichen Verfassung der Handwerke nachweisen zu können glaubte, wo sie, wie in Straßburg, Basel, Trier, im 11. bis 12., ja im 13. Jahrhundert noch vorhanden gewesen sein sollen. Nach Gothein sind in Straßburg sowohl Eigenleute wie freie Leute von der ältesten Zeit an nebeneinander nachweisbar. Unter den Leibeigenen befanden sich die Handwerker des Bischofs, des Domkapitels, verschiedener Stifte, die zunächst für ihre Herren arbeiteten, jedoch auf dem Markte gleich den Bürgern kaufen und verkaufen durften. Da sie sich jedoch weigerten, die städtischen Steuern zu zahlen, so wurden sie im Verlauf des 12. Jahrhunderts vom freien Marktverkehr ausgeschlossen und, wie dies später auch in Konstanz geschah, von der Bürgerschaft ganz abgeschieden. „Also können sie unmöglich den Kern der städtischen Handwerkschaft gebildet haben, kann aus ihrer Organisation nicht das Zunftwesen hervorgegangen sein, welches sich im ältesten Stadtrecht im wesentlichen schon in der Form zeigt, welche es später beibehalten hat.“ Nun waren die städtischen Handwerker zu gewissen Leistungen an den Burggrafen verpflichtet und diese „gewerblichen unentgeltlichen Fronden sind gerade der Anlaß gewesen, weshalb man diese Ämter für hofrechtliche Innungen ausgegeben hat“. Man hat dabei übersehen, daß sie nichts als „eine besondere Form einer allgemeinen Bürgerfron gewesen sind“. Die gesamte Bürgerschaft schuldete nämlich dem Bischof eine fünftägige Ackerfron, die wahrscheinlich ein Entgelt für die Nutzung der Allmende war. Eine Reihe von Zünften, bzw. von einzelnen Handwerkern, waren nun von dieser Fron ausdrücklich ausgenommen und das waren „genau dieselben Leute in der selben Anzahl, denen die gewerblichen Fronden auferlegt sind“. Neben diesen Leistungen, die mit der Hörigkeit nichts zu schaffen haben, finden sich noch einige besondere Leistungen, wie z. B. die von den Fischern erhobenen, die als Pacht aufzufassen sind, im angeführten Fall als Entgelt für die Überlassung einer Nutzung an Wasserläufen, deren Obereigentümer der Bischof war.[2])

---

[1]) Vgl. v. Below, Territorium und Stadt. S. 312ff.

[2]) Gothein, Wirtschaftsgesch. des Schwarzwaldes. S. 310—317.

Wie in Straßburg, so gab es auch in Basel eine gemeinsame Ackerfron der Bürger, die hier ausdrücklich als eine dingliche Abgabe bezeichnet wird, welche für den Hausplatz geleistet wird, und die auch die Handwerker zu entrichten haben; hier leisten sie keinen Entgelt in Form einer Gewerbefron. Ein Verzeichnis der Ämter von 1200 nennt Ministerialen, die vom Bischof an ihre Spitze gestellt werden; will man aber die Ämter dieser Tatsache wegen „zu Verbindungen von Hörigen machen, so müßte man das gleiche auch mit der ganzen Gemeinde tun, weil ja der Schultheiß Ministeriale ist. In Basel aber liegt die Unzuträglichkeit eines solchen Schlusses besonders klar; denn als sich auch diejenigen Handwerker, welche jenen Ämtern nicht unterstellt waren, zu Zünften verbanden, gab ihnen der Bischof auf ihren eigenen Wunsch ebenfalls Ministerialen als Handwerksherren". Auch sonst bieten die von Gothein für verschiedene Städte untersuchten Quellen keinerlei Anhalt, die Zünfte als hofhörige Genossenschaften aufzufassen.[1])

Den Angriffen v. Belows konnte die Theorie des allmählichen Aufsteigens der Handwerker von der Unfreiheit zur Freiheit nicht standhalten. Die Anhänger der hofrechtlichen Theorie konnten sie nicht mehr aufrechterhalten, wenn auch noch einzelne Versuche gemacht wurden, sie doch in dieser oder jener Form wenigstens teilweise zu retten.

Die Theorie vom hofrechtlichen Ursprung der Zünfte wurde von Eberstadt wieder aufgenommen, der freilich die Kontroverse auf ein anderes Gebiet zu verlegen suchte. Eberstadt weist insbesondere auf das Vorhandensein von Handwerkerämtern — Magisteria — auf den Fronhöfen des späteren Mittelalters hin, in denen die für die Zünfte wesentlichen Merkmale leicht zu erkennen seien. Doch läßt sich diese Tatsache ungezwungen daraus ableiten, daß die Handwerkerämter der Grundherrschaft, die Magisteria, soweit sie nicht, wie dies z. B. im 12. bis 13. Jahrhundert meist der Fall war, überhaupt vollständig eingingen, sich eben nach dem Vorbild der Zünfte umgebildet haben. Außerdem sind die Magisteria, die Eberstadt als Zwischenstadium in der Entwickelung der grundherrlichen Werkverbände zur Zunft betrachtet, nichts weniger als ein allgemein verbreitetes Institut, was doch der Fall sein müßte, wenn die Zünfte, die sich in aller Herren Ländern vorfinden lassen, auf diese Weise entstanden sein sollten. Sie sind weder für England noch für eine Reihe deutscher Städte, und zwar gerade für die ältesten und angesehensten, wie Köln, Mainz, Straßburg, Konstanz, Lübeck, Hamburg, Riga nachzuweisen. Auch fehlen sie in Frankreich nicht bloß in Arras, Douai und Limoges, was Eberstadt selbst zugibt, sondern auch in Rouen, Amiens und anderen Städten, wo zahlreiche Belege für das Bestehen von Zünften vorhanden sind. Endlich kann, selbst in den Fällen, wo das Vorhandensein von Magisteria erwiesen ist, in keinem einzigen dieser Fälle die Fortentwickelung eines Magisteriums zur Zunft verfolgt werden, wie sich auch keine Belege für eine genossenschaftliche Verfassung der dem Magister unterstehenden Handwerker beibringen lassen.[2])

Heutzutage darf die Theorie von der Entstehung der Zünfte als Genossenschaften, die aus der Initiative freier Handwerker hervorgegangen sind, als die herrschende betrachtet werden. Nach dieser Ansicht sind die Zünfte von Anfang an öffentlich-rechtliche Verbände gewesen.[3]) Nun wird freilich auch von manchen Anhängern dieser Theorie der Nach-

---

[1]) Gothein, Wirtschaftsgesch. des Schwarzwaldes. S. 321f., 327.

[2]) Eberstadt, Magisterium u. Fraternitas. Kritische Auseinandersetzungen mit Eberstadt s. Rietschel, Hist. Viert. 1898. v. Loesch, Hist. Z. 1897. Des Marez, Rev. Hist. 1899. Kovalewsky V, S. 35ff.

[3]) v. Below, Entst. d. Stadtgemeinde. S. V. Ders., Z. für Soz.- u. W.-G. V, S. 156, und Hist. Z. LVIII, S. 193ff.

druck nicht so sehr auf die eigentliche Bildung der Handwerkerverbände, den Einungstrieb, das Berufsinteresse, welches dieselbe veranlaßte, als vielmehr auf die Anerkennung, die Bestätigung der Verbände durch die Obrigkeit verlegt. Besondere Bedeutung messen sie der gemeinsamen Ansiedlung der Handwerker, je nach ihrem Gewerbe, in besonderen Straßen bei, sowie ihrer Vereinigung in besonderen Reihen auf dem Markte. Diese Zusammenfassung der einzelnen Gewerbe wird auf obrigkeitliche Veranlassung zurückgeführt, auf den Umstand, daß die öffentliche Gewalt eine Vereinigung der Handwerker auf dem Markte den einzelnen Gewerbezweigen nach zur besseren Ausübung der Gewerbepolizei und Erhebung von Abgaben verfügte. Die sog. Ämtertheorie wird vornehmlich durch Keutgen vertreten, welcher in der, auf Veranlassung der Obrigkeit hin erfolgten örtlichen Verteilung der einzelnen Handwerkergruppen auf dem Markte, in der Ämterbildung die Anfänge der Zunftorganisation erblickt. Nach den Ausführungen Keutgens sind dann aus diesen Ämtern, an deren Spitze je ein Beamter des Marktherrn stand, im Laufe der Zeit unabhängige, vollständig autonome Handwerkerinnungen, die Zünfte, hervorgegangen. Die im Amt zusammengefaßten Handwerker schmolzen, dank der gemeinsamen Lasten und der gemeinsamen Interessen, gewissermaßen von selbst in einen genossenschaftlichen Verband zusammen.[1]) Es sind also auch nach dieser Auffassung, wie auch nach der hofrechtlichen Theorie, in der Zunftbildung zwei zeitlich verschiedene Momente zu unterscheiden. Doch stellen die Zünfte, nach Keutgens Erklärung (im Unterschied von der hofrechtlichen Theorie), auch in der embryonalen Form der Ämter Verbindungen freier Handwerker öffentlich-rechtlichen Charakters, dar. Es ist Keutgen allerdings entgegengehalten worden, daß die Annahme von dem Vorhandensein solcher, zum Zwecke der Marktkontrolle und Steuererhebung obrigkeitlich geschaffener Ämter, die den Zünften vorangehen sollen, sich nicht erweisen lasse. Wie v. Below, v. Lösch, Sander u. a. festgestellt haben, sind für eine Reihe von Städten, über deren gewerbliche Entwicklung reichliche Nachrichten fließen, keine Spuren von Ämtern nachweisbar.[2])

Die anderen Vertreter der Ansicht vom freien genossenschaftlichen Ursprung der Zünfte leiten die Zunftbildung direkt aus dem Streben der Handwerker nach Zusammenschluß zu Verbänden ab: die Zünfte sind aus der eigenen Initiative der Handwerker heraus hervorgegangen. Die Anerkennung durch die Obrigkeit war allerdings für die Zünfte notwendig, hatte jedoch nur formale Bedeutung; tatsächlich bestanden die Zünfte noch vor ihrer obrigkeitlichen Bestätigung. Schon Maurer hat auf die Tatsache der Verbreitung der Handwerkerverbände über die ganze Welt, bis nach China hin, aufmerksam gemacht, woraus zu folgern ist, daß ihre Entstehung allerorten durch die gleichen Bedürfnisse, durch eine gewisse

---

[1]) Keutgen, Ämter und Zünfte. 1903. Vgl. Seeliger, Handwerk und Hofrecht, S. 508 ff.

[2]) v. Below, Viert. f. S. u. W.-G. VII. v. Loesch, Westdeutsch. Z. XXIII. Sander, Gesch. d. Städtewes. S. 123.

innere Notwendigkeit veranlaßt war.[1]) Gierke, der die universale Verbreitung der Zünfte freilich außer acht läßt und sie als eine rein germanische Institution betrachtet, behauptet jedoch, die Entstehung der Zünfte falle „in die Zeit der beginnenden Auflösung der alten genossenschaftlichen, besonders aber der geschlechtsgenossenschaftlichen Verbände“.[2]) Nach Sombart waren es „instinktive Äußerungen eines Bedürfnisses nach Zusammenschluß mit seinesgleichen, wie es noch heute vorhanden ist, wie es aber ganz gewiß den primitiven Menschen noch viel mächtiger als den modernen Individualisten erfüllte“. . . „Die Handwerker waren die ersten Wesen, die als selbständige Persönlichkeiten außerhalb der alten Gemeinschaftsverbände, losgelöst von Stamm, Dorf, Familie zu existieren bestimmt waren, so daß wir ihre Verbände zunächst einmal als gar nichts anderes denn als Fortsetzungen der alten Bluts- und Ortsgemeinschaften zu betrachten haben. Der gleiche Beruf bildet nun ebenso sehr den Kristallisationspunkt, wie ihn früher Blutsgleichheit oder Ortsgleichheit gebildet hatten.“[3])

Geht man davon aus, daß die Zünfte als freie Einungen der Handwerker gewissermaßen eine Fortsetzung der alten Stammesverbände bilden, so wird man auch die Frage nach den Motiven der Zunftbildung und nach ihrem Charakter richtig beantworten können. Über den Zweck, den die Handwerker bei ihrem Zusammenschluß verfolgten, sind verschiedene Meinungen geäußert worden. Während Wilda den religiösen Bedürfnissen den ersten Platz einräumte[4]), andere den Zweck der Zunftbildung vor allem in der Verteidigung der Stadt erblickten und die Zünfte als Kriegerverbände auffaßten, stand nach Schmoller im Vordergrund das Bestreben, eine eigene Gerichtsbarkeit zu erlangen.[5]) Die meisten Forscher heben mit Recht die gewerblichen Zwecke als Hauptmotive der Zunftbildung hervor, wenn sie auch dieselben auf verschiedene Weise näher bestimmen. Es handelt sich jedenfalls vor allem um den Zunftzwang, d. i. den Beitrittszwang, woraus sich zugleich eine Prohibitiv-, Abwehrbefugnis ergibt, die Fernhaltung unbequemer Konkurrenz sowohl von Mitgliedern der Stadtgemeinde als von Stadtfremden. Wird man die Entstehung der Zünfte vor allem aus dem Bestreben, den Zunftzwang durchzuführen, wie aus anderen wirtschaftlichen Motiven herleiten können, so ist andrerseits doch auch zu berücksichtigen, daß auch die anderen, oben erwähnten Zwecke, vor allem die religiösen und geselligen, mitverfolgt wurden.

Je älter die Zunftrollen sind, desto mehr Raum nehmen die religiösen Bestimmungen ein. In diesem Punkte, sagt Brentano, gleichen sich die Zünfte aller Länder und beim Lesen ihrer Statuten möchte man mitunter meinen, es handle sich nur um das Heil der Seelen. Die Zunft verehrt

[1]) Maurer, Gesch. der deutsch. Städteverf. II, S. 345.
[2]) Gierke, Rechtsgesch. d. deutsch. Genossensch. S. 224—226.
[3]) Sombart, Der moderne Kapitalismus I, 1. Aufl., S. 125.
[4]) Wilda, Gildewesen im Mitt. S. 344.
[5]) Schmoller, Straßburger Tucher- und Weberzunft. S. 384.

einen Heiligen als ihren Schutzpatron, stiftet und unterhält einen Altar in der Kirche, veranstaltet kirchliche Prozessionen und Feste, auch Seelenmessen, die von allen Genossen besucht werden sollen. In Zusammenhang damit steht die Forderung, das Eintrittsgeld und die Strafen sollen zum Teil in Wachs, das für die Kirchenlichte benötigt wurde, entrichtet werden. Erst später spalten sich die religiösen Verbände von den Zünften ab.[1]) Das Eintrittsgeld wurde jedoch nicht bloß in Wachs, sondern auch in Wein, ebenso die Strafen in Wein und Bier entrichtet. Der neue Meister hatte seinen Kameraden ein Meisteressen vorzusetzen. Dies alles weist auf die geselligen Zwecke hin, die ebenfalls von der Zunft verfolgt wurden und durch die ein noch engeres Band zwischen den Genossen geschlungen wurde. Die Zunftstuben dienten neben anderen Zwecken auch zu Festmählern, Gelagen und Zechen, bisweilen wurden ja die Zünfte selber mit dem Wort „Zeche", andere Gilden als „Convivia" bezeichnet.[2])

Die Mannigfaltigkeit der Bedürfnisse, denen die Zünfte zu genügen suchten (neben kirchlichen und geselligen Zwecken gegenseitige Hilfsleistungen, Unterstützung der Notleidenden, Versorgung von Witwen und Waisen), sowie auch die Bedeutung der Zunft als kriegerische Abteilung hat ihren Grund darin, daß die Zünfte nach Gierke, „den ganzen Menschen ergriffen und sich auf alle Seiten des Lebens erstreckten. So war es in allen Genossenschaften des ältesten Rechts." „Heute sind wir daran gewöhnt — führt er weiter aus — im Gegensatz zu Staat und Gemeinde die freie Assoziation nur als eine Vereinigung zu bestimmten Zwecken zu denken; nichts aber liegt dem Jugendalter eines Volkes ferner als eine derartige Auffassung. Unser heutiges Vereinswesen — einer Menge sich in unendlicher Mannigfaltigkeit schneidender Kreise vergleichbar — beruht auf der Möglichkeit, mit irgendeinem Teil, irgendeiner Seite der Individualität, vielleicht gar nur mit einem bestimmt abgegrenzten Teil der Vermögenssphäre dem einen, mit dem anderen anderen Vereinen anzugehören. Die mittelalterliche Genossenschaft forderte den ganzen Menschen ... Freilich war es häufig ein ganz bestimmtes Bedürfnis, welches Anlaß zur Vereinsbildung gab, und demgemäß eine ganz bestimmte Seite, nach welcher der Verein vorzugsweise fortgebildet war"; doch immer waren die Genossen „zugleich für alle anderen menschlichen Gemeinschaftszwecke vereint".[3]) Auf den gleichen Grundsätzen, wie die gewerblichen Zünfte, waren die verschiedensten mittelalterlichen Verbände, Gilden, Bruderschaften und Assoziationen begründet, so die der Händler, der Notare, der Geldwechsler, der Ärzte, ja der Totengräber und Abtrittfeger, der Bettler und der feilen Weiber. Denn die Leute der mannigfachsten Berufe schlossen sich, je nach ihrem Gewerbe, untereinander zu Verbänden zusammen, wählten aus ihrer Mitte Vorsteher,

[1]) Brentano, Arbeitergilden I, S. 55.

[2]) Sander S. 125.

[3]) Gierke, Genoss. I, S. 226.

die richterliche Gewalt über ihre Mitglieder ausübten. Diese Verbände veranstalteten kirchliche Feste und Prozessionen, überwachten die strenge Einhaltung ihrer Vorrechte zur Ausübung des betreffenden Gewerbes.

In Basel, Ulm, Nürnberg, Frankfurt a. M. u. a. Städten hatten die Bettler ihre Zunftvorsteher (Bettlermeister); den ortsfremden Bettlern war das Almosenbitten, zwei Tage im Jahre ausgenommen, verboten. Von den Neuaufzunehmenden wurde das Aufsagen des „Vaterunser" und verschiedener anderer Gebete verlangt. Sie besaßen ein Zunftgericht; in Basel war dasselbe aus sieben Bettlern gebildet, die „weder Hosen noch Messer trugen". Das Gericht tagte unter einer Linde, der Vorsitzende hielt einen Stock in der Hand, sein rechter Fuß befand sich während der Verhandlung, im Sommer wie im Winter, in einem mit Wasser gefüllten Kübel. Ihm zur Rechten und Linken saßen die anderen sechs. Nach Beendigung des Gerichts warf der Vorsitzende den Kübel um. In Frankreich gab es alljährlich Bettlerversammlungen unter dem Vorsitze ihres „Königs", wie er hieß, wo alle Fragen entschieden wurden und der „König" von seinen „Untertanen" Abgaben erhob. Am Rhein finden wir um die Mitte des 15. Jahrhunderts eine Brüderschaft der Aussätzigen, welche am St. Albanstag ihre Jahresversammlung in Mainz abhielt und ein ihr vom Grafen von Nassau als Lehen verliehenes Bad in Wiesbaden besaß. Auch die „gemeinen", „freien", „wandernden" Frauen vereinigten sich zuweilen zu Genossenschaften. Im Mittelalter wurde ihnen keine Verachtung entgegengebracht; im Gegenteil, sie traten bei Hochzeiten, bei dem Empfang von Fürsten und anderen Festlichkeiten auf und überreichten Blumensträuße zur Begrüßung. Ihre Schutzheilige war die hl. Magdalena, an deren Tage sie eine Prozession hielten. An ihrer Spitze standen sog. „Frauenmeisterinnen" (Leipzig), oder „Königinnen" (Avignon, Genf). Sie richteten an den Stadtrat (Nürnberg), die Bitte, er möge „von Gottes und der Gerechtigkeit wegen" keine fremden Frauen zulassen, da sie sich sonst nicht „redlich ernähren könnten".[1])

Kapitel 19.

Die Zunftverfassung.

Der Charakter der Verfassung und Tätigkeit der Zünfte wird durch Grundsätze doppelter Art bestimmt, einerseits durch den Grundsatz der Gleichheit und Solidarität der Zunftgenossen untereinander und andrerseits durch den Grundsatz der Abschließung von allen anderen. Das Prinzip der Gleichheit aller Mitglieder kommt in der Gewährung gleicher Vorteile an alle Zunftgenossen, des Genusses gleicher Vergünstigungen zu gleichen Rechten zum Ausdruck. In der Anschaffung der Rohstoffe sollten alle Genossen gemeinsam vorgehen; kaufte ein Handwerker Rohmaterial ein, so war er verpflichtet, auf Verlangen eines anderen ihm einen Teil davon zum Selbstkostenpreise zu überlassen; auch hatte er die Genossen von dem geplanten Einkauf, von der ihm zu diesem Zwecke bevorstehenden Reise in Kenntnis zu setzen usw. Es wurde ferner das für den einzelnen Handwerker zulässige Höchstmaß im Umfange der Gewerbebetriebe bestimmt; es war verboten, die festgesetzte Höchstzahl von Gesellen und Lehrlingen zu überschreiten, Rohstoffe über ein be-

---

[1]) M. Kulischer, Zur Geschichte der Zünfte in Rußland und Westeuropa. „Europäischer Bote" 1887, XII, S. 565—574 (russisch). v. Maurer II, S. 472; III, S. 105—110. Kriegk, Deutsch. Bürgertum im Mittelalter. S. 142, 184. Ders., N. F. S. 259ff., 291ff., 309, 312, 321. Rosières II, S. 405.

stimmtes Quantum hinaus einzukaufen, mehr als eine Werkstätte oder einen Verkaufsstand zu halten. Ferner besaßen die Zünfte verschiedene, zur gemeinschaftlichen Benutzung bestimmte Anstalten, die allen Mitgliedern zur Verfügung standen, wie Walkmühlen, Tuchrahmen, Schleifmühlen usw. Es war auch verboten, einander Gesellen oder Kunden abspenstig zu machen, oder eine von einem anderen Meister begonnene Arbeit fortzusetzen. Die Zünfte gingen darin noch weiter und schritten zu einer (öfters von der Obrigkeit verbotenen) gemeinsamen Festsetzung der Preise für die erzeugten Waren. Niemand sollte diese Mindestpreise unterbieten, wie auch den Gesellen höhere Löhne, als die von der Zunft bestimmten, zahlen.

Die Tendenz zur Abschließung der Zunft der Außenwelt gegenüber fand im Prinzip des Zunftzwanges ihren Ausdruck. Wie an den, von den Zünften veranstalteten, religiösen Prozessionen und Festen, sowie an den geselligen Zusammenkünften nur die Zunftmitglieder teilnahmen, so durften nur die zur betreffenden Zunft gehörenden Handwerker die entsprechenden Waren erzeugen und an ihren Marktständen absetzen. Der Zunftzwang steht folglich mit dem Wesen der Zunftverfassung, wie sie sich auch auf anderen Gebieten der Zunfttätigkeit offenbarte, in vollem Einklang. Er bildet ferner keine den Zünften allein eigentümliche Erscheinung: die anderen mittelalterlichen Körperschaften sind von dem gleichen Geiste der Abgeschlossenheit von der Außenwelt getragen. Er war bedingt durch die herrschende gesellschaftliche Ordnung mit ihrer schroffen Absonderung der verschiedenen Stände und Berufe.

Ursprünglich war wohl der Zunftzwang nur eine tatsächliche Einrichtung (nicht rechtliche Bestimmung) in dem Sinne, daß nur eine bestimmte, durch enge Bande miteinander verknüpfte Gruppe von Menschen das betreffende Handwerk ausübte und die außerhalb derselben stehenden noch keine Versuche machten, ihr tatsächliches Monopol zu durchbrechen und Aufnahme in dieselbe zu erlangen, noch weniger, die gleichen Waren zu produzieren, ohne dem Verbande anzugehören. Erst später, als seitens Außenstehender dies Bestreben sich geltend machte, von verschiedenen Seiten Versuche unternommen wurden, in das Handwerk „sich einzudrängen", d. h. ein bestimmtes Gewerbe auszuüben oder Gewerbeprodukte abzusetzen, ohne der betreffenden Zunft anzugehören, bildete sich der Zunftzwang zu einem Rechtsinstitut um, das bestimmt war, diese Konkurrenz zu bekämpfen. Diejenigen, die derartige Versuche unternahmen, wurden als „Störer" oder „Pfuscher", in Frankreich als „Chambrelans" von den Zünften mit unnachsichtiger Strenge verfolgt. In Magdeburg, Wien, Mühlhausen (zu Anfang des 12. und in der ersten Hälfte des 13. Jahrhunderts), in Oxford und York seit Heinrich I. und II. erhielten mehrere Zünfte das ausschließliche Privileg zum Gewerbebetrieb. Allen Nichtmitgliedern des Consortium, der Communio, Unio, Gilda (nisi sit de gilda illa) war die Ausübung desselben untersagt. Von 7 aus dem 12. Jahrhundert erhaltenen deutschen Zunftbriefen geben 6 die Ausübung des Zunftzwanges direkt als das Motiv der Zunftbildung an.[1]) Wenn in anderen Fällen, auch in späterer Zeit, die Zunftordnungen die Mitgliedschaft der betreffenden Zunft nicht als die unumgängliche Voraussetzung für den Betrieb des Handwerks erwähnen, so folgt hieraus noch nicht, daß der Zunftzwang für diese Handwerke damals noch fehlte oder daß es überhaupt eine Art von Innungen gegeben habe, in denen Gewerbefreiheit geherrscht hätte. Es ist dies vielmehr dadurch zu erklären, daß der Beitrittszwang als etwas Gewohnheitsmäßiges, allgemein Übliches vorausgesetzt wurde. Daher konnten sich vielfach die Zünfte darauf beschränken, in ihren Rollen die Höhe der von den neuaufzunehmenden Mitgliedern zu leistenden Eintrittsgelder anzugeben.

Der Zunftzwang konnte freilich einen verschiedenen Charakter und Umfang annehmen, je nach dem, ob die Zünfte auch politische Korporationen waren, ob sie eine Zunftautonomie besaßen oder nicht. Doch auch dann, wenn sie von der Obrigkeit nicht anerkannt oder von ihr später aufgehoben worden waren, bzw. um Anerkennung überhaupt nicht nachgesucht hatten, war ihnen doch das Hauptmerkmal der Zunftverfassung, der Beitrittszwang eigentümlich. „Die Anerkennung durch die Obrigkeit gehört nicht unbedingt zum Wesen der Zunft.“[2]) Auch beim Fehlen derselben hatten die Handwerker sich den Beschlüssen der Majorität zu fügen, und in wirtschaftlicher Hinsicht übte auch eine solche Genossenschaft öfters einen nicht geringen Einfluß aus. Von einer Gewerbefreiheit kann nämlich für das Mittelalter überhaupt keine Rede sein: die Idee derselben kommt nicht vor dem 17. Jahrhundert auf und gelangt noch erst viel später zur Durchführung. Es hieße ganz moderne, dem Mittelalter vollständig fremde Auffassungen in jene Zeit hineintragen, wollte man im Mittelalter eine Freiheit der Konkurrenz und der Berufswahl annehmen, den Gewerben, die keine offiziell anerkannten Zünfte bildeten, diese Eigenschaft zusprechen. Der Zunftzwang wird sowohl gegenüber Bürgern als auch gegenüber stadtfremden Personen aufgerichtet: weder diese noch jene dürfen ein Gewerbe betreiben, wenn sie nicht Mitglieder einer Zunft sind. Und zwar muß der Gewerbetreibende stets einer bestimmten Zunft angehören, in deren Bereich das betreffende Handwerk fällt, denn der Zunftzwang grenzt die Berechtigungen zwischen den verschiedenen Zünften genau ab. Doch der Zunftzwang geht noch weiter. Die Konkurrenz konnte sich ja nicht bloß in der Ausübung des Gewerbes durch Zunftfremde äußern (darunter auch durch Mitglieder anderer Zünfte), sondern auch in der Einfuhr außerhalb der Stadt erzeugter Waren oder in der Erzeugung der gleichen Waren außerhalb der Stadt, in den umliegenden Dörfern. Im Interesse des städtischen Gewerbes war die Einfuhr fremder Waren entweder (mit Ausnahme der Markttage) untersagt oder jedenfalls Beschränkungen mancherlei Art unterworfen, indem die eingeführten Waren nur im großen, und zwar nur innerhalb

[1]) v. Below, Probl. der Wirtschaftsgesch. S. 282.
[2]) v. Loesch, Kölner Zunfturkunden. Einleit. S. 42, 56.

einer bestimmten Frist (z. B. drei Tage lang) abgesetzt werden durften.[1]) Auch verschiedene Handelsabgaben, Ungelder und Zölle waren zu entrichten, von denen die Einheimischen (ganz oder teilweise) befreit waren (Markt-, Torzölle, Wäge-, Lager-, Marktgelder, Wege- und Brückenabgaben).

Omnis qui facit iura ville — heißt es im Freiburger i. Üe. Statut von 1249 — non dat theloneum. Ebenso in Hamburg (1262): cum aliquis hospes primitus erit civis in Hamborgh, postea nichil dabit ad theloneum vel ungeldum. Nur der Gast „mod tollen" (Göttingen 1375), theloneum nur „a forensibus requiritur" (Wesel 1241), ihn zahlen bloß „mercatores cuius cunque regni" (Lübeck, 13. Jahrhundert), nur diejenigen, die keine Bürger sind (Mülhausen 1230—1250).[2]) Zu Freiburg i. Br. sind die Bürger nicht bloß vom theloneum, sondern auch von der Wägeabgabe frei: qui servat publicam libram burgensibus gratis concedat, extraneus dabit obolum.[3]) Auch in Villingen (1296) zahlen sowohl die Verkaufsabgabe als den Wägezoll bloß die Fremden (1296 von den gesten die da kofent und verkofent).[4]) In Frankfurt a. M. heißt es 1297: nullus civium solvet thelonium in nostra civitate, sed alii hospites solvere tenentur. Auch später blieben hier die Bürger von den Handelsabgaben frei, vom Wege- und Brückenzoll, vom Marktzoll, vom Kaufhaus(Wage)zoll usw.[5]) In anderen Städten haben in späterer Zeit freilich auch die Bürger gewisse Handelsabgaben zu entrichten, doch sind sie auch jetzt gegenüber Fremden erheblich begünstigt. Von mancherlei Abgaben bleiben sie auch jetzt frei, andere werden von ihnen bloß zur Hälfte erhoben. So betrug in Koblenz das Ungeld für die Bürger nur die Hälfte des von den Gästen gezahlten[6]), in Ulm wurde der Pfundzoll nur soweit gezahlt, als ein Fremder am Kaufe beteiligt war.[7]) In Köln „vnse burgere soilen vry syn" von „zolle und weygegelde vur den Portzen, der Rungassen Zoll", auch von der Heuabgabe, die Salzabgabe war für sie in geringerem Betrage als für die Fremden angesetzt.[8]) [9])

---

[1]) Wehrmann, S. 106ff. Levasseur I, S. 256. Pigeonneau II, S. 337f. Des Marez, S. 492ff. De Vigne, S. 53.

[2]) Gaupp, Deutsch. Stadtrechte II, S. 100 (§ 102), 135 (§ 141). Frensdorff, Die Zollordnung des lübischen Rechts (Hans. Gesch.-Bl. 1898). S. 130f. Rheinhold, Verfassungsgesch. Wesels i. Mitt. (1888). S. 28. Rudorff, Zur Rechtsstellung der Gäste im mitt. Städteprozeß (1907). S. 15. (Gierkes Unters. S. 88.) Schulte, Gesch. des mitt. Handels u. Verkehrs I, S. 527. Siehe mein Steuerwesen der deutschen Städte in seiner histor. Entwicklung (1914). S. 180ff. (russisch).

[3]) Gaupp, Stadtrechte II, S. 25 (§ 36), 31 (§ 17, 19). Vogel, Gesch. des Zollwesens der Stadt Freiburg bis zum Ende des 16. Jahrhunderts. S. 7ff.

[4]) Oberrhein. Stadtrechte. II. Abt. Schwäbische Rechte I, S. 10f.

[5]) Keutgen, Urkunden. N 155. S. 188. Dietz, Frankf. Handelsgesch. I, S. 313, 318, 322.

[6]) Bär, Koblenzer Urkunden und Akten. S. 160, 164, 167; Beil. 22.

[7]) Kölle, Die Vermögenssteuer der Reichsstadt Ulm (1898). S. 29. Nübling, Ulms Kaufhaus. S. 5f.

[8]) Knipping, Kölner Stadtrechnungen I, S. LVI, LIXff., LXVIII. Henning, Steuergeschichte von Köln. (1891.) S. 55, 60, 68, 73ff. Ennen, Quellen zur Gesch. Kölns I, S. 93, 98, 109. Lau, Kölns Verfassung und Verwaltung. S. 60.

[9]) Über andere Städte s. Sander, Reichsstädt. Haushalt Nürnbergs. S. 234. Müller, Finanzpolit. d. Nürnberg. Rats in d. zweiten Hälfte des 16. Jahrhunderts. (Viert. Soz.- u. W.-G. VII.) Rübel, Dortmunder Finanz- und Steuerwesen I, S. 104. Boos, Monum. Wormatens. III (1893), S. 644ff. Schulte, Gesch. d. mitt. Hand. II, Urk. 347. Oberrhein. Stadtrechte III. Elsässische Rechte I, S. 1063 bis 1077. CXXIII. A. B. Vgl. mein Steuerwesen d. deutsch. Städte. S. 184ff.

Die eingeführten Erzeugnisse wurden zuweilen von den Ältesten der betreffenden Zunft einer Schau auf ihre Qualität unterworfen, wobei die für untauglich befundenen Waren von der Zunft beschlagnahmt wurden und die Strafgelder teilweise der Zunftkasse zuflossen, was für den auswärtigen Gewerbetreibenden einem Einfuhrverbot gleichkommen konnte.[1]) Zu diesen Hindernissen trat jedoch noch ein viel größeres hinzu, der schlimme Zustand der Wege, wodurch die von auswärts gebrachten Waren so sehr verteuert wurden, daß sie die Konkurrenz der an Ort und Stelle gefertigten Erzeugnisse wohl kaum aushalten konnten.[2]) Noch mehr hatten die Bewohner der umliegenden Dörfer unter der von den Städten durchgeführten Gewerbepolitik zu leiden. Durften doch im Bereiche der städtischen Bannmeile von den Landbewohnern keinerlei Gewerbe betrieben werden, sie sollten die Gewerbeprodukte in der Stadt einkaufen. Und zwar befanden sie sich beim Eintausch derselben gegen ihre landwirtschaftlichen Erzeugnisse in einer wenig günstigen Lage. „Begünstigung des Stadtbürgers, Benachteiligung des fremden Konkurrenten — sagt Schmoller — ist die Seele der städtischen Gewerbe- und Handelspolitik.“ „Die komplizierte Wochenmarkts- und Vorkaufsgesetzgebung ist in Summa nichts als ein raffiniertes System, Angebot und Nachfrage zwischen kaufendem Städter und verkaufendem Landmann so zu gestalten, daß der erstere in möglichst günstiger, der letztere in möglichst ungünstiger Position beim Konkurrenzlaufe sich befinde.“[3])

Die Bestimmung der Preise wurde von der Zunft als Ganzes vorgenommen: jedes Mitglied hatte den vereinbarten Preis innezuhalten. Dadurch wurde auch jene Konkurrenz beseitigt, welche unter den einzelnen Zunftgenossen hätte bestehen können; es sollte kein Unterbieten im Preise der Ware stattfinden. Teils geschah die Preisbestimmung in Gestalt direkter, in die Zunftrollen eingetragener Verbote, den Preis unter ein bestimmtes Minimum herabzusetzen, teils in Form von eigens hierzu erlassenen Bestimmungen der Zunftversammlungen oder Zunftvorsteher. In England wurde diese Befugnis von ihnen bis zum Beginn des 16. Jahrhunderts ausgeübt. Neben derartigen Minimaltaxen wurden vom Stadtrat Maximaltaxen festgesetzt; den Zünften wurde der Verkauf ihrer Erzeugnisse über einem bestimmten Preis untersagt. Doch wurden derartige Maximaltaxen nur für die Lebensmittel erlassen, da in dieser Beziehung besonders große wirtschaftliche und soziale Mißstände zu befürchten waren. So finden sich Maximaltaxen für Brot, Fleisch, Fische, Geflügel, Bier, Wein u. a., wobei entweder unmittelbar der Preis des betreffenden Produktes oder der höchstzulässige Gewinnsatz bestimmt

---

[1]) Schmoller, Umrisse und Untersuchungen. S. 7. Wehrmann, S. 106. Rüdiger, Zunftrollen. Nr. 11. Gothein, Wirtsch.-Gesch. S. 532. Levasseur I, S. 257. Neuburg, S. 109.

[2]) Sombart, Kapit. I, 1. Aufl. S. 156f. Götz, Verkehrswege, S. 555. Sommerlad, Das Verkehrswesen im deut. Mitt. Hdw. d. St. 1. Aufl. Suppl.-B. II, S. 943. Falke, Gesch. d. deut. Zollwesens. S. 66, 74f. Vgl. unten Kap. 26.

[3]) Schmoller, Umrisse. S. 6.

wurde. Die Brottaxen wurden gewöhnlich in der Weise festgesetzt, daß der Preis des Brotes unverändert blieb, das Gewicht desselben dagegen je nach dem Getreidepreise variierte. Es waren dies also gleitende Taxen. Doch war die tatsächliche Bedeutung der Höchsttaxen nur gering, denn oft verweigerten die Zünfte entschieden die Einhaltung derselben; zudem wurde ihre Festsetzung unter Mitwirkung der interessierten Gewerbetreibenden selbst vorgenommen, nämlich der Bäcker, Fischer, Fleischer, Metzger, aus deren Mitte auch die Amtspersonen gewählt wurden, die die Innehaltung der Bestimmungen zu überwachen hatten.[1]) Die Höchsttaxen für die von den Bauern zu Markte gebrachten Lebensmittel hingegen wurden von den am Verkauf dieser Erzeugnisse zu möglichst niedrigen Preisen interessierten Stadtbewohnern festgesetzt. So bestand in Florenz die zur Bestimmung der Taxen für das eingeführte Korn eingesetzte Kommission aus einem Spezereienhändler, einem Ölhändler, einem Waffenschmied, einem Gerber und einem Eisenwarenhändler. Es wurde von ihr die hochklingende Erklärung abgegeben, die Taxe sei „zum Wohle der Gesamtheit, der Künste und Gewerbe" bestimmt — woraus klar zutage tritt, daß sie ihre eigenen Interessen mit dem Gemeinwohle identifizierte, die Interessen des Bauern aber gänzlich unbeachtet ließ.

Die Machtstellung der Zünfte wurde erst recht durch die zahlreichen, in den Zunftrollen enthaltenen Eintrittsbedingungen verstärkt, denen jeder Aufnahmesuchende zu genügen hatte und infolge deren die Zahl der zünftigen Handwerker erheblich beschränkt wurde. Nicht nur die Aufsicht über die Innehaltung der Zunftreglemente seitens der Zunftmitglieder wurde auf diese Weise erleichtert, sondern der Zunftzwang erhielt erst dadurch eine tatsächliche Bedeutung. Hätte der Beitritt zur entsprechenden Zunft jedem, der das betreffende Handwerk betreiben wollte, freigestanden, so hätte der Zunftzwang eine lediglich formale Bedeutung besessen. Nunmehr aber sicherte er einer geringeren Anzahl von Handwerkern das ausschließliche Privileg des Gewerbebetriebes, die monopolistische Stellung auf dem städtischen Markte. Die zahlreichen Eintrittsbedingungen lassen sich in drei große Kategorien zusammenfassen. Zur ersten gehören die an die Geburt des Bewerbers gestellten Anforderungen (Bedingungen moralischer Art). Es wurden keine Fremden, weder Ausländer noch aus anderen Städten stammende, aufgenommen, keine Unfreien (Söhne von Leibeigenen und Hörigen), ferner weder uneheliche

---

[1]) Siehe meine Entwicklungsgesch. des Kapitalzinses II. Jahrb. f. Nat-Oek. 1900. XIX, S. 599ff., 606ff., 612ff. Vgl. Techen, Bürgersprachen der Stadt Wismar. Hans. Gesch.-Quell. N. F III, S. 198. Sander, Haushaltung Nürnbergs I, S. 242. Koppmann, Hamb. Kämmereirechn. I, S. LXVIII. Stüve, Mitt. d. hist. Ver. zu Osnabrück XI, S. 87. Bei Einführung bzw. Erhöhung der Wein-, Bier-, Brot- u. a. -Akzisen wurde das Gewicht des Brotes, das Weinmaß usw. entsprechend vermindert. Vgl. Zeumer, Städtesteuern (Schmollers Forsch. I, 1878), S. 92f. Arnold, Verfassungsgesch. d. deutsch. Städte. S. 29, 78. Holländer, Stud. zum Aufkommen städt. Akzisen am Niederrhein. S. 29, 57, 74, 78. Fahlbusch, Finanzverw. Braunschweigs 1374—1425 (Gierkes, Unters. 116). 1913. 40. Quellen zur Rechts- u. Wirtsch.-Gesch. d. Rhein. Städte II. Siegburg, S. 66.

Kinder noch diejenigen, die von Angehörigen sog. „unehrlicher“ Berufe abstammten. Zu diesen gehörten die Bader und Barbiere, die Schäfer und Gerber, die Müller, Leineweber, ferner die Pfeifer, Trompeter, Nachtwächter, Totengräber, Scharfrichter u. a. m. Dabei wurde Ausweis über eine „freie, deutsche und eheliche“ („ächte“) Geburt gefordert, und zwar wurden diese Bestimmungen häufig auch auf die Frau des Bewerbers ausgedehnt; in manchen Fällen mußte echte und deutsche Geburt durch eine Reihe von vier Ahnen nachgewiesen werden.[1]) In die zweite Kategorie gehören die Anforderungen technischer Art. Um die Meisterwürde zu erlangen, mußte der Bewerber eine bestimmte, mitunter recht lange (siebenjährige) Lehrzeit durchmachen, ferner als Geselle arbeiten, in verschiedenen Städten „wandern“ (Wanderzeit) und zum Abschluß eine Prüfung ablegen — ein Meisterstück (chef d'oeuvre, essay) herstellen. Endlich (dritte Kategorie) stellten die Zunftrollen auch Anforderungen materieller Art. Sowohl der Lehrling, wie der Geselle, insbesondere aber der neuaufzunehmende Meister hatte ein Eintrittsgeld zu zahlen, zuweilen wurde vom Meisterkandidaten ein Vermögensnachweis verlangt; es mußte auch von ihm ein reichliches Meisteressen vorgesetzt werden, das öfters mit großen Ausgaben verbunden war. Auch die Herstellung des Meisterstückes kam dem Gesellen öfters teuer zu stehen, denn die erforderlichen Rohstoffe und Werkzeuge wurden von ihm auf eigene Rechnung angeschafft, während das fertige Meisterstück der Zunft gehörte.

Der Ausschluß mancher, als „ehrlos“ bezeichneter Gewerbe aus den Zünften ist leicht erklärlich. Die Musikanten z. B. galten als Landstreicher, welche häufig Räubereien verübten, die Scharfrichter und Totengräber hatten mit Blut und Leichnamen zu tun. Von letztem Umstande rührte auch der üble Leumund der Gerber und der Schäfer her, welche auch Schinder genannt wurden. Die Bader und Barbiere endlich waren gewöhnlich zugleich Wundärzte, die blutige Wunden verbanden, auch Pflaster und Salben verkauften. In allen diesen Fällen war der mittelalterliche Aberglaube, diejenigen, die mit Blut, toten Menschen oder Tieren in Berührung kämen, seien unrein und müßten streng gemieden werden, entscheidend. Dagegen herrscht Meinungsverschiedenheit in der Frage, warum die Leineweber und Müller zu den unehrlichen Gewerben zählten. Die eine Ansicht, die Benecke ausgesprochen hat, geht nun darauf hinaus, daß diese Handwerker der Übervorteilung der Konsumenten angeklagt wurden: die Müller sollen das gemahlene Korn unvollständig zurückgegeben, die Leineweber den Stoff gefälscht haben. Doch kamen — wie Stahl hinweist — Betrügereien und Veruntreuungen von Material auch in anderen Gewerben häufig vor; so wurde namentlich von den Goldschmieden das zur Verarbeitung erhaltene Edelmetall so häufig veruntreut, daß Fälle, wo Meister den Arbeitsauftrag ehrlich erledigten, besonders hervorgehoben wurden. Die Leineweber und Müller bildeten hierin also keine besonders hervorstechenden Ausnahmen. Daher führen andere Forscher, wie Mascher, Stahl, Beck, eine andere Erklärung an. Ihrer Meinung nach liegt der Grund darin, daß jene Handwerker ursprünglich hörig, auf dem Lande ansässig waren und später in die Städte strömten. Als Leute, denen die Schmach der Unfreiheit anhaftete, wurden sie in die Zünfte nicht zugelassen, und da zwischen den Zünften verschiedener Städte Verbände bestanden, so wurden sie auch dort für unehrlich erklärt, wo diese Übersiedlung vom Lande in die Stadt

[1]) Neuburg, Zunftgerichtsbarkeit und Zunftverfassung. S. 28. Beck, Gesch. des Eisens. I. Abt. (1884.) S. 882. Stahl, Das deutsche Handwerk. S. 104ff. v. Maurer, Städteverfassung II, S. 130, 473ff.

gar nicht stattgefunden hatte.[1][2]) Diese Annahme trifft schon deswegen nicht zu, weil ursprünglich auf den Fronhöfen auch andere Gewerbetreibende vorhanden waren, welche daher ebenso als „ehrlos“ hätten gelten müssen. „Unfreie“ und deren Kinder wurden ja vom Eintritt in die Zunft überhaupt ausgeschlossen, ja nicht einmal zu diesen „unehrlichen“ Gewerben hatten sie Zutritt. M. Kulischer stellt eine dritte Hypothese auf, welche darauf hinausgeht, daß die Bescholtenheit der Leineweber und Müller, ebenso wie die der Gerber, Barbiere usw. von der Berührung mit Toten herstamme; denn die Leineweber hatten die Leine für die Verbrecher anzufertigen und mußten in früherer Zeit ihnen dieselbe um den Hals legen, und auch in bezug auf die Müller findet er Angaben, daß dieselben einst Scharfrichter waren, indem die Verbrecher zuweilen in der Mühle vermahlen wurden.[3])

Wie dem auch sei, durch die Erklärung zahlreicher Gewerbe als „ehrlos“ war größeren Kreisen der Zutritt in die Zunft unmöglich gemacht. So wurde 1440 von der Bremer Schusterzunft einem Bewerber die Aufnahme verweigert, da seine Frau die Tochter eines Webers war[4]); erst auf Verwendung des Stadtrates hin wurde nach langen Verhandlungen diese Bestimmung aufgehoben und der Schuster in die Zunft aufgenommen. Die Goldschmiede von Posen verweigerten 1448 einem gewissen Sebastian die Zulassung, da sein Vater Barbier war.[5]) Ein Gerberssohn konnte auf keinen Fall als Schmiedelehrling Aufnahme finden, da dazu vor allem „ehrliche Geburt“ und „ehrliche Eltern“ gehörten.[6])

Die herrschende Lehre glaubt auf Grund der von den Zünften gestellten Aufnahmebedingungen zwei Perioden auseinanderhalten zu müssen. Die erste, die Periode der Zunftblüte umfasse das Mittelalter, die zweite, die des Zunftverfalls, die Neuzeit, das 16. bis 18. Jahrhundert. Diejenigen — vornehmlich älteren Schriftsteller — die diese Unterscheidung besonders scharf durchführen (v. Schönberg, Stahl, Gierke) stellen die Behauptung auf, der monopolistische Geist, der in den, den Eintritt erschwerenden und dadurch zur Beschränkung der Meisterzahl führenden Aufnahmebedingungen zutage tritt, sei erst in der Neuzeit aufgekommen, das mittelalterliche Handwerk weise keine derartigen Tendenzen auf. „Immer von neuem — sagt Schönberg — wiederholt sich die Verwechslung der beiden so völlig verschiedenen Phasen der Zunftorganisation, immer von neuem wird übersehen, daß die äußerlich gleichen Institutionen derselben in den verschiedenen Zeiten eine völlig andere, oft diametral entgegengesetzte Bedeutung haben ... Den deutschen Zunftgenossen, jenen Bürgern, die durch Erkämpfung von Städtefreiheit und durch Entwicklung der deutschen Bürgertugend vielleicht das glänzendste Blatt in der Geschichte unseres Vaterlandes geschrieben haben, war der Gelderwerb, um des bloßen Erwerbes willen, war die über das ethische persönliche Bedürfnis hinausgehende maßlose Anhäufung von Reichtümern noch nicht das Idol, vor dem sie sich, mit ihren An-

[1]) Mascher, Das deutsche Gewerbewesen. S. 84.

[2]) Stahl, Das deutsche Handwerk. S. 123.

[3]) M. Kulischer a. a. O. S. 596.

[4]) Böhmert, Urkundliche Gesch. der bremischen Schusterzunft. S. 16, 19. Urk. Nr. 3.

[5]) Warschauer, Die mittelalterl. Innungen zu Posen. Zeitschr. der histor. Ges. für die Provinz Posen. (1885.) S. 30.

[6]) Beck, Geschichte des Eisens. I. Abt., S. 882.

schauungen von dem natürlichen Recht des Menschen, mit ihren prinzipiellen Forderungen der Freiheit und Gleichheit, blind in den Staub warfen. Wie auf politischem, stand ihnen auch auf wirtschaftlichem Gebiet das Wohl der Gesamtheit höher als das des einzelnen; die Arbeit war ihnen, was sie ihrer Natur nach sein soll, Erscheinung der Persönlichkeit, rein und makellos wie diese sollte daher auch sie vor jedermann dastehen.“[1])

„Denkt man jetzt — lesen wir bei Gierke — bei Nennung ihres Namens (der Zünfte) hauptsächlich nur an die kümmerlichen Reste in der Jetztzeit, an ihre Entartung und ihren Verfall im 17. und 18. Jahrhundert, wo sie, wie fast alle aus einer größeren Vergangenheit übrig gebliebenen Körperschaften, nur noch der engherzigsten Privilegiensucht, dem kleinlichsten Monopoliengeist, der verknöchertesten Selbstsucht dienten, so darf man doch darüber nicht vergessen, daß von diesem späteren Zerrbilde in allem fast, außer in Formen und Namen, sich die zur Zeit der mittelalterlichen Städtefreiheit blühenden Zünfte unterschieden, welche eine großartige Gesamtorganisation der gewerblichen Arbeit, wie die Welt sie weder vorher noch nachher gesehen, erzeugten, welche zum ersten Mal in der Geschichte das Recht und die Ehre der Arbeit zur Anerkennung brachten.“[2])

Den Bestimmungen des mittelalterlichen Handwerks sollen, im Gegensatz zur späteren Zeit, „große, wahrhaft edle Züge“ zugrunde gelegen haben.[3]) Diese Bestimmungen sollen damals nicht allein die Interessen der Zunftmitglieder, sondern auch die des kaufenden Publikums und der dem Meister dienenden Gesellen und Lehrlinge berücksichtigt haben. Andere Forscher (Schmoller, Stieda, Brentano, Martin Saint-Léon) erkennen freilich an, daß viele unter den in späterer Zeit bestehenden Forderungen bereits recht früh aufgekommen sind. Doch halten auch sie an der Behauptung fest, diese Bestimmungen hätten ursprünglich, im Gegensatz zur späteren Zeit, noch nicht die Beschränkung der Mitgliederzahl durch Erschwerung der Aufnahme bezweckt. Erst im Laufe der Zeit sollen die Zünfte, infolge des Bevölkerungszuwachses und der Verschlechterung der Absatzverhältnisse, allmählich den Charakter der Exklusivität angenommen haben, der besonders im 17. bis 18. Jahrhundert zutage tritt.

Die Vertreter dieser wie jener Richtung suchen nachzuweisen, die Zünfte hätten ursprünglich keine monopolistischen Tendenzen verfolgt, sie hätten in der ersten Periode ihres Bestehens freiheitliche Grundsätze auf dem Gebiete des Erwerbslebens vertreten. Die erste der beiden oben dargelegten — in dieser Hinsicht besonders weitgehende — Theorie war zur Zeit der endgültigen Abschaffung der Zunftverfassung entstanden.

---

[1]) Schönberg, Zur wirtschaftlichen Bedeutung des deutschen Zunftwesens im Mittelalter. Jahrb. f. Nat.-Oek. IX, S. 3, 51.

[2]) Gierke, Genoss. I, S. 358—359.

[3]) Brentano, Arbeitergilden I, S. 46, 58f. Vgl. Stahl, Das deutsche Handwerk. S. 215.

Sie suchte dem unduldsamen „kleinlichen Monopoliengeist“ (Gierke), dem sich von der Außenwelt streng abschließenden Geist der Zunftverfassung in der letzten Periode ihres Bestehens, den von ihr geschaffenen Hemmungen der gewerblichen Tätigkeit eine frühere Periode des Zunfthandwerks gegenüberzustellen, wo der freie Zutritt zu den Zünften die Regel gebildet, die in späterer Zeit aufgekommenen Mißstände gefehlt haben sollen. Die Anhänger dieser Richtung jedoch, die auf diese Weise die mittelalterlichen Zünfte zur Anerkennung zu bringen suchten, die den Beweis zu erbringen bemüht waren, die „zur Zeit der mittelalterlichen Städtefreiheit blühenden Zünfte“ hätten sich „in allem fast, außer in Formen und Namen, von ihrem späteren Zerrbild unterschieden“ (Gierke), hatten jedoch die Frage gänzlich unbeachtet gelassen, ob denn tatsächlich zu jener Zeit die freie, ungehemmte Konkurrenz, die im 19. Jahrhundert in ursächlichem Zusammenhange mit der Entstehung der Großindustrie aufkam, den damaligen sozialen und wirtschaftlichen Zuständen entsprochen hätte.

Die zweite Richtung erscheint als eine gemäßigtere, doch halten auch ihre Vertreter an der Theorie der ursprünglich unbeschränkten Freiheit des Zunftbeitrittes fest und betrachten — und zwar wiederum vom modernen Standpunkte der freien Konkurrenz aus — die allmählich aufkommenden, denselben hemmenden Bestimmungen als neuentstehende Mißstände, als „Anzeichen einer eintretenden Entartung“.[1])

Andrer Ansicht dagegen Levasseur, Des Marez, Cunningham, Eulenburg, bei denen die Idealisierung der mittelalterlichen Zunftverfassung fehlt: der monopolistische Geist war bereits früh aufgekommen.[2]) Untersuchen wir das diesbezügliche Tatsachenmaterial, so kommen wir zu dem Ergebnis, daß alle die oben aufgezählten Anforderungen bereits im 13. bis 14. Jahrhundert vorhanden waren, und zwar selbst diejenigen unter ihnen, welche, wie z. B. das Meisterstück, besonders spät aufgekommen sein sollen. So wird das Meisterstück im 14. Jahrhundert verlangt in Lübeck (bei den Schustern 1370, den Buntfutterern 1386, den Reifern 1390 u. a. m.)[3]), in Lüneburg (bei den Schuhmachern 1389)[4]), in Riga (bei den Goldschmieden 1360, den Böttchern 1375, den Schmieden 1382, den Kürschnern 1397)[5]), in Hamburg (bei den Bäckern 1375)[6]), in Danzig (bei den Schmieden 1387, den Schneidern 1399)[7]), in Mainz (bei den Schneidern 1391)[8]), in Stettin (bei den Schmieden 1313,

---

[1]) Brentano, Arbeitergilden der Gegenwart I, S. 58—59.

[2]) Levasseur I, S. 273. Des Marez, Organis. du travail à Bruxelles, S. 73 Cunningham.

[3]) Wehrmann, Die ältesten Lübeck. Zunftrollen. Nr. 10, 18, 48, 54.

[4]) Bodemann, S. LXVII.

[5]) Stieda-Mettig, Schragen der Gilden u. Ämter der Stadt Riga. Nr. 16, 30, 56, 68, 88.

[6]) Rüdiger, Die ältesten hamburg. Zunftrollen. Nr. 5.

[7]) Hirsch S. 326, 341.

[8]) Schanz, Gesellenverbände. S. 13.

den Steinmetzen 1380)[1]), in Greifswald (Riemer 1397)[2]), in Mainz (Schneider 1394)[3]), in Wernigerode (Schmiede und Bäcker)[4]), in Berlin (bei den Bäckern schon 1272)[5]), in Köln, Nürnberg, München, Freiberg ferner in London (Riemer 1355 u. a.)[6]), Rom (Maurer 1397)[7]), Venedig, Florenz (Waffenschmiede usw. ebenfalls im 14. Jahrhundert)[8]), endlich in Paris bei den Sattlern und Seidenwebern bereits im 13. Jahrhundert, im 14. Jahrhundert bei den meisten Pariser Zünften.[9])

Die Eintrittsgelder wurden schon im Mittelalter fortgesetzt gesteigert und erreichten allmählich eine solche Höhe, daß „ein Unbemittelter, wenn auch nicht rechtlich, so doch tatsächlich nicht imstande war, die Meisterwürde zu verlangen". Im 13. Jahrhundert in Frankreich noch von geringer Höhe und von nur wenigen Zünften gefordert, beträgt das Meistergeld in der ersten Hälfte des 14. Jahrhunderts etwa 20 Solidi und wird in der zweiten Hälfte des 14. Jahrhunderts auf 40 und 60 Solidi gesteigert, wobei es zu einer allgemeinen Eintrittsbedingung erhoben wird. Im 15. Jahrhundert wird das Meistergeld schon nach Livres angesetzt und Beträge von 10 Livres (200 Solidi) sind nichts Seltenes mehr. Vereinzelt wird selbst ein Betrag von 40 Livres genannt.[10]) In England werden von den Behörden im 15. Jahrhundert wiederholt Bestimmungen gegen übermäßige Gebühren erlassen.[11]) Auch in den deutschen Zünften lassen sich ähnliche Zustände feststellen. 1441 erhebt der Rat von Basel Klage über die von den Zünften geforderten Aufnahmegelder, die so hoch seien, daß niemand mehr es wage, sich in Basel niederzulassen.[12]) In Straßburg fordern 1400 bis 1414 die Wollschläger und Tucher von Fremden, welche in die Zunft eintreten wollten, 45 Schilling, die Weber schon 1407 gar 85 Schilling. Auf die Meisterkinder fand diese Bestimmung keine Anwendung. Schmoller bemerkt hierzu, daß Beträge von 45 und 85 Schilling sehr hoch waren, die Aufnahme Fremder, d. h. nicht Familienmitglieder von Zunftgenossen, mußten sie erschweren.[13])

Es ist hierbei zu berücksichtigen, daß die Zunftordnungen weiter nichts als aufgezeichnete Normen des Gewohnheitsrechts waren, welche Jahrhunderte lang existiert haben konnten, ohne schriftlich fixiert zu

---

1) Blümcke, Handwerkszünfte im mittelalterl. Stettin. S. 157, 162.
2) Krause, Ältere Zunftrollen der Stadt Greifswald, Nr. 4.
3) Schanz, Gesellenverb. S. 13.
4) Meister, S. 21.
5) Kaizl, Der Kampf um Gewerbereform. S. 7.
6) Ashley II, S. 109. Ochenkowski, S. 64, 67.
7) Rodacanachi I, S. 409.
8) Poehlmann S. 46.
9) Levasseur I, S. 280, 284, 309f. Saint-Léon S. 91, 217. Fagniez S. 93ff., 445.
10) Eberstadt, Das französ. Gewerberecht vom 13. Jahrhundert bis 1581. S. 87, 156, 245.
11) Ashley, Introduction II, S. 92, 108.
12) Geering, Handel und Industrie Basels bis zum 18. Jahrhundert. S. 63ff., 65,
13) Schmoller, Die Straßburger Tucher- und Weberzunft. S. 402f. Urk. 17. 20, 22, 23, 32.

werden, weshalb die Annahme berechtigt erscheint, dieselben seien viel früher entstanden und zur Anwendung gelangt, als sie in die Zunftrollen eingetragen wurden. Freilich läßt das bloße Vorhandensein der betreffenden Satzungen noch keine Rückschlüsse auf ihren Artcharakter zu, genügt nicht, um sie als Ausdruck des Bestrebens, den Eintritt in die Zunft zu erschweren, aufzufassen. Zunächst waren ja manche unter den Bestimmungen, denen der Bewerber zu genügen hatte, durch das Wesen der Zunft bedingt. Der steigende Bedarf der Zünfte, die wachsenden Lasten veranlaßten die Erhebung von Eintrittsgeldern, die zur Anschaffung verschiedener, zur gemeinsamen Nutzung bestimmter technischer Vorrichtungen, zum Ankauf von Waffen zum Wachtdienste, von Wachs zum Gottesdienste usw. verwandt wurden. Andere Bestimmungen lassen sich ungezwungen durch das Bestreben erklären, dem Handwerker genügende Kenntnisse im Gewerbe beizubringen und ihn daraufhin zu prüfen. Hierher gehört die geforderte Lehrzeit, die von den Gesellen verlangte Wanderzeit — beides dem Fehlen gewerblichen Unterrichts und dem Charakter der damaligen Produktionstechnik entspringende Maßnahme — ebenso das Meisterstück. Endlich hatte eine Reihe von Satzungen ihren Grund einerseits in der jener Zeit eigentümlichen Feindschaft allen Nichtbürgern gegenüber, andrerseits in verschiedenen, für das Mittelalter charakteristischen Vorstellungen von der Standesehre, von der Würde der „freien" Männer, sowie in mancherlei Vorurteilen und im Aberglauben jener Zeit. Daher stammen die Verbote der Aufnahme von Fremden, unehelich Geborenen, Unfreien, „unehrlichen" Leuten. Doch selbst wenn man das bewußte Streben der Zünfte nach einer monopolitistischen Stellung in Abrede stellt, so wird man dennoch zugeben müssen, daß tatsächlich zahlreiche Gruppen von Menschen, die diesen oder jenen der mannigfachen, oben angeführten, Anforderungen nicht genügten, von der Teilnahme an den Zunftprivilegien ausgeschlossen waren.

Es kann jedoch in der Tat auch eine Tendenz der Zünfte zur Einschränkung der Meisterzahl nachgewiesen werden. Man wird freilich die oben angegebenen verschiedenen Motive, durch welche die in den Zunftrollen enthaltenen Bestimmungen veranlaßt sind, nicht außer acht lassen dürfen, doch daneben spielten sicherlich auch andere eine wichtige Rolle mit. Eintrittsbedingungen, wie die Forderung des Vermögensnachweises, wobei der angehende Meister häufig über einen verhältnismäßig beträchtlichen Vermögensbesitz zu verfügen hatte, die Forderung der Herstellung von Gegenständen als Meisterstück, die außer Gebrauch gekommen und fast unbekannt waren, und von dem tatsächlichen Können des Gesellen keineswegs Zeugnis ablegen konnten, oder von teueren, zeitraubenden Sachen, die Bestimmung ferner, das Meisterstück könne durch einen gewissen Geldbetrag ersetzt werden, endlich die Festsetzung einer Höchstzahl der Meister — alle diese Satzungen dürften wohl kaum anders aufgefaßt werden, denn als Ausdruck des Bestrebens nach Beschränkung der Meisterzahl, und zwar dadurch, daß man die Aufnahme für alle anderen möglichst zu erschweren suchte.[1])

Die Bremer Schusterzunft nahm außer den Meistersöhnen nur diejenigen Fremden auf, die mindestens 8 Mark Vermögensbesitz nachweisen konnten (Zunftordnung von 1300 und 1388). Diese Bedingung, sagt Böhmert, „enthielt eine große Härte gegen die Armen, denen dadurch der Zutritt zum Amte so gut wie verschlossen wurde, wenn sie dasselbe nicht geerbt oder hineingeheiratet hatten, denn 8 Mark war ein verhältnismäßig sehr hoher Census. Der Census für den Rat war im 14. Jahrhundert ein Vermögen von 32 Mark."[2]) Anderwärts ist das Vermögen noch höher, so in Hamburg, bei den Bäckern und Böttchern 1375 20 Mark[3]), in Lüneburg (Schusterzunft 1389) 20[4]), in Lübeck sogar 30 Mark. Die Forderung des Vermögensbesitzes ist auch in den Zunftordnungen von Riga, Greifswald, Wernigerode zu finden. In Paris und St. Omer mußten selbst die Gesellen ein bestimmtes Vermögen nachweisen.[5]) In England findet sich dieselbe Bestimmung in anderer Form: es wird 1406 allen denjenigen, die weniger als 20 Schilling jährlich erwerben, verboten, ihre Kinder in die Lehre zu geben.[6]) Das Meisterstück bei den deutschen Schmieden bestand im Mittelalter darin, daß ein vollständiger Hufbeschlag für ein Pferd gemacht werden mußte, ohne Maß zu nehmen und den Huf näher besehen zu dürfen. Das Pferd wurde nur zwei- bis dreimal an dem Gesellen vorbeigeritten.[7]) Die französischen Zünfte — sagt Eberstadt — gefielen sich mitunter auch darin, dem Prüfling die Herstellung eines Gegenstandes aufzutragen, der gänzlich außer Gebrauch und fast unbekannt war. Außerdem wurde der Mindestwert des zu erzeugenden Meisterstückes festgesetzt und dem Meister, in dessen Wohnung die Prüfung gemacht wurde, den Zunftvorstehern, die dabei anwesend waren, Gebühren als Entschädigung für den Zeitverlust bezahlt.[8]) Zugleich aber wurden die Meistersöhne (Amiens, Brüssel, Poitiers u. a. Städte) von der Herstellung des Meisterstückes vollständig befreit.[9])

Es bestand eine ganze Anzahl sog. „geschlossener" Zünfte, in denen die Höchstzahl der Mitglieder festgesetzt war und neue nur dann aufgenommen wurden, wenn eine Meisterstelle frei wurde. So war in Lübeck bei den Messingschlägern (1330) und den Nädlern 1356 die Zunft auf 12 Meister beschränkt, bei den Goldschmieden bis 1371 auf 24, dann auf 22, bei den Garbereitern 1376 auf 12. Ähnliche Satzungen finden

---

[1]) Vgl. Des Marez S. 73. Levasseur I, S. 273.
[2]) Böhmert S. 16f.
[3]) Rüdiger Nr. 57.
[4]) Bodemann Nr. XXVIII. Wehrmann a. a. O.
[5]) Fagniez S. 78. Goury, Hist. de la ville de Saint-Omer (1877). S. 350.
[6]) Ashley II, S. 91.
[7]) Beck, Gesch. des Eisens I, S. 880.
[8]) Levasseur I, S. 566. Martin-Saint-Léon S. 216. Eberstadt S. 248.
[9]) Neuburg S. 57. Des Marez S. 50—53, 80—83.

sich bei Armbrustmachern, Pantoffelmachern, Grützmachern.[1]) In Stettin wurde die Zahl der Mitglieder der Schuhmacher- sowie der Böttcherzunft beschränkt[2]), in Nürnberg die Höchstzahl der Färber und Weißblechschläger festgesetzt[3]), in Hamburg die der Böttcher (1375), Leineweber (1458), Goldschmiede (1469) usw.[4]), in Rouen die der Mützenmacher.[5]) Fast allerorten wurde die Zahl der Metzger beschränkt (in Beeskow 1348 auf 22 Mitglieder, in Strehlen 1292 auf 34, in Stettin auf 14, in Stendal 1355 usw.). Das gleiche war auch bei Bäckern, Tuchern, Schmieden der Fall. In diesen Gewerben fand der Verkauf der Gewerbeprodukte von bestimmten Buden und Bänken aus statt, deren Zahl, nach dem Zeugnis der betreffenden Zünfte, nicht vermehrt werden konnte.[6])

Das Bestreben der Zünfte, das ausschließliche Monopol des Gewerbebetriebes und des Verkaufs von Handwerksprodukten zu erlangen, dieses Monopol ferner möglichst einzuengen und recht wenige daran teilnehmen zu lassen, tritt auch zuweilen klar hervor in den Worten, mit welchen die Zünfte diese oder jene Verordnung zu begründen suchten. So wurde in manchen Fällen für die Erhöhung der Eintrittsgelder der Grund angegeben, dieselbe sei erforderlich, um die ausgelernten Lehrlinge an der Gründung eigener Gewerbebetriebe zu hindern. Diese Erklärung wird 1481 von den Brüsseler Wollwebern, 1474 von den Schneidern, 1436 von den Böttchern von Southampton geltend gemacht.[7]) In Ulm bekräftigte die Weberzunft ihre Klagen über die Barchent-Landweber (Gäuweber) auf folgende Weise: „Unter den Gäuwebern sind allerhand Leute von unehelicher Geburt und wegen anderer Handlungen halb und halb in schlechtem Leumund, auch haben sie das Weberhandwerk nicht ordentlich gelernt. Sie behelfen sich mit anderem Handwerk und Feldbau, das gereiche den zünftigen Webern zum Verderben.“ Deswegen soll ferner das Barchentgewerbe Monopol der Weberzunft sein und jeder, der sich damit beschäftigen will, das Bürgerrecht für 22 Gulden erwerben und um die Zunft 4 Gulden bezahlen.[8])

Wir wollen nun keineswegs die Tatsache bestreiten, daß die Zunftgeschichte eine, nach Ländern und Städten verschiedene, bald längere, bald kürzere Periode aufweist, wo die Zünfte überhaupt keine Zunftbriefe besaßen oder auch beim Vorhandensein derselben keine, den Zuzug von außen hemmenden, Satzungen enthielten. Doch wird man das Fehlen derartiger Bestimmungen wohl nicht damit erklären dürfen, daß damals

---

[1]) Wehrmann, Die ältesten Lübecker Zunftrollen. Nr. 13, 16, 37, 39.
[2]) Blümcke S. 118.
[3]) Eulenburg, Z. f. Soz.- u. W.-G. IV, S. 146. Schoenlank S. 157f.
[4]) Rüdiger Nr. 7, 17, 34.
[5]) Martin-Saint-Léon S. 277.
[6]) Keutgen S. 233ff. Adler, Fleischteuerungspolitik S. 44f.
[7]) Des Marez, L'organisation du travail à Bruxelles au XV siècle. S. 47, 76. Ashley, Introduction II, S. 80.
[8]) Nübling, Ulms Baumwollweberei im Mittelalter. S. 147, 156.

freie Innungen vorhanden waren, zu denen der Zutritt jedermann offen stand. Vielmehr lag der Grund wohl darin, daß das Handwerk ursprünglich vom Vater auf den Sohn überging und innerhalb einer kleinen, festgeschlossenen Gruppe betrieben wurde. „Die Mitgliedschaft bei einer Zunft — sagt Rogers — war ein Geburtsrecht, etwas Ererbtes.“[1])

Die Erblichkeit der Gewerbe ist eben in den ältesten Zunftordnungen zu finden, so bereits im 10. Jahrhundert in der Fischerzunft von Ravenna, bei den Sattlern, Gerbern, Fleischern, Salzsiedern von Venedig im 10. Jahrhundert, in den Zunfturkunden der Wormser Fischer (11. Jahrhundert), der Pariser Metzger (12. Jahrhundert), in verschiedenen aus einer recht frühen Periode herrührenden englischen Satzungen usw.[2]) Auch in späterer Zeit verweigerten manche Zünfte anderen als Meistersöhnen den Zutritt, so in verschiedenen französischen Städten (Paris, Poitiers, Limoges, Arras, Chatelraux) die Metzger, die normannischen Kaltschmiede (und zwar noch im 14.—15. Jahrhundert), die Bäcker (1352) in 8 rheinischen Städten (Mainz, Worms, Speier, Frankfurt a. M. usw.).[3]) Dieselbe Erblichkeit findet sich bei den Webern, Töpfern und Garköchen (oyers et cuisiniers) in Paris (13. Jahrhundert)[4]), bei den Schlossern in Poitiers 1455[5]), bei den Metzgern in Brüssel[6]), bei den Bäckern in Venedig (1304), bei den Kürschnern in Pisa[7]), bei den Wiener Metzgern und Wollwebern[8]), bei den Schwertschmieden und Härtern in Solingen[9]) usw. Die Huf-, Pfannen-, Kesselschmiede und Messingschläger in Nürnberg (1399) ließen nur dann einen zu, wenn er das Haus erworben hatte, auf dem die Schmiedegerechtsame ruhte. Man nannte daher solche Häuser „Eheschmieden“, weil sie meist durch die Ehe erworben wurden. Es waren offenbar Meistertöchter, welche dem Gesellen die Meisterwürde verschafften.[10])

In den meisten Fällen waren die Zünfte jedoch genötigt, Amtsfremden den Zutritt zu gestatten. Diese Änderung läßt sich in manchen Fällen, so z. B. bei den Zünften von Höxter, bei der Bremer Schusterzunft (seit 1308) u. a. m. durch den Vergleich der älteren und neueren Zunftordnung verfolgen.[11]) Doch wurde auch in späterer Zeit zwischen den Meistersöhnen und den „Fremden“ ein Unterschied gemacht.

---

[1]) Rogers, Six cent. Deutsche Ausg. S. 77.

[2]) Kovalewsky V, S. 130ff. Rogers S. 77. Levasseur I, S. 348f.

[3]) Martin-Saint-Léon S. 271, 290. Boissonade, Essai sur l'organisation du travail en Poitou II, S. 7—9. Levasseur I, S. 284, 349. v. Maurer II, S. 459. Schanz S. 15, 153. Fagniez S. 56, 103, 181.

[4]) Fagniez S. 56, 103, 181. Levasseur I, S. 284.

[5]) Boissonade II, S. 80.

[6]) Des Marez S. 50ff., 80ff.

[7]) Kovalewsky V, S. 130ff.

[8]) Maurer II, S. 461.

[9]) Thun, Industrie am Niederrhein II, S. 9.

[10]) Beck, Gesch. des Eisens I, S. 880f.; II, S. 566.

[11]) Wigand, Denkwürdige Beiträge usw. für Geschichte und Rechtsaltertümer. (1858) S. 135—143. Böhmert, Urkundl. Gesch. S. 16ff.

Während diese einer Reihe nicht leicht erfüllbarer Anforderungen zu genügen hatten (s. oben), erlangten jene unmittelbar die Gerechtsame des Amts; die Meistersöhne wurden, sobald sie mündig waren, ohne weiteres in die Zunft aufgenommen, ebenso diejenigen, die Meistertöchter oder -witwen heirateten. Wenn in manchen Fällen auch an die Familienmitglieder der Meister mancherlei Aufnahmebedingungen gestellt wurden, so waren sie jedenfalls für sie bedeutend leichter gemacht als für andere. So wurden den Meistersöhnen öfters die Lehrzeit und die Eintrittsgelder erlassen, sie brauchten kein Meisterstück zu liefern — die technische Qualifikation wurde durch die Abstammung ersetzt. Wie Blümke bemerkt, gab es in Stettin keine einzige, die Aufnahme in die Zünfte betreffende Bestimmung, die nicht zugunsten der Meisterkinder abgeschafft oder wesentlich abgeändert worden wäre.[1]) In Köln fordern schon die ältesten Zunftordnungen der Drechsler ein Eintrittsgeld nur von Zunftfremden.[2]) In Lüneburg sind bei den Böttchern, Kürschnern usw. sowohl Söhne als einheiratende Gesellen vom Eintrittsgeld befreit, die Schneider nehmen seit 1458 überhaupt keine Fremden mehr auf, da die Meisterzahl zu stark angewachsen ist und ihre Einnahmen darunter leiden.[3]) In Straßburg, wo die fremden Tucher und Weber die den Eintritt unmöglich machenden Eintrittsgelder von 45 und 85 Schilling zu zahlen hatten, waren dieselben für die Zunftmitglieder auf 13 Schilling 8 Pfennig bzw. auf 10 Schilling herabgesetzt, so daß tatsächlich nur Meistersöhne und -töchter oder -witwen (d. i. ihre Männer) die Zunft erwerben konnten.[4]) Während in Basel das Zunftkaufgeld (Eintrittsgeld für die Fremden) maßlos gesteigert wurde, war die Erneuerungsgebühr, welche die Meistersöhne zu zahlen hatten, nur ganz gering, nur $^1/_7$ bis $^1/_{12}$ des Kaufgeldes, weswegen — nach Geering — zeitweise jahrelang keine anderen Zunftkäufe stattfanden als die der Meistersöhne und Schwiegersöhne.[5]) Die Brüsseler Tischler und Böttcher fordern vom Meistersohn kein Meisterstück, die Schlosser (1386) kein Eintrittsgeld, die Gerber beschränken für sie die Lehrzeit.[6]) In zahlreichen Zünften von Paris, Montpellier, Amiens, Poitiers, werden den Meistersöhnen die Aufnahmegebühren erlassen.[7]) Nach den Zunftbriefen von Lucca, Piacenza, Siena, Florenz, Venedig waren sie von der Zahlung eines Eintrittsgeldes befreit, teilweise auch von der Anfertigung eines Meisterstücks, sie werden ohne weiteres

---

[1]) Blümcke S. 137.

[2]) Lau S. 208. Denselben Charakter hat auch der zweitälteste Zunftbrief, Würzburg 1128, der den Wunsch der Abwehr fremder Konkurrenz von vornherein in dem für jene Zeit beträchtlichen Eintrittsgeld von 30 sol. zeigt. Man will eben — sagt v. Below — im engeren Kreis bleiben (v. Below, Probl. S. 282).

[3]) Bodemann S. XVIIIf.

[4]) Schmoller, Straßb. Tucher- und Weberzunft. S. 402f.

[5]) Geering S. 59 u. Anm. 7.

[6]) Des Marez S. 50f., 80f.

[7]) Levasseur I, S. 279. Martin-Saint-Léon S. 261. Boissonade II, S. 62f. Fagniez, Etud. sur l'industrie et la classe industr. à Paris au XIII et au XIV s. S. 102.

zur Ausübung ihres Gewerbes zugelassen.[1]) In England brauchen sie keine siebenjährige Lehrzeit durchzumachen. Infolge dieser Begünstigung der in der Zunft geborenen — sagt Cunningham — war in manchen Fällen den anderen Gesellen die Möglichkeit, selbständig zu werden, vollständig genommen.[2])

In dieser Unterscheidung zwischen „eigenen" und „fremden" trat wohl auch auf wirtschaftlichem Gebiete das den Zünften auch sonst eigentümliche Bestreben nach Exklusivität zutage sowie das Recht der Anteilnahme nicht nur der Meister, sondern auch ihrer Familienmitglieder, an allen Privilegien. Ebenso wie die Familie an den geselligen Zusammenkünften der Zunft, an den von ihr veranstalteten religiösen Festen und Prozessionen teilnahm, nach dem Tode des Meisters ein Anrecht auf Unterstützung besaß, so ging auch das Recht des Gewerbebetriebs an die Familienangehörigen des Meisters über. Den Meistersöhnen und -schwiegersöhnen sowie denjenigen, die Witwen von Meistern ehelichten, scheint ursprünglich das ausschließliche, später das Vorzugsrecht zur Ausübung des von ihrem Vater bzw. Ehemanne betriebenen Gewerbes gehört zu haben; die zünftigen Befugnisse des Familienhauptes gingen an dessen Angehörige über.

Hauser führt in seiner Schrift „Des divers modes d'organisation du travail en France"[3]) aus, der alte französische Wahlspruch „une foy, un roy, une loy" sei stets nur zum Teil verwirklicht worden, jedenfalls nicht, was das letzte — une loy — betrifft. Seinen Ausführungen nach wäre die Annahme keinesfalls übertrieben zu nennen, es hätte in Frankreich ebenso viele verschiedene Rechte gegeben, wie es Provinzen, Stände, soziale Schichten gab. „Die Mannigfaltigkeit stellte die Devise Alt-Frankreichs dar." In bezug auf das Gewerbe sucht er speziell nachzuweisen, die herrschende Ansicht der Wirtschaftshistoriker, welche die in Paris bestehende Gewerbeverfassung, die geschlossenen Zunftverbände („communautés en jurandes)" auch für das übrige Frankreich annehmen, sei durchaus irrtümlich. Neben derartigen Zunftverbänden bestanden „freie Gewerbe", welche die, für die mit Zunftstatuten ausgestatteten Körperschaften bezeichnende Reglementierung nicht kannten, und die im Gegensatz zu den Zünften den Zutritt zum Gewerbe niemanden versperrten. Doch macht er gleich den Vorbehalt, die Bezeichnung „freie Gewerbe" („métiers libres") dürfe nicht im Sinne unbeschränkter Freiheit ausgelegt werden. Dieses Wort sei in verschiedenen Gebieten und zu verschiedener Zeit verschieden aufgefaßt worden, der Grad dieser „Freiheit" weise beträchtliche Schwankungen auf, die von fast völliger Freiheit in der Ausübung des Gewerbes bis zu einer fast vollständigen — also bis zu der, den Zünften eigentümlichen — Reglementierung führen. Hauser weist darauf hin, daß bei verschiedenen unter den „jurandes", den Zünften, die für die Zünfte so wesentliche Forderung des Meisterstückes fehlte, ebenso wie die Reglementierung des Lehrlingswesens (Bestimmungen über die Lehrzeit, die Lehrlingszahl, das Lehrgeld usf.), während andrerseits es métiers libres gab, die bereits bis zu einem gewissen Grade abgeschlossene Körperschaften geworden waren und — noch lange bevor ihnen Zunftordnungen verliehen wurden — die zünftigen Rechte unter Zustimmung der städtischen Obrigkeit ausübten. Ja, noch mehr, wie aus den, von Hauser angeführten, Belegen erhellt, bestand der Unterschied zwischen den „jurandes" (so genannt nach dem vom Meister beim Eintritt

[1]) Kovalewsky V, S. 150ff. Poehlmann S. 48.
[2]) Ochenkowski S. 70, 136. Ashley II, S. 95. Cunningham a. a. O.
[3]) Hauser, Rev. d' hist. mod., 1905—06.

in die Zunft geleisteten Schwur) und den métiers libres häufig nur darin, daß die bei jenen durch die Zunftvorsteher ausgeübte Gewerbepolizei bei diesen durch die Stadtbehörden gehandhabt wurde, die den Gewerbebetrieb reglementierten. Die städtische Obrigkeit war es, die für das betreffende Gewerbe Reglements erließ, die bindende Kraft besaßen und nur unbedeutende Abweichungen von den Zunftstatuten aufwiesen, ebenso wie ihr auch die Aufnahme neuer Meister, die Festsetzung der von ihnen zu erfüllenden Anforderungen oblag, wozu auch die Prüfung ihrer Kenntnisse im Gewerbe gehörte (leider wissen wir nicht, inwiefern dieselbe sich von der Forderung des Meisterstückes unterschied). Endlich wurde von der Stadt die Befolgung der von ihr festgesetzten, die Produktion regelnden Bestimmungen kontrolliert, zu welchem Zwecke die Werkstätten besichtigt wurden. Übrigens wurde von ihr diese Aufsicht auch in den „jurandes", neben der Kontrolle seitens der Ältesten der Zunft, ausgeübt. Die von Hauser aufgestellte Behauptung des verhältnismäßig späten Aufkommens der „jurandes", die außerdem, seinen Ausführungen zufolge, im Mittelalter nicht allerorten bestanden, sondern eher Ausnahmeerscheinungen dargestellt hätten, wird übrigens von ihm selbst nur mit verschiedenen Einschränkungen aufrechterhalten. Er muß zugeben, daß ihre Begründung nicht nur in Paris, sondern auch in einer Reihe anderer Städte bereits recht früh stattgefunden hatte. Wenn, wie in Rennes, Zunftstatuten erst im 14. Jahrhundert erscheinen, so stellen sie doch nichts anderes dar als aufgezeichnete Normen des Gewohnheitsrechts, welche jahrhundertelang gelebt haben konnten, ohne schriftlich fixiert zu werden. Wird ja von Hauser selbst der Umstand hervorgehoben, daß, wenngleich in Dörfern, unbedeutenden Flecken und Städten Zunftverbände fast gänzlich fehlten, dieselben hingegen in allen bedeutenderen Städten weite Verbreitung gefunden hatten, und zwar vor allem in den Nahrungsmittelgewerben, insbesondere bei Metzgern und Bäckern, auch im Baugewerbe, in den Bekleidungsgewerben, in manchen Metallgewerben, endlich bei Apothekern, Wundärzten (Barbieren), Goldschmieden und Schlossern; die letztangeführten vier Gewerbe waren überall zünftig organisiert. Überhaupt kommt Hauser zu dem Ergebnis, daß es „in jeder Gewerbegruppe die wichtigsten, die für die Gesellschaft wesentlichsten Gewerbezweige sind, die sich am häufigsten und am frühesten zünftig zusammenschließen", in den Besitz der zünftigen Privilegien gelangen.

In der Tat nehmen die wichtigsten Gewerbezweige bereits früh die zunftmäßige Organisationsform an. So besitzen z. B. in Poitiers Zunftordnungen bereits im 13. Jahrhungert Müller, Metzger, Fischer, Schankwirte, Gastwirte, Köhler, Handschuhmacher, Seiler, Schuhmacher, Krämer, Riemer, Sporenmacher, Sattler. Im 14. Jahrhundert erhalten Zunftbriefe Bäcker, Tucher, Walker, Goldschmiede, Schlosser, Blechschmiede, wobei in die Statuten der Bäcker und Tucher ältere Reglements übernommen werden. Es waren demnach im 13. bis 14. Jahrhundert bereits alle wichtigeren Gewerbe zünftig, andere, die noch keine genehmigten Ordnungen besaßen, richteten sich einstweilen nach den Normen ihres Gewohnheitsrechts, die, Religionsgeboten gleich, streng befolgt wurden.[1]) Unter den Gewerben, die erst später Zunftbriefe erhalten, finden sich vielfach solche, die erst überhaupt in den folgenden Jahrhunderten entstanden sind, oder sich von bereits bestehenden Zünften abgespalten und zu neuen zusammengeschlossen haben (Boissonade). Auch in anderen französischen Städten, wie Toulouse (s. Du Bourg), Montpellier (s. Germain, De Ribbe), Tours, Rouen (s. Ouin-Lacroix), Chalons, Reims, Amiens lassen sich Zunftbildung und Zunftordnungen ebenfalls früh feststellen: in den obengenannten Städten bestand bereits im 13. Jahrhundert eine größere Anzahl von Zünften, in anderen Städten — Rennes, Nantes, Arras, Saint-Quentin, Limoges — finden sich Zunftrollen seit dem 14. Jahrhundert (s. Martin Saint-Léon).

---

[1]) Hauser S. 374.

[1]) Boissonade II, S. 35.

Kapitel 20.

Die Begrenztheit des städtischen Marktes und die Lage der Zunftgesellen.

Die Erschwerung des Eintrittes in die Zünfte und die hierbei den Verwandten der Zunftmitglieder erwiesenen Begünstigungen finden ihre Erklärung nicht nur in der Abgeschlossenheit der mittelalterlichen Körperschaften, sondern auch in Gründen wirtschaftlicher Art, in der Beschränktheit des städtischen Marktes. Das mittelalterliche Handwerk arbeitete für den lokalen Markt, es war Kundenproduktion in Form sowohl des Lohnwerks als des Preiswerks, d. h. der Handwerker erzeugte seine Waren sowohl auf unmittelbare Bestellung als auf Vorrat, für den Markt. Büchers Ansicht, man müsse zwei Perioden in der Entwicklung des Handwerks unterscheiden, indem erst seit dem 14. Jahrhundert das Lohnwerk vom Preiswerk verdrängt werde[1]), ist von v. Below widerlegt worden. Sowohl die Arbeit auf Bestellung des Konsumenten und aus dem von ihm gelieferten Rohstoff, als die Produktion aus eigenem Material für den Absatz findet sich schon früh und beide Formen stehen nebeneinander, nur daß je nach dem Charakter des Gewerbes bald die eine, bald die andere überwiegt (in vielen Gewerben bereits seit dem 12. Jahrhundert das Preiswerk).[2]) Aber in beiden Fällen handelte es sich um den Absatz in einem eng umgrenzten Bezirk, und angesichts der wenig zahlreichen städtischen Bevölkerung und der geringen Kaufkraft der Bauern konnte die Nachfrage nach Gewerbeerzeugnissen eine nur beschränkte sein. Der Stadtrat war daher genötigt, den Metzgern das Schlachten des Viehs, den Bäckern das Brotbacken nur in einer bestimmten Reihenfolge zu gestatten, jedem von diesen Gewerbetreibenden bestimmte Tage zur Ausübung ihrer Berufe anzuweisen.[3]) Auch für andere Gewerbe wurde eine Höchstgrenze ihrer gewerblichen Produktion festgesetzt. So mußten sich in Frankfurt a. M. die Wollenweber (1355) mit dem Weben auf zwei Stühlen begnügen, ebenso die Deklakenmacher, den Leinenhandwerkern waren (1421) drei Stühle erlaubt, die Lohgerber durften (15. Jahrhundert) nur vier Lohgruben haben, deren jede wiederum nur eine bestimmte Anzahl von Tierhäuten enthalten durfte.[4])

Hierauf beschränkten sich aber auch Städte und Zünfte. Es wurde von ihnen nichts zur Erleichterung des Absatzes unternommen. Der Meister mußte nach Brauch und Herkommen in seiner Werkstätte oder Bude ausharren, in der oft vergeblichen Erwartung des Abnehmers. Es

---

[1]) Bücher, Entst. d. V. 2. Aufl., S. 147ff.

[2]) v. Below, Territorium und Stadt. S. 321ff. Ders., Probleme. S. 209. Vgl. Sombart I, 1. Aufl., S. 92ff. Des Marez, Le travail à Bruxelles. S. 179ff. Sander, Städtewes. S. 112. Kovalewsky V, S. 136ff.

[3]) Stieda, Literatur, heutige Zustände und Entstehung der deutsch. Hausindustrie. S. 156.

[4]) Schmidt, Frankfurter Zunfturkunden I, S. 299 Art. 31, S. 338 Art. 16; II, S. 189 Art. 40, Einl. S. 79.

war ihm keine Möglichkeit gegeben, seine Erzeugnisse außerhalb des Bereiches des städtischen Marktes abzusetzen. Wohl unternahmen verschiedene Handwerker Reisen nach Märkten und Messen zwecks Absatzes ihrer Erzeugnisse, so Goldschmiede, Weber, Riemer (Köln, Lübeck, Nürnberg), Solinger Messer- und Schwertmacher, Brüsseler Waffenschmiede, Schuster, Handschuhmacher.[1]) Es waren dies jedoch im Mittelalter Ausnahmefälle.[2]) Die überwiegende Mehrzahl erzeugte für den Bedarf des beschränkten städtischen Marktes, dessen geringe Aufnahmefähigkeit es auch war, die auf die Lage der Gesellen ungünstig einwirken mußte, bei den Zünften das Bestreben wachrief, ihnen den Zutritt zur Meisterschaft tunlichst zu erschweren. Die zünftige Rangordnung wie auch die anderen mittelalterlichen Institutionen, kannte eine dreifache Abstufung der Genossen — in Meister, Gesellen und Lehrlinge. Nur die ersten waren vollberechtigte Mitglieder der Zunft. Gewöhnlich war die Lehrlingszahl auf 1—2 beschränkt, außer den eigenen Kindern des Meisters.[3]) Die Lehrzeit währte in Deutschland meist ungefähr 4, in Italien 5—7, in England 7, in Frankreich 6—8, ja in Paris 10—12 Jahre. In Frankreich konnte ein Teil der Lehrzeit, 1—2 Jahre, durch die Zahlung einer bestimten Summe an den Meister abgelöst werden.[4]) In England wie in Frankreich mußte dem Lehrling in den letzten Jahren ein (allerdings geringer) Lohn gereicht werden.[5]) Bei einer so langen — 7 Jahre währenden — Lehrzeit und der wenig vorgeschrittenen Gewerbetechnik des Mittelalters war wohl öfters der Lehrling ein richtiger Arbeiter. Jedenfalls war dies bei dem Gesellen der Fall. Dessenungeachtet wurde der Gesellenlohn einseitig von der Zunft festgesetzt; es war dies ein Ausfluß der Zunftautonomie. Um zu verhindern, daß ein Meister einem andern einen tüchtigen Gesellen abspenstig mache, wurde von den Zünften der Stück- sowohl als der Tagelohn der Gesellen festgelegt, den zu überschreiten es den Meistern bei Strafe verboten war. Nach den Zunftrollen der

---

[1]) Ennen-Eckertz, Gesch. Kölns III, S. 721. Schmoller, Gesch. Entwickl. der Untern. in seinem Jahrbuch XIV. 1055. Thun, Die Industrie am Niederrhein (1879) II, S. 9ff. Des Marez, L'organisation du travail à Bruxelles. S. 181, 210.

[2]) Es kommen ja auch sonst Gewerbeprodukte im Handel vor (Sombart I, 2. Aufl., S. 233ff.), doch man muß sich hüten, die Produktion des Handwerks für den fernen Markt zu überschätzen, meist handelt es sich um den Fernabsatz von hausindustriell erzeugten Waren. S. dar. unten.

[3]) In Lübeck (Wehrmann, Nr. 9, 15—18 und viele andere) gewöhnlich 2 Knechte und 1—2 Lehrlinge, in Köln (Ennen-Eckertz) 2 Lehrknechte, in Straßburg (Schmoller, Nr. 42; Meyer, Nr. 3) 1 (Zimmerleute) bis 2 (Weber, Goldschmiede) Lehrlinge, in Wernigerode (Meister S. 32) 2 Knechte und 1 Lehrling, in Frankfurt a. M. 2—3 Gesellen und Lehrlinge zusammen (Schmidt I, S. 67). In Frankreich, England, Italien sind selten 3, gewöhnlich 2 oder noch häufiger 1 Lehrling gestattet (bes. in Paris), während die Zahl der Gesellen nicht begrenzt ist. Ashley II, S. 93. Levasseur I, S. 225 Anm. 2 (viele Beispiele). Giry, Reg. aux bans. Nr. 757, 690. Stieda, Jugendl. Arbeiter im Handw. d. Staatswiss.

[4]) Neuburg S. 40f. Fagniez S. 59, 270. Levasseur I, S. 302f. Ochenkowski S. 69. Ashley II, S. 88ff. Kovalewsky V, S. 87ff. De Vigne S. 20.

[5]) Ashley II, S. 90. Fagniez S. 65, 69ff. Levasseur I, S. 304, 562.

Lübecker Bernsteindreher darf der Meister für das Bohren von 1000 Steinen nicht mehr als 4 Pfennig zahlen[1]), bei den Barbieren in Frankfurt a. M. sollte ein Knecht nicht mehr als zwei Gulden jährlich erhalten (ähnlich bei den Schneidern und Hutmachern)[2]), bei den Seilern zu Freiburg i. B. (1378) heißt es, daß der Lohn einen bzw. zwei Schilling nicht übersteigen darf.[3]) In der Hamburger Fischerzunft wird der Lohn 1375 auf 7 Mark als Maximum festgesetzt.[4]) Ebensolche Höchstlöhne wurden in Zunftstatuten von Lübeck, Lüneburg, Greifswald, Straßburg, Wernigerode, Speyer, in verschiedenen schlesischen Städten festgesetzt.[5]) In Paris wird bestimmt, „keiner soll einem Gehilfen einen höheren Lohn als in Paris üblich weder geben noch versprechen[6])". In Amiens wurde 1349 der Lohn der Gerbergesellen auf 3 Sous beschränkt. Den Gesellen, die sich weigerten, ihn anzunehmen, wurden strenge Strafen angedroht.[7]) In Brüssel belegte man die Meister, die mehr als den festgesetzten Lohn zahlten, mit einer Geldstrafe von 20 Sous, die Gesellen, die solche Löhne empfingen, mit einer Strafe von 5 Sous.[8]) Die Schneiderzünfte der 20 oberrheinischen Städte, darunter Mainz, Worms, Heidelberg, Koblenz usw., setzen 1457 den Lohn der Knechte gleich für 28 Jahre fest.[9]) Keiner soll — so lautet die Bestimmung — dem Knechte mehr als zwei Pfund zahlen, wie dies von altersher Brauch ist.[9])[10])

Eine andere Schattenseite der mittelalterlichen Arbeitsverfassung bildete die übermäßig lange Arbeitszeit, die sich von Sonnenaufgang bis Sonnenuntergang erstreckte, ja oft wurde bei Licht weitergearbeitet. „Eine Arbeitszeit von 14, 15, ja 16 Stunden war etwas gewöhnliches." Nur bei den Elitearbeitern des Baugewerbes, der bestgestellten Klasse von Arbeitern, finden wir freilich auch einen Arbeitstag von durchschnittlich 10—11 Stunden.[11]) Die Arbeitszeit währte in Köln bei den Waffenschmieden von 5 Uhr früh bis 9 Uhr abends[12]), ebenso lang war sie bei den Danziger Goldschmieden, bei den Lübecker Kistenmachern 15 Stunden.[13]) Auch in Frankfurt a. M. war sie in der Mehrzahl der Fälle ziemlich ausgedehnt, und zwar hier sogar bei den Bauhandwerkern.[14]) In Frankreich dauerte sie von Sonnenaufgang bis Sonnenunter-

---

[1]) Wehrmann, Nr. 41.

[2]) Schmidt I, S. 66 Art. 10, S. 265 Art. 24, S. 506 Art. 20, S. 514 Art. 25; II, S. 373 Art. 3, S. 400 Art. 2. Einl. S. 72.

[3]) Mone, Zeitschr. f. Gesch. des Oberrheins XV, S. 284.

[4]) Rüdiger, Nr. 12 § 32.

[5]) Wehrmann, Nr. 41. Bodemann XLVI. Krause S. 27. Schmoller, Nr. 23 S. 29. Meister S. 32. Schanz, Nr. 6. Neuburg S. 108.

[6]) Fagniez S. 88.

[7]) Neuburg S. 107.

[8]) Des Marez S. 252.

[9]) Schanz, Nr. 50.

[10]) Vgl. Kowalewsky V, S. 167ff., 195ff., 211ff.

[11]) Schoenlank, Gesell.-Verb. Hdw. d. Staatsw.

[12]) Lau S. 307.

[13]) Wehrmann S. 147f.

[14]) Schmidt II, S. 80 Art. 22; Einl. I, S. 74.

gang „depuis le heure que on i porra ouvrer dudict jour sans candeille, jusques à tant que on porra ouvrer dudict jour sans candeille" (14. Jahrhundert).[1]) Diese lange Arbeitszeit wurde nur durch den „blauen Montag" etwas ermäßigt, indem die Gesellen, nach dem sonntäglichen Gelage, nicht zur Arbeit erschienen.

Diese ungünstigen Arbeitsverhältnisse der Gesellen allein hätten jedoch wohl kaum Mißstimmung zeitigen können, um so mehr, als der Geselle mit dem Meister zusammen in derselben Werkstatt arbeitete und daher der Meister auch wohl selbst kaum die Arbeit früher einstellen konnte, wäre die Gesellenzeit nur eine Übergangsstufe zur Meisterschaft gewesen. Beim Vorherrschen der kleinbetrieblichen Produktionsform, des Handwerks, das kein irgendwie beträchtliches Kapital erforderte und daher jedem zugänglich sein müßte, der seine Ausbildung in einem bestimmten Gewerbezweige vollendet hatte, hätte dies wohl freilich der Fall sein müssen. In der Tat soll nach der, längere Zeit hindurch in der Wissenschaft vertretenen Auffassung, die die mittelalterlichen Zunftverhältnisse in hohem Maße idealisierte, die Gesellenzeit nur ein Übergangsstadium gebildet haben; denn da der Zutritt zum Gewerbe jedem freistand, so mußte auch jeder Geselle bald die Meisterschaft erlangen. Doch dürfte diese Ansicht wohl kaum zutreffen. Es steht außer Zweifel, daß infolge der den Zunftbeitritt erschwerenden Bestimmungen eine größere Anzahl der Gesellen, wenn nicht ihr Leben lang, so doch viele Jahre hindurch in dieser Stellung verbleiben mußte; es gab sogar verheiratete, nicht im Hause des Meisters wohnende Gesellen. „Um die Mitte des 14. Jahrhunderts — schreibt Ashley — bildete sich in England eine Arbeiterklasse aus, in dem Sinne dieses Wortes, den es vorher nicht besessen hatte." Diese Klasse wird immer zahlreicher: für den Durchschnittsgesellen war es bereits nicht mehr möglich, nach einigen Jahren Dienstzeit selbständig zu werden, wie dies früher der Fall war.[2]) Wie Kovalewsky hervorhebt, waren, trotz der gegenteiligen Behauptungen der die mittelalterlichen Verhältnisse idealisierenden Forscher, das 13. und 14. Jahrhundert bereits Zeugen des wahrscheinlich schon vom Augenblick der Bildung der Zünfte an einsetzenden Prozesses der Differenzierung von Arbeit und Kapital im Gewerbe.[3])

Dies bezeugen auch die Gesellenbewegungen, die bereits ins 14. Jahrhundert fallen. Die Mißstimmung der Gesellen (Valets, Knechte, Servants) gegen die Meister wird fühlbar. Die Gesellen fordern eine Verkürzung der allzulangen Arbeitszeit und eine Lohnerhöhung, sie legen die Arbeit nieder und verlassen die Stadt. Die deutschen Schmiedegesellen hatten hierfür eine besondere Bezeichnung. „Den Meistern den Hammer

---

[1]) Levasseur I, S. 311f., 690. Fagniez S. 82. Hauser, Ouvr. du temps passé. S. 78. Neuburg, S. 143. Brentano, Arbeitergilden I, S. 52. Kowalewsky V, S. 215ff.

[2]) Ashley II, S. 105.

[3]) Kovalewsky V, S. 175

legen" — so nannten sie die Arbeitseinstellungen. Es bilden sich auch ständige Gesellenverbände aus. Diese Vereine, deren Entstehung dem im Mittelalter allen Ständen eigentümlichem Trieb nach Zusammenschluß der zum gleichen Stande Gehörenden entspringt, legen noch mehr als die Arbeitseinstellungen Zeugnis davon ab, daß die Gesellen sich von den Zunftmeistern getrennt hatten, daß sie ganz andere Interessen verfolgten. Trugen ursprünglich die Gesellenvereinigungen das Gepräge religiöser Bruderschaften, so begannen sie später auch wirtschaftliche Zwecke zu verfolgen, eine Besserung ihrer Lage, insbesondere Lohnsteigerungen durchzusetzen, weswegen sie auf heftigen Widerstand von seiten der Zünfte stoßen mußten.

Bereits 1383 schließen die Schmiedezünfte von Mainz, Worms, Speyer, Frankfurt a. M., Aschaffenburg, Bingen, Oppenheim und Kreuznach eine Übereinkunft zur Festhaltung des überlieferten Herrschaftsverhältnisses, da die Knechte sich zu regen begannen. „Diese frühzeitige Mißstimmung — bemerkt hierzu Schanz — muß um so mehr auffallen, als die Schmiede noch selbst nicht lange in Zünften sich abgeschlossen hatten, so z.B. in Frankfurt a.M. definitiv erst seit 1377[1])." Eine ähnliche Erscheinung, wie am Mittelrhein, findet auch in Danzig statt; fast gleichzeitig mit der Entstehung der Zünfte beginnen nämlich Streitigkeiten zwischen Gesellen und Meistern. 1385 wird von der Stadtverwaltung den an Arbeitseinstellungen sich beteiligenden Gesellen mit Ohrenabschneiden gedroht. In Breslau fand bereits 1329 ein Streik der Sattlergesellen statt. Der Aufstand der Gesellen der Tucherzunft in Speyer (1351) wurde durch die von ihnen verlangte Lohnerhöhung veranlaßt. Die Schneidergesellen von Konstanz stehen 1389 von der Arbeit auf und verlangen die Anerkennung ihrer Genossenschaft.[2]) In Basel werden von den Zünften die streikenden Gesellen aus der Stadt verwiesen.[3]) Die Gesellen der Schmiede- und Schlosserzünfte bringen regelrechte Streiks zuwege („das Auftreiben!") und verlassen die Stadt.[4]) In Frankreich bestanden schon im 13. Jahrhundert Streitigkeiten zwischen Meistern und Gesellen, im 14. Jahrhundert verallgemeinerte sich diese Erscheinung. 1280 hatte eine Verlängerung der Arbeitszeit den Aufstand der Tuchergesellen von Provins veranlaßt, die den Bürgermeister ermordeten. In Châlons weigern sich die Gesellen, am frühen Morgen und am Spätnachmittag zu arbeiten, in Paris fordern sie ebenfalls eine Verkürzung der Arbeitszeit. In Reims wurden 1292 die gegen die Meister gerichteten Genossenschaften der Gesellen verboten, in Amiens verbietet eine Verordnung von 1349 den Gesellen, „Verschwörungen zu bilden, um ohne jeden rechtlichen Grund dazu Lohnerhöhungen durchzusetzen". Bereits im 13. Jahrhundert bilden sich in Frankreich unter der Benennung „la

---

[1]) Schanz, Gesellenverbände. S. 10, 42.

[2]) Stieda, Arbeitseinstellungen. Hdw. d. Staatswiss.

[3]) Schoenlank, Gesellenverbände. Ibid.

[4]) Beck, Gesch. d. Eisens I, S. 883; II, S. 565.

caritat" religiöse Brüderschaften der Gesellen, die jedoch in Bälde auch die Vertretung ihrer wirtschaftlichen Interessen übernehmen.[1]) Auch in den englischen Städten, wo wir besondere Gesellenverbände bereits seit Anfang des 14. Jahrhunderts finden, führen im 14. Jahrhundert die Meister darüber Klage, daß die Gesellen „unter dem Deckmantel einer heuchlerischen Frömmigkeit Verbände bilden, Verschwörungen, um übermäßige Lohnsteigerungen zu erreichen und sie auch durchsetzen". Jedesmal, wenn Streit zwischen einem Meister und dessen Gesellen ausbricht, setzt letzterer alle Gesellen der betreffenden Zunft hiervon in Kenntnis; nach gemeinsamer Übereinkunft legen sie darauf die Arbeit nieder, und diese Arbeitseinstellung dauert so lange, bis zwischen jenem Meister und seinem Knecht ein Ausgleich stattgefunden hat[2]).

Kapitel 21.

Anfänge der Hausindustrie.

War im allgemeinen das Handwerk, das für den lokalen Markt arbeitete, im Mittelalter die herrschende Betriebsform, so finden sich doch daneben auch die Anfänge einer für den weiteren Absatzmarkt produzierenden Hausindustrie (Heimarbeit, Verlag), wo der Meister nicht mehr direkt an den Kunden seine Ware absetzt, sondern zwischen ihm und dem Konsumenten eine Mittelsperson, der Verleger, sich eingeschoben hat, der den Absatz der vom Meister erzeugten Waren übernimmt. Die Entwicklung der Hausindustrie gehört einer späteren Periode an[3]), in einzelnen Fällen läßt sie sich jedoch schon für das Spätmittelalter nachweisen. Die neue Betriebsform findet sich z. B. im Nürnberger Metallgewerbe, in der Ulmer und Regensburger Baumwollweberei, im Leinengewerbe von Konstanz; namentlich kommt sie aber früh in der Seidenund Wollindustrie auf und erlangt (insbesondere im Wollengewerbe) eine gewisse Bedeutung.

Im Mittelalter beschränkte sich die Seidenindustrie im Grunde auf die italienischen Städte; anderwärts fehlte sie fast ganz, mit Ausnahme wohl nur von Paris und Köln. Sie war aus der Levante von König Roger nach Sizilien verpflanzt worden, der im Jahre 1174 Seidenweber aus Byzanz in Palermo ansiedelte, auf diese Weise lernte die Christenheit die neue Industrie kennen. Von Sizilien aus verbreitete sie sich nach Lucca, um dann weiter nach Florenz, Venedig, Genua vorzudringen. Überall hatte sie den Charakter der Hausindustrie, überall wurde der Vertrieb der Seidenwaren von den Händlern besorgt, denen auch der

---

[1]) Fagniez S. 83, 92. Schoenlank, Hdw. Martin Saint-Léon S. 280. Vgl. Des Marez S. 251.

[2]) Ashley II, S. 107, 110ff. Cunningham S. 292, 303, 381. Brodnitz, Englische Wirtschaftsgesch. I, S. 461ff.

[3]) S. dar. im zweiten Bande.

von Webern und Färbern in ihren Werkstätten verarbeitete Rohstoff gehörte.[1])

Von weit größerer Bedeutung war jedoch im Mittelalter die Wollenindustrie, die für einen größeren Absatzmarkt produzierte. Ihre Hauptstätten waren die Niederlande und Italien. In das 13. bis 14. Jahrhundert fällt die Entwicklung der Wollenindustrie in den flämischen Städten — in Ypern[2]), Brügge, Gent, St. Omer, Arras, Douai, Lille; außerdem wird sie in einer Reihe kleinerer Städte und Flecken Flanderns betrieben. In der zweiten Hälfte des 14. Jahrhunderts setzt bereits ihr Verfall ein. In Flandern wie auch im Brabant wurden Gewebe aus englischem, besonders hochwertigem Rohstoff angefertigt. Besonderen Ruhm genossen die in diesen Städten blühenden Veredelungsgewerbe, die Färberei und Appretur. Daher suchten auch die deutschen Städte, in denen diese Gewerbezweige öfters fehlten, die flämischen Färber zur Zuwanderung zu bewegen. Die Färberei und Appretur blühten in den Niederlanden auch dann weiter, als infolge der durch das Verbot der Wollausfuhr aus England bewirkten Unmöglichkeit, englische Wolle zu beschaffen, und der Auswanderung zahlreicher Weber die eigentliche Tucherzeugung bereits in Verfall gekommen war. Auch dann wandten sich die Engländer noch lange Zeit hindurch an die Flämen, um an ihren Halbfabrikaten die Veredelung vornehmen zu lassen. Bereits früh sonderte sich in den flandrischen Städten ein Stand von Verlegern aus, die sich mit der Anschaffung von Wolle und dem Vertrieb der fertigen Stoffe befaßten. Gewöhnlich wurde das Gespinst von Frauen, von Dorfspinnerinnen erzeugt, um dann vom Verleger an den Weber, den Walker, den Tuchscherer, endlich an den Färber befördert zu werden. Dabei scheint das Halbfabrikat von jedem Heimarbeiter, der daran Hand anlegte, zum Verleger wieder zurückkehrt zu sein, ehe es an den, den nächstfolgenden Teilprozeß ausführenden Meister weiter gelangte. In Brügge umfaßten die drei Hauptzünfte der Wollindustrie — die der Weber, Walker und Tuchscherer — gegen 1300 Personen, ca. 68 % der gesamten erwachsenen männlichen Bevölkerung. Ihre Arbeitslöhne wurden durch die von den Städten erlassenen Taxen festgesetzt. Überall nahmen unter den, in der Wollindustrie beschäftigten Meistern, die Färber eine bevorzugte Stellung ein.[3])

---

[1]) Über die genueser Seidenindustrie s. Sieveking, Die Genueser Seidenindustrie im 15. bis 16. Jahrhundert. Schmollers Jahrb. XXI, S. 101f. Über die venetianische Seidenindustrie Broglio d'Ajano, Die venetianische Seidenindustrie im Mittelalter. Münchener Volkswirtsch. Studien II. Über andere italienische Städte Schulte, Gesch. des mittelalterlichen Handels usw. 1900 I, S. 129, 132f., 137, 581. Kovalewsky V, S. 146ff. Sieveking, Die Handelsbücher der Medici. S. 9, 45ff. (Sitzungsber. der Akad. der Wiss. zu Wien CLI.) Vgl. Hintze, Preuß. Seidenindustrie in Schmollers Jahrb. XVII, S. 44. Über Byzanz Gehrig, Das Zunftwesen Konstantinopels im 10. Jahrhundert. Jahrb. f. Nat. III. F. 38.

[2]) In Ypern betrug die Gesamtzahl der gestempelten Tuche: 1306 10500, 1308 33000, 1309 63000, 1310 87000, 1313 92500 (Pirenne, Gesch. Belgiens I, S. 475).

[3]) Siehe Häpke, Brügges Entwickelung z. mittelalterl. Weltmarkt. S. 199f. Pirenne, Gesch. Belgiens I, S. 304f.; II, S. 69f. Des Marez, L'organis. du travail

Reichhaltiges Material für die Geschichte der flandrischen Wollindustrie liefern die von Espinas und Pirenne veröffentlichten Urkunden, die freilich vorläufig nur für das französische Flandern (von Espinas) bearbeitet worden sind, so daß wir bloß das Wollengewerbe solcher Städte wie Arras, Lille, Douai, Saint-Omer, Aire, Béthune näher kennen, während die Hauptzentren der flandrischen Industrie, wie Brügge, Gent, Ypern noch nicht untersucht worden sind. Aus dem Werke von Espinas[1]) ersieht man, daß in den angeführten Städten von Französisch-Flandern, wie auch in den umliegenden Dörfern, das Wollengewerbe bereits im 13. Jahrhundert hausindustriell betrieben wurde. Die „wirtschaftlichen Zentren" derselben waren die Häuser der Tucher (Drapiers). Hier lagerte sowohl Wolle, als Färbemittel, oft auch die erzeugten Tuche, in welchem Falle die Tuche hier auch gestempelt und abgesetzt wurden; daneben fand der Verkauf auf den städtischen Märkten statt. In denselben Kontoren der Verleger wurde der Rohstoff und die Halbfabrikate zur Verarbeitung an die Heimarbeiter ausgegeben, die hier zu erscheinen hatten, sowohl zum Empfang des Materials, als zur Ablieferung der verarbeiteten Produkte. Es kam auch vor, daß die Tucher Webstühle in ihren Häusern aufstellten, um hier unter ihrer Aufsicht arbeiten zu lassen. In Arras durfte aber der Tucher z. B. nur 4, später sogar nur 2 Stühle halten. In einzelnen Fällen wurde in seinem Hause das Wollkämmen oder die Appretur der Tuche besorgt. In der Regel fand der Betrieb in den Werkstätten der Heimarbeiter statt. In den Urkunden heißt es, daß der Verleger ihnen Aufträge erteilt (fait faire), während sie die betreffende Arbeit übernehmen, er läßt sie weben, färben (faire tendre, faire tisser). Wolle wird ihnen nach Hause zum Scheren vergeben, die Arbeit wird außerhalb der Verlegerkontore verrichtet (hors de sa maison). Den Hausindustriellen ist es jedoch verboten, die Häuser der Tucher auf der Suche nach Arbeit aufzusuchen; der Tucher läßt sie kommen, um ihnen persönlich Arbeit anzuweisen, oder läßt durch seine Faktoren oder Diener das Material verteilen, wobei nach Ausführung des einzelnen Teilprozesses das Produkt an ihn abgeliefert, nicht dem nächsten Teilarbeiter direkt übergeben wird. Der Tucher trifft dann die weiteren Bestimmungen.

Im Zusammenhang damit herrscht auch der Stücklohn vor; nur ausnahmsweise, soweit z. B. die Spinnerinnen oder Krämplerinnen im Hause des Verlegers arbeiten, kommt Zeitlohn vor. Den Heimarbeitern, seien es nun Krämplerinnen oder Tuchscherer oder Färber, ist es nicht gestattet, zugleich für mehrere Tucher Arbeit zu übernehmen oder eine neue Arbeit zu beginnen, ehe der vorhergehende Auftrag erledigt ist.

à Bruxelles au XV siècle. S. 182f., 196f. Herbig, Die Betriebsart der Tuchindustrie Brügges im Mittelalter. 1909. Mouillé, Les corporations drapières de la Flandre au moyen-âge. Rev. des quest. hist. 96, 97.

[1]) Espinas, La draperie dans la Flandre française au moyen-âge I, II. 1923. Ders., La vie urbaine à Douai au moyen-âge II. 1913. Recueil des documents relatifs à l'histoire de l'industrie drapière en Flandre, par Espinas et Pirenne I—III. 1906 bis 1920.

Daraus folgt jedenfalls, daß ihnen Aufträge von mehreren Verlegern erteilt werden konnten; es war noch keine Abhängigkeit von einem bestimmten Tucher eingetreten. Doch war die Stellung der einzelnen Gruppen von Teilarbeitern eine recht verschiedene. Drückend scheint das Abhängigkeitsverhältnis der Spinnerinnen (in Douai, vielleicht auch anderwärts waren es Frauen vom Lande), der Weber, der Wollkämmerinnen gewesen zu sein, während die Färber, Walker, Tuchscherer sich einer größeren wirtschaftlichen Freiheit zu erfreuen hatten. An sie wandten sich Händler wie Konsumenten, ihre Häuser werden als für das Publikum offenstehend erwähnt, das Walken fand öfters auf gemeinschaftlich angeschafften Mühlen statt. Die einzelnen Produktionsprozesse waren streng voneinander geschieden. Die Meister sollten immer nur ein bestimmtes Teilgewerbe betreiben, nicht ihrer zwei, wie z. B. Walken und Färben, oder das Gewerbe des Walkers und Tuchscherers bzw. des Webers und Färbers zugleich; auch durfte nicht derselbe Arbeiter das Fußwalken mit dem Gebrauch der Walkmühle verbinden. Denn die Vereinigung zweier Produktionsprozesse in einer Hand bedeutete eine Annäherung des Hausindustriellen an den Verleger, verminderte seine Abhängigkeit dem Tucher gegenüber. Um so weniger war es natürlich den Appreturarbeitern gestattet, mit fertigen Tuchen Handel zu treiben: auf diese Weise hätten sie sich ja zu Händlern emporschwingen, zu Konkurrenten der Tucher werden können.[1])

Seit dem 14. Jahrhundert nimmt auch in den oberitalienischen Städten — Venedig, Genua, Florenz — die Wollindustrie den Charakter einer für den Absatz nach auswärts produzierenden Hausindustrie an. Auch im englischen Wollengewerbe (in London und einigen anderen Städten) war diese Betriebsform seit Ende des 14. und Anfang des 15. Jahrhunderts vorherrschend. In einigen anderen Hauptstätten der Wollindustrie, wie Amiens, Straßburg, Speyer, kann ebenfalls die Abhängigkeit der Handwerker von einer Gruppe von Meistern nachgewiesen werden, nämlich von den Tuchern, die den anderen Meistern Aufträge erteilen.[2]) Doch sind es hier nur die ersten Anfänge des Verlags, aus denen sich erst später die neue Betriebsform entwickeln konnte. Hier soll die Organisation der Hausindustrie in Florenz näher dargelegt werden.[3])

Auch in Florenz befaßten sich die zur Wollenzunft (arte di lana) gehörenden Händlerkompagnien, die häufig zugleich auch Bankgeschäfte betrieben, ausschließlich mit der Leitung des Produktionsprozesses, ohne sich an der Produktion zu beteiligen. Sie beschaffen den Rohstoff, hauptsächlich aus England, und besorgen den Absatz der fertigen Waren nach anderen europäischen Staaten und nach dem Orient. In ihren Werk-

---

[1]) Espinas, La draperie dans la Flandre usw. II, § 11, 13a, c, 15b, 17.

[2]) Fagniez, Etudes sur l'hist. de la classe industr. à Paris. S. 219. Ashley, History of Woollen-Industry. S. 223. Schmoller, Straßburger Tucher- u. Weberzunft. S. 418f. Vgl. Aubin in Jahrb. f. Nat.-Oek. 72 (1927), S. 336ff.

[3]) Über die englische Wollindustrie s. Bd. II.

stätten ließen sie von tagweise entlohnten Arbeitern bloß die vorbereitenden Produktionsprozesse vornehmen, insbesondere das Reinigen, Waschen und Kämmen der Wolle. Diese Arbeiter bildeten „die ärmste und verachtetste Klasse der arbeitenden Bevölkerung. Wollen die aristokratisch denkenden Novellisten und Chronikenschreiber den tiefsten Grad der Verachtung, der sozialen Niedrigkeit, des Schmutzes an einem Menschen ausdrücken, so lassen sie ihn einen Wollkratzer oder Wollkämmer sein.[1]" Bei ihrer Arbeit benutzten sie die Arbeitsmittel des Unternehmers, auch erhielten sie von ihm Vorschüsse auf ihren Lohn, die sie nachher abarbeiten mußten. Das Gesetz von 1371 verbot den Arbeitern die Abzahlung ihrer Schulden in bar. Ein anderes Gesetz (von 1428) verschärfte diese Abhängigkeit noch mehr; diejenigen Arbeiter nämlich, die im Dauerkontrakte arbeiteten, waren, falls sie die abgeschlossenen Verträge nicht zu verlängern wünschten, verpflichtet, ihren Dienstherrn vier Monate vor Ablauf der Frist zu kündigen. Über eine entsprechende Verpflichtung des Unternehmers verlautet dagegen in dem Gesetze kein Wort. Der Arbeitslohn dieser Arbeiter beruhte auf freiem Vertrag zwischen Tucher und Arbeiter, war recht niedrig und dabei erheblichen Schwankungen unterworfen; außerdem bildete Arbeitslosigkeit eine häufige Erscheinung.[2]) Hierin lag zugleich aber auch eine beständige Gefahr für die Ruhe und Sicherheit der Stadt, denn die Wollkämmer, Wollwäscher usw., durch Hunger und Entbehrungen leidenschaftlich aufgebracht, griffen häufig zu bewaffneten Aufständen, um Lohnerhöhungen durchzusetzen. In der ersten Hälfte des 14. Jahrhunderts werden derartige Zusammenrottungen wiederholt erwähnt. Später kommen sie eine zeitlang nicht mehr vor, denn nach dem Schwarzen Tode von 1348, der unter der Bevölkerung von Florenz, insbesondere in den unteren Schichten, furchtbar gewütet hatte, fanden erhebliche Lohnsteigerungen statt. Die damals veröffentlichten Maximaltaxen waren nicht imstande, den Arbeitslohn sofort auf dessen früheren niedrigen Stand herabzusetzen. 1378 ereignete sich jedoch wieder ein bewaffneter Aufstand, das „Tumulto dei ciompi": er erreichte die Gründung der, die am tiefsten stehenden Schichten der arbeitenden Bevölkerung umfassenden, Zunft der Ciompi und verschaffte ihnen für eine kurze Zeitspanne die Teilnahme an der Staatsverwaltung, wodurch ihre Stellung eine durchgreifende Veränderung erfuhr. Doch wurde bereits im selben Jahre nach erbitterten zweitägigen Waffenkämpfen ihre Macht gebrochen, und seit 1415 erlangten die Unternehmer wieder eine unbestrittene Herrschaftsstellung. Den Arbeitern der Wollenzunft war es sogar verboten, sich ohne Erlaubnis der Konsuln zusammenzufinden, selbst zu geselligen oder religiösen Zwecken.

---

[1]) Doren, Die florentin. Wollentuchindustrie v. 14. bis zum 16. Jahrhundert. S. 216—227.

[2]) „Ich bin Wollkratzer, wenn ich einen finde, der mir Arbeit gibt." „Mein Lohn beträgt soundso viel, aber ich arbeite nur die Hälfte vom Jahr" heißt es in den Selbsteinschätzungen des Katasters von 1427.

Eine andere Schicht der arbeitenden Bevölkerung bildeten die Heimarbeiter. Dieselben setzten sich aus zwei Gruppen zusammen, aus den Spinnerinnen und den Webern. Jene waren Bauernfrauen, die Rohwolle zum Verspinnen erhielten; die Unternehmer beklagten sich unausgesetzt über die von ihnen verübten Veruntreuungen. Es wurden ihnen für den Fall, daß sie Rohstoff veruntreuten, ihn verkauften oder für sich verbrauchten, schwere kirchliche Strafen angedroht. Wurden sie zum vierten Mal der Veruntreuung überführt, so sollten sie exkommuniziert werden. Außerdem hatte man es der Geistlichkeit zur Pflicht gemacht, an den hohen Feiertagen (Ostern, Weihnachten, Pfingsten, Allerheiligen) in ihren Predigten die Bevölkerung zu gewissenhafter Arbeit und Pflichttreue zu ermahnen. Ebenso schwierig war auch die Aufsicht über die Mittelspersonen, die die Wolle unter die Dorfbewohner zu verteilen und das produzierte Gespinst einzusammeln hatten. Es war den Faktoren verboten, andere Fabrikate als die des eigenen Meisters zum Verarbeiten zu geben und wieder abzuholen. Im Übertretungsfalle mußte der Schuldige eine Bußreise nach der St. Petersbasilika antreten. Die Weber gehörten zur städtischen arbeitenden Bevölkerung; auch unter ihnen waren Frauen in der Mehrzahl vertreten. Die wirtschaftliche Lage der Weber war eine günstigere, als die der Kämmer und Kratzer, doch war ihre Abhängigkeit von den Unternehmern nicht weniger drückend. Den Zunftstatuten zufolge durfte von ihnen nur für die Meister der Zunft, die lanaioli publici, gewebt werden, es sollte nicht nur die Arbeit auf eigene Rechnung, sondern auch die an fremden, von anderen als Zunftmeistern gelieferten Rohstoffen verboten sein. Der Webstuhl, dessen der Weber sich bediente, gehörte in den meisten Fällen dem Unternehmer oder war ihm verpfändet, so daß er, im Falle daß der Weber sich als widerspenstig erwies und seine Arbeitsbedingungen zurückwies, denselben jederzeit entziehen, jedenfalls durch Androhung dieser Maßnahme einen Druck auf den Arbeiter ausüben und ihn zum Gehorsam zwingen konnte. Noch schlimmer gestaltete sich die Lage der Weber infolge der vom 14. Jahrhundert an stattfindenden Zuwanderung von fremdländischen Webern, insbesondere von solchen aus Flandern und Brabant. Die mißglückten Aufstände in den niederländischen Städten, der Verfall der in denselben vordem blühenden Tuchindustrie veranlaßte die Auswanderung der flämischen und Brabanter Weber, die in der italienischen Wollindustrie ihren Unterhalt suchten, wodurch die Lohnsätze hier noch weiter herabgedrückt wurden.

Auch in Florenz nahmen die Färber eine Vorzugsstellung innerhalb der Arbeiterbevölkerung ein.[1]) Die Ausübung der Färberei erforderte ein nicht unbeträchtliches stehendes und umlaufendes Kapital, technische Einrichtungen, wie große Gefäße, Waidküpen, Mischbottiche, Warmbäder; die Farbmaterialien hingegen wurden von der Wollen-

---

[1]) „An diesem Punkte," sagt Doren, „ist die einzige Brücke geschlagen, die innerhalb des ganzen Bereiches unserer Industrie die weite und tiefe Kluft zwischen den Kapitalisten und den Arbeitern überwindet." (Doren S. 289.)

zunft selbst importiert und von ihr zum großen Teile an die Tucher je nach ihrem Bedarf, zum kleineren Teile direkt an die Färber abgegeben. Das zur Anlage einer Färbereiwerkstätte erforderliche Kapital wurde auf 80—450 Gulden geschätzt. Mit dem Meister arbeiteten stets mehrere (4—5) Gesellen.

Die Färber zerfielen in drei Gruppen, die der Waidfärber, denen der oberste Rang zukam, der Krappfärber (Rotfärberei), die fast auf gleicher Höhe mit ihnen standen, endlich der, weit tiefer stehenden, tintore minore. Damit das Geheimnis der Färberei gewahrt bleibe, war den Mitgliedern der ersten Gruppe, unter Androhung einer hohen, 200 Libr. betragenden Geldstrafe, die Abwanderung nach anderen italienischen Städten, sowie nach dem Auslande verboten. Die zur dritten Gruppe Gehörenden benutzten nur minderwertige Färbemittel, ihre Erzeugnisse waren für den Export fast unbrauchbar. Alle drei Färbergruppen trugen ein gleichsam kastenartiges Gepräge: der Beitritt Amtsfremder war allem Anscheine nach ausgeschlossen, das Handwerk vererbte sich vom Vater auf den Sohn. Auch bei den Färbern machte sich eine recht drückende Abhängigkeit von ihren Arbeitgebern fühlbar, um so mehr, als letztere zugleich ihre Richter waren. Doch bestand eine religiöse Bruderschaft, die sie zusammenschloß und ihre Organisation erleichterte; außerdem hatten sie Anrecht auf einen Teil der niederen Zunftämter, besaßen also „gewisse engumgrenzte Rechte und Pflichten[1])“. Jedenfalls war ihre Lage insofern günstiger, als sie nicht von einzelnen Unternehmern oder Unternehmergesellschaften abhängig waren, sondern für verschiedene Tucher zugleich arbeiten durften. 1370 veranlaßte die unpünktliche Auszahlung der Arbeitslöhne durch die Unternehmer und die von ihnen gemachten Lohnabzüge, sowie die ungerechten, parteiisch die Interessen der Lohnherren wahrnehmenden Entscheidungen der als Richter auftretenden Unternehmer einen Streik der Färber, der nach einem — zwei Jahre lang währenden — Kampfe mit dem Siege der Unternehmer endete. Es folgte eine zehnjährige Aussperrung aller derer, die an dem Aufruhr teilgenommen hatten. Diese Bestimmung erwies sich jedoch als undurchführbar und wurde 1372 aufgehoben. 1378 benutzten die Färber die sich bietende Gelegenheit, den Aufstand der Ciompi, und bildeten eine selbständige Zunft, die einen hartnäckigen Kampf mit der Wollenzunft aufnahm, Minimaltaxen aufstellte, zu deren Befolgung alle Färber verpflichtet waren. Die Wollenzunft wurde daran gehindert, in eigener Unternehmung eine Färbereiwerkstatt sowie einen Laden von Färbemitteln zu errichten. Erst drei Jahre später gelang es der Wollenzunft, die Färberzunft zu zerstören; freilich mußte man ihnen dennoch gewisse Zugeständnisse machen und bestimmte Rechte einräumen, die jedoch stets auf dem Papier blieben. Die letzte Gruppe der arbeitenden Bevölkerung bilden endlich die „Fertigsteller“, die die Endprozesse der Tuchproduktion vornahmen und, gleich den Färbern, nicht im Dienste bestimmter Lohnherren standen, sondern ihre „botteghe publiche“ besaßen und mit „Kunden“, nicht nur mit „Meistern“ verkehrten.[2])

Die Bedeutung der Florentiner Wollentuchindustrie kann durch einen Vergleich derselben mit der Produktion anderer Industriestätten veranschaulicht werden. Allerdings muß, wie Gertrud Hermes nachzuweisen sucht, die von Villani angegebene Zahl von 70—80000 Tüchern, die in Florenz in der ersten Hälfte des 14. Jahrhunderts alljährlich erzeugt worden sein sollen, auf 15—20000 Stück reduziert werden.[3]) Für die mittelalterlichen Verhältnisse jedoch ist auch diese Zahl sehr bedeutend.

---

[1]) Doren S. 298.

[2]) Doren, S. 216ff.

[3]) Hermes, Der Kapitalismus in der Florentiner Wollenindustrie. Zeitschr. ges. Staatswiss. 1917. S. 370f.

In Straßburg wurden nur 1800—2000 Stücke Tuch im Jahresdurchschnitt erzeugt, in Frankfurt a. M. mußten zur Messe 3360 Stück (im Jahre 1452) hergestellt werden, in Köln wurden jährlich 12000 Stück produziert, in Beauvais 5000, die Zahl der in Paris erzeugten Tücher war noch geringer. Noch weniger produzierte man in englischen Städten: in Barnstaple 3700, in Coggeshall 1200 Stück jährlich, in Suffolk 733, in Cornwall gar bloß 90 Stück.[1])

Außerdem wiesen die in Florenz bestehenden Unternehmungen, wenn man den Maßstab jener Zeit anlegt, einen bedeutenden Umfang auf; in diesem Sinne haben Pöhlmann und Doren recht, wenn sie dieselben als Großunternehmungen bezeichnen. Eine Unternehmung mittlerer Größe erzeugte hier im Jahresdurchschnitt 70 Stück Tuch und beschäftigte 40 Arbeiter, von denen 12 in der Werkstätte des Unternehmers, die übrigen in ihren Wohnstätten arbeiteten.[2]) Eine größere Unternehmung erzeugte 200 Stück Tuch und beschäftigte 100 Arbeiter, davon 30 in der Werkstätte des Unternehmers. In Frankfurt a. M. dagegen brachten die bedeutendsten Unternehmungen kaum den dritten Teil der Tuchmengen hervor, die von den größeren Tuchern in Florenz erzeugt wurden. In Köln kamen auf jeden Meister im 14. Jahrhundert ca. 35 bis 40 Stück Tuch im Jahre, in Plauen war im 16. Jahrhundert die Höchstzahl der vom Meister zu erzeugenden Tuche auf 46 bis 54 Stück festgesetzt.[3])

Kapitel 22.

Der Bergbau.

Auf dem Gebiete des Bergbaus[4]) finden wir ebenfalls Genossenschaften der Bergarbeiter, wenn sie sich auch in mancher Hinsicht von den gewerblichen Zünften unterscheiden. Es sind meist Fremde, die zur Ausbeutung der Bodenschätze zugewandert sind und denen der König, der Markgraf oder der Bischof das Recht zu schürfen verleiht, ihnen seine Gruben, seine „gefreiten Berge" überläßt, während sie hinwieder schwören müssen, seine Interessen treu zu wahren. Dem Grundherrn gehörte das Recht auf einen Anteil der Ausbeute — ein Drittel in Sachsen, ein Sechstel im Schwarzwald. Außerdem stand ihm das Recht zu,

---

[1]) Schmoller, Straßb. Tucher- u. Weberzunft. S. 502. Fagniez, Etudes usw. S. 226. Ashley, History of woollen Industry II, S. 223f. Bücher, Bevölk. von Frankfurt a. M. im 14.—15. Jahrhundert. S. 31. Ennen, Gesch. d. Stadt Köln II, S. 682. Hermes, a. a. O. Brodnitz I, 379.

[2]) Hermes S. 380f., 385f.

[3]) Hermes, Zeitschr. Bücher, Bevölk. S. 91. Schmoller S. 435. Bein, Industrie des sächs. Voigtlandes II, S. 497.

[4]) Arndt, Zur Gesch. u. Theorie des Bergregales und der Bergbaufreiheit. 2. Aufl., 1916. Ders., Das Verhältnis des Sachsenspiegels zur Bergbaufreiheit. Z. f. Bergrecht. 1918. Zycha, Das Recht des ältesten deutschen Bergbaues bis ins 13. Jahrhundert. 1899. Ders., Das böhmische Bergrecht des Mittelalters auf Grundlage des Bergrechts von Iglau I—II. 1900. Ders., Zur neuesten Literatur über die Wirtschafts- und Rechtsgeschichte des deutschen Bergbaues (Viert. f. Soz.- u. W.-G. V, VI). Opet, Das Gewerkschaftsrecht nach den deutschen Bergrechtsquellen des Mittelalters (Z. f. Bergrecht. 1893). Brodnitz, Engl. Wirtsch. I, S. 333ff. Salzman, Engl. Industries in the Middle-Age. 1923. Lewis, The Stannaries. 1908. Strieder, Stud. zur Gesch. kapitalist. Organisationsform. 1914. Buch I. Mispoulet,

zu einem mäßigen Preise das für die Münze erforderliche Silber, in manchen Fällen auch Kupfer und Zinn zu erwerben. In allen bedeutenderen Bergwerken des Mittelalters sind Genossenschaften der zugewanderten Bergarbeiter zu finden, die infolge der rasch eintretenden Erschöpfung der Bergwerke und der, durch den starken Wasserzufluß bedingten Unmöglichkeit, die bereits vorhandenen Schachte tiefer abzuteufen, von Ort zu Ort ziehen und jedesmal neue Gruben anbauen mußten. Diese Ausländer trugen ihre Kunstfertigkeit nach Böhmen, Ungarn, Sachsen, sie wurden nach Goslar berufen. Die Namen der ältesten Bergwerksarbeiter von Trient (Tirol) bezeugen ihre deutsche Abstammung. Erst später (Bergordnung von 1208) forderte man in Trient von sämtlichen Bergleuten, daß sie das Bürgerrecht erwerben sollten. In Ungarn werden die Bergleute als „Sachsen" bezeichnet, in Sachsen und Schlesien als „Hospites", d. h. Gäste, Fremde. Noch vor dem Jahre 1000 sind wahrscheinlich fränkische Bergleute nach Goslar gezogen; auch später war es hier gestattet, Fremde zum Mitbau heranzuziehen (alios ad collaborandum evocare). Als um die Mitte des 12. Jahrhunderts dann die Freiberger Silberschätze entdeckt wurden, wanderten Goslarer Bergknappen dorthin; umgekehrt ist es wiederum der Zustrom sächsischer Bergleute im 15. und 16. Jahrhundert gewesen, dem der Oberharzer Bergbau zu einem erheblichen Teile sein Wiederaufblühen verdankte.[1]) Die Zuziehenden erhalten das Recht des Schürfens und der Ausbeutung („freier Berg", „Freiung"), das Recht der Ansiedelung und der Frei-, zügigkeit (libere et sine controversia debeant morari, laborare, ire, venire, in monte et in civitate et ubicunque voluerint, heißt es in dem Trienter Statut von 1185). In Böhmen werden die Bergarbeiter coloni genannt; für jedes Bergwerk werden ihnen je 16 Hofstellen angewiesen und eine Weidefläche, so weit „wie ein von einem geschickten Schützen abgeschossener Pfeil fliegen könne". Auch im Schwarzwald wurden die Bergwerkarbeiter in den Genuß der Siedelungsrechte gesetzt („Weg und Steg, Wasser und Holz"). In der Bergwerksordnung von Kuttenberg in Tirol

---

Le régime des mines à l'epoque romaine et au moyen-âge. 1908. Silberschmidt, Die Entwicklung der Gewerkschaft (Z. f. Handelsr. S. 71). Beck, Geschichte des Eisens I. 1884. Schmoller, Gesch. Entwicklung der Unternehmung. VIII—IX. (Jahrb. f. Gesetzg. 1891.) v. Inama-Sternegg, Deutsch. Wirtschaftsgesch. II III T. 2. Gothein, Wirtschaftsgesch. des Schwarzwaldes. 1891. Hué, Die Bergarbeiter. 1910. Neuburg, Goslars Bergbau bis 1552. 1892. Worms, Schwazer Bergbau im 15. Jahrhundert. 1904. Ermisch, Das sächsische Bergrecht des Mittelalters. 1887. Hoppe, Der Silberbergbau zu Schneeberg bis zum Jahre 1500. 1900. Wuttke, Schlesiens Bergbau und Hüttenwesen. 1900, 1901. Bernhard, Die Entst. u. Entwickl. der Gedingeordnungen im deutsch. Bergrecht. 1902 (Schmollers Forsch. XX). Wolfstrigl-Wolfskron, Die Tiroler Erzbergbaue 1301—1665. 1903. Frölich, Die Verzeichnisse des Grubenbesitzes des Goslarer Rates am Ramelsberge um das Jahr 1400 (Hans. Gesch.-Bl. 1915). Müller-Erzbach, Das Bergrecht Preußens und des weiteren Deutschlands I. 1916.

[1]) Arndt, Bergregal. S. 90. Sternberg S. 38. Bernhard S. 11. Zycha, Recht d. ält. Bergb. S. 96, 123. v. Inama III, 2. S. 152, 154. Frölich S. 150. Wolfstrigl-Wolfskron S. 413.

heißt es „in campo libero ubilibet et cuilibet est licitum laborare et metallum quaerere", die Zugewanderten werden also zu gleichen Rechten mit den Ortsansässigen zur Schürfung nach Bergwerksprodukten, sowie zur Ausbeutung der Gruben zugelassen. Die Bergarbeiter bilden eigene Berggemeinden, besondere Siedelungen, die Bergbaustädte, denen besondere Vorrechte in bezug auf Gerichtsbarkeit und Handel, ferner Steuerfreiheit, Schlacht-, Back-, Braufreiheit verliehen waren.[1])

Ursprünglich war zum Schürfen und Bauen auf dem Grund und Boden privater Grundherren die Genehmigung des Grundherrn erforderlich, er hatte Anspruch auf einen Teil der Ausbeute. Während früher nur gewisse Gerechtsame des Königs an Bergwerken bestanden, jedoch kein Bergregal (er besaß nur ein Zehentrecht an Bergwerksprodukten) und die privaten Grundeigentümer ohne Erlaubnis des Königs bauen durften, setzt seit der Stauferzeit der König sein Regal durch. Es geht dann an die Territorialherren über und wird von der Goldenen Bulle als Regal der Fürsten anerkannt. Auch die Grundherren bedürfen nun der königlichen (fürstlichen) Konzession.[2]) Der Grundherr hat zwar den Vorrang vor allen anderen, die um das Recht des Schürfens und Bauens nachsuchen. Wenn er jedoch den Bergbau aufgibt, so geht das Recht an andere über, während er bloß einen Zins (Anteil an der Ausbeute) beanspruchen kann, der in Schlesien nur $^1/_8$, in Sachsen (Freiberg) gar $^1/_{32}$ und in Steiermark (1346) $^1/_{40}$ ausmacht, so daß sein Recht im Laufe der Zeit eine stetige Minderung erfuhr. Die Verbände der Bergarbeiter, die Gewerkschaften (Werki scilicet socii affidati) waren Genossenschaften, die gemeinschaftlich die Erzgewinnung, sowie die weiteren Stadien des Produktionsprozesses, die Zerkleinerung und das Schmelzen der Erze betrieben, wobei jedem von den Mitgliedern (Gewerken) ein bestimmter Anteil an der Ausbeute zukam. Diese Bergwerksanteile trugen ein eigenartiges Gepräge: sie konnten vererbt, auch bei Lebzeiten des Gewerken (wie dies in Steiermark bereits durch das Statut von 1202 bestimmt wird), veräußert (übertragen) werden, mit der Einschränkung jedoch, daß den anderen Gewerken ein Vorkaufsrecht eingeräumt war (requisitis tamen sociis).[3]) Auch werden (in der Bergwerksordnung von Iglau, wie in Freiberg 1347, in Meißen 1328) Fälle vorgesehen, wo Anteile außerhalb des Landes Wohnenden (uzwendig des landis, nicht kegenwortig) gehören.[4])

---

[1]) Wolfstrigl-Wolfskron, Urk I, S. 410. Zycha, Böhm. Bergrecht II, Nr. 26 bis 28, S. 333ff. Gothein S. 615ff. v. Inama III, 2. Aufl., S. 183f.

[2]) Zycha, Recht d. ält. Bergb. S. 8ff., 21, 23ff., 56ff., 64ff., 72ff., 122ff. v. Inama III, 2. Aufl., S. 145ff. Weber, Wirtschaftsgesch. S. 105f. Vgl. Arndt, Bergregal. pass. Waitz, Verf.-Gesch. VIII, S. 269. Steinbeck S. 43. Schröder, 6. Aufl., S. 585ff. Gothein S. 584ff. Schmoller S. 671ff.

[3]) Zycha, Recht d. ält. Bergb. S. 150. Opet S. 307. v. Inama III, 2. Aufl., S. 155f. Bernhard S. 9.

[4]) Zycha, Böhm. Bergr. I, S. 203, 257; II, S. 81 (Jus reg. mont. I, 7., S. 12). Freiberger Bergordn. B, § 33. (Freibg. Urkb. II, S. 6.) Bernhard S. 9, 11.

In der älteren Generation der Gewerken war der Ertragsanteil gleichbedeutend mit der Mitarbeit an der Bergwerksausbeute. Später waren diese Begriffe jedoch nicht mehr identisch, insbesondere, wenn der Gewerke mehrere Erben hinterließ oder beim gänzlichen Fehlen derselben. Die sich vollziehende Trennung zwischen Bergwerksanteilen und Bergwerksarbeit mußte im Laufe der Zeit immer schärfer zutage treten, um so mehr, als die Erben der Gewerken bei der bedeutenden Wertsteigerung der Anteile an ergiebigen Bergwerken die Erträge derselben zu versilbern suchten, zu Grundeigentümern oder Kaufleuten wurden und die Bergarbeit von anderen Gewerken (gegen Zahlung der sog. „Kost") verrichten ließen.[1]) In Tirol gestattete 1208 die Trienter Bergwerksordnung denjenigen Gewerken, die eine Bergwerksabgabe von nicht weniger als 10 Pfund an den Bischof zahlen (deren Bergwerksanteil also recht beträchtlich gewesen sein muß, an eigener Statt einen Stellvertreter, aber auch nur einen, arbeiten zu lassen. Dagegen ist aus dem 1349 zwischen einer schlesischen Berggewerkschaft (zu Goldberg) und dem dortigen Johanniterkloster entstandenen Streite ersichtlich, daß unter den Gewerken eine Reihe städtischer Handwerker, 14 an der Zahl, sich befand; bei 5 von ihnen ist das von ihnen ausgeübte Handwerk vermerkt, über die Berufe der 9 anderen fehlen nähere Angaben.[2])

So kam es, daß manche Gewerken nicht mehr persönlich mitarbeiteten, sondern nur das Recht auf einen bestimmten Ertragsanteil genossen. Die Zahl derartiger Mitglieder wies im Laufe der Zeit eine erhebliche Steigerung auf, von diesen vermögenden Stadtbewohnern hing das Fortbestehen zahlreicher Gewerkschaften ab. Die selbst mitarbeitenden, ärmeren Gewerken wären nicht imstande gewesen, das erforderliche Anlagekapital und die im Laufe der Zeit notwendig werdenden Zubußen zusammenzubringen. Insbesondere war die Wassernot öfters der Grund dafür, daß großer Teilbesitz in die Hände reicher Familien gelangte. Indem die Gewerken durch ein zweckdienlicheres Heben der Wasser die Gruben weiter auszubauen suchten, zogen sie kapitalstärkere Leute heran. Sie gewährten Außenstehenden Anteil am Ertrage des Bergwerks, welche die Pflicht, regelmäßig Kost zum Bergwerksbetriebe zu liefern, übernehmen mußten. Bereits 1294 sind unter den Anteilbesitzern der steirischen Bergwerke Klöster zu finden (Admont), im 15. Jahrhundert in Schlesien Klöster und Geistliche (1464), um die Mitte des 16. Jahrhunderts Ritter und Adlige. In Tirol gehörten Anteile am Bergwerkseigentum dem Herzog (Gossensaß 1423), zu Beginn des 14. Jahrhunderts befanden sich unter den Anteilbesitzern viele Adlige (in Trient schon seit Anfang des 13. Jahrhunderts), reiche Innsbrucker Bürger (so in Schwaz in der ersten Hälfte des 15. Jahrhunderts) bezogen jährlich Silber im Werte von 5—8000, ja 10000 Mark. Im Goslarer

---

[1]) Vgl. Zycha, Recht d. ält. Bergb. S. 112, 113. Bernhard S. 9f.

[2]) Wolfstrigl-Wolfskron, Urk. III, S. 414. Si quis etiam partem suam paupertate vel alia occasione cogente vendere voluerit. Steierm. Urkdb. I, Nr. 655, a. 1185. Zycha, Recht d. ält. Bergb. S. 104.

Bergbau wurden bereits um die Mitte des 14. Jahrhunderts zahlreiche Bergteile zu (gegen früher) stark gesunkenen Preisen veräußert und von Goslarer Bürgern erworben. Seit Ende des 14. Jahrhunderts suchte der Goslarer Rat die Anteile (am Rammelsberge) in seine Hand zu bekommen und auf alle mögliche Weise die anderen Teilnehmer auszuschalten. In Freiberg geben 1449 Schneider und Schuster, Schmiede und Tucher, Bäcker und Metzger, Leineweber, Kürschner und Gerber das Versprechen ab, nach Maßgabe ihrer Mittel am Betriebe der dortigen Bergwerke teilzunehmen.[1])

Obwohl nun eine Differenzierung der Gewerke in arbeitende und nichtarbeitende (auch letztere wurden als Gewerke bezeichnet) eintritt, so bildet sich vorläufig ein Lohnarbeiterstand noch nicht aus. Es kommt dagegen zunächst eine andre Institution, die der Lehenschaft auf, worunter „ein seitens der Gewerkschaft zu selbständigem Abbau gegen eine Quote der Förderung hingegebener Teil des Grubenfeldes" zu verstehen ist. Da die Gewerke sich wegen zu großer Auslagen nicht getrauten, das Bergwerk ganz abzubauen, so behielten sie nur einen Teil (das Beste, wie es im Böhmischen Rechte heißt) zu eigenem Abbau vor, um das übrige an andere zu verleihen. Es mangelte ihnen eben noch sowohl an Kapital als an Fähigkeiten, um Lohnarbeiter in größerem Umfange zu organisieren. Die Lehenhäuer, welche Teilstrecken auf eigenes Risiko übernahmen, wurden dadurch über die Stufe des Lohnarbeiters emporgehoben, denn auch ihnen eröffnete sich die Aussicht auf bergmännischen Gewinn.[2]) Die Bergarbeit wurde demnach von den die Kost empfangenden Gewerken einerseits, von den Lehenhäuern andrerseits verrichtet. Wenn die Arbeitskräfte der Gewerke nicht ausreichten, so bot die Lehenschaft ein Aushilfsmittel.

Dann kommen auch die Lohnarbeiter hinzu, die allmählich an Stelle der Gewerke und Lehenhäuer rücken. Je zahlreicher die nichtarbeitenden Gewerke werden, desto mehr bildet sich ein Unterschied zwischen Bergbauberechtigten und Bergarbeitern aus, eine Differenzierung zwischen den Gewerken und den Lohnhäuern. Anfangs hatte (Iglauer Recht, Freiburger Recht, Tiroler Bergordn. 1408, Meißner Bergordn. 1328, Breisgau 1517 u. a.) der Gewerke seine eigenen Arbeiter, für deren Entlohnung er allein aufzukommen hatte (partes pro quibus laboraverint), nicht aber die Gewerkschaft; galten dieselben ja ursprünglich als Stellvertreter des nicht mitarbeitenden Gewerken. In Tirol wurde noch durch eine Verordnung von 1468 den Gewerken zur Pflicht gemacht, ihre Lohnarbeiter in Geld, nicht aber in Waren zu entlohnen. Erst im Laufe der Zeit ging die Anwerbung und Entlohnung der Arbeiter an die Gewerkschaft über, wobei auch jetzt

---

[1]) Schwind-Dopsch, Ausgew. Urk. zur Verf.-Gesch. S. 18. Neuburg S. 15ff., 32. Frölich, Hans. Gesch.-Bl. 1915. Zycha, Recht d. ält. Bergb. S. 112. Gothein S. 636ff. Bernhard S. 12.

[2]) Opet S. 344ff. Ermisch, Sächs. Bergr. S. XCVff. Zycha, Recht d. ält. Bergb. S. 115. Ders., Böhm. Bergr. I, S. 287ff.; II, Nr. 34ff., 43ff., S. 339ff., 360ff. v. Inama III, 2. S. 174ff. Bernhard S. 21ff. Gothein S. 639.

noch zunächst der auszahlende Gewerkschaftsbeamte nur jenen Lohnbetrag ausfolgte, den er speziell für diesen Arbeiter erhalten hatte. Erst allmählich verschwindet die Beziehung des Arbeiters zu dem von ihm vertretenen Gewerken, der Lohn gehört nun zu den allgemeinen Auslagen der Gewerkschaft. In Sachsen fand dieser Übergang zu Ausgang des 15. Jahrhunderts statt, anderwärts erst im 16. Jahrhundert.[1]) Lohnarbeiter überhaupt werden in tiroler, böhmischen und sächsischen Bergwerksordnungen bereits im 13.—14. Jahrhundert erwähnt (1328 in Meißen, schon im 13. Jahrhundert in Trient und Goslar). Ihre Zahl scheint bereits zu Ausgang des Mittelalters erheblich gewesen zu sein.[2]) Es ist eine den Verhältnissen der Handwerksgesellen analoge Erscheinung, die auch hier zur Konstituierung eigener Verbände der Häuer zum Ausdruck kommt. Noch vor dem Aufkommen der technischen Neuerungen, die im Bergbau bedeutende Wandlungen bewirkten und den Kapitalbedarf steigerten, brachten die für die Gewerke mit der Veräußerung der von ihnen allwöchentlich in natura bezogenen Ertragsanteile verbundenen Schwierigkeiten es mit sich, daß sie, insbesondere wenn diese Anteile infolge der geringen Ertragsfähigkeit einzelner Zechen oder starker Schwankungen im Ertrag wenig gewinnbringend waren, es vorzogen, auf dieselben gegen einmalige Abfindung zu verzichten und zu regelmäßig bezahlten Lohnarbeitern zu werden. Ihre Rechte gingen in den Besitz der vermögenderen Gewerken über, die in der Lage waren, die Bergwerksarbeit von anderen vollziehen zu lassen.

---

[1]) Zycha, Ält. R. S. 110ff., 151. Ders., Böhm. Bergr. I, S. 267f. Gothein S. 647. Ermisch S. 138. Opet S. 313, 328. v. Inama III, 2. S. 169.

[2]) Ermisch, Einl. S. 89. Schmoller S. 700ff. Zycha, Ält. Bergr. S. 105ff. Neuburg S. 290. Bernhard S. 43ff., 49. v. Inama S. 158.

III. ABSCHNITT.

Handel und Verkehr.

Quellen. Hansisches Urkundenbuch I—III bearb. von Höhlbaum; IV—VI bearb. von Kunze; VIII—X bearb. von W. Stein. 1876 ff. Hanserezesse I, 1256—1430: 8 Bde, bearb. von Koppmann. 1870—1897. II, 1431—1476: bearb. von v. d. Ropp, 7 Bde. 1876—1892. III, 1477—1530: bearb. von D. Schäfer; Bd. 9 von Schäfer und Techen. 1881—1913. Hansische Geschichtsblätter. 1872ff. Hansische Geschichtsquellen (darunter insbes. Stieda, Revaler Zollbücher und -quittungen. 1887. Kunze, Hanseakten aus England. 1891. Schäfer, Das Buch des lübeckischen Vogtes auf Schonen. 1887. Buck, Die Lübecker Bergenfahrer und ihre Chronistik. 1900. Siewert, Geschichte und Urkunden der Rigafahrer in Lübeck. 1899. Götz, Deutsch-russische Handelsgeschichte im Mittelalter 1923.) Derselbe, Deutsch-russische Handelsverträge des Mittelalters. 1916. Nirrnheim, Das hamburgische Pfundzollbuch von 1362. (Veröffentl. a. d. Staatsarchiv von Hamburg. I. 1910.) Pardessus, Collection des lois maritimes antérieures au XVIII s. 6 vols. 1828ff. Mas-Latrie, Traités de paix et de commerce et documents divers concernant les relations des chrétiens avec les Arabes de l'Afrique septentrionale au moyen-âge. 1884—1885. Tafel und Thomas, Urkunden zur ältesten Handels- und Staatsgeschichte der Republik Venedig. 3 Bde. 1856f. Davidsohn, Forschungen zur Geschichte von Florenz. 4 Bde. 1896—1908. Blancard, Documents inédits sur le commerce de Marseille au moyen-âge. 1884—1885. Fagniez, Documents rélatifs à l'histoire de l'industrie et du commerce en France. 2 vols. 1898—1900.

Das Handlungsbuch von Herrmann und Johann Wittenborg, hrsg. von Mollwo. 1901. Das Handlungsbuch Vickos von Geldersen, hrsg. von Nirrnheim. 1895. Johann Tölners Handlungsbuch von 1345—1350, hrsg. von Koppmann. 1885. v. Seaski, Danziger Handel im 15. Jahrhundert auf Grund eines im Danziger Stadtarchiv befindlichen Handlungsbuches. 1905. Ebner, Ein Regensburger kaufmännisches Hauptbuch aus den Jahren 1383—1407. (Verhandl. d. histor. Vereins der Oberpfalz. S. 45.) Hildebrand Veckinchusen. Briefwechsel eines deutschen Kaufmanns im 15. Jahrhundert, hrsg. von Stieda. 1921. Schulte, Die Große Ravensburger Gesellschaft. (Deutsche Handelsakten des Mittelalters und der Neuzeit.) 1923. Bd. 3 (Akten). Les livres de compte des frères Bonis, marchands Montalbanais du XIV s., éd. Forestié. 1890—1894. (Archives historiques de la Gascogne.) Le livre de comptes de Jacme Olivier, marchand narbonnais du XIV s., éd. Alph. Blanc. 1899. Le livre-journal du maître Ugo Teralh, notaire et drapier à Forcalquier, éd. P. Meyer. (Notices etc. de la Bibl. Nation. v. 36.) Loeb, Deux livres de commerce du commencement du XIV s. (Revue des études juives IX. 1884.) Schwab, Livre de comptes de Mardoché Joseph. 1913. (Notices etc. et manuscripts de la Bibl. Nation. 39.) Sieveking, Die Handelsbücher der Medici. (Sitzungsber. der Akad. der Wiss. in Wien. 151.) Ders., Aus Genueser Rechnungs- und Steuerbüchern. (Das. 162.) Ders., Schmollers Jahrbuch. B. 25.

Stieda, Über die Quellen der Handelsstatistik im Mittelalter. (Abhandl. d. Kgl. Preuß. Akad. der Wiss. 1903.) Lauffer, Danzigs Schiffs- und Warenverkehr am Ende des 15. Jahrhunderts. 1893. Wendt, Lübecks Schiffs- und Warenverkehr in den Jahren 1368—1369. 1902. Sattler, Handelsrechnungen des Deutschen Ordens. 1887.

Literatur. Schriften allgemeineren Inhalts. Außer den allgemeinen Werken von v. Inama-Sternegg (III, 2), Ashley, Cunningham, Koetzschke, Boissonade,

Sombart (I, 2. Aufl.), v. Below (Probleme der Wirtschaftsgesch. 2. Aufl.), Lipson, Brodnitz, Brentano, insbes. Falcke, Geschichte des deutschen Handels. 1859. Goldschmidt, Universalgeschichte des Handelsrechts. 1891. Pigeonneau, Histoire du commerce de la France. Vol. I—II. 1885—1886. Levasseur, Histoire du commerce de la France. T. I, avant 1789. 1911. Sartorius—Lappenberg, Urkundl. Geschichte des Ursprunges der deutschen Hanse. 1848. Ders., Urkundl. Geschichte des hansischen Stahlhofes zu London. 1851. W. Stein, Beiträge zur Geschichte der deutschen Hanse bis um die Mitte des 15. Jahrhunderts. 1900. Daenell, Die Blütezeit der deutschen Hanse. 2 Bde. 1906. Kiesselbach, Die wirtschaftlichen Grundlagen der deutschen Hanse und die Handelsstellung Hamburgs. 1907. Schäfer, Die deutsche Hanse. 1903. Ders., Die Hansestädte und König Waldemar. 1879. Schanz, Englische Handelspolitik gegen Ende des Mittelalters. 1881. Ochenkowski, Englands wirtschaftliche Entwickelung im Ausgange des Mittelalters. 1879. Pirenne, Geschichte Belgiens I—II. 1899—1900. Finot, Etudes historiques sur les rélations commerciales de la France et la Flandre au moyen-âge. 1894. Bahr, Handel und Verkehr der deutschen Hanse in Flandern während des 14. Jahrhunderts. 1911. Meine Russische Wirtschaftsgeschichte I. 1925. Heyd, Geschichte des Levantehandels im Mittelalter. 2 Bde. 1879. Schulte, Geschichte des mittelalterlichen Handels und Verkehrs zwischen Westdeutschland und Italien. 2 Bde. 1900. Ders., Die Große Ravensburger Gesellschaft. 3 Bde. 1923. Schaube, Handelsgeschichte der romanischen Völker des Mittelmeergebietes bis zum Ende der Kreuzzüge. 1906. Yver, Le commerce et les marchands dans l'Italie méridionale au XIII et au XIVs. 1902. Bens, Der deutsche Warenfernhandel im Mitt. 1926. Götz, Die Verkehrswege im Dienste des Welthandels. 1879. Vogel, Gesch. der deutsch. Schiffahrt I. 1915. Huber, Die gesch. Entwicklung des mod. Verkehrs. 1893. Pappenheimer, Gesch. Entwicklung des Seehandels und seines Rechts. (Schr. d. Ver. f. Sozialpol. S. 103.)

Eulenburg, Ideen und Probleme in der deutschen Handelsgeschichtsforschung. (Festgabe für Schmoller. Bd. II. 1908.) v. Below, Großhändler und Kleinhändler im deutschen Mittelalter. (Jahrb. f. Nat. 1900, auch in Probl. d. Wirtschaftsgesch.) Keutgen, Der Großhandel im Mittelalter. (Hans. Gesch.-Bl. 1901.) Ders., Hansische Handelsgesellschaften vorn. d. 14. Jahrhunderts. (Viert. f. Soz.- u. W.-G. 1906.) Sieveking, Die kapitalistische Entwicklung in den italienischen Städten d. Mitt. (Das. 1909.) Strieder, Zur Genesis des modernen Kapitalismus. 1904. Nolte, Der Kaufmann in der deutschen Sprache und Literatur des Mitt. Gött. Diss. 1909. Meine Warenhändler und Geldausleiher im Mitt. (Z. f. Volkswirtsch., Sozialpol. u. Verw. 1908.)

Die **weitere Literatur**, insbesondere über den Handel einzelner Städte, über Messen, Handelsgesellschaften, Verkehrswesen, Seeversicherung usw. siehe unten.

Kapitel 23.

Handelswege, Handelsstädte und Messen.

Einen Wendepunkt in der Handelsgeschichte bilden die Kreuzzüge, denn von ihnen datiert das Aufkommen des internationalen Handels. Alles, was die früheren Jahrhunderte auf diesem Gebiete aufweisen, sind nur Ansätze zum Warenaustausch unter den einzelnen Ländern Europas sowie zwischen Europa und Asien. Bereits im 9.—10. Jahrhundert machten die italienischen Städte, Amalfi und Venedig, Versuche, Konstantinopel aus der herrschenden Stellung, die es bis dahin im Handelsverkehr zwischen Morgen- und Abendland eingenommen hatte, zu verdrängen. Sie machten einen weiten Bogen um Byzanz, um unmittelbare Beziehungen zur Welt des Islams anzuknüpfen. Ein reger Handelsverkehr entspann sich jedoch auf dem Mittelmeere erst seit den Kreuzzügen, diesen großartigen Wallfahrten ins Heilige Land. Wie alle Pilgerfahrten überhaupt, so mußten die Kreuzzüge noch viel mehr den Güteraustausch unter den Völkern anregen und den Europäern die Kenntnis neuer Landstriche und deren Erzeugnisse vermitteln. Seit dieser Zeit bildete sich der früher eigentlich nur gelegentliche Handel im Mittelmeergebiet zu einem regelmäßigen Handelsverkehr zwischen der europäisch-romanisch-christlichen und der arabisch-mohammedanischen Welt aus. Während der ganzen, das 12.—15. Jahrhundert, bis zur Entdeckung des Seeweges nach Ostindien umfassenden Periode ist das Mittelmeer die große Handelsstraße, die von den nord-italienischen, catalonischen und südfranzösischen Küstenstädten nach den Ländern des Orients — Ägypten, Syrien, Palästina, Kleinasien, Byzanz führt Auf diesem Wege wurden die Staaten Europas durch die regelmäßig, jahraus jahrein von Genua, Venedig, später auch von Florenz ausgerüsteten Schiffskarawanen mit den mannigfachen Erzeugnissen der orientalischen Länder, einschließlich der Kostbarkeiten Indiens und Chinas versorgt.

Eine andere wichtige Handelsstraße bildeten die Meere im Norden Europas, die Nordsee und die Ostsee. Diese Wasserstraße verband Ost- und Nordeuropa — Rußland, Polen, die Skandinavische Halbinsel — mit England, Flandern und Brabant. Wie die italienischen Küstenstädte als Vermittler und Hauptverkehrspunkte im Mittelmeerhandel erscheinen, so waren es hier die niederdeutschen, die wendischen, pommerschen, livländischen, preußischen Städte. Von hier aus gingen die Straßenzüge nach Novgorod und Pskov, nach Bergen und Schonen, nach Brügge und London. An allen diesen Verkehrsplätzen hatte der im Laufe des 13. Jahrhundert allmählich entstandene Hansabund seine Handelsniederlassungen, seine Kontore gegründet.

Die Verbindung zwischen beiden Handelsgebieten, dem nördlichen und dem südlichen, den Zentren des mittelalterlichen Handelsverkehrs, der Nord- und Ostsee und dem Mittelmeer, wurde ursprünglich durch die in der Grafschaft Champagne stattfindenden Messen hergestellt, wo Menschen aus allen Gegenden des Abendlandes zum gegenseitigen Warenaustausch sich zusammenfanden. Zum Verständnis der hohen Bedeutung dieser Messen muß hervorgehoben werden, daß noch im 12.—13. Jahrhundert im Verkehr mit Angehörigen fremder Nationen jenes gegenseitige Mißtrauen zum Ausdruck kam, das auch vordem geherrscht hatte, und das nur zu sehr durch die damaligen Verhältnisse begründet war, dessen Ursache in den Gewalttätigkeiten zu suchen ist, denen die Händler in der Fremde, von seiten sowohl der Landesherren, als der Einwohner ausgesetzt waren. Wer wollte unter diesen Umständen fremde Länder aufsuchen, Leben und Habe riskieren? Nur auf neutralem Boden, an jenen Schnittpunkten des Verkehrs, die sich außerdem durch eine geographisch günstige Lage auszeichneten, waren Zusammenkünfte von Händlern verschiedener Nationen möglich. Ein derartiges neutrales Gebiet bildete die politisch unabhängige, zwischen Deutschland, Frankreich und Italien gelegene Grafschaft Champagne. Der Weg von Italien nach England durchschneidet diese Landschaft. Auch die Rhône-Straße führte vom Mittelmeer hierher. Noch mehr vielleicht aber, als die geographische Lage der Champagne, wies ihre neutrale Stellung in politischer Hinsicht ihr die Vermittlerrolle in der abendländischen Welt an. Als eine von Frankreich unabhängige Grafschaft war sie von der Teilnahme an den Kämpfen Frankreichs verschont. Für alle Nachbarvölker bildete die Champagne eine vollständig neutrale Zone, die nach Süden hin über die Landschaften des Arelat, nach Nordwesten durch Oberlothringen von Frankreich unabhängige Verbindungen mit dem Auslande hatte. Hier wurden im Laufe des Jahres an vier verschiedenen Orten sechs Messen abgehalten, die einander ablösten, so daß sie fast das ganze Jahr umfaßten und eigentlich eine einzige, fast ohne Unterbrechung stattfindende Messe bildeten. Es waren ihrer je zwei in Troyes (am Oberlaufe der Seine) und in Brie (zwischen Seine und Marne); ferner je eine in Bar-sur-Aube und Lagny-sur-Marne. Hierher strömten Handelskarawanen aus allen Ländern — aus Frankreich, Italien und Spanien, der Schweiz und Savoyen, Flandern und Brabant, Deutschland und England. Hier tauschten die Italiener und Südfranzosen die Produkte des Orients gegen flämisches und brabanter Tuch ein. Sie erwarben auch die Leinwand Oberdeutschlands, die Rauchwaren und verschiedene Rohstoffe des Nordens. Die Champagnermessen bildeten auch den Mittelpunkt des Zahlungsverkehrs. Bereits seit Ende des 12. Jahrhunderts werden in einem großen Teile Europas Geldverpflichtungen aller Art auf eine der Champagnermessen (in pagatione nundinarum Sancti Aygulphi) oder doch auf deren feste Termine abgestellt (vel in termino dictarum nundinarum si forte dicte nundine vacarent). Daher erscheinen in den Formularen und Formelbüchern aus dem 13. und dem Anfang des 14. Jahrhunderts die auf den Champagnermessen zahlbaren Schulden als Typen.[1])

Die Blütezeit der Champagnermessen als Mittelpunkte des internationalen Waren- und Zahlungsverkehrs datiert von der Mitte des 12. bis zum Anfang des 14. Jahrhunderts. Seit dieser Zeit findet eine Verlegung der Handelsstraßen statt und damit der Niedergang der Messen. Die Champagne war nämlich nun kein neutrales Vermittlungsgebiet mehr; sie war eine Grenzprovinz Frankreichs geworden, und die Kämpfe der Monarchie, insbesondere die von ihr mit Flandern und mit England geführten (der Hundertjährige Krieg!), brachten dem Meßhandel bedeutenden Schaden. Obwohl Italiener und Deutsche an diesen Kämpfen nicht

---

[1]) Über die Champagnermessen s. Bourquelot, Etudes sur les foires de champagne. 1865. (Mém. de l'Acad. des Inscriptions et Belles-Lettres.) Goldschmidt, Geschäftsoperat. auf den Messen der Champagne. Z. f. Handelsr. S. 40. Bassermann, Die Champagner Messen. 1911. Huvelin, Etudes sur l'histoire du droit des foires et marchés. 1897. Ch. IX. Godart, Les foires à travers les siècles. 1921. Alengry, Les foires de Champagne. 1915. Levasseur, Histoire du commerce de la France I. 1911. Pigeonneau, Hist. du commerce de la France I, L. II, Ch. 3. Schulte, Gesch. d. mitt. Handels. I. Kap., Kap. 14, 30, 43. Schaube, Z. f. Soz.- u. W.-G. V. 1897.

teilnahmen, so war ihnen doch die Reise nach der Champagne erschwert, sie mußten einen neuen Weg einschlagen, und zwar suchten die beiden Nationen jetzt in direkten Verkehr miteinander zu treten. Waren es nun auch die Störungen des Verkehrs, welche den Verfall der Messen herbeiführen mußten und die die Entstehung eines unmittelbaren Handelsverkehrs zwischen den verschiedenen Nationen, die früher auf den Champagnermessen zusammengetroffen waren, veranlaßten, so lag doch der tiefere Grund wohl darin, daß im Laufe der Zeit das Bedürfnis nach einem neutralen Vermittlungsgebiet entfallen war. Je mehr Italiener, Franzosen, Flämen, Deutsche in der Champagne zusammentrafen, in nähere Beziehungen zueinander traten, desto mehr mußten sie sich an den friedlichen Handelsverkehr mit Fremden gewöhnen und allmählich aufhören, einander als Feinde zu betrachten. Gleichzeitig lernten sie es auch, die Rechte Angehöriger fremder Nationen zu achten, auf den Champagnermessen waren ja alle Kaufleute einander gleichgestellt, alle gleichberechtigt. So vollzog sich der Umschwung im Handelsverkehr. Die Kaufleute begannen, fremde Länder selbst aufzusuchen. Deutsche reisten nach Italien, Italiener nach Deutschland, insbesondere aber nach Flandern und England. Der Handelsverkehr zwischen Nord und Süd wurde jetzt hauptsächlich über die Gibraltarenge und den Biskayischen Golf geleitet. Es kam ein regelmäßiger Galeerendienst zwischen Italien und Flandern auf. Dadurch wurden die zwei zentralen Handelsgebiete, das Mittelmeer und die Nord- und Ostsee durch einen dritten Seeweg, den über den Atlantischen Ozean führenden, ergänzt. 1314 erschien die erste venezianische Galeere im Hafen von Antwerpen (Anvers)[1], und zur selben Zeit ist aus den Zollregistern von fünf Champagnermessen (über die sechste, die von Lagny, sind keine Angaben erhalten) eine Verringerung der Einkünfte von 8380 Livres (1296) auf 1152 Livres (1340—41) zu entnehmen. Die Italiener verschwanden von den Messen, und damit verloren sie ihre Anziehungskraft auch für die anderen Völker.[2])

Neben den Seewegen bestand übrigens auch der Verkehr zu Lande weiter fort. Doch nicht mehr durch die Champagne, sondern den Rhein entlang oder auch auf dem Wasserweg den Rhein hinunter wurden die Waren von Italien nach Flandern befördert.

Die Rheinstraße ging von Italien über die Alpen nach Basel, über Straßburg, Speier, Worms, Mainz, Koblenz, Köln nach Utrecht, von wo aus man die Waren zu See nach England brachte; oder sie wurden auch von Köln weiter nach Aachen, Lüttich, Brüssel, Mecheln, Gent und Brügge geleitet. Ging die Fahrt zu Wasser, so mußte sie mehrfach unterbrochen werden, da die Schiffe bei Bingen durch Klippen und Wasserstrudel gefährdet wurden; am unteren Laufe des Rheins aber machte Köln sein Umschlagsrecht geltend und verlangte eine Umladung der

---

[1]) Schaube, Hist. Zeitschr. 1908. S. 37.

[2]) Bourquelot, Etudes sur les foires de Champagne II, S. 367f. Schulte, Hand. I, S. 165, 347f. D'Avenel III, S. 458. Pigeonneau I, S. 226. Huvelin, S. 257.

Waren auf Kölner Schiffe. In Köln kreuzte dieser Weg eine andere wichtige Handelsstraße — die in der Richtung von Westen nach Osten laufende, die über Westfalen und Braunschweig nach Hamburg und Lübeck führte und somit die Verbindung von Köln und weiter von Brügge aus mit den deutschen Seestädten (Lübeck und Hamburg) herstellte.[1])

Endlich waren Nürnberg und Regensburg sowie andere oberdeutsche und österreichische Handelsstädte durch eine viel begangene Alpenstraße mit Italien, vor allem mit Venedig verbunden. Dieser Verkehrsweg führte nach Memmingen, dann am Bodensee entlang über Chur, Meran, Trient, Verona.

Von den Alpenübergängen hatte die größte Bedeutung der Ostalpenpaß — der Brenner, über den der Personen- und Güterverkehr von Venedig, Bologna, Rom und Verona geleitet wurde, trotz der beschwerlichen Strecke von Sterzing bis Bozen. Viel bereist wurde auch der Septimer, dessen Instandhaltung die ständige Sorge der Bischöfe von Chur bildete, da diese Straße über Chiavenna führte. Zu Beginn des 13. Jahrhunderts wurde der St.-Gotthardpaß erschlossen, durch den der Weg von Mailand nach den Bodenseestädten und weiter nach Norden hin bis Straßburg und Flandern führte. Auf dem St. Gotthard wurde die erste eiserne Kettenbrücke der Welt von einem unbekannten Erfinder erbaut — eine für diese Zeit Staunen erregende Leistung, denn solche Brücken kamen erst viele Jahrhunderte später auf. Endlich benutzte man für Reisen von Italien nach Frankreich einen steilen Saumweg über den Mont Cenis. Der große St. Bernhard dagegen, der früher eine viel besuchte Verbindung zwischen Italien und Frankreich darstellte, ging seit der Erschließung des St. Gotthard in seiner Bedeutung zurück. Auch der Simplon und der Julier spielten, da sie nur schwer passierbar waren, eine untergeordnete Rolle im Verkehrswesen.[2])

Eine hervorragende Stellung im Handelsverkehr erwarben sich vor allem diejenigen Städte, die an den Haupthandelswegen, an den Küsten des Mittelmeeres, der Nord- und der Ostsee oder an den das Festland durchquerenden Flüssen und Landstraßen gelegen waren. Doch nicht alle hier gelegenen Städte hatten eine gleiche Blüte aufzuweisen. Das Emporkommen der einzelnen Städte im Handelsverkehr war durch mancherlei Ursachen bedingt. Von erheblicher Tragweite war vor allem die geographische Lage der Stadt, die Lage an einem schiffbaren Strome, an der Mündung eines Nebenflusses, an einer Furt (daher zahlreiche Städtenamen, die auf „Furt" auslauten) oder an einem solchen Punkte, wo infolge der Strombettveränderung die Waren umgeladen werden mußten. Die Stellen, wo die Seeküste einen Winkelpunkt bildet, wo das Meer

[1]) Es führte auch ein Handelsweg aus Mainz über Frankfurt a. M., Eisenach oder Gotha, Erfurt und Leipzig, von wo (oder aus Halle) er weiter bis Regensburg seine Fortsetzung nahm oder auch über Erfurt, Arnstadt, Sonneberg bis Nürnberg.

[2]) Schulte, Gesch. d. mitt. Hand. I, Buch III, Kap. 3, und Buch VI. Götz, Verkehrswege, S. 593ff.

tiefer in das Festland einschneidet, oder wo ein solcher Winkelpunkt zugleich auch eine Flußmündung darstellt, waren es, wo die Mittelpunkte des Handelsverkehrs entstehen mußten.[1]) Nicht minder wichtig war auch der Besitz eines vor Wind und Wetter geschützten, einen sicheren Zufluchtsort für Schiffe bildenden Hafens, das Vorhandensein eines kräftig aufstrebenden Gewerbes, einer unternehmungslustigen Bevölkerung, die Verständnis für Schiffbau und Schiffahrt hatte. Von Anfang an waren für den Aufschwung von Handelszentren alle diese Voraussetzungen, ebenso wie die politischen Verhältnisse — namentlich die größere oder geringere Unabhängigkeit der Stadt — von wesentlicher, im Laufe der Zeit sich immer steigernder Bedeutung. Daher kam es, daß, während die einen Städte zu Brennpunkten des internationalen, europäischen und europäisch-levantinischen Handelsverkehrs sich ausbildeten, andere hinwieder nur den eigenen Markt und die nächstgelegenen Ortschaften mit dem notwendigen Bedarf versorgten, also das Prinzip der geschlossenen Stadtwirtschaft zum Ausdruck brachten, aus den Schranken derselben nicht heraustraten.

So war z. B. für Venedig[2]) die Insellage ein hoher, einzigartiger Vorteil. „Die Venezianer leben im Wasser; in der ganzen Welt gibt es kein einziges Volk, das besser zum Kampfe mit dem Meere geeignet wäre" — so schreibt ein englischer Chronist des 11. Jahrhunderts. Dazu kam dann noch die Lage Venedigs an dem von drei Seiten geschlossenen, bei der Lagunenstadt tief ins Festland hereinführenden Adriatischen Meere. Dadurch blieb die Stadt, obwohl in nächster Nähe des Mittelmeeres befindlich, doch von den Stürmen der offenen See verschont, und „die Wasser um und in Venedig" boten einen Anlegeplatz, an welchem „die Unbilden der stürmenden See in keiner Weise von den Ankernden empfunden wurden". Andrerseits wurde der Verkehr hierher gelenkt durch die Brenta, durch welche das Lagunenwasser Venedigs gespeist wird und über deren Mündungsstrecke in direktem, ungehindertem Verlaufe die Wege über die Alpen in der Richtung nach Bologna und weiter nach dem Norden führen, sodaß die Lagunenstadt den natürlichen Vermittler zwischen Mitteleuropa und den Mittelmeerländern darstellte. Von hier aus gingen Galeeren sowohl nach dem Orient als nach den westeuropäischen Häfen ab.

Regelmäßige Fahrten hatte auch Genua eingerichtet. Konnte sich doch auch Genua einer vorzüglichen geographischen Lage erfreuen, nahe

---

[1]) Götz, S. 542ff.

[2]) Über Venedig s. Kretschmayr, Gesch. von Venedig I—II. 1905—1920. Hartmann, Die wirtsch. Anfänge Venedigs. (Viert. f. Soz.- u. W.-G. II.) Ders., Die Epochen der älteren venezianischen Geschichte. (Hist. Z. 1910.) Lenel, Die Entstehung der Vorherrschaft Venedigs an der Adria. 1897. Bresslau, Venetianische Studien. 1920. Heyd, Gesch. des Levantehandels I—II. 1879. Simonsfeld, Der Fondaco dei Tedeschi und die deutsch-venetianischen Handelsbeziehungen I—II. 1887. Heynen, Zur Entstehung des Kapitalismus in Venedig. 1905. Merores, Der venetianische Adel. (Viert. f. Soz.- u. W.-G. XIX. 1926.) Stieda, Hansisch-venetianische Handelsbeziehungen im 15. Jahrh. 1894.

dem nördlichsten Punkte, den das Westbecken des Mittelmeeres erreicht, an einem tief ins Festland einschneidenden Golfe, also dort, wo das Meer vom Binnengebiet aus am leichtesten erreicht werden kann. Von diesem aus wurde der Verkehr durch bequem passierbare Alpenpässe nach der See — eben nach Genua, das mit einem vortrefflichen Seehafen ausgestattet war — geleitet.[1])

Unter den Mittelmeerstädten ragen diese norditalienischen Republiken — Venedig, „das zweite Byzanz", wie es genannt wurde, die Königin der Moden, „der Mittelpunkt alles Schönen", „sede principalissima del piacere" und Genua (magnum et notabile membrum inter Italiae potentias) — am meisten sowohl durch ihren Handels- und Schiffsverkehr, als durch ihre Machtstellung in der Levante hervor, wo sie bereits zur Zeit der Kreuzzüge größere Landgebiete zu erringen gewußt hatten. Nach der Ansicht eines Zeitgenossen hatten sie „im Kampfe mit dem Islam weit mehr gewonnen, als hergegeben"; auch mit der Herrschaft der Sarazenen fanden sie sich mit Leichtigkeit ab, wenn sie nur ihren Handelsinteressen entsprach.

In den Besitz Genuas gelangte ein Teil von Antiochien und Laodicäa, ferner ein Drittel der Gebiete von Arsuf und Cäsarea und ein Teil von Jerusalem. Von besonderer Bedeutung jedoch war für Genua die Herrschaft über ein Drittel von Akkon (St. Jean d'Acre), der zentralen Vermittlungsstätte im Levantehandel. Später erwarb Genua noch Besitzungen in Tripolis und auf Cypern (Famagusta) hinzu sowie in Griechenland (eine Reihe von Inseln des Archipels, wie Chios, Samos, Nikaria, Oenussa, Panagra). Genua nannte Griechenland seinen Garten. Endlich besaß Genua Niederlassungen am Schwarzen Meer; hier war Kaffa ein wichtiger Mittelpunkt im Verkehr mit Persien, Zentralasien und China. Noch bedeutender waren wohl die Besitzungen der Venezianer, die je ein Drittel von Sidon und Tyrus an sich brachten und hierdurch in Syrien festen Fuß faßten, sodaß sie sich hier auch dann noch behaupten konnten, als sie ihre Machtstellung in den anderen Levanteländern bereits eingebüßt hatten. Mit der Eroberung von Byzanz durch die Kreuzfahrer (1204) nahm die Lagunenstadt die erste Stelle im neugegründeten lateinischen Kaiserreich ein. Außer der Vorstadt Pera erhielt sie drei Achtel des riesigen Gebietes, eine Reihe von Landschaften und Inseln (Epirus, Akarnanien, Aetolien, Peloponnes, die Ionischen Inseln, Kreta usw.). Auch die vorteilhaftesten Küstenpunkte von Byzanz bis zur Adria gehörten ihr.[2])

[1]) Über Genua s. Heyck, Genuas Marine I. 1885. Caro, Genua und die Mächte am Mittelmeer. 1895. Sieveking, Genueser Finanzwesen I—II. 1898 bis 1899. Ders., Zur Handelsgeschichte Genuas. (Stud. Lipsiense. 1909.) Ders., Die kapitalistische Entwickl. in den ital. Städten des Mitt. Viert. f. Soz.- u. W.-G. 1909. Heyd, Gesch. des Levantehandels I—II. 1879.

[2]) Prutz, Kulturgesch. d. Kreuzzüge. S. 377f., 380ff. Heyck, Genua und seine Marine. S. 154. Sieveking, Genueser Finanzwesen II, S. 177ff. Heyd, Gesch. d. Levantehand. I, S. 147ff., 151ff., 160ff., 296ff.; II, 162ff., 412ff.

Mit Genua und Venedig verglichen spielten alle anderen am Mittelmeer gelegenen Städte sowohl Italiens als auch der Provence und Kataloniens im Handelsverkehr mit dem Morgenlande eine nur untergeordnete Rolle; sie stellten, wie Heyd sich treffend ausdrückt, „Handelsvölker zweiten und dritten Ranges dar“.

So verlor Amalfi, das als erste von allen italienischen Städten Handelsbeziehungen zu Syrien, Palästina, Ägypten angeknüpft zu haben scheint, bereits 1130 seine Unabhängigkeit; 1135 büßte es seine Flotte ein. Die Rivalen Amalfis, die Pisaner, überfielen die Stadt, nahmen sie ein, vernichteten die Flotte und plünderten die Einwohner aus. War die Glanzzeit Amalfis nur von kurzer Dauer, so währte auch die Herrlichkeit seiner Nebenbuhlerin, des stolzen Pisa, nicht allzu lange. Seit dem 12. Jahrhundert setzt ein beinahe ununterbrochen währender Kampf zwischen Pisa und Genua ein, die einander aus Syrien und Palästina zu verdrängen suchten, indem sie Feuer an die Niederlassungen legten, Schiffe überfielen usw. Dieser Kampf führte zum Verfall Pisas und fand seine Entscheidung in der Schlacht von Meloria (1284), wo 33 pisanische Galeeren und 10000 Mann von den Genuesen gefangen genommen wurden. 1290 zerstörten die Genuesen den Hafen von Pisa (Porto Pisano) und verschütteten die Mündung des Arno.[1]) Florenz blieb längere Zeit hindurch ausschließlich eine Industriestätte, ohne Bedeutung für den internationalen Handelsverkehr. Wohl besaß es eine vorgeschrittene Seiden- und Wollentuchindustrie, die für einen weiteren Markt produzierte. Doch verfügte die Stadt weder über einen eigenen Hafen noch über eine Flotte und war daher gezwungen, seine Wollentuche durch Vermittlung Genuas, Anconas, vor allem aber Venedigs in die Ferne zu schicken. Erst seit Anfang des 15. Jahrhunderts, nachdem Florenz Pisa unterworfen und sich dessen Hafen Livorno einverleibt hatte, wurde der Bau einer eigenen Flotte in Angriff genommen und selbständige Handelsbeziehungen mit der Levante angeknüpft, wobei die Arnostadt als Nachfolgerin Pisas für sich alle die Besitzungen beanspruchte, die Pisa besessen hatte, ehe es seine Machtstellung einbüßte.[2]) Die norditalienischen Binnenstädte besaßen nur für den innereuropäischen Handel Bedeutung (Mailand, Piacenza), besonders für den Geldhandel (Lucca, Siena, Rom). Der Handelsverkehr von Ferrara, Ravenna, Bologna, Ancona wurde von Venedig vermittelt, das keinen Eigenhandel in diesen Städten aufkommen ließ.[3]) Savona wurde von den Genuesen wiederholt zerstört, ihre Schiffe

---

[1]) Heyd I, S. 207f., 289, 346f., 378ff., 390f., 431f., 518ff.; II, S. 169f., 477.

[2]) Über Florenz s. Poehlmann, Die Wirtschaftspolitik der Florentiner Renaissance. 1878. Davidsohn, Gesch. von Florenz; insbes. IV, T. 2. 1925. Ders., Forschungen zur Gesch. von Florenz, insbes. III, IV. 1901, 1908. Friedmann, Der mittelalterl. Handel von Florenz in seiner geograph. Ausdehnung. 1912. (Abhandl. der geogr. Gesellsch. in Wien X, S. 1.) Doren, Die Florentiner Wollenindustrie vom 14. bis zum 16. Jahrhundert. 1906. Heyd, Gesch. d. Levantehand. i. Mitt. II, S. 295f., 336ff., 362f., 421, 477ff.

[3]) Lenel, Die Entstehung d. Vorherrschaft Venedigs an der Adria. S. 64f., 72f.

verbrannt, ihr Hafen mit Steinen gesperrt. Die am Mittelmeer gelegenen katalonischen (arragonischen) Städte endlich, unter denen Barcelona hervorragte, sowie die südfranzösischen (Montpellier, Marseille und Narbonne) unterhielten freilich Handelsbeziehungen mit der Levante, doch traten auch sie gegenüber den obengenannten italienischen Handelszentren in den Hintergrund. In Trapezunt sind bereits seit Ende des 13. Jahrhunderts nur Venezianer, Genuesen und Florentiner anzutreffen, dagegen weder Katalonier noch Kaufleute aus dem Languedoc oder der Provence. Um die Wende des 14. Jahrhunderts verschwinden die provençalischen Kaufleute aus Byzanz; auch die Handelsbeziehungen zwischen Frankreich und Ägypten brechen ab. Den Handel der Provence sucht Genua über ihren Hafen zu leiten.[1]) Überhaupt „boten die beiden französischen Galeeren, die nach der Levante ausliefen, neben den Handelsflotten Venedigs und Genuas ein unansehnliches Bild".[2]) Im 15. Jahrhundert führte auch Spanien keinen Handel mehr nach der Levante. Nur die zahlreichen Schiffe der katalonischen Piraten machten das Meer unsicher und versetzten die Seefahrer und Küstenbewohner von Mittelmeer und Archipel in Schrecken.[3])

Die eigentlichen Vermittler im Handelsverkehr zwischen Europa und den Levanteländern waren demnach Venedig und Genua, seit dem 15. Jahrhundert auch Florenz. Diese Rolle fiel ihnen zu, weil sie sich nicht darauf beschränkten, Handelsflotten nach der Levante auszurüsten, sondern ihre Galeeren zugleich auch Fahrten nach Flandern, England, Nordfrankreich machten, um diese Länder mit den orientalischen Erzeugnissen zu versorgen. Dadurch wurden sie zu den alleinigen Vermittlern im Warenaustausch, nicht bloß zwischen Italien und dem Orient, sie monopolisierten vielmehr den gesamten Handelsverkehr zwischen den Staaten Europas und der Levante überhaupt. Was sie mit der einen Hand im Morgenlande eingetauscht hatten, das verteilten sie dann mit der anderen unter die einzelnen Länder des Abendlandes. Wenn die Durchfahrt der venezianischen und genuesischen Schiffe durch den Gibraltar durch Piratenüberfälle gesperrt war, schnellten in Flandern die Preise für orientalische Gewürze und Wohlgerüche rasch in die Höhe, ja manche von ihnen fehlten ganz, da die niederländischen Kaufleute selbst keine Reisen nach dem Mittelmeergebiet unternahmen[4]). Die Bedeutung der Italiener für den englischen Handelsverkehr war so groß, daß 1434 die bloße Drohung der Genueser Galeeren, unverzüglich die Heimfahrt anzutreten, den König veranlaßte, in ihrem Streite mit den Zollbehörden für sie Partei zu ergreifen. Während die Italiener in England

---

[1]) Germain, Hist. du comm. de Montpellier. 1861. Port, Essai sur l'hist. du comm. marit. de Narbonne. 1854. Pigeonneau, Hist. du comm. de la France I, S. 240, 327ff. Heyd I, S. 368, 425, 526; II, S. 97, 292, 483. Goury du Roslan, Essai sur l'hist. écon. de l'Espagne. S. 288.

[2]) Pigeonneau I, S. 368.

[3]) Heyd II, S. 290.

[4]) Heyd II, S. 709ff.

weitgehende Vorrechte besaßen, hinderten sie die englischen Kaufleute an dem Besuch des Mittelmeeres. Die Genuesen überfielen und plünderten die dort erscheinenden englischen Schiffe.[1]) Die Italiener waren es auch, die vermittelst ihrer zahlreichen, in den Ländern Europas gegründeten Niederlassungen den Geld- und Kreditverkehr an sich gezogen hatten.

Eine Ausnahmestellung nahm bloß Deutschland ein. Ungefähr zur selben Zeit, als die Italiener den Besuch der Champagnermessen aufgaben, um den direkten Weg nach Flandern und England einzuschlagen, begannen auch die Deutschen, die diese Messen hauptsächlich der Italiener wegen besucht hatten, Reisen nach Venedig zu unternehmen. Im Gegensatz zum Handel mit anderen europäischen Staaten gelang es den Italienern nicht, den Handel Oberdeutschlands an sich zu reißen und zu monopolisieren. Die Deutschen konnten nach Italien ziehen, die Italiener dagegen durften ihnen nicht im eigenen Hause Konkurrenz machen. Durch die Fahrten der Deutschen nach Venedig wurde der Glanz der Lagunenstadt nur noch gesteigert, sie wurde erst recht zum Mittelpunkt des internationalen Handelsverkehrs, zum „emporium orbis“, wie sie von Petrarca genannt wird, zu einem permanenten Markte, wo der Tauschverkehr sich das ganze Jahr hindurch ununterbrochen vollzog. Hier, auf dem Rialto (Rivo-alto) und dem Markusplatz, wo die Stadtwage sich befand, versammelten sich die Kaufleute, und „ohne Geräusch, ohne Worte, gleichsam nur mit Kopfnicken, wurden alle Verabredungen getroffen und in dieser vollständigen Ruhe die Geschäfte nicht bloß der Stadt, sondern des Erdballes abgeschlossen“.[2]) Nur bei dem Bankrott eines Bankiers wurde die Ruhe durch einen unter lautem Lärm erfolgenden „run“ auf dessen Kasse unterbrochen.

Nun betrachtete Venedig die Adria als seinen Besitz und suchte die von seinen Staatsmännern aufgestellte Theorie von der Alleinherrschaft der Republik über das Adriatische Meer auch in der Tat zu verwirklichen. Es wäre daher ein Eingriff in ihr Handelsmonopol gewesen, hätte man den Deutschen hier Handelsfreiheit gewährt. Auch die Deutschen mußten beim Ankauf der Erzeugnisse der Levanteländer die Vermittlung Venedigs in Anspruch nehmen, und zwar war der Gästehandel verboten, der Deutsche durfte nur an den Venezianer und nur deutsche Waren verkaufen. Eine Weiterfahrt über die Lagune hinaus war für die Deutschen ausgeschlossen. „Der deutsche Kaufmann — sagt Schulte — befand sich in Venedig mitten im Meere, er schwamm auf den Barken über der Salzflut, aber hinaus auf das Meer konnte er trotzdem nicht kommen. Hier fand er eine Schranke für seine Initiative, hier war das Ende seinem Unternehmungsgeiste gesetzt“.[3])

„Läuft über die Rheede von Venedig hinaus keine Spur eines deutschen Handels,“ so war Genua der Platz, der die oberdeutschen Kaufleute durch mancherlei Freiheiten, die ihnen die Republik auf der Adria

[1]) Schanz, Engl. Handelspol. I, S. 116, 121.
[2]) Ehrenberg, Zeitalter d. Fugger I, S. 72f.
[3]) Schulte I, S. 352ff. Vgl. Simonsfeld II, S. 29, 31f., 36.

vorenthielt, insbesondere aber durch die Möglichkeit, auf das Meer hinauszufahren, in seine Mauern zu locken suchte. Genua war in der Tat die Brücke, welche die großen oberdeutschen Gesellschaften weiter nach Spanien führte. Doch im allgemeinen blieben die Deutschen, trotz der Einschränkungen ihres Handels, der Lagunenstadt treu. Venedig nannte den Fondaco dei Tedeschi, das Kaufhaus der deutschen Kaufleute, „il optimo membro di questa cittā", und das Ausbleiben der deutschen Kaufleute wurde dort als ein Unglück angesehen.[1]) Auch die deutschen Städte ihrerseits schätzten den Handel mit Venedig so hoch, daß sie den wiederholten Forderungen Kaiser Sigismunds, den Handel mit der Lagunenstadt aufzugeben, keine Beachtung schenkten, und als der Kaiser die Ergebnislosigkeit seiner Verbote einsah, wurden sie schließlich aufgehoben.[2])

Der Wettbewerb der Genuesen und Venezianer um die Kaufleute aus Oberdeutschland bildete nur eine der Episoden in dem — jahrhundertelang ununterbrochen währenden — Kampfe der beiden Mächte um die Vorherrschaft im Handel. In der Tat darf man nicht annehmen, daß die Venezianer und Genuesen, die den Levantehandel an sich gezogen hatten, sich in dessen Besitz ruhig geteilt hätten. Wie Pisa einen Vernichtungskampf gegen Amalfi geführt, wie Genua und Florenz wiederum nicht geruht hatten, ehe sie die Konkurrenz Pisas beseitigt, so kämpften auch Venedig und Genua um den Vorrang im Levantehandel. Kein Mittel war ihnen dazu zu schlecht; sie zerstörten gegenseitig Festungen, blockierten Häfen, setzten Schiffe in Brand, plünderten Warenniederlagen, und die Kaiser von Byzanz suchten diese Feindschaft in ihrem eigenen Interesse auszunützen, die Genuesen und Venezianer gegeneinander aufzuhetzen.

Besonders erbittert gestalteten sich die Kämpfe seit Beginn des 13. Jahrhunderts. Zwischen den beiden Republiken entbrannte ein langwieriger Kolonialkrieg, dessen Schauplatz Syrien und das gesamte Mittelmeergebiet waren. Erst nachdem der gemeinsame Feind — die Sarazenen — bereits Antiochien und Tripolis erobert hatte und sich dem Hauptstützpunkte der Kreuzfahrer, Akkon, näherte, wurden die Feindseligkeiten eingestellt. Doch war es schon zu spät. Akkon fiel 1291, und die Zeitgenossen ergingen sich in bitteren Betrachtungen über die grenzenlose Habgier und die Zwietracht der italienischen Kaufleute, der sie zum großen Teil die Schuld am Verlust der Kreuzfahrerstaaten beimaßen. Freilich, auch dies brachte die Gegner nicht zur Vernunft. Der Kampf wurde in den folgenden Jahrhunderten ebenso erbittert fortgeführt, und auch die 1453 erfolgte Eroberung von Byzanz durch die Türken war durch die nimmer endende Rivalität der italienischen Stadtrepubliken erleichtert worden. Doch weder Venedig noch Genua haben ihr Ziel, den Gegner zu verdrängen, erreichen können. An manchen

[1]) Simonsfeld, Der Fondaco dei Tedeschi. S. 37f. Heyd, Die Große Ravensburger Ges. (1890). S. 25, 29ff., 41ff. Schuete, Hand. u. Verk. I, S. 543ff.

[2]) Stieda, Hans.-venetianische Handelsbeziehungen. S. 1—36.

Handelspunkten gelang es den Genuesen zeitweise die führende Stellung einzunehmen; anderwärts wieder glückte es den Venezianern, die Vorherrschaft zu erringen. Doch in beiden Fällen konnte auch die andre Partei ihren Handel weiterführen. Der Erzbischof von Thessalonica vergleicht die adriatische Republik mit den Phöniziern, den Seeräubern, nennt sie „Seeschlange, Sumpfkröte", beschuldigt sie der Ausbeutung der byzantinischen Bevölkerung, der Habsucht. Freilich sind diese Bezeichnungen auch auf ihre Rivalin Genua ebensogut anwendbar.

Eine vorteilhafte geographische Lage weisen auch die zum Hansebunde gehörenden Küstenstädte auf. Aus dem Landinnern Deutschlands wurden die Güter auf den einander parallel in der Richtung von Süden nach Norden laufenden Strömen — der Weser, der Elbe, der Oder, der Weichsel — nach der See hin befördert, um von dort durch die Hanseaten weiter verschifft zu werden. Ebenso führte man die auf dem Seewege nach Deutschland gebrachten Waren von den Küstenstädten auf diesen Wasserstraßen stromaufwärts weiter ins Binnenland. Besonders günstig waren Hamburg a. d. Elbe, Stettin a. d. Oder, Danzig a. d. Weichsel gelegen. Für die aus Deutschland ausgeführten Waren stellten sie die letzten, für die nach Deutschland eingeführten die ersten Stapelplätze dar. Hier wurden die Waren von den Flußschiffen auf Seeschiffe und umgekehrt verladen. Hier war das von den Städten ausgeübte Stapelrecht in den natürlichen Verhältnissen begründet. Diese drei Städte, zu denen sich noch Lübeck, an dem ins Festland am tiefsten hineinführenden Punkte des südwestlichen Ostseegebietes gelegen, gesellte, nahmen die führende Stellung unter den Hansestädten ein. Die am Oberlauf der Ströme gelegenen Hansestädte konnten keine solchen natürlichen Vorteile aufweisen. Doch war auch ihnen die Möglichkeit geboten, durch Benutzung der Flußläufe, welche die Binnengebiete Deutschlands mit den Küsten in Verbindung brachten, regeren Anteil an dem sich auf den Meeren des Nordens abspielenden Handelsverkehr zu nehmen. Vor allem konnten die Städte emporkommen, die an solchen Stellen lagen, wo natürliche Änderungen in der Strömung oder im Flußbett eine Umladung der Waren auf andere Schiffe notwendig machten, oder wo die Landstraße zu einem Strome führte und die Waren von Karren auf Schiffe umgeladen werden mußten. In diesen Fällen konnte die Stadt ihr Stapelrecht ebenso erfolgreich behaupten, als die an der See oder an Flußmündungen gelegenen Städte. Eine Reihe von Hansestädten, wie Köln a. Rh., Magdeburg a. d. Elbe, Frankfurt a. d. Oder, Breslau verdanken ihren Aufstieg diesen günstigen geographischen Verhältnissen. Fügt man zu den obenerwähnten noch Seeplätze wie Rostock, Stralsund, Wismar, Bremen hinzu, so ist hiermit die Liste der wichtigsten Hansestädte erschöpft, die den Handelsverkehr auf der Nord- und Ostsee vermittelten[1]).

[1]) Götz, Verkehrswege. S. 542ff. W. Stein, Beitr. z. Gesch. d. deutsch. Hanse (1900). S. 32, 131. Naudé, Deutsche städt. Getreidehandelspol. vom 15. bis 17. Jahrhundert (1889). S. 27ff., 38ff. Ders., Getreidehandelspol. europ. Staaten. S. 229ff.

Überall an den Küsten beider Meere war es der deutschen Hanse gelungen, festen Fuß zu fassen, überall fiel die Führung im Handel ihr, als der Handelsvormacht der Nord- und Ostsee, zu. So in England, von wo aus sie über Boston (im letzten Viertel des 14. Jahrhunderts) 76% der Gesamtausfuhr an englischer Wolle verschiffte. In Flandern stellte das hansische Kontor in Brügge, wie die Hansen selbst angaben, „den Stapelplatz dar, auf dem die Macht der deutschen Hanse hauptsächlich beruhte“. In den skandinavischen Staaten waren, nach dem Ausspruch Gustav Wasas, die inländischen Kaufleute nichts anderes, als „bei den Hansen angestellte Mäkler und Faktoren“. In Nowgorod endlich bildete das hansische Kontor „den Lebensquell, aus dem alle anderen entströmten.“ In Nowgorod — behauptete man — könne einer am leichtesten auch bei geringem Kapital es weit bringen. In allen diesen Ländern war es den Hanseaten gelungen, sich in den Besitz weitgehender Vorrechte zu setzen, durch welche sie sowohl die einheimischen Kaufleute als auch die anderen Fremden aus dem Handelsverkehr verdrängen konnten. Sie scheuten freilich auch vor Gewalttätigkeiten nicht zurück, um die Rivalen aus dem Felde zu schlagen. In dieser Weise verfuhren sie gegen die Norwegen und Dänemark besuchenden Engländer, gegen die Holländer, die sich in die Ostsee hinauswagten.[1]) In England, Flandern, Skandinavien, Nowgorod beanspruchten sie für sich die weitgehendsten Vorrechte, waren dabei jedoch keineswegs geneigt, den Engländern, Flämen und anderen Fremden ihrerseits die gleichen Vergünstigungen einzuräumen. Die nicht zur Hanse gehörenden Kaufleute sollten weder die Hansestädte besuchen noch Kompagniegeschäfte mit den Hansen eingehen oder bei ihnen Schiffe erwerben; auch ihre Waren durften die Hansen nicht in Kommission nehmen.

Das Wort „Hansa“ hat bis zum 9. Jahrhundert die Bedeutung von Volksmenge, Schar, und wird mit cohors wiedergegeben. Dann klafft eine Lücke, und erst im 12. Jahrhundert tritt es in den Urkunden an zahlreichen Orten wieder auf, wobei es jetzt nur in Angelegenheiten des auswärtigen Handels gebraucht wird, und zwar zunächst im Sinne von Gemeinschaft (Personengemeinschaft, Vereinigung von Kaufleuten in der Fremde, von Heimatgenossen im Auslande). Es begegnet jedoch auch als Zahlung, Abgabe, Gebühr, andrerseits als Recht, Handelsrecht. Doch liegt auch in diesen Fällen eine Gemeinschaftsabgabe bzw. das Recht einer Gemeinschaft vor, es handelt sich also stets um eine kaufmännische Vereinigung in der Fremde, um ihre Rechte, um die von ihren Mitgliedern erhobenen Abgaben (jus quod vulgariter hansa dicitur, d. i. das den Kaufleuten verliehene Korporationsrecht, ihre Freiheiten). Dem entspricht auch die spezielle Bezeichnung „Deutsche Hanse“ (theutonicorum mercatorum hansa, der Gemeine Deutsche Kaufmann, communis mercator), welche die Genossenschaft der in der Nord- und Ostsee verkehrenden deutschen Kaufleute seit Mitte des 14. Jahrhunderts führte. Obwohl die Forscher, die sich damit befaßt haben, in verschiedenen Einzelheiten auseinandergehen, so scheint doch die „Hanse der Deutschen“ (das Wort kommt zum erstenmal 1343 in Norwegen vor) die Summe aller Rechte und Freiheiten bezeichnet zu haben, die die Kaufleute der deutschen (niederdeutschen) Städte im Auslande erworben hatten und als ihren gemeinsamen Besitz in Anspruch

---

[1]) Schaefer, Die Hanse und ihre Handelspolitik (1895). S. 16. Schanz, Engl. Handelspol. S. 172, 181.

nahmen. Die deutsche Hanse („Dusche henze"), der Inbegriff jener Rechte (qui cum eis in earum justicia, qui hansa theutonica proprie dicitur, comprehensi sunt) bildete — nach W. Stein — „die Kette, welche die Inhaber dieser Rechte, die deutschen Kaufleute (gemeine Kaufleute, Hansebrüder) nach innen zu einer Gemeinschaft einigte, nach außen gegen die nicht an diesen Rechten beteiligten abschloß[1])".

Die Deutsche Hanse, die aus einer Reihe von Einzelverträgen hervorgegangen war, umfaßte im 14.—15. Jahrhundert mehr als 70 wendische, pommersche, sächsische, westfälische, preußische, livländische Städte. Doch schon aus dem oben Angeführten ist es klar, daß nur wenige unter diesen zahlreichen Städten für den Verkehr auf der Nord- und Ostsee von Bedeutung waren, während die übrigen zurücktreten mußten, eine mehr oder weniger untergeordnete Stellung einnahmen. Der Zusammenschluß der Hansestädte war ein ziemlich loser. Um die Haftung aller Städte für die von einzelnen unter ihnen in der Fremde verübten unrechtmäßigen Handlungen zu vermeiden, legte die Hanse wiederholt die Erklärung ab, sie sei keine Societas, kein Collegium, sondern nur ein zum Schutz und zur Regelung von Handel und Schiffahrt geschlossener Städtebund. Dies entsprach im wesentlichen dem tatsächlichen Sachverhalt. Am meisten offenbarte sich die Einheit des Bundes nach außen im Verkehr mit dem Auslande während des Aufenthaltes der Hansen in der Fremde — in London, Brügge, Nowgorod; als Grundsatz des hansischen Bundes galt hier der Erwerb gleicher Handelsfreiheiten für alle ihm angehörenden Städte. Der Besitz ausschließlicher, einzelnen Städten oder Kaufleuten vorbehaltener Privilegien, die auf andere Mitglieder nicht in Anwendung kommen sollten, wurde als unzulässig betrachtet. Doch schon hier, im Kampfe um die Erlangung von Vorrechten, verweigerten manche, weniger daran interessierte Städte ihre Teilnahme. Köln, Lüneburg, Dortmund hatten als Binnenstädte ein nur geringeres Interesse für die Angelegenheiten des Seeverkehrs. Sie verstanden sich nur schwer dazu, die durch Seekriege, durch die Verfolgung von Seeräubern, durch verschiedene Seeunternehmungen veranlaßten Unkosten mit zu übernehmen. Die preußischen Städte betrachteten es überhaupt als reinen Verlust, größere Summen im Interesse der Allgemeinheit beizusteuern. Die hierdurch veranlaßten Zwistigkeiten verursachten den Austritt mancher Städte aus dem Bunde (Breslau, Kulm, Halle). Andere, vor allem Köln, verfochten entschieden den Grundsatz, keine Stadt sei an die von den Hansetagen gefaßten Beschlüsse gebunden, falls sie ihren Interessen und Vorteilen widersprächen. Auch fuhren die preußischen Städte, trotz der wiederholt auf den Hansetagen erlassenen Verbote,

[1]) Walter Stein, Beiträge zur Gesch. d. deutsch. Hanse. (Hans. Gesch.-Bl. 1909.) Ders., Zur Gesch. älterer Kaufmannsgenossenschaften. (Hans. Gesch.-Bl. 1910.) Ders., Zur Entstehung und Bedeutung der deutschen Hanse. (Ibid. 1911. S. 329, 333, 361 u. a.) Ders., Hansa und Deutsche Hanse. (Ibid. 1912. S. 483, 492 u. a.) Kiesselbach, Zur Frage der Entstehung der Städtehanse. (Hist. Z. 105.) Ders., Die Entstehung der Städtehanse. (Hist. Viert. 15.) Kolmar Schaube in Festschr. des Germanist. Vereins in Breslau 1902 (dort auch die ältere Literatur). Ders. auch in Hist. Viert. 1912.

fort, für Fremde Schiffe zu bauen. Die Hansetage, auf denen die wichtigsten Angelegenheiten zur Erörterung kamen, fanden nur in größeren Zeitabständen statt — von 1363, als der erste Hansetag tagte, bis zum Ausgange des 15. Jahrhunderts zählt man kaum 50 Tagungen (zwölf von 1400 bis 1440, sieben von 1440 bis zu den 80er Jahren des 15. Jahrhunderts). Die Mehrzahl derselben fand in Lübeck statt, und zwar wurden die Tagfahrten schlecht besucht; meist waren nur 12—20 Städte vertreten. Auch innerhalb des hansischen Bundes konnte von Gleichberechtigung der einzelnen Städte nicht die Rede sein. Die Aufsicht über das hansische Kontor zu Bergen behielten sich die wendischen Städte vor. Die von den anderen Städten gemachten Versuche, Anteil an seiner Verwaltung zu erlangen, blieben erfolglos. Ebenso ließen Wisby und Lübeck die preußischen Städte nicht zur Leitung des Nowgoroder Kontors zu; auch die livländischen Städte waren nicht gleichberechtigt. Noch stärker trat der Widerstreit der Interessen in der Heimat zutage, wo in jeder einzelnen Stadt ein Unterschied zwischen den einheimischen Kaufleuten und denen aus anderen Hansestädten gemacht wurde, in der Weise, daß das harte mittelalterliche Gästerecht für diese nur teilweise ermäßigt war. Ja, in den preußischen und livländischen Städten wurden sie im 15. Jahrhundert den Fremden geradezu gleichgestellt. Das Stapelrecht war es vor allem, das erbitterte Kämpfe zwischen den am gleichen Flusse gelegenen Städten veranlaßte, da die am Ober- bzw. Mittellauf des Stromes gelegenen Städte die dem Meere zustrebenden Waren anzuhalten suchten. Dies alles führte schließlich dazu — wie dies ja auch im Mittelmeerverkehr (Genua und Venedig!) der Fall war —, daß in den nordischen Gewässern einige Städte, darunter in erster Linie die wendischen Städte mit Lübeck an der Spitze, die führende Rolle im hansischen Bunde übernahmen und den Handelsverkehr an sich zogen[1]).

Der Einfluß der Italiener und Hansen im Handelsverkehr machte sich auch insofern in gleicher Weise geltend, als ihre monopolistischen Bestrebungen den meisten europäischen Staaten den Aktivhandel entzogen, ihnen die Möglichkeit nahmen, eine selbständige Handelspolitik zu treiben. Freilich kamen auch in diesen Staaten Handelsstädte und Märkte auf, doch war ihre Zahl nur gering. In ganz England zählte man zu Ausgang des 14. Jahrhunderts nicht über 170 reiche Kaufleute. Handelsplätze entstanden nur dort, wo Italiener und Hansen erschienen, und nur insofern waren sie von Bedeutung, als diese Kaufleute dort verkehrten. Ja, an manchen Orten betrieb die einheimische Kaufmannschaft fast keinen Eigenhandel, sie überließ ihn den Fremden. Eine passive Rolle spielte die einheimische Kaufmannschaft vor allem in Nowgorod und Pskov, auch in den skandinavischen Ländern, wo Bergen und Schonen die Hauptniederlagen der Hanse waren. Hier wie dort, in Nowgorod wie in Skandinavien, war die Vorherrschaft der Hansen unbestritten. Doch auch in England, wie in Flandern, hatten Italiener und Hansen den

[1]) Daenell, Die Blütezeit der deutsch. Hanse II, S. 293ff., 311ff., 392.

Handel an sich gezogen, die einheimischen Kaufleute traten ganz in den Hintergrund, befaßten sich meist fast gar nicht mit dem eigentlichen aktiven Handel.

Während im Nowgoroder Vertragsentwurf vom Ende des 12. Jahrhunderts als Reiseziel der Nowgoroder nicht bloß „das Gotische Ufer", sondern auch „das Deutsche Land", das Binnenland, die wendischen Städte genannt werden, reden die späteren Verträge Nowgorods mit den Hansen von diesem doppelten Reiseziel der Russen nicht mehr. Es wird nur mehr das gotische Ufer erwähnt, wo die Nowgoroder ein Quartier besaßen. Doch auch dieser Aktivhandel muß gegenüber dem der Deutschen in Nowgorod vollständig zurückgetreten sein, da aus den Verträgen hervorgeht, daß die Russen keine eigenen Seeschiffe besaßen und sich auch zur Seefahrt nach Gotland der deutschen Koggen bedienten. Dagegen nimmt der deutsche Handelsverkehr in Nowgorod an Ausdehnung zu. Davon zeugen die Handelsverträge, die auf den Verkehr der Deutschen nach Rußland, auf Handel und Wandel der Hansen in Nowgorod zugeschnitten sind, wie die Nowgoroder Schraen, die die Ordnung des deutschen Kontors in Nowgorod regeln.[1])

Auf der Skandinavischen Halbinsel traten Schonen und Bergen als hansische Märkte im Handelsverkehr hervor. Schonen war eine Zwischenstation für die Hansen auf ihrer Fahrt von der Küste der Ostsee zur Nordseeküste, der direkte Weg war mit zu großen Gefahren verbunden. Die größte Bedeutung aber besaß Schonen für die Hansen als Fisch-, vor allem als Heringsmarkt. Die einheimische Bevölkerung lebte vom Fischfang, der Fischhandel ruhte dagegen in den Händen der Hanse. Weder Fischern noch Schiffern oder Handwerkern war es gestattet, mehr als sechs Tonnen Fisch, also mehr als das für den eigenen Winterbedarf nötige Quantum, einzusalzen.[2])

Die hervorragende Stellung, die die fremden Kaufleute, Italiener und Hansen, für den Handelsverkehr Englands besaßen, ergibt sich schon daraus, daß die Schiedsgerichte, welche in Streitfällen darüber zu entscheiden hatten, ob die gehandelte Wolle von guter Qualität und in richtiger Packung geliefert worden sei, aus zwei Engländern, zwei Deutschen und zwei Italienern zusammengesetzt waren, so daß die Fremden die Mehrheit bildeten. Anfangs waren es die Italiener, die den englischen Handelsverkehr an sich gezogen hatten, später, nach dem in der ersten Hälfte des 15. Jahrhunderts erfolgten Bankrott der Florentiner Handelshäuser, konzentrierte er sich bei den Hansen. Der eingetretene Um-

---

[1]) Götz, Deutsch-russ. Handelsgesch. 1922. Meine Russ. Wirtschaftsgesch. I. 1925.

[2]) Schäfer, Das Buch des lübeckischen Vogtes auf Schonen XXXV, S. LII bis LVII, LXII—LXXXI. Bruns, Die lübecker Bergenfahrer und ihre Chronistik.(Hans. Gesch.-Quell.) S. VIII—XIV, LXV—LXIX, LXXXVIff., CXIIff. Sartorius, Urkundl. Gesch. S. 158ff. Worms, Hist. commerciale de la ligue Hanséatique. S. 188ff. Hegel, Städte und Gilden der german. Völker (1891). S. 286ff.

schwung wird auch durch die Angaben über die Beteiligung von Hansen und Italienern an der Ausfuhr von Wolle und Tuch bestätigt. 1273 betrug der Anteil der Hansen an der Wollausfuhr aus England nur 7% der Gesamtausfuhr, 1277—78 12%. Sie standen unter den wollexportierenden Nationen an vierter Stelle, und die ihnen gewährten Ausfuhrlizenzen lauteten durchschnittlich auf 38—57 Säcke, wogegen die Italiener 1277—78 die erste Stelle einnahmen; die ihnen verliehenen Lizenzen machten im Durchschnitt je 163 Sack aus. Dann verschob sich das Verhältnis, 1303 beläuft sich die Wollausfuhr der Hansen auf ein Drittel der gesamten Wollausfuhr, 7 Jahre später sogar auf die Hälfte derselben. 1338—42 wurden den Hansen durchschnittlich Lizenzen auf 150 Sack ausgestellt, ja zuweilen auf 1000 und mehr, bis zu 3000. Im letzten Viertel des 14. Jahrhunderts, als an Stelle der englischen Wollausfuhr der Tuchexport getreten war, führten die Hansen aus Boston 76% der Gesamtmenge der aus diesem Hafen exportieren Tücher aus, die englischen Kaufleute nur 21%; der Anteil aller anderen Ausländer betrug nicht einmal 3%. In Southampton dagegen überstieg die Ausfuhrquote der anderen Fremden den Anteil der Hansen, in Kingstown stehen die Engländer an erster Stelle.[1]) Doch beginnt der Aktivhandel der Engländer eigentlich erst mit der Begründung der Gesellschaft der „merchant-adventurers", und entfaltet sich nicht vor dem 16. Jahrhundert.

Auch von einer Beteiligung der Niederlande am Handelsverkehr wird man seit dem 14. Jahrhundert wohl kaum reden dürfen. Nur durch den Umstand, daß in Brügge „wie die Radien eines Kreises zum Zentrum" die Handelsstraßen von allen Seiten Europas einmündeten, daß Venetianer, Florentiner, Genuesen wie auch Spanier einerseits, die Hansen (Osterlingeplatz!) andrerseits dort ihre Niederlassungen begründet hatten, wurde Brügge zum „Makler der Christenheit", und Flandern erwarb sich eine wichtige Stellung im internationalen Handelsverkehr.[2]) Es war — nach Schulte — der Grenzplatz, wo der vom Mittelmeer und dem Atlantischen Ozean kommende Handel und die Seefahrt der hansischen Kaufleute ihr Ende fanden. Die hochbordigen Koggen, die Gulks der nordischen Seefahrer beendeten hier ihren Kurs, wie auch die Galeeren des Mittelmeeres, die Karacken und Karavelen hier umkehrten. Freilich lag Brügge in einiger Entfernung von der See, die Waren mußten umgeladen werden, ein Umstand, der Brügge anderen Handelsemporien gegenüber, die gleichsam an der Peripherie der Meereswellen sich befanden, zum Nachteil gereichte. Doch war Brügge in anderer Hinsicht

[1]) Kunze, Hanseakten aus England. S. 366, 368. Hans. Urkundenbuch III, S. 275, 571, 405. Vgl. Schanz, Engl. Handelspol. gegen Ende des Mitt. 1881. Engel, Die Organisation der deutsch-hans. Kaufl. in Engl. im 14. und 15. Jahrhundert. Hans. Gesch.-Bl. 1914.

[2]) Von den oberdeutschen Kaufleuten wurde Brügge nicht besucht, mit Ausnahme der Großen Ravensburger Gesellschaft, die den Italienern und Spaniern in der Einfuhr von Waren aus Barzelona, Valenzia, Bilbao erfolgreiche Konkurrenz machte (Schulte, Ravensb. Ges. I, S. 395).

begünstigt, denn hinter ihm öffnete sich das weite Stromgebiet des Rheines, vor ihm über dem Meere lag England, es war dem Kanal am nächsten, der die weiten Flächen des Atlantischen Ozeans mit der Nordsee verbindet[1]).

Als die Schiffe der Venezianer und Genuesen, der Castillaner und Südfranzosen Brügge zu besuchen begannen, schwang sich diese Stadt zu einem Welthandelsemporium auf, dessen Stellung im internationalen Handelsverkehr lebhaft an diejenige Venedigs erinnert. Beide waren Mittelpunkte des internationalen Handels, wo der Verkehr nicht nur an periodisch wiederkehrende Zeitpunkte geknüpft war, sondern ununterbrochen das ganze Jahr hindurch sich abspielte. Doch besteht zwischen beiden Weltmärkten insofern ein grundlegender Unterschied, als der Eigenhandel der flämischen Städte um so mehr zurücktrat, je mehr das Geschäft zu Brügge ein intereuropäisches wurde. Im 14.—15. Jahrhundert begründen die flämischen Handelsstädte keine Niederlassungen im Auslande mehr, sie besitzen keine Handelsflotte, sie erhalten fremde Waren durch Vermittlung von Ausländern. Ja, noch mehr, während die Italiener den mittelalterlichen Grundsatz, der Handel müsse dem Bürger gewahrt bleiben, durchführten und die nach Italien kommenden fremden Kaufleute vollständig voneinander abzusperren suchten, beschränkten sich die Einwohner Brügges auf die Ausübung von Maklerdiensten im Handelsgeschäft der „Gäste". Sie waren ferner Gastwirte (Hosteliers). Der Fremde hauste nämlich im „Hostel" des Brügger Bürgers (nicht in einer Zwangsherberge wie in Venedig und anderwärts) Sie vermieteten auch Speicher und Niederlagen sowie Schleppboote und Barken, welche die Waren von Sluys nach Brügge zu befördern hatten. Dagegen sollte des fremden Kaufmanns Handelsfreiheit in keiner Weise beschränkt werden; es stand den Fremden frei, „über die Köpfe der einheimischen hinweg" ihre Waren einzutauschen. In gewissem Sinne trat demnach Brügge die Erbschaft der Champagnermessen an; ein erheblicher Teil des dortigen Geschäfts war nach Brügge verlegt worden, und der Handel behielt hier denselben neutralen Charakter eines Treffpunktes für fremde Händler, wie dies früher in der Champagne der Fall gewesen. Mit Recht konnte die Bürgerschaft versichern, es sei eine unzweifelhafte und offenbare Wahrheit, daß Brügge ein Handelsgebiet bilde, das von Kaufleuten der verschiedsten Nationen besucht werde, und noch der Spanier Pedro Tafur behauptete 1437, es würden nach seiner Meinung und nach dem Urteile vieler anderer sehr viel mehr Geschäfte in Brügge als in Venedig gemacht.

Doch der Niedergang des flandrischen Tuchgewerbes, die fortschreitende Versandung des Swin, die die Schiffe zwang, mehr seewärts vor Anker zu gehen, was die Kosten des Leichterns verteuerte und Gefahren von Brandung und Seeräubern mit sich brachte, zog den Handel nach dem bequemer gelegenen Antwerpen, der „Stadt an der Höhe"

---

[1]) Schulte, Große Ravensb. Ges. I, S. 393, 395.

(dies bedeutet der Name), der Brügge allmählich den Platz räumen mußte[1]).

Ehrenberg, Pirenne und andere Forscher, die vornehmlich das 14. und 15. Jahrhundert im Auge haben, betrachten die flandrische Handelsstadt ausschließlich als „Zwischenmarkt, auf dem die Waren des Orients wie des Okzidents von fremden Völkern zusammengeführt und gegeneinander ausgetauscht wurden[2])". In der Tat lebte Brügge zur Zeit seiner höchsten Blüte von einem Handel, den es selbst nicht betrieb — wie Schulte sich ausdrückt. Die reichen Poorters zogen sich fast ganz auf die Maklergeschäfte und den Kommissionshandel zurück. Demgegenüber betont Häpke (wie auch Kiesselbach) mit Recht, daß bis um 1300 der aktive Handel der flandrischen Städte an erster Stelle stand und erst später das flandrische Element zurücktrat[3]). Die Champagnermessen wurden von ihnen eifrig besucht, um flandrische Tuche gegen die von den Italienern dorthin gebrachten orientalischen Waren (die wiederum Nordeuropa zugeführt werden sollten) einzutauschen. Ypern hatte auf allen vier Champagnermessen seine Halle, Douai nur in Troyes, Arras in Bar-sur-Aube. Von Brügge hören wir nichts dergleichen, doch hat auch Brügge sein Tuch sicher nach den Messen gebracht, da es an der Hanse der 17 Städte beteiligt war. Auch in England hat sich der flandrische Aktivhandel zunächst rege betätigt, und zwar traten hier zuerst Saint-Omer und Douai hervor, später Gent und Ypern, dann trat Brügge ihr Erbe an. Doch die zahlreichen politischen Verwicklungen, die Wollausfuhrverbote und Beschlagnahme der Waren in England schädigten den englisch-flandrischen Handel, und die Italiener und Hansen brachten den flandrischen Aktivhandel an sich. Der flämische Tuchmacher bekam nun die Wolle durch ihre Vermittelung, obwohl sie beim Empfang von Lizenzen für die Wollausfuhr aus England einen Eid ablegen mußten, die Wolle nicht nach Flandern zu verhandeln. Ferner besuchten im 12. und im 13. Jahrhundert flandrische Kaufleute, vor allem die von Saint-Omer und Gent, die norddeutschen und rheinischen Städte, um ihre Tücher feilzubieten. Doch um 1300 beginnt auch dieser ziemlich lebhafte Handelsverkehr abzusterben. Lübeck verwehrt den Flämen den Zutritt zur Ostsee, Köln sperrt ihnen den Weg den Rhein aufwärts. Die deutschen Städte nehmen diesen Handel selbst in die Hand. Im 12. Jahrhundert werden Kaufleute von Saint-Omer im Ile de France, im 13. Jahrhundert im Poitou erwähnt. Brügger Handelsschiffe unternehmen Fahrten nach La Rochelle, später nach Bordeaux.

Auch die französischen Städte wiesen keinen lebhaften Eigenhandel auf. Auch hier besaßen die Italiener sowohl im Geld- als im Waren-

---

[1]) Pirenne, Gesch. Belgiens I, S. 294f.; II, S. 496ff. W. Stein, Die Genossenschaft der deutschen Kaufleute zu Brügge in Flandern. 1890. Ders., Beitr. zur Gesch. der deutsch. Hanse. 1900. Häpke, Brügges Entwickl. zum Weltmarkt. 1908. Kiesselbach, Die wirtsch. Grundlagen der deutsch. Hanse. 1907. Ehrenberg, Makler, Hosteliers und Börse in Brügge. Z. f. Handelsr. S. 30 (1884). Funck-Brentano, Philippe le Bel en Flandre. 1896. Höhlbaum, Über die flandrische Hanse von London. Hans. Gesch.-Bl. 1898. Warnkönig-Gheldorf, Hist. de la Flandre IV. Schulte, Große Ravensb. Ges. I, S. 393ff., 398f., 414.

[2]) Besonders wird die Bedeutung Flanderns für den Hansehandel von Kiesselbach betont, dessen Ausführungen zufolge bereits aus den ältesten Statuten der Hansestädte klar zutage trete, daß die flandrischen Städte den Brennpunkt ihres Handelsverkehrs bildeten. Siehe Kiesselbach, Die wirtschaftl. Grundlagen der deutschen Hanse. 1907. Ders., Konzentration des hansischen Schiffsverkehrs auf Flandern. (Viert. f. Soz.- u. W.-G. 1910.) Dagegen W. Stein in Hans. Gesch.-Bl. 1910 und die Antwort von Kiesselbach 1911. (Viert. f. Soz.- u. W.-G.)

[3]) Häpke, Der deutsche Kaufmann in den Niederlanden. 1911. Ders., Brügges Entwicklung zum Weltmarkt. 1908. Kiesselbach, Viert. f. Soz.- u. W.-G. 1910.

handel ein erdrückendes Übergewicht. Die Gilden der einheimischen Kaufleute, deren Tätigkeit auf einzelne Stromgebiete und Provinzen sich erstreckte, kamen erst in zweiter Linie in Betracht. Jacques Coeur ist es, mit dem um die Mitte des 15. Jahrhunderts der französische Großkaufmann zuerst auftritt und dessen auf breiter Grundlage, „nach italienischer Art“ betriebene Handelstätigkeit bei den Zeitgenossen Staunen und Bewunderung erregte. 7 Schiffe („Galeen de Frantza“) wurden von ihm von Montpellier aus nach der Levante — Ägypten, Syrien, Cypern — ausgesandt, er stand in direktem Verkehr mit Florenz, Valenzia, Brügge.[1]) Doch war er der einzige in seiner Art, und als der König von Frankreich seine Huld von ihm abwandte, hatte auch die kurze Blüte des französischen Levantehandels ein Ende. Die Handelsstädte Südfrankreichs — Aigues-Mortes (Aquae Mortuae, d. i. tote Gewässer), Montpellier, Narbonne, Marseille (letzteres an dem Punkte gelegen, wo der Weg zum Rhônetal führt, und am Seeweg von Süditalien nach Spanien) — konnten sich nicht an Bedeutung mit den italienischen Handelsplätzen messen.

Bordeaux an der Girondemündung, dessen Haupthandelsartikel der Wein bildete, Nantes, Rouen wiesen für den Handel ebenso günstige natürliche Bedingungen auf wie Antwerpen, Hamburg, Stettin. Eine wichtige Stellung nahm Paris ein, wo die Verkehrswege aus dem Rhônetal nach der Nordsee und nach England mit denen vom Niederrhein nach Nordspanien sich kreuzten. Ihm kam wesentlich der Umstand zugute, daß dem Seeverkehr nordöstlich von der Seinemündung eine hafenlose Küste, westlich aber Untiefen und Klippenzüge Hemmnisse bereiten.[2]) Von den Seehäfen ist Calais zu nennen, dessen Handel sich jedoch nur langsam entwickelte, ferner Dieppe, dessen kurze Blüte durch den Hundertjährigen Krieg bald geknickt wurde, und Aigues-Mortes, das jedoch, wie auch ein anderer, längst vergessener Hafen der Provence — Buk („Bocholi e bon porto“) nur einen kurzen Aufschwung zu verzeichnen hatte, solange die venezianischen Galeeren hier anliefen, und mit dem Übergang Montpelliers von Burgund an Frankreich zurücktreten mußte. Marseille war durch seine Teilnahme am Kampfe des Hauses Anjou um den Thron von Neapel stark in Mitleidenschaft gezogen worden und wurde besonderns empfindlich getroffen durch die Vernichtung der provençalischen Flotte durch Arragon (1284). Für den Handel von Narbonne war die Versandung der Flußmündung ein schwerer Schlag, denn die Versuche, einen neuen Hafen anzulegen, blieben erfolglos. Auch die Ausweisung der Juden mußte den Handel schädigen. Es hatte auch durch den Hundertjährigen Krieg stark gelitten. Von 6029 Feuerstellen, die früher die subsides zahlten, waren 1368 nur 2500 verblieben. Noch schlimmer erging es im Kriege Montpellier, wo die Zahl der Haushaltungen von 1520 (1367) auf 334 (1412) sich verringert hatte, obwohl viele Einwohner von Cahors und Quercy nach Montpellier geflüchtet waren; die Stadt war verödet, ihr Handel ging an die Messen von Lyon und Beaucaire über.[3])

---

[1]) Heyd, Gesch. des Levantehandels II, S. 483. Pigeonneau, Hist. du commerce de la France I, S. 369ff. Prutz, Jacques Coeur. S. 148ff., 166f. Clément, Jacques Coeur et Charles VII. De la Roncière. Histoire de la marine française II, S. 277ff.

[2]) Götz, Verkehrswege. S. 521—524.

[3]) Levasseur I. Hist. du comm. S. 150ff. Schulte, Große Ravensb. Ges. II, S. 49f. Denifle, La désolation des eglises etc. pendant la guerre de cent ans. II, S. 598, 601 App. IV, 3; IV, 5, S. 826, 830. 1899.

Im 14., insbesondere aber in der ersten Hälfte des 15. Jahrhunderts traten die Genfer Messen hervor, die zum Teil ein Ersatz der Champagnermessen waren. Genf war mit allen Vorzügen einer günstigen geographischen Lage ausgestattet. Durch die heute schweizerischen Mittellande in sicherer Verbindung mit Deutschland, trägt Genf — um mit Schulte zu reden — die Diagonale vom Golfe von Lyon nach Nürnberg, zugleich aber auch den Weg vom Zentrum Oberitaliens nach England, der freilich oft nördlich — auf burgundischem Gebiete — umgangen wurde. Die Messen von Genf, das in gewissem Sinne ebenfalls neutraler Boden war, nicht weit von der Stelle gelegen, wo drei Nationen aneinander stießen, wurden zum Handelszentrum für Südeuropa — Italien, Frankreich, Oberdeutschland, „ein kleines Gegenstück zu Brügge". Zu Ausgang des 15. Jahrhunderts wurden sie jedoch durch die nahegelegenen, die gleichen Vorzüge aufweisenden Lyoner Messen (auch Lyon war für den Weg von Nürnberg nach Spanien ein Durchgangspunkt) überflügelt, denen es gelang, den Verkehr von Genf abzulenken, wenn auch freilich der Spanier Pedro Tafur sie mit den Antwerpener Messen nicht vergleichen möchte.[1])

Von den deutschen Handelsstädten des Binnenlandes müssen an erster Stelle die an der Verkehrsstraße von Italien nach Flandern gelegenen rheinischen Städte Worms, Straßburg, Speier erwähnt werden, während Mainz im Spätmittelalter nicht mehr seine ehemalige Bedeutung besaß. Ein gutes Stück der Erbschaft der Champagnermessen fiel auch Frankfurt a. M. zu, wo die wichtigsten Zusammenkünfte ober- und niederdeutscher Kaufleute stattfanden (auch Italiener fanden sich hier ein). Für den südwestdeutschen Handelsverkehr galten diese Messen als Zahlungstermin. Doch waren die Frankfurter nur in geringer Zahl im Fernhandel tätig, und auch in der Zeit seiner mittelalterlichen Blüte war Frankfurt nur ein Meßplatz.[2]) Er konnte einen Vergleich mit dem „heiligen" Köln nicht bestehen, das den Endpunkt für den Warentransport auf dem großen Sammelkanal, dem Rhein, sowohl bei der Fahrt stromaufwärts als stromabwärts bildete. Die natürliche Lage Kölns, wo die westöstlichen Wege (von Brügge nach Lübeck) den Rhein, die Hauptwasserstraße des europäischen Binnenhandels, kreuzten und zugleich die Stromverhältnisse (die hier beginnende bedeutende Tiefe des Rheins), es mit sich brachten, daß am Oberwasser andere Schiffe zur Verwendung kommen mußten als am Unterwasser, sicherten der Stadt einen hohen Verkehr, einen Handel nach allen Richtungen der Windrose. Kölner Händlern konnte man in Spanien und Italien, in Wien und Ofen begegnen und vor allem in den Niederlanden. Hier mußte sich aus

---

[1]) Borel, Les foires de Genève au XV. s. Brésard, Les foires de Lyon. 1914. Schulte, Große Ravensb. Ges. I, S. 360ff. Ders., Gesch. des Hand. I, Kap. 43, S. 484ff. Kopf, Beitr. zur Gesch. der Messen von Lyon. 1910. Ammann, Freiburg u. Bern u. die Genfer Messen. 1921.

[2]) Dietz, Frankfurter Handelsgesch. I. 1910. Schulte, Große Ravensburger Gesellsch. I, S. 435.

natürlichen Verhältnissen heraus ein Stapel für Holz, Salz, Fische, Honig, insbesondere aber für die vom oberen Rhein nach den Niederlanden und nach England geführten Weine ausbilden[1]).

Für Oberdeutschland stand an erster Stelle der Verkehr mit Italien. Es schwangen sich daher diejenigen oberdeutschen Städte zu wichtigen Handelsplätzen empor, die unmittelbare Beziehungen zum internationalen Handelszentrum der damaligen Kulturwelt, zu Venedig, unterhielten. Dies waren vor allem Augsburg, Ulm, Konstanz, Basel, Wien; von hier aus reiste man nach Venedig. Besonders aber ragte Nürnberg unter ihnen hervor, das Zentrum Europas, denn von dort geht — wie im 15. Jahrhundert der daselbst lebende Astronom Müller rühmte — der Handel nach allen Richtungen. Gräber Nürnberger Kaufleute finden sich in allen Teilen Europas, am zahlreichsten jedoch in Venedig. Den oberdeutschen Städten fiel im europäischen Handelsverkehr hauptsächlich die Versorgung Süd- wie Norddeutschlands mit den aus Italien eingeführten Waren des Morgenlandes zu; auch brachten sie Erzeugnisse ihres eigenen Gewerbefleißes mit. Besaßen sie doch — und zwar vor allem wiederum Nürnberg — ein kräftiges, für den auswärtigen Markt produzierendes Gewerbe. Konstanz führte Leinen aus, Basel Tuch, Ulm, Augsburg und Ravensburg Barchent.

Nürnberg, in der Nähe der Eisen- und Zinngruben bei Amberg und Sulzbach und des Kupfergebietes von Mansfeld gelegen, war vor allem durch seine für den Fernabsatz bestimmten Kleineisenwaren — den sog. „Nürnberger Tand" — berühmt. Der vierte Teil aller Gewerbetreibenden Nürnbergs war in der Metallindustrie beschäftigt. Schon 1363 gab es im Metallgewerbe 29 verschiedene Gruppen. Nürnberg war, nach Hans Sachs, „ein edles Gewerbshaus". Panzerhemden, Scheerbecken, Zirkel, auch genaue Instrumente wie Münzgewichte, gelangten von hier bis nach Spanien hin. „Die volkreiche Stadt liegt in einem unfruchtbaren Sandboden. Daher sind die Bewohner meist Handwerker oder Kaufleute, die in Flandern wie Venedig handeln und ganz Deutschland mit Waren anfüllen, und daher das Sprichwort: „Ohne Nürnberger gibt es keine Messen." (Aeneas Silvio.)

---

[1]) Kuske, Quellen zur Gesch. des Kölner Handels und Verkehrs im Mittelalter I—III. 1917—1923. Ders., Die Kölner Handelsbeziehungen im 15. Jahrhundert. (Viert. f. Soz.- u. W.-G. VII.) Ders., Die Handelsbeziehungen zwischen Köln und Italien im Mittelalter. (Westd. Zeitschr. XXVII.) Ders., Handel und Handelspolitik am Niederrhein. (Hans. Gesch.-Bl. XXXVI.) Daenell (II, S. 560) behauptet — auf Grund der in Knippings „Kölner Stadtrechn. im Mittelalter" enthaltenen Angaben —, der Kölner Handel wäre im 15. Jahrhundert im Niedergange begriffen. Bei näherer Untersuchung der Angaben bei Knipping (I, S. 120—130, 190f., 206f.) ergibt sich jedoch, daß die Abnahme der städtischen Einkünfte einen vorübergehenden Charakter aufwies. Überhaupt wird der bes. von Flamm (Der wirtsch. Niedergang Freiburgs) aufgestellte Satz, das 15. Jahrhundert stelle bereits die Periode des Verfalls der deutschen Städte dar, durch das vorhandene Tatsachenmaterial keineswegs bestätigt.

In Oberdeutschland fand auch eine wichtige Messe statt, nämlich die in Zurzach abgehaltene, entstanden in einem offenen Flecken aus dem Zusammenströmen der Bevölkerung zu einem Heiligenfeste[1]).

Außer den (von Simonsfeld in seinem „Fondaco dei Tedeschi" aufgezählten) bayerischen, schweizer, österreichischen Städten nahmen auch Prag, Krakau, Lemberg usf. am Handelsverkehr mit Venedig teil. Für Augsburg, Ulm, Basel war die vorteilhafte Lage an Flußübergängen bestimmend. Bei Nürnberg, Regensburg, Prag wurde der Übergang durch Inseln erleichtert. Der Umfang des Nürnberger Handels wird durch eine Zusammenstellung von 1332 bezeugt, welche 69 in verschiedenen Teilen Europas gelegene Städte und Gebiete enthält, wo die Nürnberger Zollbefreiung genießen. Schon im 14. Jahrhundert war der Nürnberger Ulmann Stromer nach der Iberischen Halbinsel gegangen. In Italien sind Nürnberger bis Neapel und Sizilien nachweisbar, in Venedig waren sie allezeit stark vertreten. In Frankreich setzten sie sich in Lyon fest. Sehr alt und wohlgepflegt waren die Beziehungen zu Flandern; auch in London erscheinen Nürnberger. Sie erreichten die Nord- und Ostseehäfen, wie auch Kopenhagen, Prag und Breslau zur Heimat mancher Nürnberger geworden waren. Darüber hinaus gingen einzelne bis tief nach Polen, Rußland und Ungarn, ja bis ans Schwarze Meer dem Handel nach. In den preußischen und livländischen Städten wie auch in Lübeck, Flandern und Brabant gelang es ihnen, eine Reihe von Privilegien zu erwerben. In Lübeck stand es im 15. Jahrhundert den Nürnbergern frei, folgende Erzeugnisse ihres Gewerbes feilzubieten: Messer, Schlösser, Paternoster, Ritterhandschuhe, Steigbügel, Glocken, Sporen, Brillen, Fingerhüte, Zinn- und Weißblechgefäße. Auch eine Messe gewann die Stadt, die zeitlich der bedeutenderen Frankfurter Messe folgte und Tausende der Frommen dadurch anzog, daß die Reichskleinodien mit ihren hochverehrten Reliquien zu dieser Zeit in der Heiltumsweisung auf dem Markte gezeigt wurden[2]).

In Österreich und Ungarn nahmen die Oberdeutschen, zuerst (bis zum Ausgang des 12. Jahrhunderts) die Regensburger, dann eine zeitlang die Kölner, endlich die Nürnberger —„das 15. Jahrhundert ist das Zeitalter der Nürnberger Kaufleute" — eine ähnliche Stellung ein, wie sie in England, Flandern, Frankreich, Süditalien die norditalienischen Händler, im Nord- und Ostseegebiet die Hansen innehatten. Das Stapelrecht Wiens und anderer österreichischen Städte fand auf sie keine Anwendung; auch waren sie zum Gästehandel sowie zum Detailhandel berechtigt. Die oberdeutschen Händler besuchen Kärnten, Krain, Steiermark, sie senden ihre Faktoren nach Kleinstädten und Flecken aus. In

[1]) Herzog, Die Zurzacher Messen. 1898.

[2]) Über Handel und Gewerbe der oberdeutschen Städte s. Geering, Handel und Industrie der Stadt Basel bis zum 17. Jahrhundert. 1886. Nübling, Ulms Baumwollweberei im Mittelalter. 1890. Ders., Ulms Handel und Gewerbe im Mittelalter. 1900. Strieder, Zur Genesis des modernen Kapitalismus. 1904. (Augsburg.) Gothein, Wirtschaftsgeschichte des Schwarzwaldes. 1872. (Konstanz, bes. S. 459ff., 519ff.) Ebner, Ein Regensburger kaufmännisches Hauptbuch aus den Jahren 1383—1407. (Verh. d. hist. Ver. d. Oberpfalz XLV, S. 7ff.) Simonsfeld, Der Fondàco dei Tedeschi in Venedig und die deutsch-venetianischen Handelsbeziehungen I—II. 1887. Heyd, Die Große Ravensburger Gesellschaft. Schulte, Gesch. des mittelalterl. Handels und Verkehrs zwischen Westdeutschl. u. Italien I, II. 1900. Kap. 53ff. Ders., Die Große Ravensburger Gesellschaft I—III. 1923.

Speziell über Nürnberg: Chroniken deutsch. Städte, hrsg. von Hegel. Nürnberg I, S. 222f. Baader, Nürnberger Polizeiverordnungen a. d. 13. bis 15. Jahrhundert. 1861. Mummenhoff, Handel, Gewerbe und Industrie in Nürnberg. (Schuh, Die Stadt Nürnberg in ihrem Jubiläumsjahr 1906.) Müller, Die Handels-

Wien bildeten sie eine besondere Genossenschaft, die der „Legerer“ oder „Lagerherren“ und unterhielten dort ständige Lager, die in ihrem Auftrage von ortsansässigen Händlern verwaltet wurden.

Wir haben demnach, wie aus dem Dargelegten hervorgeht, Handelszentren von zweierlei Art zu unterscheiden — Handelsstädte mit Eigenhandel einerseits und sog. Meßstädte, Zwischenmärkte für die fremde Kaufmannschaft, andrerseits. Während jene eine aktive Handelspolitik aufweisen, ihren Handelsverkehr möglichst auszudehnen suchen, legen die eigenen Kaufleute der Meßstädte viel weniger Unternehmungslust an den Tag als ihre Gäste; sie bleiben gern zuhause, suchen keine fremden Plätze auf. Innerhalb ihrer Mauern suchen die ersteren den Wettbewerb fremder Kaufleute möglichst auszuschalten und den Handel der eigenen Bürgerschaft vorzubehalten. An den Meßplätzen dagegen ist man bestrebt, die Fremden durch Gewährung von Verkehrsfreiheit, durch die Möglichkeit, hier direkt ihre Waren untereinander auszutauschen, anzuziehen. Dort also aktive, hier passive Handelspolitik, dort Handelsmonopol, hier Handelsfreiheit. Zur ersten Gruppe gehört vor allem Venedig, ferner Genua sowie eine Reihe von Hansestädten; auch andere Städte, wie Marseille, weisen mehr oder weniger ähnliche Züge auf. Die Meßstädte sind in erster Linie durch Brügge vertreten wie auch durch Frankfurt a. M.; ferner sind hier Genf, Lyon, Antwerpen usw. zu nennen.

Im Vergleich zu diesen für den internationalen Handelsverkehr wichtigen, die Kaufmannschaft verschiedener Länder vereinigenden Messen treten die anderen Jahrmärkte des Mittelalters zurück. Obwohl auch sie von fremden Kaufleuten besucht wurden, trugen sie doch im wesentlichen einen mehr oder minder lokalen Charakter. Erwähnung verdienen z. B. die Messen von Nördlingen, die für den bayrischen Handel Bedeutung besaßen, die von Straßburg, Bozen, die flandrischen Meßplätze Ypern, Lille, Messines, Thourout. In England fanden Messen in Westminster und Winchester statt; die Messe von Sturbridge wurde von Italienern, Spaniern, flämischen Webern besucht. Für Frankreich sind zu nennen die Messen von St. Denis bei Paris (die sog. Foire du Lendit), ferner in Rouen, Châlons, Nîmes, Toulouse, insbesondere aber die Messe von Beaucaire an der Rhônemündung, zu der eine Zeitlang auch Italiener, Portugiesen, Orientalen eintrafen.[1])

---

politik Nürnbergs im Spätmittelalter. Jahrb. f. Nat. 1909. Tille, Die Gewinnung Nordostdeutschlands für den Nürnberger Handel. (Deutsch. Gesch.-Bl. XIV.) Schulte, Gesch. d. mitt. Handels u. Verkehrs usw. I—II. 1900. (Insbes. I, 656ff.) Ders., Die Große Ravensb. Ges. I—III. 1923. (Inbes. I, S. 370, 447ff.) Schoenlank, Soziale Kämpfe vor 300 Jahren. 1894. (Bes. S. 168ff.) Simonsfeld, Der Fondaco dei Tedeschi I—II. 1887. Werminghoff, Conrad Celtis und sein Buch über Nürnberg. 1921. Theod. Mayer, Der auswärt. Handel des Herz. Österreich im Mitt. 1909. Vgl. Wehrmann, Die ält. Lübecker Zunftrollen. Einleitung. Daenell, Blütezeit d. deutsch. Hanse II, S. 269ff. Sander, Die Reichsstädtische Haushaltung Nürnbergs (1431—1440). 1902.

[1]) Siehe über diese Messen außer den oben genannten Schriften über die Genfer und Lyoner Messen (Borel, Brésard, Ammann, Kopf): Herzog, Die Zurzacher Messen. 1898. Ammann, Die Zurzacher Messen im Mitt. 1923. Warnkönig, Flandrische Staats- und Rechtsgeschichte. Bd. II. Häpke, Brügges Entwickl. 1908. Bückling, Die Bozener Märkte bis zum Dreißigjährigen Kriege. 1907. Kriegk, Frankfurter Bürgerzwiste und Zustände im Mittelalter. (Kap. über die Messen.) Bücher, Bevölkerung von Frankfurt a. M. I, S. 502f. Dietz, Frankfurter

Kapitel 24.

Objekte, Umfang, Charakter und Formen des mittelalterlichen Handels.

Unter den Gegenständen des Handels im Hoch- und Spätmittelalter sind an erster Stelle die Waren des Orients zu nennen, als da: Spezereien, Wohlgerüche, Farbstoffe, Südfrüchte. Die Gewürze — Pfeffer (vom indischen pippali, eig. Beere), Ingwer (indisch singabêra = horngestaltet), Galgant (arab. chalandschān), Gewürznelken, Muskatnuß und Muskatblüte, Zimt (malayisch kai manis = süßes Holz, ital. canella v. canna = Rohr), Kardamon usw. wurden von den Arabern von der Malabarküste (Indien), den Molukken und den Sunda-Inseln aus nach den Handelsplätzen Kleinasiens und Ägyptens (Beyruth, Thana, Trapezunt, Alexandrien u. a. m.) gebracht und daselbst an italienische Kaufleute weiter verkauft. Sie fanden in Europa, kraft ihrer belebenden Wirkung, Verwendung als Heilmittel für mancherlei Krankheiten, ferner als die Verdauung anregende Reizmittel und Zutaten zu Speisen und Getränken.[1]) Von größter Bedeutung im Spezereienhandel, wie auch wohl im mittelalterlichen Handel überhaupt, war der Pfeffer. Wurde er doch häufig sogar als Zahlungsmittel beim Erwerb von Grund und Boden wie bei der Tilgung städtischer Anleihen verwandt. Auch Mitgiften zahlte man in Pfeffer, Zölle wurden in Pfeffer erhoben, selbst die Tragfähigkeit der Schiffe wurde zuweilen durch die Pfeffermengen bemessen, die das Schiff zu fassen vermochte. Die Händler nannte man „Pfeffersäcke“.[2]) Im damaligen Handelsverkehr hatte der Pfeffer ungefähr dieselbe Bedeutung wie Baumwolle und Tee im englischen Handel des 19. Jahrhunderts.

Auch die wohlriechenden Stoffe — Myrrha und Weihrauch, Balsam und Aloe, Produkte des an wohlriechenden Pflanzen und Kräutern reichen Arabiens und der Nachbarländer sowie auch Moschus und Ambra waren sowohl als Parfümerien wie als Medikamente hoch geschätzt. Ebenso wie die Gewürze — Ingwer, Muskat, Zimt, Gewürznelken — wurden sie von der Poesie jener Zeit als Inbegriff des Erhabenen und Schönen gepriesen,

---

Handelsgeschichte I, S. 50 u. 60. (Tabellen der Meßeinkünfte f. d. Jahre 1354—1390, 1397—1500.) Wild, Die eidgenöss. Handelsprivilegien inFrankreich. 1909. Schulte, Handel und Verkehr zw. Westdeutschland und Italien I. Ders., Große Ravensb. Gesellschaft I, S. 360ff., 435, 466. Huvelin, Hist. du droit des foires etc. Levasseur I, S. 89f. Rogers, History of Agriculture and prices I, S. 142.

[1]) Warburg, Die Muskatnuß. Ihre Geschichte, Botanik, Kultur, Handel und Verwertung. 1897. S. 547f., 576ff. Alw. Schulz, Höfisches Leben zur Zeit der Minnesinger I, S. 202, 392, 400. Heyd, Gesch. d. Levantehand. II. (1879). Seiler, Die Entwickl. d. deutsch. Kultur im Spiegel des deutsch. Lehnworts I, 3. Aufl. (1925), S. 91f. II, 3. Aufl. (1921), S. 179ff., 181, 187. Dietz, Frankf. Handelsgesch II, S. 126.

[2]) Geering, Basels Handel und Industrie S. 236. Sieveking, Genueser Finanzwesen I, S. 39. Nolte, Der Kaufmann in der deutschen Sprache und Literatur d. Mitt. 1909.

zur bildlichen Darstellung des höfischen Lebens jener Zeit benutzt[1]). Ferner wurde aus dem Orient Rohrzucker eingeführt, und in Apotheken als Arzneimittel verkauft. Unter den Farbstoffen ist vor allem Saffran (arab. Zafaran v. asfar = gelb) zu nennen, der zum Gelbfärben Verwendung fand, dabei jedoch als Medikament und als Speisewürze geschätzt war. Das aus Vorderindien eingeführte Brasilholz benutzte man sowohl zum Rotfärben von Stoffen als in der Malerei. Der Alaun aus Kleinasien sollte den Geweben eine leuchtende Farbe verleihen. Südfrüchte, wie Aprikosen, als „Pflaumen von Damaskus" bezeichnet, und Rosinen, die sog. „Trauben von Damaskus", kamen im europäischen Handelsverkehr erst zur Zeit der Kreuzzüge auf. Damals scheinen auch die ersten Baumwoll- und Seidenstoffe aus dem Orient nach Europa gebracht worden zu sein, deren Namen ihren orientalischen Ursprung verraten. Bezeichnungen wie Baldachin (von Bagdad, das die Abendländer Baldac nannten), Damast (von Damaskus), Musselin (von Mossul), Gaze (von der Stadt Gaza) haben sich bis auf den heutigen Tag erhalten. Es wurden ferner eingeführt golddurchwirkte Stoffe, „Panna Alexandrina" genannt, sowie Teppiche, mit denen man in Europa seit den Kreuzzügen nach orientalischer Sitte die Wände schmückte. Wohl verpflanzte man diese Industrien auch nach dem Abendland: die Seidenindustrie kam in Italien, die Teppichweberei in Frankreich auf. Doch wurden auch später die schönsten Seidengewebe und fast alle Baumwollstoffe, Samte und Taffete aus dem Orient gebracht; die Teppiche wurden deshalb als „heidnisch Werk" bezeichnet[3]). Es waren demnach sämtlich hochwertige Luxuswaren, die der Orient lieferte. Nur sie konnten die hohen Transportspesen aushalten. Sie wurden von den feudalen Grundherren und der Kirche konsumiert, teilweise wohl auch von der vermögenden Oberschicht des städtischen Bürgertums[2]).

Das Abendland hatte freilich zum Austausch gegen die kostbaren orientalischen Erzeugnisse nicht viel zu bieten. Es mußte daher die Einfuhr in Edelmetallen bezahlen. Der Abfluß derselben von Europa nach dem Orient, zu den „Heiden" machte sich im Mittelalter deutlich fühlbar. Die römische Kurie erließ wiederholt Verbote gegen die Ausfuhr derjenigen europäischen Erzeugnisse, die von den Levanteländern hauptsächlich benötigt wurden, wie Getreide, Schiffsbauholz und Waffen. Die „Feinde der Christenheit", die Sarazenen, sollten nicht mit diesen, ihnen zur Kriegführung nötigen Waren versorgt werden. Nur dadurch, daß diese Verbote übertreten wurden, konnte wenigstens ein Teil der Einfuhr durch die Ausfuhr gedeckt werden. So wurden z. B. aus Pisa Stahlklingen ausgeführt, aus Venedig Bauholz. Kaiser Friedrich II., der selbst an den

---

[1]) Warburg s. 50ff., 541, 547ff. Alw. Schulz, Höfisches Leben I, S. 578. Heyd II, S. 630, 639, 654, 658 u. a. Schaube, Ein ital. Kursbericht. Z. f. Soz.- u. W.-G. 1897. V.

[2]) Prutz, Kulturgesch. der Kreuzzüge. S. 407ff. Kremer, Kulturgesch. des Orients II, S. 292ff., 315f. Dreesbach, Der Orient in der altfranzös. Kreuzzugsliteratur. 1901. S. 61ff. Heyd II, S. 685, 699.

Kreuzzügen teilnahm, ließ Getreide aus Sizilien nach der Levante einschiffen. Dazu kam noch der Export von farbenprächtigen Wollentuchen nach dem Orient, wo freilich Seiden- und Baumwollgewebe produziert, jedoch keine Wollstoffe erzeugt wurden. Zur Ausfuhr kamen Tuche aus Flandern, Nordfrankreich, Katalonien, insbesondere aber fertigte man in Florenz eigens für den Bedarf der „Türken" scharlachrote Stoffe (Scharlach v. pers. sacarlât = rote Farbe) an. Ferner bezog das Morgenland bunte Glasperlen, falsche Edelsteine (aus Venedig) und ähnlichen geringwertigen, von den Orientalen jedoch vielbegehrten Tand. Endlich lieferten die Italiener, hauptsächlich an den Sultan von Ägypten, zu hohen Preisen die von ihnen namentlich an den Küsten des Schwarzen Meeres erbeuteten Sklaven, die die Leibwache des Sultans, die Mameluken, bildeten (Mamluk bedeutet Sklave)[1]).

Im Gegensatz zum Mittelmeerhandel umfaßte der hansische Handel auf der Nord- und Ostsee eine Reihe von schweren Massengütern, deren Beförderung nur zu Wasser möglich war. Es waren dies Produkte des Ackerbaus und der Viehzucht — Korn, Wolle, Häute, Krapp, wie auch der Waldausbeute — Bauholz, Holzkohle, Asche, Teer, Honig und Wachs, der Jagd — Rauchwerk, der Fischerei, wie Stockfisch und Stör, vor allem aber der Hering, dieser „kleine Salzfisch", der in großen Schwärmen alljährlich durch den Sund an Schonen und Jütland vorbeizog. Im 15. Jahrhundert wanderte der Hering großenteils nach den Küsten Hollands ab, und wurde zur Quelle des Reichtums von Amsterdam. Auch Salz aus dem Lüneburgischen, aus Schottland, Frankreich (der Baie), Wein aus dem Poitou, der Gascogne und Spanien, deutsches Bier, vornehmlich aus Hamburg und Wismar, Bernstein, Mühlsteine, auch Metalle waren wichtige Objekte des hansischen Handels.

Während im Levantehandel das Morgenland fast allein die Handelsobjekte lieferte, waren alle am hansischen Handel beteiligten Länder Ausfuhr- und Einfuhrgebiete zugleich, so daß kein Abfluß bedeutender Edelmetallmengen von einem Lande ins andere stattfinden konnte. Den ersten Platz im hansischen Handel nahm der Getreidehandel ein. Allerdings muß hierbei berücksichtigt werden, daß — nach Naudé — 95% der deutschen Städte (dies dürfte zweifelsohne auch für die anderen Länder zutreffen) keinerlei Getreidehandel betrieben, sondern ihren Bedarf bei den Bauern ihres Wirtschaftsgebietes deckten und das Getreide nicht weiter ausführen ließen. Soweit jedoch überhaupt ein Getreidehandel vorhanden war, wurde er von der Hanse betrieben. Die wenigen Städte, die sich damit befaßten, waren eben die an der Ostseeküste gelegenen Hansestädte.

Hamburg, Stettin, Danzig, Lübeck, Bremen, Stralsund, Wismar, Rostock waren die Sammelstellen für das aus Dänemark, Schweden, Norddeutschland (Holstein, Mecklenburg, Pommern, Brandenburg),

---

[1]) Doren, Florent. Wollentuchind. S. 122. Kremer II, S. 280f., 290f. Heyd, II, S. 90, 441, 679.

Böhmen, Schlesien, Polen stammende Getreide. Teils wurden von diesen Städten die Bauern der Küstenlandschaften gezwungen, ihr Getreide ausschließlich nach ihren Häfen zu bringen, eine Verordnung, deren Befolgung mittels zahlreicher Wachtschiffe kontrolliert wurde, teils wurden von den Städten kraft ihres Stapelrechts die flußabwärts aus Mitteldeutschland und den slawischen Ländern beförderten Getreidemengen angehalten. Aus den Hansestädten wurde Getreide nach Holland und Flandern, England, Schottland, Frankreich, zum Teil auch nach Nowgorod und der Skandinavischen Halbinsel verführt. Doch wurde auch aus diesen Ländern, insbesondere aus England, Schweden, Frankreich, nicht selten Getreide ausgeführt, so daß es im Grunde genommen unmöglich ist, eine strenge Scheidung zwischen den Getreide liefernden und den Getreide einführenden Ländern durchzuführen. Dies dürfte zum Teil damit zusammenhängen, daß aller Herren Länder, auch die Hansestädte und Küstenstriche Deutschlands und Polens nicht ausgenommen, häufig von Hungersnöten heimgesucht wurden. Das Getreide wurde jedesmal dorthin ausgeführt, wo der Kornmangel gerade am stärksten fühlbar war und die hohen Getreidepreise den größtmöglichsten Gewinn verhießen. Außerdem brachte die Unmöglichkeit, das Getreide auf Landwegen zu befördern, es mit sich, daß z. B. die nördlichen Grafschaften Englands ihre Getreideüberschüsse nach dem europäischen Festlande ausführten, während die südlichen Teile Englands zur Deckung ihres Bedarfs bei den hansischen Kaufleuten aus Deutschland und Polen stammendes Getreide einkaufen mußten. Das eigenartige Gepräge des mittelalterlichen Getreidehandels war auch darin begründet, daß nicht nur bei den Hansestädten, wo ja die Getreideausfuhr selbst dann zugelassen wurde, wenn im eigenen Gebiet Kornmangel eintrat, sondern auch bei Königen und Grundherren die Handelsinteressen allen anderen vorangingen. Die großen Herren suchten die in ihren Speichern sich ansammelnden bäuerlichen Zinsleistungen und Abgaben in Korn auf möglichst vorteilhafte Weise zu realisieren. Bald betrieben sie selber, wie Kaiser Friedrich II., die Herzöge von Neapel, die Hochmeister des Deutschen Ordens, eigenständigen Getreidehandel, bald gewährten sie, wie z. B. die Könige von England, den hansischen Kaufleuten die Ausfuhrerlaubnis für das im Lande erzeugte, bei den Grundherren erworbene Getreide. Zuweilen mußte dem Drängen der erbitterten Volksmassen nachgegeben und Getreideausfuhrverbote erlassen werden; doch wurden zugleich Ausfuhrlizenzen an Getreidehändler verkauft. Diese Art, die Ausfuhrverbote zu umgehen, diente folglich zur Bereicherung der Landesherren. Besonders häufig wurde diese Praxis in England angewandt. Die Hochmeister des Deutschen Ordens weigerten sich selbst in Jahren größter Mißernte und stärkster Hungersnöte, ihren Getreidehandel einzustellen.[1])

[1]) Naudé, Getreidehandelspolitik. S. 71ff., 77, 158ff., 232ff., 240ff., 247, 257ff., 262f., 267ff., 270ff. Ders., Deutsch. städt. Getreidehandelspol. S. 13, 27ff., 33. Sattler, Der Handel des Deutsch. Ordens in Preußen. Hans. Gesch.-Bl. 1877. Usher, History of the grain-trade in France (1913).

Sieht man von den aus Italien und der Levante eingeführten Seiden- und Baumwollstoffen ab, so bildeten unter den gewerblichen Erzeugnissen Europas hochwertige flämische und brabanter (später auch englische) Tuche den einzigen wichtigen Handelsartikel. Mit feinen gefärbten Tuchen wurde im Mittelalter ein reger Handel getrieben. Erst an zweiter Stelle kommt süddeutsches Leinen und Barchent oder die Eisenwaren von Nürnberg und Mailand.

In Arras wurde leichtes „Rasch" erzeugt, in St. Omer, Brügge und Valenciennes „Say" aus feiner Wolle sowie gestreifte Tuche. Gent und Ypern waren berühmt durch die aus englischer Wolle gefertigten feinen Scharlachtuche. Dazu gesellten sich noch die französischen Erzeugnisse aus Burgund, der Champagne, der Provence, dem Languedoc, vorzüglich in grünen und roten Farben; an zweiter Stelle standen die holländischen und deutschen Tuche, im 15. Jahrhundert gewannen die englischen an Bedeutung. Tuch aus St. Omer, Arras, Douai, Lille, Ypern wird nicht bloß nach allen Teilen Europas exportiert, sondern auch von Marseille nach dem Orient, nach Syrien und Afrika verschifft. In den Handlungsbüchern der hansischen Kaufleute tritt die Bedeutung des Tuchhandels, vor allem des Handels mit flandrischem Tuch, deutlich zutage. So kaufte der Rostocker Kaufmann Töllner 1345—1350 in Flandern Tuch ein, um es zu Hause im kleinen zu vertreiben. Der Lübecker Kaufmann Wittenberg macht seine Tucheinkäufe 1346—1360 in Flandern, Brabant und England. Die von dem Hamburger Handelsherrn Vicko von Geldersen verkauften Tuche stammten aus 34 verschiedenen Orten, die mit nur drei Ausnahmen alle in den Niederlanden und in Nordfrankreich (darunter die Hälfte in Flandern) zu suchen sind. Seit Mitte des 14. Jahrhundert tritt an die Stelle der Ausfuhr englischer Rohwolle nach Flandern, Nordfrankreich und Italien der Export der in England selbst erzeugten Tuche[1]).

Der Tauschverkehr des späteren Mittelalters umfaßte einerseits den Vertrieb von Erzeugnissen des städtischen Gewerbes an Grundbesitzer wie auch an die städtische Bevölkerung, weniger an die Bauernschaft, andrerseits den Ankauf von landwirtschaftlichen Produkten durch die Stadtbewohner. Was dagegen den eigentlichen Warenhandel betrifft, so besaßen die aus dem Orient eingeführten Waren, wie Spezereien, Wohlgerüche, Farbstoffe usw., ebenso wie Rauchwaren, Seidenzeuge, auch die meisten Tuchsorten einen hohen Seltenheitswert, und kamen daher für den Verbrauch des weitaus größten Teiles der Bevölkerung — und zwar nicht nur der ländlichen, sondern auch der städtischen — überhaupt nicht in Betracht; sie waren nur für Adel und Klöster sowie für vermögende Stadtbürger bestimmt. Die Erzeugnisse der europäischen Landwirtschaft wurden nur aus solchen — und zwar wenig zahlreichen — Gebieten ausgeführt, wo entweder stets oder im betreffenden Jahre Überschüsse an Getreide, Wolle, Häuten usw., vorhanden waren, oder wo trotz Fehlens derartiger Überschüsse dennoch, zum Schaden der einheimischen Bevölkerung, ein Export der zum Lokalverbrauch nötigen Vorräte (Getreide!) zugelassen wurde. Dazu kamen Fische, Salz, Wein,

[1]) Mollwo, Handlungsbuch. S. LXVI—LXIX. Nirrnheim, Vicko von Geldersen. S. LXV—XVI. Koppmann, Töllners Handlungsbuch. S. XXIVf. Stieda, Quellen. S. 26. Schaube. S. 205, 500ff., 577. Espinas, La draperie dans la Flandre franç. au m.-âge. 1923. II, S. 485, 490ff. Bahr, Handel und Verkehr in Flandern. S. 146ff. Davidsohn, Forschungen III, S. 14, 136. Lohmann, Engl. Wollengewerbe. (Schmollers Forschungen.)

Wachs usw., deren Handel eine größere Bedeutung erlangt hatte sowie die für den Schiffsbau nötigen Materialien (Holz, Teer usw.). Gewerbliche Erzeugnisse endlich wurden vorzüglich aus jenen Gebieten ausgeführt, die ein tatsächliches Monopol in der Erzeugung der betreffenden Waren besaßen, da ihre Produktion in anderen Städten und Ländern fehlte. In solchen Fällen ergab sich für jene Gewerbezweige die Möglichkeit, ihre Produktion über den engen Rahmen des Handwerks hinaus zu erweitern (Hausindustrie!) und ihre Erzeugnisse nach anderen Städten und Ländern abzusetzen. Es wurden allerdings auch manche Produkte des Handwerks in die Ferne vertrieben, doch sind solche Erscheinungen wohl nur als Ausnahmen zu betrachten. Wenn z. B. im Handelsverkehr zwischen Oberdeutschland und Italien Leuchter, Lampen, Kompasse, Zirkel, allerhand Gefäße, Scheermesser, mancherlei Waffen (Panzer, Helme, Schwerter) usw. Erwähnung finden, so waren dies lauter Erzeugnisse der Nürnberger Metallwarenindustrie, die eine tatsächliche Monopolstellung innehatte, und infolgedessen bereits im Mittelalter die hausindustrielle Betriebsform angenommen hatte.

Neben den, für das Mittelalter typischen, Städten, die dem Handel feindlich gegenüber standen, und ihn, an den Grundsätzen der geschlossenen Stadtwirtschaft streng festhaltend, nur als ein — in gewissen Fällen allerdings notwendiges — Übel betrachteten, gab es auch Handelsstädte im eigentlichen Sinne, die bestrebt waren, ihren Handel zu erweitern, die zugleich mit ihrer politischen auch ihre kaufmännische Machtstellung auf breiterer Grundlage zu festigen suchten. Wie bereits oben ausgeführt, waren solche Städte nicht gerade zahlreich vertreten; an erster Stelle standen unter ihnen die italienischen und die Hansestädte. Wenn sie auch ihrem Wesen nach die Schranken der geschlossenen Stadtwirtschaft weit überschritten, so konnten sie doch, wegen ihrer geringen Anzahl und der Beschränktheit des damaligen Handels, keinen durchgreifenden Einfluß auf die Wirtschaftsverfassung jener Zeit ausüben, und keineswegs die geschlossene Stadtwirtschaft stark durchbrechen. Ihr Zusammenhang mit derselben fand seinen Ausdruck auch darin, daß sie, wenn auch Mittelpunkte des internationalen Handels, doch — im Gegensatz zu den späteren Perioden des Wirtschaftslebens — nur eine städtische, also territorial beschränkte Handelspolitik durchführten.

Über den Charakter des damaligen Binnenhandels können einigen Aufschluß die Mautregister geben, in denen die die Zollstelle passierenden Waren enthalten sind, so z. B. die Passauer Zollabrechnungen für 1400—1402, die deswegen Beachtung verdienen, weil der Handelsverkehr zwischen Oberdeutschland und Österreich mangels anderer Verkehrsstraßen fast ausschließlich auf diesem Wege (über die Donau) stattfand. Aus ihnen ist zu entnehmen, daß aus dem Herzogtum Österreich beträchtliche Mengen von Wein und Salz ausgeführt wurden, dagegen nur wenig Eisen und noch geringere Mengen von Getreide, Häuten, Honig und Wachs. Eingeführt wurden nach Österreich fast ausschließlich Textilwaren, und zwar vornehmlich Tuche, es werden weder Kleider noch Hüte oder sonstige Waren erwähnt. Über den ungarischen Handel finden sich Angaben in dem „Preßburger Dreißigsten Einnahmebuche“ von 1457—1458. Drei Viertel des Gesamtwertes der Wareneinfuhr machten die Tuche aus, und zwar stammten sie hauptsächlich aus Aachen,

Köln und Arras. Außerdem sind Kleider, Hüte, Metallwaren, vor allem aber Häute und Spezereien, darunter an erster Stelle Pfeffer, verzeichnet. Endlich wurden, allerdings dem Werte nach in nur geringen Mengen, Seidenstoffe, Hanföl, Lederwaren und Pelze eingeführt. Über die Hälfte des Gesamtwertes der Ausfuhr aus Ungarn entfiel auf Vieh (Ochsen, Schafe, Pferde); einen größeren Posten ergab ferner die Ausfuhr von Wein nach Mähren; weniger Bedeutung hatte die Ausfuhr von Fischen. Nur unbedeutend war die Ausfuhr an Kupfer, Häuten, Honig und Wachs. Getreide wird nur in ganz geringen Mengen erwähnt. Beide Zollrollen zählen demnach nur wenige Handelsartikel auf, und zwar vornehmlich Rohprodukte (Wein, Salz, Vieh, Häute, Spezereien); dagegen weist in der Gruppe der gewerblichen Erzeugnisse nur der Tuchhandel einen irgendwie erheblichen Umfang auf[1]).

Im Mittelalter führte jede einzelne Handelsstadt eine eigene, selbständige Handelspolitik. Die Städte schlossen Handelsverträge untereinander wie auch mit Landesherren ab, wobei man bloß das Interesse der eigenen Kaufleute im Auge hatte, für sie allein mannigfache Vergünstigungen zu erlangen suchte, wie z. B. das Recht, im betreffenden Gebiete zu handeln, über die Messezeit hinaus zu verbleiben, Detailhandel zu treiben, in unmittelbaren Geschäftsverkehr mit anderen Ausländern sowie mit der Einwohnerschaft des platten Landes zu treten, keinerlei — oder nur ermäßigte — Zölle zahlen zu müssen, verschiedene Waren auszuführen, für die von ihren Genossen verübten Rechtsverletzungen sowie für die von denselben eingegangenen Schulden nicht einstehen zu müssen (Haftpflicht des einzelnen, nicht aber der ganzen Gemeinschaft). Die gleichen Handelsstädte jedoch, die auf diese Weise das Interesse ihrer Kaufmannschaft verfochten, gewährten weder auswärtigen noch ausländischen Kaufleuten irgendwelche Vergünstigungen, insbesondere weder das Recht des Detailhandels noch das des freien Gästehandels. Von den von Fremden aus- oder eingeführten Waren wurden Handelsabgaben erhoben, denen die einheimischen Kaufleute überhaupt nicht — oder wenigstens zu bedeutend niedrigeren Sätzen — unterlagen.

Als ein Beispiel umfangreicher, von einzelnen Handelsstädten in der Fremde erlangter Privilegien wollen wir die von den Hansen in Flandern erworbenen Vorrechte anführen. Nicht nur besaßen sie das Recht, hier Handel zu treiben, sondern auch der Detail- sowie der Gästehandel war ihnen gestattet, sie durften seit 1360 ihre Waren jederzeit und überall „tam in terris, quam in acquis“ verkaufen. Bei Ausbruch eines Krieges zwischen Flandern und einem deutschen Fürsten wurde ihnen eine 120tägige Abzugsfrist zur Abwickelung ihrer Geschäfte zugebilligt, während denen, die dennoch in Flandern bleiben würden, Schutz für Leben und Habe garantiert war (1360). Wie weitgehend die den Hansen in Flandern gewährten Vorrechte waren, geht daraus hervor, daß für den Fall von Kriegsausbruch in Brabant ihnen nur eine Abzugsfrist von 40 Tagen, in Holland von 80 Tagen gewährt war, jedoch kein Recht, im Lande zu verbleiben. Die Engländer erfreuten sich in Flandern einer 60tägigen Abzugsfrist, die Genuesen, die ebenfalls überall eine privilegierte Stellung einnahmen, einer dreimonatlichen; doch auch sie hatten nach Ablauf derselben das Land zu verlassen. Ferner gelang es den Hansen, eine Befreiung von der Haftpflicht für Schulden und Missetaten von Landsleuten durchzusetzen. Auch sollte beim Tode eines Hansen in Flandern die Hinterlassenschaft nicht mehr dem Grafen, sondern dem Erben zufallen. Dagegen forderten die Hansen, das ganze Gemeinwesen, sei es nun der Staat oder eine Stadt, solle die Verantwortung für die Tat

---

[1]) Theod. Mayer, Der auswärt. Handel des Herzogt. Österreich. S. 39f., 93f.

eines einzelnen seiner Angehörigen übernehmen. Sie stellten hier also ein Rechtsprinzip auf, das grundverschieden war von dem, das gelten sollte, wenn Hansen als Täter in Betracht kamen. Im großen und ganzen wurde ihre Forderung auch erfüllt. Wenn ein Flandrer in der Grafschaft einen Deutschen beraubt hatte und ergriffen wurde, so mußte er selbst ihm das Gut ersetzen. War er nicht dazu imstande oder wurde er überhaupt nicht ergriffen, so hafteten Gent, Brügge und Ypern dafür. Wenn Gut, das außerhalb der Grafschaft durch Flandrer geraubt war, nicht nach Flandern kam, aber der Ort, an den es gebracht war, erkundet wurde, so wandten die geschädigten Deutschen sich unter Beihilfe des Herzogs und der flandrischen Städte an jenen Ort und forderten ihr Gut zurück. Wenn sie auf diese Weise nichts erreichten, so wurde ein halbes Jahr nach einer abermaligen Aufforderung der Arrest gegen sämtliche (in Flandern weilende) Einwohner des Ortes verfügt. Dieselben Maßregeln waren zu ergreifen, wenn das Gut nicht außerhalb Flanderns durch einen Flandrer, sondern in der Grafschaft durch einen Nichtflandrer geraubt, und in eine Stadt, ein Dorf oder ein Schloß außerhalb Flanderns gebracht worden war. Einen Ersatz für das ihnen geraubte Gut erhielten die Deutschen also auf jeden Fall. Das sog. Strandrecht, d. i. das Besitzrecht des Grafen am Schiffbruchsgut, kam auf die Hansen in Flandern nicht in Anwendung. Sie stellten die Forderung auf, alles verunglückte, an der flandrischen Küste geborgene Gut sollte den Älterleuten des Deutschen Kaufmanns übergeben werden. War der Eigentümer binnen Jahr und Tag nicht auffindbar, so fiel das Gut dem Bailli als Vertreter des Grafen zu[1]).

In den norwegischen Städten war den Fremden sowohl der Handel von Gast zu Gast untersagt als auch der unmittelbare Verkehr mit der Dorfbevölkerung, unter Ausschaltung der ortsansässigen Händler. Nur diesen war der Detailhandel und das Halten offener Läden gestattet. Auch durften die Fremden nur in den Sommermonaten Norwegen besuchen und waren verpflichtet, bei den Stadtbürgern Wohnung und Kost zu nehmen. Doch erstreckten sich auch hier diese Beschränkungen nicht auf die Hansen. Trotz des wiederholten, von den norwegischen Handelsstädten erhobenen Einspruchs erfreuten sie sich sämtlicher, den anderen Fremden versagter Vergünstigungen, ja sie waren sogar gegenüber den Einheimischen begünstigt. Sie besaßen die gleichen Rechte wie diese, waren dabei aber von Leistungen wie Steuern und Abgaben, vom Zehnten u. a. m. befreit. Von Bergen aus, wo ihr „Kontor" sich befand, trieben die Hansen Handel mit dem hohen Norden, einem Landgebiet, das sie mittels eines Borgsystems vollständig in ihre Gewalt gebracht hatten. Die mittellosen norwegischen Händler wurden von hansischen Kaufleuten mit Waren, vornehmlich mit Mehl, Malz und Bier ausgestattet, gegen die Übernahme der Verpflichtung, ihren Gläubigern zur nächstjährigen Marktzeit eine bestimmte Menge Fische zu liefern. Jedoch waren sie nicht immer in der Lage, ihren Verpflichtungen nachzukommen, und dann war es Sache der Hansen, das weitere zu veranlassen[2]). Auch in England besaßen die Hansen neben einer Abzugsfrist im Falle eines Krieges das Recht, Detailhandel und Gästehandel zu treiben, überall im Lande umherreisen zu dürfen; sie genossen hier besonders umfangreiche Zollprivilegien.

Die Umbildung des Fremdenrechts mit seinen Schranken und Nachteilen in eine Fremdenbevorzugung konnte deswegen gelingen, weil die fremden Kaufleute für die Könige, die Aristokratie und höhere Geistlichkeit unentbehrlich waren, sie sowohl mit den Luxuswaren, die das Haupt-

---

[1]) Konrad Bahr, Handel und Verkehr der deutschen Hanse in Flandern während des 14. Jahrhunderts, S. 57—112. Vgl. auch die Werke von Daenell, Häpke, Kiesselbach, Pirenne, Warnkönig, W. Stein.

[2]) In Bergen besaßen sie das Vorkaufsrecht; niemand durfte Güter kaufen, ehe die Hansen ihren Bedarf gedeckt hatten. Bruns, Lübecker Bergenfahrer. Einl. S. 68f. Bosse, Norwegens Volkswirtschaft vom Ausg. d. Hansaperiode I, S. 163f.

objekt des mittelalterlichen Handels bildeten, versorgten, als auch den Absatz der auf den Grundherrschaften produzierten Erzeugnisse, wie Korn, Wolle, Häute, übernahmen.

In England war Wolle der hauptsächlichste Ausfuhrartikel; 1354 entfielen auf sie 60% des Gesamtwertes der Ausfuhr (16400 Pf. von insgesamt 27700 Pf.). „Anglia propter tuas naves et lanas omnia regna te salutare deberent", heißt es in einem Pamphlet des 15. Jahrhunderts. Balducci-Pegolotti zählt um die Mitte des 15. Jahrhunderts nicht weniger als 200 englische Klöster auf, die ihre Wolle absetzten. 1284 schlossen 22 Klöster für die Zeit von 2—11 Jahren Verträge über den Verkauf ihrer Wolle ab, und zwar fast ausschließlich mit florentinischen Händlern. Später brachten die Hansen diesen Handelszweig an sich, wobei die Klöster sich nicht auf den Verkauf eigener Wolle beschränkten, sondern sie auch auf anderen Gütern aufkauften, obwohl der König wiederholt Verbote gegen derartige, von der Geistlichkeit betriebene Geschäfte erlassen hatte. Nun verkaufte freilich auch der König selber Wolle an die fremden Kaufleute, und zwar sowohl die auf seinen Gütern erzeugte als auch die ihm als Steuer (Subsidie) abgelieferte. 1341 betrug die Subsidie 30000 Sack Wolle im Gesamtwerte von 138000 Pf. Dabei griff die Regierung häufig zu Wollausfuhrverboten, die jedoch meistens, wie Lohmann ausführt, nur den Zweck verfolgten, dem König, als dem größten Wollexporteur des Landes, das Monopol der Ausfuhr zu sichern oder durch individuelle Befreiungen davon zugunsten fremder Kaufleute (Lizenzen) seine Einkünfte zu mehren.

Auch außerhalb Englands beruhte die bevorzugte Stellung der fremden Kaufleute auf den Vorteilen, die sie den Großen des Landes bieten konnten[2]). In Schweden setzten die Verwalter der Krongüter, geistlicher und weltlicher Lehnsadel ihre landwirtschaftlichen Erzeugnisse an die Hansen ab, in Dänemark ließen die feudalen Grundbesitzer die Bauern ihnen das Getreide verkaufen, um es dann an die Hansen abzugeben. In Nowgorod hatte anfangs der Fürst seinen Hof, wo die Erzeugnisse seiner Ländereien gegen die ausländischen Waren ausgetauscht wurden. Später durfte er Geschäfte mit den Deutschen nur durch Vermittlung der Nowgoroder Bürger abschließen. Auch der Erzbischof knüpfte, wenn auch durch Mittelspersonen, Handelsbeziehungen mit den fremden Kaufleuten an, um die Erzeugnisse der Kirchenländereien zu verkaufen. Die Bojaren (der Adel) scheinen ebenfalls nicht nur in Polozk, sondern auch in Nowgorod regen Anteil am Handel genommen zu haben. Von ihnen waren ausgedehnte Landgebiete im Nordosten von Nowgorod — an den Ufern des Weißen Meeres, am Ural usw. —

---

[1]) Für die Privilegien der Hansen in England s. Hans. Urkundenbuch II, S. 31 (Privil. König Eduards I.) sowie III, S. 571; auch Kunze, Hanseakten (Hans. Geschichtsquell.) u. Einl. S. 8, 11, 17, 41f. Schanz S. 380f., 390f., 396f., 400, 411. Schulte I, S. 125. Ochenkowski S. 166. Lohmann, Staatl. Regel. d. engl. Wollengew. S. 71. Doren, Florent.Wollentuchind. S. 112f. Cunningham, Growth. App. D.

in Besitz genommen worden, woher ihnen namentlich von ihren Leuten die hochgeschätzten Tierfelle und Honig geliefert wurden; diese Produkte der Waldausbeute wurden nun von den Bojaren gegen westeuropäische und orientalische Luxuswaren ausgetauscht[1]).

Neben dem Warenhandel festigten die Hansen, insbesondere aber die Italiener, ihre Stellung in der Fremde auch durch Geldleihe, dadurch, daß sie den Königen und dem Adel die nötigen Geldmittel vorschießen konnten. Der König von Norwegen war bei den Hansen stark verschuldet, Eduard III. von England war genötigt, seine Krone und die Kronjuwelen bei ihnen zu verpfänden. Doch waren es vor allem die italienischen — und zwar vornehmlich die Florentiner Handelshäuser —, die englischen und französischen Herrschern umfangreichen Kredit gewährten und sich dadurch weitgehende Freiheiten sicherten[2]).

In denjenigen Städten, die eine aktive Handelspolitik führten, war auch — im Gegensatz zu den Meßstädten, wie zu allen übrigen Plätzen — der Kaufmannsstand zahlreich vertreten, und zwar war daran der feudale Adel (nobili) und die Geschlechter (Patrizier) stark beteiligt. So war es z. B. in Venedig, Florenz, Genua, Konstanz, Augsburg, Ravensburg, wie in Lübeck und manchen anderen Hansestädten. An diesen Plätzen ruhte das städtische Regiment in den Händen der Kaufmannschaft: ihr gehörten die Dogen von Venedig und Genua, die Bürgermeister, Amtmänner und Ratsmänner der hansischen und oberdeutschen Städte an. Die Bankherren bildeten die Spitzen der venezianischen Aristokratie. In Genua und Florenz entstammten die Inhaber der größten Handelshäuser den fürstlichen Geschlechtern, so die Medici, Cornaro, Doria, Spinola, Fiesci, Acciajuoli, Frescobaldi. In Dantes „Divina Comedia“ erkennt man die Wucherer, die in der Hölle sitzen, vor allem an den Adelswappen, welche an ihren Geldbeuteln angebracht sind. In Sizilien, Barcelona, wie auch in französischen Städten nahm der Adel an Handelsgeschäften regen Anteil („Foule de nobles vivant marchandement“)[3]). Ja, auch Könige (Kaiser Friedrich II., die Könige von Neapel) waren mitunter am Handel beteiligt. 1224 erließ Kaiser Friedrich II. ein Verbot, Lebensmittel oder sonstige Erzeugnisse des eigenen Haushalts nach dem Auslande zu verkaufen. Der Chronist, der darüber berichtet, fügt hinzu, daß Lebensmittel und Vieh infolgedessen so billig geworden wären, daß die Preise die Gestehungskosten nicht mehr deckten. Nur der Kaiser habe davon Vorteil gehabt; er habe billiger eingekauft und teurer ver-

---

[1]) Meine Russ. Wirtschaftsgesch. S. 148f. Nikitski, Wirtschaftl. Entwickl. Nowgorods. 1892. S. 39, 74. (Russ.)

[2]) S. u.

[3]) Häpke S. 189ff. Sieveking, Viert. f. Soz.- u. W.-G. 1909. S. 72ff. Stud. Lips. S. 143. Goldschmidt, Universalgesch. des Handelsr. S. 155. Bourquelot S. 52. Schulte, Gesch. I, S. 604, und pass. Heynen S. 15f., 27f., 77f. Schaube S. 25, 154f. Caro, Genua und die Mächte am Mittelmeer I, S. 10. Davidsohn, Gesch. v. Florenz I pass. (s. auch Forsch. IV, S. 270) Koppmann in Hans. Gesch.-Bl. 1872. Strieder, Zur Genesis des modernen Kapitalismus, pass.

kauft, an wen er wollte. Auch sonst wurde von der Krone Getreidehandel getrieben, wobei neben fiskalischem Getreide auch angekauftes verwendet wurde; die damit beladenen Schiffe sollten dann dorthin abgeschickt werden, wo der größte Nutzen zu erwarten stand. Dabei sollte Privaten die Getreideausfuhr nicht eher gestattet werden, als wenn die Verladung der königlichen Schiffe beendet war. Nach Schaube hatte die Krone bei einer Getreideausfuhr von 50000 Last im Frühjahr 1240 rd. 27000 Goldunzen (ca. 1400000 Goldmark) erzielt. Der Handel mit Rohseide, Flachs, Eisen und Salz wurde von Friedrich II. zum Staatsmonopol erhoben, auch die Färberei wurde vom Staate in Pacht ausgetan. Auch Margarethe v. Anjou, Heinrichs VII. v. England Gemahlin, suchte am Wollhandel zu profitieren, und Eduard IV. betrieb einen Handel in Wolle, Tuch und Zinn, der sich bis nach Griechenland und Italien erstreckte. Maria v. Anjou, die Gattin Karl VII., kaufte in Poitou Wein zwecks Weiterverkauf ein und ließ Schiffe zur Flandernfahrt befrachten. Karl VII. selbst nahm an Handelsgeschäften mit der Levante teil[1]). Ein wichtiger Platz ist auch der Kirche im mittelalterlichen Handel einzuräumen. Zahlreiche Angaben sind über die kaufmännische Tätigkeit von Bischöfen, Klöstern, Mönchen, geistlichen Orden erhalten, wobei geistliche Stiftungen sich besondere Vergünstigungen im Handel zu erwerben wußten. Wie Prutz bemerkt, kam es sogar vor, daß Kaufleute um dieser Vorrechte willen die Mönchsweihen annahmen[2]).

In der Mannigfaltigkeit der Elemente, aus denen sich der Kaufmannsstand zusammensetzte, tritt die Tatsache hervor, daß derselbe noch nicht berufsmäßig entwickelt war, daß am Handel jener Zeit noch zahlreiche Personen teilnahmen, die die kaufmännische Tätigkeit nur gelegenheitsmäßig und von Fall zu Fall ausübten (Gelegenheitshandel).

Auch die Umsätze des mittelalterlichen Handels scheinen, an den heutigen Ziffern gemessen, nur gering gewesen zu sein; es gab, nach Sombart, „eine wimmelnde Schar kleiner und kleinster Händler". Freilich hat die These Sombarts von der Kleinheit der mittelalterlichen Handelsumsätze zahlreiche kritische Bedenken erregt; doch hat diese Kritik Sombart keineswegs veranlaßt, seine Stellungnahme in dieser Frage zu ändern[3]). In der Tat übersteigen z. B. die Beträge des Ausfuhrhandels der wichtigsten Hansestädte im 14. Jahrhundert keine 4,5 Mill. M. jährlich (dies bezieht sich auf den Lübecker Handel 1368, während der Handelsverkehr Hamburgs 1371 bloß 3,5 Mill. und der Stralsunds

---

[1]) Brodnitz, Engl. Wirtschaftsgesch. I, S. 423. Stubbs, Constitut. History. Vol. III, S. 576. Naudé, Getreidehandelspol. S. 158ff. Winkelmann, Zur Gesch. Kaiser Friedrichs II. I, S. 524ff; II, S. 278f. Yver S. 33, 137, 157. Schaube, Handelsgesch. S. 505f. Prutz, Jacques Coeur. S. 155.

[2]) Siehe meinen Artikel „Warenhändler und Geldausleiher im Mitt." in Zeitschr. f. Volksw. Sozialpol. Verw. S. XVII. Prutz S. 33, 156 pass.

[3]) Sombart Mod. Kapit. I, 2. Aufl., S. 168ff.

3 Mill. M. ergibt)[1]). Dagegen war die Zahl der beteiligten Händler immer recht groß, so daß auf den einzelnen nur winzige Summen kamen. Unglaublich klein waren sogar die Umsätze der großen Florentiner Häuser, ja selbst die der Medici. Die von Sombart angeführten Zahlen über die Warenumsätze werden dann noch sowohl durch die kleinen Vermögensziffern als auch durch das geringe Ausmaß der Schiffe bestätigt, die ja zudem noch, trotz ihrer geringen Größe, meist von mehreren Teilhabern besessen und beladen wurden.

Wird man im allgemeinen Sombart zustimmen können, der sich gewiß ein bleibendes Verdienst dadurch erworben hat, daß er mit den übertriebenen Vorstellungen vom mittelalterlichen Handel aufgeräumt hat, so sind doch gewisse Einschränkungen zu machen. So besitzen wir z. B. auch Angaben über größere Warenumsätze. Die Wollausfuhr aus England 1273 (anscheinend nach Nordfrankreich und Flandern) betrug, nach Schaube, 35000 Säcke, was nach seiner Berechnung 20 Mill. Goldmark gleichkommt[2]). Das Handelshaus Scotti aus Piacenza hat in diesem Jahre Wolle für 1250000 GM. ausgeführt. 1320 sagte Johannes Bonacursi, von der Gesellschaft der Acciajuoli, vor dem Official der Mercanzia aus, die Kommune Florenz schulde dieser Gesellschaft sowie vier anderen und einigen Kaufleuten von Genua und Sizilien für das gelieferte Korn 40000 Goldflor, d. i. ca. 400000 GM[3]).

Die einzelnen Geschäfte in einer bestimmten Warengattung, die die großen Florentiner Gesellschaften oder die Medici abschlossen, waren freilich nicht selten winzig, aber es ist doch zu beachten, daß solche Geschäfte zu gleicher Zeit in den mannigfachsten Warenarten und an verschiedenen Orten abgeschlossen wurden. Man sandte den Medici nach Florenz zuweilen zwei, drei oder acht Ballen Tuch, ein paar Sack Baumwolle, ein paar Bündel Häute; doch handelten sie zu gleicher Zeit in Tuch, Seide, Pelzen, Getreide, Wolle, Kurzwaren, Alaun, Zucker, Pfeffer usw. und besaßen Niederlassungen in Pisa, Mailand, London, Brügge, Antwerpen, Lyon usw. Man müßte die Geschäftsabschlüsse im Laufe eines Jahres in allen Teilen Europas, wo sie ihre Filialen hatten, und in allen vertriebenen Waren zusammenzählen, um sich eine richtige Vorstellung von ihrem Gesamtumsatz im Handel machen zu können. Doch solche Zahlen über den Gesamtumsatz der Handelshäuser fehlen leider. Jedenfalls machten allein die in den von Cosimo Medicis Söhnen Giovanni und Piero noch zur Lebenszeit des Vaters betriebenen Wollgeschäften investierten (versteuerten) Kapitalien 10000 Goldfl. bei

---

[1]) Freilich bemerkt Stieda dazu, daß die Berechnung auf dem Pfundzoll beruht, der in Kriegsjahren erhoben wurde, daher es durchaus nicht unwahrscheinlich ist, daß in Friedensjahren der Handel wesentlich höhere Zahlen erreichte. (Stieda, Revaler Zollbücher. S. LVIII.)

[2]) Schaube, Die Wollausfuhr Englands v. J. 1273. Viert. f. Soz.- u. W.-G. 1908. S. 178.

[3]) Davidsohn, Forschungen III, Nr. 438.

Giovanni und 12000 Goldfl. bei Piero aus, d. i. rd. 100000 bzw. 120000 GM[1]).

Was die Größe der mittelalterlichen Gesamtvermögen betrifft, so gab es in Florenz um die Mitte des 15. Jahrhundert 57 Steuerzahler, die über 10000 Goldfl., d. i. ca. 100000 GM. Vermögen versteuerten; in Genua zählte man um dieselbe Zeit 90 solcher Vermögen. Nach dem Florentiner Kataster von 1427 betrug allein das Handlungskapital bei Palla Strozzi 14791 fl., d. i. rd. 150000 GM.; bei Giovanni Medici 44752 fl. oder rd. 450000 GM. Das Vermögen, das Giovanni Medici seinen beiden Söhnen 1429 hinterließ, belief sich auf 179000 Goldfl., wovon das Handlungskapital 140000 Goldfl., d. i. rd. 1400000 GM. erreichte[2]). Noch viel größer waren die eigenen und fremden Mittel, mit denen die Florentiner Handelsgesellschaften arbeiteten. Die Gesellschaft Della Scala fallierte 1326 mit Passiven von 5 Mill. Goldlire, die Einlage der Teilhaber der Firma Bardi machte (1320) 1¼ Mill. Goldlire aus, dagegen ihre Außenstände über 10000000 Goldlire. Allerdings waren diese Beträge überwiegend in Darlehensgeschäften festgelegt, nur zum geringeren Teil im Warenhandel[3]).

Natürlich waren bei anderen Kaufleuten und Firmen die Handlungskapitalien und die Umsätze viel geringer. Doch wird man auch hier stets sowohl die Mannigfaltigkeit der Waren als die Menge von Niederlassungen, die die größeren Handelshäuser besaßen, im Auge behalten müssen. So hatte z. B. die Kompagnie der Peruzzi im 14. Jahrhundert 16 Filialen und über 150 Faktoren in der ganzen Welt; die Acciajuoli von Florenz hatten 1341 41 Faktoren, davon 2 in Pisa, 6 in Genua, 1 in Paris, 2 in Brügge, 2 in London, 3 in Avignon, 5 in Neapel, 2 in Tunis, 2 in Chiarezza (Morea), 3 in Rodi, 3 in Famagusta, 3 in Sizilien[4]). Neben dem Bezug von päpstlichen Einkünften und den Bankgeschäften wurde in den meisten Niederlassungen auch Warenhandel betrieben.

Hildebrand Weckinhusen, der in Brügge sein Standquartier aufgeschlagen hatte, und der sich ausschließlich mit Warenhandel in den mannigfachsten Waren befaßte, betrieb Handelsgeschäfte nach allen Richtungen, teils nach Norden, teils nach Süden; in Deutschland sind Hamburg und Lübeck einerseits, Riga, Dorpat, Reval andrerseits die Orte, zu denen er lebhafte Handelsbeziehungen unterhält. Im Süden zieht ihn besonders Venedig an. Außerdem spinnen sich die Fäden seines Handelsverkehrs, wie man aus seinem Briefwechsel ersieht, nach einer großen Anzahl von Städten in England (London, Boston), Frankreich (Toul, Amiens, St. Thomas, La Rochelle, Rouen), Italien (neben Venedig Lucca), den Niederlanden (Antwerpen, Amsterdam, Herental, Utrecht, Gent, Delft). Ferner steht er im Verkehr mit einer Reihe süddeutscher, rheinischer, niederdeutscher Handelsstädte (Nürnberg, Straßburg, Frankfurt

[1]) Meltzing S. 102, 116, 135.
[2]) Sieveking, Aus Genues. Rechnungs- u. Steuerbüchern. S. 98f., 103, 109f.
[3]) Davidsohn, Gesch. IV 2, S. 187, 202.
[4]) Goldschmidt, Universalgesch. S. 189.

a. M., Konstanz, Köln, Limburg, Wismar, Stettin)[1]. Ein noch ausgedehnterer Handelskreis findet sich bei der Großen Ravensburger Gesellschaft. Sie hatte 13 Gelieger (Filialen) in verschiedenen Städten, an deren Spitze je ein Obmann stand, und zwar sowohl auf italienischem Boden als in Frankreich, Spanien, der Schweiz, den Niederlanden, endlich im heutigen Deutschland, Österreich und Ungarn. Außerdem wurden die Messen in allen diesen Ländern von der Gesellschaft eifrig besucht[2].

Nach Schulte hatten die vier im Jahre 1498 in Barcelona einlaufenden Naus eine Nutzlast von durchschnittlich 9000 Quintalen (Doppelzentnern), ein Größenverhältnis, das erst im 19. Jahrhundert erreicht worden war[3]. Freilich waren dies wohl Ausnahmen, im allgemeinen waren die Schiffe im Mittelalter von nur geringer Tonnenzahl. An ihrer Befrachtung war gewöhnlich eine Reihe von Kaufleuten beteiligt[4]. Doch ist auch hier zu berücksichtigen, daß man, da die Versicherungsspesen recht hoch waren und deshalb die Ladung gewöhnlich nicht versichert wurde, die Waren auf möglichst viele Fahrzeuge zu verteilen suchte. Deswegen konnte bei einer sehr geringen Warenmenge, die der einzelne Händler auf einem bestimmten Schiffe verfrachtete, sein Gesamtumsatz doch ein größerer sein, weil er zu gleicher Zeit an einer Reihe von Schiffen, die nach verschiedenen Plätzen segelten, beteiligt war. Dazu kommt noch, daß man sich mit den Angaben über den Tonnengehalt der Schiffe nicht begnügen darf, denn damals wurden die Ziffern der Handelsstatistik noch nicht durch billige Rohstoffe angeschwellt. Insbesondere im Mittelmeerhandel sowie im Handel zwischen Süddeutschland und Italien bestand der weitaus größte Teil der beförderten Waren aus hochbewerteten Gütern. Als 1473 eine reichbeladene Galeere durch hansische Kriegsschiffe geraubt worden war, entstand dem Hause der Medici ein Schaden von 30000 Goldfl. (rd. 300000 GM.)[5]. Doch finden wir auch noch viel früher Schiffsladungen von größerem Wert. Für ein genuesisches Schiff, das an der Donaumündung Schiffbruch gelitten hatte und von der, dem Kaiser untertanen Bevölkerung völlig ausgeraubt worden war, forderte Grimaldi 1175 vom Kaiser 23000 Hyperpern, d. i. ca. 70000 GM. Zwei um 1164 von den Pisanern erbeutete Schiffe repräsentierten mit ihrer Warenladung einen Wert von 8000 L. oder über 200000 GM[6].

Trotz aller Einschränkungen wird man dennoch zugeben müssen, daß selbst in den Haupthandelszentren die Warenumsätze jener Zeit, verglichen mit den heutigen, nur gering waren und größere (nach unserem

---

[1]) Stieda, Hildebrand Veckinchusen, Briefwechsel.

[2]) Über die Große Ravensb. Ges. s. v. unt. Über die italienischen Handelsgesellschaften bei Davidsohn, Meltzing, Bassermann, Goldschmidt.

[3]) Schulte, Große Ravensb. Ges. II, S. 59.

[4]) Nach Daenell überstieg die Nutzlast der Hanseschiffe nur selten 250 Registertonnen. (Daenell II, S. 347.)

[5]) Meltzing S. 135.

[6]) Schaube S. 231, 239.

Maßstabe) Warenmengen damals wohl nur von einzelnen Handelsgesellschaften oder Kaufleuten abgesetzt wurden. Diese Handelsfirmen mit größeren Umsätzen ragen gleich Inseln hervor aus dem Meere der kleinen und kleinsten Händler — wiederum an der Gegenwart gemessen. Dies hängt mit dem großen wirtschaftlichen Aufschwung zusammen, den das 19. Jahrhundert, das Zeitalter des Dampfschiffes und der Eisenbahnen, im Verkehrswesen hervorgebracht hat. Nach den Berechnungen Schultes ist der sich über den St. Gotthard bewegende Jahresverkehr im Spätmittelalter auf eine Gewichtsmenge von 1250 t anzusetzen, d. i. der Inhalt von zwei heutigen Güterzügen. Wenn man diese Zahl mit dem Ende des 19. Jahrhunderts vergleicht, so ergibt das ein Verhältnis von 1:237. „Ein zwerghafter Verkehr steht einem riesigen gegenüber." Freilich macht eben Schulte die Bemerkung, daß es sich damals um hochwertige Waren, jetzt um billige Massengüter handelt. Nun fragt aber Schulte weiter: „Ist denn überhaupt ein Vergleich des Mittelalters mit dem Verkehr von heute berechtigt? War denn vom Beginn der Neuzeit das Aufsteigen des Handelsverkehrs so enorm? Durchaus nicht. Erst die Einführung der Kohle als Transportkraft hat die kolossale Steigerung des Transports herbeigeführt und erst in der zweiten Hälfte des 19. Jahrhunderts liegt die rapide Zunahme des Verkehrs über die Alpen. Das Bild des Mittelalters muß man mit dem vergleichen, das man gewinnt, wenn man die Zustände unmittelbar vor dem Einfluß der Eisenbahnen betrachtet." Und da kommt man zu ganz anderen Resultaten: der Verkehr auf dem St. Gotthard 1831—33 betrug bloß 4000 t, was eine Steigerung im Verhältnis zum Mittelalter nur von 1:3,2 ergibt und erst 1840 machte er 8 100 t aus, war also bis auf 1:6,2 angewachsen. Das sind schon ganz andere Verhältnisse, keine enorme Steigerung des Verkehrs mehr[1]).

Es hängt demnach alles davon ab, von welchem Gesichtspunkte aus man den spätmittelalterlichen Handel betrachtet. Im Verhältnis zum Handel des Frühmittelalters, der von kleinen Schnorrern, Packenträgern betrieben wurde, hatte er jedenfalls eine bedeutende Steigerung zu verzeichnen; auch dem Handelsverkehr der nachfolgenden Periode (bis Anfang des 19. Jahrhunderts) gegenüber waren die Gütermengen erheblich, denn in den nächsten Jahrhunderten ist ein nur geringes Anwachsen zu verzeichnen und erst mit unseren Augen betrachtet erscheinen die Warenumsätze meist (wenn auch nicht immer) gering.

Neben dieser Betrachtungsweise, welche den Handelsverkehr allein in seiner historischen Entwicklung zum Ausgangspunkte nimmt, ist jedoch noch eine andere möglich, die freilich nicht von den gegenwärtigen Umsätzen, sondern von den wirtschaftlichen Verhältnissen der betreffenden Periode ausgeht und auf diese Weise die Stellung des Handels im Wirtschaftsleben derselben charakterisiert. Ziehen wir nämlich die geringe städtische Bevölkerung des Mittelalters in Betracht, wo selbst große Handels- und Gewerbezentren 10—20000 Ein-

---

[1]) Schulte, Gesch. d. mitt. Hand. I, S. 722f.

wohner zählten, den ebenso dürftigen Geldumlauf, die schwache Entwicklung des Gewerbewesens, die niedrigen Ziffern des Staatshaushaltes, so werden die Warenumsätze im Verhältnis dazu eher als hoch bezeichnet werden müssen[1] [2]. In diesem Sinne wird man Häpke recht geben müssen, wenn er sagt, „mittelalterlicher und heutiger Umsatz läßt aber gar keine Vergleiche zu“[3].

Nicht minder charakteristisch für den mittelalterlichen Handelsverkehr ist die überaus wenig entwickelte Spezialisierung der kaufmännischen Tätigkeit. Während das Handwerk streng vom Handel geschieden war und auch innerhalb desselben eine scharfe Abgrenzung der einzelnen Gewerbezweige voneinander bestand, indem jede Zunft eifersüchtig darüber wachte, daß die Nachbarzünfte sie in ihrer Tätigkeit nicht störten, waren dagegen Groß- und Kleinhandel, Warenbeförderung, Geld- und Kreditgeschäfte, Steuer- und Münzpacht und viele andere Berufe aufs engste miteinander verbunden; sie wurden von denselben Personen gleichzeitig ausgeübt. Der Transport hatte sich meist noch zu keinem selbständigen Berufszweige herausgebildet; der einzelne Kaufmann, der Teilhaber einer Handelsgesellschaft, der Handlungsgehilfe (Faktor) begleitete die Waren. Die Schiffe gehörten den auf ihnen ihre Waren befördernden Kaufleuten. Auch der Schiffer und die Schiffsmannschaft trieben teilweise Handel; ihnen gehörte das Recht, bestimmte Mengen von Waren mit sich zu führen und abzusetzen. Der seine Waren begleitende Kaufmann treibt Handel mit allen möglichen Waren zugleich. Von einer Spezialisierung in besonderen Handelszweigen ist keine Rede. Es werden zu gleicher Zeit Tuche und Getreide, Zimmt, Pfeffer, Safran und andere Spezereien, Häute und Pelzwerk, Holz, verschiedene Fischarten, Metalle usw. als Handelsartikel abgesetzt. Dies ergibt sich aus jedem Handelsbuche jener Zeit (Wittenborg, Vicko van Geldersen, Töllner, Bonis, Medici u. a.), wie aus dem Briefwechsel von Hildebrandt Weckinhusen, den Papieren der Großen Ravensburger Gesellschaft, der Frankfurter Firmen usw.

---

[1] Keutgen hat folgenden Vergleich angestellt: der Ausfuhrhandel allein der preußischen und der vier wendischen Städte machte um 1368—1369 15,5 Millionen Goldmark jährlich aus; er war demnach dreimal so hoch als die gesamten englischen Staatseinnahmen unter Eduard III. und Richard II., die 120 000 Pfund oder 5 Millionen Mark nicht überstiegen. Demgegenüber betrug zu Beginn des 20. Jahrhunderts (1903) der deutsche Gesamthandel (nicht bloß die Ausfuhr dieser Städte!) 11,5 Milliarden GM. — bloß das Vierfache der Staatseinkünfte Englands. Das Verhältnis der Handelsumsätze zu den Staatseinnahmen ist demnach im Mittelalter ein für die ersteren günstigeres als heutzutage. (Keutgen, Hans. Handelsgesellsch. Viert. f. Soz.- u. W.-G. 1906. S. 284.)

[2] „Alles in allem war, nach damaligem Maße, d. h. wenn man die nach unseren Begriffen geringe Produktion auf allen Wirtschaftsgebieten berücksichtigt, dieser interlokale und internationale Handel gewiß recht bedeutend.“ (Keutgen, Der Großhand. i. Mitt. Hans. Gesch.-Bl. 1901. S. 124.)

[3] Häpke, Brügges Entwicklung. S. 268. Vgl. Nuglisch, Jahrb. f. Nat.-Ök. B. 28. Heynen, Zur Entw. des Kapitalismus in Venedig. Davidsohn, Forsch. IV. Silberschmidt, Zeitschr. f. Handelsrecht. B. 68.

Denselben Quellen ist noch ein Weiteres zu entnehmen. Ebenso wenig nämlich, wie die Warenspezialisierung, war die Scheidung in Groß- und Kleinhandel bekannt[1]). Wie v. Below nachgewiesen hat, hat es im Mittelalter einen berufsmäßig entwickelten Stand reiner, keinen Detailhandel betreibender Großhändler überhaupt nicht gegeben. Die städtischen Kaufmannsgilden waren Kleinhändlerzünfte, die Teilnehmer der Kauffahrerkompagnien, in deren Händen der Handel mit fremden Ländern ruhte, bemühten sich auch in der Fremde um den Detailabsatz, und den Hansen gelang dies auch meist. Erst recht suchten sie in der Heimat die eingeführten Waren nicht bloß im großen an Wiederverkäufer abzugeben, sondern auch im kleinen abzusetzen. Der von v. Below aufgestellte Satz hat allgemein Zustimmung gefunden und ist auch durch weitere Forschungen bestätigt worden. Selbst Keutgen, der sich der von v. Below vertretenen Ansicht gegenüber kritisch verhielt, mußte zugeben, daß nur in Augsburg neben den Kleinhändlergilden das Bestehen einer gesonderten Großhändlergilde festgestellt werden kann, deren Mitglieder sich ausschließlich auf den Handel en gros beschränkten. In allen anderen, von Keutgen eingehend untersuchten Fällen ergab sich bloß das Vorhandensein von städtischen Kleinhändlergilden, die die ausschließliche Befugnis zum Detailhandel besaßen, während der Großhandel jedermann, auch dem Nicht-Kaufmann freistand[2]).

Ferner traten dieselben Kaufleute, die sich dem Warenhandel widmeten, zugleich, wie ich in meinen Ausführungen über „Warenhändler und Geldausleiher im Mittelalter" zu zeigen gesucht habe (Sombart hat dem zugestimmt)[3]), auch als Geldhändler auf, die namentlich Geld auf Zinsen ausliehen. Die Annahme, nur Lombarden und Juden hätten Kreditgeschäfte betrieben, hat sich nämlich als vollständig unhaltbar erwiesen. Zunächst wurden ja im Mittelalter sämtliche italienische Kauf-

---

[1]) Stieda, Hildebrand Veckinchusen, Briefwechse l. S. XXVIII, XXX, LXIVf. Schulte, Große Rav. Ges. II, 1923 (Warenverzeichnisse). Franklin, La vie privée d'autrefois. Les magasins de nouveautés. S. 5ff. Dietz, Frankfurter Handelsgesch. II, S. 125f. Siehe auch die Beispiele unten.

[2]) v. Below, Probl. der Wirtschaftsgesch. Kap. VI. (Zuerst in Jahrb. f. Nat.-Ök. 1900.) Keutgen, Hans. Gesch.-Bl. 1901. Viert. f. Soz.- u. W.-G. 9106. Apelbaum, Basler Handelsgesellsch. im 15. Jahrhundert. S. 9, 70. v. Inama III, 2. Vgl. freilich Rörigs interessante Untersuchungen über die Lübecker Großhändler (Rörig, Großhandel n. Großhändler in Lübeck des 14. Jahrhunderts, Z. d. Vereins für lübeck. Gesch. u. Alt. 1926).

[3]) Sombart I, 2. Aufl., S. 612. Auch Bigwood (Le régime juridique et économique du commerce de l'argent dans la Belgique au moyen-âge I, S. 301; 1921) schließt sich meiner Ansicht an, daß es als „erwiesen gelten kann, daß die beiden Arten des Handels nicht voneinander getrennt waren und daß die Umstände die Kaufleute dazu zwangen, einerseits neben dem Warenhandel auch Finanzgeschäfte zu betreiben, andrerseits zu ihren Geldgeschäften auch Warenhandel hinzuzufügen. Eine wirklich durchgeführte Arbeitsteilung gab es nicht. Jedenfalls steht es fest, daß in den südlichen Niederlanden (im Mittelalter) beide Arten der Handelstätigkeit von denselben Personen vereinigt werden".

leute, die sowohl mit dem Warenhandel als mit der Geldleihe in England, Frankreich, Flandern usw. sich befaßten, als Lombarden bezeichnet. Ferner ist es aber ganz unmöglich, eine Scheidung der italienischen Kaufleute nach zwei gesonderten Berufsgruppen, der reinen Warenhändler und der Nur-Geldausleiher, vorzunehmen. Die italienischen Kaufleute, sowohl die Florentiner (die Handelsgesellschaften der Frescobaldi, Bardi, Perucci, Mocci, Spini u. a. m.) als auch die Venetianer, Genuesen, die Handelshäuser von Siena, Bologna, Lucca betrieben sowohl Waren- als Geldleihgeschäfte. Auch die italienischen Bankhäuser vereinigten mit Geld- und Kreditgeschäften Warenspekulation in Handelsgütern. Selbst das größte unter ihnen, das Handelshaus der Medici, das man allgemein ausschließlich als Bankhaus aufgefaßt hatte, führte tatsächlich, wie aus den eingehenden Forschungen Sievekings erhellt, einen umfangreichen Warenhandel in Spezereien, italienischen Seidenstoffen, Tuchen usw. Auch für die Juden wird man, nach den von Loeb und Schwab veröffentlichten Handelsbüchern sowie nach den Forschungen von Schaube und Caro wohl nicht mehr behaupten können, sie wären seit dem 11. Jahrhundert (so lautete die früher allgemein verbreitete Auffassung) vom Warenhandel ausgeschlossen gewesen. Selbst in Deutschland, wo der Schwerpunkt ihrer Tätigkeit im Geldgeschäfte ruhte, erst recht aber in Frankreich, Italien, Spanien, verbanden sie mit der Geldausleihe auch Warenhandel, und zwar den Absatz sowohl im großen wie im kleinen. Betrachtet man endlich den Handel der Hansen, der oberdeutschen, französischen und anderen Kaufleute, die für gewöhnlich bloß als Warenhändler aufgefaßt werden, etwas näher, so ersieht man aus den Hanseakten und anderen Quellen, daß die Hansen und Flandrer in England, Jacques Coeur in Frankreich, die Augsburger Kaufleute usw. Darlehensgeschäfte mit Kleinhändlern und Handwerkern, vor allem aber mit Fürsten und Baronen machten[1]).

Die Zusammenfassung von Warenhandel und Geldleihe in einer Hand war in der Natur des Handels- und Kreditverkehrs jener Zeit begründet. Es ist vor allem zu berücksichtigen, daß die Privilegien, auf denen der Warenhandel, z. B. der in England verkehrenden Italiener und hansischen Kaufleute (in Wolle, Tuch, Getreide, Häuten) ruhte, von der Gunst des Landesherrn abhängig waren und sie daher, um dieselbe sich zu erhalten, den stets geldbedürftigen Herrschern durch fortlaufende Kreditgewährung sich nützlich erweisen mußten. Dazu kam ferner der Umstand, daß infolge von Kriegen (Handelssperren, Parteifehden, Plünderungen) im Handelsbetrieb Stockungen eintraten und daher flüssige Kapitalien hätten müßig liegen bleiben müssen, wenn sich für sie

[1]) Siehe meinen Aufsatz „Warenhändl. u. Geldausleiher im Mittelalter" in Zeitschr. für Volkswirtsch., Sozialpolitik und Verwalt. 1908. Sieveking, Viert. f. Soz.- u. W.-G. 1909. S. 73, 78. Ders., Zur Handelsgesch. Genuas. Stud. Lips. S. 156. Caro, Sozial- u. Wirtschaftsgesch. der Juden I (1910), S. 241f., 319f., 426f. Häpke, Brügges Entw. S. 47. Kießelbach S. 63. Davidsohn, Forschungen. S. 274f. Prutz, Jacques Coeur. Bothe, Levasseur.

nicht eine andere Anlage — im Leihgeschäft — gefunden hätte. Geht man andrerseits vom Warenhandel aus, so wird man ebenfalls nicht verkennen dürfen, daß die Geldleiher sich notwendig auch in Warengeschäfte einlassen mußten, denn die bei ihnen von ihren Schuldnern als Faustpfand hinterlegten und nicht eingelösten Gegenstände mußten von ihnen veräußert werden. Außerdem erhielten sie in ihrer Eigenschaft als fürstliche Bankiers fortwährend Aufträge, den Hof mit verschiedenen Luxusgütern zu beliefern, das Heer beim Ausbruch von Kriegen mit Getreide, Waffen usw. zu versehen. Endlich erfolgte die Rückzahlung der von den Bankiers gewährten Darlehen nicht immer in Geldform, sondern häufig in landwirtschaftlichen Erzeugnissen der königlichen, der geistlichen und weltlichen Grundherrschaften oder aber auch durch Gewährung von wertvollen Handelsprivilegien, wie von Ausfuhrlizenzen für Handelsartikel, deren Export im allgemeinen untersagt war. Häufig gelangten die von den Landesfürsten geschuldeten Darlehen auch noch in einer anderen Form zur Rückzahlung, nämlich durch Überweisung verschiedener Staatseinkünfte, wie Steuern, Zölle, Münze, Zehentgelder oder durch Zuteilung von Bergwerksrechten. Die Ausbeutung der überlassenen Bergwerke, der Münze, die Verwaltung der Zölle und Steuern usw. machte die Geldleiher nicht nur zu Warenhändlern, sondern auch zu Steuereinnehmern, Münzmeistern, Salinen- und Bergwerksteilhabern. Insbesondere steht es für die Italiener fest, daß sie alle diese Berufszweige zu vereinigen suchten, und zwar sowohl in England als in Frankreich, den Niederlanden, dem Königreiche beider Sizilien.

Wir wollen hier einige Belege für das vorstehend Ausgeführte beibringen, die das Fehlen der Spezialisierung in der Tätigkeit des mittelalterlichen Geschäftsmannes bezeugen sollen. „Wenn es nach den zahlreichen Marseiller Kontrakten... den Anschein gewinnen könnte, als ob die sienesischen Kaufleute im Verkehr mit Frankreich fast ausschließlich das Geldgeschäft gepflegt hätten, so müßte eine solche Auffassung doch als irrtümlich bezeichnet werden. Hinter dem Wechselverkehr (und der Geldleihe an französische Große und Barone) steht der Warenhandel. In Florenz betrieben alle größeren Bankhäuser zugleich umfangreiche Warengeschäfte [1]).“ Sie unterhielten zugleich ihre Fondachi für Tuche. „Viele der großen Florentiner Bankgeschäfte, so die Bardi, Peruzzi, Spini, Spigliati, Mozzi, Canigiani, Chieri, Pazzi, auch die Sieneser Buonsignori, die Pistojeser Sozietäten Chiarenti und Ammanati waren an der seewärtigen Einfuhr roher französischer Tuche nach Toscana zur Veredlung beteiligt.“ Daneben betrieben die Bankhäuser Wollexport aus England, Getreideausfuhr aus Süditalien, nahmen am Levantehandel regen Anteil usw. In Florenz standen — nach Davidsohn — Warengeschäfte mit dem Bankwesen in unlösbarer Verbindung [2]). Dies war bei allen Florentiner Handelsgesellschaften der Fall. Auch das größte Handelshaus des mittelalterlichen Italiens, die Firma Medici in Florenz und deren Filialen in Rom, Mailand und anderwärts beteiligten sich an Geschäften der verschiedensten Art. Sie befaßten sich einerseits mit Wechsel- und Darlehensgeschäften (Gewährung verzinslicher Darlehen an Könige, Kaufleute, Handwerker), mit Depositen-, Kommissions-, Versicherungs-, Frachtgeschäften; andrerseits gaben sie sich jedoch auch mit Warenhandel in großem Umfange ab, und zwar sowohl in Wolle, Tuch- und Seidenstoffen (die in ihrem

---

[1]) Schaube, Handelsgesch. S. 358.

[2]) Davidsohn Forsch. IV, S. 374ff. Ders., Gesch. von Florenz IV 2, S. 180, 184.

Auftrage von Heimarbeitern hergestellt wurden, in Mützen und Handschuhen als auch in Spezereien und anderen aus der Levante eingeführten Artikeln, wie Pfeffer, Zucker, Alaun, Baumwolle usf. Endlich lieferten sie auch an den Hof Gold- und Silberwaren. Bei dem florentinischen Hause der Medici standen die Bankgeschäfte an erster Stelle, obwohl daneben auch Warenhandel getrieben wurde. In Brügge hingegen traten die Medici vornehmlich als Importeure von Spezereien auf. Aus England führten sie Tuch aus, dabei waren sie auch Darlehensgeber der englischen Könige[1]). Das Handelshaus der Panciatichi in Genua 15. Jahrhundert) betreibt Kreditgeschäfte, setzt auch Tuche nach Avignon, Valencia, der Berberei und London ab, widmet sich in Venedig Versicherungsgeschäften und gewährt dem König von Ungarn Darlehen[2]). Die Untersuchungen von Gauthier und Morel, insbes. aber von Bigwood, zeigen uns die Lombarden in Burgund, Flandern und anderen Landgebieten, wie sie neben dem Betrieb von Kreditgeschäften (Wechselbetrieb, verzinsliches Darlehen gegen Faustpfand, Handwechsel) auch am Warenhandel beteiligt waren[3]). Die Italiener, die als Lombarden bezeichnet werden (und Darlehnskassen begründen, zugleich als Geldwechsler, Münzmeister usw. auftreten), befassen sich mit dem Handel in mannigfachen Waren, weswegen sie auch als Kaufleute qualifiziert werden. Anderseits sind auch die großen italienischen Handelsgesellschaften, die einen schwunghaften Warenhandel mit Flandern und anderen Ländern führen, an Darlehensgeschäften mit Fürsten und Städten beteiligt[4]). Ein Unterschied zwischen „Italienern“ und „Lombarden“ — wie das oft getan wird — läßt sich demnach gar nicht feststellen, dieselben Kaufleute betreiben Warenhandel wie Darlehnsgeschäfte und führen bald diesen bald jenen Namen. Hatten doch bei Vertreibungen der Lombarden und bei Beraubungen derselben auch die großen Florentiner Firmen, sogar die Bardi und Peruzzi zu leiden, ihre Sozien wurden überall gefangen gesetzt. Erpressungen wurden an ihnen (von französischen wie von englischen Königen) verübt[5]).

In Unteritalien und Sizilien wandten sich die Juden eifrig dem Seidengewerbe und dem Seidenhandel zu; Kaiser Friedrich II. überließ das von ihm eingeführte Monopol auf den Handel mit Rohseide und auf den Färbereibetrieb in Sizilien den Juden zur Ausbeutung. Auch besorgten die Juden den Absatz der gefärbten seidenen, leinenen, baumwollenen und anderen Zeuge. In Südfrankreich gehörte zu ihren Hauptbeschäftigungen der Kermeshandel ebenso wie der Handel mit orientalischen Spezereien und Gewürzen. Sie handelten mit Katalonien, Sizilien, Südafrika wie mit den Kreuzfahrerstaaten. Hand in Hand damit ging ihre Tätigkeit als Darlehnsgeber, als Zoll- und Steuereinnehmer, indem die Landeseinkünfte ihnen zur Deckung der Schulden überwiesen wurden und auch später bei ihnen verblieben. Schwab hat vor kurzem ein Handelsbuch des Juden Mardoché Joseph von 1374 herausgegeben, der in der Umgegend von Marseille einen Kiefern- oder Tannenwald besaß und durch Lohnarbeiter Harz aus den Bäumen extrahieren ließ[6]). Eine Handelsgesellschaft jüdischer Kaufleute in der Franche-Comté (1300—1318) erweist sich, nach den von Löb veröffentlichten, ihren Handlungsbüchern entnommenen Auszügen sowohl im Geldhandel als auch im Warenhandel mit mannigfachen Stoffen, Weinen, den verschiedensten landwirtschaftlichen wie gewerblichen Erzeugnissen tätig (Haus-

[1]) Sieveking, Die Handlungsbücher der Medici. Sitzungsber. der Akad. der Wissensch. in Wien. Phil.-hist. Klasse CLI.

[2]) Ders., Sitzungsber. der Akad. d. Wissensch. in Wien CLXII, Abt. 2, S. 96.

[3]) Gauthier, Les Lombards dans les Deux-Bourgognes. 1907. Morel, Les Lombards dans la Flandre française et en Hainaut. 1908. Bigwood, Le régime jurid. et écon. du commerce de l’argent en Belgique au moyen-âge. 1921.

[4]) Bigwood S. 243ff., 301ff., 357ff.

[5]) Dies war 1269, 1274, 1291, 1311, 1317, 1320, 1330, 1337 usw. der Fall. (Davidsohn, Gesch. von Florenz IV 2, S. 211f.)

[6]) Schwab, Livre de comptes de Mardoché Joseph. 1913. (Notices et extraits des manuscrits de la Bibl. Nation. 39.)

utensilien, Harnische, Becher, Gürtel usw., Getreide, Fettwaren, Wachs, Häute, Pferde, Vieh, Fleisch, Schuhe)[1].

Ein noch bunteres Bild entrollen die Handlungsbücher der Gebr. Bonis, französischer Kaufleute, die im 14. Jahrhundert in Montauban lebten. Ihre Geschäfte waren folgende: Gewährung von Darlehen gegen Schuldurkunden, gegen Verpfändung fahrender Habe sowie gegen Faustpfand. Annahme von Depositen, Erhebung der Taille, Pacht der Zehentgelder und anderer Kircheneinkünfte. Ferner betätigten sie sich im Warenhandel mit Stoffen, Schuhwaren, Silber- und Goldwaren, Spezereien, Waffen, Sattlerwaren, Schießpulver. Endlich stellten sie Medikamente her, erzeugten Wachslichte und Zuckerwaren, verliehen Pferde, übernahmen die Ausführung von Leichenbegängnissen[2]. Fast ebenso mannigfach waren die Geschäfte des bekannten französischen Kaufmanns Jacques Coeur. Es war dies Warenhandel in Spezereien, Seiden-, Wollen- und Leinenstoffen, ferner war er an gewerblichen Unternehmungen der Florentiner Seidenindustrie beteiligt. Weiterhin nahm er beim Fiskus Bergwerke in Pacht, trat als Münzmeister auf, lieferte dem Hofe die erforderlichen Luxusgüter und gewährte dem König wie den Höflingen Darlehen gegen hohen Zins. Endlich war er auch Schatzmeister des Königs (argentier du roy), die Münze und die Steuerverwaltung war ihm übertragen worden[3].

Der Hamburger Kaufmann und Ratsherr Vicko von Geldersen befaßte sich vornehmlich mit dem Tuchhandel, indem er in Flandern, insbes. in Brügge (zum Teil auch in England) durch seine Vertreter Tuche aufkaufen ließ, um sie an binnenländische Händler en gros, doch auch im kleinen (ellenweise) abzusetzen. Daneben werden im Handlungsbuch noch eine Reihe anderer Waren erwähnt, sowohl orientalische Gewürze und Südfrüchte als Getreide, Fleisch, Öl, Flachs und Baumwolle, leinene, seidene und gewirkte Stoffe, Holz- und Metallwaren und mancherlei andere Produkte von geringerer Wichtigkeit. Doch gibt das Handlungsbuch auch über seine Geldgeschäfte Auskunft, zunächst über Rentenkauf, ferner auch über verzinsliche Darlehen gegen Verpfändung sowohl von Schmuckgegenständen, Gold- und Silberwaren als auch von einfachem, wohl von armen Leuten herrührendem Hausrat, wobei das Zinsennehmen ganz offen und unverhüllt geübt wird[4]. In den Gegenständen, mit denen Hildebrand Veckinchusen Handel trieb, offenbart sich, wie man aus seinem Briefwechsel ersehen kann, eine große Mannigfaltigkeit: Nahrungsmittel (Getreide, Fische, Butter, Salz) einerseits, anderseits Pelzwerk, Tuche und Seide, auch Metalle (Eisen, Blei, Kupfer), endlich Paternosterkränze und Korallen sind häufig genannte Waren. Er beschränkt sich keineswegs auf den Großhandel, „der Verkauf erfolgt ebensooft an Wiederverkäufer, als an Privatkunden — Handwerker, die Rohstoffe verarbeiten, einzelne Frauen, die Seide erstehen — oder zu direktem Konsum, wie bei den Feigen“. Auch sein Bruder Sievert Veckinchusen trieb Kaufmannschaft mit den verschiedensten Gegenständen wie Roggen, Tuch, Leinwand und Pelzwerk, Salpeter, Schwefel, Messing, Wachs, Zucker. Dabei scheint letzterer sich auch in Kreditgeschäfte eingelassen zu haben. Wechselgeschäfte betrieb auch Hildebrand[5]. Das Hauptbuch von Wilhelm und Matthäus Runtinger in Regensburg (1383—1407) gibt uns über die Tätigkeit oberdeutscher Kaufleute Auskunft (Auszüge daraus sind von Franz Ebner veröffentlicht worden), und zwar sind Warenhandel im großen wie im kleinen (Tuch, Seidenstoffe, Pfeffer und andere

---

[1]) Loeb, Deux livres de commerce du commencement du XIVe s. Revue des études juives. T. IX.

[2]) Les livres de comptes des frères Bonis. Ed. Forestié (1890). T. I, S. XXVII.

[3]) Prutz, Jacques Coeur von Bourges. 1911. Clément, Jacques Coeur et Charles VII. Heyd I, , S. 482. Pigeonneau I, S. 367ff.

[4]) Das Handlungsbuch Vickos von Geldersen, hrsg. von Nirrnheim.

[5]) Hildebrand Veckinchusen, Briefwechsel, hrsg. von W. Stieda. Einl. S 28f., 43f., 46, 49.

Gewürze) wie Darlehensgeschäfte auf gleiche Weise im Handlungsbuch vertreten[1]). Der Nürnberger Georg Sur setzte (um 1470) in Genua Tuche, Baumwolle, Seide, Pelzwerk, Perlen ab, und zwar nicht bloß an Händler sondern auch an Handwerker (im kleinen), er lieh Geld aus. Äußerst mannigfach waren auch die Handelsobjekte, die die Große Ravensburger Gesellschaft in aller Herren Ländern ein- und verkaufen ließ. Doch scheint sie sich im wesentlichen auf den Warenhandel, und zwar im großen, beschränkt zu haben, wiewohl ein der Gesellschaft gehörendes Detailgeschäft in Saragossa nicht gefehlt hat[2]). Bezeichnend ist dagegen die Tatsache, daß der Deutsche Orden gleichzeitig sowohl eine umfassende Handelstätigkeit als auch Geldgeschäfte betrieb. Im Warenhandel sind zahlreiche Warenarten vertreten. Aus Flandern führte der Orden Tuche ein, auch Leinenstoffe, Salz und Spezereien, aus den Ordensländern wurde Getreide und Bernstein exportiert; russisches Wachs und Pelzwerk, sowie ungarisches Kupfer wurde nach Flandern abgesetzt. Die flüssigen Kapitalien wurden von dem Orden zur Gewährung verzinslicher Darlehen gegen Verpfändung von Liegenschaften oder gegen Bürgschaft verwandt[3]).

Nun genügten dem mittelalterlichen Kaufmann diese aus seiner mannigfaltigen kaufmännischen Tätigkeit herrührenden Gewinne öfters nicht; er suchte sie vielmehr durch eine Bereicherungsquelle anderer Art, durch die gewaltsame Aneignung fremden Gutes, insbesondere durch Piraterie zu ergänzen. Der Kaufmann, der stets Gefahr lief, von der fremden Bevölkerung, von Fürsten und Herren geplündert zu werden, versäumte es auch seinerseits nicht, die Bevölkerung der von ihm besuchten Landgebiete bei günstiger Gelegenheit auszurauben, die Schiffe der Kaufleute anderer Nationen zu überfallen und zu plündern. Werden doch in den Genueser Quellen des 13. Jahrhunderts Kaufleute erwähnt, die auf Seeraub ausgehen[4]), und die Pisaner Kaufleute jener Zeit betrachten den Seeraub als ein gewinnbringendes Geschäft, speziell für den Großkaufmann[5]). Die Kaufleute von Amalfi, Neapel, Ischia überfielen zur See Handelsschiffe, wobei die Herzöge von Neapel sie nicht bloß unterstützten, indem sie ihnen die dazu nötigen Schiffe lieferten, sondern auch selber an der Beute teilnahmen.[6])

Eine Möglichkeit, sich zu bereichern, boten namentlich die Kreuzzüge. An den vierten Kreuzzug traten die Venezianer als an ein geschäftliches Unternehmen heran, die Übereinkunft zwischen den Teilnehmern wird als „firma societas“ be-

---

[1]) Ebner, Ein Regensburger kaufm. Handbuch a. d. Jahren 1383—1407. (Verh. d. hist. Ver. d. Oberpfalz u. v. Regensburg. 45.) Auch der Nürnberger Albrecht Scheurl, der mit Italien, Salzburg, Polen, Leipzig usw. in Spezereien, Kupfer, Pelzwerk und anderen Waren handelte, besaß einen offenen Laden, in dem er die Ware in Ellen und Pfunden verkaufte. (Ehrenberg, Zeitalter der Fugger I, S. 390.) Die Hansen suchten sich überall das Recht des Detailhandels zu erwerben, so in England. (Schanz, Engl. Handelspol. S. 391, 396f. Kunze, Hanseakten aus Engl. S. VIII, XIf., XVII), in Schonen (Lappenberg II, S. 7.) v. Inama, D. Wirtsch. III 2, S. 296. Über Nowgorod s. meine Russ. Wirtsch. I, S. 149f.

[2]) Schulte, Die Große Ravensb. Ges. II. 1923.

[3]) Sattler, Der Handel des Deutsch. Ordens in Preußen. Hans. Gesch.-Bl. 1877. Naudé, Getreidehandelspolitik. S. 258, 263, 267, 270f.

[4]) Heyck, Genua und seine Marine. S. 182.

[5]) Schaube, Das Konsulat des Meeres in Pisa (1888). S. 38.

[6]) Yver, Le commerce et les marchands dans l'Italie méridionale au XIII et XIV s. (1902). S. 33ff., 137, 157.

zeichnet. Wie Diehl schreibt, träumte man von den Schätzen Konstantinopels, die der Kreuzzug verhieß, nicht nur in den Burgen des Abendlandes, sondern „man träumte davon auch in den Kontoren Venedigs, wo man berechnete, daß die Kaiser aus ihrer Hauptstadt ein jährliches Einkommen von 8300000 Goldsolidi zogen, mehr als 550 Millionen Franken heutiger Währung". Die Annalisten betonen, daß die Venetianer besonders zum Kreuzzuge aufforderten in Erwartung der ihnen für den Pilgertransport versprochenen Geldsummen, „nach denen jene Nation besonders gierig ist". Auch die Genuesen betrachteten die Kreuzzüge als gewinnbringende Unternehmungen. An ihren Expeditionen beteiligten sich, nach Mas-Latrie, neben persönlich Teilnehmenden auch Gesellschaften, welche Kapitaleinlagen beisteuerten, Mahonen. Es wurde über jede von dem einzelnen gemachte Einlage Buch geführt, und wenn der Krieg glücklich ausgegangen war, erhielt der Gesellschafter, den man den Mahonen nannte, nach Maßgabe derselben einen Anteil am Gewinn[1]).

Für die Akkumulation von Kapital in den italienischen Handelsrepubliken war die während der Kreuzzüge gemachte Beute, wie dies Sieveking und Heynen betonen, von größter Bedeutung. Auf ihnen konnte dann der italienische Handel weiter bauen.

Schon der erste Kreuzzug brachte den Venetianern, Genuesen und Pisanern große Mengen von Silber, Gold, Edelsteinen, kostbaren Gewändern und Gefäßen, Teppichen und Seidengeweben; diese Schätze waren ihnen namentlich bei der Eroberung von Antiochien und Jerusalem, Arsuf und Cäsarea zugefallen. Cäsarea, früher eine reiche Stadt, büßte ihren ganzen Reichtum ein. Die hier eroberte Beute war so groß, daß auf jeden Kreuzfahrer 48 Sol. Geld und zwei Pfund Pfeffer kamen. Die Schiffe, die 1101 zum Empfange des Grafen Raimund von Toulouse ausgesandt worden waren, begegneten in Korfu einer ganzen Flotte, die von Cäsarea mit dem erbeuteten Gute nach Genua segelte. Als die Lateiner 1204 Konstantinopel von ihren Schiffen aus erblickten, konnten sie, wie der Zeitgenosse Villehardouin erzählt, es nicht fassen, daß es in der ganzen Welt eine so reiche Stadt geben könne, und als sie die Stadt erobert hatten und sich ihrer Schätze bemächtigten, nahm ihr Staunen nicht ab. „Die Beute", schreibt er, „war so groß, daß man sie nicht zählen konnte: Gold, Silber und Edelsteine, goldene und silberne Gefäße, seidene Gewänder und Pelzwerk und was es sonst schönes auf dieser Erde gibt." Sie wurde zu gleichen Hälften unter Kreuzfahrern und Venetianern verteilt. Außerdem wurde aus dem Anteil der Kreuzfahrer den Venetianern eine große Summe für die Überfahrt gezahlt. Nahezu die Hälfte des griechischen Reiches und Faktoreien von Ragusa bis an den Bosporus waren nun in den Händen Venedigs. Ihm fiel der Löwenanteil an der Beute zu. Auch später wurden von den Venetianern Konstantinopel, die griechischen Inseln (Rhodos, Samos, Lesbos), die dalmatinischen Küstenstädte geplündert. 1471 überfiel der an der Küste von Chios kreuzende venetianische Admiral Mocenigo die unbefestigte Stadt Passagio, sein Heer erbeutete große Mengen golddurchwirkter Teppiche, farbiger Seidenzeuge und Kamlotstoffe und anderer Kostbarkeiten[2]).

[1]) Brentano, Die Anfänge des mod. Kapitalismus. (1916.) S. 35, 66, 71f. Diehl, Etudes Byzantines. (1905.) S. 12. Mas-Latrie, Histoire de l'isle de Chypre. T. II, S. 366. Benjamin von Tudela berichtet von den Genuesen: sie beherrschen das Meer, bauen sich Schiffe, Galeeren genannt, und ziehen zum Raube aus in die entlegensten Ortschaften; die Beute bringen sie nach Genua. (Benjamin von Tudelas Reisebeschreibung. Deutsch von Grünhut und Adler. 1903. S. 5.) Sombart, der diese Worte anführt, fragt dazu: „Sind da die Seeräuber oder die königlichen Kaufleute gemeint? Gewiß beides." (Der Bourgeois. 1913. S. 96.)

[2]) Heynen, Entstehung des Kapitalismus in Venedig. S. 38ff., 55. Sieveking, Zur Handelsgesch. Genuas, Stud. Lips. S. 161f. Prutz, Kulturgesch. der Kreuzzüge. S. 334f. Heyd I, S. 152f., 196, 493; II, S. 335. Caro S. 235. Sombart I, S. 363. Dreesbach, Der Orient in der altfranz. Kreuzzugsliter. (1901). S. 62, 67, 78ff.

Dergleichen Überfälle auf fremde, vornehmlich englische und flandrische Schiffe wurden auch von den Hansen verübt, die auch Norweger und Nowgoroder plünderten. Der König von Norwegen beschwert sich darüber, daß „die Hansen, wenn sie nach Norwegen kommen und in den Hafen einlaufen, Leute verwunden und töten, ohne sich vor Gott und dem König zu verantworten, noch denjenigen, die Schaden erlitten, ihn zu ersetzen. Wo sie nur landen, zerstören sie königliche Häuser und Wohnungen von Privatleuten, legen an sie ohne Ursache Feuer, zum großen Schaden und zur Schmach für den König und für die anderen". Es handelt sich hierbei tatsächlich um hansische Kaufleute, denn weiter heißt es, daß sie die Ausfuhr von Lebensmitteln aus ihren Städten, mit Ausnahme von schlechtem Bier und Mehl und gefälschtem Hopfen verboten haben, während sie selber aus Schweden, Norwegen und Schonen sowohl Lebensmittel als andere, ihnen notwendige Waren ausführen. Auch die Engländer, die den Versuch machten, in Bergen zu verkehren, wurden von den Hansen gewaltsam (um 1370) von diesem Handelsplatz entfernt, wobei sie Waren im Werte von ca. 10000 Mark eingebüßt haben sollen. 1390 und 1400 versuchten sie wiederum in Norwegen Handelsbeziehungen anzuknüpfen, wurden aber jedesmal von neuem von den Hansen vertrieben und ihnen Waren und Gelder abgenommen[1]). Freilich wurden ja auch die Hansen häufig überfallen und ihrer Waren beraubt, so in England, in Nowgorod, in Brügge: die Tötung zahlreicher deutscher Kaufleute in Sluis führte dazu, daß 1436 die Hanse ihren Stapelplatz von Brügge nach Antwerpen verlegte[2]).

Obwohl die Gewinnrate im mittelalterlichen Handel angesichts der Monopolstellung der Kaufleute recht hoch war, so fand die Kapitalakkumulation im Handel nur langsam statt. Dies hatte seine Ursachen wohl nicht bloß in den meist geringen Umsätzen, sondern auch darin, daß selbst bei größeren Umsätzen die erzielten Gewinne nur zu einem geringen Teile zur Erweiterung der Unternehmung dienten, hauptsächlich dagegen zu Konsumtionszwecken, zum Erwerb von Liegenschaften verwandt wurden. So erfahren wir aus den Handlungsbüchern des venetianischen Kaufmanns Andrea Barbarigo, daß ein beträchtlicher Teil der Handelsprofite von ihm und seiner Familie konsumiert wurde. In den Handlungsbüchern eines anderen venetianischen Handelshauses vom Anfange des 15. Jahrhunderts, der Soranzo, sind Einkünfte von Häusern und von den — gewöhnlich zwangsweise abgeschlossenen — Staatsanleihen verzeichnet. Auch wurde ein erheblicher Teil der Handelsprofite in Luxusgütern angelegt, in Gold- und Silbergeschirr, Schmuck, Juwelen. In Venedig wurde der Handelsgewinn zum guten Teil auf diese Weise verbraucht, wodurch der Zuwachs des Kapitals entsprechend gekürzt und verzögert wurde. Auch bei den großen florentiner Handelsgesellschaften macht sich eine Neigung für Anlage von Geld in Grundbesitz bemerkbar. Es scheint ein großer Teil darin festgelegt worden zu sein. Das Vermögen des Strozzi in Florenz bestand 1427 aus Liegenschaften im Werte von 53000 fl. (Ländereien, Weinberge, Mühlen, Häuser), aus Staatsanleihen im Werte von 95000 fl. und einem Handlungs-

---

[1]) Bruns, Die Lübecker Bergenfahrer. S. IXff. Naudé, Getreidehandelspolitik. S. 284. Fortinsky, Die wendischen Küstenstädte und ihre Bedeutung für die Entstehung des Hansabundes. Russ. S. 260f.

[2]) Schanz S. 174, 187. Meine Russ. Wirtschaftsgesch. I, S. 126. Stein, Genoss. der deutsch. Kaufleute in Brügge. S. 84.

kapital von nur 15000 fl. Das Gesamtvermögen der Brüder Cosimo und Lorenzo Medici setzte sich 1430 zusammen aus Liegenschaften im Werte von 39000 fl., Anleihen für insgesamt 29000 fl. und einem Handlungskapital von 44000 fl.; die gleichen drei Hauptbestandteile, in der Höhe von 7600 bzw. 5700 und 4100 fl. wies auch das Vermögen des Averardo Medici auf. 1480 gab Cosimo Medici den Wert seiner Liegenschaften in Mugiello, Caredgi, Pisa usw. auf 55000 fl. an[1]). Obwohl diese (anläßlich der Erhebung der Vermögenssteuer gemachten) Angaben über das leichter zu verheimlichende Handelskapital der Wirklichkeit nicht ganz entsprochen haben dürften, während der Wert der Liegenschaften wohl kaum verborgen gehalten werden konnte, so zeigen doch die angeführten Zahlen, wie mächtig bei den damaligen Kaufleuten das Streben nach Erwerb von Grund und Boden zutage trat. War dies doch damals die einzige dauerhafte, von einer Generation auf die andere sich vererbende Vermögensform, im Gegensatz zum temporären Charakter des Geldkapitals, das nicht selten mit dem Tode des Kaufherrn, der es erworben oder in Handelsgeschäften investiert hatte, zugrunde ging. Nicht minder machte sich dies Bestreben bei den Kaufleuten der oberdeutschen Städte geltend und führte häufig zu völligem Verzicht auf die weitere Fortsetzung ihrer Handelstätigkeit und zu ihrer Umwandlung zu müßig dahinlebenden adligen Rentenbeziehern. Die größten Kaufleute, die Paumgartner in Nürnberg, die Muntprat in Konstanz, die Humpiss und Mötteli in Ravensburg, die Stüdlin und Vöhlin in Memmingen, eine Reihe Straßburger Firmen erwarben sich, nachdem sie zu Reichtum gelangt waren, den Adelstitel, legten einen Teil ihres Geldes im Besitz von Burgen und Herrschaften an und stellten ihre, mit mannigfachen Gefahren und Aufregungen verbundene Handelstätigkeit ein. An der Hand der Angaben über das von den Muntprat, dem reichsten Geschlechte von Konstanz, das mit Venedig, Flandern, Spanien handelte, im Laufe des 15. Jahrhunderts versteuerte Vermögen kann verfolgt werden, wie ihre Liegenschaften anwachsen, der Mobiliarbesitz dagegen nur bis 1457 eine Steigerung aufweist, während er seitdem in einem fortgesetzten Sinken begriffen ist. „Aus dem Kaufherrn der Stadt wurde ein Adliger des Landes“ für den, nach der deutschen, von der italienischen abweichenden Anschauung der Handel nicht standesgemäß war[2]).

---

[1]) Sieveking, Aus venetian. Handelsbüchern. (Schmollers Jahrb. XIV.) Ders., Aus Genueser Rechnungs- und Steuerbüchern. (Sitzungsber. der Wiener Akad. d. Wissensch. CLXII.) S. 93, 96, 99. Davidsohn, Gesch. von Florenz IV 2 (1925), S. 202.

[2]) Schulte, Gesch. d. mitt. Hand. I, S. 604, 616, 626, 631, 640. Ähnlich war es in England. Der Tuchhändler John of Northampton kaufte 1384 dem Lord Naville einen Teil seiner Güter ab, der Schnittwarenhändler Simon Francis hinterließ 1360 in London und Middlesex zwölf große Besitzungen. Die Familie Nethermille in Coventry geht unter die Grundbesitzer, der übel beleumundete Tuchhändler John Bristowe sucht als Gutsherr seinen Ruf zu bessern. (Brodnitz, Engl. Wirtschaftgesch. I, S. 448.)

Kapitel 25.

Die Organisation des mittelalterlichen Handels.

So unansehnlich auch die Handelsumsätze des Mittelalters, im Vergleich zu denjenigen der Gegenwart erscheinen mögen, so sind sie dennoch geeignet, unsere Verwunderung zu erregen, wenn wir der großen Hindernisse und Schwierigkeiten gedenken, die dem Kaufmann bei der Ausübung seines Berufes auf Schritt und Tritt im Wege standen. So lesen wir z. B. bei Schulte, daß die oberdeutschen Kaufleute im Spätmittelalter nicht nur Venedig, sondern auch Genua besuchten, da sie von dort aus zu Schiff nach Spanien reisen konnten, während Venedig ihre Weiterreise zur See verhinderte. Nun handelt es sich in dem, von Schulte beigebrachten Tatsachenmaterial über die Reisen deutscher Kaufleute aus Konstanz, St. Gallen und anderen Städten über Genua nach Barcelona, Valenzia, Tortosa und zurück fast ausschließlich um Fälle von Kaperei der aus Genua ausgelaufenen, auf der Reise nach Spanien befindlichen Schiffe durch provençalische, katalonische, genueser Piraten, oder um Plünderung der bei Nizza oder Mallorca vorüberziehenden Handelsschiffe durch Nizzarden und Mallorcaner[1]). Dies ist gerade für den mittelalterlichen Handel charakteristisch. Ob es sich um die Feststellung der Handelswege oder der Handelsartikel, um die Beschaffenheit oder um die Menge der ausgetauschten Waren handelt, stets erhält man wertvolle Aufschlüsse an der Hand der Nachrichten über überfallene und geplünderte Karawanen oder über geraubte Schiffe und Waren. Die Betroffenen, die Waren auf den verlorenen Fahrzeugen gehabt hatten, pflegten Verzeichnisse derselben zu entwerfen, um sie reklamieren zu können, auch berichteten sie darüber in die Heimat. Die bedeutendsten Forschungen in der Handelsgeschichte, die Werke von Heyd, Schanz, Schulte, Schaube, Yver u. a. m. stützen sich zu einem guten Teile auf derartige Schadensnachweise. Ja, Stieda nennt sie eine wichtige Hilfsquelle bei der Erforschung des mittelalterlichen Handels.[2])

Die Tatsache z. B., daß 1247 im Tyrrhenischen Meere ein Admiral Kaiser Friedrichs II. ein von römischen Kaufleuten befrachtetes Schiff raubte, das u. a. 34½ Ballen französische Tuche führte, weist auf das Bestehen eines Exports von französischen Tuchen hin. Als Beweis für den Besuch der Champagnermessen durch Kaufleute aus Lucca und Pistoia wird u. a. erwähnt, daß 1242 Kaufleute aus diesen Städten (wie auch aus einer Reihe anderer Städte) zur Handelskarawane gehörten, auf die von Piacentinern ein Überfall verübt worden war, wobei die Kaufleute, nach ihrem eigenen Zeugnis, für 17000 Livres, nach den Aussagen der Schuldigen für 12000 Livres Schaden an Waren, Pferden und Geld erlitten hatten. Diese auf 300000 Goldmark sich belaufende Summe ist ein Beleg für die Ansehnlichkeit der auf den Champagnermessen gemachten Warenumsätze[3]). Das Vorhandensein einer Verkehrsstraße von Italien nach Flandern über den St. Gotthard, weiter nach Straßburg und Luxemburg hin wird bereits zu Beginn des 14. Jahrhunderts dadurch bezeugt, daß ein pfälzischer Ritter, Ludwig von Kirkel, unter dem Vor-

---

[1]) Schulte I, S. 543f., 547f.

[2]) Stieda, Quellen der Handelsstatistik im Mittelalter. (Abh. der Berliner Akad. der Wiss.) S. 13f.

wande, der deutsche König schulde ihm Geld, 1303 den Mailänder Kaufmann Beltramus de Vento niederwarf. Die Burg Kirkels war an eben dieser Straße gelegen[1]).

Solche Ritter, wie der erwähnte Kirkel, bildeten durchaus keine Ausnahmeerscheinung. Wie Fritz Meyer, der das mittelalterliche Leben und Treiben an der Hand der zeitgenössischen dichterischen Darstellung erforscht hat, nachweist, gehörten die Straßenräuber zumeist den höheren Ständen an. Ritter erbauten ihre Burgen in der Nähe der Handelsstraßen; sobald sie eines des Weges dahinziehenden Kaufmannes ansichtig wurden, überfielen sie ihn. Leistete er Widerstand, so büßte er dafür öfters mit dem Leben, ergab er sich, so wurde er seiner Habe beraubt, zuweilen auch selber gefangen gesetzt und mußte sich dann loskaufen. Die Wälder erleichterten derartige Überfälle, und die starken Burgen ermöglichten es, das geraubte Gut auch zu behalten[2]). Sehr treffend wird dieser Zustand durch folgendes Vorkommnis illustriert. Die Grafen von Montfort schreiben 1308 an den Dogen und die Stadt Venedig, sie hätten für König Rudolf und andere Könige und das Reich so viele Lasten und Kosten getragen, daß die Not und der Mangel, nicht etwa Begehrlichkeit und Raublust sie angetrieben habe, 100 Ballen feiner Tuche mit den Kaufleuten auf dem Bodensee aufzuheben und in ihren Burgen unterzubringen. Nach der Schätzung weiser Leute seien die Waren 10000 Mark und mehr wert ... Erbarmen und Frömmigkeit habe sie ergriffen; sie wollten die Ballen ihnen für 6000 Mark Silber ausliefern, wenngleich sie dieselben teuerer verkaufen könnten[3]). Auch in England wurden zahlreiche Raubüberfälle verübt, und zwar wurden Kaufleute von angesehenen Leuten und hohen Staatsbeamten überfallen und geplündert[4]).

Nun ist freilich davor gewarnt worden, auf Grund dieser Raubüberfälle sich das mittelalterliche Leben in der Weise auszumalen, als wären dieselben eine alltägliche Erscheinung gewesen. Die Quellen stellen hier eben nur eine Seite des Lebens dar, da Aufzeichnungen über friedliche Verkehrsbeziehungen natürlich viel spärlicher fließen. Ohne die Bedeutung von Raub und Plünderung für den mittelalterlichen Verkehr zu überschätzen, muß doch darauf aufmerksam gemacht werden, daß sie ein häufig vorkommendes Ereignis gewesen zu sein scheinen. Beraubungen von hansischen Kaufleuten in Brügge, England, Nowgorod, wie die Beschlagnahme ihrer Waren werden in den Quellen öfters erwähnt, auch der König von Dänemark machte gern einen guten Fang, wenn er die den Sund passierenden Schiffe aufbringen ließ[5]). Andrerseits darf freilich nicht übersehen werden, daß — wie wir bereits betont haben — die Hansen ihrerseits nicht selten Feindseligkeit gegenüber der Bevölkerung der von ihnen besuchten Länder an den Tag legten und sich ebenfalls Beraubungen von Norwegern, Nowgorodern, Engländern zuschulden kommen ließen[6]). Nicht anders stand es mit den italienischen Kaufleuten. Zum Handel in der Levante gesellte sich oft der Raub[7]). Doch auch in Syrien und Ägypten tat man den Abendländern gegenüber das

---

[1]) Bourquelot I, S. 178. Schulte, Mittelalt. Handel I, S. 211, 425ff.

[2]) Fritz Meyer, Die Stände, ihr Leben und Treiben, dargestellt nach den altfranzösischen Artus- und Abenteuerromanen. 1892. S. 76.

[3]) Schulte I, S. 210.

[4]) Brodnitz I, S. 338ff., 342.

[5]) Stieda, Quell. der Handelsstatist. S. 15.

[6]) S. oben S. 276.

[7]) S. oben S. 274.

gleiche, sie wurden gefangen genommen, ihre Waren beschlagnahmt[1]). Zogen die talienischen Kaufleute nach Flandern, so sandte der König von Frankreich seine Admirale aus, um die Galeeren zu kapern. Ähnlich verfuhren auch die neapolitanischen Könige[2]).

Dies alles führte zur Entstehung einer Reihe von eigenartigen Einrichtungen und Organisationsformen, welche sowohl den fremden Kaufmann vor den ihn bedrohenden Gefahren als die einheimische Bevölkerung vor den Feindseligkeiten der fremden Händler zu schützen hatten. Hierher gehören insbesondere Karawanen, Admiralschaften und Convoyen, Kaufhöfe und Faktoreien, Messen, Konsuln, Mäkler usw.

In Karawanen zogen die italienischen Kaufleute zu den Champagnermessen. Zu Karawanen schlossen sich auch die oberdeutschen und die flandrischen Kaufleute zusammen, wenn sie nach diesen Messen Reisen unternahmen. Aus diesen Karawanen, temporären, nach der Rückkehr in die Heimat sich wieder auflösenden Verbindungen — bildeten sich ständige Organisationen aus, die Kaufmannsgilden, Vereinigungen der jahraus jahrein zu den Champagnermessen ziehenden Kaufleute. Die Handelsleute der italienischen Städte bildeten einen Verband der auf den Messen Frankreichs und der Champagne verkehrenden italienischen Kaufleute (universitas mercatorum italiae nundinas campaniae ac regnum franciae frequentantium). Es entstand ferner eine Gemeinschaft von Kaufleuten der Provence und eine andere von Kaufleuten aus dem Languedoc, die die Champagnermessen besuchten. Diese Vereinigungen wurden eingegangen zwecks gegenseitiger Hilfeleistung auf der Reise und während des Aufenthaltes am Meßplatze, darunter auch zur gemeinsamen Abwehr bei Überfällen, sowie zu gemeinsamem Erwerb und Ausnutzung von Handelsfreiheiten mancher Art in der Fremde[3]). Derartige Gilden oder Hansen bildeten sich auch anderwärts aus. So findet sich in Flandern die sog. „Londoner Hanse", die Vereinigung der England besuchenden Brügger Kaufleute, deren Haupthandelsartikel in englischer Wolle bestand. Später, zu Beginn des 13. Jahrhunderts, schlossen sich dieser Vereinigung der Brügger Englandfahrer auch die um Ypern und Lille konzentrierten Verbände von Kaufleuten an, so daß aus der Londoner Hanse zu Brügge eine „Flandrische Hanse" der Brügger und der sonstigen „Mitglieder" wurde (Hansa Flandrensis Bruggensium et illorum qui ad Hansam illam pertinent). Im 13. Jahrhundert umfaßte sie 15 Städte, die in drei Gruppen — Brügger Drittel, Yp
rer Drittel und Wallonisches (Liller) Drittel zerfielen. Der Äldermann der Hanse, der Hansegraf, mußte ein Brügger sein; von den 28 Vertretern der Hanse (Vinders) verfügte Brügge über 8, während Ypern nur 4 stellte, die übrigen Städte je 1—2. Diese flandrische Hanse der Englandfahrer ist, wie Pirenne nachgewiesen hat, nicht zu verwechseln (wie dies z. B. Köhne,

[1]) Heyd I, S. 437ff.; II, S. 429ff., 451ff., 474ff., 490ff.
[2]) Schulte, Gesch. d. Hand. I, S. 548. Yver S. 33.
[3]) Goldschmidt S. 194ff. Schulte, Gesch. I, S. 160f.

Bourquelot u. a. tun) mit einer anderen Vereinigung flandrischer Kaufleute, nämlich mit der Hanse der 17 Städte, die sich im 13. Jahrhundert mit dem Vertrieb von flandrischem und französischem Tuch auf den Champagnermessen befaßte, wo die Flämen im Handelsverkehr an zweiter Stelle, unmittelbar nach den Italienern, kamen[1]). Eine gleichartige, jedoch viel umfangreichere Gilde stellte eigentlich auch die „Deutsche Hanse" dar, der Bund der an der Ost- und Nordseeküste gelegenen deutschen Städte.

Den Handelskarawanen des Festlandes entsprachen zur See die Schiffsflotten oder Admiralschaften (conservae, samflot), die Schiffskarawanen. Das Reisen in Karawanen war zum Schutz vor Piratenfahrzeugen geboten. Die preußischen Städte geboten 1399, die Reisen sollten nur in Gemeinschaft von mindestens 20 Fahrzeugen unternommen werden, wobei sämtliche Schiffer vor der Ausfahrt sich eidlich zu verpflichten hatten, einander in keinem Falle im Stich zu lassen, die Karawane nicht zu verlassen, dem Anführer (Admiral) Gehorsam zu leisten. Tatsächlich waren diese Karawanen weit zahlreicher, als die oben geforderte Schiffszahl: so zählten die nach Danzig fahrenden sog. „Salzflotten" 50 Schiffe und darüber[2]). In Venedig finden derartige gemeinsame Fahrten bereits 1131 Erwähnung; im Consolato del Mare, in Marseiller, Genueser, Aragonisch-Katalonischen Statuten sind darüber spezielle Bestimmungen vorhanden. Die Karawanen liefen zu bestimmten Jahreszeiten aus. Unterwegs blieb ein Teil der Schiffe an ihren Bestimmungsorten, an verschiedenen Hafenplätzen zurück, von denen aus sie häufig den Verkehr zwischen nahegelegenen Häfen vermittelten. Auf dem Rückwege schlossen sich die in den einzelnen Häfen die Rückkehr der Karawane abwartenden Fahrzeuge derselben von neuem an und kehrten alle zusammen wieder in die Heimat zurück.

Solche, in bestimmten Zeiträumen auslaufenden Schiffsflotten hießen in Italien mudua navium. Je nach dem Zeitpunkte ihrer Ausfahrt aus Venedig wurden sie bezeichnet als mudua pascae, resurrectionis domini, mudua aestatis, S. Petri, mudua mensis augusti und mudua iberni. Wie in den Karawanen des Festlandes jeder einzelne Kaufmann, so war auch hier jedes Schiff mit Waffen versehen, mit Wurfmaschinen (Ballisten), Armbrüsten, Lanzen usw. Nach den Bestimmungen der deutschen Hanse sollte jedes Schiff mit einer Tragfähigkeit von 100 Last mit Waffen für mindestens 20 Mann versehen sein, die größeren Fahrzeuge entsprechend mehr Waffen führen. Häufig wurden den Handelschiffen Kriegsschiffe zur Deckung mitgegeben. Man nannte dies „im Geleit", im „Convoy" fahren. In England erscheinen derartige Geleitschiffe bereits im 14. Jahrhundert, in den Niederlanden um 1400 (Convoyschiffe), in Italien und bei der Hanse noch früher. In unruhigen, besonders in

---

[1]) Häpke, Brügges Entwicklung (1908). Pirenne, La Hanse flamande de Londres. 1899. Höhlbaum, Hans. Gesch.-Bl. 1898.

[2]) Lauffer, Danzigs Schiffs- und Warenverkehr. S. 10.

Kriegszeiten wurden die Fahrten zuweilen ganz untersagt und der Handelsverkehr stockte. Wie die Landreisen, so veranlaßten auch die Seereisen den Zusammenschluß der Kaufleute zu Kauffahrergilden. Insbesondere war dies in den Hansestädten der Fall; doch erwähnt Goldschmidt das Vorkommen ähnlicher Erscheinungen auch in Italien[1]). Die einer und derselben Stadt angehörenden, an einem bestimmten Handelsplatz verkehrenden Kaufleute vereinigten sich zu einer besonderen Genossenschaft; so entstanden die Bergenfahrer, Nowgorodfahrer, Rigafahrer, Revalfahrer, Narwafahrer, Stockholmfahrer, Schonenfahrer.

Besonders zahlreich waren solche Vereinigungen in Lübeck vertreten. Doch bestanden auch in anderen Städten (wie Köln, Rostock, Greifswald, Stettin, Lüneburg, Dortmund) stets mehrere Kauffahrergilden; insbes. waren die sog. Englandfahrer fast stets vorhanden (in Hamburg zählte diese Vereinigung 35 Kaufleute), öfters auch die Flandernfahrer (in Hamburg waren ihrer 84), ferner die Gilden der die Märkte Rußlands (Nowgorod, Pskov, Polozk) besuchenden Kaufleute, sowie die Verbände der in Skandinavien (Kopenhagen, Bornholm, Schonen, Malmö) verkehrenden Händler[2]).

Nicht nur während der Reise, auch nach der Ankunft am Bestimmungsort, in der Fremde, blieben die Kaufleute in enger Verbindung miteinander, bildeten eine einheitliche, fest zusammengefügte und zugleich von der einheimischen Bevölkerung streng abgeschlossene und scharf geschiedene Gemeinschaft. Die Faktoreien der Kaufleute, die Logen („logiae“) umfaßten eine besondere Straße, ja zuweilen ein ganzes, zum Schutz gegen Überfälle seitens der einheimischen Bevölkerung von Mauern umgebenes Stadtviertel, innerhalb dessen sich die Handelsniederlassung befand, das Lager- oder Kaufhaus (der Kaufhof, der Hof), das Fondaco oder Dogana, wo die Kaufleute ihren Aufenthalt nahmen und ihre Waren lagerten[3]).

Derartige Logen (logiae oder loggia, lobia, lonja = Lauben) besaßen die Italiener überall, sowohl in den Städten der Levante als auch im Abendlande. Bereits im 12. Jahrhundert waren italienische Faktoreien in Sizilien und Syrien anzutreffen, im 13. Jahrhundert auf Cypern, Sardinien, Maiorca, in Arragon, Katalonien, Südfrankreich, den Niederlanden, auf den Champagnermessen. Die Faktorei bestand aus einem Palatium des Konsuls, ferner aus dem Kaufhaus, der Kirche, endlich einer zum Schutze gegen Regen und Sonnenglut mit Arkaden versehenen Gallerie, wo die Versammlungen der Kaufleute abgehalten wurden. Für gewöhnlich besaß jede „Nation“ — Genuesen, Pisaner, Venezianer, Florentiner ihre eigene „Loge“ und ihren besonderen

---

[1]) Goldschmidt, Universalgesch. S. 191.

[2]) Bruns, Die Lübecker Bergenfahrer. Hans. Gesch.-Quellen. N. F. II. Sievert, Rigafahrer in Lübeck. Hans. Gesch.-Quellen. Einl.

[3]) Heyd S. 430 ff, 445 ff. Ehrenberg, Zeitalt. der Fugger I, S. 73. Solche Ansiedelungen fremder Kaufleute finden sich schon früh, z. B. in Wirten a. d. Mosel im 10. Jahrhundert: claustrum muro instar oppidi exstructum ab urbe quidem Mosa interfluente seiunctum sed pontibus duobus interstratis ei annexum. (Lamprecht, Deutsch. Wirtsch.-L. II, S. 252.)

Fondaco. Die Venezianer hatten in Alexandrien seit Mitte des 13. Jahrhunderts sogar zwei Fondachi.[1]) Nur die katalonischen, die provencalischen Städte und die Städte des Languedoc bildeten zuweilen Gesamtgemeinden unter der einheitlichen Oberleitung von 6 oder 7 Konsuln, mit gemeinsamem Gerichtshof (so in Tyrus zu Ende des 12. Jahrhunderts), da die Zahl der aus den einzelnen Städten (St. Gilles, Montpellier, Marseille, Barzelona) kommenden Kaufleute zu gering war, um die Bildung gesonderter Verbände zu ermöglichen. Derartige gemeinsame Vereinigungen bestanden auch (wie oben ausgeführt) auf den Champagnermessen[2]).

Die Hansen besaßen vier Hauptfaktoreien oder „Kontore", und zwar waren, solche seit dem 12. Jahrhundert in Nowgorod und London vorhanden, seit dem 13. Jahrhundert in Brügge, seit der Mitte des 14. Jahrhundert in Bergen, außerdem gab es noch eine Anzahl weniger bedeutender Faktoreien[3]). Am bekanntesten ist ihr am Themseufer gelegener „Stalhof" in London.

Der Name „Stalhof" (Staelhof, Stalhove), eine Bezeichnung, die nicht bloß in London vorkommt, sondern auch in Hull, Jork, Newkastle, Boston, Lynn wiederkehrt und für die hansischen Faktoreien gebraucht wird, wird verschieden erklärt. Nach einer Ansicht, die den Namen des Kontors etymologisch zu erklären sucht, trage es denselben davon, daß auf diesem Platz einst des Königs Wage gestanden habe (die englische Bezeichnung „steelyard", d. i. steel = Stahl, yard = Maßstab, Maßbalk, daher steelyard = Wage mit Stahlbalken), um das Gewicht der in London eingeführten oder zu verzollenden Waren festzustellen. Als die Abgabe für das Wägen der Ware vom Könige an die Stadt London verliehen und die Wage verlegt worden war, sei der alte Name des steelyard dem Platze, wo sie früher gestanden, verblieben. Bei dieser Ansicht bleibt es vor allem unverständlich, warum denn die Bezeichnung, die die Faktorei in London im Volksmunde geführt haben soll, von den Hansen gerade in „Stalhof" verdeutscht wurde, nicht vielmehr Namen wie „Zur Wage", „Wiegehaus" gewählt worden sind. Noch weniger Beachtung verdient ein zweiter Lösungsversuch, der, vom modernen deutschen Sprachgebrauch ausgehend, Stalhof als „Stahlhof" auffassen möchte, d. i. als Verkaufshalle für Stahl und Stahlwaren. Dagegen spricht der bedeutsame Umstand, daß von keinem nennenswerten Stahlhandel der Hansen die Rede sein kann, daß im Gegenteil, wie man (nach Kurzinna) aus Handlungsbüchern von Kaufleuten jener Zeit und aus Zollordnungen, Handelsverzeichnissen, kaufmännischen Überlieferungen ersehen kann, Wolle und Felle, Tuch, Häute, Wachs, Salz, Wein zu den Hauptartikeln des hansischen Handels in England gehört haben, dagegen keineswegs Stahl, das bei seiner geringen Bedeutung unmöglich zur Namengebung der Faktorei herangezogen werden konnte.

Ganz anders steht es mit der dritten Ansicht (die auch Kurzinna vertritt), die von der Bedeutung des Wortes „Stal" im Mittelalter ausgeht (stal = Stelle = Steh-, Sitz- oder Wohnort), „staelen" mit „Waren zur Schau stellen" (estaler, étaler) übersetzt, also Stalhof als Standplatz, Halle, Bude, Lager- und Verkaufsplatz

[1]) Bruns, Die Lübecker Bergenfahrer. Hans. Gesch.-Quellen. N. F. II. Sievert, Rigafahrer in Lübeck. Hans. Gesch.-Quellen. Einl.

[2]) Heyd I, S. 368. In Valencia gab es kein Fondaco, sondern eine „Lonja des los mercaderes", die im 15. Jahrhundert erbaut worden war und als „praeclarissima domus" gepriesen wurde. (Schulte, Gr. Ravensb. Ges. I, S. 287f.)

[3]) Darunter Pskow, Polozk, Kowno, Boston, Lynn, Hull, Yarmouth, Jpswich, Kopenhagen, Malmö, Staveren, Amsterdam, Sluys u. a. m. (Daenell. Die Blütezeit der deut. Hanse II, B. 3).

für Handelszwecke erscheint, identisch mit dem für die italienischen Faktoreien (und überhaupt Faktoreien im Orient) gebräuchlichen „Fondaco“, das auch Magazin, Lagerhaus bedeutet. Freilich hat daneben Stal auch die Bedeutung von Probe, Muster, Modell, später speziell Muster des Tuches (holl. noch jetzt Stoffmuster), davon stalen = Prüfung und Abstempelung des Tuches und Staelhof = Tuchhalle. Zwar macht Kurzinna bei dieser letzten Deutung das Bedenken geltend, das Wort „Stal“ habe diesen Sinn erst später angenommen, und es wären im hansischen Kontor nicht bloß Tuche, sondern auch alle anderen ein- und ausgeführten Waren einer genauen Prüfung unterzogen worden; doch gibt auch er zu, daß (im Gegensatz zum Stahlumsatz) das Tuchgeschäft im Londoner Stahlhof ein sehr umfangreiches war. Deswegen ist neben der Deutung von Stalhof als Lager- und Verkaufsplatz auch die andere Auslegung nicht von der Hand zu weisen, daß er nämlich seine Bezeichnung von einem der wichtigsten Handelsartikel (pars pro toto) als Tuchhalle erhalten haben konnte[1]).

Auch die Kaufhäuser der Hanse in Nowgorod (der sog. St. Petershof) und der gotische Hof („Olafshof“) waren weithin bekannt. Dieselben waren von hohen Bretterzäunen mit mächtigen Toren umgeben und durch einen unbebauten Streifen Landes von den Behausungen der russischen Einwohner, von der eigentlichen Stadt Nowgorod getrennt.

In Bergen wurde die Niederlassung der Hansen, ihre Faktorei als „die deutsche Brücke“ (tyskebrüggen)[2]) bezeichnet. Es befanden sich in dieser Niederlassung 30 den Hansen gehörende Gebäude und ihre Kirche. In Kopenhagen wohnten sie in einer gesonderten „Deutschenstraße“. In Brügge war ihre Faktorei bekannt als „des Coepmans huys“, innerhalb derselben befand sich der „Oesterlingsplatz“ (Osterlinge wurden die Hansen genannt, weil sie von Osten kamen).

Die Hansen hielten stets Waffen und Harnische bereit, um gegen die Möglichkeit eines Überfalles seitens der einheimischen Bevölkerung gerüstet zu sein. Es war den Ortsbürgern verboten, auf dem Deutschen Hof zur Nacht zu bleiben; desgleichen sollten die Hansen die Nacht nicht außerhalb des ihnen zugeteilten Stadtbezirkes verbringen. An manchen Orten, wie z. B. in Nowgorod, sollten in der Kirche keine Handelsgeschäfte mit den Ortsbürgern abgeschlossen werden. Die Kirche von St. Peter wird hier fast ausschließlich als Warenniederlage erwähnt. Rings an den Wänden waren die Warenballen aufgestapelt, dem Altar zunächst lagen die Weinfässer. Auch in Polozk diente die hansische Kirche als Hauptwarendepot. Es ist möglich, daß das Karmeliterkloster zu Brügge, wo die Versammlungen der deutschen Kaufleute stattfanden, der Schrein mit den Gewichten stand und ihr Besitz aufbewahrt wurde, dieselbe Rolle gespielt hat[3]).

Auch sonst hat im Laufe der Zeit die Vereinigung der Kaufleute in bestimmten, ihnen angewiesenen Kaufhäusern stattgefunden[4]). So nahmen die nach Venedig reisenden oberdeutschen Kaufleute im weithin bekannten „Fondaco dei Tedeschi“ Aufenthalt, der zu den schönsten

---

[1]) Kurzinna, Der Name „Stalhof“. Hans. Gesch.-Bl. 1912.

[2]) Vgl. Brügge = Brücke, kaufmännische Niederlassungen an der Brücke, jenseits des Flusses. (Sombart I, S. 174.) Siehe oben. S. 282.

[3]) Stein S. 17. Meine Russ. Wirtschaftsgesch. S. 145, 152. Schlüter, Die Nowgoroder Schra. (Sitzungsb. d. gelehrt. esthn. Ges.) 1910. Buck, S. 63f.

[4]) Simonsfeld, Der Fondaco dei Tedeschi. Hüllmann, Städtewesen I, S. 294ff. v. Inama III 2, S. 260. Schulte, Gesch. d. mitt. Hand. I, S. 520ff. Gothein, Wirtschaftsgesch. des Schwarzw. S. 462ff. Geering, Basels Handel. S. 149ff. Nübling, Ulms Kaufhaus im Mittelalt. 1900. Schmoller, Straßb. Tucher- u. Weberzunft. S. 428ff. Eheberg, Verfassungs-, Verwaltungs- u. Wirtschaftsgesch. der Stadt Straßburg. Bd. I: Urkunden und Akten. Nr. 7, 160, 185, 186. Maurer, Gesch. der Städteverfassung II, S. 54f.

Gebäuden des Mittelalters zählte. Anderwärts hielten sich die Kaufleute in bestimmten Stadtteilen auf, in einer abgeschlossenen Faktorei, wie z. B. die Hansen in Kowno, die Oberdeutschen in Wien, Prag (das von Wall und Graben umgebene „deutsche Dorf"). Kaufhäuser, auch Gredhäuser (domus mercatorum) genannt, bestimmt zur Warenlagerung, vielleicht auch zur Beherbergung der Fremden (sie waren auch Zollstätten) wurden auf Anregung der Italiener an zahlreichen deutschen Handelsplätzen errichtet. So finden sie sich im 14. Jahrhundert in Mainz, Frankfurt, Köln, Freiburg, Basel, Straßburg, im 15. Jahrhundert in Worms, Konstanz, Ulm. Wie Schulte mit Recht (gegenüber Gengler) betont, sollten diese Kaufhäuser den Fremden dienen und sind von den Verkaufsständen zu trennen, die für den lokalen Kleinhandel bestimmt waren und einen ganz anderen Ursprung und Artcharakter aufweisen[1]). Es herrschte eben für die Fremden gewöhnlich Lagerzwang im Kaufhause, eine Überwachung ihrer Tätigkeit, sie waren vom ortsansässigen Händlertum scharf geschieden.

Das Mißtrauen, das die verschiedenen Nationen zueinander hegten, findet nicht bloß darin seinen Ausdruck, daß die fremden Kaufleute besondere Straßen und eigene Kaufhäuser bewohnten und bewohnen mußten (oder wenigstens daselbst ihre Waren lagerten)[2]). Das gleiche Moment liegt auch den mannigfachen, eine Ausnahme vom damaligen gemeinen Recht bildenden Meßgewohnheiten und -freiheiten zugrunde. Der mittelalterliche Tauschverkehr war hauptsächlich auf den Messen konzentriert, deren Zahl recht groß war, wenn auch neben einigen Messen von internationalem Gepräge (s. oben) die übrigen nur für beschränktere, lokale Gebiete Bedeutung hatten. Die ansehnlichsten internationalen Messen waren es vornehmlich, wo ein eigenartiges neues Gewohnheitsrecht des Handels sich ausbildete. Abgesehen davon, daß hier die Fremden frei kaufen und verkaufen konnten, ohne durch das sonst herrschende Gästerecht behindert zu werden, wurde auch der Meßplatz als ein Zufluchtsort angesehen, wo niemand für außerhalb desselben verübte Vergehen zur Rechenschaft gezogen werden durfte, vor allem kein Schuldner verhaftet oder seine Waren beschlagnahmt werden konnten. Ferner wurde auf den Messen das sog. Repressalienrecht außer Kraft gesetzt. Es bestand hier keine Gesamthaftung: die zur Messe eintreffenden Kaufleute waren für die von ihren Landesgenossen außerhalb der Messe eingegangenen Schulden oder verübten Vergehen nicht verantwortlich. Doch galt dieser Grundsatz nicht für die an Ort und Stelle begangenen Rechtsübertretungen, was gewöhnlich besonders betont wurde. Verweigerte eine Stadt die Auslieferung des flüchtigen Schuld-

---

[1]) Schulte I, S. 521 ff. Gengler, Stadtrechtsaltert. S. 330 ff.

[2]) So mußten die venetianischen Schiffe bei der Ankunft in Alexandrien Steuer und Segel ausliefern, die ihnen erst dann zurückgegeben wurden, wenn nach Abschluß der Handelsgeschäfte ihnen die Erlaubnis zur Abfahrt erteilt war. (Heyd II, S. 431, 456.) Hierher gehört auch das Erscheinen der Kaufleute auf dem Markte mit Panzer und Bogen gerüstet. (Wauters, Libertés communales de Belgique. S. 253).

ners, so durften die Kaufleute dieser Stadt und ihre Waren überall festgenommen werden, nur auf der Messe nicht. Das Vermögen eines während der Messe verstorbenen Fremden fiel nicht, wie dies sonst oft der Fall war, an den Landesherrn, sondern wurde gemäß dem Vermächtnis an seine Erben oder mangels deren an seine Volksgenossen ausgehändigt. Es wurden ferner besondere Meßgerichte mit beschleunigtem, summarischem Prozeßverfahren gebildet (summari et de plano, propter personas, qui celerem habere debent iusticiam, sicut sunt mercatores). Die Verhandlungen dieser Gerichte gingen unter möglichster Schleunigkeit und Formlosigkeit von statten (sine figura et longo strepitu judicii, non servata solemnitate). In England bezeichnete man diese Gerichtshöfe als court of piepowder oder curia pedis pulverisati. Der Ursprung dieser Bezeichnung ist jedoch nicht, wie Huvelin annimmt, in der Tatsache zu suchen, daß hier das Prozeßverfahren ebenso rasch sich vollziehe, wie der Staub von den Füßen falle, auch nicht, wie andere meinen, aus dem Umstande herzuleiten, daß bei Streitfällen Menschenaufläufe entstehen, wodurch Staub aufgewirbelt werde. Vielmehr erscheint die von Groß vorgeschlagene Deutung als berechtigt, diese Benennung darauf zurückzuführen, daß die wandernden Leute, die Händler, deren Füße von Straßenstaub bedeckt waren, diesem Gerichte unterstanden. Diese Bezeichnung besagt demnach soviel als Kaufmannsgericht, Gericht der wandernden Kaufleute. Lex de pede pulveroso ist in der Tat gleichbedeutend mit den im 13. Jahrhundert als lex mercatoria bezeichneten Instituten[1]).

Das Kaufmannsgericht, das Gericht der Kaufmannsinnungen, die von den Konsuln in Venedig, Genua, Florenz, Lucca, Pistoia, Barcelona ausgeübte Gerichtsbarkeit der Seehandelsinnungen (Consulatus maris) zeichnete sich durch das gleiche beschleunigte und summarische Prozeßverfahren aus. Dasselbe ist „auf materielle Wahrheitserforschung gerichtet" (ex aequo et bono, sola veritate rei inspecta). Formalitäten und Fristen wurden möglichst gemindert, die Dauer der Verhandlung auf wenige Tage beschränkt (in Pisa auf drei Tage), mitunter ist alle Schriftlichkeit verpönt, da sonst der Handel nicht bestehen könne, denn Gebrauch und Billigkeit erheischten die freieste Behandlung (more mercationis expedite et breviter procedatur, quia bene scitis, quod mercatorum conditio longitudines non requirit — Verfügung von Venedig nach Verona von 1406). Die Rechtsprechung beruht auf dem, im Laufe der Zeit sich ausbildenden, in Statuten kodifizierten kaufmännischen Gewohnheitsrecht. Die Kaufleute haben ihr Sonderrecht, „jura negotiandi atque mercandi", „usu et consuetudine maris". Auch nach den deutschen Stadtrechten soll das Gastgericht „sofort", „über Nacht", zu jeder Zeit stattfinden. Zuweilen heißt es, daß die Gerichtssitzung auch nachts, ja selbst an Feiertagen abgehalten werden kann, und zwar an jedem beliebigen Orte außer Kirche, Badstube und Wirtshaus, ja sogar auf der Straße. Und zwar beziehen sich diese Bestimmungen eben auf Schuldsachen und Mobilien, d. i. vor allem auf Waren; sie haben demnach gerade den Handelsverkehr im Auge. Die Hanse setzt ebenfalls in England, Flandern usw. fest, daß für die deutschen Kaufleute „jus et justitium celeriter fiat", „de die in die sine dilatione"[2]).

---

[1]) Gross, The Court of Piepowder. Huvelin S. 419.

[2]) Goldschmidt, Universalgesch. S. 173. Hans. Urk.-B. II, 266 § 11, 20; 31 § 5, 8; III, 571. Schultze, Gästerecht und Gastgerichte in deutschen Städten des Mittelalters. Hist. Zeitschr. 1908. Bahr, S. 77. Rudorff, Rechtsstellung der Gäste im mitt. städt. Prozeß. 1907. Meine Russ. Wirtschaftsgesch. I, S. 129f.

Für die Messen war stets eine bestimmte Frist festgesetzt — ein Monat, sechs Wochen, vierzig Tage, nach deren Ablauf die fremden Kaufleute das Meßgebiet verlassen mußten. Die Meßtermine waren gewöhnlich je nach den kirchlichen Festen bestimmt, was man insbesondere bei den sechs, in der Grafschaft Champagne stattfindenden, für den europäischen Verkehr so wichtigen Messen verfolgen kann. Die Messe zerfiel meist in mehrere Zeitabschnitte. Eine Vorwoche, während deren Dauer die Kaufleute eintrafen, ihre Waren auspackten. Darauf folgte eine bestimmte Frist, innerhalb deren der Verkauf bestimmter Waren sich abspielte. In der Champagne fand zuerst die Tuchmesse statt, dann eine Ledermesse (Corduanmesse), daneben lief die Messe der aus dem Orient eingeführten Spezereien, Wohlgerüche und Färbemittel. Den Schluß machte der letzte Teil, die Zahlzeit. Der Abschluß eines jeden Meßabschnittes wurde durch die laut ertönenden Ausrufe der Meßdiener: „hare", „hare"! (herbei, sus!) angezeigt. Es war dies der Schrei, der gewöhnlich bei dem Herbeirufen von Nachbarn, als Hilferuf erschallte[1]).

Ashley beschreibt folgendermaßen die Messe von Winchester, eine der bedeutendsten mittelalterlichen Messen Englands. Ihre anfänglich dreitägige Dauer war im Laufe der Zeit bis auf 16 Tage verlängert worden. Am Morgen des 31. August wurde von dem Gipfel eines Hügels aus die Eröffnung der Messe von den Meßrichtern feierlich ausgerufen; darauf ritten sie durch die Stadt, nahmen die Schlüssel der Tore in Empfang, belegten die Wage auf dem städtischen Wollmarkt mit Beschlag (damit sie während der Messe nicht benutzt werde) und ritten, in Begleitung des Mayors und der Bailiffs, zu dem auf dem Hügel aufgeschlagenen großen Zelt oder Pavillon zurück, wo sie einen Mayor, einen Bailiff und Coroner zur Verwaltung der Stadt für die Dauer der Messe ernannten. Auf der Anhöhe erhoben sich zahlreiche aus Holz gezimmerte Budenreihen: in der einen handelten die flandrischen Kaufleute, in einer anderen Kaufleute aus Caën und anderen Städten der Normandie, in einer dritten wieder Händler aus Bristol In einer Budenreihe saßen Goldschmiede, in einer anderen Tuchhändler. Um das Ganze zog sich ein hölzerner Zaun mit bewachtem Eingang, Vorsichtsmaßregeln, die ihren Zweck, die Hinterziehung der Meßzölle zu verhindern, jedoch nicht selten verfehlten.

In Winchester selbst und auf sieben Meilen im Umkreise mußte während der Messe von den Ortsbewohnern jeglicher Handel eingestellt werden; an den Grenzen des Stadtgebietes, an Brücken und Durchfahrten wurden Wachtposten aufgestellt, die darauf zu sehen hatten, daß den bischöflichen Rechten kein Abbruch geschehe. Die Zölle und anderen, während der Messe erhobenen Abgaben waren genau abgestuft. In den ersten acht Tagen waren die Kaufleute von den Einfuhrzöllen frei; die nach dieser Frist Ankommenden zahlten Zoll, mit Ausnahme der Mitglieder der Kaufmannsgilde von Winchester. Für das Wägen eines Ballens Wolle wurden vier Pence als „bischöfliche Wiegegelder" erhoben, außerdem waren vom Käufer wie vom Verkäufer je ein Pence für den Wägemeister zu zahlen. Die in Winchester als „court of the pavillon" bezeichnete „court of pie-powder" entschied alle vorkommenden Streitfälle; die ordentliche, von den Stadtbehörden ausgeübte Rechtsprechung war für diese Zeit eingestellt. Von diesem Gericht wurden Akzisen und

[1]) Allerdings gibt es noch eine Reihe anderer Deutungen dieses Ausrufes. „Hare" sei von hora (Stunde) abgeleitet, oder von Halle (Kaufbude), von haraho (Platz), von haret (Grenze), endlich von hirechare, einer Zusammensetzung von zwei Worten: hirche = Kirche und Halle. Alle diese Erklärungen sind jedoch ziemlich gekünstelt. (Huvelin S. 520.)

Taxen für Brot, Wein, Bier bestimmt, die Ausstellung der sie Übertretenden am Pranger verfügt, hier wurden täglich die zwischen den Kaufleuten entstehenden Schuldstreitigkeiten auf Grund der Vergleichung der Kerbhölzer entschieden[1]).

Die Ältesten, die an der Spitze der Handelskarawanen standen, traten auch als Oberhaupt der aus ihnen erwachsenden Kaufmannsgilden auf. Es waren dies die „capitanei universitatis mercatorum", Hansegrafen oder consuls sur mer, die Vertreter der Kaufleute sowohl auf der Reise als auch während des Aufenthaltes auf Messen und Märkten. Mit der Errichtung ständiger Faktoreien werden auch sie zu ständigen Vertretern der Kaufleute der betreffenden Nation am Ort ihrer Niederlassung. Sie wurden bezeichnet als Aldermänner (Oldermänner), Konsuln, Consules (vicecomes, baiulus, podesta, capitano). Ihnen beigeordnet war ein Rat („Rat der Weisen"), ferner Notare (am frühesten kommt der seine Tätigkeit auf der Reise ausübende Schiffsnotar vor), Schreiber und Klerks, die Aufseher der Kaufhöfe und Lagerhäuser u. a. m.

Genueser und venetianische Konsuln sind in der Levante an allen Handelsplätzen von einiger Bedeutung anzutreffen. Aus den Angaben über die Orte, an denen sie Erwähnung finden, können die von den Italienern besuchten Märkte festgestellt werden. Sowohl die italienischen Konsuln in der Levante als die Capitani der Kaufleute der Provence, des Languedoc und Italiens, welche die Champagnermessen besuchten, endlich auch die Älterleute der Hansekontore wurden von den Kaufleuten gewählt, in späterer Zeit wohl auch von der Heimatstadt ernannt. Nach den florentinischen Statuten genügt für die Wahl eines Konsuls an einem fremden Handelsplatze die Anwesenheit von 12 Florentiner Kaufleuten, nach den Statuten von Marseille sind dazu mindestens 10—20, nach denen von Pisa nur 5, von Piacenza bloß 3 erforderlich. Den Konsuln und den Oldermännern lag die Leitung der Geschäfte der Faktorei ob. Sie erließen für die kaufmännische Gemeinschaft bindende Verordnungen, sie übten (öfters zusammen mit dem ihnen beigegebenen Rat oder den Beisitzern) die Zivil- und Strafgerichtsbarkeit über die Mitglieder derselben aus, sowohl über die ständigen als über die nur zeitweise sich am betr. Orte aufhaltenden; und zwar geschah dies nach heimischem Recht und Brauch der fremden Kaufleute, ausnahmsweise nur nach dem Rechte des betreffenden Landes. Quod nullus apellet aliquem vel aliquos ianuenses ad extraneum iudicem vel extraneam curiam, heißt es in den Genueser Statuten vom Beginn des 13. Jahrhunderts. Das gleiche bestimmten die Statuten von Venedig, Florenz, Ancona, Barcelona[2]). Andrerseits traten die Konsuln und Älterleute in ihrem Verkehr mit der Bevölkerung des Ortes als Vertreter der fremden Kaufleute auf. Sie gingen oft auch im Namen der Faktorei die die Rechte und Freiheiten der fremden Kaufleute bestimmenden Verträge ein. Diese Handelsverträge waren außerordentlich zahlreich. So wurden selbst von der unansehnlichen Stadt Cremona, die sich keines erheblichen Handelsverkehrs rühmen konnte, im Laufe des 12. und 13. Jahrhunderts nicht weniger als 302 Verträge abgeschlossen. Denn selbst die auf „ewige Zeiten" eingegangenen Verträge, sowohl in Europa als im Orient, mußten jedesmal bei der Thronbesteigung eines neuen Königs, Herzogs oder Sultans aufs neue bestätigt werden, und zwar selbst dann, wenn diesem Akt keinerlei Feindseligkeiten vorhergingen — zum Zeichen, daß die friedlichen Beziehungen auch weiter fortbestehen würden.

---

[1]) Ashley I, S. 99ff. Siehe bei Fagniez, Documents II, Nr. 74, S. 173ff. die dichterische Darstellung der berühmten französischen „Foire du Lendit".

[2]) Goldschmidt, Universalgesch. S. 181.

Ein vom Konsulat verschiedenes Gepräge trägt das Institut der Mäkler[1]) (sensarius, sanserius, sansero, vom arabischen simsar[2]), auch coratarius, spanisch coredor, französisch courtier, allem Anscheine nach von currere = laufen; in Deutschland Unterkäufer, niederländisch makelaer von „maken"). Im Gegensatz zu den, die fremde Faktorei repräsentierenden Konsuln und Älterleuten gehören die Mäkler zur einheimischen Bevölkerung, und durch ihre Vermittlung treten die fremden Kaufleute in geschäftliche Beziehungen mit derselben. Das Mäklerinstitut knüpfte wohl an die ursprünglich bei den fremden Kaufleuten gebräuchliche Sitte an, bei Ortsbürgern Aufenthalt zu nehmen, sich gewissermaßen, indem sie ihre Gastfreundschaft genossen, in ihren Schutz zu begeben. War doch der Fremde anfangs rechtlos und konnte er bei dem tiefeingewurzelten Mißtrauen gegen ihn keinen unmittelbaren Tausch mit der einheimischen Bevölkerung eingehen. Der Wirt, bei dem der Fremde einkehrte, trat nun gewissermaßen als sein Beschützer auf, als der Vermittler beim Abschluß von Handelsgeschäften. Allmählich verwandelte er sich zum Gehilfen des fremden Kaufmanns und begleitete ihn, während seines Aufenthaltes in der Fremde, bei der Ausübung seiner Handelstätigkeit. So hat sich aus der Tätigkeit dieser vertrauenswürdigen Persönlichkeiten, der Gastwirte (hosteliers), die zugleich, da sie die fremden Sprachen beherrschten, den Fremden als Dolmetscher dienten, die Mäklerei entwickelt. Die Mäkler bildeten besondere Korporationen, denen das ausschließliche Recht der Vermittlung in Handelsgeschäften zustand. Der Abschluß von Handelsgeschäften unter Umgehung der Mäkler war den fremden Kaufleuten meist untersagt. Die Mäkler traten ferner als Sachverständige bei Abschätzungen, als Zeugen bei Geschäftsabschlüssen auf, sowie als Sachverständige bei Streitigkeiten über Wert oder Beschaffenheit der Waren. Doch wurde ihnen nun das Recht des Eigenhandels, den sie früher ausgeübt hatten, entzogen. Während der Messen und an den Kaufhäusern waren die Mäkler gewöhnlich zahlreich vertreten. Sie waren nach verschiedenen Handelszweigen spezialisiert: es gab Mäkler für den Handel mit Wein, Pferden, Ellenmäkler (Tuchmesser), Heirats-, Schiffs-, Versicherungs-, Frachtmäkler. Von Bedeutung war ihre Tätigkeit in den italienischen Städten, wo sie eigene Korporationen bildeten. In Lucca bestand bereits 1275 ein Mäklerstatut, um die gleiche Zeit wurde

---

[1]) Goldschmidt, Urspr. des Maklerrechts. Z. f. Handelsr. XXVIII, auch Universalgesch. S. 230f. Huvelin, Hist. du droit des foires et marchés. S. 529ff. Schmoller, Tucher- und Weberzunft. S. 430ff. Falke I, S. 266. Ehrenberg, Z. f. Handelsr. XXX, S. 403f., 408. Häpke S. 207ff. Laband, Zeitschr. f. deutsch. Recht XX, S. 11ff. Gengler S. 464ff. Hirsch, Danziger Handels- u. Gewerbsgesch. S. 220. Juritsch, S. 22. Frensdorff, Der Makler im Gebiete der Hanse. Festschr. f. Regelsberger. Toebelmann, Beitr. zur Gesch. des Mäklerrechts nach süddeutsch. Quellen. Z. f. Handelsr. LXX. Stieda, Hildebrand Veckinchusen. Briefwechsel. 1921. S. XXVII. Vgl. Bücher, Entst. d. Volksw. Aufl., S. 97.

[2]) Unrichtig scheint mir die Ableitung Sensal vom lat. censualis (= Steuereinnehmer) bei Seiler III, S. 196.

das Mäklerrecht in Piacenza und in Barcelona statuiert. Pisa zählte 1286 100 Mäkler, 1323 160. Der erste Mäklertarif in Genua ist 1204 datiert. Nicht minder wichtig waren die Mäkler für den Handel in Brügge, wo sie am Ausgang des 13. Jahrhunderts unter den städtischen Innungen an zweiter Stelle standen (allen anderen voran war die Weberinnung), um sich im 14. Jahrhundert an die erste Stelle emporzuschwingen; sie vereinigten sich dabei mit den Herbergswirten und mit den Inhabern der im Hafen gelegenen Speicher.

In der Regel begleitete der mittelalterliche Kaufmann seine Waren selbst; er reiste von Messe zu Messe, um eine möglichst große Anzahl der in einer bestimmten Reihenfolge stattfindenden Messen zu besuchen. Die italienischen Kaufleute reisten zu Beginn des Jahres zur Messe von Lagny (Champagne), darauf nach Ypern. Nach Ostern suchten sie Brügge auf, im Mai zogen sie nach England, kehrten dann für kurze Zeit heim, um sich darauf nach Lille zu begeben, worauf der Besuch der Messen der Provence folgte. Im November besuchten sie die letzte Champagnermesse nnd kehrten darauf zur Jahreswende heim.[1]) Die zwingende Notwendigkeit jedoch, an einer ganzen Anzahl von Handelsplätzen zu verkehren, Beziehungen zu verschiedenen, mitunter in großer Entfernung voneinander gelegenen Landgebieten zu unterhalten, veranlaßten den Kaufmann, die Dienste besonderer Warenbeförderer (carraterii, vecturarii, muliones) in Anspruch zu nehmen, sowie Faktoren und Handelsgehilfen (Handelsdiener, Knappe, Knecht, Famulus, Institor) anzustellen. Es waren in den kaufmännischen Betrieben auch Lehrlinge (Kinder) — discipuli, garzoni, vorhanden, unter denen auch Mädchen vorkamen. Die Faktoren und Handelsdiener wurden auf eine bestimmte Zeit angenommen, um Warensendungen vom Sitze des Handelsgeschäfts in fremde Städte oder Länder, auch über See, zu begleiten. Zuweilen sind sie auch am Gewinn beteiligt, so daß die Begriffe Faktor und Socius nicht streng geschieden werden. Die in den Hansekontoren verkehrenden Besucher waren großenteils (in London zählte man allein 26 Kölner Faktoren) Gehilfen, deren Auftraggeber daheim blieben. In 19 Urkunden aus Ypern aus den Jahren 1276—1391 kommen 15 valets oder clercs vor, die von 11—12 Kaufleuten beschäftigt wurden. Die Große Ravensburger Gesellschaft hatte (zu verschiedenen Zeiten) 23—47 Diener. Hildebrand Veckinchusen zahlt seinen Gehilfen einen geringen Geldlohn von 12—16 sh. pro Jahr, außerdem erhielten sie jährlich einen Anzug im Werte von 15 sh. (oder auch zwei Anzüge). Die großen Florentiner Häuser unterhielten neben zahlreichen Faktori (die Alberti hatten 15 Faktoren, die Frescobaldi noch mehr), in England Proctors genannt (oft behielten sie noch viele Jahre nach abgeschlossener Lehrzeit den Namen discepolo) auch eigene Notare, Scrittori oder Scrivani, Kassierer und Buchhalter. Die Alberti zahlten ihren Faktoren (1307) 25 Libr. (d. i. 200—250 Goldlire) jährlich, wozu noch eine Tantieme je nach Leistung des einzelnen

[1]) Des Marez, La lettre de foire, S. 75.

und nach dem Gewinn der Firma hinzukam (sie schwankte zwischen 2200 und 140 Goldlire), ein Discepolo erhielt 15 Libr. (125 Goldlire), der Lebensunterhalt wurde beiden vergütet. Aus dem Faktor mit Gewinnbeteiligung wurde leicht der Gesellschafter; es offenbart sich hier, wie auch sonst, eine Tendenz zur Umbildung in Gesellschaften mit Gleichberechtigung aller Teilnehmer.[1])

Entgegen der bis vor kurzem verbreiteten Meinung hat sich die gesellschaftliche Unternehmungsform nicht erst seit dem Ausgang des 15. und dem Beginn des 16. Jahrhunderts entwickelt. Wie Mollwo und v. Below erwiesen haben, treten Handelsgesellschaften nicht nur in Italien (schon früh) zahlreich auf, sondern bilden auch in Deutschland eine dem späteren Mittelalter eigentümliche Organisationsform. Vorherrschend war die für die Dauer von einem oder einigen Jahren, im häufigsten für eine bestimmte einzelne Handelsreise abgeschlossene Gelegenheitsgesellschaft. Dabei war häufig ein und derselbe Kaufmann gleichzeitig an mehreren, an verschiedenen Orten handelnden Gesellschaften beteiligt. In Gesellschaftsformen spielte sich der gesamte Handelsverkehr der Italiener im Mittelmeergebiet ab, wie auch der hansische Seehandel. Im Seehandel, der ja im Vordergrunde stand, waren sie am stärksten vertreten und besonders ausgeprägt. Es sind hierbei zwei Arten von Gesellschaften zu unterscheiden, die freilich keineswegs streng abgegrenzt waren; für beide wurden nicht selten dieselben Bezeichnungen (insbesondere commenda) angewandt. Entweder sind beide Gesellschafter mit ihrem Kapital in Form von Geld, Waren oder Schiff an der Unternehmung beteiligt, wobei die Handelsgeschäfte jedoch nur von einem von ihnen, dem Tractator oder Portator (so genannt, weil er „portat trans mare“ oder „in terra laboratum“) betrieben wurden, während der andere (socius stans) daheim blieb. Und zwar fand die Beteiligung in der Weise statt, daß der Tractator den kleineren Anteil am Gesamtkapital einlegte, während die Gewinnteilung zu gleichen Teilen erfolgte. Diese Gesellschaft hieß collegantia, societas maris, societas vera (recta, iusta), in Deutschland wurde sie als wedderleginge, contrapositio, compositio bezeichnet, doch auch als rechte Gesellschaft, rechte Kumpanie oder als Gesellschaft (Kumpanie) schlechthin. Die Benennung „Gesellschaft“ oder „rechte Gesellschaft“ läßt die Vermutung entstehen, diese Gesellschaftsform wäre ursprünglich die einzige gewesen. Die andere Form war die mit nur einseitiger Kapitalbeteiligung, indem der Tractator keine Kapitaleinlage aufbrachte, sondern ihm bloß „Sendegut“ übergeben wurde. Dies war die accommendatio oder commenda im engeren Sinne, von commendare (betrauen, beauftragen) herzuleiten, in Deutschland Sendevegesellschaft (obwohl hier eine technische Bezeichnung eigent-

[1]) Daenell II, S. 326. Beug, Die Handlungsgehilfen des hanseatischen Kaufmanns Hildebrand Veckinchusen. S. XXVIIf., XXX. Häpke S. 198. Davidsohn, Gesch. v. Florenz IV 2 (1925), S. 198ff. Mollwo, Das Handlungsbuch Vickos von Geldersen. S. LVIf. Rehme, Zeitschr. für das ges. Handelsrecht N. F. 27.

lich fehlt). Der Tractator war der Schiffsführer, dem meist von mehreren Kaufleuten, den commendatores, Waren zum Verkauf in der Fremde anvertraut wurden. Er hatte einen bestimmten Anteil am erzielten Gewinn zu beanspruchen, oder es stand ihm bloß die „Führung" zu — das Recht, Waren zum Vertrieb auf eigene Rechnung mitzunehmen. In diesem Falle handelte es sich bloß um eine ideelle Beteiligung am Gewinn, die nach Absatz der Ware realisiert wurde.[1])

Beide Abarten der commenda sind in der Geschichte des italienischen wie des südfranzösischen Handels zahlreich vertreten. Unter den Imbreviaturen von fast 1000 Urkunden, die im Notularium des Genuesen Johannes Scriba für 1155—1164 vorhanden sind, betreffen mehr als 400 die Kommenda. Auch in der von Blancard herausgegebenen Urkundensammlung aus dem Archiv des Marseiller Notars Amalric sind 560 Kommendaverträge aus dem 13. Jahrhundert enthalten. Doch auch im hansischen wie im oberdeutschen Handelsverkehr waren diese Gesellschaften im 14. und 15. Jahrhundert gang und gäbe, für Westphalen sind sie bereits für das 12. Jahrhundert bezeugt.[2])

Neben diesen temporären, auf die Dauer von einer oder mehreren Handelsreisen abgeschlossenen Gesellschaften hatten sich auch dauernde Vereinigungen ausgebildet, die zumeist die Geschäftsform der heutigen offenen Handelsgesellschaft annahmen (compagnia, cumpenie, mascopie). Sie wurzelt in der Hausgemeinschaft der Familienmitglieder und

---

[1]) Beide Gesellschaftsformen waren bereits den Arabern bekannt und wurden von den arabischen Rechtsgelehrten eingehend untersucht, woraus auf ihre Verbreitung zu schließen ist. Jene wurde als kirad, diese als schirkat inan bezeichnet.

[2]) Hist. Patr. Monum. Chart. II. Col., S. 293ff. (Ed. Cibrario et Croiset-Mouchet.) Blancard, Documents inédits sur le commerce de Marseille au moyenâge. 1884—1885. Schmidt, Die Entwickl. u. Verbreitung d. Handelsgesellsch. 1883. (S. 89ff.) Silberschmidt, Die Commenda. 1884. Ders., Das Sendevegeschäft im Hansagebiet. (Z. f. Handelsr. 68, 69.) Ders., Zur Gesch. des Gesellschaftsrechts. (Viert. f. Soz.- u. W.-G. XIV.) Lastig, Beitr. zur Gesch. des Handelsrechts. (Z. f. Handelsr. 24.) Ders., Die Accomendatio, die Grundform der heutigen Kommanditgesellschaften. 1907. Weber, Zur Gesch. der Handelsgesellsch. i. Mitt. 1889. Goldschmidt, Univers. I, § 9 III. Rehme, Gesch. des Handelsrechts. S. 101ff., 162ff. Ders., Z. f. Handelsr. XLII, S. 396ff. Schmoller, Gesch. Entw. d. Unternehmung, in seinem Jahrb. XVII, S. 372ff. Roon-Bassermann, Sienesische Handelsgesellsch. d. 13. Jahrhunderts. 1912. Keutgen, Hansische Handelsgesellsch., vorn. d. 14. Jahrhunderts. (Viert. f. Soz.- u. W.-G. 1906.) Huvelin, Histoire du droit commercial. (1904), S. 84. Saleille, Etudes sur l'histoire des sociétés en commandite. (Ann. de droit commerc. IX 2. 1895.) Levin, Über das Kommissionsgeschäft im Hansagebiete. 1887. v. Below, Probl. d. Wirtschaftsgesch., 313ff. Schulte, Gesch. d. mitt. Hand. I, S. 155, 226. Bruns, Die Lübecker Bergenfahrer. S. CIff., 152ff. Lamprecht, Z. f. Soz.- u. W.-G. I, S. 205. Mollwo, Das Handlungsbuch von Herm. und Joh. Wittenborg (1901), XLIX. Vogel, Gesch. d. deutsch. Schiffahrt I, S. 371. Apelpaum, Die Basler Handelsgesellsch. d. 15. Jahrhunderts. Auch im nordischen Seehandel kommen beide Formen der Gesellschaft vor unter dem Namen hiafèlag und félag oder widherlegning (= deutsch wedderleginge). (Amira, Altnordisches Obligationenrecht II, S. 549ff. Pappenheim, Altnordische Handelsgesellsch. Z. f. Handelsr. XXXVI, S. 85ff. Rehme a. a. O.)

stellt eine Vereinigung von Kapital und kaufmännischer Betätigung aller Beteiligten dar.[1][2]) Für die Abwicklung von Handelsgeschäften an mehreren Handelsplätzen und in verschiedenen Landgebieten zugleich bildete eine dergleiche, gleichzeitig von mehreren, dabei mit ihrem Kapital an der Unternehmung beteiligten Gesellschaftern ausgeübte kaufmännische Tätigkeit ein notwendiges Erfordernis. Es war ja unumgänglich, eine genaue Kenntnis der Verkehrswege, der im Handelsverkehr üblichen Sitten und Gebräuche, der mannigfachen und komplizierten Zolltarife zu besitzen und zu verwerten. Auch die Geschäfte mußten untereinander verteilt werden. Hildebrand Veckinchusen sandte seinen Stockfisch nach Köln, und wenn sich dort kein genügender Absatz für ihn fand, weiter nach Straßburg, Speier und Mainz; Feigen, die in Hamburg nicht von der Hand wollten, wurden nach Lüneburg und Lübeck geschickt.[3]) Er konnte unmöglich dies alles allein ausführen. Der Handel mußte in Gesellschaften vor sich gehen, indem der eine Gesellschafter die Verpackung und Versendung der Ware in einer Stadt übernahm, der andere den Verkauf der von dort eintreffenden Gegenstände anderwärts besorgte, und dafür andere Waren erstand usw.[4]) Gewöhnlich ließen sich denn auch die einzelnen Gesellschafter an verschiedenen Handelsplätzen nieder, wo sie für Rechnung der Kompagnie das Geschäft betrieben. Die großen Florentiner Handelsgesellschaften des 14. Jahrhunderts hatten zahlreiche Socien (9, 13, 19, die Spini sogar 37), wobei es hauptsächlich Familienmitglieder waren. Die meisten unter ihnen (die Bardi, Acciaiuoli, Alberti, Macci, Cerchi, Falconiere, waren reine oder fast reine Familienunternehmen (nur bei der Firma Peruzzi finden sich von 19 bloß 9 Familienmitglieder).[4])

Das Vorhandensein eines aus den Einlagen der beteiligten Gesellschafter gebildeten Gesellschaftsvermögens, das zuweilen noch durch Einlagen Außenstehender vermehrt wurde, versetzte die Gesellschaften in die Lage, Waren in größeren Mengen zu erwerben, ja sämtliche Vorräte einer Ware aufzukaufen. Die Möglichkeit solcher Aufkäufe war für die Gesellschaften um so mehr gegeben, als ja im Mittelalter die zu Markte gebrachten Warenmengen meist nur gering waren; eine größere Handelsgesellschaft konnte demnach, wenn sie dieselben an sich gebracht hatte, die Preise nach ihrem Ermessen bestimmen. Vom Ausgang des 14. Jahrhunderts an nahmen die offenen Handelsgesellschaften an Bedeutung stetig zu; mehrere von ihnen hatten zahlreiche Gesellschafter und Kapitalien, die für jene Zeit als bedeutend anzusehen sind. Der zwischen den oberdeutschen und den italienischen Städten gepflegte Handelsverkehr ging in die Hände einiger weniger Handelsgesellschaften über, so

[1]) Schmoller, Geschichtl. Entw. der Unternehm. (Schm. Jahrb. XIII, S. 385.) Koppmann, Hans. Gesch.-Bl. S. 203.

[2]) Das Wort „Compagnia" weist auf die ursprüngliche Brotgemeinschaft (cumpanis) der Teilnehmer hin (s. Goldschmidt S. 271).

[3]) Hildebrand Veckinchusen, Einl. S. 43, 45, 53.

[4]) Davidsohn, Gesch. von Florenz IV 2, S. 187, 190ff.

z. B. der „Großen Ravensburger Gesellschaft". Freilich waren auch hier die Gesellschaftsverträge nur auf kürzere Zeit — auf 1—5 Jahre — abgeschlossen, selbst die Große Ravensburger Gesellschaft kannte nur Verträge auf die Dauer von sechs Jahren; doch indem sie 25mal erneuert wurden, hat die Gesellschaft anderthalb Jahrhunderte lang bestanden.[1])

Zugleich mit dem im 15. Jahrhundert sich vollziehenden Aufschwung dieser Gesellschaften wurden Klagen darüber laut, daß sie den Handel zu ihrem Monopol zu machen strebten. So beschwerte sich z. B. um die Mitte des 15. Jahrhunderts die Hanse über die flandrischen und italienischen Handelsgesellschaften, die in Brügge die Preise in die Höhe trieben, ferner über die Gesellschaft, die sämtliche von den Leydener Webern erzeugte Fabrikate aufkaufte. Um dieselbe Zeit werden in den Augsburger Chroniken monopolistische Konsortien erwähnt, die in Venedig Waren in großen Posten aufkauften, um dieselben dann zu willkürlich gesteigerten Preisen zu verkaufen.[2]) Die großen Handelsgesellschaften des beginnenden 16. Jahrhunderts, die durch ihren monopolistischen Charakter den Unwillen von Luther und Zwingli erregten und die gewöhnlich als eine gänzlich neue, diesem Zeitalter eigentümliche Erscheinung aufgefaßt werden, waren im Grunde nur eine weitere Ausbildung dieser Gesellschaften[3]).

Das wohl am weitesten ausgedehnte kaufmännische Unternehmen vor dem Auftreten der Fugger und die größte Handelsgesellschaft des Mittelalters war die Große Ravensburger Gesellschaft, die 150 Jahre (1380—1530) bestanden hat und die nach dem Namen des ersten Regierers (Geschäftsführers) „Jos. Hompys (Humpis) e Compania" oder die Gesellschaft von Ravensburg oder sogar die große deutsche (oberdeutsche) Gesellschaft genannt wurde (societas magna Alamaniae; societas Humpis ex oppido Ravensburg, que comuniter dicitur magna societas mercatorum altioris alamaniae). Ein im Jahre 1909 gemachter glücklicher Fund, der Akten und Dokumente von großem Werte offenbarte, Handelsbücher, Briefe (Rekordanzen, Rechnungen der Mitglieder der Gesellschaft, auch so seltene Quellen, wie Meßzettel und -instruktionen und Verkaufszettel), ermöglichte es Aloys Schulte, ein meisterhaft geschriebenes, grundlegendes Werk zu bieten, das ein klares Bild der Organisation und der Tätigkeit der Gesellschaft entwirft und unsere Kenntnisse in der Handelsgeschichte erheblich bereichert. Der Name der Gesellschaft hängt damit zusammen, daß sie stets in Ravensburg ihren Sitz gehabt hat, sicherlich auch dort begründet worden ist; den Anspruch auf den Titel als „große" Gesellschaft hat sie sich sowohl durch die große Zahl ihrer Mitglieder als durch ihre weit ausgedehnte kaufmännische Geschäftstätigkeit erworben. Das Gesellschaftsvermögen belief sich am Schluß des 15. Jahrhunderts auf 132000 fl., d. i. etwas weniger als 1 Million Goldmark. Zum Vergleich führt Schulte an, daß das Hauptgut der Fugger zu

---

[1]) Sieveking, Aus venet. Handelsbüchern. (Schmollers Jahrb. 1902.) Stieda, Hans.-venet. Handelsbez. (1894), Schulte, Große Ravensb. Ges. I, S. 42, 48. Meltzing, S. 81.

[2]) Goldschmidt I, § 9 III. Schmoller, Gesch. Entw. der Unternehmung. Hacmann, Entw. d. offenen Handelsges. Zeitschr. Handelsr. LXVIII, S. 439ff. Roon-Bassermann, Sienesische Handelsgesellschaften. Meltzing, Das Bankhaus der Medici und seine Vorläufer. Huvelin, Hist. du droit commercial. Lehmann, Zeitschr. f. Handelsrecht LXII, S. 314ff.

[3]) Schmidt, Handelsgesellschaften. S. 14. Kluckhohn, Zur Gesch. der Handelsgesellsch. und Monopole im Zeitalter der Reformation (Hist. Aufsätze, Waitz gewidmet). Strieder, Studien zur Geschichte kapitalistischer Organisationsformen. S. 69ff.

Anfang des 16. Jahrhunderts 213000 fl. ausmachte, während das der Nürnberger Welser nur 66000 fl. erreichte. Das Kapital anderer deutscher Gesellschaften des 16. Jahrhunderts war viel geringer, mit Ausnahme wohl nur der Haug (106000 fl.). Freilich waren an der Ravensberger Gesellschaft in manchen Jahren bis zu 80 Mitglieder beteiligt, so daß der Geschäftsanteil des einzelnen sich auf durchschnittlich 1625 fl. beschränkt haben müßte. Mitglieder von über 100 verschiedenen, aus Süddeutschland (und der Schweiz), vornehmlich aus Konstanz, Ravensburg, Nürnberg, Lindau, St. Gallen stammenden Familien waren zu verschiedenen Zeiten mit ihrem Kapital an der Gesellschaft beteiligt. Die meisten von ihnen waren auch aktiv im Geschäftsbetrieb der Gesellschaft tätig. Freilich waren die übrigen nur mit ihrem Kapital vertreten; auch Einlagen früher tätiger Gesellschafter sowie ihrer Erben wurden von der Gesellschaft weitergeführt, Einlagen ganz fremder Personen nahm man jedoch nur in geringem Umfange an. Die kaufmännische Tätigkeit der Gesellschaft reichte weit über Oberdeutschland (wo die Mittelpunkte ihrer geschäftlichen Operationen, neben Ravensburg, Memmingen und Konstanz waren) hinaus. Die Gesellschaft besaß (wenn auch nicht gleichzeitig) 13 Gelieger (Filialen), an deren Spitze je ein Obmann stand, daneben hatte sie noch einige Agenten. Gelieger und Vertreter finden sich sowohl auf italienischem Boden (vor allem in Genua und Mailand), als auch in der Schweiz (Bern und Genf), in Frankreich (Lyon und Avignon, Bouc bei Marseille), im Bereich der Krone Arragon (Barcelona, Saragossa, Valencia), in den Niederlanden (Brügge, später Antwerpen), endlich in Köln, Nürnberg, Wien und Pest. Auch Frankfurter Messen, wie auch die italienischen, spanischen, niederländischen Messen wurden von der Gesellschaft eifrig besucht. Der Handel wurde von ihr sowohl zu Lande wie zur See betrieben; von Venedig und Genua aus verschiffte die Gesellschaft ihre Waren bis nach Brügge. Es wurden Handelsbücher geführt (einfache Buchführung), die Gelieger werden von der Zentrale ermahnt, die Bücher in Ordnung zu halten („halte deine Bücher wohl, sauber und ordentlich"); auch gegen schlechte Handschrift eiferten die Regierer („fleissigt Euch mit Schreiben, denn wir Euer Schreiben nicht wohl lesen können"), wenn auch die Mahnungen nicht immer viel Gehör gefunden zu haben scheinen. Neben den Mitgliedern (Gesellen) waren in der Gesellschaft an einer Reihe von Orten auch Kommissionäre tätig, ferner zahlreiche Diener (23 bis 47) und Lehrlinge. Die Diener und Lehrlinge mußten nicht selten große Reisen (bis nach Spanien) zu Fuß machen, auch die Einrichtung der Kontore, in denen sie weilten, war öfters erbärmlich. Die Lehrlinge sollten im Abfassen von Rechnungen und im Briefeschreiben unterwiesen werden („heißt sie an Feiertagen in das Scriptori sitzen und rechnen, Briefe lesen, nicht daß sie spazieren gehen"). Wie Schulte betont, ergibt es sich aus den Papieren der Gesellschaft, daß nicht bloß Venedig die Schule der jungen oberdeutschen Kaufleute war, wie dies gewöhnlich angenommen wird, sondern auch Spanien, wie auch die Niederlande und Mailand. Im Gegensatz zu anderen mittelalterlichen Gesellschaften und Kaufleuten betrieb die Ravensburger Gesellschaft nur Warenhandel, keine Geld- und Kreditgeschäfte. Auch kaufte sie wenig auf Kredit, gab aber in viel weiterem Maße selbst Kredit, wenn sie auch die Wechselschulden stets mit Sorgen betrachtete. Auch die für das Mittelalter charakteristische Vereinigung von Groß- und Kleinhandel in einer Hand fehlt hier zum großen Teil. Die Ravensburger waren ausgesprochene Großhändler, wenn sie auch in Saragossa, vielleicht auch in Genua eine Bodega zum Detailverkauf unterhielten. Der Umschwung, der sich im Welthandel zu Anfang des 16. Jahrhunderts vollzog, hat keine Änderungen in der Tätigkeit der Gesellschaft veranlaßt. Als die deutschen Kaufleute sich an den Indienfahrten beteiligten, war sie nicht dabei; weder in Lissabon, noch in Sevilla wurden von ihr Filialen begründet. Sie schritt eben nicht mehr mit der Zeit voran.[1]

---

[1]) Schulte, Geschichte der Großen Ravensburger Gesellschaft I—III. 1923. (Deutsche Handelsakten des Mittelalters und der Neuzeit, hrsg. von der hist. Kommission a. d. bayer. Akademie der Wissenschaften.) I, S. 17, 43f., 57f., 68f., 79, 92f., 131, 135, 141f., 209f. II pass.

Die Handelsgesellschaften, vermögensrechtliche Genossenschaften, die auf Gemeinsamkeit des Kapitals beruhen und den Gewinn unter die Mitglieder verteilen, sind nicht zu verwechseln mit den Kaufmannsgilden (Kauffahrergilden oder Hansen, von denen oben (S. 280) die Rede war, welche Vereinigungen auf personaler Grundlage (zur Förderung der Genossen im Handel) bildeten, indem jeder Kaufmann auf eigene Rechnung und Gefahr sein Geschäft betrieb. Doch schließen sich Gilde und Handelsgesellschaft keineswegs gegenseitig aus. Innerhalb einer Kaufmannsgilde, die zum Zwecke des Handels mit bestimmten Städten oder Ländern aufgekommen war, konnten Handelsgesellschaften der einzelnen Mitglieder entstehen, die auf gemeinsame Rechnung und Gefahr ihr Geschäft betrieben. So bildeten zweifelsohne die zu Handelszwecken in Venedig verkehrenden Kaufleute einer Reihe von oberdeutschen Städten verschiedene Kaufmannsgilden, die durch den venetianischen Fondaco und die in Venedig beamteten deutschen Konsuln zusammengefaßt wurden. Im Rahmen dieser kaufmännischen Gilden entstanden dann die Handelsgesellschaften der Meuting, der Humpiss, der Welser usw., die allmählich ein monopolistisches Gepräge annahmen. Ähnlich finden wir innerhalb der zahlreichen Kauffahrergilden der hansischen Städte Handelsgesellschaften, die von zwei oder mehreren hansischen Kaufleuten zum Einkauf und Absatz von Waren in der Fremde abgeschlossen werden.

Es handelt sich hier um jene oben erwähnten Kaufmannsgilden, die Universitates, Hansen oder Kauffahrergilden, wie die Englandfahrer, Nowgorodfahrer, Universitas et societas mercatorum et cambitorum Lombardorum, Italicorum, nundinas campaniae frequentantium, die Flandrischen Hansen u. a. m. — Verbände, die zum Zwecke von Handelsfahrten nach einem (bestimmten) fremden Lande begründet worden waren, zu denen der Zutritt gewöhnlich jedem frei stand. Von diesen Genossenschaften sind nun die Genossenschaften anderer Art auseinanderzuhalten, nämlich die innerstädtischen Kaufmannsinnungen, denen das ausschließliche Recht des Detailhandels in der Stadt oder einem Landgebiet (in Frankreich in einem bestimmten Stromgebiete) zustand. In den englischen Städten kommt bereits seit dem 12. Jahrhundert die gilda mercatoria auf, deren Mitgliedern meist das alleinige Recht gehört, Läden zu halten und Waren im kleinen abzusetzen, insbesondere behalten sie sich das ausschließliche Recht des Gewandschnitts, oft auch des Weinhandels vor. Später erscheinen auch in deutschen Städten Kaufleutezünfte, die nach Art der Handwerkszünfte abgeschlossene Verbände bildeten. Da die Kaufleute, die sich dem überseeischen Verkehr widmeten, sich auf den Großhandel nicht beschränken wollten, so gehörten sie meist nicht bloß den Kauffahrerkompagnien, sondern auch diesen Kaufleutezünften an. Es waren dies Verbände von Kleinhändlern, die in Zünfte der Kaufleute und die der Krämer zerfielen. Jene hießen häufig Gewandschneidergilden (incisores panni), da ihr hauptsächliches Vorrecht in dem Einzelverkauf von ausländischen (flämischen, englischen) Tuchen bestand. Doch setzten die Gewandschneider öfters auch andere Waren, insbesondere Spezereien, ausländische Weine usw. ab. Die Grenzlinie zwischen den Kaufleuten (Gewandschneidern) und Krämern war eben keineswegs streng gezogen, und sie stritten oft darüber, welche Waren in den Bereich der betreffenden Zunft fallen. In den oberdeutschen Städten lag jedenfalls der Schwerpunkt der Tätigkeit der Gewandschneider im Tuchausschnitt, während die Krämer das Recht des Detailhandels mit importierten Waren, insbesonders den sog. „Venediger Waren" hatten, worunter man, wie später unter den „französischen" Waren, alles nicht am Orte selbst Hergestellte, sondern aus der Fremde Gebrachte verstand. Zu ihren Waren, ihrem sog. „Kram" gehörten nicht bloß Gewürze („Wurtz"), Südfrüchte, Wohlgerüche, Färbemittel, sondern auch „ander Pfennigwert", allerhand Kleinwaren — Kleineisen-, Glas-, Holzwaren, Gürtel, Bänder, Hüte, Handschuhe, endlich Seiden-, Samt- und Baumwollstoffe — dies alles wurde ja aus Italien gebracht. Zugleich besuchten sie auch fremde Meßplätze und verkehrten in Venedig. Neben ihnen gab es öfters viel niedriger stehende Höker (Hucker, Gremper oder Merzler), die das Recht des Verkaufs von bestimmten, am Orte erzeugten Waren, namentlich von Lebensmitteln besaßen. In manchen Städten war den Krämern auch das Recht des Detailhandels mit den Erzeugnissen des städtischen Handwerks zuerkannt, insbesondere mit Metallwaren. Anderwärts dagegen gehörte den Handwerkern nicht bloß das ausschließliche Recht, die selbsterzeugten Waren abzusetzen, sondern sie beanspruchten auch das Privileg des Verkaufes eingeführter Gewerbeprodukte, wobei es zu fortwährenden Streitigkeiten zwischen Krämern und Handwerkern kam, und die Scheidung ihrer Befugnisse nicht wenig Schwierigkeiten machte[1]).

Kapitel 26.

Das Verkehrswesen.

Die mittelalterlichen Wege zu Lande waren dem Handel nichts weniger als förderlich. Sie waren von derartiger Beschaffenheit, daß eine Straße, wo drei Pferde nebeneinander einhergehen konnten oder wo „ein Brautwagen einer Leichenfuhre ausweichen konnte", als vortrefflich

[1]) Keutgen in Hans. Gesch.-Bl. 1901. v. Below in Jahrb. f. Nationalökon. 1900 und in Probl. d. Wirtsch. Borgius (Zeitschr. f. soz. Gesetzg. 1899). Gross, Gild merchant. 1898. Hegel, Städte und Gilden. 1891. Van der Linden, Les gildes marchandes dans les Pays-Bas au moyen-âge. 1896. Doren, Untersuchungen zur Gesch. der Kaufmannsgilden des Mittelalters. (Schmollers Forschungen. 1893.) Eckert, Die Krämer in den süddeutschen Städten bis zum Ausgang des Mittelalters. 1910. Geering, Handel und Industrie der Stadt Basel bis zum 17. Jahrhundert. 1886. Merc. Stoeven, Der Gewandschnitt in den deutschen Städten des Mitt. 1915. Birkenmaier, Krämer in Freiburg und Zürich im Mittelalt. 1913. Schmoller, Die älteren deutschen Kaufgilden. (Schm. Jahrbuch 1918.) Weinbaum in Viert. f. Soz.- u. W.-G. XVIII (1925).

galt.[1] [2]) In Frankreich, England, Deutschland, Italien, der Skandinavischen Halbinsel, überall wurde in der Regel der Warentransport auf Saumtieren bewerkstelligt, auf Packpferden, Mauleseln und Eseln, die allabendlich entladen werden mußten.[3]) Wagen (zweirädrige Karren) waren weniger gebräuchlich, wie ja auch die Kaufleute die Reise zu Roß machten, wenn sie (insbesondere die Gehilfen) nicht gar, was auch öfters der Fall war, den Weg zu Fuß zurücklegten.[4]) Bei größeren Wagen war die Gefahr des Umstürzens auf Straßen, die selten fahrbare Wege sondern vielmehr (vielleicht mit Ausnahme von Italien) einfach ausgetretene Waldpfade oder Ackerkrume darstellten, zu groß. Alljährlich mußten die Wege neu getreten werden, und auch dann konnten sie nur im Sommer und nur bei gutem Wetter benutzt werden. Im Winter und in der Regenzeit waren sie unpassierbar.[5]) Selbst die schwere Kutsche des Papstes Johann XXII. geriet, als er 1414 zum Konzil nach Konstanz sich begab, in den Morast und fiel um. „Jaceo hic in nomine diaboli!" rief er verzweifelt aus, als er in den Sumpf geraten war. In den Versammlungen der „Etats Généraux" führen die Abgeordneten Klage über den jämmerlichen Zustand der Wege und Brücken, für deren Instandhaltung doch eine Reihe von Abgaben erhoben wurden. Zwischen Dieppe und Rouen gebe es keinen Weg, es seien dort weder Behausungen anzutreffen noch Menschen außer den die Nachbardörfer überfüllenden Wegelagerern.[6]) Auch in England sind die Berichte der Totenschau über Opfer von Reiseunfällen überaus zahlreich: die Leute sind ums Leben gekommen, weil der Wagen auf schlechten Straßen umgestürzt, zusammengebrochen oder ins Wasser gefallen war. Der Verkehr auf englischen Landstraßen war auch im 15. Jahrhundert so bedenklich, daß man sich besonderer Führer bedienen mußte, weil jede Abweichung vom Wege dem Reisenden gefährlich werden mußte. Für manche Straßen mußte der Gesetzgeber selbst zugeben (z. B. Ges. v. 1421), daß sie nur mit Lebensgefahr zu passieren seien. So erklärt es sich, daß es in kaufmännischen Briefen immer hervorgehoben wird, wenn jemand glücklich, heil und unversehrt

---

[1]) Maurer, Gesch. der Dorfverfassung. S. 286.

[2]) Im Maingebiet ließ erst 1329 Erzbischof Balduin den Moselweg breiter machen, sodaß jetzt ein beladenes Pferd oder Esel ihn ohne Gefahr passieren konnten. (Lamprecht, D. Wirtsch.-G. II, S. 242.)

[3]) Reiten und Reisen war fast gleichbedeutend, man sagte sogar „übers Meer reiten".

[4]) Götz, Verkehrswege. S. 531, 554, 557, 561. Yver, Les marchands etc. S. 69. Schulte, Die Große Ravensb. Ges. II, S. 42, 47. Die Große Ravensburger Gesellschaft ließ nicht bloß ihre Lehrlinge und Handlungsdiener, sondern auch die Gesellschafter den Weg über die Alpen nach Italien oder nach Spanien zu Fuß machen. (Schulte I, S. 79; II, S. 41.)

[5]) Huber, Gesch. Entw. des mod. Verkehrs. S. S. 218ff. Handw. d. Staatswiss. s. Wege VII. Jähns, Roß und Reiter in Leben und Sprache II, S. 122ff.

[6]) Levasseur I, S. 87.

von einer Reise zurückgekehrt ist.[1]) Nach der Verordnung Kaiser Sigismunds sollten die den Städten von Dirnen und Verbrechern zufließenden Einnahmen zur Ausbesserung der Straßen verwandt werden, damit die vom Laster herrührenden Geldsummen zu gemeinnützigen Zwecken Verwendung finden. In den niederdeutschen Städten (Lübeck, Hamburg, Danzig, Elbing, Wismar, Greifswald usw.) war es üblich, in Testamenten Schenkungen „zu Wegen und Stegen" zu machen. Diese Legate „ad pravas vias civitatis" wurden bald obligatorisch gemacht. Unter den städtischen Einnahmen findet sich die Rubrik „ad vias et vialia", 5 bis 10% mußten für die Wege (manchmal für einen eigens bezeichneten Weg) vermacht werden, widrigenfalls das Testament ungültig war. Zuweilen wurde die Abgabe auch bei Heiratskontrakten erhoben.[2])

Bei dem Einzuge Karls von Anjou in Neapel 1266 fuhren die Damen in vierrädrigen Kutschen, den „Kareten". Als Meisterwerk der Kunst wird von dem Chronisten insbes. der Wagen der Königin gerühmt, der innen und außen mit hellblauem, mit goldenen Lilien gesticktem Samt gepolstert war. Solche Staatskutschen, in Frankreich „Chars" genannt, in denen die vornehmen Damen fuhren, kamen auch in anderen Ländern auf. 1294 erklärte jedoch Philipp d. Schöne diese neue Mode, die auch von der Geistlichkeit angefeindet wurde, für unstatthaft und verbot den Gebrauch der chars. Die Benutzung dieser Luxuswagen war jedenfalls mit Schwierigkeiten verknüpft: der Wagenkasten ruhte unmittelbar auf den Wagenachsen, sodaß bei der Fortbewegung die Insassen fortwährend gestoßen wurden; auch war er so hoch, daß er von hinten vermittelst einer Leiter bestiegen werden mußte. Eine einmalige Ausfahrt schaffte für den ganzen Tag Arbeit und konnte nur auf einigermaßen instandgehaltenen Wegen und Straßen erfolgen.[3])

Brücken werden vom 13. Jahrhundert an (in Italien und Flandern bereits früher) erwähnt. Obwohl der Brückenbau von der Kirche als ein gottgefälliges Werk gepriesen wurde und zum Empfang von Sündenablaß berechtigte, so war ihre Zahl dennoch nur unbedeutend; sie wurden nur dort erbaut, wo keine Furten vorhanden waren. Die Brücken waren aus Holz; häufig konnten sie von Fuhrwerken nicht befahren werden, sie waren nicht für dieselben bestimmt (non curribus). In Avignon wurde im 12. Jahrhundert binnen einer zehnjährigen Frist eine Brücke von 900 m Länge errichtet, auf der Rhone im 13. Jahrhundert eine 1000 m lange Brücke, deren Bau 30 Jahre beanspruchte[4]). Im Hansegebiet finden wir im 14. Jahrhundert einige Brücken vor. Die „vollkommenen", mit beträchtlichem Kostenaufwand erbauten steinernen Brücken werden von

[1]) Brodnitz I, S. 432. Bei größeren Reisen war man deshalb genötigt, Leute speziell zu dem Zwecke mitzunehmen, damit sie den im Kot steckengebliebenen Wagen wieder herausziehen. Deswegen, wie wegen der Wegelagerer, zogen die Großen mit zahlreichem Gefolge. So reiste der Herzog Bogislaw von Wien nach Rom (1496) mit 300 Pferden, der Deutschordensmeister hatte beim Einzug nach Frankfurt nicht weniger als 80 bis 90 Pferde. (Jähns, Roß und Reiter II, S. 122ff.)

[2]) Koppmann, Kämmereirechnungen Hamburgs III, S. XXXIXf.; VII, S. LXVI. Techen, Bürgersprachen d. Stadt Wismar. (Hans. Gesch.-Quell.) S. 58 Urk. LXX § 15, LXXI § 23. Bücher, Der öffentl. Haushalt Frankfurts im Mitt. Z. f. ges. Staatsw. 1896. S. 11f. Stüve, Mitteil. d. Hist. Ver. zu Osnabrück XI, S. 81. Töppen, Ebbinger Antiquitäten (1876). S. 56.

[3]) Theo Wolf, Vom Ochsenwagen zum Automobil. S. 38f.

[4]) Rosières, Hist. de la société franç. au moyen-âge II, S. 419.

den Chronisten ganz besonders hervorgehoben, als eine besonders merkwürdige Erscheinung aufgefaßt. Jedoch selbst die „herrliche steinerne“ Brücke bei Minden wurde durch den Eisgang zerstört.[1]) Im Moselgebiet blieb die von den Römern erbaute steinerne Brücke bis in die Mitte des 14. Jahrhunderts hinein die einzige ihrer Art. Nur in Norditalien scheinen sich die Brücken in einem etwas besseren Zustande befunden zu haben.[3])

Die Instandhaltung der Verkehrsstraßen lag übrigens durchaus nicht im Interesse der Einwohner jener Gegenden, die von den — einen lebhafteren Verkehr aufweisenden — Wegen durchzogen wurden. Je schlechter die Wege waren, desto größer war der Vorspannbedarf, desto erheblicher der von den Schmieden aus Wagenreparaturen, Pferdebeschlag usw. gelöste Gewinn, desto mehr gaben die Reisenden während ihrer notgedrungenen Fahrtunterbrechungen für Zehrung in Wirtshäusern und and. mehr aus.[4]) Die Grundherren waren unmittelbar daran interessiert, die Wege und Brücken nicht auszubessern oder neu anzulegen, sondern dieselben vielmehr zu zerstören und zu verschlechtern. Nicht nur, daß schlechte Wege ihnen Überfälle und Plünderungen erleichterten; kraft des „Grundruhrrechts“ war alles Gut, das bei Achsenbruch oder Umstürzen von Wagen oder Tieren den Boden berührte, dem Grundherrn verfallen[2]). Es wurde daher den Kaufleuten der beherzigenswerte Rat erteilt, bei der Fahrt zur Messe Fuhrwerke mit kleinen Rädern zu benutzen, die nicht so leicht das Gleichgewicht in den Weglöchern verloren, wenn sie sich auch nur viel langsamer fortbewegen konnten, um nicht, infolge der Grundruhr, ihres gesamten Gewinns verlustig zu gehen.[5]) Je länger die Reise währte, umso einträglicher waren ferner für den Grundherrn auch die Gebühren für das Geleit (praesidium, conductus) und den Schutz der Reisenden und ihrer Habe, die durch bewaffnete Leute begleitet werden sollten. Oft handelte es sich freilich dabei nur um das sog. „Tote Geleit“, d. h. die Quittung über Bezahlung der Geleitsgelder, welche als Geleitsbrief diente und freien Weg gewähren sollte. Solche Quittungen waren ausschließlich ein Erpressungsmittel: die Reisenden wurden durch dieselben keineswegs geschützt; im Gegenteil, häufig wurden sie von den eigenen Dienstmannen des Lehensherrn, der ihnen sicheres Geleit versprochen hatte, überfallen und beraubt. Die einander befehdenden Landesherren schenkten derartigen Geleitsbriefen erst recht keinerlei Beachtung, selbst wenn sie vom Kaiser selbst ausgestellt worden waren[6]).

---

[1]) Daenell II, S. 446.
[2]) Schaube S. 732ff.
[3]) Götz S. 548.
[4]) Sommerlad, Das Verkehrswesen i. deutsch. Mitt. Hdw. d. St. S. 942f.
[5]) Stephan, Das Verkehrswes. im Mitt. pass.
[6]) Sommerlad, Handw. d. Staatswiss. S. 943. Götz S. 548. Falke, Gesch. des deut. Zollwesens. pass. Maurer, Städteverf. I, S. 376. Haferlach, Das Geleitswesen der deutsch. Städte im Mitt. (Hans.Gesch.-Bl. 1914.) Schultze, Zum Geleitsrecht u. Gästerecht. (Viert. f. Soz.- u. W.-G. IX. 1911.) Fiesel, Zur Entstehungsgesch. d. Zollgeleits. (Ebda. XV.) Ders., Woher stammt das Zollgeleit? (Ebda. XIX. 1926.)

Häufig wurden von den Grundherren die Wege absichtlich unfahrbar gemacht, Flüsse mit Ketten und Pfählen gesperrt usw. um reichlichere Einnahmen aus den an diesen Stellen errichteten Zollämtern erzielen zu können. Diesem Zwecke diente auch der Straßenzwang — das Verbot, andere außer den hierzu bestimmten Straßen zu befahren, mochten sie auch noch so unwegsam und zeitraubend sein (nemini licitum sit per villas circumire). So war für die Reise von Polen zur Leipziger Messe die Benutzung der Straße über Glogau und Posen vorgeschrieben, die in einem weiten Bogen verlief und dreimal so lang war wie der direkte Weg.

Dieses alles — Schädigung der Wege, Straßenzwang usw. — hatte seinen Grund in den unzähligen Mautstellen. Die Zahl der Rheinstätten am Ende des 14. Jahrhunderts schätzt man auf 64, der Elbzölle auf 35; in Unterösterreich gab es 77 Donauzolle. In der Umgegend von Nürnberg waren 24 Zollstellen vorhanden, darunter lagen 10 in nächster Nähe der Stadt. Nach Lamprecht betrug der Rheinzoll zwischen Bingen und Koblenz etwa 53—67% des verzollten Warenwertes. Nicht mit Unrecht spricht Mathias Paris von der „furiosa teutonicorum insania", die sich in der Anlage von Zollstätten offenbart.[1]) Für die Handelsstädte war es eine Lebensfrage geworden, sich auf irgendwelche Weise von dieser unerträglichen Verkehrsbelastung freizumachen. In der Tat gelang es manchen von ihnen, die Befreiung ihrer Bürger von den Zollabgaben durchzusetzen. Dies erreichten z. B. Nürnberg und Köln, zum Teil Straßburg, Mainz, auch Genf, Venedig und Mailand. Meist beruhte das auf Gegenseitigkeit. Flämische und Brabanter Städte vereinbarten gleichfalls die gegenseitige Befreiung ihrer Kaufleute von der Zollerhebung.[2]) Doch waren dies wohl nur Ausnahmen.

Nach einer weitverbreiteten Anschauung sollen die Zölle ursprünglich (namentlich zur Karolingerzeit) noch keinen Steuercharakter gehabt haben. Es waren „individuelle Entgelte für individuelle Vorteile", d. i. Gebühren.[3]) Sie waren — nach Cohn — zunächst „die Bezahlung, welche der einzelne dem Landesherrn schuldet für Herstellung und Sicherheit der Straßen, Flüsse, Brücken, Häfen, Märkte". Erst später soll es anders geworden sein. Doch muß Cohn selber zugeben, daß die zahlreichen Zölle (es werden nämlich nicht weniger als zehn verschiedene Arten derselben in den Kapitularien des fränkischen Reiches erwähnt) bereits damals vielfach mißbräuchlich erhoben wurden, von großen und kleinen Herren. Darauf weist die Ver-

---

[1]) Falke S. 66, 74. Lamprecht, D. Wirtschafts.-L. II, S. 307f. Fliedner, Die Rheinzölle der Kurpfalz am Mittelrhein. (Westd. Z. Erg.-H. 15.) Hummel, Die Mainzölle von Wertheim bis Mainz. (Westd. Z. XI.) Quetsch, Gesch. des Verkehrswesens am Mittelrhein. Sommerlad, Die Rheinzölle im Mittelalt. Gross, Zwei unbekannte Register des Mainzer Rheinzolls. Viert. f. Soz.- u. W.-G. XVI. 1923.

[2]) Chronik deutsch. Städte I, S. 222f.; XVIII 1, S. 95. Knipping, Kölner Stadtrechn. I, S. XXIII. Schulte, Gesch. d. Hand. I, S. 658ff. Häpke, Brügges Entwickl. S. 38. Mummenhoff, Altnürnberg (1890). S. 37ff. Daenell II, S. 268ff. Sander, Haushalt Nürnbergs. S. 234. Roth, Gesch. d. Nürnberg. Handels 1802, IV, S. 9ff.

[3]) So Stein, Lehrb. der Finanzwiss. 5. Aufl. (1886), T. II, Abt. 2, S. 378. Clamageran, Histoire de l'impôt en France. T. I (1867), S. 160. Vgl. auch Sommerlad, Hdw. der Staatswiss. 3. Aufl., S. 202.

fügung hin, daß auf offener Straße, wo weder eine Brücke noch eine Flußüberfahrt ist, überhaupt kein Zoll erhoben werden darf. Er fügt hinzu, daß die Versuche der fränkischen Herrscher, ihre Untertanen gegen die Zollbedrückungen der Mächtigen zu schützen, erfolglos blieben.[1]) Dies bezeugen auch andere Tatsachen. So wurde z. B. das cespitaticum für Beschädigung des Grases am Wege durch die Räder des Wagens auch von den am Ufer anlegenden Schiffen erhoben, das pontaticum für das Passieren der Brücke auch von den unter der Brücke fahrenden Schiffen, das ripaticum sowohl von den anlaufenden als von den den Fluß passierenden Fahrzeugen. In allen genannten Fällen konnte von einer Gebühr nicht die Rede sein, da eben weder besondere Vorteile dem einzelnen zukamen, noch irgendwelche Kosten von ihm verursacht wurden. Ebenso war es, wenn auch diejenigen das pastio zu zahlen hatten, die weder Gras noch Bäume noch irgend etwas anderes im Felde oder im Walde benutzten. Man zwang die Leute, über eine Brücke zu fahren, wenn sie eine Furt passieren wollten, man suchte die vorüberziehenden Schiffe durch Seile, die quer über den Fluß gespannt wurden, aufzuhalten und sie zur Entrichtung eines Zolles zu zwingen.[2]) So muß schließlich auch Clamageran, nachdem er die ursprünglichen Zölle als Gebühren angesprochen hat, doch anerkennen, daß „in Wirklichkeit die vom Grundherrn erwiesenen Dienstleistungen gewöhnlich nur ein Vorwand waren, indem sie die gierigen Instinkte der feudalen Aristokratie befriedigten und eine neue Form des Raubes darstellten, und zwar eines dauernden, gut organisierten Raubes".[3])

Fügt man zu alledem noch das Stapel- und Niederlagerecht hinzu, das die transportierten Waren jedesmal aufhielt, so wird es nur zu begreiflich, daß die Beförderung nur langsam vonstatten gehen konnte. Als allgemeiner Durchschnitt der Tagesgeschwindigkeit erscheinen — nach Götz — fünf Meilen. Nur wenn, wie in den Alpen, Relaispackpferde zu benutzen waren, konnte ein Transport täglich sieben Meilen durchmessen.[4]) Stieda weist auf die große Gemächlichkeit im Verkehr hin, die sich aus dem Briefwechsel Hildebrand Veckinchusens mit seinen Geschäftsfreunden (Anfang des 15. Jahrhunderts) ergibt. Die Beförderung eines Briefes war von der Jahreszeit, der Witterung, der benutzten Gelegenheit abhängig. Von Danzig nach Brügge kam ein Brief einmal in 10 Tagen, ein anderes Mal in 33 und sogar in 37 Tagen an, von Lübeck nach Brügge wurden die Briefe, je nach Umständen, in 3, 11, 19, 31, 48 Tagen befördert. Von Riga nach Brügge dauerte es 39—52 Tage, ja 1404 brauchte ein Brief 77 Tage dazu. Selbst die Beförderung von Nachrichten zwischen Köln und Brügge, die doch räumlich nicht so weit auseinander lagen, muß ungemein langsam vor sich gegangen sein; die Normalfrist war wohl 6—8 Tage, bei Verzögerungen gelangte der Brief jedoch erst

---

[1]) Cohn, Finanzwiss. II (1880), S. 398.

[2]) Falke, Gesch. d. deutsch. Zollwes. S. 14ff., 20f. Hüllmann, Deutsch. Finanzgesch. d. Mitt. (1805.) S. 223ff. Braunholtz, Das deutsche Reichszollwes. während d. Regier. d. Hohenst. (1890.) S. 3. Nicht anders war es auch in den Städten, wo der Kaufmann das Krangeld auch in dem Falle zu zahlen hatte, wenn er den Kran gar nicht benutzte. (Knipping, Kölner Stadtrechn. I, S. LIXff. Ders., Ein mittelalterl. Jahreshaushalt Kölns. Beitr. zur Gesch. vorn. Kölns. S. 157. Dietz, Frankfurt. Handelsgesch. I, S. 50, 60, 68, 358f. Quell. zur Rechts- u. Wirtschaftsgesch. d. Rhein. Städte. Kurköln. Städte. Neuss S. 142.) Das Kaufhausgeld wurde auch dann erhoben, wenn die Ware im Kaufhause garnicht lagerte. (Dietz I, S. 60, 68, 362ff. Weiss, Mitt. d. hist. Ver. d. Pfalz V, S. 9.)

[3]) Clamageran I, S. 161.

[4]) Götz S. 532, 668 u. a.

in 15—17 Tagen, in einem Ausnahmefalle hingegen war er bereits in 3 Tagen an Ort und Stelle.[1])

Trotz der ungünstigen Verkehrsverhältnisse versuchte der genannte Hildebrand Veckinchusen in Brügge in verschiedenen Waren zu spekulieren. Als er davon benachrichtigt worden war, daß 1420 kein Salz aus der Baye nach Livland verschifft werden würde, faßte er auf Grund dessen den Plan, sämtliche in Livland vorhandene Salzvorräte aufkaufen zu lassen. Er schickte Philipp Sporenmacker mit dieser Weisung an seine dortigen Geschäftsfreunde. Am 14. Januar war Sporenmacker aus Brügge ausgeritten und ritt über Köln und Dortmund nach Danzig, wo er nach 25 Tagen (am 8. Februar) wohlbehalten ankam, um von dort weiter nach Dorpat und Riga zu reisen. Wann er hier anlangte, wissen wir freilich nicht. Überall, wo er Station macht, wird er von den Geschäftsfreunden in Empfang genommen und mit Schwert, Sporen, einem guten Pferd, Kleidern und Taschengeld ausgerüstet. Ob die Spekulation gelang, ist unbekannt. Jedenfalls hatten auch andere Kaufleute von der Konjunktur erfahren und hinter Sporenmacker, der freilich einen Vorsprung von 4 Tagen hatte, ritt ein anderer Läufer mit gleichen Aufträgen.[2])

Doch stand im Vordergrund der Verkehr zur See. Wie wir oben (aus der Lebensbeschreibung des Hl. Godric) ersehen konnten[3]), transportierte der Händler seine Waren ursprünglich selber auf seinem eigenen Schiffe, das er auch selbst lenkte, oder vielmehr waren es meist mehrere Miteigentümer des Schiffes und der Waren, die sich sämtlich an Bord befanden. Altnordische Quellen bezeichnen sie alle als Steuermänner (styrimenn), obwohl doch nur einer von ihnen tatsächlich das Schiff steuern konnte. „Schiff und Ladung sollen Brüder sein.“ Erst allmählich tritt die Scheidung des Schiffseigentümers vom Verfrachter ein, es kommt auch ein nautischer Leiter auf, der nicht mehr der Schiffsbesitzer selbst ist. Doch eine schärfere Grenzlinie wird hier im Mittelalter noch nicht gezogen. Man kann Gesellschaftsverhältnisse verschiedener Art beobachten. Das Schiff war Eigentum mehrerer Mitreeder, partionarii genannt, zu welchen Schiffsbauer und Handwerker, die an der Ausrüstung des Schiffes teilnahmen, gehörten, vor allem aber Kaufleute, von denen jeder meist an mehreren Schiffen Anteile besaß. Die Partenreederei war das Gewöhnliche, im Hansegebiet nahezu das ausschließlich Vorkommende. Es werden hier überhaupt keine Fälle erwähnt, wo ein einzelner sich im Alleinbesitz mehrerer Schiffe befunden hätte. Selbst dem Deutschen Orden in dessen Blütezeit gehörten nur wenige Schiffe ganz, dagegen sehr viele Parten — $\frac{1}{2}$, $^3/_8$, $\frac{1}{4}$, $^3/_{16}$ usw. Die Zahl der Partenreeder eines Schiffes ging im hansischen Gebiet selten über 8—10 hinaus, doch kommen auch $^1/_{16}$, $^1/_{32}$, ja $^1/_{64}$ Parten vor. Im Mittelmeerhandel waren am häufigsten $^1/_{16}$ Parten, allerdings trifft man auch viel kleinere, bis zum $^1/_{50}$ und $^1/_{70}$, an. Sie heißen hier loca, werden vererbt, verkauft, verpfändet.

Die Kaufleute sind demnach auch noch im Spätmittelalter meist zugleich Mitreeder, die ein Schiff bauen lassen und es mit ihren

---

[1]) Hildebrand Veckinchusen XLff.
[2]) Stieda, Hildebrand Veckinchusen. Briefwechsel. S. XXXI.
[3]) S. oben S. 88f.

Waren befrachten. Einer von den Kaufleuten oder den anderen Mitbesitzern des Schiffes übernimmt zuweilen auch die Leitung desselben. Oder es wird von ihnen ein besonderer Schiffsführer (nauclerus, Gubernator, „maître emprès Dieu", wie er heißt) eingesetzt. Doch hat er die Waren nicht bloß zu verführen, sondern auch am betreffenden Orte abzusetzen, wofür ihm ein Anteil am Gewinn gebührt (s. oben Kommendavertrag) oder, namentlich in späterer Zeit, ein Recht auf „Führung" (portage), d. i. auf frachtfreie Mitnahme eigener Waren zum Verkauf, sodaß auch der Schiffer zu gleicher Zeit Händler bleibt. Er erscheint auch als Kommissionär der das Schiff befrachtenden Kaufleute, der die ihm anvertrauten Waren abzusetzen und für den Erlös neue einzukaufen hat. Meist wird dem Schiffer auch ein Anteil am Schiffsbesitz überlassen — $1/4$, $1/8$ usw., sodaß die Rollen der Reeder, der Schiffsführer, der Befrachter eng miteinander verflochten sind. Auch von der Schiffsbesatzung hebt sich der Schiffer noch nicht scharf ab. Es besteht noch längere Zeit hindurch ein Gesellschaftsverhältnis nicht nur zwischen Schiffsführer und Mannschaft, sondern auch zwischen Befrachtern (die oft auch Reeder sind) und Schiffsbesatzung. Das erste wird durch solche Tatsachen bezeugt, wie die gemeinschaftliche Beschlußfassung bei Vornahme wichtiger nautischer Maßregeln, wobei zum Schiffsrat Schiffer, Mannschaft und die an Bord befindlichen Befrachter zusammentreten. Dasselbe folgt auch aus der Bestimmung, daß um Nachturlaub nicht bloß beim Schiffer sondern auch beim Schiffsvolk nachgesucht werden muß.

Auf ein Gesellschaftsverhältnis zwischen der Schiffsmannschaft und den Befrachtern weist sowohl der Umstand hin, daß die Heuer (der Lohn) nach dem Hamburger Schiffsrecht in gewissen Fällen von den Befrachtern gezahlt wurde, als auch die Einrichtung der „Führung", auf die auch die Mannschaft Anspruch hatte, sodaß auch die „Knappen" (varlis, serviteurs), wie die Matrosen hießen, am Handel teilnehmen konnten, wobei nach dem lübischen Schiffsrecht von 1299, wenn der Schiffsmann zum Verladen von Führung nicht vermögend genug war, der Schiffer sie für ihn bewirken sollte. In Amalfi ist noch im 12. Jahrhundert die regelmäßige Form des Betriebes die der Colonna, bei welcher die Reeder und die Mitglieder der Schiffsbesatzung mit den Ladungsbeteiligten zusammen auf gemeinsamen Gewinn hin die Reise unternehmen. Daneben werden freilich ungefähr gleichzeitig in Pisa die Schiffsleute bereits gegen festen Lohn von den Schiffseigentümern zur Fahrt gemietet. Doch auch die katalonische Sammlung von Rechtsgebräuchen, die etwa im 13. Jahrhundert entstanden ist und unter dem Namen des Consolat del mar die weiteste Verbreitung gefunden und jahrhundertelang Geltung gehabt hat (ebenso wie die Rôles d'Oléron, die nicht minder verbreitet waren), kennt wohl nicht bloß einen ausgebildeten Heuervertrag und eine feste Bemessung der Heuer; sie geht von dem Satze aus: „Fracht ist die Mutter der Gage." Nicht allein ist die Heuer überhaupt nur dann zu zahlen, wenn die Fracht zahlbar ist, d. h. die vom Reeder übernommene Beförderung des Gutes gehörig bewirkt ist; es steigert und verringert sich vielmehr mit der Steigerung und Verringerung der Fracht auch der Betrag der Heuer.[1] [2]

Nach wie vor mieden die Fahrzeuge die offene See, sie bewegten sich die Küsten entlang und liefen dieselben oft an.[3] Die Kunst, gegen den Wind zu steuern, war noch unbekannt; bei ungünstiger Witterung konnten die Schiffe nicht aus dem Hafen auslaufen oder mußten in den bei günstigem Winde verlassenen Hafen zurückkehren, sobald der Wind umschlug. Zur Winterszeit wurde, infolge der starken Stürme, die Schiffahrt auf der Ost- und der Nordsee für 3—3¾ Monate, vom 11. November bis zum 2. bzw. 22. Februar, eingestellt. Auch die venezianischen und genuesischen Schiffskarawanen blieben den ganzen Winter hindurch bis tief in das Frühjahr hinein in den Levantehäfen liegen. Im Mittelmeer waren Seekarten und Kompaß schon seit Anfang des 14. Jahrhunderts unumgängliche Hilfsmittel des Schiffers, während sie in der Nord- und Ostsee im Mittelalter nur wenig Verwendung gefunden zu haben scheinen.

Bereits um 1200 war die nordweisende Eigenschaft des Magneten sowohl im Mittelmeer als in den nord- und westeuropäischen Meeren bekannt. Lehrte doch schon Alexander Neckam, der 1180—1187 Professor in Paris war, über den Gebrauch der Magnetnadel in der Schiffahrt, und Guyot de Provins beschreibt den Kompaß in einem Gedicht aus dem Anfang des 13. Jahrhunderts als ein Instrument, das aus einer eisernen Nadel besteht, die, quer durch einen kurzen Halm gesteckt und dadurch in einem offenen Wassernapf schwimmend erhalten, sich nach Norden einstellt. Die Nadel wurde jedesmal vor Gebrauch mit einem Magnetstein eingerieben und wies die Nordsüdrichtung, sie wurde zum Kurssteuern benutzt, bei Nacht sogar erleuchtet. Man bediente sich ihrer um diese Zeit, wie aus einem anderen französischen Gedicht erhellt, insbes. auf der Fahrt nach Friesland, Griechenland, Akkon und Venedig. Vogel möchte den Kreuzzügen (von 1189 und 1217—1219) einen wesentlichen Anteil an der Einführung und Verbreitung der Magnetnadel in der Nautik zuschreiben. Ein arabischer Schriftsteller berichtet bereits um 1242, daß die Schiffer, die das Indische Meer befahren, einen kleinen, aus hohlem Eisen gemachten Fisch anwenden, der die Eigenschaft besitzt, daß er, ins Wasser geworfen, auf der Oberfläche schwimmen bleibt und durch Kopf und Schwanz die beiden Pole — Nord und Süd — bezeichnet. Aus dem Magneten wurde später die Bezeichnung Marinette oder Marinière, da das Instrument in der Nautik Eingang fand (in Sizilien Calamità, d. i. Frosch). Die Magnetnadel wurde in einer Schachtel befestigt, woher der Name Bussole (Bossolo) herrührt. Der Erfinder soll Flavio Gioja (Joya) in Amalfi gewesen sein („prima dedit nautis usum magnetis Amalphis"). Die neuere

---

[1]) Pappenheimer, Geschichtl. Entwickl. des Seehandels. S. 137ff., 149, 167ff., 173ff., 186ff. (Schr. des Ver. f. Sozialpolit. CIII.) Vogel, Gesch. d. deutsch. Schiffahrt I, S. 368ff., 374ff., 391ff. Boissonade, La rénaissance et l'essor de la vie et du commerce maritimes du Poitou, Annis et Saintonge du X au XV s. (Rev. d'hist. écon. et soc. 1924.) S. 294. Über den Frachtvertrag s. Goldschmidt, Univers. S. 271, 336ff. Rehme, Gesch. S. 106. Wagner, Handb. des Seerechts. S. 7ff. Martens, Der Seefrachtvertrag in Marseille im 13. Jahrhundert. 1911.

[2]) Die für die Kenntnis der Schiffahrt jener Zeit so wichtigen Rôles d'Oléron in Collection des lois maritimes I. 1828. S. 323ff. Siehe auch Pols, Les rôles d'Oléron et leurs additions. (Nouv. Revue d'hist. de droit. 1885.) Pawlowski, L'ile d'Oléron à travers les âges. (Bullet. trav. géogr. hist. 1905. Nr. 2.)

[3]) Zuweilen ließen allerdings die Schiffe — wie Schaube (Handelsgesch. S. 153) betont — im Mittelmeer bei günstigem Wetter die Küsten Siziliens und Kretas außer Sicht.

Forschung, die die Anwendung des Magnets bereits für eine viel frühere Zeit festgestellt hat, kann dieser Ansicht freilich nicht mehr beistimmen. Doch wird das Verdienst Giojas dadurch nicht geschmälert, denn er war es wohl, der das Instrument zu einem brauchbaren Steuerkompaß umgestaltet und dadurch den Kompaß erst in vollem Grade für die Nautik des Mittelmeeres nutzbar gemacht haben dürfte.

Seit Anfang des 14. Jahrhunderts konnte der Steuerkompaß im Mittelmeergebiet eine rasche Verbreitung finden in Verbindung mit den seit dieser Zeit (Karte, Kompaß, Magnet und Windrose werden in einem Verzeichnis von 1286—1295 genannt) zahlreich aufkommenden Seekarten (Portolani oder Kompaßkarten), die eine notwendige Ergänzung des Kompasses bildeten, da der Schiffer beim Kurssteuern nach dem Kompaß vor allem die genaue Lage seines Zieles kennen mußte. Dagegen kannte man in der nord- und westeuropäischen Nautik des Mittelalters keine Seekarten, und auch vom Kompaß wurde zum Kurssteuern kein nennenswerter Gebrauch gemacht. Soweit er vorhanden war, diente er als Zeitmesser, als Sonnenkompaß (Azimuthkompaß), denn die geringe Tiefe der Nordsee und des Kanals gestattete die Orientierung durch Loten („line unde loth"). Die ältesten Seekarten im Norden rühren erst von der Mitte des 16. Jahrhunderts her. Findet sich doch auf der Weltkarte des Fra Mauro von 1458 in betreff der Ostsee die Angabe „auf diesem Meere navigiert man weder mit der Seekarte noch mit dem Kompaß, sondern mit dem Lot". Und auch Prinz Heinrich der Seefahrer behauptete 1434, daß man auf der Nordsee „nichts von Kompaß und Seekarte versteht". Erst 1460 wird zum erstenmal der Kompaß auf einem deutschen Ostseefahrzeug erwähnt. Auch in den englischen Schiffsinventarverzeichnissen (die anläßlich von Schiffsberaubungen aufgestellt wurden) aus der ersten Hälfte des 15. Jahrhunderts kommen fast keine Kompasse zum Kurssteuern vor, und in dem bekannten „Libell of Englishe Policye" (um 1436) wird als besondere Eigentümlichkeit der Islandfahrer hervorgehoben, daß sie den Kompaß benutzen. Anderwärts war seine Anwendung wohl auch noch später eine recht spärliche. Dies änderte sich erst, als mit dem Umschwung in der nordwesteuropäischen Nautik, in der zweiten Hälfte des 16. Jahrhunderts, auch hier wissenschaftliche Methoden nach dem Vorbilde der Italiener, Portugiesen und Spanier eingeführt wurden[1]).

Hingegen sind Verzeichnisse der Wasserstraßen, der Häfen, der Meeresströmungen usw. auch im Gebiet der nordischen Meere früh zu finden. Das die Verzeichnisse der Fahrstraßen von Gibraltar bis zum finnischen Meerbusen enthaltende „Seebuch" (routier de mer) ist allem Anscheine nach zuerst in Westfrankreich abgefaßt, daraufhin in Flandern umgearbeitet und von Hansen in bezug auf Ost- und Nordsee ergänzt worden[2]). Auch Leuchttürme wurden errichtet, so im 13. Jahrhundert in der Nähe von Falsterbö an der Einfahrt in den Sund, bei Travemünde, ferner in den Mündungen der Elbe, der Weser und der Maas, wenn auch die Leuchtfeuer nicht immer in Stand gehalten wurden. Benjamin von Tudela zählt den steinernen Leuchtturm bei Alexandria zu den größten Wundern der Welt. Besonders zahlreich waren Leuchttürme an den französischen Küsten, sowohl am Mittelmeere (der im 13. Jahrhundert bei Aigues-Mortes errichtete, der von Marseille u. a. m.) als auch im Atlantischen Ozean. Im Süden war ein Leuchtturm bei Bayonne vorhanden, ferner (bereits vom 12. Jahrhundert an) am Kap Cordouan, dessen Feuer von Einsiedlern unterhalten wurde wie im Altertum das heilige Feuer von den

---

[1]) Vogel, Die Einführung des Kompasses in die nordwesteuropäische Nautik. (Hans. Gesch.-Bl. XVII.) Ders., Gesch. d. deutsch. Schiffahrt I. 1915. Vgl. Kretschmer, Die italienischen Portolane des Mittelalters. 1909. Wolkenhauer, Beitr. zur Gesch. der Kartographie u. der Nautik. (Mitt. der Geogr. Ges. zu München I. 1904.) Breusing, Die nautischen Instrumente usw. 1890. Nicolas, History of the Royal Navy. 1847. Vol. II, S. 180. Roncière, Hist. de la marine franç. II S. 505ff.

[2]) Daenell II, S. 364f. Behrmann, Über die niederdeutschen Seebücher des 15. u. 16. Jahrhunderts. Koppmann, Das Seebuch. 1876.

Vestalen. 1468 wurde ein Leuchtfeuer beim Hafen von La Rochelle errichtet, und seine Instandhaltung erfolgte auf Kosten der Stadt. Noch früher, um die Mitte des 14. Jahrhunderts, findet sich ein Leuchtturm zu Chef-de-Caux (Normandie) erwähnt, Sainte-Adresse genannt, sowie Leuchttürme zu Calais, Dunquerque u. a m. Sie waren 15 bis 19 m hoch, sodaß der Schiffer sie in einer Entfernung von 15 bis 17 km erblicken konnte.[1])

Außer dem Fehlen von Zollstätten und anderen Hindernissen wies der Seeweg noch einen anderen, nicht hoch genug anzuschlagenden Vorzug vor den Landstraßen auf: die unvergleichlich höhere Tragfähigkeit der Fahrzeuge und die so viel größere Reisegeschwindigkeit.

Die Bürgerschaft Londons besaß allerdings noch im 15. Jahrhundert nur 4 Seeschiffe mit einer Tragfähigkeit von mehr als 120 t. Auch die Hanseschiffe faßten gewöhnlich nicht über 200—250 t, ihr Wert überstieg keine 3000 GM. In den preußischen Städten des Deutschen Ordens und in Riga wurden auch größere Schiffe mit einem Fassungsraum von 400 t und darüber erbaut, die jedoch infolge dieses Ausmaßes in einer Reihe von Häfen, insbesondere der Niederlande, nicht einlaufen konnten.[2]) Die italienischen Neven faßten ca. 1000—1500 Personen und außerdem unter Deck 250 t. Noch größer waren die katalonischen Fahrzeuge, die 420—630 t führen konnten. Ihre Tragfähigkeit überstieg also um ein Vielfaches die der zweirädrigen Karren, die mit 10, ja 12 Ochsen bespannt nur 1,5 bis 2 t an Warengütern laden konnten. Dabei betrug die Fahrtgeschwindigkeit zu Lande nicht über 5—7 Meilen täglich, während die Schiffe eine Tagesleistung von 18—20 Meilen, ja bei direkter Fahrt auch mehr (24—32 Meilen) erreichten.[3])

Das verbreitetste Segelschiff des Mittelalters war die Nau (das Nef der westfranzösischen Schiffahrt, aus deren Umkreis sie stammen soll). Es war ein mächtiges, schweres, hochbordiges Lastschiff mit hohem Vorder- und Achterkastell, mit einem riesengroßen breiten, sog. lateinischen (dreieckigen) Segel, was eine starke Mannschaft erforderte. Im 15. Jahrhundert begnügte man sich nicht mehr mit einem Maste, sondern es wurde zur Regel, neben dem großen Mittelmaste auf jedem Kastell einen kleineren aufzupflanzen. Der große Nachteil der Nau bestand darin, daß sie vom Winde fast völlig abhängig war; gut lief das Schiff nur dann, wenn es der Wind von achtern unmittelbar seinem Ziele zuschob. Die daraus sich ergebende Unpünktlichkeit der Schiffahrt suchte man nun dadurch zu vermeiden, daß neben den Segeln auch Ruder beibehalten und die Segel nur bei gutem Winde benutzt wurden.

Das wichtigste Ruderschiff war die Galea, das echte Schiff der Handelsstädte des Mittelmeeres, Kriegsschiff und Handelsschiff zugleich. Auch hier finden wir einen oder zwei Maste, die an ihrer Rahe das malerische, mächtige lateinische Segel trugen. Doch seine Hauptbewegungskraft gewann das Schiff aus den Armen der Ruderknechte von den 25 Ruderbänken, auf denen je drei Ruderer ihren eigenen Riemen führten. Diese Schiffe erforderten eine noch größere Besatzung. Das Bestreben, die Galea segelfähiger zu machen, führte zur Entwickelung neuer Schiffstypen, und so entstanden, in steter Steigerung ihrer Größe, in einer Verbreiterung

---

[1]) Roncière, Hist. de la marine française II, S. 506, 510f., 537ff. Boissonade, Rev. 1924. S. 288.

[2]) Lindsay, Hist. of Merch. Shipping I, S. 494. Hirsch, Danzigs Hand.- u. Gewerbsgesch. S. 264. Stieda, Revaler Zollbücher. LXIX. Daenell II, S. 345ff.

[3]) Götz S. 541, 624ff.

der Form die Galeere, die galea grossa und endlich die galeazza, der Stolz venezianischer Schiffsbaukunst, die die Kraft der Riemen zur höchsten Steigerung gebracht hatte. Aus den Galeeren bestanden die Schiffskonvois der Venezianer, die seit dem Anfang des 14. Jahrhunderts unter staatlicher Leitung und in staatlicher Ausrüstung durch die Straße von Gibraltar nach Flandern und England gingen. Dies wurde dann auch von Florenz, teilweise auch von Neapel nachgeahmt, auf Veranlassung von Jacques Coeur auch von Frankreich; er war es, der zuerst die Galeerensklaverei in Frankreich einführte.

Der Nau des Mittelmeeres ähnelte, seinem Bau nach, der nordischen Kogge (d. i. gewölbtes Gefäß), gleich ihr ein schweres Segelfrachtschiff, dessen Urbild, nach Hagedorn, in der Tat in den Nefs Westfrankreichs zu suchen ist, während Vogel behauptet, der Kogge hätte sich selbständig ausgebildet und sei bereits seit Anfang des 13. Jahrhunderts (also früher als das Nef) aufgekommen. Jedenfalls ist der Kogge namentlich im 13. und 14. Jahrhundert das meistgenannte und gebräuchlichste größere hansische Seeschiff („coggo sive navis magna"), das vorwiegend auf weiter Fahrt Verwendung fand. Von der südlichen Nau unterschied sich der Kogge durch seinen einzigen, in der Mitte des Schiffes befindlichen Mast mit dem mächtigen rechteckigen (nicht dem dreieckigen lateinischen) Segel. Bei den Romanen erscheint der Kogge als Carracca, Caraque, in den Niederlanden „kraek". Neben dem Koggen kommt früh auch der Holk vor, dem Koggen ähnlich, denn dasselbe Schiff wird zuweilen einmal als Holk, ein anderes Mal als Kogge bezeichnet. Doch der Holk, der im 15. Jahrhundert in der Fernfahrt den Koggen in den Hintergrund drängte, war der Typus des größeren Handelsschiffes, das Vorder- und Achterkastelle besaß, die hingegen beim Koggen fehlen konnten.

Im 15. Jahrhundert kommt in Spanien und Portugal, bald auch in Italien, ein neuer Schiffstypus auf, die Caravelle, ursprünglich ein kleines oder mittelgroßes Schiff, das viel leichter in den Hafen einlaufen konnte als die mächtigen, schwer beweglichen Naus oder Karacken („die kleinen Schiffe behelfen sich beim Landen im Port und können ihnen die großen nicht beikommen"). Von der Iberischen Halbinsel scheint Bauweise und Bezeichnung dieses Schiffstypus nach Westfrankreich übernommen worden zu sein, und von hier aus gelangte die Anregung zum Bau ähnlicher Schiffe nach den Niederlanden und Deutschland. Doch nimmt zugleich auch ihre Größe zu. Auch in den romanischen Ländern übernehmen die Karavellen das germanische Vierecksegel (statt des dreieckigen lateinischen). Die im Süden wie in der hansischen Schiffahrt auftretende Zerlegung der Segelfläche verminderte die Gefahren der großen Segel bei plötzlich einsetzendem Sturme und erforderte zugleich weniger Mannschaft zu Bedienung. Auch im Norden setzte man nämlich zwei Nebenmasten (statt des früheren einzigen Mastes) ein, und zwar je einen auf Vorder- und Achterkastell, von denen der eine (Fockemast) jedoch seine Bezeichnung nicht dem romanischen sondern dem germanischen Wortschatz entnommen hat. Die dreimastige Takelung wurde dann auch von den Holken und anderen hansischen Schiffstypen übernommen. Den Karavellen mußten auch die südlichen Nauen weichen; die im Schiffsbau erzielten Fortschritte ermöglichten es Kolumbus, einen neuen Erdteil zu entdecken. Außer der Nau Santa Maria bestand sein Geschwader aus der Karavela Pinta und der lateinischer Segel sich bedienenden Karavela Nina. Durch diese beiden Begleitschiffe ist die Karavela weltberühmt geworden. Das neue Segelsystem hat der Vorherrschaft der Galeeren im Bereiche der romanischen Nationen ein Ende bereitet.[1])

Freilich war auch die Schiffahrt mit einer Reihe von Gefahren verbunden. Hierher gehören einmal Sturm und Windstille, Klippen und

[1]) Schulte, Große Ravensburger Gesellschaft II, S. 57ff. Vogel, Gesch. der deutsch. Seeschiffahrt I, Kap. IX. Hagedorn, Die Entwickelung der wichtigsten Schiffstypen. 1914. Jal, Archéologie navale. 1840. Götz, Verkehrswege. S. 624f. Boissonade, Rev. d'hist. écon. 1924. S. 291ff. Roncière, Hist. de la marine française II, S. 460ff.

Untiefen, ferner die durch ungenügende Ausbildung des Schiffsführers verursachte Schwierigkeit, den rechten Weg zu finden. Dazu kam der Bau seeuntüchtiger Schiffe, das Fehlen einer Signalisation, was zu Schiffszusammenstößen führte, der Mangel an Lebensmitteln und an gutem Trinkwasser während der Reise. Endlich war eine ständige Begleiterscheinung der Seeschiffahrt das Piratenwesen, das im besten Falle Beraubung der Reisenden und Zahlung von Loskaufgeldern im Gefolge hatte.[1]) Von ähnlicher Art war auch das Repressaliensystem, vermöge dessen die Landsleute des etwa Schuldigen Anhaltung und Aufbringung ihrer Schiffe zu gewärtigen hatten, insbesondere aber das Strandrecht, das auf der Anschauung von der Rechtlosigkeit der Fremden beruhte und die Schiffbrüchigen auch jener Güter beraubte, die ihnen das Meer noch übrig gelassen hatte. Der zahlreichen Gefahren suchte man auf mannigfache Art Herr zu werden. Man beaufsichtigte den Schiffsbau, um die „ruchlose" Bauart der Schiffe unmöglich zu machen; es wird eine Tiefladelinie für die Schiffe bestimmt und für jede ohne ausdrückliche Erlaubnis der Befrachter vorgenommene Überladung dem Schiffer eine Strafe im Werte der zuviel geladenen Güter auferlegt. Die Fürsorge der Staatsgewalt für die Sicherheit der Schiffahrt trat ferner im Verbot der Winterschiffahrt und in der Bestimmung der Schiffahrtszeiten ebenso wie in der Forderung des Reisens in Flotten und Admiralschaften, in Begleitung von Kriegsschiffen zutage — Maßregeln, die namentlich gegen Überfälle von Seeräubern schützen sollten — wie auch in der Unterhaltung von Leuchtfeuern, Schiffahrtszeichen usw. Nicht minder wichtig war in dieser Hinsicht der Gebrauch der die Orientierung auf See ermöglichenden Hilfsmittel, wie Kompaß und Lot, sowie die Lichterführung der Schiffe. Das Strandrecht, das man als Strandraub brandmarkte, suchte man durch Verträge zwischen den einzelnen Staaten auszuschließen. Den italienischen Stadtrepubliken gelang es bereits im 12. Jahrhundert, die Aufhebung des Strandrechts für sich durchzusetzen, die hansischen Schiffe waren in England seit 1228, in Flandern seit 1253 davon frei; auch der König von Dänemark, der von dieser so einträglichen Gewohnheit nicht lassen wollte, mußte schließlich auf ihr Drängen hin auf das Strandrecht verzichten. Nach den Zusatzartikeln zu den Rôles d'Oléron sollen diejenigen Seigneure excommuniziert werden und den für Raub und Mord bestimmten Strafen verfallen, welche „detroussent ou murtrissent les marins".[2])

Als eine wichtige Maßregel der Sicherung gegen die Gefahren der Seeschiffahrt wurde die Namengebung für die Schiffe betrachtet; man suchte durch die Wahl eines Namens das Fahrzeug unter den besonderen Schutz eines Heiligen zu stellen. Ferner ließ man das Schiff vor Antritt der Reise durch einen Priester einsegnen; auch empfahl es sich, einen

---

[1]) Pappenheim S. 156ff. Vogel I, S. 402. Boissonade, Revue d'hist. écon. S. 307f.

[2]) Prutz, Kulturgesch. der Kreuzzüge. S. 358, 559. Lappenberg II, S. 711. Daenell II, S. 374. Bahr S. 101ff. Boissonade, Revue. S. 302.

Teil des Ertrages für fromme Zwecke zu bestimmen. In Sturmesnot wandte man sich an den Heiligen und gelobte eine Wallfahrt, wobei der eine, auf den das Los fiel, das Gelübde für alle zu erfüllen hatte, während die Kosten der Wallfahrt von allen gemeinsam aufgebracht wurden. Es handelt sich hier um einen eigenartigen Fall der Anwendung des Prinzips der großen Haverei, welches darin bestand, daß jeder, der an Schiff oder Ladung beteiligt war, den auf einer Seereise entstandenen Schaden zu seinem Teile mitzutragen hatte. Es trat häufig die Notwendigkeit ein, das Interesse Einzelner zwecks Erhaltung des Ganzen zu schädigen. Hierher gehörten namentlich Fälle, wo Ladung über Bord geworfen, Masten oder Ankerkabel gekappt werden mußten, um das Schiff vor dem Untergange zu retten. Auch Leichterunkosten bei Strandung, zur Fortsetzung der Reise als notwendig sich erweisende Reparaturen, Zahlung des Lösegeldes an Seeräuber wurden als große Haverei behandelt.

Die große Haverei ist gewissermaßen eine Zwangsversicherung auf Gegenseitigkeit, wenn sie auch nur in bestimmten Fällen eintritt. Dieselbe Idee der Gegenseitigkeitsversicherung war in den mittelalterlichen Bruderschaften, Gilden, Zünften und anderen Genossenschaften durchgeführt, deren Mitglieder im Falle der Not einander zu Hilfe kamen, so in Krankheits- und Todesfällen, beim Aufbau des abgebrannten Hauses u. a. Es gab auch besondere Verbände, deren Teilnehmer verpflichtet waren, sich gegenseitig im Falle von Schiffbruch zu unterstützen. Im Gegensatz zu den oben angeführten Vorbeugungs- oder Repressivmaßnahmen, wie das Fahren in Admiralschaften oder das Fortwerfen eines Teiles der Ladung, handelt es sich hier um die Deckung des bereits entstandenen Schadens, welche auf dem Grundsatz der gegenseitigen Hilfe beruhte, denn die an Schiff und Waren Beteiligten waren ja gleichsam Brüder. Dieser Gedanke findet seinen Ausdruck im spanischen Seerecht noch des 14. Jahrhunderts, in dem sog. Agermanament (d. i. Verbrüderung): „Schiff und Ladung sollen Brüder sein". Dies hatte die Wirkung, daß die Seeschäden von ihnen gemeinsam getragen wurden[1]).

Neben den Einrichtungen genossenschaftlicher Art, in denen der Ursprung der Gegenseitigkeitsversicherung zu suchen ist, kommt auch die eigentliche Versicherung, nämlich die Versicherung gegen Prämie, auf, wo der Versicherte und der Versicherer einander gegenüber stehen. Sie erscheint zunächst als Seeversicherung, dann auch als Versicherung der Warenbeförderung zu Lande und war aus dem Seedarlehen, das bereits dem Altertum bekannt war, erwachsen. In demselben ist bereits der Versicherungsgedanke mit enthalten, denn wenn das Schiff nicht wohlbehalten die Reise vollendete, hatte der Darlehensgeber weder auf Zinsen noch auch nur auf die Rückzahlung des Kapitals einen Rechtsanspruch. Er trug also das Risiko für den günstigen Ausgang der Reise;

---

[1]) Pappenheim S. 160ff., 163ff. Vogel I, S. 403ff. Goldschmidt, Univ. S. 355f.

in dem höheren als dem sonst üblichen Zins, den er im Falle des Gelingens erhielt, war neben der Vergütung für die Kreditgewährung auch die Prämie für die Übernahme des Risikos mit enthalten. Dieser assekuranzähnliche Bestandteil des Seedarlehens hat sich allmählich zum selbständigen Versicherungsgeschäft gegen Prämie ausgebildet, indem nun der Darlehensgeber (der Versicherer), im Gegensatz zum Seedarlehen, nicht vor Antritt der Reise sondern erst nach ihrer Vollendung, und zwar bloß im Falle der Verwirklichung der Seegefahr, die Summe zu zahlen hatte.[1])

Doch erfolgte dieser Übergang erst allmählich; ursprünglich erhielt sich noch die äußere Form des Seedarlehens, die allgemein Eingang gefunden hatte. Die Änderung trat in der Weise ein, daß man diese Vertragsform des Versicherungsdarlehens auch in den Fällen nutzbar zu machen suchte, wo ein Geldbedürfnis für den Versicherungsnehmer nicht vorlag; man mußte daran denken, die für den Zweck der Versicherung überflüssige und das Geschäft nur belastende Doppelzahlung zu vermeiden, welche beim Seedarlehen notwendig war, weil im Falle eines günstigen Ausganges der Reise der Versicherte die erhaltene Summe zu erstatten hatte. Dies war auf die einfachste Weise dadurch zu erreichen, daß der Versicherungsnehmer dem Darleiher die Versicherungssumme, die dieser nach der hergebrachten Form zu erlegen gehabt hätte, kreditierte, und zwar bis zum etwaigen Eintreten des Falles, in welchem die Zahlung der Versicherungssumme allein zweckentsprechend war, nämlich wenn der Ausgang ein ungünstiger war. „Es mußte also — sagt Schaube — in gewissem Sinne eine Umkehrung des bisherigen Verhältnisses der vertragschließenden Parteien vorgenommen werden. Bisher war man von dem Falle der günstigen Beendigung des Risikos ausgegangen, und der Versicherungsnehmer war der promittierende Teil gewesen, der für diesen Fall die Rückzahlung der Versicherungssumme verhieß. Nun ging man von dem Ausnahmefalle, der ungünstigen Beendigung des Risikos aus; der Versicherungsgeber wurde der promittierende Teil; er verhieß die Versicherungssumme zu zahlen, den Fall ausgenommen, daß das Risiko günstig ablief . . . In der Stundung der beim Versicherungsdarlehen vorzuleistenden Versicherungssumme durch den Versicherungsnehmer liegt der entscheidende Wendepunkt; wir stehen hier an der Ursprungsstelle der echten Versicherung".[2])

[1]) Goldschmidt, Univ. S. 362ff. Pappenheim S. 165. Silberschmidt, Das Seedarlehn als Ausgangspunkt der Versicherung gegen Prämie. (Veröffentl. d. deutsch. Vereins f. Versicherungswiss. H. 38. 1926.)

[2]) Demgemäß hatte auch der Begriff des Risiko einen zweifachen Sinn angenommen. Ursprünglich muß das Wort Risiko, das von dem arabischen „rizk" entstammt, die Bedeutung eines glücklichen Zufalls, eines zufälligen Geschenkes gehabt haben. Im Buche „Tausend und eine Nacht" findet der Prinz Scharkân unerwartet ein schönes Mädchen, er sagt darauf: „Jedes rizk hat seinen Grund." Das arabische Wort enthält nur die günstige Seite eines Zufalles, doch bei dem strengen Fatalismus der Araber ist das „Rizk" eine Fügung Allahs, so können wir uns auch nicht wundern, wenn ihm auch ein ungünstiger Ausgang beigemessen wurde. Beide Wendungen sind von den Christen herübergenommen worden. (Schulte, Die Große Ravensburger Gesellschaft I, S. 357.)

Die Idee der Versicherung hat nun in ihrer Weiterentwickelung manche Wandlungen durchgemacht, um schließlich in der zweiten Hälfte des 14. Jahrhunderts bei der reinen Versicherung anzulangen, indem sie die Eierschalen des Seedarlehens vollständig abstreifte. Die früheren Forscher, welche die Entstehung der Seeversicherung bereits in den Anfang des 14. Jahrhunderts versetzten, waren, wie Schaube nachgewiesen hat, durch Ausdrücke wie securare, assecurare, die in italienischen Urkunden vorkommen, welche aus dieser Zeit stammen (Versicherungsverträge für diese Zeit fehlen), irregeführt worden. Es handelte sich hier in Wirklichkeit um die Sicherung der Reise selbst durch Wachtschiffe, durch Geleitbriefe u. a. Balducci Pegolotti, der bekannte Faktor des großen Bank- und Handelshauses Bardi in Florenz, der sein kaufmännisches Handbuch ca. 1340 verfaßt hat, gedenkt der Versicherung mit keiner Silbe, während Giovanni da Uzzano, der ein Jahrhundert später schrieb (1440) und dessen Handbuch sich ganz in den Spuren Pegolottis bewegt, es keineswegs unterläßt, die Höhe der Versicherungsprämie an zahlreichen Stellen seines Werkes anzugeben. Die eigentlichen Versicherungsverträge kommen nicht vor Mitte des 14. Jahrhunderts vor, die frühere Zeit kennt nur Übergangsformen.[1])

Zunächst fehlte jedoch dem Versicherungsgeschäft eines — der Massencharakter der vom Versicherer abgeschlossenen Verträge. Der Versicherer, der nur wenige Geschäfte machte, war außerstande, den Schaden auf die Versicherungsobjekte zu verteilen, er konnte sich keinen Versicherungsfonds schaffen. Die Geschäfte nahmen daher einen spekulativen Charakter an, die Versicherung war ein Glücksspiel, weshalb auch die Prämie sehr hoch sein mußte. Vielleicht wurzelt die Versicherung zum Teil in der Wette, indem der Versicherte mit dem Versicherer ursprünglich eine Wette darüber abschloß, ob das Schiff seine Reise günstig vollenden werde oder nicht; im ersten Falle zahlte der Versicherte die Prämie, im zweiten der Versicherer die (versicherte) Summe, sodaß ihre Einsätze gleich waren. War doch die Wette „ein durchaus rechtsgültiges, vollklagbares, in jener wagelustigen Zeit überaus häufiges Geschäft[2])", das „unter den Kaufleuten üblich war, da sie die Zukunft vorauszusagen pflegen". Doch kommen seit Ende des 14. Jahrhunderts in den italienischen Städten auch Versicherungsverträge vor, wo das

---

[1]) Schaube, Die wahre Beschaffenheit der Versicherung in der Entstehungszeit des Versicherungswesens. (Jahrb. f. Nationalök. III, F. V.) Ders., Der Übergang vom Versicherungsdarlehen zur reinen Versicherung. (Ibid. VI.) Vgl. Goldschmidt, Zur Gesch. der Seeversicherung. (Festgabe für Beseler. 1885.) Reatz, Gesch. des europ. Seeversicherungsrechts. 1870. Bensa, Il contratto di assicuratione nel medio aevo. 1884. Ders., Neue Beitr. zur Gesch. der Seeversicherung (Assekuranz — Jahrb. VIII. 1880.) Davidsohn, Gesch. von Florenz IV 2 (1925), S. 221 ff., 224.

[2]) Man wettete über die Bestellung zum Kardinalat und über die Papstwahl, über den Tod des Papstes oder des Königs, über das Eingehen einer Ehe, über die Geburt eines Kindes, darüber, ob eine Pestepidemie ausbrechen wird oder nicht. (Goldschmidt, Universalgesch. des Handelsrechts I, S. 373, 382.)

Risiko unter mehrere (5—15) Versicherer geteilt und das Wagnis für jeden von ihnen deshalb bedeutend herabgemindert wird. Seit dieser Zeit gibt es auch einzelne Personen oder Gesellschaften in Italien, die zahlreiche Versicherungsverträge abschließen.[1])

Von Italien aus, wo die Heimat der Seeversicherung und somit der Versicherung überhaupt (denn mit der Seeversicherung nimmt die Versicherung ihren Anfang) zu suchen ist, breitet sie sich nach den Niederlanden aus; im 15. Jahrhundert treten hier Genuesen, Florentiner, Venezianer als Versicherer auf; die Versicherung gelangt aus Italien auch nach der Iberischen Halbinsel. Dem deutschen Mittelalter war sie jedoch vollständig fremd. Die hansischen Kaufleute hielten an der ursprünglichen Form der Risikoverteilung fest, indem eine an einen Ort bestimmte Ladung auf mehreren Schiffen verstaut wurde, wie das Hildebrand Veckinchusen tut, aus dessen Briefen uns oft die Besorgnis entgegentritt, das Schiff könne einen Unfall erleiden[2]). Freilich blieb dieser Brauch auch anderwärts noch recht lange neben der Seeversicherung bestehen.

Für die Große Ravensburger Gesellschaft läßt sich eine Versicherung der Waren beim Landtransport nicht nachweisen; sie gingen auf Risiko der Gesellschaft, soweit nicht die Fuhrleute oder die Muletieros (die die mit Waren beladenen Maultiere begleiteten) dafür verantwortlich waren. Dagegen wurden beim Transport zur See (auf der Strecke von Genua bis Antwerpen) wenigstens in späterer Zeit die Waren versichert, wobei man sich mehr vor Korsaren als vor dem Meere fürchtete. Nicht selten wurden die Waren fast vollständig versichert. „Lasset doch alle Zeit alles versichern, damit kein Schaden geschehe. Denn jetzt kürzlich haben die Deutschen an der Küste der Bretagne ein Schiff mit Spezerei verloren, so von Lissabon kam, darauf sie sehr viel verloren haben. Die Welser hatten 60 Sack Pfeffer, ebenso die Höchstätter, die Rehlinger in allem 20 Sack darauf, sind fürwahr wüste Schläge. Gott ersetze es ehrbaren Leuten. Sie . . . meinten immer, es wäre das Versichern ein Narrenwerk.“ Aus diesem Schreiben von 1517 ersieht man, daß zu Anfang des 16. Jahrhunderts die Versicherung noch lange nicht in Übung gekommen war — bei den ersten Fahrten nach Ostindien war der von der Kompagnie vertretene Standpunkt, alles zu versichern, was auf See verladen wurde, noch neu[3]).

---

[1]) Goldschmidt, Univ. S. 366ff. Schaube, Jahrb. V. Vgl. Ehrenberg, Versicherungsrecht I (1893), S. 35f. Ders., Zeitschr. für Handelsrecht. S. 32, 272. Adler, Ibid. XXXIV.

[2]) Vogel I, S. 377, 399, 403. Huvelin, Hist. du droit comm. S. 91f. Stieda, Hild. Veckinchusen. S. 28.

[3]) Schulte, Große Ravensb. Ges. II, S. 65ff.; III, S. 447ff.

IV. ABSCHNITT.

Geld und Kredit.

Außer den oben genannten Werken von Inama-Sternegg, Lamprecht (Deutsch. Wirtschaftsleben im Mitt.), Koetzschke, Sombart, Ashley, Cunningham, Levasseur, Schaube, Schulte, Goldschmidt (Universalgesch. des Handelsrechts) siehe insbesondere:

1. Geldwesen. Jesse, Quellenbuch zur Münz- und Geldgeschichte des Mittelalters. 1924. D'Avenel, Histoire de la propriété etc. T. I. Luschin v. Ebengreuth, Allgemeine Münzkunde und Geldgeschichte des Mittelalters und der neueren Zeit. 2. Aufl. 1926. Friedensburg, Die Münze in der Kulturgeschichte. 1909. Ders., Deutsche Münzgeschichte. 1912. (Meisters Grundriß der Geschichtswiss.) Ders., Symbolik der Mittelaltermünze. 1922. Ders., Münzkunde und Geldgeschichte der Einzelstaaten. 1926. Sommerlad, Mittelalterl. Münzwesen. (Handwört. der Staatswiss.) Hanauer, Etudes économiques sur l'Alsace. T. 1. (Les monnaies.) 1876. Eheberg, Über das ältere deutsche Münzwesen und die Hausgenossenschaften. 1879. (Schmollers Forschungen I.) Schrötter, Das Münzwesen des Deutschen Reichs von 1500—1566. (Schmollers Jahrb. 1911.) Landry, Essai économique sur les mutations des monnaies dans l'ancienne France. 1910. Borrelli de Serres, Recherches sur divers services publics du XIII au XVII siècle. T. II. 1904. Shaw, The history of Currency. 1894. Bridrey, La théorie de la monnaie au XIVs. 1906. Engel-Serrure, Traité de numismatique du moyen-âge. T. II, III. 1891ff. Grosse, Münzstudien. 1854. Soetbeer, Beitr. zur Gesch. des Geld- und Münzwesens in Deutschland. 1861ff. Kruse, Kölnische Geldgeschichte bis 1386. 1888. Cahn, Münzgeschichte der Stadt Straßburg. 1895. Ders., Der Rappenmünzerbund. 1901. Ders., Münzgeschichte von Konstanz. 1911. Buchenau, Grundriß der Münzkunde II. 1920. Menadier, Münzgeschichte der europäischen Staaten. 1919. (Schausammlung des Münzkabinetts im Kais.-Friedrich-Museum.) Born, Das Zeitalter des Denars. 1924. Davidsohn, Forschungen zur Geschichte von Florenz. T. IV. 1908. S. 316ff.

2. Kredit. Neumann, Geschichte des Wuchers in Deutschland. 1865. Brunner, Die fränkisch-romanische Urkunde. (Z. f. Handelsr. 1877.) Karl Adler, Geschichte des Wechselrechts s. v. Wechsel. Handw. der Staatswiss. VIII. Schaube, Betrachtungen zur Entstehungsgesch. der Tratte. (Z. der Sav.-St. G. A. XIV.) Ders., Anfänge der Tratte. (Z. f. Handelsr. XLIII.) Landmann, Entwicklungsgesch. der Formen des öffentlichen Kredites. (Finanzarchiv I. 1912.) Meltzing, Das Bankhaus der Medici und seine Vorläufer. 1906. Davidsohn, Forschungen zur Geschichte von Florenz. T. III, IV. 1901, 1908. Ders., Geschichte von Florenz IV, T. 2, 1926. Gottlob, Päpstliche Darlehnsschulden des 13. Jahrhunderts. (Hist. Jahrb. 1899.) Schneider, Die finanziellen Beziehungen der florentinischen Banquiers zur Kirche. 1899. Samaran-Mollat, La fiscalité pontificale en France au XIV s. (Bibl. des écoles françaises d'Athènes et de Rome. Nr. 95.) Ehrenberg, Das Zeitalter der Fugger. 1896. Bd. I 1896. Delisle, Mémoire sur les operations financières des Templiers. 1889. Prutz, Die finanziellen Operationen der Hospitaliter. (Sitzungsber. der Münch. Akad. d. Wiss. 1906.) Ders., Jacques Coeur von Bourges. 1911. Caro, Sozial- und Wirtschaftsgeschichte der Juden I, 1910; II, 1920. Hoffmann, Der Geldhandel der deutschen Juden während des Mitt. 1910. Gauthier, Les Lombards dans les Deux-Bourgognes. 1907. (Bibl. de l'Ecole des Hautes Etudes.) Morel, Les Lombards dans la Flandre française et le Hainaut.

1908. Piton, Les Lombards à Paris et en France. 1892. Bigwood, Le régime juridique et économique du commerce de l'argent dans la Belgique du moyen-âge. 1921. Des Marez, La lettre de foire à Ypre au XIII s. 1901. Voltelini, Die ältesten Pfandleihbanken und Lombardprivilegien Tirols. 1901. Koch, Italienische Pfandleiher im nördlichen und östlichen Frankreich. 1904. Amiet, Die französischen und lombardischen Geldwucherer des Mitt., namentl. in der Schweiz. (Jahrb. f. Schweiz. Gesch. I, II. 1876ff.) Kulischer, Warenhändler und Geldausleiher im Mittelalter. (Zeitschr. f. Volkswirtsch. und Sozialpol. XVII. 1908.) Strieder, Studien zur Gesch. kapitalistischer Organisationsformen. 2. Aufl. 1924. Sieveking, Genueser Finanzwesen vom 12. bis 14. Jahrhundert. T. I. 1898. T. II (Casa di S. Giorgio). 1899. Nasse, Das venetianische Bankwesen im 14., 15., 16. Jahrhundert. (Jahrb. f. Nat.-Oek. 1889.) Génestal, Rôle des monastères comme etablissements de crédit. 1901. Grosch, Geldgeschäfte hansischer Kaufleute mit englischen Königen im 13.—14. Jahrhundert. (Archiv für Kulturgesch. II. 1904.) Hansen, Der englische Staatskredit unter König Eduard III. und die hansischen Kaufleute. (Hans. Gesch.-Bl. 1910.) Siehe auch die Schriften über Champagnermessen (Bourquelot, Goldschmidt, Bassermann, Alengry).

Kapitel 27.

Geld- und Münzwesen.

Im späteren Mittelalter dringt die Geldwirtschaft allmählich in alle Gebiete der wirtschaftlichen Tätigkeit ein. Nicht nur daß in den Städten der Güteraustausch in geldwirtschaftlichen Formen sich abspielt, auch bei der Grundherrschaft werden, wie bereits oben dargelegt ist, die Naturalabgaben und Frondienste zu Geldleistungen umgewandelt. Doch wurde die fortschreitende Ausbildung der Geldwirtschaft erheblich gehemmt durch den Geldmangel, die Unzulänglichkeit der im Umlauf befindlichen Edelmetallmengen.

Der Gesamtvorrat an Edelmetallen zu Ausgang des 15. Jahrhunderts wird von Lexis auf 7 Mill. kg Silber = 1200—1300 Mill. GM. und 500 kg Gold = 1000 Mill. GM. geschätzt, also auf einen Gesamtwert von 2 bis 2,5 Milliarden GM.[1]) Nach anderen Berechnungen soll sich der Wert der umlaufenden Edelmetallmengen auf 1 Milliarde (nach Peschel), auf 680 Mill. (nach Jakob), ja auf nur 500 Mill. (Lerboux) belaufen haben. Welche von diesen Angaben man auch annehmen mag, jedenfalls steht es fest, daß der Edelmetallvorrat in den vorhergehenden Jahrhunderten noch weit geringer war als der hier angeführte vom Ende des 15. Jahrhunderts, denn die Ausbeute der Silbergruben in Sachsen, Böhmen, Tirol, Ungarn, Salzburg weist erst in der zweiten Hälfte des 15. Jahrhunderts eine erhebliche Steigerung auf. Lexis schätzt die Silberausbeute von 1260—1450 auf 27 000 kg jährlich, erst für 1450—1500 nimmt er 44 000 kg pro Jahr an. Der Gesamtwert der Gold- und Silberausbeute belief sich nach seinen Berechnungen auf 11,9 Mill. GM. im Jahresdurchschnitt bis zur Mitte des 15. Jahrhunderts und auf 14,8 Mill. GM. im

[1]) Lexis, Gold und Goldwährung. Ders., Silber und Silberwährung in Handw. d. Staatsw. Peschel, Zeitalter der Entdeckungen. S. 26ff. Michel Chevalier, Dictionn. d'écon. pol. (Métaux précieux.) Helferich, Das Geld. S. 50—60.

Jahresdurchschnitt am Ausgang des 15. Jahrhunderts. Die Tatsache muß ferner mit in Erwägung gezogen werden, daß die oben angeführten Zahlen auf den Gesamtvorrat an Edelmetallen überhaupt sich beziehen, während für den Verkehr nur das im Umlauf befindliche Münzgeld in Frage kommt. Es bestand nämlich der — nach gleichfalls von Lexis angestellten Berechnungen — sich um 1500 auf 7 Mill. kg Silber belaufende Edelmetallvorrat zum größeren Teile aus Schmucksachen, Tafelgeschirr und ähnlichen Gegenständen, nur zum kleineren Teil aus Münzgeld. Außerdem wurden größere Mengen von Münzgeld dem Verkehr entzogen und als Schatzgut aufbewahrt in der Weise, daß sich sowohl bei einzelnen Personen als auch bei Verbänden und Genossenschaften bedeutende Kapitalien ansammelten. Häufig wurden diese Schatzgüter in der Erde vergraben (dies war besonders in Frankreich während des Hundertjährigen Krieges mit England beliebt) oder Kirchen und Klöstern zur Aufbewahrung übergeben. In den Gewölben der geistlichen Orden, z. B. der Templer, der Johanniter oder des Deutschen Ordens, häuften sich große Reichtümer an, die teils in Barren, teils in Münze und auch in verschiedenem aus Silber und Gold gefertigten Schmuck und Zierrat bestanden[1]).

Die Tatsache des Mangels an Umlaufsmitteln findet ihre Bestätigung auch in den beträchtlichen Schwierigkeiten, mit denen die Leistung größerer Zahlungen verknüpft war. Besonders schwierig gestaltete sich die Aufbringung des für die Befreiung von Richard Löwenherz aus der Gefangenschaft nötigen, sich auf 150 000 M. Silber (in kölnischem Gewicht) belaufenden Lösegeldes. War doch vordem, um die zum Kreuzzuge erforderlichen Gelder zu beschaffen, die Bevölkerung Englands mit dem Zehent belastet worden. Nun mußten Kirchengeräte, insbesondere Altarkelche, in die Münze wandern, um den König loszukaufen[2]). Der Mangel an Münzgeld im Mittelalter führte zum Erlaß zahlreicher Verordnungen, wonach ein jeder den Dritteil der in seinem Besitze befindlichen Gold- und Silbersachen an die Münze abzuliefern hatte, wo ihre Umschmelzung zu Münzgeld erfolgte. Dabei wurde das auf diese Weise gewonnene Münzgeld der Bevölkerung nicht selten erst nach Ablauf einer bestimmten Frist ausgehändigt, sodaß eigentlich eine Zwangsanleihe vorlag (so in Frankreich 1313, 1332 und später). Die Goldschmiede durften bei der Anfertigung von Schmuckgegenständen ein bestimmtes, gesetzlich festgelegtes Höchstgewicht nicht überschreiten, ja es kam vor, daß zeitweise überhaupt die Einstellung ihres Betriebes verfügt wurde[3]). Wiederholt veranlaßte akuter Mangel an Münzgeld[4]) die Aus-

---

[1]) Delisle, Opérat. financiers des Templiers. S. 2ff. Prutz, Sitzungsber. der Akad. der Wiss. zu Münch., philos.-philol. Kl. 1906. S. 12f. Sattler, Hans. Gesch.-Bl. 1887. Lamprecht, D. Wirtsch.-L. II, S. 397.

[2]) Schanz, Engl. Handelspol. I, S. 483.

[3]) Landry, Mutations des monnaies dans l'ancienne France. S. 107ff.

[4]) Shaw, Hist. of the money. Franz. Ausg. S. 30. Landry S. 101.

gabe von Ledergeld[1]), das als Vorläufer des später aufkommenden Papiergeldes zu betrachten ist. Auch Sachgüter, die früher Geldfunktionen verrichtet hatten, waren in dieser Eigenschaft noch immer in Gebrauch, obwohl dies jetzt ungleich seltener vorkam als im Frühmittelalter. So fand Getreide nicht selten als Zahlungsmittel Verwendung; war ja der Ausdruck „Korngeld" gebräuchlich, im Gegensatz zu „Pfenninggeld" (d. i. Münzgeld). In der Mark Brandenburg werden Getreide, Hühner, Wachs, Pfeffer zu bestimmtem Satz als „Stück Geldes", lat. frustum, bezeichnet, in Friesland rechnet man nach Tonnen Bier[2]). Noch im 13. Jahrhundert wurde die an den König für die Pacht der Münzstätte von Mähren zu entrichtende Abgabe in Scharlachtuch geleistet[3]). Verschiedene Warenarten benutzte man selbst im internationalen Handelsverkehr als Zahlungsmittel. In einer italienischen Urkunde des 12. Jahrhunderts verpflichtet sich ein Kaufmann, eine ausstehende Forderung zu $1/3$ in Pfeffer, zu $1/3$ in Brasilienholz und zu $1/3$ in Alaun und Weihrauch zu begleichen. Sollten die letztgenannten Handelsartikel ihm fehlen, so hatte die Rückzahlung ausschließlich in Pfeffer zu erfolgen[4]). Als die Stadt Genua im Jahre 1378 einer größeren Geldsumme zur Ausrüstung einer Gesandtschaft bedurfte, wurde die Aufnahme einer Pfefferanleihe bekanntgegeben, wobei die Rückzahlung (nach Wunsch der Gläubiger) entweder in Gold oder ebenfalls in Pfeffer zu leisten war[5]). Für Deutschland ist eine Bestimmung des ausgehenden 15. Jahrhunderts erhalten, wonach die für die Kaufleute bestehende Verpflichtung, in Ermangelung des (einfach als „Geld" bezeichneten) Münzgeldes andere Sachgüter an Zahlungsstatt anzunehmen, bestätigt wird[6]). Doch scheint sie keinen Erfolg mehr gehabt zu haben.

Dem Münzmangel entsprangen auch die mehrfach erneuerten Ausfuhrverbote für Gold und Silber in Barrenform, Münzen oder Gerät, sowie die Verfügungen, wonach diese Zahlungsmittel bei Begleichung von Wechselbriefen jedesmal nur mit besonderer Erlaubnis des Königs verwendet werden durften.[7]) Übrigens waren die Ausfuhrverbote für Edel-

---

[1]) Ledergeld wurde von Johann ohne Land, von den französischen Königen Ludwig IX. und Johann dem Guten (1360) sowie von den Dogen von Venedig ausgegeben.

[2]) Tille, Getreide als Geld. Jahrb. f. Nat.-Ök. III. F., XX. 1900. S. 730ff., 572. Vgl. Friedensburg, Münzkunde u. Geldgesch. S. 21.

[3]) Juritsch, Handel u. Handelsrecht in Böhmen bis zur Huss. Revol. 1907. S. 4.

[4]) Schaube, Gesch. S. 164.

[5]) Sieveking, Genueser Finanzwesen vom 12. bis 14. Jahrhundert II, S. 157.

[6]) Tille a. a. O.

[7]) In England 1299, 1307, 1382, 1478, in Frankreich 1304, 1309, 1322, 1332, in Arragonien 1315, 1455 u. a. Clamageran, Hist. de l'impôt. I, S. 310. Levasseur, Hist. des classes ouvr. I, S. 385ff., 673ff. Levis, Münzwesen. Hdw. d. St. Ochenkowski, Englands wirtsch. Entw. S. 204f. Goury du Roslan, Essay sur l'hist. écon. de l'Espagne. S. 313ff. Für die Ausfuhr von Edelmetallen war Todesstrafe

metalle in Barrenform und Münzgeld auch noch durch andere Erwägungen veranlaßt. Die Fürsten suchten nämlich aus den von ihnen für die Befugnis zur Ausfuhr dieser Zahlungsmittel zu erteilenden Lizenzen Gewinn zu ziehen. Dadurch wurden (in England z. B. von Heinrich VII.) die von ihnen selbst verfügten Verbote tatsächlich umgangen, doch ihre Schatzkammern konnten sie füllen. Öfters bezweckten solche Verbote die Bekämpfung des Abflusses der vollwertigen Münzsorten. In derartigen Fällen erstreckte sich das Ausfuhrverbot auch auf sie. Dies war z. B. in Frankreich in Zeiten außerordentlicher Münzverschlechterung der Fall. Philipp der Schöne, der seit Ende des 13. Jahrhunderts den Feingehalt der Münze alle paar Jahre herabsetzte, erließ zugleich zahlreiche Verbote der Ausfuhr von Gold und Silber in Barren wie in Geräten, auch von fremden (besseren) Münzen, während man die neue schlechte Münze frei ausführen durfte[1]).

Noch mehr als die genannten Ursachen mußte die schlechte Beschaffenheit der Münze und die Verwirrung im Geldwesen auf den Verkehr lähmend einwirken.

Wenden wir uns zu den hauptsächlichsten Münzarten des Hoch- und Spätmittelalters[2]), so werden wir vor allem betonen müssen, daß theoretisch auch ferner die Satzung Karls d. Gr. gilt, daß 240 Pfennige (Denare, Deniers) ein Pfund ausmachen, dieses Pfund jetzt aber ein Zahlenbegriff geworden ist, da die 240 Pf. längst nicht mehr ein Pfund feines Silber enthalten. So ist aus dem Gewichtspfund ein Zählpfund geworden, wobei sich verschiedene Pfunde gebildet haben (die von Paris und Tours verhalten sich zueinander wie 68:100, später wie 4:5). Neben dem Pfund tritt jedoch im Rechnungswesen noch ein zweites kleineres Münzgewicht auf, die aus Skandinavien stammende Mark (= 8 altröm. Unzen oder 218,3 g), die in deutschen Urkunden zuerst 1015 genannt wird, jedoch erst seit dem 12. Jahrhundert das Pfund allmählich verdrängt; auch in Frankreich findet sie seit Mitte des 12. Jahrhunderts Eingang. Dabei ergab sich wiederum eine Mehrheit von Marken, verschieden nach Zeit und Ort. Die wichtigsten sind die von Troyes in Frankreich (die den Sätzen der Münzordnungen zugrunde liegt) und die kölnische, die älteste und angesehenste in Deutschland, die gemeinhin zu 233,85 g angesetzt wird, die sich jedoch alsbald in die Prägemark (= 12 Schill. oder 144 Pf., 210,24 g), die Gewichtsmark (= 215,5 g) und die Kaufmannsmark

---

angesetzt, und diese Bestimmung kam auch tatsächlich zur Ausführung: angesehene Londoner Kaufleute, die dieses Verbot übertreten hatten, wurden gevierteilt. (Shaw S. 12.)

[1]) Lexis, Handelspolitik. Hdw. d. St. Ders., Münzwesen. (Ibid.)

[2]) Siehe darüber insbesondere die Schriften von Friedensburg und Menadier. Ferner v. Inama III, 2. Luschin v. Ebengreuth. Engel-Serrure II, 3. Die Quellen bei Jesse, Quellenbuch für Münz- u. Geldgesch. d. Mitt. 1924. Vgl. Schulte, Gesch. d. mitt. Handels I, S. 329ff. Bigwood, Commerce de l'argent dans la Belgique au moyen-âge (1921). S. 604ff.

(ca. 200 g) spaltet; später bilden sich mehrere verschiedene „kölnische Marken“ heraus.

Geprägt wird auch weiterhin überall (Deutschland, Frankreich, England, Italien usw.) zunächst der Pfennig (denarius), der jedoch bereits früh zeitlich und örtlich eine große Verschiedenheit aufweist; die Gewichte und Werte schwanken regellos und sehr erheblich. Der zu gleicher Zeit erscheinende Halbling (obolus, obol) wird freilich meist nicht geprägt, sondern durch Zerschneiden des Pfennigs in 2 Halbstücke beschafft. Dagegen kommt neben dem Pfennig das kleinere und leichtere Stück auf, das weithin in Deutschland und Frankreich Aufnahme findet, in Frankreich als „maille“, in den Niederlanden als „Köpfchen“, in Friesland als „Schuppe“ bezeichnet wird; die „maille“ wird meist dem „obol“ als gleichwertig angesetzt.

Eine charakteristische Erscheinung der Hohenstauffenzeit sind die Hohlmünzen, die dadurch entstanden waren, daß man, um die Münzprägung zu erleichtern, den Schrötling der Münze dünner machte. Dies hatte die Folge, daß die Stempel beiderseits durchgreifen mußten, was die Erkennbarkeit beider Darstellungen beeinträchtigte, wo nicht gar aufhob. Von Italien kommt dieses unzweckmäßige Verfahren nach Süddeutschland, und der kleine, dicke, zweiseitig geprägte Pfennig wird durch den breiten Dünnpfennig (Halbbrakteat genannt) verdrängt, dessen Ausprägung jedoch bald darin eine Änderung erfuhr, daß man, auf einen Stempel verzichtend, ihn nur mit einem Eisen schlug. Auf diese Weise erschienen überall in Nord- und Mitteldeutschland (Meißen, Thüringen, Niedersachsen, Schwaben, Brandenburg), dann auch in Böhmen, Schlesien, Polen, Ungarn in Anlehnung an die in der skandinavischen und der romanischen Kunst beliebte Technik der Goldschmiede die Brakteaten (so genannt in einer Mainzer Urkunde von 1368), d. i. Blättchen, die einseitig geprägten blattdünnen, breiten Münzen, die deswegen auch leicht zerbrechlich waren, was die vielen zerbrochenen Stücke in den Funden beweisen, und eine nur kurze Umlaufszeit haben konnten. Die Quellen gebrauchen freilich die Ausdrücke denarius und Pfennig unterschiedslos für die ein- und zweiseitige Münze, auch gelang es den Brakteaten immer nur zeitweise und an vereinzelten Orten, die zweiseitige Münze ganz zu verdrängen: Hohl- und Dickmünzen wechseln vielfach miteinander ab. In der Mark Brandenburg sind zweiseitige Pfennige neben den Brakteaten zahlreich, im Westen des Reiches sind sogar ausschließlich solche Münzen geschlagen worden.

Neben den Pfennigen, die immer mehr in Schrot und Korn herabgesetzt werden, traten auch bessere (zweiseitige) Münzen auf. Hierher gehört der Heller, um 1230 in der schwäbischen Stadt Hall am Kocher entstanden und nach ihr genannt, der bald auch außerhalb Schwabens (Württemberg, Thüringen) vordrang. Ferner wird in England (seit Ende des 12. Jahrhunderts) der Großpfennig, der Sterling (hergeleitet von der Bezeichnung der hansischen Kaufleute als „Osterlinge[1])“) geprägt (ein Jahrhundert später werden die durch Be- und Zerschneiden arg entwerteten alten Sterlinge durch neue ersetzt), der zur gewöhnlichsten Münzsorte Englands wird. Bald wird der Sterling jedoch auch auf dem Kontinent nachgeahmt, so in den Niederlanden (unter dem Namen „englische"), in Spanien (dreifache Denare), in Portugal, in Norwegen, endlich, als die Kölner Münze anfing sich zu verschlechtern, am Rhein (Mainz, Köln) und in Westfalen, wo man zuweilen selbst den englischen Königsnamen mit herübernahm. Auf diese Weise war der Karolingische Pfennig, einst von deutschen Kaufleuten nach England herübergebracht, in seine alte Heimat zurückgekehrt. Vom Sterling scheint auch die Hauptmünze des hansischen Bundes, der Witten, d. i. Weißpfennig (analog in Westdeutschland der Albus, in Frankreich der Blanc, in Spanien der Blanco) abzustammen; sein Viertel ist der Pfennig.

Noch wichtiger als Gesamttypus und als Weltmünze war der Groschen (Grossus). Der Doge von Venedig, Enrico Dandolo, stellte nämlich 1192 der kleineren Silbermünze, dem Pfennig, eine größere — den grossus Venezianus oder Matapan — zur Seite, etwas über 2 g schwer und im Wert von 12 Rechnungsdenaren oder 26 Parvulis oder Piccolis. In Venedig selbst bis zur Mitte des 14. Jahrhunderts fortgeprägt, hat der Matapan sofort nach seinem Erscheinen mannigfache Nachbildung in allen italienischen Staaten, von Mailand und Genua bis Florenz, gefunden. Im 13. Jahrhundert (1266) hat dann desselben Münztypus Ludwig der Heilige in Frankreich unter dem Namen des grossus denarius turonus geschaffen. Damit ist die Zeit der alleinigen Pfennigprägung geschlossen, und zwar nicht bloß für Frankreich, sondern für zahlreiche andere Staaten, denn der gros Tournois, Tournose oder Groschen wird bald auch anderwärts nachgeprägt — in Brabant, Holland, Lothringen, im ganzen Rheinlande (1276 ist für die Mosellande, 1295 für Köln Zahlung in Tournosen bezeugt). Um 1300 ließ König Wenzel von Böhmen Florentiner Münzmeister kommen, um große, silberne Münzen nach italienischer Art prägen zu lassen: es kamen nun die Prager Groschen auf. Sie gaben wiederum das Muster ab für die Groschen der Markgrafen von Meissen, die zu Anfang des 14. Jahrhunderts erschienen und zuerst zu 64 Stück aus der Mark Feinsilber, 1360 freilich schon zu 80 und 1432 gar zu 175 Stück ausgegeben werden. Der Meißner Groschen, gleich dem Böhmer in Massen geschlagen, erobert allmählich ganz Deutschland und wird wiederum zum Vorbild für zahlreiche Prägungen in Sachsen, Thüringen, Hessen, Braunschweig, Anhalt usw. In Norddeutschland entspricht ihm der Schilling. Auch in England tritt der Groschen (Groat) = 4 Sterlingen bereits seit Anfang des 14. Jahrhunderts, insbesondere aber seit Eduard III. auf.

War neben Italien Frankreich der Ausgangspunkt für die Groschenprägung, so waren die italienischen Stadtrepubliken erst recht die ersten,

---

[1]) Dies ist die übliche Erklärung, auch von Friedensburg (Münzkunde und Geldgesch. S. 46) angenommen, während Menadier (Schausammlung S. 387) den Sterling „eine Bezeichnung von zweifelhafter Bedeutung und Herleitung" nennt.

die die Goldprägung ins Werk setzten, die von Italien aus wiederum durch ganz Europa die Runde machte. Bereits 1149 wird in Genua ein Goldstück, der Genofino d'Oro, mit seinem Viertel „Quartarolo" ausgegeben, 1252 erscheint in Florenz der Fiorino d'Oro mit der Lilie, dem Wappen der Stadt, und der stehenden Gestalt Johannes des Täufers. Mit einem Gewicht von 3,5 gr. den Wert eines Pfundes Pfennige in Gold bietend, ist der Floren zunächst für den venezianischen Zechino oder Dukat — geprägt seit 1284 vom Dogen Giovanni Dandolo und sich vollständig in seinem Wertgehalt dem Florin anschließend — vorbildlich geworden und hat dann in der ganzen Welt Nachahmung gefunden als der langlebigste Münztypus, der jemals bestanden hat. Den Florin oder Dukaten finden wir sowohl in anderen italienischen Staaten wieder als in Böhmen (seit 1325), Ungarn, Spanien. Nach Deutschland kam er insbesondere durch die päpstlichen Kollektoren und wurde hier, nach dem Metall als Gulden bezeichnet, seit 1330 vor allem in den Rheinlanden, doch auch in Österreich und in Lübeck nachgeprägt. Seit 1354 finden Abmachungen der rheinischen Kurfürsten über eine gemeinsame Prägung von Gold und Silber statt, doch sinkt der rheinische Gulden (Dukat) in seinem Wert immer tiefer; seit 1419 soll er vorschriftsmäßig drei Vierteln des Florinus gleichkommen. Neben der Prägung von Königsgulden in Frankfurt, Nördlingen, Dortmund, Basel erscheinen im 15. Jahrhundert auch Goldmünzen Hamburgs und Lüneburgs, der Bischöfe von Bremen, Münster und Osnabrück, auch des Hochmeisters des Deutschen Ordens. Freilich ist — nach Menadier — „weithin in den deutschen Landen der Goldgulden nur Kaufmannsgeld und Rechnungsmünze gewesen, und selbst in der rheinischen Heimat hat er schließlich entkräftet dem Silber die Herrschaft einräumen müssen," und zwar nicht so sehr dem Groschen, als vielmehr den unaufhaltsam sinkenden Pfennigen und Hellern, die meist den Verkehr beherrschten und oft Wirren und Unruhen hervorriefen. Eine viel größere Bedeutung erlangten die Goldmünzen in Frankreich, England, den Niederlanden. In Frankreich hat zuerst Ludwig IX. den Denier d'Or geschaffen, der ebenfalls Italien entlehnt zu sein scheint. Dann ist jedoch die französische Goldprägung, in Größe und Gewicht den Florenen gegenüber eine Steigerung bietend, dauernd einen selbständigen Weg gegangen und hat eine Reihe von Münzen mit verschiedenem Gewicht und Wert gezeitigt, die ihre Namen von ihrem Gepräge entlehnt haben: so der Ecu d'Or (König und Lilienschild), Chaise d'Or (Thron des Königs), Mouton oder Agnelle d'Or (mit Gottes Lamm), Ange d'Or (mit dem Erzengel Michael) usw. Sie sind dann wiederum anderwärts (in Bayern, am Rhein, in den Niederlanden) nachgeahmt worden. In England endlich beginnt die Goldprägung ebenfalls mit dem Floren (teilweise in der Art der französischen Schilde), um dann durch den Nobel (zuerst Schiffs-, dann Rosenobel) neben dem Floren die beliebteste Goldmünze des Mittelalters (in England die hauptsächlichste Goldmünze bis Elisabeth), ersetzt zu werden. Überhaupt weist England, gleich Frankreich und Spanien, mannigfache und schwere Goldmünzen auf, unter denen insbesondere der Sovereign, seit 1489 mit dem doppelten Gewicht des Rosenobels geprägt, hervorragt.[1])

Eine für das mittelalterliche Münzwesen bezeichnende Erscheinung bildet die immer fortschreitende, in der Minderung des Edelmetallgehaltes der Geldstücke sich ausdrückende Verschlechterung der im Umlauf befindlichen Münze.[2]) Ob es sich um Pfennige (Denare), Sterlinge, Groschen (Tournosen) oder Gulden (Floren) handelt, stets kommt es auf dasselbe hinaus: die hier oder dort erscheinenden Münzsorten werden mehr oder minder getreu anderwärts nachgeahmt, doch „zunächst im Wert den Vorbildern gleich, muß die angesehene Flagge bald eine elende Ware decken, bald wird auch hier Schrot und Korn herabgesetzt, und so sinkt das einst gefeierte Vorbild herab zum Gegenstande des Abscheus.“[3]) Die Ursachen der Münzverschlechterung sind vor allen Dingen in der Unvollkommenheit der Prägewerkzeuge, sowie des Probierens und Wägens zu suchen. Es konnte deshalb keine gleichmäßig runde Form erzielt werden, das aufgesetzte Gepräge bedeckte die Münzen nicht ganz, sondern fehlte an den Rändern. Auch wiesen die einzelnen Münzen bereits vom Augenblick ihrer Prägung an erhebliche Abweichungen vom Durchschnittsgewicht auf, die (bei den Pfennigen) zuweilen bis zu 40% desselben erreichten.[4]) Sie nutzten sich rasch ab und konnten

---

[1]) Nach Shaws Ansicht beginnt die Geschichte der Münzsysteme der europäischen Staaten überhaupt erst mit dem 13. Jahrhundert, mit dem Aufkommen der Ausprägung der Goldmünzen, die insbes. im 14. und 15. Jahrhundert große Bedeutung für den Geldverkehr erlangten. Bei größeren Zahlungen, auch bei Schuldentilgung, bei Überweisung einer Mitgift gebrauchte man Goldmünzen, so in Frankreich und Deutschland (besonders in den Rheinlanden), vor allem aber in Italien, wo man die Goldmünze sogar zum alleinigen Zahlungsmittel bei größeren Abschlüssen zu erheben suchte (Shaw S. 2). Vgl. Schmoller in seinem Jahrb. S. 1255ff., 1258. Lamprecht, D. Wirtsch.-L. II, S. 397. Demgegenüber betont Menadier (S. 220), daß in Deutschland der Goldgulden nur Kaufmannsgeld und Rechnungsmünze gewesen ist, und daß in manchen Gebieten (Rezeß der Hansestädte 1441, Kursachsen 1444, Münzverein der ostfränkischen Fürsten 1454) der Abschluß von Geschäften in Gold geradezu verboten und die Schillinge als einzige Währungsmünze erklärt waren.

[2]) Für Erfurt wird die Zahl der aus der Mark geschlagenen Pfennige (Brakteaten) für die Zeit um 1150 auf 260—270, um 1200 auf 320—330, um 1250 auf 430 bis 440, um 1300 auf 600—700 berechnet. Die Zahl der aus der Mark in Brandenburg geschlagenen Pfennige steigt von 270 auf 380 und der Gehalt fällt von 15 auf 12 Lot. Die Prager Groschen sollten nach den amtlichen Vorschriften unter Wenzel II. aus der Mark 60 Stück zu 16 Lot fein geschlagen werden, unter Karl IV. 70 Stück zu 14 Lot, unter Wenzel IV. gar 96 Stück zu 12 Lot, unter Georg und Wladislaw II. 150. Tatsächlich blieb der Groschen noch hinter den Sätzen der Münzordnungen zurück. In England wurden aus einem Pfund Silber 1344 20 sh. geprägt, 1464 34 sh. In Deutschland sank der Gehalt des Gulden von 23½ Karat (1354) auf 19 Karat (1432). In Frankreich stellte die Livre nicht mehr als den 39. Teil ihres ursprünglichen Gehaltes dar. (Friedensburg, Münzkunde und Geldgesch. 31, 38, 84 u. a. Menadier pass.)

[3]) Friedensburg, Ibid. S. 44

[4]) Lehrreich in dieser Hinsicht ist die französische Bestimmung von 1266 über die Gros Tournois, daß die schwersten und die leichtesten Stücke nicht um

mit Leichtigkeit beschnitten werden. Die Fertigkeit der Beschneider übte sich zuerst an den verlockend hervorstehenden Rändern, Ecken und Kanten. Sie begnügten sich jedoch nicht mit deren Abrundung, sondern beschnitten auch sonst mit Zangen die Münzstücke, wobei auch der Stempel in Mitleidenschaft gezogen wurde. Die Münzfunde ergeben massenhaft abgeschnittene Münzstreifen im Gewicht von mehreren Pfund. Erschien an einzelnen Orten bessere Münze im Umlauf, so wurde sie von den Münzbeschneidern aufgekauft und umgeschmolzen[1]), so daß nur die schlechtere Münze im Umlauf verblieb. Je länger ein Geldstück umlief, desto mehr war es abgenutzt und beschnitten. Zuweilen fand das Beschneiden bereits bei der Ausgabe der Münze statt. Dies mußte die Fürsten auf den Gedanken bringen, die von ihnen später neu zu prägenden Münzen von vornherein in einem geringeren Gewicht auszubringen, um sie den früher ausgeprägten, bereits mehrfach beschnittenen Geldstücken gleichzumachen und auf diese Weise sich den Gewinn anzueignen, den sonst andere aus dem Beschneiden neuer Münzen gezogen hätten. Infolge dieser Erwägungen wies die zu Ende des Jahres geprägte Münze ein geringeres Gewicht auf, als die zu Anfang desselben in Umlauf gesetzte. So wurden z. B. in Braunschweig im 14. Jahrhundert in der Mitte des Jahres aus der Mark Silber 29 sh. ausgeprägt, in den folgenden Monaten jedoch 31 bzw. 33, ja 35 sh.

Die aus fiskalischen Rücksichten vorgenommenen Münzverschlechterungen beschränkten sich jedoch nicht darauf. Nach den Bestimmungen des Sachsenspiegels wie auch des Schwabenspiegels, sollten neue Pfennige nur dann geprägt werden, „wenn neue Herren kommen“, d. i. bei dem Regierungsantritt eines neuen Fürsten. Tatsächlich aber wurde von den Münzherren alljährlich, ja zwei-, sogar drei- bis viermal jährlich (ad tria fora — zu jeder Messe) neues Geld ausgegeben, das alte aber verrufen, bei der Bevölkerung eingezogen und zwangsweise gegen das neugeprägte eingewechselt (revocationes, innovationes, mutationes). Dabei erhielt man gewöhnlich für je 16 Denare alter nur 12 Denare neuer Prägung ausgezahlt, so daß sich alljährlich eine Einbuße von 25% ergab. Der vom Fiskus daraus gezogene Gewinn war jedoch weit geringer, da die Umprägung erhebliche Kosten verursachte. Zu diesem Mittel griffen mit Vorliebe die französischen Könige, insbesondere Philipp der Schöne, den Dante einen Falschmünzer nennt und in die Hölle versetzt. Johann II. (1350—1364) nahm im Laufe von 14 Jahren 86 mal Veränderungen des Feingewichts der Silbermünze vor. Auch die Könige von Spanien, die

---

mehr als 2 grains voneinander abweichen sollten. Nicht minder interessant ist die Urkunde des Herzogs Boiko von Schweidnitz von 1351, wonach es nicht darauf ankommt, ob aus der Mark um $^1/_{24}$ Pfennige mehr oder weniger geprägt werden. (Friedensburg S. 24, 62.)

[1]) Quando boni nummi vadunt
Statim eos igni tradunt
Sicque vadit pagamentum
Corium et non argentum.

deutschen Kurfürsten, die Städte betrieben um die Wette Münzverschlechterungen. Von der Mitte des 13. Jahrhunderts bis zum Ausgang des 14., also im Laufe von 150 Jahren, waren Wiener Pfennige ebenso vieler verschiedener Ausprägungen gemünzt worden. Während der 32jährigen Regierungszeit Bernhards aus dem Hause der Askanier wurden gegen 100 verschiedene Ausprägungen von Brakteaten vorgenommen, die Münze wurde also in jedem Jahre durchschnittlich dreimal verändert.

Die unberufenen Privatpersonen, die der Staatsgewalt darin unliebsame Konkurrenz machten, wurden freilich zu einem grausamen Tode verurteilt — in Kessel mit kochendem Wasser geworfen oder es wurde ihnen geschmolzenes Blei in die Kehle gegossen. Für sich dagegen nahmen die Münzherren das Recht in Anspruch, Schrot und Korn der Münze nach eigenem Gutdünken zu verändern, und zwar wurden solche Änderungen in der Weise vorgenommen, daß beim Bevorstehen bedeutender Eingänge an den Fiskus der Münzwert erhöht, in der Erwartung beträchtlicher vom König zu leistender Zahlungen aber gemindert wurde. Die Währungspolitik entsprach also dem Bedarf des Königs und war seinen Geschäften angepaßt. Dieses Recht behielt sich der König vor, selbst den Baronen war es untersagt, in gleicher Weise zu verfahren. Übertraten sie dieses Verbot, so wurden sie dafür schwer bestraft, jedoch nicht für den den Untertanen durch die Ausbringung minderwertiger Münze zugefügten Schaden, sondern für die Verletzung des ausschließlich dem König zustehenden Vorrechtes, den Wert der Münze zu mindern und sie dünner zu machen. Wie aus dem Angeführten ersichtlich, rief die „als Geld bezeichnete Erfindung des Teufels stets eine besonders große Anzahl von Mißbräuchen hervor, die zudem nicht als solche, sondern als eine vollkommen rechtmäßige Einnahmequelle angesehen wurden". Gewöhnlich wurde der Feingehalt der Geldstücke fortschreitend herabgesetzt: sobald nun diese Minderung soweit gediehen war, daß ihre weitere Fortsetzung unmöglich wurde, in der Bevölkerung aber bereits Unzufriedenheit gährte, erhöhte der (französische) König, gleichsam um den Wünschen und Beschwerden seiner Untertanen nachzukommen, den Feingehalt aufs neue. Durch derartige Maßregeln wurde eine unendliche Verwirrung im Zahlungsverkehr verursacht, dem König aber die Möglichkeit gegeben, mit der Wertminderung der Münze wieder von vorn anzufangen, die gleichen Manipulationen zu wiederholen.[1])

Das ganze Mittelalter hindurch führte die Bevölkerung einen erbitterten Kampf um den sog. „denarius perpetuus", die „ewige", keinen, mehrfach im Laufe des Jahres vorzunehmenden Veränderungen unterliegende Münze. Es wurde wiederholt Klage erhoben über das durch die Münzverschlechterungen angerichtete Unheil, „größer als Pest und feindliche Heereszüge". Die sich damit befassenden Fürsten bezeichnete man als Räuber und Plünderer (non duces sed fures). In manchen Fällen

---

[1]) Landry S. 179, 182.

gelang es, die Forderung der Unveränderlichkeit im Münzwesen durchzusetzen. So erreichten es Augsburg und Freiburg, daß Münzverrufungen nur alle 4 Jahre vorgenommen werden durften. Doch wurden solche Vergünstigungen nicht unentgeltlich gewährt. Um den aus dem Ausfall der, reichlichen Gewinn abwerfenden, Münzverrufungen entstehenden Schaden zu decken, bedang sich der Münzherr andere Einnahmequellen aus. Es war dies eine neue Umsatz-, Herd- oder Vermögensabgabe, eine Torsteuer oder Getränkesteuer als Münzgeld, Ungeld (Monetagium, monneyage, morabotinum) bezeichnet.[1]) Doch bildete die Einführung des „ewigen Pfennigs" eine verhältnismäßig seltene Erscheinung. Die Minderung des Metallgehalts der Münze wurde auch im späteren Mittelalter, bis zum Ausgang des 14. und dem Beginn des 15. Jahrhunderts, fortgesetzt und verursachte häufig starke Preisschwankungen, Tumulte und Volksaufläufe. 1355—58 wurde dem König von Frankreich und dem Dauphin durch die fortwährenden Wirren und Unruhen die Verpflichtung abgenötigt, von weiteren Münzverrufungen abzusehen, sie jedenfalls nicht ohne Einwilligung der Etats-Généraux vorzunehmen. Dennoch griff der Fürst, als die Aufregung sich gelegt hatte, bald wieder auf die frühere Praxis zurück, allerdings unter wiederholten, in seine Ordonnanzen eingefügten Beteuerungen, daß nur die äußerste Not, die durch die Kriege verursachten, ungeheuren Ausgaben ihn dazu veranlaßt hätten, und zwar erst „nach vorhergehender reichlicher und reiflicher Erwägung und nach Beratungen mit bewährten Leuten."[2]) Kein Wunder, daß unter solchen Umständen der Gehalt der Münze fortwährend, beinahe von Jahr zu Jahr sank. Selbst der kölnische Denar, die beste Münze des 13. Jahrhunderts, verschlechterte sich von 1280—1380 jährlich um 2,8%.[3])

Die Verwirrung, die im mittelalterlichen Münzwesen herrschte, hing auch mit der ungemeinen Zersplitterung des Münzwesens zusammen, mit dem Vorhandensein unzähliger Münzherren und Münzstätten, von denen jeder und jede eigene Münzsorten ausprägte. Am schlimmsten stand es damit in Deutschland, wo schon für die sächsische und fränkische Kaiserzeit 160 Prägeorte durch Münzen belegt sind. Wenn in dieser Zeit die Denare mit Bild und Namen des Kaisers zunächst noch die Hauptmasse der Prägungen bildeten, so traten daneben bereits früh Stammesherzöge und Fürsten des Reiches als Münzherren auf. Auch Erzbischöfe und Bischöfe wollten hinter ihnen nicht zurückstehen, wozu noch etliche 30 Abteien hinzukamen. Während die einen von ihnen dem kaiserlichen Namen ihren eigenen gegenüberstellten, haben andere gar vollständig autonom mit dem eigenen Bildnis und Namen prägen lassen.

---

[1]) In England findet sich ebenfalls ursprünglich ein jährlicher Wechsel der Pfennige, der später durch das monetagium, eine alle drei Jahre als Entgelt für den dreijährigen Umlauf des Geldes erhobene Herdsteuer, ersetzt wurde. Unter Heinrich I. wurde diese Ordnung abgeschafft (Menadier S. 384). Siehe darüber auch Ashley.

[2]) Landry S. 45ff.

[3]) Weitere Beispiele oben S. 322 Anm.

Dann ging es immer weiter bergab: das Münzrecht des Königs wurde fortschreitend geschmälert. Einerseits mußte er darauf verzichten, in den Prägestätten der geistlichen und weltlichen Herren Geld zu schlagen und war genötigt, sie gegen jeden Eingriff des Königtums sicherzustellen. Andrerseits wächst die Zahl der Münzherren ins Ungemessene. Nicht bloß die Pfalz- und Markgrafen und Bischöfe, sondern auch Äbte und ihre Vögte, ja jeder Edelherr und Junker schlechthin maßen sich das Münzrecht an. Dem Kaiser bleibt schließlich nur die Prägung in seinen Erblanden. Der Übergang dieser Münzrechte hat sich auf mannigfaltige Weise vollzogen — unentgeltlich durch Verleihung, durch Kauf und Pacht, als Pfand oder zur Schuldentilgung, auf Zeit oder unbeschränkt. Seit dem Interregnum reißen jedoch zahlreiche, kleine Herren das Münzrecht einfach an sich, um als dreiste „Beischläger“ in ihren „Heckenmünzen“ die beliebteren Münzsorten möglichst geringhaltig nachzuprägen und sich auf diese Weise leicht Gewinn zu verschaffen. Die Versuche, dieser Usurpation des königlichen Münzrechts Einhalt zu tun (Edikte vom Ausgang des 13. Jahrhunderts) sind kläglich gescheitert. Dagegen erwerben seit dem 13., insbesondere im 14. Jahrhundert eine Reihe von Städten bei den Fürsten das Münzrecht vorwiegend durch Kauf: so zuerst Lübeck (1226), im 14. Jahrhundert Hamburg, Rostock, Braunschweig, Ulm, Nürnberg, im 15. Jahrhundert Straßburg, Magdeburg, Köln und andere (Freiburg, Bern), die jedoch das abgekaufte Recht nicht mißbrauchen, sondern im Interesse ihres Handels für gutes Geld sorgen. Auch in den Niederlanden gab es über 50 Münzherrschaften. In Italien erlangen seit dem 12. Jahrhundert die zahlreichen Stadtrepubliken, die sich dann zum Teil zu Fürstentümern auswachsen, ein eigenes Münzrecht, wodurch auch hier eine große Zersplitterung im Münzwesen herbeigeführt wird. Nicht bloß Genua, Florenz, Venedig, Bologna, der Kirchenstaat, sondern auch die Fürstentümer Verona, Mailand, Ferrara, Padua, Urbino, die Bischofssitze Mantua, Ravenna, Reggio, Volterra prägten eigene Münzen.

Eine bessere Ordnung weist das Münzwesen in England auf, wo selbst zur Zeit des Vorhandenseins einer großen Anzahl von Münzstätten die innere Ordnung des Münzwesens doch eine einheitliche war und wo auch an den Sitzen der Erzbischöfe, an die ein Teil der Einkünfte abgetreten wurde und für die besondere Münzer arbeiteten, doch eine königliche Münze vorhanden war. Später wird auch die Zahl der Münzstätten beschränkt — auf 40, dann auf 16, zu Ende des 13. Jahrhunderts geht sie gar auf 12 herab.

In Frankreich herrschten ursprünglich dieselben Verhältnisse wie im deutschen Reiche. Das Münzrecht war der Krone vollständig entglitten und auf die Lehensfürstentümer, die Herzöge der Bretagne, Normandie und Gascogne, die gräfliche Amtsgewalt und die Bischöfe übergegangen. Die Münzprägung war in etwa 300 Münzstätten zersplittert, womit ein Rückgang des Wertgehaltes und eine Erstarrung der Prägebilder (type „immobilisé“) verbunden war. In der Fülle dieser „monnaies féodales“ verschwinden die königlichen Denare, die, auf keinem höherem Rechte ruhend und ohne umfassendere Geltung als die anderen Münzen, auf den Bereich des Hausbesitzes beschränkt waren. Selbst in Paris hat Hugo Capet im Wettbewerb mit dem Herzog Bouchard geprägt. Doch seit dem 13. Jahrhundert tritt darin eine Änderung ein. Die Ordonnanz von 1315 nennt noch 30 münzberechtigte Herrschaften, ein Jahrhundert später verbleiben davon nur die wenigsten. Bloß die Herzogtümer Burgund, Aquitanien, Bretagne, die Grafen von Flandern, auch Navarra, Béarn, Provence haben weiter geprägt.[1])

Nun herrschte freilich der Grundsatz, daß „der Pfennig nur dort gilt, wo er geschlagen ist“, während Geld anderer Herkunft nicht gebraucht werden sollte. Solche Verbote des Umlaufs fremden Geldes kommen auch in der Tat vor; die rheinischen Kurfürsten suchten selbst gegen die Annahme königlicher Münze anzukämpfen. Doch bezeugen die Münzfunde, daß die Pfennige verschiedenster Provenienz nebeneinander im Umlauf sich befanden, ja auch in den bayerischen Zollordnungen heißt es vielfach, für ein Schwein sei ein Pfennig zu zahlen „in der Münze, die da ist, davon man das Schwein treibt“. Auch wird die allgemeine Gültigkeit jenes Satzes durch eine Bestimmung von 1166 (für Aachen) widerlegt: „ut una quaque moneta juxta qualitatem suam in loco nostro currat“. In Frankreich war seit 1262 den königlichen Münzen, im Gegensatz zur örtlichen Beschränkung der Feudalmünzen, allgemeine Geltung zugesprochen worden. Auch der Umlauf ausländischer Münzen war hier zugelassen, doch sollten sie (z. B. die Sterlinge) nur nach Gewicht und dem Wert des in ihnen enthaltenen Silbers genommen werden, eine Vorschrift, die auch anderwärts wiederholt wird, die jedoch nicht immer durchzuführen war.[2])

So waren in Frankreich im 13. und 14. Jahrhundert neben Münzen königlicher und lehensherrlicher Prägung auch arabische, sizilische, byzantinische, florentinische Münzen im Umlauf, in Südfrankreich Mailänder Libri und venezianische Dukaten, in der Champagne spanische Reale, burgundische und englische Nobili und niederländische Kronen.[3]) Geldstücke von Lübecker und Kölner Prägung, englische Sterlinge und französische Tournois hatten allgemeine Geltung.[4]) Die ausgedehnteste Verbreitung besaßen die venezianischen Grossi und Dukaten und die florentinischen Fiorini. Ihre Geltung als universales Zahlungsmittel, die Zeugnis ablegte von der Handelsmacht dieser Städte, beruhte darauf, daß, während sonst der Münzfuß überall jährlich, (die böhmischen Groschen wurden jahraus, jahrein verändert)

---

[1]) Menadier S. 135, 137, 147f., 356ff., 383ff. Friedensburg, Münzkunde S. 18f., 60ff.

[2]) Inama III, 2. S. 367. Friedensburg, Münzkunde. S. 26.

[3]) In Bordeaux wurde es freigestellt, statt 17 Livres Turonenses (Tournois) entweder 3 Ecus in Gold oder 2 neue Manrigues, auch 2 rheinische Gulden oder 5 aragonische, auch 3 italienische (Au chat) zu zahlen. (d'Avenel, Hist. de la propriété etc. I, S. 58.)

[4]) In Deutschland erscheinen als universale Zahlungsmünze im 13. Jahrhundert englische Sterlinge, später französische Tournois, darauf böhmische und Meißner Groschen, von der Mitte des 14. Jahrhunderts an Goldmünzen: florentinische Gulden französischer und niederländischer Prägung, im Südosten venezianische und ungarische Gulden. (Luschin S. 240.)

ja noch öfter wechselte, bei der Ausprägung der venezianischen Dukaten seit dem 13. Jahrhundert, im Laufe von 400 Jahren, der Münzfuß unverändert beibehalten wurde. Die Herübernahme der gangbarsten Münzsorten wurde nicht selten von zahlreichen Münzherren geübt. Es gab nicht weniger als 85 verschiedene Nachprägungen des Sterling, fast ebensoviele Nachahmungen des Florin, dem selbst der Papst seine Münzen nachprägen ließ. Im gesamten Rheinlande, in Westfalen und den Niederlanden wurden die kölnischen Pfennige nachgeprägt, in Ostdeutschland und Polen die Magdeburger Pfennige nachgeahmt. Die flämischen „Botdrager" wurden im 14. Jahrhundert von 24 Baronen wiederholt.[1]) Derartige Nachprägungen hätten zu einer gewissen Vereinheitlichung führen müssen, wenn man dabei sich vor der üblichen Münzverschlechterung losgesagt hätte. So aber beschränkte sich die Bedeutung der nachgeprägten Münzen darauf, neben den zahlreichen minderwertigen Nachahmungen als gleichsam universales Geld benutzt zu werden.

Auch die von Territorialherren oder Städten untereinander abgeschlossenen, die Vereinheitlichung des Münzwesens bezweckenden Münzverträge waren außerstande, in das Chaos des Währungswesens einigermaßen ordnend einzugreifen. So wurde durch den, 11 Fürsten und 74 Städte umschließenden, rheinischen Münzbund[2]) der rheinische (dem Florentiner nachgeprägte) Gulden zur deutschen Landesmünze erhoben und die anderen, sowohl deutschen als fremden Geldsorten zu ihm in eine feste Wertrelation gesetzt. Doch auch die Vereinbarungen konnten dem verrotteten Münzwesen nicht aufhelfen. Es herrschten, nach Friedensburg, Verhältnisse, die wir uns heutzutage gar nicht mehr vorstellen können. »Selbst wer diese Dinge jahrzehntelang studiert hat, versteht kaum, wie der Handel hat bestehen können, wie man es mit Abgaben und Zinsen gehalten hat, die doch oft jahrhundertelang auf Grund derselben Verschreibungen bezahlt wurden, ja wie man auch nur auf dem Markt hat kaufen und verkaufen können."[3]) [4])

Die Funde, die Bilder und die Literatur jener Zeit bezeugen, daß man sich auf andere Weise zu behelfen suchte. Man benutzte zu Zahlungen Schmucksachen wie Ringe und Becher, Silberklumpen und Silberstangen; Silber- und Goldbarren kamen im Verkehr vor, große Zah-

---

[1]) Friedensburg S. 112f.

[2]) Noch früher war zwischen den am Bodensee gelegenen Städten ein Münzbund abgeschlossen worden. Übrigens war auch der Rappenmünzbund, dem im Laufe des 15. Jahrhunderts zahlreiche westdeutsche Städte angehörten, außerstande, das Sinken des Metallgehaltes der Münze um ein Drittel (im Laufe von 75 Jahren) aufzuhalten. Diese Erscheinung war durch die primitive Prägetechnik, die Münzbeschneidung und die Abnutzung der Münzen veranlaßt. (Cahn, Der Rappenmünzbund.)

[3]) Nach der Inflation und Zerrüttung im Geldwesen, die nach dem Weltkriege überall eintraten, erscheinen uns freilich die mittelalterlichen Zustände nicht mehr so fremd und unverständlich.

[4]) Dies war nicht bloß in Deutschland der Fall. Wie derselbe Verfasser betont, stand es „nicht anders auch in den Niederlanden, und der moderne Mensch kann sich nur schwer eine Vorstellung machen, wie man mit dieser Vielzahl verschiedener Werte, deren Verhältnis zueinander weder ersichtlich gemacht, noch auch sonstwie erkennbar ist, hat rechnen und handeln können". (Friedensburg, Münzkunde u. Geldgeschichte. S. 56. Vgl. ders., Deutsche Münzgeschichte.)

lungen wurden regelmäßig nach dem Gewicht bestimmt. Zumeist handelt es sich um geformtes Silber, aber auch wenn die Barren die Stempel von Münzmeistern und Städten tragen, wird durch diese nur der übliche Silbergehalt, das argentum usuale gewährleistet, während das Gewicht stets mit der Wage festzustellen war. Wo immer in den Urkunden von argentum gesprochen wird, handelt es sich um Barrenzahlungen, und zwar bis in das 16. Jahrhundert hinein"[1]). Die Münzherren bekämpften die Praxis des Barrenverkehrs aufs schärfste, da die Leistung von Zahlungen in dieser Form (anstatt in Münze) ihnen einen empfindlichen Ausfall an Münzgewinn und Wechslergebühr verursachte. Es wurde daher vielfach der Ankauf von Silber in Barrenform zu einem Monopol der Münzstätten erklärt. Verboten war es auch, das gemünzte Geld zu wiegen[2]), was bei größeren Zahlungen oft geschah, indem die Denare von den Kaufleuten nur nach dem Gewicht, in ganzen Pfunden und Marken gerechnet, genommen wurden.

Soweit jedoch Münze im Verkehr benutzt wurde, unterschied man im Mittelalter stets zwischen der im Umlauf befindlichen Landesmünze, dem Zahlgelde, moneta usualis et dativa (gang und gäbe), dem pagamentum und dem Rechnungs- oder Handelsgelde (monnaies parlées). In dem Bestehen eines derartigen normativen, „als Rechnungsgeld existierenden Währungsgeldes"[3]) kam recht eigentlich die bei der Bevölkerung fest eingewurzelte Überzeugung von der Minderwertigkeit der effektiv im Umlauf befindlichen Landesmünze zum Ausdruck. Letztere wurde bei der Leistung von Zahlungen in ein entsprechendes Quantum des normalen Währungsgeldes umgerechnet. Aus der Unterscheidung von Währungsgeld und Zahlgeld rühren die in den damaligen Handlungsbüchern häufigen Eintragungen folgender Art her: es sind zu zahlen 212 Livres 18 Sous pagamentum = 106 Livres 9 Sous Währungsgeld (also die Hälfte), oder es werden in den Eintragungen die Münzsorten, in denen Zahlungen eingehen, besonders vermerkt (monnaies fortes, moyennes, faibles; marca probati, fini, recti, albi, puri argenti einerseits und non probati, nigri argenti, andrerseits).[4]) Oder die Beträge werden in vollwichtigen Ecus berechnet, diese Münze aber wegen der im Laufe des Jahres fortschreitenden Herabsetzung des Sous in den verschiedenen Monaten eines und desselben Jahres gleich 20, 30, 40, 50 ja bis 80 Sous gesetzt.[5]) Die Gläubiger und Lieferanten des Fiskus sahen sich natürlich gezwungen, die minderwertige Münze lokaler Ausprägung zu deren Nennwert anzunehmen. Die übrigen Bevölkerungskreise waren jedoch nach Kräften bestrebt, die aus der Münzentwertung entstehenden, in Preisschwankungen sich äußernden nachteiligen Folgen in der Weise abzu-

---

[1]) Menadier S. 223. Friedensburg, Münzkunde. S. 21.

[2]) Landry S. 194.

[3]) v. Inama III, 2, S. 369.

[4]) Luschin S. 114.

[5]) So wurde z. B. in Merseburg das Lot Silber zu Beginn des Jahres gleich 20 Pfennig gerechnet, vom 1. Mai aber bis zum 24. August = 48 Pfennig.

schwächen, daß sie sich nach Möglichkeit an die Regel hielten, bei Annahme von Münzgeld nur dessen tatsächlichen Metallwert in Betracht zu ziehen. Insbesondere war es unter Kaufleuten üblich, Zahlungsverpflichtungen in Münzen älterer (besserer) Prägung oder in fremden Münzsorten einzugehen. Auch die nicht handeltreibende Bevölkerung benutzte öfters die ältere Münze trotz ihrer Einberufung zur Umprägung dennoch unverändert weiter. Doch war dieser Widerstand nicht immer von gleichem Erfolge begleitet. Die auf die verschiedenen Münzveränderungen folgenden Preisschwankungen bezeugen, daß die auf dem Gebiete des Münzwesens vor sich gehenden Experimente das Wirtschaftsleben wiederholt beeinflußten, in alle Berechnungen Ungewißheit und Unsicherheit hineintrugen.

Kapitel 28.

Der Geldhandel.

Der chaotische Zustand des Währungswesens, als dessen Folge Zahlungen stets in einer bestimmten Münzsorte vereinbart werden mußten, veranlaßte das Aufkommen eines besonderen Berufsstandes von Geldwechslern (cambiatores, campsores von „cambium" — Wechsel) oder „Bankiers" (bancherii, tabularii von „banco" oder „tabula" — Tisch, auf dem ihre Geldsäcke lagen). Sie betrieben den Handwechsel und den An- und Verkauf von Münzgeld, eine Beschäftigung, die damals als sehr schwierig und gründliche Fachkenntnisse erheischend, aber auch als recht einträglich galt. Der Wechsler mußte eine unfehlbare Kenntnis des Feingehalts jeder ihm angebotenen Geld- und Silbermünze besitzen, und zwar bestimmte dies der geübte, diese Tätigkeit schon viele Jahre ausübende Wechsler, ohne die Münze zu wiegen. Es genügte ihm, sie in Augenschein zu nehmen. Ohne Zaudern mußte er die verschiedensten Münzsorten in andere, ihrem Metallwerte entsprechend, umrechnen, um in jedem einzelnen Falle das Umwechseln der Münzen vornehmen zu können.

Geldwechsler werden für Palermo bereits im 10. Jahrhundert erwähnt. Im Laufe des 12. Jahrhunderts sind die zu Innungen vereinigten Geldwechsler in fast allen italienischen Städten anzutreffen, so in Genua, Venedig, Bologna, wo sie auf den vor den Kirchen gelegenen Plätzen ihre Bänke aufstellen. In anderen Ländern und Städten, sowohl des Orients als auch Westeuropas, sind die Geldwechsler ebenfalls hauptsächlich durch die Italiener vertreten.

Durch die gleichen Ursachen — die eigenartigen Währungsverhältnisse — war auch ein anderes, von den Geldwechslern oder Bankiers mit dem Handwechsel zugleich betriebenes Geldgeschäft veranlaßt, nämlich die zwecks Vermeidung von Barzahlungen durch die Bücher des Bankiers erfolgende Überweisung von Geldsummen. Hatte einer von seinen Klienten an einen anderen Klienten eine Zahlung zu leisten, so geschah dies mittelst Umschreibung der entsprechenden Summe von dem, bei dem

Bankier gebuchten Konto des Zahlenden auf das Konto des Empfängers. Es war dies der sog. „Umschreibeverkehr", das „pagare in banco", das „giro" (giro, ital. — Kreis). Eine beträchtliche Ausdehnung hatte das Girowesen bereits zu Beginn des 13. Jahrhunderts auf den Champagnermessen gewonnen. Die zu den Messen eintreffenden Kaufleute übergaben den Geldwechslern die mitgebrachten Geldsummen, nach Schluß der Messe wurden die Zahlungen durch das sog. „Virement de parties", Giro oder Sconto erledigt, durch Übertragung in den die Rubriken „Debet" und „Credit" enthaltenden Büchern der Wechsler mit nachfolgender Vergleichung der Eintragungen. Nur die Differenz, die Saldi wurden effektiv ausgezahlt.

Durch den Betrieb des Handwechsels war der Wechsler genötigt, stets die mannigfachsten Münzsorten zum Bedarf seiner Kunden bereit zu halten, ebenso auch Silber und Gold in Barren, er befaßte sich folglich mit dem Ankauf von Münzgeld und Edelmetallbarren. Das von ihm betriebene Girogeschäft setzt hinwieder das Vorhandensein von Einlagen voraus, die Übergabe von Geldsummen zur Aufbewahrung an den Wechsler, der sich verpflichtete, dieselben entweder an den Einleger bei Rückforderung oder an Dritte, an die Gläubiger des Einlegers auszuzahlen. Fürsten und Städte deponierten bei ihnen ihre Gelder, die Geldwechsler besorgten für sie Zahlungen, übernahmen auch die Verwaltung ihrer Finanzen. Die Geldwechsler befaßten sich zu gleicher Zeit mit Bankgeschäften, und zwar nicht bloß mit der Annahme von Depositen, sondern auch mit Geldausleihen, oft waren sie auch Münzmeister. Auch die städtischen Wechselbanken betrieben neben Handwechsel Depositen- und Darlehensgeschäfte.

Endlich steht auch das Aufkommen eines neuen Werkzeugs des Zahlungsverkehrs, des Wechsels, in engem Zusammenhang mit der Unzulänglichkeit der Währungsverhältnisse. Im Mittelalter verstand man unter Cambium, d. i. Wechsel (= Tausch, dasselbe bedeutet „lettre de change, bill of exchange") den Geldtausch oder Geldwechsel, und zwar wurden zwei verschiedene Arten desselben unterschieden. Einerseits wurde der direkte Austausch zweier verschiedener Münzsorten, die vom Wechsler am gleichen Orte unverzüglich vorgenommene Umwechslung einer Geldsorte gegen eine andere mit diesem Ausdruck bezeichnet, die unmittelbare Auszahlung einer Anzahl von Münzen einer bestimmten Geldsorte gegen Einzahlung einer entsprechenden Geldsumme in anderer Währung. Es ist dies der „Handwechsel", cambium manuale, cambium sine litteris. Daneben bestand aber eine andere Art des Geldwechsels — die an einem anderen Platz als der Ort der Einzahlung des umzuwechselnden Geldbetrages und an einem anderen Zeitpunkte stattfindende Auszahlung, das sog. Cambium per litteras. Die italienischen, provençalischen und anderen Kaufleute waren bestrebt, bei ihren zwecks Ankauf von Tuch und anderen Handelsgütern nach den Champagnermessen unternommenen Reisen die mit erheblichen Unkosten (waren doch zum Transport der Münze viele Saumtiere nötig) und mit der Gefahr, unterwegs überfallen und beraubt zu werden, verbundene Mitnahme größerer Geldsummen zu vermeiden. Da ihnen außerdem am Meßplatze die Umwechselung der mitgebrachten Geldsorten in Ortswährung bevorstand, zogen sie es vor, diesen Umtausch bereits in der Heimat vorzunehmen. Doch empfingen sie statt der eingezahlten Geldsumme keine Barzahlung in irgendeiner anderen Währung, sondern einen Brief, auf dessen Vorweisung hin ihnen nach der Ankunft am Meßplatze die von ihnen daheim eingezahlte Summe ausgehändigt wurde. Auch die Collektoren der Zehentgelder brachten die von ihnen erhobenen Summen von England nicht nach Rom, da sie unterwegs Raub und Plünderung befürchteten, sondern zahlten dieselben in verschiedenen Geldsorten einem der in London sich aufhaltenden Geldwechsler ein, der ihnen eine Urkunde auf Auszahlung der entsprechenden Geldsumme in Rom, in florentiner Währung ausstellte. Dieser Wechselbrief wurde durch einen eigens damit betrauten Sendboten an die päpstliche Kurie befördert. „Timens maris pericula — schreibt ein Collektor — feci cambium cum sociis societatis Bardorum". Diese Ortsverschiedenheit von Zahlungsversprechen und Zahlungserfüllung, von Zuweisungs- und Auszahlungsplatz, die Entfernung (distancia loci) bildet, obwohl sie zuweilen nur eine Fiktion war, zugleich mit der Währungsverschiedenheit der ein- und der ausgezahlten Münze, das charakteristische Merkmal des mittelalterlichen Wechsels. Andere, keine Ortsverschiedenheit von Zuweisungs- und Auszahlungsplatz aufweisende Wechsel sind in dieser Periode nicht vorhanden.

Des Marez hat 1895 im Archiv der Stadt Ypern über 7000 aus den Jahren 1249—1291 stammende Pergamenturkunden gefunden, die wohl den Rest einer noch viel größeren Sammlung bildeten. Es sind dies sämtlich Krediturkunden, die ein Schuldanerkenntnis und ein Zahlungsversprechen des ausstellenden Schuldners enthalten. Diese Wechselbriefe weisen von den sonst üblichen nur den Unterschied auf, daß sie nicht Privat-, sondern öffentliche Urkunden mit besonderer Beweis- und Exekutionskraft sind. Sie wurden vor den Schöffen der Stadt vollzogen und mit einem Eingang versehen, der an die Allgemeinheit gerichtet ist (sachent toutchil qui sunt et qui à venir sunt et qui cheste presente chartre partie veront et auront que X doit à Yu a son commendement usw.). In der Urkunde wird der Text zweimal wiederholt, sie wurde dann gezackt zerschnitten (chirographum) und der eine Teil dem Gläubiger eingehändigt, während der andere im Archiv der Stadt niedergelegt wurde.[1])

Nun ging man freilich davon aus, die ursprüngliche Form des Wechselbriefes sei im Mittelalter nicht der Eigenwechsel, sondern der Wechsel in Trattenform, der gezogene Wechselbrief gewesen, die vom Aussteller an eine dritte Person gerichtete Zahlungsanweisung. Der Vorgang wurde in der Weise dargestellt, daß ein Bankhaus einem, eine gewisse Geldsumme einzahlenden Klienten einen Wechselbrief auf seine auswärtige Filiale trassierte, durch den sie angewiesen wurde, dem Remittenten die ange-

[1]) Des Marez, La lettre de foire à Ypre au XIII s. 1901. (Mém. Acad. roy. de Belg.) Vgl. darüber Huvelin, Rev. Hist. T. 72, S. 152ff. Pirenne und Lamerre, Bullet de l'acad. roy. Belg. 1900. S. 130ff. Schulte, Mitt. d. Inst. f. oest. Gesch. XXIII.

gebene Summe auszuzahlen. Jedoch hat Goldschmidt nachgewiesen, daß die ältesten auf uns überkommenen Wechselbriefe (aus der zweiten Hälfte des 12. Jahrhunderts, von 1155 an), nämlich genuesische Wechselbriefe aus dem Notularium (Archiv) des Notars Giovanni Scriba einfache, keine Zahlungsordre, sondern ein eigenes Zahlungsversprechen enthaltende, auf den Aussteller, nicht aber auf dritte Personen lautende (domizilierte) Eigenwechsel (carta di cambio) darstellen.[1] [2] [3]

Solche Eigenwechsel wurden notariell aufgenommen, in Gegenwart von Zeugen wurde ihre notarielle Beurkundung vollzogen. Ursprünglich scheint die Zahlung der im Wechsel bezeichneten Geldsumme an dem zur Zahlungserfüllung bestimmten Orte durch die gleiche Person erfolgt zu sein, die am Orte des Zahlungsversprechens gegen Empfang der verschriebenen Summe den Wechsel ausgestellt hatte. Das Wesentliche an diesem Geschäft bestand also darin, daß der Geldwechsler oder Bankier, nicht aber der sein Geld gegen fremde Münzsorten eintauschende Händler diese Geldsummen auf eigene Gefahr an den Bestimmungsort, wo die Auszahlung des Wechsels zu erfolgen hatte, beförderte, demnach alle mit dem Transport beträchtlicher Geldsummen verbundenen Gefahren auf sich nahm. Häufig führte aber auch er kein Geld mit, da er am Bestimmungsort, auf der Messe für die von ihm verkauften Waren (er befaßte sich ja zugleich mit Warenhandel) Geldsummen zu inkassieren hatte. Verhältnismäßig früh jedoch, bereits von Beginn des 13. Jahrhunderts an, erscheint im Eigenwechsel die Klausel, die Zahlung habe entweder durch den Bankier (den Aussteller des Wechsels selbst) oder durch eine von ihm zu bezeichnende (per me vel meum nuncium solvere seu solvi facere promittit), am Zahlungsort anzutreffende Person zu erfolgen. Diese Person wurde durch einen Brief (littera di pagamento, lettre de payement) von der zu leistenden Zahlung in Kenntnis gesetzt. Im Gegensatz zur eigentlichen Wechselurkunde, der carta, war dies ein einfacher Brief, eine Anweisung, die sog. „tracta" (daher die heutige Bezeichnung des ge-

---

[1]) A. 1156. „Ego solimanus confiteor quo daccepi a te Ogerio vento libras XV denar. januens. de quibus promitto dare filio vestro vel misso vestro apud alexandriam bisancios 2 3/4 per libram, expedicatos et mundos ad pensum alexandriae." (Goldschmidt, Univ. S. 420.)

[2]) Die Orderklausel (vgl. Anm. 2) bekundet, daß bereits zu jener Zeit die Zahlung entweder an den Gläubiger selbst oder auch an eine andere, von ihm hierzu bezeichnete Person geleistet werden konnte (missus, certus missus, nuncius, certus nuncius) — tibi vel tuo misso, aut cui preceperit suprascriptus (Brunner, Fränk.-roman. Urkunde. Z. f. Handelsr. 1877. S. 94ff.). Tibi vel tuo misso danti mihi hanc cartam, – lautet ein in Genua mit dem Versprechen der Zahlung in Montpellier am nächsten Pfingstfest ausgestellter Wechsel vom Jahre 1214. Doivent ... à Renier Jake et a Lutier Bon Enfant et a leur compaignons marceant de Florence de la compaignie de Freskebaus ... a aus u a lor commant qui cheste chartre partei aportera, heißt es in einem im Januar 1288 von zwei Bürgern der Stadt Ypern — mit der Maimesse der Provence als Zahlungstermin — ausgestellten Wechsel.

[3]) Nach Genua kommt Pisa, wo der Wechsel zuerst 1197 auftritt, in Venedig erscheint er 1202, in Florenz 1220. (Davidsohn, Gesch. v. Florenz IV, 2. S. 218.)

zogenen Wechsels als Tratte), eine bloße Ergänzung des Wechsels, keine eigentliche Wechselurkunde. Der Wechselbrief allein war es, der den Bankier, der ihn ausgestellt hatte, im Falle der Nichthonorierung des Wechsels durch die von ihm hierzu bezeichnete Person zur Zahlung verpflichtete. Erst im ausgehenden Mittelalter verwandelte sich diese Anweisung, die Tratte, durch Einbeziehung des Wechselversprechens des Trassanten zum eigentlichen Wechsel in Trattenform, die ursprüngliche Wechselurkunde, der einfache Eigenwechsel wurde nun überflüssig.

Nach Schaube waren freilich der Eigenwechsel und der gezogene Wechsel unabhängig voneinander entstanden. Die Tratte ist seinen Ausführungen zufolge nicht nur nach Inhalt und Form ein bloßer Brief, sondern sie ist auch aus dem brieflichen Verkehr der Kaufleute untereinander erwachsen und hat eine regelmäßige kaufmännische Korrespondenz zur Voraussetzung, die dadurch bedingt war, daß italienische Firmen ihre besonderen Agenten an fremden Plätzen unterhielten. Durch Loslösung der Anweisung aus dem Geschäftsbrief ist dann die Tratte entstanden (auch später finden sich darin Angaben über den Verkauf der Waren, Hinterlegung des Überschusses, des Erlöses u. dgl.). Sie wurde aber aus einer bloßen Anweisung zu einer qualifizierten Anweisung mit streng verbindlicher Kraft. Das gegenseitige Vertrauen genügte, man brauchte hier nicht den notariellen Apparat jedesmal in Bewegung zu setzen, wie dies bei der Schuldurkunde mit Zahlungsversprechen gebräuchlich war. Zunächst freilich nur unter den der gleichen Stadt angehörenden Kaufleuten angewandt, erfuhr sie dann eine weitere Verbreitung als Ersatz des notariellen Eigenwechsels; die Wechselstrenge, die volle Haftpflicht des Ausstellers gelangte in Handelskreisen zu allgemeiner Anerkennung.

Nun muß allerdings Schaube selbst zugeben, daß die ältesten Tratten geeignet sind, die Theorie Goldschmidts zu bestätigen, insofern als diesen Briefen, die in die Form der Bitte um Zahlung gekleidet sind, ein anderweitig gegebenes Zahlungsversprechen vorangeht. Freilich ist im Gegensatz zu Goldschmidts Behauptung nur nachweisbar, daß das Versprechen in der Form solenner eidlicher Versicherung, also mündlich abgegeben worden, dagegen nicht in die Form eines domizilierten Eigenwechsels gekleidet ist, wenn es auch möglich ist, daß über die Ableistung des Eides noch eine besondere Urkunde aufgenommen wurde. In diesen Briefen, die bei den Mächtigen der Welt in Gebrauch waren, war eine Bitte um Zahlung enthalten, wobei den betreffenden Kaufleuten der Vorzug vor jeder anderen Forderung eingeräumt werden soll, und der Trassant sich zur Zahlung der Wechselsumme wie zum Ersatz aller Kosten, allen Schadens und aller Gewinnverluste, die aus der Nichthonorierung der Tratte erwachsen sollten, verpflichtet.[1])

Im 14. Jahrhundert kommen auch die für die Tratte wichtigen Institute des Wechselakzepts und des Wechselprotests auf: jener ist die von dem Trassaten (dem Bezogenen) abgegebene Erklärung, auftragsgemäß zahlen zu wollen (littera cambiae acceptavit). Die diesbezügliche Inschrift muß unbedingt auf den Wechselbrief vermerkt werden (Statuten von Lucca 1376, von Florenz 1393, von Barcelona 1394). 1461 verpflichtet sich das venezianische Handelshaus der Soranzo, die von venezianischen Gesandten im Auslande auf dasselbe für Rechnung des venezianischen Staates gezogenen Wechsel zu honorieren (servire acceptareque et solvere litteras suas cambio). Der Protest (protestatio), eine notariell vom

---

[1]) Schaube, Z. d. Sav.-St. G. A. XIV. Ders., Z. f. Handelsr. 43.

Wechselinhaber abgegebene Erklärung, daß der Wechselbrief trotz gehöriger Präsentation desselben nicht honoriert worden ist, ist seit dem 14. Jahrhundert allgemein in Aufnahme gekommen. Derartige Erklärungen finden sich bereits für 1335 in Pisa, für 1359 in Venedig. Im 15. Jahrhundert werden Fälle von Londoner Protesten über von Venedig nach London trassierte Wechsel verzeichnet, wo die Bezogenen die Zahlung verweigerten, da sie dem Aussteller nichts schuldeten.[1]) Als Datum und Ort der Zahlung werden gewöhnlich (im 13.—14. Jahrhundert) die Champagnermessen bestimmt (par lettere delle pagamento per la prossima fiere di Campagna). Derartige Wechselformulare sind es, die in den damals abgefaßten Sammlungen als vorbildlich hingestellt werden.[2])

Der wohl zuerst im Seehandel aufgekommene, später auch im Binnenhandel zur Anwendung gelangte Wechsel fand schon im 13. Jahrhundert als ein von Kaufleuten urkundlich geleistetes Zahlungsversprechen weite Verbreitung über ganz Süd- und Südwesteuropa, überall, wo Italiener als Geldverleiher und Händler sich betätigten.[3]) In der ersten Hälfte des 14. Jahrhunderts stellt bereits Pegolotti die Wechselfristen der auf verschiedene Plätze lautenden Wechsel zusammen.[4]) Aus Uzzano (Mitte des 15. Jahrhunderts) ersieht man, daß Wechselgeschäfte zwischen den Haupthandelsplätzen Italiens, Frankreichs, Englands, Spaniens, Flanderns bestanden. In Deutschland kommt der Wechsel erst später, im 14. Jahrhundert, auf. Obwohl er im Handelsverkehr mit Flandern Verwendung fand (auch hier finden sich Wechsel mit Zahlungsanweisung — Tratten)[5]) und im 15. Jahrhundert im Handel zwischen einzelnen deutschen Gebieten als Zahlungsmittel üblich war, so hatte er doch im Mittelalter hier nicht die Bedeutung erlangen können, die er im italienischen Handel besaß.

---

[1]) Goldschmidt S. 455ff.

[2]) In den flandrischen Wechselbriefen wird die versprochene Zahlung sehr oft auf eine der dortigen sechs Messen gestellt (Bigwood. Régime jurid. et écon. du comm. de l'argent en Belgique au moyen-âge. 1921. S. 70.)

[3]) Aus einer von dem Florentiner Bankhause der Cerchi mit seinen Londoner Vertretern unterhaltenen Korrespondenz von 1291 ergibt sich, daß die Tratte damals zu folgenden Zwecken zur Verwendung gelangte. Die Londoner Vertreter der florentinischen Gesellschaft beziehen auf diese Weise Geldmittel von den Champagnermessen aus, die in England verkehrenden Florentiner schicken aus England durch Vermittelung der Handelsgesellschaft Geld in die Heimat, in Florenz befindliche Gläubiger kassieren Schulden bei ihren in England weilenden Landsleuten ein, der Prokurator einer englischen Abtei sichert sich durch dieselbe Vermittelung den Bezug der von ihm für den Aufenthalt in Rom benötigten Geldsummen.

[4]) Termini di cambiora che si mandano a pagare o e receivere per littera di pagamento di Firenze in diverse parte del mondo o di diverse a Firenze, o da una terra ad un'altra. (Cap. 48.)

[5]) S. dar. Neumann, Gesch. des Wechsels im Hansagebiete. 1865. Pauli, Lübeck. Zustände im Mitt. Mollwo, Handlungsbuch Vicko van Geldersens. 1895. Stieda, Hildebr. Veckinchusen pass. u. Einl. S. 26, 28ff., 44f.

Kapitel 29.

Der Kredit.

Das wichtigste Kreditgeschäft des Mittelalters ist der Rentenkauf. Der Eigentümer einer städtischen Liegenschaft nahm gegen Verpfändung derselben eine Geldsumme auf und verpflichtete sich, bis zu ihrer Rückerstattung oder (ein anderer Fall), wenn er sie am Verfallstag nicht zurückerstattete (hier also nur vom Zahlungstermin an), dem Gläubiger die aus der betreffenden Liegenschaft fließenden Erträge zu übertragen. Der Schuldner verkaufte die Grundrente, die von dem Gläubiger gekauft wurde. Bereits im früheren Mittelalter (s. oben) war neben dem ursprünglichen, unmittelbar als Kaufvorgang sich vollziehenden Erwerb von Liegenschaften eine Art von Zeitkauf aufgekommen. Hierbei gelangte die Liegenschaft unmittelbar in den Besitz des Käufers bzw. des Darlehensgebers. Zu seinem Eigentum ward sie jedoch nur in dem Falle, wenn der bisherige Eigentümer im Verlauf einer bestimmten Frist von dem ihm zustehenden Rückkaufsrecht keinen Gebrauch gemacht hatte (ältere Satzung). Daneben gab es aber auch eine andere Kreditform, die sog. jüngere Satzung, bei der keine sofortige Besitzübertragung der Liegenschaft auf den Gläubiger stattfand, sondern ihm bloß eine gewissermaßen die Übergabe des Sachguts symbolisierende Schuldurkunde übergeben wurde, und er die aus der Liegenschaft fließenden Erträge bis zur Rückgabe des von ihm gewährten Darlehens genoß.

Den Rentenkauf war in den mittelalterlichen Städten ein beliebtes Geschäft, das eine nutzbringende Kapitalanlage ermöglichte. Man konnte sich dauernde Leistungen in Gestalt von Renten sichern, die von den Grund- und Hauseigentümern als Zinsen für die gewährte Kapitalsumme entrichtet wurden. Die Rente war in der Regel eine „ewige Rente“, eine an der Liegenschaft haftende Reallast, die von dem jeweiligen Besitzer derselben entrichtet werden mußte. Gewöhnlich war der nach Ablauf einer bestimmten Frist zu erfolgende Rückkauf der Rente nicht zugelassen. Besonders wurde er von der Kirche bekämpft, für die der Ankauf von Renten eine dauernde und sichere Anlage bildete. Andrerseits wurde durch das Aufkommen der den Anspruch auf den Rentenbezug beurkundenden Schuldbriefe der Rentenkauf mobilisiert: der Geldgeber, welcher eine Rente erworben hatte, konnte sie an dritte Personen weiter veräußern und auf diese Weise die von ihm ausgetane Summe zurückerhalten. Doch war die Rente seitens des Gläubigers unkündbar, da der Schuldner hierdurch in eine schwierige, ja verzweifelte Lage versetzt werden konnte.

Auf Grund von Angaben, die aus verschiedenen Gegenden stammen (Rheinland, Hessen, Elsaß, Isle de France, Orleans, Franche-Comté, Normandie usw.). ergibt sich, daß beim Rentenkauf (mit oder ohne Rückkaufsrecht) ein Zinsfuß von 10% die Regel bildet, d. h. die Relation zwischen der jährlich bezogenen Rente und dem ausgeliehenen Kapital war wie 10 zu 100. Dies war nicht nur im 12.—13, sondern auch im 14. Jahrhundert der übliche Zinsfuß. Nur in einzelnen Gebieten war er in der zweiten Hälfte des 14. Jahrhunderts gleich 7—8%, um dann im 15. Jahrhundert bis auf 8—6, zuweilen sogar auf 5% herabzugehen.[1])

Die „ewige“ Rente wurde häufig in eine höher verzinsliche, auf Lebenszeit erworbene umgewandelt. Mit Vorliebe griffen die Städte zu diesem Mittel, indem sie denjenigen, die bei ihnen ihre Kapitalien anlegen wollten (es waren dies vornehmlich Grundbesitzer der Umgegend, Stadtbürger, Witwen und Waisen) Leibrenten aus eigens hierzu bestimmten städtischen Einkünften verkauften. Auch überließen geldbedürftige Städte verschiedene Einnahmequellen ihren Gläubigern zur unmittelbaren Verwaltung. Von den Gläubigern wurde dann aus deren Erträgen die allmähliche Tilgung ihrer Forderungen vorgenommen.[2]) In dieser Weise verfuhren insbesondere die italienischen Städte; so überwies Genua bereits um die Mitte des 12. Jahrhunderts (1164) einer aus sieben Personen bestehenden Gesellschaft (Monte) für das von ihr entliehene, in sieben gleiche Anteile (partes, loci) zerlegte Kapital bestimmte städtische Einkünfte auf elf Jahre. Hierbei waren die einzelnen Gesellschafter nicht zu gleichen Anteilen beteiligt (zwei Personen mit je zwei Anteilen, zwei mit je einem, eine mit einem halben und zwei mit je einem Viertelteil).[3]) Anleihen wurden von den Städten zunächst mit Fremden abgeschlossen, wobei jeder einzelne Bürger mit seiner Person und seinem Vermögen für die rechtzeitige Zahlung der Schuld seitens der Stadt haftbar war (nos omnes et singulas personas, terras, possessiones et dona). So wurde in Brügge die Schuldurkunde über eine städtische Anleihe einmal von mehr als 300 Bürgern unterzeichnet. Im Falle, daß die Stadt ihren Verpflichtungen nicht nachkam, wurden ihre in der Fremde weilenden Bürger ergriffen und gefangen gesetzt, ihre Waren beschlagnahmt. Doch auch die heimischen Bürger stellten ihrer Stadt freiwillig ihre Geldmittel durch den Rentenkauf zur Verfügung. In Venedig veräußerten die Stadtbürger 1353 bzw. 1398 ihre Häuser, um Anteile der von der Stadt ausgeschriebenen Anleihe zu erwerben. Es kam auch vor, daß Bürger oder geistliche Stiftungen unaufgefordert aufs Rathaus Geldsummen brachten, deren Annahme die Stadt nicht verweigern konnte, selbst wenn sie für dieselben gar keine Verwendung hatte. Es handelte sich darum, das Vertrauen der Bürger zu wahren, ja die Stadt sollte ihnen die Möglichkeit einer nutzbaren Kapitalanlage gewähren: so ging es z. B. der Stadt Überlingen mit dem daselbst gelegenen Kloster. Infolge davon verfügten die Städte über einen ausgedehnten Kredit, der von ihnen in erster Linie dazu beansprucht wurde, um bei den Lehnsherren die verschiedenen Hoheitsrechte, die Befugnis, Handelsabgaben zu erheben, die Gerichtsgewalt, das Münz-

[1]) Hanauer, Etudes économiques sur l'Alsace. T. I, S. 522ff. Delisle, Les Classes agricoles en Normandie. S. 213ff. Lamprecht, Deutsch. Wirtschaftsleben II, S. 609—610. Winter, Zur Gesch. des Zinsfußes im Mitt. Z. f. Soz.- u. W.-G. IV, S. 161ff. D'Avenel, Hist. de la propriété usw. I, S. 86ff. Derselbe Zinsfuß war auch beim Bezug der auf Lebenszeit oder auf die Dauer von einigen Leben erworbenen Renten üblich.

[2]) Espinas, Les finances de la commune de Douai. 1902. S. 303ff.

[3]) Sieveking, Casa di S. Giorgio. 1899.

recht, das Recht auf die Juden- und Lombardensteuer u. a. m. auszukaufen. Auch für die Erfordernisse der Stadtgemeinde, für die Erweiterung des Stadtbezirkes, die Errichtung von Befestigungen und anderen Bauten sowie zur Kriegsführung wurde von den Städten Kredit in Anspruch genommen. Wie Ehrenberg hervorhebt, „bildete der Kredit die kräftigste Waffe der Städte im Kampf um die Freiheit".[1]) In Köln entfielen 82% der Gesamtausgaben der Stadt auf Kriegführung und auswärtigen Dienst, in Nürnberg sogar 90%, auch in Mainz (1436—1437) über 3/4 des Gesamthaushalts. Die starke Verschuldung der Städte im 14. bis 15. Jahrhundert war freilich auch eine Folge der mangelhaften Führung des städtischen Haushaltes. Die an der Spitze der Stadtverwaltung stehenden Personen waren oft nicht im klaren darüber, wieviel sie im betreffenden Jahre auszugeben imstande seien, und verausgabten daher mehr als die Finanzverhältnisse der Stadt erlaubten. Dabei waren sie mehr auf ihren eigenen Vorteil bedacht als auf Wahrung der Interessen der Gemeinde. Stellte sich Geldmangel ein, so suchten sie Anleihen aufzunehmen wo es nur irgend anging. Sie gaben diesem Vorgehen den Vorzug vor der Erhöhung bereits bestehender Steuern oder der Einführung neuer, da dies bei der Bevölkerung stets Unzufriedenheit verursachte und Zweifel an der gewissenhaften Verwaltung der städtischen Finanzen wachrief.[2])

Bereits zu Ausgang des Mittelalters versuchte man in den italienischen Stadtstaaten eine Konsolidierung der schwebenden Schulden vorzunehmen. Es wurden Verbände von Staatsgläubigern gebildet (massa, maona), die Anleihen in das staatliche Schuldbuch (cartulario) eingetragen, die Erblichkeit der Anteile und ihre Veräußerlichkeit bestimmt. 1274 hatte Genua seine Schulden konsolidiert, 1384 beliefen sich dieselben auf 8 Millionen Lire.

In den deutschen Städten wurden die städtischen Anleihen im späteren Mittelalter sozusagen zu einer regelmäßigen Einnahmequelle. Für Basel sind z. B. von 1361—1482 nur 3 Jahre zu verzeichnen, wo keine Anleihen aufgenommen worden waren. Die Anleihen bilden einen wichtigen Posten der städtischen Einnahmen. So betragen in Köln 1378 die Erträge der Anleihen 45% der gesamten städtischen Einkünfte, 1392 50%. In Basel bezog die Stadt (1361—1501) ein Viertel ihrer Einnahmen aus Anleihen, 25% des Gesamtvermögens der Stadtbewohner waren in Anleihen angelegt. In Nürnberg ergaben die Anleihen ein Drittel aller Einnahmen. Die übermäßige Verschuldung der Städte führte in manchen Fällen zur Einstellung der Zahlungen. Dies war z. B. in Hamburg der Fall, wo über 20% aller Einkünfte zur Zinsentilgung und Kapitalrückzahlung von Anleihen verwandt wurden. Zuweilen

---

[1]) Ehrenberg, Zeitalter der Fugger I, S. 36.

[2]) Siehe Bücher, Haushalt Frankfurts im Mitt. Z. für ges. Staatswiss. 1896. S. 17. Landmann, Entwicklungsgesch. der Formen des öffentl. Kredits. Finanzarchiv. 1912. S. 12ff., 39ff. Knipping, Kölner Stadtrechnungen II, 1898, S. 420ff. Sander, Die reichstädtische Haushaltung Nürnbergs. S. 698, 701. Chroniken der deutschen Städte XVIII, T. 2, S. 109. Schoenberg, Basels Finanzverhältnisse im 14. bis 15. Jahrhundert. 1885.

veranlaßte die zur Aufbringung der Mittel für die Zahlung der Zinsen und Tilgung der Schuld verfügte Einführung neuer Steuern den offenen Aufruhr der Stadtbevölkerung und bedeutsame Umwälzungen im Stadtregiment (Köln, Dortmund).[1]) Auch die französischen Städte (Amiens, Noyon, Soissons, Rouen) waren bereits im 13. Jahrhundert, infolge der von den Königen unausgesetzt an sie gestellten Anforderungen, stark verschuldet; auch hier (Noyon, Senlis) wurden zuweilen die Zahlungen eingestellt.[2])

Nicht weniger als die Städte bedurften die Fürsten des Kredits, insbesondere war er zur Führung ihrer nimmer endenwollenden Kriege sowie zum Erwerb von Luxuswaren nötig. Doch stellten die von ihnen eingegangenen Schulden persönliche Verpflichtungen des Herrschers dar, für die seine Untertanen nicht haftbar waren. Wohl verpflichteten sich Fürsten und Päpste bei der Aufnahme von Darlehen nicht nur für sich selbst sondern auch für ihre Nachfolger (pour nous, nostre couronne et successeurs en icelle), doch letztere weigerten sich häufig, die Schulden ihres Vorgängers anzuerkennen. Die Gewährung solcher Kredite war daher für den Geldgeber ein sehr gewagtes Geschäft. Macaulay schildert recht anschaulich, wie zu jener Zeit, wenn die Staatskasse leer war, die Steuern nur langsam eingingen und Soldaten und Matrosen ihr Sold nicht ausgezahlt werden konnte, der Schatzkanzler in Begleitung des Lord-Mayors und der Aldermen mit dem Hute in der Hand durch Chapel und Cornhill (Londoner Stadtviertel) gingen und sich die nötigen Gelder verschafften, indem sie bei irgendeinem Strumpfwirker 100 Pfund oder bei einem Eisenwarenhändler 200 Pfund entliehen. Wenn die fremden Geldverleiher den Landesherren (was freilich durchaus nicht immer der Fall war) Anleihen bewilligten, die zuweilen eine für die damaligen Verhältnisse beträchtliche Höhe aufwiesen, so war für sie dabei die Aussicht maßgebend, sich dieselben aus bestimmten staatlichen Einnahmequellen zu decken, die ihnen überwiesen wurden, oder auf andere Weise, durch Erlangung neuer, einträglicher Privilegien auf ihre Kosten zu kommen. Nicht selten jedoch wurde das Geld durch direkten Zwang beschafft, es waren also Zwangsanleihen, oder die Darlehensgewährung wurde durch einen indirekten Zwang veranlaßt, durch die Befürchtung der Geldgeber, es würden ihnen, falls sie weitere Anleihen verweigerten, ihre Privilegien — die Pacht des Münzregals, der Bergwerke, der Steuern — entzogen, sie selbst des Landes verwiesen und die früher gewährten Darlehen nicht zurückgezahlt werden. Bei alledem fiel es den Herrschern nicht leicht, sich die erforderlichen Mittel zu verschaffen.

Die Könige von England befanden sich in fortwährenden Geldnöten. Da das Parlament ihnen die zur Kriegführung und zur Heeresbesoldung erforderlichen

---

[1]) Stieda, Städtische Finanzen im Mittelalter. Jahrbuch für Nat.-Ök. XVII 1899, S. 34ff. Sander, Nürnbergs Haushalt. S. 718. Koppman, Kämmereirechnungen Hamburgs.

[2]) Luchaire, Communautés françaises. S. 198, 203—205. Borelli de Serres, Recherches sur divers services publ. T. I, S. 25.

Summen nicht bewilligte, auch die Genehmigung zur Einführung außerordentlicher Steuern versagte, so mußten sie sich an italienische Geldverleiher, zum Teil auch an einheimische Kaufleute und Klöster um Darlehen wenden und waren dabei genötigt, die Kronjuwelen, ja ihre Festkleider und die Heiligenreliquien zu verpfänden. Die Folge der Nichtzahlung der englischen Königsschulden war der Zusammenbruch der Florentiner Handelshäuser, die ihnen Kredit gewährt hatten. Als 1345 die Gesellschaft der Bardi ihre Zahlungen einstellte, beliefen sich ihre ausstehenden Forderungen an den König von England auf 900000 Goldflorin (gegen 8,5 Mill. Goldmark). Die Forderungen der Gesellschaft der Perucci an den König betrugen 600000 Goldflorin.[1])

Als 1371 der König von Frankreich bei Kaufleuten von Avignon ein Darlehen von 100000 Livres aufnahm, mußten 22 Personen, darunter königliche Prinzen, Höflinge, Bürger von Paris die Bürgschaft für ihn übernehmen. Karl VII., König von Frankreich, der große Ausgaben für den Ankauf kostbarer Waffen und Stoffe machte, war genötigt, allenthalben kleinere Beträge auszuborgen, sogar bei seinen Leibköchen. Die für ihn nötigen Lebensmittel wurden auf Borg entnommen. Nach dem Zeugnis von Zeitgenossen war die Lage des Königs so schlimm, daß der Kaufmann Jacques Coeur ihm einst einen großen Dienst erwies, als er ihm zwei gebratene Hühner und eine Hammelkeule darbrachte.[2])

Die Verschuldung der geistlichen Herren entsprang in erster Linie der Notwendigkeit, bei der Besetzung der Bischofsstühle namhafte Summen zu verausgaben. Es waren dies sowohl die servitia communia, die der Bischof bei seiner Ernennung für die päpstliche Investitur zu entrichten hatte, eine sich gewöhnlich auf ein Dritteil der Jahreseinkünfte des betreffenden Sprengels belaufende Abgabe, als auch die in ihrer Höhe schwankenden „freiwilligen" Geschenke (servitia minuta), die dem päpstlichen Stuhle dargebracht wurden[3]), wobei die Konkurrenten, um sich der Hilfe der päpstlichen Umgebung bei der Besetzung vakanter Stellen zu versichern, einander an Munifizenz zu überbieten suchten. Der Glückliche, der den Sieg über seine Mitbewerber davontrug, war also bereits bei seinem Amtsantritt schwer verschuldet. In der zweiten Hälfte des 15. Jahrhunderts betrug die Schuldenmasse des Hochstiftes Konstanz 150000 Florin, der Ertrag der bischöflichen Güter wurde zur Zinsentilgung dermaßen in Anspruch genommen, daß dem Bischof für seinen Unterhalt kaum 400 Florin jährlich verblieben.[4])

Bei der Gewährung von Darlehen wurde, wie gesagt, Sicherstellung durch Bürgschaft verlangt mit Solidarhaftung der Bürgen. Kam der Schuldner seinen Zahlungsverpflichtungen nicht nach, so waren die Bürgen verpflichtet, sich an dem vom Gläubiger hierzu bestimmten Ort einzufinden, wo sie in Haft genommen wurden. Ferner wurden die gewährten Darlehen durch die Hergabe wertvoller Sachgüter als Faustpfand gesichert. Fürsten verpfändeten ihre Krone, Päpste die Tiara, ja Goldschmidt erwähnt einen 1251 in Genua gegen Verpfändung des Thrones Kaiser Friedrichs II. ausgestellten Wechsel. Außerdem hatte der Schuldner, wenn er am Verfallstage sich als zahlungsunfähig erwies, außer den vereinbarten Zinsen sowohl Verzugszinsen zu zahlen, als auch sämtliche dem Gläubiger verursachte Kosten zu tragen: „pro dampnorum expensorum et interesse persolvere" („coux, frais et

---

[1]) Sinclair, History of the public revenue of the British Empire. T. I.

[2]) Prutz, Jacques Coeur. S. 44—47.

[3]) Schulte, Gesch. d. mitt. Hand. I, S. 232f.

[4]) Franz Keller, Die Verschuldung des Hochstiftes Konstanz im 14. und 15. Jahrhundert. 1903. S. 42.

damages et interestz“). Er konnte vom Gläubiger verhaftet und in Gewahrsam gehalten werden, was zuweilen selbst hohe Würdenträger (z. B. die Gräfin Yolante von Flandern) erleiden mußten; meist wurde dies jedoch gegenüber ihren Bürgen in Anwendung gebracht.[1]) Oft war der Schuldner verpflichtet, bis zur Zahlung sich selber oder statt seiner eine oder auch mehrere Personen mit Knechten und Rossen an einem bestimmten Orte zu stellen (Einlager, Garnison).[2]) Selbst Könige und Fürsten waren von dieser Verpflichtung nicht ausgenommen: 3 bis 8 Ritter mit ebensovielen Pferden und Knechten mußten sie hinschicken und die Auslagen für Wohnung und Verpflegung derselben tragen.[3])

Der Abschluß des Schuldvertrages wurde, besonders wenn der Schuldner ein Nicht-Bürger war, in Anwesenheit von zwei oder mehreren Zeugen vollzogen, die jedoch nur Zeugnis ablegen durften für eine Schuld, deren Höhe den Wert ihres Gesamtvermögens nicht überstieg. Ferner wurde die Stellung von Bürgen, gewöhnlich aus der Zahl der Landsleute des Schuldners, verlangt. Vielfach geschah dies in der Art, daß der Bürge sich als Selbstschuldner bekannte, der Unterschied zwischen Schuldner und Bürgen verschwand folglich, und dieser konnte von dem Gläubiger anstatt des Schuldners zur Zahlung herangezogen werden. Außerdem wurden die Schulden durch Ausstellung von Schuldbriefen, die besonders von vornehmen Schuldnern ausgegeben wurden, auch durch Eintragung des Schuldvertrags in das städtische Schuldbuch (Liber memorandorum, Ratsdenkelbuch) sichergestellt. In Fällen, wo Bürgen und Pfand fehlten, wandte sich, bei Nichteinhaltung des Zahlungstermins, der Rat der Stadt, wo der Gläubiger seinen Wohnsitz hatte (z. B. Hamburgs) an den Rat der Stadt, wo der Schuldner ansässig war (z. B. Lüneburgs) mit einem „Verwendungsschreiben“, in dem um die Veranlassung des Schuldners zur Zahlung nachgesucht wurde. Blieb dies erfolglos, so wurden die in Hamburg weilenden Landsleute des Schuldners, Lüneburger Kaufleute, in Haft genommen, um dem Gläubiger zu seinem Rechte zu verhelfen.[4])

Bei den mit geistlichen Würdenträgern abgeschlossenen Schuldverträgen verlangten die Darlehensgeber (gewöhnlich waren es italienische Kaufleute) außer der üblichen Stellung von Bürgen auch die Garantie des Papstes, um bei Zahlungsunfähigkeit des Schuldners sich an das Haupt der Kirche zu wenden mit dem Ersuchen, den geistlichen Herrn zur Rückzahlung seiner Schuld zu bewegen. Es war dies für sie das einzige Mittel, die Rückerstattung der gewährten Darlehen zu erlangen. In der Tat wurde häufig vom Papst ein verschuldeter Abt oder Bischof durch Androhung der Exkommunikation gezwungen, wenn nicht den gesamten Schuldbetrag sofort zu erlegen, so doch wenigstens sich mit seinen Gläubigern über die zurückzuerstattende Summe und die Zahlungsfristen zu vergleichen.[5])

Der Kredit im Mittelalter ist fast ausschließlich Konsumtivkredit, und zwar vornehmlich öffentlicher Kredit der Fürsten und Städte (bei den Städten ist er freilich teilweise auch zu produktiven Zwecken bestimmt), der allerdings nur wenig Unterschiede gegenüber dem Privatkredit aufweist. Von viel geringerer Bedeutung war der kaufmännische Kredit,

---

[1]) Bigwood S. 546f.

[2]) Schulte I, S. 244.

[3]) Bigwood S. 548ff.

[4]) Das Handlungsbuch Vickos van Geldersen. Bearb. von Nirrnheim. 1895. Einl. S. XXX—XXXV. Vgl. Des Marez, La lettre de foire. S. 17ff., 40ff. Als die Gräfin Johanna von Flandern 1221 bei einer Reihe von italienischen Kaufleuten Darlehen aufnahm, mußten die Gräfin von Artois und ihr Sohn, der Graf von Champagne, für sie Bürgschaft leisten, wogegen die Gräfin von Flandern es ihnen ihrerseits freistellte, im Falle, daß sie nicht zahlen sollte, flandrische Kaufleute auf den Champagnermessen zurückzuhalten. (Bigwood S. 63.)

[5]) Schulte I, S. 230ff.

die Ausleihung von Kapital zur Anlage in Handelsgeschäften. Er kam nur im Mittelmeerhandel zur Ausbildung. Bei den italienischen und südfranzösischen Händlern stellten Kaufabschlüsse über Warenlieferung auf Kredit eine alltägliche Erscheinung dar. Ja, es hatten sich für die Kreditgewährung bei Warenlieferungen bestimmte Fristen ausgebildet, die von 8 Tagen bis zu 2½—3½ Monaten schwankten. Die Hanse dagegen erlaubte ebensowenig Fremde in Waren zu kreditieren, wie bei ihnen Waren auf Borg zu nehmen. Doch scheint es ihr selbst im Handelsverkehr mit russischen und livländischen Städten nicht gelungen zu sein, dieser Bestimmung Geltung zu verschaffen[1]), noch weniger war das an anderen Handelsplätzen möglich. Die Hansen waren genötigt, ihre Waren doch auf Kredit zu verkaufen, weshalb sie auch selber auf Borg einkaufen mußten. Die weite Verbreitung derartiger Handelsgeschäfte ist durch die Handelsbücher französischer und deutscher Kaufleute bezeugt, denn „das ganze Buch beruhte ja überhaupt auf der Voraussetzung des Kreditgebens, die Eintragung der Bargeschäfte wurde damals als überflüssig erachtet — in diesen Fällen entstanden ja keine weiteren Zahlungsverpflichtungen.[2])“ Der gewährte Kredit war zuweilen langfristig; so schwankten die Zahlungsfristen, wie man aus dem, vom Ausgang des 14. Jahrhunderts stammenden Handlungsbuch des Hamburgers Vico von Geldersen, oder aus dem Briefwechsel Hildebrand Veckinchusens ersehen kann, zwischen einem und sechs Monaten, zuweilen wurde der Kredit bis zu einem Jahre ausgedehnt, ausnahmsweise findet sich einmal auch eine Frist von 1½ Jahren.[3]) Als Zahlungstermin wird mit Vorliebe ein hohes Kirchenfest angesetzt, Ostern, Pfingsten, Michaelis, Weihnachten, oder eine Messe von Bedeutung (die Frankfurter Messe). Oft hat die Zahlung nicht an einem fest bestimmten Tag zu erfolgen, sondern die Zeit ist nur ungefähr angegeben (nach Wiederaufnahme der Schiffahrt, im Frühjahr, zwischen Ostern und Pfingsten, im Herbst). Man überließ auch zuweilen dem Schuldner die Wahl zwischen zwei Zahlungsterminen, oder der Gläubiger behielt sich das Recht vor, nach eigenem Ermessen an einem früheren oder einem späteren Termin Zahlung zu fordern. Im Handelsverkehr der oberdeutschen Städte mit Österreich war seitens der oberdeutschen Kaufleute Kreditgewährung an österreichische Kunden eine ständige Erscheinung. Es ist dies aus den Handlungsbüchern von Runtinger und von Behaim (vom Ausgang des 14. und Beginn des 15. Jahrhunderts) ersichtlich; dadurch wurde jedoch der Handelsverkehr bedeutend erschwert, da zur Inkassierung der ausstehenden Schulden eigens Reisen unternommen, zuweilen auch statt Bargeld Waren in Zahlung genommen werden mußten.

Neben Warenlieferungen auf Kredit erscheinen im italienischen Handel auch reine Darlehensgeschäfte, die, je nachdem, ob der Gläubiger

---

[1]) Meine Russ. Wirtschaftsgeschichte I, S. 146, 152.

[2]) Stieda, Hildebrand Veckinchusen, Briefwechsel. S. XLV. Vgl. Mollwo, Einl. Nirrnheim, S. XXIX.

[3]) Nirrnheim, S. XXX. Stieda, a. a. O.

oder der Schuldner es war, der das Risiko auf sich nahm, verschiedene Formen annehmen konnten. Im ersten Falle handelte es sich um das Seedarlehen (Foenus nauticum) oder um eine ihm analoge Form von Darlehen im Binnenhandel. Der zur Messe ziehende Kaufmann (naviganti vel eunti ad nundinas) verpflichtete sich, die erhaltene Geldsumme im Falle seiner wohlbehaltenen Heimkehr (sana navi, salvum in terra, ad fortunam Dei et maris) mit Zinsen zurückzuerstatten. Im anderen Falle dagegen stellte der Schuldner einfach einen Wechsel aus, ein die Rückerstattung des Darlehens unanhängig von allen Eventualitäten garantierendes Zahlungsversprechen.[1]) So bildete sich der Wechsel allmählich aus einer zur Erleichterung des Münzwechsels bestimmten Urkunde zu einem allgemeinen Werkzeug des Kreditverkehrs um, das sowohl bei Zahlungsaufschub im Warenhandel als auch bei der Darlehensgewährung Verwendung fand. Doch wurde auch hier der Grundzug des mittelalterlichen Wechsels — die Ortsverschiedenheit von Darlehensempfang und -rückerstattung — beibehalten, ein Überrest der vom Wechsel ursprünglich ausgeübten Funktion.[2])

Eine eigenartige Form des Kreditgeschäfts bildete die von den Bankiers betriebene Verwendung der hinterlegten Depositen im Warenhandel. Aus derartigen Geschäften ergaben sich Schwierigkeiten bei der Rückforderung der Depositen durch die Einleger, ja die Bankiers suchten sich nicht selten der Rückzahlung zu entziehen. Mißlungene Warengeschäfte führten öfters zum Zusammenbruch der Bankhäuser, wobei die Deponenten die von ihnen dem Bankier anvertrauten Geldsummen einbüßten. In Venedig brachen von 103 Banken (im 14. Jahrhundert) 96 zusammen, da sie sich in der Regel mit Warenhandel befaßten und daher bei Rückforderung von Depositen diese nicht auszuzahlen vermochten. Infolgedessen wurde 1374 eine Verordnung erlassen, wonach den Bankhäusern der Handel mit Metallen, Stoffen, Safran und verschiedenen anderen Waren untersagt wurde. Später bestimmte man, daß sie nur mit eigenen, nicht aber mit den von ihren Klienten deponierten Geldern Warenhandel treiben dürften. Tatsächlich aber fuhren die Banken fort, die deponierten Beträge als Darlehen zu betrachten, über deren Verwendung sie nach ihrem Belieben bestimmen dürften.[3])

Es verdient hervorgehoben zu werden, daß neben Städten und geistlichen Körperschaften, die so häufig als Darlehenssucher auftraten, andere Städte und geistliche Stiftungen hinwieder ihre anlagesuchenden Kapitalien verliehen und aus diesen Geschäften beträchtliche Gewinne

[1]) Goldschmidt S. 412ff.

[2]) Eine eigenartige Form des Wechsels stellt die in England und Flandern weit verbreitete (s. oben) lettre de foire oder littera obligatoria dar. Des Marez (La lettre de foire à Ypres. Mém. de l'Acad. roy. de Belgique) nennt die lettre de foire „den Wechsel des Nordens" im Gegensatz zum eigentlichen Wechselbrief italienischer Provenienz.

[3]) Nasse, Das venezianische Bankwesen im 14., 15., 16. Jahrhundert. Jahrb. f. Nat.-Ök. 1879. S. 334f.

erzielten. Wie Lamprecht hinweist, traten Kirchen und Klöster bereits im 10. Jahrhundert als Bankiers auf, und zwar beliehen sie vornehmlich freie und halbfreie Bauern gegen Verpfändung ihres Bodenbesitzes. Im 11. Jahrhundert gewährten Klöster an Kaiser Heinrich III. und Heinrich IV. ansehnliche Darlehen. Ihre Barmittel bildeten sich aus der Ansammlung bedeutender, von den Gläubigern dargebrachter Dotationen und Schenkungen sowie dadurch, daß man in Kirchen und Klöstern, die die einzigen sicheren Orte waren, bedeutende Geldsummen zur Aufbewahrung niederlegte. In den folgenden Jahrhunderten, mit der Gründung der verschiedenen geistlichen Orden, des Templerordens, des Deutschen Ordens, des Johanniter-, des Franziskanerordens, nahm die Tätigkeit der geistlichen Anstalten als Bankiers einen noch größeren Umfang an. Vor allem sind die vom Templerorden betriebenen Kreditgeschäfte zu erwähnen. Er stellte vom Ausgang des 12. bis zum Beginn des 14. Jahrhunderts wohl das bedeutendste Bankinstitut Europas dar, mit einer Zentralstelle (templum) in Paris und einer solchen in London sowie mit Filialen in verschiedenen Städten Frankreichs und der Levanteländer. Die Könige von England und Frankreich, Klöster und große Herren legten ihre Kapitalien bei den Templern an, überwiesen ihnen die aus Steuern und Grundbesitz fließenden Erträge, beauftragten die Templer mit der Einkassierung von Wechseln, mit der Überweisung von Geldbeträgen, mit der Auszahlung von Leibrenten, beanspruchten von ihnen hinwieder auch Darlehen oder Bürgschaftsstellung für die Einlösung ihrer Zahlungsverpflichtungen.

Die Templer übernahmen die Erhebung des Kreuzzugszehents, des Peterspfennigs und anderer für die Kreuzzüge bestimmten Abgaben, sie besorgten die Übermittlung der erforderlichen Geldsummen von Europa nach dem Orient. Auch die Finanzen zahlreicher französischer Barone, fremder Fürsten, wie Johann ohne Land und die Könige von Aragon und Neapel, vor allem aber der Könige von Frankreich — Philipp Augusts, Ludwigs d. Hl., Philipps des Kühnen und Philipps des Schönen — wurden von ihnen verwaltet. Das „templum“ war das königliche Schatzamt, dorthin flossen die Staatseinkünfte, von dort aus wurden für Rechnung des Königs Zahlungen geleistet, Gehälter, Pensionen ausgezahlt, Schulden getilgt, an diplomatische Vertreter Geldsummen verabfolgt, Subsidiengelder an Verbündete ausgezahlt.[1])

Später als die geistlichen Stiftungen traten die Juden als Geldverleiher auf. In Deutschland geschah dies erst im 11. Jahrhundert, das 12. und 13. Jahrhundert weisen eine bedeutende Entwicklung der von ihnen betriebenen Kreditgeschäfte auf. König Heinrich II., die Könige von Ungarn und die Herzöge von Schlesien, der Erzbischof von Canterbury, die Bischöfe von Bamberg, Konstanz, französische und englische Abteien, die Grafen von Leicester, von Montpellier, von Toulouse, alle wandten sich an die Juden, denen sie zur Sicherung und Tilgung der Schulden Zölle und Steuern verpfändeten, öfters auch die Verwaltung ihrer Finanzen übertrugen.[2])

---

[1]) Delisle, Mémoire sur les opérations financières des Templiers. Acad. des Inscr. et Belles-lettres. T. 39.

[2]) Schulte S. 328f. Caro S. 323f.

Im Erzbistum Koblenz verwaltete ein jüdischer Finanzbeamter mit seinem Schreiber (judei domini) das Schatzamt, sie führten die Bücher in hebräischer Sprache.[1]) Für den Bischof von Arles wurden von jedem lombardischen Schiffe an Eingangszöllen 20 Sol. in bar erhoben, für seinen „Juden", wie er in den Quellen kurzweg genannt wird, 4 Sol. Als Auslaufszoll wurde für den Bischof $^1/_{13}$ vom Wert der Waren entrichtet, wovon dem Juden $^1/_9$ zustand. In Sachsen besorgte unter Herzog Balduin ein Jude, Menadje, die Münzprägung, die auf den Münzen geprägten Zeichen weisen mit den hebräischen Buchstaben große Ähnlichkeit auf. Im 12. Jahrhundert waren unter Leopold V. in den Bistümern Trier und Würzburg ebenfalls Juden als Münzmeister tätig. Auch befaßten sich die Juden noch im 14. Jahrhundert in Deutschland mit namhaften Kreditgeschäften. 1377 wurde der Jude Simon Siegburg gehängt, dem Ritter und territoriale Landesherren am Unterrhein Beträge in der Höhe von insges. 27000 Mark schuldeten. Zu Ausgang des 14. Jahrhunderts lieh der Jude Simon Selgenstadt an rheinische Städte bedeutende Geldsummen aus zur Beschaffung von Feuerwaffen, er schloß auch mit der Stadt Frankfurt einen Darlehensvertrag über 10000 Gulden ab. Doch waren (in Deutschland) unter den Schuldnern der jüdischen Geldverleiher, besonders im 15. Jahrhundert, vor allem Handwerker (Schuster, Schneider, Sattler) zu finden, die unbedeutende verzinsliche Darlehen gegen Verpfändung von Rohmaterialien auf kurze Zeit aufnahmen. In Nürnberg war es den Handwerkern verboten, gegen Verpfändung von Rohstoffen ihres Gewerbes höhere Darlehen aufzunehmen, als der Wert des Materials und der Arbeitslohn für dessen Verarbeitung zu betragen hatte. Die Bauern dagegen wurden hauptsächlich von Klöstern, Italienern und einheimischen Händlern beliehen.[2]) In Spanien befand sich bis zum Ausgang des 15. Jahrhunderts die Steuererhebung und die Finanzverwaltung in den Händen der Juden. Der Schatzmeister (Tesorero mayor), der die Finanzen des Landes auf jene Höhe brachte, auf der sie sich nach den Ausführungen Häblers unter der Regierung Ferdinands und Isabellas befanden, war ein Jude, Don Isak Abravanel.

Die dritte, vornehmlich das 14.—15. Jahrhundert umfassende Periode in der Entwicklung des mittelalterlichen Kreditverkehrs steht im Zeichen der Tätigkeit der italienischen Geldhändler. Sie wurden vorzüglich als „ultramontani" (transalpini) bezeichnet, als die von jenseits der Alpen kommende Händler, auch als „caorsini" (Kaufleute aus Cahors, einer Stadt Südfrankreichs) oder als „Lombardi", Händler aus der Lombardei. Davon rührt auch die Bezeichnung von Darlehen gegen Verpfändung von beweglicher Habe als „Lombardgeschäft" her. Wechselbriefe nannte man „litterae lombardorum". Von Kaufleuten aus Piacenza, Bologna und Rom in England und Frankreich betriebene Kreditgeschäfte werden bereits zu Beginn des 13., ja im ausgehenden 12. Jahrhundert erwähnt. Später treten Bankiers aus Asti, Lucca und Siena auf, vor allem aber Florentiner Geldverleiher. Die drei namhaftesten italienischen Handelsgesellschaften waren die der Bardi, Perucci, Acciajuoli, zu denen sich noch die Alberti gesellten, vor allem aber, in der zweiten Hälfte des 15. Jahrhunderts, die Medici. Jede der oben erwähnten Handelsgesellschaften zählte 10—20 Teilhaber, sie vereinigten daher für jene Zeit recht bedeutende Kapitalien, die sowohl das Vermögen der Gesellschafter als auch Einlagen Außenstehender darstellten. Die Handels-

---

[1]) Lamprecht I, S. 1472.

[2]) Stobbe, Hoffmann, Caro I, II u. a. Vgl. meinen Artikel Warenhändler und Geldausleiher im Mittelalter. 1908.

gesellschaft der Bardi z. B. zählte 1310 15 Teilnehmer, fünf ihrer Vertreter hatte sie in England, sechs in Flandern, vier in Frankreich und der Champagne.[1]) „Von den Königen Englands, Neapels, Cyperns, von dem Großmeister der Rhodeserritter, dem Nepoten Johanns XXII., dem Kardinal Napoleone degli Orsini, den Bischöfen von Spoleto und Famagusta, von britischen Prälaten, Klöstern und weltlichen Großen bis zum Juden Bendalac, dem Buffone von Piacenza, zum Makler in Antwerpen und dem Herbergswirt in Gent und Brüssel finden sich alle Stände, alle Länder unter den Schuldnern der Bardi vertreten.[2])" In England unter Eduard I. und Eduard III., in Frankreich unter Philipp dem Schönen und seinen Nachfolgern, im Königreich Neapel sowohl als auch in Flandern übernahmen die Florentiner Geldverleiher die Pachtung der Münzstätten, die Erhebung von Steuern, die Verwaltung von Depositen und traten auch als Bankiers der Landesherren auf.

Ihre Tätigkeit umfaßte jedoch nur einen verhältnismäßig kurzen Zeitabschnitt. Sie waren genötigt, um die ihnen in Warenhandel verliehenen wertvollen Privilegien auch weiter zu genießen und neue hinzu zu erwerben, an Könige und Herzöge beträchtliche Darlehen auszugeben. Dabei arbeiten sie vornehmlich mit fremdem Kapital (bei den Bardi betrug 1318 die Summe der Ausstände insgesamt über 10¼ Mill. GM., was mehr als das achtfache des eigenen Kapitals war), sodaß sie sich oft in einer durchaus ungesunden Lage befanden. Die Annahme von Depositen wurde in Italien in ausgedehntem Umfange betrieben. Durch die hohe Verzinsung derselben seitens der Banken ließ man sich zur Einlage von Deposietn bei ihnen verleiten, weshalb auch durch Zahlungsschwierigkeiten der Bankuiers weitere Kreise der Bevölker ungin Mitleidenschaft gezogen wurden.

Verzinsliche Depositen waren in Venedig bereits zu Beginn des 13. Jahrhunderts bekannt, auch die Florentiner Gesellschaften der Bardi, Medici u. a. m. betrieben dieses Geschäft. Eine besondere Art von Depositen waren die auf den Champagnermessen eingezahlten, für die von Messe zu Messe bis zu 6%, also 36% Zinsen pro Jahr, gezahlt wurden. Fürsten (Markgrafen von Ferrara, Herzöge von Kärnten, Tirol, Burgund usw.), weltliche und geistliche Große (Kardinäle, Prioren geistlicher Ritterorden usw.) gehörten zu denen, die bei den Florentiner Gesellschaften ihre Gelder in Geschäften dieser Häuser nutzbar anlegten. Teils waren es gewinnbeteiligte Depositen, teils festverzinsliche, für die man 8—12% Zinsen zahlte. Besonderen Umfang nahmen die Depositengeschäfte an, als die italienischen Geldverleiher in England, Frankreich, dem Königreich beider Sizilien die Erhebung des Zehents und der übrigen, an den Papst zu leistenden Abgaben sowie die Einziehung der Zölle übernahmen. Die aus diesen Gefällen fließenden bedeutenden Geldsummen wurden bei ihnen deponiert. So z. B. waren bei der Handelsgesellschaft der Spini von 1300 bis 1303 päpstliche Gelder in der Höhe von 137000 Goldflorin (über 1 Million GM.) angelegt. Je nach Bedarf wurden von ihnen aus diesen Summen Zahlungen an die Kreditoren des Papstes oder der Könige geleistet. So wurden an den Kardinal-Legat Bertraneo von Bologna von der Handelsgesellschaft der Acciajuoli 1323—1324 im Laufe von 10 Monaten im Auftrag der päpstlichen Kurie 230000 Goldflorin ausgezahlt, eine für die damaligen Verhältnisse überaus große, ca. 2 Millionen GM. betragende Summe.

---

[1]) Vgl. oben.

[2]) Davidsohn, Gesch. IV, 2, a. a. O.

Der Zusammenbruch der großen italienischen Gesellschaften war eine Folge der Nichtbezahlung von Schulden seitens der Könige und war nicht zu verhüten. Auf den Zusammenbruch angesehener Florentiner Häuser, der Mocci, Spini, Frescobaldi, der Cerchi neri und der Cerchi bianchi folgte die Insolvenz der Hofbankiers des Königs von Frankreich, der Guido-Francesi (der Beiname Francesi war ihnen infolge ihrer ausgedehnten Geschäftstätigkeit in Frankreich beigelegt worden), über deren Vermögen 1308 der Konkurs verhängt wurde. Um die Mitte des 14. Jahrhunderts wurden, nach einer über ein halbes Jahrhundert umfassenden Tätigkeit die drei angesehensten Häuser — die der Bardi, Perucci und Acciajuoli für zahlungsunfähig erklärt.

Im 15. Jahrhundert trat das Florentiner Handelshaus der Medici hervor, das (neben ausgedehntem Warenhandel) mit allen bedeutenden Bankplätzen in regem Abrechnungs- und Wechselverkehr stand, die Annahme von Depositen, die Ausgabe von Darlehen sowohl an Fürsten und Lehensherren als auch an Händler und Handwerker betrieb. Vom 12.—13. Jahrhundert an entsandten auch genuesische Bankiers ihre Repräsentanten und Faktoren nach Frankreich, Spanien, Konstantinopel, Palästina. Zu hohem Aufschwung kamen jedoch die genuesischen und venezianischen Banken erst im 14. bzw. 15. Jahrhundert, vor allem waren dies in Venedig das berühmte Bankhaus der Soranzo, in Genua das Bankhaus der Centurioni, bei dem als Faustpfand die später von Lorenzo Medici eingelöste päpstliche Tiara verpfändet worden war. 1407 war in Genua die Casa di S. Giorgio — die erste öffentliche Bank — gegründet worden. Dieselbe entstand durch den Zusammenschluß der zahlreichen Verbände der Gläubiger des genuesischen Stadtstaates zu einer einheitlichen Organisation. Die früher höher verzinslichen Schulden wurden zu 7proz. Anteilen (loca S. Georgi) konsolidiert. Im Laufe der Zeit wurden neue Anteile (loca) ausgegeben (so 1416 für ungefähr 100000 Lire). Die Bank stellte der stets geldbedürftigen Republik Genua die erforderlichen Geldsummen zur Verfügung und leistete für Rechnung der Republik die notwendigen Zahlungen gegen Überlassung von verschiedenen staatlichen Einnahmequellen und von Kolonien. In kurzer Zeit gingen fast sämtliche Staatsregale und Kolonien an die Bank über. Sieveking mißt der Staatsschuld Genuas die gleiche Bedeutung bei, welche die Staatsschuld Englands im 17.—18. Jahrhundert besaß. Infolge der Kursschwankungen wurden im 15. Jahrhundert die Anteile der Casa di San Giorgio zum Gegenstand einer lebhaften Spekulation, und aus den Berichten von Zeitgenossen (14.—15. Jahrhundert) ersieht man, daß der Kurs dieser Anteile (loca di San Giorgio) für die jeweilige wirtschaftliche Lage eben so bezeichnend war, wie später der Kurs der englischen Konsols.[1])

Die Kreditgeschäfte waren mit dem Zinsennehmen untrennbar verbunden.[2]) Nun war freilich die Gewährung von Darlehen gegen Zins

---

[1]) Sieveking, Casa di S. Giorgio.

[2]) Es gab allerdings auch zinslose Darlehen.

von der Kirche als Wucher (usura), als ein zur Habsucht leicht Anlaß gebender Erwerbszweig, als anrüchiger Beruf (turpe lucrum) gebrandmarkt. Denn durch den Zinsbezug wurde die von der Kirche zum Grundsatz erhobene Lehre: „mutuum date nihil inde sperantes" verletzt, der Darlehensgeber erhielt mehr als er hingegeben hatte. Der Zinsbezug — so lautete die kanonistische Lehre — ist eine unrechtmäßige Handlung, die Auswirkung von Gier und Habsucht, ein unter dem Deckmantel der Menschenliebe verübter Betrug, eine Ausbeutung Notleidender. Daher war das Zinsennehmen nicht nur der Geistlichkeit sondern auch den Laien unbedingt untersagt. Für jene war von der kanonistischen Rechtslehre die Entsetzung von Amt und Würden, für diese die Exkommunikation als Strafe vorgesehen, wozu auch weltliche Strafen hinzukamen.

Wohl blieb das kanonistische Wucherverbot auch im späteren Mittelalter aufrechterhalten, doch wurden mancherlei „Zinstitel" geltend gemacht, die die Umgehung dieses Verbotes ermöglichten, den Gläubiger dazu berechtigten, Zins zu erheben. Und zwar wurde einerseits der für Schädigung des Gläubigers (damnum emergens) zugelassene Zins, der als Ersatz für Nichteinhaltung der Zahlungstermins erhoben werden konnte, und andrerseits der für den infolge der Gewährung des Darlehens entgehenden Gewinn zu beanspruchende (lucrum cessans) auseinandergehalten. Thomas von Aquino hatte den unter dem Titel des „lucrum cessans" geforderten Zins für unzulässig erklärt, mit der Begründung, der Mensch dürfe „das nicht verkaufen, was er nicht erhalten hat" und an dessen Erlangung er durch mancherlei Umstände verhindert sein könnte. Auch später wurde trotz wiederholter Hinweise auf die Tatsache, daß der Darlehensgeber sein Geld auf andere Weise, nämlich im Handel, hätte anlegen und Gewinn daraus erzielen können, das zur Rechtfertigung des Zinses als „lucrum cessans" gebrauchte Argument von der kanonistischen Lehre nicht anerkannt. Dagegen wurde von demselben Thomas von Aquino das Zugeständnis gemacht, der Darlehensgeber könne, ohne eine Sünde zu begehen, mit dem Schuldner eine Vereinbarung über den Ersatz der für ihn entstehenden Vermögensschädigung (damnum emergens) eingehen. Eine derartige Vereinbarung wäre nicht als usura, Habsucht und Ausbeutung, sondern als ein Mittel, Verluste zu vermeiden, aufzufassen. Auf Grund dieser Zugeständnisse drang allmählich die Anschauung von dem Rechte des Darlehensgebers durch, Ersatz für den durch Verzug bei Rückzahlung der Schuld entstehenden Schaden zu verlangen. Je mehr die Rückzahlung hinausgeschoben wurde, desto erheblicher war der Schaden. Infolgedessen konnte die zur Entschädigung festgesetzte Konventionalstrafe (poena conventionalis) durch bestimmte, mit der Dauer des Verzuges entsprechend wachsende Zinsen ersetzt werden. Unter solchen Umständen konnte jedermann mit ruhigem Gewissen Zinsen nehmen. Das einzige Erfordernis war, bei Abschluß des Vertrages dem Schuldner eine möglichst kurz bemessene Rückzahlungsfrist zu setzen (innerhalb deren allerdings keine Zinsen berechnet werden durften), die er nicht innezuhalten vermochte. War diese Frist verstrichen, ohne daß Rückzahlung erfolgte, so liefen Verzugszinsen[1]). So handelten z. B. die Florentiner Gesellschaften auch bei Auszahlung von Zinsen für die bei ihnen deponierten Geldsummen, indem das Geschäft als angeblich zinslos gewährtes Darlehen abgeschlossen wurde, das für einige Wochen hergegeben war, nach welcher Frist dann Verzugszinsen zu zahlen waren.

Man umging das Zinsverbot auch auf mancherlei andere Art, z. B. in der Weise, daß bei Abschluß des Schuldvertrages Darlehensausgabe und Darlehensrückzahlung in verschiedenen Münzsorten vereinbart wurden — der Zins wurde in Form des beim Münzwechsel erzielten Kursunterschiedes erhoben. Oder man bezeichnete einfach in der Urkunde eine größere Geldsumme als die tatsächlich ausgeliehene. Öfters wurde auch der Zins zugestanden unter dem Namen eines Geschenkes („donum") für die vom Gläubiger übernommenen Unkosten, er sollte als Belohnung für seine Dienste und Mühewaltung (recompensatio utilium serviciorum) gezahlt werden, wie es die Könige von England, Neapel u. a. m. gegenüber den italienischen Geldverleihern taten.[2]) Zuweilen jedoch bedangen sich die Geldverleiher ohne Umschweife die „usurae" aus.[3]) Selbst die Großschäffer des Deutschen Ordens verlangten von ihren Schuldnern bei der Gewährung von Darlehen aus den Ordenssummen ganz unverhohlen die jährliche „Zahlung von Zinsen": tenetur 20 marc, do sal her uns von czinsen alle jar 2 marc uff weynachten.[4])

Wohl waren die Geldausleiher sich der Sündhaftigkeit des Zinsennehmens bewußt, und mancher Händler ordnete, von Gewissensqualen gepeinigt, auf seinem Sterbebette die Rückerstattung der von seinen Schuldnern gezahlten Zinsen an. Häufig wurden letztwillige Verordnungen über die Verteilung von Geldsummen an Arme (pro eo quod fuisset ab eo indebite extortum) getroffen, auch das gesamte in Darlehensgeschäften erworbene Vermögen der Kirche überwiesen. Vom Papste waren Wohltätigkeitsanstalten zur Annahme der aus Darlehensgeschäften herrührenden Stiftungen ermächtigt worden. Angesehene Bankiers pflegten, um dem Zorn der Kirche zu entgehen und aus Besorgnis um ihr Seelenheil alljährlich einen bestimmten Teil ihrer Einkünfte an Klöster und geistliche Orden zu verteilen.[5]) Abgesehen von der Annahme dieser Summen war die Kirche umso weniger imstande, mit dem

---

[1]) Schulte, Gesch. d. mitt. Hand. I, S. 266.

[2]) Schaube, Handelsgesch. S. 409. Meltzing, Bankhaus der Medici S. 27, 62, 64. Davidsohn, Gesch. von Florenz IV, 2. S. 218. Auch der Gewinnanteil von „Einlegern" wurde „Geschenk" genannt. Die Florentiner Sozietät der Mocci erteilte dem Grafen Tegrimo aus dem Hause Guidi 1302 die urkundliche Versicherung, der ihm zuerteilte Gewinn sei wirklich ein Geschenk aus reiner Liebe und Freundschaft, sodaß er vor dem Forum seines Gewissens keine Seelenbeschwerde zu empfinden brauche. (Davidsohn, Ibid. S. 204.)

[3]) Bigwood S. 444f.

[4]) Sattler, Der Handel des Deutschen Ordens in Preußen. Hans. Gesch.-Bl. 1887. S. 78f.

[5]) Davidsohn, Gesch. von Florenz IV, 2. S. 229. Schulte, Gesch. d. Hand. I, S. 270.

Zinsnehmen aufzuräumen, als die päpstliche Kurie selbst für die ihr von den Florentiner Geldverleihern gewährten Darlehen Zinsen zahlte. Selbst die von der Kirche (seit Mitte des 15. Jahrhunderts) unter dem Namen „Montes pietatis" (Berge der Mildtätigkeit) errichteten Leihhäuser, die gemeinnützigen Zwecken dienen, die Bevölkerung vor der Knechtung durch die Geldverleiher bewahren sollten, forderten bei der Gewährung von Darlehen 8—15%, d. h. höhere Zinsen, als sie für die von ihnen aufgenommenen Gelder zahlten. Unter diesen Umständen darf es wohl nicht Wunder nehmen, wenn die italienischen Kaufleute ganz unverhohlen die in ihrer Heimat üblichen Darlehenszinsen erwähnen. Zu Anfang des 13. Jahrhunderts führt Leonardo Pisano in seinem Lehrbuch der Rechenkunst Exempel zur Zinsenberechnung an, darunter solche, wo jemand gegen Verpfändung eines Hauses 100 Pfund auf Zinsen ausleiht, und zwar zu vier Denar pro Monat und Pfund, also 20% jährlich.[1]) Auch Grundbesitzer, Bürger, Städte gewähren verzinsliche Darlehen. „Willigte doch selbst die wegen ihres strengen Bußerlebens heilig gesprochene Yvetta (im 13. Jahrhundert) im Interesse ihrer Kinder ein, daß ihr Vater ihr Barvermögen auf Zinsen auslieh (dedit pecuniam suam ad usuram). Die Legende suchte Yvetta zu entlasten, indem sie der Erzählung dieser Tatsache die Bemerkung zufügte, daß viele und ehrenhafte Männer dasselbe getan hätten, weil das Zinsennehmen zur damaligen Zeit als eine sehr verzeihliche Sünde oder garnicht als solche aufgefaßt worden wäre.[2])

Das in der Theorie bestehende, in der Lebenswirklichkeit unausführbare Zinsverbot bot den Schuldnern häufig eine bequeme Handhabe, um unter Berufung auf die von der kanonistischen Lehre ausgesprochene Nichtigkeit der Schuldverträge die Zahlung sowohl der vereinbarten Zinsen als auch der Kapitalsumme zu verweigern. Daher war es bei den genuesischen Geldverleihern üblich, in den Darlehensvertrag eine Klausel einzubeziehen, wonach der Schuldner auf jegliche auf dem wucherischen Artcharakter des Schuldvertrages begründete Anfechtung desselben im voraus verzichtete. Die Könige benutzten die kanonischen Wucherverbote, um ihre Gläubiger der Auswucherung anzuklagen und zu verfolgen. In dieser Weise verfuhr König Richard II., der allerdings dadurch fernerhin jeden Kredit einbüßte. Zugleich aber führten diese mit der Geldleihe verbundenen Gefahren, die das Risiko bedeutend steigerten und den ohnedies beschränkten Kreis derjenigen, die über flüssige Kapitalien verfügten und sie darlehensweise anzulegen geneigt waren, noch mehr verengerten, zur Steigerung des Zinsfußes.

Auf den Champagnermessen betrug 1311 der durch die Ordonnanzen genehmigte Zinsfuß 20%, dieser Zinsfuß scheint im 12.—13. Jahrhundert auch in Venedig (de quinque sex per annum secundum usum patriae nostrae), in Genua (de quatuor quinque—25%) und in Florenz vorgeherrscht zu haben (bei Leonardo Pisano wird er

---

[1]) Meltzing, Das Bankhaus der Medici. S. 11.

[2]) Eicken, Gesch. u. System der mittelalterlichen Weltanschauung. 1887. S. 540. Vgl. Bigwood S. 170.

als der übliche angeführt). Doch war in manchen Fällen sogar der im kaufmännischen Darlehenskredit übliche Zinsfuß bedeutend höher (25—50% in Venedig, und zwar nicht pro Jahr, sondern für die 2—3 Monate betragende Frist einer einzelnen Handelsreise); in Florenz schwankte der Zinsfuß zwischen 20—30 und 218—266²/₃% jährlich. Mit der Berufung der Juden nach Florenz 1430 wurde ihnen nur ein Zinsfuß von 20% gestattet, der darauf bis auf 15% herabgesetzt wurde.[1]) Zu Nîmes forderte man um 1289 40, 55, 120, sogar 202%. Kaiser Friedrich II. zahlte an römische Kaufleute 36% Zinsen, als er aber nicht imstande war, die Rückzahlungstermine einzuhalten, mußte er 48% bewilligen. Den Kaufleuten von Parma entrichtete er 60% Verzugszinsen, den Sienesen 66²/₃%. In Belgien wurden 10—50%, zuweilen noch mehr bewilligt. In verschiedenen deutschen Städten war für Juden und Italiener (Lombarden) das Zinsennehmen in einer Höhe von 21²/₃, 32½, ja 43⅓% jährlich angesetzt. Diese Bruchzahlen entstanden dadurch, daß man die Zinsen pro Pfund (1, 1½, 2 Heller) und Woche berechnete. Den letztangeführten (43⅓) hält Schulte für den im Konsumtivkredit allgemein üblichen.[2])

---

[1]) Bigwood S. 444ff. Schulte, Gesch. d. Hand. I, S. 317ff. Davidsohn, Forsch. IV, S. 279, 286. In den von Davidsohn (Forsch. I, S. 158f.) angeführten 29 Fällen aus dem 11.—12. Jahrhundert machte er freilich nur 10—66% aus.

[2]) Schanz, Engl. Handelspolitik I, S. 551 Anm. 1. Schaube, Handelsgesch. S. 398. Brodnitz, Engl. Wirtschaftsgesch. I, S. 326, 357.